With the aid of the alphabetical thumb index at the edge of the page you can quickly locate the letter you need to find in the Italian-English and English-Italian dictionary.

Once you have located the letter you need on the thumb index, simply flip to the correspondingly marked part of the dictionary.

If you are left-handed, you can use the thumb index at the end of this book.

Con l'aiuto dell'indice alfabetico a bordo pagina è possibile selezionare rapidamente la lettera di cui si ha bisogno nelle sezioni Italiano-Inglese e Inglese-Italiano del dizionario.

Dopo aver scelto la lettera nell'indice, aprire il dizionario alla sezione voluta.

Gli utenti mancini possono servirsi dell'indice che si trova alla fine del dizionario.

A
B
C
D
E
F
G
H
I
J
K
L
M
N
O
P
Q
R
S
T
U
V
W
X
Y
Z

Come usare il dizionario

Tutte le voci (lemmi, abbreviazioni, parole composte, varianti ortografiche e rimandi) compaiono in ordine alfabetico, in grassetto.	**AGIP** ['aːdʒip] *f acró de* **Azienda Generale Italiana Petroli** *Italian Gas Company*
Le abbreviazioni sono seguite dalla loro forma per esteso.	**agire** [a·dʒiˑre] <agisco> *v* ❶ (*operare*) to act …
	agitare [a·dʒi·taːre] I. *vt* …
I *phrasal verbs* inglesi seguono il verbo base e sono contrassegnati da una losanga (◆).	
I numeri arabi in posizione esponenziale indicano parole che si scrivono nello stesso modo ma che hanno significati diversi (i cosiddetti omografi).	**accesso**[1] [at·tʃɛs·so] *pp di* **accedere**
	accesso[2] *m* ❶ (*possibilità di entrare*) access; **divieto di ~** no admittance …
Per la trascrizione fonetica è stato usato l'alfabeto fonetico internazionale.	**farfalla** [far·fal·la] *f* ❶ butterfly ❷ (*cravatta*) bow tie
Le trascrizioni fonetiche dell'inglese sono suddivise in sillabe tramite punti.	
I plurali irregolari compaiono tra parentesi uncinate così come le forme irregolari dei verbi e degli aggettivi inglesi.	**sobborgo** [sob·bor·go] <-ghi> *m* suburb
	trittico ['trit·ti·ko] <-ci> *m* …
I numeri romani suddividono la voce in diverse categorie grammaticali, mentre le cifre arabe contrassegnano le scansioni di significato.	**abbandonare** [ab·ban·do·naːre] I. *vt* ❶ (*lasciare*) to abandon ❷ (*trascurare*) to neglect ❸ (*rinunciare a*) to give up II. *vr:* **-rsi** *a. fig* to let oneself go
La tilde sostituisce il lemma negli esempi e nelle locuzioni idiomatiche, mentre il segno ▶ introduce la sezione di espressioni figurate, frasi idiomatiche e proverbi. Le parole chiave sono state <u>sottolineate</u> per facilitare la ricerca.	**capo** ['kaːpo] I. *m* ❶ ANAT head; **chinare il ~** *fig* to bow one's head ..
Sono stati utilizzati diversi indicatori semantici per guidare l'utente nella scelta della traduzione giusta:	
• indicatori di campo semantico	**neretto** [ne·ret·to] *m* TYPO bold
v. a. (vedi anche) or *s. a. (see also)* invita il lettore a consultare un'altra voce modello per ottenere ulteriori informazioni.	**marzo** ['mar·tso] *m* March; *v.t.* **aprile**

atlas ['æt·ləs] <-es> *n* atlante *m* **ATM** [ˌeɪ·ti·'em] *n abbr of* **auto-mated teller machine** Banco-mat® *m inv* **atmosphere** ['æt·məs·fɪr] *n a.* PHYS *a. fig* atmosfera *f*	All entries (including words, abbreviations, compounds, variant spellings and cross-references) appear in alphabetical order and are printed in bold type. Abbreviations are followed by their full form.
build [bɪld] **I.** *vt* <built, built> ❶ (*make: house*) costruire; (*fire*) fare; (*car*) fabbricare ... ◆**build on** *vt* basare su	English phrasal verbs come directly after the base verb and are marked with a diamond (◆).
console[1] [kən·'soʊl] *vt* (*comfort*) consolare **console**[2] ['ka:n·soʊl] *n* (*switch panel*) console *f*	Superscript, or raised numbers, indicate identically spelled words with different meanings (so-called homographs).
handsome ['hæn·səm] *adj* bello, -a	The International Phonetic Alphabet is used for all phonetic transcriptions. Transcriptions of English are divided into syllables by means of centered dots.
eat [i:t] **I.** <ate, eaten> *vt* mangiare; ... **empty** ['emp·ti] **I.** <-ier, -iest> ...	Irregular plural forms and forms of English irregular verbs and adjectives are given in angle brackets.
	Italian feminine forms are shown unless they are identical to the masculine form. Italian nouns are followed by their gender.
gossip ['ga:·səp] **I.** *n* ❶ (*rumor*) pettegolezzi *mpl*, gossip *m inv* ❷ (*person*) pettegolo, -a *m, f* **II.** *vi* ❶ (*spread rumors*) spettegolare; **to ~ about sb** spettegolare su qu ❷ (*chatter*) chiacchierare	Roman numerals are used for the parts of speech of a word, and Arabic numerals for sense divisions.
just [dʒʌst] **I.** *adv* ❶ (*very soon*) subito; **we're ~ about to leave** stiamo per partire ... ⓘ **it's ~ as well that ...** tanto vale che... ▶**~ my luck!** tutte a me! ...	The swung dash represents the entry word in examples and idioms. The ▶ sign introduces a block of set expressions, idioms and proverbs. Key words are <u>underlined</u> as a guide.
	Various kinds of meaning indicators are used to guide users to the required translation:
September [sep·'tem·bə] *n* settembre *m; s.a.* **April**	*v. a. (vedi anche)* or *s. a. (see also)* invites the reader to consult a model entry for further information.

BARRON'S
FOREIGN LANGUAGE GUIDES

ITALIAN– ENGLISH
Pocket Dictionary

Dizionario tascabile
ITALIANO–INGLESE

Second Edition

BARRON'S Foreign Language Guides
Italian-English Pocket Dictionary
Dizionario tascabile Italiano-Inglese

Second edition for the United States and Canada published in 2015 by Kaplan, Inc.,
d/b/a Barron's Educational Series
First edition for the United States and Canada published in 2008 by Kaplan, Inc.,
d/b/a Barron's Educational Series

Editorial Management: Gabriela Neumann
Contributors: Susanne Godon

Typesetting: Dörr + Schiller GmbH, Stuttgart

Published by Kaplan, Inc., d/b/a Barron's Educational Series
750 Third Avenue
New York, NY 10017
www.barronseduc.com

ISBN: 978-1-4380-0609-3
Library of Congress Control No.: 2014946987

Printed in Canada

9 8 7 6

Kaplan, Inc., d/b/a Barron's Educational Series print books are available at special
quantity discounts to use for sales promotions, employee premiums, or educational
purposes. For more information or to purchase books, please call the Simon & Schuster
special sales department at 866-506-1949.

Indice

Contents

La trascrizione fonetica dell'italiano
Italian phonetic symbols

Vocali
Vowels

[a]	baco		[o]	onda
[e]	mela		[ɔ]	oasi
[ɛ]	elica		[u]	muro
[i]	dito			

Dittonghi
Diphtongs

[ja]	piatto		[wa]	guaio
[je]	pieno		[wo]	fuorilegge
[jo]	fionda		[wɔ]	fuori
[ju]	fiume			

Consonanti
Consonants

[b]	bello		[ɲɲ]	degno
[d]	dama		[p]	pagina
[dʒ]	giorno, gelo		[r]	regola
[dz]	zeta		[s]	sale
[f]	fune		[ʃ]	sciare
[g]	gola, ghiro		[t]	timbro
[k]	come, chino, che		[ts]	zio
[l]	loro		[tʃ]	cinese, cera
[ʎ]	aglio		[v]	vapore
[m]	mercato		[z]	slegare
[ɲ]	natura			

English phonetic symbols
La trascrizione fonetica dell'inglese

Vowels
Vocali

[a]	farm, father, rot		[ɪ]	it, near, wish
[æ]	man, plant, sad		[ɔ]	all, law, bong
[e]	bed, get, hair		[u]	do, soon, you
[ə]	actor, ago, better		[ʊ]	book, push, sure
[ə]	nation, sudden, wonderful		[ʌ]	but, son
[ɜ]	bird, her		[ã]	croissant, denouement
[i]	beat, bee, belief, me			

Diphthongs
Dittonghi

[aɪ]	buy, by, life		[ɔɪ]	boy, oil
[aʊ]	growl, house		[oʊ]	road, rope, show
[eɪ]	fame, name		[ju]	abuse, pupil

Consonants
Consonanti

[b]	b een, b lind	[ŋ]	lo ng , pra n k, stri ng
[d]	d o, ha d	[p]	ha pp y, p a p er
[ð]	fa th er, th is	[r]	d r y, r ed
[dʒ]	j am, ob j ect	[s]	s and, s tand, ye s
[f]	f ather, wo f	[ʃ]	fi sh , sh ip, sta ti on
[g]	be g , g o	[t]	fa t , t ell
[h]	h ouse	[ţ]	bu tt er, wa t er
[j]	y outh	[θ]	dea th , th ank
[ʒ]	plea s ure	[tʃ]	ca tch , ch ur ch
[k]	k eep, mi k	[v]	li v e, v oice
[l]	ll , l amp, ol	[w]	w ater, w e, w hich
[m]	a m , m an	[z]	ga z e, the s e, z eal
[n]	ma nn er, n o		

Signs
Segni

[']	primary stress
[,]	secondary stress
[·]	syllable division

Aa

A, a [a] <-> *f* A, a; **dall'~ alla zeta** from A to Z; **~ come Ancona** A for Apple

a *abbr di* **anno** yr.

a [a] <**al, allo, all', alla, ai, agli, alle**> *prep* ① (*stato in luogo*) at; **al mare** at the beach; **al mercato** at the market; **sono ~ casa** I am at home; **~ Trieste** in Trieste; **~ 20 chilometri da Torino** 20 kilometers from Turin; **~ pagina cinque** on page five; **alla televisione** on television ② (*moto a luogo*) to; **andare al mare** to go to the beach; **andare ~ Trieste** to go to Trieste ③ (*tempo*) at; (*riferito a mese, stagione*) in; (*fino*) till; **~ mezzogiorno** at noon; **alle sette** at seven; **~ marzo** in March; **~ domani** see you tomorrow; **al venerdì** on Fridays ④ (*con prezzo*) at; **~ 2 euro al chilo** (at) 2 euros a kilo ⑤ (*complemento di termine*) to; **lo regalo ~ Giuseppe** I'm giving it to Giuseppe ⑥ (*età*) **~ vent'anni** at the age of twenty ⑦ (*proposizione finale*) **andare ~ sciare** to go skiing ⑧ (*modo*) **fatto ~ mano** handmade ⑨ (*mezzo*) **~ cavallo** on horseback; **~ piedi** on foot ⑩ (*velocità*) **viaggiare ~ 120 chilometri l'ora** to travel at 120 kilometers an hour

A ① *abbr di* **Austria** A ② *abbr di* **autostrada** I ③ *abbr di* **ampère** A

AAST *abbr di* **Azienda Autonoma di Soggiorno e Turismo** Local Convention and Visitors Bureau

abate [aˈbaːte] *m* abbot

abbagliante [ab·ba·ʎˈʎan·te] *adj* dazzling

abbagliare [ab·ba·ʎˈʎaː·re] *vt essere* to dazzle

abbaiare [ab·ba·iaːre] *vi* to bark

abbandonare [ab·ban·do·ˈnaː·re] I. *vt* ① (*lasciare*) to abandon ② (*trascurare*) to neglect ③ (*rinunciare a*) to give up II. *vr:* **-rsi** *a. fig* to let oneself go

abbandonato, -a [ab·ban·do·ˈna·ːto] *adj* (*bambino*) abandoned; (*trascurato*) neglected

abbandono [ab·ban·ˈdo·:no] *m* ① (*di famiglia*) abandonment ② (*trascuratezza*) neglect ③ (*rinuncia*) giving up

abbassamento [ab·bas·sa·ˈmen·to] *m* ① (*di prezzi*) reduction ② (*di temperatura*) drop ③ (*d'intensità*) lowering

abbassare [ab·bas·ˈsaː·re] I. *vt* ① (*mettere più in basso*) to lower; (*finestrino*) to wind down ② (*prezzo*) to reduce; (*voce*) to keep down; (*radio*) to turn down; (*tasto*) to push down; **~ gli occhi** to lower one's eyes II. *vr:* **-rsi** ① (*chinarsi*) to bend down ② *fig* (*umiliarsi*) to demean oneself ③ (*calare: temperatura*) to drop

abbasso [ab·ˈbas·so] *adv* **~ qc!** down with sth!

abbastanza [ab·bas·ˈtan·tsa] I. *adv* ① (*a sufficienza*) enough; **averne ~ di qu/qc** to be fed up with sb/sth ② (*alquanto*) pretty II. <inv> *adj* (*a sufficienza*) enough; **non ho ~ tempo** I don't have enough time

abbattere [ab·ˈbat·te·re] I. *vt* ① (*alberi*) to cut down; (*muri*) to pull down ② (*uccidere*) to kill; (*bestie al macello*) to slaughter ③ *fig* (*prostrare*) to depress; (*malattia*) to lay low II. *vr:* **-rsi** ① (*cadere di schianto*) **~ su qu/qc** to hit sb/sth ② *fig* (*deprimersi*) to get depressed

abbazia [ab·ba·ˈtsiːa] <-ie> *f* abbey

abbellire [ab·bel·ˈliː·re] <abbellisco> I. *vt* ① (*rendere più bello*) to make more attractive ② (*stanza*) to decorate ③ (*racconto*) to embellish II. *vr:* **-rsi** to become more attractive

abbia [ˈab·bia] *1., 2. e 3. pers sing conj pr di* **avere¹**

abbiccì [ab·bit·ˈtʃi] <-> *m* ① (*alfabeto*) ABC ② (*sillabario*) ABC book ③ *fig* (*primi elementi*) ABCs

A **abbigliamento** [ab·bi·ʎʎa·ˈmen·to] *m* clothing; (*indumenti*) clothes

abbinamento [ab·bi·na·ˈmen·to] *m* combination

abbinare [ab·bi·ˈna·re] *vt* (*unire*) to join; (*colori*) to match; **una giacca da ~ a questi pantaloni** a jacket to go with these pants

abbisognare [ab·bi·zo·ˈɲaː·re] *vi* ~ **di qc** to need sth

abbonamento [ab·bo·na·ˈmen·to] *m* ❶ (*a giornale*) subscription; (*a teatro*) season ticket; **fare l'~ a qc** (*giornale*) to subscribe to sth; (*teatro*) to buy a season ticket for sth ❷ (*ferroviario, tranviario*) season pass

abbonare [ab·bo·ˈnaː·re] I. *vt* ❶ (*debito*) ~ **qc a qu** to let sb off sth ❷ *fig* (*perdonare*) ~ **qc a qu** to forgive sb sth II. *vr* -**rsi a un giornale** to subscribe to a newspaper

abbonato, -a [ab·bo·ˈnaː·to] I. *adj* **essere ~** (*a giornale*) to be a subscriber; (*alla televisione*) to be a license holder; (*all'autobus*) to be a season pass holder II. *m, f* (*a teatro*) season ticket holder; (*al telefono*) subscriber; (*alla televisione*) license holder

abbondante [ab·bon·ˈdan·te] *adj* large

abbondanza [ab·bon·ˈdan·tsa] *f* abundance; **abbiamo verdura in ~** we have plenty of vegetables

abbondare [ab·bon·ˈdaː·re] *vi* ❶ (*essere in grande quantità*) to be plentiful ❷ (*eccedere*) ~ **di** to be full of

abbordabile [ab·bor·ˈdaː·bi·le] *adj* ❶ (*spesa*) affordable ❷ (*persona*) approachable

abbottonare [ab·bot·to·ˈnaː·re] I. *vt* to button up II. *vr* -**rsi** *fig, inf* to clam up

abbozzare [ab·bot·ˈtsaː·re] *vt* to sketch

abbozzo [ab·ˈbɔt·tso] *m* sketch

abbracciare [ab·brat·ˈtʃaː·re] I. *vt* to hug II. *vr* -**rsi** to hug

abbraccio [ab·ˈbrat·tʃo] <-cci> *m* hug

abbreviare [ab·bre·ˈviaː·re] *vt* ❶ (*percorso*) to shorten ❷ (*parola*) to abbreviate

abbreviazione [ab·bre·viat·ˈtsio·ne] *f* (*di parola*) abbreviation

abbronzante [ab·bron·ˈdzan·te] I. *adj* tanning II. *m* suntan lotion

abbronzare [ab·bron·ˈdzaː·re] I. *vt* to tan II. *vr*: -**rsi** to tan

abbronzato, -a [ab·bron·ˈdzaː·to] *adj* tan

abbronzatura [ab·bron·dza·ˈtuː·ra] *f* tan

abbrustolire [ab·brus·to·ˈliː·re] <abbrustolisco> I. *vt* (*pane*) to toast; (*verdure*) to broil II. *vr*: -**rsi** *scherz* ~ **al sole** to roast in the sun

abbuffarsi [ab·buf·ˈfar·si] *vr inf* to stuff oneself (with food)

abbuffata [ab·buf·ˈfaː·ta] *f* **fare un'~** to stuff oneself (with food)

abete [a·ˈbeː·te] *m* fir

abile [ˈaː·bi·le] *adj* ❶ (*idoneo*) MIL fit ❷ (*esperto*) skillful ❸ (*accorto*) clever

abilità [abi·li·ˈta] <-> *f* ❶ (*idoneità*) fitness; ~ **al lavoro** fitness for work ❷ (*capacità*) skill ❸ (*accortezza*) cleverness

abilitante [abi·li·ˈtan·te] *adj* qualifying; **esame ~** qualifying examination

abilitare [abi·li·ˈtaː·re] I. *vt* to qualify II. *vr*: -**rsi** to qualify

abilitato, -a [abi·li·ˈtaː·to] I. *adj* qualified II. *m, f* qualified teacher

abilitazione [abi·li·tat·ˈtsio·ne] *f* qualification; ~ **all'insegnamento** qualification to teach

abisso [a·ˈbis·so] *m a. fig* abyss

abitabile [abi·ˈtaː·bi·le] *adj* habitable

abitabilità <-> *f* habitability; **permesso di ~** certificate of occupancy

abitacolo [abi·ˈtaː·ko·lo] *m* (*di auto*) interior; (*di camion*) driver's cab; (*di aereo*) cockpit

abitante [abi·ˈtan·te] *mf* (*di paese*) inhabitant; (*di casa, appartamento*) occupant

abitare [abi·ˈtaː·re] I. *vt* (*paese*) to inhabit; (*casa*) to live in II. *vi* to live; ~ **a Firenze** to live in Florence

abitato [abi·ˈtaː·to] *m* built-up area

abitato, -a *adj* inhabited; (*popolato*) populated

abitazione [abi·tat·'tsio:·ne] *f (appartamento)* apartment; *(casa)* house; **~ popolare** public housing unit

abito ['a:bi·to] *m* ❶ *(da donna)* dress; *(da uomo)* suit; **~ da cerimonia** formal dress ❷ *pl (vestiti)* clothes *pl*

abituale [abi·tu'a:·le] *adj* usual

abitualmente [abi·tual·'men·te] *adv* usually

abituare [abi·tu·'a:re] I. *vt* **~ qu a qc** to get sb used to sth II. *vr* **-rsi a qc** to get used to sth

abituato, -a [abi·tu·'a:to] *adj* **essere ~ a qc** to be used to sth

abitudinario, -a [abi·tu·di·'na:·rio] <-i, -ie> I. *adj* of habit II. *m, f* creature of habit

abitudine [abi·'tu:·di·ne] *f* ❶ *(consuetudine)* habit; **d'~** usually ❷ *(assuefazione)* **fare l'~ a qc** to get used to sth

abolire [a·bo·'li:·re] <abolisco> *vt* to abolish

abolizione [a·bo·lit·'tsio:·ne] *f* abolition

abominevole [a·bo·mi·'ne:·vo·le] *adj* ❶ *(mostro)* appalling ❷ *(esecrabile)* dreadful

abortire [a·bor·'ti:·re] <abortisco> *vi* ❶ *avere* MED to have an abortion; *(involontariamente)* to have a miscarriage ❷ *essere fig (fallire)* to fail

abortista [a·bor·'tis·ta] <-i *m*, -e *f*> I. *mf* abortionist II. *adj* pro-abortion

aborto [a·'bor·to] *m* ❶ *(procurato)* abortion ❷ *(spontaneo)* miscarriage ❸ *fig (persona)* freak; *(opera d'arte)* monstrosity

abruzzese [a·brut·'tse:·se] I. *adj* from the Abruzzi II. *mf (abitante)* inhabitant of the Abruzzi III. *m (dialetto)* dialect of the Abruzzi

Abruzzi [a·'brut·tsi] *pl* Abruzzo

abside ['ab·si·de] *f* ARCHIT apse

abusare [a·bu·'za:·re] *vi* **~ di** *(sessualmente)* to abuse; *(approfittare)* to take advantage of; **~ di alcolici** to drink too much

abusivismo [a·bu·zi·'viz·mo] *m* illegal activity; **~ edilizio** illegal building

abusivista [a·bu·zi·'vis·ta] <-i *m*, -e *f*>

mf person who engages in unauthorized activities

abusivo, -a [a·bu·'zi:·vo] I. *adj* illegal II. *m, f* person who engages in unauthorized activities

abuso [a·'bu:·zo] *m* abuse; **~ di autorità** abuse of power; **fare ~ di alcolici** to drink too much

a.C. *abbr di* **avanti Cristo** BC

acattolico, -a [a·kat·'tɔ:·li·ko] <-ci, -che> I. *adj* non-Catholic II. *m, f* non Catholic

acca ['ak·ka] <-> *f (lettera)* letter H

accaddi [ak·'kad·di] *1.pers sing pass rem di* **accadere**

accademia [ak·ka·'dɛ:·mia] <-ie> *f* academy; **~ di Belle Arti** art school; **~ musicale** conservatory of music

accademico, -a [ak·ka·'dɛ:·mi·ko] <-ci, -che> I. *adj* academic II. *m, f* academic

accadere [ak·ka·'de:·re] <irr> *vi essere* to happen

accaduto [ak·ka·'du:·to] *m* event

accalappiare [ak·ka·lap·'pia:·re] *vt (catturare)* to catch

accaldarsi [ak·kal·'dar·si] *vr* ❶ *(riscaldarsi)* to get hot ❷ *fig (infervorarsi)* to get heated

accalorarsi [ak·ka·lo·'rar·si] *vr* to get heated

accampamento [ak·kam·pa·'men·to] *m* camp

accanimento [ak·ka·ni·'men·to] *m* ❶ doggedness ❷ MED **~ terapeutico** therapeutic obstinacy

accanirsi [ak·ka·'nir·si] <mi accanisco> *vr* ❶ *(infierire)* **~ contro qu/qc** to rage (against sb/sth) ❷ *(ostinarsi)* **~ in qc)** to persist (in doing sth)

accanito, -a [ak·ka·'ni:·to] *adj* ❶ *(discussione)* heated ❷ *(lavoratore)* tireless; *(sostenitore)* keen; **fumatore ~** chain smoker

accanto [ak·'kan·to] I. *adv* nearby; **abitano qui ~** they live next door II. *prep* **~ a** next to III. <inv> *adj* next

accantonare [ak·kan·to·'na:·re] *vt* ❶ *(merci)* to put aside ❷ COM *(utili)* to

A

set aside ❸ MIL (*truppe*) to billet ❹ *fig* (*progetto*) to shelve

accaparrare [ak·ka·par·'ra:·re] I. *vt* (*merce*) to buy up II. *vr* **-rsi qc** (*merce*) to buy sth up; (*biglietto*) to grab sth

accapo [ak·'ka:·po] *adv* **andare ~** to begin a new paragraph

accappatoio [ak·kap·pa·'to:·io] <-oi> *m* bathrobe

accarezzare [ak·ka·re·'tsa:·re] *vt* (*con la mano*) to stroke

accartocciare [ak·kar·tot·'tʃa:·re] I. *vt* to crumple up II. *vr:* **-rsi** to curl up

accasciarsi [ak·kaʃ·'ʃa:r·si] *vr* ❶ (*lasciarsi cadere*) to collapse ❷ *fig* (*avvilirsi*) to become disheartened

accatastabile [ak·ka·tas·'ta:·bi·le] *adj* ❶ (*ammucchiabile*) stackable ❷ (*registrabile al catasto*) **bene ~** property that can be registered at the land office

accatastare [ak·ka·tas·'ta:·re] *vt* ❶ (*disporre a catasta*) to stack ❷ *fig* (*ammucchiare*) to accumulate ❸ (*registrare al catasto*) to register at the land office

accattivante [ak·kat·ti·'van·te] *adj* captivating

accavallare [ak·ka·val·'la:·re] I. *vt* (*gambe*) to cross II. *vr:* **-rsi** *fig* (*pensieri, avvenimenti*) to overlap

accecare [at·tʃe·'ka:·re] I. *vt* avere ❶ a. *fig* (*persone*) to blind ❷ (*abbagliare*) to dazzle II. *vi* essere to become blind

accedere [at·'tʃɛ·de·re] <accedo, accedei *o* accedetti, accesso> *vi* ❶ essere **~ a qc** (*arrivare*) to get to sth; (*entrare*) to enter sth ❷ avere *fig* **~ a qc** (*università*) to be admitted to sth; (*partito*) to join sth

accelerare [ak·tʃe·le·'ra:·re] *vi, vt* to accelerate

acceleratore [ak·tʃe·le·ra·'to:·re] *m* MOT accelerator

accelerazione [ak·tʃe·le·rat·'tsio:·ne] *f* acceleration

accendere [at·'tʃɛn·de·re] <accendo, accesi, acceso> I. *vt* ❶ (*fuoco, sigaretta*) to light; **mi fai** [*o* **hai da**] **~?** do you have a light? ❷ (*conto*) to open; (*ipoteca*) to take out ❸ (*apparecchio*) to

switch on; (*gas*) to turn on; (*motore*) to start II. *vr:* **-rsi** ❶ (*prender fuoco*) to catch fire ❷ (*luce*) to come on

accendigas [at·tʃen·di·'gas] <-> *m* kitchen lighter

accendino [at·tʃen·'di:·no] *m* lighter

accennare [at·tʃen·'na:·re] I. *vt* ❶ (*canzone*) to sing a few notes of ❷ (*sorriso, smorfia*) to give a hint of II. *vi* ❶ (*fare un cenno*) to make a sign; **~ di sì** to nod ❷ (*dare indizio*) to make as if; **accennò ad alzarsi** he made as if to get up ❸ (*alludere*) **~ a qc** to mention sth

accenno [at·'tʃen·no] *m* ❶ (*cenno, indizio*) hint ❷ (*allusione*) **fare ~ a qc** to mention sth

accensione [at·tʃen·'sio:·ne] *f* ❶ (*avvio*) switching on ❷ (*di motore*) ignition

accento [at·'tʃɛn·to] *m* ❶ LING accent, stress; **~ acuto** acute accent; **porre l'~ su qc** *fig* to stress sth ❷ (*intonazione*) accent

accentuare [at·tʃen·tu·'a:·re] I. *vt* ❶ (*dare rilievo*) to stress ❷ (*aumentare: disagio*) to make worse II. *vr:* **-rsi** ❶ (*aumentare*) to increase ❷ (*peggiorare*) to get worse

accertamento [at·tʃer·ta·'men·to] *m* (*verifica*) check

accertare [at·tʃer·'ta:·re] I. *vt* (*verificare*) to check II. *vr:* **-rsi** to make sure

accesi [at·'tʃe:·si] *1. pers sing pass rem di* **accendere**

acceso, -a [at·'tʃe:·so] I. *pp di* **accendere** II. *adj* ❶ (*fuoco*) lett ❷ (*luce, gas*) on; (*motore*) running ❸ (*colore*) bright; **rosso ~** bright red ❹ *fig* heated

accessibile [at·tʃes·'si:·bi·le] *adj* ❶ (*raggiungibile*) accessible ❷ (*comprensibile*) comprehensible ❸ (*alla mano*) approachable ❹ (*prezzo*) affordable

accesso¹ [at·'tʃɛs·so] *pp di* **accedere**

accesso² [at·'tʃɛs·so] *m* ❶ (*possibilità di entrare*) access; **divieto di ~** no admittance ❷ (*porta*) entrance ❸ MED fit; **~ di tosse** coughing fit ❹ COMPUT access

accessori [at·tʃes·'sɔ:·ri] *mpl* accessories

accessoriato, -a [at·tʃes·so·'ria:·to] *adj* with optional extras

accettabile [at·tʃet·'ta·bi·le] *adj* acceptable

accettare [at·tʃet·'ta·re] *vt* to accept; **~ una sfida** to accept a challenge

accettazione [at·tʃet·tat·'tsio·ne] *f* ① (*di proposta*) acceptance ② (*ufficio*) reception ③ (*presa in consegna*) receipt; **~ bagagli** check-in

acchiappare [ak·kiap·'pa·re] *vt* to catch

acchito [ak·'ki·to] *m fig* **di primo ~** offhand

acciacco [at·'tʃak·ko] <-cchi> *m* ailment; **piena di -chi** full of aches and pains

acciaieria [at·tʃa·ie·'ri:·a] <-ie> *f* steelworks

acciaio [at·'tʃa:·io] <-ai> *m* steel; **avere nervi d'~** to have nerves of steel

accidentaccio [at·tʃi·den·'tak·kio] I. *interj* goddamn II. <-> *m* mess; **un ~ di situazione** a goddamn awful situation

accidentale [at·tʃi·den·'ta:·le] *adj* ① (*casuale*) accidental ② (*accessorio*) secondary

accidente [at·tʃi·'dɛn·te] *m* ① (*evento fortuito*) accident ② (*disgrazia*) mishap; **gli venisse un ~!** *inf* damn him! ④ MED stroke ⑤ (*loc*) **non ... un ~** *inf* not a damn; **non m'importa un ~** *inf* I don't give a damn!; **-i!** *inf* damn it!

accigliarsi [at·tʃiʎ·'ʎar·si] *vr* to frown

accingersi [at·'tʃin·dʒer·si] <irr> *vr* **~ a fare qc** to get ready to do sth

accipicchia [at·tʃi·'pik·kia] *interj inf* shoot!

acciuga [at·'tʃu:·ga] <-ghe> *f* anchovy

acclamare [ak·kla·'ma:·re] I. *vt* ① (*applaudire*) to applaud ② (*eleggere*) to acclaim II. *vi* **~ a** to applaud

accludere [ak·'klu:·de·re] <accludo, acclusi, accluso> *vt* to enclose

accluso, -a [ak·'klu:·zo] *adj* enclosed; **~ alla lettera invio ...** please find enclosed ...

accogliente [ak·koʎ·'ʎɛn·te] *adj* welcoming

accoglienza [ak·koʎ·'ʎɛn·tsa] *f* welcome

accogliere [ak·'kɔʎ·ʎe·re] <irr> *vt* ① (*persone*) to welcome ② (*consiglio*) to accept

accollato, -a [ak·kol·'la:·to] *adj* (*abito*) high-necked; (*scarpe*) high-fronted

accolsi [ak·'kɔl·si] *1. pers sing pass rem di* **accogliere**

accoltellare [ak·kol·tel·'la:·re] *vt* to stab

accolto [ak·'kɔl·to] *pp di* **accogliere**

accomodante [ak·ko·mo·'dan·te] *adj* accommodating

accomodare [ak·ko·mo·'da:·re] I. *vt* ① (*aggiustare*) to fix ② (*riordinare*) to arrange ③ *fig* (*debito, lite*) to settle II. *vr:* **-rsi** ① (*mettersi a proprio agio*) to settle down; (*sedersi*) to sit down; **prego, si accomodi!** (*si sieda*) please take a seat!; (*entri*) come in! ② (*accordarsi*) to reach a settlement

accompagnamento [ak·kom·paɲ·na·'men·to] *m* ① (*seguito*) company ② (*aggiunta*) **lettera di ~** cover letter ③ ADMIN (*pensione*) **indennità d'~** home care benefit

accompagnare [ak·kom·pa·'ɲa:·re] I. *vt* ① (*andare insieme*) to go with; **~ un bambino a scuola** to take a child to school; **~ qu alla porta** to see sb off ② (*seguire*) **~ qu con lo sguardo** to follow sb with one's eyes ③ (*unire*) to enclose ④ MUS **~ qu al** [*o* **con il**] **violino** to accompany sb on the violin II. *vr:* **-rsi** ① MUS to accompany oneself ② (*armonizzare*) **questo vino si accompagna ai dolci** this wine goes well with desserts ③ (*prendere come compagno*) **-rsi a qu** to associate with sb

accompagnatore, -trice [ak·kom·pa·ɲa·'to:·re] *m, f* ① (*corteggiatore*) companion; **~ turistico** courier ② (*call-girl, gigolo*) escort ③ MUS accompanist

accompagnatoria [ak·kom·pa·ɲa·'tɔ:·ria] <-ie> *f* ADMIN cover letter

accompagnatorio, -a [ak·kom·pa·ɲa·'tɔ:·rio] <-i, -ie> *adj* accompanying

accompagnatrice [ak·kom·pa·ɲa·'tri:·tʃe] *f v.* **accompagnatore**

acconciare [ak·kon·'tʃa:·re] *vt* (*capelli*) to do sb's hair

A **acconciatura** [ak·kon·t∫a·'tu:·ra] *f* ① (*pettinatura*) hairstyle ② (*ornamento*) headdress

accondiscendere [ak·kon·di∫·'∫en·de·re] <irr> *vi* ~ **a qc** to consent to sth

acconsentire [ak·kon·sen·'ti:·re] *vi* ~ (**a qc**) to agree (to sth); ~ **a un progetto** to approve a plan

acconsenziente [ak·kon·sen·'tsjen·te] *adj* ~ (**a qc**) in agreement with sth

accontentare [ak·kon·ten·'ta:·re] I. *vt* to please II. *vr:* -**rsi** to be content with what one has; -**rsi di qc** to content oneself with sth

acconto [ak·'kon·to] *m* deposit; **ritenuta d'**~ estimated tax payment; **in** ~ as a deposit

accoppiare [ak·kop·'pia:·re] I. *vt* ① (*accostare*) to combine ② (*animali*) to mate II. *vr:* -**rsi** (*unirsi in coppia*) to pair off; (*animali*) to mate

accorciare [ak·kor·'t∫a:·re] I. *vt* to shorten II. *vr:* -**rsi** (*giornate*) to grow shorter; (*abito*) to shrink

accordare [ak·kor·'da:·re] I. *vt* ① (*concedere*) to grant ② (*mettere d'accordo*) to reconcile ③ *fig* (*armonizzare*) to harmonize; (*colori*) to match ④ MUS to tune II. *vr:* -**rsi** ① (*persone*) to come to an agreement ② *fig* (*colori*) to match

accordo [ak·'kor·do] *m* ① agreement; **andare d'**~ to get on well; **d'**~! OK!; **di comune** ~ by mutual consent; **essere d'**~ to agree; **mettersi d'**~ to reach an agreement ② MUS chord

accorgersi [ak·'kor·dʒer·si] <mi accorgo, mi accorsi, accorto> *vr* ~ **di qc** to notice sth

accorgimento [ak·kor·dʒi·'men·to] *m* (*espediente*) trick

accorrere [ak·'kor·re·re] <irr> *vi essere* to rush up

accorsi [ak·'kor·si] *1. pers sing pass rem di* **accorgersi**

accortezza [ak·kor·'tet·tsa] *f* good sense

accorto, -a [ak·'kor·to] I. *pp di* **accorgersi** II. *adj* (*prudente*) cautious; (*astuto*) smart

accostamento [ak·ko·sta·'men·to] *m* (*di colori*) combination

accostare [ak·ko·sta·'re] I. *vt* (*mettere vicino*) to move nearer; ~ **qu** to approach sb II. *vr:* -**rsi** (*avvicinarsi*) -**rsi a qu** to approach sb; -**rsi a qc** (*auto*) to draw up to sth

accovacciarsi [ak·ko·vat·'t∫ar·si] *vr* to crouch down

accrebbi [ak·'kreb·bi] *1. pers sing pass rem di* **accrescere**

accreditare [ak·kre·di·'ta:·re] *vt* ① COM to credit ② (*ipotesi*) to confirm

accredito [ak·'kre:·di·to] *m* credit

accrescere [ak·'kre∫·∫e·re] <irr> *vt* to increase

accudire [ak·ku·'di:·re] <accudisco> I. *vt* to look after II. *vi* ~ **a qc** to attend to sth

accumulare [ak·ku·mu·'la:·re] I. *vt* to accumulate II. *vr:* -**rsi** to accumulate

accumulazione [ak·ku·mu·lat·'tsio:·ne] *f* accumulation

accumulo [ak·'ku:·mu·lo] *m* accumulation

accuratezza [ak·ku·ra·'tet·tsa] *f* accuracy

accurato, -a [ak·ku·'ra:·to] *adj* ① (*lavoro*) accurate ② (*artigiano*) careful

accusa [ak·'ku:·za] *f* ① (*attribuzione di colpa*) accusation ② GIUR charge ③ GIUR prosecution; **pubblica** ~ the prosecution

accusare [ak·ku·'za:·re] *vt* ① (*incolpare*) to accuse; ~ **qu di qc** to accuse sb of sth ② GIUR to charge; ~ **qu di qc** to charge sb with sth ③ (*dolore*) to complain of; (*fatica*) to show signs of; ~ **mal di testa** to have a headache

accusato, -a [ak·ku·'za:·to] I. *adj* accused II. *m, f* accused

accusatore, -trice [ak·ku·za·'to:·re] *m, f* ① (*chi accusa*) accuser ② GIUR prosecutor

acerbo, -a [a·'t∫ɛr·bo] *adj* ① (*immaturo*) unripe ② (*aspro*) sour

aceto [a·'t∫e:·to] *m* vinegar; **cetriolini sott'**~ pickled gherkins; **mettere sott'**~ to pickle

acetone [a·tʃe·'to:·ne] *m* nail polish remover

ACI ['a:·tʃi] *m* ❶ *abbr di* **Automobile Club d'Italia** ≈ AAA ❷ *abbr di* **Azione Cattolica Italiana** Italian Catholic Action

acidità [a·tʃi·di·'ta] <-> *f* ❶ *a.* CHIM (*asprezza*) acidity ❷ *fig* (*mordacità*) sharpness ❸ MED - **di stomaco** heartburn

acido ['a:·tʃi·do] *m* acid

acido, -a *adj* ❶ (*aspro*) sour ❷ *fig* (*mordace*) sharp

acino ['a:·tʃi·no] *m* grape

acqua ['ak·kua] *f* ❶ water; - **alta** high tide; - **benedetta** holy water; - **corrente** running water; - **dolce** fresh water; - **minerale** mineral water; - **potabile** drinking water; - **salata** salt water; - **da bere** drinking water ❷ *pl* (*massa*) waters; (*termale*) the waters; **fare la cura delle -e** to take the waters ❸ *fig* **calmare le -e** to calm things down; - **in bocca!** don't say a word!; **è - passata** it's all water under the bridge; **sentirsi come un pesce fuor d'~** to feel like a fish out of water; **fare - da tutte le parti** (*barca*) to be leaky; *fig* (*argomento*) to be full of holes

acquaplano [ak·kua·'pla:·no] *m* aquaplane

acquario [ak·'kua:·rio] <-i> *m* ❶ (*edificio*) aquarium ❷ ASTR Aquarius; **sono (dell'** [*o* **un**]**) Acquario** I am (an) Aquarius

acquasanta [ak·kua·'san·ta] *f* holy water

acquascivolo [ak·kua·'ʃi:·vo·lo] *m* waterslide

acquatico, -a [ak·'kua:·ti·ko] <-ci, -che> *adj* aquatic

acquavite [ak·kua·'vi:·te] *f* spirit; - **di vino** ≈ brandy

acquazzone [ak·kuat·'tso:·ne] *m* cloudburst

acquedotto [ak·kue·'dɔt·to] *m* aqueduct

acquerello [ak·kuer·'rɛl·lo] *m* watercolor

acquirente [ak·kui·'rɛn·te] *mf* buyer

acquisire [ak·kui·'zi:·re] <acquisisco> *vt* to acquire

acquisito, -a [ak·kui·'zi:·to] *adj* ❶ (*diritto*) acquired ❷ (*parente*) related by marriage

acquisizione [ak·kui·zit·'tsio:·ne] *f* acquisition; - **ostile** hostile takeover

acquistare [ak·kuis·'ta:·re] **I.** *vt* ❶ COM to buy ❷ *fig* (*diritto*) to acquire **II.** *vi* - **in qc** to improve in sth; - **in bellezza** to become more beautiful

acquisto [ak·'kuis·to] *m* COM purchase; **fare -i** to shop

acquolina [ak·kuo·'li:·na] *f* **far venire a qu l'~ in bocca** to make sb's mouth water; **mi viene l'~ in bocca** my mouth is watering

acre ['a:k·re] <più acre, acerrimo> *adj* ❶ (*sapore, odore*) pungent; (*fumo*) acrid ❷ *fig* (*critica*) harsh

acrilico, -a [a·'kri:·li·ko] <-ci, -che> *adj* acrylic

acrobata [a·'krɔ:·ba·ta] <-i *m*, -e *f*> *mf* acrobat

acrobatico, -a [a·kro·'ba:·ti·ko] <-ci, -che> *adj* acrobatic

acrobazia [a·kro·bat·'tsi:a] <-ie> *f* ❶ (*ginnastica*) acrobatic feat ❷ *fig* (*espediente*) acrobatics

acustica [a·'kus·ti·ka] <-che> *f* acoustics

acustico, -a [a·'kus·ti·ko] <-ci, -che> *adj* ❶ FIS acoustic ❷ ANAT **apparecchio** - hearing aid

acuto, -a *adj* ❶ (*punta*) sharp ❷ (*dolore*) acute ❸ (*vista, udito*) keen; (*suono*) shrill ❹ (*intelligenza*) keen; (*osservazione*) acute ❺ (*freddo*) sharp; (*odore*) pungent ❻ (*desiderio, rimorso*) strong

ad [ad] *prep* = **a** *davanti a vocale; v.* **a**

adagiare [a·da·'dʒa:·re] **I.** *vt* to lay down **II.** *vr:* **-rsi** ❶ (*distendersi*) to lie down ❷ *fig* to take things easy; **-rsi in qc** (*ozio*) to give oneself up to sth

adagio [a·'da:·dʒo] *adv* ❶ (*lentamente*) slowly ❷ (*con cautela*) gently ❸ MUS adagio

A adattabile [a·dat·'ta:·bi·le] *adj* adaptable

adattamento [a·dat·ta·'men·to] *m* ❶ THEAT adaptation ❷ (*di edificio*) conversion ❸ *fig* (*adeguamento*) **spirito di ~** adaptability

adattare [a·dat·'ta:·re] I. *vt* ❶ (*modificare*) to adapt ❷ (*edificio*) to convert ❸ (*applicare*) to fit II. *vr:* **-rsi** ❶ (*stare bene*) to suit; **si adatta molto a lei** it suits her beautifully ❷ (*adeguarsi*) **-rsi (a qc)** to adapt (to sth)

adattatore *m* COMPUT adaptor

adatto, -a [a·'dat·to] *adj* (*giusto*) right; (*appropriato*) suitable

addebitare [ad·de·bi·'ta:·re] *vt* ❶ COM **~ qc in conto a qu** to debit sb's account with sth ❷ *fig* (*incolpare*) **~ qc a qu** to blame sb for sth

addebito [ad·'de:·bi·to] *m* ❶ COM debit; **nota di ~** debit note ❷ *fig* (*accusa*) blame

addentare [ad·den·'ta:·re] *vt* (*cibo*) to bite into

addentrarsi [ad·den·'trar·si] *vr* ❶ (*inoltrarsi*) to go into ❷ *fig* (*in materia*) to go into in more depth

addentro [ad·'den·tro] *adv* deeply; **essere ~ in qc** *fig* to be well-versed in sth

addestramento [ad·des·tra·'men·to] *m* (*di persone, animali*) training; (*di cavalli*) dressage

addestrare [ad·des·'tra:·re] I. *vt* to train II. *vr:* **-rsi; -rsi in qc** to practice sth

addestratore, -trice [ad·des·tra·'to:·re] *m, f* trainer

addetto, -a [ad·'det·to] I. *adj* (*responsabile*) responsible; **essere ~ a qc** to be in charge of sth II. *m, f* ❶ (*responsabile*) person in charge; **'vietato l'ingresso ai non -i ai lavori'** 'authorized personnel only'; **gli -i alla manutenzione** the maintenance crew; **~ stampa** press officer ❷ (*di corpo diplomatico*) attaché; **~ culturale** cultural attaché

addietro [ad·'diɛ:·tro] *adv* (*tempo*) before; **anni ~** years before; **tempo ~** previously

addio¹ [ad·'di:o] *interj* goodbye

addio² <-ii> *m* goodbye

addirittura [ad·di·rit·'tu:·ra] *adv* ❶ (*perfino*) even ❷ (*veramente*) **~!** really!

additivo [ad·di·'ti:·vo] *m* CHIM additive

addizionale [ad·dit·tsio·'na:·le] *adj* additional

addizione [ad·dit·'tsio:·ne] *f* addition

addobbare [ad·dob·'ba:·re] *vt* to decorate

addobbo [ad·'dɔ·bo] *m* decoration; **-i natalizi** Christmas decorations

addolcire [ad·dol·'tʃi:·re] <addolcisco> I. *vt* ❶ (*caffè*) to sweeten ❷ *a. fig* (*acqua*) to soften II. *vr:* **-rsi** ❶ (*carattere*) to soften ❷ (*tempo*) to become milder

addome [ad·'dɔ:·me] *m* abdomen

addomesticare [ad·do·mes·ti·'ka:·re] *vt* to tame

addominale [ad·do·mi·'na:·le] *adj* abdominal

addormentare [ad·dor·men·'ta:·re] I. *vt* ❶ *a.* MED (*far dormire*) to put to sleep ❷ *fig* (*intorpidire*) to send to sleep II. *vr:* **-rsi** to fall asleep; **mi si è addormentata la mano** my arm has gone to sleep

addormentato, -a [ad·dor·men·'ta:·to] *adj* ❶ (*immerso nel sonno*) asleep ❷ MED (*con narcotico*) drugged ❸ *fig* (*sonnacchioso*) dopey ❹ *fig* (*gambe, braccia*) numb

addossare [ad·dos·'sa:·re] I. *vt* ❶ (*accostare*) **~ qc a qc** to move sth nearer to sth; (*appoggiare*) to lean sth against sth ❷ *fig* **~ qc a qu** (*debiti*) to encumber sb with sth; (*colpa*) to put the blame for sth onto sb II. *vr:* **-rsi** ❶ (*appoggiarsi*) **-rsi a qc** to lean against sth ❷ *fig* (*accollarsi*) **-rsi la colpa di qc** to take the blame for sth; **-rsi le spese di qc** to take on the cost of sth

addosso [ad·'dɔs·so] I. *adv* on; **avere ~** (*vestito*) to be wearing; (*denaro*) to carry; **mettere ~** to put on; **levarsi qu d'~** *fig* to get sb off one's back II. *prep* (*sopra*) on; (*contro*) against; (*vicino*) very close to; **mettere le mani ~ a qu** to lay hands on sb

adeguare [a·de·'gua:·re] I. *vt* ~ **qc a qc** to bring sth into line with sth II. *vr:* **-rsi; -rsi a qc** to adapt to sth

adeguato, -a [a·de·'gua:·to] *adj* (*stipendio*) adequate; (*momento*) appropriate

aderente [a·de·'rɛn·te] I. *adj* (*vestito*) close-fitting II. *mf* supporter

aderire [a·de·'ri:·re] <aderisco> *vi* ❶ **~ a** to stick to ❷ **~ a** *fig* (*proposta, richiesta*) to agree to ❸ **~ a** *fig* (*partito*) to join

adescare [a·desk·'ka:·re] *vt* a. *fig* to lure

adesione [a·de·'zio:·ne] *f* ❶ FIS adhesion ❷ *fig* (*a richiesta*) agreement; (*iniziativa*) support ❸ (*a partito*) membership

adesivo [a·de·'zi:·vo] *m* ❶ (*collante*) glue ❷ (*autoadesivo*) sticker

adesivo, -a *adj.* sticky; **nastro ~** adhesive tape

adesso [a·'dɛs·so] *adv* ❶ (*in questo momento*) now ❷ (*poco fa*) just now ❸ (*tra poco*) any minute now

adiacente [a·dia·'tʃɛn·te] *adj* adjacent

Adige ['a:·di·dʒe] *m* **l'~** the Adige; **Alto ~** South Tyrol

adirarsi [a·di·'rar·si] *vr* ~ **con qu** to get angry with sb

adirato, -a [a·di·'ra:·to] *adj* angry

adocchiare [ad·dok·'kia:·re] *vt* ❶ (*trovare*) to spot ❷ (*con compiacenza*) to eye

adolescente [a·do·leʃ·'ʃɛn·te] I. *adj* teenage II. *mf* teenager

adolescenza [a·do·leʃ·'ʃɛn·tsa] *f* adolescence

adolescenziale [a·do·leʃ·ʃen·'tsia:·le] *adj* **problemi -i** teenage [*o* adolescent] problems

adorabile [a·do·'ra:·bi·le] *adj* adorable

adorare [a·do·'ra:·re] *vt* ❶ (*persona*) to adore ❷ (*arte, cibo*) to love

adorazione [a·do·rat·'tsio:·ne] *f* (*amore*) adoration

adornare [a·dor·'na:·re] I. *vt* ~ (**di qc**)

to adorn (with sth) II. *vr:* **-rsi ~ (di qc)** to adorn oneself (with sth)

adorno, -a [a·'dor·no] *adj* ~ (**di qc**) adorned (with sth)

adottare [a·dot·'ta:·re] *vt* to adopt; **~ provvedimenti contro** to take measures against

adottivo, -a [a·dot·'ti:·vo] *adj* (*figlio*) adoptive

adozione [a·dot·'tsio:·ne] *f* adoption

Adriatico [a·dri·'a:·ti·ko] *m* **l'~** the Adriatic

adriatico, -a <-ci, -che> *adj* Adriatic; **il Mare Adriatico** the Adriatic Sea

adulterio [a·dul·'tɛ:·rio] <-i> *m* adultery

adultero, -a [a·'dul·te·ro] I. *adj* adulterous II. *m, f* adulterer, adulteress

adulto, -a [a·'dul·to] I. *adj* (*persona*) adult ❶ (*animale*) fully-grown ❷ *fig* mature II. *m, f* adult

adunanza [a·du·'nan·tsa] *f* assembly

adunare [a·du·'na:·re] I. *vt* to assemble II. *vr:* **-rsi** to assemble

adunata [a·du·'na:·ta] *f* gathering

aerare [a·e·'ra:·re] *vt* to air

aerazione [a·e·rat·'tsio:·ne] *f* ventilation

aereo [a·'ɛ:·re·o] <-ei> *m* ❶ (*aeroplano*) airplane ❷ (*antenna*) aerial

aereo, -a <-ei, -ee> *adj* air; **biglietto ~** plane ticket; **linea -a** AERO airline; EL, TEL overhead cable; **rotta -a** flight path; **spazio ~** airspace; **per via -a** by airmail

aerobus ['a:·e·ro·bus] <-> *m* airbus

aerodinamico, -a [a·e·ro·di·'na:·mi·ko] <-ci, -che> *adj* aerodynamic; (*carrozzeria*) streamlined; **resistenza -a** air resistance

aerodromo [a·e·'rɔ:·dro·mo] *m* airfield

aerogramma [a·e·ro·'gram·ma] <-i> *m* airmail letter

aerolinea [a·e·ro·'li:·nea] *f* airline

aeronautica [a·e·ro·'nau·ti·ka] *f* aeronautics; **~ civile** civil aviation; **~ militare** air force

aeronautico, -a [a·e·ro·'nau·ti·ko] <-ci, -che> *adj* aeronautical

A

aeroplano [a·e·ro·'plaː·no] *m* airplane; **~ da turismo** private plane

aeroporto [a·e·ro·'pɔr·to] *m* airport

aeroportuale [a·e·ro·por·tu·'aː·le] I. *mf* airport staff II. *adj* airport; **tassa ~** airport tax

aeropostale [a·e·ro·pos·'taː·le] I. *adj* air mail II. *m* mail plane

aerosol [a·e·ro·'sɔl] <-> *m* ① (*sistema*) aerosol ② (*contenitore*) inhaler

aerospazio [a·e·ro·'spat·tsio] <-zi> *m* airspace

aerostatico, -a [a·e·ro·'staː·ti·ko] <-ci, -che> *adj* aerostatic; **pallone ~** (hot-air) balloon

aerostato [a·e·'rɔ·sta·to] *m* (hot-air) balloon; (*fisso*) captive balloon; (*dirigibile*) airship

aerostazione [a·e·ro·stat·'tsioː·ne] *f* (airport) terminal

aerotrasporto [a·e·ro·tras·'pɔr·to] *m* air transportation

afa ['aː·fa] *f* mugginess; **c'è ~** it's muggy

affabile [af·'faː·bile] *adj* friendly

affabilità [af·fa·bi·li·'ta] <-> *f* friendliness

affaccendarsi [af·fat·tʃen·'dar·si] *vr* **~ a fare qc** to be busy doing sth

affacciarsi [af·fat·'tʃar·si] *vr* **~ alla finestra** to look out of the window

affamato, -a [af·fa·'maː·to] I. *adj* a. *fig* hungry; **essere ~ di qc** to be hungry for sth II. *m, f* hungry person

affannare [af·fan·'naː·re] I. *vt* ① (*dare affanno*) to make breathless ② *fig* (*procurare pena*) to worry II. *vr:* **-rsi** ① (*provare affanno*) to pant ② *fig* (*affaticarsi*) **-rsi a fare qc** to go to the trouble of doing sth ③ *fig* (*preoccuparsi*) to worry

affanno [af·'fan·no] *m* ① (*difficoltà di respiro*) breathlessness ② *fig* (*preoccupazione*) worry

affare [af·'faː·re] *m* ① (*faccenda*) matter; **non è ~ tuo!** it's none of your business!; **sono -i miei** it's my business ② COM deal; **concludere un ~ con qu** to make a deal with sb; **essere in -i con qu** to be doing business with sb; **par-lare d'-i** to talk business; **uomo d'-i** businessman; **viaggio d'-i** business trip ③ (*occasione, bargain*; **fare un ~** to get a bargain ④ GIUR case ⑤ *inf* (*cosa*) thing majig

affarone [af·fa·'roː·ne] *m* *inf* very good deal

affascinante [af·faʃ·ʃi·'nan·te] *adj* attractive

affascinare [af·faʃ·ʃi·'naː·re] *vt* (*attrarre*) to charm

affaticamento [af·fa·ti·ka·'men·to] *m* tiredness

affaticare [af·fa·ti·'kaː·re] I. *vt* to tire II. *vr:* **-rsi** to tire oneself out

affatto [af·'fat·to] *adv* **niente** [*o* **non**] **~** not at all

affermare [af·fer·'maː·re] I. *vt* ① (*dire di sì*) to answer in the affirmative ② (*sostenere*) to claim ③ GIUR (*innocenza*) to protest; (*diritto*) to assert II. *vr:* **-rsi** (*persona*) to establish oneself; (*moda*) to become popular

affermazione [af·fer·mat·'tsioː·ne] *f* ① (*sì*) **rispondere con un'~** to answer in the affirmative ② (*asserzione*) statement ③ (*di diritti*) assertion ④ (*di persona, squadra*) success

afferrare [af·fer·'raː·re] I. *vt* ① (*prendere*) to grab ② *fig* (*occasione*) to seize ③ *fig* (*senso, idea*) to grasp II. *vr:* **-rsi** a. *fig* **-rsi a qc** to cling to sth

affettare [af·fet·'taː·re] *vt* to slice

affettato [af·fet·'taː·to] *m* cold cuts

affettato, -a *adj* affected

affettivo, -a [af·fet·'tiː·vo] *adj* emotional

affetto [af·'fɛt·to] *m* fondness; **provare ~ per qu** to be fond of sb; **'con ~'** (*nelle lettere*) 'with love'

affetto, -a *adj* **essere ~ da qc** to suffer from sth

affettuoso, -a [af·fet·tu·'oː·so] *adj* (*persona*) affectionate; (*parole*) fond; **'un saluto ~'** (*nelle lettere*) 'love'

affezionarsi [af·fet·tsio·'naːr·si] *vr* **~ a qu** to grow fond of sb; **~ a qc** to take a liking to sth

affezionato, -a [af·fe·zio·'na:·to] *adj* **essere ~ a qu** to be fond of sb

affezione [af·fet·'tsio:·ne] *f* (*sentimento*) affection

affiancare [af·fiaŋ·'ka:·re] I. *vt* ① (*mettere a lato*) to place side by side ② MIL to flank II. *vr* **-rsi a qu** to draw level with sb

affibbiare [af·fib·'bia:·re] *vt* ~ **qc a qu** (*compito, multa*) to saddle sb with sth; (*nomignolo, colpa*) to pin sth on sb

affidabile *adj* reliable

affidabilità [af·fi·da·bi·li·'ta] <-> *f* reliability

affidamento [af·fi·da·'men·to] *m* ① (*fiducia*) trust; **dare ~** to seem reliable; **fare ~ su qu** to rely on sb ② GIUR (*di minori*) fostering; **ottenere l'~ di un minore** to foster a child

affidare [af·fi·'da:·re] I. *vt* ~ **qc a qu** to entrust sth to sb II. *vr:* **-rsi; -rsi a qu** to put oneself in sb's hands

affido [af·'fi:·do] *m* fostering; **dare un bambino in ~** to give a child to a foster family; **prendere un bambino in ~** to foster a child

affievolire [af·fie·vo·'li:·re] <affievolisco> I. *vt* (*interesse*) to weaken II. *vr:* **-rsi** (*fuoco*) to die down; (*luce*) to fade

affiggere [af·'fid·dʒe·re] <affiggo, affissi, affisso> *vt* to stick up

affilare [af·fi·'la:·re] I. *vt* ① (*coltello*) to sharpen ② *fig* (*lineamenti*) to make thinner II. *vr:* **-rsi** (*dimagrire*) to get thinner

affilato, -a [af·fi·'la:·to] *adj* ① (*coltello*) sharp ② *fig* (*lingua*) sharp ③ (*naso*) pointed; (*volto*) thin

affiliare [af·fi·'lia:·re] I. *vt* (*associare*) to link II. *vr:* **-rsi; -rsi a qc** to join sth

affiliata *f* FIN (*società*) affiliated

affinché [af·fiŋ·'ke] *conj* so that

affine [af·'fi:·ne] I. *adj* (*prodotto*) related; (*materia*) similar II. *mf* (*parente del coniuge*) in-law

affinità [af·fi·ni·'ta] <-> *f a.* CHIM (*somiglianza*) affinity

affiorare [af·fio·'ra:·re] *vi* essere ① (*spuntare*) ~ **da** to stick (up) out of

② *fig* (*problema*) to emerge; **~ alla mente** (*dubbio, pensiero*) to come to mind

affissi [af·'fis·si] *1. pers sing pass rem di* **affiggere**

affissione [af·fis·'sio:·ne] *f* (*di manifesti, cartelli*) billposting; **divieto d'~** post no bills

affisso¹ [af·'fis·so] *pp di* **affiggere**

affisso² *m* (*avviso*) notice

affittacamere [af·fit·ta·'ka:·me·re] <-> *mf* landlord, landlady

affittare [af·fit·'ta:·re] *vt* ① (*dare in affitto*) to rent (out); **"affittasi alloggio ammobiliato"** "furnished house for rent" ② (*prendere in affitto*) to rent

affitto [af·'fit·to] *m* rental; **dare in ~** to rent (out); **prendere in ~** to rent

affittuario, -a [af·fit·tu·'a:·ri·o] <-i, -ie> *m, f* (*di immobile*) tenant; (*di terreno*) tenant farmer

affliggere [af·'flid·dʒe·re] <affliggo, afflissi, afflitto> I. *vt* to trouble II. *vr:* **-rsi** to worry

afflizione [af·flit·'tsio:·ne] *f* ① (*tristezza*) sadness ② (*tristezza*) trouble

affluenza [af·flu·'ɛn·tsa] *f* (*di persone*) influx; (*di traffico*) flow; **~ alle urne** turnout

affluire [af·flu·'i:·re] <affluisco> *vi* essere ① (*persone*) to pour in ② (*liquidi*) to flow

afflusso [af·'flus·so] *m* ① (*di persone*) influx ② (*di liquidi*) flow

affogare [af·fo·'ga:·re] I. *vi, vt* to drown II. *vr:* **-rsi** to drown oneself

affogato, -a [af·fo·'ga:·to] I. *adj* ① (*annegato*) drowned ② CULIN **gelato ~ al caffè** hot coffee with ice cream; **uova -e** poached eggs II. *m, f* body of a drowned person

affollato, -a *adj* crowded

affondare [af·fon·'da:·re] I. *vt* ① *avere* (*nave*) to sink ② (*nell'acqua, nella neve*) ~ **qc in qc** to plunge sth into sth II. *vi* essere ① (*nave*) to sink ② ~ **in qc** (*nell'acqua, nella neve*) to sink into sth

affrancare [af·fraŋ·'ka:·re] I. *vt* ① (*posta*) to frank ② (*liberare: schiavo*) to free **II.** *vr:* **-rsi**; **-rsi dalla schiavitù di qc** (*fumo, droga, gioco*) to put an end to one's addiction to sth

affrancatura [af·fraŋ·ka·'tu:·ra] *f* ① (*operazione*) franking ② (*tassa*) postage

affrescare [af·fres·'ka:·re] *vt* to decorate with frescoes

affresco [af·'fres·ko] <-schi> *m* fresco

affrettare [af·fret·'ta:·re] **I.** *vt* ① (*sveltire*) ~ **il passo** to hurry up ② (*anticipare: arrivo*) to bring forward **II.** *vr:* **-rsi** to hurry (up); **-rsi a fare qc** to hurry to do sth

affrettato, -a [af·fret·'ta:·to] *adj* ① (*veloce: passo*) quick ② *pej* (*mal fatto: lavoro*) rushed ③ (*frettoloso*) hasty

affrontare [af·fron·'ta:·re] **I.** *vt* ① (*andare incontro a: pericolo, paura*) to face ② (*discutere: problema*) to tackle ③ (*sostenere: spesa*) to incur **II.** *vr:* **-rsi** ① (*scontrarsi: eserciti*) to clash ② SPORT (*pugili, squadre*) to face up to one another

affumicare [af·fu·mi·'ka:·re] *vt* (*pesce, carne, prosciutto*) to smoke

affumicato, -a [af·fu·mi·'ka:·to] *adj* ① (*pesce, carne*) smoked ② (*vetri, lenti, occhiali*) tinted

affusolato, -a [af·fu·so·'la:·to/af·fu·zo·'la:·to] *adj* ① (*magro: dita, mano*) slender ② (*pantaloni*) tapered; (*corpo, forma*) tapering

afoso, -a [a·'fo:·so] *adj* (*tempo*) muggy

Africa ['a:·fri·ka] *f* Africa

africano, -a [a·fri·'ka:·no] **I.** *adj* African **II.** *m, f* African

afterhour [a:fte·'aʊe] *m* late night club

agenda [a·'dʒɛn·da] *f* ① (*libretto*) diary ② (*elenco di argomenti*) agenda ③ COMPUT ~ **elettronica** personal organizer

agente [a·'dʒɛn·te] **I.** *mf* ① *a.* COM agent; ~ **di assicurazione** insurance agent; ~ **di cambio** stockbroker; ~ **di commercio** sales representative; ~ **immobiliare** realtor ② (*guardia*) (police) officer; ~ **investigativo** detective **II.** *m* ① MED, CHIM agent ② *pl* METEO **-i atmosferici** weather

agenzia [a·dʒen·'tsi:·a] <-ie> ① (*ufficio*) agency; ~ **di cambio** bureau de change; ~ (**di**) **viaggi** travel agency ② (*filiale*) branch

agevolare [a·dʒe·vo·'la:·re] *vt* ① (*render facile*) to facilitate ② (*favorire*) to make easier ③ (*aiutare*) to help

agevolazione [a·dʒe·vo·lat·'tsio:·ne] *f* **-i special terms; -i fiscali** tax relief

agevole [a·'dʒe:·vo·le] *adj* ① (*comodo*) smooth ② (*facile*) easy

agganciare [ag·gan·'tʃa:·re] *vt* ① (*unire: vagone*) to couple ② (*riappendere: telefono*) to hang up

aggancio [ag·'gan·tʃo] <-ci> *m* ① (*collegamento*) attachment ② *fig* (*conoscenze*) contact

aggeggio [ad·'dʒed·dʒo] <-ggi> *m* thing(amajig)

aggettivo [ad·dʒet·'ti:·vo] *m* LING adjective

agghiacciante [ag·giat·'tʃa:n·te] *adj* (*scena*) chilling; (*urlo*) bloodcurdling

aggiornamento [ad·dʒor·na·'men·to] *m* ① (*perfezionamento: di docenti*) in-service training; **corsi di ~** refresher courses ② (*revisione: di testo*) updating; ~ **dati** data updating ③ (*rinvio: di seduta*) adjournment

aggiornare [ad·dʒor·'na:·re] **I.** *vt* avere ① (*attualizzare: testo*) to update ② (*adeguare: prezzi*) to revise ③ (*mettere al corrente: persona*) to bring up to date ④ (*rinviare: seduta, processo*) to adjourn **II.** *vr:* **-rsi** (*mettersi al corrente*) to keep up to date; **ci aggiorniamo?** let's keep in touch!

aggirare [ad·dʒi·'ra:·re] **I.** *vt* ① (*circondare*) to go around ② *fig* (*evitare: ostacolo*) to get around ③ *fig* (*ingannare*) to con **II.** *vr:* **-rsi** ① (*andare in giro*) to wander around ② **-rsi intorno a** [*o su*] **qc** (*approssimarsi*) to be around sth

aggiudicare [ad·dʒu·di·'ka:·re] **I.** *vt* ① (*assegnare*) to award ② (*nelle aste*) to sell **II.** *vr:* **-rsi** ① (*ottenere*) to win ② (*nelle aste*) to buy

aggiungere [ad·'dʒun·dʒe·re] <irr> **I.** *vt* ① ~ **qc a qc** to add sth to sth

A

⊚ (*soggiungere*) to add II. *vr:* **-rsi** (*unirsi*) to be added

aggiunta [ad·'dʒun·ta] *f* ❶ (*aumento*) addition ❷ (*in libri*) **-e al testo** additions to the text

aggiunto, -a [ad·'dʒun·to] I. *pp di* **aggiungere** II. *adj* (*medico, insegnante*) assistant III. *m, f* (*sostituto*) assistant; **~ giudiziario** *magistrate who is at the first stage of a judicial career*

aggiustare [ad·dʒus·'ta:·re] I. *vt* ❶ (*riparare*) to repair; (*vestito*) to alter ⊚ (*mettere in ordine*) to tidy; (*abiti*) to straighten II. *vr:* **-rsi** *inf* (*adattarsi*) to get by

aggrapparsi [ag·grap·'pa:r·si] *vr:* **-rsi** (**a qu/qc**) *a. fig* to cling onto (sb/sth)

aggravare [ag·gra·'va:·re] I. *vt* GIUR (*pena*) to increase II. *vr:* **-rsi** (*malattia*) to get worse

aggredire [ag·gre·'di:·re] <aggredisco> *vt* ❶ (*persona*) to attack ❷ (*affrontare: problema*) to tackle

aggreditrice *f v.* **aggressore**

aggregare [ag·gre·'ga:·re] I. *vt* (*riunire*) to get together II. *vr* (*unirsi*) **-rsi a qu/qc** to join sb/sth

aggregato, -a *adj* ❶ (*aggiunto: socio*) associate ❷ (*distaccato provvisoriamente: funzionario*) attached

aggressione [ag·gres·'sio:·ne] *f* ❶ (*assalto*) assault; **~ a mano armata** armed assault ❷ MIL aggression

aggressività [ag·gres·si·vi·'ta] <-> *f* aggressiveness

aggressivo, -a *adj* ❶ (*violento*) aggressive ❷ (*scattante: auto*) dynamic ❸ (*che attacca*) attacking; (*sciatore*) daring

aggressore, aggreditrice [ag·gres·'so:·re, ag·gre·di·'tri:·tʃe] I. *adj* aggressor II. *m, f* attacker

aggrinzire [ag·grin·'tsi:·re] I. *vt* (*pelle*) to wrinkle II. *vr:* **-rsi** (*pelle*) to wrinkle (up)

aggrottare [ag·grot·'ta:·re] *vt* **~ la fronte** to frown

aggrovigliare [ag·gro·viʎ·'ʎa:·re] I. *vt* (*fili*) to tangle II. *vr:* **-rsi** ❶ (*fili*) to be-

come tangled ❷ *fig* (*situazione*) to become complicated; (*pensieri*) to become confused

agguato [ag·'gua:·to] *m* ambush; **stare in ~** to lie in wait; **tendere un ~ a qu** to set a trap for sb

agiatezza [a·dʒa·'tet·tsa] *f* ❶ (*ricchezza*) prosperity ❷ (*comodità*) comfort

agiato, -a [a·'dʒa:·to] *adj* ❶ (*benestante*) well-off ❷ (*vita, casa*) comfortable

agibile [a·'dʒi:·bi·le] *adj* (*edificio*) habitable; (*strada*) passable

agile ['a·dʒi·le] *adj* ❶ *a. fig* (*persona*) agile ❷ (*veloce*) speedy

agilità [a·dʒi·li·'ta] <-> *f a. fig* (*di persona*) agility

agio ['a·dʒo] <-gi> *m* (*comodo*) comfort; **trovarsi a proprio ~** to feel comfortable; **mettiti a tuo ~!** make yourself comfortable!

AGIP ['a:·dʒip] *f acro di* **Azienda Generale Italiana Petroli** *Italian Gas Company*

agire [a·'dʒi:·re] <agisco> *vi* ❶ (*operare*) to act ❷ (*comportarsi*) to behave; **~ bene/male** to behave well/badly ❸ GIUR **~ (contro qu)** to take action (against sb)

agitare [a·dʒi·'ta:·re] I. *vt* ❶ (*scuotere: bottiglia*) to shake; (*braccia*) to wave; (*coda*) to wag; **~ prima dell'uso** shake before use ❷ *fig* (*eccitare: gente*) to agitate II. *vr:* **-rsi** ❶ (*rigirarsi*) to toss and turn ❷ (*mare*) to get rough ❸ *fig* (*turbarsi*) to get upset

agitato, -a [a·dʒi·'ta:·to] *adj* ❶ (*mare*) rough ❷ (*discussione*) animated ❸ (*turbato: persona*) worried

agitazione [a·dʒi·tat·'tsio:·ne] *f* ❶ (*turbamento*) unrest; **mettere in ~** to upset ❷ POL protest; **stato di ~ sindacale** industrial action

agli ['aʎ·ʎi] *prep* = **a + gli** *v. a*

aglio ['aʎ·ʎo] <-gli> *m* garlic

agnello [aɲ·'nɛl·lo] *m* lamb; **~ arrosto** roast lamb

agnolotti [aɲ·no·'lɔt·ti] *mpl* type of round or square filled pasta

A

ago ['a:·go] <-ghi> *m* needle; (*da maglia*) (knitting) needle

agonia [a·go·'ni:·a] <-ie> *f* ● MED death throes ● *fig* (*angoscia*) torture

agonismo [a·go·'niz·mo] *m* competitiveness

agonistico, -a [a·go·'nis·ti·ko] <-ci, -che> *adj* SPORT competitive

agonizzare [a·go·nid·'dza:·re] *vi* to be dying

agopuntura [a·go·pun·'tu:·ra] *f* acupuncture

agosto [a·'gos·to] *m* August; *v.a.* **aprile**

agraria [a·'gra:·ria] *f* agriculture

agrario, -a [a·'gra:·rio] <-i, -ie> *adj* agricultural

agricolo, -a [a·'gri:·ko·lo] *adj* agricultural

agricoltore [a·gri·kol·'to:·re] *m* farmer

agricoltura [a·gri·kol·'tu:·ra] *f* agriculture

agrifoglio [a·gri·'fɔʎ·ʎo] *m* holly

agrigentino, -a [a·gri·dʒen·'ti:·no] I. *adj* from Agrigento II. *m, f* (*abitante*) person from Agrigento

Agrigento *f* Agrigento, *town in Sicily*

agriturismo [a·gri·tu·'riz·mo] *m* ● (*attività*) agritourism ● (*azienda*) agritourism farm

agriturista [a·gri·tu·'ris·ta] <-i *m*, -e *f*> *mf* agritourist

agrituristico, -a [a·gri·tu·'ris·ti·ko] <-ci, -che> *adj* (*ristorante, centro, operatore*) agritourist; **azienda -a** agritourist business

agro ['a:·gro] *m* ● (*sapore aspro*) sharpness; **all'~** CULIN with lemon or vinegar ● (*campagna*) countryside

agro, -a ['a:·gro] *adj a. fig* sharp; **in ~** CULIN with lemon or vinegar

agrodolce [a·gro·'dol·tʃe] *adj* bittersweet; **in ~** CULIN sweet-and-sour

agrume [a·'gru:·me] *m* ● (*frutto*) citrus fruit ● (*pianta*) citrus

aguzzare [a·gut·'tsa:·re] *vt a. fig* (*rendere appuntito*) to sharpen; **~ le orecchie** to listen carefully; **~ la vista** to look carefully

aguzzo, -a [a·'gut·tso] *adj* ● (*denti*)

sharp ● (*a punta: naso*) pointed ● *fig* (*occhi*) piercing

ah [a] *interj* oh

ahimè [ai·'mɛ] *interj* alas

ai ['a:i] *prep* = **a + i** *v.* **a**

AIDO *f acro di* **Associazione Italiana Donatori Organi** *Italian Association of Organ Donors*

AIDS *m acro di* **Acquired Immune Deficiency Syndrome** AIDS

AIG ['a:ig] *f acro di* **Associazione Italiana Alberghi per la Gioventù** *Italian Association of Youth Hostels*

aiola [a·'iɔ:·la] *f* flowerbed

airone [ai·'ro:·ne] *m* heron

aitante [ai·'tan·te] *adj* (*atletico*) vigorous

aiuola [a·'iu·ɔ:·la] *v.* **aiola**

aiutante [a·iu·'tan·te] *mf* ● (*collaboratore*) assistant ● MIL adjutant

aiutare [a·iu·'ta:·re] I. *vt* ● (*assistere*) **~ qu** (**a fare qc**) to help sb (do sth) ● (*favorire*) to aid II. *vr:* **-rsi** to try hard

aiuto [a·'iu:·to] *m* ● (*assistenza, soccorso*) help; **~!** help!; **correre in ~ a qu** to go to sb's aid; **essere di ~ a qu** to help sb ● (*collaboratore*) assistant; **~ medico** ≈ resident (*relatively junior hospital doctor*); **~ regista** assistant director ● *pl* aid

al [al] = **a + il** *v.* **a**

ala ['a:·la] <-i> *f a.* ARCH, SPORT (*di uccello, aereo*) wing; **~ destra/sinistra** right/left wing

à la coque [a la 'kɔk] <inv> *adj* **uovo ~** soft-boiled egg

alano [a·'la:·no] *m* Great Dane

alba ['al·ba] *f* dawn; **all'~** at dawn

albanese [al·ba·'ne:·se] I. *adj* Albanian II. *mf* Albanian

Albania [al·ba·'ni:·a] *f* Albania

alberato, -a [al·be·'ra:·to] *adj* (*viale, piazza*) tree-lined

albergare [al·ber·'ga:·re] I. *vt* ● (*alloggiare*) to stay ● *fig* (*sentimenti*) to nurse II. *vi* to stay

albergatore, -trice [al·ber·ga·'to:·re] *m, f* hotel owner

alberghiero, -a [al·ber·'giɛ:·ro] *adj*

(*istituto, settore*) hotel; **l'industria -a** the hotel industry

albergo [al·'bɛr·go] <-ghi> *m* (*hotel*) hotel; **~ per la gioventù** youth hostel; **~ diurno** *public baths that offer various services*

albero ['al·be·ro] *m* ❶ BOT tree; **~ di Natale** Christmas tree ❷ NAUT mast ❸ TEC shaft; **~ motore** crankshaft

albicocca [al·bi·'kɔk·ka] <-cche> *f* apricot

albicocco [al·bi·'kɔk·ko] <-cchi> *m* apricot (tree)

albino, -a [al·'bi:·no] I. *adj* albino II. *m, f* albino

albo ['al·bo] *m* ❶ (*bacheca*) bulletin board ❷ (*registro*) register; **~ dei medici** medical register; **l'~ d'oro** honor roll ❸ (*libro illustrato*) album

albume [al·'bu:·me] *m* egg white

alcalino, -a [al·ca·'li:·no] *adj* (*sostanza, batteria*) alkaline

alco(o)l ['al·kol ('alkool)] <-> *m a.* CHIM alcohol

alco(o)lico [al·'kɔ:·li·ko (alko'ɔ:liko)] <-ci> *m* (*bevanda*) alcohol; **"non si servono -ci"** "we do not serve alcohol"

alco(o)lico, -a <-ci, -che> *adj* (*bevanda, sostanza*) alcoholic

alco(o)lismo [al·ko·'liz·mo (al·ko·'ɔ·li·zmo)] *m* alcoholism

alco(o)lizzato, -a [al·ko·lid·'dza:·to] I. *adj* drunk II. *m, f* alcoholic

alco(o)ltest [al·kol·'tɛst (alko·ɔːl·'tɛst)] <-> *m* Breathalyzer®

alcun, alcun' [al·'kun] *v.* **alcuno**

alcuno, -a [al·'ku:·no] I. *adj* ❶ (*nessuno*) no; **non c'è alcun problema** there's no problem ❷ *pl* (*qualche*) some; **devo fare -e cose** I have to do a few things; **-i consigli utili** some useful advice II. *pron indef* ❶ (*nessuno*) any; **non ne ho visto ~** I haven't seen any of them ❷ *pl* (*qualche*) some (of them); **-i ci danno la mano** some of them help us

alé [a'·le] *interj inf* come on; **~ Juve!** come on Juve!

aletta [a·'let·ta] *f* (*di pesce*) fin; (*di frec-*

cia) feather; (*di tasca*) flap; **~ parasole** AUTO visor

alfa ['al·fa] <-> *f* (*lettera*) alpha

alfabetico, -a [al·fa·'bɛ:·ti·ko] <-ci, -che> *adj* (*elenco*) alphabetical; **in ordine ~** in alphabetical order

alfabetizzare [al·fa·be·tid·'dza:·re] *vt* (*alunni*) to teach to read

alfabetizzazione [al·fa·be·tid·dzat·'tsio:·ne] *f* (*di adulti*) literacy

alfabeto [al·fa·'bɛ:·to] *m* alphabet

alfiere [al·'fiɛ:·re] *m* ❶ (*portabandiera*) standard-bearer ❷ (*negli scacchi*) bishop

algebrico, -a [al·'dʒɛ:·bri·ko] <-ci, -che> *adj* (*calcolo*) algebraic

aliante [a·'li·an·te] *m* glider

alice [a·'li:·tʃe] *f* anchovy

alieno, -a [a·'liɛ:·no] *adj* **essere ~ da qc** (*privo di*) to be free from sth

alimentare¹ [a·li·men·'ta:·re] *adj* (*prodotto, additivo*) food; **generi -i** foodstuffs

alimentare² I. *vt* ❶ (*nutrire*) to feed ❷ (*motore, computer*) to power ❸ *fig* (*mantenere vivo: interesse*) to fuel II. *vr*: **-rsi** to eat

alimentari [a·li·men·'ta:·ri] <-> *m* (*negozio*) grocery store

alimentazione [a·li·men·tat·'tsio:·ne] *f* ❶ (*con cibo*) diet; **scienza dell'~** nutrition ❷ TEC (*fornitura*) **~ elettrica** electricity supply

alimento [a·li·'men·to] *m* ❶ (*cibo*) food ❷ *pl* GIUR alimony

aliquota [a·'li:·kuo·ta] *f* FIN rate

aliscafo [a·lis·'ka:·fo] *m* NAUT hydrofoil

alitare [a·li·'ta:·re] *vi* ❶ (*respirare*) to breathe ❷ *fig* (*soffiare: vento*) to blow

alito ['a·li·to] *m a. fig* breath; **aver l'~ cattivo** to have bad breath

all. *abbr di* **allegato, -i** attached

all', alla [all, 'al·la] *prep =* **a + l', la** *v. a*

allacciamento [al·lat·tʃa·'men·to] *m* ❶ TEC (*elettrico, del gas*) connection ❷ FERR **~ ferroviario** rail link

allacciare [al·la·'tʃa:·re] I. *vt* ❶ (*scarpe*) to lace; (*cappotto*) to do up ❷ TEC (*collegare*) to connect ❸ *fig* (*stringere: ami-*

A

cizia) to make II. vr (cappotto) to do up; (scarpe) to lace; **-rsi la cintura (di sicurezza)** to fasten one's seat belt

allagamento [al·la·ga·'men·to] m flooding

allagare [al·la·'ga:·re] vt to flood

allargare [al·lar·'ga:·re] I. vt ① (rendere più largo) to make wider; (strada) to widen; (vestito) to let out ② (braccia) to spread II. vr: **-rsi** ① (diventare più largo) to get wider ② fig (ampliarsi) to expand ③ fig (estendersi: protesta) to spread

allarmare [al·lar·'ma:·re] I. vt ① (dare l'allarme a) to alert ② fig (mettere in agitazione) to alarm II. vr: **-rsi** to become alarmed

allarme [al·'lar·me] m alarm; ~ **antifurto** burglar alarm

allarmismo [al·lar·'miz·mo] m pej ① (stato di allarme) panic ② (tendenza ad allarmare) alarmism, scaremongering

alle ['al·le] prep = **a + le** v. **a**

alleanza [al·le·'an·tsa] f alliance

allearsi [al·le·'ar·si] vr ~ **a** [o **con**] **qu** to ally oneself with sb

alleato, -a [al·le·'a:·to] I. adj allied; HIST Allied II. m, f ally; **gli -i** HIST the Allies

allegare [al·le·'ga:·re] vt to attach; ~ **qc a qc** to attach sth to sth

allegato [al·le·'ga:·to] m attachment; **in** ~ attached

allegato, -a adj attached

alleggerire [al·led·dʒe·'ri:·re] <alleggerisco> I. vt ① (rendere leggero) to make lighter ② fig (rendere tollerabile) to lighten ③ scherz (derubare) ~ **qu di qc** to relieve sb of sth II. vr: **-rsi** (diventare leggero) to become lighter; **-rsi di qc** (peso) to relieve oneself of sth

allegria [al·le·'gri:·a] <-ie> f cheerfulness

allegro, -a adj (carattere, persona, colore) cheerful; **essere un po' ~** inf to be merry

allenamento [al·le·na·'men·to] m training; **esser fuori** ~ to be out of shape; **tenersi in** ~ to keep in shape

allenare [al·le·'na:·re] I. vt ① (atleta, squadra) to train ② (cuore, muscoli) to strengthen II. vr: **-rsi** to train; **-rsi (per** [o **a**] **qc)** to train for sth

allenatore, -trice [al·le·na·'to:·re] m, f (tecnico) coach

allentare [al·len·'ta:·re] I. vt ① (rendere meno stretto) to loosen ② (diminuire) to slacken II. vr: **-rsi** ① (divenire lento) to come loose ② (diminuire) to slacken

allergia [al·ler·'dʒi:·a] <-gie> f allergy

allergico, -a [al·'lɛr·dʒi·ko] <-ci, -che> adj a. fig, scherz **essere** ~ **(a qc)** to be allergic (to sth)

allergologo, -a [al·ler·'gɔ:·lo·go] <-gi, -ghe> m, f MED allergist

allerta [al·'lɛr·ta] adv **stare** ~ to be alert

allestimento [al·les·ti·'men·to] m ① (approntamento) preparation ② FILM, THEAT production

allestire [al·les·'ti:·re] <allestisco> vt ① (pranzo, festa) to hold ② (vetrina) to dress ③ THEAT (spettacolo) to put on

allevamento [al·le·va·'men·to] m ① (di bestiame) rearing; (di pesci) farming; (di piante) growing ② (luogo) farm ③ (di bambini) raising

allevare [al·le·'va:·re] vt ① (bestiame) to rear; (pesci) to farm; (piante) to grow ② (bambini) to raise

allevatore, -trice [al·le·va·'to:·re] m, f farmer; (di piante) grower

alleviare [al·le·'via:·re] vt to alleviate

allibito, -a [al·li·'bi:·to] adj appalled

allietare [al·lie·'ta:·re] vt (ospiti) to delight; (giornata, vita) to brighten

allievo, -a [al·'liɛ:·vo] m, f student

alligatore [al·li·ga·'to:·re] m alligator

allineare [al·li·ne·'a:·re] I. vt ① (disporre in linea) to line up ② (adeguare) to adjust ③ COMPUT (testi, punti) to align II. vr: **-rsi** ① (mettersi in linea) to line up ② (conformarsi) to align oneself with

allineato, -a adj COMPUT (testo) justified; ~ **a sinistra/destra** left/right justified ② POL aligned

allo ['al·lo] prep = **a + lo** v. **a**

alloggiare [al·lod·'dʒa:·re] I. vi ① (di-

morare: permanentemente) to live; (*temporaneamente*) to stay ❷ MIL to be quartered II. *vt avere* ❶ (*dare ospitalità a*) to put up ❷ (*contenere*) to contain ❸ MIL to accommodate

alloggio [al·'lɔd·dʒo] <-ggi> *m* ❶ *a.* MIL (*dimora*) accommodation; **vitto e ~** room and board ❷ (*appartamento*) apartment

allontanare [al·lon·ta·'na:·re] I. *vt* ❶ (*collocare lontano*) to move away ❷ (*dal posto di lavoro*) to dismiss; (*dalla scuola*) to expel II. *vr:* **-rsi** to move away

allora [al·'lo:·ra] I. *adv* then; **da ~ in poi** from then on; **fino ~** until then II. *conj* ❶ (*in questo caso*) then ❷ (*ebbene*) well

alluce ['al·lu·tʃe] *m* big toe

allucinante [al·lu·tʃi·'nan·te] *adj* terrible

allucinazione [al·lu·tʃi·nat·'tsio:·ne] *f* hallucination

alludere [al·'lu:·de·re] <alludo, allusi, alluso> *vi* **~ a qc** to refer to sth

alluminio [al·lu·'mi:·nio] <-i> *m* aluminum

allungare [al·lun·'ga:·re] I. *vt* ❶ (*accrescere di lunghezza*) to make longer; (*abito*) to lengthen; (*capelli*) to have extensions in; (*tavolo*) to extend; **~ il passo** to hurry up ❷ (*accrescere di durata*) to extend ❸ (*diluire: vino*) to water down ❹ (*loc*) **allungare le mani su qc** *fig* (*per rubare*) to steal sth II. *vr:* **-rsi** ❶ (*farsi più lungo*) to get longer ❷ (*crescere*) to get taller ❸ (*sdraiarsi*) to stretch out

allusi [al·'lu:·zi] *1. pers sing pass rem di* **alludere**

alluso [al·'lu:·zo] *pp di* **alludere**

alluvionale [al·lu·vio·'na:·le] *adj* **pianura ~** flood plain

alluvionato, -a [al·lu·vio·'na:·to] I. *adj* (*zona, città*) flooded II. *m, f* flood victim

alluvione [al·lu·'vio:·ne] *f a. fig* flood

almeno [al·'me:·no] I. *adv* at least II. *conj* if only

Alpi ['al·pi] *fpl* Alps; **nelle ~** in the Alps   **A**

alpinismo [al·pi·'niz·mo] *m* climbing

alpinista [al·pi·'nis·ta] <-i *m,* -e *f>* *mf* climber

alpinistico, -a [al·pi·'nis·ti·ko] <-ci, -che> *adj* (*sci, scalate*) alpine

alpino [al·'pi:·no] *m* member of the Italian Alpine troops

alpino, -a *adj* alpine; **soccorso ~** mountain rescue

alquanto [al·'kuan·to] I. *adv* (*piuttosto*) rather II. *adj* quite a few III. *pron indef* quite a few

alt¹ [alt] *interj* stop

alt² <-> *m* halt; **dare l'~** to call a halt

altalena [al·ta·'le:·na] *f* ❶ (*in bilico*) seesaw ❷ (*con le funi*) swing

altamente [al·ta·'men·te] *adv* highly

altare [al·'ta:·re] *m* altar; **~ maggiore** high altar

alterare [al·te·'ra:·re] I. *vt* ❶ (*modificare*) to change ❷ (*far guastare*) to spoil ❸ (*falsificare*) to falsify II. *vr:* **-rsi** ❶ (*modificarsi*) to change ❷ (*guastarsi*) to be spoiled ❸ *fig* (*turbarsi*) to get angry

alterazione [al·te·rat·'tsio:·ne] *f* ❶ (*modifica*) alteration ❷ (*falsificazione*) falsification ❸ (*deterioramento*) deterioration ❹ MED change ❺ *fig* (*turbamento*) irritation

alternanza [al·ter·'nan·tsa] *f* alternation

alternare [al·ter·'na:·re] I. *vt* (*medicine, attività*) to alternate II. *vr:* **-rsi** to alternate

alternativa [al·ter·na·'ti:·va] *f* ❶ (*possibilità di scegliere*) choice ❷ (*scelta*) alternative

alternativo, -a [al·ter·na·'ti:·vo] *adj* alternative

alternato, -a [al·ter·'na:·to] *adj* alternate

alterno, -a [al·'tɛr·no] *adj* alternate; **a settimane -e** every other week; **targhe -e** alternating license plates, *system of allowing only vehicles with either odd or even license plate numbers to travel on a particular day*

A altero, -a [al'tɛːro] *adj* proud
altezza [al'tet·tsa] *f* ❶ (*gener*) height ❷ MUS pitch ❸ (*livello*) essere all'~ to be up to it ❹ (*vicinanza*) proximity; all'~ di near ❺ (*larghezza di tessuti*) width ❻ (*titolo nobiliare*) Sua Altezza His/Her/Your Highness
altezzoso, -a [al·tet·'tso:·so] *adj* haughty
alticcio, -a [al'tit·tʃo] <-cci, -cce> *adj* (*ubriaco*) tipsy
altitudine [al·ti·'tu:·di·ne] *f* altitude
alto[1] ['al·to] *m* (*parte più elevata*) top; guardare in ~ to look up; mani in ~! hands up!; gli -i e i bassi the highs and lows; guardare qu dall'~ in basso to look down on sb
alto[2] *adv* mirare ~ to aim high
alto, -a <più alto *o* superiore, altissimo *o* supremo *o* sommo> *adj* ❶ (*edificio, albero*) tall; (*montagna, muro*) high ❷ (*statura*) tall; quanto sei ~? how tall are you? ❸ (*elevato: prezzo*) high ❹ (*allegro: morale*) high ❺ GEOG (*in luogo elevato*) upper; (*settentrionale*) northern ❻ (*profondo: acqua*) deep ❼ (*tessuto*) wide ❽ (*acuto: suono*) high ❾ *fig* (*eminente: carica*) high; -a società high society; -a moda high fashion; avere un ~ concetto di sé to have a high opinion of oneself ❿ (*loc*) -a stagione high season; -a finanza high finance
Alto Adige ['al·to 'a:·di·dʒe] *m* Alto Adige; Trentino ~ Trentino-Alto-Adige
altoatesino, -a [al·to·a·te·'zi:·no] I. *adj* from the Alto Adige II. *m, f* (*abitante*) person from the Alto Adige
altoparlante [al·to·par·'lan·te] *m* loudspeaker
altrettanto [al·tret·'tan·to] *adv* equally
altrettanto, -a I. *adj* as much, as many II. *pron indef* as much, as many; grazie ~! thanks, and the same to you!
altri ['al·tri] <inv, solo al *sing*> *pron indef* (*altra persona*) someone else
altrimenti [al·tri·'men·ti] *adv* ❶ (*in caso contrario*) otherwise ❷ (*in modo diverso*) differently

altro ['al·tro] *m* something else; che ~ vuoi? what else do you want?; dell'~ more; desidera ~? would you like anything else?; per ~ moreover; più che ~ above all; senz'~ of course; tra l'~ among other things; tutt'~ quite the contrary; l'un l'~ each other
altro, -a I. *adj* ❶ (*distinto*) different; in un ~ modo differently ❷ (*ulteriore*) another; un ~ caffè, per favore! another coffee please; un'-a volta again ❸ (*passato*) last; l'-a settimana last week; l'~ ieri the day before yesterday ❹ (*prossimo*) next; domani l'~ the day after tomorrow; quest'altr'anno nex year II. *pron indef* another; un giorno o l'~ one day or another; noi -i/voi -i us/you
altroché [al·tro·'ke] *interj* and how
altronde [al·'tron·de] *adv* d'~ on the other hand
altrove [al·'tro:·ve] *adv* somewhere else
altrui [al·'tru:i] <inv> *adj* other people's
altura [al·'tu:·ra] *f* ❶ (*luogo elevato*) high ground ❷ (*alto mare*) deep sea
alunno, -a [a·'lun·no] *m, f* student
alveare [al·ve·'a:·re] *m* beehive
alzare [al·'tsa:·re] I. *vt* ❶ (*gener*) to raise; (*peso*) to lift; (*bandiera*) to hoist; ~ il bicchiere to raise one's glass; ~ le spalle to shrug; ~ la cresta *fig* to get too big for one's britches; ~ il gomito *fig* to drink too much; non ~ un dito *fig* to not lift a finger; ~ la voce to raise one's voice ❷ (*muro*) to increase the height of II. *vr*: -rsi ❶ (*levarsi*) to get up ❷ (*sorgere: sole*) to rise ❸ (*aumentare: vento*) to get up
AM ❶ *abbr di* Aeronautica Militare ≈ USAF ❷ *abbr di* Modulazione d'Ampiezza AM
amabile [a·'ma:·bi·le] *adj* ❶ (*persona*) likable ❷ (*vino*) sweet
amaca [a·'ma:·ka] <-che> *f* hammock
amalgamare [a·mal·ga·'ma:·re] I. *vt* ❶ (*unire in lega: metalli*) to amalgamate ❷ (*colori, ingredienti*) to mix II. *vr*: -rsi (*ingredienti*) to mix; (*musiche*) to combine
amante [a·'man·te] I. *adj* essere ~ di

qc to be fond of sth II. *mf* lover; **è un ~ della buona tavola** he loves good food

amare [a·'ma:·re] I. *vt* to love II. *vr:* **-rsi** to love each other

amarena [a·ma·'rɛ:·na] *f* sour black cherry

amaretto [a·ma·'ret·to] *m* ① (*biscotto*) amaretto (*almond-flavored cookie*) ② (*liquore*) amaretto (*almond-flavored liqueur*)

amarezza [a·ma·'ret·tsa] *f fig* bitterness

amaro [a·'ma:·ro] *m* ① (*sapore*) bitter taste ② (*liquore*) *aromatic liqueur usually drunk after a meal* ③ *fig* bitterness

amaro, -a *adj* ① (*bibita, sapore*) bitter; **cioccolato ~** dark chocolate ② (*senza zucchero: caffè, tè*) without sugar

amarone [a·ma·'ro:·ne] *m* Amarone (*a dry red wine obtained from withered grapes from the Valpolicella region*)

amatoriale [a·ma·to·'ria:·le] *adj* amateur; **teatro ~** amateur dramatics

ambasciata [am·baʃ·'ʃa:·ta] *f* (*luogo*) embassy

ambasciatore, -trice [am·baʃ·ʃa·'to:·re] *m, f* ambassador

ambedue [am·be·'du:·e] I. <inv> *adj* both II. *pron* both

ambidestro, -a [am·bi·'dɛs·tro] *adj* (*guanto, tastiera*) that can be used with either hand

ambientale [am·bien·'ta:·le] *adj* environmental; **danni -i** environmental damage; **impatto ~** environmental impact; **tutela ~** environmental protection

ambientalismo [am·bien·ta·'liz·mo] *m* environmentalism

ambientalista [am·bien·ta·'lis·ta] <-i *m*, -e *f*> I. *mf* environmentalist II. *adj* (*associazione, politica*) environmental

ambientamento [am·bien·ta·'men·to] *m* (*adeguamento*) **periodo di ~** settling-in period

ambientare [am·bien·'ta:·re] I. *vt* LETT, FILM, THEAT to set II. *vr:* **-rsi** to settle in

ambientazione [am·bien·tat·'tsio:·ne] *f* FILM, THEAT setting

ambiente [am·'bien·te] *m* ① (*spazio*) place; **a temperatura ~** at room temperature ② BIO environment; **tutela dell'~** protection of the environment ③ (*stanza*) room ④ (*politico, internazionale*) circle; **sentirsi nel proprio ~** to feel at home

ambiguità [am·bi·gui·'ta] <-> *f* ① (*di testo*) ambiguity ② *pej* (*di comportamento*) duplicity

ambiguo, -a [am·'bi:·guo] <-i, -ie> *adj* ① (*testo*) ambiguous ② *pej* (*comportamento*) dishonest

ambire [am·'bi:·re] <ambisco> I. *vt* to desire II. *vi* ~ (**a qc**) to aspire (to sth)

ambito [am·'bi:·to] *m* field

ambivalente [am·bi·va·'lɛn·te] *adj* with more than one possible meaning

ambivalenza [am·bi·va·'lɛn·tsa] *f* ambivalence

ambizione [am·bit·'tsio:·ne] *f* ambition

ambizioso, -a [am·bi·'tsio:·so] *adj* ambitious

ambo ['am·bo] *m* (*nel gioco*) double

ambo, -a <inv *o* -i, -e> *adj* both; ~ [*o* -i] **i lati** both sides

ambosessi [am·bo·'sɛs·si] <inv> *adj* of either sex

ambrosiano, -a [am·bro·'zia:·no] *adj* Milanese

ambulante [am·bu·'lan·te] I. *adj* (*venditore, commercio*) traveling II. *mf* street vendor

ambulanza [am·bu·'lan·tsa] *f* ambulance

ambulatorio [am·bu·la·'tɔ:·rio] <-i> *m* (*medico, dentistico*) surgery

amen ['a:·men] *m* ① REL amen ② *inf* (*pazienza*) never mind

America *f* America; ~ **Latina** Latin America; ~ **Centrale** Central America; ~ **del Nord/Sud** North/South America

americano, -a [a·me·ri·'ka:·no] I. *adj* American II. *m, f* American

amianto [a·'mian·to] *m* asbestos

amichevole [a·mi·'ke:·vo·le] *adj* ① (*trattamento*) friendly ② (*accordo*) amicable

amicizia [a·mi·'tʃit·tsia] <-ie> *f* ① (*affetto*) friendship; **fare ~ con qu** to

A

make friends with sb ② *pl fig* (*relazioni*) friends

amico, -a [a·ˈmiː·ko] <-ci, -che> I. *m, f* ① (*conoscente*) friend; **~ intimo** [*o del cuore*] close friend; **~ di famiglia** family friend; **essere -ci per la pelle** to be great friends ② (*amante*) lover II. *adj* friendly

ammaccare [am·mak·ˈkaː·re] I. *vt* (*auto*) to dent II. *vr:* **-rsi** (*parti del corpo*) to bruise

ammaccatura [am·mak·ka·ˈtuː·ra] *f* ① (*deformazione*) dent ② (*contusione*) bruise

ammalarsi [am·ma·ˈlaːr·si] *vr:* **-rsi** to get sick; **-rsi di ...** to fall sick with ...

ammalato, -a [am·ma·ˈlaː·to] I. *adj* sick II. *m, f* sick

ammanettare [am·ma·net·ˈtaː·re] *vt* to handcuff

ammassare [am·mas·ˈsaː·re] I. *vt* ① (*oggetti*) to pile up ② (*raccogliere: truppe*) to mass ③ (*accumulare: ricchezze*) to amass II. *vr:* **-rsi** ① (*radunarsi*) to mass ② (*accumularsi*) to pile up

ammasso [am·ˈmas·so] *m* (*mucchio*) heap

ammazzare [am·mat·ˈtsaː·re] I. *vt* ① to kill ② *fig* (*affaticare*) to exhaust ③ (*loc*) **~ il tempo** to kill time II. *vr:* **-rsi** *a. fig* to kill oneself

ammenda [am·ˈmɛn·da] *f* ① (*multa*) fine ② *fig* (*riparazione*) **far ~ di qc** to make amends for sth

ammesso, -a [am·ˈmes·so] I. *adj* (*imprese, attività*) permitted; **~ che** +*conj* supposing II. *m, f* (*candidato*) **gli -i agli esami** candidates who are allowed to take the exams

ammettere [am·ˈmet·te·re] <irr> *vt* ① (*supporre*) to suppose ② (*riconoscere*) to admit ③ (*permettere*) to accept ④ (*accettare*) **~ a qc** to be allowed to do sth

amministrare [am·mi·nis·ˈtraː·re] *vt* ① ADMIN to administer; (*azienda*) to run; **~ un sito Internet** to manage a website ② *fig* (*tempo*) to organize

amministrativo, -a [am·mi·nis·tra·ˈtiː·vo] *adj* administrative

amministratore, -trice [am·mi·nistra·ˈtoː·re] *m, f* manager; **~ delegato** CEO

amministrazione [am·mi·nis·trat·ˈtsioː·ne] *f* ① (*gestione*) administration; **cose di ordinaria ~** *fig* normal events ② (*organi*) board; **~ comunale** local government; **~ pubblica** public administration ③ (*ufficio*) office

ammiraglio [am·mi·ˈraʎ·ʎo] <-gli> *m* admiral

ammirare [am·mi·ˈraː·re] *vt* to admire

ammiratore, -trice [am·mi·ra·ˈtoː·re] *m, f* admirer

ammirazione [am·mi·rat·ˈtsioː·ne] *f* admiration

ammirevole [am·mi·ˈreː·vo·le] *adj* admirable

ammisi [am·ˈmiː·zi] *1. pers sing pass rem di* **ammettere**

ammissibile [am·mis·ˈsiː·bi·le] *adj* allowable

ammissione [am·mis·ˈsioː·ne] *f* admission

ammobiliare [am·mo·bi·ˈliaː·re] *vt* to furnish

ammobiliato, -a *adj* furnished

ammodo [am·ˈmɔː·do] <inv> I. *adj* nice II. *adv* well

ammollo [am·ˈmɔl·lo] *m* (*di biancheria*) soaking; **lasciare in ~** to soak

ammoniaca [am·mo·ˈniː·a·ka] <-che> *f* ammonia

ammonimento [am·mo·ni·ˈmen·to] *m* ① (*avvertimento*) warning ② (*rimprovero*) reprimand

ammonire [am·mo·ˈniː·re] <ammonisco> *vt* ① to warn ② SPORT (*calciatore*) to book

ammonizione [am·mo·nit·ˈtsioː·ne] *f* ① warning ② SPORT (*di calciatore*) booking

ammontare¹ [am·mon·ˈtaː·re] *vi essere* **~ a qc** to add up to sth

ammontare² *m* (*totale*) total amount

ammorbidente [am·mor·bi·ˈdɛn·te] *m* fabric softener

ammorbidire [am·mor·bi'di:·re] <ammorbidisco> I. *vt* avere a. *fig* to soften II. *vr:* **-rsi** to soften

ammortizzatore [am·mor·tid·dza'to:·re] *m* AUTO shock absorber

ammucchiare [am·muk'kia:·re] I. *vt* (*oggetti*) to pile up II. *vr:* **-rsi** (*raccogliersi*) to crowd

ammucchiata [am·muk'kia:·ta] *f* ① *fig* jumble ② SPORT (*nel rugby*) scrum

ammuffire [am·muf'fi:·re] <ammuffisco> *vi essere* to go moldy

ammutolire [am·mu·to'li:·re] <ammutolisco> *vi essere* to be struck dumb

amniocentesi [am·nio·'tʃen·te·si] <-> *f* MED amniocentesis

amniotico, -a [am·ni·'ɔ:·ti·ko] <-ci, -che> *adj* ANAT amniotic; **liquido ~** amniotic fluid

amnistia [am·nis·'ti:·a] <-ie> *f* amnesty

amo ['a:·mo] *m* hook

amorale [a·mo·'ra:·le] *adj* amoral

amore [a·'mo:·re] *m* ① (*sentimento*) love; **~ materno** motherly love; **amor proprio** self esteem; **un ~ di casetta** a delightful house; **far l'~** [*o* **all'~**] **con qu** to make love to sb; **per ~ di qu** for sb's sake; **per amor di Dio!** for God's sake! ② (*persona*) love

amoreggiare [a·mo·red·dʒa:·re] *vi* to flirt

amorevole [a·mo·'re:·vo·le] *adj* loving

amoroso, -a [a·mo·'ro:·so] I. *adj* ① (*frase*) amorous ② **vita** ~ love life II. *m, f* (*innamorato*) boyfriend, girlfriend

ampère [ã·'pɛːr] <-> *m* amp

ampiezza [am·'piet·tsa] *f* ① (*larghezza: di strada*) width; (*di locale*) size ② (*estensione: di fenomeno*) scale ③ *fig* (*abbondanza: di particolari*) wealth

ampio, -a ['am·pio] <-i, -ie, amplissimo> *adj* ① (*spazioso: strada*) wide; (*locale*) large ② (*abbondante: abito*) loose ③ (*esauriente: spiegazione*) full ④ (*esteso: garanzia*) ample ⑤ (*loc*) **una persona di -e vedute** a broad-minded person

amplesso [am·'plɛs·so] *m* (*coito*) intercourse

ampliamento [am·pli·a·'men·to] *m* ① (*di edificio*) extension; (*di strada*) widening ② COMPUT (*di memoria*) expansion

ampliare [am·pli·'a:·re] I. *vt* ① (*edificio*) to extend; (*strada*) to widen ② COMPUT (*memoria*) to expand ③ (*conoscenza*) to broaden II. *vr:* **-rsi** (*prestazioni*) to expand

amplificare [am·pli·fi·'ka:·re] *vt* ① (*notizie*) to broadcast ② TEC to amplify

amplificatore [am·pli·fi·ka·'to:·re] *m* TEC amplifier

amplificazione [am·pli·fi·kat·'tsio:·ne] *f* TEC amplification

amplissimo [am·'plis·si·mo] *superlativo di* **ampio**

amputare [am·pu·'ta:·re] *vt* ① MED to amputate ② *fig* to cut

amputazione [am·pu·tat·'tsio:·ne] *f* ① MED amputation ② *fig* cutting

AN *f abbr di* **Alleanza Nazionale** National Alliance, *right-wing party*

anabbagliante [a·nab·baʎ'ʎan·te] I. *adj* (*faro*) dimmed II. *mpl* dimmed headlights *pl*

anagrafe [a·'na:·gra·fe] *f* ① (*registro*) register ② (*ufficio*) office of vital statistics

anagrafico, -a [a·na·'gra:·fi·ko] <-ci, -che> *adj* (*elenco ~*) register; **dati -i** personal data

anagramma [a·na·'gram·ma] <-i> *m* anagram

analcolico [an·al·'kɔ:·li·ko] <-ci> *m* non-alcoholic drink

analcolico, -a <-ci, -che> *adj* (*bevanda*) non-alcoholic

analfabeta [an·al·fa·'bɛ:·ta] <-i *m*, -e *f*> I. *mf* illiterate person II. *adj* (*adulto, popolazione*) illiterate

analfabetismo [an·al·fa·be·'tiz·mo] *m* illiteracy

analgesico [an·al·'dʒɛ:·zi·ko] <-ci> *m* analgesic

analisi [a·'na:·li·zi] <-> *f* analysis; **fare**

A

l'~ **della situazione** to analyze the situation

analista [a·na·'lis·ta] <-i *m*, -e *f*> *mf* PSYCH, CHIM analyst; ~ **di sistemi** COMPUT systems analyst

analizzare [a·na·lid·'dza:·re] *vt* to analyze

anallergico, -a [an·al·'lɛr·dʒi·ko] *adj* hypoallergenic

analogico, -a [a·na·'lɔ:·dʒi·ko] <-ci, -che> *adj (telefono)* analog

analogo, -a [a·'na:·lo·go] <-ghi, -ghe> *adj* similar

ananas ['a:·na·nas/a·na·'nas] <-> *m* pineapple

anarchia [a·nar·'ki:·a] <-chie> *f* anarchy

anarchico, -a [a·'nar·ki·ko] <-ci, -che> I. *adj (idea, teoria, movimento, spirito)* anarchic II. *m, f* anarchist

anarchismo [a·nar·'kiz·mo] *m* anarchism

ANAS ['a:·nas] *f abbr di* **Azienda Nazionale Autonoma delle Strade** *National Highway Department*

anatomia [a·na·to·'mi:·a] <-ie> *f* ❶ anatomy ❷ *fig (analisi minuziosa)* detailed analysis

anatomico, -a [a·na·'tɔ:·mi·ko] <-ci, -che> *adj* anatomical; **sedile** ~ orthopedic chair

anatra ['a:·na·tra] *f* duck

anca ['aŋ·ka] <-che> *f* hip

anche ['aŋ·ke] *conj* ❶ *(pure)* too ❷ *(inoltre)* as well ❸ *(perfino)* even; ~ **se** ... +*conj* even if; **quand'**~ ... +*conj* even if

ancheggiare [aŋ·ked·'dʒa:·re] *vi* to wiggle one's hips

Ancona [aŋ·ko:·na] *f* Ancona, *city on the east coast of Italy*

anconetano, -a I. *adj* from Ancona II. *m, f (abitante)* person from Ancona

ancora[1] [aŋ·'ko:·ra] *adv* ❶ *(tuttora)* still ❷ *(fino ad ora)* yet ~ non ... yet ❸ *(un'altra volta)* again ❹ *(in aggiunta)* (some) more; ~ **più bella** even more beautiful

ancora[2] ['aŋ·ko:·ra] *f* anchor

andai [an·'da:i] *1. pers sing pass rem di* **andare**[1]

andamento [an·da·'men·to] *m* ❶ *(di produzione)* progress; *(di mercato)* trend; **l'**~ **dei prezzi** price trends; ~ **scolastico** academic progress ❷ MUS progression

andante [an·'dan·te] I. *adj* ❶ *(scadente)* cheap ❷ MUS andante II. *m* MUS andante

andare[1] [an·'da:·re] <vado, andai, andato> I. *vi* essere ❶ *(a piedi, con mezzo, recarsi)* to go; ~ **a piedi** to walk; ~ **avanti** to go forward; ~ **di fretta** to hurry; ~ **via** to leave; **andiamo!** let's go!; ~ **in treno** to go by train; ~ **in macchina** to drive; ~ **in aereo** to fly; ~ **a cavallo** to ride; ~ **a scuola in bicicletta** to go to school by bike; ~ **a fare la spesa** to go shopping; ~ **a mangiare** to go out to eat; ~ **a prendere** to go and get; ~ **a sciare** to go skiing; ~ **a trovare** to visit ❷ *(recarsi)* to go; ~ **a Roma** to go to Rome; ~ **in Germania** to go to Germany ❸ *(strada)* to go; **questa strada va a Milano** this road goes to Milan ❹ *(venir messo)* to go; **dove vanno i piatti?** where do the plates go? ❺ *fig (svolgersi)* to go; **com'è andata?** how did it go?; **è andata bene** it went well ❻ *(vestiario)* to fit; **i pantaloni non mi vanno più** the pants don't fit me any more ❼ *(essere di moda)* to be in; **quest'anno vanno le gonne corte** short skirts are in this year ❽ *(funzionare)* to work; **la macchina non va?** won't the car start? ❾ *(piacere)* **ti va di andare a ballare?** do you want to go dancing?; **quel tipo non mi va proprio** I can't stand that guy ❿ *(procedere)* **come va?** — **bene grazie!** how are things? — good, thanks; **come vanno gli affari?** how's business? ⓫ *(loc)* ~ **a monte** to come to nothing; ~ **di mezzo** to get involved; ~ **pazzo per qc** to be crazy about sth; ~ **all'aria** to come to nothing; **questa camicia va lavata** this shirt needs washing; **vai al diavolo!** *inf* go to hell!

II. *vr* **andarsene** to go away; (*sparire*) to disappear; **me ne vado subito** I'm off

andare² *m* **a lungo ~** in the long run; **con l'andar del tempo** with the passing of time

andata [an·'da:·ta] *f* ① (*percorso*) outward journey ② (*biglietto*) **biglietto di** (**sola**) **~** one-way ticket; **biglietto di ~ e ritorno** roundtrip ticket ③ (*partenza*) journey ④ SPORT leg

andatura [an·da·'tu:·ra] *f* ① (*modo di andare*) walk ② (*di auto*) speed ③ SPORT pace

andirivieni [an·di·ri·'vie:·ni] <-> *m* coming and going

aneddoto [an·'nɛ:·do·to] *m* anecdote

anello [a·'nɛl·lo] *m* ① (*gioiello, forma*) ring; **~ di fidanzamento** engagement ring; **~ stradale** beltway ② SPORT circuit ③ (*di catena*) link

anemico, -a [a·'nɛ:·mi·ko] <-ci, -che> *adj* MED anemic

anestesia [a·nes·te·'zi:·a] <-ie> *f* anesthetic; **~ generale** general anesthetic; **~ locale** local anesthetic

anestetico, -a <-ci, -che> *adj* anesthetic

anestetizzare [a·nes·te·tid·'dza:·re] *vt* to anesthetize

anfetamina [an·fe·ta·'mi:·na] *f* MED amphetamine

anfibio [an·'fi:·bio] *m a.* MOT, AERO amphibian

anfiteatro [an·fi·te·'a:t·ro] *m* ① (*edificio*) amphitheater ② (*aula*) lecture hall

angelico, -a [an·'dʒɛ·li·ko] <-ci, -che> *adj* angelic

angelo ['an·dʒe·lo] *m* angel; **~ custode** *a. scherz* guardian angel

anglicano, -a [an·gli·'ka:·no] **I.** *adj* Anglican **II.** *m, f* Anglican

anglofono, -a [an·'glɔ:·fo·no] **I.** *adj* English-speaking **II.** *m, f* English speaker

anglosassone [an·glo·'sas·so·ne] **I.** *adj* Anglo-Saxon **II.** *mf* Anglo Saxon

angolare [an·go·'la:·re] *adj* (*velocità, distanza*) angular

angolazione [an·go·lat·'tsio:·ne] *f a. fig* FILM, SPORT angle

angolo ['an·go·lo] *m* ① (*in geometria*) angle ② *a.* SPORT (*di strada, mobile*) corner; **calcio d'~** corner ③ (*loc*) **~ cottura** kitchen area

angoscia <-sce> *f* ① (*stato di ansia*) angst ② MED anxiety

angosciare [an·goʃ·'ʃa:·re] **I.** *vt* **~ qu** to upset sb **II.** *vr* to become upset; **-rsi** (**per qu/qc**) to get upset (about sb/sth)

anguilla [an·'guil·la] *f* eel

anguria [an·'gu:·ria] <-ie> *f sett* watermelon

angustia [an·'gus·tia] <-ie> *f* ① (*ristrettezza*) hardship ② (*angoscia*) distress

angustiare [an·gus·'tia:·re] **I.** *vt* to bother **II.** *vr* **-rsi** (**per qc**) to worry (about sth)

angusto, -a [an·'gus·to] *adj* ① (*stretto*) narrow ② *fig* (*meschino*) narrow-minded

anice ['a:·ni·tʃe] *m* (*pianta*) anise; (*frutto*) aniseed

anima ['a:·ni·ma] *f* soul; **l'~ gemella di qu** sb's soulmate; **romper l'~ a qu** *inf* to pester sb

animale [a·ni·'ma:·le] **I.** *m* ① animal; **~ domestico** pet ② *fig* (*persona violenta*) brute; (*persona stupida*) idiot **II.** *adj a. fig* animal

animalesco, -a [a·ni·ma·'les·ko] <-schi, -sche> *adj* (*istinto, fattezze*) animal

animare [a·ni·'ma:·re] **I.** *vt* ① (*render più vivo*) to liven up ② (*spingere*) **~ qu** (**a fare qc**) to encourage sb (to do sth) **II.** *vr:* **-rsi** ① (*vivacizzarsi*) to become lively; (*luogo*) to come to life ② *fig* (*accalorarsi*) to become animated

animato, -a [a·ni·'ma:·to] *adj* ① (*vivace*) animated ② (*vivente*) animate; **esseri -i** living things ③ (*loc*) **disegni** [*o* **cartoni**] **-i** cartoons

animatore, -trice [a·ni·ma·'to:·re] *m, f* ① (*di villaggio turistico*) tour guide; (*di serata*) life and soul ② (*tecnico di cartoni animati*) animator

A

animazione [a·ni·mat·'tsio:·ne] *f* **①** *a.*
FILM animation; **film d'~** animated film
② *(folla)* bustle

animo ['a:·ni·mo] *m* **①** *(spirito, anima)*
mind; **stato d'~** state of mind; **mettersi**
l'~ in pace to set one's mind at rest
② *(coraggio)* courage; **farsi ~** to pluck
up one's courage **③** *(intendimento)* **di**
buon/mal ~ willingly/unwillingly

anitra ['a:·ni·tra] *v.* **anatra**

annaffiare [an·naf·'fia:·re] *vt* **①** *(orti,*
fiori) to water **②** *(spruzzare)* to sprinkle

annaffiatoio [an·naf·fia·'to:·io]
<-oi> *m* watering can

annaspare [an·nas·'pa:·re] *vi* **①** *(dibat-*
tersi) to flounder **②** *fig (nel parlare)* to
stumble

annata [an·'na:·ta] *f* **①** year **②** *(produ-*
zione) vintage; **vini d'~** vintage wines

annebbiare [an·neb·'bia:·re] I. *vt*
① *(cielo)* to cloud **②** *fig (vista)* to blur;
(mente, sensi) to cloud II. *vr:* **-rsi**
① *(riempirsi di nebbia)* to become foggy
② *(offuscarsi)* to become blurred

annegare [an·ne·'ga:·re] I. *vi, vt* to
drown II. *vr:* **-rsi** *(uccidersi)* to drown
oneself

annerire [an·ne·'ri:·re] **<annerisco>**
vi, vt to turn black

annessione [an·nes·'sio:·ne] *f* POL annexation

annesso, -a [an·'nɛs·so] *adj* **①** *(docu-*
mento) attached **②** POL *(Stato)* annexed

annettere [an·'nɛt·te·re] **<annetto, an-**
nettei *o* **annessi, annesso>** *vt* **①** POL
(Stato) to annex **②** *a. fig* to attach

annientamento [an·nien·ta·'men-
to] *m* destruction

annientare [an·nien·ta·'re] *vt* to destroy

anniversario [an·ni·ver·'sa:·rio] **<-i>** *m*
(ricorrenza) anniversary; **~ di matri-**
monio wedding anniversary

anniversario, -a <-i, -ie> *adj* anniversary

anno ['an·no] *m* **①** *(di calendario)* year;
~ accademico academic year; **~ bise-**
stile leap year; **~ civile** calendar year;
~ commerciale business year; **~ cor-**

rente this year; **~ scolastico** school
year; **buon ~!** happy new year!; **capo**
d'~ New Year **②** *(età)* year; **il bambino**
ha un ~ the baby's one; **ha tre -i** he
[*o* she] is three; **compiere gli -i** to have
one's birthday; **quanti -i hai?** how old
are you?

annoiare [an·no·'ia:·re] I. *vt* to bore
II. *vr:* **-rsi** to get bored

annotare [an·no·'ta:·re] *vt* **①** to note;
~ qc to note sth (down) **②** *(testo)* to an-
notate

annotazione [an·no·tat·'tsio:·ne] *f*
① *(registrazione)* noting down **②** *(po-*
stilla) note

annuale [an·nu·'a:·le] *adj* annual

annuire [an·nu·'i:·re] **<annuisco>** *vi* to
nod

annullamento [an·nul·la·'men·to] *m*
① *(di prenotazione)* cancellation **②** *(di*
contratto) annulment

annullare [an·nul·'la:·re] I. *vt* **①** *(pre-*
notazione) to cancel **②** *(rendere*
nullo) to annul; *(sentenza)* to quash
③ *(vanificare)* to undo **④** *(eliminare)*
to eliminate **⑤** COMPUT undo; **'annulla**
e ripristina' 'undo and redo' II. *vr:*
-rsi ① *(punti, forze)* to cancel each
other out **②** *(annichilirsi)* to immerse
oneself

annunciare [an·nun·'tʃa:·re] I. *vt* **①** *a.*
RADIO, TV to announce **②** *(predire)* to
foretell II. *vr:* **-rsi** to be on the horizon

annunciatore, -trice [an·nun·tʃa·'to:·
re] *m, f* TV, RADIO announcer

Annunciazione [an·nun·tʃat·'tsio:·
ne] *f* REL Annunciation

annuncio [an·'nun·tʃo] **<-ci>** *m* **①** *(co-*
municazione) announcement **②** *(nel*
giornale) advertisement; **mettere un ~**
sul giornale to place an advertisement
in the paper; **-ci economici** classified
ads; **-ci mortuari** death notices

annunziare [an·nun·'tsia:·re] *v.* **annun-**
ciare

annuo, -a ['an·nuo] *adj* annual

annusare [an·nu·'sa:·re] *vt a. fig* to sniff

ano ['a:·no] *m* anus

anonimato [a·no·ni·'ma:·to] *m* anonymity; **conservare l'~** to remain anonymous

anonimo [a·'nɔː·ni·mo] *m* unknown person

anonimo, -a *adj* ⓐ (*gener*) anonymous ⓑ (*insignificante*) colorless.

anoressante [a·no·res·'san·te] I. *mf* appetite suppressant II. *adj* (*farmaco, prodotto*) appetite suppressing

anoressia [a·no·res·'si:·a] <-ie> *f* anorexia

anoressico, -a [a·no·'res·si·ko] *adj, m, f* anorexic

anoressizzante [an·o·res·sit·'tsaːn·te] *m* appetite suppressant

anormale [a·nor·'maː·le] I. *adj* a. MED abnormal II. *mf* MED person with learning disabilities

ANPA *f acro di* **Associazione Nazionale per la Protezione dell'Ambiente** *National Association for the Protection of the Environment*

ansia ['an·sia] <-ie> *f* a. PSYCH anxiety; **essere in ~ per qu** to worry about sb; **aspettare qc con ~** to be looking forward to sth

ansietà [an·sie·'ta] <-> *f* anxiety

ansimare [an·si·'maː·re] *vi* to pant

ansioso, -a [an·'sio:·so] *adj* anxious; **~ di fare qc** anxious to do sth

anta ['an·ta] *f* ⓐ (*sportello*) door ⓑ (*battente*) shutter

antagonismo [an·ta·go·'niz·mo] *m* rivalry

antagonista [an·ta·go·'nis·ta] <-i *m*, -e *f*> *mf* opponent

antartico [ant·'ar·ti·ko] <-ci> *m* Antarctic

antartico, -a <-ci, -che> *adj* Antarctic

Antartide [an·'tar·ti·de] *f* Antarctica

antecedente [an·te·tʃe·'dɛn·te] I. *adj* (*giorno*) preceding II. *mpl* *fig* history

anteguerra [an·te·'guɛr·ra] I. <inv> *adj* pre-war II. <-> *m* pre-war period

antenato, -a [an·te·'naː·to] *m, f* ancestor

antenna [an·'ten·na] *f* RADIO, TV antenna; **~ parabolica** (satellite) dish

anteporre [an·te·'por·re] <irr> *vt* to put before; **~ qc a qc** to put sth before sth

anteprima [an·te·'priː·ma] *f* preview

anteriore [an·te·'rio:·re] *adj* ⓐ (*davanti: sedile*) front ⓑ (*precedente: data*) previous

anti- [an·ti] ⓐ (*indica anteriorità*) ante- ⓑ (*indica avversione*) anti-

antibatterico, -a [an·ti·bat·'tɛː·ri·ko] <-ci, -che> *adj* (*prodotto*) anti-bacterial

antibiotico [an·ti·bi·'ɔː·ti·ko] <-ci> *m* antibiotic

antibiotico, -a <-ci, -che> *adj* (*terapia*) antibiotic

antibloccante [an·ti·blok·'kan·te] *adj* **sistema ~** antilock braking system

antiblocco [an·ti·'blɔk·ko] I. <-> *m* antilock braking system II. <inv> *adj* MOT (*sistema*) antilock

anticalcare [an·ti·kal·'kaː·re] *m* (*prodotto*) anti-limescale

anticamera [an·ti·'kaː·me·ra] *f* hall

anticancro [an·ti·'kaŋ·kro] <inv> *adj* (*vaccino, farmaco*) cancer; **terapia ~** cancer treatment

anticarie [an·ti·'kaː·rie] <inv> *adj* (*dentifricio*) that fights decay

anticellulite [an·ti·tʃel·lu·'li:·te] <inv> *adj* (*dieta*) anti-cellulite

antichità [an·ti·ki·'ta] <-> *f* ⓐ (*qualità*) (great) age ⓑ (*età, oggetto*) antiquity

anticipare [an·ti·tʃi·'paː·re] *vt* ⓐ (*fare prima: azione*) to bring forward ⓑ (*dire prima: notizia*) to reveal in advance ⓒ (*dare prima: somma*) to advance

anticipazione [an·ti·tʃi·pat·'tsio:·ne] *f* ⓐ (*notizia in anteprima*) preview ⓑ FIN advance

anticipo [an·'ti:·tʃi·po] *m* ⓐ (*di tempo*) advance notice; **in ~** early ⓑ COM (*somma*) advance

antico [an·'ti:·ko] <-chi> *m* ⓐ **abbinare ~ e moderno** to combine (the) old and (the) new ⓑ *pl* (*popoli*) ancients *pl*

antico, -a <-chi, -che> *adj* ⓐ HIST (*epoca*) ancient; **storia -a** ancient histo-

A

ry ② (*mobile*) antique ③ (*tradizionale*) former

anticoncezionale [an·ti·kon·tʃet·tsio·'na:·le] *adj, m* contraceptive

anticrimine [an·ti·'kri:·mi·ne] <inv> *adj* (*tecnica, piano*) crime-fighting; **squadra ~** crime prevention unit

antidolorifico [an·ti·do·lo·'ri:·fi·ko] <-ci> *m* MED painkiller

antidoping [an·ti·'dɔ·pin(g)] I. <-> *m* drug test II. <inv> *adj* (*commissione, campagna*) drug testing

antidoto [an·'ti:·do·to] *m a. fig* antidote

antidroga [an·ti·'drɔ:·ga] <inv> *adj* (*legge, operazione*) anti-narcotics; **cane ~** sniff dog; **squadra ~** (anti-)narcotics unit

antifascismo [an·ti·faʃ·'ʃiz·mo] *m* antifascism

antifona [an·'ti:·fo·na] *f* ① *fig* (*allusione*) hint; **capire l'~** *inf* to get the message ② *fig* (*discorso noioso*) lecture; **la solita ~** *inf* the usual blah blah

antiforfora [an·ti·'for·fo·ra] <inv> *adj* **shampoo ~** antidandruff shampoo

antifumo [an·ti·'fu:·mo] <inv> *adj* (*centro, legge*) antismoking

antifurto [an·ti·'fur·to] I. <inv> *adj* (*allarme, sistema*) anti-theft II. <-> *m* alarm

antigelo [an·ti·'dʒɛ:·lo] I. <inv> *adj* (*fluido*) antifreeze II. <-> *m* antifreeze

anti(i)gienico, -a [an·ti·(i)·'dʒɛ·ni·ko] <-ci, -che> *adj* unhygienic

anti(i)nfiammatorio [an·ti·(i)n·fiam·ma·'tɔ:·rio] <-i> *m* MED anti-inflammatory

anti(i)nfiammatorio, -a <-i, -ie> *adj* (*farmaco, sostanza*) anti-inflammatory

antilope [an·'ti:·lo·pe] *f* antelope

antimafia [an·ti·'ma:·fia] <inv> *adj* anti-Mafia; **squadra ~** anti-Mafia squad

antincendio [an·tin·'tʃɛn·dio] I. <inv> *adj* (*allarme*) fire; (*impianto*) fire safety II. <-> *m* fire extinguisher

antinfluenzale [an·tin·flu·en·'tsa:·le] I. *m* flu vaccine II. *adj* **vaccino ~** flu vaccine

antinquinamento [an·tin·kui·na·'men·to] <inv> *adj* (*azione*) antipollution

antinquinante [an·tin·kui·'na:n·te] *adj* ECON (*prodotto*) non-polluting; **motore ~** low-emission engine

antinucleare [an·ti·nu·kle·'a:·re] *mf* antinuclear campaigner

antiorario, -a [an·ti·o·'ra:·rio] <-i, -ie> *adj* (*rotazione*) counterclockwise; **in senso ~** counterclockwise

antipasto [an·ti·'pas·to] *m* antipasto (*cold food served at the start of an Italian meal*); **~ misto** mixed antipasto

antipatia [an·ti·pa·'ti:·a] <-ie> *f* dislike; **provare ~ per qu** to dislike sb

antipatico, -a [an·ti·'pa:·ti·ko] <-ci, -che> I. *adj* ① (*persona*) not likable; **essere ~** to be disliked; **stare ~ a qu** to be disliked by sb ② (*problema, malessere*) unpleasant II. *m, f* unpleasant person

antiplacca [an·ti·'plak·ka] <inv> *adj* (*dentifricio*) anti-plaque

antiproiettile [an·ti·pro·'iet·ti:·le] <inv> *adj* **giubbotto ~** bulletproof vest; **cristallo ~** bulletproof glass

antiquariato [an·ti·kua·'ria:·to] *m* antiques business; **pezzo d'~** antique

antiquario, -a [an·ti·'kua:·rio] <-i, -ie> I. *adj* (*fiera, commercio*) antiques; **libreria -a** antiquarian bookshop II. *m, f* antiquarian

antiquato, -a [an·ti·'kua:·to] *adj* (*idea*) obsolete; (*abbigliamento*) antiquated

antirazzismo [an·ti·rat·'tsiz·mo] *m* anti-racism

antirazzista [an·ti·rat·'tsis·ta] *adj, mf* anti-racist

antiriciclaggio [an·ti·ri·tʃi·'klad·dʒo] <inv> *adj* (*normativa*) anti-laundering

antisemita [an·ti·se·'mi:·ta] <-i *m,* -e *f*> I. *mf* anti-Semite II. *adj* anti-Semitic

antisemitico, -a [an·ti·se·'mi:·ti·ko] <-ci, -che> *adj* anti-Semitic

antisemitismo [an·ti·se·mi·'tiz·mo] *m* anti-Semitism

antisequestro [an·ti·se·'kuɛs·tro] <inv> *adj* (*operazione, servizio di scorta*) anti-kidnapping

antisettico [an·ti·'sɛt·ti·ko] <-ci> *m* antiseptic

antisettico, -a <-ci, -che> *adj* (*soluzione*) antiseptic

antisismico, -a [an·ti·'siz·mi·ko] <-ci, -che> *adj* (*costruzione*) earthquake-proof

antismog [an·ti·zmɔg] <inv> *adj* (*misura, piano*) anti-smog; **blocco ~ smog** control regulations

antispam [an·ti·'spam] <inv> *adj* INET **filtro ~** spam filter

antistaminico [an·ti·sta·'mi:·ni·ko] <-ci> *m* antihistamine

antistaminico, -a <-ci, -che> *adj* (*collirio*) anithistamine

antistrappo [an·ti·'strap·po] <inv> *adj* tear-resistant

antistress [an·ti·'stres] <inv> *adj* stress-reducing

antitartaro [an·ti·'tar·ta·ro] <inv> *adj* (*dentifricio*) anti-tartar

antiterrorismo [an·ti·ter·ro·'riz·mo] I. <-> *m* anti-terrorism II. <inv> *adj* (*blitz, misure*) anti-terrorist

antitumorale [an·ti·tu·mo·'ra:·le] *adj* (*vaccino, terapia*) cancer

antiurto [an·ti·'ur·to] <inv> *adj* (*imbottitura*) shockproof

antivigilia [an·ti·vi·'dʒi:·lia] *f* **l'~ di Natale** the day before Christmas Eve

antologia [an·to·lo·'dʒi:·a] <-gie> *f* (*di scritti, testi*) anthology; (*di canzoni, brani musicali*) collection

anulare [a·nu·'la:·re] I. *adj* (*strada*) circular; **Grande Raccordo Anulare** beltway around Rome II. *m* (*dito*) ring finger

anzi ['an·tsi] *adv* ❶ (*invece*) on the contrary ❷ (*o meglio*) or rather

anzianità [an·tsia·ni·'ta] <-> *f* ❶ (*condizione*) old age ❷ ADMIN length of service

anziano, -a [an·'tsia:·no] I. *adj* ❶ (*non giovane*) elderly ❷ ADMIN (*funzionario*) senior II. *m, f* senior (citizen); **gli -i** senior citizens

anziché, anzi che [an·tsi·'ke] *conj* ❶ (*invece di*) instead of ❷ (*piuttosto che*) rather than

anzitutto [an·tsi·'tut·to] *adv* first of all

Aosta [a·'ɔs·ta] *f* Aosta, *city in northwest of Italy;* **Valle d'~** Valle d'Aosta

aostano, -a [a·os·'ta:·no] I. *adj* from Aosta II. *m, f* (*abitante*) person from Aosta

a.p.c. *abbr di* **a pronta cassa** collect on delivery

ape ['a:·pe] *f* bee; **~ regina** queen bee

apericena [a·pe·ri·'tʃe:·na] <-> *f* aperitif accompanied by hot and cold appetizers, which give the customers the option to make it a light dinner

aperitivo [a·pe·ri·'ti:·vo] *m* aperitif

apersi [a·'pɛr·si] *1. pers sing pass rem di* **aprire**

aperto [a·'pɛr·to] *m* **all'~** outdoors; **cinema all'~** open-air cinema

aperto, -a I. *pp di* **aprire** II. *adj* ❶ (*gener*) open; **lettera -a** open letter; **all'aria -a** in the open air; **in mare ~** on the high seas ❷ (*gas*) on; (*rubinetto*) running ❸ (*loc*) **a braccia -e** with open arms; **rimanere a bocca -a** to be astounded

apertura [a·per·'tu:·ra] *f* ❶ (*gener*) opening; **articolo di ~** editorial; **~ delle scuole** beginning of term ❷ *fig* openness; **~ mentale** open-mindedness ❸ (*ampiezza*) width

apicoltore, -trice [a·pi·kol·'to:·re] *m, f* beekeeper

apicoltura [a·pi·kol·'tu:·ra] *f* beekeeping

apogeo [a·po·'dʒɛ:·o] *m* ❶ ASTR apogee ❷ *fig* zenith

apoplettico, -a [a·po·'plɛt·ti·ko] <-ci, -che> I. *adj* apoplectic; **colpo ~** stroke II. *m, f* stroke patient

apostolo [a·'pɔs·to·lo] *m* apostle

apostrofo [a·'pɔs·tro·fo] *m* (*segno*) apostrophe

app [app] <-> *m* INET app

app. *abbr di* **appendice** appendix

appagamento [ap·pa·ga·'men·to] *m* satisfaction

appagare [ap·pa·'ga:·re] I. *vt* to satisfy II. *vr* **-rsi di qc** to be satisfied with sth

A

appaio [ap·'pa·io] *1. pers sing pr di* **apparire**

appaltare [ap·pal·'ta:·re] *vt* (*lavori, servizi*) to contract out

appaltatore, -trice [ap·pal·ta·'to:·re] **I.** *adj* (*azienda*) contracting **II.** *m, f* contractor

appalto [ap·'pal·to] *m* (*contratto*) contract; **dare in** ~ to contract out

appannare [ap·pa·'na:·re] **I.** *vt* ① (*vetro, lente*) to steam up ② *fig* (*offuscare: mente*) to cloud **II.** *vr:* **-rsi** ① (*vetro, lente*) to steam up ② (*memoria, bellezza*) to fade

apparato [ap·pa·'ra:·to] *m* ① ADMIN, ANAT apparatus; ~ **digerente** digestive system ② TEC (*impianto*) (piece of) equipment ③ THEAT set; **l'~ scenico** the set ④ (*sfoggio*) display

apparecchiare [ap·pa·rek·'kia:·re] *vt* to set the table; **puoi ~ per favore** could you set the table, please?

apparecchiatura [ap·pa·rek·kia·'tu:·ra] *f* TEC (*strumento*) equipment

apparecchio [ap·pa·'rek·kio] <-cchi> *m* ① TEC (*strumento*) piece of equipment ② (*aereo*) aircraft

apparente [ap·pa·'rɛn·te] *adj* apparent

apparenza [ap·pa·'rɛn·tsa] *f* ① (*aspetto*) appearance ② *pl* (*forma*) appearances; **salvare le -e** to keep up appearances ③ (*loc*) **in** ~ apparently

apparire [ap·pa·'ri:·re] <appaio *o* apparisco, apparvi *o* apparii *o* apparsi, apparso> *vi essere* to appear

appariscente [ap·pa·riʃ·'ʃɛn·te] *adj* (*persona*) glamorous; (*abito*) showy

apparizione [ap·pa·rit·'tsio:·ne] *f* appearance

apparsi [ap·'par·si] *1. pers sing pass rem di* **apparire**

apparso [ap·'par·so] *pp di* **apparire**

appartamento [ap·par·ta·'men·to] *m* apartment

appartenente [ap·par·te·'nɛn·te] **I.** *adj* belonging; ~ **a qc** belonging to sth **II.** *mf* member

appartenenza [ap·par·te·'nɛn·tsa] *f* membership; ~ **a qc** membership of sth

appartenere [ap·par·te·'ne:·re] <irr> *vi essere o avere* ~ **a qu/qc** to belong to sb/sth

apparvi [ap·'par·vi] *1. pers sing pass rem di* **apparire**

appassionare [ap·pas·sio·'na:·re] **I.** *vt* to grip **II.** *vr:* **-rsi** (**a qc**) to become very interested in sth

appassionato, -a [ap·pas·sio·'na:·to] **I.** *adj* ① enthusiastic; **essere ~ di qc** to love sth ② (*parole*) passionate **II.** *m, f* enthusiast

appassire [ap·pas·'si:·re] <appassisco> *vi essere* (*fiore*) to wilt; (*pelle*) to age

appellare [ap·pel·'la:·re] **I.** *vt* GIUR ~ **una sentenza** to appeal a sentence **II.** *vr:* **-rsi** ① **-rsi a qu/qc** to appeal to sb/sth ② GIUR to appeal

appello [ap·'pɛl·lo] *m* ① (*chiamata*) roll-call; **fare l'~** to call the roll ② *a.* GIUR (*invocazione*) appeal; **fare ~ a qc** to appeal to sth; **corte d'~** court of appeal ③ UNIV (*sessione d'esami*) exam session

appena [ap·'pe:·na] **I.** *adv* ① (*soltanto*) only just; **sono ~ le dieci** it's only just 10 ② (*da poco*) just; **sono ~ partite** they've just left ③ (*a stento*) hardly; **ha ~ parlato** he [*o* she] hardly spoke **II.** *conj* as soon as

appendere [ap·'pɛn·de·re] <appendo, appesi, appeso> **I.** *vt* (*cappotto, quadro*) to hang (up); ~ **alla parete** to hang (up) on the wall **II.** *vr:* **-rsi** to hang

appendice [ap·pen·'di:·tʃe] *f* ① *a.* ANAT (*aggiunta: di libro*) appendix ② (*nei giornali*) supplement

appendicite [ap·pen·di·'tʃi:·te] *f* appendicitis

Appennino [ap·pen·'ni:·no] *m* Appennine; **gli -i** the Appennines

appesantire [ap·pe·san·'ti:·re] <appesantisco> **I.** *vt* ① (*auto, barca*) to weigh down ② (*stomaco*) to overload **II.** *vr:* **-rsi** *iron* (*ingrassare*) to put on weight

appesi [ap·'pe:·si] *1. pers sing pass rem di* **appendere**

appeso [ap·'pe:·so] *pp di* **appendere**

appetibile [ap·pe·'ti:·bi·le] *adj* attractive

appetito [ap·pe·'ti:·to] *m* (*fame*) appetite; **buon ~!** enjoy your meal!

appetitoso, -a [ap·pe·ti·'to:·so] *adj* appetizing

appezzamento [ap·pet·tsa·'men·to] *m* plot; **~ di terreno** piece of land

appianare [ap·pia·'na:·re] *vt* ① (*terreno*) to level ② *fig* (*difficoltà*) to smooth out; (*lite*) to settle

appiattire [ap·piat·'ti:·re] <appiattisco> I. *vt* (*superficie*) to flatten II. *vr:* **-rsi** ① (*divenire piatto*) to become flat ② (*farsi piatto*) to flatten oneself

appiccicare [ap·pit·tʃi·'ka:·re] I. *vt* (*attaccare: etichetta*) to stick II. *vr:* **-rsi** to stick

appiccicoso, -a [ap·pit·tʃi·'ko:·so] *adj* ① (*vischioso*) sticky ② *fig* (*persona*) clingy

appieno [ap·'piɛː·no] *adv* fully

appigliarsi [ap·piʎ·'ʎar·si] *vr* ① (*aggrapparsi*) **~ a qu/qc** to grab hold of sb/sth ② *fig* **~ a qc** (*speranza, pretesto*) to cling onto sth

appiglio [ap·'piʎ·ʎo] <-gli> *m* ① (*punto di appoggio*) handhold ② *fig* pretext

appioppare [ap·piop·'pa:·re] *vt inf* **~ uno schiaffo a qu** to whack sb

appisolarsi [ap·pi·zo·'lar·si] *vr* to doze off

applaudire [ap·plau·'di:·re] <applaudo o applaudisco> *vi, vt* **~ (a) qu/qc** to applaud sb/sth

applauso [ap·'pla:u·zo] *m* ① (*battendo le mani*) applause ② (*approvazione*) approval

applicabile [ap·pli·'ka:·bi·le] *adj* **essere ~ (a qc)** to be applicable (to sth)

applicare [ap·pli·'ka:·re] I. *vt* ① (*attaccare: cucendo*) to sew on; (*cerrotto*) to stick on ② (*crema*) to apply ③ (*far pagare: multa*) to impose II. *vr:* **-rsi** (*nello studio*) to apply oneself

applicazione [ap·pli·kat·'tsio:·ne] *f* ① *a.* COMPUT application ② (*di multa*) imposition ③ (*decorazione*) appliqué

applique [a·'plik] <-> *f* wall light

appoggiacapo [ap·pod·dʒa·'ka:·po] <-> *m* headrest

appoggiare [ap·pod·'dʒa:·re] I. *vt* ① (*posare*) to place ② (*accostare*) to lean; **~ qc a qc** to lean sth against sth ③ *fig* (*sostenere*) to support II. *vr:* **-rsi** ① (*sostenersi*) **-rsi a qc** to lean against sth; **-rsi a qu** to lean on sb ② *fig* (*ricorrere*) **-rsi a qc** to rely on sth

appoggiatesta [ap·pod·dʒa·'tɛs·ta] <-> *m* headrest

appoggio [ap·'pɔd·dʒo] <-ggi> *m* support

appollaiarsi [ap·pol·la·'iar·si] *vr* **~ su qc** to perch on sth

apporre [ap·'por·re] <irr> *vt* **~ qc a qc** (*timbro, firma*) to append sth to sth

apportare [ap·por·'ta:·re] *vt* ① (*effettuare: modifica*) to carry out ② (*causare: danni*) to cause

apporto [ap·'pɔr·to] *m* contribution

appositamente [ap·po·zi·ta·'men·te] *adv* specially

apposito, -a [ap·'pɔː·zi·to] *adj* appropriate

apposta [ap·'pɔs·ta] I. *adv* specially; **non l'ho fatto ~** I didn't do it on purpose II. <inv> *adj* special

appostamento [ap·pos·ta·'men·to] *m* ① (*agguato*) ambush ② MIL post

appostare [ap·pos·'ta:·re] I. *vt* **~ qu** (*piazzare*) to station sb ② (*fare la posta a*) to lie in wait for sb II. *vr:* **-rsi** to lie in wait

apposto [ap·'pɔs·to] *pp di* **apporre**

apprendere [ap·'prɛn·de·re] <irr> *vt* to learn

apprendimento [ap·pren·di·'men·to] *m* learning

apprendista [ap·pren·'dis·ta] <-i *m*, -e *f*> *mf* apprentice

apprendistato [ap·pren·dis·'ta:·to] *m* apprenticeship

apprensione [ap·pren·'sio:·ne] *f* anxiety; **essere in ~** to be worried

apprensivo, -a [ap·pren·'si:·vo] *adj* (*madre*) anxious

A

appresi [ap·'pre:·zi] *1. pers sing pass rem di* **apprendere**

appreso [ap·'pre:·zo] *pp di* **apprendere**

appresso [ap·'prɛs·so] I. *adv* ① (*vicino*) **portarsi ~ qc/qu** to take sth/sb with oneself ② *form* (*in seguito*) below; **come ~ indicato** as indicated below II. *prep* (*dietro*) behind; **andare ~ a qu** (*seguire*) to follow sb; **stare ~ a qu** to stay close to sb III. <inv> *adj* (*dopo*) after

apprestare [ap·pres·'ta:·re] I. *vt* to prepare II. *vr* **-rsi a fare qc** to get ready to do sth

apprezzabile [ap·pret·'tsa·bi·le] *adj* ① admirable ② (*notevole*) significant

apprezzare [ap·pret·'tsa:·re] *vt* to appreciate

approccio [ap·'prɔt·tʃo] <-cci> *m* ① (*primo contatto*) encounter ② (*metodo*) approach

approdare [ap·pro·'da:·re] *vi essere o avere* ① NAUT to land ② (*arrivare*) to arrive

approdo [ap·'prɔ:·do] *m* ① (*manovra*) landing ② (*luogo*) landing place

approfittare [ap·pro·fit·'ta:·re] I. *vi* ① (*trarre vantaggio*) **~ di qc** to take advantage of sth; **~ dell'occasione** to take the opportunity ② (*sfruttare*) **~ di qu** to take advantage of sb II. *vr* **-rsi di qu/qc** to take advantage of sb/sth

approfondire [ap·pro·fon·'di:·re] <approfondisco> I. *vt* ① *fig* to deepen ② *fig* (*studiare a fondo*) to go into in greater depth II. *vr*: **-rsi** *fig* to deepen

approntare [ap·pron·'ta:·re] *vt* (*bilancio, relazione*) to prepare

appropriarsi [ap·pro·'pri·ar·si] *vr* **~ (di) qc** to appropriate sth

appropriatezza [ap·pro·pria·'tet·tsa] *f* (*del vestito*) appropriateness; (*di una risposta, di un termine*) appropriateness

appropriato, -a [ap·pro·'pria:·to] *adj* (*termine, scelta*) appropriate

approssimarsi [ap·pros·si·'mar·si] *vr* **~ (a qc)** to approach (sth)

approssimativo, -a [ap·pros·si·ma·'ti:·vo] *adj* ① (*non preciso*) approximate ② (*vago*) vague

approssimazione [ap·pros·si·mat·'tsio:·ne] *f* MATH approximation; **per ~** approximately

approvare [ap·pro·'va:·re] *vt* to approve

approvazione [ap·pro·vat·'tsio:·ne] *f* approval

approvvigionamento [ap·prov·vi·dʒo·na·'men·to] *m* ① (*rifornimento*) supply ② *pl* (*provvista*) supplies *pl*

approvvigionare [ap·prov·vi·dʒo·'na:·re] *vt a.* MIL to supply

appuntamento [ap·pun·ta·'men·to] *m* ① (*di piacere*) date; **darsi (un) ~** to arrange a date; **~ al buio** blind date ② (*d'affari, dal medico*) appointment; **prendere un'~** to make an appointment

appuntato [ap·pun·'ta:·to] *m* (*di carabinieri, guardia di finanza*) corporal

appuntire [ap·pun·'ti:·re] <appuntisco> *vt* to sharpen

appuntito, -a [ap·pun·'ti:·to] *adj* ① (*matita*) sharp ② (*naso, mento*) pointed

appunto¹ [ap·'pun·to] *adv* ① just; **volevo per l'~ proporre …** I was just going to suggest … ② (*nelle risposte*) exactly

appunto² *m* ① (*nota*) note ② (*rimprovero*) reproach

appurare [ap·pu·'ra:·re] *vt* to check

apribile [a·'pri:·bi·le] *adj* (*tavolo, divano*) that can be opened; **tettuccio ~** sunroof

apribottiglie [a·pri·bot·'tiʎ·ʎe] <-> *m* bottle opener

aprii [a·'pri:·i] *1. pers sing pass rem di* **aprire**

aprile [a·'pri:·le] *m* April; **in ~** [*o* **nel mese di**] **~** in April; **alla fine di ~** at the end of April; **a fine ~** at the end of April; **a metà ~** in mid-April; **ai primi di ~** in early April; **~ ha 30 giorni** there are 30 days in April; **Firenze, (il) 15 ~ 2008** Florence, April 15, 2008; **oggi è il primo (di) ~** today is the first of April;

l'undici/il venti/il ventun ~ April eleventh/twentieth/twenty-first

aprire [aˈpriːre] <apro, apersi *o* aprii, aperto> I. *vt* ① *(gener)* to open; ~ **le braccia** to open one's arms; ~ **un conto** to open an account ② *(gas, acqua, rubinetto)* to turn on ③ *(creare un'apertura: varco, passaggio)* to clear ④ *(corteo)* to lead ⑤ *(loc)* **non ~ bocca** *(non parlare)* to not say a word; *(mantenere un segreto)* to keep mum; ~ **gli occhi** *(rendersi conto)* to open one's eyes (to sth); ~ **le orecchie** *(prestare attenzione)* to listen carefully II. *vr:* **-rsi** *(porta)* to open ② *(confidarsi)* **-rsi con qu** to open up to sb

apriscatole [aprisˈkaːtole] <-> *m* can opener

aquagym [aˈkua·ˈdʒiːm] *f* aquarobics

aquila [ˈaːkuiˑla] *f* eagle

aquilano, -a [akuiˈlaːno] I. *adj* from L'Aquila II. *m, f (abitante)* person from L'Aquila

aquilino, -a [akuiˈliːno] *adj* **naso ~** aquiline nose

aquilone [akuiˈloːne] *m* kite

arabesco, -a <-schi, -sche> *adj (abito, scritta)* Arab

Arabia [aˈraːbia] *f* Arabia; ~ **Saudita** Saudi Arabia

arabo [ˈaːraˑbo] *m* Arabic; **parlare ~** *fig* to be incomprehensible

arabo, -a I. *adj (paese, cavallo)* Arab ② *(lingua)* Arabic II. *m, f* Arab

arachide [aˈraːkiˑde] *f* peanut

aragosta [araˈgosta] *f* lobster

arancia [aˈranːtʃa] <-ce> *f* orange

aranciata [aranˈtʃaːta] *f* orange soda

arancino [aranˈtʃiːno] *m* CULIN croquette made of rice

arancio¹ [aˈranːtʃo] <inv> *adj* orange

arancio² <-ci> *m* ① *(albero)* orange tree ② *(frutto)* orange ③ *(colore)* orange

arancione [aranˈtʃoːne] <inv *o* -i> *adj* orange

arare [aˈraːre] *vi, vt* to plow

aratro [aˈraːtro] *m* plow

arazzo [aˈratːso] *m* tapestry

arbitraggio [arbiˈtradːdʒo] <-ggi> *m* ① GIUR, COM arbitration ② SPORT *(nel calcio)* refereeing; *(nel tennis)* umpiring

arbitrale [arbiˈtraːle] *adj* ① COM *(decisione)* arbitration ② SPORT **decisione ~** *(nel calcio)* referee's decision; *(nel tennis)* umpire's decision

arbitrare [arbiˈtraːre] *vt* ① *(controversia)* to arbitrate ② *(incontro)* to referee; *(nel tennis)* to umpire

arbitrio [arˈbiːtrio] *m (facoltà di scelta)* will; **libero ~** free will

arbitro [ˈarbiˑtro] *m* ① SPORT *(nel calcio)* referee; *(nel tennis)* umpire ② GIUR arbitrator

arbusto [arˈbusto] *m* shrub

arcata [arˈkaːta] *f* ① ANAT, ARCHIT arch ② MUS bow

archeologia [arkeoˑloˈdʒiːa] <-ie> *f* archeology

archeologico, -a [arkeoˈlɔːdʒiˑko] <-ci, -che> *adj* archeological

archeologo, -a [arkeˈɔːloˑgo] <-gi, -ghe> *m, f* archeologist

archetto [arˈketːto] *m* MUS bow

architetto, -a [arkiˈtetːto] *m, f* architect

architettonico, -a [arkitetˈtɔːniˑko] <-ci, -che> *adj* architectural

architettura [arkitetˈtuːra] *f* architecture

archiviare [arkiˈviaːre] *vt* ① ADMIN *(documento)* to file; ~ **una pratica** to put a file away ② *fig (non occuparsi più di)* to forget about

archivio [arˈkiːvio] <-i> *m a.* COMPUT archive

arci- [arˈtʃi] *(in parole composte)* mega-

arcigno, -a [arˈtʃiɲɲo] *adj (persona)* severe; *(volto, espressione)* frowning

arcistufo, -a [artʃiˈstuːfo] *adj inf* **essere ~ di qc** to be sick to death of sth

arcivescovo [artʃiˈveskoˑvo] *m* archbishop

arco [ˈarko] <-chi> *m* ① ARCHIT arch ② *(periodo)* period; ~ **di tempo** period of time ③ MUS bow; **strumenti ad ~** stringed instruments; **gli -chi** the strings

arcobaleno [arkobaˈleːno] *m* rainbow

A

ardente [ar·ˈdɛn·te] *adj* ❶ (*sole*) blazing; (*clima*) blazing hot ❷ (*passione*) burning ❸ (*loc*) **camera ~** funeral parlor

ardere [ˈar·de·re] <ardo, arsi, arso> I. *vt* avere (*legna*) to burn II. *vi* essere *o* avere to burn

ardire [ar·ˈdiː·re] <ardisco> *vi* **~ fare qc** to dare (to) do sth

ardito, -a *adj* ❶ (*originale: idea*) bold ❷ (*insolente*) impertinent

ardore [ar·ˈdoː·re] *m* heat; **con ~** passionately

arduo, -a [ˈar·duo] *adj* difficult

area [ˈaː·re·a] *f* ❶ (*gener*) area; **~ di servizio** rest area ❷ *fig* POL (*raggruppamento*) grouping

arena¹ [a·ˈreː·na] *f* sand

arena² [a·ˈrɛː·na] *f* (*stadio*) arena

arenarsi [a·re·ˈnar·si] *vr* ❶ NAUT to run aground ❷ *fig* (*bloccarsi*) to come to a standstill

aretino, -a [a·re·ˈtiː·no] I. *adj* from Arezzo II. *m, f* (*abitante*) person from Arezzo

Arezzo *f* Arezzo, *town in southern Tuscany*

argenteo, -a [ar·ˈdʒɛn·teo] *adj* silver

argenteria [ar·dʒen·te·ˈriː·a] <-ie> *f* silver; **~ da tavola** silverware

Argentina [ar·dʒen·ˈtiː·na] *f* Argentina

argentino, -a [ar·dʒen·ˈtiː·no] I. *adj* ❶ (*suono*) silvery ❷ (*dell'Argentina*) Argentinian II. *m, f* (*abitante*) Argentinian

argento [ar·ˈdʒɛn·to] *m* silver; **carta d'~** FERR card giving discounts on rail travel for senior citizens; **nozze d'~** silver wedding

argilla [ar·ˈdʒil·la] *f* clay

arginare [ar·dʒi·ˈnaː·re] *vt* ❶ (*fiume*) to embank ❷ *fig* (*problema, spese*) to limit

argine [ˈar·dʒi·ne] *m* ❶ (*di fiume*) bank; **rompere gli -i** to break the banks ❷ *fig* check

argomentare [ar·go·men·ˈtaː·re] *vi* to argue

argomentazione [ar·go·men·tat·ˈtsio·ne] *f* argument

argomento [ar·go·ˈmen·to] *m* ❶ (*tema*) subject ❷ (*prova*) argument

arguzia [ar·ˈgut·tsia] <-ie> *f* ❶ (*vivacità d'ingegno*) intelligence ❷ (*spirito*) wit ❸ (*facezia*) witticism

aria [ˈaː·ria] <-ie> *f* air; **~ di mare** sea air; **all'~ aperta** in the open air; **~ condizionata** air conditioning; **corrente d'~** draft; **non c'è un filo d'~** there isn't a breath of air; **prendere una boccata d'~** to get a breath of fresh air; **cambiare l'~** to have a change of scene; **andare all'~** *fig* (*progetto, matrimonio*) to come to nothing; **c'è qc nell'~** *fig* there's sth in the air; **avere un'~ stanca** (*espressione*) to look tired; **darsi delle -e** to show off

arido, -a [ˈaː·ri·do] *adj* (*campagna, deserto*) arid

ariete [a·ˈriɛː·te] *m* ❶ ZOO ram ❷ ASTR **Ariete** Aries; **sono (dell' [*o* un]) Ariete** I'm (an) Aries

arista [ˈaː·ris·ta] *f* CULIN pork chine (*for roasting*)

aristocratico, -a [a·ris·to·ˈkra·ti·ko] <-ci, -che> I. *adj* aristocratic II. *m, f* aristocrat

aristocrazia [a·ris·to·krat·ˈtsiː·a] <-ie> *f* ❶ (*nobiltà*) *a.* POL aristocracy ❷ *fig* (*comportamento raffinato*) refinement

aritmetica [a·rit·ˈmɛː·ti·ka] <-che> *f* arithmetic

aritmia [a·rit·ˈmiː·a] <-ie> *f* MED arrhythmia

arma [ˈar·ma] <-i> *f* ❶ (*strumento di difesa*) weapon; **~ azzurra** the Italian air force; **essere alle prime -i** *fig* to be a beginner ❷ (*esercito*) army; **andare sotto le -i** to join the armed forces

armadio [ar·ˈmaː·dio] <-i> *m* wardrobe; **~ guardaroba** closet; **~ a muro** built-in closet

armamento [ar·ma·ˈmen·to] *m* ❶ MIL weapons *pl* ❷ NAUT (*attrezzatura*) fitting out ❸ *pl* (*armi*) arms

armare [ar·ˈmaː·re] I. *vt* ❶ MIL (*fornire di armi*) to arm ❷ ARCHIT (*rinforzare: parete*) to reinforce ❸ NAUT (*nave*) to fit out II. *vr:* **-rsi**; **-rsi di qc** *a. fig* to arm oneself with sth

armata [ar·'ma:·ta] *f* army

armato, -a *adj* ❶ MIL (*fornito di armi*) armed; **carro ~** tank ❷ *fig* **~ di qc** armed with sth

armatore, -trice [ar·ma·'to:·re] I. *adj* shipping; **società -trice** shipping company II. *m, f* shipowner

armatura [ar·ma·'tu:·ra] *f* ❶ HIST armor ❷ (*struttura*) reinforcement

armeggiare [ar·med·'dʒa:·re] *vi* to mess around

armonia [ar·mo·'ni:·a] <-ie> *f a. mus* harmony

armonico, -a [ar·'mɔ:·ni·ko] <-ci, -che> *adj* ❶ (*convivenza, sviluppo*) harmonious ❷ (*sapore*) balanced ❸ MUS harmonic

armonioso, -a [ar·mo·'nio:·so] *adj* ❶ (*proporzionato*) well-proportioned ❷ (*dotato di armonia*) graceful

armonizzare [ar·mo·nid·'dza:·re] I. *vt* (*far accordare: norme, programmi*) to harmonize II. *vi* to go well together

arnese [ar·'ne:·se] *m* ❶ (*attrezzo*) tool ❷ (*oggetto*) thing

aroma [a·'rɔ:·ma] <-i> *m* ❶ (*sapore*) aroma ❷ *pl* (*erbe*) herbs

aromaterapia [a·ro·ma·te·ra·'pi:·a] *f* aromatherapy

aromatico, -a [a·ro·'ma:·ti·ko] <-ci, -che> *adj* (*sapore, vino*) aromatic; **erbe -che** herbs; **piante -che** herbs

aromatizzare [a·ro·ma·tid·'dza:·re] *vt* (*bevanda, cibo*) to flavor

arrabbiare [ar·rab·'bia:·re] I. *vt* **far ~ qu** to make sb angry II. *vr* **-rsi (con qu)** to get angry (with sb)

arrabbiato, -a [ar·rab·'bia:·to] *adj* ❶ (*irato*) angry; **essere ~ (con qu)** to be angry with sb ❷ (*accanito: musicista*) fanatical ❸ CULIN **all'-a** in a spicy sauce

arraffare [ar·raf·'fa:·re] *vt* ❶ (*afferrare: oggetto*) to snatch ❷ (*rubare: soldi*) to steal

arrampicarsi [ar·ram·pi·'kar·si] *vr* to

climb; **~ sugli specchi** *fig* to grasp at straws

arrangiamento [ar·ran·dʒa·'men·to] *m* MUS arrangement

arrangiare [ar·ran·'dʒa:·re] I. *vt* ❶ (*aggiustare: faccenda*) to settle ❷ MUS (*pezzo, brano*) to arrange II. *vr:* **-rsi** (*industriarsi*) to manage; **ci arrangiamo da soli, grazie!** we can manage, thank you!

arrecare [ar·re·'ka:·re] *vt* (*causare*) to cause; **~ disturbo** to bother

arredamento [ar·re·da·'men·to] *m* ❶ (*mobili*) furniture ❷ (*attività*) furnishing

arredare [ar·re·'da:·re] *vt* to furnish

arredatore, -trice [ar·re·da·'to:·re] *m, f* interior designer

arredo [ar·'rɛ:·do] *m* ❶ (*arredamento*) furnishing ❷ *pl* (*mobili*) furniture

arrendersi [ar·'rɛn·der·si] <irr> *vr* ❶ (*darsi vinto*) **~ (a qu)** to surrender (to sb) ❷ *fig* (*desistere*) **~ (a qc)** to give in (to sth)

arrestare [ar·res·'ta:·re] I. *vt* ❶ (*catturare*) to arrest ❷ (*fermare*) to stop II. *vr:* **-rsi** (*fermarsi*) to stop

arresto [ar·'rɛs·to] *m* ❶ (*cattura*) arrest; **-i domiciliari** house arrest ❷ (*interruzione*) **~ cardiaco** cardiac arrest

arretrare [ar·re·'tra:·re] I. *vi* *essere* to withdraw II. *vt* *avere* (*spostare indietro*) to move back

arretrati [ar·re·'tra:·ti] *mpl* ❶ (*di stipendio*) back pay; (*di affitto*) arrears *pl* ❷ *fig* unfinished business

arretrato, -a [ar·re·'tra:·to] *adj* ❶ (*in ritardo: pagamento*) back; **del lavoro ~** a backlog of work ❷ (*sottosviluppato*) underdeveloped ❸ (*mentalità*) backward

arricchire [ar·rik·'ki:·re] <arricchisco> I. *vt* *avere a.* TEC to enrich II. *vr:* **-rsi** to get rich

arricchito, -a [ar·rik·'ki:·to] *m, f pej* nouveau riche

arricciacapelli [ar·rit·tʃa·ka·'pel·li] <-> *m* curling tongs *pl*

A **arricciare** [ar·rit·'tʃa:·re] vt ① (*capelli*) to curl ② (*manica*) to roll up

arrivare [ar·ri·'va:·re] vi essere ① (*giungere*) to arrive; ~ **primo/secondo** SPORT to come first/second ② (*raggiungere*) ~ **a …** to reach; ~ **ad un accordo** to reach an agreement ③ (*affermarsi*) to succeed ④ **arrivarci** (*riuscire a toccare*) to reach; **io non ci arrivo** I can't reach (it); (*capire*) to get it; **non ci arriva** he [*o* she] doesn't get it

arrivato, -a [ar·ri·'va:·to] I. adj (*socialmente*) successful II. m, f (*socialmente*) person who has made it

arrivederci [ar·ri·ve·'der·tʃi] interj (good)bye; ~ (**a**) **presto** see you soon

arrivederLa [ar·ri·ve·'der·la] interj goodbye

arrivismo [ar·ri·'viz·mo] m social climbing

arrivista [ar·ri·'vis·ta] <-i m, -e f> mf social climber

arrivo [ar·'ri:·vo] m ① (*venuta*) arrival; **posta in ~** incoming mail; **il treno è in ~ sul quarto binario** the train is arriving at platform four ② SPORT finishing line ③ pl (*merce*) **i nuovi -i** the new stock ④ pl (*in aeroporto*) arrivals

arrogante [ar·ro·'gan·te] adj arrogant

arroganza [ar·ro·'gan·tsa] f arrogance

arrostire [ar·ros·'ti:·re] <arrostisco> I. vt (*al forno*) to roast; (*ai ferri*) to grill; (*allo spiedo: pollo*) to spitroast II. vi essere fig (*al sole*) to roast

arrosto [ar·'rɔs·to] m roast

arrotare [ar·ro·'ta:·re] vt ① (*affilare*) to sharpen ② inf (*investire*) to run over

arrotolare [ar·ro·to·'la:·re] vt (*filo, carta*) to roll up

arruffare [ar·ruf·'fa:·re] vt (*capelli*) to ruffle

arruolamento [ar·ruo·la·'men·to] m MIL enlistment

arruolare [ar·ruo·'la:·re] I. vt MIL to enlist II. vr: **-rsi** MIL to enlist

arsenale [ar·se·'na:·le] m ① NAUT dockyard ② MIL (*deposito*) arsenal

arsi ['ar·si] I. pers sing pass rem di **ardere**

arso, -a ['ar·so] I. pp di **ardere** II. adj ① (*bruciato*) burned ② (*secco*) dry

arte ['ar·te] f ① (*gener*) art; **-i grafiche** graphic arts; **le belle -i** the fine arts; **le -i figurative** the visual arts; **nome d'~** stage name; **opera d'~** work of art; **a regola d'~** perfectly; **storia dell'~** history of art ② (*mestiere*) craft ③ HIST (*corporazione*) guild

artefice [ar·'te:·fi·tʃe] mf (*autore*) author

arteria [ar·'tɛ:·ria] <-ie> f ① ANAT artery ② (*strada*) arterial road

arteriosclerosi [ar·te·rio·skle·'rɔ:·zi] <-> f arteriosclerosis

arteriosclerotico, -a [ar·te·rio·skle·'rɔ:·ti·ko] <-ci, -che> I. adj ① MED arteriosclerotic ② inf (*rimbambito*) senile II. m, f person suffering from arteriosclerosis

artico, -a ['ar·ti·ko] <-ci, -che> adj (*calotta, regione, spedizione*) Arctic

articolare¹ [ar·ti·ko·'la:·re] adj (*dolore*) of the joints

articolare² vt ① (*pronunciare*) to articulate ② (*suddividere*) to divide up

articolazione [ar·ti·co·lat·'tsio:·ne] f ① ANAT, TEC joint ② (*suddivisione*) division

articolo [ar·'ti:·ko·lo] m ① a. GIUR, LING (*di giornale*) article; ~ **di fondo** leading article ② COM (*merce, di bilancio*) item

Artide ['ar·ti·de] f Arctic

artificiale [ar·ti·fi·'tʃa:·le] adj ① (*lago, seta*) artificial ② (*sorriso*) forced

artificio [ar·ti·'fi:·tʃo] <-ci> m ① (*espediente*) device ② (*ricercatezza*) artificiality ③ (*loc*) **fuochi d'~** fireworks

artificioso, -a [ar·ti·fi·'tʃo:·so] adj unnatural

artigianale [ar·ti·dʒa·'na:·le] adj (*non industriale*) by hand; (*gioielleria*) craftsman-made; (*gelato*) handmade

artigianato [ar·ti·dʒa·'na:·to] m ① (*attività*) craftsmanship ② (*categoria*) craftspeople ③ (*prodotti*) craft item; ~ **artistico** arts and crafts

artigiano, -a [ar·ti·'dʒa:·no] I. adj (*attività, impresa*) craft; (*lavorazione, pro-*

duzione) by hand; (*gioielleria*) craftsman-made; (*gelato*) handmade II. *m, f* craftsman *m,* craftswoman *f*

artiglio [ar·'tiʎ·ʎo] <-gli> *m a. fig* claw

artista [ar·'tis·ta] <-i *m,* -e *f*> *mf* ❶ artist; ~ **lirico** (opera) singer ❷ (*di circo*) artiste

artistico, -a [ar·'tis·ti·ko] <-ci, -che> *adj* ❶ artistic ❷ (*loc*) **direttore ~** artistic director; **liceo ~** *high school specializing in art*

arto ['ar·to] *m* limb

artrite [ar·'tri·te] *f* arthritis

artrosi [ar·'trɔ:·zi] <-> *f* osteoarthritis

arzillo, -a [ar·'dzil·lo] *adj* (*persona*) lively

asce ['aʃ·ʃe] *pl di* **ascia**

ascella [aʃ·'ʃɛl·la] *f* ANAT armpit

ascendente [aʃ·ʃen·'dɛn·te] I. *adj* ❶ (*flusso*) upward ❷ MUS ascending II. *m* ❶ (*parente*) ancestor ❷ *fig* (*influsso*) influence

ascensione [aʃ·ʃen·'sio:·ne] *f* ❶ (*scalata*) ascent ❷ (*al cielo*) ascension; **l'Ascensione** the Ascension

ascensore [aʃ·ʃen·'so:·re] *m* elevator

ascesa [aʃ·'ʃe:·sa] *f* ascent

ascesso [aʃ·'ʃes·so] *m* abscess

ascia ['aʃ·ʃa] <**asce**> *f* ax

asciugacapelli [aʃ·ʃu·ga·ka·'pel·li] <-> *m* hairdryer

asciugamano [aʃ·ʃu·ga·'ma:·no] *m* towel

asciugare [aʃ·ʃu·'ga:·re] I. *vt* to dry II. *vr:* **-rsi** ❶ to dry oneself; **-rsi le mani/i capelli** to dry one's hands/hair ❷ (*diventare asciutto*) to dry (out)

asciugatore [aʃ·ʃu·ga·'to:·re] *m* (*per le mani*) hand dryer

asciugatrice [aʃ·ʃu·ga·'tri:·tʃe] *f* (*per biancheria*) dryer

asciutto [aʃ·'ʃut·to] *m* dry; **rimanere** [*o* **restare**] **all'~** *fig* to be broke

asciutto, -a *adj* ❶ dry; **restare a bocca -a** *fig* to be disappointed ❷ (*prosciugato*) dried-up ❸ *fig* (*magro: persona*) lean ❹ (*brusco*) curt

ascolano, -a [as·ko·'la:·no] I. *adj* from Ascoli; **olive all'-a** *stuffed green olives*

fried in breadcrumbs II. *m, f* (*abitante*) person from Ascoli

Ascoli Piceno *f* Ascoli, *city in eastern central Italy*

ascoltare [as·kol·'ta:·re] I. *vt* ❶ (*radio*) to listen to ❷ (*dar retta a*) ~ **qu/qc** to listen to sb/sth ❸ (*desiderio*) to grant II. *vi* to listen

ascoltatore, -trice [as·kol·ta·'to:·re] *m, f* listener

ascolto [as·'kol·to] *m* ❶ (*l'ascoltare*) listening ❷ RADIO, TV **indice di ~** audience ratings ❸ (*attenzione*) **dare ~ a qu** to listen to sb ❹ (*origliare*) **stare in ~** to eavesdrop

asfissiare [as·fis·'sia:·re] *vi, vt* to suffocate

Asia ['a:·zia] *f* Asia; ~ **Minore** Asia Minor

asiatico, -a [a·'zia·ti·ko] <-ci, -che> I. *adj* (*città*) Asian II. *m, f* Asian

asilo [a·'zi:·lo] *m* ❶ (*rifugio*) shelter ❷ POL asylum; **richiesta di ~** (*politico*) request for (political) asylum ❸ (*scuola materna*) nursery; ~ **d'infanzia** nursery school; ~ **nido** day nursery

asimmetrico, -a [a·sim·'mɛ:·tri·ko] <-ci, -che> *adj* asymmetric

asinino, -a [a·si·'ni:·no] *adj* **tosse -a** whooping cough

asino, -a ['a:·si·no] *m, f* (*animale, persona*) donkey; **essere un ~** to be thick

ASL *f abbr di* **Azienda Sanitaria Locale** *local health center*

asma ['az·ma] *f* asthma

asmatico, -a [az·'ma:·ti·ko] <-ci, -che> I. *adj* asthmatic II. *m, f* asthmatic

asola ['a:·zo·la] *f* buttonhole

asparago [as·'pa:·ra·go] <-gi> *m* asparagus

aspettare [as·pet·'ta:·re] I. *vt* ❶ (*telefonata, ospite*) to expect; ~ **un bambino** to be expecting a baby ❷ (*treno, autobus*) to wait for; **farsi ~** to keep people waiting II. *vi* (*attendere*) to wait III. *vr:* **-rsi** to expect

aspettativa [as·pet·ta·'ti:·va] *f* ❶ (*speranza*) expectation ❷ ADMIN leave

aspetto [as·'pɛt·to] *m* ❶ (*apparenza*)

A

appearance; **avere un bell'~** to be nice-looking ❷ (*punto di vista*) aspect; **sotto questo ~** in this regard ❸ (*attesa*) wait; **sala d'~** waiting room

aspirante [as·pi·'ran·te] I. *adj* (*forza*) suction II. *mf* candidate

aspirapolvere [as·pi·ra·'pol·ve·re] <-> *m* vacuum cleaner

aspirare [as·pi·'ra·re] I. *vt* to breathe (in) II. *vi* ~ (**a qc**) to aspire (to sth)

aspirazione [as·pi·rat·'tsio:·ne] *f* ❶ *fig* ambition ❷ MOT suction

asportare [as·por·'ta:·re] *vt* to remove

asportazione [as·por·tat·'tsio:·ne] *f* removal

asprezza [as·'pret·tsa] *f* ❶ (*di sapore*) sharpness ❷ (*di terreno*) roughness ❸ *a. fig* (*di inverno*) harshness ❹ *fig* (*di battaglia*) bitterness

aspro, -a ['as·pro] <più aspro, asperrimo *o* asprissimo> *adj* ❶ (*sapore*) sharp; (*odore*) pungent ❷ (*suono*) shrill ❸ (*terreno*) rough ❹ (*clima*) harsh ❺ (*battaglia*) bitter

Ass. *abbr di* **Assicurazione** Insurance

assaggiare [as·sad·'dʒa:·re] *vt* to try

assaggio [as·'sad·dʒo] <-ggi> *m* ❶ (*degustazione*) tasting ❷ (*piccola quantità*) taste ❸ (*prova*) sample

assai [as·'sa:·i] I. *adv* ❶ (*molto*) very ❷ (*molto*) a lot II. <inv> *adj* (*parecchio*) a lot of

assalire [as·sa·'li:·re] <irr> *vt* ❶ to attack ❷ *fig* (*sopraffare*) to overcome

assaltare [as·sal·'ta:·re] *vt* (*banca*) to raid; (*convoglio*) to attack

assalto [as·'sal·to] *m a.* MIL attack

assassinare [as·sas·si·'na:·re] *vt* (*uccidere*) to murder; POL to assassinate

assassinio [as·sas·'si:·nio] <-ii> *m* (*omicidio*) murder; POL assassination

assassino, -a [as·sas·'si:·no] I. *adj a. fig* murderous II. *m, f* (*omicida*) killer

asse ['as·se] *f* (*tavola di legno*) board; **l'~ del gabinetto** toilet seat; **~ da stiro** ironing board

assecondare [as·se·kon·'da:·re] *vt* ❶ (*favorire*) to encourage ❷ (*soddi-*

sfare) ~ **qc** to go along with sth; ~ **qu in qc** to support sb in sth

assegnare [as·seɲ·'ɲa:·re] *vt* ❶ (*dare*) ~ **qc a qu** (*premio, borsa di studio*) to award sth to sb; (*compiti scolastici*) to give sth to sb ❷ (*destinare*) to assign; ~ **qu a qc** to assign sb to sth ❸ (*stabilire: scadenza*) to set

assegnazione [as·seɲ·ɲat·'tsio:·ne] *f* ❶ (*di premio*) award; (*di prestito*) allocation; (*di compiti scolastici*) setting ❷ (*di incarico*) assignment ❸ (*di persona*) posting

assegno [as·'seɲ·ɲo] *m* ❶ COM, FIN check; ~ **in bianco** blank check; ~ **postale** postal order; ~ **sbarrato** crossed check; ~ **scoperto** [*o* **a vuoto**] bad check ❷ (*sussidio*) welfare payment; ~ **di maternità** maternity pay; **-i familiari** family welfare benefits

assemblaggio [as·sem·'blad·dʒo] <-ggi> *m* ❶ (*montaggio*) assembly ❷ (*di brani*) compilation

assemblea [as·sem·'blɛ:·a] *f* ❶ (*riunione*) meeting ❷ (*organo*) assembly

assenso [as·'sɛn·so] *m* approval

assente [as·'sɛn·te] I. *adj* ❶ (*non presente: da scuola*) absent; (*per lavoro*) away ❷ (*inesistente*) non-existent ❸ (*distratto*) distracted II. *mf* absent person

assentire [as·sen·'ti:·re] *vi* ~ **a qc** to agree to sth

assenza [as·'sɛn·tsa] *f* ❶ (*da luogo*) absence ❷ (*mancanza*) lack; **l'~ di qc** the lack of sth

assenziente [as·sen·'tsiɛn·te] *adj* (*sguardo, risposta*) consenting; **essere ~** to be in agreement

asserire [as·se·'ri:·re] <asserisco> *vt* to maintain

asserzione [as·ser·'tsio:·ne] *f* (*dichiarazione*) assertion

assessorato [as·ses·so·'ra:·to] *m* (*ufficio*) department

assessore [as·ses·'so:·re] *m* councilor; ~ **comunale** local councilor

assestare [as·ses·'ta:·re] I. *vt* (*affibbiare*) ~ **un colpo** to deal a blow II. *vr*: **-rsi**

❶ (*terreno, valore*) to settle ❷ *fig* (*situazione*) to settle down

assetato, **-a** [as·se·'ta:·to] *adj a. fig* thirsty

assetto [as·'sɛt·to] *m* ❶ (*ordinamento*) organization ❷ (*equipaggiamento*) gear ❸ AUTO stability

assicurare [as·si·ku·'ra:·re] I. *vt* ❶ (*contro rischi*) to insure; ~ (**contro qc**) (*furto, incendio*) to insure (against sth) ❷ (*garantire*) to secure ❸ (*affermare*) ~ **qc a qu** to assure sb of sth; ~ **a qu che** to assure sb that II. *vr:* **-rsi** ❶ (*fare un assicurazione*) to get insurance; **-rsi** (**contro qc**) to insure oneself (against sth) ❷ (*garantirsi*) to secure ❸ (*accertarsi*) to make sure

assicurato, **-a** [as·si·ku·'ra:·to] *m*, *f* policyholder

assicuratore, **-trice** [as·si·ku·ra·'to:·re] I. *adj* (*società, ente*) insurance II. *m*, *f* insurance agent

assicurazione [as·si·ku·rat·'tsio:·ne] *f* ❶ (*contratto*) insurance; ~ **casco/contro tutti i rischi** comprehensive insurance; ~ **contro la responsabilità civile** third party insurance; ~ **sulla vita** life insurance ❷ (*affermazione*) assurance

assideramento [as·si·de·ra·'men·to] *m* exposure

assiderare [as·si·de·'ra:·re] I. *vt* (*mani*) to freeze; (*pianta*) to frost II. *vi:* **-rsi** to suffer from exposure

assiduità [as·si·du·i·'ta] <-> *f* ❶ (*abituale*) regularity; **con** ~ regularly ❷ (*perseveranza*) diligence

assiduo, **-a** [as·'si:·duo] *adj* ❶ (*regolare*) regular ❷ (*costante*) constant ❸ (*diligente*) hardworking

assieme [as·'sjɛ:·me] I. *adv* together II. *prep* ~ **a** (together) with III. <-> *m* ❶ (*complesso*) whole; **un quadro d'~** an overall picture ❷ MUS, THEAT ensemble

assisano, **-a** [as·si·'za:·no] I. *adj* from Assisi II. *m*, *f* (*abitante*) person from Assisi

assise [as·'si:·ze] *fpl* ❶ GIUR **Corte d'Assise** ≈ district court ❷ (*riunione plenaria*) meeting

Assisi *f* Assisi, *city in central Italy*

assistei [as·sis·'tɛ:·i] *1.pers sing pass rem di* **assistere**

assistente [as·sis·'tɛn·te] I. *adj* assistant II. *mf* assistant; ~ **di bordo** flight attendant; ~ **sociale** social worker

assistenza [as·sis·'tɛn·tsa] *f* assistance; ~ **sanitaria** health care; ~ **sociale** welfare; ~ **tecnica** technical support; ~ **legale** legal aid

assistenziale [as·sis·ten·'tsia:·le] *adj* (*attività, servizio*) welfare

assistere [as·'sis·te·re] <assisto, assistei *o* assistetti, assistito> I. *vi* ~ **a qc** (*spettacolo, lezione*) to attend sth; (*incidente*) to witness sth II. *vt* ❶ (*curare*) ~ **qu** (*anziano, malato*) to care for ❷ (*aiutare*) to help ❸ (*cliente*) to assist

asso ['as·so] *m* ❶ *a.* SPORT (*di carte da gioco*) ace; **un** ~ **dello sport** a sporting champion ❷ (*loc*) **piantare** [*o* **lasciare**] **qu in** ~ to leave sb in the lurch

associare [as·so·'tʃa:·re] I. *vt* ❶ (*unire: idee*) to associate ❷ (*a circolo, partito*) to enroll ❸ (*mettere insieme*) to bring together II. *vr:* **-rsi** ❶ (*unirsi*) **-rsi con qu** to join sb ❷ **-rsi a qc** (*circolo, partito*) to join sth ❸ **-rsi a qc** (*protesta*) to join in sth ❹ (*accompagnarsi*) to be associated with

associativo, **-a** [as·so·tʃa·'ti:·vo] *adj* (*quota*) membership

associazione [as·so·tʃat·'tsio:·ne] *f* association

assoggettare [as·sod·dʒet·'ta:·re] I. *vt* ❶ (*sottomettere*) to subjugate ❷ (*sottoporre*) ~ **a qc** to subject to sth II. *vr:* **-rsi**; **-rsi a qc** ❶ (*sottomettersi: nemico*) to submit to sth ❷ (*sottoporsi*) to comply with sth ❸ (*adattarsi*) to adapt to sth

assolato, **-a** [as·so·'la:·to] *adj* sunny

assolsi [as·'sɔl·si] *1.pers sing pass rem di* **assolvere**

assolto [as·'sɔl·to] *pp di* **assolvere**

assolutamente [as·so·lu·ta·'men·te] *adv* ❶ (*senz'altro*) definitely ❷ (*del tutto*) absolutely

A assoluto, -a [as·so·'lu:·to] *adj* ① (*generale*) absolute; **in ~** absolutely ② (*totale*) complete ③ SPORT undisputed ④ (*urgente*) urgent

assoluzione [as·so·lut·'tsio:·ne] *f* ① GIUR (*di imputato*) acquittal ② REL absolution

assolvere [as·'sɔl·ve·re] <assolvo, assolsi, assolto> *vt* ① GIUR (*imputato*) to acquit ② *a.* REL to absolve ③ (*eseguire: compito, dovere*) to carry out

assomigliare [as·so·miʎ·'ʎa:·re] I. *vi* ~ **a qu/qc** to resemble sb/sth II. *vr:* **-rsi** to look alike

assonnato, -a [as·so·'na:·to] *adj a.* fig sleepy

assorbente [as·sor·'bɛn·te] I. *adj* (*carta, tessuto*) absorbent II. *m* ~ **igienico** sanitary towel; ~ **interno** tampon

assorbire [as·sor·'bi:·re] *vt* ① (*gener*) to absorb ② (*incorporare*) to swallow up ③ (*consumare: tempo*) to take up

assordante [as·sor·'dan·te] *adj* (*rumore, musica*) deafening

assordare [as·sor·'da:·re] *vt* avere to deafen

assortimento [as·sor·ti·'men·to] *m* range

assortire [as·sor·'ti:·re] <assortisco> *vt* (*combinare: colori*) to mix

assortito, -a [as·sor·'ti:·to] *adj* ① (*misto*) assorted ② (*che armonizza*) **ben ~** well-matched

assorto, -a [as·'sɔr·to] *adj* ~ **nei pensieri** lost in thought

assottigliare [as·sot·tiʎ·'ʎa:·re] I. *vt* ① (*render sottile*) to slim down ② (*ridurre*) to reduce II. *vr:* **-rsi** ① (*diventar sottile*) to become slimmer ② (*ridursi*) to dwindle ③ (*dimagrire*) to slim down

assumere [as·'su:·me·re] <assumo, assunsi, assunto> I. *vt* ① (*responsabilità, personale*) to take on ② (*colpa, merito*) to take II. *vr:* **-rsi** ① (*prendersi: responsabilità, impegno*) to take on ② (*attribuirsi: colpa, merito*) to take

Assunta [as·'sun·ta] *f* ① (*Maria Vergine*) the Virgin Mary ② (*festa*) the feast of the Assumption

assunto *pp di* assumere

assunzione [as·sun·'tsio:·ne] *f* ① (*di impiegato*) employment ② (*di farmaco*) taking ③ REL **l'Assunzione (della Vergine)** the Assumption (of the Virgin Mary)

assurdità [as·sur·di·'ta] <-> *f* ① (*caratteristica*) absurdity ② (*cosa assurda*) stupid thing

assurdo, -a *adj* (*comportamento, idea, storia*) ridiculous

asta ['as·ta] *f* ① *a.* SPORT (*bastone*) pole; **salto con l'~** pole vault; (*di compasso, occhiali*) arm ② (*vendita all'incanto*) auction; **mettere all'~** to auction (off)

astemio, -a [as·'tɛ:·mio] <-i, -ie> I. *adj* teetotal II. *m, f* teetotaler

astenersi [as·te·'ner·si] <irr> *vr* to abstain; ~ **da qc** to abstain from sth; ~ **dal fare qc** to refrain from doing sth

astensione [as·ten·'sio:·ne] *f* ① (*non votante*) abstention ② (*sciopero*) ~ **dal lavoro** withdrawal of labor

asterisco [as·te·'ris·ko] <-schi> *m* TYPO asterisk

Asti *f* Asti, *town in northern Italy*

astice ['as·ti·tʃe] *m* lobster

asticella [as·ti·'tʃɛl·la] *f* SPORT bar

astigiano, -a [as·ti·'dʒa:·no] I. *adj* from Asti II. *m, f* (*abitante*) person from Asti

astigmatico, -a [a·stig·'ma:·ti·ko] <-ci, -che> I. *adj* (*paziente, lente*) astigmatic II. *m, f* person with astigmatism

astinente [a·sti·'nɛn·te] *adj* (*da droga, alcol*) abstinent

astinenza [a·sti·'nɛn·tsa] *f* (*da droga, alcol, nicotina*) abstinence

astio ['as·tio] <-i> *m* resentment

astioso, -a [as·'tio:·so] *adj* ① (*parola*) hostile ② (*persona*) resentful

astrologia [as·tro·lo·'dʒi:·a] <-gie> *f* astrology

astrologo, -a [as·'trɔ:·lo·go] <-gi, -ghe> *m, f* ASTR astrologer

astronauta [as·tro·'na:u·ta] <-i *m*, -e *f*> *mf* astronaut

astronave [as·tro·'na:·ve] *f* spaceship

astronomia [as·tro·no·'mi:·a] <-ie> *f* astronomy

A

astronomico, -a [as·tro·ˈnɔː·mi·ko] <-ci, -che> *adj* astronomical

astronomo, -a [as·ˈtrɔː·no·mo] *m, f* astronomer

astuccio [as·ˈtut·tʃo] <-cci> *m* case

astuto, -a [as·ˈtuː·to] *adj (persona,idea)* smart

astuzia [as·ˈtut·tsia] <-ie> *f* ❶ *(furbizia)* cunning ❷ *(trucco)* trick

AT ❶ *abbr di* **Antico Testamento** OT ❷ *abbr di* **Alta Tensione** HT

ateismo [a·te·ˈiz·mo] *m* atheism

atelier [a·tə·ˈlje] <-> *m (di pittore, fotografo)* studio

ateo, -a [ˈa·te·o] I. *adj (persona, pensiero)* atheist II. *m, f* atheist

atesino, -a [a·te·ˈziː·no] I. *adj* from Alto Adige II. *m, f* person from Alto Adige

atlante [at·ˈlan·te] *m* atlas

atlantico, -a [at·ˈlan·ti·ko] <-ci, -che> *adj (traversata, onda)* Atlantic; **l'Oceano Atlantico** the Atlantic (Ocean)

atleta [at·ˈlɛː·ta] <-i *m*, -e *f*> *mf* athlete

atletica [at·ˈlɛː·ti·ka] *f* athletics; **~ leggera** track and field

atletico, -a [at·ˈlɛː·ti·ko] <-ci, -che> *adj* athletic

atmosfera [at·mos·ˈfɛː·ra] *f a. fig* atmosphere

atmosferico, -a [at·mos·ˈfɛː·ri·ko] <-ci, -che> *adj* atmospheric; **condizioni -che** weather conditions

atomico, -a [a·ˈtɔː·mi·ko] <-ci, -che> *adj* ❶ CHIM, FIS atomic ❷ *(nucleare)* **bomba -ca** atom bomb; **centrale -ca** nuclear power station

atrio [ˈaː·trio] <-ii> *m* lobby

atroce [a·ˈtroː·tʃe] *adj* dreadful

atrocità [a·tro·tʃi·ˈta] <-> *f* ❶ *(caratteristica)* awfulness ❷ *(cosa atroce)* atrocity

attaccamento [at·tak·ka·ˈmen·to] *m* attachment

attaccante [at·tak·ˈkan·te] I. *adj (squadra)* attacking II. *mf* SPORT forward

attaccapanni [at·tak·ka·ˈpan·ni] <-> *m (a muro)* hook; *(a stelo)* coat tree

attaccare [at·tak·ˈkaː·re] I. *vt* ❶ *(fis-*

sare) to attach ❷ *(con colla)* to stick ❸ *(cucire)* to sew ❹ *(appendere)* to hang ❺ *(agganciare)* to hook up ❻ *(alla corrente)* to connect up ❼ *a.* CHIM, SPORT *(assalire)* to attack ❽ MED *(malattia)* **~ qc a qu** to give sb sth ❾ *(iniziare)* **~ discorso** to start a conversation II. *vi* ❶ *(avere azione adesiva)* to stick ❷ *(muovere all'assalto)* to attack ❸ *fig (attecchire)* to work; **con me non attacca!** *inf* that doesn't work with me! ❹ *(impersonale)* to start; **attacca a piovere** it's starting to rain III. *vr:* **-rsi** ❶ *a.* CULIN *(restare aderente)* to stick ❷ MED to be catching ❸ *(aggrapparsi)* **-rsi a qu/qc** to catch on to sb/sth ❹ *(affezionarsi)* **-rsi a qu** to become attached to sb

attaccatutto [at·tak·ka·ˈtut·to] *m (colla)* superglue

attacco [at·ˈtak·ko] <-cchi> *m* ❶ *(giunzione)* connection ❷ *a. fig* MED, MIL, SPORT attack ❸ *(avvio)* beginning

atteggiamento [at·ted·dʒa·ˈmen·to] *m* attitude

attendere [at·ˈtɛn·de·re] <irr> I. *vt* to wait (for) II. *vi* **~ a qc** to attend to sth

attendibile [at·ten·ˈdiː·bi·le] *adj (giornale, fonte)* credible

attenere [at·te·ˈneː·re] <irr> I. *vi essere* **~ a qc** to be relevant to sth II. *vr* **-rsi a qc** to stick to sth

attentato [at·ten·ˈtaː·to] *m* attack; **~ kamikaze** kamikaze attack

attenti [at·ˈtɛn·ti] *interj* ❶ *(attenzione)* be careful; **~ al cane!** beware of the dog! ❷ MIL attention!

attento, -a [at·ˈtɛn·to] I. *adj* ❶ *(concentrato: interlocutore)* attentive ❷ *(diligente: scolaro)* diligent ❸ *(accurato: analisi)* careful II. *interj* be careful!

attenuante [at·te·nu·ˈan·te] I. *adj* GIUR **circostanze -i** extenuating circumstances II. *f* GIUR extenuating circumstances

attenuare [at·te·nu·ˈaː·re] I. *vt (dolore)* to ease; *(rumore)* to deaden; *(colpo)* to soften II. *vr:* **-rsi** *(dolore)* to ease

attenzione¹ [at·ten·ˈtsio:·ne] *f* ❶ COM

A

(*concentrazione*) attention; **fare ~** to be careful; **alla cortese ~ di ...** for the attention of ... ④ *pl* attentions *pl*

attenzione² *interj* be careful!

atterraggio [at·ter·'rad·dʒo] <-ggi> *m* AERO, SPORT landing; **campo d'~** landing strip; **~ di fortuna** crash landing

atterrare [at·ter·'ra:·re] I. *vt* (*avversario*) to floor II. *vi* AERO, SPORT to land

atterrire [at·ter·'ri:·re] <atterrisco> I. *vt* to terrify II. *vr:* **-rsi** to become terrified

attesa [at·'te:·sa] *f* wait; **sala d'~** waiting room; **lista d'~** waiting list; **essere in ~ di qu/qc** to be waiting for sb/sth

attesi [at·'e:·si] *I. pers sing pass rem di* **attendere**

atteso, -a I. *pp di* **attendere** II. *adj* long-awaited

attestato [at·tes·'ta:·to] *m* certificate; **rilasciare un ~** to issue a certificate

attestazione [at·tes·tat·'tsio:·ne] *f* ① (*testimonianza*) proof ② (*certificato*) declaration ③ *fig* (*dimostrazione*) demonstration

attico [at·'ti·ko] <-ci> *m* (*appartamento*) penthouse

attiguo, -a [at·'ti:·guo] *adj* (*appartamento, stanza*) adjoining; **~ a qc** next to sth

attillato, -a [at·til·'la:·to] *adj* (*abito*) tight

attimo ['at·ti·mo] *m* moment; **in un ~** in a moment; **tra un ~** in a moment; **non ho un ~ di tempo** I don't have a spare minute

attirare [at·ti·'ra:·re] I. *vt* ① a. *fig* to attract ② *fig* (*allettare*) to appeal to II. *vr:* **-rsi** to attract one another

attitudine [at·ti·'tu:·di·ne] *f* (*capacità*) aptitude

attivare [at·ti·'va:·re] *vt* ① (*mettere in azione*) to start ② a. CHIM, FIS to activate

attivazione [at·ti·vat·'tsio:·ne] *f* ① (*messa in azione*) starting ② a. CHIM, FIS activation

attività [at·ti·vi·'ta] <-> *f* ① (*operosità*) activeness ② (*lavoro*) business ③ occupazione; **~ sportiva** sporting activity

attivo [at·'ti:·vo] *m* ① COM assets *pl;* **essere in ~** to be profitable ② (*loc*) **avere al proprio ~** to have to one's credit

attivo, -a *adj* ① (*vita, mente*) active ② (*determinante*) **principio ~** active ingredient ③ (*in funzione*) TEC in operation ④ COM credit

atto ['at·to] *m* ① (*gesto*) act; (*azione*) action; **essere in ~** to be underway; **mettere in ~** to put sth into action; **nell'~ di** in the act of ② THEAT act; **~ unico** one-act play ③ (*documento*) document; **~ di matrimonio** marriage certificate; **~ di nascita** birth certificate ④ (*loc*) **dare ~ di qc** to give credit for sth; **prendere ~ di qc** to take note of sth

atto, -a *adj* ① (*idoneo: persona*) **~ a qc** able to do sth ② (*adatto: mezzo*) **~ a qc** suitable for sth

attore, attrice [at·'to:·re] *m, f* ① (*in spettacoli*) actor; **~ cinematografico** movie actor; **~ comico** comic actor ② *fig* (*protagonista*) central figure ③ GIUR plaintiff

attorniare [at·tor·'nia:·re] I. *vt* (*circondare*) to surround II. *vr* **-rsi di qc** to surround oneself with sth; **-rsi di qu** to surround oneself with sb

attorno [at·'tor·no] I. *adv* around; **guardarsi ~** to look around II. *prep* ① **~ a** around; **stare ~ a qu** to be around sb ② (*circa*) about

attraente [at·tra·'ɛn·te] *adj* attractive

attrarre [at·'trar·re] <irr> *vt* ① (*tirare a sé*) to attract ② *fig* (*allettare: proposta*) to appeal

attraversamento [at·tra·ver·sa·'men·to] *m* crossing; **~ pedonale** pedestrian crossing

attraversare [at·tra·ver·'sa:·re] *vt* ① (*passare attraverso*) to cross ② *fig* (*trascorrere: periodo*) to go through

attraverso [at·tra·'ver·so] *prep* ① (*da parte a parte*) across ② (*mediante*) through

attrazione [at·trat·'tsio:·ne] *f* attraction

attrezzare [at·tret·'tsa:·re] I. *vt* to fit

out; ~ **qc** (**con qc**) to fit sth out with sth II. *vr:* **-rsi** to equip oneself

attrezzato, -a [at·tret·'tsa:·to] *adj* equipped

attrezzatura [at·tret·tsa·'tu:·ra] *f* equipment; **-e sportive** sporting facilities

attrezzo [at·'tret·tso] *m* tool

attribuire [at·tri·bu·'i:·re] <attribuisco> I. *vt* ① (*assegnare*) ~ **qc a qu** to award sth to sb ② (*ascrivere*) to give; ~ **qc a qu/qc** to give sth to sb/sth II. *vr:* **-rsi** to claim

attributo [at·tri·'bu:·to] *m* attribute

attribuzione [at·tri·but·'tsio:·ne] *f* ① (*assegnazione*) award ② *pl* (*mansioni, funzioni*) duties

attrice *f v.* **attore**

attuale [at·tu·'a:·le] *adj* ① (*odierno*) present ② (*presente, tuttora valido*) current

attualità [at·tua·li·'ta] <-> *f* ① (*modernità*) topicality ② (*avvenimento*) current affairs; **settimanale/programma di ~** current affairs magazine/program

attualmente [at·tu·al·'men·te] *adv* currently

attuare [at·tu·'a:·re] I. *vt* to carry out II. *vr:* **-rsi** (*realizzarsi*) to be carried out

audace [au·'da:·tʃe] *adj* ① (*coraggioso*) daring ② (*arrischiato: impresa*) bold ③ (*provocante: scollatura*) plunging

audacia [au·'da:·tʃa] <-cie> *f* ① (*coraggio*) daring ② (*atto arrischiato*) daring act ③ (*insolenza*) impudence

audioguidato, -a [au·dio·gu·i·'da:·to] *adj* **visita -a** audio guide tour

audioleso, -a [au·dio·'le:·zo] *adj* hearing-impaired

auditivo, -a [au·di·'ti:·vo] *adj* hearing

auditorio [au·di·'tɔ:·rio] <-i> *m* auditorium

audizione [au·dit·'tsio:·ne] *f* (*provino*) audition

augurare [au·gu·'ra:·re] I. *vt* to wish; ~ **buon viaggio** to wish sb a good trip II. *vi* to wish III. *vr:* **-rsi** to hope

augurio [au·'gu:·rio] <-i> *m* ① **fare**

[*o* **porgere**] **gli -i a qu** to give sb one's best wishes; **tanti -i di buon compleanno!** happy birthday! ② (*presagio*) omen; **essere di buon ~** to be a good omen

aula ['a:u·la] *f* ① (*di tribunale*) courtroom ② (*di scuola*) classroom; (*di università*) lecture hall

aumentare [au·men·'ta:·re] I. *vt* avere a. fig to increase II. *vi essere* ① (*numero, prezzi, salari*) to rise ② (*quantità*) to increase ③ *inf* (*diventare più caro*) to go up

aumento [au·'men·to] *m* ① (*crescita*) increase; ~ **salariale** raise; ~ **di temperatura** rise in temperature; **essere in ~** to be going up ② (*rincaro*) increase in price

auricolare [au·ri·ko·'la:·re] I. *adj* MED ear II. *m* earphone

austero, -a [aus·'tɛ:·ro] *adj* ① (*rigido*) strict ② (*senza superfluità*) austere

Australia [aus·'tra:·lia] *f* Australia

australiano, -a [aus·tra·'lia:·no] I. *adj* Australian II. *m, f* Australian

Austria ['a:us·tria] *f* Austria

austriaco, -a [aus·'tri:a·ko] <-ci, -che> I. *adj* Austrian II. *m, f* Austrian

autenticare [au·ten·ti·'ka:·re] *vt* GIUR, ADMIN to authenticate

autenticità [au·ten·ti·tʃi·'ta] <-> *f* ① (*di documento*) authenticity ② (*veridicità*) truthfulness

autentico, -a [au·'tɛn·ti·ko] <-ci, -che> *adj* ① (*firma, documento*) genuine ② (*fatto, notizia*) true ③ (*sentimento*) sincere

autismo [au·'tiz·mo] *m* PSYCH autism

autista [au·'tis·ta] <-i *m*, -e *f*> I. *mf* ① (*conducente*) driver ② PSYCH person with autism II. *adj* PSYCH autistic

autistico, -a [au·'tis·ti·ko] <-ci, -che> *adj* autistic

auto ['a:u·to] <-> *f* car

autoabbronzante [au·to·ab·bron·'dzan·te] I. *adj* self-tanning II. *m* self-tanning cream

autoadesivo [au·to·ade·'zi:·vo] *m* sticker

A
autoadesivo, -a *adj* sticky
autobiografia [au·to·bi·o·gra·ˈfi·a] *f* autobiography
autobiografico, -a [au·to·bi·o·ˈgra·fi·ko] <-ci, -che> *adj* autobiographical
autoblinda, autoblindata [au·to·ˈblin·da, au·to·blin·ˈda:·ta] *f* armored car
autobloccante [au·to·blok·ˈkan·te] *adj* TEC self-locking
autobomba [au·to·ˈbom·ba] <-> *f* car bomb
autobus [ˈa:u·to·bus] <-> *m* bus
autocarro [au·to·ˈkar·ro] *m* truck
autocertificazione [au·to·tʃer·ti·fi·kat·ˈtsio:·ne] *f* self-certification
autocompiacimento [au·to·kom·pia·tʃi·ˈmen·to] *m* self-satisfaction
autoconcessionario [au·to·kon·tʃes·sio·ˈna:·rio] <-ri> *m* car dealership
autocontrollo [au·to·kon·ˈtrɔl·lo] *m* self-control
autocoscienza [au·to·koʃ·ˈʃen·tsa] *f* PHILOS self-awareness; **gruppo di ~** encounter group
autocritica [au·to·ˈkri:·ti·ka] *f* self-criticism
autocritico, -a [au·to·ˈkri:·ti·ko] <-ci, -che> *adj* self-critical
autodifesa [au·to·di·ˈfe:·sa] *f* self-defense
autodisciplina [au·to·diʃ·ʃi·ˈpli:·na] *f* self-discipline
autodromo [au·ˈtɔ:·dro·mo] *m* racetrack
autoferrotranviario, -a [au·to·fer·ro·tran·ˈvia:·rio] <-i, -ie> *adj* public transportation
autofficina [au·to·of·fi·ˈtʃi:·na] *f* garage
autogol [au·to·ˈgɔl] *m* own goal
autografo [au·ˈtɔ:·gra·fo] *m* (*firma*) autograph
autolavaggio [au·to·la·ˈvad·dʒo] <-ggi> *m* carwash
autolinea [au·to·ˈli:·nea] *f* bus route
automatico [au·to·ˈma:·ti·ko] <-ci> *m* ① (*bottone*) snap ② (*fucile*) automatic
automatico, -a <-ci, -che> *adj* automatic; **pilota ~** automatic pilot

automatizzare [au·to·ma·tid·ˈdza:·re] *vt* to automate
automazione [au·to·mat·ˈtsio:·ne] *f* automation
automezzo [au·to·ˈmɛd·dzo] *m* motor vehicle
automobile [au·to·ˈmɔ:·bi·le] *f* car; **~ da corsa** racing car
automobilismo [au·to·mo·bi·ˈli·zmo] *m* ① (*delle auto*) motoring ② SPORT (motor) racing
automobilista [au·to·mo·bi·ˈlis·ta] <-i *m*, -e *f*> *mf* driver
automobilistico, -a [au·to·mo·bi·ˈlis·ti·ko] <-ci, -che> *adj* (*industria*) automotive; (*sport*) racing; (*incidente, traffico*) road; **patente -a** driver's license
autonoleggiatore, -trice [au·to·no·led·dʒa·ˈto:·re] *m, f* owner [*o* manager] of a car rental company
autonoleggio [au·to·no·ˈled·dʒo] <-ggi> *m* car rental
autonomia [au·to·no·ˈmi:·a] <-ie> *f* (*indipendenza*) POL autonomy
autonomo, -a [au·ˈtɔ:·no·mo] *adj* ① (*ente, regione*) autonomous ② (*persona, sindacato*) independent ③ (*lavoro*) freelance
autopattuglia [au·to·pat·tuˈʎ·ˈʎi:·a] *f* patrol car
autopilota [au·to·pi·ˈlɔ:·ta] *m* autopilot
autopsia [au·top·ˈsi:·a] <-ie> *f* autopsy
autopullman [au·to·ˈpul·man] <-> *m* bus
autoradio [au·to·ˈra:·dio] <-> *f* ① (*radio*) car radio ② (*auto*) radio car
autore, -trice [au·ˈto:·re] *m, f* ⓐ. LETT (*esecutore*) author ② (*compositore*) composer ③ (*pittore*) painter; (*scultore*) sculptor
autoreggente [au·to·red·ˈdʒɛn·te] *adj* **calze -i** hold-up tights
autorete [au·to·ˈre:·te] *f* own goal
autorevole [au·to·ˈre:·vo·le] *adj* ① (*potente: scienziato*) authoritative ② (*competente: giudizio*) definitive
autoricambio [au·to·ri·ˈkam·bio] <-bi> *m* car parts *pl*; **negozio di -i** car parts store

autorimessa [au·to·ri·'mes·sa] *f* garage

autorità [au·to·ri·'ta] <-> *f* ⓐ *a.* ADMIN, GIUR authority ⓑ *pl* authorities

autoritario, -a [au·to·ri·'ta:·rio] <-i, -ie> *adj* authoritarian

autoritratto [au·to·ri·'trat·to] *m* self-portrait

autorizzare [au·to·rid·'dza:·re] *vt* to authorize; **~ qu a fare qc** to authorize sb to do sth

autorizzazione [au·to·rid·dzat·'tsio:·ne] *f* ⓐ (*permesso*) authorization ⓑ (*documento*) license

autosalone [au·to·sa·'lo:·ne] *m* car showroom

autoscuola [au·to·'skuɔ:·la] <-> *f* driving school

autoservizio [au·to·ser·'vit·tsio] *m* (*trasporto pubblico*) bus service

autosilo [au·to·'si:·lo] *m* parking garage

autosoccorso [au·to·sok·'kor·so] *m* ⓐ (*veicolo*) tow truck ⓑ (*servizio*) towing and recovery service

autostazione [au·to·stat·'tsio:·ne] *f* ⓐ (*stazione di servizio*) service station ⓑ (*di autolinee*) bus station

autostima [au·to·'sti:·ma] *f* self-esteem

autostop [au·to·'stɔp] *m* hitchhiking; **fare (l')~** to hitchhike

autostoppista [au·to·stop·'pis·ta] <-i *m*, -e *f*> *mf* hitchhiker

autostrada [au·to·'stra:·da] *f* expressway; **~ a pedaggio** turnpike; **~ del Sole** expressway linking Milan to the south of Italy

autostradale [au·to·stra·'da:·le] *adj* (*di autostrade*) expressway; **casello ~** turnpike; **raccordo ~** access road

autosufficiente [au·to·suf·fi·'tʃɛn·te] *adj* self-sufficient

autotassazione [au·to·tas·sat·'tsio:·ne] *f* self-assessment

autoveicolo [au·to·ve·'i:·ko·lo] *m* motor vehicle

autovettura [au·to·vet·'tu:·ra] *f* car

autrice *f v.* **autore**

autunnale [au·tun·'na:·le] *adj* fall

autunno [au·'tun·no] *m* fall; **d'~** in fall

avambraccio [a·vam·'brat·tʃo] **A** <-cci> *m* forearm

avances [a·'vãs] *fpl* **fare delle ~ a qu** to hit on sb

avanguardia [a·van·'guar·dia] *f* (*nell'arte*) avant-garde; **essere all'~** *fig* to be on the cutting edge

avanti [a·'van·ti] **I.** *adv* ⓐ (*stato in luogo*) ahead ⓑ (*avvicinamento*) forward; **andare ~** to move forward; **farsi ~** to step forward; **~ e indietro** backward and forward; **mettere le mani ~** *fig* to come clean ⓒ (*allontanamento*) ahead ⓓ (*tempo: successivamente*) d'ora in ~ from now on; **l'orologio va ~** the watch is fast ⓔ (*loc*) **essere ~ negli studi** to be ahead in one's studies; **tirare ~** to manage **II.** *prep* (*moto*) ahead **III.** <inv> *adj* (*di tempo*) before; **il giorno ~** the day before **IV.** <-> *m* SPORT forward **V.** *interj* ⓐ (*moto*) **~!** come in!; **~! muovetevi** go on! hurry up! ⓑ (*esortazione*) come on; **~ tutta!** NAUT full speed ahead!

avantieri, avant'ieri [a·van·'tiɛ:·ri] *adv* the day before yesterday

avanzamento [a·van·tsa·'men·to] *m* ⓐ (*promozione*) promotion ⓑ (*progresso*) progress

avanzare [a·van·'tsa:·re] **I.** *vi essere* ⓐ (*andare avanti*) to advance ⓑ *fig* (*progredire: lavoro*) to progress ⓒ (*essere promosso*) to be promoted ⓓ (*sporgere in fuori*) to stick out ⓔ (*rimanere come resto*) to be (left) over **II.** *vt avere* ⓐ (*spostare in avanti*) to move forward ⓑ (*promuovere*) to promote ⓒ (*presentare: proposta*) to put forward ⓓ (*essere creditore*) **~ qc (da qu)** to be owed sth (by sb)

avanzo [a·'van·tso] *m* ⓐ MATH remainder ⓑ COM surplus ⓒ (*di cibo*) leftover; **mangiare gli -i** to eat leftovers ⓓ (*di stoffa*) remnant

avarizia [a·va·'rit·tsia] <-ie> *f* avarice

avaro, -a [a·'va:·ro] **I.** *adj* ⓐ (*persona*) cheap; **~ di parole** *fig* of few words ⓑ (*terreno*) poor **II.** *m, f* miser

A **avellinese** [a·vel·li·'ne:·se] I. *adj* from Avellino II. *mf* (*abitante*) person from Avellino

Avellino *f* Avellino, *town in southern Italy*

avem(m)aria [a·ve·m(m)a·'ri:·a] <-ie> *f* Hail Mary

avena [a·'ve:·na] *f* oats *pl*

avere¹ [a·'ve:·re] <ho, ebbi, avuto> *vt* ❶ (*possedere, tenere*) to have; **non ho soldi** I don't have any money; **ha gli occhi neri** she has dark eyes; **non ha i genitori** he doesn't have any parents; **~ un bambino** to have a child; **ce l'avevo in mano** I had it in my hand ❷ (*portare*) to wear; **aveva il cappello?** was he wearing a hat? ❸ (*ricevere*) to receive; **l'ho avuto in dono** I was given it ❹ (*età*) to be; **~ vent'anni** she's twenty ❺ (*provare*) to be; **~ freddo** to be cold; **~ sete** to be thirsty ❻ (*impegno*) **ho da fare** I have things to do; **abbiamo ospiti a cena** we are having people to dinner ❼ (*loc*) **~ a che fare** [*o* **vedere**] **con qu** to have sth to do with sb; **avercela con qu** to be angry with sb

avere² *m* ❶ (*patrimonio*) property; **tutti i suoi -i** all his possession ❷ COM credit; **il dare e l'~** debit and credit

aviazione [a·viat·'tsio:·ne] *f* aviation; **~ militare** air force

avido, -a ['a:·vi·do] *adj* greedy

avo, -a ['a:·vo] *m, f* ancestor

avorio [a·'vɔ:·rio] <-i> *m* (*sostanza, colore*) ivory

avvalersi [av·va·'ler·si] <irr> *vr* **~ di qc** to make use of sth

avvalorare [av·va·lo·'ra:·re] *vt* to support

avvampare [av·vam·'pa:·re] *vi essere* ❶ (*fiamma*) to blaze up ❷ (*arrossire per la vergogna*) to blush ❸ *fig* (*di rabbia*) to flare up

avvantaggiare [av·van·tad·'dʒa:·re] I. *vt* ❶ (*favorire*) to favor ❷ (*far progredire*) to benefit II. *vr:* **-rsi** ❶ (*avvalersi con profitto*) to benefit; **~ di qc** to benefit from sth ❷ (*guadagnar tempo*) to

get ahead ❸ (*prevalere*) **-rsi su qu** to get ahead of sb

avvantaggiato, -a [av·van·tad·'dʒa·to] *adj* **partire -i** to have a head start

avvedersi [av·ve·'der·si] <irr> *vr* **~ di qc** to notice sth

avvelenamento [av·ve·le·na·'men·to] *m* poisoning

avvelenare [av·ve·le·'na:·re] I. *vt* to poison II. *vr:* **-rsi** ❶ (*con veleno*) to take poison ❷ *fig* (*amareggiarsi*) to become bitter

avvenente [av·ve·'nɛn·te] *adj* attractive

avvenimento [av·ve·ni·'men·to] *m* event

avvenire¹ [av·ve·'ni:·re] I. <-> *m* future II. <inv> *adj* future

avvenire² <irr> *vi essere* to become; **che è avvenuto di lui?** what became of him?

avventato, -a [av·ven·'ta:·to] *adj* rash

avvento [av·'vɛn·to] *m* ❶ (*venuta*) coming ❷ REL **l' Avvento** Advent

avventura [av·ven·'tu:·ra] *f* adventure

avventurarsi [av·ven·tu·'ra:r·si] *vr a. fig* (*esporsi a rischi*) to venture

avventuroso, -a [av·ven·tu·'ro:·so] *adj* ❶ (*storia, viaggio*) adventurous ❷ *fig* (*rischioso*) risky

avvenuto [av·ve·'nu:·to] *pp di* **avvenire**²

avverare [av·ve·'ra:·re] I. *vt* to fulfill II. *vr:* **-rsi** to come true

avverbio [av·'ver·bio] <-i> *m* adverb

avversario, -a [av·ver·'sa:·rio] <-i, -ie> I. *adj* rival II. *m, f* opponent; MIL (*nemico*) adversary

avversione [av·ver·'sio:·ne] *f* aversion; **avere un'~ per qu/qc** to loathe sb/sth

avversità [av·ver·si·'ta] <-> *f* ❶ (*ostilità*) loathing ❷ *pl* (*disgrazia*) adversities

avverso, -a [av·'vɛr·so] *adj* (*sorte, fortuna*) adverse

avvertenza [av·ver·'tɛn·tsa] *f* ❶ (*cautela*) good sense; **avere l'~ di fare qc** to take care to do sth ❷ (*avviso*) warning ❸ *pl* (*istruzioni per l'uso*) instructions

avvertimento [av·ver·ti·'men·to] *m* warning

avvertire [av·ver·'ti:·re] *vt* ① (*avvisare*) ~ **qu** (**di qc**) to let sb know (about sth) ② (*ammonire*) to warn ③ (*percepire*) to feel

avvezzo, -a [av·'vet·tso] *adj* accustomed; **essere ~ a qc** to be accustomed to sth

avviamento [av·via·'men·to] *m* ① (*formazione*) training; **l'~ a qc** training for sth ② COM (*di negozio*) opening ③ TEC (*messa in moto*) starting; **motorino d'~** starter

avviare [av·vi·'a:·re] I. *vt* ① fig (*indirizzare*) ~ **qu a qc** to direct sb toward sth ② TEC (*mettere in moto*) to start ③ (*dare inizio*) to start up II. *vr:* **-rsi** ① (*dirigersi*) to set off ② fig (*stare per*) **-rsi a fare qc** to be about to do sth

avvicinare [av·vi·tʃi·'na:·re] I. *vt* ① (*mettere vicino*) ~ **qc a qu/qc** to bring sth close to sb/sth ② (*entrare in rapporti con qu*) ~ **qu** to approach sb II. *vr:* **-rsi** (*farsi vicino*) **-rsi (a qu/qc)** to come closer (to ab/sth); **l'inverno si avvicina** winter is coming

avvilente [av·vi·'lɛn·te] *adj* (*degradante*) degrading; (*scoraggiante*) disheartening

avvilire [av·vi·'li:·re] <avvilisco> I. *vt* (*scoraggiare*) to discourage II. *vr:* **-rsi** (*perdersi d'animo*) to become discouraged

avvincente [av·vin·'tʃɛn·te] *adj* (*racconto*) gripping

avvincere [av·'vin·tʃe·re] <irr> *vt* fig (*spettacolo*) to captivate

avvio [av·'vi:·o] <-ii> *m* ① (*inizio*) start; **dare (l')~ a qc** to start sth ② (*computer*) start

avvisaglia [av·vi·'zaʎ·ʎa] <-glie> *fpl* (*primi sintomi*) symptoms

avvisare [av·vi·'za:·re] *vt* ① (*informare*) to inform ② (*ammonire*) to warn

avvisatore [av·vi·za·'to:·re] *m* (*dispositivo*) alarm; ~ **acustico** horn; ~ **d'incendio** fire alarm

avviso [av·'vi:·zo] *m* ① a. GIUR (*informa-*

zione, notizia) notice; **dare ~** to give notice; ~ **di sfratto** eviction order ② (*sul giornale*) advertisement ③ (*consiglio, ammonimento*) warning ④ (*parere, opinione*) opinion; **a mio ~** in my opinion

avvistare [av·vis·'ta:·re] *vt* to sight

avvitare [av·vi·'ta:·re] I. *vt* to screw II. *vr:* **-rsi** AERO to go into a spin

avvocato, -essa [av·vo·'ka:·to] *m, f* lawyer; ~ **difensore** defense lawyer; ~ **dello Stato** prosecutor; ~ **penale** criminal lawyer

avvolgere [av·'vɔl·dʒe·re] <irr> I. *vt* ~ **qu/qc** (*matassa, filo*) to wind; ~ **qc attorno a qu/qc** to wind sth around sb/sth II. *vr:* **-rsi** to wind

avvolgibile [av·vol·'dʒi:·bi·le] I. *m* roller shutter II. *adj* (*persiana*) roller

avvolsi *1. pers sing pass rem di* **avvolgere**

avvolto *pp di* **avvolgere**

azienda [ad·'dziɛn·da] *f* firm

aziendale [ad·dzien·'da:·le] *adj* business; **economia ~** UNIV business studies

azionario, -a [at·tsio·'na:·rio] <-i, -ie> *adj* share; **mercato ~** stock market

azione [at·'tsio:·ne] *f* ① (*l'agire, operato, effetto*) action; **passare all'~** to go into action; **avere il coraggio delle proprie -i** to have the courage of one's convictions ② TEC (*funzionamento*) working; **essere in ~** to be working; **entrare in ~** to start working ③ ~ **dimostrativa** demonstration ④ (*di romanzo, film*) story ⑤ GIUR action; **intraprendere un'~ legale contro qu** to start legal action against sb ⑥ MIL operation ⑦ FIN share ⑧ FILM **~!** action!

azionista [at·tsio·'nis·ta] <-i *m*, -e *f*> *mf* shareholder

azzannare [at·tsan·'na:·re] *vt* to bite

azzardato, -a [ad·dzar·'da:·to] *adj* ① (*imprudente*) rash; **mossa -a** rash move ② (*avventato: scelta*) daring ③ (*rischioso*) risky; **investimento ~** risky investment

azzardo [ad·'dzar·do] *m* ① (*rischio*)

risk 🔹 (*atto sconsiderato*) gamble; **giocatore d'~** gambler

B **azzeccare** [at·tsek·'ka:·re] *vt* 🔹 (*colpire nel segno*) to hit 🔹 *fig* (*indovinare*) to guess right

azzurro [ad·'dzur·ro] *m* 🔹 (*colore*) blue 🔹 SPORT **gli -i** the Italian national team

azzurro, -a *adj* blue; **principe ~** Prince Charming

Bb

B, b [bi] <-> *f* B, b; **~ come Bologna** B as in Boy

babbo ['bab·bo] *m inf* dad; **~ Natale** Santa Claus

babbuino, -a [bab·bu·'i:·no] *m, f* ZOO baboon

baby ['bei·bi] <inv> *adj* children's

baby-sitter ['bei·bi·'si·tə] <-> *mf* baby-sitter

bacato, -a [ba·'ka:·to] *adj* 🔹 (*frutta*) rotten 🔹 *fig, pej* (*corrotto*) crooked

bacca ['bak·ka] <-cche> *f* berry

baccalà [bak·ka·'la] <-> *m* dried cod

baccano [bak·'ka:·no] *m* racket; **fare ~** to make a racket

bacchetta [bak·'ket·ta] *f* (*asticciola*) stick; (*di direttore d'orchestra*) baton; (*per tamburo*) drumstick; (*di mago, fata*) wand

bacheca [ba·'kɛ:·ka] <-che> *f* (*per affissione*) notice board; (*di museo*) display case

baciamano [ba·tʃa·'ma:·no] <-*o* -*i*> *m* **fare il ~ a qu** to kiss sb's hand

baciare [ba·'tʃa:·re] I. *vt* to kiss II. *vr*: **-rsi** to kiss each other

bacillo [ba·'tʃil·lo] *m* germ

bacinella [ba·tʃi·'nel·la] *f* bowl

bacino [ba·'tʃi:·no] *m* 🔹 (*recipiente*) basin 🔹 ANAT pelvis 🔹 MIN (*giacimento*) bed 🔹 GEOG basin; **~ idroelettrico** hydroelectric basin 🔹 NAUT dock

bacio ['ba:·tʃo] <-ci> *m* kiss; **al ~** *fig, inf* fab

back office ['bæk·ɔfis] <-> *m* back office

baco ['ba:·ko] <-chi> *m* ZOO, COMPUT worm; **~ da seta** silk worm

badante [ba·'dan·te] *mf* carer

badare [ba·'da:·re] *vi* 🔹 (*accudire*) **~ a qu/qc** to look after sb/sth 🔹 (*stare attento*) to mind 🔹 (*loc*) **bada ai fatti tuoi!** mind your own business!

baffo ['baf·fo] *m* (*di persona*) moustache; (*di animale*) whisker; **ridere sotto i -i** to snigger; **una cosa da leccarsi i -i** a mouthwatering thing

baffuto, -a [baf·'fu:·to] *adj* with a moustache

bagagliaio [ba·gaʎ·'ʎa:·io] <-ai> *m* MOT trunk; FERR baggage car

bagaglio [ba·'gaʎ·ʎo] <-gli> *m* 🔹 (*valigie*) luggage; **deposito -gli** luggage room; **disfare i -gli** to unpack; **fare i -gli** to pack; **~ a mano** carryon luggage 🔹 *fig* (*formazione*) background; **~ culturale** cultural background

bagnante [baɲ·'nan·te] *mf* swimmer

bagnare [baɲ·'ɲa:·re] I. *vt* 🔹 (*con liquido*) to wet 🔹 (*annaffiare*) to water 🔹 (*inumidire*) to moisten 🔹 (*fiume*) to flow through; (*mare*) to wash II. *vr*: **-rsi** (*con pioggia, acqua*) to get soaked

bagnato, -a *adj* 🔹 (*con liquido*) wet; **~ fradicio** soaked 🔹 (*umido*) damp

bagnino, -a [baɲ·'ni:·no] *m, f* lifeguard

bagno ['baɲ·ɲo] *m* 🔹 (*stanza*) bathroom; **andare in ~** to go to the bathroom; **~ turco** Turkish bath 🔹 (*immersione in acqua*) bathing; **costume da ~** (*da donna*) swimming costume; (*da uomo*) trunks *pl*; **fare il ~** (*nella vasca*) to have a bath; (*in piscina, nel mare*) to go swimming ④ (*lavaggio*) **mettere qc a** ~ to leave sth to soak ⑥ *pl* (*stabilimento balneare*) lido

bagnomaria [baɲ·ɲo·ma·ˈriː·a] <-> *m* **a** ~ in a bain-marie

bagnoschiuma [baɲ·ɲo·ˈʃuː·ma] <-> *m* bubble bath

baia [ˈbaː·ia] <-aie> *f* GEOG bay

baita [ˈbaː·i·ta] *f* mountain hut

balbettare [bal·bet·ˈtaː·re] I. *vi* ① (*tartagliare*) to stammer ② (*bambino*) to gibber II. *vt* (*scusa*) to mumble

balbuzie [bal·ˈbuː·tsi·e] <-> *f* stammer; **avere la** ~ to have a stammer

balbuziente [bal·but·ˈtsi·ɛn·te] I. *adj* stammering II. *mf* stammerer

Balcani [bal·ˈkaː·ni] *mpl* Balkans

balcanico, -a [bal·ˈkaː·ni·ko] <-ci, -che> *adj* Balkan

balconata [bal·ko·ˈnaː·ta] *f* balcony

balcone [bal·ˈkoː·ne] *m* balcony

baldoria [bal·ˈdɔː·ria] <-ie> *f* fun; **fare** ~ to have fun

balena [ba·ˈleː·na] *f* ZOO whale

balenare [ba·le·ˈnaː·re] *vi essere* (*apparire improvvisamente*) to flash

baleno [ba·ˈleː·no] *m* (*attimo*) **in un** ~ *fig* in a flash

balia [ba·ˈliː·a] *f* mercy; **essere in** ~ **di qu/qc** to be at the mercy of sb/sth

balla [ˈbal·la] *f* ① *inf* (*frottola*) lie; **non raccontare -e!** don't tell lies! ② (*di cotone*) bale

ballabile [bal·ˈlaː·bi·le] *adj* good for dancing

ballare [bal·ˈlaː·re] I. *vt* (*tango, valzer*) to dance II. *vi* ① (*danzare*) to dance ② (*barca, nave*) to toss ③ (*abiti*) ~ **addosso a qu** to be too big for sb

ballata [bal·ˈlaː·ta] *f* ballad

ballerina [bal·le·ˈriː·na] *f* (*scarpa*) ballet shoe

ballerino, -a [bal·le·ˈriː·no] *m, f* dancer; **prima -a** prima ballerina

balletto [bal·ˈlet·to] *m* ballet

ballo [ˈbal·lo] *m* ① (*il ballare*) dancing; **corpo di** ~ corps de ballet; **festa da** ~ ball; **scuola di** ~ dancing school ② (*movimenti, giro di danza*) dance ③ (*festa*) ball ④ *fig* **essere in** ~ to be involved; **tirare in** ~ **qu/qc** to bring sb/sth into play

ballottaggio [bal·lot·ˈtad·dʒo] <-ggi> *m* ① POL second ballot ② SPORT playoff

balneare [bal·ne·ˈaː·re] *adj* seaside; **stagione** ~ swimming season

balordo, -a [ba·ˈlor·do] I. *adj* stupid II. *m, f* fool

balsamico, -a [bal·ˈsaː·mi·ko] <-ci, -che> *adj* ① MED balsamic ② (*salubre: aria*) balmy ③ (*loc*) **aceto** ~ balsamic vinegar

balsamo [ˈbal·sa·mo] *m* ① (*per capelli*) conditioner ② MED balm

baltico, -a [ˈbal·ti·ko] <-ci, -che> *adj* Baltic

balzare [bal·ˈtsaː·re] *vi essere* ① to leap; ~ **giù da qc** to leap down from sth; ~ **giù dal letto** to leap out of bed; ~ **in piedi** to leap to one's feet; **le balzò il cuore in gola** her heart leapt ② *loc* ~ **agli occhi** to be obvious

balzo [ˈbal·tso] *m* ① (*salto*) leap ② (*avanzamento*) step

bambagia [bam·ˈbaː·dʒa] <-gie> *f* (*loc*) **tenere qu nella** ~ *fig* to mollycoddle sb

bambinaia [bam·bi·ˈnaː·ia] <-aie> *f* nanny

bambinata [bam·bi·ˈnaː·ta] *f* (*atto puerile*) childish thing

bambino, -a [bam·ˈbiː·no] *m, f* ① (*bimbo: maschio*) little boy; (*femmina*) little girl; **aspettare un** ~ *inf* to be pregnant ② *scherz* (*adulto infantile*) child

bamboccio [bam·ˈbɔt·tʃo] <-cci> *m inf, fig* (*sempliciotto*) fool

bambola [ˈbam·bo·la] *f* doll

bambù [bam·ˈbu] <-> *m* bamboo

banale [ba·ˈnaː·le] *adj* ① (*insignificante*) ordinary; (*osservazione, domanda*) banal ② (*poco importante*) mere

banana [ba·ˈnaː·na] *f* (*frutto*) banana

banano [ba·ˈnaː·no] *m* banana tree

banca [ˈbaŋ·ka] <-che> *f* COM, COMPUT,

B

MED bank; **Banca centrale europea** UE European Central Bank; **~ dati** data bank; **~ del sangue** blood bank

bancarella [baŋ·ka·ˈrɛl·la] *f* stall

bancario, -a [baŋ·ˈka·rio] <-i, -ie> I. *adj* bank; **sistema ~** banking stystem II. *m, f* (*impiegato*) bank employee

bancarotta [baŋ·ka·ˈrot·ta] *f* bankruptcy; **fare ~** to go bankrupt

banchetto [baŋ·ˈket·to] *m* ① (*bancarella*) stall ② (*pranzo*) banquet

banchiere, -a [baŋ·ˈkiɛ·re] *m, f* FIN banker

banchina [baŋ·ˈki·na] *f* NAUT wharf

banco [ˈbaŋ·ko] <-chi> *m* ① (*sedile*) bench; **~ degli imputati** [*o* **accusati**] dock; **~ della giuria** jury box ② (*di scuola*) desk ③ (*di bar*) bar; (*di negozio*) counter ④ (*al mercato*) stall ⑤ (*banca, a. nei giochi*) bank ⑥ TEC bench; **~ di prova** testing bench ⑦ GEOL, ZOO layer; **~ di nebbia** fog bank; **~ di ghiaccio** ice floe; **~ di pesci** shoal of fish

bancomat [baŋ·ko·ˈmat/baŋ·ko·mat] <-> *m* ① (*servizio*) automated banking ② (*sportello*) automated teller machine/ ATM; **prelevare soldi al ~** to get money out of the ATM ③ (*tessera*) cash card

bancone [baŋ·ˈko·ne] *m* (*di bar*) bar; (*di banca*) counter; (*di biglietteria*) ticket counter

banconota [baŋ·ko·ˈnɔ·ta] *f* bill

banda [ˈban·da] *f* ① MUS, RADIO, COMPUT, FIS band ② (*di malviventi*) gang ③ (*striscia*) stripe

banderuola [ban·de·ˈru·ɔ·la] *f* METEO weathervane

bandiera [ban·ˈdiɛ·ra] *f* flag; **~ bianca** white flag

bandierina [ban·die·ˈri·na] *f* ① (*piccola bandiera*) small flag ② (*nel calcio*) corner flag; **tiro dalla ~** (*calcio d'angolo*) corner kick

bandire [ban·ˈdi·re] <bandisco> *vt* ① (*indire*) to announce ② (*eliminare*) to ban

bandito [ban·ˈdi·to] *m* outlaw

bando [ˈban·do] *m* ① (*annuncio*) announcement; **~ di concorso** (*di lavoro*) announcement of job vacancies; (*di premio*) announcement of competition ② (*divieto*) ban; **mettere al ~** *a. fig* to ban

bar [bar] <-> *m* ① (*con licenza per alcolici*) bar ② FIS bar

bara [ˈba·ra] *f* coffin

baracca [ba·ˈrak·ka] <-cche> *f* ① (*catapecchia*) hut ② (*loc*) **mandare avanti la ~** *inf* to keep things going; **piantare ~ e burattini** *fig* to pack up everything

baraccato, -a [ba·rak·ˈka·to] I. *adj* living in a shantytown II. *m, f* shantytown dweller

baraccone [ba·rak·ˈko·ne] *m* (*nelle fiere*) booth

baraccopoli [ba·rak·ˈkɔ·po·li] <-> *f* shantytown

baraonda [ba·ra·ˈon·da] *f* (*caos*) din

barare [ba·ˈra·re] *vi* (*al gioco*) to cheat

baratro [ˈba·rat·ro] *m* ① (*precipizio*) chasm ② *fig* (*abisso*) abyss

barattare [ba·rat·ˈta·re] *vt* **~ qc** (**con qc**) to trade sth (for sth)

baratto [ba·ˈrat·to] *m* trade

barattolo [ba·ˈrat·to·lo] *m* (*di latta*) can; (*di vetro*) jar

barba [ˈbar·ba] *f* (*peli*) beard; **farsi la ~** to shave ② *fig* (*noia*) bore; **che ~!** *fig, inf* what a pain!

barbabietola [bar·ba·ˈbiɛ·to·la] *f* beet

barbarico, -a [bar·ˈba·ri·ko] <-ci, -che> *adj* barbarian

barbarie [bar·ˈba·ri·e] <-> *f* act of barbarism

barbaro [ˈbar·ba·ro] *m* ① HIST Barbarian ② *fig* barbarian

barbaro, -a *adj* ① HIST barbarous ② *fig* (*spietato*) barbaric ③ *fig* (*rozzo*) uncouth

barbiere [bar·ˈbiɛ·re] *m* barber; **andare dal ~** to go to the barber's

barbiturico [bar·bi·ˈtu·ri·ko] <-ci> *m* barbiturate

barbone [bar·ˈbo·ne] *m* ① (*vagabondo*) tramp ② ZOO poodle

barboso, -a [bar·'bo:·so] *adj fig* (*noioso*) boring

barbuto, -a [bar·'bu:·to] *adj* bearded

barca ['bar·ka] <-che> *f* ① NAUT boat; ~ **a motore** motorboat; ~ **a remi** rowing boat; ~ **a vela** sailboat; **andare in ~** (*gener*) to go by boat; (*fare vela*) to go sailing ② *fig, inf* (*mucchio*) **una ~ di** loads of

barcamenarsi [bar·ka·me·'nar·si] *vr* to manage

barcollare [bar·kol·'la:·re] *vi* to stagger

barcone [bar·'ko:·ne] *m* barge

barella [ba·'rɛl·la] *f* stretcher; **in ~** on a stretcher

barese [ba·'re:·se] I. *adj* from Bari II. *mf* (*abitante*) person from Bari

Bari *f* Bari, *city in Southern Italy*

barile [ba·'ri:·le] *m* barrel

barista [ba·'ris·ta] <-i *m*, -e *f*> *mf* (*cameriere*) barman *m*, barmaid *f*

baritono [ba·'ri:·to·no] *m* MUS baritone

barlume [bar·'lu:·me] *m* glimmer; ~ **di speranza** glimmer of hope

barocco [ba·'rɔk·ko] *m* Baroque

barocco, -a <-cchi, -cche> *adj* ① (*del barocco*) baroque ② *fig pej* over-the-top

barometro [ba·'rɔ:·me·tro] *m* barometer

barone, -essa [ba·'ro:·ne, ba·ro·'nes·sa] *m*, *f* baron *m*, baroness *f*

barra ['bar·ra] *f* ① (*asta*) rod; (*di metallo*) bar ② TEC, MOT, COMPUT bar; ~ **dei menu** menu bar; ~ **di navigazione** navigation bar; ~ **del titolo** title bar; ~ **di scorrimento** scroll bar; **codice a -e** bar code ③ NAUT helm ④ (*segno grafico*) slash; ~ **inversa** backslash

barricarsi [bar·ri·'ka:·r·si] *vr* to barricade oneself; **-rsi in casa** to barricade oneself in one's house

barricata [bar·ri·'ka:·ta] *f* barricade

barriera [bar·'riɛ:·ra] *f* ① (*sbarramento*) barrier; ~ **architettonica** access-limiting architectural feature; **~ doganale** trade barrier; **le -e sociali** the social barriers ② GEOG reef; ~ **corallina** coral reef ③ (*nel calcio*) wall

baruffa [ba·'ruf·fa] *f* (*litigio*) row; **far ~** to have a row

barzelletta [bar·dzel·'let·ta] *f* joke; **raccontare -e** to tell jokes

basare [ba·'za:·re] I. *vt* (*fondare*) ~ **qc su qc** to base sth on sth II. *vr*: **-rsi** to base oneself; **-rsi su qc** (*argomento, valutazione*) to be based on sth

basco ['bas·ko] <-schi> *m* (*cappello*) beret

base ['ba:·ze] *f* ① (*parte inferiore*) base ② (*principio, fondamento*) basis; **gettare** [*o* **porre**] **le -i di qc** to lay the basis for sth; **in ~ a** according to ③ CULIN **minestra a ~ di carote** carrot soup; **piatto a ~ di carne** meat-based dish ④ MIL, MATH, CHIM, SPORT base; ~ **aerea** air base ⑤ ASTR station; ~ **spaziale** space station ⑥ POL rank-and-file

basetta [ba·'zet·ta] *f* sideburn

basilare [ba·zi·'la:·re] *adj* basic

basilica [ba·'zi·li·ka] <-che> *f* basilica

Basilicata [ba·zi·li·'ka:·ta] *f* Basilicata, *a region in Southern Italy*

basilico [ba·'zi·li·ko] *m* basil

bassezza [bas·'set·tsa] *f* ① *fig* vileness; ~ **d'animo** meanness of spirit ② (*azione vile*) vile action

bassifondi *pl di* **bassofondo**

bassipiani *pl di* **bassopiano**

basso ['bas·so] *m* ① bottom; **in ~** at the bottom; **più in ~** further down; **cadere in ~** *fig* to come down in the world ② MUS bass

basso, -a <più basso *o* inferiore, bassissimo *o* infimo> I. *adj* ① (*di statura*) short ② (*edificio, muro, tacco*) low; **scarpe con i tacchi -i** low-heeled shoes ③ (*inferiore: parte*) lower ④ (*abbassato*) down, to keep one's eyes down ⑤ (*d'intensità: pressione, temperatura*) low ⑥ (*non profondo: acqua*) shallow ⑦ (*prezzi*) cheap ⑧ (*debole: voce*) soft; **parlare a voce -a** to speak quietly ⑨ MUS bass ⑩ (*loc*) **-a stagione** low season ⑪ SOCIOL (*ceti, classi*) lower ⑫ *fig* (*vile*) base ⑬ GEO lower; **Bassa Italia** Southern Italy; **i Paesi Bassi** the Neth-

B

erlands **II.** *adv* ① (*in basso*) low ② (*a bassa voce*) quietly

bassofondo [bas·so·'fon·do] <bassifondi> *mpl* (*quartieri*) slums

bassopiano [bas·so·'pia:·no] <-i *o* bassipiani> *m* lowland

bassorilievo [bas·so·ri·'lie:·vo] *m* bas-relief

bassotto [bas·'sɔt·to] *m* zoo dachshund

basta ['bas·ta] *interj v.a.* **bastare**

bastardo, -a [bas·'tar·do] **I.** *adj* ① (*figlio*) illegitimate ② (*animale*) crossbred; **cane ~** mongrel ③ *fig* (*maledetto*) damn ④ *fig* (*cattivo*) dreadful **II.** *m, f* ① *pej, inf* (*persona*) bastard ② (*animale*) crossbreed; (*cane*) mongrel

bastare [bas·'ta:·re] *vi essere* ① (*essere sufficiente*) to be enough; **basta poco per essere felici** it doesn't take much to be happy; **come se non bastasse** as if that wasn't enough; **basta che ...** +*conj* you [*o* we] [*o* they] [*o* he] [*o* she] just have to ...; **basta con** [*o* di] **...** that's enough of ...; **basta così** that's enough; **punto e basta!** period! ② (*durare*) to last

bastimento [bas·ti·'men·to] *m* ① (*nave*) ship ② (*carico*) load

bastonare [bas·to·'na:·re] **I.** *vt* to beat **II.** *vr:* **-rsi** to beat each other up

bastonata [bas·to·'na:·ta] *f* blow (with a stick); **prendere qu a -e** *inf* to beat sb

bastoncino [bas·ton·'tʃi:·no] *m* ① (*piccolo bastone*) small stick ② (*da sci*) ski stick ③ CULIN **~ di pesce** fish finger

bastone [bas·'to:·ne] *m* ① (*di legno*) stick; **~ da passeggio** walking stick; **mettere i -i tra le ruote a qu** *fig* to cause sb problems ② (*nel golf*) club ③ *pl* (*di carte da gioco*) suit in Italian playing cards ④ *fig* (*sostegno*) support

batosta [ba·'tɔs·ta] *f* slap in the face

battaglia [bat·'taʎ·ʎa] <-glie> *f* ① *a. fig* MIL battle; **campo di ~** battle field ② (*campagna*) fight; **una ~ per** [*o* contro] **qc** a campaign for sth

battagliero, -a [bat·taʎ·'ʎɛ:·ro] *adj* aggressive

battaglione [bat·taʎ·'ʎo:·ne] *m* battalion

battello [bat·'tɛl·lo] *m* boat

battente [bat·'tɛn·te] *m* (*di porta*) wing; (*di finestra*) shutter; **chiudere i -i** *fig* to close up shop

battere ['bat·te·re] **I.** *vt* ① (*dar colpi*) to beat; **~ i denti** (*per il freddo*) to chatter; **~ le mani** to clap (one's hands); **~ i piedi** *fig* to stamp one's feet; **non so dove ~ il capo** [*o* la testa] *fig* I don't know what to do; **non ~ ciglio** to not bat an eyelid; **in un batter d'occhio** in a flash ② (*tempo, primato*) to beat ③ (*tirare: rigore, calcio d'angolo*) to kick; **~ una punizione** to take a penalty ④ FIN (*moneta*) to mint ⑤ (*dattilografare*) to type ⑥ *inf* (*prostituirsi*) **~ il marciapiede** to be on the game **II.** *vi* ① (*pioggia, sole, cuore*) to beat; (*orologio*) to tick ② (*bussare*) to knock; **~ alla porta** to knock on the door ③ MOT, TEC to knock ④ (*insistere*) to go on about sth **III.** *vr:* **-rsi** *a. fig* MIL to fight; **-rsi per qc** to fight for sth; **battersela** *inf* to beat it

batteria [bat·te·'ri:·a] <-ie> *f* ① MOT, EL battery ② (*di pentole*) set ③ MUS drums *pl*

batterio [bat·'tɛ:·rio] <-i> *m* bacterium

batteriologico, -a [bat·te·rio·'lɔ:·dʒi·ko] <-ci, -che> *adj* biological

batterista [bat·te·'ris·ta] <-i *m*, -e *f*> *mf* MUS drummer

battesimo [bat·'te:·zi·mo] *m* ① REL baptism; **nome di ~** christian name; **tenere a ~ qu** to be godfather [*o* godmother] to sb ② (*cerimonia, rito*) christening

battezzare [bat·ted·'dza:·re] *vt* ① REL to baptize ② (*denominare*) to christen

battibecco [bat·ti·'bek·ko] <-chi> *m* squabble

batticuore [bat·ti·'kuɔ:·re] *m* palpitations *pl*

battimani [bat·ti·'ma:·ni] *mpl* applause

battiscopa [bat·tis·'ko:·pa] <-> *m* baseboard

battistero [bat·tis·'tɛ:·ro] *m* baptistry

battistrada [bat·tis·'tra:·da] <-> *m*
❶ MOT thread ❷ SPORT pacemaker

battitappeto [bat·ti·tap·'pe:·to] <- *o*
-i> *m* vacuum cleaner

battito ['bat·ti·to] *m* (*del cuore*) beat;
(*dell'orologio*) tick; (*della pioggia*) patter

battitore, -trice [bat·ti·'to:·re] *m*, *f*
(*nel baseball*) batter

battuta [bat·'tu:·ta] *f* ❶ (*percossa*)
beating ❷ (*frase spiritosa*) quip; **~ di
spirito** witty remark; **avere la ~ pronta** to never be lost for words ❸ MUS bar
❹ (*di tasto*) stroke ❺ THEAT (*frase*) cue
❻ (*nel baseball*) strike ❼ (*caccia*) beat
❽ (*di polizia*) search operation

battuto, -a *adj* ❶ (*rame, ferro*) wrought
❷ (*sconfitto*) beaten

baule [ba·'u:·le] *m* ❶ (*da viaggio*) trunk
❷ (*di auto*) boot

bava ['ba:·va] *f* ❶ (*di persona*) dribble;
(*di animale*) slobber; **avere la ~ alla
bocca** *fig* to be foaming at the mouth
❷ (*alito*) **~ di vento** breath of wind

bavaglino [ba·vaʎ·'ʎi:·no] *m* bib

bavaglio [ba·'vaʎ·ʎo] <-gli> *m* gag;
mettere il ~ a qu *fig* to gag sb

bavarese [ba·va·'re:·se] *f* CULIN bavarois

bavero ['ba:·ve·ro] *m* collar

bazar [bad·'dzar] <-> *m* ❶ (*mercato
orientale*) bazaar ❷ (*negozio*) empo-
rium

bazzicare [bat·tsi·'ka:·re] *vi* to hang
out; **~ con qc/qu** to hang out with sb/
sth

BCE *f abbr di* **Banca Centrale Europea**
ECB

be' [bɛ] *interj* **e ~ sì** well, yes; **va ~,
non esageriamo** okay, let's not exaggerate

beato, -a [be·'a:·to] *adj* ❶ (*felice*) happy ❷ (*fortunato*) lucky; **~ te!** *inf* lucky
you!; **~ tra le donne** *scherz* lucky so-
and-so ❸ REL blessed

bebè [be·'bɛ] <-> *m* baby

beccare [bek·'ka:·re] I. *vt* ❶ (*con il
becco*) to peck ❷ *inf* (*buscarsi: raffreddore*) to catch ❸ *inf* (*sorprendere*) to
nab; **~ qu sul fatto** to catch sb in the

act II. *vr:* **-rsi** ❶ ZOO to peck (at) each
other ❷ *inf* (*bisticciare*) to snipe at
each other

beccheggiare [bek·ked·'dʒa:·re] *vi*
NAUT to pitch

becco ['bek·ko] <-cchi> *m* ❶ ZOO beak
❷ (*loc*) **chiudi il ~!** *inf* shut up!; **mettere il ~ dappertutto** *inf* to stick one's
nose in everywhere

befana [be·'fa:·na] *f* ❶ (*festa*) Italian
national holiday on January 6th ❷ (*personaggio*) a witch who brings sweets to
good children and coal to bad children
on January 6th

beffa ['bɛf·fa] *f* hoax; **farsi -e di qu** to
make a fool of sb

beffardo, -a [bef·'far·do] *adj* mocking

bega ['bɛ:·ga] <-ghe> *f inf* ❶ (*noia*)
problem ❷ (*litigio*) quarrel

begli ['bɛʎ·ʎi] *v.* **bello, -a**

beh [bɛ] *interj inf* well; **e ~ non importa** oh well, it doesn't matter

bei [bɛ:·i] *v.* **bello, -a**

beige [bɛːʒ] <inv> *adj* <->, *m* beige

bel [bɛl] *v.* **bello, -a**

belare [be·'la:·re] *vi* to bleat

belga ['bɛl·ga] <-gi *m*, -ghe *f*> *adj*, *mf*
Belgian

Belgio ['bɛl·dʒo] *m* **il ~** Belgium

Belgrado [bel·'gra:·do] *f* Belgrade

bell' [bɛll] *v.* **bello, -a**

bella ['bɛl·la] *f* ❶ (*donna bella*) beauty
❷ (*copia*) fair copy; **ricopiare in ~** to
copy out again ❸ (*finale*) final

bellezza [bel·'let·tsa] *f* ❶ (*qualità, persona*) beauty; **istituto di ~** beauty parlor; **prodotti di ~** beauty products; **le -e
di Siena** the sights of Siena; **le -e della
natura** the beauties of nature; **concorso di ~** beauty competition ❷ (*loc*)
che ~! wonderful!; **la ~ di tremila
euro** *inf* the princely sum of three thousand euros

bellico, -a <-ci, -che> *adj* war

bellicoso, -a [bel·li·'ko:·so] *adj* ❶ (*guer-
rafondaio*) warmongering ❷ (*battagliero*) belligerent

bellimbusto [bel·lim·'bus·to] *m inf*
dandy

B

bello ['bɛl·lo] *m* ❶ (*bellezza*) beauty; **che c'è di ~ alla TV?** *inf* what's good on TV?; **che fai di ~?** what are you up to?; **ora viene il ~** *inf* now for the best bit; **il ~ è che ...** *iron, inf* best of all ...; **questo è il ~** *inf* the great thing is; **sul più ~** *inf* at that very moment ❷ METEO good weather; **oggi fa ~** it's fine today

bello, -a *adj* ❶ (*carino*) beautiful; (*uomo*) handsome; **il bel mondo** high society; **le -e arti** fine arts ❸ (*piacevole: camminata, viaggio*) lovely ❷ (*buono: idea, libro, film, voto*) good; **che -a idea!** what a good idea! [*o she*] ❸ (*sereno: tempo*) fine ❺ (*nobile: gesto*) kind ❻ (*considerevole: somma*) large; **una -a somma** *inf* a lot of money ❼ (*rafforzativo*) **un bel pasticcio** a real mess!; **sei un bel cretino** *inf* you're a real idiot ❽ *iron* (*brutto*) fine; **questa è -a!** *inf* that's nice! ❾ (*loc*) **fare la -a vita** to lead an easy life; **alla bell'e meglio** *inf* somehow or other; **un bel niente** absolutely nothing

bellunese [bel·lu·ˈne:·se] I. *adj* from Belluno II. *mf* (*abitante*) person from Belluno

Belluno *f* Belluno, *city in the Veneto*

belva ['bɛl·va] *f* wild beast

belvedere [bel·ve·ˈde:·re] <-> *m* lookout

benché [beŋ·ˈke] *conj* although

benda ['bɛn·da] *f* ❶ MED bandage ❷ (*per occhi*) blindfold

bendare [ben·ˈda:·re] *vt* ❶ MED to bandage ❷ (*occhi*) to blindfold

bendisposto, -a [ben·dis·ˈpos·to] *adj* well-disposed

bene¹ [ˈbɛː·ne] <meglio, benissimo *o* ottimamente> *adv* ❶ (*in modo giusto, soddisfacente*) well; **comportarsi ~** to behave well; **è andata ~** it went well; **star ~ (di salute)** to be well; **non mi sento ~ oggi** I don't feel well today ❷ (*a proprio agio*) **trovarsi ~ con qu/qc** to get on well with sb/sth; **ti trovi ~ in Italia?** do you like being in Italy? ❸ (*elegantemente*) **essere vestito ~** to be well-dressed; **quel cappello ti sta ~** that hat suits you ❹ (*addirittura*) at least ❺ (*loc*) **di ~ in meglio** a. *iron* better and better; **~ o male** (*comunque sia*) whatever happens; **ben ~** *inf* (*accuratamente*) well; (*a fondo*) thoroughly; **lo credo ~** *inf* I can well believe it; **ben gli sta!, gli sta ~!** *inf* serves him right!; **ben detto!** *inf* well put!; **va ~!** *inf* okay!; **tutto è ~ quel che finisce ~** *prov* all's well that ends well *prov*

bene² *interj* good; **~, basta così** good, that's enough; **~! bravo! bis!** well done! bravo! encore!

bene³ *m* ❶ (*ciò che è buono*) good ❷ (*amore, affetto*) affection; **voler ~ a qu** to love sb ❸ (*opera buona*) good deed; **opere di ~** charitable works ❹ (*benificio*) good; **per il tuo ~** for your own good; **lo dico per il tuo ~** I'm telling you for your own good; **fare qc a fin di ~** to do sth for a good reason ❺ (*benessere*) welfare; **far ~ (alla salute)** to be good (for one's health) ❻ *pl* COM, GIUR goods *pl*; **-i culturali** cultural heritage; **-i di consumo** consumer goods; **-i immobili** real estate; **-i mobili** personal property

benedetto, -a [be·ne·ˈdet·to] *adj* ❶ REL (*acqua*) holy; (*ostia*) consecrated; (*persona*) blessed ❷ (*maledetto*) damned

benedire [be·ne·ˈdi:·re] <benedico, benedissi *o* benedii, benedetto> *vt* REL to bless; **mandare qu a farsi ~** *inf* to tell sb to go to hell

benedizione [be·ne·dit·ˈtsio:·ne] *f* ❶ REL (*atto*) blessing; (*funzione*) benediction ❷ *fig* boon

beneducato, ben educato, -a [be·ne·du·ˈka:·to] *adj* polite

benefattore, -trice [be·ne·fat·ˈto:·re] *m, f* benefactor *m*, benefactress *f*

beneficenza [be·ne·fi·ˈtʃɛn·tsa] *f* charity; **fiera di ~** charity event

beneficiare [be·ne·fi·ˈtʃa:·re] *vi* **~ di qc** to benefit from sth

beneficiario, -a [be·ne·fi·ˈtʃa:·rio] <-i, -ie> *m, f* ❶ (*di eredità*) beneficiary ❷ (*di assegno, bonifico*) recipient

beneficio [be·ne·ˈfi:·tʃo] <-ci> *m* a. GIUR

benefit; **a ~ di qc/qu** for the benefit of sb/sth; **trarre ~ da qc** to benefit from sth

benefico, -a [be·'nɛ:·fi·ko] <-ci, -che> *adj* ❶ (*che fa bene*) beneficial ❷ (*di beneficenza*) charitable

benessere [be·'nɛs·se·re] *m* ❶ (*di salute*) well-being ❷ (*economico*) affluence; **società del ~** affluent society

benestante [ben·es·'tan·te] I. *adj* well-off II. *mf* well-off person; **i -i** the well-off

benestare [be·nes·'ta:·re] <-> *m* ADMIN consent

benfatto, ben fatto, -a [ben·'fat·to] *adj* ❶ (*figura, corpo*) shapely ❷ (*lavoro, cosa*) good

beniamino, -a [be·nia·'mi:·no] *m, f* favorite

benigno, -a [be·'niɲ·ɲo] *adj* ❶ (*benevolo*) kind ❷ *fig* (*favorevole*) benevolent ❸ MED benign

beninformato, ben informato, -a [ben·in·for·'ma:·to] *adj* well-informed

benintenzionato, -a [ben·in·ten·tsio·'na:·to] *adj* well-meaning

benissimo [be·'nis·si·mo] *superlativo di* **bene¹**

benpensante [ben·pen·'san·te] *mf, adj* conformist

benservito [ben·ser·'vi:·to] *m* reference; **dare il ~ a qu** to sack sb; *iron* to send sb packing

bensì [ben·'si] *conj* but

bentornato, ben tornato, -a [ben·tor·'na:·to] *m* welcome back

benvenuto [ben·ve·'nu:·to] *m* welcome; **dare il ~ a qu** to welcome sb

benvenuto, ben venuto [ben·ve·'nu:·to] *m* welcome; **dare il ~ a qu** to welcome sb

benvenuto, ben venuto, -a I. *adj* welcome II. *interj* welcome III. *m, f* **essere il ~ in un luogo** to be welcome in a place

benvisto, -a [ben·'vis·to] *adj* well thought of

benvolere [ben·vo·'le:·re] <benvoluto> *vt* to like; **farsi ~ da qu** to win sb's affection

benzina [ben·'dzi:·na] *f* gas; **~ senza piombo/verde** unleaded gasoline; **serbatoio della ~** gas tank; **fare ~** to get gas

benzinaio, -a [ben·dzi·'na:·io] <-ai, -aie> *m, f* gas pump attendant

bere ['be:·re] <bevo, bevvi *o* bevetti, bevuto> I. *vt* ❶ to drink ❷ (*credere*) to swallow; **darla a ~ à qu** *fig, inf* to get sb to swallow sth II. *vi* to drink; **~ come una spugna** to drink like a fish

bergamasco [ber·ga·'mas·ko] *m* (*dialetto*) the dialect of Bergamo

bergamasco, -a <-chi, -che> I. *adj* from Bergamo II. *m, f* (*abitante*) person from Bergamo

Bergamo *f* Bergamo, *city in Lombardy*

bergamotto [ber·ga·'mɔt·to] *m* bergamot

berlina [ber·'li:·na] *f* AUTO sedan

Berlino [ber·'li:·no] *f* Berlin

bermuda [ber·'mu:·da] *mpl* Bermuda shorts *pl*

bernoccolo [ber·'nɔk·ko·lo] *m* ❶ (*in testa*) bump ❷ *fig* (*inclinazione*) **avere il ~ di qc** to have a talent for sth

berretto [ber·'ret·to] *m* cap

bersagliare [ber·saʎ·'ʎa:·re] *vt* ❶ *fig* to bombard; **~ qu di domande** to bomard sb with questions ❷ MIL to fire on

bersagliere [ber·saʎ·'ʎɛ:·re] *m* MIL bersagliere, *member of the artillery corps of the Italian army*

bersaglio [ber·'saʎ·ʎo] <-gli> *m a. fig* MIL, SPORT target; **tiro al ~** target practice

besciamella [beʃ·ʃa·'mɛl·la] *f* bechamel sauce

bestemmia [bes·'tem·mia] <-ie> *f* swearword; REL blasphemy

bestemmiare [bes·tem·'mia:·re] *vi* to swear; REL to blaspheme

bestia ['bes·tia] <-ie> *f* beast; **una ~ rara** *fig* a rare breed; **andare in ~** to fly into a rage

bestiale [bes·'tia:·le] *adj* ❶ (*crudele*) brutal ❷ *inf* (*intenso: caldo, fame*) terrible; (*incredibile*) incredible

bestialità [bes·tia·li·'ta] <-> *f* ❶ (*sproposito*) nonsense ❷ (*crudeltà*) brutality

B

B

bestiame [bes·'tia:·me] *m* livestock; (*mucche*) cattle *pl*

beta ['bɛ:·ta] <-> *f* <inv>, *adj* beta

bettola ['bet·to·la] *f pej*, *inf* dive

betulla [be·'tul·la] *f* birch

bevanda [be·'van·da] *f* drink

bevetti [be·'vɛt·ti] *1. pers sing pass rem di* **bere**[1]

bevitore, -trice [be·vi·'to:·re] *m, f* drinker

bevo ['be:·vo] *1. pers sing pr di* **bere**[1]

bevuta [be·'vu:·ta] *f* drink

bevuto [be·'vu:·to] *pp di* **bere**[1]

bevvi ['bev·vi] *1. pers sing pass rem di* **bere**[1]

biancheria [biaŋ·ke·'ri:·a] <-ie> *f* linen; ~ **intima** underwear; ~ **da letto** night clothes *pl*; ~ **da tavola** table linen

bianchetto [biaŋ·'ket·to] *m* (*per correggere*) whiteout

bianco ['biaŋ·ko] <-chi> *m* ① (*colore*) white; **vestirsi di** ~ to dress in white; **in ~ e nero** black and white; **mettere nero su** ~ to write down ② (*parte bianca*) white; ~ **dell'uovo** egg-white ③ COM **assegno in** ~ blank check ④ CULIN **mangiare in** ~ to eat bland food ⑤ (*loc*) **di punto in** ~ suddenly; **notte in** ~ sleepless night

bianco, -a <-chi, -che> I. *adj* ① (*colore*) white ② (*non scritto: foglio*) blank ③ (*pallido*) pale ④ (*loc*) **settimana -a** winter sports holiday; **voce -a** child's voiceII. *m, f* white person

biasimare [bia·zi·'ma:·re] *vt* to criticize

biat(h)lon [bi·a·'tlon] <-> *m* SPORT biathlon

Bibbia ['bib·bia] <-ie> *f* Bible

biberon [bi·be·'rɔn] <-> *m* baby's bottle

bibita ['bi:·bi·ta] *f* soft drink

biblico, -a ['bi:·bli·ko] <-ci, -che> *adj* REL biblical

bibliografia [bi·bli·o·gra·'fi:·a] <-ie> *f* bibliography

bibliografico, -a [bi·bli·o·'gra:·fi·ko] <-ci, -che> *adj* bibliographical

bibliografo, -a [bi·'bliɔ:·gra·fo] *m, f* bibliographer

biblioteca [bi·bli·o·'tɛ:·ka] <-che> *f* ① (*edificio, stanza*) library ② (*mobile*) bookshelf

bibliotecario, -a [bi·bli·o·te·'ka:·rio] <-i, -ie> *m, f* librarian

bicamerale [bi·ka·me·'ra:·le] *adj* POL bicameral

bicarbonato [bi·kar·bo·'na:·to] *m* bicarbonate; ~ **di sodio** bicarbonate of soda

bicchiere [bik·'kiɛ:·re] *m* glass; ~ **da vino/acqua** wine/water glass; **un** ~ **di vino/d'acqua** a glass of wine/water

bici ['bi:·tʃi] <-> *f inf* bike; **in** ~ by bike; **andare in** ~ to ride a bike

bicicletta [bi·tʃi·'klet·ta] *f* bicycle; ~ **da corsa** bicycle race; **andare in** ~ to ride a bicycle; ~ **elettrica** electric bicycle, e-bike

bicipite [bi·'tʃi:·pi·te] *m* bicep(s) *sg o pl*

bicolore [bi·ko·'lo:·re] *adj* two-tone

bidè [bi·'dɛ] <-> *m* bidet

bidello, -a [bi·'dɛl·lo] *m, f* janitor

bidimensionale [bi·di·men·sio·'na:·le] *adj* two-dimensional

bidonata [bi·do·'na:·ta] *f inf* (*fregatura*) rip-off

bidone [bi·'do:·ne] *m* ① (*recipiente*) drum; **il** ~ **della spazzatura** garbage can ② *inf* (*imbroglio*) swindle ③ *inf* (*appuntamento mancato*) missed date; **mi ha fatto il** ~ *inf* he stood me up

bidonville [bi·dɔ̃·'vil] <-> *f* shantytown

Bielorussia [bie·lo·'rus·sia] *f* Belarus

bielorusso, -a [bie·lo·'rus·so] I. *adj* (*cultura, cittadinanza*) Belarussian II. *m, f* (*abitante*) Belarussian III. *m* (*lingua*) Belarussian

biennale [bien·'na:·le] *adj* ① (*che dura due anni*) two-year ② (*ogni due anni*) biannual

biennio [bi·'ɛn·nio] <-i> *m* ① (*periodo*) two-year period ② (*nella scuola*) the first two years of secondary school

bierre [bi·'ɛr·re] I. <-> *m member of the Red Brigades terrorist group* II. *fpl* (*organizzazione*) Red Brigades

bietola ['biɛ:·to·la] *f* beet

bifamiliare [bi·fa·mi·'lia:·re] *adj* **villetta** ~ small house for two families

bifocale [bi·fo·ˈka:·le] *adj* bifocal

biforcazione [bi·for·kat·ˈtsio:·ne] *f* fork

biforcuto, -a [bi·for·ˈku:·to] *adj* forked

bigamia [bi·ga·ˈmi:·a] <-ie> *f* bigamy

bigamo, -a [ˈbi:·ga·mo] I. *adj* bigamous II. *m, f* bigamist

bighellonare [bi·gel·lo·ˈna:·re] *vi* to loaf around

bigiotteria [bi·dʒot·te·ˈri:·a] <-ie> *f* costume jewelry

bigliettaio, -a [biʎ·ʎet·ˈta:·io] <-ai, -aie> *m, f* (*su bus, treno*) ticket collector; (*di cinema, teatro*) box office clerk

biglietteria [biʎ·ʎet·te·ˈri:·a] <-ie> *f* (*di treno, bus*) ticket office; (*di cinema, teatro*) box office

biglietto [biʎ·ʎet·to] *m* ⓐ (*cartoncino*) card; **~ d'auguri** greeting card; **~ da visita** business card ⓐ (*di cinema, teatro, lotteria*) ticket; **~ di andata e ritorno** roundtrip ticket; **fare il ~** to buy a ticket ⓐ FIN bill; **~ di banca** bill ⓐ (*foglietto*) note

bignè [biɲ·ˈɲɛ] <-> *m* cream puff

bigodino [bi·go·ˈdi:·no] *m* roller

bigotto, -a [bi·ˈgɔt·to] *adj* REL overly pious

bikini [bi·ˈki:·ni] *m* bikini

bilancia [bi·ˈlan·tʃa] <-ce> *f* ⓐ scales *pl*; **porre qc sul piatto della ~** *fig* to weigh sth up; **essere l'ago della ~** *fig* to be the deciding factor ⓐ ASTR **Bilancia** Libra; **sono (della [o una]) Bilancia** I'm Libra ⓐ COM balance; **~ commerciale** balance of trade

bilanciare [bi·lan·ˈtʃa:·re] *vt a. fig* (*carico*) to distribute; (*dieta*) to balance

bilancio [bi·ˈlan·tʃo] <-ci> *m* ⓐ COM balance; **~ consuntivo** final balance; **~ preventivo/pubblico** budget ⓐ *fig* assessment; **fare il ~ della propria vita** *fig* to take stock of one's own life

bile [ˈbi:·le] *f* ⓐ ANAT bile ⓐ *fig* (*collera*) anger

bilia [ˈbi:·li·a] <-ie> *f* marble; **giocare a -ie** to play marbles

biliardo [bi·ˈliar·do] *m* pool

bilico [ˈbi:·li·ko] <-chi> *m* **in ~** in the balance

bilingue [bi·ˈlin·gue] I. *adj* bilingual II. *mf* bilingual person

bilinguismo [bi·lin·ˈguiz·mo] *m* bilingualism

B

bilocale [bi·lo·ˈka:·le] *m* two-roomed apartment

bimbo, -a [ˈbim·bo] *m, f* child

bimensile [bi·men·ˈsi:·le] *adj* semimonthly

bimestrale [bi·mes·ˈtra:·le] *adj* ⓐ (*che dura due bimestri*) two-month ⓐ (*ogni due bimestri*) bimonthly

bimestre [bi·ˈmɛs·tre] *m* two month period

binario [bi·ˈna:·ri·o] <-i> *m* FERR platform; **~ morto** dead-end track

binocolo [bi·ˈnɔ:·ko·lo] *m* binoculars *pl*

bioagricoltura [bi·o·a·gri·kol·ˈtu:·ra] *f* organic farming

biocarburante [bi·o·kar·bu·ˈran·te] *m* biofuel

biochimica [bi·o·ˈki:·mi·ka] <-che> *f* biochemistry

biodegradabile [bi·o·de·gra·ˈda:·bi·le] *adj* biodegradable

biodiesel [ˈbi·o·di:·zel] <-> *m* biodiesel

bioetica [bi·o·ˈɛ:·ti·ka] <-che> *f* bioethics

biofisica [bi·o·ˈfi:·zi·ka] <-che> *f* biophysics

biofisico, -a [bi·o·ˈfi:·zi·ko] <-ci, -che> *adj* biophysical

biogas [bi·o·ˈgas] <-> *m* biogas

biografia [bi·o·gra·ˈfi:·a] *f* biography

biografico, -a [bi·o·ˈgra:·fi·ko] <-ci, -che> *adj* biographical

biografo, -a [bi·ˈɔ:·gra·fo] *m, f* biographer

biologia [bi·o·lo·ˈdʒi:·a] <-ie> *f* biology

biologico, -a [bi·o·ˈlɔ:·dʒi·ko] *adj* ⓐ (*cibo, coltura*) organic ⓐ (*ciclo, scienza, arma*) biological

biologo, -a [bi·ˈɔ:·lo·go] <-gi, -ghe> *m, f* biologist

biondo [ˈbion·do] *m* blond color

biondo, -a I. *adj* ⓐ (*donna*) blonde; (*uomo*) blond ⓐ (*capelli*) blond; **~ cenere** ash blond II. *m, f* (*donna*) blonde; (*uomo*) fair-haired

B

biopsia [bi·o·'psi:·a] <-ie> f biopsy
biorario, -a [bi·o·'ra:·ri·o] adj dual hourly; **tariffa -a** dual hourly rate
bioritmo [bi·o·'rit·mo] m biorhythm
biosfera [bi·os·'fɛ:·ra] f biosphere
biossido [bi·'ɔs·si·do] m dioxide
biotopo [bi·'ɔ:·to·po] m biotope
bipartisan [bi·'par·ti·zan] <inv> adj POL bipartisan
bipartitico, -a [bi·par·'ti:·ti·ko] adj two-party; **governo ~** two-party government
bipede ['bi:·pe·de] I. m ZOO biped II. adj two-footed
bipolare [bi·po·'la:·re] adj bipolar
bipolarismo [bi·po·la·'riz·mo] m POL bipolarism
biposto [bi·'pos·to] <inv> adj two-seater
birbante [bir·'ban·te] mf scherz, inf (monello) rascal
birbone, -a [bir·'bo:·ne] m, f scherz, inf terror
birichino, -a [bi·ri·'ki:·no] inf I. adj mischievous II. m, f rascal
birillo [bi·'ril·lo] m pin
birra ['bir·ra] f beer; **lievito di ~** brewer's yeast; **~ alla spina** draft beer; **a tutta ~** inf flat out
birreria [bir·re·'ri:·a] <-ie> f ① (locale) pub ② (fabbrica) brewery
bis [bis] I. interj encore! II. <-> m encore; **chiedere il ~** to call for an encore; **fare il ~ di qc** to give an encore of sth; (nel mangiare) to have a second helping
bisbetico, -a [biz·'bɛ:·ti·ko] <-ci, -che> I. adj cantankerous II. m, f pej cantankerous person
bisbigliare [biz·biʎ·'ʎa:·re] vt, vi to whisper
bisbiglio [biz·'biʎ·ʎo] <-gli> m whisper
bisca ['bis·ka] <-sche> f pej gambling den
biscia ['biʃ·ʃa] <-sce> f grass snake
biscottato, -a [bis·kot·'ta:·to] adj crisp
biscotto [bis·'kɔt·to] m CULIN cookie
bisessuale [bi·ses·su·'a:·le] adj bisexual

bisestile [bi·zes·'ti:·le] adj **anno ~** leap year
bisettimanale [bi·set·ti·ma·'na:·le] adj twice weekly
bisex [bi·'seks] <inv> adj <->, mf bisexual
bislungo, -a [bi·'zluŋ·go] <-ghi, -ghe> adj oblong
bisnonno, -a [biz·'nɔn·no] m, f great-grandfather m, great-grandmother f
bisognare [bi·zoɲ·'ɲa:·re] <bisogna, bisognano> vi essere to be necessary; **bisogna che ... +conj, bisogna ...** to have to; **bisogna che tu lo faccia** you must[o have to] do it; **bisogna farlo subito!** you [o we] [o he] [o she] must do it right away
bisogno [bi·'zoɲ·ɲo] m ① (necessità) need; **avere ~ di qc/qu** to need sb/sth; **in caso di ~** if necessary; **non c'è ~ che tu venga** there's no need for you to come; **non c'è ~ di ...** there's no need to ...; **sentire il ~ di fare qc** to feel the need to do sth ② (mancanza di mezzi) want; **vivere nel ~** to live in poverty ③ pl inf **fare i propri -i** to go to the toilet
bisognoso, -a [bi·zoɲ·'ɲo:·so] I. adj needy; **~ di aiuto/cure** in need of help/care II. m, f needy person
bisonte [bi·'zon·te] m (europeo) bison; (americano) buffalo
bistecca [bis·'tek·ka] <-cche> f steak
bistecchiera [bis·tek·'kiɛ:·ra] f grill
bisticciare [bis·tit·'tʃa:·re] vi inf to squabble
bisticcio [bis·'tit·tʃo] <-cci> m inf squabble
bisturi ['bis·tu·ri] <-> m scalpel
bivio ['bi:·vio] <-i> m ① (di strada) fork ② fig (svolta) crossroads; **essere (giunto) a un ~** to be at a crossroads
bizantino, -a [bid·dzan·'ti:·no] adj HIST Byzantine
bizza ['bid·dza] f tantrum; **fare le -e** to have a temper tantrum
bizzarro, -a [bid·'dzar·ro] adj weird
bizzeffe [bid·'dzef·fe] adv **a ~** galore;

avere denaro a ~ to have money galore

blando, -a ['blan·do] *adj* mild

blasfemo, -a [blas·'fɛ:·mo] *adj* blasphemous

blaterare [bla·te·'ra:·re] *vi inf* to babble on about

blindato, -a [blin·'da:·to] *adj* armored; **camera** ~ strong room; **auto -a** armored car; **vetro** ~ bulletproof glass

blitz [blits] <-> *m* raid

bloccare [blok·'ka:·re] I. *vt* ❶ *(fissare: porta, finestra)* to block ❷ TEC *(motore)* to block; *(sterzo)* to lock ❸ *(paziente, criminale, traffico)* to stop ❹ *(interrompere: comunicazioni, strada)* to cut off ❺ *(intralciare: città, binari)* to immobilize ❻ *(prezzi, salari)* to freeze ❼ FIN ~ **un assegno** to stop a check; ~ **un conto** to freeze an account ❽ SPORT *(avversario, pallone)* to stop ❾ *(inibire)* to inhibit II. *vr:* **-rsi** ❶ *(computer)* to freeze; *(freni)* to jam; *(motore)* to stall ❷ *fig (inibirsi)* to freeze

bloccaruote [blok·ka·'ruɔ:·te] <-> I. *m* wheel clamp II. <inv> *adj* clamping; **ceppo** ~ wheel clamp

bloccasterzo [blok·kas·'tɛr·tso] *m* steering lock

blocco ['blɔk·ko] <-cchi> *m* ❶ *(pezzo)* block ❷ *(notevole quantità)* load; **vendere/comprare in** ~ to sell/buy in bulk ❸ TEC lock; ~ **motore** engine block ❹ *(per appunti)* notepad ❺ NAUT, MIL blockade; ~ **navale** naval blockade; ~ **stradale** roadblock; **posto di** ~ *(alla frontiera)* checkpoint; *(per strada)* roadblock ❻ GIUR, FIN *(a. di lavoro, affitti)* freeze ❼ *(arresto: di congegno)* jamming ❽ MED ~ **renale** kidney failure; ~ **cardiaco** cardiac arrest ❾ PSYCH block

bloc-notes [blɔk·'nɔt] <-> *m* notepad

blog [blɔg] <-> *m* INET blog

blogger ['blɔg·ɡer] <-> *m* INET blogger

blogosfera [blo·ɡo·'sfɛ:·ra] <-> *f* INET blogosphere

blu [blu] <inv> *adj* <->, *m* blue

blue-jeans ['blu: 'dʒi:nz] *mpl* jeans

bluffare [bluf·'fa:·re] *vt* to bluff

blusa ['blu:·za] *f* blouse

boa¹ ['bɔ:·a] <-> *m* ZOO boa constrictor

boa² *f* NAUT buoy

boato [bo·'a:·to] *m* rumbling

bob [bɔb] <-> *m* (*sport*) bobsled

bocca ['bok·ka] <-cche> *f* ❶ ANAT mouth; **a** ~ **piena** with one's mouth full; **restare a** ~ **aperta** *a. fig* to be speechless; **tenere la** ~ **chiusa** *a. fig* to keep one's mouth shut; **in** ~ **al lupo!** *inf* good luck! ❷ *fig (apertura)* opening

boccaccia [bok·'kat·tʃa] <-cce> *f* grimace; **fare le -cce** to make a face

boccale [bok·'ka:·le] *m* ❶ *(recipiente)* jug; *(per bere)* mug ❷ *(quantità)* jugful

boccata [bok·'ka:·ta] *f* *(d'aria, acqua)* mouthful; *(di sigaretta)* puff; **andare a prendere una** ~ **d'aria** *fig* to go and get some air

boccetta [bot·'tʃet·ta] *f* small bottle

bocchino [bok·'ki:·no] *m* *(per sigaretta)* cigarette holder

boccia ['bɔt·tʃa] <-cce> *f* bowl; **gioco delle -cce** bowls; **giocare alle -cce** to play bowls

bocciare [bot·'tʃa:·re] *vt* ❶ *(agli esami)* to fail ❷ *(proposta, idea)* to reject

bocciatura [bot·tʃa·'tu:·ra] *f* ❶ *(agli esami)* failure ❷ *(di proposta, idea)* rejection

bocciolo [bot·'tʃɔ:·lo] *m* bud

boccolo ['bok·ko·lo] *m* curl

bocconcino [bok·kon·'tʃi:·no] *m* ❶ *(piccolo pezzo)* bite-sized piece ❷ *(piccola mozzarella)* small mozzarella cheese

boccone [bok·'ko:·ne] *m* ❶ *(piccolo pezzo)* mouthful ❷ *(pasto)* light meal; **mangiare un** ~ to have a bite to eat

bocconi [bok·'ko:·ni] *adv* face down; **stare** ~ to lie face down

body ['bɔ·di] <-> *m* *(intimo)* body; *(per ginnastica)* leotard

bodyguard ['bɔ·di·ɡa:d] <-> *mf* bodyguard

boia ['bɔː·ia] <-> *m* executioner

boicottaggio [boi·kot·'tad·dʒo] <-ggi> *m* boycott

boicottare [boi·kot·'ta:·re] *vt* ❶ COM to boycott ❷ *(ostacolare)* to sabotage

B

B

boiler ['bɔɪ·lə/'bɔɪ·lər] <-> *m* water heater

bolgia ['bɔl·dʒa] <-ge> *f* (*baraonda*) bedlam

bolide ['bɔ·li·de] *m* AUTO racing car

bolla ['bol·la] *f* ① bubble; **finire in una ~ di sapone** *fig* to come to nothing ②MED blister ③REL bull ④COM (*documento*) bill; **~ di accompagnamento** waybill; **~ di consegna** delivery note

bollare [bol·'la:·re] *vt* ①ADMIN to stamp ②*fig* (*marchiare*) to brand

bollato, -a [bol·'la:·to] *adj* ①ADMIN stamped; **carta -a** stamped paper ②*fig* (*marchiato*) branded

bollente [bol·'lɛn·te] *adj* boiling

bolletta [bol·'let·ta] *f* (*fattura*) bill; **essere in ~** *inf* to be broke

bollettino [bol·let·'ti:·no] *m* ①(*pubblicazione*) bulletin; **~ medico** medical bulletin; **~ meteorologico** weather report ②(*loc*) **~ di versamento** paying-in slip

bollino [bol·'li:·no] *m* (*tagliando*) coupon; **~ blu** AUTO ≈ Reduced Pollution Certificate

bollire [bol·'li:·re] *vi, vt* to boil

bollito [bol·'li:·to] *m* boiled meat

bollito, -a *adj* boiled

bollitore [bol·li·'to:·re] *m* ①(*per acqua*) kettle ②TEC boiler

bollo ['bol·lo] *m* stamp; **carta da ~** stamped paper; **marca da ~** revenue stamp

Bologna *f* Bologna, *city in Emilia-Romagna*

bolognese [bo·lon·'ɲe:·se] I.*adj* from Bologna; **spaghetti alla ~** spaghetti bolognese II.*mf* (*abitante*) person from Bologna III.*m* (*dialetto*) Bolognese dialect

bolzanino, -a [bol·tsa·'ni:·no] I.*adj* from Bolzano II.*m, f* (*abitante*) person from Bolzano

Bolzano [bol·'tsa:·no] *f* Bolzano, *city in the Trentino region*

bomba ['bom·ba] *f* MIL bomb; **~ a idrogeno/orologeria** hydrogen/time bomb; **~ a mano** hand grenade; **~ atomica** atomic bomb; **una notizia ~** *fig* a bombshell; **fare scoppiare la ~** *fig* to let the fox into the chicken coop; **a prova di ~** watertight

bombardamento [bom·bar·da·'men·to] *m* FIS, MIL (*con bombe aeree*) air raid; (*con artiglieria pesante*) bombardment

bombardare [bom·bar·'da:·re] *vt a. fig* MIL, FIS to bombard

bombardiere [bom·bar·'diɛ:·re] *m* ①(*pilota*) bombardier ②(*aereo*) bomber

bomber ['bɔm·bə/'bɔm·ber] <- *o* bombers> *m* ①SPORT (*cannoniere*) striker ②(*giubbotto*) bomber jacket

bombetta [bom·bet·'ta] *f* (*cappello*) bowler

bombola ['bom·bo·la] *f* cylinder; **-e da sub** oxygen cylinders; **~ del gas** gas cylinder

bomboniera [bom·bo·'niɛ:·ra] *f* box of candy, *given as a present to guests at weddings and baptisms*

bonaccia [bo·'nat·tʃa] <-cce> *f* NAUT dead calm

bonaccione, -a [bo·nat·'tʃo:·ne] *inf* I.*adj* good-natured II.*m, f* good-natured person

bonifico [bo·'ni:·fi·ko] <-ci> *m* FIN credit transfer

bontà [bon·'ta] <-> *f* ①(*di persona*) goodness ②(*di prodotto*) high quality

bonus ['bɔ·nus] <-> *m* bonus

bonus-malus ['bɔ·nus·'ma·lus] <-> *m* no claims bonus

borbottare [bor·bot·'ta:·re] *vi, vt inf* ①(*gener*) to mutter ②(*brontolare*) to grumble

borchia ['bɔr·kia] <-chie> *f* stud

bordello [bor·'dɛl·lo] *m* brothel

bordo ['bor·do] *m* ①(*di vestito*) hem; (*guarnizione*) border ②(*di tavolo, sedia*) edge; (*di strada*) side ③NAUT (*fiancata*) ship's side ④(*di nave, aero, auto*) **salire a ~** to get on board; **prendere qu a ~** to take sb on board; **a ~** on board

bordura [bor·'du:·ra] *f* (*di aiuola, abito*) border

borgata [bor·'ga·ta] *f* ❶(*piccolo centro*) village ❷(*rione*) working-class suburb

borghese [bor·'ge:·se] **I.** *adj* ❶(*della borghesia: famiglia*) middle-class ❷*fig pej* (*conservatore*) bourgeois ❸ADMIN civilian; **abito ~** civilian clothes; **poliziotto in ~** plain-clothes policeman **II.** *mf* middle-class person; **piccolo ~** lower middle-class person; *pej* petty bourgeois **III.** *m* civilian

borghesia [bor·ge·'zi:·a] <-ie> *f* bourgeoisie; **alta ~** upper middle class; **media ~** middle class; **piccola ~** lower middle class

borgo ['bor·go] <-ghi> *m* village

borraccia [bor·'rat·tʃa] <-cce> *f* water bottle

borsa ['bor·sa] *f* ❶bag; (*da donna*) handbag; **~ da viaggio** travelling bag; **~ dell'acqua calda** hot water bottle; **~ del ghiaccio** ice bag; **~ della spesa** shopping bag; **o la ~ o la vita!** your money or your life! ❷FIN Stock Market; **giocare in ~** to play the Stock Market

borsanera [bor·sa·'ne:·ra] **borsa nera** black market; *loc*; **~ di studio** grant; ANAT bursa; **avere le -e sotto gli occhi** to have bags under one's eyes

borseggiatore, -trice [bor·sed·dʒa·'to:·re] *m, f* pickpocket

borsellino [bor·sel·'li:·no] *m* purse

borsello [bor·'sɛl·lo] *m* handbag

borsetta [bor·'set·ta] *f* handbag

borsista [bor·'sis·ta] <-i *m*, -e *f*> *mf* grant holder

boscaglia [bos·'kaʎ·ʎa] <-glie> *f* undergrowth

boscaiolo, -a [bos·ka·'iɔ:·lo] *m, f* (*spaccalegna*) lumberjack; (*guardaboschi*) forester

bosco ['bɔs·ko] <-schi> *m* wood

boscoso, -a [bos·'ko:·so] *adj* wooded

Bosnia *f* Bosnia

bosniaco, -a [bos·'nia:·ko] <-ci, -che> *adj, m, f* Bosnian

bossolo ['bɔs·so·lo] *m* MIL shell

botanica [bo·'ta:·ni·ka] <-che> *f* botany

botanico, -a [bo·'ta:·ni·ko] <-ci, -che> **I.** *adj* botanical **II.** *m, f* botanist

botola ['bɔ:·to·la] *f* trap door

botta ['bɔt·ta] *f* ❶blow; **un sacco di -e** a thorough beating; **fare a -e** to come to blows ❷(*rumore*) bang

botte ['bot·te] *f* ❶(*di vino*) cask; **essere in una ~ di ferro** *fig* to be as safe as houses ❷ARCHIT barrel

bottega [bot·'te:·ga] <-ghe> *f* ❶(*negozio*) shop ❷(*officina: di fabbro, falegname*) workshop

botteghino [bot·te·'gi:·no] *m* THEAT, FILM box office; (*di stadio*) ticket office

bottiglia [bot·'tiʎ·ʎa] <-glie> *f* bottle

bottino [bot·'ti:·no] *m* MIL booty; (*di furto*) loot

botto ['bɔt·to] *m* (*colpo*) bang; (*di sparo*) crack; **di ~** all of a sudden; **in un ~** all at once

bottone [bot·'to:·ne] *m* ❶button; **~ automatico** snapper ❷TEC (*interruttore*) switch ❸(*loc*) **attaccare ~ (con qu)** *fig, inf* to strike up a conversation (with sb); **attaccare un ~ (a qu)** *fig, inf* to buttonhole sb

bouquet [bu·'kɛ] <-> *m* bouquet

boutique [bu·'tik] <-> *f* boutique

bovino [bo·'vi:·no] *adj* (*carne, razza*) bovine; (*allevamento*) cattle

bowling ['bou·liŋ] <-> *m* ❶(*gioco*) ten-pin bowling ❷(*luogo*) bowling alley

box [bɔks] <-> *m* ❶(*per bambini*) playpen ❷(*per auto*) garage ❸(*di corse automobilistiche*) pit; **sosta ai ~** pit stop

boxe [bɔks] <-> *f* boxing

boxer ['bɔk·sə/bɔk·ser] <-> *m* ❶(*cane*) boxer ❷*pl* (*mutande*) boxer shorts *pl*

bozza ['bɔt·tsa] *f* ❶TYPO proof; **correzione di -e** proofreading ❷(*di contratto, progetto*) draft

bozzolo ['bɔt·tso·lo] *m* ZOO cocoon

BR *fpl abbr di* **Brigate Rosse** Red Brigades

braccare [brak·'ka:·re] *vt* ❶(*selvaggina*) to hunt ❷(*malviventi*) to hunt down

braccetto [brat·'tʃet·to] *m* **a ~** arm in arm; **prendere qu a ~** to take sb's arm

B

braccia ['brat·tʃa] *f pl di* **braccio**[1]

bracciale [brat·'tʃa·le] *m* ❶ *(ornamento)* bracelet ❷ *(fascia)* armband ❸ *(per nuotare)* water wing

braccialetto [brat·tʃa·'let·to] *m* bracelet

bracciante [brat·'tʃan·te] *mf* ~ **agricolo** farm hand

braccio[1] ['brat·tʃo] <braccia> *m* ANAT arm; **agitare le braccia** *(in cerca di aiuto)* to wave one's arms; *(per salutare)* to wave; **portare un bambino in** ~ to carry a child (in one's arms); **prendere qu per un** ~ to grab sb by the arm; ~ **di ferro** arm-wrestling; *fig* tug of war; **stare a braccia conserte** to have one's arms crossed; **essere il** ~ **destro di qu** *fig* to be sb's right-hand man

braccio[2] <-cci> *m* GEOG ~ **di fiume** arm of the river; ~ **di mare** strait; ~ **di terra** stretch of land

bracciolo [brat·'tʃɔː·lo] *m* arm

brace ['bra:·tʃe] *f* embers *pl*; **alla** ~ grilled

braciola [bra·'tʃɔː·la] *f* chop; ~ **di maiale** pork chop

branca ['braŋ·ka] <-che> *f* *(ramo)* branch

branchie ['braŋ·kie] *fpl* gills

branco ['braŋ·ko] <-chi> *m* ❶ *(di lupi, cani)* pack; *(di uccelli, pecore)* flock; *(di pesci, delfini, foche)* school ❷ *fig pej (di persone)* gang

branda ['bran·da] *f* camp bed

brandello [bran·'dɛl·lo] *m* scrap; **fare a -i** to tear into shreds

brandina [bran·'di:·na] *f* *(per dormire)* camp bed; *(da spiaggia)* sun lounger

brandire [bran·'di:·re] <brandisco> *vt* to brandish

brano ['bra:·no] *m* MUS piece; *(di libro)* passage

branzino [bran·'tsi:·no] *m* sea bass

brasato [bra·'za:·to] *m* braised beef

Brasile [bra·'zi:·le] *m* **il** ~ Brazil

brasiliano, -a [bra·zi·'lia:·no] *adj, m, f* Brazilian

bravata [bra·'va:·ta] *f* act of bravado

bravo, -a ['bra:·vo] **I.** *adj* ❶ *(abile)* ca-

pable; **essere ~ in qc** *[o* **a fare qc]** to be good at sth *[o* at doing sth] ❷ *(per bene)* nice ❸ *(buono)* good; **fare il** ~ to be good **II.** *interj* bravo; **-i bis!** bravo encore!

bravura [bra·'vuː·ra] *f* skill

bretella [bre·'tɛl·la] *fpl (per indumenti)* braces

breve ['brɛː·ve] *adj* short; **essere** ~ *fig* to be brief; **a farla** ~ in short; **a** ~ **termine** short-term; **in** ~ in short; **fra** ~ shortly

brevettare [bre·vet·'ta:·re] *vt* to patent

brevetto [bre·'vet·to] *m* ❶ *(su invenzione, prodotto)* patent ❷ *(patente)* license; ~ **da sub** diving license

brevità [bre·vi·'ta] <-> *f* brevity

brezza ['bred·dza] *f* breeze

bricco ['brik·ko] <-cchi> *m* jug, coffeepot

briccone, -a [brik·'ko:·ne] *m, f inf* rascal

briciola ['bri:·tʃo·la] *f* ❶ *(di pane)* crumb ❷ *fig* tiniest bit; **andare in -e** *fig* to be smashed to smithereens

briciolo ['bri:·tʃo·lo] *m fig* tiniest bit; **avere un** ~ **di cervello** *fig* to have an ounce of common sense

bricolage [bri·ko·'laʒ] <-> *m* do-it-yourself

bridge [bridʒ] <-> *m* bridge

briga ['bri:·ga] <-ghe> *f* ❶ *(problema)* trouble; **prendersi la** ~ **di fare qc** to take the trouble to do sth ❷ *(lite)* quarrel; **attaccar** ~ **con qu** to start a quarrel with sb

brigante, -essa [bri·'gan·te, bri·gan·'tes·sa] *m, f* ❶ *(bandito)* bandit ❷ *scherz, inf* rascal

brigata [bri·'ga:·ta] *f* ❶ *inf (gruppo)* group ❷ MIL brigade; ~ **aerea** air brigade; **le Brigate Rosse** the Red Brigades

brigatista [bri·ga·'dis·ta] <-i *m*, -e *f>* *mf* ~ **nero** member of the Black Brigades; ~ **rosso** member of the Red Brigades

briglia ['briʎ·ʎa] <-glie> *f* bridle

brillante [bril·'lan·te] **I.** *adj* ❶ *a. fig* bril-

B

liant; **avere la ~ idea di fare qc** *a. iron* to have the brilliant idea of doing sth ③ (*che luccica*) shining ④ (*vivace: colore*) bright II. *m* diamond

brillare [bril·'la:·re] I. *vi* ① (*luccicare*) to shine ② *fig* (*spiccare*) to stand out II. *vt* (*bomba, mina*) to explode

brillo, -a ['bril·lo] *adj* tipsy

brina ['bri:·na] *f* frost

brindare [brin·'da:·re] *vi* ~ **a qu/qc** to toast sb/sth

brindisi ['brin·di·zi] <-> *m* toast; **fare un ~ (a qu)** to toast (to sb)

Brindisi *f* Brindisi, *city in the Puglia region*

brindisino, -a [brin·di·'zi:·no] I. *adj* from Brindisi II. *m, f* (*abitante*) person from Brindisi

brioche [bri·'ɔʃ] <-> *f* brioche

briscola ['bris·ko·la] *f* ① briscola, *a type of card game* ② (*carta*) trump card

brivido ['bri:·vi·do] *m* ① (*tremore*) shiver; **mi vengono i -i** it gives me the shivers ② (*emozione*) thrill; **racconto del ~** suspense story

brizzolato, -a [brit·tso·'la:·to] *adj* (*persona*) gray-haired; (*barba, capelli*) graying

brocca ['brɔk·ka] <-cche> *f* jug

brodo ['brɔ:·do] *m* broth; **~ ristretto** consommé; **~ di verdura** vegetable broth; **tortellini in ~** tortellini in a broth; **lasciar cuocere qu nel proprio brodo** *fig* to let sb stew; **tutto fa ~** *fig* every bit helps

broglio ['brɔʎ·ʎo] <-gli> *m* **~ elettorale** election rigging

bronchite [bron·'ki:·te] *f* bronchitis

broncio ['bron·tʃo] <-ci> *m inf* sulky face; **fare [o tenere] il ~** to sulk

bronco ['bron·ko] <-chi> *m* bronchial tube

brontolare [bron·to·'la:·re] *vi* ① (*persona*) to grumble ② (*stomaco*) to rumble

brontolone, -a [bron·to·'lo:·ne] I. *adj* grumbling II. *m, f* grumbler

bronzo ['bron·dzo] *m* bronze; **che faccia di ~!** what nerve!

browser ['brau·za] <- *o* browsers> *m* COMPUT browser

brucare [bru·'ka:·re] *vt* to nibble

bruciapelo [bru·tʃa·'pe:·lo] *adv* **a ~** out of the blue

bruciare [bru·'tʃa:·re] I. *vt* ① avere (*carta, legna, pentola*) to burn; (*casa*) to burn down ② (*sole, vento, freddo*) to burn; (*gelo*) to blacken II. *vi* essere ① (*fuoco, carta, rami*) to burn ② (*casa, bosco*) to be on fire ③ (*sole, sabbia*) to be burning ④ (*cibi*) to be hot III. *vr: -rsi* ① (*scottarsi*) to burn oneself ② (*pietanza*) to be burnt

bruciato [bru·'tʃa:·to] *m* ① CULIN **il sugo sa di bruciato** the sauce tastes burnt ② (*odore*) burning

bruciato, -a *adj* ① (*dal fuoco, troppo cotto*) burnt ② (*dal sole*) sunburnt ③ (*inaridito: campo*) scorched

bruciatore [bru·tʃa·'to:·re] *m* burner

bruciatura [bru·tʃa·'tu:·ra] *f* burn

bruciore [bru·'tʃo:·re] *m* MED burning; **~ di stomaco** stomach acid

bruco ['bru:·ko] <-chi> *m* grub

brufolo ['bru:·fo·lo] *m* spot

brughiera [bru·'gjɛ:·ra] *f* heath

brûlé [bry·'le] <*inv*> *adj* **vin ~** mulled wine

brullo, -a ['brul·lo] *adj* barren

bruno ['bru:·no] *m* (*colore*) brown

bruno, -a *adj* (*capelli, occhi*) brown; (*carnagione*) dark; (*persona*) dark-haired

brusco, -a ['brus·ko] <-schi, -sche> *adj* ① (*non gentile*) brusque ② (*improvviso*) abrupt

brusio [bru·'zi:·o] <-ii> *m* buzzing

brutale [bru·'ta:·le] *adj* (*gesto*) brutal; (*domanda*) blunt

bruto, -a ['bru:·to] I. *adj* brute; **forza -a** brute strength II. *m, f* brute

brutta ['brut·ta] *f inf* (*brutta copia*) rough copy

bruttezza [brut·'tet·tsa] *f* ugliness

brutto ['brut·to] *m* ① ugliness; **il ~ è che ...** the problem is that ... ② (*tempo*) bad weather; **mettersi al ~** to turn for the worse II. *adv* **di ~** badly;

qui **nevica** di ~ it's snowing heavily here

B **brutto, -a** I. *adj* ① (*non bello*) ugly ② (*abitudine, momento*) bad ③ (*tempo*) horrible ④ (*pesante: scherzo, tiro*) nasty ⑤ (*forte: raffreddore*) heavy; (*tosse*) bad; **un ~ male** cancer ⑥ (*loc*) **-a copia** rough copy; **fare una -a figura** *fig* to create a bad impression; **fare una -a fine** *fig* to come to a bad end II. *m, f* ugly person

BSE *f abbr di* **Bovine Spongiform Encephalopathy** BSE

buca ['bu:·ka] <-che> *f* ① (*fossa*) pit ② (*nel golf*) hole ③ (*nel biliardo*) pocket ④ (*loc*) **- delle lettere** letterbox

bucaneve [bu·ka·'ne:·ve] <-> *m* snowdrop

bucare [bu·'ka:·re] I. *vt* ① **bucare qc** to make a hole in sth; ~ (**una gomma**) to get a puncture ② (*pelle, naso, orecchie*) to pierce II. *vr*: **-rsi** ① (*pungersi*) to prick oneself ② (*pneumatico*) to puncture ③ *sl* (*drogati*) to mainline

Bucarest [bu·ka·'rɛst/'bu:·ka·rest] *f* Bucharest

bucato [bu·'ka:·to] *m* washing; **fare il ~** to do the washing; **fresco di ~** freshly washed

bucato, -a *adj* with holes; (*metallo, pelle*) pierced; **avere le mani -e** *fig* to be a spendthrift

buccia ['but·tʃa] <-cce> *f* (*di frutta, verdura*) skin; (*di agrumi, patate*) peel

buco ['bu:·ko] <-chi> *m* ① (*foro*) hole ② (*apertura*) opening; ~ **della chiave** keyhole ③ (*bugigattolo*) pokey space ④ (*intervallo*) gap ⑤ *sl* (*di eroina*) fix ⑥ (*loc*) **tappare un ~** *a. fig* to fill in a gap

Budapest ['bu:·da·pest/bu·da·'pɛst] *f* Budapest

buddismo [bud·'diz·mo] *m* Buddhism

buddista [bud·'dis·ta] <-i *m*, -e *f*> *adj, mf* Buddhist

budello [bu·'dɛl·lo] *m* ① ANAT bowel ② (*materiale*) gut

budino [bu·'di:·no] *m* pudding

bue ['bu:·e] <buoi> *m* ZOO ox

bufala ['bu:·fa·la] *f* ① (*bufalo femmina*) cow buffalo ② (*errore*) howler ③ (*nel giornalismo*) invented story

bufalo ['bu:·fa·lo] *m* buffalo

buffet [by·'fɛ] <-> *m* ① (*mobile*) sideboard ② (*pranzo*) buffet; ~ **freddo** cold buffet

buffetto [buf·'fet·to] *m* tap

buffo, -a *adj* funny

buffonata [buf·fo·'na:·ta] *f* joke; **fare -e** to play a prank

buffone, -a [buf·'fo:·ne] *m, f* ① *inf* (*pagliaccio*) clown; **fare il ~** to play the clown ② HIST (*di corte*) jester

bugia [bu·'dʒi:·a] <-gie> *f* (*menzogna*) lie; **dire le -gie** to tell lies; **le -gie hanno le gambe corte** *prov* truth will out *prov*

bugiardo, -a [bu·'dʒar·do] I. *adj* lying II. *m, f* liar

buio ['bu:·io] *m* dark; **al ~** in the dark; ~ **pesto** pitch dark; **farsi ~** to become dark; **brancolare nel ~** *fig* to grope in the dark

buio, -a <bui, buie> *adj* ① (*non illuminato*) dark ② *fig* bad

bulbo ['bul·bo] *m* ① BOT bulb ② ANAT ~ **oculare** eyeball

Bulgaria [bul·ga·'ri:·a] *f* Bulgaria

bulgaro ['bul·ga·ro] *m* (*lingua*) Bulgarian

bulgaro, -a *adj, m, f* Bulgarian

bullo ['bul·lo] *m* (*gradasso*) **fare il ~** to act tough

bungalow ['bʌŋ·gə·lou/'bun·ga·lov] <-> *m* chalet

buoi ['buɔ:·i] *pl di* **bue**

buon, buon' [buɔn] *v.* **buono, -a**

buonafede, buona fede [buo·na·'fe:·de] *f* **in ~** in good faith

buonanotte, buona notte [buo·na·'nɔt·te] I. *interj* good night II. <-> *f* **dare** [*o* **augurare**] **la ~ a qu** to say good night to sb

buonasera, buona sera [buo·na·'se:·ra] I. *interj* good evening II. <-> *f* **dare**

[o **augurare**] **la ~ a qu** to wish sb good evening

buoncostume [buon·kos·'tu:·me] <-> f vice squad

buondì [buon·'di] *interj* hello

buongiorno, buon giorno [buon·'dʒor·no] I. *interj* good morning II.<-> m [o **augurare**] **il ~ a qu** to wish sb good morning

buongustaio, -a [buoŋ·gus·'ta:·io] <-ai, -aie> m, f CULIN gourmet

buongusto, buon gusto [buoŋ·gu·sto] m ❶ (*raffinatezza*) good taste ❷ (*tatto*) tact

buono [buo·no] m ❶ COM voucher; **un ~ per l'acquisto di libri** book token; **~ del Tesoro** Treasury bill ❷ *sing* (*cosa buona*) good thing; **sapere di ~** to smell nice

buono, -a <più buono o migliore, buonissimo o ottimo> I. *adj* ❶ (*albergo, libro, voto*) good ❷ (*gentile: persona, animo*) kind; **è a gente** they're nice people; **essere ~ con qu** to be nice to sb ❸ (*calmo: bambino, cane*) good ❹ (*abile: professionista*) good; **un buon medico** a good doctor; **essere in -e mani** to be in good hands ❺ (*di qualità*) good; **una -a macchina fotografica** a good camera ❻ (*propizio: momento*) right ❼ (*vantaggioso: affare*) **fare un buon affare** to get a bargain ❽ (*giusto: ragione*) valid ❾ (*gradevole: odore*) nice; **c'è un buon odore qui** there's a nice smell ❿ (*gustoso: pranzo, vino*) delicious ⓫ (*valido: biglietto*) valid; (*bancanote*) genuine ⓬ (*socialmente elevato*) high; **la -a società** high society ⓭ (*adatto: maniere*) good; **con le -e** nicely ⓮ (*loc*) **alla -a** simple; **ti ho aspettato un'ora -a** I waited a good hour for you ⓯ (*espressioni esclamative*) **buon anno!** Happy New Year!; **buon appetito!** enjoy your meal!; **buon divertimento!** have a good time!; **buon giorno!** good morning!; **buon riposo!** sleep well!; **buon viaggio!** have a good journey!; **-a fortuna!** good luck!; **-a notte!** good night!; **-a sera!** good evening!; **Dio ~!** good God!
II. m, f (*persona*) good person; **un ~ a nulla** a good-for-nothing; **essere un poco di ~** to be a nasty piece of work; **fare il ~** to be good

B

buonora, buon'ora [buo·'no:·ra] <-> f **di ~** early

buonsenso, buon senso [buon·'sɛn·so] <-> m common sense

buonumore, buon umore [buon·u·'mo:·re] <-> m good mood; **essere di ~** to be in a good mood

burattino [bu·rat·'ti:·no] m a. *fig* puppet; (*con fili*) marionette; **teatro dei -i** puppet theater

burbero, -a ['bur·be·ro] *adj* surly

burla ['bur·la] f prank; **per ~** for a joke

burlarsi [bur·'la:r·si] *vr* **-rsi di qu/qc** to make fun of sb/sth

burocrate [bu·'rɔ:·kra·te] *mf* ADMIN bureaucrat

burocratico, -a [bu·ro·'kra:·ti·ko] <-ci, -che> *adj* bureaucratic

burocrazia [bu·ro·krat·'tsi:·a] <-ie> f ADMIN bureaucracy

burrasca [bur·'ras·ka] <-sche> f (*tempesta*) storm; **il mare è in ~** the sea is stormy

burrascoso, -a [bur·ras·'ko:·so] *adj* stormy

burro ['bur·ro] m butter; **al ~** in butter

burrone [bur·'ro:·ne] m ravine

buscare [bus·'ka:·re] *vt, vr:* **-rsi** *inf* to catch; **-rsi l'influenza** to catch flu

bussare [bus·'sa:·re] *vi* to knock; **~ alla porta** to knock on the door

bussola ['bus·so·la] f NAUT compass

busta ['bus·ta] f ❶ (*per lettera*) envelope; **~ paga** pay packet ❷ (*per occhiali*) case ❸ (*borsa di plastica*) bag

bustarella [bus·ta·'rɛl·la] f bribe

busto ['bus·to] m ❶ ANAT, ART bust ❷ MED (*a. indumento*) corset

buttafuori [but·ta·'fuɔ:·ri] <-> m bouncer

buttare [but·'ta:·re] I. *vt* ❶ (*gettare*) to throw; **buttare qc a qu** to throw sth at sb ❷ (*loc*) **~ all'aria** (*cassetto*) to turn inside out; (*piano, progetto*) to give up on; ~ **giù un edificio** to knock down a building; ~ **giù due righe** to jot down a couple of lines; ~ **giù un boccone** to have a quick bite; ~ **(via)** (*nella spazzatura*) to throw away; (*sprecare*) to waste; ~ **la pasta** to put the pasta on

II. *vr*: **-rsi** to throw oneself; **-rsi giù** *fig* to get depressed

bypass ['baiˈpaːs] <- *o* bypasses> *m a.* MED bypass

bypassare [baiˈpasˈsaːre] *vt* to bypass

byte [bait] <-> *m* COMPUT byte

Cc

C, c [tʃi] <-> *f* C; ~ **come Catania** C for Charlie

c.a. *abbr di* **corrente anno** current year

cabina [kaˈbiːna] *f* ① (*vano*) booth; ~ **telefonica** telephone booth ② (*di automezzo*) cab, driver's cab ③ (*di nave*) cabin; ~ **di pilotaggio** cockpit

cacare [kaˈkaːre] I. *vi*, *vt vulg* to shit *vulg*; **ma va a ~!** just fuck off! II. *vr vulg* **cacarsi sotto** *fig* to shit oneself *vulg*

cacarella [kakaˈrɛlla] *f* ① *vulg* shits *pl vulg* ② *fig* (*paura*) **avere la ~** to be shitting oneself

cacca ['kakka] <-cche> *f inf* poo *inf*; **fare la ~** to go poo

cacchio ['kakkjo] <-cchi> *m vulg* dick *vulg*; **che ~ vuoi?** what the hell do you want?; **non vale un ~** it's not worth a damn

caccia ['kattʃa] <-cce> *f* ① (*arte venatoria*) hunting; **cane da ~** hunting dog; **andare a ~** to go hunting ② (*inseguimento*) hunt; **dare la ~ a qu** to hunt sb ③ (*ricerca*) search

cacciagione [kattʃaˈdʒoːne] *f* game

cacciare [katˈtʃaːre] I. *vt* ① SPORT to hunt ② *fig* (*mettere*) to put; **dove ho cacciato l'orologio?** *inf* where have I put my watch? ③ *inf* (*emettere*) to let out; ~ **un urlo** to let out a yell II. *vr*: **-rsi** ① *inf* (*nascondersi*) to hide (oneself) ② (*introdursi*) to get; **-rsi nei pasticci** *fig* to get into trouble

cacciatora [kattʃaˈtoːra] *f* ① (*giacca*) hunting jacket ② CULIN **alla ~** chasseur

cacciatore, -trice *m, f* hunter

cacciavite [kattʃaˈviːte] <-> *m* screwdriver

caccola ['kakkola] *m* ① *inf* (*di naso*) booger *inf* ② (*cacca: di animale*) dropping

cache-cœur [kaʃkœːʀ] <-> *m* (*di una bimba*) wrap-over top

cachemire [kaʃˈmiːr] <-> *m* cashmere

cachet [kaˈʃɛ] <-> *m* ① MED (*compressa*) tablet ② THEAT, FILM (*compenso*) fee

cachi ['kaːki] I. <inv> *adj* (*colore*) khaki II. <-> *m* ① (*colore cachi*) khaki ② (*albero, frutto*) persimmon

cacio ['kaːtʃo] <-ci> *m* cheese

cadavere [kaˈdaːvere] *m* corpse

caddi ['kaddi] *1. pers sing pass rem di* **cadere¹**

cadente [kaˈdɛnte] *adj* (*edificio*) crumbling

cadere [kaˈdeːre] <cado, caddi, caduto> *vi* ① *essere* ① (*cascare: persona*) to fall; (*aereo*) to crash; ~ **morto** to drop dead; ~ **dalle nuvole** *fig* to be shocked ② (*staccarsi: capelli*) to fall out; (*foglie*) to fall ③ (*abito*) to hang ④ (*trovarsi in difficoltà*) ~ **in disgrazia** to fall out of favor; ~ **in miseria** to fall on hard times ⑤ POL (*governo*) to fall ⑥ (*capitare*) ~ **a proposito** to come at the right time ⑦ (*loc*) ~ **dalla padella nella brace** *fig* to jump out of the frying pan into the fire

caduta [kaˈduːta] *f* (*il cadere*) fall;

'~ **massi**' 'falling rocks'; ~ **della temperatura** drop in temperature

caduto [ka·'duː·to] *m* MIL fallen soldier; **i -i** the fallen

caduto, -a *pp di* **cadere**[1]

caffè [kaf·'fɛ] <-> *m* ❶ CULIN coffee; ~ **espresso** espresso; ~ **corretto** liqueur coffee; ~ **macchiato** coffee with a dash of milk; ~ **in chicchi** coffee beans *pl*; ~ **in polvere** coffee powder; **macchinetta del** ~ coffee machine ❷ (*locale*) café

caffe(l)latte [kaf·fe·'lat·te (kaffel'latte)] <-> *m* white coffee

caffetteria [kaf·fet·te·'riː·a] <-ie> *f* (*bar: di museo*) coffee bar

caffettiera [kaf·fet·'tiɛː·ra] *f* ❶ (*macchina*) coffee-maker ❷ (*bricco*) coffeepot

cafone, -a [ka·'foː·ne] I. *adj* boorish II. *m, f* boor

cagare [ka·'gaː·re] *v.* cacare

Cagliari *f* Cagliari, *capital of Sardinia*

cagliaritano, -a [caʎ·ʎa·ri·'taː·no] I. *adj* from Cagliari II. *m, f* (*abitante*) person from Cagliari

calabrese [ka·la·'breː·se] I. *adj* Calabrian II. *mf* (*abitante*) Calabrian III. *sing* (*dialetto*) Calabrian

Calabria [ka·'laː·bri·a] *f* Calabria; **abitare in** ~ to live in Calabria; **andare in** ~ to go to Calabria

calabrone [ka·la·'broː·ne] *m* ZOO hornet

calamaro [ka·la·'maː·ro] *m* ZOO squid

calamita [ka·la·'miː·ta] *f* magnet

calamità [ka·la·mi·'ta] <-> *f* disaster

calare [ka·'laː·re] I. *vt avere* ❶ (*abbassare: reti*) to cast; (*sipario*) to bring down ❷ (*diminuire: maglie*) to decrease II. *vi essere* ❶ (*scendere: sipario, notte*) to fall ❷ (*invadere*) to descend ❸ (*diminuire: vento*) to drop; (*acqua*) to subside; (*vista*) to get worse; (*prezzo*) to come down; ~ **di peso** to lose weight III. *vr:* **-rsi** to lower oneself

calcagno [kal·'kaɲ·ɲo] *m* heel; **avere qu alle -a** *fig* to have sb at one's heels

calcare[1] [kal·'kaː·re] *vt* ❶ (*con i piedi*) to tread ❷ (*con la voce: parole*) to emphasize ❸ (*disegno*) to trace ❹ (*premere*) to press down; ~ **la mano** *fig* to overdo it

calcare[2] *m* MIN limestone

calce [ˈkal·tʃe] *f* lime

calcetto [kal·'tʃet·to] *m* ❶ SPORT five-a-side soccer ❷ (*gioco da tavolo*) foosball

calciare [kal·'tʃaː·re] *vi, vt* to kick

calciatore, -trice [kal·tʃa·'toː·re] *m, f* soccer player

calcio [ˈkal·tʃo] <-ci> *m* ❶ (*pedata, zampata*) kick; **prendere qu a -ci** to give sb a kicking; **tirare -ci** (*persona, animale*) to kick ❷ SPORT soccer; ~ **d'angolo** corner (kick); ~ **d'inizio** kick-off; ~ **di punizione** free kick; ~ **di rigore** penalty (kick); ~ **di rinvio** goal kick; **giocare a** ~ to play soccer ❸ CHIM calcium

calciomercato [kal·tʃo·mer·'kaː·to] <-> *m* transfer market

calcioscommesse [kal·tʃos·kom·'mes·se] <-> *m* illegal betting on the results of soccer games

calcistico, -a <-ci, -che> *adj* (*tifo, risultati*) soccer

calcolabile [kal·ko·'laː·bi·le] *adj* (*costo, danno*) calculable

calcolare [kal·ko·'laː·re] *vt* ❶ MATH to calculate ❷ *fig* (*valutare*) to assess ❸ (*tenere conto*) to take into account

calcolatore [kal·ko·la·'toː·re] *m* ~ **elettronico** COMPUT computer

calcolatore, -trice I. *adj* ❶ MATH **macchina -trice** calculator ❷ *fig* (*persona, mente*) calculating II. *m, f fig* (*persona*) calculating person

calcolatrice [kal·ko·la·'triː·tʃe] *f* COMPUT calculator; ~ **tascabile** pocket calculator

calcolo [ˈkal·ko·lo] *m* ❶ MATH calculation; **fare i -i** to do the calculations; **agire per** ~ *fig* to act out of self-interest; ~ **dei costi** costing ❷ MED calculus; ~ **renale** kidney stone

caldaia [kal·'daː·ia] <-aie> *f* (*per riscaldamento*) boiler

caldamente [kal·da·'men·to] *adv* highly

caldarrosta [kal·dar·'rɔs·ta] *f* roast chestnut

caldo ['kal·do] *m* warmth; (~ *intenso*) heat; **fa** ~ it's hot; **ho** [*o* **sento**] ~ I'm hot; **a** ~ *fig* in the heat of the moment; **non mi fa né** ~ **né freddo** *fig* I don't care either way

caldo, -a *adj* ❶ (*clima, giornata*) warm; (*molto* ~) hot ❷ (*acqua, cibo*) hot ❸ (*che tiene caldo: cappotto*) warm ❹ (*colore, voce*) warm ❺ (*di conflitto: zona*) turbulent ❻ (*passionale*) passionate; **essere una testa -a** *fig* to be a hothead

calendario [ka·len·'da:·rio] <-i> *m* calendar

calle ['kal·le] *f* (*a Venezia*) narrow street

calligrafia [kal·li·gra·'fi:·a] *f* ❶ (*bella scrittura*) calligraphy ❷ (*scrittura*) handwriting

callista [kal·'lis·ta] <-i *m*, -e *f*> *mf* podiatrist

callo ['kal·lo] *m* corn; **fare il** ~ **a** qc *fig* to get used to sth

calma ['kal·ma] *f* ❶ (*quiete*) quietness ❷ (*tranquillità*) quiet ❸ (*autocontrollo*) calm; ~ **e sangue freddo!** keep calm! ❹ (*flemma*) calmness; **prendersela con** ~ to take it easy

calmante [kal·'man·te] **I.** *adj* ❶ (*rilassante*) calming ❷ (*che calma il dolore*) soothing **II.** *m* ❶ (*del sistema nervoso*) sedative ❷ (*contro il dolore*) painkiller

calmare [kal·'ma:·re] **I.** *vt* ❶ (*persona, ira*) to calm (down) ❷ (*dolore*) to alleviate **II.** *vr:* **-rsi** ❶ (*persona*) to calm down ❷ (*dolore*) to ease ❸ (*vento*) to drop

calmo, -a ['kal·mo] *adj* ❶ (*posto, giornata*) quiet ❷ (*persona, mare*) calm

calo ['ka:·lo] *m* ❶ (*di mercato, prezzo*) fall ❷ (*di peso, vista*) loss; (*di qualità*) reduction ❸ (*di temperatura, pressione*) drop

calore [ka·'lo:·re] *m* ❶ (*energia, calura*) heat ❷ (*affetto*) warmth ❸ (*di animali*) **essere/andare in** ~ to be in/go into heat

caloria [ka·lo·'ri:·a] <-ie> *f* calorie

calorico, -a [ka·'lɔ:·ri·ko] <-ci, -che> *adj* caloric; **apporto** ~ caloric intake

caloroso, -a [ka·lo·'ro:·so] *adj* ❶ (*persona*) warm blooded ❷ *fig* (*cordiale*) warm

calpestare [kal·pes·'ta:·re] *vt* ❶ (*con i piedi*) to tread on; **'(è) vietato ~ l'erba'** 'keep off the grass' ❷ *fig* (*sentimenti*) to trample on

Caltanissetta *f* Caltanissetta, *province in the south of Sicily*

calunnia [ka·'lun·nia] <-ie> *f* ❶ (*accusa infondata*) slander ❷ (*bugia*) lie

calunniare [ka·lun·'nia:·re] *vt* to slander

calvinismo [kal·vi·'niz·mo] *m* Calvinism

calvizie [kal·'vit·tsie] <-> *f* baldness

calvo, -a ['kal·vo] **I.** *adj* (*senza capelli*) bald **II.** *m, f* bald person

calza ['kal·tsa] *f* ❶ (*calzettone*) sock; **ferri da** ~ knitting needles; **fare la** ~ to knit ❷ (*da donna*) stocking; ~ **elastica** support stocking

calzamaglia [kal·tsa·'maʎ·ʎa] *f* leotard

calzare [kal·'tsa:·re] **I.** *vt* avere (*scarpe, guanti*) to wear **II.** *vi* avere (*scarpe, guanti*) to fit

calzatura [kal·tsa·'tu:·ra] *f* footwear

calzino [kal·'tsi:·no] *m* ankle sock

calzolaio, -a [kal·tso·'la:·io] <-ai, -aie> *m, f* ❶ (*che fa le scarpe*) shoemaker ❷ (*che aggiusta le scarpe*) shoe repairer

calzoncini [kal·tson·'tʃi:·ni] *mpl* shorts *pl;* ~ **da bagno** trunks

calzone [kal·'tso:·ne] *m* ❶ (*indumento*) pants ❷ (*parte*) pants leg ❸ CULIN (*pizza*) calzone

cambiamento [kam·bia·'men·to] *m* change

cambiare [kam·'bia:·re] **I.** *vt* avere ❶ (*gener*) to change; ~ **casa** to move; ~ **idea** to change one's mind; ~ **treno** to change trains; ~ **euro in dollari** to change euros into dollars ❷ (*scambiare*) to exchange; ~ qc **con** qc to exchange sth for sth **II.** *vi* essere (*trasformarsi*) to change **III.** *vr:* **-rsi** (*d'indumento*) to change

cambio ['kam·bio] <-i> m ①(*sostituzione: di pneumatico*) changing ②(*modifica: indumenti*) change; ~ **di casa** house move ③MOT (*dispositivo*) gears pl ④(*turno*) relief; **dare il ~ a qu** to take over from sb ⑤(*di merce*) exchange ⑥FIN exchange rate; **agente di ~** stockbroker

camera ['ka:·me·ra] f ①(*locale d'abitazione*) room; ~ **da letto** bedroom; ~ **da pranzo** dining room; ~ **degli ospiti** guest room; ~ **matrimoniale** double room; ~ **singola** single room; ~ **ad un letto/a due letti** single/twin-bedded room; **prenotare/disdire una ~** to book/to cancel a room ②(*mobilia*) bedroom suite ③POL, ADMIN chamber; **Camera di Commercio** Chamber of Commerce

camerata [ka·me·'ra:·ta] f (*di collegio*) dormitory; (*di caserma*) barrack room

cameriera [ka·me·'riɛ:·ra] f ①(*di casa privata*) maid ②(*di locale*) waitress ③(*di albergo*) (chamber)maid

cameriere [ka·me·'riɛ:·re] m ①(*di casa privata*) servant ②(*di locale*) waiter; ~, (**mi porti il conto,**) **per favore!** waiter, (check,) please! ③(*di albergo*) busboy

camerino [ka·me·'ri:·no] m THEAT dressing room

camice ['ka:·mi·tʃe] m MED (*di medico, chimico*) white coat

camicetta [ka·mi·'tʃet·ta] f blouse

camicia [ka·'mi:·tʃa] <-cie> f ①(*da uomo*) shirt; (*da donna*) blouse; ~ **da notte** (*da uomo*) nightshirt; (*da donna*) nightdress; **essere nato con la ~** *fig* to be born lucky; **-cie nere** HIST blackshirts; ~ **verde** POL green shirt, *Northern League militant* ②MOT, TEC (*rivestimento: di caldaia, motore*) jacket

caminetto [ka·mi·'net·to] m fireplace

camino [ka·'mi:·no] m ①(*focolare*) fireplace ②(*canna fumaria*) chimney

camion ['ka:·mion] <-> m truck

camioncino [ka·mion·'tʃi:·no] m van

camionista [ka·mio·'nis·ta] <-i m, -e f> mf truck driver

cammello[1] [kam·'mɛl·lo] m ①ZOO camel ②(*tessuto*) camelhair

cammello[2] <inv> adj (*colore*) camel

camminare [kam·mi·'na:·re] vi ①(*andare a piedi*) to walk; **cammina!** (*affrettati*) come on!; (*vattene*) go away!; ~ **sulle uova** *fig, inf* to walk on eggshells ②TEC (*funzionare*) to work

camminata [kam·mi·'na:·ta] f ①(*passeggiata*) walk ②(*modo di camminare*) gait

cammino [kam·'mi:·no] m ①(*viaggio*) walk; **mettersi in ~** to set off; **ci sono tre ore di ~** it's a three-hour walk ②(*strada*) way

camomilla [ka·mo·'mil·la] f ①(*pianta*) chamomile ②(*infuso*) chamomile tea

camorra [ka·'mɔr·ra] f Neapolitan mafia

camorrista [ka·mor·'ris·ta] <-i m, -e f> mf member of the Neapolitan mafia

camoscio [ka·'mɔʃ·ʃo] <-sci> m ①ZOO chamois ②(*pelle*) suede

campagna [kam·'paɲ·ɲa] f ①AGR, GEOG country; **abitare in ~** to live in the country ②MIL, POL, COM campaign; ~ **elettorale** election campaign

campagnolo, -a [kam·paɲ·'ɲɔ:·lo] adj, m, f peasant

campana [kam·'pa:·na] f bell; ~ **per la raccolta del vetro** bottle bank

campanello [kam·pa·'nɛl·lo] m (*della porta*) bell; ~ **d'allarme** *fig* alarm bell

Campania [kam·'pa:·nia] f Campania; **abitare in ~** to live in Campania; **andare in ~** to go to Campania

campanile [kam·pa·'ni:·le] m ARCHIT bell tower

campanilismo [kam·pa·ni·'liz·mo] m parochialism

campano, -a [kam·'pa:·no] I. adj from Campania II. m, f (*abitante*) person from Campania

campare [kam·'pa:·re] vi essere inf to live; ~ **alla giornata** to live from day to day; ~ **di qc** to live on sth; ~ **di aria** *fig* to live on nothing

campeggiare [kam·ped·'dʒa:·re] vi ①(*far campeggio*) to camp ②(*spiccare*) to stand out

campeggiatore, -trice [kam·ped·dʒa·ˈto:·re] *m, f* camper

campeggio [kam·ˈped·dʒo] <-ggi> *m* ① (*terreno*) campground ② (*turismo*) camping; **fare ~** to go camping

campestre [kam·ˈpɛs·tre] *adj* country; **corsa ~** cross-country race

camping [ˈkæm·piŋ/kam·ˈpiŋ] *m v.* **campeggio**

campionario, -a <-i, -ie> *adj* **fiera -a** trade fair

campionato [kam·pio·ˈna:·to] *m* championship; **~ mondiale di calcio** World Cup

campioncino [kam·pion·ˈtʃi:·no] *m* (*di prodotto*) sample

campione¹ [kam·ˈpio:·ne] <inv> *adj* ① SPORT championship-winning ② (*per indagini*) sample

campione² *m* (*di merce, materiale*) sample

campione, -essa *m, f* ① SPORT champion ② *fig* (*chi eccelle in un'attività*) ace; **essere un ~ in qc** to be an expert at sth

campo [ˈkam·po] *m* ① (*gener*) field; **~ sportivo** sports field; **~ da gioco** playing field; **~ da golf** golf course; **~ da tennis** tennis court; **~ di calcio** soccer field ② (*area*) area; **avere ~ libero** *fig* to have a free hand; **~ di concentramento** concentration camp; **~ profughi** refugee camp ③ (*nell'arte: sfondo*) background ④ TV, FILM shot

camposanto [kam·po·ˈsan·to] <campisanti> *m* cemetery

camuffare [ka·muf·ˈfa:·re] **I.** *vt* ① (*travestire*) to disguise; **~ qu da qc** to disguise sb as sth ② *fig* (*nascondere*) to hide **II.** *vr:* **-rsi** to disguise oneself

canadese [ka·na·ˈde:·se] *adj, mf* Canadian

canaglia [ka·ˈnaʎ·ʎa] <-glie> *f* ① *pej* (*persona malvagia*) scoundrel ② *scherz* (*birbante*) rascal

canale [ka·ˈna:·le] *m* ① (*artificiale*) canal; **il Canal Grande** the Grand Canal ② GEOG (*tratto di mare*) channel ③ ANAT canal ④ (*tubo, condotto*) pipe ⑤ TV, RADIO channel

canarino¹ [ka·na·ˈri:·no] *m* ZOO canary

canarino² <inv> *adj* (*colore*) canary yellow

cancellare [kan·tʃel·ˈla:·re] *vt* ① (*con la gomma*) to erase; (*con la penna*) to cross out; (*sulla lavagna*) to wipe off; COMPUT to delete ② (*appuntamento, volo*) to cancel ③ *fig* (*ricordo*) to erase

cancellazione [kan·tʃel·lat·ˈtsio:·ne] *f* (*di prenotazione, volo*) cancellation

cancelleria [kan·tʃel·le·ˈri:·a] <-ie> *f* ① GIUR (*di tribunale*) clerk of the court's office ② (*materiale per scrivere*) stationery

cancelletto [kan·tʃel·ˈlet·to] *m* TEL, COMPUT pound sign

cancelliere [kan·tʃel·ˈliɛ:·re] *m* ① POL (*primo ministro*) chancellor ② GIUR (*impiegato di tribunale*) clerk

cancello [kan·ˈtʃɛl·lo] *m* gate

cancro [ˈkan·kro] *m* ① MED *a. fig* cancer ② ASTR **Cancro** Cancer; **sono** (**del** [*o* **un**]) **Cancro** I'm a(n) Cancer

candeggiante [kan·ded·ˈdʒan·te] **I.** *adj* bleaching **II.** *m* bleach

candeggiare [kan·ded·ˈdʒa:·re] *vt* to bleach

candela [kan·ˈde:·la] *f* ① (*di cera*) candle; **a lume di ~** by candlelight ② MOT spark plug ③ EL **una lampadina da 60 -e** a 60-watt bulb

candeliere [kan·de·ˈliɛ:·re] *m* candlestick

candelotto [kan·de·ˈlɔt·to] *m* **~ di dinamite** stick of dynamite; **~ fumogeno** smoke bomb

candidare [kan·di·ˈda:·re] **I.** *vt* ① (*presentare come candidato*) to put forward as a candidate ② (*proporre come candidato*) to nominate **II.** *vr:* **-rsi** to run as a candidate

candidato, -a [kan·di·ˈda:·to] *m, f* candidate

candidatura [kan·di·da·ˈtu:·ra] *f* ① (*per lavoro, borsa di studio*) application ② POL, ADMIN candidacy

candido, -a [ˈkan·di·do] *adj* ① (*pulito: biancheria, bucato*) snow-white ② (*splendente: neve, denti*) pure white

❸ (colore) pure ❹ fig (ingenuo) naive; (sincero) candid

candito, -a adj candied; **zucchero ~** rock candy

cane ['ka·ne] m ❶ zoo dog; **~ da caccia** hunting dog; **~ da guardia** guard dog; **lavoro da -i** botched job; **tempo da -i** awful weather; **fa un freddo ~** inf it's freezing cold inf ❷ (di arma da fuoco) hammer

canestro [ka·'nɛs·tro] m basket; **fare ~** (nella pallacanestro) to shoot a basket

canile [ka·'ni:·le] m ❶ (cuccia) kennel ❷ (luogo) pound

canino, -a adj ❶ (di cani) canine; **mostra -a** dog show ❷ MED **tosse -a** whooping cough ❸ ANAT **dente ~** canine

canna ['kan·na] f ❶ BOT reed ❷ (bastone) stick; **~ da pesca** fishing rod ❸ (di fucile) barrel ❹ (di bicicletta) crossbar ❺ sl (di marijuana, hascisc) joint; **farsi una ~** to roll oneself a joint

cannella [kan·'nɛl·la] f ❶ CULIN cinnamon ❷ (tubo) spout; (di botte) spigot

cannocchiale [kan·nok·'kia:·le] m telescope

cannoniere [kan·no·'niɛː·re] m ❶ (bombardiere) gunner ❷ (nel calcio) scorer

cannuccia [kan·'nut·tʃa] <-cce> f (per bibite) straw

canoa [ka·'nɔː·a] f canoe

canone [ka·'noː·ne] m ❶ (norma) canon ❷ (schema di riferimento) ideal ❸ (pagamento) rent; **~ d'affitto** rent; **~ di abbonamento** RADIO, TV license fee

canonico, -a <-ci, -che> adj ❶ (regolare) standard ❷ REL canonical

canotta [ka·'not·ta] f undershirt

canottaggio [ka·not·'tad·dʒo] <-ggi> m rowing

canottiera [ka·not·'tiɛː·ra] f undershirt

canottiere [ka·not·'tiɛː·re] m rower

canotto [ka·'nɔt·to] m ❶ (piccola barca) dinghy; **~ di salvataggio** lifeboat ❸ (di gomma) (rubber) dinghy

cantante [kan·'tan·te] mf singer; **~ lirico** opera singer

cantare [kan·'taː·re] I. vi ❶ MUS, zoo to sing ❷ fig (fare la spia) to squeal II. vt to sing

cantautore, -trice [kan·tau·'toː·re] m, f singer-songwriter

canticchiare [kan·tik·'kiaː·re] vi, vt to hum

cantiere [kan·'tiɛː·re] m site; **~ edile** construction site

cantina [kan·'tiː·na] f ❶ ARCHIT (di edificio) cellar; (per il vino) (wine) cellar ❷ (produzione e vendita di vino) vineyard; **~ sociale** winegrowers' cooperative

canto ['kanto] m ❶ MUS, zoo (il cantare) singing ❷ (canzone) song ❸ (parte) part; **d'altro ~** on the other hand; **dal ~ mio/loro** for my/their part

canuto, -a [ka·'nuː·to] adj ❶ (capelli) white ❷ (persona) white-haired

canzone [kan·'tsoː·ne] f MUS song

canzonetta [kan·tso·'net·ta] f MUS pop song

caotico, -a [ka·'ɔː·ti·ko] <-ci, -che> adj chaotic

cap. abbr di **capitolo** ch.

CAP [kap] m acro di **Codice di Avviamento Postale** zip code

capace [ka·'paː·tʃe] adj ❶ (in grado di) capable; **essere ~ di fare qc** to be capable of doing sth ❷ (abile) able ❸ (spazioso: ambiente) spacious; (borsa) capacious

capacità [ka·pa·tʃi·'ta] <-> f ❶ (di contenere) capacity ❷ (abilità) ability

capanna [ka·'pan·na] f hut

capanno [ka·'pan·no] m (in spiaggia) hut

capannone [ka·pan·'noː·ne] m (deposito) shed; (fabbrica) warehouse

caparbietà [ka·par·bie·'ta] <-> f stubbornness

caparbio, -a [ka·'par·bio] <-i, -ie> adj stubborn

caparra [ka·'par·ra] f (cauzione) deposit

capatina [ka·pa·'tiː·na] f quick visit; **fare una ~** to make a quick visit

capeggiare [ka·ped·'dʒaː·re] vt to lead

capellini [ka·pel·'li:·ni] *mpl* angel hair pasta

capello [ka·'pel·lo] *m* hair; **-i d'angelo** angel hair pasta; **portare i -i lunghi/ corti** to have long/short hair; **spaccare un ~ in quattro** *fig* to split hairs

capellone, -a [ka·pel·'lo:·ne] I. *m, f inf* (*hippy*) hippie II. *adj* hippie

capelluto, -a [ka·pel·'lu:·to] *adj* **cuoio ~** scalp

capezzale [ka·pet·'tsa:·le] *m* ① (*capo del letto*) bolster ② *fig* (*letto di un malato*) bedside

capezzolo [ka·'pet·tso·lo] *m* nipple

capi- [ka·pi] (*in compounds*) *v.a.* **capo-**

capiarea *pl di* **capoarea**

capicronisti *pl di* **capocronista**

capiente [ka·'pjɛn·te] *adj* (*recipiente, valigia*) capacious; (*sala*) spacious

capienza [ka·'pjɛn·tsa] *f* (*di sala, recipiente*) capacity

capifabbrica *pl di* **capofabbrica**

capifamiglia *pl di* **capofamiglia**

capigliatura [ka·piʎ·ʎa·'tu:·ra] *f* hair; **~ folta** thick hair

capilinea *pl di* **capolinea**

capilista *pl di* **capolista**[1]

capillare [ka·pil·'la:·re] I. *adj* ① ANAT **vasi -i** capillary ② (*minuzioso: indagine*) detailed ③ (*diffuso: organizzazione*) widespread II. *m* capillary

capimafia *pl di* **capomafia**

capire [ka·'pi:·re] <capisco> I. *vt avere* to understand; **far ~ qc a qu** to make sth clear to sb *inf* II. *vi essere* to understand; **farsi ~** to make oneself understood; **~ al volo** to be quick on the uptake; **si capisce** of course III. *vr:* **-rsi** to understand each other

capiredattori *pl di* **capiredattore**

capireparto *pl di* **caporeparto**

capisala *pl di* **caposala**

capisezione *pl di* **caposezione**

capisquadra *pl di* **caposquadra**

capistazione *pl di* **capostazione**

capitale [ka·pi·'ta:·le] I. *adj* ① (*principale: importanza, punto*) fundamental ② GIUR capital; **sentenza ~** death sentence ③ REL deadly; **i peccati -i** the

deadly sins II. *f* (*città*) capital III. *m* (*patrimonio*) capital

capitalismo [ka·pi·ta·'liz·mo] *m* capitalism

capitalista [ka·pi·ta·'lis·ta] <-i *m*, -e *f*> *adj*, *mf* capitalist

capitano [ka·pi·'ta:·no] *m* captain

capitare [ka·pi·'ta:·re] *vi essere* ① (*giungere*) to come; **~ bene/male** to have good luck/bad luck ② (*succedere*) to happen; **capita a tutti** it happens to everyone; **dove capita** anywhere

capitavola *pl di* **capotavola**

capitello [ka·pi·'tɛl·lo] *m* capital

capitolo [ka·'pi:·to·lo] *m a.* REL chapter

capi ufficio *pl di* **capo ufficio**

capo ['ka:·po] I. *m* ① ANAT head; **chinare il ~** *fig* to bow one's head ② (*persona: di azienda, istituto*) head; (*di associazione a delinquere*) boss; (*di tribù*) chief; **~ del governo** leader of the government; **~ dello Stato** head of state; **essere a ~ di qu/qc** to head sb/ sth ③ GEOG cape ④ (*singolo oggetto*) item ⑤ (*capitolo*) chapter; **per sommi -i** briefly ⑥ (*estremità*) end; **andare in ~ al mondo** to go to the ends of the earth ⑦ (*principio*) **cominciare da ~** to start again; **andare a ~** to start a new paragraph; **punto e a ~** period, new paragraph ⑧ (*fine, conclusione*) **in ~ ad un mese** in a month; **venire a ~ di qc** to get to the end of sth II. <inv> *adj* chief; **ispettore ~** chief inspector

capoarea [ka·po·a·'rɛ:·a] *mf* area manager

capocronista [ka·po·kro·'nis·ta] *mf* news editor

capocuoco, -a [ka·po·'kuɔ:·ko] <-chi, -che> *m, f* head chef

capodanno, capo d'anno [ka·po·'dan·no] *m* New Year

capofabbrica [ka·po·'fab·bri·ka] *mf* works manager

capofamiglia [ka·po·fa·'miʎ·ʎa] *mf* head of the family

capofitto [ka·po·'fit·to] *adv* **a ~** headlong; **buttarsi a ~ in qc** *fig* to throw oneself into sth

capolavoro [ka·po·la·'vo:·ro] *m* master-piece

capolinea [ka·po·'li:·nea] <capilinea> *m* terminus

capolista¹ [ka·po·'lis·ta] *mf* POL (*candidato*) top candidate

capolista² *f* top team

capolista³ <inv> *adj* **candidato ~** POL top candidate; **squadra ~** SPORT top team

capoluogo [ka·po·'luɔ:·go] <capoluoghi *o* capiluoghi> *m* ADMIN (*di regione, provincia*) capital

capomafia [ka·po·'ma:·fia] <capimafia> *m* mafia boss

capoofficina [ka·po·of·fi·'tʃi:·na] *mf* shop foreman *m*, shop forewoman *f*

caporale [ka·po·'ra:·le] *m* private first class

caporedattore, -trice [ka·po·re·dat·'to:·re] *m, f* editor-in-chief

caporeparto [ka·po·re·'par·to] *mf* foreman *m*, forewoman *f*

caposala [ka·po·'sa:·la] *mf* (*in ospedale*) head nurse

caposaldo [ka·po·'sal·do] <capisaldi> *m* 🔹 *fig* (*punto fondamentale*) cornerstone 🔹 MIL stronghold 🔹 (*topografia*) datum point

caposezione [ka·po·set·'tsio:·ne] *mf* ADMIN section head

caposquadra¹ [ka·pos·'kua:·dra] *mf* 🔹 (*di operai, tecnici*) foreman *m*, forewoman *f* 🔹 SPORT (*team*) captain

caposquadra² <capisquadra> *m* MIL squad leader

capostazione [ka·pos·ta·'tsio:·ne] *mf* station master

capotavola <capitavola> *m* head of the table; **sedersi a ~** to sit at head of the table

capotreno [ka·po·'trɛ:·no] *mf* conductor

cap(o)ufficio, capo ufficio [ka·p(o)·uf·'fi:·tʃo] *mf* office manager

capoverso [ka·po·'vɛr·so] *m* paragraph

capovolgere [ka·po·'vɔl·dʒe·re] <irr> I. *vt* 🔹 (*rovesciare: barca*) to capsize; (*rovesciare: auto*) to overturn; (*immagine, oggetto*) to turn upside down 🔹 *fig* (*situazione, risultato*) to reverse II. *vr*: **-rsi** 🔹 (*barca*) to capsize; (*macchina*) to overturn 🔹 *fig* (*cambiare radicalmente*) to be reversed

capovolgimento [ka·po·vol·dʒi·'men·to] *m* 🔹 (*ribaltamento: di barca*) capsizing; (*di macchina*) overturning; (*di oggetti, immagini*) turning upside down 🔹 *fig* (*rovesciamento*) reversal

cappa <-> *m o f* (*lettera*) *v.* **k**

cappella [kap·'pɛl·la] *f* 🔹 REL chapel 🔹 MUS choir

cappellano [kap·pel·'la:·no] *m* chaplain

cappello [kap·'pɛl·lo] *m* 🔹 (*copricapo*) hat; **tanto di ~!** congratulations! 🔹 (*introduzione: di scritto, discorso*) preamble

capperi ['kap·pe·ri] *interj inf* wow!

cappero ['kap·pe·ro] *m* CULIN, BOT caper

cappotto [kap·'pɔt·to] *m* (*mantello*) coat

cappuccino [kap·put·'tʃi:·no] *m* 🔹 CULIN cappuccino 🔹 REL Capuchin

cappuccio [kap·'put·tʃo] <-cci> I. *m* 🔹 (*copricapo*) hood 🔹 (*di penna, biro*) cap; (*di fiala, rossetto*) top 🔹 *inf* CULIN cappuccino II. *adj* **cavolo ~** spring cabbage

capra ['ka:·pra] *f* ZOO goat

caprese [ka·'pre:·se] I. *adj* from Capri II. *mf* (*abitante*) person from Capri III. *f* CULIN *mozzarella, tomato and basil salad*

capretto [ka·'pret·to] *m* kid; **guanti di ~** kid gloves

Capri *f* Capri; **abitare a ~** to live in Capri; **andare a ~** to go to Capri

capriccio [ka·'prit·tʃo] <-cci> *m* 🔹 (*voglia*) whim; **fare i -cci** to have a temper tantrum 🔹 MUS caprice

capriccioso, -a [ka·prit·'tʃo:·so] *adj* 🔹 (*bambino*) naughty; (*ragazza*) capricious 🔹 (*tempo*) changeable

Capricorno [ka·pri·'kɔr·no] *m* ASTR Capricorn; **sono (del [*o* un])** **Capricorno** I'm a (a) Capricorn

caprino [ka·'pri:·no] *m* CULIN (*formaggio*) goat's cheese

C

capriola [ka·pri·'ɔ:·la] *f* somersault

captare [kap·'ta:·re] *vt* ❶ TEL, RADIO to pick up ❷ *fig* (*cogliere: pensiero*) to read; (*intuire: desiderio*) to guess

capufficio [ka·puf·'fi:·tʃo] *v.* **cap(o)ufficio**

carabina [ka·ra·'bi:·na] *f* rifle

carabiniere [ka·ra·bi·'niɛ:·re] *m* carabiniere, *member of Italian military police force*

caraffa [ka·'raf·fa] *f* carafe

caramba [ka·'ram·ba] <-> *m sl* carabiniere, *member of Italian military police force*

caramella [ka·ra·'mɛl·la] *f* CULIN piece of candy

caramello [ka·ra·'mɛl·lo] *m* caramel

carato [ka·'ra:·to] *m* ❶ (*di oro*) karat ❷ (*di pietre preziose*) carat

carattere [ka·'rat·te·re] *m* ❶ (*indole*) character ❷ (*natura*) character ❸ TYPO, COMPUT character; ~ **corsivo** italic; ~ **grassetto** bold; **-i a stampatello** capital letters ❹ (*di scrittura*) character

caratteriale [ka·rat·te·'ria:·le] I. *adj* disturbed II. *mf* disturbed child

caratteristica [ka·rat·te·'ris·ti·ka] <-che> *f* characteristic

caratteristico, -a [ka·rat·te·'ris·ti·ko] <-ci, -che> *adj* ❶ (*particolare*) characteristic ❷ (*tipico*) typical ❸ (*pittoresco*) picturesque

caratterizzare [ka·rat·te·rid·'dza:·re] *vt* to characterize

caravan [kæ·ra·'væn] <-> *m* trailer

carboidrato [kar·bo·i·'dra:·to] *m* carbohydrate

carbonaro, -a *adj* CULIN **alla -a** carbonara, *made with eggs, bacon, and pecorino cheese*

carboncino [kar·bon·'tʃi:·no] *m* ❶ (*per disegnare*) charcoal ❷ (*disegno*) charcoal drawing

carbone [kar·'bo:·ne] *m* MIN coal; **nero come il** ~ black as pitch

carburante [kar·bu·'ran·te] *m* fuel

carburare [kar·bu·'ra:·re] *vi* (*motore*) to fire; **oggi proprio non carburo** *sl* I'm not firing on all cylinders today

carburatore [kar·bu·ra·'to:·re] *m* MOT carburetor

carcerato, -a [kar·tʃe·'ra:·to] *m, f* prisoner

carcerazione [kar·tʃe·rat·'tsio:·ne] *f* imprisonment

carcere ['kar·tʃe·re] ❶ (*luogo*) prison ❷ (*pena*) imprisonment; ~ **preventivo** remand

carciofo [kar·'tʃɔ:·fo] *m* BOT artichoke

cardellino [kar·del·'li:·no] *m* ZOO goldfinch

cardiaco, -a [kar·'di:·a·ko] <-ci, -che> *adj* (*del cuore*) heart; (*insufficienza*) cardiac

cardinale [kar·di·'na:·le] I. *adj* ❶ (*fondamentale*) cardinal; **numero** ~ cardinal number ❷ GEOG cardinal; **punti -i** cardinal points II. *m* cardinal

cardine ['kar·di·ne] *m* ❶ (*di porta, finestra*) hinge ❷ *fig* (*fondamento, base*) cornerstone

cardiochirurgia [kar·dio·ki·rur·'dʒi·a] <-gie> *f* heart surgery

cardiochirurgico, -a [kar·dio·ki·rur·'dʒi·ko] <-ci, -che> *adj* (*intervento*) heart; (*reparto*) cardiology

cardiochirurgo, -a [kar·dio·ki·'rur·go] <-gi *o* -ghi, -ghe> *m, f* heart surgeon

cardiogramma [kar·dio·'gram·ma] <-i> *m* cardiogram

cardiologia [kar·dio·lo·'dʒi·a] <-gie> *f* cardiology

cardiologo, -a [kar·'diɔ:·lo·go] <-gi, -ghe> *m, f* cardiologist

cardiopatico, -a [kar·dio·'pa:·ti·ko] <-ci, -che> I. *adj* (*paziente*) heart II. *m, f* heart patient

carente [ka·'rɛn·te] *adj* lacking; **essere ~ di qc** to be lacking in sth

carenza [ka·'rɛn·tsa] *f* lack; **la ~ di qc** the lack of sth

carestia [ka·res·'ti:·a] <-ie> *f* ❶ (*carenza di cibo*) famine ❷ (*scarsità*) scarcity

carezza [ka·'ret·tsa] *f* caress

carezzare [ka·ret·'tsa:·re] *vt* to stroke

cariare [ka·'ria:·re] I. *vt* (*denti*) to rot II. *vr:* **-rsi** (*denti*) to rot

carica ['ka:·ri·ka] <-che> *f* ❶ ADMIN (*la-*

voro) post; **in ~** in office ❷ (*di meccanismo*) winding ❸ EL, FIS charge ❹ MIL (*attacco*) charge ❺ SPORT tackle ❻ *fig* (*slancio*) drive

caricabatteria [ka·ri·ka·bat·te·'ri:a] <-> *m* (*per auto, cellulare*) battery charger

caricamento [ka·ri·ka·'men·to] *m* ❶ (*di merce*) loading ❷ INET loading

caricare [ka·ri·'ka:·re] I. *vt* ❶ (*macchina, camion*) to load ❷ (*passeggeri*) to pick up ❸ (*batterie*) to charge ❹ (*fucile, pistola*) to load ❺ (*orologio*) to wind (up) ❻ MIL (*assaltare*) to charge ❼ SPORT to tackle ❽ COMPUT (*programma*) to load ❾ *fig* (*oberare*) to overload; **~ qu di qc** to overload sb with sth ❿ (*aumentare*) to increase; **~ il prezzo di qc** to put up the price of sth II. *vr:* **-rsi** ❶ **-rsi di qc** (*di pacchi*) to load oneself with sth; (*di lavoro*) to overload oneself with sth ❷ *fig* (*gasarsi*) to psych oneself up

caricatore [ka·ri·ka·'to:·re] *m* ❶ (*di arma*) magazine; (*di telefono cellulare*) charger ❷ (*operaio*) loader

caricatura [ka·ri·ka·'tu:·ra] *f* caricature

carico ['ka:·ri·ko] <-chi> *m* ❶ (*operazione*) loading ❷ (*merce*) load; NAUT cargo ❸ (*portata: di veicolo*) load ❹ EL charge ❺ *fig* (*onere*) burden; **persone a ~** dependents; **a ~ di** payable by

carico, -a <-chi, -che> *adj* ❶ *a. fig* (*pieno*) loaded; **~ di qc** loaded with sth ❷ (*persona*) laden; **~ di qc** (*pacchetti*) laden with sth; (*compiti, lavoro*) overloaded with sth ❸ (*pistola*) loaded; (*batteria*) charged; (*orologio*) wound up

carie ['ka:·rie] <-> *f* decay

carino, -a [ka·'ri:·no] *adj* ❶ (*grazioso*) nice ❷ (*gentile*) kind

carità [ka·ri·'ta] <-> *f* ❶ REL charity ❷ (*elemosina*) charity ❸ *inf* (*favore*) favor; **per ~!** for heaven's sake!

carnagione [kar·na·'dʒo:·ne] *f* complexion

carnale [kar·'na:·le] *adj* ❶ (*sensuale*) carnal; **violenza ~** rape ❷ (*fratello*) blood; (*cugino*) first

carne ['kar·ne] *f* ❶ (*cibo*) meat; **~ bian-**

ca white meat; **~ rossa** red meat ❷ (*muscoli, corpo*) flesh; **in ~ ed ossa** in the flesh

carneficina [kar·ne·fi·'tʃi:·na] *f* ❶ (*strage*) massacre ❷ *fig* (*disastro*) disaster

carnet [kar·'nɛ] <-> *m* book; **~ degli assegni** checkbook

carnevale [kar·ne·'va:·le] *m* (*periodo festivo*) carnival; **veglione di ~** carnival masked ball

carnivoro, -a [kar·'ni:·vo·ro] *adj* carnivorous

carnoso, -a [kar·'no:·so] *adj* fleshy

caro, -a ['ka:·ro] I. *adj* ❶ (*amato*) dear ❷ (*gentile*) kind; (**tanti**) **-i saluti** best wishes; **sono stati molto -i con me** they were very kind to me ❸ (*pregiato*) precious ❹ (*costoso*) expensive II. *adv* a lot; **pagare ~ qc** to pay a lot for sth; **pagarla -a** *inf* to pay dearly III. *m, f* darling

carogna [ka·'roɲ·ɲa] *f* ❶ ZOO carcass ❷ *fig pej* (*persona vile*) swine

carota [ka·'rɔ:·ta] *f* BOT carrot

carovana [ka·ro·'va:·na] *f* ❶ (*convoglio*) caravan ❷ (*colonna*) convoy

carovita [ka·ro·'vi:·ta] <-> *m* high cost of living

carpa ['kar·pa] *f* ZOO carp

carpentiere [kar·pen·'tiɛ:·re] *m* carpenter

carrabile [kar·'ra:·bi·le] *adj* suitable for vehicles; **passo ~** driveway

carré [ka·'re] <-> *m* CULIN loin; **pan ~** sliced loaf

carreggiata [kar·red·'dʒa:·ta] *f* ❶ (*strada*) highway ❷ MOT (*di veicolo*) track

carrello [kar·'rɛl·lo] *m* ❶ (*per bagagli*) (baggage) cart; (*al supermercato*) (shopping) cart ❷ (*per cibi e bevande*) cart ❸ AERO landing gear

carriera [kar·'riɛ:·ra] *f* career; **far ~** to get on in one's career

carro ['kar·ro] *m* ❶ (*veicolo*) cart; **~ armato** tank; **~ attrezzi** tow truck ❷ (*contenuto*) cartload

carrozza [kar·'rɔt·tsa] *f* ❶ (*vettura*) carriage ❷ FERR car; **~ ristorante** dining car

carrozzella [kar·rot·'tsɛl·la] *f* ① (*per bambini*) baby carriage ② MED wheelchair

carrozzeria [kar·rot·tse·'ri:·a] <-ie> *f* ① MOT bodywork ② (*officina*) body shop

carrozzina [kar·rot·'tsi:·na] *f* (*per bambini*) baby carriage

carta ['kar·ta] *f* ① (*materiale*) paper; **~ assorbente** blotting paper; **~ da lettere** writing paper; **~ da pacchi** brown paper; **~ da regalo** wrapping paper; **~ igienica** toilet paper; **~ vetrata** sandpaper; **~ velina** tissue paper ② GIUR, ADMIN paper; **~ bancomat** ATM card; **~ bollata** [*o* **da bollo**] stamped paper; **~ d'identità** identity card; **~ di credito** credit card; **~ d'imbarco** boarding card ③ (*geografica*) map; **~ stradale** street map ④ CULIN menu; **mangiare alla ~** to eat à la carte ⑤ (*da gioco*) card; **giocare a -e** to play (at) cards

cartaceo, -a [kar·'ta:·tʃeo] *adj* FIN paper

cartamoneta [kar·ta·mo·'ne:·ta] *f* paper money

cartapesta [kar·ta·'pes·ta] *f* papier mâché

cartella [kar·'tɛl·la] *f* ① (*scheda*) card; **~ clinica** medical records *pl* ② TYPO page ③ FIN — **delle tasse** tax form ④ (*custodia: di plastica, di cartone*) folder ⑤ (*borsa: per la scuola*) schoolbag

cartellino [kar·tel·'li:·no] *m* ① (*etichetta*) tag; **~ dei prezzi** price tag ② (**~** (*di presenza*)) time card; **timbrare il ~** (*all'entrata*) to clock in; (*all'uscita*) to clock out ③ SPORT (*nel calcio*) card; **~ giallo/rosso** yellow/red card

cartello [kar·'tɛl·lo] *m* ① (*avviso*) notice; **~** (**stradale**) road sign ② (*insegna*) sign

cartellone [kar·tel·'lo:·ne] *m* ① (*per pubblicità*) poster ② THEAT (*programma*) bill

cartilagine [kar·ti·'la:·dʒi·ne] *f* cartilage

cartina [kar·'ti:·na] *f* ① GEO map ② (*per sigarette*) cigarette paper

cartoccio [kar·'bt·tʃo] <-cci> *m* ① (*in-*

volucro di carta) paper cone ② (*contenuto*) paper coneful ③ CULIN **al ~** in foil

cartolaio, -a [kar·to·'la:·io] <-ai, -aie> *m, f* stationery store

cartoleria [kar·to·le·'ri:·a] <-ie> *f* (*negozio*) stationery store

cartolibreria [kar·to·li·bre·'ri:·a] <-ie> *f* (*negozio*) book and stationery store

cartolina [kar·to·'li:·na] *f* postcard

cartomante [kar·to·'man·te] *mf* fortune-teller

cartoncino [kar·ton·'tʃi:·no] *m* ① (*cartone leggero*) cardboard ② (*biglietto*) card

cartone [kar·'to:·ne] *m* ① (*carta consistente*) cardboard ② (*disegno*) cartoon; **i -i animati** cartoons

cartoon [ka:·'tu:·n] <-> *m* FILM cartoon

cartuccia [kar·'tut·tʃa] <-cce> *f* (*di arma da fuoco, penna*) cartridge

casa ['ka:·sa] *f* ① (*edificio*) house ② (*luogo in cui si vive*) home; **~ popolare** public housing unit; **a ~ mia** at my place; **andare a ~** to go home; **essere a ~** to be (at) home; **essere fuori (di) ~** to be out; **uscire di ~** to go out; **essere di ~** *fig* to be at home; **cercare/trovare ~** to look for/to find a house; **faccende** [*o* **lavori**] **di ~** housework; **metter su ~** *fig* to set up home ③ CULIN homemade ④ (*istituto*) home; **~ di cura** nursing home; **~ di ricovero per anziani** (*old people's home*), **~ da gioco** casino; **~ dello studente** dormitory; **~ chiusa** [*o* **di tolleranza**] whorehouse ⑤ COM (*ditta*) company; **~ editrice** publishing house ⑥ SPORT **giocare in/fuori ~** to play at home/away

casaccio [ka·'zat·tʃo] *m* **a ~** *pej* at random

casalinghi [ka·sa·'liŋ·gi] *mpl* housewares *pl*

casalingo, -a [ka·sa·'liŋ·go] <-ghi, -ghe> **I.** *adj* ① (*vita*) home; (*persona*) homeloving ② CULIN homemade; **pane ~** homemade bread; **alla -a** made simply ③ SPORT home **II.** *m, f* homeloving person

cascare [kas·'kaː·re] *vi* essere *inf* to fall; ~ **bene/male** *fig* to be lucky/unlucky

cascata [kas·'kaː·ta] *f* GEOG waterfall

cascina [kaʃ·'ʃiː·na] *f* (*fattoria*) farm

cascinale [kaʃ·ʃi·'naː·le] *m* ① (*gruppo di case*) farmstead ② (*cascina*) farmhouse

casco ['kas·ko] <-schi> *m* (*per bicicletta*) helmet; (*per motocicletta*) (crash) helmet; (*per equitazione*) (riding) hat; -**schi blu** MIL blue berets

caseggiato [ka·sed·'dʒaː·to] *m* ① (*gruppo di case*) block of houses ② (*singolo edificio*) apartment building

caseificio [ka·zei·'fiː·tʃo] <-ci> *m* dairy

casella [ka·'sɛl·la] *f* ① (*scomparto: di mobile*) compartment; ~ **postale** post office box ② (*riquadro: di foglio*) box; (*di scacchiera*) square ③ COMPUT box; ~ **di dialogo** dialog box

casellante [ka·sel·'lan·te] *mf* MOT (*di austostrada*) toll collector

casello [ka·'sɛl·lo] *m* MOT (*di austostrada*) tollbooth

casereccio, -a [ka·se·'ret·tʃo] <-cci, -cce> *adj* homemade

caserma [ka·'sɛr·ma/ka·'zɛr·ma] *f* barracks

Caserta *f* Caserta, *town in southern Italy*

casertano, -a I. *adj* from Caserta II. *m, f* (*abitante*) person from Caserta

casino [ka·'siː·no] *m* ① *inf* (*confusione*) mess ② *inf* (*chiasso*) racket *inf* ③ *inf* (*pasticcio*) screw-up *inf* ④ *inf* (*mucchio*) ton *inf* ⑤ *vulg* (*bordello*) brothel

casinò [ka·zi·'nɔ] <-> *m* casino

caso ['kaː·zo] *m* ① (*avvenimento fortuito*) chance; **per** ~ by chance; **a** ~ at random ② (*ipotesi*) case; **in** [*o* **nel**] ~ **contrario** otherwise; **in qualunque** ~ in any case; **in ogni** ~ in any case; **in nessun** ~ in no case ③ (*fatto*) case; **un** ~ **disperato** a desperate case; **il** ~ **Dreyfus** the Dreyfus Affair

casolare [ka·so·'laː·re] *m* cottage

casomai, caso mai [ka·zo·'maː·i, ka:·zo 'maː·i] *conj* (*eventualmente*) in case

caspita ['kas·pi·ta] *interj inf* heavens!

cassa ['kas·sa] *f* ① (*recipiente*) crate ② MUS ~ **acustica** speaker ③ (*somma*) cash; ~ **comune** kitty ④ (*banca*) bank; ~ **di risparmio** savings bank ⑤ (*di negozio*) cash desk; (*di supermercato*) checkout

cassaforte [kas·sa·'fɔr·te] <casseforti> *f* safe

cassapanca [kas·sa·'paŋ·ka] <-che *o* cassepanche> *f* chest

cassazione [kas·sat·'tsioː·ne] *f* ① ((*Corte di*) *Cassazione* ≈) Court of Appeals ② (*annullamento*) annulment by a higher court

casseruola [kas·se·'ruɔː·la] *f* casserole

cassetta [kas·'set·ta] *f* ① (*piccola cassa*) box; ~ **delle lettere** mailbox; ~ **postale elettronica** COMPUT electronic mailbox; ~ **di sicurezza** safe-deposit box ② (*di registratore, video*) cassette ③ CINE box-office receipts *pl*

cassetto [kas·'set·to] *m* (*di mobile*) drawer

cassettone [kas·set·'toː·ne] *m* ① (*mobile*) chest of drawers ② ARCHIT coffer

cassiere, -a [kas·'sieː·re] *m, f* (*di banca*) cashier; (*di supermercato*) checkout clerk

cassonetto [kas·so·'net·to] *m* (*per rifiuti*) trashcan

castagna [kas·'taɲ·ɲa] *f* chestnut

castagnata [kas·ta·ɲ·'naː·ta] *f* a chestnut festival where a wide variety of chestnut-based products are eaten

castagno [kas·'taɲ·ɲo] *m* chestnut

castano, -a [kas·'taː·no] *adj* (*capelli*) chestnut; (*occhi*) hazel

castello [kas·'tɛl·lo] *m* ① (*gener*) castle ② (*impalcatura*) letto **a** ~ bunk bed

castigare [kas·ti·'gaː·re] *vt* to punish

castigo [kas·'tiː·go] <-ghi> *m* punishment

casual ['kæ·ʒuəl] I. <inv> *adj* (*abiti, look*) casual; **abbigliamento** ~ casual clothes *pl* II. *adv* casually; **vestirsi** ~ to dress casually III. <-> *m* casual wear

casuale [ka·zu·'aː·le] *adj* (*dovuto al caso: incontro*) chance

casualità [ca·zua·li·'ta] <-> *f* (*di eventi, incontri*) chance nature

catacomba [ka·ta·'kom·ba] *f* catacomb

catalitico, -a [ka·ta·'li:·ti·ko] <-ci, -che> *adj* MOT catalytic; **marmitta -a** catalytic converter

catalizzato, -a [ka·ta·lid·'dza:·to] *adj* MOT (*dotato di catalizzatore: auto*) fitted with a catalytic converter

catalizzatore [ka·ta·lid·dza·'to:·re] *m* MOT catalytic converter

catalogare [ka·ta·lo·'ga:·re] *vt* ① (*registrare: pubblicazioni*) to catalog ② (*elencare*) to list

catalogo [ka·'ta:·lo·go] <-ghi> *m* ① (*di libri, oggetti*) catalog ② *fig* (*elencazione*) list

catanese [ka·ta·'ne:·se] I. *adj* from Catania II. *mf* (*abitante*) person from Catania

Catania *f* Catania, *port in eastern Sicily*

catanzarese [ka·tan·tsa·'re:·se] I. *adj* from Catanzaro II. *mf* (*abitante*) person from Catanzaro

Catanzaro *f* Catanzaro, *city in Calabria, southern Italy*

catarro [ka·'tar·ro] *m* catarrh

catasto [ka·'tas·to] *m* ① (*registro*) land register ② (*ufficio*) land office

catastrofe [ka·'tas·tro·fe] *f* (*sciagura*) a. *fig* catastrophe; **~ ecologica** ecological disaster

catastrofico, -a [ka·tas·'trɔ:·fi·ko] <-ci, -che> *adj* ① (*disastroso: inondazione*) catastrophic ② (*pessimista: previsioni*) pessimistic

catechismo [ka·te·'kiz·mo] *m* REL catechism

categoria [ka·te·go·'ri:·a] <-ie> *f* ① (*classe*) category; **associazione di ~** trade association ② (*di albergo*) class ③ SPORT class

categorico, -a [ka·te·'gɔ:·ri·ko] <-ci, -che> *adj* categorical; **imperativo ~** categorical imperative

catena [ka·'te:·na] *f* ① (*serie di anelli*) chain; **-e (da neve)** snow chains ② (*collana*) chain ③ (*gruppo di imprese*) chain; **~ di negozi** chain of stores ④ (*serie*) chain; **~ di montaggio** assembly line

catenaccio [ka·te·'nat·tʃo] <-cci> *m* ① (*spranga*) bolt ② SPORT defensive game

cateratta [ka·te·'rat·ta] *f* MED, GEOG cataract

catering ['kei·tə·riŋ] <-> *m* ① (*servizio*) catering ② (*azienda*) catering company

catinella [ka·ti·'nɛl·la] *f* basin; **piove a -e** it's raining cats and dogs

catino [ka·'ti:·no] *m* ① (*recipiente*) basin ② (*quantità*) basinful

cattedra ['kat·te·dra] *f* ① (*tavolo di scuola*) (teacher's) desk ② (*incarico*) chair

cattedrale [kat·te·'dra:·le] cathedral

cattedratico, -a [kat·te·'dra:·ti·ko] <-ci, -che> I. *adj* (*corso, lezione*) university II. *m, f* professor

cattiveria [kat·ti·'vɛ:·ria] <-ie> *f* ① (*qualità*) nastiness ② (*azione*) nasty things ③ (*frase*) nasty thing

cattivo [kat·'ti:·vo] *m* (*non buono*) bad

cattivo, -a <più cattivo *o* peggiore, cattivissimo *o* pessimo> I. *adj* ① (*gener*) bad; **essere di ~ umore** to be in a bad mood; **fa ~ tempo** the weather's bad ② (*irrequieto: bambino*) naughty II. *m, f* ① (*malvagio: persona*) bad guy ② (*irrequieto: bambino*) naughty child; **fare il ~** to be naughty

cattolicesimo [kat·to·li·'tʃe:·zi·mo] *m* (Roman) Catholicism

cattura [kat·'tu:·ra] *f* capture; **mandato** [*o* **ordine**] **di ~** arrest warrant

catturare [kat·tu·'ra:·re] *vt* to capture

causa ['ka:u·za] *f* ① (*origine*) cause; **essere ~ di qc** to be the cause of sth ② GIUR (*processo*) case; **~ penale** criminal case; **far ~ a qu** to sue sb ③ *fig* (*ideale*) cause ④ *fig* (*interessi*) cause ⑤ (*motivo*) reason; **a** [*o* **per**] **~ di qc** because of sth

causare [kau·'za:·re] *vt* to cause

cautela [kau·'tɛ:·la] *f* ① (*prudenza*) caution ② (*precauzione*) precaution

cauto, -a ['ka:u·to] *adj* (*persona, parole, sorriso*) cautious

cauzionale [kau·tsio·'na:·le] *adj* **deposito ~** deposit

cauzione [kau·'tsio:·ne] *f* deposit

cava ['ka:·va] *f* (*di pietre*) quarry

cavalcare [ka·val·'ka:·re] **I.** *vt* (*cavallo, asino*) to ride **II.** *vi* to ride

cavalcata [ka·val·'ka:·ta] *f* (*di cavallo*) ride

cavalcavia [ka·val·ka·'vi:·a] <-> *m* (*ponte*) overpass

cavalcioni [ka·val·'tʃo:·ni] *adv* **a ~** astride

cavalla [ka·'val·la] *f* mare

cavalleria [ka·val·le·'ri:·a] <-ie> *f* ❶ MIL cavalry ❷ *fig* (*raffinata cortesia*) chivalry

cavalletta [ka·val·'let·ta] *f* ZOO grasshopper

cavalletto [ka·val·'let·to] *m* ❶ TEC (*per piani da lavoro*) trestle ❷ (*da pittore*) easel ❸ FOTO, FILM (*treppiede*) tripod

cavallina [ka·val·'li:·na] *f* ❶ ZOO filly ❷ SPORT (*attrezzo ginnico*) (vaulting) horse ❸ (*gioco dei bambini*) leapfrog

cavallo [ka·'val·lo] *m* ❶ ZOO, SPORT horse; **~ a dondolo** rocking horse; **~ da corsa** racehorse; **~ da battaglia** *fig* forte; (*di artista*) signature piece; **coda di ~** ponytail; **andare a ~** to go riding; **montare** [*o* **salire**] **a ~** to mount; **scendere da ~** to dismount ❷ (*di scacchi*) knight ❸ (*di calzoni, mutande*) crotch

cavare [ka·'va:·re] *vt* ❶ (*estrarre, tirare fuori*) to take out; (*dente*) to pull; (*marmo*) to quarry ❷ (*levarsi di dosso: vestiti*) to take off; **~rsi la fame** to satisfy one's hunger ❸ **cavarsela** *inf* to get by; **come te la cavi?** *inf* how are you getting along?

cavatappi [ka·va·'tap·pi] <-> *m* corkscrew

caverna [ka·'vɛr·na] *f* (*grotta*) cave

caviale [ka·'via:·le] *m* caviar

caviglia [ka·'viʎ·ʎa] <-glie> *f* (*di persona, animale*) ankle; (*malleolo*) ankle bone

cavo ['ka:·vo] *m* ❶ (*cavità*) hollow ❷ ANAT cavity; **~ orale** oral cavity ❸ EL cable; **televisione via ~** cable televsion ❹ (*corda*) cable

cavo, -a *adj* (*vuoto*) hollow

cavolata [ka·vo·'la:·ta] *f fig, inf* stupid thing

cavolfiore [ka·vol·'fio:·re] <-> *m* cauliflower

cavolo ['ka:·vo·lo] *m* cabbage; **~ di Bruxelles** Brussels sprout; **non capire un ~** *inf* not to understand a thing; **non me ne importa un ~** *inf* I don't give a damn *inf*; **sono -i tuoi** *inf* that's your problem

cazzata [kat·'tsa:·ta] *f vulg* fucking stupid thing *vulg*; **non dire -e!** don't talk crap! *inf*

cazzo ['kat·tso] *m vulg* (*pene*) dick *vulg*; **testa di ~** *vulg* dickhead *vulg*; **non me ne importa un ~** *vulg* I don't give a fuck *vulg*; **non capisce un ~** *vulg* he doesn't understand a fucking thing *vulg*

cazzotto [kat·'tsɔt·to] *m inf* (*pugno*) punch

CC *abbr di* **Carabinieri** Carabinieri, *Italian military police*

C.C. ❶ *abbr di* **Codice Civile** civil code ❷ *abbr di* **Corte Costituzionale** Constitutional Court ❸ *abbr di* **Corte di Cassazione** ≈ Court of Appeals ❹ *abbr di* **Corte dei Conti** court auditing public finances

c/c *abbr di* **conto corrente** checking account

CD <-> *m abbr di* **Compact Disc** CD; **lettore ~** CD player

CD-RAM *m abbr di* **Compact Disc Random Access Memory** COMPUT CD-RAM

CD-ROM, cd-rom *m abbr di* **Compact Disc Read Only Memory** COMPUT CD-ROM; **lettore ~** CD-ROM drive

C.d.S. *abbr di* **Codice della Strada** ≈ rules of the road

ce [tʃe] *pron pers* (*davanti a lo, la, li, le, ne*) **v. ci I., II., III.**

cece ['tʃe:·tʃe] *m* chickpea

cecità [tʃe·tʃi·'ta] <-> *f* blindness

cedere ['tʃɛ:·de·re] **I.** *vi* ❶ MIL to yield ❷ *fig* (*darsi per vinto*) to give in ❸ (*fondazioni*) to give way **II.** *vt* ❶ (*lasciare*) to give up; **~ terreno** *fig* to give ground ❷ COM, GIUR (*vendere*) to sell

cedevole [tʃe·ˈdeː·vo·le] *adj* ① (*molle: terreno*) soft ② *fig* (*docile: carattere*) amenable

cedibile [tʃe·ˈdiː·bi·le] *adj* transferable

cedimento [tʃe·di·ˈmen·to] *m* subsidence

cedola [ˈtʃɛː·do·la] *f* ① (*tagliando*) voucher ② FIN (*di azioni*) coupon

cefalea [tʃe·fa·ˈlɛː·a] *f* headache

cefalo [ˈtʃɛː·fa·lo] *m* mullet

ceffone [tʃef·ˈfoː·ne] *m* slap

celeberrimo, -a [tʃe·le·ˈbɛr·ri·mo] *adj superlativo di* **celebre** very famous

celebrare [tʃe·le·ˈbraː·re] *vt* ① (*festeggiare*) to celebrate ② (*ufficiare: messa*) to celebrate; (*nozze*) to officiate at ③ (*glorificare*) to celebrate

celebrazione [tʃe·le·brat·ˈtsioː·ne] *f* ① (*festeggiamento*) celebration ② (*svolgimento: di messa*) celebration; (*di matrimonio*) officiation; (*di processo*) hearing

celebre [ˈtʃɛː·le·bre] <più celebre, celeberrimo> *adj* famous

celebrità [tʃe·le·bri·ˈta] <-> *f* ① (*fama*) fame ② (*persona*) celebrity

celere [ˈtʃɛː·le·re] *adj* (*servizio, spedizione*) express

celeste [tʃe·ˈlɛs·te] I. *adj* ① ASTR celestial ② REL (*divino*) heavenly ③ (*occhi, cielo*) light blue II. *m* (*colore*) light blue

celibato [tʃe·li·ˈbaː·to] *m* celibacy

celibe [ˈtʃɛː·li·be] I. *adj* (*uomo*) single II. *m* bachelor

cella [ˈtʃɛl·la] *f* (*gener*) cell

cellula [ˈtʃɛl·lu·la] *f* BIO, TEC, POL cell

cellulare [tʃel·lu·ˈlaː·re] I. *adj* ① BIO cell ② (*telefono*) cellular II. *m* ① (*telefono*) cell phone; ~ GSM GSM phone ② (*furgone*) police van

cellulite [tʃel·lu·ˈliː·te] *f* cellulite

cementare [tʃe·men·ˈtaː·re] *vt a. fig* to cement

cemento [tʃe·ˈmen·to] *m* ① (*nell'edilizia*) cement ② (*per denti*) amalgam

cena [ˈtʃeː·na] *f* dinner; **l'ultima ~** the Last Supper

cenacolo [tʃe·ˈnaː·ko·lo] *m* (*nell'arte*) Last Supper

cenare [tʃe·ˈnaː·re] *vi* to have dinner

cenere¹ [ˈtʃeː·ne·re] *f* ash; (**mercoledì del**)**le -i** Ash Wednesday

cenere² <inv> *adj* ash

cenno [ˈtʃen·no] *m* ① (*gesto*) signal; ~ **di riscontro** reply; **salutare qu con un ~ della mano** to give sb a wave; **fare ~ di sì/no** (*con il capo*) to nod (in agreement)/to shake one's head (in disagreement) ② (*indizio*) sign ③ (*informazione*) mention

cenone [tʃe·ˈnoː·ne] *m* dinner; ~ **di San Silvestro** New Year's Eve dinner

censimento [tʃen·si·ˈmen·to] *m* census

censura [tʃen·ˈsuː·ra] *f* ① (*controllo*) censorship ② (*ufficio*) censor's office

censurare [tʃen·su·ˈraː·re] *vt* (*film, opera*) to censor

centenario, -a <-i, -ie> I. *adj* ① (*che ha cent'anni*) hundred-year-old ② (*che ricorre ogni cento anni*) centennial II. *m, f* centenarian

centennale¹ [tʃen·ten·ˈnaː·le] *adj* ① (*che ha cent'anni*) hundred-year-old ② (*che ricorre ogni cento anni*) centennial

centennale² [tʃen·ten·ˈnaː·le] *m* (*anniversario*) centennial

centesimo [tʃen·ˈtɛː·zi·mo] *m* ① (*frazione*) hundredth ② (*moneta*) cent ③ *fig, inf* (*denaro*) **non avere un ~ in tasca** to not have a cent; **non valere un ~** to not be worth a dime

centesimo, -a *adj, m, f* hundredth

centigrado, -a [tʃen·ˈtiː·gra·do] *adj* centigrade; **grado ~** degree centigrade

centimetro [tʃen·ˈtiː·me·tro] *m* centimeter

centinaio [tʃen·ti·ˈnaː·io] *m* hundred; **un ~ (di...)** about a hundred (...); **a -aia** by the hundred

cento [ˈtʃɛn·to] I. *num* ① (*dieci decine*) a [*o* one] hundred ② (*moltissimi*) a hundred; ~ **di questi giorni!** many happy returns! II.<-> *m* ① a [*o* one] hundred; **per ~** per cent; *v.a.* **cinque**

centomila [tʃen·to·ˈmiː·la] ˙I. *num* a [*o* one] hundred thousand II.<-> *m* a [*o* one] hundred thousand

centomillesimo, -a [tʃen·to·mil·'lɛː·zi·mo] *adj* hundred-thousandth

centotredici [tʃen·to·'tre·di·tʃi] <-> *m* ❶ (*numero di telefono*) 113, emergency telephone number ❷ (*gruppo di pronto intervento*) emergency services *pl;* **chiamare il ~** to call the emergency services

centrale [tʃen·'traː·le] I. *adj* ❶ (*parte, appartamento*) central; **riscaldamento ~** central heating ❷ ADMIN (*sede, ufficio*) head II. *f* head office; **~ telefonica** telephone exchange

centralinista [tʃen·tra·li·'nis·ta] <-i *m,* -e *f*> *mf* switchboard operator

centralino [tʃen·tra·'liː·no] *m* switchboard

centralizzare [tʃen·tra·lid·'dza·re] *vt* (*attività, servizi*) to centralize

centralizzazione [tʃen·tra·lid·dza·'tsio·ne] *f* (*di attività, servizi*) centralization

centrare [tʃen·'traː·re] *vt* ❶ (*bersaglio*) to hit in the center; (*canestro*) to score ❷ COMPUT, FOTO to center

centrato, -a *adj* ❶ COMPUT, FOTO (*testo*) centered ❷ *fig* (*domanda, intervento*) pertinent

centravanti [tʃen·tra·'van·ti] <-> *m* center-forward

centrifuga [tʃen·'triː·fu·ga] <-ghe> *f* ❶ TEC centrifuge ❷ (*per frutta*) juicer ❸ (*per insalata*) salad spinner ❹ (*di lavatrice*) dryer

centrifugare [tʃen·tri·fu·'gaː·re] *vt* ❶ (*frutta*) to juice ❷ (*insalata*) to spin ❸ (*biancheria*) to dry

centro ['tʃen·tro] *m* ❶ MATH, POL center ❷ (*punto di mezzo*) center ❸ (*di bersaglio*) bull's eye ❹ (*di città*) downtown; **andare in ~** to go downtown; **~ storico** old town ❺ (*insediamento*) **~ abitato** built-up area; **~ balneare** seaside resort ❻ (*servizio*) **~ commerciale** shopping center ❼ (*istituto di studi*) center; **~ trapianti** transplant center ❽ *fig* (*punto fondamentale*) core

Centroamerica [tʃen·tro·a·'mɛː·ri·ka] *f* Central America

centrocampista [tʃen·tro·kam·'pis·ta] <-i *m,* -e *f*> *mf* midfielder

centrocampo [tʃen·tro·'kam·po] *m* midfield

centrodestra [tʃen·tro·'dɛs·tra] <-> *m* POL center-right

centrosinistra [tʃen·tro·si·'nis·tra] <-> *m* POL center-left

cera¹ ['tʃeː·ra] *f* ❶ (*sostanza*) wax ❷ (*per lucidare*) polish; **~ da scarpe** shoe polish ❸ (*modello*) waxwork; **museo delle -e** waxwork museum

cera² ['tʃeː·ra/'tʃɛː·ra] *f* (*aspetto: del viso*) **avere una bella/brutta ~** to look well/sick

ceramica [tʃe·'raː·mi·ka] <-che> *f* ❶ (*oggetto*) ceramic ❷ (*arte*) ceramics ❸ (*impasto*) ceramic

cerca ['tʃer·ka] <-che> *f* **in ~ di** looking for

cercapersone [tʃer·ka·per·'soː·ne] <-> *m* (*beeper*) pager

cercare [tʃer·'kaː·re] I. *vt* ❶ (*tentare di trovare*) to look for; (*in un libro*) to look up; **~ guai** to look for trouble; **'cercasi ...'** '... wanted' ❷ (*tentare di ottenere: gloria, fama*) to seek ❸ (*desiderare: affetto, serenità*) to want II. *vi* (*sforzarsi*) to try

cerchia ['tʃer·kia] <-chie> *f* circle

cerchiato, -a [tʃer·'kia·to] *adj* (*ruota*) rimmed; **con gli occhi -i** with bags under one's eyes

cerchio ['tʃer·kio] <-chi> *m* ❶ MATH circle ❷ (*di ruota*) rim; **-chi in lega** alloy wheels ❸ (*di persone*) circle

cereale [tʃe·re·'aː·le] *adj* cereal

ceretta [tʃe·'ret·ta] *f* wax

cerimonia [tʃe·ri·'mɔː·nia] <-ie> *f* ❶ (*rito, festeggiamento*) ceremony; **abito da ~** formal dress ❷ *pl* (*complimenti*) ceremony

cerimoniale [tʃe·ri·mo·'nia·le] *m* ❶ (*regole*) etiquette ❷ (*libro*) book of etiquette

cerino [tʃe·'riː·no] *m* wax match

cerniera [tʃer·'niɛː·ra] *f* ❶ (*di borsa*) zipper; **~ lampo** zipper ❷ (*cardine*) hinge

cero ['tʃeː·ro] *m* candle

cerotto [tʃe·ˈrɔt·to] m MED Band-Aid®

certamente [tʃer·ta·ˈmen·te] adv certainly

certezza [tʃer·ˈtet·tsa] f certainty

certificato [tʃer·ti·fi·ˈka·to] m ADMIN certificate; **~ di morte/nascita** death/birth certificate

certo [ˈtʃer·to] adv certainly; **~ che vengo!** of course I'll come!; **ma ~!** of course

certo, -a I. adj ① (indubbio) definite ② (garantito) certain ① (convinto) sure ④ (vero) **dare qc per ~** to be sure that ⑤ (qualche) **-i giorni** certain days ⑥ (alquanto) **avere una -a fame** to be rather hungry ⑦ (non definito) certain; **in un ~ senso** in a sense ⑧ (di tale genere) such ⑨ (tale) certain; **ha telefonato un ~ Davide** someone called David phoned II. pron indef (alcuni) some (people)

cervello [tʃer·ˈvel·lo] m ① ANAT, COMPUT brain ② fig (intelletto) brains pl; **usare il ~** to use one's head; **uscire di ~** fig to go out of one's mind

cesareo [tʃe·ˈza·reo] adj MED cesarean; **parto ~** cesarean birth; **taglio ~** cesarean section

cespuglio [tʃes·ˈpuʎ·ʎo] <-gli> m bush

cessare [tʃes·ˈsa·re] vi, vt to stop; **~ di fare qc** to stop doing sth

cessione [tʃes·ˈsio·ne] f (di azienda) sale; (di diritto) assignment

cesso [ˈtʃes·so] m inf john inf

cesta [ˈtʃes·ta] f ① (recipiente) basket ② (contenuto) basket(ful)

cestinare [tʃes·ti·ˈna·re] vt ① (gettare) to throw away ② fig (rifiutare, non considerare) to reject

cestino [tʃes·ˈti·no] m basket; **~ da viaggio** lunchbox; **~ della carta** wastebasket

cesto [ˈtʃes·to] m ① (recipiente) basket ② (contenuto) basket(ful)

ceto [ˈtʃɛ·to] m class

cetriolo [tʃe·tri·ˈɔ·lo] m cucumber

cf., cfr. abbr di **confronta** cf.

CGIL f abbr di **Confederazione Generale Italiana del Lavoro** left-wing Italian labor union assocation

champignon [ʃã·pi·ˈɲɔ] <- o champi-gnons> m CULIN mushroom

chat [tʃæt] <-> f INET chat

chat-line [ˈtʃætlain] <-> f INET chat line

chat-room [ˈtʃætˈruːm] <-> f INET chat room

chattare [tʃat·ˈta·re] vi COMPUT to chat

chatting [ˈtʃɛt·ting] <-> m COMPUT chat

che [ke] I. pron ① (soggetto) who; (cosa, animale) which ② (complemento: persona) who(m); (cosa, animale) which ③ (la qual cosa) which ④ (temporale: in cui) that II. pron inter what?; **~ (cosa)?** what?; **~ cosa vuoi da bere?** what do you want to drink?; **~ ne dici?** what do you say? III. pron what!; **~, sei già in piedi!** what, you're up already! IV. pron indef **il libro non è un gran ~** the book isn't much good V. <inv> adj (interrogativo) what?; **in ~ mese andate in vacanza?** which month did you go on vacation? VI. <inv> adj (esclamativo) what!; **~ bello!** how lovely!; **~ stupido sono stato!** how stupid I've been! VII. conj ① (dichiarativa) that; **è ora ~ tu vada** it's time (that) you went ② (causale) because; **era così triste ~ non voleva uscire dalla sua camera** she was so sad (that) she wouldn't come out of her room ③ (consecutiva) that; **siediti in modo ~ ti veda** sit down so (that) I can see you ④ (temporale) that; **prima ~ arrivi** before she arrives; **sono ore ~ lo aspetto** I've been waiting for him for hours ⑤ (concessiva) **~ si comportino pure come vogliono** they can behave as they want ⑥ (eccettuativa) **nonostante ~ sia tardi** even though it's late ⑦ (in comparazioni) than; **è andata meglio ~ non credessi** it went better than I thought ⑧ (limitativa) **~ io sappia non è ancora arrivato** as far as I know, he's not arrived yet; **non fa altro ~ brontolare** she does nothing but complain ⑨ (nelle alternative) **sia ~ ..., sia ~ ...** whether ... or ...; **~ mi sia sbagliato?** or am I mistaken? ⑩ (impe-

rativa) ~ **vada!** let him go!; ~ **nessuno osi entrare!** no one should dare come in!

checca ['kek·ka] <-cche> *f pej, sl* queen *pej*

checché [kek·'ke] *pron, pron indef* whatever

check-in ['tʃek·'in] <-> *m* ⑥ (*sportello*) check-in (desk) ⑥ (*operazione*) check-in; **fare il** ~ to check in

chemioterapia [ke·mio·te·ra·'pi:·a] <-ie> *f* chemotherapy

chèque [ʃɛk] <-> *m* check

chi [ki] I. *pron* ⑥ (*soggetto*) who; **si salvi** ~ **può** every man for himself ⑥ (*oggetto*) who(m); **parlane a** ~ **vuoi** tell who you like II. *pron indef* some; ~ **dice una cosa,** ~ **un'altra** some say one thing; others say another III. *pron inter* ⑥ (*soggetto*) who?; ~ **c'è?** who is it? ⑥ (*oggetto*) who(m)?; ~ **hai incontrato al cinema?** who did you meet at the movie theater? ⑥ (*complemento*) who(m)?; **con** ~ **esci?** who are you going out with?; **di** ~ **è questo giornale?** whose is this newspaper?; **di** ~ **stavate parlando?** who were you talking about? IV. *pron* ⑥ (*soggetto*) who ⑥ (*oggetto*) who(m); ~ **si vede!** look who it is!

chiacchiera ['kiak·kie·ra] *f* ⑥ *pl* (*conversazione*) chat; **fare quattro -e** *inf* to have a chat ⑥ (*notizia infondata*) rumor; **tutte -e!** it's just gossip! ⑥ *pl* CULIN fried sweet pastry typically eaten at carnival time

chiacchierare [kiak·kie·'ra:·re] *vi* ⑥ (*parlare*) to chat ⑥ *pej* (*spettegolare*) to gossip

chiacchierata [kiak·kie·'ra:·ta] *f* chat

chiacchierone, **-a** [kiak·kie·'ro:·ne] I. *adj* ⑥ (*che chiacchiera molto*) chatty ⑥ (*pettegolo*) gossipy II. *m, f* ⑥ (*chi chiacchiera molto*) chatterbox ⑥ (*pettegolo*) gossip

chiamare [kia·'ma:·re] I. *vt* ⑥ (*rivolgersi a*) to call ⑥ (*far venire: medico*) to call; **mandare a** ~ **qu** to send for sb ⑥ (*telefonare a*) to call ⑥ (*radunare*) ~ **a rac-**colta to gather together ⑥ (*mettere nome a*) to call; **lo hanno chiamato Davide** they called him David ⑥ (*definire*) to call II. *vr:* -**rsi** (*aver nome*) to be called; **come ti chiami?** what's your name?; **mi chiamo Davide** my name's Davide

chiamata [kia·'ma:·ta] *f* (*telefonata*) call; ~ **interurbana** long-distance call

chiarezza [kia·'ret·tsa] *f* ⑥ (*comprensibilità*) clarity ⑥ (*precisione*) clearness; **fare** ~ **su qc** to find out the truth about sth

chiarimento [kia·ri·'men·to] *m* clarification

chiarire [kia·'ri:·re] <**chia·ris·co**> I. *vt* ⑥ (*spiegare*) to clarify; (*dubbio*) to clear up ⑥ (*risolvere*) to sort out II. *vr:* -**rsi** (*diventare chiaro*) to be cleared up

chiaro ['kia:·ro] I. *m* ⑥ (*luminosità*) light; **quando fa** ~ when it gets light ⑥ (*colore*) **vestirsi di** ~ to wear light colors II. *adv* clearly; **parlar** ~ to speak frankly

chiaro, **-a** *adj* ⑥ (*delicato: colore*) light; (*pelle, capelli*) fair; **blu/verde** ~ light blue/green ⑥ (*luminoso: giorno, luce*) bright ⑥ (*limpido: cielo, acqua*) clear ⑥ *fig* (*comprensibile*) clear ⑥ *fig* (*netto, deciso*) flat

chiaroveggente [kia·ro·ved·'dʒen·te] I. *adj* clairvoyant II. *mf* clairvoyant

chiasso ['kias·so] *m* (*rumore*) din

chiassoso, **-a** [kias·'so:·so] *adj* ⑥ (*persone, luoghi*) noisy ⑥ (*colore*) loud

chiave ['kia:·ve] *f* ⑥ (*di casa, auto*) key; **chiudere a** ~ to lock ⑥ TEC (*attrezzo*) wrench; ~ **inglese** monkey wrench ⑥ *fig* (*cardine*) key ⑥ COMPUT ~ **di ricerca** search term ⑥ MUS clef, key

chiccessia [kik·kes·'si:·a] <inv> *pron indef* anybody

chicco ['kik·ko] <-cchi> *m* ⑥ BOT (*di grano, riso*) grain; (*di caffè*) bean; **un** ~ **d'uva** a grape ⑥ (*di grandine*) hailstone

chiedere ['kiɛ:·de·re] <**chiedo, chiesi, chiesto**> I. *vt* ⑥ (*per sapere*) to ask; ~ **qc a qu** to ask sb for sth; ~ **notizie di qu** to ask after sb ⑥ (*per avere*) to ask for; ~ **a qu di fare qc** to ask sb to do sth II. *vi* to ask; ~ **di qu** (*al telefono*) to ask for sb

chiesa ['kjɛː·za] *f* church

C **chiesi** ['kjɛː·si/kjɛː·zi] *1. pers sing pass rem di* **chiedere**

chiesto ['kjɛs·to] *pp di* **chiedere**

Chieti *f* Chieti, *city and province in central Italy*

chietino, -a [kje·'tiː·no] I. *adj* from Chieti II. *m, f* (*abitante*) person from Chieti

chilo ['kiː·lo] *m abbr di* **chilogrammo** kilo

chilogrammo [ki·lo·'gram·mo] *m* kilogram

chilohertz [ki·lo·'ɛrts] *m* kilohertz

chilometraggio   [ki·lo·me·'trad·dʒo] <-ggi> *m* =mileage

chilometrico, -a [ki·lo·'mɛː·tri·ko] <-ci, -che> *adj* kilometric; **percorso ~** distance in kilometers

chilometro [ki·'lɔ·met·ro] *m* kilometer

chilowatt [ki·lo·'vat/'ki·lo·vat] *m* kilowatt

chimica ['kiː·mi·ka] <-che> *f* chemistry

chimico, -a ['kiː·mi·ko] <-ci, -che> I. *adj* (*analisi, processo*) chemical II. *m, f* chemist

chinare [ki·'naː·re] I. *vt* (*testa, volto*) to bow; (*sguardo, occhi*) to lower; ~ **il capo** *fig* (*sottomettersi*) to bow one's head II. *vr:* **-rsi** to bend down

chino, -a ['kiː·no] *adj* (*persona, schiena*) bent

chiocciola ['kjɔt·tʃo·la] *f* ⊚ ZOO snail ⊚ (*forma*) spiral; **scala a ~** spiral staircase ⊚ COMPUT @ (sign)

chiodo ['kjɔː·do] *m* ⊚ (*per legno, metallo*) nail; **magro come un ~** *fig* (as) thin as a rake ⊚ *fig* (*idea fissa*) obsession ⊚ BOT **-i di garofano** cloves

chioma ['kjɔː·ma] *f* ⊚ (*capigliatura*) (head of) hair ⊚ BOT foliage

chiosco ['kjɔs·ko] <-schi> *m* (*padiglione*) kiosk

chiostro ['kjɔs·tro] *m* cloister

chirurgia [ki·rur·'dʒiː·a] <-gie> *f* surgery; ~ **plastica** plastic surgery

chirurgico, -a [ki·'rur·dʒi·ko] <-ci, -che> *adj* (*strumenti, operazione*) surgical; **intervento ~** surgical operation

chirurgo, -a [ki·'rur·go] <-gi *o* -ghi, -ghe> *m, f* surgeon

chissà [kis·'sa] *adv* who knows; ~ **chi verrà** who knows who'll come

chitarra [ki·'tar·ra] *f* guitar; **suonare la ~** to play the guitar

chitarrista [ki·tar·'ris·ta] <-i *m*, -e *f*> *mf* guitarist

chiudere ['kiu·de·re] <chiudo, chiusi, chiuso> I. *vt* ⊚ (*finestra, libro,*) to shut; ~ **qc a chiave** to lock sth; ~ **un occhio** *fig* to turn a blind eye ⊚ (*spegnere: acqua, gas*) to turn off ⊚ (*delimitare: strada, passaggio*) to close ⊚ (*bloccare: buco, falla*) to plug ⊚ (*cessare l'attività*) to close down ⊚ (*terminare: lettera*) to close ⊚ (*rinchiudere*) to shut; ~ **qu sotto chiave** to lock sb up II. *vi* ⊚ (*porta, finestra*) to close ⊚ (*rubinetto*) to turn off ⊚ (*scuola, locale*) to close ⊚ COM (*cessare l'attività*) to close down III. *vr:* **-rsi** (*rinchiudersi*) to shut oneself; **-rsi in se stesso** to withdraw into oneself

chiunque [ki·'uŋ·kue] <inv, solo al sing> *pron* ⊚ (*relativo*) whoever ⊚ (*indefinito*) anybody

chiusi ['kiuː·si] *1. pers sing pass rem di* **chiudere**

chiuso, -a I. *pp di* **chiudere** II. *adj* ⊚ (*finestra, libro, occhi*) closed; **avere il naso ~** to have a stuffy nose; ~ **a chiave** locked ⊚ (*acqua, gas*) turned off ⊚ (*strada, passaggio*) closed ⊚ (*non più attivo: fabbrica*) closed down ⊚ (*temporaneamente: scuola, museo*) closed ⊚ (*concluso: capitolo*) closed ⊚ (*riservato: persona*) reserved

chiusura [kiu·'suː·ra] *f* ⊚ (*interruzione*) closing; **orario di ~** closing time ⊚ (*cessazione: di attività*) closing down ⊚ (*di strada*) closure ⊚ (*abbottonatura*) fastener; ~ **lampo** zipper ⊚ (*serratura*) lock

ci [tʃi] I. *pron* ⊚ (*oggetto: noi*) us ⊚ (*complemento: a noi*) (to) us II. *pron*

1. pers pl ourselves; **~ siamo divertiti** we enjoyed ourselves; **~ siamo lavate le mani** we washed our hands; **~ vediamo!** see you! III. *pron dem* ① (*a quella cosa*) it; **non ~ pensare più** don't think about it anymore; **non ~ credo** I don't believe it ② (*a quella persona*) him [*o* her] [*o* them]; **lo faccio perchè ~ tengo alla famiglia** I do it because I care about my family IV. *pron ci* **si diverte** it's fun V. *adv* ① (*qui*) here; **c'è** [*o* **ci**] **sono** ... there is [*o* there are] ... ② (*lì*) there ③ (*per quel luogo*) that way

C.ia *abbr di* **compagnia** Co.

ciabatta [tʃa·'bat·ta] *f* ① (*pantofola*) mule ② (*tipo di pane*) ciabatta

cialda ['tʃal·da] *f* wafer

ciambella [tʃam·'bel·la] *f* ① CULIN doughnut ② (*salvagente*) lifebelt

ciao ['tʃa·o] *interj* ① (*nell'incontrarsi*) hi! ② (*nel lasciarsi*) bye!

ciascuno, -a [tʃas·'ku:·no] <sing> I. *adj* each II. *pron indef* each (person); **a ~ il suo** to each his own

cibo ['tʃi:·bo] *m* food

cicatrice [tʃi·ka·'tri:·tʃe] *f* scar

cicatrizzare [tʃi·ka·trid·'dza:·re] I. *vi* to heal II. *vr:* **-rsi** to heal

cicca ['tʃik·ka] <-cche> *f* ① (*mozzicone di sigaretta*) butt ② (*sigaretta*) cigarette ③ (*da masticare*) chewing gum

cicchetto [tʃik·'ket·to] *m* (*di vino, liquore*) shot

ciccia ['tʃit·tʃa] <-cce> *f inf* ① (*carne*) meat ② (*grasso*) flab *inf*

ciccione, -a [tʃit·'tʃo:·ne] *m, f inf* fatty *inf*

cicerone [tʃi·tʃe·'ro:·ne] *m* guide

ciclabile [tʃi·'kla:·bi·le] *adj* bicycle; **pista ~** bicycle lane

ciclico, -a [tʃi·'kli·ko] <-ci, -che> *adj* ① (*andamento, fenomeno*) cyclical ② LETT (*romanzo*) cyclic

ciclismo [tʃi·'kliz·mo] *m* cycling

ciclista [tʃi·'klis·ta] <-i *m*, -e *f*> *mf* cyclist

ciclistico, -a [tʃi·'klis·ti·ko] <-ci, -che> *adj* (*evento, giro*) cycling; (*gara*) cycle

ciclo ['tʃi:·klo] *m* ① (*gener*) cycle; **~ mestruale** menstrual cycle ② (*serie*) series

ciclomotore [tʃi·klo·mo·'to:·re] *m* moped

ciclone [tʃi·'klo:·ne] *m* METEO cyclone

cicogna [tʃi·'koɲ·ɲa] *f* stork

cicoria [tʃi·'kɔ:·ria] <-ie> *f* chicory

cieco, -a ['tʃɛ:·ko] <-chi, -che> I. *adj* blind; **diventare ~** to go blind; **vicolo ~** *fig* dead end II. *m, f* blind person

cielo ['tʃɛ:·lo] I. *m* ① sky; **per l'amore del ~!** for heaven's sake ② REL (*paradiso*) heaven II. *interj* ~ *inf* heavens!

cifra ['tʃi:·fra] *f* ① MATH figure ② (*somma*) amount; **quel quadro costa una ~** *fig* that painting costs a fortune *fig*

cifrare [tʃi·'fra:·re] *vt* to encode

ciglio[1] ['tʃiʎ·ʎo] <-gli> *m* (*orlo*) edge

ciglio[2] *m* ANAT, ZOO eyelash; **senza batter ~** *fig* without batting an eye(lid)

cigno ['tʃiɲ·ɲo] *m* swan

cigolare [tʃi·go·'la:·re] *vi* to squeak

cigolio [tʃi·go·'li:·o] <-ii> *m* squeaking

Cile ['tʃi:·le] *m* **il ~** Chile

cileno, -a [tʃi·'lɛ:·no] *adj, m, f* Chilean

ciliegia [tʃi·'liɛ:·dʒa] <-ge *o* -gie> *f* cherry

ciliegio [tʃi·'liɛ:·dʒo] <-gi> *m* ① (*albero*) cherry (tree) ② (*legno*) cherry

cima ['tʃi:·ma] *f* (*vertice: di edificio, albero*) top; (*di montagna*) peak; **da ~ a fondo** from top to bottom

cimitero [tʃi·mi·'tɛ:·ro] *m* cemetery

Cina ['tʃi:·na] *f* China; **la ~** China; **abitare in ~** to live in China; **andare in ~** to go to China

cincin, cin cin [tʃin·'tʃin] *interj inf* cheers!

cineasta [tʃi·ne·'as·ta] <-i *m*, -e *f*> *mf* filmmaker

cineclub [tʃi·ne·'klub] *m* movie club

cinema ['tʃi:·ne·ma] <-> *m* ① (*locale*) movie theater ② (*arte*) movies *pl* ③ (*produzione*) cinema

cinematografia [tʃi·ne·ma·to·gra·'fi:·a] *f* ① (*arte*) cinematography ② (*produzione*) filmmaking

cinematografico, -a [tʃi·ne·ma·to·'gra:·fi·ko] <-ci, -che> *adj* (*genere, produzione, sala*) movie

cinepresa [tʃi·ne·'pre:·sa] *f* movie camera

cinese [tʃi·'ne:·ze] I. *adj* Chinese II. *mf* Chinese man *m*, Chinese woman *f* III. *m* (*lingua*) Chinese

cinghia ['tʃin·gja] <-ghie> *f* a. fig (*cintura*) belt

cinghiale [tʃin·'gja:·le] *m* ① zoo (wild) boar ② (*pelle*) pigskin

cinico, -a ['tʃi:·niko] <-ci, -che> I. *adj* (*persona, osservazione*) cynical II. *m, f* (*persona*) cynic

cinismo [tʃi·'niz·mo] *m* cynicism

cinofilia [tʃi·no·fi·'li:·a] *f* dog lover

cinquanta [tʃin·'kwan·ta] I. *num* fifty II.<-> *m* fifty; **gli anni ~** the Fifties; **essere sui ~** to be about fifty (years old)

cinquantenario [tʃin·kwan·te·'na:·rio] <-i> *m* fiftieth anniversary

cinquantenne [tʃin·kwan·'tɛn·ne] I. *adj* fifty-year-old II. *mf* fifty year old

cinquantennio [tʃin·kwan·'tɛn·nio] <-i> *m* period of fifty years

cinquantesimo [tʃin·kwan·'tɛ:·zi·mo] *m* (*frazione*) fiftieth

cinquantesimo, -a I. *adj* fiftieth II. *m, f* fiftieth; *v.a.* **quinto**

cinquantina [tʃin·kwan·'ti:·na] *f* **una ~ (di ...)** about fifty ...; **essere sulla ~** to be about fifty (years old)

cinque ['tʃin·kwe] I. *num* five; **capitolo/ pagina ~** chapter/page five; **tre più due fa ~** three plus two makes five; **siamo in ~** there are five of us; **a ~ a ~** in fives; **ho ~ anni** I'm five (years old); **di ~ anni** five-year-old; **ogni ~ anni** every five years; **~ volte** five times II.<-> *m* (*numero*) five; **abita al (numero) ~** he lives at number five; **il (tram numero) ~** the number five streetcar ② (*nelle date*) fifth; **oggi è il ~ agosto** today is August fifth; **arriverò il ~** I'm arriving on the fifth; **arriverò il ~ maggio** I'm arriving on May fifth; **Roma, (il) ~ dicembre 2007** Rome, December fifth, 2007 ③ (*voto scolastico*) =D; **prendere un ~** =to get a D ④ (*nei giochi a carte*) **il ~ di cuori** the five of hearts

III. *fpl* five (o'clock); **alle ~** at five (o'clock); **sono le ~** (**del mattino/ pomeriggio**) it's five (in the morning/ evening); **sono le ~ in punto** it's five (o'clock) exactly; **sono le quattro meno ~** it's five to four; **sono le ~ e mezzo** it's half past five

cinquecentesco, -a [tʃin·kue·tʃen·'te·sko] <-schi, -sche> *adj* ① (*castello, mura*) sixteenth-century ② (*nell'arte italiana*) of the Cinquecento

cinquecento [tʃin·kue·'tʃen·to] I. *num* five hundred II.<-> *m* **il Cinquecento** (*secolo*) the sixteenth century; (*nell'arte italiana*) the Cinquecento

cinquemila [tʃin·kue·'mi:·la] I. *num* five thousand II.<-> *m* five thousand

cinquina [tʃin·'kui:·na] *f* (*al lotto*) set of five winning numbers

cintola ['tʃin·to·la] *f* ① ANAT waist; **dalla ~ in su** from the waist up ② *inf* (*cintura*) belt

cintura [tʃin·'tu:·ra] *f* belt; **allacciare le -e di sicurezza** to fasten seatbelts; **~ verde** (*di una città*) green belt

cinturino [tʃin·tu·'ri:·no] *m* (*dell'orologio*) strap

ciò [tʃɔ] <solo sing> *pron dem* that, this; **~ che ...** what ...; **~ non di meno** nonetheless; **con tutto ~** for all that

ciocca ['tʃɔk·ka] <-cche> *f* (*ciuffo*) lock

cioccolata [tʃok·ko·'la:·ta] *f* ① (*liquida*) hot chocolate ② (*solida*) chocolate; **una tavoletta di ~** a bar of chocolate

cioccolatino [tʃok·ko·la·'ti:·no] *m* chocolate

cioccolato [tʃok·ko·'la:·to] *m* chocolate

cioè [tʃo·'ɛ] *adv* ① (*vale a dire*) that is ② (*o meglio*) or rather

ciondolo ['tʃon·do·lo] *m* pendant

ciononostante, ciò nonostante [tʃo·no·nos·'tan·te, tʃɔ no·nos·'tan·te] *adv* nevertheless

ciotola ['tʃɔ:·to·la] *f* ① (*recipiente*) bowl ② (*contenuto*) bowl(ful)

ciottolo ['tʃɔt·to·lo] *m* pebble

cip [tʃip] <-> *m* (*nel poker*) chip

cipolla [tʃi·'pol·la] *f* onion

cipollina [tʃi·pol·'li:·na] *f* ① (*piccola ci-*

polla) small onion ②(*erba cipollina*) (**erba**) ~ chives *pl*

cipresso [tʃi·'prɛs·so] *m* (*albero, legno*) cypress

cipria ['tʃi:·pri·a] <-ie> *f* (face) powder

circa ['tʃir·ka] I. *adv* about II. *prep* (*a proposito*) about

circo ['tʃir·ko] <-chi> *m* circus

circolare¹ [tʃir·ko·'la:·re] *vi* essere *o* avere ①(*veicoli, traffico*) to be on the roads; ~! move along! ②(*sangue*) to circulate ③ FIN (*capitale*) to be in circulation ④(*idee, notizie, voce*) to go around

circolare² I. *adj* ①(*figura, stadio, tracciato*) circular ② FIN **assegno ~** bank draft II. *f* ① ADMIN (*lettera*) circular ②(*linea di autobus*) circle line

circolatorio, -a [tʃir·ko·la·'tɔ:·rio] <-i, -ie> *adj* circulatory

circolazione [tʃir·ko·lat·'tsio:·ne] *f* ① BIO circulation; **disturbi di ~** circulation problems ② MOT traffic ③(*di moneta, libro*) circulation

circolo ['tʃir·ko·lo] *m* ① MATH, GEOG circle ②(*associazione*) club ③ ADMIN district

circoncisione [tʃir·kon·tʃi·'zio:·ne] *f* circumcision

circondare [tʃir·kon·'da:·re] I. *vt* ①(*accerchiare, contornare*) to surround ② *fig* (*colmare*) ~ **qu di qc** (*attenzioni, affetto*) to lavish sth on sb II. *vr:* **-rsi**; **-rsi di qu/qc** to surround oneself with sb/sth

circonferenza [tʃir·kon·fe·'rɛn·tsa] *f* ① MATH circumference ②(*di tronco, torace*) measurement; ~ (**della**) **vita** waist measurement

circonvallazione [tʃir·kon·val·la·'tsio:·ne] *f* beltway

circoscrizione [tʃir·kos·kri·'tsio:·ne] *f* ADMIN district; ~ **elettorale** constituency

circospetto, -a [tʃir·kos·'pɛt·to] *adj* circumspect

circostante [tʃir·kos·'tan·te] *adj* (*area, territorio*) surrounding; (*persone*) nearby

circostanza [tʃir·kos·'tan·tsa] *f* ①(*con-*

dizione) circumstance; **-e attenuanti/ aggravanti** GIUR mitigating/aggravating circumstances ②(*occasione*) occasion

circuito [tʃir·'kuːi·to] *m* ① SPORT, EL circuit ②(~ *elettrico*) wiring; **corto ~** short circuit

CISL [tʃizl] *f acro di* **Confederazione Italiana Sindacati Lavoratori** *center-right Italian labor union association*

CISNAL [tʃiz·'nal] *f acro di* **Confederazione Italiana Sindacati Nazionali dei Lavoratori** *right-wing Italian labor union association*

cisterna [tʃis·'tɛr·na] I. *f* (*serbatoio*) tank II.<inv> *adj* (*aereo, camion*) tanker

cisti ['tʃis·ti] <-> *f* MED cyst

cistifellea [tʃis·ti·'fɛl·lea] *f* MED gall bladder

cistite [tʃis·'tiː·te] *f* MED cystitis

CIT [tʃit] *f acro di* **Compagnia Italiana Turismo** *Italian tourism company*

cit. *abbr di* **citato, -a** cited

citare [tʃi·'taː·re] *vt* ①(*indicare*) to cite; ~ **ad esempio** to cite as an example ②(*testo, discorso*) to quote ③ GIUR ~ **qu in giudizio** to take sb to court

citazione [tʃi·ta·'tsio:·ne] *f* ① GIUR summons ② LETT quotation ③(*menzione*) mention

citofonare [tʃi·to·fo·'naː·re] *vi, vt* to call on the entrance phone

citofono [tʃi·'tɔ:·fo·no] *m* entrance phone

città [tʃit·'ta] <-> *f* city; ~ **nuova/vecchia** new/old town; ~ **universitaria** university campus; **Città del Vaticano** Vatican City; **abitare in** ~ to live in town

cittadina [tʃit·ta·'diː·na] *f* small town

cittadinanza [tʃit·ta·di·'nan·tsa] *f* ① GIUR citizenship; **diritto di** ~ right of citizenship; ~ **onoraria** freedom of the city ②(*insieme di cittadini*) town

cittadino, -a [tʃit·ta·'diː·no] I. *adj* (*infrastrutture, museo*) city II. *m, f* ① GIUR citizen ②(*di città*) inhabitant; **primo** ~ mayor

citycar ['si·ti·car] *f* small car

ciuccio ['tʃut·tʃo] <-cci> *m inf (tettarella)* pacifier

ciuffo ['tʃuf·fo] *m* ❶ *(di capelli)* lock ❷ *(d'erba)* clump

civetta¹ [tʃi·'vet·ta] *f* ❶ ZOO owl ❷ *fig pej (donna frivola)* flirt; **fare la ~ con qu** to flirt with sb

civetta² <inv> *adj* **auto ~** unmarked police car

civico, -a ['tʃi·vi·ko] <-ci, -che> *adj* ❶ *(di città: museo)* town; **numero ~** house number ❷ *(dovere, sentimento)* civic; **senso ~** public spirit

civile [tʃi·'vi·le] **I.** *adj* ❶ *(del cittadino)* civil; **guerra ~** civil war; **stato ~** marital status ❷ *(non militare: abiti)* civilian ❸ *(non ecclesiastico)* civil; **matrimonio ~** civil wedding ❹ *(civilizzato: nazione)* civilized ❺ *(educato: persona, maniere)* civil **II.** *m (non militare)* civilian; **essere vestito in ~** to be in civilian clothes

civilizzazione [tʃi·vi·lid·dza·'tsio·ne] *f* civilization

civilmente [tʃi·vil·'men·te] *adv* ❶ *(educatamente)* civilly ❷ ADMIN in a civil ceremony; **sposarsi ~** to get married in a civil ceremony

civiltà [tʃi·vil·'ta] <-> *f* ❶ *(cultura, progresso)* civilization ❷ *(cortesia)* civility

civismo [tʃi·'viz·mo] *m* civic-mindedness

clacson ['klak·son] <-> *m* horn; **suonare il ~** to sound one's horn

clamore [kla·'mo:·re] *m* ❶ *fig (scalpore)* uproar; **suscitare** [*o* **destare**] **~** cause an uproar ❷ *(chiasso)* din

clamoroso, -a [kla·mo·'ro:·so] *adj (successo, sconfitta)* resounding; *(notizia, novità)* sensational

clandestino, -a [klan·des·'ti:·no] **I.** *adj* illegal; **passeggero ~** stowaway **II.** *m, f* stowaway

clarinetto [kla·ri·'net·to] *m* clarinet

clarino [kla·'ri:·no] *m* clarinet

classe ['klas·se] *f* ❶ *(servizio)* class; **viaggiare in prima ~** to travel first class ❷ *(corso scolastico)* class; *(aula)* class(room) ❸ *fig (ceto)* class; **la ~ diri-**

gente the ruling class ❹ *fig (qualità)* class; **un uomo di ~** a classy man; **avere ~** to have class

classico ['klas·si·ko] <-ci> *m* ❶ *(autore)* classical author ❷ *(romanzo)* classic

classico, -a <-ci, -che> *adj* classical

classifica [klas·'si:·fi·ka] <-che> *f* ❶ SPORT standings *pl;* **essere in testa alla ~** to be in first place ❷ *(graduatoria: di concorso)* list ❸ *(di dischi)* charts *pl*

classificare [klassifi·'ka:re] **I.** *vt* ❶ *(ordinare)* to classify ❷ *(valutare)* to grade ❸ *(inquadrare)* to categorize **II.** *vr:* **-rsi** ❶ *(arrivare)* to come; **-rsi terzo** to come third ❷ *(qualificarsi)* to qualify

classificatore [klas·si·fi·ka·'to:·re] *m* ❶ *(raccoglitore)* loose-leaf file ❷ *(mobile)* filing cabinet

classificazione [klas·si·fi·ka·'tsio:·ne] *f* ❶ *(ordinazione per classi)* classification ❷ *(valutazione)* categorization

claustrofobia [klaus·tro·fo·'bi:·a] *f* claustrophobia

clavicola [kla·'vi:·ko·la] *f* collarbone

clear [kliə] <-> *m* COMPUT *(tasto)* clear key

clemente [kle·'men·te] *adj* ❶ *(clima, tempo)* mild ❷ *(persona)* lenient

clemenza [kle·'men·tsa] *f* ❶ *(di clima)* mildness ❷ *(di persona)* leniency

cleptomane [klep·'tɔ:·ma·ne] *adj, mf* kleptomaniac

cleptomania [klep·to·ma·'ni:·a] *f* kleptomania

clericale [kle·ri·'ka:·le] **I.** *adj* clerical **II.** *mf* clericalist

clero ['klɛ:·ro] *m* clergy

clessidra [kles·'si:·dra] *f* *(a sabbia)* hourglass

clic [klik] <-> *m* COMPUT click; **fare (doppio) ~ su qc** to (double-)click on sth

cliccare [klik·'ka:re] **I.** *vt (icona, punto)* to click on **II.** *vi* **~ su qc** to click on sth

cliente [kli·'ɛn·te] *mf (di negozio, ristorante)* customer; *(di albergo)* guest; *(di avvocato)* client; **~ fisso** [*o* **abituale**] regular

clientela [klien·'tɛ:·la] *f (di negozio, ri-**

storante, bar) clientele; (*di albergo*) guests *pl*; (*di avvocato*) clients *pl*

clima ['kli:·ma] <-i> *m* a. *fig* climate

climatico, -a [kli·'ma:·ti·ko] <-ci, -che> *adj* (*cambiamento, zona*) climate; **stazione -a** health resort

climatizzare [kli·ma·tid·'dza:·re] *vt* (*ambiente, abitazione*) to air-condition

climatizzatore [kli·ma·tid·dza·'to:·re] *m* air conditioner

clinica ['kli:·ni·ka] <-che> *f* clinic

clinico ['kli:·ni·ko] <-ci> *m* (*medico*) clinician

clinico, -a <-ci, -che> *adj* clinical; **cartella -a** medical records *pl*

CLIP [klɪp] *m* TEL caller ID

clitoride [kli·'tɔː·ri·de] *m o f* clitoris

cloaca [klo·'a:·ka] <-che> *f* ➊ (*canale, fogna*) sewer ➋ *fig* (*luogo corrotto*) cesspool ➌ *fig* (*persona*) pig

clonare [klo·'na:·re] *vt* BIO, COMPUT to clone

clonazione [klo·na·'tsio:·ne] *f* BIO, COMPUT cloning

clone ['klɔ:·ne] *m* BIO, COMPUT clone

cloro ['klɔ:·ro] *m* chlorine

cm *abbr di* **centimetro** cm.

c.m. *abbr di* **corrente mese** inst.

CNR *m abbr di* **Consiglio Nazionale delle Ricerche** *national research council*

c/o *abbr di* **care of** (*presso*) c/o

coabitare [ko·a·bi·'ta:·re] *vi* to live together

coabitazione [ko·a·bi·ta·'tsio:·ne] *f* cohabitation

coagulare [ko·a·gu·'la:·re] **I.** *vi* MED (*sangue*) to clot **II.** *vr:* **-rsi** MED (*sangue*) to clot

coagulazione [ko·a·gu·la·'tsio:·ne] *f* MED (*di sangue*) clotting; **la ~ del sangue** blood clotting

coalizione [koa·li·'tsio:·ne] *f* (*di partiti*) coalition

coalizzare [koa·lid·'dza:·re] **I.** *vt* (*unire: forze, sforzi*) to unite **II.** *vr:* **-rsi** (*unirsi: persone, partiti, Stati*) to form a coalition

coautore, -trice [ko·au·'to:·re] *m, f* (*di libro, film, progetto*) coauthor

cobas *m acro di* **Comitato di Base** *labor union organization functioning as an alternative to the main unions*

coca ['kɔ:·ka] <-che> *f* ➊ BOT coca ➋ *sl* (*cocaina*) coke ➌ *inf* (*bevanda*) Coke®

cocaina [ko·ka·'i:·na] *f* cocaine

cocainomane [ko·kai·'nɔː·ma·ne] *mf* cocaine addict

coccige [kot·'tʃi·ʤe] *m* coccyx

coccinella [kot·tʃi·'nɛl·la] *f* ladybug

coccio ['kɔt·tʃo] <-cci> *m* ➊ (*terracotta*) earthenware ➋ (*frammento*) shard

cocciutaggine [kot·tʃu·'tad·dʒi·ne] *f* (*di persona*) pigheadedness

cocciuto, -a [kot·'tʃuː·to] **I.** *adj* (*persona*) pigheaded; (*speranza, pretesa*) stubborn **II.** *m, f* pigheaded person

cocco ['kɔk·ko] <-cchi> *m* ➊ BOT (*albero*) coconut palm; **noce di ~** coconut ➋ BIO COCCUS

cocco, -a <-cchi, -cche> *m, f scherz, inf* darling; **essere il ~ di mamma** to be mom's little darling; **povero ~!** *iron* poor dear!

coccodrillo [kok·ko·'dril·lo] *m* ➊ ZOO crocodile; **lacrime di ~** *fig* crocodile tears *pl* ➋ (*pelle*) crocodile skin

coccola [kok·'ko·la] *f* cuddle; **fare le -e a qu** to cuddle sb

coccolare [kok·ko·'la:·re] *vt inf* to cuddle

cocente [ko·'tʃɛn·te] *adj* ➊ (*ardente: sole*) scorching ➋ *fig* (*delusione, sconfitta*) bitter

cocker ['kɔ·kə/'kɔ·ker] <-> *m* cocker spaniel

cocomero [ko·'kɔ:·me·ro] *m* watermelon

cod. *abbr di* **codice** code

coda ['ko:·da] *f* ➊ (*di animale*) tail; **~ di cavallo** (*acconciatura*) ponytail ➋ CULIN oxtail; **~ di rospo** (*pesce*) angler fish ➌ (*di aereo*) tail; (*di treno*) rear; **vettura di ~** FERR rear car ➍ (*fila: di auto*) backup; (*di persone*) line; **fare la ~** to stand in line; **mettersi in ~** to get in line ➎ (*appendice*) **titoli di ~** FILM, TV

C

credits ⊚ (loc) **con la ~ dell'occhio** out of the corner of one's eye

code [koud] <- o codes> m TEL, COMPUT password

codice ['kɔ:·di·tʃe] m (gener) code; **~ penale** penal code; **~ della strada** ≈ rules of the road pl; **~ a barre** bar code; **~ di avviamento postale** zip code; **~ fiscale** tax code

codificatore [ko·di·fi·ka·'to:·re] m COMPUT encoder

coeditore, -trice [ko·e·di·'to:·re] m, f copublisher

coedizione [ko·e·di·'tsio:·ne] f coedition

coerente [ko·e·'rɛn·te] adj fig (persona) consistent; (argomento) coherent

coerenza [ko·e·'rɛn·tsa] f (di persona) consistency; (di argomento) coherence

coesione [ko·e·'zio:·ne] f fig (di opera) cohesion; (di gruppo) cohesiveness

coetaneo, -a [ko·e·'ta:·neo] I. adj (della stessa età) of the same age; **essere ~ (di qu)** to be the same age (as sb) II. m, f (della stessa età) person of the same age

cofanetto [ko·fa·'net·to] m ⊚ (cassetta) box; (per gioielli) jewel box ⊚ (di libri, CD) boxed set

cofano ['kɔ:·fa·no] m MOT hood

cogli ['kɔʎ·ʎi] prep = con + gli v. con

cogliere ['kɔʎ·ʎere] <colgo, colsi, colto> vt ⊚ (fiore, frutto) to pick ⊚ (occasione) to take; (offerta) to accept ⊚ (sorprendere) to catch ⊚ fig (significato, problema) to understand ⊚ (colpire) **~ nel segno** to hit the nail on the head

coglione, -a [koʎ·'ʎo:·ne] m, f vulg (idiota) dickhead vulg

coglioni [koʎ·'ʎo:·ni] mpl vulg balls vulg; **rompere** [o **far girare**] **i ~ a qu** vulg to get on sb's nerves

cognato, -a [koɲ·'ɲa:·to] m, f brother-in-law m, sister-in-law f

cognome [koɲ·'ɲo:·me] m surname; **nome e ~** first and last name; **da nubile** maiden name

coi ['kɔ:·i] prep = con + i v. con

coincidenza [ko·in·tʃi·'dɛn·tsa] f ⊚ (avvenimento) coincidence ⊚ (di mezzi di trasporto) connection ⊚ (corrispondenza) correspondence

coincidere [ko·in·'tʃi:·de·re] <irr> vi ⊚ (accadere insieme) to coincide ⊚ (corrispondere) to concur; **~ con qc** to concur with sth

coinvolgente [ko·in·vol·'dʒɛn·te] adj (legame) serious; (libro, spettacolo) engrossing

coinvolgere [ko·in·'vɔl·dʒe·re] <irr> vt to involve

coinvolgimento [ko·in·vɔl·dʒi·men·to] m involvement

coinvolto, -a [ko·in·'vɔl·to] I. pp di **coinvolgere** II. adj involved

col [kol] prep = con + il v. con

colabrodo [ko·la·'brɔ:·do] <-> m colander

colapasta [ko·la·'pas·ta] <-> m colander

colare [ko·'la:·re] I. vt avere ⊚ (liquido, brodo) to strain; **~ la pasta** to drain the pasta ⊚ (metallo) to cast II. vi ⊚ essere o avere (gocciolare: liquido) to run; **mi cola il naso** my nose is running ⊚ (recipiente) to leak ⊚ essere (nave) **~ a picco** to sink to the bottom; fig to be in free fall

colazione [ko·la·'tsio:·ne] f ⊚ (prima ~) breakfast; **fare ~** to have breakfast ⊚ (seconda ~) lunch; **~ di lavoro** working lunch

colei f v. colui

colesterina [ko·les·te·'ri:·na] f cholesterol

colesterolo [ko·les·te·'rɔ:·lo] m cholesterol

colf [kɔlf] <-> f home help

colgo ['kɔl·go] 1.pers sing pr di **cogliere**

colica ['kɔ:·li·ka] <-che> f (renale, intestinale) colic

colino [ko·'li:·no] m strainer

colite [ko·'li:·te] f MED colitis

colla[1] ['kɔl·la] f glue

colla[2] ['kɔl·la] prep = con + la v. con

collaborare [kol·la·bo·'ra:·re] vi

① (*cooperare*) to work together; **~ a un progetto** to work together on a project ② (*dare il proprio contributo a*) to contribute ③ (*confessare*) to cooperate

collaboratore, -trice [kol·la·bo·ra·'to:·re] *m, f* ① (*aiutante*) coworker; **-trice domestica** home help ② (*a giornale*) contributor; **~ esterno** freelancer ③ (*pentito*) **~ della giustizia** informer

collaborazione [kol·la·bo·ra·'tsio:·ne] *f* ① (*partecipazione*) collaboration; **~ ad un progetto** collaboration on a project ② (*a giornale*) contribution

collana [kol·'la:·na] *f* ① (*di perle, oro*) necklace ② (*di libri*) series

collant [kol·'lã] <-> *m* pantyhose

collare [kol·'la:·re] *m* ① (*per cani*) collar ② REL (*di prete*) dog collar

collasso [kol·'las·so] *m* collapse; **~ cardiaco** heart failure

collaterale [kol·la·te·'ra:·le] *adj* collateral; **effetti -i** side effects

collaudare [kol·lau·'da:·re] *vt* (*auto, motore, sistema*) to test

collaudatore, -trice [kol·lau·da·'to:·re] *m, f* (*di auto*) test driver; (*di aereo*) test pilot

collaudo [kol·'la:u·do] *m* (*di aereo, auto*) test; **volo di ~** test flight

colle¹ [ˈkɔl·le] *m* ① (*rilievo*) hill ② (*passo*) pass

colle² [ˈkɔl·le] *prep* = **con + le** *v.* **con**

collega [kol·'lɛ:·ga] <-ghi *m*, -ghe *f*> *mf* colleague

collegamento [kol·le·ga·'men·to] *m* ① (*connessione*) connection; **~ ferroviario** rail link ② COMPUT, TEL, RADIO, TV (*connessione*) link; **~ Internet** Internet connection; **~ radiofonico** radio link; **~ Internet** Internet connection; **~ radiofonico** radio link; **~ con Madrid, vi trasmettiamo ...** TV, RADIO live from Madrid we bring you ... ④ EL connection; **~ in serie/parallelo** series/parallel connection

collegare [kol·le·'ga:·re] I. *vt* (*fili, cavi, computer*) to connect II. *vr:* **-rsi** to connect

collegiale [kol·le·'dʒa:·le] I. *adj* (*collettivo: organo, seduta*) collegiate; (*sedu-* ta) joint II. *mf* ① (*allievo*) boarder ② *fig* (*giovane inesperto*) schoolboy *m*, schoolgirl *f*

collegio [kol·'lɛ:·dʒo] <-gi> *m* ① (*istituto*) boarding school ② (*professionale*) college ③ (*circoscrizione*) **~ elettorale** constituency

collera [ˈkɔl·le·ra] *f* (*rabbia*) anger; **andare/essere in ~ con qu** to get/be angry with sb

colletta [kol·'lɛt·ta] *f* (*raccolta*) collection

collettivo [kol·let·'ti:·vo] *adj, m* collective

colletto [kol·'let·to] *m* (*di camicia, abito*) collar

collezionare [kol·le·tsio·'na:·re] *vt* (*francobolli, monete, oggetti*) to collect

collezione [kol·le·'tsio:·ne] *f* collection; **fare ~ di qc** to collect sth

collezionista [kol·le·tsio·'nis·ta] <-i *m*, -e *f*> *mf* collector

collina [kol·'li:·na] *f* hill

collirio [kol·'li:·rio] <-i> *m* eyedrops *pl*

collisione [kol·li·'zio:·ne] *f* collision; **entrare in ~** to collide

collo¹ [ˈkɔl·lo] *m* ① (*anat*) neck; **~ del piede** instep; **essere nei debiti fino al ~** *fig* to be up to one's ears in debt ② (*di bottiglia*) neck ③ (*di abito*) neck; **a ~ alto** (*maglione*) high-necked ④ COM (*pacco*) package

collo² [ˈkɔl·lo] = **con + lo**

collocamento [kol·lo·ka·'men·to] *m* ① (*in lavoro*) employment; **agenzia** [*o* **ufficio**] **di ~** employment agency ② (*disposizione*) placing

collocare [kol·lo·'ka:·re] I. *vt* to place II. *vr:* **-rsi** (*posizionarsi*) to be placed

collocazione [kol·lo·ka·'tsio:·ne] *f* ① (*sistemazione, lavoro*) position ② (*di libro*) classification

colloquiale [kol·lo·'kui·a:·le] *adj* colloquial; **linguaggio ~** informal language

colloquio [kol·'lɔ:·kui·o] <-qui> *m* ① (*conversazione*) talk ② (*incontro*) interview; **~ di lavoro** job interview ③ (*esame*) oral exam

colmare [kol·'ma:·re] *vt* ① (*recipiente,*

C

lacuna) to fill; **~ di qc** to fill with sth ⊚ *fig* (*dare in abbondanza*) **~ qu di qc** to shower sb with sth

colmo ['kol·mo] *m* ⊚ (*di cima, colle*) top ⊚ *fig* (*apice*) height; **ma è il ~!** *inf* that beats everything! *inf*

colmo, -a *adj* **a.** *fig* full; **~ fino all'orlo** filled to the brim

colomba [ko·'lom·ba] *f* dove; **la ~ pasquale** (*dolce*) caked shaped like a dove, eaten at Easter

colombo [ko·'lom·bo] *m* pigeon

colon ['kɔː·lon] <-> *m* ANAT colon

colonia [ko·'lɔː·nia] <-ie> *f* ⊚ POL, BIO colony ⊚ (*per le vacanze*) summer camp ⊚ (*profumo*) cologne

colonico, -a [ko·'lɔː·ni·ko] <-ci, -che> *adj* (*rurale*) farm; **casa -a** farmhouse

colonna [ko·'lon·na] *f* ⊚ (*gener*) column ⊚ (*di automobili*) backup; (*di veicoli militari*) convoy ⊚ ANAT **~ vertebrale** spinal column ⊚ *fig* (*sostegno*) mainstay ⊚ CINE **~ sonora** soundtrack

colonnello [ko·lon·'nɛl·lo] *m* colonel

colorare [ko·lo·'ra:·re] I. *vt* (*capelli, tessuti*) to color; (*disegno*) to color in II. *vr:* **-rsi di verde/rosso** to turn green/red

colorazione [ko·lo·ra·'tsio·ne] *f* color

colore [ko·'lo:·re] *m* ⊚ (*tinta*) color; **scatola di -i** paintbox; **uomo di ~** man of color; **-i a olio/tempera** oil/tempera paints *pl*; **dare una mano di ~ a qc** to give sth a coat of paint; **a -i** (*illustrazione, rivista*) color; **senza ~** colorless; **dirne di tutti i -i a qu** *fig* to lay into sb; **farne di tutti i -i** *fig* to get up to all sorts ⊚ (*folclore*) color; **il ~ locale** local color

colorire [ko·lo·'ri:·re] <colorisco> *vt* ⊚ (*colorare: disegno*) to color in ⊚ *fig* (*racconto*) to embellish

colorito [ko·lo·'ri:·to] *m* (*della pelle*) complexion

colorito, -a *adj* ⊚ (*viso, guance*) rosy ⊚ *fig* (*linguaggio, parole*) colorful

coloro [ko·'lo:·ro] *pron dem pl di* **colui**

colossale [ko·los·'sa:·le] *adj* **a.** *fig* huge

colpa ['kol·pa] *f* fault; **dare la ~ a qu** to

blame sb; **sentirsi in ~** to feel guilty; **non è ~ mia** it's not my fault

colpevole [kol·'pe:·vo·le] I. *adj* guilty II. *mf* culprit

colpire [kol·'pi:·re] <colpisco> *vt* ⊚ (*avversario, bersaglio*) to hit ⊚ (*danneggiare: città, zona*) to strike ⊚ *fig* (*impressionare*) to make an impression on

colpo ['kol·po] *m* ⊚ (*botta*) blow ⊚ (*sparo*) shot; **~ di grazia a.** *fig* coup de grâce; **al primo ~** *fig* at the first attempt; **sul ~** instantly ⊚ (*rumore*) knock ⊚ (*suono: di tosse*) fit; **dare un ~ di telefono a qu** *inf* to give sb a call ⊚ **a ~ d'occhio** at a glance; **~ di testa** *fig* impulse ⊚ *fig* (*manifestazione improvvisa*) **~ di fortuna** stroke of luck; **un ~ di fulmine** *fig* love at first sight; **~ di vento** gust of wind; **di ~** suddenly ⊚ (*malore*) stroke; **~ d'aria** chill ⊚ *fig* (*spavento*) shock ⊚ *fig* (*impressione*) impression; **la notizia ha fatto ~** *fig* the news caused a sensation ⊚ *fig* (*azione sleale*) job; **fare un ~ in banca** to do a bank raid; **~ di Stato** coup (d'état)

colposo, -a [kol·'po:·so] *adj* GIUR **omicidio ~** manslaughter

colsi ['kɔl·si] *1. pers sing pass rem di* **cogliere**

coltellata [kol·tel·'la:·ta] *f* stab wound

coltello [kol·'tɛl·lo] *m* knife

coltivare [kol·ti·'va:·re] *vt* ⊚ (*campo, terreno*) to cultivate ⊚ (*patate, rape*) to grow ⊚ *fig* (*amicizia, mente*) to cultivate; (*scienze, arti*) to go in for

coltivatore, -trice [kol·ti·va·'to:·re] *m, f* farmer

coltivazione [kol·ti·va·'tsio·ne] *f* ⊚ (*di campo*) cultivation ⊚ (*di prodotto*) growing ⊚ (*piantagione*) crop

colto [kol·'to] *pp di* **cogliere**

colto, -a ['kol·to] *adj* (*persona*) cultured; (*libro*) learned

coltura [kol·'tu:·ra] *f* ⊚ AGR cultivation ⊚ BIO culture

colui, colei [ko·'lu:·i, ko·'lɛ:·i] <coloro> *pron dem* **~ che ...** the one who ...

comandante [ko·man·'dan·te] *m* ⊚ MIL commander ⊚ AERO, NAUT captain

comandare [ko·man·'da:·re] I. *vt* ❶ MIL (*reggimento, nave*) to command ❷ (*ordinare*) to order; **comandi!** yes, sir! II. *vi* to be in command; **~ a qu di fare qc** to order sb to do sth

comando [ko·'man·do] *m* ❶ (*ordine*) command ❷ (*comput*) command; **riga di ~** command line ❸ TEC control; **~ a distanza** remote control ❹ (*guida, potere*) charge ❺ MIL (*organo responsabile*) command; (*caserma*) headquarters ❻ SPORT (*prima posizione*) lead

comasco, -a <-schi, -sche> I. *adj* from Como II. *m, f* (*abitante*) person from Como

combaciare [kom·ba·'tʃa:·re] *vi* ❶ (*aderire: pezzi, tubi*) to fit together ❷ *fig* (*coincidere: idee*) to agree

combattente [kom·bat·'tɛn·te] I. *adj* (*esercito, popolazione*) combatant II. *mf* combatant

combattere [kom·'bat·te·re] I. *vi a. fig* to fight II. *vt* ❶ MIL (*nemico, guerra*) to fight ❷ *fig* (*malattia, ignoranza*) to combat

combattimento [kom·bat·ti·'men·to] *m* ❶ MIL combat ❷ SPORT match; **mettere fuori ~** to knock out; *fig* to see off

combattuto, -a [kom·bat·'tu:·to] *adj* ❶ (*confuso: persona*) undecided; (*decisione*) difficult; **essere ~ fra due possibilità** to be torn between two possibilities ❷ (*contrastato: partita*) hard-fought

combinare [kom·bi·'na:·re] I. *vt* ❶ (*unire: elementi, colori*) to combine ❷ (*organizzare: cena, gita*) to arrange ❸ (*concludere: affare*) to conclude ❹ *inf* (*fare*) to do; **~ un guaio** *inf* to mess up *inf* II. *vr:* **-rsi** ❶ CHIM to combine ❷ *inf* (*conciarsi*) to get oneself up; **ma come ti sei combinato oggi?** *inf* what on earth are you wearing today?

combinazione [kom·bi·na·'tsio:·ne] *f* ❶ (*caso fortuito*) coincidence; **per (pura) ~** by (sheer) chance ❷ (*di colori, idee*) combination ❸ (*numerica, di cassaforte*) combination

combustibile [kom·bus·'ti:·bi·le] I. *adj* (*materiale*) combustible II. *m* fuel

combutta [kom·'but·ta] *f pej* gang; **essere in ~ con qu** to be in league with sb

come ['ko:·me] I. *adv* ❶ (*nei paragoni*) as; **intelligenti ~ noi** as intelligent as us; **un uomo buono ~ il pane** a man with a heart of gold ❷ (*interrogativo*) how?; **~ stai?** how are you?; **~ mai?** how come?; **~ no?** of course! ❸ (*esclamativo*) how!; **~ è cara!** how kind she is!; **ma ~!** what! ❹ (*correlativo*) **ora ~ ora** right now ❺ (*in qualità di*) as; **lavora ~ giornalista** he works as a reporter II. *conj* ❶ (*dichiarativo*) how; **guarda ~ li hai ridotti** look what you've done to them ❷ (*modale*) as; **si comporta ~ se non sapesse nulla** he acts as if he knew nothing ❸ (*temporale*) as soon as; **~ mi ha visto, se n'è andata** as soon as she saw me, she left ❹ (*comparativo*) as ... as; **non sei buono ~ pensavo** you're not as good as I thought III. <-> *m* how; **raccontami il ~ e il perché** tell me the whys and wherefores

cometa [ko·'me:·ta] *f* comet

comica ['kɔ:·mi·ka] <-che> *f* ❶ FILM silent comedy ❷ *fig* (*situazione farsesca*) farce

comicità [ko·mi·tʃi·'ta] <-> *f* funniness

comico ['kɔ:·mi·ko] <-ci> *m* ❶ (*attore*) comedian ❷ (*comicità*) funny side

comico, -a <-ci, -che> *adj* ❶ (*della commedia: attore*) comic ❷ (*buffo: scena, film*) funny

comignolo [ko·'miɲ·ɲo·lo] *m* chimney

cominciare [ko·min·'tʃa:·re] *vi, vt* to start; **comincia a piovere** it's starting to rain; **a che ora cominciano le lezioni?** what time do lectures start?; **a ~ da oggi** starting from today; **ho cominciato il libro** I've started the book; **e' cominiciato a piovere** it's started to rain

comitato [ko·mi·'ta:·to] *m* committee

comitiva [ko·mi·'ti:·va] *f* group

commedia [kom·'mɛ:·dia] <-ie> *f* comedy; ~ **musicale** musical; ~ **a soggetto** improvised comedy

commediante [kom·me·'dian·te] *mf* ❶ THEAT comedian ❷ *fig pej* (*simulatore*) fake

commediografo, -a [kom·me·'diɔː·gra·fo] *m, f* comedy writer

commemorare [kom·me·mo·'raː·re] *vt* to commemorate

commemorativo, -a [kom·me·mo·ra·'tiː·vo] *adj* commemorative

commemorazione [kom·me·mo·ra·'tsioː·ne] *f* ❶ (*celebrazione*) commemoration ❷ (*cerimonia*) remembrance ceremony

commentare [kom·men·'taː·re] *vt* ❶ (*passo, poesia*) to comment on ❷ (*evento*) to commentate on

commentatore, -trice [kom·men·ta·'toː·re] *m, f* RADIO, TV commentator

commento [kom·'men·to] *m* ❶ LETT, RADIO, TV commentary ❷ (*osservazione, giudizio*) comment ❸ FILM ~ **musicale** background music

commerciale [kom·mer·'tʃaː·le] *adj* commercial

commercialista [kom·mer·tʃa·'lis·ta] <-i *m*, -e *f*> *mf* ❶ (*consulente*) accountant ❷ (*esperto in diritto commerciale*) commercial lawyer

commercializzare [kom·mer·tʃa·lid·'dzaː·re] *vt* ❶ COM (*vendere: prodotto*) to market ❷ *fig, pej* (*rendere commerciale*) to commercialize

commerciante [kom·mer·'tʃan·te] *mf* ❶ (*negoziante*) storekeeper; ~ **all'ingrosso** wholesaler ❷ (*mercante*) dealer

commerciare [kom·mer·'tʃaː·re] *vi* to trade; ~ **in qc** to deal in sth

commercio [kom·'mɛr·tʃo] <-ci> *m* ❶ (*settore*) commerce; **essere nel ~** to be in business ❷ (*attività*) trade; ~ **all'ingrosso** wholesale trade; ~ **al minuto** retail trade; ~ **elettronico** e-commerce ❸ (*distribuzione: prodotto, libro*) **essere in ~** to be on sale

commessa [kom·'mes·sa] *f* ❶ (*di negozio*) sales clerk ❷ (*ordine*) order

commesso, -a [kom·'mes·so] **I.** *pp di*

commettere **II.** *m, f* (*di negozio*) sales clerk; ~ **viaggiatore** traveling salesman

commestibile [kom·mes·'tiː·bi·le] *adj* edible

commettere [kom·'met·te·re] <irr> *vt* (*delitto, imprudenza*) to commit; (*errore*) to make

commiserare [kom·mi·ze·'raː·re] *vt* ❶ (*avere compassione per*) to feel sorry for ❷ (*disprezzare*) to pity

commiserazione [kom·mi·ze·ra·'tsioː·ne] *f* sympathy

commisi [kom·'miː·zi] *1. pers sing pass rem di* **commettere**

commissariato [kom·mis·sa·'riaː·to] *m* ~ **di polizia** police station

commissario, -a [kom·mis·'saː·rio] <-i, -ie> *m, f* ❶ ADMIN (*funzionario*) captain; ~ **di pubblica sicurezza** police captain ❷ (*membro di commissione*) commissioner; ~ **d'esame** examiner ❸ SPORT steward; ~ **tecnico** team manager

commissionare [kom·mis·sio·'naː·re] *vt* to commission

commissione [kom·mis·'sioː·ne] *f* ❶ COM (*ordine*) order; **prodotto su ~** made to order ❷ (*somma*) commission; **spese di ~** commission ❸ (*faccenda*) **fare una ~** to run an errand; **fare -i** to do the shopping ❹ (*comitato*) commission

commossi *1. pers sing pass rem di* **commuovere**

commosso *pp di* **commuovere**

commovente [kom·mo·'vɛn·te] *adj* moving

commozione [kom·mo·'tsioː·ne] *f* ❶ (*turbamento*) emotion ❷ MED ~ **cerebrale** MED concussion

commuovere [kom·'muɔː·ve·re] <irr> **I.** *vt* (*momento, storia, cerimonia*) to move **II.** *vr*: **-rsi** to be moved

comò [ko·'mɔ] <-> *m* dresser

Como ['kɔː·mo] *f* Como; **il lago di ~** Lake Como

comodino [ko·mo·'diː·no] *m* bedside table

comodità [ko·mo·di·'ta] <-> *f* ❶ (*agio*) ease ❷ (*comfort*) comfort

comodo ['kɔː·mo·do] *m* ❶ (*agio*) comfort ❷ (*convenienza*) convenience; **con ~** at one's leisure; **fare** [*o* **tornare**] **~ a qu** to come in handy for sb

comodo, -a *adj* ❶ (*agiato: vita*) easy ❷ (*confortevole*) comfortable ❸ (*pratico*) practical ❹ (*conveniente*) convenient ❺ (*a proprio agio*) comfortable; **state -i!** don't get up!

compaesano, -a [kom·pae·'zaː·no] *m, f* person from the same town

compagnia [kom·paɲ·'ɲiː·a] <-ie> *f* ❶ (*lo stare insieme*) company; **essere di ~** to be good company; **fare** [*o* **tenere**] **~ a qu** to keep sb company ❷ (*gruppo*) group ❸ THEAT company ❹ MIL, COM company; **~ aerea** airline; **~ low-cost** budget airline

compagno, -a [kom·'paɲ·ɲo] *m, f* ❶ (*persona amica*) companion; (*di sport*) partner; **~ di classe** classmate; **~ di scuola** schoolfriend; **~ di stanza** roommate ❷ (*partner*) partner

compaio [kom·'paː·io] *1. pers sing pr di* **comparire**

comparativo, -a *adj* comparative

comparazione [kom·pa·ra·'tsioː·ne] *f* comparison

comparire [kom·pa·'riː·re] <comparisco *o* compaio, comparvi *o* comparii, comparso> *vi essere* to appear

comparizione [kom·pa·ri·'tsioː·ne] *f* appearance; **mandato** [*o* **ordine**] **di ~** GIUR summons

comparsa [kom·'par·sa] *f* ❶ THEAT walk-on; FILM extra; **fare la ~** to be a walk-on [*o* an extra] ❷ (*apparizione*) appearance

comparso [kom·'par·so] *pp di* **comparire**

compartimento [kom·par·ti·'menː·to] *m* a. FERR compartment

comparvi [kom·'par·vi] *1. pers sing pass rem di* **comparire**

compassione [kom·pas·'sioː·ne] *f* ❶ (*pietà*) compassion; **avere ~ di** [*o* **per**] [*o* **verso**] **qu** to feel pity for sb;

far ~ a qu to arouse sb's pity ❷ (*disprezzo*) pity

compatibile [kom·pa·'tiː·bi·le] *adj* compatible

compatibilità [kom·pa·ti·bi·li·'ta] <-> *f* compatibility

compatire [kom·pa·'tiː·re] <compatisco> *vt* ❶ (*avere compassione di*) to feel sorry for ❷ (*disprezzare*) to pity

compattezza [kom·pat·'tet·tsa] *f* ❶ (*solidità*) solidity ❷ *fig* (*di gruppo*) unity

compatto, -a [kom·'pat·to] *adj* ❶ (*solido*) solid ❷ (*piccolo*) compact ❸ (*unitario*) close-knit

compensare [kom·pen·'saː·re] *vt* ❶ (*dare un compenso a*) to remunerate ❷ (*ricompensare*) to make up for ❸ (*bilanciare: differenza*) to make up for

compensato *m* plywood

compenso [kom·'pɛn·so] *m* ❶ COM (*retribuzione*) remuneration ❷ COM (*risarcimento*) compensation ❸ (*loc*) **in ~** on the other hand

competente [kom·pe·'tɛn·te] *adj* ❶ (*esperto: medico*) qualified ❷ ADMIN (*giudice*) with giurisdiction; (*ufficio*) appropriate

competenza [kom·pe·'tɛn·tsa] *f* ❶ (*preparazione*) competence ❷ ADMIN (*autorità*) giurisdiction ❸ ADMIN (*pertinenza*) responsibility; **non è di sua ~** it's not his [*o* her] responsibility ❹ *pl* COM (*onorario*) fees

competere [kom·'pɛː·te·re] <competo, competei> *manca il pp* *vi* ❶ (*gareggiare*) to compete; **~ per qc** to compete for sth ❷ ADMIN **qc compete a qu** sth is sb's responsibility

competitività [kom·pe·ti·ti·vi·'ta] <-> *f* competitiveness

competitivo, -a [kom·pe·ti·'tiː·vo] *adj* competitive

competizione [kom·pe·ti·'tsioː·ne] *f* (*rivalità, gara*) competition

compiacente [kom·pia·'tʃɛn·te] *adj* (*accomodante*) amenable

compiacimento [kom·pia·tʃi·'menː·to] *m* satisfaction

compiangere [kom·ˈpian·dʒe·re] <irr> vt (commiserare) to feel sorry for

compianto [kom·ˈpian·to] m mourning

compianto, -a adj (defunto) late

compiere [ˈkom·pie·re] <compio, compii o compiei, compiuto> I. vt (concludere: missione, studi) to complete; ~ gli anni to have one's birthday (fare) to carry out II. vr: -rsi (avverarsi) to take place

compilare [kom·pi·ˈla·re] vt (riempire) to fill out (redigere: lista) to draw up; (vocabolario) to compile

compilazione [kom·pi·la·ˈtsio:·ne] f (di modulo, questionario) filling out (di lista) drawing up; (di vocabolario) compilation

compito [ˈkom·pi·to] m (di scuola) test; ~ in classe (d'italiano) class test (in Italian); -i a casa homework (incarico) duty

compiutamente [kom·piu·ta·ˈmen·te] adv (descrivere, esprimere) fully

compiuto, -a [kom·ˈpiu:·to] I. pp di compiere II. adj completed; un fatto ~ a fait accompli

compleanno [kom·ple·ˈan·no] m birthday; tanti auguri di buon ~! happy birthday!

complessato, -a [kom·ples·ˈsa:·to] I. adj (persona) hung-up inf II. m, f person with hang-ups inf

complessità [kom·ples·si·ˈta] <-> f fig complexity

complessivamente [kom·ples·si·va·ˈmen·te] adv altogether

complessivo, -a [kom·ples·ˈsi:·vo] adj (quadro, valutazione) overall; (reddito) total; visione -a overview

complesso [kom·ˈples·so] m PSYCH complex; ~ d'inferiorità inferiority complex (architettonico, ospedaliero) complex MUS (gruppo) group (insieme) whole; in [o nel] ~ altogether

complesso, -a adj (di più elementi) complex (complicato) complicated

completamente [kom·ple·ta·ˈmen·te] adv completely

completamento [kom·ple·ta·ˈmen·to] m completion

completare [kom·ple·ˈta:·re] vt to complete

completo [kom·ˈplɛ:·to] m (accessori) set (abito) suit (loc) al ~ (con tutti i partecipanti) at full strength; (teatro) sold out; (albergo) full

completo, -a adj (dettagliato, totale) complete (pieno: cinema, teatro) sold out; (albergo) full

complicare [kom·pli·ˈka:·re] I. vt (vita, situazione, scenario) to complicate II. vr: -rsi (situazione, trama) to become complicated; la malattia si è complicata MED there have been complications

complicato, -a [kom·pli·ˈka:·to] adj complicated

complicazione [kom·pli·ka·ˈtsio:·ne] f MED complication (difficoltà) problem

complice [ˈkom·pli·tʃe/kom·ˈpli·tʃe] mf GIUR accomplice

complimentarsi [kom·pli·men·ˈta:r·si] vr ~ con qu (per qc) to compliment sb (on sth)

complimento [kom·pli·ˈmen·to] m (lode) compliment; -i! congratulations! -i (convenevoli) ceremony; non fare -i! be my guest!; no grazie, senza -i! no, but thanks all the same!

componente [kom·po·ˈnɛn·te] m (ingrediente, pezzo) component

compongo 1. pers sing pr di comporre

componibile [kom·po·ˈni:·bi·le] adj (mobili) modular; cucina ~ fitted kitchen

componimento [kom·po·ni·ˈmen·to] m (scolastico) composition MUS composition

comporre [kom·ˈpor·re] <irr> vt (formare) to create; (numero telefonico) to dial LETT, MUS to compose TYPO to typeset dir to settle

comportamento [kom·por·ta·ˈmen·to] m behavior

comportare [kom·por·ˈta:·re] I. vt (implicare) to involve II. vr: -rsi to behave

composi *1. pers sing pass rem di* **comporre**

compositore, -trice [kom·po·zi·'to:·re] *m, f* MUS composer

composizione [kom·po·zi·'tsio:·ne] *f* ① (*struttura*) composition ② (*sistemazione*) arrangement ③ MUS composition ④ (*a scuola*) composition ⑤ TYPO typesetting

compostaggio [kɔm·pɔs·'tad·dʒo] <-ggi> *m* composting

compostiera [kom·pɔs·'tiɛ:·ra] *f* compost bin

composto [kom·'pos·to] *m* (*mescolanza*) mixture

comprare [kom·'pra:·re] *vt* ① (*acquistare*) to buy ② (*corrompere: persona*) to bribe

compratore, -trice [kom·pra·'to:·re] *m, f* buyer

compravendita [kom·pra·'ven·di·ta] *f* COM buying and selling

comprendere [kom·'prɛn·de·re] <irr> I. *vt* ① (*capire*) to understand ② (*contenere*) to consist of II. *vr:* **-rsi** (*capirsi*) to understand each other

comprensibile [kom·pren·'si:·bi·le] *adj* understandable

comprensione [kom·pren·'sio:·ne] *f* understanding

comprensivo, -a [kom·pren·'si:·vo] *adj* ① (*indulgente: persona*) understanding ② COM inclusive; ~ **di qc** inclusive of sth; **prezzo ~ di I.V.A.** price inclusive of VAT

compresi [kom·'pre:·si] *1. pers sing pass rem di* **comprendere**

compreso, -a [kom·'pre:·so] I. *pp di* **comprendere** II. *adj* ① (*capito: persona*) understood ② (*incluso*) included; **tutto ~** all inclusive; **I.V.A. -a** including VAT

compressa [kom·'prɛs·sa] *f* ① (*pastiglia*) tablet ② (*garza*) compress

compressi [kom·'prɛs·si] *1. pers sing pass rem di* **comprimere**

compresso, -a [kom·'prɛs·so] I. *pp di* **comprimere** II. *adj* ① (*sottoposto a pressione: aria, gas*) compressed ② COMPUT (*file*) zipped

comprimere [kom·'pri:·me·re] <comprimo, compressi, compresso> *vt* ① (*sottoporre a pressione: aria, gas*) to compress ② COMPUT (*file, dati, testo*) to zip

compromesso [kom·pro·'mɛs·so] *m* ① *fig* (*accomodamento*) compromise; **arrivare** [*o* **scendere**] **ad un ~** to reach a compromise ② GIUR (*per l'acquisto di un immobile*) preliminary contract

compromesso, -a I. *pp di* **compromettere** II. *adj pej* (*persona, reputazione*) compromised

compromettente [kom·pro·met·'tɛn·te] *adj* (*foto, lettera*) compromising

compromettere [kom·pro·'met·te·re] <irr> I. *vt* (*impresa, reputazione*) to compromise II. *vr:* **-rsi** (*mettersi in cattiva luce*) to compromise oneself

comproprietà [kom·pro·prie·'ta] *f* joint ownership

comproprietario, -a [kom·pro·prie·'ta:·rio] *m, f* joint owner

computer [kəm·'pju:·tə/kom·'pju·ter] <-> *m* computer; ~ **portatile** laptop (computer); ~ **tascabile** pocket computer

computeristico, -a [kom·pju·te·'ris·ti·ko] <-ci, -che> *adj* (*scienza, sistema, terminologia*) computer

computerizzare [kom·pu·te·rid·'dza:·re] *vt* (*dati, documenti, sistema, impianto*) to computerize

computerizzato, -a [kom·pju·te·rid·'dza:·to] *adj* (*sistema, impianto, macchinario*) computerized

computerizzazione [kom·pju·te·rid·dza·'tsio:·ne] *f* (*di sistema, impianto, macchinario*) computerization

computista [kom·pu·'tis·ta] <-i *m*, -e *f*> *mf* bookkeeper

computisteria [kom·pu·tis·te·'ri:·a] <-ie> *f* bookkeeping

comunale [ko·mu·'na:·le] *adj* ADMIN (*del comune: ufficio, servizio*) town;

(*biblioteca, teatro*) municipal; (*imposte*) local; **palazzo ~** HIST town hall
comune [ko·'muː·ne] **I.** *adj* ⓪ (*di tutti*) common; **bene ~** common good ⓪ (*di due o più persone: interessi*) common; (*amico*) mutual ⓪ (*diffuso: opinione, uso*) common ⓪ (*medio, normale*) ordinary ⓪ (*non raffinato: gente*) ordinary **II.** *m* ⓪ AD-MIN (*ente*) city council; (*sede*) city hall; **sposarsi in ~** to get married at city hall ⓪ HIST city state ⓪ (*insieme*) **avere qc in ~** to have sth in common ⓪ (*ordinario*) **fuori dal ~** out of the ordinary

comunicante [ko·mu·ni·'kan·te] *adj* (*camere*) communicating
comunicare [ko·mu·ni·'kaː·re] **I.** *vt* (*notizia, data, dati*) to communicate; **~ qc a qu** to inform sb of sth **II.** *vi* to communicate; **~ con qc** to communicate with sth
comunicativo, -a [ko·mu·ni·ka·'tiː·vo] *adj* (*persona*) communicative
comunicato [ko·mu·ni·'kaː·to] *m* communiqué; **~ stampa** press release
comunicazione [ko·mu·ni·ka·'tsioː·ne] *f* ⓪ (*collegamento*) connection; **-i ferroviarie** rail connections; **mettersi in ~** (**con qu**) to get in contact (with sb) ⓪ (*informazione*) message ⓪ (*trasmissione*) communication; **~ telefonica/interurbana** telephone/long-distance call
comunione [ko·mu·'nioː·ne] *f* ⓪ REL communion; **prima ~** first communion ⓪ *fig* (*di interessi*) community; (*di idee*) similarity
comunismo [ko·mu·'niz·mo] *m* communism
comunista [ko·mu·'nis·ta] <-i *m*, -e *f*> *adj, mf* communist
comunità [ko·mu·ni·'ta] <-> *f* ⓪ (*collettività*) community ⓪ (*di lavoro, terapeutica*) center ⓪ (*organizzazione*) group; **Comunità Europea** European Community
comunitario, -a [ko·mu·ni·'taː·rio] <-i, -ie> *adj* ⓪ (*della comunità*) commu-

nity ⓪ (*della Comunità Europea*) Community
comunque [ko·'mun·kue] **I.** *adv* (*in ogni modo*) anyway **II.** *conj* ⓪ (*in qualunque modo*) however; **~ vada** whatever happens ⓪ (*tuttavia*) nevertheless
con [kon] <col, collo, colla, coi, cogli, colle> *prep* ⓪ (*compagnia, relazione*) with ⓪ (*verso*) to; **essere gentile ~ qu** to be nice to sb ⓪ (*unione*) with; **caffè col latte** coffee with milk; **un uomo coi capelli bianchi** a man with white hair ⓪ (*mezzo, strumento*) with; **l'ho aperto ~ un coltello** I opened it with a knife; **viaggiare con treno/con la macchina** to travel by train/by car ⓪ (*modo, maniera*) with; **~ tutto il cuore** with all one's heart ⓪ (*causa*) with; **~ questo caldo non si può uscire** you can't go out in this heat ⓪ (*avversativo*) despite; **~ tutto che ...** despite all that ...
concavo, -a ['kɔn·ka·vo] *adj* (*lente, specchio*) concave
concedere [kon·'tʃɛ·de·re] <concedo, concessi *o* concedei *o* concedetti, concesso> **I.** *vt* (*grazia, prestito*) to grant **II.** *vr:* **-rsi** (*permettersi: lusso, vacanza*) to allow oneself
concentramento [kon·tʃen·tra·'men·to] *m* concentration; **campo di ~** concentration camp
concentrare [kon·tʃen·'tra:·re] **I.** *vt* ⓪ MIL (*truppe*) to mass ⓪ *fig* (*energie, risorse*) to concentrate **II.** *vr* **-rsi su qc** to concentrate on sth
concentrato [kon·tʃen·'tra:·to] *m* CULIN concentrate; **~ di pomodoro** tomato purée
concentrato, -a *adj* ⓪ (*assorto: persona*) absorbed ⓪ (*condensato: liquido*) concentrated
concentrazione [kon·tʃen·tra·'tsio:·ne] *f* (*raccoglimento*) concentration
concepibile [kon·tʃe·'pi:·bi·le] *adj* conceivable; **non è ~ che ...** +*conj* it is inconceivable that ...
concepimento [kon·tʃe·pi·'men·to] *m* a. BIO conception

concepire [kon·tʃe·'pi:·re] <concepisco> vt ⓐ a. BIO to conceive ⓑ fig (comprendere) to understand

concertista [kon·tʃer·'tis·ta] <-i m, -e f> mf concert performer

concerto [kon·'tʃɛr·to] m MUS concert

concessi [kon·'tʃɛs·si] 1. pers sing pass rem di **concedere**

concessionaria [kon·tʃes·sio·'na:·ria] <-ie> f dealership

concessionario [kon·tʃes·sio·'na:·rio] <-i> m ⓐ (rivenditore) dealer ⓑ (destinatario di una concessione) agent

concessionario, -a <-i, -ie> adj ⓐ (di vendita) **agente ~** agent ⓑ (destinatario di una concessione) **società/ditta -a** agency

concessione [kon·tʃes·'sio:·ne] f ⓐ (di prestito, mutuo) granting ⓑ COM (licenza) franchise ⓒ (appalto) contract

concesso [kon·'tʃɛs·so] pp di **concedere**

concetto [kon·'tʃɛt·to] m ⓐ (nozione) concept ⓑ (opinione) opinion

concezione [kon·tʃe·'tsio:·ne] f ⓐ (concetto) concept ⓑ (ideazione) conception

conchiglia [koŋ·'kiʎ·ʎa] <-glie> f ⓐ ZOO shell ⓑ pl CULIN pasta shell

conciliante [kon·tʃi·'lian·te] adj (persona, tono, saluto) conciliatory

conciliare [kon·tʃi·'lia:·re] I. vt ⓐ ADMIN (pagare: multa) to pay on the spot ⓑ (sonno) to be conducive to ⓒ (controversia) to settle ⓓ fig (attività, interessi) to reconcile II. vr: **-rsi** (armonizzare) to become reconciled

conciliatore, -trice [kon·tʃi·lia·'to:·re] I. adj ⓐ (commissione) conciliation; **giudice ~** justice of the peace ⓑ fig (figura, posizione) conciliatory II. m, f ⓐ (intermediario) conciliator ⓑ GIUR (giudice di pace) justice of the peace

concilio [kon·'tʃi:·lio] <-i> m ⓐ REL council ⓑ scherz (riunione) conference

concime [kon·'tʃi:·me] m (chimico) fertilizer; (naturale) manure

conciso, -a [kon·'tʃi:·zo] adj (discorso, testo) concise

concittadino, -a [kon·tʃit·ta·'di:·no] m, f fellow citizen

concludente [koŋ·klu·'dɛn·te] adj conclusive

concludere [koŋ·klu··de·re] <concludo, conclusi, concluso> I. vt ⓐ (condurre a termine: discorso) to end; (lavoro) to finish ⓑ (affare, trattato) to conclude ⓒ (dedurre) to conclude II. vr: **-rsi** to end

conclusione [koŋ·klu·'zio:·ne] f ⓐ (fine: di conflitto, partita) end ⓑ (deduzione) conclusion

conclusivo, -a [koŋ·klu·'zi:·vo] adj (osservazione, frase) concluding

concluso, -a [koŋ·'klu:·zo] I. pp di **concludere** II. adj ⓐ (affare, pace) concluded ⓑ (lavoro) finished

concordanza [koŋ·kor·'dan·tsa] f (di opinioni, idee) concordance

concordare [koŋ·kor·'da:·re] I. vt (data, prezzo) to agree on II. vi **~ con qu su qc** to agree with sb on sth

concordia [koŋ·'kɔr·dia] <-ie> f ⓐ (accordo) agreement ⓑ (armonia) harmony

concorrente [koŋ·kor·'rɛn·te] I. adj COM (azienda) competing II. mf ⓐ SPORT, COM competitor ⓑ (di concorso) candidate

concorrenza [koŋ·kor·'rɛn·tsa] f a. COM competition; **fare ~ a qu** to compete with sb

concorrere [koŋ·'kor·re·re] <irr> vi ⓐ (competere) to compete; **~ a una gara** to compete in a race ⓑ (contribuire) **~ alle spese** to contribute to expenses

concorso [koŋ·'kor·so] m ⓐ (gara) contest; **~ di bellezza** beauty contest ⓑ SPORT competition; **~ ippico** horse show

concreto [koŋ·'krɛ:·to] m **venire al ~** to get to the crux of the matter; **in ~** in reality

concreto, -a adj ⓐ (materiale: oggetto) concrete ⓑ (reale: esempio) solid ⓒ (pratico: persona) practical

concussione [koŋ·kus·'sio:·ne] f extortion

condanna [kon·'dan·na] *f* ❶ GIUR sentence ❷ *fig* (*disapprovazione*) condemnation

condannare [kon·dan·'na:·re] *vt* ❶ GIUR to sentence ❷ *fig* (*disapprovare*) to condemn

condensare [kon·den·'sa:·re] I. *vt* ❶ FIS (*aria, gas*) to condense ❷ *fig* (*riassumere*) to summarize II. *vr:* **-rsi** ❶ FIS (*aria, gas*) to condense ❷ *fig* (*concentrarsi*) to be concentrated

condensato, -a *adj* ❶ (*latte*) condensed ❷ FIS condensed ❸ (*libro, racconto*) summarized

condimento [kon·di·'men·to] *m* CULIN (*per insalata*) dressing; (*per pasta*) sauce

condire [kon·'di:·re] <condisco> *vt* ❶ CULIN (*insalata*) to dress; (*pasta*) to put the sauce on ❷ *fig* to spice up

condividere [kon·di·'vi:·de·re] <irr> *vt* (*opinioni, idee*) to share; (*scelta*) to agree with

condivisibile [kon·di·vi·'zi:·bi·le] *adj* (*opinione, idea*) able to be shared; (*decisione*) able to be agreed with

condivisione [kon·di·vi·'zio:·ne] *f* ❶ (*di idee, speranze*) sharing ❷ COMPUT (*di dati, stampante*) sharing

condizionamento [kon·di·tsio·na·'men·to] *m* ❶ (*climatizzazione*) air conditioning ❷ PSYCH conditioning

condizionare [kon·di·tsio·'na:·re] *vt* ❶ (*climatizzare*) to air-condition ❷ PSYCH to condition

condizionatore [kon·di·tsio·na·'to:·re] *m* (~ *d'aria*) air-conditioner

condizione [kon·di·'tsio:·ne] *f* ❶ (*requisito*) condition; **porre delle -i** to lay down conditions; **a ~ che … +*conj*** on condition that …; ❷ *pl* COM conditions *pl* ❸ (*stato*) condition; **-i di salute** state of health

condoglianze [kon·doʎ·'ʎan·tse] *fpl* condolences; **fare le ~ a qu** to offer one's condolences to sb; **'sentite ~,** 'with deepest sympathy'

condominio [kon·do·'mi:·nio] <-i> *m* (*casa*) condominium

condomino, -a [kon·'dɔ:·mi·no] *m, f* condominium owner

condono [kon·'do:·no] *m* remission; **~ fiscale** tax amnesty; **~ edilizio** amnesty for infringing building regulations

condotta [kon·'dot·ta] *f* ❶ (*comportamento*) conduct ❷ SPORT **~ di gioco** play ❸ TEC (*tubazione*) pipe

condotto [kon·'dɔt·to] *m* ❶ ANAT duct; **~ uditivo** auditory canal ❷ TEC (*tubazione*) pipe

condotto, -a I. *pp di* **condurre** II. *adj* **medico ~** local authority country doctor

conducente [kon·du·'tʃen·te] *mf* (*di veicolo*) driver

condurre [kon·'dur·re] <conduco, condussi, condotto> I. *vt* ❶ (*veicolo, treno*) to drive; (*nave*) to steer ❷ (*accompagnare*) to take ❸ (*azienda*) to run ❹ (*trattative*) to hold ❺ (*vita*) to lead ❻ SPORT **~ la gara** to lead ❼ *fig* (*portare*) **~ a termine qc** to complete sth II. *vi* ❶ SPORT to lead; **~ per due a zero** to lead two to nothing ❷ (*strada*) to lead

conduttore, -trice I. *adj* leading II. *m, f* ❶ FERR (*bigliettaio*) guard ❷ MOT (*di auto da corsa*) driver ❸ (*di contratto*) lessee ❹ TV, RADIO (*di trasmissione*) host

conduttura [kon·dut·'tu:·ra] *f* (*di scarico*) pipe; (*elettrica, idrica*) main

conduzione [kon·du·'tsio:·ne] *f* ❶ (*gestione*) management; **ristorante a ~ familiare** family-run restaurant ❷ TV, RADIO hosting

conferenza [kon·fe·'ren·tsa] *f* ❶ (*discorso*) lecture; **tenere una ~ su qc** to give a lecture on sth; **~ stampa** press conference ❷ (*riunione*) conference

conferimento [kon·fe·ri·'men·to] *m* (*di medaglia, premio, titolo*) awarding; (*di incarico*) assignment

conferire [kon·fe·'ri:·re] <conferisco> I. *vt* ❶ (*premio, titolo*) to award; (*incarico*) to assign II. *vi* (*colloquiare*) to confer

conferma [kon·'fer·ma] *f* confirmation

confermare [kon·fer·'ma:·re] I. *vt* to

confirm II. *vr:* **-rsi** ● (*rafforzarsi: sospetto*) to be confirmed ● (*affermarsi*) to establish oneself

confessare [kon·fes'sa:·re] I. *vt* ● REL (*peccato*) to confess ● REL (*fedeli*) **~ qu** to hear sb's confession ● (*a persona amica*) to confess ● (*delitto*) to confess to ● (*ammettere: colpa, errori*) to admit II. *vr:* **-rsi** REL to go to confession

confessionale [kon·fes·sio·'na:·le] *adj, m* confessional

confessione [kon·fes·sio·'ne:] *f* REL, GIUR confession

confessore [kon·fes·'so:·re] *m* REL confessor

confetto [kon·'fet·to] *m* CULIN sugared almond

confezionare [kon·fe·tsio·'na:·re] *vt* ● (*vestito*) to make ● (*incartare: regali*) to wrap ● (*imballare: pacco*) to package

confezione [kon·fe·'tsio:·ne] *f* ● (*pacco*) pack; **~ regalo** gift pack; **~ di cioccolatini** box of chocolates ● (*vestiti*) clothes *pl*

conficcare [kon·fik·'ka:·re] I. *vt* ● (*ficcare: chiodo*) to drive in ● *fig* (*nella mente*) to put in II. *vr:* **-rsi** ● (*penetrare*) to lodge ● (*nella mente*) **quel film mi si è conficcato in testa!** I can't get that movie out of my head!

confidare [kon·fi·'da:·re] I. *vt* to confide II. *vi* (*aver fiducia*) to have confidence; **~ in qu** to have confidence in sb III. *vr* **-rsi con qu** to confide in sb

confidente [kon·fi·'dɛn·te] *mf* ● (*persona amica*) confidant m, confidante f ● (*informatore: di polizia*) informer

confidenza [kon·fi·'dɛn·tsa] *f* ● (*familiarità*) familiarity; **essere in ~ con qu** to be friends with sb ● (*segreto*) confidence; **fare una ~ a qu** to share a confidence with sb

configurazione [kon·fi·gu·ra·'tsio:·ne] *f* ● COMPUT configuration ● (*aspetto, forma*) shape ● GEOG (*di terreno*) contour

confinante [kon·fi·'nan·te] *adj* (*stanza,*

terreno) adjacent; **paese ~** neighboring country

confinare [kon·fi·'na:·re] I. *vi* to be adjacent; **~ con qc** to be adjacent to sth II. *vt fig* (*relegare*) to confine

CONFINDUSTRIA [kon·fin·'dus·tria] *f* acro di **Confederazione Generale dell'Industria Italiana** *Italian employers' confederation*

confine [kon·'fi:·ne] *m* border

conflitto [kon·'flit·to] *m* conflict; **~ mondiale** world war

confluire [kon·flu·'i:·re] <confluisco> *vi* a. *fig* (*convergere*) to come together

confondere [kon·'fon·de·re] <irr> I. *vt* to confuse II. *vr:* **-rsi** ● (*mescolarsi*) to mingle ● (*immagini, suoni, colori*) to merge ● (*sbagliarsi*) to get confused ● (*turbarsi*) to get flustered

conforme [kon·'for·me] *adj* **essere ~ alle norme** to comply with the regulations

conformità [kon·for·mi·'ta] <-> *f* conformity; **in ~ a** [*o* con] in conformity with

confortare [kon·for·'ta:·re] I. *vt* ● (*consolare*) to comfort ● (*tesi, assunto*) to support II. *vr:* **-rsi** ● (*farsi animo*) to console oneself ● (*consolarsi*) to comfort each other

confortevole [kon·for·'te:·vo·le] *adj* ● (*comodo*) comfortable ● (*consolante*) comforting

conforto [kon·'fɔr·to] *m* ● (*consolazione*) comfort ● (*sostegno*) support

confraternita [kon·fra·ter·ni·'ta] *f* brotherhood

confrontare [kon·fron·'ta:·re] *vt* to compare

confronto [kon·'fron·to] *m* ● (*paragone*) comparison; **fare un ~ (fra)** to make a comparison (between); **mettere a ~** to compare; **in ~ a** in comparison with ● (*loc*) **nei -i di** toward

confusi [kon·'fu:·zi] *1. pers sing pass rem di* **confondere**

confusionario, -a [kon·fu·zio·'na:·rio] <-i, -ie> I. *adj* (*pensieri, ricordi*) jumbled; (*persona*) muddle-headed II. *m, f* muddlehead

confusione [kon·fu·'zio:·ne] *f* ➊ (*disordine*) mess ➋ (*agitazione*) confusion ➌ (*imbarazzo*) embarrassment

confuso, -a [kon·'fu:·zo] I. *pp di* **confondere** II. *adj* (*discorso, situazione*) confused

congedo [kon·'dʒɛ:·do] *m* leave; **essere in ~** to be on leave

congegno [kon·'dʒeɲ·ɲo] *m* (*apparecchio*) device

congelamento [kon·dʒe·la·'men·to] *m* ➊ (*raffreddamento*) freezing ➋ MED frostbite

congelare [kon·dʒe·'la:·re] I. *vt* (*alimenti, credito*) to freeze II. *vr:* **-rsi** FIS, MED to freeze

congelatore [kon·dʒe·la·'to:·re] *m* freezer

congenito, -a [kon·'dʒɛ:·ni·to] *adj* (*malformazione, malattia*) congenital

congestione [kon·dʒes·'tio:·ne] *f* congestion

congiungere [kon·'dʒun·dʒe·re] <irr> I. *vt* (*tubi, mani*) to join II. *vr* (*strade, linee*) to join

congiuntivite [kon·dʒun·ti·'vi:·te] *f* conjunctivitis

congiuntivo [kon·dʒun·'ti:·vo] *m* LING subjunctive

congiunto, -a [kon·'dʒun·to] I. *adj* (*comunicato, divorzio*) joint II. *m, f* relative

congiura [kon·'dʒu:·ra] *f* conspiracy

congiurare [kon·dʒu·'ra:·re] *vi* to conspire

congratularsi [koŋ·gra·tu·'lar·si] *vr* **~ con qu per qc** to congratulate sb on sth

congratulazione [koŋ·gra·tu·la·'tsio:·ne] *f* congratulation; **fare le -i a qu per qc** to congratulate sb on sth; **-i!** congratulations! *pl*

congresso [koŋ·'grɛs·so] *m* conference

conguaglio [kon·'guaʎ·ʎo] <-gli> *m* ➊ (*pareggio*) balancing; **~ salariale** salary adjustment ➋ (*somma*) balance

conico, -a ['kɔ:·ni·ko] <-ci, -che> *adj* conical

coniglio [ko·'niʎ·ʎo] <-gli> *m* ➊ ZOO rabbit ➋ *fig* (*persona paurosa*) chicken

coniugare [ko·niu·'ga:·re] I. *vt* ➊ LING (*verbo*) to conjugate ➋ *fig* (*unire*) to combine II. *vr:* **-rsi** (*combinarsi*) to combine

coniugazione [ko·niu·ga·'tsio:·ne] *f* LING conjugation

coniuge ['kɔn·iu·dʒe] *mf* spouse

connazionale [kon·na·tsio·'na:·le] I. *adj* (*persona, cittadino*) from the same country II. *mf* fellow countryman *m*, fellow countrywoman *f*

connessione [kon·nes·'sio:·ne] *f* connection; **~ a banda larga** broadband connection

connesso, -a [kon·'nɛs·so] *adj* connected

connettere [kon·'nɛt·te·re] <connetto, connettei, connesso> I. *vt* to connect II. *vi* (*pensare*) to think straight; **non riesco a ~** I can't think straight III. *vr:* **-rsi** (*collegarsi*) to connect

connivente [kon·ni·'vɛn·te] I. *adj* conniving II. *mf* conniving person

connotazione [kon·no·ta·'tsio:·ne] *f* connotation

cono ['kɔ:·no] *m* MATH cone; **~ gelato** ice-cream cone

conobbi [ko·'nob·bi] *1. pers sing pass rem di* **conoscere**

conoscente [ko·noʃ·'ʃɛn·te] *mf* acquaintance

conoscenza [ko·noʃ·'ʃɛn·tsa] *f* ➊ (*apprendimento*) knowledge; **essere a ~ di qc** to know sth; **venire a ~ di qc** to find out about sth ➋ MED consciousness; **perdere la ~** to lose consciousness; **privo di ~** unconscious ➌ (*persona*) acquaintance; **fare la ~ di qu** to make sb's acquaintance; **"piacere di fare la sua ~"** "pleased to meet you"

conoscere [ko·'noʃ·ʃe·re] <conosco, conobbi, conosciuto> I. *vt* ➊ (*persona, metodo, ristorante*) to know; **~ qu di vista/personalmente** to know sb by sight/personally; **ti faccio ~ mio fratello** I'll introduce you to my brother ➋ (*incontrare*) to meet II. *vr:* **-rsi** ➊ (*in-*

contrarsi) to meet ② (*essere amici*) to know each other

conoscitore, -trice [ko·noʃ·ʃi·'to:·re] *m, f* (*di musica, vini*) connoisseur

conosciuto, -a [ko·noʃ·'ʃu:·to] **I.** *pp di* **conoscere II.** *adj* (*albergo, personaggio*) well-known

conosco [ko·'nos·ko] *1. pers sing pr di* **conoscere**

conquista [kon·'kuis·ta] *f* ① (*ottenimento: di diritto, potere, libertà*) gaining ② MIL conquest ③ (*progresso: scientifico*) achievement ④ *fig* (*~ amorosa*) conquest

conquistare [kon·kuis·'ta:·re] *vt* ① (*ottenere: diritto, potere, libertà*) to gain ② MIL to conquer ③ *fig* (*persona*) to win over; (*amicizia, amore, simpatia*) to win

consapevole [kon·sa·'pe:·vo·le] *adj* (*persona*) aware

consapevolizzare [kon·sa·pe·vo·lid·'dza:·re] **I.** *vt* to make aware; ~ **qu circa** [*o* **rispetto a**] **qc** to make sb aware of sth **II.** *vr* **-rsi di qc** to become aware of sth

conscio, -a ['kɔnʃ·ʃo] <-sci, -sce> *adj* conscious

consecutivo, -a [kon·se·ku·'ti:·vo] *adj* ① (*seguente: giorno*) next ② (*che si susseguе: numeri, ore, risultati*) consecutive

consegna [kon·'seɲ·ɲa] *f* ① (*di merci*) delivery; **pagamento alla ~** cash on delivery ② (*custodia*) care; **ricevere in ~** to be entrusted with

consegnare [kon·seɲ·'ɲa:·re] *vt* ① (*recapitare: posta, merce*) to deliver ② (*affidare*) to hand over

conseguente [kon·se·'ɡuɛn·te] *adj* ① (*danno, disturbi*) consequent ② (*ragionamento, deduzione*) consistent

conseguenza [kon·se·'ɡuɛn·tsa] *f* (*effetto*) consequence; **in ~ di qc** as a consequence of sth

conseguimento [kon·se·ɡui·'men·to] *m* obtaining

conseguire [kon·se·'ɡui:·re] **I.** *vt* (*patente, diploma*) to obtain; (*obiettivo*) to

achieve **II.** *vi* to follow; **ne consegue che …** it follows that …

consenso [kon·'sɛn·so] *m* consent

consentire [kon·sen·'ti:·re] *vt* to allow

conserva [kon·'ser·va] *f* (*di frutta*) preserve; **~ di pomodoro** canned tomato sauce; **carciofi in ~** canned artichokes; **tonno/carne in ~** canned tuna/meat

conservabile [kon·ser·'va:·bi·le] *adj* (*cibo, vernice*) able to be kept

conservante [kon·ser·'van·te] *m* preservative

conservare [kon·ser·'va:·re] **I.** *vt* ① CULIN (*frutta, carne, pesce*) to preserve ② (*custodire*) to keep **II.** *vr:* **-rsi** ① CULIN (*frutta, carne*) to keep ② (*mantenersi: persona*) **-rsi in salute** to keep (oneself) healthy; **-rsi bene** to be well preserved

conservatore, -trice [kon·ser·va·'to:·re] *m, f* conservative

conservatorio [kon·ser·va·'tɔ:·rio] <-i> *m* MUS conservatory

conservazione [kon·ser·va·'tsio:·ne] *f* ① (*gener*) preservation; **istinto di ~** instinct for self-preservation ② (*di edificio, quadro*) conservation

considerare [kon·si·de·'ra:·re] *vt* ① (*tenere conto*) to consider; **tutto considerato** all things considered ② (*esaminare*) to examine ③ (*stimare*) **~ qu molto** to think highly of sb

considerazione [kon·si·de·ra·'tsio:·ne] *f* ① (*osservazione*) observation ② (*esame*) consideration ③ (*stima*) esteem

considerevole [kon·si·de·'re:·vo·le] *adj* considerable

consigliabile [kon·siʎ·'ʎa:·bi·le] *adj* advisable

consigliare [kon·siʎ·'ʎa:·re] **I.** *vt* to recommend; **~ a qu di fare qc** to advise sb to do sth **II.** *vr:* **-rsi** to get advice

consigliere, -a [kon·siʎ·'ʎɛ:·re] *m, f* ① (*chi dà consigli*) adviser ② ADMIN councilor

consiglio [kon·'siʎ·ʎo] <-gli> *m* ① (*suggerimento*) advice; **chiedere un ~ a qu** to ask sb for advice; **dare un ~ a qu**

to give sb advice ④ ADMIN (*organo, riunione*) council; **il ~ d'amministrazione** [*o direttivo*] the board of directors; **Consiglio dei Ministri** Cabinet

consistente [kon·sis·'tɛn·te] *adj* ❶ (*materiale, tessuto*) firm ❷ *fig* (*notevole*) substantial

consistenza [kon·sis·'tɛn·tsa] *f* ❶ (*di crema*) consistency; (*di materiale, tessuto*) texture ❷ *fig* (*fondatezza*) substance; **prendere ~** to gain substance

consistere [kon·'sis·te·re] <consisto, consistei *o* consistetti, consistito> *vi essere* ❶ (*basarsi su*) **~ in qc** to consist in sth ❷ (*essere composto di*) **~ di qc** to consist of sth

consolare [kon·so·'la·re] I. *vt* (*bambino*) to console II. *vr:* **-rsi di qc** to console oneself with sth

consolato [kon·so·'la·to] *m* consulate

consolazione [kon·so·la·'tsio:·ne] *f* consolation; **premio di ~** consolation prize

console ['kɔn·so·le] *m* consul

consolidamento [kon·so·li·da·'men·to] *m* ❶ (*di struttura, terreno*) consolidation ❷ *fig* (*rinsaldamento: di amicizia*) strengthening

consolidare [kon·so·li·'da·re] I. *vt* ❶ (*rendere solido*) to consolidate ❷ *fig* (*rinsaldare: amicizia*) to strengthen II. *vr:* **-rsi** ❶ (*diventare solido*) to consolidate ❷ (*amicizia, conoscenza*) to strengthen

consolle [kon·'sɔl·le] <-> *f* (*tastiera*) console

constatare [kons·ta·'ta:·re] *vt* to note

constatazione [kons·ta·ta·'tsio:·ne] *f* observation

consueto, -a *adj* usual

consuetudine [kon·sue·'tu:·di·ne] *f* ❶ (*abitudine*) habit; **avere la ~ di fare qc** to be in the habit of doing sth ❷ (*costume*) custom

consulente [kon·su·'lɛn·te] *mf* consultant; **~ legale/tributario** legal/tax consultant

consulenza [kon·su·'lɛn·tsa] *f* (*legale, tecnica*) advice

consulta [kon·'sul·ta] *f* (*Corte Costituzionale*) Constitutional Court

consultare [kon·sul·'ta:·re] I. *vt* (*medico, avvocato*) to consult II. *vr:* **-rsi** to get advice; **-rsi con qu** to consult sb

consultazione [kon·sul·ta·'tsio:·ne] *f* consultation; **opere di ~** reference works

consultorio [kon·sul·'tɔ:·rio] <-i> *m* clinic; **~ familiare** family planning clinic

consumare [kon·su·'ma:·re] I. *vt* ❶ (*rovinare: scarpe*) to wear out ❷ (*mangiare*) to consume II. *vr:* **-rsi** (*logorarsi*) to wear out

consumato, -a [kon·su·'ma:·to] *adj* (*consunto: vestiti, scarpe*) worn-out

consumatore, -trice [kon·su·ma·'to:·re] *m, f* consumer

consumistico, -a [kon·su·'mis·ti·ko] <-ci, -che> *adj* (*società, logica, abitudini*) consumer

consumo [kon·'su:·mo] *m* consumption; **beni di ~** consumer goods

consunto, -a [kon·'sun·to] *adj* ❶ (*consumato: scarpe, indumenti*) worn-out ❷ (*volto*) haggard

contabile [kon'ta:·bi·le] I. *adj* (*operazione, revisione*) accounting II. *mf* accountant

contabilità [kon·ta·bi·li·'ta] <-> *f* ❶ (*operazioni contabili*) accounting; **tenere la ~** to do the bookkeeping; **ufficio ~** accounts department ❷ (*ragioneria*) accountancy

contachilometri [kon·ta·ki·'lɔ:·met·ri] <-> *m* odometer

contadino, -a [kon·ta·'di:·no] I. *m, f* ❶ AGR farmer ❷ *pej* (*persona dai modi grossolani*) peasant II. *adj* (*cultura, usanza*) peasant; **casa -a** country cottage

contagiare [kon·ta·'dʒa:·re] *vt a. fig* to infect

contagioso, -a [kon·ta·'dʒo:·so] *adj a. fig* infectious

contagiri [kon·ta·'dʒi:·ri] <-> *m* AUTO tachometer

contaminare [kon·ta·mi·'na:·re] *vt* to contaminate

contaminazione [kon·ta·mi·na·'tsio:·ne] *f* contamination

contaminuti [kon·ta·mi·'nu:·ti] <-> *m* timer

contante [kon·'tan·te] I. *adj* **denaro** [*o* **moneta**] ~ cash II. *m* cash; **pagare in -i** to pay (in) cash

contare [kon·'ta:·re] I. *vt* ⓐ(*numerare, calcolare*) to count; ~ **i giorni** *fig* to count the days *fig* ⓑ(*proporsi*) ~ **di fare qc** +*inf* to think of doing sth II. *vi* ⓐ(*numeri*) to count; ~ **fino a trenta** to count up to thirty ⓑ(*valere*) to count ⓒ(*fare assegnamento*) ~ **su qu/qc** to count on sb/sth

contascatti [kon·ta·'skat·ti] <-> *m* TEL unit counter

contatore [kon·ta·'to:·re] *m* (*di gas, acqua*) meter

contattare [kon·tat·'ta:·re] *vt* to contact

contatto [kon·'tat·to] *m* contact; **mantenere i -i con qu** to keep in contact with sb; **prendere ~ con qu** to get in contact with sb; **essere in ~ con qu** to be in contact with sb; **lenti a ~** contact lenses

conte, -essa ['kon·te, kon·'tes·sa] *m, f* count *m* [*o* countess] *f*

conteggio [kon·'ted·dʒo] <-ggi> *m* count; ~ **alla rovescia** countdown

contegno [kon·'teɲ·ɲo] *m* ⓐ(*compostezza*) composure ⓑ(*comportamento*) behavior

contemplare [kon·tem·'pla:·re] *vt* ⓐ(*ammirare*) to gaze at ⓑ(*prevedere*) to provide for

contemplativo, -a [kon·tem·pla·'ti:·vo] *adj* contemplative

contemporaneamente [kon·tem·po·ra·nea·'men·te] *adv* simultaneously

contemporaneo, -a [kon·tem·po·'ra:·neo] <-ei, -ee> I. *adj* ⓐ(*simultaneo*) simultaneous ⓑ HIST contemporary; **storia -a** contemporary history II. *m, f* contemporary

contenere [kon·te·'ne:·re] <irr> I. *vt* ⓐ(*persone, cose*) to contain ⓑ*fig*(*trat-*

tenere) to hold back; (*entusiasmo*) to contain II. *vr:* **-rsi** (*moderarsi*) to contain oneself

contenitore [kon·te·ni·'to:·re] *m* container

contentezza [kon·ten·'tet·tsa] *f* happiness

contento, -a [kon·'tɛn·to] *adj* ⓐ(*soddisfatto*) pleased; **essere ~ di qc** to be pleased with sth; **fare ~ qu** to please sb ⓑ(*lieto*) happy; **essere ~ di qc** to be happy about sth; **sono ~ per te** I'm happy for you

contenuto [kon·te·'nu:·to] *m* ⓐ(*di pacco, valigia*) contents *pl* ⓑ(*di libro, film*) content

contenuto, -a I. *pp di* **contenere** II. *adj* (*misurato*) restrained

contestabile [kon·tes·'ta:·bi·le] *adj* questionable

contestare [kon·tes·'ta:·re] *vt* ⓐ(*negare: tesi, teoria*) to contest ⓑ POL, SOCIOL (*protestare*) to protest against

contestatore, -trice [kon·tes·ta·'to:·re] *m, f* POL, SOCIOL protester

contestazione [kon·tes·ta·'tsio:·ne] *f* POL, SOCIOL protest

contesto [kon·'tɛs·to] *m a. fig* context

contestuale [kon·tes·tu·'a:·le] *adj* (*contemporaneo*) contemporary

continentale [kon·ti·nen·'ta:·le] I. *adj* (*clima, massa*) continental II. *mf* mainlander

continente [kon·ti·'nɛn·te] *m* ⓐ(*terre emerse*) continent; ~ **antico/nuovo** Old/New World ⓑ(*terraferma*) mainland

contingenza [kon·tin·'dʒɛn·tsa] *f* ⓐ(*circostanza*) contingency ⓑ(**indennità di**) ~ cost-of-living allowance

continuare [kon·ti·nu·'a:·re] *vi, vt* to continue

continuativo, -a [kon·ti·nua·'ti:·vo] *adj* (*lavoro*) continuous; (*attività*) continuous; **orario ~** all-day opening; **impiego a carattere ~** permanent job

continuazione [kon·ti·nua·'tsio:·ne] *f* continuation; **in ~** continuously

continuo, -a [kon·ˈti:·nuo] *adj* (*rumore*) continuous; **di ~** nonstop

conto [ˈkon·to] *m* ➊ COM (*di bar, ristorante*) check; **a -i fatti** *fig* all things considered ➋ FIN (*in banca*) account ➌ (*stima*) **tenere da ~ qc** to take great care of sth; **tenere in gran ~ qu/qc** to hold sb/sth in high regard ➍ (*valutazione*) **tenere ~ di qc** to take account of sth ➎ (*affidamento*) **far ~ su qu/qc** to count on sb/sth ➏ (*interesse*) **per ~ di qu** on behalf of sb; **per ~ mio/tuo/suo** on my/your/his [*o* her] own ➐ (*loc*) **fare i -i con qu** to sort things out with sb; **rendere ~ a qu di qc** to be accountable to sb for sth; **dire qc sul ~ di qu** to say sth about sb; **rendersi ~ di qc** to realize sth; **alla fin(e) dei -i** all things considered

contorno [kon·ˈtor·no] *m* ➊ CULIN side order ➋ (*di disegno, volto*) outline

contrabbando [kon·trab·ˈban·do] *m* smuggling; **di ~** contraband

contraccettivo, -a [kon·trat·tʃet·ˈti:·vo] *adj, m, f* contraceptive

contraddire [kon·trad·ˈdi:·re] <irr> I. *vt* to contradict II. *vr:* **-rsi** to contradict oneself

contraddittorio, -a <-i, -ie> *adj* contradictory

contraddizione [kon·trad·di·ˈtsio:·ne] *f* contradiction

contraffare [kon·traf·ˈfa:·re] <irr> *vt* to forge

contraffazione [kon·traf·fa·ˈtsio:·ne] *f* forgery

contrapposizione [kontrappo·zit·ˈtsio:ne] *f* contrast

contrariamente [kon·tra·ria·ˈmen·te] *adv* **~ a ...** contrary to ...

contrario [kon·ˈtra:·rio] <-i> *m* opposite; **al ~** on the contrary; **in caso ~** otherwise; **avere qualcosa in ~** to have an objection; **non avere nulla in ~** to have no objection

contrario, -a <-i, -ie> *adj* ➊ (*avverso*) opposing; **essere ~ a ...** to be against ... ➋ (*opposto*) opposite

contrassegnare [kon·tras·seɲ·ˈɲa:·re] *vt* to mark

contrassegno [kon·tras·ˈseɲ·ɲo] *m* ➊ (*distintivo*) mark ➋ (*modalità di pagamento*) cash on delivery

contrastare [kon·tras·ˈta:·re] I. *vt* (*impedire*) to hinder II. *vi* (*essere in disaccordo*) **~ con qc** to contrast with sth

contrasto [kon·ˈtras·to] *m* ➊ (*diverbio*) dispute ➋ (*di colori*) contrast

contrattacco [kon·tra·ˈtak·ko] <-cchi> *m* counterattack

contrattare [kon·trat·ˈta:·re] *vi, vt* to negotiate

contrattempo [kon·trat·ˈtɛm·po] *m* (*impedimento*) hitch

contratto [kon·ˈtrat·to] *m* contract; **~ d'affitto** lease; **~ a tempo determinato** fixed-term contract; **~ a tempo indeterminato** permanent contract

contrattuale [kon·trat·tu·ˈa:·le] *adj* contractual

contravvenzione [kon·trav·ven·ˈtsio:·ne] *f* ➊ (*violazione*) contravention ➋ (*multa*) fine

contrazione [kon·tra·ˈtsio:·ne] *f* ➊ (*spasmo: di muscolo*) contraction ➋ (*riduzione*) fall

contribuente [kon·tri·bu·ˈɛn·te] *mf* taxpayer

contribuire [kon·tri·bu·ˈi:·re] <contribuisco> *vi* **~ a qc** to contribute to sth

contributo [kon·tri·ˈbu:·to] *m* contribution

contro [ˈkon·tro] I. *prep* against; **sbattere ~ qc** to bump into sth; **~ di me/te/lei** against me/you/her; **~ assegno** cash on delivery; **~ ricevuta/pagamento** on receipt/payment II. *adv* against; **votare/essere ~** to vote/to be against III. <-> *m* **i pro ed i ~** the pros and cons

contro- [kon·tro] (*in parole composte*) counter-

controbattere [kon·tro·ˈbat·te·re] *vt fig* (*ribattere*) to rebut

controbilanciare [kon·tro·bi·lan·ˈtʃa:·re] I. *vt* ➊ (*carico, pesi*) to counterbalance ➋ *fig* (*compensare*) to make up for II. *vr:* **-rsi** (*pesi, pressioni*) to counterbalance each other

controcorrente [kon·tro·kor·'rɛn·te] *adv* against the current; **andare ~** to go against the current; *fig* to swim against the tide

controffensiva [kon·trof·fen·'si·va] *f* ① MIL counteroffensive ② *fig* (*replica*) counterattack; **passare alla ~** to go on the counterattack

controindicazione [kon·tro·in·di·ka·'tsio:·ne] *f* MED contraindication

controllare [kon·trol·'la:·re] I. *vt* ① (*documenti, biglietti*) to check ② (*attività*) to keep a watch on ③ (*mercato, emozioni*) to control II. *vr:* **-rsi** to control oneself; **non riuscire a -rsi** not to be able to control oneself

controllo [kon·'trɔl·lo] *m* ① (*verifica*) check; **~ dei biglietti** ticket inspection; **visita di ~** MED checkup ② *fig* (*di gesti, emozioni*) control; **perdere il ~** to lose control

controllore [kon·trol·'lo:·re] *m* ① FERR guard ② AERO **-i di volo** [*o* **del traffico aereo**] air traffic controller

contromano [kon·tro·'ma:·no] *adv* on the wrong side of the road

contropiede [kon·tro·'piɛ:·de] *m* **prendere** [*o* **cogliere**] **qu in ~** *fig* to wrongfoot sb

controversia [kon·tro·'vɛr·sia] <-ie> *f* controversy

controverso, -a [kon·tro·'vɛr·so] *adj* controversial

controvoglia [kon·tro·'vɔʎ·ʎa] *adv* reluctantly

contundente [kon·tun·'dɛn·te] *adj* (*arma*) blunt

contusione [kon·tu·'zio:·ne] *f* bruise

contuso, -a [kon·'tu:·zo] *adj* bruised

convalescente [kon·va·leʃ·'ʃɛn·te] *adj, mf* convalescent

convalescenza [kon·va·leʃ·'ʃɛn·tsa] *f* convalescence

convalida [kon·'va:·li·da] *f* (*di biglietto*) stamping

convalidare [kon·va·li·'da:·re] *vt* (*biglietto*) to stamp

convegno [kon·'veɲ·ɲo] *m* conference

conveniente [kon·ve·'niɛn·te] *adj* ① (*vantaggioso: prezzo*) low; (*economico: prodotto*) inexpensive ② (*adatto: atteggiamento*) suitable

convenienza [kon·ve·'niɛn·tsa] *f* ① (*cortesia*) **visita di ~** courtesy visit ② (*economicità: di prodotto*) inexpensiveness; (*di prezzo*) lowness; **matrimonio di ~** marriage of convenience

convenire [kon·ve·'ni:·re] <irr> I. *vi essere o avere* ① (*tornare utile*) to be worthwhile; **ci conviene tentare** it's worth our while trying ② (*impersonale: essere opportuno*) it is advisable ③ (*concordare*) **~ su qc** to agree on sth; **~ con qu** to agree with sb ④ (*riunirsi*) to gather II. *vt avere* **~ un prezzo** to agree on a price

convento [kon·'vɛn·to] *m* convent

convenuto, -a I. *pp di* **convenire** II. *adj* agreed; **come ~** as agreed III. *m, f* ① GIUR defendant ② *pl* (*a riunione*) people present *pl*

convenzionale [kon·ven·tsio·'na:·le] *adj* ① (*comune*) conventional ② *pej* (*banale*) conventional ③ (*stabilito*) agreed

convenzione [kon·ven·'tsio:·ne] *f* ① (*accordo*) agreement ② *pl* (*regole tradizionali*) conventions *pl*

convergente [kon·ver·'dʒɛn·te] *adj* ① (*strade, linee*) converging ② FIS *a. fig* (*coincidente: opinioni, indizi*) convergent

convergenza [kon·ver·'dʒɛn·tsa] *f a. fig* (*di propositi, idee*) convergence

convergere [kon·'vɛr·dʒe·re] <convergo, conversi, converso> *vi, vt* to converge

conversare [kon·ver·'sa:·re] *vi* to talk

conversazione [kon·ver·sa·'tsio:·ne] *f* conversation

conversione [kon·ver·'sio:·ne] *f* conversion; **~ monetaria** currency conversion

converso, -a [kon·'vɛr·so] *pp di* **convergere**

convertire [kon·ver·'ti:·re] I. *vt* ① (*tra-*

sformare) ~ **qc in qc** to convert sth into sth ⓔ REL, POL ~ **qu a qc** to convert sb to sth ⓒ COMPUT to convert II. *vr* ⓐ (*trasformarsi*) **-rsi in qc** to be converted into sth ⓔ REL, POL **-rsi a qc** to convert to sth

convertito, -a [kon·ver·'ti:·to] I. *adj* converted II. *m, f* convert

convesso, -a [kon·'ves·so] *adj* (*lente*) convex; (*angolo*) salient

convincere [kon·'vin·tʃe·re] <irr> I. *vt* ~ **qu** (**di qc**) to convince sb (of sth); **mi hanno convinto a venire** they convinced me to come II. *vr* **-rsi** (**di qc**) to be convinced of sth

convinzione [kon·vin·'tsio:·ne] *f* conviction

convitto [kon·'vit·to] *m* boarding school

convivenza [kon·vi·'vɛn·tsa] *f* ⓐ (*di persone*) living together ⓑ (*di popoli*) coexistence

convivere [kon·'vi:·ve·re] <irr> *vi* essere o avere ⓐ (*persone*) to live together ⓑ (*popoli, idee, dialetti*) to coexist

convocare [kon·vo·'ka:·re] *vt* ⓐ POL, ADMIN (*indire: riunione*) to call; (*seduta*) to convene ⓑ (*invitare*) to summon

convocazione [kon·vo·ka·'tsio:·ne] *f* ⓐ POL, ADMIN (*di riunione*) calling; (*di seduta*) convening ⓑ (*invito, in tribunale*) summons

convoglio [kon·'vɔʎ·ʎo] <-gli> *m* (*di navi, veicoli*) convoy

convulsione [kon·vul·'sio:·ne] *f* MED convulsion

convulso, -a *adj* ⓐ MED convulsive; **tosse -a** whooping cough ⓑ (*pianto, riso*) convulsive ⓒ *fig* (*lavoro, attività*) feverish ⓓ *fig* (*parole, discorso*) confused

cooperare [ko·o·pe·'ra:·re] *vi* (*collaborare*) to cooperate; ~ **a qc** to cooperate in sth

cooperativa [ko·o·pe·ra·'ti:·va] *f* cooperative

coordinamento [ko·or·di·na·'men·to] *m* coordination

coordinare [ko·or·di·'na:·re] *vt* to coordinate

coordinata [ko·or·di·'na:·ta] *f* coordinate; **mandami le tue -e** send me your details; **-e bancarie** bank details

coordinato, -a *adj* (*armonioso: movimento*) coordinated

coordinatore, -trice [ko·or·di·na·'to:·re] *m, f* coordinator

coordinazione [ko·or·di·na·'tsio:·ne] *f* coordination

coperchio [ko·'pɛr·kio] <-chi> *m* lid; (*di flacone*) top

coperta [ko·'pɛr·ta] *f* ⓐ (*panno*) blanket ⓑ NAUT (*ponte*) deck

copertina [ko·per·'ti:·na] *f* (*di libro*) cover; (*di disco*) sleeve

coperto [ko·'pɛr·to] *m* ⓐ (*in tavola*) cover charge ⓑ (*luogo riparato*) **stare al** ~ to be under cover

coperto, -a I. *pp di* **coprire** II. *adj* ⓐ (*struttura*) covered; (*luogo*) indoor ⓑ FIN (*assegno, rischio*) covered ⓒ METEO (*cielo, tempo*) overcast ⓓ (*cosparso*) **essere** ~ **di qc** to be covered with sth

copertone [ko·per·'to:·ne] *m* MOT tire

copertura [ko·per·'tu:·ra] *f* ⓐ (*rivestimento*) cover ⓑ *fig* (*di attività illegale*) cover ⓒ FIN, TV coverage

copia ['kɔ:·pia] <-ie> *f* ⓐ (*trascrizione*) copy; ~ **di sicurezza** COMPUT backup copy ⓑ (*riproduzione*) duplicate

copiare [ko·'pia:·re] *vt* to copy

copione [ko·'pio:·ne] *m* THEAT, FILM script

coppa ['kɔp·pa/kop·pa] *f* ⓐ (*recipiente*) cup; ~ **da gelato** ice-cream bowl ⓑ (*contenuto*) cup(ful); ~ **di gelato** bowl of ice cream ⓒ SPORT (*trofeo*) cup ⓓ (*di reggiseno*) cup

coppia ['kɔp·pia] <-ie> *f* ⓐ a. SPORT pair; **a -ie, in** ~ in pairs ⓑ (*due persone*) couple

copriauto [ko·pri·'au·to] <-> I. *m* car cover II. *adj* <inv> **telo** ~ car cover

copricapo [ko·pri·'ka:·po] *m* hat

copricostume [ko·pri·kos·'tu:·me] <-> *m* beach robe

copridivano [ko·pri·di·'va:·no] *m* sofa cover

coprii [ko·ˈpriː·i] *1. pers sing pass rem di* **coprire**

copriletto [ko·pri·ˈlɛt·to] <-> *m* bedspread

copripiumone [ko·pri·piu·ˈmoː·ne] <-> *m* comforter cover

coprire [ko·ˈpriː·re] <copro, coprii *o* copersi, coperto> I. *vt* ❶ *(gener)* to cover ❷ *(riempire)* **~ qu di baci** to shower sb with kisses ❸ *fig (carica)* to hold II. *vr:* **-rsi** ❶ FIN to cover oneself ❷ *(cielo)* to become overcast ❸ *(colmarsi)* **-rsi di qc** to cover oneself with sth ❹ *(con vestiti)* to wrap up; **-rsi bene** to wrap up well

copy [ˈkɔ·pi] <-> *mf* copywriter

coque [kɔk] <-> *f* **uovo alla ~** soft-boiled egg

coraggio [ko·ˈrad·dʒo] *m* ❶ *(forza d'animo)* courage; **avere il ~ di fare qc** to have the courage to do sth ❷ *(sfacciataggine)* nerve

coraggioso, -a [ko·rad·ˈdʒoː·so] *adj* brave

corale [ko·ˈraː·le] I. *adj* MUS choral II. *m* MUS chorale

corano [ko·ˈraː·no] *m* Koran

corazza [ka·ˈrat·tsa] *f* ❶ MIL armor ❷ ZOO shell

corazzato, -a [ko·rat·ˈtsaː·to] *adj* ❶ MIL armored ❷ *(rinforzato: vetro)* toughened ❸ *(protetto: persona)* hardened

corda [ˈkɔr·da] *f* ❶ *(fune)* rope; **essere giù di ~** *fig* to be feeling down; **tirar troppo la ~** *fig* to push it *inf* ❷ *(per pacchi)* string ❸ SPORT rope ❹ MUS string; **strumenti a ~** string(ed) instruments ❺ *(di arco)* string ❻ ANAT **-e vocali** vocal cords

cordiale [kor·ˈdiaː·le] *adj* friendly; **"-i saluti"** *(nelle lettere)* "kind regards"

cordialità [kor·dia·li·ˈta] <-> *f* ❶ *(affabilità)* friendliness; **accogliere qu con ~** to give sb a warm welcome ❷ *pl (saluti)* best wishes *pl*

cordialmente [kor·dial·ˈmen·te] *adv* ❶ *(accogliere)* warmly; **'~, *(nelle lettere)*** "best wishes" *pl* ❷ *(odiare)* intensely

cordoglio [kor·ˈdɔʎ·ʎo] <-gli> *m* grief

cordone [kor·ˈdoː·ne] *m* ❶ *(di tenda)* rope ❷ ANAT **~ ombelicale** umbilical cord ❸ EL cord ❹ *(sbarramento)* cordon

coreografia [ko·reo·gra·ˈfiː·a] *f* choreography

coreografo, -a [ko·re·ˈɔː·gra·fo] *m, f* choreographer

coriaceo, -a [ko·ˈriaː·tʃeo] *adj* ❶ *(duro)* leathery ❷ *fig (insensibile)* hard

coriandolo [ko·ˈrian·do·lo] *m* ❶ BOT cilantro ❷ *pl (di carnevale)* confetti

coricare [ko·ri·ˈkaː·re] I. *vt (distendere)* to lay down II. *vr:* **-rsi** to go to bed

cornetta [kor·ˈnet·ta] *f* INF *(di telefono)* receiver

cornetto [kor·ˈnet·to] *m* ❶ *(amuleto)* horn-shaped amulet ❷ CULIN croissant

cornice [kor·ˈniː·tʃe] *f* ❶ *(di quadro, specchio)* frame ❷ *(ambientazione)* setting

corniciaio [kor·ni·ˈtʃaː·io] <-ai> *m* frame-maker

corno¹ [ˈkɔr·no] <-e, -a> *m* ❶ ZOO *(di toro)* horn; *(di cervo, dell'alce)* antler *inf* ❷ *pl fig, inf (tradimento)* **fare le -a alla moglie/al marito** to cheat on one's wife/one's husband ❸ *inf (niente)* **non me ne importa un ~** I don't give a damn *inf* ❹ *inf (scongiuro)* **fare le -a** to cross one's fingers

corno² *m* ❶ *(sostanza)* horn ❷ *(da scarpe)* shoehorn ❸ MUS horn

cornuto, -a [kor·ˈnuː·to] I. *adj* ❶ ZOO *(animale)* horned ❷ *fig, inf (persona)* cheated on II. *m, f* ❶ *fig, inf (persona tradita)* man [*o* woman] who has been cheated on ❷ *vulg (insulto)* bastard *vulg*

corona [ko·ˈroː·na] *f* ❶ *a. fig* crown ❷ *(oggetto)* wreath

coronamento [ko·ro·na·ˈmen·to] *m* *(di sogni)* fulfillment; *(di carriera)* crowning achievement

coronare [ko·ro·ˈnaː·re] *vt* ❶ *fig (sogno)* to fulfill; *(carriera)* to be the crowning achievement of ❷ *(cingere)* to ring

coronaria [ko·ro·ˈnaː·ria] <-ie> *f* ANAT coronary artery

corpo ['kɔr·po] *m* ① (*materia*) substance; **-i celesti** heavenly bodies ② (*oggetto*) object; **~ del reato** GIUR corpus delicti ③ (*umano e animale*) body; **guardia del ~** bodyguard; **anima e ~** body and soul ④ (*cadavere*) body ⑤ (*forma*) substance; **prendere ~** to take shape ⑥ (*insieme di persone*) body ⑦ MUS (*cassa*) body ⑧ (*loc*) **andare di ~** *inf* to have a bowel movement

corporale [kor·po·'ra:·le] *adj* (*bisogni*) bodily; (*punizione*) corporal

corporatura [kor·po·ra·'tu:·ra] *f* physique

corporazione [kor·po·ra·'tsio:·ne] *f* COM, ADMIN association

corporeo, -a [kor·'pɔ:·reo] <-ei, -ee> *adj* (*del corpo umano*) body

corposo, -a [kor·'po:·so] *adj* ① (*voluminoso*) fat ② (*vino*) full-bodied

corpulento, -a [kor·pu·'lɛn·to] *adj* stout

Corpus Domini ['kɔr·pus 'dɔ:·mi·ni] <-> *m* Corpus Christi

corredare [kor·re·'da:·re] *vt* to equip; **~ qc di qc** to equip sth with sth

corredo [kor·'rɛ:·do] *m* ① (*di sposa*) trousseau ② (*di laboratorio*) equipment

correggere [kor·'rɛd·dʒe·re] <irr> I. *vt* to correct II. *vr* **-rsi di qc** to break oneself of sth

corrente [kor·'rɛn·te] I. *adj* ① (*acqua*) running ② (*mese, anno*) current ③ FIN **conto ~** checking account II. *m* **essere al ~ di qc** to know about sth III. *f* ① (*di fiume, mare*) current ② (~ (*d'aria*) draft ③ EL current; **presa di ~** socket ④ *fig* (*moda, tendenza*) trend; **seguire la ~** *fig* to follow the trend; **andare contro ~** *fig* to swim against the tide

correntemente [kor·ren·te·'men·te] *adv* ① (*bene*) fluently ② (*comunemente*) commonly

correre ['kor·re·re] <corro, corsi, corso> I. *vi* essere o avere ① (*persona*) to run; **~ a gambe levate** to run as fast as one's legs can carry one ② (*in auto, moto*) to drive fast ③ SPORT (*gareggiare*) to race ④ *fig* (*strade*) to run ⑤ (*tempo*) to fly II. *vt* avere ① SPORT (*distanza*) to run; (*gara*) to race in ② (*rischio*) to run

corressi [kor·'rɛs·si] *1. pers sing pass rem di* **correggere**

correttezza [kor·ret·'tet·tsa] *f* correctness

corretto, -a [kor·'rɛt·to] I. *pp di* **correggere** II. *adj* ① (*affermazione, risposta*) correct ② (*compito, bozza*) corrected ③ (*caffè*) laced; **un caffè ~ alla grappa** a coffee laced with grappa

correttore, -trice [kor·ret·'to:·re] *m, f* **~ di bozze** proofreader

correzione [kor·re·'tsio:·ne] *f* (*di difetto, compiti*) correction; **~ di bozze** proofreading

corridoio [kor·ri·'do:·io] <-oi> *m* ① (*di edificio, treno*) corridor ② (*di aereo*) aisle

corridore, -trice [kor·ri·'do:·re] *m, f* (*automobilista*) race car driver; (*ciclista*) racing cyclist; (*podista*) runner

corriera [kor·'riɛ:·ra] *f* bus

corriere [kor·'riɛ:·re] *m* ① (*spedizioniere*) courrier ② (*titolo di giornale*) Courier

corrimano [kor·ri·'ma:·no] *m* (*di scala, barca*) handrail

corrispettivo [kor·ris·pet·'ti:·vo] *m* compensation

corrispettivo, -a *adj* corresponding

corrispondente [kor·ris·pon·'dɛn·te] I. *adj* corresponding II. *mf* (*di giornale*) correspondent; **~ dall'estero** foreign correspondent

corrispondenza [kor·ris·pon·'dɛn·tsa] *f* ① (*lettere*) correspondence ② (*coincidenza*) connection

corrispondere [kor·ris·'pon·de·re] <irr> I. *vi* ① (*equivalere*) **~ a qc** to correspond to sth ② (*soddisfare*) **~ a qc** to meet sth ③ (*per lettera*) to correspond II. *vt* ① (*pagare*) to pay ② (*sentimenti*) to reciprocate

corrodere [kor·'rɔ:·de·re] <irr> I. *vt* (*metalli*) to corrode; (*rocce*) to erode II. *vr* **-rsi** (*metalli*) to corrode; (*rocce*) to erode

corrompere [kor·'rom·pe·re] <irr> I. *vt*

❶ *fig* (*con denaro*) to bribe ❷ (*moralmente*) to corrupt ❸ (*acqua, aria*) to contaminate ❹ COMPUT (*file*) to corrupt II. *vr:* **-rsi** ❶ (*depravarsi*) to be corrupted ❷ COMPUT (*file*) to become corrupted

corrosi *1. pers sing pass rem di* **corrodere**

corrosione [kor·ro·'zio·ne] *f* (*di metallo*) corrosion; (*di rocce*) erosion

corrosivo, -a *adj* corrosive

corroso *pp di* **corrodere**

corrotto *pp di* **corrompere**

corrugare [kor·ru·'ga:·re] I. *vt* (*fronte*) to wrinkle; **~ le sopracciglia** to frown II. *vr:* **-rsi** to wrinkle

corruppi [kor·'rup·pi] *1. pers sing pass rem di* **corrompere**

corruttore, -trice [kor·rut·'to:·re] I. *adj* corrupting II. *m, f* ❶ (*di giudici*) briber ❷ (*seduttore: di giovani*) corrupter

corruzione [kor·ru·'tsio·ne] *f* ❶ (*con denaro*) bribery ❷ (*seduzione*) corruption

corsa ['kor·sa] *f* ❶ (*il correre*) running; **di ~** in a hurry; **fare una ~** (*gara*) to have a race ❷ SPORT (*gara*) race; **cavallo da ~** racehorse ❸ (*di mezzo pubblico*) trip; **l'ultima ~ è alle 23:00** the last bus is at 11 o'clock ❹ (*movimento*) motion

corsi ['kor·si] *1. pers sing pass rem di* **correre**

corsia [kor·'si:·a] <-ie> *f* ❶ MED (*di ospedale*) ward ❷ (*di strada*) lane; **~ di emergenza** shoulder ❸ SPORT lane

Corsica ['kor·si·ka] *f* Corsica; **abitare in ~** to live in Corsica; **andare in ~** to go to Corsica

corsivo [kor·'si:·vo] *m* italics *pl*

corsivo, -a *adj* (*scrittura, testo*) italic

corso[1] ['kor·so] *m* ❶ (*andamento*) course; **seguire** [*o* **fare**] **il suo ~** to take its course; **in ~ di stampa** at the printers ❷ (*insegnamento*) course ❸ (*studente*) **fuori ~** to have failed to finish one's course by the deadline ❹ FIN circulation; **moneta fuori ~** money that is no longer in circulation ❺ (*strada*) main street

corso[2] *pp di* **correre**

corso, -a ['kor·so] *adj, m, f* Corsican

corte ['kor·te] *f* ❶ (*reggia*) court ❷ ARCHIT courtyard ❸ GIUR court; **~ d'appello** appeals court; **Corte di Cassazione** ≈ Court of Appeals ❹ (*corteggiamento*) courtship

corteccia [kor·'tet·tʃa] <-cce> *f* ❶ (*di albero*) bark ❷ MED cortex

corteggiare [kor·ted·'dʒa:·re] *vt* to court

corteggiatore, -trice [kor·ted·dʒa·'to:·re] *m, f* suitor

corteo [kor·'tɛː·o] *m* ❶ (*di matrimonio, funerale*) procession ❷ (*manifestazione*) march

cortese [kor·'te:·ze] *adj* (*garbato: parola, gesto*) polite; (*gentile: persona*) kind

cortesia [kor·te·'zi:·a] *f* ❶ (*gentilezza*) politeness; **per ~** please ❷ (*favore*) favor; **fammi la ~ di uscire** would you mind leaving?

cortile [kor·'ti:·le] *m* (*di edificio*) courtyard; (*di casa colonica*) farmyard

cortina [kor·'ti:·na] *f* (*tenda*) curtain

corto, -a ['kor·to] *adj* short; **essere a ~ di soldi** to be short of money; **per farla -a** in short II. *adv* **tagliar ~** to get straight to the point

cortocircuito [kor·to·tʃir·'ku:·ito] *m* short circuit

corvo ['kɔr·vo] *m* crow

cosa ['kɔː·sa] *f* ❶ (*entità*) thing; **è ~ fatta** it's a done deal; **non è una gran ~** it's nothing special; **è la stessa ~** it's all the same thing; **è tutt'altra ~** it's quite another matter; **ho le mie -e** *inf* (*mestruazioni*) I've got my period; **dimmi una ~** tell me something; **sai una ~?** ... do you know something? ...; **per prima ~** first of all; **fra le altre -e** among other things; **tante (belle) -e!** (*auguri*) all the best!; **qualche ~** something; **qualsiasi ~ succeda** whatever happens ❷ (*nelle interrogative*) (**che**) **~?** what?; **a che ~ serve?** what's it for?; **a (che) ~ pensi?** what are you thinking about? ❸ (*situazione*) thing; **le -e si mettono male** things are turning out badly; **raccontami come sono andate le -e** tell me how things went

coscia ['kɔʃ·ʃa] <-sce> f ⓐANAT thigh ⓑCULIN (*di pollo, maiale*) leg

C **cosciente** [koʃ·'ʃɛn·te] adj ⓐ(*consapevole*) aware ⓑMED (*lucido: paziente*) conscious

coscienza [koʃ·'ʃɛn·tsa] f ⓐ(*consapevolezza*) awareness ⓑMED (*lucidità*) consciousness; **perdere/riacquistare la ~** to lose/to regain consciousness ⓒ(*valori morali*) conscience; **avere la ~ pulita/sporca** to have a clear/guilty conscience; **avere qc sulla ~** to have sth on one's conscience ⓓ(*senso del dovere*) conscientiousness; **agire con ~** to act conscientiously ⓔ(*onestà*) honesty

coscienzioso, -a [koʃ·ʃen·'tsio·so] adj (*persona, opera, lavoro*) conscientious

cosentino, -a I. adj from Cosenza II. m, f (*abitante*) person from Cosenza

Cosenza f Cosenza, *a city in Southern Italy*

così [ko·'si] I. adv ⓐ(*in questo modo*) like this; **come va? — ~ ~** how's it going? — so-so; **non devi fare ~** you shouldn't do it like that; **per ~ dire** so to speak; **e ~ via** and so on; **è proprio ~** it's exactly like that ⓑ(*tanto*) so ⓒ(*correlativo di come*) **~ ... come** both ... and II.<inv> adj (*siffatto*) like that III. conj ⓐ(*perciò*) so ⓑ(*nel modo*) **~ ... come** as ... as; **~ sia** amen

cosicché [ko·sik·'ke] conj so

cosiddetto, -a [ko·sid·'det·to] adj so-called

cosmetico [kos·'mɛ·ti·ko] <-ci> m cosmetic

cosmetico, -a <-ci, -che> adj (*prodotto, cura, azienda*) cosmetic

cosmo ['kɔz·mo] m cosmos

cosmonauta [koz·mo·'na:u·ta] <-i m, -e f> mf astronaut

cosmonautico, -a [koz·mo·'na:u·ti·ko] <-ci, -che> adj astronautical

cosmonave [koz·mo·'na:·ve] f spaceship

cosmopolita [koz·mo·po·'li:·ta] <-i m, -e f> I. mf cosmopolitan II. adj (*persona, città*) cosmopolitan

cospargere [kos·'par·dʒe·re] <irr> vt to sprinkle; **~ qc di qc** to sprinkle sth with sth

cospicuo, -a [kos·'pi:·kuo] adj considerable

cospirare [kos·pi·'ra:·re] vi to conspire

cospiratore, -trice [kos·pi·ra·'to:·re] m, f conspirator

cospirazione [kos·pi·ra·'tsio:·ne] f conspiracy

cossi ['kɔs·si] 1. pers sing pass rem di **cuocere**

costa ['kɔs·ta] f ⓐGEOG coast ⓑBOT (*nervatura*) rib ⓒ(*di libro*) spine ⓓ(*di coltello*) back ⓔ(*di tessuto*) ribbing; **velluto a -e** corduroy

costante [kos·'tan·te] I. adj ⓐ(*continuo*) constant ⓑ(*stabile: tempo*) unchanging ⓒ(*persona*) persevering ⓓ(*sentimenti, desideri*) constant II. f constant

costanza [kos·'tan·tsa] f perseverance

Costanza [kos·'tan·tsa] f Constance; **Lago di ~** Lake Constance

costare [kos·'ta:·re] vi, vt essere ⓐ(*avere il prezzo di*) to cost; **~ caro** to be expensive; **~ poco** to be inexpensive; **quanto costa?** how much is it? ⓑ(*essere caro*) to be expensive

costata [kos·'ta:·ta] f (*bistecca*) chop

costeggiare [kos·ted·'dʒa:·re] vt ⓐNAUT to sail along ⓑ(*strada, sentiero*) to run along the side of

costei v. **costui**

costiera [kos·'tiɛ:·ra] f coast

costiero, -a [kos·'tiɛ:·ro] adj (*strada, zona*) coastal

costituire [kos·ti·tu·'i:·re] <costituisco> I. vt ⓐ(*fondare: società*) to set up ⓑ(*rappresentare*) to constitute ⓒ(*formare*) to make up; **essere costituito da** to consist of II. vr: **-rsi** ⓐGIUR (*consegnarsi alla giustizia*) to turn oneself in ⓑ(*formarsi*) to be formed

costituzione [kos·ti·tu·'tsio:·ne] f ⓐGIUR, MED constitution ⓑ(*di società*) setting-up; (*di società, giuria*) formation

costo ['kɔs·to] *m a. fig* cost; **sotto ~** for less than cost price; **a qualunque** [*o* **ogni**] **~, a tutti i -i** at all costs

costola ['kɔs·to·la] *f* ANAT, BOT rib

costoletta [kos·to·'let·ta] *f* CULIN cutlet

costoro [kos·'to:·ro] *v.* **costui**

costoso, -a [kos·'to:·so] *adj* expensive

costringere [kos·'trin·dʒe·re] <irr> *vt* to force; **~ qu a fare qc** to force sb to do sth

costruire [kos·tru·'i:·re] <costruisco> *vt* ① ARCHIT (*edificare*) to build ② TEC (*assemblare*) to construct ③ *fig* (*società, vita*) to build

costruttore, -trice [kos·trut·'to:·re] *m, f* (*imprenditore edile*) builder

costruzione [kos·tru·'tsio:·ne] *f* ① (*edificio*) building ② (*fabbricazione*) construction; **essere in ~** to be under construction ③ *fig* (*di società, vita*) building

costui, costei [kos·'tu:·i, kos·'tɛ:·i] <costoro> *pron dem* he *m*, she *f*

costume [kos·'tu:·me] *m* ① THEAT costume ② (*foggia di vestire*) dress; **~ da bagno** (*da donna*) bathing suit; (*da uomo*) trunks *pl* ③ (*usanze*) custom ④ (*abitudine*) habit

cotechino [ko·te·'ki:·no] *m* pork and bacon sausage, boiled and served with lentils

cotoletta [ko·to·'let·ta] *f* CULIN (*di maiale*) chop; (*di vitello*) cutlet

cotone [ko·'to:·ne] *m* cotton

cotta ['kɔt·ta] *f inf* (*passione*) crush; **avere una ~ per qu** to have a crush on sb

cottimo ['kɔt·ti·mo] *m* piecework; **lavorare a ~** to do piecework

cotto, -a [I. *pp* di **cuocere** II. *adj* ① CULIN (*pronto*) done ② (*bollito*) boiled; (*preparato: al forno*) roast; (*in padella*) fried; (*in umido*) stewed; **ben ~** well done ③ *inf* (*innamorato*) **essere ~ di qu** to be smitten with sb ④ *inf* (*sfinito*) done in *inf*

cottura [kot·'tu:·ra] *f* CULIN cooking; (*bollitura: in acqua*) boiling; (*in padella*) frying; (*in umido*) stewing; (*in*

forno) baking; **raggiungere il punto di ~** to be done

covo ['kɔ:·vo] *m* ① ZOO lair ② *fig* (*nascondiglio*) den

cozza ['kɔt·tsa] *f* mussel

cozzare [kot·'tsa:·re] *vi* ① (*sbattere*) **~ contro qu/qc** to bang into sb/sth ② *fig* (*mettersi in contrasto*) **~ con qc** to clash with sth

C.P. *abbr di* **Casella Postale** P.O. box

crac [krak] <-> *m* ① (*rumore*) crack ② *fig* COM (*fallimento*) crash

cracker ['kræ·kə/'kre·ker] <-> *m* ① (*galletta*) cracker ② COMPUT (*pirata*) cracker

cranio ['kra:·nio] <-i> *m* skull

cravatta [kra·'vat·ta] *f* tie

crawl [krɔːl] <-> *m* crawl; **nuotare a ~** to swin the crawl

creare [kre·'a:·re] *vt* ① (*gener*) to create ② (*nella moda*) to design ③ COM (*società*) to set up ④ (*nominare*) to appoint

creatività [kre·a·ti·vi·'ta] <-> *f* creativity

creativo, -a [kre·a·'ti:·vo] I. *adj* creative II. *m, f* (*in pubblicità*) copywriter

creatore, -trice [kre·a·'to:·re] I. *adj* creative II. *m, f* (*autore, ideatore*) creator ③ (*di moda, di profumi*) designer

creatura [kre·a·'tu:·ra] *f* ① (*essere umano*) creature ② (*bambino*) baby ③ *fig* (*cosa creata*) creation

creazione [kre·a·'tsio:·ne] *f* ① (*il creare*) creation ② (*fondazione, realizzazione*) setting-up ③ (*nella moda*) design

crebbi ['kreb·bi] *1. pers sing pass rem di* **crescere**

credei [kre·'de:·i] *1. pers sing pass rem di* **credere[1]**

credente [kre·'dɛn·te] I. *adj* believing II. *mf* REL believer

credenza [kre·'dɛn·tsa] *f* ① (*mobile*) hutch ② (*tradizione*) belief

credere[1] ['kre:·de·re] <credo, credetti *o* credei, creduto> I. *vt* ① (*ritenere vero*) to believe; **io non ci credo** I don't believe it; **lo credo bene!** *inf* I should think so! ② (*ritenere*) to think; **credo**

che ... +conj I think (that) ... ⓔ (ritenere opportuno) to think; **fa come credi** do as you like II. vi to believe; **~ in qu/qc** to believe in sb/sth; **~ a qu** to believe sb; **non potevo ~ ai miei occhi** I couldn't believe my eyes III. vr: **-rsi** to think oneself; **-rsi furbo/intelligente** to think one is smart/intelligent

credere² m (opinione) opinion

credibilità [kre·di·bi·li·'ta] <-> f credibility

creditizio, -a [kre·di·'ti·tsio] <-i, -ie> adj (politica, mediazione) credit

credito ['krɛː·di·to] m ⓞ COM, FIN credit; **essere in ~** to be in credit; **~ d'imposta** tax credit ⓔ (voto, valutazione) credit; **~ scolastico** school credit ⓔ fig (attendibilità) credit; **godere di molto ~** to be held in high esteem

creditore, -trice [kre·di·'toː·re] adj, m, f creditor

crema ['krɛː·ma] I. f ⓞ (panna) cream; **gelato alla ~** vanilla ice cream; **la ~ della società** fig the cream of society ⓔ CULIN (passato) purée; **~ di pomodoro** tomato purée; (per dolci) cream ⓔ (cosmetico) cream; **~ per le mani** handcream; **~ solare** suntan lotion ⓔ (per scarpe) polish; **~ da scarpe** shoe polish II. <inv> adj (color) ~ cream(-colored)

cremare [kre·'maː·re] vt to cremate

crematorio [kre·ma·'tɔː·rio] <-i> m crematorium

cremazione [kre·ma·'tsioː·ne] f cremation

Cremona [kre·'moː·na] f Cremona, city in northern Italy

cremonese [kre·mo·'neː·se] adj, mf Cremonese

cren [krɛn] <-> m CULIN horseradish sauce

crepa ['krɛː·pa] f crack

crepacuore [kre·pa·'kuɔː·re] m (dolore) heartbreak; **morire di ~** to die of a broken heart

crepare [kre·'paː·re] I. vi essere fig, inf (morire) to kick the bucket inf; **~ dal caldo/dalla sete/fame** to be dying

from the heat/of thirst/of hunger; **~ di paura** to be scared to death; **in bocca al lupo! — crepi (il lupo)!** inf good luck! — thanks! II. vr: **-rsi** (muro, terra, pelle) to crack

crepuscolo [kre·'pus·ko·lo] m a. fig twilight

crescendo [kreʃ·'ʃɛn·do] m a. fig crescendo

crescente [kreʃ·'ʃɛn·te] adj ⓞ (luna) waxing; (marea) rising ⓔ (attenzione, partecipazione, malcontento) growing

crescere ['kreʃ·ʃe·re] <cresco, crebbi, cresciuto> I. vi essere ⓞ (svilupparsi) to grow; **come sei cresciuto!** how you've grown! ⓔ (spuntare: denti) to come through ⓔ (aumentare) to increase; **~ di peso/volume** to increase in weight/volume ⓔ (diventare adulto) to grow up II. vt avere (allevare: figli) to raise

crescione [kreʃ·'ʃoː·ne] m watercress

crescita ['kreʃ·ʃi·ta] f ⓞ (sviluppo) growth ⓔ (aumento) increase

cresciuto [kreʃ·'ʃuː·to] pp di **crescere**

cresco ['kres·ko] 1. pers sing pr di **crescere**

cresima ['krɛː·zi·ma] f REL confirmation

cresimare [kre·zi·'maː·re] I. vt REL to confirm II. vr: **-rsi** REL to be confirmed

crespo ['kres·po] m crêpe

cretinata [kre·ti·'naː·va] f inf ⓞ (sciocchezza) stupid thing ⓔ (cosa di poca importanza) trifle

cretino, -a [kre·'tiː·no] I. adj inf stupid II. m, f inf (stupido) fool

CRI f abbr di **Croce Rossa Italiana** Italian Red Cross

cric [krik] <-> m mot jack

criceto [kri·'tʃɛː·to] m zoo hamster

criminale [kri·mi·'naː·le] adj criminal

criminalità [kri·mi·na·li·'ta] <-> f ⓞ (delinquenza) crime; **~ organizzata** organized crime ⓔ (caratteristica) criminality

crimine ['kriː·mi·ne] m crime; **-i di guerra** war crimes

cripta ['krip·ta] f (di chiesa) crypt

criptare [krip·'ta:·re] vt COMPUT to encrypt

criptato, -a [krip·'ta:·to] adj COMPUT encrypted

crisi ['kri:·zi] <-> f ① (periodo difficile) crisis ② MED (attacco) attack; ~ **epilettica** epileptic fit

cristianesimo [kris·tia·'ne:·zi·mo] m REL Christianity

cristianità [kris·tia·ni·'ta] <-> f ① (qualità) Christianity ② (tutti i cristiani) Christendom

cristiano, -a [kris·'tia:·no] I. adj REL Christian II. m, f ① REL Christian ② fig, inf (essere umano) human being; **da** ~ inf in a civilized manner; **essere un buon** ~ inf to be a decent human being

critica ['kri:·ti·ka] <-che> f ① (giudizio negativo) criticism; **rivolgere -che a qu** to criticize sb ② (valutazione) criticism ③ (recensione) review ④ (critici) critics pl

criticare [kri·ti·'ka:·re] vt ① (disapprovare) to criticize ② LETT, FILM, THEAT (valutare) to review

critico, -a ['kri:·ti·ko] <-ci, -che> I. adj critical II. m, f LETT, FILM, THEAT critic; ~ **letterario/musicale** literary/music critic

croccante [krok·'kan·te] I. adj (biscotto, pane) crunchy II. m CULIN brittle

crocchetta [krok·'ket·ta] f CULIN croquette

croce ['kro:·tʃe] f ① REL cross ② (oggetto) cross; **fare una ~ sopra qc** fig to forget about sth ③ (organizzazione) **Croce Rossa** Red Cross ④ (di moneta) tails; **testa o ~?** heads or tails?

crocevia [kro·tʃe·'vi:·a] <-> m crossroads

crociera [kro·'tʃɛ:·ra] f ① NAUT cruise ② AERO **velocità di ~** cruising speed

crocifissione [kro·tʃi·fis·'sio:·ne] f crucifixion

crocifisso [kro·tʃi·'fis·so] m REL (immagine di Gesù) crucifix

crollare [krol·'la:·re] vi essere ① (costruzione) to collapse ② (persona) to break down ③ (prezzi, azioni) to fall

crollo ['krɔl·lo] m ① (di casa, ponte) collapse ② COM (di prezzi, azioni) fall ③ fig (di persona) breakdown

cronaca ['krɔ:·na·ka] <-che> f ① (reportage) commentary ② (notizie) news; ~ **bianca** general news; ~ **nera** crime news

cronico, -a ['krɔ:·ni·ko] <-ci, -che> I. adj (malattia, dolore) chronic II. m, f chronic invalid

cronista [kro·'nis·ta] <-i m, -e f> mf columnist

cronologia [kro·no·lo·'dʒi:·a] <-gie> f chronology

cronologico, -a [kro·no·'lɔ:·dʒi·ko] <-ci, -che> adj (ordine, tavole) chronological

cronometro [kro·'nɔ:·met·ro] m ① (orologio) chronometer ② SPORT stopwatch

crosta ['krɔs·ta] f ① (di pane) crust; (di formaggio) rind ② MED scab

crostacei [kros·'ta:·tʃei] mpl shellfish

crostino [kros·'ti:·no] m CULIN canapé

cruciverba [kru·tʃi·'vɛr·ba] <-> m crossword

crudele [kru·'de:·le] adj cruel

crudeltà [kru·del·'ta] <-> f ① (di persona, animo) cruelty ② (azione) act of cruelty

crudo, -a ['kru:·do] adj ① (non cotto) raw ② (poco cotto) undercooked ③ fig (verità) stark

cruscotto [krus·'kɔt·to] m AUTO dashboard

c.s. abbr di **come sopra** as above

cubetto [ku·'bet·to] m (di ghiaccio) cube

cubico, -a ['ku:·bi·ko] <-ci, -che> adj cubic

cubo ['ku:·bo] I. adj cubic; **metro** ~ cubic meter II. m cube

cuccetta [kut·'tʃet·ta] f NAUT (di nave) berth; FERR (di treno) couchette

cucchiaiata [kuk·kia·'ia:·ta] f spoonful

cucchiaino [kuk·kia·'i:·no] m ① (posata) teaspoon ② (quantità) teaspoonful

cucchiaio [kuk·'kia:·io] <-ai> m ① (posata) spoon ② (quantità) spoonful

cuccia [ˈkutːʃa] <-cce> f (di cane) dog basket; **a ~!** down!

cucciolata [kutːʃoˈlaːta] f litter

cucciolo, -a [ˈkutːʃoːlo] m, f (di cane) puppy; (di gatto) kitten

cucina [kuˈtʃiːna] f ① (luogo) kitchen; **~ componibile** [o all'americana] fitted kitchen ② (arte, modo) cooking; **libro di ~** cookbook ③ (apparecchio) stove; **~ a gas** gas stove; **~ elettrica** electric stove

cucinare [kutʃiˈnaːre] vi, vt to cook

cucinino [kutʃiˈniːno] m kitchenette

cucire [kuˈtʃiːre] vt ① (orlo, abito) to sew; **macchina da ~** sewing machine ② (ferita) to sew up

cucito [kuˈtʃiːto] m (tecnica) sewing

cucito, -a adj sewn

cucitrice [kutʃiˈtriːtʃe] f (spillatrice) stapler

cuffia [ˈkufːfja] <-ie> f ① (di lana) hat ② (impermeabile) cap; **~ (da bagno)** (per piscina) swimming cap; **~ (da doccia)** shower cap ③ TEL, RADIO headphones pl

cugino, -a [kuˈdʒiːno] m, f cousin

cui [ˈkuːi] pron ① (con preposizioni) **a ~** (persona) to whom; (cosa) to which; **con ~** (persona) with whom; (cosa) with which; **di ~** (persona) of whom; (cosa) of which; **in ~** in which; **per ~** (persona) for whom; (cosa) for which ② (a cui) to whom; (cosa) to which ③ (di cui) whose

culinario, -a [kuliˈnaːrio] <-i, -ie> adj culinary

culla [ˈkulːla] f cradle

culminare [kulmiˈnaːre] vi essere fig (arrivare all'apice) **~ in qc** to culminate in sth

culmine [ˈkulmiːne] m ① fig (apice: di carriera) peak; (apice: di potenza) height ② (di monte) top

culo [ˈkuːlo] m vulg ass vulg; **avere ~** to be lucky; **prendere qu per il ~** to take sb for a ride inf; **farsi il ~** [o **un ~ così**] to work one's ass off vulg

culto [ˈkulto] m REL (di reliquie, anime) cult

cultura [kulˈtuːra] f ① (conoscenze) culture; **un uomo di ~** an educated man ② AGR crop

culturale [kultuˈraːle] adj cultural

culturismo [kultuˈrizmo] m bodybuilding

culturista [kultuˈrista] <-i m, -e f> mf bodybuilder

cumulare [kumuˈlaːre] vt (contributi, ore lavorative) to accumulate

cumulativo, -a [kumulaˈtiːvo] adj (biglietto, sconto, prezzo) inclusive

cumulo [ˈkuːmulo] m (mucchio) heap

cuneo [ˈkuːneo] m wedge

cuocere [ˈkwɔːtʃere] <cuocio, cossi, cotto> I. vt avere ① to cook; (bollire) to boil; (in padella) to fry; (in umido) to stew; (in forno) to bake; **~ alla griglia** to broil; **~ sulla brace** to grill ② (ceramiche, mattoni) to fire II. vi essere CULIN to cook; **il riso sta cuocendo** the rice is cooking

cuoco, -a [ˈkwɔːko] <-chi, -che> m, f ① (chi cucina) cook ② (di ristorante) chef

cuoio [ˈkwɔːio] m ① (pelle conciata) leather ② ANAT **~ capelluto** scalp

cuore [ˈkwɔːre] m ① ANAT heart ② fig (sede dei sentimenti) heart; **amica del ~** bosom friend; **stare a ~** to be important; **spezzare il ~ a qu** fig to break sb's heart; **con tutto il ~** with all one's heart ③ (di carte da gioco) hearts pl ④ fig (punto centrale) heart; **nel ~ della notte** in the dead of night

cupo, -a [ˈkuːpo] adj ① (colore) dark ② (notte, foresta) pitch-black ③ (voce) deep ④ fig (volto, sguardo) sullen

cupola [ˈkuːpoˌla] f dome

cura [ˈkuːra] f ① (interessamento) care; **prendersi ~ di qu** to take care of sb ② (accuratezza) care; **a ~ di ...** (libro) edited by ... ③ MED treatment; **casa di ~** nursing home

curare [kuˈraːre] I. vt ① (malato, malattia) to treat ② (occuparsi di: aziani, malati) to take care of ③ (testo) to edit II. vr: **-rsi** ① (prendersi cura) to take care of oneself ② MED (sottoporsi a una *terapia*) to get treatment ⊛(*preoccuparsi*) **-rsi di qc** to care about sth

curato [ku·'ra·to] *m* REL parish priest

curiosità [ku·rio·si·'ta] <-> *f* curiosity

curioso, -a [ku·'rio·so] **I.** *adj* ⊛(*interessato*) curious ⊛(*indiscreto*) nosy ⊛(*bizzarro: oggetto, fatto*) curious **II.** *m, f* onlooker

cursore *m* COMPUT cursor

curva ['kur·va] *f* ⊛(*su diagramma*) curve ⊛(*stradale*) bend

curvare [kur·'va·re] **I.** *vi* ⊛(*auto*) to turn ⊛(*strada*) to bend **II.** *vt* ⊛(*sbarra, ramo*) to bend ⊛(*capo, fronte*) to bow **III.** *vr:* **-rsi** (*ramo*) to bend; (*persona*) to bend down

curvo, -a ['kur·vo] *adj* (*linea, legno*) curved; (*spalle, persona*) bent

cuscino [kuʃ·'ʃi:·no] *m* ⊛(*guanciale*) pillow ⊛(*per poltrona, divano*) cushion

custode [kus·'tɔ:·de] **I.** *mf* (*di museo*) attendant; (*di palazzo*) superintendent; (*di scuola*) janitor **II.** *adj* **angelo ~** guardian angel

custodia [kus·'tɔ:·dia] <-ie> *f* ⊛(*cura*) care; **dare qu/qc in ~ a qu** to entrust sb/sth to sb's care ⊛GIUR **~ cautelare** custody ⊛(*astuccio: di occhiali, violino*) case

custodire [kus·to·'di:·re] <custodisco> *vt* to take care of; (*segreto*) to keep

cutaneo, -a [ku·'ta:·neo] *adj* skin; **eruzione -a** rash

cute ['ku:·te] *f* skin

CV ⊛ *abbr di* **Cavallo Vapore** h.p. ⊛ *abbr di* **curriculum vitae** résumé

cybercafé [sai·ber·ka·'fe] <-> *m* Internet café

cyberspazio [tʃi·ber·'spa·zio] <-i> *m* COMPUT cyberspace

Dd

D, d [di] <-> *f* D, d; **~ come Domodossola** D for Dog

d' *prep* = **di** used before a vowel; *v.* **di**

D *abbr di* **Diretto** Dir.

da [da] <dal, dallo, dall', dalla, dai, dagli, dalle> *prep* ⊛(*stato in luogo*) at; (*moto da luogo*) from; (*moto a luogo: con persone*) to; (*attraverso*) through; (*distanza*) from; **abito ~ mio zio** I live with my uncle; **andare ~ Torino a Stoccarda** to go from Turin to Stuttgart; **vado ~ un amico** I'm going to a friend's house; **vengo ~ casa** I've come from home ⊛(*con verbi passivi*) by ⊛(*causa*) with; **tremare dal freddo** to shiver with cold ⊛(*tempo*) **~ principio** from the beginning; **~ domani** from tomorrow; **dal lunedì al venerdì** from Monday to Friday; **(fin) ~ bambino** since childhood; **~ allora** since

then; **~ cinque anni** for five years ⊛(*fine, scopo*) **auto ~ corsa** racecar; **cane ~ caccia** hunting dog ⊛(*modo*) like; **comportarsi ~ vero amico** to behave like a true friend; **ho fatto tutto ~ me** I did it all by myself; **~ solo** alone ⊛(*qualità*) with; **una ragazza dai capelli rossi** a redheaded girl ⊛(*valore*) **un gelato ~ due euro** a two euro ice cream ⊛(*con inf*) **qualcosa ~ bere** something to drink; **non c'è niente ~ fare** there's nothing to be done

daccapo [dak·'ka:·po] *adv* again; **ricominciare ~** to start again

dado ['da:·do] *m* ⊛(*cubetto*) dice ⊛CULIN bouillon cube ⊛(*per bulloni*) nut

dagli, dai ['da√·√i, 'da:·i] *prep* = **da + gli, i** *v.* **da**

dal [dal] *prep* = **da + il** *v.* **da**

dall', dalla, dallo, dalle [dall, 'dal·la,

'dal·lo, 'dal·le] *prep* = da + l', la, lo, le *v.* da

daltonico, -a [dal·'tɔ:·ni·ko] <-ci, -che> *adj* colorblind

dama ['da:·ma] *f* (*gioco*) checkers; **giocare a ~** to play checkers

danese [da·'ne:·se] I. *adj* Danish II. *mf* (*persona*) Dane

Danimarca [da·ni·'mar·ka] *f* Denmark; **abitare in ~** to live in Denmark; **andare in ~** to go to Denmark

dannare [dan·'na:·re] I. *vt* **far ~ qu** to drive sb crazy II. *vr:* **-rsi** to fret

dannato, -a [dan·'na:·to] *adj inf* damn

danneggiare [dan·ned·'dʒa:·re] *vt* ① (*oggetto*) to damage ② (*nuocere a*) to harm

danno ['dan·no] *m* damage; **far -i** to cause damage; **arrecare ~ a qc** to harm sth; **pagare i -i** to pay damages

dannoso, -a [dan·'no:·so] *adj* harmful

danza ['dan·tsa] *f* dance; **~ classica** classical ballet

danzare [dan·'tsa:·re] *vi, vt* to dance

danzatore, -trice [dan·tsa·'to:·re] *m, f* dancer

dappertutto [dap·per·'tut·to] *adv* everywhere

dapprima [dap·'pri:·ma] *adv* at first

dare ['da:·re] <do, diedi *o* detti, dato> I. *vt* ① (*gener*) **~ qc a qu** to give sb sth; **~ una notizia a qu** to give sb some news; (**~ fuoco a qc**) to set sth on fire; (**~ uno sguardo a qc**) to look at sth; **darsi delle arie** to show off; **non darsi pace** to not be able to stop thinking about sth ② (*produrre: frutti*) to produce ③ (*causare*) **~ preoccupazioni a qu** to worry sb; **~ un dispiacere a qu** to upset sb ④ (*fare: lezione*) to give; **~ un esame** to take an exam; **~ una festa** to have a party ⑤ (*dire*) to call; **~ del Lei/tu a qu** to call sb Lei/tu; **~ dell'imbecille a qu** to call sb an idiot II. *vi* ⑥ (*guardare*) **~ su qc** to overlook sth; **la finestra dà sul cortile** the window overlooks the courtyard ⑦ (*prorompere*) **~ in escande-**

scenze to go mad ⑧ (*battere*) **~ in qc** to hit sth ⑨ (*fare effetto*) **~ nell'occhio** to stick out; **~ alla testa** to go to one's head III. *vr:* **-rsi** ① (*dedicarsi*) to devote oneself; **darsi alla pittura** to take up painting ② (*reciproco*) **ci siamo dati un bacio** we kissed ③ (*loc*) **può darsi che ... +***conj* perhaps ...; **darsela a gambe** to run away; **-rsi per vinto** to give in

dark [da:k/dark] <*inv*> *adj, mf* Goth

darsena ['dar·se·na] *f* dock

data ['da:·ta] *f* date; **~ di nascita** date of birth

datare [da·'ta:·re] *vi essere* to date; **la nostra amicizia data dal 1998** our friendship dates back to 1998

dato ['da:·to] *m* datum; **-i anagrafici** personal data; **~ di fatto** fact; **banca -i** COMPUT data bank

dato, -a I. *pp di* **dare**[1] II. *adj* ① (*determinato*) certain ② (*considerato*) given; **~ che ...** since; **-e le circostanze** under the circumstances

datore, -trice [da·'to:·re] *m, f* **~ di lavoro** employer

dattero ['dat·te·ro] *m* ① (*frutto*) date ② (*pianta*) date palm

dattilografare [dat·ti·lo·gra·'fa:·re] *vt* to type

dattilografo, -a [dat·ti·'lɔ:·gra·fo] *m, f* typist

dattorno [dat·'tor·no] I. *adv* around II. *prep* **~ a** around

davanti [da·'van·ti] I. *adv* (*di fronte*) opposite; (*nella parte anteriore*) in front II. *prep* **~ a** ① (*di fronte a*) in front of ② (*dirimpetto*) opposite III. <*inv*> *adj, m* front

davanzale [da·van·'tsa:·le] *m* windowsill

davanzo, d'avanzo [da·'van·tso] *adv* more than enough

davvero [dav·'ve:·ro] *adv* really; **per ~** really and truly

d.C. *abbr di* **dopo Cristo** A.D.

dea ['dɛ:·a] *f* goddess

debilitante [de·bi·li·'tan·te] *adj* debilitating

debitamente [de·bi·ta·'men·te] *adv* duly

debito ['de:·bi·to] *m* a. FIN debt; **sentirsi in ~ verso qu** to be in sb's debt

debito, -a *adj* ❶ (*doveroso*) due ❷ (*opportuno*) proper; **a tempo ~** at the right time

debitore, -trice [de·bi·'to:·re] *m, f* ❶ FIN debtor ❷ *a. fig* **ti sono ~** I'm in your debt

debole ['de:·bo·le] I. *adj* weak II. *m* **avere un ~ per qc/qu** to have a weakness for sth/sb

debolezza [de·bo·'let·tsa] *f* weakness

debug [di·'bʌɡ] <-> *m* COMPUT debug

debutto [de·'but·to] *m* debut

decade ['dɛ:·ka·de] *f* (*dieci giorni*) ten days

decadente [de·ka·'dɛn·te] *adj* decadent

decadere [de·ka·'de:·re] <irr> *vi essere* (*declinare*) to fall into decline

decaduto, -a [de·ka·'du:·to] *adj* (*impoverito*) impoverished; **nobiltà -a** decayed nobility

decaffeinato, -a *adj* decaffeinated

deceduto, -a [de·tʃe·'du:·to] *adj form* deceased

decelerare [de·tʃe·le·le·'ra:·re] *vt* to slow down

decennale [de·tʃen·'na:·le] I. *adj* ❶ (*che dura 10 anni*) ten-year ❷ (*ogni 10 anni*) ten-yearly II. *m* (*anniversario*) tenth anniversary

decennio [de·'tʃen·nio] <-i> *m* decade

decente [de·'tʃɛn·te] *adj* decent

decentramento [de·tʃen·tra·'men·to] *m* decentralization

decentrare [de·tʃen·'tra:·re] *vt* to decentralize

decentrato, -a [de·tʃen·'tra:·to] *adj* decentralized

decenza [de·'tʃɛn·tsa] *f* ❶ (*pudore, dignità*) decency ❷ (*convenienza*) suitability

decibel [de·tʃi·'bɛl/'dɛ:·tʃi·bel] <-> *m* decibel

decidere [de·'tʃi:·de·re] <decido, decisi, deciso> I. *vt* (*stabilire*) to decide; (*scegliere*) to choose; **~ di fare qc** to

decide to do sth II. *vi* to decide (*di* about) III. *vr:* **-rsi** to make up one's mind; **-rsi a fare qc** to make up one's mind to do sth

decifrare [de·tʃi·'fra:·re] *vt* (*scrittura*) to decipher; (*codice*) to work out

decima ['dɛ:·tʃi·ma] *f* MATH, MUS tenth; **7 alla ~** 7 to the tenth

D

decimale [de·tʃi·'ma:·le] *adj* decimal

decimare [de·tʃi·'ma:·re] *vt* to decimate

decimo ['dɛ:·tʃi·mo] *m* (*in frazione*) tenth

decimo, -a *adj, m, f* tenth; *v.a.* **quinto**

decina [de·'tʃi:·na] *f* MATH ten or so *pl*; **una ~ (di ...)** ten or so ...; **a -e** by the dozen

decisamente [de·tʃi·za·'men·te] *adv* (*veramente*) really

decisi [de·'tʃi:·zi] *1. pers sing pass rem di* **decidere**

decisionale [de·tʃi·zio·'na:·le] *adj* decision-making

decisione [de·tʃi·'zio:·ne] *f* ❶ (*risolutezza*) decisiveness ❷ (*deliberazione*) *a.* GIUR decision; **prendere una ~** to make a decision

decisionistico, -a [de·tʃi·zio·'nis·ti·ko] <-ci, -che> *adj* (*modi, piglio*) making decisions without consulting others

decisivo, -a [de·tʃi·'zi:·vo] *adj* decisive

deciso, -a [de·'tʃi:·zo] I. *pp di* **decidere** II. *adj* ❶ (*convinto*) decided ❷ (*risoluto*) determined

declassare [de·klas·'sa:·re] *vt* to downgrade

declinare [de·kli·'na:·re] I. *vt a.* LING to decline II. *vi* ❶ (*essere in pendenza*) to slope downwards ❷ (*diminuire: febbre*) to drop; (*tendenza*) to decline

declinazione [de·kli·nat·'tsio:·ne] *f* LING declension

declino [de·'kli:·no] *m* (*decadenza*) decline

decodificare [de·ko·di·fi·'ka:·re] *vt* to decode

decodificatore [de·ko·di·fi·ka·'to:·re] *m* (*apparecchio*) decoder

decollare [de·kol·'la:·re] *vi* to take off

décolleté [de·kɔl·'te] I. <inv> *adj*

(*abito*) low-cut; (*scarpe ~*) pumps II.<~> *m* ⓘ(*scarpa*) pump ②(*di abito*) low neckline ③(*di donna*) cleavage

decolorare [de·ko·lo·'ra:·re] *vt* (*peli, capelli*) to bleach

D **decompongo** *1. pers sing pr di* **decomporre**

decomporre [de·kom·'por·re] <irr> I.*vt* CHIM to decompose II.*vr:* **-rsi** CHIM to decompose

decomposizione [de·kom·po·zit·'tsio:·ne] *f* (*di cadavere*) decomposition

decomposto, -a [de·kom·'pɔs·to] *pp di* **decomporre**

deconcentrato, -a [de·kon·tʃen·'tra:·to] *adj* distracted

decontaminare [de·kon·ta·mi·'na:·re] *vt* to decontaminate

decontaminazione [de·kon·ta·mi·nat·'tsio:·ne] *f* decontamination

decontrarre [de·kon·'trar·re] <irr> *vt* to relax

decontrazione [de·kon·trat·'tsio:·ne] *f* relaxation

decorare [de·ko·'ra:·re] *vt* to decorate

decorativo, -a [de·ko·ra·'ti:·vo] *adj* decorative

decorato, -a [de·ko·'ra:·to] *adj* decorated

decoratore, -trice [de·ko·ra·'to:·re] *m, f* (*d'interno*) decorator; (*in teatro*) set designer

decorazione [de·ko·rat·'tsio:·ne] *f* decoration

decoro [de·'kɔ:·ro] *m* ⓘ(*dignità*) decorum ②(*onore, prestigio*) honor

decoroso, -a [de·ko·'ro:·so] *adj* (*atteggiamento, discorso*) dignified; (*stipendio*) decent

decorrenza [de·kor·'rɛn·tsa] *f* **con ~ da** with effect from

decorso [de·'kor·so] *m* ⓘ(*del tempo*) passage ②(*di malattia*) course

decrebbi *1. pers sing pass rem di* **decrescere**

decrepito, -a [de·'krɛ:·pi·to] *adj* ⓘ(*rafforzativo*) decrepit ②(*idee, mentalità*) obsolete

decrescere [de·'kreʃ·ʃe·re] <irr> *vi* essere to fall

decretare [de·kre·'ta:·re] *vt* (*stabilire*) to order

decreto [de·'krɛ:·to] *m* decree; **~ di citazione** summons; **~ ministeriale** ministerial decree

dedica ['dɛ:·di·ka] <-che> *f* dedication

dedicare [de·di·'ka:·re] I.*vt* to dedicate II.*vr:* **-rsi** to dedicate oneself

dedito, -a ['dɛ:·di·to] *adj* dedicated

dedizione [de·dit·'tsio:·ne] *f* dedication; **~ al dovere** devotion to duty

dedotto [de·'dot·to] *pp di* **dedurre**

deducibile [de·du·'tʃi:·bi·le] *adj* ⓘ(*concetto*) deducible ②COM (*spese*) deductible

dedurre [de·'dur·re] <deduco, dedussi, dedotto> *vt* ⓘ(*concetto*) **~ da qc** to deduce from sth ②COM (*spese*) to deduct

deduzione [de·dut·'tsio:·ne] *f* deduction

defalcare [de·fal·'ka:·re] *vt* to deduct

defezione [de·fet·'tsio:·ne] *f* defection

deficiente [de·fi·'tʃen·te] I.*adj* (*scarso*) insufficient II.*mf* (*imbecille*) idiot

deficienza [de·fi·'tʃen·tsa] *f* ⓘ(*scarsità*) shortage ②(*lacuna*) weakness

deficit ['dɛ:·fi·tʃit] <~> *m* FIN deficit

défilé [de·fi·'le] <~> *m* fashion show

definire [de·fi·'ni:·re] <definisco> *vt* ⓘ(*stabilire*) to decide ②(*spiegare*) to define ③(*risolvere*) to settle

definitivo, -a [de·fi·ni·'ti:·vo] *adj* definitive; **in -a** (*in conclusione*) in the end; (*tutto sommato*) all things considered

definito, -a [de·fi·'ni:·to] *adj* ⓘ(*risposta*) definite ②(*contorni, colore, immagine*) clear

definizione [de·fi·nit·'tsio:·ne] *f* definition; **per ~** by definition

defluire [de·flu·'i:·re] <defluisco> *vi* essere ⓘ(*liquidi, capitale*) to flow ②(*folla*) to stream

deflusso [de·'flus·so] *m* ⓘ(*di marea*) ebb ②(*di folla*) flow

deforestazione [de·fo·res·tat·'tsio:·ne] *f* deforestation

deformare [de·for·'ma:·re] *vt* ① (*corpo, mani, piedi*) to deform; (*maglione*) to put out of shape; (*lamiera, plastica*) to warp ② (*verità, fatti*) to distort

deformato, -a [de·for·'ma:·to] *adj* ① (*dita, corpo*) deformed; (*oggetto*) misshapen; (*carrozzeria, pneumatico*) warped ② (*verità, fatto*) distorted

deformazione [de·for·mat·'tsio:·ne] *f* ① (*di oggetto, corpo*) deformation ② (*di fatti, verità*) distortion

deforme [de·'for·me] *adj* (*corpo, mani, testa*) deformed

deformità [de·for·mi·'ta] <-> *f* (*di corpo, mani*) deformity

defunto, -a [de·'fun·to] *adj form* deceased

degenerare [de·dʒe·ne·'ra:·re] *vi* (*cellule, tessuto*) to degenerate (*in* into)

degenerato, -a [de·dʒe·ne·'ra:·to] *adj, m, f* degenerate

degenerazione [de·dʒe·ne·rat·'tsio:·ne] *f* degeneration

degente [de·'dʒɛn·te] *mf* inpatient

degenza [de·'dʒɛn·tsa] *f* stay in bed; **~ ospedaliera** stay in the hospital

degli [ˈdeʎ·ʎi] *prep* = **di** + **gli** *v.* **di**

deglutire [de·glu·'ti:·re] <deglutisco> *vt* to swallow

degnare [deɲ·'ɲa:·re] I.*vt* **non mi ha neanche degnato di una risposta** he didn't even deign to answer me II.*vr*: **-rsi; -rsi di fare qc** to deign to do sth

degno, -a [ˈdeɲ·ɲo] *adj* ① (*meritevole*) **~ di qc/qu** worthy of sth/sb ② (*adatto*) suitable; **una -a ricompensa** a suitable reward

degrado [de·'gra:·do] *m* decay

degustare [de·gus·'ta:·re] *vt* to taste

degustazione [de·gus·tat·'tsio:·ne] *f* (*assaggio*) taste

dei¹ [ˈdɛː·i] *m pl* **di dio**

dei² [ˈdeː·i] *prep* = **di** + **i** *v.* **di**

del [del] *prep* = **di** + **il** *v.* **di**

delega [ˈdɛː·le·ga] <-ghe> *f* proxy; **per ~** by proxy

delegare [de·le·'ga:·re] *vt* ① to delegate; **~ qc a qu** to delegate sth to sb ② GIUR to nominate

delegato, -a [de·le·'ga:·to] *m, f* delegate

delegazione [de·le·gat·'tsio:·ne] *f* delegation

deleterio, -a [de·le·'tɛ:·rio] <-i, -ie> *adj* harmful

delfino [del·'fi:·no] *m* dolphin; **nuoto a ~** butterfly

delibera [de·'li:·be·ra] *f* decision

deliberante [de·li·be·'ran·te] *adj* decision-making; **potere ~** decision-making power

deliberare [de·li·be·'ra:·re] *vt, vi* (*decidere*) to rule (*su* on)

deliberatamente [de·li·be·ra·ta·'men·te] *adv* deliberately

deliberato, -a *adj* deliberate

delicatezza [de·li·ka·'tet·tsa] *f* ① (*gener*) delicacy ② (*di sentimenti*) thoughtfulness ③ (*tatto*) tact

delicato, -a [de·li·'ka:·to] *adj* ① (*fine, fragile*) delicate ② (*argomento, problema*) tricky ③ (*cibo, bevanda*) subtle

delimitare [de·li·mi·'ta:·re] *vt* (*terreno, zona*) to mark

delineare [de·li·ne·'a:·re] I.*vt* (*descrivere*) to outline II.*vr*: **-rsi** (*presentarsi*) to take shape

delinquente [de·liŋ·'kuɛn·te] *mf* ① GIUR criminal ② *fig, scherz* crook

delinquenza [de·liŋ·'kuɛn·tsa] *f* crime; **~ minorile** juvenile delinquency

delinquere [de·'liŋ·kue·re] *vi* to commit crimes; **associazione per** [*o* a] **~** criminal syndicate

delirante [de·li·'ran·te] *adj* (*irragionevole*) crazy

delirare [de·li·'ra:·re] *vi* ① MED to be delirious ② *fig* (*dire assurdità*) to rave

delirio [de·'li:·rio] <-i> *m* ① MED delirium ② *fig* (*follia*) madness ③ (*entusiasmo*) frenzy; **andare in ~** to go wild

delitto [de·'lit·to] *m* ① (*reato*) crime; **~ colposo** criminal negligence ② (*omicidio*) murder

delittuoso, -a [de·lit·tu·'o:·so] *adj* criminal

delizia [de·'lit·tsia] <-ie> f (*cosa piace-vole*) delight

delizioso, -a [de·lit·'tsio:·so] *adj* ① (*cibo, bevanda*) delicious ② (*persona, cosa*) delightful

dell', della, delle, dello [dell, 'del·la, 'del·le, 'del·lo] *prep* = **di + l', la, le, lo** v. **di**

delta ['dɛl·ta] <-> m (*di fiume*) delta

deltaplanista [del·ta·pla·'nis·ta] <-i m, -e f> mf hang glider

deltaplano [del·ta·'pla:·no] m hang glider; **fare ~** to go hang gliding

delucidare [de·lu·tʃi·'da:·re] vt (*chiarire*) to clarify

deludente [de·lu·'dɛn·te] *adj* disappointing

deludere [de·'lu:·de·re] <deludo, delusi, deluso> vt to disappoint

delusione [de·lu·'zio:·ne] f disappointment

deluso, -a [de·'lu:·zo] I. *pp di* **deludere** II. *adj* disappointed

demente [de·'mɛn·te] *adj* ① MED demented ② (*idiota*) crazy

demenza [de·'mɛn·tsa] f ① MED dementia ② *fig* (*stupidità*) insanity

demenziale [de·men·'tsia:·le] *adj* ① MED (*stato, comportamento*) demented ② (*discorso, atteggiamento*) crazy; (*comicità, umorismo*) off-the-wall

demerito [de·'mɛ:·ri·to] m **andare a ~ di qu** to reflect badly on sb

demilitarizzare [de·mi·li·ta·rid·'dza:·re] vt to demilitarize

demistificare [de·mis·ti·fi·'ka:·re] vt to demystify

demmo ['dem·mo] *1. pers pl pass rem di* **dare**[1]

democratico, -a [de·mo·'kra:·ti·ko] <-ci, -che> I. *adj* POL (*regime, elezioni, principio*) democratic II. *m, f* democrat

democrazia [de·mo·krat·'tsi:·a] <-ie> f democracy

demografico, -a [de·mo·'gra:·fi·ko] <-ci, -che> *adj* demographic

demolire [de·mo·'li:·re] <demolisco> vt ① (*edificio*) to demolish; (*auto, nave*) to break up ② *fig* (*teoria*) to tear to pieces; (*reputazione*) to destroy

demolizione [de·mo·lit·'tsio:·ne] f (*di edificio, teoria*) demolition; (*di auto, nave*) breakup

demone ['dɛː·mo·ne] m demon

demoniaco, -a [de·mo·'ni:·a·ko] <-ci, -che> *adj* demonic

demonio [de·'mɔː·nio] <-i> m (*ragazzo vivace*) little devil; **fare il ~** to behave like a little devil

demonizzare [de·mo·nid·'dza:·re] vt to demonize

demoralizzare [de·mo·ra·lid·'dza:·re] I. vt to demoralize II. vr: **-rsi** to get demoralized

demotivato, -a [de·mo·ti·'va:·to] *adj* demotivated

denaro [de·'na:·ro] m (*soldi*) money; **~ contante** cash; **~ spicciolo** change

denigrare [de·ni·'gra:·re] vt to denigrate

denominare [de·no·mi·'na:·re] I. vt to name II. vr: **-rsi** to be named

denominatore [de·no·mi·na·'to:·re] m MATH denominator

denotare [de·no·'ta:·re] vt to show

densità [den·si·'ta] <-> f ① (*gener*) density; **~ della popolazione** population density ② (*di nebbia, sugo*) thickness

denso, -a ['dɛn·so] *adj* ① (*spesso*) thick ② (*ricco*) **~ di** full of; **una settimana -a di avvenimenti** an eventful week

dentale [den·'ta:·le] *adj* dental

dentato, -a [den·'ta:·to] *adj* TEC toothed

dente ['dɛn·te] m ① ANAT, TEC tooth; **~ del giudizio** wisdom tooth; **~ di latte** baby tooth; **avere mal di -i** to have a toothache; **batteva i -i** his teeth were chattering ② CULIN **al ~** (*spaghetti, pasta, riso*) al dente, still firm

dentiera [den·'tiɛ:·ra] f (*protesi*) dentures pl

dentifricio [den·ti·'fri:·tʃo] <-ci> m toothpaste

dentista [den·'tis·ta] <-i m, -e f> mf dentist

dentro ['den·tro] I. *adv* (*stato, moto*) inside; **essere ~** *fam* (*in carcere*) to be inside II. *prep* **~** (**a**) (*stato*) inside; (*moto*) in; **~ casa** in the house; **~ di me** in my heart of hearts

denudare [de·nu·'da:·re] I. *vt* (*parte del corpo*) to bare II. *vr:* **-rsi** to strip

denuncia [de·'nun·tʃa] <-ce *o* -cie, -ie> *f* GIUR **sporgere ~** to report to the police (*accusa*) accusation ADMIN (*di nascita, decesso, matrimonio*) registration; **~ dei redditi** tax return

denunciare [de·nun·'tʃa:·re] *vt* GIUR to report to the police ADMIN (*nascita, decesso, matrimonio*) to register (*scandalo, malasanità*) to criticize

denutrito, -a [de·nu·'tri:·to] *adj* undernourished

denutrizione [de·nu·trit·'tsio:·ne] *f* malnutrition

deodorante [de·o·do·'ran·te] *adj, m* deodorant

depenalizzare [de·pe·na·lid·'dza:·re] *vt* GIUR to decriminalize

deperibile [de·pe·'ri:·bi·le] *adj* perishable

deperimento [de·pe·ri·'men·to] *m* MED wasting away (*deterioramento*) deterioration

deperire [de·pe·'ri:·re] <deperisco> *vi* essere (*di salute*) to waste away (*deteriorarsi*) to deteriorate

deperito, -a [de·pe·'ri:·to] *adj* (*persona, organismo*) weak

depilare [de·pi·'la:·re] *vt* (*gambe*) to depilate; **~ le sopracciglia** to pluck one's eyebrows

depilatorio, -a <-i, -ie> *adj* (*crema, rasoio*) depilatory

depistare [de·pis·'ta:·re] *vt* (*indagine, inquirenti*) to put off the scent

dépliant [de·pli·'jã] <-> *m* leaflet

deporre [de·'por·re] <irr> I. *vt* (*oggetto*) to put down; **~ le armi** *fig* to lay down one's arms (*uova*) to lay (*testimoniare*) **~ il vero** to tell the truth *fig* (*rinunciare a: idea, intenzione*) to give up; (*corona*) to renounce II. *vi* (*testimoniare*) to give evidence; **~ a fa-**

vore di/contro qu to give evidence for/against sb

deportare [de·por·'ta:·re] *vt* to deport

deportato, -a [de·por·'ta:·to] *m, f* deportee

deposi *1. pers sing pass rem di* **deporre**

depositare [de·po·zi·'ta:·re] I. *vt* (*gener*) to deposit (*collocare*) to put (*in custodia*) to leave II. *vr:* **-rsi** (*materiale sedimento*) to settle

depositario, -a [de·po·zi·'ta:·rio] <-i, -ie> *m, f* custodian

deposito [de·'pɔ:·zi·to] *m* (*di denaro, liquidi*) deposit (*luogo*) warehouse; **~ bagagli** luggage room (*oggetti*) collection

deposizione [de·po·zit·'tsio:·ne] *f* (*in tribunale*) deposition (*da una carica*) removal

deposto *pp di* **deporre**

depravato, -a [de·pra·'va:·to] I. *adj* depraved II. *m, f* degenerate

depredare [de·pre·'da:·re] *vt* (*saccheggiare*) to loot (*derubare*) to rob; **~ qu di qc** to rob sb of sth

depressi [de·'prɛs·si] *1. pers sing pass rem di* **deprimere**

depressione [de·pres·'sio:·ne] *f* depression

depressivo, -a [de·pres·'si:·vo] *adj* (*stato, comportamento*) depressive

depresso, -a [de·'prɛs·so] I. *pp di* **deprimere** II. *adj* depressed III. *m, f* MED person with depression

deprezzamento [de·pret·tsa·'men·to] *m* depreciation

deprezzare [de·pret·'tsa:·re] I. *vt* to reduce the value of II. *vr:* **-rsi** to depreciate

deprimente [de·pri·'mɛn·te] *adj* depressing

deprimere [de·'pri:·me·re] <deprimo, depressi, depresso> I. *vt fig* (*avvilire*) to depress II. *vr:* **-rsi** (*avvilirsi*) to get depressed

depurare [de·pu·'ra:·re] *vt* to purify

depuratore [de·pu·ra·'to:·re] *m* (*apparecchio*) purifier

depuratore, -trice *adj* purifying

D

deputato, -a [de·pu·'ta:·to] *m, f* POL deputy

deragliamento [de·raʎ·ʎa·'men·to] *m (di treno)* derailment

deretano [de·re·'ta:·no] *m* backside

deridere [de·'ri:·de·re] <irr> *vt* to mock

derisione [de·ri·'zio:·ne] *f* derision

derisorio, -a [de·ri·'zɔ:·rio] <-i, -ie> *adj* ① *(atteggiamento)* derisive ② *(somma, compenso)* derisory

deriva [de·'ri:·va] *f* ① *(spostamento)* drift; **andare alla ~ a.** *fig* to drift ② NAUT *(imbarcazione)* dinghy

derivare [de·ri·'va:·re] **I.** *vi* ① *essere (aver origine)* **~ da** to derive from; *(fiumi)* to spring from ② *fig (essere causato)* **~ da** to be caused by **II.** *vt avere* ① *(canale)* to divert ② *fig (dedurre)* to conclude

derivato [de·ri·'va:·to] *m* derivative

derivazione [de·ri·vat·'tsio:·ne] *f* ① *(di acqua)* diversion ② TEL extension

dermatologo, -a [der·ma·'tɔ:·lo·go] <-gi, -ghe> *m, f* dermatologist

deroga ['dɛ:·ro·ga] <-ghe> *f* **in ~ a** contrary to

derubare [de·ru·'ba:·re] *vt* to rob; **~ qu di qc** to steal sth from sb

descrissi *1. pers sing pass rem di* **descrivere**

descrittivo, -a [des·krit·'ti:·vo] *adj (romanzo, quadro)* descriptive

descrivere [des·'kri:·ve·re] <irr> *vt* to describe

descrizione [des·krit·'tsio:·ne] *f* description

desertico, -a [de·'zɛr·ti·ko] <-ci, -che> *adj (zona, paesaggio)* desert

deserto [de·'zɛr·to] *m* desert

deserto, -a *adj (strada, locale, casa)* deserted

déshabillé [de·za·bi·'je] <-> *m* **in ~** not dressed

desiderabile [de·si·de·'ra:·bi·le] *adj* desirable

desiderare [de·si·de·'ra:·re] *vt* to want; *(sessualmente)* to desire; **~ fare qc** to want to do sth; **farsi ~** to play hard to get; **lasciare a ~** to leave a lot to be desired

desiderio [de·si·'dɛ:·rio] <-i> *m* ① *(aspirazione)* wish ② *(forte, sessuale)* desire *(di* for)

desideroso, -a [de·si·de·'ro:·so] *adj* **essere ~ di qc** to long for sth

designare [de·siɲ·'ɲa:·re] *vt* ① *(indicare)* to appoint ② *(significare)* to designate

desinenza [de·zi·'nɛn·tsa] *f* ending

desolante [de·zo·'lan·te] *adj* depressing

desolare [de·zo·'la:·re] *vt (addolorare)* to upset

desolato, -a [de·zo·'la:·to] *adj* ① *(squallido)* desolate ② *(dispiaciuto)* **essere ~ di ...** to be sorry that ...

desolazione [de·zo·lat·'tsio:·ne] *f* ① *(squallore)* desolation ② *(dolore)* sorrow

dessert [de·'sɛːr] <-> *m* dessert

dessi ['des·si] *1. e 2. pers sing conj imp di* **dare**[1]

destabilizzare [des·ta·bi·lid·'dza:·re] *vt* to destabilize

destare [des·'ta:·re] *vt (curiosità, stupore)* to cause; *(sospetto)* to arouse

deste ['des·te] *2. pers pl pass rem, 2. pers pl conj imp di* **dare**[1]

desti ['des·ti] *2. pers sing pass rem di* **dare**[1]

destinare [des·ti·'na:·re] *vt* **~ qc a qu/qc** to set sth aside for sb/sth; **destinato al fallimento** destined to fail

destinatario, -a [des·ti·na·'ta:·rio] <-i, -ie> *m, f (di lettera, iniziativa)* addressee; *(di iniziativa)* recipient

destinazione [des·ti·nat·'tsio:·ne] *f* ① *(scopo, fine)* purpose ② *(di viaggio, treno)* destination; **giungere a ~** to arrive

destino [des·'ti:·no] *m* destiny

desto, -a ['des·to] *adj (pronto)* lively

destra ['dɛs·tra] *f* ① *(mano)* right hand ② *(lato)* a. POL right; **a ~** right; **alla mia ~** on my right

destreggiarsi [des·tred·'dʒar·si] *vr* to cope *(in* with); **~ con qu/qc** to handle sb/sth

destrezza [des·'tret·tsa] *f* skill

destro, -a *adj* ① (*lato, parte*) right; **il braccio ~ di qu** sb's right-hand man ② (*abile*) skillful

desumere [de·'su:·me·re] <desumo, desunsi, desunto> *vt* **~ qc (da qc)** to deduce sth (from sth)

desumibile [de·su·'mi:·bi·le] *adj* **è ~ che ...** presumably ...

desunsi [de·'sun·si] *1. pers sing pass rem di* **desumere**

desunto [de·'sun·to] *pp di* **desumere**

detective [di·'tek·tiv/de·'tɛk·tiv] <-> *m* (*investigatore privato*) private detective

detenere [de·te·'ne:·re] <irr> *vt* ① (*possedere*) to hold ② (*in prigione*) to detain

detentivo, -a [de·ten·'ti:·vo] *adj* **pena -a** prison sentence

detentore, -trice [de·ten·'to:·re] *m, f* holder; **~ di un titolo** SPORT title holder

detenuto, -a [de·te·'nu:·to] *m, f* detainee

detenzione [de·ten·'tsio:·ne] *f* ① (*di bene*) holding; (*possesso illecito*) possession ② (*pena*) detention; **~ preventiva** remand

detergente [de·ter·'dʒɛn·te] **I.** *adj* cleansing; **latte ~** cleansing milk **II.** *m* (*detersivo*) detergent; (*cosmetico*) cleanser

detergere [de·'tɛr·dʒe·re] <irr> *vt* (*pavimento, ferita*) to clean; (*viso, pelle*) to cleanse

deterioramento [de·te·rio·ra·'men·to] *m* deterioration

deteriorare [de·te·rio·'ra:·re] *vr:* **-rsi** ① (*cibi*) to go bad; (*oggetti*) to get damaged ② (*situazione, rapporti, edifici*) to deteriorate

deteriorato, -a [de·te·rio·'ra:·to] *adj* worsening

determinante [de·ter·mi·'nan·te] *adj* (*decisivo*) deciding

determinare [de·ter·mi·'na:·re] *vt* ① (*stabilire*) to establish ② (*causare*) to cause

determinato, -a [de·ter·mi·'na:·to] *adj* ① (*stabilito*) certain; **in -i casi** in certain cases ② (*risoluto*) determined

determinazione [de·ter·mi·nat·'tsio:·ne] *f* ① (*definizione*) fixing ② (*decisione*) decision ③ (*fermezza*) determination

detersi *1. pers sing pass rem di* **detergere**

detersivo [de·ter·'si:·vo] *m* (*per pavimenti*) floor cleaner; (*per panni*) laundry detergent; (*per stoviglie*) dishwashing liquid

deterso *pp di* **detergere**

detestabile [de·tes·'ta:·bi·le] *adj* (*persona, atteggiamento*) odious; (*sapore, odore*) disgusting

detestare [de·tes·'ta:·re] *vt* to detest

detraggo *1. pers sing pr di* **detrarre**

detraibile [de·tra·'i:·bi·le] *adj* deductible

detrarre [de·'trar·re] <irr> *vt* to deduct

detrazione [de·trat·'tsio:·ne] *f* (*sottrazione*) deduction

detrito [de·'tri:·to] *m* ① (*frammento*) fragment ② GEOL deposit

dettagliato, -a [det·taʎ·'ʎa:·to] *adj* detailed

dettaglio [det·'taʎ·ʎo] <-gli> *sing* ① (*particolare*) detail; **nei -i** in detail ② (*piccola quantità*) retail; **al ~** retail

dettare [det·'ta:·re] *vt* to dictate

dettato [det·'ta:·to] *m* (*testo*) dictation

detti ['dɛt·ti] *1. pers sing pass rem di* **dare¹**

detto ['det·to] *m* (*motto*) saying

detto, -a **I.** *pp di* **dire¹** **II.** *adj* ① (*soprannominato*) nicknamed ② (*suddetto*) above-mentioned ③ (*loc*) **~ fatto** no sooner said than done; **come non ~** forget it

deumidificatore [de·u·mi·di·fi·ka·'to:·re] *m* dehumidifier

devastare [de·vas·'ta:·re] *vt* ① (*rovinare*) to ruin ② (*sconvolgere*) to devastate

devastatore, -trice [de·vas·ta·'to:·re] *adj* destructive

devastazione [de·vas·tat·'tsio:·ne] *f* devastation

deviante [de·'vian·te] *adj* deviant

deviare [de·vi·'a:·re] I. *vi* ❶ (*cambiare direzione*) to take a detour; (*strada*) to come off ❷ *fig* (*divagare*) to deviate II. *vt* to divert; ~ **il discorso** to change the subject

D **deviazione** [de·viat·'tsio:·ne] *f* ❶ (*del traffico*) detour; (*strada*) turnoff ❷ (*allontanamento dalla norma*) deviation; (*comportamento anomalo*) deviance

devitalizzare [de·vi·ta·lid·'dza:·re] *vt* MED (*dente*) to kill

devo ['dɛ:·vo] *1. pers sing pr di* **dovere**[1]

devoto, -a [de·'vɔ:·to] I. *adj* ❶ REL devout ❷ (*affezionato*) devoted II. *m, f* ❶ REL devout person ❷ (*seguace*) follower

devozione [de·vot·'tsio:·ne] *f* ❶ (*religiosità*) devoutness ❷ (*deferenza*) devotion (*a* to)

di [di] <d', del, dello, dell', della, dei, degli, delle> *prep* ❶ (*specificazione*) of; **una donna ~ trent'anni** a woman of thirty; **un litro ~ latte** a liter of milk; **la città ~ Torino** the city of Turin; **il mese ~ gennaio** the month of January; **il presidente della Repubblica** the president of the Republic; **un libro ~ Calvino** a book by Calvino ❷ (*materia*) **un tavolo ~ legno** a wooden table; **un anello d'oro** a gold ring ❸ (*possessivo*) **la casa dei miei genitori** my parents' house; **il libro di Paolo** Paolo's book ❹ (*argomento*) about; **un libro ~ geografia** a book about geography; **parlare ~ qc/qu** to speak about sth/sb ❺ (*modo, mezzo*) **venire ~ corsa** to come running; **mangiare ~ gusto** to eat heartily; **fermarsi ~ colpo** to stop dead ❻ (*fine, scopo*) **pezzi ~ ricambio** spare parts; **uscita ~ emergenza** emergency exit ❼ (*origine*) **essere ~ Trieste** to be from Trieste ❽ (*luogo*) **uscire ~ casa** to leave the house; **passiamo ~ qui** let's go this way ❾ (*tempo*) **~ mattina/sera** in the morning/evening; **d'estate/d'inverno** in summer/in winter; **~ giorno/notte** by day/night ❿ (*paragone*) than; **sono**

più alto ~ te I'm taller than you ⓫ (*partitivo*) some; **vorrei del pane** I'd like some bread; **alcuni ~ noi** some of us; **non c'è niente ~ meglio** there's nothing better ⓬ (*con infinito*) **mi sembra ~ capire** it seems to me; **tentare ~ fuggire** to try to escape

dia ['di:·a] *1., 2. e 3. pers sing conj pr di* **dare**[1]

diabete [dia·'bɛ:·te] *m* diabetes

diabetico, -a [dia·'bɛ:·ti·ko] <-ci, -che> *adj, m, f* diabetic

diabolico, -a [dia·'bɔ:·li·ko] <-ci, -che> *adj* devilish

diaframma [dia·'fram·ma] <-i> *m* ANAT, FOTO (*contraccettivo*) diaphragm

diagnosi [di·'aɲ·po·zi] <-> *f* diagnosis; **fare una ~** to make a diagnosis

diagnosticare [di·aɲ·pos·ti·'ka:·re] *vt* to diagnose

diagnostico, -a [di·aɲ·'pɔs·ti·ko] <-ci, -che> *adj* diagnostic

diagonale [di·a·go·'na:·le] I. *adj* diagonal II. *m* SPORT (*nel calcio*) cross; (*nel tennis*) crosscourt shot III. *f* diagonal

diagramma [di·a·'gram·ma] <-i> *m* diagram; **~ di flusso** COMPUT flow chart

dialetto [di·a·'lɛt·to] *m* dialect

dialogo [di·'a:·lo·go] <-ghi> *m* dialog

diamante [di·a·'man·te] *m* (*gemma*) diamond; **nozze di ~** diamond wedding

diametralmente [di·a·me·tral·'men·te] *adv* diametrically

diametro [di·'a:·met·ro] *m* diameter

diamine ['di·a·mi·ne] *interj fam* good grief; **che ~ stai dicendo?** what the heck are you saying?

diapositiva [di·a·po·zi·'ti:·va] *f* slide

diaria [di·'a:·ria] <-ie> *f* daily allowance, *for expenses*

diario [di·'a:·rio] <-i> *m* diary; **~ di bordo** log; **~** (**scolastico**) planner; **tenere un ~** to keep a diary

diarrea [di·ar·'rɛ:·a] *f* diarrhea

diavolo ['dia:·vo·lo] *m* devil; **un povero ~** *fam* a poor devil; **mandare qu al ~** to tell sb to get lost; **mandare tutto al ~** to throw up everything; **che ~**

vuoi adesso? what the hell do you want now?; **come/dove/perché ~?** how/where/why the hell?

dibattere [di·'bat·te·re] I. *vt (discutere)* to debate II. *vr:* **-rsi** to struggle; *(divincolarsi)* to thrash around

dibattito [di·'bat·ti·to] *m* debate *(su about)*

dicembre [di·'tʃɛm·bre] *m* December; *v.a.* **aprile**

diceria [di·tʃe·'riː·a] <-ie> *f* piece of gossip

dichiarare [di·kia·'raː·re] I. *vt* to declare; **~ guerra a qu** to declare war on sb; **~ colpevole qu** to declare sb guilty II. *vr:* **-rsi** *(a innamorato)* to declare oneself; **-rsi innocente** to declare one's innocence; **-rsi favorevole** to come out in favor

dichiarazione [di·kia·rat·'tsio:·ne] *f* declaration; **~ dei redditi** tax return

diciannove [di·tʃan·'nɔ:·ve] I. *num* nineteen II. <-> *m* ⓵ *(numero)* nineteen ⓶ *(nelle date)* nineteenth III. *fpl (ore)* nineteen hundred (hours); *v.a.* **cinque**

diciannovenne [di·tʃan·no·'vɛn·ne] I. *adj* nineteen-year-old II. *mf* nineteen year old

diciannovesimo [di·tʃan·no·'ve:·zi·mo] *m (in frazione)* nineteenth

diciannovesimo, -a *adj, m, f* nineteenth; *v.a.* **quinto**

diciassette [di·tʃas·'sɛt·te] I. *num* seventeen II. <-> *m* ⓵ *(numero)* seventeen ⓶ *(nelle date)* seventeenth III. *fpl (ore)* seventeen hundred (hours); *v.a.* **cinque**

diciassettenne [di·tʃas·set·'tɛn·ne] I. *adj* seventeen-year-old II. *mf* seventeen year old

diciassettesimo [di·tʃas·set·'tɛ:·zi·mo] *m (in frazione)* seventeenth

diciassettesimo, -a *adj, m, f* seventeenth; *v.a.* **quinto**

diciottenne [di·tʃot·'tɛn·ne] I. *adj* eighteen-year-old II. *mf* eighteen year old

diciottesimo [di·tʃot·'tɛ:·zi·mo] *m (in frazione)* eighteenth

diciottesimo, -a *adj, m, f* eighteenth; *v.a.* **quinto**

diciotto [di·'tʃot·to] I. *num* eighteen II. <-> *m* ⓵ *(numero)* eighteen ⓶ *(nelle date)* eighteenth III. *fpl (ore)* eighteen hundred (hours); *v.a.* **cinque**

dico ['di·ko] *1. pers sing pr di* **dire**[1]

didascalia [di·das·ka·'liː·a] <-ie> *f* ⓵ *(di immagine)* caption ⓶ *(di film)* subtitle ⓷ THEAT surtitle

didattico, -a [di·'dat·ti·ko] <-ci, -che> *adj* teaching

didietro [di·'diɛt·ro] <-> *m* ⓵ *(parte posteriore)* bottom ⓶ *scherz (sedere)* backside

dieci ['diɛ:·tʃi] I. *num* ten II. <-> *m* ⓵ *(numero)* ten; *(nelle date)* tenth ⓶ *(voto scolastico)* ten (out of ten) III. *fpl (ore)* ten o'clock; *v.a.* **cinque**

diecimila [die·tʃi·'miː·la] I. *num* ten thousand II. <-> *m* ten thousand

diecina [die·'tʃiː·na] *f v.* **decina**

diedi ['diɛ:·di] *1. pers sing pass rem di* **dare**[1]

dieta ['diɛ:·ta] *f* diet; **essere a ~** to be on a diet

dietro ['diɛt·ro] I. *prep* ⓵ **~ (a)** *(stato, moto)* behind; **~ di me** behind me ⓶ *(appresso)* **portarsi ~ qu** to take sb with one ⓷ *fig (alle spalle)* **tutti gli ridono ~** everyone laughs at him behind his back ⓸ *(temporale)* after; **un guaio ~ l'altro** one problem after another; **~ consegna** on delivery; **~ ricevuta** on receipt; **~ ricetta medica** on prescription II. *adv (stato, moto)* behind III. *m* back

difatti [di·'fat·ti] *conj* in fact

difendere [di·'fɛn·de·re] <difendo, difesi, difeso> I. *vt (gener)* a. GIUR to defend II. *vr* ⓵ *(da pericolo)* **-rsi da qu/qc** to protect oneself from sb/sth ⓶ *(cavarsela)* to get by

difensivo, -a [di·fen·'si:·vo] *adj* defensive

difensore, difenditrice [di·fen·'so:·re] *m, f* ⓵ *(gener)* a. SPORT defender ⓶ *(avvocato)* defense lawyer

difesa [di·'fe:·sa] *f (protezione)* a. GIUR,

MIL, SPORT defense (*di* of); **legittima ~** self-defense

difesi [di·ˈfe·si] *1. pers sing pass rem di* **difendere**

difeso [di·ˈfe·so] *pp di* **difendere**

difettare [di·fet·ˈta·re] *vi* (*mancare*) to lack; **~ di qc** to lack sth

difetto [di·ˈfet·to] *m* ❶ (*mancanza*) lack ❷ (*imperfezione*) defect ❸ (*di carattere*) fault

difettoso, -a [di·fet·ˈto:·so] *adj* faulty

diffamare [dif·fa·ˈma:·re] *vt* (*dire male di*) to slander; (*per iscritto*) to libel

diffamatorio, -a [dif·fa·ma·ˈtɔ:·rio] <-i, -ie> *adj* (*affermazioni*) slanderous; (*lettera, scritto*) libelous

diffamazione [dif·fa·mat·ˈtsio:·ne] *f* defamation; GIUR libel

differente [dif·fe·ˈrɛn·te] *adj* different

differenza [dif·fe·ˈrɛn·tsa] *f* difference; **~ di opinioni** difference of opinion; **a ~ di** unlike; **per me non fa ~** it's all the same to me

differenziare [dif·fe·ren·ˈtsia·re] I. *vt* to distinguish II. *vr* **-rsi da qu/qc** to be different from sb/sth

differire [dif·fe·ˈri:·re] <differisco> I. *vt* *avere* (*rinviare*) to postpone; **~ qc di un mese** to delay sth by a month II. *vi essere o avere* to be different (*da* from)

difficile [dif·ˈfi:·tʃi·le] I. *adj* ❶ (*gener*) difficult; **essere di gusti -i** to be fussy ❷ (*improbabile*) unlikely; **è ~ che venga …** he's unlikely to come II. *m* (*momento, fase*) difficult part III. *mf* (*persona*) **fare il** [*o* la] **~** to be difficult

difficilmente [dif·fi·tʃil·ˈmen·te] *adv* ❶ (*con fatica*) with difficulty ❷ (*con poca probabilità*) it's unlikely that

difficoltà [dif·fi·kol·ˈta] <-> *f* ❶ (*complessità, problema*) difficulty; **con ~** with difficulty; **incontrare delle ~** to run into difficulty; **ad ogni/alla minima ~** at the slightest difficulty ❷ (*obiezione*) **fare ~** to make objections

difficoltoso, -a [dif·fi·kol·ˈto:·so] *adj* difficult

diffidente [dif·fi·ˈdɛn·te] *adj* distrustful

diffondere [dif·ˈfon·de·re] <irr> I. *vt* to

spread II. *vr*: **-rsi** ❶ (*luce, profumo, notizia, moda*) to spread ❷ (*dilungarsi*) **-rsi troppo su una questione** to spend too long on a question

difforme [dif·ˈfor·me] *adj a. fig* different

diffusi *1. pers sing pass rem di* **diffondere**

diffusione [dif·fu·ˈzio:·ne] *f* ❶ (*di luce, calore*) a. FIS diffusion ❷ (*di notizia, moda*) spread ❸ (*di giornale*) circulation

diffuso, -a [dif·ˈfu:·zo] I. *pp di* **diffondere** II. *adj* widespread

difilato, -a [di·fi·ˈla:·to] *adv* (*subito*) straight; (*di seguito*) running; **tre giorni ~** three days running

difronte [di·ˈfron·te] I. <inv> *adj* opposite II. *adv* in front of; **me lo sono trovato ~ all'improvviso** he suddenly appeared in front of me; **~ alle difficoltà** in the face of difficulty; **abito ~ alla stazione** I live opposite the station

difterite [dif·te·ˈri:·te] *f* diphtheria

diga [ˈdi:·ga] <-ghe> *f* dam; **~ marittima** seawall

digerente [di·dʒe·ˈrɛn·te] *adj* digestive

digeribile [di·dʒe·ˈri:·bi·le] *adj* digestible

digerire [di·dʒe·ˈri:·re] <digerisco> *vt* ❶ MED (*cibo*) to digest ❷ (*sconfitta*) to accept ❸ *fig* (*modi, persona*) to stomach

digestione [di·dʒes·ˈtio:·ne] *f* digestion

digestivo [di·dʒes·ˈti:·vo] *m* (*bevanda*) after-dinner liqueur

digestivo, -a *adj* digestive

digicam [ˈdi·dʒi·kam] <-> *f* digicam

digitale [di·dʒi·ˈta:·le] *adj* digital

digitare [di·dʒi·ˈta:·re] *vt* to key in

digiunare [di·dʒu·ˈna:·re] *vi* to fast

digiuno [di·ˈdʒu:·no] *m* (*astensione da alimenti*) fast; **a ~** on an empty stomach

digiuno, -a *adj* (*senza cibo*) **essere ~ to** have an empty stomach; **essere (a) ~ di qc** *fig* (*non conoscere*) to know nothing about sth

dignità [diɲ·ɲi·ˈta] <-> *f* dignity

dignitoso, -a [diɲ·ɲi·ˈto:·so] *adj*

① *(pieno di contegno)* dignified ② *(decoroso)* decent

digressione [di·gres·'sio:·ne] *f* digression

digrignare [di·griɲ·'ɲa:·re] *vt* ~ **i denti** *(persona)* to grind one's teeth; *(animale)* to bare one's teeth

dilagare [di·la·'ga:·re] *vi essere* ① *(fiume)* to flood ② *(diffondersi)* to spread

dilatare [di·la·'ta:·re] I. *vt* to cause to expand II. *vr:* **-rsi** ① *(ampliarsi: pupille)* to dilate ② *(gas, liquido, spazio)* to expand; *(tempo)* to stretch (out) ③ *(stomaco)* to distend ④ *fig (fenomeno)* to spread

dilatazione [di·la·tat·'tsio:·ne] *f* ① *(di pupille)* dilation ② *(di gas, liquido, spazio)* expansion ③ *(di stomaco)* distension ④ *fig (di tempo)* stretching (out)

dileguare [di·le·'gua:·re] I. *vt avere* LETT to disperse II. *vr:* **-rsi** to vanish

dilemma [di·'lɛm·ma] <-i> *m* ① *(scelta)* dilemma ② *(problema difficile)* puzzler

dilettante [di·let·'tan·te] I. *adj* ① *(non professionista)* amateur; **fotografo ~** amateur photographer ② *pej (non competente)* amateurish II. *mf* a. *pej (non professionista)* amateur; **compagnia di -i** THEAT amateur theater company

dilettantismo [di·let·tan·'tiz·mo] *m* ① SPORT amateurism ② *pej (incapacità)* amateurishness

dilettare [di·let·'ta:·re] I. *vt* LETT to delight II. *vr:* **-rsi** to enjoy; **-rsi di qc** to have sth as a hobby

diletto [di·'lɛt·to] *m* pleasure; **fare qc per ~** to do sth for pleasure

diligente [di·li·'dʒɛn·te] *adj (persona)* diligent; *(lavoro)* careful

diligenza [di·li·'dʒɛn·tsa] *f (accuratezza)* a. GIUR care

diluire [di·lu·'i:·re] <diluisco> *vt* ① *(sostanze)* to dilute; *(sciogliere)* to dissolve ② *fig (concetto, pensiero)* to water down

dilungare [di·luŋ·'ga:·re] *vr* **-rsi in qc** to go into great detail about sth

diluviare [di·lu·'via:·re] *vi essere o avere* to pour

diluvio [di·'lu:·vio] <-i> *m* ① METEO downpour; ~ **universale** the Flood ② *fig (di parole, insulti)* torrent

dimagrante [di·ma·'gran·te] *adj* **cura ~** diet

dimagrire [di·ma·'gri:·re] <dimagrisco> *vi essere* to lose weight

dimensione [di·men·'sio:·ne] *f* dimension; **-i** *(misure)* measurements

dimenticanza [di·men·ti·'kan·tsa] *f* ① *(omissione)* oversight; *(cosa dimenticata)* omission ② *(mancanza di memoria)* forgetfulness

dimenticare [di·men·ti·'ka:·re] I. *vt* ① *(gener)* to forget ② *(lasciare)* to leave II. *vr* **-rsi di** to forget

dimesso, -a [di·'mes·so] I. *pp di* **dimettere** II. *adj* ① *(modesto: atteggiamento, tono)* modest ② *pej (trascurato: abbigliamento, tenuta)* shabby

dimestichezza [di·mes·ti·'ket·tsa] *f* a. *fig* familiarity; **avere ~ con qc** to be familiar with sth

dimettere [di·'met·te·re] <irr> I. *vt (da ospedale)* to discharge II. *vr:* **-rsi** to resign

dimezzare [di·med·'dza:·re] *vt* ① *(in due)* to halve ② *(ridurre)* to slash

diminutivo [di·mi·nu·'ti:·vo] *m, adj* a. LING diminutive

diminuzione [di·mi·nut·'tsio:·ne] *f* reduction; ~ **dei costi** cost-cutting; ~ **di peso** weight loss; ~ **di temperatura** fall in temperature; ~ **del valore** fall in value

dimisi *1. pers sing pass rem di* **dimettere**

dimora [di·'mɔ:·ra] *f* residence; **senza fissa ~** homeless

dimostrante [di·mos·'tran·te] *mf* demonstrator

dimostrare [di·mos·'tra:·re] I. *vt* ① *(mostrare)* to show; **non dimostra affatto i suoi sessant'anni** she doesn't look sixty ② *(provare)* to prove II. *vi (in corteo)* to demonstrate III. *vr:* **-rsi** to turn out to be; **la notizia si è dimo-**

D

strata falsa the news turned out to be false

dimostrativo, -a [di·mos·tra·'ti:·vo] *adj* LING demonstrative

dimostrazione [di·mos·trat·'tsio:·ne] *f* demonstration

dinamica [di·'na:·mi·ka] <-che> *f* ❶ FIS dynamics ❷ (*di fatti, incidente*) dynamic

dinamico, -a [di·'na:·mi·ko] <-ci, -che> *adj* (*persona, azienda*) dynamic

dinamite [di·na·'mi:·te] *f* dynamite

dinamo ['di:·na·mo] <-> *f* dynamo

dinanzi [di·'nan·tsi] I. *adv* (*guardare, stare, mettere*) ahead II. *prep* ~ **a** in front of III.<inv> *adj* ❶ (*anteriore*) in front ❷ (*precedente*) before

dinastia [di·nas·'ti:·a] <-ie> *f* dynasty

dinosauro [di·no·'sa:u·ro] *m* dinosaur

dintorni [din·'tor·ni] *mpl* surrounding area; **nei ~ di** close to

dintorno [din·'tor·no] I. *adv* around II. *prep* ~ **a** around

dio ['di:·o] <dei> *m* god

Dio *m* God; **grazie a** ~ thank God; **se ~ vuole** God willing; ~ **non voglia!** God forbid!; **per l'amor di** ~! for God's sake!

diocesi [di·'ɔː·tʃe·zi] <-> *f* diocese

dipartimento [di·par·ti·'men·to] *m* ❶ (*gener*) department ❷ (*ministero*) Department

dipendente [di·pen·'dɛn·te] I. *adj* ~ **da qu** dependent on sb II. *mf* employee

dipendenza [di·pen·'dɛn·tsa] *f* ❶ (*subordinazione*) dependence; **alle -e di qu** in sb's employ ❷ MED addiction

dipendere [di·'pɛn·de·re] <dipendo, dipesi, dipeso> *vi* essere ~ **da qu/qc** to depend on sb/sth; **dipende** it depends

dipingere [di·'pin·dʒe·re] <dipingo, dipinsi, dipinto> *vt* ❶ (*gener*) to paint; ~ **ad acquerello** to paint in watercolors; ~ **ad olio** to paint in oils ❷ *fig* (*descrivere*) to portray

dipinto, -a I. *pp di* **dipingere** II. *adj* painted; **non voler vedere qu**

neanche ~ to not have the slightest desire to see sb

dipl. *abbr di* **diploma** dip.

diploma [di·'plɔː·ma] <-i> *m* diploma

diplomatico [dip·lo·'ma:·ti·ko] <-ci> *m* POL diplomat

diplomatico, -a <-ci, -che> *adj* diplomatic

diplomato, -a [dip·lo·'ma:·to] I. *adj* qualified II. *m, f* graduate; ~ **in agraria** graduate in agriculture

diplomazia [dip·lo·mat·'tsi:·a] <-ie> *f* a. *fig* diplomacy; **entrare nella** ~ to enter the diplomatic service

diporto [di·'pɔr·to] *m* SPORT **imbarcazione da** ~ pleasure boat

diradare [di·ra·'da:·re] I. *vt* ❶ (*rendere meno fitto: piante*) to thin out; (*nebbia*) to disperse ❷ *fig* (*visite*) to spread out II. *vr:* -**rsi** (*piante, capelli*) to become thinner; (*nebbia, folla*) to disperse

diramare [di·ra·'ma:·re] I. *vt* (*comunicato, ordine*) to circulate II. *vr:* -**rsi** ❶ (*strada*) to branch off ❷ (*notizia*) to spread

diramazione [di·ra·mat·'tsio:·ne] *f* ❶ (*ramificazione*) branch; ~ **di un fiume** branch of a river ❷ (*di comunicato, ordine, notizia*) circulation

dire ['di:·re] <dico, dissi, detto> *vt* ❶ (*affermare, recitare*) to say; **dice di essere ammalato** he says he's sick; **si dice che sia molto ricco** people say he's very rich; ~ **di sì/no** to say yes/no ❷ (*chiedere, raccontare*) to tell; ~ **bugie** to tell lies; ~ **la propria** to have one's say; **dirle grosse** *fam* to talk nonsense; **dir male di qu** to speak ill of sb; **avere da** ~ **su qu** to have sth to say about sb; **a** ~ **il vero** to tell the truth; **dico bene?** am I right?; **come si dice in inglese?** what's the English for …?; ~ **pane al pane e vino al vino** to call a spade a spade; **dico sul serio** I mean it; **diciamo, …** suppose, …; **(mi) dica** can I help you? ❸ (*significare*) **come sarebbe a** ~? what does that mean?; **voler** ~ to mean; **vale a** ~ that is ❹ (*pensare*) **che ne dici del mio abito**

nuovo? what do you think of my new dress?; **che ne dici di uscire a cena?** shall we go out for dinner? ◉ (*chiamare*) to call

diressi [di·ˈrɛs·si] *1. pers sing pass rem di* **dirigere**

diretta [di·ˈrɛt·ta] *f* TV **in -a** live

direttamente [di·ret·ta·ˈmen·te] *adv* ① (*senza tappe*) straight ② (*senza intermediari*) directly

direttissima [di·ret·ˈtis·si·ma] *f* (*linea ferroviaria*) high-speed railway line

direttivo [di·ret·ˈti:·vo] *m* leadership

direttivo, -a *adj* (*organo, comitato*) executive

diretto [di·ˈrɛt·to] *m* ① (*treno*) local train ② SPORT (*nel pugilato*) jab

diretto, -a I. *pp di* **dirigere** II. *adj* ① (*senza deviazioni, soste*) direct ② (*rivolto*) **~ a qu** directed at sb ③ (*destinato*) **il treno ~ a Roma** the train for Rome ④ LING **complemento ~** direct object; **discorso ~** direct speech

direttore, -trice [di·ret·ˈto:·re] *m, f* director; **~ di produzione** CINE producer; **~ d'orchestra** conductor; **~** (*didattico*) principal; **~ tecnico** SPORT coach; **~ responsabile** editor

direzione [di·ret·ˈtsio:·ne] *f* ① (*di azienda, partito*) management; **~ amministrativa** administration ② (*senso*) direction; **in ~ di** toward

dirigente [di·ri·ˈdʒen·te] I. *adj* managerial; **classe ~** ruling class II. *mf* manager

dirigenza [di·ri·ˈdʒen·tsa] *f* management

dirigere [di·ˈri:·dʒe·re] <dirigo, diressi, diretto> I. *vt* ① (*azienda*) to manage; (*lavori, scuola*) to run; (*orchestra*) to conduct ② (*indirizzare*) to direct; **~ qu/qc a** [*o verso*] **qu/qc** to direct sb/sth to sb/sth II. *vr:* **-rsi** to make one's way (*verso* toward)

dirimpetto [di·rim·ˈpɛt·to] I. *adv* opposite II. *prep* **~ a te** opposite you III. <inv> *adj* **la casa ~** the house opposite

diritto [di·ˈrit·to] I. *m* ① (*complesso di norme, scienza*) law; **~ civile** civil law; **~ penale** criminal law ② (*interesse*) right; **avere ~ a qc** to have a right to sth; **~ di sciopero** right to strike; **~ di voto** right to vote; **-i d'autore** copyright; **-i dell'uomo** human rights; **di ~** by right; **a buon ~** quite rightly ③ *pl* (*tassa*) fees ④ (*di maglia, stoffa*) right side ⑤ SPORT forehand II. *adv* ① (*in linea retta*) straight (on) ② (*direttamente*) straight; **tirar ~ per la propria strada** *fig* to go one's own way; **rigare** [*o* **filare**] **~** to go straight

diritto, -a *adj* straight

dirottamento [di·rot·ta·ˈmen·to] *m* (*di nave, aereo*) hijacking

dirottare [di·rot·ˈta:·re] I. *vt* ① (*far deviare*) to reroute ② (*con la forza*) to hijack II. *vi* (*cambiare rotta*) to change course

dirottatore, -trice [di·rot·ta·ˈto:·re] *m, f* hijacker

dirotto, -a [di·ˈrot·to] *adj* **scoppiare in un pianto ~** to burst into tears; **piovere a ~** to pour down rain

disabile [di·ˈza:·bi·le] I. *adj* disabled II. *mf* disabled person; **posti riservati ai -i** places reserved for the disabled

disabilità [di·za·bi·li·ˈta] <-> *f* disability

disabilitare [di·za·bi·li·ˈta:·re] *vt* (*programma, macchina, funzione*) to disable

disabilitato, -a [di·za·bi·li·ˈta:·to] *adj* disabled

disabitato, -a [di·za·bi·ˈta:·to] *adj* uninhabited

disabituare [di·za·bi·tu·ˈa:·re] I. *vt* **~ qu a qc** to break sb of a habit II. *vr:* **-rsi a qc** to break oneself of a habit

disaccordo [di·zak·ˈkɔr·do] *m* ① MUS discord ② (*contrasto*) disagreement; **essere in ~ su qc** to disagree about sth

disadatto, -a [di·za·ˈdat·to] *adj* unsuitable; **essere ~ a** [*o per*] **qc** to be unsuitable for sth

disagio [di·ˈza:·dʒo] *m* ① (*mancanza di comodità*) discomfort ② (*imbarazzo*) unease; **sentirsi a ~** to feel awkward;

mettere a ~ qu to make sb feel awkward

disambientato, -a [di·zam·bien·'taː·to] *adj* disoriented

disapprovare [di·zap·pro·'vaː·re] *vt* to disapprove of

disapprovazione [di·zap·pro·vat·'tsioː·ne] *f* disapproval

disarmato, -a [di·zar·'maː·to] *adj* ① (*senza armi*) unarmed ② (*indifeso*) defenseless

disarmo [di·'zar·mo] *m* (*di nazione*) disarmament

disastrato, -a [di·zas·'traː·to] I. *adj* (*zona, paese*) devastated II. *m, f* victim

disastro [di·'zas·tro] *m* ① (*gener*) disaster ② (*caos*) disaster area

disastroso, -a [di·zas·'troː·so] *adj* disastrous

disattento, -a [di·zat·'tɛn·to] *adj* inattentive

disattenzione [di·zat·ten·'tsioː·ne] *f* ① (*mancanza di attenzione*) carelessness ② (*svista*) oversight

disattivare [di·zat·ti·'vaː·re] *vt* ① (*bomba*) to defuse ② (*macchina, impianto*) to deactivate

disavventura [di·zav·ven·'tuː·ra] *f* misadventure

discapito [dis·'kaː·pi·to] *m* **a ~ di qu** the detriment of sb

discarica [dis·'kaː·ri·ka] <-che> *f* dump

discendente [diʃ·ʃen·'dɛn·te] *mf* descendant

discendenza [diʃ·ʃen·'dɛn·tsa] *f* ① (*origine*) descent ② (*discendenti*) descendants *pl*

discendere [diʃ·'ʃen·de·re] <irr> *vi essere* ① (*provenire*) **~ da qu** to descend from sb; **~ da qc** to come from sth ② (*scendere*); (*da macchina*) to get out; (*da cavallo, bicicletta, treno, aereo*) to get off

discepolo [di·'ʃeː·po·lo] *m, f* ① *poet* (*allievo*) pupil; (*seguace*) follower ② REL disciple

discernere [diʃ·'ʃɛr·ne·re] <discerno, discernei, *manca il pp*> *vt* ① (*distin-*

guere) to distinguish ② (*scorgere*) to make out

discesa [diʃ·'ʃeː·sa] *f* ① (*azione*) descent ② (*pendenza*) slope; **in ~** downward sloping ③ SPORT **~ libera** downhill race

discesi *1. pers sing pass rem di* **discendere**

disceso *pp di* **discendere**

dischetto [dis·'ket·to] *m* COMPUT diskette

dischiudere [dis·'kiu·de·re] <irr> *vt* ① (*aprire*) to open ② (*rivelare: segreto*) to disclose

disciogliere [diʃ·'ʃɔʎ·ʎe·re] <irr> *vt* ① (*neve*) to melt ② (*diluire*) to dissolve

disciplina [diʃ·ʃi·'pliː·na] *f* ① (*ordine*) discipline ② (*materia di studio*) subject

disciplinare¹ [diʃ·ʃi·pli·'naː·re] *adj* (*provvedimento, misura*) disciplinary; **sanzioni -i** disciplinary measures

disciplinare² *vt* (*regolare*) to regulate

disciplinato, -a [diʃ·ʃi·pli·'naː·to] *adj* (*alunno, traffico*) disciplined

disco [dis·ko] <-schi> *m* ① (*piastra rotonda*) a. ANAT, COMPUT disk; (*~ magnetico*) magnetic disk; **~ fisso** COMPUT hard disk; **~ volante** flying saucer ② SPORT discus ③ MUS record; **cambiare ~** *fig* change the subject ④ MOT **~ del freno** brake disk

discografico, -a [dis·ko·'graː·fi·ko] <-ci, -che> *adj* (*casa, mercato, produttore*) record

discolpa [dis·'kol·pa] *f* (*giustificazione*) excuse; **a ~ di qu** in sb's defense

discolpare [dis·kol·'paː·re] I. *vt* (*giustificare*) to excuse; (*da accusa*) to prove innocent II. *vr:* **-rsi** (*giustificarsi*) to justify oneself

disconoscere [dis·ko·'noʃ·ʃe·re] <irr> *vt* (*figlio, scrittura*) to disown

discontinuità [dis·kon·ti·nui·'ta] *f* discontinuity; **con ~** with interruptions

discontinuo, -a [dis·kon·'tiː·nuo] *adj* ① (*linea*) broken ② (*sforzo, allievo, rendimento*) erratic

discordante [dis·kor·'dan·te] *adj* (*opinioni, suoni*) discordant; (*colori*) clashing

discorrere [dis·'kor·re·re] <irr> vi ~ **di qc** to talk about sth

discorsivo, -a [dis·kor·'si:·vo] adj ① (relativo al discorso) discursive ② (testo, linguaggio) flowing

discorso [dis·'kor·so] I. pp di **discorrere** II. m ① (discussione) conversation; **cambiare** ~ to change the subject; **attaccar** ~ (con qu) to start a conversation (with sb) ② (esposizione orale) speech; ~ **inaugurale** opening speech; **pronunciare un** ~ to give a speech ③ LING ~ **diretto/indiretto** direct/indirect speech

discoteca [dis·ko·'tɛ:·ka] <-che> f club; **andare in** ~ to go clubbing

discretamente [dis·kre·ta·'men·te] adv ① (con discrezione) discreetly ② (abbastanza) quite ③ (abbastanza bene) quite well

discreto, -a [dis·'kre:·to] adj ① (moderato) modest ② (riservato) discreet ③ (abbastanza buono) fair ④ (domanda) modest; (ospite) undemanding

discrezione [dis·kret·'tsio:·ne] f ① (tatto) tact; **con** ~ tactfully ② (moderazione) moderation; **senza** ~ excessively ③ (volontà) **a** ~ **di qu** at sb's discretion

discriminante [dis·kri·mi·'nan·te] adj (trattamento, politica) discriminatory; (fattore) determining

discriminazione [dis·kri·mi·nat·'tsio:·ne] f (trattamento inuguale) discrimination; ~ **razziale** racial discrimination

discussi [dis·'kus·si] 1.pers sing pass rem di **discutere**

discussione [dis·kus·'sio:·ne] f ① (dibattito) discussion; **essere in** ~ to be in doubt; **essere fuori** ~ to be out of the question ② (litigio) argument

discusso, -a [dis·'kus·so] I. pp di **discutere** II. adj (decisione, scelta) controversial

discutere [dis·'ku:·te·re] <discuto, discussi, discusso> I. vt ① (dibattere) to discuss ② (contestare) to doubt II. vi ① (parlare) ~ **di** [o **su**] **qc** to discuss sth ② (litigare) to argue

discutibile [dis·ku·'ti:·bi·le] adj (opinione, scelta) dubious

disdegnare [diz·deɲ·'ɲa:·re] vt to scorn

disdegno [diz·'deɲ·ɲo] m scorn

disdetta [diz·'det·ta] f ① (sfortuna) bad luck ② (di contratto) cancellation; **dare la** ~ to cancel

disdire [diz·'di:·re] <irr> vt ① (appuntamento, prenotazione) to cancel ② (contratto, società) to dissolve

disegnare [di·seɲ·'ɲa:·re] vt ① (immagine, piantina) to draw ② (veicolo, edificio) to design ③ (descrivere) to outline

disegnatore, -trice [di·seɲ·ɲa·'to:·re] m, f designer

disegno [di·'seɲ·ɲo] m ① (immagine) drawing; ~ **animato** cartoon ② (motivo) pattern ③ fig (intenzione) plan ④ GIUR ~ **di legge** bill

diserbante [di·zer·'ban·te] m herbicide

diseredare [di·ze·re·'da:·re] vt to disinherit

disertare [di·zer·'ta:·re] I. vi ① MIL to desert ② fig (abbandonare) ~ **da qc** to leave sth II. vt to leave

disertore [di·zer·'to:·re] m a. fig MIL deserter

disfare [dis·'fa:·re] <irr> I. vt (scomporre: nodo) to undo; (letto) to strip; (cucitura, orlo) to unpick; (bagagli, valigie) to unpack II. vr: -**rsi** ① (nodo) to come undone; (cucitura, orlo) to come unstitched ② fig (famiglia, società) to fall apart ③ (liberarsi) -**rsi di qc/qu** to get rid of sth/sb

disfatta [dis·'fat·ta] f (di esercito, squadra, partito) crushing defeat

disfatto pp di **disfare**

disfeci 1.pers sing pass rem di **disfare**

disgrazia [diz·'grat·tsia] f ① (sfortuna) misfortune; **per mia/tua** ~ unfortunately for me/you ② (avvenimento) **è successa una** ~ something terrible has happened ③ (sfavore) **cadere in** ~ to fall out of favor

disgraziatamente [diz·grat·tsia·ta·'men·te] adv unfortunately

disgraziato, -a [diz·grat·'tsia:·to] I. adj

D

D

① (*persona*) unfortunate ② (*evento*) unlucky II. *m, f* ① (*persona sfortunata*) poor soul ② (*sciagurato*) jerk

disgregare [diz·gre·'ga:·re] I. *vt* ① (*frantumare*) to shatter ② *fig* (*partito, famiglia, società*) to break up II. *vr:* -**rsi** ① (*andare in pezzi*) to shatter ② *fig* (*partito, famiglia, società*) to break up

disgregazione [diz·gre·gat·'tsio:·ne] *f* ① (*di rocce, materia, cellule*) disintegration; ~ **meteorica** weathering ② (*di partito, famiglia, società*) breakup

disguido [diz·'gui:·do] *m* ① (*burocratico, tecnico*) error ② (*svista*) mistake

disgustare [diz·gus·'ta:·re] I. *vt* ① (*nauseare*) ~ **qu** to make sb feel sick ② *fig* (*infastidire*) to disgust II. *vr:* -**rsi**; -**rsi di qc** to grow sick of sth

disgusto [diz·'gus·to] *m a. fig* disgust

disgustoso, -a [diz·gus·'to:·so] *adj* disgusting

disidratato, -a [di·zi·dra·'ta:·to] *adj* (*alimenti, organismo*) dehydrated; (*pelle*) dry

disilludere [di·zil·'lu:·de·re] <irr> I. *vt* to disillusion; ~ **le speranze di qu** to disappoint sb's hopes II. *vr:* -**rsi** to lose one's illusions

disimpegnare [di·zim·peɲ·'ɲa:·re] I. *vt* *fig* (*da impegno, promessa*) to release II. *vr:* -**rsi** ① (*liberarsi*) to free oneself ② SPORT (*nel calcio*) to run with the ball

disimpegnato, -a [di·zim·peɲ·'ɲa:·to] *adj* POL uncommitted

disincantato, -a [di·ziŋ·kan·'ta:·to] *adj* (*disilluso*) disenchanted

disinfettante [di·zin·fet·'tan·te] *m* disinfectant

disinfettare [di·zin·fet·'ta:·re] *vt* to disinfect

disinformato, -a [di·zin·for·'ma:·to] *adj* ignorant; ~ **su qc** ignorant of sth

disingannare [di·ziŋ·gan·'na:·re] I. *vt* ① (*togliere dall'errore*) to undeceive ② (*disilludere*) to disillusion II. *vr:* -**rsi** to become disillusioned

disinibito, -a [di·zi·ni·'bi:·to] *adj* (*persona, atteggiamento*) uninhibited

disinnestare [di·zin·nes·'ta:·re] *vt* AUTO ~ **la marcia** to disengage

disinquinare [di·ziŋ·kui·'na:·re] *vt* to clean up

disinserire [di·zin·se·'ri:·re] <disinserisco> *vt* to disconnect

disinstallare [di·zins·tal·'la:·re] *vt* COMPUT to uninstall

disintegrare [di·zin·te·'gra:·re] I. *vt* ① (*ridurre in frammenti*) to blow to pieces ② FIS (*atomo*) to splett II. *vr:* -**rsi** ① (*ridursi in frammenti*) to disintegrate ② FIS to splett

disintegrazione [di·zin·te·grat·'tsio:·ne] *f* ① (*distruzione*) disintegration ② FIS decay

disinteressato, -a [di·zin·te·res·'sa:·to] *adj* ① (*privo di interesse*) **essere ~ (a qc)** to be uninterested (in sth) ② (*senza fini personali*) disinterested

disinteresse [di·zin·te·'res·se] *m* ① (*indifferenza*) lack of interest; **mostrare ~ per qc** to show a lack of interest in sth ② (*generosità*) disinterest

disintossicare [di·zin·tos·si·'ka:·re] I. *vt* (*organismo, tossicodipendente*) to detox II. *vr:* -**rsi** to detox

disinvolto, -a [di·zin·'vɔl·to] *adj* ① (*non timido*) confident ② *pej* (*sfacciato*) familiar

disinvoltura [di·zin·vol·'tu:·ra] *f* ① (*naturalezza*) ease ② *pej* (*sfacciataggine*) insolence ③ (*superficialità*) flippancy

dislivello [diz·li·'vɛl·lo] *m* ① (*differenza di altezza*) difference in height ② *fig* (*divario*) gap

dismisura [diz·mi·'zu:·ra] *f* **a ~** beyond measure

disoccupato, -a [di·zok·ku·'pa:·to] I. *adj* (*senza lavoro*) unemployed II. *m, f* unemployed person; ~ **di lunga durata** long-term unemployed person

disoccupazione [di·zok·ku·pat·'tsio:·ne] *f* unemployment; ~ **giovanile** youth unemployment

disonestà [di·zo·nes·'ta] *f* dishonesty

disonesto, -a [di·zo·'nɛs·to] *adj* dishonest

disonorare [di·zo·no·'ra:·re] I. *vt* to disgrace II. *vr:* **-rsi** to disgrace oneself

disonore [di·zo·'no:·re] *m* ① (*perdita dell'onore*) dishonor ② (*persona*) disgrace

disopra, di sopra [di·'so:p·ra] I. *adv, adj* <inv> upstairs II.<-> *m* (*parte superiore*) top; **essere al ~ di ogni sospetto** to be above suspicion

disordinato, -a [di·zor·di·'na:·to] *adj* ① (*stanza*) untidy ② (*idea, racconto*) incoherent ③ (*vita, alimentazione*) disorderly

disordine [di·'zor·di·ne] *m* ① (*scompiglio*) mess; **in ~** in a mess ② (*situazione confusa*) disorder ③ (*nel mangiare, bere*) irregularity ④ *pl* (*tumulti*) trouble

disorganizzato, -a [di·zor·ga·nid·'dza:·to] *adj* disorganized

disorientamento [di·zo·rien·ta·'men·to] *m* disorientation

disorientare [di·zo·rien·'ta:·re] I. *vt* ① (*nella direzione*) to disorient ② *fig* (*confondere*) to confuse II. *vr:* **-rsi** ① (*nella direzione*) to become disoriented ② *fig* (*confondersi*) to become confused

disorientato, -a [di·zo·rien·'ta:·to] *adj* (*confuso*) confused

disotto, di sotto [di·'sot·to] I. *adv, adj* <inv> downstairs II.<-> *m* (*parte inferiore*) bottom; **al ~ del livello del mare** below sea level; **al ~ di qu/qc** below sb/sth

disparato, -a [dis·pa·'ra:·to] *adj* varied

dispari ['dis·pa·ri] <inv> *adj* MATH odd

disparità [dis·pa·ri·'ta] *f* difference

disparte [dis·'par·te] *adv* **lasciare qc in ~** to set sth aside; **tenersi** [*o* **starsene**] **in ~** to stay by oneself

dispendio [dis·'pεn·dio] *m* (*spesa eccessiva*) expense; (*consumo eccessivo*) waste; **~ di energie** expenditure of energy

dispendioso, -a [dis·pen·'dio:·so] *adj* (*acquisto, vita*) extravagant; (*sport*) expensive

dispensa [dis·'pεn·sa] *f* ① (*fascicolo*) part; **~ universitaria** lecture notes ② (*esonero*) dispensation ③ (*mobile*) sideboard

dispensare [dis·pen·'sa:·re] *vt* ① *iron* (*distribuire*) to hand out ② (*da tassa, servizio militare*) **~ qu da qc** to exempt sb from sth

disperare [dis·pe·'ra:·re] I. *vt* **~ di fare qc** to despair of doing sth II. *vi* to despair; **~ di qc** to despair of sth; **far ~ qu** to drive sb crazy III. *vr:* **-rsi** to despair; **-rsi per qc** to be in despair about sth

disperato, -a [dis·pe·'ra:·to] *adj* ① (*persona*) in despair ② (*situazione*) desperate; **caso ~** hopeless case

disperazione [dis·pe·rat·'tsio:·ne] *f* ① (*sconforto*) despair ② (*che fa disperare*) **essere una ~** to drive sb to distraction

disperdere [dis·'pεr·de·re] <irr> I. *vt* ① (*folla*) to disperse ② (*averi*) to squander II. *vr:* **-rsi** ① (*allontanarsi*) to disperse ② (*andare sprecato*) to be lost ③ *fig* (*distrarsi*) **-rsi in qc** to get distracted by sth

dispersione [dis·per·'sio:·ne] *f* ① (*di folla, esercito*) dispersal ② *fig* (*di energia, forze*) waste ③ FIS (*di elettricità, suono*) dispersion; **~ di calore** heat loss

disperso, -a [dis·'pεr·so] I. *adj* ① (*sparso*) scattered ② (*perso*) lost; **dare qu per ~** to report sb missing II. *m, f* missing person

dispetto [dis·'pet·to] *m* ① (*azione*) piece of spite; **fare un ~ a qu** to spite sb; **a ~ di qu** in spite of sb's opposition ② (*irritazione*) **provare ~ per qc** to find sth annoying

dispettoso, -a [dis·pet·'to:·so] *adj* ① (*che fa dispetti*) spiteful ② (*tempo, vento*) unpleasant

dispiacere¹ [dis·pia·'tʃe:·re] *m* (*afflizione*) sorrow; **dare un ~ a qu** to upset sb

dispiacere² <irr> *vi* essere ① (*causare dispiacere*) to upset; **mi dispiace (che ...)** I'm sorry (that ...); **ti dispiace posare il libro sul tavolo?** would you mind putting the book on the table?; **se non ti dispiace ...** if you don't mind ... ② (*non piacere*) **il film non mi è di-**

D

spiaciuto I really liked the movie; **non mi dispiacerebbe vederlo** I wouldn't mind seeing him/it

dispiaciuto, -a [dis·pia·ˈtʃuː·to] *adj* sorry; **essere ~ di dover fare qc** to be sorry to have to do sth

dispongo *1. pers sing pr di* **disporre**

disponibile [dis·po·ˈniː·bi·le] *adj* ① (*a disposizione*) available; **non c'è più un posto ~** there are no more seats ② (*libero da impegni*) free ③ (*gentile*) helpful

disponibilità [dis·po·ni·bi·li·ˈta] <-> *f* ① (*gener*) availability ② (*gentilezza*) helpfulness

disporre [dis·ˈpor·re] <irr> I. *vt* ① (*sistemare*) to arrange ② (*preparare*) to prepare ③ (*prescrivere: legge*) to lay down; (*giudice*) to order II. *vi* (*avere a disposizione*) **~ di qc** to have sth (available) ② (*decidere*) to decide ③ (*possedere*) to have III. *vr:* **-rsi** ① (*sistemarsi*) to arrange oneself ② (*prepararsi*) **-rsi a fare qc** to get ready to do sth

dispositivo [dis·po·zi·ˈtiː·vo] *m* (*congegno*) device; **~ di sicurezza** safety device

disposizione [dis·po·zit·ˈtsioː·ne] *f* ① (*sistemazione*) arrangement ② (*inclinazione*) bent; **avere ~ a** [*o* **per**] **qc** to have a bent for sth ③ (*stato d'animo*) mood ④ (*prescrizione*) instruction ⑤ (*servizio*) **essere a ~ di qu** to be at sb's disposal; **tenersi a ~** to make oneself available

disposto [dis·ˈpos·to] *m* provision

disposto, -a I. *pp di* **disporre** II. *adj* ① (*sistemato*) arranged ② (*pronto*) **essere ~ a fare qc** to be disposed to do sth ③ (*psicologicamente*) **ben/mal ~ verso qu** well/ill disposed toward sb

dispregiativo, -a [dis·pre·dʒa·ˈtiː·vo] *adj* LING pejorative

disprezzabile [dis·pret·ˈtsaː·bi·le] *adj* contemptible

disprezzare [dis·pret·ˈtsaː·re] *vt* ① (*non stimare*) to despise ② (*offerta*)

to scorn ③ (*pericolo, ordini*) to disregard

disprezzo [dis·ˈpret·tso] *m* ① (*mancanza di stima*) contempt ② (*di pericolo, tradizioni*) disregard

disputa [ˈdis·pu·ta] *f* ① (*discussione*) discussion ② (*lite*) dispute ③ SPORT **la ~ del campionato** the championship game

disputare [dis·pu·ˈtaː·re] I. *vt* SPORT (*partita, gara*) to take part in II. *vr* **-rsi qc** (*primo posto, premio, vittoria*) to compete for sth

disquisizione [dis·kui·zit·ˈtsioː·ne] *f* detailed discussion

disseminare [dis·se·mi·ˈnaː·re] *vt* ① (*spargere*) to scatter ② *fig* (*diffondere*) to spread

dissenso [dis·ˈsɛn·so] *m* ① (*contrasto*) disagreement ② (*disapprovazione*) disapproval ③ POL, REL dissent

disseppellire [dis·sep·pel·ˈliː·re] <disseppellisco> *vt* ① (*rovine*) to excavate ② (*cadavere*) to exhume

dissertazione [dis·ser·tat·ˈtsioː·ne] *f* dissertation; **~ di laurea** dissertation, for a first degree

dissesto [dis·ˈsɛs·to] *m fig* (*economico*) difficulty; (*sociale*) disorder

dissetante [dis·se·ˈtan·te] *adj* thirst-quenching

dissi [ˈdis·si] *1. pers sing pass rem di* **dire**[1]

dissidente [dis·si·ˈdɛn·te] *adj, mf* dissident

dissidio [dis·ˈsiː·dio] <-i> *m* (*politico, religioso*) disagreement

dissimile [dis·ˈsiː·mi·le] *adj* dissimilar

dissimulare [dis·si·mu·ˈlaː·re] *vt* ① (*sentimento, pensiero*) to hide ② (*fingere*) to pretend

dissimulatore, -trice [dis·si·mu·la·ˈtoː·re] *m, f* deceiver

dissimulazione [dis·si·mu·lat·ˈtsioː·ne] *f* deceit

dissipare [dis·si·ˈpaː·re] I. *vt* ① (*nebbia, fumo, nubi*) to disperse ② (*dubbi, sospetti*) to dispel ③ (*patrimonio*) to squander II. *vr:* **-rsi**

● *(nebbia)* to clear ● *(dubbi)* to disappear

dissociare [dis·so·'tʃa:·re] I. *vt a.* CHIM to separate II. *vr:* **-rsi; -rsi da qc** to dissociate oneself from sth

dissolsi [dis·'sɔl·si] *1. pers sing pass rem di* **dissolvere**

dissolto [dis·'sɔl·to] *pp di* **dissolvere**

dissoluto, -a [dis·so·'lu:·to] *adj (vita, persona)* dissolute

dissoluzione [dis·so·lut·'tsio:·ne] *f* ● *(disfacimento)* collapse ● *(corruzione)* dissolution

dissolvenza [dis·sol·'vɛn·tsa] *f* FILM **~ in apertura** fade-in; **~ in chiusura** fade-out

dissolvere [dis·'sɔl·ve·re] <dissolvo, dissolsi, dissolto> I. *vt* ● *(compressa, legame)* to dissolve ● *(nebbia)* to dispel II. *vr:* **-rsi** *(sciogliersi)* to dissolve

dissotterrare [dis·sot·ter·'ra:·re] *vt* ● *(rovine)* to excavate ● *(cadavere)* to exhume

dissuadere [dis·sua·'de:·re] <dissuado, dissuasi, dissuaso> *vt* to dissuade; **~ qu da qc/dal fare qc** to dissuade sb from doing sth

dissuaso [dis·su·'a:·zo] *pp di* **dissuadere**

distaccare [dis·tak·'ka:·re] I. *vt* ● *(separare)* to separate ● *(trasferire)* to transfer ● SPORT *(gruppo, concorrenti)* to outstrip II. *vr:* **-rsi** ● *(allontanarsi)* to detach oneself ● *(distinguersi)* to stand out

distaccato, -a [dis·tak·'ka:·to] *adj (atteggiamento, tono, espressione)* detached

distacco [dis·'tak·ko] <-chi> *m* ● *(di parti, componenti)* removal ● *fig (allontanamento)* separation ● *(freddezza)* detachment ● SPORT **ha vinto con un ~ di dieci secondi** he won by ten seconds; **avere un ~ di cinque metri su qu** to have a five-meter lead over sb; **ridurre il ~** to close the gap

distante [dis·'tan·te] I. *adj* ● *(lontano)* faraway ● *(opinioni)* different ● *fig (freddo)* distant II. *adv* far away

distanza [dis·'tan·tsa] *f* ● *(spazio)* distance; **~ di sicurezza** braking distance; **comando a ~** remote control; **tenere le -e** *fig* to keep one's distance; **prendere le -e da qu/qc** to distance oneself from sb/sth ● *(tempo)* time; **a ~ di dieci anni** after ten years

D

distare [dis·'ta:·re] <disto, mancano pass rem e pp> *vi* **~ (da qc)** to be far away (from sth)

distendere [dis·'ten·de·re] <irr> I. *vt* ● *(coperta, vele)* to spread; ● *(braccia, mani, gambe)* to stretch ● *(sdraiare)* to lay down ● *(nervi, muscoli)* to relax ● *(vernice, colore)* ~ **qc su qc** to apply sth to sth II. *vr:* **-rsi** ● *(rilassarsi)* to relax ● *(sdraiarsi)* to stretch out

distensione [dis·ten·'sio:·ne] *f* ● *(di muscoli, corda)* stretching ● *(rilassamento)* relaxation ● *(di rapporti)* improvement

distensivo, -a [dis·ten·'si:·vo] *adj* ● *(rilassante)* relaxing ● *(fase, misura)* conciliatory

distesa [dis·'te:·sa] *f* ● *(estensione)* expanse ● *(quantità)* collection

distesi *1. pers sing pass rem di* **distendere**

disteso, -a [dis·'te:·so] I. *pp di* **distendere** II. *adj* ● *(sdraiato, allungato)* stretched out ● *(rapporti)* improved ● *(rilassato)* relaxed

distillato, -a *adj* distilled

distinguere [dis·'tiŋ·gue·re] <distinguo, distinsi, distinto> I. *vt* ● *(differenziare)* to tell ● *(vedere, sentire)* to make out ● *(rendere riconoscibile: bagagli)* to identify; *(persona)* to distinguish II. *vr* **-rsi da qu** *(per qc)* to be distinguished from sb (by sth)

distintivo [dis·tin·'ti:·vo] *m* badge

distintivo, -a *adj (carattere, tratto)* distinctive

distinto, -a [dis·'tin·to] I. *pp di* **distinguere** II. *adj* ● *(differente)* distinct ● *(chiaro)* clear ● *(elegante)* distinguished ● *form (nelle lettere)* **-i saluti** yours truly

distinzione [dis·tin·'tsio:·ne] *f* distinction; **senza ~** without distinction

distogliere [dis·'tɔʎ·ʎe·re] <irr> *vt* **①** to remove; *(attenzione)* to distract; **~ lo sguardo** to look away; **~ qu da qc** to dissuade sb from sth

distorcere [dis·'tɔr·tʃe·re] <irr> I. *vt* **①** *(torcere, contorcere)* to twist **②** TEC, FIS to distort II. *vr:* **-rsi** to twist; **-rsi il polso** to sprain one's wrist

distorsione [dis·tor·'sio:·ne] *f* **①** *(gener)* distortion **②** MED sprain

distrarre [dis·'trar·re] <irr> I. *vt* **①** *(deconcentrare)* to distract **②** *(divertire)* to entertain **③** *(somma)* to subtract II. *vr:* **-rsi** **①** *(deconcentrarsi)* to get distracted **②** *(divertirsi)* to enjoy oneself

distratto, -a [dis·'trat·to] *adj* **①** *(deconcentrato)* **ero ~** I wasn't paying attention **②** *(sbadato)* absent-minded

distrazione [dis·trat·'tsio:·ne] *f* **①** *(disattenzione)* inattention **②** *(divertimento)* amusement

distretto [dis·'tret·to] *m* **①** *(circoscrizione)* district; **~ di polizia** precinct

distribuire [dis·tri·bu·'i:·re] <distribuisco> *vt* **①** *(compiti, premi, ruoli)* to give out **②** *(peso)* to distribute **③** *(posta, giornali, pubblicità)* to deliver; *(acqua, elettricità)* to supply

distributore [dis·tri·bu·'to:·re] *m* TEC pump; **~ di benzina** gas pump; **~ automatico** *(bancomat)* ATM

distribuzione [dis·tri·but·'tsio:·ne] *f* **①** *(di compiti, regali, ruoli, prodotti)* distribution **②** *(di posta, giornali, acqua)* delivery **③** AUTO *(in un motore)* distributor

distruggere [dis·'trud·dʒe·re] <irr> *vt* *a. fig* to destroy

distruttivo, -a [dis·trut·'ti:·vo] *adj* destructive

distrutto [dis·'trut·to] *pp di* **distruggere**

distruttore, -trice I. *adj* destructive II. *m, f* destroyer

distruzione [dis·trut·'tsio:·ne] *f a. fig* destruction

disturbare [dis·tur·'ba:·re] I. *vt* to dis-

turb II. *vr:* **-rsi** to put oneself out; **non si disturbi** please don't get up; **grazie, ma non doveva -rsi** thank you, but you shouldn't have

disturbo [dis·'tur·bo] *m* **①** *(fastidio)* trouble; **togliere il ~** to leave **②** MED problem; **~ di stomaco** upset stomach **③** *(malfunzionamento)* interference

disubbidiente [di·zub·bi·'diɛn·te] *adj* disobedient

disubbidienza [di·zub·bi·'diɛn·tsa] *f* disobedience

disubbidire [di·zub·bi·'di:·re] <disubbidisco> *vi* **~ a qu** to disobey sb; **~ a un ordine** to disobey an order

disuguaglianza [di·zu·guaʎ·'ʎan·tsa] *f* **①** *a.* MATH inequality; **-e sociali** social differences **②** *(irregolarità)* unevenness

disuguale [di·zu·'gua:·le] *adj* **①** *(diverso)* unequal **②** *(rendimento, umore)* uncertain; *(terreno)* uneven

disumano, -a [di·zu·'ma:·no] *adj* inhuman

disuso [di·'zu:·zo] *m* **cadere in ~** *(usanza, espressione)* to fall into disuse

ditale [di·'ta:·le] *m* thimble

ditata [di·'ta:·ta] *f* **①** *(colpo)* poke **②** *(impronta)* fingerprint

dito ['di:·to] <nel loro insieme: **-a** *f*, considerati separatamente: **-i** *m*> *m* **①** *(della mano, guanto)* finger; *(del piede)* toe; **sapere qc sulla punta delle -a** *fig* to have sth at one's fingertips; **non muovere un ~ in favore di qu** to not lift a finger to help sb; **legarsi qc al ~** *fig* to not forget a wrong **②** *(misura, quantità)* inch; *(di bevande)* drop

ditta ['dit·ta] *f* firm

dittatore [dit·ta·'to:·re] *m* dictator

dittatura [dit·ta·'tu:·ra] *f* dictatorship

dittongo [dit·'tɔŋ·go] <-ghi> *m* LING diphthong

diva ['di:·va] *f* star

divagare [di·va·'ga:·re] I. *vi* to digress; **~ da qc** *(argomento, tema)* to stray from sth II. *vr:* **-rsi** to enjoy oneself

divampare [di·vam·'pa:·re] *vi* essere **①** *(incendio, fuoco)* to flare up **②** *fig (ri-*

volta, guerra) to break out; **~ d'ira** (persone) to fly into a rage

divano [di·'va:·no] m sofa; **~ letto** sofa bed

divaricare [di·va·ri·'ka:·re] vt ① (braccia, gambe) to open wide ② (allargare) to widen

divario [di·'va:·rio] m gap; **~ nord-sud** north-south divide

divenire [di·ve·'ni:·re] <irr> vi essere to become

diventare [di·ven·'ta:·re] vi essere to become; **~ vecchio** to grow old; **mi fai ~ nervoso** you're getting on my nerves

diverbio [di·'vɛr·bio] <-i> m quarrel

divergere [di·'vɛr·dʒe·re] <divergo, mancano pass rem e pp> vi ① (strade, binari) to diverge ② (opinioni) to differ

diversamente [di·ver·sa·'men·te] adv ① (in maniera diversa) differently ② (altrimenti) otherwise

diversificare [di·ver·si·fi·'ka:·re] I. vt ① (attività, interessi, letture) to vary ② COM (produzione) to diversify II. vr: **-rsi** ① (differenziarsi) to differ ② COM to diversify

diversità [di·ver·si·'ta] <-> f ① (differenza) difference ② (varietà) diversity

diversivo [di·ver·'si:·vo] m (distrazione) distraction

diversivo, -a adj **manovra -a** diversion

diverso, -a [di·'vɛr·so] I. adj ① (differente) different (da from) ② pl (vari) various II. pron pl several

divertente [di·ver·'tɛn·te] adj (buffo) entertaining; (piacevole) enjoyable

divertimento [di·ver·ti·'men·to] m ① (piacere) pleasure; **buon ~!** have a good time! ② (cosa che diverte) pastime

divertire [di·ver·'ti:·re] I. vt to entertain II. vr: **-rsi** (svagarsi) to enjoy oneself; **-rsi un mondo** to have a great time; **-rsi a fare qc** to enjoy doing sth; **-rsi alle spalle di qu** to laugh at sb behind their back

divertito, -a [di·ver·'ti:·to] adj amused

dividendo [di·vi·'dɛn·do] m FIN, MATH dividend

dividere [di·'vi:·de·re] <divido, divisi, diviso> I. vt ① (gener) to divide; **~ in quattro** to divide into four; **9 per 3** to divide 9 by 3 ② (separare) to separate ③ (distribuire, condividere) to share II. vr: **-rsi** (in gruppi, categorie) to divide; (tra attività) to divide one's time

divieto [di·'viɛ·to] m ban; **'~ di parcheggio'** 'No parking'; **'~ di sosta'** 'No waiting'; **'~ di transito'** 'No entry'

divino, -a adj ① (di Dio, di divinità) divine ② (eccellente) heavenly

divisa [di·'vi:·za] f ① (uniforme) uniform; **essere in ~** to be in uniform ② FIN currency; **~ estera** foreign currency

divisi [di·'vi:·zi] 1. pers sing pass rem di **dividere**

divisibile [di·vi·'zi:·bi·le] adj divisible

divisione [di·vi·'zio:·ne] f ① (gener) division; **~ dei beni** GIUR division of assets ② (separazione) separation; **~ dei poteri** separation of powers ③ SPORT league

diviso, -a [di·'vi:·zo] I. pp di **dividere** II. adj ① (coniugi) separated ② (zone, locali, unità) separate

divisore [di·vi·'zo:·re] m MATH divisor; **~ comune** common denominator

divisorio, -a <-i, -ie> adj dividing; **parete -a** dividing wall

divo, -a ['di:·vo] m, f star

divorare [di·vo·'ra:·re] vt (preda, piatto, libro) to devour

divorziare [di·vor·'tsia:·re] vi GIUR to get divorced; **~ da qu** to divorce sb

divorzio [di·'vɔr·tsio] <-i> m a. fig GIUR divorce

divulgare [di·vul·'ga:·re] I. vt (notizie, informazioni) to divulge; (idee) to popularize II. vr: **-rsi** to spread

dizionario [dit·tsio·'na:·rio] <-i> m dictionary; **consultare il ~** to look in a dictionary

dizione [dit·'tsio:·ne] f (locuzione) expression

do¹ [dɔ] <-> m MUS C; **~ maggiore/minore** C major/minor; **chiave di ~** key of C

D

do² *1. pers sing pr di* **dare¹**

dobbiamo [dob·'bia:·mo] *1. pers pl pr di* **dovere¹**

DOC [dɔk] *acro di* **Denominazione di Origine Controllata** DOC, *mark guaranteeing the origin of a wine*

doccia ['dot·tʃa] <-cce> *f* shower; **fare la ~** to take a shower; **una ~ fredda** *fig* a slap in the face

docciacrema [dot·tʃa·'krɛ:·ma] *m* shower gel

docente [do·'tʃɛn·te] **I.** *adj* teaching; **personale ~** teaching staff **II.** *mf* teacher; **~ universitario** professor

docile ['dɔ:·tʃi·le] *adj* (*persona, carattere, animale*) docile

docilità [do·tʃi·li·'ta] <-> *f* (*di persona, animale*) docility

documentare [do·ku·men·'ta:·re] **I.** *vt* to document **II.** *vr* **-rsi** (**su qc**) to find out (about sth)

documentario [do·ku·men·'ta:·rio] <-i> *m* documentary

documentazione [do·ku·men·tat·'tsio:·ne] *f* documentation

documento [do·ku·'men·to] *m* ① (*personale*) **~** (**di identità**) ID ② ADMIN document

dodicenne [do·di·'tʃɛn·ne] **I.** *adj* twelve-year-old **II.** *mf* twelve year old

dodicennio [do·di·'tʃɛn·nio] <-i> *m* period of twelve years

dodicesimo [do·di·'tʃɛː·zi·mo] *m* (*in frazione*) twelfth

dodicesimo, -a *adj, m, f* twelfth; *v.a.* **quinto**

dodici ['do:·di·tʃi] **I.** *num* twelve **II.** <-> *m* (*numero*) twelve; **essere in ~** to be twelve ② (*nelle date*) twelfth **III.** *fpl* (*ore*) twelve o'clock; *v.a.* **cinque**

dogana [do·'ga:·na] *f* ① (*ufficio*) customs *pl;* **passare la ~** to go through customs ② (*impiegati*) customs officers

doganale [do·ga·'na:·le] *adj* customs

doglie ['dɔʎ·ʎe] <-glie> *f pl* (*del parto*) labor; **avere le -glie** to have labor pains

dolce ['dol·tʃe] **I.** *adj* sweet; **acqua ~** freshwater **II.** *m* ① (*dessert*) dessert ② (*torta*) cake

dolceamaro, -a [dol·tʃe·a·'ma:·ro] *adj* sweet and sour

dolcezza [dol·'tʃet·tsa] *f* sweetness

dolciastro, -a [dol·'tʃas·tro] *adj* ① (*sapore*) sickly sweet ② *fig* (*persona, maniera*) ingratiating

dolcificante [dol·tʃi·fi·'kan·te] *m* sweetener

dolciumi [dol·'tʃu:·me] *m pl* (*prodotti*) sweet things

dolente [do·'lɛn·te] *adj* (*testa, braccio*) painful

dolere [do·'le:·re] <dolgo, dolsi, doluto> **I.** *vi essere o avere* ① (*far male*) to ache; **mi duole la testa** I have a headache ② *form* (*dare dispiacere*) to be (very) sorry; **mi duole di non potervi aiutare** I'm very sorry I can't help you **II.** *vr:* **-rsi** *lit* (*lamentarsi*) to complain; **-rsi con qu di qc** to complain to sb about sth; **-rsi di qc** to complain about sth

dollaro ['dɔl·la·ro] *m* dollar

dolomite [do·lo·'mi:·te] *f* **le Dolomiti** GEOG the Dolomites

dolorante [do·lo·'ran·te] *adj* aching

dolore [do·'lo:·re] *m* ① MED pain; **~ di testa** headache; **~ alla schiena** backache ② (*afflizione*) grief; **con mio grande ~** to my sorrow

doloroso, -a [do·lo·'ro:·so] *adj* ① MED (*ferita, intervento*) painful ② (*avvenimento, perdita*) sad

doloso, -a [do·'lo:·so] *adj* GIUR malicious

dolsi ['dɔl·si] *1. pers sing pass rem di* **dolere**

doluto [do·'lu:·to] *pp di* **dolere**

domanda [do·'man·da] *f* ① (*interrogazione, quesito*) question; **fare una ~** to ask a question; **punto di ~** question mark ② (*di rimborso, iscrizione*) request; **~ di lavoro** application ③ COM demand

domandare [do·man·'da:·re] **I.** *vt* ① (*per sapere*) to ask; **~ qc a qu** to ask sb sth; **~ un consiglio a qu** to ask sb for advice; **~ il prezzo di qc** to ask the price of sth ② (*per ottenere*) to ask for;

~ **un favore a** qu to ask sb for a favor II. *vr:* **-rsi** to wonder

domani [do·'ma:·ni] I. *adv* tomorrow; ~ **mattina** tomorrow morning; ~ **pomeriggio** tomorrow afternoon; **a ~!** see you tomorrow! II. *m (futuro)* **il ~** the future

domare [do·'ma:·re] *vt* ❶ *(animali)* to tame ❷ *fig (passione)* to master; *(popolo, rivolta)* to subdue; ~ **un incendio** to bring a fire under control

domattina [do·mat·'ti:·na] *adv* tomorrow morning

domenica [do·'me:·ni·ka] <-che> *f* Sunday; **la** [*o* **di**] ~ on Sundays; **l'ho visto** ~ I saw him on Sunday; ~ **scorsa/prossima** last/next Sunday; **tutta la** ~ all day Sunday; **ogni** ~, **tutte le -che** every Sunday; **una** ~ **sì, una** ~ **no** on alternate Sundays; **una** ~ one Sunday; ~ **mattina/pomeriggio/sera** Sunday morning/afternoon/evening; **di** ~ **mattina/pomeriggio/sera** on Sunday morning/afternoon/evening; **oggi è** ~ it's Sunday today

domenicale [do·me·ni·'ka:·le] *adj* Sunday

domestico, -a [do·'mɛs·ti·ko] <-ci, -che> I. *adj* domestic; **pianta -ca** houseplant; **lavori -ci** housework II. *m, f* servant

domicilio [do·mi·'tʃi:·lio] <-i> *m (abitazione)* home; **consegna a** ~ home delivery; **lavoro a** ~ home working

dominante [do·mi·'nan·te] *adj* dominant

dominare [do·mi·'na:·re] I. *vi (avere il controllo)* ~ **(su** qc/qu) to control (sth/sb) II. *vt (mercato, situazione)* to dominate; *(lingua)* to master III. *vr:* **-rsi** to control oneself

dominazione [do·mi·nat·'tsio:·ne] *f* domination

dominio [do·'mi:·nio] <-i> *m* ❶ *(padronanza)* control; **avere il** ~ **di** qc to have control of sth ❷ *(controllo)* ~ **di sé** self control ❸ GIUR *(proprietà)* property; **essere di** ~ **pubblico** *fig* to be common knowledge ❹ *(in Internet)* domain

donare [do·'na:·re] I. *vt* ❶ *(regalo, sangue)* to give ❷ *(organi)* to donate II. *vi (star bene: abito, taglio di capelli)* ~ **a** qu to suit sb III. *vr:* **-rsi** LETT to dedicate oneself

donatore, -trice [do·na·'to:·re] *m, f (di sangue, organo)* donor

donazione [do·nat·'tsio:·ne] *f* donation; GIUR gift

dondolare [don·do·'la:·re] I. *vt (piedi, gambe)* to swing; *(culla, sedia, bambino)* to rock; *(corda)* to dangle; *(testa)* to nod II. *vr:* **-rsi** ❶ *(su una sedia)* to rock; *(sull'altalena)* to swing ❷ *fig (oziare)* to laze around

dondolo ['don·do·lo] *m* **cavallo a** ~ rocking horse; **sedia a** ~ rocking chair

donna ['dɔn·na] *f* ❶ *(gener)* woman; ~ **di casa** housewife; **bicicletta da** ~ woman's bicycle ❷ *(nelle carte)* queen ❸ *(domestica)* ~ **(di servizio)** cleaner

donnola ['dɔn·no·la] *f* weasel

dono ['do:·no] *m (regalo)* gift; **in** ~ as a gift

dopante [do·'pan·te] *adj* **sostanza** ~ performance-enhancing drug

doping ['dou·piŋ/'dɔ·pin(g)] <-> *m* doping

dopo ['do:·po] I. *adv* ❶ *(tempo)* afterwards; **poco** ~ shortly afterwards; **due anni** ~ two years later; **a** ~ see you later ❷ *(luogo)* next II. *prep* ❶ *(tempo)* after; ~ **pranzo/cena** after lunch/supper ❷ *(luogo)* past III. *conj* after IV. <inv> *adj* next; **il giorno** ~ the next day

dopobarba [do·po·'bar·ba] <-> *m* aftershave

dopodomani [do·po·do·'ma:·ni] *adv* the day after tomorrow

doposci [do·poʃ·'ʃi] *mpl (scarponi)* après-ski boots

dopotutto, dopo tutto [do·po·'tut·to, 'do:·po 'tut·to] *adv* after all

doppiaggio [dop·'piad·dʒo] <-ggi> *m* FILM dubbing

doppio ['dop·pio] I. *m* ❶ *(di quantità, numero, misura)* double ❷ SPORT dou-

D

bles; ~ **femminile/maschile** women's/men's doubles; ~ **misto** mixed doubles II. adv **vederci** ~ to see double

doppio, -a <-i, -ie> adj ① (gener) double; **un caffè** ~ a double espresso; **in -a copia** in duplicate; **fare il** ~ **gioco** to play a double game ② (falso) deceitful

doppione [dop·'pio·ne] m duplicate

doppiovetro [dop·pio·'ve:·tro] <doppivetri> m fam (vetrocamera) double glazing

dorare [do·'ra:·re] vt ① (con oro) to gild ② CULIN (rosolare) to brown

dorato, -a [do·'ra:·to] adj ① (rivestito d'oro) gilt ② (color dell'oro) golden ③ CULIN browned

dormicchiare [dor·mik·'kia:·re] vi to doze

dormiglione, -a [dor·miλ·'λo:·ne] m, f sleepyhead

dormire [dor·'mi:·re] vi (essere addormentato) to sleep; ~ **come un ghiro** to sleep like a log; ~ **in piedi** to be dead tired

dormita [dor·'mi:·ta] f sleep

dormitorio [dor·mi·'tɔ:·rio] <-i> m ① (stanza) dormitory; ~ (pubblico) shelter, for homeless people ② (città, quartiere) commuter town

dormiveglia [dor·mi·'veλ·λa] <-> m **essere nel** ~ to be half asleep

dorsale [dor·'sa:·le] I. adj **spina** ~ spine II. m ① (di letto) headboard ② (di poltrona) back III. f ridge, range

dorso ['dɔr·so] m ① (gener) back; **a** ~ **nudo** barebacked ② SPORT backstroke

dosaggio [do·'zad·dʒo] <-ggi> m dosage

dosare [do·'za:·re] vt (misurare) to measure out

dose ['dɔ:·ze] f ① (quantità) amount; **una buona** ~ **di** a lot of ② MED dose

dosso ['dɔs·so] m ① (dorso) **levarsi qc di** ~ to get rid of sth ② (~ stradale) speed bump

dotare [do·'ta:·re] vt (corredare) ~ **qc di qc** to provide sth with sth

dotato, -a [do·'ta:·to] adj ① (di talento)

gifted ② (provvisto) ~ **di qc** equipped with sth

dote ['dɔ:·te] f ① (della sposa) dowry ② fig (pregio) quality

dotto, -a ['dɔt·to] adj learned

dottorato [dot·to·'ra:·to] m doctorate; **fare il** ~ **di ricerca** to do a PhD

dottore, -essa [dot·'to:·re, dot·to·'res·sa] m, f ① (laureato) ~ **in legge/medicina** graduate in law/medicine ② fam (medico) doctor

dottrina [dot·'tri:·na] f ① (gener) doctrine ② (cultura) learning ③ GIUR law

double-face [dub·le·'fa:s] adj (giacca, impermeabile) reversible

dove ['do:·ve] adv where; **da** ~, ~ **vai?** where are you going?; **la via** ~ **abito** the street where I live

dovere[1] [do·'ve:·re] <devo o debbo, dovei o dovetti, dovuto> I. vi ① (obbligo, necessità) to have to; **devo essere a casa per le otto** I have to be home by eight; **sono dovuto andare** I had to go; **ho dovuto dirglielo** I had to tell him; **devo andare in bagno** I have to go to the bathroom; **devi dirlo alla polizia** you must tell the police; **grazie, ma non dovevi disturbarti** thanks, but you shouldn't have bothered ② (probabilità) **deve essere successo qc** something must have happened; **strano, dovrebbe essere già qui** strange, he should be here by now II. vt (essere debitore) to owe; **essere dovuto a** to be due to

dovere[2] m duty; **sentirsi in** ~ **di fare qc** to feel obliged to do sth

dovunque [do·'vun·kue] conj ① (in qualunque luogo) wherever; ~ **tu sia** wherever you are ② (dappertutto) everywhere

dovuto [do·'vu:·to] adj ① (necessario) due ② (causato) ~ **a** due to

download ['daun·laud] <-> m INET download

dozzina [dod·'dzi:·na] f **una** ~ **(di ...)** a dozen (...); **a -e** by the dozen

dozzinale [dod·dzi·'na:·le] adj pej second-rate; **prodotti -i** shoddy goods

drago ['dra:·go] <-ghi> *m* dragon

dramma ['dram·ma] <-i> *m* ❶ THEAT drama ❷ (*vicenda dolorosa*) tragedy

drammatico, -a [dram·'ma:·ti·ko] <-ci, -che> *adj* ❶ THEAT dramatic; **attore ~** theater actor ❷ (*doloroso*) terrible; **una situazione -a** a terrible situation

drammaturgo, -a [dram·ma·'tur·go] <-ghi, -ghe> *m, f* playwright

drastico, -a ['dras·ti·ko] <-ci, -che> *adj* (*misure, decisione, soluzione*) drastic

drenaggio [dre·'nad·dʒo] <-ggi> *m* ❶ (*sistema*) drainage ❷ *a.* MED draining

dribblare [drib·'bla:·re] *vi* to dribble

dritto, -a ['drit·to] *m, f fam* smart cookie

drizzare [drit·'tsa:·re] I. *vt* ❶ (*raddrizzare*) to straighten; **~ le orecchie** *fig* to listen carefully ❷ (*innalzare*) to erect II. *vr:* **-rsi** to stand up

droga ['drɔ:·ga] <-ghe> *f* ❶ (*gener*) drug; **-ghe leggere/pesanti** soft/hard drugs ❷ (*in cucina*) spice

drogare [dro·'ga:·re] I. *vt* ❶ (*dare una droga a*) to drug; SPORT to dope II. *vr:* **-rsi** (*prendere droga*) to take drugs

drogato, -a [dro·'ga:·to] *m, f* drug addict

drogheria [dro·ge·'ri:·a] <-ie> *f* grocery store

droghiere, -a [dro·'giɛː·re] *m, f* grocer

dromedario [dro·me·'da:·rio] <-i> *m* dromedary

dubbio ['dub·bio] *m* doubt; **essere in ~ su qc** to be doubtful about sth; **senza ~** without (a) doubt; **mi sorge un ~** I'm doubtful

dubbio, -a <-i, -ie> *adj* ❶ (*esito*) uncertain ❷ (*reputazione*) dubious

dubbioso, -a [dub·'bio:·so] *adj* (*espressione, sguardo*) doubtful

dubitare [du·bi·'ta:·re] *vi* ❶ (*non credere*) to doubt; **~ di qu/qc** to be doubtful about sb/sth ❷ (*essere incerto*) **~ di qc** to doubt sth

Dublino [du·'bli:·no] *f* Dublin

duca ['du:·ka] <-chi> *m* duke

duchessa [du·'kes·sa] *f* duchess

due ['du:·e] I. *num* two; (*pochi*) a few; **fare ~ passi** *fig* to have a walk; **scambiare ~ chiacchiere** to have a chat; **su ~ piedi** *fig* on the spot II. <-> *m* ❶ (*numero*) two; **lavorare/mangiare per ~** *fig* to work/eat enough for two ❷ (*nelle date*) second ❸ (*voto scolastico*) a flunk III. *fpl* (*ore*) two o'clock; *v.a.* **cinque**

duecento [du·e·'tʃɛn·to] I. *num* two hundred II. <-> *m* two hundred; **il Duecento** the thirteenth century

duello [du·'ɛl·lo] *m* duel

duemila [due·'mi:·la] I. *num* two thousand II. <-> *m* two thousand; **il ~** the year 2000

duepezzi, due pezzi [du·e·'pɛt·tsi, 'du:·e 'pɛt·tsi] <-> *m* (*giacca e gonna*) suit; (*costume da bagno*) bikini

duetto [du·'et·to] *m* MUS duet

duna ['du:·na] *f* dune

dunque ['duŋ·kue] I. *conj* ❶ (*perciò*) so ❷ (*allora*) well ❸ (*rafforzativo*) well then II. *m* **essere al ~** to arrive at the moment of truth; **veniamo al ~** let's get to the point

duomo ['du·ɔ:·mo] *m* cathedral

duplicare [du·pli·'ka:·re] *vt* to duplicate

duplicato [dup·li·'ka:·to] *m* (*di documento*) duplicate

duplice ['du:·p·li·tʃe] *adj* ❶ (*in due parti*) double ❷ (*doppio*) **in ~ copia** in duplicate

durante [du·'ran·te] *prep* during; **~ la guerra** during the war

durare [du·'ra:·re] *vi* ❶ essere o avere (*continuare*) to last; **così non può ~** things can't go on like this ❷ (*mantenersi*) to keep

durata [du·'ra:·ta] *f* duration; **di lunga ~** long-lasting

duraturo, -a [du·ra·'tu:·ro] *adj* lasting

durevole [du·'re:·vo·le] *adj* durable

durezza [du·'ret·tsa] *f* ❶ (*qualità*) hardness ❷ *fig* (*severità*) harshness

duro, -a I. *adj* ❶ (*gener*) hard; **è ~ farlo ragionare** it's hard to make him see sense; **tempi -i** hard times; **~ di comprendonio** slow ❷ (*ostinato*) stubborn

D

@ (*freddo*) harsh II. *m, f* **fare il ~** to act tough III. *adv* **tener ~** to stand firm; **lavorare ~** to work hard

duttile ['dut·ti·le] *adj* ❶ (*materiale, metallo*) malleable ❷ *fig* (*carattere*) flexible

---

E Ee

E, e [e] <-> *f* E, e; **~ come Empoli** E for Echo

e [e] *conj* ❶ (*correlativa*) and; **tutti ~ tre** all three of them ❷ (*ma, invece*) but ❸ (*ebbene*) well

E *abbr di* **est** E

è [ɛ] *3. pers sing pr di* **essere**[1]

ebbe ['εb·be] *3. pers sing pass rem di* **avere**[1]

ebbene [eb·'bɛː·ne] *conj* ❶ (*dunque*) so ❷ (*interrogativo*) well

ebbi ['εb·bi] *1. pers sing pass rem di* **avere**[1]

ebbrezza [eb·'bret·tsa] *f* ❶ (*ubriachezza*) drunkenness; **guidare in stato di ~** drunk driving ❷ *fig* (*euforia*) thrill

e-book ['i·buk] <inv> *m* COMPUT e-book

e-book reader ['i·buk·'ri·də] <-> *m* COMPUT e-book reader

ebraico, -a [e·'bra:·i·ko] <-ci, -che> *adj* Jewish

ebreo, -a [e·'brɛ:·o] <-ei, -ee> I. *adj* Jewish II. *m, f* Jew *m*, Jewess *f*

EC *abbr di* **EuroCity** FERR European intercity train

ecc. *abbr di* **eccetera** etc.

eccedenza [et·tʃe·'dɛn·tsa] *f* surplus; **~ di qc** surplus of sth; **bagaglio in ~** excess baggage

eccedere [et·'tʃɛ:·de·re] I. *vt* to exceed II. *vi* to go too far; **~ nel bere/nel mangiare** to drink/eat too much

eccellente [ettʃel'lɛnte] *adj* excellent

eccellenza [et·tʃel·'lɛn·tsa] *f* ❶ (*qualità*) excellence; **per ~** par excellence ❷ (*titolo*) Excellency

eccellere [et·'tʃɛl·le·re] <eccello, eccel-

si, eccelso> *vi* essere *o* avere ~ **(in qc)** to excel (at sth)

eccentrico, -a [et·'tʃɛn·tri·ko] <-ci, -che> *adj fig* (*stravagante*) eccentric

eccessivo, -a [et·tʃes·'si:·vo] *adj* (*prezzo, temperatura*) excessive; (*caldo, freddo*) extreme

eccesso [et·'tʃɛs·so] *m* ❶ (*superamento*) excess; **~ di velocità** speeding; **bagaglio in ~** excess baggage ❷ (*sfrenatezza*) excess ❸ *pl* (*comportamento smodato*) extremes

eccetera [et·'tʃɛ:·te·ra] *adv* etcetera

eccetto [et·'tʃɛt·to] *prep* except for

eccettuare [et·tʃet·tu·'a:·re] *vt* to exclude; **eccettuati i presenti** present company excepted

eccezionale [et·tʃet·tsio·'na:·le] *adj* exceptional; **in via ~** as an exception

eccezione [et·tʃet·'tsio:·ne] *f* exception; **fare ~** to be an exception; **fare un' ~** to make an exception; **senza -i** without exception; **ad ~ di** apart from

eccitante [et·tʃi·'tan·te] I. *adj* ❶ (*sostanza*) stimulating ❷ (*atmosfera*) exciting ❸ (*sessualmente*) sexy II. *m* stimulant

eccitare [et·tʃi·'ta:·re] I. *vt* ❶ (*rendere nervoso*) to excite ❷ *fig* (*curiosità, fantasia*) to stimulate ❸ (*sessualmente*) to arouse II. *vr:* **-rsi** ❶ (*innervosirsi*) to get worked up ❷ (*sessualmente*) to become aroused

eccitazione [et·tʃi·tat·'tsio:·ne] *f* ❶ (*agitazione*) excitement ❷ (*sessuale*) arousal

ecclesiastico, -a <-ci, -che> *adj* ecclesiastical

ecco ['ɛk·ko] I. *adv* here; **eccomi** here I am; ~ **il libro** here's the book; ~ **perché ...** that's why ...; ~ **fatto** that's that; ~ **tutto** that's all II. *interj* there

eccome [ek·'ko:·me] *adv* of course

echi *pl di* **eco**

eclatante [e·kla·'tan·te] *adj* sensational

eclettico, -a [e·'klɛt·ti·ko] <-ci, -che> *adj* versatile

eclisse [e·'klis·se] *f* ASTR eclipse; ~ **di luna/sole** lunar/solar eclipse

eco ['ɛ:·ko] <echi *m*> *f o m*● *(di suono)* echo ● *fig (di notizia)* impact

ecodiesel [ɛ·ko·'di:·zel] <-> *m o f* AUTO biodiesel

ecografia [e·ko·gra·'fi:·a] <-ie> *f* MED ultrasound scan

ecografo [e·'kɔ:·gra·fo] *m* ultrasonographer

ecologia [e·ko·lo·'dʒi:·a] <-gie> *f* ecology

ecologico, -a [e·ko·lɔ·'dʒi·ko] <-ci, -che> *adj* ● *(sistema)* ecological ● *(prodotto)* eco-friendly

ecologista [e·ko·lo·'dʒis·ta] <-i *m*, -e *f*> *mf* ecologist

e-commerce [i·'kɔ·mers] <-> *m* COM e-commerce

economia [e·ko·no·'mi:·a] <-ie> *f* ● *(scienza)* economics ● *(sistema)* economy; ~ **di mercato** market economy ● *(risparmio)* saving; **fare** ~ [*o* -ie] to economize; **in** ~ cheaply

economico, -a [e·ko·'nɔ:·mi·ko] <-ci, -che> *adj* ● *(dell'economia)* economic ● *(poco costoso)* cheap; **classe -a** economy class

economista [e·ko·no·'mis·ta] <-i *m*, -e *f*> *mf* economist

economizzare [e·ko·no·mid·'dza:·re] I. *vt* to save II. *vi* to economize

ecosistema [e·ko·sis·'tɛ:·ma] *m* ecosystem

ecosolidale [e·ko·so·li·'da:·le] *adj (prodotto)* eco-friendly; *(progetto)* ecologically sustainable

ecru [e·'kry] <inv> *adj (colore)* fawn

eczema [ek·'dzɛ:·ma] <-i> *m* eczema

ed. *abbr di* **edizione** ed.

ed *conj* = **e** *davanti a vocale*

edera ['e:·de·ra] *f* ivy

edicola [e·'di:·ko·la] *f (del giornalaio)* newsstand

edicolante [e·di·ko·'lan·te] *mf* newsdealer

edificabile [e·di·fi·'ka:·bi·le] *adj* suitable for building

edificante [e·di·fi·'kan·te] *adj* uplifting

edificare [e·di·fi·'ka:·re] *vt a. fig* to build

edificio [e·di·'fi:·tʃo] <-ci> *m* ARCHIT building

edile [e·'di:·le] I. *adj* building II. *m (operaio)* construction worker

edilizia [e·di·'lit·tsia] <-ie> *f* ● *(costruzioni)* building ● *(settore)* construction industry

edilizio, -a [e·di·'lit·tsio] <-i, -ie> *adj* building

edito, -a ['ɛ:·di·to] *adj* published

editore, -trice [e·di·'to:·re] I. *adj* **casa -trice** publishing house II. *m, f* publisher

editoria [e·di·to·'ri:·a] <-ie> *f* ● *(settore)* publishing industry ● *(attività)* publishing

editoriale [e·di·to·'ria:·le] I. *adj* editorial; **direttore** ~ publishing manager II. *m (articolo di fondo)* editorial

editrice *f v.* **editore**

edizione [e·dit·'tsio:·ne] *f* ● *(pubblicazione)* publication ● *(libro)* edition; ~ **economica** paperback; ~ **originale** original edition ● *(tiratura)* print run; ~ **straordinaria** special edition

educare [e·du·'ka:·re] *vt* ● *(giovani)* to bring up; ~ **qu a fare qc** to bring sb up to do sth; ~ **i giovani al rispetto per gli altri** to teach young people to respect others ● *(cane, gatto)* to train ● *fig (affinare: mente, voce)* to train ● *(allenare: corpo)* to train

educativo, -a [e·du·ka·'ti:·vo] *adj* educational

educato, -a [e·du·'ka:·to] *adj* polite

educatore, -trice [e·du·ka·'to:·re] *m, f (professore)* teacher

educazione [e·du·kat·'tsio:·ne] *f* ● *(di*

giovani) education; **~ fisica** physical education ②(*buone maniere*) good manners *pl*; **gente senza ~** ill-mannered people

effem(m)inato, -a *adj* effeminate

efferato, -a [ef-fe-'ra:-to] *adj* (*delitto*) brutal

effervescente [ef-fer-veʃ-'ʃɛn-te] *adj* ①(*frizzante: acqua, bibita*) fizzy; (*pasticcia*) effervescent ②*fig* (*carattere, persona*) bubbly; (*atmosfera*) exciting

effettivamente [ef-fet-ti-va-'men-te] *adv* ①(*in effetti*) indeed ②(*realmente*) actually

effettivo, -a *adj* (*reale: costo, valore*) real; (*danno*) actual

effetto [ef-'fɛt-to] *m* ①(*risultato*) effect; **~ ottico** optical illusion; **~ serra** greenhouse effect; **avere ~** to take effect; **ottenere l'~ voluto** to achieve the desired result ②*fig* (*impressione*) impression; **fare ~** to cause an impression ③(*loc*) **in -i** indeed; **-i collaterali** side-effects; **-i personali** personal belongings

effettuare [ef-fet-tu-'a:-re] *vt* (*controllo*) to carry out; (*pagamento, vendita*) to make; **~ una fermata** to stop

efficace [ef-fi-'ka:-tʃe] *adj* ①(*metodo, medicina, risposta*) effective ②(*descrizione, racconto*) vivid

efficacia [ef-fi-'ka:-tʃa] <-cie> *f* ①(*di metodo, medicina*) effectiveness ②(*di descrizione, racconto*) vividness

efficiente [ef-fi-'tʃɛn-te] *adj* efficient

efficienza [ef-fi-'tʃɛn-tsa] *f* efficiency

effimero, -a [ef-'fi:-me-ro] *adj* fleeting

effluvio [ef-'flu:-vio] <-i> *m* ①LETT (*profumo*) scent ②*iron* (*puzza*) stink

effusioni [ef-fu-'zio:-ni] *fpl* effusions

Egeo [e-'dʒɛ:-o] *m* **l'~** the Aegean; **il Mar ~** the Aegean Sea

Egitto [e-'dʒit-to] *m* **l'~** Egypt

egiziano, -a [e-dʒit-'tsia:-no] *adj, m, f* Egyptian

egli ['eʎ-ʎi] *pron* 3. pers sing m he

ego ['ɛ:-go] <-> *m, adj* ego

egocentrico, -a [e-go-'tʃɛn-tri-ko] <-ci, -che> I. *adj* (*carattere, persona*) self-centered II. *m, f* self-centered person

egoismo [e-go-'iz-mo] *m* selfishness

egoista [e-go-'is-ta] <-i *m*, -e *f*> I. *mf* selfish person II. *adj* selfish

Egr. *abbr di* **egregio** Dear

egregio, -a [e-'grɛ:-dʒo] <-gi, -gie> *adj* (*nelle lettere*) Dear

eguaglianza [e-guaʎ-'ʎan-tsa] *f* v. **uguaglianza**

egualitario, -a [e-gua-li-'ta:-rio] <-i, -ie> *adj* egalitarian

eh [ɛ/e] *interj fam* ①(*richiamo*) hey ②(*domanda*) **niente male, ~?** not bad, is it?

eiaculazione [e-ia-ku-lat-'tsio:-ne] *f* ejaculation

elaborare [e-la-bo-'ra:-re] *vt* ①(*tesi, piano*) to devise; (*sistema*) to create ②COMPUT (*dati*) to process ③(*digerire*) to digest

elaborato [e-la-bo-'ra:-to] *m* ①(*scritto*) essay ②COMPUT printout

elaborato, -a *adj* (*ricercato: stile*) ornate; (*piatto, ricetta*) elaborate

elaboratore [e-la-bo-ra-'to:-re] *m* COMPUT **~ (elettronico)** processor

elaborazione [e-la-bo-rat-'tsio:-ne] *f* ①COMPUT (*di dati*) processing ②(*di progetto, teoria*) creation

elargire [e-lar-'dʒi:-re] <elargisco> *vt* (*fondi*) to give out; (*regali, favori*) to lavish

elargizione [e-lar-dʒit-'tsio:-ne] *f* (*di denaro*) donation

elasticità [e-las-ti-tʃi-'ta] <-> *f* ①(*di molle, gomma*) elasticity ②(*agilità: di persona*) agility ③*fig* (*apertura*) flexibility; **~ mentale** mental agility

elasticizzato, -a [e-las-ti-tʃid-'dza:-to] *adj* elasticized

elastico [e-'las-ti-ko] <-ci> *m* rubber band

elastico, -a <-ci, -che> *adj* ①(*tessuto*) elastic; (*pelle*) supple ②(*agile: persona, passo, mente*) nimble ③(*flessibile: orario*) flexible ④(*morale*) flexible

Elba *f* **l'~** Elba

elefante [e-le-'fan-te] *m* elephant

elegante [e·le·'gan·te] *adj* elegant

eleganza [e·le·'gan·tsa] *f* elegance

eleggere [e·'lɛd·dʒe·re] <irr> *vt* to elect

elegia [e·le·'dʒi:·a] <-gie> *f* elegy

elementare [e·le·men·'ta:·re] I. *adj* ① (*semplice, di base*) basic ② (*scuola*) elementary II. *fpl* (*scuole*) elementary school

elemento [e·le·'men·to] *m* ① (*sostanza*) element ② (*parte*) part ③ (*dato*) fact ④ *fig, pej* (*individuo*) individual ⑤ *pl* (*nozioni*) rudiments

elemosina [e·le·'mɔ:·zi·na] *f* charity; **chiedere l'~** to beg; **fare l'~** to give charity

elencare [e·len·'ka:·re] *vt* ① (*registrare*) to list ② (*enumerare*) to count

elencazione [e·leŋ·kat·'tsio:·ne] *f* ① (*registrazione*) listing ② (*enumerazione*) counting

elenco [e·'lɛŋ·ko] <-chi> *m* list; ~ **telefonico** phone book

elessi *1. pers sing pass rem di* **eleggere**

eletto, -a [e·'lɛt·to] I. *pp di* **eleggere** II. *adj* ① POL (*nominato*) elected ② REL chosen; **il popolo ~** the chosen people

elettorale [e·let·to·'ra:·le] *adj* electoral

elettorato [e·let·to·'ra:·to] *m* (*elettori*) electorate

elettore, -trice [e·let·'to:·re] *m, f* voter

elettrauto [e·let·'tra·u·to] <-> *m* ① (*persona*) car electrician ② (*officina*) electrical repair shop, *for cars*

elettrice *f v.* **elettore**

elettricista [e·let·tri·'tʃis·ta] <-i *m*, -e *f*> *mf* electrician

elettricità [e·let·tri·tʃi·'ta] <-> *f* FIS electricity

elettrico, -a [e·'lɛt·tri·ko] <-ci, -che> *adj* electric; **centrale -a** a power station; **energia -a** electric power

elettrizzante [e·let·trid·'dzan·te] *adj* electrifying

elettrizzare [e·let·trid·'dza:·re] I. *vt* ① FIS to electrify ② *fig* (*entusiasmare*) to electrify II. *vr:* **-rsi** ① FIS to be electrified ② *fig* (*entusiasmarsi*) to become electric

elettrodomestico [e·let·tro·do·'mɛs·ti·ko] *m* electrical appliance

elettronico, -a [e·let·'trɔ:·ni·ko] <-ci, -che> *adj* ① FIS electronic ② COMPUT (*giornale, rivista*) online; (*cartolina*) electronic; **posta -a** email; **commercio ~** e-commerce

elettroshock [e·let·tro·'ʃɔk] <-> *m* electroshock

elevare [e·le·'va:·re] I. *vt* ① (*edificio*) to erect ② *fig* (*migliorare*) to raise ③ (*aumentare*) to increase ④ MATH ~ **un numero al quadrato** to square a number II. *vr:* **-rsi** to rise

elevato, -a [e·le·va·'to] *adj* ① (*alto*) high ② (*nobile*) noble

elevatore [e·le·va·'to:·re] *m* TEC elevator

elezione [e·let·'tsio:·ne] *f* POL election

eliambulanza [e·li·am·bu·'lan·tsa] *f* medevac

elica ['ɛ:·li·ka] <-che> *f* (*di nave, aereo*) propellor

elicottero [e·li·'kɔt·te·ro] *m* helicopter

eliminare [e·li·mi·'na:·re] *vt* ① (*gener*) to remove ② *fig* (*dubbio, ipotesi*) to eliminate ③ (*avversario, squadra*) to knock out ④ *inf* (*uccidere*) to rub out

eliminatoria [e·li·mi·na·'tɔ:·ria] <-ie> *f* preliminary round

eliminazione [e·li·mi·nat·'tsio:·ne] *f* ① (*gener*) removal ② *inf* (*uccisione*) killing

eliporto [e·li·'pɔr·to] *m* heliport

elisione [e·li·'zio:·ne] *f* LING (*di vocale*) elision

elitario, -a [e·li·'ta:·rio] <-i, -ie> *adj* elite

élite [e·'lett] <-> *f* elite; **d'~** (*scuola, albergo*) elite

ella ['el·la] *pron 3. pers sing f* she

elmetto [el·'met·to] *m* helmet

elmo ['el·mo] *m* helmet

elogiare [e·lo·'dʒa:·re] *vt* to praise

elogio [e·'lɔ:·dʒo] <-gi> *m* ① (*orazione*) eulogy ② (*lode*) praise

eloquente [e·lo·'kuen·te] *adj* ① (*oratore, discorso*) eloquent ② (*sguardo, silenzio*) meaningful

eloquenza [e·lo·'kuɛn·tsa] *f a. fig* eloquence

eludere [e·'lu·de·re] <eludo, elusi, eluso> *vt* ~ **qc** (*confronto*) to avoid sth; (*controllo*) to evade sth

elusivo, -a [e·lu·'zi:·vo] *adj* evasive

eluso [e·'lu·zo] *pp di* **eludere**

elvetico, -a [el·'vɛ:·ti·ko] <-ci, -che> *adj* Swiss

E-mail [i·'meil] <-> *f* e-mail

emanare [e·ma·'na:·re] *vt* **avere** ❶ (*luce, calore, profumo*) to give out; (*gas*) to give off ❷ GIUR (*leggi*) to issue ❸ *fig* (*simpatia*) to exude

emancipare [e·man·tʃi·'pa:·re] **I.** *vt* ❶ (*popolazione, cultura, paese*) to liberate ❷ (*donna, minore*) to emancipate **II.** *vr:* **-rsi** ❶ (*popolazione, paese*) to be liberated ❷ (*donna*) to be emancipated

emancipazione [e·man·tʃi·pat·'tsio:·ne] *f* (*di popolazione, paese*) liberation; ~ **della donna** women's liberation

emarginare [e·mar·dʒi·'na:·re] *vt* to marginalize

emarginati [e·mar·dʒi·'na:·ti] *mpl* outcasts *pl*

emarginato, -a [e·mar·dʒi·'na:·to] *adj, m, f* outcast

ematoma [e·ma·'tɔ:·ma] <-i> *m* (*livido*) bruise; MED hematoma

embargo [em·'bar·go] <-ghi> *m* embargo

emblema [em·'blɛ:·ma] <-i> *m* emblem

emblematico, -a [em·ble·'ma:·ti·ko] <-ci, -che> *adj* ❶ (*personaggio, figura*) emblematic ❷ (*caso, esperienza*) typical

embolia [em·bo·'li:·a] <-ie> *f* MED embolism

embrione [em·bri·'o:·ne] *m* ❶ BIO embryo ❷ *fig* **essere in ~** (*progetto, idea*) to be embryonic

emendamento [e·men·da·'men·to] *m* ❶ (*correzione*) correction ❷ GIUR amendment

emendare [e·men·'da:·re] *vt* ❶ (*correggere*) to correct ❷ GIUR to amend

emergente [e·mer·'dʒɛn·te] *adj* (*can-* *tante, autore*) up-and-coming; (*merca-to, paesi*) emerging

emergenza [e·mer·'dʒɛn·tsa] *f* (*situazione critica*) emergency; **stato di ~** state of emergency

emergere [e·'mɛr·dʒe·re] <emergo, emersi, emerso> *vi essere* ❶ (*venire a galla*) to emerge ❷ (*risultare*) to come out ❸ *fig* (*eccellere*) to stand out

emerito, -a [e·'mɛ:·ri·to] *adj* ❶ (*professore*) emeritus ❷ (*insigne: studioso, statista*) eminent

emersi [e·'mɛr·si] *1. pers sing pass rem di* **emergere**

emersione [e·mer·'sio:·ne] *f* ❶ (*di sommergibile, subacqueo*) surfacing ❷ (*regolarizzazione: di lavoratore*) regularization

emerso [e·'mɛr·so] *pp di* **emergere**

emettere [e·'met·te·re] <irr> *vt* ❶ (*luce, radiazione, calore*) to emit; (*grido, sibilo, suono*) to let out ❷ FIN (*titoli, assegno*) to issue ❸ GIUR (*sentenza*) to pass; (*mandato*) to issue

emicrania [e·mi·'kra:·nia] <-ie> *f* MED migraine

emigrante [e·mi·'gran·te] *m* emigrant

emigrare [e·mi·'gra:·re] *vi essere o avere* ❶ (*espatriare*) to emigrate ❷ ZOO (*migrare*) to migrate

emigrato, -a [e·mi·'gra:·to] *adj, m, f* emigrant

emigrazione [e·mi·grat·'tsio:·ne] *f* (*espatrio*) emigration

emiliano [e·mi·'lia:·no] <-sing> *m* (*dialetto*) dialect spoken in the Emilia region

emiliano, -a [e·mi·'lia:·no] **I.** *adj* from Emilia **II.** *m, f* (*abitante*) person from Emilia

Emilia-Romagna [e·'mi:·lia ro·'maɲ·ɲa] *f* Emilia-Romagna

eminente [e·mi·'nɛn·te] *adj fig* eminent

eminenza [e·mi·'nɛn·tsa] *f* ❶ REL (*titolo*) Eminence ❷ (*persona*) **eminent person** ~ **grigia**, éminence grise

emisi [e·'mi:·si] *1. pers sing pass rem di* **emettere**

emissione [e·mis·'sio:·ne] *f* ❶ (*fuoriuscita*) emission ❷ (*di titoli, francobolli*) issue

emittente [e·mit·'tɛn·te] *f* TV, RADIO broadcast

emofilia [e·mo·fi·'li:·a] <-ie> *f* MED hemophilia

emofiliaco [e·mo·fi·'li:·a·ko] <-ci> *m* hemophiliac

emoglobina [e·mo·glo·'bi:·na] *f* hemoglobin

emolliente [e·mol·'liɛn·te] *adj* emollient

emorragia [e·mor·ra·'dʒi:·a] <-gie> *f* MED hemorrhage

emorroidi [e·mor·'rɔ:·i·di] *fpl* hemorrhoids

emotività [e·mo·ti·vi·'ta] <-> *f* emotionality

emotivo, -a [e·mo·'ti:·vo] I. *adj* emotional II. *m, f* emotional person

emozionante [e·mot·tsio·'nan·te] *adj* (*storia, vita*) inspiring

emozionare [e·mot·tsio·'na:·re] I. *vt* to thrill II. *vr:* **-rsi ~ per qc** to get excited by sth

emozione [e·mot·'tsio:·ne] *f* emotion

empatia [em·pa·'ti:·a] <-ie> *f* PSYCH empathy

empirico, -a [em·'pi:·ri·ko] <-ci, -che> *adj* empirical

emporio [em·'pɔ:·rio] <-i> *m* general store

emulare [e·mu·'la:·re] *vt* a. COMPUT to emulate

emulazione [e·mu·lat·'tsio:·ne] *f* a. COMPUT emulation

emulsione [e·mul·'sio:·ne] *f* emulsion

Enalotto [e·na·'lɔt·to] *m* state lottery

enciclica [en·'tʃi·k·li·ka] <-che> *f* encyclical

enciclopedia [en·tʃik·lo·pe·'di:·a] <-ie> *f* encyclopedia

enciclopedico, -a [en·tʃik·lo·'pɛ:·di·ko] <-ci, -che> *adj* encyclopedic

encomio [eŋ·'kɔ:·mio] <-i> *m* tribute

endovenoso, -a [en·do·ve·'no:·so] *adj* MED intravenous

ENEL ['ɛ:·nel] *m abbr di* **Ente Nazionale per l'Energia Elettrica** *state electricity company*

energetico, -a [e·ner·'dʒɛ:·ti·ko] <-ci,

-che> *adj* ⓐ (*gener*) energy; **fonti -che** electricity sources ⓑ (*cibo*) high-energy

energia [e·ner·'dʒi:·a] <-gie> *f* energy; **~ atomica** [*o* **nucleare**] nuclear power; **~ elettrica** electric power; **con ~** energetically; **senza ~** apathetically

energico, -a [e·'nɛr·dʒi·ko] <-ci, -che> *adj* (*persona, protesta*) energetic; (*passo*) determined

energumeno, -a [e·ner·'gu:·me·no] *m, f* wild man *m*, wild woman *f*

enfasi ['ɛn·fa·zi] <-> *f* ⓐ (*foga*) emphasis; **con ~** (*parlare*) enthusiastically ⓑ (*rilievo*) stress

enfatico, -a [en·'fa:·ti·ko] <-ci, -che> *adj* emphatic

enigma [e·'nig·ma] <-i> *m* ⓐ (*indovinello*) riddle ⓑ (*mistero*) mystery

enigmatico, -a [e·nig·ma:·ti·ko] <-ci, -che> *adj* enigmatic

enigmistico, -a [e·nig·'mis·ti·ko] <-ci, -che> *adj* **gioco ~** puzzle; **giornale ~** puzzle magazine

ennesimo, -a [en·'nɛ:·zi·mo] *adj* ⓐ *fam* umpteenth; **per l'-a volta** for the umpteenth time ⓑ MATH nth

enologo, -a [e·'nɔ:·lo·go] <-gi, -ghe> *m, f* enologist

enorme [e·'nor·me] *adj* ⓐ (*oggetto, edificio*) enormous ⓑ (*fortuna, gioia*) great

enormità [e·nor·mi·'ta] <-> *f* ⓐ (*grandezza*) enormity ⓑ (*eccesso*) **costa un'~!** *fam* it costs a fortune! ⓒ (*stupidaggine*) nonsense; **dire un'~** to talk nonsense

enoteca [e·no·'tɛ:·ka] *f* (*locale*) wine bar

ente ['ɛn·te] *m* (*istituzione*) body

entrambi, -e [en·'tram·bi] *adj, pron* both; **-e le parti** both parties

entrante [en·'tran·te] *adj* (*anno, mese*) coming

entrare [en·'tra:·re] *vi essere* ⓐ (*in un luogo*) to enter, to go in; **~ in acqua** to get into the water; **~ in casa** to go indoors; **~ dalla porta/finestra** to go in through the door/window; **entrate pure!** please come in; **fare ~ qu** to bring sb in ⓑ *fig* (*in un gruppo*) to join;

E

~ **nell'esercito** to join the army; ~ **in convento** (*frate*) to enter a monastery; (*suora*) to enter a convent ❸ (*vestito*) to fit; **la gonna non mi entra più** the skirt doesn't fit me anymore ❹ (*trovare posto*) to fit; **qui non c'entra più nessuno** *fam* there's no room for anyone else ❺ (*avere a che vedere*) to be relevant; **la politica non c'entra** *fig, fam* politics has nothing to do with it ❻ *fig* (*iniziare*) ~ **in contatto con qu** to get in touch with sb; ~ **in carica** to take office; ~ **in guerra** to go to war

entrata [en·'tra:·ta] *f* ❶ (*ingresso*) entrance ❷ (*l'entrare*) entry; ~ **in carica** appointment; ~ **in vigore** (*di legge*) coming into force ❸ *pl* COM (*guadagno*) income

entro ['en·tro] *prep* within; ~ **e non oltre il 30 ottobre** ADMIN no later than October 30; **si sposano** ~ **l'anno** they're getting married this year

entroterra [en·tro·'tɛr·ra] <-> *m* inland region; **nell'**~ inland

entusiasmare [en·tu·ziaz·'ma:·re] I. *vt* to excite II. *vr*: **-rsi**; **-rsi per qc** to become excited about sth

entusiasmo [en·tu·'ziaz·mo] *m* enthusiasm

entusiasta [en·tu·'zias·ta] <-i *m*, -e *f*> I. *adj* enthusiastic; **essere** ~ **di qc** to be enthusiastic about sth II. *mf* enthusiast

enumerare [e·nu·me·'ra:·re] *vt* (*qualità, difficoltà*) to list

enunciare [e·nun·'tʃa:·re] *vt* to state

enunciato [e·nun·'tʃa:·to] *m* statement

enzima [en·'dzi:·ma] <-i> *m* enzyme

eolico, -a [e·'ɔ:·li·ko] <-ci, -che> *adj* (*del vento*) wind; **energia -a** wind power

epatite [e·pa·'ti:·te] *f* hepatitis

epica ['ɛ:·pi·ka] <-che> *f* epic

epicentro [e·pi·'tʃɛn·tro] *m a. fig* epicenter

epico, -a ['ɛ:·pi·ko] <-ci, -che> *adj* epic

epidemia [e·pi·de·'mi:·a] <-ie> *f a. fig* epidemic

epidermide [e·pi·'dɛr·mi·de] *f* ANAT epidermis

epifania [e·pi·fa·'ni:·a] <-ie> *f* epiphany

epigrafe [e·'pi:·gra·fe] *f* epigraph

epilessia [e·pi·les·'si:·a] <-ie> *f* epilepsy

epilettico, -a [e·pi·'lɛt·ti·ko] <-ci, -che> *adj, m, f* epileptic

epilogo [e·'pi:·lo·go] <-ghi> *m* ❶ (*di romanzo*) epilogue ❷ *fig* (*di storia, avvenimento*) end

episodico, -a [e·pi·'zɔ:·di·ko] <-ci, -che> *adj* ❶ (*film, romanzo*) episodic ❷ *fig* (*fenomeno*) occasional

episodio [e·pi·'zɔ:·dio] <-i> *m* ❶ (*avvenimento*) episode ❷ (*di sceneggiato televisivo*) episode; (*di romanzo*) instalment

epistolare [e·pis·to·'la:·re] *adj* epistolary; **romanzo** ~ epistolary novel; **scambio** ~ correspondence

epiteto [e·'pi:·te·to] *m pej* (*insulto*) insult

epoca ['ɛ:·po·ka] <-che> *f* ❶ (*periodo storico*) epoch; **auto d'**~ vintage car ❷ (*tempo*) time; **a quell'**~ at that time

epopea [e·po·'pɛ:·a] *f* LETT epic poem

eppure [ep·'pu:·re] *conj* (and) yet

equatore [e·kua·'to:·re] *m* equator

equazione [e·kuat·'tsio:·ne] *f* equation

equestre [e·'kuɛs·tre] *adj* (*sport*) equestrian; **circo** ~ horse show

equilibrare [e·kui·li·'bra:·re] I. *vt a.* MOT to balance II. *vr*: **-rsi** (*pesi, forze*) to balance (each other)

equilibrato, -a [e·kui·li·'bra:·to] *adj* balanced

equilibrio [e·kui·'li:·bri·o] <-i> *m* ❶ (*stabilità*) balance; **perdere/mantenere l'**~ to lose/keep one's balance; **stare in** ~ to be balanced ❷ (*interiore*) equilibrium

equilibrista [e·kui·li·'bris·ta] <-i *m*, -e *f*> *mf* tightrope walker

equino, -a *adj* horse

equinozio [e·kui·'nɔt·tsio] <-i> *m* ASTR equinox; ~ **di primavera/d'autunno** spring/autumnal equinox

equipaggiamento [e·kui·pad·dʒa·'men·to] *m* equipment

equipaggiare [e·kui·pad·'dʒaː·re] I. *vt* (*esercito, nave*) to equip II. *vr:* **-rsi** to equip oneself

equipaggio [e·kui·'pad·dʒo] <-ggi> *m* (*di nave, aereo*) equipment

équipe [e·'kip] <-> *f* team; **lavoro d'~** teamwork

equità [e·kui·'ta] <-> *f* fairness; ~ **sociale** social justice

equitazione [e·kui·tat·'tsio:·ne] *f* horseback riding

equivalente [e·kui·va·'lɛn·te] *adj, m* equivalent

equivalenza [e·kui·va·'lɛn·tsa] *f a. fig* equivalence

equivalere [e·kui·va·'leː·re] <irr> I. *vi* essere *o* avere ~ (**a qc**) to be equivalent (to sth) II. *vr:* **-rsi** to be equivalent (to each other)

equivocare [e·kui·vo·'kaː·re] *vi* to misunderstand; ~ **su qc** to misunderstand sth

equivoco [e·'kui:·vo·ko] <-ci> *m* misunderstanding

equivoco, -a <-ci, -che> *adj* ① (*ambivalente*) ambiguous ② *fig* (*losco*) dubious

equo, -a ['ɛː·kuo] *adj* ① (*imparziale: persona*) impartial ② (*giusto: pagamento, condizioni*) fair

era¹ ['ɛː·ra] *f* age; **l'~ atomica** the nuclear age; **le -e geologiche** the geological eras

era² 3. *pers sing imp di* **essere¹**

erba ['ɛr·ba] *f* ① BOT grass; **un filo d'~** a blade of grass ② CULIN herb; **-e aromatiche** mixed herbs; ~ **cipollina** chives ③ *sl* (*marijuana*) grass

erbivoro, -a [er'bi:voro] I. *adj* herbivorous II. *m, f* herbivore

erboristeria *f* ① (*negozio*) herbalist shop ② (*disciplina*) herbal medicine

erboso, -a [er·'boː·so] *adj* (*d'erba*) grassy; **tappeto** [*o* **manto**] ~ lawn

erede [e·'rɛː·de] *mf* heir

eredità [e·re·di·'ta] <-> *f* inheritance; **lasciare qc in** ~ to bequeath sth; **ricevere qc in** ~ to inherit sth

ereditare [e·re·di·'taː·re] *vt* to inherit; ~ **qc da qu** to inherit sth from sb

ereditario, -a [e·re·di·'ta:·rio] <-i, -ie> *adj* ① (*principe*) hereditary ② GIUR (*bene, debiti, diritti*) inherited ③ BIO (*malattia, caratteri*) hereditary

eremita [e·re·'miː·ta] <-i> *m* hermit

eresia [e·re·'ziː·a] <-ie> *f* ① REL heresy ② (*assurdità*) nonsense

eressi [e·'rɛs·si] *1. pers sing pass rem di* **erigere**

eretico, -a [e·'rɛː·ti·ko] <-ci, -che> I. *adj* REL heretical II. *m, f* REL heretic

eretto, -a [e·'rɛt·to] I. *pp di* **erigere** II. *adj* (*andatura, capo*) erect

erezione [e·ret·'tsio:·ne] *f* ① ARCHIT (*di edificio*) raising ② BIO erection

ergastolo [er·'gas·to·lo] *m* life sentence

ergonomico, -a [er·go·'nɔː·mi·ko] <-ci, -che> *adj* ergonomic

erica ['ɛː·ri·ka] <-che> *f* BOT heather

erigere [e·'riː·dʒe·re] <erigo, eressi, eretto> *vt* ① ARCHIT (*edificio*) to build ② *fig* (*barriera, ostacolo*) to erect

eritema [e·ri·'tɛː·ma] <-i> *m* erythema

ermafrodito [er·ma·fro·'diː·to] *m* hermaphrodite

ermellino [er·mel·'liː·no] *m* ermine

ermetico, -a [er·'mɛː·ti·ko] <-ci, -che> *adj* ① (*stagno*) hermetic ② LETT (*poesie, letteratura*) obscure ③ *fig* (*persona, frase*) enigmatic

ernia ['ɛr·nia] <-ie> *f* MED hernia; ~ **al** [*o* **del**] **disco** slipped disc; ~ **inguinale** hernia of the groin

ero ['ɛː·ro] *1. pers sing imp di* **essere¹**

erodere [e·'rɔ:·de·re] <irr> *vt a. fig* to erode

eroe, eroina [e·'rɔ:·e, e·ro·'i:·na] *m, f* hero

erogazione [e·ro·ga·'tsio:·ne] *f* ① (*di gas, luce, acqua*) supply ② (*di denaro*) distribution

eroico, -a [e·'rɔ:·i·ko] <-ci, -che> *adj* heroic

eroina¹ [e·ro·'i:·na] *f* heroine

eroina² [e·ro·'i:·na] *f* (*droga*) heroin

eroinomane [e·roi·'nɔ:·ma·ne] I. *mf* heroin addict II. *adj* (*persona*) addicted to heroin

eroismo [e·ro·'iz·mo] *m* heroism

erosi 1.*pers sing pass rem di* **erodere**

erosione [e·ro·'zio·ne] *f a. fig* erosion

eroso *pp di* **erodere**

erotico, -a [e·'rɔ·ti·ko] <-ci, -che> *adj* erotic

erotismo [e·ro·'tiz·mo] *m* eroticism

errare [er·'ra·re] *vi* ① (*sbagliare*) to make a mistake; **se non erro** if I'm not mistaken ② (*vagare*) to wander

erroneo, -a [er·'rɔ·ne·o] *adj* wrong

errore [er·'ro·re] *m* error; **~ di battitura** typo; **~ di calcolo** miscalculation; **~ d'ortografia** spelling mistake; **per ~** by mistake

erudito, -a [e·ru·'di·to] I. *adj* scholarly II. *m, f* scholar

erudizione [e·ru·dit·'tsio·ne] *f* erudition

eruzione [e·rut·'tsio·ne] *f* ① GEOL (*di vulcano*) eruption ② MED **~ cutanea** rash

es. *abbr di* **esempio** e.g.

esagerare [e·za·dʒe·'ra·re] I. *vt* to exaggerate II. *vi* to exaggerate; **~ con qc** to go too far with sth; **~ in qc** to overdo sth

esagerazione [e·za·dʒe·rat·'tsio·ne] *f* exaggeration

esagitato, -a [e·za·dʒi·'ta·to] *adj* frantic

esagono [e·'za·go·no] *m* hexagon

esalazione [e·za·lat·'tsio·ne] *f* emission

esaltare [e·zal·'ta·re] I. *vt* ① (*infervorare: folla*) to stir up ② (*evidenziare: pregio, difetto*) to bring out II. *vr:* **-rsi** (*entusiasmarsi*) to get excited

esame [e·'za·me] *m* ① (*nell'insegnamento*) exam; **~ orale/scritto** oral/written exam; **~ di guida** driving test; **~ di laurea** finals; **~ -i di maturità** school exit exam; **dare un ~** to take an exam; **passare un ~** to pass an exam ② MED examination; **~ del sangue** blood test

esaminare [e·za·mi·'na·re] *vt* ① (*studenti*) to test ② (*analizzare: situazione, cause*) to study ③ MED to examine

esaminatore, -trice [e·za·mi·na·'to·re] I. *adj* **commissione -trice** board of examiners II. *m, f* examiner

esangue [e·'zaŋ·gue] *adj* ① (*pallido: volto*) pallid ② MED (*dissanguato: corpo*) bloodless

esasperante [e·zas·pe·'ran·te] *adj* (*attesa, lentezza*) infuriating

esasperare [e·zas·pe·'ra·re] *vt* ① (*stressare: persona*) to exasperate ② (*aggravare: pena, sofferenza*) to aggravate

esasperazione [e·zas·pe·rat·'tsio·ne] *f* exasperation; **portare qu all'~** to drive sb crazy

esattezza [e·zat·'tet·tsa] *f* ① (*di calcolo, metodo, risposta*) accuracy ② (*precisione: di descrizione*) precision

esatto [e·'zat·to] I. *pp di* **esigere** II. *adj* ① (*corretto: calcolo, risposta*) correct ② (*preciso: descrizione*) precise

esaudire [e·zau·'di·re] <esaudisco> *vt* to fulfill

esauriente [e·zau·ri·'ɛn·te] *adj* thorough

esaurimento [e·zau·ri·'men·to] *m* ① MED exhaustion; **~ nervoso** nervous exhaustion ② (*consumo*) depletion; **fino ad ~ della merce** while stocks last

esaurire [e·zau·'ri·re] <esaurisco> I. *vt* (*finire: merce*) to sell off II. *vr:* **-rsi** (*finire: sorgente, miniera*) to be used up

esausto, -a [e·'zaus·to] *adj* exhausted

esca ['es·ka] <-esche> *f* bait

escandescenza [es·kan·deʃ·'ʃɛn·tsa] *f* **dare in -e** to fly into a rage

escavatore, -trice [es·ka·va·'to·re] *m, f* digger

eschimese [es·ki·'me·se] I. *adj* (*lingua, popolazione*) Eskimo II. *mf* Eskimo

esclamare [es·kla·'ma·re] *vt* to exclaim

esclamativo, -a [es·kla·ma·'ti·vo] *adj* (*frase, pronome*) exclamatory; **punto ~** exclamation mark

esclamazione [es·kla·mat·'tsio·ne] *f* exclamation

escludere [es·'klu·de·re] <escludo, esclusi, escluso> *vt* ① (*eliminare: da gara, concorso*) to eliminate; (*da lista*) to exclude ② (*dubitare*) to rule out ③ (*eccettuare*) to exclude

esclusione [es·klu·'zio:·ne] *f* exclusion; **a ~ di** apart from

esclusiva [es·klu·'zi:·va] *f* (*diritti*) exclusive right; **dare l'~ a qu** (*di intervista*) to grant sb an exclusive (interview); (*di prodotto*) to grant sb exclusive rights

esclusivamente [es·klu·zi·va·'men·te] *adv* exclusively

esclusivo, -a [es·klu·'zi:·vo] *adj* exclusive

escluso, -a [es·'klu:·zo] I. *pp di* **escludere** II. *adj* ① (*eccetto*) excluded; **-i i presenti** present company excluded; **fino al 24 maggio ~** up to and excluding May 24 ② (*impossibile*) impossible; **non è ~ che ... +conj** it's not impossible that ... III. *m, f* unsuccessful candidate

esco ['ɛs·ko] *1. pers sing pr di* **uscire**

escogitare [es·ko·dʒi·'ta:·re] *vt* to come up with

escoriazione [es·ko·ri·at·'tsio:·ne] *f* graze

escrescenza [es·kreʃ·'ʃen·tsa] *f* MED outgrowth

escursione [es·kur·'sio:·ne] *f* ① (*gita: in auto, battello*) trip; (*a piedi*) walk; **fare un'~ a** to go on a trip to ② METEO (*differenza*) range; **~ termica** temperature range

escursionista [es·kur·sio·'nis·ta] <-i *m*, -e *f*> *mf* (*in auto, battello*) excursionist; (*a piedi*) walker

esecutivo, -a *adj* executive

esecuzione [e·ze·ku·'tsio:·ne] *f* ① realizzazione: di lavoro, performance ② (*uccisione*) killing ③ MUS interpretazione

eseguire [e·ze·'gui:·re] *vt* ① (*gener*) to perform ② (*effettuare: pagamento*) to make ③ (*mettere in atto: ordine*) to carry out

esempio [e·'zɛm·pio] <-i> *m* example; **dare il buon/cattivo ~** to give a good/bad example; **fare un ~** to give an example; **per ~** for example

esemplare [e·zem·'pla:·re] I. *adj* exemplary II. *m* ① (*copia*) copy ② (*campione*) specimen ③ (*esempio*) model

esentasse [e·zen·'tas·se] <inv> *adj* tax-exempt

esente [e·'zɛn·te] *adj* exempt; **essere ~ da qc** (*da tasse*) to be exempt from sth; (*da difetti, colpe*) to be free of sth

esercente [e·zer·'tʃɛn·te] *mf* storekeeper

esercitare [e·zer·tʃi·'ta:·re] I. *vt* ① (*professione*) to practice ② (*corpo, memoria*) to train ③ (*potere, diritto*) to exercise II. *vr* -**rsi** (**in qc**) to practice (sth)

esercitazione [e·zer·tʃi·ta·'tsio:·ne] *f* ① (*allenamento*) training ② (*lezione*) exercise

esercito [e·'zer·tʃi:·to] *m* army

esercizio [e·zer·'tʃi:·tsio] <-i> *m* ① (*gener*) exercise ② (*pratica*) practice; **essere fuori ~** to be out of practice ③ (*sport*) practice; **fare ~** to train ④ (*albergo, bar*) business

esibire [e·zi·'bi:·re] <esibisco> I. *vt* (*passaporto, documento*) to show II. *vr*: -**rsi** ① (*attore, musicista*) to perform; **~ in pubblico** to perform in public ② (*mettersi in mostra*) to show off

esibizione [e·zi·bi·'tsio:·ne] *f* ① THEAT performance ② (*di documenti*) presentation ③ (*sfoggio*) display ④ (*mostra*) exhibition

esibizionismo [e·zi·bi·tsio·'niz·mo] *m* ① (*protagonismo*) exhibitionism ② (*sessuale*) indecent exposure

esibizionista [e·zi·bi·tsio·'nis·ta] <-i *m*, -e *f*> *mf* exhibitionist

esigei [e·zi·'dʒe:·i] *1. pers sing pass rem di* **esigere**

esigente [e·zi·'dʒɛn·te] *adj* demanding

esigenza [e·zi·'dʒɛn·tsa] *f* requirement

esigere [e·'zi:·dʒe·re] <esigo, esigei *o* esigetti, esatto> *vt* ① (*richiedere*) to demand ② (*riscuotere: somma*) to collect ③ *fig* (*necessitare*) to require

esiguo, -a [e·'zi:·guo] *adj* meager

esile ['ɛ:·zi·le] *adj* ① (*gener*) slender ② (*tenue: speranza*) slender

esiliare [e·zi·'lia:·re] *vt* to exile

E

esiliato, -a [e·zi·'lia·to] I. *adj* exiled II. *m, f* exile

esilio [e·'zi·lio] <-i> *m* POL exile

esistei [e·zis·'te:·i] *1. pers sing pass rem di* **esistere**

esistente [e·zis·'tɛn·te] *adj* existing

esistenza [e·zis·'tɛn·tsa] *f* ① (*vita*) life ② (*presenza*) existence

esistenziale [e·zis·ten·'tsia·le] *adj* existential

esistere [e·'zis·te·re] <esisto, esistei *o* esistetti, esistito> *vi* essere (*gener*) to exist; **esistono diversi tipi di carta** there are various types of paper

esitare [e·zi·'ta:·re] *vi* to hesitate; ~ **a fare qc** to be hesitant about doing sth

esitazione [e·zi·ta·'tsio:·ne] *f* hesitation

esito ['ɛ:·zi·to] *m* outcome

esodo ['ɛ:·zo·do] *m* REL, LETT exodus

esofago [e·'zɔ:·fa·go] <-gi> *m* esophagus

esonerare [e·zo·ne·'ra:·re] *vt* to exonerate; ~ **qu da qc** to exonerate sb of sth

esonero [e·'zɔ:·ne·ro] *m* exemption

esorbitante [e·zor·bi·'tan·te] *adj* exorbitant

esorcismo [e·zor·'tʃiz·mo] *m* exorcism

esorcista [e·zor·'tʃis·ta] <-i *m*, -e *f*> *mf* exorcist

esorcizzare [e·zor·tʃid·'dza:·re] *vt* REL to exorcize

esordiente [e·zor·'diɛn·te] I. *adj* budding II. *mf* beginner

esordio [e·'zɔr·dio] <-i> *m* ① (*inizio*) beginning ② THEAT, SPORT debut

esordire [e·zor·'di:·re] <esordisco> *vi* ① (*iniziare*) to start off ② SPORT, THEAT to make one's debut

esortare [e·zor·'ta:·re] *vt* to exhort; ~ **qu a fare qc** to urge sb to do sth

esortazione [e·zor·ta·'tsio:·ne] *f* exhortation

esoterico, -a [e·zo·'tɛ:·ri·ko] <-ci, -che> *adj* esoteric

esotico, -a [e·'zɔ:·ti·ko] <-ci, -che> *adj* exotic

espandere [es·'pan·de·re] <espando, espansi *o* espandetti, espanso> I. *vt* (*gener*) to expand II. *vr*: **-rsi** ① (*ingran-*

dirsi: macchia) to spread ② (*aumentare: volume*) to expand ③ *fig* (*diffondersi: notizia*) to spread ④ COM (*azienda*) to grow

espansione [es·pan·'sio:·ne] *f* ① (*aumento di volume*) expansion ② (*diffusione*) spread

espansivo, -a [es·pan·'si:·vo] *adj* affectionate

espanso, -a [es·'pan·so] *pp di* **espandere**

espatriare [es·pa·tri·'a:·re] *vi* essere to emigrate

espatrio [es·'pa·trio] <-i> *m* authorization to travel abroad

espediente [es·pe·'diɛn·te] *m* dodge

espellere [es·'pɛl·le·re] <espello, espulsi, espulso> *vt* (*allievo*) to expel; (*giocatore*) to send off; (*immigrato*) to deport

esperienza [es·pe·'riɛn·tsa] *f* (*gener*) experience; **per ~** from experience; **senza ~** inexperienced

esperimento [es·pe·ri·'men·to] *m* experiment

esperto, -a [es·'pɛr·to] I. *adj* ① (*pratico*) experienced ② (*conoscitore*) expert ③ (*abile: mani*) capable II. *m, f* expert

espiare [es·pi·'a:·re] *vt* ① GIUR (*pena*) to serve ② REL (*peccato*) to atone for

espiatorio, -a [es·pia·'tɔ:·rio] <-i, -ie> *adj* **capro ~** *fig* scapegoat

espirare [es·pi·'ra:·re] *vt* to breathe out

esplicito, -a [es·'pli·tʃi·to] *adj* explicit

esplodere [es·'plɔ:·de·re] <esplodo, esplosi, esploso> *vi* essere *o* avere (*bomba, dinamite*) to explode

esplorare [es·plo·'ra:·re] *vt* ① (*gener*) to explore ② *fig* (*indagare: possibilità*) to investigate

esploratore, -trice *m, f* explorer

esplorazione [es·plo·ra·'tsio:·ne] *f* exploration

esplosi [es·'plɔ:·zi] *1. pers sing pass rem di* **esplodere**

esplosione [es·plo·'zio:·ne] *f* ① (*di mina, bomba*) explosion ② *fig* (*di rabbia*) outburst

esplosivo [es·plo·ˈzi:·vo] *m* explosive

esplosivo, -a *adj* (*sostanza, miscela*) explosive

esploso [es·ˈplɔː·zo] *pp di* **esplodere**

esponente [es·po·ˈnɛn·te] *mf* representative

esporre [es·ˈporre] <irr> I. *vt* ① (*esibire: opera d'arte, merce*) to exhibit ② (*al sole, a rischio*) to expose ③ (*spiegare*) to set out II. *vr:* **-rsi** ② (*al sole, a rischio*) to expose oneself ③ (*compromettersi*) to leave oneself open

esportare [es·por·ˈtaː·re] *vt* COM to export

esportazione [es·por·ta·ˈtsio·ne] *f* export

esposi *1. pers sing pass rem di* **esporre**

esposizione [es·po·zi·ˈtsio·ne] *f* ① (*di opere d'arte*) exhibition; (*di prodotti*) display; **in ~** on display ② (*a luce, sole, vento*) exposure ③ FOTO exposure ④ (*di edifici, terreni*) orientation ⑤ (*narrazione: di fatto, brano*) presentation

esposto, -a [es·ˈpos·to] I. *pp di* **esporre** II. *adj* ① (*opera d'arte*) on display ② (*edificio, terreno*) **essere ~ a nord/sud** to face north/south

espressamente [es·pres·sa·ˈmen·te] *adv* expressly

espressi *1. pers sing pass rem di* **esprimere**

espressione [es·pres·ˈsio·ne] *f* (*gener*) expression

espressionismo [es·pres·sio·ˈniz·mo] *m* expressionism

espressionista [es·pres·sio·ˈnis·ta] <-i *m*, -e *f*> *adj, mf* expressionist

espressivo, -a [es·pres·ˈsi:·vo] *adj* expressive

espresso [es·ˈprɛs·so] *m* ① (*caffè*) espresso ② FERR express (train) ③ (*lettera*) express

espresso, -a *pp di* **esprimere**

esprimere [es·ˈpriː·me·re] <esprimo, espressi, espresso> I. *vt* to express II. *vr:* **-rsi** to express oneself

espropriare [es·pro·ˈpria:·re] *vt* to expropriate

esproprio [es·ˈprɔː·pio] <-i> *m* expropriation

espugnare [es·puɲ·ˈɲaː·re] *vt* MIL (*fortezza, città*) to take

espulsi [es·ˈpul·si] *1. pers sing pass rem di* **espellere**

espulsione [es·pul·ˈsio·ne] *f* (*di allievo, socio*) expulsion; (*di giocatore*) sending off; (*di immigrato*) deportation

espulso [es·ˈpul·so] *pp di* **espellere**

esquimese [es·kui·ˈmeː·se] *mf v.* **eschimese**

essa [ˈes·sa] *pron 3. pers sing f* ① (*soggetto: persona*) she; (*animale, cosa*) it ② (*complemento: persona*) her; (*animale, cosa*) it

essai [e·ˈsɛ] <-> *m* **cinema d'~** art-house cinema

esse [ˈes·se] *pron 3. pers pl f* ① (*soggetto*) they ② (*complemento*) them

essenza [es·ˈsɛn·tsa] *f a.* CHIM essence

essenziale [es·sen·ˈtsia·le] I. *adj* ① (*gener*) essential; **oli -i** essential oils ② (*scarno: stile, arredamento*) minimalist II. *m* **l'~** the basics

essenzialmente [es·sen·tsial·ˈmen·te] *adv* essentially

essere¹ [ˈes·se·re] <sono, fui, stato> *vi essere* ① (*gener*) to be; **c'è** there is; **ci sono** there are; **ci siamo!** (*siamo arrivati*) we're here!; *fig* (*è arrivato il momento*) the time has come; **~ di qu** to belong to sb; **è Natale** it's Christmas; **chi è?** (*alla porta*) who is it? ② (*trovarsi*) to be ③ *fam* (*costare*) to cost; **quant'è?** *fam* how much is it? ④ (*provenire*) to be; **sono di Padova** I'm from Padua

essere² *m* (*creatura*) being; **gli -i viventi** living beings

essi [ˈes·si] *pron 3. pers pl m* ① (*soggetto*) they ② (*complemento*) them

esso [ˈes·so] *pron 3. pers sing m* ① (*soggetto: persona*) he; (*animale, cosa*) it ② (*complemento: persona*) him; (*animale, cosa*) it

est [ɛst] <-> *m* east; **ad ~** east; **ad ~ di** (to the) east of; **verso ~** eastward

estasi [ˈɛs·ta·zi] <-> *f* ecstasy; **andare in ~** to go into raptures

estasiare [es·ta·'zia:·re] *vt* to thrill

estate [es·'ta:·te] *f* summer; **in** [*o* **d'**] ~ in summer

estendere [es·'tɛn·de·re] <irr> I. *vt* ① (*allungare: braccia, gambe*) to stretch ② *fig* (*ampliare: attività, struttura*) to expand II. *vr*: **-rsi** (*pianura, mare*) to extend

estensione [es·ten·'sio:·ne] *f* ① (*superficie*) extent ② (*di servizio, garanzia*) extension ③ (*di arto*) stretching

estenuante [es·te·nu·'an·te] *adj* lengthy

estenuare [es·te·nu·'a:·re] *vt* (*attesa, fatica*) to exhaust

esteriore [es·te·'rio:·re] *adj* external

esternare [es·ter·'na:·re] *vt* (*sentimento, disagio*) to display

esterno [es·'tɛr·no] *m* ① (*di contenitore*) outside ② (*di edificio*) exterior ③ THEAT outdoor scene

esterno, -a *adj* ① (*fuori: lato*) outer ② (*farmaco*) for external use ③ (*fuori casa*) outdoor; (*da fuori: nemico, pericolo*) external

estero [es·'te·ro] *m* **all'**~ abroad; **andare all'**~ to go abroad

estero, -a *adj* foreign

esterrefatto, -a [es·ter·re·'fat·to] *adj* astonished

estesi *1. pers sing pass rem di* **estendere**

esteso, -a [es·'te:·so] I. *pp di* **estendere** II. *adj* ① (*terreno, superficie*) extensive ② (*testo*) **per** ~ in full

esteta [es·'tɛ:·ta] <-i *m*, -e *f*> *mf* aesthete

estetica [es·'tɛ:·ti·ka] <-che> *f* ① (*scienza*) aesthetics ② (*bellezza*) beauty

estetico, -a [es·'tɛ:·ti·ko] <-ci, -che> *adj* ① (*aspetto, gusto*) aesthetic ② (*chirurgia, trattamento, centro*) cosmetic

estetista [es·te·'tis·ta] <-i *m*, -e *f*> *mf* aesthetician

estinguere [es·'tiŋ·gue·re] <estinguo, estinsi, estinto> I. *vt* ① (*incendio*) to put out ② (*debito*) to settle II. *vr*: **-rsi**

① (*incendio*) to go out ② (*specie*) to become extinct

estinto, -a [es·'tin·to] I. *adj* ① (*vulcano*) extinct; (*incendio*) extinguished ② (*diritto*) expired; (*debito*) settled; (*rapporto di lavoro*) terminated II. *m, f* (*defunto*) deceased

estintore [es·tin·'to:·re] *m* (fire) extinguisher

estinzione [es·tin·'tsio:·ne] *f* ① BIO extinction ② (*di incendio*) extinction ③ (*di debito*) settlement; (*di rapporto*) termination

estirpare [es·tir·'pa:·re] *vt* ① (*sradicare: erbacce*) to uproot ② MED (*dente*) to pull out; (*tumore*) to remove ③ *fig* (*debellare: odio, corruzione*) to eradicate

estivo, -a [es·'ti:·vo] *adj* summer

estone ['ɛs·to·ne] *adj, mf* Estonian

Estonia [es·'tɔ:·nia] *f* Estonia

estorsione [es·tor·'sio:·ne] *f* extortion

estradizione [es·tra·dit·'tsio:·ne] *f* extradition

estraneo, -a [es·'tra:·neo] <-ei, -ee> I. *adj* ① (*non conosciuto*) unknown ② (*esterno*) external ③ (*non coinvolto*) uninvolved II. *m, f* stranger; **'vietato l'ingresso agli -i'** 'authorized individuals only'

estraniarsi [es·tra·'nia:·rsi] *vr* **-rsi da qc** (*mondo, realtà, famiglia*) to become alienated from sth

estrarre [es·'trar·re] <irr> *vt* ① (*tirare fuori*) to pull out; ~ **qc a sorte** to draw sth out of a hat ② (*dente, carbone*) to extract ③ MATH (*radice*) to extract

estratto [es·'trat·to] *m* ① CULIN (*di carne, pomodori*) extract ② COM statement; ~ **conto** bank statement ③ ADMIN certificate; ~ **di nascita** birth certificate

estrazione [es·trat·'tsio:·ne] *f* ① (*gener*) extraction ② (*sorteggio*) draw ③ *fig* (*origine*) origins *pl*

estremismo [es·tre·'miz·mo] *m* extremism

estremista [es·tre·'mis·ta] <-i *m*, -e *f*> *mf* extremist

estremità [es·tre·mi·'ta] <-> *f*

❸ (*parte: di bastone, tavolo*) end ❹ *pl* (*mani e piedi*) extremities *pl*

estremo [es·'trε:·mo] *m* ❶ (*punto estremo*) extreme ❷ *pl*, *fig* extremes *pl* ❸ *pl* ADMIN particulars *pl*

estremo, -a *adj* extreme; **l'Estremo Oriente** GEOG the Far East

estrogeno [es·'trɔ:·dʒe·no] *m* estrogen

estroverso, -a [es·tro·'vεr·so] *adj, m, f* extrovert

esuberante [e·zu·be·'ran·te] *adj* (*persona, carattere*) exuberant

esuberanza [e·zu·be·'ran·tsa] *f* (*vivacità*) exuberance

esule ['ε:·zu·le] *mf* exile

esultare [e·zul·'ta:·re] *vi* to rejoice; **~ per qc** to rejoice over sth

età [e·'ta] <-> *f* ❶ (*anni*) age; **maggiore ~** majority ❷ (*periodo*) age

eternità [e·ter·ni·'ta] <-> *f a. fig* eternity

eterno, -a *adj* ❶ (*gener*) eternal ❷ (*interminabile: attesa*) interminable

etero ['ε·te·ro] <inv> *adj v.* **eterosessuale**

eterogeneo, -a [e·te·ro·'dʒε:·neo] *adj* heterogeneous

eterosessuale [e·te·ro·ses·su·'a:·le] *adj, mf* heterosexual

etica ['ε:·ti·ka] <-che> *f* ethics

etichetta [e·ti·'ket·ta] *f* ❶ COM (*su prodotto*) label; **~ del prezzo** price tag ❷ (*cerimoniale*) etiquette

etico, -a ['ε:·ti·ko] <-ci, -che> *adj* ethical

etilismo [e·ti·'liz·mo] *m* alcoholism

etnico, -a ['ε·tni·ko] <-ci, -che> *adj* ethnic

etnologo, -a [et·'nɔ:·lo·go] <-gi, -ghe> *m, f* ethnologist

etrusco, -a [e·'trus·ko] <-schi, -sche> *adj, m, f* Etruscan

ettaro ['ε·tta·ro] *m* hectare

etto ['ε·tto] *m* one hundred grams

eucalipto [eu·ka·'lip·to] *m* eucalyptus

eufemismo [eu·fe·'miz·mo] *m* euphemism

eufemistico, -a [eu·fe·'mis·ti·ko] <-ci, -che> *adj* euphemistic

euforico, -a [eu·'fɔ:·ri·ko] <-ci, -che> *adj* euphoric

eurocity [eu·ro·'si·ti] <-> *m* FERR European intercity train

Eurolandia [εu·ro·'lan·dia] *f* Euroland

Europa [eu·'rɔ:·pa] *f* Europe

europarlamentare [eu·ro·par·la·men·'ta:·re] *mf* MEP, *Member of the European Parliament*

europarlamento [eu·ro·par·la·'men·to] *m* European Parliament

europeista [eu·ro·pe·'is·ta] <-i *m*, -e *f*> *adj, mf* pro-European

europeo, -a [eu·ro·'pε:·o] <-ei, -ee> *adj, m, f* European

Eurostar [εu·ro·'sta:r] <-> *m* FERR Eurostar

eutanasia [eu·ta·na·'zi:·a] <-ie> *f* euthanasia

evacuare [e·va·ku·'a:·re] I. *vt* to evacuate II. *vi* ❶ (*luogo*) to evacuate ❷ (*defecare*) to defecate

evacuazione [e·va·ku·a·'tsio:·ne] *f* (*gener*) evacuation

evadere [e·'va:·de·re] <evado, evasi, evaso> I. *vi essere* (*scappare*) to escape; **~ dalla prigione** to escape from prison II. *vt avere* ❶ ADMIN (*pratica, corrispondenza*) to deal with ❷ GIUR **~ le tasse** to evade taxes

evangelico, -a [e·van·'dʒε·li·ko] <-ci, -che> *adj* evangelical; (*chiesa, dottrina*) Protestant

evaporare [e·va·po·'ra:·re] *vi essere o avere* to evaporate

evaporazione [e·va·po·ra·'tsio:·ne] *f* evaporation

evasi [e·'va:·zi] *1. pers sing pass rem di* **evadere**

evasione [e·va·'zio:·ne] *f* ❶ (*fuga: da carcere*) escape ❷ *fig* (*distrazione*) escape; **romanzo d' ~** escapist novel ❸ ADMIN (*di posta, pratiche*) dispatch ❹ (*mancato pagamento*) avoidance; **~ fiscale** tax evasion

evasivo, -a [e·va·'zi:·vo] *adj* evasive

evaso, -a [e·'va:·zo] I. *pp di* **evadere** II. *m, f* escapee

evasore [e·va·'zo:·re] *m* ~ (**fiscale**) tax evader

evenienza [e·ve·'niɛn·tsa] *f* eventuality; **all'~** if required; **nell'~ che ... +***conj* in the event that ...

evento [e·'vɛn·to] *m* event

eventuale [e·ven·tu·'a:·le] *adj* possible

eventualità [e·ven·tu·a·li·'ta] <-> *f* ① (*circostanza*) eventuality; **nell'~ che ... +***conj* in the event that ...; **per ogni ~** for all eventualities ② (*possibilità*) possibility

eventualmente [e·ven·tual·'men·te] *adv* if necessary

eversivo, -a [e·ver·'si:·vo] *adj* subversive

evidente [e·vi·'dɛn·te] *adj* ① (*visibile*) clear ② (*indubitabile*) evident

evidenza [e·vi·'dɛn·tsa] *f* ① (*indiscutibilità*) clarity ② (*risalto*) **mettere in ~ qc** to highlight sth; **mettersi in ~** to draw attention to oneself

evidenziare *vt* ① (*sottolineare*) to stress ② (*con evidenziatore*) to highlight

evidenziatore *m* (*pennarello*) highlighter

evitare [e·vi·'ta:·re] *vt* to avoid; **~ di fare qc** to avoid doing sth

evo ['ɛ:·vo] *m* (*periodo*) era; **medio ~** Middle Ages

evocare [e·vo·'ka:·re] *vt* ① (*spiriti*) to evoke ② (*ricordo, fatto*) to recall

evolutivo, -a [e·vo·lu·'ti:·vo] *adj* developmental

evoluto, -a [e·vo·'lu:·to] I. *pp di* **evolversi** II. *adj* ① (*gener*) developed ② (*sistema, tecnologia*) advanced

evoluzione [e·vo·lut·'tsio:·ne] *f* ① (*gener*) development ② BIO evolution ③ (*acrobazia*) evolutions *pl*

evolversi [e·'vɔl·ver·si] <evolvo, evolvei *o* evolvetti, evoluto> *vr* to evolve

evviva [ev·'vi:·va] *interj fam* hurrah!; **~ gli sposi!** three cheers for the bride and groom!

ex [ɛks] I. *prep* (*moglie, presidente*) ex-; (*paese*) former II. <-> *mf* (*amante, moglie*) ex

expo [ɛks·'po] <-> *f* (*international*) exhibition

extra ['ɛks·tra] I. <*inv*> *adj* ① (*speciale: qualità*) top-notch ② COM (*spese*) additional II. <-> *m* (*spese*) additional expenses *pl* III. *prep* (*fuori*) extra

extracomunitario, -a [eks·tra·ko·mu·ni·'ta:·rio] <-i, -ie> I. *adj* non-EU II. *m, f* non-EU citizen

extraconiugale [eks·tra·kon·iu·'ga:·le] *adj* extramarital

extraparlamentare [eks·tra·par·la·men·'ta:·re] *mf* member of an extra-parliamentary group

extrascolastico, -a [eks·tra·sko·'las·ti·ko] <-ci, -che> *adj* (*attività, formazione*) after-school

extrasensoriale [eks·tra·sen·so·'ria:·le] *adj* extrasensory

extraterrestre [eks·tra·ter·'rɛs·tre] *adj*, *mf* extraterrestrial

extraurbano, -a [eks·tra·ur·'ba:·no] *adj* out-of-town

extravergine [eks·tra·'ver·dʒi·ne] <*inv*> *adj* extra-virgin

Ff

F, f ['ɛf·fe] <-> *f* F, f; ~ **come Firenze** F for Fox

fa¹ [fa] <-> *m* MUS fa; ~ **maggiore/minore** F major/minor

fa² I. *3. pers sing pr di* **fare** II. *adv* ago; **tre anni** ~ three years ago

fabbisogno [fab·bi·'zoɲ·ɲo] *m* requirements *pl*

fabbrica ['fab·bri·ka] <-che> *f* factory

fabbricante [fab·bri·'kan·te] *mf* (*produttore*) maker

fabbricare [fab·bri·'ka:·re] *vt* ❶ (*costruire*) to build ❷ (*produrre*) to make

fabbricazione [fab·bri·ka·'tsio:·ne] *f* (*produzione*) manufacture; ~ **in serie** mass production

fabbro ['fab·bro] *m* smith

faccenda [fat·'tʃen·da] *f* ❶ (*cosa da fare*) thing ❷ *pl* (*lavori domestici*) housework ❸ (*questione*) business

facchino [fak·'ki:·no] *m* (*di stazione, albergo*) porter

faccia ['fat·tʃa] <-cce> *f* ❶ (*volto, espressione*) face; ~ **tosta** [*o* **di bronzo**] *fig* nerve; (*persona*) person with a lot of nerve; ~ **a** ~ face to face; **dire le cose in** ~ **a qu** to tell sb to their face; **alla** ~! *fam* good God!; **perdere la** ~ to lose face; **salvare la** ~ to save face ❷ (*aspetto*) look ❸ (*lato: di medaglia, cubo*) face; (*di luna*) side

facciata [fat·'tʃa:·ta] *f* ❶ (*di edificio*) façade ❷ (*di pagina*) side

faccina [fat·'tʃi:·na] *f* COMPUT emoticon

faccio ['fat·tʃo] *1. pers sing pr di* **fare**

facile ['fa:·tʃi·le] *adj* ❶ (*lavoro, testo, guadagno*) easy ❷ (*incline*) **essere ~ al pianto/al riso** to cry/laugh easily ❸ (*probabile*) likely; **è ~ che nevichi** it's probably going to snow

facilità [fa·tʃi·li·'ta] <-> *f* ❶ (*d'uso, di manutenzione*) easiness ❷ (*predisposizione*) aptitude; **avere ~ a fare qc** to

have an aptitude for doing sth; **con ~** (*senza sforzo*) with ease

facilitare [fa·tʃi·li·'ta:·re] *vt* ❶ (*lavoro, compito*) to make easier ❷ COM (*pagamento*) to make easy

facilitazione [fa·tʃi·li·tat·'tsio:·ne] *f* **F** (*agevolazione*) facility; **-i di pagamento** easy terms *pl*

facoltà [fa·kol·'ta] <-> *f* ❶ (*capacità*) faculty ❷ (*potere*) power ❸ (*possibilità*) right ❹ (*universitaria*) faculty

facoltativo, -a [fa·kol·ta·'ti:·vo] *adj* (*non obbligatorio*) optional; **fermata -a** flag stop

facoltoso, -a [fa·kol·'to:·so] *adj* (*persona, famiglia*) well-off

faggio ['fad·dʒo] <-ggi> *m* beech

fagiano [fa·'dʒa:·no] *m* pheasant

fagiolino [fa·dʒo·'li:·no] *m* green bean

fagiolo [fa·'dʒɔ:·lo] *m* bean

fagotto [fa·'gɔt·to] *m* ❶ MUS bassoon ❷ (*involto*) bundle; **far ~** to pack one's bags

falce ['fal·tʃe] *f* scythe

falciare [fal·'tʃa:·re] *vt* ❶ (*tagliare: erba*) to mow; (*grano*) to reap ❷ *fig* (*uccidere: vittime, vite*) to take ❸ SPORT (*atterrare*) to bring down

falco ['fal·ko] <-chi> *m* hawk

falda ['fal·da] *f* ❶ GEOL stratum; ~ **acquifera** aquifer; ~ **freatica** water table ❷ (*di monte*) lower slope ❸ (*di cappello*) brim

falegname [fa·leɲ·'ɲa:·me] *m* carpenter

falegnameria [fa·leɲ·ɲa·me·'ri:·a] <-ie> *f* carpentry

falena [fa·'lɛ:·na] *f* moth

falla ['fal·la] *f* ❶ NAUT leak ❷ *fig* (*difetto*) failing

fallace [fal·'la:·tʃe] *adj* LETT ❶ (*ingannevole: discorso*) deceptive ❷ (*illusorio: promessa*) false; (*speranza*) vain

fallimento [fal·li·'men·to] *m* ❶ GIUR

(*bancarotta*) bankruptcy ● *fig* (*risultato, persona*) failure

fallire [fal·ˈliː·re] <fallisco> I. *vi* essere ● (*azienda*) to go bankrupt ● *fig* (*non riuscire*) ~ **in qc** to fail in sth II. *vt* avere *fig* (*mancare*) ~ **il colpo** [*o* **il bersaglio**] to miss

fallo [ˈfal·lo] *m* ● (*errore*) fault; **cogliere qu in** ~ to catch sb out ● SPORT foul ● ANAT (*pene*) phallus

falloso, -a [fal·ˈloː·so] *adj* SPORT (*gioco, intervento*) illegal

falò [fa·ˈlɔ] <-> *m* bonfire

falsare [fal·ˈsaː·re] *vt* ● (*distorcere: fatti, dati*) to falsify ● (*alterare: voce*) to distort

falsariga [fal·sa·ˈriː·ga] <-ghe> *f* ● (*foglio*) lined page ● *fig* (*esempio, modello*) model; **sulla** ~ **di qu** following sb's example

falsario [fal·ˈsaː·rio] <-i> *m* (*di quadri*) forger; (*di monete*) counterfeiter

falsificare [fal·si·fi·ˈkaː·re] *vt* ● (*firma, banconota, quadro*) to forge ● (*notizia*) to distort

falsificazione [fal·si·fi·kat·ˈtsio·ne] *f* ● (*di firma, quadro*) forgery; (*di banconota*) counterfeiting

falsità [fal·si·ˈta] <-> *f* ● (*non autenticità, ipocrisia*) falseness ● *pl* (*bugia*) lie

falso¹ [ˈfal·so] *m* ● (*cosa non vera*) falsehood; **giurare il** ~ to commit perjury ● GIUR (*reato*) forgery; ~ **in bilancio** false accounting

falso² [ˈfal·so] I. *adj* ● (*non vero: notizia, indizio*) false ● (*errato: idea, sospetto*) mistaken ● (*non sincero: sorriso, lacrime*) fake ● (*falsificato: denaro*) counterfeit; (*quadro, gioielli*) fake ● (*loc*) ~ **allarme** false alarm; **fare un passo** ~ to slip up; **-a partenza** false start; **sotto** ~ **nome** under a false name II. *m* (*ipocrita*) hypocrite

fama [ˈfaː·ma] *f* ● (*reputazione*) reputation ● (*celebrità*) fame

fame [ˈfaː·me] *f* hunger; *a. fig*; **avere poca** ~ to be not very hungry; **mi viene** ~ I feel hungry; **avere una** ~ **da**

lupi *inf* to be starving; **morire di** ~ to starve to death; *fig* to be starving

famigerato, -a [fa·mi·dʒe·ˈraː·to] *adj* notorious

famiglia [fa·ˈmiʎ·ʎa] <-glie> *f* family; **essere uno di** ~ to be one of the family; **metter su** ~ to start a family; **sentirsi in** ~ to feel at home

familiare [fa·mi·ˈlia·re] I. *adj* ● (*vita, nucleo*) family ● (*viso, linguaggio, modi*) familiar ● (*pensione, trattamento*) friendly ● (*linguaggio*) informal II. *mf* (*parente*) family member III. *f* AUTO station wagon

familiarità [fa·mi·lia·ri·ˈta] <-> *f* (*confidenza, pratica*) familiarity

familiarizzarsi [fa·mi·lia·rid·ˈdzar·si] *vr* (*impratichirsi*) to familiarize oneself

famoso, -a [fa·ˈmoː·so] *adj* famous

fanale [fa·ˈnaː·le] *m* (*di automobile, bicicletta*) light; ~ **antinebbia** fog light

fanalino [fa·na·ˈliː·no] *m* light; ~ **di coda** AUTO tail light

fanatico, -a [fa·ˈnaː·ti·ko] <-ci, -che> I. *adj* ● *pej* (*intollerante*) fanatical ● (*appassionato*) **essere** ~ **di** [*o* **per**] **qc** to be mad about sth II. *m, f* fanatic

fanatismo [fa·na·ˈtiz·mo] *m* fanaticism

fanculo [fan·ˈkuː·lo] *interj vulg* (*vaffanculo*) fuck off!

fandonia [fan·ˈdɔː·nia] <-ie> *f* lie

fanfara [fan·ˈfaː·ra] *f* ● (*banda*) brass band ● (*musica*) fanfare

fango [ˈfaŋ·go] <-ghi> *m* ● (*melma*) mud ● *fig* (*infamia*) mire

fannullone, -a [fan·nul·ˈloː·ne] *m, f* layabout

fantascienza [fan·taʃ·ˈʃen·tsa] *f* science fiction

fantasia [fan·ta·ˈzi·a] <-ie> *f* ● (*immaginazione*) imagination ● (*capriccio*) whim ● (*tessuto*) pattern

fantasioso, -a [fan·ta·ˈzio·so] *adj* imaginative

fantasma¹ [fan·ˈtaz·ma] <-i> *m* (*apparizione*) ghost

fantasma² <inv> *adj* (*apparente: governo*) shadow; (*abbandonato: nave, città*) ghost; **scrittore** ~ ghost writer

fantasticare [fan·tas·ti·ˈkaː·re] *vi* to fantasize; ~ **su qc** to fantasize about sth

fantastico, -a [fan·ˈtas·ti·ko] <-ci, -che> *adj* ① (*irreale*) imaginary ② (*straordinario*) fantastic; ~ **!** fantastic!

fante [ˈfan·te] *m* (*nelle carte*) jack

fantino [fan·ˈtiː·no] *m* jockey

fantoccio [fan·ˈtɔt·tʃo] <-cci> *m a. fig* puppet

fantomatico, -a [fan·to·ˈmaː·ti·ko] <-ci, -che> *adj* mysterious

farabutto, -a [fa·ra·ˈbut·to] *m, f* crook

faraona [fa·ra·ˈoː·na] *f* guinea fowl

faraone [fa·ra·ˈoː·ne] *m* pharaoh

farcire [far·ˈtʃiː·re] <farcisco> *vt* CULIN to stuff

farcitura [far·tʃi·ˈtuː·ra] *f* (*ripieno*) stuffing

fard [far(d)] <-> *m* (*cosmetico, belletto*) blusher

fardello [far·ˈdɛl·lo] *m* ① (*fagotto*) bundle ② *fig* (*di preoccupazioni*) burden

fare [ˈfaː·re] <faccio, feci, fatto> I. *vt* ① (*compiere azioni*) to do; ~ **il bagno** to take a bath; ~ **colazione** to have lunch; ~ **un sonnellino** to have a nap; ~ **un favore a qu** to do sb a favor; ~ **del bene** to do good ② (*creare: quadro*) to paint; (*poesia*) to write ③ (*suscitare*) **mi fa pena** I feel sorry for him; ~ **rabbia a qu** to annoy sb ④ (*esercitare: mestiere, professione*) to be; ~ **il medico/l'insegnante** to be a doctor/teacher; **che lavoro fai?** what do you do? ⑤ (*ammontare*) to be; **tre più due fa cinque** three plus two is five; **quanto fa?** how much is it?; **fa 6 euro** it's 6 euros ⑥ SPORT (*praticare*) ~ **sport** to do sport; ~ **vela** to sail; ~ **una partita a tennis** to have a game of tennis ⑦ CULIN (*preparare: minestra, frittata*) to make ⑧ (*comportamento*) ~ **lo scemo** to play the fool; ~ **il furbo** to try to be smart; **non ~ la sciocca!** don't play dumb!; ~ **buon viso a cattivo gioco** to make the best of it ⑨ (*loc*) ~ **sapere qc a qu** to inform sb of sth; ~ **vedere** to show; ~ **a meno di qc** to do without sth; **farcela** to succeed; **farla finita con**

qu/qc to have done with sb/sth; **far da sé** to do it oneself II. *vi* ① (*agire*) to act; **darsi da** ~ to get a move on *inf* ② (*essere adatto*) to do; **questo lavoro non fa per me** this job isn't for me ③ (*loc*) **fa bello** it's nice; **fa caldo/freddo** it's hot/cold; ~ **in tempo** to be in time; **faccia pure!** go ahead! III. *vr:* **-rsi** (*loc*) **-rsi avanti** to step forward; **-rsi da parte** to move aside; **-rsi notare** to get oneself noticed; **-rsi pregare** to play hard to get; **-rsi strada** to make one's way; **si è fatto tardi** it's late; **-rsi** *inf* (*drogarsi*) to do drugs

farfalla [far·ˈfal·la] *f* ① butterfly ② (*cravatta*) bow tie

farfugliare [far·fuʎ·ˈʎaː·re] *vi* to mutter

farina [fa·ˈriː·na] *f* flour; ~ **gialla** (*di mais*) corn flour

farinoso, -a [fa·ri·ˈnoː·so] *adj* (*patata*) floury; (*neve*) powdery

farmaceutico, -a [far·ma·ˈtʃɛu·ti·ko] <-ci, -che> *adj* (*industria, prodotto*) pharmaceutical

farmacia [far·ma·ˈtʃiː·a] <-cie> *f* (*scienza, negozio*) pharmacy; ~ **di turno** duty farmacy

farmacista [far·ma·ˈtʃis·ta] <-i *m*, -e *f*> *mf* pharmacist

farmaco [ˈfar·ma·ko] <-ci *o* -chi> *m* drug

farmacologia [far·ma·ko·lo·ˈdʒiː·a] <-gie> *f* pharmacology

Farnesina [far·ne·ˈziː·na] <*sing*> *f* (*Ministero degli Affari Esteri italiano*) **la** ~ = the State Department

farneticare [far·ne·ti·ˈkaː·re] *vi* ① (*delirare*) to rave ② (*dire assurdità*) to talk nonsense

faro [ˈfaː·ro] *m* ① (*torre*) lighthouse ② (*di veicolo*) headlight; ~ **i antinebbia** fog lights *pl;* ~ **i anabbaglianti** low beams *pl*

fascia [ˈfaʃ·ʃa] <-sce> *f* ① (*striscia di tessuto*) sash ② (*benda*) bandage ③ (*di territorio*) strip ④ SPORT ~ **laterale** wing ⑤ *fig* (*settore, gruppo*) group

fasciare [faʃ·ˈʃaː·re] *vt* ① (*ferita*) to bandage ② (*aderire: abito*) to cling to

fasciatoio [faʃ·ʃa·ˈto:·io] <-oi> m changing table

fasciatura [faʃ·ʃa·ˈtu:·ra] f bandage

fascicolo [faʃ·ˈʃi:·ko·lo] m ① (di enciclopedia) volume; (di rivista) issue ② (dossier personale) file

fascino [ˈfaʃ·ʃi·no] m charm

fascio [ˈfaʃ·ʃo] <-sci> m ① (di erba, fieno) sheaf; (di banconote) wad ② ANAT (nervoso, muscolare) bundle

fascismo [faʃ·ˈʃiz·mo] m fascism

fascista [faʃ·ˈʃis·ta] <-i m, -e f> m f adj, mf fascist

fase [ˈfa:·ze] f ① (di processo, malattia, lavoro) stage; (di motore) stroke ② pl (lunare, di Mercurio) phase

fastidio [fas·ˈti:·dio] <-i> m ① (molestia) trouble; **dare ~ a qu** to annoy sb ② (insofferenza) irritation ③ (seccatura, problema) problem

fastidioso, -a [fas·ti·ˈdio·so] adj ① (irritante) annoying ② (sgradevole) difficult

fasullo, -a [fa·ˈzul·lo] adj ① (moneta) counterfeit; (oro) fake ② fig (persona) bogus

fata [ˈfa:·ta] f (di fiaba) fairy

fatale [fa·ˈta:·le] adj ① (fatidico) fateful ② (letale) fatal ③ (seducente) irresistible; **donna ~** femme fatale

fatica [fa·ˈti:·ka] <-che> f ① (sforzo) effort ② (affaticamento) exhaustion ③ (pena, difficoltà) difficulty; **a ~** with difficulty; **fare ~ a fare qc** to have a hard time doing sth ④ (lavori pesanti) labor

faticare [fa·ti·ˈka:·re] vi ① (affaticarsi) to work hard ② (incontrare difficoltà) to have trouble

faticoso, -a [fa·ti·ˈko:·so] adj ① (lavoro, viaggio) exhausting ② (respirazione) labored

fatiscente [fa·tiʃ·ˈʃɛn·te] adj (edificio) dilapidated

fato [ˈfa:·to] m fate

Fatt. abbr di **fattura** inv.

fattibile [fat·ˈti:·bi·le] adj feasible

fattispecie [fat·tis·ˈpɛ:·tʃe] <-> f **nella ~** in this case

fattivo, -a [fat·ˈti:·vo] adj (efficace: intervento) effective

fatto [ˈfat·to] m ① (azione) fact; **cogliere qu sul ~** to catch sb in the act; **dato di ~** fact; **i -i parlano chiaro** the facts speak for themselves; **il ~ è che ...** the fact is that ...; **~ sta che ...** the fact is that ... ② (avvenimento) event; **~ di cronaca** news item ③ (loc) **badare ai** [o **farsi i**] **-i propri** to mind one's own business; **sapere il ~ proprio** to know what one is doing; **impicciarsi dei -i altrui** to stick one's nose into other people's business

fatto, -a I. pp di **fare** II. adj ① (fabbricato) made; **~ a macchina** machine-made; **~ a mano** handmade; **~ di legno/di plastica** made of wood/plastic; **ben ~!** well done!; **a conti -i** all things considered; **detto ~** no sooner said than done ② (maturo: uomo, donna) grown; (inoltrato); **a giorno ~** in broad daylight; **a notte -a** after dark ③ (adatto) **essere** [o **non essere**] **~ per qu/qc** to be made/not to be made for sb/sth ④ inf (sfinito) done in ⑤ inf (drogato) stoned

fattore¹ [fat·ˈto:·re] m factor

fattore² [fat·ˈto:·re/fat·to·ˈres·sa] m farm manager

fattoria [fat·to·ˈri:·a] <-ie> f farm

fattorino [fat·to·ˈri:·no] m (per consegne) delivery man

fattura [fat·ˈtu:·ra] f (documento) invoice

fatturare [fat·tu·ˈra:·re] vt ① (merce, prestazione) to invoice for ② (volume d'affari) to have a turnover of

fatturato [fat·tu·ˈra:·to] m turnover

fatuo, -a [ˈfa:·tuo] adj fatuous; **fuoco ~** will-o'-the-wisp

fauci [ˈfa:·u·tʃi] fpl jaws pl

fauna [ˈfa:·u·na] f fauna

fausto, -a [ˈfa:·us·to] adj (evento, ricorrenza) auspicious

fava [ˈfa:·va] f (legume) fava bean

favilla [fa·ˈvil·la] f (scintilla) spark; **far -e** fig to shine

favola [ˈfa:·vo·la] f ① (fiaba) fable; **le -e**

di Esopo Aesop's fables ②(*fandonia*) fairy tale ③(*persona o cosa stupenda*) dream

favoloso, -a [fa·vo·'lo:·so] *adj* amazing

favore [fa·'vo:·re] *m* ①(*benevolenza, cortesia*) favor; **per ~** please; **fare un ~ a qu** to do sb a favor ②(*aiuto*) **a ~ di qu** in aid of sb

favorevole [fa·vo·'re:·vo·le] *adj* ①(*voto, giudizio*) in one's favor; **essere ~ a qu/qc** to be in favor of sb/sth ②(*situazione, vento*) favorable

favorire [fa·vo·'ri:·re] <*favorisco*> *vt* ①(*avvantaggiare*) to favor ②(*sostenere: iniziativa, commercio*) to encourage ③(*in espressioni di cortesia*) **favorisca il biglietto** may I see your ticket, please?; **vuole ~?** (*offrendo da mangiare*) would you like some?

favorito, -a [fa·vo·'ri:·to] *adj, m, f* favorite

fax [faks] <-> *m* fax; **via** [*o* **per**] **~** by fax

fazione [fat·'tsio:·ne] *f* faction

fazioso, -a [fat·'tsio:·so] *adj, m, f* partisan

fazzoletto [fat·tso·'let·to] *m* ①(*per il naso*) handkerchief; **~ di carta** paper handkerchief ②(*foulard*) headscarf

febbraio [feb·'bra:·io] *m* February; *v.a.* **aprile**

febbre ['fɛb·bre] *f a. fig* fever; **avere la ~** to have a temperature

febbrile [feb·'bri:·le] *adj* ①(*stato*) feverish ②*fig* (*attesa*) anxious; (*attività*) feverish

feci[1] ['fɛː·tʃi] *fpl* feces *pl*

feci[2] ['fɛː·tʃi] *1. pers sing pass rem di* **fare**

fecondare [fe·kon·'da:·re] *vt* to fertilize

fecondazione [fe·kon·dat·'tsio:·ne] *f* fertilization; **~ artificiale** artificial insemination; **~ in vitro** in vitro fertilization

fecondità [fe·kon·di·'ta] <-> *f a. fig* fertility

fecondo, -a [fe·'kon·do] *adj* (*persona, terreno, mente*) fertile; (*scrittore*) prolific

fede ['fe:·de] *f* ①faith; **in buona ~** in good faith; **in mala ~** in bad faith ②(*anello*) wedding ring

fedele [fe·'de:·le] I. *adj* faithful II. *mf* ①(*credente*) believer ②(*seguace*) follower

fedeltà [fe·del·'ta] <-> *f* ①(*gener*) faithfulness ②MUS **alta ~** high fidelity

federa ['fɛː·de·ra] *f* pillowcase

federale [fe·de·'ra:·le] *adj* federal

federazione [fe·de·rat·'tsio:·ne] *f* federation

fedina [fe·'di:·na] *f* **~ penale** criminal record

fegato ['fɛː·ga·to] *m* liver; **avere ~** *fig* to have guts *inf*; **rodersi il ~** *fig* to sulk

felce ['fɛl·tʃe] *f* fern

felice [fe·'li:·tʃe] *adj* happy

felicità [fe·li·tʃi·'ta] <-> *f* happiness

felicitarsi [fe·li·tʃi·'tar·si] *vr* ①(*rallegrarsi*) **~ di qc** to rejoice at sth ②(*complimentarsi*) **~ con qu per qc** to congratulate sb on sth

felino, -a [fe·'li:·no] *adj, m, f* feline

felpa ['fel·pa] *f* (*indumento*) sweatshirt

felpato, -a [fel·'pa:·to] *adj* (*indumento*) brushed-cotton; **con passo ~** *fig* stealthily

feltro ['fel·tro] *m* (*tessuto*) felt

femmina ['fem·mi·na] *f* ①(*bambina, ragazza*) girl ②ZOO, TEC female

femminile [fem·mi·'ni:·le] I. *adj* ①(*abbigliamento, squadra*) women's; (*scuola*) girls' ②(*astuzia, grazia*) LING feminine; **genere ~** feminine gender II. *m* LING feminine

femminilità [fem·mi·ni·li·'ta] *f* femininity

femminismo [fem·mi·'niz·mo] *m* feminism

femminista [fem·mi·'nis·ta] <-i *m*, -e *f*> *m f mf* feminist

femore ['fɛː·mo·re] *m* thighbone

fendere ['fɛn·de·re] <*fendo*, fendei *o* fendetti, fenduto> *vt* ①(*spaccare*) to splett ②(*solcare*) to slice through

fendinebbia [fen·di·'neb·bia] <-> *m* fog light

fenditura [fen·di·'tu:·ra] *f* (*fessura*) crack

F

F

fenice [fe·'ni:·tʃe] f phoenix

fenicottero [fe·ni·'kɔt·te·ro] m flamingo

fenomenale [fe·no·me·'na:·le] adj phenomenal

fenomeno [fe·'nɔ:·me·no] m phenomenon

feretro ['fɛ:·re·tro] m coffin

feriale [fe·'ria:·le] adj weekday; **giorni -i** workdays

ferie ['fɛ:·rie] fpl vacation; **andare in ~** to go on vacation; **essere in ~** to be on vacation

ferire [fe·'ri:·re] <ferisco> vt ❶ to injure ❷ fig (offendere) to hurt

ferita [fe·'ri:·ta] f injury; **riaprire una ~** fig to open an old wound

ferito, -a [fe·'ri:·to] I. adj injured II. m, f casualty

ferma ['fer·ma] f MIL service

fermacarte [fer·ma·'kar·te] <-> m paperweight

fermaglio [fer·'maʎ·ʎo] <-gli> m ❶ (borchia, fibbia) clasp ❷ (fermacapelli) barrette

fermare [fer·'ma:·re] I. vt ❶ (gener) to stop ❷ (bloccare: motore) to switch off ❸ GIUR (arrestare) to arrest ❹ (fissare: bottone) to sew on ❺ fig (sguardo) to fix II. vr: **-rsi** to stop; **senza -rsi** without stopping

fermata [fer·'ma:·ta] f (di treno, metropolitana, autobus) stop; **~ facoltativa** [o **a richiesta**] flag stop; **~ obbligatoria** compulsory stop

fermentare [fer·men·'ta:·re] I. vi a. fig to ferment II. vt to ferment

fermento [fer·'men·to] m ❶ **-i lattici** lactobacilli pl ❷ (lievito) yeast ❸ fig (agitazione) ferment

fermezza [fer·'met·tsa] f firmness

fermo ['fer·mo] m ❶ (chiusura: di porta) catch ❷ GIUR custody

fermo, -a adj ❶ (immobile: persona) still; (veicolo) stationary; **stai ~!** keep still! ❷ (non funzionante: orologio) stopped ❸ (stagnante: acqua) stagnant ❹ fig (risoluto) **avere il polso ~** [o **la mano -a**] to take a firm hand ❺ (co-

stante) firm; **~ restando che ...** it being understood that ...

fermoposta [fer·mo·'pɔs·ta] <-> m general delivery

feroce [fe·'ro:·tʃe] adj ❶ (bestia) ferocious ❷ (tiranno, battaglia) a. fig fierce

ferocia [fe·'rɔ:·tʃa] <-cie> f (crudeltà) ferocity

ferramenta [fer·ra·'men·ta] fpl hardware; **negozio di ~** hardware store

Ferrara f Ferrara

ferrarese [fer·ra·'re:·se] I. adj from Ferrara II. mf (abitante) person from Ferrara

ferrato, -a [fer·'ra:·to] adj ❶ (cavallo) shod; (scarpa) hobnailed ❷ fig (esperto) **essere ~ in qc** to be hot on sth inf

ferreo, -a ['fɛr·re·o] <-ei, -ee> adj fig ❶ (volontà, disciplina) iron ❷ (memoria) tenacious

ferro ['fɛr·ro] m ❶ MIN, CHIM iron; **~ battuto** wrought iron; **di ~** (robusto: stomaco) strong; (salute) iron; (inattaccabile: alibi) cast-iron ❷ (oggetto) **~ da stiro** iron; **~ da calza** knitting needle; **~ di cavallo** horseshoe ❸ pl (strumenti di lavoro) tools; **i -i del mestiere** the tools of the trade ❹ CULIN (alla griglia) **ai -i** grilled ❺ (loc) **battere il ~ finché è caldo** fig to strike while the iron's hot; **toccare ~** fig to touch wood; **ai -i corti** fig at daggers drawn

ferrovia [fer·ro·'vi:·a] f (strada ferrata, amministrazione) railroad; **Ferrovie dello Stato** Italian state-owned railroad company ❷ (sistema di trasporto) rail; **per ~** by rail

ferroviario, -a [fer·ro·'via:·rio] adj railroad; **linea -a** railroad line

ferroviere, -a [fer·ro·'viɛ:·re] m, f railroad worker

fertile ['fɛr·ti·le] adj fertile

fertilizzante [fer·ti·lid·'dzan·te] m fertilizer

fertilizzare [fer·ti·lid·'dza:·re] vt to fertilize

fervore [fer·'vo:·re] m fervor

fesseria [fes·se·'ri:·a] <-ie> f fam ❶ (idiozia) stupid thing ❷ (inezia) trifle

fesso, -a ['fɛs·so] I. *pp di* **fendere** II. *adj fam* (*tonto*) dumb *inf*; **fare ~ qu** to take sb for a ride

fessura [fes·'su:·ra] *f* ❶ (*spaccatura: in terreno, muro*) crack ❷ (*spiraglio: di porta, finestra*) chink

festa ['fɛs·ta] *f* ❶ (*ricorrenza civile*) holiday; (*religiosa*) feast day; **~ della mamma** [*o* **del papà**] Mother's [*o* Father's] Day; **~ nazionale** national holiday; **Buone Feste!** Happy holidays! ❷ (*cerimonia, ricevimento*) party; **una ~ di compleanno** a birthday party ❸ (*dimostrazione gioiosa*) **far ~ a qu** to give sb a warm welcome

festeggiamenti [fes·ted·dʒa·'men·ti] *mpl* celebrations

festeggiare [fes·ted·'dʒa:·re] *vt* ❶ (*anniversario*) to celebrate ❷ (*persona*) to hold a celebration for

festival [fes·ti·val/'fɛs·ti·val] *m* festival

festività [fes·ti·vi·'ta] <-> *f* (*giorno di festa*) holiday

festivo, -a [fes·'ti:·vo] *adj* holiday; **giorno ~** holiday; **orario ~** timetable for Sundays and public holidays

feto ['fɛ:·to] *m* fetus

fetore [fe·'to:·re] *m* stench

fetta ['fet·ta] *f* ❶ (*di pane, torta, prosciutto, formaggio*) slice; **tagliare a -e** to slice; **-e biscottate** crackers *pl* ❷ (*striscia: di cielo, terra*) strip

feudale [feu·'da:·le] *adj* feudal

feudo ['fɛu·do] *m* (*proprietà terriera*) estate

fiaba ['fia:·ba] *f* fairy tale

fiabesco, -a [fia·'bes·ko] <-schi, -sche> *adj* fairy-tale

fiacco, -a ['fiak·ko] <-cchi, -cche> *adj* ❶ (*persona*) listless ❷ *fig* (*discorso, serata*) dull

fiaccola ['fiak·ko·la] *f* torch; **la ~ olimpica** the Olympic torch

fiaccolata [fiak·ko·'la:·ta] *f* torchlight procession

fiala ['fia:·la] *f* (*di medicinale*) vial; (*di profumo*) bottle

fiamma ['fiam·ma] *f* a. *fig* flame; **andare in -e** to go up in flames

fiammante [fiam·'man·te] *adj* (*colore*) bright red; **nuovo ~** brand-new

fiammata [fiam·'ma:·ta] *f* ❶ (*fiamma*) blaze ❷ *fig* burst

fiammifero [fiam·'mi:·fe·ro] *m* match

fiancata [fiaŋ·'ka:·ta] *f* (*di vettura, edificio*) side

fianco ['fiaŋ·ko] <-chi> *m* ❶ ANAT hip ❷ (*lato*) side; **~ a ~** a. *fig* side by side; **di ~** from the side; **di ~ a** next to

fiasco ['fias·ko] <-schi> *m* ❶ (*recipiente*) bottle ❷ *fig* (*insuccesso: esame, spettacolo*) fiasco; **fare ~** to flop; (*a un esame*) to fail

fiatare [fia·'ta:·re] *vi* **senza ~** without saying a word

fiato ['fia:·to] *m* ❶ (*alito*) breath; **avere il ~ grosso** to pant; **trattenere il ~** to hold one's breath ❷ (*energia*) stamina ❸ MUS (*strumenti*) wind instruments *pl* ❹ *fig* (*loc*) **rimanere senza ~** to be speechless; **col ~ sospeso** with bated breath; **in un** [*o* **d'un**] **~** in one gulp; **a perdi~** (*urlare*) at the top of one's voice

fibbia ['fib·bia] <-ie> *f* buckle

fibra ['fi:·bra] *f* (*gener*) fiber; **-e alimentari** dietary fiber

fica ['fi:·ka] <-che> *f* vulg cunt *vulg*

ficcanaso [fik·ka·'na:·so] <-i *o* - *m*, -*f*> *mf fam* nosy parker *inf*

ficcare [fik·'ka:·re] I. *vt* ❶ (*conficcare*) to knock ❷ *inf* (*mettere*) to put; **~ il naso in qc** *fig* to stick one's nose into sth II. *vr*: **-rsi** *inf* ❶ (*infilarsi*) **-rsi a letto** to get into bed; **-rsi le mani in tasca** to stick one's hands in one's pockets ❷ *fig* (*cacciarsi*) to get to; **-rsi nei guai** to get into trouble; **-rsi qc in testa** to get sth into one's head

fichidindia *pl di* **ficodindia**

fico ['fi:·ko] <-chi> *m* ❶ (*albero*) fig (tree) ❷ (*frutto*) fig; **non me n'importa un ~** *inf* I don't give a damn

fico, -a <-chi, -che> I. *adj inf* cool *inf* II. *m*, *f* *fam* cool person *inf*; **che ~!** he' so cool!

ficodindia [fi·ko·'din·dia] <fichidindia> *m* (*pianta, frutto*) prickly pear

fidanzamento [fi·dan·tsa·ˈmen·to] *m* engagement

fidanzato, -a [fi·dan·ˈtsa·to] *m, f* fiancé *m*, fiancée *f*

fidarsi [fi·ˈdar·si] *vr* **-rsi di qu/qc** to trust sb/sth

fidato, -a [fi·ˈda·to] *adj* trusted

fiducia [fi·ˈdu:·tʃa] <-cie> *f* trust; **avere ~ in qu/qc** to have faith in sb/sth; **di ~** (*persona*) reliable; (*medico*) good; (*delicato: incarico*) responsible; **ispirare ~** to inspire confidence

fiducioso, -a [fi·du·ˈtʃo:·so] *adj* confident; **essere ~ in qc** to be confident of sth

fienile [fie·ˈni:·le] *m* hayloft

fieno [ˈfiɛː·no] *m* hay; **febbre** [*o* **raffreddore**] **da ~** hay fever

fiera [ˈfiɛː·ra] *f* ① (*mostra*) fair; **~ del libro** book fair ② (*sagra*) festival

fiero, -a [ˈfiɛː·ro] *adj* (*orgoglioso*) proud; **essere ~ di qu/qc** to be proud of sb/sth

fievole [ˈfie·vo·le] *adj* (*voce, suono*) faint

fifa [ˈfiː·fa] *f fam* fear; **avere una ~ blu** to be scared stiff *inf*

fifone, -a [fi·ˈfoː·ne] *m, f fam* wuss *inf*

fig. *abbr di* **figura** fig.

figlia [ˈfiʎ·ʎa] <-glie> *f* daughter

figliastro, -a [fiʎ·ˈʎas·tro] *m, f* stepchild

figlio [ˈfiʎ·ʎo] <-gli> *m* ⓐ son; **~ unico** only child ② *pl* (*prole*) children *pl*; **essere senza -gli** to be childless

figlioccio, -a [fiʎ·ˈʎot·tʃo] <-cci, -cce> *m, f* (*di battesimo, di cresima*) godchild

figura [fi·ˈguː·ra] *f* ① (*gener*) figure ② (*apparenza*) appearance ③ (*loc*) **fare (una) bella/brutta ~** to make a good/bad impression; **che ~!** *iron* how embarrassing!

figurare [fi·gu·ˈraː·re] I. *vi* to appear II. *vr* **-rsi** (*immaginarsi*) to imagine; **figurati!** of course not!; **ma si figuri!** not at all!

figurato, -a [fi·gu·ˈraː·to] *adj* figurative

fila [ˈfiː·la] *f* ① (*allineamento, coda*) line; **far la ~** to stand in line ② *fig* (*serie continua*) series; **di ~** in a row

filare[1] [fi·ˈlaː·re] *m* (*di piante*) row

filare[2] I. *vt avere* ⓐ (*fibre tessili*) to spin ② NAUT (*lasciar scorrere*) to pay out II. *vi essere o avere* ⓐ (*ragno, baco da seta*) to spin ② *fig* (*discorso, ragionamento*) to hang together ③ *fam* (*andare veloce*) to zoom along *inf*; (*andarsene*) to make oneself scarce ④ (*loc*) **~ liscio** to go smoothly

filastrocca [fi·las·ˈtrɔk·ka] <-cche> *f* (*per bambini*) nursery rhyme

filato [fi·ˈlaː·to] *m* yarn

file [faɪl] <-> *m* COMPUT file; **~ di testo** text file

filetto [fi·ˈlet·to] *m* CULIN fillet

filiale [fi·ˈliaː·le] *f* branch

filigrana [fi·li·ˈgraː·na] *f* ① (*in oreficeria*) filigree ② (*sulla carta*) watermark

film [film] <-> *m* ① (*pellicola*) film ② (*opera cinematografica*) movie; **~ d'animazione** animated movie; **~ giallo** thriller; **girare un ~** to shoot a movie

filmare [fil·ˈmaː·re] *vt* (*riprendere*) to film

filmina [fil·ˈmiː·na] *f* FILM filmstrip

filo [ˈfiː·lo] *m* ① (*per cucire*) thread; **un ~ di perle** a string of pearls ② (*di erba*) blade; (*di paglia*) piece ③ (*di ferro, rame*) wire; **~ spinato** barbed wire ④ (*cavo: luce, telefono*) wire ⑤ *fig* (*di speranza*) glimmer; **con un ~ di voce** in a whisper ⑥ <fila> **tenere** [*o* **reggere**] **le -a** to pull the strings ⑦ (*loc*) **~ conduttore** thread; **perdere il ~** to lose the thread; **per ~ e per segno** word for word

filobus [ˈfiː·lo·bus] *m* trolley bus

filodiffusione [fi·lo·dif·fu·ˈzioː·ne] *f* cable radio

filodrammatico, -a [fi·lo·dram·ˈmaː·ti·ko] <-ci, -che> I. *adj* amateur-dramatic II. *m, f* amateur actor *m o f*, amateur actress *f*

filoncino [fi·lon·ˈtʃiː·no] *m* (*di pane*) baguette

filone [fi·'lo:·ne] *m* ❶ (*di giacimento*) vein ❷ *fig* (*di cultura*) tradition

filosofale [fi·lo·zo·'fa:·le] *adj* **pietra ~** philosopher's stone

filosofia [fi·lo·zo·'fi:·a] <-ie> *f* philosophy; *fig*; **con ~** philosophically

filosofico, -a [fi·lo·'zɔ:·fi·ko] <-ci, -che> *adj* philosophical

filosofo, -a [fi·'lɔ:·zo·fo] *m, f* philosopher

filtrare [fil·'tra:·re] I. *vt avere a. fig* to filter II. *vi essere a. fig* to filter

filtro ['fil·tro] *m* ❶ AUTO filter; **~ dell'olio** oil filter ❷ INET **~ antispam** spam filter

finale [fi·'na:·le] I. *adj* final II. *m* (*conclusione: di commedia*) ending; (*di gara*) end; (*di sinfonia*) finale III. *f* SPORT final; **entrare in ~** to reach the final

finalissima [fi·na·'lis·si·ma] *f* championship final

finalista [fi·na·'lis·ta] <-i *m*, -e *f*> *mf* finalist

finalizzare [fi·na·lid·'dza:·re] *vt* (*indirizzare*) **~ qc a qc** to aim sth at sth

finalmente [fi·nal·'men·te] *adv* finally

finanza [fi·'nan·tsa] *f* ❶ (*gener*) finance ❷ *pl* (*mezzi economici*) finance; **ministero delle Finanze** Department of the Treasury ❸ MIL **Guardia di Finanza** *branch of the miltary dealing with tax evasion and customs*

finanziamento *m* financing

finanziare [fi·nan·'tsia:·re] *vt* to finance

finanziario, -a [fi·nan·'tsia·rio] <-i, -ie> *adj* financial

finanziere [fi·nan·'tsiɛ:·re] *m* ❶ (*banchiere*) financier ❷ (*di Guardia di Finanza*) *member of the military dealing with tax evasion and customs crimes such as smuggling*

finché [fin·'ke] *conj* ❶ (*fino a quando*) until ❷ (*per tutto il tempo che*) as long as

fine¹ ['fi:·ne] *adj* ❶ (*capello, tessuto, lineamenti*) fine ❷ *fig* (*vista, udito*) sharp ❸ (*ironia, mente*) subtle ❹ *fig* (*raffinato*) refined

fine² ['fi:·ne] I. *f* (*conclusione, morte*) end; **alla ~** in the end; **alla fin ~** at the end of the day; **senza ~** endless; **a ~ mese** at the end of the month; **che ~ ha fatto?** what's become of him? II. *m* ❶ (*scopo*) aim; **secondo ~** ulterior motive; **il ~ giustifica i mezzi** the end justifies the means ❷ (*esito*) end; **lieto ~** happy ending; **andare a buon ~** to be successful

finesettimana ['fi:·ne set·ti·'ma:·na] <-> *m o f* weekend

finestra [fi·'nes·tra] *f* (*di edificio, busta*) COMPUT window

finestrino [fi·nes·'tri:·no] *m* (*di automobile, treno, autobus*) window

finezza [fi·'net·tsa] *f* ❶ (*di udito, intelletto*) sharpness ❷ (*di gusto, modi*) refinement

fingere ['fin·dʒe·re] <fingo, finsi, finto> I. *vt* (*gioia, dolore*) to feign *form* II. *vi* to pretend; **~ di fare qc** to pretend to do sth III. *vr* **-rsi malato/pazzo** to pretend to be sick/crazy

finimondo [fi·ni·'mon·do] *m fam* (*confusione*) pandemonium

finire [fi·'ni:·re] <finisco> I. *vt avere* ❶ (*portare a compimento: libro, lavoro*) to finish; **~ di fare qc** to finish doing sth; **~ di mangiare** to finish eating ❷ (*smettere*) to stop; **finiscila!** stop it! ❸ (*esaurire: scorte, soldi*) to get through II. *vi essere* ❶ (*concludersi*) to finish; **ho finito** I've finished ❷ (*esaurirsi*) to run out; **è finita la benzina** we're out of gas ❸ (*terminare*) to end ❹ (*cacciarsi: persona, cosa*) to get to ❺ (*capitare*) to end up ❻ (*loc*) **com'è andata a ~?** what happened in the end?; **~ bene/male** to have a happy/unhappy ending; **~ in carcere** to end up in prison; **finirai con l'ammalarti** you'll end up making yourself sick

finlandese [fin·lan·'de:·se] I. *adj* Finnish II. *mf* (*abitante*) Finn III. *m* (*lingua*) Finnish

Finlandia [fin·'lan·dia] *f* Finland; **abitare in ~** to live in Finland; **andare in ~** to go to Finland

fino ['fi:·no] <*davanti a consonante*:

F

F

fino> *prep* ① (*tempo*) ~ **a** until; ~ **a domani** up until tomorrow; ~ **a tardi** until late; ~ **alle tre** until three o'clock ② (*spazio, quantità*) as far as; ~ **a qui** up to here; ~ **a casa** all the way home; ~ **in cima** right to the top; ~ **all'ultimo centesimo** down to one's last penny ③ (*loc*) **averne fin sopra ai capelli** to have had it up to here; ~ **a un certo punto** up to a point; **fin da piccolo** since childhood; **fin troppo** more than enough

fino, -a *adj* ① (*sale*) fine ② (*oro, argento*) pure ③ (*cervello*) sharp

finocchio [fi·'nɔk·kio] <-cchi> *m* ① BOT fennel ② *vulg* faggot *vulg*

finora [fi·'no:·ra] *adv* so far

finta ['fin·ta] *f* ① (*simulazione*) pretense; **fare ~ di niente** to pretend not to notice ② SPORT feint

finto, -a ['fin·to] I. *pp di* **fingere** II. *adj* ① (*nome, persona, denti*) false; (*gioiello, quadro*) fake; (*fiori*) artificial

finzione [fin·'tsio:·ne] *f* (*simulazione*) pretense

fiocco ['fiɔk·ko] <-cchi> *m* ① (*di nastro*) bow; **coi -cchi** *fig* (*eccellente*) first-rate ② (*batuffolo: lana, cotone*) flock ③ (*di neve, cereale*) flake; **-cchi d'avena** oat flakes

fioco, -a ['fiɔ·ko] <-chi, -che> *adj* (*voce, luce*) faint

fionda ['fion·da] *f* slingshot

fioraio, -a [fio·'ra:·io] <-ai, -aie> *m, f* florist

fiordo ['fiɔr·do] *m* fjord

fiore ['fio:·re] *m* ① BOT flower; (*di albero*) blossom; **un mazzo di -i** a bunch of flowers; **a -i** (*tessuto, tappezzeria*) flowery ② **il (fior) ~** *fig* (*il meglio*) the cream ③ *pl* (*di carte da gioco*) clubs *pl* ④ (*loc*) **avere i nervi a fior di pelle** to be on edge; **a fior di labbra** in a whisper

fiorentino [fio·ren·'ti:·no] <*sing*> *m* (*dialetto*) Florentine

fiorentino, -a [fio·ren·'ti:·no] I. *adj* Florentine; **bistecca alla -a** T-bone steak II. *m, f* (*abitante*) person from Florence

fioretto [fio·'ret·to] *m* SPORT foil

fiorire [fio·'ri:·re] <fiorisco> *vi essere* to flower

fiorista [fio·'ris·ta] <-i *m*, -e *f*> *mf* florist

fiorito, -a [fio·'ri:·to] *adj* (*pianta*) in flower; (*prato, giardino*) in bloom

fioritura [fio·ri·'tu:·ra] *f* flowering

Firenze [fi·'ren·tse] *f* Florence

firma ['fir·ma] *f* ① (*autografo*) signature; ~ [*o* **elettronica**] **digitale** digital signature ② (*marchio, griffe*) label

firmamento [fir·ma·'men·to] *m* firmament

firmare [fir·'ma:·re] *vt* to sign

fisarmonica [fi·zar·'mɔ:·ni·ka] <-che> *f* accordion

fiscale [fis·'ka:·le] *adj* (*sistema, politica*) tax; **codice ~** tax code; **scontrino ~** cash-register receipt

fischiare [fis·'kia:·re] I. *vi* to whistle; **mi fischiano le orecchie** my ears are burning II. *vt* ① (*zufolare*) to whistle ② (*per disapprovare*) to boo ③ SPORT (*rigore, fallo*) to blow the whistle for

fischietto [fis·'kiet·to] *m* whistle

fischio ['fis·kio] <-schi> *m* whistle

fisco ['fis·ko] *m* (*amministrazione*) =IRS

fisica ['fi:·zi·ka] <-che> *f* physics; ~ **nucleare** nuclear physics

fisico ['fi:·zi·ko] <-ci> *m* (*corporatura*) physique

fisima ['fi:·zi·ma] *f* fixation

fisiologia [fi·zio·lo·'dʒi:·a] *f* physiology

fisiologico, -a [fi·zio·'lɔ:·dʒi·ko] *adj* <-ci, -che> physiological

fisioterapia [fi·zio·te·ra·'pi:·a] *f* physical therapy

fisioterapista [fi·zio·te·ra·'pis·ta] <-i *m*, -e *f*> *mf* physical therapist

fissamaiuscole [fis·sa·ma·'ius·ko·le] <-> *m* shift lock

fissare [fis·'sa:·re] I. *vt* ① (*chiodo*) to hammer in; (*imposta*) to fasten; (*foglio*) to pin ② (*capelli*) to keep in place; (*colore*) to make fast; (*pellicola*) to fix ③ *fig* (*sguardo, attenzione*) to focus ④ (*guardare intensamente*) to stare at

⑤ (*imprimere*) to fix; **~ qc nella mente** to fix sth firmly in one's mind ⑥ (*stabilire: data, prezzo*) to fix; (*appuntamento*) to arrange; (*domicilio*) to establish ⑦ *fig* (*prenotare: camera, tavolo*) to reserve II. *vr:* **-rsi** ① (*stabilirsi in un luogo*) to settle ② (*ostinarsi*) **-rsi di fare qc** to get it into one's head to do sth

fissato, -a [fis·'sa:·to] *m, f* (*maniaco*) obsessive

fissazione [fis·sat·'tsio:·ne] *f* (*ossessione*) fixation

fissione [fis·'sio:·ne] *f* fission

fisso, -a *adj* ① (*gener*) fixed; **prezzo ~** fixed price ② (*invariabile: regola*) hard-and-fast; (*impiego*) permanent

fitness ['fit·nis] <-> *f* fitness; **fare ~** to work out

fitta ['fit·ta] *f* sharp pain

fittavolo, -a [fit·'ta:·vo·lo] *m, f* tenant

fittizio, -a [fit·'tit·tsio] <-i, -ie> *adj* (*nome*) fictitious; (*contratto*) bogus; (*immagine*) illusory

fitto I. *adj* ① (*bosco, nebbia*) dense; (*pioggia*) heavy; (*pelo*) thick; **buio ~** pitch dark ② (*pettine, rete*) fine II. *adv* **piove** [*o* **nevica**] **fitto** (*intensamente*) it's raining [*o* snowing] hard

fiumana [fiu·'ma:·na] *f* ① (*piena*) torrent ② *fig* (*massa: di gente*) stream; (*di parole*) torrent

fiume ['fiu:·me] *m* ① (*corso d'acqua*) river ② *fig* (*grande quantità: di lacrime*) flood; (*di parole*) torrent

fiutare [fiu·'ta:·re] *vt* ① (*annusare*) to sniff ② (*aspirare: cocaina*) to snort ③ *fig* (*intuire: inganno, affare*) to smell

fiuto ['fiu:·to] *m* ① (*odorato*) sense of smell ② *fig* (*intuito*) nose

flaccido, -a ['flat·tʃi·do] *adj* (*pelle*) saggy; (*seno, corpo*) flabby

flacone [fla·'ko:·ne] *m* bottle

flagellare [fla·dʒel·'la:·re] *vt* ① (*fustigare*) to flog ② (*grandine, tempesta*) to beat against

flagello [flad·'dʒɛl·lo] *m* ① (*frusta*) whip ② *fig* (*calamità*) scourge

flagrante [fla·'gran·te] *adj* (*evidente*)

flagrant; **cogliere qu in ~** to catch sb red-handed

flash [flæʃ/flɛʃ] I. <inv> *adj* (*breve*) **notizia ~** newsflash; **telegiornale ~** news summary II. <-> *m* ① FOTO flash ② (*notizia*) newsflash

flat [flæt] *adj* <inv> flat; **tariffa ~** flat rate

flautista [flau·'tis·ta] <-i *m*, -e *f*> *mf* flutist

flauto ['flau·to] *m* flute; **~ dolce** recorder   **F**

flebile ['flɛ·bi·le] *adj* (*voce, suono*) faint

flebo ['flɛ·bo] <-> *f fam* (*fleboclisi*) drip

flemma ['flɛm·ma] *f* calm

flemmatico, -a [flem·'ma:·ti·ko] <-ci, -che> *adj* calm

flessibile [fles·'si:·bi·le] *adj* ① (*materiale*) flexible; **orario di lavoro ~** flextime ② *fig* (*carattere*) adaptable

flessione [fles·'sio:·ne] *f* ① (*nella ginnastica*) bend ② LING inflection

flesso ['flɛs·so] *pp di* **flettere**

flessuoso, -a [fles·su·'o:·so] *adj* (*corpo*) lithe

flettere ['flɛt·te·re] <fletto, fletei *o* flessi, flesso> I. *vt* ① (*membra*) to bend ② LING to inflect II. *vr:* **-rsi** (*curvarsi*) to bend; **-rsi sulle ginocchia** to squat

flipper ['flip·per] <-> *m* pinball machine; **giocare a ~** to play pinball

flirt [flə:t] <-> *m* fling

flirtare [flir·'ta:·re] *vi* to flirt

F.lli *abbr di* **fratelli** Bros

flora ['flo:·ra] *f* flora

floreale [flo·re·'a:·le] *adj* floral

florido, -a ['flo:·ri·do] *adj* ① (*aspetto*) healthy ② (*commercio*) flourishing

floscio, -a ['flo∫·∫o] <-sci, -sce> *adj* ① (*muscoli*) flabby ② (*tessuto, cappello*) soft

flotta ['flɔt·ta] *f* fleet

fluente [flu·'ɛn·te] *adj* ① (*chioma, barba*) flowing ② (*lingua*) fluent

fluido ['flu:·ido] *m* fluid

fluido, -a *adj* fluid

fluire [flu·'i:·re] <fluisco> *vi essere* to flow

fluorescente [fluo·reʃ·ˈʃɛn·te] *adj* fluorescent

fluoro [flu·ˈɔː·ro] *m* CHIM fluorine

flusso [ˈflus·so] *m* flow

fluttuare [flut·tu·ˈaː·re] *vi* ❶ (*ondeggiare*) to float ❷ *fig* (*oscillare*) to waver ❸ ECON, FIN to fluctuate

fluttuazione [flut·tu·at·ˈtsio·ne] *f* ECON, FIN fluctuation

fluviale [flu·ˈvia·le] *adj* ❶ (*bacino, navigazione, vegetazione*) river ❷ (*pesci*) freshwater

f.m. *abbr di* **fine mese** end of month

fobia [fo·ˈbiː·a] <-ie> *f* phobia

foca [ˈfɔː·ka] <-che> *f* seal

focaccia [fo·ˈkat·tʃa] <-cce> *f* ❶ (*salata*) foccaccia ❷ (*dolce*) bun ❸ (*loc*) **rendere pan per ~** to get one's own back

focale [fo·ˈkaː·le] *adj* focal; **distanza ~** focal length

focalizzare [fo·ka·lid·ˈdzaː·re] *vt* ❶ (*obiettivo*) to focus; (*immagine*) to get into focus ❷ *fig* (*situazione*) to get into perspective ❸ *fig* (*attenzione*) to focus

foce [ˈfoː·tʃe] *f* mouth

focolare [fo·ko·ˈlaː·re] *m* (*camino*) hearth

focoso, -a [fo·ˈkoː·so] *adj* (*temperamento*) fiery

fodera [ˈfɔː·de·ra] *f* ❶ (*di cuscino*) cover ❷ (*di abito*) lining ❸ (*di libro*) jacket

foderare [fo·de·ˈraː·re] *vt* ❶ (*abiti, cassetti*) to line ❷ (*libri*) to cover

foggia [ˈfɔd·dʒa] <-gge> *f* (*forma*) form; (*di abito*) style

Foggia *f* Foggia

foggiano, -a I. *adj* from Foggia II. *m, f* (*abitante*) person from Foggia

foglia [ˈfɔʎ·ʎa] <-glie> *f* leaf

fogliame [foʎ·ˈʎaː·me] *m* (*di pianta*) foliage

foglio [ˈfɔʎ·ʎo] <-gli> *m* ❶ (*di carta*) sheet; **~ a righe/a quadretti** sheet of lined/squared paper; **~ illustrativo** instructions *pl* ❷ (*documento, modulo*) form; **~ rosa** AUTO learner's permit;

~ complementare AUTO registration ❸ (*banconota*) bill ❹ (*lamina*) sheet

fogna [ˈfoɲ·ɲa] *f* (*discarica*) sewer

fognatura [foɲ·ɲa·ˈtuː·ra] *f* sewers *pl*

folata [fo·ˈlaː·ta] *f* (*di vento*) gust

folclore [fol·ˈkloː·re] *m* folklore

folcloristico, -a [fol·klo·ˈris·ti·ko] <-ci, -che> *adj* folk

folgorante [fol·go·ˈran·te] *adj* ❶ (*luce*) dazzling ❷ *fig* (*amore, passione*) intense ❸ (*idea*) brilliant

folgorazione [fol·go·rat·ˈtsio·ne] *f* ❶ (*scarica elettrica*) electrocution ❷ *fig* (*della mente*) brainstorm

folk [fouk/fɔlk] I. <inv> *adj* (*musica, canzone*) folk II. <-> *m* (*genere musicale*) folk (music)

folla [ˈfol·la/ˈfɔl·la] *f* crowd

folle [ˈfɔl·le] I. *adj* ❶ (*persona, idea, spesa*) crazy ❷ MOT **in ~** in neutral II. *mf* madman *m*, madwoman *f*

follia [fol·ˈliː·a] <-ie> *f* madness; **alla ~** madly; **fare -ie per qu** to be crazy about sb

folto, -a *adj* (*bosco, schiera*) dense; (*chioma*) thick

fonda [ˈfon·da] *f* NAUT anchorage

fondale [fon·ˈdaː·le] *m* ❶ (*di mare*) bottom ❷ THEAT backdrop

fondamentale [fon·da·men·ˈtaː·le] *adj* fundamental

fondamento¹ [fon·da·ˈmen·to] <le fondamenta> *m* ARCHIT foundation; **gettare le -a** to lay the foundations

fondamento² *m* *fig* (*principio base*) foundation

fondare [fon·ˈdaː·re] I. *vt* ❶ (*città*) to found ❷ (*società, ordine religioso*) to establish ❸ (*teoria, accusa*) to base II. *vr* **-rsi su qc** (*basarsi: ipotesi, sospetto*) to be based on sth

fondatezza [fon·da·ˈtet·tsa] *f* soundness

fondazione [fon·dat·ˈtsio·ne] *f* foundation

fondello [fon·ˈdɛl·lo] *m* ❶ (*di bossolo*) bottom ❷ (*di calzoni*) seat; **prendere qu per i -i** *fig* to pull sb's leg

fondente [fon·'dɛn·te] *adj* **cioccolato ~** dark chocolate

fondere ['fon·de·re] <fondo, fusi, fuso> I. *vt* ❶(*metallo, ghiaccio*) to melt ❷(*statua, campana*) to cast ❸*fig* (*unire: aziende, partiti, gruppi*) to merge II. *vi* to melt III. *vr:* **-rsi** ❶(*sciogliersi: neve, cera*) to melt ❷*fig* (*unirsi: aziende, partiti, gruppi*) to merge

fondista [fon·'dis·ta] <-i *m*, -e *f*> *mf* ❶SPORT long-distance runner ❷(*di giornale*) editorial writer

fondo ['fon·do] *m* ❶(*parte inferiore*) bottom; **incagliarsi sul ~** to run aground ❷(*estremità: di strada*) end; (*di scena*) back; **in ~ alla stanza** at the back of the room ❸SPORT **gara di ~** (*corsa*) distance race; **sci di ~** cross-country skiing ❹(*strato*) **~ tinta** foundation; **~ stradale** roadbed ❺(*deposito: di vino, aceto*) lees *pl;* **-i di caffè** grounds *pl* ❻(*terreno*) estate ❼**articolo di ~** editorial ❽ECON (*denaro*) fund; **~ pensioni** pension fund; **~ di cassa** float ❾(*loc*) **andare in ~ a qc** to get to the bottom of sth; **da cima a ~** from top to bottom; **in ~ al cuore** in one's heart of hearts; **in ~** after all

fondo, -a *adj* (*profondo*) deep; **piatto ~** soup plate; **a notte -a** at dead of night

fonetica [fo·'nɛː·ti·ka] <-che> *f* phonetics

fonologia [fo·no·lo·'dʒiː·a] <-gie> *f* LING phonology

font [fɔnt] <-> *m o f* font

fontana [fon·'taː·na] *f* fountain

fonte ['fon·te] I. *f* ❶(*sorgente*) spring ❷*fig* (*di guadagno, informazioni*) source; **-i energetiche** energy sources *pl* II. *m* **~ battesimale** font

footing ['fuː·tiŋ] <-> *m* SPORT jogging; **fare ~** to go jogging

forare [fo·'raː·re] I. *vt* ❶(*parete, lamiera*) to make a hole in ❷(*biglietti*) to punch ❸(*pneumatico*) to burst II. *vi* (*pneumatico*) to burst

forbito [for·'biː·to] *adj fig* (*raffinato*) elegant

forca ['for·ka] <-che> *f* ❶AGR pitchfork ❷(*patibolo*) gallows

forcella [for·'tʃɛl·la] *f* (*di carrucola, di bicicletta, di ramo*) fork

forchetta [for·'ket·ta] *f* fork

forchettata [for·ket·'taː·ta] *f* forkful

forcina [for·'tʃiː·na] *f* hairpin

forcone [for·'koː·ne] *m* pitchfork

forense [fo·'rɛn·se] *adj* forensic

foresta [fo·'rɛs·ta] *f* forest

forestale [fo·res·'taː·le] *adj* forest; **guardia ~** forest ranger; **Corpo ~ dello Stato** = Forest Service

forestiero, -a [fo·res·'tiɛː·ro] I. *adj* foreign II. *m, f* foreigner

forfait [fɔr·'fɛ] <-> *m* ❶ECON (*prezzo fisso*) fixed price; **a ~** for a fixed price ❷SPORT (*ritiro*) default; **dichiarare ~** *fig* to give in

forfettario, -a [for·fe·'taː·rio] <-i, -ie> *adj* ECON fixed-price

forfora ['for·fo·ra] *f* dandruff

forgia ['fɔr·dʒa] <-ge> *f* (*fucina*) forge

forgiare [for·'dʒaː·re] *vt* ❶(*metallo*) to forge ❷*fig* (*plasmare: carattere*) to mold

Forlì [for·'li] Forlì

forlivese [for·li·'veː·se] I. *adj* from Forlì II. *mf* (*abitante*) person from Forlì

forma ['for·ma] *f* ❶(*gener*) form; **prendere ~** to take shape; **a ~ di ...** in the shape of ...; **essere in ~** to be in shape; **peso ~** ideal weight ❷(*fattezze*) figure ❸(*per calzature*) last; (*per dolci*) mold; **una ~ di formaggio** a whole cheese

formaggino [for·mad·'dʒiː·no] *m* processed cheese triangle

formaggio [for·'mad·dʒo] <-ggi> *m* cheese; **~ stagionato** mature cheese; **~ molle** soft cheese

formale [for·'maː·le] *adj* formal

formalità [for·ma·li·'ta] <-> *f* formality; **per ~** as a formality

formalizzare [for·ma·lid·'dzaː·re] I. *vt* (*rendere formale*) to formalize II. *vr* **-rsi per qc** (*risentirsi*) to take offense at sth

formare [for·'maː·re] I. *vt* ❶(*model-*

F

lare: statua) to make ④ (*corteo, partito*) to form ⑤ (*addestrare: ufficiali, atleti*) to train ⑥ *fig* (*carattere*) to mold ⑦ TEL (*numero*) to dial II. *vr:* **-rsi** ① (*prodursi*) to form ② (*svilupparsi*) to develop

formato [for·'ma:·to] *m* format; ~ **tascabile** pocket size

formattare [for·mat·'ta:·re] *vt* COMPUT to format

formazione [for·mat·'tsio:·ne] *f* ① (*gener*) formation ② (*sviluppo*) development ③ (*addestramento*) training

formica [for·'mi·ka] *f* ant

formicolare [for·mi·ko·'la:·re] *vi* ① *avere* (*brulicare*) ~ **di** ... to swarm with ... ② *essere* (*essere interpidito*) **mi formicola il braccio** I've got pins and needles in my arm

formicolio [for·mi·ko·'li:·o] <-ii> *m* (*intorpidimento*) pins and needles

formidabile [for·mi·'da:·bi·le] *adj* ① (*fortissimo*) powerful ② (*eccezionale*) amazing

formula ['fɔr·mu·la] *f* formula; ~ **magica** magic spell; **Formula Uno** Formula One

formulare [for·mu·'la:·re] *vt* to formulate

formulario [for·mu·'la:·rio] <-i> *m* (*modulo*) form

fornace [for·'na:·tʃe] *f* ① TEC kiln ② *fig* (*luogo caldo*) oven

fornaio, -a [for·'na:·io] <-ai, -aie> *m, f* ① (*operaio*) baker ② (*negozio*) bakery

fornello [for·'nɛl·lo] *m* (*cucina*) stova; (*fuoco*) burner; ~ **a gas** gas stove; ~ **elettrico** electric stove

fornire [for·'ni:·re] <fornisco> I. *vt* ① (*provvedere*) to supply; ~ **qu di qc** to supply sb with sth ② (*informazioni, prova*) to provide II. *vr* **-rsi di qc** to provide oneself with sth

fornitore, -trice [for·ni·'to:·re] *m, f* supplier

fornitura [for·ni·'tu:·ra] *f* supply

forno ['for·no] *m* ① (*per cuocere*) oven; **patate al** ~ baked potatoes; ~ **a micro-**

onde microwave oven ② TEC furnace ③ (*panetteria*) bakery

foro¹ ['fɔ:·ro] *m* (*buco*) hole

foro² ['fɔ:·ro] *m* GIUR (*tribunale*) court

forse ['for·se] I. *adv* perhaps II. *m* **essere in** ~ to be doubtful

forte¹ ['fɔr·te] *adv* ① (*a voce alta*) loud ② (*velocemente*) fast

forte² I. *adj* ① (*robusto, determinato*) strong ② (*elevato: somma*) large ③ (*acuto: dolore*) intense ④ (*intenso: colore*) bright; (*sapore, odore*) strong ⑤ (*abile*) good; **essere** ~ **in qc** to be good at sth ⑥ *inf* (*simpatico*) great II. *m* ① (*specialità*) forte; **la matematica non è il suo** ~ math is not his forte ② MIL fort

fortezza [for·'tet·tsa] *f* fortress

fortuito, -a [for·'tu:i·to] *adj* (*coincidenza, incontro, incidente*) chance; **per un caso** ~ by chance

fortuna [for·'tu:·na] *f* ① (*destino, patrimonio*) fortune; **fare** ~ to make one's fortune ② (*buona sorte*) luck; **un colpo di** ~ a stroke of luck; **per** ~ luckily

fortunato, -a [for·tu·'na:·to] *adj* lucky

foruncolo [fo·'run·ko·lo] *m* boil

forwardare *vt* COMPUT (*mail*) to forward

forza ['fɔr·tsa] *f* ① (*fisica, morale*) strength; **con** ~ hard; **con tutte le -e** with all one's might ② (*violenza*) FIS, NAUT force; ~ **bruta** brute force; **con la** ~ by force ③ *pl* MIL forces; **-e** (*armate*) (armed) forces ④ (*loc*) **a** ~ **di** ... by dint of ...; **a** ~ **di gridare** by shouting; **per** ~ (*controvoglia*) against one's will; (*naturalmente*) of course

forzare [for·'tsa:·re] *vt* ① (*porta*) to break down; (*serratura*) to force; (*blocco stradale*) to break through ② (*accelerare*) ~ **il passo** to speed up; *fig* to force the pace ③ (*costringere*) to force

forzato, -a [for·'tsa:·to] *adj* ① (*sorriso, assenza, rinuncia*) forced ② GIUR (*esproprio*) compulsory; **lavori -i** forced labor

foschia [fos·'ki:·a] <-schie> *f* mist

fosco, -a ['fos·ko] <-schi, -sche> *adj*

① (*cielo*) overcast **②** (*previsione, futuro*) gloomy **③** *fig* (*sguardo*) menacing

fosfato [fos·'fa:·to] *m* phosphate

fosforescente [fos·fo·reʃ·'ʃɛn·te] *adj* phosphorescent

fosforo ['fɔs·fo·ro] *m* CHIM phosphorus

fossa ['fɔs·sa] *f* **①** (*buca*) hole **②** (*tomba*) grave; **~ comune** mass grave

fossato [fos·'sa:·to] *m* ditch

fosse ['fɔs·se] *3. per sing conj imp di* **essere¹**

fossetta [fos·'set·ta] *f* (*su guance*) dimple

fossi ['fɔs·si] *1. e 2. pers sing conj imp di* **essere¹**

fossile ['fɔs·si·le] *adj, m* fossil

fosso ['fɔs·so] *m* (*fossa*) ditch

foste ['fɔs·te] *2. pers pl conj imp di* **essere¹**

fosti ['fos·ti] *2. pers sing pass rem di* **essere¹**

foto ['fɔ:·to] <-> *f* photo

foto- [fo·to] (*in parole composte*) photo-

fotocellula [fo·to·'tʃɛl·lu·la] *f* photoelectric cell

fotocopia [fo·to·'kɔ:·pia] *f* photocopy

fotocopiare [fo·to·ko·'pia:·re] *vt* to photocopy

fotocopiatrice [fo·to·ko·pia·'tri:·tʃe] *f* photocopier

fotogenico, -a [fo·to·'dʒɛ:·ni·ko] <-ci, -che> *adj* photogenic

fotografare [fo·to·gra·'fa:·re] *vt* FOTO to photograph

fotografia [fo·to·gra·'fi:·a] *f* **①** (*tecnica*) photography **②** (*immagine*) photograph; **~ a colori** color photograph; **~ in bianco e nero** black-and-white photograph

fotografico, -a [fo·to·'gra:·fi·ko] <-ci, -che> *adj* FOTO photographic; **macchina -a** camera

fotografo, -a [fo·'tɔ:·gra·fo] *m, f* photographer

fotomodella [fo·to·mo·'dɛl·la] *f* model

fotoromanzo [fo·to·ro·'man·dzo] *m* photo story

fotosintesi [fo·to·'sin·te·zi] <-> *f* BOT photosynthesis

fototessera [fo·to·'tɛs·se·ra] *f* FOTO passport photo

fottere ['fot·te·re] **I.** *vt* **①** *vulg* to fuck; **va a farti ~!** *vulg* fuck off! **②** *fam* (*imbrogliare*) to screw *vulg* **③** *fam* (*rubare*) to steal **II.** *vr* **fottersene di qu/qc** *vulg* not to give a fuck about sb/sth

foulard [fu·'lar] <-> *m* (*fazzoletto*) scarf

fra [fra] *prep v.* **tra**

fracassare [fra·kas·'sa:·re] **I.** *vt* (*frantumare*) to smash **II.** *vr:* **-rsi** (*frantumarsi*) to smash

fracasso [fra·'kas·so] *m* din

fradicio, -a <-ci, -ce> *adj* (*bagnato*) soaked; **bagnato ~** soaking wet

fragile ['fra:·dʒi·le] *adj* **①** (*vetro, oggetto*) fragile; (*capelli*) brittle; **'~'** (*su pacchi*) 'fragile' **②** (*salute, costituzione*) delicate

fragola ['fra:·go·la] *f* strawberry

fragore [fra·'go:·re] *m* (*di tuono*) rumble; (*di cascata, torrente*) roar; (*di motore*) noise

fragoroso, -a [fra·go·'ro:·so] *adj* (*tonfo, risata*) loud; (*applauso, esplosione*) deafening

fragrante [fra·'gran·te] *adj* fragrant

fragranza [fra·'gran·tsa] *f* fragrance

fraintendere [fra·in·'tɛn·de·re] <irr> *vt* to misunderstand

frammentare [fram·men·'ta:·re] *vt* **①** (*frantumare*) to break up **②** *fig* (*mercato*) to fragment; (*racconto*) to dissect; (*unità*) to shatter

frammento [fram·'men·to] *m* (*pezzo*) fragment

frana ['fra:·na] *f* **①** (*di terreno*) landslide **②** *scherz, fam* (*persona*) disaster

franare [fra·'na:·re] *vi* essere *a. fig* to collapse

francamente [fraŋ·ka·'men·te] *adv* frankly

francescano [fran·tʃes·'ka:·no] *m, adj* Franciscan

francese [fran·'tʃe:·se] **I.** *adj* French **II.** *mf* Frenchman *m*, Frenchwoman *f*

Francia ['fran·tʃa] *f* France; **abitare in ~**

to live in France; **andare in ~** to go to France

franco ['fraŋ·ko] <-chi> m (*moneta*) franc

franco, -a <-chi, -che> I. adj ① (*sincero*) frank ② (*loc*) **farla -a** *fig* to get away with it II. adv ① (*apertamente*) frankly ② COM **~ domicilio** carriage free; **~ magazzino** ex warehouse

francobollo [fraŋ·ko·'bol·lo] m stamp

frangente [fran·'dʒɛn·te] m ① (*onda*) breaker ② *fig* (*momento grave*) situation

frangere ['fran·dʒe·re] <frango, fransi, franto> I. vt (*olive*) to press II. vr: **-rsi** (*onde*) to break

frangia ['fran·dʒa] <-ge> f ① (*di stoffa, tenda, sciarpa*) fringe ② (*di capelli*) bangs pl

frangivento [fran·dʒi·'vɛn·to] <-> m windbreak

fransi ['fran·si] *1. pers sing pass rem di* **frangere**

franto ['fran·to] pp di **frangere**

frantoio [fran·'to:·io] <-oi> m olive press

frantumare [fran·tu·'ma:·re] I. vt (*spezzare*) to smash II. vr: **-rsi** (*spezzarsi*) to smash

frantumi [fran·'tu:·mi] mpl pieces; **andare in ~** to smash to pieces; *fig* (*speranza*) to be dashed

frappé [frap·'pɛ] <-> m milk shake

frapporre [frap·'por·re] <irr> I. vt ① (*oggetti*) to interpose ② *fig* (*ostacoli*) to put in the way II. vr: **-rsi** ① (*barriera, oggetto*) to come; (*persona*) to stand ② *fig* (*ostacoli*) to be put in the way

frase ['fra:·ze] f ① LING sentence ② (*espressione*) expression; **~ fatta** cliché ③ MUS phrase

frassino ['fras·si·no] m ash

frastagliato, -a [fras·taʎ·'ʎa:·to] adj (*contorni, foglio, tessuto*) indented; (*terreno*) rugged; (*costa*) jagged

frastornato, -a [fras·tor·'na:·to] adj dazed

frastuono [fras·'tuɔ:·no] m noise

frate ['fra:·te] m monk

fratellastro [fra·tel·'las·tro] m stepbrother

fratello [fra·'tɛl·lo] m brother

fraterno, -a [fra·'tɛr·no] adj ① (*di, tra fratelli*) brotherly ② (*di amico: amicizia*) fraternal

fratricida [fra·tri·'tʃi:·da] <-i m, -e f> mf (*di fratello*) fratricide; **guerra ~** civil war

frattaglie [frat·'taʎ·ʎe] fpl (*di pollo*) giblets; (*di agnello*) offal

frattanto [frat·'tan·to] adv meanwhile

frattempo [frat·'tɛm·po] m **nel ~** in the meantime

frattura [frat·'tu:·ra] f (*di ossa*) fracture

fraudolento, -a [frau·do·'lɛn·to] adj fraudulent

frazione [frat·'tsio:·ne] f ① (*gener*) fraction ② (*borgata*) hamlet

freccia ['fret·tʃa] <-cce> f arrow

freddare [fred·'da:·re] vt ① (*cibi*) to cool ② (*entusiasmo*) to dampen ③ (*uccidere*) to kill

freddo ['fred·do] m cold; **avere ~** to be cold; **fa ~** it's cold; **fa un ~ cane** *fam* it's freezing cold; **non mi fa né caldo né ~** it leaves me cold

freddo, -a adj ① (*acqua, vento, mani*) cold; **a sangue ~** (*uccidere*) in cold blood; **animali a sangue ~** cold-blooded animals ② *fig* (*distaccato*) cool; **essere ~ con qu** to be cool with sb

freddoloso, -a [fred·do·'lo:·so] adj sensitive to the cold

freezer ['fri:·zə/'fri:·zer] m freezer

fregare [fre·'ga:·re] I. vt ① (*strofinare*) to wipe ② *fam* (*imbrogliare*) to rip off ③ *fam* (*rubare*) to swipe II. vr: **-rsi** *fam* **fregarsene di qu/qc** not to give a damn about sb/sth

fregatura [fre·ga·'tu:·ra] f *fam* rip-off; **dare una ~ a qu** to rip sb off

fremere ['frɛ:·me·re] <fremo, fremei o fremetti, fremuto> vi **~ per qc** to quiver with sth

fremito ['frɛ:·mi·to] m (*di paura*) shudder; (*di rabbia*) wave

frenare [fre·'na:·re] I. vi (*veicolo*) to brake II. vt ① (*veicolo*) to slow down

⊘ (*lacrime, riso*) to hold back **❸** (*immigrazione, inflazione*) to curb **III.** *vr:* **-rsi** (*dominarsi*) to control oneself

frenata [fre·ˈnaː·ta] *f* braking

frenetico, -a [fre·ˈnɛː·ti·ko] <-ci, -che> *adj* (*attività, ritmo*) frenetic

freno [ˈfreː·no] *m* **❶** TEC brake; **~ a mano** emergency brake **❷** *fig* (*inibizione*) restraint; **tenere a ~ qc** to keep sth in check

frequentare [fre·kuen·ˈtaː·re] *vt* **❶** (*persone*) to see; (*ambiente*) to go to; **~ cattive compagnie** to be in with a bad crowd **❷** (*scuola, università*) to be in; (*corso*) to be on

frequente [fre·ˈkuɛn·te] *adj* (*malattia, problema*) common; (*visita*) frequent; **di ~** frequently

frequenza [fre·ˈkuɛn·tsa] *f* **❶** (*di incidenti, fatti*) FIS frequency **❷** (*di scuola, università*) attendance; **obbligo di ~** compulsory attendance **❸** (*di cuore, polso*) rate

freschezza [fres·ˈket·tsa] *f* freshness

fresco [ˈfres·ko] *m* (*temperatura*) coolness; **fa ~** it's cool; **al ~** outdoors; **conservare al ~** store in a cool place

fresco, -a <-schi, -sche> *adj* **❶** (*aria, acqua, pane, frutta*) fresh **❷** (*clima*) cool **❸** (*recente*) recent **❹** (*riposato*) refreshed **❺** (*loc*) **stare ~** *fig, fam* to be in for it *inf*

fretta [ˈfret·ta] *f* hurry; **aver ~** to be in a hurry; **non c'è ~** there's no hurry; **in ~** in a hurry; **in ~ e furia** in a terrible hurry

frettoloso, -a [fret·to·ˈloː·so] *adj* **❶** (*passo*) hurried **❷** (*lavoro*) rushed

friabile [fri·ˈaː·bi·le] *adj* (*biscotti, pasta frolla*) crumbly; (*terreno, roccia*) friable

friggere [ˈfrid·dʒe·re] <friggo, frissi, fritto> **I.** *vt* to fry; **mandare qu a farsi ~** *inf* to tell sb to get lost **II.** *vi* **❶** (*crepitare*) to sizzle **❷** *fig* (*fremere*) to tremble

frigido, -a [ˈfriː·dʒi·do] *adj* MED frigid

frignare [friɲ·ˈɲaː·re] *vi* to whine

frigobar [fri·go·ˈbar] <-> *m* minibar

frigorifero [fri·go·ˈriː·fe·ro] *m* refrigerator

fringuello [friŋ·ˈɡuɛl·lo] *m* chaffinch

frissi [ˈfris·si] *1. pers sing pass rem di* **friggere**

frittata [frit·ˈtaː·ta] *f* omelette

frittella [frit·ˈtɛl·la] *f* fritter

fritto [ˈfrit·to] *m* **~ misto** mixed fried fish

fritto, -a I. *pp di* **friggere II.** *adj* **❶** CULIN fried **❷** *fig, inf* (*spacciato*) done for

friulano [fri·u·ˈlaː·no] <*sing*> *m* (*lingua*) Friulian

friulano, -a I. *adj* Friulian **II.** *m, f* (*abitante*) Friulian

frivolo, -a [ˈfriː·vo·lo] *adj* frivolous

frizionare [frit·tsio·ˈnaː·re] *vt* to massage

frizione [frit·ˈtsioː·ne] *f* **❶** MOT clutch **❷** *fig* (*dissenso*) friction **❸** (*massaggio*) massage

frizzante [frid·ˈdzan·te] *adj* **❶** (*bibita*) fizzy; (*vino*) sparkling **❷** (*aria*) crisp

frocio [ˈfrɔ·tʃo] <-i> *m* *vulg* (*omosessuale*) faggot

frodare [fro·ˈdaː·re] *vt* **❶** (*derubare*) to defraud **❷** (*ingannare*) to cheat

frode [ˈfrɔ·de] *f* fraud

frodo [ˈfrɔ·do] *m* **cacciare di ~** to poach

frollo, -a [ˈfrɔl·lo] *adj* CULIN **pasta -a** pie crust

frontale [fron·ˈtaː·le] *adj* **❶** ANAT, LING frontal **❷** (*pagina, vista*) front **❸** (*scontro*) head-on

frontalino [fron·ta·ˈliː·no] *m* (*di autoradio*) front panel

fronte [ˈfron·te] **I.** *f* ANAT forehead; **di ~** opposite **II.** *m* **❶** MIL, POL front **❷** (*loc*) **far ~ a** (*difficoltà*) to face; (*impegni*) to keep; (*spese*) to meet

frontiera [fron·ˈtiɛː·ra] *f* **❶** (*confine: tra Stati*) border; **passare la ~** to cross the border **❷** (*di tecnologia, comunicazioni*) frontier

fronzolo [ˈfron·dzo·lo] *m a. fig* frill

Frosinone *f* Frosinone, *province in central Italy*

frotta ['frɔt·ta] *f* (*di persone*) crowd; (*di pesci*) shoal; (*di animali*) herd

frottola ['frɔt·to·la] *f* lie

frugale [fru·'ga:·le] *adj* (*cibo, pasto*) frugal

frugare [fru·'ga:·re] I. *vi* to search II. *vt* to search

fruire [fru·'i:·re] <fruisco> *vi* ~ **di qc** to enjoy sth

frullato [frul·'la:·to] *m* shake

frullatore [frul·la·'to:·re] *m* blender

frullino [frul·'li:·no] *m* whisk

frumento [fru·'men·to] *m* wheat

fruscio [fruʃ·'ʃi:o] <-scii> *m* ① (*di carta, seta, vento*) rustle ② (*di telefono, registratore*) hiss

frusinate [fru·zi·'na:·te] I. *adj* from Frosinone II. *mf* (*abitante*) person from Frosinone

frusta ['frus·ta] *f* ① (*sferza*) whip ② (*da cucina*) whisk

frustare [frus·'ta:·re] *vt* (*con la frusta*) to whip

frustrante [frus·'tran·te] *adj* frustrating

frustrazione [frus·trat·'tsio:·ne] *f* frustration

frutta ['frut·ta] <*sing*> *f* fruit; ~ **secca** dried fruit

frutteto [frut·'te:·to] *m* orchard

fruttiera [frut·'tie:·ra] *f* fruit bowl

fruttifero, -a [frut·'ti:·fe·ro] *adj* ① BOT (*albero*) fruit-bearing ② FIN (*capitale, deposito*) interest-bearing

fruttivendolo, -a [frut·ti·'ven·do·lo] *m, f* ① (*venditore*) produce dealer ② (*negozio*) produce store

frutto ['frut·to] *m a. fig* fruit; **-i di bosco** berries; **-i di mare** seafood

fruttuoso, -a [frut·tu·'o:·so] *adj* fruitful

FS *fpl abbr di* **Ferrovie dello Stato** *Ital-* ian state railroad

fu [fu] I. *3. pers sing pass rem di* **essere**[1] II. <*inv*> *adj* late; **il ~ Gino Martignon** the late Gino Martignon

fucilare [fu·tʃi·'la:·re] *vt* to shoot

fucilata [fu·tʃi·'la:·ta] *f* shot

fucilazione [fu·tʃi·lat·'tsio:·ne] *f* shooting

fucile [fu·'tʃi:·le] *m* gun; ~ **da caccia** shotgun

fucina [fu·'tʃi:·na] *f* (*di fabbro*) forge

fuga ['fu:·ga] <-ghe> *f* ① (*atto del fuggire*) escape; **darsi alla ~** to flee ② (*di gas, notizie*) leak; ~ **di cervelli** brain drain ③ MUS fugue

fugace [fu·'ga:·tʃe] *adj* fleeting

fuggiasco, -a [fud·'dʒas·ko] <-schi, -sche> *adj, m, f* runaway

fuggifuggi [fud·dʒi·'fud·dʒi] <-> *m* stampede

fuggire [fud·'dʒi:·re] I. *vi* ① essere (*scappare*) to escape; ~ **via** to get away ② (*passare*) fly II. *vt avere* to avoid

fuggitivo, -a [fud·dʒi·'ti:·vo] *adj, m, f* runaway

fui *1. pers sing pass rem di* **essere**[1]

fulcro ['ful·kro] *m* ① TEC fulcrum ② *fig* (*di commercio*) hub; (*di conflitto*) nub

fulgore [ful·'go:·re] *m* ① (*di astri*) brightness ② (*di bellezza*) radiance

fuliggine [fu·'lid·dʒi·ne] *f* soot

fulmine ['ful·mi·ne] *m* lightning

fulmineo, -a [ful·'mi·neo] <-ei, -ee> *adj* ① (*veloce: carriera*) rapid; (*riflessi*) lightning ② (*improvviso*) sudden

fumare [fu·'ma:·re] I. *vi* ① (*persona*) to smoke ② (*minestra, asfalto*) to steam II. *vt* (*sigaretta, sigaro, pipa*) to smoke

fumatore, -trice [fu·ma·'to:·re] *m, f* smoker

fumetto [fu·'met·to] *m* ① (*nuvoletta*) bubble ② (*giornalino*) comic book

fummo ['fum·mo] *1. pers pl pass rem di* **essere**[1]

fumo ['fu:·mo] *m* ① (*prodotto di combustione*) smoke; **andare in ~** *fig* to fall through ② (*vapore*) steam ③ (*di tabacco*) smoking

fumoso, -a [fu·'mo:·so] *adj* (*ambiente*) smoky

fune ['fu:·ne] *f* ① (*corda*) rope ② (*cavo d'acciaio*) cable

funebre ['fu:·ne·bre] *adj* ① (*cerimonia, rito*) funeral ② *fig* (*aspetto, aria*) gloomy

funerale [fu·ne·'ra:·le] *m* funeral

funerario, -a [fu·ne·'ra:·rio] <-i, -ie> *adj* (*arte, monumento*) funerary; (*rito*) funeral

funesto, -a [fu·'nɛs·to] *adj* sad

fungere ['fun·dʒe·re] <fungo, funsi, funto> *vi* ~ **da** (*persona*) to act as; (*oggetto*) to function as

fungo ['fuŋ·go] <-ghi> *m* mushroom; ~ **velenoso** toadstool

funivia [fu·ni·'vi:·a] <-ie> *f* cablecar

funsi ['fun·si] *1. pers sing pass rem di* **fungere**

funto ['fun·to] *pp di* **fungere**

funzionale [fun·tsio·'na:·le] *adj* functional

funzionamento [fun·tsio·na·'men·to] *m* functioning

funzionare [fun·tsio·'na:·re] *vi* to work; **come funziona?** how does it work?

funzionario, -a [fun·tsio·'na:·rio] <-i, -ie> *m, f* (*impiegato*) official

funzione [fun·'tsio:·ne] *f* ① (*gener*) function; **entrare in** ~ to start operating ② (*ufficio*) post ③ (*cerimonia, rito*) service; ~ **religiosa** religious service

fuoco ['fuɔ:·ko] <-chi> *m* ① *gener* fire; **-chi d'artificio** fireworks; **dar** ~ **a qc** to set fire to sth; **prendere** ~ to catch fire; **andare a** ~ to go up in flames; **al** ~**!** fire! ② (*fornello*) burner ③ FOTO, FIS focus ④ MIL fire; **fare** ~ to fire; **aprire/cessare il** ~ to open/cease fire

fuorché [fuor·'ke] *conj, prep* except for

fuori [fu·'ɔ:·ri] **I.** *adv* ① (*all'esterno*) outside; **sporgersi in** ~ to lean out; **~! let** out! ② (*di casa*) out ③ (*da città*) away ④ (*loc*) **essere** ~ **strada** *fig* to be way out; **far** ~ *inf* (*uccidere*) to rub out; **buttar** ~ (*persona*) to throw out **II.** *prep* out of; **~ da** out (of); **~ di** out of; **~ di sé** beside oneself; **~ di testa** off one's head; **~ concorso** out of competition; **~ luogo** out of place; **~ mano** out of the way; **~ orario** out of hours; **~ pericolo** out of danger; **~ uso** not in use **III.** *m* **dal di ~** from the outside

fuoribordo [fuo·ri·'bor·do] <-> *m* NAUT outboard motor

fuoricampo [fuo·ri·'kam·po] **I.** <inv>

adj FILM **voce** ~ off-screen **II.** <-> *m* SPORT (*nel baseball*) home run

fuoriclasse [fuo·ri·'klas·se] <-> *mf* superstar

fuoricorso [fuo·ri·'kor·so] <inv> *adj* **studente** ~ student who has not completed his or her course within the prescribed time

fuorigioco [fuo·ri·'dʒɔ:·ko] <-> *m* off-side

fuorilegge [fuo·ri·'led·dʒe] <-> *mf* outlaw

fuorimano [fuo·ri·'ma:·no] *adv* off the beaten track; **abitare** ~ [*o vivere*] to live off the beaten track

fuorimoda [fuo·ri·'mo:·da] <inv> *adj* (*acconciatura, abito*) unfashionable

fuoripasto [fuo·ri·'pas·to] *adv* between meals

fuoripista [fuo·ri·'pis·ta] <-> *m* SPORT (*nello sci*) off-piste skiing; **fare un** ~ to ski off piste

fuoriserie [fuo·ri·'sɛ:·rie] <inv> *adj* (*auto, modello*) custom-built

fuoristrada [fuo·ri·'stra:·da] <-> *m* AUTO off-road vehicle

fuoriuscire [fuo·ri·uʃ·'ʃi:·re] <irr> *vi* ~ **da** to leak from

fuor(i)uscita [fuo·r(i)·uʃ·'ʃi:·ta] *f* (*di liquido, gas*) leak

fuorviante [fuor·'vian·te] *adj* misleading

fuorviare [fuor·vi·'a:·re] *vt* (*sviare*) to mislead

furbacchione, -a [fur·bak·'kio:·ne] *m, f* *fam* cunning devil

furberia [fur·be·'ri:·a] <-ie> *f* ① (*qualità*) cunning ② (*atto*) trick

furbizia [fur·'bit·tsia] <-ie> *f* ① (*qualità*) cunning ② (*atto*) trick

furbo, -a ['fur·bo] **I.** *adj* smart **II.** *m, f* cunning person

furente [fu·'rɛn·te] *adj* furious

furfante [fur·'fan·te] *m* rascal

furgone [fur·'go:·ne] *m* van

furia ['fu:·ria] <-ie> *f* ① (*collera*) rage; **andare su tutte le -ie** to fly into a rage ② (*di vento, mare*) fury ③ (*fretta*) hurry; **in fretta e ~** in a real hurry ④ (*loc*) **a ~ di fare qc** by doing sth

furibondo, -a [fu·ri·'bon·do] *adj* furious

furioso, -a [fu·'rio·so] *adj* furious

furono ['fu:·ro·no] *3. pers pl pass rem di* **essere**[1]

furore [fu·'ro:·re] *m* fury; **far ~** *fig* to be a great success

furoreggiare [fu·ro·red·'dʒa:·re] *vi* to be very popular

furtivo, -a [fur·'ti:·vo] *adj* (*sguardo*) furtive

furto ['fur·to] *m* (*azione*) theft

fusa ['fu:·sa] *fpl* **far le ~** to purr

fusi ['fu:·zi] *1. pers sing pass rem di* **fondere**

fusibile [fu·'zi:·bi·le] *m* fuse

fusione [fu·'zio:·ne] *f* ① (*di metalli, cera*) melting; **punto di ~** melting point; **~ nucleare** nuclear fusion ② (*di colori, suoni*) blending ③ COM (*di aziende*) merger

fuso ['fu:·zo] **I.** *pp di* **fondere II.** *m* ① (*in filatura*) spindle ② GEO **~ orario** time zone

fustino [fus·'ti:·no] *m* (*di detersivo*) box

fusto ['fus·to] *m* ① BOT (*di pianta*) stem ② (*recipiente: di benzina*) drum

futuro [fu·'tu:·ro] *m* future; **~ anteriore** future perfect

futuro, -a *adj* future

Gg

G, g [dʒi] <-> *f* g; **~ come Genova** G for George

g *abbr di* **grammo** g

gabbia ['gab·bia] <-ie> *f* ① (*per animali*) cage; (*per uccelli*) bird cage ② MED (*~ toracica*) rib cage ③ *fig, fam* (*prigione*) jail

gabbiano [gab·'bia:·no] *m* (sea)gull

gabinetto [ga·bi·'net·to] *m* ① (*toilette*) restroom ② (*studio*) study; **~ medico** surgery ③ POL (*ministri*) cabinet

gadget ['ga·dʒit] <-> *m* ① (*accessorio*) gadget ② (*omaggio*) free gift

gaffe [gaf] <-> *f* blunder; **fare una ~** to put one's foot in it

gala ['ga:·la] *f* **abito di ~** formal dress

galante [ga·'lan·te] *adj* gallant

galantuomo [ga·lan·'tuɔ:·mo] <galantuomini> *m* gentleman

galateo [ga·la·'tɛ:·o] *m* etiquette

galattico, -a [ga·'lat·ti·ko] <-ci, -che> *adj* ASTRON galactic

galera [ga·'lɛ:·ra] *f* (*prigione*) prison; **avanzo di ~** (*delinquente*) crook

galla ['gal·la] *f* (*loc*) **a ~** on the surface; **stare a ~** to float; **venire a ~** *fig* to come out

galleggiamento [gal·led·dʒa·'men·to] *m* flotation

galleggiante [gal·led·'dʒan·te] **I.** *adj* free-floating **II.** *m* ① (*per la pesca*) float ② (*dello sciacquone*) ball cock ③ (*boa*) buoy

galleggiare [gal·led·'dʒa:·re] *vi* to float

galleria [gal·le·'ri:·a] <-ie> *f* ① MOT, AERO, MIN tunnel ② ARCHIT arcade ③ (*per esposizioni*) gallery ④ (*di cinema, teatro*) circle

galletto [gal·'let·to] *m* ① ZOO cockerel ② *fig, fam* cock of the roost; **fare il ~** to play Casanova

gallina [gal·'li:·na] *f* hen

gallo ['gal·lo] *m* ZOO cock

galoppare [ga·lop·'pa:·re] *vi* (*cavallo*) to gallop

galoppo [ga·'lɔp·po] *m* gallop; **andare al ~** to gallop

gamba ['gam·ba] *f* (*gener*) leg; **an-**

dare a -e all'aria to fall flat on one's back; *fig (fallire)* to fall through; **darsela a -e levate** to run away; **essere in** ~ *fig* to be on the ball; **prendere qc sotto** ~ *fig* to take sth too lightly; **sedere a -e incrociate** to sit cross-legged

gamberetto [gam·be·'ret·to] *m* shrimp

gambero ['gam·be·ro] *m* prawn; **diventare rosso come un** ~ to turn as red as a tomato

gambo ['gam·bo] *m (di fiore)* stem; *(di frutta, fungo)* stalk

gamma¹ ['gam·ma] *f (di colori, prodotti)* range

gamma² <inv> *adj* FIS *(raggi)* gamma

gancio ['gan·tʃo] <-ci> *m* hook; ~ **(di traino)** AUTO tow hook

gara ['ga:·ra] *f* ❶ *(competizione)* competition; *(di velocità)* race; **fare a** ~ **(con qu)** to compete (with sb) ❷ *(concorso)* competition; ~ **d'appalto** tender for bids

garante [ga·'ran·te] I. *adj* **farsi** ~ **di qc** to vouch for sth II. *mf (ente, persona)* guarantor

garantire [ga·ran·'ti:·re] <garantisco> *vt* ❶ *(assicurare)* to ensure ❷ *a.* COM, GIUR to guarantee; ~ **qc a qu** to guarantee sth

garantito, -a [ga·ran·'ti:·to] *adj (prodotto)* guaranteed; *(auto)* under warranty

garanzia [ga·ran·'tsi:·a] <-ie> *f* ❶ *a.* COM guarantee; **in** ~ under warranty ❷ *(impegno: su finanziamento)* security ❸ GIUR **avviso di** ~ *written warning given to a suspect that he/she is under investigation*

garbare [gar·'ba:·re] *vi* essere fam **non mi garba** I don't like it

garbato, -a [gar·'ba:·to] *adj (gentile)* kind; *(educato)* polite

garbo ['gar·bo] *m (educazione)* politeness; **con** ~ politely

gardenia [gar·'dɛ:·nia] <-ie> *f* gardenia

gareggiare [ga·red·'dʒa:·re] *vi* to compete; ~ **in qc con qu** to compete in sth with sth

garganella [gar·ga·'nɛl·la] *f* **bere a** ~ to drink from the bottle

gargarismo [gar·ga·'riz·mo] *m (azione, collutorio)* gargle; **fare i -i** to gargle

garofano [ga·'rɔ:·fa·no] *m* carnation

garza ['gar·dza] *f* ❶ *(tessuto)* gauze ❷ MED *(per fasciare)* gauze bandage

garzone [gar·'dzo:·ne] *m, f* boy

gas [gas] <-> *m* gas; **a tutto** ~ *(veloce)* at full speed; ~ **di scarico** exhaust gas; ~ **esilarante** laughing gas; ~ **lacrimogeno** tear gas; ~ **serra** greenhouse gas; **bolletta del** ~ gas bill

gasarsi [ga·'sar·si] *vr fig, fam (esaltarsi)* to get excited; *(montarsi)* to get big-headed

gasato, -a [ga·'sa:·to] I. *adj (bevanda)* fizzy II. *m, f fig, fam (esaltato)* excited person; *(montato)* big head

gasdotto [gaz·'dot·to] *m* gas pipeline

gasolio [ga·'zɔ:·lio] *m* diesel

gassato, -a [gas·'sa:·to] *adj* fizzy

gassosa [gas·'sɔ:·sa] *f* gassosa, *a clear fizzy drink*

gassoso, -a [gas·'sɔ:·so] *adj* gaseous

gastrico, -a ['gas·tri·ko] <-ci, -che> *adj (gener)* gastric; **lavanda -a** stomach pumping

gastrite [gas·'tri:·te] *f* MED gastritis

gastroenterite [gas·tro·en·te·'ri:·te] *f* MED gastroenteritis

gastrointestinale [gas·tro·in·tes·ti·'na:·le] *adj* MED gastrointestinal

gastronomia [gas·tro·no·'mi:·a] <-ie> *f* cuisine

gastronomico, -a [gas·tro·'nɔ:·mi·ko] <-ci, -che> *adj* gastronomic

gastroscopia [gas·tros·ko·'pi:·a] <-ie> *f* MED gastroscopy

gatta ['gat·ta] *f (female)* cat; **una** ~ **da pelare** *(problema)* a thorny problem

gatto ['gat·to] *m (animale)* cat; *(maschio)* tomcat; **c'erano quattro -i** *fig* there weren't many people

gattoni [gat·'to:·ni] *adv* on all fours; **andare a** ~ to crawl

gattopardo [gat·to·'par·do] *m* ZOO leopard; ~ **africano** serval; ~ **americano** ocelot

G

gavetta [ga·'vet·ta] *f* ① (*per vivande*) mess kit ② (*apprendistato*) **fare la ~** to start at the bottom; **venire dalla ~** to come up through the ranks

gavettone [ga·vet·'to:·ne] *m* (*scherzo*) water-filled bag

gay ['gɛi] I. <-> *mf* gay person II. <inv> *adj* gay; **locale ~** gay bar; **matrimonio ~** gay marriage

gazza ['gad·dza] *f* ZOO magpie; **~ ladra** magpie

gazzarra [gad·'dzar·ra] *f fam* din

gazzella [gad·'dzɛl·la] *f* ① ZOO gazelle; **occhi da ~** doe eyes ② *sl* (*dei carabinieri*) police car

gazzetta [gad·'dzet·ta] *f* gazette; **la Gazzetta Ufficiale** the Official Gazette, *newspaper published by the government containing all new laws*

gazzettino [gad·dzet·'ti:·no] *m* ① (*giornale*) gazette ② (*notiziario*) section

gazzosa [gad·'dzo:·sa] *v.* **gassosa**

GB *abbr di* **gigabyte** GB

gelare [dʒe·'la:·re] I. *vi* ① *essere* (*gener*) to freeze ② *essere o avere* (*impersonale*) METEO to freeze II. *vt avere* ① (*gener*) to freeze ② *fig* (*sangue*) to run cold III. *vr:* **-rsi** to freeze

gelata [dʒe·'la:·ta] *f* frost

gelataio, -a [dʒe·la·'ta:·io] <-ai, -aie> *m, f* (*chi vende gelati*) ice-cream seller; (*chi fa gelati*) ice-cream maker

gelateria [dʒe·la·te·'ri:·a] <-ie> *f* ice-cream parlor

gelatiera [dʒe·la·'tiɛ:·ra] *f* ice-cream maker

gelatina [dʒe·la·'ti:·na] *f* CULIN, CHIM gelatine; **~ di frutta** fruit jelly

gelato [dʒe·'la:·to] *m* ice-cream

gelato, -a *adj* (*mani, piedi*) frozen; **cono ~** ice-cream cone

gelido, -a ['dʒɛ:·li·do] *adj* ① (*gener*) freezing ② *fig* (*persona, sguardo*) cold

gelo ['dʒɛ:·lo] *m* ① METEO cold weather ② *fig* (*ostilità*) chill

gelone [dʒe·'lo:·ne] *m* chilblain

gelosia [dʒe·lo·'si:·a] <-ie> *f* ① (*stato d'animo*) jealousy; **fare una scenata di ~** to throw a jealous fit ② (*cura attenta*) great care

geloso, -a [dʒe·'lo:·so] *adj* jealous; **~ di qu** jealous of sb

gelso ['dʒɛl·so] *m* BOT mulberry tree

gelsomino [dʒel·so·'mi:·no] *m* BOT jasmine

gemellaggio [dʒe·mel·'lad·dʒo] <-ggi> *m* (*di città*) twinning

gemelli [dʒe·'mɛl·li] *mpl* ① ASTR **Gemelli** Gemini; **sono (dei)[o un] Gemelli** I'm Gemini ② (*bottoni*) cufflinks

gemello, -a [dʒe·'mɛl·lo] I. *adj* (*fratello, letto*) twin II. *m, f* twin

gemere ['dʒɛ:·me·re] *vi* (*lamentarsi*) to groan; **~ di** to groan with

gemito ['dʒɛ:·mi·to] *m* groan

gemma ['dʒɛm·ma] *f* ① BOT bud ② *a. fig* gem

gendarme [dʒen·'dar·me] *m* policeman

gene ['dʒɛː·ne] *m* BIO gene

genealogico, -a [dʒe·ne·a·'lɔ:·dʒi·ko] <-ci, -che> *adj* (*gener*) genealogical; **albero ~** family tree

generale [dʒe·ne·'ra:·le] I. *adj* ① (*gener*) general ② (*comune a tutti: sciopero, lutto*) national; (*sorpresa*) widespread; (*opinione*) public; **in ~** in general II. *m* MIL general

generalità [dʒe·ne·ra·li·'ta] <-> *f pl* ADMIN (*nome, cognome*) personal details

generalizzare [dʒe·ne·ra·lid·'dza:·re] I. *vt* ① (*diffondere*) to spread ② (*uniformare*) to generalize II. *vi* (*uniformare*) to generalize

generalizzazione [dʒe·ne·ra·lid·dzat·'tsio:·ne] *f* generalization

generalmente [dʒe·ne·ral·'men·te] *adv* generally

generare [dʒe·ne·'ra:·re] *vt* ① (*figlio*) to give birth to ② *a. fig* (*produrre, causare*) to generate

generatore [dʒe·ne·ra·'to:·re] *m* generator

generazionale [dʒe·ne·rat·tsio·na:·le] *adj* generational

generazione [dʒe·ne·rat·'tsio:·ne] *f* generation

genere ['dʒɛ·ne·re] *m* ① LING gender ② (*letterario*) genre ③ BOT, ZOO genus ④ (*insieme di persone*) **il ~ umano** mankind ⑤ (*tipo*) type ⑥ *pl* COM goods; **-i alimentari** foodstuffs; **-i di consumo** consumer goods; **-i di prima necessità** staple commodities ⑦ (*loc*) **in ~** in general

generico [dʒe·'nɛː·ri·ko] *m* general; **restare nel ~** to be non-specific

generico, -a <-ci, -che> *adj* ① (*discorso, significato*) generic ② MED **medico ~** general practitioner; **medicinali -ci** generic drugs

genero ['dʒɛ·ne·ro] *m* son-in-law

generosità [dʒe·ne·ro·si·'ta] <-> *f* generosity

generoso, -a [dʒe·ne·'roː·so] *adj* generous

Genesi ['dʒɛː·ne·zi] <-> *f o m* REL Genesis

genetica [dʒe·'nɛː·ti·ka] <-che> *f* genetics

genetico, -a [dʒe·'nɛː·ti·ko] <-ci, -che> *adj* genetic; **ingegneria -a** genetic engineering

gengiva [dʒen·'dʒi·va] *f* gum

gengivite [dʒen·dʒi·'viː·te] *f* MED gingivitis

geniale [dʒe·'nia·le] *adj* brilliant

genio ['dʒɛː·nio] <-i> *m* ① (*talento, persona*) genius; **un uomo di ~** a genius; **lampo di ~** brainwave ② (*folletto*) genie ③ ADMIN **~ civile** civil engineers *pl*; **il ~ militare** the Army Corps of Engineers ④ (*loc*) **non mi va a ~** I don't like it [*o* him] [*o* her]

genitale [dʒe·ni·'taː·le] *adj* genital

genitali [dʒe·ni·'taː·li] *mpl* genitals

gennaio [dʒen·'naː·io] *m* January; *v.a.* **aprile**

genocidio [dʒe·no·'tʃiː·dio] <-i> *m* genocide

Genova ['dʒɛː·no·va] *f* Genoa, *the capital of the Liguria region*

genovese [dʒe·no·'veː·se] I. *adj* Genoese; **pesto alla ~** pesto, *a sauce for pasta consisting of basil, olive oil and* pine nuts II. *mf* (*abitante*) Genoese III. <*sing*> *m* (*dialetto*) Genoese dialect

gentaglia [dʒen·'taʎ·ʎa] <-glie> *f pej* riffraff

gente ['dʒɛn·te] *f* <*sing*> (*persone*) people *pl*

gentildonna [dʒen·til·'dɔn·na] *f* lady

gentile [dʒen·'tiː·le] *adj* ① (*persona*) kind; (*maniere*) courteous ② (*sentimenti, animo*) gentle; **il gentil sesso** the fair sex ③ (*nelle lettere*) **~ signora** dear madam

gentilezza [dʒen·ti·'let·tsa] *f* ① (*di persona*) kindness; (*di modi*) courtesy ② (*piacere*) favor; **per ~** please; **fammi la ~ di ... +** *inf* please just ...; **fare una ~ a qu** to do sb a favor

gentiluomo [dʒen·ti·'luɔː·mo] <-gentiluomini> *m* gentleman; **comportarsi da ~** to behave like a gentleman

genuinità [dʒe·nui·ni·'ta] <-> *f* ① (*di prodotto*) naturalness ② (*di affermazione, notizia, fonte*) authenticity

genuino, -a [dʒe·nu·'iː·no] *adj* natural

geofisica [dʒe·o·'fiː·zi·ka] <-che> *f* geophysics

geofisico, -a [dʒe·o·'fiː·zi·ko] <-ci, -che> I. *adj* geophysical II. *m, f* (*studioso*) gephysicist

geografia [dʒe·o·gra·'fiː·a] *f* geography

geografico, -a [dʒe·o·'graː·fi·ko] <-ci, -che> *adj* geographical; **atlante ~** atlas; **carta -a** map

geografo, -a [dʒe·'ɔː·gra·fo] *m, f* geographer

geologia [dʒe·o·lo·'dʒiː·a] <-gie> *f* geology

geologico, -a [dʒe·o·'lɔː·dʒi·ko] <-ci, -che> *adj* geological

geologo, -a [dʒe·'ɔː·lo·go] <-gi, -ghe> *m, f* geologist

geometra [dʒe·'ɔː·met·ra] <-i *m*, -e *f*> *mf* surveyor

geometria [dʒe·o·me·'triː·a] <-ie> *f* MATH geometry

geometrico, -a [dʒe·o·'mɛː·tri·ko] *adj a. fig* geometric(al)

geranio [dʒe·'raː·nio] <-i> *m* BOT geranium

G

G

gerarca [dʒe·'rar·ka] <-chi> m HIST party official

gerarchia [dʒe·rar·'ki:·a] <-chie> f hierarchy

gerarchico, -a [dʒe·'rar·ki·ko] <-ci, -che> adj hierarchical

gerente [dʒe·'rɛn·te] mf (di società, negozio) manager m, manageress f

gergale [dʒer·'ga:·le] adj (di slang) slang; (di linguaggio professionale) jargon; **espressione ~** slang expression

gergo ['dʒɛr·go] <-ghi> m (linguaggio informale) slang; (linguaggio professionale) jargon; **~ giornalistico** newspaper jargon

geriatra [dʒe·'ria:·tra] <-i m, -e f> mf geriatrician

geriatria [dʒe·ria·'tri:·a] <-ie> f geriatrics

geriatrico, -a [dʒe·'ria:·tri·ko] <-ci, -che> adj geriatric; **clinica -a** geriatric clinic

Germania [dʒer·'ma:·nia] f Germany; **la ~** Germany; **abitare in ~** to live in Germany; **andare in ~** to go to Germany

germanico, -a [dʒer·'ma:·ni·ko] <-ci, -che> adj Germanic

germanista [dʒer·ma·'nis·ta] <-i m, -e f> mf Germanist

germe ['dʒɛr·me] m BIO germ

germicida[1] [dʒer·mi·'tʃi:·da] <-i, -e> adj germicidal

germicida[2] <-i> m germicide

germinare [dʒer·mi·'na:·re] vi essere o avere BOT to germinate

germinazione [dʒer·mi·nat·'tsio:·ne] f BOT germination

germogliare [dʒer·moʎ·'ʎa:·re] vi essere o avere ① (seme) to germinate ② (albero, ramo) to bud

germoglio [dʒer·'moʎ·ʎo] <-gli> m ① (di seme) shoot ② (di albero, ramo) bud

geroglifico [dʒe·ro·'gli:·fi·ko] m a. fig LING hieroglyphic

geroglifico, -a <-ci, -che> adj hieroglyphic

gerontologia [dʒe·ron·to·lo·'dʒi:·a] <-gie> f gerontology

gerontologo, -a [dʒe·ron·'tɔ:·lo·go] <-gi, -ghe> m, f gerontologist

gerundio [dʒe·'run·dio] <-i> m LING gerund

gerundivo, -a [dʒe·run·'di:·vo] adj LING gerundive

Gerusalemme [dʒe·ru·za·'lɛm·me] f Jerusalem

gessato [dʒes·'sa:·to] m (abito) pinstripe suit

gessato, -a adj (abito, pantaloni) pinstripe

gessetto [dʒes·'set·to] m piece of chalk

gesso ['dʒɛs·so] m ① (per lavagna) chalk ② MIN gypsum ③ MED (scultura) plaster cast

gesta ['dʒɛs·ta] fpl LETT feats

gestante [dʒes·'tan·te] f pregnant woman

gestazione [dʒes·tat·'tsio:·ne] f MED pregnancy

gesticolare [dʒes·ti·ko·'la:·re] vi to gesticulate

gestionale [dʒes·tio·'na:·le] adj management

gestione [dʒes·'tio:·ne] f (gener) management; **~ dei costi** cost management

gestire [dʒes·'ti:·re] <gestisco> vt (amministrare) to run; (fondi) to manage; (tempo) to organize

gesto ['dʒɛs·to] m gesture

gestore, -trice [dʒes·'to:·re] m, f ① (di albergo, ditta) manager m, manageress f ② (fornitore di servizio) supplier; **il ~ della rete elettrica** the electricity network supplier

gestuale [dʒes·tu·'a:·le] adj **linguaggio ~** sign language

Gesù [dʒe·'zu] m Jesus

gesuita [dʒe·zu·'i:·ta] <-i> m REL Jesuit

gesuitico, -a [dʒe·zu·'i:·ti·ko] <-ci, -che> adj REL Jesuitical

gettare [dʒet·'ta:·re] I. vt ① (lanciare) to throw; **~ via qc** to throw sth away; **~ le braccia al collo a qu** to throw one's arms around sb's neck ② NAUT (ancora) to drop; (reti) to cast ③ ARCHIT (*fondamenta*) to lay **II.** *vr:* **-rsi ❶** (*buttarsi*) **-rsi a terra** to throw oneself down on the ground; **-rsi ai piedi di qu** to throw oneself at sb's feet; **-rsi contro qu** to attack sb; **-rsi dalla finestra** to throw oneself out of the window; **-rsi in acqua** to jump into the water ❷ (*fiume*) to flow into

gettata [dʒet'ta:·ta] *f* (*di cemento*) casting

gettito ['dʒet·ti·to] *m* (*introiti*) revenue

getto ['dʒet·to] *m* ❶ BOT shoot ❷ (*di liquido*) jet; **stampanti a ~ d'inchiostro** ink-jet printers ❸ (*di metallo, calcestruzzo*) casting ● *fig* **a ~ continuo** continuously; **di ~** straight off

gettonato, -a [dʒet·to·na:·to] *adj fam* popular

gettone [dʒet·'to:·ne] *m* token

ghepardo [ge·'par·do] *m* cheetah

gheriglio [ge·'riʎ·ʎo] <-gli> *m* (*di noce*) kernel

ghermire [ger·'mi:·re] *vt* to seize

ghetta ['get·ta] *f* gaiter

ghettizzare [get·tid·'dza:·re] *vt* (*minoranze*) to segregate

ghettizzazione [get·tid·dzat·'sio:·ne] *f* (*di minoranze*) segregation

ghiacciaia [giat·'tʃa:·ia] <-aie> *f* icebox

ghiacciare [giat·'tʃa:·re] **I.** *vt avere* (*gelare*) to freeze **II.** *vr:* **-rsi** to freeze

ghiacciato, -a [giat·'tʃa:·to] *adj* frozen

ghiaccio ['giat·tʃo] <-cci> *m* ice; **~ secco** dry ice; **pattinaggio sul ~** ice skating; **rompere il ~** *a. fig* to break the ice; **essere un pezzo di ~** *fig* to be as cold as ice

ghiacciolo [giat·'tʃɔ:·lo] *m* ❶ (*pezzo di ghiaccio*) icicle ❷ CULIN popsicle

ghiaia ['gia:·ia] <-aie> *f* gravel

ghiaioso, -a [gia·'io:·so] *adj* gravelly

ghianda ['gian·da] *f* BOT acorn

ghiandola ['gian·do·la] *f* ANAT gland

ghigliottina [giʎ·ʎot·'ti:·na] *f* guillotine

ghigliottinare [giʎ·ʎot·ti·'na:·re] *vt* to guillotine

ghignare [giɲ·'ɲa:·re] *vi* to snicker

ghingheri ['giɲ·ge·ri] *adv* **mettersi in ~** *scherz, fam* to put on one's finery

ghiotto, -a ['giot·to] *adj* ❶ (*persona*) greedy; **è ~ di dolci** he's [*o* she's] a glutton for cakes ❷ (*cibo*) delicious

ghiottone, -a [giot·'to:·ne] *m, f* (*persona*) glutton

ghiottoneria [giot·to·ne·'ri:·a] <-ie> *f* ❶ (*golosità*) gluttony ❷ (*leccornia*) delicacy

ghirlanda [gir·'lan·da] *f* garland

ghiro ['gi:·ro] *m* ZOO dormouse; **dormire come un ~** to sleep like a log

ghisa ['gi:·za] *f* cast iron

già [dʒa] *adv* ❶ (*fatto compiuto*) already; **sono ~ partiti** they've already left ❷ (*prima d'ora*) before; (*in frasi interrogative*) yet; **l'ho ~ fatto** I've done it before; **hai ~ fatto i compiti?** have you done your homework yet? ❸ (*ormai*) by now ❹ (*sin d'ora*) right; **~ da ora** right now; **~ da oggi** from today ❺ (*sin da allora*) ever since ❻ (*ex*) formerly ❼ (*rafforzativo*) quite; **~ tanto** quite something ❽ (*loc*) **~ che** while

giacca ['dʒak·ka] <-cche> *f* (*indumento*) jacket; **~ a vento** windbreaker

giacché [dʒak·'ke] *conj* (*poiché*) since

giaccio ['dʒat·tʃo] *1. pers sing pr di* **giacere**

giacenza [dʒa·'tʃɛn·tsa] *f* (*deposito*) **in ~** in abeyance; **posta in ~** unclaimed mail; **-e di magazzino** (*resti*) unsold stock

giacere [dʒa·'tʃe:·re] <giaccio, giacqui, giaciuto> *vi essere* ❶ (*essere disteso*) to lie; **~ bocconi** to lie on one's face; **~ sul fianco** to lie on one's side; **~ supino** to lie on one's back ❷ (*essere sepolto*) to be buried; **qui giace ...** (*sulle tombe*) here lies ...

giacimento [dʒa·tʃi·'men·to] *m* (*di petrolio, di gas*) deposit

giacinto [dʒa·'tʃin·to] *m* BOT hyacinth

giaciuto [dʒa·'tʃu:·to] *pp di* **giacere**

giacqui ['dʒak·kui] *1. pers sing pass rem di* **giacere**

giada¹ ['dʒa:·da] *f* jade

giada² <inv> *adj* **verde ~** jade green

giaguaro [dʒa·'gua:·ro] *m* ZOO jaguar

giallastro, -a [dʒal·ˈlas·tro] *adj* yellowish

giallo [ˈdʒal·lo] *m* ❶ (*colore*) yellow; **il ~ dell'uovo** the egg yolk; **passare col ~** to go through a yellow light ❷ LETT detective story; CINE thriller

giallo, -a *adj* ❶ (*colore*) yellow; **farina -a** corn flour; **febbre -a** yellow fever; **Pagine -e**® Yellow Pages® ❷ (*romanzo*) detective story; (*film*) thriller

giammai [dʒam·ˈma:·i] *adv poet* never

gianduia [dʒan·ˈdu:·ia] <-> *m* CULIN nut chocolate

Giappone [dʒap·ˈpo:·ne] *m* Japan; **il ~** Japan

giapponese [dʒap·po·ˈne:·se] I. *adj* Japanese II. *mf* Japanese III. <*sing*> *m* (*lingua*) Japanese

giardinaggio [dʒar·di·ˈnad·dʒo] <-ggi> *m* gardening

giardiniere, -a [dʒar·di·ˈniɛː·re] *m, f* gardener

giardino [dʒar·ˈdiː·no] *m* garden; **in ~** in the garden; **~ botanico** botanic garden; **da ~** garden; **mobili da ~** garden furniture; **-i pubblici** public gardens; **~ zoologico** zoo

giarrettiera [dʒar·ret·ˈtiɛː·ra] *f* garter

giavellotto [dʒa·vel·ˈlɔt·to] *m* SPORT javelin

gigante [dʒi·ˈgan·te] I. *adj* giant-size II. *m* giant

gigantesco, -a [dʒi·gan·ˈtes·ko] <-schi, -sche> *adj* gigantic

giglio [ˈdʒiʎ·ʎo] <-gli> *m* BOT lily

gilè [dʒi·ˈlɛ] <-> *m* vest

ginecologo, -a [dʒi·ne·ˈkɔ:·lo·go] <-gi, -ghe> *m, f* gynecologist

ginepro [dʒi·ˈne:·pro] *m* BOT juniper

ginestra [dʒi·ˈnɛs·tra] *f* BOT broom

Ginevra [dʒi·ˈne:v·ra] *f* (*città*) Geneva

ginnasio [dʒin·ˈna:·zio] <-i> *m* *the first and second years of a high school which specializes in Latin and Greek* (*the Liceo Classico*)

ginnasta [dʒin·ˈnas·ta] <-i *m*, -e *f*> *mf* gymnast

ginnastica [dʒin·ˈnas·ti·ka] <-che> *f* ❶ (*esercizio*) gymnastics; **~ correttiva**

physical therapy ❷ *fig* (*materia scolastica*) physical education

ginnico, -a [ˈdʒin·ni·ko] <-ci, -che> *adj* (*attrezzi*) gymnastic; **percorso ~** training

ginocchiera [dʒi·nok·ˈkiɛː·ra] *f* ❶ (*per sport*) knee pad ❷ (*fascia elastica*) knee bandage

ginocchio [dʒi·ˈnɔk·kio] <-cchi *m* o -cchia *f*> *m* knee; **stare in ~** to kneel; **mettersi in ~** to kneel down

giocare [dʒo·ˈka:·re] I. *vi* ❶ *a.* SPORT to play; **~ a carte** to play cards; **~ a palla** to play ball; **~ con qc** to play with sth; **gioca nell'Inter** he plays for Inter ❷ (*scommettere*) to bet; **~ al lotto** to play the lottery ❸ FIN to speculate; **~ in borsa** to play the Stock Market II. *vt* ❶ (*gener*) to play ❷ (*scommettere: somma*) to bet

giocatore, -trice [dʒo·ka·ˈto:·re] *m, f* (*a carte, pallone, tennis*) player; **~ d'azzardo** gambler

giocattolo [dʒo·ˈkat·to·lo] *m* toy

giocherellare [dʒo·ke·rel·ˈlaː·re] *vi* to play

giocherellone, -a [dʒo·ke·rel·ˈlo:·ne] *adj* playful

gioco [ˈdʒɔ:·ko] <-chi> *m* ❶ (*divertimento*) game; **~ d'azzardo** game of chance; **~ di parole** pun; **~ di società** parlor game; **i -chi olimpici** the Olympic Games; **campo da ~** pitch; **fare il ~ di qu** *fig* to play sb's game; **fare il doppio ~** *fig* to double-cross; **mettere in ~ qc** *fig* to risk sth; **prendersi ~ di qu** *fig* to make fun of sb ❷ (*giocattolo*) toy ❸ (*lavoro facile*) child's play

giocoliere, -a [dʒo·ko·ˈliɛː·re] *m, f* juggler

gioia [ˈdʒɔ:·ia] <-ie> *f* ❶ (*emozione*) joy; **darsi alla pazza ~** to live things up ❷ (*gioiello*) jewel ❸ (*persona*) darling

gioielleria [dʒo·iel·le·ˈriː·a] <-ie> *f* ❶ (*negozio*) jeweler's shop ❷ (*arte*) jeweler's craft ❸ (*gioielli*) jewelry

gioielliere, -a [dʒo·iel·ˈliɛː·re] *m, f* ❶ (*persona*) jeweler ❷ (*negozio*) jeweler's

gioiello [dʒo·'iɛl·lo] *m* jewel

gioioso, -a [dʒo'io:so] *adj* joyful

giornalaio, -a [dʒor·na·'la:·io] <-ai, -aie> *m*, *f* newsdealer

giornale [dʒor·'na:·le] *m* ① (*quotidiano*) newspaper ② RADIO, TV news bulletin; **~ radio** radio news ③ (*registro*) journal; **~ di bordo** ship's log

giornaliero, -a [dʒor·na·'liɛː·ro] *adj* daily

giornalino [dʒor·na·'li:·no] *m fam* comic

giornalismo [dʒor·na·'liz·mo] *m* journalism

giornalista [dʒor·na·'lis·ta] <-i *m*, -e *f*> *mf* journalist

giornalistico, -a [dʒor·na·'lis·ti·ko] <-ci, -che> *adj* journalistic

giornata [dʒor·'na:·ta] *f* day; **in ~** by the end of the day; **vivere alla ~** to live from day to day

giorno ['dʒor·no] *m* ① (*24 ore*) day; **~ feriale** weekday; **~ festivo** holiday; **~ lavorativo** work day; **piatto del ~** today's specialty; **al ~** per day; **da un ~ all'altro** suddenly; **un ~ o l'altro** one of these days; **~ per ~** day by day ② (*ore di luce*) daylight; **di ~** by day ③ (*loc*) **al ~ d'oggi** nowadays; **ai nostri -i** in our time; **buon ~** *v.* buongiorno

giostra ['dʒɔs·tra] *f* (*al luna park*) merry-go-round

giovamento [dʒo·va·'men·to] *m* benefit

giovane ['dʒo:·va·ne] **I.** *adj* ① (*persona, animale*) young ② (*moda, letteratura*) youth **II.** *mf* (*ragazzo*) young man; (*ragazza*) young woman; **da ~** as a young man [*o* woman]

giovanile [dʒo·va·'ni:·le] *adj* ① (*amore, delusione*) youthful ② (*movimento, politica*) youth

giovanotto [dʒo·va·'nɔt·to] *m* young man

giovare [dʒo·'va:·re] *vi* avere *o* essere ① (*essere utile*) to be useful ② (*fare bene*) to do good

Giove ['dʒɔ:·ve] *m* Jupiter; **per ~!** *fam* by Jove!

giovedì [dʒo·ve·'di] <-> *m* Thursday; **~ grasso** last Thursday before Lent; *v.a.* **domenica**

gioventù [dʒo·ven·'tu] <-> *f* ① (*età*) youth; **in ~** in one's youth ② (*giovani*) young people *pl*

gioviale [dʒo·'via:·le] *adj* (*accoglienza*) hearty; (*persona, clima*) jovial

giovinastro [dʒo·vi·'nas·tro] *m* young hoodlum

giovinezza [dʒo·vi·'net·tsa] *f* youth; **la seconda ~** the golden years

GIP ['dʒip] <-> *mf abbr di* **giudice per le indagini preliminari** *the magistrate appointed to supervise the initial police investigation into a case*

giradischi [dʒi·ra·'dis·ki] <-> *m* record player

giraffa [dʒi·'raf·fa] *f* ① ZOO giraffe ② FILM, TV, RADIO boom

giramento [dʒi·ra·'men·to] *m* **~ di testa** *fam* dizzy spell

giramondo [dʒi·ra·'mon·do] <-> *mf* globetrotter

girare [dʒi·'ra:·re] **I.** *vt* ① (*chiave, testa, occhi*) to turn ② *fig* (*domanda, lettera*) to pass on ③ (*film*) to shoot ④ (*assegno*) to endorse ⑤ (*città, isola*) to go around; **~ il mondo** to travel around the world **II.** *vi* ① (*ruotare*) to revolve; **mi gira la testa** I feel dizzy; **far ~ la testa a qu** (*fare innamorare*) to turn sb's head; **~ alla larga** to keep clear ② (*camminare*) to go around ③ (*voltare*) to turn ④ (*notizie, dicerie*) to circulate **III.** *vr*: **-rsi** (*voltarsi*) to turn; **-rsi nel letto** to turn over in bed; **-rsi dall'altra parte** to turn away

girasole [dʒi·ra·'so:·le] *m* BOT sunflower

girata [dʒi·'ra:·ta] *f* FIN (*di assegno*) endorsement

giravolta [dʒi·ra·'vɔl·ta] *f* (*piroetta*) pirouette

girello [dʒi·'rɛl·lo] *m* ① (*per bambini*) baby walker ② CULIN bottom round

girevole [dʒi·'re:·vo·le] *adj* revolving

girino [dʒi·'ri:·no] *m* ZOO tadpole

giro ['dʒi:·ro] *m* ① (*rotazione*) revolution; **su di -i** (*motore*) revved-up; *fig*

G

(*persona*) high-spirited; **~ di valzer** waltz ① (*passeggiata*) stroll; (*in macchina, bicicletta*) ride; (*percorso*) trip; **~ turistico** sightseeing tour; **essere in ~ per lavoro** to be out and about on work; **andare in ~** to go around; **lasciare in ~** to leave lying around; **mettere in ~** (*voci, dicerie*) to spread ③ SPORT (*di pista*) lap; (*gara*) tour; **il ~ di Francia** the Tour de France ④ (*periodo di tempo*) course; **nel ~ di un mese/anno** in a month's/year's time ⑤ (*cerchia*) circle; (*ambiente*) scene ⑥ (*circonferenza: di collo*) circumference ⑦ COM **~ d'affari** turnover ⑧ (*loc*) **prendere in ~ qu** to make fun of sb

girocollo [dʒi·ro·'kɔl·lo] *m* ① (*collana*) choker ② (*maglione*) crewneck sweater

giroconto [dʒi·ro·'kon·to] *m* credit transfer

girone [dʒi·'ro·ne] *m* SPORT leg; **~ d'andata** away leg; **~ di ritorno** return leg

gironzolare [dʒi·ron·dzo·'la·re] *vi fam* to wander about

girotondo [dʒi·ro·'ton·do] *m* ring-around-the-rosey

girovagare [dʒi·ro·va·'ga·re] *vi* to wander around

girovago, -a [dʒi·'rɔ:·va·go] <-ghi, -ghe> I. *adj* traveling II. *m, f* wanderer

gita ['dʒi:·ta] *f* trip; **andare in ~ a ...** to go on a trip to ...

gitano, -a [dʒi·'ta:·no] *adj, m, f* gypsy

gitante [dʒi·'tan·te] *mf* tripper

gittata [dʒit·'ta:·ta] *f* (*di arma*) range

giù [dʒu] *adv* (*in basso*) down; (*dabbasso*) downstairs; **mandare ~** *a. fig* to swallow; **essere ~** *fig* to be depressed; **in ~** down(wards); **~ le mani!** get your hands off!

giubbotto [dʒub·'bɔt·to] *m* jacket; **~ antiproiettile** bulletproof vest; **~ salvagente** life jacket

giudaico, -a [dʒu·'da:·i·ko] <-ci, -che> *adj* Judaic

giudicare [dʒu·di·'ka:·re] *vt* ① *a.* GIUR (*persona*) to judge; **fu giudicato colpevole** he was found guilty ② (*ritenere*) to consider

giudice ['dʒu:·di·tʃe] *mf* ① GIUR judge; **giudice per le indagini preliminari** *the magistrate appointed to supervise the initial police investigation into a case* ② SPORT judge; **~ di gara** (*tennis*) umpire; (*calcio, rugby*) referee

giudiziario, -a [dʒu·dit·'tsia·rio] <-i, -ie> *adj* (*gener*) judicial; **ufficiale ~** bailiff

giudizio [dʒu·'dit·tsio] <-i> *m* ① (*senno*) judgment ② opinion; **a mio/tuo ~** in my/your opinion ③ GIUR (*processo*) trial ④ GIUR (*sentenza*) verdict ⑤ REL judgement; **il ~ universale** the Last Judgement

giudizioso, -a [dʒu·dit·'tsio:·so] *adj* (*persona*) sensible; (*soluzione, scelta*) judicious

giugno ['dʒuɲ·ɲo] *m* June; *v.a.* **aprile**

giunco ['dʒuŋ·ko] <-chi> *m* BOT rush

giungere ['dʒun·dʒe·re] <giungo, giunsi, giunto> *vi essere* to reach

giungla ['dʒun·gla] *f* jungle

giunsi ['dʒun·si] *1. pers sing pass rem di* **giungere**

giunta ['dʒun·ta] *f* ① ADMIN (*consiglieri*) council ② (*loc*) **per ~** what's more

giunto ['dʒun·to] *m* MOT joint

giunto *pp di* **giungere**

giuntura [dʒun·'tu:·ra] *f a.* ANAT joint

giuramento [dʒu·ra·'men·to] *m* oath; **prestare ~** to swear an oath

giurare [dʒu·'ra:·re] I. *vt* to swear; **~ il falso** to commit perjury II. *vi* **~ su qc** to swear on sth

giurato, -a [dʒu·'ra:·to] I. *adj* sworn; **guardia ~** security guard II. *m, f* GIUR juror

giuria [dʒu·'ri:·a] <-ie> *f* jury

giuridico, -a [dʒu·'ri:·di·ko] <-ci, -che> *adj* legal

giurisdizione [dʒu·riz·dit·'tsio:·ne] *f a.* GIUR jurisdiction

giurisprudenza [dʒu·ris·pru·'dɛn·tsa] *f* law

giurista [dʒu·'ris·ta] <-i *m*, -e *f*> *mf* jurist

giustificare [dʒus·ti·fi·'ka:·re] I. *vt* to justify II. *vr:* **-rsi** to justify oneself

giustificazione [dʒus·ti·fi·kat·'tsio:·ne] f ① (*spiegazione*) justification ② (*a scuola*) absence note; **libretto delle -i** absences' book

giustizia [dʒus·'tit·tsia] <-ie> f ① (*equità*) justice; **rendere ~ a qu** to do sb justice ② GIUR (*autorità giudiziaria*) law; **ricorrere alla ~** to take legal steps

giustiziare [dʒus·tit·'tsia:·re] vt to execute

giustiziato, -a [dʒus·tit·'tsia:·to] m, f executed person

giusto¹ ['dʒus·to] m right; **essere nel ~** to be in the right

giusto² I. adv ① (*esattamente*) correctly ② (*proprio*) exactly; **arrivare ~ in tempo** to arrive just in time ③ (*appena*) just II. interj (*in risposta*) right

giusto, -a adj ① (*equo*) just ② (*vero*) true ③ (*adeguato*) right ④ (*corretto*) correct

glaciale [gla·'tʃa:·le] adj ① (*gelato*) frozen ② fig (*accoglienza, sguardo*) icy

glaciazione [gla·tʃat·'tsio:·ne] f glaciation

gladiolo [gla·'di:·o·lo] m BOT gladiolus

glassa ['glas·sa] f (*per torte*) icing

glassare [glas·'sa:·re] vt (*torta*) to ice

gli [ʎi] I. art det m pl (*davanti a s impura, gn, pn, ps, x, z*) the II. pron pers 3. pers m sing ① (*a lui*) (to) him; (*a esso*) (to) it [*o* him]; (*a loro*) (to) them ② (*unito a la, le, li, lo, ne: a lei, a lui, a loro*) **non glielo dare** don't give it to him [*o* her] [*o* it] [*o* them]; **diglielo tu** you tell him [*o* her] [*o* it] [*o* them] it; **gliene parlerò domani** I'll talk to him [*o* her] [*o* it] [*o* them] about it tomorrow ③ (*unito a la, le, li, lo, ne: forma di cortesia: Lei*) to [*o* for] you

glicemia [gli·tʃe·'mi:·a] <-ie> f MED glycemia

glicerina [gli·tʃe·'ri:·na] f glycerine

glicine ['gli:·tʃi·ne] m BOT wisteria

gliela, gliele, glieli, glielo, gliene ['ʎe:·la, 'ʎe:·le, 'ʎe:·li, 'ʎe:·lo, 'ʎe:·ne] = **gli/le + la, le, li, lo, ne**

globale [glo·'ba:·le] adj ① (*totale*) total ② (*mondiale*) global

globalizzazione [glo·ba·lid·dzat·'tsio:·ne] f globalization

globo ['glɔ:·bo] m ① (*sfera*) globe ② ASTR ~ **celeste** celestial globe; ~ **terrestre** Earth

globulo ['glɔ:·bu·lo] m MED corpuscle

gloria ['glɔ:·ria] <-ie> f glory

gloriarsi [glo·'riar·si] vr ~ **di qc** (*vantarsi*) to take pride in sth

glorioso, -a [glo·'rio:·so] adj glorious

glossa ['glɔs·sa] f gloss

glossario [glos·'sa:·rio] <-i> m glossary

glottologia [glot·to·lo·'dʒi:·a] <-gie> f linguistics

glottologo, -a [glot·'tɔ:·lo·go] <-gi, -ghe> m, f linguist

glucosio [glu·'kɔ:·zio] <-i> m glucose

glutammato [glu·tam·'ma:·to] m glutamate

gluteo ['glu:·teo] m gluteus; **i -i** buttocks

glutine ['glu:·ti·ne] m gluten

gnocco ['ɲɔk·ko] <-cchi> m CULIN gnocco, *small potato dumpling eaten with pasta sauce*

gnomo ['ɲɔ:·mo] m gnome

gnorri ['ɲɔr·ri] m **fare lo ~** fam to look blank

goal [goul/gɔl] <-> m goal; **fare** [*o* **segnare**] **un ~** to score a goal

gobba ['gɔb·ba] f ① a. fam (*sulla schiena*) hump; **avere la ~** fam to be hunchbacked ② (*di naso*) bump

gobbo, -a ['gob·bo] I. adj ① (*che ha la gobba*) hunch-backed ② (*con le spalle curve*) round-shouldered; **stare ~** to be bent over II. m, f hunchback

goccia ['gɔt·tʃa] <-cce> f drop; **la ~ che fa traboccare il vaso** fig the straw that broke the camel's back; **fino all'ultima ~** to the last drop; **a ~** drop-shaped; **orecchini a ~** drop-earrings

goccio ['gɔt·tʃo] <-cci> m fam drop

gocciolare [got·tʃo·'la:·re] I. vt avere to drip II. vi essere *o* avere ① (*rubinetto, liquido*) to drip ② (*naso*) to run

godere [go·'de:·re] <godo, godei *o* godetti, goduto> I. vi ① (*provare piacere*) to enjoy; ~ **nel fare qc** to enjoy doing sth ②(*sessualmente*) to come ③(*beneficiare*) ~ **di qc** to benefit from sth; ~ **della fiducia di qu** to enjoy sb's trust II. *vt* to enjoy; ~ **ottima salute** to enjoy excellent health; **-rsi la vita/le vacanze** to enjoy life/one's holidays

godimento [go·di·'men·to] *m* ① *a.* GIUR enjoyment ②(*sessuale*) pleasure

goffaggine [gof·'fad·dʒi·ne] *f* awkwardness

goffo, -a ['gɔf·fo] *adj* ①(*impacciato: persona*) awkward ②(*sgraziato: movimento*) clumsy

gol [gɔl] *v.* **goal**

gola ['go:·la] *f* ①ANAT (*collo*) throat; **aver il mal di** ~ to have a sore throat ②(*vizio*) gluttony; **peccati di** ~ sins of gluttony; **far** ~ **qu** *fig* to tempt sb ③GEOG gorge

golf [gɔlf] <> *m* ①SPORT golf; **giocare a** ~ to play golf ②(*maglione*) sweater

golfo ['gol·fo] *m* gulf; **guerra del Golfo** Gulf War

golosità [go·lo·si·'ta] <> *f* ①(*ghiottoneria*) gluttony ②(*leccornia*) delicacy

goloso, -a [go·'lo:·so] I. *adj* ①(*ghiotto: persona*) greedy ②(*appetitoso: cibo*) delicious II. *m, f* glutton

golpe ['gɔl·pe] <> *m* coup

golpista [gol·'pis·ta] <-i *m,* -e *f*> *mf* member of a coup

gomitata [go·mi·'ta:·ta] *f* shove with the elbow

gomito ['go:·mi·to] *m* ANAT elbow; **alzare il** ~ *fig* to drink a lot

gomitolo [go·'mi:·to·lo] *m* ball

gomma ['gom·ma] *f* ①(*materiale*) rubber; ~ **americana** [*o* **da masticare**] chewing gum ②*fam* (*pneumatico*) tire; **cambiare una** ~ to change a tire; **forare una** ~ to have a flat ③(*per cancellare*) eraser

gommato, -a [gom·'ma:·to] *adj* (*tela*) rubberized; (*carta*) gummed

gommista [gom·'mis·ta] <-i *m,* -e *f*> *mf* tire specialist

gommone [gom·'mo:·ne] *m* NAUT rubber dinghy

gommoso, -a [gom·'mo:·so] *adj* rubbery

gondoliere [gon·do·'liɛ:·re] *m* gondolier

gonfiabile [gon·'fia:·bi·le] *adj* inflatable

gonfiare [gon·'fia:·re] I. *vt* ①(*pallone, materassino*) to inflate; (*gomma*) to pump up; (*vele*) to fill; (*guance*) to puff out ②(*dilatare: stomaco*) to bloat ③*fig* (*notizia*) to blow out of proportion II. *vr:* **-rsi** ①(*mani, piedi, occhi*) to swell (up); (*occhi*) to puff up ②(*dilatarsi*) to get bloated

gonfiato, -a [gon·'fia:·to] *adj* inflated; **un pallone** ~ *fig, pej* a bighead

gonfio, -a ['gon·fio] <-i, -ie> *adj* ①(*mani, piedi*) swollen; (*occhi*) puffy ②(*stomaco, pancia*) bloated ③(*vela*) full; **andare a -ie vele** (*progetto*) to go really well

gonfiore [gon·'fio:·re] *m* swelling

gonna ['gon·na/'gɔn·na] *f* skirt; ~ **a pieghe** pleated skirt; ~ **pantalone** culottes *pl*

googlare [gu·g'la:·re] <googlo, googli> *vt* to google

google® ['gu·gel] *m* INET Google® *n*; **fare una ricerca su** ~ to do research at Google®; **cercare qu/qc su** ~ to google sb/sth

gorgo ['gor·go] <-ghi> *m* whirlpool

gorgogliare [gor·goʎ·'ʎa:·re] *vi* to gurgle

gorgonzola [gor·gon·'dzɔ:·la] *m* gorgonzola, *a blue-veined cheese*

gorilla [go·'ril·la] <> *m* ①ZOO gorilla ②*fig* bodyguard

Gorizia *f* Gorizia, *town in the Friuli Venezia Giulia region*

goriziano, -a *I. adj* from Gorizia II. *m, f* (*abitante*) person from Gorizia

gotico ['go:·ti·ko] *adj* Gothic

gotico, -a ['gɔ:·ti·ko] <-ci, -che> *adj* Gothic

goto ['gɔ:·to] *m* HIST Goth

gotta ['got·ta] *f* MED gout

governante [go·ver·'nan·te] I. *mf* POL ruler II. *f* (*di casa, albergo*) housekeeper

governare [go·ver·'na:·re] I. *vt* ❶ (*amministrare*) to govern ❷ (*guidare: famiglia, azienda*) to run ❸ (*nave, veicolo*) to handle II. *vr:* **-rsi** to govern oneself

governativo, -a [go·ver·na·'ti:·vo] *adj* government

governatore, -trice [go·ver·na·'to:·re] *m, f* governor

governo [go·'vεr·no] *m* POL government; ~ **fantasma** shadow cabinet; ~ **di coalizione** coalition government

gozzo ['got·tso] *m* MED goiter

GR *m abbr di* **Giornale Radio** (radio) news bulletin; **il ~ 1** the news bulletin on Radio 1

gracchiare [grak·'kia:·re] *vi* (*corvo*) to caw

gracidare [gra·tʃi·'da:·re] *vi* (*rana*) to croak

gracile ['gra:·tʃi·le] *adj* ❶ (*esile*) slender ❷ (*debole*) frail

gracilità [gra·tʃi·li·'ta] <-> *f* ❶ (*esilità*) slenderness ❷ (*debolezza*) frailty

gradasso [gra·'das·so] *m pej* braggart; **fare il ~** to bluster

gradatamente [gra·da·ta·'men·te] *adv* gradually

gradazione [gra·dat·'tsio:·ne] *f* ❶ (*di vino, liquore*) percent; ~ **alcolica** alcohol content ❷ (*di colori, luci*) shade

gradevole [gra·'de:·vo·le] *adj* pleasant

gradimento [gra·di·'men·to] *m* ❶ (*soddisfacimento*) liking ❷ (*accettazione*) (*customer*) satisfaction; **indice di ~** TV, RADIO popularity rating

gradinata [gra·di·'na:·ta] *f* (*scalinata*) flight of stairs; (*di stadio*) terraces *pl;* (*tiers*)

gradino [gra·'di:·no] *m* step

gradire [gra·'di:·re] <gradisco> *vt* ❶ (*apprezzare*) to appreciate ❷ (*desiderare*) to like; **gradisci un caffè?** would you like a coffee?

grado ['gra:·do] *m* ❶ MATH, FIS, GEO degree ❷ (*in una graduatoria*) place; **interrogatorio di terzo ~** the third degree; **ustioni di terzo ~** third-degree burns ❸ (*di parentela*) **una cugina di primo/secondo ~** a first/second cous-

in ❹ (*stadio*) phase; **al massimo ~** to the highest degree ❺ MIL rank ❻ LING form; ~ **comparativo** comparative form ❼ (*loc*) **essere in ~ di fare qc** to be able to do sth; **di buon ~** willingly

graduale [gra·du·'a:·le] *adj* gradual

gradualmente [gra·dual·'men·te] *adv* gradually

graduato [gra·du·'a:·to] *m* MIL non-commissioned officer

graduato, -a *adj* (*lente, scala*) graduated; (*esercizio*) graded

graduatoria [gra·dua·'tɔː·ria] <-ie> *f* list

graffetta [graf·'fet·ta] *f* (*per fogli*) paper clip

graffettatrice [graf·fet·ta·'tri:·tʃe] *f* stapler

graffiare [graf·'fia:·re] I. *vt* to scratch II. *vr:* **-rsi** to scatch oneself

graffio ['graf·fio] <-i> *m* scratch

graffitaro, -a [graf·fit·'ta·ro] *m, f* graffiti artist

graffito [graf·'fi:·to] *m* graffito; **i -i** graffiti

grafia [gra·'fi:·a] <-ie> *f* ❶ (*modo di scrivere*) handwriting ❷ (*ortografia*) spelling

grafica ['gra:·fi·ka] <-che> *f* ❶ *a.* COMPUT (*arte*) graphics ❷ (*opera*) graphic work

grafico ['gra:·fi·ko] <-ci> *m* graph

grafico, -a <-ci, -che> I. *adj* graphic II. *m, f* (*tecnico*) graphic designer

grafologia [gra·fo·lo·'dʒi:·a] <-gie> *f* graphology

gramigna [gra·'miɲ·ɲa] *f* BOT Bermuda grass; **crescere come la ~** *fig* to grow like weeds

graminacee [gra·mi·'na:·tʃee] *fpl* grasses

grammatica [gram·'ma:·ti·ka] <-che> *f* grammar

grammaticale [gram·ma·ti·'ka:·le] *adj* grammatical

grammo ['gram·mo] *m* (*unità di misura*) gram

grammofono [gram·'mɔː·fo·no] *m* gramophone

G

G

gran [gran] v. **grande** I.

grana[1] ['gra:·na] f ① sl (denaro) dough ② fig, fam (guaio) problem; **piantare una ~ -e** a load of problems; **avere -e con la giustizia** to have trouble with the law

grana[2] <-> m CULIN grana, a cheese similar to Parmesan

granaio [gra·'na:·io] <-ai> m (deposito) barn; (per il grano) granary

granata [gra·'na:·ta] f (bomba) grenade

Gran Bretagna ['gram bre·'tan·na] f Great Britain; **la ~** Great Britain; **abitare in ~** to live in Great Britain; **andare in ~** to go to Great Britain

granchio ['gran·kio] <-chi> m ① ZOO crab ② fig (sbaglio) mistake; **prendere un ~** to make a mistake

grand' [grand] v. **grande** I.

grandangolare [gran·dan·go·'la:·re] m FOTO wide-angle lens

grande ['gran·de] <più grande o maggiore, grandissimo o massimo o sommo> I. adj ① (vasto) big; (largo) wide ② (alto: persona) tall; (montagna) high; **come ti sei fatto ~!** you've really grown! ③ (di età) big; (adulto) grown-up; **sono piu ~ di lui** I'm older than him ④ fig (bravo) brilliant ⑤ (intenso) great ⑥ (rafforzativo) **una gran bella donna** a really good-looking woman II. mf ① (adulto) grown-up ② (chi eccelle) great person III. m **fare le cose in ~** to do things on a grand scale

grandezza [gran·'det·tsa] f ① FIS, MATH quantity ② (dimensione) size; **a ~ naturale** life-size ③ fig (nobiltà) greatness; **~ d'animo** magnanimity ④ fig (sfarzo) grandeur; **mania di ~** delusions of grandeur pl

grandinare [gran·di·'na:·re] vi essere o avere METEO to hail

grandinata [gran·di·'na:·ta] f METEO hailstorm

grandine ['gran·di·ne] f METEO hail

grandioso, -a [gran·'dio:·so] adj (imponente) grandiose; (grosso) huge

granello [gra·'nɛl·lo] m a. fig (di sale, sabbia) grain; (di polvere) speck; **un ~**

di pepe a peppercorn; **un ~ di buon senso** an ounce of common sense

granita [gra·'ni:·ta] f a kind of crushed ice drink which can be of different flavors

granito [gra·'ni:·to] m MIN granite

grano ['gra:·no] m ① BOT (frumento) wheat; **~ saraceno** buckwheat ② (chicco) grain; **un ~ di pepe** a peppercorn; **un ~ di caffè** a coffee bean

gran(o)turco [gran(o)·'tur·ko] <-chi> m corn

granulare [gra·nu·'la:·re] adj granular

granuloso, -a [gra·nu·'lo:·so] adj granular

grappa ['grap·pa] f CULIN grappa, a spirit distilled from wine residues

grappolo ['grap·po·lo] m bunch; **un ~ d'uva** a bunch of grapes

grassetto [gras·'set·to] m bold

grasso ['gras·so] m ① a. CULIN fat; **~ animale/vegetale** animal/vegetable fat ② (sostanza untuosa) grease; **~ per lubrificare** lubricating grease

grasso, -a adj ① (persona) fat ② (pelle, capelli) greasy ③ (carne, formaggio, brodo) fatty; (cucina, cibo) rich ④ BOT **piante -e** succulent plants

grassoccio, -a [gras·'sɔt·tʃo] <-cci, -cce> adj plump

grassone, -a [gras·'so:·ne] m, f fat person

grata ['gra:·ta] f grating

graticola [gra·'ti:·ko·la] f CULIN grill

gratifica [gra·'ti:·fi·ka] <-che> f COM (compenso) bonus; **~ natalizia** Christmas bonus

gratificante [gra·ti·fi·'kan·te] adj rewarding

gratificazione [gra·ti·fi·kat·'tsio:·ne] f reward

gratin [gra·'tɛ̃] <-> m CULIN gratin; **al ~** au gratin

gratinare [gra·ti·'na:·re] vt to cook au gratin

gratis ['gra:·tis] adv free of charge

gratitudine [gra·ti·'tu:·di·ne] f gratitude

grato, -a ['gra:·to] adj (riconoscente)

grateful; **essere ~ a qu per** [*o* **di**] **qc** to be grateful to sb for sth

grattacapo [grat·ta·'ka:·po] *m fam* headache

grattacielo [grat·ta·'tʃɛ:·lo] *m* skyscraper

gratta e vinci ['grat·ta e 'vin·tʃi] <-> *m* scratchcard

grattare [grat·'ta:·re] I. *vt* ❶ (*pelle*) to scratch ❷ (*grattugiare: formaggio*) to grate ❸ (*raschiare*) to scrape II. *vi* (*produrre rumore metallico*) to screech III. *vr:* **-rsi** to scratch oneself

grattata [grat·'ta:·ta] *f* ❶ *fam* MOT grinding of the gears ❷ CULIN (*di tartufo, formaggio*) shaving

grattugia [grat·'tu:·dʒa] <-gie> *f* grater

grattugiare [grat·tu·'dʒa:·re] *vt* to grate

gratuito, -a [gra·'tu:i·to/gra·tu·'i:·to] *adj* ❶ (*gratis*) free; **biglietto ~** free ticket ❷ *fig* (*arbitrario*) gratuitous

gravare [gra·'va:·re] I. *vt* ❶ (*caricare*) **~ il peso di qc su qc** to rest the weight of sth on sth ❷ *fig* (*di tasse, costi*) **~ qu/qc di qc** to burden sb/sth with sth II. *vi* **~ su qu/qc** (*pesare*) to weigh on sb/sth; *fig* to lie on sb/sth

grave ['gra:·ve] *adj* ❶ (*importante*) grave ❷ (*serio*) serious ❸ (*solenne*) solemn ❹ MUS (*suono, nota*) low ❺ LING (*accento*) grave

gravidanza [gra·vi·'dan·tsa] *f* pregnancy

gravido, -a ['gra:·vi·do] *adj* pregnant

gravità [gra·vi·'ta] <-> *f* ❶ FIS **forza di ~** force of gravity ❷ *fig* (*di situazione, malattia*) seriousness

gravitazione [gra·vi·tat·'tsio:·ne] *f* gravitation

gravoso, -a [gra·'vo:·so] *adj a. fig* heavy

grazia ['grat·tsia] <-ie> *f* ❶ (*armonia, delicatezza*) grace ❷ (*gentilezza*) graciousness; **con ~** graciously ❸ (*benevolenza*) favor ❹ REL grace; **colpo di ~** *fam* last straw ❺ GIUR pardon; **concedere la ~ a qu** to pardon sb

graziare [grat·'tsia:·re] *vt* GIUR to pardon

graziato, -a [grat·'tsia:·to] I. *adj* GIUR pardoned person II. *m, f* pardoned person

grazie ['grat·tsie] *interj* thank you; **tante ~!** thank you very much!; **~ mille!** thank you very much indeed!; **sì/no, ~** yes/no thanks; **~ a** thanks to; **~ a Dio/al cielo** thank God/heavens

grazioso, -a [gra·'tsio:·so] *adj* ❶ (*bello*) beautiful ❷ (*piacevole*) charming

Grecia ['grɛ:·tʃa] *f* Greece; **la ~** Greece

greco ['grɛ:·ko] <*sing*> *m* LING Greek; **~ antico/moderno** ancient/modern Greek

greco, -a <-ci, -che> *adj, m, f* Greek

gregario, -a <-i, -ie> *adj* ❶ (*mentalità, spirito*) herd ❷ ZOO gregarious

gregge ['gred·dʒe] <*pl:* -i *f*> *m* ZOO (*di pecore*) flock

greggio ['gred·dʒo] *m* crude oil

grembo ['grɛm·bo/'grem·bo] *m* ❶ (*ventre materno*) womb ❷ (*incavo*) lap; **in grembo** on one's lap

gremire [gre·'mi:·re] <gremisco> I. *vt* to pack II. *vr* **-rsi di** to be packed with

gretto, -a ['gret·to] *adj* mean

greve ['grɛ:·ve] *adj* oppressive

gridare [gri·'da:·re] I. *vi* (*urlare*) to shout; (*strillare*) to scream II. *vt* to shout; **~ aiuto** to cry for help

grido ['gri:·do] <*pl:* -a *f*> *m* ❶ (*urlo*) shout; (*strillo*) scream ❷ *fig* (*moda*) fashion; **di ~** fashionable; **essere l'ultimo ~** to be the latest thing

grifone [gri·'fo:·ne] *m* griffon

grigio ['gri:·dʒo] <-gi> *m* gray

grigio, -a <-gi, -gie> *adj* (*colore*) gray; **~ cenere** ash gray

griglia ['griʎ·ʎa] <-glie> *f* ❶ CULIN grill; **pollo/bistecca alla ~** grilled chicken/steak ❷ MOT grille

grill [gril] <-> *m* ❶ (*griglia*) grill ❷ *fam* (*ristorante*) highway restaurant

grilletto [gril·'let·to] *m* trigger; **premere il ~** to pull the trigger

grillo ['gril·lo] *m* ZOO cricket

grinta ['grin·ta] *f fig* (*di persona*) determination

grinza ['grin·tsa] *f* ❶ (*di vestito*) crease;

(di calze, pelle) wrinkle ② non fare una ~ (vestito) to fit like a glove; fig to be faultless

grinzoso, -a [grin·'tso·so] adj (vestito) creased; (pelle, volto) wrinkled

grippare [grip·'pa:·re] vi MOT to jam

grissino [gris·'si:·no] m CULIN breadstick; è magro come un ~ fig he's as thin as a rail

groenlandese [gro·en·lan·'de:·se] adj, mf Greenlander

G Groenlandia [gro·en·'lan·dia] f Greenland; la ~ Greenland

grondaia [gron·'da:·ia] <-aie> f gutter

grondare [gron·'da:·re] I. vi to pour; ~ di sudore to drip with sweat II. vt to pour

groppa ['grɔp·pa] f (dorso) back; salire in ~ a un cavallo to mount a horse

grossetano, -a I. adj from Grosseto II. m, f (abitante) person from Grosseto

Grosseto f Grosseto, town in Tuscany

grossista [gros·'sis·ta] <-i m, -e f> mf wholesaler

grosso ['grɔs·so] m (maggior parte) majority; sbagliarsi di ~ fam to be very wrong

grosso, -a adj ① (grande) big ② (spesso) thick; sale ~ coarse salt ③ (robusto) big ④ fig (autorevole) important; un pezzo ~ fig a big shot ⑤ (notevole: somma, guadagno) large; (affare, successo, occasione) big ⑥ (grave: errore) serious ⑦ (agitato) mare ~ rough sea

grossolano, -a [gros·so·'la:·no] adj ① (rozzo: persona, modi) coarse ② (grande: errore) huge

grossomodo [gros·so·'mɔ:·do] adv more or less

grotta ['grɔt·ta] f cave

grottesco, -a <-schi, -sche> adj ridiculous

groviera [gro·'viɛː·ra] <-> m o f CULIN gruyère cheese

groviglio [gro·'viʎ·ʎo] <-gli> m (di fili, cavi, tubi) tangle

gru [gru] <-> f ZOO, TEC crane

gruccia ['grut·tʃa] <-cce> f ① (stampella) crutch; camminare con le -cce to walk with crutches ② (per abiti) hanger

grugnire [gruɲ·'ɲi:·re] <grugnisco> vi to grunt

grugnito [gruɲ·'ɲi:·to] m grunt

grumo ['gru:·mo] m (di sangue) clot; (di farina) lump

gruppo ['grup·po] m (gener) group; lavoro di ~ teamwork; ~ sanguigno blood type; ~ finanziario financial group

gruviera [gru·'viɛː·ra] v. groviera

gruzzolo ['grut·tso·lo] m fam tidy sum of money

GSM m abbr di Global System for Mobile communication GSM

G.U. v. Gazzetta Ufficiale Official Gazette, newspaper published by the government containing all new laws

guadagnare [gua·daɲ·'ɲa:·re] I. vt ① (denaro) to earn; tanto di guadagnato fig so much the better ② a. fig to gain; ~ tempo to gain time; ~ terreno to gain ground ③ (raggiungere: vetta) to reach II. vi to earn; ~ per vivere to have to work for a living

guadagno [gua·'daɲ·ɲo] m profit; ~ lordo/netto gross/net profit

guadare [gua·'da:·re] vt to wade

guaio ['gua:·io] <-ai> m (disgrazia) trouble; ficcarsi nei -ai fam to get into trouble; passare un ~ to go through a rough patch ② (fastidio) nuisance; che ~! what a nuisance!

guaire [gua·'i:·re] vi to whine

guaito [gua·'i:·to] m whine

guancia ['guan·tʃa] <-ce> f ANAT cheek

guanciale [guan·'tʃa:·le] m pillow

guanto ['guan·to] m glove; trattare qu coi -i to handle sb with kid gloves

guantone [guan·'to:·ne] m boxing glove

guardaboschi [guar·da·'bos·ki] <-> m forester

guardacaccia [guar·da·'kat·tʃa] <-> m gamekeeper

guardacoste [guar·da·'kɔs·te] <-> m coastguard

guardalinee [guar·da·'li:·nee] <-> m (*nel calcio*) assistant referee

guardare [guar·'da:·re] I. vt ① (*vedere*) to look at; **guarda!** look!; ~ **la televisione** to watch television; ~ **un film** to watch a film; **stare a** ~ to stand and stare ② (*vigilare su*) to look after II. vi ① (*fare in modo*) ~ **di fare qc** to try to do sth ② (*edificio, finestra*) ~ **su qc** to look onto sth; **le finestre guardano a sud** the windows face South III. vr: ~rsi ① (*osservarsi*) to look at oneself; (*reciproco*) to look at each other ② (*stare in guardia*) ~rsi **da qc** to be wary of sth

guardaroba [guar·da·'rɔ:·ba] <-> m ① (*armadio, indumenti*) wardrobe ② (*stanza*) coatroom

guardia ['guar·dia] <-ie> f ① (*attività*) guard duty; **cane da** ~ guard dog; **essere di** ~ (*soldato*) to be on guard duty; (*medico*) to be on call; **fare la** ~ to keep watch; ~ **medica** first-aid station; **medico di** ~ doctor on call ② (*sentinella*) guard; **cambio della** ~ a. fig changing of the guard ③ (*persona*) guard; ~ **forestale** forest ranger; ~ **giurata** security guard; ~ **del corpo** bodyguard; **giocare a** ~ -**ie e ladri** to play cops and robbers ④ (*corpo armato*) guard; ~ **di finanza** Customs, *a military body which investigates financial crimes* ⑤ loc in ~! on guard!; **mettere qu in** ~ to put sb on their guard; **mettersi/stare in** ~ to put sb/be on one's guard

guardiano, -a [guar·'dia:·no] m, f ① (*di edificio*) caretaker ② (*di zoo*) keeper

guardingo, -a [guar·'diŋ·go] <-ghi, -ghe> adj wary

guardone [guar·'do:·ne] m peeping Tom

guarigione [gua·ri·'dʒo:·ne] f recovery

guarire [gua·'ri:·re] <guarisco> I. vt avere ① (*ferita*) to heal; (*malattia*) to cure ② (*persona, animale*) to cure; ~ **qu da qc** a. fig to cure sb of sth II. vi essere ① (*ferita*) to heal; (*malattia*) to disappear ② (*persona, animale*) to recover; ~ **da qc** to recover from sth

guaritore, -trice [gua·ri·'to:·re] m, f healer

guarnire [guar·'ni:·re] <guarnisco> vt ① (*indumento, tovaglia*) to trim ② (*piatto, pietanza*) to garnish

guarnizione [guar·nit·'tsio:·ne] f ① TEC washer ② TEC gasket; (*dei freni*) lining ③ (*di indumento, tenda*) trimming ④ CULIN garnish

guastafeste [guas·ta·'fɛs·te] <-> mf spoilsport

guastare [guas·'ta:·re] I. vt (*meccanismi, strada*) to damage; (*tempo*) to change for the worse; (*serata, vacanza*) to spoil II. vr: ~rsi (*tempo*) to change for the worse; (*computer, meccanismo*) to go wrong; (*cibi*) to go off; (*rapporti*) to break down

guasto ['guas·to] m TEC, MOT breakdown; ~ **al motore** engine failure

guasto, -a adj ① (*rotto*) broken; **il motore è** ~ the engine has failed; **l'ascensore è** ~ the elevator is out of order ② (*frutta, uova*) rotten

guercio, -a ['guɛr·tʃo] <-ci, -ce> adj cross-eyed

guerra ['guɛr·ra] f a. fig MIL, POL, COM (*conflitto*) war; ~ **civile** civil war; ~ **fredda** Cold War; ~ **atomica** atomic war; ~**e stellari** star wars; **la prima/seconda** ~ **mondiale** the First/Second World War; **entrare in** ~ to go to war; **essere in** ~ **con qu** to be at war with sb; **la** ~ **contro la droga/criminalità** the war on drugs/crime ② (*tecnica*) warfare; ~ **chimica** chemical warfare; ~ **lampo** blitzkrieg

guerriero, -a [guer·'riɛ:·ro] m, f warrior

guerriglia [guer·'riʎ·ʎa] <-glie> f guerilla (warfare)

guerrigliero, -a [guer·riʎ·'ʎɛː·ro] m, f guerrilla

gufo ['gu:·fo] m ZOO owl

guglia ['guʎ·ʎa] <-glie> f ARCHIT spire

guida ['gui:·da] f ① MOT driving; **scuola** ~ driving school; **patente di** ~ driver's license; **posto di** ~ driving seat ② (*libro*) guide; ~ **telefonica** tele-

G

phone directory; **~ turistica** guidebook
❸ (*persona*) guide; **fare da ~ a qu** (*la
strada*) to show sb the way; (*un posto*)
to show sb the sights; **~ turistica**
guide

guidare [gui·'da:·re] *vt* ❶ (*veicolo*) to
drive; **non sa ~** he [*o she*] can't drive
❷ **~ qu** (*far da guida a*) to show sb
around ❸ (*indirizzare*) to guide ❹ SPORT
(*classifica*) to head ❺ (*capeggiare:
gruppo, rivolta*) to lead

guidatore, -trice [gui·da·'to:·re] *m, f*
driver

guinzaglio [guin·'tsaʎ·ʎo] <-gli> *m*
leash

guizzare [guit·'tsa:·re] *vi* essere (*pesce,
serpente, persona*) to dart; (*fiamme*) to
flicker

guizzo ['guit·tso] *m* (*di pesce, serpente,
persona*) dart; (*di fiamme*) flicker

guscio ['guʃ·ʃo] <-sci> *m* ❶ ZOO shell
❷ BOT (*di piselli*) pod; (*di noce*) nutshell

gustare [gus·'ta:·re] I. *vt* ❶ CULIN (*provare*) to taste ❷ (*assaporare*) to enjoy
II. *vr:* **-rsi** to enjoy

gusto ['gus·to] *m* ❶ (*sapore*) flavor;
al ~ di lampone raspberry-flavored
❷ (*senso*) taste ❸ (*piacere*) pleasure;
mangiare/ridere di ~ to eat/laugh
heartily; **prenderci ~** to get a taste for
sth ❹ (*eleganza*) taste; **avere buon ~**
to have good taste; **vestire con ~** to
dress tastefully; **uno scherzo di pessimo ~** a joke in the worst possible taste
❺ (*preferenza*) taste; **è questione di ~**
it's a question of tastes; **non è di mio ~**
it's not to my taste

gustoso, -a [gus·'to:·so] *adj* ❶ CULIN
tasty ❷ *fig* (*divertente*) amusing

gutturale [gut·tu·'ra:·le] *adj* guttural

Hh

H, h ['akka] <-> *f* H, h; **~ come hotel** H
for Hotel

h ❶ *abbr di* **ora** h, *hour* ❷ *abbr di* **etto**
100 g.

ha *abbr di* **ettaro** hectare

ha [a] *3. pers sing pr di* **avere**[1]

habitat ['a:·bi·tat] <-> *m* ❶ BIO habitat
❷ *fig* (*ambiente adatto*) setting

handicap ['hæn·di·kæp, 'ɛn·di·kap]
<-> *m* ❶ MED disability ❷ SPORT handi-
cap

handicappato, -a [an·di·kap·'pa:·to]
I. *adj* MED disabled II. *m, f* MED disabled
person

hanno ['an·no] *3. pers pl pr di* **avere**[1]

happening ['hæ·pə·nin, 'ɛp·pe·nin(g)]
<-> *m* event

hardware ['ha:d·wɛ·ə, 'ard·wer] <-> *m*
COMPUT hardware

hascisc [aʃ·'ʃiʃ] <-> *m* hashish

help [help, ɛlp] <-> *m* COMPUT help

henna ['ɛn·na] *f* henna

herpes ['ɛr·pes] <-> *m* herpes

hertz [(h)ɛrts] <-> *m* hertz

hg *abbr di* **ettogrammo** 100 g.

hi-fi ['hai·fai, 'ai·fai] *m abbr di* **high-fidelity** hi-fi

hippy ['hi·pi, 'ip·pi] <-> *mf, adj* hippie

hit-parade ['(h)it pə·'reid] <-> *f* MUS
charts *pl*; **entrare nella ~** to hit the
charts

hl *abbr di* **ettolitro** hectoliter

ho [ɔ] *1. pers sing pr di* **avere**[1]

hobby ['hɔ·bi, 'ɔb·bi] <-> *m* hobby

hockey ['hɔ·ki, 'ɔ·kei] <-> *m* hockey;
~ su prato field hockey; **~ sul ghiaccio**
ice hockey

hostess ['ɔs·tes] <-> *f* ❶ (*assistente di
volo*) flight attendant ❷ (*accompagnatrice*) hostess

hotel [o·'tɛl] <-> *m* hotel

HTML *abbr di* **Hypertext Markup Language** COMPUT HTML

humour [ˈhjuːmə, ˈjuːmor] <-> *m* humor

humus [ˈumˑus] <-> *m* ❶ BOT humus ❷ *fig* soil

Hz *abbr di* **hertz** Hz

I, i [i] <-> *f* I; ~ **come Imola** I for Item; ~ **lunga** j

i *art m pl* (*dav a consonante, che non sia a s+consonante, gn, ps, x, y, z*) the

ibrido [ˈiːbriˑdo] *adj, m a. fig* ZOO, BOT hybrid

icona [iˈkɔːna] *f a. fig* COMPUT, REL icon

id. *abbr di* **idem**

idea [iˈdɛːa] <-ee> *f* idea; **neanche per ~!** not on your life!; **cambiare ~** to change one's mind; **essere dell'~ che ...** +*cong* to think that ...; **m'è venuta** [*o* **ho**] **un'~!** I've had an idea!

ideale [iˈdeˑaːle] *adj, m* ideal; **l'~ sarebbe ...** the ideal thing would be ...

idealista [iˈdeˑaˈlisˑta] <-i *m*, -e *f*> *mf* (*sognatore*) idealist

idealizzare [iˈdeˑaˈlidˈdzaːre] *vt* to idealize

idealmente [iˈdeˑalˈmenˑte] *adv* ideally

ideare [iˈdeˈaːre] *vt* (*inventare*) to think up

idem [ˈiːdem] <-> *adv inf* likewise; ~ **come sopra** just the same

identico, -a [iˈdɛnˑtiˑko] <-ci, -che> *adj* (*uguale*) identical; **lo stesso ~** the very same

identificare [iˈdenˑtiˑfiˈkaːre] I. *vt* to identify II. *vr:* **-rsi; -rsi con qu** to identify with sb

identità [iˈdenˑtiˑta] <-> *f* (*di persona*) identity; **carta d'~** identity card

ideologia [iˈdeˑoˑloˈdʒiːa] <-gie> *f* ideology

idilliaco, -a [iˈdilˈliːaˑko] <-ci, -che> *adj* (*romantico*) idyllic

idioma [iˈdiɔːma] <-i> *m* (*lingua*) language

idiomatico, -a [iˈdioˈmaːtiˑko] <-ci, -che> *adj* idiomatic

idiota [iˈdiɔːta] <-i *m*, -e *f*> I. *adj* (*stupido*) idiotic II. *mf* (*persona*) idiot

idiozia [iˈdiotˈtsiːa] <-ie> *f* ❶ (*stupidità*) idiocy ❷ (*cosa stupida*) idiotic thing

idolo [ˈiːdoˑlo] *m a. fig* idol

idoneo, -a [iˈdɔːneˑo] <-ei, -eei> *adj* ❶ (*persona*) fit; **essere ~ a qc** to be fit for sth ❷ (*cosa*) suitable

idrante [iˈdranˑte] *m* (*per incendi*) fire hydrant

idratante [iˈdraˈtanˑte] *adj* (*crema, lozione*) moisturizing

idratare [iˈdraˈtaːre] *vt* (*pelle, viso*) to moisturize

idraulico, -a [iˈdraːuˑliˑko] <-ci, -che> I. *adj* (*freno, pompa*) hydraulic; **impianto ~** plumbing II. *m, f* (*artigiano*) plumber

idroelettrico, -a [iˈdroˑeˈlɛtˈtriˑko] <-ci, -che> *adj* (*centrale, bacino*) hydroelectric

idrogeno [iˈdrɔːdʒeˑno] *m* CHIM hydrogen

idrorepellente [iˈdroˑreˑpelˈlɛnˑte] *adj* (*materiale, sostanza*) waterproof

iena [ˈiɛːna] *f* (*animale*) hyena

ieri [ˈiɛːri] *adv, m* yesterday; ~ **l'altro** the day before yesterday; ~ **mattina/ pomeriggio/sera** yesterday morning/afternoon/evening; ~ **notte** last night; ~ **a mezzogiorno** midday yesterday

igiene [iˈdʒɛːne] *f* (*pulizia*) cleanliness;

~ **personale** personal hygiene; ~ **mentale** mental health

igienico [i·'dʒe·ni·ko] <-ci, -che> *adj* ❶ (*della salute*) healthy ❷ (*della pulizia*) hygienic; **carta -a** toilet paper

ignaro, -a [iɲ·'na·ro] *adj* **essere ~ di qc** to be unaware of sth

ignobile [iɲ·'ɲɔː·bi·le] *adj* despicable

ignorante [iɲ·po·'ran·te] **I.** *adj* ❶ (*gener*) ignorant; **essere ~ in qc** to be ignorant about sth ❷ *inf* (*maleducato*) rude **II.** *mf* ❶ (*incolto*) ignoramus ❷ (*maleducato*) hood

ignoranza [iɲ·po·'ran·tsa] *f* ❶ (*mancanza d'istruzione*) ignorance ❷ *inf* (*maleducazione*) rudeness

ignorare [iɲ·po·'ra·re] **I.** *vt* ❶ (*non sapere*) to not know ❷ (*non considerare*) to ignore **II.** *vr*: **-rsi** to ignore each other

ignoto[1] [iɲ·'ɲɔː·to] <*sing*> *m* **l'~** the unknown

ignoto[2] *adj* (*sconosciuto*) unknown; **di autore ~** anonymous

il [il] *art m sing* (*dav a consonante, che non sia a s+consonante, gn, ps, x, y, z*) the; **~ ragazzo** the boy; **~ Lussemburgo** Luxembourg; **preferisco ~ caffè** I prefer coffee; **ha ~ naso grande** he [*o* she] has a big nose; **Mario vive con ~ fratello** Mario lives with his brother

illecito[1] [il·'le·ʧi·to] *adj* (*comportamento, guadagno*) unlawful

illecito[2] *m* GIUR offense; **~ civile/penale** civil/criminal offense

illegale [il·le·'ga·le] *adj* (*attività, operazione*) illegal

illeggibile [il·led·'dʒiː·bi·le] *adj* (*firma, scrittura*) illegible

illegittimo, -a [il·le·'dʒit·ti·mo] *adj* illegitimate

illeso, -a [il·'le·zo] *adj* ❶ (*persona*) unharmed ❷ (*cosa*) intact

illimitato, -a [il·li·mi·'taː·to] *adj* ❶ (*spazio, tempo, risorsa*) unlimited ❷ (*fiducia*) infinite

illogico, -a [il·'lɔː·dʒi·ko] <-ci, -che> *adj* (*ragionamento, discorso*) illogical

illudere [il·'luː·de·re] <illudo, illusi, illu-

so> **I.** *vt* **~ qu** (**con qc**) to deceive sb (with sth) **II.** *vr*: **-rsi** to deceive oneself

illuminare [il·lu·mi·'naː·re] *vt a. fig* to light up; **~ qc a giorno** to floodlight sth

illuminazione [il·lu·mi·nat·'tsio·ne] *f* ❶ (*di ambiente, luogo*) lighting ❷ *fig, inf* (*intuizione, idea*) bright idea

illusi [il·'luː·zi] *1. pers sing pass rem di* **illudere**

illusione [il·lu·'zio·ne] *f* illusion; **farsi/ non farsi -i** to deceive/not deceive oneself

illuso, -a [il·'luː·zo] *pp di* **illudere**

illustrare [il·lus·'traː·re] *vt* to illustrate

illustrato, -a [il·lus·'traː·to] *adj* (*libro, rivista*) illustrated; **cartolina -a** picture postcard

illustrazione [il·lus·trat·'tsio·ne] *f* illustration

illustre [il·'lus·tre] *adj* (*celebre*) famous

imballaggio [im·bal·'lad·dʒo] <-ggi> *m* ❶ (*operazione*) packing ❷ (*contenitore*) pack

imballare [im·bal·'laː·re] *vt* (*merce, mobile*) to pack

imbarazzante [im·ba·rat·'tsan·te] *adj* (*domanda, situazione*) embarrassing

imbarazzo [im·ba·'rat·tso] *m* (*disagio*) embarrassment; **essere** [*o* **trovarsi**] [*o* **sentirsi**] **in ~** to be embarrassed; **mettere qu in ~** to embarrass sb; **avere l'~ della scelta** to be spoiled for choice

imbarcare [im·bar·'kaː·re] **I.** *vt* ❶ (*merce*) to load ❷ (*passeggeri*) to embark; **~ acqua** MAR to ship water **II.** *vr*: **-rsi** ❶ (*passeggero*) to embark; **-rsi su qc** to board sth ❷ **-rsi in qc** *fig* (*in avventura, impresa*) to embark on sth

imbarcazione [im·bar·kat·'tsio·ne] *f* boat; **~ a motore** motorboat; **~ a vela** sailing boat

imbarco [im·'bar·ko] <-chi> *m* (*di merci, passeggeri*) boarding; **carta d'~** boarding card

imbattersi [im·'bat·ter·si] *vr* ❶ **~ in qu** to run into sb ❷ **~ in qc** *fig* (*difficoltà*) to run up against sth

imbattibile [im·bat·'ti:·bi·le] *adj* unbeatable

imbattuto, -a [im·bat·'tu:·to] *adj* (*campione, record*) unbeaten

imbecille [im·be·'tʃil·le] *mf inf* idiot

imbianchino [im·bianŋ·'ki:·no] *m* (*operaio*) decorator

imboccare [im·bok·'ka:·re] *vt* ❶ (*persona*) to feed ❷ (*strada, uscita*) to take

imboccatura [im·bok·ka·'tu:·ra] *f* ❶ (*di bottiglia, tubo,*) mouth; (*di galleria, porto*) entrance ❷ (*di strumento*) mouthpiece

imbocco [im·'bok·ko] <-cchi> *m* (*di autostrada, tunnel*) entrance

imboscata [im·bos·'ka:·ta] *f* (*di guerriglieri*) ambush

imbranato, -a [im·bra·'na:·to] *adj inf* awkward

imbrattare [im·brat·'ta:·re] I. *vt* (*sporcare*) to dirty; **gli hai imbrattato la camicia di sugo!** you've got sauce on his shirt! II. *vr:* **-rsi** (*sporcarsi*) to get dirty; **-rsi la camicia di sugo** to get sauce on one's shirt

imbrigliare [im·briʎ·'ʎa:·re] *vt* (*cavallo*) to harness

imbrogliare [im·broʎ·'ʎa:·re] *vt* (*truffare*) to swindle

imbroglio [im·'brɔʎ·ʎo] *m* (*truffa*) swindle

imbroglione, -a [im·broʎ·'ʎo:·ne] *m, f* (*truffatore*) swindler

imbrunire <*sing*> *m* (*tramonto*) dusk; **all'~** at dusk

imbucare [im·bu·'ka:·re] *vt* (*lettera*) to mail

imbustamento [im·bus·ta·'men·to] *m* enveloping

imbuto [im·'bu:·to] *m* (*utensile*) funnel

imitare [i·mi·'ta:·re] *vt* ❶ (*modello, stile*) to imitate ❷ (*suono, voce, gesto*) to mimic; (*come caricatura*) to impersonate

imitazione [i·mi·tat·'tsio:·ne] *f* ❶ (*gener*) imitation ❷ (*di suono, voce, gesto*) mimicry; (*come caricatura*) impersonation

immaginabile [im·ma·dʒi·'na:·bi·le] *adj* (*pensabile*) conceivable

immaginare [im·ma·dʒi·'na:·re] *vt* ❶ (*raffigurarsi*) to imagine ❷ *inf* (*enfatico*) to imagine; **puoi ~ come mi sono sentito** you can just imagine how I felt; **Grazie! — S'immagini!** Thanks! — Don't mention it! ❸ (*ideare*) to think up ❹ (*credere, supporre*) to suppose

immaginario [im·ma·dʒi·'na:·rio] <-i, -ie> *adj* (*mondo, paura*) imaginary; (*personaggio*) fictitious; **malato ~** hypochondriac

immaginazione [im·ma·dʒi·nat·'tsio:·ne] *f* (*facoltà*) imagination

immagine [im·'ma:·dʒi·ne] *f* image; **essere l'~ di qu** to be the image of sb; **essere l'~ della salute** to be the picture of health

immancabile [im·manŋ·'ka:·bi·le] *adj* ❶ (*solito*) inevitable ❷ (*inevitabile*) certain

immane [im·'ma:·ne] *adj* (*fatica, lavoro*) huge

immangiabile [im·man·'dʒa:·bi·le] *adj* (*cibo*) inedible

immatricolare [im·ma·tri·ko·'la:·re] *vt* (*veicolo*) to register

immaturo, -a [im·ma·'tu:·ro] *adj* (*persona*) immature; **essere ~ per qc** to be too young for sth

immedesimarsi [im·me·de·zi·'ma:r·si] *vr* **~ in qu** to identify with sb

immediatamente [im·me·dia·ta·'men·te] *adv* immediately

immediato [im·me·'dia:·to] *adj* (*contatto, soccorso, reazione*) immediate

immenso, -a [im·'mɛn·so] *adj* ❶ (*spazio*) vast ❷ (*ricchezza, amore, dolore*) immense; (*folla*) huge

immergere [im·'mɛr·dʒe·re] <immergo, immersi, immerso> I. *vt* **~ qc in qc** (*liquido*) to dip sth in sth II. *vr:* **-rsi** ❶ (*in liquido, vasca*) to plunge ❷ (*in profondità*) to dive ❸ *fig* (*in pensieri, attività*) to immerse oneself

immersi [im·'mɛr·si] *1. pers sing pass rem di* **immergere**

immersione [im·mer·'sio:·ne] *f*

① (*atto*) dive; **corso di ~** diving course; **~ subacquea** scuba diving ② *fig* immersion; **~ totale** total immersion

immerso [im·ˈmɛr·so] *pp di* **immergere**

immettere [im·ˈmet·te·re] <immetto, immisi, immesso> *vt* ① (*liquido, gas, prodotto*) to introduce ② COMPUT (*dati*) to enter ③ (*strada, corridoio*) to lead

immigrato, -a [im·mi·ˈgra·to] *m, f* immigrant

immigrazione [im·mi·grat·ˈtsio·ne] *f* (*fenomeno, atto*) immigration

imminente [im·mi·ˈnɛn·te] *adj* (*pericolo, evento*) imminent

immisi [im·ˈmi·zi] *1. pers sing pass rem di* **immettere**

immobile [im·ˈmɔ·bi·le] **I.** *adj* ① (*persona, cosa*) motionless ② GIUR **bene ~** real estate **II.** *m* (*edificio*) property

immobiliare [im·mo·bi·ˈlia·re] *adj* (*mercato, patrimonio*) property; **agenzia/società ~** realtor; **proprietà ~** real estate

immondizia [im·mon·ˈdit·tsia] <-ie> *f* (*rifiuti*) garbage

immorale [im·mo·ˈra·le] *adj* immoral

immortale [im·mor·ˈta·le] *adj* ① (*gener*) immortal ② (*sentimento*) undying

immortalità [im·mor·ta·li·ˈta] <-> *f* immortality

immotivato, -a [im·mo·ti·ˈva·to] *adj* (*senza motivo*) unjustified

immune [im·ˈmu·ne] *adj* MED immune; **essere ~ a** [*o* **da**] **qc** to be immune to sth

immunità [im·mu·ni·ˈta] <-> *f* MED, GIUR immunity

immunitario, -a [im·mu·ni·ˈta·rio] <-i, -ie> *adj* MED immune; **sistema ~** immune system

immutabile [im·mu·ˈta·bi·le] *adj* (*legge, decisione*) unchangeable; (*amore*) unchanging

immutato, -a [im·mu·ˈta·to] *adj* unchanged

impacciato, -a [im·pat·ˈtʃa·to] *adj* a. *fig* awkward

impaccio [im·ˈpat·tʃo] <-cci> *m* ① (*oggetto, persona*) hindrance; **essere d'~** (**a qu**) to be in the way (of sb) ② (*situazione*) awkward situation; **trarre qu d'~** to get sb out of an awkward situation

impadronirsi [im·pa·dro·ˈnir·si] <m'impadronisco> *vr* **~ di qc** (*denaro, potere*) to take possession of sth; *fig* (*materia, mestiere*) to become proficient in sth

impalcatura [im·pal·ka·ˈtu·ra] *f* ① (*nel cantiere*) scaffolding ② (*portante*) framework

impallidire [im·pal·li·ˈdi·re] <impallidisco> *vi* essere (*in volto*) to grow pale

imparare [im·pa·ˈra·re] *vt* to learn; **~ a fare qc** to learn to do sth; **~ qc a memoria** to learn sth by heart; **così impari!** that'll teach you!

impareggiabile [im·pa·red·ˈdʒa·bi·le] *adj* ① (*bellezza, eleganza*) incomparable ② (*amico, artista*) unique

impari [ˈim·pa·ri] <inv> *adj* (*forze, lotta*) unequal

impartire [im·par·ˈti·re] <impartisco> *vt* **~ qc a qu** (*ordine, lezione*) to give sb sth [*o* to give sth to sb]

imparziale [im·par·ˈtsia·le] *adj* (*arbitro, giudice*) unbiased; (*valutazione, giudizio*) impartial

impassibile [im·pas·ˈsi·bi·le] *adj* impassive

impastare [im·pas·ˈta·re] *vt* (*pane*) to knead; (*farina, colori, cemento*) to mix

impasto [im·ˈpas·to] *m* (*amalgama*) mixture; (*di pasta di pane*) dough

impatto [im·ˈpat·to] *m* ① (*di veicolo*) collision ② *fig* impact; **~ ambientale** impact on the environment

impaziente [im·pat·ˈtsiɛn·te] *adj* ① (*per nervosismo*) impatient ② **essere ~ di fare qc** (*per l'attesa*) to be anxious to do sth

impazienza [im·pat·ˈtsiɛn·tsa] *f* ① (*nervosismo*) impatience ② (*per l'attesa*) anxiety

impazzata [im·pat·ˈtsa·ta] *f* **all'~** wildly

impazzire [im·pat·'tsi:·re] <impazzisco> *vi essere* (*ammattire*) to go crazy; **sei impazzito?** have you gone crazy?; **fare ~ qu** to drive sb crazy; **da ~** *inf* incredible; **ho un mal di testa da ~** I've got an incredible headache; **~ di qc** *fig* (*gioia, gelosia*) to be mad with sth; **~ per qc/qu** *fig* to be crazy about sth/sb

impeccabile [im·pek·'ka:·bi·le] *adj* impeccable

impedimento [im·pe·di·'men·to] *m* (*ostacolo*) problem; **essere d'~ a qc/qu** to be in the way of sth/sb

impedire [im·pe·'di:·re] <impedisco> *vt* ① (*vietare*) to prevent; **~ a qu di fare qc** to prevent sb from doing sth ② (*evitare*) to stop ③ (*vista, passaggio*) to block; (*movimenti*) to restrict

impegnare [im·peɲ·'ɲa:·re] I. *vt* (*lavoro, studio*) to keep busy ② **-rsi -rsi** (**con qu**) **a fare qc** to agree to do sth (with sb) ② **-rsi in qc** (*studio, lavoro*) to work hard at sth; (*lotta*) to commit oneself to sth

impegnativo, -a [im·peɲ·ɲa·'ti:·vo] *adj* ① (*lavoro, compito*) demanding ② (*firma, promessa*) binding

impegnato, -a [im·peɲ·'ɲa:·to] *adj* ① (*occupato*) busy ② (*militante*) politically committed

impegno [im·'peɲ·ɲo] *m* ① (*obbligo*) undertaking; **senza ~** no strings attached ② (*incombenza*) commitment; **avere un ~** to have a prior commitment ③ (*dedizione*) enthusiasm ④ (*militanza*) political commitment

impellente [im·pel·'lɛn·te] *adj* (*bisogno, motivo*) urgent

impenetrabile [im·pe·ne·'tra:·bi·le] *adj* ① (*foresta, buoi, nebbia*) impenetrable ② *fig* (*sguardo, occhi*) inscrutable; (*persona*) mysterious

impennarsi [im·pen·'nar·si] *vr* (*cavallo, moto*) to rear up

impensabile [im·pen·'sa:·bi·le] *adj* (*inimmaginabile, assurdo*) inconceivable

impensierire [im·pen·sie·'ri:·re] <impensierisco> *vt* **~ qu** to worry sb

imperativo¹ [im·pe·ra·'ti:·vo] *adj* ① (*tono, esigenza*) authoritative ② **modo ~** LING imperative

imperativo² *m* LING, PHILOS imperative

imperatore, -trice [im·pe·ra·'to:·re] *m, f* emperor *m*, empress *f*

impercettibile [im·per·tʃet·'ti:·bi·le] *adj* ① (*movimento, suono*) imperceptible ② (*molto piccolo*) very slight

imperdonabile [im·per·do·'na:·bi·le] *adj* (*errore, mancanza*) unforgivable

imperfetto¹ [im·per·'fɛt·to] *adj* ① (*funzionamento, meccanismo*) faulty ② **tempo ~** LING imperfect

imperfetto² *m* LING imperfect

imperfezione [im·per·fet·'tsio:·ne] *f* ① (*caratteristica*) imperfection ② (*difetto*) flaw; **~ fisica** physical imperfection

Imperia [im·pe·'ri:·a] *f* Imperia, *a city in the Liguria region*

imperiale [im·pe·'ria:·le] *adj* (*dell'imperatore*) imperial

imperialista [im·pe·ria·'lis·ta] <-i *m*, -e *f*> *adj, mf* imperialist

imperioso, -a [im·pe·'rio:·so] *adj* (*tono, sguardo*) imperious

impermeabile [im·per·me·'a:·bi·le] I. *adj* ① (*tessuto, terreno*) waterproof; (*orologio*) water-resistant ② *fig* (*persona*) impervious II. *m* (*soprabito*) raincoat

impero [im·'pɛ:·ro] *m a. fig* empire

impersonale [im·per·so·'na:·le] *adj* ① (*non mirato*) general ② *a.* LING (*stile, tono*) impersonal

impersonare [im·per·so·'na:·re] *vt* ① (*concetto, caratteristica*) to personify ② (*personaggio*) to play

impersonificare [im·per·so·ni·fi·'ka:·re] *vt forb* impersonate

imperterrito, -a [im·per·'tɛr·ri·to] *adj* (*impassibile*) calm; **continuare ~ a fare qc** to calmly carry on doing sth; **rimanere ~** [*o* **restare**] to be unperturbed

impertinente [im·per·ti·'nɛn·te] *adj* (*persona, domanda*) impertinent

imperturbabile [im·per·tur·'ba:·bi·le] *adj* ① (*persona, carattere*) impassive ② (*calma, serenità*) undisturbed

impeto ['im·pe·to] *m* ① (*di onda, vento*) force; (*di nemico, attacco*) onslaught; (*di discorso, ragionamento*) heat; **con ~** forcefully ② *fig* (*di passione, collera*) outburst; **agire/reagire d'~** to act/react on impulse

impiantare [im·pian·'ta:·re] *vt* ① (*palo, antenna*) to erect ② MED to implant ③ (*attività, azienda*) to set up

impianto [im·'pian·to] *m* ① (*allestimento*) installation ② (*attrezzatura*) plant; **~ di riscaldamento** heating; **~ sportivo** sports facility; **~ stereo** stereo ③ MED implant

impiccio [im·'pit·tʃo] <-cci> *m* (*ostacolo*) hindrance; **essere d'~** to be in the way

impiegare [im·pie·'ga:·re] *vt* ① (*strumento, oggetto*) to use; (*capacità, energie*) to employ ② (*tempo*) to take

impiegato, -a [im·pie·'ga:·to] *m, f* (*dipendente*) employee; **~ statale** civil servant

impiego [im·'pie:·go] <-ghi> *m* ① (*di strumento, attrezzo*) use; (*di manodopera*) employment ② (*lavoro*) job; **~ fisso** permanent job; **~ a tempo parziale/pieno** part-time/full-time job

implicare [im·pli·'ka:·re] *vt* ① (*come conseguenza*) to mean ② (*coinvolgere*) **~ qu in qc** to involve sb in sth

implicazione [im·pli·kat·'tsio:·ne] *f* ① (*conseguenza*) implication ② (*di persona*) involvement

implicito, -a [im·'pli:·tʃi·to] *adj* implicit

implorare [im·plo·'ra:·re] *vt* ① (*aiuto, perdono*) to beg for ② **~ qn per qc/di fare qc** to beg sb for sth/to do sth

imponente [im·po·'nɛn·te] *adj* impressive

impongo [im·'po·ŋo] *1. pers sing pr di* **imporre**

imponibile [im·po·'ni:·bi·le] *adj* ADMIN, FIN (*reddito, patrimonio*) taxable

impopolare [im·po·po·'la:·re] *adj* unpopular

imporre [im·'por·re] <impongo, imposi, imposto> I. *vt* ① *fig* (*obbligo, ordine, legge*) to impose; (*condizione*) to set ② **~ qc a qu** to impose sth on sb; **~ a qu di fare qc** to make sb do sth II. *vr:*-**rsi** ① (*persona*) to assert oneself; **-rsi all'attenzione di qu** to attract sb's attention ② (*moda, prodotto*) to become popular ③ **-rsi su qu** to dominate sb

importante [im·por·'tan·te] I. *adj* important II. <*sing*> *m* **l'~** the important thing

importanza [im·por·'tan·tsa] *f* importance; **avere ~** to matter; **non dare ~ a qc/qu** not to bother about sth/sb; **darsi ~** to put on airs

importare [im·por·'ta:·re] I. *vt avere* ECON to import II. *vi essere* (*interessare*) to matter; **non importa** (*a. come risposta*) it doesn't matter; **non me ne importa niente** I don't care about it

importazione [im·por·tat·'tsio:·ne] *f* ① (*di merce*) import ② *pl* **le -i** (*merci*) imports

importo [im·'pɔr·to] *m* (*di fattura*) amount; (*somma*) sum

imposi [im·'pɔ:·zi] *1. pers sing pass rem di* **imporre**

impossessarsi [im·pos·ses·'sar·si] *vr* **~ di qc** to get hold of sth

impossibile [im·pos·'si:·bi·le] *adj* ① (*gener*) impossible; **sembra** [*o* **pare**] **~** it seems incredible ② (*cibo, bevanda*) disgusting; (*freddo, caldo*) unbelievable; **c'era un caldo ~** it was unbelievably hot

impossibilità [im·pos·si·bi·li·'ta] <-> *f* impossibility; **essere** [*o* **trovarsi**] **nell'~ di fare qc** to be unable to do sth

imposta [im·'pɔs·ta] *f* ① (*di finestra, porta*) shutter ② FIN (*tassa*) tax; **esente da ~** tax free; **soggetto a ~** taxable

impostare [im·pos·'ta:·re] *vt* ① (*edificio, mura*) to build ② *fig* (*lavoro*) to set up; (*progetto, problema, questione*) to set out; (*opera, dipinto, romanzo*) to plan out ③ MATH to formulate ④ TYPO (*pagina, giornale*) to lay out ⑤ MUS (*voce*) to pitch; (*lettera, cartolina*) to mail

imposto, -a [im·'pos·to] *pp di* **imporre**

impotente [im·po·'tɛn·te] *adj* ❶ (*persona*) powerless ❷ *a. fig a.* MED (*governo, legge*) impotent

impoverire [im·po·ve·'riː·re] <impoverisco> *vt avere* (*persona, terreno*) to impoverish

impraticabile [im·pra·ti·'kaː·bi·le] *adj* (*strada, sentiero*) impassable; (*campo da gioco*) unplayable

imprecare [im·pre·'kaː·re] *vi* to curse; ~ **contro** qc/qu to curse sb/sth

imprecisione [im·pret·tʃi·'zioː·ne] *f* ❶ (*approssimazione*) imprecision ❷ (*errore*) inaccuracy

impreciso, -a [im·pre·'tʃiː·zo] *adj* ❶ (*lavoro, calcolo*) imprecise; (*strumento*) inaccurate ❷ (*persona*) careless

imprenditore, -trice [im·pren·di·'toː·re] *m, f* entrepreneur

impresa [im·'preː·za] *f* ❶ (*azione*) enterprise ❷ (*ditta*) company; ~ **edile** construction company; ~ **familiare** family firm ❸ *pl* (*di eroe*) feats

impresario, -a [im·pre·'zaː·rio] <-i, -ie> *m, f* ❶ (*di ditta*) director; ~ **edile** building contractor ❷ (*di teatro*) producer

imprescindibile [im·preʃ·ʃin·'diː·bi·le] *adj* (*bisogno, dovere*) unavoidable

impressi [im·'prɛs·si] *1. pers sing pass rem di* **imprimere**

impressionante [im·pres·sio·'nan·te] *adj* ❶ (*incidente, delitto*) shocking ❷ (*eccezionale*) incredible; **faceva un caldo ~** it was incredibly hot

impressionare [im·pres·sio·'naː·re] I. *vt* ❶ (*turbare*) to upset ❷ (*fare buona impressione*) to impress II. *vr:* **-rsi** (*turbarsi*) to get upset

impressione [im·pres·'sioː·ne] *f* ❶ (*sensazione*) sensation ❷ (*idea, opinione*) impression; **fare buona/cattiva ~** (**a qu**) to make a good/bad impression (on sb) ❸ (*turbamento*) **che ~!** it was dreadful!; **fare ~** (**a qu**) to upset (sb)

impressionista [im·pres·sio·'nis·ta] <-i *m*, -e *f*> ART I. *adj* (*opera, pittore*) Impressionist II. *mf* (*artista*) Impressionist

impresso [im·'prɛs·so] *pp di* **imprimere**

imprevedibile [im·pre·ve·'diː·bi·le] *adj* ❶ (*circostanza, motivo*) unforeseeable ❷ (*persona, carattere*) unpredictable

imprevisto¹ [im·pre·'vis·to] *adj* (*ritardo, spesa*) unforeseen

imprevisto² *m* (*contrattempo*) unforeseen event; **salvo -i** unless something happens

imprigionare [im·pri·dʒo·'naː·re] *vt* (*ladro, malvivente*) to imprison; (*animale*) to cage

imprimere [im·'priː·me·re] <imprimo, impressi, impresso> *vt* ❶ *a. fig* (*segno*) to stamp; (*orma*) to leave ❷ *fig* (*concetto, ricordo*) to fix

improbabile [im·pro·'baː·bi·le] *adj* unlikely

improduttivo, -a [im·pro·dut·'tiː·vo] *adj* ❶ (*terreno*) infertile ❷ *fig* (*investimento, sforzo*) unprofitable ❸ (*persona*) unproductive

impronta [im·'pron·ta] *f* (*segno*) mark; (*di mano, piede, zampa*) print; **-e digitali** fingerprints; ~ **del piede** footprint; **lasciare le -e** to leave prints

improprio, -a [im·'prɔː·prio] <-i, -ie> *adj* ❶ (*inesatto*) improper; **uso ~** improper use; (*termine, parola*) incorrect ❷ (*inadatto*) unsuitable

improvvisare [im·prov·vi·'zaː·re] *vt* ❶ (*discorso, canzone*) to improvise ❷ (*pranzo, festa*) to throw together; (*risposta, scusa*) to think up

improvviso¹ [im·prov·'viː·zo] *adj* sudden; (*cambiamento del tempo*) unexpected

improvviso² *m* **all'~** suddenly

imprudente [im·pru·'dɛn·te] *adj* (*persona*) rash; (*guidatore*) careless

impugnare [im·puɲ·'naː·re] *vt* ❶ (*fucile, racchetta*) to grip ❷ GIUR (*sentenza, testamento*) to contest

impugnatura [im·puɲ·ɲa·'tu:·ra] *f* (*manico*) handle

impulsivo, -a [im·pul·'si:·vo] *adj* ❶ (*persona, carattere*) impulsive ❷ (*atto, gesto*) instinctive

impulso [im·'pul·so] *m* ❶ a. *fig* MED, EL impulse; **~ di corrente** electrical impulse; **d'~** impulsively ❷ *fig* (*stimolo*) impetus; **dare ~ a qc** to boost sth

impunito, -a [im·pu·'ni:·to] *adj* unpunished

impurità [im·pu·ri·'ta] *f* ❶ (*stato*) impurity ❷ *pl* (*particelle*) impurities

impuro, -a [im·'pu:·ro] *adj* a. *fig* REL impure

imputato, -a [im·pu·'ta:·to] *m, f* GIUR defendant; **banco degli -i** dock

in [in] <nel, nello, nell', nella, nei, negli, nelle> *prep* ❶ (*stato in luogo*) in; **essere ~ casa** to be at home; **abitare ~ campagna/città/montagna** to live in the countryside/city/mountains; **abitare ~ via Garibaldi** to live in via Garibaldi; **vivere ~ Francia** to live in France; **lavorare ~ fabbrica** to work in a factory; **dormire ~ albergo** to sleep in a hotel; **tenere un oggetto ~ mano/nella borsa** to keep sth in one's hand/bag ❷ (*moto a luogo*) to; **andare ~ campagna/città/montagna** to go to the countryside/into the city/to the mountains; **entrare ~ casa** to go into the house; **andare ~ Spagna** to go to Spain; **trasferirsi negli Stati Uniti** to move to the United States; **versare il vino nel bicchiere** to pour the wine into the glass ❸ (*moto per luogo*) in; **passeggiare nel parco** to walk in the park; **viaggiare ~ Australia** to travel around Australia ❹ (*tempo determinato*) in; **nel 2007** in 2007; **~ primavera/estate/autunno/inverno** in Spring/Summer/Fall/Winter; **~ gennaio** in January; **nel pomeriggio** in the afternoon; **~ gioventù** in one's youth; **~ tempo di guerra/pace** in times of war/peace ❺ (*durata: entro*) within [*o* in]; **finirò il lavoro ~ due mesi** I'll finish the work within two months; **~ tre giorni/settimane/mesi/anni** within three days/weeks/months/years; **~ un attimo** in a moment; **~ giornata** before the end of the day ❻ (*modo*) in; **parlare ~ fretta** to talk quickly; **mettersi ~ cerchio/fila** to get into a circle/line; **stare ~ piedi/~ ginocchio** to be standing/kneeling; **essere ~ vacanza** to be on vacation; **vivere ~ pace** to live in peace; **essere ~ servizio/congedo/pensione** to be on duty/on leave/retired; **colorare ~ rosso** to color red; **trasmettere ~ diretta** to transmit live; **casa ~ vendita** house for sale; **riso ~ bianco** boiled rice ❼ (*mezzo*) by; **viaggiare ~ aereo/macchina/treno** to travel by plane/car/train; **pagare ~ contanti** to pay cash ❽ (*materia*) in; **pilastro ~ cemento armato** pillar in reinforced concrete; **mobile ~ legno** piece of wooden furniture ❾ (*fine, scopo*) to; **correre ~ aiuto** to run to help; **dare ~ omaggio** to give away free; **festa ~ onore di qu** party in sb's honor; **dare ~ prestito** to lend ❿ (*quantità, distribuzione*) in; **essere ~ pochi** to be only a few; **tagliare ~ due** to cut into two; **~ tutto sono dieci euro** that's ten euros in total ⓫ (*area di competenza*) in; **dottore ~ legge** doctor of law; **essere bravo ~ matematica** to be good in math; **laurearsi ~ medicina** to get a degree in medicine ⓬ (*trasformazione*) into; **cambiare gli euro ~ dollari** to change euros into dollars; **tradurre dal francese ~ italiano** to translate from French into Italian

inabile [i·'na:·bi·le] *adj* **essere ~ a qc** to be unfit for sth; **~ al lavoro** unfit for work

inabilità [in·a·bi·li·'ta] <-> *f* unfitness; (*per infortunio*) disability

inabitabile [in·a·bi·'ta:·bi·le] *adj* uninhabitable

inaccessibile [in·at·tʃes·'si:·bi·le] *adj* ❶ (*luogo*) inaccessible ❷ *fig* (*persona*) unapproachable ❸ *fig* (*prezzo*) unaffordable

inaccettabile [in·at·tʃet·'ta·bi·le] *adj* unacceptable

inadatto, -a [in·a·'dat·to] *adj* ~ (**a qc**) (*abito, strumento*) unsuited (for sth); (*persona*) unfit (for sth)

inadeguato, -a [in·a·de·'gua·to] *adj* ❶ (*mezzo, compenso, capacità*) inadequate ❷ (*persona*) unfit

inafferrabile [in·af·fer·'ra·bi·le] *adj* ❶ (*ladro, evaso, preda*) elusive ❷ (*suono, parole*) inaudible ❸ *fig* (*concetto, significato*) incomprehensible

inagibile [in·a·'dʒi·bi·le] *adj* (*edificio*) unfit for use; (*strada*) impassable

inalterato, -a [in·al·te·'ra·to] *adj* ❶ (*materiale*) fresh ❷ *fig* (*programma*) unchanged; (*sentimento, interesse*) constant

inammissibile [in·am·mis·'si:·bi·le] *adj* (*opinione*) inadmissible; (*errore, comportamento*) unjustifiable

inanimato, -a [in·a·ni·'ma:·to] *adj* ❶ (*cosa*) inanimate ❷ (*corpo*) lifeless

inarrestabile [in·ar·res·'ta:·bi·le] *adj* ❶ (*aumento, crescita*) unstoppable ❷ (*pianto, discorso*) never ending

inaspettato, -a [in·as·pet·'ta:·to] *adj* (*evento, notizia, ospite*) unexpected

inasprire [in·as·'pri:·re] <inaspri-sco> *vt* ❶ (*conflitto, rapporti*) to worsen ❷ (*pena*) to increase ❸ (*carattere*) to embitter

inattendibile [in·at·ten·'di:·bi·le] *adj* unreliable

inatteso, -a [in·at·'te:·so] *adj* (*notizia, ospite*) unexpected

inattività [in·at·ti·vi·'ta] <-> *f* (*di persona, di impianto*) inactivity

inattivo, -a [in·at·'ti:·vo] *adj* ❶ (*persona, impianto*) inactive ❷ (*vulcano*) dormant

inaudito, -a [in·au·'di:·to] *adj* ❶ (*fatto, ferocia*) unheard-of ❷ (*esclamativo*) outrageous

inaugurale [in·au·gu·'ra:·le] *adj* (*cerimonia, discorso*) inaugural

inaugurare [in·au·gu·'ra:·re] *vt* ❶ (*ospedale, stadio*) to inaugurate; (*negozio, mostra*) to open; (*anno accade-* *mico*) to begin ❷ *inf* (*vestito, automobile*) to christen

inaugurazione [in·au·gu·rat·'tsio:·ne] *f* (*di ospedale, stadio*) inauguration; (*di negozio, mostra*) opening; (*di anno accademico*) start

inavvertitamente [in·av·ver·ti·ta·'men·te] *adv* (*involontariamente*) inadvertently

incalcolabile [iŋ·kal·ko·'la·bi·le] *adj* ❶ (*distanza*) incalculable ❷ (*danno, vantaggio*) inestimable

incallito, -a [in·cal·'li:·to] *adj* (*fumatore, bevitore*) inveterate

incalzante [iŋ·kal·'tsan·te] *adj* (*domande, richieste*) urgent; (*ritmo*) insistent

incanalare [iŋ·ka·na·'la·re] I. *vt* (*folla, traffico*) to channel II. *vr* (*folla, traffico*) to flow

incandescente [iŋ·kan·deʃ·'ʃɛn·te] *adj* ❶ (*metallo*) incandescent ❷ *fig* (*atmosfera*) heated

incantare [iŋ·kan·'ta:·re] I. *vt* ❶ *fig* (*affascinare*) to enchant ❷ *fig* (*abbindolare*) to get around II. *vr:* **-rsi** ❶ (*restare assorto*) to fall under a spell ❷ (*restare affascinato*) to be spellbound ❸ (*meccanismo*) to get stuck

incantato, -a [iŋ·kan·'ta:·to] *adj* ❶ (*castello, giardino*) enchanted ❷ (*paesaggio, aspetto*) enchanting ❸ (*persona: assorto*) in a daze; (*affascinato*) enchanted

incantesimo [iŋ·kan·'te:·zi·mo] *m* (*magia*) spell; **rompere l'~** to break the spell

incantevole [iŋ·kan·'te:·vo·le] *adj* (*persona, luogo*) enchanting

incanto [iŋ·'kan·to] *m* ❶ (*magia*) spell; **come per ~** as if by magic ❷ *fig* (*fascino*) enchantment; **d'~** (*a meraviglia*) wonderfully

incapace [iŋ·ka·'pa:·tʃe] I. *adj* ❶ ~ **di fare qc** incapable of doing sth ❷ (*nella professione*) incompetent II. *mf* (*nella professione*) incompetent

incapacità [iŋ·ka·pa·tʃi·'ta] <-> *f* ❶ ~ **di fare qc** inability to do sth; ~ **d'inten-**

dere e di volere GIUR incapacity ②(*nella professione*) incompetency

incappare [iŋ·kap·'pa:·re] *vi essere* ~ **in qu** to run into sb; ~ **in qc** to fall into sth

incaricare [iŋ·ka·ri·'ka:·re] *vt* ~ **qu di qc** to entrust sb with sth; ~ **qu di fare qc** to give sb the job of doing sth

incaricato, -a [iŋ·ka·ri·'ka:·to] **I.** *adj* ~ **di qc** responsible for sth **II.** *m, f* (*addetto*) employee

incarico [iŋ·'ka:·ri·ko] <-chi> *m* ①(*compito*) task; **avere l'**~ **di fare qc** to have the job of doing sth; **per** [*o su*] ~ **di qu** on behalf of sb ②(*funzione*) position; (*di insegnante*) temporary teaching position

incartare [iŋ·kar·'ta:·re] *vt* (*merce, regalo*) to wrap (up)

incasinato, -a [iŋ·ka·zi·'na:·to] *adj inf* ①(*cosa*) topsy turvy ②(*persona*) disorganized

incassare [iŋ·kas·'sa:·re] *vt* ①(*mobile, elettrodomestico*) to set ②(*contante*) to take; (*assegno*) to cash ③*fig* (*critica, offesa*) to take; ~ **il colpo** to suffer the blow ④SPORT (*pugilato: colpi*) to take; (*calcio: reti, gol*) to let in

incasso [iŋ·'kas·so] *m* (*somma*) takings *pl*

incastrare [iŋ·kas·'tra:·re] **I.** *vt* ①(*pezzi, elementi*) to fit together; ~ **qc in qc** to fit sth in sth ②*fig* (*persona*) to trap; *scherz, inf* to catch out **II.** *vr:* -**rsi** ①(*combinarsi*) to fit ②(*bloccarsi*) to get stuck

incauto, -a [iŋ·'ka:u·to] *adj* unwise

incavo [iŋ·'ka:·vo] *m* (*di pietra, stampo*) groove; (*di parete*) hollow

incazzarsi [iŋ·kat·'tsar·si] *vr vulg* (*arrabbiarsi*) to get pissed off

incendiare [in·tʃen·'dia:·re] **I.** *vt* ①(*bosco, casa*) to set fire to ②*fig* (*animi, cuori*) to inflame **II.** *vr:* -**rsi** (*prendere fuoco*) to catch fire

incendiario, -a [in·tʃen·'dia:·rio] <-i, -ie> **I.** *adj* (*materiale, sostanza*) incendiary **II.** *m, f* (*persona*) arsonist

incendio [in·'tʃen·dio] <-i> *m* (*fuoco*) fire; ~ **doloso** arson

incenerimento [in·tʃe·ne·ri·'men·to] *m* (*di rifiuti*) incineration

incenso [in·'tʃɛn·so] *m* (*resina*) incense

incensurato, -a [in·tʃen·su·'ra:·to] *adj* GIUR **essere** ~ to have a clean record

incentivare [in·tʃen·ti·'va:·re] *vt* ①ECON to boost ②(*persona*) to motivate

incentivo [in·tʃen·'ti:·vo] *m* ①(*a studio, lavoro*) incentive ②ECON boost; **-i fiscali** tax incentives

inceppare [in·tʃep·'pa:·re] **I.** *vt* ①*fig* (*andamento, sviluppo*) to hamper ②(*meccanismo*) to jam **II.** *vr:* -**rsi** (*meccanismo*) to jam

incertezza [in·tʃer·'tet·tsa] *f* ①(*gener*) uncertainty ②(*di notizia, fonte*) doubtful nature

incerto [in·'tʃɛr·to] *adj* ①(*notizia, attribuzione*) doubtful ②(*esito, data, persona*) uncertain ③(*luce*) feeble; (*suono*) indistinct; (*confine*) unclear ④(*passo, scrittura*) hesitant ⑤(*tempo*) variable

incesto [in·'tʃɛs·to] *m* incest

inchiesta [in·'kiɛs·ta] *f* ①(*ricerca*) investigation; (*giornalistica*) report; ~ **di mercato** market survey ②ADMIN, GIUR inquiry

inchino [iŋ·'ki:·no] *m* (*atto*) bow; **fare un** ~ to bow

inchiodare [iŋ·kio·'da:·re] *vt* ①(*con chiodi*) to nail ②*fig* (*persona*) to keep; (*con la forza*) to hold

inchiostro [iŋ·'kiɔs·tro] *m* ink

inciampare [in·tʃam·'pa:·re] *vi essere o avere* (*col piede*) to trip; ~ **in qc** to trip over sth

incidentale [in·tʃi·den·'ta:·le] *adj* ①(*casuale*) accidental ②(*secondario*) incidental

incidente [in·tʃi·'dɛn·te] *m* ①(*disgrazia*) accident; ~ **stradale** traffic accident ②*fig* (*fatto spiacevole*) incident; ~ **di percorso** hitch

incidenza [in·tʃi·'dɛn·tsa] *f* ①*fig* (*di spese*) effect ②*fig* (*di malattia*) frequency

incidere [in·'tʃi:·de·re] <incido, incisi, inciso> **I.** *vi avere* ~ **su qc** (*pesare*) to have an effect on sth **II.** vt ① (tagliare) to carve ② (scolpire) to engrave; ~ **il legno** to carve wood; ~ **la pietra/ il rame** to engrave stone/copper ③ (disco, canzone) to record

incinta [in·'tʃin·ta] adj pregnant; **è ~ di cinque mesi** she's five months pregnant

incirca [in·'tʃir·ka] adv **all'~** about

incisi [in·'tʃi:·zi] 1. pers sing pass rem di **incidere**

incisione [in·tʃi·'zio:·ne] f ① (taglio) carving ② (tecnica, quadro) engraving ③ (di disco, canzone) recording; **sala d'~** recording studio

incisivo[1] [in·tʃi·'zi:·vo] adj fig (discorso, stile) incisive

incisivo[2] m ANAT incisor

incisi[1] [in·'tʃi:·zo] pp di **incidere**

inciso[2] m LING parenthesis; **per ~** in passing

incitamento [in·tʃi·ta·'men·to] m ① (esortazione) incitement ② (stimolo) incentive

incitare [in·tʃi·'ta:·re] vt to urge

incivile [in·tʃi·'vi:·le] **I.** adj ① (popolo, legge) uncivilized ② (comportamento, persona) rude **II.** mf (persona) peasant

inciviltà [in·tʃi·vil·'ta] f ① (di popolo, legge) barbarity ② (di persona, comportamento) rudeness

inclinabile [iŋ·kli·'na:·bi·le] adj (sedile, piano) reclining

inclinare [iŋ·kli·'na:·re] **I.** vt (corpo, oggetto, test) to tilt; (schienale) to tilt back **II.** vi (schienale) to tilt

inclinazione [iŋ·kli·nat·'tsio:·ne] f ① (di corpo, piano, superficie) slope ② fig (predisposizione) inclination

incline [iŋ·'kli:·ne] adj **essere ~ a qc** to be inclined to sth

includere [iŋ·'klu:·de·re] <includo, inclusi, incluso> vt ① (comprendere) to include ② (in busta, lettera) to enclose

inclusione [iŋ·klu·'zio:·ne] f inclusion

inclusivo, -a [iŋ·klu·'zi:·vo] adj (prezzo) ~ **di qc** including sth

incluso, -a [iŋ·'klu:·zo] **I.** pp di **includere II.** adj (servizio, spese) included;

inf; **saremo in sette, -i noi** there will be seven including us

incoerente [iŋ·ko·e·'rɛn·te] adj ① (persona, comportamento) inconsistent ② (discorso, testo) incoherent

incognito [iŋ·'kɔp·pi·to] m **in** ~ incognito

incollare [iŋ·kol·'la:·re] vt to stick; **incolla** COMPUT paste

incolore [iŋ·ko·'lo:·re] adj ① (liquido, sostanza) colorless ② fig dull

incolpare [iŋ·kol·'pa:·re] vt ① (persona) to blame; ~ **qu di qc** to accuse sb of sth ② (destino, circostanze) to blame

incolto, -a [iŋ·'kol·to] adj ① (terreno) uncultivated ② fig (barba, capelli) unkempt ③ fig (persona) uneducated

incombere [iŋ·kom·be·re] <incombo, incombei o incombetti, manca il pp> vi (pericolo, rischio) to threaten

incominciare [iŋ·ko·min·'tʃa:·re] **I.** vt (dare inizio) to start [o to begin]; ~ **a fare qc** to start [o begin] to do sth; **incomincia a piovere** it's starting to rain **II.** vi essere (avere inizio) to start [o begin]

incomparabile [iŋ·kom·pa·'ra:·bi·le] adj (eccezionale) incomparable

incompatibile [iŋ·kom·pa·'ti:·bi·le] adj (inconciliabile) incompatible

incompetente [iŋ·kom·pe·'tɛn·te] adj, mf incompetent; **essere ~ in qc** to know nothing about sth

incompetenza [iŋ·kom·pe·'tɛn·tsa] f ① (in una materia) lack of knowledge ② (nella professione) incompetence

incompiuto, -a [iŋ·kom·'piu:·to] adj (progetto, opera) unfinished

incompleto, -a [iŋ·kom·'plɛ:·to] adj (informazione, raccolta) incomplete

incomprensibile [iŋ·kom·pren·'si:·bi·le] adj (discorso, scrittura, comportamento) incomprehensible; (persona) hard to understand

incompreso, -a [iŋ·kom·'pre:·so] adj misunderstood

inconcepibile [iŋ·kon·tʃe·'pi:·bi·le] adj (assurdo, incredibile) inconceivable

incondizionato, -a [iŋ·kon·dit·tsio·'naː·to] *adj* unconditional

inconfondibile [iŋ·kon·fon·'diː·bi·le] *adj* (*voce, stile*) unmistakable

incongruo, -a [iŋ·'kɔŋ·gruo] *adj* (*compenso, retribuzione*) inadequate

inconsapevole [iŋ·kon·sa·'peː·vo·le] *adj* ❶ (*persona*) unaware ❷ (*gesto*) unconscious

inconscio¹ [iŋ·'kɔn·ʃo] <-sci, -sce> *adj* (*atto, desiderio*) unconscious

inconscio² <*sing*> *m* PSYCH l'~ the unconscious

inconsistente [iŋ·kon·sis·'tɛn·te] *adj* ❶ (*tessuto, materiale*) flimsy ❷ *fig* (*accusa, prova*) unfounded; (*discorso, tesi*) groundless

inconsueto, -a [iŋ·kon·su·'ɛː·to] *adj* (*insolito*) unusual

incontaminato, -a [iŋ·kon·ta·mi·'naː·to] *adj* (*luogo*) uncontaminated

incontrare [iŋ·kon·'traː·re] I. *vt* ❶ (*per appuntamento*) to meet; (*per caso*) to bump into ❷ (*difficoltà, problema*) to come up against; (*favore*) to win over ❸ SPORT (*avversario, squadra*) to meet II. *vr:* **-rsi** ❶ (*per appuntamento*) to meet; (*per caso*) to bump into each other; **-rsi con qu** to meet with sb ❷ SPORT to meet ❸ (*strade, fiumi*) to meet up

incontro¹ [iŋ·'kon·tro] *m* ❶ (*casuale*) encounter; (*per appuntamento*) meeting; **~ di lavoro** work meeting ❷ SPORT match

incontro² *prep* ❶ **~ a qu/qc** (*in direzione di*) toward sb/sth; **andare ~ a qc/qu** to go toward sth/sb; **venire ~ a qc/qu** to come toward sth/sb ❷ **andare ~ a qc** *fig* (*pericoli, difficoltà*) to come up against sth; **andare ~ a qu** *fig* (*aiutarlo*) to meet sb halfway

inconveniente [iŋ·kon·ve·'niɛn·te] *m* ❶ (*ostacolo*) difficulty ❷ (*svantaggio*) drawback

incoraggiamento [iŋ·ko·rad·dʒa·'men·to] *m* (*incitamento, esortazione*) encouragement; **premio di ~** consolation prize

incoraggiare [iŋ·ko·rad·'dʒaː·re] *vt* to encourage

incorniciare [iŋ·kor·ni·'tʃaː·re] *vt* (*foto, quadro*) to frame

incoronazione [iŋ·ko·ro·nat·'tsio·ne] *f* (*di re, vincitore*) coronation

incorporare [iŋ·kor·po·'raː·re] *vt* (*elementi, sostanze*) to mix (in)

incorrere [iŋ·'kor·re·re] <incorro, incorsi, incorso> *vi essere* **~ in qc** (*errore, sanzione*) to incur sth; **~ in un pericolo** to run into danger

incorsi [iŋ·'kor·si] *1. pers sing pass rem di* **incorrere**

incorso [iŋ·'kor·so] *pp di* **incorrere**

incosciente [iŋ·koʃ·'ʃɛn·te] *adj* ❶ (*svenuto*) unconscious ❷ (*irresponsabile*) irresponsible

incoscienza [iŋ·ko·'ʃɛn·tsa] *f* ❶ (*stato*) unconsciousness ❷ (*irresponsabilità*) irresponsibility

incostante [iŋ·kos·'tan·te] *adj* ❶ (*persona, carattere*) fickle ❷ (*impegno, rendimento*) inconsistent

incredibile [iŋ·kre·'diː·bi·le] *adj* incredible

incrementare [iŋ·kre·men·'taː·re] *vt* to increase

incremento [iŋ·kre·'men·to] *m* (*di produzione, consumo*) increase; **~ della popolazione** population growth

incrinare [iŋ·kri·'naː·re] I. *vt* ❶ (*bicchiere, piatto*) to crack ❷ *fig* (*rapporto, amicizia*) to spoil II. *vr:* **-rsi** ❶ (*bicchiere, piatto, voce*) to crack ❷ *fig* (*rapporto, amicizia*) to worsen

incrociare [iŋ·kro·'tʃaː·re] I. *vt* ❶ *a.* BIO (*assi, bastoni, gambe*) to cross; **~ le dita** *fig* to cross one's fingers ❷ (*strada*) to cut across ❸ (*persona, veicolo*) to meet II. *vr:* **-rsi** ❶ (*strade*) to cross ❷ (*persone, veicoli*) to meet

incrocio [iŋ·'kroː·tʃo] <-ci> *m* ❶ (*di assi, travi*) crossing ❷ (*di strade*) junction ❸ BIO cross

incubatrice [iŋ·ku·ba·'triː·tʃe] *f* (*per neonati*) incubator

incubo ['iŋ·ku·bo] *m a. fig* nightmare

incudine [iŋ·ku:·di·ne] f (attrezzo) anvil

incurabile [iŋ·ku·ra:·bi·le] adj (malattia, malato) incurable

incurante [iŋ·ku·ran·te] adj ~ **di qc** (pericolo, critiche) indifferent to sth

incuriosire [iŋ·ku·rio·si:·re] <incuriosisco> vt to intrigue

incursione [iŋ·kur·sio:·ne] f (di soldati, polizia, ladri) raid

incustodito, -a [iŋ·kus·to·di:·to] adj (macchina, bagaglio) unattended; (parcheggio, passaggio a livello) unmanned

indaffarato, -a [in·daf·fa·ra:·to] adj busy; **essere ~ in qc** to be busy with sth

indagare [in·da·ga:·re] vi to investigate; ~ **su qc** GIUR to investigate sth

indagine [in·da:·dʒi·ne] f (ricerca) research; ~ **di mercato** market research (GIUR investigation

indebolire [in·de·bo·li:·re] <indebolisco> I. vt avere (persona) to weaken; (vista, udito) to worsen (fig (autorità, capacità) to weaken II. vr: -rsi (persona, autorità, capacità) to grow weak; (vista, udito) to worsen

indecente [in·de·tʃɛn·te] adj (scollatura, proposta) indecent (indecoroso) dreadful

indeciso, -a [in·de·tʃi·zo] adj (persona, carattere) undecided

indefinito, -a [in·de·fi·ni:·to] adj (quantità) indefinite; (sensazione, idea) vague (questione) unresolved (LING (modo, pronome) indefinite

indegno, -a [in·deɲ·ɲo] adj (persona, comportamento) shameful; **essere ~ di qc/qu** to be unworthy of sth/sb

indelebile [in·de·lɛ:·bi·le] adj a. fig indelible

indenne [in·dɛn·ne] adj (da incidente) unharmed (da malattia) uncontaminated

indennità [in·den·ni·ta] <-> f (compenso) allowance; ~ **di trasferta** travel expenses pl (sussidio) benefit

indescrivibile [in·des·kri·vi:·bi·le] adj indescribable

indesiderato, -a [in·de·si·de·ra:·to] adj (persona, ospite) unwanted (effetto, conseguenza) undesired

India ['in·dia] f l'~ India; **abitare in ~** to live in India; **andare in ~** to go to India

indiano, -a [in·dia:·no] I. adj (dell'India) Indian; **Oceano Indiano** Indian Ocean (d'America) Native American; **in fila -a** single file II. m, f (dell'India) Indian (d'America) Native American

indicare [in·di·ka:·re] vt (con parole) to show; (con gesto) to point out (strumento, segnale) to indicate; (orologio) to say; (etichetta, istruzioni) to explain (consigliare) to recommend

indicativo m LING indicative

indicazione [in·di·kat·tsio:·ne] f (informazione) information (suggerimento) recommendation (pl (istruzioni) instructions

indice ['in·di·tʃe] m (dito) index finger (di libro) index (di strumento) needle (rapporto) index; ~ **d'ascolto** ratings pl; ~ **di natalità** birth rate

indico [in·di:·ko] 1. pers sing pr di **indire**

indietro [in·diɛ:·tro] adv (luogo) back; **rimanere ~** to be left behind; **tornare ~** to turn back; **voltarsi ~** to turn around; **all'~** backwards (tempo) **essere ~ col lavoro** to be behind with one's work (orologio) **essere ~** to be slow; **il mio orologio va ~ di cinque minuti** my watch is five minutes slow

indifeso, -a [in·di·fe:·so] adj (luogo, postazione) undefended (persona) defenseless

indifferente [in·dif·fe·'rɛn·te] I. adj (persona) indifferent; **lasciare qu ~** to leave sb cold (non importante) **quel ragazzo mi è ~** I couldn't care less about that boy (scelta, questione) **essere ~** to be all the same; **non ~** (notevole: somma) considerable II. m (persona) **fare l'~** to pretend not to care

indifferenza [in·dif·fe·'rɛn·tsa] *f* indifference

indigeno, -a [in·'di·dʒe·no] I. *adj* (*popolazione*) indigenous; (*prodotto*) local II. *m, f* (*persona*) native

indigestione [in·di·dʒes·'tio·ne] *f* ① (*di cibo*) indigestion; **fare un'~ di dolci** to eat too much cake ② *fig* (*di libri, film*) **ho fatto un'~ di latino** I've had more than enough of Latin

indimenticabile [in·di·men·ti·ka·'bi·le] *adj* (*fatto, persona*) unforgettable

indipendente [in·di·pen·'dɛn·te] *adj* independent; **essere ~ da qu/qc** to be independent of sb/sth

indipendenza [in·di·pen·'dɛn·tsa] *f* independence

indire [in·'di·re] <indico, indissi, indetto> *vt* (*concorso*) to announce; (*elezioni*) to call

indiretto, -a [in·di·'rɛt·to] *adj a.* LING indirect; **per vie -e** indirectly; **discorso ~** indirect speech

indirizzare [in·di·rit·'tsa·re] *vt* ① (*persona*) to send; **~ i passi** [*o* **il cammino**] **verso un luogo** to set off toward a place ② (*posta*) to address

indirizzo [in·di·'rit·tso] *m* (*di persona*) address; **~ di posta elettronica** e-mail address

indisciplinato, -a [in·di·ʃi·pli·'na·to] *adj* (*persona, comportamento*) undisciplined

indiscreto, -a [in·dis·'kre·to] *adj* ① (*persona*) intrusive ② (*domanda*) indiscreet; (*sguardo*) prying

indiscusso, -a [in·dis·'kus·so] *adj* (*fama, competenza*) undisputed

indispensabile [in·dis·pen·'sa·bi·le] I. *adj* indispensable II. *sing* **l'~** the necessities *pl*; **lo stretto ~** the bare necessities *pl*

indisponibile [in·dis·po·'ni·bi·le] *adj* ① (*cosa*) unavailable ② (*persona, non pronto*) unwilling; (*non libero*) unavailable

indissi [in·'dis·si] *1. pers sing pass rem di* **indire**

indistinto, -a [in·dis·'tin·to] *adj* ① (*figura, suono*) indistinct ② (*insieme, massa*) amorphous

indistruttibile [in·dis·trut·'ti:·bi·le] *adj* ① (*materiale, macchina*) indestructible ② (*fede, principio*) unwavering

indisturbato, -a [in·dis·tur·'ba:·to] *adj* undisturbed

indivia [in·'di:·via] <-ie> *f* endive

individuale [in·di·vi·du·'a:·le] *adj* individual

individuare [in·di·vi·du·'a:·re] *vt* ① (*colpevole*) to identify; (*obiettivo*) to locate; **~ qu tra la folla** to pick sb out of the crowd ② (*causa, guasto*) to identify

individuo [in·di·'vi:·duo] *m a. pej* individual

indizio [in·'dit·tsio] <-i> *m* (*sintomo*) sign

indole ['in·do·le] *f* (*temperamento*) temperament

indolore [in·do·'lo:·re] *adj a. fig* painless

indomani [in·do·'ma:·ni] *m* **l'~** the next day

indossare [in·dos·'sa:·re] *vt* ① (*portare*) to wear ② (*mettersi*) to put on

indossatore, -trice [in·dos·sa·'to:·re] *m, f* (*uomo*) male model; (*donna*) model

indotto, -a [in·'dɔt·to] I. *pp di* **indurre** II. *adj* ① (*fatto, fenomeno*) caused ② FIS (*carica, corrente*) induced

indovinare [in·do·vi·'na:·re] *vt* ① (*intuire*) to guess; (*risultato, gusti*) to predict; (*soluzione, risposta*) to get right; **tirare a ~** to have a guess ② (*scegliere bene*) to choose well; **non indovinarne una** to get nothing right

indovinello [in·do·vi·'nɛl·lo] *m* (*quesito*) puzzle

indovino, -a [in·do·'vi:·no] *m, f* (*mago*) fortuneteller

indubbio, -a [in·'dub·bio] <-i, -ie> *adj* undeniable

induco [in·'du:·ko] *1. pers sing pr di* **indurre**

indugiare [in·du·'dʒa:·re] *vi* (*tardare*) to delay; **~ a fare qc** to hesitate to do sth

indugio [in·'du:·dʒo] <-gi> m (*ritardo*) delay; **senza ~** without delay

indulgente [in·dul·'dʒɛn·te] adj ① (*persona, sguardo, sorriso*) indulgent ② (*giudizio, critica*) lenient

indumento [in·du·'men·to] m (*abito*) garment; **-i intimi** underwear

indurre [in·'dur·re] <induco, indussi, indotto> vt fig (*spingere*) to persuade; **~ qu a fare qc** to persuade sb do sth; **~ qu in errore** to mislead sb; **~ qu in tentazione** to tempt sb

industria [in·'dus·tri·a] <-ie> f ① (*attività*) industry ② (*fabbrica*) factory

industriale [in·dus·'tria:·le] I. adj industrial; **zona ~** industrial area II. mf (*imprenditore*) industrialist

inedito [i·'nɛ:·di·to] adj (*scritto, autore*) unpublished

inefficace [in·ef·fi·'ka:·tʃe] adj ineffective

inefficiente [in·ef·fi·'tʃɛn·te] adj inefficient

inefficienza [in·ef·fi·'tʃɛn·tsa] f inefficiency

ineguagliabile [in·e·guaʎ·'ʎa:·bi·le] adj (*artista, atleta*) incomparable; (*record, talento*) unbeatable

ineguale [in·e·'gua:·le] adj ① (*altezza, forza, valore*) unequal ② (*terreno, stile*) uneven

inerente [in·e·'rɛn·te] adj **~ a qc** regarding sth

inerme [i·'nɛr·me] adj ① (*senza armi*) unarmed ② fig (*senza difese*) defenseless

inerte [i·'nɛr·te] adj ① (*persona*) motionless ② (*corpo, arto*) lifeless ③ CHIM, FIS inert

inerzia [i·'nɛr·tsia] <-ie> f a. fig FIS inertia

inesattezza [in·e·zat·'tet·tsa] f ① (*caratteristica*) inaccuracy ② (*errore*) mistake

inesatto, -a [in·e·'zat·to] adj (*calcolo, risposta*) inaccurate

inesauribile [in·e·zau·'ri:·bi·le] adj ① (*fonte, risorsa*) inexhaustible ② fig (*fantasia, argomento*) endless

inesistente [in·e·zis·'tɛn·te] adj non-existent

inesperto, -a [in·es·'pɛr·to] adj inexperienced; **essere ~ di qc** to have no experience of sth

inestimabile [in·es·ti·'ma:·bi·le] adj (*bene, valore*) inestimable

inetto, -a [i·'nɛt·to] adj, m, f incompetent

inevitabile¹ [in·e·vi·'ta:·bi·le] adj ① (*errore, danno*) unavoidable ② (*risultato, conseguenza*) inevitable

inevitabile² <sing> m **l'~** the inevitable

inezia [i·'nɛt·tsia] <-ie> f (*piccolezza*) trifle; **costare/pagare un'~** to cost/pay next to nothing

infallibile [in·fal·'li:·bi·le] adj ① (*persona*) infallible ② (*mira*) unerring; (*metodo, sistema*) foolproof

infame [in·'fa:·me] adj ① (*persona, tradimento, accusa*) vile ② inf (*tempo, viaggio*) foul; (*fatica*) dreadful

infantile [in·fan·'ti:·le] adj ① (*di bambino*) children's; **asilo ~** nursery school ② fig (*persona, atteggiamento*) childish

infanzia [in·'fan·tsia] <-ie> f (*periodo*) childhood; **prima ~** infancy

infarto [in·'far·to] m MED heart attack

infastidire [in·fas·ti·'di:·re] <infastidisco> I. vt to bother ② II. vr **-rsi per qc** to get annoyed with sth

infatti [in·'fat·ti] conj in fact; (*come risposta*) indeed

infedele [in·fe·'de:·le] adj (*amico*) disloyal; (*amante*) unfaithful

infedeltà [in·fe·del·'ta] f (*caratteristica*) disloyalty; (*di un coniuge*) infidelity

infelice [in·fe·'li:·tʃe] adj ① (*persona, infanzia, vita*) unhappy; **amore ~** unhappy love story ② (*scelta, frase*) unfortunate

infelicità [in·fe·li·tʃi·'ta] <-> f (*di persona*) unhappiness

inferiore [in·fe·'rio:·re] comp di **basso** lower I. adj ① a. fig (*per posizione, grado*) lower ② (*per dimensioni, quantità*) smaller; **~ a qc** below sth ③ fig (*per qualità*) inferior; **~ a qu/qc** inferior to sb/sth II. mf inferior

inferiorità [in·fe·rio·ri·ˈta] <-> f inferiority

inferire [in·fe·ˈri:·re] <inferisco, inersi, inferto> vt (*danni*) to inflict; ~ **un colpo** to strike

infermeria [in·fer·me·ˈri:·a] <-ie> f (*ambulatorio*) sick bay

infermiere, -a [in·fer·ˈmiɛ:·re] m, f male nurse m, nurse f

infermità [in·fer·mi·ˈta] <-> f (*malattia*) illness

infermo, -a [in·ˈfer·mo] I. adj (*malato*) ill II. m, f sick person

infernale [in·fer·ˈna:·le] adj ① (*gener*) infernal; **macchina** ~ fig infernal device ② (*rumore, caldo, giornata*) hellish; (*danza, ritmo*) frenetic

inferno [in·ˈfer·no] m a. fig REL hell; **mandare qu all'**~ fig to tell sb to go to hell; **d'**~ hellish

inferriata [in·fer·ˈria:·ta] f (*di finestra*) grating

infersi [in·ˈfer·si] 1. pers sing pass rem di **inferire**

inferto [in·ˈfer·to] pp di **inferire**

infettare [in·fet·ˈta:·re] I. vt ① (*ferita*) to infect ② (*acqua, aria*) to pollute ③ (*persona, territorio*) to infect II. vr: **-rsi** (*persona, ferita*) to become infected

infettivo, -a [in·fet·ˈti:·vo] adj (*malattia*) infectious

infetto, -a [in·ˈfɛt·to] adj ① (*ferita, persona*) infected ② (*acqua, aria*) polluted

infezione [in·fet·ˈtsio:·ne] f MED infection; **fare** ~ to become infected

infiammabile [in·fiam·ˈma:·bi·le] adj (*liquido, gas*) inflammable

infiammazione [in·fiam·mat·ˈtsio:·ne] f MED inflammation

infido, -a [in·ˈfi:·do] adj ① (*persona, comportamento*) unreliable ② (*mare, sentiero*) treacherous

inferire [in·fie·ˈri:·re] <inferisco> vi (*accanirsi*) ~ **su** to turn on; fig to rage at

infilare [in·fi·ˈla:·re] I. vt ① (*ago, perle*) to thread ② ~ **qc in qc** to put sth in sth ③ (*indumento*) to put on II. vr: **-rsi** ① (*indumento*) to put on ② **-rsi in qc**

to get into sth; **-rsi sotto le coperte** to get under the covers

infiltrarsi [in·fil·ˈtrar·si] vr (*umidità, fumo*) to seep

infiltrazione [in·fil·trat·ˈtsio:·ne] f (*di acqua, gas*) leak

infine [in·ˈfi:·ne] adv ① (*alla fine*) finally ② (*insomma*) in short

infinità [in·fi·ni·ˈta] <-> f **un'**~ **di qc** (*enorme quantità*) a mass of sth

infinito[1] [in·fi·ˈni:·to] adj ① (*spazio, tempo*) infinite; (*quantità*) countless; **grazie -e** many thanks ② LING infinitive

infinito[2] m ① a. MATH (*spazio, tempo illimitato*) infinity; **all'**~ endlessly ② LING infinitive

inflazione [in·flat·ˈtsio:·ne] f ECON inflation

inflessibile [in·fles·ˈsi:·bi·le] adj (*persona, carattere*) inflexible

infliggere [in·ˈflid·dʒe·re] <infliggo, inflissi, inflitto> vt ① (*condanna, punizione*) to impose ② (*sconfitta*) to inflict

influenza [in·flu·ˈɛn·tsa] f ① (*influsso, prestigio*) influence ② MED flu

influenzare [in·flu·en·ˈtsa:·re] vt to influence; **lasciarsi** [o **farsi**] ~ **da qu/qc** to be influenced by sb/sth

influire [in·flu·ˈi:·re] <influisco> vi ~ **su qu/qc** to influence sb/sth

infondato, -a [in·fon·ˈda:·to] adj (*accusa, notizia*) unfounded; (*dubbio, sospetto*) groundless

infondere [in·ˈfon·de·re] <infondo, infusi, infuso> vt (*coraggio, fiducia*) to give

informale [in·for·ˈma:·le] adj (*invito, colloquio*) informal

informare [in·for·ˈma:·re] I. vt (*con notizie*) to tell; ~ **qu** (**di** [o **su**] **qc**) to tell sb (about sth) II. vr to keep oneself up-to-date; **-rsi su** [o **di**] **qc** to inquire about sth

informatica [in·for·ˈma:·ti·ka] <-che> f (*disciplina*) computer science

informatico, -a [in·for·ˈma:·ti·ko] <-ci, -che> I. adj (*sistema, linguaggio*) computer II. m, f (*studioso*) computer scientist; (*tecnico*) computer technician

informativo, -a [in·for·ma·'ti:·vo] *adj* (*articolo, foglio*) informative; **prospetto** ~ prospectus; **a titolo** ~ for information only

informazione [in·for·mat'tsio:·ne] *f* ⓘ (*scambio, notizia*) information; **ufficio/sportello** -i information office/desk ⓐ COMPUT **scienza dell'**~ information science

infortunio [in·for·'tu:·nio] <-i> *m* (*incidente*) accident; ~ **sul lavoro** occupational accident

infrangere [in·'fran·dʒe·re] <infrango, infransi, infranto> I. *vt* (*vetro, vaso*) to smash II. *vr:* **-rsi** (*vaso*) to smash; (*onde*) to break

infransi *1. pers sing pass rem di* **infrangere**

infranto, -a [in·'fran·to] *pp di* **infrangere**

infrarosso, -a [in·fra·'ros·so] *adj* FIS (*raggi, radiazioni*) infrared

infrasettimanale [in·fra·set·ti·ma·'na:·le] *adj* (*chiusura, festività*) midweek

infrazione [in·frat'tsio:·ne] *f* (*di norma, regolamento*) violation; ~ **al codice stradale** traffic violation

infrequente [in·fre·'kuɛn·te] *adj* (*caso, fenomeno*) infrequent

infuori [in·'fuɔ:·ri] I. *adv* **all'**~ outwards II. *prep* **all'**~ **di** (*tranne*) except

infuriare [in·fu·'ria:·re] I. *vi* (*vento, tempesta*) to rage II. *vr:* **-rsi** (*persona*) to fly into a rage

infusi [in·'fu:·zi] *1. pers sing pass rem di* **infondere**

infuso [in·'fu:·zo] *pp di* **infondere**

ingaggiare [in·gad·'dʒa:·re] *vt* ⓘ (*operaio, attore*) to hire; (*soldato*) to recruit ⓐ SPORT (*giocatore*) to sign ⓐ MAR to sign on

ingannare [in·gan·'na:·re] *vt* ⓘ (*indurre in errore*) to deceive; **l'apparenza inganna** *prov* don't judge a book by its cover ⓐ (*cliente, amico*) to deceive; (*marito, moglie*) to cheat on

inganno [in·'gan·no] *m* ⓘ (*imbroglio*) fraud ⓐ (*errore*) **cadere in** ~ to be mistaken; **trarre qu in** ~ to mislead sb

ingegnere [in·dʒeɲ·'ɲɛ:·re] *m* engineer

ingegneria [in·dʒeɲ·ɲe·'ri:·a] <-ie> *f* (*disciplina*) engineering; ~ **civile** civil engineering; ~ **genetica** BIO genetic engineering

ingegno [in·'dʒeɲ·ɲo] *m* (*intelligenza*) intelligence

ingegnoso, -a [in·dʒeɲ·'ɲo:·so] *adj* (*persona, macchina, risposta*) ingenious

ingenuità [in·dʒe·nui·'ta] <-> *f* (*innocenza*) innocence

ingenuo, -a [in·'dʒɛ:·nuo] I. *adj* ingenuous II. *m, f* (*persona*) ingenuous person; **fare l'**~ to play the innocent

ingerenza [in·dʒe·'rɛn·tsa] *f* interference

ingerire [in·dʒe·'ri:·re] <ingerisco> *vt* (*cibo, medicina*) to swallow

Inghilterra [in·gil·'tɛr·ra] *f* **l'**~ England; **abitare in** ~ to live in England; **andare in** ~ to go to England

inghiottire [in·giot·'ti:·re] <inghiottisco *o* inghiotto> *vt a. fig* to swallow

inginocchiarsi [in·dʒi·nok·'kiar·si] *vr* (*piegarsi*) to kneel down

ingiù [in·'dʒu] *adv* **all'**~ downward

ingiuria [in·'dʒu:·ria] *f* ⓘ (*offesa*) affront ⓐ (*insulto*) insult

ingiustizia [in·dʒus·'tit·tsia] *f* injustice

ingiusto, -a [in·'dʒus·to] *adj* ⓘ (*persona*) unfair ⓐ (*condanna, critica, tassa*) unjust

inglese¹ [iɲ·'gle:·se] <sing> *m* (*lingua*) English

inglese² I. *adj* English II. *mf* (*abitante*) Englishman *m*, Englishwoman *f*

ingoiare [in·go·'ia:·re] *vt* (*cibo, medicina*) to gulp down

ingombrante [in·gom·'bran·te] *adj* (*mobile*) cumbersome

ingordo, -a [in·'gor·do] *adj* greedy; ~ **di qc** greedy for sth

ingorgo [in·'gor·go] <-ghi> *m* ⓘ (*di tubatura*) blockage ⓐ (*di traffico*) traffic jam

ingrandimento [in·gran·di·'men·to] *m* ⓘ (*di edificio*) extension; (*di attività,* *azienda*) expansion ②FOTO, OPT enlargement; **lente d'~** magnifying glass

ingrandire [iŋ·gran·'diː·re] <ingrandisco> I. *vt* avere ①(*edificio*) to extend; (*attività, azienda*) to expand ②FOTO, OPT to enlarge ③*fig* (*problemi, difficoltà*) to exaggerate II. *vr:* -**rsi** to expand

ingrassare [iŋ·gras·'saː·re] I. *vt* avere ①(*animale*) to fatten ②(*persona*) to make fat II. *vi* essere (*diventare grasso*) to put on weight

ingratitudine [iŋ·gra·ti·'tuː·di·ne] *f* (*caratteristica*) ingratitude

ingrato, -a [iŋ·'graː·to] I. *adj* ①(*persona*) ungrateful ②(*compito, lavoro*) thankless II. *m, f* (*persona*) ingrate

ingrediente [iŋ·gre·'diɛn·te] *m a. fig* ingredient

ingresso [iŋ·'grɛs·so] *m* ①(*atto*) entry ②(*facoltà di entrare*) admission; **~ libero** free admission ③(*porta, cancello*) entrance; (*atrio*) hallway

ingrosso [iŋ·'grɔs·so] *adv* **all'~** COM wholesale

inguaribile [iŋ·gua·'riː·bi·le] *adj* ①(*malattia*) incurable ②*fig* (*vizio, bevitore, giocatore*) hardened; *scherz* (*romantico, sognatore*) incurable

inguine ['iŋ·gui·ne] *m* ANAT groin

inibire [i·ni·'biː·re] <inibisco> PSYCH I. *vt* to inhibit II. *vr:* -**rsi** ①(*frenarsi*) to be inhibited ②(*intimidirsi*) to become inhibited

inibizione [i·ni·bit·'tsioː·ne] *f* PSYCH inhibition

iniettare [in·iet·'taː·re] *vt* (*vaccino, farmaco*) to inject

iniezione [in·iet·'tsioː·ne] *f* MED, TEC injection; **motore a ~** fuel injection engine

ininterrotto, -a [in·in·ter·'rot·to] *adj* (*serie, flusso*) uninterrupted

iniziale [i·nit·'tsiaː·le] I. *adj* initial; **stipendio ~** starting salary II. *f* (*lettera*) initial; **le -i** (*di nome*) initials; **firmare con le -e** to initial

iniziare [i·nit·'tsiaː·re] I. *vt* avere ①(*attività, studio*) to start [*o* begin]; **~ a fare qc** to start [*o* begin] to do sth ②**~ qu a**

qc (*rito*) to initiate sb into sth; (*vizio, attività*) to introduce sb to sth II. *vi* (*avere inizio*) to begin [*o* start]

iniziativa [i·nit·tsia·'tiː·va] *f* ①(*decisione*) initiative; **di propria ~** on one's own iniative ②(*attitudine*) enterprise; **essere ricco** [*o* **pieno**] **di ~** to be enterprising

inizio [i·'nit·tsio] <-i> *m* (*atto, momento*) start [*o* beginning]; **avere ~** to start [*o* begin]; **dare ~ a qc** to start [*o* begin] sth; **all'~** at the start [*o* beginning]; **gli -i** the beginning [*o* start]

innalzare [in·nal·'tsaː·re] I. *vt* ①(*gener*) to raise ②(*antenna, palo*) to erect II. *vr:* -**rsi** to rise

innamorare [in·na·mo·'raː·re] *vr:* -**rsi** (*reciproco*) to fall in love with each other; -**rsi di qu/qc** to fall in love with sb/sth

innamorato, -a [in·na·mo·'raː·to] I. *adj* in love; **essere ~ di qu** to be in love with sb; **essere ~ di qc** to be mad about sth II. *m, f* (*fidanzato*) boyfriend *m*, girlfriend *f*

innanzi [in·'nan·tsi] LETT I. *adv* ①(*avanti*) forward; **farsi ~** to step forward ②(*prima*) previously ③(*poi, in seguito*) later; **d'ora ~** from now on II. *prep* **~ a qu/qc** (*davanti a*) in front of sb/sth

innato, -a [in·'naː·to] *adj* ①(*istinto, difetto*) inborn; (*talento*) natural ②(*gentilezza, eleganza*) innate

innaturale [in·na·tuː·'raː·le] *adj* (*gesto, recitazione*) unnatural

innegabile [in·ne·'gaː·bi·le] *adj* (*principio, verità*) undeniable; **essere ~** to be true

innervosire [in·ner·vo·'siː·re] <innervosisco> I. *vt* to get on sb's nerves II. *vr:* -**rsi** to get annoyed

innescare [in·nes·'kaː·re] *vt* ①(*amo*) to bait ②(*bomba, mina*) to prime ③*fig* (*reazione, rivolta*) to set off

innesto [in·'nɛs·to] *m* ①AGR, MED graft ②TEC (*attacco*) joint; EL (*presa*) socket

inno ['in·no] *m a. fig* hymn; **~ nazionale** national anthem

innocente [in·no·'tʃɛn·te] I. *adj*

① (gener) innocent ② (non colpevole) not guilty II. mf ① (non colpevole) innocent person ② (bambino) innocent

innocenza [in·no·'tʃɛn·tsa] f innocence

innocuo, -a [in·'nɔː·kuo] adj a. pej innocuous

innovativo, -a [in·no·va·'tiː·vo] adj (idea, proposta, persona) innovative

innovatore, -trice [in·no·va·'toː·re] I. adj innovative II. m, f (persona) innovator

innovazione [in·no·vat·'tsio·ne] f ① (cambiamento) change ② (elemento nuovo) innovation

innumerevole [in·nu·me·'reː·vo·le] adj countless

inodore, -a [i·no·'doː·re] adj (sostanza, gas) odorless

inoffensivo, -a [in·of·fen·'siː·vo] adj ① (parole, frasi) inoffensive ② (persona, animale) harmless

inoltrare [in·ol·'traː·re] vt ① ADMIN (domanda, pratica) to submit ② (posta) to forward

inoltrato, -a [in·ol·'traː·to] adj (nel tempo) late; **a notte/a sera -a** late at night/in the evening

inoltre [i·'nol·tre] adv furthermore

inondare [in·on·'daː·re] vt ① (acque) to flood; (lacrime, luce) to bathe ② fig (folla) to flood into; (merce) to flood

inondazione [in·on·dat·'tsio·ne] f ① (di acque) flooding ② fig (di turisti, film) flood

inopportuno, -a [in·op·por·'tuː·no] adj untimely

inorganico, -a [in·or·'gaː·ni·ko] <-ci, -che> adj CHIM (elemento, sostanza) inorganic

inospitale [in·os·pi·'taː·le] adj ① (persona, paese) unfriendly ② (casa, regione) inhospitable

inosservato, -a [in·os·ser·'vaː·to] adj (non notato) unobserved; **passare ~** to escape notice

inossidabile [in·os·si·'daː·bi·le] adj (metallo) rustproof; **acciaio ~** stainless steel

inquadrare [iŋ·kua·'draː·re] I. vt ① FOTO

to frame ② fig (opera) to place; (problema, situazione) to identify II. vr: **-rsi** (collocarsi) to be part of

inquietante [iŋ·kui·e·'tan·te] adj ① (silenzio, atmosfera) worrying ② (film, libro, sogno) disturbing

inquieto, -a [iŋ·kui·ɛː·to] adj ① (agitato) restless ② (preoccupato) worried

inquilino, -a [iŋ·kui·'liː·no] m, f (affittuario) tenant

inquinamento [iŋ·kui·na·'men·to] m ECON pollution; **~ acustico** noise pollution

inquinare [iŋ·kui·'naː·re] vt ECON to pollute

inquisitore, -trice [iŋ·kui·zi·'toː·re] adj (occhio, sguardo) inquiring

insalata [in·sa·'laː·ta] f salad; **in ~** in a salad; **~ di mare** seafood salad

insanabile [in·sa·'naː·bi·le] adj ① fig (danno, errore) irreparable ② fig (contrasto) permanent; (odio, rancore) undying

insano, -a [in·'saː·no] adj (gesto, sentimento) mad

insaporire [in·sa·po·'riː·re] <insaporisco> vt CULIN to flavor

insaputa [in·sa·'puː·ta] f **all'~ di qu** without sb's knowledge

insediare [in·se·'diaː·re] vt ① (in carica) to swear in ② (in luogo) to settle

insegna [in·'seɲ·ɲa] f ① (di negozio, locale) sign; **~ stradale** road sign ② **all'~ di** fig characterized by

insegnamento [in·seɲ·ɲa·'men·to] m ① (attività, professione) teaching ② (precetto) lesson; **trarre ~ da qc** to learn from sth

insegnante [in·seɲ·'ɲan·te] mf (professore) teacher; **~ di sostegno** support teacher

insegnare [in·seɲ·'ɲaː·re] I. vt ① (gener) to teach; **~ qc a qu** to teach sb sth [o to teach sth to sb]; **~ a qu a fare qc** to teach sb how to do sth ② (storia, esperienza) to show II. vi (come professione) to teach

inseguire [in·se·'guiː·re] vt a. fig (persona, animale, successo) to chase after

inseminazione [in·se·mi·nat·'tsio:·ne] *f* BIO insemination; ~ **artificiale** artificial insemination

insenatura [in·se·na·'tu:·ra] *f* inlet

insensato, -a [in·sen·'sa:·to] *adj* ① (*persona*) foolish ② (*idea, gesto, discorso*) senseless

insensibile [in·sen·'si:·bi·le] *adj* ① (*arto*) numb; **essere ~ a qc** (*al freddo, dolore*) to not be susceptible to sth ② *fig* **essere ~ a qc** (*a fascino, lusinghe, musica*) to be indifferent to sth

inseparabile [in·se·pa·'ra:·bi·le] *adj* inseparable

inserimento [in·se·ri·'men·to] *m* ① (*di moneta, chiave, spina*) insertion; (*di marcia*) setting ② (*di foglio, nominativo*) inclusion; (*di dati*) entry

inserire [in·se·'ri:·re] <inserisco> I. *vt* ① (*moneta, chiave, spina*) to insert; (*marcia*) to go into ② (*foglio, nominativo*) to put; (*dati*) to enter ③ (*persona*) to integrate ④ (*annuncio*) to place ⑤ (*audio, corrente*) to switch on II. *vr:* **-rsi** ① (*meccanismo, congegno*) to fit ② (*riforma, progetto, opera*) to be part of a *fig* (*in ambiente*) to fit in ③ (*in una discussione*) to enter

inserto [in·'sɛr·to] *m* ① (*di giornale, rivista*) supplement ② (*di film*) clip; ~ **pubblicitario** commercial

inserzione [in·ser·'tsio:·ne] *f* (*annuncio*) advert

insetticida [in·set·ti·'tʃi:·da] <-i> *m* insecticide

insetto [in·'sɛt·to] *m* (*animale*) insect

insicurezza [in·si·ku·'ret·tsa] *f* (*di situazione, persona*) insecurity

insicuro, -a [in·si·'ku:·ro] I. *adj* ① (*persona, carattere*) insecure ② (*voce, andatura*) faltering ③ (*luogo, strada, scala*) unsafe; (*lavoro*) precarious ④ (*notizia*) unconfirmed II. *m, f* (*persona*) insecure person

insidia [in·'si:·dia] <-ie> *f* ① (*agguato*) ambush ② (*pericolo*) hidden danger

insidiare [in·si·'dia:·re] *vt* ① (*nemico*) to ambush ② (*onore, reputazione*) to sully

insidioso, -a [in·si·'dio:·so] *adj* (*percorso, arma*) dangerous

insieme [in·'sie:·me] I. *adv* ① (*gener*) together; **tutti** [*o* **tutti quanti**] ~ all together; **tutto** [*o* **tutto quanto**] ~ everything at once; **mettere ~** to put together; **si sono messi** ~ they started dating ② (*contemporaneamente*) at the same time II. *prep* ~ **a** (*compagnia*) with; (*contemporaneità*) at the same time as III. *m* ① (*complesso*) whole; **nell'~** on the whole ② MATH set

insignificante [in·siɲ·ɲi·fi·'kan·te] *adj* ① (*banale*) insignificant; (*parole, gesti*) meaningless ② (*particolare, differenza*) trifling

insinuare [in·si·nu·'a:·re] *vt* ① (*dubbio, sospetto*) to instil ② (*sottintendere*) to insinuate; **cosa vorresti ~?** what are you insinuating?

insipido, -a [in·'si:·pi·do] *adj* ① (*cibo*) tasteless ② *fig* (*persona, faccia*) insipid; (*film, storia*) dull

insistente [in·sis·'tɛn·te] *adj* ① (*persona, domande, richieste*) insistent ② (*pioggia*) persistent

insistenza [in·sis·'tɛn·tsa] *f* (*ostinazione*) insistence; **con ~** insistently

insistere [in·'sis·te·re] <insisto, insistei *o* insistetti, insistito> *vi* ① ~ **su qc** (*argomento*) to insist on sth; **non insisto!** I won't insist! ② ~ **in qc** to persist in sth; ~ **nel** [*o* **a**] **fare qc** to persist in doing sth

insoddisfatto, -a [in·sod·dis·'fat·to] *adj* ① (*persona*) dissatisfied; **essere/rimanere ~ di qc** to be unhappy about sth ② (*bisogno, desiderio*) not met

insoddisfazione [in·sod·dis·fat·'tsio:·ne] *f* dissatisfaction

insofferente [in·sof·fe·'rɛn·te] *adj* (*persona, carattere*) impatient; **essere ~ a qc** to not be able to stand sth

insofferenza [in·sof·fe·'rɛn·tsa] *f* (*di persona, carattere*) impatience; ~ **a qc** lack of tolerance of sth

insolazione [in·so·lat·'tsio:·ne] *f* MED sunstroke

insolente [in·so·ˈlɛn·te] *adj* (*persona, modo, tono*) insolent

insolito, -a [in·ˈsɔː·li·to] **I.** *adj* unusual **II.** *m, f* qualcosa d'~ something unusual

insomma [in·ˈsom·ma] **I.** *adv* ① (*in conclusione*) in short ② (*così così*) so, so **II.** *interj* right; **ma ~ !** well really!

insonne [in·ˈsɔn·ne] *adj* (*persona*); (*notte*) sleepless

insonnia [in·ˈsɔn·nia] <-ie> *f* ① (*disturbo*) insomnia ② (*stato*) sleeplessness

insopportabile [in·sop·por·ˈtaː·bi·le] *adj* ① (*dolore, caldo, persona*) unbearable ② (*affronto, prepotenza*) intolerable

insorgere [in·ˈsor·dʒe·re] <insorgo, insorsi, insorto> *vi essere* ① **~ contro qu/qc** to rebel against sb/sth ② (*malattia, difficoltà*) to arise

insorsi *1. pers sing pass rem di* **insorgere**

insorto, -a [in·ˈsor·to] **I.** *pp di* **insorgere II.** *adj* ① (*popolazione*) rebellious ② (*difficoltà*) manifested

insospettire [in·sos·pet·ˈtiː·re] <insospettisco> **I.** *vt avere* **~ qu** to make sb suspicious **II.** *vr*: **-rsi** to become suspicious

insostenibile [in·sos·te·ˈniː·bi·le] *adj* ① (*spesa, sforzo*) unsustainable; (*situazione*) intolerable ② (*argomento, tesi*) untenable

insperato, -a [in·spe·ˈraː·to] *adj* unexpected

inspiegabile [in·spie·ˈgaː·bi·le] *adj* inexplicable

instabile [ins·ˈtaː·bi·le] *adj* ① (*carico, ponte, sedia, passo*) unsteady ② *fig* (*tempo, clima*) changeable; (*prezzo*) variable; (*situazione, governo, persona*) unstable

instabilità [in·sta·bi·li·ˈta] <-> *f a. fig* (*gener*) instability; (*di tempo, clima*) changeability; (*di prezzo*) variability

installare [in·stal·ˈlaː·re] **I.** *vt a.* COMPUT (*apparecchio, impianto*) to install **II.** *vi*: **-rsi; -rsi in qc** (*in luogo*) to settle in sth

installazione [in·stal·lat·ˈtsioː·ne] *f* ① *a.* COMPUT (*di apparecchio, impianto*) installation ② (*impianto: sportivo, portuale*) facilities *pl*

instancabile [in·staŋ·ˈkaː·bi·le] *adj* tireless

instaurare [in·stau·ˈraː·re] *vt* ① (*regime*) to institute ② (*metodo, tendenza*) to introduce ③ (*amicizia, rapporto*) to establish

insù [in·ˈsu] *adv* **all'~** upwards; **naso all'~** snub nose

insuccesso [in·sut·ˈtʃɛs·so] *m* (*di impresa, progetto*) failure; **essere un ~** to be a failure

insufficiente [in·suf·fi·ˈtʃɛn·te] **I.** *adj* ① (*per quantità, qualità*) insufficient ② (*a scuola: compito*) below standard **II.** *m* (*voto*) fail

insufficienza [in·suf·fi·ˈtʃɛn·tsa] *f* ① (*per quantità, qualità*) shortage; **~ di prove** GIUR lack of evidence ② (*incapacità*) inability ③ (*a scuola*) fail ④ MED insufficiency; **~ cardiaca** cardiac insufficiency

insulina [in·su·ˈliː·na] *f* BIO, MED insulin

insultare [in·sul·ˈtaː·re] *vt* (*offendere*) to insult

insulto [in·ˈsul·to] *m* insult; **coprire qu di -i** to hurl insults at sb

insurrezione [in·sur·ret·ˈtsioː·ne] *f* insurrection

intaccare [in·tak·ˈkaː·re] *vt* ① (*acido, ruggine*) to corrode ② (*malattia*) to attack ③ (*risparmi, patrimonio*) to eat into ④ *fig* (*onore, amicizia*) to sully

intanto [in·ˈtan·to] **I.** *adv* ① (*temporale*) in the meantime ② (*avversativo*) yet; **e ~ devo pagare io!** and yet I'll end up paying! **II.** *conj* **~ che ... +**ind while ...

intasamento [in·ta·za·ˈmen·to] *m* ① (*di tubo, canale*) blockage ② (*di strada*) traffic jam; **~ del traffico** traffic jam

intasare [in·ta·ˈzaː·re] **I.** *vt* to block **II.** *vr*: **-rsi** (*tubo, canale, naso*) to become blocked

intatto, -a [in·ˈtat·to] *adj* ① (*neve, patrimonio, eredità*) untouched ② (*serratura, edificio*) intact

integrale [in·te·'gra:·le] *adj* ❶ *(intero)* complete; **edizione ~** unabridged edition ❷ *(farina, pane)* wholewheat

integrare [in·te·'gra:·re] I. *vt* ❶ *(completare)* to supplement ❷ *(persona)* **~ qu in qc** to integrate sb into sth II. *vr:* **-rsi** ❶ *(persona)* to fit in ❷ *(reciproco)* to complement one another

integratore [in·te·gra·'to:·re] *m* vitamin supplement; **~ alimentare** nutritional supplement

integrazione [in·te·grat·'tsio:·ne] *f* ❶ *(gener)* integration ❷ *(di stipendio, alimentazione)* supplement

integrità [in·te·gri·'ta] <-> *f a. fig* integrity; **~ fisica e mentale** physical and mental well-being

integro, -a [in·'te·gro] <più integro, integerrimo> *adj* ❶ *(intatto)* intact; *(energie, facoltà)* unimpaired ❷ *fig (persona)* upright

intelletto [in·tel·'let·to] *m* intellect

intellettuale [in·tel·let·tu·'a:·le] *adj, mf* intellectual

intelligente [in·tel·li·'dʒɛn·te] *adj (acuto: osservazione, osservazione)* intelligent; **vacanze -i** planned vacation including excursions/visits

intelligenza [in·tel·li·'dʒɛn·tsa] *f* ❶ *(facoltà)* intelligence; **~ artificiale** COMPUT artificial intelligence ❷ *(acutezza)* intelligence; **quoziente d'~** intelligence quotient

intendente [in·ten·'dɛn·te] *m* ADMIN *(funzionario)* official

intendere [in·'tɛn·de·re] <intendo, intesi, inteso> I. *vt* ❶ *(capire)* to understand; **lasciare** [*o* **fare**] **~ qc** to make sth understood; **~ qc al volo** to immediately grasp sth; **s'intende** of course ❷ *(udire)* to hear ❸ *(accettare)* to listen to; **non ~ ragioni** to not listen to reason ❹ *(volere)* to wish; **non intendevo offenderti** I didn't mean to offend you ❺ *(voler dire)* to mean II. *vr:* **-rsi** ❶ *(andare d'accordo)* to get along ❷ *(accordarsi, capirsi)* to understand each other; **-rsi su qc** to agree on sth; **tanto per intenderci** just to be clear

❸ *(essere esperto di)* **-rsi di qc** *(argomento, materia)* to know sth about sth; **non m'intendo di quadri/di politica** I don't know anything about paintings/politics

intenditore, -trice [in·ten·di·'to:·re] *m, f (esperto)* connoisseur

intensificare [in·ten·si·fi·'ka:·re] I. *vt* ❶ *(colore)* to intensify ❷ *(controlli, sforzi, produzione)* to increase II. *vr:* **-rsi** *(rumore, traffico)* to intensify; *(produzione)* to increase

intensità [in·ten·si·'ta] <-> *f a. fig* FIS intensity

intensivo, -a [in·ten·'si:·vo] *adj (corso, cura)* intensive; **terapia -a** MED intensive care

intenso, -a [in·'tɛn·so] *adj* ❶ *(suono, dolore, desiderio)* intense; *(nebbia, pioggia)* heavy; *(odore, sapore)* overpowering; *(colore)* deep; *(luce)* bright ❷ *(giornata, vita)* busy; *(lavoro, studio)* demanding; **traffico ~** heavy traffic

intento [in·'tɛn·to] *adj (concentrato)* intent; **essere ~ a qc** to be absorbed in sth; **essere ~ a fare qc** to be busy doing sth

intenzionale [in·ten·tsio·'na:·le] *adj (offesa, errore)* intentional

intenzionato, -a [in·ten·tsio·'na:·to] *adj* **essere ~ a fare qc** to intend to do sth; **essere bene/male ~** to have good/bad intentions

intenzione [in·ten·'tsio:·ne] *f (proposito)* intention; **avere (l')~ di fare qc** to intend to do sth; **con/senza ~** intentionally/unintentionally

interagire [in·te·ra·'dʒi:·re] <interagisco> *vi* **~ con qc/qu** *(fenomeni, elementi, persone)* to interact with sth/sb

interattivo, -a [in·ter·at·'ti:·vo] *adj a. fig* COMPUT interactive

interazione [in·ter·at·'tsio:·ne] *f* interaction

intercalare [in·ter·ka·'la:·re] *vt (parola, frase)* to insert; **~ qc a qc** *(testo)* to insert sth into sth; *fig* to alternate sth with sth

intercambiabile [in·ter·kam·'bia:·bi·

le] *adj* (*pezzi, elementi, ruoli*) interchangeable

intercedere [in·ter·ˈtʃɛ·de·re] *vi avere* ~ **presso qu** (**per qu/qc**) (*intervenire*) to intercede with sb (on behalf of sb/sth)

intercettare [in·ter·tʃet·ˈta·re] *vt* (*aereo, lettera, telefonata*) to intercept

intercettazione [in·ter·tʃet·tat·ˈtsio·ne] *f* ① (*di aereo*) interception ② (*di telefonata*) tapping; ~ **telefonica** phone tapping

intercity [in·ter·ˈsi·ti] <-> *m* FERR intercity train

intercorrere [in·ter·ˈkor·re·re] <intercorro, intercorsi, intercorso> *vi essere* ① (*tempo*) to elapse ② *fig* (*rapporto, colloquio*) to exist

interdetto, -a I. *pp di* **interdire** II. *adj* ① (*sconcertato*) disconcerted ② GIUR (*persona*) banned

interdire [in·ter·ˈdi·re] <interdico, interdissi, interdetto> *vt* GIUR ~ **qu** (**da qc**) to ban sb (from sth)

interessante [in·te·res·ˈsan·te] *adj* interesting

interessare [in·te·res·ˈsa·re] I. *vt avere* ① (*incuriosire*) to interest; ~ **qu a qc** to interest sb in sth ② (*riguardare*) to affect ③ *vi essere* (*importare*) ~ **a qu** to matter to sb; **non gli interessa vincere** he's not interested in winning III. *vr:* -**rsi** ① -**rsi a qc** (*incuriosirsi*) to be interested in sth ② -**rsi di qu/qc** (*occuparsi*) to take an interest in sb/sth; (*intervenire*) to intervene

interessato, -a [in·te·res·ˈsa·to] I. *adj* ① (*incuriosito*) interested; ~ **a qc** (*calcolatore*) interested; (*amicizia, proposta*) selfish II. *m, f* (*persona in causa*) person concerned

interesse [in·te·ˈrɛs·se] *m* ① *a.* FIN (*gener*) interest; **di grande** ~ of great interest; **tasso d'**~ interest rate ② *pl* (*attività*) interests *pl*; **avere molti -i** to have a lot of interests ③ (*vantaggio*) self-interest; **nell'**~ **di qu** in sb's interest

interfaccia [in·ter·ˈfat·tʃa] <-cce> *f*

COMPUT interface; ~ **utente** user interface

interferenza [in·ter·fe·ˈrɛn·tsa] *f* ① FIS, TEL interference ② *fig* (*intromissione*) meddling

interferire [in·ter·fe·ˈri·re] <interferisco> *vi* ① *a. fig* FIS (*elementi, fattori*) to interfere; ~ **in** [*o* **con**] **qc** to interfere with sth ② *fig* (*persona*) to interfere

interiezione [in·te·ri·et·ˈtsio·ne] *f* LING interjection

interinale [in·te·ri·ˈna·le] *adj* temporary; **lavoro** ~ temporary job

interiora [in·te·ˈrio·ra] *fpl* innards *pl*

interiore [in·te·ˈrio·re] *adj* ① (*parte, lato*) internal ② (*spirituale*) inner; **mondo/vita** ~ interior world/life

interlinea [in·ter·ˈli·nea] *f* (*spazio*) line spacing

interlocutore, -trice [in·ter·lo·ku·ˈto·re] *m, f* ① (*conversatore*) speaker ② (*controparte*) counterpart

intermediario, -a [in·ter·me·ˈdia·rio] <-i, -ie> *adj, m, f* intermediary; **fare da** ~ to act as an intermediary

intermedio, -a [in·ter·ˈmɛ·dio] *adj* ① (*periodo, punto, condizione*) intermediate ② *fig* (*soluzione*) compromise

intermezzo [in·ter·ˈmɛd·dzo] *m* ① (*intervallo*) interlude ② MUS intermezzo

interminabile [in·ter·mi·ˈna·bi·le] *adj* (*troppo lungo*) interminable

intermittente [in·ter·mit·ˈtɛn·te] *adj* (*segnale, luce, pioggia*) intermittent

internazionale [in·ter·nat·tsio·ˈna·le] *adj* international

Internet [in·ter·ˈnet] <-> *f* COMPUT Internet; **navigare in** [*o* **su**] ~ to go on the Internet; **sito** ~ website

internettista *mf* Internet user

interno[1] [in·ter·no] *adj* ① (*parte, lato*) inner ② (*regolamento, membro*) internal ③ (*politica, affari*) national; (*volo*) domestic ④ GEOG inland; **acque** -**e** inland waters ⑤ *fig* (*interiore*) inner

interno[2] <*sing*> *m* ① (*di struttura*) inside; (*di indumento*) lining; **all'**~ inside; **all'**~ **di qc** inside sth; **dall'**~ from the inside; **dall'**~ **di qc** from inside sth

⑤ (*di territorio*) interior **⑥** (*telefono*) extension; (*abitazione*) apartment number **⑦** *fig* (*animo*) inner being **⑧** (*di stato*) home; **notizie dall'~** national news

intero¹ [in·'te:·ro] *adj* **①** (*completo*) whole; **prezzo ~** full price; **costume ~** bathing suit; **latte ~** full fat milk **②** (*intatto*) whole

intero² *m* whole; **per ~** in full

interpellare [in·ter·pel·'la:·re] *vt* **①** (*persona, medico, avvocato*) to consult **②** POL to question

interporre [in·ter·'por·re] <interpongo, interposi, interposto> I. *vt* (*ostacolo, difficoltà*) to put II. *vr:* **-rsi ①** (*ostacolo*) to be **②** *fig* (*persona*) to intervene

interposi [in·ter·'po:·zi] *1. pers sing pass rem di* **interporre**

interposto, -a [in·ter·'pos·to] *pp di* **interporre**

interpretare [in·ter·pre·'ta:·re] *vt a. fig* FILM, THEAT, MUS to interpret

interpretazione [in·ter·pre·tat·'tsio:·ne] *f a. fig* FILM, THEAT, MUS interpretation

interprete [in·'ter·pre·te] *mf* **①** (*gener*) interpreter; **~ simultaneo** simultaneous interpreter **②** (*attore, musicista*) performer

interrato, -a [in·ter·'ra:·to] *adj* **piano ~** basement

interrogare [in·ter·ro·'ga:·re] *vt* **①** (*testimone, sospetto*) to question **②** (*a scuola*) to test

interrogativo¹ [in·ter·ro·ga·'ti:·vo] *adj* **①** (*sguardo, espressione*) questioning **②** LING interrogative; **punto ~** question mark

interrogativo² *m* (*dubbio*) question

interrogatorio [in·ter·ro·ga·'tɔ:·rio] <-i> *m* GIUR questioning

interrogazione [in·ter·ro·gat·'tsio:·ne] *f* **①** (*a scuola*) test **②** POL **~ parlamentare** parliamentary question

interrompere [in·ter·'rom·pe·re] <interrompo, interruppi, interrotto> I. *vt* **①** (*lavoro, trattativa, persona*) to interrupt **②** (*strada, passaggio, linea, corrente*) to cut off II. *vr:* **-rsi ①** (*in attivi-*

tà) to break off; (*nel parlare*) to stop talking **②** (*trattativa*) to be interrupted **③** (*linea, corrente, strada*) to be cut off

interruttore [in·ter·rut·'to:·re] *m* (*dispositivo*) switch

interruzione [in·ter·rut·'tsio:·ne] *f* **①** (*gener*) interruption; (*di strada*) break; **senza ~** without stopping; **~ di gravidanza** termination of a pregnancy **②** (*pausa*) break; **~ pubblicitaria** advertising break

interscambio [in·ters·'kam·bio] *m* exchange

intersezione [in·ter·set·'tsio:·ne] *f* (*di linee, strade*) intersection; **punto di ~** junction

interurbana [in·ter·ur·'ba:·na] *f* (*telefonata*) long-distance call

interurbano, -a [in·ter·ur·'ba:·no] *adj* (*telefonata, tariffa*) long distance

intervallo [in·ter·'val·lo] *m* **①** (*gener*) interval; **a -i** at intervals **②** (*pausa*) break; (*a scuola*) break

intervenire [in·ter·ve·'ni:·re] <intervengo, intervenni, intervenuto> *vi essere* **①** (*intromettersi, parlare*) to intervene **②** (*partecipare*) **~ a qc** to take part in sth **③** MED to operate

intervento [in·ter·'ven·to] *m* **①** (*intromissione, discorso*) intervention **②** SPORT tackle **③** (*partecipazione*) participation **④** MED operation; **~ chirurgico** surgery

intervenuto, -a [in·ter·ve·'nu:·to] I. *pp di* **intervenire** II. *adj* (*persona, pubblico*) present

intervista [in·ter·'vis·ta] *f* interview

intervistare [in·ter·vis·'ta:·re] *vt* to interview

intesa [in·'te:·sa] *f* **①** *a. fig* POL agreement **②** (*affiatamento*) understanding

intesi [in·'te·zi] *1. pers sing pass rem di* **intendere**

inteso, -a [in·'te:·zo] I. *pp di* **intendere** II. *vt* restare [*o* rimanere] **~ che ...** to agree that ...; (**siamo**) **intesi?** agreed?

intestare [in·tes·'ta:·re] *vt* **①** (*lettera, pagina*) to head **②** GIUR **~ qc a qu**

(*bene, casa*) to register sth in sb's name; (*assegno*) to make out sth in sb's name

intestazione [in·tes·tat·'tsio:·ne] *f* (*di foglio*) heading; (*di libro, articolo*) title

intestino [in·tes·'ti:·no] *m* ANAT intestine; **~ crasso/tenue** large/small intestine

intimidire [in·ti·mi·'di:·re] <intimidisco> *vt avere* ❶ (*imbarazzare*) to make shy ❷ (*minacciare*) to intimidate

intimità [in·ti·mi·'ta] <-> *f* ❶ (*ambito privato*) privacy; **nell'~** (*in casa, in famiglia*) in private ❷ (*confidenza*) familiarity

intimo¹ ['in·ti·mo] I. *adj* ❶ *fig* (*amico, amicizia*) close; **ambiente ~** intimate atmosphere; **cenetta -a** romantic meal ❷ *fig* (*convinzione, gioia*) inner; (*ragioni, significato*) innermost ❸ (*nascosto*) hidden; **parti -e** private parts; **biancheria -a** underwear II. *m* (*persona*) close friend

intimo² <*sing*> *m* ❶ (*interiorità*) heart ❷ (*biancheria*) underwear

intimorire [in·ti·mo·'ri:·re] <intimorisco> I. *vt* to frighten II. *vr:* **-rsi** to get frightened

intitolare [in·ti·to·'la:·re] I. *vt* ❶ (*libro, film*) to give a title to ❷ (*strada, edificio*) to name; **~ qc a qu** to name sth after sb II. *vr:* **-rsi** (*libro, film*) to be called

intoccabile [in·tok·'ka:·bi·le] *adj* ❶ (*oggetto, patrimonio*) untouchable ❷ *fig* (*argomento*) indisputable ❸ *fig* (*persona*) unassailable

intollerabile [in·tol·le·'ra:·bi·le] *adj* ❶ (*sopruso, offesa*) intolerable ❷ (*caldo, dolore*) unbearable

intollerante [in·tol·le·'ran·te] *adj* (*persona, carattere*) intolerant

intonaco [in·'tɔ:·na·ko] <-ci *o* -chi> *m* (*per muro*) plaster

intonare [in·to·'na:·re] I. *vt* ❶ MUS (*strumento, voce*) to tune up ❷ (*colori, indumenti*) to match II. *vr:* **-rsi** (*colori, indumenti*) to match; **-rsi a qc** to go with sth

intonazione [in·to·nat·'tsio:·ne] *f*

❶ MUS tuning; (*della voce*) pitch ❷ LING intonation

intoppo [in·'tɔp·po] *m* (*ostacolo*) hitch

intorno [in·'tor·no] I. *adv* around; **guardarsi ~** to look around; **qui ~ non ci sono bar** there aren't any bars around here; **tutto ~** all around; **togliersi qu d'~** to get rid of sb II. *prep* ❶ **~ a** around; (*spazio*) round ❷ (*tempo, quantità*) around about ❸ (*argomento*) on

intossicazione [in·tos·si·kat·'tsio:·ne] *f* MED poisoning

intralciare [in·tral·'tʃa:·re] *vt* ❶ (*traffico*) to hold up; (*movimento*) to hamper ❷ *fig* (*attività, progetto*) to hinder

intralcio [in·'tral·tʃo] <-ci> *m* (*ostacolo*) hindrance

intramuscolare [in·tra·mus·ko·'la:·re] *adj* MED (*iniezione*) intramuscular

intransigente [in·tran·si·'dʒen·te] *adj* ❶ (*giudice, insegnante*) harsh ❷ (*politico, corrente*) intransigent ❸ (*atteggiamento*) intolerant

intrappolare [in·trap·po·'la:·re] *vt* ❶ (*topo, ladro*) to trap ❷ *fig* (*raggirare*) to catch out

intraprendente [in·tra·pren·'dɛn·te] *adj* (*persona*) enterprising; (*in amore*) forward

intraprendere [in·tra·'prɛn·de·re] <intraprendo, intrapresi, intrapreso> *vt* (*attività, viaggio*) to undertake; (*carriera, studi*) to start

intrattabile [in·trat·'ta:·bi·le] *adj* (*persona, carattere*) impossible

intrattenere [in·trat·te·'ne:·re] <intrattengo, intrattenni, intrattenuto> I. *vt* (*ospite, pubblico*) to entertain II. *vr* ❶ **-rsi con qu** to stop with sb ❷ **-rsi su qc** to concentrate on sth

intrattenimento [in·trat·te·ni·'men·to] *m* entertainment

intrecciare [in·tret·'tʃa:·re] I. *vt* ❶ (*capelli, paglia*) to pleat ❷ *fig* (*rapporti*) to establish II. *vr:* **-rsi** (*fili, rami*) to become interwined; (*capelli*) to be pleated; (*strade*) to intersect

intrigo [in·'tri:·go] <-ghi> *m* ❶ (*mac-*

chinazione) plot ② (*situazione confusa*) difficult situation

intrinseco, -a [in·'trin·se·ko] <-che> *adj* (*proprio, interno*) intrinsic

intriso, -a *adj* ~ **di qc** (*liquido*) soaked in [*o* with] sth; *fig* (*sentimento*) steeped in sth

introdurre [in·tro·'dur·re] <introduco, introdussi, introdotto> **I.** *vt* ① (*chiave, moneta, scheda*) to put ② (*prodotto, moda, uso*) to introduce; (*legge, riforma*) to bring in ③ (*discorso, tema*) to start ④ (*persona*) to show; ~ **qu in qc** (*ambiente*) to introduce sb into sth; ~ **qu a qc** (*disciplina*) to introduce sb to sth **II.** *vr* **-rsi in qc** (*luogo*) to enter sth; (*ambiente*) to join sth

introduzione [in·tro·dut·'tsio:·ne] *f* ① (*gener*) introduction ② (*di moneta, scheda*) insertion

introito [in·'trɔ:·i·to] *m* (*incasso*) income

intromissione [in·tro·mis·'sio:·ne] *f* (*ingerenza*) interference

intruso, -a [in·'tru:·zo] *m, f* (*persona*) intruder

intuire [in·tu·'i:·re] <intuisco> *vt* (*percepire*) to perceive

intuito [in·'tu:·i·to] *m* (*attitudine*) intuition

intuizione [in·tuit·'tsio:·ne] *f* ① (*presentimento, intuito*) intuition ② (*trovata*) insight

inumano, -a [i·nu·'ma:·no] *adj* inhumane

inutile [i·'nu:·ti·le] *adj* (*oggetto, attrezzo, persona*) useless; (*spesa, consiglio, discorso*) worthless; (*lavoro, sforzo*) pointless

inutilità [i·nu·ti·li·'ta] <-> *f* ① (*di oggetto*) uselessness ② (*di rimedio, sforzo*) pointlessness

invadente [in·va·'dɛn·te] **I.** *adj* (*persona*) intrusive **II.** *mf* busybody

invadere [in·'va:·de·re] <invado, invasi, invaso> *vt* ① (*gener*) to invade ② (*animali, piante*) to take over; (*acque*) to flood

invalidare [in·va·li·'da:·re] *vt* GIUR, ADMIN (*atto, documento*) to invalidate

invalidità [in·va·li·di·'ta] <-> *f* (*fisica*) disability; **pensione di** ~ disability benefit

invalido, -a [in·'va:·li·do] **I.** *adj* (*disabile*) disabled **II.** *m, f* disabled person; ~ **di guerra** disabled veteran

invano [in·'va:·no] *adv* in vain

invasi [in·'va:·zi] *1.pers sing pass rem di* **invadere**

invasione [in·va·'zio:·ne] *f* ① (*gener*) invasion; ~ **di campo** SPORT field invasion ② (*di malattia*) spread; (*di acque*) flooding

invaso [in·'va:·zo] *pp di* **invadere**

invasore, invaditrice [in·va·'zo:·re, in·va·di·'tri:·tʃe] *m, f* invader

invecchiare [in·vek·'kia:·re] **I.** *vi essere* ① (*diventare vecchio*) to grow old ② (*vino, formaggio*) to mature **II.** *vt avere* ① (*persona*) to age ② (*vino, formaggio*) to mature

invece [in·'ve·tʃe] **I.** *adv* instead **II.** *prep* ~ **di** instead of

inventare [in·ven·'ta:·re] *vt* ① (*oggetto, fiaba*) to invent ② (*notizia, scuse*) to make up; (*bugia*) to tell

inventario [in·ven·'ta:·rio] <-i> *m* ① COM stocktaking ② (*elenco*) inventory; **fare l'~** (**di qc**) to draw up an inventory (of sth)

inventore, -trice [in·ven·'to:·re] *m, f* (*ideatore*) inventor

invenzione [in·ven·'tsio:·ne] *f* ① (*gener*) invention ② (*di notizia, bugia, scuse*) lie

invernale [in·ver·'na:·le] *adj* (*stagione, clima*) wintry; (*vacanze, sport, abbigliamento*) winter

inverno [in·'vɛr·no] *m* winter; **d'~** in winter

inverosimile [in·ve·ro·'si:·mi·le] *adj* ① (*improbabile*) unlikely ② (*enorme, straordinario*) incredible

inversione [in·ver·'sio:·ne] *f* ① (*di direzione*) reverse; **fare** ~ to make a U-turn; ~ **a U** U-turn ② (*di ordine*) inversion ① *fig* (*di parti, ruoli*) reversal; ~ **di campo** SPORT changing of ends

inverso[1] [in·'ver·so] *adj* (*direzione, ordine*) reverse; (*ragionamento, situazione, caso*) opposite

inverso[2] <*sing*> *m* (*contrario*) opposite; **all'~** the wrong way around

invertire [in·ver·'ti:·re] *vt* ① (*direzione*) to reverse ② (*ordine, posizione*) to invert ③ (*parti, ruoli*) to swap

investigare [in·ves·ti·'ga:·re] I. *vt* (*cause, ragioni*) to investigate II. *vi* ~ **su qc** to investigate sth

investigatore, -trice [in·ves·ti·ga·'to:·re] *m, f* investigator; ~ **privato** private detective

investimento [in·ves·ti·'men·to] *m* ① *a. fig* ECON, FIN investment ② (*incidente*) traffic accident

investire [in·ves·'ti:·re] *vt* ① *a. fig* ECON, FIN to invest ② (*bufera, ondata, valanga*) to hit ③ (*veicolo*) to crash into; (*pedone*) to run over ~ **qu di qc** (*carica, titolo*) to give sb sth

investitore, -trice [in·ves·ti·'to:·re] *m, f* ECON, FIN investor

inviare [in·vi·'a:·re] *vt* (*lettera, merce, persona*) to send

inviato, -a [in·vi·'a:·to] *m, f* ① (*delegato*) envoy ② (*giornalista*) correspondent; ~ **speciale** special correspondent

invidia [in·'vi:·dia] <-ie> *f* envy; **ha una casa che è l'~ di tutti** his [*o* her] house is the envy of everybody

invidiare [in·vi·'dia:·re] *vt* to envy; ~ **qu per qc** to envy sb sth; **non avere nulla** [*o* **niente**] **da ~ a qu/qc/nessuno** to be the equal of sb/sth/anybody

invidioso, -a [in·vi·'dio:·so] *adj* envious

invincibile [in·vin·'tʃi:·bi·le] *adj* (*avversario, nemico*) invincible

invio [in·'vi:·o] <-ii> *m* ① (*di lettera, pacco, persona*) sending; (*di merce*) dispatch ② (*oggetto, merce*) consignment ③ COMPUT (*tasto*) return

invisibile [in·vi·'zi:·bi·le] *adj* ① (*non visibile*) invisible ② (*piccolissimo*) tiny

invitare [in·vi·'ta:·re] *vt* ① (*a cena, festa*) to invite ② (*esortare*) to ask

invitato, -a [in·vi·'ta:·to] *m, f* (*persona*) guest

invito [in·'vi:·to] *m* ① (*a cena, festa*) invitation; (*biglietto*) invitation; ~ **a nozze** *fig* wedding invitation ② (*esortazione*) request

invogliare [in·voʎ·'ʎa:·re] *vt* to entice

involontario, -a [in·vo·lon·'ta:·rio] *adj* (*errore, gesto, offesa*) involuntary

involtino [in·vol·'ti:·no] *m* CULIN ~ **primavera** spring roll

involucro [in·'vɔ:·lu·kro] *m* (*confezione*) wrapping; (*per protezione*) casing

io ['i:·o] *pron* 1.*pers sing* I; **sono ~** it's me; ~ **stesso/stessa** I personally; **neanch'~** me neither; **neanch'~ sono stato invitato** I haven't been invited either

iodio ['iɔ:·dio] *m* CHIM iodine

iogurt ['iɔ:·gurt] *m* yogurt

ione ['io:·ne] *m* CHIM ion

iperattivo, -a [i·pe·rat·'ti:·vo] *adj* (*persona, bambino*) hyperactive

iperbole [i·'pɛr·bo·le] *f* MATH hyperbola; LING hyperbole

ipercalorico, -a [i·per·ka·'lɔ:·ri·ko] <-ci, -che> *adj* (*cibo, dieta*) high in calories

ipermercato [i·per·mer·'ka:·to] *m* superstore

ipertensione [i·per·ten·'sio:·ne] *f* MED hypertension

ipertesto [i·per·'tɛs·to] *m* COMPUT hypertext

ipnosi [ip·'nɔ:·zi] <-> *f* PSYCH hypnosis

ipnotizzare [ip·no·tid·'dza:·re] *vt a. fig* to hypnotize

ipoallergenico, -a [i·po·al·ler·'dʒɛ:·ni·ko] <-ci, -che> *adj* (*cosmetico, alimento*) hypoallergenic

ipocalorico, -a [i·po·ka·'lɔ:·ri·ko] <-ci, -che> *adj* (*alimento, dieta*) low-calorie

ipocondria [i·po·kon·'dri:·a] <-ie> *f* PSYCH, MED hypochondria

ipocrisia [i·po·kri·'zi:·a] <-ie> *f* hypocrisy

ipocrita [i·'pɔ:·kri·ta] <-i *m*, -e *f*> I. *adj* hypocritical II. *mf* (*persona*) hypocrite

ipoteca [i·po·'tɛː·ka] <-che> f GIUR mortgage

ipotesi [i·'pɔː·te·zi] <-> f ① (*supposizione*) hypothesis; **per ~** supposing ② (*teoria*) theory ③ (*eventualità*) eventuality; **nell'~ che ... +cong** should ...; **nella migliore/peggiore delle ~** at best/worst

ipotetico, -a [i·po·'tɛː·ti·ko] <-ci, -che> adj ① (*caso, ragionamento, successo*) hypothetical ② LING **periodo ~** conditional clause

ipotizzare [i·po·tid·'dza·re] vt (*caso, situazione*) to imagine; **~ che ... +cong** to suppose that ...; **~ di ... +inf** to suppose that ...

ippica ['ip·pi·ka] <-che> f (*sport*) horse racing

ippico, -a ['ip·pi·ko] <-ci, -che> adj (*gara, concorso*) horse

ippocastano [ip·po·kas·'taː·no] m (*albero*) horse chestnut tree

ippodromo [ip·'pɔː·dro·mo] m (*impianto*) racetrack

ippopotamo [ip·po·'pɔː·ta·mo] m (*animale*) hippopotamus

ipsilon ['iː·psi·lon] f upsilon

ira ['iː·ra] f (*collera*) anger; **in (preda ad) uno scatto d'~** in a fit of anger; **fare l'~ di Dio** fig to wreak havoc; **costare l'~ di Dio** fig to cost an arm and a leg

iracheno, -a [i·ra·'kɛː·no] adj, m, f Iraqi

Iran [i·'ran] m **l'~** Iran; **abitare in ~** to live in Iran; **andare in ~** to go to Iran

iraniano, -a [i·ra·'niaː·no] adj, m, f Iranian

iride ['iː·ri·de] f ① (*arcobaleno*) rainbow ② ANAT iris

Irlanda [ir·'lan·da] f **l'~** Ireland; **l'~ del Nord** Northern Ireland; **abitare in ~** to live in Ireland; **andare in ~** to go to Ireland

irlandese [ir·lan·'deː·se] I. adj (*dell'Irlanda*) Irish II. mf (*abitante*) Irishman m, Irishwoman f

ironia [i·ro·'niː·a] <-ie> f irony; **fare dell'~ (su qc)** to be ironic (about sth)

ironico, -a [i·'rɔː·ni·ko] <-ci, -che> adj ironic

ironizzare [i·ro·nid·'dza·re] vi **~ su qc/qu** to be ironic about sth/sb

irradiare [ir·ra·'diaː·re] I. vt avere ① (*luce*) to light up; (*calore*) to give off ② fig (*felicità, gioia*) to radiate ③ MED to irradiate II. vi essere (*propagarsi*) to radiate III. vr: **-rsi** (*calore, dolore*) to spread; (*strade*) to radiate

irraggiungibile [ir·rad·dʒun·'dʒiː·bi·le] adj ① (*meta, luogo*) inaccessible ② fig (*traguardo, risultato*) unattainable

irragionevole [ir·ra·dʒo·'neː·vo·le] adj ① (*gener*) unreasonable ② (*paura, sospetto*) irrational

irrazionale [ir·rat·tsio·'naː·le] adj irrational

irrazionalità [ir·rat·tsio·na·li·'ta] <-> f ① (*di comportamento, gesto*) irrationality ② (*di abitazione, metodo*) impracticality

irreale [ir·re·'aː·le] adj (*atmosfera, immagine, luogo*) unreal

irrealizzabile [ir·re·a·lid·'dzaː·bi·le] adj (*desiderio, sogno*) unattainable; (*impresa, progetto*) unworkable

irrecuperabile [ir·re·ku·pe·'raː·bi·le] adj ① (*denaro, perdita*) lost ② (*distanza, ritardo*) irrecoverable ③ (*macchinario, elettrodomestico*) dead ④ (*malato, delinquente*) irredeemable

irregolare [ir·re·go·'laː·re] adj ① (*procedura, documento*) irregular; **unione ~** unlawful union ② (*forma, dimensione*) irregular ③ (*andamento, funzionamento*) erratic; (*persona*) inconsistent ④ MED (*polso, respiro*) intermittent ⑤ LING (*nome, verbo*) irregular

irregolarità [ir·re·go·la·ri·'ta] <-> f ① (*di procedura, documento*) irregularity ② (*di forma, dimensione*) irregularity ③ (*di andamento, funzionamento*) erratic nature ④ (*violazione*) unlawful act ⑤ SPORT foul

irremovibile [ir·re·mo·'viː·bi·le] adj ① (*carattere, opinione*) inflexible ② (*persona*) adamant

irreparabile [ir·re·pa·'ra:·bi·le] *adj* (*danno, errore, offesa*) irreparable

irreperibile [ir·re·pe·'ri:·bi·le] *adj* ● (*prodotto, documento*) untraceable ● (*persona*) unable to be found; **rendersi ~** to make oneself scarce

irreprensibile [ir·re·pren·'si:·bi·le] *adj* ● (*persona*) irreproachable ● (*comportamento, vita*) faultless

irrequieto, -a [ir·re·'kui:·ɛ:·to] *adj* (*persona, animo, sguardo*) restless; (*bambino*) lively

irresistibile [ir·re·sis·'ti:·bi·le] *adj* irresistible

irresponsabile [ir·res·pon·'sa:·bi·le] I. *adj* irresponsible II. *mf* (*persona*) irresponsible person

irreversibile [ir·re·ver·'si:·bi·le] *adj a. fig* MED, CHIM irreversible

irrevocabile [ir·re·vo·'ka:·bi·le] *adj* (*decisione, scelta*) irrevocable

irriconoscibile [ir·ri·ko·noʃ·'ʃi:·bi·le] *adj* (*persona, voce*) unrecognizable

irriducibile [ir·ri·du·'tʃi:·bi·le] *adj* ● (*volontà, tenacia*) unshakeable ● (*fumatore, giocatore*) die-hard

irrigare [ir·ri·'ga:·re] *vt* ● (*terreno, campo*) to water ● (*fiume, canale*) to irrigate

irrigazione [ir·ri·gat·'tsio:·ne] *f a. fig* MED irrigation

irrigidire [ir·ri·dʒi·'di:·re] <irrigidisco> I. *vt* ● (*arto, corpo*) to stiffen ● *fig* (*pena*) to increase II. *vr:* **-rsi** ● (*arto, corpo*) to stiffen ● (*temperatura*) to drop ● *fig* (*ostinarsi*) **-rsi su** [o **in**] **qc** to cling doggedly to sth

irrilevante [ir·ri·le·'van·te] *adj* (*danno, problema*) insignificant

irrimediabile [ir·ri·me·'dia:·bi·le] *adj* (*danno*) irreparable

irripetibile [ir·ri·pe·'ti:·bi·le] *adj* ● (*momento, esperienza*) one-time ● (*frase, insulto*) unrepeatable

irrisorio, -a [ir·ri·'zɔ:·rio] <-i, -ie> *adj* (*prezzo, compenso*) derisory

irritabile [ir·ri·'ta:·bi·le] *adj a. fig* MED irritable

irritare [ir·ri·'ta:·re] I. *vt a. fig* MED to irri-

tate II. *vr:* **-rsi** ● (*persona*) to get irritated ● MED (*pelle*) to become irritated

irritazione [ir·ri·tat·'tsio:·ne] *f a. fig* MED irritation

irriverente [ir·ri·ve·'rɛn·te] *adj* (*persona, gesto*) irreverent

irrobustire [ir·ro·bus·'ti:·re] <irrobustisco> I. *vt* (*corpo*) to make stronger II. *vr:* **-rsi** (*persona*) to become stronger

irrompere [ir·'rom·pe·re] <irrompo, irruppi, irrotto> *vi essere* **~ in qc** to flood into sth

irrotto [ir·'rot·to] *pp di* **irrompere**

irruenza [ir·ru·'ɛn·tsa] *f* (*di persona, carattere*) impetuousness

irruppi [ir·'rup·pi] *1. pers sing pass rem di* **irrompere**

irruzione [ir·rut·'tsio:·ne] *f* ● (*di polizia, ladri*) raid ● (*entrata*) irruption; **fare ~ in qc** to burst into sth

iscrissi [is·'kris·si] *1. pers sing pass rem di* **iscrivere**

iscritto¹ [is·'krit·to] I. *pp di* **iscrivere** II. *adj* (*a corso, partito, circolo, università*) enrolled; (*a gara*) entered III. *m* ● (*a corso*) pupil ● (*a gara*) competitor ● (*a partito, circolo*) member; (*all'università*) student

iscritto² *m* **per ~** in writing

iscrivere [is·'kri:·ve·re] <iscrivo, iscrissi, iscritto> I. *vt* ● **~ qu** (**a qc**) (*a corso*) to enrol sb (in sth); (*a gara*) to enter sb (for sth) ● (*in registro*) to enter II. *vr* **-rsi** (**a qc**) (*all'università, a corso*) to enroll (in sth); (*a gara*) to enter oneself (for sth); (*a partito, circolo*) to join (sth)

iscrizione [is·krit·'tsio:·ne] *f* ● (*a corso, all'università*) enrollment; (*a gara*) entry; (*a partito*) subscription; **quota d'~** subscription fee ● (*in registro*) registration ● (*su pietra, metallo*) inscription

Islam [iz·'lam] <-> *m* (*religione*) Islam

islamico, -a [iz·'la:·mi·ko] <-ci, -che> *adj* (*dell'Islam*) Islamic

islamista [iz·la·'mis·ta] <-i *m*, -e *f*> *mf* (*studioso*) Islamicist

Islanda [iz·'lan·da] *f* l'**~** Iceland; **abitare in ~** to live in Iceland; **andare in ~** to go to Iceland

islandese¹ [iz·lan·'de:·se] <*sing*> *m* (*lingua*) Icelandic

islandese² I. *adj* (*dell'Islanda*) Icelandic II. *mf* (*abitante*) Icelander

isola ['i:·zo·la] *f* island; **~ deserta** desert island; **le Isole** Sicily and Sardinia; **~ pedonale** pedestrian area

isolamento [i·zo·la·'men·to] *m* ❶ (*solitudine*) solitude ❷ (*di popolo, nazione*) isolation ❸ (*di malato, detenuto*) isolation; **cella di ~** solitary confinement ❹ FIS insulation; **~ acustico** soundproofing; **~ termico** thermal insulation

isolano, -a [i·zo·'la:·no] I. *adj* (*dell'isola*) island II. *m, f* (*abitante*) islander

isolante [i·zo·'lan·te] FIS, TEC I. *adj* (*materiale, sostanza*) insulating; **nastro ~** insulating tape II. *m* insulation

isolare [i·zo·'la:·re] I. *vt* ❶ (*zona*) to screen; (*per sicurezza*) to isolate ❷ (*malato, detenuto*) to isolate; (*da amici, contatti*) to cut off ❸ FIS, TEC (*filo, stanza*) to insulate II. *vr:* **-rsi** (*persona*) to isolate oneself; **-rsi da qu/qc** to cut oneself off from sb/sth

isolato¹ [i·zo·'la:·to] *adj* ❶ (*luogo, caso, persona*) isolated ❷ FIS, TEC (*parete, stanza*) insulated

isolato² *m* (*edifici*) block

ispettorato [is·pet·to·'ra:·to] *m* (*ente*) department; **~ del lavoro** Department of Labor

ispettore, -trice [is·pet·'to:·re] *m, f* (*funzionario*) inspector; **~ di polizia** police inspector

ispezionare [is·pet·tsio·'na:·re] *vt* (*luogo, impianto*) to inspect

ispezione [is·pet·'tsio:·ne] *f* ❶ (*di luogo, impianto*) inspection; **fare/compiere un'~** to carry out an inspection ❷ ADMIN audit

ispirare [is·pi·'ra:·re] I. *vt* ❶ (*fiducia*) to inspire; (*compassione*) to arouse ❷ *inf* (*piacere*) to like ❸ (*artista*) to inspire ❹ (*suggerire*) to prompt II. *vr* **-rsi a qc** (*a natura, bellezza, modello*) to be inspired by sth; (*a ideale, principio*) to be based on sth

ispirazione [is·pi·rat·'tsio:·ne] *f* ❶ (*potenza creativa*) inspiration ❷ (*intuizione*) sudden idea ❸ (*tendenza*) leaning

Israele [iz·ra·'ɛ:·le] *m* Israel; **abitare in ~** to live in Israel; **andare in ~** to go to Israel

israeliano, -a [iz·ra·el·'ia:·no] *adj, m, f* Israeli

istantanea [is·tan·'ta:·nea] <-ee> *f* (*fotografia*) snap

istantaneo, -a [is·tan·'ta:·neo] <-ei, -ee> *adj* ❶ (*immediato*) instantaneous ❷ (*cibo*) instant

istante [is·'tan·te] *m* (*momento*) instant; **all'~** at once; **tra un ~** in a moment

istanza [is·'tan·tsa] *f* ❶ GIUR, ADMIN application; **presentare** [*o* **inoltrare**] **~** to apply; **in ultima ~** (*alla fine*) finally ❷ (*esigenza*) need

isteria [is·te·'ri:·a] <-ie> *f* PSYCH, MED hysteria

isterico, -a [is·'tɛ:·ri·ko] <-ci, -che> I. *adj* hysterical II. *m, f* (*persona*) hysteric

istigazione [is·ti·gat·'tsio:·ne] *f* ❶ (*incitamento*) instigation; **su** [*o* **per**] **~ di qu** at sb's instigation ❷ GIUR incitement; **~ a delinquere** incitement to crime

istintivo, -a [is·tin·'ti:·vo] *adj* instinctive

istinto [is·'tin·to] *m* instinct; **~ materno** maternal instinct; **seguire il proprio ~** to follow one's instincts; **d'~** instinctively

istituire [is·ti·tu·'i:·re] <istituisco> *vt* (*tradizione, premio*) to found; (*commissione, cattedra*) to set up

istituto [is·ti·'tu:·to] *m* ❶ (*ente*) institution; **~ di bellezza** beauty salon; **~ di credito** bank; **~ di cultura** cultural institute; **~ di pena** prison ❷ (*scuola*) school; **~ professionale** teachers college; **~ tecnico** technical college ❸ (*di università*) department

istituzionale [is·ti·tut·tsio·'na:·le] *adj a. fig* POL institutional; **riforma ~** institutional reform

istituzione [is·ti·tut·'tsio:·ne] *f* ❶ (*di*

servizio, governo, premio) founding ⓔ(*ente*) institution; **-i pubbliche** public institutions; **è un'~!** *inf* (*persona*) he's [*o* she's] an institution!

istmo ['ist·mo] *m* GEOG isthmus

istrice ['is·tri·tʃe] *m* (*animale*) porcupine

istruire [is·tru·'i:·re] <istruisco> *vt* ①(*educare*) to teach; **~ qu** (**in qc**) to teach sb (sth) ②(*consigliare*) to instruct; **~ qu su qc** to instruct sb about sth ⓖGIUR (*causa, processo*) to prepare; **~ una pratica** to prepare the documentation

istruttivo, -a [is·trut·'ti:·vo] *adj* (*libro, film, viaggio*) informative

istruttore, -trice [is·trut·'to:·re] **I.** *adj* **giudice ~** GIUR committing magistrate **II.** *m, f* (*insegnante*) instructor; **~ di guida** driving instructor

istruzione [is·trut·'tsio:·ne] *f* ①(*insegnamento*) education; **~ obbligatoria** compulsory education; **~ primaria** [*o* **elementare**] elementary education; **~ secondaria** secondary education; **~ professionale** vocational training; **~ pubblica/privata** public/private education ②(*cultura*) education ③ *pl* (*direttive*) instructions *pl.* ④ *pl* (*norme*)

instructions *pl;* **manuale d'-i** instruction booklet; **-i per l'uso** instructions for use

Italia [i·'ta:·lia] *f* Italy; **l'~** Italy; **l'~ centrale** Central Italy; **l'~ del Nord** [*o* **settentrionale**] Northern Italy; **l'~ del Sud** [*o* **meridionale**] Southern Italy; **abitare in ~** to live in Italy; **andare in ~** to go to Italy

italiano¹ [i·ta·'lia:·no] <*sing*> *m* (*lingua*) Italian

italiano² *adj, m* Italian

italico, -a [i·'ta:·li·ko] <-ci, -che> *adj* **carattere ~** TYPO italic

iter ['i:·ter] <-> *m* ADMIN (*di pratica*) process; **~ burocratico** bureaucratic process

itinerante [i·ti·ne·'ran·te] *adj* (*spettacolo, mostra*) traveling

itinerario [i·ti·ne·'ra:·rio] <-i> *m* (*di viaggio, gita*) itinerary

Iugoslavia [iu·goz·'la:·via] *f* la ~ Yugoslavia; **l'ex ~** the former Yugoslavia

iugoslavo, -a [iu·goz·'la:·vo] *adj, m, f* Yugoslav(ian)

IVA ['i:·va] *f acro di* **Imposta sul Valore Aggiunto** VAT; **~ inclusa** VAT included; **partita ~** VAT number

J j

J, j [i l·'luŋ·ga] <-> *f* J, j; ~ **come jersey** J for Juliet

jack [dʒæk] <-> *m* (*nelle carte da gioco*) Jack

jazzista [dʒad·'dzis·ta] <-i *m*, -e *f*> *mf* jazz musician

jeans [dʒi:nz] *mpl* jeans *pl*

jeanseria [dʒin·se·'ri:·a] <-ie> *f* (*negozio*) jeans store

jet [dʒɛt] <-> *m* (*aeroplano*) jet

jet-set [dʒɛt·'sɛt] <-> *m* jet set

jogging ['dʒɔ·giŋ] <-> *m* jogging; **fare ~** to go jogging

jolly ['dʒɔ·li] <-> *m* ❶ (*nelle carte*) joker ❷ *fig* wildcard

joystick ['dʒɔi·stik] <- *o* joysticks> *m* COMPUT joystick

jumbo [dʒʌm·bou, dʒum·bo] *m* <->, *m* AERO jumbo

K, k ['kap·pa] <-> *m o f* K, k; ~ **come Kursaal** K for Kilo

kamikaze [ka·mi·'ka·dze] <-> *m* kamikaze

karaoke [ka·ra·'ɔ·ke] <-> *m* karaoke

karatè [ka·ra·'tɛ, ka·'ra·te] <-> *m* karate

kashmir ['ka·ʃmir, ka·'ʃmir] <-> *m* cashmere; **maglione di ~** cashmere sweater

kB *abbr di* **kilobyte** COMPUT KB

Kbyte [kei·'bait] *m abbr di* **kilobyte** kilobyte

ketchup ['kɛ·tʃəp] <-> *m* ketchup

kg *abbr di* **chilogrammo** kg

kibbu(t)z [kib·'buts] <-> *m* kibbutz

killer ['ki·lə, 'kil·ler] <-> *m* hitman

kilobyte ['ki·lə bait] <- *o* kilobytes> *m* COMPUT (*unità pari a 1024 byte*) KB

kit [kit] <- *o* kits> *m* kit; ~ **di montaggio** self-assembly kit

kitesurf [kait·'səf] <-> *m* SPORT kitesurfing

kiwi ['ki·wi] <-> *m* kiwi fruit

km *abbr di* **chilometro** km

know-how [nou·'hau] <-> *m* know-how

koala [ko·'a:·la] <-> *m* koala

kolossal [ko·ˈlɔs·'sa:l] <-> *m* FILM epic

kW *abbr di* **chilowatt** KW

L l

L, l [ˈɛl·le] <-> f L, l; ~ **come Livorno** L for Lima

l *abbr di* **litro** l.

l' I. *art det m e f sing davanti a vocale* the II. *pron pers* ① *3. pers m sing* (*persona*) him; (*cosa*) it ② *3. pers f sing* (*persona*) her; (*cosa*) it ③ (*forma di cortesia*) **L'** you

L *abbr di* **lira** lira

la¹ [la] I. *art det f sing* the II. *pron pers* ① *3. pers f sing* (*persona*) her; (*cosa*) it ② (*forma di cortesia*) **La** you

la² <-> *m* MUS A

là [la] *adv* (*in quel posto*) there; **di ~** (*nella stanza accanto*) there; (*da quel luogo*) from there; (*attraverso quel luogo*) over there; **al di ~ del fiume** across the river; **per di ~** that way; **via di ~!** get away from there!

labbro¹ [ˈlab·bro] <*pl*: -a *f*> *m* ANAT lip

labbro² *m* (*di ferita*) edge

labile [ˈla·bi·le] *adj* (*persona, carattere*) unstable; (*memoria*) weak; (*concetto, confine*) shifting

labirinto [la·bi·ˈrin·to] *m* ① (*nella mitologia*) labyrinth ② (*di siepi, strade*) maze

laboratorio [la·bo·ra·ˈtɔː·rio] <-i> *m* ① (*gener*) laboratory; ~ **linguistico** language lab; ~ **di analisi** analysis laboratory ② (*officina*) workshop

laborioso, -a [la·bo·ˈrioː·so] *adj* ① (*operoso*) hard-working ② (*difficile: operazione, procedura*) laborious

lacca [ˈlak·ka] <-cche> *f* ① (*vernice*) lacquer ② (*per capelli*) hairspray

laccio [ˈlat·tʃo] <-cci> *m* ① (*nastro*) (piece of) string ② (*per scarpe*) lace

lacerare [la·tʃe·ˈraː·re] I. *vt* (*strappare: tessuto*) to tear II. *vr:* **-rsi** (*strapparsi: tessuto*) to tear ② MED to tear

laconico, -a [la·ˈkɔː·ni·ko] <-ci, -che> *adj* ① (*conciso: risposta*) brief ② (*persona*) laconic

lacrima [ˈla·kri·ma] *f* (*pianto*) tear; **avere le -e agli occhi** to have tears in one's eyes

lacrimare [la·kri·ˈmaː·re] *vi* (*persona*) to cry; (*occhi*) to water

lacrimogeno, -a [la·kri·ˈmɔː·dʒe·no] *adj* **gas ~** tear gas

lacuna [la·ˈkuː·na] *f* (*vuoto*) gap

lacunoso, -a [la·ku·ˈnoː·so] *adj* (*conoscenze, informazioni*) incomplete

ladro, -a [ˈlaː·dro] *m, f* thief

lager [ˈlaː·gər] <-> *m* concentration camp

laggiù [lad·ˈdʒu] *adv* down there

lagna [ˈlaɲ·ɲa] *f fam* ① (*lamento*) whining ② (*persona*) whiner ③ (*canzone, discorso*) drag

lagnarsi [laɲ·ˈnar·si] *vr* (*lamentarsi*) **~ per** [*o* **di**] **qc** to complain about sth

lago [ˈlaː·go] <-ghi> *m* GEOG lake; **Lago Maggiore/di Garda** Lake Maggiore/Garda

laguna [la·ˈguː·na] *f* lagoon

L'Aia [ˈlaː·ia] *f* The Hague

laico, -a [ˈlaː·i·ko] <-ci, -che> I. *adj* ① (*non ecclesiastico*) lay ② (*non confessionale: Stato*) secular II. *m, f* layperson

lama¹ [ˈlaː·ma] *f* (*di coltello*) blade

lama² <-> *m* REL lama

lama³ <-> *m* ZOO llama

lamentarsi [la·men·ˈtar·si] *vr* **-rsi per** [*o* **di**] **qc** to complain about sth

lamentela [la·men·ˈtɛː·la] *f* complaint

lamento [la·ˈmen·to] *m* (*gemito*) groan

lametta [la·ˈmet·ta] *f* (*per rasoio*) (razor)blade

lamiera [la·ˈmiɛː·ra] *f* plate

lamina [ˈlaː·mi·na] *f* ① (*piastra*) (thin) plate; ~ **d'oro** gold foil ② (*di sci*) edge

lampada [ˈlam·pa·da] *f* lamp; ~ **al neon** neon lamp

lampadario [lam·pa·ˈdaː·rio] <-i> *m* chandelier

lampadina [lam·pa·'di:·na] *f* lightbulb

lampante [lam·'pan·te] *adj* (*evidente*) clear

lampeggiare [lam·ped·'dʒa:·re] *vi* ❶ *avere* TEC (*spia, indicatore luminoso*) to flash; **~ con gli abbaglianti** MOT to flash one's headlights ❷ *avere* *fig* to gleam ❸ *essere o avere* (*impersonale*) **sta lampeggiando** there is lightning

lampeggiatore [lam·ped·dʒa·'to:·re] *m* MOT turn signal

lampione [lam·'pio:·ne] *m* streetlamp

lampo[1] ['lam·po] *m* ❶ (*fulmine*) flash of lightning ❷ (*bagliore*) flash (*batter d'occhio*) flash; **in un ~** in a flash ❸ (*intuizione*) flash; **~ di genio** brainwave

lampo[2] <inv> *adj* ❶ **chiusura** [*o* **cerniera**] zipper ❷ (*veloce*) lightning; **visita ~** lightning visit

lampone [lam·'po:·ne] *m* ❶ (*pianta*) raspberry bush ❷ (*frutto*) raspberry

lana ['la:·na] *f* wool

lancetta [lan·'tʃet·ta] *f* (*di orologio*) hand

lancia ['lan·tʃa] <-ce> *f* ❶ (*asta*) spear ❷ (*imbarcazione*) launch

lanciafiamme [lan·tʃa·'fiam·me] <-> *m* flamethrower

lanciare [lan·'tʃa:·re] I. *vt* ❶ (*gettare*): *oggetti*) to throw; (*bombe*) to drop; **~ un'occhiata a qu** to throw sb a look ❷ COMPUT (*programma, software*) to launch ❸ (*razzo, capsula spaziale*) to launch ❹ COM (*prodotto*) to launch ❺ (*emettere: grido*) to let out II. *vr*: **-rsi** ❶ (*buttarsi*) to throw oneself; **-rsi contro qu/qc** to throw oneself against sb/sth ❷ *fig* (*avventura*) **-rsi in qc** to throw oneself into sth

lancinante [lan·tʃi·'nan·te] *adj* (*dolore*) piercing

lancio ['lan·tʃo] <-ci> *m* ❶ (*di oggetto, palla, sasso*) throwing; (*di bombe*) dropping ❷ (*salto: con paracadute*) jump ❸ SPORT **lancio del giavellotto** javelin throwing; **lancio del peso** shot put ❹ (*di razzo, capsula spaziale*) *a.* COM launch

languido, -a [laŋ·gui·do] *adj* *fig* (*svenevole: sguardo, occhi*) languid

languore [laŋ·'guo:·re] *m* (*fiacchezza*) languor

lanterna [lan·'tɛr·na] *f* lantern

lapidare [la·pi·'da:·re] *vt* (*uccidere a sassate*) to stone

lapide ['la:·pi·de] *f* ❶ (*su tomba*) gravestone ❷ (*su muro*) plaque

lapsus ['lap·sus] <-> *m* (*distrazione*) slip; **~ freudiano** Freudian slip

L'Aquila *f* L'Aquila, *city in southern Italy*

lardo ['lar·do] *m* lard

larghezza [lar·'get·tsa] *f* ❶ (*ampiezza*) breadth ❷ *fig* (*di idee, vedute*) liberality

largo ['lar·go] <-ghi> *m* ❶ *sing* (*larghezza*) breadth; **farsi ~ tra la folla** to push one's way through the crowd; **girare al ~ da qu** to steer clear of sb; **fate ~!** make way! ❷ *sing* (*mare*) open sea; **prendere il ~** NAUT to put out to sea; *fig* (*andarsene*) to push off ❸ (*piccola piazza*) small square; **~ Garibaldi** Garibaldi Square

largo, -a <-ghi, -ghe> *adj* ❶ (*ampio*) wide; **tre metri ~** three meters long; **essere ~ di fianchi** to have broad hips; **~ di spalle** broad-shouldered; **stare alla -a da qu** to give sb a wide berth; **su -a scala** far-reaching ❷ (*vestito*) loose

larice ['la:·ri·tʃe] *m* BOT larch

laringe [la·'rin·dʒe] *f o m* ANAT larynx

laringite [la·rin·'dʒi:·te] *f* MED laryngitis

larva ['lar·va] *f* ZOO larva

lasagne [la·'zaɲ·ɲe] *fpl* lasagna *sing*

lasciare [laʃ·'ʃa:·re] I. *vt* ❶ (*gener*) to leave; **prendere o ~** take it or leave it ❷ (*mollare la presa*) to let; **lasciami andare** let me go ❸ (*consentire*) to allow; **~ andare** (*non curarsi di*) to neglect; **~ fare qu** to leave sb alone; **~ perdere** to give up; **~ correre** to let it pass; **~ stare qu** to let sb be; **lasciamo stare!** forget it! ❹ (*non chiudere*) to leave; **~ acceso** to leave on; **~ aperto** to leave open II. *vr*: **-rsi** (*coppia*) to splett up; **-rsi andare** *fig* (*non avere freni*) to let oneself go; (*non curarsi*) to neglect oneself

lascivo, -a [laʃˈʃiːvo] *adj* lascivious

La Spezia *f* La Spezia, *city in north east Italy*

lassativo [lasˈsaˈtiːvo] *m* laxative

lassismo [lasˈsizˈmo] *m* (*permissivismo*) laxity

lasso [ˈlasˈso] *m* **~ di tempo** interval

lassù [lasˈsu] *adv* (*in montagna*) up there; (*in cielo*) up above

lastra [ˈlasˈtra] *f* ➊(*piastra: di metallo, di pietra*) slab; (*di vetro*) sheet ➋(*radiografia*) X-ray

lastrico [ˈlasˈtriˈko] <-chi *o* -ci> *m fig* (*miseria*) **finire sul ~** to be on the rocks; **ridurre qu sul ~** to reduce sb to poverty

latente [laˈtɛnˈte] *adj* latent

laterale [laˈteˈraːˈle] *adj* ➊(*ingresso, parete, bordo*) side ➋SPORT (*nel calcio*) **linea ~** touchline; (*nel tennis*) sideline

latino [laˈtiːˈno] <*sing*> *m* Latin

latino, -a *adj* Latin; **America -a** Latin America; **~-americano** Latin American

latitante [laˈtiˈtanˈte] I. *adj* fugitive II. *mf* fugitive

latitudine [laˈtiˈtuːˈdiˈne] *f* latitude

lato [ˈlaːˈto] *m* ➊(*parte*) side; **a ~ di qc** next to ➋*fig* (*aspetto*) aspect; **d'altro ~** on the other hand; **da un ~ ...,** **dall'altro ...** on one hand ..., on the other ...

latte [ˈlatˈte] <*sing*> *m* milk; **~ condensato** condensed; **~ detergente** (*per struccare*) cleansing lotion; **~ intero** whole milk; **~ materno** breast milk; **~ scremato** skimmed milk; **in polvere** powdered milk; **denti da ~** baby teeth; **fior di ~** (*mozzarella*) *made from cow's milk, mozzarella*; (*gelato*) plain ice cream

latteo, -a [ˈlatˈteo] <-ei, -ee> *adj* ➊(*di latte: alimento, prodotto*) milk ➋(*simile al latte*) milky; **via -a** ASTR Milky Way

latteria [latˈteˈriːˈa] <-ie> *f* (*negozio*) dairy

latticini [latˈtiˈtʃiːˈni] *mpl* dairy products

lattina [latˈtiːˈna] *f* can

lattuga [latˈtuːˈga] <-ghe> *f* lettuce

laurea [ˈlaːuˈrea] *f* degree; **~ triennale** *bachelor's degree;* **esame di ~** finals *pl;* **tesi di ~** degree thesis; **conseguire la ~** to graduate; **prendere la ~ in giurisprudenza** to do a law degree

laureando, -a [lauˈreˈanˈdo] *m, f* final year student

laurearsi [lauˈreˈaːˈrsi] *vr* to graduate; **-rsi in medicina** to graduate in medicine

laureato, -a [lauˈreˈaːˈto] I. *adj* (*studente*) graduate II. *m, f* graduate; **~ in legge/lettere** law/arts graduate

lavabiancheria [laˈvaˈbianˈkeˈriːˈa] <-> *f* washing machine

lavabile [laˈvaːˈbiˈle] *adj* (*vernice*) cleanable; (*pannolino*) machine-washable

lavabo [laˈvaːˈbo] *m* (*lavandino*) sink

lavaggio [laˈvadˈdʒo] <-ggi> *m* washing; **~ a secco** dry-cleaning; **~ del cervello** *fig* brainwashing

lavagna [laˈvaɲˈɲa] *f* (*nelle scuole*) blackboard; **~ luminosa** overhead projector

lavanda [laˈvanˈda] *f* ➊MED lavage; **fare una ~ gastrica a qu** to pump sb's stomach out ➋(*pianta, profumo*) lavender

lavanderia [laˈvanˈdeˈriːˈa] <-ie> *f* ➊(*negozio*) dry cleaner's ➋(*stanza*) laundry(room)

lavandino [laˈvanˈdiːˈno] *m* sink

lavapiatti[1] [laˈvaˈpiatˈti] <-> *f* dishwasher

lavapiatti[2] [laˈvaˈpiatˈti] <-> *mf* dishwasher

lavare [laˈvaːˈre] I. *vt* (*biancheria, stoviglie*) to wash; (*pavimento, denti, vetri*) to clean; **~ a secco** to dry-clean II. *vr:* **-rsi** to wash; **lavarsene le mani (di qc)** *fig* to wash one's hands (of sth)

lavasecco [laˈvaˈsekˈko] <-> *m o f* (*negozio*) dry cleaner's

lavastoviglie [laˈvasˈtoˈviʎˈʎe] <-> *f* dishwasher

lavata [laˈvaːˈta] *f* wash; **dare una ~ di capo a qu** *fig* to give sb a dressing down

L

lavativo [la·va·'ti:·vo] *m* shirker

lavatrice [la·va·'tri:·tʃe] *f* (*per biancheria*) washing machine

lavavetri [la·va·'ve:·tri] <-> *mf* ❶ (*chi pulisce le finestre*) window cleaner ❷ (*chi pulisce i parabrezza*) squeegee man *inf, pej*

lavello [la·'vɛl·lo] *m* sink

lavorare [la·vo·'ra:·re] I. *vt* (*ferro, pasta, terreno*) to work II. *vi* ❶ (*gener*) to work ❷ (*negozio*) to do business; **~ bene** to do good business

lavorativo, -a [la·vo·ra·'ti:·vo] *adj* working

lavoratore, -trice [la·vo·ra·'to:·re] I. *adj* working; **la classe -trice** the working class II. *m, f* worker; **~ autonomo** self-employed worker; **~ dipendente** employee

lavorazione [la·vo·rat·'tsio:·ne] *f* (*di materie prime*) processing; (*di film*) production; (*di pasta*) working

lavoro [la·'vo:·ro] *m* ❶ (*attività di produzione*) work; **~ nero** *work in the black economy;* **-i domestici** housework; **-i in corso** (*su strade*) work in progress ❷ (*rimunerato*) job; **senza ~** unemployed; **andare al ~** to go to work ❸ (*opera*) work; **~ teatrale** play

laziale [lat·'tsia:·le] I. *mf* (*abitante*) person from the Lazio region II. *adj* Lazio

Lazio ['lat·tsio] <*sing*> *m* Lazio region

lazzarone [lad·dza·'ro:·ne] *m* (*canaglia*) rascal

le [le] I. *art det f pl* the; **~ signore** the women II. *pron pers 3.pers f sing* ❶ (*complemento di termine*) (to) her; **non ~ hai detto nulla?** didn't you say anything to her? ❷ (*complemento di termine, forma di cortesia: Le*) (to) you; **Le dà fastidio se apro la finestra?** do you mind if I open the window? III. *pron pers 3.pers f pl* ❶ (*complemento oggetto*) them; **non ~ conosco** I don't know them ❷ (*in espressioni ellittiche, spesso non tradotto*) **guarda che ~ prendi!** you're heading for a smack!

leale [le·'a:·le] *adj* ❶ (*onesto, sincero: persona*) honest; (*comportamento*) fair ❷ (*fedele*) loyal

lealtà [le·al·'ta] <-> *f* ❶ (*onestà, sincerità*) honesty; (*di comportamento*) fairness ❷ (*fedeltà*) loyalty

leasing ['li:·siŋ] <-> *m* FIN leasing; **prendere qc in ~** to lease sth

lebbra ['leb·bra] *f* MED leprosy

lebbroso, -a [leb·'bro:·so] I. *adj* leprous II. *m, f* leper

lecca lecca [lek·ka·'lek·ka] <-> *m* lollipop

leccapiedi [lek·ka·'piɛː·di] <-> *mf pej* brownnoser

leccare [lek·'ka:·re] I. *vt* to lick; **~ i piedi a qu** *fig* to suck up to sb II. *vr:* **-rsi; -rsi le dita** [*o* **i baffi**] *fig* to lick one's lips; **-rsi le ferite** *fig* to lick one's wounds

leccata [lek·'ka:·ta] *f* lick

Lecce *f* Lecce, city in southern Italy

leccese [let·'tʃe:·se] I. *adj* (*di Lecce*) from Lecce II. *mf* (*abitante*) person from Lecce

leccio ['let·tʃo] <-cci> *m* ❶ (*albero*) holm oak ❷ (*legno*) holm wood

leccornia [lek·kor·'ni:·a] <-ie> *f* delicacy

lecito, -a ['lɛ:·tʃi·to] *adj* (*azione, intercettazione*) lawful; (*copia*) legal

ledere ['lɛ:·de·re] <ledo, lesi, leso> *vt* ❶ MED (*ferire*) to injure ❷ *fig* (*danneggiare*) to harm

lega ['le:·ga] <-ghe> *f* ❶ (*associazione*) league ❷ (*di metalli*) alloy; **~ in argento** to silver alloy

legale [le·'ga:·le] I. *adj* ❶ (*secondo la legge*) legal; **studio ~** law firm; **spese legali** legal costs ❷ (*legittimo*) lawful II. *mf* lawyer

legalità [le·ga·li·'ta] <-> *f* legality

legalizzare [le·ga·lid·'dza:·re] *vt* to legalize

legalizzazione [le·ga·lid·dzat·'tsio:·ne] *f* legalization

legame [le·'ga:·me] *m* ❶ (*vincolo*) link ❷ (*rapporto*) relationship ❸ (*nesso logico*) link

legamento [le·ga·'men·to] *m* ANAT ligament

Lega Nord ['le:·ga nɔrd] *f* POL Northern League

legare [le·'ga:·re] I. *vt* ❶ *(collegare)* to bind; *(con spago, funi)* to tie up; **avere le mani legate** *fig* to have one's hands tied; **se l'è legata al dito** *fam* he didn't forget it ❷ *fig (unire)* to bind together II. *vi fig (andare d'accordo)* to get on III. *vr* ❶ *(attaccarsi)* to tie oneself ❷ *(unirsi)* **-rsi a qu** to become involved with sb

legge ['led·dʒe] *f* GIUR law; **per ~** by law; **dottore in ~** law graduate

leggenda [led·'dʒɛn·da] *f* ❶ LETT legend ❷ *fig (invenzione)* myth; **~ metropolitana** urban myth

leggendario, -a <-i, -ie> *adj* legendary

leggere ['lɛd·dʒe·re] <leggo, lessi, letto> I. *vt (libro, testo)* to read; **~ la mano a qu** to read sb's palm; **~ le labbra** to lip-read II. *vi* to read

leggerezza [led·dʒe·'ret·tsa] *f* ❶ *(di oggetto, tessuto, pasto)* lightness ❷ *(agilità)* nimbleness; **con ~** nimbly ❸ *fig (superficialità)* levity ❹ *fig (spensieratezza)* thoughtlessness

leggero, -a [led·'dʒɛ:·ro] *adj* ❶ *(gener)* light ❷ *(malessere, variazione)* mild ❸ *fig (superficiale)* frivolous; **prendere le cose alla -a** to take things lightly ❹ *(loc)* **atletica -a** track and field; **musica -a** light music

leggibile [led·'dʒi:·bi·le] *adj* ❶ *(scrittura)* legible ❷ *(libro)* readable

leggings ['le·ɡiŋs] *mpl* leggings

leggio [led·'dʒi:·o] <-ii> *m* ❶ *(per libri)* bookstand ❷ MUS music stand

leghista [le·'gis·ta] <-i *m*, -e *f*> I. *mf* POL supporter of the Northern League II. *adj* POL *(della Lega Nord)* Northern League

legiferare [le·dʒi·fe·'ra:·re] *vi* GIUR to legislate

legione [le·'dʒo:·ne] *f* MIL **la Legione Straniera** the Foreign Legion

legislativo, -a [le·dʒiz·la·'ti:·vo] *adj* legislative

legislatura [le·dʒiz·la·'tu:·ra] *f* (*periodo*) legislature

legislazione [le·dʒiz·lat·'tsio:·ne] *f* ❶ *(attività)* legislation ❷ *(le leggi)* legislation

legittimo, -a [le·'dʒit·ti·mo] *adj a. fig* legitimate; **-a difesa** self-defense

legna ['leɲ·ɲa] <- *o* -e> *f* wood; **far ~** to gather wood

legname [leɲ·'ɲa:·me] *m* wood

legnata [leɲ·'ɲa:·ta] *f* (*bastonata*) blow (with a stick); **prendere qu a -e** to give sb a thrashing

legno ['leɲ·ɲo] *m* wood

lei ['lɛ:·i] *pron pers* ❶ *3. pers f sing (soggetto)* she; **beata ~!** lucky her! ❷ *(oggetto)* her ❸ *(con preposizione)* her ❹ *3. pers m e f sing (forma di cortesia soggetto: Lei)* you ❺ *3. pers m e f sing (con preposizione: Lei)* you; **dare del Lei a qu** to address sb using the polite form

lente ['lɛn·te] *f* lens; **~ d'ingrandimento** magnifying lens; **-i a contatto** contact lenses

lentezza [len·'tet·tsa] *f* (*di persona, film*) slowness

lenticchia [len·'tik·kia] <-cchie> *f* BOT lentil

lentiggine [len·'tid·dʒi·ne] *f* freckle

lentigginoso, -a [len·tid·dʒi·'no:·so] *adj (volto, persona)* freckled

lento ['lɛn·to] *m* MUS slow dance

lento, -a *adj* ❶ *a. fig* slow ❷ *(veleno, medicina)* slow-acting ❸ *(allentato: vite)* loose

lenza ['lɛn·tsa] *f* (*per pescare*) line

lenzuolo [len·'tsuɔ:·lo] <-i *m, o* -a *f*> *m* sheet; **~ con gli angoli** fitted sheet

leone [le·'o:·ne] *m* ❶ ZOO lion ❷ ASTR **Leone** Leo; **sono (del [*o* un]) Leone** I'm Leo

leonessa [le·o·'nes·sa] *f* lioness

leopardo [le·o·'par·do] *m* leopard

leporino [le·po·'ri:·no] *adj* **labbro ~** MED cleft lip

lepre ['lɛ:·pre] *f* hare; **~ in salmì** jugged hare

lercio, -a ['lɛr·tʃo/'ler·tʃo] <-ci, -ce> *adj* filthy

lesbica ['lɛz·bi·ka] <-che> *f* lesbian

lesi ['le:·zi] *1. pers sing pass rem di* **ledere**

lesinare [le·zi·'na:·re] I. *vt* ~ **qc a qu** to grudge sth to sb II. *vi* ~ **su qc** to skimp on sth

lesione [le·'zio:·ne] *f* (*ferita*) injury

leso, -a ['le·zo] I. *pp di* **ledere** II. *adj* GIUR injured

lessare [les·'sa:·re] *vt* (*patate, carne, riso*) to boil

lessi ['lɛs·si] *1. pers sing pass rem di* **leggere**

lessicale [les·si·'ka:·le] *adj* lexical

lessico ['lɛs·si·ko] <-ci> *m* ① (*dizionario, glossario*) lexicon ② LING vocabulary

lesso ['lɛs·so] *m* (*carne lessata*) boiled meat

lesso, -a *adj* boiled

letale [le·'ta:·le] *adj* (*colpo, arma, veleno*) lethal

letamaio [le·ta·'ma:·io] <-ai> *m* ① (*per letame*) dung-heap ② *fig* (*luogo sporco*) pigsty

letame [le·'ta:·me] *m* manure

letargo [le·'tar·go] <-ghi> *m* ① MED lethargy ② ZOO hibernation

letta ['lɛt·ta] *f* read; **dare una ~ a qc** to have a read of sth

lettera ['lɛt·te·ra/'let·te·ra] *f* ① (*di alfabeto, comunicazione scritta*) letter; **alla ~** to the letter; **~ assicurata** special delivery letter; **~ raccomandata** registered letter; **per ~** by letter ② *pl* (*materie letterarie*) literature; **Lettere** Arts

letterale [let·te·'ra:·le] *adj* literal

letteralmente [let·te·ral·'men·te] *adv* a. *fig* literally

letterario, -a [let·te·'ra:·rio] <-i, -ie> *adj* literary; **materie -ie** arts subjects

letterato, -a [let·te·'ra:·to] *m, f* scholar

letteratura [let·te·ra·'tu:·ra] *f* literature

lettiga [let·'ti:·ga] <-ghe> *f* (*barella*) stretcher

lettino [let·'ti:·no] *m* ① (*per bambini*) crib ② (*branda: dal dottore*) bed; (*per*

spiaggia) sun lounger ③ **~ solare** tanning bed

letto ['lɛt·to] *m* ① (*mobile*) bed; **~ matrimoniale** [*o* **a due piazze**] double bed; **~ a castello** bunk beds; **andare a ~** to go to bed; **andare a ~ con qu** *fam* to go to bed with sb; **rifare il ~** to make the bed ② GEOL (*di fiume*) bed

letto <-a> *pp di* **leggere**

lettore [let·'to:·re] *m* TEC reader; **~ DVD** DVD player; **~ ottico** optical character reader; **~ MP3** MP3 player

lettore, -trice *m, f* ① (*chi legge*) reader ② (*professione*) foreign language assistant

lettura [let·'tu:·ra] *f* ① (*atto del leggere*) reading ② (*scritto*) (piece of) writing

leucemia [leu·tʃe·'mi:·a] <-ie> *f* MED leukemia

leva ['lɛ:·va] *f* ① TEC lever; **fare ~ su qc** *fig* to play on sth ② (*arruolamento*) conscription; **essere di ~** to be liable for military service

levante [le·'van·te] *m* ① (*est*) east ② (*vento*) east wind

levare [le·'va:·re] I. *vt* ① (*togliere*) to remove; **~ di mezzo qu** to get sb out of the way ② (*estrarre: dente, chiodo*) to pull out ③ (*alzare*) to raise II. *vr*: **-rsi** ① (*indumenti*) to take off ② (*dubbio, voglia, vizio*) to dispel; **-rsi qu/qc dalla testa** *fig* to put sb/sth out of one's mind ③ (*togliersi*) **-rsi** (**dai piedi**) to get out of the way ④ (*alzarsi*) to get up; **-rsi in volo** to fly up

levataccia [le·va·'tat·tʃa] <-cce> *f* **fare una ~** to get up at an ungodly hour

levatoio, -a [le·va·'to:·io] <-oi, -oie> *adj* **ponte ~** drawbridge

levigare [le·vi·'ga:·re] *vt* (*lisciare*) to smooth down

lezione [let·'tsio:·ne] *f* (*a scuola, all'università, in libro*) a. *fig* lesson; **assistere alla ~** to attend class; **fare ~** to teach a class; **dare -i** to give classes; **prendere -i** to take classes; **dare a qu una ~** to teach sb a lesson

li [li] *pron pers 3. pers m pl* them

lì [li] *adv* (*stato*) there; **fin ~** up to there;

giù di ~ thereabouts; **per (di) ~** that way; **~ per ~** right then

liana [li·'aː·na] *f* creeper

libbra ['lib·bra] *f* (*unità di misura*) pound

libellula [li·'bɛl·lu·la] *f* dragonfly

liberale [li·be·'raː·le] I. *adj* ① (*genitori, partito, politica*) liberal ② (*generoso*) generous II. *m a.* POL liberal

liberalizzare [li·be·ra·lid·'dzaː·re] *vt* to liberalize

liberamente [li·be·ra·'men·te] *adv* (*parlare, muoversi, circolare*) freely

liberare [li·be·'raː·re] I. *vt* ① (*prigioniero, ostaggio*) to release ② (*sgombrare: tavolo, strada*) to clear ③ (*camera, casa*) to vacate II. *vr* ① -**rsi da** [*o* **di**] *qc* to get rid of sth ② (*posto, casa*) to become free

liberatorio, -a [li·be·ra·'ɔː·rio] <-i, -ie> *adj* (*risata, urlo*) liberating

liberazione [li·be·rat·'tsioː·ne] *f* ① (*di prigioniero, ostaggio*) release ② (*di città, paese*) liberation; **Festa della Liberazione** Liberation Day ③ *fig* (*sollievo*) relief

liberismo [li·be·'riz·mo] *m* free trade

libero, -a ['liː·be·ro] *adj* ① (*gener*) free; **essere ~ di fare qc** +*inf* to be free to do sth ② (*indipendente*) independent; **~ professionista** self-employed professional

libertà [li·ber·'ta] <-> *f* freedom; **~ di parola** freedom of speech; **rimettere in ~** (*prigioniero*) to release; **prendersi la ~ di fare qc** to take the liberty of doing sth

libertino, -a [li·ber·'tiː·no] *adj, m, f* libertine

libidine [li·'biː·di·ne] *f* ① (*sessuale*) lust ② *fam* (*goduria*) luxury; **che ~!** what luxury!

libidinoso, -a [li·bi·di·'noː·so] *adj* ① (*sessualmente*) lustful ② *fam* (*godurioso*) luxurious

libraio [li·'braː·io] <-ai, -aie> *m, f* (*chi vende libri*) bookseller

libreria [li·bre·'riː·a] <-ie> *f* ① (*negozio*) bookstore ② (*mobile*) bookshelf

libretto [li·'bret·to] *m* ① (*opuscolo*) booklet ② (*documento, carnet*) book; **~ di circolazione** vehicle registration book; **~ universitario** university record book; **~ di risparmio** savings book; **~ degli assegni** checkbook

libro ['liː·bro] *m* book; **~ di cucina** cookbook; **~ di testo** textbook

liceale [li·tʃe·'aː·le] *adj, mf* senior high school

licenza [li·'tʃɛn·tsa] *f* ① (*autorizzazione*) a. COM license; **~ di caccia** hunting license ② MIL (*congedo*) leave; **~ premio** special leave ③ (*attestato*) certificate; **~ elementare** elementary school leaving certificate

licenziamento [li·tʃen·tsia·'men·to] *m* dismissal; **~ per riduzione del personale** layoff

licenziare [li·tʃen·'tsiaː·re] I. *vt* (*impiegato*) to dismiss; (*per riduzione del personale*) to lay off II. *vr:* **-rsi** (*da un impiego*) to resign

liceo [li·'tʃɛː·o] *m* senior high school

lieto, -a ['liɛː·to] *adj* cheerful; **~ evento** (*nascita*) happy event; **~ fine** happy ending; **sono ~ di conoscerLa** pleased to meet you

lieve ['liɛː·ve] *adj* ① (*poco pesante: peso*) light ② (*leggero: rumore, scossa, passo*) slight ③ (*delicato: carezza, tocco*) delicate

lievitare [lie·vi·'taː·re] *vi* essere to rise

lievito ['liɛː·vi·to] *m* BIO yeast; **~ di birra** brewer's yeast; **~ in polvere** baking powder

lifting ['lif·ting] <-> *m* face-lift; **~ facciale** face-lift

ligio, -a ['liː·dʒo] <-gi, -gie> *adj* (*rispettoso*) faithful; **~ al dovere** dutiful

ligure[1] [li·'guː·re] <*sing*> *m* (*dialetto*) Ligurian (dialect)

ligure[2] I. *mf, adj* (*costa, cucina, tradizioni*) Ligurian II. (*abitante*) person from Liguria

Liguria [li·'guː·ria] <*sing*> *f* Liguria

lilla, lillà ['lil·la, lil·'la] I.<inv> *adj* lilac II.<-> *m* (*colore, fiore*) lilac

lima ['liː·ma] *f* file

limare [li·ˈma:·re] I. *vt* (*sbarra, superficie, unghia*) to file II. *vr* **-rsi le unghie** to file one's nails

limetta [li·ˈmet·ta] *f* nail file

limitare [li·mi·ˈta:·re] I. *vt* ① (*ridurre: costi, libertà*) to restrict ② (*delimitare: zona*) to delimit II. *vr* **-rsi** (**in qc**) to cut down (on sth); **-rsi a qc** to restrict oneself to sth

limitativo, -a [li·mi·ta·ˈti:·vo] *adj* restrictive

limitato, -a [li·mi·ˈta:·to] *adj* ① (*delimitato: traffico, durata*) restricted ② (*determinato: potere*) limited ③ (*di piccola entità*) modest ④ (*scarso: prestazioni, risorse*) limited ⑤ (*stupido*) slow

limitazione [li·mi·tat·ˈtsio:·ne] *f* ① (*limite: di orario, responsabilità*) limit ② (*restrizione: di libertà*) restriction ③ (*riduzione: di assunzioni, circolazione stradal*) restriction

L

limite [ˈli:·mi·te] I. *m* ① (*confine*) limit ② *fig* (*ultimo grado*) limit; **nei -i del possibile** as far as is possible ③ (*restrizione*) restriction; **-i di età** age restrictions; **~ di velocità** speed limit ④ (*loc*) **al ~** at worst II. <inv> *adj* **caso ~** extreme case

limonata [li·mo·ˈna:·ta] *f* lemonade

limone [li·ˈmo:·ne] *m* ① (*frutto*) lemon ② (*pianta*) lemon tree

limpido, -a [ˈlim·pi·do] *adj* (*cielo, aria, acqua*) clear

lince [ˈlin·tʃe] *f* ZOO lynx

linciaggio [lin·ˈtʃad·dʒo] <-ggi> *m* lynching; **~ morale** moral witch-hunt

lindo, -a [ˈlin·do] *adj* (*pulito e ordinato*) neat

linea [ˈli:·nea] *f* ① (*segno, su strada*) *a.* SPORT, TEL line; **a grandi -e** in broad terms; **in ~ di massima** broadly speaking; **~ di partenza** starting line; **restare in ~** to hold the line; **è caduta la ~** the call was cut off ② (*di aero, autobus*) service; (*di treno*) line; **di ~** regular ③ (*figura*) figure; **tenerci alla ~** to look after one's figure ④ (*norma*) **in ~ con** in line with

lineamenti [li·nea·ˈmen·ti] *mpl* features *pl*

lineare [li·ne·ˈa:·re] *adj* ① (*algebra, misura*) linear ② *fig* (*coerente*) straightforward

lineetta [li·ne·ˈet·ta] *f* (*trattino*) hyphen

linfa [ˈlin·fa] *f* ① ANAT lymph ② BOT sap ③ *fig* **~ vitale** lifeblood

linfatico, -a [lin·ˈfa:·ti·ko] <-ci, -che> *adj* lymphatic

lingua [ˈliŋ·gua] *f* ① ANAT tongue; **avere la ~ lunga** *fig* to have a loose tongue; **avere qc sulla punta della ~** *fig* to have sth on the tip of one's tongue; **mordersi la ~** *fig* to bite one's tongue ② (*linguaggio*) language; **di ~ inglese** English-speaking; **~ parlata** spoken language; **studiare -e** to study languages

linguaccia [liŋ·ˈguat·tʃa] <-cce> *f* (*boccaccia*) rude face; **fare le -cce a qu** to stick one's tongue out at sb

linguaggio [liŋ·ˈguad·dʒo] <-ggi> *m* language; **~ di programmazione** COMPUT programming language

linguetta [liŋ·ˈguet·ta] *f* ① (*di buste*) flap ② (*di scarpe*) tongue

linguista [liŋ·ˈguis·ta] <-i *m*, -e *f*> *mf* linguist

linguistica [liŋ·ˈguis·ti·ka] <-che> *f* linguistics *sing*

linguistico, -a [liŋ·ˈguis·ti·ko] <-ci, -che> *adj* linguistic

lino [ˈli:·no] *m* ① (*pianta*) flax ② (*tessuto*) linen

linoleum [li·ˈnɔ:·le·um] <-> *m* linoleum

liofilizzato, -a *adj* (*alimenti*) freeze-dried

liquefare [li·kue·ˈfa:·re] <irr> I. *vt* ① (*gas*) to liquefy ② (*metalli, neve*) to melt II. *vr:* **-rsi** ① (*gas*) to liquefy ② (*metalli, ghiaccio*) to melt

liquefeci *1. pers sing pass rem di* liquefare

liquidare [li·kui·ˈda:·re] *vt* ① (*calcolare: conto, somma*) to settle ② (*pagare: creditori*) to pay; (*debito*) to settle ③ (*svendere: merce*) to sell off ④ (*chiudere: azienda*) to liquidate ⑤ *fig* (*criticare*) to write off ⑥ (*uccidere: avver-*

sario) to dispose of ◎ (*mandar via: persona*) to get rid of

liquidazione [li·kui·dat'tsio:·ne] *f* ◎ (*svendita*) clearance; **~ di fine stagione** end of season sale ◎ (*somma liquidata per*) settlement ◎ (*di azienda*) liquidation ◎ (*di pensione, danni*) settlement

liquidità [li·kui·di·'ta] <-> *f* FIS, FIN liquidity

liquido ['li:·kui·do] *m* ◎ FIS liquid; **~ per freni** brake fluid; **~ refrigerante** coolant ◎ FIN liquidity

liquido, -a *adj* ◎ (*gener*) liquid ◎ FIN **denaro** ~ liquid cash

liquirizia [li·kui·'rit'tsia] <-ie> *f* licorice

liquore [li·'kuo:·re] *m* liquor

lira ['li:·ra] *f* (*moneta*) lira; **non avere una** ~ not to have a cent

lirica ['li:·ri·ka] <-che> *f* ◎ LETT (*componimento poetico*) lyric ◎ LETT (*arte poetica*) poetry ◎ MUS opera

lirico, -a ['li:·ri·ko] <-ci, -che> *adj* MUS opera

Lisbona [liz'bo:·na] *f* Lisbon

lisca ['lis·ka] <-sche> *f* (*di pesce*) bone

liscio ['liʃ·ʃo] *m* (*ballo*) ballroom dance

liscio, -a <-sci, -sce> *adj* ◎ (*superficie, pelle*) smooth ◎ (*capelli*) straight ◎ *fig* (*bene*) smooth; **è andato tutto ~** everything went smoothly; **passarla -a** to get away with it ◎ CULIN (*acqua*) still; (*caffè*) straight; (*bevanda alcolica*) neat

liso, -a ['li:·zo] *adj* (*cappotto, tessuto*) worn

lista ['lis·ta] *f* (*elenco*) list; **la ~ dei vini** the winelist

listino [lis'ti:·no] *m* list; **~ dei prezzi** price list; **~ di Borsa** Stock list

lite ['li:·te] *f* (*litigio*) quarrel

litigare [li·ti·'ga:·re] *vi* to quarrel

litigio [li·'ti:·dʒo] <-gi> *m* quarrel

litigioso, -a [li·ti·'dʒo:·so] *adj* quarrelsome

litorale [li·to·'ra:·le] *m* (*costa*) coast

litoranea [li·to·'ra:·nea] *f* (*strada*) coastal road

litoraneo, -a [li·to·'ra:·neo] *adj* (*zona, fondale*) coastal

litro ['li:·tro] *m* liter

liturgico, -a [li·'tur·dʒi·ko] <-ci, -che> *adj* (*formula, musica*) liturgical; (*anno, calendario, ricorrenza*) ecclesiastical

liuto [li·'u:·to] *m* MUS lute

livellamento [li·vel·la·'men·to] *m* ◎ (*di terreno*) leveling ◎ *fig* leveling out

livellare [li·vel·'la:·re] *vt* ◎ TEC (*terreno*) to level ◎ *fig* to level out

livello [li·'vɛl·lo] *m* ◎ (*gen*) level; **sotto il ~ del mare** below sea level; **ad alto ~** high-level ◎ (*grado*) standard

livido ['li:·vi·do] *m* bruise

livido, -a *adj* (*occhi*) black; (*cielo*) leaden

livornese [li·vor·'ne:·se] **I.** *adj* from Livorno **II.** *mf* (*abitante*) person from Livorno

Livorno [li·'vɔr·no] <*sing*> *f* Livorno, city in Tuscany

lo [lo] **I.** *art m sing* davanti a s impura, gn, pn, ps, x, z the **II.** *pron* ◎ (*persona*) him ◎ (*cosa*) it

lobo ['lɔ·bo] *m* ANAT lobe; **~ dell'orecchio** earlobe

locale [lo·ka:·le] **I.** *adj* local; **anestesia** ~ local anesthesia **II.** *m* ◎ (*stanza*) room ◎ (*luogo pubblico: caffe*) café; (*ristorante*) restaurant; **~ notturno** nightclub

località [lo·ka·li·'ta] <-> *f* locality; **una ~ di mare** a seaside resort

localizzare [lo·ka·lid·'dza:·re] *vt* (*individuare*) to locate

locandina [lo·kan·'di:·na] *f* playbill

locomotiva [lo·ko·mo·'ti:·va] *f* engine

locomotore [lo·ko·mo·'to:·re] *m* electric engine

locusta [lo·'ku:s·ta] *f* ZOO locust

locuzione [lo·kut·'tsio:·ne] *f* phrase

lodare [lo·'da:·re] *vt* (*elogiare, celebrare*) to praise; **sia lodato il cielo!** thank heavens!

lode ['lɔ·de] *f* ◎ (*elogio*) praise ◎ (*voto*) **prendere trenta e ~** to straight A's; **laurearsi con 110 e ~** to graduate magna cum laude

loden ['lo·dən] <-> *m* (*panno, cappotto*) loden

lodevole [lo·'de:·vo·le] *adj* praiseworthy

loggare [log·'ga:·re] COMPUT I. *vi* to log in II. *vr* **-si a** [*o* **in**] **qc** to log in to sth

loggia ['lɔd·dʒa] <-gge> *f* ① ARCHIT gallery ② (*nella massoneria*) lodge

loggione [lod·'dʒo:·ne] *m* THEAT gallery

logica ['lɔ:·dʒi·ka] <-che> *f* logic

logico, -a ['lɔ:·dʒi·ko] <-ci, -che> *adj* logical

login [log·'ɪn] <-> *f* COMPUT login; **fare il ~** to log in

logistico, -a [lo·'dʒis·ti·ko] <-ci, -che> *adj* logistic

logo ['lo:·go] <-> *m* logo

logorante [lo·go·'ran·te] *adj* (*attività, giornata, passione*) exhausting

logorare [lo·go·'ra:·re] I. *vt* to wear out II. *vr*: **-rsi** ① (*consumarsi: scarpe, ingranaggi*) to become worn out ② *fig* (*per passione, rabbia*) to be consumed

logorio [lo·go·'ri:·o] <-ii> *m* ① (*logoramento*) wear and tear ② *fig* (*stress*) exhaustion

logoro, -a ['lɔ:·go·ro] *adj* worn-out

lombaggine [lom·'bad·dʒi·ne] *f* lumbago

Lombardia [lom·bar·'di:·a] *f* Lombardy

lombardo [lom·'bar·do] <-sing> *m* (*dialetto*) Lombard (dialect)

lombardo, -a I. *adj* from Lombardy II. *m, f* (*abitante*) person from Lombardy

lombare [lom·'ba:·re] *adj* lumbar

lombata [lom·'ba:·ta] *f* (*taglio di carne*) loin

lombrico [lom·'bri:·ko] <-chi> *m* earthworm

Londra ['lon·dra] *f* London

longevo, -a [lon·'dʒɛ:·vo] *adj* long-lived

longilineo, -a [lon·dʒi·'li:·neo] <-ei, -ee> *adj* (*persona, fisico*) long-limbed

longitudinale [lon·dʒi·tu·di·'na:·le] *adj* (*taglio, sezione*) longitudinal

longitudine [lon·dʒi·'tu:·di·ne] *f* longitude

lontanamente [lon·ta·na·'men·te] *adv* distantly; **non ci penso neanche ~** I wouldn't dream of it

lontananza [lon·ta·'nan·tsa] *f* ① (*distanza*) distance; **in ~** in the distance ② (*assenza, mancanza*) absence

lontano, -a [lon·'ta:·no] I. *adj* ① (*nello spazio*) far away; **quanto è ~ ...?** how far away is ...? ② (*nel tempo*) distant ③ (*estraneo*) far ④ (*assente: sguardo*) distant ⑤ (*vago: somiglianza*) vague II. *adv* far; **andare ~** to go far; **vedere ~** *fig* to be far-sighted; **alla -a** in a roundabout way; **parenti alla -a** distant relatives

lontra ['lon·tra] *f* ZOO otter

look [luk] <-> *o* looks> *m* (*immagine*) look

loquace [lo·'kua:·tʃe] *adj* (*persona*) talkative

lordo, -a ['lor·do] *adj* gross

loro ['lo:·ro] I. *pron pers* ① 3. *pers pl* (*soggetto*) they; **~ due** the two of them; **beati ~!** lucky them! ② (*complemento oggetto, con preposizione*) them ③ (*complemento di termine*) (to) them ④ 3. *pers pl* (*forma di cortesia soggetto, oggetto*) you II.<inv> *adj* their; **il ~ padre/zio** their father/uncle; **un ~ amico** one of their friends III. *pron* **il** [*o* **la**] [*o* **i**] [*o* **le**] **~** theirs IV. *m* ① (*averi*) their property ② (*famiglia*) their family ③ (*gruppo, amici*) their friends V. *f* ① (*parte*) their side ② (*opinione*) their opinion

lotta ['lɔt·ta] *f* ① (*combattimento*) combat; **~ a corpo a corpo** hand to hand combat; **fare la ~** to wrestle ② SPORT wrestling; **~ libera** professional wrestling ③ *fig* (*contro fumo, malattia*) fight ④ *fig* struggle; **~ di classe** class struggle

lottare [lot·'ta:·re] *vi* ① (*combattere*) a. *fig* to fight ② SPORT (*fare lotta*) to wrestle

lotteria [lot·te·'ri:·a] <-ie> *f* lottery

lottizzare [lot·tid·'dza:·re] *vt* (*terreno, area*) to parcel out (for building)

lotto ['lɔt·to] *m* ① (*gioco*) bingo; **giocare al ~** to play bingo ② (*terreno*) plot ③ (*partita: di merce*) batch ④ (*negli appalti*) lot

love story [lʌv 'stɔ:·ri] <-> *o* love stories> *f* affair

lozione [lot·'tsio:·ne] *f* lotion

lubrificante [lu·bri·fi·'kan·te] *adj, m* lubricant

lubrificare [lu·bri·fi·'ka:·re] *vt* to lubricate

lucano [lu·'ka:·no] <*sing*> *m* (*dialetto*) dialect of the Basilicata region

lucano, -a I. *adj* from the Basilicata region II. *m, f* (*abitante*) person from the Basilicata region

Lucca *f* Lucca, *city in Tuscany*

lucchese [luk·'ke:·se] I. *adj* from Lucca II. *mf* (*abitante*) person from Lucca

lucchetto [luk·'ket·to] *m* padlock

luccicare [lut·tʃi·'ka:·re] *vi* (*stelle, gioielli, occhi*) to sparkle

luccio ['lut·tʃo] <-cci> *m* ZOO pike

lucciola ['lut·tʃo·la] *f* glow-worm

luce ['lu:·tʃe] *f* (*gener*) light; **dare alla ~** to give birth (to); **fare ~ su qc** to shed light on sth; **mettere qu in cattiva ~** to show sb in a bad light; **mettersi in ~** to come to the fore; **riportare qc alla ~** to bring sth to light; **contro ~** against the light; **cinema a -i rosse** blue movie; **-i di posizione** parking lights

lucertola [lu·'tʃɛr·to·la] *f* ZOO lizard

lucidalabbra [lu·tʃi·da·'lab·bra] <-> *m* lip gloss

lucidare [lu·tʃi·'da:·re] *vt* (*scarpe, mobili*) to polish

lucidità [lu·tʃi·di·'ta] <-> *f* (*consapevolezza*) lucidity

lucido ['lu:·tʃi·do] *m* ❶ (*lucentezza*) shine ❷ (*per scarpe*) (shoe) polish ❸ (*per lavagna luminosa*) slide

lucido, -a *adj* ❶ (*lucente: scarpe, pavimento*) shiny; **carta -a** glossy paper ❷ *fig* (*mente, analisi*) lucid

luglio ['luʎ·ʎo] *m* July; *v.a.* **aprile**

lugubre ['lu:·gu·bre] *adj* (*aspetto, grida*) gloomy

lui ['lu:·i] *pron pers 3.pers m sing* ❶ (*soggetto*) he; **beato ~!** lucky him! ❷ (*oggetto, con preposizione*) him

lumaca [lu·'ma:·ka] <-che> *f* slug

luminoso, -a [lu·mi·'no:·so] *adj* ❶ (*che emette luce*) luminous ❷ (*limpido:*

cielo) bright ❸ *fig* (*sorriso, occhi*) bright

luna ['lu:·na] *f* ❶ ASTR moon; **~ calante** waning moon; **~ crescente** waxing moon; **~ piena** full moon; **~ di miele** honeymoon ❷ *fig* (*umore*) **avere la ~ di traverso** [*o* **storta**] to be in a bad mood

luna park ['lu:·na 'park] <-> *m* amusement park

lunare [lu·'na:·re] *adj* lunar

lunatico, -a [lu·'na:·ti·ko] <-ci, -che> *adj* (*strano*) moody

lunedì [lu·ne·'di] <-> *m* Monday; *v.a.* **domenica**

lungamente [luŋ·ga·'men·te] *adv* at length

lunghezza [luŋ·'get·tsa] *f* length; **~ d'onda** wavelength

lungimirante [lun·dʒi·mi·'ran·te] *adj* (*persona, idea, scelta*) far-sighted

lungo ['luŋ·go] I. *m* length; **per il ~** lengthwise; **in ~ e in largo** far and near II. *prep* ❶ (*luogo*) along ❷ (*tempo*) during

lungo, -a <-ghi, -ghe> *adj* ❶ (*esteso*) long; **saperla -a** *fig* to know what's what ❷ (*che dura*) long; **alla -a** in the long run; **a ~ andare** long term ❸ (*alto*) tall ❹ (*lento*) slow ❺ (*caffè, brodo*) weak ❻ (*loc*) **di gran -a** by far

lungomare [luŋ·go·'ma:·re] *m* seafront

lungometraggio [luŋ·go·me·'trad·dʒo] <-ggi> *m* feature film

lunotto [lu·'nɔt·to] *m* MOT rear window; **~ termico** heated rear window

luogo ['lwɔː·go] <-ghi> *m* ❶ (*posto*) place; **in ogni ~** everywhere; **~ di nascita** birthplace; **le autorità del ~** local authorities ❷ (*di delitto, avvenimento*) scene; **sul ~** on the scene ❸ (*locale*) place ❹ (*loc*) **in primo ~, ... in secondo ~** firstly, ... secondly; **fuori ~** out of place; **aver ~** to take place; **dar ~ a qc** to give rise to sth

lupa ['lu:·pa] *f* ZOO she-wolf

lupetto [lu·'pet·to] *m* ❶ ZOO (*cucciolo di lupo*) wolf cub; (*cucciolo di cane lupo*) German shepherd pup ❷ (*negli* scout) cub scout ❸ (*maglione*) turtle neck

lupo [ˈluːpo] *m* wolf; ~ **mannaro** werewolf; **cane** ~ German shepherd; **avere una fame da -i** to be really hungry; ~ **di mare** (old) sea dog

lurido, -a [ˈluːriˑdo] *adj* (*sporco*) filthy

lusinga [luˈziŋˑga] <-ghe> *f* temptation

lusingare [luˑziŋˈgaːˑre] *vt* ~ **qu** to flatter sb

lusinghiero, -a [luˑziŋˈgiɛːˑro] *adj* flattering

lussemburghese [lusˑsemˑburˈgeːˑse] **I.** *adj* Luxembourgeois **II.** *mf* Luxemburger

Lussemburgo [lusˑsemˈburˑgo] *m* **il** ~ Luxembourg

lusso [ˈlusˑso] *m* luxury

lussuoso, -a [lusˑsuˈoːˑso] *adj* luxurious

lussureggiante [lusˑsuˑredˈdʒanˑte] *adj* (*giardino, piante*) luxuriant

lussuria [lusˈsuːˑria] <-ie> *f* lust

lussurioso, -a [lusˑsuˈrioːˑso] *adj* lustful

lustrascarpe [lusˑtrasˈkarˑpe] <-> *mf* bootblack

lustro [ˈlusˑtro] *m* ❶ (*lucentezza*) shine ❷ *fig* (*splendore*) splendor ❸ (*periodo di cinque anni*) five-year period

lustro, -a *adj* ❶ (*scarpe*) polished ❷ (*occhi*) watery

luterano, -a [luˑteˑraːˑno] *adj, m, f* Lutheran

lutto [ˈlutˑto] *m* ❶ (*dolore*) grief ❷ (*abiti*) mourning (clothes); **essere in** ~ to be in mourning ❸ (*perdita*) bereavement; **chiuso per** ~ closed due to a death in the family

M

Mm

M, m [ˈɛmˑme] <-> *f* M, m; ~ **come Milano** M for Mike

m metro

ma [ma] *conj* but; ~ **che bella notizia!** what wonderful news!; ~ **insomma!** for heaven's sake!; ~ **no!** no!; ~ **sì!** go on!

macabro, -a [ˈmaːˑkaˑbro] *adj* macabre

macché [makˈke] *interj* are you kidding?

maccheroni [makˑkeˈroːˑni] *mpl* macaroni

macchia [ˈmakˑkia] <-cchie> *f* ❶ (*di sporco*) stain ❷ (*di colore diverso*) spot

macchiare [makˈkiaːˑre] **I.** *vt* ❶ (*sporcare*) to stain ❷ *fig* (*onore, nome*) to sully **II.** *vr:* **-rsi** ❶ (*sporcarsi*) to get dirty ❷ *fig* (*rendersi colpevole*) **-rsi di qc** to be guilty of sth

macchiato, -a [makˈkiaːˑto] *adj* ❶ (*sporco*) dirty ❷ (*maculato*) spotted ❹ (*caffè*) with a dash of milk; **latte** ~ a glass of hot milk with a single espresso

macchina [ˈmakˑkiˑna] *f* ❶ (*apparecchio*) machine; ~ **da cucire** sewing machine; ~ **da scrivere** typewriter; ~ **fotografica** camera; **a** ~ by machine; **fatto a** ~ machine-made ❷ (*auto*) car; **andare in** ~ to go by car

macchinista [makˑkiˈnisˑta] <-i *m*, -e *f*> *mf* (*di locomotiva*) driver

macedonia [matˑʃeˈdɔːˑnia] <-ie> *f* ~ (**di frutta**) fruit salad

macellaio, -a [maˑtʃelˈlaːˑio] <-i, -ie> *m, f* butcher

macellare [maˑtʃelˈlaːˑre] *vt* to slaughter

macelleria [maˑtʃelˑleˈriːˑa] <-ie> *f* butcher's

macello [ma·'tʃɛl·lo] *m* ❶ (*mattatoio*) slaughterhouse ❷ *inf* disaster

Macerata [ma·tʃe·'ra:·ta] *f* Macerata, *city in the Marches region*

maceratese [ma·tʃe·ra·'te:·ze] I. *adj* (*di Macerata*) from Macerata II. *mf* (*abitante*) person from Macerata

macerie [ma·'tʃɛ:·rie] *fpl* rubble

machiavellico, -a [ma·kia·'vɛl·li·ko] <-ci, -che> *adj* Machiavellian

macigno [ma·'tʃiɲ·ɲo] *m* rock; **è pesante come un ~** it weighs a ton

macina [ma·'tʃi·na] *f* millstone

macinapepe [ma·tʃi·na·'pe:·pe] <-> *m* pepper mill

macinare [ma·tʃi·'na:·re] *vt* (*gener*) to grind; (*olive*) to crush

macrobiotico, -a [ma·kro·bi·'ɔ:·ti·ko] <-ci, -che> *adj* macrobiotic

macroscopico, -a [ma·kros·'kɔ:·pi·ko] <-ci, -che> *adj fig* (*differenza*) huge; (*errore*) glaring

Madonna [ma·'dɔn·na] *f* ❶ REL Madonna ❷ (*in esclamazioni*) good God!

madornale [ma·dor·'na:·le] *adj* huge

madre¹ [ma·dre] *f* ❶ (*genitrice*) mother ❷ (*suora*) Mother ❸ *fig* (*origine*) cause; **la ~ di tutte …** the mother of all …

madre² ['ma:·dre] *adj* mother; **lingua ~** mother tongue; **ragazza ~** single mother

madrelingua [ma·dre·'liŋ·gua] I. <madrelingue *o* madrilingue> *f* mother tongue; **è di ~ francese** his [*o* her] mother tongue is French II. <inv> *adj* mother tongue III. <-> *mf* (*persona*) native speaker

madrepatria [ma·dre·'pa:·tria] *f* homeland

madreperla [ma·dre·'pɛr·la] *f* mother-of-pearl

madrina [ma·'dri:·na] *f* (*di battesimo, cresima*) godmother

maestà [ma·es·'ta] <-> *f* majesty; (**Sua**) **Maestà** (His) Majesty *m*, (Her) Majesty *f*

maestoso, -a [ma·es·'to:·so] *adj* majestic

maestrale [ma·es·'tra:·le] *m* northwest wind

maestro, -a [ma·'ɛs·tro/ma·'es·tro] I. *m*, *f* ❶ (*insegnante elementare*) elementary school teacher ❷ (*di danza*) teacher; (*di sci*) instructor ❸ (*musicista*) maestro II. *adj* (*principale*) main; **strada -a** main road; **muro ~** main wall

mafia ['ma:·fia] *f* Mafia

mafioso, -a [ma·'fio:·so] I. *adj* Mafia II. *m*, *f* member of the Mafia

magari [ma·'ga:·ri] I. *interj* (*desiderio*) you bet!; (*affermazione*) certainly! II. *conj* (*desiderio, rimpianto*) if only; **~ fosse vero!** if only it was true! III. *adv* ❶ (*forse*) perhaps ❷ (*se possibile*) if possible; (*se necessario*) if necessary ❸ (*persino*) even

magazziniere, -a [ma·gad·dzi·'niɛ:·re] *m*, *f* warehouse keeper

magazzino [ma·gad·'dzi:·no] *m* ❶ (*deposito*) warehouse ❷ **grande ~** department store

maggio ['mad·dʒo] *m* May; **il primo ~** the first of May; *v.a.* **aprile**   **M**

maggiolino [mad·dʒo·'li:·no] *m* (*automobile*) Beetle

maggiorana [mad·dʒo·'ra:·na] *f* marjoram

maggioranza [mad·dʒo·'ran·tsa] *f* majority

maggiordomo [mad·dʒor·'dɔ:·mo] <-i> *m* butler

maggiore¹ [mad·dʒo·re] I. *adj comp di grande* ❶ (*comparativo: per dimensioni*) bigger [*o* biggest]; **~ di** bigger than; **il/la ~** the biggest ❷ (*per numero*) greater [*o* greatest]; **la maggior parte di** most of; (*per intensità*) greater ❸ (*per importanza*) more [*o* most] important; **le opere -i** the major works; **a maggior ragione** even more so ❹ (*per età*) older [*o* oldest]; **essere ~ di qu** (*di un anno*) to be (a year) older than sb; **la ~ età** the age of majority ❺ MUS major II. *mf* oldest

maggiore² *m* MIL major

maggiorenne [mad·dʒo·'rɛn·ne] I. *adj* of age II. *mf* adult

maggiormente [mad·dʒor·'men·te] *adv* ❶ *(di più)* more ❷ *(più di tutto)* more than anything else

magi ['ma:·dʒi] *mpl* **i** *(tre)* *(re)* ~ the Magi

magia [ma·'dʒiː·a] <-gie> *f* ❶ *(arte)* magic; ~ **bianca/nera** white/black magic ❷ *(incantesimo)* spell

magico, -a ['ma:·dʒi·ko] <-ci, -che> *adj* ❶ *(di magia)* magic; **bacchetta -a** magic wand; **formula** -a magic words *pl* ❷ *fig (straordinario, suggestivo)* magical

magistrale [ma·dʒis·'tra:·le] I. *adj (eccellente)* masterly II. *fpl* **le** -**i** secondary school which trains elementary school teachers

magistrato [ma·dʒis·'tra:·to] *m (giudice)* judge

magistratura [ma·dʒis·tra·'tuː·ra] *f* judiciary

maglia ['maʎ·ʎa] <-glie> *f* ❶ *(golf)* sweater ❷ SPORT shirt; ~ **azzurra** Italian national teams' shirt ❸ *(punto)* stitch; **lavorare a** ~ to knit ❹ *(tessuto)* jersey ❺ *(di catenina)* link

maglieria [maʎ·ʎe·'riː·a] <-ie> *f (indumenti)* knitwear

maglietta [maʎ·'ʎet·ta] *f (indumento intimo)* vest; *(indumento estivo)* T-shirt

maglione [maʎ·'ʎoː·ne] *m* sweater

magnanimo, -a [maɲ·'ɲa:·ni·mo] *adj* magnanimous

magnate [maɲ·'ɲa:·te] *m* magnate

magnesio [maɲ·'ɲɛː·zio] *m* CHIM magnesium

magnete [maɲ·'ɲɛː·te] *m* magnet

magnetico, -a [maɲ·'ɲɛː·ti·ko] <-ci, -che> *adj* a. *fig* FIS magnetic

magnifico, -a [maɲ·'ɲiː·fi·ko] <-ci, -che> *adj (gioiello, casa)* magnificent; *(interpretazione, spettacolo)* wonderful; *(idea, serata, giornata)* marvellous

magnolia [maɲ·'ɲɔː·lia] <-ie> *f* magnolia

mago, -a ['ma:·go] <-ghi, -ghe> *m, f* ❶ *(indovino)* fortune-teller ❷ *(nelle fiabe)* wizard; **il** ~ **Merlino** Merlin the

wizard ❸ *(illusionista)* magician ❹ *fig (persona abile)* wizard

magro, -a¹ ['ma:·gro] *adj* ❶ *(gener)* thin; ~ **come un chiodo** [*o* **uno stecco**] thin as a rail ❷ *(alimento)* low-fat

magro, -a² *m, f* ❶ *(persona)* thin person ❷ *sing (parte magra)* lean part

mah [ma:] *interj* ❶ *(dubbio, incertezza)* well ❷ *(rassegnazione, disapprovazione)* huh

mai ['ma:·i] *adv* ❶ never; **non mi saluta** ~ he [*o* she] never says hello to me; ~ **più** never again; **più che** ~ more than ever ❷ *(in interrogative)* ever; **sei** ~ **stato a Venezia?** have you ever been to Venice?; **come** ~ **sei ancora qui?** why ever are you still here?

maiale [ma·'ia:·le] *m* ❶ *(animale)* a. *fig* pig ❷ *(carne)* pork

maionese [ma·io·'neː·se] *f* mayonnaise

mais ['ma:·is] <-> *m (cereale)* corn; *(chicchi)* sweetcorn

maiuscola [ma·'ius·ko·la] *f* capital (letter)

maiuscolo, -a¹ [ma·'ius·ko·lo] *adj* capital

maiuscolo² *m* capital letters *pl*

mal [mal] *m v.* **male²**

malafede [ma·la·'feː·de] <malefedi> *f (slealtà)* bad faith; **in** ~ in bad faith

malandato, -a [ma·lan·'da:·to] *adj* ❶ *(indumento)* shabby; *(edificio, veicolo)* dilapidated ❷ *(persona: trasandato)* in a bad way

malapena [ma·la·'peː·na] *f* **a** ~ only just

malaria [ma·'la:·ria] <-ie> *f* malaria

malasanità [ma·la·sa·ni·'ta] <-> *f* medical malpractice

malato, -a [ma·'la:·to] I. *adj (persona, animale)* ill; *(pianta)* diseased; **essere** ~ **di qc** to suffer from sth; ~ **di mente** mentally ill II. *m, f (persona malata)* ill person; *(in ospedale)* patient; ~ **terminale** terminally ill person [*o* patient]

malattia [ma·lat·'tiː·a] <-ie> *f (di persona, animale)* illness; *(di pianta)* disease; **prendersi una** ~ to catch an illness; **essere/mettersi in** ~ to be/go on sick leave

malavita [ma·la·'vi:·ta] *f* ❶ (*delinquenza*) crime ❷ (*insieme di persone*) underworld; ~ **organizzata** organized crime

malcapitato, -a [mal·ka·pi·'ta:·to] I. *adj* unlucky II. *m, f* unlucky person

malconcio, -a [mal·'kon·tʃo] <-ci, -ce> *adj* (*persona, abito*) worse for wear; (*libro*) battered

malcostume [mal·kos·'tu:·me] *m* corruption

maldestro, -a [mal·'dɛs·tro] *adj* clumsy

maldicenza [mal·di·'tʃɛn·tsa] *f* gossip

maldisposto, -a [mal·dis·'pos·to] *adj* hostile; **essere ~ verso qu** to be hostile towards sb

male¹ ['ma:·le] <peggio, malissimo> *adv* ❶ (*in modo insoddisfacente*) badly; **andare ~** to go badly; **comportarsi ~** to behave badly; **vestire ~** to dress badly ❷ (*in modo malevolo*) badly; **parlare/pensare ~ di qu** to talk/think badly of sb; **rispondere ~ a qu** to answer sb rudely ❸ (*in cattiva salute*) ill; **sentirsi/stare ~** to feel/be ill ❹ (*a disagio*) uneasy; **rimanere/restare ~** to feel let down ❺ (*in modo imperfetto*) badly; **funzionare ~** to not work properly; **riuscire** [*o* **venire**] **~** to not turn out well; **la foto è venuta ~** the photo hasn't come out well; **quel vestito ti sta ~** you look awful in that dress ❻ (*loc*) **niente ~** not bad; **non è ~** it's not bad; **hai fatto ~ a non farlo!** you were wrong not to do it!

male² *m* ❶ (*in senso morale*) evil ❷ (*danno, svantaggio*) bad thing; **andare a ~** (*cibo*) to go off; **non c'è ~** not bad; **non c'è nulla di ~** it's pretty good ❸ (*sofferenza*) pain; **fare** (**del**) **~ a qu** to hurt sb ❹ (*malattia*) illness; **un brutto ~** cancer; **mal di denti** toothache; **mal di gola** a sore throat; **mal di pancia/stomaco** stomachache; **mal di schiena** backache; **mal di testa** a headache; **mal d'aria** [*o* **d'aereo**] air sickness; **mal d'auto** car sickness; **mal di mare** seasickness

maledetto [ma·le·'det·to] I. *pp di* **maledire** II. *adj* ❶ (*segnato da maledizione*) cursed ❷ (*causa di sventura, detestabile*) damned ❸ *inf* (*fame, caldo*) incredible; **ho una sete -a** I'm incredibly thirsty

maledire [ma·le·'di:·re] <irr> *vt* to curse

maledizione [ma·le·dit·'tsio:·ne] I. *f* curse II. *interj* damn

maleducato, -a [ma·le·du·'ka:·to] I. *adj* rude II. *m, f* rude person

maleducazione [ma·le·du·kat·'tsio:·ne] *f* bad manners *pl*

malessere [ma·ˣlɛs·se·re] *m* ❶ (*malore*) ailment ❷ (*disagio*) uneasiness

malfamato, -a [mal·fa·'ma:·to] *adj* rough

malformazione [mal·for·mat·'tsio:·ne] *f* MED malformation

malgrado [mal·'gra:·do] I. *prep* in spite of; **mio/tuo ~** against my/your will II. *conj* + *conj* even though

M

malignità [ma·liɲ·ɲi·'ta] <-> *f* ❶ (*caratteristica*) malice ❷ (*parola*) malicious remark; (*pensiero*) malicious thought

maligno, -a [ma·'liɲ·ɲo] *adj* ❶ (*spirito, persona*) evil ❷ (*pensiero, voce*) malicious ❸ (*tumore*) malignant

malinconia [ma·liŋ·ko·'ni:·a] <-ie> *f* melancholy

malinconico, -a [ma·liŋ·'kɔ:·ni·ko] <-ci, -che> *adj* ❶ (*persona, carattere, sguardo*) melancholy ❷ (*ricordo, musica*) sad

malincuore [ma·liŋ·'kuɔ:·re] *m* **a ~** unwillingly

malintenzionato, -a [mal·in·ten·tsio·'na:·to] I. *adj* up to something II. *m, f* suspicious character

malinteso [mal·in·'te:·so] *m* misunderstanding

malissimo [ma·'lis·si·mo] *adv superlativo di* **male¹**

malizia [ma·'lit·tsia] <-ie> *f* ❶ (*cattiveria*) malice ❷ (*allusività*) cunning

malizioso, -a [ma·lit·'tsio:·so] *adj* ❶ (*al*

lusivo) cunning ② (*birichino*) mischievous

malleolo [mal·'lɛː·o·lo] *m* ANAT malleolus

malnutrito, -a [mal·nu·'tri:·to] *adj* malnourished

malocchio [ma·'lɔk·kio] *m* evil eye

malore [ma·'lo:·re] *m* sudden illness; **essere colto da ~** to be suddenly taken ill

malridotto, -a [mal·ri·'dot·to] *adj* ① (*abito, casa, libro*) in a sorry state ② (*persona*) in a bad way

malsano, -a [mal·'sa:·no] *adj* ① (*clima, luogo, aspetto*) unhealthy ② (*idea, pensiero*) unwholesome

Malta ['mal·ta] *f* Malta

maltempo [mal·'tɛm·po] *m* bad weather

malto ['mal·to] *m* malt

maltrattamento [mal·trat·ta·'men·to] *m* ill-treatment

maltrattare [mal·trat·'ta:·re] *vt* to mistreat

malumore [ma·lu·'mo:·re] *m* ① (*cattivo umore*) bad mood; **di ~** in a bad mood ② (*rancore, scontento*) ill feeling

malva ['mal·va] I. *f* (*pianta*) mallow II. <-> *m* (*colore*) mauve III. <inv> *adj* (*colore*) mauve

malvagio, -a [mal·'va:·dʒo] <-gi, -gie> I. *adj* ① (*gener*) wicked ② *inf* (*pessimo*) terrible; **non è un'idea -gia** it's not a bad idea II. *m, f* wicked person

malvagità [mal·va·dʒi·'ta] <-> *f* ① (*inclinazione*) wickedness ② (*atto*) wicked deed

malvivente [mal·vi·'vɛn·te] *mf* crook

malvolentieri [mal·vo·len·'tiɛ:·ri] *adv* unwillingly

mamma¹ ['mam·ma] *f inf* mom

mamma² *interj* heavens; **~ mia!** good heavens!

mammella [mam·'mɛl·la] *f* ANAT breast

mammifero [mam·'mi:·fe·ro] *m* mammal

mammografia [mam·mo·gra·'fi:·a] *f* MED mammogram

manageriale [ma·na·dʒe·'ria:·le] *adj* managerial

mancanza [maŋ·'kan·tsa] *f* ① (*carenza*) lack; **~ di qc** lack of sth; **in ~ di** if there is [*o* are] no; **in ~ di meglio** if there's nothing better ② (*assenza*) absence; **sentire la ~ di qu** to miss sb

mancare [maŋ·'ka:·re] I. *vi* ① *essere* (*non esserci, non bastare*) to be lacking; (*acqua, corrente, luce*) to go off ② *essere* (*essere assente*) to not be there; (*provocare nostalgia*) to miss; **ti sono mancato?** did you miss me? ③ *essere* (*distare*) to be ④ *essere* (*forze*) **mi manca il fiato** I'm out of breath; **mi sono mancate le forze** my strength failed ⑤ *essere* (*svenire*) to faint; **sentirsi ~** to feel faint ⑥ *avere* (*essere privo*) **~ di qc** to be lacking in sth II. *vt avere* ① (*bersaglio, colpo, palla*) to miss ② (*occasione, opportunità*) to miss ③ (*omettere*) **non ~ di ...** +*inf* to not fail to ...; **non mancherò!** I certainly will!

mancato, -a [maŋ·'ka:·to] *adj* ① (*pagamento, funzionamento*) non-; **il ~ arrivo** the non-arrival; (*colpo, goal, obbiettivo*) missed; (*tentativo, accordo, film, libro*) unsuccessful; (*occasione*) wasted ② (*attore, cantante, pittore*) manqué

mancia ['man·tʃa] <-ce> *f* tip

mancino, -a [man·'tʃi:·no] I. *adj* left-handed; **essere ~** to be left-handed II. *m, f* (*persona*) left-handed person

mandante [man·'dan·te] *mf* (*di delitto*) instigator

mandarancio [man·da·'ran·tʃo] <-ci> *m* clementine

mandare [man·'da:·re] *vt* ① (*persona*) to send; (*a sede, ufficio*) to post; **~ a chiamare qu** to summons sb; **~ qu a prendere qc/qu** to send sb to get sth/sb; **~ via qu** to send sb away ② (*lettera, pacco, fiori*) to send ③ (*luce, fumo, odore*) to give off; (*grido, verso*) to let out ④ (*loc*) **~ avanti qu** to send sb on; **~ avanti qc** (*famiglia, azienda*) to keep sth going; **~ avanti/indietro** (*cassetta,* *nastro*) to forward/rewind; **~ giù qc** (*cibo*) to swallow

mandarino [man·da·'ri:·no] *m* mandarin

mandato [man·'da:·to] *m* ❶ (*incarico*) job; **agire su ~ di qu** to act on sb's orders ❷ GIUR warrant; **~ di arresto/cattura** arrest warrant

mandibola [man·'di:·bo·la] *f* ANAT jaw

mandolino [man·do·'li:·no] *m* mandolin

mandorla ['man·dor·la] *f* almond; **olio di -e** almond oil; **occhi a ~** almond-shaped eyes

mandorlo ['man·dor·lo] *m* almond tree

mandria ['mand·ria] <-ie> *f* herd

maneggevole [ma·ned·'dʒe:·vo·le] *adj* easy to handle

maneggiare [ma·ned·'dʒa:·re] *vt* to handle; **~ con cura** handle with care

manesco, -a [ma·'nes·ko] <-schi, -sche> I. *adj* aggressive II. *m, f* agressive type

manetta [ma·'net·ta] *f* ❶ (*manopola*) lever ❷ *pl* (*per polsi*) handcuffs *pl*; **mettere le -e a qu** to handcuff sb

manganello [maŋ·ga·'nɛl·lo] *m* billy club

mangia-e-bevi [man·dʒa·e·'be:·vi] <-> *m* ice cream sundae

mangiare¹ [man·'dʒa:·re] I. *vt* ❶ (*ingerire*) to eat; **dare da ~ qc a qu** to give sb sth to eat; **fare da ~** to get some food ready ❷ (*nei giochi*) to take II. *vr:* **-rsi** to eat; **-rsi il fegato** *fig* to be consumed with rage; **-rsi le mani** *fig* to really regret; **-rsi la parola** *fig* to not keep one's word; **-rsi le parole** *fig* to mumble; **-rsi le unghie** to bite one's nails

mangiare² *m* food

mangiata [man·'dʒa:·ta] *f* **farsi una bella ~ di qc** to stuff oneself with sth

mania [ma·'ni:·a] <-ie> *f* mania; **avere la ~ dell'ordine** to be obsessively tidy; **~ di grandezza** delusions of grandeur *pl*; **~ di persecuzione** persecution complex

maniaco, -a [ma·'ni:·a·ko] <-ci, -che> *m, f* ❶ (*squilibrato*) maniac;

~ sessuale sex maniac ❷ (*fanatico*) fanatic

manica ['ma:·ni·ka] <-che> *f* sleeve; **a -che corte/lunghe** short/long-sleeved; **a mezze -che** short-sleeved; **senza -che** sleeveless; **rimboccarsi le -che** *a. fig* to roll one's sleeves up

Manica ['ma:·ni·ka] *f* **la Manica** the English Channel; **il canale della Manica** the English Channel

manichino [ma·ni·'ki:·no] *m* dummy

manico ['ma:·ni·ko] <-chi *o* -ci> *m* handle

manicomio [ma·ni·'kɔ:·mio] <-i> *m* mental hospital

manicure [ma·ni·'ku:·re, ma·ni·'ku:r] <-> *mf* ❶ (*persona*) manicurist ❷ (*trattamento*) manicure

maniera [ma·'niɛ:·ra] *f* ❶ (*modo*) way ❷ (*stile*) style; **alla ~ di qu** in the style of sb ❸ *pl* (*comportamento, modo di fare*) manners *pl*

manifestante [ma·ni·fes·'tan·te] *mf* demonstrator

manifestare [ma·ni·fes·'ta:·re] I. *vt* ❶ (*esprimere*) to express ❷ (*mostrare*) to show II. *vi* (*protestare*) to demonstrate III. *vr:* **-rsi** (*rivelarsi*) to show oneself

manifestazione [ma·ni·fes·tat·'tsio:·ne] *f* ❶ (*di affetto, gioia*) display ❷ (*di malattia, fenomeno*) sign ❸ (*di protesta, appoggio*) demonstration ❹ (*artistica, sportiva*) event

manifesto *m* ❶ (*gener*) poster ❷ (*programma*) manifesto

maniglia [ma·'niʎ·ʎa] <-glie> *f* handle

manipolare [ma·ni·po·'la:·re] *vt* ❶ (*lavorare: cera, creta*) to work; (*mescolare: pasta*) to mix ❷ (*alterare: vino, alimento*) to adulterate ❸ *fig* (*notizia, risultato, idea, opinione*) to manipulate

manipolazione [ma·ni·po·lat·'tsio:·ne] *f* ❶ (*lavorazione*) working; (*mescolazione*) mixing ❷ (*alterazione*) adulteration ❸ *fig* manipulation

mannaro [man·'na:·ro] *adj* **lupo ~** *inf* werewolf

mano ['ma:·no] *f* ❶ (*estremità*) hand;

M

a ~ by hand; **alla ~** (*persona*) easy-going; **avere qc per le -i** to have sth on the go; **dare** [*o* **stringere**] **la ~ a qu** to shake sb's hand; **dare una ~ a qu** to lend sb a hand; **~ nella ~** hand in hand; **a -i vuote** empty handed; **di seconda ~** second-hand ② (*di vernice, smalto*) coat ③ (*nel gioco*) hand ④ (*nella guida*) side; **andare contro ~** to go against traffic

manomesso *pp di* **manomettere**

manomettere [ma·no·'met·te·re] <irr> *vt* ① (*prove, documento, lettera*) to tamper with ② (*serratura*) to force

manoscritto, -a [ma·nos·'krit·to] *adj* handwritten

manovale [ma·no·'va:·le] *m* worker

manovra [ma·'nɔ:·v·ra] *f* ① (*di macchinario, veicolo*) maneuver; **~ di atterraggio/di decollo** landing/take-off; **fare ~** to maneuver ② MIL maneuver ③ *fig* (*intrigo*) scheme ④ POL measure

manovrare [ma·no·'vra:·re] *vt* ① (*dispositivo, macchinario*) to maneuver ② *fig* (*persona, situazione*) to manipulate ③ MIL to maneuver

mansarda [man·'sar·da] *f* attic

mansueto, -a [man·su·'ɛ:·to] *adj* (*animale*) docile; (*persona, sguardo*) meek

mantello [man·'tɛl·lo] *m* ① (*indumento*) cloak ② (*pelo*) coat

mantenere [man·te·'ne:·re] <irr> I. *vt* ① (*disciplina, calma, ordine*) to keep ② (*in vita, funzione*) to keep; **~ giovane** to keep young ③ (*impegno, promessa, segreto*) to keep ④ (*figli, famiglia*) to support; (*casa, auto*) to maintain II. *vr*: **-rsi** ① (*conservarsi*) to keep ② (*sostentarsi*) to support oneself

Mantova ['man·to·va] *f* Mantua, *a city in the Lombardy region*

mantovano[1] [man·to·'va:·no] <*sing*> *m* (*dialetto*) Mantuan dialect

mantovano, -a[2] I. *adj* (*di Mantova*) from Mantua II. *m, f* (*abitante*) person from Mantua

manuale[1] [ma·nu·'a:·le] *adj* ① (*lavoro, attività, comando*) manual ② (*orologio*) hand-wound

manuale[2] *m* ① (*di cucina, giardinaggio*) manual; **~ di istruzioni** instruction booklet ② (*scolastico*) textbook

manubrio [ma·'nu:·bri·o] <-i> *m* ① (*di bicicletta, moto*) handlebars *pl* ② SPORT dumbbell

manufatto [ma·nu·'fat·to] *m* hand-made article

manutenzione [ma·nu·ten·'tsio:·ne] *f* maintenance

manzo ['man·dzo] *m* ① (*bovino*) steer ② (*carne*) beef

mappamondo [map·pa·'mon·do] *m* globe

maquillage [ma·ki·'ja:ʒ] <-> *m* make-up

maratona [ma·ra·'to:·na] *f a. fig* marathon

marca ['mar·ka] <-che> *f* ① (*marchio*) brand name ② (*produttore, ditta*) brand; **di ~** brand-name ③ (*contrassegno*) stamp; **~ da bollo** revenue stamp

marcare [mar·'ka:·re] *vt* ① (*linea, contorno, accento*) to highlight ② SPORT (*rete*) to score; (*avversario*) to mark

marcato, -a [mar·'ka:·to] *adj* (*lineamenti, tratti, accento*) pronounced

marcatore, -trice [mar·ka·'to:·re] *m, f* SPORT (*di gol*) scorer; (*di avversario*) marker

Marche ['mar·ke] *fpl* **le ~** the Marches

marchese, -a [mar·'ke:·ze] *m, f* (*nobile*) marquis *m*, marquess *f*

marchiare [mar·'kia:·re] *vt* ① (*oggetto*) to mark; (*bestiame*) to brand ② *fig* (*persona*) to brand

marchigiano, -a I. *adj* (*delle Marche*) from the Marches II. *m, f* (*abitante*) person from the Marches

marchio ['mar·kio] <-chi> *m* ① (*su oggetto, prodotto*) brand symbol; **~ di fabbrica** trademark; **~ di qualità** seal of quality; **~ registrato** registered trademark ② (*su animali*) brand

marcia ['mar·tʃa] <-ce> *f* ① (*passo, camminata*) march; **mettersi in ~** to get going; **~ forzata** MIL forced march ② SPORT walk ③ (*corteo*) march ④ MUS march ⑤ (*di veicolo*) gear; **andare a ~**

M

indietro [*o* **in retromarcia**] to reverse; **fare ~ indietro** *fig* to change one's mind

marciapiede [mar·tʃa·ˈpiɛː·de] *m* ❶ (*di strada*) sidewalk ❷ (*di stazione ferroviaria*) platform

marciare [mar·ˈtʃaː·re] *vi* ❶ *a. fig* to march ❷ SPORT to walk ❸ (*veicolo*) to go ❹ (*motore, meccanismo*) to work

marcio, -a¹ [ˈmar·tʃo] <-ci, -ce> *adj* ❶ (*cibo, legno, muro*) rotten ❷ *fig* (*società, ambiente*) corrupt; **avere torto ~** to be completely wrong

marcio² <*sing*> *m* ❶ (*di cibo*) rotten part; (*odore*) bad smell; (*sapore*) bad taste ❷ *fig* (*corruzione*) rot

marcire [mar·ˈtʃiː·re] <marcisco> *vi* essere ❶ (*cibo*) to go off ❷ (*legno, carta*) to become moldy ❸ *fig* (*nell'ozio, in prigione, casa*) to rot away

marco [ˈmar·ko] <-chi> *m* (*moneta*) mark

mare [ˈmaː·re] *m* ❶ (*massa d'acqua*) sea; **in alto ~** in [*o* on] the open sea; **andare al ~** to go to the seaside ❷ *fig* (*grande quantità*) load

marea [ma·ˈrɛː·a] <-ee> *f* ❶ GEOG tide; **alta/bassa ~** high/low tide ❷ (*di fango*) river ❸ *fig* (*grande quantità*) load

mareggiata [ma·red·ˈdʒaː·ta] *f* sea storm

maremoto [ma·re·ˈmɔː·to] *m* GEOG tsunami

maresciallo [ma·reʃ·ˈʃal·lo] *m* warrant officer

margarina [mar·ga·ˈriː·na] *f* margarine

margherita [mar·ge·ˈriː·ta] *f* ❶ (*fiore*) daisy ❷ CULIN (**pizza**) ~ pizza with tomato paste and mozzarella cheese ❸ POL **la Margherita** Italian center-left political party

marginale [mar·dʒi·ˈnaː·le] *adj* marginal

margine [ˈmar·dʒi·ne] *m* ❶ (*di strada, fiume, bosco*) edge ❷ (*di società, legalità*) fringe ❸ (*di foglio*) margin; **a ~ in the margin** ❹ (*di guadagno, tempo,*

azione) margin; ~ **di errore** margin of error; ~ **di sicurezza** safety margin

marina¹ [ma·ˈriː·na] *f* (*flotta*) navy; ~ **mercantile** merchant marine; ~ **militare** U.S. Navy

marina² [ma·ˈriː·na] *m e f* (*porticciolo*) marina

marinaio [ma·ri·ˈnaː·io] <-ai> *m* sailor

marinare [ma·ri·ˈnaː·re] *vt* ❶ CULIN to marinate ❷ (*loc*) ~ **la scuola** *fig, inf* to play hooky

marinaro, -a [ma·ri·ˈnaː·ro] *adj* (*di mare*) seafaring; **repubbliche -e** maritime republics; **borgo ~** coastal village

marino, -a [ma·ˈriː·no] *adj* (*del mare*) marine

marionetta [ma·rio·ˈnet·ta] *f a. fig* puppet

marito [ma·ˈriː·to] *m* husband

marittimo, -a¹ [ma·ˈrit·ti·mo] **I.** *adj* (*città, stazione*) seaside; (*attività, trasporto*) maritime; (*clima*) coastal **II.** *m, f* (*persona*) maritime worker

marittimo² *m* (*marinaio*) seaman

marketing [ˈmaː·ki·tiŋ/ˈmar·ke·ting] <-> *m* marketing

marmellata [mar·mel·ˈlaː·ta] *f* jam; (*di arance*) marmalade

marmitta [mar·ˈmit·ta] *f* AUTO muffler; ~ **catalitica** catalytic converter

marmo [ˈmar·mo] *m* marble

marmoreo, -a [mar·ˈmɔː·reo] <-ei, -ee> *adj* marble

marocchino, -a [ma·rok·ˈkiː·no] *adj, m, f* Moroccan

Marocco [ma·ˈrɔk·ko] *m* Morocco; **il ~** Morocco

marrone¹ <inv *o* -i> *adj* brown

marrone² [mar·ˈroː·ne] *m* ❶ (*castagna*) chestnut ❷ (*colore*) brown

marsala [mar·ˈsaː·la] <-> *m* Marsala

marsupio [mar·ˈsuː·pio] <-i> *m* ❶ ZOO pouch ❷ (*per neonati*) baby sling ❸ (*borsello*) fanny pack ❹ (*tasca*) front pocket

Marte [ˈmar·te] <-> *m* Mars

martedì [mar·te·ˈdi] <-> *m* Tuesday; ~ **grasso** Shrove Tuesday; *v.a.* **domenica**

M

martellare [mar·tel·'la:·re] I. *vt* ⓐ (*con martello*) to hammer ⓑ (*con pugni*) to beat ⓒ *fig* (*con domande, richieste*) to bombard; **~ qu di domande** to bombard sb with questions II. *vi* (*cuore, sangue, tempie*) to throb

martellata [mar·tel·'la:·ta] *f* (*colpo*) hammer blow; **darsi una ~ sulle dita** to hit one's fingers with a hammer

martello [mar·'tɛl·lo] *m* (*attrezzo*) *a.* SPORT hammer; **~ pneumatico** pneumatic drill

martire ['mar·ti·re] *mf a. fig* martyr; **fare il ~** to play the martyr

martirio [mar·'ti:·rio] <-i> *m* (*per fede, ideale*) martyrdom

marxismo [mark·'siz·mo] *m* Marxism

marxista [mark·'sis·ta] <-i *m*, -e *f*> *adj, mf* Marxist

marzapane [mar·tsa·'pa:·ne] *m* marzipan

marziano, -a [mar·'tsia:·no] *adj, m, f* Martian

marzo ['mar·tso] *m* March; *v.a.* **aprile**

mascalzone [mas·kal·'tso:·ne] *m* rogue

mascella [maʃ·'ʃɛl·la] *f* ANAT jaw

maschera ['mas·ke·ra] *f* ⓐ (*finto volto*) mask ⓑ (*costume*) fancy dress; **essere/mettersi in ~** to be in/put on fancy dress ⓒ (*persona*) masked person ⓓ *fig* mask ⓔ (*dispositivo*) mask; **~ antigas** gas mask; **~ a ossigeno** oxygen mask; **~ subacquea** diving mask; **~ di bellezza** face pack ⓕ (*al cinema*) usher *m*, usherette *f*

mascherare [mas·ke·'ra:·re] I. *vt* ⓐ (*viso*) to mask; (*persona*) to dress up; **~ qu da qu/qc** to dress sb up as sb/sth ⓑ *fig* (*sentimento*) to mask II. *vr* **-rsi da qu/qc** to dress up as sb/sth

mascherata [mas·ke·'ra:·ta] *f* (*sfilata, festa*) masquerade

mascherato, -a [mas·ke·'ra:·to] *adj* ⓐ (*volto*) masked ⓑ (*persona*) dressed-up ⓒ (*ballo, corso*) fancy dress

mascherina [mas·ke·'ri:·na] *f* ⓐ (*mezza maschera*) half mask ⓑ (*per proteggersi*) mask ⓒ (*per disegnare, verniciare*) mask

maschile [mas·'ki:·le] I. *adj* ⓐ (*sesso*) male; (*voce, aspetto*) masculine ⓑ (*per uomini*) men's; (*per ragazzi*) boy's ⓒ LING masculine II. *m* LING masculine

maschilismo [mas·ki·'liz·mo] *m* male chauvinism

maschilista [mas·ki·'lis·ta] <-i *m*, -e *f*> *adj, mf* male chauvinist

maschio¹ ['mas·kio] <-schi> *adj* ⓐ BIO male ⓑ (*voce, carattere*) masculine

maschio² *m* ⓐ BIO male; (*ragazzo*) boy; (*uomo*) man ⓑ TEC male

mascolino, -a [mas·ko·'li:·no] *adj* masculine

masochismo [ma·zo·'kiz·mo] *m* masochism

masochista [ma·zo·'kis·ta] <-i *m*, -e *f*> I. *adj* masochistic II. *mf* (*persona*) masochist

massa ['mas·sa] *f* ⓐ (*di terra, aria*) mass; (*di acqua*) body ⓑ *a. fig* (*di pietre, legna, errori*) pile ⓒ (*di gente*) crowd; **di ~** (*cultura*) mass; **in ~** en masse ⓓ FIS mass ⓔ EL earth

Massa ['mas·sa] *f* Massa, *a city in Tuscany*

massacrante [mas·sa·'kran·te] *adj* (*corsa, fatica, viaggio*) exhausting

massacrare [mas·sa·'kra:·re] *vt* ⓐ (*trucidare*) to massacre ⓑ (*malmenare*) to pulverize ⓒ *fig* (*rovinare*) to ruin ⓓ (*stancare*) to murder

massacro [mas·'sa:·kro] *m* ⓐ (*strage*) massacre ⓑ *fig* (*disastro*) disaster

massaggiare [mas·sad·'dʒa:·re] *vt* to massage

massaggiatore, -trice [mas·sad·dʒa·'to:·re] *m, f* masseur *m*, masseuse *f*

massaggio [mas·'sad·dʒo] <-ggi> *m* massage; **~ cardiaco** heart massage

massaia [mas·'sa:·ia] <-aie> *f* housewife

massiccio, -a¹ [mas·'sit·tʃo] <-cci, -cce> *adj* ⓐ (*oro, legno*) solid; (*edificio*) massive ⓑ (*persona, corporatura*) massive ⓒ *fig* (*intervento*) huge; (*opera*) massive

massiccio² <-cci> *m* GEOG massif

massificazione [mas·si·fi·kat'tsio:·ne] *f (di idee, cultura)* homogenization

massima ['mas·si·ma] *f* ❶ *(principio)* maxim; **di ~** general; **in linea di ~** on the whole ❷ *(motto)* saying ❸ *(temperatura)* maximum temperature ❹ MED *(pressione)* highest level of blood pressure

massimale [mas·si·ma:·le] *m (di assicurazione)* maximum liability

massimalista [mas·si·ma·'lis·ta] <-i *m*, -e *f*> *adj, mf* maximalist

massimizzare [mas·si·mid·'dza:·re] *vt* ECON *(rendimento, profitto)* to maximize

massimo, -a¹ ['mas·si·mo] I. *adj superl di* **grande** ❶ *(il più grande)* biggest ❷ *(altezza, temperatura, velocità)* maximum; **tempo ~** time limit; **campionato dei pesi -i** heavyweight championship ❸ *(risultato, vantaggio)* best ❹ *(attenzione, importanza, stima)* greatest II. *adv (negli annunci)* max

massimo² *m* ❶ *(il grado più alto)* maximum; **al ~** *(al grado più alto)* on maximum ❷ *(tutt'al più)* at the outside; **sfruttare qc al ~** to make full use of sth ❸ *(il meglio)* best

mass media [mɛs 'mi:·djə/mas 'mɛ·dja] *mpl* mass media

masso ['mas·so] *m (sasso)* rock; **caduta -i** falling rocks

massone [mas·'so:·ne] *m* freemason

massoneria [mas·so·ne·'ri:·a] <-ie> *f* freemasonry

massonico, -a [mas·'sɔ:·ni·ko] <-ci, -che> *adj* masonic

mastello [mas·'tɛl·lo] *m (per uva)* vat; *(per il bucato)* tub

master ['ma:s·tə/'ma:s·ter] *m (corso)* masters (degree); **~ in economia aziendale** masters (degree) in business administration

masterizzare [mas·te·rid·'dza:·re] *vt* COMPUT to burn

masterizzatore [mas·te·rid·dza·'to:·re] *m* COMPUT CD burner

masticare [mas·ti·'ka:·re] *vt* ❶ *(cibo)* to chew ❷ *fig (conoscere poco)* **~ qc** to know a little bit of sth

masticazione [mas·ti·kat'tsio:·ne] *f* chewing

mastice ['mas·ti·tʃe] *m* mastic

mastino [mas·'ti:·no] *m (cane)* mastiff

mastodontico, -a [mas·to·'dɔn·ti·ko] <-ci, -che> *adj (costruzione, diga)* gigantic; *inf (cappello, sciocchezza)* huge

masturbarsi [mas·tur·'bar·si] *vr* to masturbate

masturbazione [mas·tur·bat'tsio:·ne] *f* masturbation

matassa [ma·'tas·sa] *f (di lana)* skein; *(di cotone)* hank

matematica [ma·te·'ma:·ti·ka] <-che> *f* mathematics

matematicamente [ma·te·ma·ti·ka·'men·te] *adv (assolutamente)* one hundred percent

matematico, -a [ma·te·'ma:·ti·ko] <-ci, -che> I. *adj* ❶ *(calcolo, principio, regola)* mathematical ❷ *(certezza, evidenza)* absolute II. *m, f (studioso)* mathematician

Matera *f* Matera, *a city in the Basilicata region*

materassino [ma·te·ras·'si:·no] *m* ❷ *(da ginnastica)* mat ❷ *(da spiaggia, tenda)* inflatable mattress

materasso [ma·te·'ras·so] *m (da letto)* mattress; **~ in lattice** latex mattress; **~ a molle** spring mattress

materia [ma·'tɛ:·ria] <-ie> *f* ❶ *(sostanza)* material; **~ grigia** BIO, ANAT gray matter; *scherz (intelligenza)* little gray cells; **-ie prime** raw materials ❷ *(argomento, disciplina)* subject; **in ~** on the subject

materiale¹ [ma·te·'ria:·le] *adj* ❶ *(aiuto, bisogno)* material ❷ *(tempo, possibilità)* necessary ❸ *(persona)* materialistic

materiale² *m* ❶ *(sostanza, documenti)* material ❷ *(strumenti)* equipment; **~ chirurgico** surgical equipment

materialismo [ma·te·ria·'liz·mo] *m* materialism

M

materialista [ma·te·ria·'lis·ta] <-i *m*, -e *f*> *mf* materialist

materialmente [ma·te·rial·'men·te] *adv* ①(*concretamente*) materially ②(*oggettivamente*) **essere ~ impossibile** to be absolutely impossible

maternità [ma·ter·ni·'ta] <-> *f* ①(*condizione*) motherhood ②(*reparto*) maternity ③(*congedo*) maternity leave; **essere/entrare** [*o* **mettersi**] **in ~** to be/go on maternity leave

materno, -a [ma·'tεr·no] *adj* ①(*latte, istinto*) maternal; **scuola -a** nursery school ②(*parente, eredità*) mother's

matita [ma·'ti·ta] *f* pencil

matrice [ma·'tri·tʃe] *f* ①*fig* (*fonte*) origin ②(*originale*) matrix ③(*di assegno, biglietto*) counterfoil ④MATH matrix

matricola [ma·'tri·ko·la] *f* ①(*registro*) register ②(*numero*) registration number ③(*studente*) freshman

matrigna [ma·'triɲ·ɲa] *f* stepmother

matrimoniale[1] [ma·tri·mo·'nia·le] *adj* ①(*cerimonia*) wedding; (*vita*) married ②(*lenzuolo, letto*) double; **camera ~** double room

matrimoniale[2] *f* (*camera*) double room

matrimonio [mat·ri·'mɔ·nio] <-i> *m* ①(*unione*) marriage ②(*cerimonia*) wedding

mattina [mat·'ti·na] *f* morning; **di/la ~** in the morning; **di prima ~** early in the morning; **ieri/domani ~** yesterday/tomorrow morning; **lunedì ~** Monday morning

mattinata [mat·ti·'na:·ta] *f* (*mattina*) morning; **in ~** in the morning

mattiniero, -a [mat·ti·'niε:·ro] *adj* **essere ~** to be an early bird

mattino [mat·'ti:·no] *m* morning; **al ~** in the morning; **di buon ~** early in the morning

matto, -a ['mat·to] I. *adj* ①(*malato*) mad; **andare ~ per qc** to be crazy about sth; **sei ~/siamo -i?** are you/we insane? ②(*bizzarro*) crazy ③*fig* (*voglia, paura*) incredible ④(*negli scacchi*) **scacco ~** checkmate II. *m, f* madman *m*, madwoman *f*; **da -i** really

mattone [mat·'to:·ne] *m* ①(*da costruzione*) brick ②*fig* (*libro, film*) bore ③*fig* (*cibo*) lead weight

mattonella[mat·to·'nεl·la] *f* tile

mattutino, -a *adj* morning

maturando, -a [ma·tu·'ran·do] *m, f* student taking high school final exams

maturare [ma·tu·'ra:·re] I. *vi* **essere** ①(*frutto*) to ripen; (*vino, formaggio*) to mature ②*fig* (*persona*) to grow up ③ECON (*interesse, dividendo*) to mature II. *vt avere* (*idea, proposito*) to develop; **~ una decisione** to come to a decision

maturità [ma·tu·ri·'ta] <-> *f* ①(*età adulta*) maturity ②(*consapevolezza*) maturity ③(*diploma*) high school exit exam; **esame di ~** high school exit exam

maturo, -a [ma·'tu:·ro] *adj* ①(*frutto*) ripe; (*vino*) mature ②(*adulto*) mature ③*fig* (*consapevole*) mature

maxischermo [mak·si·'sker·mo] *m* giant screen

mazza ['mat·tsa] *f* ①(*bastone*) club ②(*martello*) sledgehammer ③SPORT **~ da baseball** baseball bat; **~ da golf** golf club

mazzo ['mat·tso] *m* ①(*di fiori, erbe, chiavi,*) bunch ②(*di funi, documenti, matite*) bundle ③(*di carte da gioco*) pack

me [me] *pron 1. pers sing* ①(*complemento oggetto*) me ②(*complemento di termine*) me ③(*con preposizione*) me; **venite da ~** come to my house; **c'è posta per ~?** is there any mail for me?; **per/secondo ~** in my opinion ④(*nelle comparazioni, esclamazioni*) **è contento come ~** he's as happy as me [*o* I am]; **lavorano quanto ~** they work as hard as me [*o* I do]; **è più brava di ~** she's better than me [*o* I am]; **povero ~!** poor me! ⑤(*davanti a lo, la, li, le, ne*) *v.* **mi**

MEC [mεk] *m acro di* **Mercato Comune Europeo** ECM

Mecca ['mεk·ka] <-cche> *f* **La Mecca** Mecca

meccanica [mek·'ka·ni·ka] <-che> f ① *a*. FIS, TEC mechanics ②(*modalità*) process; (*di avvenimento*) sequence of events

meccanico, -a [mek·'ka·ni·ko] <-ci, -che> I. *adj a. fig* mechanical; **officina di riparazioni -che** garage II. *m, f* (*di automobili*) mechanic

meccanismo [mek·ka·'niz·mo] *m* ①(*congegno*) mechanism ②(*funzionamento*) mechanics *pl* ③ *pl, fig* mechanisms

mecenate [me·tʃe·'na·te] *mf* patron

mecenatismo [me·tʃe·na·'tiz·mo] *m* patronage

mèche [mɛʃ] <-> f highlight

medaglia [me·'daʎ·ʎa] <-glie> f medal; ~ **d'oro/d'argento/di bronzo** gold/silver/bronze medal; **il rovescio della ~** *fig* the other side of the coin

medaglione [me·daʎ·'ʎo·ne] *m* ①(*gioiello*) locket ②CULIN medallion

medesimo, -a [me·'de·zi·mo] *adj* (*identico, uguale*) same; **nel ~ tempo** at the same time

media¹ ['mɛ·dia] <-ie> f ①MATH mean; ~ **aritmetica** arithmetical mean ②(*misura di mezzo*) average; **al di sopra/sotto della ~** above/below average; **in** [*o* **di**] ~ on average ③(*votazione*) average overall grade ④(*scuola*) **le -e** *first three years of junior high school* ⑤(*taglia*) medium size

media² ['mi·dʒe] *mpl* media

mediano, -a [me·'dia·no] I. *adj* (*di mezzo*) middle II. *m, f* SPORT (*nel calcio*) halfback; (*nel rugby*) back

mediante [me·'dian·te] *prep* by (means of); **pagare ~ assegno** to pay by check

mediare [me·'dia·re] I. *vt* (*accordo, conflitto, disputa*) to mediate II. *vi* to mediate

mediatico, -a [me·'dia·ti·ko] *adj* (*evento, fenomeno*) media

mediato, -a [me·'dia·to] *adj* (*indiretto*) indirect

mediatore, -trice [me·dia·'to·re] *m, f* ①(*intermediario*) mediator; **fare da ~** to mediate ②COM broker

mediazione [me·di·at·'tsio·ne] f ①(*intervento*) mediation ②COM brokerage

medicamento [me·di·ka·'men·to] *m* (*farmaco*) medication

medicare [me·di·'ka·re] I. *vt* ①(*persona*) to treat ②(*ferita*) to dress II. *vr*: **-rsi** to treat oneself; **-rsi le ferite** to dress one's wounds

medicazione [me·di·kat·'tsio·ne] f dressing

medicina [me·di·'tʃi·na] f ①(*scienza*) medicine; ~ **legale** forensic medicine ②(*farmaco*) medicine ③ *a. fig* (*rimedio*) cure

medicinale [me·di·tʃi·'na·le] I. *adj* (*erba, preparato*) medicinal II. *m* medicine

medico, -a¹ ['mɛ·di·ko] <-ci, -che> *adj* ①(*ambulatorio, visita*) doctor's ②(*erba, preparato*) medicinal

medico² *m* doctor; **andare dal ~** to go to the doctor's; ~ **di base** [*o* **di famiglia**] [*o* **generico**] GP; ~ **fiscale** *state doctor who checks adherence to sick leave regulations;* ~ **di guardia** duty doctor; ~ **legale** forensic scientist

medievale [me·die·'va·le] *adj* medieval

medio ['mɛ·dio] <-i> *m* (*dito*) middle finger

medio, -a <-i, -ie> *adj* ①(*valore, grandezza*) average; **ceto ~** middle class; **dito ~** middle finger; **scuola -a** *school for pupils of 11 to 14 years* ②(*normale*) average ③(*centrale*) middle; **Medio Oriente** Middle East

mediocre [me·'diɔ·kre] *adj* ①(*per dimensioni, valore*) poor ②(*per capacità, qualità*) mediocre

mediocrità [me·dio·kri·'ta] <-> f (*scarso valore*) mediocrity

mediorientale [me·dio·rien·'ta·le] *adj* Middle Eastern

meditabondo, -a [me·di·ta·'bon·do] *adj* pensive

meditare [me·di·'ta·re] I. *vt* ①(*esaminare*) to ponder ②(*progettare*) to plan II. *vi* ~ **su qc** to think about sth

meditazione [me·di·tat·'tsio·ne] f

M

① (*riflessione*) consideration ② (*ascetica*) meditation

Mediterraneo [me·di·ter·'ra:·neo] *m* **il** (**Mare**) **Mediterraneo** the Mediterranean (Sea)

mediterraneo, -a <-ei, -ee> *adj* Mediterranean

medium ['mɛd·jum] <-> *mf* (*persona*) medium

medusa [me·'du:·za] *f* jellyfish

megabyte ['me·ga·'bait] <-> *m* COMPUT megabyte

megaconcerto [me·ga·kon·'tʃɛr·to] *m* mega concert

megafono [me·'ga:·fo·no] *m* megaphone

megalomane [me·ga·'lɔ:·ma·ne] *mf* megalomaniac

meglio[1] ['mɛʎ·ʎo] I. *adv comp di* **bene** ① (*comparativo*) better; **~ di** better than; **o ~** or even better ② (*superlativo*) best; **il ~ possibile** in the best possible way II. *adj comp di* **buono** (*migliore*) better; **di ~** better; **qualcosa di ~** something better

meglio[2] <-> I. *m* (*cosa migliore*) best; **fare del proprio ~** to do one's best; **per il ~** for the best; **per il tuo/suo ~** for your/his/her own good II. *f* **alla ~** as best as possible; **avere la ~** (**su qu**) to get the better (of sb)

mela ['me:·la] *f* (*frutto*) apple; **~ cotogna** quince

melanina [me·la·'ni:·na] *f* BIO melanin

melanzana [me·lan·'dza:·na/me·lan·'tsa:·na] *f* aubergine

melma ['mel·ma] *f* (*fango*) mud

melmoso, -a [mel·'mo:·so] *adj* muddy

melo ['me:·lo] *m* apple tree

melodia [me·lo·'di:·a] <-ie> *f* ① MUS melody ② (*armonia*) melodiousness

melodico, -a [me·'lɔ:·di·ko] <-ci, -che> *adj* ① (*di melodia*) melodic ② (*genere*) sing-a-long

melodioso, -a [me·lo·'dio:·so] *adj* melodious

melodramma [me·lo·'dram·ma] <-i> *m* MUS melodrama

melodrammatico, -a [me·lo·'dram·'ma:·ti·ko] <-ci, -che> *adj a. fig* MUS melodramatic

melone [me·'lo:·ne] *m* (*frutto*) melon

membrana [mem·'bra:·na] *f* ANAT, BIO membrane

membro[1] ['mɛm·bro] *m* ① (*componente: persona*) member ② (*pene*) penis

membro[2] <-a *f*> *m* ANAT limb; **le -a** the limbs

memorabile [me·mo·'ra:·bi·le] *adj* memorable

memorandum [me·mo·'ran·dum] <-> *m* GIUR memorandum

memoria [me·'mɔ:·ria] <-ie> *f* ① (*facoltà*) memory; **a ~** by heart; *pej* by rote ② (*ricordo*) memory; **in ~ di qu/qc** in memory of sb/sth ③ *pl* (*opera*) memoirs *pl* ④ COMPUT memory

memorizzare [me·mo·rid·'dza:·re] *vt* ① (*imparare*) to memorize ② COMPUT to store

memorizzazione [me·mo·rid·dzat·'tsio:·ne] *f* ① (*apprendimento*) learning by heart ② COMPUT storage

menadito [me·na·'di:·to] *adv* **a ~** perfectly

mendicante [men·di·'kan·te] *mf* beggar

mendicare [men·di·'ka:·re] I. *vt* **~ qc** to beg for sth II. *vi* to beg

menefreghismo [me·ne·fre·'gi·zmo] *m* couldn't-give-a-damn attitude

menefreghista [me·ne·fre·'gis·ta] <-i *m*, -e *f*> I. *adj* couldn't-give-a-damn II. *mf* person who couldn't give a damn

meningite [me·nin·'dʒi:·te] *f* MED meningitis

menisco [me·'nis·ko] <-schi> *m* ANAT meniscus

meno [me:·no] I. *adv comp di* **poco** ① (*nei comparativi*) less; **Maria è ~ brava di Anna** Maria is not as good as Anna ② (*nei superlativi*) least ③ (*negazione*) **o ~** or not ④ MATH minus; (*nelle temperature*) below freezing; (*nei voti scolastici*) minus; (*nell'ora*) to; **sono le undici ~ un quarto** it's a quarter to eleven ⑤ (*nelle correlazioni*) the less;

~ **studi**, ~ **impari** the less you study, the less you learn ❺ (*loc*) **fare a ~ di qu/qc** to do without sb/sth; ~ **male** (**che** ...) just as well (that ...); **più o ~** more or less; **tanto** [*o* **ancora**] ~ even less (reason why); **venir ~** (*coraggio, aiuto*) to be lacking II.<inv> *adj* ❶ (*nei comparativi*) less; **ha ~ rughe di me** she's got fewer wrinkles than me ❷ (*nelle correlazioni*) the less III. *prep* (*tranne*) except for; **a ~ che** ... +*cong* unless ... IV.<m> ❶ **il ~** the least; **parlare del più e del ~** to talk about this and that ❷ MATH minus (sign)

menomato [me·no·'ma:·to] I. *adj* damaged II. *m* disabled person

menomazione [me·no·mat·'tsio:·ne] *f* disability

menopausa [me·no·'pa:u·za] *f* menopause

mensa ['mɛn·sa] *f* (*locale*) canteen

mensile [men·'si:·le] *adj, m* monthly

mensilità [men·si·li·'ta] <-> *f* (*stipendio*) monthly salary

mensola ['mɛn·so·la] *f* shelf

menta ['men·ta] *f* mint; (*sciroppo*) peppermint cordial; (*caramella*) mint; **alla ~** mint-flavored

mentale [men·'ta:·le] *adj* mental

mentalità [men·ta·li·'ta] <-> *f* mentality

mentalmente [men·tal·'men·te] *adv* mentally

mente ['men·te] *f* ❶ (*pensiero, testa*) mind; **a ~ fresca** [*o* **riposata**] when one's mind is fresh; **avere in ~ di fare qc** to have one's heart set on doing sth; **saltare in ~ a qu** to occur to sb; **cosa ti è saltato** [*o* **venuto**] **in ~?** what got into you? ❷ (*intelligenza*) brain; (*attitudine*) mind ❸ (*attenzione*) attention; **avere la ~ altrove** to be thinking about sth else; **fare ~ locale** to concentrate ❹ (*memoria*) mind; **a ~** by heart; **venire in ~ a qu** to remember ❺ (*persona*) brain

mentina [men·'ti:·na] *f* mint

mentire [men·'ti:·re] *vi* to lie

mento ['men·to] *m* chin; **doppio ~** double chin

mentolo [men·'tɔ:·lo] *m* CHIM menthol; **al ~** menthol flavored

mentre ['men·tre] *conj* ❶ (*nel tempo, nel momento in cui*) while ❷ (*invece*) whereas

menu [me·'nu] <-> *m* ❶ (*lista*) menu; ~ **turistico** tourist menu ❷ COMPUT menu

menzionare [men·tsio·'na:·re] *vt* to mention

menzione [men·'tsio:·ne] *f* mention; **fare ~ di qc/qu** to mention sth/sb

menzogna [men·'tson·ɲa] *f* lie

meraviglia [me·ra·'viʎ·ʎa] <-glie> *f* ❶ (*stupore*) amazement; **a ~** perfectly ❷ (*cosa, persona*) wonder; **che ~** how wonderful; **essere una ~** to be a complete joy

meravigliare [me·ra·viʎ·'ʎa:·re] I. *vt* (*stupire*) to amaze II. *vr*: **-rsi**, **-rsi di qc/qu** to be amazed at sth/sb

meraviglioso, -a [me·ra·viʎ·'ʎo:·so] **M** *adj* wonderful

mercante [mer·'kan·te] *m* ❶ (*commerciante*) merchant; ~ **di vini/d'olio** wine/oil merchant; ~ **d'arte** art dealer ❷ *pej* dealer

mercantile [mer·kan·'ti:·le] I. *adj* (*attività, spirito*) commercial; (*nave*) merchant II. *m* (*nave*) merchant ship

mercanzia [mer·kan·'tsi:·a] <-ie> *f* ❶ (*merce*) goods *pl* ❷ *a. pej, scherz, inf* stuff

mercatino [mer·ka·'ti:·no] *m* (*rionale*) local market; ~ **delle pulci** flea market; ~ **dell'usato** swap meet

mercato [mer·'ka:·to] *m* market; ~ **coperto** covered market; ~ **all'ingrosso** wholesale market; ~ **al minuto** retail market; ~ **nero** black market; **a buon ~** cheap; *fig* easily

merce ['mɛr·tʃe] *f* ❶ (*prodotto*) goods *pl*; **scalo -i** goods yard; **treno -i** goods train ❷ *fig* commodity

mercenario, -a [mer·tʃe·'na:·rio] <-i, -ie> *adj, m, f* mercenary

merceria [mer·tʃe·'ri:·a] <-ie> *f* ❶ (*ne-*

gozio) haberdashery ② (*articoli*) haberdashery

mercoledì [mer·ko·le·'di]   <->   *m* Wednesday; **~ delle Ceneri** Ash Wednesday; *v.a.* **domenica**

mercurio [mer·'ku:·rio] *m* CHIM mercury

Mercurio [mer·'ku:·rio] *m* Mercury

merda ['mɛr·da] *f* ① *vulg* (*escremento*) shit ② *fig, inf, vulg* (*persona, cosa*) (piece of) shit; (*situazione*) shit; **essere nella ~** to be in the shit; **~!** shit! ③ **di ~** *inf, vulg* shitty

merenda [me·'rɛn·da] *f* snack; **fare (la) ~** to have a snack

meridiana [me·ri·'dia:·na] *f* sundial

meridiano *m* GEOG meridian

meridionale [me·ri·dio·'na:·le] I. *adj* ① (*a sud, del sud*) southern; **l'Asia ~** Southern Asia ② (*del Sud d'Italia*) Southern Italian; **l'Italia ~** Southern Italy II. *mf* ① (*nativo, abitante*) southerner ② (*del Sud d'Italia*) Southern Italian

meridione [me·ri·'dio:·ne] *m* (*sud*) south; **il Meridione** (*d'Italia*) the South of Italy

meringa [me·'riŋ·ga] <-ghe> *f* CULIN meringue

meritare [me·ri·'ta:·re] I. *vt* ① (*premio, punizione*) to deserve ② *inf* (*prezzo*) to be worth ③ *solo 3a pers.* (*valere la pena*) to be worth II. *vr:* **-rsi** to deserve

meritevole [me·ri·'te:·vo·le] *adj* deserving

merito ['mɛ·ri·to] *m* ① (*valore*) merit; **a pari ~** (*in competizioni*) tied; **per ~ di qu** thanks to sb ② (*di problema, questione*) heart; **entrare nel ~ di qc** to go to the heart of sth; **in ~ a** with reference to

merletto [mer·'let·to] *m* (*pizzo*) lace

merlo[1] ['mɛr·lo] *m* ARCHIT battlement

merlo, -a[2] *m, f* (*uccello*) blackbird

merluzzo [mer·'lut·tso] *m* (*pesce*) cod

meschinità [mes·ki·ni·'ta] <->   *f* ① (*grettezza*) pettiness ② (*cosa gretta*) pettiness ③ (*avarizia*) stinginess

meschino, -a [mes·'ki:·no] *adj* ① (*gretto: persona*) petty ② (*idea, sentimento*) petty ③ (*dono, ricompensa*) stingy

mescolanza [mes·ko·'lan·tsa] *f* ① (*di sapori, stili*) mixture ② (*di persone*) mix

mescolare [mes·ko·'la:·re] I. *vt* ① (*rimestare*) to stir ② (*mischiare: ingredienti*) to mix ③ (*scompigliare: oggetti*) to mix up; (*carte da gioco*) to shuffle ④ *fig* (*elementi diversi*) to confuse II. *vr:* **-rsi** ① (*mischiarsi: ingredienti*) to mix ② (*scompigliarsi: oggetti*) to get mixed up ③ (*confondersi: persone*) to mingle; **-rsi alla folla** to mingle with the crowd; (*frequentare*) to go around with ④ *fig* (*trovarsi, unirsi*) to be mixed up

mese ['me:·se] *m* (*di calendario, periodo*) month; **da -i** for ages; **essere al primo/secondo ~** to be one/two month(s) pregnant

messa ['mes·sa] *f* (*il mettere*) **~ a fuoco** FOTO focusing; *fig* highlighting; **~ in moto** ignition; **~ in opera** installation; **~ in piega** set; **~ a punto** adjustment; **~ in scena** *v.* **messinscena**

messaggero, -a [mes·sad·'dʒɛ:·ro] *m, f* messenger

messaggiare [mes·sad·'dʒa:·re] I. *vi inf* to text II. *vt* **~ qc a qu** *inf* to text sb sth III. *vr:* **-rsi** *inf* to text each other

messaggino [mes·sad·'dʒi:·no] *m* TEL text

messaggio [mes·'sad·dʒo] <-ggi> *m* *a. fig* message; **~ pubblicitario** (*nei giornali*) advertisement; (*alla radio, in tv*) commercial

messia [mes·'si:·a] <->   *m* REL **il Messia** the Messiah

messicano, -a [mes·si·'ka:·no] *adj, m, f* Mexican

Messico ['mɛs·si·ko] *m* **il ~** Mexico

Messina [mes·'si:·na] *f* Messina, *a city in Sicily;* **lo stretto di ~** the Strait of Messina

messinese [mes·si·'ne:·se] I. *adj* (*di Messina*) from Messina II. *mf* (*abitante*) person from Messina

messinscena, messa in scena [mes·sin·'ʃɛ:·na] <messe in scena> *f* ① THEAT production ② *fig* act

messo ['mes·so] *pp di* **mettere**

mestiere [mesˈtiɛː·re] *m* ① (*lavoro*) job; (*lavoro manuale*) trade; **essere del ~** to be an expert ② (*pratica*) experience

mestolo [ˈmes·to·lo] *m* (*da cucina*) ladle

mestruale [mes·truˈaː·le] *adj* menstrual

mestruazione [mes·truaˈtsioː·ne] *f* menstruation; **avere le -i** to have one's period

meta [ˈmɛː·ta] *f* ① (*destinazione*) destination ② *fig* (*scopo*) purpose ③ SPORT try

metà [meˈta] <-> *f* ① (*parte*) half; **~ torta** half the cake ② (*punto di mezzo*) middle; **a ~** in half; **a ~ libro** half-way through the book; **a ~ prezzo** half-price; **a ~ settimana** mid-week; **a ~ strada** half-way there ③ *fig, scherz* half; **la mia dolce ~** my better half

metabolismo [me·ta·bo·ˈliz·mo] *m* BIO metabolism

metadone [me·ta·ˈdɔː·ne] *m* CHIM, MED methadone

metafisica [me·ta·ˈfiː·zi·ka] *f* PHILOS metaphysics

metafora [meˈtaː·fo·ra] *f* LING metaphor

metaforico, -a [me·ta·ˈfɔː·ri·ko] <-ci, -che> *adj* LING metaphorical

metallico, -a [me·ˈtal·li·ko] <-ci, -che> *adj* ① (*di metallo*) metal ② (*suono, voce, colore*) metallic

metallizzato, -a [me·tal·lidˈdzaː·to] *adj* (*colore*) metallic; (*auto*) metallized

metallo [me·ˈtal·lo] *m* metal; **di ~** metal

metalmeccanico, -a [me·tal·mek·ˈkaː·ni·ko] I. *adj* (*industria, produzione*) engineering II. *m, f* (*operaio*) engineering worker

metamorfosi [me·ta·ˈmɔr·fo·zi] <-> *f a. fig* metamorphosis

metano [me·ˈtaː·no] *m* CHIM methane; **a ~** methane; **funzionare/andare a ~** to be methane-powered

metanodotto [me·ta·no·ˈdot·to] *m* methane pipeline

metastasi [me·ˈtas·ta·zi] <-> *f* MED metastasis

meteo [ˈmɛː·teo] I. <inv> *adj* (*bollettino, previsioni*) weather II. <-> *m* (*bollettino*) weather forecast

meteora [me·ˈtɛː·o·ra] *f* ASTR meteor

meteorite [me·te·o·ˈriː·te] *m o f* ASTR meteorite

meteorologia [me·te·o·ro·lo·ˈdʒiː·a] <-gie> *f* meteorology

meteorologico, -a [me·te·o·ro·ˈlɔː·dʒi·ko] <-ci, -che> *adj* weather

meteorologo, -a [me·te·o·ˈrɔː·lo·go] <-gi, -ghe> *m, f* weather forecaster

meticcio, -a [me·ˈtit·tʃo] <-cci, -cce> *m, f* (*persona*) half-caste

meticolosità [me·ti·ko·lo·si·ˈta] <-> *f* meticulousness

meticoloso, -a [me·ti·ko·ˈloː·so] *adj* meticulous

metodico, -a [me·ˈtɔː·di·ko] <-ci, -che> *adj* methodical

metodo [ˈmɛː·to·do] *m* ① (*sistema*) method ② (*modo di agire*) way ③ (*ordine*) method; **fare qc con ~** to do sth methodically ④ (*manuale*) manual

metodologia [me·to·do·lo·ˈdʒiː·a] <-gie> *f* methodology

metodologico, -a [me·to·do·ˈlɔː·dʒi·ko] <-ci, -che> *adj* methodological

metratura [met·ra·ˈtuː·ra] *f* ① (*lunghezza*) length ② (*superficie*) size ③ (*misurazione*) measurement

metrica [ˈmɛː·tri·ka] <-che> *f* LETT, LING metrics

metrico, -a [ˈmɛː·tri·ko] *adj* ① MATH metric ② LETT, LING metrical

metro¹ [ˈmɛː·tro] *m* ① (*unità di misura*) meter; **~ cubo** cubic meter, square meter ② (*strumento*) rule; **~ a nastro** tape measure ③ *fig* (*criterio*) criteria *pl*

metro² [ˈmɛː·tro] *f inf* subway

metropoli [me·ˈtrɔː·po·li] <-> *f* metropolis

metropolitana [me·tro·po·li·ˈtaː·na] *f* subway

metropolitano, -a *adj* (*di metropoli*) metropolitan

mettere [ˈmet·te·re] <metto, misi,

M

messo> I. *vt* ❶ (*collocare: in luogo*) to put; (*in posizione*) to place ❷ (*franco-bollo*) to stick; (*ingrediente*) to add; (*liquido*) to pour; (*chiave, chiodo*) to put; (*quadro, tende*) to hang ❸ (*indumento*) to put on ❹ (*telefono, ascensore*) to install ❺ (*abbaglianti*) to switch on; (*marcia*) to set; (*sveglia*) to set ❻ (*denaro, annuncio, firma, visto*) to put ❼ (*energia, forza*) to put; **mettercela tutta** to give one's all; **metterci un'ora/un giorno** to take an hour/a day ❽ (*loc*) ~ **su qc** (*casa, attività*) to set up; (*famiglia*) to start; **metti/mettiamo che ...** +*cong* suppose (that) ... II. *vr:* **-rsi** ❶ (*in posizione*) to put oneself; **-rsi a letto** to go to bed ❷ (*in condizione*) to make oneself ❸ (*indossare*) to put on; **-rsi in qc** to wear sth ❹ (*infilarsi*) to put ❺ (*cominciare*) **-rsi a fare qc** to start to do sth ❻ (*unirsi*) **-rsi con qu** to join up with sb ❼ (*evolversi: situazione*) to turn out

mezzanotte [med·dza·'nɔt·te] <mez-zenotti> *f* (*ora*) midnight; **a** ~ at midnight

mezzo, -a[1] ['mɛd·dzo] *adj* ❶ (*metà*) half; ~ **litro di acqua** half a liter of water; **-a giornata** half a day; **mezz'ora** half an hour; **-a pensione** half-board ❷ (*dopo numerale*) half; **tre litri e** ~ three and a half liters ❸ (*nelle ore*) half; **le nove e mezza** [*o* **mezzo**] half-past nine ❹ (*intermedio*) middle; **di mezza età** middle-aged; **-a stagione** spring and fall ❺ (*davanti a aggettivo*) half; **la porta è -a chiusa** the door is half-closed

mezzo[2] *m* ❶ (*metà*) half ❷ (*parte centrale*) middle; **in** ~ **a** in the middle of; **via di** ~ middle way; **levarsi** [*o* **togliersi**] **di** ~ to get out of the way ❸ (*strumento*) means *inv;* **-i di comunicazione (di massa)** mass media *pl;* **per** ~ **di** by means of ❹ (*veicolo*) vehicle; **-i pubblici** public transport ❺ *pl* (*denaro*) means *pl;* **essere privo di -i** to have no money ❻ *pl* (*capacità*) capability

mezzogiorno [med·dzo·'dʒor·no] *m* ❶ (*ora*) noon; **a** ~ at noon ❷ (*sud*) south ❸ (*meridione*) South; **il Mezzogiorno** the South of Italy

mi[1] [mi] I. *pron 1. pers sing* ❶ (*me: complemento oggetto*) me; **non** ~ **toccare!** don't touch me! ❷ (*a me: complemento di termine*) (to) me; **datemi una mano!** give me a hand!; (*davanti a lo, la, li, le, ne diventa me*) (to) me; **me lo presterai?** will you lend me it? [*o* will you lend it to me?] II. *pron 1. pers sing* myself; ~ **vesto** I get dressed; **mi sono lavata la faccia** I washed my face; **mi sono fatto male** I hurt myself

mi[2] <-> *m* MUS E

miagolare [mia·go·'la:·re] *vi* to meow

miagolio [mia·go·'li:·o] <-ii> *m* meowing

miao ['mia:·o] *interj* meow

MIB *m abbr di* **Milano Indice Borsa** FIN Milan Stock Exchange Index

MIBTEL *m abbr di* **Milano Indice Borsa Telematico** FIN Milan Stock Exchange Telematic Index

mica ['mi:·ka] *adv* ❶ *inf* (*affatto, per niente*) at all; **non sono** ~ **arrabbiato** I'm not at all angry ❷ *inf* (*senza altra negazione*) not; ~ **sono matto!** I'm not crazy!; ~ **tanto** not that much; ~ **male!** not bad! ❸ *inf* (*per caso*) by chance

miccia ['mit·tʃa] <-cce> *f* (*dispositivo*) fuse

micidiale [mi·tʃi·'dia:·le] *adj* ❶ (*mortale: arma, gas, veleno*) lethal ❷ (*dannoso: alimento, clima*) dangerous ❸ *inf* (*intollerabile*) terrible ❹ *inf* (*potente: pugno, tiro*) murderous

micio, -a ['mi:·tʃo] <-ci, -ce> *m, f inf* puss

micosi [mi·'kɔ:·zi] <-> *f* MED mycosis

microbiologia [mi·kro·bi·o·lo·'dʒi:·a] *f* microbiology

microbiologico, -a [mi·kro·bi·o·'lɔ:·dʒi·ko] <-ci, -che> *adj* BIO microbiological

microbo ['mi:·kro·bo] *m* (*germe*) germ

microcriminalità [mi·kro·kri·mi·na·li·'ta] <-> *f* petty crime

microfibra [mi·kro·'fi:·bra] *f* microfiber

microfilm [mi·kro·'film] <-> *m* (*pellicola*) microfilm

microfono [mi·'krɔ:·fo·no] *m* ① (*amplificatore*) microphone ② *inf* (*cornetta del telefono*) receiver

microonda [mi·kro·'on·da] *f* FIS microwave; **forno a -e** microwave oven

micropolvere [mi·kro·'pol·ve·re] *f* (*polveri sottili*) particulates

microprocessore [mi·kro·pro·tʃes·'so:·re] *m* COMPUT microprocessor

microrganismo [mi·kro·or·ga·'ni·zmo] *m* BIO microorganism

microscopico, -a [mi·kros·'kɔ:·pi·ko] <-ci, -che> *adj a.* scherz microscopic

microscopio [mi·kro·'skɔ:·pio] *m* microscope

midollo [mi·'dol·lo] <-a *f*> *m* ANAT, CULIN marrow; **~ osseo** bone marrow; **~ spinale** spinal cord

mie, miei ['mi:·e, 'mi:·i] *v.* **mio**

miele ['miɛ:·le] *m* honey

mietere ['miɛ:·te·re] *vt* ① (*tagliare: avena, grano, orzo*) to harvest ② *fig* (*uccidere*) to kill; **~ vittime** to claim victims; *inf* (*conquistare*) to conquer all and sundry ③ *fig* (*conseguire: consensi, successi*) to gather

mietitrice [mie·ti·'tri:·tʃe] *f* (*macchina*) harvester

migliaio [miʎ·'ʎa:·io] <-aia *f*> *m* thousand; **un ~ di qc** about a thousand sth; **-aia di ...** (*grande numero*) thousands of ...; **a -aia** by the thousand

miglio¹ ['miʎ·ʎo] <-glia *f*> *m* mile; **essere lontano mille miglia** (*grande distanza*) inf; **si vede lontano un ~** (*che ...*) *fig* you can see from a mile away (that ...)

miglio² <-gli> *m* BOT millet

miglioramento [miʎ·ʎo·ra·'men·to] *m* ① (*di situazione, salute, edificio*) improvement ② (*di stipendio*) rise

migliorare [miʎ·ʎo·'ra:·re] I. *vt* (*rendere migliore*) to improve II. *vi essere* ① (*diventare migliore*) to improve ② (*stare meglio*) to get better III. *vr:* **-rsi** to improve oneself

migliore [miʎ·'ʎo:·re] I. *adj comp di* **buono** **~ di** (*comparativo*) better; **il ~** (*superlativo relativo*) the best; **nel ~ dei casi** at best; **nella ~ delle ipotesi** at best II. *mf* the best

miglioria [miʎ·ʎo·'ri:·a] <-ie> *f* improvement

mignolo ['miɲ·ɲo·lo] *m* ① (*della mano*) little finger ② (*del piede*) little toe

migrare [mi·'gra:·re] *vi essere* to migrate

migratore, -trice [mi·gra·'to:·re] *adj, m, f* migrant

migrazione [mi·grat·'tsio:·ne] *f* migration

milanese¹ [mi·la·'ne:·se] <*sing*> *m* (*dialetto*) Milanese dialect

milanese² I. *adj* (*di Milano*) Milanese; **cotoletta alla ~** fried cutlet Milan style; **risotto alla ~** risotto with saffron II. *mf* (*abitante*) Milanese

milanese³ *f* (*cotoletta*) wiener schnitzel

Milano [mi·'la:·no] *f* Milan

miliardario, -a [mil·iar·'da:·rio] <-i, -ie> *adj, m, f* billionaire

miliardo [mi·'liar·do] *m* ① (*numero*) billion ② *inf* (*quantità enorme*) million

miliare [mi·'lia:·re] *adj* **pietra ~** *a. fig* milestone

milionario, -a [mi·lio·'na:·rio] <-i, -ie> *adj, m, f* millionaire

milione [mi·'lio:·ne] *m* (*numero, gran quantità*) million

militante [mi·li·'tan·te] I. *adj* (*impegnato*) militant II. *mf* (*attivista*) activist

militare¹ [mi·li·'ta:·re] I. *adj* (*di soldati, esercito*) military; **servizio ~** military service; **zona ~** military zone II. *mf* (*soldato*) soldier; **fare il ~** to do one's military service

militare² *vi* ① (*fare il soldato*) to serve ② (*impegnarsi*) to be involved

milite ['mi:·li·te] *m* LETT (*soldato*) soldier; **~ ignoto** unknown soldier

mille ['mil·le] <mila> I. *num* ① (*numerale cardinale*) a [*o* one] thousand; **~ euro** a [*o* one] thousand euros ② (*posposto: numerale ordinale*) one thousand ③ *inf* (*moltissimi*) thousands of; **~ auguri!** very best wishes!; **~ grazie!** thank you so much!; **~ scuse!** I'm so sorry! II.<-> *m* ① (*numero*) a [*o* one] thousand ② (*nelle percentuali*) thousand; **per ~** per thousand

millenario, -a [mil·le·'na:·rio] <-i, -ie> *adj* ① (*di mille anni*) millenial ② (*ogni mille anni*) millenary

millennio [mil·'lɛn·nio] <-i> *m* millenium

millepiedi [mil·le·'piɛː·di] <-> *m* millipede

millesimo, -a[1] [mil·'lɛː·zi·mo] I. *adj* ① (*numerale ordinale*) thousandth ② *inf* (*ennesimo*) thousandth II. *m, f* thousandth

millesimo[2] *m* thousandth

milleusi [mil·le·'uː·zi] <inv> *adj* multi-purpose

milligrammo [mil·li·'gram·mo] *m* milligram

millimetro [mil·'li:·met·ro] *m* millimeter

milza ['mil·tsa] *f* ANAT spleen

mimare [mi·'ma:·re] *vt* ① (*scena*) to mime ② (*persona*) to imitate

mimetico, -a [mi·'mɛː·ti·ko] <-ci, -che> *adj* ① *a. fig* MIL (*tuta, vettura, vernice*) camouflage ② ZOO, BOT mimetic

mimetizzarsi [mi·me·tid·'dza:·rsi] *vr* to camouflage oneself

mimica ['mi:·mi·ka] <-che> *f* ① (*gestualità*) gestures ② (*arte*) mime

mimo, -a ['mi:·mo] *m, f* (*attore*) mime artist

mimosa [mi·'mo:·sa] *f* mimosa

mina ['mi:·na] *f* ① MIL (*ordigno*) mine; **~ antiuomo** anti-personnel mine; **~ vagante** *fig* ticking bomb; *scherz* walking time bomb ② (*di matita*) lead

minaccia [mi·'nat·tʃa] *f* ① MIL (*ordigno*) mine; *fig* threat

minacciare [mi·nat·'tʃa:·re] *vt* to threaten; **~ qu di qc** to threaten sb with sth; **~ di fare qc** to threaten to do sth

minaccioso, -a [mi·nat·'tʃo:·so] *adj* threatening

minare [mi·'na:·re] *vt* ① (*terreno,*

ponte, strada) to mine ② *fig* (*insidiare*) to undermine

minatore, -trice [mi·na·'to:·re] *m, f* miner

minatorio, -a [mi·na·'tɔ:·rio] <-i, -ie> *adj* threatening

minerale[1] [mi·ne·'ra:·le] I. *adj* mineral; **acqua ~** mineral water II. *m* mineral

minerale[2] *f* mineral water

minestra [mi·'nɛs·tra] *f* ① (*zuppa*) soup ② *fig* (*faccenda, storia*) story; **è sempre la solita ~!** it's the same old story!

minestrone [mi·nes·'tro:·ne] *m* (*zuppa*) minestrone

mingherlino, -a [miŋ·ger·'liː·no] *adj* skinny

mini ['mi:·ni] I.<inv> *adj* (*piccolo, corto, breve*) mini II.<-> *f* (*minigonna*) miniskirt

miniappartamento [mi·ni·ap·par·ta·'men·to] *m* small apartment

miniatura [mi·nia·'tu:·ra] *f* ① (*tecnica*) miniature painting ② (*dipinto*) miniature ③ (*modellino*) miniature model; **in ~** in miniature

miniera [mi·'niɛ:·ra] *f a. fig* mine; **~ d'oro** *fig* gold mine

minigonna [mi·ni·'gon·na] *f* miniskirt

minima ['mi:·ni·ma] *f* ① (*temperatura*) minimum temperature ② (*pressione*) minimum blood pressure level ③ (*pensione*) minimum pension

minimalismo [mi·ni·ma·'liz·mo] *m* minimalism

minimalista [mi·ni·ma·'lis·ta] <-i *m*, -e *f*> *adj, mf* minimalist

minimizzare [mi·ni·mid·'dza:·re] *vt* to minimalize

minimo, -a[1] ['mi:·ni·mo] *adj superl di* **piccolo** ① (*piccolissimo*) very small ② (*il più piccolo*) least; **non avere la -a idea di qc** to not have the faintest idea about sth ③ (*tempo*) minimum ④ (*voto, temperatura, pressione*) lowest; **prezzo ~** lowest price ⑤ (*importanza, particolare, problema*) slightest

minimo[2] *m* ① (*la quantità/misura più piccola*) minimum; **al ~** (*volume, gas*) on low; **come** [*o* **al**] ~ (*almeno*) at the very least ⓔ(*la cosa più piccola*) least

ministeriale [mi·nis·te·'ria:·le] *adj* ministerial

ministero [mi·nis·'tɛ:·ro] *m* ①(*dicastero, edificio*) department; **Ministero degli (Affari) Esteri** Department of State; **Ministero della Salute** Department of Health and Human Services ②GIUR **pubblico** ~ (*magistrato*) District Attorney

ministro [mi·'nis·tro] *m* (*del governo*) secretary; **primo** ~ Prime Minister

minoranza [mi·no·'ran·tsa] *f* ①(*gener*) minority ②POL (*opposizione*) Opposition

minore [mi·'no:·re] **I.** *adj comp di* **piccolo** ①(*comparativo*) ~ **di** less than; **il/la** ~ (*superlativo relativo*) the least ②(*per dimensioni*) smaller ③(*per quantità*) lower ④(*per intensità, forza, gravità*) lesser ⑤(*per importanza*) minor ⑥(*di età*) younger ⑦MATH less ⑧MUS (*accordo, scala*) minor **II.** *mf* ①(*più giovane*) youngest ②(*minorenne*) minor

minorenne [mi·no·'rɛn·ne] **I.** *adj* underage **II.** *mf* minor

minorile [mi·no·'ri:·le] *adj* juvenile; **delinquenza** ~ juvenile delinquency; **lavoro** ~ child labor

minoritario, -a [mi·no·ri·'ta:·rio] <-i, -ie> *adj* minority

minuscola [mi·'nus·ko·la] *f* lower case letter

minuscolo, -a [mi·'nus·ko·lo] *adj* ①(*lettera*) lower case ②(*piccolissimo*) miniscule

minuto, -a[1] [mi·'nu:·to] **I.** *adj* ①(*piccolo*) minute ②(*sabbia, neve, pioggia*) fine ③(*corporatura, lineamenti*) delicate **II.** **al** ~ retail

minuto[2] *m* ①(*unità di tempo*) minute; **al** ~ per minute; **spaccare il** ~ *fig* (*persona*) to always be on time; (*orologio*) to always be accurate ②(*momento*) moment; **a -i** any time now; **da un** ~ **all'altro** suddenly; **in** [*o* **tra**] **un** ~ immediately; **avere i -i contati** (*avere fretta*) to be in a rush

minuzioso, -a [mi·nut·'tsio:·so] *adj* ①(*persona*) meticulous ②(*lavoro*) detailed

mio, -a ['mi:·o] <miei, mie> **I.** *adj* my; ~ **padre** my father; **i miei fratelli** my brothers; **un** ~ **amico** a friend of mine **II.** *pron* ⓔ **il** ~, **la -a** mine ①(*opinione*) my say; **dalla -a** (*parte*) on my side ②**il** ~ (*ciò che mi appartiene*) mine; (*proprietà*) my own property; **i miei** (*genitori*) my parents; (*parenti*) relatives

miope ['mi:·o·pe] **I.** *adj* MED short-sighted **II.** *mf* MED short-sighted person

miopia [mio·'pi:·a] <-ie> *f fig* MED short-sightedness

mira ['mi:·ra] *f* ①(*di tiro*) aim; **prendere la** ~ to take aim; **prendere di** ~ **qu** *fig* to pick on sb ②*fig* (*scopo*) goal

miracolo [mi·'ra:·ko·lo] *m a. fig* miracle; **per** ~ miraculously; ~ **economico** economic miracle

miracoloso, -a [mi·ra·ko·'lo:·so] *adj* miraculous

mirare [mi·'ra:·re] *vi a. fig* to aim; ~ **a qc** (*parte del corpo*) to aim at sth; (*potere, denaro*) to aspire to sth

mirino [mi·'ri:·no] *m* ①(*di arma*) sight; **essere** [*o* **trovarsi**] **nel** ~ **di qu** *a. fig* to have sb's eyes on you ②(*di apparecchio*) viewfinder

mirra ['mir·ra] *f* BOT myrrh

mirtillo [mir·'til·lo] *m* (*frutto*) blueberry

mirto ['mir·to] *m* myrtle

misantropo, -a [mi·'zan·tro·po] **I.** *adj* misanthropic **II.** *m, f* (*persona*) misanthrope

miscela [miʃ·'ʃɛ:·la] *f* ①(*di caffè*) blend ②(*di elementi diversi*) mixture

miscelatore [miʃ·ʃe·la·'to:·re] *m* ①(*apparecchio*) mixer ②(*rubinetto*) mixer tap

mischia ['mis·kia] <-schie> *f* ①(*rissa*) brawl; **buttarsi** [*o* **gettarsi**] **nella** ~ to enter the fray ②SPORT (*nel rugby*) scrum

mischiare [mis·'kia:·re] **I.** *vt a. fig* to mix **II.** *vr* (*unirsi: persona*) to mix

M

miscredente [mis·kre·'dɛn·te] I. *adj* non-religious II. *mf* non-believer

miscuglio [mis·'kuʎ·ʎo] <-gli> *m* ① (*di elementi, sostanze*) mixture ② (*di persone, razze*) mix ③ *fig* (*di idee, pensieri, sentimenti*) hotchpotch

miserabile [mi·ze·'ra:·bi·le] I. *adj* ① (*povero*) wretched ② *pej* (*spregevole*) despicable ③ (*scarso: compenso, paga*) poor II. *mf* ① (*persona povera*) poor person ② (*persona spregevole*) wretch

miseria [mi·'zɛ:·ria] <-ie> *f* ① (*povertà*) poverty ② (*loc*) **porca ~!** *inf* damn it!

misericordia [mi·ze·ri·'kɔr·dia] <-ie> *f* mercy

misericordioso, -a [mi·ze·ri·kor·'dio:·so] *adj* merciful

misero, -a [mi:·ze·ro] *adj* ① (*povero*) poor ② (*infelice*) wretched ③ (*scarso, inadeguato*) scant ④ (*spregevole*) wretched

misi [mi:·zi] *1. pers sing pass rem di* **mettere**

mismatch ['mis·mætʃ] <-> *m* mismatch

misogino, -a [mi·'zɔ:·dʒi·no] I. *adj* misogynistic II. *m, f* (*persona*) mysoginist

missile ['mis·si·le] *m* (*veicolo, arma*) missile

missionario, -a [mis·sio·'na:·rio] <-i, -ie> I. *adj a. fig* missionary II. *m, f* ① (*religioso*) missionary ② *fig* (*propugnatore*) envoy

missione [mis·'sio:·ne] *f* ① (*incarico*) mission ② REL mission

mister ['mis·tə] <-> *m* ① (*in un concorso*) mister ② SPORT (*allenatore*) manager

misterioso, -a [mis·te·'rio:·so] I. *adj* ① (*inspiegabile*) mysterious ② (*sospetto*) suspicious; (*enigmatico*) enigmatic ③ (*sconosciuto, segreto*) secret II. *m, f* ① (*cosa inspiegabile*) mystery ② (*persona sospetta, enigmatica*) mystery man *m*, mystery woman *f*

mistero [mis·'tɛː·ro] *m* ① (*enigma*) mystery; **~!** who knows! ② (*segreto*) secret ③ REL mystery

misticismo [mis·ti·'tʃiz·mo] *m* REL mysticism

mistico, -a ['mis·ti·ko] <-ci, -che> *adj* REL mystical

misto, -a¹ ['mis·to] *adj* ① (*gener*) mixed; **antipasti -i** mixed appetizers; **classe/scuola -a** mixed class/school; **fritto ~** *dish of different types of fried fish or meat;* **insalata -a** mixed salad; **matrimonio ~** mixed marriage ② (*tessuto*) blended

misto² *m* ① (*miscuglio*) mixture ② (*tessuto*) blend

misura [mi·'zu:·ra] *f* ① (*grandezza*) measure ② (*dimensioni*) size; **prendere le -e a qu** to take sb's measurements; **su ~** custom made ③ (*taglia*) size ④ (*misurazione*) measurement; **avere due pesi e due -e** to have double standards ⑤ (*limite*) limit; **oltrepassare la ~** to go too far ⑥ *fig* (*moderazione, equilibrio*) moderation; **senso della ~** sense of proportion ⑦ *fig* (*proporzione*) measure; **a ~ d'uomo** on a human scale; **in ugual ~** equally ⑧ *fig* (*criterio, parametro*) measure ⑨ *pl* (*provvedimento*) measures *pl*; **-e di sicurezza** security measures

misurare [mi·zu·'ra:·re] I. *vt* ① (*calcolare*) to measure; **~ ad occhio** to measure roughly ② (*indossare*) to try on ③ (*moderare*) to measure ④ (*stimare*) to weigh up II. *vi* to measure III. *vr:* **-rsi** ① *fig* (*cimentarsi*) to measure oneself; **-rsi con qu** to measure oneself against sb ② (*limitarsi*) to control

misurato, -a [mi·zu·'ra:·to] *adj* ① (*pacato: tono, discorso, gesto*) measured ② (*moderato: persona*) moderate

mite ['mi:·te] *adj* ① (*persona, sguardo, animale*) mild-mannered ② (*clima*) mild ③ (*pena, giudice*) lenient

mitico, -a ['mi:·ti·ko] <-ci, -che> *adj* ① (*del mito*) mythical ② (*memorabile*) legendary ③ *inf* (*eccezionale, straordinario*) awesome

mitigare [mi·ti·'ga:·re] I. *vt* ① (*dolore, fatica*) to relieve ② *fig* (*sentimento, stato d'animo*) to dampen ③ (*condanna, pena, punizione*) to reduce II. *vr:*

-rsi ① (*freddo, dolore*) to lessen ② (*carattere, sentimento*) to calm down

mitizzare [mi·tid·'dza·re] *vt* (*idealizzare*) to turn into a legend

mito ['mi:·to] *m* ① (*gener*) myth ② *fig* (*sogno individuale*) dream ③ *fig, a. scherz, inf* star; **sei un ~!** you're a star!

mitologia [mi·to·lo·'dʒi:·a] <-gie> *f* mythology

mitologico, -a [mi·to·'lɔ:·dʒi·ko] <-ci, -che> *adj* mythological

mitra ['mi:·tra] <-> *m* (*arma*) submachine gun

mitragliatrice [mi·traʎ·ʎa·'tri:·tʃe] *f* machine gun

mitt. *abbr di* **mittente** sender

mittente [mit·'tɛn·te] *mf* (*di lettera, pacco*) sender

mixer ['mik·sə] <-> I. *m* (*frullatore*) blender II. *mf* TV (*tecnico*) mixer

mnemonico, -a [mne·'mɔ:·ni·ko] <-ci, -che> *adj* mnemonic

mobbing ['mɔ·biŋ] <-> *m* workplace bullying

mobile ['mɔː·bi·le] I. *adj* ① (*non fisso*) movable ② (*in movimento*) moving; **scala ~** escalator; **squadra ~** police rapid response team ③ (*instabile*) wobbly II. *m* (*di arredamento*) piece of furniture III. *f* (*squadra mobile*) police rapid response team

mobilia [mo·'biː·lia] <-> *f* furniture

mobilificio [mo·bi·li·'fiː·tʃo] <-ci> *m* ① (*fabbrica*) furniture factory ② (*negozio*) furniture shop

mobilitare [mo·bi·li·'taː·re] I. *vt a. fig* to mobilize II. *vr:* **-rsi** (*impegnarsi*) to take action

mobilitazione [mo·bi·li·tat·'tsioː·ne] *f* mobilization

moca ['mɔ:·ka] <-che> *f* mocha coffee maker

mocassino [mo·kas·'siː·no] *m* moccasin

moda ['mɔ:·da] *f* fashion; **alla ~** fashionable; **vestirsi alla ~** to dress fashionably; **all'ultima ~** in the latest fashion; **fuori ~** out of fashion; **andare** [*o* **essere**] **di ~** to be fashionable; **sfilata di ~** fashion show; **alta ~** haute couture

modalità [mo·da·li·'ta] <-> *f* (*forma, modo*) method; **~ di pagamento** method of payment; **~ d'uso** instructions for use ② (*procedura*) procedure

modella [mo·'dɛl·la] *f* model

modellare [mo·del·'laː·re] I. *vt* ① (*plasmare*) to model ② (*sagomare*) to shape ③ (*far risaltare*) to cling *fig* (*conformare*) **~ qc su qc** to model sth on sth II. *vr* **-rsi su qc** *a. fig* to model oneself on sth

modellismo [mo·del·'liz·mo] *m* model making

modello [mo·'dɛl·lo] *m* ① (*originale, tipo, prototipo*) model ② *fig* (*di coerenza, stile*) model; **essere un ~ di qc** to be a model of sth; **prendere qu a ~** to take sb as a model ③ (*plastico, modellino*) model ④ (*forma, stampo*) mold ⑤ (*capo d'abbigliamento*) model; (*del sarto*) pattern ⑥ ADMIN (*modulo*) form

modello [mo·'dɛl·lo] *m* model

Modena ['mɔ·de·na] *f* a city in the Emilia-Romagna region

modenese [mo·de·'neː·se] I. *adj* (*di Modena*) from Modena II. *mf* (*abitante*) person from Modena

moderare [mo·de·'raː·re] I. *vt* ① (*spese, velocità*) to curb; (*tono, collera*) to moderate; **~ i termini** [*o* **le parole**] to weigh one's words ② (*dibattito*) to chair II. *vr:* **-rsi** to keep oneself in check; **-rsi in qc** to do sth moderately; **-rsi nel bere** to drink moderately

moderato, -a [mo·de·'raː·to] I. *adj* ① (*prezzo, consumo*) moderate ② (*misurato: persona*) measured; **essere ~ in qc** to do sth moderately ③ POL moderate II. *m, f* POL moderate

moderatore, -trice *m, f* (*in dibattito*) chairperson

moderazione [mo·de·rat·'tsioː·ne] *f* ① (*misura*) moderation ② (*contenimento*) modesty

modernità [mo·der·ni·'ta] <-> *f* (*caratteristica, attualità*) modernity

modernizzare [mo·der·nid·'dzaː·re] I. *vt* (*rinnovare*) to modernize II. *vr:* **-rsi** to modernize oneself

M

moderno, -a adj ①(*attuale*) modern; **storia -a** early modern history ②(*aggiornato*) up-to-date

modestia [mo·'dɛs·tia] <-ie> f ①(*virtù*) modesty; **falsa ~** false modesty ②(*moderazione*) moderation ③(*di arredamento, indumento, lavoro*) modesty

modesto, -a [mo·'dɛs·to] adj ①(*non presuntuoso*) modest ②(*non lussuoso*) modest ③(*origine, estrazione, condizione*) humble ④(*prezzo, paga, spesa*) moderate ⑤(*mediocre*) modest

modico, -a ['mɔ·di·ko] <-ci, -che> adj moderate

modifica [mo·'di·fi·ka] <-che> f ①(*cambiamento*) alteration ②(*miglioramento*) improvement

modificare [mo·di·fi·'ka·re] I. vt ①(*cambiare*) to alter; **modifica** COMPUT modify ②(*migliorare*) to improve II. vr: **-rsi** to change

modo ['mɔ·do] m ①(*maniera*) way; **in ~ ...** adj in a ... way; **~ di dire** expression; **di** [o **in**] **~ che ...** +conj so that ...; **in ~ da ...** +inf so as to ... ②(*comportamento, atteggiamento*) manners pl ③(*mezzo, metodo*) means inv ④(*occasione, opportunità*) chance; **ad** [o **in**] **ogni ~** anyway ⑤ LING mood ⑥ MUS mode

modulare vt to modulate

modulazione [mo·du·lat·'tsio·ne] f ①(*di voce, suono*) modulation ② RADIO modulation; **~ di frequenza** frequency modulation

modulo ['mɔ·du·lo] m ①(*stampato*) form; **~ d'iscrizione** enrollment form; **~ di versamento** deposit slip ②(*parte, elemento*) unit ③(*all'università*) module

mogano ['mɔ·ga·no] m (*legno*) mahogany

mogio, -a ['mɔ·dʒo] <-gi, -ge> adj dejected

moglie ['moʎ·ʎe] <-gli> f wife; **mia ~** my wife; **prendere ~** to get married

molare [mo·'la·re] I. adj **dente ~** molar tooth II. m (*dente*) molar

mole ['mɔ·le] f ①(*massa enorme*) sheer size ②(*edificio*) mausoleum ③ fig (*quantità*) amount

molecola [mo·'lɛ·ko·la] f CHIM molecule

molestare [mo·les·'ta·re] vt ①(*infastidire*) to bother ②(*donna*) to sexually harass

molestia [mo·'lɛs·tia] <-ie> f ①(*fastidio*) bother ②**-e sessuali** sexual harassment

molesto, -a [mo·'lɛs·to] adj (*fastidioso*) bothersome

molisano, -a I. adj (*del Molise*) from Molise II. m, f (*abitante*) person from Molise

Molise [mo·'li·ze] m Molise, *region in Central Italy*

molla ['mɔl·la] f ①(*meccanismo*) spring; **materasso a -e** spring mattress ② fig (*stimolo*) incentive ③ pl (*pinza*) tongs

mollare [mol·'la·re] I. vt ①(*allentare*) to cast off; **molla!** let go!; **~ la presa** to let go ② inf (*dare*) to give; **~ un pugno a qu** to land a punch on sb ③ fig, inf (*famiglia, lavoro, partner*) to leave II. vi ① inf (*cedere*) to give in ② fig, inf (*smettere*) to stop

molle ['mɔl·le] adj (*soffice*) soft

molletta [mol·'let·ta] f ①(*da bucato*) clothespin ②(*per capelli*) hairpin

mollica [mol·'li·ka] <-che> f (*di pane*) soft part of a roll/loaf

molliccio, -a [mol·'lit·tʃo] <-cci, -cce> adj soft

mollo ['mɔl·lo] adj v. **molle**

molo ['mɔ·lo] m (*di porto*) jetty

molteplice [mol·'te·pli·tʃe] adj ①(*composito: forma, struttura*) composite ② pl (*numerosi*) many

moltiplicare [mol·ti·pli·'ka·re] I. vt MATH to multiply; **~ qc per qc** to multiply sth by sth II. vr: **-rsi** ①(*aumentare*) to increase ②(*riprodursi*) to multiply

moltiplicazione [mol·ti·pli·kat·'tsio·ne] f ① MATH multiplication ②(*aumento*) increase

moltissimo [mol·'tis·si·mo] *superl di* **molto** the most

moltitudine [mol·ti·'tu:·di·ne] *f* (*di persone*) vast number; *a. pej* (*folla*) crowd

molto[1] ['mol·to] <più, moltissimo> **I.** *adv* ① (*intensità*) very much ② (*con aggettivi e avverbi*) very; **~ prima** much earlier ③ (*tempo*) for a long time; (*spesso*) often ④ (*distanza*) much farther ⑤ (*con comparativi*) much **II.** *pron* ① (*quantità, misura, numero*) a lot ② (*tempo*) a long time; **ci vuole ~?** will it take a long time?; **fra non ~** shortly ③ (*distanza*) far ④ (*denaro*) a lot; **costa ~** it costs a lot ⑤ (*intelligenza, sforzo*) much ⑥ (*cosa importante*) something ⑦ *pl* (*persone*) many [*o* a lot of] people

molto, -a[2] <più, moltissimo> *adj* ① (*quantità, misura, numero*) a lot of ② (*intenso, grande*) very; **fa ~ caldo** it's very hot; **c'è ~ vento** it's very windy ③ (*lungo*) **c'è ancora -a strada prima di arrivare?** is it much farther before we arrive?; **è passato ~ tempo da allora** it was a long time ago

momentaneamente [mo·men·ta·nea·'men·te] *adv* at present

momentaneo, -a [mo·men·'ta:·neo] <-ei, -ee> *adj* momentary

momento [mo·'men·to] *m* ① (*attimo*) moment; **un ~!** just a moment!; **al** [*o* **per il**] **~** at the moment; **a -i** (*tra poco*) any time now; *inf* (*per poco*) almost; **dal ~ che ...** (*dato che*) given that ...; **da un ~ all'altro** from one moment to the next; **sul ~** there and then ② (*periodo*) period ③ (*circostanza*) chance; (*istante opportuno*) right moment

monaca ['mɔː·na·ka] <-che> *f* nun

monacale [mo·na·'kaː·le] *adj* ① (*abito, ordine*) monastic ② *fig* (*rigore, vita*) monkish

monaco ['mɔː·na·ko] <-ci> *m* monk

Monaco ['mɔː·na·ko] *m* ① **~** (*di Baviera*) Munich ② (*il Principato di*) **~** (the Principality of) Monaco

monarca [mo·'nar·ka] <-chi> *m* monarch

monarchia [mo·nar·'kiː·a] <-chie> *f* monarchy

monarchico, -a [mo·'nar·ki·ko] <-ci, -che> **I.** *adj* (*regime, potere*) monarchic; (*partito*) monarchist **II.** *m, f* (*sostenitore*) monarchist

monastero [mo·nas·'tɛː·ro] *m* monastery

moncherino [moɲ·ke·'riː·no] *m* stump

monco, -a ['moɲ·ko] <-chi, -che> *adj* ① (*braccio, gamba*) maimed ② (*parola, frase*) incomplete

mondanità [mon·da·ni·'ta] <-> *f* (*modo di vivere*) worldly pleasures *pl*

mondano, -a [mon·'daː·no] *adj* ① (*persona, vita*) worldly ② (*evento*) society

mondiale [mon·'diaː·le] **I.** *adj* (*internazionale*) world; **di fama ~** world-famous **II.** *m* SPORT (*campionato*) world championship; **i -i** the World Cup

mondo ['mon·do] *m a. fig* world; **al ~** in the world; **il bel** [*o* **gran**] **~** the jet set; **uomo/donna di ~** jet setter; **andare all'altro ~** to pass on; **mettere al ~ qu** to give birth to sb; **venire al ~** to be born; **un ~** (*di qc*) a lot (of sth)

mondovisione [mon·do·vi·'zioː·ne] *f* **in ~** TV worldwide

moneta [mo·'neː·ta] *f* ① (*di metallo*) coin ② (*valuta*) currency ③ (*denaro*) money ④ (*spiccioli*) change

monetario, -a [mo·ne·'taː·rio] <-i, -ie> *adj* ECON, FIN monetary

mongolfiera [moɲ·gol·'fiɛː·ra] *f* hot-air balloon

monito ['mɔː·ni·to] *m* warning

monitoraggio [mo·ni·to·'raː·dʒio] <-ggi> *m a. fig* monitoring

monogamia [mo·no·ga·'miː·a] <-ie> *f* monogamy

monografia [mo·no·gra·'fiː·a] *f* monograph

monografico, -a [mo·no·'graː·fi·ko] <-ci, -che> *adj* (*opera, ricerca, saggio*) monographic; (*corso*) dedicated

monogramma [mo·no·'gram·ma] <-i> *m* monogram

M

monolingue [mo·no·'liŋ·gue] <inv> *adj* LING monolingual; **dizionario ~** monolingual dictionary

monolocale [mo·no·lo·'ka:·le] *m* studio apartment

monologo [mo·'nɔ:·lo·go] <-ghi> *m* monologue

monopattino [mo·no·'pat·ti·no] *m* scooter

monopolio [mo·no·'pɔ:·lio] <-i> *m* a. *fig* ECON monopoly; **~ di stato** state monopoly

monopolizzare [mo·no·po·lid·'dza:·re] *vt* a. *fig* to monopolize

monosci [mo·no·'ʃi] <-> *m* SPORT (*alpino*) monoski; (*sci d'acqua*) water ski

monossido [mo·'nɔs·si·do] *m* CHIM **~ di carbonio** carbon monoxide

monoteista [mo·no·te·'is·ta] <-i *m*, -e *f*> *adj* monotheist

monoteistico, -a [mo·no·te·'is·ti·ko] <-ci, -che> *adj* monotheistic

monotonia [mo·no·to·'ni:·a] <-ie> *f* monotony

monotono, -a [mo·'nɔ:·to·no] *adj* monotonous

monouso [mo·no·'u:·zo] <inv> *adj* disposable

monovolume [mo·no·vo·'lu:·me] <-> *f* (*automobile*) minivan

monsignore [mon·siɲ·'ɲo:·re] *m* (*titolo*) Monsignor

monsone [mon·'so:·ne] *m* monsoon

monta ['mon·ta] *f* ⓵ (*accoppiamento*) covering ⓶ (*in equitazione*) riding

montacarichi [mon·ta·'ka:·ri·ki] <-> *m* elevator

montaggio [mon·'tad·dʒo] <-ggi> *m* ⓵ (*assemblaggio*) assembly; **catena di ~** assembly line ⓶ FILM editing

montagna [mon·'taɲ·ɲa] *f* ⓵ (*monte*) mountain; **-e russe** roller coaster ⓶ (*regione*) mountains *pl*; **da ~** mountain; **di ~** mountain; **in ~** in [*o* to] the mountains ⓷ *fig* (*grande quantità*) mountain

montagnoso, -a [mon·taɲ·'ɲo:·so] *adj* mountainous

montanaro, -a [mon·ta·'na:·ro] I. *adj*

mountain II. *m, f* (*abitante*) mountain dweller

montano, -a [mon·'ta:·no] *adj* mountain

montare [mon·'ta:·re] I. *vt avere* ⓵ (*scala, pendio*) to climb ⓶ (*cavallo*) to ride ⓷ (*fecondare*) to cover ⓸ CULIN to whisk ⓹ (*mobile, pezzi*) to assemble; (*scaffale*) to put up ⓺ *fig* (*notizia, fatto*) to exaggerate ⓻ (*fotografia, diamante*) to mount ⓼ FILM (*pellicola*) to edit II. *vi essere* ⓵ (*salire*) to climb; (*in bicicletta*) to get on; (*in macchina*) to get in; **monta in macchina!** get in the car! ⓶ CULIN to rise ⓷ a. *fig* (*acque, tono, malcontento*) to rise ⓸ (*iniziare un turno*) to clock in III. *vr*: **-rsi**; **-rsi** (**la testa**) *inf* to become big-headed

montato, -a [mon·'ta:·to] *adj* ⓵ CULIN **panna -a** whipped cream ⓶ *inf* (*persona*) big-headed

montatura [mon·ta·'tu:·ra] *f* ⓵ (*di occhiali*) frames *pl* ⓶ (*di gioielli*) setting ⓷ *fig* (*esagerazione*) invention

monte ['mon·te] *m* ⓵ (*montagna*) mountain; **il Monte Bianco** Mont Blanc; **a ~** uphill; *fig* at the source ⓶ *fig* (*di libri, pacchi, problemi*) mountain ⓷ (*loc*) **andare a ~** *fig* to fall apart; **mandare a ~** *fig* to finish off

montone [mon·'to:·ne] *m* ⓵ (*animale*) ram; **carne di ~** mutton ⓶ *inf* (*cappotto*) sheepskin jacket/coat

montuoso, -a [mon·tu·'o:·so] *adj* (*regione, paesaggio*) mountainous; **catena -a** mountain range

monumentale [mo·nu·men·'ta:·le] *adj* ⓵ (*arte, pittura*) on [*o* of] a monument ⓶ (*imponente*) monumental

monumento [mo·nu·'men·to] *m* monument; **~ ai caduti** war memorial; **~ nazionale** national monument

moquette [mo·'kɛt] <-> *f* fitted carpet

mora ['mɔ:·ra] *f* ⓵ (*di rovo*) blackberry; (*di gelso*) mulberry ⓶ GIUR surcharge on arrears

morale¹ [mo·'ra:·le] *adj* moral

morale² I. *f* ⓵ (*norme*) morality ⓶ (*dottrina*) morals *pl* ⓷ (*di favola, racconto*)

moral II. *m inf* (*umore*) morale; **essere giù/su di ~** to be in good/low spirits

moralismo [mo·ra·'liz·mo] *m pej* moralizing

moralista [mo·ra·'lis·ta] <-i *m*, -e *f*> I. *adj* moralistic II. *mf pej* (*persona*) moralizer

moralità [mo·ra·li·'ta] <-> *f* morality

morbidezza [mor·bi·'det·tsa] *f* softness

morbido, -a ['mɔr·bi·do] *adj* soft

morbillo [mor·'bil·lo] *m* MED measles

morbo ['mɔr·bo] *m* ❶ (*malattia*) disease; **~ di Alzheimer** Alzheimer's disease ❷ *fig* evil

morbosità [mor·bo·si·'ta] <-> *f* morbidness

morboso, -a [mor·'bo:·so] *adj fig* (*attaccamento, curiosità*) morbid; (*persona*) overly attached

mordace [mor·'da:·tʃe] *adj fig* (*battuta, scrittore*) scathing

mordere ['mɔr·de·re] <mordo, morsi, morso> I. *vt* to bite; (*mela, panino*) to bite into II. *vr:* **-rsi** (*lingua, labbro, unghie*) to bite; **-rsi la lingua** [*o* **le labbra**] *fig* to bite one's tongue; **-rsi le mani** [*o* **le dita**] [*o* **le unghie**] *fig* to kick oneself

morente [mo·'rɛn·te] *adj a. fig* dying

morfina [mor·'fi:·na] *f* morphine

morfologia [mor·fo·lo·'dʒi:·a] <-gie> *f* morphology

morfologico, -a [mor·fo·'lɔ:·dʒi·ko] *adj* morphological

moribondo, -a [mo·ri·'bon·do] I. *adj* dying; **essere ~** to be dying II. *m, f* dying person

morire [mo·'ri:·re] <muoio, morii, morto> *vi* essere ❶ (*persona, animale, pianta*) to die; **~ di qc** to die from sth ❷ *fig* (*soffrire*) **~ di fame/di sete** to die of hunger/thirst; **dall'invidia** to be green with envy; **~ di freddo/di noia** to be frozen/bored stiff; **~ dal ridere/dalle risate** to die laughing; **~ dal sonno** to be dead tired; **~ dalla voglia di fare qc** to be dying to do sth; **fa un caldo/un freddo da ~** *inf* it's boiling hot/bitterly cold; **bello/brutto da ~** drop-dead gorgeous/as ugly as sin; **mi piace da ~** I love it ❸ *fig* (*conversazione, discorso*) to die off; (*progetto, questione*) to die ❹ *fig* (*fuoco, luce*) to die out; (*passione, speranza*) to die off

mormone [mor·'mo:·ne] *m* Mormon

mormorare [mor·mo·'ra:·re] *vi* (*bisbigliare*) to whisper

mormorio [mor·mo·'ri:·o] <-ii> *m* (*di persone*) murmur

moro, -a I. *adj* (*dai capelli scuri*) dark-haired II. *m, f* (*persona*) dark-haired person

moroso, -a¹ [mo·'ro:·zo/mo·'ro:·so] *adj* GIUR in arrears

moroso, -a² *m, f sett* (*innamorato*) boyfriend *m*, girlfriend *f*

morsa ['mɔr·sa] *f* ❶ (*attrezzo*) vise ❷ (*stretta*) grip ❸ *fig* (*disagio*) grip

morsi ['mɔr·si] *1. pers sing pass rem di* **mordere**

morsicare [mor·si·'ka:·re] *vt* to bite; (*mela, pane*) to bite into

morso¹ ['mɔr·so] *pp di* **mordere**

morso² *m* ❶ (*gener*) bite ❷ *fig* (*fitta*) pang ❸ (*per cavallo*) bit

mortadella [mor·ta·'dɛl·la] *f* mortadella

mortale [mor·'ta:·le] I. *adj* ❶ (*non eterno*) mortal ❷ (*umano, terreno*) human ❸ (*malattia, ferita, veleno*) deadly; **nemico ~** deadly enemy; **salto ~** somersault ❹ (*insopportabile*) terrible II. *m* (*essere umano*) mortal

mortalità [mor·ta·li·'ta] <-> *f* mortality rate; **~ infantile** infant mortality

mortalmente [mor·tal·'men·te] *adv* mortally; **annoiarsi ~** to be bored to death

morte ['mɔr·te] *f* ❶ (*decesso*) death; **essere fra la vita e la ~** to be fighting for one's life; **in punto di ~** on one's deathbed; **colpire/ferire qu a ~** to mortally wound sb; **odiare qu a ~** *inf* to really hate sb's guts ❷ (*pena*) death; **pena di ~** death penalty ❸ *fig* (*fine*) death

mortificare [mor·ti·fi·'ka:·re] I. *vt* (*persona*) to humiliate II. *vr:* **-rsi** ❶ (*avvilirsi*) to feel humiliated ❷ (*punirsi*) to punish oneself

M

morto, -a ['mɔr·to] **I.** *pp di* **morire II.** *adj* ❶ (*persona, animale, albero*) dead ❷ *fig* (*sfinito*) dying; **essere ~ di fame/di sete/di freddo** to be dying of hunger/thirst/cold; **essere ~ di fatica** to be dead tired; **stanco ~** dead tired; **essere ~ di paura** to be really scared **III.** *m, f* (*persona*) dead person; **i Morti** [*o* **il giorno dei -i**] All Soul's Day; **fare il ~** to float; **un ~ di fame** *fig, pej* poor wretch

mortuario, -a [mor·tu·'a:·rio] <-i,-ie> *adj* (*annuncio*) death; (*servizio*) funeral; **camera -a** mortuary

mosaico [mo·'za:·i·ko] <-ci> *m* mosaic

mosca ['mos·ka] <-sche> *f* (*insetto*) fly; **~ cieca** (*gioco*) blind man's bluff

Mosca ['mos·ka] *f* Moscow

moscato [mos·'ka:·to] *m* (*vino*) muscatel

moscato, -a *adj* **noce -a** nutmeg

moscerino [moʃ·ʃe·'ri:·no] *m* gnat

moschea [mos·'kɛ:·a] <-schee> *f* mosque

moscio, -a ['moʃ·ʃo] <-sci, -sce> *adj* (*loc*) **avere [*o* **parlare con] la erre -a** to not be able to roll one's "r"s

moscone [mos·'ko:·ne] *m* ❶ (*insetto*) bluebottle ❷ (*imbarcazione*) pedal boat

mossa ['mos·sa] *f* ❶ (*movimento*) movement; **fare la ~ di** to make as if to ❷ *a.* SPORT move; **fare la prima ~** *a. fig* to make the first move; **darsi una ~** *inf* to get a move on

mossi ['mos·si] *1. pers sing pass rem di* **muovere**

mosso, -a ['mos·so] **I.** *pp di* **muovere II.** *adj* ❶ (*mare*) rough ❷ (*fotografia*) blurred ❸ (*capelli*) wavy

mostarda [mos·'tar·da] *f* ❶ (*salsa*) mustard ❷ **~ di Cremona** pickled fruit in a mustard-based sauce

mostra ['mos·tra] *f* ❶ (*sfoggio*) show; **mettersi in ~** to draw attention to oneself ❷ (*d'arte*) exhibition; (*di prodotti*) display; (*di animali*) show; **~ mercato** market

mostrare [mos·'tra:·re] **I.** *vt* ❶ (*far vedere*) to show; **~ qc a qu** to show sb sth

❷ (*additare*) to point out ❸ (*spiegare, dimostrare*) to explain ❹ (*palesare*) to show ❺ (*fingere*) to pretend **II.** *vr:* **-rsi** ❶ (*farsi vedere*) to appear ❷ (*dimostrarsi*) to appear

mostro ['mos·tro] *m a. fig, a. scherz* monster

mostruosità [mos·truo·zi·'ta] <-> *f* ❶ (*aspetto*) monstrosity ❷ *fig* (*atto, malvagità*) dreadful deed ❸ *fig* (*difformità*) anomaly

mostruoso, -a [mos·tru·'o:·zo] *adj* ❶ (*orrendo*) monstrous ❷ *fig* (*eccezionale*) incredible ❸ *fig* (*malvagio*) monstrous

motivare [mo·ti·'va:·re] *vt* ❶ (*spiegare*) to justify ❷ (*causare*) to cause ❸ (*stimolare*) to motivate

motivazione [mo·ti·vat·'tsio:·ne] *f* ❶ (*giustificazione*) justification ❷ (*stimolo*) motivation

motivo [mo·'ti:·vo] *m* ❶ (*ragione*) reason; **avere ~ di qc** to have reason to sth; **per quale ~?** why?; **per questo ~** this is why ❷ MUS (*tema, melodia*) motif; (*brano*) tune ❸ (*tematica*) theme ❹ (*floreale, geometrico*) motif

moto[1] ['mɔ·to] *m* ❶ FIS motion ❷ (*di apparecchio, macchina*) movement; **mettere in ~** (*auto*) to start up; *fig* to set sth in motion; **mettersi in ~** *fig* to get moving ❸ (*ginnastica*) exercise ❹ (*gesto*) movement; (*impulso*) gesture

moto[2] <-> *f* (*motocicletta*) motorcycle

motocicletta [mo·to·tʃi·'klet·ta] *f* motorcycle

motociclismo [mo·to·tʃi·'kliz·mo] *m* motorcycling

motociclista [mo·to·tʃi·'klis·ta] <-i *m*, -e *f*> *mf* motorcyclist

motociclistico, -a [mo·to·tʃi·'klis·ti·ko] *adj* motorcycling

motore, -trice[1] [mo·'to:·re] *adj* (*forza, albero*) driving

motore[2] *m* ❶ TEC engine; **a ~** motor-powered; **~ a benzina** gas engine ❷ COMPUT **~ di ricerca** search engine

motorino [mo·to·'ri:·no] *m* ❶ *inf* (*ciclo-*

motore) moped ② ~ **d'avviamento** AUTO starter

motorizzarsi [mo·to·rid·'dza··rsi] *vr inf* to get some wheels

motorizzazione [mo·to·rid·dzat·'tsio··ne] *f inf* ADMIN Department of Motor Vehicles

motoscafo [mo·tos·'ka··fo] *m* motorboat

motovedetta [mo·to·ve·'det·ta] *f* patrol boat

motrice [mo·'tri:·tʃe] *f (di tram, treno)* engine

motto [mot·to] *m* ① *(massima)* motto; ~ **popolare** popular saying ② *(battuta)* witticism; ~ **di spirito** witty remark

mouse [maus] <-> *m* COMPUT mouse

mousse [mus] <-> *f* CULIN mousse

movente [mo·'vɛn·te] *m* motive

movimentare [mo·vi·men·'ta:·re] *vt* to liven up

movimento [mo·vi·'men·to] *m* ① *(gener)* movement; **fare** ~ to exercise; **essere in** ~ to be moving; **mettersi in** ~ to begin to move ② *(animazione)* bustle; *(traffico)* traffic ③ *fig (corrente, tendenza)* movement

moviola [mo·'vio:·la] *f* TV slow motion replay; **alla** ~ on the replay

mozione [mot·'tsio:·ne] *f* motion; ~ **di fiducia/sfiducia** POL motion of confidence/no-confidence

mozzafiato [mot·tsa·'fia:·to] <inv> *adj* *fig* breathtaking

mozzare [mot·'tsa:·re] *vt* ① *(testa)* to cut off; *(coda)* to dock ② **da** ~ **il fiato** *fig* breathtakingly

mozzarella [mot·tsa·'rɛl·la] *f* mozzarella; ~ **di bufala** mozzarella made from buffalo's milk

mozzicone [mot·tsi·'ko:·ne] *m (di sigaretta)* butt; *(di candela)* end; *(di matita)* stub

mozzo, -a[1] ['mot·tso] *adj (testa, dito)* cut off; **coda -a** a docked tail

mozzo[2] *m* ② MAR deck hand ② *(di ruota, elica)* hub

mucca ['muk·ka] <-cche> *f* cow; **morbo della ~ pazza** mad cow disease

mucchio ['muk·kio] <-cchi> *m* ① *(di carte, pietre, stracci)* heap ② *(grande quantità)* a lot

muco ['mu:·ko] <-chi> *m* mucus

mucosa [mu·'ko:·za] *f* ANAT mucous membrane

muffa ['muf·fa] *f* mold; **fare la** ~ to go moldy; *fig* to gather dust

muggire [mud·'dʒi:·re] <muggisco> *vi (bovino)* to moo

muggito [mud·'dʒi:·to] *m (di bovino)* moo

mughetto [mu·'get·to] *m* ① *(fiore)* lily of the valley ② MED thrush

mugolare [mu·go·'la:·re] *vi* ① *(cane)* to whimper ② *(persona)* to groan

mugolio [mu·go·'li:·o] <-ii> *m* ① *(di cane)* whining ② *(di dolore, piacere)* groaning

mulattiera [mu·lat·'tiɛ:·ra] *f* muletrack

mulatto, -a [mu·'lat·to] *adj, m, f* mulatto

mulinello [mu·li·'nɛl·lo] *m* ① *(vortice: di acqua, vento)* eddy ② *(di canna da pesca)* reel

M

mulino [mu·'li:·no] *m* mill; ~ **ad acqua** water mill; ~ **a vento** windmill; **tirare** [*o* **portare**] **l'acqua al proprio** ~ *fig* to add grist to one's own mill; **combattere contro i -i a vento** *fig* to tilt at windmills

mulo ['mu:·lo] *m* mule; **testardo** [*o* **ostinato**] **come un** ~ as stubborn as a mule

multa ['mul·ta] *f* fine

multare [mul·'ta:·re] *vt* to fine

multicolore [mul·ti·ko·'lo:·re] *adj* multicolored

multiculturale [mul·ti·kul·tu·'ra:·le] *adj* multicultural

multidisciplinare [mul·ti·diʃ·ʃi·pli·'na:·re] *adj* multidisciplinary

multietnico, -a [mul·ti·'ɛt·ni·ko] <-ci, -che> *adj* multiethnic

multifunzione [mul·ti·funt·'tsio:·ne] <inv> *adj* multifunctional

multimediale [mul·ti·mɛ·'dia:·le] *adj* multimedia

multinazionale [mul·ti·nat·tsio·'na:·le] *adj, f* multinational

multiplo ['mul·ti·plo] *m* MATH multiple

multiplo, -a *adj a.* MATH multiple; **vettura** [*o* **auto**] **-a** minivan; (*furgone*) large van

multiproprietà [mul·ti·pro·prie·'ta] <-> *f* ① GIUR (*comproprietà*) time-sharing ② (*immobile*) time-share

multirazziale [mul·ti·rat·'tsia:·le] *adj* multiracial

multisala [mul·ti·'sa:·la] I.<inv> *adj* (*cinema*) multiplex II.<- *m*, **-e** *f*> *m o f* (*cinema*) multiplex

multiuso [mul·ti·'u:·zo] <inv> *adj* multi-purpose

mummia ['mum·mia] <-ie> *f* mummy

mungere ['mun·dʒe·re] <mungo, munsi, munto> *vt a. fig* to milk

municipale [mu·ni·tʃi·'pa:·le] *adj* (*comunale*) municipal; **palazzo ~** city hall

municipio [mu·ni·'tʃi:·pio] <-i> *m* ① (*amministrazione*) city council ② (*edificio*) city hall; **sposarsi in ~** to get married at city hall

munire [mu·'ni:·re] <munisco> I. *vt* (*dotare*) to equip; **~ qu/qc di qc** to equip sb/sth with sth II. *vr:* **-rsi di qc** (*dotarsi*) to equip oneself with sth; *fig* to muster

munizioni [mu·nit·'tsio:·ni] *fpl* (*di armi*) munitions *pl*

munsi ['mun·si] *1. pers sing pass rem di* **mungere**

munto ['mun·to] *pp di* **mungere**

muoio ['muɔ:·io] *1. pers sing pr di* **morire**

muovere ['muɔ:·ve·re] <muovo, mossi, mosso> I. *vt avere* ① (*parte del corpo*) to move; **non ~ un dito** to not lift a finger ② (*azionare*) to drive ③ (*spostare*) to move; (*vento*) to blow ④ (*nella dama, negli scacchi*) to move ⑤ *fig* (*attacco*) to launch ⑥ *fig* (*accusa*) to level; (*obiezione*) to raise; (*osservazione*) to make II. *vi* ① (*dirigersi*) to move ② *fig* (*provenire*) to come from III. *vr:* **-rsi** ① (*gener*) to move; (*veicolo*) to move off; (*essere in moto*) to be moving ② (*sbrigarsi*) to get a move on ③ *fig* (*intervenire*) to move

muraglia [mu·'raʎ·ʎa] <-glie> *f* defensive wall; **~ cinese** Great Wall of China

murales [mu·'ra·les] *mpl* (*dipinti*) murals *pl*

murare [mu·'ra:·re] I. *vt* ① (*porta, finestra*) to wall up ② (*presa, gancio*) to fix on a wall; (*cassaforte, libreria*) to fix in [*o* on] a wall II. *vr:* **-rsi** (*rinchiudersi*) to wall oneself up

murario, -a [mu·'ra:·rio] <-i, -ie> *adj* ① (*opera, arte*) masonry ② **cinta -a** wall

muratore [mu·ra·'to:·re] *m* bricklayer

muratura [mu·ra·'tu:·ra] *f* ① (*lavoro*) walling; **in ~** (*di pietra*) built of stone; (*di mattoni*) built of brick ② (*muro*) wall

murena [mu·'rɛ:·na] *f* moray eel

muriatico, -a [mu·'ria:·ti·ko] <-ci, -che> *adj* CHIM **acido ~** muriatic acid

muro¹ ['mu:·ro] <-a *f*> *m a. fig* (*di città*) wall; **entro/fuori le mura** within/outside the walls

muro² *m* ① (*di edificio*) wall; **~ divisorio** dividing wall; **~ maestro** main wall; **~ portante** bearing wall; **a ~** wall; **parlare al ~** *fig* to talk to the wall ② (*di nebbia, acqua*) wall ③ *fig* (*di indifferenza, omertà, silenzio*) wall; **~ di gomma** wall of indifference

musa ['mu:·za] *f fig* (*fonte d'ispirazione*) muse

muschio ['mus·kio] <-schi> *m* ① (*pianta*) moss ② (*essenza*) musk

muscolare [mus·ko·'la:·re] *adj* muscular

muscolatura [mus·ko·la·'tu:·ra] *f* musculature

muscolo ['mus·ko·lo] *m* ① ANAT muscle ② *pl fig* (*forza fisica*) muscles ③ (*carne*) stew meat

muscoloso, -a [mus·ko·'lo:·so] *adj* muscular

museo [mu·'zɛ:·o] *m* museum

museruola [mu·ze·'ruɔ:·la] *f* muzzle; **mettere la ~ a qu** *fig* to muzzle sb

musica ['mu:·zi·ka] <-che> *f* music; **è sempre la stessa ~!** it's always the same old story!

M

musicale [mu·zi·ˈka:·le] *adj* musical

musicista [mu·zi·ˈtʃis·ta] <-i *m*, -e *f*> *mf* ❶ (*compositore*) composer ❷ (*esecutore*) musician

muso [ˈmu:·zo] *m* ❶ (*di animale*) muzzle ❷ *pej, scherz* (*faccia*) face; **rompere** [*o* **spaccare**] **il ~ a qu** *inf* to smash sb's face in ❸ (*broncio*) sulky expression; **avere** [*o* **fare**] [*o* **tenere**] **il ~** (**lungo**) *inf* to sulk

muta [ˈmu:·ta] *f* ❶ zoo (*di uccelli*) molting; (*di rettili*) shedding ❷ sport (*tuta*) wetsuit ❸ (*di cani*) pack

mutamento [mu·ta·ˈmen·to] *m* change

mutande [mu·ˈtan·de] *fpl* (*da uomo*) underpants; (*da donna*) panties

mutandine [mu·tan·ˈdi:·ne] *fpl* (*da donna*) panties; (*da bambino*) pants

mutare [mu·ˈta:·re] I. *vt* avere (*idea, aspetto, città, abito*) to change; (*pelle, penne, squame*) to shed II. *vi* essere (*diventare diverso*) to change

mutevole [mu·ˈte:·vo·le] *adj* ❶ (*tempo, situazione*) changeable ❷ (*umore, carattere*) moody

mutilare [mu·ti·ˈla:·re] *vt* ❶ (*corpo, arto*) to amputate ❷ *fig* (*opera*) to mutilate

mutilato, -a [mu·ti·ˈla:·to] I. *adj* (*persona*) maimed II. *m, f* (*invalido*) disabled person

mutilazione [mu·ti·lat·ˈtsio:·ne] *f* (*di corpo, arto*) amputation

muto, -a I. *adj* ❶ MED dumb ❷ (*silenzioso*) silent; (*ammutolito*) dumbstruck; **essere ~ come un pesce** *scherz* to be as silent as the grave ❸ (*senza suono, senza voce*) silent; **cinema ~** silent cinema; **fare scena -a** *fig* to not utter a word II. *m, f* (*persona*) dumb person

mutuo[1] [ˈmu:·tuo] *adj* (*reciproco*) mutual

mutuo[2] *m* GIUR, ECON (*prestito*) loan; **~ ipotecario** mortgage

---

Nn

N, n [ˈɛn·ne] <-> *f* N, n; **~ come Napoli** N for November

n *abbr di* **numero** no.

N *abbr di* **nord** N

nacqui [ˈnak·kui] *1. pers sing pass rem di* **nascere**

nafta [ˈnaf·ta] *f* (*olio combustibile*) oil

naïf [na·ˈif] <inv> *adj* naive

nanna [ˈnan·na] *f* (*linguaggio infantile*) night-night; **andare a ~** to go to nightnight; **fare la ~** to go to sleep

nano, -a [ˈna:·no] I. *adj* (*razza, pianta*) dwarf II. ❶ (*di favole*) dwarf ❷ (*persona bassa*) dwarf; *pej* midget

napoletano [na·po·le·ˈta:·no] *m* (*dialetto*) Neapolitan

napoletano, -a I. *adj* Neapolitan II. *m, f* (*abitante*) Neapolitan

Napoli [ˈna:·po·li] *f* Naples

narcisista [nar·tʃi·ˈzis·ta] <-i *m*, -e *f*> *mf* narcissist; **è un narcisista** he's extremely vain

narciso [nar·ˈtʃi:·zo] *m* BOT daffodil

narcotico, -a <-ci, -che> *adj* narcotic

narcotizzare [nar·ko·tid·ˈdza:·re] *vt* to narcotize

narcotrafficante [nar·ko·traf·fi·ˈkan·te] *mf* drug trafficker

narice [na·ˈri:·tʃe] *f* nostril

narrare [nar·ˈra:·re] I. *vt* (*storia, leggenda*) to tell; (*libro, film*) to narrate II. *vi* **~ di qu/qc** to tell of sb/sth

narrativa [nar·ra·ˈti:·va] *f* LETT narrative

narrativo, -a [nar·ra·ˈti:·vo] *adj* narrative

narrazione [nar·ra·ˈtsio:·ne] *f* ❶ (*di fatto, viaggio*) account ❷ (*in libro, film*) narration

NAS *acro di* **Nucleo Antisofisticazioni Sanità (dei Carabinieri)** *health investigation department of the Carabinieri*

nasale [na·'sa:·le] *adj, f* nasal

nascere ['naʃ·ʃe·re] <nasco, nacqui, nato> *vi* essere ① (*persone, animali*) to be born; **non sono nato ieri** I wasn't born yesterday ② (*pianta*) to come up; (*fiore*) to come out ③ (*fiumi*) to rise ④ (*sole*) to rise; (*giorno*) to break ⑤ *fig* (*avere origine: tradizione, iniziativa*) to come from ⑥ *fig* (*formarsi: associazione*) to be created ⑦ *fig* (*amore*) to be born ⑧ *fig* **far ~** (*dubbio, sospetto*) to give rise to

nascita ['naʃ·ʃi·ta] *f* ① (*di bambino*) birth; **di ~** by birth ② BOT appearance ③ *fig* (*di sentimento*) beginning

nascituro, -a [naʃ·ʃi·'tu:·ro] *m, f* unborn child

nascondere [nas·'kon·de·re] <nascondo, nascosi, nascosto> I. *vt* ① (*oggetto*) to hide ② (*sentimento, verità*) to conceal; **~ qc a qu** to hide sth from sb II. *vr:* **-rsi** to hide

nascondiglio [nas·kon·'diʎ·ʎo] <-gli> *m* hiding place

nascondino [nas·kon·'di:·no] *m* **giocare a ~** to play hide-and-seek

nascosi [nas·'ko:·si] *I. pers sing pass rem di* **nascondere**

nascosto, -a [nas·'kos·to] I. *pp di* **nascondere** II. *adj* ① (*oggetto*) hidden; (*luogo*) secret; **rimanere ~** to remain hidden ② *fig* **di ~** (*sposarsi, vedersi*) in secret; (*uscire*) unseen; (*fumare, mangiare*) on the sly

naso ['na:·so] *m* nose; **~ all'insù** snub nose; **ficcare il ~ negli affari altrui** to stick one's nose into other people's business

nastro ['nas·tro] *m* (*per capelli, abiti*) ribbon; **~ adesivo** adhesive tape; **~ trasportatore** conveyor belt

natale [na·'ta:·le] *adj* native

Natale [na·'ta:·le] *m* Christmas

natalizio, -a [na·ta·'lit·tsjo] <-i, -ie> *adj* Christmas

natica ['na:·ti·ka] <-che> *f* buttock

nativo, -a [na·'ti:·vo] I. *adj* (*paese*) home; (*lingua*) native; **essere ~ di Firenze** to be from Florence II. *m, f* native

nato, -a ['na:·to] I. *pp di* **nascere** II. *adj* born; **un attore ~** *fig* a born actor

natura [na·'tu:·ra] *f* ① (*universo*) nature; **~ morta** still life; **contro ~** unnatural ② (*indole*) character

naturale [na·tu·'ra:·le] *adj* (*non artefatto, ovvio*) natural; **a grandezza ~** lifesize

naturalmente [na·tu·ral·'men·te] *adv* ① (*secondo natura*) naturally ② (*ovviamente*) of course

naufragare [nau·fra·'ga:·re] *vi* essere o avere *fig* (*progetto*) to fail

naufragio [nau·'fra:·dʒo] <-gi> *m* ① NAUT shipwreck ② *fig* (*di progetto*) failure

naufrago, -a ['na:u·fra·go] <-ghi, -ghe> *m, f* shipwreck survivor

nausea ['na:u·ze·a] *f* ① MED nausea; **avere la ~** to feel nauseous ② *fig* **mi dà la ~** it makes me feel sick

nauseante [nau·ze·'an·te] *adj* nauseous

nauseare [nau·ze·'a:·re] *vt* to nauseate

nautico, -a ['na:u·ti·ko] <-ci, -che> *adj* (*di mare*) nautical; **sport -ci** water sports

navale [na·'va:·le] *adj* ① (*accademia*) naval ② (*cantiere, industria*) shipbuilding

navata [na·'va:·ta] *f* ① **centrale** nave; **~ laterale** aisle

nave ['na:·ve] *f* ship; **~ da guerra** warship

navetta [na·'vet·ta] *f* (*treno, autobus*) shuttle; **~ spaziale** space shuttle

navicella [na·vi·'tʃɛl·la] *f* **~ spaziale** capsule

navigabile [na·vi·'ga:·bi·le] *adj* navigable

navigare [na·vi·'ga:·re] *vi* ① NAUT to sail ② COMPUT **~ in Internet/in Rete** to surf the Internet/the Net

navigatore, -trice [na·vi·ga·'to:·re] *m, f* sailor

navigatore [na·vi·ga·ˈto:·re] *m* TEC ~ **(satellitare)** GPS navigator

navigazione [na·vi·ga·ˈtsio:·ne] *f* NAUT, AERO navigation

nazionale [nat·tsio·ˈna:·le] **I.** *adj* (*di nazione*) national; (*mercato*) domestic **II.** *f* (national) team; **la ~ italiana** the Italian soccer team

nazionalista [nat·tsio·na·ˈlis·ta] <-i *m*, -e *f*> *mf* nationalist

nazionalistico, -a [nat·tsio·na·ˈlis·ti·ko] <-ci, -che> *adj* nationalistic

nazionalità [nat·tsio·na·li·ˈta] <-> *f* nationality

nazionalizzare [nat·tsio·na·lid·ˈdza:·re] *vt* to nationalize

nazione [na·ˈtsio:·ne] *f* nation; **le Nazioni Unite** the United Nations

naziskin [ˈna:·tsi·skin] <-> *mf* (neonazi) skinhead

nazismo [na·ˈtsiz·mo] *m* Nazism

nazista [na·ˈtsis·ta] *adj, mf* Nazi

'ndrangheta [n·ˈdraŋ·ge·ta] *f Calabrian Mafia*

ne [ne] **I.** *pron* ① (*persona: di lui*) about him; (*di lei*) about her; (*di loro*) about them ② (*di ciò*) about it; **~ parlano molto** they talk about it a lot; **non me ~ importa (niente)** I don't care (at all) ③ (*da ciò*) from it ④ (*con valore partitivo: di questo*) of it; (*di questi*) of them; **me ~ daresti un po'?** could you give me some of it? **II.** *adv* ① (*da un luogo*) from there; (*da una situazione*) from it; **andarsene** to go away ② (*rafforzativo*) **me ~ sto qui** I'm just sitting here

né [ne] *conj* neither; **~ ... ~ ...** neither ... nor ...; **~ più ~ meno** no more, no less

NE *abbr di* **nordest** NE

neanche [ne·ˈaŋ·ke] *adv v.* **nemmeno**

nebbia [ˈneb·bia] <-ie> *f* METEO fog

nebbioso, -a [neb·ˈbio:·so] *adj* METEO foggy; (*coperto da foschia*) misty

necessariamente [ne·tʃes·sa·ria·ˈmen·te] *adv* necessarily

necessario [ne·tʃes·ˈsa:·rio] *m* **lo stretto ~** the bare essentials

necessario, -a <-i, -ie> *adj* necessary

necessità [ne·tʃes·si·ˈta] <-> *f* need; (*povertà*) poverty; **in caso di ~** if need be; **per ~** out of necessity

necessitare [ne·tʃes·si·ˈta:·re] *vi* ① (*avere bisogno*) **~ di qc** to need sth ② (*impersonale*) to require

necrologio [ne·kro·ˈlɔ:·dʒo] <-gi> *m* (*annuncio*) obituary

necropoli [ne·ˈkrɔ:·po·li] <-> *f* necropolis

negare [ne·ˈga:·re] *vt* ① (*contestare*) to deny ② (*rifiutare*) to deny

negativo [ne·ga·ˈti:·vo] *m* FOTO negative

negativo, -a *adj* negative

negato, -a [ne·ˈga:·to] *adj fig* (*non portato*) **essere ~ per qc** to be hopeless at sth

negazione [ne·gat·ˈtsio:·ne] *f* ① (*rifiuto*) denial ② (*contrario*) opposite ③ LING negation

negli [ˈneʎ·ʎi] *prep v.* **in + gli** *v.* **in**[1]

negligenza [ne·gli·ˈdʒɛn·tsa] *f* negligence

negoziante [ne·go·ˈtsian·te] *mf* storekeeper

negoziare [ne·go·ˈtsia:·re] *vt a.* FIN to negotiate   **N**

negoziato [ne·go·ˈtsia:·to] *m* negotiation

negoziazione [ne·go·tsia·ˈtsio:·ne] *f a.* FIN (*di titoli, cambiali*) negotiation

negozio [ne·ˈgɔ:·tsio] <-i> *m* store

negro, -a [ˈne:·gro] *adj, m, f* negro

nel, nell', nella, nelle, nello, nei [nel, ˈnel·la, ˈnel·le, ˈnel·lo, ˈne:·i] *prep v.* **in + il, l', la, le, lo, i** *v.* **in**[1]

nemico, -a [ne·ˈmi:·ko] <-ci, -che> **I.** *adj* ① (*attacco, esercito*) enemy; **farsi ~ qu** to make an enemy of sb ② (*atteggiamento, parole*) hostile; **essere ~ di qu/qc** to be opposed to sb/sth **II.** *m, f* enemy

nemmeno [nem·ˈme:·no] *adv* ① (*neppure*) neither; **~ io** me neither ② (*rafforzativo*) not even; **~ uno** not even one; **~ per idea** [*o* **per sogno**]! no chance!

neo [ˈnɛ:·o] *m* ① ANAT mole ② *fig* (*piccolo difetto*) flaw

neofascista [ne·o·faʃ·'ʃis·ta] <-i *m*, -e *f*> *adj*, *mf* neo-fascist

neologismo [ne·o·lo·'dʒiz·mo] *m* neologism

neon ['nɛ·on] <-> *m* neon

neonato, -a [ne·o·'na:·to] *m*, *f* newborn infant

neonazista [ne·o·na·'tsis·ta] <-i *m*, -e *f*> *adj*, *mf* neo-Nazi

neozelandese [ne·o·dze·lan·'de:·se] I. *adj* New Zealand II. *m* (*abitante*) New Zealander

neppure [nep·'pu:·re] *adv v.* **nemmeno**

neretto [ne·'ret·to] *m* TYPO bold

nero ['ne:·ro] *m* black

nero, -a *adj a. fig* (*colore*) black; **cronaca -a** crime news; **vedere tutto ~** to look on the down side of everything

nervo ['nɛr·vo] *m* ① ANAT nerve; **avere i -i a fior di pelle** *fig* to be on edge; **avere i -i a pezzi** *fig* to be a nervous wreck; **far venire i -i a qu** *fig* to get on sb's nerves ② *inf* (*tendine*) tendon

nervosismo [ner·vo·'siz·mo] *m* nervousness

nervoso [ner·'vo:·so] *m inf* irritability; **mi viene il ~** I get annoyed; **far venire il ~ a qu** to annoy sb

nervoso, -a *adj* ① ANAT nervous ② (*irritabile*) on edge

nesso ['nɛs·so] *m* link

nessuno [nes·'su:·no] *m* nobody

nessuno, -a I. *adj v.* ① (*non uno*) no; (*con negazione*) any; **in nessun caso** under no circumstances; **in nessun luogo** nowhere; **non ho -a voglia di farlo** I don't feel at all like doing it II. *pron* ① (*non uno*) nobody; **non ho visto ~** I didn't see anybody ② (*qualcuno*) anybody

nettare ['nɛt·ta·re] *m* nectar

nettezza [net·'tet·tsa] *f* **~ urbana** street cleaning and garbage collection

netto, -a ['net·to] *adj* ① (*risposta, rifiuto*) clear; **tagliare qc di ~** to cut sth (clean) off ② COM net; **stipendio ~** net salary; **al ~** net

netturbino [net·tur·'bi:·no] *m* garbage man

neurologo, -a [neu·'rɔ:·lo·go] <-gi, -ghe> *m*, *f* neurologist

neutrale [neu·'tra:·le] *adj* neutral

neutralizzare [neu·tra·lid·'dza:·re] *vt* ① (*rendere inoffensivo*) to neutralize ② (*rendere inutile*) to cancel out

neutro ['nɛu·tro] *m* ① EL neutral ② LING neuter

neutro, -a *adj* ① CHIM, EL, POL *a. fig* neutral ② LING neuter

neve ['ne:·ve] *f* METEO snow; **~ fresca** fresh snow; **fiocco di ~** snowflake; **palla di ~** snowball

nevicare [ne·vi·'ka:·re] *vi* essere *o* avere to snow

nevicata [ne·vi·'ka:·ta] *f* snowfall

nevischio [ne·'vis·kio] <-schi> *m* sleet

nevralgia [ne·vral·'dʒi:·a] <-gie> *f* neuralgia

nevralgico, -a [nev·'ral·dʒi·ko] <-ci, -che> *adj* neuralgic; **punto ~** *fig* key point

nevrastenico, -a <-ci, -che> *adj* MED neurasthenic; **essere ~** *fig* to be a nervous wreck

nevrosi [ne·'vrɔ:·zi] <-> *f* neurosis

nevrotico, -a [ne·'vrɔ:·ti·ko] <-ci, -che> *adj* neurotic

nicchia ['nik·kia] <-cchie> *f* ARCHIT niche; (*nella roccia*) recess

nichel ['ni:·kel] *m* nickel

nichilista [ni·ki·'lis·ta] <-i *m*, -e *f*> I. *adj* nihilistic II. *mf* nihilist

nicotina [ni·ko·'ti:·na] *f* nicotine

nidiata [ni·'dia:·ta] *f* ① (*di uccelli*) nestful; (*di topi, conigli*) litter ② *fig, scherz* brood

nido ['ni:·do] I. *m* ① ZOO nest; **a ~ d'ape** *fig* honeycomb ② *fig* (*casa*) **abbandonare il ~** to leave the nest II. *adj* **asilo ~** nursery

niente ['niɛn·te] I. *pron* ① (*nessuna cosa*) nothing; **non fa ~** it doesn't matter; **~ di ~** nothing at all; **per ~** (*assolutamente non*) not at all; **di ~!** you're welcome! ② (*interrogativo*) anything; **ti serve ~?** do you need anything? ③ (*poca cosa*) nothing; **è una cosa da ~** it was nothing II. *m* ① (*nessuna* *cosa*) nothing; **un bel ~** nothing at all ◉ (*poca cosa*) anything **III.** *adv* **non è ~ male** it's not at all bad; **~ affatto** not at all; **nient'altro** nothing else **IV.** *adj fam* no; **~ paura!** never fear!

nientedimeno, nientemeno [nien·te·di·'me·no, nien·te·'me·no] **I.** *adv* no less **II.** *interj* you don't say!

Nilo ['ni:·lo] *m* Nile

ninfomane [nin·'fɔ:·ma·ne] *adj, f* nymphomaniac

ninnananna [nin·na·'nan·na] <ninne-nanne> *f* lullaby

nipote [ni·'po:·te] *mf* ◉ (*di zio*) nephew *m*, niece *f* ◉ (*di nonno*) grandson *m*, granddaughter *f*

nisseno, -a [nis·'se:·no] **I.** *adj* from Caltanissetta **II.** *m*, *f* (*abitante*) person from Caltanissetta

nitidezza [ni·ti·'det·tsa] *f* ◉ (*chiarezza*) clarity ◉ (*di immagine, contorno*) clarity

nitido, -a ['ni:·ti·do] *adj* ◉ (*chiaro*) clear ◉ (*immagine, contorno*) clear

nitrire [ni·'tri:·re] <nitrisco> *vi* to neigh

nitrito [ni·'tri:·to] *m* ◉ (*di cavallo*) whinny ◉ CHIM nitrite

no [nɔ] **I.** *adv* not; **parti o ~?** are you leaving or not?; **lo farai, ~** you'll do it, won't you?; **pare di ~** it seems not; **come ~!** I'll bet!; **perché ~?** why not?; **~ e poi ~** absolutely not; **dire di ~** to say no; **rispondere di ~** to answer no; **non dico di ~** (*per accettare*) I wouldn't say no; (*lo ammetto*) I don't deny it **II.** <-> *m* ◉ (*risposta*) no ◉ (*voto*) no (vote)

NO *abbr di* **nordovest** NW

nobildonna [no·bil·'dɔn·na] *f* noblewoman

nobile ['nɔ:·bi·le] **I.** *adj* a. CHIM noble **II.** *mf* nobleman *m*, noblewoman *f*; **i ~i** the nobility

nobiliare [no·bi·'lia:·re] *adj* noble

nobiltà [no·bil·'ta] <-> *f* a. *fig* nobility

nobiluomo [no·bi·'luɔ:·mo] <nobiluomini> *m* nobleman

nocca ['nɔk·ka] <-cche> *f* (*di mani*) knuckle

nocciola¹ [not·'tʃɔ:·la] *f* hazelnut

nocciola² <inv> *adj* (*colore*) (light) brown; (*occhi*) hazel

nocciolina [not·tʃo·'li:·na] *f* peanut

nocciolo¹ ['nɔt·tʃo·lo] *m* ◉ BOT stone ◉ *fig* heart

nocciolo² [not·'tʃɔ:·lo] *m* BOT hazel

noce ['no:·tʃe] **I.** *m* (*albero, legno*) walnut **II.** *f* BOT walnut; **~ moscata** nutmeg

nocepesca [no·tʃe·'pɛs·ka] <nocipesche> *f* nectarine

nociuto [no·'tʃu:·to] *pp di* **nuocere**

nocivo, -a [no·'tʃi:·vo] *adj* harmful

nocqui ['nɔk·kui] *1. pers sing pass rem di* **nuocere**

nodo ['nɔ:·do] *m* ◉ (*intreccio*) knot; **avere un ~ alla gola** *fig* to have a lump in one's throat; **fare il ~ alla cravatta** to knot one's tie ◉ (*trama: di azione, dramma*) plot; (*problema*) sticking point; (*impedimento*) obstacle ◉ (*punto centrale: di problema*) nub ◉ MOT, FERR **~ ferroviario** railway junction; **~ stradale** road junction

nodulo ['nɔ:·du·lo] *m* BIO, MED nodule

noi ['no:·i] *pron* ◉ (*soggetto*) we ◉ (*oggetto*) us

noia ['nɔ:·ia] <-oie> *f* ◉ (*tedio*) boredom ◉ (*seccatura*) nuisance; **dar ~ a qu** to annoy sb

noioso, -a [no·'io:·so] *adj* ◉ (*tedioso: libro, persona*) boring ◉ (*che dà fastidio*) annoying

noleggiare [no·led·'dʒa:·re] *vt* ◉ (*dare a nolo*) to rent (out) ◉ (*prendere a nolo*) to rent; (*navi, aerei*) to charter

noleggiatore, -trice [no·led·dʒa·'to:·re] *m*, *f* ◉ (*che dà a nolo*) renter ◉ (*che prende a nolo*) renter; (*di navi, aerei*) charterer

noleggio [no·led·'dʒo] <-ggi> *m* ◉ (*affitto*) rental; (*di navi, aerei*) charter ◉ (*prezzo*) rental charge; (*di navi, aerei*) charter fee ◉ (*impresa*) rental company

nomade ['nɔ:·ma·de] **I.** *adj* nomadic **II.** *mf* nomad

nome ['no:·me] *m* ◉ (*nome e cognome*) name; (*opposto a cognome*) first

N

name; ~ **di battesimo** baptismal name; **farsi un** ~ to make a name for oneself; **a** ~ **di qu** in sb's name; **di** ~ (*chiamato*) called; **conoscere qu di** ~ to know sb's name ② LING noun; ~ **astratto** abstract noun; ~ **proprio** proper name

nomenclatura [no·men·kla·ˈtuː·ra] *f* nomenclature

nomignolo [no·ˈmiɲ·ɲo·lo] *m* nickname

nomina [ˈnɔː·mi·na] *f* appointment

nominale [no·mi·ˈnaː·le] *adj* ① LING, COM nominal ② (*teorico*) in name

nominare [no·mi·ˈnaː·re] *vt* ① (*citare*) to mention; **mai sentito** ~! I've never heard of him [*o* her] [*o* it]! ② (*eleggere*) to nominate; (*commissione, avvocato*) to appoint

nominativo [no·mi·na·ˈtiː·vo] *m* ① LING nominative ② ADMIN name

nominativo, -a *adj* nominative

non [non] *adv* ① (*con verbi*) not ② (*con aggettivi, sostantivi, avverbi*) non-; ~ **fumatori** non-smokers; ~ **violenza** non-violence ③ (*con un'altra negazione*) ~ **appena** as soon as; ~ ... **niente** not at all; ~ ... **mai** never

non aggressione [non ag·gres·ˈsioː·ne] *f* GIUR non-aggression

non allineato, -a *adj* non-aligned

nonchalance [nɔ̃·ʃa·ˈläs] <-> *f* nonchalance

non credente [non kre·ˈdɛn·te] *mf* REL non-believer

noncuranza [noɲ·ku·ˈran·tsa] *f* ① (*nonchalance*) nonchalance ② (*inosservanza*) lack of attention

non docente [non do·ˈtʃɛn·te] *adj* non-teaching

non intervento [non in·ter·ˈvɛn·to] *m* GIUR, POL non-intervention

nonni [ˈnɔn·ni] *mpl* grandparents; (*antenati*) ancestors

nonno, -a [ˈnɔn·no] *m, f* grandpa *m*, grandma *f*

nonnulla [non·ˈnul·la] <-> *m* **un** ~ a trifle

nono [ˈnɔː·no] *m* (*frazione*) ninth

nono, -a *adj, m, f* ninth; *v.a.* quinto

nonostante [no·nos·ˈtan·te] I. *prep* despite II. *conj* although

non plus ultra [nɔn plus ˈul·tra] <-> *m* **il** ~ **di** the height of

non so che [non sɔ kˈke] <-> *m* **un** (*certo*) ~ a certain something

non-ti-scordar-di-me [non·tis·kor·dar·di·ˈme] <-> *m* forget-me-not

non udente [non u·ˈdɛn·te] I. *mf form* hearing-impaired person II. *adj* hearing-impaired

non vedente [non ve·ˈdɛn·te] I. *mf form* blind person II. *adj* blind

non violento, -a [non vio·ˈlɛn·to] I. *adj* non-violent II. *m, f* advocate of non-violence

nord [nɔrd] *m* north; **l'Italia del** ~ northern Italy; **a** ~ **di ...** to the north of ...; **verso** ~ northwards; **il Mare del Nord** the North Sea; **il Polo Nord** the North Pole

nordest [nɔr·ˈdɛst] *m* north-east; **di** ~ northeasterly

nordico, -a [ˈnɔr·di·ko] <-ci, -che> *adj, m, f* Nordic

nordovest [nɔr·ˈdɔː·vest] *m* north-west; **di** ~ northwesterly

norma [ˈnɔr·ma] *f* ① (*regola*) rule; **-e per l'uso** instructions; **a** ~ **di legge** in accordance with the law; **di** ~ (*abitualmente*) as a rule ② (*uso*) custom ③ (*in statistica*) norm

normale [nor·ˈmaː·le] *adj* normal

normalità [nor·ma·li·ˈta] <-> *f* normality

normalizzare [nor·ma·lid·ˈdza·re] I. *vt* ① (*rendere normale*) to normalize ② (*standardizzare*) to standardize II. *vr:* -**rsi** to normalize

normalmente [nor·mal·ˈmen·te] *adv* ① (*secondo la norma*) normally ② (*abitualmente*) usually

normanno, -a [nor·ˈman·no] *adj, m, f* Norman

norvegese [nor·ve·ˈdʒeː·se] *adj, mf* Norwegian

Norvegia [nor·ˈvɛː·dʒa] *f* Norway

nostalgia [nos·tal·ˈdʒiː·a] <-gie> *f* (*rimpianto*) nostalgia; **sentire** ~ **del**

proprio paese to be homesick for one's town; **avere ~ della famiglia** to miss one's family

nostalgico, -a [nos·tal·dʒi·ko] <-ci, -che> *adj, m, f* nostalgic

nostrano, -a [nos·traː·no] *adj* local

nostro, -a ['nɔs·tro] I. *adj* our; **la -a speranza** our hope; **~ padre/zio** our father/uncle; **un ~ amico** a friend of ours II. *pron* **il ~, la -a** ours

nota ['nɔː·ta] *f* ① (*contrassegno*) feature ② (*appunto*) note; **prendere ~ di qc** to take note of sth; **degno di ~** noteworthy ③ (*a scuola*) reprimand slip ④ (*conto*) check; **~ spese** expense sheet ⑤ (*comunicazione*) note ⑥ MUS note

nota bene ['nɔː·ta 'bɛː·ne] <-> *m* NB

notaio [no·taː·io] <-ai> *m* notary (public)

notare [no·taː·re] *vt* ① (*rilevare*) to notice; **farsi ~** to attract attention ② (*prender nota, considerare*) to note; **far ~ a qu qc** to point sth out to sb

notarile [no·ta·riː·le] *adj* notarial

notevole [no·teː·vo·le] *adj* ① (*degno di nota*) notable ② (*grande*) significant

notificare [no·ti·fi·kaː·re] *vt* ① ADMIN to notify; GIUR (*sentenza*) to serve ② (*dichiarare*) to declare

notizia [no·tiː·tsia] <-ie> *f* (*novità*) piece of news; **-ie** news *sing*

notiziario [no·ti·tsiaː·rio] <-i> *m* TV, RADIO news program

noto, -a ['nɔː·to] *adj* well-known; **ben ~** notable; *pej* (*criminale, truffatore*) notorious

notoriamente [no·to·ria·men·te] *adv* notoriously

notorietà [no·to·rie·ta] <-> *f* (*fama*) fame

nottata [not·taː·ta] *f* night

notte ['nɔt·te] *f* night; **nel cuore della ~** in the middle of the night; **~ bianca** [*o* **in bianco**] sleepless night; **di ~** at night

notturno [not·tur·no] *m* ① MUS (*in pittura*) nocturne ② FOTO, FILM night scene

notturno, -a *adj* nocturnal

novanta [no·van·ta] I. *num* ninety II. <-> *m* (*numero*) ninety; *v.a.* **cinquanta**

novantenne [no·van·tɛn·ne] *adj, mf* ninety-year-old

novantesimo [no·van·tɛː·zi·mo] *m* ninetieth

novantesimo, -a *adj, m, f* ninetieth; *v.a.* **quinto**

Novara *f* Novara, *city in North East Italy*

novarese [no·va·reː·se] I. *adj* from Novara II. *mf* (*abitante*) person from Novara

nove ['nɔː·ve] I. *num* nine II. <-> *m* ① (*numero*) nine ② (*nelle date*) ninth ③ (*voto scolastico*) 9 out of 10 III. *fpl* nine (o'clock); *v.a.* **cinque**

novecento [no·ve·tʃɛn·to] I. *num* nine-hundred II. <-> *m* nine-hundred; **il Novecento** the twentieth century

novella [no·vɛl·la] *f* LETT short story

novello, -a *adj* ① (*patate*) new; (*vino*) young ② (*nuovo*) **-i sposi** newlyweds

novembre [no·vɛm·bre] *m* November; *v.a.* **aprile**

novemila [no·ve·miː·la] I. *num* nine thousand II. <-> *m* nine thousand

novità [no·vi·ta] <-> *f* ① (*qualità*) novelty ② (*notizia*) news

nozione [not·tsioː·ne] *f* ① (*conoscenza*) knowledge; **perdere la ~ del tempo** to lose track of time ② (*concetto*) notion

nozionismo [no·tsio·niz·mo] *m* superficiality

nozionistico, -a [no·tsio·nis·ti·ko] <-ci, -che> *adj* superficial

nozze ['nɔt·tse] *fpl* wedding; **~ d'argento/d'oro** silver/gold wedding

NU *abbr di* **Nazioni Unite** UN

nube ['nuː·be] *f* (*nuvola: a. radioattiva, tossica*) cloud

nubifragio [nu·bi·fraː·dʒo] <-gi> *m* downpour

nubile ['nuː·bi·le] I. *adj* unmarried II. *f* unmarried woman

nuca ['nuː·ka] <-che> *f* nape

nucleare [nu·kle·aː·re] *adj* nuclear

N

nucleo ['nu:·kleo] *m* ① SCIENT nucleus ② *fig* (*gruppo*) unit

nudismo [nu·'diz·mo] *m* nudism

nudista [nu·'dis·ta] <-i *m*, -e *f*> *adj*, *mf* nudist

nudo ['nu:·do] *m* nude

nudo, -a *adj* ① (*persona*) naked; (*piedi, gambe*) bare ② *fig* **a occhio ~** with the naked eye; **mettere a ~ qc** *fig* to reveal sth

nulla ['nul·la] I. <inv> *pron v.* **niente** II. *adv* **non contare ~** to count for nothing III. *m* nothing

nullaosta, nulla osta [nul·la·'ɔs·ta] <-> *m* authorization

nullità [nul·li·'ta] <-> *f* ① *dir* nullity ② (*persona*) nonentity

nullo, -a ['nul·lo] *adj* ① (*non valido*) null and void ② SPORT disallowed

numerale [nu·me·'ra:·le] *adj, m* numeral

numerare [nu·me·'ra:·re] *vt* ① (*segnare con un numero*) to number ② (*quantificare*) to count

numerazione [nu·me·ra·'tsio:·ne] *f* numbering

numerico, -a [nu·'mɛ:·ri·ko] <-ci, -che> *adj* numerical

numero ['nu:·me·ro] *m* ① *gener* number; **~ civico** street number; **~ di telefono** phone number; **~ verde** TEL toll-free number; **chiamare un ~** TEL to ring a number; **sbagliare ~** TEL to dial a wrong number; **dare i -i** *inf* to go out of one's head ② (*quantità*) number; **far ~** *a. fig* to make up the numbers; **in gran ~** in large numbers; **~ chiuso** UNIV *restricted number of places* ③ (*di giornale, rivista*) issue; **-i arretrati** back issues ④ (*di spettacolo*) number ⑤ (*di scarpe*) size; **che ~ (di scarpe) porti?** what's your shoe size? ⑥ LING number

numeroso, -a [nu·me·'ro:·so] *adj* ① (*famiglia, pubblico*) large ② *pl* many; **-e possibilità** many chances

nuocere ['nuɔ:·tʃe·re] <nuoccio, nocqui, nociuto> *vi* to be harmful; **~ a qu/qc** to harm sb/sth

nuora ['nuɔ:·ra] *f* daughter-in-law

nuorese [nuo·'re:·se] I. *adj* from Nuoro II. *mf* (*abitante*) person from Nuoro

Nuoro *f* Nuoro, *city in Sardinia*

nuotare [nuo·'ta:·re] *vi* to swim; **~ a farfalla** to swim butterfly (stroke); **~ a rana** to swim breaststroke

nuotatore, -trice [nuo·ta·'to:·re] *m, f* swimmer

nuoto ['ɔ:·to] *m* swimming

nuova ['nuɔ:·va] *f* **nessuna ~, buona ~** *prov* no news is good news

Nuova Zelanda ['nuɔ:·va ddze·'lan-da] *f* New Zealand

nuovo ['nuɔ:·vo] *m* (*novità*) **che c'è di ~?** what's new?

nuovo, -a <più nuovo, nuovissimo> *adj* new; **~ fiammante** [*o* **di zecca**] brand new; **questa è -a!** that's quite something!; **di ~** (*ancora*) again

nutriente [nu·tri·'ɛn·te] *adj* nutritious

nutrimento [nu·tri·'men·to] *m* nourishment

nutrire [nu·'tri:·re] I. *vt* ① (*alimentare*) to feed ② *fig* (*mente*) to nourish; (*fiducia*) to foster; (*odio*) to harbor II. *vr:* **-rsi** to feed; **-rsi di** to feed on

nutrito, -a [nu·'tri:·to] *adj* **ben ~** well-nourished; **mal ~** malnourished

nutrizione [nu·tri·'tsio:·ne] *f* ① (*atto del nutrire*) nutrition ② (*cibo*) nourishment

nuvola ['nu:·vo·la] *f* cloud; **avere la testa tra le -e** *inf* to have one's head in the clouds; **cadere** [*o* **cascare**] **dalle -e** *inf* to come down to earth with a bang

nuvoloso, -a [nu·vo·'lo:·so] *adj* cloudy

nuziale [nu·'tsia:·le] *adj* (*festa, rito*) wedding; **anello ~** wedding ring

Oo

O, o [ɔ] <-> *f* O, o; **~ come Otranto** O for Oscar

o [o] <davanti a vocale spesso *od*> *conj* ❶ *(oppure)* or ❷ *(ossia, vale a dire)* or; **~ ... ~** either ... or

O *abbr di* **ovest** W

oasi [ˈɔː·a·zi] <-> *f* oasis

obbediente [ob·be·ˈdiɛn·te] *adj v.* **ubbidiente**

obbligare [ob·bli·ˈgaː·re] *vt* ❶ *(costringere)* to force; **~ qu a fare qc** to make sb do sth ❷ *(vincolare)* to compel

obbligato, -a [ob·bli·ˈgaː·to] *adj* ❶ *(costretto)* obliged ❷ *(vincolato)* bound ❸ *(per riconoscenza)* indebted ❹ *(inevitabile: percorso, tappa)* obligatory

obbligatorio, -a [ob·bli·ga·ˈtɔː·rio] <-i, -ie> *adj* compulsory

obbligazione [ob·bli·gat·ˈtsioː·ne] *f* FIN bond

obbligo [ˈɔb·bli·go] <-ghi> *m* obligation; **scuola dell'~** compulsory education; **essere in** [*o* **avere l'~**] **di fare qc** to be obliged to do sth; **sentirsi in ~ to** feel indebted to sb

obbrobrioso, -a [ob·bro·ˈbrioː·so] *adj* ❶ *(vergognoso)* shameful ❷ *(brutto)* ugly

obelisco [o·be·ˈlis·ko] <-schi> *m* obelisk

oberato, -a [o·be·ˈraː·to] *adj* ❶ *(di debiti)* overburdened ❷ *fig (sovraccarico)* overloaded

obeso, -a [o·ˈbɛː·zo] *adj* obese

obiettare [o·biet·ˈtaː·re] *vt* to object

obiettivo [ob·iet·ˈtiː·vo] *m* ❶ FOTO lens ❷ MIL *(bersaglio)* target ❸ *(scopo)* objective

obiettivo, -a *adj (imparziale)* objective

obiettore, -trice [ob·iet·ˈtoː·re] *m, f* **~ (di coscienza)** conscientious objector

obiezione [ob·iet·ˈtsioː·ne] *f* objection

obitorio [o·bi·ˈtɔː·rio] <-i> *m* mortuary

obliquo, -a [ob·ˈliː·kuo] *adj (sghembo: lato, parete)* oblique

obliterare [ob·li·te·ˈraː·re] *vt (biglietto)* to stamp

obliteratrice [ob·li·te·ra·ˈtriː·tʃe] *f (di biglietti)* ticket stamping machine

oblò [or·ˈblɔ] <-> *m (di nave)* porthole; *(di aereo)* window

obsoleto, -a [ob·so·ˈlɛː·to] *adj* obsolete

oca [ˈɔː·ka] <oche> *f* ZOO goose; **pelle d'~** *fig* goose bumps *pl*

occasionale [ok·ka·zio·ˈnaː·le] *adj* ❶ *(saltuario: lavoro)* occasional ❷ *(per caso: incontro)* chance

occasione [ok·ka·ˈzioː·ne] *f* ❶ *(opportunità)* opportunity; **cogliere l'~** to take the opportunity; **perdere un'~** to miss an opportunity ❷ COM *(affare)* bargain; **auto d'~** bargain car ❸ *(circostanza)* occasion; **adatto all'~** suitable to the occasion; **in ~ di ...** on the occasion of ...; **per l'~** for the occasion ❹ *(motivo)* cause

occhi *pl di* **occhio**

occhiali [ok·ˈkiaː·li] *mpl* glasses *pl*; **~ da sole** sunglasses

occhiata [ok·ˈkiaː·ta] *f* glance; **dare un'~ a qc** to take a look at sth; *(a giornale)* to take a quick look at; *(a bambini)* to check on; **lanciare un'~ a qu** to glance at sb

occhio [ˈɔk·kio] <-chi> *m* ANAT eye; **a colpo d'~** at a glance; **costare un ~ della testa** to cost an arm and a leg; **dare nell'~** to attract attention; **non perdere d'~** not to lose sight of; **vedere di buon'~ qu** to look kindly on sb; **a ~** at a glance; **a ~ e croce** at an estimate; **avere ~** to have a good eye; **a -chi chiusi** *fig* with one's eyes closed; **in un batter d'~** in a flash; **~!** watch out!

occhiolino [ok·kio·ˈliː·no] *m* **fare l'~ a qu** to wink at sb

occidentale [ot·tʃi·den·'ta·le] I. *adj*
 ① (*lato, confine*) western ② (*civiltà
mondo*) Western II. *mf* Westerner

occidente [ot·tʃi·'dɛn·te] *m* west; **a ~ di**
to the west of

occludere [ok·'klu·de·re] <occludo,
occlusi, occluso> *vt* (*arteria, passaggio,
tubo*) to block

occlusione [ok·klu·'zio·ne] *f* MED obstruction; **~ intestinale** gastrointestinal
obstruction

occluso [ok·'klu·zo] *pp di* **occludere**

occorrente [ok·kor·'rɛn·te] *m* materiali *pl*

occorrenza [ok·kor·'rɛn·tsa] *f* **all'~** if
necessary

occorrere [ok·'kor·re·re] <irr> *vi* essere
 ① (*essere necessario*) to be needed; **mi
occorre del latte** I need some milk
 ② (*impersonale*) **occorre ... +**inf it's
necessary to ...; **occorre che ... +**cong
it is necessary that ...; **non occorre ...
+**inf there's no need to ...

occultare [ok·kul·'ta·re] *vt* ① (*nascondere*) to hide ② *fig* to conceal

occulto, -a [ok·'kul·to] *adj* (*scienze,
forze*) occult

O   **occupante** [ok·ku·'pan·te] *mf* (*di veicolo, edificio*) occupant

occupare [ok·ku·'pa·re] I. *vt* ① (*casa,
fabbrica, scuola*) MIL to occupy ② (*riempire: spazio*) to take up ③ (*ricoprire:
carica*) to hold II. *vr:* **-rsi** ① (*interessarsi*) **-rsi di qc** to be involved in ② (*prendersi cura*) **-rsi di qu** to look after sb
 ③ (*impicciarsi*) **-rsi di qc** to interfere
with sth; **occupati dei fatti tuoi** mind
your own business

occupato, -a [ok·ku·'pa·to] *adj*
 ① (*posto*) taken ② (*telefono, linea*)
busy; (*affaccendato*) busy ③ (*impiegato*) employed

occupazione [ok·ku·pat·'tsio·ne] *f*
 ① (*di casa, fabbrica, scuola*) MIL occupation ② (*impiego*) job ③ (*attività*) pastime ④ (*lavoro*) employment

oceano [o·'tʃɛ·a·no] *m* GEOG ocean

oche *pl di* **oca**

OCSE *f abbr di* **Organizzazione per la
Cooperazione e lo Sviluppo Economico** OECD

oculare [o·ku·'la·re] *adj* (*nervo*) ocular;
bulbo ~ eyeball; **testimone ~** eyewitness

oculista [o·ku·'lis·ta] <-i *m*, -e *f*> *mf*
opthalmologist

od [od] *conj =* **o** *or*

odiare [o·'dia·re] *vt* to hate

odierno, -a [o·'diɛr·no] *adj* ① (*riunione,
seduta*) today's ② (*società*) present-day

odio ['ɔ·dio] <-i> *m* hatred

odioso, -a [o·'dio·so] *adj* ① (*detestabile*) unpleasant ② (*antipatico: persona*) dislikable

odissea [o·dis·'sɛ·a] *f fig* odyssey

odo ['ɔ·do] *1. pers sing pr di* **udire**

odontoiatra [o·don·to·'ia·tra] <-i *m*,
-e *f*> *mf* dentist

odontoiatria   [o·don·to·ia·'tri·a]
<-ie> *f* dentistry

odontotecnico, -a [o·don·to·'tɛk·ni·ko]
<-ci, -che> *m, f* dental technician

odorare [o·do·'ra·re] *vi* **~ di qc** to
smell of sth

odorato [o·do·'ra·to] *m* sense of smell

odore [o·'do·re] *m* ① (*esalazione*)
smell; **sentire ~ di qc** to smell sth ② *fig*
(*sentore*) scent ③ *pl* CULIN (*spezie*)
herbs *pl*

offendere [of·'fɛn·de·re] <offendo, offesi, offeso> I. *vt* (*persona*) to offend
II. *vr:* **-rsi** ① (*risentirsi*) to take offense
 ② (*insultarsi*) to insult each other

offensiva [of·fen·'si·va] *f* ① MIL offensive ② POL campaign

offensivo, -a [of·fen·'si·vo] *adj a.* MIL
offensive

offersi [of·'fɛr·si] *1. pers sing pass rem
di* **offrire**

offerta [of·'fɛr·ta] *f* ① (*proposta*) offer;
~ di lavoro job offer ② COM supply; **domanda e ~** supply and demand ③ (*donazione*) donation; (*obolo*) offering

offerto [of·'fɛr·to] *pp di* **offrire**

offesa [of·'fe·sa] *f* (*insulto*) insult

offesi [of·'fe·si] *1. pers sing pass rem di*
offendere

offeso, -a [of·'fe·so] I. *pp di* **offendere**

II. *adj* (*insultato*) insulted III. *m*, *f* offended person; **fare l'~** to take offense

officina [of·fi·ˈtʃiː·na] *f* ① (*fabbrica*) workshop ② (*per auto*) garage

offrire [of·ˈfriː·re] <offro, offersi *o* offrii, offerto> I. *vt* ① (*gener*) to offer; **chi mi offre una sigaretta?** has anyone got a cigarette? ② (*fornire: pretesto, appiglio, scusa*) to provide ③ (*regalare*) to give ④ *fam* (*pagare*) to pay; **oggi offre lui** he's paying today II. *vr:* **-rsi** to offer oneself

offuscare [of·fus·ˈkaː·re] *vt* ① (*oscurare: luce, vista*) to obscure ② *fig* (*mente*) to cloud

oggettivo, -a [od·dʒet·ˈtiː·vo] *adj* (*reale, obiettivo*) objective

oggetto [od·ˈdʒet·to] *m* ① (*cosa, scopo*) LING object; **-i preziosi** valuables; (*complemento ~*) direct object ② (*argomento*) subject; **~ del discorso** subject of the speech ③ ADMIN (*nelle lettere*) re:

oggi [ˈɔd·dʒi] I. *adv* today; **~ stesso** today II. *m* today; **il giornale di ~** today's paper; **al giorno d'~** nowadays

oggigiorno [od·dʒi·ˈdʒor·no] *adv* nowadays

OGM *acro di* **Organismi Geneticamente Modificati** GMO

ogni [ˈoɲ·ɲi] <inv, solo al sing> *adj* every; **uno ~ dieci** one in ten; **~ tre giorni** every three days; **~ tanto** now and then; **~ momento** all the time; **ad ~ modo** at any rate; **con ~ mezzo** with every means available; **in ~ caso** in any case; **in ~ luogo** everywhere; **in ~ modo** in every way

Ognissanti [oɲ·ɲis·ˈsan·ti] <-> *m* All Saints' Day

ognuno, -a [oɲ·ˈɲuː·no] <sing> *pron indef* everyone; **~ di noi/voi** each of us/you

ohimè [oi·ˈmɛ] *interj* oh dear

Olanda [o·ˈlan·da] *f* l'~ Holland

olandese[1] [o·lan·ˈdeː·se] <sing> *m* (*lingua*) Dutch

olandese[2] I. *adj* Dutch II. *mf* Dutchman *m*, Dutchwoman *f*

oleodotto [o·le·o·ˈdot·to] *m* oil pipeline

oleoso, -a [o·le·ˈoː·so] *adj* oily

olfatto [ol·ˈfat·to] *m* sense of smell

oliare [o·ˈliaː·re] *vt* ① (*motore, ingranaggi*) to oil ② CULIN to grease

oliera [o·ˈliɛː·ra] *f* oil jug

olimpiade [o·lim·ˈpiː·a·de] *f* Olympic Games *pl*

olimpico, -a [o·ˈlim·pi·ko] <-ci, -che> *adj* Olympic

olimpionico, -a [o·lim·ˈpiɔ·ni·ko] <-ci, -che> I. *adj* (*campione, piscina*) Olympic II. *m, f* Olympic athlete

olio [ˈɔ·lio] <-i> *m* oil; **~ abbronzante** suntan lotion; **~ essenziale** essential oil; **~ di oliva** olive oil; **~ di semi** corn oil; **quadro ad ~** oil painting; **sott'~** CULIN in oil

oliva[1] [o·ˈliː·va] *f* olive

oliva[2] <inv> *adj* **~ oliva** (*colore*) olive green

oliveto [o·li·ˈveː·to] *m* olive grove

olivo [o·ˈliː·vo] *m* BOT olive tree

olmo [ˈol·mo] *m* BOT elm

olocausto [o·lo·ˈkaːus·to] *m* HIST holocaust

oltraggio [ol·ˈtrad·dʒo] <-ggi> *m* offense; **~ a pubblico ufficiale** insulting a public official

oltraggioso, -a [ol·trad·ˈdʒoː·so] *adj* (*parole, scritte*) offensive

oltranza [ol·ˈtran·tsa] *f* **ad ~** to the last

oltre [ˈol·tre] I. *adv* ① (*di tempo*) longer ② (*di luogo*) further; **andare ~** to go further; **andare troppo ~** *fig* to go too far II. *prep* ① (*dall'altra parte di*) beyond ② (*più avanti di*) more than; **non ~ il 15 giugno** no later than June 15 ③ (*in più, eccetto*) **~ a** apart from

oltremanica [ol·tre·ˈmaː·ni·ka] I. <sing> *m* GEOG **d'~** British II. *adv* ① (*stato in luogo*) in Britain ② (*moto a luogo*) to Britain

oltreoceano *adj* **d'~** (*prodotti*) overseas

oltrepassare [ol·tre·pas·ˈsaː·re] *vt* ① (*superare*) to cross ② *fig* (*limite, soglia*) to exceed

omaggio[1] [o·ˈmad·dʒo] <-ggi> *m* ① (*offerta*) gift; **in ~** complimentary

O

omaggio *fig* (*segno di rispetto*) tribute; **rendere ~ a qu** to pay homage to sb ❸ *pl* (*ossequi*) regards *pl*; **gradisca i miei -ggi** kindest regards

omaggio² <inv> *adj* complimentary

ombelicale [om·be·li·ˈka:·le] *adj* umbilical; **cordone ~** umbilical cord

ombelico [om·be·ˈli:·ko] <-chi> *m* navel

ombra [ˈom·bra] *f* ❶ (*zona non illuminata*) shade; **all'~ di** in the shade of ❷ *fig* (*oscurità*) darkness; **restare nell'~** to stay in the background ❸ (*sagoma*) shadow; **senz'~ di dubbio** *fig* without a shadow of a doubt

ombrello [om·ˈbrɛl·lo] *m* umbrella

ombrellone [om·brel·ˈlo:·ne] *m* (*per spiaggia*) beach umbrella

ombretto [om·ˈbret·to] *m* eye shadow

ombroso, -a [om·ˈbro:·so] *adj* ❶ (*luogo*) shady ❷ (*albero, fronde*) shady

omeopatia [o·me·o·pa·ˈti:·a] <-ie> *f* homeopathy

omeopatico [o·me·o·ˈpa:·ti·ko] <-ci, -che> *adj* (*cura, medicina*) homeopathic

omertà [o·mer·ˈta] <-> *f* code of silence

omettere [o·ˈmet·te·re] <irr> *vt* (*tralasciare*) to omit; **~ di dire/fare qc** to fail to say/do sth

omicida [o·mi·ˈtʃi:·da] <-i *m*, -e *f*> I. *mf* murderer II. *adj* (*follia, mire, padre*) murderous

omicidio [o·mi·ˈtʃi:·dio] <-i> *m* homicide; **~ colposo** negligent homicide; **~ premeditato** premeditated murder

omisi *1. pers sing pass rem di* **omettere**

omissione [o·mis·ˈsio:·ne] *f* ❶ (*dimenticanza*) omission ❷ (*mancata attuazione*) failure; **~ di soccorso** failure to help

omogeneità [o·mo·dʒe·nei·ˈta] <-> *f* ❶ (*di gruppi, materiali*) homogeneity ❷ (*di dati, procedure*) consistency

omogeneizzati [o·mo·dʒe·neid·ˈdza:·ti] *mpl* (*alimenti*) baby food

omogeneizzato, -a [o·mo·dʒe·neid·ˈdza:·to] *adj* (*pollo, pesce, latte*) homogenized

omogeneo, -a [o·mo·ˈdʒɛ:·ne·o] *adj* homogeneous

omografo, -a *adj* LING homographic

omologazione [o·mo·lo·gat·ˈtsio:·ne] *f* ❶ (*di autoveicoli*) homologation ❷ (*riconoscimento: di risultato*) recognition

omonimia [o·mo·ni·ˈmi:·a] <-ie> *f* a. LING homonymy

omonimo [o·ˈmɔ:·ni·mo] *m* LING homonym

omonimo, -a I. *adj* a. LING homonymous II. *m, f* namesake

omosessuale [o·mo·ses·su·ˈa:·le] *adj, mf* homosexual

onda [ˈon·da] *f* ❶ (*del mare*) wave; **-e corte/lunghe/medie** short/long/medium waves; **andare in ~** TV, RADIO to be broadcast; **mandare in ~** TV, RADIO to broadcast ❷ (*loc*) **~ verde** (*semafori*) synchronized traffic lights

ondata [on·ˈda:·ta] *f* (*di mare*) wave

ondulato, -a [on·du·ˈla:·to] *adj* (*capelli*) wavy; (*cartone, lamiera*) corrugated

onere [ˈɔ:·ne·re] *m* ❶ (*obbligo*) burden; **~ fiscale** tax burden ❷ (*responsabilità*) responsibility

oneroso, -a [o·ne·ˈro:·so] *adj* burdensome

onestà [o·nes·ˈta] <-> *f* honesty; **in tutta ~** in all honesty

onestamente [o·nes·ta·ˈmen·te] *adv* honestly

onesto, -a [o·ˈnɛs·to] *adj* ❶ (*retto: persona*) honest ❷ (*decoroso: prezzo*) fair

onnipotente [on·ni·po·ˈtɛn·te] *adj* omnipotent

onnipresente [on·ni·pre·ˈzɛn·te] *adj* omnipresent

onnivoro, -a *adj* omnivorous

onomastico [o·no·ˈmas·ti·ko] *m* (*festa*) name day

onomatopeico, -a [o·no·ma·to·ˈpɛ:·i·ko] <-ci, -che> *adj* onomatopoeic

onorare [o·no·ˈra:·re] *vt* ❶ (*rendere onore a*) to honor ❷ REL (*venerare, adorare*) to honor ❸ (*rispettare: impegno*) to fulfill

onorario [o·no·'ra:·rio] *m* fee

onorario, -a <-i, -ie> *adj* (*console, cittadino*) honorary

onore [o·'no:·re] *m* ❶ (*gener*) honor; **parola d'~** word of honor; **uomo d'~** man of honor; **ho l'~ di presentarLe** ... I have the honor of introducing ...; **Vostro Onore** Your Honor ❷ (*gloria*) glory; **farsi ~ in qc** to distinguish oneself in sth; **fare ~ a qc** to honor sth; (*cucina*) to do justice to sth ❸ (*omaggio*) tribute; **in ~ di** in honor of; **damigella d'~** bridesmaid

onorevole [o·no·'re:·vo·le] I. *adj* ❶ (*degno di onore*) honorable ❷ (*parlamentare*) Honorable II. *mf* Member of the Italian Parliament

onorificenza [o·no·ri·fi·'t∫ɛn·tsa] *f* (*decorazione*) distinction

ONU ['ɔː·nu] *f acro di* **Organizzazione delle Nazioni Unite** UN

opaco, -a [o·'pa:·ko] <-chi, -che> *adj* ❶ (*vetro, lente*) opaque ❷ (*metallo*) matte

opera ['ɔː·pe·ra] *f* ❶ (*attività, prodotto*) *a.* LETT, ART work; **mettersi all'~** to get to work; **è ~ sua** it's his/her work; **-e pubbliche, ~ d'arte** work of art ❷ MUS opera; **~ lirica** opera

operaio, -a [o·pe·'ra:·io] <-ai, -aie> I. *adj* (*sciopero, movimento, lotta*) workers'; **classe -a** working class II. *m, f* worker; **~ specializzato** specialist worker

operare [o·pe·'ra:·re] I. *vt* ❶ (*fare: controllo*) to exercise; (*scelta, taglio*) to make ❷ MED (*paziente*) to operate on II. *vr:* **-rsi** MED to be operated on

operativo, -a [o·pe·ra·'ti:·vo] *adj* operative; **ricerca -a** operational research

operato [o·pe·'ra:·to] *m* actions *pl*

operatore, -trice [o·pe·ra·'to:·re] *m, f* ❶ (*specialista*) operator; **~ sociale** social worker; **~ turistico** tour operator ❷ TV, FILM cameraman

operazione [o·pe·rat·'tsio:·ne] *f* MATH, MED, MIL, COM operation

opinione [o·pi·'nio:·ne] *f* opinion; **~ pubblica** public opinion

opinionista [o·pi·nio·'nis·ta] <-i *m*, -e *f*> *mf* columnist

oppio ['ɔp·pio] <-i> *m* opium

opporre [op·'por·re] <irr> I. *vt* ❶ (*argomenti, rifiuto*) to oppose ❷ (*resistenza*) to offer II. *vr:* **-rsi a qu/qc** to oppose sb/sth

opportunismo [op·por·tu·'niz·mo] *m* opportunism

opportunista [op·por·tu·'nis·ta] <-i *m*, -e *f*> *mf* opportunist

opportunità [op·por·tu·ni·'ta] <-> *f* ❶ (*occasione*) opportunity ❷ (*utilità*) advisability

opportuno, -a [op·por·'tu:·no] *adj* (*adatto*) advisable

opposi *1. pers sing pass rem di* **opporre**

oppositore, -trice [op·po·zi·'to:·re] *m, f* opponent

opposizione [op·po·zit·'tsio:·ne] *f* (*resistenza*) *a.* POL opposition

opposto [op·'pos·to] *m* opposite

opposto, -a *adj* opposite

oppressi [op·'pres·si] *1. pers sing pass rem di* **opprimere**

oppressione [op·pres·'sio:·ne] *f* ❶ (*soprafazione*) oppression ❷ (*sensazione*) constriction

oppresso, -a [op·'prɛs·so] I. *pp di* **opprimere** II. *adj* (*popolo*) oppressed

oppressore [op·pres·'so:·re] *m* oppressor

opprimente [op·pri·'mɛn·te] *adj* ❶ (*caldo*) oppressive ❷ (*persona*) overbearing

opprimere [op·'pri:·me·re] <opprimo, oppressi, oppresso> *vt a. fig* to oppress

oppure [op·'pu:·re] *conj* ❶ (*o*) or ❷ (*altrimenti*) otherwise

optare [op·'ta:·re] *vi* **~ per qc** to choose sth

opuscolo [o·'pus·ko·lo] *m* pamphlet

opzionale [op·tsio·'na:·le] *adj* optional

opzione [op·'tsio:·ne] *f* option

ora[1] ['o:·ra] I. *adv* ❶ (*adesso*) now; **d'~ in avanti** [*o* **in poi**] from now on ❷ (*poco fa*) (just) now ❸ (*tra poco*) (right) now II. *conj* ❶ (*invece*) but ❷ (*dunque, allora*) now

O

ora² *f* ① (*unità*) hour; **a -e** by the hour; **correre a cento all'~** to do sixty miles an hour; **tra mezz'~** in half an hour; **per -e e e e** for hours ① (*nelle indicazioni temporali*) time; **~ legale** daylight-saving time; **~ locale** local time; **che ~ è — è l'una** what's the time? — (it's) one o'clock; **che -e sono? — sono le quattro** what's the time? — (it's) four o'clock ② *fig* (*momento*) time; **di buon'~** in good time; **è ~ di partire** it's time to leave; **era ora!** about time!; **far le -e piccole** to stay up late; **non veder l'~ di ... +** *inf* not to be able to wait to …

orafo, -a [ˈɔːraˌfo] *m, f* goldsmith

orale [oˈraːle] **I.** *adj* oral; **per via ~** orally; **prova ~** oral exam **II.** *m* oral

oramai [oˌraˈmaːi] *adv v.* **ormai**

orario [oˈraːrio] <-i> *m* ① (*di lavoro, ufficio, negozio*) hours *pl*; **~ continuato** all-day opening; **~ elastico** [*o flessibile*] flextime; **~ d'apertura dei negozi** opening hours; **~ di lavoro** working hours; **~ delle visite** visiting hours; **~ d'ufficio** office hours ② AERO, FERR, SCHOOL timetable; **in ~** on time

orario, -a <-i, -ie> *adj* ① (*di ora, delle ore*) time; **disco ~** parking disk; **fascia ~** time slot; **fuso ~** time zone ② (*all'ora: retribuzione, paga*) hourly ③ (*dell'orologio*) **in senso ~** clockwise

oratore, -trice [oˌraˈtoːre] *m, f* orator

orbita [ˈɔrbiˌta] *f* ① ASTR, FIS orbit ② ANAT socket

orca [ˈɔrka] <-che> *f* ZOO killer whale

orchestra [orˈkɛsˌtra] *f* orchestra

orchestrale [orkesˈtraːle] **I.** *adj* orchestral **II.** *mf* orchestral musician

orchidea [orkiˈdɛːa] *f* orchid

orco [ˈɔrko] <-chi> *m* (*nelle fiabe*) ogre

ordigno [orˈdiɲˌɲo] *m* ① (*congegno*) device ② (*bomba*) bomb; **~ esplosivo** explosive device

ordinale [ordiˈnaːle] *adj* ordinal

ordinare [ordiˈnaːre] *vt* ① (*gener*) to order ② (*mettere in ordine*) to organize

ordinario [ordiˈnaːrio] <-i> *m* ① (*nor-*

malità) **fuori dell'~** out of the ordinary ② (*professore di ruolo*) full professor

ordinario, -a <-i, -ie> *adj* ① (*normale*) ordinary; **tariffa -a** standard rate ② (*di ruolo: docente*) full ③ (*grossolano*) vulgar

ordinato, -a [ordiˈnaːto] *adj* (*persona, casa*) tidy

ordinazione [ordinatˈtsioːne] *f* COM (*al bar, ristorante*) order; **su ~** to order

ordine [ˈordiˌne] *m* ① (*gener*) order; **~ alfabetico** alphabetic order; **mettere ~** to tidy up; **richiamare qu all'~** to call sb to order; **con ~** in an orderly fashion; **~ del giorno** agenda; **parola d'~** password; **agli -i!** yes, sir!; **per ~ di** by order of; **~ di pagamento** payment order ② (*qualità*) quality; **di prim'~** first-rate; **d'infimo ~** poor quality

orecchia [oˈrekˌkia] <-cchie> *f* ANAT ear; *v.a.* **orecchio**

orecchiabile [oˌrekˈkiaˌbiˌle] *adj* (*musica, canzone*) catchy

orecchino [oˌrekˈkiːno] *m* (*gioiello*) earring

orecchio [oˈrekˌkio] <-cchi *m*, -cchie *f*> *m* ① ANAT (*per la musica*) ear; **avere molto ~** to have a very good ear; **cantare a ~** to sing by ear ② (*udito*) hearing ③ (*loc*) **essere duro d'-cchi** to be hard of hearing; **tirare le -cchie a qu** to give sb a slap on the wrist; **aprir bene le -cchie** to prick up one's ears; **essere tutt'-cchi** to be all ears

orecchioni [oˌrekˈkioːni] *mpl fam* mumps *sing*

orefice [oˈreːfiˌtʃe] *mf* ① (*artigiano*) goldsmith ② (*negoziante*) jeweler

oreficeria [oˌrefiˌtʃeˈriːa] <-ie> *f* ① (*arte*) goldwork ② (*laboratorio*) goldsmith's workshop ③ (*negozio*) goldsmith's

orfano, -a [ˈɔrfaˌno] **I.** *adj* orphan; **essere ~ di madre** to have lost one's mother **II.** *m, f* orphan

orfanotrofio [orfaˌnoˈtrɔːfio] <-i> *m* orphanage

organico [orˈgaːniˌko] <-ci> *m* ① AD-

MIN (*personale*) staff ② MIL (*personale*) members *pl*

organico, -a <-ci, -che> *adj* ① (*di organismi, organi*) organic ② *fig* (*strutturato*) comprehensive

organismo [or·ga·'niz·mo] *m* ① (*essere vivente*) organism ② (*corpo umano*) body ③ *fig* (*ente*) body

organizzare [or·ga·nid·'dza:·re] I. *vt* to organize II. *vr:* **-rsi** to organize oneself

organizzativo, -a [or·ga·nid·dza·'ti:·vo] *adj* ① (*capacità aspetto*) organizational ② (*comitato, segreteria*) organizing

organizzato, -a [or·ga·nid·'dza:·to] *adj* organized; **viaggio** ~ package tour

organizzatore, -trice [or·ga·nid·dza·'to:·re] I. *adj* (*comitato, segreteria*) organizing II. *m, f* organizer

organizzazione [or·ga·nid·dzat·'tsio:·ne] *f* organization

organo ['or·ga·no] *m* ① ANAT, MUS organ ② TEC component ③ (*ente*) body

orgasmo [or·'gaz·mo] *m* orgasm

orgia ['or·dʒa] <-ge *o* -gie> *f* orgy

orgoglio [or·'goʎ·ʎo] <-gli> *m* ① (*superbia*) pride ② (*motivo di vanto*) pride

orgoglioso, -a [or·goʎ·'ʎo:·so] *adj* proud

orientale [o·rien·'ta:·le] *adj* ① (*a est: parte, frontiera, lato*) eastern ② (*civiltà, popolazioni*) oriental

orientamento [o·rien·ta·'men·to] *m* ① (*gener*) orientation; **perdere l'**~ to lose one's bearings ② (*scelta di indirizzo*) guidance; ~ **professionale** guidance counseling

orientare [o·rien·'ta:·re] I. *vt* ① (*disporre*) to point; ~ **qc verso l'alto** to point sth upwards ② *fig* (*indirizzare*) to direct; ~ **qu verso** [*o* **a**] **qc** to direct sb towards sth II. *vr:* **-rsi** ① (*orizzontarsi*) to find one's bearings ② (*indirizzarsi*) **-rsi verso qc** to opt for sth

orientativo, -a [o·rien·ta·'ti:·vo] *adj* ① (*indicativo*) indicative; **a titolo** ~ as a guideline ② (*per orientarsi: corso, test*) guidance

oriente [o·'riɛn·te] *m* ① (*est*) east

② (*civiltà*) East; **l'Estremo** ~ the Far East; **il Medio** ~ the Middle East

origami [o·ri·'ga·mi] <-> *m* ART origami

origano [o·'ri:·ga·no] *m* ① (*pianta*) wild marjoram ② (*spezia*) oregano

originale [o·ri·dʒi·'na:·le] I. *adj* ① (*opera, peccato, idea*) original ② (*stravagante: persona*) eccentric II. *mf* eccentric

originalità [o·ri·dʒi·na·li·'ta] <-> *f* ① (*autenticità*) authenticity ② (*novità*) originality ③ (*stravaganza*) eccentricity

originare [o·ri·dʒi·'na:·re] *vt* (*causare*) to give rise to

originario, -a [o·ri·dʒi·'na:·rio] <-i, -ie> *adj* (*proveniente*) native; **essere** ~ **di** to come from

origine [o·'ri:·dʒi·ne] *f* ① (*gener*) origin; **dare** ~ **a qc** to give rise to sth; **in** ~ originally; **ha** ~ **da** it has it's origins in ② *pl* origins *pl*

origliare [o·riʎ·'ʎa:·re] *vi* to eavesdrop

orina [o·'ri:·na] *f* urine

orinare [o·ri·'na:·re] *vi* to urinate

oristanese [o·ris·ta·'ne:·se] I. *adj* from Oristano II. *mf* (*abitante*) person from Oristano

Oristano [o·ris·'ta:·no] *f* Oristano, *city in Sardina* **O**

orizzontale [o·rid·dzon·'ta:·le] *adj* horizontal

orizzonte [o·rid·'dzon·te] *m* ① GEO horizon; **giro d'**~ to survey the horizon ② *fig* (*prospettiva*) opportunity

orlo ['or·lo] *m* ① (*margine*) edge ② (*di tessuto*) hem ③ *fig* (*di pazzia*) brink

orma ['or·ma] *f* ① (*di persona*) footprint ② (*di animale*) track ③ *fig* footstep; **seguire** [*o* **calcare**] **le -e di qu** to follow in sb's footsteps

ormai [or·'ma:·i] *adv* ① (*a questo punto*) now ② (*a quel punto*) by then ③ (*già*) already

ormeggiare [or·med·'dʒa:·re] *vt* NAUT to moor

ormeggio [or·'med·dʒo] <-ggi> *m* NAUT (*manovra, luogo*) mooring

ormonale [or·mo·'na:·le] *adj* hormonal

ormone [or·'mo:·ne] *m* hormone

ornamentale [or·na·men·'ta:·le] *adj* ornamental

ornamento [or·na·'men·to] *m* (*decorazione*) ornament

ornare [or·'na:·re] *vt* (*abbellire: abito, tavola*) to decorate

oro ['ɔ:·ro] *m* ① (*metallo, colore*) gold; **~ bianco/giallo/rosso** white/yellow/red gold; **d'~** gold; **anello/catena d'~** gold ring/chain ② (*denaro*) money; **nuotare nell'~** to be rolling in it ② *pl* (*oggetti d'~*) gold items *pl*

orologeria [o·ro·lo·dʒe·'ri:·a] <-ie> *f* ① (*negozio*) watchmaker's (shop) ② (*dispositivo*) **bomba a ~** time bomb

orologiaio, -a [o·ro·lod·'dʒa:·io] <-giai, -giaie> *m, f* ① (*riparatore*) clock repairer; (*di orologi da polso*) watch repairer ② (*negozio*) clock seller's; (*di orologi da polso*) watch seller's

orologio [o·ro·'lɔ:·dʒo] <-gi> *m* clock; (*da polso*) watch; **~ da polso** wristwatch; **essere come un ~** *fig* to be as regular as clockwork; **l'~ va avanti/indietro** the click is fast/slow

oroscopo [o·'rɔs·ko·po] *m* ASTR horoscope

O

orrendo, -a [or·'rɛn·do] *adj* horrible

orribile [or·'ri:·bi·le] *adj* ① (*atroce*) awful ② *fig* (*pessimo: gusto, film*) terrible

orrido, -a *adj* (*aspetto, creatura*) horrible

orrore [or·'ro:·re] *m* ① (*repulsione, cosa orribile*) horror; **avere ~ di qc** to loathe sth; **gli -i della guerra** the horrors of war ② (*terrore*) terror; **film dell'~** horror movie ③ (*cosa brutta*) fright

orsa ['or·sa] *f* ① ZOO bear ② ASTR **l'Orsa maggiore/minore** Ursa Major/Minor

orsacchiotto [or·sak·'kiɔt·to] *m* ① (*piccolo orso*) bear cub ② (*di peluche*) teddy bear

orso ['or·so] *m* bear; **~ bianco** [o **polare**] polar bear; **~ bruno** brown bear; **~ grigio** grizzly bear

ortaggio [or·'tad·dʒo] <-ggi> *m* vegetable

ortica [or·'ti:·ka] <-che> *f* stinging nettle

orticaria [or·ti·'ka:·ria] <-ie> *f* hives sing

orto ['ɔr·to] *m* (vegetable) garden; **~ botanico** botanical gardens

ortodosso, -a [or·to·'dɔs·so] *adj a. fig* orthodox

ortofrutticolo, -a [or·to·frut·'ti:·ko·lo] *adj* (*mercato, prodotto*) fruit and vegetable

ortografia [or·to·gra·'fi:·a] *f* spelling

ortografico, -a [or·to·'gra:·fi·ko] <-ci, -che> *adj* (*errori, convenzione*) spelling

ortolano, -a [or·to·'la:·no] *m, f* (*venditore*) fresh produce vendor

ortopedico, -a [or·to·'pɛ:·di·ko] <-ci, -che> I. *adj* (*scarpe, busto*) orthopedic II. *m, f* (*medico*) orthopedic surgeon

orzaiolo [or·dza·'iɔ:·lo] *m* MED sty

orzo ['ɔr·dzo] *m* barley

osannare [o·zan·'na:·re] *vt* to praise

osare [o·'za:·re] *vt* to dare; **non oso chiedere** I don't dare ask

oscenità [oʃ·ʃe·ni·'ta] <-> *f* ① (*indecenza*) obscenity ② (*atto indecente*) indecent act ③ (*parole indecenti*) obscenity ④ *fam* (*cosa brutta*) monstrosity

osceno, -a [oʃ·'ʃɛ:·no] *adj* ① (*indecente: atto, gesto, film*) obscene ② *fam* (*bruttissimo*) disgusting

oscillare [oʃ·ʃil·'la:·re] *vi* ① FIS (*pendolo*) to oscillate ② (*variare*) to fluctuate

oscillazione [oʃ·ʃil·lat·'tsio:·ne] *f* ① FIS oscillation ② (*di prezzo, temperatura*) fluctuation

oscurare [os·ku·'ra:·re] I. *vt* ① (*rendere oscuro: cielo*) to darken ② (*rete televisiva*) to block out II. *vr:* **-rsi** ① (*diventare oscuro*) to darken ② *fig* (*vista*) to cloud over

oscurità [os·ku·ri·'ta] <-> *f* (*assenza di luce*) darkness

oscuro [os·'ku:·ro] *m* **essere all'~ di qc** to be in the dark about sth

oscuro, -a *adj* ① (*buio: notte, zona*) dark; **camera -a** FOTO dark room ② *fig* (*pensiero, testo*) gloomy

ospedale [o·pe·'da:·le] *m* hospital

ospitale [os·pi·'ta:·le] *adj* (*persona, casa*) hospitable

ospitalità [os·pi·ta·li·'ta] <-> *f* ① (*caratteristica*) hospitality ② (*accoglienza*) hospitality; **dare ~ a qu** to offer hospitality to sb

ospitare [os·pi·'ta:·re] *vt* ① (*dare ospitalità a*) to accommodate ② (*accogliere: convegno*) a. SPORT to host ③ (*contenere: persone, barche*) to hold ④ (*custodire: quadro, statua*) to house

ospite ['ɔs·pi·te] *adj, mf* ① (*che ospita*) host ② (*che è ospitato*) guest

ospizio [os·'pit·tsio] <-i> *m* (*per anziani*) nursing home

ossequio [os·'sɛ·kui·o] <-qui> *m* ① (*rispetto*) respect ② *pl* (*saluto*) regards *pl*

osservante [os·ser·'van·te] **I.** *adj* ① REL practicing ② (*rispettoso*) respectful **II.** *mf* REL churchgoer

osservanza [os·ser·'van·tsa] *f a.* REL observance

osservare [os·ser·'va:·re] *vt* ① (*guardare attentamente, rispettare*) to observe ② (*rilevare*) to notice

osservatore, -trice [os·ser·va·'to:·re] *m, f* observer

osservatorio [os·ser·va·'tɔ:·rio] <-i> *m* observatory; **~ astronomico** astronomical observatory; **~ meteorologico** weather station

osservazione [os·ser·vat·'tsio:·ne] *f* ① (*atto, considerazione*) observation; **spirito di ~** power of observation ② (*rimprovero*) reproach

ossessionante [os·ses·sio·'nan·te] *adj* ① **desiderio, idea, ricordo** all-consuming ② (*persona*) obsessive ③ (*danza, musica*) haunting

ossessionare [os·ses·sio·'na:·re] *vt* ① (*tormentare: ricordo, idea*) to obsess ② (*infastidire: persona*) to pester

ossessione [os·ses·'sio:·ne] *f* obsession; **avere l'~ di qc** to be obsessed with sth

ossessivo, -a [os·ses·'si:·vo] *adj* ① PSYCH obsessive ② (*ritmo, musica*) haunting

ossesso, -a [os·'sɛs·so] *m, f* (*indemoniato*) possessed person

ossia [os·'si:·a] *conj* that is

ossidare [os·si·'da:·re] **I.** *vt* to oxidize **II.** *vr:* **-rsi** to oxidize

ossigenare [os·si·dʒe·'na:·re] **I.** *vt* ① CHIM to oxygenate ② (*decolorare*) to bleach **II.** *vr:* **-rsi** ① (*capelli*) to bleach one's hair ② (*polmoni*) to get some fresh air

ossigeno [os·'si:·dʒe·no] *m* CHIM oxygen

osso ['ɔs·so] <*pl:* -*a f*> *m* ① ANAT bone; **avere le -a rotte** to be exhausted; **farsi le -a** to cut one's teeth; **un ~ duro** *fig* (*difficoltà*) a hard nut to crack; (*persona*) a tough customer ② (*nocciolo*) stone; **sputa l'~!** *scherz, fam* spit it out!

ossuto, -a [os·'su:·to] *adj* (*persona*) skinny; (*volto, mani, gambe*) bony

ostacolare [os·ta·ko·'la:·re] *vt* (*movimenti*) to obstruct; (*decisioni*) to block; (*ingresso, sviluppo, ricerca*) to hinder

ostacolo [os·'ta·ko·lo] *m* ① (*impedimento*) obstacle ② *fig* (*intralcio*) hindrance; **essere d'~ a qc** to be a hindrance to sth ③ SPORT **corsa a -i** obstacle race

ostaggio [os·'tad·dʒo] <-ggi> *m* hostage; **tenere qu in ~** to hold sb hostage

ostello [os·'tɛl·lo] *m* **~ della gioventù** youth hostel

osteria [os·te·'ri:·a] <-ie> *f* tavern

ostetrica [os·'tɛ·tri·ka] <-che> *f* obstetrician

ostetrico, -a [os·'tɛ·tri·ko] <-ci, -che> *adj* (*clinica*) obstetric

ostia ['ɔs·tia] <-ie> *f* REL Host

ostico, -a ['ɔs·ti·ko] <-ci, -che> *adj* difficult

ostile [os·'ti:·le] *adj* (*atto, forze*) hostile

ostilità [os·ti·li·'ta] <-> *f* hostility

ostinato, -a [os·ti·'na:·to] *adj* (*persona*) obstinate

ostinazione [os·ti·nat·'tsio:·ne] *f* obstinacy

ostrica ['ɔs·tri·ka] <-che> *f* oyster

ostruire [os·tru·'i:·re] <ostruisco> *vt* (*passaggio, strada*) to block

ostruzionismo [os·trut·tsio·'niz·mo] *m* stonewalling; **fare ~** to stonewall

O

ostruzionista [os·trut·tsio·'nis·ta] <-i m, -e f> mf stonewaller

otite [o·'ti:·te] f MED ear infection

otorinolaringoiatra [o·to·ri·no·la·riŋ·go·'ia:·tra] <-i m, -e f> mf ear, nose and throat specialist

ottanta [ot·'tan·ta] I. num eighty II. <-> m eighty; v.a. **cinquanta**

ottantenne [ot·tan·'tɛn·ne] adj, mf eighty-year-old

ottantesimo, -a adj, m, f eightieth; v.a. **quinto**

ottantina [ot·tan·'ti:·na] f **un'~ (di …)** about eighty (…)

ottava [ot·'ta:·va] f MUS octave

ottavo [ot·'ta:·vo] m ① (frazione) eighth ② SPORT **-i di finale** quarterfinals

ottavo, -a adj, m, f eighth; v.a. **quinto**

ottenere [ot·te·'ne:·re] <irr> vt ① (gener) to obtain ② (ricevere: ricompensa, premio) to gain

ottenni 1. pers sing pass rem di **ottenere**

ottenuto pp di **ottenere**

ottica ['ɔt·ti·ka] <-che> f ① FIS optics sing ② (tecnica) optics sing ③ (lenti) optical system ④ fig (punto di vista) point of view

ottico ['ɔt·ti·ko] <-ci> m (negozio) optician's

ottico, -a <-ci, -che> I. adj ① (dell'occhio: nervo) optic ② COMPUT **lettore ~** OCR II. m, f (tecnico) optician

ottimale [ot·ti·'ma:·le] adj optimal

ottimismo [ot·ti·'miz·mo] m optimism

ottimista [ot·ti·'mis·ta] <-i m, -e f> I. adj optimistic II. mf optimist

ottimistico, -a [ot·ti·'mis·ti·ko] <-ci, -che> adj optimistic

ottimizzare [ot·ti·mid·'dza:·re] vt to optimize

ottimo, -a adj superlativo di **buono, -a** excellent

otto ['ɔt·to] I. num eight II. <-> m ① (numero) eight ② (nelle date) eighth ③ (voto scolastico) 8 out of 10 III. fpl eight o'clock; v.a. **cinque**

ottobre [ot·'to:·bre] m October; v.a. **aprile**

ottocentesco, -a [ot·to·tʃen·'tes·ko] <-schi, -sche> adj nineteenth-century

ottocento [ot·to·'tʃɛn·to] I. num eight hundred II. <-> m eight hundred; **l'Ottocento** the nineteenth century

ottomila [ot·to·'mi:·la] I. num eight thousand II. <-> m eight thousand

ottone [ot·'to:·ne] m ① (lega) brass ② pl MUS brass section

otturare [ot·tu·'ra:·re] I. vt ① MED (dente) to fill ② TEC (tubo) to block II. vr: **-rsi** to become blocked

otturazione [ot·tu·rat·'tsio:·ne] f ① (di scarico, tubo) blockage ② (di dente) filling

ottuso, -a [ot·'tu:·zo] adj a. fig obtuse

ovaio [o'va:io] <pl: -aia f> m ovary

ovale [o·'va:·le] adj, m oval

ovatta [o·'vat·ta] f cotton wool

ovest ['ɔ·vest] m west; **ad ~** to the west; **ad ~ di** west of; **verso ~** westwards

ovile [o·'vi:·le] m sheepfold

ovino [o·'vi:·no] m sheep

ovino, -a adj ovine; **carne ~** mutton

ovulazione [o·vu·lat·'tsio:·ne] f BIO ovulation

ovulo ['ɔ:·vu·lo] m ① BOT ovule ② BIO ovum

ovunque [o·'vuŋ·kue] adv ① (dovunque) wherever ② (dappertutto) everywhere

ovvero [ov·'ve:·ro] conj that is

ovvietà [ov·vie·'ta] <-> f ① (caratteristica) obviousness ② (cosa banale) cliché

ovvio, -a ['ɔv·vio] <-i, -ie> adj ① (normale) normal ② (logico) obvious ③ (scontato) predictable

ozio ['ɔt·tsio] <-i> m ① (abituale inoperosità) idleness ② (inattività temporanea) inactivity ③ (tempo libero) leisure

ozono [od·'dzo:·no] m CHIM ozone; **buco nell'~** ozone hole

Pp

P, p [pi] <-> *f* P, p; **~ come Palermo** P for Papa

p. *abbr di* **pagina** p.

pacato, -a [pa·'ka:·to] *adj* calm

pacca ['pak·ka] <-cche> *f fam* (*manata*) slap

pacchetto [pak·'ket·to] *m* ① (*piccolo pacco*) package ② (*confezione*) pack; **un ~ di sigarette** a pack of cigarettes ③ COMPUT package

pacchia ['pak·kia] <-cchie> *f fam* blast

pacchiano, -a [pak·'kia:·no] *adj* vulgar

pacco ['pak·ko] <-cchi> *m* ① (*involto*) package; **le faccio un ~ regalo?** would you like it gift-wrapped? ② *fam* (*fregatura*) rip-off; **mi ha tirato un ~** he stood me up

pace ['pa:·tʃe] *f* peace; **fare ~ con qu** to make it up with sb; **lasciare qu in ~** to leave sb alone; **starsene in (santa) ~** to have some peace

Pachistan [pa·kis·'tan] *m* **il ~** Pakistan

pachistano, -a [pa·kis·'ta:·no] *adj, m, f* Pakistani

pacifico, -a [pa·'tʃi:·fi·ko] <-ci, -che> *adj* ① (*uomo, indole*) peace-loving ② (*intervento, manifestazione*) peaceful ③ GEOG **il** [*o* **l'Oceano**] **Pacifico** the Pacific (Ocean)

pacifista [pa·tʃi·'fis·ta] <-i *m*, -e *f*> I. *mf* pacifist II. *adj* pacifist

padano, -a [pa·'da:·no] *adj* Po; **pianura -a** Po Valley

padella [pa·'dɛl·la] *f* ① frying pan; **cadere dalla ~ nella brace** *fig* to jump out of the frying pan into the fire ② (*per malati*) bedpan

padiglione [pa·diʎ·'ʎo:·ne] *m* (*di fiera, edificio*) pavilion

Padova ['pa:·do·va] *f* Padua, *city in northeast Italy*

padovano, -a [pa·do·'va:·no] I. *adj* Paduan II. *m, f* (*abitante*) person from Padua

padre ['pa:·dre] *m* ① a. *fig* (*genitore*) father; **tale il ~ tale il figlio** *prov* like father, like son *prov* ② REL (*Dio*) Father ③ REL (*titolo*) Father; **il santo Padre** (*Papa*) the Holy Father

Padrenostro [pad·re·'nɔs·tro] <-> *m* Our Father

padrino [pa·'dri:·no] *m* (*di battesimo, nella mafia*) godfather; (*di cresima*) sponsor

padronanza [pa·dro·'nan·tsa] *f* ① (*di materia, argomento*) command ② (*di emozioni*) control

padrone, -a [pa·'dro:·ne] *m, f* ① (*proprietario*) owner; **~ di casa** landlord; **essere ~ di fare qc** (*libero*) to be free to do sth ② (*datore di lavoro*) employer

padroneggiare [pa·dro·ned·'dʒa:·re] *vt* ① (*emozioni*) to control ② (*materia, argomento*) to master

paesaggio [pae·'zad·dʒo] <-ggi> *m* ① GEOG, ART landscape ② (*panorama*) view

paesano, -a [pae·'za:·no] *adj* country

paese [pa·'e:·ze] *m* ① (*nazione, Stato*) country; **~ in via di sviluppo** developing country; **i Paesi Bassi** the Netherlands *pl* ② (*villaggio*) village; **mandare qu a quel ~** *fig, fam* to tell sb to go to hell

paffuto, -a [paf·'fu:·to] *adj* chubby

pag. *abbr di* **pagina** p.

paga ['pa:·ga] <-ghe> *f* (*stipendio*) pay; **giorno di ~** payday; **busta ~** pay envelope

pagabile [pa·'ga:·bi·le] *adj* payable

pagaia [pa·'ga:·ia] <-aie> *f* paddle

pagamento [pa·ga·'men·to] *m* payment

pagano, -a [pa·'ga:·no] *adj, m, f* pagan

pagare [pa·'ga:·re] *vt* ① (*persona*) to pay; (*acquisto, servizio*) to pay for; **~ caro qc** to pay a lot for sth; *fig* (*errori*) to pay dearly for sth; **farla ~ a qu**

P

fam to make sb pay for sth ❷ (*offrire*) to buy; ~ **da bere a qu** to buy sb a drink ❸ *fig* (*ricompensare*) to repay; ~ **qu con qc** to pay sb back for sth

pagella [pa·'dʒɛl·la] *f* report card

pagellino [padʒe·l'li:·no] *m* ❶ (*nella scuola*) mid-term report card ❷ (*di una partita*) player ratings

pagina ['pa·dʒi·na] *f* page; **prima** ~ (*di giornale*) front page; **terza** ~ culture page; **Pagine gialle** Yellow Pages®; **voltar** ~ to turn the page; (*cambiare vita*) to turn over a new leaf; (*cambiare discorso*) to move on; ~ **web** Web page

paglia ['paʎ·ʎa] <-glie> *f* (*materiale*) straw

pagliacciata [paʎ·ʎat·'tʃa:·ta] *f fam* farce

pagliaccio [paʎ·'ʎat·tʃo] <-cci> *m* ❶ (*di circo*) clown ❷ *fig* (*buffone*) fool

paglietta [paʎ·'ʎet·ta] *f* ❶ (*cappello*) boater ❷ (*d'acciaio*) steel wool

pagnotta [paɲ·'ɲɔt·ta] *f* round loaf

pagoda [pa·'gɔː·da] *f* pagoda

paia *pl di* **paio**²

paillette [pa·'jɛt] <-> *f* sequin

paio¹ ['pa:·io] *1. pers sing pr di* **parere**¹

paio² <*pl:* paia *f*> *m* pair; **un ~ di** (*alcuni*) a couple of; **un ~ di calzoni** a pair of pants; **un ~ di occhiali** a pair of glasses

Pakistan [pa·kis·'tan] *m v.* **Pachistan**

pala ['pa:·la] *f* ❶ (*attrezzo*) shovel ❷ REL ~ **d'altare** altar piece ❸ (*di elica, turbina*) blade

paladino, -a *m, f* (*difensore*) champion

palafitta [pa·la·'fit·ta] *f* HIST pile-dwelling

palasport [pa·la·'sport] <-> *m* sports arena

palata [pa·'la:·ta] *f* ❶ (*quantità*) shovelful; **aver soldi a -e** *fam* to have lots of money ❷ (*colpo di pala*) blow with a shovel

palato [pa·'la:·to] *m a. fig* palate

palazzina [pa·lat·'tsi:·na] *f* small apartment building

palazzo [pa·'lat·tso] *m* ❶ (*edificio signorile*) palace ❷ (*condominio*) apart-

ment building ❸ (*sede amministrativa*) **il ~ di giustizia** the law courts *pl*; **il Palazzo** (*governo*) the government

palco ['pal·ko] <-chi> *m* ❶ THEAT box ❷ (*piano sopraelevato*) platform

palcoscenico [pal·koʃ·'ʃɛː·ni·ko] <-ci> *m* stage

palermitano, -a I. *adj* from Palermo II. *m, f* (*abitante*) person from Palermo

Palermo *f* Palermo, *capital of Sicily*

palese [pa·'le:·ze] *adj* (*chiaro*) clear

palestra [pa·'lɛs·tra] *f* (*locale*) gym; (*attività*) working out; **fare** ~ to work out

paletta [pa·'let·ta] *f* ❶ (*piccola pala*) spade; (*per brace, carbone*) shovel ❷ (*di forse dell'ordine*) signal bat ❸ (*per dolci*) cake slice

paletto [pa·'let·to] *m* (*nel terreno*) stake; (*per tenda*) peg

palio ['pa:·lio] <-i> *m* ❶ **il Palio di Siena** the Palio, *horse race between seventeen districts in historical costume* ❷ *fig* **essere in** ~ to be at stake; **mettere in** ~ to offer as a prize

palizzata [pa·lit·'tsa:·ta] *f* palisade

palla ['pal·la] *f* ❶ (*gener*) ball; ~ **di neve** snowball; ~ **da tennis** tennis ball; **giocare a** ~ to play ball; **prendere la ~ al balzo** *fig* to seize one's chance ❷ *pl, vulg* (*testicoli*) balls; **che -e!** what a drag!; **non mi rompere le -e!** *vulg* don't be such a pain in the ass!

pallacanestro [pal·la·ka·'nɛs·tro] *f* basketball

pallamano [pal·la·'ma:·no] *f* handball

pallanuoto [pal·la·'nuɔː·to] *f* water polo

pallavolo [pal·la·'vɔː·lo] *f* volleyball

palleggiare [pal·led·'dʒa:·re] *vi* (*nel basket*) to dribble; (*nel calcio*) to practice with the ball

palliativo [pal·lia·'ti:·vo] *m* ❶ MED palliative ❷ *fig* (*rimedio inefficace*) stopgap

pallido, -a ['pal·li·do] *adj* ❶ (*viso, colore*) pale ❷ (*luce, immagine*) faint; **non avere la più -a idea di qc** *fig* to not have the faintest idea about sth

pallino [pal·'li:·no] *m* ❶ (*del biliardo*)

cue ball; (*delle bocce*) jack ❷ *pl* (*di fucile*) pellet ❸ (*su stoffa*) dot ❹ *fig, fam* (*fissazione*) craze; **avere il ~ della pulizia** to be fanatical about cleanliness

palloncino [pal·lon·'tʃi:·no] *m* ❶ (*gonfiabile*) balloon ❷ *fam* (*alcoltest*) **fare la prova del ~** to blow into the Breathalyzer®

pallone [pal·'lo:·ne] *m* ❶ (*palla*) ball ❷ (*calcio*) **giocare a ~** to play soccer

pallottola [pal·'lɔt·to·la] *f* (*proiettile*) bullet

palma ['pal·ma] *f* palm (tree); **la domenica delle Palme** Palm Sunday

palmare [pal·'ma:·re] *m* (*computer*) palmtop

palmo ['pal·mo] *m* (*di mano*) palm

palo ['pa:·lo] *m* ❶ (*di legno*) stake; (*del telegrafo*) pole; (*della luce*) post; **fare il** [*o* **da**] ~ – *sl* to act as lookout ❷ SPORT (*calcio*) (goal)post

palombaro [pa·lom·'ba:·ro] *m* diver

palpare [pal·'pa:·re] *vt* (*tastare*) to feel; MED to palpate

palpebra ['pal·pe·bra] *f* eyelid

paltò [pal·'tɔ] <-> *m* overcoat

palude [pa·'lu:·de] *f* marsh

paludoso, -a [pa·lu·'do:·so] *adj* marshy

panca ['paŋ·ka] <-che> *f* bench

pancarré [paŋ·kar·'re] <-> *m* sliced bread

pancetta [pan·'tʃet·ta] *f* CULIN bacon

panchina [paŋ·'ki:·na] *f* bench; **rimanere in ~** *fig* to stay on the bench

pancia ['pan·tʃa] <-ce> *f a. fig, fam* (*ventre*) belly; **avere (il) mal di ~** to have a stomachache; **metter su ~** *fam* to get a potbelly

pancione [pan·'tʃo:·ne] *m fam* ❶ (*grossa pancia*) big belly ❷ (*persona*) person with a big belly

panciotto [pan·'tʃɔt·to] *m* vest

panciuto, -a [pan·'tʃu:·to] *adj* ❶ (*persona*) potbellied ❷ (*vaso*) rounded

pancreas ['paŋ·kre·as] <-> *m* pancreas

panda ['pan·da] <-> *m* panda

pandoro [pan·'dɔ:·ro] *m* cone-shaped sponge cake, originally from Verona, eaten at Christmas

pane ['pa:·ne] *m* ❶ (*alimento*) bread; **~ integrale** whole-wheat bread; **Pan di Spagna** sponge cake; **dire ~ al ~ e vino al vino** *fig* to call a spade a spade; **rendere pan per focaccia** *fam* to give tit for tat; **essere buono come il ~** to have a heart of gold ❷ (*pagnotta*) loaf ❸ (*blocchetto: di burro*) pat; (*di cera*) bar

panetteria [pa·net·te·'ri:·a] <-ie> *f* bakery

panettiere, -a [pa·net·'tiɛ:·re] *m, f* baker

panettone [pa·net·'to:·ne] *m* dome-shaped sweet loaf containing sultanas and candied fruit eaten at Christmas

panfilo ['pan·fi·lo] *m* yacht

panforte [pan·'fɔr·te] *m* round, flat cake containing candied fruit and nuts,

panico ['pa:·ni·ko] *m* panic; **farsi prendere dal ~** to panic

paniere [pa·'niɛ:·re] *m* basket

panificio [pa·ni·'fi:·tʃo] <-ci> *m* bakery

panino [pa·'ni:·no] *m* roll; **un ~ al prosciutto** a ham roll

panna ['pan·na] *f* CULIN cream; **~ montata** whipped cream

panne [pan] <-> *f* MOT breakdown; **essere** [*o* **rimanere**] **in ~** to have broken down

pannello [pan·'nɛl·lo] *m* panel; **~ solare** solar panel

panno ['pan·no] *m* ❶ (*tessuto, pezzo di stoffa*) cloth ❷ *pl* (*vestiti*) clothes; **lavare i -i** to do the laundry; **mettersi nei -i di qu** to put oneself in sb's shoes

pannocchia [pan·'nɔk·kia] <-cchie> *f* cob

pannolino [pan·no·'li:·no] *m* ❶ (*per neonato*) diaper ❷ (*da donna*) sanitary napkin

panorama [pa·no·'ra:·ma] <-i> *m* ❶ (*veduta*) panorama ❷ *fig* (*contesto*) context

panoramica [pa·no·'ra:·mi·ka] <-che> *f* ❶ (*veduta*) panorama ❷ FOTO panorama; FILM pan shot ❸ *fig* (*rassegna*) survey

panoramico, -a [pa·no·'ra:·mi·ko] <-ci,

P

-che> *adj* ① (*strada, percorso*) scenic;
veduta -a panoramic ② *fig* (*rassegna*)
general

pantacollant [pan·ta·kol·'lan] *mpl* leggings *pl*

pantaloncini [pan·ta·lon·'tʃi·ni] *mpl* shorts

pantaloni [pan·ta·'lo:·ni] *mpl* pants; **un paio di ~** a pair of pants

pantano [pan·'ta:·no] *m* (*fango*) mud

pantera [pan·'tɛ:·ra] *f* zoo panther

pantofola [pan·'tɔ:·fo·la] *f* slipper

pantomima [pan·to·'mi:·ma] *f* ① THEAT pantomime ② *fig* (*finzione*) play-acting

paonazzo, -a [pao·'nat·tso] *adj* (*viso*) purple

papa ['pa:·pa] <-i> *m* pope; **ad ogni morte di ~** *fig* once in a blue moon

papà [pa·'pa] <-> *m fam* dad; **figlio di ~** *pej* spoiled boy

papale [pa·'pa:·le] *adj* papal

paparazzo [pa·pa·'rat·tso] *m* paparazzo

papato [pa·'pa:·to] *m* papacy

papavero [pa·'pa:·ve·ro] *m* BOT poppy

papera ['pa:·pe·ra] *f* ① zoo gosling ② *fig* (*errore*) gaffe; **fare una ~** to make a gaffe

papilla [pa·'pil·la] *f* ANAT **-e gustative** taste buds

papillon [pa·pi·'jɔ] <-> *m* bow tie

papiro [pa·'pi:·ro] *m* ① (*gener*) papyrus ② *scherz* (*scritto prolisso*) screed

pappa ['pap·pa] *f* ① (*per bambini*) babyfood ② *pej* (*minestra troppo cotta*) mush ③ (*sostanza*) ~ **reale** royal jelly

pappagallo [pap·pa·'gal·lo] *m* ① (*uccello*) parrot ② *fig* (*uomo*) wolf ③ (*per urinare*) urine bottle

pappardella [pap·par·'dɛl·la] <-> *f* ① *pl* CULIN wide pasta strips ② *fig* (*tiritera*) blather

pappare [pap·'pa:·re] *vt fam* (*divorare*) to scarf

paprica ['pa:·pri·ka] <-che> *f* paprika

pap-test [pap·'test] *m* Pap smear

par. *abbr di* **paragrafo** par.

parabola [pa·'ra:·bo·la] *f* ① (*del Vangelo*) parable ② MATH parabola ③ (*antenna*) satellite dish

parabolico, -a [pa·ra·'bɔ:·li·ko] <-ci, -che> *adj* parabolic; **antenna -a** parabolic antenna

parabrezza [pa·ra·'bred·dza] <-> *m* windshield

paracadute [pa·ra·ka·'du:·te] <-> *m* parachute

paracadutismo [pa·ra·ka·du·'tiz·mo] *m* parachuting

paracadutista [pa·ra·ka·du·'tis·ta] <-i *m*, -e *f*> *mf* ① parachutist ② MIL paratrooper

paracarro [pa·ra·'kar·ro] *m* curbstone

paradisiaco, -a [pa·ra·di·'zi:·a·ko] <-ci, -che> *adj a. fig* heavenly

paradiso [pa·ra·'di:·zo] *m a. fig* paradise; ~ **terrestre** earthly paradise

paradossale [pa·ra·dos·'sa:·le] *adj* paradoxical

paradosso [pa·ra·'dɔs·so] *m* ① (*argomentazione*) paradox ② (*assurdità*) nonsense

parafango [pa·ra·'faŋ·go] <-ghi> *m* (*di macchina*) mudguard; (*di motocicletta*) fender

parafrasi [pa·ra·'fra·zi] <-> *f* paraphrase

parafulmine [pa·ra·'ful·mi·ne] *m* lightning conductor

paraggi [pa·'rad·dʒi] *mpl* **nei ~** in the vicinity

paragonare [pa·ra·go·'na:·re] *vt* to compare

paragone [pa·ra·'go:·ne] *m* (*confronto*) comparison; **a ~ di** in comparison with; **essere senza ~** [*o non avere -i*] to be incomparable

paragrafo [pa·'ra:·gra·fo] *m* paragraph

paralisi [pa·'ra:·li·zi] <-> *f a. fig* paralysis

paralitico, -a [pa·ra·'li:·ti·ko] <-ci, -che> I. *adj* ① (*persona*) paralyzed ② (*di paralisi*) paralytic II. *m, f* paralytic

paralizzare [pa·ra·lid·'dza:·re] *vt a. fig* to paralyze

parallela [pa·ral·'lɛ:·la] *f* ① MATH parallel (line); **una ~ di via Roma** a street running parallel to via Roma ② *pl* SPORT parallel bars

parallelo [pa·ral·ˈlɛː·lo] *m* parallel

parallelo, -a *adj* ① (*retta, linea*) parallel ② (*simile*) similar

paralume [pa·ra·ˈluː·me] *m* lampshade

paramedico, -a <-ci, -che> *adj* paramedical; **personale ~** paramedics *pl*

parametro [pa·ˈraː·met·ro] *m* parameter

paranoia [pa·ra·ˈnɔː·ia] <-oie> *f* paranoia; **andare in ~** to get paranoid

paranoico, -a [pa·ra·ˈnɔː·i·ko] <-ci, -che> *adj, m, f* paranoid

paranormale [pa·ra·nor·ˈmaː·le] *adj* paranormal

paraocchi [pa·ra·ˈɔk·ki] <-> *m* blinders *pl*; **avere i ~** *fig* to be blind

paraorecchie [pa·rao·ˈrek·kie] <-> *m* (*contro il freddo*) ear muffs *pl*

parapendio [pa·ra·pen·ˈdiː·o] <-> *m* ① (*paracadute*) paraglider ② (*attività*) paragliding

parapetto [pa·ra·ˈpɛt·to] *m* ① (*di balcone, ponte*) parapet ② NAUT rail

paraplegico, -a [pa·ra·ˈplɛː·dʒi·ko] <-ci, -che> *adj, m, f* paraplegic

parare [pa·ˈraː·re] *vt* (*colpo*) to parry; SPORT (*tiro*) to save

parasole [pa·ra·ˈsoː·le] <-> *m* (*ombrelo*) parasol

parassita [pa·ras·ˈsiː·ta] <-i *m*, -e *f*> I. *mf a. fig* parasite II. *adj a. fig* parasitic

parata [pa·ˈraː·ta] *f* ① SPORT (*calcio*) save ② MIL parade

parati [pa·ˈraː·ti] *mpl* **carta da ~** wallpaper

paraurti [pa·ra·ˈur·ti] <-> *m* MOT bumper

paravento [pa·ra·ˈvɛn·to] <-> *m* ① (*protezione*) screen ② *fig* **fare da ~ a qu** to be a cover for sth

parcella [par·ˈtʃɛl·la] *f* ① (*di terreno*) parcel ② (*di professionista*) fee

parcheggiare [par·ked·ˈdʒaː·re] I. *vt a. fig* to park II. *vi* to park

parcheggio [par·ˈked·dʒo] <-ggi> *m* ① (*area*) parking lot ~ **a pagamento** pay parking lot ② (*sosta, manovra*) parking; **area di ~** parking area; **divieto di ~** no parking

parchimetro [par·ˈki·met·ro] *m* parking meter

parco [ˈpar·ko] <-chi> *m* ① (*spazio verde*) park; ~ **nazionale** national park ② (*area attrezzata*) ~ **giochi** playground; ~ **dei divertimenti** amusement park

parcometro [par·ˈkɔ·met·ro] *m v.* **parchimetro**

par condicio [par kon·ˈdiː·tʃo] <-> *f* POL equal opportunity

pardon [par·ˈdõ] *interj* sorry

parecchio [pa·ˈrek·kio] *adv* ① (*molto*) quite ② (*a lungo*) quite a while

parecchio, -a <-cchi, -cchie> I. *adj* (*con sostantivo singolare*) quite a lot of; (*con sostantivo plurale*) several; ~ **tempo** quite a long time; **c'è ~ vento** it's quite windy II. *pron indef* (*singolare*) quite a lot; (*plurale*) several; **-cchi di noi** several of us III. *adv* (*molto tempo*) long

pareggiare [pa·red·ˈdʒaː·re] I. *vt* ① (*terreno*) to level ② (*bilancio*) to balance; ~ **i conti** to balance the books; *fig* to get even II. *vi* ~ (**con qu**) to tie (with sb)

pareggio [pa·ˈred·dʒo] <-ggi> *m* ① COM balance ② SPORT tie

parente [pa·ˈrɛn·te] *mf* (*congiunto*) relative; **i miei -i** my relatives

parentela [pa·ren·ˈtɛː·la] *f* ① (*insieme dei parenti*) relatives *pl* ② (*legame*) relationship; **grado di ~** degree of kinship

parentesi [pa·ˈrɛn·te·zi] <-> *f* ① (*segno grafico*) parenthesis; ~ **tonda** parenthesis; ~ **quadra** square bracket; ~ **graffa** brace; **fra ~** *fig* incidentally ② (*digressione*) digression ③ *fig* (*periodo*) interlude

parere[1] [pa·ˈreː·re] <paio, parvi, parso> *vi essere* ① (*apparire*) to seem; **mi pare di averlo visto** I think I saw him; **pare di sì/no** it seems so/not; **pare impossibile** it seems impossible; **a quanto pare** apparently ② (*avere l'impressione*) **ti pare di aver ragione?** do you think you're right?; **che te ne pare?** what do you think?; **non ti pare?** don't

P

you think?; **ma Le pare!** not at all!; **fai come ti pare** do as you like

parere² *m* ❶ (*opinione*) opinion; **a mio ~** in my opinion; **essere del ~ che ...** to be of the opinion that ... ❷ (*di esperto*) advice

parete [paˈreːte] *f* wall; **tra le -i domestiche** *fig* at home

pari [ˈpaːri] I.<inv> *adj* ❶ (*uguale*) equal; **essere ~ a qc** to be equal to sth; **di ~ passo** at the same pace ❷ MATH (*numero*) even ❸ SPORT (*nei giochi*) tied ❹ **alla ~** (*lavorare*) as an au pair; **ragazza alla ~** au pair (girl) II.<inv> *adv* evenly III.<-> *mf* equal; **trattare qu da ~ a ~** to treat sb as an equal; **non aver ~** to be unequaled; **senza ~** without equal IV.<-> *m* ❶ (*parità*) tie; **al ~ di** just like; **mettersi in ~ (con** (*programma*) to catch up ❷ (*numero pari*) **fare a ~ e dispari** to play odds and evens

Parigi [paˈriːdʒi] *f* Paris

parità [pariˈta] <-> *f* ❶ (*uguaglianza*) equality ❷ SPORT (*punteggio*) tie; **finire in ~** to end in a tie

paritario, -a [pariˈtaːrio] <-i, -ie> *adj* equal

paritetico, -a [pariˈteːtiko] <-ci, -che> *adj* joint

P

parlamentare [parlamenˈtaːre] I. *adj* parliamentary II. *mf* POL Congressman *m*, Congresswoman *f*

parlamento [parlaˈmento] *m* parliament; **sedere in ~** to have a seat in parliament; **Parlamento europeo** European Parliament

parlante [parˈlante] I. *adj* (*che parla*) talking II. *mf* speaker

parlantina [parlanˈtiːna] *f fam* **avere una bella** [*o* **buona**] **~** to have the gift of gab

parlare [parˈlaːre] I. *vi* ❶ (*esprimersi*) to speak; **~ tra sé e sé** to talk to oneself; **~ male di qu** to speak ill of sb; **far ~ di sé** to get oneself talked about; **per non ~ di** not to mention ❷ (*conversare*) to talk; **~ a qu** to talk to sb; **~ con qu** to talk to sb; **~ di qu/qc** to talk about sb/

sth; **non parliamone più** let's say no more about it ❸ *fig* (*trattare*) **~ di qu/ qc** to be about sb/sth II. *vt* to speak; **~ francese/inglese** to speak French/ English III. *vr:* **-rsi** to speak (to each other)

parlato, -a [parˈlaːto] *adj* spoken

parlottare [parlotˈtaːre] *vi* to mutter

Parma [ˈparma] *f* Parma, *city in northern Italy*

parmense [parˈmense] I. *adj* from Parma II. *mf* (*abitante*) person from Parma

parmigiana [parmiˈdʒaːna] *f dish consisting of layers of sliced fried vegetables, tomato sauce and Parmesan cheese;* **~ di melanzane** eggplant Parmesan

parmigiano [parmiˈdʒaːno] *m* (*formaggio*) Parmesan (cheese)

parmigiano, -a I. *adj* from Parma II. *m, f* (*abitante*) person from Parma

parola [paˈrɔːla] *f* ❶ (*vocabolo, discorso*) word; **~ d'ordine** password; **~ chiave** keyword; **-e (in)crociate** crossword; **~ per ~** word for word; **rivolgere la ~ a qu** to speak to sb; **avere l'ultima ~** to have the last word; **solo a -e** in word only ❷ (*facoltà*) speech; **restare senza -e** to be speechless ❸ (*diritto di parlare*) **chiedere la ~** to ask to speak; **dare la ~ a qu** to call on sb to speak; **prendere la ~** to take the floor ❹ (*promessa*) word; **~ d'onore** word of honor; **essere di ~** [*o* **mantenere la ~**] to keep one's word; **credere a qu sulla ~** to take sb's word for it; **prendere qu in ~** to take sb at their word

parolaccia [paroˈlatʃa] <-cce> *f* swearword

parotite [paroˈtiːte] *f* mumps

parquet [parˈkɛ] <-> *m* parquet

parrocchia [parˈrɔkkia] <-ie> *f* ❶ (*insieme dei fedeli*) parish ❷ (*chiesa*) parish church

parrocchiano, -a [parrokˈkiaːno] *m, f* parishioner

parroco [ˈparroko] <-ci> *m* parish priest

parrucca [parˈrukka] <-cche> *f* wig

parrucchiere, -a [par·ruk·'kiɛː·re] *m*, *f* hairdresser

parrucchino [par·ruk·'kiː·no] *m* hairpiece

parsimonioso, -a [par·si·mo·'nioː·so] *adj* thrifty

parso ['par·so] *pp di* **parere**[1]

parte ['par·te] *f* ① (*gener*) part; ~ **del discorso** part of speech; **-i intime** private parts; **a ~** (*separato*) separate; (*separatamente*) separately; (*senza contare*) apart from; **in ~** in part; **far ~ di qc** to belong to sth; **prendere ~ a qc** to take part in sth; **la maggior ~ di** the majority of ② (*quota*) share ③ (*luogo*) **da ogni ~** everywhere; **da queste -i** around here; **da un'altra ~** somewhere else; **da qualche ~** somewhere; ④ (*lato*) side; (*direzione*) direction; **da ~ di** from; **da una ~ ... dall'altra** on the one hand ... on the other (hand); **mettere da ~** (*metter via*) to put aside; (*tralasciare*) to leave aside; **fatti da ~!** *fam* to move aside ⑤ (*fazione*) faction; **di ~** (*fazioso*) partisan; **prendere le -i di** to take sb's side; **essere** [*o* **stare**] **dalla ~ del torto** to be in the wrong ⑥ GIUR party ⑦ THEAT, MUS part

partecipante [par·te·tʃi·'pan·te] I. *mf* participant II. *adj* participating

partecipare [par·te·tʃi·'paː·re] *vi* ~ **a qc** to participate in sth; FIN to share in sth; ~ **al dolore/alla gioia di qu** to share sb's pain/joy

partecipazione [par·te·tʃi·pat·'tsioː·ne] *f* ① (*presenza*) participation ② (*coinvolgimento*) involvement ③ (*di matrimonio, nascita*) announcement card ④ FIN (*in società*) interest; ~ **agli utili** profit-sharing

partecipe [par·'tɛː·tʃi·pe] *adj* (*interessato*) interested; **essere ~ di qc** to share sth

parteggiare [par·ted·'dʒaː·re] *vi* ~ **per qu/qc** to support sb/sth

partenza [par·'tɛn·tsa] *f* ① (*atto, momento*) departure; **-e** (*in stazione, aeroporto*) departures; **punto di ~** *fig* (*ini-*

zio) starting point; **in ~** leaving ② (*di veicolo*) starting ③ SPORT start

particella [par·ti·'tʃɛl·la] *f* LING, FIS particle

participio [par·ti·'tʃiː·pio] <-i> *m* LING participle

particolare [par·ti·ko·'laː·re] I. *m* detail; **entrare** [*o* **scendere**] **nei -i** to go into detail; **fin nei minimi -i** in minute detail II. *adj* ① (*caratteristico*) particular ② (*diverso dagli altri*) special ③ (*fuori dal comune*) unusual

particolareggiato, -a [par·ti·ko·la·red·'dʒaː·to] *adj* detailed

partigiano, -a [par·ti·'dʒaː·no] *adj*, *m*, *f* HIST partisan

partire [par·'tiː·re] *vi essere* ① (*andare via*) to leave; ~ **per Napoli** to leave for Naples; ~ **per le vacanze** to go away on vacation; ~ **in quarta** *fig*, *fam* to jump right in ② (*colpo*) to go off ③ (*macchina*) *a.* SPORT: to start ④ *fig* (*avere inizio*) to start; **a ~ da** starting from ⑤ (*provenire*) ~ **da qc** to come from sth

partita [par·'tiː·ta] *f* ① (*incontro sportivo, gioco*) game; **fare una ~ a carte/scacchi** to have a game of cards/chess ② COM entry; ~ **IVA** VAT number ③ (*di caccia*) party

partitico, -a [par·'tiː·ti·ko] <-ci, -che> *adj* party

partitivo, -a [par·ti·'tiː·vo] *adj* partitive

partito [par·'tiː·to] *m* ① POL party ② (*decisione*) **non sapere che ~ prendere** not to know what to do; **per ~ preso** because of preconceived ideas ③ (*persona da sposare*) catch

partitocrazia [par·ti·to·krat·'tsiː·a] *f* POL control of state institutions by political parties

partitura [par·ti·'tuː·ra] *f* MUS score

partizionamento [par·tit·tsio·na·'men·to] *m* COMPUT partitioning

partizione [par·tit·'tsioː·ne] *f* ① (*suddivisione*) subdivision ② COMPUT partition

partner ['paːt·nə/'part·ner] *mf* partner

parto ['par·to] *m* (*di bambino*) birth

P

partoriente [par·to·'rjɛn·te] *f* woman in labor

partorire [par·to·'ri:·re] <partorisco> *vt* ① MED to give birth to ② *fig* to produce

part-time [pa:t·'taim/part·'taim] I. <inv> *adj, adv* part-time II. <-> *m* part-time job

parvi ['par·vi] *1. pers sing pass rem di* **parere**¹

parziale [par·'tsja:·le] *adj* partial

pascià [paʃ·'ʃa] <-> *m* pasha; **vivere come un ~** to live in the lap of luxury

pascolare [pas·ko·'la:·re] I. *vi* to graze II. *vt* to graze

pascolo ['pas·ko·lo] *m* pasture

Pasqua ['pas·kua] *f* (*nel cristianesimo*) Easter; (*nell'ebraismo*) Passover

pasquale [pas·'kua:·le] *adj* Easter

pasquetta [pas·'kuet·ta] *f* (*lunedì di Pasqua*) Easter Monday

pass [pa:s] <-> *m*

passabile [pas·'sa:·bi·le] *adj* passable

passaggio [pas·'sad·dʒo] <-ggi> *m* ① (*transito*) passing by; **essere di ~** to be passing through ② (*luogo*) passage; **~ pedonale** crosswalk; **~ a livello** grade crossing ③ (*di veicoli, persone*) traffic ④ (*su veicolo*) ride; **dare un ~ a qu** to give sb a ride ⑤ *fig* (*cambiamento di stato*) change; **~ di proprietà** change of ownership ⑥ LETT, MUS (*brano*) passage ⑦ SPORT pass

passamontagna [pas·sa·mon·'taɲ·ɲa] <-> *m* balaclava

passante [pas·'san·te] I. *mf* passerby II. *m* (*per cintura*) loop

passaparola [pas·sa·pa·'rɔː·la] <-> *m* ① MIL order passed by word of mouth ② (*gioco*) telephone; **giocare a ~** to play telephone ③ (*sistema di diffusione*) word of mouth

passaporto [pas·sa·'pɔr·to] *m* passport

passare [pas·'sa:·re] I. *vi* essere ① (*transitare*) to pass; **di qui non si passa** you can't go this way; **~ per la mente** to go through one's mind; **~ sopra a qc** *fig* to overlook sth ② (*strada, canale*) to run ③ (*andare*) to call in; **~ a prendere qu** to call for sb; **~ a trovare qu** to go and see sb; **passo da te più tardi** I'll drop by your place later ④ (*attraversare un'apertura*) to get in; (*penetrare*) to come in ⑤ (*da una persona all'altra*) to pass ⑥ (*trascorrere*) to go by ⑦ (*cambiare stato*) **~ da qc a qc** to change from sth to sth ⑧ (*cambiare argomento*) to move on ⑨ (*sparire*) to pass; **~ di moda** to go out of fashion; **~ di mente** to go out of sb's head ⑩ (*essere accettabile*) to do; **per questa volta passi!** I'll let it go this time! ⑪ (*a livello superiore*) to change; **~ di grado** to be promoted ⑫ (*agli esami*) to pass; (*legge*) to be passed ⑬ (*essere considerato*) **~ per qc** to be considered sth ⑭ SPORT to pass II. *vt* avere ① (*attraversare: confine*) to cross ② (*oltrepassare: semaforo, strada*) to go past ③ *fig* (*superare*) to pass; **ha passato la sessantina** he's over sixty ④ (*trascorrere*) to spend; **passarsela bene/male** *fam* to get on well/badly ⑤ (*dare*) to pass ⑥ TEL **~ qu a qu** to put sb through to sb; **mi può passare Paola, per favore?** can you put Paola on, please ⑦ (*notizia*) to tell; **~ la voce** to spread the word ⑧ (*patire*) to undergo; **passarne di tutti i colori** to go through it ⑨ (*legge*) to pass ⑩ (*superare: esame, controllo*) to pass ⑪ (*patate, verdura*) to purée ⑫ (*loc*) **passarla liscia** *fam* to get away with it

passata [pas·'sa:·ta] *f* ① (*pulita*) clean; (*stirata*) iron ② (*di verdure*) **~ di pomodoro** tomato sauce

passatempo [pas·sa·'tɛm·po] *m* pastime; **per ~** as a hobby

passato [pas·'sa:·to] *m* ① (*tempo*) past; **in ~** in the past ② LING **~ prossimo** (present) perfect; **~ remoto** past historic ③ CULIN (*di verdura*) purée

passato, -a *adj* ① (*trascorso*) past; **è acqua -a** *fig* it's water under the bridge ② (*scorso*) last; **l'anno ~** last year ③ CULIN puréed

passeggero, -a [pas·sed·'dʒɛː·ro] I. *adj*

passing II. *m*, *f* passenger; ~ **clande-stino** stowaway

passeggiare [pas·sed·'dʒa·:re] *vi* (*andare a spasso*) to walk

passeggiata [pas·sed·'dʒa·:ta] *f* ❶ (*a piedi*) walk ❷ (*strada*) walk ❸ (*loc*) **essere una** ~ to be a piece of cake

passeggino [pas·sed·'dʒi:·no] *m* stroller

passeggio [pas·'sed·dʒo] <-ggi> *m* (*camminata*) **andare a** ~ to go for a walk; **portare a** ~ to take for a walk

passe-partout [pas·par·'tu] <-> *m* ❶ (*chiave*) master key ❷ (*cornice*) passepartout

passerella [pas·se·'rɛl·la] *f* ❶ (*ponte*) footbridge ❷ NAUT, AERO gangway ❸ THEAT forestage ❹ (*per indossatrici*) catwalk

passero, -a ['pas·se·ro] *m*, *f* sparrow

passino [pas·'si:·no] *m fam* (*colino*) sieve

passionale [pas·sio·'na:·le] *adj* passionate; **delitto** ~ crime of passion

passione [pas·'sio:·ne] *f* passion

passivo [pas·'si:·vo] *m* ❶ LING passive ❷ COM liabilities *pl*; **chiudere in** ~ to end up in the red

passivo, -a *adj* ❶ (*gener*) passive ❷ COM debit

passo ['pas·so] *m* ❶ (*gener*) step; **fare due** [*o* **quattro**] **-i** *fig* to go for a short walk; **muovere i primi -i** *fig* to take one's first steps; **tornare sui propri -i** to retrace one's steps; (*cambiare idea*) to change one's mind ❷ (*andatura*) pace; **a** ~ **d'uomo** at walking pace; **camminare di buon** ~ to proceed at a brisk pace; ~ ~ step by step; **e via di questo** ~ *fam* and so on; **di questo** ~ *fig* like this; **essere al** ~ **con i tempi** to be up to date ❸ (*impronta*) footprint ❹ MUS passage ❺ (*passaggio*) ~ **carrabile** [*o* **carraio**] driveway ❻ (*valico*) pass ❼ *fig* (*loc*) **fare un** ~ **falso** to slip up; **fare il primo** ~ to make the first move

password ['pas·wəːd/'pas·word] *f* COMPUT password

pasta ['pas·ta] *f* ❶ (*pastasciutta*) pasta ❷ (*impasto*) dough; ~ **frolla** shortcrust pastry; ~ **sfoglia** puff pastry ❸ (*dolce*) cake ❹ (*preparazione: d'acciughe, olive*) paste

pastasciutta [pas·taʃ·'ʃut·ta] *f* pasta

pastello¹ [pas·'tɛl·lo] *m* pastel

pastello² <inv> *adj* pastel; **tinta** ~ = pastel color

pasticca [pas·'tik·ka] <-cche> *f* pastille

pasticceria [pas·tit·tʃe·'ri:·a] <-ie> *f* ❶ (*negozio*) cake shop ❷ (*arte*) patisserie

pasticciare [pas·tit·'tʃa:·re] *vt* ❶ (*fare male*) to mess up ❷ (*imbrattare*) to make a mess of

pasticciere, -a [pas·tit·'tʃɛː·re] *m*, *f* pastry cook

pasticcino [pas·tit·'tʃi:·no] *m* cake

pasticcio [pas·'tit·tʃo] <-cci> *m* ❶ CULIN pie ❷ *fig, fam* mess; **mettersi nei -cci** *fam* to get into trouble

pasticcione, -a [pas·tit·'tʃo:·ne] I. *m*, *f fam* messy person II. *adj fam* messy

pastificio [pas·ti·'fi:·tʃo] <-ci> *m* pasta factory

pastiglia [pas·'tiʎ·ʎa] <-glie> *f* ❶ (*pasticca*) pastille ❷ MOT (*dei freni*) pad

pastina [pas·'ti:·na] *f* ❶ (*per brodo*) small pasta shapes *pl* ❷ (*pasticcino*) cake

P

pasto ['pas·to] *m* meal; **saltare il** ~ to skip a meal

pastore, -a [pas·'to:·re] *m*, *f* ❶ (*di greggi*) shepherd *m*, shepherdess *f* ❷ (*cane*) ~ **tedesco** German shepherd ❸ REL (*ministro*) pastor

patata [pa·'ta:·ta] *f* potato; **-e fritte** (French) fries; **-e lesse** boiled potatoes

patatina [pa·ta·'ti:·na] *f* (*in sacchetto*) chip

patente [pa·'tɛn·te] *f* license; ~ (**di guida**) (driver's) license; ~ **a punti** *driver's license with a demerit points system*

patentino [pa·ten·'ti:·no] *m* (*per motorini*) moped license

paternale [pa·ter·'na:·le] *f* reprimand

paternalismo [pa·ter·na·'liz·mo] *m*

① POL paternalism **②** (*condiscendenza*) patronizing attitude

paternità [pa·ter·ni·'ta] <-> f **①** (*condizione di padre*) fatherhood **②** ADMIN paternity **③** (*di opera*) authorship

paterno, -a [pa·'tɛr·no] *adj* **①** (*istinto, affetto*) paternal **②** (*da padre: consiglio*) fatherly

patetico, -a [pa·'tɛ·ti·ko] <-ci, -che> *adj* pathetic

patibolo [pa·'ti·bo·lo] *m* gallows

patina ['pa:·ti·na] f **①** (*su metallo*) patina **②** (*vernice*) varnish

patire [pa·'ti:·re] <patisco> I. *vt* (*offesa, torto*) to suffer; (*fame, sete, freddo, caldo*) to suffer from II. *vi* to suffer

patito, -a [pa·'ti:·to] I. *adj* (*deperito*) sickly II. *m, f* (*appassionato*) fan

patologia [pa·to·lo·'dʒi:·a] <-gie> f pathology

patologico, -a [pa·to·'lɔ:·dʒi·ko] <-ci, -che> *adj a. fig, scherz* pathological

patologo, -a [pa·'tɔ:·lo·go] <-gi, -ghe> *m, f* pathologist

patria ['pa:·tria] <-ie> f **①** (*nazione*) home country; (*città, paese*) birthplace **②** (*luogo d'origine*) home

patriarcale [pa·tri·ar·'ka:·le] *adj* patriarchal

patrigno [pa·'triɲ·ɲo] *m* stepfather

patrimoniale [pa·tri·mo·'nia:·le] *adj* property

patrimonio [pa·tri·'mɔ:·nio] <-i> *m* **①** GIUR estate; (*beni materiali*) possessions *pl*; **un ~** (*grossa somma*) a fortune **②** BIO **~ genetico** gene pool **③** *fig* (*ricchezza*) heritage; **~ culturale** cultural heritage

patriota [pa·tri·'ɔ:·ta] <-i *m*, -e f> *mf* patriot

patriottico, -a [pa·tri·'ɔt·ti·ko] <-ci, -che> *adj* patriotic

patrocinare [pa·tro·tʃi·'na:·re] *vt* **①** GIUR to defend **②** (*iniziativa*) to support

patrocinio [pa·tro·'tʃi:·nio] <-i> *m* **①** (*patronato*) patronage; **sotto il ~ di** under the patronage of **②** GIUR defense

patrono, -a [pa·'trɔ:·no] *m, f* **①** (*protet-*

tore) patron; REL patron saint **②** (*socio di patronato*) charity official

patteggiare [pat·ted·'dʒa:·re] I. *vt* (*resa, pena*) to negotiate II. *vi* **~ con qu** to negotiate with sb

pattinaggio [pat·ti·'nad·dʒo] <-ggi> *m* skating; **~ a rotelle** roller skating; **~ su ghiaccio** ice skating

pattinare [pat·ti·'na:·re] *vi* **①** (*su ghiaccio, a rotelle*) to skate **②** MOT (*slittare*) to skid

patto ['pat·to] *m* **①** (*accordo*) pact; **venire** [*o* **scendere**] **a ~i con qu** to come to terms with sb; **stare ai ~i** to keep to an agreement **②** (*condizione*) condition; **a ~ che ... +**conj on condition that ...

pattuglia [pat·'tuʎ·ʎa] <-glie> f patrol; **~ stradale** traffic patrol; **essere di ~** to be on patrol

pattugliare [pat·tuʎ·'ʎa:·re] I. *vi* to patrol II. *vt* to patrol

pattuire [pat·tu·'i:·re] <pattuisco> *vt* to agree on

pattumiera [pat·tu·'miɛ:·ra] f garbage can

paura [pa·'u:·ra] f fear; **aver ~ di qu/qc** to be afraid of sb/sth; **niente ~!** don't worry!; **aver ~ che ...** to be afraid that ...; **far ~ a qu** [*o* **mettere ~ a qu**] to scare sb

pauroso, -a [pau·'ro:·so] *adj* **①** (*scena, incidente*) frightening **②** (*persona, carattere*) fearful **③** *fig* (*straordinario*) incredible

pausa ['pa:·u·za] f pause; (*interruzione*) break

pavese I. *adj* from Pavia II. *mf* (*abitante*) person from Pavia

Pavia f Pavia, *city in Lombardy*

pavimentare [pa·vi·men·'ta:·re] *vt* (*stanza*) to floor; (*strada*) to pave

pavimento [pa·vi·'men·to] *m* (*di stanza*) floor

pavone [pa·'vo:·ne] *m* ZOO peacock

pavoneggiarsi [pa·vo·ned·'dʒar·si] *vr* to show off

pazientare [pat·tsien·'ta:·re] *vi* to be patient

paziente [pat·'tsiεn·te] I. *adj* ❶ (*persona*) patient ❷ (*lavoro, ricerca*) painstaking II. *mf* (*malato*) patient

pazienza [pat·'tsiεn·tsa] *f* patience; ~! *fam* never mind!; **perdo** [*o* **mi scappa**] **la ~** I'm losing my patience

pazzesco, -a [pat·'tses·ko] <-schi, -sche> *adj* ❶ (*di, da pazzo*) crazy ❷ *fam* (*straordinario*) incredible

pazzia [pat·'tsi:·a] *f* ❶ MED madness ❷ (*azione stravagante*) something crazy

pazzo, -a ['pat·tso] I. *adj* ❶ MED mad ❷ (*insensato*) crazy; **essere ~ da legare** *fig* to be a raving lunatic; **essere innamorato ~ di qu** to be madly in love with sb; **andare ~ per qc** to be crazy about sth II. *m, f* ❶ MED madman *m*, madwoman *f* ❷ (*persona insensata*) crazy person

PD *m abbr di* **Partito Democratico** *leftwing Italian party*

pecca ['pεk·ka] <-cche> *f* flaw

peccare [pek·'ka:·re] *vi* to sin; ~ **di presunzione** to be presumptuous

peccato [pek·'ka:·to] *m* ❶ REL sin ❷ *fig* (*per esprimere rammarico*) (**che**) ~! (what a) shame!; **è un ~ che ...** +*conj* it's a shame that ...

peccatore, -trice [pek·ka·'to:·re] *m, f* sinner

pece ['pe:·tʃe] *f* pitch; **nero come la ~** (as) black as pitch

pechinese [pe·ki·'ne:·se] I. *adj* from Beijing II. *mf* ❶ (*abitante*) person from Beijing ❷ (*cane*) Pekinese

Pechino [pe·'ki:·no] *f* Beijing

pecora ['pε:·ko·ra] *f* sheep; ~ **nera** *fig* black sheep

pecorino [pe·ko·'ri:·no] *m* pecorino

peculiare [pe·ku·'lia:·re] *adj* peculiar

pedaggio [pe·'dad·dʒo] <-ggi> *m* toll; ~ **autostradale** highway toll

pedagogia [pe·da·go·'dʒi:·a] <-gie> *f* pedagogy

pedagogico, -a [pe·da·'gɔ:·dʒi·ko] <-ci, -che> *adj* pedagogic(al)

pedalare [pe·da·'la:·re] *vi* (*in bicicletta*) to pedal

pedale [pe·'da:·le] *m* pedal

pedana [pe·'da:·na] *f* ❶ (*di scrivania*) footrest ❷ (*per salti*) springboard; (*per lancio del disco*) throwing circle

pedante [pe·'dan·te] *adj* pedantic

pedata [pe·'da:·ta] *f* (*calcio*) kick; **prendere qu a ~e** to kick sb

pediatra [pe·'dia:·tra] <-i *m*, -e *f*> *mf* pediatrician

pedicure [pe·di·'ku:·re] <-> I. *m* (*trattamento*) pedicure II. *mf* podiatrist

pediluvio [pe·di·'lu:·vio] <-i> *m* footbath; **farsi un ~** to have a footbath

pedina [pe·'di:·na] *f* ❶ (*nella dama*) checker; (*negli scacchi*) pawn ❷ *fig* (*persona*) pawn

pedinare [pe·di·'na:·re] *vt* to tail

pedonale [pe·do·'na:·le] *adj* -; **isola** [*o* **zona**] ~ pedestrian mall; **strisce -i** crosswalk

pedone [pe·'do:·ne] *m* ❶ (*persona*) pedestrian ❷ (*negli scacchi*) pawn

peeling ['pi:·liŋ] <-> *m* MED exfoliation

peggio ['pεd·dʒo] *comparativo di* **male**[1] I. *adv* ❶ (*comparativo*) worse; **andare di male in ~** to go from bad to worse; **cambiare in ~** to change for the worse ❷ (*superlativo*) worst II. <*inv*> *adj* worse; (**tanto**) ~ **per lui!** that's his loss! III. <-> *m* worst IV. <-> *f* **avere la ~** to come off worst; **alla meno ~** (*come si può*) as best one can; **alla ~** (*nella peggiore ipotesi*) if (the) worst comes to (the) worst

peggioramento [ped·dʒo·ra·'men·to] *m* worsening

peggiorare [ped·dʒo·'ra:·re] I. *vt avere* to make worse II. *vi essere* to get worse

peggiorativo, -a *adj* LING pejorative

peggiore [ped·'dʒo:·re] *comparativo di* **cattivo, -a** I. *adj* ❶ (*comparativo*) worse ❷ (*superlativo*) worst; **nel ~ dei casi** if (the) worst comes to (the) worst II. *mf* worst

pegno ['peɲ·ɲo] *m* ❶ GIUR security ❷ *fig* (*d'amore, amicizia*) pledge

pelapatate [pe·la·pa·'ta:·te] <-> *m* potato peeler

pelare [pe·'la:·re] *vt* ❶ (*patate, ca-*

stagne) to peel ② (*tagliare a zero*) to scalp ⑤ (*lasciare senza soldi*) to rip off

pelata [pe·'la:·ta] *f* ① (*testa calva*) bald head ② (*in negozio, ristorante*) rip-off

pelato, -a *adj* ① (*testa, persona*) bald ② CULIN skinned

pellame [pel·'la:·me] *m* (*pelli conciate*) hides *pl*

pelle ['pɛl·le] *f* ① (*cute*) skin; **avere la ~ d'oca** *fig* to have goose bumps; **essere ~ ed ossa** to be (all) skin and bone(s); **non stare più nella ~** *fig* to be beside oneself ② (*pellame*) leather; **oggetti di** [*o* **in**] **~** leather goods *pl* ③ *fig, fam* (*vita*) **lasciarci** [*o* **rimetterci**] **la ~** to lose one's life

pellegrinaggio [pel·le·gri·'nad·dʒo] <-ggi> *m* pilgrimage

pellegrino, -a [pel·le·'gri:·no] *m, f* pilgrim

pellicano [pel·li·'ka:·no] *m* pelican

pelliccia [pel·'lit·tʃa] <-cce> *f* ① (*di animale*) fur ② (*in abbigliamento*) fur (coat); **~ ecologica** fake fur

pellicola [pel·'li:·ko·la] *f* ① FOTO film ② (*film*) movie ③ (*strato sottile*) layer

pelo ['pɛ:·lo] *m* ① (*di uomo, animale, pianta*) hair; **per un ~** *fig, fam* by the skin of one's teeth; **non avere -i sulla lingua** *fig* to say what one thinks ② (*pelame*) coat ③ (*su indumenti*) fur

peloso, -a [pe·'lo:·so] *adj* hairy

peluche [pa·'luʃ] <-> *m* **di ~** plush

pena ['pe:·na] *f* ① GIUR penalty; (*punizione*) punishment; **~ di morte** death penalty; **~ pecuniaria** fine ② (*sofferenza*) sorrow; **-e d'amore** heartache; **soffrire le -e dell'inferno** to suffer the torments of hell ③ (*angoscia*) **essere** [*o* **stare**] **in ~ per qu** to be worried for sb ④ (*pietà*) pity; **mi fa veramente ~** I feel really sorry for him ⑤ (*loc*) **a mala ~** barely; **valere la ~** to be worth it

penale [pe·'na:·le] **I.** *adj* criminal; **il codice ~** the penal code **II.** *f* (*somma*) penalty

penalità [pe·na·li·'ta] <-> *f* penalty

penalizzare [pe·na·lid·'dza:·re] *vt* to penalize

penare [pe·'na:·re] *vi* ① (*soffrire*) to suffer ② (*faticare*) to struggle

pendaglio [pen·'daʎ·ʎo] <-gli> *m* pendant

pendente [pen·'dɛn·te] **I.** *adj* (*che pende*) hanging; (*inclinato*) leaning **II.** *m* (*ciondolo*) pendant

pendere ['pɛn·de·re] *vi* ① (*essere appeso*) **~ da qc** to hang from sth; **~ dalle labbra di qu** *fig* to hang on sb's every word ② (*essere inclinato*) to slant

pendio [pen·'di:·o] <-ii> *m* slope

pendolare I. *adj* (*lavoratore, studente*) commuting **II.** *mf* commuter

pendolo ['pɛn·do·lo] *m* ① FIS pendulum ② (*orologio*) pendulum clock

pene ['pɛː·ne] *m* penis

penetrante [pe·ne·'tran·te] *adj* ① (*odore*) pungent; (*freddo, gelo*) penetrating ② (*sguardo*) searching

penetrare [pe·ne·'tra:·re] *vi essere* **~ in qc** to penetrate sth; (*in un luogo*) to get into sth

penetrazione [pe·ne·trat·'tsio:·ne] *f* penetration

penicillina [pe·ni·tʃil·'li:·na] *f* penicillin

penisola [pe·'ni:·zo·la] *f* peninsula

penitenza [pe·ni·'tɛn·tsa] *f* ① (*gener*) penance ② (*nei giochi*) forfeit

penitenziario [pe·ni·ten·'tsia:·rio] <-i> *m* penitentiary

penna ['pen·na] *f* ① ZOO feather; **lasciarci** [*o* **rimetterci**] **le -e** *fig* to get one's fingers burned ② (*per scrivere*) pen; **~ biro** [*o* **a sfera**] ballpoint; **~ ottica** COMPUT optical pen; **~ stilografica** fountain pen ③ *pl* (*pasta*) penne *pl*

pennarello [pen·na·'rɛl·lo] *m* felt-tip (pen)

pennellata [pen·nel·'la:·ta] *f* brush stroke

pennello [pen·'nɛl·lo] *m* brush; **~ da barba** shaving brush

pennino [pen·'ni:·no] *m* nib

penombra [pe·'nom·bra] *f* half-light

penoso, -a [pe·'no:·so] *adj* ① (*triste*)

distressing ② (*sgradevole*) unpleasant ③ (*negativo*) pathetic

pensare [pen·'sa:·re] I. *vt* to think; **a cosa stai pensando?** what are you thinking?; **penso che ...** +*conj* I think that ...; **~ di fare qc** to think of doing sth II. *vi* ① to think; **~ a qc** to think of sth; **pensarci su** to think about it; **~ a qu/qc** to think about sb/sth; **~ a qc/fare qc** (*occuparsi di*) to think about sth/doing sth; (*provvedere a*) to take care of sth/doing sth; **pensa ai fatti tuoi!** mind your own business! ② (*giudicare*) **~ bene/male di qu** to think well/ badly of sb

pensiero [pen·'sjε:·ro] *m* ① (*gener*) thought ② (*opinione*) thoughts *pl* ③ (*preoccupazione*) worry; **stare in ~ per qu/qc** to be worried about sb/sth; **togliersi il ~** to get it over and done with ④ *fam* (*regalo*) present

pensieroso, -a [pen·sie·'ro:·so] *adj* thoughtful

pensile ['pεn·si·le] *adj* (*mobile*) wall; (*giardino*) hanging

pensilina [pen·si·'li:·na] *f* (*di fermata di autobus*) bus shelter

pensionamento [pen·sio·na·'men·to] *m* retirement; **~ anticipato** early retirement

pensionante [pen·sio·'nan·te] *mf* guest

pensionato, -a [pen·sio·'na:·to] I. *adj* retired II. *m, f* (*persona*) pensioner

pensione [pen·'sio:·ne] *f* ① (*vitto e alloggio*) board; **~ completa** American plan; **mezza ~** modified American plan ② (*albergo*) guesthouse ③ (*retribuzione*) pension ④ (*condizione*) retirement; **essere in ~** to be retired; **andare in ~** to retire

pensoso, -a [pen·'so:·so] *adj* thoughtful

pentagono [pen·'ta:·go·no] *m* pentagon; **il Pentagono** the Pentagon

Pentecoste [pen·te·'kɔs·te] *f* Pentecost

pentimento [pen·ti·'men·to] *m* remorse

pentirsi [pen·'tir·si] *vr* **~ di qc/di aver fatto qc** (*provare rimorso*) to feel re-

morse for sth/having done sth; (*rimpiangere*) to regret sth/having done sth

pentola ['pen·to·la] *f* pot; **~ a pressione** pressure cooker

penultimo, -a [pe·'nul·ti·mo] *adj, m, f* penultimate

penuria [pe·'nu:·ria] <-ie> *f* shortage

penzoloni [pen·dzo·'lo:·ni] *adv* (**a**) **~** dangling

pepare [pe·'pa:·re] *vt* to pepper

pepe ['pe:·pe] *m* pepper; **~ bianco/ nero** white/black pepper

peperonata [pe·pe·ro·'na:·ta] *f* sliced peppers fried in oil with onions, garlic, and tomatoes

peperoncino [pe·pe·ron·'tʃi:·no] *m* chili (pepper)

peperone [pe·pe·'ro:·ne] *m* (bell) pepper; **diventare rosso come un ~** to get as red as a beet

per [per] *prep* ① (*moto per luogo*) through; (*moto a luogo*) for; (*stato in luogo*) on ② (*tempo: durata, momento esatto*) for; (*scadenza*) by; **~ il momento** for the moment; **~ questa volta** this time; **sarò di ritorno ~ le otto** I'll be back by eight ③ (*scopo, fine*) for; **un libro ~ bambini** a book for children; **~ iscritto** in writing; **~ esempio** for example ④ (*mezzo, modo*) by; **spedire ~ posta** to send by mail ⑤ (*causa*) because of; **~ caso** by chance; **~ questo** for this reason ⑥ (*destinazione, vantaggio*) for; **c'è una lettera ~ te** there's a letter for you ⑦ (*prezzo*) for; **l'ho venduto ~ 100 euro** I sold it for a 100 euros ⑧ (*estensione*) for; **correre ~ 30 chilometri** to run (for) 30 kilometers ⑨ (*distributivo*) for; **uno ~ volta** one at a time; **in fila ~ tre** in threes ⑩ MATH by; **tre ~ tre** three times three; **dividere ~ sette** to divide by seven; **il tre ~ cento** three percent ⑪ (*come*) as; **l'ho preso ~ un altro** I took him for someone else ⑫ (*con infinito: finale*) (in order) to; (*causale*) for ⑬ (*loc*) **stare ~ ...** +*inf* to be about to ...

pera ['pe:·ra] *f* ① (*frutto*) pear ② *sl* (*di*

P

eroina) fix; **farsi una ~** to give oneself a fix

peraltro [pe·'ral·tro] *adv* moreover

percento [per·'tʃɛn·to] <-> *m* percent

percentuale [per·tʃen·tu·'a:·le] I. *adj* percentage II. *f* ❶ MATH percentage ❷ (*provvigione*) commission

percepire [per·tʃe·'pi:·re] <percepisco> *vt* ❶ (*ricevere*) to receive ❷ (*sentire*) to perceive

perché [per·'ke] I. *adv* why II. *conj* ❶ (*causale*) because ❷ +*conj* (*finale*) so that III. <-> *m* ❶ (*motivo*) reason ❷ (*interrogativo*) question

perciò [per·'tʃɔ] *conj* so

percorrere [per·'kor·re·re] <irr> *vt* (*distanza*) to cover; (*strada*) to drive along

percorso [per·'kor·so] *m* ❶ (*tragitto*) route ❷ (*tempo di percorrenza*) journey

percorso, -a I. *pp di* **percorrere** II. *adj* covered

percuotere [per·'kuɔ:·te·re] <percuoto, percossi, percosso> *vt* to strike

percussione [per·kus·'sio:·ne] *f* percussion; **strumenti a ~** percussion instruments

perdei [per·'de:·i] *1. pers sing pass rem di* **perdere**

perdente [per·'dɛn·te] I. *adj* losing II. *mf* loser

perdere ['pɛr·de·re] <perdo, persi *o* perdei *o* perdetti, perso *o* perduto> I. *vt* ❶ (*gener*) to lose; ~ (**il**) **colore** (*tessuto*) to fade; ~ **le staffe** *fig, fam* to lose one's temper; ~ **la testa** *fig* to lose one's head ❷ (*treno, film, evento, occasione*) to miss ❸ (*sprecare*) to waste ❹ (*acqua, gas*) to leak; (*sangue*) to lose ❺ (*loc*) **lasciar ~ qu/qc** to forget sb/sth; **lasciamo ~** let's forget it II. *vi* (*diminuire*) ~ **di qc** (*interesse, valore*) to lose sth III. *vr:* **-rsi** (*smarrirsi*) to get lost; **-rsi d'animo** to get discouraged

perdita ['pɛr·di·ta] *f* ❶ (*gener*) loss ❷ COM **essere in ~** to be running at a loss ❸ (*di acqua, gas*) leak

perditempo [per·di·'tɛm·po] <-> *mf* *fam* (*persona*) time-waster

perdonare [per·do·'na:·re] *vt* ❶ (*per colpa, errore*) to forgive; **non ~ qc a qu** not to forgive sb sth ❷ (*per disturbo*) to excuse

perdono [per·'do:·no] *m* ❶ REL forgiveness ❷ (*scusa*) pardon; **chiedere ~ a qu** to apologize to sb

perdurare [per·du·'ra:·re] *vi* (*permanere*) to continue

perdutamente [per·du·ta·'men·te] *adv* desperately

perduto, -a [per·'du:·to] *adj* lost; **andare ~** to get lost

perenne [pe·'rɛn·ne] *adj* ❶ BOT perennial ❷ *fig* (*continuo: disturbo*) continual

perentorio, -a [pe·ren·'tɔ:·rio] <-i, -ie> *adj* ❶ (*improrogabile: termine*) final ❷ (*tono, risposta*) peremptory

perfettamente [per·fet·ta·'men·te] *adv* perfectly

perfetto, -a [per·'fɛt·to] *adj* perfect

perfezionamento [per·fet·tsio·na·'men·to] *m* improvement; **corso di ~** proficiency course

perfezionare [per·fet·tsio·'na:·re] I. *vt* (*opera*) to improve; (*metodo, macchina*) to perfect II. *vr:* **-rsi** ❶ (*tecnica, scienza*) to improve ❷ (*materia*) **-rsi in inglese** to perfect one's English

perfezione [per·fet·'tsio:·ne] *f* perfection; **alla ~** perfectly

perfezionista [per·fet·tsio·'nis·ta] <-i, -e *f*> *mf* perfectionist

perfido, -a ['pɛr·fi·do] *adj* treacherous

perfino [per·'fi:·no] *adv* even

perforare [per·fo·'ra:·re] *vt* (*carta, scheda, banda*) to punch; (*organo, tessuto*) to pierce

perforazione [per·fo·rat·'tsio:·ne] *f* ❶ (*gener*) perforation ❷ (*di terreno, roccia*) drilling

performance [per·'fɔr·məns] <-> *f* performance

pergamena [per·ga·'mɛː·na] *f* parchment

pericolante [pe·ri·ko·'lan·te] *adj* unsafe

pericolo [pe·'ri:·ko·lo] *m* danger; **essere in ~** to be in danger; **essere**

P

fuori ~ to be out of danger; **c'è ~ che ... +**_conj_ there's a danger that ...

pericoloso, -a [pe·ri·ko·'lo:·so] _adj_ dangerous

periferia [pe·ri·fe·'ri:·a] <-ie> _f_ (_di città_) suburbs _pl_; **quartiere di ~** suburb; **abitare in ~** to live in the suburbs

periferica [pe·ri·'fɛ:·ri·ka] <-che> _f_ COMPUT peripheral

periferico, -a [pe·ri·'fɛ:·ri·ko] <-ci, -che> _adj_ (_quartiere, scuola_) suburban

perifrasi [pe·'ri:·fra·zi] <-> _f_ periphrasis

perimetro [pe·'ri:·me·tro] _m_ perimeter

periodico [pe·'riɔ:·di·ko] <-ci> _m_ (_rivista_) periodical

periodico, -a <-ci, -che> _adj_ ① (_ricorrente_) periodic ② MATH recurring

periodo [pe·'ri:·o·do] _m_ period; **attraversare un brutto ~** to go through a bad patch; **~ di prova** trial period

perito, -a [pe·'ri:·to] _m, f_ ① (_esperto_) expert ② (_titolo di studio_) **~ agrario/chimico** qualified agronomist/chemist

peritonite [pe·ri·to·'ni:·te] _f_ peritonitis

perizia [pe·'rit·tsia] <-ie> _f_ ① (_abilità_) skill ② (_esame_) report

perizoma [pe·rid·'dzɔ:·ma] <-i> _m_ thong

perla¹ ['pɛr·la] _f_ (_gioiello_) pearl; **~ coltivata** cultivated pearl

perla² <inv> _adj_ **grigio ~** pearl gray

perlustrare [per·lus·'tra:·re] _vt_ to patrol

permaloso, -a [per·ma·'lo:·so] _adj_ touchy

permanente [per·ma·'nɛn·te] **I.** _adj_ permanent **II.** _f_ (_di capelli_) perm

permeabile [per·me·'a:·bi·le] _adj_ permeable

permesso [per·'mes·so] **I.** _m_ ① (_autorizzazione_) permission; **~ di lavoro** work permit; **~ di soggiorno** residence permit; **~ di caccia** hunting license; **chiedere il ~ di fare qc** to ask permission to so sth ② MIL leave; **essere in ~** to be on leave **II.** _adj_ (**è**) **permesso?** (_entrando_) may I?; (_passando_) can I get past?

permettere [per·'met·te·re] <irr> **I.** _vt_ ① (_dare il permesso per_) to allow; **~ a**

qu **di fare qc** to allow sb to do sth ② (_dare la possibilità_) to permit ③ (_concedersi_) to afford **II.** _vr:_ **-rsi** to take the liberty; **come si permette!** how dare you!

permissivo [per·mis·'si:·vo] _adj_ permissive

pernice [per·'ni:·tʃe] _f_ partridge

pernottamento [per·not·ta·'men·to] _m_ overnight stay

pernottare [per·not·'ta:·re] _vi_ to stay the night

pero ['pe:·ro] _m_ pear tree

però [pe·'rɔ] _conj_ ① (_avversativo_) but ② (_concessivo_) nevertheless

perpendicolare [per·pen·di·ko·'la:·re] _adj_ perpendicular

perpetuo, -a [per·'pɛ:·tuo] _adj_ ① (_eterno_) everlasting ② (_continuo_) perpetual

perplesso, -a [per·'plɛs·so] _adj_ (_indeciso_) undecided; (_disorientato_) perplexed

perquisire [per·kui·'zi:·re] <perquisisco> _vt_ (_stanza, persona_) to search

perquisizione [per·kui·zit·'tsio:·ne] _f_ search; **mandato di ~** search warrant

persecuzione [per·se·kut·'tsio:·ne] _f_ (_repressione_) persecution; **mania di ~** persecution complex

perseguire [per·se·'gui:·re] _vt_ ① (_scopo_) to pursue ② (_criminale, reato_) to prosecute

perseguitare [per·se·gui·'ta:·re] _vt_ ① (_sottoporre a persecuzione_) to persecute ② _fig_ (_ossessionare_) to hound

perseguitato, -a [per·se·gui·'ta:·to] _m, f_ victim of persecution

perseveranza [per·se·ve·'ran·tsa] _f_ perseverance

perseverare [per·se·ve·'ra:·re] _vi_ **~ in qc** to persevere in sth

persi ['pɛr·si] _1. pers sing pass rem di_ **perdere**

persiana [per·'sia:·na] _f_ (_imposta_) shutter

persiano [per·'sia:·no] _m_ (_gatto_) Persian

persino [per·'si:·no] _adv v._ **perfino**

P

persistente [per·sis·'tɛn·te] *adj* (*piog-gia, odore*) persistent

perso ['pɛr·so] *pp di* **perdere**

persona [per·'so:·na] *f* person; (*al plurale*) people; **in prima ~** personally; **di ~** (*conoscere*) personally; (*andare*) in person; **in ~** (*personalmente*) in person

personaggio [per·so·'nad·dʒo] <-ggi> *m* ① (*persona importante*) figure ② (*di romanzo, film*) character ③ *fig* (*tipo*) individual

personale [per·so·'na:·le] I. *adj* personal II. *m* ① (*impiegati*) personnel; **~ di volo** flight crew; **~ qualificato** skilled workers *pl*; **~ insegnante** faculty ② (*aspetto fisico*) figure

personalità [per·so·na·li·'ta] <-> *f* (*gener*) personality

personalizzare [per·so·na·lid·'dza:·re] *vt* (*ambiente, arredamento*) to personalize; (*prodotto*) to customize

personalmente [per·so·nal·'men·te] *adv* personally

personificare [per·so·ni·fi·'ka:·re] *vt* ① (*rappresentare*) to represent ② (*essere simbolo di*) to personify

perspicace [per·spi·'ka:·tʃe] *adj* shrewd

persuadere [per·sua·'de:·re] <persuado, persuasi, persuaso> I. *vt* (*convincere*) to persuade; **~ qu di qc** to persuade sb of sth; **~ qu di fare qc** to persuade sb to do sth II. *vr*: **-rsi** (*convincersi*) to convince oneself

persuasi [per·su·'a:·zi] *1. pers sing pass rem di* **persuadere**

persuasione [per·sua·'zio:·ne] *f* ① (*opera di convincimento*) persuasion ② (*opinione*) conviction

persuasivo, -a [per·sua·'zi:·vo] *adj* persuasive

persuaso [per·su·'a:·zo] *pp di* **persuadere**

pertanto [per·'tan·to] *conj* therefore

pertinente [per·ti·'nɛn·te] *adj* pertinent

pertosse [per·'tos·se] *f* whooping cough

perturbazione [per·tur·bat·'tsio:·ne] *f*

METEO **~** (**atmosferica**) atmospheric disturbance

Perù [pe·'ru] *m* **il ~** Peru

Perugia *f* Perugia, *city in central Italy*

perugino, -a [pe·ru·'dʒi:·no] I. *adj* Perugian II. *m, f* (*abitante*) person from Perugia

peruviano, -a [pe·ru·'via:·no] *adj, m, f* Peruvian

perversione [per·ver·'sio:·ne] *f* perversion

perverso, -a [per·'vɛr·so] *adj* perverse

pervertito, -a [per·ver·'ti:·to] I. *adj* perverted II. *m, f* pervert

pesante [pe·'san·te] *adj* ① (*valigia, pacco, cibo, passo*) heavy; (*maglia, giacca*) thick; **avere il sonno ~** to be a heavy sleeper ② *fig* (*atmosfera*) oppressive; (*discorso*) boring ③ (*situazione, danno*) serious ④ (*lavoro*) physically demanding ⑤ (*stile*) ponderous ⑥ (*gioco*) physical

pesantezza [pe·san·'tet·tsa] *f* (*di oggetto*) weight; (*di movimento, stile*) heaviness; **~ di stomaco** bloated feeling

pesare [pe·'sa:·re] I. *vt* ① (*persona, merce*) to weigh ② *fig* (*valutare*) to weigh up; **~ le parole** to weigh one's words II. *vi* ① (*avere un peso*) to weigh; (*essere pesante*) to be heavy ② (*essere sgradevole*) **~ a qu** to be difficult for sb; **~ sulla coscienza** to weigh on one's conscience; **~ sullo stomaco** to lie heavily on one's stomach ③ (*influire*) **~ su qc** to influence sth; **far ~ qc a qu** to remind sb of sth III. *vr*: **-rsi** to weigh oneself

pesarese [pe·sa·'re:·se] I. *adj* from Pesaro II. *mf* (*abitante*) person from Pesaro

Pesaro *f* Pesaro, *city on the east coast of central Italy*

pesca¹ ['pɛs·ka] <-sche> *f* (*frutto*) peach; **~ noce** nectarine

pesca² ['pes·ka] <-sche> *f* ① (*attività*) fishing; (*pescato*) catch; **~ subacquea** underwater fishing; **canna da ~** fishing rod ② (*lotteria*) **~ di beneficenza** grab bag

Pescara *f* Pescara, *city on the east coast of central Italy*

pescare [pes·'ka:·re] *vt* ❶(*pesci*) to catch ❷*fig* (*trovare*) to get ❸*fig* (*carta da gioco*) to pick ❹*fig* (*sorprendere*) to catch

pescarese [pes·ka·'re:·se] I. *adj* from Pescara II. *mf* (*abitante*) person from Pescara

pescatore, -trice [pes·ka·'to:·re] *m, f* fisherman *m,* fisherwoman *f*

pesce ['peʃ·ʃe] *m* ❶zoo, FOOD fish; **~ d'aprile** *fam* April fool; **non sapere che ~i pigliare** *fam* not to know which way to turn ❷ASTR **Pesci** Pisces; **sono (dei [o un])Pesci** I'm a (the) Pisces

pescecane [peʃ·ʃe·'ka:·ne] <pescicani *o* pescecani> *m* zoo shark

peschereccio [pes·ke·'ret·tʃo] <-cci> *m* fishing boat

pescheria [pes·ke·'ri:·a] <-ie> *f* fish shop

pescicani *pl di* **pescecane**

pescivendolo, -a [peʃ·ʃi·'ve:n·do·lo] *m, f* (*venditore*) fish merchant; (*negozio*) fish shop

pesco ['pεs·ko] <-schi> *m* peach tree

peso ['pe:·so] *m* ❶(*gener*) weight; (*cosa pesante*) heavy object; **~ lordo/ netto** gross/net weight; **dar ~ a qu/qc** *fig* to pay attention to sb/sth ❷SPORT (*in atletica*) shot; **lancio del ~** shot put; (*nel pugilato*); **~ massimo/medio** heavyweight/middleweight; **sollevamento -i** weightlifting ❸*fig* (*incombenza, angoscia*) burden

pessimismo [pes·si·'miz·mo] *m* pessimism

pessimista [pes·si·'mis·ta] <-i *m,* -e *f*> I. *mf* pessimist II. *adj* pessimistic

pessimo, -a ['pεs·si·mo] *adj superlativo di* **cattivo, -a** very bad

pestare [pes·'ta:·re] *vt* ❶(*calpestare*) to tread on; **~ i piedi** to stamp one's foot ❷(*picchiare*) to beat

peste ['pεs·te] *f* ❶(*malattia*) plague ❷(*bambino vivace*) pest

pestello [pes·'tεl·lo] *m* (*di mortaio*) pestle

pestifero, -a [pes·'ti:·fe·ro] *adj fig* (*cattivo*) pestilential; (*nauseabondo*) noxious

pesto ['pes·to] *m* pesto

pesto, -a *adj* ❶(*ossa, membra*) aching ❷(*occhi*) black ❸*fig* **è buio ~** it's pitch-black

petalo ['pε:·ta·lo] *m* petal

petardo [pe·'tar·do] *m* (*bombetta di carta*) firecracker

petizione [pe·tit·'tsio:·ne] *f* GIUR petition

petroliera [pe·tro·'liε:·ra] *f* (oil) tanker

petroliere [pe·tro·'liε:·re] *m* oilman

petrolifero, -a [pe·tro·'li:·fe·ro] *adj* oil

petrolio [pe·'trɔ:·lio] *m* oil; (*cherosene*) kerosene; **~ grezzo** crude oil

pettegolare [pet·te·go·'la:·re] *vi* to gossip

pettegolezzo [pet·te·go·'led·dzo] *m* gossip

pettegolo, -a [pet·'te:·go·lo] I. *adj* gossipy II. *m, f* gossip

pettinare [pet·ti·'na:·re] I. *vt* to comb; (*acconciare*); **~ qu** to do sb's hair II. *vr:* **-rsi** (*gener*) to comb one's hair; (*acconciarsi*) to do one's hair

pettinato, -a *adj* (*persona*) with one's hair combed

pettinatura [pet·ti·na·'tu:·ra] *f* hairstyle

pettine ['pεt·ti·ne] *m* comb

pettirosso [pet·ti·'ros·so] <-i> *m* robin

petto ['pεt·to] *m* ❶ANAT chest; (*di donna*) bust; (*organi*) breasts *pl* ❷(*di abito*) front; **a doppio ~** double-breasted

pettorina [pet·to·'ri:·na] *f* bib

petulante [pe·tu·'lan·te] *adj* impertinent

petunia [pe·'tu:·nia] <-ie> *f* petunia

pezza ['pεt·tsa] *f* ❶(*pezzo di tessuto*) cloth; (*rotolo di tessuto*) bolt ❷(*toppa, macchia*) patch

pezzente [pet·'tsεn·te] *mf pej* beggar

pezzo ['pet·tso] *m* ❶(*gener*) piece; **un ~ di dolce/pane** a piece of candy/ bread; **andare in mille -i** to smash into a thousand pieces; **cadere a [o in] -i** *fig* to fall to pieces; **fare a -i qc** to smash

P

sth to pieces; **fare a -i** qc/qu (*denigrare*) to tear sb/sth to pieces; **un due -i** (*costume da bagno*) a two-piece; **costano tre euro al ~** they cost three euros each ② (*di meccanismo, macchina*) part; **~ di ricambio** spare part ③ LETT (*brano*) passage ④ (*di strada*) stretch ⑤ *fig* (*tempo*) **un ~** a while ⑥ (*loc*) **un ~ grosso** a big shot; **un bel ~ di ragazza** a babe

piaccio ['piat·tʃo] *1. pers sing pr di* **piacere**¹

piacente [pia·'tʃɛn·te] *adj* attractive

piacentino, -a [pia·tʃen·'ti:·no] I. *adj* from Piacenza II. *m, f* (*abitante*) inhabitant of Piacenza

Piacenza *f* Piacenza, *town in northern Italy*

piacere¹ [pia·'tʃe:·re] <piaccio, piacqui, piaciuto> *vi essere* **mi piace nuotare** I like swimming; **mi piace molto la pasta** I like pasta a lot; **il libro che mi piace di più** the book I like best; **mi piacerebbe rivederti** I'd like to see you again; **che ti piaccia o no** whether you like it or not

piacere² *m* ① (*gener*) pleasure; **provare ~ a fare qc** to take pleasure in doing sth; **viaggio di ~** pleasure trip; **~!** it's a pleasure!; **è un ~ conoscerla** pleased to meet you; **con (molto) ~!** with (great) pleasure! ② (*favore*) favor; **fare un ~ a qu** to do sb a favor; **per ~** please ③ (*volontà*) **a ~** as much as one likes

piacimento [pia·tʃi·'men·to] *m* **a ~** as much as one likes

piaciuto [pia·'tʃu:·to] *pp di* **piacere**¹

piacqui ['piak·kui] *1. pers sing pass rem di* **piacere**¹

piadina [pia·'di:·na] *f* flat unleavened bread from the Emilia Romagna region

piaga ['pia:·ga] <-ghe> *f* MED sore

piagnucolare [pian·nu·ko·'la:·re] *vi* to whine

piagnucolone, -a [pian·nu·ko·'lo:·ne] *m, f fam* whiner

pianeggiante [pia·ned·'dʒan·te] *adj* flat

pianerottolo [pia·ne·'rɔt·to·lo] *m* landing

pianeta [pia·'ne:·ta] <-i> *m* ASTR planet

piangente [pian·'dʒɛn·te] *adj* (*persona*) crying; **salice ~** weeping willow

piangere ['pian·dʒe·re] <piango, piansi, pianto> I. *vi* to cry; **~ di gioia/dolore/rabbia** to cry with joy/in pain/with rage; **~ sul latte versato** *fig, fam* to cry over spilled milk II. *vt* ① (*lacrime*, *pianto*) to cry; **~ di gioia/dolore/rabbia** to cry with joy/in pain/with rage; **~ sul latte versato** *fig, fam* to cry over spilled milk II. *vt* ① (*lacrime*, *pianto*) to cry; **~** (*lamentare*) to mourn

pianificare [pia·ni·fi·'ka:·re] *vt* to plan

pianificazione [pia·ni·fi·kat·'tsio:·ne] *f* planning

pianista [pia·'nis·ta] <-i *m*, -e *f*> *mf* pianist

piano¹ ['pia:·no] *m* ① (*livello*) level; MATH plane; **mettere sullo stesso ~** *fig* to put on the same level; **sul ~ politico/economico** politically/economically ② (*superficie*) surface ③ (*di edificio*) floor; **abitare al primo ~** to live on the second floor ④ (*progetto*) plan ⑤ FOTO, FILM **primo ~** (*viso*) close-up; **in primo/secondo ~** in the foreground/the background; **di primo ~** *fig* prominent; **passare in secondo ~** *fig* to become less important ⑥ MUS piano

piano² *adv* ① (*senza fretta*) slowly; **pian(o) ~** little by little ② (*a bassa voce*) quietly

piano, -a *adj* flat

pianoforte [pia·no·'fɔr·te] *m* piano; **~ a coda** grand piano

pianoterra [pia·no·'tɛr·ra] <-> *m fam* first floor

piansi ['pian·si] *1. pers sing pass rem di* **piangere**

pianta ['pian·ta] *f* ① BOT plant ② (*del piede*) sole ③ (*di edificio, città*) layout ④ (*loc*) **inventare** qc **di sana ~** to make sth up completely

piantagione [pian·ta·'dʒo:·ne] *f* plantation

piantagrane [pian·ta·'gra:·ne] <-> *mf fam* troublemaker

piantare [pian·'ta:·re] *vt* ① (*fiori, alberi*) to plant ② (*conficcare*) to hammer ③ *fig* (*lasciare*) to leave; **piantala!** *fam* stop it!; **~ in asso qu** to leave sb in the lurch

pianterreno [pian·ter·'re:·no] *m* first floor

pianto ['pian·to] *m* crying

pianto, -a *pp di* **piangere**

pianura [pia·'nu:·ra] *f* plain; **la ~ Padana** the Po Valley

piastra ['pias·tra] *f* (*lastra*) plate; **~ di cottura** hotplate

piastrella [pias·'trɛl·la] *f* tile

piastrina [pias·'tri:·na] *f* (*medaglietta*) tag

piattaforma [piat·ta·'for·ma] <piatteforme> *f* ① (*gener*) platform; **~ petrolifera** oil platform ② (*per tuffi*) board

piattino [piat·'ti:·no] *m* (*di tazzina*) saucer

piatto ['piat·to] *m* ① (*recipiente*) plate; **~ fondo/piano** soup/dinner plate ② CULIN (*vivanda*) dish; (*portata*) course; **un ~ di minestra/di spaghetti** a plate of soup/spaghetti; **primo ~** first course; **~ del giorno** today's special ③ (*di bilancia*) pan ④ *pl* MUS cymbals

piatto, -a *adj* (*piano*) flat

piazza ['piat·tsa] *f* ① (*di città*) squadre; **scendere in ~** (*manifestare*) to take to the streets; **fare ~ pulita** (*sbarazzarsi*) to make a clean sweep; **mettere in ~** *fig* to make public ② (*luogo di operazioni*) market ③ (*posto*) **letto ad una ~** single bed; **letto a due -e** double bed

piazzale [piat·'tsa:·le] *m* ① (*piazza*) square ② (*di stazione*) forecourt; (*di aeroporto*) apron

piazzamento [piat·tsa·'men·to] *m* placing

piazzare [piat·'tsa:·re] **I.** *vt* ① (*gener*) to place ② COM to sell **II.** *vr:* **-rsi** ① SPORT to be placed ② *fam* (*mettersi*) to plant oneself

piazzata [piat·'tsa:·ta] *f fam* (*scenata*) scene

piazzato, -a [piat·'tsa:·to] *adj* ① (*nell'ippica*) placed ② (*robusto*) **ben ~** well-built

piazzola [piat·'tsɔ:·la] *f* ① (*su una stra-*

da) pull-off; **~ di sosta** pull-off; **~ di emergenza** emergency pull-off ② (*in campeggio*) spot

picca ['pik·ka] <-cche> *f pl* (*di carte da gioco*) spades

piccante [pik·'kan·te] *adj* ① (*piatto, salsa*) spicy; (*formaggio*) strong ② (*storiella*) racy; (*particolare*) juicy

picchettaggio [pik·ket·'tad·dʒo] <-ggi> *m* picketing

picchettare [pik·ket·'ta:·re] *vt* ① (*fabbrica*) to picket ② (*area*) to stake out

picchetto [pik·'ket·to] *m* ① (*paletto*) peg ② MIL (*gruppo di scioperanti*) picket

picchiare [pik·'kia:·re] **I.** *vt* ① (*dare colpi su*) to beat ② (*percuotere*) to beat up **II.** *vi* ① (*dare colpi*) to beat ② (*sole*) to beat down ③ AUTO **~ in testa** to knock **III.** *vr:* **-rsi** to fight

picchiata [pik·'kia:·ta] *f* AERO **scendere in ~** to nosedive

picchiatore, -trice [pik·kia·'to:·re] *m, f* goon *inf*

picchio ['pik·kio] <-cchi> *m* ZOO woodpecker

piccino, -a [pit·'tʃi:·no] **I.** *adj* (*piccolo*) little **II.** *m, f* little one

picciolo [pit·'tʃɔ:·lo] *m* stalk

piccioncino, -a [pit·tʃon·'tʃi:·no] *m, f fam* lovebird

piccione [pit·'tʃo:·ne] *m* pigeon; **prendere due -i con una fava** *fig* to kill two birds with one stone

picco ['pik·ko] <-cchi> *m* peak; **a ~** (*perpendicolare*) vertically; **colare a ~** to sink

piccolezza [pik·ko·'let·tsa] *f* ① (*dimensione*) smallness ② (*inezia*) trifle ③ (*meschinità*) pettiness

piccolo, -a ['pik·ko·lo] <più piccolo o minore, piccolissimo o minimo> **I.** *adj* ① (*non grande*) small ② (*breve*) short ③ (*di età*) young ④ (*di poco conto*) little ⑤ *fig* (*meschino*) petty **II.** *m, f* (*gener*) little one; **da ~** as a child

piccone [pik·'ko:·ne] *m* pickax

piccozza [pik·'kɔt·tsa] *f* ice ax

pick-up ['pik·ʌp] <-> *m* (*furgone*) pick-up

picnic [pik·'nik] <-> *m* picnic

pidocchio [pi·'dɔk·ko] <-cchi> *m* louse

pidocchioso, -a [pi·dok·'ki·oː·so] *adj pej* (*con i pidocchi*) lice-infested

piè [piɛ] *m* **a ~ di pagina** at the foot of the page

piede ['piɛː·de] *m* ① ANAT (*unità di misura*) foot; **stare in ~i** to stand; **essere a ~i** to be on foot; **non stare in ~i** (*ragionamento, teoria*) not to stand up; **andare a ~i** to go on foot; **levarsi** [*o* **togliersi**] **dai ~i** *fam* to go away; **prender ~** to gain ground; **tenere in ~i** (*azienda, famiglia*) to keep going; **mettere i ~i in testa a qu** (*trattar male*) to walk all over sb; **mettere in ~i qc** (*allestire*) to set sth up; **puntare i ~i** (*intestardirsi*) to dig one's heels in; **fatto coi ~i** *fam* (*malfatto*) badly done; **a ~i nudi** barefoot; **da capo a ~i** from head to toe; **su due ~i** (*immediatamente*) immediately; **ai ~i del letto** at the foot of the bed ② (*di mobile*) leg; (*di lampada*) base

piedino [pie·'di:·no] *m* **fare ~ a qu** to play footsie with sb

piedipiatti [pie·di·'piat·ti] <-> *m sl* (*poliziotto*) cop

piedistallo [pie·dis·'tal·lo] *m* pedestal

piega ['piɛː·ga] <-ghe> *f* fold; **gonna a ~ghe** pleated skirt; **messa in ~** set; **non fare una ~** (*rimanere impassibile*) not to bat an eye; **prendere una brutta ~** *fig* to take a turn for the worse

piegamento [pie·ga·'men·to] *m* SPORT push-up

piegare [pie·'ga:·re] **I.** *vt* ① (*gener*) to bend; (*foglio, vestiti*) to fold ② (*dominare*) to subdue **II.** *vi* (*voltare*) to turn **III.** *vr:* **-rsi** ① (*incurvarsi*) to bend ② (*arrendersi*) to submit

pieghevole [pie·'ge:·vo·le] *adj* ① (*metallo, ramo*) pliant ② (*sedia, tavolo*) folding

Piemonte [pie·'mon·te] *m* Piedmont

piemontese¹ <*sing*> *m* (*dialetto*) Piedmontese

piemontese² **I.** *adj* Piedmontese **II.** *mf* (*abitante*) person from Piedmont

piena ['piɛː·na] *f* (*di corso d'acqua*) flood; **in ~** in spate

pieno ['piɛː·no] *m* ① (*di benzina*) **fare il ~** to fill up ② **in ~** (*completamente*) completely

pieno, -a *adj* ① (*gener*) full; **~ di** full of; **essere ~ di sé** to be full of oneself; **~ zeppo** completely full; **a stomaco ~** on a full stomach; **luna ~a** full moon; **in ~ giorno** in broad daylight; **in ~ inverno** in the depths of winter ② (*giornata, periodo*) busy

piercing ['pir·sing] <-> *m* piercing

pietà [pie·'ta] <-> *f* ① (*compassione*) pity; **avere ~ di qu** to feel pity for sb; **muovere qu a ~** to move sb to pity ② REL piety

pietanza [pie·'tan·tsa] *f* dish

pietoso, -a [pie·'to:·so] *adj* ① (*che prova pietà*) compassionate ② (*che ispira pietà*) pitiful ③ *fam* (*pessimo*) pathetic

pietra ['piɛː·tra] *f* stone; **~ preziosa** precious stone; **età della ~** Stone Age; **porre la prima ~** *fig* to lay the foundations; **mettere una ~ sopra qc** *fig* to say no more about sth

pietrificare [pie·tri·fi·'ka:·re] *vt* to petrify

piffero ['pif·fe·ro] *m* (*strumento*) pipe

pigiama [pi·'dʒa:·ma] <-i> *m* pajamas

pigliare [piʎ·'ʎa:·re] *vt fam* to take; **pigliarle** (*essere picchiato*) to get a hiding

pigna ['piɲ·ɲa] *f* (*di pino*) pine cone

pignoleria [piɲ·no·le·'ri:·a] <-ie> *f* fussiness

pignolo, -a **I.** *adj* fussy **II.** *m, f* fussbudget

pignorare [piɲ·no·'ra:·re] *vt* GIUR to distrain

pigolare [pi·go·'la:·re] *vi* (*uccellino*) to chirp

pigrizia [pi·'grit·tsia] <-ie> *f* laziness

P

pigro, **-a** ['pi:·gro] I. *adj* (*indolente*) lazy II. *m, f* lazybones *inf*

PIL [pil] *abbr di* **Prodotto Interno Lordo** GDP

pila ['pi:·la] *f* ① (*batteria*) battery ② (*cumulo*) pile ③ *fam* (*lampadina tascabile*) flashlight

pilastro [pi·'las·tro] *m* ARCHIT pillar

pile [pail] *m* fleece

pillola ['pil·lo·la] *f* pill; **prendere la ~** (*anticoncezionale*) to be on the pill

pilone [pi·'lo:·ne] *m* ARCHIT pier

pilota[1] [pi·'lɔ:·ta] <-i> *m* TEC **~ automatico** automatic pilot

pilota[2] <-i *m*, -e *f*> *mf* AERO, NAUT pilot; MOT driver

pilotare [pi·lo·'ta:·re] *vt* ① (*automobile*) to drive ② (*nave, aereo*) to pilot

pinacoteca [pi·na·ko·'tɛ:·ka] <-che> *f* art gallery

pineta [pi·'ne:·ta] *f* pinewood

pinguino [pin·'gui:·no] *m* ZOOL penguin

pinna ['pin·na] *f* ① (*di pesce, imbarcazione*) fin ② (*calzatura*) flipper

pino ['pi:·no] *m* (*albero, legno*) pine

pinolo [pi·'nɔ:·lo] *m* pine kernel

pinza ['pin·tsa] *f* ① TEC pliers *pl;* MED forceps *pl*

pinzetta [pin·'tset·ta] *f* tweezers *pl*

pio, **-a** ['pi:·o] <pii, pie> *adj* ① (*devoto*) pious ② (*caritatevole*) charitable

pioggerella [piod·dʒe·'rɛl·la] *f* drizzle

pioggia ['piɔd·dʒa] <-gge> *f* METEO rain; **~ acida** acid rain; **la stagione delle -gge** the rainy season

piolo ['piɔ:·lo] *m* (*di scala*) rung; **scala a -i** ladder

piombare [piom·'ba:·re] *vi* ① *essere* ② (*cadere dall'alto*) to fall ② (*sprofondare*) **~ nella disperazione/depressione** to be plunged into despair/depression ③ (*disgrazie, aggressore*) **~ addosso a qu** to descend on sb ④ (*arrivare all'improvviso*) to turn up

piombatura [piom·ba·'tu:·ra] *f* ① (*di dente*) filling ② (*rivestimento di piombo*) sealing with lead

piombino [piom·'bi:·no] *m* ① (*proiet-* *tile*) lead pellet ② (*di lenza, rete*) sinker ③ (*di pacco*) lead seal

piombo ['piom·bo] *m* ① CHIM lead; **pesare come il ~** to weigh a ton; **senza ~** (*benzina*) unleaded ② (*di lenza, rete*) sinker

pioniere [pio·'niɛ:·re] *m* pioneer

piovano, **-a** [pio·'va:·no] *adj* **acqua ~** rainwater

piovere ['piɔ:·ve·re] <piove, piovve, piovuto> *vi essere o avere* ① METEO to rain; **~ a dirotto** to pour (down); **su questo non ci piove** *fig, fam* there's no doubt about it; **piove sul bagnato** (*in senso positivo*) some people have all the luck; (*in senso negativo*) it never rains but it pours ② (*cadere come pioggia*) to rain down; **~ dal cielo** *fig* to fall into one's lap ③ (*arrivare in grande quantità*) to come thick and fast; **~ addosso a qu** (*disgrazia*) to assail sb

piovigginare [pio·vid·dʒi·'na:·re] *vi essere o avere* to drizzle

piovoso, **-a** [pio·'vo:·so] *adj* rainy

piovra ['piɔ:·vra] *f* ① ZOO octopus ② *mafia* **la ~** the Mafia

piovve ['piɔv·ve] *3. pers sing pass rem di* **piovere**

pipa ['pi:·pa] *f* pipe; **fumare la ~** to smoke a pipe

pipì [pi·'pi] <-> *f fam* pee; **fare** (**la**) **~** to have a pee

pipistrello [pi·pis·'trɛl·lo] *m* ZOO bat

piramidale [pi·ra·mi·'da:·le] *adj* (*forma, organizzazione*) pyramidal

piramide [pi·'ra:·mi·de] *f* pyramid

piranha [pi·'rɛ·ɲa] <-> *m* piranha

pirata <inv> *adj* pirate; **copia ~** pirate copy

pirata [pi·'ra:·ta] <-i> *m* ① (*uomo di mare*) pirate; **~ della strada** hit-and-run driver; **~ dell'aria** hijacker ② COMPUT **~ informatico** hacker

piratato, **-a** [pi·ra·'ta:·to] *adj* pirated

Pirenei [pi·re·'nɛ:·i] *mpl* **i ~** the Pyrenees

piroetta [pi·ro·'et·ta] *f* pirouette

pirofila [pi·'rɔ:·fi·la] *f* (*tegame*) Pyrex® dish

piromane [piˈrɔːmaːne] *mf* pyromaniac

piroscafo [piˈrɔskaˌfo] *m* steamship

pirotecnico, -a <-ci, -che> *adj* (*arte*) pyrotechnical; (*spettacolo*) fireworks

Pisa *f* Pisa, *city in northwest Italy*

pisano, -a [piˈsaːno] I. *adj* Pisan II. *m, f* (*abitante*) person from Pisa

pisciare [pifˈfaːre] *vi vulg* to piss; **pisciarsi addosso** [*o* **sotto**] *fig* to piss oneself

pisciata [pifˈfaːta] *f vulg* piss; **fare una ~** to take a piss

piscina [pifˈfiːna] *f* (swimming) pool; **~ olimpionica** Olympic pool; **~ coperta** indoor pool; **~ scoperta** open-air pool

pisello[1] [piˈsɛlˌlo] *m* **①** BOT, FOOD pea **②** *fam* (*pene*) dick

pisello[2] <inv> *adj* **verde ~** pea-green

pisolino [pizoˈliːno] *m fam* nap; **fare** [*o* **schiacciare**] **un ~** to take a nap

pista [ˈpista] *f* **①** (*gener*) track **②** (*spazio libero*) **~ da ballo** dance floor; **~ di pattinaggio** skating rink **③** (*nello sci*) run **④** AERO **~ di atterraggio** landing strip **⑤** (*via*) **~ ciclabile** bike lane

pistacchio[1] [pisˈtakˌkio] <-cchi> *m* (*albero, frutto*) pistachio

pistacchio[2] <inv> *adj* pistachio

pistillo [pisˈtilˌlo] *m* pistil

pistola [pisˈtɔːla] *f* **①** (*arma*) pistol; **~ ad acqua** water pistol **②** (*strumento*) **~ a spruzzo** spray gun

pistone [pisˈtoːne] *m* **①** (*di motore*) piston **②** (*di strumenti a fiato*) valve

pitagorico, -a <-ci, -che> *adj* **tavola -a** multiplication table

pitone [piˈtoːne] *m* (*serpente, pelle*) python

pittore, -trice [pitˈtoːre] *m, f* painter

pittoresco, -a [pitˈtoˈresˌko] <-schi, -sche> *adj* (*suggestivo*) picturesque; (*stravagante*) colorful

pittorico, -a [pitˈtɔːriˌko] <-ci, -che> *adj* **①** (*tecnica, scuola*) painting **②** *fig* (*vivacità, descrizione*) colorful

pittura [pitˈtuːra] *f* **①** (*arte, dipinto*) painting **②** *fam* (*vernice*) paint

pitturare [pittuˈraːre] *vt* to paint

più [piu] *comparativo di* **molto, -a** I. *adv* **①** (*comparativo*) more; (*superlativo*) most; **~ intelligente** more intelligent; **~ piccolo/grande** smaller/bigger; **il ~ interessante** the most interesting; **il ~ vecchio di tutti** the oldest of them all; **il ~ vecchio dei due** the older of the two; **di ~** more; **mi piace di ~ il rosso** I like the red one better; **la canzone che mi piace di ~** the song I like best; **tanto ~ che** especially since; **~ ... che mai** more ... than ever; **~ ... che ...** more ... than ...; **chi ~ chi meno** some more than others; **tra non ~ di un mese** in less than a month **②** (*oltre*) **non ... ~** not ... anymore; **non ci pensare ~** don't think about it anymore; **mai ~** never again; **per di ~** what's more; **a ~ non posso** *fam* (*correre*) as fast as possible **③** (*nelle temperature*) MATH plus; **~ tre** plus three; **tre ~ tre fa sei** three plus three is six; **in ~** more; **~ o meno** more or less **④** (*nei voti scolastici*) plus II. *prep* plus III. <inv> *adj* **①** (*comparativo*) more; (*superlativo*) most; **ho ~ amici di te** I've got more friends than you; **ci vuole ~ tempo** more time is needed; **per di ~ persone vengono e meglio è** the more people that come the better; **al ~ presto** as soon as possible; **al ~ tardi** at the latest **②** (*parecchi*) several; **te l'ho ripetuto ~ volte** I've told you several times IV. <-> *m* (*massimo*) most; **(tutt')al ~** at most; **per lo ~** usually; **parlare del ~ e del meno** to talk about this and that **②** (*parte maggiore*) most; **il ~ è fatto** most of it is done; **il ~ delle volte** most of the time **③** MATH plus sign

piuma [ˈpiuːma] *f* **①** (*penna*) feather **②** (*ornamento*) plume

piumino [piuˈmiːno] *m* **①** (*coperta*) comforter **②** (*giacca*) padded jacket **③** (*per spolverare*) feather duster

piuttosto [piutˈtɔsˌto] *adv* (*anzi, alquanto*) rather; **~ che ... +*inf*** rather than ...; (*anziché*); **~ che** rather than

pixel [ˈpikˌsəl] <-> *m* pixel

pizza ['pit·tsa] f ❶ FOOD pizza; ~ **al taglio** pizza by the slice ❷ fig (persona o cosa noiosa) bore; **che ~!** what a bore! ❸ (pellicola) reel

pizzaiolo, -a [pit·tsa·'iɔ:·lo] m, f (chi fa le pizze) pizza chef; **alla -a** cooked with tomato, parsley and garlic

pizzeria [pit·tse·'ri:·a] <-ie> f pizzeria

pizzicare [pit·tsi·'ka:·re] I. vt ❶ (con le dita) to pinch; (solleticare) to tickle ❷ (pungere) to sting ❸ fam (cogliere) to catch ❹ MUS to pluck II. vi ❶ (prudere) to tingle ❷ (essere piccante) to be hot

pizzico ['pit·tsi·ko] <-chi> m (gener) pinch

pizzicotto [pit·tsi·'kɔt·to] m (con le dita) pinch

pizzo ['pit·tso] m ❶ (merletto) lace ❷ (barba) goatee ❸ (tangente) protection money

placare [pla·'ka:·re] I. vt ❶ (collera) to appease; (persona) to calm down ❷ (fame) to satisfy; (sete) to quench II. vr: **-rsi** (persona) to calm down; (dolore) to ease; (tempesta) to die down

placca ['plak·ka] <-cche> f ❶ (lamina) EL plate ❷ (targhetta, sulla pelle) plaque; ~ **batterica** [o **dentaria**] dental plaque

placenta [pla·'tʃɛn·ta] f placenta

placido, -a ['pla:·tʃi·do] adj (persona, carattere) placid; (serata) calm

plafoniera [pla·fo·'niɛ:·ra] f ceiling light

plagiare [pla·'dʒa:·re] vt ❶ (opera) to plagiarize ❷ (persona) to subject to duress

plagio ['pla:·dʒo] <-gi> m ❶ (di opera) plagiarism ❷ (di persona) duress

plaid [plɛd] <-> m lap robe

planare [pla·'na:·re] vi (aereo) to glide; (imbarcazione) to skim

plancia ['plan·tʃa] <-ce> f ❶ AUTO dashboard ❷ NAUT (ponte) bridge; (passerella) gangway

planetario, -a [pla·ne·'ta:·rio] <-i, -ie> adj (dei pianeti) planetary; (della Terra) worldwide

planimetria [pla·ni·me·'tri:·a] <-ie> f (pianta) plan

planisfero [pla·nis·'fɛ:·ro] m planisphere

plantare [plan·'ta:·re] m arch support

plasma ['plaz·ma] <-i> m plasma

plasmare [plaz·'ma:·re] vt to mold

plastica ['plas·ti·ka] <-che> f ❶ (materiale) plastic ❷ MED plastic surgery

plastico ['plas·ti·ko] <-ci> m ❶ (modello) scale model ❷ (esplosivo) plastic explosive

plastico, -a <-ci, -che> adj plastic; **arti -che** plastic arts; **chirurgia -a** plastic surgery

plastificare [plas·ti·fi·'ka:·re] vt ❶ (rendere plastico) to plasticize ❷ (rivestire di plastica) to coat with plastic

platano ['pla:·ta·no] m plane (tree)

platea [pla·'tɛ:·a] f (parte del teatro) orchestra; (spettatori) audience

plateale [pla·te·'a:·le] adj theatrical

platino ['pla:·ti·no] m platinum

platonico, -a <-ci, -che> adj (pensiero, opera) Platonic; (amore, amicizia) platonic

plausibile [plau·'zi:·bi·le] adj plausible

plausibilità [plau·zi·bi·li·'ta] <-> f plausibility

playback [plei·bæk] <-> m miming

plebeo, -a [ple·'bɛ:·o] adj HIST plebeian

plenario, -a [ple·'na:·rio] <-i, -ie> adj (riunione) plenary

plenilunio [ple·ni·'lu:·nio] <-i> m full moon

pleura ['plɛu·ra] f pleura

pleurite [pleu·'ri:·te] f pleurisy

plico ['pli:·ko] <-chi> m package; (insieme di documenti) sheaf of papers

plissé [pli·'se] <inv> adj (gonna, tessuto) pleated

plotone [plo·'to:·ne] m MIL platoon; ~ **d'esecuzione** firing squad

plumbeo, -a ['plum·beo] <-ei, -ee> adj (cielo, colore) leaden

plurale [plu·'ra:·le] I. adj plural II. m plural; **al ~** in the plural

pluralista [plu·ra·'lis·ta] <-i m, -e f> mf pluralist

pluriennale [plu·rien·'na:·le] adj lasting many years

P

plurimiliardario, -a [plu·ri·mi·liar·'da:·rio] *adj, m, f* multimillionaire

pluriomicida [plu·rio·mi·'tʃi:·da] *mf* multiple murderer

plusvalore [pluz·va·'lo:·re] *m* surplus value

plutonio [plu·'tɔ:·nio] *m* CHIM plutonium

pluviale [plu·'via:·le] *adj* **foresta ~** rainforest

PM *m abbr di* **Pubblico Ministero** District Attorney

pneumatico [pneu·'ma:·ti·ko] <-ci> *m* tire

pneumatico, -a <-ci, -che> *adj* ① TEC pneumatic; **martello ~** jackhammer ② (gonfiabile) inflatable; **materassino ~** air mattress

po' [pɔ] *adv fam* **un ~** a little; **un bel ~** quite a while; **un ~ di …** a little …

poco¹ ['pɔ:·ko] <meno, pochissimo> *adv* ① (con verbo: in piccola misura) not very much; (per breve tempo) a little while; **il film mi è piaciuto ~** I didn't like the movie very much; **ho dormito ~** I slept for a little while; **(a) ~ (a) ~** little by little ② (con aggettivo, avverbio) not very; **è ~ gentile** she's not very nice; **~ dopo/prima** shortly after/before; **~ fa** a short time ago; **stare ~ bene** to not be very well

poco² <-chi> *m* little; **un ~** a little; **un ~ di …** a little …; *v.a.* **po'**

poco, -a <-chi, -che> I. *adj* ① (una piccola quantità di) not very much; (in piccolo numero) not very many; **è -a cosa** it's nothing ② (con valore ellittico) **mangia ~** he doesn't eat much; **fra ~** soon; **per ~ non** (quasi) nearly; **un errore da ~** a trivial mistake; **un oggetto da ~** a worthless object; (siamo arrivati da ~) we've just arrived II. *pron* ① (piccola quantità) little ② *pl* (non numerosi) few; **essere in -chi** to be few in number

podio ['pɔ:·dio] <-i> *m* podium

podismo [po·'diz·mo] *m* running

podista [po·'dis·ta] <-i *m*, -e *f*> *mf* runner

podistico, -a [po·'dis·ti·ko] <-ci, -che> *adj* running

poema [po·'ɛ:·ma] <-i> *m* LETT poem; **~ epico** epic poem

poesia [poe·'zi:·a] <-ie> *f* ① (genere, complesso di opere) poetry ② (componimento) poem

poeta, -tessa [po·'ɛ:·ta, poe·'tes·sa] <-i, -esse> *m, f* poet

poetico, -a [po·'ɛ:·ti·ko] <-ci, -che> *adj* poetic

poggiare [pod·'dʒa:·re] I. *vt* (posare) to place II. *vi* (~ *su qc*) ARCHIT to rest on sth; (teoria) to be based on sth

poggiatesta [pod·dʒa·'tɛs·ta] <-> *m* headrest

poggiolo [pod·'dʒɔ:·lo] *m* (terrazzino) balcony

poi ['pɔ:·i] *adv* ① (dopo, infine) then; (più tardi) later; **prima o ~** sooner or later; **d'ora in ~** from now on ② (inoltre) besides ③ (enfatico) **no e ~ no** absolutely not

poiché [poi·'ke] *conj* since

pois [pwa] <-> *m* **a ~** polka-dot

poker ['pou·kər/'pɔ·ker] <-> *m* poker; **giocare a ~** to play poker; **~ d'assi/di fanti** four aces/jacks

polacco, -a [po·'lak·ko] <-cchi, -cche> I. *adj* Polish II. *m, f* Pole

polare [po·'la:·re] *adj* (del polo) polar

polemica [po·'lɛ:·mi·ka] <-che> *f* (contrasto di opinioni) argument; (attacco) attack; **fare delle -che** to be argumentative

polemico, -a [po·'lɛ:·mi·ko] <-ci, -che> *adj* (spirito, scritto) controversial; (tono, atteggiamento) argumentative

polemizzare [po·le·mid·'dza:·re] *vi* **~ su qc** to argue about sth

polenta [po·'lɛn·ta] *f* polenta

poliambulatorio [po·li·am·bu·la·'tɔ:·rio] <-i> *m* MED clinic

policlinico [po·li·'kli:·ni·ko] <-ci> *m* general hospital

poliestere [po·liv'ɛs·te·re] *m* polyester

polifonico, -a [po·li·'fɔ:·ni·ko] <-ci, -che> *adj* MUS polyphonic

poligamia [po·li·ga·'mi:·a] <-ie> f polygamy

poligamo, -a [po·'li:·ga·mo] I. adj polygamous II. m, f polygamist

poliglotta [po·li·'glɔt·ta] <-i m, -e f> adj, mf polyglot

poligono [po·'li:·go·no] m ① MATH polygon ② MIL ~ **di tiro** firing range

polio ['pɔ:·lio] <-> f MED polio

poliomielite [po·lio·mie·'li:·te] f poliomyelitis

poliomielitico, -a [po·lio·mie·'li:·ti·ko] <-ci, -che> I. m, f MED person with polio II. adj MED poliomyelitic

polipo [po·'li:·po] m pole polyp

polistirolo [po·lis·ti·'rɔ:·lo] m Styrofoam®

politeista [po·li·te·'is·ta] I. mf polytheist II. adj (religione, culto) polytheistic

politica [po·'li:·ti·ka] <-che> f ① (scienza, ambito) politics ② (strategia) policy; ~ **estera** foreign policy; ~ **interna** domestic policy

politicante [po·li·ti·'kan·te] mf pej politico

politicizzare [po·li·ti·tʃid·'dza:·re] vt to politicize

politico [po·'li:·ti·ko] <-ci> m politician

politico, -a <-ci, -che> adj political; **elezioni -che** general election; **scienze -che** political science

polizia [po·lit·'tsi:·a] <-ie> f (corpo) police; (commissariato) police station; **agente di** ~ police officer; ~ **stradale** highway patrol; ~ **municipale** local police

poliziesco, -a [po·lit·'tsies·ko] <-schi, -sche> adj (romanzo, film) detective

poliziotto [po·lit·'tsiɔt·to] <inv> adj **cane** ~ police dog; **donna** ~ policewoman

poliziotto, -a m, f policeman m, policewoman f

polizza ['pɔ:·lit·tsa] f COM policy

pollaio [pol·'la:·io] <-ai> m (per polli) henhouse

pollame [pol·'la:·me] m poultry

pollice ['pɔl·li·tʃe] m ① ANAT (della mano) thumb; **avere il** ~ **verde** fig to have a green thumb ② (unità di misura) inch

polline ['pɔl·li·ne] m pollen

pollo ['pol·lo] m ① (animale) chicken; **conoscere i propri -i** fam to know who one is dealing with; **far ridere i -i** to be ridiculous ② fig (individuo ingenuo) sucker

polmonare [pol·mo·'na:·re] adj pulmonary

polmone [pol·'mo:·ne] m ANAT lung

polmonite [pol·mo·'ni:·te] f pneumonia

polo¹ ['pɔ:·lo] m ① GEOG, FIS pole; **il ~ nord** the North Pole ② fig essere ai -i **opposti** to be poles apart ③ POL (coalizione) coalition; **il Polo (per le libertà)** POL the House of Freedom Coalition ④ SPORT polo

polo² <-> f (maglia) polo shirt

Polonia [po·'lɔ:·nia] f la ~ Poland

polpa ['pol·pa] f (di frutto) flesh; (di carne) lean meat

polpaccio [pol·'pat·tʃo] <-cci> m calf

polpastrello [pol·pas·'trɛl·lo] m pad

polpetta [pol·'pet·ta] f FOOD meatball

polpettone [pol·pet·'to:·ne] m ① FOOD meat loaf ② (film, libro) mishmash

polpo [pol·po] m octopus

polsiera [pol·'siɛ:·ra] f MED wrist brace; SPORT wrist guard

polsino [pol·'si:·no] m cuff

polso ['pol·so] m ① ANAT wrist ② (carattere) firmness; **un uomo di** ~ a strong man ③ MED pulse; **tastare il** ~ **a qu** to take sb's pulse

poltrire [pol·'tri:·re] <poltrisco> vi ① (riposarsi) to laze ② (vivere nell'ozio) to laze around

poltrona [pol·'tro:·na] f ① (mobile) armchair ② fig (carica) position

polvere ['pol·ve·re] f ① (sui mobili, in strada) dust; **togliere la** ~ to do the dusting; **ridurre qu in** ~ fig to pulverize sb ② (sostanza sminuzzata) powder; **in** ~ powdered; **caffè in** ~ instant coffee ③ MIL ~ **da sparo** gunpowder

polveriera [pol·ve·'riɛ:·ra] f ① (magazzino) munitions store ❷ *fig* (*territorio*) powder keg

polverizzare [pol·ve·rid·'dza:·re] I. *vt* ❶ (*ridurre in polvere*) to pulverize ❷ (*nebulizzare*) to atomize ❸ (*annientare*) to crush; (*record*) to smash II. *vr*: -**rsi** (*disintegrarsi*) to disintegrate

polverone [pol·ve·'ro:·ne] *m* (*nuvola di polvere*) dust cloud

polveroso, -a [pol·ve·'ro:·so] *adj* dusty

pomata [po·'ma:·ta] *f* ointment

pomello [po·'mɛl·lo] *m* (*di porta, cassetto*) knob

pomeridiano, -a [po·me·ri·'dia:·no] *adj* afternoon

pomeriggio [po·me·'rid·dʒo] <-ggi> *m* afternoon; **di ~** in the afternoon; **domani/oggi ~** tomorrow/this afternoon; **venerdì ~** Friday afternoon

pomiciare [po·mi·'tʃa:·re] *vi* *sl* to smooch

pomo ['po:·mo] *m* ❶ ANAT ~ **d'Adamo** Adam's apple ❷ (*di letto, bastone*) knob

pomodoro [po·mo·'do:·ro] *m* tomato

pompa ['pom·pa] *f* (*per gonfiare, di benzina*) pump; **impresa di -e funebri** funeral home

pompare [pom·'pa:·re] *vt* ❶ (*acqua, benzina*) to pump ❷ (*pneumatico*) to pump up

pompelmo [pom·'pɛl·mo] *m* grapefruit

pompiere [pom·'piɛ:·re] *m* firefighter

ponente [po·'nɛn·te] *m* ❶ (*ovest*) west ❷ (*vento*) west wind

pongo ['pon·go] I. *pers sing pr di* **porre**

ponte ['pon·te] *m* ❶ (*su fiume, strada, protesi*) bridge; ~ **levatoio** drawbridge; ~ **sospeso** suspension bridge; **tagliare i -i** *fig* to sever all ties ❷ (*collegamento*) ~ **aereo** airlift; ~ **radio** radio link ❸ (*di nave*) deck ❹ (*in ginnastica*) crab ❺ (*vacanza*) long weekend; **fare il ~** to make a long weekend of it

pontefice [pon·'te:·fi·tʃe] <-ci> *m* ❶ REL pontiff ❷ HIST pontifex

pontificio, -a [pon·ti·'fi:·tʃo] <-ci, -cie> *adj* pontifical; **lo stato ~** the Papal State

pontile [pon·'ti:·le] *m* pier

pony ['pou·ni] <-> *m* pony

pool [pu:l] <-> *m* (*giudici*) team; ~ **anti-mafia** anti-Mafia team

pop [pɔp] <inv> *adj* pop

pop-corn ['pɔp·kɔːn] <-> *m* popcorn

popò [po·'pɔ] <-> I. *f fam* (*feci*) poop II. *m fam* (*sedere*) bottom

popolare¹ [po·po·'la:·re] *adj* ❶ (*gener*) popular; **musica ~** popular music ❷ (*delle classi inferiori*) working-class; **casa ~** public housing unit

popolare² I. *vt* to populate II. *vr*: -**rsi** ❶ (*diventare popolato*) to become populated ❷ (*affollarsi*) to fill up

popolarità [po·po·la·ri·'ta] <-> *f* popularity

popolazione [po·po·lat·'tsio:·ne] *f* ❶ (*abitanti*) population ❷ (*popolo*) people

popolo ['pɔː·po·lo] *m* ❶ (*gener*) people ❷ (*classi più basse*) common people

popoloso, -a [po·po·'lo:·so] *adj* (*quartiere, città*) populous

poppa ['pop·pa] *f* NAUT stern

poppata [pop·'pa:·ta] *f* feed

populistico, -a [po·pu·'lis·ti·ko] <-ci, -che> *adj* populist

porcata [por·'ka:·ta] *f* ❶ (*cosa disgustosa*) crap ❷ *fam* (*cosa brutta, malfatta*) piece of crap

porcellana [por·tʃel·'la:·na] *f* (*materiale*) porcelain; (*oggetto*) piece of porcelain

porcellino [por·tʃel·'li:·no] *m* ZOO ~ **d'India** guinea pig

porcheria [por·ke·'ri:·a] <-ie> *f* ❶ (*sporcizia*) mess ❷ (*cibo disgustoso*) muck; (*cibo non sano*) garbage ❸ *fig* (*azione*) dirty trick; *fam* (*cosa brutta*) piece of junk

porchetta [por·'ket·ta] *f* FOOD roast suckling pig

porcile [por·'tʃi:·le] *m* pigsty

porcino [por·'tʃi:·no] *m* (*fungo*) porcino

porco, -a ['pɔr·ko] <-ci, -che> I. *m, f* ❶ ZOO (*persona viziosa*) pig ❷ (*carne*) pork II. *adj fam* (*in esclamazioni*) -**a miseria!** shit!

porcospino [por·kos·'pi:·no] *m* (*istrice*) porcupine; *fam* (*riccio*) hedgehog

Pordenone [por·de·'no:·ne] *f* Pordenone, *town in northeastern Italy*

pordenonese [por·de·no·'ne:·se] I. *mf* (*abitante*) person from Pordenone II. *adj* from Pordenone

porgere ['por·dʒe·re] <porgo, porsi, porto> *vt* (*dare*) to hand

pornografia [por·no·gra·'fi:·a] *f* pornography

pornografico, -a [por·no·'gra·fi·ko] <-ci, -che> *adj* pornographic

pornostar [por·no·'sta:] <-> *mf* porn star

poro ['pɔ:·ro] *m* pore

poroso, -a [po·'ro:·so] *adj* porous

porpora ['por·po·ra] *f* (*colore*) purple

porre ['por·re] <pongo, posi, posto> I. *vt* ① (*mettere*) to put ② *fig* (*supporre*) to suppose; **poni caso che ...** suppose that ... ③ (*loc*) ~ **una domanda a qu** to ask sb a question; ~ **un problema a qu** to pose a problem for sb; ~ **fine** [*o* **termine**] **a qc** to put an end to sth II. *vr*: **-rsi** (*mettersi*) **-rsi in marcia** to set off; **-rsi in salvo** to reach safety

porro ['pɔr·ro] *m* ① BOT leek ② *fam* (*verruca*) wart

porsi ['pɔr·si] *1. pers sing pass rem di* porgere

porta ['pɔr·ta] *f* ① (*gener*) door; ~ **di servizio** service entrance; **mettere qu alla** ~ to throw sb out; **chiudere la** ~ **in faccia a qu** *fig* to slam the door in sb's face ② SPORT goal ③ (*nello sci*) gate

portabagagli [por·ta·ba·'ga·ʎi] <-> *m* (*sul tetto di automobile*) luggage rack; *fam* (*bagagliaio*) trunk

portaborse [por·ta·'bor·se] <-> *mf pej* gofer

portacenere [por·ta·'tʃe:·ne·re] <-> *m* ashtray

portachiavi [por·ta·'kia:·vi] <-> *m* keyring

portadocumenti [po·ta·do·ku·'men·ti] <-> *m* (*custodia*) document holder

portafinestra [por·ta·fi·'nɛs·tra] <portefinestre> *f* French door

portafoglio [por·ta·'fɔʎ·ʎo] *m* ① (*per banconote*) wallet ② (*pol, fin*) portfolio

portafortuna [por·ta·for·'tu:·na] I. <inv> *adj* lucky II. <-> *m* lucky charm

portafotografie [por·ta·fo·to·gra·'fi:·e] <-> *m* frame

portale [por·'ta:·le] *m* portal; ~ **Internet** web portal

portamento [por·ta·'men·to] *m* bearing

portamonete [por·ta·mo·'ne:·te] <-> *m* change purse

portante [por·'tan·te] *adj* (*struttura, muro*) load-bearing

portaocchiali [por·ta·ok·'kia:·li] <-> *m* glasses case

portaoggetti [por·ta·od·'dʒɛt·ti] I. <inv> *adj* vano ~ MOT glove compartment II. <-> *m* holder

portaombrelli [por·ta·om·'brɛl·li] <-> *m* umbrella stand

portapacchi [por·ta·'pak·ki] <-> *m* (*di automobile*) luggage rack; (*di bicicletta*) carrier

portare [por·'ta:·re] I. *vt* ① (*trasportare, trascinare*) to carry ② (*trasferire, accompagnare, prendere con sé*) to take; ~ **qc in tavola** to serve sth; ~ **su/giù** to take up/down; ~ **dentro/fuori** to take in/out; ~ **fuori qu** (*a cena, al cinema*) to take sb out; ~ **via** (*allontanare*) to take away; (*rubare*) to steal ③ (*dare, causare*) to bring; ~ **qc in regalo** to give sth as a present; ~ **bene** [*o* **fortuna**] **a qu** to bring sb good luck; ~ **male** [*o* **sfortuna**] **a qu** to bring sb bad luck ④ (*indossare*) to wear ⑤ (*condurre*) to lead; (*veicoli*) to go ⑥ (*taglia*) to take; **porto la 44/il 39** I wear a size 44/39 ⑦ (*dimostrare*) ~ **bene/male gli anni** not to look/to look one's age ⑧ (*reggere*) to support II. *vr*: **-rsi** (*recarsi*) to go

portariviste [por·ta·ri·'vis·te] <-> *m* magazine rack

portarotoli [por·ta·'rɔ:·to·li] <-> *m* toilet paper holder

portasapone [por·ta·sa·'po:·ne] <-> *m* soap dish

portasci [por·taʃ·'ʃi] <-> *m* ski rack

portasciugamano [por·taʃ·ʃu·ga·'ma:·no] <-> *m* towel rail

portasigarette [por·ta·si·ga·'ret·te] <-> *m* cigarette case

portata [por·'ta:·ta] *f* **①**(*di pranzo*) course **②**(*capacità di carico*) capacity **③**(*di arma*) range **④**(*di fiume*) flow **⑤***fig* (*importanza*) importance **⑥**(*livello*) **alla ~ di** (*libro*) within the grasp of; (*spesa*) within the means of; **a ~ di mano** to hand; *fig* within one's grasp

portatile [por·'ta:·ti·le] I. *adj* portable II. *m* (*computer*) laptop

portato, -a *adj* (*abito, giacca*) secondhand **②***fig* (*predisposto*) **essere ~ per qc** to have a gift for sth

portatore, -trice [por·ta·'to:·re] *m, f* **①**(*trasportatore*) FIN bearer; **al ~** to the bearer **②**(*di malattia, virus*) carrier; **~ sano** healthy carrier

portatovagliolo [por·ta·to·va·ʎ·'ʎɔ:·lo] *m* (*busta*) napkin holder; (*anello*) napkin ring

portatrice *f v.* **portatore**

portavoce [por·ta·'vo:·tʃe] <-> *mf* spokesman *m*, spokeswoman *f*

portefinestre *pl di* **portafinestra**

portello [por·'tɛl·lo] *m* **①**(*sportello*) door **②** NAUT, AERO hatch

portellone [por·tel·'lɔ:·ne] *m* (*di nave, aereo*) hatch; (*di automobile*) tailgate

portentoso, -a *adj* **①**(*fatto, avvenimento*) extraordinary **②**(*medicina, atleta*) marvelous

porticato [por·ti·'ka:·to] *m* colonnade

porticato, -a *adj* porticoed

portico ['pɔr·ti·ko] <-ci> *m* **①** ARCHIT portico **②**(*costruzione rurale*) lean-to

portiera [por·'tiɛ:·ra] *f* (*di veicolo*) door

portiere, -a [por·'tiɛ:·re] *m, f* **①**(*di albergo*) porter; (*di ufficio*) superintendent **②** SPORT goalkeeper

portinaio, -a [por·ti·'na:·io] <-i, -ie> *m, f* (*di condominio*) superintendent

porto¹ ['pɔr·to] *pp di* **porgere**

porto² *m* **①** NAUT port **②***fig* (*punto d'arrivo*) **giungere in ~** to reach a successful conclusion **③**(*autorizzazione*) **~ d'armi** gun license

porto³ <-> *m* (*vino*) port

Portogallo [por·to·'gal·lo] *m* **il ~** Portugal

portoghese [por·to·'ge:·se] I. *adj* Portuguese II. *mf* **①**(*abitante*) Portuguese **②***fig* (*chi entra senza pagare*) **fare il ~** to get in without paying

portone [por·'to:·ne] *m* (*di palazzo*) main door

portuale [por·tu·'a:·le] I. *adj* (*zona, attività*) port II. *m* longshoreman

porzione [por·'tsio:·ne] *f* (*di cibo*) portion; (*di eredità, responsabilità*) share

posa ['pɔ:·sa] *f* **①**(*di materiale*) laying **②** FOTO exposure **③**(*atteggiamento*) pose; **mettersi in ~** to pose **④**(*riposo*) **senza ~** without a break

posacenere [po·sa·'tʃe:·ne·re] <-> *m* ashtray

posare [po·'sa:·re] I. *vt* (*metter giù*) to put down II. *vi* **①**(*poggiare*) to rest **②**(*stare in posa*) to pose III. *vr:* **-rsi** (*uccello*) to alight; (*sguardo*) to light

posata [po·'sa:·ta] *f* piece of silverware

posato, -a [po·'sa:·to] *adj* (*equilibrato*) level-headed

posi ['pɔ:·si] *1.pers sing pass rem di* **porre**

positivismo [po·zi·ti·'vis·mo] *m* PHILOS positivism

positivo, -a *adj* positive

posizionare [po·zit·tsio·'na:·re] *vt* to position

posizione [po·zit·'tsio:·ne] *f* position; **farsi una ~** to make a career for oneself; **prendere ~** to come out

posologia [po·zo·lo·'dʒi:·a] <-gie> *f* dosage

posporre [pos·'por·re] <irr> *vt* **①**(*collocare dopo*) **~ qc** to put sth after **②**(*rimandare*) to postpone

possedere [pos·se·'de:·re] <possiedo, possedetti *o* possedei, posseduto> *vt* (*beni*) to have

possedimento [pos·se·di·'men·to] *m*

◉(*proprietà terriera*) property ◉(*colonia*) possession

posseditrice *f v.* **possessore**

possente [pos·'sɛn·te] *adj* (*fisico, individuo*) owner

possessivo, -a [pos·ses·'si:·vo] *adj* possessive

possesso [pos·'sɛs·so] *m* possession; **entrare in ~ di qc** to come into possession of sth

possessore, posseditrice [pos·ses·'so:·re, pos·se·di·'tri:t] *m, f* owner

possibile [pos·'si:·bi·le] **I.** *adj* possible; **è ~ che ...** it is possible that ...; **il prima** [*o* **più presto**] **~** as soon as possible **II.** *m* possible; **nei limiti del ~** as far as possible

possibilità [pos·si·bi·li·'ta] <-> *f* ◉(*attuabilità, capacità*) possibility ◉(*opportunità*) opportunity ◉ *pl* (*mezzi*) means *pl* ~

possibilmente [pos·si·bil·'men·te] *adv* (*se possibile*) possibly

posso ['pɔs·so] *1. pers sing pr di* **potere**[1]

post [post] *m* INET post; **mettere un ~ su** to make a post on

posta ['pɔs·ta] *f* ◉(*servizio*) postal service; (*ufficio postale*) post office; **spedire** [*o* **mandare**] **qc per ~** to mail sth; **~ aerea** airmail; **~ elettronica** COMPUT electronic mail; **~ prioritaria** first class mail ◉(*corrispondenza*) mail ◉(*rubrica di giornale*) **~ del cuore** advice column ◉(*nei giochi*) stake; **la ~ in gioco** *fig* the stakes *pl* alta

postacelere [pos·ta·'tʃe:·le·re] *m* special delivery

postale [pos·'ta:·le] *adj* (*servizio, ufficio*) postal; (*pacco*) mail; **cartolina ~** stamped postcard; **casella ~** post office box

postare [pos·'ta:·re] *vt, vi* INET to post

postazione [pos·tat·'tsio:·ne] *f* ◉ MIL emplacement ◉(*apparecchiature*) **~ di lavoro** workstation

postbellico, -a [post·'bɛl·li·ko] <-ci, -che> *adj* postwar

postdatare [post·da·'ta:·re] *vt* (*assegno, documento*) to postdate

posteggiare [pos·ted·'dʒa:·re] **I.** *vt* to park **II.** *vi* to park

posteggiatore, -trice [post·ed·dʒa·'to:·re] *m, f* parking lot attendant

posteggio [pos·'ted·dʒo] <-ggi> *m* (*luogo*) parking lot; **~ a pagamento** pay parking lot; **~ dei taxi** taxi stand; **divieto di ~** no parking

poster ['pɔs·ter] <-> *m* poster

posteri ['pɔs·te·ri] *mpl* posterity

posteriore [pos·te·'rio:·re] **I.** *adj* ◉(*nello spazio*) back ◉(*nel tempo*) later ◉(*arto*) hind **II.** *m scherz, fam* (*sedere*) behind

posticcio, -a [pos·'tit·tʃo] <-cci, -cce> *adj* (*baffi, capelli*) false

posticipare [pos·ti·tʃi·'pa:·re] *vt* (*data, appuntamento*) to postpone

postino, -a [pos·'ti:·no] *m, f* (*portalettere*) mailman *m*, mailwoman *f*

postmoderno, -a [post·mo·'dɛr·no] *adj* ARCHIT postmodern

posto ['pɔs·to] *m* ◉(*gener*) place; **fuori ~** out of place; **(ri)mettere a ~ qc** to put sth back (in its place); **mettere a ~** (*riordinare*) to tidy up; **al ~ di qu** in sb's place; **essere a ~** (*in ordine*) to be tidy; (*in regola*) in order; **una persona a ~** *fig* an OK kind of guy; **del ~** local; **sul ~** there; **~ di polizia** police station ◉(*spazio libero*) space; **far ~ a qu** to make room for sb ◉(*sedia*) seat; **~ a sedere** seat; **~ in piedi** standing place; **~ di guida** driver's seat; **~ letto** bed ◉ MIL post; **~ di guardia** sentry post; **~ di blocco** roadblock ◉(*impiego*) position

posto, -a I. *pp di* **porre II.** *adj* ◉(*collocato*) situated ◉(*dato*) **~ che ...** +*conj* given that ...

postumo ['pɔs·tu·mo] *m* ◉(*di malattia*) aftereffect ◉ *pl* (*conseguenze*) aftermath

postumo, -a *adj* (*scritto, figlio*) posthumous

post-universitario, -a [pos·tu·ni·ver·si·'ta:·rio] <-i, -ie> *adj* postuniversity

potabile [po·'ta:·bi·le] *adj* drinkable

potare [po·'ta:·re] *vt* (*pianta*) to prune

potassio [po·'tas·sio] *m* potassium

potei [po·'te::i] *I. pers sing pass rem di* **potere**[1]

potente [po·'tɛn·te] *adj* powerful

potentino, -a [po·ten·'ti:·no] *I. m, f* (*abitante*) person from Potenza *II. adj* from Potenza

potenza [po·'tɛn·tsa] *f* ❶ (*gener*) power; **all'ennesima ~** *fig* to the nth degree ❷ (*forza fisica*) strength ❸ (*nazione*) **le grandi -e** the great powers

Potenza *f* Potenza, *town in southern Italy*

potenziale [po·ten·'tsia:·le] *adj, m* potential

potenziamento [po·ten·tsia·'men·to] *m* strengthening

potenziare [po·ten·'tsia::re] *vt* to strengthen

potere[1] [po·'te::re] <posso, potei, potuto> *vi* ❶ (*gener*) to be able to; **posso fare un tentativo** I can have a try; **non potevo saperlo** I couldn't have known; **non ne posso più** I can't take any more; **può darsi** [*o* **essere**] **che ...** +*conj* perhaps ... ❷ (*avere il permesso di*) may; **permesso, si può?** excuse me, may I?

potere[2] *m* (*gener*) power; **essere al ~** to be in power; **~ legislativo/esecutivo** legislative/executive power; **~ d'acquisto** purchasing power

potestà [po·tes·'ta] <-> *f dir* power; **patria ~** GIUR parental authority

povero, -a ['pɔ::·ve·ro] *I. adj* ❶ (*senza mezzi*) poor; **un ~ diavolo** *fam* poor devil ❷ (*stile, arredamento*) plain; **in parole -e** in short ❸ (*scarso*) **~ di** (*proteine, idee*) lacking in *II. m, f* poor person

povertà [po·ver·'ta] <-> *f* poverty

pozione [pot·'tsio::ne] *f* potion

pozzanghera [pot·'tsaŋ·ge·ra] *f* puddle

pozzo ['pot·tso] *m* ❶ (*d'acqua*) well; **~ petrolifero** oil well ❷ (**~ nero**) cesspool ❸ *loc* **essere un ~ di scienza** to

be a mine of information; **essere un ~ senza fondo** *fig* to be a bottomless pit

PPI *m abbr di* **Partito Popolare Italiano** *center-right Italian political party*

Praga ['pra:·ga] *f* Prague

pragmatico, -a [prag·'ma:·ti·ko] <-ci, -che> *adj* pragmatic

pranzare [pran·'dza::re] *vi* to have lunch

pranzo ['pran·dzo] *m* lunch; **sala da ~** dining room; **all'ora di ~** at lunchtime; **dopo ~** after lunch

prassi ['pras·si] <-> *f* ❶ (*procedura corrente*) usual procedure ❷ (*pratica*) practice

prateria [pra·te·'ri:·a] <-ie> *f* prairie

pratica ['pra:·ti·ka] <-che> *f* ❶ (*gener*) practice; **mettere in ~ qc** to put sth into practice; **in ~** in practice ❷ (*esperienza*) experience; **avere ~ di qc** to have experience of sth ❸ ADMIN (*dossier*) file ❹ *pl* (*procedura*) proceedings ❺ (*tirocinio*) training

praticabile [pra·ti·'ka:·bi·le] *adj* ❶ (*idea, progetto*) feasible ❷ (*strada*) passable

praticamente [pra·ti·ka·'men·te] *adv* practically

praticare [pra·ti·'ka::re] *vt* ❶ (*esercitare: professione*) to practice ❷ (*effettuare: taglio*) to make; (*sconto*) to give

praticità [pra·ti·tʃi·'ta] <-> *f* practicality

pratico, -a ['pra:·ti·ko] <-ci, -che> *adj* ❶ (*gener*) practical ❷ (*esperto*) **~ di qc** experienced in sth; **non sono ~ del posto** I'm not familiar with the place

prato ['pra:·to] *m* (*in campagna*) meadow; (*di giardino, parco*) lawn

preambolo [pre·'am·bo·lo] *m* ❶ (*introduzione*) preamble ❷ *pl, fam* (*cerimonie*) **senza tanti -i** *fam* without beating around the bush

preavvisare [pre·av·vi·'za::re] *vt* to inform in advance

preavviso [pre·av·'vi::zo] *m* ❶ (*avviso preventivo*) warning ❷ GIUR notice

precariato [pre·ka·'ria:·to] *m* temporary employment

precario, -a [pre·'ka:·rio] <-i, -ie> *I. adj*

① (*situazione, salute*) precarious ② (*lavoro, lavoratore*) temporary II. *m, f* temporary worker

precauzionale [pre·kaut·tsio·'na:·le] *adj* (*misura*) precautionary

precauzione [pre·kaut·'tsio:·ne] *f* (*prudenza*) caution; (*misura*) precaution; **prendere le proprie -i** to take precautions

precedei *1. pers sing pass rem di* **precedere**

precedente [pre·tʃe·'dɛn·te] I. *adj* (*nello spazio, nel tempo*) previous II. *m* ① (*evento*) precedent; **senza -i** unprecedented ② *pl* (*di persona*) history; **-i penali** criminal record

precedenza [pre·tʃe·'dɛn·tsa] *f* ① MOT right of way; **dare la ~** to give way ② (*anteriorità*) **in ~** previously ③ (*priorità*) priority

precedere [pre·'tʃɛ:·de·re] <precedo, precedetti *o* precedei, preceduto> *vt* to precede

precipitare [pre·tʃi·pi·'ta:·re] I. *vi* essere ① (*cadere*) to fall ② *fig* to plunge II. *vr:* **-rsi** ① (*gettarsi*) to throw oneself ② (*recarsi in fretta*) to rush

precipitazione [pre·tʃi·pi·tat·'tsio:·ne] *f* ① METEO rainfall ② *fig* (*fretta*) hurry

precipitosamente [pre·tʃi·pi·to·sa·'men·te] *adv* hastily

precipitoso, -a [pre·tʃi·pi·'to:·so] *adj* (*persona, decisione*) hasty; (*fuga*) headlong

precipizio [pre·tʃi·'pit·tsio] <-i> *m* ① (*abisso*) precipice ② *fig* **essere sull'orlo del ~** to be on the brink

precisare [pre·tʃi·'za:·re] *vt* to specify

precisazione [pre·tʃi·zat·'tsio:·ne] *f* (*chiarimento*) clarification

precisione [pre·tʃi·'zio:·ne] *f* precision; **sapere qc con ~** to know sth exactly

preciso, -a [pre·'tʃi:·zo] *adj* ① (*esatto*) exact; (*chiaro*) clear; **sono le 10 -e** it's exactly ten o'clock ② (*scrupoloso*) precise ③ (*uguale*) exactly the same

precludere [pre·'klu:·de·re] <precludo, preclusi, precluso> *vt* (*possibilità*) to preclude

precoce [pre·'kɔ:·tʃe] *adj* ① (*bambino, ragazzo*) precocious ② (*morte*) premature

preconcetto [pre·kon·'tʃɛt·to] *m* prejudice; **avere dei -i nei confronti di qu** to be prejudiced against sb

preconcetto, -a *adj* preconceived

precotto, -a [pre·'kɔt·to] *adj* precooked

precursore, -corritrice [pre·kur·'so:·re] *m, f* precursor

preda ['prɛ:·da] *f* prey; **essere in ~ a qc** to be prey to sth

predatore, -trice [pre·da·'to:·re] *m, f* (*mammifero, uccello*) predator

predecessore [pre·de·tʃes·'so:·re] *m* (*in una carica, attività*) predecessor

predetto, -a [pre·'dɛt·to] I. *pp di* **predire** II. *adj* aforementioned

predica ['prɛ:·di·ka] <-che> *f* ① REL sermon ② *fam* (*rimprovero*) telling-off

predicare [pre·di·'ka:·re] I. *vt* (*pace, fratellanza*) to preach II. *vi* ① (*prete*) to preach ② *fig* **~ al vento** to waste one's breath

predicato [pre·di·'ka:·to] *m* LING predicate

predicatore, -trice [pre·di·ka·'to:·re] *m, f* REL preacher

predico [pre·'di:·co] *1. pers sing pr di* **predire**

predilessi [pre·di·'lɛs·si] *1. pers sing pass rem di* **prediligere**

prediletto, -a [pre·di·'lɛt·to] I. *pp di* **prediligere** II. *adj, m, f* favorite

predilezione [pre·di·let·'tsio:·ne] *f* fondness

prediligere [pre·di·'li:·dʒe·re] <prediligo, predilessi, prediletto> *vt* to favor

predire [pre·'di:·re] <irr> *vt* to predict

predisporre [pre·dis·'por·re] <irr> I. *vt* to prepare; **~ qu a qc** to prepare sb for sth II. *vr* **-rsi a qc** to prepare oneself for sth

predisposizione [pre·dis·po·zit·'tsio:·ne] *f* ① (*inclinazione*) aptitude; **avere ~ alla musica** to be musical ② MED predisposition

P

predisposto, -a [pre·dis·'pos·to] *pp di* **predisporre**

predissi *1. pers sing pass rem di* **predire**

predizione [pre·dit·'tsio·ne] *f* prediction

predominante [pre·do·mi·'nan·te] *adj* predominant

predominio [pre·do·'mi:·nio] <-i> *m* dominance

preesistente [pre·e·zis·'tɛn·te] *adj* pre-existing

prefabbricato [pre·fab·bri·'ka:·to] *m* prefabricated house

prefabbricato, -a *adj* prefabricated

prefazione [pre·fat·'tsio:·ne] *f* (*di scritto*) preface

preferenza [pre·fe·'rɛn·tsa] *f* preference; **fare -e** to have favorites; **non ho -e** I've no preference

preferenziale [pre·fe·ren·'tsia:·le] *adj* preferential; **corsia ~** bus lane

preferibile [pre·fe·'ri:·bi·le] *adj* preferable

preferire [pre·fe·'ri:·re] <preferisco> *vt* to prefer; **~ il nuoto allo sci** I prefer swimming to skiing

preferito, -a [pre·fe·'ri:·to] *adj, m, f* favorite

P **prefetto** [pre·'fɛt·to] *m* prefect

prefettura [pre·fet·'tu:·ra] *f* prefecture

prefissarsi [pre·fis·'sa:·rsi] *vr* **-rsi una meta** to set oneself a goal

prefisso *m* ① LING prefix ② ~ (*telefonico*) area code

pregare [pre·'ga:·re] *vt* ① REL to pray to ② (*chiedere*) to beg; **ti prego di farmi un favore** please do me a favor ③ (*in frasi di cortesia*) **si prega di non fumare** please do not smoke

pregevole [pre·'dʒe:·vo·le] *adj* (*oggetto, opera*) valuable

preghiera [pre·'giɛ:·ra] *f* ① REL prayer ② (*richiesta*) request

pregiato, -a [pre·'dʒa:·to] *adj* (*vino, tessuto*) fine; (*quadro*) valuable; (*nelle lettere*) Dear

pregio ['prɛ:·dʒo] <-gi> *m* ① (*valore*) value ② (*qualità*) quality

pregiudicare [pre·dʒu·di·'ka:·re] *vt* (*compromettere*) to prejudice

pregiudicato, -a [pre·dʒu·di·'ka:·to] *m, f* convicted criminal

pregiudizio [pre·dʒu·'dit·tsio] <-zi> *m* prejudice; **avere -i nei confronti di** [*o* **contro**] **qu/qc** to be prejudiced against sb/sth; **senza -i** without prejudice

Preg.mo *abbr di* **pregiatissimo** Dear

pregnante [preɲ·'ɲan·te] *adj* (*discorso, frase*) pregnant

prego ['prɛ:·go] *interj* ① (*come invito*) please; **~?** excuse me? ② (*come risposta*) you're welcome

preistoria [pre·is·'tɔ:·ria] *f* HIST prehistory

preistorico, -a [pre·is·'tɔ:·ri·ko] <-ci, -che> *adj* prehistoric

prelavaggio [pre·la·'vad·dʒo] <-ggi> *m* prewash

prelevamento [pre·le·va·'men·to] *m* ① (*operazione bancaria, somma*) withdrawal ② (*di persona, oggetto*) collection

prelevare [pre·le·'va:·re] *vt* ① (*in banca*) to withdraw ② (*sangue, campione*) to take ③ (*andare a prendere: merce, persona*) to collect; (*arrestare*) to pick up

prelibato, -a [pre·li·'ba:·to] *adj* (*vino, cibo*) delicious

prelievo [pre·'liɛ:·vo] *m* ① (*di sangue, urina*) sample ② (*di denaro*) withdrawal

preliminare [pre·li·mi·'na:·re] *adj* preliminary; **corso ~** introductory course

pré-maman [pre ma·'mã] <inv> *adj* maternity

prematrimoniale [pre·ma·tri·mo·'nia:·le] *adj* (*accordo, contratto*) prenuptial

prematuro, -a [pre·ma·'tu:·ro] *adj* *a. fig* premature

premeditato, -a [pre·me·di·'ta:·to] *adj* premeditated

premeditazione [pre·me·di·tat·'tsio:·ne] *f* premeditation

premere ['prɛ:·me·re] **I.** *vt* ① (*spingere su*) to press; **~ il freno/l'acceleratore**

to put one's foot on the brake/the gas ② *fig* (*incalzare*) to pursue II. *vi* ① (*esercitare una pressione*) ~ **su qc** to press on sth; ~ **su qu** *fig* to put pressure on sb ② *fig* (*gravare*) ~ **su qu** to weigh on sb ③ *fig* (*stare a cuore*) to be important

premessa [pre·ˈmes·sa] *f* ① (*di discorso*) introductory statement; (*di libro*) introduction ② (*presupposto*) basis; (*di ragionamento*) premise

premettere [pre·ˈmet·te·re] <irr> *vt* to start by saying; **premesso ciò, …** that said, …

premiare [pre·ˈmia:·re] *vt* (*vincitore*) to give a prize to; (*sforzo, sincerità*) to reward

premiazione [pre·mi·at·ˈtsio:·ne] *f* prize-giving

premier [ˈprəm·jə/ˈprɛm·jer] <-> *m* premier

premio[1] [ˈprɛ·mio] <-i> *m* ① (*gener*) prize; (*ricompensa*) reward; **Premio Nobel** Nobel Prize ② (*indennità*) bonus; ~ **di produzione** productivity bonus ③ (*in contratto*) ~ **di assicurazione** insurance premium

premio[2] <inv> *adj* prize; **viaggio ~** prize trip

premisi *1. pers sing pass rem di* **premettere**

premonitore, -trice [pre·mo·ni·ˈto:·re] *adj* warning

premonizione [pre·mo·nit·ˈtsio:·ne] *f* premonition

premura [pre·ˈmu:·ra] *f* ① (*fretta*) hurry ② (*cura*) care ③ *pl* (*attenzioni*) kindness

premuroso, -a [pre·mu·ˈro:·so] *adj* considerate

prendere [ˈprɛn·de·re] <prendo, presi, preso> I. *vt* ① (*gener*) to take; ~ **qu per mano** to take sb by the hand; ~ **la parola** to speak; -**rsi un giorno di ferie** to take a day off ② (*procurarsi, ricevere, derivare*) to get; ~ **in affitto** to rent ③ (*malattia*) to catch ④ (*al bar, al ristorante*) to have; **cosa prendi?** what would you like?; **prendo solo un caffè**

I'll just have a coffee ⑤ (*catturare, sorprendere*) to catch; ~ **qu alla sprovvista** to catch sb unawares ⑥ (*far pagare*) to charge ⑦ (*assumere*) to take on; -**rsi cura di qu** to take care of sb ⑧ (*spazio*) to take up ⑨ (*scambiare*) ~ **qu per qu** to take sb for sb ⑩ (*loc*) ~ **appunti** to take notes; ~ **aria** (*persona*) to get some fresh air; ~ **una decisione** to make a decision; ~ **forma** to take shape; ~ **fuoco** to catch fire; ~ **in giro qu** to make fun of sb; ~ **le misure** to measure; ~ **piede** to catch on; ~ **posizione** to take sides; ~ **il sole** to sunbathe; ~ **sonno** to go to sleep; ~ **tempo** to play for time; **prenderle** *fam* to get a licking; **prendersela** (*offendersi*) to get upset; **prendersela con qu** to get angry with sb; **prendersela comoda** *fam* to take it easy II. *vi* ① (*piante*) to take ② (*fuoco*) to catch ③ (*colla, cemento*) to set ④ (*venire in mente*) **ma cosa ti prende?** what got into you? III. *vr:* -**rsi** ① (*azzuffarsi*) -**rsi a pugni/calci** to punch/kick each other ② (*aggrapparsi*) -**rsi a qu/qc** to grab hold of sb/sth

prenotare [pre·no·ˈta:·re] *vt* to reserve

prenotazione [pre·no·tat·ˈtsio:·ne] *f* reservation

preoccupante [pre·ok·ku·ˈpan·te] *adj* worrying

preoccupare [pre·ok·ku·ˈpa:·re] I. *vt* to worry II. *vr* -**rsi** (**per qu/qc**) to worry (about sb/sth); -**rsi di fare qc** to think to do sth

preoccupazione [pre·ok·ku·pat·ˈtsio:·ne] *f* worry

prepagato, -a [pre·pa·ˈga:·to] *adj* prepaid

preparare [pre·pa·ˈra:·re] I. *vt* ① (*letto, pranzo, lista*) to make; (*stanza*) to get ready; ~ **la tavola** to set the table; ~ **le valigie** to pack one's bags ② (*piano, sorpresa, persona*) to prepare II. *vr* ① (*predisporsi*) -**rsi a qc** to prepare oneself for sth; -**rsi a fare qc** to get ready to do sth ② (*vestirsi*) to get ready

preparativi [pre·pa·ra·ˈti:·vi] *mpl* (*di viaggio, festa*) preparations

preparato, **-a** adj ❶ (*letto, bagagli*) ready ❷ (*per interrogazione*) prepared

preparazione [pre·pa·rat'tsio:·ne] f ❶ (*attività*) preparation; (*di atleta*) training; **la ~ agli esami** reviewing for the exams ❷ (*conoscenze*) knowledge; **~ generale** general knowledge

prepensionamento [pre·pen·sio·na·'men·to] m early retirement

preposizione [pre·po·zit'tsio:·ne] f preposition

prepotente [pre·po·'tɛn·te] **I.** adj ❶ (*persona*) domineering ❷ (*bisogno, impulso*) overwhelming **II.** mf bully

prepotenza [pre·po·'tɛn·tsa] f ❶ (*caratteristica*) overbearingness ❷ (*atto*) bullying

prerogativa [pre·ro·ga·'ti:·va] f ❶ (*caratteristica propria*) quality ❷ (*privilegio*) prerogative

presa ['pre:·sa] f ❶ (*atto del prendere*) grip ❷ (*di città, postazione*) taking ❸ (*di cemento, colla*) setting ❹ (*del gas, dell'acqua*) point; **~ d'aria** air intake; **~ (di corrente**) outlet ❺ (*loc*) **~ di posizione** fig stance; **~ in giro** fam joke; **essere alle -e con qc** to be struggling with sth

presbite ['prɛz·bi·te] **I.** adj far-sighted **II.** mf far-sighted person

presciistico, **-a** [pre·ʃi·'is·ti·ko] <-ci, -che> adj (*esercizio, ginnastica*) pre-ski

prescindere [preʃ·'ʃin·de·re] <irr> vi **~ da qc** to leave sth aside; **a ~ da** regardless of

prescrivere [pres·'kri:·ve·re] <irr> vt to prescribe

prescrizione [pres·krit'tsio:·ne] f ❶ (*regola*) rule ❷ GIUR, MED prescription

presentare [pre·zen·'ta:·re] **I.** vt ❶ (*mostrare: documento, passaporto*) to show; (*sottoporre: domanda, proposta*) to submit ❷ (*far conoscere*) **~ qu a qu** to introduce sb to sb ❸ (*comportare*) to offer ❹ (*prodotto*) to present ❺ (*programma televisivo*) to host **II.** vr: **-rsi** ❶ (*andare*) to go ❷ (*apparire*) to appear; **-rsi bene/male** to make

a good/bad impression ❸ (*farsi conoscere*) to introduce oneself ❹ (*occasione*) to present itself; (*difficoltà*) to come up

presentatore, **-trice** [pre·zen·ta·'to:·re] m, f (*di spettacolo*) host

presentazione [pre·zen·tat'tsio:·ne] f ❶ (*di passaporto, biglietto*) production; (*di domanda, ricorso*) submission; (*di candidato*) nomination ❷ (*di modello, merce*) presentation ❸ (*di persona, scritto, discorso*) introduction; **fare le -i** to do the introductions; **lettera di ~** letter of introduction

presente [pre·'zɛn·te] **I.** adj ❶ (*gener*) present; **aver ~ qu/qc** fig to know sb/sth; **far ~ qc a qu** fig to point sth out to sb; **tener ~ qu/qc** fig to bear sb/sth in mind ❷ (*questo*) this **II.** mf those present **III.** m ❶ (*tempo*) present ❷ LING present (tense); **al ~** in the present ❸ form (*dono*) gift **IV.** f (*lettera*) **con la ~ Le comunichiamo …** we hereby inform you …

presentimento [pre·sen·ti·'men·to] m feeling

presenza [pre·'zɛn·tsa] f ❶ (*in un luogo, esistenza*) presence; **in ~ di** in the presence of ❷ (*aspetto*) **di bella ~** neat-looking

preservare [pre·ser·'va:·re] vt **~ qu/qc da qc** to protect sb/sth from sth

preservativo [pre·ser·va·'ti:·vo] m condom

presi ['pre:·si] *1. pers sing pass rem di* **prendere**

preside ['prɛ:·si·de] mf (*di scuola*) principal; (*di facoltà*) dean

presidente, **-essa** [pre·si·'dɛn·te, pre·si·den·'te·sa] m, f president; **Presidente della Repubblica** President of the Republic; **Presidente del Consiglio (dei ministri**) Prime Minister

presidenza [pre·si·'dɛn·tsa] f ❶ (*carica di presidente*) presidency ❷ (*sede*) president's office ❸ (*personale*) president's staff

presidenziale [pre·si·den·'tsia:·le] adj presidential

presidiare [pre·si·'dia:·re] *vt* (*città, zona, ingresso*) to guard

presiedere [pre·'siɛ:·de·re] <presiedo, presiedei *o* presiedetti, presieduto> I. *vt* (*riunione, assemblea*) to chair II. *vi* ~ **a qc** (*essere a capo di*) to be in charge of sth

preso ['pre:·so] *pp di* **prendere**

pressante [pres·'san·te] *adj* (*bisogno*) pressing

pressare [pres·'sa:·re] *vt* ❶ TEC to press ❷ *fig* (*incalzare*) to pressure

pressi ['prɛs·si] *mpl* **nei -i di** near

pressione [pres·'sio:·ne] *f* pressure; ~ **atmosferica** atmospheric pressure; **pentola a** ~ pressure cooker; **far ~ su qu** to put pressure on sb; **essere sotto** ~ to be under pressure; ~ (**sanguigna**) blood pressure; **avere la ~ alta/bassa** to have high/low blood pressure

presso ['prɛs·so] I. *adv* ❶ *vicino a*) near II. *prep* ❶ (*vicino a*) near ❷ (*azienda, negozio, ufficio*) at; (*a casa di*) with; (*nell'ambito di*) among ❸ (*nelle lettere*) care of

pressoché [pres·so·'ke] *adv* (*quasi*) nearly

prestabilito, -a [pres·ta·bi·'li:·to] *adj* (*prefissato*) prearranged; **una data -a** *f* a prearranged date

prestampato, -a *adj* (*modulo*) preprinted

prestanome [pres·ta·'no:·me] <-> *mf* front man

prestante [pres·'tan·te] *adj* good-looking

prestanza [pres·'tan·tsa] *f* presence

prestare [pres·'ta:·re] I. *vt* ❶ (*dare in prestito*) to lend ❷ *fig* (*dare*) to give; ~ **attenzione** (**a qc**) to pay attention (to sth); ~ **fede a qc** to believe sth; ~ **giuramento** to take an oath; ~ **orecchio a qc** to listen to sth II. *vr:* -**rsi** ❶ (*offrirsi*) to offer; (*acconsentire*) to agree ❷ (*essere adatto*) -**rsi a** [*o* **per**] **qc** to be appropriate for sth

prestazione [pres·tat·'tsio:·ne] *f* ❶ (*di atleta, squadra*) performance; -**i** (*di*

macchina) performance ❷ (*servizio*) service

prestigiatore, -trice [pres·ti·dʒa·'to:·re] *m, f* conjurer

prestigio [pres·'ti:·dʒo] <-gi> *m* ❶ (*fama*) prestige ❷ (*illusione*) **giochi di** ~ conjuring tricks

prestigioso, -a [pres·ti·'dʒo:·so] *adj* prestigious

prestito ['prɛs·ti·to] *m* ❶ (*somma*) loan ❷ (*atto*) **dare in** [*o* **a**] ~ **qc** to lend sth; **prendere in** [*o* **a**] ~ **qc** to borrow sth

presto ['prɛs·to] *adv* ❶ (*fra breve*) soon; **a** ~ **!** see you soon! ❷ (*in fretta*) quickly; **fare** ~ to hurry up; **al più** ~ as soon as possible ❸ (*prima del tempo, di buon'ora*) early

presumere [pre·'zu:·me·re/pre·'su:·me·re] <presumo, presunsi, presunto> *vt* (*supporre*) to presume

presunsi [pre·'zun·si] *1. pers sing pass rem di* **presumere**

presunto, -a [pre·'zun·to/pre·'sun·to] I. *pp di* **presumere** II. *adj* presumed

presuntuoso, -a [pre·zun·tu·'o:·so] *adj* presumptuous

presunzione [pre·zun·'tsio:·ne/pre·sun·'tsio:·ne] *f* (*arroganza*) presumptuousness

presupporre [pre·sup·'por·re] <irr> *vt* ❶ (*immaginare*) to suppose ❷ (*implicare*) to presuppose

presupposto [pre·sup·'pos·to] *m* condition

presupposto, -a I. *pp di* **presupporre** II. *adj* supposed

prêt-à-porter ['prɛt a por·'te] <-> *adj* ready-to-wear

prete ['prɛ:·te] *m* priest

pretendente [pre·ten·'dɛn·te] *mf* ❶ (*aspirante*) ~ **al trono** pretender to the throne ❷ (*corteggiatore*) suitor

pretendere [pre·'tɛn·de·re] <irr> *vt* ❶ (*esigere*) to demand ❷ (*presumere*) to presume ❸ (*affermare*) to claim

pretesa [pre·'te:·sa] *f* ❶ (*richiesta, presunzione*) claim; (*esigenza eccessiva*) demand; **senza -e** (*persona, arredamento*) unpretentious

P

pretesi *1. pers sing pass rem di* **pretendere**

preteso *pp di* **pretendere**

pretesto [pre·'tɛs·to] *m* ● (*scusa*) excuse; **con il ~ di ...** with the excuse of ... ● (*occasione*) chance

prevalente [pre·va·'lɛn·te] *adj* (*caratteristica, colore*) predominant; (*opinione*) prevailing

prevalentemente [pre·va·len·te·'men·te] *adv* predominantly

prevalere [pre·va·ˣle·re] <irr> *vi essere o avere* ● (*predominare*) to prevail ● (*vincere*) **~ su qu** to prevail over sb

prevaricazione [pre·va·ri·kat·'tsio·ne] *f* abuse of power

prevedere [pre·ve·'de·re] <irr> *vt* ● (*anticipare*) to foresee; (*programmare*) to plan ● (*prescrivere*) to provide for

prevedibile [pre·ve·'di·bi·le] *adj* foreseeable

preventivo [pre·ven·'ti·vo] *m* estimate

preventivo, -a *adj* preventive

prevenuto, -a [pre·ve·'nu·to] I. *pp di* **prevenire** II. *adj* **essere ~ contro qu/ qc** to be prejudiced against sb/sth

prevenzione [pre·ven·'tsio·ne] *f* prevention

previdente [pre·vi·'dɛn·te] *adj* prudent

previdenza [pre·vi·'dɛn·tsa] *f* ● (*assistenza*) welfare system; **~ sociale** welfare ● (*caratteristica*) foresight

previdi *1. pers sing pass rem di* **prevedere**

previsione [pre·vi·'zio·ne] *f* prediction; **le -i del tempo** the weather forecast

previsto *pp di* **prevedere**

prezioso, -a [pret·'tsio·so] *adj* (*oggetto*) valuable; (*pietra, metallo*) precious

prezzemolo [pret·'tse·mo·lo] *m* parsley

prezzo ['prɛt·tso] *m* ● *a. fig* (*valore*) price; **a metà ~** half price; **a qualunque ~** *fig* at any price; **pagare qc a caro ~** *fig* to pay dearly for sth; **non avere ~** to be priceless; **tirare sul ~** to haggle over the price ● (*cartellino*) price tag

prigione [pri·'dʒo·ne] *f* prison

prigionia [pri·dʒo·'niː·a] <-ie> *f* imprisonment

prigioniero, -a [pri·dʒo·'niɛ·ro] I. *adj* ● (*carcerato*) captive; **tenere/fare ~ qu** to keep/take sb prisoner ● *fig* **essere ~ di qc** to be a prisoner of sth II. *m, f* prisoner

prima¹ ['pri·ma] *adv* ● (*in precedenza, nello spazio*) before; (*più presto*) earlier; **tre giorni ~** three days earlier; **come ~** as before; **quanto ~** as soon as possible; **~ di** before; **~ che** +*conj*, **~ o poi** sooner or later ● (*per prima cosa*) first; **~ di tutto** first of all

prima² *f* ● THEAT, FILM premiere; **~ tv** TV premiere ● MOT (*classe*) first ● (*scuola: elementare*) first grade; (*media*) sixth grade; (*superiore*) tenth grade

primario, -a [pri·'ma·rio] <-i, -ie> I. *adj* primary; **scuola -a** elementary school II. *m, f* (*medico*) chief physician

primato [pri·'ma·to] *m* ● SPORT record ● (*superiorità*) primacy

primavera [pri·ma·'vɛː·ra] *f* (*stagione*) spring; **in ~** in spring

primitivo, -a [pri·mi·'ti·vo] *adj* ● (*originario*) original ● (*rudimentale*) rudimentary; (*rozzo*) uncouth

primizia [pri·'mit·tsia] <-ie> *f* (*frutto*) early fruit; (*ortaggio*) early vegetable

primo ['pri·mo] *m* ● (*primo giorno*) first; **il ~ dell'anno** New Year's Day; **il ~ maggio** the first of May ● *pl* **ai -i di maggio** at the beginning of May ● CULIN first course

primo, -a I. *adj* ● (*gener*) first; **arrivare ~** to come first; **di -a qualità** top-quality ● (*iniziale*) initial; **nelle -e ore del mattino** in the early hours of the morning; **in un ~ tempo** [*o* momento] at first; **a -a vista** at first sight ● (*principale*) main; **in ~ luogo** in the first place; **di ~ piano** prominent II. *m, f* (*di successione*) first (person); **il ~ della classe** first in the class; **per ~** first

primogenito, -a [pri·mo·'dʒɛ·ni·to] *adj, m, f* firstborn

primula ['pri·mu·la] *f* primula

principale [prin·tʃi·'pa:·le] I. *adj* ❶ (*più importante*) main ❷ LING (*proposizione*) principal II. *mf* (*capo*) boss

principalmente [prin·tʃi·pal·'men·te] *adv* mainly

principe ['prin·tʃi·pe] *m* prince; **il ~ azzurro** Prince Charming

principessa [prin·tʃi·'pes·sa] *f* princess

principiante [prin·tʃi·'pian·te] *mf* beginner

principio [prin·'tʃi:·pio] <-i> *m* ❶ (*inizio*) beginning; **da** [*o* **in**] [*o* **al**] **~** at first; (**sin**) **dal ~** (right) from the start ❷ (*origine*) origin ❸ *pl* (*concetto fondamentale*) principles ❹ (*concetto, norma etica*) principle; **una questione di ~** a matter of principle; **per ~** on principle; **in linea di ~** in principle

priorità [pri·o·ri·'ta] <-> *f* priority

prioritario, -a [pri·o·ri·'ta:·rio] <-i, -ie> *adj* priority; **posta -a** first-class mail

privacy ['prai·va·si/'prai·va·si] <-> *f* privacy

privare [pri·'va:·re] I. *vt* **~ qu di qc** to deprive sb of sth II. *vr* **-rsi di qc** to go without sth

privatizzare [pri·va·tid·'dza:·re] *vt* to privatize

privato, -a *adj* private; **in ~** in private

privazione [pri·vat·'tsio:·ne] *f* (*rinuncia*) privation

privilegiare [pri·vi·le·'dʒa:·re] *vt* ❶ (*favorire*) to favor ❷ (*preferire*) to prefer

privilegio [pri·vi·'lɛ:·dʒo] <-gi> *m* ❶ (*onore*) privilege; **avere il ~ di ... form** to have the honor to ... ❷ (*vantaggio*) advantage

privo, -a ['pri:·vo] *adj* **~ di** without; **~ di sensi** unconscious

pro [prɔ] I. *prep* for II. <-> *m* **i ~ ed i contro** the pros and cons

probabile [pro·'ba:·bi·le] *adj* probable

probabilità [pro·ba·bi·li·'ta] <-> *f* (*caratteristica*) probability; (*possibilità*) chance; **con molta** [*o* **tutta**] [*o* **ogni**] **~** in all probability

problema [pro·'blɛ:·ma] <-i> *m*

(*gener*) problem; (*quesito*) question; **non c'è ~** it's no problem

problematico, -a [pro·ble·'ma:·ti·ko] <-ci, -che> *adj* (*situazione, questione*) problematic; (*persona*) difficult

proboscide [pro·'bɔʃ·ʃi·de] *f* (*di elefante*) trunk

procedere [pro·'tʃɛ:·de·re] <procedo, procedei *o* procedetti, proceduto> *vi* ❶ *essere* (*veicolo, persona*) to proceed ❷ *avere* (*continuare*) to continue ❸ *essere* (*affari, attività*) to go ❹ *avere* (*dare inizio*) **~ a qc** to proceed with sth

procedimento [pro·tʃe·di·'men·to] *m* ❶ (*metodo*) process ❷ GIUR proceedings *pl*

procedura [pro·tʃe·'du:·ra] *f* procedure

processare [pro·tʃes·'sa:·re] *vt* to try

processione [pro·tʃes·'sio:·ne] *f* REL procession

processo [pro·'tʃɛs·so] *m* ❶ GIUR lawsuit; **~ civile** civil suit; **~ penale** criminal trial ❷ (*successione di fenomeni, metodo*) process

proclamare [pro·kla·'ma:·re] *vt* to declare

procurare [pro·ku·'ra:·re] *vt* ❶ (*fare avere*) to get; **procurarsi qc** to get oneself sth ❷ (*causare*) to cause

prodigio¹ [pro·'di:·dʒo] <-gi> *m* ❶ (*gener*) marvel ❷ (*persona*) prodigy

prodigio² <inv> *adj* **bambino ~** child prodigy

prodotto¹ [pro·'dot·to] *pp di* **produrre**

prodotto² *m* ❶ (*gener*) product; (*della terra*) produce; **~ alimentare** foodstuff; **-i di bellezza** beauty products ❷ (*risultato*) result; **~ interno lordo** gross domestic product

produrre [pro·'dur·re] <produco, produssi, prodotto> I. *vt* ❶ (*gener*) to produce ❷ (*opera*) to write ❸ (*causare*) to cause II. *vr*: **-rsi** (*formarsi*) to develop

produttività [pro·dut·ti·vi·'ta] <-> *f* productivity

produttivo, -a [pro·dut·'ti:·vo] *adj* ❶ (*gener*) productive; (*terreno*) fertile ❷ (*metodo, ciclo*) production

P

produttore, **-trice** [pro·dut·'to:·re] *m, f* producer

produzione [pro·dut·'tsio:·ne] *f* ① *(gener)* production; *(di frutta, ortaggi)* yield; **~ in serie** mass production ② *(letteraria, artistica)* work

profanare [pro·fa·'na:·re] *vt* to profane

profano, -a I. *adj* profane II. *m, f (persona non competente)* **essere un ~** to be no expert

professionale [pro·fes·sio·'na:·le] *adj (gener)* professional; *(scuola, formazione)* vocational

professionalità [pro·fes·sio·na·li·'ta] <-> *f* professionalism

professione [pro·fes·'sio:·ne] *f* profession; **libera ~** profession

professionista [pro·fes·sio·'nis·ta] <-i *m,* -e *f> mf* professional; **libero ~** professional person

professore, -essa [pro·fes·'so:·re, pro·fes·so·'res·sa] *m, f (di scuola)* teacher; *(di università)* professor

profeta, -tessa [pro·'fɛ:·ta, pro·fe·'tes·sa] <-i, -esse> *m, f* prophet

profetico, -a [pro·'fɛ:·ti·ko] <-ci, -che> *adj* prophetic

profezia [pro·fet·'tsi:·a] <-ie> *f* prophecy

P
proficuo, -a [pro·'fi:·kuo] *adj* profitable

profilassi [pro·fi·'las·si] <-> *f* prophylaxis

profilattico [pro·fi·'lat·ti·ko] <-ci> *m* condom

profilo [pro·'fi:·lo] *m (gener)* profile; *(di montagna, edificio)* outline; **di ~** *(persona)* in profile; **sotto il ~ ...** from the point of view of

profitto [pro·'fit·to] *m* ① *(giovamento)* advantage; **trarre ~ da qc** to benefit from sth ③ *(negli studi, nel lavoro)* progress ④ *(utile)* profit

profondità [pro·fon·di·'ta] <-> *f* depth

profondo, -a *adj* ① *(gener)* deep ② *(pensiero, delusione, rispetto)* profound

profugo, -a ['prɔ:·fu·go] <-ghi, -ghe> *adj, m, f* refugee

profumare [pro·fu·'ma:·re] I. *vt avere* **~ qc** to make sth smell nice II. *vi essere* **~ (di qc)** to have a nice smell (of sth) III. *vr:* **-rsi** to put on perfume

profumatamente [pro·fu·ma·ta·'men·te] *adv* **pagare qc ~** to pay handsomely for sth

profumeria [pro·fu·me·'ri:·a] <-ie> *f* perfumery

profumo [pro·'fu:·mo] *m* ① *(fragranza: di fiore)* scent; *(di caffè)* aroma ② *(essenza)* perfume

progettare [pro·dʒet·'ta:·re] *vt* ① *(viaggio, spedizione)* to plan ② *(ponte, edificio)* to design

progettazione [pro·dʒet·tat·'tsio:·ne] *f (di ponte, edificio)* designing

progettista [pro·dʒet·'tis·ta] <-i *m,* -e *f> mf* designer

progetto [pro·'dʒet·to] *m* plan; **~ di legge** bill; **essere in ~** to be being planned

prognosi ['prɔɲ·ɲo·zi] <-> *f* prognosis; **in ~ riservata** on the critical list

programma [pro·'gram·ma] <-i> *m* ① *(gener)* program; *(di lavoro)* schedule; **fuori ~** unscheduled ② *(progetto)* plan; **avere in ~ qc** to have sth planned ③ *(di corso, esame)* syllabus

programmare [pro·gram·'ma:·re] *vt* ① *(viaggio, incontro, riforma)* to plan ② *(elettrodomestico)* to set ③ COMPUT to program

programmatore, -trice [pro·gram·ma·'to:·re] *m, f* ① COMPUT programmer ② COM planner

programmazione [pro·gram·mat·'tsio:·ne] *f* ① *(di piano economico)* devising; *(di produzione)* planning ② *(di elettrodomestico)* setting ③ COMPUT programming ④ *(a scuola)* syllabus

progredire [pro·gre·'di:·re] <progredisco> *vi* essere o avere ① *(avanzare)* to progress ② *(far progressi)* to make progress

progredito, -a [pro·gre·'di:·to] *adj (tecnica, paese)* advanced

progressista [pro·gres·'sis·ta] <-i *m,* -e *f> adj, mf* progressive

progressivo, -a [pro·gres·'si:·vo] *adj* progressive

progresso [pro·'grɛs·so] *m* progress; **far -i** to make progress

proibire [pro·i·'bi:·re] <proibisco> *vt* to forbid; ~ **a qu di fare qc** to forbid sb to do sth

proibitivo, -a [pro·i·bi·'ti:·vo] *adj* (*prezzo*) prohibitive

proibizione [pro·i·bit·'tsio:·ne] *f* prohibition

proibizionismo [pro·i·bit·tsio·'ni:·zmo] *m* HIST prohibition

proiettare [pro·iet·'ta:·re] *vt* (*film, diapositive*) to project

proiettile [pro·'iet·ti:·le] *m* (*di arma da fuoco*) bullet

proiettore [pro·iet·'to:·re] *m* ① (*per film, diapositive*) projector ② (*per illuminare*) floodlight

proiezione [pro·iet·'tsio:·ne] *f* ① (*gener*) projection ② (*spettacolo*) showing

proletariato [pro·le·ta·'ria:·to] *m* proletariat

proletario, -a [pro·le·'ta:·rio] <-i, -ie> *adj, m, f* proletarian

proliferare [pro·li·fe·'ra:·re] *vi* ① BIO to proliferate ② *fig* (*moltiplicarsi*) to spring up everywhere

prolifico, -a [pro·'li:·fi·ko] <-ci, -che> *adj* prolific

prologo ['prɔ:·lo·go] <-ghi> *m* prologue

prolunga [pro·'luŋ·ga] <-ghe> *f* ① EL extension ② (*di tavolo*) leaf

prolungamento [pro·luŋ·ga·'men·to] *m* extension

prolungare [pro·luŋ·'ga:·re] **I.** *vt* to extend **II.** *vr*: **-rsi** (*nello spazio*) to extend; (*nel tempo*) to continue

promemoria [pro·me·'mɔ:·ria] <-> *m* note

promessa [pro·'mes·sa] *f* ① (*impegno*) promise; **fare una ~ (a qu)** to make (sb) a promise ② (*persona*) **una ~ della letteratura** a promising young author

promesso, -a [pro·'mes·so] *pp di* **promettere**

promettente [pro·met·'tɛn·te] *adj* (*inizio, giovane*) promising

promettere [pro·'met·te·re] <irr> *vt* to promise; ~ **di fare qc** to promise to do sth; ~ **bene/male** to be/not to be promising

promiscuo, -a [pro·'mi·skuo] *adj* ① (*classe, scuola*) mixed; **matrimonio** ~ mixed marriage ② (*sessualmente*) promiscuous

promisi *1. pers sing pass rem di* **promettere**

promontorio [pro·mon·'tɔ:·rio] <-i> *m* GEOG promontory

promossi *1. pers sing pass rem di* **promuovere**

promosso, -a [pro·'mɔs·so] *pp di* **promuovere**

promotore, -trice [pro·mo·'to:·re] *m, f* (*di iniziativa, ideologia*) promoter

promozionale [pro·mot·'tsio·'na:·le] *adj* (*attività, campagna*) promotional

promozione [pro·mot·'tsio:·ne] *f* ① (*gener*) promotion ② (*a scuola, esame*) pass

promuovere [pro·'mwɔ:·ve·re] <irr> *vt* ① (*gener*) to promote ② (*a scuola, esame*) to pass

pronipote [pro·ni·'po:·te] *mf* (*di nonni*) great-grandchild; (*di zii*) great-nephew *m*, great-niece *f*

pronome [pro·'no:·me] *m* pronoun

pronostico [pro·'nɔs·ti·ko] <-ci> *m* prediction

prontezza [pron·'tet·tsa] *f* (*di parola, riflessi*) quickness

pronto ['pron·to] *interj* TEL hello

pronto, -a *adj* ① (*preparato*) ready; **essere ~ per qc** to be ready for sth ② (*disposto*) **essere ~ a fare qc** to be ready to do sth; **essere ~ a tutto** to be ready to do anything ③ (*rapido*) prompt; ~ **soccorso** first aid

pronuncia [pro·'nun·tʃa] <-ce> *f* (*articolazione*) pronunciation; (*accento*) accent

pronunciare [pro·nun·'tʃa:·re] **I.** *vt* (*parola, consonante*) to pronounce; (*discorso*) to deliver **II.** *vr*: **-rsi** (*esprimere giudizio*) to comment

P

pronunciato, -a *adj* (*naso, mento*) prominent

propaganda [pro·pa·'gan·da] *f* propaganda

propagandistico, -a [pro·pa·gan·'di·sti·ko] <-ci, -che> *adj* propagandistic

propagarsi [pro·pa·'ga:·rsi] *vr* ① (*luce, calore, onde*) to be propagated ② (*epidemia, notizia*) to spread

propagazione [pro·pa·gat·'tsio:·ne] *f* ① (*di luce, calore, onde*) propagation ② (*di notizie, scandalo*) spread

propenso, -a [pro·'pɛn·so] *adj* **essere ~ a fare qc** to be inclined to do sth

propizio, -a [pro·'pit·tsio] <-i, -ie> *adj* (*occasione, momento*) propitious

proponibile [pro·po·'ni:·bi·le] *adj* proposable

proporre [pro·'por·re] <irr> *vt* ① (*suggerire*) to propose ② (*scopo*) **-rsi qc** to set sth for oneself; **-rsi una meta** to set oneself a goal

proporzionale [pro·por·tsio·'na:·le] *adj* proportional; **sistema ~** proportional representation

proporzionato, -a [pro·por·tsio·'na:·to] *adj* proportionate

proporzione [pro·port·'tsio:·ne] *f* proportion; **in ~ a** in proportion to

proposi *1. pers sing pass rem di* **proporre**

proposito [pro·'pɔ:·zi·to] *m* ① (*intenzione*) intention; **di ~** (*apposta*) on purpose ② (*argomento*) **a ~ di** with regard to; **a ~!** by the way; **capitare a ~** to be just in time; **a questo ~** on this subject

proposizione [pro·po·zit·'tsio:·ne] *f* clause

proposta [pro·'pos·ta] *f* proposal; **~ di matrimonio** marriage proposal; **~ di legge** bill

proposto *pp di* **proporre**

propriamente [pro·pria·'men·te] *adv* ① (*veramente*) really ② (*in senso proprio*) strictly

proprietà [pro·prie·'ta] <-> *f* ① (*diritto*) ownership; (*bene, caratteristica*) property ② (*di linguaggio*) correctness

proprietario, -a [pro·prie·'ta:·rio] <-i, -ie> *m, f* owner

proprio[1] ['prɔː·prio] *adv* ① (*precisamente*) exactly ② (*davvero*) really

proprio[2] <-i> *m* **lavorare in ~** to be self-employed

proprio, -a <-i, -ie> *adj* ① (*impersonale*) one's ② (*insieme a possessive*) own ③ (*tipico*) typical ④ (*linguaggio*) correct; **vero e ~** real

proroga ['prɔː·ro·ga] <-ghe> *f* extension

prorompente [pro·rom·'pɛn·te] *adj* (*gioia*) overwhelming; (*entusiasmo*) boundless

prosa ['prɔː·za] *f* (*forma letteraria*) prose; (*componimento*) prose work

prosciogliere [proʃ·'ʃɔʎ·ʎe·re] <irr> *vt* ① (*da obbligo, giuramento*) to release ② GIUR to acquit

prosciugare [proʃ·ʃu·'ga:·re] **I.** *vt* (*terreno*) to drain; (*finanze*) to use up **II.** *vr:* **-rsi** (*terreno*) to be drained; (*finanze*) to get used up

prosciutto [proʃ·'ʃut·to] *m* ham

prosecco [pro·'sek·ko] <-chi> *m* sparkling dry white wine

prosecuzione [pro·se·kut·'tsio:·ne] *f* continuation

proseguimento [pro·se·gui·'men·to] *m* continuation

proseguire [pro·se·'gui:·re] **I.** *vt* to continue **II.** *vi* to carry on; **~ in qc** to continue with sth

prosperare [pros·pe·'ra:·re] *vi* to prosper

prosperità [pros·pe·ri·'ta] <-> *f* prosperity

prosperoso, -a [pros·pe·'ro:·so] *adj* ① (*regione*) prosperous ② (*donna, forme*) curvaceous

prospettare [pros·pet·'ta:·re] **I.** *vt* (*esporre*) to put forward **II.** *vr:* **-rsi** to look

prospettiva [pros·pet·'ti:·va] *f* ① (*tecnica*) perspective ② (*vista*) view ③ (*punto di vista*) point of view ④ (*possibilità*) prospect

prospetto [pros·'pɛt·to] *m* ① (*tabella*)

table ② (*veduta*) view; **di ~** from the front ③ (*facciata*) facade ④ (*disegno*) elevation

prossimamente [pros·si·ma·ˈmen·te] *adv* soon

prossimo [ˈprɔs·si·mo] *m* **il tuo/mio ~** your/my neighbor

prossimo, -a *adj* ① (*vicino*) near; **un parente ~** a close relative ② (*successivo*) next; **la -a volta** the next time; **passato ~** ᴸᴵᴺᴳ present perfect

prostata [ˈprɔs·ta·ta] *f* ᴀɴᴀᴛ prostate

prostituta [pros·ti·ˈtu·ta] *f* prostitute

prostituzione [pros·ti·tut·ˈtsio·ne] *f* prostitution

protagonista [pro·ta·go·ˈnis·ta] <-i *m*, -e *f*> *mf* protagonist

proteggere [pro·ˈted·dʒe·re] <proteggo, protessi, protetto> I. *vt* (*difendere*) to protect; (*soccorrere*) to defend II. *vr*: **-rsi** to protect oneself

proteggi-slip [pro·ˈted·dʒi·zlip] <-> *m* pantyliner

proteina [pro·te·ˈi·na] *f* protein

protesi [ˈprɔ·te·zi] <-> *f* ᴍᴇᴅ prosthesis

protessi [pro·ˈtɛs·si] *1. pers sing pass rem di* **proteggere**

protesta [pro·ˈtɛs·ta] *f* protest; **per ~ in** protest

protestante [pro·tes·ˈtan·te] *adj, mf* Protestant

protestantesimo [pro·tes·tan·ˈte·zi·mo] *m* Protestantism

protestare [pro·tes·ˈta·re] *vi* **~ (contro qc)** to protest (against sth)

protettivo, -a [pro·tet·ˈti·vo] *adj* protective

protetto, -a [pro·ˈtɛt·to] I. *pp di* **proteggere** II. *m, f* protégé *m*, protégée *f* III. *adj* protected

protettore, -trice [pro·tet·ˈto·re] *m, f* ① (*difensore*) protector ② (*santo*) patron ③ (*di prostitute*) pimp

protezione [pro·tet·ˈtsio·ne] *f* protection; **la ~ civile** (*ente*) ≈ Federal Emergency Management Agency

protezionista [pro·tet·tsio·ˈnis·ta] <-i *m*, -e *f*> *adj, mf* protectionist

protocollo [pro·to·ˈkɔl·lo] *m* (*accordo, cerimoniale*) protocol

prototipo [pro·ˈtɔ·ti·po] *m* (*modello*) prototype

protrarre [pro·ˈtrar·re] <irr> I. *vt* (*prolungare*) to prolong II. *vr*: **-rsi** to continue

protuberanza [pro·tu·be·ˈran·tsa] *f* protuberance

Prov. *abbr di* **provincia** Prov.

prova [ˈprɔ·va] *f* ① (*esperimento*) test; **mettere qu alla ~** to put sb to the test; **a ~ di bomba** (*oggetto*) bombproof; (*rapporto, contratto*) indestructible; **periodo di ~** trial period ② (*esame*) examination; **~ orale/scritta** oral/written examination ③ (*dimostrazione*) ɢɪᴜʀ proof; **dar ~ di qc** to show sth; **fino a ~ contraria** until proven otherwise ④ (*theat, mus*) rehearsal; **~ generale** dress rehearsal ⑤ (*tentativo*) try ⑥ ꜱᴘᴏʀᴛ competition

provare [pro·ˈva·re] *vt* ① (*gener*) to try; ᴛᴇᴄ, ꜱᴄɪᴇɴᴛ to test; (*abito, scarpe*) to try on; **~ a fare qc** to try to do sth ② (*indebolire*) to weaken ③ (*dolore, simpatia, pietà*) to feel ④ (*dimostrare*) to prove ⑤ ᴍᴜꜱ, ᴛʜᴇᴀᴛ to rehearse

provato, -a [pro·ˈva·to] *adj* ① (*dimostrato*) proven ② (*affaticato*) exhausted

provengo *1. pers sing pr di* **provenire**

provenienza [pro·ve·ˈniɛn·tsa] *f* ① (*luogo*) provenance ② (*origine*) origin

provenire [pro·ve·ˈni·re] <irr> *vi essere* ① (*arrivare*) **~ da** to come from ② *fig* (*trarre origine*) **~ da qc** to derive from sth

provenuto *pp di* **provenire**

proverbiale [pro·ver·ˈbia·le] *adj* (*leggendario*) legendary

proverbio [pro·ˈver·bio] <-i> *m* proverb

provetta [pro·ˈvet·ta] *f* test tube; **figlio in ~** test tube baby

provider <- *o* providers> *m* ᴄᴏᴍᴘᴜᴛ provider

provincia [pro·ˈvin·tʃa] <-cie *o* -ce> *f* provinces; **di ~** provincial

P

provinciale [pro·vin·'tʃa:·le] *adj a. pej* provincial

provino [pro·'vi:·no] *m* ① (*di fotografie*) contact print ② (*di attore*) screen test

provocante [pro·vo·'kan·te] *adj* (*abbigliamento, sguardo*) provocative

provocare [pro·vo·'ka:·re] *vt* ① (*causare*) to cause ② (*sfidare*) to provoke ③ (*sessualmente*) to behave provocatively toward

provocatore, -trice [pro·vo·ka·'to:·re] I. *adj* (*atteggiamento, discorso*) provocative; **agente ~** agent provocateur II. *m, f* troublemaker

provocatorio, -a [pro·vo·ka·'tɔ:·rio] <-i, -ie> *adj* provocative

provocatrice *f v.* **provocatore**

provocazione [pro·vo·kat·'tsio:·ne] *f* (*sfida*) provocation

provvedere [prov·ve·'de:·re] <irr> *vi* **~ a qc/a fare qc** to take care of sth/of doing sth

provvedimento [prov·ve·di·'men·to] *m* ① (*misura*) step; **prendere -i** to take steps ② GIUR measure

provveditorato [prov·ve·di·to·'ra:·to] *m* **~ agli studi** local education department

provvidenza [prov·vi·'dɛn·tsa] *f* REL providence

provvidenziale [prov·vi·den·'tsia:·le] *adj* providential

provvidi *1. pers sing pass rem di* **provvedere**

provvisorio, -a [prov·vi·'zɔ:·rio] <-i, -ie> *adj* (*lavoro, soluzione*) temporary; (*governo*) provisional

provvista [prov·'vis·ta] *f* ① (*rifornimento*) **fare ~ di qc** to stock up on sth ② *pl* (*scorte*) supplies

provvisto, -a [prov·'vis·to] I. *pp di* **provvedere** II. *adj* **essere ~ di qc** to be provided with sth

prozio, -a [prot·'tsi:·o] *m, f* great uncle *m*, great aunt *f*

prua ['pru:·a] *f* bow

prudente [pru·'dɛn·te] *adj* cautious

prudenza [pru·'dɛn·tsa] *f* caution; **guidare con ~** to drive carefully

prudere ['pru:·de·re] <*manca il pp*> *vi* to itch; **mi prude il naso** my nose is itchy

prugna ['pruɲ·ɲa] *f* plum

prurito [pru·'ri:·to] *m* itch

PS ① *abbr di* **Pubblica Sicurezza** Police ② *abbr di* **postscriptum** P.S.

pseudonimo [pseu·'dɔ:·ni·mo] *m* pseudonym

psicanalisi [psi·ka·'na:·li·zi] *f* psychoanalysis

psicanalista [psi·ka·na·'lis·ta] <-i *m*, -e *f*> *mf* psychoanalyst

psicanalitico, -a [psi·ka·na·'lis·ti·ko] <-ci, -che> *adj* psychoanalytic(al)

psiche ['psi:·ke] *f* (*mente*) psyche

psichiatra [psi·'kia:·tra] <-i *m*, -e *f*> *mf* psychiatrist

psichiatria [psi·kia·'tri:·a] <-ie> *f* psychiatry

psichiatrico, -a [psi·'kia:·tri·ko] <-ci, -che> *adj* psychiatric

psichico, -a ['psi:·ki·ko] <-ci, -che> *adj* mental

psicologia [psi·ko·lo·'dʒi:·a] <-gie> *f* psychology

psicologico, -a [psi·ko·'lɔ:·dʒi·ko] <-ci, -che> *adj* psychological

psicopatico, -a [psi·ko·'pa:·ti·ko] <-ci, -che> I. *adj* psychopathic II. *m, f* psychopath

psicosi [psi·'kɔ:·zi] <-> *f* psychosis; **~ collettiva** collective fear

psicosomatico, -a [psi·ko·so·'ma:·ti·ko] <-ci, -che> *adj* psychosomatic

psicoterapista [psi·ko·te·ra·'pis·ta] <-i *m*, -e *f*> *mf* psychotherapist

PT *abbr di* **Poste e Telecomunicazioni** ≈ Postal Service

pubblicare [pub·bli·'ka:·re] *vt* to publish

pubblicazione [pub·bli·kat·'tsio:·ne] *f* ① (*attività, opera*) publication ② *pl* -i (**matrimoniali**) (wedding) banns

pubblicità [pub·bli·tʃi·'ta] <-> *f* ① (*gener*) publicity ② (*annuncio*) advertisement

pubblicitario, -a [pub·bli·tʃi·'ta:·rio]

<i-, -ie> adj (annuncio, campagna) advertising

pubblicizzare [pub·bli·tʃid·ˈdza:·re] vt to publicize

pubblico [ˈpub·bli·ko] m (gente) public; (spettatori, ascoltatori) audience; **in ~** in public

pubblico, -a <-ci, -che> adj public; **la -a amministrazione** the civil service; **-che relazioni** public relations

pube [ˈpu:·be] m pubis

pubertà [pu·ber·ˈta] <-> f puberty

pudico, -a [pu·ˈdi:·ko] <-chi, -che> adj (persona, sguardo) modest

pudore [pu·ˈdo:·re] m ① (riserbo) modesty ② (contegno) decency

puerile [pue·ˈri:·le] adj ① (dei fanciulli) **età** ~ childhood ② pej (immaturo) childish

pugilato [pu·dʒi·ˈla:·to] m SPORT boxing

pugile [ˈpu:·dʒi·le] m boxer

Puglia [ˈpuʎ·ʎa] f Puglia

pugliese¹ [puʎ·ˈʎe:·se] <sing> m (dialetto) Puglia dialect

pugliese² I. adj from Puglia II. mf (abitante) person from Puglia

pugnalare [puɲ·ɲa·ˈla:·re] vt to stab

pugnalata [puɲ·ɲa·ˈla:·ta] f (ferita) stab wound

pugnale [puɲ·ˈɲa:·le] m dagger

pugno [ˈpuɲ·ɲo] m ① (mano chiusa) fist; **avere qc in ~** fig to have sth within one's grasp ② (colpo) punch; **fare a -i** to fight; (colori, accessori) to clash; **prendere a -i qu** to punch sb ③ (quantità) handful

pulce [ˈpul·tʃe] f (insetto) flea; **mercato delle -i** flea market

pulcino [pul·ˈtʃi:·no] m chick

puledro, -a [pu·ˈle:·dro] m, f (cavallo) colt m, filly f

pulire [pu·ˈli:·re] <pulisco> I. vt to clean; **-rsi le orecchie** to clean out one's ears; **-rsi la bocca** to wipe one's mouth II. vr: **-rsi** to clean oneself up

pulita [pu·ˈli:·ta] f **dare una ~ a qc** to clean sth; **darsi una ~** to wash up

pulito [pu·ˈli:·to] m cleanness

pulito, -a adj ① (gener) clean ② (coscienza) clear ③ (faccenda) shady

pulitura [pu·li·ˈtu:·ra] f (operazione di pulire) cleaning; **~ a secco** dry-cleaning

pulizia [pu·lit·ˈtsi:·a] <-ie> f ① (azione) cleaning; **donna delle -ie** cleaning woman; **fare le -ie** to do the cleaning; **~ etnica** ethnic cleansing ② (condizione) cleanliness

pullman [ˈpul·man] <-> m bus

pulsante [pul·ˈsan·te] m button

pulsare [pul·ˈsa:·re] vi (cuore) to beat

pulsazione [pul·sat·ˈtsio:·ne] f beat

puma [ˈpu:·ma] <-> m puma

pungente [pun·ˈdʒɛn·te] adj ① (freddo) biting ② (battuta) cutting

pungere [ˈpun·dʒe·re] <pungo, punsi, punto> I. vt (soggetto: spina, spillo) to prick; (insetto, ortica) to sting II. vr: **-rsi** to prick oneself

pungiglione [pun·dʒiʎ·ˈʎo:·ne] m (di insetto) stinger

punire [pu·ˈni:·re] <punisco> vt to punish

punizione [pu·nit·ˈtsio:·ne] f ① (castigo) punishment; **per** ~ as a punishment ② (nel calcio) (tiro di) ~ free kick

punsi [ˈpun·si] 1. pers sing pass rem di **pungere**

punta [ˈpun·ta] f ① (di coltello, bastone) point; (di naso, dita, lingua) tip; **camminare in ~ di piedi** to walk on tiptoe; **fare la ~ ad una matita** to sharpen a pencil; **avere le doppie -e** (ai capelli) to have splett ends ② (cima, valore massimo) peak; **ore di ~** peak time

puntare [pun·ˈta:·re] vt ① (appoggiare) to brace ② (dirigere) to point; **~ il dito verso qu** to point the finger at sb ③ (scommettere) **~ qc su qc** to bet on sth

puntata [pun·ˈta:·ta] f ① TV, RADIO episode; **a -e** (romanzo, sceneggiato) serialized ② (breve gita) flying visit ③ (scommessa) bet

punteggiatura [pun·ted·dʒa·ˈtu:·ra] f LING punctuation

P

punteggio [pun·'ted·dʒo] <-ggi> *m* (*di gara*) score; (*di esame*) grade

puntellare [pun·tel·'la·re] *vt* (*muro*) to prop up

puntiglioso, -a [pun·tiʎ·'ʎo·so] *adj* (*persona*) punctilious

puntina [pun·'ti·na] *f* ① (*di giradischi*) stylus ❷ (*chiodino*) ~ (**da disegno**) thumb tack

puntino [pun·'ti·no] *m* dot; **-i di sospensione** suspension points; **mettere i -i sulle i** *fig* to cross the t's and dot the i's; **a** ~ perfectly

punto¹ ['pun·to] *pp di* **pungere**

punto² *m* ① *gener* point; **i -i cardinali** the cardinal points; **alle tre in** ~ at exactly three o'clock; ~ **di vista** point of view; **questo è il** ~ that's the point; **essere sul** ~ **di …** to be on the point of …; **ad un certo** ~ at a certain point; **di** ~ **in bianco** suddenly ❷ (*nella punteggiatura*) period; ~ **esclamativo** exclamation point; ~ **interrogativo** question mark; **-i di sospensione** suspension points; ~ **e virgola** semicolon; **due -i** colon ❸ (*tondino*) spot; **-i neri** blackhead ❹ (*luogo*) place; ~ **vendita** sales outlet; ~ **di ritrovo** meeting place ❺ (*nel cucito*) a. MED stitch; **dare un** ~ **a qc** to sew sth up ❻ (*riassunto*) **fare il** ~ to sum up

puntuale [pun·tu·'a·le] *adj* punctual; **essere** [*o* **arrivare**] ~ to be punctual

puntualità [pun·tua·li·'ta] <-> *f* (*di persona, treno*) punctuality

puntualizzare [pun·tua·lid·'dza·re] *vt* to clarify

puntura [pun·'tu·ra] *f* ① *fam* (*iniezione*) injection ❷ (*di zanzara*) bite; (*di ago, spina*) prick ❸ (*fitta*) sharp pain

punzecchiare [pun·tsek·'kia·re] *vt* ① (*pungere*) to prick ❷ *fig* (*provocare*) to tease

può ['puɔ] *3. pers sing pr di* **potere¹**

puoi ['puɔːi] *2. pers sing pr di* **potere¹**

pupazzo [pu·'pat·tso] *m* puppet

pupilla [pu·'pil·la] *f* ANAT pupil

pur *v.* **pure**

purché [pur·'ke] *conj* provided (that)

pure ['pu·re] I. *adv* (*anche*) too; **fai ~!** please do! II. *adv* (*tuttavia*) but

purè [pu·'re] <-> *m* ~ (**di patate**) mashed potatoes *pl*

purezza [pu·'ret·tsa] *f* purity

purga ['pur·ga] <-ghe> *f* laxative

purgatorio [pur·ga·'tɔ·rio] <-i> *m* REL purgatory

purificare [pu·ri·fi·'ka·re] *vt* to purify

purista [pu·'ris·ta] <-i *m*, -e *f*> *mf* purist

puritano, -a [pu·ri·'ta·no] I. *adj* HIST Puritan; (*moralista*) puritanical II. *m, f* HIST Puritan; (*moralista*) puritan

puro, -a ['pu·ro] *adj* ① (*gener*) pure; (*vino*) undiluted ❷ (*semplice: curiosità*) simple; (*verità*) absolute; ~ **e semplice** pure and simple; **per** ~ **caso** by sheer chance

purosangue [pu·ro·'saŋ·gue] I. <inv> *adj* ① (*cavallo*) thoroughbred ❷ (*nobile, piemontese*) full-blooded II. <-> *mf* (*cavallo*) thoroughbred

purtroppo [pur·'trɔp·po] *adv* unfortunately

pus [pus] *m* pus

putiferio [pu·ti·'fɛ·rio] <-i> *m* (*schiamazzo*) uproar; *fig* (*confusione*) confusion

puttana [put·'ta·na] *f vulg* (*prostituta*) whore

puttanesco, -a [put·ta·'nes·ko] <-schi, -sche> *adj* **spaghetti alla -a** spaghetti with a tomato, anchovy, caper, and olive sauce

puzza ['put·tsa] *f dial* stink; **avere la** ~ **sotto il naso** *fig* to be a snob

puzzare [put·'tsa·re] *vi* (*mandare puzzo*) to stink

puzzle ['pʌ·zəl/'pat·sle] <-> *m* jigsaw (puzzle)

puzzo ['put·tso] *m* stink

puzzola ['put·tso·la] *f* polecat

puzzolente [put·tso·'lɛn·te] *adj* smell

P

Qq

Q, q [ku] <-> *f* Q, q; ~ **come quarto** Q for Queen

q *abbr di* **quintale** q, *quintal (metric unit of weight = 100 kg)*

qua [kua] *adv* ① (*stato, moto*) here; **vieni** ~ come here; **per di** ~ this way; **questo** ~ this one ② (*temporale*) **da un anno in** ~ since last year

quaderno [kua·'dɛr·no] *m* notebook; ~ **a quadretti/a righe** notebook with squared/lined pages

quadrante [kua·'dran·te] *m* ① (*di orologio*) face ② (*di bussola, cerchio*) quadrant

quadrare [kua·'dra:·re] I. *vt avere a. fig* (*conti*) to balance; ~ **il bilancio** to balance the books II. *vi essere o avere* ① (*corrispondere*) ~ **con qc** to square with sth; **c'è qualcosa che non quadra** there's something that doesn't add up ② (*conti, calcoli*) to tally

quadrato [kua·'dra:·to] *m* ① MATH (*quadrangolo*) square ② MATH (*potenza*) square; **7 al** ~ **7** squared; **elevare un numero al** ~ to square a number ③ SPORT (*nel pugilato*) ring

quadrato, -a *adj* ① (*forma*) square ② MATH square; **radice -a** square root

quadretto [kua·'dret·to] *m* ① (*piccolo quadrato*) (small) square; **a -i** (*foglio, quaderno*) squared ② *fig* (*scena*) picture

quadriennale [kua·dri·en·'na:·le] *adj* ① (*che dura quattro anni*) four-year ② (*che ricorre ogni quattro anni*) four-yearly

quadriennio [kua·dri·'ɛn·nio] <-i> *m* four-year period

quadrifoglio [kua·dri·'fɔʎ·ʎo] <-gli> *m* BOT four-leaf clover

quadrilatero [kua·dri·'la:·te·ro] *m* MATH quadrilateral

quadrimestre [kua·dri·'mɛs·tre] *m* ① (*periodo*) four-month period ② (*di scuola*) quarter

quadro ['kua·dro] *m* ① (*dipinto*) painting ② (*quadrato*) square; **a -i** checked ③ *fig* (*descrizione*) picture; **fare un** ~ **della situazione** to give an account of the situation ④ *fig* (*scena*) sight ⑤ TEC panel ⑥ *pl* ADMIN cadres; **-i direttivi** (senior) management ⑦ *pl* (*di carte da gioco*) diamonds

quadro, -a *adj a.* MATH square; **metro/ centimetro** ~ square meter/centimeter

quadrupede [kua·'dru:·pe·de] I. *m* quadruped II. *adj* (*animali*) four-footed

quadruplicare [kua·dru·pli·'ka:·re] I. *vt avere* to quadruple II. *vr:* **-rsi** to quadruple

quadruplice [kua·'dru:·pli·tʃe] *adj* (*copia*) four

quadruplo ['kua·:drup·lo] *m* four times as much

quaggiù [kuad·'dʒu] *adv* down here

quaglia ['kuaʎ·ʎa] <-glie> *f* quail

qual [kual] *v.* **quale**

qualche ['kual·ke] <inv, solo al sing> *adj* ① (*alcuni*) some; (*nelle frasi interrogative*) a few; ~ **ora/giorno/mese** a few hours/days/months; ~ **volta** sometimes ② (*uno*) some; (*nelle frasi interrogative*) any; **in** ~ **modo** somehow ③ (*un certo*) some; ~ **cosa** *v.* **qualcosa**

qualcosa [kual·'kɔ:·sa] <inv> *pron* ① (*una cosa*) something; (*nelle frasi interrogative*) anything; ~ **di bello** something nice

qualcuno, -a [kual·'ku:·no] <solo al sing> *pron* ① (*alcuni*) some people; ~ **di loro** some of them ② (*uno*) someone; (*nelle frasi interrogative*) anyone; **c'è** ~? is anyone there? ③ (*persona importante*) somebody

quale ['kua:·le] <*davanti a consonante spesso* qual> I. *adj* ① (*interrogativo*) which; **qual è il tuo libro preferito?** which is your favorite book? ② (*indefinito*) some; **in certo qual modo** in some ways ③ (*esclamativo*) what ④ (*come*) **tale ~** just like II. *pron* ① (*interrogativo*) which (one) ② (*relativo: persona*) who; (*cosa*) that; **il bambino del ~ ti ho accennato** the child (who) I told you about; **è tale e ~ sua madre** *fam* she's exactly like her mother ③ (*come*) such as

qualifica [kua·'li:·fi·ka] <-che> *f* ① (*titolo*) qualification ② (*categoria professionale*) job title

qualificare [kua·li·fi·'ka:·re] I. *vt* ① (*definire*) to define ② (*formare*) to qualify II. *vr:* -**rsi** ① (*definirsi*) to describe oneself ② SPORT to qualify

qualificativo, -a [kua·li·fi·ka·'ti:·vo] *adj* qualifying; **aggettivo ~** qualifying adjective

qualificato, -a [kua·li·fi·'ka:·to] *adj* ① (*operaio, tecnico*) skilled ② (*esperto*) qualified

qualificazione [kua·li·fi·ka·'tsio:·ne] *f* qualification

qualità [kua·li·'ta] <-> *f* ① (*gener*) quality; **prodotti di ~** quality products; **di ~** high quality; **di prima ~** top quality ② (*varietà*) type

qualora [kua·'lo:·ra] *conj* if

qualsiasi [kual·'si:·a·si] <inv, solo al sing> *adj* any; **vieni un giorno ~** come any day

qualunque [kua·'luŋ·kue] <inv, solo al sing> *adj* ① (*ogni, uno qualsiasi*) any; **a ~ costo** at any cost; **è una persona ~** he's [*o* she's] an ordinary person ② +*conj* (*relativo*) whatever

qualunquismo [kua·luŋ·'kuiz·mo] *m* apathy toward politics

qualunquista [kua·luŋ·'kuis·ta] <-i *m*, -e *f*> *mf person who is apathetic about politics*

quando ['kuan·do] I. *adv* ① (*interrogativo*) when; **da ~?** since when?; **di ~?** when from?; **fino a ~?** how long? ② (*correlativo*) **di ~ in ~** from time to time II. *conj* ① (*temporale*) when;

da ~ since; **sono passati sei anni da ~ ci siamo lasciati** it's been six years since we splett up ② (*tutte le volte che*) whenever ③ (*mentre*) while

quantificare [kuan·ti·fi·'ka:·re] *vt* to quantify

quantistico, -a [kuan·'tis·ti·ko] <-ci, -che> *adj* FIS quantum

quantità [kuan·ti·'ta] <-> *f* ① (*numero*) quantity ② (*gran numero*) load; **in ~** in large quantities

quantitativo, -a [kuan·ti·ta·'ti:·vo] I. *adj* quantitative II. *m, f* quantity

quanto¹ ['kuan·to] *m* FIS quantum

quanto² *adv* ① (*interrogativo*) how much; **~ costa?** how much is it?; **~ sei alto?** how tall are you?; (*tempo*) how long; **~ ci impieghi?** how long does it take you?; (*distanza*) how far; **~ è lontano?** how far is it? ② (*esclamativo*) **~ sei grande!** you're so tall! ③ (*come*) as; **tanto ... ~ ...** as ... as; ④ (*in ~* = because; **per ~** +*conj* as far as; **per ~ ne sappia io** as far as I know; **~ mai** (*estremamente*) extremely; **~ prima** as soon as possible

quanto, -a I. *adj* ① (*interrogativo: singolare*) how much; (*plurale*) how many; **~ tempo ci vuole?** how long does it take?; **-i anni hai?** how old are you? ② (*esclamativo*) **-e storie!** what a fuss!; **-a fretta!** you're in a hurry! ③ (*nella quantità che*) **compra -e cartoline vuoi** buy as many cards as you like; **tutti -i** everyone ④ (*quello che*) **da ~ ho capito** as I understand it II. *pron* ① (*interrogativo: singolare*) how much; (*plurale*) how many ② (*relativo: singolare*) as much as; (*plurale*) as many as ③ *pl* (*coloro che*) those who

quantunque [kuan·'tuŋ·kue] *conj* although

quaranta [kua·'ran·ta] I. *num* forty II. <-> *m* forty; *v.a.* **cinquanta**

quarantena [kua·ran·'tɛ:·na] *f* MED quarantine; **mettere in ~** MED to quarantine

quarantenne [kua·ran·'tɛn·ne] I. *adj* forty-year-old II. *mf* forty year old

quarantesimo [kua·ran·'tɛː·zi·mo] *m* (*frazione*) fortieth

quarantesimo, -a *adj, m, f* fortieth

quaresima [kua·'re:·zi·ma] *f* Lent

quarta ['kuar·ta] *f* ❶ (*classe: nelle elementari*) fourth grade; (*nelle superiori*) twelfth grade ❷ MOT (*marcia*) fourth (gear)

quartetto [kuar·'tet·to] *m* MUS quartet

quartiere [kuar·'tiɛː·re] *m* ❶ (*di città*) neighborhood ❷ MIL quarters; **~ generale** headquarters *pl*

quarto ['kuar·to] *m* (*frazione, quantità*) quarter; **~ d'ora** quarter of an hour; **sono le tre e un ~** it's a quarter after three; **i -i di finale** the quarterfinals

quarto, -a *adj, m, f* fourth; *v.a.* **quinto**

quarzo ['kuar·tso] *m* quartz

quasi ['kua:·zi] I. *adv* ❶ (*circa*) around ❷ (*pressoché*) almost ❸ (*come se fosse*) **sembrare ~ qc** to be like sth II. *conj +conj* as if

quassù [kuas·'su] *adv* up here

quatto, -a ['kuat·to] *adj* (*zitto zitto*) **~ ~** as quiet as a mouse

quattordicesima [kuat·tor·di·'tʃe·zi·ma] *f bonus equivalent to one month's pay*

quattordici [kuat·'tor·di·tʃi] I. *num* fourteen II. <-> *m* (*numero*) fourteen ❷ (*nelle date*) fourteenth III. *fpl* 2 pm; *v.a.* **cinque**

quattrino [kuat·'tri:·no] *m* (*soldi*) money; **non ha il becco di un ~** he doesn't have a penny; **costa fior di -i** it costs a fortune; **avere un sacco di -i** *fam* to be loaded

quattro ['kuat·tro] I. *num* four II. *adj fig* (*pochi*) **alla festa c'erano ~ gatti** there were only a few people at the party; **fare ~ chiacchiere** to have a chat; **fare ~ passi** to go for a stroll; **fare ~ salti** to go dancing; **farsi in ~ per qu** to bend over backwards to help sb; **in ~ e quattr'otto** in no time III. <-> *m* ❶ (*numero*) four ❷ (*nelle date*) fourth IV. *fpl* four o'clock; *v.a.* **cinque**

quattrocchi, quattr'occhi [kuat·'trɔk·ki] *adv* **a ~** face to face; **parlare a quattr'occhi con qu** to speak to someone privately

quattrocento [kuat·tro·'tʃɛn·to] I. *num* four hundred II. <-> *m* four hundred; **il Quattrocento** the fifteenth century

quello, -a ['kuel·lo] I. <**quel, quell', quei, quegli**> *adj* (*singolare*) that; (*plurale*) those; **-a casa** that house; **-e montagne** those mountains II. *pron* ❶ (*singolare*) that (one); (*plurale*) those (ones), I'd like that one, not this one ❷ (*colui*) the one; **~ che** the one who ❸ (*ciò*) **~ che** what; **digli ~ che pensi** tell him what you think; **parlami di ~ che vuoi** tell me what you want; **tutto ~ che …** everything (that) … ❹ (*uomo*) he; (*donna*) she ❺ (*persone*) they

quercia ['kuɛr·tʃa] <-ce> *f* oak

querela [kue·'rɛː·la] *f lawsuit;* **sporgere ~ contro qu** to take sb to court

querelare [kue·re·'la:·re] *vt* to sue

quesito [kue·'zi:·to] *m* question

questionario [kues·tio·'na:·rio] <-i> *m* questionnaire

questione [kues·'tio:·ne] *f* ❶ POL, SOC, HIST (*problema*) question; **in ~** in question ❷ (*controversia*) issue ❸ (*faccenda*) matter; **~ d'onore** affair of honor; **è ~ di un minuto** it will only take a minute; **è ~ di vita o di morte** it's a matter of life and death

questo, -a ['kues·to] I. *adj* (*singolare*) this; (*plurale*) these; **-a casa** this house; **-i libri** these books; **in ~ momento** at this moment II. *pron* ❶ (*singolare*) this (one); (*plurale*) these (ones) ❷ (*ciò*) **~ mai** never; **~ no** not this; **~ sì** this is OK; **senti -a!** listen to this!; **per ~ ti ho chiamato** this is why I called you; **-a proprio non ci voleva!** *fam* that's all we need!; **-a sì che è bella!** *fam* amazing!

questore [kues·'to:·re] *m* ≈ police commissioner

questura [kues·'tu:·ra] *f* ❶ (*organo*) police department ❷ (*sede*) police headquarters

qui [kui] *adv* ❶ (*stato, moto*) here;

Q

siamo ~ we're here; **vieni ~** come here; **~ dentro/sopra/vicino** in/over/near here; **da ~** from here; **da ~ in avanti** from here (on); **per di ~** this way; **fin ~** up to here ②(*temporale*) now; **fin ~** until now

quietanza [kuie·'tan·tsa] *f* receipt

quiete ['kui̯ɛ:·te] *f* (*calma*) peace; (*silenzio*) quiet

quieto, -a ['kui̯ɛ:·to] *adj* (*mare, persona*) calm; (*zona, notte*) peaceful

quindi ['kuin·di] **I.** *conj* (*perciò*) so **II.** *adv* (*poi*) then

quindicesima [ku·in·di·'tʃɛ:·zi·ma] *f* (*retribuzione aggiuntiva*) fifteenth annual salary

quindici ['kuin·di·tʃi] **I.** *num* fifteen; **fra ~ giorni** in two weeks **II.** <-> *m* ①(*numero*) fifteen ②(*nelle date*) fifteenth **III.** *fpl* 3 p.m.; *v.a.* **cinque**

quindicina [kuin·di·'tʃi:·na] *f* ①(*serie*) about fifteen; **una ~ (di ...)** about fifteen (...) ②(*periodo*) two weeks

quinquennio [kuiɲ·'kuɛn·nio] <-i> *m* five year period

quinta ['kuin·ta] *f* ①THEAT flat; **stare dietro le -e** to be backstage; *fig* to be behind the scenes ②(*classe: nelle elementari*) fifth grade; (*nelle superiori*) freshman year, *at college* ③MOT fifth (gear); *v.a.* **quinto**

quintale [kuin·'ta:·le] *m* quintal, *metric unit of weight* = *100 kg*

quintetto [kuin·'tet·to] *m* quintet

quinto ['kuin·to] *m* (*frazione*) fifth; **quattro -i** four fifths

quinto ['kuin·to] *m* (*frazione*) fifth; **quattro -i** four fifths

quinto, -a *I. adj* fifth; **la -a volta** the fifth time; **la -a parte di** one fifth of II. *m, f* fifth; **arrivare ~** to come fifth

Quirinale [kui·ri·'na:·le] *m* POL *residence of the President of Italy*

quisquilia [kuis·'kui:·lia] <-ie> *f* trifle

quiz [kuidz] <-> *m* ①(*domanda*) question ②TV quiz

quorum ['kuɔ:·rum] *m* quorum

quota ['kuɔ:·ta] *f* ①(*percentuale*) share ②(*somma*) fee; **~ di partecipazione** enrollment fee ③(*altitudine*) height; **perdere ~** to lose height

quotare [kuo·'ta:·re] *vt* FIN to list

quotato, -a [kuo·'ta:·to] *adj* ①(*apprezzato*) highly rated ②FIN listed

quotazione [kuo·ta·'tsio:·ne] *f* FIN listing

quotidiano [kuo·ti·'dia:·no] *m* daily newspaper

quotidiano, -a *adj* ①(*di tutti i giorni*) daily ②(*solito*) everyday

quoziente [kuo·'tsiɛn·te] *m* MATH, MED, PSYCH quotient; **~ di intelligenza** intelligence quotient

Rr

R, r ['ɛr·re] <-> *f o m* (*lettera*) r; **~ come Roma** r for Roger

rabbia ['rab·bia] <-ie> *f* ① MED rabies ② (*collera, furore*) anger ③ (*stizza, dissappunto*) irritation; **fare ~ a qu** to make sb cross; **che ~!** *fam* how annoying! ④ *fig* (*impeto, furia*) fury; **con ~** furiously

rabbino [rab·'bi:·no] *m* rabbi

rabbioso, -a [rab·'bio:·so] *adj* ① MED rabid ② (*pieno di rabbia*) angry ③ (*furioso*) furious ④ (*vento, mare*) raging

rabbrividire [rab·bri·vi·'di:·re] <rabbrividisco> *vi* essere to shiver

racc. *abbr di* **raccomandata** certified mail

raccapezzarsi [rak·ka·pet·'tsa:r·si] *vr* *fam* (*riuscire ad orientarsi*) to get one's head around sth; **non mi ci raccapezzo** I can't get my head around it

raccapricciante [rak·ka·prit·'tʃa·n·te] <-i> *adj* (*scena, visione, spettacolo*) horrifying

raccattapalle [rak·kat·ta·'pal·le] <-> (*nel tennis*) ball boy *m*, ball girl *f*

raccattare [rak·kat·'ta:·re] *vt* (*raccogliere da terra*) to pick up

racchetta [rak·'ket·ta] *f* SPORT racket; **~ da tennis** tennis racket; **~ da pingpong** table tennis paddle; **~ da neve** snowshoe; **~ da sci** ski stick

racchiudere [rak·'kiu·de·re] <irr> *vt* ① (*contenere*) to contain ② *fig* (*implicare*) to imply

raccogliere [rak·'kɔʎ·ʎe·re] <irr> I. *vt* ① (*da terra*) to pick up ② (*frutti, fiori*) to pick ③ (*mettere insieme: soldi*) to collect; (*idee, energie*) to gather ④ (*collezionare: francobolli*) to collect II. *vr:* **-rsi** (*radunarsi*) to gather

raccoglimento [rak·koʎ·ʎi·'men·to] *m* concentration

raccoglitore [rak·koʎ·ʎi·'to:·re] *m* (*per documenti*) file

raccolgo *1. pers sing pr di* **raccogliere**

raccolsi *1. pers sing pass rem di* **raccogliere**

raccolta [rak·'kɔl·ta] *f* ① (*atto*) collecting; (*di frutta*) picking; **~ differenziata** garbage collection; (*le cose raccolte*) collection ③ (*collezione: di opere d'arte*) collection

raccolto [rak·'kɔl·to] *m* harvest; (*di frutta*) crop

raccolto, -a I. *pp di* **raccogliere** II. *adj* ① (*capelli: tenuti insieme*) gathered back; (*tirati su*) gathered up; (*documenti*) gathered together ② *fig* (*tranquillo: ambiente*) secluded

raccomandabile [rak·ko·man·'da:·bi·le] *adj* commendable; **un tizio poco ~** a guy not to be trusted

raccomandare [rak·ko·man·'da:·re] I. *vt* ① (*affidare alle cure*) to entrust ② (*consigliare*) to advise; **~ a qu di fare qc** to advise sb to do sth ③ (*appoggiare: candidato*) to recommend II. *vr:* **-rsi a qc** (*clemenza, bontà*) to beg for sth; **mi raccomando!** don't forget!

raccomandata [rak·ko·man·'da:·ta] *f* (*lettera*) certified letter

raccomandazione [rak·ko·man·dat·'tsio:·ne] *f* ① (*consiglio*) advice ② (*segnalazione: per lavoro*) recommendation

raccontare [rak·kon·'ta:·re] *vt* (*riferire*) **~ qc a qu** to tell sb sth

racconto [rak·'kon·to] *m* ① (*narrazione*) account ② (*fatto raccontato*) story ③ (*novella*) short story

raccordare [rak·kor·'da:·re] *vt* to connect

raccordo [rak·'kɔr·do] *m* (*strada*) junction; (*ferroviario*) siding; **~ anulare** beltway

rachitico, -a [ra·'ki:·ti·ko] <-ci, -che> *adj* MED (*affetto da rachitismo*) suffering from rickets

rachitismo [ra·ki·'tiz·mo] *m* rickets

R

racimolare [ra·tʃi·mo·ˈlaː·re] *vt fig* to scrape together

radar [ˈraːdar] <-> *m* <inv>, *adj* radar

raddolcire [rad·dol·ˈtʃiː·re] <raddolcisco> I. *vt* to sweeten II. *vr:* -**rsi** *fig* (*carattere*) to soften

raddoppiare [rad·dop·ˈpiaː·re] *vt avere*, *vi essere* to double

raddrizzare [rad·drit·ˈtsaː·re] I. *vt* ① (*lama, chiodo, quadro*) to straighten ② *fig* (*correggere*) to straighten out II. *vr:* -**rsi** (*mettersi eretto*) to straighten oneself up

radente [ra·ˈdɛn·te] *adj* (*volo*) skimming; (*tiro*) grazing

radere [ˈraː·de·re] <rado, rasi, raso> I. *vt* ① (*barba, baffi*) to shave ② (*distruggere*) ~ **al suolo** to raze to the ground ③ (*sfiorare*) to graze II. *vr:* -**rsi** (*barba, baffi*) to shave

radiare [ra·ˈdiaː·re] *vt* ADMIN (*da scuola*) to expel; (*da albo professionale*) to strike off

radiatore [ra·dia·ˈtoː·re] *m* radiator

radiazione [ra·diat·ˈtsioː·ne] *f* FIS radiation

radicale [ra·di·ˈkaː·le] *adj* ① *a. fig* radical ② (*partito*) Radical

radicalizzare [ra·di·ka·lid·ˈdzaː·re] *vt avere* (*inasprire*) to radicalize

radice [ra·ˈdiː·tʃe] *f a. fig* root; **mettere -i** *fig* to put down roots

R **radi e getta** [ˈraː·di e ˈdʒɛt·ta] <inv> *adj* disposable

radio¹ [ˈraː·dio] I. <-> *f* radio; **trasmettere per** ~ to broadcast on the radio; ~ **ricevente** receiver; ~ **trasmittente** transmitter; **sentire** [*o* **ascoltare**] **la** ~ to listen to the radio II. <inv> *adj* radio; **contatto** ~ radio contact; **giornale** ~ radio news bulletin; **ponte** ~ radio link

radio² *m* CHIM radium

radioamatore, -trice [ra·dio·a·ma·ˈtoː·re] *m, f* radio ham

radioattività [ra·dio·at·ti·vi·ˈta] *f* radioactivity

radioattivo, -a [ra·dio·at·ˈtiː·vo] *adj* radioactive; **scorie -e** radioactive waste

radiocronaca [ra·dio·ˈkrɔ·na·ka] *f* radio commentary

radiocronista [ra·dio·kro·ˈnis·ta] *mf* radio commentator

radiofonico, -a [ra·dio·ˈfɔ·ni·ko] <-ci, -che> *adj* radiophonic

radiografia [ra·dio·gra·ˈfiː·a] *f* ① (*operazione, tecnica*) radiography ② (*lastra*) X-ray ③ (*esame*) scrutiny

radiologia [ra·dio·lo·ˈdʒiː·a] <-gie> *f* MED radiology

radiologico, -a [ra·dio·ˈlɔ·dʒi·ko] <-ci, -che> *adj* radiological

radiologo, -a [ra·ˈdiɔ·lo·go] <-gi, -ghe> *m, f* radiologist

radioregistratore [ra·dio·re·dʒis·tra·ˈtoː·re] *m* cassette radio

radioricevente [ra·dio·ri·tʃe·ˈvɛn·te] I. *adj* radio receiving II. *f* radio receiver

radioso, -a [ra·ˈdioː·so] *adj a. fig* radiant

radiosveglia [ra·dioz·ˈveʎ·ʎa] *f* clock radio

radiotaxi [ra·dio·ˈtak·si] <-> *m* radio taxi

radiotelefono [ra·dio·te·ˈlɛː·fo·no] *m* radio telephone

radiotelevisione [ra·dio·te·le·vi·ˈzioː·ne] *f* radio and television broadcasting company

radiotelevisivo, -a [ra·dio·te·le·vi·ˈziː·vo] *adj* radio and television broadcasting

radioterapia [ra·dio·te·ra·ˈpiː·a] *f* radiotherapy

radiotrasmittente [ra·dio·traz·mit·ˈtɛn·te] I. *adj* broadcasting II. *f* radio broadcasting station

rado, -a [ˈraː·do] *adj* ① (*nebbia, tela, capelli*) thin ② (*infrequente*) rare; **di** ~ rarely

radunare [ra·du·ˈnaː·re] I. *vt* to gather together II. *vr:* -**rsi** to gather

raduno [ra·ˈduː·no] *m* gathering

radura [ra·ˈduː·ra] *f* glade

rafano [ˈraː·fa·no] *m* horseradish

raffermo, -a [raf·ˈfer·mo] *adj* (*pane*) stale

raffica [ˈraf·fi·ka] <-che> *f* ① METEO gust; ~ **di vento** gust of wind ② (*di* *mitra*) burst ❶ *fig* spate; **scioperi a ~** a spate of strikes

raffigurare [raf·fi·gu·'ra:·re] *vt* ❶ (*rappresentare*) to depict ❷ (*simboleggiare*) to represent

raffinare [raf·fi·'na:·re] **I.** *vt* to refine **II.** *vr:* **-rsi** to become refined

raffinatezza [raf·fi·na·'tet·tsa] *f* refinement

raffinato, -a [raf·fi·'na:·to] *adj* refined

raffineria [raf·fi·ne·'ri:·a] <-ie> *f* refinery

rafforzamento [raf·for·tsa·'men·to] *m* ❶ (*irrobustimento*) reinforcement ❷ (*di carattere*) strengthening

rafforzare [raf·for·'tsa:·re] **I.** *vt* ❶ (*rinforzare*) to reinforce ❷ (*carattere*) to strengthen **II.** *vr:* **-rsi** to get stronger

raffreddamento [raf·fred·da·'men·to] *m* cooling

raffreddore [raf·fred·'do:·re] *m* cold

raffronto [raf·'fron·to] *m* comparison

ragazza [ra·'gat·tsa] *f* ❶ (*giovane donna*) girl; **~ madre** single mother ❷ *fam* (*fidanzata*) girlfriend

ragazzata [ra·gat·'tsa:·ta] *f fam* childish prank

ragazzo [ra·'gat·tso] *m* ❶ (*giovane uomo*) boy ❷ (*inesperto*) lad ❸ *fam* (*fidanzato*) boyfriend ❹ (*garzone*) boy

raggiante [rad·'dʒan·te] *adj* radiant

raggio [ˈrad·dʒo] <-ggi> *m* ❶ (*gener*) ray; **-ggi X** X-rays; **~ di speranza** ray of hope ❷ MATH radius ❸ (*zona*) radius; (*ambito*) range; **~ d'azione** range of action ❹ (*di ruota*) spoke

raggirare [rad·dʒi·'ra:·re] *vt* to trick

raggiro [rad·'dʒi:·ro] *m* trick

raggiungere [rad·'dʒun·dʒe·re] <irr> *vt* ❶ (*meta, vetta*) to reach; (*persone*) to join ❷ *fig* (*obiettivo*) to achieve ❸ (*colpire: bersaglio, cuore*) to hit

raggiungimento [rad·dʒun·dʒi·'men·to] *m* achievement

raggiunsi *1. pers sing pass rem di* **raggiungere**

raggiunto *pp di* **raggiungere**

raggomitolarsi [rag·go·mi·to·'la:·rsi] *vr* (*rannicchiarsi*) to curl up

raggranellare [rag·gra·nel·'la:·re] *vt fam* to scrape together

raggruppamento [rag·grup·pa·'men·to] *m* ❶ (*azione*) grouping ❷ (*gruppo*) group

raggruppare [rag·grup·'pa:·re] **I.** *vt* (*riunire*) to gather together **II.** *vr:* **-rsi** to gather

ragguagliare [rag·gua·ʎ·'ʎa:·re] *vt* (*informare*) to update

ragguaglio [rag·'gua·ʎ·ʎo] <-gli> *m* (*informazione*) update

ragia [ˈra:·dʒa] <-gie *o* -ge> *f* **acqua ~** turpentine

ragionamento [ra·dʒo·na·'men·to] *m* ❶ (*pensiero*) reasoning ❷ (*argomentazione*) argument

ragionare [ra·dʒo·'na:·re] *vi* ❶ (*riflettere*) to think ❷ *fam* (*discorrere*) **~ di qc** to discuss sth

ragione [ra·'dʒo:·ne] *f* ❶ (*facoltà*) reason; **farsi una ~ di qc** to come to terms with sth; **ridurre qu alla ~** to bring sb back to his/her senses ❷ (*motivo*) reason; **non sentir ~** to refuse to listen to reason; **per -i di famiglia** for family reasons; **per -i di forza maggiore** due to circumstances beyond one's control; **a maggior ~** all the more reason why ❸ (*diritto*) right; **avere ~** to be right; **dare ~ a qu** to admit that sb's right ❹ (*loc*) **picchiare qu di santa ~** *fam* to give sb a good hiding; **a ragion veduta** after due consideration

ragioneria [ra·dʒo·ne·'ri:·a] <-ie> *f* ❶ (*disciplina*) accountancy ❷ (*ufficio*) accounts department

ragionevole [ra·dʒo·'ne:·vo·le] *adj* ❶ (*di buon senso: persona*) sensible ❷ (*giusto: prezzo*) reasonable

ragioniere, -a [ra·dʒo·'niɛ:·re] *m, f* accountant

ragliare [raʎ·'ʎa:·re] *vi* (*asino*) to bray

raglio [ˈra·ʎ·ʎo] <-gli> *m* (*di asino*) bray

ragnatela [raɲ·na·'te:·la] *f* ❶ (*di ragno*) cobweb ❷ *fig* (*intreccio*) web

ragno [ˈraɲ·ɲo] *m* spider

R

ragù [ra·'gu] <-> *m* (*sugo*) bolognese sauce

Ragusa [ra·'gu:·sa] *f* Ragusa, *city in Sicily*

ragusano, -a [ra·gu·'sa:·no] I. *m, f* (*abitante*) person from Ragusa II. *adj* from Ragusa

RAI ['ra:·i] *f acro di* **Radio Audizione Italiana** *Italian public television and radio broadcasting company*

rallegramenti [ral·le·gra·'men·ti] *mpl* congratulations

rallegrare [ral·le·'gra:·re] I. *vt* to cheer up II. *vr*: **-rsi** ① (*diventar allegro*) to cheer up ② (*congratularsi*) **-rsi con qu per qc** to congratulate sb on sth

rallentare [ral·len·'ta:·re] I. *vt* ① (*rendere più lento*) to slow down; ~ **il passo** to slow down ② *fig* (*farsi meno intenso*) to slacken II. *vi* to slow down

rallentatore [ral·len·ta·'to:·re] *m* TV slow motion; **al ~** very slowly

ramanzina [ra·man·'dzi:·na] *f fam* telling-off; **fare una ~ a qu** to give sb a telling-off

rame ['ra:·me] I. *m* copper II. <inv> *adj* (*colore*) copper; **rosso ~** copper red

ramino [ra·'mi:·no] *m* rummy

rammarico [ram·'ma:·ri·ko] <-chi> *m* regret

rammendare [ram·men·'da:·re] *vt* to darn

rammendo [ram·'mɛn·do] *m* ① (*azione*) darning ② (*risultato*) darn

rammentare [ram·men·'ta:·re] *vt* ① (*ricordare*) to remember ② (*far presente*) ~ **qc a qu** to remind sb of sth

rammollirsi [ram·mol·'li:·rsi] <rammollisco> *vr a. fig* to go soft

ramo ['ra:·mo] *m a. fig* branch

ramoscello [ra·moʃ·'ʃɛl·lo] *m* twig

rampa ['ram·pa] *f* ① (*di scale*) flight ② AERO ~ **di lancio** launch pad ③ (*salita*) ramp

rampicante [ram·pi·'kan·te] I. *adj* BOT climbing II. *m* climber

rampollo [ram·'pol·lo] *m* ① (*discendente*) descendant ② *scherz* (*figlio*) son

rampone [ram·'po:·ne] *m* SPORT (*nell'alpinismo*) crampon

rana ['ra:·na] *f* frog

rancido, -a [ran·'tʃi:·do] *adj* rancid

rancore [raŋ·'ko:·re] *m* rancor

randagio, -a [ran·'da:·dʒo] <-gi, -ge *o* -gie> *adj* stray

randello [ran·'dɛl·lo] *m* cudgel

rango ['raŋ·go] <-ghi> *m* ① (*condizione sociale*) social standing ② MIL rank

rannicchiarsi [ran·nik·'kiar·si] *vr* to crouch down

ranocchio [ra·'nɔk·kio] <-cchi> *m* frog

ranuncolo [ra·'nuŋ·ko·lo] *m* buttercup

rapa ['ra:·pa] *f* turnip; **cima di ~** turnip top; **testa di ~** *fig, scherz* dumbo

rapace [ra·'pa:·tʃe] I. *adj* **uccello ~** bird of prey II. *m* bird of prey

rapidità [ra·pi·di·'ta] <-> *f* speed

rapido ['ra:·pi·do] *m* (*treno*) express

rapido, -a *adj* rapid

rapimento [ra·pi·'men·to] *m* (*di persona*) kidnapping

rapina [ra·'pi:·na] *f* robbery; ~ **in banca** bank robbery; ~ **a mano armata** armed robbery

rapinare [ra·pi·'na:·re] *vt* to rob

rapinatore, -trice [ra·pi·na·'to:·re] *m, f* robber

rapire [ra·'pi:·re] <rapisco> *vt* to kidnap

rapitore, -trice [ra·pi·'to:·re] *m, f* kidnapper

rappezzare [rap·pet·'tsa:·re] *vt a. fig* to patch up

rapporto [rap·'pɔr·to] *m* ① (*resoconto*) report ② (*legame*) relationship; **essere in buoni -i con qu** to be on good terms with sb; **in ~ a** with relation to ③ MATH, TEC ratio; **avere un buon ~ qualità-prezzo** to be good value for money

rappresaglia [rap·pre·'saʎ·ʎa] <-glie> *f* reprisal

rappresentante [rap·pre·zen·'tan·te] *mf* ① (*chi fa le veci*) representative; ~ **di classe** class representative ② COM sales representative

rappresentanza [rap·pre·zen·'tan·

tsa] *f* ❶ (*delegazione*) delegation; **in ~ di qu** on behalf of sb ❷ COM agency

rappresentare [rap·pre·zen·'ta:·re] *vt* ❶ (*raffigurare*) to depict ❷ (*simboleggiare*) to represent ❸ THEAT (*pezzo teatrale*) to stage; (*ruolo*) to play ❹ (*agire per conto di*) to represent

rappresentativo, -a [rap·pre·zen·ta·'ti:·vo] *adj a.* fig representative

rappresentazione [rap·pre·zen·tat·'tsio:·ne] *f* ❶ (*gener*) depiction ❷ THEAT performance

rarità [ra·ri·'ta] <-> *f* rarity

raro, -a ['ra:·ro] *adj* rare

rasare [ra·'sa:·re] I. *vt* ❶ (*barba, capelli*) to shave ❷ (*siepe*) to trim; (*prato*) to mow II. *vr:* **-rsi** (*barba, capelli*) to shave

raschiamento [ras·kia·'men·to] *m* MED curettage

raschiare [ras·'kia:·re] *vt* to scrape

rasentare [ra·zen·'ta:·re] *vt* (*sfiorare*) to graze; ~ **qc** to border on sth; **~ il ridicolo** fig to border on the ridiculous

rasente [ra·'zen·te] *prep* ~ (**a**) close to

rasi ['ra:·si] *1. pers sing pass rem di* **radere**

raso ['ra:·so] *m* satin

raso, -a I. *pp di* **radere** II. *adj* (*bicchiere*) full; (*cucchiaio*) level; **~ terra** *v.* **rasoterra**

rasoio [ra·'so:·io] <-oi> *m* razor

rasoterra [ra·so·'tɛr·ra] *adv* close to the ground

rassegna [ras·'seɲ·ɲa] *f* ❶ MIL inspection ❷ (*esame accurato*) review; **passare in ~ qc** fig to review sth ❸ (*elenco*) listing; **~ degli spettacoli** theater listings *pl* ❹ (*mostra*) exhibition; **~ cinematografica** film festival

rassegnare [ras·seɲ·'ɲa:·re] I. *vt* ~ **le dimissionii** to resign II. *vr* **-rsi a qc** to resign oneself to sth

rassegnazione [ras·seɲ·ɲat·'tsio:·ne] *f* resignation

rasserenare [ras·se·re·'na:·re] I. *vt* ❶ (*cielo*) to brighten up ❷ fig (*persona*) to cheer up II. *vr:* **-rsi** ❶ METEO to brighten up ❷ fig (*persona*) to cheer up; **-rsi in volto** to brighten

rassettare [ras·set·'ta:·re] I. *vt* (*stanza, casa*) to tidy II. *vr:* **-rsi** to tidy oneself up

rassicurare [ras·si·ku·'ra:·re] I. *vt* to reassure II. *vr:* **-rsi** to be reassured

rassicurazione [ras·si·ku·rat·'tsio:·ne] *f* reassurance

rassodare [ras·so·'da:·re] I. *vt* (*muscoli*) to firm up II. *vr:* **-rsi** (*muscoli*) to become firm

rassomigliare [ras·so·miʎ·'ʎa:·re] I. *vi* ~ **a qc** to resemble sth II. *vr:* **-rsi** to look like each other

rastrellamento [ras·trel·la·'men·to] *m* ❶ AGR raking ❷ MIL combing

rastrellare [ras·trel·'la:·re] I. *vt* AGR to rake ❷ MIL to comb

rastrelliera [ras·trel·'liɛ:·ra] *f* ❶ (*per fieno*) hayrack ❷ (*per biciclette*) bicycle rack

rastrello [ras·'trɛl·lo] *m* rake

rata ['ra:·ta] *f* installment; **pagare/comprare a -e** to pay for/buy sth in installments

rateale [ra·te·'a:·le] *adj* in installments

ratifica [ra·'ti:·fi·ka] <-che> *f* ratification

ratificare [ra·ti·fi·'ka:·re] *vt* to ratify

ratto ['rat·to] *m* ZOO rat

rattoppare [rat·top·'pa:·re] *vt a.* fig to patch up

rattrappirsi [rat·trap·'pi:·rsi] <rattrappisco> *vr* to become stiff

rattristare [rat·tris·'ta:·re] I. *vt* to sadden II. *vr:* **-rsi** to become sad

raucedine [rau·'tʃɛ:·di·ne] *f* hoarseness

rauco, -a ['ra:u·ko] <-chi, -che> *adj* hoarse

ravanello [ra·va·'nɛl·lo] *m* radish

Ravenna *f* Ravenna, *city in the Emilia-Romagna region*

ravennate [ra·ven·'na:·te] I. *mf* (*abitante*) person from Ravenna II. *adj* from Ravenna

ravioli [ra·'vio:·li] *mpl* ravioli

ravvedersi [rav·ve·'der·si] <irr> *vr* to become a reformed character

ravvicinamento [rav·vi·tʃi·na·'men·to] *m* ❶ (*tra partiti, paesi*) rapprochement ❷ fig (*tra coniugi*) reconciliation

R

ravvivare [rav·vi·'va:·re] I. *vt* (*fiamma, sentimento*) to rekindle II. *vr:* **-rsi** (*interesse*) to revive

raziocinio [rat·tsio·'tʃi:·nio] <-i> *m* ① (*ragione*) reason ② (*buon senso*) common sense

razionale [rat·tsio·'na:·le] *adj* ① (*persona, metodo*) rational ② (*architettura*) functional; (*alimentazione*) balanced ③ MATH rational

razionalista [rat·tsio·na·'lis·ta] <-i *m*, -e *f*> *mf* rationalist

razionalità [rat·tsio·na·li·'ta] <-> *f* ① (*facoltà*) common sense ② (*funzionalità*) functionality

razionalizzare [rat·tsio·na·lid·'dza:·re] *vt* to rationalize

razionalizzazione [rat·tsio·na·lid·dzat·'tsio:·ne] *f* rationalization

razionamento [rat·tsio·na·'men·to] *m* rationing

razionare [rat·tsio·'na:·re] *vt* to ration

razione [rat·'tsio:·ne] *f* ① (*quantità*) ration ② (*porzione*) share

razza[1] ['rat·tsa] *f* ① (*di uomini*) race ② (*di animali*) breed; **di ~ pura** thoroughbred ③ (*famiglia, stirpe*) family ④ *pej, fam* kind; **che ~ di uomo sei!** you're a real piece of work!

razza[2] ['rad·dza] *f* ZOO skate

razzia [rat·'tsi:·a] <-ie> *f* raid

razziale [rat·'tsia:·le] *adj* racial; **odio ~** racial hatred

R **razzismo** [rat·'tsiz·mo] *m* racism

razzista [rat·'tsis·ta] <-i *m*, -e *f*> *mf, adj* racist

razzo ['rad·dzo] *m* rocket

RC *f abbr di* **Rifondazione Comunista** Italian Communist party

re[1] [re] <-> *m a. fig* king

re[2] [re] <-> *m* MUS D

reagente [rea·'dʒɛn·te] *m* reagent

reagire [re·a·'dʒi:·re] <reagisco> *vi* to react

reale [re·'a:·le] I. *adj* ① (*di, da re*) royal; **aquila ~** golden eagle ② (*vero: oggetto, fatto*) real ③ (*effettivo: stipendio*) actual II. *m* reality

realismo [re·a·'liz·mo] *m* realism

realista [re·a·'lis·ta] <-i *m*, -e *f*> I. *mf* (*persona concreta*) realist II. *adj* realistic

realistico, -a [re·a·'lis·ti·ko] <-ci, -che> *adj* realistic

realizzabile [re·a·lid·'dza:·bi·le] *adj* feasible

realizzare [re·a·lid·'dza:·re] I. *vt* to realize II. *vr:* **-rsi** ① (*aspirazioni*) to come true ② (*come persona*) to find fulfillment

realizzazione [re·a·lid·dzat·'tsio:·ne] *f* realization

realizzo [re·a·'lid·dzo] *m* ① COM realization ② FIN proceeds *pl*

realmente [re·al·'men·te] *adv* really

realtà [re·al·'ta] <-> *f* reality; **in ~** really; **~ virtuale** TEL, COMPUT virtual reality

reame [re·'a:·me] *m* realm

reatino, -a [re·a·'ti:·no] I. *m, f* (*abitante*) person from Rieti II. *adj* from Rieti

reato [re·'a:·to] *m* crime; **corpo del ~** material evidence

reattivo, -a *adj* ① (*persona*) with it ② CHIM, EL reactive

reattore [re·at·'to:·re] *m* FIS reactor

reazionario, -a [re·at·tsio·'na:·rio] <-i, -ie> *adj, m, f* reactionary

reazione [re·at·'tsio:·ne] *f* ① (*gener*) reaction ② AERO **motore a ~** jet engine; **aereo a ~** jet

rebus ['rɛ:·bus] <-> *m* (*gioco*) rebus

recapitare [re·ka·pi·'ta:·re] *vt* to deliver

recapito [re·'ka:·pi·to] *m* (*indirizzo*) address

recare [re·'ka:·re] I. *vt* ① (*portare*) to bring ② (*avere su di sé*) to bear ③ (*causare*) to cause; **~ disturbo a qu** to inconvenience sb II. *vr:* **-rsi** to go

recedere [re·'tʃɛ:·de·re] <recedo, recedetti *o* recedei, receduto> *vi* GIUR *a. fig* to withdraw

recensione [re·tʃen·'sio:·ne] *f* review

recente [re·'tʃɛn·te] *adj* recent; **di ~** recently

recentemente [re·tʃen·te·'men·te] *adv* recently

reception [ri·'sep·ʃən] <- o recep·tions> f (di albergo) reception desk

recessione [re·tʃes·'sio:·ne] f COM recession

recesso [re·'tʃɛs·so] m (della mente) recess

recidere [re·'tʃi·de·re] <recido, recisi, reciso> vt to cut off

recintare [re·tʃin·'ta:·re] vt to fence off

recinto m ⓐ (spazio circoscritto) enclosure; (per animali) pen ⓑ (recinzione: di legno) fence; (di mattoni) wall

recinzione [re·tʃin·'tsio:·ne] f (di legno) fence; (di mattoni) wall

recipiente [re·tʃi·'pien·te] m container

reciprocità [re·tʃi·pro·tʃi·'ta] <-> f reciprocity

reciproco, -a <-ci, -che> adj reciprocal

recisi [re·'tʃi:·zi] 1. pers sing pass rem di **recidere**

reciso, -a [re·'tʃi:·zo] I. pp di **recidere** II. adj cut off

recita ['rɛ:·tʃi·ta] f (teatrale) performance; (di poesie) recital

recitare [re·tʃi·'ta:·re] I. vt ⓐ (poesia, lezioni, orazioni) to recite ⓑ THEAT, FILM to act; ~ una parte to play a part II. vi (fingere) to pretend

recitazione [re·tʃi·tat·'tsio:·ne] f ⓐ (interpretazione) delivery ⓑ (disciplina) acting

reclamare [re·kla·'ma:·re] vi ~ contro [o per] qc to complain about sth

réclame [re·'klam] <-> f ⓐ (pubblicità) advertising ⓑ (avviso pubblicitario) advertisement

reclamizzare [re·kla·mid·'dza:·re] vt to advertise

reclamo [re·'kla:·mo] m complaint; fare/sporgere ~ to complain; ufficio -i complaints department

reclinare [re·kli·'na:·re] vt (capo) to bow

reclusione [re·klu·'zio:·ne] f GIUR imprisonment

recluso, -a [re·'klu:·zo] I. adj secluded; GIUR imprisoned II. m, f prisoner

recluta ['rɛ:·klu·ta] f recruit

reclutamento [re·klu·ta·'men·to] m recruitment

reclutare [re·klu·'ta:·re] vt to recruit

recondito, -a [re·'kɔn·di·to] adj poet ⓐ (luogo) secluded ⓑ fig (pensieri) hidden

record ['rɛ:·kord] <-> m ⓐ SPORT record; battere un ~ to beat a record; ~ mondiale world record; a tempo di ~ in record time ⓑ COMPUT record

recriminare [re·kri·mi·'na:·re] vi ~ su qc to complain about sth

recriminazione [re·kri·mi·nat·'tsio:·ne] f complaint

redarguire [re·dar·gu·'i:·re] <redarguisco> vt to rebuke

redassi [re·'das·si] 1. pers sing pass rem di **redigere**

redatto [re·'dat·to] pp di **redigere**

redattore, -trice [re·dat·'to:·re] m, f ⓐ (di giornale, casa editrice) editor ⓑ (di atti, documenti) author

redazionale [re·dat·tsio·'na:·le] adj editorial

redazione [re·dat·'tsio:·ne] f ⓐ (stesura) writing; ~ di un documento drawing up of a document ⓑ (attività) editing ⓒ (team) editorial staff ⓓ (ufficio) editorial office

redditizio, -a [red·di·'tit·tsio] <-i, -ie> adj profitable

reddito ['rɛd·di·to] m income; ~ imponibile taxable income; ~ non imponibile non-taxable income

redditometro [red·di·'tɔ:·me·tro] m system used by the state for assessing income

redentore [re·den·'to:·re] m il ~ the Redeemer

redenzione [re·den·'tsio:·ne] f redemption

redigere [re·'di:·dʒe·re] <redigo, redassi, redatto> vt (scrivere) to draw up; ~ un verbale to draw up a record; ~ un articolo to write an article

redini ['rɛ:·di·ni] fpl reins pl

reduce ['rɛ:·du·tʃe] I. adj essere ~ da qc (guerra) to be back from sth; fig (in

R

fluenza) to have gone through sth
II. *mf* veteran

referendum [re·fe·'rɛn·dum] <-> *m*
GIUR referendum ② (*indagine*) survey

referenza [re·fe·'rɛn·tsa] *f* reference

referenziato, -a [re·fe·ren·'tsia·to] *adj* with references

referto [re·'fɛr·to] *m* MED report

refrattario, -a [re·frat·'ta·rio] <-i, -ie> *adj* (*materiale*) refractory

refrigerante [re·fri·dʒe·'ran·te] *adj* refrigerating

refrigerare [re·fri·dʒe·'ra·re] *vt* to refrigerate

refrigerio [re·fri·'dʒɛ·rio] <-i> *m* coolness; **~ dalla calura estiva** relief from the summer heat

refurtiva [re·fur·'ti·va] *f* loot

regalare [re·ga·'la·re] *vt* to give

regale [re·'ga·le] *adj* ① (*del re*) royal ② *fig* (*comportamento*) regal

regalo [re·'ga·lo] *m* present; **fare un ~ a qu** to give sb a present

regata [re·'ga·ta] *f* regatta

reggente [red·'dʒɛn·te] I. *mf* regent II. *f* LING main clause III. *adj* (*principe, sovrano*) reigning

reggenza [red·'dʒɛn·tsa] *f* regency

reggere [red·'dʒe·re] <reggo, ressi, retto> I. *vt* ① (*tenere*) to hold; (*sostenere*) to support; (*tenere fermo*) to hold still ② (*resistere a*) to deal with ③ (*governare*) to rule ④ LING to govern ⑤ (*sopportare: alcol, vino*) to take II. *vi* ① (*resistere*) to deal with ② (*durare: bel tempo*) to last; (*cibi*) to stay fresh III. *vr*: **-rsi** ① (*sostenersi*) to stand up; **-rsi a galla** to keep afloat ② (*attaccarsi*) to hold on

reggia ['rɛd·dʒa] <-gge> *f a. fig* palace

reggiano, -a [red·'dʒia·no] I. *m, f* (*abitante*) person from Reggio Emilia II. *adj* from Reggio Emilia

reggicalze [red·dʒi·'kal·tse] <-> *m* garter belt

reggimento [red·dʒi·'men·to] *m* MIL regiment

reggino, -a [red·'dʒi·no] I. *m, f* (*abi-*

tante) person from Reggio Calabria II. *adj* from Reggio Calabria

Reggio Calabria *f* Reggio Calabria, *city in Calabria*

Reggio Emilia *f* Reggio Emilia, *city in the Emilia-Romagna area*

regia [re·'dʒi·a] <-gie> *f* FILM, TV direction

regime [re·'dʒi·me] *m* ① POL regime ② (*regola di vita*) regime ③ TEC, MOT speed

regina [re·'dʒi·na] *f* queen

reginetta [re·dʒi·'net·ta] *f* **~ di bellezza** beauty queen

regionale [re·dʒo·'na·le] *adj* regional

regione [re·'dʒo·ne] *f* region

regista [re·'dʒis·ta] <-i *m*, -e *f*> *mf* director

registrare [re·dʒis·'tra·re] *vt* ① (*gener*) to record ② FIN (*entrate, uscite*) to enter ③ (*aumento, diminuzione*) to report

registratore [re·dʒis·tra·'to·re] *m* recorder; **~ di cassa** till; **~ di volo** flight recorder

registrazione [re·dʒis·trat·'tsio·ne] *f* ① (*di musica, spettacolo*) recording ② ADMIN (*di atto, società*) registration ③ (*in contabilità*) entry

registro [re·'dʒis·tro] *m* ① (*libro*) register ② TEC regulator

regnante [reɲ·'ɲan·te] I. *adj* reigning II. *mf* ruler

regnare [reɲ·'ɲa·re] *vi* to reign

regno ['reɲ·ɲo] *m* kingdom

regola ['rɛ·go·la] *f* ① (*norma*) rule; **di regola** as a rule ② (*ordine*) order; **essere in ~** to be in order; **mettere in ~** (*immigrato*) to regularize illegal workers

regolabile [re·go·'la:·bi·le] *adj* adjustable

regolamentare[1] [re·go·la·men·'ta·re] *adj* regulation; **tempi regolamentari** SPORT regulation (time)

regolamentare[2] *vt* to regulate

regolamentazione [re·go·la·men·tat·'tsio·ne] *f* regulations *pl*

regolamento [re·go·la·'men·to] *m* ① (*norme*) regulations *pl* ② (*sistema-*

zione: di questione) settling ③ (*di conto*) settlement; (*di debito*) repayment

regolare¹ [re·go·'la:·re] I. *vt* ① (*mettere a punto*) to adjust; (*orologio*) to set ② (*conto*) to settle; (*debito*) to repay II. *vr:* **-rsi** ① (*comportarsi*) to behave ② (*controllarsi*) to control oneself

regolare² *adj* ① LING, MATH regular ② (*a norma*) standard ③ (*velocità, andatura*) steady ④ (*superficie*) even

regolarità [re·go·la·ri·'ta] <-> *f* regularity

regolarizzare [re·go·la·rid·'dza:·re] *vt* ① (*posizione, immigrato*) to regularize ② (*conto*) to settle

regolarizzazione [re·go·la·rid·dzat·'tsio:·ne] *f* ① (*di posizione, immigrato*) regularization ② (*di conto*) settlement

regolata [re·go·'la:·ta] *f* TEC adjustment; **darsi una ~** *fig, fam* to pull oneself together

regolazione [re·go·lat·'tsio:·ne] *f* regulation

regredire [re·gre·'di:·re] <regredisco, regredii, regredito *o* regresso> *vi essere* to go backwards

regressione [re·gres·'sio:·ne] *f* regression

regressivo, -a [re·gres·'si:·vo] *adj a. fig* backwards

regresso¹ [re·'grɛs·so] *pp di* **regredire**

regresso² *m* ① MED regression ② *a. fig* decline

reincarnazione [re·iŋ·kar·nat·'tsio:·ne] *f* reincarnation

reinserimento [re·in·se·ri·'men·to] *m* reintegration

reinserire [re·in·se·'ri:·re] <reinserisco> I. *vt* (*persona, paziente*) to reinstate II. *vr:* **-rsi** (*in gruppo*) to reinstate oneself

reintegrare [re·in·te·'gra:·re] I. *vt* (*nella società*) to reintegrate; (*in una carica*) to reinstate II. *vr:* **-rsi** (*in gruppo, attività*) to reinstate oneself

reintegrazione [re·in·te·grat·'tsio:·ne] *f* reintegration

reinvestire [re·in·ves·'ti:·re] *vt* to reinvest

relativamente [re·la·ti·va·'men·te] *adv* relatively; **~ a qc** with reference to sth

relatività [re·la·ti·vi·'ta] <-> *f* relativity

relativizzare [re·la·ti·vid·'dza:·re] *vt* to view objectively

relativo, -a [re·la·'ti:·vo] *adj* ① (*pertinente*) relevant ② (*limitato*) relative ③ LING **pronome ~** relative pronoun

relatore, -trice [re·la·'to:·re] *m, f* speaker

relax [re·'laks] <-> *m* relaxation

relazione [re·lat·'tsio:·ne] *f* ① (*esposizione*) account ② (*rapporto tra persone*) relationship

relegare [re·le·'ga:·re] *vt* to relegate

religione [re·li·'dʒo:·ne] *f* religion

religioso, -a [re·li·'dʒo:·so] I. *adj a. fig* religious; **matrimonio ~** church wedding II. *m, f* monk *m*, nun *f*

reliquia [re·'li:·ku·ia] <-quie> *f* relic

relitto [re·'lit·to] *m a. fig* wreck

remare [re·'ma:·re] *vi* to row

reminiscenza [re·mi·niʃ·'ʃɛn·tsa] *f* reminiscence

remo ['rɛ:·mo] *m* oar

remoto, -a [re·'mɔ:·to] *adj* ① (*tempo, causa*) distant ② (*paese, località*) remote ③ LING **passato ~** past simple

renale [re·'na:·le] *adj* MED renal

rendere ['rɛn·de·re] <rendo, resi, reso> I. *vt* ① (*tornare indietro*) to return ② (*tributare*) **~ omaggio a qu** to pay homage to sb ③ (*esprimere*) to convey; **~ l'idea di qc** to give the idea of sth ④ (*far diventare*) to make ⑤ (*fruttare*) to earn II. *vr:* **-rsi** ① (*diventare*) to become ② (*sembrare*) to seem ③ (*loc*) **-rsi conto di qc** to realize sth

rendiconto [ren·di·'kon·to] *m* COM statement

rendimento [ren·di·'men·to] *m* ① (*di macchina, persona*) performance; **avere un buon ~** (*persona*) to do well ② (*reddito*) return

rendita ['rɛn·di·to] *f* income

rene ['rɛ:·ne] *m* kidney

reni ['rɛ:·ni] *fpl* back

R

renna ['rɛn·na] *f* ZOO reindeer

reparto [re·'par·to] *m* ❶ (*di azienda*) department ❷ (*di ospedale*) ward; ~ **psichiatrico** psychiatric ward

repellente [re·pel·'lɛn·te] *adj* repulsive

repentaglio [re·pen·'taʎ·ʎo] <-gli> *m* **mettere a** ~ to risk

repentino, -a [re·pen·'ti:·no] *adj* sudden

reperibile [re·pe·'ri:·bi·le] *adj* (*professore, medico*) contactable; (*prodotto, informazione*) available

reperimento [re·pe·ri·'men·to] *m* finding

reperire [re·pe·'ri:·re] <reperisco> *vt* to find

reperto [re·'pɛr·to] *m* ❶ (*archeologico*) find ❷ MED report

repertorio [re·per·'tɔ:·rio] <-i> *m* THEAT, MUS repertoire

replay [ri:·'plei] <-> *o* **replays** *m* TV, SPORT action replay

replica ['rɛ:·pli·ka] <-che> *f* ❶ (*risposta*) answer ❷ THEAT repeat performance ❸ TV, RADIO repeat

replicare [re·pli·'ka:·re] *vt* ❶ (*rispondere*) to say something in reply; (*obiettare*) to make an objection ❷ (*ripetere: impresa, iniziativa*) to repeat ❸ (*spettacolo*) to perform again; (*trasmissione*) to show again

reportage [ra·pɔr·'taʒ] <-> *m* report

repressi [re·'prɛs·si] *1. pers sing pass rem di* **reprimere**

repressione [re·pres·'sio:·ne] *f* repression

repressivo, -a [re·pres·'si:·vo] *adj* repressive

represso, -a [re·'prɛs·so] *adj* (*emozioni*) repressed

reprimere [re·'pri:·me·re] <reprimo, repressi, represso> I. *vt* to repress II. *vr:* **-rsi** to keep a grip on oneself

repubblica [re·'pub·bli·ka] <-che> *f* republic

repubblicano, -a [re·pub·bli·'ka:·no] *adj, m, f* republican

repulsione [re·pul·'sio:·ne] *f a. fig* repulsion

reputare [re·pu·'ta:·re] I. *vt* to consider II. *vr:* **-rsi** to consider oneself

reputazione [re·pu·tat·'tsio:·ne] *f* reputation

requisire [re·kui·'zi:·re] <requisisco> *vt* to requisition

requisito [re·kui·'zi:·to] *m* requirement

requisitoria [re·kui·zi·'tɔ:·ria] <-ie> *f* GIUR prosecution's closing argument

resa ['re:·sa] *f* ❶ MIL surrender ❷ (*restituzione*) return ❸ (*rendimento*) performance ❹ (*loc*) ~ **dei conti** *a. fig* day of reckoning

rescissione [reʃ·ʃis·'sio:·ne] *f* annulment

resettaggio [re·set·'tad·dʒo] <-ggi> *m* COMPUT reset

resettare [re·set·'ta:·re] *vi* COMPUT to reset

resi ['re:·si] *1. pers sing pass rem di* **rendere**

residence ['rɛ:·zi·dəns] <-> *m* building offering fully-equipped and serviced apartments for medium- to long-term rents

residente [re·si·'dɛn·te] *adj, mf* resident

residenza [re·si·'dɛn·tsa] *f* residence

residenziale [re·si·den·'tsia:·le] *adj* residential

residuo [re·'si:·duo] *m* ❶ gener remainder ❷ (*di sostanza*) residue

residuo, -a *adj* remaining

resina ['rɛ:·zi·na] *f* resin

resistei [re·sis·'te:·i] *1. pers sing pass rem di* **resistere**

resistente [re·sis·'tɛn·te] *adj* resistant; (*materiale, tessuto, legno*) durable; ~ **al calore** heat-resistant; ~ **all'acqua** waterproof

resistenza [re·sis·'tɛn·tsa] *f* ❶ (*gener*) resistance; **opporre** ~ to put up a fight ❷ (*energia*) stamina ❸ HIST **la Resistenza** the Resistance

resistere [re·'sis·te·re] <resisto, resistei *o* resistetti, resistito> *vi* ❶ (*opporsi*) ~ **a qu/qc** to resist sb/ sth ❷ (*sopportare*) ~ **a qc** to put up with sth; **resisti!** hang on in there!

reso, -a I. *pp di* **rendere** II. *adj* returned

resoconto [re·so·ˈkon·to] *m* account

respingente [res·pin·ˈdʒɛn·te] *m* bumper

respingere [res·ˈpin·dʒe·re] <irr> ① (*nemico, aggressore*) to repel ② (*regalo*) to return; (*proposta*) to reject; (*accusa*) to deny ③ (*bocciare*) to fail ④ SPORT to ward off

respirare [res·pi·ˈraː·re] I. *vi* to breathe; ~ **col naso** to breathe through one's nose; ~ **a pieni polmoni** to take deep breaths II. *vt* to breathe

respiratore [res·pi·ra·ˈtoː·re] *m* ① (*per sub*) breathing apparatus ② MED respirator

respiratorio, -a [res·pi·ra·ˈtɔː·rio] <-i, -ie> *adj* breathing

respirazione [res·pi·rat·ˈtsio·ne] *f* breathing; ~ **artificiale** artificial respiration

respiro [res·ˈpiː·ro] *m* ① (*il respirare*) breathing; **da togliere il** ~ breathtaking ② (*singolo atto*) breath

responsabile [res·pon·ˈsaː·bi·le] I. *adj* responsible; **essere** ~ **di qc** to be in charge of sth II. *mf* person in charge

responsabilità [res·pon·sa·bi·li·ˈta] <-> *f* (*consapevolezza*) responsibility

responsabilizzare [res·pon·sa·bi·lid·ˈdzaː·re] I. *vt* ~ **qu** to make sb aware of his [*o* her] responsibilities II. *vr:* **-rsi** to become aware of one's responsibilities

responso [res·ˈpon·so] *m* (*di giuria, commissione*) verdict

ressa [ˈrɛs·sa] *f* crowd

ressi [ˈrɛs·si] *1. pers sing pass rem di* **reggere**

restare [res·ˈtaː·re] *vi* essere ① (*continuare a stare*) to remain; ~ **in piedi/ seduto** to remain standing/seated; ~ **indietro** *a. fig* to get behind ② (*avanzare*) to be left

restaurare [res·tau·ˈraː·re] *vt* to restore

restauratore, -trice [res·tau·ra·ˈtoː·re] *m, f* restorer

restauro [res·ˈtau·ro] *m* restoration

restio, -a [res·ˈtiː·o] <-ii, -ie> *adj* (*riluttante*) reluctant

restituire [res·ti·tu·ˈiː·re] <restituisco> *vt* (*gener*) to give back; (*soldi*) to refund

restituzione [res·ti·tut·ˈtsio·ne] *f* (*gener*) return; (*di soldi*) refund

resto [ˈrɛs·to] *m* ① (*di tempo, oggetti, persone*) rest ② (*in denaro*) change ③ *pl* (*di monumenti*) remains *pl* ④ *pl* (*di cibo*) leftovers *pl* ⑤ (*loc*) **del** ~ besides

restringere [res·ˈtrin·dʒe·re] <irr> I. *vt* ① (*abito*) to take in ② *fig* (*campo d'azione*) to limit II. *vr:* **-rsi** ① (*diventar stretto: strada*) to narrow ② (*stoffa*) to shrink

restrittivo, -a [res·trit·ˈtiː·vo] *adj* restrictive

restrizione [res·trit·ˈtsio·ne] *f* restriction

retata [re·ˈtaː·ta] *f fig* (*di persone*) roundup

rete [ˈreː·te] *f* ① (*di filo*) net ② (*di letto*) base of the bed ③ (*stradale, commerciale*) network; ~ **di distribuzione** distribution network; ~ **stradale** road network ④ COMPUT network; **essere in Rete** to be on the Internet; **accesso alla** ~ Internet access ⑤ TV channel

reticente [re·ti·ˈtʃɛn·te] *adj* reticent

reticolato [re·ti·ko·ˈlaː·to] *m* ① (*di linee, strade*) grid ② (*metallico*) chainlink fence

R

retina [ˈreː·ti·na] *f* ANAT retina

retorica [re·ˈtɔː·ri·ka] <-che> *f* rhetoric

retorico, -a [re·ˈtɔː·ri·ko] <-ci, -che> *adj* LETT rhetorical

retribuire [re·tri·bu·ˈiː·re] *vt* see over **retro**¹ [ˈrɛː·tro] *adv* **vedi** ~ see over

retro² *m* back; **sul** ~ on the back

retroattivo, -a [re·tro·at·ˈtiː·vo] *adj* retroactive

retrocedere [re·tro·ˈtʃɛː·de·re] <retrocedo, retrocessi, retrocesso> I. *vi essere* ① (*indietreggiare*) to move back ② SPORT to be relegated II. *vt avere* ① SPORT to relegate ② MIL to demote

retrocessione [re·tro·tʃes·'sio·ne] f ① SPORT relegation ② MIL demotion

retrocedere [re·tro·'tʃɛs·so] pp di **retro-cedere**

retrodatare [re·tro·da·'ta·re] vt to backdate

retrogrado, -a [re·'trɔ:·gra·do] I. adj (persone, idee) backward looking II. m, f backward looking person

retroguardia [re·tro·'guar·dia] f rear-guard

retromarcia [re·tro·'mar·tʃa] <-ce> f ① (rapporto) reverse gear ② (movimento) reverse; **fare ~** fig to change one's mind

retroscena [re·troʃ·'ʃɛ:·na] <-> m ① THEAT backstage ② pl, fig behind-the-scenes goings-on

retrospettiva [re·troc·spet·'ti·va] f retrospective

retrospettivo, -a [re·tro·spet·'ti·vo] adj **mostra -a** retrospective

retrostante [re·tros·'tan·te] adj at the back

retrovisore [re·tro·vi·'zo:·re] m rear-view mirror

retta ['rɛt·ta] f ① (di convitto, pensionato) charge ② MATH straight line ③ (loc) **dar ~ a qu** to pay attention to sb

rettangolare [ret·taŋ·go·'la:·re] adj rectangular

rettangolo [ret·'taŋ·go·lo] I. adj right-angled II. m MATH rectangle

rettifica [ret·'tːi:·fi·ka] <-che> f (correzione) correction

rettificare [ret·ti·fi·'ka:·re] vt (correggere) to correct

rettile ['rɛt·ti·le] m reptile

rettilineo, -a adj straight

rettitudine [ret·ti·'tu:·di·ne] f rectitude

retto, -a I. pp di **reggere** II. adj (gener) straight; **angolo ~** right angle

rettore [ret·'to:·re] <-trice> m, f chancellor

reumatico, -a [reu·'ma:·ti·ko] <-ci, -che> adj rheumatic

reumatismo [reu·ma·'tiz·mo] m rheumatism

reverendo [re·ve·'rɛn·do] m priest

reverenziale [re·ve·ren·'tsia:·le] adj reverential

reversibile [re·ver·'si:·bi·le] adj ① (processo) reversible ② (pensione) reversionary

reversibilità [re·ver·si·bi·li·'ta] <-> f ① (gener) reversibility ② (di pensione) reversion

revisionare [re·vi·zio·'na:·re] vt ① (testo, documento) to check ② TEC to overhaul ③ (conti) to audit

revisione [re·vi·'zio:·ne] f ① checking ② TEC overhaul ③ (dei conti) audit

revisore [re·vi·'zo:·re] m, f checker; **~ dei conti** auditor

revoca ['rɛ:·vo·ka] <-che> f revocation

revocare [re·vo·'ka:·re] vt to revoke

ri- [ri] (in parole composte) re-; (di nuovo) re-

riabilitare [ri·a·bi·li·'ta:·re] I. vt to rehabilitate II. vr: **-rsi** to rehabilitate oneself

riabilitazione [ri·a·bi·li·tat·'tsio:·ne] f MED rehabilitation

rialzare [ri·al·'tsa:·re] I. vt avere ① (alzare di nuovo) to pick up again ② fig (testa) to lift up again ③ (muro, edificio) to raise ④ (prezzi) to increase II. vr: **-rsi** ① (risollevarsi) to get back up again ② fig (riprendersi) to get back on one's feet

rialzato, -a [ri·al·'tsa:·to] adj **piano ~** mezzanine

rialzo [ri·'al·tso] m ① (dei prezzi) increase ② (in borsa) rise ③ (loc) **giocare al ~** (in borsa) to force up the price

rianimare [ri·a·ni·'ma:·re] I. vt MED to resuscitate II. vr: **-rsi** ① (riprendere forza) to come around ② fig (riprendere coraggio) to take heart ③ fig (luogo) to come alive again

rianimazione [ri·a·ni·mat·'tsio:·ne] f MED resuscitation; **reparto (di) ~** intensive care unit

riapertura [ri·a·per·'tu:·ra] f reopening

riaprire [ri·a·'pri:·re] <irr> vt, vr: **-rsi** to reopen

riarmo [ri·'ar·mo] m **corsa al ~** arms race

riassetto [ri·as·'sɛt·to] m reorganization

riassorbimento [ri·as·sor·bi·'men·to] *m* ❶ *(di liquidi)* reabsorption ❷ *fig (di dipendenti)* new intake

riassumere [ri·as·'su:·me·re] <irr> *vt* ❶ *(operaio)* to re-employ ❷ *(riepilogare)* to recap

riassunto [ri·as·'sun·to] *m* summary

riassunto, -a *pp di* **riassumere**

riattivare [ri·at·ti·'va:·re] *vt* ❶ *(processo, rapporto, servizio)* to reactivate ❷ MED to stimulate

riavere [ri·a·'ve:·re] <irr> I. *vt* ❶ *(libri, soldi)* to get back II. *vr:* **-rsi** *fig (riprendere i sensi)* to come around

riavvolgimento [ri·av·vol·dʒi·'men·to] *m* FILM, MUS rewinding

ribadire [ri·ba·'di:·re] <ribadisco> *vt* to confirm

ribalta [ri·'bal·ta] *f* ❶ THEAT footlights *pl* ❷ *(loc)* **tornare alla ~** to make a comeback

ribaltabile [ri·bal·'ta·bi·le] *adj (sedile)* reclining

ribaltare [ri·bal·'ta:·re] I. *vt* ❶ *(capovolgere)* to tip over ❷ *fig (governo, decisione)* to overturn; *(situazione, risultato)* to reverse II. *vr:* **-rsi** ❶ *(auto, autocarro)* to overturn ❷ *(situazione, tendenza)* to reverse

ribassare [ri·bas·'sa:·re] I. *vt avere (prezzo)* to lower II. *vi essere* to come down

ribasso [ri·'bas·so] *m* ❶ *(di prezzi)* fall ❷ *(in borsa)* **essere in ~** to be down

ribattere [ri·'bat·te·re] *vt* ❶ *(palla)* to return ❷ *(posizioni, affermazioni)* to refute ❸ *(replicare)* to reply

ribellarsi [ri·bel·'lar·si] *vr* **~ a qu/qc** to rebel against sb/sth

ribelle [ri·'bɛl·le] I. *adj* ❶ *(popolazione, villaggio)* rebel ❷ *(animo)* rebellious II. *mf* rebel

ribellione [ri·bel·'lio:·ne] *f* rebellion

ribes ['ri:·bes] <-> *m* currant

ribrezzo [ri·'bred·dzo] *m (repulsione)* revulsion; **fare ~** to disgust

ributtante [ri·but·'tan·te] *adj* disgusting

ricadere [ri·ka·'de:·re] <irr> *vi essere* ❶ *(cadere di nuovo)* to fall down again;

fig; **~ in qc** to fall back into sth ❷ *(compito, responsabilità)* to fall on

ricaduta [ri·ka·'du:·ta] *f* MED relapse

ricalcare [ri·kal·'ka:·re] *vt (disegno)* to trace

ricalcitrante [ri·kal·tʃi·'tran·te] *adj* recalcitrant

ricalcolare [ri·kal·ko·'la:·re] *vt (lunghezza, peso, tragitto)* to recalculate

ricamare [ri·ka·'ma:·re] *vt a. fig* to embroider

ricambiare [ri·kam·'bia:·re] *vt avere (favore, invito)* to return; *(auguri)* to reciprocate

ricambio [ri·'kam·bio] <-i> *m* ❶ *(rinnovamento: di personale)* turnover ❷ *(di scorta)* **di ~** spare; **pezzo di ~** spare part

ricamo [ri·'ka:·mo] *m* ❶ *(lavoro)* piece of embroidery ❷ *(operazione)* embroidery

ricandidarsi [ri·kan·di·'dar·si] *vr* to run again

ricapitolare [ri·ka·pi·to·'la:·re] *vt* to recap

ricarica [ri·'ka:·ri·ka] <-che> *f* ❶ *(di cellulare)* top up; *(operazione)* topping up ❷ *(di biro, stampante)* refill; *(operazione)* refilling

ricaricabile *adj (batteria)* rechargeable; **carta ~** prepaid card; **cellulare con carta ~** prepaid cell phone

ricaricare [ri·ka·ri·'ka:·re] *vt* ❶ *(fucile)* to reload ❷ *(batteria)* to recharge ❸ *(orologio)* to wind up again ❹ *(bombole, accendini)* to refill

ricattare [ri·kat·'ta:·re] *vt* to blackmail

ricatto [ri·'kat·to] *m* blackmail

ricavare [ri·ka·'va:·re] *vt (guadagnare)* to make

ricavato [ri·ka·'va:·to] *m (somma)* proceeds *pl*

ricavo [ri·'ka:·vo] *m* COM proceeds *pl*

ricchezza [rik·'ket·tsa] *f* ❶ *(gener)* wealth ❷ *(di luogo, colore)* richness ❸ *(di doni, risorse)* abundance

riccio ['rit·tʃo] <-cci> *m* ❶ ZOO. hedgehog; **chiudersi come un ~** *fig* to clam up like an oyster ❷ *(di castagna)* chestnut husk ❸ *(di capelli)* curl

R

riccio, -a <-cci, -cce> *adj* ❶ (*capelli*) curly ❷ **insalata -a** curly leafed lettuce

ricciolo [rit·'tʃɔː·lo] *m* curl

ricco, -a ['rik·ko] <-cchi, -cche> **I.** *adj* ❶ rich; **~ sfondato** filthy rich ❷ (*abbondante*) vast; **~ di qc** (*risorse, informazioni*) full of sth **II.** *m, f* wealthy person

ricerca [ri·'tʃer·ka] <-che> *f* ❶ (*di lavoro, di colpevole, di cause*) search; **andare alla ~ di qc/qu** to go looking for sth/sb; **motore di ~** COMPUT search engine ❷ SCIENT research; **dottorato di ~** PhD ❸ (*indagine*) investigation; **~ di mercato** market research ❹ (*a scuola*) research

ricercato, -a [ri·tʃer·'ka:·to] **I.** *adj* ❶ (*apprezzato: persona, locale*) popular ❷ (*affettato: persona, modi*) affected ❸ (*raffinato: maniere, stile, design*) tasteful **II.** *m, f* wanted person

ricercatore, -trice [ri·tʃer·ka·'to:·re] *m, f* researcher

ricetta [ri·'tʃet·ta] *f* ❶ (*di cucina*) recipe ❷ (*del medico*) prescription

ricettario [ri·tʃet·'ta:·rio] <-i> *m* ❶ MED prescription pad ❷ (*di cucina*) recipe book

ricettatore, -trice [ri·tʃet·ta·'to:·re] *m, f* receiver of stolen goods

ricettività [ri·tʃet·ti·vi·'ta] <-> *f* ❶ (*gener*) receptivity ❷ (*di luogo, di albergo*) accommodation

ricettivo, -a [ri·tʃet·'ti:·vo] *adj* (*gener*) receptive

ricevere [ri·'tʃe:·ve·re] **I.** *vi* (*medico, professore*) to receive patients **II.** *vt* ❶ (*ospiti, regalo, lettera*) to receive ❷ RADIO, TEL to pick up

ricevimento [ri·tʃe·vi·'men·to] *m* reception

ricevitoria [ri·tʃe·vi·to·'ri:·a] <-ie> *f* outlet

ricevuta [ri·tʃe·'vu:·ta] *f* receipt; **~ fiscale** receipt for tax purposes; **raccomandata con ~ di ritorno** certified letter with return receipt

ricezione [ri·tʃet·'tsio:·ne] *f* (*di onde*) reception

richiamare [ri·kia·'ma:·re] **I.** *vt* ❶ (*chiamare di nuovo*) to call again ❷ (*per far tornare*) to call back ❸ MIL to recall ❹ (*attrarre: turisti, folla*) to attract; **~ l'attenzione di qu su qc** to call sb's attention to sth ❺ (*sgridare*) to reprimand **II.** *vr* **-rsi a qc** (*riferirsi*) to refer to sth

richiamo [ri·'kia:·mo] *m* ❶ (*invito al ritorno*) recall ❷ (*invito: a dovere, obbedienza*) call ❸ (*attrazione*) attraction ❹ (*fascino: di luoghi, persone*) charm ❺ MED (*vaccinazione*) booster

richiedente [ri·kie·'dɛn·te] *mf* applicant

richiedere [ri·'kiɛː·de·re] <irr> *vt* ❶ (*chiedere di nuovo*) to ask again ❷ (*con fermezza*) to request ❸ ADMIN (*documenti*) to apply for ❹ (*necessitare*) to require ❺ (*parere*) to ask for ❻ (*per farsi restituire*) to request the return of

richiesta [ri·'kiɛs·ta] *f* ❶ (*domanda*) request ❷ ADMIN (*di documento*) application ❸ (*di compenso*) charge ❹ (*esigenza*) necessity; **a ~ (di)** on (sb's) request

richiesto, -a [ri·'kiɛs·to] *pp di* **richiedere**

riciclabile [ri·tʃi·'kla·bi·le] *adj* recyclable

riciclaggio [ri·tʃi·'klad·dʒo] <-ggi> *m* ❶ (*di rifiuti, materiali*) recycling ❷ (*di denaro sporco*) money laundering

riciclare [ri·tʃi·'kla:·re] *vt* ❶ (*gener*) to recycle ❷ (*denaro sporco*) to launder

riciclato, -a [ri·tʃi·'kla:·to] *adj* recycled

ricino ['ri:·tʃi·no] *m* castor-oil plant

ricognizione [ri·kon·ɲit·'tsio:·ne] *f* a. scherz reconnaissance

ricollegare [ri·kol·le·'ga:·re] **I.** *vt* ❶ (*collegare di nuovo*) to reconnect ❷ fig (*ragionamenti, concetti*) to connect **II.** *vr* **-rsi** (*riferirsi: a discorso*) **-rsi a qu/qc** to refer to sth/sb

ricolmo, -a [ri·'kol·mo] *adj* full

ricominciare [ri·ko·min·'tʃa:·re] **I.** *vt* avere to start again **II.** *vi* essere to start again; **si ricomincia!** *fam* we're off again!

ricomparsa [ri·kom·'par·sa] *f* (*di malattie*) reappearance

ricompensa [ri·kom·'pɛn·sa] *f* reward

ricompensare [ri·kom·pen·'sa:·re] *vt* to reward

riconciliare [ri·kon·tʃi·'lia:·re] I. *vt* (*persone*) to reconcile II. *vr:* **-rsi** to be reconciled

riconciliazione [ri·kon·tʃi·liat·'tsio:·ne] *f* reconciliation

ricondotto *pp di* **ricondurre**

riconducibile [ri·kon·du·'tʃi:·bi·le] *adj* ~ **a** related to

ricondurre [ri·kon·'dur·re] <irr> *vt* to take back; ~ **qu alla ragione** to bring sb back to his [*o* her] senses

riconferma [ri·kon·'fer·ma] *f* ① (*di incarico*) reappointment ② (*nuova conferma*) confirmation; (*dimostrazione, prova*) proof

riconfermare [ri·kon·fer·'ma:·re] I. *vt* ① (*notizia, informazione*) to reconfirm ② (*in un incarico*) to reappoint II. *vr:* **-rsi** (*campione*) to prove oneself again

ricongiungere [ri·kon·'dʒun·dʒe·re] <irr> I. *vt* (*famiglie*) to reunite II. *vr:* **-rsi**; **-rsi a qu** to rejoin sb

riconobbi *1. pers sing pass rem di* **riconoscere**

riconoscente [ri·ko·noʃ·'ʃɛn·te] *adj* grateful

riconoscenza [ri·ko·noʃ·'ʃɛn·tsa] *f* gratitude

riconoscere [ri·ko·'noʃ·ʃe·re] <irr> I. *vt* ① (*persona, oggetto*) to recognize; ~ **qu dalla voce** to recognize sb by his [*o* her] voice ② (*distinguere*) to distinguish ③ (*ammettere: errori*) to admit ④ (*considerare: colpevole*) to find ⑤ (*Stato, ente*) to recognize; (*figlio*) to acknowledge II. *vr:* **-rsi** (*identificarsi*) **-rsi in qc/qu** to identify with sth/sb

riconoscibile [ri·ko·noʃ·'ʃi:·bi·le] *adj* recognizable

riconoscimento [ri·ko·noʃ·ʃi·'men·to] *m* ① (*identificazione*) identification ② (*di figlio*) acknowledgement; (*di Stato, titolo*) recognition ③ (*di colpa, di errore*) admission

riconosciuto [ri·ko·noʃ·'ʃu:·to] *pp di* **riconoscere**

riconquista [ri·kon·'kuis·ta] *f* reconquest

riconquistare [ri·kon·kuis·'ta:·re] *vt* ① (*territorio*) to reconquer ② (*fiducia, speranza*) to regain

riconversione [ri·kon·ver·'sio:·ne] *f* (*di industria*) reorganization

ricoperto *pp di* **ricoprire**

ricoprire [ri·ko·'pri:·re] <irr> I. *vt* ① (*coprire di nuovo*) to re-cover ② (*mobili, poltrone*) to cover ③ *fig* (*colmare*) ~ **qu di qc** to shower sb/sth with sth ④ ADMIN (*carica*) to hold II. *vr:* **-rsi di qc** to cover oneself with sth; (*bolle, macchie*) to be covered in sth

ricordare [ri·kor·'da:·re] I. *vt* ① (*serbare memoria di*) ~ **qu/qc** to remember sb/sth ② (*richiamare alla memoria*) ~ **a qu qc/qu** to remind sb of sth/sb ③ (*far presente*) ~ **qc a qu** to remind sb about sth ④ (*assomigliare*) ~ **qu a qu** to remind sb of sb ⑤ (*citare*) to mention ⑥ (*commemorare*) to commemorate II. *vr:* **-rsi** (*serbare memoria di*) **-rsi di qu/qc** to remember sb/sth

ricordo [ri·'kor·do] *m* ① (*di persona, periodo*) memory; **serbare un buon ~ di qu/qc** to have happy memories of sb/sth ② (*di un viaggio*) souvenir; (*di persona morta*) memento; **per ~** as a memento

ricorrenza [ri·kor·'rɛn·tsa] *f* (*festività*) holiday; (*anniversario*) anniversary

ricorrere [ri·'kor·re·re] <irr> *vi essere* ① (*rivolgersi*) ~ **a qu** to turn to sb ② (*servirsi*) ~ **a qc** to use sth ③ (*festa, anniversario*) to take place ④ (*ripetersi: evento, fenomeno*) to recur ⑤ (*comparire: parola*) to appear

ricorso [ri·'kor·so] *m* ① GIUR appeal ② (*loc*) **fare ~ a qu/qc** to turn to sb/ sth

ricostituente [ri·kos·ti·tu·'ɛn·te] *adj, m* tonic

ricostituire [ri·kos·ti·tu·'i:·re] <ricostituisco> I. *vt* to re-form II. *vr:* **-rsi** to re-form

R

ricostruire [ri·kos·tru·ˈiːˑre] <ricostruiˑsco> vt ① (gener) to rebuild ② (fatti, eventi) to reconstruct

ricostruzione [ri·kos·trutˈtsioːˑne] f ① (di paese, economia) rebuilding ② (di fatti, trama) reconstruction

ricotta [ri·ˈkotˑta] f soft cheese made from sheep's milk

ricoverare [ri·ko·ve·ˈraːˑre] vt (in ospedale) to admit

ricovero [ri·ˈkoːˑveˑro] m ① (in ospedale) admission; ~ d'urgenza emergency admission ② (istituto) institution; (per anziani) old people's home ③ fig (rifugio) refuge

ricreare [ri·kre·ˈaːˑre] I. vt ① (ristabilire) to restore ② (creare di nuovo) to recreate II. vr: -rsi ① (divertirsi) to enjoy oneself ② (situazione, atmosfera) to be recreated

ricreazione [ri·kre·atˈtsioːˑne] f ① (intervallo) break ② (svago) entertainment

ricredersi [ri·ˈkreːˑderˑsi] vr -rsi su qc/qu to change one's mind about sth/sb

ricuperare [ri·ku·pe·ˈraːˑre] vt ① (documenti, portafoglio) to get back; (salute, vista, parola, forze) to regain ② (tempo) to make up ③ (carcerato, tossicodipendente) to rehabilitate ④ SPORT (in una partita) to add on ⑤ (materiali, dati) to recover

ricupero [ri·ˈkuːˑpeˑro] m ① (riacquisto) recovery ② (ricostruzione) renovation ③ (di carcerato) rehabilitation ④ SPORT overtime

ridacchiare [ri·dak·ˈkiaːˑre] vi to snicker

ridare [ri·ˈdaːˑre] <irr> vt ① (dare di nuovo) to give again ② (rifare: esami) to retake ③ (restituire) to give back

ridarella [ri·da·ˈrelˑla] f fam giggles pl

ridere [ˈriːˑdeˑre] <rido, risi, riso> vi ① to laugh; ~ fino alle lacrime to laugh until one cries; far ~ i polli fam to make everybody laugh; ma non farmi ~! fam don't make me laugh!; ride bene chi ride ultimo prov he who laughs last laughs longest prov ② (burlarsi) ~ di qc to laugh at sth

ridetti 1. pers sing pass rem di **ridare**

ridetto pp di **ridire**

ridico 1. pers sing pr di **ridire**

ridicolizzare [ri·di·ko·lidˈdzaːˑre] vt to ridicule

ridicolo, -a adj ridiculous

ridiedi 1. pers sing pass rem di **ridare**

ridimensionare [ri·di·men·sio·ˈnaːˑre] I. vt ① (industria) to downsize ② (fatti, importanza) to put into perspective II. vr: -rsi (ambizioni, pretese) to become more realistic

ridire [ri·ˈdiːˑre] <irr> vt ① (dire di nuovo) to repeat ② (criticare) avere qc da ~ su qc/qu to object to sth/sb

ridissi 1. pers sing pass rem di **ridire**

ridondante [ri·don·ˈdanˑte] adj bombastic

ridosso [ri·ˈdɔsˑso] m a ~ di behind

ridotto, -a I. pp di **ridurre** II. adj (prezzi, biglietto) discounted; **prezzo ~** cut-price

ridurre [ri·ˈdurˑre] <riduco, ridussi, ridotto> I. vt ① (gener) to reduce ② (far diventare) ~ al silenzio to silence; ~ alla disperazione to drive to despair ③ (costringere) essere ridotto a fare qc to be reduced to doing sth II. vr: -rsi ① (diventare) to be reduced ② (diminuire) to decrease

riduzione [ri·dutˈtsioːˑne] f ① (di prezzi, tasse) reduction ② THEAT, FILM adaptation

riedizione [ri·e·ditˈtsioːˑne] f ① (ristampa) new edition ② THEAT revival; (film) re-release

rieducazione [ri·e·du·katˈtsioːˑne] f (di ragazzo) re-education; (di detenuto, condannato) rehabilitation

rielaborare [ri·e·la·bo·ˈraːˑre] vt ① (progetto, testo) to rework ② fig (idee, convinzioni) to rethink

rieleggere [ri·e·ˈlɛdˑdʒeˑre] <irr> vt to re-elect

riemergere [ri·e·ˈmɛrˑdʒeˑre] <irr> vi essere a. fig to re-emerge

riempire [ri·em·ˈpiːˑre] I. vt ① (bicchiere, sacco) to fill ② (modulo) to fill in ③ (loc) ~ qu di gioia to fill sb with joy II. *vr:* **-rsi** ❶ (*mangiare troppo*) **-rsi di qc** *fam* to stuff oneself with sth; **-rsi lo stomaco di qc** to eat sth ❷ (*diventare pieno*) **-rsi di qc** to fill with sth; (*di brufoli, macchie*) to be covered in sth

rientranza [ri·en·'tran·tsa] *f* (*di superficie*) recess

rientrare [ri·en·'tra:·re] *vi essere* ❶ (*entrare di nuovo*) to come [*o* go] back in ❷ (*tornare*) to return; (*a casa*) to come [*o* go] home ❸ (*piegarsi in dentro*) to recede ❹ (*fare parte*) **~ in qc** to be part of sth

rientro [ri·'en·tro] *m* (*da viaggio, vacanze*) return

riepilogare [ri·e·pi·lo·'ga:·re] *vt* to summarize

riepilogo [ri·e·'pi:·lo·go] <-ghi> *m* summary

riesco *1. pers sing pr di* **riuscire**

riesumare [ri·e·zu·'ma:·re] *vt* (*cadavere*) to exhume

Rieti *f* Rieti, *city in the Lazio region*

rietino, -a I. *adj* from Rieti II. *m, f* (*abitante*) person from Rieti

rievocare [ri·e·vo·'ka:·re] *vt* to remember

rievocazione [ri·e·vo·kat·'tsio:·ne] *f* (*storica*) commemoration

rifacimento [ri·fa·tʃi·'men·to] *m* ❶ (*di palazzo, edificio*) reconstruction ❷ (*di opera, film*) remake

rifare [ri·'fa:·re] <irr> I. *vt* ❶ (*gener*) to do again; **~ la strada** to retrace one's steps ❷ (*esame*) to retake; (*compito*) to redo ❸ (*stanza*) to clean; (*letto*) to make II. *vr:* **-rsi** ❶ (*diventare nuovamente*) to become again ❷ (*loc*) **~ una vita** to rebuild one's life; **~ la bocca** [*o* **il seno**] to have one's mouth [*o* breasts] redone

riferimento [ri·fe·ri·'men·to] *m* reference; **fare ~ a** to refer to; **punto di ~** reference point

riferire [ri·fe·'ri:·re] <riferisco> I. *vt* (*riportare*) to report II. *vi* (*presentare una relazione*) **~ su qc** to report on sth III. *vr:* **-rsi**; **-rsi a qc** (*fare riferimento*) to refer to sth; (*alludere*) to allude to sth

rifilare [ri·fi·'la:·re] *vt* ❶ *fam* (*affibbiare*) **~ qc a qu** to land sb with sth ❷ *fam* (*vendere*) to palm off

rifinire [ri·fi·'ni:·re] *vt* to add the finishing touches to

rifinitura [ri·fi·ni·'tu:·ra] *f* ❶ (*perfezionamento*) finishing touch ❷ (*guarnizione: di tessuto*) trimming

rifiutare [ri·fiu·'ta:·re] I. *vt* ❶ (*proposta, invito*) to turn down; (*consigli*) to reject ❷ (*negare*) **~ qc a qu** to refuse sb sth II. *vr:* **-rsi**; **-rsi di fare qc** to refuse to do sth

rifiuto [ri·'fiu:·to] *m* ❶ (*negazione*) refusal ❷ *pl* (*immondizie*) garbage; **-i tossici** toxic waste

riflessi [ri·'flɛs·si] *1. pers sing pass rem di* **riflettere**

riflessione [ri·fles·'sio:·ne] *f* (*considerazione*) reflection; (*osservazione*) remark

riflessivo, -a [ri·fles·'si:·vo] *adj* ❶ (*persona, carattere*) thoughtful ❷ LING **verbo ~** reflexive verb; **pronome ~** reflexive pronoun

riflesso [ri·'flɛs·so] *m* ❶ (*di sole, luce*) reflection ❷ (*conseguenza*) repercussion ❸ MED reflex

riflesso, -a *pp di* **riflettere**

riflessologia [ri·fles·so·lo·'dʒi:·a] *f* reflexology; **~ plantare** reflexology

riflettere [ri·'flɛt·te·re] <irr> I. *vt* to reflect II. *vi* **~ su qc** to think about sth III. *vr:* **-rsi** (*specchiarsi*) to be reflected ❷ *fig* (*influire*) **-rsi su qc** to influence sth

riflettore [ri·flet·'to:·re] *m* reflector; **sotto i -i** *a. fig* in the spotlight

riflusso [ri·'flus·so] *m a. fig* reflux

rifocillare [ri·fo·tʃil·'la:·re] I. *vt* to feed II. *vr:* to eat

rifondazione [ri·fon·dat·'tsio:·ne] *f* refoundation; **Rifondazione Comunista** POL *Italian Communist party*

rifondere [ri·'fon·de·re] <irr> *vt* ❶ (*fondere di nuovo*) to melt down again ❷ (*danni*) to pay compensation for; (*spese*) to reimburse

riforma [ri·'for·ma] *f* reform

R

riformare [ri·for·'ma:·re] I. vt ❶ (*formare di nuovo: squadra, gruppo*) to reform; (*partito, ordinamento*) to reform ❷ MIL to medically discharge II. vr: **-rsi** (*formarsi di nuovo*) to re-form

riformatore, -trice [ri·for·ma·'to:·re] I. adj reformist II. m, f POL, REL reformer

riformista [ri·for·'mis·ta] <-i m, -e f> mf, adj reformist

rifornimento [ri·for·ni·'men·to] m ❶ (*di benzina*) refueling; **fare ~ di benzina** to fill up with gasoline ❷ (*fornitura: di gas*) provision ❸ pl (*viveri*) supplies pl

rifornire [ri·for·'ni:·re] <rifornisco> I. vt **~ qu/qc di qc** to supply sb/sth with sth II. vr **-rsi di qc** to stock up on sth

rifugiarsi [ri·fu·'dʒar·si] vr a. fig to seek refuge

rifugiato, -a [ri·fu·'dʒa:·to] m, f refugee

rifugio [ri·'fu:·dʒo] <-gi> m ❶ (*riparo*) shelter ❷ (*luogo*) refuge; **~ alpino** alpine refuge; **~ antiatomico** fallout shelter

riga ['ri:·ga] <-ghe> f ❶ (*linea*) line; **quaderno a -ghe** lined excercise book ❷ (*striscia: su tessuto*) stripe ❸ (*di scritto*) line ❹ (*di persone, cose*) line; **mettersi in ~** to get in line ❺ (*di capelli*) parting ❻ (*asticella*) ruler

rigare [ri·'ga:·re] I. vt ❶ (*auto, CD*) to scratch ❷ fig (*volto, guance*) to bathe II. vi **rigar diritto** to behave oneself

rigatoni [ri·ga·'to:·ni] mpl rigatoni, tube-shaped pasta

rigattiere [ri·gat·'tiɛ:·re] m secondhand dealer

rigenerarsi [ri·dʒe·ne·'ra:·rsi] vr BIO to regenerate

rigettare [ri·dʒet·'ta:·re] I. vt ❶ (*gettare di nuovo*) to throw again ❷ (*respingere*) to reject ❸ fam (*vomitare*) to throw up II. vr: **-rsi** a. fig to throw oneself back

rigetto [ri·'dʒɛt·to] m a. fig rejection

righello [ri·'gɛl·lo] m ruler

rigidità [ri·dʒi·di·'ta] <-> f ❶ (*severità*) severity; (*di clima*) harshness ❷ (*di struttura*) rigidity ❸ MED stiffness

rigido, -a ['ri:·dʒi·do] adj ❶ (*colletto,*

dito) stiff; (*cappello*) hard ❷ (*clima, inverno*) harsh ❸ fig (*severo*) strict; (*tono*) harsh

rigirare [ri·dʒi·'ra:·re] I. vt ❶ (*girare più volte*) to turn ❷ (*percorrere*) to go around ❸ fig (*discorso*) to change; (*situazione*) to switch; **~ la frittata** to turn the situation around II. vi to go around III. vr: **-rsi** (*girarsi di nuovo*) to turn around; (*nel letto*) to turn over

rigoglioso, -a [ri·goʎ·'ʎo:·so] adj BOT luxuriant

rigore [ri·'go:·re] m ❶ (*severità*) severity; **a rigor di logica** logically speaking ❷ (*esattezza*) precision ❸ (*di clima*) harshness ❹ SPORT penalty

rigoroso, -a [ri·go·'ro:·so] adj ❶ (*severo*) strict ❷ (*esatto: ragionamento, logica*) rigorous; (*controllo*) precise

rigovernare [ri·go·ver·'na:·re] vt (*piatti*) to wash up; (*cucina*) to clean up

riguardare [ri·guar·'da:·re] I. vt ❶ (*guardare di nuovo*) to look at again ❷ (*rivedere*) to revise; (*ricontrollare*) to check ❸ (*concernere*) to concern; **per quanto riguarda ...** as far as ... is concerned II. vr: **-rsi** to look after oneself

riguardo [ri·'guar·do] m ❶ (*cura: di oggetto*) care ❷ (*stima: di persona*) respect; **ospite di ~** special guest ❸ (*relazione*) **nei -i di** with reference to; **~ a** regarding

rigurgito [ri·'gur·dʒi·to] m (*di neonato*) regurgitation

rilanciare [ri·lan·'tʃa:·re] vt ❶ (*palla, sasso*) to throw again [o back] ❷ (*prodotto, film, moda*) to relaunch

rilasciare [ri·laʃ·'ʃa:·re] vt ❶ ADMIN (*documento*) to issue ❷ (*prigioniero*) to release

rilascio [ri·'laʃ·ʃo] <-sci> m ❶ ADMIN (*di documento*) issue ❷ (*di prigioniero*) release

rilassamento [ri·las·sa·'men·to] m (*di muscoli, nervi*) relaxation

rilassare [ri·las·'sa:·re] I. vt (*muscoli, nervi*) to relax II. vr: **-rsi** (*distendersi*) to relax

rilegare [ri·le·'ga:·re] vt to bind

rilegatura [ri·le·ga·'tu:·ra] *f* binding

rileggere [ri·'led·dʒe·re] <irr> *vt* ① (*leggere di nuovo*) to reread ② (*rivedere*) to read over

rilento [ri·'lɛn·to] *adv* **a ~** slowly

rilessi *1. pers sing pass rem di* **rileggere**

riletto *pp di* **rileggere**

rilevamento [ri·le·va·'men·to] *m* ① (*di dati*) identification ② (*topografico*) survey ③ (*di attività*) takeover

rilevante [ri·le·'van·te] *adj* important

rilevare [ri·le·'va:·re] *vt* ① (*mettere in evidenza*) to highlight ② (*notare: errori, inesattezze*) to note ③ (*azienda, negozio*) to takeover

rilievo [ri·'liɛ:·vo] *m* ① GEOG relief ② (*scultura*) **alto/basso ~** haut/bas relief ③ *fig* importance; **mettere in ~ qc** to highlight sth

riluttante [ri·lut·'tan·te] *adj* reluctant

rima ['ri:·ma] *f* rhyme

rimandare [ri·man·'da:·re] *vt* ① (*mandare di nuovo*) to send back ② (*restituire*) to give back ③ (*rinviare*) to postpone ④ (*riviare: in libro*) **~ a qc** to refer to sth

rimando [ri·'man·do] *m* reference

rimanente [ri·ma·'nɛn·te] I. *adj* remaining II. *m* (*ciò che rimane*) remainder

rimanenza [ri·ma·'nɛn·tsa] *f* (*di magazzino*) **-e di magazzino** unsold stock

rimanere [ri·ma·'ne:·re] <rimango, rimasi, rimasto> *vi essere* ① (*restare*) to stay; **~ male/confuso** to be offended/confused ② (*avanzare*) to be left

rimango [ri·'maŋ·go] *1. pers sing pr di* **rimanere**

rimare [ri·'ma:·re] *vi* to rhyme

rimasi [ri·'ma:·si] *1. pers sing pass rem di* **rimanere**

rimasto [ri·'mas·to] *pp di* **rimanere**

rimbalzare [rim·bal·'tsa:·re] *vi essere o avere* (*palla*) to bounce

rimbalzo [rim·'bal·tso] *m* bounce; **di ~** indirectly

rimbambito, -a [rim·bam·'bi:·to] I. *adj* (*persona*) stupid; (*vecchio*) senile II. *m, f* senile person

rimbecillire [rim·be·tʃil·'li:·re] <rimbe-

cillisco> I. *vi essere* to become stupid II. *vt avere* to make stupid III. *vr:* **-rsi** to become stupid

rimbecillito, -a [rim·be·tʃil·'li:·to] *adj* stupid

rimboccare [rim·bok·'ka:·re] *vt* ① (*lenzuola, coperta*) to tuck in ② (*loc*) **-rsi le maniche** *fig* to roll up one's sleeves

rimbombare [rim·bom·'ba:·re] *vi essere o avere* to thunder

rimbombo [rim·'bom·bo] *m* (*di suono*) rumble

rimborsare [rim·bor·'sa:·re] *vt* ① (*denaro*) to repay ② (*persone*) to refund

rimborso [rim·'bor·so] *m* refund

rimboschimento [rim·bos·ki·'men·to] *m* reforestation

rimediare [ri·me·'dia:·re] I. *vi* **~ a qc** to make sth good II. *vt* (*procurarsi*) to get hold of

rimedio [ri·'mɛ:·dio] <-i> *m* ① (*provvedimento*) remedy; **porre ~ a qc** to remedy sth ② MED cure

rimessa [ri·'mes·sa] *f* ① (*per veicoli*) garage; (*per attrezzi*) shed ② SPORT throw-in; (*del portiere*) goal kick ③ (*il rimettere*) **la ~ in funzione** the return to service

rimesso, -a [ri·'mes·so] *pp di* **rimettere**

rimettere [ri·'met·te·re] <irr> I. *vt* ① (*mettere di nuovo a posto*) to put back ② (*indossare di nuovo*) to put on again ③ SPORT to throw in ④ *fam* (*vomitare*) to puke up ⑤ (*loc*) **rimetterci** *fam* to lose II. *vr:* **-rsi** ① (*riprendersi*) to recover ② (*tempo*) to improve ③ (*ricominciare*) **-rsi a studiare** to begin to study again

riminese [ri·mi·'ne:·se] I. *mf* (*abitante*) person from Rimini II. *adj* from Rimini

Rimini *f* Rimini, *seaside resort in Emilia-Romagna*

rimisi *1. pers sing pass rem di* **rimettere**

rimodernare [ri·mo·der·'na:·re] *vt* to modernize

rimonta [ri·'mon·ta] *f* SPORT comeback

rimontare [ri·mon·'ta:·re] I. *vt avere*

R

① (*montare di nuovo*) to put back together again ② SPORT to catch up II. *vi essere* ① (*montare di nuovo*) to climb back on ② (*in macchina, treno*) to climb back in

rimorchiare [ri·mor·'kia:·re] *vt* ① (*veicolo*) to tow; (*nave*) to tug ② *fig, fam* (*abbordare*) to pull

rimorchio [ri·'mɔr·kio] <-chi> *m* trailer

rimorso [ri·'mɔr·so] *m* remorse

rimostranza [ri·mos·'tran·tsa] *f* complaint

rimozione [ri·mot·'tsio:·ne] *f* ① (*allontanamento*) removal ② (*da carica, impiego*) dismissal ③ PSYCH repression

rimpastare [rim·pas·'ta:·re] *vt* ① (*pasta*) to re-knead ② (*governo*) to reshuffle

rimpasto [rim·'pas·to] *m* (*di governo*) reshuffle

rimpatriare [rim·pa·'tria:·re] I. *vi essere* to return home II. *vt avere* to repatriate

rimpatriata [rim·pa·'tria:·ta] *f fam* get-together

rimpatrio [rim·'pa:·trio] <-ii> *m* repatriation

rimpiangere [rim·'pian·dʒe·re] <irr> *vt* ~ *qc* to regret sth; (*passato*) to miss

rimpianto [rim·'pian·to] *m* regret

rimpiazzare [rim·piat·'tsa:·re] *vt* to replace

rimpinzare [rim·pin·'tsa:·re] *fam* I. *vt* (*di cibo*) ~ *qu di qc* to stuff sb with sth II. *vr:* -**rsi** (*di cibo*) -**rsi di qc** to stuff oneself with sth

rimpolpare [rim·pol·'pa:·re] *vt* (*arricchire*) to fatten up

rimproverare [rim·pro·ve·'ra:·re] I. *vt* (*biasimare*) to tell off II. *vr:* -**rsi;** -**rsi (di) qc** to reproach oneself for sth

rimprovero [rim·'prɔ:·ve·ro] *m* telling-off

rimuginare [ri·mu·dʒi·'na:·re] *vt* to ponder

rimunerativo, -a [ri·mu·ne·ra·'ti:·vo] *adj* profitable

rimunerazione [ri·mu·ne·rat·'tsio:·ne] *f* ① (*ricompensa*) reward ② (*paga*) pay

rimuovere [ri·'muɔ:·ve·re] <irr> *vt* ① (*togliere*) to remove ② ADMIN (*destituire*) to dismiss ③ PSYCH to repress

rinascimentale [ri·naʃ·ʃi·men·'ta:·le] *adj* Renaissance

rinascimento [ri·naʃ·ʃi·'men·to] *m* Renaissance

rinascita [ri·'naʃ·ʃi·ta] *f* revival

rincarare [riŋ·ka·'ra:·re] I. *vt avere* to put up (the price of) II. *vi essere* to go up

rincaro [riŋ·'ka:·ro] *m* (*di prezzi, tariffe*) increase

rincasare [riŋ·ka·'sa:·re] *vi essere* to go [*o come*] home

rinchiudere [riŋ·'kiu:·de·re] <irr> I. *vt* to shut up II. *vr:* -**rsi** *fig* (*in se stesso*) to withdraw into one's shell

rincorrere [riŋ·'kor·re·re] <irr> I. *vt a. fig* ~ **qc/qu** to chase after sth/sb II. *vr:* -**rsi** to chase each other

rincorsa [riŋ·'kor·sa] *f* (*breve corsa*) run-up; **prendere la** ~ to take a run-up

rincrescere [riŋ·'kreʃ·ʃe·re] <irr> *vi essere* (*impersonale*) **mi rincresce che ...** I regret that ...

rinfacciare [rin·fat·'tʃa:·re] *vt* ~ **qc a qu** to throw sth in sb's face

rinforzare [rin·for·'tsa:·re] I. *vt avere* ① (*edificio, muro*) to reinforce ② (*muscoli, potere*) to strengthen ③ MIL to reinforce II. *vr:* -**rsi** (*diventare più forte*) to become stronger

rinforzo [rin·'fɔr·tso] *m* ① (*sostegno*) reinforcement ② *fig* (*aiuto*) support ③ MIL reinforcement

rinfrancare [rin·fraŋ·'ka:·re] I. *vt* (*ridare coraggio*) to encourage II. *vr:* -**rsi** (*riacquistare fiducia*) to take heart

rinfrescante [rin·fres·'kan·te] *adj* refreshing

rinfrescare [rin·fres·'ka:·re] I. *vt avere* ① (*ambienti, gola*) to freshen ② *fig* (*memoria*) to refresh II. *vi essere* (*diventare fresco*) to grow cooler III. *vr:* -**rsi** ① (*lavarsi*) to freshen oneself up ② (*con bibita*) to have sth to drink

rinfresco [rin·'fres·ko] <-schi> *m* reception

rinfusa [rin·'fu:·za] *f* **alla ~** (*merci*) in bulk; **sistemato alla ~** mixed up

ringhiare [riŋ·'gia:·re] *vi* (*cane*) to growl

ringhiera [riŋ·'giɛ:·ra] *f* railing

ringiovanire [rin·dʒo·va·'ni:·re] <ringiovanisco> *vi essere* to become younger

ringraziamento [riŋ·grat·tsia·'men·to] *m* (*espressione*) thank you; **-i** thanks; **lettera** [*o* **biglietto**] **di ~** thank you letter [*o* card]

ringraziare [riŋ·grat·'tsia:·re] **~ qu** to thank sb

rinnegare [rin·ne·'ga:·re] *vt* ❶ (*ideale, passato*) to renounce ❷ (*figlio, genitore*) to disown

rinnegato, -a [rin·ne·'ga:·to] *adj, m, f* renegade

rinnovamento [rin·no·va·'men·to] *m* renewal

rinnovare [rin·no·'va:·re] **I.** *vt* ❶ (*rendere nuovo*) to change ❷ (*contratto, abbonamento, alleanza*) to renew ❸ (*domanda, istanza*) to repeat **II.** *vr:* **-rsi** (*diventare nuovo*) to change

rinnovo [rin·'nɔː·vo] *m* renewal

rinoceronte [ri·no·tʃe·'ron·te] *m* rhinoceros

rinomato, -a [ri·no·'ma:·to] *adj* famous

rinsaldare [rin·sal·'da:·re] **I.** *vt* to strengthen **II.** *vr:* **-rsi** to get stronger

rintocco [rin·'tok·ko] <-cchi> *m* (*di orologio*) stroke; (*di campana*) toll

rintracciare [rin·trat·'tʃa:·re] *vt* to find

rinuncia [ri·'nun·tʃa] <-ie> *f* ❶ (*gener*) **~ a** withdrawal ❷ GIUR (*a eredità*) renunciation ❸ (*privazione*) sacrifice

rinunciare [ri·nun·'tʃa:·re] *vi* ❶ (*rifiutare*) **~ a qc** to give up sth ❷ (*astenirsi*) **~ a fare qc** to decide not to do sth

rinvenire [rin·ve·'ni:·re] <irr> **I.** *vt avere* (*ritrovare*) to discover **II.** *vi essere* (*recuperare i sensi*) to come around

rinviare [rin·vi·'a:·re] *vt* ❶ (*mandare indietro*) to send back ❷ SPORT to clear ❸ (*rimandare a*) **~ a** to refer to ❹ (*differire*) to postpone

rinvio [rin·'vi:·o] *m* ❶ (*restituzione*) return ❷ SPORT clearance ❸ (*differimento*) postponement ❹ (*rimando*) reference

rione [ri·'o:·ne] *m* neighborhood

riorganizzare [ri·or·ga·nid·'dza:·re] **I.** *vt* to reorganize **II.** *vr:* **-rsi** to reorganize oneself

riorganizzazione [ri·or·ga·nid·dzat·'tsio:·ne] *f* reorganization

ripagare [ri·pa·'ga:·re] *vt* ❶ (*pagare di nuovo*) **~ qc** to pay for sth again; **~ con la stessa moneta** *fig* to give as good as one gets ❷ **~ qu di qc** (*ricompensare*) to repay sb for sth ❸ (*risarcire*) **~ qc** to pay for sth

riparare [ri·pa·'ra:·re] **I.** *vt* ❶ (*aggiustare*) to fix ❷ (*proteggere*) to protect ❸ (*rimediare a*) to put right **II.** *vi fam* (*provvedere*) **~ a qc** to put sth right **III.** *vr* (*cercare riparo*) to shelter ❷ *fig* (*proteggersi*) to protect oneself

riparazione [ri·pa·rat·'tsio:·ne] *f* ❶ (*di mobile, di auto*) repairing ❷ (*di danno*) repair ❸ *fig* (*di torto*) reparation

riparo [ri·'pa:·ro] *m* ❶ (*protezione*) shelter; **mettersi al ~** to take shelter ❷ (*rimedio*) **porre ~ a qc** to do sth about sth

ripartire [ri·par·'ti:·re] <ripartisco> **I.** *vt* (*dividere*) to divide up; (*compiti, mansioni*) to share out **II.** *vi essere* (*partire di nuovo*) to set off again; (*macchina*) to start again

ripartizione [ri·par·tit·'tsio:·ne] *f* (*divisione*) division; (*di compiti, mansioni*) sharing out

ripassare [ri·pas·'sa:·re] **I.** *vi essere* (*ritornare*) to call in again **II.** *vt avere* ❶ (*passare sopra*) to go over again ❷ (*ripetere: lezione*) to revise

ripasso [ri·'pas·so] *m* revision

ripensamento [ri·pen·sa·'men·to] *m* rethink

ripensare [ri·pen·'sa:·re] *vi* ❶ (*riflettere*) **~ a qc** to think about sth ❷ (*riandare con la memoria*) **~ a qu/qc** to think back to sb/sth

R

ripercorrere [ri·per·'kor·re·re] <irr> *vt*
① (*itinerario, tragitto*) to follow again
② (*rianalizzare*) to review ③ *fig* (*esperienze vissute*) ~ **qc** to return to sth

ripercussione [ri·per·kus·'sio·ne] *f fig*
(*effetto*) incidental effect

ripescare [ri·pes·'ka:·re] *vt*
① (*dall'acqua*) to fish out ② *fig, fam* (*ritrovare*) to unearth

ripetente [ri·pe·'tɛn·te] I. *adj* repeat
II. *mf* repeat student

ripetere [ri·'pɛ:·te·re] I. *vt* ① (*rifare*) to repeat ② (*ripassare: lezione*) to go over again ③ (*ridire*) to repeat II. *vr:* ~**rsi**
① (*dire o fare le stesse cose*) to repeat oneself ② (*accadere di nuovo*) to happen again

ripetitivo, -a [ri·pe·ti·'ti:·vo] *adj* repetitive

ripetitore [ri·pe·ti·'to:·re] *m* RADIO, TV repeater

ripetizione [ri·pe·tit·'tsio·ne] *f* ① (*di prova, registrazione*) repetition ② (*lezione privata*) private lesson

ripiano [ri·'pia:·no] *m* (*di mobile, scaffale*) shelf

ripicca [ri·'pik·ka] <-cche> *f* act of spite;
per ~ out of spite

ripido, -a ['ri:·pi·do] *adj* steep

ripiegare [ri·pie·'ga:·re] I. *vt* (*piegare di nuovo*) to fold again II. *vi* ① *fig* ~ **su qc** to make do with sth ② MIL to retreat III. *vr:* ~**rsi** (*incurvarsi*) to bend

R **ripiego** [ri·'piɛ:·go] <-ghi> *m* (*via d'uscita*) stopgap; **soluzione di ~** makeshift solution

ripieno [ri·'piɛ:·no] *m* CULIN (*di verdura*) filling; (*di carne*) stuffing

ripieno, -a *adj* CULIN stuffed

ripopolamento [ri·po·po·la·'mento] *m* (*di paese*) repopulation; (*con animali*) restocking

riporre [ri·'por·re] <irr> *vt* ① (*mettere via*) to put away ② *fig* (*affidare*) ~ **fiducia/speranze in qu** to place one's trust/hopes in sb

riportare [ri·por·'ta:·re] *vt* ① (*portare di nuovo o indietro*) to take back ② (*riferire*) to report ③ (*ricavare: impressione*) to get ④ MATH to carry over ⑤ (*ottenere: vittoria*) to achieve ⑥ (*subire: danni*) to suffer

riporto [ri·'pɔr·to] *m* ① MATH amount carried over ② (*di capelli*) combover

riposante [ri·po·'san·te] *adj* (*effetto*) soothing; (*lettura, vacanza*) relaxing

riposare [ri·po·'sa:·re] I. *vi* ① (*dormire*) to sleep ② (*ritemprarsi*) to rest II. *vt* ① (*mente, membra, vista*) to rest ② (*posare di nuovo*) to put back again III. *vr:* ~**rsi** ① (*dormire*) to sleep ② (*ritemprarsi*) to rest

riposi *1. pers sing pass rem di* **riporre**

riposo [ri·'pɔ:·so] *m* ① (*sospensione dell'attività*) rest; **casa di ~** old folk's home; **giornata di ~** day off ② (*sonno*) sleep; **buon ~!** sleep well!

ripostiglio [ri·pos·'tiʎ·ʎo] <-gli> *m* closet

riposto, -a [ri·'pos·to] I. *pp di* **riporre**
II. *adj* secret

riprendere [ri·'prɛn·de·re] <irr> I. *vt*
① (*prendere di nuovo*) to pick up again;
~ **posto** to go back to one's seat; ~ **quota/velocità** to regain height/speed; ~ **le forze** *fig* to regain one's strength; ~ **i sensi** to come around ② (*prendere indietro*) to get back ③ (*ricominciare*) to start again ④ (*rimproverare*) to tell off ⑤ FILM to shoot II. *vi* (*ricominciare*) to start again III. *vr:* ~**rsi** (*ricuperare vigore*) to recover

ripresa [ri·'pre:·sa] *f* ① (*inizio*) resumption ② (*economica*) recovery ③ (*da malattia*) recovery ④ FILM, TV filming ⑤ MOT acceleration ⑥ SPORT second half

ripresi *1. pers sing pass rem di* **riprendere**

ripreso *pp di* **riprendere**

ripristinare [ri·pris·ti·'na:·re] *vt* ① (*consuetudine*) to reinstate; (*ordine*) to restore ② (*edificio, facciata*) to restore

ripristino [ri·'pris·ti·no] *m* ① (*ricupero: di dati*) recovery ② (*di edificio*) restoration

riprodotto *pp di* **riprodurre**

riprodurre [ri·pro·'dur·re] <irr> I. *vt*
① (*immagine, opera d'arte*) to reproduce;

(*documento*, *libro*) to print II. *vr:* **-rsi** BIO to reproduce

riproduttivo, **-a** [ri·pro·dut·'ti:·vo] *adj* reproductive

riproduzione [ri·pro·dut·'tsio:·ne] *f* reproduction

riprova [ri·'prɔ:·va] *f* confirmation

ripudiare [ri·pu·'dia:·re] *vt* ❶ (*persone*, *passato*) to disown ❷ (*fede*, *ideologia*) to reject

ripugnante [ri·puɲ·'ɲan·te] *adj* repugnant

ripugnare [ri·puɲ·'ɲa:·re] *vi* ~ **a qu** to disgust sb

ripulire [ri·pu·'li:·re] <ripulisco> *vt* ❶ (*pulire di nuovo*) to clean again ❷ *fig, fam* (*svaligiare: appartamento*) to clean out

riqualificare [ri·kua·li·fi·'ka:·re] I. *vt* ❶ (*dipendenti*) to retrain ❷ (*valorizzare: area, edificio*) to upgrade II. *vr:* **-rsi** (*nel lavoro*) to retrain

RIS *m acro di* **reparto investigazioni scientifiche** Crime Scene Investigation Team

risacca [ri·'sak·ka] <-cche> *f* backwash

risaia [ri·'sa:·ia] <-aie> *f* rice paddy

risalire [ri·sa·'li:·re] <irr> I. *vt avere* (*albero, scale*) to climb back up II. *vi essere* ❶ (*salire di nuovo*) to go up again; (*su albero, scale*) to climb back up ❷ (*prezzi*) to go up again ❸ *fig* (*a causa, origine*) ~ **a qc** to trace sth ❹ *fig* (*essere avvenuto*) ~ **a** to date back to

risalita [ri·sa·'li:·ta] *f* climb back up; **impianti di** ~ ski lifts

risaltare [ri·sal·'ta:·re] *vi essere o avere* ❶ (*spiccare, eccellere*) to stand out ❷ (*risultare evidente da*) ~ **da** to be obvious from

risalto [ri·'sal·to] *m* prominence; **mettere** [*o* **porre**] **in** ~ **qc** to highlight sth

risanamento [ri·sa·na·'men·to] *m* ❶ (*di terreno*) redevelopment ❷ (*di azienda, bilancio*) reorganization

risanare [ri·sa·'na:·re] *vt avere* ❶ (*azienda, economia, bilancio*) to reorganize ❷ (*zona paludosa*) to reclaim; (*terreno, quartiere*) to redevelop

risaputo, **-a** [ri·sa·'pu:·to] *adj* well-known

risarcimento [ri·sar·tʃi·'men·to] *m* compensation

risarcire [ri·sar·'tʃi:·re] <risarcisco> *vt* ❶ (*danno*) to pay for ❷ (*persone*) ~ **qu** to pay compensation to sb

risata [ri·'sa:·ta] *f* laugh

riscaldamento [ris·kal·da·'men·to] *m* ❶ (*impianto*) heating; ~ **a gas** gas heating; ~ **centrale** central heating ❷ (*azione*) warming; ~ **del pianeta** global warming ❸ (*di motore*) warm-up ❹ SPORT warm-up

riscaldare [ris·kal·'da:·re] I. *vt* ❶ (*minestra*) to warm up again ❷ (*stanza, casa*) to heat II. *vr:* **-rsi** to get warm

riscattare [ris·kat·'ta:·re] I. *vt* ❶ (*gener*) to redeem; (~ *una polizza*) to surrender a policy ❷ (*prigioniero*) to ransom II. *vr:* **-rsi** *fig* (*redimersi*) to redeem oneself

riscatto [ris·'kat·to] *m* ❶ (*gener*) redemption ❷ (*per persona, prigioniero*) ransom

rischiarare [ris·kia·'ra:·re] I. *vt avere a.* *fig* to light up II. *vr:* **-rsi** ❶ (*cielo*) to become clearer ❷ *fig* (*persona*) to brighten up

rischiare [ris·'kia:·re] I. *vt* to risk II. *vi* ~ **di fare qc** to risk doing sth

rischio ['ris·kio] <-schi> *m* risk; **correre un** ~ to run a risk

rischioso, **-a** [ris·'kio:·so] *adj* risky

risciacquare [rif·ʃak·'kua:·re] *vt* to rinse

risciacquo [rif·'ʃak·kuo] *m* rinsing

riscontrare [ris·kon·'tra:·re] I. *vt* ❶ (*rilevare: difetto, irregolarità*) to identify ❷ (*confrontare*) to compare ❸ (*avere: successo*) to enjoy II. *vi essere* (*corrispondere*) to match

riscontro [ris·'kon·tro] *m* ❶ (*confronto*) comparison ❷ (*risposta*) reply ❸ *fig* (*risposta*) feedback

riscossa [ris·'kɔs·sa] *f* counterattack; **alla** ~ on the counterattack

riscrivibile [ris·kri·'vi:·bi·le] *adj* COMPUT rewritable

riscuotere [ris·'kuɔ:·te·re] <irr> *vt*

R

① (*stipendio*) to draw; (*pagamento, assegno*) to cash **②** (*successo*) to enjoy

risentimento [ri·sen·ti·'men·to] *m* resentment

risentire [ri·sen·'ti:·re] I. *vt* **①** (*sentire di nuovo*) to hear again **②** (*ascoltare di nuovo*) to listen again to II. *vi* ~ **di qc** to be affected by sth III. *vr:* **-rsi ①** (*sentirsi di nuovo*) to talk to each other again **②** (*offendersi*) to be offended

risentito, -a [ri·sen·'ti:·to] *adj* resentful

riserbo [ri·'ser·bo] *m* discretion

riserva [ri·'ser·va] *f* **①** (*provvista*) stock **②** SPORT, MIL reserve **④** (*di caccia, pesca*) reserve **④** (*dubbio*) reservation **⑤** MOT **in** ~ low on gasoline

riservare [ri·ser·'va:·re] I. *vt* **①** (*tavolo, posto*) to reserve **②** (*tenere in serbo*) to save II. *vr* **-rsi di fare qc** to reserve the right to do sth

riservatezza [ri·ser·va·'tet·tsa] *f* discretion

riservato, -a [ri·ser·'va:·to] *adj* **①** (*segreto*) confidential **②** (*prenotato*) reserved **③** (*timido*) reserved

risi ['ri:·si] *1. pers sing pass rem di* **ridere**

risiedere [ri·'siɛ:·de·re] *vi* (*abitare*) to be based

risma ['riz·ma] *f* **①** (*di carta*) ream **②** *fig, pej* type

riso[1] ['ri:·so] *pp di* **ridere**

riso[2] <*pl:* -a *f*> *m* (*risata*) laughing

riso[3] *m* BOT, CULIN rice

risolsi [ri·'sɔl·si] *1. pers sing pass rem di* **risolvere**

risolto [ri·'sɔl·to] *pp di* **risolvere**

risolutivo, -a [ri·so·lu·'ti:·vo] *adj* decisive

risoluto, -a [ri·so·'lu:·to] I. *pp di* **risolvere** II. *adj* decisive

risoluzione [ri·so·lut·'tsio:·ne] *f* **①** (*decisione*) decision **②** (*di dubbio, quesito*) solution **③** (*di conflitto, questione*) settlement **④** GIUR (*di contratto*) cancellation

risolvere [ri·'sɔl·ve·re] <risolvo, risolsi, risolto *o* risoluto> I. *vt* (*equazione, problema, indovinello*) to solve; (*que-*

stione, controversia) to resolve II. *vr:* **-rsi ①** (*decidersi*) **-rsi a fare qc** to decide to do sth **②** *fig* (*andare a finire*) **-rsi in qc** to turn into sth

risonanza [ri·so·'nan·tsa] *f* **①** *fig* (*eco*) interest **②** FIS resonance

risorgere [ri·'sor·dʒe·re] <irr> *vi* essere (*gener*) to rise again

risorgimento [ri·sor·dʒi·'men·to] *m* Risorgimento

risorsa [ri·'sor·sa] *f* resource

risorsi [ri·'sor·si] *1. pers sing pass rem di* **risorgere**

risorto *pp di* **risorgere**

risotto [ri·'sɔt·to] *m* risotto; ~ **ai funghi** mushroom risotto

risparmiare [ris·par·'mia:·re] *vt* **①** (*gener*) to save **②** (*salvare: persona, vita*) to spare

risparmio [ris·'par·mio] <-i> *m* saving

rispecchiare [ris·pek·'kia:·re] *vt a. fig* to reflect

rispettabile [ris·pet·'ta:·bi·le] *adj* (*persone*) respectable

rispettare [ris·pet·'ta:·re] *vt* **①** (*persone, opinioni, diritti*) to respect **②** (*ordini*) to obey

rispettivo, -a [ris·pet·'ti:·vo] *adj* respective

rispetto [ris·'pɛt·to] *m* **①** (*stima*) respect **②** (*di legge, regolamento*) observance **③** ~ **a qu/qc** (*riguardo*) with reference to sb/sth; (*in confronto*) compared to sb/sth

rispondere [ris·'pon·de·re] <rispondo, risposi, risposto> *vi* **①** (*dare una risposta*) to answer; ~ **ad una domanda/lettera** to reply to a question/letter; ~ **al telefono** to answer the phone **②** (*replicare*) to answer back **③** (*essere responsabile*) ~ **di qc** to answer for sth

risposta [ris·'pos·ta] *f* **①** answer; **in** ~ **a** in answer to **②** (*reazione*) **la** ~ **a qc** the reply to sth **③** TEC response

risposto [ris·'pos·to] *pp di* **rispondere**

rissa ['ris·sa] *f* brawl

ristabilire [ris·ta·bi·'li:·re] <ristabilisco> I. *vt* to re-establish II. *vr:* **-rsi** (*rimettersi*) to get better

R

ristagnare [ris·taŋ·'ŋa:·re] *vi a. fig* to stagnate

ristagno [ris·'taŋ·ŋo] *m a. fig* stagnation

ristampa [ris·'tam·pa] *f* ❶ (*azione*) reprinting ❷ (*opera*) reprint

ristampare [ris·tam·'pa:·re] *vt* to reprint

ristorante[1] [ris·to·'ran·te] *m* restaurant

ristorante[2] <inv> *adj* FERR **vagone ~** restaurant car

ristoro [ris·'tɔ:·ro] *m* (*sollievo*) relief

ristrettezza [ris·tret·'tet·tsa] *f* ❶ (*di spazio*) narrowness ❷ (*di mezzi*) scarcity ❸ *fig* (*di mente, idee, vedute*) narrowmindedness

ristretto, -a [ris·'tret·to] I. *pp di* **restringere** II. *adj* ❶ (*limitato: numero, quantità*) small ❷ CULIN **brodo ~** consommé; **caffè ~** strong coffee ❸ *fig* (*meschino: mente*) narrow

ristrutturare [ris·trut·tu·'ra:·re] *vt* ❶ (*edificio*) to renovate ❷ (*azienda*) to reorganize

ristrutturazione [ris·trut·tu·rat·'tsio:·ne] *f* ❶ (*di edificio*) renovation ❷ (*di azienda*) reorganization

risucchio [ri·'suk·kio] <-cchi> *m* suction; (*di onda*) undertow

risultare [ri·sul·'ta:·re] *vi* ❶ essere (*derivare*) to be shown ❷ (*essere accertato*) to be clear ❸ (*rivelarsi*) to prove to be

risultato [ri·sul·'ta:·to] *m* result

risurrezione [ri·sur·ret·'tsio:·ne] *f* REL resurrection

risuscitare [ri·suʃ·ʃi·'ta:·re] I. *vt* ❶ (*morti*) to bring back to life ❷ *fig* (*tradizione, moda*) to revive II. *vi* essere ❶ REL to rise from the dead ❷ *fig* (*riprendersi*) to recover

risveglio [ris·'veʎ·ʎo] <-gli> *m* ❶ (*dal sonno*) awakening ❷ *fig* (*di speranze, paure, ostilità*) revival

risvolto [riz·'vɔl·to] *m* ❶ (*di pantaloni*) turn-up; (*di giacca*) lapel ❷ *fig* (*ripercussione*) implication

ritagliare [ri·taʎ·'ʎa:·re] *vt* to cut out

ritaglio [ri·'taʎ·ʎo] <-gli> *m* ❶ (*di giornale*) clipping ❷ (*di stoffa*) remnant ❸ (*loc*) **-i di tempo** spare time

ritardare [ri·tar·'da:·re] I. *vi* (*persona*) to be late; (*treno*) to be running late II. *vt* ❶ (*far tardare*) to delay ❷ (*differire*) to defer

ritardatario, -a [ri·tar·da·'ta:·rio] <-i, -ie> *m, f* latecomer

ritardato, -a [ri·tar·da·'ta:·to] I. *adj* ❶ (*moto, scoppio, pagamento*) delayed ❷ (*persona*) mentally challenged; (*scolaro*) with learning difficulties II. *m, f* (*mentale*) mentally challenged person

ritardo [ri·'tar·do] *m* ❶ (*non puntualità*) delay; **essere in ~** to be late ❷ (*indugio*) delay ❸ MED, PSYCH retardation

ritegno [ri·'teɲ·ɲo] *m* restraint; **senza ~** without restraint

ritenere [ri·te·'ne:·re] <irr> I. *vt* (*considerare*) to consider II. *vr*: **-rsi** (*considerarsi*) to consider oneself

ritenuta [ri·te·'nu:·ta] *f* (*detrazione*) deduction; **~ d'acconto** tax withholding at the source

ritirare [ri·ti·'ra:·re] I. *vt* ❶ (*tirare di nuovo*) to throw again ❷ (*tirare indietro*) to pull back ❸ (*truppe, squadra, moneta*) to withdraw ❹ (*farsi consegnare*) to pick up ❺ (*riscuotere: stipendio*) to get ❻ *fig* (*promessa*) to take back ❼ (*revocare: legge*) to abrogate II. *vr*: **-rsi** ❶ (*appartarsi*) to withdraw ❷ (*abbandonare: gara*) **-rsi da qc** to withdraw from sth ❸ (*restringersi: maglione*) to shrink

ritirata [ri·ti·'ra:·ta] *f* MIL retreat

ritiro [ri·'ti:·ro] *m* ❶ (*di truppe, squadra, merce*) withdrawal ❷ (*di pacco, merce*) collection ❸ (*di patente*) suspension

ritmico, -a ['rit·mi·ko] <-ci, -che> *adj* rhythmic

ritmo ['rit·mo] *m* rhythm

rito ['ri:·to] *m* ❶ REL rite; (*cerimonia*) ceremony ❷ (*usanza*) custom; **di ~** (*discorso, presentazioni*) customary

ritoccare [ri·tok·'ka:·re] *vt* ❶ (*toccare di nuovo*) to touch again ❷ (*correggere: disegno*) to retouch; (*trucco, labbra*) to touch up

R

ritocco [ri·'tok·ko] <-cchi> m (*rifinitura*) alteration; FOTO retouching

ritornare [ri·tor·'na:·re] vi essere ❶ (*venire di nuovo*) to go [o come] back; ~ **a casa** to go [o come] home; ~ **in sé** to return to normal ❷ (*ricomparire*) to return ❸ (*ridiventare*) to become again

ritornello [ri·tor·'nɛl·lo] m MUS refrain

ritorno [ri·'tor·no] m (*rientro*) return; **essere di** ~ to be back; **biglietto di andata e** ~ roundtrip ticket

ritorsione [ri·tor·'sio:·ne] f retaliation

ritrarre [ri·'trar·re] <irr> vt ❶ (*tirare indietro*) to pull back ❷ (*dipingere*) to portray

ritratto[1] [ri·'trat·to] pp di **ritrarre**

ritratto[2] m ❶ (*immagine*) portrait ❷ fig (*descrizione*) picture

ritroso, -a [ri·'tro:·so] adj (*riservato*) shy

ritrovare [ri·tro·'va:·re] I. vt ❶ (*persone, cose smarrite*) to find ❷ (*salute, pace*) to regain ❸ fig (*cammino, filo del discorso*) to find again II. vr: **-rsi** ❶ (*incontrarsi di nuovo*) to meet up again ❷ (*senza accorgersi*) to end up ❸ fig (*in situazione*) to find oneself ❹ (*raccapezzarsi*) **-rsi con qc** to understand sth ❺ fam (*avere: sfortuna*) to have

ritrovo [ri·'trɔ:·vo] m ❶ (*luogo*) meeting place ❷ (*riunione*) gathering

rituale [ri·tu·'a:·le] I. adj ❶ (*di un rito*) ritual ❷ fig (*abituale: brindisi, discorso*) customary II. m ritual

riunificazione [ri·u·ni·fi·kat·'tsio:·ne] f reunification

riunione [ri·u·'nio:·ne] f (*raduno*) gathering

riunire [ri·u·'ni:·re] <riunisco> I. vt ❶ (*elementi*) to unite ❷ (*mettere insieme: pezzi, fogli*) to gather ❸ (*riconciliare: coniugi*) to reconcile ❹ (*convocare: squadra*) to gather together II. vr: **-rsi** ❶ (*fare una riunione*) to meet ❷ (*tornare insieme: squadra*) to reunite

riuscire [ri·uʃ·'ʃi:·re] <irr> vi essere ❶ (*raggiungere*) ~ **a fare qc** to manage to do sth ❷ (*avere esito: foto, film*) to come out ❸ (*risultare*) to be; ~ **difficile a qu** to be difficult for sb ❹ (*avere successo*) to succeed

riuscita [ri·uʃ·'ʃi:·ta] f success

riva ['ri:·va] f (*di mare*) shore; (*di fiume*) bank

rivale [ri·'va:·le] I. adj (*banda*) rival; (*squadra*) opposing II. mf rival

rivalità [ri·va·li·'ta] <-> f rivalry

rivalsa [ri·'val·sa] f revenge

rivalutare [ri·va·lu·'ta:·re] vt ❶ FIN to revalue ❷ (*riconoscere il valore di*) to re-evaluate

rivalutazione [ri·va·lu·tat·'tsio:·ne] f (*monetaria, di terreni, beni*) revaluation; (*di opera d'arte*) re-evaluation

rivangare [ri·vaŋ·'ga:·re] vt fig to dig up again

rivedere [ri·ve·'de:·re] <irr> I. vt ❶ (*persona, luogo, film*) to see again ❷ (*revisionare: testo*) to have another look at ❸ (*rileggere*) to reread II. vr: **-rsi** (*vedersi di nuovo*) to see one another again

rivelare [ri·ve·'la:·re] I. vt ❶ (*notizia, segreto*) to disclose; (*intenzioni*) to reveal ❷ (*manifestare*) to reveal II. vr: **-rsi** (*risultare*) to turn out to be

rivelazione [ri·ve·lat·'tsio:·ne] f ❶ (*gener*) revelation ❷ (*di notizie, segreti*) disclosure

rivendicare [ri·ven·di·'ka:·re] vt ❶ GIUR to claim ❷ (*libertà, diritto*) to demand ❸ (*assumersi la responsabilità di*) ~ **qc** to claim responsibility for sth

rivendicazione [ri·ven·di·kat·'tsio:·ne] f ❶ (*di diritto*) claim ❷ (*di attentato*) claiming of responsibility

rivendita [ri·'ven·di·ta] f ❶ (*di auto, immobile*) resale ❷ (*negozio*) shop

rivenditore, -trice [ri·ven·di·'to:·re] m, f retailer

riverbero [ri·'vɛr·be·ro] m reflection

riversare [ri·ver·'sa:·re] vt ❶ (*versare di nuovo*) to pour again ❷ fig (*energia, capacità*) to pour

rivestimento [ri·ves·ti·'men·to] m (*operazione, materiale*) covering

rivestire [ri·ves·'ti:·re] I. vt ❶ (*ricoprire:*

parete, divano) to cover ② *fig* (*carica*) to hold ③ *fig* (*avere*) ~ **una grande importanza** to be very important II. *vr*: **-rsi** (*vestirsi di nuovo*) to get dressed again

rividi *1. pers sing pass rem di* **rivedere**

riviera [ri·'viɛ:·ra] *f* coast; **la Riviera ligure** the Ligurian Riviera

rivincita [ri·'vin·t͡ʃi:·ta] *f* ① (*seconda partita*) return match ② *fig* revenge; **prendersi la ~** to get one's revenge

rivissi *1. pers sing pass rem di* **rivivere**

rivissuto *pp di* **rivivere**

rivista [ri·'vis·ta] *f* (*periodico*) magazine

rivisto *pp di* **rivedere**

rivivere [ri·'vi:·ve·re] <irr> I. *vi essere* ① (*rinascere: pianta*) to come back to life ② *fig* (*riacquistare vigore: persona*) to be reborn ③ *fig* (*tornare in uso: tradizione*) to be revived ④ *fig* (*vivere in altra forma: persona*) to live on; (*passato*) to come alive again II. *vt avere* to relive

rivolgere [ri·'vɔl·d͡ʒe·re] <irr> I. *vt* to turn; ~ **la parola a qu** to speak to sb II. *vr*: **-rsi**; **-rsi a qu** (*per parlargli*) to turn to sb; (*per chiedere aiuto, informazioni*) to go and see sb

rivolsi [ri·'vɔl·si] *1. pers sing pass rem di* **rivolgere**

rivolta [ri·'vɔl·ta] *f* (*insurrezione*) revolt

rivoltare [ri·vol·'ta:·re] I. *vt* ① (*sottosopra*) to turn over ② (*ripetutamente*) to turn over again ③ (*provocare disgusto*) to disgust II. *vr*: **-rsi** ① (*ribellarsi*) **-rsi contro qu/qc** to rebel against sb/sth ② (*girarsi indietro*) to turn around ③ (*loc*) **mi si rivolta lo stomaco** it turns my stomach

rivoltella [ri·vol·'tɛl·la] *f* revolver

rivoltellata [ri·vol·tel·'la:·ta] *f* revolver shot

rivolto *pp di* **rivolgere**

rivoltoso, -a [ri·vol·'to:·so] I. *adj* rebellious II. *m, f* rebel

rivoluzionare [ri·vo·lut·t͡sio·'na:·re] *vt* ① (*società, mercato, moda*) to revolutionize ② *fig* (*vita*) to change

rivoluzionario, -a [ri·vo·lut·t͡sio·'na:·

rio] <-i, -ie> I. *adj* (*partito, idee, corrente*) revolutionary II. *m, f* revolutionary

rivoluzione [ri·vo·lut·'t͡sio:·ne] *f* POL, SOCIOL revolution

rizzarsi [rit·'t͡sa:·rsi] *vr* ~ **in piedi** to stand up

RNA *m abbr di* **ribonucleic acid** RNA

roaming ['roum·iŋ] *m* TEL roaming; **tariffa ~** roaming charge

roba ['rɔ:·ba] *f* ① (*cose, abiti*) things *pl* ② (*materiale, stoffa*) material ③ (*oggetti*) stuff; ~ **da mangiare** *fam* things to eat ④ (*da vendere*) goods *pl*; ~ **usata** second hand goods ⑤ *sl* (*droga*) dope

robusto, -a [ro·'bus·to] *adj* ① (*persona: gener*) strong; (*grasso*) overweight ② (*valigia, scarpe*) sturdy

roccia ['rɔt·t͡ʃa] <-cce> *f a. fig* rock

roccioso, -a [rot·'t͡ʃo:·so] *adj* (*terreno, panorama*) rocky

rockettaro, -a [ro·ket·'ta:·ro] *m, f* ① (*compositore*) rocker ② (*appassionato*) rock fan

rococò [ro·ko·'kɔ] <-> I. *m* Rococo II. <inv> *adj* rococo

rodaggio [ro·'dad·d͡ʒo] <-ggi> *m* TEC, MOT breaking in

rodere ['rɔ:·de·re] <rodo, rosi, roso> *vt* ① (*rosicchiare*) to gnaw ② (*corrodere: roccia*) to erode ③ *fig* (*gelosia, sconfitta*) ~ **qu** to get to sb

rodigino, -a [ro·di·'d͡ʒi:·no] I. *adj* from Rovigo II. *m, f* (*abitante*) person from Rovigo

roditore [ro·di·'to:·re] *m* rodent

rododendro [ro·do·'dɛn·dro] *m* rhododendron

rogna ['roɲ·ɲa] *f* ① MED mange ② *fig, fam* (*problema*) hassle

rognoso, -a [roɲ·'ɲo:·so] *adj* ① MED mangy ② *fig* (*questione, problema*) annoying

rogo ['rɔ:·go/'ro:·go] <-ghi> *m* fire

roller ['rou·lə] <- *o* rollers> *m* (*pattini*) Rollerblade *pl*

Roma ['ro:·ma] *f* Rome, *capital city of Italy*

R

Romagna [ro·'maɲ·ɲa] *f* Romagna, *area in Northern Italy*

romagnolo [ro·maɲ·'ɲoː·lo] <*sing*> *m* (*dialetto*) Romagna dialect

romagnolo, -a I. *m, f* (*abitante*) person from Romagna II. *adj* from Romagna

romanesco, -a [ro·ma·'nes·ko] <-schi, -sche> *adj* Roman

Romania [ro·ma·'niː·a] *f* Romania

romanico [ro·'maː·ni·ko] *m* ARCHIT Romanesque

romanico, -a <-ci, -che> *adj* ARCHIT Romanesque

romano, -a [ro·'maː·no] *adj, m, f* Roman

romantico, -a [ro·'man·ti·ko] <-ci, -che> I. *adj* ➊ (*del romanticismo*) Romantic ➋ (*sentimentale*) romantic II. *m, f* ➊ (*scrittore, artista*) Romantic ➋ (*persona sentimentale*) romantic

romanzesco, -a [ro·man·'dzes·ko] <-schi, -sche> *adj* ➊ LETT fictional ➋ (*avventura, amore*) fantastic

romanziere, -a [ro·man·'dziɛː·re] *m, f* novelist

romanzo [ro·'man·dzo] *m a. fig* novel

rombo ['rom·bo] *m* ➊ MATH rhombus ➋ (*rumore*) rumble ➌ ZOO turbot

rompere ['rom·pe·re] <rompo, ruppi, rotto> I. *vt* ➊ (*vetro, vaso*) to break; (*bastone*) to break; **~ le scatole** [*o* **palle**] **a qu** *fam* to annoy sb ➋ *fig* (*silenzio, incanto*) to break ➌ (*interrompere: amicizia*) to break off II. *vi* (*troncare*) **~ con qu** to break up with sb III. *vr*: **-rsi** ➊ (*spezzarsi: vaso, bicchiere*) to smash; **-rsi la testa** *fig* to rack one's brains; **-rsi un braccio/una gamba** to break one's arm/leg ➋ (*macchina, radio, lavatrice*) to break down

rompiballe [rom·pi·'bal·le] <-> *mf vulg* pain in the ass

rompicapo [rom·pi·'kaː·po] *m* brain teaser

rompicoglioni [rom·pi·koʎ·'ʎoː·ni] <-> *mf vulg v.* **rompiballe**

rompiscatole [rom·pis·'kaː·to·le] <-> *mf fam* pain in the neck

ronda ['ron·da] *f* MIL patrol

rondine ['ron·di·ne] *f* swallow

ronfare [ron·'faː·re] *vi* ➊ (*russare*) to snore ➋ (*gatto*) to purr

ronzare [ron·'dza·re] *vi a. fig* to buzz

ronzio [ron·'dziː·o] <-ii> *m* (*di insetti*) buzzing

rosa¹ ['rɔː·za] *f* BOT rose; **~ dei venti** wind rose; **se son -e, fioriranno** *fig* time will tell

rosa² I. <*inv*> *adj* (*colore*) pink; **foglio ~** learner's permit; **romanzo ~** romantic novel II. <-> *m* pink

rosario [ro·'zaː·rio] <-i> *m* rosary

rosato, -a *adj* ➊ (*vino*) rosé ➋ (*labbra*) pink

roseo, -a ['rɔː·zeo] *adj a. fig* rosy

rosi ['roː·si] *I. pers sing pass rem di* **rodere**

rosicchiare [ro·sik·'kia·re] *vt* to gnaw

rosmarino [roz·ma·'riː·no] *m* rosemary

roso ['roː·so] *pp di* **rodere**

rosolare [ro·zo·'la·re] *vt* ➊ CULIN to brown ➋ (*loc*) **rosolarsi al sole** to bask

rosolia [ro·zo·'liː·a] <-ie> *f* German measles

rosone [ro·'zoː·ne] *m* ➊ (*motivo ornamentale*) rosette ➋ (*vetrata*) rose window

rospo ['rɔs·po] *m* toad

rossetto [ros·'set·to] *m* lipstick

rosso ['ros·so] *m* red

rosso, -a I. *adj* red II. *m, f* ➊ (*persona rossa di capelli*) redhead ➋ COM **essere in ~** to be in the red

rossore [ros·'soː·re] *m* (*del viso*) blush

rosticceria [ros·tit·tʃe·'riː·a] <-ie> *f* rotisserie

rotaia [ro·'taː·ia] <-aie> *f* FERR rail

rotatoria [ro·ta·'tɔː·ria] *f* traffic circle

rotatorio, -a [ro·ta·'tɔː·rio] <-i, -ie> *adj* rotating

rotazione [ro·tat·'tsio·ne] *f* rotation

rotella [ro·'tɛl·la] *f* (*piccola ruota*) small wheel; **gli manca qualche ~** *fam* he's got a screw loose

rotocalco [ro·to·'kal·ko] *m* illustrated magazine

rotolare [ro·to·'la:·re] I. *vi essere* to roll II. *vr:* **-rsi** (*girarsi*) to roll over

rotolo ['rɔ:·to·lo] *m* ① (*di carta, stoffa*) roll ② (*loc*) **andare a -i** to go to the dogs

rotondo, -a [ro·'ton·do] *adj* round

rotta ['rot·ta] *f* (*percorso*) route; **cambiare ~** *a. fig* to change direction

rottamare [rot·ta·'ma:·re] *vt* (*auto*) to scrap

rottamazione [rot·ta·mat·'tsio:·ne] *f* (*di auto*) scrapping

rottame [rot·'ta:·me] *m* ① (*residuo*) scrap ② (*ammasso inservibile*) wreck ③ *fig, fam* (*persona*) wreck

rotto, -a I. *pp di* **rompere** II. *adj* ① (*vaso, bicchiere*) broken ② (*automobile*) broken down ③ (*scarpe*) worn out; (*pantaloni*) torn ④ (*ossa*) aching ⑤ *fig* (*voce*) broken

rottura [rot·'tu:·ra] *f* ① (*di tubo*) breaking; (*di vetro*) smashing ② (*di automobile*) breakdown ③ (*di osso*) aching ④ (*di tregua*) breaking; (*di trattative, fidanzamento*) breaking-off ⑤ (*di fidanzamento, amicizia*) splett

rotula ['rɔ:·tu·la] *f* kneecap

roulotte [ru·'lɔt] <-> *f* trailer

rovente [ro·'vɛn·te] *adj* ① (*caldo, estate*) boiling hot ② (*ferro*) red-hot ③ *fig* (*polemica, questione*) prickly

rovere ['rɔ:·ve·re] *m* of oak

rovesciare [ro·veʃ·'ʃa:·re] I. *vt* ① (*inavvertitamene: liquido*) to spill ② (*far cadere: oggetto*) to knock over ③ (*ribaltare: barca*) to overturn; **~ il governo** to overturn the government; **~ la situazione** to reverse the situation ④ (*voltare: indumento*) to turn inside out II. *vr:* **-rsi** ① (*capovolgersi*) to overturn ② (*versarsi*) to spill

rovescio, -a [ro·'veʃ·ʃo] <-sci, -sce> *adj* **a ~** inside out

Rovigo *f* Rovigo, *city in the Veneto area*

rovigotto, -a [ro·vi·'gɔt·to] I. *adj fam* from Rovigo II. *m, f fam* (*abitante*) person from Rovigo

rovina [ro·'vi:·na] *f* ① (*disfacimento*)

collapse ② *pl* (*macerie*) ruins *pl* ③ *fig* (*sfacelo*) ruin

rovinare [ro·vi·'na:·re] I. *vt a. fig* to ruin II. *vr:* **-rsi** (*danneggiarsi*) to ruin oneself

rovistare [ro·vis·'ta:·re] *vt* **~ qc** to rummage in sth

rozzo, -a ['rod·dzo] *adj* coarse

R.R. *abbr di* **ricevuta di ritorno** return receipt

RSM *m abbr di* **Repubblica di San Marino** Republic of San Marino

ruba ['ru:·ba] *f* **andare a ~** *fam* to sell like hotcakes

rubare [ru·'ba:·re] *vt* to steal

rubinetto [ru·bi·'net·to] *m* tap

rubino[1] [ru·'bi:·no] *m* ruby

rubino[2] <inv> *adj* (*colore*) ruby

rublo ['ru:·blo] *m* ruble

rubrica [ru·'bri:·ka] <-che> *f* ① (*degli indirizzi*) address book ② RADIO, TV feature ③ (*di giornale*) column

rucola ['ru:·ko·la] *f* rocket

rude ['ru:·de] *adj* coarse

rudimentale [ru·di·men·'ta:·le] *adj* rudimentary

rudimento [ru·di·'men·to] *m* **-i** rudiments *pl*

ruffiano, -a [ruf·'fia:·no] *m, f fam* creep

ruga ['ru:·ga] <-ghe> *f* wrinkle

ruggine[1] ['rud·dʒi·ne] *f* ① (*sostanza*) rust; **fare la ~** *a. fig* to get rusty ② *fig, fam* (*attrito*) bad blood

ruggine[2] <inv> *adj* (*colore*) rust

ruggire [rud·'dʒi:·re] <ruggisco> *vi* ① (*leone*) to roar ② (*mare*) to crash; (*tempesta*) to roar

ruggito [rud·'dʒi:·to] *m* ① (*del leone*) roar ② (*del mare*) crashing; (*roaring*)

rugiada [ru·'dʒa:·da] *f* dew

rugoso, -a [ru·'go:·so] *adj* ① (*volto*) wrinkled ② (*superficie*) rough

rullino [rul·'li:·no] *m* roll of film

rullo ['rul·lo] *m* ① (*di tamburo*) roll ② (*cilindro*) roller

rumeno[1] [ru·'mɛ:·no] *m sing* (*lingua*) Romanian

rumeno, -a [ru·'mɛ:·no] *adj, m, f* Romanian

R

ruminanti [ruˈmiˈnanˈti] *mpl* ruminants *pl*

ruminare [ruˈmiˈnaːre] *vt a. fig* to ruminate

rumore [ruˈmoːre] *m* ❶ (*suono*) noise ❷ *fig* (*scalpore*) fuss; **fare ~** *fig* to cause a fuss

rumoroso, -a [ruˈmoˈroːso] *adj* noisy

ruolo [ˈruɔːlo] *m* ❶ (*funzione*) role ❷ THEAT part ❸ ADMIN **insegnanti di ~** tenured teachers

ruota [ˈruɔːta] *f* ❶ TEC, MOT wheel ❷ (*di luna park*) **~ panoramica** big wheel

rupe [ˈruːpe] *f* rock

ruppi [ˈrupˈpi] *1. pers sing pass rem di* **rompere**

rurale [ruˈraːle] *adj* rural

ruscello [ruʃˈʃɛlˈlo] *m* stream

ruspa [ˈrusˈpa] *f* excavator

ruspante [rusˈpanˈte] *adj* (*pollo*) free-range

russare [rusˈsaːre] *vi* to snore

Russia [ˈrusˈsia] *f* Russia

russo [ˈrusˈso] *m sing* (*lingua*) Russian

russo, -a [ˈrusˈso] I. *adj* (*della Russia*) Russian; **insalata -a** Russian salad; **montagne -e** big dipper II. *m, f* (*abitante*) Russian

rustico, -a <-ci, -che> *adj* ❶ (*campagnolo*) rustic ❷ (*persona*) rough

ruttare [rutˈtaːre] *vi* to burp

ruttino [rutˈtiːno] *m* burp; **fare il ~** to burp

rutto [ˈrutˈto] *m* burp; **fare un ~** to burp

ruvido, -a [ˈruːviˈdo] *adj a. fig* rough

ruzzolone [rutˈtsoˈloːne] *m* tumble

Ss

S, s [ˈɛsˈse] <-> *f* (*lettera*) S; **~ come Savona** S for Sugar

S *abbr di* **sud** S

sabato [ˈsaːbaˈto] *m* Saturday; *v.a.* **domenica**

sabbia [ˈsabˈbia] <-ie> *f* sand

sabotaggio [saˈboˈtadˈdʒo] <-ggi> *m* sabotage

sabotare [saˈboˈtaːre] *vt* to sabotage

sacca [ˈsakˈka] <-cche> *f* (*borsa*) bag

saccheggiare [sakˈkedˈdʒaːre] *vt* ❶ (*città, villaggio*) to sack ❷ (*frigorifero, negozio*) to raid

sacchetto [sakˈketˈto] *m* bag

sacco [ˈsakˈko] <-cchi> *m* ❶ (*recipiente*) bag; **~ a pelo** sleeping bag; **pranzo al ~** packed lunch; **vuotare il ~** *fig* to spill the beans ❷ *fig, fam* **un ~ di** loads of

saccopelista [sakˈkoˈpeˈlisˈta] <-i *m*, -e *f*> *mf* backpacker

sacerdote, -essa [saˈtʃerˈdɔːte, saˈtʃerˈdoˈtesˈsa] *m, f* priest

sacramento [saˈkraˈmenˈto] *m* sacrament

sacrestano [saˈkresˈtaːno] *v.* **sagrestano**

sacrificare [saˈkriˈfiˈkaːre] I. *vt* (*animali, persone*) to sacrifice II. *vr:* **-rsi** ❶ (*offrirsi in sacrificio*) to sacrifice oneself ❷ (*sopportare privazioni*) to make sacrifices

sacrificio [saˈkriˈfiːtʃo] <-ci> *m* sacrifice

sacro, -a *adj* sacred; **le -e scritture** the holy scriptures

sadico, -a [ˈsaːdiˈko] <-ci, -che> I. *adj* sadistic II. *m, f* PSYCH sadist

saetta [saˈetˈta] *f* (*fulmine*) lightning; **come una ~** like lightning

saggezza [sadˈdʒetˈtsa] *f* wisdom

saggiare [sadˈdʒaːre] *vt* to test

saggio [ˈsadˈdʒo] <-gi> *m* ❶ (*prova*) proof; **dare ~ di qc** to demonstrate sth; **~ di ginnastica** gymnastics display; **~ musicale** recital ❷ (*scritto*) essay

saggio, -a <-ggi, -gge> I. *adj* wise II. *m, f* wise man *m*, wise woman *f*

saggistica [sad·'dʒis·ti·ka] <-che> *f* essays *pl*

sagittario [sa·dʒit·'ta·rio] *m* ASTR Sagittarius; **sono** (**del** [*o* **un**]) **Sagittario** I'm (a) Sagittarius

sagoma ['sa:·go·ma] *f* ❶ (*profilo*) outline ❷ (*nel tiro a segno*) target ❸ (*modello*) template

sagra ['sa:·gra] *f* (*festa popolare*) festival

sagrestano, -a [sa·gres·'ta:·no] *m, f* sexton

sala ['sa:·la] *f* room; (*grande*) hall; **~ d'aspetto** waiting room; **~ da ballo** ballroom; **~ da pranzo** dining room

salame [sa·'la:·me] *m* CULIN salami

salamoia [sa·la·'mɔː·ia] <-oie> *f* brine

salare [sa·'la:·re] *vt* to salt

salario [sa·'la:·rio] <-i> *m* (*di operaio*) wage; (*di dipendente*) salary

salasso [sa·'las·so] *m* fig drain on resources

salatino [sa·la·'ti:·no] *m* cocktail snack

salato, -a [sa·'la:·to] *adj* ❶ (*burro*) salted; (*pane*) made with salt; **torta -a** savory pie ❷ (*acqua del mare*) salt ❸ (*troppo salato: pasta, carne*) salty ❹ *fig* (*prezzo*) high

saldare [sal·'da:·re] *vt* ❶ TEC to weld ❷ (*conto*) to pay; (*debito*) to pay off

saldatura [sal·da·'tu:·ra] *f* TEC welding

saldo ['sal·do] *m* ❶ (*svendita*) sales ❷ (*di conto, fattura*) settlement

saldo, -a *adj* firm

sale ['sa:·le] *m* salt; **~ da cucina** cooking salt; **sotto ~** CULIN salted

salernitano, -a [sa·ler·ni·'ta:·no] I. *adj* from Salerno II. *m, f* (*abitante*) person from Salerno

Salerno [sa·'lɛr·no] *f* Salerno, *city in southwestern Italy*

salgo ['sal·go] *1. pers sing pr di* **salire**

salice ['sa:·li·tʃe] *m* willow; **~ piangente** weeping willow

saliente [sa·'liɛn·te] *adj* fig main

saliera [sa·'liɛː·ra] *f* saltcellar

salii [sa·'liː·i] *1. pers sing pass rem di* **salire**

salire [sa·'liː·re] <salgo, salii, salito> I. *vt* avere (*scale, gradini, montagna*) to climb II. *vi* essere ❶ (*gener*) to go up ❷ (*aereo, strada, sentiero*) to climb ❸ (*fumo, urla*) to rise ❹ (*montare: sul treno*) to get on; (*sull'auto*) to get in ❺ (*aumentare: livello, temperatura*) to rise ❻ (*diventare più caro*) to go up (in price)

salita [sa·'liː·ta] *f* ❶ (*azione*) climb ❷ (*strada*) hill; **in ~** uphill

saliva [sa·'liː·va] *f* saliva

salma ['sal·ma] *f* body

salmastro, -a *adj* (*odore, sapore*) salty; **acque -e** brackish water

salmì [sal·'mi] *m* **lepre in ~** salmi of hare

salmo ['sal·mo] *m* psalm

salmone [sal·'moː·ne] *m* salmon

salone [sa·'loː·ne] *m* ❶ (*ampia sala*) hall ❷ (*esposizione*) show; **~ dell'automobile** auto show

salopette [sa·lɔ·'pɛt] <- *o* salopettes> *f* overalls *pl*

salotto [sa·'lɔt·to] *m* ❶ (*stanza*) living room ❷ (*mobilio*) living room furniture

salpare [sal·'pa:·re] I. *vi* essere to set sail II. *vt* avere **~ l'ancora** to raise the anchor

salsa ['sal·sa] *f* sauce; **~ di pomodoro** tomato sauce

salsiccia [sal·'sit·tʃa] <-cce> *f* sausage

saltare [sal·'ta:·re] I. *vi* essere *o* avere ❶ (*da terra*) to jump; **~ dalla finestra** to jump out of the window; **~ dal ponte** to jump off the bridge; **~ dalla gioia** to jump for joy; **~ al collo di qu** (*abbracciare*) to throw one's arms around sb; (*aggredire*) to jump on sb; **~ fuori** (*essere trovato*) to turn up; (*esprimere*) to come out with; **~ in mente** to think of; **ma cosa ti è saltato in mente?** what got into you? ❷ (*esplodere*) **~ in aria** fig to blow up II. *vt* avere ❶ (*ostacolo*) to jump (over); **~ la corda** to jump rope ❷ CULIN to sauté ❸ *fig* to skip; **~ il pasto** to skip a meal

S

saltellare [sal·tel·'la:·re] *vi* to skip

salto ['sal·to] *m* ① *(gener)* jump; **~ in alto** high jump; **~ in lungo** long jump; **~ con l'asta** pole vault; **~ mortale** somersault; **fare quattro -i** *fam* to dance ② *(scappata)* **fare un ~ in centro** to pop into town; **fare un ~ da qu** to drop in on sb

salubre [sa·'lu:·bre] *adj* healthy

salume [sa·'lu:·me] *m* (type of) cured pork; **-i** cold cuts

salumeria [sa·lu·me·'ri:·a] <-ie> *f* ≈ delicatessen

salutare¹ [sa·lu·'ta:·re] *adj* healthy

salutare² [sa·lu·'ta:·re] I. *vt* ① to greet; **salutami tua moglie** say hello to your wife for me; **andare a ~ qu** to go and see sb II. *vr:* **-rsi** *(incontrandosi)* to greet one another; *(lasciandosi)* to say goodbye to one another

salute [sa·'lu:·te] *f* ① *(benessere fisico)* (good) health; *(benessere mentale)* mental health ② *(loc)* **bere alla ~ di qu** to drink to sb's health; **~!** *(nei brindisi)* cheers!; *(quando si starnutisce)* bless you!

saluto [sa·'lu:·to] *m* greeting; **portare a qu i -i di qu** to say hello to sb for sb; **rivolgere un ~ a qu** to greet sb; **tanti cari -i** love from; **cordiali -i** with best wishes

salvagente [sal·va·'dʒɛn·te] I. <inv> *adj* **giubbotto ~** life jacket II. <-> *m* *(per nuotare)* rubber ring

salvaguardare [sal·va·guar·'da:·re] I. *vt* to safeguard II. *vr* **-rsi da qc** to protect oneself from sth

salvapiede [sal·va·'pie·de] *m* footlet sock

salvare [sal·'va:·re] I. *vt* ① *(gener)* to save; **~ la vita a qu** to save sb's life ② *(proteggere: onore)* to preserve II. *vr:* **-rsi** ① *(dalla morte)* to survive ② *(trovare scampo)* **si salvi chi può!** it's every man for himself!

salvaschermo [sal·va·'sker·mo] <-> *m* screen saver

salvaslip [sal·va·'zlip] <-> *m* panty liner

salvataggio [sal·va·'tad·dʒo] <-ggi> *m* rescue; **operazioni di ~** rescue operations

salve ['sal·ve] *interj* hi

salvezza [sal·'vet·tsa] *f* a. REL salvation

salvia ['sal·via] <-ie> *f* sage

salvietta [sal·'viet·ta] *f* hand towel; **~ rinfrescante** wet wipe

salvo¹ ['sal·vo] *msing* **trarre qu in ~** to lead sb to safety; **mettere qc in ~** to keep sth safe

salvo² I. *prep* *(ad eccezione)* except (for) II. *conj* **~ che ... +***conj* unless

salvo, -a *adj* safe

san [san] *v.* **santo** I.

sanare [sa·'na:·re] *vt* ① *(gener)* to heal ② *(bilancio)* to put right; **~ un debito** to pay (off) a debt

sanatoria [sa·na·'tɔ:·ria] *f* GIUR act of indemnity; **~ fiscale** tax amnesty

sancire [san·'tʃi:·re] <sancisco> *vt* ① *(patto, alleanza, accordo)* to ratify ② GIUR to sanction

sandalo ['san·da·lo] *m* ① *(calzatura)* sandal ② BOT sandalwood

sangria [san·'gri:·a] <-> *f* sangria

sangue ['saŋ·gue] *m* blood; **~ freddo** *fig* sang-froid; **a ~ freddo** in cold blood; **una bistecca al ~** a rare steak

sanguigno, -a [saŋ·'guiɲ·ɲo] *adj* MED blood; **pressione -a** blood pressure

sanguinaccio [saŋ·gui·'nat·tʃo] <-cci> *m* black pudding

sanguinare [saŋ·gui·'na:·re] *vi* to bleed

sanguisuga [san·gui·'su:·ga] <-ghe> *f* ① ZOO leech ② *fig, pej* bloodsucker

sanità [sa·ni·'ta] <-> *f* ① *(salute)* health ② ADMIN public health

sanitario, -a [sa·ni·'ta:·rio] <-i, -ie> *adj* ADMIN health

sano, -a ['sa:·no] *adj* MED healthy; **~ come un pesce** in perfect health

sant' [sant] *v.* **santo** I.

santo, -a ['san·to] I. *adj* ① *(gener)* holy; **acqua -a** holy water ② *(con nome proprio)* Saint ③ *(loc)* **tutto il ~ giorno** *fam* all day long II. *m, f* a. REL saint

santone, -a [san·'to:·ne] *m, f* ① REL holy man ② *fig* guru

santuario [san·tu·'a:·rio] <-i> m sanctuary

sanzione [san·'tsio:·ne] f ❶ GIUR, ADMIN sanction ❷ (punizione) penalty; ~ **disciplinare** punishment

sapere¹ [sa·'pe:·re] <so, seppi, saputo> I. vt ❶ (gener) to know; **lo so** I know; **non saprei** I don't know; **non si sa mai** you never know; **buono a sapersi** that's good to know ❷ (essere in grado) to know how to; **saper fare qc** to know how to do sth; **so nuotare** I can swim ❸ (apprendere) to find out II. vi ❹ (aver sapore) ~ **di qc** to taste of sth; **non sa di niente** it has no flavor ❺ (avere odore) ~ **di qc** to smell of sth

sapere² m knowledge

sapiente [sa·'pien·te] adj (persona) learned

sapienza [sa·'pien·tsa] f wisdom

sapone [sa·'po:·ne] m soap; ~ **da bucato** laundry soap

saponetta [sa·po·'net·ta] f bar of soap

sapore [sa·'po:·re] m a. fig flavor; **avere** ~ **di qc** to smack of sth; **senza** ~ flavorless

saporito, -a [sa·po·'ri:·to] adj CULIN tasty

sarà [sa·'ra] 3. pers sing futuro di **essere¹**

saracinesca [sa·ra·tʃi·'nes·ka] <-sche> f rolling shutter

sarcasmo [sar·'kaz·mo] m sarcasm

sarcastico, -a [sar·'kas·ti·ko] <-ci, -che> adj sarcastic

sarcofago [sar·'kɔ:·fa·go] <-gi o -ghi> m sarcophagus

Sardegna [sar·'deɲ·ɲa] f Sardinia

sardina [sar·'di:·na] f sardine

sardo, -a adj, m, f Sardinian

sareste, saresti [sa·'res·te, sa·'res·ti] 2. pers pl, 2. pers sing condizionale di **essere¹**

sarto, -a ['sar·to] m, f tailor [o m], dressmaker [o f]

sartoria [sar·to·'ri:·a] <-ie> f ❶ (per uomo) tailor's; (per donna) dressmaker's ❷ (settore) tailoring

sassarese [sas·sa·'re:·se] I. adj from

Sassari II. mf (abitante) person from Sassari

Sassari f Sassari, city in NW Sardinia

sassata [sas·'sa:·ta] f **tirare una** ~ **a qu** to throw a stone at sb

sasso ['sas·so] m (pietra) stone; (masso) rock; (ciottolo) pebble

sassofonista [sas·so·fo·'nis·ta] <-i m, -e f> mf saxophonist

sassofono [sas·'sɔ:·fo·no] m saxophone

Satana ['sa:·ta·na] m Satan

satellitare [sa·tel·li·'ta:·re] adj satellite

satellite [sa·'tɛl·li·te] m, adj satellite

satinare [sa·ti·'na:·re] vt to satinize

satira ['sa:·ti·ra] f satire

satirico, -a [sa·'ti:·ri·ko] <-ci, -che> adj satirical

saudita [sau·'di:·ta] <-i m, -e f> adj Saudi; **Arabia Saudita** Saudi Arabia

sauna ['sau·na] f sauna; **fare la** ~ to have a sauna

savana [sa·'va:·na] f savannah

Savona [sa·'vɔ:·na] f Savona, town in northwestern Italy

savonese [sa·vo·'ne:·se] I. adj from Savona II. mf (abitante) person from Savona

saziare [sat·'tsia:·re] I. vt a. fig to satisfy II. vr: -**rsi** ❶ (riempirsi) to eat one's fill; -**rsi di qc** to eat one's fill of sth ❷ fig to have one's fill

sazietà [sat·tsie·'ta] <-> f ❶ (essere sazio) fullness; **mangiare a** ~ to eat one's fill ❷ fig satisfaction

sazio, -a ['sat·tsio] <-i, -ie> adj ❶ (di cibo) full (up) ❷ fig, pej sated; **non esser mai** ~ a. fig to never be satisfied

sbadataggine [zba·da·'tad·dʒi·ne] f carelessness

sbadato, -a [zba·'da:·to] adj careless

sbadigliare [zba·diʎ·'ʎa:·re] vi to yawn

sbadiglio [zba·'diʎ·ʎo] <-gli> m yawn

sbagliare [zbaʎ·'ʎa:·re] I. vt ❶ a. fig (colpo, mira) to miss ❷ (scambiare) ~ **indirizzo** to get the wrong address; ~ **strada** to take the wrong road; ~ **treno** to catch the wrong train II. vi, vr: -**rsi** to make a mistake; **sbagliando s'impara** prov you live and learn

S

sbagliato, -a [zbaʎˈʎaːto] *adj* wrong; **investimento ~** bad investment

sbaglio [ˈzbaʎʎo] <-gli> *m* mistake; **per ~** by mistake

sbalordire [zbalorˈdiːre] <sbalordisco> *vt* to amaze

sbalorditivo, -a [zbalordiˈtiːvo] *adj* incredible

sbandare [zbanˈdaːre] *vi* (*auto*) to skid

sbando [ˈzbando] *m* **allo ~** floundering

sbaraglio [zbaˈraʎʎo] <-gli> *m* **gettarsi** [*o* **buttarsi**] **allo ~** to plunge recklessly into sth; **mandare allo ~ qu** to put sb in danger

sbarazzarsi [zbaratˈtsaːrsi] *vr* ~ **di qu/qc** to get rid of sb/sth

sbarcare [zbarˈkaːre] **I.** *vt avere* ① (*passeggeri*) to disembark; (*merce*) to unload ② (*loc*) ~ **il lunario** to make ends meet **II.** *vi essere* NAUT to disembark; AERO to get off

sbarco [ˈzbarko] <-chi> *m* ① (*atto*) disembarkation; (*di merci*) unloading ② MIL landing

sbarra [ˈzbarra] *f* ① SPORT (*gener*) bar; **essere dietro le -e** *fig* to be behind bars ② (*barriera*) barrier

sbarrare [zbarˈraːre] *vt* ① (*chiudere*) to close off ② (*occhi*) to widen

sbattere [ˈzbatteːre] **I.** *vt* ① (*panni, tappeti*) to beat ② (*ali*) to flap ③ (*battere forte*) to slam ④ CULIN to whip **II.** *vi* ① (*porta*) to bang ② (*urtare*) ~ **contro qc** to bang into sth

sbattitore [zbattiˈtoːre] *m* beater

sbattuto, -a [zbatˈtuːto] *adj* ① CULIN beaten ② (*viso*) worn out

sberla [ˈzbɛrla] *f fam* slap; **prendere a -e qu** to slap sb

sbiadire [zbiaˈdiːre] <sbiadisco> **I.** *vi essere* to fade **II.** *vr:* **-rsi** to fade

sbiancare [zbianˈkaːre] **I.** *vt avere* (*abiti*) to bleach **II.** *vr:* **-rsi** *fig* (*in volto*) to go pale

sbilanciarsi [zbilanˈtʃaːrsi] *vr:* **-rsi** (*esporsi troppo*) to compromise oneself

sbirro [ˈzbirro] *m pej* cop

sbloccare [zblokˈkaːre] **I.** *vt* ① (*cancel-*

lo, catena) to undo; (*cambio, ingranaggio*) to release ② *fig* (*situazione*) to unblock ③ (*fondi, aiuti*) to free up **II.** *vr* ① (*computer*) to unfreeze; (*chiavistello*) to come free ② *fig* (*situazione, problema*) to be resolved; (*traffico*) to start moving again

sblocco [ˈzblɔkko] <-cchi> *m* ① TEL (*di cellulare*) unblocking ② (*di merci*) release ③ *fig* (*di situazione, risultato*) resolution

sboccare [zbokˈkaːre] *vi essere* (*fiume*) to flow; (*strada*) to come out

sbocciare [zbotˈtʃaːre] *vi essere* ① (*fiore*) to bloom ② *fig* (*persona, bellezza*) to blossom

sbocco [ˈzbɔkko] <-cchi> *m* ① (*di fiume*) mouth; (*di strada*) end; **strada senza ~** dead end ② *fig* (*soluzione*) resolution

sbollire [zbolˈliːre] <sbollisco *o* sbollo> *vi essere o avere* ① CULIN to stop boiling ② *fig* (*placarsi: rabbia*) to cool

sbornia [ˈzbɔrnia] <-ie> *f fam* **prendersi una ~** to get hammered

sborsare [zborˈsaːre] *vt* to pay out

sbottonare [zbottoˈnaːre] **I.** *vt* (*camicia, giacca*) to undo **II.** *vr fig, fam* (*confidarsi*) to unburden oneself

sbraitare [zbraiˈtaːre] *vi fam* to yell

sbranare [zbraˈnaːre] **I.** *vt* (*fare a pezzi*) to tear to pieces **II.** *vr:* **-rsi** *a. fig* to tear one another to pieces

sbriciolare [zbriˈtʃoˈlaːre] **I.** *vt* to crumble up **II.** *vr:* **-rsi** *a. fig* to crumble

sbrigare [zbriˈgaːre] **I.** *vt* (*faccenda, questione*) to deal with **II.** *vr:* **-rsi** ① (*affrettarsi*) to hurry up ② *fam* to deal with sth oneself

sbrigativo, -a [zbrigaˈtiːvo] *adj* ① (*persona, modi*) brusque; (*risposta*) quick ② *pej* (*superficiale*) hasty

sbrinare [zbriˈnaːre] *vt* (*frigo*) to defrost

sbronza [ˈzbrontsa/ˈzbrondza] *f fam* **prendersi una ~** to get hammered

sbronzarsi [zbronˈtsarsi/zbronˈdzarsi] *vr fam* to get hammered

sbronzo, -a ['zbron·tso/'zbron·dzo] *adj fam* hammered

sbruffone, -a [zbruf·'fo:·ne] *m, f pej, fam* braggart

sbucare [zbu·'ka:·re] *vi essere* ① (*animale*) to pop out ② (*apparire improvvisamente*) to appear

sbucciapatate [zbut·tʃa·pa·'ta:·te] <-> *m* potato peeler

sbucciare [zbut·'tʃa:·re] *vt* ① (*patate, castagne*) to peel ② MED to skin

sbuffare [zbuf·'fa:·re] *vi* ① (*persona*) to snort ② (*locomotiva*) to puff

scabbia ['skab·bia] <-ie> *f* scabies *sing*

scabroso, -a [ska·'bro:·so] *adj* ① (*tema, argomento*) delicate ② (*impudico: fatto*) indecent

scacchiera [skak·'kiɛ:·ra] *f* chessboard

scacco ['skak·ko] <-cchi> *m* ① *pl* (*gioco*) chess *sing;* **giocare a -cchi** to play chess ② (*mossa*) checkmate ④ *fig* (*sconfitta*) setback ④ (*quadratino*) **a -cchi** checked

scaddi ['skad·di] *1. pers sing pass rem di* **scadere**

scadente [ska·'dɛn·te] *adj* ① (*voto*) unsatisfactory ② (*merce*) shoddy; (*prodotto*) poor-quality

scadenza [ska·'dɛn·tsa] *f* ① (*di abbonamento, contratto*) expiry; (*di bando*) deadline ② FIN due date ③ (*periodo*) timescale; **a breve/lunga ~** short-/long-term ④ (*di alimento*) expiration date

scadere [ska·'de:·re] <scado, scaddi, scaduto> *vi essere* ① COM, ADMIN to expire ② (*perdere valore*) to decline

scaffale [skaf·'fa:·le] *m* set of shelves

scafo ['ska:·fo] *m* hull

scagionare [ska·dʒo·'na:·re] *vt* (*discolpare*) to exonerate

scaglia ['skaʎ·ʎa] <-glie> *f* ① (*di pesce*) scale ② (*di pietra, vetro*) splinter; (*di cioccolato, formaggio*) flake

scagliare [skaʎ·'ʎa:·re] I. *vt* (*lanciare*) to throw II. *vr:* **-rsi** ① (*aggredire, avventarsi*) to hurl oneself ② (*inveire*) to hurl abuse

scala ['ska:·la] *f* ① ARCHIT staircase; **~ a chiocciola** spiral staircase; **~ mobile**

escalator ② (*apparecchio*) ladder ③ *a. fig* TEC, FIS, MUS, GEOG scale; **in ~ ridotta** to scale; **su larga ~** *fig* on a grand scale ④ COM **~ mobile** escalator

scalare *vt* ① (*montagna*) to climb; **~ un muro** to climb over ② COM (*scontare*) to take off ③ (*capelli*) to layer ④ MOT (*marcia*) to downshift

scalata [ska·'la:·ta] *f* (*di montagna*) ascent

scalatore, -trice [ska·la·'to:·re] *m, f* climber

scalciare [skal·'tʃa:·re] *vi* to kick

scaldare [skal·'da:·re] I. *vt* (*acqua*) to boil; (*minestra*) to heat (up); (*stanza, motore*) to warm (up) II. *vr:* **-rsi** ① *a.* SPORT (*diventare caldo*) to warm up ② *fig* (*accalorarsi, irritarsi*) to grow heated

scalinata [ska·li·'na:·ta] *f* flight of steps

scalino [ska·'li:·no] *m* step

scalo ['ska:·lo] *m* ① NAUT slipway ② FERR yard ③ AERO stopover; **volo senza ~** nonstop flight; **fare ~** to make a stopover

scalogna [ska·'loɲ·ɲa] *f fam* bad luck

scaloppa [ska·'lɔp·pa] *f* escalope

scalpello [skal·'pɛl·lo] *m* (*gener*) chisel; MED scalpel

scalpitare [skal·pi·'ta:·re] *vi* ① ZOO to paw the ground ② *fig, scherz* (*essere impazienti*) to be unable to wait; **sto scalpitando!** I can't wait!

scalpore [skal·'po:·re] *m* sensation; **destare** [*o* **fare**] **~** to cause a sensation

scaltro, -a ['skal·tro] *adj* cunning

scalzo, -a ['skal·tso] *adj* barefoot; **a piedi -i** barefoot

scambiare [skam·'bia:·re] I. *vt* ① (*confondere*) **~ qu per qu** to mistake sb for sb; **~ qc per qc** *fig* to mistake sth for sth ② (*fare uno scambio*) to exchange; **~ qc con qc** to exchange sth for sth ③ (*impressioni, opinioni*) to share; (*parole*) to exchange; **~ due chiacchiere** to have a chat II. *vr:* **-rsi** ① (*sostituirsi*) to change over; **-rsi di posto** to change places ② (*dare l'un l'altro*) to exchange

scambio ['skam·bio] <-i> *m* ① (*di per-*

S

sona) case of mistaken identity ②(*di doni, cortesie, idee*) exchange ③ COM trade; **-i commerciali** trade; **libero ~** free trade ④ FERR switches *pl*

scamorza [ska·'mɔr·tsa] *f* CULIN *soft cheese in a pear shape*

scamosciato, -a [ska·moʃ·'ʃa:·to] *adj* suede

scampagnata [skam·paɲ·'ɲa:·ta] *f fam* trip to the country

scampare [skam·'pa:·re] **I.** *vi essere* (*sfuggire*) to escape **II.** *vt avere* (*sfuggire a*) to escape; **scamparla bella** *fam* to have a lucky escape

scampo ['skam·po] *m* ①(*salvezza*) safety; (*via d'uscita*); **senza ~** with no way out ②ZOO Norway lobster; **risotto agli -i** risotto with scampi

scanalatura [ska·na·la·'tu:·ra] *f* (*incavo*) groove

scandagliare [skan·daʎ·'ʎa:·re] *vt* NAUT to sound

scandalistico, -a [skan·da·'lis·ti·ko] <-ci, -che> *adj* scandalmongering; **giornale ~** tabloid

scandalizzare [skan·da·lid·'dza:·re] **I.** *vt* to scandalize **II.** *vr* **-rsi di qc** to be scandalized by sth

scandalo ['skan·da·lo] *m* scandal

scandaloso, -a [skan·da·'lo:·so] *adj* scandalous

Scandinavia [skan·di·'na:·via] *f* Scandinavia

scandinavo, -a [skan·di·'na:·vo] *adj, m, f* Scandinavian

scandire [skan·'di:·re] <scandisco> *vt* ①(*dividere a intervalli*) to mark out ②*fig* (*parole, nome*) to pronounce

scannare [skan·'na:·re] **I.** *vt* (*animale, persona*) to slaughter **II.** *vr:* **-rsi** to slaughter one another

scanner ['skan·ner] <- *o* scanners> *m* scanner

scannerizzare [skan·ne·rid·'dza:·re] *vt* COMPUT to scan

scanning ['skan·niŋ] <-> *m* COMPUT scanning; **fare lo ~ di qc** to scan sth

scansafatiche [skan·sa·fa·'ti:·ke] <-> *mf fam* lazybones

scansare [skan·'sa:·re] **I.** *vt* ①(*schivare*) **~ qu/qc** to dodge sb/sth ②(*evitare*) **~ qu/qc** to avoid sb/sth **II.** *vr:* **-rsi** (*spostarsi*) to move

scansione [skan·'sio:·ne] *f* COMPUT, TV scanning

scanso ['skan·so] *m* **a ~ di qc** in order to avoid

scantinato [skan·ti·'na:·to] *m* basement

scapaccione [ska·pat·'tʃo:·ne] *m* smack

scapestrato, -a [ska·pes·'tra:·to] *adj, m, f* good-for-nothing

scapito ['ska:·pi·to] *m* **a ~ di** at the expense of

scapola ['ska:·po·la] *f* shoulder blade

scapolo ['ska:·po·lo] *m* bachelor

scapolo, -a *adj* unmarried

scappamento [skap·pa·'men·to] *m* MOT exhaust

scappare [skap·'pa:·re] *vi essere* ①(*darsi alla fuga*) to flee ②(*di prigione*) to escape ③(*andar via in fretta*) to run ④*fig* (*sfuggire*) to slip out; **gli è scappato di mente** he [*o* she] has forgotten it ⑤*fam* (*loc*) **mi scappa la pipì!** I'm bursting; **mi scappa da ridere** I can't help laughing

scappata [skap·'pa:·ta] *f* (*breve visita*) **ho fatto una ~ dalla nonna** I popped in to see grandma; **abbiamo fatto una ~ a Asolo** we popped over to Asolo

scappatella [skap·pa·'tɛl·la] *f* adventure

scappatoia [skap·pa·'to:·ia] <-oie> *f* way out

scarabeo [ska·ra·'bɛ:·o] *m* ①(*insetto*) scarab beetle ②(*gioco*) **Scarabeo**® Scrabble®

scarabocchiare [ska·ra·bok·'kia:·re] *vt* to scribble

scarabocchio [ska·ra·'bɔk·kio] <-cchi> *m* ①(*parola*) scribble ②(*disegno*) doodle

scarafaggio [ska·ra·'fad·dʒo] <-ggi> *m* cockroach

scaramanzia [ska·ra·man·'tsi:·a] <-ie> *f* **per ~** for luck

scaraventare [ska·ra·ven·'ta:·re] **I.** *vt* to hurl **II.** *vr:* **-rsi** to hurl oneself

scarcerare [skar·tʃe·ˈra:·re] *vt* to release (from prison)

scardinare [skar·di·ˈna:·re] *vt* ① (*porta, finestra*) to take off its hinges ② *fig* (*demolire*) to demolish

scarica [ˈska:·ri·ka] <-che> *f* ① MIL **una ~ di mitra** a burst of machine-gun fire ② *fig* (*di grandine, pugni*) shower; (*bestemmie*) torrent ③ EL discharge

scaricamento [ska·ri·ka·ˈmen·to] *m* ① (*di un treno*) unloading ② INET download

scaricare [ska·ri·ˈka:·re] I. *vt* ① (*macchina, merci, bagagli*) to unload ② (*arma*) to unload; (*sparare*) to discharge ③ (*riversare su altri: responsabilità*) to offload ④ COMPUT to download ⑤ (*loc*) **~ la coscienza** to ease one's conscience; **~ la colpa addosso a qu** to lay the blame on sb; **~ qu** to dump sb II. *vr:* **-rsi** ① (*peso*) to unburden oneself ② *fig* (*tensione nervosa*) to let off ③ (*rilassarsi*) to unwind ④ (*batteria, accumulatore*) to go flat; (*orologio*) to wind down

scarico [ˈska:·ri·ko] *m* ① (*di merci, nave, vagone*) unloading ② (*di rifiuti*) dumping; **-chi industriali** industrial waste ③ (*di acque*) draining ④ MOT discharge; (*impianto*) exhaust

scarico, -a <-chi, -che> *adj* ① (*carro*) empty ② (*batteria*) dead; (*orologio*) wound down

scarlattina [skar·lat·ˈti:·na] *f* scarlet fever

scarno, -a [ˈskar·no] *adj* ① (*viso, mani*) bony ② *fig* (*povero*) meager

scarpa [ˈskar·pa] *f* (*calzatura*) shoe; **~ da ginnastica** sneakers; **numero di -e** shoe size

scarpata [skar·ˈpa:·ta] *f* escarpment

scarpiera [skar·ˈpiɛ:·ra] *f* shoe rack

scarpinata [skar·pi·ˈna:·ta] *f fam* trek

scarpone [skar·ˈpo:·ne] *m* (walking) boot; **~ da sci** ski boot; **~ da montagna** climbing boot

scarseggiare [skar·sed·ˈdʒa:·re] *vi* to be lacking

scarso, -a [ˈskar·so] *adj* ① (*insuffi-ciente*) poor; **essere ~ in inglese** to not be very good at English ② (*chilo, metro, anno*) just under; **è lungo un metro ~** it's just under a meter long

scartare [skar·ˈta:·re] *vt* ① (*pacco, regalo*) to unwrap ② *fig* (*escludere*) to reject ③ (*nelle carte*) to discard ④ SPORT to dodge

scarto [ˈskar·to] *m* ① (*eliminazione*) dumping ② (*di produzione, fabbrica, magazzino*) **materiali di ~** waste materials ③ (*nelle carte*) discard ④ (*differenza*) gap

scassinare [skas·si·ˈna:·re] *vt* to force

scassinatore, -trice [skas·si·na·ˈto:·re] *m, f* burglar

scasso [ˈskas·so] *m* breaking and entering; **furto con ~** burglary

scatenante [ska·te·ˈnan·te] *adj* triggering

scatenare [ska·te·ˈna:·re] I. *vt* (*provocare*) to trigger II. *vr:* **-rsi** ① (*battaglia, discussione*) to break out; (*tempesta, temporale*) to break ② (*sfogarsi*) to let off steam

scatola [ˈska:·to·la] *f* ① (*di biscotti, scarpe*) tin; (*di carne, piselli*) can; **cibo in ~** canned food ② *fam* (*loc*) **rompere** [*o* **far girare**] **le -e a qc** to get on sb's nerves; **levarsi dalle -e** to get out ③ (*elemento, dispositivo*) **~ cranica** cranium; AERO: **~ nera** black box

scatoletta [ska·to·ˈlɛt·ta] *f* box

scattante [skat·ˈtan·te] *adj* speedy

scattare [skat·ˈta:·re] I. *vi* essere *o* avere ① (*congegno*) to be tripped; (*allarme*) to go off ② (*avere inizio: operazione*) to begin; (*diritto, legge*) to come into effect ③ (*muoversi repentinamente: persona*) to leap; **~ in piedi** to jump to one's feet ④ MOT to go ⑤ *fig* (*per l'ira*) to fly off the handle ⑥ SPORT (*al via*) to spring forward; (*durante la corsa*) to put a spurt on II. *vt* avere (*foto*) to take

scatto [ˈskat·to] *m* ① (*dispositivo*) release; **serratura a ~** spring lock ② (*moto brusco*) jump ③ SPORT spurt ④ MOT acceleration ⑤ *fig* (*d'ira*) outburst; **avere uno ~ di rabbia** to fly off

S

the handle ❻ *fig* (*aumento di stipendio*) increment ❼ TEL unit

scaturire [ska·tu·ˈriː·re] *vi* essere ❶ (*liquidi*) to gush ❷ *fig* (*derivare*) to derive

scavalcare [ska·val·ˈka:·re] *vt* ❶ (*ostacolo*) to climb over ❷ *fig* (*saltare*) ~ **qu** to bypass sb ❸ *fig* (*superare: in una competizione*) to pass; (*nella professione*) to be promoted over

scavare [ska·ˈva:·re] *vt* ❶ (*fosso, galleria, pozzo*) to dig ❷ (*legno, pietra*) to hollow out ❸ (*città, tesoro*) to excavate

scavo [ˈska:·vo] *m* excavation

scazzato, -a [skat·ˈtsa:·to] *adj vulg* pissed (off)

scegliere [ˈʃeʎ·ʎe·re] <scelgo, scelsi, scelto> *vt* to choose

sceicco [ʃe·ˈik·ko] <-chi> *m* sheik

scelgo [ˈʃel·go] *1. pers sing pr di* **scegliere**

scellerato, -a [ʃel·le·ˈra:·to] *adj* wicked

scelsi [ˈʃel·si] *1. pers sing pass rem di* **scegliere**

scelta [ˈʃel·ta] *f* choice; **fare una buona/cattiva ~** to make a good/bad choice; **a ~** of one's choice; **merce di prima ~** top quality products; **merce di seconda ~** second-class products

scelto, -a [ˈʃel·to] I. *pp di* **scegliere** II. *adj* ❶ (*vestito, prodotto, facoltà*) selected ❷ (*di buona qualità*) top quality ❸ (*addestrato*) **tiratore ~** marksman

scemare [ʃe·ˈma:·re] *vi* essere to decline

scemata [ʃe·ˈma:·ta] *f fam* stupid thing

scemo, -a [ˈʃe:·mo] I. *adj* stupid II. *m, f* idiot; **~ del villaggio** village idiot

scena [ˈʃɛ:·na] *f* ❶ (*palcoscenico*) stage; **entrare in ~** to come on stage; *fig* to come on the scene; **essere di ~** to be on; *fig* to take the stage; **mettere in ~** to stage ❷ *a. fig* scene; **colpo di ~** coup de théâtre; *fig* dramatic turn of events; **la ~ del delitto** the scene of the crime; **fare -e** to make a scene ❸ (*loc*) **fare ~ muta** to not open one's mouth

scenario [ʃe·ˈna:·rio] <-i> *m* ❶ THEAT setting; FILM location ❷ (*paesaggio*) backdrop

scenata [ʃe·ˈna:·ta] *f* scene; **fare una ~ a qu** to make a scene

scendere [ˈʃen·de·re] <scendo, scesi, sceso> *vi* essere ❶ (*andare giù*) to go down; **~ a valle** to go back down the mountain/hill ❷ (*smontare: da macchina*) to get out of; (*da bus, treno*) to get off; (*da cavallo*) to dismount ❸ (*essere in pendenza*) to descend ❹ (*calare*) to drop; (*notte*) to fall; (*sole*) to set ❺ (*di grado*) to decline ❻ (*loc*) **~ in piazza** to take to the streets; **~ in campo** *a. fig* to take the field

sceneggiato [ʃe·ned·ˈdʒa:·to] *m* TV (television) drama

sceneggiatore, -trice [ʃe·ned·dʒa·ˈto:·re] *m, f* screenwriter

sceneggiatura [ʃe·ned·dʒa·ˈtu:·ra] *f* screenplay

scenografia [ʃe·no·gra·ˈfiː·a] *f* ❶ (*tecnica*) set design ❷ (*elementi scenici*) scenery

scenografo, -a [ʃe·ˈnɔː·gra·fo] *m, f* set designer

sceriffo [ʃe·ˈrif·fo] *m* sheriff

scervellarsi [stʃer·vel·ˈlar·si] *vr* ~ **su qc** to rack one's brains over sth

scesi [ˈʃe:·si] *1. pers sing pass rem di* **scendere**

sceso [ˈʃe:·so] *pp di* **scendere**

scettico, -a [ˈʃɛt·ti·ko] <-ci, -che> I. *adj* (*diffidente*) skeptical II. *m, f* skeptic

scettro [ˈʃɛt·tro] *m* (*del re*) scepter

scheda [ˈskɛː·da] *f* ADMIN card; **~ elettorale** ballot paper; **~ grafica** COMPUT graphics card; **~ madre** COMPUT motherboard

schedare [ske·ˈda:·re] *vt* ❶ (*registrare*) to catalog ❷ ADMIN to put on record

schedario [ske·ˈda:·rio] <-i> *m* ❶ (*raccolta*) file ❷ (*mobile*) filing cabinet; (*dispositivo*) box file

schedato, -a [ske·ˈda:·to] *m, f* person with a police record

schedina [ske·ˈdiː·na] *f* (*di Lotto*) ticket; (*di Totocalcio*) coupon

scheggia [ˈsked·dʒa] <-gge> *f* (*di legno*) splinter

scheletro [ˈskɛː·le·tro] *m* ANAT skeleton

schema ['ske:·ma] <-i> *m* ⓐ (*modello*) diagram ⓑ GIUR draft ⓒ *fig* (*mentale*) pattern ⓓ SPORT game plan

scherma ['sker·ma] *f* fencing

schermare [sker·'ma:·re] *vt* (*proteggere*) to screen

schermata [sker·'ma:·ta] *f* (*videata*) screen

schermo ['sker·mo] *m a. fig* screen; **grande/piccolo ~** big /small screen

schernire [sker·'ni:·re] <schernisco> *vt* to mock

scherzare [sker·'tsa:·re] *vi* to joke

scherzo ['sker·tso] *m* ⓐ (*azione, parola scherzosa*) joke; **stare allo ~** to take a joke; **per ~** for fun; **neppure per ~** not even in fun; **-i a parte!** seriously! ⓑ (*sorpresa sgradevole*) trick ⓒ *fig* (*impresa facile*) child's play

scherzoso, -a [sker·'tso:·so] *adj* (*tono, brano*) jokey; (*persona*) fun

schiaccianoci [skiat·tʃa·'no:·tʃi] <-> *m* nutcracker

schiacciante [skiat·'tʃan·te] *adj* (*vittoria, prova*) overwhelming

schiacciare [skiat·'tʃa:·re] *vt* ⓐ (*patate*) to mash; (*dito*) to squash; (*noci, mandorle*) to crack ⓑ SPORT to smash ⓒ (*premere: pedale, pulsante*) to push ⓓ *fig* (*annientare*) to thrash ⓔ (*travolgere*) to crush

schiacciata [skiat·'tʃa:·ta] *f* ⓐ SPORT smash ⓑ CULIN *type of flat, usually salty bread*

schiaffeggiare [skiaf·fed·'dʒa:·re] *vt* to slap

schiaffo ['skiaf·fo] *m* slap; **prendere qu a -i** to slap sb around

schiantarsi [skian·'ta:·rsi] *vr* to crash

schianto ['skian·to] *m* (*boato*) crash; **di ~** suddenly

schiarire [skia·'ri:·re] <schiarisco> I. *vt* *avere* to lighten; **-rsi la voce** to clear one's throat II. *vr:* **-rsi** ⓐ (*cielo, tempo*) to brighten ⓑ (*capelli, tessuto*) to become lighter

schiarita [skia·'ri:·ta] *f* ⓐ METEO bright spell ⓑ *fig* (*miglioramento*) improvement

schiavitù [skia·vi·'tu] <-> *f a. fig* slavery; **ridurre in ~** to enslave

schiavo, -a ['skia:·vo] I. *adj* enslaved II. *m, f* slave

schiena ['skiɛ:·na] *f* back

schienale [skie·'na:·le] *m* back

schiera ['skiɛ:·ra] *f* ⓐ (*moltitudine*) crowd ⓑ MIL force ⓒ (*loc*) **casa a ~** row house

schieramento [skie·ra·'men·to] *m* ⓐ MIL, SPORT formation ⓑ POL alliance

schierare [skie·'ra:·re] I. *vt* (*esercito, soldati*) to draw up; (*squadra, giocatori*) to select II. *vr:* **-rsi** ⓐ MIL to line up ⓑ *fig* (*prendere posizione*) to align oneself; **-rsi dalla parte di/contro qu** to side with/against sb

schifare [ski·'fa:·re] *vt* to disgust

schifo ['ski:·fo] *m* disgust; **i funghi mi fanno ~** I can't stand mushrooms; **che ~!** yuck!

schifoso, -a [ski·'fo:·so] *adj* disgusting

schioccare [ski·ok·'ka:·re] *vt* (*frusta*) to crack; (*lingua, dita*) to click

schiudere ['skiu:·de·re] <irr> I. *vt* to open II. *vr:* **-rsi** (*fiori*) to open; (*uova*) to crack open

schiuma ['skiu:·ma] *f* foam; **~ da barba** shaving foam

schiusi ['skiu:·si] *1. pers sing pass rem di* schiudere

schiuso ['skiu:·so] *pp di* schiudere

schivare [ski·'va:·re] *vt* to avoid; **~ un colpo** to dodge a blow

schizofrenico, -a [skid·dzo·'frɛ:·ni·ko] <-ci, -che> *adj, m, f* MED schizophrenic

schizzare [skit·'tsa:·re] I. *vt avere* ⓐ (*liquidi*) to splash ⓑ (*sporcare*) to spatter II. *vi essere* ⓐ (*liquidi*) to spurt ⓑ *fig* (*guizzare*) to shoot III. *vr:* **-rsi** to spatter oneself

schizzinoso, -a [skit·tsi·'no:·so] *adj* fussy

schizzo ['skit·tso] *m* ⓐ (*di fango, inchiostro*) splash ⓑ (*abbozzo*) sketch

sci [ʃi] <-> *m* ⓐ (*attrezzo*) ski ⓑ (*attività*) skiing

sciabola ['ʃa:·bo·la] *f* saber

sciacallo [ʃa·'kal·lo] *m* ⓐ ZOO jackal

S

② *fig* (*in guerra*) looter **③** *fig* (*approfittatore*) profiteer

sciacquare [ʃak·'kua:·re] *vt* (*piatti, bicchieri*) to rinse; (*panni*) to rinse (out); **-rsi la bocca** to rinse one's mouth (out); **-rsi le mani** to wash one's hands

sciacquone [ʃak·'kuo:·ne] *m* flush; **tirare lo ~** to flush

sciagura [ʃa·'gu:·ra] *f* **①** (*disgrazia*) disaster **②** *fig* (*sfortuna*) misfortune

sciagurato, -a [ʃa·gu·'ra:·to] **I.** *adj* **①** (*sfortunato*) unlucky **②** (*malvagio*) wicked **③** (*dissennato*) insane **II.** *m, f* (*disgraziato*) wretch

scialacquare [ʃa·lak·'kua:·re] *vt* to squander

scialle ['ʃal·le] *m* shawl

scialuppa [ʃa·'lup·pa] *f* **~ di salvataggio** lifeboat

sciame ['ʃa:·me] *m* (*di api*) swarm

sciare [ʃi·'a:·re] *vi* to ski

sciarpa ['ʃar·pa] *f* scarf

sciatica ['ʃa:·ti·ka] <-che> *f* sciatica

sciatore, -trice [ʃia·'to:·re] *m, f* skier

sciatto, -a ['ʃat·to] *adj* (*persona*) unkempt; (*abito*) shabby; (*stile*) sloppy

scientifica [ʃen·'ti:·fi·ka] <-che> *f* (*polizia*) forensics

scientifico, -a <-ci, -che> *adj* scientific; **liceo scientifico** high school specializing in science subjects

scienza ['ʃɛn·tsa] *f* science; **-e economiche** economics; **-e naturali** natural science

scienziato, -a [ʃɛn·'tsia:·to] *m, f* scientist

scimmia ['ʃim·mia] <-ie> *f* monkey; (*più grande*) ape

scimpanzé [ʃim·pan·'tse] <-> *m* chimpanzee

scintilla [ʃin·'til·la] *f* (*di fuoco*) spark

scintillare [ʃin·til·'la:·re] *vi* **①** FIS to give off sparks **②** (*luccicare*) to sparkle; (*risplendere di luce*) to glitter

scioccante [ʃok·'kan·te] *adj* shocking

scioccare [ʃok·'ka:·re] *vt* to shock

sciocchezza [ʃok·'ket·tsa] *f* **①** (*scemenza*) stupid thing **②** *fig* (*cosa da nulla*) **è una ~** it's nothing

sciocco, -a ['ʃɔk·ko] <-cchi, -cche> **I.** *adj* silly **II.** *m, f* idiot

sciogliere ['ʃɔʎ·ʎe·re] <sciolgo, sciolsi, sciolto> **I.** *vt* **①** (*slegare: capelli*) to loosen; (*nodo*) to undo **②** (*liberare: cane*) to let off the leash **③** CHIM to dissolve **④** (*porre fine a: contratto*) to cancel; (*società*) to wind up **⑤** (*seduta, manifestazione, riunione*) to bring to an end; (*parlamento*) to dissolve **⑥** (*muscoli, gambe*) to loosen up **II.** *vr:* **-rsi** **①** (*neve*) to melt **②** CHIM to dissolve

scioglilingua [ʃoʎ·ʎi·'liŋ·gua] <-> *m* tongue twister

sciolgo ['ʃɔl·go] *1. pers sing pr di* **sciogliere**

sciolina [ʃio·'li:·na] *f* wax

sciolsi ['ʃɔl·si] *1. pers sing pass rem di* **sciogliere**

scioltezza [ʃol·'tet·tsa] *f* **①** (*di movimenti*) suppleness **②** (*nel parlare*) fluency

sciolto, -a ['ʃɔl·to] *pp di* **sciogliere**

scioperare [ʃo·pe·'ra:·re] *vi* to strike

sciopero ['ʃɔ:·pe·ro] *m* strike; **~ bianco** slowdown; **~ della fame** hunger strike; **fare ~** to (go on) strike

sciovia [ʃio·'vi:·a] *f* ski tow

scippare [ʃip·'pa:·re] *vt* **~ qu** to rob sb in the street

scippatore, -trice [ʃip·pa·'to:·re] *m, f* street robber

scippo ['ʃip·po] *m* street robbery

scirocco [ʃi·'rɔk·ko] <-cchi> *m* sirocco

sciroppo [ʃi·'rɔp·po] *f* MED syrup; **~ per la tosse** cough syrup

scisma ['ʃiz·ma] <-i> *m* REL schism

scissione [ʃis·'sio:·ne] *f* (*di partito*) splitt; (*di società*) division

scisso ['ʃis·so] *pp di* **scindere**

sciupare [ʃu·'pa:·re] **I.** *vt* **①** (*rovinare: abito, mobile*) to ruin **②** *fig* (*rovinare: sorpresa*) to spoil **③** (*sprecare: tempo, fatica*) to waste **II.** *vr:* **-rsi** **①** (*indumenti*) to be ruined **②** (*persone*) to become run down

scivolare [ʃi·vo·'la:·re] *vi essere* **①** (*perdere l'equilibrio*) to slip; **~ di mano a**

qu to slip out of sb's hand ❷ (*scorrere*) to slide

scivolo ['ʃiːvoˑlo] *m* slide

scivolone [ʃiˑvoˑloːˑne] *m* ❶ **fare uno scivolone** to slip ❷ *fig* (*errore*) blunder

scivoloso, -a [ʃiˑvoˑloːˑso] *adj* slippery

sclerosi [skleˑroːzi] <-> *f* MED **~ multipla** multiple sclerosis

scoccare [skokˑkaˑre] I. *vt avere* ❶ (*freccia*) to shoot ❷ (*ore*) to strike II. *vi essere* (*ore*) to strike

scocciare [skotˑtʃaːˑre] *fam* I. *vt* (*stufare*) to annoy II. *vr:* **-rsi** to grow tired of sth

scocciatore, -trice [skotˑtʃaˑtoːˑre] *m, f fam* pain (in the neck)

scocciatura [skotˑtʃaˑtuːra] *f fam* pain

scodella [skoˑdɛlˑla] *f* bowl

scodinzolare [skoˑdinˑtsoˑlaːˑre] *vi* to wag its tail

scogliera [skoʎˑʎɛːˑra] *f* (*scogli*) rocks *pl;* (*a strapiombo*) cliffs *pl*

scoglio ['skoʎˑʎo] <-gli> *m* GEOG rock

scoiattolo [skoˑiatˑtoˑlo] *m* squirrel

scolapasta [skoˑlaˑpasˑta] <-> *m* colander

scolapiatti [skoˑlaˑpiatˑti] <-> *m* drainboard

scolare *vt avere* to drain; **scolarsi una bottiglia di vino** to drink a whole bottle of wine

scolaresca [skoˑlaˑresˑka] <-sche> *f* schoolchildren *pl*

scolaro, -a [skoˑlaːˑro] *m, f* student

scolastico, -a [skoˑlasˑtiˑko] <-ci, -che> *adj* (*anno, tasse, programma*) school; **inglese ~** basic English

scoliosi [skoˑlioːzi] <-> *f* scoliosis

scollato, -a [skolˑlaːˑto] *adj* (*abito*) lowcut; **scarpa -a** pump

scollatura [skolˑlaˑtuːˑra] *f* ❶ (*di abito*) neckline ❷ (*parte scoperta*) cleavage

scolpire [skolˑpiːˑre] <**scolpisco**> *vt* ❶ (*marmo, statua*) to sculpt ❷ (*legno*) to carve ❸ (*incidere*) to engrave

scombinare [skomˑbiˑnaːˑre] *vt* to upset

scombussolare [skomˑbusˑsoˑlaːˑre] *vt* to unsettle

scommessa [skomˑmesˑsa] *f* bet; **fare una ~** to (make a) bet

scommettere [skomˑmetˑteˑre] <irr> *vt* to bet

scomodarsi [skoˑmoˑdaːˑrsi] *vr* (*disturbarsi*) to bother (oneself)

scomodo, -a *adj* uncomfortable

scomparire [skomˑpaˑriːˑre] <irr> *vi* ❶ essere ❶ (*sparire*) to disappear ❷ (*morire*) to die

scomparsa [skomˑparˑsa] *f* ❶ (*sparizione*) disappearance ❷ (*morte*) death

scomparso, -a [skomˑparˑso] *adj* ❶ (*popolo, continente*) vanished ❷ (*irreperibile: documento*) lost; (*persona*) missing

scompartimento [skomˑparˑtiˑˈmenˑto] *m* ❶ FERR compartment ❷ (*di armadio*) section

scomparto [skomˑparˑto] *m* section

scompigliare [skomˑpiʎˑʎaːˑre] *vt* (*capelli*) to mess up

scomporre [skomˑporˑre] <irr> I. *vt* ❶ (*disgregare: elementi*) to break up ❷ MATH to factor II. *vr:* **-rsi** (*mostrare turbamento*) to lose one's composure

scomposto, -a [skomˑposˑto] I. *pp di* **scomporre** II. *adj* (*sguaiato*) unseemly

scomunicare [skoˑmuˑniˑkaːˑre] *vt* REL to excommunicate

sconcertante [skonˑtʃerˑtanˑte] *adj* disconcerting

sconcio, -a <-ci, -ce> *adj* dirty

sconclusionato, -a [skonˑkluˑzioˑnaːˑto] *adj* (*discorso, frase*) inconclusive

scondito, -a [skonˑdiːˑto] *adj* without dressing

sconfiggere [skonˑfidˑdʒeˑre] <sconfiggo, sconfissi, sconfitto> *vt* ❶ *a.* MIL to defeat ❷ *fig* (*eliminare*) to overcome

sconfissi [skonˑfisˑsi] *1. pers sing pass rem di* **sconfiggere**

sconfitta [skonˑfitˑta] *f* defeat; **~ elettorale** electoral defeat; **subire una ~** to be defeated

sconfitto [skonˑfitˑto] *pp di* **sconfiggere**

sconfortante [skonˑforˑtanˑte] *adj* discouraging

S

sconforto [skon·'fɔr·to] *m* dejection

scongelare [skon·dʒe·'la:·re] *vt* to defrost

scongiurare [skon·dʒu·'ra:·re] *vt* ① (*pregare*) to beg ② (*evitare: pericolo*) to avert

scongiuro [skon·'dʒu:·ro] *m* charm

sconosciuto, -a [sko·noʃ·'ʃu:·to] I. *adj* unknown II. *m, f* stranger

sconsigliare [skon·siʎ·'ʎa:·re] *vt* ~ qc a qu to advise sb against sth; ~ a qu di ... +*inf* to advise sb not to ...

sconsolato, -a [skon·so·'la:·to] *adj* disconsolate

scontare [skon·'ta:·re] *vt* COM to take off

scontato, -a [skon·'ta:·to] *adj* (*previsto*) expected

scontento, -a [skon·'ten·to] *adj* discontented

sconto ['skon·to] *m* COM discount

scontrino [skon·'tri:·no] *m* receipt

scontro ['skon·tro] *m* ① MOT, FERR, AERO crash ② MIL, SPORT clash ③ *fig* (*litigio*) confrontation

scontroso, -a [skon·'tro:·so] *adj* surly

sconveniente [skon·ve·'niɛn·te] *adj* improper

sconvolgente [skon·vol·'dʒɛn·te] *adj* devastating

sconvolgere [skon·'vɔl·dʒe·re] <irr> *vt* ① (*turbare profondamente*) to devastate ② (*piano, progetto*) to upset

sconvolsi *1. pers sing pass rem di* **sconvolgere**

sconvolto *pp di* **sconvolgere**

scooter ['sku:·ta/sku·ter] <-> *m* scooter

scopa ['sko:·pa] *f* broom

scopare [sko·'pa:·re] *vt* ① (*pavimento*) to sweep ② *vulg* to screw

scopata [sko·'pa:·ta] *f* ① (*spazzata*) dare una ~ a qc to give sth a sweep ② *vulg* screw; farsi una ~ to screw

scoperchiare [sko·per·'kia:·re] *vt* (*pentola*) to uncover; ~ una casa to take the roof off a house

scoperta [sko·'pɛr·ta] *f* discovery

scoperto [sko·'pɛr·to] *m* (*luogo aperto*) dormire allo ~ to sleep in the open

scoperto, -a *adj* ① (*terrazzo*) roofless ② (*braccia, capo*) bare; essere trop-

po ~ to be wearing too few clothes ③ COM, FIN overdrawn

scopo ['skɔ:·po] *m* (*fine*) aim; a che ~? why?

scoppiare [skop·'pia:·re] *vi* essere ① (*guerra, epidemia*) to break out ② (*bomba, moda*) to explode ③ (*gomma*) to burst ④ *fig* (*per aver mangiato troppo*) to burst; ~ a piangere to burst into tears; ~ a ridere to burst out laughing; ~ dal caldo to be boiling (hot)

scoppio ['skɔp·pio] <-i> *m* ① (*di bomba, mina*) explosion; a ~ ritardato *fig* delayed action ② (*rumore*) bang ③ *fig* burst; uno ~ di risa a burst of laughter

scoprire [sko·'pri:·re] <scopro, scoprii o scopersi, scoperto> I. *vt* ① (*gener*) to discover ② (*pentola, gambe*) to uncover ③ *fig* (*palesare*) to reveal II. *vr:* -**rsi** ① (*spogliarsi*) to take some clothes off ② *fig* (*rivelarsi*) to give oneself away

scopritore, -trice [sko·pri·'to:·re] *m, f* discoverer

scoraggiante [sko·rad·'dʒan·te] *adj* discouraging

scoraggiare [sko·rad·'dʒa:·re] I. *vt* to discourage II. *vr:* -**rsi** to lose heart

scorbutico, -a [skor·'bu:·ti·ko] <-ci, -che> *adj* surly

scorciatoia [skor·tʃa·'to:·ia] <-oie> *f* a. *fig* shortcut

scordare [skor·'da:·re] I. *vt* ① (*dimenticare*) to forget ② MUS to put out of tune II. *vr:* -**rsi** ① (*dimenticarsi*) to forget ② (*lasciare*) to leave; mi sono scordato gli appunti a casa I left my notes at home ③ MUS to go out of tune

scoreggia [sko·'red·dʒa] <-gge> *f vulg* fart

scoreggiare [sko·red·'dʒa:·re] *vi vulg* to fart

scorgere ['skɔr·dʒe·re] <scorgo, scorsi, scorto> *vt* (*vedere*) to see

scorpacciata [skor·pat·'tʃa:·ta] *f fam* feast; fare una ~ di qc to feast on sth

scorpione [skor·'pio:·ne] *m* ① ZOO scorpion ② ASTR **sono** (**dello** [*o* **uno**]) **Scorpione** I'm (a) Scorpio

scorrere ['skor·re·re] <irr> I. *vi essere* ① (*fiume, lacrime, discorso*) to flow ② (*tempo*) to pass ③ (*traffico*) to move II. *vt avere* ④ (*libro, testo*) to scan ⑤ COMPUT to scroll (through)

scorrettezza [skor·ret·'tet·tsa] *f* ① (*errore*) mistake ② (*azione*) act of rudeness; (*condizione*) rudeness

scorretto, -a [skor·'rɛt·to] *adj* ① (*sbagliato*) incorrect ② (*disonesto*) improper; (*nello sport*); **gioco ~** foul play

scorrevole [skor·'re:·vo·le] *adj* ① (*traffico, discorso*) flowing ② (*su rotaie*) **porta ~** sliding door

scorsi ['skor·si] *1. pers sing pass rem di* **scorgere, scorrere**

scorso, -a ['skor·so] I. *pp di* **scorrere** II. *adj* (*passato*) last; **l'anno ~** last year

scorta ['skor·ta] *f* ① (*accompagnamento*) bodyguard ② MIL escort ③ (*provvista*) supply; **fare ~ di qc** to stock up on sth; **ruota di ~** spare tire

scortare [skor·'ta:·re] *vt* to escort

scortese [skor·'te:·ze] *adj* rude

scortesia [skor·te·'zi:·a] *f* ① (*essere scortese*) rudeness ② (*gesto*) act of rudeness

scorto ['skor·to] *pp di* **scorgere**

scorza ['skor·dza/'skor·tsa] *f* (*di frutto*) peel

scosceso, -a [skoʃ·'ʃe:·so] *adj* steep

scossa ['skɔs·sa] *f* ① EL shock; **prendere una ~** to get an electric shock ② (*sbalzo*) **~ di terremoto** tremor

scossi ['skɔs·si] *1. pers sing pass rem di* **scuotere, scuocere**

scosso, -a ['skɔs·so] I. *pp di* **scuotere** II. *adj* (*sconvolto*) shaken

scostante [skos·'tan·te] *adj* (*atteggiamento, carattere*) inconsistent

scostare [skos·'ta:·re] I. *vt* (*spostare*) to move II. *vr:* **-rsi** (*farsi da parte*) to move

scottante [skot·'tan·te] *adj fig* (*grave*) sensitive; (*urgente*) pressing

scottare [skot·'ta:·re] I. *vt* ① (*fiamma, sole*) to burn; (*liquido*) to scald ② CULIN (*carne*) to sear; (*verdure*)

to cook quickly II. *vi* ① (*minestra, acqua*) to be very hot ② *fig* (*destare interesse*) **è una questione/un tema che scotta** it's a burning question/issue III. *vr:* **-rsi** MED to burn oneself

scottatura [skot·ta·'tu:·ra] *f* ① MED burn ② (*di sole*) sunburn

scotto ['skɔt·to] *pp di* **scuocere**

scout [skaut] <-> *mf* <inv>, *adj* scout

scovare [sko·'va:·re] *vt* (*scoprire*) to discover

Scozia ['skɔt·tsia] *f* Scotland

scozzese [skot·'tse:·se] I. *adj* Scottish; **gonna ~** kilt II. *mf* Scot

screditare [ske·di·'ta:·re] *vt* to discredit

scremare [skre·'ma:·re] *vt* (*latte*) to skim

screpolare [skre·po·'la:·re] I. *vt* (*mani, labbra*) to chap II. *vr:* **-rsi** (*mani, labbra*) to chap

scricchiolare [skrik·kio·'la:·re] *vi* to squeak

scrigno ['skriɲ·ɲo] *m* casket

scrissi ['skris·si] *1. pers sing pass rem di* **scrivere**

scritta ['skrit·ta] *f* writing

scritto ['skrit·to] *m* ① (*cosa scritta*) written word ② (*opera*) work

scritto, -a I. *pp di* **scrivere** II. *adj* written

scrittoio [skrit·'to:·io] <-oi> *m* (writing) desk

scrittore, -trice [skrit·'to:·re] *m, f* writer

scrittura [skrit·'tu:·ra] *f* (*attività*) writing; COMPUT; **programma di ~** word processing program

scritturare [skrit·tu·'ra:·re] *vt* (*attore*) to engage

scrivania [skri·va·'ni:·a] <-ie> *f* desk

scrivere ['skri:·ve·re] <scrivo, scrissi, scritto> *vt* to write; **~ a mano** to write by hand; **~ alla lavagna** to write on the board; **come si scrive?** how do you spell?

scroccare [skrok·'ka:·re] *vt fam* to scrounge

scrocco ['skrɔk·ko] *m fam* **a ~** free

S

scroccone, -a [skrok·'ko:·ne] *m, f fam* scrounger

scrofa ['skrɔ:·fa] *f* sow

scrollare [skrol·'la:·re] *vt* to shake; **~ le spalle** to shrug one's shoulders

scrosciare [skroʃ·'ʃa:·re] *vi essere o avere* (*pioggia, acqua*) to pour (down)

scrostare [skros·'ta:·re] I. *vt* (*muro*) to strip; (*intonaco*) to scrape off II. *vr:* **-rsi** (*muro*) to peel; (*intonaco*) to flake off

scrupolo ['skru:·po·lo] *m* ① (*timore*) scruple; **senza -i** unscrupulous ② (*diligenza*) care

scrupoloso, -a [skru·po·'lo:·so] *adj* scrupulous

scrutare [skru·'ta:·re] *vt* to scrutinize

scrutatore, -trice [skru·ta·'to:·re] I. *m, f* scrutinizer II. *adj* (*sguardo, occhio*) searching

scrutinio [skru·'ti:·nio] <-i> *m* ① GIUR counting, *of votes* ② (*a scuola*) assignment of grades, *at the end of a term*

scucire [sku·'tʃi:·re] I. *vt* (*orlo*) to unpick II. *vr:* **-rsi** to come unstitched

scuderia [sku·de·'ri:·a] <-ie> *f* ① ZOO stable ② AUTO team

scudetto [sku·'det·to] *m* SPORT championship; **vincere lo ~** to win the championship

scudo ['sku:·do] *m* ① (*gener*) shield ② (*moneta*) scudo

sculacciare [sku·lat·'tʃa:·re] *vt* to spank

sculaccione [sku·lat·'tʃo:·ne] *m* spank

sculettare [sku·let·'ta:·re] *vi* to wiggle one's hips

scultore, -trice [skul·'to:·re] *m, f* sculptor

scultura [skul·'tu:·ra] *f* sculpture

scuocere ['skwɔ:·tʃe·re] <scuocio, scossi, scotto> *vi* to overcook

scuola ['skwɔ:·la] *f* school; **~ elementare** elementary school; **~ media** middle school; **~ superiore** high school; **~ materna** (*dai 3 ai 5 anni*) nursery school; (*da 5 a 6 anni*) kindergarten; **~ guida** driving school; **~ serale** night school

scuolabus ['skwɔ:·la·bus/skuo·la·'bus] *m* school bus

scuotere ['skwɔ:·te·re] <scuoto, scossi, scosso> I. *vt a. fig* to shake; **~ la testa** to shake one's head II. *vr:* **-rsi** *fig* (*dal torpore*) to shake oneself

scurire [sku·'ri:·re] <scurisco> I. *vt avere* to make darker II. *vr:* **-rsi** to become darker

scuro, -a *adj* dark; **si fece ~ in volto** his [*o* her] face darkened

scurrile [sku·'ri:·le] *adj* (*volgare*) scurrilous

scusa ['sku:·za] *f* ① (*lo scusarsi*) apology; **chiedere** [*o* **domandare**] **~** to apologize ② (*pretesto*) excuse

scusare [sku·'za:·re] I. *vt* to excuse; (*perdonare*) to forgive; **scusi, che ore sono?** excuse me, do you have the time?; **mi scusi!** I beg your pardon II. *vr* **-rsi con qu di/per qc** to apologize to sb for sth

sdebitarsi [zde·bi·'tar·si] *vr fig* **~ con qu di qc** to repay sb for sth

sdegno ['zdeŋ·ɲo] *m* indignation

sdolcinato, -a [zdol·tʃi·'na:·to] *adj* sugary; **parole -e** sweet nothings

sdraiarsi [zdra·'ia:·rsi] *vr* to lie down

sdraio <-> *f* beach chair; **sedia a ~** lounger

sdrammatizzare [zdram·ma·tid·'dza:·re] *vt* to play down

sdrucciolevole [zdrut·tʃo·'le:·vo·le] *adj* slippery

se¹ [se] I. *conj* if; **~ non altro** at least; **~ non che** but; **~ ben ricordo** if I remember rightly; **come ~** as if; **~ solo l'avessi saputo!** if only I'd known! II. *m* if

se² *pron* (*davanti a lo, la, li, le, ne*) *v.* **si¹**

SE *abbr di* **sudest** southeast

sé [se] *pron refl. 3. pers* (*impersonale*) oneself; (*persona*) himself *m*, herself *f*; (*plurale*) themselves; (*cosa*) itself; **essere fuori di ~** to be beside oneself; **fra ~ (e ~)** to oneself; **parlano solo di ~** they only talk about themselves; **~ stesso** oneself; **dentro di ~** inside; **un caso a ~** a special case; **è un uomo che si è fatto da ~** he's a self-made man

sebbene [seb·'bɛ:·ne] *conj* although

sec *abbr di* **secondo** sec
seccante [sek·'kan·te] *adj* annoying
seccare [sek·'ka:·re] I. *vt avere* ① (*terreno, aria*) to dry (out); (*fiori*) to wither ② *fig, fam* (*infastidire*) to annoy II. *vr:* **-rsi** ① (*diventare secco: frutta, pianta*) to wither; (*pelle*) to dry out ② (*diventare asciutto*) to dry up ③ *fam* (*stancarsi*) **-rsi di fare qc** to grow tired of doing sth
seccato, -a [sek·'ka:·to] *adj* (*irritato*) annoyed
seccatore, -trice [sek·ka·'to:·re] *m, f fam* nuisance
seccatura [sek·ka·'tu:·ra] *f fam* nuisance
secchiello [sek·'kiɛl·lo] *m* bucket; **~ per il ghiaccio** ice bucket
secchio ['sek·kio] <-cchi> *m* bucket; **~ della spazzatura** trash can
secchione, -a [sek·'kio:·ne] *m, f pej, fam* grind
secco ['sek·ko] *m* **pulitura a ~ di carburante** dry cleaning; **rimanere a ~ di carburante** *fig* to run out of gas
secco, -a <-cchi, -cche> *adj* ① (*terreno, clima, pelle*) dry; (*palude, fiume*) dried-up ② (*frutta, funghi, rami*) dried ③ (*vino, liquore*) dry ④ (*persona, gambe*) skinny ⑤ *fig* (*privo di garbo: tono, modo*) brusque; (*risposta*) curt ⑥ *fig* (*netto: sconfitta*) decisive ⑦ (*loc*) **fare ~ qu** *fam* to do sb in; *fam* (*morire*); **c'è rimasto ~** he bought it
secolare [se·ko·'la:·re] *adj* ① (*che ha uno, più secoli*) age-old ② (*laico, mondano*) secular
secolo ['sɛ·ko·lo] *m* ① (*periodo*) century ② *fam* age; **è un ~ che non ti vedo** I haven't seen you for ages
seconda [se·'kon·da] *f* ① (*classe: nelle elementari*) second grade; (*nelle medie*) seventh grade; (*nelle superiori*) tenth grade ② MOT second gear ③ (*loc*) **a ~ di** according to; **a ~ dei casi** according to circumstances
secondario, -a [se·kon·'da:·rio] <-i, -ie> *adj* secondary
secondo[1] [se·'kon·do] *prep* ① (*conformemente a*) according to; **~ l'uso**

according to current practice; **~ me/te** in my/your opinion ② (*nel modo prescritto*) in accordance with ③ (*in base a*) depending on
secondo[2] *m* ① CULIN main course ② (*unità di misura del tempo*) second
secondo, -a *adj* second; **abiti di -a mano** hand-me-downs; **~ fine** ulterior motive; **di ~ piano** *fig* of lesser importance
secondogenito, -a [se·kon·do·'dʒɛ:·ni·to] I. *adj* second II. *m, f* second-born
sedano ['sɛ:·da·no] *m* celery
sedativo [se·da·'ti:·vo] *m* sedative
sede ['sɛ:·de] *f* ① (*di governo*) seat; (*di partito, società*) headquarters; (*di università*) administration ② (*di manifestazione, evento*) site ③ (*loc*) **in separata ~** *a. fig* on another occasion; **Santa Sede** Holy See
sedentario, -a [se·den·'ta:·rio] <-i, -ie> *adj* sedentary
sedere[1] [se·'de:·re] <siedo, sedetti *o* sedei, seduto> I. *vi essere* to be sitting; **è seduto sulla panca** he is sitting on the bench; **mettersi a ~** to sit down II. *vr:* **-rsi** to sit (down); **-rsi a tavola** to sit (down) at the table
sedere[2] *m* ANAT bottom; **mi stai prendendo per il ~?** *fam* are you pulling my leg?
sedia ['sɛ:·dia] <-ie> *f* chair; **~ a sdraio** lounger; **~ elettrica** electric chair
sedicenne [se·di·'tʃɛn·ne] I. *adj* sixteen-year-old II. *mf* sixteen year old
sedicesimo [se·di·'tʃɛ:·zi·mo] *m* sixteenth **S**
sedicesimo, -a *adj, m, f* sixteenth; *v.a.* **quinto**
sedici ['se·di·tʃi] I. *num* sixteen II.<-> *m* (*numero*) sixteen; (*nelle date*) sixteenth III. *fpl* 4 pm; *v.a.* **cinque**
sedile [se·'di:·le] *m* seat; **il ~ posteriore** the back seat
sedotto [se·'dot·to] *pp di* **sedurre**
seducente [se·du·'tʃɛn·te] *adj* seductive
sedurre [se·'dur·re] <seduco, sedussi, sedotto> *vt* (*donna, uomo*) to seduce

seduta [se·'du:·ta] f (*riunione*) meeting

seduttore, -trice [se·dut·'to:·re] m, f seducer

seduzione [se·dut·'tsio:·ne] f charm

sega ['se:·ga] <-ghe> f ⓵ (*utensile*) saw; ~ **circolare** circular saw ⓶ *vulg* **farsi una** ~ to jerk off

segare [se·'ga:·re] vt (*tronco*) to saw

segatura [se·ga·'tu:·ra] f ⓵ (*di albero*) sawing ⓶ (*residuo*) sawdust

seggio ['sɛd·dʒo] <-ggi> m PARL seat; ~ **elettorale** (*luogo*) polling station

seggiola ['sɛd·dʒo·la] f chair

seggiolino [sed·dʒo·'li:·no] m (*per bambini*) child's seat

seggiolone [sed·dʒo·'lo:·ne] m high chair

seghettato, -a [se·get·'ta:·to] adj serrated

segnalare [seɲ·ɲa·'la:·re] I. vt ⓵ (*annunciare*) to signal ⓶ *fig* (*richiamare l'attenzione su*) ~ **qc a qu** to tell sb about sth II. vr (*distinguersi*) **-rsi per qc** to be distinguished by sth

segnalazione [seɲ·ɲa·lat·'tsio:·ne] f ⓵ (*segnale*) signal ⓶ (*azione*) signalling ⓷ *fig* (*di artista, di libro*) recommendation

segnale [seɲ·'ɲa:·le] m signal; ~ **stradale** road sign; ~ **d'allarme** alarm

segnaletica [seɲ·ɲa·'lɛ:·ti·ka] <-che> f signs pl; ~ **stradale** road signs pl

segnalibro [seɲ·ɲa·'li:·bro] m bookmark

segnare [seɲ·'ɲa:·re] I. vt ⓵ (*gener*) to mark ⓶ (*prendere nota di*) to jot down ⓷ SPORT (*gol, punto*) to score ⓸ (*indicare: orologio, termometro*) to show II. vr: **-rsi** (*fare il segno della croce*) to cross oneself

segno ['seɲ·ɲo] m ⓵ (*gener*) sign; **-i dello zodiaco** signs of the zodiac; **fare** ~ **di sì** to nod; **fare** ~ **di no** to shake one's head ⓶ (*traccia, espressione grafica, limite*) mark; **lasciare il** ~ *a. fig* to leave a mark; **-i di interpunzione** punctuation marks; **passare il** ~ to overstep the mark ⓷ (*bersaglio*) **tiro a** ~ target shooting; **andare a** ~ to score; *fig* to strike home; **colpire nel** ~ to hit the target; *fig* to hit the nail on the head

segretario, -a [se·gre·'ta:·rio] <-i, -ie> m, f secretary

segreteria [se·gre·te·'ri:·a] <-ie> f ⓵ (*ufficio*) office ⓶ (*loc*) ~ **telefonica** answering machine

segreto [se·'gre:·to] m secret; **sai mantenere un** ~? can you keep a secret?; ~ **bancario** banking secrecy; ~ **di stato** state secret

segreto, -a adj secret

seguace [se·'gua:·tʃe] mf follower

seguente [se·'guɛn·te] adj next

seguire [se·'gui:·re] I. vt avere ⓵ (*gener*) ~ **qu/qc** to follow sb/sth; ~ **il consiglio di qu** to follow sb's advice ⓶ (*corso di studi*) to take ⓷ (*con lo sguardo*) to watch; (*con l'attenzione*) to follow II. vi essere ⓵ (*venir dopo, derivare*) to follow; **ne segue che ...** it follows that ... ⓶ (*continuare*) to continue

seguito ['se:·gui·to] m ⓵ (*scorta*) retinue ⓶ (*discepoli*) followers pl ⓷ (*continuazione*) sequel; **dare** ~ **a qc** to follow sth up ⓸ *fig* (*conseguenza*) repercussions pl ⓹ (*loc*) **in** ~ **a** as a result of; **in** ~ later on; **di** ~ below

sei¹ ['sɛ:·i] I. num six II. <-> m ⓵ (*numero*) six ⓶ (*nelle date*) sixth ⓷ (*voto scolastico*) =C, average grade III. fpl 6 o'clock

sei² 2. pers sing pr di **essere¹**

seicentesco, -a [sei·tʃen·'tes·ko] <-schi, -sche> adj seventeenth-century

seicento [sei·'tʃɛn·to] I. num six hundred II. <-> m six hundred; **il Seicento** the seventeenth century

seimila [sei·'mi:·la] I. num six thousand II. <-> m six thousand

selettivo, -a [se·let·'ti:·vo] adj ⓵ (*criteri, metodo*) selective ⓶ (*persona*) choosy

selezionare [se·let·tsio·'na:·re] vt to choose

selezione [se·let·'tsio:·ne] f selection

self-service [ˈsɛlfˈsəˈvis] <-> *m* self-service restaurant

sella [ˈsɛlˈla] *f* saddle

selvaggina [selˈvadˈdʒiːˈna] *f* game

selvaggio, -a [selˈvadˈdʒo] <-ggi, -gge> I. *adj* (*luogo*) wild II. *m, f* savage

selvatico, -a <-ci, -che> *adj* ❶ (*gener*) wild; **gatto ~** feral cat ❷ *fig* (*persona*) unsociable

semaforo [seˈmaːˈfoˈro] *m* traffic lights *pl*; **~ verde** *fig* green light

sembrare [semˈbraːˈre] *vi* essere ❶ (*parere*) to seem; **sembra che ...** +*conj* it seems (that) ...; **sembra contento** he seems happy ❷ (*ritenere*) **ti sembra di aver ragione?** do you think you're right?; **come ti sembra?** what do you think (of it)? ❸ (*avere l'aspetto*) to look like

seme [ˈseːme] *m* seed

semestrale [seˈmesˈtraːˈle] *adj* (*corso*) six-month; (*rivista*) biannual

semestre [seˈmɛsˈtre] *m* semester

semi- [seˈmi] semi-

semifinale [seˈmiˈfiˈnaːˈle] *f* semifinal

semifreddo [seˈmiˈfredˈdo] *m* cold dessert made with ice cream

seminare [seˈmiˈnaːˈre] *vt* ❶ *a. fig* (*odio, discordia*) to ❷ sow ❷ (*inseguitore*) to shake off; SPORT to leave behind

seminario [seˈmiˈnaːˈrio] <-i> *m* ❶ REL seminary ❷ (*corso*) seminar ❸ (*convegno*) conference

seminudo, -a [seˈmiˈnuːˈdo] *adj* half-naked

semivuoto, -a [seˈmiˈvuɔːˈto] *adj* half empty

semmai [semˈmaːˈi] *conj* if anything

semola [ˈseːˈmoˈla] *f* flour

semolino [seˈmoˈliːˈno] *m* (*farina*) semolina

semplice [ˈsemˈpliˈtʃe] *adj* ❶ (*gener*) simple ❷ (*schietto: persona*) straightforward; (*ingenuo*) ingenuous

semplicemente [semˈpliˈtʃeˈmenˈte] *adv* simply

semplificare [semˈpliˈfiˈkaːˈre] *vt* ❶ MATH to simplify

sempre [ˈsemˈpre] *adv* ❶ (*gener*) always; **da ~** always ❷ (*ancora, tuttavia, nondimeno*) still ❸ **~ che** +*conj* as long as

sempreverde [semˈpreˈverˈde] *adj, m o f* evergreen

senape [ˈsɛːˈnaˈpe] *f* mustard

senato [seˈnaːˈto] *m* Senate

senatore, -trice [seˈnaˈtoːˈre] *m, f* senator

senese¹ <*sing*> *m* (*dialetto*) Sienese

senese² [seˈneːˈse] I. *adj* Sienese II. *mf* (*abitante*) person from Siena

senno [ˈsenˈno] *m* **uscire di ~** to lose one's mind

sennò [senˈnɔ] *adv fam* otherwise

seno [ˈseːˈno] *m* (*mammella*) breast; (*petto*) breasts *pl*

sensato, -a [senˈsaːˈto] *adj* sensible

sensazionale [senˈsatˈtsioˈnaːˈle] *adj* sensational

sensazione [senˈsatˈtsioːˈne] *f* ❶ (*tattile, visiva*) sensation ❷ (*impressione*) feeling

sensibile [senˈsiːˈbiˈle] *adj* ❶ (*gener*) sensitive; **essere ~ a qc** to be sensitive to sth ❷ (*notevole*) noticeable

sensibilità [senˈsiˈbiˈliˈta] <-> *f* ❶ (*gener*) feeling ❷ (*emotiva*) sensitivity

senso [ˈsɛnˈso] *m* ❶ (*gener*) sense; **buon ~** good sense; **~ comune** common sense; **avere ~ pratico** to be practical; **fare ~ a qu** to disgust sb ❷ *pl* (*coscienza*) **riprendere i -i** to regain consciousness; **perdere i -i** to lose consciousness ❸ (*sensazione*) feeling ❹ (*significato*) meaning ❺ (*direzione*) direction; '**~ vietato**' 'no entry'; **strada a ~ unico** one way street; **in ~ opposto** from the opposite direction; **in ~ orario/ antiorario** clockwise/counterclockwise

sensuale [senˈsuˈaːˈle] *adj* sensual

sentenza [senˈtɛnˈtsa] *f* GIUR sentence

sentiero [senˈtiɛːˈro] *m* path

sentimentale [senˈtiˈmenˈtaːˈle] *adj* sentimental

S

sentimentalismo [sen·ti·men·ta·'li·zmo] *m pej* sentimentality

sentimento [sen·ti·'men·to] *m* ⓐ(*gener*) feeling

sentinella [sen·ti·'nɛl·la] *f* guard; **fare la ~ a.** *fig* to keep watch

sentire [sen·'ti:·re] I.*vt* ⓐ(*con le orecchie*) to hear; (*ascoltare*) to listen to; **farsi ~** to make one's voice heard; **stare a ~ (qu)** to listen (to sb) ⓑ(*con il naso*) to smell ⓒ(*col gusto*) to taste ⓓ(*col tatto*) to feel; (*provare, accorgersi*) to feel; **~ fame** to feel hungry; **sentire caldo/freddo** to feel hot/cold ⓔ(*venire a sapere*) to hear; **ho sentito che ...** I heard that ... II.*vr:* **-rsi** to feel; **mi sento bene** I feel well; **mi sento male** I feel ill; **-rsi svenire** to feel faint; **non me la sento** *fam* I don't feel like it

sentito, -a [sen·'ti:·to] *adj* ⓐ(*sincero*) sincere ⓑ(*loc*) **per ~ dire** by hearsay

senza ['sɛn·tsa] I.*prep* without; **~ di me/te** without me/you; **~ dubbio** without doubt; **senz'altro** without a doubt; **fare ~ qc/qu** to do without sth/sb; **rimanere ~ qc** to have run out of sth II.*conj* without +*inf*; **~ dire niente** without saying anything; **~ che** +*conj* without; **~ che io glielo chiedessi** without my asking him

senzatetto [sen·tsa·'tet·to] <-> *mf* homeless person

separare [se·pa·'ra:·re] I.*vt* ⓐ(*disgiungere*) to separate ⓑ(*tenere distinto*) to distinguish II.*vr:* **-rsi** (*lasciarsi: coniugi*) to separate; (*amici, soci*) to part company

separatamente [se·pa·ra·ta·'men·te] *adv* separately

separazione [se·pa·rat·'tsio:·ne] *f* separation

sepolto, -a [se·'pol·to] I.*pp di* **seppellire** II.*adj* buried

seppellire [sep·pel·'li:·re] <seppellisco, seppellii, seppellito *o* sepolto> *vt* to bury

seppi ['sɛp·pi] *1. pers sing pass rem di* **sapere**[1]

seppia ['sep·pia] <-ie> *f* cuttlefish

sequenza [se·'kuɛn·tsa] *f* ⓐ(*serie*) sequence ⓑFILM sequel

sequestrare [se·kues·'tra:·re] *vt* ⓐGIUR to seize ⓑ(*illegalmente*) to kidnap

sequestratore, -trice [se·kues·tra·'to:·re] *m, f* kidnapper

sequestro [se·'kuɛs·tro] *m* ⓐGIUR seizure; **mettere sotto ~** to seize ⓑ(*illegale*) kidnap; **~ di persona** false imprisonment

sera ['se:·ra] *f* evening; **buona ~** good evening; **di ~** in the evening; **domani/ieri ~** tomorrow/yesterday evening

serale [se·'ra:·le] *adj* evening; **scuola ~** night school

serata [se·'ra:·ta] *f* evening

serbare [ser·'ba:·re] *vt* (*segreto*) to keep; **~ rancore a qu** to bear a grudge against sb

serbatoio [ser·ba·'to:·io] <-oi> *m* tank

Serbia ['sɛr·bia] *f* Serbia

serbo ['sɛr·bo] *m* **in ~** in store

serbo, -a I.*adj* Serbian II.*m, f* (*abitante*) Serb

serbocroato [ser·bo·kro·'a:·to] *m* (*lingua*) Serbo-Croatian

serbocroato, -a *adj* Serbo-Croatian

serenata [se·re·'na:·ta] *f* serenade

sereno, -a *adj* ⓐMETEO clear ⓑ(*persona*) calm; (*vita*) quiet

sergente [ser·'dʒɛn·te] *m* sergeant

seriamente [se·ria·'men·te] *adv* seriously

serie ['sɛ:·rie] <-> *f* ⓐ(*gener*) series; **produzione in ~** mass production ⓑSPORT league; **~ A** *the top league of Italian soccer*

serietà [se·rie·'ta] <-> *f* seriousness

serio ['sɛ:·rio] *m* **sul ~** seriously; **fare sul ~** *fam* to be serious; **prendere qc/qu sul ~** to take sth/sb seriously

serio, -a <-i, -ie> *adj* ⓐ(*uomo, condotta*) responsible ⓑ(*sguardo, voce, questione*) serious

serpente [ser·'pɛn·te] *m* snake; **~ a sonagli** rattlesnake

serra ['sɛr·ra] *f* greenhouse; **effetto ~** greenhouse effect

serramento [ser·ra·'men·to] <-i *m o*

-a f> mf (porta) door; (finestra) window

serranda [ser·ran·da] f shutter

serrare [ser·ra:·re] vt to close

serrata [ser·ra:·ta] f lockout

serratura [ser·ra·tu:·ra] f lock

servire [ser·vi:·re] I. vt avere (gener) to serve II. vi essere o avere ❶ (essere utile) to be useful; **non ~ a niente** to be useless ❷ (aver bisogno) to need ❸ SPORT to serve III. vr: **-rsi** ❶ (usare) **-rsi di qc** to use sth ❷ (a tavola) to help oneself; **servitevi pure** help yourselves

servizio [ser·vit·tsio] <-i> m ❶ (gener) service; **~ assistenza clienti** customer services; **~ militare** military service; **essere in ~** to be in service; **donna di ~** maid; **stazione di ~** gas station; **fuori ~** fig out of order ❷ (giornalismo) RADIO, TV report ❸ **~ da tavola** dinner service ❹ pl bathroom

servofreno [ser·vo·fre:·no] m servo brake

servosterzo [ser·vos·ter·tso] m power steering

sessanta [ses·san·ta] I. num sixty II. <-> m sixty; v.a. **cinquanta**

sessantenne [ses·san·ten·ne] I. adj sixty-year-old II. mf sixty year old

sessantesimo [ses·san·te:·zi·mo] m (frazione) sixtieth

sessantesimo, -a adj, m, f sixtieth; v.a. **quinto**

sessantina [ses·san·ti:·na] f **una ~ (di ...)** around sixty; **essere sulla ~** to be around sixty

sessione [ses·sio:·ne] f session

sessista [ses·sis·ta] <-i m, -e f> adj, mf sexist

sesso [sɛs·so] m sex

sessuale [ses·su·a:·le] adj sexual

sesto [sɛs·to] m ❶ (frazione) sixth ❷ (loc) **rimettere in ~** to put back in order

sesto, -a [sɛs·to] adj, m, f sixth; v.a. **quinto**

set [sɛt] <-> m CINE set

seta [se:·ta] f silk

setacciare [se·tat·tʃa:·re] vt ❶ (farina) to sieve ❷ fig (zona) to comb

sete [se:·te] f thirst; **avere ~** to be thirsty

setta [sɛt·ta] f sect

settaggio [set·tad·dʒo] <-gi> m COMPUT setting

settanta [set·tan·ta] I. num seventy II. <-> m seventy; v.a. **cinquanta**

settantenne [set·tan·ten·ne] I. adj seventy-year-old II. mf seventy year old

settantesimo [set·tan·te:·zi·mo] m seventieth

settantesimo, -a adj, m, f seventieth; v.a. **quinto**

settantina [set·tan·ti:·na] f **una ~ (di ...)** around seventy; **essere sulla ~** to be around seventy

sette [sɛt·te] I. num seven II. <-> m ❶ (numero) seven ❷ (nelle date) seventh ❸ (voto scolastico) =B, above average grade III. fpl seven o'clock; v.a. **cinque**

settecentesco, -a [set·te·tʃen·tes·ko] <-schi, -sche> adj eighteenth-century

settecento [set·te·tʃen·to] I. num seven hundred II. <-> m seven hundred; **il Settecento** the eighteenth century

settembre [set·tɛm·bre] m September; v.a. **aprile**

settemila [set·te·mi:·la] I. num seven thousand II. <-> m seven thousand

settentrionale [set·ten·trio·na:·le] I. adj northern II. mf ❶ (del Nord) northerner ❷ (dell'Italia del Nord) northern Italian

settentrione [set·ten·trio:·ne] m ❶ (il nord) north ❷ (d'Italia) north of Italy

settimana [set·ti·ma:·na] f week; **~ bianca** ski vacation

settimanale [set·ti·ma·na:·le] adj, m weekly

settimo [sɛt·ti·mo] m seventh

settimo, -a adj, m, f seventh; v.a. **quinto**

settore [set·to:·re] m ❶ gener sector ❷ a. fig (zona) area

severità [se·ve·ri·ta] <-> f ❶ (di do-

S

cente, genitore) strictness ❷ (*di metodo, studio*) rigor

severo, -a [se·'vɛː·ro] *adj* strict

seviziare [se·vit·'tsiaː·re] *vt* to beat up

sexy ['sɛk·si] <inv> *adj* sexy

sezione [set·'tsioː·ne] *f* section

sfacciataggine [sfat·tʃa·'taː·dʒi·ne] *f* nerve

sfacciato, -a [sfat·'tʃaː·to] I. *adj* (*tono, gesto*) nervy II. *m, f* **è uno ~** he has no shame

sfamare [sfa·'maː·re] I. *vt* to feed II. *vr:* **-rsi** to satisfy one's hunger

sfarzo ['sfar·tso] *m* opulence

sfarzoso, -a [sfar·'tsoː·so] *adj* opulent

sfasciacarrozze [sfaʃ·ʃa·kar·'rɔt·tse] <-> *m* wrecking yard

sfasciare [sfaʃ·'ʃaː·re] I. *vt a. fig* (*distruggere*) to wreck II. *vr:* **-rsi** to smash to pieces

sfascio ['sfaʃ·ʃo] *m fig* (*rovina*) ruin; **essere allo ~** to be on the verge of collapse

sfaticato, -a [sfa·ti·'kaː·to] *m, f pej, fam* lazybones

sfavorevole [sfa·vo·'reː·vo·le] *adj* unfavorable

sfera ['sfɛː·ra] *f* ❶ MATH sphere; **penna a ~** ballpoint (pen) ❷ *fig* (*ambito*) area

sferico, -a ['sfɛː·ri·ko] <-ci, -che> *adj* spherical

sferrare [sfer·'raː·re] *vt* (*colpo, attacco*) to launch

sfiancare [sfian·'kaː·re] I. *vt fig* (*spossare*) to exhaust II. *vr:* **-rsi** to exhaust oneself

sfida ['sfiː·da] *f* ❶ (*invito a battersi*) challenge; **lanciare una ~ a qu** to challenge sb ❷ *fig* (*provocazione*) defiance

sfidante [sfi·'dan·te] I. *adj* challenging II. *mf* challenger

sfidare [sfi·'daː·re] *vt* ❶ (*gener*) to challenge; **~ qu a fare qc** to challenge sb to do sth ❷ (*pericolo, morte*) to defy; **sfido io!** *fam* of course!

sfiducia [sfi·'duː·tʃa] *f* mistrust; **voto di ~** vote of no confidence

sfigato, -a [sfi·'gaː·to] *vulg* I. *adj*

(*sfortunato*) unlucky II. *m, f* (*sfortunato*) unlucky person

sfigurare [sfi·gu·'raː·re] I. *vt fig* (*deturpare*) to disfigure II. *vi* (*fare brutta figura*) to make a bad impression

sfilare [sfi·'laː·re] I. *vt avere* (*anello, indumenti*) to take off II. *vr:* **-rsi** ❶ (*calze, maglia*) to run ❷ (*collana*) to come unstrung

sfilata [sfi·'laː·ta] *f* (*di persone*) procession; **~ di moda** fashion show

sfinge ['sfin·dʒe] *f* sphinx

sfinire [sfi·'niː·re] <sfinisco> *vt* to exhaust

sfiorare [sfio·'raː·re] *vt* ❶ (*toccare*) to brush ❷ *fig* (*tema*) to touch on

sfiorire [sfio·'riː·re] <sfiorisco> *vi essere* ❶ BOT to wither ❷ *fig* (*bellezza*) to fade

sfizio ['sfit·tsio] <-i> *m dial* whim; **per ~** on a whim

sfizioso, -a [sfit·'tsioː·so] *adj* (*cibo*) tasty

sfocato, -a [sfo·'kaː·to] *adj* out of focus

sfociare [sfo·'tʃaː·re] *vi essere* (*fiume*) **~ in** to flow into

sfogare [sfo·'gaː·re] I. *vt avere* (*rabbia, odio*) to work off II. *vr:* **-rsi** (*manifestare ansia*) to unburden oneself; **-rsi su** [*o* **contro**] **qu** to take it out on sb

sfoggiare [sfod·'dʒaː·re] *vt* to show off

sfoggio ['sfɔd·dʒo] <-ggi> *m* **fare ~ di qc** to show sth off

sfoglia ['sfɔʎ·ʎa] *f* CULIN pasta dough; **pasta ~** puff pastry

sfogliare [sfoʎ·'ʎaː·re] *vt* to flick through

sfogo ['sfoː·go] <-ghi> *m* ❶ (*gener*) outlet ❷ *fam* MED rash ❸ *fig* (*di rabbia*) outburst; **dare ~ ai propri sentimenti** to give vent to one's feelings

sfollare [sfol·'laː·re] *vt avere* (*sgombrare: persone*) to displace

sfoltire [sfol·'tiː·re] <sfoltisco> *vt* (*bosco, capelli*) to thin (out)

sfondare [sfon·'daː·re] I. *vt* (*porta, cassa*) to break down II. *vi* (*avere successo*) to make a name for oneself

sfondato, -a [sfon·'daː·to] *adj* (*botte, parete*) broken;

S

(*scarpe*) worn-out; **essere ricco ~** *fam* to be rolling in it

sfondo ['sfon·do] *m* background; **sullo ~** in the background

sformare [sfor·'ma:·re] I. *vt* (*scarpe, giacca*) to put out of shape II. *vr:* **-rsi** (*scarpe, giacca*) to go out of shape

sformato [sfor·'ma:·to] *m* savory dish made of vegetables and eggs

sfornare [sfor·'na:·re] *vt* ① CULIN to take out of the oven ② *fig* (*far uscire in abbondanza*) to churn out

sfornito, -a [sfor·'ni:·to] *adj* (*cucina*) badly equipped; (*supermercato*) badly stocked

sfortuna [sfor·'tu:·na] *f* bad luck

sfortunato, -a [sfor·tu·'na:·to] *adj* unlucky

sforzare [sfor·'tsa:·re] I. *vt* to force II. *vr:* **-rsi** (*impegnarsi*) to make an effort

sforzo ['sfɔr·tso] *m* effort; **fare uno ~** to make an effort; **non fare -i!** *fam* don't tire yourself out!

sfottere ['sfot·te·re] *vt fam* to tease

sfrattare [sfrat·'ta:·re] *vt* to evict

sfratto ['sfrat·to] *m* eviction

sfrecciare [sfret·'tʃa:·re] *vi essere* to shoot past

sfregare [sfre·'ga:·re] *vt* ① (*occhi*) to rub ② (*oggetto*) to scrape

sfrenato, -a [sfre·'na:·to] *adj* (*ritmo*) frenetic; (*passione*) unbridled

sfrontato, -a [sfron·'ta:·to] *adj* impudent

sfruttamento [sfrut·ta·'men·to] *m* exploitation

sfruttare [sfrut·'ta:·re] *vt* ① AGR, MIN to work ② (*spazio*) to make the most of ③ *fig* (*situazione, persona*) to take advantage of ④ (*dipendenti*) to exploit

sfuggire [sfud·'dʒi:·re] *vi essere* ~ **a** (*inseguitori*) to escape; ~ **alla morte** to escape death; **mi è sfuggita la penna di mano** the pen slipped out of my hand; **mi è sfuggito che …** I forgot (that) …

sfuggita [sfud·'dʒi:·ta] *f* **di ~** in passing

sfumare [sfu·'ma:·re] *vt avere* (*colori*) to shade

sfumatura [sfu·ma·'tu:·ra] *f* ① (*gradazione*) tone ② *fig* (*di testo*) shade of meaning ③ *fig* (*accenno*) hint

sfuriata [sfu·'ria:·ta] *f fam* outburst

sgabello [zga·'bɛl·lo] *m* stool

sgabuzzino [zga·bud·'dzi:·no] *m* storage room

sgambato, -a [zgam·'ba:·to] *adj* highcut

sgambettare [zgam·bet·'ta:·re] *vi* to kick one's legs

sgambetto [zgam·'bet·to] *m a. fig* **fare lo ~ a qu** to trip sb up

sganciare [zgan·'tʃa:·re] I. *vt* ① (*veicolo*) to uncouple ② (*bomba, siluro*) to launch ③ *fam* (*denaro*) to fork out II. *vr:* **-rsi** ① (*staccarsi: rimorchio*) to come uncoupled; (*oggetto legato, appeso*) to come undone ② *fig, fam* (*da persona, impegno*) to get away

sgarbato, -a [zgar·'ba:·to] *adj* ill-mannered

sgarbo ['zgar·bo] *m* **fare uno ~ a qu** to be rude to sb

sgargiante [zgar·'dʒan·te] *adj* (*colore*) garish

sgelare [dʒe·'la:·re] I. *vt avere* (*scongelare*) to defrost II. *vr:* **-rsi** (*scongelarsi*) to defrost

sghignazzare [zgiɲ·ɲat·'tsa:·re] *vi fam* to laugh scornfully

sgobbare [zgob·'ba:·re] *vi fam* to slave (away); ~ **sui libri** to study hard

sgocciolare [zgot·tʃo·'la:·re] *vi essere o avere* (*liquidi*) to drip

sgolarsi [zgo·'lar·si] *vr* to shout oneself hoarse

sgombarrare [zgom·'bra:·re (zgom·be·'ra:·re)] *vt* ① (*tavolo, stanza, strada*) to clear ② (*appartamento*) to vacate

sgombro ['zgom·bro] *m* ZOO mackerel

sgombro, -a *adj* (*casa, appartamento*) vacant

sgomento [zgo·'men·to] *m* dismay

sgomento, -a *adj* dismayed

sgominare [zgo·mi·'na:·re] *vt* to defeat

sgommare [zgom·'ma:·re] *vi* to make one's tires screech

sgonfiare [zgon·'fia:·re] I. *vt* ① (*pneu-*

S

matico, pallone) to let the air out of ② MED to bring down the swelling sb II. *vr:* **-rsi** ② (*ruota, pallone*) to go flat ② MED to go down

sgorbio [ˈzgɔr·bio] <-i> *m* (*scrittura*) scrawl; (*disegni*) scribble

sgorgare [zgor·ˈga:·re] *vi essere* to gush

sgozzare [zgot·ˈtsa:·re] *vt* to slaughter

sgradevole [zgra·ˈde:·vo·le] *adj* unpleasant

sgradito, -a [zgra·ˈdi:·to] *adj* unwelcome

sgrammaticato, -a [zgram·ma·ti·ˈka:·to] *adj* ungrammatical

sgranocchiare [zgra·nok·ˈkia:·re] *vt fam* to munch

sgravio [ˈzgra:·vio] <-i> *m* relief; **~ fiscale** tax relief

sgraziato, -a [zgrat·ˈtsia:·to] *adj* ungainly

sgretolarsi [zgre·to·ˈla:r·si] *vr a. fig* to crumble

sgridare [zgri·ˈda:·re] *vt* **~ qu** to tell sb off

sguaiato, -a [zgua·ˈia:·to] *adj* (*risata, gesto*) vulgar

sgualcire [zgual·ˈtʃi:·re] <sgualcisco> *vt* to crush

sgualdrina [zgual·ˈdri:·na] *f* whore

sguardo [ˈzguar·do] *m* look; **alzare/abbassare lo ~** to look up/down; **dare uno ~ a qc** to look at sth

sguattero, -a [ˈzguat·te·ro] *m, f* scullery boy *m*, scullery maid *f*

S

sguazzare [zguat·ˈtsa:·re] *vi* (*nell'acqua*) to splash around

sguinzagliare [zguin·tsaʎ·ˈʎa:·re] *vt* ① (*cani*) to let off the leash ② *fig* (*mandare alla ricerca*) **~ un detective dietro a qu** to hire a private detective to follow sb

sgusciare [zguʃ·ˈʃa:·re] *vt avere* (*uova, fagioli, fave*) to shell

shampoo [ˈʃæm·ˈpu:/ˈʃam·po] <-> *m* shampoo

shock [ʃɔk] <-> *m* shock

shorts [ʃɔːts] *mpl* shorts

si¹ [si] *pron 3. pers m e f sing e pl* ① (*riflessivo, complemento oggetto: imper-*

sonale) oneself; (*maschile*) himself; (*femminile*) herself; (*neutro*) itself; (*plurale*) themselves; **~ è tagliato** he cut himself; **~ è scottata** she burned herself; **~ alzano sempre tardi** they always get up late ② (*riflessivo, complemento di termine*) **~ è rotta un piede** she broke her foot; **~ è tagliato un dito** he cut his finger; **~ è messo il cappotto** he put on his coat ③ (*intensivo*) **~ è comprata un vestito nuovo** she bought herself a new dress; **guardarsi un film** ③ to watch a movie ④ (*reciproco*) each other; **vogliono conoscersi meglio** they want to get to know each other better; **~ sono separati** they splett up ⑤ (*impersonale*) **in Australia ~ parla inglese** they speak English in Australia; **cercasi segretaria** secretary wanted ⑥ (*passivante*) **non ~ accettano assegni** checks not accepted

si² <-> *m* MUS B; (*nel solfeggio*) ti

sì [si] I. *adv* yes; **certo che ~** of course; **rispondere di ~** to say yes; **credo di ~** I think so; **un giorno ~ ed uno no** on alternate days; **~ e no** yes and no II. <-> *m* yes

sia¹ [ˈsiː·a] *conj* **~ ... o** whether ... or; **~ ... che** both ... and

sia² *1., 2. e 3. pers sing conj pr di* **essere¹**

siamese [sia·ˈme:·se] *adj* Siamese; **gatto ~** Siamese cat; **fratelli -i** Siamese twins

Siberia [si·ˈbɛ:·ria] *f* Siberia

sibilare [si·bi·ˈla:·re] *vi* to whistle

sibilo [ˈsi:·bi·lo] *m* whistling

sicché [sik·ˈke] *conj* ① (*così che, perciò*) so ② (*ebbene*) well

siccità [sit·tʃi·ˈta] <-> *f* drought

siccome [sik·ˈko:·me] *conj* since

Sicilia [si·ˈtʃi:·lia] *f* Sicily

siciliano [si·tʃi·ˈlia:·no] <*sing*> *m* (*dialetto*) Sicilian

siciliano, -a I. *adj* Sicilian II. *m, f* (*abitante*) Sicilian

sicurezza [si·ku·ˈret·tsa] *f* safety; (*certezza*) certainty; **cintura di ~** seat belt; **uscita di ~** emergency exit

sicuro [si·'ku:·ro] I. *m* ❶ **essere al ~** to be safe; **sentirsi al ~** to feel safe; **mettersi al ~** *fig* to take cover ❷ **andare sul ~** to play (it) safe II. *adv* certainly; **di ~** certainly

sicuro, -a *adj* ❶ (*luogo, posto*) safe ❷ (*che sa con certezza*) sure ❸ (*abile*) confident; **essere ~ di sé** to be self-confident ❹ (*che dà certezza di avvenire*) certain

sidro ['si:·dro] *m* cider

Siena *f* Siena, *city in Tuscany*

siepe ['siɛ:·pe] *f* BOT hedge

siero ['siɛ:·ro] *m* ❶ (*del latte*) whey ❷ MED serum

sieronegativo, -a [sie·ro·ne·ga·'ti:·vo] *adj* MED (*AIDS*) HIV negative

sieropositivo, -a [sie·ro·po·si·'ti:·vo] *adj* MED (*AIDS*) HIV positive

siete [siɛ:·te] *2. pers pl pr di* **essere**[1]

Sig. *abbr di* **signore** Mr.

sigaretta [si·ga·'ret·ta] *f* cigarette

sigaro ['si:·ga·ro] *m* cigar

Sigg. *abbr di* **signori** Messrs.

sigillare [si·dʒil·'la:·re] *vt* to seal

sigla ['si:·gla] *f* ❶ (*abbreviazione*) acronym ❷ MUS, TV, RADIO signature tune

Sig.na *abbr di* **signorina** Miss

significare [siɲ·ɲi·fi·'ka:·re] *vt* to mean

significativo, -a [siɲ·ɲi·fi·ka·'ti:·vo] *adj* meaningful

significato [siɲ·ɲi·fi·'ka:·to] *m* ❶ (*concetto*) meaning ❷ (*importanza*) significance

signora [siɲ·'ɲo:·ra] *f* ❶ (*gener*) lady; **signori e -e** ladies ❷ (*appellativo*) Mrs.; **la ~ Trevisan** Mrs. Trevisan ❸ (*moglie*) wife

signore [siɲ·'ɲo:·re] *m* (*gener*) gentleman; **il signor Martignon** Mr. Martignon; **i -i Berla** the Berlas; **Egregio signor Colombo** Dear Mr. Colombo; **-i e signore** ladies and gentlemen

signorina [siɲ·ɲo·'ri:·na] *f* ❶ (*donna nubile, appellativo*) Miss; **la ~ Marchi** Mrs. Marchi ❷ (*donna giovane*) young lady

Sig.ra *abbr di* **signora** Mrs.

silenzio [si·'lɛn·tsio] <-i> *m* silence; **fare ~** to be quiet

silenzioso, -a [si·len·'tsio:·so] *adj* quiet

silicio [si·'li:·tʃo] *m* silicon

silicone [si·li·'ko:·ne] *m* silicone

sillaba ['sil·la·ba] *f* syllable

simboleggiare [sim·bo·led·'dʒa:·re] *vt* to symbolize

simbolico, -a [sim·'bɔ:·li·ko] <-ci, -che> *adj* symbolic

simbolo ['sim·bo·lo] *m* symbol

simile ['si:·mi·le] I. *adj* ❶ (*analogo*) similar; **essere ~ a qu/qc** to be similar to sb/sth ❷ (*tale*) such II. *mf* (*il prossimo*) neighbor

similpelle [si·mil·'pɛl·le] *f* imitation leather

simmetria [sim·me·'tri:·a] <-ie> *f* symmetry

simmetrico, -a [sim·'mɛ:·tri·ko] <-ci, -che> *adj* symmetrical

simpatia [sim·pa·'ti:·a] <-ie> *f* ❶ (*di carattere*) pleasant nature ❷ (*inclinazione*) liking; **avere ~ per qu/qc** to like sb/sth; **prendere qu in ~** to take a liking to sb

simpatico, -a [sim·'pa:·ti·ko] <-ci, -che> *adj* nice

simpatizzante [sim·pa·tid·'dzan·te] *mf* sympathizer

simpatizzare [sim·pa·tid·'dza:·re] *vi* **~ per qc** to support sth

simultaneo, -a [si·mul·'ta:·neo] *adj* simultaneous

sinagoga [si·na·'gɔ:·ga] <-ghe> *f* synagogue

sinceramente [sin·tʃe·ra·'me:n·te] *adv* honestly

sincerità [sin·tʃe·ri·'ta] <-> *f* honesty; **con tutta ~** in all honesty

sincero, -a [sin·'tʃɛ:·ro] *adj* ❶ (*persona*) honest ❷ (*gesto, parole*) sincere

sincronizzare [siɲ·kro·nid·'dza:·re] *vt* to synchronize

sindacale [sin·da·'ka:·le] *adj* (trade) union

sindacalista [sin·da·ka·'lis·ta] <-i *m*, -e *f*> *mf* trade unionist

S

sindacato [sin·da·'ka:·to] *m* (*di lavoratori*) (trade) union

sindaco ['sin·da·ko] <-ci> *m* ADMIN mayor

sindrome ['sin·dro·me] *f* syndrome

sinfonia [sin·fo·'ni:·a] <-ie> *f* MUS symphony

singhiozzare [siŋ·giot·'tsa:·re] *vi* ⓵ (*piangere*) to sob ⓶ (*avere il singhiozzo*) to hiccup

singhiozzo [siŋ·'giot·tso] *m* ⓵ MED hiccups *pl* ⓶ (*pianto*) sob

single ['siŋ·gl] <-> *mf* single person

singolare [siŋ·go·'la:·re] I. *adj* ⓵ (*particolare*) strange ⓶ (*insolito*) remarkable II. *m* LING singular

singolo, -a I. *adj* single II. *m, f* individual

sinistra [si·'nis·tra] *f* ⓵ (*gener*) left; **partito di ~** party of the left; **a ~** on the left; **girare a ~** to turn left; **tenere la ~** to keep left ⓶ (*mano*) left hand

sinistrato, -a [si·nis·'tra:·to] *adj* damaged

sinistro [si·'nis·tro] *m* ⓵ (*infortunio*) accident ⓶ SPORT (*piede*) left foot; (*mano, pugno*) left

sinistro, -a *adj* (*che è a sinistra*) left

sino ['si:·no] *prep* **~ a** until

sinonimo [si·'nɔ:·ni·mo] *m* synonym

sintassi [sin·'tas·si] <-> *f* LING syntax

sintesi ['sin·te·zi] <-> *f* ⓵ PHILOS, BIO, CHIM, MED synthesis ⓶ (*riassunto*) summary; **in ~** in short

sintetico, -a [sin·'tɛ:·ti·ko] <-ci, -che> *adj* ⓵ (*schematico*) concise ⓶ (*tessuto*) synthetic

sintetizzare [sin·te·tid·'dza:·re] *vt* ⓵ (*riassumere*) to summarize ⓶ CHIM to synthesize

sintomo ['sin·to·mo] *m* symptom

sintonia [sin·to·'ni:·a] <-ie> *f fig* (*perfetto accordo*) harmony; **essere in ~ con** to be in harmony with

sinusite [si·nu·'zi:·te] *f* sinusitis

sipario [si·'pa:·rio] <-i> *m* curtain

Siracusa [si·ra·'ku:·za] *f* Syracuse, *city in southeastern Sicily*

siracusano, -a [si·ra·ku·'sa:·no] I. *adj* from Syracuse II. *m, f* (*abitante*) person from Syracuse

sirena [si·'rɛː·na] *f* mermaid

siringa [si·'riŋ·ga] <-ghe> *f* MED syringe

sisma ['siz·ma] <-i> *m* earthquake

SISMI ['siz·mi] *m acro di* **Servizio per l'Informazione e la Sicurezza Militare** *Italian military security service*

sismico, -a ['siz·mi·ko] <-ci, -che> *adj* seismic; **zona -a** earthquake zone

sistema [sis·'tɛ:·ma] <-i> *m* system; **~ immunitario** immune system; **~ nervoso** nervous system; **~ operativo** operating system

sistemare [sis·te·'ma:·re] I. *vt* ⓵ (*mettere a posto*) to tidy (up) ⓶ (*faccenda*) to sort out ⓷ (*procurare un lavoro*) to fix up ⓸ (*procurare un alloggio a*) to put; **sistemalo nella stanza degli ospiti** put him in the guest room ⓹ *fam* (*punire*) to chew out II. *vr:* **-rsi** ⓵ (*trovare lavoro*) to find a job ⓶ (*trovare alloggio*) to find a place to stay ⓷ (*sposarsi*) to settle down

sistematicamente [sis·te·ma·ti·ka·'men·te] *adv* ⓵ (*secondo un piano organico*) systematically ⓶ (*regolarmente*) regularly

sistemazione [sis·te·mat·'tsio:·ne] *f* ⓵ (*risoluzione*) settling ⓶ (*impiego*) job ⓷ (*alloggio*) accomodations

sistemista [sis·te·'mis·ta] <-i *m*, -e *f*> *mf* COMPUT systems engineer

sito ['si·to] *m* ⓵ *poet* place ⓶ COMPUT site; **~ Web** web site

situare [si·tu·'a:·re] *vt* to locate

situazione [si·tu·at·'tsio:·ne] *f* situation

skateboard ['skeit·bɔːd/'skeit·bɔrd] <-> *m* ⓵ (*tavola*) skateboard ⓶ (*sport*) skateboarding

skipass [ski·'pas] <-> *m* ski pass

slacciare [zlat·'tʃa:·re] I. *vt* to undo II. *vr:* **-rsi** to come undone

slalom ['zla·lom] <-> *m* SPORT slalom

slalomista [zla·lo·'mis·ta] <-i *m*, -e *f*> *mf* slalom racer

slanciato, -a [zlan·'tʃa:·to] *adj* slim

slancio ['zlan·tʃo] <-ci> *m* ⓵ (*balzo*) leap ⓶ *fig* (*impeto*) gusto

slargo ['zlar·go] <-ghi> *m* widening

slavato, -a [zla·'va·to] *adj* faded

slavina [zla·'vi·na] *f* snowslide

slavo, -a [zla·vo] I. *adj* Slavic II. *m, f* Slav

sleale [zle·'a·le] *adj* cheating

slegare [zle·'ga·re] *vt* to untie

slegato, -a [zle·'ga·to] *adj (senza connessione)* disconnected

slip [zlip] <-> *m (da uomo)* briefs *pl*; *(da donna)* panties *pl*

slitta ['zlit·ta] *f* sledge

slittamento [zlit·ta·'men·to] *m* ❶ *(di ruote)* skidding ❷ *(rinvio)* postponement

slittare [zlit·'ta·re] *vi* essere o avere ❶ *(ruote)* to skid ❷ *(essere rinviato)* to be postponed

slittino [zlit·'ti·no] *m* toboggan

s.l.m. *abbr di* **sul livello del mare** asl, *above sea level*

slogan ['zlɔ:·gan] <-> *m* slogan

slogare [zlo·'ga·re] *vt (spalla)* to dislocate; *(polso, caviglia)* to sprain

slogatura [zlo·ga·'tu:·ra] *f (di spalla)* dislocation; *(di polso, caviglia)* sprain

sloggiare [zlod·'dʒa·re] *vi* ❶ *(abbandonare un alloggio)* to move out ❷ *fam (andarsene)* to clear out

Slovacchia [zlo·vak·'kia] *f* Slovakia

slovacco, -a [zlo·'vak·ko] <-cchi, -cche> *adj, m, f* Slovak

Slovenia [zlo·'vɛː·nia] *f* Slovenia

sloveno, -a [zlo·'vɛː·no] *adj, m, f* Slovenian

smacchiare [zmak·'kia·re] *vt* to remove stains from

smacchiatore, -trice [zmak·kia·'to:·re] *m, f* stain remover

smagliante [zmaʎ·'ʎan·te] *adj (sorriso, bellezza)* radiant; **in forma ~** in great shape

smagliatura [zmaʎ·ʎa·'tu:·ra] *f* ❶ *(di calze)* run ❷ *MED* stretch mark

smaliziato, -a [zma·lit·'tsia·to] *adj (non più ingenuo)* knowing

smaltare [zmal·'ta·re] *vt* ❶ *(vaso)* to glaze; *(padella)* to enamel ❷ *(unghie)* to put nail polish on

smaltimento [zmal·ti·'men·to] *m* disposal; **lo ~ dei rifiuti** waste disposal

smaltire [zmal·'ti·re] <smaltisco> *vt* ❶ *(digerire: cibo)* to digest ❷ *(far passare: sbornia, rabbia)* to get over ❸ *(eliminare: acque)* to drain away; *(rifiuti)* to dispose of

smalto ['zmal·to] *m* ❶ *(per decorare, dei denti)* enamel ❷ *(per unghie)* nail polish

smanettare [zma·net·'ta·re] *vi sl* **~ al computer** to mess around on the computer

smania ['zma·nia] *f* ❶ *(agitazione)* agitation ❷ *fig (intenso desiderio)* **~ di qc** thirst for sth

smanioso, -a [zma·'nio:·so] *adj* **essere ~ di fare qc** to be eager to do sth

smantellamento [zman·tel·la·'men·to] *m* ❶ *(chiusura: di fabbrica)* shutting down ❷ *fig (di sistema politico)* dismantling

smantellare [zman·tel·'la·re] *vt* ❶ *(mura)* to demolish; *(fabbrica)* to shut down ❷ *(tesi, accusa)* to take apart

smarrimento [zmar·ri·'men·to] *m* ❶ *(di oggetto)* loss ❷ *fig (mancanza di lucidità)* confusion

smarrire [zmar·'ri:·re] <smarrisco> I. *vt (perdere: oggetti)* to lose II. *vr:* **-rsi** *(perdersi)* to get lost

smartphone ['sma:t·fon] <-> *m* smartphone

smascherare [zmas·ke·'ra:·re] I. *vt fig (mettere a nudo)* to reveal II. *vr:* **-rsi** *fig (rivelare la propria natura)* to give oneself away

SME *m abbr di* **Sistema Monetario Europeo** EMS

smemorato, -a [zme·mo·'ra:·to] I. *adj* forgetful II. *m, f* forgetful person

smentire [zmen·'ti:·re] <smentisco> I. *vt* ❶ *(notizia, fatti)* to deny ❷ *GIUR* to retract II. *vr:* **-rsi** *(contraddirsi)* to contradict oneself

smentita [zmen·'ti:·ta] *f* denial

smeraldo [zme·'ral·do] I. *m* emerald II. <inv> *adj* **verde ~** emerald green

smerciare [zmer·'tʃa·re] *vt* to sell off

smettere ['zmet·te·re] <irr> I. vt (interrompere: lavoro) to stop; (studi) to give up; (discussione) to end; **smettila!** fam stop it! II. vi to stop; **~ di fare qc** to stop doing sth; **ha smesso di piovere** it's stopped raining

smilzo, -a ['zmil·tso] adj (persona) skinny

sminuire [zmi·nu·'i:·re] <sminuisco> vt to belittle

smisi ['zmi·zi] 1. pers sing pass rem di **smettere**

smistare [zmis·'ta:·re] vt (corrispondenza, merci) to sort

smisurato, -a [zmi·zu·'ra:·to] adj (spazio) enormous; (amore) excessive

smitizzare [zmi·tid·'dza:·re] vt to demystify

smobilitare [zmo·bi·li·'ta:·re] vt (truppe) to demobilize

smodato, -a [zmo·'da:·to] adj excessive

smog [zmɔg] <-> m smog

smoking ['zmɔ:·kiŋ] <-> m tuxedo

smontare [zmon·'ta:·re] I. vt avere ⓐ (scomporre) to take apart ⓑ fig (scoraggiare) to dishearten II. vi essere o avere ⓐ (scendere: da treno) to get off; (da cavallo) to dismount ⓑ (di turno, lavoro) to finish III. vr: **-rsi** (scoraggiarsi) to lose heart

smorfia ['zmor·fia] <-ie> f (contrazione del viso) grimace; **fare le -ie** to make faces

smorfioso, -a [zmor·'fio:·so] I. adj (bambino) simpering II. m, f spoiled brat

smorto, -a ['zmor·to] adj fig (pallido) pale

smorzare [zmor·'tsa:·re] vt ⓐ (luce) to dim ⓑ fig (attutire: sete) to quench; (desiderio, passione) to dampen ⓒ fig (attenuare: polemica, suoni) to tone down

smossi 1. pers sing pass rem di **smuovere**

smosso pp di **smuovere**

SMS ['ɛs·se·ɛm·me·'ɛs·se] <-> m abbr di Short Message System TEL (messaggio) text

smuovere ['zmuɔ:·ve·re] <irr> I. vt ⓐ (spostare) to shift ⓑ fig (dissuadere: da idea, decisione) to dissuade II. vr: **-rsi** ⓐ (spostarsi) to shift ⓑ fig (cambiare idea) **~ da qc** to change one's mind about sth

smussare [zmus·'sa:·re] I. vt ⓐ (angolo) to smooth off; (coltello) to blunt ⓑ fig (carattere) to soften II. vr: **-rsi** (coltello) to get blunt

snaturato, -a [zna·tu·'ra:·to] adj (madre, padre) heartless

snello, -a ['znɛl·lo] adj (persona, figura) slim

snervante [zner·'van·te] adj (attesa) nerve-wracking; (polemica) exhausting

snervare [zner·'va:·re] vt (logorare) to wear out

sniffare [znif·'fa:·re] vt sl (cocaina) to snort

snob [znɔb] I. <inv> adj snobbish II. <-> mf snob

snobbare [znob·'ba:·re] vt to snub

so [sɔ] 1. pers sing pr di **sapere**[1]

SO abbr di **sudovest** SW

sobbarcarsi [sob·bar·'ka:r·si] vr **~ qc** to take on sth

sobborgo [sob·'bor·go] <-ghi> m suburb

sobillare [so·bil·'la:·re] vt (istigare) to stir up

sobrio, -a ['sɔ:·brio] <-i, -ie> adj ⓐ (stile, vita, abitudini) simple ⓑ (non ubriaco) sober

socchiudere [sok·'kiu:·de·re] <irr> vt (porta, finestra) to leave ajar; (occhi) to half-close

soccorrere [sok·'kor·re·re] <irr> vt **~** to help sb

soccorritore, -trice [sok·kor·ri·'to:·re] m, f rescuer

soccorso [sok·'kor·so] m (aiuto) help; **-i** aid; **il pronto ~** the emergency room; **~ stradale** emergency road service; **cassetta di pronto ~** first aid kit

socialdemocratico, -a [so·tʃal·de·mo·

'kra·ti·ko] <-ci, -che> *adj*, *m*, *f* social democrat

sociale [so·'tʃa·le] *adj* social

socialismo [so·tʃa·'liz·mo] *m* socialism

socialista [so·tʃa·'lis·ta] <-i *m*, -e *f*> *mf*, *adj* socialist

socializzare [so·tʃa·lid·'dza:·re] *vi* (*avere rapporti sociali*) to form relationships

social network ['so:·ʃəl 'ne·twœːk] <-> *m* social network

società [so·tʃe·'ta] <-> *f* ① (*gener*) society; ~ **dei consumi** consumer society; **alta** ~ high society ②COM company; ~ **per azioni** corporation; ~ **a responsabilità limitata**, **in** ~ in partnership ③ (*associazione*) club; ~ **sportiva** sports club ④**giochi di** ~ parlor games

socievole [so·'tʃe:·vo·le] *adj* sociable

socio, -a ['sɔ:·tʃo] <-ci, -cie> *m*, *f* ① (*membro*) member ②COM partner

sociologia [so·tʃo·lo·'dʒi:·a] <-gie> *f* sociology

sociologo, -a [so·'tʃɔ:·lo·go] <-gi, -ghe> *m*, *f* sociologist

sociosanitario, -a [so·tʃo·sa·ni·'ta:·rio] *adj* healthcare

soddisfacente [sod·dis·fa·'tʃɛn·te] *adj* satisfactory

soddisfare [sod·dis·'fa:·re] <irr> *vt* to satisfy

soddisfatto, -a [sod·dis·'fat·to] *adj* satisfied

soddisfazione [sod·dis·fat·'tsio:·ne] *f* ① (*contentezza*) satisfaction; **con mia grande** ~ to my great satisfaction ② (*adempimento: di aspirazioni, richieste*) fulfillment

soddisfeci *1. pers sing pass rem di* **soddisfare**

sodio ['sɔ:·dio] *m* sodium

sodo ['sɔ:·do] I. *adv* ① (*alacremente*) **lavorare/studiare** ~ to work/study hard ② (*profondamente*) **dormire** ~ to sleep soundly II. *m fam* **venire al** ~ to come to the point

sodo, -a *adj* ① (*carne, muscoli*) firm ② **uova -e** hard-boiled eggs

sofà [so·'fa] <-> *m* sofa

sofferente [sof·fe·'rɛn·te] *adj* ① **una persona** ~ a sufferer ② (*sguardo*) pained

sofferenza [sof·fe·'rɛn·tsa] *f* suffering

soffermare [sof·fer·'ma:·re] I. *vt* ~ **lo sguardo su qc** to rest one's gaze on sth II. *vr:* -**rsi** *fig* -**rsi su qc** to dwell on sth

soffersi [sof·'fɛr·si] *1. pers sing pass rem di* **soffrire**

sofferto, -a [sof·'fɛr·to] I. *pp di* **soffrire** II. *adj* (*vittoria, risultato*) hard-fought

soffiare [sof·'fia:·re] I. *vi* to blow II. *vt* ① (*aria, fumo, vetro*) to blow; -**rsi il naso** to blow one's nose ② *fig, fam* (*portar via*) to steal

soffice ['sɔf·fi·tʃe] *adj* soft

soffio ['sof·fio] <-i> *m* ① (*gener*) puff; **in un** ~ in a sec; **c'è mancato un** ~ *fig* it was a close call ②MED **un** ~ **al cuore** a heart murmur

soffitta [sof·'fit·ta] *f* attic

soffitto [sof·'fit·to] *m* ceiling

soffocante [sof·fo·'kan·te] *adj* ① (*aria*) suffocating ② *fig* (*persona, atmosfera*) oppressive

soffocare [sof·fo·'ka:·re] I. *vt* avere to suffocate II. *vi* essere to suffocate; **mi sento** ~ I'm suffocating

soffriggere [sof·'frid·dʒe·re] <irr> *vt* to fry lightly

soffrire [sof·'fri:·re] <soffro, soffrii *o* soffersi, sofferto> I. *vt* ① (*patire*) to suffer; ~ **il caldo/freddo** to suffer from the heat/cold; ~ **la fame** to suffer from hunger ② (*sopportare*) to bear II. *vi* to suffer; ~ **di qc** MED to suffer from sth

soffritto¹ [sof·'frit·to] *pp di* **soffriggere**

soffritto² *m a mixture of chopped herbs and onions fried in oil*

sofisticato, -a [so·fis·ti·'ka:·to] *adj* ① (*persona, impianto*) sophisticated ② (*linguaggio*) elevated

soft [sɔft] <inv> *adj* ① (*atmosfera*) relaxed ② (*luce, musica*) soft

software ['sɔft·wɛa] <-> *m* COMPUT software

soggettivo, -a [sod·dʒet·ti:·vo] *adj* subjective

soggetto [sod·'dʒɛt·to] *m* ① (*tema*)

S

theme ② LING, MUS, PHILOS subject ③ *fam* (*persona, tipo*) character

soggetto, -a *adj* ① (*esposto*) **essere ~ a qc** to be subject to sth ② MED **essere ~ a qc** to be prone to sth

sogghignare [sog·giɲ·'ɲaː·re] *vi* to snicker

sogghigno [sog·'giɲ·ɲo] *m* snicker; **-i** snickering

soggiornare [sod·dʒor·'naː·re] *vi* to stay

soggiorno [sod·'dʒor·no] *m* ① (*permanenza*) stay; **permesso di ~** residence permit ② (*stanza*) living room

soglia ['sɔʎ·ʎa] <-glie> *f* (*di porta*) doorstep; *fig* threshold

sogliola ['sɔʎ·ʎo·la] *f* sole

sognare [soɲ·'ɲaː·re] *vt* ① (*vedere in sogno*) to dream; **ho sognato che ...** I dreamed (that) ...; **ho sognato il nonno** I dreamed about (my) granddad ② *fig* (*desiderare*) to dream of ③ *fig* (*illudersi*) **te lo sogni che venga!** *fam* in your dreams he's [*o* she's] coming!

sognatore, -trice [soɲ·ɲa·'toː·re] *m, f* dreamer

sogno ['soɲ·ɲo] *m a. fig* dream; **fare un ~** to dream; **nemmeno** [*o* **neanche**] *fam* **per ~** you've got to be kidding

soia ['sɔː·ia] <soie> *f* soy

sol [sɔl] <-> *m* MUS G; (*nel solfeggio*) so

solare [so·'laː·re] *adj* solar; **energia ~** solar energy; **crema** [*o* **olio**] **~** suntan lotion

s

solco ['sol·ko] <-chi> *m* ① AGR furrow ② (*incavatura*) track ③ (*ruga*) wrinkle

soldatino [sol·da·'tiː·no] *m* toy soldier

soldato, -essa [sol·'daː·to] *m, f* soldier; **fare il ~** to serve in the army

soldo ['sɔl·do] *m pl* money; **fare -i a palate** to make a fortune; **mio padre non aveva un ~** my father was penniless; **da pochi** [*o* **quattro**] **-i** *fig, fam* worthless

sole ['soː·le] *m* sun; **c'è il ~** it's sunny; **colpo di ~** sunstroke; **occhiali da ~** sunglasses; **prendere il ~** to sunbathe; **stare al ~** to stay in the sun

soleggiato, -a [so·led·'dʒaː·to] *adj* sunny

solenne [so·'lɛn·ne] *adj* ① (*gener*) solemn ② *fam* **una lezione ~** a good lesson

solerte [so·'lɛr·te] *adj* diligent

solfeggio [sol·'fed·dʒo] <-i> *m* MUS sol-fa

solforico, -a [sol·'fɔː·ri·ko] <-ci, -che> *adj* sulfuric

solidale [so·li·'daː·le] *adj* supportive

solidarietà [so·li·da·rie·'ta] <-> *f* support

solidarizzare [so·li·da·rid·'dzaː·re] *vi* **~ con qu/qc** to express one's support for sb/sth

solido ['sɔː·li·do] *m* MATH, FIS solid

solido, -a *adj* ① MATH, FIS solid ② (*argomento, base, costruzione*) strong

solista [so·'lis·ta] <-i *m*, -e *f*> *mf* soloist

solitario [so·li·'taː·rio] <-i> *m* solitaire; **fare un ~** to play solitaire

solitario, -a <-i, -ie> *adj* ① (*luogo, via*) lonely ② (*persona, animale*) solitary; **un tipo ~** a loner; **verme ~** tapeworm

solito ['sɔː·li·to] *m* usual; (*nelle ordinazioni*); **il ~** the [*o* my] usual; **più tardi del ~** later than usual; **di ~** usually; **come al ~** as usual

solito, -a *adj* usual; **essere ~ fare qc** to usually do sth; **siamo alle -e** *fam* here we go again

solitudine [so·li·'tuː·di·ne] *f* loneliness

sollecitare [sol·le·tʃi·'taː·re] *vt* ① (*cose*) to request urgently ② (*persone*) to urge ③ TEC to stress

sollecito, -a *adj* ① (*risposta*) speedy ② (*persona*) helpful

solletico [sol·'leː·ti·ko] <-chi> *m* **fare il ~ a qu** to tickle sb; **soffrire il ~** to be ticklish

sollevamento [sol·le·va·'men·to] *m* ① (*il sollevare*) lifting ② SPORT **~ pesi** weightlifting

sollevare [sol·le·va·'re] **I.** *vt* ① (*peso*) to lift ② (*testa, occhi, questione*) to raise **II.** *vr*: **-rsi** ① (*alzarsi: da tavola*) to get up; **si sollevò dal letto** he [*o* she] got out of bed *fig* (*ribellarsi*) to rise up *fig* (*riprendersi*) to recover

sollevato, -a [sol·le·'va:·to] *adj fig* relieved

sollievo [sol·'liɛ:·vo] *m* relief

solo ['so:·lo] I. *adv* only; **non ~ ..., ma anche ...** not only ..., but also ... II. *conj* (*ma*) but; **~ che** +*conj* only

solo, -a I. *adj* (*senza compagnia*) alone; **parlare da ~** to talk to oneself; **vivere (da) ~** to live alone; **sentirsi -i** to feel lonely II. *m, f* the only one

soltanto [sol·'tan·to] *adv* only

solubile [so·'lu:·bi·le] *adj* soluble; **caffè ~** instant coffee

soluzione [so·lut·'tsio:·ne] *f* solution

solvente [sol·'vɛn·te] *adj, m* solvent

somaro, -a [so·'ma:·ro] *m, f* ❶ ZOO donkey ❷ *pej, fam* idiot

somiglianza [so·miʎ·'ʎan·tsa] *f* resemblance

somigliare [so·miʎ·'ʎa:·re] I. *vi* to look like; **~ a qu** to look like sb II. *vr:* **-rsi** (*fisicamente*) to look alike; (*di carattere*) to be alike

somma ['som·ma] *f* sum; **fare la ~** to add up

sommare [som·'ma:·re] *vt* ❶ MATH to add up ❷ (*aggiungere*) to add; **tutto sommato** all things considered

sommario [som·'ma:·rio] <-i> *m* summary

sommario, -a <-i, -ie> *adj* ❶ (*superficiale: lavoro*) perfunctory ❷ GIUR (*procedimento, processo*) summary ❸ (*breve: racconto, esposizione*) brief

sommergere [som·'mɛr·dʒe·re] <irr> *vt* ❶ (*terre, villaggi*) to submerge ❷ *fig* (*di regali*) to overwhelm

sommergibile [som·mer·'dʒi:·bi·le] *m* submarine

sommersi [som·'mɛr·si] *1. pers sing pass rem di* **sommergere**

sommerso, -a [som·'mɛr·so] *pp di* **sommergere**

sommesso, -a [som·'mes·so] *adj* subdued

somministrare [som·mi·nis·'tra:·re] *vt* to administer

sommità [som·mi·'ta] <-> *f* summit

sommo, -a I. *superlativo di* **alto, -a** II. *superlativo di* **grande** III. *adj* ❶ (*superiore: capo, sacerdote*) chief ❷ (*eccellente: poeta*) outstanding ❸ *fig* (*massimo: rispetto*) greatest

sommossa [som·'mɔs·sa] *f* uprising

sommozzatore [som·mot·tsa·'to:·re] *m* diver

sonda ['son·da] *f* probe

sondaggio [son·'dad·dʒo] <-ggi> *m* (*indagine*) survey; **~ d'opinione** opinion poll

sondare [son·'da:·re] *vt* ❶ (*con sonda*) to survey ❷ (*intenzioni*) to discover; **~ il terreno** to test the water

sondriese [son·'drie:·se] I. *adj* from Sondrio II. *mf* (*abitante*) person from Sondrio

Sondrio *f* Sondrio, *town in northern Italy*

sonetto [so·'net·to] *m* sonnet

sonnambulo, -a [son·'nam·bu·lo] *m, f* sleepwalker

sonnifero [son·'ni:·fe·ro] *m* sleeping pill

sonno ['son·no] *m* sleep; **avere ~** to be sleepy; **prendere ~** to fall asleep; **morire di ~** to be half asleep

sono ['so:·no] *1. pers sing pr di* **essere**[1]

sonoro, -a *adj* ❶ FIS sound; **onde -e** soundwaves ❷ (*voce*) sonorous ❸ FILM **colonna -a** soundtrack

soppalco [sop·'pal·ko] <-chi> *m* platform

soppesare [sop·pe·'sa:·re] *vt* ❶ *fig* (*valutare*) to weigh up ❷ (*oggetto*) **~ qc** to feel the weight of sth

soppiatto [sop·'piat·to] *adj* **di ~** furtively

sopportare [sop·por·'ta:·re] *vt* ❶ (*peso, sofferenza, spese*) to bear; **~ una perdita** to sustain a loss ❷ (*persona, caldo, freddo*) to stand

sopprimere [sop·'pri:·me·re] <irr> *vt* ❶ (*autobus, servizio*) to cancel ❷ (*persona*) to eliminate

sopra ['so:·pra] I. *prep* ❶ (*gener*) over; **un ponte ~ il fiume** a bridge over the river ❷ (*con contatto: stato*) on; **ha ap-**

poggiato il braccio sopra la mia spalla he [o she] leaned his [o her] arm on my shoulder. ⓢ (con conttatto: moto) on top of; ho messo i miei documenti sopra i tuoi libri. I put my documents on top of your books ⓢ (senza contatto: stato) above II. adv (gener) up; (in cima) on top; vive al piano di sopra he [o she] lives upstairs; al di ~ di above; vedi ~ see above III. <inv> adj above; la figura ~ the above figure IV. <-> m (parte superiore) top

soprabito [so·'pra:·bi·to] m light coat

sopracciglio [so·prat·'tʃiʎ·ʎo] <pl: -glia f> m eyebrow

sopr(a)elevato, -a [so·pr(a)·e·le·'va:·to] adj (strada, ferrovia) elevated

sopraffare [so·praf·'fa:·re] <irr> vt to overcome

sopraffeci 1. pers sing pass rem di sopraffare

sopraggiungere [so·prad·'dʒun·dʒe·re] <irr> vi essere ⓐ (arrivare) to arrive (unexpectedly) ⓢ (accadere) to happen

sopralluogo [so·pral·'luɔ:·go] <-ghi> m on-the-spot investigation

soprammobile [so·pram·'mɔ:·bi·le] m ornament

soprannaturale [so·pran·na·tu·'ra:·le] adj, m supernatural

soprannome [so·pran·'no:·me] m nickname

soprannominato, -a [so·pran·no·mi·'na:·to] adj nicknamed

soprano [so·'pra:·no] m soprano

soprassalto [sop·ras·'sal·to] m start; di ~ with a start

soprattutto [sop·rat·'tut·to] adv especialmente

sopra(v)valutare [sop·ra(v)·va·lu·'ta:·re] vt to overestimate

sopravvento [sop·rav·'vɛn·to] m prendere il ~ fig to prevail

sopravvissi 1. pers sing pass rem di sopravvivere

sopravvissuto, -a [sop·rav·vis·'su:·to] I. pp di sopravvivere II. adj surviving III. m, f survivor

sopravvivenza [sop·rav·vi·'vɛn·tsa] f survival; istinto di ~ survival instinct

sopravvivere [sop·rav·'vi:·ve·re] <irr> vi essere (a persone, a disgrazia) ~ a qu to outlive sb; ~ a qc to survive sth

soprintendere [so·prin·'tɛn·de·re] <irr> vi ~ a qc to supervise sth

sopruso [so·'pru:·zo] m abuse

soqquadro [sok·'kua:d·ro] m mettere a ~ to turn upside down

sorbetto [sor·'bet·to] m sorbet

sorbire [sor·'bi:·re] <sorbisco> vt fig (sopportare) to put up with

sorcio ['sor·tʃo] <-ci> m fam mouse

sordina [sor·'di:·na] f MUS mute; in ~ fig on the quiet

sordo, -a ['sor·do] I. adj deaf; essere ~ da un orecchio to be deaf in one ear II. m, f deaf person

sordomuto, -a [sor·do·'mu:·to] I. adj deaf-and-dumb II. m, f deaf mute

sorella [so·'rɛl·la] f sister

sorellastra [so·rel·'las·tra] f stepsister; (con un genitore in comune) half sister

sorgente [sor·'dʒɛn·te] f source

sorgere ['sor·dʒe·re] <sorgo, sorsi, sorto> vi essere ⓐ (gener) to rise ⓢ fig (manifestarsi) to arise

soriano, -a adj tabby

sormontare [sor·mon·'ta:·re] vt (difficoltà, ostacolo) to overcome

sornione, -a [sor·'nio:·ne] adj sly

sorpassare [sor·pas·'sa:·re] vt ⓐ (veicolo) to pass ⓢ (in altezza: persona) to be taller than ⓢ fig (in bravura) to be better than

sorpassato, -a [sor·pas·'sa:·to] adj (antiquato) outdated

sorpasso [sor·'pas·so] m fare [o effettuare] un ~ to pass; divieto di ~ no passing; corsia di ~ passing lane

sorprendente [sor·pren·'dɛn·te] adj surprising

sorprendere [sor·'prɛn·de·re] <irr> I. vt ⓐ (stupire) to surprise ⓢ (raggiungere) ~ qu to take sb by surprise ⓢ fig (cogliere sul fatto) ~ qu to catch sb in the act II. vr (meravigliarsi) -rsi di qc to be surprised about sth

sorpresa [sor·'pre:·sa] *f* surprise; **cogliere qu di ~** to take sb by surprise; **con mia grande ~** to my great surprise; **fare una ~ a qu** to give sb a surprise

sorreggere [sor·'rɛd·dʒe·re] <irr> *vt* to support

Sorrento [sor·'rɛn·to] *f* Sorrento, *town in southwestern Italy*

sorressi *1. pers sing pass rem di* **sorreggere**

sorretto *pp di* **sorreggere**

sorridente [sor·ri·'dɛn·te] *adj* smiling; **è sempre ~** he [*o* she] is always in a good mood

sorridere [sor·'ri:·de·re] <irr> *vi* (*ridere*) to smile; **~ a qu** to smile at sb

sorriso [sor·'ri:·so] *m* smile

sorseggiare [sor·sed·'dʒa:·re] *vt* to sip

sorsi ['sor·si] *1. pers sing pass rem di* **sorgere**

sorso ['sor·so] *m* sip

sorta ['sɔr·ta] *f* sort; **d'ogni ~** of every sort

sorte ['sɔr·te] *f* (*destino*) fate; **tirare** [*o* **estrarre**] **a ~** to draw lots

sorteggiare [sor·ted·'dʒa:·re] *vt* to draw

sorteggio [sor·'ted·dʒo] <-ggi> *m* draw

sortilegio [sor·ti·'lɛ:·dʒo] <-gi> *m* spell

sortire [sor·'ti:·re] <sortisco> *vt* (*effetto, risultato*) to produce

sorto [sor·to] *pp di* **sorgere**

sorvegliante [sor·veʎ·'ʎan·te] *mf* supervisor

sorvegliare [sor·veʎ·'ʎa:·re] *vt* (*traffico*) to monitor; (*alunni*) to keep an eye on; (*operai*) to supervise

sorvolare [sor·vo·'la:·re] I. *vt* ① AERO to fly over ② *fig* (*passar sopra*) to pass over II. *vi* **~ su qc** *fig* to pass over sth

S.O.S. ['ɛs·se·o·'ɛs·se] <-> *m* SOS; **lanciare un ~ a.** *fig* to send out an SOS

sosia ['sɔː·zia] <-> *mf* double

sospendere [sos·'pɛn·de·re] <irr> *vt* ① (*gener*) to suspend; **~ qu da una carica** to suspend sb from office ② (*appendere*) to hang

sospensione [sos·pen·'sio:·ne] *f* (*gener*) suspension

sospesi [sos·'pe:·si] *1. pers sing pass rem di* **sospendere**

sospeso, -a [sos·'pe:·so] I. *pp di* **sospendere** II. *adj* ① (*sollevato verso l'alto*) raised; (*che pende dall'alto*) hanging ② (*interrotto*) suspended; **col fiato ~** with bated breath ③ *fig* (*incerto, indeciso: pratica*) **in ~** pending; **tenere qu in ~** to keep sb in suspense

sospettare [sos·pet·'ta:·re] I. *vt* ① (*ritenere responsabile*) **~ qu di (fare) qc** to suspect sb of (doing) sth ② (*immaginare*) to suspect II. *vi* (*diffidare*) **~ di qu** to be suspicious of sb

sospetto [sos·'pɛt·to] *m* suspicion; **destare ~** to arouse suspicion

sospetto, -a *adj* suspicious

sospettoso, -a [sos·pet·'to:·so] *adj* suspicious

sospirare [sos·pi·'ra:·re] *vi* to sigh

sospiro [sos·'pi:·ro] *m* sigh; **tirare un ~** to sigh

sosta ['sɔs·ta] *f* ① (*fermata*) stop; **'divieto di ~'** 'No Parking' ② (*riposo*) break; **lavorare senza ~** to work nonstop

sostantivo [sos·tan·'ti:·vo] *m* LING noun

sostanza [sos·'tan·tsa] *f* ① (*gener*) substance ② (*parte essenziale*) essence; **in ~** in essence

sostanziale [sos·tan·'tsia:·le] *adj* main

sostanzioso, -a [sos·tan·'tsio:·so] *adj* substantial

sostare [sos·'ta:·re] *vi* ① (*fermarsi*) to stop ② (*fare una pausa*) to take a break

sostegno [sos·'teɲ·ɲo] *m* support

sostenere [sos·te·'ne:·re] <irr> I. *vt* ① (*reggere*) to hold up ② (*spese*) to bear ③ *fig* (*persona, legge*) to support ④ (*esame*) to take ⑤ (*affermare*) to maintain II. *vr:* **-rsi** (*tenersi ritto*) to support oneself

sostenibile [sos·te·'ni:·bi·le] *adj* (*teoria, idea*) plausible; **sviluppo ~** sustainable development

sostenitore, -trice [sos·te·ni·'to:·re] I. *adj* supporting II. *m, f* supporter

sostenuto, -a [sos·te·'nu:·to] *adj*

S

(*tono*) distant; (*atteggiamento*) reserved

sostituire [sos·ti·tu·'i:·re] <sostituisco> I. *vt* ① (*cambiare*) to replace ② (*prendere il posto di*) to stand in for II. *vr* -rsi a qu to replace sb; -rsi a qc to replace sth

sostitutivo, -a [sos·ti·tu·'ti:·vo] *adj* replacement

sostituto, -a [sos·ti·'tu:·to] *m, f* replacement

sostituzione [sos·ti·tut·'tsio:·ne] *f* ① SPORT substitution ② (*di pezzo*) replacement

sottaceti [sot·ta·'tʃe:·ti] *mpl* pickles

sottaceto, sott'aceto [sot·ta·'tʃe:·to] I. *adj* <inv> pickled; **cetriolini ~** gherkins II. *adv* **mettere ~** to pickle

sotterraneo [sot·ter·'ra:·neo] *m* cellar

sotterraneo, -a *adj* underground; **ferrovia -a** subway

sotterrare [sot·ter·'ra:·re] *vt* to bury

sottigliezza [sot·tiʎ·'ʎet·tsa] *f* ① *fig* (*acutezza*) subtlety ② *fig* (*cavillo*) detail

sottile [sot·'ti:·le] *adj* ① (*filo, strato, aria*) thin ② (*figura, gambe*) slim ③ *fig* (*mente*) shrewd ④ (*acuto: vista, odorato*) sharp ⑤ (*sofistico: argomentazione, discorso*) subtle

sottiletta [sot·ti·'let·ta] *f* processed cheese slice

sottintendere [sot·tin·'tɛn·de·re] <irr> *vt* ① (*lasciare intendere*) to imply; **è sottinteso** it goes without saying ② (*non esprimere*) to mean

sottinteso, -a *adj* understood

sotto ['sot·to] I. *prep* ① (*gener*) under(neath); ~ **il tavolo** under the table; ~ **questo aspetto** from this point of view; ~ **la pioggia** in the rain ② (*più in basso di*) below; ~ **lo zero** below zero ③ *fig* (*subordinazione, vigilanza*) under; ~ **il dominio austriaco** under Austrian rule ④ **sott'aceto** pickled; **sott'olio** in oil II. *adv* ① (*stato*) down; **il piano di** ~ downstairs; **le stanze di** ~ the rooms downstairs ② (*moto*) forward; **farsi** ~ *fig* to go for something; **fatti** ~! go for it!; **met-**

tere ~ to run over; **mettersi** ~ *fig, fam* to get going ③ (*addosso*) underneath ④ (*più giù, oltre*) below; **vedi** ~ see below; ~ ~ *fig* deep down III. <inv> *adj* (*sottostante*) below IV. <-> *m* underneath

sottobanco [sot·to·'baŋ·ko] *adv* under the counter

sottobicchiere [sot·to·bik·'kiɛ:·re] *m* coaster

sottobraccio [sot·to·'brat·tʃo] *adv* **prendere qu ~** to take sb by the arm; **passeggiare ~ con qu** to walk arm in arm with sb

sottocosto [sot·to·'kɔs·to] *adv, adj* below cost

sottofondo [sot·to·'fon·do] *m* ① MUS, FILM, TV background ② (*strato sottostante*) lower layer ③ *fig* (*connotazione*) undertone

sottogamba [sot·to·'gam·ba] *adv* **prendere qc ~** to not take sth seriously

sottogonna [sot·to·'gon·na] *f* underskirt

sottolineare [sot·to·li·ne·'a:·re] *vt* ① (*con matita, evidenziatore*) to underline ② *fig* (*evidenziare: fatto, aspetto, forma*) to emphasize

sottomano [sot·to·'ma:·no] *adv* to hand

sottomarino [sot·to·ma·'ri:·no] *m* submarine

sottomarino, -a *adj* underwater

sottomesso, -a [sot·to·'mes·so] *adj* ① (*atteggiamento, persona*) submissive ② (*popolo*) subjugated

sottomettere [sot·to·'met·te·re] <irr> I. *vt* (*popolo*) to subjugate II. *vr* -rsi (*assoggettarsi*) to submit

sottopassaggio [sot·to·pas·'sad·dʒo] <-ggi> *m* underpass

sottoporre [sot·to·'por·re] <irr> I. *vt* ① (*costringere*) ~ **qu a qc** to subject sb to sth ② *fig* (*presentare*) ~ **qc a qu** to submit sth to sb ③ ~ **qu ad un'operazione** to operate on sb II. *vr*: -rsi ① (*sottomettersi*) to submit ② (*affrontare*) to undergo

sottoscritto, -a [sot·tos·'krit·to] I. *adj*

signed II. *m, f* ADMIN **il** [*o* **la**] **~** the undersigned

sottoscrivere [sot·tos·'kri:·ve·re] <irr> *vt* ① (*contratto, petizione, abbonamento*) to sign ② *fig* (*condividere*) **~ qc** to agree with sth

sottoscrizione [sot·tos·krit·'tsio·ne] *f* ① ADMIN signing ② (*raccolta di adesioni*) subscription

sottosegretario, -a [sot·to·se·gre·'ta:·rio] *m, f* assistant secretary

sottosopra [sot·to·'so:·pra] *adv* in a mess

sottospecie [sot·tos·'pɛ:·tʃe] *f* BOT, ZOO subspecies

sottostare [sot·tos·'ta:·re] <irr> *vi* essere (*essere soggetto*) to submit

sottostetti *1. pers sing pass rem di* **sottostare**

sottosuolo [sot·to·'suɔ:·lo] *m* AGR subsoil

sottosviluppato, -a [sot·toz·vi·lup·'pa:·to] *adj* **paese ~** developing country

sottosviluppo [sot·toz·vi·'lup·po] *m* underdevelopment

sottotenente [sot·to·te·'nɛn·te] *m* sub-lieutenant

sottoterra [sot·to·'tɛr·ra] *adv* below ground

sottotitolato, -a [sot·to·ti·to·'la:·to] *adj* subtitled

sottotitolo [sot·to·'ti:·to·lo] *m* subtitle

sottovalutare [sot·to·va·lu·'ta:·re] *vt* (*situazione, difficoltà*) to undervalue

sottoveste [sot·to·'ves·te] *f* petticoat

sottovoce [sot·to·'vo:·tʃe] *adv* quietly

sottovuoto [sot·to·'vuɔ:·to] <inv> *adj* vacuum-packed

sottrarre [sot·'trar·re] <irr> I. *vt* ① MATH to subtract ② (*rubare: denaro, documento*) to steal II. *vr* (*sfuggire*) **-rsi a qu/qc** to avoid sb/sth; **-rsi al pericolo** to escape danger

sottrazione [sot·trat·'tsio·ne] *f* ① MATH subtraction ② (*di denaro, documento*) theft

sottufficiale [sot·tuf·fi·'tʃa:·le] *m* non-commissioned officer

sovietico, -a [so·'viɛ:·ti·ko] <-ci, -che> I. *adj* Soviet; **l'Unione Sovietica** the Soviet Union II. *m, f* (*cittadino sovietico*) Soviet citizen

sovrabbondante [sov·rab·bon·'dan·te] *adj* overabundant

sovraccarico, -a <-chi, -che> *adj* overloaded

sovraesporre [sov·ra·es·'por·re] <irr> *vt* FOTO to overexpose

sovraffollato, -a [sov·raf·fol·'la:·to] *adj* overcrowded

sovrano, -a [so·'vra:·no] *m, f* sovereign

sovrappongo *1. pers sing pr di* **sovrapporre**

sovrappopolato, -a [sov·rap·po·po·'la:·to] *adj* overpopulated

sovrapporre [sov·rap·'por·re] <irr> I. *vt* to place on top of II. *vr*: **-rsi** to be superimposed

sovrapposizione [sov·rap·po·zit·'tsio·ne] *f* superimposition

sovrapprezzo [sov·rap·'prɛt·tso] *m* extra charge

sovrapproduzione [sov·rap·pro·dut·'tsio·ne] *f* COM overproduction

sovrastare [sov·ras·'ta:·re] *vt* avere (*dominare*) to dominate

sovrumano, -a [sov·ru·'ma:·no] *adj* superhuman

sovvenzionare [sov·ven·tsio·'na:·re] *vt* to subsidize

sovvenzione [sov·ven·'tsio·ne] *f* subsidy

sovversivo, -a [sov·ver·'si:·vo] I. *adj* (*spirito, corrente*) subversive II. *m, f* subversive

S.p.A. *abbr di* **Società per Azioni** Corp.

spaccare [spak·'ka:·re] I. *vt* (*rompere*) to break II. *vr*: **-rsi** (*rompersi*) to break; **-rsi in due** to break in half

spaccata [spak·'ka:·ta] *f* SPORT **fare la ~** to do the splits

spacciare [spat·'tʃa:·re] I. *vt* ① (*droga*) to push ② (*far passare per*) **~ per** to pass off as II. *vr* **-rsi per qu** to pass oneself off as sb

spacciatore, -trice [spat·tʃa·'to:·re] *m, f* (*di droga*) pusher

S

spaccio ['spat·tʃo] <-cci> m (*negozio*) shop

spacco ['spak·ko] <-cchi> m ❶(*nella pietra*) splett ❷(*di indumento*) slett

spaccone, -a [spak·ko:·ne] m, f fam show-off

spada ['spa:·da] f ❶(*gener*) sword; **pesce ~** swordfish ❷SPORT saber ❸pl (*di carte da gioco*) one of the suits in Neapolitan cards

spaesato, -a [spae·za:·to] adj lost

spaghettata [spa·get·ta:·ta] f fam pasta meal

spaghetteria [spa·get·te·ri:·a] f pasta restaurant

spaghetti [spa·get·ti] mpl CULIN spaghetti

Spagna ['spaɲ·ɲa] f Spain

spagnolo, -a [spaɲ·ɲɔ:·lo] I. adj Spanish II. m, f Spaniard

spago ['spa:·go] <-ghi> m (*per legare*) string

spaiato, -a [spa·ia:·to] adj (*calzino*) unpaired

spalancare [spa·laŋ·ka:·re] I. vt ❶(*porta, finestra*) to fling open ❷(*occhi, bocca, braccia*) to open wide; (*gambe*) to spread II. vr: **-rsi** (*aprirsi*) to open wide

spalare [spa·la:·re] vt to shovel

spalla ['spal·la] f ❶ANAT shoulder; **alzare le -e** a. fig to shrug; **avere la famiglia sulle -e** fig to have a family to support; **vivere alle -e di qu** to live off sb ❷(*schiena*) back; **voltare le -e a qu** a. fig to turn one's back on sb; **ridere alle -e di qu** to laugh behind sb's back; **con le -e al muro** fig with one's back to the wall

spalleggiare [spal·led·dʒa:·re] I. vt (*sostenere*) to support II. vr: **-rsi** to support one another

spalliera [spal·liɛ:·ra] f ❶(*di sedia, poltrona*) back ❷(*di letto*) bedhead

spalmare [spal·ma:·re] vt to spread

spalti ['spal·ti] mpl (*di stadio*) bleachers

spam [spam] <-> m INET spam

spandere ['span·de·re] <spando, spandei o spansi o spandetti, spanto> I. vt ❶(*liquidi*) to spill ❷fig (*lacrime*) to shed II. vr: **-rsi** (*diffondersi*) to spread

spansi ['span·si] 1. pers sing pass rem di **spandere**

spanto ['span·to] pp di **spandere**

spappolare [spap·po·la:·re] I. vt (*ridurre in poltiglia*) to crush II. vr: **-rsi** to get crushed

sparare [spa·ra:·re] I. vt ❶(*colpo*) to fire ❷fig **spararle (grosse)** fam to talk a load of bull II. vi MIL (*soldati*) to shoot; (*fucile, pistola*) to fire III. vr: **-rsi** to shoot oneself

sparatoria [spa·ra·tɔ:·ria] <-ie> f gunfight

sparecchiare [spa·rek·kia:·re] vt ~ (**la tavola**) to clear (the table)

spareggio [spa·red·dʒo] <-ggi> m SPORT playoff

spargere ['spar·dʒe·re] <spargo, sparsi, sparso> I. vt ❶(*semi, fiori*) to scatter ❷(*luce, calore, notizia*) to spread ❸(*liquidi*) to spill; (*lacrime, sangue*) to shed II. vr: **-rsi** ❶(*persone, animali*) to scatter ❷(*notizie, dicerie*) to spread

sparire [spa·ri:·re] <sparisco> vi essere to disappear

sparlare [spar·la:·re] vi pej ~ **di qu** to badmouth sb

sparo ['spa:·ro] m shot

sparpagliare [spar·paʎ·ʎa:·re] I. vt (*spargere*) to spread II. vr: **-rsi** (*spargersi*) to scatter

sparsi ['spar·si] 1. pers sing pass rem di **spargere**

sparso, -a ['spar·so] I. pp di **spargere** II. adj (*non ordinato*) scattered

spartano, -a [spar·ta:·no] adj a. fig (*modesto*) spartan

spartire [spar·ti:·re] <spartisco> vt to share out

spartito [spar·ti:·to] m MUS music

spartitraffico [spar·ti·traf·fi·ko] <-> m median (strip)

spartizione [spar·tit·tsio:·ne] f ❶(*distribuzione*) sharing out ❷(*di cariche*) division

spasimante [spa·zi·man·te] mf scherz admirer

spasmo ['spaz·mo] *m* MED spasm

spasmodico, -a [spaz·'mɔ:·di·ko] <-ci, -che> *adj* ① MED spasmodic ② *fig* (*attesa, ricerca*) feverish

spassionato, -a [spas·sio·'na:·to] *adj* (*consiglio, parere*) impartial

spasso ['spas·so] *m* ① (*divertimento*) fun ② (*persona*) scream ③ (*passeggiata*) **andare a ~** to go for a walk

spassoso, -a [spas·'so:·so] *adj* entertaining

spastico, -a ['spas·ti·ko] <-ci, -che> *adj* spastic

spatola ['spa:·to·la] *f* ① (*arnese*) trowel ② MED spatula

spavaldo, -a [spa·'val·do] *adj* cocky

spaventapasseri [spa·ven·ta·'pas·se·ri] <-> *m* (*fantoccio*) scarecrow

spaventare [spa·ven·'ta:·re] I. *vt* (*mettere paura a*) to frighten II. *vr:* **-rsi** to be frightened

spavento [spa·'vɛn·to] *m* fright

spaventoso, -a [spa·ven·'to:·so] *adj* ① (*terribile*) terrible ② *fig* (*straordinario*) incredible; **ho una fame -a** I'm starving

spaziale [spat·'tsia:·le] *adj* ① (*dello spazio*) spatial ② (*cosmico*) space; **navicella ~** spacecraft

spaziare [spat·'tsia:·re] I. *vi* ① (*vista*) to sweep ② *fig* (*pensieri*) to range widely II. *vt* TYPO to space (out)

spazientirsi [spat·tsien·'tir·si] <mi spazientisco> *vr* to lose patience

spazio ['spat·tsio] <-i> *m* space; (*posto*) room; **fare ~ a qu/qc** to make room for sb/sth

spazioso, -a [spat·'tsio:·so] *adj* spacious

spazzaneve [spat·tsa·'ne:·ve] <-> *m* snow plow

spazzare [spat·'tsa:·re] *vt* to sweep

spazzatura [spat·tsa·'tu:·ra] *f a. fig* trash

spazzino [spat·'tsi:·no] *m* garbage collector

spazzola ['spat·tso·la] *f* (*gener*) brush; (*per capelli*) hairbrush; **avere i capelli a ~** to have a flattop

spazzolare [spat·tso·'la:·re] *vt* to brush

spazzolino [spat·tso·'li:·no] *m* (small) brush; **~ da denti (elettrico)** (electric) toothbrush; **~ per unghie** nail brush

specchietto [spek·'kiet·to] *m* ① (*piccolo specchio*) (small) mirror ② AUTO **~ retrovisore** rear-view mirror ③ (*prospetto riassuntivo*) table

specchio ['spɛk·kio] <-cchi> *m* mirror; **guardarsi allo ~** to look in the mirror

speciale [spe·'tʃa:·le] *adj* special; (*ottimo*) excellent

specialista [spe·tʃa·'lis·ta] <-i *m*, -e *f*> *mf* ① MED specialist ② (*persona specializzata*) expert

specialità [spe·tʃa·li·'ta] <-> *f* specialty

specializzarsi [spe·tʃa·lid·'dza:·rsi] *vr* **-rsi in qc** to specialize in sth

specializzato, -a [spe·tʃa·lid·'dza:·to] *adj* (*operaio, medico*) specialized

specializzazione [spe·tʃa·lid·dzat·'tsio:·ne] *f* specialization

specialmente [spe·tʃal·'men·te] *adv* especially

specie ['spɛː·tʃe] I. <-> *f* ① BIO species ② (*sorta, tipo*) kind; **una ~ di** a kind of; **d'ogni ~** of all kinds II. *adv* especially

specificare [spe·tʃi·fi·'ka:·re] *vt* to state

specifico, -a [spe·'tʃi:·fi·ko] <-ci, -che> *adj* (*particolare*) particular

speck [spɛk] <-> *m* smoked ham from the South Tyrol region

speculare [spe·ku·'la:·re] *vi* FIN, COM to speculate

speculazione [spe·ku·lat·'tsio:·ne] *f* **S** speculation

spedire [spe·'di:·re] <spedisco> *vt* (*inviare*) to send

spedito, -a [spe·'di:·to] *adj* (*rapido*) fast; **camminare a passo ~** to walk quickly

spedizione [spe·dit·'tsio:·ne] *f* ① (*di pacco, merce*) dispatch ② (*operazione*) mailing ③ MIL, SCIENT expedition

spegnere ['spɛɲ·ɲe·re/'speɲ·ɲe·re] <spengo, spensi, spento> I. *vt* ① (*fuoco, fiamma, sigaretta*) to put out ② (*luce, radio, motore, apparecchio*) to turn off II. *vr:* **-rsi** ① (*fuoco, sigaretta*) to go out ② (*motore, apparecchio*) to go off ③ *fig* (*morire*) to pass away

speleologo, -a [spe·le·'ɔ:·lo·go] <-gi, -ghe> *m, f* ① (*studioso*) speleologist ② (*hobbista*) spelunker

spellare [spel·'la:·re] I. *vt* ① ~ **un animale** to skin ② *fam* ~ **qu** to rip sb off II. *vr*: **-rsi** ① (*serpenti*) to shed one's skin ② MED to skin; **-rsi le ginocchia** to skin one's knees

spendere ['spɛn·de·re] <spendo, spesi, speso> *vt* ① (*soldi, tempo*) to spend ② *fig* (*impiegare: energie, forze*) to expend

spengo ['spɛŋ·go/'spɛn·go] *1. pers sing pr di* **spegnere**

spensi ['spɛn·si/'spɛn·si] *1. pers sing pass rem di* **spegnere**

spensierato, -a [spen·sie·'ra:·to] *adj* (*ragazzo*) lighthearted

spento, -a ['spɛn·to/'spɛn·to] I. *pp di* **spegnere** II. *adj* ① (*fuoco*) **il fuoco è spento** the fire is out ② (*sigaretta*) extinguished ③ *fig* (*colore, espressione*) dull

speranza [spe·'ran·tsa] *f* hope; **un filo** [*o* **un barlume**] **di** ~ a glimmer [*o* ray] of hope; **senza** ~ hopeless

sperare [spe·'ra:·re] I. *vt* to hope; ~ **di fare qc** +*inf* to hope to do sth; ~ **qc** to hope for sth; ~ **che** +*conj* to hope that; **spero di sì** I hope so; **spero di no** I hope not; **speriamo** (**bene**)! let's hope so II. *vi* ~ **in qu/qc** to have great hopes of sb/sth

sperduto, -a [sper·'du:·to] *adj* ① (*paese, luogo*) remote ② (*persona*) lost

spericolato, -a [spe·ri·ko·'la:·to] *adj* reckless

sperimentale [spe·ri·men·'ta:·le] *adj* (*progetto, ricerca*) experimental; **centro** ~ research center

sperimentare [spe·ri·men·'ta:·re] *vt* ① TEC to try out ② (*conoscere per esperienza*) to experience

sperimentazione [spe·ri·men·tat·'tsio:·ne] *f* TEC testing

sperma ['spɛr·ma] <-i> *m* semen

spermatozoo [sper·ma·tod·'dzɔ:·o] <-oi> *m* sperm

sperperare [sper·pe·'ra:·re] *vt* to squander

sperpero ['spɛr·pe·ro] *m* (*spreco*) waste

spesa ['spe:·sa] *f* ① (*somma*) expense; **non badare a -e** to spare no expense; **imparare qc a proprie -e** *fig* to learn sth to one's cost; **a -e di qu** *a. fig* at sb's expense ② (*acquisto di cibo*) shopping; **fare la** ~ to do the shopping ③ *pl* COM expenses

spesi ['spe:·si] *1. pers sing pass rem di* **spendere**

speso ['spe:·so] *pp di* **spendere**

spesso ['spes·so] *adv* often

spesso, -a *adj* (*libro, muro*) thick

spessore [spes·'so:·re] *m* thickness

spettacolare [spet·ta·ko·'la:·re] *adj* (*straordinario*) fantastic

spettacolo [spet·'ta:·ko·lo] *m* ① THEAT performance ② FILM (*rappresentazione*) showing ③ (*vista*) spectacle

spettare [spet·'ta:·re] *vi* essere (*appartenere per diritto*) to be due; **non spetta a me giudicare** it's not up to me to judge

spettatore, -trice [spet·ta·'to:·re] *m, f* ① THEAT, FILM spectator ② (*chi è presente*) onlooker; **sono stato** ~ **di un terribile incidente** I witnessed a terrible accident

spettegolare [spet·te·go·'la:·re] *vi pej* to gossip

spettinare [spet·ti·'na:·re] *vt* to muss *inf*

spettro ['spɛt·tro] *m* ① *a. fig* (*fantasma*) ghost ② FIS, ASTR spectrum

spezie ['spɛt·tsie] *fpl* spices

spezzare [spet·'tsa:·re] I. *vt* ① (*rompere*) to break ② *fig* (*dividere: viaggio, periodo*) ~ **qc in qc** to break sth into sth II. *vr*: **-rsi** (*rompersi*) to break

spezzatino [spet·tsa·'ti:·no] *m* stew

spezzato, -a *adj* (*braccio, gamba*) broken; **cuore** ~ broken heart

spezzino, -a [spet·'tsi:·no] I. *adj* from

La Spezia II. *m, f* (*abitante*) person from La Spezia

spia ['spi:·a] <-ie> *f* ⓐ (*persona*) spy; **fare la ~** *fam* to tell tales ⓑ TEC light

spiacente [spia·'tʃɛn·te] *adj* **sono ~** I'm sorry

spiacere [spia·'tʃe:·re] <irr> *vi essere* **mi spiace** I'm sorry

spiacevole [spia·'tʃe:·vo·le] *adj* unpleasant

spiaggia ['spiad·dʒa] <-gge> *f* beach

spianare [spia·'na:·re] *vt* (*terreno, strada*) to level (off); **~ la pasta** to roll out the dough

spiantato, -a [spian·'ta:·to] *pej* I. *adj* (*persona*) penniless II. *m, f* dropout

spiare [spi·'a:·re] *vt* (*seguire di nascosto*) **spiare qu/qc** to spy on sb/sth

spiazzo ['spiat·tso] *m* clearing; **~ erboso** patch of grass

spiccare [spik·'ka:·re] I. *vt* **~ un salto** [*o* **balzo**] to leap; **~ il volo** to take flight; *fig* to spread one's wings II. *vi* (*distinguersi*) to stand out

spiccato, -a [spik·'ka:·to] *adj* (*accento, senso dell'umorismo*) marked

spicchio ['spik·kio] <-cchi> *m* (*di agrumi, aglio*) segment

spicciarsi [spit·'tʃa:·rsi] *vr fam* (*sbrigarsi*) to hurry; **spicciati!** hurry up!

spiccioli ['spit·tʃo·li] *mpl* (small) [*o* (loose)] change

spicco ['spik·ko] <-cchi> *m* **fare ~** to be prominent

spider ['spai·der] <-> *m o f* convertible

spiedino [spie·'di:·no] *m* ⓐ (*arnese*) skewer ⓑ (*piatto*) shish kebab

spiedo ['spiɛ:·do] *m* CULIN spit; **arrosto allo ~** spit roast

spiegare [spie·'ga:·re] I. *vt* ⓐ (*far capire*) to explain ⓑ (*tovaglia, cartina*) to unfold ⓒ (*ali, vele*) to spread ⓓ MIL (*truppe*) to deploy II. *vr*: **-rsi** (*chiarirsi*) to explain (oneself); (*con un'altra persona*) to sort things out; **mi sono spiegato?** do you understand?

spiegazione [spie·gat·'tsio:·ne] *f* explanation

spietato, -a [spie·'ta:·to] *adj* ruthless

spifferare [spif·fe·'ra:·re] *vt fam* to blab

spiffero ['spif·fe·ro] *m fam* draft

spiga ['spi:·ga] <-ghe> *f* (*di grano*) ear

spigliato, -a [spiʎ·'ʎa:·to] *adj* self-assured

spigola ['spi:·go·la] *f* sea bass

spigolo ['spi:·go·lo] *m* (*angolo*) sharp edge

spilla ['spil·la] *f* (*gioiello*) brooch

spillo ['spil·lo] *m gener* pin; **tacchi a ~** stilettos

spilungone, -a [spi·luŋ·'go:·ne] *m, f fam* beanpole

spina ['spi:·na] *f* ⓐ BOT thorn ⓑ ZOO (*di istrice*) spine; (*di pesce*) bone ⓒ ANAT **~ dorsale** spine ⓓ EL plug; **~ multipla** adapter ⓔ **birra alla ~** draft beer ⓕ (*loc*) **stare** [*o* **essere**] **sulle -e** to be on tenterhooks

spinacio [spi·'na:·tʃo] <-ci> *m* spinach; **-ci** spinach

spinello [spi·'nɛl·lo] *m sl* joint

spingere ['spin·dʒe·re] <spingo, spinsi, spinto> I. *vt* ⓐ (*spostare*) to push ⓑ (*premere*) to press ⓒ *fig* (*indurre*) **~ qu a qc** to drive sb to sth ⓓ (*fare ressa*) to push and shove II. *vr*: **-rsi** ⓐ (*inoltrarsi*) to go on ⓑ *fig* (*osare*) **non pensavo che potesse spingersi fino a tal punto** I didn't think he [*o* she] would go that far

spinoso, -a [spi·'no:·so] *adj a. fig* prickly

spinsi ['spin·si] *1. pers sing pass rem di* **spingere**

spinta ['spin·ta] *f* ⓐ (*urto, stimolo*) push ⓑ FIS thrust

spintarella [spin·ta·'rɛl·la] *f fam* (*raccomandazione*) leg-up

spinto, -a ['spin·to] I. *pp di* **spingere** II. *adj* (*discorso, barzelletta*) risqué; (*film, scena*) steamy

spionaggio [spio·'nad·dʒo] <-ggi> *m* spying

spioncino [spion·'tʃi:·no] *m* spyhole

spione, -a [spi·'o:·ne] *m, f pej* tattle-tale

spiovente [spio·'vɛn·te] *adj* ⓐ (*tetto*) pitched ⓑ SPORT (*tiro*) dipping

S

spiovere ['spiɔ·ve·re] <irr> vi essere o avere to stop raining

spira ['spi·ra] f coil

spiraglio [spi·'raʎ·ʎo] <-gli> m ① (di porta, finestra) chink ② (di luce) ray ③ fig (barlume) glimmer

spirale [spi·'ra:·le] f ① (gener) spiral ② (di fumo) ring ③ (metallica) spring

spirare [spi·'ra:·re] vi avere ① (vento) to blow ② essere (morire) to pass away

spiritato, -a [spi·ri·'ta:·to] adj (faccia, occhi) wild

spiritico, -a [spi·'ri:·ti·ko] <-ci, -che> adj (seduta -a) seance

spirito ['spi:·ri·to] m ① REL lo Spirito Santo the Holy Spirit ② (senso dell'umorismo) wit; **una battuta di ~** a witticism; **fare dello ~** to make jokes ③ (fantasma) ghost ④ (qualità) spirit; **~ di carità** spirit of charity; **ha un grande ~ di osservazione** he [o she] is very observant ⑤ (sostanza alcolica) alcohol

spiritoso, -a [spi·ri·'to:·so] I. adj (persona, carattere) funny II. m, f clown; **smettila di fare lo ~** stop clowning around

spirituale [spi·ri·tu·'a:·le] adj spiritual

splendere ['splɛn·de·re] vi to shine

splendido, -a ['splɛn·di·do] I. adj wonderful II. interj great!

spodestare [spo·des·'ta:·re] vt to remove from power

spogliare [spoʎ·'ʎa:·re] I. vt ① (svestire) to undress ② fig (derubare) to strip II. vr: **-rsi** ① (svestirsi) to undress ② fig (privarsi) **-rsi di qc** (beni,) to strip oneself of sth

spogliarellista [spoʎ·ʎa·rel·'lis·ta] <-i m, -e f> mf stripper

spogliarello [spoʎ·ʎa·'rel·lo] m striptease; **fare lo ~** to strip

spogliatoio [spoʎ·ʎa·'to:·io] <-oi> m locker room

spoglio ['spoʎ·ʎo] m (esame) reading; **~ dei voti** count of the votes

spoglio, -a <-gli, -glie> adj (albero, terreno) bare

spola ['spo:·la] f fare la ~ fig to commute

spolpare [spol·'pa:·re] vt ① (osso) to bone ② fig (privare degli averi) to fleece

spolverare [spol·ve·'ra:·re] vt to dust

spolverata [spol·ve·'ra:·ta] f (pulizia) **dare una ~ a qc** to dust sth

sponda ['spon·da] f ① (di fiume) bank ② (di letto) edge

sponsor ['spɔn·sor] <-> m sponsor

sponsorizzare [spon·so·rid·'dza:·re] vt to sponsor

spontaneità [spon·ta·nei·'ta] <-> f spontaneity

spontaneo, -a [spon·'ta:·neo] adj ① (persona, adesione, offerta) spontaneous ② (vegetazione) wild

spopolamento [spo·po·la·'men·to] m depopulation; **~ delle campagne** flight from the countryside

spopolare [spo·po·'la:·re] I. vt to depopulate II. vi fam (avere grande successo) to be all the rage III. vr: **-rsi** to empty

sporadico, -a [spo·'ra:·di·ko] <-ci, -che> adj sporadic

sporcaccione, -a [spor·kat·'tʃo:·ne] adj pej dirty beast

sporcare [spor·'ka:·re] I. vt ① (vestito, tovaglia) to dirty ② fig (nome, reputazione) to sully II. vr: **-rsi** ① (insudiciarsi) to get dirty ② fig (compromettersi) to sully oneself

sporcizia [spor·'kit·tsia] <-ie> f (mancanza di pulizia) dirt

sporco ['spor·ko] m dirt

sporco, -a <-chi, -che> adj dirty

sporgere ['spɔr·dʒe·re] <irr> I. vi essere to stick out II. vr: **-rsi** (in fuori, avanti) to lean out

sport [spɔrt] <-> m sport; **fare dello ~** to play sports

sportello [spor·'tɛl·lo] m ① (gener) door ② (di ufficio, banca) window; **~ automatico** ATM

sportivo, -a [spor·'ti:·vo] I. adj ① (giornale, gara, auto) sports; (evento) sporting; **campo ~** sports field ② (persona)

sporty ⓼ (*abbigliamento*) casual II. *m, f* (*atleta*) sportsman *m*, sportswoman *f*

sposa ['spɔ:·za] *f* bride; (*moglie*) wife; **abito** [*o* **vestito**] **da ~** wedding dress

sposalizio [spo·za·'lit·tsio] <-i> *m* wedding

sposare [spo·'za:·re] I. *vt* ⓵ (*gener*) to marry ⓶ (*dare in moglie o marito*) to marry (off) II. *vr* **-rsi con qu** to marry sb; **-rsi in chiesa/in comune** to get married in church/in city hall

sposo ['spɔ:·zo] *m* (bride)groom; (*marito*) husband; **-i** newlyweds

spossatezza [spos·sa·'tet·tsa] *f* exhaustion

spostamento [spos·ta·'men·to] *m* movement; (*~ d'aria*) blast

spostare [spos·'ta:·re] I. *vt* ⓵ (*mobile*) to move ⓶ (*data*) to change II. *vr:* **-rsi** to move

spostato, -a [spos·'ta:·to] *adj, m, f* oddball

spot [spɔt] <-> *m* ⓵ TV, RADIO **- pubblicitario** commercial ⓶ (*riflettore*) spotlight

spranga ['spraŋ·ga] <-ghe> *f* (metal) bar

sprangare [spraŋ·'ga:·re] *vt* (*sbarrare*) to bolt

spray ['spra:·i] I. <-> *m* spray II. <inv> *adj* **bomboletta ~** spray can

sprecare [spre·'ka:·re] *vt* (*tempo, denaro*) to waste

sprecato [spre·'ka:·to] *adj* wasted; **fatica -a** a waste of energy; **è tempo ~** it's a waste of time; **essere ~ per qc** to be wasted on sth

spreco ['sprɛ:·ko] <-chi> *m* waste

spregevole [spre·'dʒe:·vo·le] *adj* ⓵ (*persona, cosa*) contemptible ⓶ (*gesto*) despicable

spregiudicato, -a [spre·dʒu·di·'ka:·to] *adj* unscrupulous

spremere ['sprɛ:·me·re] I. *vt* ⓵ (*limone, arancia*) to squeeze ⓶ *fig* (*far parlare*) to pump II. *vr:* **-rsi; -rsi le meningi** to rack one's brains

spremiagrumi [spre·mia·'gru:·mi] <-> *m* juicer

spremilimoni [spre·mi·li·'mo:·ni] <-> *m* lemon squeezer

spremuta [spre·'mu:·ta] *f* freshly-squeezed fruit juice

sprezzante [spret·'tsan·te] *adj* contemptuous

sprigionare [spri·dʒo·'na:·re] I. *vt* (*emettere*) to give off II. *vr:* **-rsi** (*uscire: calore, fumo*) to come out of

sprint [sprint] <-> *m* SPORT sprint

sprofondare [spro·fon·'da:·re] I. *vi essere* ⓵ (*pavimento, casa*) to collapse ⓶ (*affondare*) to sink ⓷ *fig* **sentirsi ~ dalla vergogna** to die of embarrassment II. *vr:* **-rsi** *fig* (*immergersi*) to bury oneself

spronare [spro·'na:·re] *vt* ⓵ (*cavallo*) to spur ⓶ *fig* (*stimolare*) **~ qu a fare qc** to spur sb (on) to do sth

sproporzionato, -a [spro·por·tsio·'na:·to] *adj* ⓵ (*braccia, persona*) out of proportion ⓶ (*prezzo, reazione*) disproportionate

sproposito, -a [spro·po·zi·'ta:·to] *adj* (*eccessivo: cifra*) enormous; (*richiesta*) ridiculous

sprovveduto, -a [sprov·ve·'du:·to] I. *adj* (*ingenuo*) gullible; (*impreparato*) inexperienced II. (*incapace*) babe in arms

sprovvisto, -a [sprov·'vis·to] *adj* **essere ~ di qc** (*negozio*) to be out of sth; **~ di passaporto/biglietto** without passport/ticket; **alla -a** by surprise

spruzzare [sprut·'tsa:·re] *vt* to spray

spruzzo ['sprut·tso] *m* ⓵ (*d'acqua, fango*) splash ⓶ TEC **verniciatura a ~** spray-painting

spudorato, -a [spu·do·'ra:·to] *adj* impudent

spugna ['spuɲ·ɲa] *f* ⓵ (*per pulire*) sponge; **gettare la ~** *fig* SPORT to throw in the towel; **bere come una ~** to drink like a fish ⓶ (*tessuto*) terry cloth

spumante [spu·'man·te] *m* sparkling wine

spuntare [spun·'ta:·re] I. *vt* ⓵ (*penna, lapis*) to break the point of ⓶ (*capelli, baffi*) to trim ⓷ *fig* (*supera-*

S

re) **spuntarla** *fam* to win through ④ (*depennare: lista*) to cross out II. *vi essere* ① (*venir fuori*) to poke up ② (*fiori*) to come out ③ (*sole*) to rise; (*giorno*) to break ④ (*apparire*) to appear; **da dove spunti?** where did you spring from? III. *vr:* **-rsi** (*penna, lapis*) to become blunt

spuntino [spun·'ti:·no] *m* snack

sputare [spu·'ta:·re] I. *vt* ① (*spit* (out); **~ sangue** *fig* to sweat blood; **~ veleno** *fig* to say spiteful things; **sputa l'osso!** *fig, fam* spit it out! II. *vi* to spit; **~ su qc** *fig, fam* to despise sth

sputo ['spu:·to] *m* spit

sputtanare [sput·ta·'na:·re] *vulg* I. *vt* **~ qu** to dish the dirt on sb II. *vr:* **-rsi** to lose face

squadra ['skua:·dra] *f* ① (*complesso di persone*) troop ② SPORT team ③ ADMIN, MIL squad; **~ mobile** rapid response team ④ (*da disegno*) set square

squadrare [skua·'dra:·re] *vt fig* (*osservare*) **~ qu** to look sb up and down

squalifica [skua·'li:·fi·ka] <-che> *f* SPORT disqualification

squalificare [skua·li·fi·'ka:·re] *vt* to disqualify

squallido, -a ['skual·li·do] *adj* (*luogo*) squalid; (*vita*) dreary

squallore [skual·'lo:·re] *m* ① (*di luogo*) dreariness ② (*miseria*) wretchedness

squalo ['skua:·lo] *m* shark

squama ['skua:·ma] *f* ZOO scale

squamare [skua·'ma:·re] I. *vt* (*pesce*) to scale II. *vr:* **-rsi** (*perdere la pelle*) to peel

squarciagola [skuar·tʃa·'go:·la] *adv* **a ~** at the top of one's voice

squarciare [skuar·'tʃa:·re] *vt* to rip open

squartare [skuar·'ta:·re] *vt* ① (*vitello*) to quarter ② (*massacrare*) to butcher

squattrinato, -a [skuat·tri·'na:·to] *fam* I. *adj* penniless II. *m, f* penniless person

squilibrato, -a [skui·li·'bra:·to] I. *adj* unbalanced II. *m, f* MED loony

squillante [skuil·'lan·te] *adj* ① (*acuto: voce*) shrill ② (*colore*) harsh

squillare [skuil·'la:·re] *vi* essere o avere ① (*trombe*) to sound ② (*telefono, campanello*) to ring

squillo¹ ['skuil·lo] *m* ① (*di tromba*) sounding ② (*di telefono, campanello*) ringing

squillo² <inv> *adj* **ragazza ~** call girl

squisito, -a [skui·'zi:·to] *adj* ① (*cibo*) delicious ② (*modi*) delightful

squittire [skuit·'ti:·re] <squittisco> *vi* to squeak

sradicare [zra·di·'ka:·re] *vt* ① (*pianta*) to uproot ② *fig* (*vizio, male*) to root out

sragionare [zra·dʒo·'na:·re] *vi* (*parlando*) to talk nonsense

sregolato, -a [zre·go·'la:·to] *adj* ① (*senza regola: nel mangiare*) disorderly ② (*dissoluto: vita*) wild

S.r.l. *abbr di* **Società a responsabilità limitata** Ltd.

srotolare [zro·to·'la:·re] *vt* to unroll

S.S. *abbr di* **Strada Statale** highway

stabile ['sta:·bi·le] I. *adj* ① (*scala, impiego*) steady ② (*governo, moneta, prezzi*) stable ③ METEO (*tempo*) settled II. *m* ARCHIT building

stabilimento [sta·bi·li·'men·to] *m* ① (*edificio*) building; **~ termale** spa ② (*fabbrica*) factory

stabilire [sta·bi·'li:·re] <stabilisco> I. *vt* ① (*dimora, sede*) to set up ② (*decidere*) to establish II. *vr:* **-rsi** (*prendere dimora*) to set up home

stabilito, -a [sta·bi·'li:·to] *adj* set; **entro il termine ~** by the due date

stabilizzare [sta·bi·lid·'dza:·re] I. *vt* to stabilize II. *vr:* **-rsi** ① (*diventare stabile*) to stabilize ② METEO to become settled

staccare [stak·'ka:·re] I. *vt* ① (*francobollo, etichetta*) to remove ② (*quadro*) to take down; (*bottone*) to take off ③ FERR (*vagone*) to detach ④ (*assegno, ricevuta*) to write ⑤ SPORT to outdistance ⑥ (*parole, sillabe*) to articulate II. *vi fam* (*finire di lavorare*) to knock off III. *vr:* **-rsi** ① (*gener*) **-rsi da qc** to come off sth ② *fig* (*allontanarsi*) to detach oneself

stacco ['stak·ko] <-cchi> *m* ① (*interval-*

lo) pause ② SPORT takeoff ③ *fig* (*contrasto*) contrast

stadio ['sta:·dio] <-i> *m* ❶ SPORT stadium ② (*fase*) stage

staffa ['staf·fa] *f* (*di sella*) stirrup; **perdere le -e** *fig* to lose it

staffetta [staf·'fet·ta] *f* SPORT relay (race)

stage [sta:ʒ] <-> *m* internship

stagionale [sta·dʒo·'na:·le] I. *adj* (*fenomeno, malattia*) seasonal II. *mf* seasonal worker

stagionato, -a [sta·dʒo·'na:·to] *adj* CULIN mature

stagione [sta·'dʒo:·ne] *f* (*gener*) season; **alta/bassa ~** high/low season

stagnante [staɲ·'ɲan·te] *adj* (*acqua*) stagnant; (*aria*) stale

stagno ['staɲ·ɲo] *m* ❶ CHIM tin ② (*d'acqua*) pond

stagno, -a *adj* watertight

stagnola [staɲ·'ɲɔ:·la] *f* foil

stalinista [sta·li·'nis·ta] <-i *m*, -e *f*> *mf* Stalinist

stalla ['stal·la] *f* (*per cavalli*) stable

stallone [stal·'lo:·ne] *m* stallion

stamane, stamani [sta·'ma:·ne, sta·'ma:·ni] *adv* this morning

stamattina [sta·mat·'ti:·na] *adv* this morning

stampa¹ ['stam·pa] *f* ❶ TYPO printing; **mandare in ~** to print ② (*giornalismo*) press; **libertà di ~** freedom of the press ③ (*riproduzione*) print

stampa² <inv> *adj* press; **comunicato ~** press release

stampante [stam·'pan·te] *f* COMPUT printer; **~ laser** laser printer

stampare [stam·'pa:·re] *vt* (*libro, testo*) to print

stampatello [stam·pa·'tɛl·lo] *m* capital letters *pl*

stampato, -a *adj* printed

stampella [stam·'pɛl·la] *f* ❶ (*gruccia*) crutch ② (*per abiti*) hanger

stampo ['stam·po] *m* mold

stanare [sta·'na:·re] *vt a. fig* to flush (out)

stancare [staɲ·'ka:·re] I. *vt* ❶ (*gener*) **~ qu** to tire sb out ② (*cose, discorso*) to

weary II. *vr:* **-rsi** ❶ (*affaticarsi*) to get tired ② (*stufarsi*) **-rsi di qc** to grow tired of sth; **-rsi di qu** to grow tired of sb

stanchezza [staɲ·'ket·tsa] *f* tiredness

stanco, -a ['staɲ·ko] <-chi, -che> *adj* tired; **~ morto** *fam* dead tired

standard ['stæn·dad/stan·'dard] I. <-> *m* standard; **~ di vita** standard of living II. <inv> *adj* standard

stanghetta [staɲ·'get·ta] *f* (*di occhiali*) arm

stanotte [sta·'nɔt·te] *adv* tonight

stanza ['stan·tsa] *f* room; **~ da letto** bedroom

stanziamento [stan·tsia·'men·to] *m* (*di denaro*) allocation

stanziare [stan·'tsia:·re] I. *vt* (*denaro*) to allocate II. *vr:* **-rsi** (*stabilirsi*) to settle

stanzino [stan·'tsi:·no] *m* utility room

stappare [stap·'pa:·re] *vt* (*bottiglia*) to uncork

star [sta:] <-> *f* star

stare ['sta:·re] <sto, stetti, stato> *vi essere* ❶ (*restare*) to stay; **~ fermo** to stay still; **~ seduto** to sit; **~ in piedi** to stand ② (*abitare*) to live; **Gianna sta a Roma** Gianna lives in Rome ③ (*di salute*) to be; **come stai?** how are you?; **sto bene/male/così così** I'm fine/not well/OK ④ (*toccare*) **~ a qu fare qc** to be up to sb to do sth ⑤ (*colore, indumento*) to suit ⑥ (*entrarci*) to fit; **non ci sta** it doesn't fit in here ⑥ (*con gerundio*) **sto leggendo** I'm reading ⑦ (*con infinito*) **~ a sentire** to wait and find out; **~ per fare qc** to be about to do sth ⑧ (*loc*) **lasciar ~ qc** to let sth drop; **ti sta bene!** *fam* that'll teach you!; **starci** *fig, fam* (*essere d'accordo*) to agree

starnuto [star·'nu:·to] *m* sneeze; **fare uno ~** to sneeze

stasera [sta·'se:·ra] *adv* this evening

statale [sta·'ta:·le] I. *adj* state; **impiegato ~** civil servant II. *mf* civil servant III. *f* ❶ (*strada*) highway ② *pl* public schools

statalizzare [sta·ta·lid·'dza:·re] *vt* to bring under state control

statico, -a ['sta:·ti·ko] <-ci, -che> *adj* static

statista [sta·'tis·ta] <-i *m*, -e *f*> *mf* statesman *m*, stateswoman *f*

statistica [sta·'tis·ti·ka] <-che> *f* statistics

statistico, -a [sta·'tis·ti·ko] <-ci, -che> *adj* statistical

stato[1] ['sta:·to] *pp di* **essere**[1], **stare**

stato[2] *m* ⓐ(*nazione*) state; **capo dello ~** head of state; **gli Stati Uniti d'America** the United States of America ⓑ(*condizione*) state; **~ d'animo** state of mind ⓒADMIN (*ceto*) status; **~ civile** [*o* **di famiglia**] civil status

statua ['sta:·tua] *f* statue

statunitense [sta·tu·ni·'tɛn·se] *adj, mf* American

statura [sta·'tu:·ra] *f* ⓐ(*altezza*) height ⓑ*fig* (*morale*) stature

statuto [sta·'tu:·to] *m* ⓐGIUR, COM statute ⓑPOL, HIST constitution

stavolta [sta·'vɔl·ta] *adv fam* this time

stazionario, -a [stat·tsio·'na:·rio] <-i, -ie> *adj* (*invariato*) stable

stazione [stat·'tsio:·ne] *f* ⓐFERR station ⓑMOT **~ di servizio** gas station ⓒRADIO (radio) station ⓓ(*di polizia*) police station

stecca ['stek·ka] <-cche> *f* ⓐ(*di ombrello, ventaglio*) rib ⓑMED splint ⓒ(*di sigarette*) carton ⓓMUS wrong note

steccato [stek·'ka:·to] *m* fence

stecchito, -a [stek·'ki:·to] *adj* ⓐ(*rami, pianta*) dead ⓑ(*loc*) **morto ~** stone dead

stella ['stel·la] *f* ⓐ*fig* ASTR star; **~ cadente** falling star; **vedere le -e** *fig* to daydream; **i prezzi sono saliti alle -e** prices have gone sky high ⓑFILM star; **~ del cinema** movie star ⓒBOT **~ alpina** edelweiss; **~ di Natale** poinsettia ⓓZOO **~ di mare** starfish

stellato, -a [stel·'la:·to] *adj* starry

stelo ['stɛ:·lo] *m* ⓐ(*di fiore*) stem ⓑ(*asta di sostegno*) **lampada a ~** floor lamp

stemma ['stɛm·ma] <-i> *m* coat of arms

stempiarsi [stem·'piar·si] *vr* to have a receding hairline

stendere ['stɛn·de·re] <irr> I.*vt* ⓐ(*braccia, gambe, mano*) to stretch (out) ⓑ(*biancheria*) to spread (out); (*tappeto, tovaglia*) to spread ⓒ(*pasta*) to roll (out) ⓓ(*colori*) to spread ⓔ(*persona*) to lay; (*con pugno, pallottola*) to knock down ⓕADMIN (*verbale*) to write (up) II.*vr:* **-rsi** ⓐ(*allungarsi*) to stretch out ⓑ*fig* (*estendersi*) to extend

stendibiancheria [sten·di·biaŋ·ke·'ri:·a] <-> *m* clotheshorse

stenditoio [sten·di·'to:·io] <-oi> *m* (*locale*) drying room; (*stendibiancheria*) clotheshorse

stenografare [ste·no·gra·'fa:·re] *vt* to take down in shorthand

stenografo, -a [ste·'nɔ:·gra·fo] *m, f* stenographer

stentare [sten·'ta:·re] *vi* (*faticare*) to have difficulty; **~ a leggere** to have difficulty reading

stentato, -a [sten·'ta:·to] *adj* ⓐ(*lavoro*) labored ⓑ(*vita*) hard

stento ['stɛn·to] *m* ⓐ(*fatica*) difficulty; **a ~** with difficulty ⓑ*pl* (*disagio*) hardships

sterco ['stɛr·ko] <-chi> *m* dung

stereo ['stɛ:·reo] I.<-> *m* fam (*impianto*) stereo II.<inv> *adj* stereo

stereofonico, -a [ste·reo·'fɔ:·ni·ko] <-ci, -che> *adj* stereo

sterile ['stɛ:·ri·le] *adj* ⓐMED infertile ⓑBOT, AGR barren ⓒ(*infecondo: discorso, atteggiamento*) sterile

sterilizzare [ste·ri·lid·'dza:·re] *vt* to sterilize

sterlina [ster·'li:·na] *f* pound (sterling)

sterminare [ster·mi·'na:·re] *vt* to exterminate

sterminato, -a [ster·mi·'na:·to] *adj* (*pianura*) endless

sterminio [ster·'mi:·nio] <-i> *m* (*distruzione*) extermination; **campo di ~** death camp

sterzare [ster·'tsa:·re] *vt* MOT to turn

sterzo ['stɛr·tso] *m* (*volante*) steering wheel

stesi *1. pers sing pass rem di* **stendere**

steso *pp di* **stendere**

stessi ['stes·si] *1. e 2. pers sing conj imp di* **stare**

stesso ['stes·so] **I.** *adv* **lo ~** just the same **II.** *m* the same; **fa** [*o* **è**] **lo ~** it makes no difference

stesso, -a I. *adj* ① (*medesimo*) **lo ~** [*o* **la -a**] [*o* **le -e**] [*o* **gli -i**] the same ② (*rafforzativo*) **io ~** myself; **tu ~** yourself; **voi -i** yourselves; **lo farò io ~** I'll do it myself; **il presidente ~** the president himself; **ci vado oggi ~** I'll go today **II.** *pron* **lo ~** [*o* **la -a**] the same (one); **le -e** [*o* **gli -i**] the same (ones)

steste ['stes·te] *2. pers pl pass rem di* **stare**

stesti ['stes·ti] *2. pers sing pass rem di* **stare**

stesura [ste·'su:·ra] *f* (*di contratto, documento*) drawing up; (*di testo, libro*) writing

stetti ['stet·ti] *1. pers sing pass rem di* **stare**

stia *1., 2. e 3. pers sing conj pr di* **stare**

stile ['sti:·le] *m* style; **~ di vita** lifestyle; **avere ~** to have style; **in grande ~** in style; **con ~** stylishly; **~ libero** freestyle

stilista [sti·'lis·ta] <-i *m*, -e *f*> *mf* stylist

stilizzare [sti·lid·'dza:·re] *vt* to outline

stilografica [sti·lo·'gra:·fi·ka] <-che> *f* fountain pen

stima ['sti:·ma] *f* ① (*apprezzamento*) esteem; **avere ~ di qu** to esteem sb ② COM (*valutazione*) valuation; **fare una ~ di qc** to estimate sth

stimare [sti·'ma:·re] *vt* ① COM to value ② (*persona*) to esteem

stimolante [sti·mo·'lan·te] **I.** *adj* (*conversazione, persona*) stimulating **II.** *m* (*sostanza, farmaco*) stimulant

stimolare [sti·mo·'la:·re] *vt* ① (*sensi*) to awaken; (*appetito*) to sharpen ② (*incitare*) to encourage

stimolo ['sti:·mo·lo] *m* ① (*incentivo*) stimulus ② (*fisiologico: della fame*) impulse

stinco ['stiŋ·ko] <-chi> *m* shin

stipare [sti·'pa:·re] **I.** *vt* (*ammassare*) to cram **II.** *vr:* **-rsi** (*accalcarsi*) to cram

stipendio [sti·'pen·dio] <-i> *m* salary; **aumento di ~** raise

stipite ['sti:·pi·te] *m* (*di porta, finestra*) jamb

stipulare [sti·pu·'la:·re] *vt* (*contratto, accordo*) to draw up

stiracchiarsi [sti·rak·'kia:r·si] *vr* to stretch

stiramento [sti·ra·'men·to] *m* MED strain

stirare [sti·'ra:·re] **I.** *vt* (*con il ferro*) to iron **II.** *vr:* **-rsi** *fam* to stretch

stiro ['sti:·ro] *m* **asse** [*o* **tavolo**] **da ~** ironing board; **ferro da ~** iron

stirpe ['stir·pe] *f* ① (*origine*) race ② (*discendenza*) line

stitichezza [sti·ti·'ket·tsa] *f* constipation

stitico, -a ['sti:·ti·ko] <-ci, -che> *adj* constipated

stiva ['sti:·va] *f* hold

stivale [sti·'va:·le] *m* boot

stivaletto [sti·va·'let·to] *m* ankle boot

stizza ['stit·tsa] *f* anger

stizzire [stit·'tsi:·re] <stizzisco> **I.** *vt* to annoy **II.** *vr:* **-rsi** to get angry

sto [stɔ] *1. pers sing pr di* **stare**

stoffa ['stɔf·fa] *f* ① (*tessuto*) cloth ② **avere della ~** *fam* to have what it takes

stomaco ['stɔ:·ma·ko] <-chi *o* -ci> *m* stomach; **avere qc sullo ~** to not have digested sth; **dare di ~** to be sick; **riempirsi lo ~** *fam* to eat one's fill

stonare [sto·'na:·re] **I.** *vt* MUS (*cantare*) to sing out of tune; (*suonare*) to play out of tune **II.** *vi fig* **~ con qc** to be out of tune with sth; (*colori*) to clash with sth

stonato, -a [sto·'na:·to] *adj* MUS (*strumento*) out of tune; **è stonato** (*persona*) he sings out of tune

stop [stɔp] <-> *m* ① (*segnale stradale*) stop sign ② MOT (*fanalino*) brake light

stoppare [stop·'pa:·re] *vt* SPORT to block

storcere ['stɔr·tʃe·re] <irr> *vt* ① (*chiave, chiodo*) to bend ② (*piede, gamba, brac-*

S

cio) to twist; (~ il naso) to wrinkle one's nose

stordire [stor·'di:·re] <stordisco> vt to daze

storia ['stɔ:·ria] <-ie> f history; ~ **medievale/moderna** medieval/modern history; **passare alla** ~ to go down in history; **è sempre la solita** ~ fam it's the same old same old; **sono tutte -ie!** fam it's a load of nonsense!; **quante -ie!** fam what a fuss!; **non fare tante -ie!** fam don't make such a fuss!

storico, -a ['stɔ:·ri·ko] <-ci, -che> I. adj ❶ HIST historical; **centro** ~ old town ❷ (memorabile) historic II. m, f historian

stormo ['stor·mo] m flock

stornare [stor·'na:·re] vt COM to cancel

storpio, -a ['stɔr·pio] <-i, -ie> I. adj disabled II. m, f disabled person

storsi 1. pers sing pass rem di **storcere**

storta ['stɔr·ta] f fam sprain; **prendere una** ~ to sprain one's foot

storto, -a ['stɔr·to] I. pp di **storcere** II. adj ❶ (gambe, righe) crooked ❷ fig **oggi mi va tutto** ~! everything's going wrong for me today!

stoviglie [sto·'viʎ·ʎe] fpl dishes

strabico, -a ['stra:·bi·ko] <-ci, -che> I. adj cross-eyed II. m, f cross-eyed person

strabismo [stra·'biz·mo] m squint

stracarico, -a [stra·'ka:·ri·ko] <-ci, -che> adj fam packed

S

stracchino [strak·'ki:·no] m soft white cheese made in Lombardy

stracciare [strat·'tʃa:·re] I. vt ❶ (lettera) to tear up; (vestito) to tear ❷ fam SPORT (avversario) to crush II. vr: -rsi (lacerarsi) to tear

stracciatella [strat·tʃa·'tɛl·la] f (gelato) vanilla ice cream with chocolate chips

straccio ['strat·tʃo] <-cci> m ❶ (cencio) cloth; ~ **per i pavimenti** floor cloth; **sentirsi uno** ~ fig to be exhausted ❷ pl, pej, fam rags

straccio, -a <-cci, -cce> adj **carta -a** waste paper

stracotto, -a adj overcooked

strada ['stra:·da] f ❶ (via) road; (in città) street; **farsi** ~ to get on in life; **essere su una cattiva** ~ fig to be on the wrong track; **tagliare la** ~ **a qu** to cut sb up; ~ **facendo** fig on the way; **non c'è molta** ~ it's not far ❷ fig (cammino) journey

stradale [stra·'da:·le] adj street; **carta** ~ street map; **incidente** ~ accident; **lavori -i** roadwork

stradario [stra·'da:·rio] <-i> m street map

strafaccio [stra·'fat·tʃo] 1. pers sing pr di **strafare**

strafalcione [stra·fal·'tʃo:·ne] m blooper

strafare [stra·'fa:·re] <irr> vt to overdo it [o things]

strafeci 1. pers sing pass rem di **strafare**

strafottente [stra·fot·'tɛn·te] adj arrogant

strage ['stra:·dʒe] f ❶ (uccisione) massacre ❷ fig, fam ton

stragrande [stra·'gran·de] adj fam **la** ~ **maggioranza** the vast majority

stralciare [stral·'tʃa:·re] vt to remove

stralunato, -a [stra·lu·'na:·to] adj ❶ (occhi) staring ❷ (persona) dazed

strambo, -a ['stram·bo] adj (persona) weird

strangolare [straŋ·go·'la:·re] vt to strangle

straniero, -a [stra·'niɛ:·ro] I. adj foreign II. m, f foreigner

strano, -a ['stra:·no] adj strange

straordinario [stra·or·di·'na:·rio] <-ri> m overtime; **fare gli -i** to do [o work] overtime

straordinario, -a <-ri, -rie> adj extraordinary; **treno** ~ special train; **lavoro** ~ overtime

strapazzarsi [stra·pat·'tsa:·rsi] vr (affaticarsi) to tire oneself out

strapazzato, -a [stra·pat·'tsa:·to] adj **uova -e** scrambled eggs

strapiombo [stra·'piom·bo] m drop; **a** ~ with a sheer drop

strappare [strap·'pa:·re] I. vt ❶ (ramo,

fiore) to break off; (*pagina*) to tear out; (*carta*) to tear up ② *fig* (*promessa, confessione*) to extract II. *vr*: **-rsi** (*lacerarsi*) to break

strappo ['strap·po] *m* ❶ MED (*lacerazione*) strain ❷ *fig* (*eccezione*) **fare uno ~ alla regola** to make an exception ❸ *fam* (*passaggio*) ride; **dare uno ~ a qu** to give sb a ride

straricco, -a [stra·'rik·ko] <-cchi, -cche> *adj fam* loaded

straripare [stra·ri·'pa:·re] *vi* essere o *avere* to overflow

stratagemma [stra·ta·'dʒɛm·ma] <-i> *m* stratagem

strategia [stra·te·'dʒi:·a] <-gie> *f* strategy

strategico, -a [stra·'tɛ:·dʒi·ko] <-ci, -che> *adj* strategic

strato ['stra:·to] *m* (*gener*) stratum; **a -i** in layers

stravagante [stra·va·'gan·te] *adj* odd

stravolgere [stra·'vɔl·dʒe·re] <irr> *vt* ❶ *fig* (*persona: brutta esperienza*) to upset; (*lavoro*) to exhaust ❷ (*fatti*) to distort

stravolto, -a [stra·'vɔl·to] *adj* (*espressione, viso*) distraught

straziante [strat·'tsian·te] *adj* (*grida*) piercing; (*immagine*) horrifying; (*dolore*) excruciating

strazio ['strat·tsio] <-i> *m* (*grande pena*) torment; **che ~!** *fam* what a disaster!

strega ['stre:·ga] <-ghe> *f* witch

stregare [stre·'ga:·re] *vt a. fig* to bewitch

stregone [stre·'go:·ne] *m* ❶ (*mago*) wizard ❷ (*dei popoli primitivi*) witch doctor

stregoneria [stre·go·ne·'ri:·a] <-ie> *f* witchcraft

stremare [stre·'ma:·re] *vt* to wear out

strepitare [stre·pi·'ta:·re] *vi* to make a racket

strepitoso, -a [stre·pi·'to:·so] *adj fig* (*successo*) resounding

stress [stres] <-> *m* stress; **essere sotto ~** to be stressed

stressante [stres·'san·te] *adj* stressful

stressare [stres·'sa:·re] *vt* to put under stress

stressato, -a [stres·'sa:·to] *adj* stressed (out)

stretching ['stre·tʃiŋ] <-> *m* SPORT stretching

stretta ['stret·ta] *f* ❶ (*pressione*) **dare una ~ a qc** (*vite, rubinetto*) to tighten sth; **~ di mano** handshake; **dare una ~ di mano a qu** to shake hands with sb ❷ *fig* (*turbamento*) **sentire una ~ al cuore** to feel one's heart jump ❸ (*situazione difficile*) **mettere qu alle -e** to force sb into a corner

stretto ['stret·to] *m* GEO strait

stretto, -a ['stret·to] I. *pp di* **stringere** II. *adj* ❶ (*tavolo, strada*) narrow ❷ (*vestito*) tight ❸ (*parente, amico*) close ❹ (*osservanza, disciplina*) strict

strettoia [stret·'to:·ia] <-oie> *f* (*di strada*) narrowing

stridente [stri·'dɛn·te] *adj* ❶ (*contrasto*) glaring ❷ (*colori*) garish

stridere ['stri·de·re] <strido, stridei o stridetti, *rar* striduto> *vi* ❶ (*animali*) to screech ❷ (*freni*) to squeal; (*porta*) to squeak ❸ *fig* (*essere in contrasto*) **~ con qc** to jar with sth; **quei colori stridono fra loro** those colors clash

striglia [stri·'… [*cut*] — **strigliare** [stri·ʎ·'ʎa:·re] *vt* (*cavallo*) to curry

strigliata [stri·ʎ·'ʎa:·ta] *f* ❶ (*a cavallo*) currying ❷ *fig* (*sgridata*) talking-to

strillare [stril·'la:·re] I. *vi* to shout II. *vt fam* (*sgridare urlando*) to shout at

strillo ['stril·lo] *m* yell

striminzito, -a [stri·min·'tsi:·to] *adj* (*vestito*) skimpy

stringa ['striŋ·ga] <-ghe> *f* ❶ (*delle scarpe*) lace ❷ COMPUT string

stringere ['strin·dʒe·re] <stringo, strinsi, stretto> I. *vt* ❶ (*serrare*) to squeeze (together); **~ la mano a qu** to shake sb's hand; **~ qu fra le braccia** to hug sb ❷ (*vite*) to tighten ❸ (*denti, pugni*) to clench ❹ (*vestito*) to take in ❺ *fig* (*riassumere*) to condense ❻ (*loc*) **~ un'alleanza** to make an alliance;

S

~ amicizia to make friends II. *vr:* **-rsi** ⓪ (*avvicinarsi*) **-rsi attorno a qu** to gather around sb ② (*loc*) **-rsi nelle spalle** to shrug

striscia ['striʃ·ʃa] <-sce> *f* ① (*di stoffa, carta*) strip; **a -sce** striped ② *pl* **-sce** (*pedonali*) crosswalk

strisciare [striʃ·ʃa·re] I. *vi* ① ZOO to crawl ② (*rasentare*) to scrape; **~ contro un muro** to scrape along a wall II. *vt* ① (*piedi*) to drag ② (*auto, paraurti*) to scrape ③ (*passare rasente: proiettile*) to graze

striscio ['striʃ·ʃo] <-sci> *m* ① MED Pap smear ② (*loc*) **colpire qc di ~** to hit sb a glancing blow

striscione [striʃ·ʃo·ne] *m* advertising banner

stritolare [stri·to·'la·re] *vt* to crush

strizzacervelli [strit·tsa·tʃer·'vɛl·li] <-> *mf scherz* shrink

strizzare [strit·'tsa·re] *vt* ① (*panni*) to wring ② (*loc*) **~ l'occhio a qu** to wink at sb

strofa ['strɔ·fa] <-> *f* verse

strofinaccio [stro·fi·'nat·tʃo] <-cci> *m* floor cloth

strofinare [stro·fi·'na·re] I. *vt* (*argenteria*) to polish; (*pavimento*) to wipe II. *vr:* **-rsi** (*strusciarsi*) to rub oneself; **-rsi gli occhi/le mani** to rub one's eyes/hands

stroncare [stroŋ·'ka·re] *vt* ① *fig* (*interrompere*) to break up ② *fig* (*criticando*) to tear to pieces ③ (*loc*) **~ la vita a qu** to cut sb's life short

stronzata [stron·'tsa·ta] *f* stupid thing to do [*o say*]; **combinare una bella ~** to screw it up

stronzo ['stron·tso] *m* (*escremento*) turd

stronzo, -a *m, f vulg* asshole

strozzare [strot·'tsa·re] I. *vt* ① (*uccidere*) to strangle ② (*tubo, condotto*) to narrow II. *vr:* **-rsi** to strangle oneself

strozzino, -a [strot·'tsi·no] *m, f* loan shark

struccante [struk·'kan·te] *m* makeup remover

struccarsi [struk·'kar·si] *vr* to remove one's makeup

strumentalizzare [stru·men·ta·lid·'dza·re] *vt* to exploit

strumento [stru·'men·to] *m* ① (*gener*) tool; **-i di precisione** precision tools ② MUS instrument; **-i a corda** stringed instruments; **-i a fiato** wind instruments; **-i a percussione** percussion instruments

struttura [strut·'tu:·ra] *f* structure

strutturale [strut·tu·'ra:·le] *adj* structural

struzzo ['strut·tso] *m* ostrich

stuccare [stuk·'ka:·re] *vt* ① (*preparare: parete*) to plaster; (*turare: buco*) to fill ② (*decorare*) to stucco

stucco ['stuk·ko] <-cchi> *m* ① (*malta*) plaster ② (*ornamento*) stucco ③ (*loc*) **rimanere di ~** to be struck dumb

studente, -essa [stu·'dɛn·te, stu·den·'tes·sa] *m, f* student

studentesco, -a [stu·den·'tes·ko] <-schi, -sche> *adj* student

studentessa *f v.* **studente**

studiare [stu·'dia:·re] I. *vt* ① (*per imparare qc*) to study; **~ al liceo/all'università** to be a high school/university student ② (*esaminare, indagare*) to examine II. *vr:* **-rsi** (*osservarsi*) to weigh each other up

studio ['stu:·dio] <-i> *m* ① (*gener*) study; **borsa di ~** grant ② <*gener al pl*> (*all'università*) studies *pl* ③ (*di professionista*) office; **~ legale** law firm ④ FILM, TV, RADIO studio

studioso, -a [stu·'dio:·so] I. *adj* (*persona*) studious II. *m, f* scholar

stufa ['stu:·fa] *f* stove

stufare [stu·'fa:·re] I. *vt* ① CULIN to stew ② *fig, fam* (*stancare*) to weary II. *vr* **-rsi di qu/qc** *fam* to get fed up with sb/sth

stufato [stu·'fa:·to] *m* stew

stufo, -a ['stu:·fo] *adj fam* **essere ~ di qu/qc** to be fed up with sb/sth

stuoia ['stuɔ:·ia] <-oie> *f* mat

stupefacente [stu·pe·fa·'tʃɛn·te] *adj* ① (*sorprendente*) astonishing ② MED **sostanze -i** drugs

stupendo, -a [stu·'pɛn·do] *adj* wonderful

stupidaggine [stu·pi·'dad·dʒi·ne] *f* stupidity

stupidità [stu·pi·di·'ta] <-> *f* stupidity

stupido, -a ['stu:·pi·do] I. *adj* stupid II. *m*, *f* idiot

stupire [stu·'pi:·re] <stupisco> I. *vt avere* to amaze II. *vr*: **-rsi** to be amazed

stupore [stu·'po:·re] *m* amazement

stupratore [stu·pra·'to:·re] *m* rapist

stupro ['stu:·pro] *m* rape

sturare [stu·'ra:·re] *vt* (*lavandino*) to unblock

stuzzicadenti [stut·tsi·ka·'dɛn·ti] <-> *m* toothpick

stuzzicare [stut·tsi·'ka:·re] *vt* ❶ (*molestare*) to tease ❷ (*stimolare: appetito*) to whet

su [su] <sul, sullo, sull', sulla, sui, sugli, sulle> I. *prep* ❶ (*con contatto*) on; **sul lago/mare** by the lake/ocean; **Parigi è sulla Senna** Paris is on the Seine ❷ (*senza contatto*) over; **giurare ~ qc/ qu** *fig* to swear on sth/sb ❸ (*mezzi di trasporto*) on; **erano seduti sull'autobus** they were sitting on the bus ❹ (*complemento d'argomento*) about ❺ (*complemento di modo*) ~ **richiesta** on request; ~ **misura** custom-made ❻ (*circa*) around; **un uomo sulla sessantina** a man of around 60 ❼ (*di, fra*) out of; **sette volte ~ dieci** seven times out of ten; **un candidato ~ quattro** one candidate in four II. *adv* up; **andare ~ e giù** to walk up and down; ~ **per giù** around; **pensarci ~** *fam* to think about it; **dai 100 euro in ~** from 100 euros upwards; ~ **le mani!** hands up!; ~ **con la vita!** cheer up! III. *interj* come on

sub [sub] <-> *mf* scuba diver

sub- [sub] (*in parole composte*) sub-

subacqueo, -a [sub·'ak·kue·o] I. *adj* underwater II. *m*, *f* scuba diver

subaffittare [sub·af·fit·'ta:·re] *vt* to sublet

subconscio [sub·'kon·ʃo] *m* subconscio

subdolo, -a ['sub·do·lo] *adj* underhand

subentrare [su·ben·'tra:·re] *vi essere* ❶ (*succedere*) to happen ❷ (*sostituire*) ~ **a qu** to succeed sb

subire [su·'bi:·re] <subisco> *vt* ❶ (*gener*) to suffer ❷ (*sottoporsi a*) ~ **un'operazione** to have an operation

subito ['su:·bi·to] *adv* ❶ (*immediatamente*) at once ❷ (*in un attimo*) instantly

sublime [sub·'li:·me] *adj* (*eccellente*) wonderful

subordinato, -a [sub·or·di·'na:·to] *adj*, *m*, *f* subordinate

succedere [sut·'tʃɛ·de·re] <succedo, successi *o* succedetti, successo> I. *vi essere* ❶ (*avvenire*) to happen; **cosa ti succede?** what's the matter?; **sono cose che succedono** these things happen ❷ (*prendere il posto di*) ~ **a qu** to succeed sb ❸ (*venir dopo*) ~ **a qc** to follow sth II. *vr*: **-rsi** (*susseguirsi*) to follow one another

successi [sut·'tʃɛs·si] *1. pers sing pass rem di* **succedere**

successione [sut·tʃes·'sio:·ne] *f* succession

successivo, -a [sut·tʃes·'si:·vo] *adj* next

successo[1] [stu·'tʃɛs·so] *pp di* **succedere**

successo[2] *m* success; **un film di ~** a hit movie

succhiare [suk·'kia:·re] *vt* to suck

succhiotto [suk·'kiɔt·to] *m* (*per bambini*) pacifier

succinto, -a [sut·'tʃin·to] *adj* ❶ (*vestito*) skimpy ❷ (*resoconto*) scanty

succo ['suk·ko] <-cchi> *m* ❶ (*di frutta*) juice ❷ ANAT **-cchi gastrici** gastric juices ❸ *fig* (*contenuto*) gist

succube ['suk·ku·be] *adj* **essere ~ di qu** to be under sb's thumb

succulento, -a [suk·ku·'lɛn·to] *adj* (*cibo*) delicious

succursale [suk·kur·'sa:·le] *f* branch

sud [sud] <-> *m* south; **Mare del Sud** Southern Ocean; **Polo Sud** South Pole; **a ~ di** south of; **Napoli si trova a ~ di Roma** Naples is south of Rome

Sudafrica [su·'da:·fri·ka] *m* South Africa

S

sudare [su·'da:·re] I. *vi* to sweat II. *vt fig* ~ **sangue** to sweat blood

suddito, -a ['sud·di·to] *m, f* subject

suddividere [sud·di·'vi:·de·re] <irr> *vt* to subdivide

suddivisione [sud·di·vi·'zio:·ne] *f* subdivision

sudest [su·'dɛst] *m* southeast

sudicio, -a <-ci, -ce o -cie> *adj* (*mani, vestito, luogo*) filthy

sudoccidentale [su·dot·tʃi·den·'ta:·le] *adj* southwest

sudore [su·'do:·re] *m* sweat

sudorientale [sud·or·ien·'ta:·le] *adj* southeast

sudovest [su·'dɔ:·vest] *m* southwest

sufficiente [suf·fi·'tʃɛn·te] *adj* (*che basta*) sufficient

sufficienza [suf·fi·'tʃɛn·tsa] *f* ① (*l'essere sufficiente*) **c'è n'è a ~** there's enough of it; **averne a ~ di qc** to have had enough of sth ② (*voto scolastico*) pass; **prendere la ~** to pass ③ *fig, pej* (*boria*) superiority

suffisso [suf·'fis·so] *m* LING suffix

suggerimento [sud·dʒe·ri·'men·to] *m* suggestion

suggerire [sud·dʒe·'ri:·re] <suggerisco> *vt* ① (*a scuola*) ~ **la risposta a qu** to tell sb the answer ② THEAT to prompt ③ (*consigliare*) to suggest; ~ **a qu di fare qc** to suggest that sb does sth

suggeritore, -trice [sud·dʒe·ri·'to:·re] *m, f* (*theat*) prompter

suggestionare [sud·dʒes·tio·'na:·re] *vt* to affect

suggestivo, -a [sud·dʒes·'ti:·vo] *adj* (*paesaggio, spettacolo*) beautiful

sughero ['su:·ge·ro] *m* cork

sugli ['suʎ·ʎi] *prep* = **su + gli** *v.* **su**

sugo ['su:·go] <-ghi> *m* sauce

sui ['su:·i] *prep* = **su + i** *v.* **su**

suicida [sui·'tʃi:·da] <-i *m*, -e *f*> I. *mf* suicide II. *adj* suicidal

suicidarsi [sui·tʃi·'dar·si] *vr* to commit suicide

suicidio [sui·'tʃi:·dio] <-i> *m* suicide

suino [su·'i:·no] *m* pig; **carne di ~** pork

sul [sul] *prep* = **su + il** *v.* **su**

sull', sulla, sulle, sullo [sul, 'sul·la, 'sul·le, 'sul·lo] *prep* = **su + l', la, le, lo** *v.* **su**

sultano, -a [sul·'ta:·no] *m, f* sultan *m*, sultana *f*

suo, -a <suoi, sue> I. *adj* ① (*di lui*) his; (*di lei*) her; **la -a voce** his [*o* her] voice; ~ **padre/zio** his [*o* her] father/uncle; **un ~ amico** a friend of his [*o* hers]; **essere dalla -a** to be on his [*o* her] side; **dire la -a** to say one's piece; **sta sulle sue** he keeps to himself ② (*forma di cortesia: Suo*) your; **in seguito al Suo scritto del ...** in reply to your letter of ... II. *pron* ② **il ~** [*o* **la -a**] (*di lui*) his; (*di lei*) hers; **i suoi** his [*o* her] parents ③ (*forma di cortesia: Suo*) yours

suoi ['suɔ:·i] *v.* **suo**

suola ['suɔ:·la] *f* sole

suolo ['suɔ:·lo] *m* (*terra*) ground

suonare [suo·'na:·re] I. *vt* **avere** ① MUS to play ② (*orologio*) to strike; (*campana, campanello*) to ring; ~ **il clacson** to sound the horn ③ *fam* (*picchiare*) **suonarle a qu** to give sb a good beating II. *vi* **essere** *o* **avere** ① (*campana, telefono*) to ring; (*sveglia*) to go off; **sta suonando il campanello** the doorbell is ringing ② MUS to play ③ (*parole, frasi*) to sound

suonato, -a *adj fam* **essere ~** to be crazy

suonatore, -trice [so·na·'to:·re] *m, f* player

suoneria [so·ne·'ri:·a] <-ie> *f* ringtone

suono ['suɔ:·no] *m* sound

suora ['suɔ:·ra] *f* nun

super ['su:·per] <inv> *adj* fantastic

superalcolico [su·per·al·'kɔ:·li·ko] <-ci> *m* high-alcohol drink

superalcolico, -a <-ci, -che> *adj* high-alcohol; **bevanda -a** high-alcohol drink

superamento [su·pe·ra·'men·to] *m* (*di difficoltà*) overcoming

superare [su·pe·'ra:·re] *vt* ① (*per quali-*

tà) to surpass; *(per dimensioni, quantità)* to be bigger than; *(di numero)* to be greater than; **~ qu in qc** to be better than sb at sth ② MOT *(sorpassare)* to pass ③ *fig (età)* to be over; *(velocità)* to exceed; *(prova)* to overcome; *(esame)* to pass; *(malattia)* to get over; *(difficoltà, ostacolo, crisi)* to get through

superato, -a [su·pe·'ra:·to] *adj* outdated

superbia [su·'pεr·bia] <-ie> *f* pride

superbo, -a [su·'pεr·bo] *adj* ① *pej* proud ② *fig (grandioso)* superb

Superenalotto [su·pe·re·na·'lɔt·to] <-> *m* national lottery

superficiale [su·per·fi·'tʃa:·le] I. *adj* shallow II. *mf* shallow person

superficie [su·per·'fi:·tʃe] <-ci> *f* surface; **in ~** on the surface

superfluo [su·'pεr·flu·o] *m* unnecessary things *pl*

superfluo, -a *adj* unnecessary

superiore [su·pe·'rio:·re] I. *comparativo di alto, -a* II. *adj* ① *(di posizione)* upper; **al piano ~** upstairs ② *(maggiore, in una gerarchia)* higher; **~ alla media** above average; **scuola media ~** high school ③ *(migliore)* better III. *m (capo)* boss

superiorità [su·pe·rio·ri·'ta] <-> *f* superiority

superlativo [su·per·la·'ti:·vo] *m* LING superlative

superlativo, -a *adj* ① *(massimo)* extraordinary ② *fig (grandioso)* superb ③ LING **grado ~** superlative

superlavoro [su·per·la·'vo:·ro] *m* overwork

supermercato [su·per·mer·'ka:·to] *m* supermarket

superpotenza [su·per·po·'tεn·tsa] *f* superpower

superstite [su·'pεr·sti·te] *m, f* survivor

superstizione [su·per·stit·'tsio:·ne] *f* *(credenza)* superstition

superstizioso, -a [su·per·stit·'tsio:·so] I. *adj (credenza, persona)* superstitious II. *m, f* superstitious person

superstrada [su·per·'stra:·da] *f* highway

supervisione [su·per·vi·'zio:·ne] *f (controllo)* supervision

supino, -a [su·'pi:·no] *adj* supine

suppellettile [sup·pel·'lεt·ti·le] *f* ① *(arredamento)* ornament; **-i di casa** furnishings ② *(in archeologia)* object

suppergiù [sup·per·'dʒu] *adv* *fam* roughly

suppl. *abbr di* **supplemento** supplement

supplementare [sup·ple·men·'ta:·re] *adj (aggiuntivo)* extra; **tempi -i** SPORT overtime

supplemento [sup·ple·'men·to] *m* ① *(a giornale, libro)* supplement ② FERR surcharge; **~ rapido** *surcharge payable on fast trains*

supplente [sup·'plεn·te] *mf* substitute teacher

supplenza [sup·'plεn·tsa] *f* **fare ~** to do substitute teaching

supplica ['sup·pli·ka] <-che> *f* plea

supplicare [sup·pli·'ka:·re] *vt* **~ qu di fare qc** to plead with sb to do sth

supplire [sup·'pli:·re] <supplisco> *vi* **~ (con qc) a qc** to make up for sth (with sth)

supplizio [sup·'plit·tsio] <-i> *m* torture

supporre [sup·'por·re] <irr> *vt* to suppose

supporto [sup·'pɔr·to] *m* ① *(gener)* support ② *(di strumento, dipinto)* stand

supposi *1.pers sing pass rem di* **supporre**

supposizione [sup·po·zit·'tsio:·ne] *f* supposition

supposta [sup·'pos·ta] *f* suppository

supposto *pp di* **supporre**

supremazia [sup·re·mat·'tsi:·a] <-ie> *f* supremacy

supremo, -a [su·'prε:·mo] *adj superlativo di* **alto, -a** supreme

surf [sə:f/sərf] <-> *m* surfing; **tavola da ~** surfboard; **praticare il ~** to surf

surfista [sur·'fis·ta] <-i *m*, -e *f*> *mf* surfer

surgelare [sur·dʒe·'la:·re] *vt* to freeze

S

surgelato [sur·dʒe·'la:·to] *m* frozen food

surgelato, -a *adj* frozen

surreale [sur·re·'a:·le] *adj* surreal

surrealista [sur·re·a·'lis·ta] <-i *m*, -e *f*> *mf* surrealist

surriscaldare [sur·ris·kal·'da:·re] *vr:* -**rsi** to overheat

surrogato [sur·ro·'ga:·to] *m* copy

suscettibile [suʃ·ʃet·'ti:·bi·le] *adj* (*sensibile*) touchy

suscitare [suʃ·ʃi·'ta:·re] *vt* to arouse; ~ **la pietà di qu** to arouse sb's pity

susina [su·'si:·na/su·'zi:·na] *f* plum

susseguirsi [sus·se·'gui:·rsi] <irr> *vr* to follow one another

sussidiario [sus·si·'dia:·rio] <-i *m* textbook used in elementary school

sussidio [sus·'si:·dio] <-i *m* subsidy

sussistei [sus·sis·'te:·i] *I. pers sing pass rem di* **sussistere**

sussistere [sus·'sis·te·re] <sussisto, sussistei *o* sussistetti, sussistito> *vi essere* to exist

sussurrare [sus·sur·'ra:·re] *vt* to whisper

sussurro [sus·'sur·ro] *m* whisper

suvvia [suv·'vi:·a] *interj fam* come on

svagarsi [zva·'ga:·rsi] *vr* to get distracted

svago [zva:·go] *m* distraction

svaligiare [zva·li·'dʒa:·re] *vt* (*banca*) to rob (*fig* (*negozio*) to ransack

svalutare [zva·lu·'ta:·re] *I. vt* to devalue *II. vr:* -**rsi** (*valuta*) to be devalued (*bene, immobile*) to depreciate

svalutazione [zva·lu·tat·'tsio:·ne] *f* (*di valuta*) devaluation; (*di bene*) depreciation

svanire [zva·'ni:·re] <svanisco> *vi essere* to disappear

svantaggiato, -a [zvan·tad·'dʒa:·to] *adj* disadvantaged; **essere ~ rispetto a qu** to be at a disadvantage compared to sb

svantaggio [zvan·'tad·dʒo] <-ggi> *m* (*gener*) disadvantage; **essere in ~ rispetto a qu** to be at a disadvantage

compared to sb (*SPORT* **essere in ~** to be behind

svantaggioso, -a [zvan·tad·'dʒo:·so] *adj* unfavorable

svedese [zve·'de:·se] *I. adj* Swedish *II. mf* Swede

sveglia[1] ['zveʎ·ʎa] *f* (*lo svegliare*) **dare la ~ a qu** to wake sb up (*orologio*) alarm clock

sveglia[2] *interj fam* wake up; ~, **che è tardi!** wake up, it's late!

svegliare [zveʎ·'ʎa:·re] *I. vt* (*dal sonno*) to wake (up) (*fig* (*animare: persone*) to liven up (*fig* (*suscitare: emozioni*) to awaken *II. vr:* -**rsi** *a. fig* to wake up

sveglio, -a ['zveʎ·ʎo] <-gli, -glie> *adj* (*non addormentato*) awake (*fig* (*perspicace*) smart

svelare [zve·'la:·re] *vt* (*segreto, verità*) to reveal

sveltire [zvel·'ti:·re] <sveltisco> *vr:* -**rsi** to speed up

svelto ['zvɛl·to] *adv* quickly

svelto, -a *adj* (*rapido*) quick (*fig* (*vivace*) smart

svendita ['zven·di·ta] *f* sale

svenimento [zve·ni·'men·to] *m* fainting fit

svenire [zve·'ni:·re] <irr> *vi essere* to faint

sventola ['zven·to·la] *f* fam (*schiaffone*) slap (*loc*) **orecchie a ~** dumbo ears

sventolare [zven·to·'la:·re] *vi* to wave

sventrare [zven·'tra:·re] *vt* (*pollo*) to draw; (*pesce*) to gut (*uccidere*) ~ **qu** to slay sb (*distruggere: edificio*) to flatten

sventura [zven·'tu:·ra] *f* misfortune; **compagno di ~** companion in misfortune

sventurato, -a [zven·tu·'ra:·to] *I. adj* unlucky *II. m, f* unlucky person

svenuto *pp di* **svenire**

svergognato, -a [zver·goɲ·'ɲa:·to] *m, f* shameless person

svestire [zves·'ti:·re] *I. vt* to undress *II. vr:* -**rsi** to get undressed

Svezia ['zvɛt·tsia] *f* Sweden

svezzamento [zvet·tsa·'men·to] *m* weaning

svezzare [zvet·'tsa:·re] *vt* to wean

sviare [zvi·'a:·re] *vt* (*colpo, tiro*) to deflect; **~ il discorso** to change the subject

svignarsela [zviɲ·'ɲar·se·la] *vi essere fam* to slip away

svilire [zvi·'li:·re] <svilisco> *vt* to debase

sviluppare [zvi·lup·'pa:·re] *vr:* **-rsi** to develop

sviluppo [zvi·'lup·po] *m* development; **paese in via di ~** developing country; **~ sostenibile** sustainable development

svincolarsi [zviŋ·ko·'la:·rsi] *vr* (*liberarsi*) to free oneself

svincolo [zviŋ·ko·lo] *m* MOT junction; (*entrata*) on-ramp; (*uscita*) exit

svista ['zvis·ta] *f* slip

svitare [zvi·'ta:·re] *vt* to unscrew

Svizzera ['zvit·tse·ra] *f* (**la**) **~** Switzerland

svogliato, -a [zvoʎ·'ʎa:·to] *adj* apathetic

svolazzare [zvo·lat·'tsa:·re] *vi* (*uccelli, insetti*) to flutter

svolgere ['zvɔl·dʒe·re] <irr> I.*vt* ① (*gomitolo*) to unwind ② (*idea, tema*) to set out; ③ (*programma, piano*) to carry out ④ (*lavoro*) to do II.*vr:* **-rsi** ① (*accadere*) to happen ② THEAT, LETT to be set

svolsi *1. pers sing pass rem di* **svolgere**

svolta ['zvɔl·ta] *f* ① (*azione*) turn; **divieto di ~ a destra/sinistra** no right/left turn ② (*curva*) bend ③ *fig* (*cambiamento*) turning point

svoltare [zvol·'ta:·re] *vi* (*girare*) to turn; **~ a destra/a sinistra** turn right/left

svolto *pp di* **svolgere**

svuotare [zvuo·'ta:·re] *vt* to empty

switchare [swit·'tʃa:·re] *vi* ECON, COMPUT to switch; **~ tra due fondi/due monitor** to switch from one fund/monitor to another

---

Tt

T, t [ti] <-> *f* T, t; **~ come Torino** T for Tommy

tabaccaio, -a [ta·bak·'ka:·io] <-ccai, -ccaie> *m, f* tobacconist

tabaccheria [ta·bak·ke·'ri:·a] <-ie> *f* tobacconist's, *sells stamps and bus tickets*

tabacco¹ [ta·'bak·ko] <-cchi> *m* tobacco

tabacco² <inv> *adj* tobacco

tabella [ta·'bɛl·la] *f* ① (*tavola*) table ② (*prospetto*) list; **~ dei prezzi** price list

tabellone [ta·bel·'lo:·ne] *m* ① (*di orari, punteggi*) board ② (*per affiggere*) bulletin board

tablet ['tæ·blət] <- *o* -s> *m* COMPUT tablet

tablet PC ['tæ·blət 'pi·tʃi:] <-s> *m* COMPUT tablet PC

tabù [ta·'bu] I.<inv> *adj* taboo II.<-> *m* (*proibizione*) taboo

tabulato [ta·bu·'la·to] *m* printout

tabulatore [ta·bu·la·'to:·re] *m* tab

taccagno, -a [tak·'kaɲ·ɲo] I.*adj* cheap II. *m, f* cheapskate

tacchetto [tak·'ket·to] *m* SPORT stud

tacchino, -a [tak·'ki:·no] *m, f* turkey; **petto di ~** turkey breast

tacciare [tat·'tʃa:·re] *vt* **~ qu di qc** to accuse sb of sth

taccio ['tat·tʃo] *1. pers sing pr di* **tacere**

tacco ['tak·ko] <-cchi> *m* (*di scarpa*) heel; **~ alto/basso** high/low heel

taccuino [tak·ku·'i:·no] *m* (*per appunti*) notebook

tacere [ta·'tʃeː·re] <taccio, tacqui, taciuto> I. *vt* (*non rivelare*) to say nothing about II. *vi* ❶ (*stare in silenzio*) to be quiet; (*non opporsi*) to keep quiet ❷ (*non esprimersi, non riferire*) to keep silent; ~ **su qc** to remain silent about sth

tachimetro [ta·'ki·me·tro] *m* speedometer

tacito, -a ['ta·tʃi·to] *adj* (*sottinteso: accordo*) tacit

taciturno, -a [ta·tʃi·'tur·no] *adj* (*introverso*) taciturn; (*silenzioso*) quiet

taciuto [ta·'tʃuː·to] *pp di* **tacere**

tacqui ['tak·kui] *1. pers sing pass rem di* **tacere**

tafferuglio [taf·fe·'ruʎ·ʎo] <-gli> *m* scuffle

taglia ['taʎ·ʎa] <-glie> *f* ❶ (*di abito*) size; ~ **unica** one size ❷ (*ricompensa*) bounty

tagliaboschi [taʎ·ʎa·'bɔs·ki] <-> *m* lumberjack

tagliacarte [taʎ·ʎa·'kar·te] <-> *m* paperknife

taglialegna [taʎ·ʎa·'leɲ·ɲa] <-> *m* lumberjack

tagliando [taʎ·'ʎan·do] *m* (*cedola*) receipt; **fare il** ~ AUTO to have the car serviced

tagliapietre [taʎ·ʎa·'piɛːt·re] <-> *mf* stonecutter

tagliare [taʎ·'ʎaː·re] I. *vt* ❶ (*gener*) to cut; (*albero*) to cut down; **-rsi un dito** to cut one's finger ❷ (*in parti*) to cut up; ~ **in due** to cut in half; ~ **le carte** to cut the cards ❸ (*staccare con un taglio*) to cut off; **tagliarsi i capelli** to cut one's hair II. *vi* (*percorrere la via più breve*) to cut through

tagliatelle [taʎ·ʎa·'tɛl·le] *fpl* tagliatelle

tagliato, -a [taʎ·'ʎaː·to] *adj* ❶ (*abbreviato: film*) abridged ❷ *fig* (*portato*) **essere** ~ **per qc** to be cut out for sth

tagliaunghie [taʎ·ʎa·'uŋ·gie] <-> *m* nail clippers

tagliente [taʎ·'ʎɛn·te] I. *adj* sharp II. *m* edge

tagliere [taʎ·'ʎɛː·re] *m* (*per cucinare*) cutting board

taglierina [taʎ·ʎe·'riː·na] *f* cutter

taglio ['taʎ·ʎo] <-gli> *m* ❶ (*operazione*) cutting; (*di vini*) blending ❷ (*fenditura, linea*) cut ❸ *fig* (*di spese, film*) cut ❹ (*pezzo*) piece ❺ (*di capelli*) hairstyle ❻ (*di lama*) edge ❼ FIN (*di banconote*) denomination

tailleur [ta·'jœːr] <-> *m* suit

takeaway ['teik·ə·wei] <-> *m* ❶ (*negozio*) takeout ❷ (*servizio*) **la pizzeria ha il** ~ the pizzeria does takeout

tal [tal] *v.* **tale**

talco ['tal·ko] <-chi> *m* (*polvere*) talcum powder

tale ['taː·le] <*davanti a consonante spesso* **tal**> I. *adj* ❶ (*di questa specie*) such (a) ❷ (*così grande*) so much ❸ (*questo*) that; **in tal caso** in that case ❹ (*indefinito*) **un** ~ **signor Veneruso** a certain Mr. Veneruso ❺ ~ **(e) quale** exactly the same II. *pron* ❶ (*persona già menzionata*) that; **quel** ~ that person ❷ (*indefinito*) **un/una** ~ someone; **dei -i** some people

talento [ta·'lɛn·to] *m* (*inclinazione*) talent

tallone [tal·'loː·ne] *m* (*calcagno*) heel

talmente [tal·'men·te] *adv* so

talora [ta·'loː·ra] *adv* sometimes

talpa ['tal·pa] *f* mole

talvolta [tal·'vol·ta] *adv* sometimes

tamburello [tam·bu·'rɛl·lo] *m* ❶ MUS tambourine ❷ (*gioco*) tamburello, *racket game played in northern Italy*

tamburino [tam·bu·'riː·no] *m* ❶ MUS (*strumento*) tabor ❷ MUS (*suonatore*) drummer

tamburo [tam·'buː·ro] *m* ❶ MUS (*strumento*) drum ❷ MUS (*suonatore*) drummer

Tamigi [ta·'miː·dʒi] *m* **il** ~ the Thames

tamponamento [tam·po·na·'men·to] *m* ❶ (*di veicoli*) collision; ~ **a catena** pile-up ❷ (*di ferita*) packing

tamponare [tam·po·'naː·re] *vt* ❶ (*veicolo*) to go into the back of ❷ (*ferita*) to pack

T

tampone [tam·'po:·ne] *m* ❶ (*per medicare*) pad ❷ (*assorbente interno*) tampon

tana ['ta:·na] *f* ❶ (*di animali*) den ❷ (*di criminali*) hideout ❸ *fig, pej* (*stamberga*) hovel

tanfo ['tan·fo] *m* stink

tangente [tan·'dʒɛn·te] I. *adj* tangential II. *f* ❶ (*retta*) tangent ❷ (*bustarella*) bribe; (*pizzo*) protection money

tangentopoli [tan·dʒen·'b:·po·li] <-> *f* Tangentopoli, *corruption scandal of early 1990s*

tangenziale [tan·dʒen·'tsia:·le] *f* (*strada*) bypass

tangibile [tan·'dʒi:·bi·le] *adj* (*manifesto*) tangible

tanica ['ta:·ni·ka] <-che> *f* (*recipiente*) jerrycan

tantino [tan·'ti:·no] *adv* **un** ~ a little

tanto ['tan·to] I. *adv* ❶ (*molto: con aggettivo*) very; (*con verbo*) so much; **ti ringrazio** ~ thank you so much; ~ **meglio** so much the better ❷ (*così*) so; ~ ... **che** ... +*indicativo*, ~ ... **da** ... +*inf* so ... that ❸ (*altrettanto*) ~ ... **quanto** ... as much ... as ❹ (*soltanto*) **una volta** ~ once in a while; ~ **per cambiare** just for a change II. *conj* after all; ~ **è lo stesso** but it doesn't matter

tanto, -a I. *adj* ❶ (*così molto, così grande*) so much; ~ ... **che** ... +*indicativo* so much ... that; ~ ... **da** ... +*inf* enough ... to ❷ *pl* (*in numero così grande*) so many; **-i** ... **che** ... +*indicativo*, **-i** ... **da** ... +*inf* so many ... that ❸ (*molto grande*) **ho -a fame** I'm so hungry; **non ho** ~ **tempo** I don't have much time ❹ *pl* (*molto numerosi*) **c'erano -e persone** there were such a lot of people; **-i saluti** best wishes; **-e grazie** many thanks ❺ (*altrettanto*) ~ ... **quanto** ... as much ... as ...; **-i** ... **quanti** ... as many ... as ... ❻ (*ellittico*) so much; **spende** ~ she spends a fortune; **da** ~ for ages; **di** ~ **in** ~ once in a while; **ogni** ~ every so often II. *pron* ❶ (*molto*) a lot ❷ *pl* (*molti*) (so) many

❸ (*quantità indeterminata*) some; **non più che** ~ not much ❹ *pl* (*numero indeterminato*) some ❺ *pl* (*molte persone*) **-i** many people

tapiro [ta·'pi:·ro] *m* tapir

tapis roulant [ta·'pi ru·'lɑ̃] <-> *m* moving sidewalk

tappa ['tap·pa] *f* ❶ (*sosta*) stop ❷ (*percorso, momento decisivo*) a. SPORT stage

tappabuchi [tap·pa·'bu:·ki] <-> *m* stopgap

tappare [tap·'pa:·re] *vt* (*buco*) to stop up; (*bottiglia*) to cork; **-rsi il naso** to hold one's nose

tapparella [tap·pa·'rɛl·la] *f* rolling shutter

tappetino [tap·pe·'ti:·no] *m* COMPUT mouse pad

tappeto [tap·'pe:·to] *m* ❶ (*per pavimenti*) carpet; **a** ~ *fig* blanket ❷ (*per tavoli*) cloth ❸ SPORT (*nel pugilato*) canvas

tappezzare [tap·pet·'tsa:·re] *vt* ❶ (*con carta da parati*) to paper ❷ (*poltrona, divano*) to cover

tappezzeria [tap·pet·tse·'ri:·a] <-ie> *f* ❶ (*per pareti*) wallpaper ❷ (*per poltrone, tecnica*) upholstery

tappezziere, -a [tap·pet·'tsiɛ:·re] *m, f* upholsterer

tappo ['tap·po] *m* ❶ (*turacciolo*) stopper; (*di sughero*) cork ❷ *scherz* (*persona piccola*) shorty

TAR [tar] *m abbr di* **Tribunale Amministrativo Regionale** *regional administrative court*

tarantino, -a [ta·ran·'ti:·no] I. *adj* from Taranto II. *m, f* (*abitante*) person from Taranto

Taranto [ta·'ran·to] *f* Taranto, *city in the southeast of Italy*

tarantola [ta·'ran·to·la] *f* (*ragno*) tarantula

tarchiato, -a [tar·'kia:·to] *adj* stocky

tardare [tar·'da:·re] I. *vi* ❶ (*arrivare tardi*) to be late ❷ (*indugiare*) ~ **a rispondere** to delay replying ❸ (*in consegna, pagamento*) to delay II. *vt* to delay

tardi ['tar·di] *adv* late; **far** ~ to be late;

più ~ later; **a più ~!** see you later!; **sul ~** quite late

tardo, -a [ˈtar·do] *adj* ❶ (*rinascimento, serata*) late ❷ *a. pej* (*lento: reazione, persona*) slow

targa [ˈtar·ga] <-ghe> *f* (*su porta, tomba*) plate; (*di veicolo*) license plate

target [ˈtaː·gjit/ˈtar·get] <-> *m* COM (*consumatori*) target market; (*vendite*) sales target

targhetta [tarˈget·ta] *f* plate

tariffa [taˈrif·fa] *f* rate; **~ ordinaria** regular rate; **~ ridotta** reduced rate; **~ telefonica** phone rates *pl*

tariffario [ta·rifˈfaː·rio] <-i> *m* price list

tarlo [ˈtar·lo] *m* ZOO woodworm

tarma [ˈtar·ma] *f* moth

taroccare [ta·rokˈkaː·re] *vi sl* (*falsificare*) to fake

tartagliare [tar·taʎˈʎaː·re] **I.** *vt* to stammer **II.** *vi* to stammer

tartaro [ˈtar·ta·ro] *m* tartar

tartaro, -a **I.** *adj* tartar; **salsa -a** tartar sauce **II.** *m, f* Tartar

tartaruga [tar·ta·ˈruː·ga] <-ghe> *f* ❶ ZOO turtle ❷ (*materiale*) tortoiseshell

tartassare [tar·tasˈsaː·re] *vt* (*strapazzare*) to maltreat

tartina [tarˈtiː·na] *f* canapé

tartufo [tarˈtuː·fo] *m* truffle

tasca [ˈtas·ka] <-sche> *f* pocket; **conoscere qc come le proprie -sche** to know sth like the back of one's hand; **ne ho piene le -sche** *fam* I've had it up to here

tascabile [taskˈkaː·bi·le] **I.** *adj* (*libro, edizione*) pocket; **computer ~** palmtop **II.** *m* (*libro*) paperback

taschino [taskˈkiː·no] *m* (*di giacca, camicia*) breast pocket; (*di gilet, pantaloni*) small pocket

tassa [ˈtas·sa] *f* ❶ (*su un servizio*) tax; **~ di circolazione** road tax; **~ di soggiorno** tourist tax ❷ *pl, fam* (*imposte*) taxes

tassametro [tasˈsaː·met·ro] *m* (*di taxi*) taximeter; **~ di parcheggio** parking meter

tassare [tasˈsaː·re] *vt* (*reddito, servizio*) to tax

tassazione [tas·satˈtsioː·ne] *f* (*imposizione di una tassa*) taxation

tassello [tasˈsɛl·lo] *m* ❶ (*pezzetto di legno*) plug ❷ *fig* (*elemento*) piece

tassì [tasˈsi] <-> *m* taxi

tassista [tasˈsis·ta] <-i *m*, -e *f*> *mf* taxi driver

tasso [ˈtas·so] *m* ❶ (*gener*) rate; **~ di mortalità/natalità** death/birth rate; **~ d'interesse** interest rate; **-i di conversione** conversion rates ❷ ZOO badger ❸ (*arbusto, legno*) yew

tastare [tasˈtaː·re] *vt* to feel

tastiera [tasˈtiɛː·ra] *f* ❶ (*di computer, pianoforte*) keyboard ❷ (*di chitarra*) fingerboard

tastierino *m* **~ numerico** (*di computer*) numeric keypad

tasto [ˈtas·to] *m* ❶ (*di computer, pianoforte*) key; **tasti di scelta rapida** hot keys ❷ (*di telefono, software*) button ❸ MUS (*di chitarra*) fret

tastoni [tasˈtoː·ni] *adv* feeling one's way; **procedere a ~** *fig* to feel one's way forward

tattica [ˈtat·ti·ka] <-che> *f* tactics *pl*

tattico, -a [ˈtat·ti·ko] <-ci, -che> *adj* tactical

tattile [tatˈtiː·le] *adj* tactile

tatto [ˈtat·to] *m* ❶ (*senso*) touch ❷ *fig* tact

tatuaggio [ta·tu·ˈad·dʒo] <-ggi> *m* tattoo

taurino, -a [tauˈriː·no] *adj* bull-like

taverna [taˈvɛr·na] *f* tavern

tavola [ˈtaː·vo·la] *f* ❶ (*mobile*) table; **~ calda** diner, *serving hot food*; **~ fredda** diner, *serving cold food*; **mettersi a ~** to sit down to eat; **mettere le carte in ~** *fig* to put one's cards on the table; **il pranzo è in ~** lunch is on the table ❷ (*asse*) board; (*lastra*) plate; (*piastra*) slab; **~ da surf** surfboard ❸ (*pittura*) painting, *on wood*; (*illustrazione*) plate ❹ (*tabella*) table

tavolata [ta·vo·ˈla·ta] *f* (*commensali*) group at table

tavoletta [ta·vo·'let·ta] *f* ① (*assicella*) board ② (*pezzo rettangolare*) bar; **~ di cioccolata** bar of chocolate ③ *fam* (*a tutta velocità*) **andare a ~** to go flat out

tavolino [ta·vo·'li:·no] *m* (*piccolo tavolo*) (small) table

tavolo ['ta:·vo·lo] *m* table; **~ da disegno** drawing board; **~ da stiro** ironing board

tavolozza [ta·vo·'lɔt·tsa] *f* palette

tazza ['tat·tsa] *f* cup; **una ~ da caffè** a coffee cup; **una ~ di caffè** a cup of coffee

te [te] *pron 2. pers sing* ① (*complemento oggetto*) you; **ho visto solo ~** I only saw you ② (*complemento di termine*) you; **lo ha regalato a ~** he gave it to you; **ricordatelo** remember you; ③ (*con preposizione*) you; **vengo con ~** I'll come with you ④ (*con funzione di soggetto e nelle comparazioni, esclamazioni*) you; **povero ~!** (you) poor thing! ⑤ (*davanti a lo, la, li, le, ne*) *v.* **ti**

tè [tɛ] <-> *m* tea; **bustina di ~** tea bag

teatino, -a [te·a·'ti:·no] I.*adj* (*di Chieti*) from Chieti II.*m, f* (*abitante*) person from Chieti

teatrale [te·a·'tra:·le] *adj* ① (*di, da teatro*) theater ② *fig* theatrical

teatro [te·'a:·tro] *m a. fig* theater; **~ all'aperto** open-air theater; **~ di prosa** theater; **~ lirico** opera

teatro-tenda [te·'a:·tro ·'tɛn·da] *m* marquee, *used for performances*

tecnica ['tɛk·ni·ka] <-che> *f* (*norme*) technology; (*sistema*) technique

tecnico ['tɛk·ni·ko] <-ci> *m* technician

tecnico, -a <-ci, -che> *adj* technical; **termine ~** technical term; (*assistente*) **tecnico sanitario** medical technician, *with a degree*

tecnologia [tek·no·lo·'dʒi:·a] <-gie> *f* technology; **alta ~** high technology; **-gie dolci** soft technologies

tecnologico, -a [tek·no·'lɔ:·dʒi·ko] *adj* technological

tedesco [te·'des·ko] <*sing*> *m* (*lingua*) German

tedesco, -a <-schi, -sche> *adj* German

tedioso, -a [te·'diɔ:·so] *adj* ① (*noioso*) boring ② (*fastidioso*) annoying

tegame [te·'ga:·me] *m* skillet

teglia ['teʎ·ʎa] <-glie> *f* pan

tegola ['te:·go·la] *f* (roof) tile; **~ in testa** *fig* shock

teiera [te·'iɛ:·ra] *f* teapot

teina [te·'i:·na] *f* theine

tela ['te:·la] *f* ① (*tessuto*) cloth; **~ di ragno** cobweb ② (*dipinto*) canvas

telaio [te·'la:·io] <-ai> *m* ① (*per tessitura*) loom ② (*di finestra*) frame; (*di auto*) chassis; (*di letto*) base

tele ['tɛ:·le] <-> I.*f fam* (*television*) TV II. *m* (*teleobiettivo*) telephoto lens

teleabbonato, -a [te·le·ab·bo·'na:·to] *m, f* television license holder

telebanking [te·le·'bɛn·king] <-> *m* home banking

telecamera [te·le·'ka:·me·ra] *f* television camera

Telecom [te·le·kom] *f* ~ **Italia** *Italian national phone company*

telecomando [te·le·ko·'man·do] *m* remote control

telecomunicazione [te·le·ko·mu·ni·kat·'tsio:·ne] *f* telecommunication

telecontrollo [te·le·kon·'trɔl·lo] *m* remote control

telecronaca [te·le·'krɔ:·na·ka] *f* television report

telecronista [te·le·kro·'nis·ta] *mf* television reporter

telediffusione [te·le·dif·fu·'zio:·ne] *f* broadcasting

telefilm [te·le·'film] *m* TV film

telefonare [te·le·fo·'na:·re] I.*vt* to call II.*vi* to call; **~ a qu** to call sb; **posso telefonare?** can I make a phone call?

telefonata [te·le·fo·'na:·ta] *f* phone call; **~ interurbana** long distance phone call; **~ urbana** local phone call; **fare una ~ a qu** to call sb; **scusi, posso fare una telefonata?** excuse me, can I make a phone call?

telefonico, -a [te·le·'fɔ:·ni·ko] <-ci, -che> *adj* phone; **scheda -a** phone card; **cabina** ~ phone booth; **elenco** ~ phone book

telefonino [te·le·fo·'ni:·no] *m* cellphone

telefono [te·'lɛː·fo·no] *m* phone; ~ **amico** *hotline for people with psychological problems*; ~ **azzurro** *hotline for reporting child abuse*; ~ **cellulare** cellphone; **bolletta del** ~ phone bill; ~ **senza filo** cordless phone; **dare un colpo di** ~ **a qu** *fam* to call sb

telegiornale [te·le·dʒor·'na:·le] *m* (television) news

telegrafare [te·le·gra·'faː·re] *vt* to telegraph

teleguida [te·le·'guiː·da] *f* radio control

telelavorare [te·le·la·vo·'raː·re] *vi* COMPUT to telecommute

telematica [te·le·'maː·ti·ka] <-che> *f* telematics

telematico, -a [te·le·'maː·ti·ko] <-ci, -che> *adj* telematic; **giornale** ~ COMPUT e-newspaper

telenovela [te·le·no·'vɛ·la] *f* Latin American soap opera

teleobiettivo [te·le·o·biet·'tiː·vo] *m* telephoto lens

telepatia [te·le·pa·'tiː·a] <-ie> *f* telepathy

telepilotare [te·le·pi·lo·'taː·re] *vt* to operate by radio control

telepromozione [te·le·pro·mot·'tsioː·ne] *f* TV television advertising

telequiz [te·le·'kui:ts] *m* game show

teleromanzo [te·le·ro·'man·dzo] *m* miniseries

teleschermo [te·les·'ker·mo/te·les·'kɛr·mo] *m* television screen

telescopico, -a [te·les·'kɔː·pi·ko] <-ci, -che> *adj* telescopic

telescopio [te·les·'kɔː·pio] <-i> *m* telescope

telespettatore, -trice [te·les·pet·ta·'toː·re] *m, f* viewer

teletex [te·le·'tɛks] <-> *m* teletex

teletext [te·le·'tɛkst] <-> *m* teletext®

teletrasmettere [te·le·traz·'met·te·re] <irr> *vt* to televise

teleutente [te·leu·'tɛn·te] *mf* television subscriber

televendita [te·le·'ven·di·ta] *f* teleshopping

televideo [te·le·'viː·deo] <-> *m* system of teletext used in Italy

televisione [te·le·vi·'zioː·ne] *f* ⓐ (*sistema*) television; ~ **via cavo** cable television ⓑ *fam* (*televisore*) television; ~ **a colori** color television

telo ['teː·lo] *m* piece of cloth; ~ **da bagno** beach towel; ~ **da salvataggio** safety blanket

telone [te·'loː·ne] *m* ⓐ (*copertura*) tarpaulin ⓑ (*sipario*) safety curtain

tema ['tɛː·ma] <-i> *m* ⓐ (*argomento*) subject; **andare fuori** ~ to wander off the subject ⓑ (*componimento scolastico*) essay

tematica [te·'maː·ti·ka] <-che> *f* themes *pl*

tematico, -a [te·'maː·ti·ko] <-ci, -che> *adj* thematic

temerarietà [te·me·ra·rie·'ta] <-> *f* recklessness

temere [te·'meː·re] **I.** *vt* (*avere paura di*) to be afraid of **II.** *vi* ⓐ (*essere preoccupato*) ~ **per qu/qc** to worry about sb/sth; **non** ~! don't worry! ⓑ (*diffidare di*) ~ **di qu/qc** to distrust sb/sth

temperamento [tem·pe·ra·'men·to] *m* (*indole*) temperament

temperante [tem·pe·'ran·te] *adj* moderate

temperare [tem·pe·'raː·re] *vt* ⓐ (*gener*) to temper ⓑ (*matita*) to sharpen

temperato, -a [tem·pe·'raː·to] *adj* ⓐ (*gener*) moderate ⓑ (*clima*) temperate

temperatura [tem·pe·ra·'tuː·ra] *f* temperature; ~ **di ebollizione** boiling point; **sbalzo di** ~ sudden fall/rise in temperature

temperino [tem·pe·'riː·no] *m* ⓐ (*per matite*) sharpener ⓑ (*coltello*) penknife

tempesta [tem·'pɛs·ta] *f* (*bufera*) storm; **c'è aria di** ~ *fig* there's a storm brewing

tempestina [tem·pes·'ti:·na] *f* CULIN small cylindrical pasta for soup

tempestività [tem·pes·ti·vi·'ta] <-> *f* timeliness

tempestivo, -a [tem·pes·'ti:·vo] *adj* timely

tempestoso, -a [tem·pes·'to:·so] *adj* ① (*cielo, mare*) stormy ② (*pensieri*) agitated ③ (*vita*) eventful

tempia ['tɛm·pia] <-ie> *f* ANAT temple

tempio ['tɛm·pio] <-i *o* templi> *m* temple

tempismo [tem·'piz·mo] *m* (good) timing

tempo ['tɛm·po] *m* ① (*gener*) time; **~ libero** free time; **~ reale** real time; **a ~ pieno** full time; **in** [*o* **per**] **~** in time; **~ fa** a while ago; **quanto ~?** how long? ② METEO weather; **previsioni del ~** weather forecast; **~ da cani** [*o* **da lupi**] terrible weather ③ LING tense ④ MUS time; **andare a ~** to keep time ⑤ (*di partita*) half; **-i supplementari** extra time ⑥ (*di spettacolo*) part

temporale [tem·po·'ra:·le] I. *adj* ① *a.* ANAT temporal ② REL, POL worldly; **il potere ~** earthly power ③ LING time II. *m* METEO storm

temporaneo, -a [tem·po·'ra:·neo] *adj* (*provvisorio*) temporary

temporeggiare [tem·po·red·'dʒa:·re] *vi* (*prendere tempo*) to play for time

temprare [tem·'pra:·re] *vt* ① (*vetro, metallo*) to temper ② (*persona, carattere*) to strengthen

tenace [te·'na:·tʃe] *adj* ① (*resistente: filo, colore*) tough; (*duro: legno*) hard ② (*persona*) tenacious; (*odio, avversione*) strong

tenacia [te·'na:·tʃa] <-cie> *f* tenacity

tenaglia [te·'naʎ·ʎa] *f* TEC **un paio di -e** a pair of pliers

tenda ['tɛn·da] *f* ① (*per finestre*) curtain ② (*per negozi, balconi*) awning ③ tent

tendenza [ten·'dɛn·tsa] *f* ① (*propensione*) tendency; **avere ~ a fare qc** to tend to do sth ② (*orientamento*) trend

tendere ['tɛn·de·re] <tendo, tesi, teso> I. *vt* ① (*fune*) to tighten; (*lenzuolo*)

to spread out; (*muscoli*) to stretch ② (*mano*) to hold out; (*braccio*) to stretch out II. *vi* ① (*aspirare*) **~ a qc** to aim toward sth ② (*propendere*) **~ a qc** to tend toward sth

tendina [ten·'di:·na] *f* (*per finestre*) curtain

tendine ['tɛn·di·ne] *m* tendon

tendone [ten·'do:·ne] *m* ① (*copertura*) (big) tent; (*di circo*) big top

tendopoli [ten·'dɔ:·po·li] <-> *f* tented camp, *for disaster victims*

tenebre ['tɛ:·ne·bre] *f* ① *pl* (*buio*) darkness ② (*ignoranza*) ignorance

tenebroso, -a [te·ne·'bro:·so] *adj* ① (*buio*) dark ② (*schivo*) mysterious

tenente [te·'nɛn·te] *m* lieutenant

tenere [te·'ne:·re] <tengo, tenni, tenuto> I. *vt* ① (*in mano/braccio*) to hold; (*non lasciar sfuggire*) to hold onto; **ecco il resto: tenga!** here's your change ② (*mantenere*) to keep; **~ a mente qc** to bear sth in mind; **~ le distanze** *fig* to keep one's distance; **~ una promessa** to keep a promise; **~ la destra/sinistra** to keep to the right/left ③ (*contenere*) to hold ④ (*discorso, conferenza*) to give; (*riunione*) to hold ⑤ *fig* (*occupare*) to take up; (*dominare*) to hold; **~ banco** *fig* to hold the stage ⑥ (*loc*) **~ conto di qc** to bear sth in mind; **~ compagnia a qu** to keep sb company; **~ d'occhio qu** to keep an eye on sb II. *vi* ① (*reggere: scaffale*) to hold up; (*colla*) to stick; **~ duro** *fam* (*resistere*) to hang in there ② (*dare importanza*) **~ a qc** to care about sth; **tengo a ... +***inf* I would like to ... ③ (*parteggiare*) **~ per qu** to be on sb's side; **~ per una squadra** to support a team III. *vr:* **-rsi** ① (*reggersi*) to hold on ② (*mantenersi*) to keep; **tenersi aggiornato** to keep up to date; **~ pronto** to be ready ③ (*trattenersi*) to keep oneself; **-rsi dal ridere** to keep oneself from laughing ④ (*attenersi*) **-rsi a qc** to stick to sth

tenerezza [te·ne·'ret·tsa] *f* tenderness

tenero, -a *adj* ① (*morbido: carne*) tender; (*legno, pietra*) soft ◉ (*affettuoso: sguardo, parole*) tender; (*non severo: madre, padre*) soft; **che ~!** how sweet! ◉ (*giovane*) **in -a età** at a tender age

tengo ['tɛŋ·go] *1. pers sing pr di* **tenere**

tennis ['tɛn·nis] <-> *m* tennis; **~ da tavolo** table tennis

tennista [ten·'nis·ta] <-i *m*, -e *f*> *mf* tennis player

tenore [te·'noː·re] I. *adj* tenor; **sax ~** tenor sax II. *m* ◉ MUS tenor ◉ (*contenuto*) content ◉ (*modo*) way ◉ (*tono*) tone; **~ di vita** standard of living

tensione [ten·'sioː·ne] *f* tension

tentare [ten·'taː·re] *vt* ◉ (*provare*) to try; **~ di fare qc** to try to do sth ◉ (*allettare*) to tempt

tentativo [ten·ta·'tiː·vo] *m* (*prova*) attempt

tentatore, -trice [ten·ta·'toː·re] I. *adj* tempting II. *m*, *f* tempter *m*, temptress *f*

tentazione [ten·tat·'tsioː·ne] *f* temptation; **indurre qu in ~** to lead sb into temptation

tentennamento [ten·ten·na·'men·to] *m* (*indecisione*) hesitation

tentennare [ten·ten·'naː·re] I. *vt* (*testa*) to shake II. *vi* ◉ (*dente, tavolo*) to wobble ◉ (*esitare*) to waver

tenue ['tɛː·nue] *adj* ◉ (*colore*) soft ◉ (*speranza, luce*) faint; (*voce*) feeble

tenuta [te·'nuː·ta] *f* ◉ (*azione*) handling ◉ TEC sealing; **a ~ d'acqua** watertight ◉ (*abito: da lavoro*) clothes *pl*; (*uniforme*) uniform ◉ (*resistenza: di atleta*) stamina

teologia [te·o·lo·'dʒiː·a] <-gie> *f* theology

teologico, -a [te·o·'lɔː·dʒi·ko] <-ci, -che> *adj* theological

teoretico, -a [te·o·'rɛː·ti·ko] <-ci, -che> *adj* theoretical

teoria [te·o·'riː·a] <-ie> *f* theory; **in ~** in theory

teorico, -a [te·'ɔː·ri·ko] <-ci, -che> I. *adj* theoretical II. *m*, *f* theorist

tepore [te·'poː·re] *m* warmth

teppismo [tep·'piz·mo] *m* (*comportamento*) hooliganism

teppista [tep·'pis·ta] <-i *m*, -e *f*> *mf* hooligan

teramano, -a [te·ra·'maː·no] I. *adj* from Teramo II. *m*, *f* (*abitante*) person from Teramo

Teramo *f* Teramo, *city in southeastern Italy*

terapeuta [te·ra·'pɛu·ta] <-i *m*, -e *f*> *mf* therapist

terapeutico, -a [te·ra·'pɛu·ti·ko] <-ci, -che> *adj* therapeutic

terapia [te·ra·'piː·a] <-ie> *f* ◉ (*cura*) treatment; **~ intensiva** intensive care ◉ *fam* (*psicoterapia*) therapy

terapista [te·ra·'pis·ta] <-i *m*, -e *f*> *mf* therapist

tergicristallo [ter·dʒi·kris·'tal·lo] *m* MOT windshield wiper

tergilunotto [ter·dʒi·lu·'nɔt·to] *m* MOT rear windshield wiper

tergiversare [ter·dʒi·ver·'saː·re] *vi* (*temporeggiare*) to prevaricate

tergo ['tɛr·go] <-ghi> *m* (*di foglio, moneta*) back; **a ~** behind; **vedi a ~** please turn over

termale [ter·'maː·le] *adj* thermal; **stazione ~** spa resort

terme ['tɛr·me] *fpl* a. HIST (thermal) baths

termico, -a ['tɛr·mi·ko] <-ci, -che> *adj* thermal

terminale [ter·mi·'naː·le] I. *adj* ◉ (*finale*) final ◉ (*malato*) terminal II. *m* a. COMPUT terminal

terminare [ter·mi·'naː·re] I. *vt* avere (*concludere*) to finish II. *vi* essere (*concludersi*) to end

terminazione [ter·mi·nat·'tsioː·ne] *f* ending

termine ['tɛr·mi·ne] *m* ◉ (*scadenza*) deadline; **a ~** (*contratto*) fixed-term; **a breve ~** short-term ◉ (*fine*) end; **aver ~** to end; **portare a ~** to finish ◉ (*vocabolo, elemento*) term; **~ tecnico** technical term

terminologia [ter·mi·no·lo·'dʒiː·a] <-gie> *f* terminology

termodistruttore [ter·mo·dis·trut·'toː·re] *m* incinerator

termoelettrico, -a [ter·mo·e·ˈlɛt·tri·ko] *adj* thermoelectric; **centrale -a** thermo-electric power station

termometro [ter·ˈmɔː·me·tro] *m* thermometer

termonucleare [ter·mo·nu·kle·ˈaː·re] *adj* thermonuclear

termos [ˈtɛr·mos] <-> *m v.* **thermos**

termosifone [ter·mo·si·ˈfoː·ne] *m* ① (*radiatore*) radiator ② (*impianto*) central heating

termostato [ter·ˈmɔːs·ta·to] *m* thermostat

termoventilazione [ter·mo·ven·ti·lat·ˈtsioː·ne] *f* warm-air heating

terna [ˈtɛr·na] *f* (*tre elementi*) set of three

ternano, -a [ter·ˈnaː·no] I. *adj* from Terni II. *m, f* (*abitante*) person from Terni

Terni [ˈtɛr·ni] *f* Terni, *city in Umbria*

terno [ˈtɛr·no] *m* set of three winning numbers

terra [ˈtɛr·ra] *f* ① (*pianeta*) earth ② (*suolo*) ground; **finire per ~** to fall to the ground; **raso ~** close to the ground; **avere una gomma a ~** to have a flat *fam* ③ (*paese, campagna*) land ④ (*terreno*) piece of land; **~ di nessuno** no man's land ⑤ EL ground; **mettere a ~** to ground

terracotta [ter·ra·ˈkɔt·ta] <terre-cotte> *f* ① (*materiale*) terracotta ② (*manufatto*) earthenware

terraferma [ter·ra·ˈfer·ma] <-> *f* dry land

terrapieno [ter·ra·ˈpiɛː·no] *m* embankment

terrazza [ter·ˈrat·tsa] *f* (*di edificio*) terrace

terrazzino [ter·rat·ˈtsiː·no] *m* balcony

terrazzo [ter·ˈrat·tso] *m* terrace

terremotato, -a [ter·re·mo·ˈtaː·to] I. *adj* (*zona*) affected by an earthquake II. *m, f* earthquake victim

terremoto [ter·re·ˈmɔːː·to] *m* ① (*movimento tellurico*) earthquake ② *fig, scherz* (*persona*) terror

terreno [ter·ˈreː·no] *m* ① (*superficie di terra*) land ② (*suolo*) ground ③ SPORT **~ (di gioco)** (sports) field

terreno, -a *adj* **piano ~** first floor

terrestre [ter·ˈrɛs·tre] I. *adj* ① (*superficie, temperatura*) earth's ② (*battaglia, animale*) land II. *mf* earthling

terribile [ter·ˈriː·bi·le] *adj* ① (*spaventoso*) terrible ② (*molto intenso: freddo*) awful

terriccio [ter·ˈrit·tʃo] <-cci> *m* compost

terriero, -a [ter·ˈriɛː·ro] *adj* (*proprietà*) landed; **proprietario ~** landowner

terrificante [ter·ri·fi·ˈkan·te] *adj* terrifying

terrina [ter·ˈriː·na] *f* CULIN (*di lepre, anatra*) terrine

territorio [ter·ri·ˈtɔː·rio] <-i> *m* (*regione*) region; **~ nazionale** national territory

terrò [ter·ˈrɔ] *1. pers sing futuro di* **tenere**

terrone, -a [ter·ˈroː·ne] *m, f pej:* derogatory term for someone from the South of Italy

terrore [ter·ˈroː·re] *m* terror

terrorismo [ter·ro·ˈriz·mo] *m* terrorism

terrorista [ter·ro·ˈris·ta] <-i *m*, -e *f*> *mf* terrorist

terroristico, -a [ter·ro·ˈris·ti·ko] <-ci, -che> *adj* terrorist

terrorizzare [ter·ro·rid·ˈdzaː·re] *vt* to terrorize

terza [ˈtɛr·tsa] *f* ① (*classe: elementare*) third grade; (*media*) eighth grade; (*superiore*) eleventh grade; ② MOT third gear ③ MUS third

terzetto [ter·ˈtset·to] *m a.* MUS trio

terziario [ter·ˈtsiaː·rio] *m* ① GEOL tertiary ② COM service sector

terziario, -a <-i, -ie> *adj, m, f* tertiary

terzino [ter·ˈtsiː·no] *m* fullback, *in soccer*

terzo [ˈtɛr·tso] *m* ① (*frazione*) third ② *pl* (*altri*) other people; **per conto -i** on behalf of a third party

terzo, -a I. *adj* third II. *m, f* (*terza persona*) third; *v.a.* **quinto**

terzultimo, -a [ter·ˈtsul·ti·mo] I. *adj* third from last II. *m, f* third from last

T

tesi ['tɛ:·zi] <-> f ❶ (*proposizione*) theory ❷ (*di laurea*) dissertation; (*di dottorato*) doctoral thesis

teso, -a ['te:·so] I. *pp di* **tendere** II. *adj* ❶ (*corda, muscoli*) tight ❷ (*nervoso*) tense

tesoro [te·'zɔ:·ro] *m* ❶ (*cose preziose*) treasure ❷ (*erario pubblico*) Treasury

tessera ['tɛs·se·ra] f ❶ (*documento*) membership card; **~ sanitaria** *card entitling its bearer to health care* ❷ (*di mosaico*) tile

tesserare [tes·se·'ra:·re] *vt* (*iscrivere*) **~ qu** to make sb a member

tesserato, -a [tes·se·'ra:·to] *m, f* (paid-up) member

tessere ['tɛs·se·re] *vt* ❶ (*con telaio*) to weave; (*intrecciare*) to braid ❷ (*inganno*) to plot

tesserino [tes·se·'ri:·no] *m* card; **~ sanitario** *card entitling its bearer to health care;* **~ universitario** student ID card

tessile ['tɛs·si·le] I. *adj* textile II. *mf* textile worker III. *m* ❶ (*settore*) textile sector ❷ *pl* (*prodotti*) textiles

tessitura [tes·si·'tu:·ra] *f* weaving

tessuto [tes·'su:·to] *m* ❶ (*stoffa*) material ❷ *fig* **~ sociale** social fabric ❸ BIO, ANAT tissue ❹ *pl* textiles

test [tɛst] <-> *m* test; **~ di gravidanza** pregnancy test

testa ['tɛs·ta] f ❶ (*di persona*) head; **mal di ~** headache; **andar fuori di ~** *fam* to go crazy; **avere la ~ tra le nuvole** to have one's head in the clouds; **fare di ~ propria** to do as one pleases ❷ (*persona*) **~ calda** hothead; **colpo di ~** impulse; **a ~** each ❸ (*parte superiore*) top; **in ~ al treno** at the front of the train ❹ (*di spillo, martello*) head; **~ d'aglio** head of garlic ❺ (*di fila*) front; **essere in ~** (*in classifica, gara*) to be [o come] first

testamento [tes·ta·'men·to] *m* ❶ (*atto*) will ❷ (*Bibbia*) **l'Antico ~** the Old Testament; **il Nuovo ~** the New Testament

testardaggine [tes·tar·'dad·dʒi·ne] *f* stubbornness

testardo, -a [tes·'tar·do] I. *adj* stubborn II. *m, f* stubborn person

testata [tes·'ta:·ta] f ❶ (*colpo*) **prendere/dare una ~** to bump one's head ❷ (*di letto*) headboard ❸ (*di motore*) (cylinder) head ❹ (*di giornale*) masthead ❺ (*di missile*) warhead

teste ['tɛs·te] *mf* witness

testicolo [tes·'ti:·ko·lo] *m* testicle

testimone [tes·ti·'mɔ:·ne] *mf* ❶ (*persona*) witness; **~ oculare** eyewitness; **Testimone di Geova** REL Jehovah's Witness ❷ SPORT baton

testimonianza [tes·ti·mo·'nian·tsa] f ❶ GIUR testimony ❷ (*prova*) proof; **rendere ~ di qc** to testify to sth

testimoniare [tes·ti·mo·'nia:·re] I. *vt a.* GIUR to testify (that); **~ il falso** to commit perjury II. *vi* (*deporre*) to testify

testo ['tɛs·to] *m* text; **libri di ~** textbooks

testuale [tes·tu·'a:·le] *adj* ❶ (*del testo: analisi, critica*) textual ❷ (*esatto*) exact

testuggine [tes·'tud·dʒi·ne] *f* turtle

tetano ['tɛ:·ta·no] *m* tetanus

tetro, -a ['tɛ:·tro] *adj* (*buio*) dark; (*lugubre*) gloomy

tetta ['tet·ta] *f fam* tit

tetto ['tet·to] *m* ❶ (*di edificio, vettura*) roof; **~ scorrevole** sunroof ❷ (*casa*) home; **rimanere senza ~** to be homeless ❸ (*limite massimo*) ceiling

tettoia [tet·'to:·ia] <-oie> *f* (*copertura*) canopy

Tevere ['te:·ve·re] *m* Tiber

TG <-> *m abbr di* **Telegiornale** TV news; **il ~ della sera** the evening news

the [tɛ] *m v.* **tè**

thermos ['tɛr·mos] <-> *m* Thermos®

3 D [tre 'di:] *adj v.* **a tre dimensioni** 3-D; **film ~** 3-D movie; **stampante ~** 3-D printer

ti [ti] I. *pron 2. pers sing* ❶ (*oggetto: te*) you; **chi ~ ha invitato?** who invited you? ❷ (*complemento: a te*) (to) you; **~ farò un bel regalo** I'll give you a lovely present II. *pron 2. pers sing* yourself

ticket ['ti·kit/'ti·ket] <-> *m* ❶ (*buono*

pasto) meal ticket ❷ (*di scommesse*) betting slip ❸ (*su medicine, esami*) *charge for medicine and medical examinations*

tiene, tieni ['tiɛ·ne, 'tiɛ·ni] *3. e 2. pers sing pr di* **tenere**

tiepido, -a ['tiɛː·pi·do] *adj* ❶ (*poco caldo*) tepid ❷ (*poco entusiastico*) lukewarm

tifare [ti·'faː·re] *vi fam* ~ **per qu** to support sb

tifo ['tiː·fo] *m* ❶ MED typhus ❷ (*per squadra, atleta*) **fare il** ~ **per qu** to support sb

tifoso, -a [ti·'foː·so] I. *adj* ❶ MED typhous ❷ SPORT **essere** ~ **del Milan** to be a fan of Milan II. *m, f* ❶ MED typhus patient ❷ SPORT fan; ~ **di calcio** soccer fan

tight [tait] <-> *m* morning suit

tigrato, -a [ti·'graː·to] *adj* striped

tigre ['tiː·gre] *f* tiger

tilt [tilt] <-> *m* **andare in** ~ (*macchina*) to go on the blink; (*traffico*) to go crazy; (*persona*) to lose it

TIM *f abbr di* **Telecom Italia Mobile** *Italian cellphone operator*

timballo [tim·'bal·lo] *m* CULIN timbale; ~ **di riso** rice timbale

timbrare [tim·'braː·re] *vt* to stamp

timbro ['tim·bro] *m* ❶ (*marchio, strumento*) stamp ❷ (*di suono*) timbre

timidezza [ti·mi·'det·tsa] *f* shyness

timido, -a ['tiː·mi·do] *adj* (*persona, carattere*) shy; (*gesto, tentativo*) timid

timo ['tiː·mo] *m* thyme

timone [ti·'moː·ne] *m* NAUT, AERO rudder

timoniere, -a [ti·mo·'niɛː·re] *m, f* helmsman

timore [ti·'moː·re] *m* ❶ (*paura*) fear ❷ (*preoccupazione*) concern ❸ (*rispetto*) awe

timoroso, -a [ti·mo·'roː·so] *adj* (*pauroso*) fearful

timpano ['tim·pa·no] *m* ❶ ANAT eardrum ❷ MUS kettledrum

tinello [ti·'nɛl·lo] *m* (*stanza*) small dining room

tingere ['tin·dʒe·re] <tingo, tinsi,

tinto> I. *vt* (*capelli, stoffa*) to dye II. *vr:* **-rsi** ❶ (*colorarsi*) **il cielo al tramonto si tinge di rosso** the sky turns red at sunset ❷ *fig* (*sentimenti*) **-rsi di qc** to be tinged with sth

tinozza [ti·'nɔt·tsa] *f* (*per il bucato*) tub; (*da bagno*) bathtub

tinta ['tin·ta] *f* ❶ (*sfumatura*) color; **in ~ unita** plain-colored ❷ (*per muri*) paint; **dare una mano di ~ a qc** to give sth a coat of paint ❸ (*per capelli*) dye; **farsi la ~** to dye one's hair

tintarella [tin·ta·'rɛl·la] *f* (*abbronzatura*) suntan; **prendere la ~** to get a suntan

tinteggiare [tin·ted·'dʒaː·re] *vt* (*casa, parete*) to paint

tinteggiatura [tin·ted·dʒa·'tuː·ra] *f* (*di casa, pareti*) painting

tinto ['tin·to] *pp di* **tingere**

tintoria [tin·to·'riː·a] <-ie> *f* ❶ (*fabbrica*) dyeworks ❷ (*lavanderia*) dry cleaner's

tipico, -a ['tiː·pi·ko] <-ci, -che> *adj* (*di persona, cosa*) characteristic; (*di regione*) traditional

tipo ['tiː·po] *m* ❶ (*genere*) type; **merce di tutti i -i** all kinds of goods ❷ (*individuo*) person; **un ~ ti vuole parlare** there's someone who wants to speak to you

tipografia [ti·po·gra·'fiː·a] *f* ❶ (*procedimento*) typography ❷ (*stabilimento*) print shop

tipografico, -a [ti·po·'graː·fi·ko] <-ci, -che> *adj* typographic

tipografo, -a [ti·'pɔː·gra·fo] *m, f* typographer

TIR [tir] <-> *m* tractor-trailer

tiramisù [ti·ra·mi·'su] <-> *m* tiramisu, *dessert made of sponge cake, coffee, cream cheese and eggs*

tirannico, -a [ti·'ran·ni·ko] <-ci, -che> *adj* tyrannical

tirannide [ti·'ran·ni·de] *f* tyranny

tiranno, -a [ti·'ran·no] *m, f* tyrant

tirare [ti·'raː·re] I. *vt* ❶ (*carro*) to pull; (*cassetto*) to open; (*tenda*) to draw; ~ **su qc** to pick sth up; ~ **su le mani-**

T

che to roll up one's sleeves; **-rsi su** *fig* to cheer up; **-rsi indietro** *fig* to back out ⓢ(*fune*) to stretch ⓢ(*linea*) to trace ⓢ(*lanciare*) to throw; ~ (**in porta**) to score ⓢ(*sparare: colpo*) to fire ⓢ(*dare*) to give; ~ **un sberla a qu** to give sb a slap; ~ **calci** to kick; ~ **pugni** to punch ⓢ(*stampare*) to print ⓢ(*loc*) ~ **il fiato** *fig* to breathe a sigh of relief; ~ **a sorte** to draw out of a hat II.*vi* ⓢ*gener* to pull ⓢ(*vento*) to blow ⓢ(*abito*) to be tight ⓢ(*camino*) to draw ⓢ(*sparare*) to shoot ⓢ(*loc*) ~ **sul prezzo** to bargain; ~ **avanti** *fig, fam* to get by; ~ **diritto** to keep right on going

tirato, -a [ti·'ra:·to] *adj* ⓢ(*corda, filo*) taut ⓢ(*volto*) drawn ⓢ*fig* (*avaro*) cheap ⓢ*fig* (*sorriso*) forced

tiratura [ti·ra·'tu:·ra] *f* (*numero di copie*) circulation

tirchieria [tir·kie·'ri:·a] <-ie> *f fam* cheapness

tirchio, -a ['tir·kio] <-chi, -chie> *fam* I. *adj* cheap II. *m, f* skinflint

tiro ['ti:·ro] *m* ⓢ(*azione di tirare*) pull; ~ **alla fune** tug-of-war ⓢ(*azione di sparare*) shooting; (*sparo*) shot; ~ **con l'arco** archery ⓢ(*azione di lanciare*) throwing; (*lancio*) throw

tirocinante [ti·ro·tʃi·'nan·te] *adj, mf* trainee

tirocinio [ti·ro·'tʃi:·nio] <-i> *m* (*formazione professionale*) training; (*stage*) internship

tiroide [ti·'rɔ:·i·de] *f* thyroid

tisana [ti·'za:·na] *f* tisane

tisi ['ti:·zi] <-> *f* tuberculosis

titolo ['ti:·to·lo] *m* ⓢ(*di libro, quadro*) title; (*di articolo*) headline; **-i di prima pagina** front page headlines ⓢ(*qualifica*) qualification; ~ **di studio** academic qualification ⓢSPORT title ⓢ(*diritto*) right; **a ~ gratuito** free; **a ~ personale** in a private capacity ⓢFIN security; ~ **azionario** stock; **portafoglio -i** investment portfolio

titubante [ti·tu·'ban·te] *adj* hesitant

titubare [ti·tu·'ba:·re] *vi* to hesitate

tizio, -a ['tit·tsio] <-zi, -zie> *m, f* guy *m*, woman *f*; **un ~ qualunque** an ordinary guy; **Tizio, Caio e Sempronio** Tom, Dick, and Harry

toast [toust/tɔst] <-> *m* toasted sandwich

toccante [tok·'kan·te] *adj* touching

toccare [tok·'ka:·re] I. *vt* avere ⓢ*a. fig* to touch; ~ (**il fondo**) (*in acqua*) to touch the bottom; ~ **un tasto dolente** to touch a sore point ⓢ(*giungere*) to reach; ~ **terra** to reach land; ~ **la sessantina** to turn sixty ⓢ(*argomento*) to touch on ⓢ(*commuovere*) to touch ⓢ(*riguardare*) to concern II. *vi* essere ⓢ(*accadere*) ~ **a qu** to happen to sb ⓢ(*essere obbligato*) **guarda un po' cosa mi tocca fare!** see what I have to do!; **mi tocca andarmene** I have to leave ⓢ(*spettare*) **tocca a te dirglielo** it's your job to tell him; **ti tocca una parte dei soldi** part of the money's for you; **a chi tocca tocca** that's life ⓢ**tocca a me** (*nei giochi*) it's my turn

tocco ['tok·ko] <-cchi> *m* ⓢ(*gener*) touch ⓢ(*di campane, orologio*) stroke ⓢ(*pezzo: di pane, formaggio*) chunk

togliere ['tɔʎ·ʎe·re] <tolgo, tolsi, tolto> I. *vt* ⓢ(*rimuovere*) to take away; (*dente*) to take out; (*vestito, cappello*) to take off; **-rsi la vita** to kill oneself ⓢ*fig* (*privare*) ~ **il saluto a qu** to ignore sb; ~ **la parola a qu** to interrupt sb ⓢ*fig* (*divieto*) to remove ⓢ*fig* (*liberare*) ~ **qu dai guai** to rescue sb; ~ **qu dall'imbarazzo** to save sb from embarrassment II. *vr*: **-rsi** to remove oneself; **-rsi dai piedi** *fam* to get out

tolgo ['tɔl·go] *1. pers sing pr di* **togliere**

tollerabile [tol·le·'ra:·bi·le] *adj* tolerable

tollerante [tol·le·'ran·te] *adj* tolerant

tolleranza [tol·le·'ran·tsa] *f a.* MED tolerance; **casa di ~** brothel

tollerare [tol·le·'ra:·re] *vt* ⓢ(*sopportare*) to tolerate ⓢ(*reggere a: freddo, alcolici*) to take

tolto ['tɔl·to] *pp di* **togliere**

tomba ['tom·ba] *f* tomb

tombino [tom·'biː·no] *m* manhole cover

tombola ['tom·bo·la] *f* bingo

tomo ['tɔː·mo] *m* ❶(*volume*) volume ❷*fig, fam* (*persona bizzarra*) oddball

tonale [to·'naː·le] *adj* tonal

tonalità [to·na·li·'ta] <-> *f* ❶MUS tonality ❷(*di colore*) shade

tondeggiante [ton·ded·'dʒa·nte] *adj* rounded

tondo ['ton·do] *m* (*cerchio*) circle; **girare in ~** to go around in circles

tondo, -a *adj* round; **chiaro e ~** straight out

tonfo ['ton·fo] *m* ❶(*rumore*) thud; (*nell'acqua*) plop ❷(*caduta*) tumble

tonico ['tɔː·ni·ko] <-ci> *m* (*ricostituente*) tonic; (*per la pelle*) toner

tonico, -a <-ci, -che> *adj* ❶(*muscolo, fisico*) toned ❷*a.* LING tonic; **acqua -a** tonic water

tonnato, -a [ton·'naː·to] *adj* **vitello ~** veal with tuna sauce; **salsa -a** tuna sauce

tonnellaggio [ton·nel·'lad·dʒo] <-ggi> *m* tonnage

tonnellata [ton·nel·'laː·ta] *f* ton

tonno ['ton·no] *m* tuna; **~ sott'olio** tuna in oil

tono ['tɔː·no] *m* ❶*a.* MUS, FIS tone ❷(*di colore*) shade

tonsilla [ton·'sil·la] *f* ANAT tonsil

tonsillite [ton·sil·'liː·te] *f* tonsillitis

tonto, -a ['ton·to] *adj* dumb; **fare il finto ~** to play dumb

topaia [to·'paː·ia] <-aie> *f fig* dump

topicida <-i> *m* rat poison

topo ['tɔː·po] *m* rat; **~ di biblioteca** *fig* bookworm

topolino [to·po·'liː·no] *m* (*piccolo topo*) mouse; **Topolino** Mickey Mouse

toppa ['tɔp·pa] *f* ❶(*serratura*) keyhole ❷(*rappezzo*) patch

torace [to·'raː·tʃe] *m* chest

torbido, -a ['tor·bi·do] *adj* ❶(*acqua, vino*) cloudy ❷(*pensieri, intenzioni*) dark

torchiare [tor·'kia·re] *vt* ❶(*spremere*) to press ❷*fig* (*a un esame*) to grill

torchio ['tɔr·kio] <-chi> *m* press; **mettere qu sotto (il) ~** *fig* to give sb the third degree

torcia ['tɔr·tʃa] <-ce> *f* (*fiaccola*) torch; **~ elettrica** flashlight

torcicollo [tor·tʃi·'kɔl·lo] *m* stiff neck

torinese¹ [to·ri·'neː·se] I. *adj* from Turin II. *mf* (*abitante*) person from Turin

torinese² <*sing*> *m* (*dialetto*) Turin dialect

Torino [to·'riː·no] *f* Turin, *capital of Piedmont*

tormenta [tor·'men·ta] *f* blizzard

tormentare [tor·men·'taː·re] I. *vt* (*dolore, rimorso*) to torment; (*assillare*) to pester II. *vr:* **-rsi** to worry

tormento [tor·'men·to] *m* ❶*fig* (*sofferenza*) torment ❷(*dolore*) agony

tormentoso, -a [tor·men·'toː·so] *adj* (*dubbio, pensiero*) nagging

tornaconto [tor·na·'kon·to] *m* (*guadagno*) benefit

tornante [tor·'nan·te] *m* hairpin curve

tornare [tor·'naː·re] *vi* essere ❶(*venire di nuovo*) to come back; (*andare di nuovo*) to go back; **~ sull'argomento** to come back to a subject; **~ su una decisione** to change one's mind ❷(*ridiventare*) to become again; **~ di moda** to become fashionable again ❸(*essere esatto, giusto*) **il conto torna** the check is correct; **c'è qualcosa che non mi torna** there's something not quite right here

torneo [tor·'nɛː·o] *m* tournament

torno ['tor·no] *m* **levarsi di ~** to go away; **levarsi qu di ~** to get rid of sb

toro ['tɔː·ro] *m* ❶ZOO bull ❷ASTR **Toro** Taurus; **sono (del** [*o* **un]) Toro** I'm a(n) Taurus

torpedone [tor·pe·'doː·ne] *m* tourist bus

torpido, -a ['tɔr·pi·do] *adj* ❶(*gamba, piede*) numb ❷(*ingegno, volontà*) sluggish

torpore [tor·'poː·re] *m* drowsiness

torre ['tɔr·re] *f* ❶tower; **~ di controllo** control tower ❷(*negli scacchi*) castle

torrefazione [tor·re·fat·'tsio·ne] *f*

T

① (*azione: di caffè*) roasting **②** (*locale*) coffee store

torrente [tor·'rɛn·te] *m* **①** (*corso d'acqua*) torrent **②** *fig* (*di lava, lacrime*) flood

torrenziale [tor·ren·'tsia:·le] *adj* torrential

torrido, -a ['tɔr·ri·do] *adj* scorching hot

torrione [tor·'rio:·ne] *m* fortified tower, *in a castle or city walls*

torrone [tor·'ro:·ne] *m* type of nougat

torsione [tor·'sio:·ne] *f* **①** (*gener*) twisting **②** (*in ginnastica*) twist

torso ['tor·so] *m* **①** (*gener*) torso **②** BOT (*di frutto*) core

torsolo ['tor·so·lo] *m* (*di mela*) core

torta ['tɔr·ta] *f* (*dolce*) cake; (*salata*) savory pie

tortellini [tor·tel·'li:·ni] *mpl* tortellini, *small round pasta filled with meat or vegetables*

tortelloni [tor·tel·'lo:·ni] *mpl* tortelloni, *large round pasta filled with cheese and spinach*

tortiera [tor·'tiɛ:·ra] *f* cake pan

torto ['tor·to] I. *f* **①** (*ingiustizia*) wrong **②** (*mancanza di ragione*) **avere ~** to be wrong; **dar ~ a qu** to say that sb is wrong; **a ~** wrongly

tortora ['tor·to·ra] I. *f* turtle dove II. *adj* **grigio ~** dove gray

tortuoso, -a [tor·tu·'o:·so] *adj* **①** (*strada, percorso*) winding **②** (*ragionamento*) tortuous

tortura [tor·'tu:·ra] *f* **①** (*corporale*) torture **②** *fig* (*sofferenza*) torment

torturare [tor·tu·'ra:·re] I. *vt* **①** (*corporalmente*) to torture **②** (*tormentare*) to torment II. *vr:* **-rsi** to torment oneself

torvo, -a ['tor·vo] *adj* grim

tosaerba [to·za·'ɛr·ba] <-> *m o f* lawnmower

tosare [to·'za:·re] *vt* **①** (*pecore*) to shear **②** *scherz* (*capelli*) to crop **③** (*siepi*) to clip

Toscana [tos·'ka:·na] *f* Tuscany

toscano, -a I. *adj* Tuscan II. *m, f* (*abitante*) Tuscan

tosse ['tos·se] *f* cough; **~ canina** [*o* **asinina**] whooping cough

tossicchiare [tos·sik·'kia:·re] *vi* to clear one's throat

tossico ['tɔs·si·ko] <-ci> *m* (*veleno*) poison

tossico, -a <-ci, -che> I. *adj* toxic II. *m, f sl* junkie

tossicodipendente [tos·si·ko·di·pen·'dɛn·te] *mf* drug addict

tossicodipendenza [tos·si·ko·di·pen·'dɛn·tsa] *f* drug addiction

tossicomane [tos·si·'kɔ:·ma·ne] I. *adj* drug addicted II. *mf* drug addict

tossina [tos·'si:·na] *f* toxin

tossire [tos·'si:·re] <tossisco> *vi* to cough

tostapane [tos·ta·'pa:·ne] <-> *m* toaster

tostare [tos·'ta:·re] *vt* (*caffè, mandorle*) to roast; (*pane*) to toast

tosto, -a ['tɔs·to] *adj* **①** (*duro*) tough; **faccia -a** nerve **②** *sl* (*bello*) cool

tot [tɔt] *fam* I. <inv> *adj* so much/many II. <-> *m* so much

totale [to·'ta:·le] *adj, m* total

totalità [to·ta·li·'ta] <-> *f* entirety; **la ~ di** all

totalitario, -a [to·ta·li·'ta:·rio] <-i, -ie> *adj* (*regime, Stato*) totalitarian

totalitarismo [to·ta·li·ta·'riz·mo] *m* totalitarianism

totalizzare [to·ta·lid·'dza:·re] *vt* (*ottenere*) to score

totano ['tɔ:·ta·no] *m* squid

totip [to·'tip] *m acro di* **totalizzatore ippico,** *weekly game of betting on horse races*

totocalcio [to·to·'kal·tʃo] *m acro di* **totalizzatore calcistico,** *weekly game of betting on soccer results*

toupet [tu·'pɛ] <-> *m* (*di capelli*) toupee

tovaglia [to·'vaʎ·ʎa] <-glie> *f* (*per tavolo*) tablecloth

tovagliolo [to·vaʎ·'ʎɔ:·lo] *m* napkin; **~ di carta** paper napkin

tozzo ['tɔt·tso] *m* (*di pane*) crust

tozzo, **-a** adj (*persona, fisico*) stocky; (*edificio*) squat

tra [tra] prep ❶ (*fra due persone, cose*) between; (*fra più persone, cose*) among; **siediti ~ di noi** sit between us; **arriveremo ~ le sette e le otto** we'll be there between seven and eight; **sono amici ~ loro** they are friends; **sono incerto ~ il pesce e la carne** I can't decide whether to have fish or meat; **~ sé e sé** to oneself ❷ (*attraverso*) through ❸ (*partitivo*) of; **~ l'altro** among other things ❹ (*causale*) what with; **~ vitto e alloggio ho speso quasi tutto** with food and lodging, I've spent almost all my money ❺ (*di tempo*) in; **~ un'ora** in an hour; **~ poco** soon

traballare [tra·bal·ˈlaː·re] vi ❶ (*tavolo, dente*) to wobble ❷ fig (*speranza, convinzione*) to waver

traboccare [tra·bok·ˈkaː·re] vi to overflow

trabocchetto [tra·bok·ˈket·to] m ❶ (*congegno*) trap door ❷ fig (*trappola*) trap; **tendere un ~ a qu** to set a trap for sb

traccia [ˈtrat·tʃa] <-cce> f ❶ (*gener*) trace ❷ (*impronta*) track ❸ (*di libro, testo*) outline

tracciare [trat·ˈtʃaː·re] vt ❶ (*linea, quadrato*) to draw ❷ (*strade, ferrovie*) to mark out ❸ fig (*discorso, lettera*) to draft

tracciato [trat·ˈtʃaː·to] m ❶ (*di strada, ferrovia, percorso*) route; **~ di gara** course ❷ (*grafico*) trace

tracolla [tra·ˈkɔl·la] f shoulder strap; **borsa a ~** shoulder bag

tracollo [tra·ˈkɔl·lo] m (*nervoso, finanziario*) collapse

tracotante [tra·ko·ˈtan·te] adj arrogant

tracotanza [tra·ko·ˈtan·tsa] f arrogance

tradimento [tra·di·ˈmen·to] m ❶ (*gener*) betrayal ❷ (*di coniuge*) infidelity

tradire [tra·ˈdiː·re] <tradisco> I. vt ❶ (*gener*) to betray ❷ (*coniuge*) to cheat on ❸ (*promessa, patto*) to break II. vr: **-rsi** to give oneself away

traditore, **-trice** [tra·di·ˈtoː·re] I. m, f traitor II. adj treacherous

tradizionale [tra·dit·tsio·ˈnaː·le] adj ❶ (*festa, usanza*) traditional ❷ (*abituale*) usual

tradizione [tra·dit·ˈtsioː·ne] f ❶ (*di un popolo*) tradition ❷ (*consuetudine*) custom

tradurre [tra·ˈdur·re] <traduco, tradussi, tradotto> vt ❶ (*testo*) to translate ❷ fig (*sentimento*) to put into words

traduttivo, **-a** [tra·dut·ˈtiː·vo] adj (*processo, metodo*) translation

traduttore, **-trice** [tra·dut·ˈtoː·re] m, f translator; **~ elettronico** electronic translator

traduzione [tra·dut·ˈtsioː·ne] f (*di scritto, discorso*) translation

trafelato, **-a** [tra·fe·ˈlaː·to] adj breathless

trafficante [traf·fi·ˈkan·te] mf pej trafficker

trafficare [traf·fi·ˈkaː·re] I. vi pej (*smerciare*) **~ in** [o **con**] **qc** to traffic in sth II. vt pej to traffic in

traffico [ˈtraf·fi·ko] <-ci> m ❶ COM trafficking; **~ di stupefacenti** drug trafficking ❷ (*movimento*) traffic; **~ stradale** road traffic

trafiggere [tra·ˈfid·dʒe·re] <trafiggo, trafissi, trafitto> vt to pierce

trafiletto [tra·fi·ˈlet·to] m short article, in a newspaper

trafitto [tra·ˈfit·to] pp di **trafiggere**

trafugamento [tra·fu·ga·ˈmen·to] m secret theft

trafugare [tra·fu·ˈgaː·re] vt to steal secretly

tragedia [tra·ˈdʒɛː·dia] <-ie> f ❶ (*gener*) tragedy ❷ fig (*dramma*) fuss

traggo [ˈtrag·go] 1. pers sing pr di **trarre**

traghettare [tra·get·ˈtaː·re] vt ❶ (*cose, persone*) to ferry ❷ (*fiume*) to cross on a ferry

traghetto [tra·ˈget·to] m (*imbarcazione*) ferry

T

tragico ['tra:·dʒi·ko] *m* (*tragicità*) tragedy

tragico, -a <-ci, -che> *adj* tragic

tragitto [tra·'dʒit·to] *m* (*percorso*) journey

traguardo [tra·'guar·do] *m* ① (*in gara*) finishing line; **tagliare il ~** to cross the finishing line ② *fig* (*obiettivo*) goal ③ (*di arma*) sight

traiettoria [tra·iet·'to:·ria] <-ie> *f* trajectory

traino ['tra:·i·no] *m* ① (*azione: di automobile*) towing ② (*veicolo trainato*) trailer

tralasciare [tra·laʃ·'ʃa:·re] *vt* (*omettere*) to leave out

tralcio ['tral·tʃo] <-ci> *m* (*ramo*) shoot

traliccio [tra·'lit·tʃo] <-cci> *m* ① (*per cavi di alta tensione*) pylon ② (*per piante*) trellis

tram [tram] <-> *m* streetcar

trama ['tra:·ma] *f* ① (*di tessuto*) weft ② *a. pej* plot

tramandare [tra·man·'da:·re] *vt* to hand down

tramare [tra·'ma:·re] *vt fig* to plot

trambusto [tram·'bus·to] *m* racket

tramezzino [tra·med·'dzi:·no] *m* (*panino*) sandwich

tramezzo [tra·'med·dzo] *m* partition

tramite[1] ['tra:·mi·te] *m* (*mezzo*) means; **per il ~ di** by means of

tramite[2] *prep* by

tramontana [tra·mon·'ta:·na] *f* north wind

tramontare [tra·mon·'ta:·re] *vi essere* ① ASTR to set ② (*civiltà*) to decline

tramonto [tra·'mon·to] *m* ① ASTR (*del sole*) sunset; (*di astri*) setting ② (*di civiltà*) decline

trampolino [tram·po·'li:·no] *m* (*per tuffi*) springboard; (*per sci*) ski jump

trampolo ['tram·po·lo] *m* stilt

tramutare [tra·mu·'ta:·re] **I.** *vt* LETT (*cambiare*) to change **II.** *vr:* **-rsi** to change

tranello [tra·'nɛl·lo] *m* ① (*inganno*) trap ② (*difficoltà*) pitfall

trangugiare [tran·gu·'dʒa:·re] *vt* to gulp down

tranne ['tran·ne] *prep* except

tranquillante [tran·kuil·'lan·te] *m* tranquilizer

tranquillità [tran·kuil·li·'ta] <-> *f* tranquility

tranquillizzare [tran·kuil·lid·'dza:·re] *vt* to reassure

tranquillo, -a [tran·'kuil·lo] *adj* ① (*calmo: notte, luogo*) peaceful ② (*persona*) calm; **sta ~!** don't worry!

transalpino, -a [tran·sal·'pi:·no] *adj* (*d'oltrealpe*) transalpine; (*francese*) French

transatlantico [tran·sat·'lan·ti·ko] <-ci> *m* transatlantic liner

transatlantico, -a <-ci, -che> *adj* transatlantic

transazione [tran·sat·'tsio:·ne] *f* ① GIUR settlement ② COM deal

transcontinentale [trans·kon·ti·nen·'ta:·le] *adj* transcontinental

transenna [tran·'sɛn·na] *f* (*barriera*) barrier

transennare [tran·zen·'na:·re] *vt* to cordon off

transessuale [tran·ses·su·'a:·le] *adj, mf* transsexual

transetto [tran·'sɛt·to] *m* transept

transgenico [trans·'dʒe·ni·ko] <-ci, -che> *adj* genetically modified; **alimento ~** GM food

transitabile [tran·si·'ta:·bi·le] *adj* passable

transitare [tran·si·'ta:·re] *vt essere* to pass

transitivo, -a [tran·si·'ti:·vo] *adj* transitive

transito ['tran·si·to] *m* (*passaggio*) transit; **'divieto di ~'** 'no entry'; **treno in ~** train that is not stopping

transitorio, -a [tran·si·'tɔ:·rio] <-i, -ie> *adj* (*non duraturo*) transitory; (*provvisorio*) temporary

transizione [tran·sit·'tsio:·ne] *f* (*passaggio*) transition

tranviario, -a [tran·'via:·rio] *adj* streetcar

tranviere, -a [tran·'vjɛ:·re] *m, f* street-car driver

trapanare [tra·pa·'na:·re] *vt* to drill

trapanese [tra·pa·'ne:·se] I. *adj* from Trapani II. *mf* (*abitante*) person from Trapani

Trapani *f* Trapani, *city in western Sicily*

trapano ['tra:·pa·no] *m* drill

trapassato [tra·pas·'sa:·to] *m* LING ~ **prossimo** past perfect; ~ **remoto** past pluperfect

trapelare [tra·pe·'la:·re] *vi essere* ① (*luce*) to filter in ② (*verità, fatto*) to leak out

trapiantare [tra·pjan·'ta:·re] I. *vt* to transplant II. *vr:* **-rsi** to move

trapianto [tra·'pjan·to] *m* ① AGR, BOT transplantation ② MED transplant; ~ **renale** kidney transplant

trappola ['trap·po·la] *f* trap

trapunta [tra·'pun·ta] *f* quilt

trarre ['trar·re] <traggo, trassi, tratto> I. *vt* ① (*ricavare: guadagno, beneficio*) to obtain ② (*portare*) to bring ③ (*derivare*) to derive; ~ **le conclusioni** to draw conclusions II. *vr:* **-rsi**; **-rsi d'impaccio** (*togliersi*) to extricate oneself

trasalire [tra·sa·'li:·re] <trasalisco> *vi essere o avere* to jump

trasandato, -a [tra·zan·'da:·to] *adj* (*sciatto*) scruffy

trasbordo [traz·'bor·do] *m* transfer

trascendentale [traʃ·ʃe·den·'ta:·le] *adj* ① PHILOS transcendental ② *fig* (*complicato*) difficult

trascinare [traʃ·ʃi·'na:·re] I. *vt* ① (*tirare*) to drag ② *fig* (*oratore, entusiasmo*) to enthuse II. *vr:* **-rsi** ① (*persona*) to drag oneself ② (*faccenda, questione*) to drag on

trascorrere [tras·'kor·re·re] <irr> I. *vt avere* (*vacanze, giornata*) to spend II. *vi essere* (*tempo*) to pass

trascrivere [tras·'kri:·ve·re] <irr> *vt* ① (*copiare*) to copy down; (*su registro*) to set down ② LING, MUS to transcribe

trascrizione [tras·krit·'tsio:·ne] *f* ① (*copiatura*) copying down; (*su registro*) setting down ② LING, MUS transcription

trascurabile [tras·ku·'ra:·bi·le] *adj* negligible

trascurare [tras·ku·'ra:·re] I. *vt* ① (*non curare*) to neglect ② (*non tener conto di*) to ignore ③ (*omettere*) **~ di fare qc** to omit to do sth II. *vr:* **-rsi** to neglect oneself

trascuratezza [tras·ku·ra·'tet·tsa] *f* carelessness

trasecolare [tra·se·ko·'la:·re] *vi essere o avere* to be dumbfounded

trasferibile [tras·fe·'ri:·bi·le] *adj* transferable

trasferimento [tras·fe·ri·'men·to] *m* transfer

trasferire [tras·fe·'ri:·re] <trasferisco> I. *vt* to transfer II. *vr:* **-rsi** to move

trasferta [tras·'fɛr·ta] *f* ① (*di impiegato*) temporary transfer ② SPORT away game; **giocare in ~** to play away (from home)

trasformare [tras·for·'ma:·re] I. *vt* ① (*cambiare*) to transform ② SPORT (*rigore, meta*) to convert II. *vr:* **-rsi** to change

trasformatore [tras·for·ma·'to:·re] *m* transformer

trasformazione [tras·for·mat·'tsio:·ne] *f* ① (*gener*) transformation ② (*nel rugby*) conversion

trasfusione [tras·fu·'zio:·ne] *f* transfusion

trasgredire [traz·gre·'di:·re] <trasgredisco> I. *vt* (*legge*) to break; (*ordini*) to disobey II. *vi* **~ a qc** (*legge*) to break sth; (*ordini*) to disobey sth

trasgressione [traz·gres·'sio:·ne] *f* ① (*violazione*) infringement ② (*anticonformismo*) transgression

traslocare [traz·lo·'ka:·re] I. *vt* to move II. *vi* to move

trasloco [traz·'lɔ:·ko] <-chi> *m* move

trasmettere [traz·'met·te·re] <irr> I. *vt* ① (*malattia, notizia*) to pass on; (*eredità*) to hand down ② (*ordine*) to give; (*lettera, dati*) to send ③ RADIO, TV to broadcast II. *vi* to broadcast III. *vr:* **-rsi** ① (*eredità*) to be handed down ② (*malattia, virus*) to be spread

trasmettitore [traz·met·ti·'to:·re] *m* transmitter

trasmissibile [traz·mis·'si:·bi·le] *adj* ❶ (*eredità*) inheritable ❷ (*malattia*) transmissible

trasmissione [traz·mis·'sio:·ne] *f* ❶ (*gener*) transmission ❷ (*di beni, tradizione*) handing down ❸ RADIO, TV broadcast

trasmittente [traz·mit·'tɛn·te] *f* ❶ (*stazione*) station ❷ (*apparecchio*) transmitter

trasognato, -a [tra·soɲ·'ɲa:·to] *adj* dreamy

trasparente [tras·pa·'rɛn·te] *adj* transparent

trasparenza [tras·pa·'rɛn·tsa] *f* transparency

traspirazione [tras·pi·rat·'tsio:·ne] *f* perspiration

trasportare [tras·por·'ta:·re] *vt* (*gener*) to transport

trasporto [tras·'pɔr·to] *m* (*gener*) transportation; **-i pubblici** public transport

trassi ['tras·si] *1. pers sing pass rem di* **trarre**

trastullare [tras·tul·'la:·re] I. *vt* (*divertire*) to amuse II. *vr:* **-rsi** ❶ (*divertirsi*) to enjoy oneself ❷ (*perdere tempo*) to waste time

trastullo [tras·'tul·lo] *m* (*divertimento*) pastime

trasudare [tra·su·'da:·re] I. *vi essere* (*fuoriuscire*) to ooze out II. *vt avere* (*mandar fuori*) ~ **qc** to ooze with sth

trasversale [traz·ver·'sa:·le] I. *adj* cross; MATH transverse; **via ~** side street II. *f* side street

tratta ['trat·ta] *f* COM (*cambiale*) draft

trattabile [trat·'ta:·bi·le] *adj* ❶ (*prezzo*) negotiable ❷ *fig* (*persona*) reasonable

trattamento [trat·ta·'men·to] *m* ❶ (*gener*) treatment ❷ (*retribuzione*) payment ❸ COMPUT processing

trattare [trat·'ta:·re] I. *vt* ❶ (*gener*) to treat ❷ (*argomento, pratica*) to deal with ❸ (*affare, compravendita*) to negotiate ❹ COM (*articoli*) to sell II. *vi*

❶ (*avere per argomento*) ~ **di qc** to be about sth ❷ (*avere a che fare*) ~ **con qu** to deal with sb ❸ (*impersonale*) **dimmi pure di cosa si tratta** tell me what's the matter; **deve -rsi di un errore** there must be some mistake III. *vr* to treat oneself

trattativa [trat·ta·'ti:·va] *f* negotiation

trattato [trat·'ta:·to] *m* ❶ (*opera*) treatise ❷ POL (*accordo*) treaty

trattato, -a [trat·'ta:·to] *adj* (*materiale*) treated; (*alimento*) processed

trattenere [trat·te·'ne:·re] <irr> I. *vt* ❶ (*far rimanere*) to keep; (*in questura*) to detain; **non ti voglio ~** I don't want to keep you ❷ (*non dare*) to withhold ❸ (*detrarre: somma*) to deduct ❹ (*riso, pianto*) to keep back II. *vr:* **-rsi** ❶ (*astenersi*) to help oneself ❷ (*fermarsi*) to stay

trattenuta [trat·te·'nu:·ta] *f* (*sullo stipendio*) deduction

trattino [trat·'ti:·no] *m* (*in parole composte*) hyphen; (*tra parole*) dash

tratto ['trat·to] I. *pp di* **trarre** II. *m* ❶ (*di penna, pennello*) stroke ❷ (*di strada, cielo*) stretch ❸ (*di tempo*) period; **tutto ad un ~** suddenly ❹ *pl* (*lineamenti*) features; (*caratteristiche*) characteristics

trattore [trat·'to:·re] *m* tractor

trattoria [trat·to·'ri:·a] <-ie> *f* trattoria, *small restaurant serving simple food*

traumatizzare [trau·ma·tid·'dza:·re] *vt* to traumatize

travaglio [tra·'vaʎ·ʎo] <-gli> *m* ❶ (*sofferenza*) anguish ❷ (*del parto*) labor pains *pl*

travasare [tra·va·'za:·re] *vt* (*vino*) to decant

trave ['tra:·ve] *f* beam

traveggole [tra·'veg·go·le] *fpl* **avere le ~** *fam* to be seeing things

traversa [tra·'vɛr·sa] *f* ❶ TEC, ARCHIT crossbeam ❷ (*via*) side road ❸ (*di binario*) railroad tie ❹ (*nel calcio*) crossbar

traversare [tra·ver·'sa:·re] *vt* to cross

traversata [tra·ver·'sa:·ta] *f* crossing

traversina [tra·ver·ˈsiː·na] *f* (*di binario*) railroad tie

traverso [tra·ˈvɛr·so] *m* width; **di ~** (*obliquamente*) sideways; **prendere qc di ~** to take sth the wrong way

traverso, -a *adj* cross; **per vie -e** *fig* in a roundabout way

travertino [tra·ver·ˈtiː·no] *m* travertine

travestimento [tra·ves·ti·ˈmen·to] *m* ① (*azione*) dressing up ② (*costume*) costume

travestito [tra·ves·ˈtiː·to] *m* transvestite

traviare [tra·vi·ˈaː·re] I. *vt* to lead astray II. *vr:* **-rsi** to be led astray

travisare [tra·vi·ˈzaː·re] *vt* (*distorcere*) to distort

travolgente [tra·vol·ˈdʒen·te] *adj* overwhelming

travolgere [tra·ˈvɔl·dʒe·re] <irr> *vt* ① (*trascinare via*) to sweep away; (*con veicolo*) to run over ② *fig* (*sentimento*) to overwhelm

trazione [trat·ˈtsioː·ne] *f* ① (*gener*) traction ② AUTO drive; **~ integrale** four-wheel drive

tre [tre] I. *num* three II. <-> *m* ① (*numero*) three ② (*nelle date*) third ③ (*voto scolastico*) =F, *very low grade* III. *fpl* (*ore*) three o'clock; *v.a.* **cinque**

trebbiare [treb·ˈbiaː·re] *vt* to thresh

trebbiatrice [treb·bia·ˈtriː·tʃe] *f* threshing machine

treccia [ˈtret·tʃa] <-cce> *f* braid

trecentesco, -a [tre·tʃen·ˈtes·ko] <-schi, -sche> *adj* fourteenth-century

trecento [tre·ˈtʃɛn·to] <-> *num, m* three hundred; **il Trecento** the fourteenth century

tredicenne [tre·di·ˈtʃen·ne] I. *adj* thirteen-year-old II. *mf* thirteen year old

tredicesima [tre·di·ˈtʃɛː·zi·ma] *f* (*retribuzione*) thirteenth month, *extra money paid to employees as a Christmas bonus*

tredicesimo, -a [tre·di·ˈtʃɛː·zi·mo] *adj, m, f* thirteenth; *v.a.* **quinto**

tredici [ˈtreː·di·tʃi] I. *num* thirteen II. <-> *m* ① (*numero*) thirteen ② (*nelle*

date) thirteenth III. *fpl* (*ore*) 1 pm; *v.a.* **cinque**

tregua [ˈtreː·gua] *f* ① (*gener*) truce ② (*sosta*) rest; **senza ~** nonstop

tremare [tre·ˈmaː·re] *vi* ① (*fiamma, terra*) to shake ② (*persona, voce*) to tremble

tremarella [tre·ma·ˈrɛl·la] *f* ① (*tremito*) trembling ② *fam* (*paura*) shivers *pl*

tremendo, -a [tre·ˈmɛn·do] *adj* (*spaventoso*) terrible

tremila [tre·ˈmiː·la] I. *num* three thousand II. <-> *m* three thousand

tremulo, -a [ˈtrɛː·mu·lo] *adj* (*voce*) tremulous; (*luce*) flickering

trenette [tre·ˈnet·te] *fpl* long flat pasta

treno [ˈtrɛː·no] *m* train; **~ ad alta velocità** high-speed train; **~ interregionale** long-distance train; **~ locale** local train; **~ rapido** express train; **~ diretto** through train; **~ merci** goods train; **prendere il ~** to catch the train; **perdere il ~** to miss the train; **il ~ per Venezia** the train to Venice

trenta [ˈtren·ta] I. *num* thirty II. <-> *m* ① (*numero*) thirty ② (*nelle date*) thirtieth; *v.a.* **cinquanta**

trentesimo [tren·ˈtɛː·zi·mo] *m* thirtieth

trentesimo, -a I. *adj* thirtieth II. *m, f* thirtieth; *v.a.* **quinto**

trentina [tren·ˈtiː·na] *f* **una ~** (*di ...*) about thirty

trentino, -a I. *adj* ① (*di Trento*) from Trento ② (*del Trentino*) from Trentino II. *m, f* ① (*di Trento*) person from Trento ② (*del Trentino*) person from Trentino

Trento [ˈtrɛn·to] *f* Trento, *capital of Trentino-Alto Adige region*

trepidante [tre·pi·ˈdan·te] *adj* anxious

tressette [tres·ˈsɛt·te] <-> *m* Italian card game played with a deck of forty cards

trevigiano, -a [tre·vi·ˈdʒiaː·no] I. *adj* from Treviso II. *m, f* (*abitante*) person from Treviso

Treviso *f* Treviso, *city in north-eastern Italy*

T

triangolare [tri·aŋ·go·'la:·re] *adj* triangular

triangolo [tri·'aŋ·go·lo] *m* ① (*poligono, forma*) triangle; ~ **industriale** industrial triangle, *area between Milan, Turin and Genoa* ② (*rapporto a tre*) love triangle

tribolare [tri·bo·'la:·re] *vi* (*patire*) to suffer

tribordo [tri·'bor·do] *m* LETT starboard

tribù [tri·'bu] <-> *f a. scherz* tribe

tribuna [tri·'bu:·na] *f* ① (*podio*) platform ② (*negli stadi*) stand

tribunale [tri·bu·'na:·le] *m* court; ~ **arbitrale** tribunal; ~ **supremo** Supreme Court; **presentarsi in** ~ to appear in court

tributario, -a [tri·bu·'ta:·rio] <-i, -ie> *adj* ① (*delle tasse*) tax; **riforma -a** tax reform ② **fiume** ~ tributary

tributo [tri·'bu:·to] *m* ① FIN tax ② *fig* (*prezzo*) price

tricheco [tri·'kε:·ko] <-chi> *m* walrus

triciclo [tri·'tʃi:·klo] *m* (*per bambini*) tricycle

tricolore [tri·ko·'lo:·re] I. *adj* three-color II. *m* tricolor, *especially the Italian flag*

tridimensionale [tri·di·men·sio·'na:·le] *adj* three-dimensional

Trieste [tri·'εs·te] *f* Trieste, *capital of Friuli region*

triestino [tri·es·'ti:·no] <*sing*> *m* (*dialetto*) Triestine dialect

triestino, -a I. *adj* from Trieste II. *m, f* (*abitante*) person from Trieste

trifoglio [tri·'fɔʎ·ʎo] *m* clover

trifolato, -a [tri·fo·'la:·to] *adj* cut up and cooked in oil, garlic and parsley

triglia ['triʎ·ʎa] <-glie> *f* mullet

trilaterale [tri·la·te·'ra:·le] *adj* trilateral

trilingue [tri·'liŋ·gue] <-> *adj* trilingual

trilione [tri·'lio:·ne] *m* (*mille miliardi*) trillion

trillare [tril·'la:·re] *vi* (*campanello*) to ring; (*usignolo*) to trill

trillo ['tril·lo] *m* (*di usignolo*) trill; (*di campanello*) ring

trilocale [tri·lo·'ka:·le] I. *m* three-room-ed apartment; **affittasi** ~ three-roomed apartment to rent II. *adj* three-roomed

trilogia [tri·lo·'dʒi:·a] <-gie> *f* trilogy

trimestrale [tri·mes·'tra:·le] *adj* ① (*che dura tre mesi*) three-month ② (*ogni tre mesi*) three-monthly

trimestre [tri·'mεs·tre] *m* three-month period; UNIV term

trincare [triŋ·'ka:·re] *vt fam* ① (*vino, birra*) to knock back ② (*bere molto*) to booze

trinciare [trin·'tʃa:·re] *vt* ① (*tagliare: lamiera*) to cut up ② CULIN to carve

trinità [tri·ni·'ta] <-> *f* REL trinity

trio ['tri:·o] <-ii> *m* ① MUS trio ② (*tre persone*) threesome

trionfale [tri·on·'fa:·le] *adj* triumphal

trionfante [tri·on·'fan·te] *adj* triumphant

trionfare [tri·on·'fa:·re] *vi* ① (*vincere*) to win ② (*prevalere*) to triumph

trionfo [tri·'on·fo] *m* ① (*vittoria*) victory ② (*successo*) triumph

triplicare [tri·pli·'ka:·re] *vt* to triple

triplice ['tri:·pli·tʃe] *adj* triple

triplo ['tri:·plo] *m* **il** ~ (**di**) three times as much (as)

triplo, -a *adj* triple

trippa ['trip·pa] *f* CULIN tripe

trisavolo, -a [tri·'za:·vo·lo] *m, f* great-great-grandfather *m*, great-great-grandmother *f*

triste ['tris·te] *adj* sad

tristezza [tris·'tet·tsa] *f* sadness

tritacarne [tri·ta·'kar·ne] <-> *m* grinder

tritadocumenti [tri·ta·do·ku·'men·ti] <-> *m* shredder

tritare [tri·'ta:·re] *vt* (*carne*) to grind; (*verdura, cipolla*) to chop finely

tritarifiuti [tri·ta·ri·'fiu:·ti] <-> *m* garbage disposal unit

tritatutto [tri·ta·'tut·to] <-> *m* (*elettrico*) grinder

trito, -a ['tri:·to] *adj* ① CULIN (*carne*) ground; (*cipolla*) chopped ② (*argomento*) tired

trittico ['trit·ti·ko] <-ci> *m* ① ART triptych ② LETT trilogy

trivella [tri·'vεl·la] *f* (*sonda*) drill

triviale [tri·'via·le] *adj* vulgar
trivialità [tri·via·li·'ta] <-> *f* vulgarity
trofeo [tro·'fɛ:·o] *m* trophy
troia ['trɔ:·ia] <-ie> *f* ⓩZOO sow ⓕfig, *vulg* whore
tromba ['trom·ba] *f* ⓂMUS trumpet ⓐ(*di auto*) horn ⓂMETEO ~ **d'aria** whirlwind ⓐ(*passaggio*) ~ **delle scale** stairwell ⓐANAT ~ **di Falloppio** fallopian tube
trombosi [trom·'bo:·zi] <-> *f* thrombosis
troncamento [troŋ·ka·'men·to] *m* (*interruzione*) cutting off
troncare [troŋ·'ka:·re] *vt* ⓐ(*tagliare*) to cut off ⓕfig (*interrompere*) to break off
tronco ['troŋ·ko] <-chi> *m* ⓑBOT, ANAT trunk ⓐ(*tratto: di strada, ferrovia*) stretch
tronco, -a <-chi, -che> *adj* (*tagliato*) cut off
tronfio, -a ['tron·fio] <-i, -ie> *adj* ⓐ(*borioso: persona*) conceited ⓐ(*parole*) pompous
trono ['trɔ:·no] *m* throne
tropicale [tro·pi·'ka:·le] *adj* tropical
troppo ['trɔp·po] I. *m* too much II. *adv* too much; **ho mangiato** ~ I've eaten too much; **non** ~ (*poco*) not much; **di** ~ too much; **sentirsi di** ~ (*inopportuno*) to feel in the way
troppo, -a I. *adj* (*in quantità eccessiva*) too much; (*in numero eccessivo*) too many; **troppo lavoro** too much work; **troppe cose** too many things II. *pron* (*in quantità eccessiva*) too much; (*in numero eccessivo*) too many; **questo è** ~ *fig* this is too much!; **-i** (*troppe persone*) too many people
trota ['trɔ:·ta] *f* trout
troupe [trup] <-> *f* (*di artisti*) company; ~ **televisiva** television crew
trovare [tro·'va:·re] I. *vt* ⓐ(*gener*) to find; **andare a** ~ **qu** to visit sb; **ti trovo bene** you look well ⓐ(*pensare*) to think; ~ **qu simpatico** to like sb II. *vr:* **-rsi** (*essere*) to be; **-rsi bene con qu** to get on well with sb; **-rsi d'accordo** to agree ⓐ(*incontrarsi*) to meet

trovata [tro·'va:·ta] *f* brainstorm
truccare [truk·'ka:·re] I. *vt* ⓐ(*con cosmetici*) to make up ⓐ(*falsificare: risultati, elezioni*) to rig; (*partita*) to fix ⓐ(*motore*) to soup up II. *vr:* **-rsi** (*con cosmetici*) to put on makeup
trucco ['truk·ko] <-cchi> *m* ⓐ(*cosmesi*) makeup ⓐ(*espediente*) trick
truce ['tru:·tʃe] *adj* grim
truffa ['truf·fa] *f* ⓐ(*imbroglio*) swindle ⓖGIUR fraud
truffare [truf·'fa:·re] *vt* (*imbrogliare*) to swindle
truffatore, -trice [truf·fa·'to:·re] *m, f* swindler
truppa ['trup·pa] *f* ⓂMIL troop ⓕfig (*gruppo numeroso*) band
tu [tu] *pron* 2. *pers sing* you; **dare del** ~ **a qu** ≈ to be on a first name basis with sb; **parlare a** ~ **per** ~ to speak to sb privately
tuba ['tu:·ba] *f* ⓂMUS tuba ⓐ(*cappello*) top hat ⓐANAT tube; ~ **uditiva** auditory canal
tubare [tu·'ba:·re] *vi* ⓐ(*colomba*) to coo ⓐ(*innamorati*) to bill and coo
tubatura [tu·ba·'tu:·ra] *f* pipes *pl*
tubercolosi [tu·ber·ko·'lo:·zi] <-> *f* tuberculosis
tubercoloso, -a [tu·ber·ko·'lo:·so] I. *adj* tubercular II. *m, f* tuberculosis patient
tubo ['tu:·bo] *m* ⓐ(*gener*) tube; ~ **di scappamento** exhaust pipe ⓐfam (*niente*) **un** ~ nothing; **non ho capito un** ~ I didn't understand a thing
tuffare [tuf·'fa:·re] I. *vt* (*immergere*) to plunge II. *vr:* **-rsi** (*in acqua*) to dive; (*nel vuoto*) to throw oneself ⓕfig (*dedicarsi*) **-rsi in qc** to throw oneself into sth
tuffo ['tuf·fo] *m* ⓐ(*gener*) dive ⓐ(*sport*) diving
tufo ['tu:·fo] *m* tuff
tulipano [tu·li·'pa:·no] *m* tulip
tumido, -a ['tu:·mi·do] *adj* (*labbra*) swollen
tumore [tu·'mo:·re] *m* (*cancro*) tumor
tumulto [tu·'mul·to] *m* ⓐ(*rumore*) tu-

T

mult ② (*rivolta*) riot ③ *fig* (*agitazione*) turmoil

tuo, -a <tuoi, tue> I. *adj* your; **la -a voce** your voice; **~ padre** your father; **un ~ amico** a friend of yours II. *pron* il ~, **la -a** yours; **i tuoi** (*genitori*) your parents

tuono ['tuɔ:no] *m* thunder

tuorlo ['tuɔr·lo] *m* yolk

turare [tu·'ra:·re] I. *vt* ① (*bottiglia*) to cork ② (*buco, falla*) to stop (up); **-rsi il naso** to hold one's nose; **-rsi gli occhi** to cover one's eyes II. *vr:* **-rsi** to get blocked

turba ['tur·ba] *f* (*di persone*) crowd; *pej* mob

turbamento [tur·ba·'men·to] *m* (*ansia*) agitation

turbo ['tur·bo] <-> *adj*, *m* turbo; **motore ~** turbo engine

turbogetto [tur·bo·'dʒet·to] *m* ① (*motore*) jet engine ② (*aereo*) jet

turbolento, -a [tur·bo·'lɛn·to] *adj* ① (*persona*) unruly ② (*periodo*) turbulent

turbolenza [tur·bo·'lɛn·tsa] *f* ① (*gener*) turbulence ② (*di persona*) unruliness

turbomotore [tur·bo·mo·'to:·re] *m* turbine

turchese [tur·'ke:·se] I. *f* (*pietra*) turquoise II. *m* (*colore*) turquoise

Turchia [tur·'ki:·a] *f* **la ~** Turkey; **abitare in ~** to live in Turkey; **andare in ~** to go to Turkey

turchino, -a [tur·'ki:·no] *adj* deep blue

turco ['tur·ko] <*sing*> *m* Turkish

turco, -a <-chi, -che> I. *adj* Turkish II. *m, f* Turk

turgido, -a ['tur·dʒi·do] *adj* swollen

turismo [tu·'riz·mo] *m* tourism

turista [tu·'ris·ta] <-i *m*, -e *f*> *mf* tourist

turistico, -a [tu·'ris·ti·ko] <-ci, -che> *adj* tourist

turnista [tur·'nis·ta] <-i *m*, -e *f*> *mf* shift worker

turno ['tur·no] *m* ① (*di lavoro*) shift; **essere di ~** to be on duty; **~ di notte** night shift; **medico di ~** duty doctor; **farmacia di ~** late-night drugstore ② (*volta*) turn; **aspettare il proprio ~** to wait one's turn; **fare a ~** to take turns ③ SPORT round

turpe ['tur·pe] *adj* (*infame*) vile

tuta ['tu:·ta] *f* jumpsuit; **~** (*da ginnastica*) sweatsuit; **~ da lavoro** coveralls

tutela [tu·'tɛ:·la] *f* ① (*difesa*) protection; **~ dell'ambiente** protection of the environment ② GIUR (*di minore*) guardianship

tutelare[1] [tu·te·'la:·re] *adj* (*misura*) protective

tutelare[2] I. *vt* to protect II. *vr:* **-rsi** to protect oneself

tutore, -trice [tu·'to:·re] *m, f* ① (*protettore*) protector ② GIUR guardian

tutrice *f v.* **tutore**

tuttavia [tut·ta·'vi:·a] *conj* but

tutto ['tut·to] *m* the (whole) shebang; **preferisco pagare il ~ ora** I'd rather pay the whole deal now

tutto, -a I. *adj* ① (*intero*) whole; **~ il denaro** all the money; **~ il giorno** the whole day (long); **a -a velocità** at top speed ② (*la totalità di*) all; **-a la mia famiglia** all my family; **-i e due** both ③ (*qualsiasi*) **in -i i modi** whatever happens; **in -i i casi** in any case; **a -i i costi** at all costs; **-e le volte che** every time ④ (*rafforzativo*) **era ~ contento** he was all happy II. *pron* ① (*ogni cosa*) everything; **prima di ~** first of all ② (*la totalità*) everyone; **-i risero** everyone laughed III. *adv* quite; **del ~** completely; **tutt'al più** at (the) most; **tutt'altro** on the contrary

tuttofare [tut·to·'fa:·re] I. <*inv*> *adj* **donna ~** maid II. <-> *mf* (*domestico*) handyman *m*, maid *f*

tuttora [tut·'to:·ra] *adv* still

twittare [twit·'ta:·re] *vi, vt* INET to tweet

U u

U, u [u] *f* U, u; **~ come Udine** U for Uncle; **inversione a U** U-turn

ubbidiente [ub·bi·'diɛn·te] *adj* obedient

ubbidire [ub·bi·'di:·re] <ubbidisco> *vi* to obey; **~ a qu/qc** to obey sb/sth

ubriacarsi [u·bri·a·ka:·rsi] *vr* to get drunk

ubriacatura [u·bri·a·ka·'tu:·ra] *f* drinking binge

ubriaco, -a [u·bri·'a:·ko] <-chi, -che> **I.** *adj* drunk; **~ fradicio** *fam* plastered **II.** *m, f* drunk

ubriacone, -a [u·bri·a·'ko:·ne] *m, f* drunk

uccello [ut·'tʃɛl·lo] *m* ① zoo bird; **fare l'~ del malaugurio** *fig* to be a prophet of doom ② *vulg* (*pene*) dick

uccidere <uccido, uccisi, ucciso> **I.** *vt a. fig* to kill **II.** *vr:* **-rsi** ① (*suicidarsi*) to kill oneself ② (*vicendevolmente*) to kill each other

uccisi [ut·'tʃi:·zi] *1. pers sing pass rem di* **uccidere**

uccisione [ut·tʃi·'zio:·ne] *f* killing

ucciso [ut·'tʃi:·zo] *pp di* **uccidere**

udienza [u·'diɛn·tsa] *f* GIUR hearing

Udine *f* Udine, *city in northeastern Italy*

udinese [u·di·'ne:·se] **I.** *adj* from Udine **II.** *mf* (*abitante*) person from Udine

udire [u·'di:·re] *odo, udii, udito* *vt* ① (*sentire*) to hear ② (*ascoltare*) to listen to

udito [u·'di:·to] *m* hearing

UE *f abbr di* **Unione Europea** EU, European Union

ufficiale [uf·fi·'tʃa:·le] **I.** *adj* official **II.** *m* ① ADMIN official; **pubblico ~** public official ② MIL officer

ufficializzare [uf·fi·tʃa·lid·'dza:·re] *vt* **~ qc** to make sth official

ufficio [uf·'fi:·tʃo] <-ci> *m* ① (*gen*) office; **~ postale** post office ② (*reparto*) department; **~ informazioni** informa-

tion office; **~ personale** personnel department

ufficioso, -a [uf·fi·'tʃo:·so] *adj* unofficial

U.F.O. ['u:·fo] *m* UFO

uguaglianza [u·guaʎ·'ʎan·tsa] *f* ① (*coincidenza*) similarity ② MATH, GIUR equality

uguagliare [u·guaʎ·'ʎa:·re] *vt* (*gener*) to equal; **~ qu in qc** to equal sb in sth

uguale [u·'gua:·le] *adj* ① (*identico*) identical; **per me è ~** it's all the same to me ② MATH equal ③ (*uniforme: tono*) even

ugualmente [u·gual·'men·te] *adv* all the same

UIL [uil] *f abbr di* **Unione Italiana del Lavoro** *Italian labor union*

ulcera ['ul·tʃe·ra] *f* ulcer

ulivista [u·li·'vis·ta] <-i,-e> **I.** *adj* (*partito, politica*) Olive Tree **II.** *mf* POL Olive Tree supporter

ulivo [u·'li:·vo] *m v.* **olivo**

Ulivo [u·'li:·vo] *m* POL *Olive Tree, center-left Italian political party*

ulteriore [ul·te·'rio:·re] *adj* further

ultima ['ul·ti·ma] *f* (*novità*) latest; **vuoi sapere l'~?** do you want to know the latest?

ultimare [ul·ti·'ma:·re] *vt* to complete

ultimatum [ul·ti·'ma:·tum] *m* ultimatum

ultimo, -a ['ul·ti·mo] **I.** *adj* ① (*gener*) last; **all'~ momento** at the last moment ② (*recente*) latest ③ (*estremo*) utmost **II.** *m, f* last; **l'~ del mese** the last day of the month; **all'~** in the end; **fino all'~** to the last; **in ~** finally; **per ~** lastly

ultrabook ['ul·tra'·buk] <-> *m* COMPUT ultrabook

ultracentenario, -a [ult·ra·tʃen·te·'na:·rio] *adj* more than a hundred years old

ultracorto, -a *adj* RADIO, FIS ultrashort

ultraleggero [ult·ra·led·'dʒɛ:·ro] *m* (*aereo*) ultralight

U

ultrapiatto, -a [ult·ra·'piat·to] *adj* (*cellulare, microfono, tastiera*) ultrathin; **schermo ~** flat screen

ultrasuono [ult·ra·'suɔ:·no] *m* ultrasound

ultraterreno, -a [ult·ra·ter·'re:·no] *adj* (*visioni*) of another world; **vita -a** afterlife

ultravioletto, -a [ult·ra·vio·'let·to] *adj* (*raggi*) ultraviolet

ululare [u·lu·'la:·re] *vi* (*lupo, vento*) to howl

umanamente [u·ma·na·'men·te] *adv* ① (*dell'uomo*) humanly; **è ~ impossibile** it's not humanly possible ② *fig* (*con umanità*) humanely

umanesimo [u·ma·'ne:·zi·mo] *m* humanism

umanistico, -a [u·ma·'nis·ti·ko] *adj* <-ci, -che> ① (*dell'umanesimo*) humanistic ② (*materie, facoltà*) arts

umanità [u·ma·ni·'ta] *f* ① (*natura umana, genere umano*) humanity ② (*sentimento*) humaneness

umanitario, -a [u·ma·ni·'ta:·rio] <-i, -ie> *adj* (*attività, associazione*) humanitarian; **aiuti -i** humanitarian aid

umano, -a *adj* ① (*dell'uomo*) human ② *fig* (*buono*) kind

Umbria ['um·bria] *f* Umbria

umidificare [u·mi·di·fi·'ka:·re] *vt* (*aria, ambiente*) to humidify

umidificatore [u·mi·di·fi·ka·'to:·re] *m* humidifier

umidità [u·mi·di·'ta] *f* ① (*nell'aria*) humidity ② (*bagnato*) damp

umido ['u:·mi·do] *m* ① (*umidità*) damp ② CULIN **coniglio in ~** rabbit stew

umido, -a *adj* ① (*clima*) humid ② (*bagnato: biancheria*) damp

umile ['u:·mi·le] *adj* humble

umiliare [u·mi·'lia:·re] I. *vt* (*offendere*) to humiliate II. *vr:* **-rsi** (*abbassarsi*) to humiliate oneself

umiliazione [u·mi·liat·'tsio:·ne] *f* (*offesa*) humiliation

umiltà [u·mil·'ta] *f* (*modestia*) humility

umore [u·'mo:·re] *m* ① BIO, BOT (*liquido*) humor ② (*indole*) temperament ③ (*disposizione d'animo*) mood; **essere di buon ~** to be in a good mood; **essere di ~ nero** to be in a black mood

umorismo [u·mo·'riz·mo] *m* humor; **non avere il senso dell'~** to have no sense of humor

un' [un] *art f davanti a vocale* a, an; *v.* **un, una**

un, una [un, 'u:·na] *art m, f* a, an

una¹ ['u:·na] *art v.* **un, uno**

una² *f* ① (*temporale*) one (o'clock); **è l'~** it's one (o'clock) ② (*loc*) **non me ne va bene ~** nothing ever goes right for me; **me n'è capitata ~** something happened to me

unanime [u·'na:·ni·me] *adj* ① (*assemblea*) whole ② (*decisione*) unanimous

unanimità [u·na·ni·mi·'ta] *f* unanimity; **all'~** unanimously

una tantum ['u:·na 'tan·tum] <inv> *adj* one-time

uncinetto [un·tʃi·'net·to] *m* crochet

uncino [un·'tʃi:·no] *m* hook

undicenne [un·di·'tʃɛn·ne] I. *adj* (*ragazzi*) eleven-year-old II. *mf* eleven year old

undicesimo [un·di·'tʃɛ:·zi·mo] *m* (*frazione*) eleventh

undicesimo, -a *adj, m, f* eleventh; *v.a.* **quinto**

undici ['un·di·tʃi] I. *num* eleven II. <-> *m* ① (*numero*) eleven ② (*nelle date*) eleventh III. *fpl* eleven (o'clock); **le ~ (di mattina/sera)** 11 (a.m./p.m.); *v.a.* **cinque**

ungere ['un·dʒe·re] <ungo, unsi, unto> I. *vt* ① (*ingranaggio, motore, teglia*) to grease; (*con creme, pomate: corpo*) to oil ② (*sporcare*) to get grease on II. *vr:* **-rsi** ① (*spalmarsi d'unto*) to oil oneself ② (*sporcarsi d'unto*) to get grease on oneself

ungherese [uŋ·ge·'re:·se] *adj, mf* Hungarian

Ungheria [uŋ·ge·'ri:·a] *f* Hungary

unghia ['uŋ·gia] <-ghie> *f* ① ANAT nail; **mangiarsi le -ghie** to bite one's nails ② ZOO (*di uccello, gatto*) claw; **tirar fuori le -ghie** *fig* to show one's claws

unguento [uŋˈgwenˑto] *m* ointment
unicità [uˑniˑtʃiˈta] <-> *f* uniqueness
unico, -a [ˈuːniˑko] <-ci, -che> I. *adj*
unique; **essere ~ nel suo genere** to be
one of a kind; **figlio ~** only child II. *m, f*
only one
unifamiliare [uˑniˑfaˑmiˈliaːre] *adj*
(*casa, villetta*) single-family
unificare [uˑniˑfiˈkaːre] *vt* ① (*ridurre a
unità*) to unify ② (*standardizzare*) to
standardize
unificazione [uˑniˑfiˑkatˈtsioːne] *f*
① (*atto dell'unificare*) unification
② (*standardizzazione*) standardization
uniformare [uˑniˑforˈmaːre] I. *vt*
① (*unificare*) to homogenize ② (*adeguare*) ~ **qc a qc** to make sth conform
to sth II. *vr* -**rsi a qc** to conform to sth
uniforme [uˑniˈforme] I. *adj*
① (*uguale: superficie*) even; (*colore*)
uniform ② *fig* (*monotono: voce*) monotonous II. *f* uniform
unilaterale [uˑniˑlaˑteˈraːle] *adj*
① GIUR, POL (*accordo, tregua*) unilateral
② *fig, pej* (*visione, idea*) one-sided
uninominale [uˑniˑnoˑmiˈnaːle] *adj*
(*collegio*) single-member; (*votazione*)
single-candidate; **sistema ~** single-candidate system
unione [uˈnioːne] *f* ① (*gener*) union;
**Unione delle Repubbliche Socialiste
Sovietiche** Union of Soviet Socialist Republics; **Unione europea** European
Union ② *fig* (*concordia*) unity
unire [uˈniːre] <unisco> I. *vt* ① (*collegare: fili, cavi, tessuti*) to join ② (*aggiungere*) to add ③ (*allegare*) to enclose ④ (*persone*) to unite; ~ **in matrimonio** to join in matrimony II. *vr:* -**rsi**
① (*legarsi*) to be united; -**rsi in matrimonio** to be joined in matrimony ② (*associarsi*) to join together ③ (*accompagnarsi*) -**rsi a qu** to join sb
unisono [uˈniːsoˑno] *m* **all'~** *a. fig* MUS
in unison
unità [uˑniˈta] <-> *f* ① (*gener*) unit;
~ **centrale** COMPUT central processing
unit ② (*unione, concordia*) unity
unitario, -a [uˑniˈtaːrio] <-i, -ie> *adj*

① (*congiunto: sforzo*) united; (*sindacato*) amalgamated ② (*per singolo pezzo*)
costo/prezzo ~ cost/price per unit
unito, -a [uˈniːto] *adj* ① (*congiunto*)
united; **Stati Uniti d'America** United
States of America; **Nazioni Unite** United Nations ② (*affiatato*) close; **una famiglia molto -a** a very close family
③ (*uniforme*) plain; **in tinta -a** self-colored
universale [uˑniˑverˈsaːle] *adj*
① (*gener*) universal; **diluvio ~** Great
Flood ② (*totale*) sole; **erede ~** sole heir
③ (*generale*) general; **suffragio ~** universal suffrage
università [uˑniˑverˑsiˈta] <-> *f* university
universitario, -a [uˑniˑverˑsiˈtaːrio]
<-i, -ie> *adj* university
universo [uˑniˈverˑso] *m* ① ASTR universe ② *fig* (*mondo*) world
univoco, -a [uˈniːvoˑko] <-ci, -che>
adj (*affermazione, discorso*) unambiguous
uno [ˈuːno] I. *num* one II. <-> *m* ① (*numero*) one ② (*voto scolastico*) fail; *v.a.*
cinque
uno, una I. *art m davanti a s impura, gn,
pn, ps, x, z; f davanti a consonante* a,
an II. *pron* ① (*cosa*) one; ~ **e mezzo**
one and a half; ~ **solo** just one ② (*persona*) someone; **a ~ a ~** one by one;
~ **per volta** one at a time; **si aiutano
l'un l'altro** they help each other ③ (*impersonale*) you; **se ~ ci crede** if you believe in it
unsi [ˈunˑsi] *1. pers sing pass rem di* **ungere**
unto [ˈunˑto] *m* grease
unto, -a I. *pp di* **ungere** II. *adj* greasy
uomo [ˈuɔːmo] <uomini> *m* ① (*essere
umano*) person ② (*di sesso maschile*)
man; ~ **d'affari** businessman; ~ **di
mondo** man of the world; **l'~ della
strada** the man on the street; **abito
da ~** man's suit
uovo [ˈuɔːvo] <*pl:* -a *f*> *m* egg; **bianco
d'~** egg white; **rosso d'~** egg yolk;
pasta all'~ egg pasta; ~ **à la coque**

U

(soft-)boiled egg; ~ **all'occhio di bue** eggs sunny-side up; ~ **al tegame** fried egg; ~ **sodo** (hard-)boiled egg; **-a affogate** poached eggs; **-a strapazzate** scrambled eggs

update ['ʌp·deit] <-> m COMPUT (*versione aggiornata*) update; **fare un ~** to update

upload ['ʌp·lod] <-> m INET upload

uragano [u·ra·'ga:·no] m hurricane

uranio [u·'ra:·nio] m uranium

urbanista [ur·ba·'nis·ta] <-i m, -e f> mf city planner

urbanistica [ur·ba·'nis·ti·ka] <-che> f city planning

urbanistico, -a [ur·ba·'nis·ti·ko] <-ci, -che> adj (*piano, progetto*) city; (*regolamento*) planning

urbanizzazione [ur·ba·nid·dzat·'tsio:·ne] f urbanization

urbano, -a [ur·'ba:·no] adj urban; **nettezza -a** department of sanitation; **linea -a** city bus route; **rete -a** city transportation network; **vigile ~** municipal police officer

urgente [ur·'dʒɛn·te] adj (*caso, affare, messaggio*) urgent; (*lettera, pacco*) express

urgenza [ur·'dʒɛn·tsa] f ❶ (*fretta*) urgency; **non c'è ~** there's no hurry ❷ (*emergenza*) emergency; **ricoverare qu d'~** to rush sb to the hospital

urina [u·'ri:·na] f v. **orina**

urinare [u·ri·'na:·re] v. **orinare**

urlare [ur·'la:·re] I. vi ❶ (*persona, scimmia*) to scream ❷ (*parlare forte*) to shout II. vt (*dire a voce alta*) to shout

urlo¹ ['ur·lo] <pl: -a f> m (*di dolore, spavento*) scream

urlo² m (*di animale*) cry

urna ['ur·na] f ❶ (*per le votazioni*) ~ (**elettorale**) ballot box; **andare alle -e** to go to the polls ❷ (*recipiente*) ~ **cineraria** funeral urn

urologo, -a [u·'rɔ:·lo·go] <-gi, -ghe> m, f urologist

urrà [ur·'ra] interj, m hooray

URSS [urs] f abbr di **Unione delle Repubbliche Socialiste Sovietiche**

USSR, *Union of Soviet Socialist Republics*

urtare [ur·'ta:·re] I. vt ❶ (*andare contro a*) to knock against; (*con veicoli*) to hit ❷ fig (*irritare*) to annoy; ~ **i nervi di qu** to get on sb's nerves II. vi (*sbattere contro*) ~ **contro qc** to knock against sth; (*con veicolo*) to hit sth III. vr: **-rsi** (*scontrarsi*) to collide

urto ['ur·to] m ❶ (*colpo, spinta*) shove; **resistente agli -i** shockproof ❷ (*scontro, collisione*) collision

U.S.A. ['u:·za] mpl USA; **negli ~** in the USA

usa e getta ['u·za e 'dʒet·ta] <inv> adj disposable

usanza [u·'zan·tsa] f custom

usare [u·'za:·re] vt avere ❶ (*adoperare, impiegare*) to use ❷ (*vestiti*) to wear ❸ avere (*avere l'abitudine*) ~ **fare qc** to be in the habit of doing sth

usato [u·'za:·to] m secondhand goods

usato, -a adj secondhand

uscii [uʃ·'ʃi:·i] 1.pers sing pass rem di **uscire**

uscire [uʃ·'ʃi:·re] <esco, uscii, uscito> vi essere ❶ (*gener*) to come out; (*per svago*) to go out; (*da veicolo, carcere, ospedale*) to get out ❷ fig (*da situazione*) to emerge; ~ **un da partito** to leave a party ❸ (*loc*) **mi è uscito di mente** it slipped my mind; ~ **di strada** to go off the road; ~ **di bocca a qu** to come out of sb's mouth

uscita [uʃ·'ʃi:·ta] f ❶ (*movimento*) leaving ❷ (*apertura, di autostrada*) exit; ~ **di sicurezza** emergency exit; **senza via d'~** fig with no way out ❸ (*in aeroporto*) gate ❹ (*di pubblicazioni*) publication; (*di film*) release ❺ MIL **essere in libera ~** to be off duty

uscito [uʃ·'ʃi:·to] pp di **uscire**

usignolo [u·ziɲ·'ɲɔ:·lo] m nightingale

uso ['u:·zo] m ❶ (*gener*) use; **istruzioni per l'~** instructions for use; **fuori ~** out of order ❷ (*usanza*) custom; **-i e costumi** customs and traditions

ustionare [us·tio·'na:·re] I. vt to burn II. vr: **-rsi** to burn oneself

U

ustione [us·'tio:·ne] *f* burn

usuale [u·zu·'a:·le] *adj* habitual

usufruire [u·zu·fru·'i:·re] <usufruisco> *vi* ~ **di qc** to benefit from sth

usura [u·'zu:·ra] *f* ① (*strozzinaggio*) usury ② TEC wear

usuraio, -a [u·zu·'ra:·io] <-ai, -aie> *m, f* usurer

usurpazione [u·zur·pat·'tsio:·ne] *f* usurpation

utensile [u·ten·'si:·le] I. *adj* **macchina** ~ machine tool II. *m* tool; **-i da cucina** kitchen utensils

utente [u·'tɛn·te] *mf* user; ~ **finale** end user

utero ['u:·te·ro] *m* uterus

utile ['u:·ti·le] I. *adj* ① (*che è di aiuto*) useful; **rendersi** ~ to make oneself useful; (*in formule di cortesia*); **se posso**

essere ~ in qc ... if I can be of help in sth ... ② (*vantaggioso*) handy II. *m* ① (*ciò che serve*) usefulness ② (*vantaggio*) benefit ③ FIN profit

utilità [u·ti·li·'ta] <-> *f* ① (*funzionalità*) usefulness ② (*vantaggio*) benefit

utilitaria [u·ti·li·'ta:·ria] *f* compact

utilitaristico, -a [u·ti·li·ta·'ris·ti·ko] <-ci, -che> *adj pej* utilitarian

utilizzabile [u·ti·lid·'dza:·bi·le] *adj* usable

utilizzare [u·ti·lid·'dza:·re] *vt* to use

utilizzo [u·ti·'lid·dzo] *m* use

utopia [u·to·'pi:·a] <-ie> *f* utopia

utopico, -a [u·'tɔ:·pi·ko] <-ci, -che> *adj* utopian

uva ['u:·va] *f* grapes *pl*; ~ **passa** raisins *pl*; ~ **da tavola** dessert grapes *pl*

uvetta [u·'vet·ta] *f* raisins *pl*

V v

V, v [vu] <-> *f* V; ~ **come Venezia** V for Victor; ~ **doppia** double U; **scollo** [*o* **scollatura**] **a** ~ V-neck

va [va] *3. pers sing pr di* **andare**[1]

vacante [va·'kan·te] *adj* (*posto, sede*) vacant

vacanza [va·'kan·tsa] *f* (*ferie*) vacation; **essere in** ~ to be on vacation; **andare in** ~ to go on vacation; **-e estive** summer vacation

vacca ['vak·ka] <-cche> *f* (*mucca*) cow

vaccinare [vat·tʃi·'na:·re] I. *vt* (*immunizzare*) to vaccinate II. *vr* **-rsi contro qc** to get vaccinated against sth

vaccinazione [vat·tʃi·nat·'tsio:·ne] *f* vaccination

vaccino [vat·'tʃi:·no] *m* vaccine

vacillare [va·tʃil·'la:·re] *vi* ① (*persona*) to stagger ② (*cosa*) to wobble; (*fiamma*) to flicker

vado ['va:·do] *1. pers sing pr di* **andare**[1]

va e vieni ['va e 'viɛ:·ni] <-> *m* (*movimento*) coming and going

vaffanculo [vaf·fan·'ku:·lo] *interj vulg* fuck off!

vagabondo, -a [va·ga·'bon·do] *m, f* (*persona senza fissa dimora*) vagrant, bum *inf*

vagare [va·'ga:·re] *vi a. fig* to wander

vagheggiare [va·ged·'dʒa:·re] *vt* (*successo, vittoria*) to long for

vagina [va·'dʒi:·na] *f* vagina

vaglia ['vaʎ·ʎa] <-> *m* money order; ~ **bancario** bank draft; ~ **postale** money order

vagliare [vaʎ·'ʎa:·re] *vt* (*proposta, problema*) to examine

vaglio ['vaʎ·ʎo] <-gli> *m fig* (*di proposta, tesi*) examination; **passare** [*o* **sottoporre**] **qc al** ~ to examine sth

vago, -a <-ghi, -ghe> *adj* (*somiglianza, ricordo*) vague

vagone [va·ˈgoː·ne] *m* car; ~ **letto** sleeping car; ~ **ristorante** dining car
vai [ˈvaː·i] *2. pers sing pr di* **andare**[1]
valanga [va·ˈlaŋ·ga] <-ghe> *f* ① (*di neve, ghiaccio*) avalanche ② *fig* (*quantità enorme*) flood
Val d'Aosta [val·da·ˈɔs·ta] *f* (**la**) ~ Val d'Aosta
valdostano, -a [val·dos·ˈtaː·no] **I.** *adj* (*della Val d'Aosta*) from the Val d'Aosta **II.** *m, f* (*abitante*) person from the Val d'Aosta
valere [va·ˈleː·re] <valgo, valsi, valso> **I.** *vi essere* ① (*avere potere, influenza*) **non ~ nulla** to count for nothing; ~ **molto** to be worth a lot ② (*essere capace*) to be good; ~ **poco** not to be very good; **farsi ~** to show what one is worth ③ (*avere efficacia: legge*) to be valid; (*norma*) to apply ④ (*essere valido*) to be valid; **non vale!** *inf* that doesn't count! ⑤ (*costare*) to be worth; ~ **un tesoro** [*o* **un occhio della testa**] to be priceless; **non ~ un fico** (**secco**) [*o* **una lira**] [*o* **una cicca**] *fam* not to be worth a fig ⑥ (*essere uguale a*) to be the same as; **uno vale l'altro** they're both the same; **tanto vale** [*o* **varrebbe**] + *inf* it's all the same; **tanto vale che …** I [*o* you] [*o* he] etc. might as well …; (**non**) ~ **la pena** (not) to be worth the effort; **vale a dire** (*cioé, ovvero*) that is **II.** *vr* (*servirsi*) **-rsi di qc** to make use of sth
valevole [va·ˈleː·vo·le] *adj* (*biglietto*) valid; **partita ~** SPORT deciding game
valgo [ˈval·go] *1. pers sing pr di* **valere**
valicare [va·li·ˈkaː·re] *vt* (*confine, frontiera*) to cross
valico [ˈvaː·li·ko] <-chi> *m* ① (*passo*) pass; ~ **di frontiera** border crossing ② (*attraversamento*) crossing
validità [va·li·di·ˈta] <-> *f* validity
valido, -a [ˈvaː·li·do] *adj* ① (*persona*) fit ② (*prodotto*) good ③ (*aiuto, contributo*) effective ④ (*argomento, matrimonio, documento*) valid ⑤ (*opera, scrittore, avvocato*) well-regarded
valigia [va·ˈliː·dʒa] <-gie *o* -ge> *f* suitcase; **fare** [*o* **preparare**] **la ~** to pack (one's suitcase); **disfare la ~** to unpack (one's suitcase); ~ **ventiquattr'ore** overnight bag; **fare le -gie** *fig* to pack one's bags
vallata [val·ˈlaː·ta] *f* valley
valle [ˈval·le] *f* valley; **a ~** (*di monte*) downhill; (*di fiume*) downstream
Valle d'Aosta [val·le·da·ˈɔs·ta] *f v.* **Val d'Aosta**
valore [va·ˈloː·re] *m* ① (*gener*) value; **aumentare di ~** to gain value; **diminuire di ~** to lose value; ~ **aggiunto** added value; **imposta sul ~ aggiunto** value-added tax; **-i umani** human values ② (*validità*) validity; **avere ~ legale** to be legally valid ③ (*capacità*) worth ④ (*coraggio*) bravery ⑤ FIN (*moneta, titolo, obbligazione*) security; **borsa -i** stock exchange; **-i mobiliari** stocks and shares ⑥ *pl* (*gioielli, oggetti preziosi*) valuables *pl*
valorizzare [va·lo·rid·ˈdzaː·re] *vt* ① (*gener*) to value ② (*abiti, trucco*) to flatter
valorizzazione [va·lo·rid·dzat·ˈtsioː·ne] *f* ① (*di valore, pregio*) increase ② (*di qualità, merito*) appreciation
valoroso, -a [va·lo·ˈroː·so] *adj* brave
valsi [ˈval·si] *1. pers sing pass rem di* **valere**
valso [ˈval·so] *pp di* **valere**
valuta [va·ˈluː·ta] *f* ECON (*moneta*) currency; ~ **estera** foreign currency
valutare [va·lu·ˈtaː·re] *vt* ① *a. fig* (*gener*) to value; **la casa è valutata 350.000 euro** the house has been valued at 350,000 euros ② (*calcolare*) to estimate ③ (*conseguenze*) to evaluate ④ (*a scuola, nei concorsi*) to mark
valutazione [va·lu·tat·ˈtsioː·ne] *f* ① COM (*stima*) valuation ② (*apprezzamento*) appreciation ③ (*giudizio, verifica*) assessment
valva [ˈval·va] *f* BOT, ZOO valve
valvola [ˈval·vo·la] *f a. fig* EL, TEC, MED valve; ~ **cardiaca** heart valve; ~ **di sicurezza** safety valve

valzer ['val·tser] <-> m (*danza, musica*) waltz

vampata [vam·'pa:·ta] f ① (*di fuoco, calore*) blast ② (*sensazione di calore*) flush

vampiro [vam·'pi:·ro] m vampire

vandalismo [van·da·'liz·mo] m vandalism

vandalo ['van·da·lo] m (*teppista*) vandal

vaneggiare [va·ned·'dʒa:·re] vi ① (*delirare*) to be delirious ② (*dire o pensare cose assurde*) to babble

vanga ['van·ga] <-ghe> f spade

vangare [van·'ga:·re] vt (*campo, orto, terreno*) to dig (over)

Vangelo [van·'dʒe:·lo] m ① REL Gospel ② (*libro*) New Testament; **giurare sul ~** to swear on the Bible

vaniglia [va·'niʎ·ʎa] <-glie> f (*pianta, essenza*) vanilla; **gelato alla ~** vanilla ice-cream

vanità [va·ni·'ta] <-> f ① (*di persona*) vanity ② (*di sforzo, speranza*) futility ③ (*di successo, bellezza*) worthlessness

vanitoso, -a [va·ni·'to:·so] adj ① (*persona*) vain ② (*comportamento, atteggiamento*) conceited

vanno ['van·no] 3. pers pl pr di **andare**[1]

vano ['va:·no] m ① (*di finestra*) opening; (*di scala*) (stair)well; (*di ascensore*) shaft ② (*stanza*) room ③ (*scomparto*) compartment

vano, -a adj ① (*speranza, illusione*) vain ② (*bellezza, ricchezze*) transient ③ (*tentativo, sforzo*) pointless; **rendere ~ qc** to frustrate sth ④ (*frivolo, sciocco*) vain

vantaggio [van·'tad·dʒo] <-ggi> m ① (*privilegio*) advantage; **a ~ di qu/qc** to sb's/sth's advantage ② (*giovamento, convenienza*) benefit ③ (*distacco*) a. SPORT lead

vantaggioso, -a [van·tad·'dʒo:·so] adj (*condizione, offerta, accordo*) favorable; (*posizione*) advantageous

vantare [van·'ta:·re] I.vt ① (*lodare*) to praise; **~ i propri meriti** to sing one's own praises ② (*affermare di possedere*) to boast; **~ diritti su qc** to lay claim to sth II.vr **-rsi di qc** to boast about sth; **non (faccio) per vantarmi** I don't want to brag

vanto ['van·to] m ① (*il vantare, vantarsi*) boasting; **farsi ~ di qc** to boast about sth ② (*motivo di orgoglio*) pride ③ (*merito*) merit

vanvera ['van·ve·ra] adv (*a caso*) **a ~** haphazardly; **parlare a ~** to talk nonsense

vapore [va·'po:·re] m ① FIS vapor ② (*di acqua*) **~ (acqueo)** steam; **cuocere al ~** to steam; **a ~** (*locomotiva, macchina, turbina*) steam-powered ③ pl (*nebbia, fumo, esalazione*) vapors pl

vaporetto [va·po·'ret·to] m steamboat

vaporizzare [va·po·rid·'dza:·re] I.vt ① (*liquido*) to vaporize ② (*insetticida, profumo*) to spray II.vi essere to evaporate

vaporizzatore [va·po·rid·dza·'to:·re] m ① (*di profumo*) atomizer ② (*per aerosol*) vaporizer

vaporoso, -a [va·po·'ro:·so] adj (*leggero*) gauzy

varare [va·'ra:·re] vt ① NAUT to launch ② GIUR (*legge, decreto*) to issue

varcare [var·'ka:·re] vt ① (*fiume, confine, soglia*) to cross ② fig (*limite*) to overstep; (*età*) to pass

varco ['var·ko] <-chi> m opening; **aprirsi un ~ tra la folla** to make one's way through the crowd

varec(c)hina [va·re·'ki:·na (va·rek·'ki:·na)] f bleach

Varese f Varese, *city in north east Italy*

varesino, -a I.adj (*di Varese*) from Varese II.m, f (*abitante*) person from Varese

variabile [va·'ria:·bi·le] I.adj ① (*tempo, umore*) changeable ② a. MATH (*quantità, valore, prezzo*) variable II.f variable; **~ indipendente** ECON independent variable

variante [va·'rian·te] f ① (*alternativa*) variant ② (*modifica*) change ③ LING (*forma diversa*) variant ④ (*strada alternativa*) bypass

V

variare [va·'ria:·re] I. *vt* (*modifica*) ① (*data, programma*) to change ② (*alimentazione*) to vary II. *vi essere* (*subire cambiamenti*) to vary

variazione [va·riat·'tsio:·ne] *f* ① (*modificazione: di dato, umore*) change; (*di clima, temperatura*) fluctuation ② (*di colori, toni*) variety ③ MUS variation; **~ sul tema** a. *fig* variation on a theme

varicella [va·ri·'tʃɛl·la] *f* chickenpox

varicoso, -a [va·ri·'ko:·so] *adj* varicose; **vena ~a** varicose vein

varietà [va·rie·'ta] <-> I. *f* ① (*gener*) variety ② (*diversità: di prodotti*) diversity; (*di opinioni, gusti, idee*) range II. *m* ① THEAT vaudeville ② (*luogo*) music hall ③ TV variety show

vario, -a ['va:·rio] <-i, -ie> *adj* ① (*alimentazione, paesaggio*) varied ② (*tempo, umore*) changeable ③ (*diverso*) various; **autori -i** various artists ④ *pl* (*numerosi*) several

variopinto, -a [va·rio·'pin·to] *adj* multicolored

varo ['va:·ro] *m* ① (*di nave, progetto, iniziativa*) launch ② GIUR (*di legge*) passing

varrò [var·'rɔ] *I. pers sing futuro di* **valere**

Varsavia [var·'sa:·via] *f* Warsaw

vasca ['vas·ka] <-sche> *f* ① (*recipiente*) basin; **~ da bagno** bathtub ② SPORT (*piscina*) pool; **fare una ~** (*nuotare*) to swim a length

vasellame [va·zel·'la:·me] *m* (*di ceramica, porcellana*) crockery; (*di vetro*) glassware; (*d'argento*) silverware

vaso ['va:·zo] *m* ① (*recipiente*) vase; (*per piante*) flower pot ② (*per alimenti*) jar; **~ da conserva** jam jar ③ (*di gabinetto*) bowl ④ ANAT, FIS vessel

vassoio [vas·'so:·io] <-oi> *m* tray

vasto, -a ['vas·to] *adj* ① (*territorio*) vast ② *fig* (*cultura, esperienza, argomento*) deep ③ (*loc*) **di -a portata** (*fenomeno, conseguenze, rivolgimento*) far-reaching; **di -e proporzioni** (*incendio, rivolta, riforma*) widespread; **su -a scala** (*commercio, produzione, esperimento*) large-scale

vaticano, -a [va·ti·'ka:·no] *adj, m, f* Vatican

ve [ve] *pron* (*before lo, la, li, le, ne*) *v.* **vi**

vecchiaia [vek·'kia:·ia] <-aie> *f* (*età*) old age

vecchio ['vɛk·kio] *m* <-> ① (*sapore, odore*) **sapere di ~** (*cibo*) to taste stale; (*abito*) to smell musty ② (*cosa datata*) **il ~ e il nuovo** the old and the new

vecchio, -a <-cchi, -cchie> I. *adj* ① (*gener*) old; **essere più ~ di qu** to be older than sb; **essere meno ~ di qu** not to be as old as sb ② (*superato*) outdated; (*mentalità, moda, sistema*) old-fashioned ③ (*stagionato, invecchiato: alimenti*) mature; (*legna*) seasoned ④ (*loc*) **una -cchia conoscenza** an old acquaintance; **essere ~ del mestiere** to be an old hand; **-cchia guardia** old guard II. *m, f* ① (*persona anziana*) old person ② (*genitore, antenato*) **il mio ~** my old man; **i miei -cchi** *inf* my folks

vece ['ve:·tʃe] *f* (*funzione, ufficio, mansione*) **fare le -i di qu** to act for sb

vedere [ve·'de:·re] <vedo, vidi, visto *o* veduto> I. *vt* ① (*gener*) to see; **~ coi propri occhi** to see with one's own eyes; (*guarda*) **chi si vede!** *inf* look who it is!; **non farsi ~** not to appear; **farsi ~ dal medico** to see the doctor; **si vede che** it's clear that; **vediamo (un po')** let's see; **~ di …** +*inf* (*badare*) to take care to …; **vedi** (*nell'editoria*) to see ② (*visitare: museo, mostra*) to visit ③ (*esaminare: giornale, questione*) to look at ④ (*loc*) **avere a che ~ con qc/qu** (*essere in rapporto con*) to have something to do with sth/sb; **chi s'è visto s'è visto** and that's that; **non ~ l'ora di …** +*inf* *fig* (*desiderare*) not to be able to wait until …; **stiamo** [*o* **staremo**] **a ~!** let's wait and see!; **vedrò** [*o* **vedremo**] well II. *vr:* **-rsi** ① (*vedere se stessi*) to see oneself ② (*incontrarsi, frequentarsi*) to see (one another); **con Maria mi vedo spesso** I see a lot of Maria; **ci vediamo**

domani see you tomorrow ❸ *(riconoscersi)* to see oneself❹ *(trovarsi in una situazione)* to be

vedovo, -a ['veːdoˑvo] I. *m, f (uomo)* widower; *(donna)* widow II. *adj* **rimanere ~** to be widowed

veduta [veˈduːta] *f* ❶ *(panorama, immagine)* view; **~ aerea** aerial view❷ *pl fig (mentalità, idee)* views *pl*

vegetale [veˑdʒeˈtaːle] I. *adj* ❶ *(delle piante)* plant; **vita ~** plant life❷ *(ricavato da piante)* vegetable; **olio ~** vegetable oilII. *m (pianta)* vegetable

vegetare [veˑdʒeˈtaːre] *vi* ❶ *(pianta)* to grow❷ *(persona)* to vegetate

vegetariano, -a [veˑdʒeˑtaˑˈriaːno] *adj, m, f* vegetarian

vegetazione [veˑdʒeˑtatˈtsioːne] *f* vegetation

vegeto, -a ['vɛˑdʒeto] *adj* ❶ *(persona)* healthy; **vivo e ~** alive and well ❷ *(pianta)* flourishing

veggente [vedˈdʒɛnˑte] *mf* fortune-teller

veglia ['veʎˈʎa] <-glie> *f* ❶ *(essere sveglio)* waking; **tra la ~ e il sonno** between sleep and waking ❷ *(periodo)* wakeful night; **fare la ~ a qu** to sit by sb's bedside; **~ funebre** wake

vegliare [veʎˈʎaːre] I. *vt (malato, morto)* to keep vigil forII. *vi* ❶ *(restare sveglio)* to keep vigil ❷ *fig (stare attenti)* to keep a watch

veglione [veʎˈʎoːne] *m (festa da ballo)* **~ di Capodanno** [*o* **di San Silvestro**] New Year's Eve ball

veicolo [veˈiːkoˑlo] *m* ❶ *(mezzo di trasporto)* vehicle❷ *fig (di idee, atteggiamenti)* medium ❸ MED *(di malattie)* vector

vela ['veːla] *f* ❶ NAUT *(tela)* sail; **barca a ~** sailboat; **andare a ~** to sail ❷ SPORT sailing

velare [veˈlaːre] I. *vt* ❶ *(capo, viso)* to cover; *(quadro, statua)* to veil; *(luce, lampada)* to shade ❷ *(nuvole, nebbia)* to hide ❸ *fig (realtà, verità)* to obscure II. *vr:* **-rsi**❶ *(con velo)* to cover oneself; **-rsi il volto** to cover one's face;

(nell'Islam) to wear the veil; **-rsi il capo** to cover one's head❷ *(di rugiada)* to be covered ❸ *(orizzonte, sole, luna)* to mist over❹ *fig (voce)* to go husky

velato, -a [veˈlaːto] *adj* ❶ *(capo, volto)* veiled ❷ *(cielo, sole)* hazy ❸ *fig (sguardo)* misty; *(voce)* husky ❹ *(calze)* gauzy

veleggiare [veˑledˈdʒaːre] *vi* ❶ *(navigare a vela)* to sail ❷ *(aliante)* to glide

veleno [veˈleːno] *m (gener)* poison; *(di serpente)* venom

velenoso, -a [veˑleˈnoːso] *adj* poisonous

veliero [veˈliɛːro] *m* sailing ship

velina [veˈliːna] *f (carta)* tissue paper

velista [veˈlista] <-i *m*, -e *f*> *mf* sailor

velleità [velˈleiˈta] <-> *f (ambizione)* unrealistic ambition

vellutato, -a [velˑluˈtaːto] *adj* ❶ *(stoffa, pelle, petalo)* velvety ❷ *(suono, voce)* smooth

velluto [velˈluːto] *m* **a.** *fig (tessuto)* velvet; **~ a coste** corduroy

velo ['veːlo] *m* ❶ **a.** *fig (gener)* veil; **~ da sposa** [*o* **nuziale**] bridal veil; *(di tristezza)* shadow; *(d'indifferenza)* cloak ❷ *(strato)* layer; **zucchero a ~** confectioners' sugar

veloce [veˈloːtʃe] I. *adj* ❶ *(veicolo, animale, pista, tempo)* fast❷ *(lavoratore, lettura, pasto)* quick ❸ *(loc)* **~ come un lampo** as fast as lightning; **~ come il vento** like the wind II. *adv* quickly

velocità [veˑloˈtʃiˈta] <-> *f* speed; **~ di crociera** cruising speed; **limite di ~** speed limit; **~ della luce** speed of light

vena ['veːna] *f* ❶ **a.** *fig* ANAT, GEOG, MIN vein❷ *fig (di malinconia, ironia)* trace ❸ *fig (disposizione, umore)* mood; **essere** [*o* **sentirsi**] **in ~ di fare qc** to be in the mood to do sth

vendemmia [venˈdemˈmia] <-ie> *f* (grape) harvest

vendemmiare [venˑdemˈmiaːre] I. *vi (fare la vendemmia)* to harvestII. *vt* **a.** *fig* to gather

vendere ['venˑdeˑre] I. *vt* to sell; **vendesi** [*o* **vendonsi**] for sale; **~ l'anima**

V

al diavolo *fig* to sell one's soul to the devil **II.** *vr:* **-rsi** to sell oneself; **-rsi la camicia** (*ridursi sul lastrico*) to sell the shirt off one's back

vendetta [ven·'det·ta] *f* ① (*rivalsa*) revenge ② (*castigo*) vengeance; **gridare ~** *a. scherz* to demand justice

vendicare [ven·di·'ka:·re] *vt* **-rsi di qc** (*offesa, torto*) to avenge sth; **-rsi di qu** (*offensore*) to take revenge on sb

vendicativo, -a [ven·di·ka·'ti:·vo] *adj* (*pronto a vendicarsi*) vindictive

vendita ['ven·di·ta] *f* sale; **essere in ~** to be for sale; **~ all'asta** auction; **~ all'ingrosso** wholesale; **~ al minuto** retail sale; **~ di fine stagione** end of season sale

venditore, -trice [ven·di·'to:·re] *m, f* ① COM salesperson; **~ ambulante** travelling salesperson ② GIUR seller

venduto, -a [ven·'du:·to] *adj* ① (*merce*) sold ② *fig, pej* (*persona*) corrupt

venerare [ve·ne·'ra:·re] *vt* ① REL (*adorare*) to venerate ② (*genitori, memoria*) to revere

venerdì [ve·ner·'di] <-> *m* Friday; **~ santo** Good Friday; *v.a.* **domenica**

venereo, -a [ve·'nɛː·reo] *adj* MED **malattia -a** venereal disease

Veneto *m* Veneto (region)

veneto ['vɛː·ne·to] <*sing*> *m* (*dialetto*) dialect spoken in the Veneto region

veneto, -a **I.** *adj* ① (*del Veneto*) from the Veneto region ② (*di Venezia*) Venetian **II.** *m, f* person from the Veneto region

Venezia [ve·'nɛt·tsia] *f* ① (*città*) Venice ② (*regione*) **la ~-Giulia** Venezia-Giulia

veneziana [ve·net·'tsia:·na] *f* (*tenda*) Venetian blind

veneziano [ve·net·'tsia:·no] <*sing*> *m* (*dialetto*) Venetian (dialect)

veneziano, -a *adj, m, f* Venetian

venire [ve·'ni:·re] <vengo, venni, venuto> **I.** *vi* ① *essere* (*gener*) to come; **~ da qc/qu** to come from sth/sb; **far ~** (*chiamare*) to call out ② (*uscire: liquido*) to come out ③ (*cadere: piog-* *gia, neve*) to fall ④ (*alla mente*) to occur; **mi è venuta un'idea** I've had an idea ⑤ (*malattie*) **mi sta venendo l'influenza** I'm coming down with the flu ⑥ **~ da ... +** *inf* (*sentire l'impulso di*) to feel like ... ⑦ (*ricordare*) to remember; **non mi viene!** I don't remember! ⑧ (*riuscire*) to turn out (well); **non mi viene mai la maionese** my mayonnaise never turns out well ⑨ (*risultare: numero*) to come to; (*nel lotto, nella tombola*) to come up ⑩ *inf* (*costare*) to come to; **ci vengono 100 euro a testa** it comes to 100 euros each ⑪ (*loc*) **a ~** (*in futuro*) to come; **andare e ~** to come and go; **come viene viene** (*alla meno peggio*) come what may; **~ a conoscenza di qc** (*essere informato*) to come to know of sth; **~ al dunque** [*o* **sodo**] to get to the point; **~ alla luce** (*nascere: bambino*) to be born; (*essere scoperto: cosa*) to come to light; **~ dentro** (*entrare*) to come in; **~ fuori** (*uscire*) to come out; **~ giù** (*scendere*) to come down; **~ in mente a qu** (*essere ricordato*) to come to sb's mind; **~ incontro a qu** *fig* (*aiutare*) to come to sb's help; **~ meno** (*mancare*) to be lacking; **~ prima di qc/qu** (*precedere, essere più importante*) to come before sth/sb; **~ su** (*salire*) to come up; *fig* (*crescere*) to grow up; **~ via** (*spostarsi: persona*) to come away; (*staccarsi: cosa*) to come off; (*scomparire: macchia*) to come out **II.** *vr* **venirsene** (*procedere*) to come; **venirsene** (*via*) *fam* (*allontanarsi*) to walk out

ventaglio [ven·'taʎ·ʎo] <-gli> *m* (*oggetto*) fan; **a ~** (*a raggiera*) in a fan shape

ventata [ven·'ta:·ta] *f* ① (*di vento*) gust of wind ② *fig* (*di entusiasmo*) surge; (*di novità, freschezza*) wave

venti ['ven·ti] **I.** *num* twenty **II.** <-> *m* ① (*numero*) twenty ② (*nelle date*) twentieth **III.** *fpl* (*ore*) 8 pm; *v.a.* **cinquanta**

ventilare [ven·ti·'la:·re] *vt* ① (*stanza,*

casa) to air ⓖ (*fare vento*) to fan ⓖ fig (*idea, ipotesi, progetto*) to air

ventilatore [ven·ti·la·'to:·re] *m* fan

ventilazione [ven·ti·lat·'tsio:·ne] *f* ⓐ (*aerazione*) ventilation ⓑ (*presenza di vento*) air

ventiquattr'ore, ventiquattrore [ven·ti·kuat·'tro:·re] *f* ⓐ (*valigetta*) overnight bag ⓑ SPORT (*gara*) twenty-four hour race ⓒ *pl* (*periodo*) twenty-four hours *pl;* **su ventiquattro** twenty-four hours a day

vento ['vɛn·to] *m* (*spostamento d'aria*) wind; **giacca a ~** windbreaker; **mulino a ~** windmill

ventola ['vɛn·to·la] *f* ⓐ (*per il fuoco*) bellows *pl* ⓑ (*di raffreddamento*) fan

ventosa [ven·'to:·sa] *f* ⓐ (*adesiva*) suction cup; (*per sturare*) plunger ⓑ ZOO (*di polipo, sanguisuga*) sucker

ventoso, -a [ven·'to:·so] *adj* windy

ventre ['vɛn·tre] *m* ANAT (*pancia*) stomach; **~ a terra** face down

ventura [ven·'tu:·ra] *f* (*sorte*) chance; **andare alla ~** to trust to luck

venturo, -a [ven·'tu:·ro] *adj* (*prossimo*) next; **ci vediamo la settimana -a** see you next week

venuto, -a [ve·'nu:·to] I. *pp di* **venire** II. *m, f* **nuovo ~** newcomer

vera ['ve:·ra] *f* (*anello*) wedding band

veramente [ve·ra·'men·te] *adv* ⓐ (*gener*) really ⓑ (*molto*) very ⓒ (*a dire la verità*) actually

verbale [ver·'ba:·le] I. *adj* ⓐ (*gener*) verbal ⓑ LING oral II. *m* ADMIN ⓐ (*di contravvenzione, processo*) record; **mettere qc a ~** to put sth on record ⓑ (*di riunione*) minutes *pl;* **redigere** [*o* **stendere**] **un ~** to take the minutes

verbo ['vɛr·bo] *m* verb

vercellese I. *adj* (*di Vercelli*) from Vercelli II. *mf* (*abitante*) person from Vercelli

Vercelli *f* Vercelli, *city in north west Italy*

verdastro, -a [ver·'das·tro] *adj* (*colore*) greenish

verde ['ver·de] I. *adj* ⓐ (*gener*) green;

zona ~ green zone; **essere ~ per l'invidia** to be green with envy ⓑ (*frutta, verdura*) unripe ⓒ (*giovanile*) **anni -i** adolescence ⓓ (*loc*) **carta ~** FIN international auto insurance card; **numero ~** toll free number II. *m* ⓐ (*gener*) green ⓑ (*parte*) green part; **essere** [*o* **ridursi**] **al ~** fig, fam to be broke ⓒ (*vegetazione*) greenery III. *mf* POL green; **il partito dei -i** the Greens

verdetto [ver·'det·to] *m* ⓐ *a. fig* GIUR (*sentenza*) verdict; **~ di assoluzione** not guilty verdict; **~ di condanna** guilty verdict ⓑ SPORT (*di arbitro, giuria*) ruling

verdura [ver·'du:·ra] *f* vegetables *pl*

vergare [ver·'ga:·re] *vt* ⓐ (*tessuto, foglio*) to rule ⓑ (*scrivere a mano*) to write (by hand)

verginale [ver·dʒi·'na:·le] *adj* (*di vergine*) virginal

vergine ['ver·dʒi·ne] I. *f* ⓐ (*donna illibata*) virgin ⓑ *sing* REL **la Vergine** (*la Madonna*) the Virgin Mary ⓒ *sing* ASTR **la Vergine** Virgo; **sono** (**della** [*o* **una**]) **Vergine** I'm Virgo II. *adj* ⓐ (*gener*) virgin; **foresta ~** virgin forest; **olio (extra)~ d'oliva** (extra) virgin olive oil; **terreno ~** virgin soil ⓑ (*nastro, cassetta, dischetto*) blank

verginità [ver·dʒi·ni·'ta] <-> *f* ⓐ (*illibatezza*) virginity ⓑ fig (*integrità morale*) reputation; **rifarsi una ~** scherz to rebuild one's reputation

vergogna [ver·'goɲ·ɲa] *f* ⓐ (*gener*) shame; **provare ~ per qc** to be ashamed of sth; **che ~!** [*o* **~!**] what a disgrace! ⓑ (*imbarazzo, disagio*) embarrassment; **avere ~ di qc** to be embarrassed about sth ⓒ (*timidezza*) shyness; **avere ~ di fare qc** to be afraid to do sth

vergognarsi [ver·goɲ·'ɲar·si] *vr* ⓐ (*essere mortificato*) to be ashamed; **~ di qc/qu** to be ashamed of sth/sb; **vergognati!** fam shame on you! ⓑ (*imbarazzarsi*) to be embarrassed; **~ a fare qc** to be embarrassed about doing sth ⓒ (*essere timido*) to be shy

V

vergognoso, -a [ver·gon'ɲo:·so] *adj* ① *(ignobile, disonorevole)* disgraceful ② *(sguardo, tono)* embarrassed ③ *(timido)* shy

verifica [ve·'ri·fi·ka] <-che> *f* ① *(controllo)* a. MATH check ② *(di bilancio, conto)* audit ③ *(a scuola)* test

verificare [ve·ri·fi·'ka:·re] I. *vt* ① *(provare: qualità, funzionamento)* to test; *(documento, firma, affermazione)* to check; *(bilancio, conto)* to audit ② *(nella scienza: convalidare)* to confirm II. *vr*: **-rsi** ① *(fatto)* to happen ② *(ipotesi, previsione)* to prove to be true

verità [ve·ri·'ta] <-> *f* truth; **in** [*o* **per la**] ~ *(veramente)* to tell the truth

veritiero, -a [ve·ri·'tiɛ:·ro] *adj* ① *(persona)* truthful ② *(notizia, testimonianza, racconto)* accurate

verme ['vɛr·me] *m* a. *fig* worm; ~ **solitario** tapeworm

vermiglio, -a <-gli, -glie> *adj, m, f* vermillion

vernice [ver·'ni:·tʃe] *f* ① *(tinta)* paint; '~ **fresca!'** 'wet paint!' ② *(trasparente)* varnish ③ *(pellame)* patent leather ④ *fig (apparenza)* veneer

verniciare [ver·ni·'tʃa:·re] *vt* ① *(con tinta)* to paint ② *(con vernice trasparente)* to varnish

vero ['ve:·ro] <sing> *m* ① *(verità)* truth; **a dire il** ~ to tell the truth ② *(realtà)* reality; **ritratto dal** ~ life drawing

vero, -a *adj* ① *(affermazione, notizia, persona)* true; *(pentimento)* genuine; **è** ~ **che …** it's true that …; **è incredibile, ma** ~ it may seem incredible, but it's true ② *(autentico, reale)* real; ~ **e proprio** out and out ② *(genuino)* genuine

Verona *f* Verona, *city in north east Italy*

veronese [ve·ro·'ne:·se] <sing> *m (dialetto)* Veronese (dialect)

veronese I. *adj (di Verona)* from Verona II. *mf (abitante)* person from Verona

verosimile [ve·ro·'si:·mi·le] *adj (ipotesi, racconto)* plausible

verrò [ver·'rɔ] *1. pers sing futuro di* **venire**

verruca [ver·'ru:·ka] <-che> *f* MED wart; *(al piede)* verruca

versamento [ver·sa·'men·to] *m (deposito, pagamento)* deposit; **fare** [*o* **effettuare**] **un** ~ to make a deposit

versante [ver·'san·te] *m* GEOG side

versare [ver·'sa:·re] I. *vt* ① *(liquido, farina, zucchero)* to pour; ~ **lacrime** *(piangere)* to cry; ~ **sangue** *(sanguinare)* to bleed ② *(spandere)* to spill; **piangere sul latte versato** *fig* to cry over spilt milk ③ *(soldi)* to deposit II. *vr*: **-rsi** ① *(spargersi, rovesciarsi addosso)* to spill ② *(fiume)* to flow

versato, -a [ver·'sa:·to] *adj* **essere** ~ **in qc** *(competente)* to be knowledgeable about sth; *(capace)* to be skilled at sth

versetto [ver·'set·to] *m (verso)* line ② REL *(paragrafo)* verse

versione [ver·'sio:·ne] *f* ① *(gener)* version ② *(traduzione)* translation

verso¹ ['vɛr·so] *prep* ① *(direzione)* toward ② *(vicino a, nei pressi di)* near ③ *(nel tempo: circa)* around; *(prima di)* towards ④ *(nei confronti di)* toward

verso² I. *m* ① LETT *(unità metrica)* line ② *pl* LETT *(composizione)* verse *sing* ③ *(di animale)* call ④ *(gesto, smorfia)* grimace; **fare il ~ a qu** to do a takeoff on sb ⑤ *(direzione)* direction; **prendere qu per il suo** ~ [*o* **per il ~ giusto**] to know how to handle sb ⑥ *fig (modo)* way; **per un** ~ in one way II. *m* <-> *(di foglio)* back; *(di moneta, medaglia)* reverse

vertebra ['vɛr·te·bra] *f* ANAT vertebra

vertebrale [ver·te·'bra:·le] *adj* ANAT, MED vertebral; **colonna** ~ spine

vertebrato [ver·te·'bra:·to] *m* vertebrate

vertebrato, -a *adj* vertebrate

vertere ['vɛr·te·re] <mancano il pp e le forme composte> *vi* ~ **su qc** *(discussione, questione)* to turn on sth

verticale [ver·ti·'ka:·le] I. *adj* vertical; **pianoforte** ~ upright piano II. *f*

① (*retta*) vertical ② SPORT (*esercizio*) handstand ③ (*nei cruciverba*) down

vertice ['vɛr·ti·tʃe] *m* ① *fig* (*di successo, carriera*) peak ② (*di impresa, organizzazione, partito*) leadership ③ (*incontro*) summit ④ MATH vertex

vertigine [ver·'ti·dʒi·ne] *f* (*capogiro*) dizziness

vertiginoso, -a [ver·ti·dʒi·'no:·so] *adj* ① (*altezza*) dizzying ② MED vertiginous ③ *fig* (*ritmo, velocità*) breakneck ④ *fig* (*cifra, prezzo, ricchezza*) breathtaking; **scollatura -a** plunging neckline

vescica [veʃ·'ʃi:·ka] <-che> *f* ① ANAT bladder ② MED (*bolla*) blister

vescovo ['ves·ko·vo] *m* bishop

vespa ['vɛs·pa] *f* (*insetto*) wasp

vespaio [ves·'pa:·io] <-ai> *m* (*nido*) wasp's nest; **suscitare un ~** *fig* to stir up a hornet's nest

vessare [ves·'sa:·re] *vt* (*con tributi*) to overburden; (*con richieste*) to harass

vestaglia [ves·'taʎ·ʎa] <-glie> *f* dressing gown

veste ['vɛs·te] *f* ① (*abito*) garment; **~ da camera** dressing gown ② (*indumenti*) clothes *pl* ③ *fig* (*apparenza*) guise

vestiario [ves·'tia:·rio] <-ri> *m* clothes *pl*; **capo di ~** item of clothing

vestire [ves·'ti:·re] I. *vt* ① (*abbigliare*) to dress ② (*fornire di vestiti*) to clothe ③ (*indossare*) to wear; **~ la divisa** to wear a uniform II. *vi* (*abbigliarsi in un certo modo*) to dress; **~ di bianco/ nero** to dress in white/black III. *vr*: **-rsi** ① (*abbigliarsi*) to get dressed ② (*abbigliarsi in un certo modo*) to dress; **sapere ~** to be well-dressed

vestito [ves·'ti:·to] *m* ① (*da donna*) dress ② (*da uomo*) suit

Vesuvio [ve·'zu:·vio] *m* Vesuvius

veterano [ve·te·'ra:·no] *m* MIL (*soldato*) veteran

veterano, -a *adj, m, f a. fig* veteran

veterinaria [ve·te·ri·'na:·ria] <-ie> *f* veterinary science

veterinario, -a [ve·te·ri·'na:·rio] <-i, -ie> I. *adj* (*ambulatorio, medico*) veterinary II. *m, f* (*medico*) vet

veto ['vɛ:·to] <-> *m* veto; **diritto di ~** right of veto

vetraio, -a [ve·'tra:·io] <-ai, -aie> *m, f* (*artigiano*) glazier; (*operaio*) glassmaker

vetrata [ve·'tra:·ta] *f* ① (*porta*) glass door; (*finestra*) (large) window; (*soffitto*) glass ceiling ② (*di chiesa, decorata*) stained glass window

vetrina [ve·'tri:·na] *f* ① (*di negozio*) window ② *fig* (*evento, luogo rappresentativo*) showcase ③ (*mobile*) display cabinet

vetrinista [ve·tri·'nis·ta] <-i *m*, -e *f*> *mf* (*professione*) window dresser

vetrino [ve·'tri:·no] *m* (*del microscopio*) slide

vetro ['vɛ:·tro] *m* ① (*materiale*) glass; **~ infrangibile** shatterproof glass; **~ soffiato** blown glass ② (*lastra*) pane

vetroresina [ve·tro·'rɛ:·zi·na] *f* TEC fiberglass

vetta ['vet·ta] *f* ① *a. fig* (*cima*) peak; **in ~** at the top ② *fig* (*di classifica, graduatoria*) top

vettore [vet·'to:·re] *m* ① FIS, MATH vector ② BIO, MED carrier

vettura [vet·'tu:·ra] *f* ① (*automobile*) car ② FERR (*vagone*) car

vetturino [vet·tu·'ri:·no] *m* (*conducente*) driver

vezzeggiare [vet·tsed·'dʒa:·re] *vt* (*coccolare*) to pet

vezzeggiativo [vet·tsed·dʒa·'ti:·vo] *m* ① (*nome*) pet name ② LING (*forma alterata*) diminutive

vezzo ['vet·tso] *m* ① (*abitudine*) habit; **avere il ~ di fare qc** to be in the habit of doing sth ② *pl* (*smancerie*) affectation

vezzoso, -a [vet·'tso:·so] *adj* ① (*lezioso*) affected ② (*grazioso*) charming

vi [vi] I. *pron* ① *2. pers pl* (*oggetto: voi*) you; **chi ~ ha invitati?** who invited you? ② (*complemento: a voi*) (to) you; **~ farò un bel regalo** I'll give you a lovely present ③ (*forma di cortesia*) (to) you II. *pron 2. pers pl* yourselves III. *pron* (*a ciò*) to it; (*in ciò*) in it; (*su* *ciò*) about it **IV.** *adv* ① (*qui*) here; (*lì*) there ② (*per di qua, per di là*) along it; (*attraverso*) through it ③ ~ **sono** there are

via¹ ['vi:·a] <vie> *f* ① (*strada*) street; **abitare in** ~ ... to live on ... Street ② (*passaggio, varco*) path ③ (*percorso*) route ④ (*mezzo*) by; ~ **aerea** by air; ~ **fax** by fax ⑤ *fig* (*modo*) way; **in ~ confidenziale** confidentially; **in ~ eccezionale** exceptionally; ~ **di mezzo** compromise; **per vie traverse** by a roundabout route ⑥ *fig* (*modalità d'intervento*) method; **adire le** [*o* **ricorrere alle**] ~**e legali** to resort to legal action ⑦ ANAT (*canale*) channel ⑧ MED (*modalità*) means *sing*; ~ **orale** orally; ~ **endovenosa** intravenously ⑨ (*loc*) **per ~ di** (*a causa di*) because of; (*per mezzo di*) through

via² **I.** *adv* ① (*lontano*) away; **andare** ~ to leave; **buttare** [*o* **gettare**] ~ to throw away; **essere** [*o* **stare**] ~ *inf* (*essere fuori casa*) to be out; (*essere fuori città*) to be away; **mandare** ~ *qu* to get rid of sb; **portare** ~ *qu* to take sb away ② **venire** ~ (*macchia*) to come out; (*bottone*) to come off ③ (*eccetera*) **e così** ~ [*o* **e** ~ **dicendo**] [*o* **e** ~ **di questo passo**] and so on ④ ~ ~ (**che** ...) (*gradualmente*) as (...) **II.** *interj* ① (*per allontanare*) away ② (*esortazione*) come on ③ (*incredulità, disapprovazione*) no way ④ (*conclusione*) that's it ⑤ SPORT go; **pronti, attenti, ~!** ready, steady, go! **III.** *m* (*segnale di partenza*) starting signal; **al** ~ on the starting signal; **dare il** ~ to start; *fig* (*dare inizio*) to start off

viadotto [via·'dot·to] *m* viaduct

viaggiare [vi·ad·'dʒa:·re] **I.** *vi* (*persona, treno, merce*) to travel **II.** *vt* (*percorrere*) to travel

viaggiatore, -trice [vi·ad·dʒa·'to:·re] **I.** *adj* traveling; **commesso** ~ traveling salesperson **II.** *m, f* (*passeggero*) traveler

viaggio [vi·'ad·dʒo] <-ggi> *m* (*spostamento*) journey; (*breve*) trip; **buon ~!** have a good trip!; **essere in** ~ to be

traveling; **mettersi in** ~ to set off; ~ **di nozze** honeymoon; ~ **organizzato** vacation package

viale [vi·'a:·le] *m* ① (*strada alberata*) avenue ② (*in un giardino*) path

viavai [vi·a·'va:·i] <-> *m* (*andirivieni*) coming and going

vibrare [vi·'bra:·re] **I.** *vt* ① (*lancia, freccia, insulto*) to hurl ② (*colpo*) to strike; (*pugno*) to throw **II.** *vi* ① (*gener*) to vibrate ② *fig* (*fremere*) to tremble

vibrazione [vi·brat·'tsio:·ne] *f* ① (*oscillazione*) vibration ② (*di luce*) flicker

vicario [vi·'ka:·rio] <-i> *m* REL vicar

vice ['vi:·tʃe] <-> *mf* deputy

vice- [vi·tʃe] (*in parole composte*) vice-; **il vicedirettore** the vice-director; **la vicepreside** the assistant principal

vicenda [vi·'tʃɛn·da] *f* ① (*evento, caso*) event ② (*storia, faccenda*) story ③ (*loc*) **a** ~ (*l'un l'altro*) each other; (*a turno*) in turns

vicendevole [vi·tʃen·'de:·vo·le] *adj* mutual

vicentino *sing* (*dialetto*) dialect spoken in Vicenza

vicentino, -a **I.** *adj* (*di Vicenza*) from Vicenza **II.** *m, f* (*abitante*) person from Vicenza

Vicenza [vi·'tʃɛn·tsa] *f* Vicenza, *city in north east Italy*

viceversa [vi·tʃe·'vɛr·sa] **I.** *adv* ① (*in modo inverso*) the other way around ② (*in direzione opposta*) return **II.** *conj* (*e invece*) on the contrary

vicinanza [vi·tʃi·'nan·tsa] *f* ① (*nello spazio*) proximity; (*nel tempo*) nearness; **in** ~ **di** near ② (*di idee, opinioni*) affinity ③ *pl* (*dintorni*) surrounding area; **nelle -e di** *qc* near sth

vicinato [vi·tʃi·'na:·to] *m* ① (*persone*) neighbors *pl* ② (*luoghi*) neighborhood

vicino [vi·'tʃi:·no] *adv* ① (*a poca distanza*) nearby; ~ **a** near ② (*loc*) **andarci** ~ *fig* to come close; **da** ~ from close up; *fig* (*bene*) well

vicino, -a **I.** *adj* ① (*luogo*) nearby; (*strada, casa*) neighboring; (*nazione, stato*) neighboring; ~ **a** close to ② (*tempo*) near; **essere ~ a qc** to be close to sth ❸ (*parenti, opinioni, idee, colori*) close II. *m, f* (*di casa*) neighbor

vicolo ['viːkoˑlo] *m* (*strada*) alleyway; **~ cieco** *a. fig* blind alley

videata [viˑdeˑaːta] *f* COMPUT, TV (*schermata*) screen

video ['viːdeˑo] I.<-> *m* ❶ COMPUT, TV screen ❷ COMPUT, TV (*immagini*) video ❸ (*televisore*) TV II.<inv> *adj* ❶ (*segnale, impianto*) video ❷ (*televisivo*) TV

video- [viˑdeˑo] (*in parole composte*) video-

videocamera [viˑdeˑoˑˈkaːmeˑra] *f* video camera

videocassetta [viˑdeˑoˑkasˈsetta] *f* video (cassette)

videocitofono [viˑdeˑoˑtʃiˈtɔːfoˑno] *m* video door phone

videoclip [viˑdeˑoˈklip] <-> *m* (*music*) video

videoconferenza [viˑdeˑoˑkonˑfeˈrɛntsa] *f* videoconference

videofonino [viˑdeˑoˑfoˈniːno] *m* video cellphone

videogioco [viˑdeˑoˈdʒɔːko] *m* video game

videogiornale [viˑdeˑoˑdʒorˈnaːle] <-> *m* INET news video

videomessaggio [viˑdeˑoˑmesˈsaddʒo] *m* video message

videoproiettore [viˑdeˑoˑproˑietˈtoːre] *m* video projector

videoregistratore [viˑdeˑoˑreˑdʒistraˈtoːre] *m* video recorder

videoteca [viˑdeˑoˈtɛːka] <-che> *f* ❶ (*negozio*) video store ❷ (*collezione*) video collection

videotelefono [viˑdeˑoˑteˈlɛːfoˑno] *m* videophone

vidi ['viːdi] *1. pers sing pass rem di* **vedere**[1]

vidimare [viˑdiˑˈmaːre] *vt* ADMIN (*bilancio, documento*) to ratify

viene, vieni ['vjɛːne, 'vjɛːni] *3. e 2. pers sing pr di* **venire**

vietare [vjeˑˈtaːre] *vt* (*proibire*) to prohibit; **~ qc a qu** to forbid sth to sb; **~ a**

qu di fare qc to prevent sb from doing sth; **'(è) vietato entrare'** 'no entry'; **'(è) vietato fumare'** 'no smoking'; **'film vietato ai minori'** 'must be over 18 to enter'; **'sosta vietata'** 'no parking'

vig. *abbr di* **vigente**

vigente [viˑˈdʒɛnˑte] *adj* GIUR (*in vigore*) applicable

vigilante [viˑdʒiˑˈlanˑte] *mf* ❶ (*guardia giurata*) security guard ❷ *pl* (*cittadini organizzati*) vigilantes *pl*

vigilanza [viˑdʒiˑˈlanˑtsa] *f* ❶ (*sorveglianza*) supervision ❷ (*di guardie giurate, polizia*) security

vigilare [viˑdʒiˑˈlaːre] I. *vt* (*sorvegliare*) to supervise II. *vi* (*badare*) to keep watch; **~ su qu/qc** to supervise sb/sth

vigilato [viˑdʒiˑˈlaːto] *adj* GIUR **libertà -a** probation

vigile ['viːdʒiˑle] *mf* **~** (**urbano**) (local) policeman/woman; **~ del fuoco** firefighter

vigilia [viˑˈdʒiːlia] <-ie> *f* (*giorno prima*) **alla ~ di ...** the day before ...; **la ~ di Natale** Christmas Eve

vigliaccheria [viʎˑʎakˑkeˈriːa] <-ie> *f* ❶ (*caratteristica*) cowardice ❷ (*azione*) cowardly act

vigliacco, -a [viʎˈʎakˑko] <-cchi, -cche> I. *adj* (*persona, azione*) cowardly II. *m, f* ❶ (*persona senza coraggio*) coward ❷ (*persona prepotente*) bully

vigna ['viɲˑɲa] *f* (*vigneto*) vineyard

vigneto [viɲˈɲeːto] *m* vineyard

vignetta [viɲˈɲetˑta] *f* (*satirica, umoristica*) cartoon

vignettista [viɲˑɲetˈtisˑta] <-i *m*, -e *f*> *mf* cartoonist

vigore [viˑˈgoːre] *m* ❶ (*gener*) vigor ❷ (*foga*) energy ❸ GIUR **in ~** in force; **entrare in ~** to come into force

vigoroso, -a [viˑgoˈroːso] *adj* ❶ (*uomo, animale, corpo*) vigorous ❷ *fig* (*intelligenza, stile, protesta*) lively ❸ (*pianta*) thriving

vile ['viːle] I. *adj* ❶ (*persona, azione*) cowardly ❷ (*interesse*) despicable II. *mf* (*persona codarda*) coward

V

villa ['vil·la] *f* (*casa*) house; ~ **unifamiliare/bifamiliare** single/multi-family home

villaggio [vil·'lad·dʒo] <-ggi> *m* ① (*paese*) village ② (*complesso*) complex; ~ **olimpico** Olympic village; ~ **turistico** holiday resort; ~ **universitario** university campus

villano, -a [vil·'la·no] *adj pej* (*persona, comportamento*) rude

villeggiante [vil·led·'dʒan·te] *mf* vacationer

villeggiatura [vil·led·dʒa·'tu·ra] *f* ① (*vacanza*) vacation ② (*luogo*) vacation destination

villetta [vil·'let·ta] *f* ① (*in città*) (small) house; ~ **unifamiliare/bifamiliare** single/multi-family home; **-e a schiera** townhouse ② (*in campagna, al mare*) cottage

villino [vil·'li:·no] *m* ① (*in città*) (small) house ② (*in campagna, al mare*) cottage

viltà [vil·'ta] <-> *f* ① (*codardia*) cowardice ② (*azione*) cowardly act

vimine ['vi:·mi·ne] *m* wicker; **di** [*o* **in**] **-i** (*cesto, sedia*) wicker

vincere ['vin·tʃe·re] <vinco, vinsi, vinto> I. *vt* ① (*superare: nemico, avversario*) to beat; *fig* (*difficoltà, timidezza*) to overcome ② (*guerra, concorso, premio*) to win; ~ **una causa** GIUR to win a case; ~ **un terno al lotto** *fig* to hit the jackpot ③ (*posto, cattedra*) to obtain II. *vi* (*prevalere*) to win

vincita ['vin·tʃi·ta] *f* ① (*vittoria*) victory ② (*premio, somma*) winnings *pl*

vincitore, -trice [vin·tʃi·'to:·re] I. *adj* (*candidato, concorrente*) winning II. *m, f* (*di gara, concorso*) winner

vincolante [viŋ·ko·'lan·te] *adj* binding

vincolare [viŋ·ko·'la:·re] *vt* ① (*impacciare, impedire*) to restrict ② *fig* (*obbligare*) to bind ③ FIN (*conto, deposito, somma*) to tie up ④ ADMIN (*limitare*) to restrict

vincolo ['viŋ·ko·lo] *m* ① GIUR restraint ② *fig* (*obbligo*) obligation ③ *fig* (*legame*) tie ④ FIN (*di conto, deposito*) fixed term ⑤ ADMIN (*limite*) restriction

vinificare [vi·ni·fi·'ka:·re] I. *vi* (*produrre vino*) to produce wine II. *vt* (*trasformare in vino*) ~ **qc** to make wine out of sth

vino ['vi:·no] *m* wine; ~ **d'annata** vintage wine; ~ **della casa** house wine

vinsi ['vin·si] *1. pers sing pass rem di* **vincere**

vinto, -a ['vin·to] I. *pp di* **vincere** II. *adj* (*loc*) **averla -a** to get one's way; **darla -a a qu** to let sb have his [*o* her] way; **darsi per ~ a.** *fig* to give up

viola¹ [vi·'ɔ:·la] *f* ① (*fiore*) violet; ~ **del pensiero** pansy ② MUS (*strumento, violista*) viola

viola² <inv> *adj, m* (*colore*) purple

violare [vio·'la:·re] *vt* ① (*legge, patto, regolamento*) to break ② (*confine*) to violate; (*domicilio*) to break into ③ (*chiesa, tomba*) to desecrate

violentare [vio·len·'ta:·re] *vt* (*sessualmente*) to rape

violento, -a [vio·'lɛn·to] *adj* ① (*gener*) violent ② (*pioggia*) heavy; (*incendio*) fierce ③ (*passione, sentimento*) intense ④ (*sforzo*) huge; (*febbre*) high ⑤ (*colore, suono*) harsh

violenza [vio·'lɛn·tsa] *f* ① (*aggressività, azione violenta*) violence; **ricorrere alla ~** to resort to violence ② (*di temporale, terremoto*) violence; (*di incendio*) ferocity ③ (*di febbre, passione*) intensity

violetto [vio·'let·to] *m* (*colore*) violet

violetto, -a *adj* violet

violinista [vio·li·'nis·ta] <-i *m*, -e *f*> *mf* violinist

violino [vio·'li:·no] *m* violin

violoncellista [vio·lon·tʃel·'lis·ta] <-i *m*, -e *f*> *mf* cellist

violoncello [vio·lon·'tʃɛl·lo] *m* cello

viottolo [vi·'ɔt·to·lo] *m* track

vip [vip] I. <-> *mf* celebrity II. <-> *adj* (*locale, sala*) exclusive

vipera ['vi:·pe·ra] *f* (*serpente*) viper

virale [vi·'ra:·le] *adj* MED viral

virare [vi·'ra:·re] *vi* ① NAUT, AERO to veer ② CHIM, FOTO to tone

virgola ['vir·go·la] *f* comma; **punto e ~** semicolon

virgolette [vir·go·'let·te] *fpl* quotation marks; **tra ~** *a. fig* in quotes

virile [vi·'ri:·le] *adj* ❶ (*maschile, coraggioso*) *a. fig* manly ❷; (*da uomo adulto*) adult ❸ (*sessualmente*) virile

virilità [vi·ri·li·'ta] <-> *f* ❶ (*maturità di maschio*) manliness ❷ (*sessuale*) virility

virtù [vir·'tu] <-> *f* (*pregio*) virtue; **in ~ di** by virtue of

virtuale [vir·tu·'a:·le] *adj* virtual; **realtà ~** virtual reality

virtuoso, -a [vir·tu·'o:·so] I. *adj* ❶ (*retto*) virtuous ❷ (*molto abile*) virtuoso II. *m, f* ❶ (*persona virtuosa*) virtuous person ❷ (*artista, giocatore*) genius; **essere un ~ di qc** to be brilliant at sth

virulento, -a [vi·ru·'lɛn·to] *adj* ❶ BIO, MED virulent ❷ *fig* (*polemica, linguaggio*) heated; (*critica*) bitter

virus ['vi:·rus] <-> *m* COMPUT, BIO, MED virus

viscere ['viʃ·ʃe·re] *fpl* ❶ ANAT innards *pl* ❷ *fig* (*di terra, montagna*) bowels *pl*

vischio ['vis·kio] <-schi> *m* mistletoe

vischioso, -a [vis·'kio:·so] *adj* (*liquido, sostanza*) viscous

viscido, -a ['viʃ·ʃi·do] *adj* ❶ (*terreno, strada*) slippery ❷ (*al tatto*) slimy ❸ *fig* (*persona, atteggiamento*) unctuous

viscoso, -a [vis·'ko:·so] *adj* ❶ FIS (*fluido, liquido, olio*) viscous ❷ (*appiccicoso*) slimy

visibile [vi·'zi:·bi·le] *adj* ❶ (*con la vista*) visible ❷ *fig* (*evidente*) clear

visibilio [vi·zi·'bi:·lio] <-i> *m* (*ammirazione estatica*) ecstasy; **andare** [*o* **essere**] **in ~ per qc/qu** to be in ecstasies over sth/sb

visibilità [vi·zi·bi·li·'ta] <-> *f a. fig* visibility

visiera [vi·'ziɛ:·ra] *f* ❶ (*di casco*) visor ❷ (*di berretto*) peak

visionare [vi·zio·'na:·re] *vt* ❶ (*per scegliere*) to examine ❷ (*vedere in anteprima*) to view

visionario, -a [vi·zio·'na:·rio] <-i, -ie> *adj, m, f* visionary

visione [vi·'zio:·ne] *f* ❶ (*percezione visiva*) vision ❷ (*esame*) examination; **prendere in ~ qc** to examine sth ❸ (*scena, panorama, idea*) view; **~ d'insieme** overview ❹ (*di film, spettacolo, trasmissione*) viewing; **prima ~** first showing ❺ (*soprannaturale, allucinazione*) vision

visita ['vi:·zi·ta] *f* ❶ (*gener*) visit; **andare in ~ da qu** to visit with sb; **essere in ~ da qu** to stay with sb; **fare (una) ~ a qu** to visit with sb; **~ guidata** guided tour ❷ (*persona*) visitor; **biglietto da ~** business card ❸ MED consultation

visitare [vi·zi·'ta:·re] *vt* ❶ (*medico*) to examine; **farsi ~ da uno specialista** to go and see a specialist ❷ (*luogo*) to visit ❸ (*amici, parenti*) to visit with

visitatore, -trice [vi·zi·ta·'to:·re] *m, f* visitor

visivo, -a [vi·'zi:·vo] *adj* (*della vista*) visual; **campo ~** field of vision; **arti -e** visual arts

viso ['vi:·zo] *m* ❶ (*volto*) face ❷ (*espressione*) expression; **a ~ aperto** *fig* openly; **far buon ~ a cattivo gioco** to put a brave face on things

visone [vi·'zo:·ne] *m* ❶ (*animale, pelo*) mink ❷ (*cappotto*) mink coat

visore [vi·'zo:·re] *m* FOTO, TEC viewer

vispo, -a ['vis·po] *adj* lively

vissi ['vis·si] *1. pers sing pass rem di* **vivere**[1]

vissuto, -a [vis·'su:·to] I. *pp di* **vivere**[1] II. *adj* ❶ (*persona*) experienced ❷ (*esperienza, vita*) real

vista ['vis·ta] *f* ❶ (*senso, visuale*) sight ❷ (*percezione, spettacolo, scena, panorama*) view ❸ (*loc*) **a ~** on sight; **conoscere qu di ~** to know sb by sight; **in ~** (*visibile*) in view; *fig* (*novità*) coming up; *fig;* **in ~ di** (*di luogo*) in sight of; (*di avvenimento*) in the run-up to; **a ~ d'occhio** as far as the eye can see; *fig, scherz* (*molto rapidamente*) in a flash; **perdere di ~ qc/qu** to lose sight of

V

sth/sb; **a prima ~** at first sight; **punto di ~** *fig* point of view

visto ['vis·to] *m* ADMIN ① (*di documento, domanda*) ratification ② (*su passaporto*) visa

visto, -a I. *pp di* **vedere**[1] II. *adj* (*considerato*) **essere ben/mal ~** to be well/ badly thought of; **~ che …** given that …

vistoso, -a [vis·'to:·so] *adj* ① (*appariscente*) showy ② (*somma, ricompensa*) impressive

visuale[2] [vi·zu·'a:·le] I. *adj* (*della vista*) visual II. *f* ① view ② *fig* (*punto di vista*) point of view

visualizzare [vi·zu·a·lid·'dza:·re] *vt* ① (*rendere visibile*) to view ② (*rappresentare*) to depict ③ COMPUT to display

visualizzatore [vi·zu·a·lid·dza·'to:·re] *m* COMPUT display

visualizzazione [vi·zu·a·lid·dzat·'tsio:·ne] *f* ① (*il rendere visibile*) visualization ② COMPUT display

vita[1] ['vi:·ta] *f* ① (*gener*) life; **a ~** for life; **dare la ~ a qu** to give birth to sb; **fare la bella ~** to live it up; **rimanere in ~** to stay alive; **perdere la ~** to lose one's life; **togliersi la ~** to take one's own life; **sto aspettando da una ~** *inf* I've been waiting for ages ② (*durata: di fenomeno, prodotto*) lifetime ③ (*sussistenza*) living; **guadagnarsi la ~** to earn a living

vita[2] ['vi:·ta] *f* (*di persona, indumento*) waist

vitale [vi·'ta:·le] *adj* ① (*gener*) vital; **spazio ~** living space ② (*neonato, cucciolo*) viable ③ *fig* (*persona, organismo*) dynamic

vitalità [vi·ta·li·'ta] <-> *f* ① (*di persona*) vitality ② (*di istituzione, settore*) dynamism ③ (*di neonato*) viability

vitamina [vi·ta·'mi:·na] *f* vitamin

vite[2] ['vi:·te] *f* ① BOT (*pianta*) vine ② (*elemento metallico*) screw; **a ~** (*a spirale*) spiral; (*tappo*) screw top

vitello [vi·'tɛl·lo] *m* ① (*animale*) calf ② (*carne*) veal; **~ tonnato** CULIN veal with tuna sauce ③ (*pelle*) calfskin

viterbese I. *adj* (*di Viterbo*) from Viterbo II. *mf* (*abitante*) person from Viterbo

Viterbo *f* Viterbo, *city in central Italy*

viticoltore, viticultore, -trice [vi·ti·kol·'to:·re, vi·ti·kul·'to:·re] *m, f* wine-grower

viticoltura, viticultura [vi·ti·kol·'tu:·ra, vi·ti·kul·'tu:·ra] *f* (*coltivazione*) wine-growing

vitreo, -a *adj* ① (*di vetro*) glass ② (*occhi, sguardo, superficie*) glassy

vittima ['vit·ti·ma] *f* victim; **rimanere ~ di qc** to fall victim to sth; **fare la ~** *inf* to play the victim

vitto ['vit·to] *m* (*cibo*) food; **~ e alloggio** board and lodging

vittoria [vit·'tɔ:·ria] <-ie> *f* (*militare, politica, elettorale*) victory; (*sportiva*) win

vittorioso, -a [vit·to·'rio:·so] *adj* ① (*gener*) victorious; SPORT winning ② (*aspetto, sorriso*) triumphant

viva ['vi:·va] *interj* long live; **~ gli sposi!** to the bride and groom!

vivace [vi·'va:·tʃe] *adj* ① (*persona, mente, discussione, protesta*) lively ② (*studente*) bright ③ (*fiamma, fuoco*) intense; (*colore*) bright ④ MUS vivace

vivacità [vi·va·tʃi·'ta] <-> *f* ① (*gener*) liveliness ② (*di studente, colore*) brightness ③ (*di fiamma, fuoco*) intensity

vivaio [vi·'va:·io] <-ai> *m* ① (*di piante*) (plant) nursery ② (*di pesci*) (fish) farm ③ (*di personaggi*) breeding ground

vivanda [vi·'van·da] *f* (*pietanza*) dish

vivente [vi·'vɛn·te] *adj* (*essere, organismo, specie*) living; (*persona*) alive

vivere[1] ['vi:·ve·re] <vivo, vissi, vissuto> I. *vi* essere ① (*gener*) to live; **~ alla giornata** to live from day to day; **~ di qc** a. *fig* to live on sth; **~ per qc/qu** to live for sth/sb ② *fig* (*durare, sopravvivere*) to live on II. *vt* avere ① (*condurre: vita*) to lead ② (*passare, sentire*) to live through ③ *fig* (*godere*) to enjoy

vivere[2] *msing* (*modo di vivere*) life; **per quieto ~** for a quiet life

viveri ['vi:·ve·ri] *mpl* supplies *pl*

vivibile [vi·'vi:·bi·le] *adj* (*ambiente, città, clima*) pleasant

vivificare [vi·vi·fi·ka:·re] *vt* (*campagna, terra*) to revive; (*corpo, mente*) to invigorate

vivisezione [vi·vi·set·'tsio:·ne] *f* (*di animali*) vivisection

vivo ['vi:·vo] *m* ⓐ *pl* (*persone viventi*) **i** **-i** the living *pl* ⓑ (*parte vitale*) living flesh ⓒ *fig* (*di argomento, questione, problema*) core ⓓ (*disegno, ritratto*) **dal ~** life

vivo, -a *adj* ⓐ (*gener*) living; **~ e** **vegeto** alive and kicking; **farsi ~** to show one's face ⓑ (*ricordo, dolore, immagine*) fresh ⓒ (*espressione, intelligenza, conversazione*) lively ⓓ (*sentimento, bisogno*) deep ⓔ (*fuoco, fiamma*) high ⓕ (*luce, colore*) bright

viziare [vit·'tsia:·re] *vt* (*bambino, figlio*) to spoil

viziato, -a [vit·'tsia:·to] *adj* (*maleducato*) spoiled

vizio ['vit·tsio] <-i> *m* ⓐ (*disposizione al male*) vice ⓑ (*abitudine*) bad habit ⓒ (*difetto*) fault

vizioso, -a [vit·'tsio:·so] *adj* ⓐ (*persona, comportamento*) dissolute ⓑ (*imperfetto*) **circolo ~** vicious circle

vocabolario [vo·ka·bo·'la:·rio] <-i> *m* ⓐ (*dizionario*) dictionary ⓑ (*lessico*) vocabulary

vocabolo [vo·'ka:·bo·lo] *m* LING word

vocale [vo·'ka:·le] I. *adj* ANAT, MUS vocal II. *f* (*suono, lettera*) vowel

vocazione [vo·kat·'tsio:·ne] *f a. fig* vocation

voce ['vo:·tʃe] *f* ⓐ *a. fig a.* MUS voice; **a ~** orally; **a gran ~** loudly; **sotto ~** in a whisper ⓑ (*di strumento, mare*) sound ⓒ (*notizia, diceria*) rumor; **-i di corridoio** idle rumors ⓓ (*vocabolo*) word ⓔ (*in dizionario, enciclopedia*) headword ⓕ (*in grammatica*) form ⓖ ADMIN (*capitolo*) item

vociare [vo·'tʃa:·re] *vi* (*gridare*) to shout

voga ['vo:·ga] <-ghe> *f* ⓐ (*popolarità*) fashion; **essere in ~** to be in fashion

ⓑ SPORT (*attività*) rowing; (*remata*) stroke

vogare [vo·'ga:·re] *vi* to row

voglia ['vɔʎ·ʎa] <-glie> *f* ⓐ (*desiderio*) wish; **avere ~ di** (**fare**) **qc** to feel like (doing) sth; **morire dalla ~ di fare qc** to be dying to do sth; **togliersi la ~ di qc** to lose the urge for sth ⓑ (*disposizione, volontà*) desire; **fare qc di mala** [*o* **contro**] **~** to do sth reluctantly ⓒ *pej* (*capriccio*) whim ⓓ *inf* (*in gravidanza*) craving ⓔ *inf* (*macchia della pelle*) birthmark

voglio ['vɔʎ·ʎo] *1. pers sing pr di* **volere¹**

voi ['vo:·i] *pron* ⓐ *2. pers pl* (*soggetto*) you ⓑ (*oggetto, complemento di termine*) you, *emphatic* ⓒ (*con preposizione*) you ⓓ (*forma di cortesia*) **Voi** you

voialtri [vo·'ial·tri] *pron inf* you guys

volano [vo·'la:·no] *m* ⓐ SPORT (*pallina*) shuttlecock ⓑ (*gioco*) badminton

volante [vo·'lan·te] I. *adj* flying; **disco ~** flying saucer II. *f* (*in polizia: squadra*) flying squad; (*auto*) patrol car III. *m* MOT (*sterzo*) steering wheel; **stare** [*o* **essere**] [*o* **sedere**] **al ~** *a. fig* to be behind the wheel; **sport del ~** motor racing

volantino [vo·lan·'ti:·no] *m* (*pubblicitario, informativo*) leaflet

volare [vo·'la:·re] *vi essere o avere* ⓐ (*gener*) to fly ⓑ (*piuma, foglia, polvere*) to fly around ⓒ (*precipitare*) to fall ⓓ (*correre*) to fly along ⓔ *fig* (*notizia, diceria, calunnia*) to travel fast ⓕ (*tempo*) to fly by

volata [vo·'la:·ta] *f* ⓐ *fam* (*corsa veloce*) rush; **fare una ~** to rush; **di ~** in a rush ⓑ SPORT (*scatto*) sprint ⓒ (*di uccelli*) flight

volatile [vo·'la:·ti·le] I. *adj* CHIM volatile II. *m* ZOO bird

volentieri [vo·len·'tiɛ:·ri] *adv* ⓐ (*di buon grado, con piacere*) willingly; **spesso e ~** *inf* always ⓑ (*come risposta*) of course

volere¹ [vo·'le:·re] <voglio, volli, volu-

to> I. vt ① (*intenzione, desiderio*) to want; **senza** ~ unintentionally; ~ **qu** (*per vederlo*) to want to see sb; (*per parlargli*) to want to speak to sb; (*in offerte e richieste*); **vuole ...?** would you like ...? ② (*decidere: potenza superiore*) to will ③ (*prescrivere: legge, regolamento*) to demand ④ (*richiedere*) to require; **volerci poco/molto** (*tempo, fatica, denaro*) to take a little/a lot ⑤ LING (*reggere*) to take ⑥ (*loc*) ~ **bene a qu** to love sb; ~ **dire** (*significare*) to mean; **voglio/volevo dire ...** I mean/meant ... II. vr -**rsi bene** (*reciprocamente*) to love each other

volere² m (*volontà, desiderio*) will

volgare [vol·ˈga·ːre] I. adj ① pej (*comune, ordinario*) crude ② pej (*triviale*) trivial; (*grossolano*) vulgar ③ (*nome, termine*) common ④ (*lingua*) vulgar; **latino** ~ Vulgar Latin II. m (*lingua*) vernacular

volgarità [vol·ga·ri·ˈta] <-> f (*caratteristica*) vulgarity

volgarizzare [vol·ga·rid·ˈdza·ːre] vt (*divulgare*) to popularize

volgere¹ [ˈvɔl·dʒe·re] <volgo, volsi, volto> I. vt ① a. fig (*gener*) to turn; ~ **le spalle a qu** a. fig to turn one's back on sb; ~ **qc in qc** to turn sth into sth ② (*tradurre*) to transform II. vi ① a. fig (*gener*) to turn; ~ **a qc** to turn towards sth ② fig (*avvicinarsi*) to come; ~ **al termine** to be coming to an end III. vr: -**rsi** (*girarsi*) to turn; -**rsi indietro** to turn back

volgere² m passing

volgo [ˈvɔl·go] <-ghi> m pej (*plebe, massa*) masses pl

volli [ˈvɔl·li] 1. pers sing pass rem di **volere¹**

volo [ˈvoː·lo] m ① (*gener*) flight; **assistente di** ~ flight attendant; **al** ~ in mid-air ② (*caduta*) fall ③ (*corsa*) dash ④ (*loc*) **al** ~ (*immediatamente*) at once

volontà [vo·lon·ˈta] <-> f ① (*facoltà di volere*) will; **forza di** ~ willpower ② (*volere, desiderio*) desire; **a** ~ as much as one wishes; **ultime** ~ last

will and testament ③ (*disposizione*) **buona** ~ goodwill; **cattiva** ~ ill will

volontariato [vo·lon·ta·ˈria·to] m (*per assistenza, pratica*) voluntary work; **fare** ~ to work as a volunteer; **il** ~ the voluntary sector

volontario, -a [vo·lon·ˈta·rio] <-i, -ie> I. adj ① (*liberamente scelto*) voluntary ② (*soldato, medico*) volunteer II. m, f volunteer

volpe [ˈvol·pe] f ① (*animale*) fox ② (*pelliccia*) fox-fur ② fig (*persona astuta*) cunning person

volsi [ˈvɔl·si] 1. pers sing pass rem di **volgere¹**

volt [vɔlt] <-> m EL volt

volta [ˈvɔl·ta] f ① (*circostanza*) time; **la** ~ **che ...** when ...; **una** ~ **(che) ...** once ...; **una** ~ **tanto** every now and then; **una** ~ **per tutte** once and for all ② (*con numerale*) time; **a -e** [*o* **certe -e**] [*o* **qualche** ~] sometimes; **di** ~ **in** ~ each time; **una** ~ once; **c'era una** ~ once upon a time ③ (*turno*) turn; **alla** [*o* **per**] ~ at a time; **tutto in una** ~ all at once ④ (*direzione*) **alla** ~ **di** towards ⑤ ARCHIT vault

voltafaccia [vol·ta·ˈfat·tʃa] <-> m fig U-turn

voltaggio [vol·ˈtad·dʒo] <-ggi> m voltage

voltare [vol·ˈta·ːre] I. vt ① (*gener*) to turn; ~ **le spalle a qu** a. fig to turn one's back on sb; ~ **la pagina** to turn the page; ~ **pagina** fig to move on ② (*oltrepassare: angolo*) to go around II. vi (*girare: persona, strada*) to turn III. vr: -**rsi** (*girarsi*) to turn; **non sapere da che parte** -**rsi** fig not to know where to turn; -**rsi contro qu** to turn against sb

voltastomaco [vol·tas·ˈtɔ·ma·ko] <-chi *o* -ci> m **ho il** ~ to feel sick; **dare il** ~ to turn sb's stomach

volteggiare [vol·ted·ˈdʒa·ːre] vi ① (*uccello, aereo*) to circle ② SPORT to vault; (*nella danza*) to twirl

volto [ˈvol·to] m ① (*viso, natura*) face ② fig (*aspetto*) aspect

volto, -a ['vɔl·to] I. *pp di* **volgere**[1] II. *adj* (*essere*) **~ a fare qc** (to be) intended to do sth

volubile [vo·'lu:·bi·le] *adj* (*individuo, carattere, umore*) volatile; (*tempo atmosferico*) changeable

volume [vo·'lu:·me] *m* a. MATH, COM (*gener*) volume; **a tutto ~** at full volume; **~ del traffico** traffic volume; **auto a due -i** hatchback; **auto a tre -i** sedan

voluminoso, -a [vo·lu·mi·'no:·so] *adj* bulky

voluto, -a [vo·'lu:·to] I. *pp di* **volere**[1] II. *adj* ① (*desiderato*) desired ② (*intenzionale*) intentional

voluttà [vo·lut·'ta] <-> *f* ① (*piacere sensuale*) pleasure ② (*godimento*) enjoyment

voluttuoso, -a [vo·lut·tu·'o:·so] *adj* ① (*bocca, danza, sguardo*) sensuous ② (*persona*) voluptuous; **una vita -a** a life of pleasure

vomitare [vo·mi·'ta:·re] I. *vt* ① (*rimettere*) to throw up ② (*emettere*) to spew forth ③ *fig* (*ingiurie, insulti, imprecazioni*) to hurl II. *vi* (*rimettere*) to throw up

vomito ['vɔ:·mi·to] *m* vomit; **far venire il ~ a qu** a. *fig* to make sb throw up

vongola ['voŋ·go·la] *f* clam

vorace [vo·'ra:·tʃe] *adj* ① (*gener*) a. *fig* voracious ② (*ingordo*) greedy

voragine [vo·'ra:·dʒi·ne] *f* ① (*baratro*) chasm ② (*gorgo d'acqua*) whirlpool

vorrò [vor·'rɔ] *1. pers sing futuro di* **volere**[1]

vortice ['vɔr·ti·tʃe] *m* ① (*di acqua*) whirlpool; (*di aria, sabbia*) whirlwind; (*di polvere*) dust devil ② (*movimento rotatorio*) whirl ③ *fig* (*di azioni, pensieri*) whirlwind

vostro, -a I. *adj* ① your; **~ padre/zio** your father/uncle; **il ~ cugino** your cousin; **i -i fratelli** your brothers; **un ~ amico** one of your friends ② (*forma di cortesia*) your II. *pron* **il ~, la -a** ① yours ② (*forma di cortesia*) yours ③ **alla -a!** (*salute*) cheers!; **la -a** (*lette-*

ra) your letter; **dalla -a** (*parte*) on your side; **i -i** (*genitori, parenti*) your folks

votante [vo·'tan·te] I. *mf* voter II. *adj* voting

votare [vo·'ta:·re] I. *vt* ① (*sottoporre a voto*) to vote on ② (*approvare*) to pass ③ (*sostenere con voto*) to vote for ④ (*consacrare, dedicare*) to devote II. *vi* (*partecipare al voto*) to vote; **~ per** [*o* **a favore di**] **qc/qu** to vote for sth/sb; **~ contro qc/qu** to vote against sth/sb

votazione [vo·tat·'tsio:·ne] *f* ① (*voto, risultato*) vote ② (*a scuola*) grade

voto ['vɔ:·to] *m* ① (*elettorale*) vote; **avere diritto di ~** to have the right to vote; **~ di fiducia** vote of confidence; **mettere ai -i qc** to put sth to the vote; **~ segreto** secret ballot ② (*a scuola: punteggio*) grade ③ REL (*promessa*) vow; **prendere i -i** to take one's vows

v.r. *abbr di* **vedi retro** PTO

vs., Vs. *abbr di* **vostro** your

VT *abbr di* **Vecchio Testamento** OT, Old Testament

vu cumprà [vu·kum·'pra] <-> *mf pej, scherz*: North African street vendor

vulcanico, -a [vul·'ka:·ni·ko] <-ci, -che> *adj* ① GEOL volcanic ② *fig* (*persona, mente*) dynamic; (*fantasia*) vivid

vulcano [vul·'ka:·no] *m* GEOL volcano

vulnerabile [vul·ne·'ra:·bi·le] *adj* vulnerable

vuoi, vuole ['vuɔ:·i, 'vuɔ:·le] *2. e 3. pers sing pr di* **volere**[1]

vuotare [vuo·'ta:·re] I. *vt* ① (*armadio, cassetto, valigia*) to empty ② (*bicchiere, bottiglia*) to drain; (*piatto, luogo*) to clear ③ (*loc*) **~ il sacco** *fig* (*confessare*) to spill the beans II. *vr*: **-rsi** (*diventare vuoto*) to empty

vuoto ['vuɔ:·to] *m* ① (*spazio libero*) void; **avere paura del ~** to be afraid of heights; **~ d'aria** air pocket ② (*spazio senza oggetti*) empty space; (*senza persone*) gap ③ (*cavità*) cavity ④ FIS (*di recipiente, ambiente*) vacuum; **conservato sotto ~** vacuum-packed ⑤ (*contenitore*) empty container; (*bottiglia*)

V

empty bottle ⑥ *fig* (*lacuna*) gap
⑦ (*mancanza affettiva*) emptiness
⑧ (*loc*) **a ~** (*senza effetto, inutilmente*)
in vain; **assegno a ~** bad check

vuoto, -a *adj* ① (*gener*) empty; **a sto-**
maco ~ on an empty stomach; **a mani**
-e a. *fig* empty-handed ② (*persona*)
shallow

Ww

W, w [vu 'dop·pia] <-> *f* W, w; **~ come**
Washington W for William
W *abbr di* **watt** W
wagon-lett [va·gɔ̃·'li] <-> *m* sleeper
wagon-restaurant [va·gɔ̃·rɛs·tɔ·'rã]
<-> *m* dining car
walking ['wol·king] <-> *m* SPORT power
walking
walkman ['wɔːk·mən] <- *o* walkmen>
m Walkman®
watt [vat] <-> *m* watt
wattora [vat·'tɔː·ra] <-> *f* watt-hour
wc <-> *m* (*tazza del gabinetto*) toilet;
(*stanza*) bathroom
web community [web kom·'ju:·ni·ti]
<*sing*> *f* INET web community

webmail ['web meil] <-> *f* INET webmail
weekend ['wiː·kɛnd/wiː·'kɛnd] <-> *m*
weekend; **~ di benessere** weekend
health break
weekendista [wi·ken·'dis·ta] <-i *m*,
-e *f*> *mf* weekender
western ['wes·tən/'wɛs·tern] **I.** <inv>
adj **un film ~** a western **II.** <-> *m* western; **~ all'italiana** spaghetti western
whisky ['wis·ki] <-> *m* whiskey
windsurf ['wind·sə:f] <-> *m* ① (*sport*)
windsurfing ② (*tavola*) windsurfer
würstel ['vyrs·təl] <-> *m* frankfurter

X, x [iks] I. <-> *f* X, x; **~ come xilofono**
X for Xylophone; **gambe a ~** bandy
legs; **l'asse delle ~** MATH the X axis
II. *adj* **il signor ~** Mr. X; **l'ora/il giorno ~** at a certain time/on a certain day;
raggi ~ X-rays
xenofobia [kse·no·fo·'bi:·a] *f* xenophobia *f*

xenofobo, **-a** [kse·'nɔ:·fo·bo] I. *adj*
xenophobic II. *m, f* xenophobe
xerocopia [kse·ro·'kɔ:·pia] *f* photocopy
xerografia [kse·ro·gra·'fi:·a] *f* photo-
copying
xilofono [ksi·'lɔ:·fo·no] *m* xylophone
xilografia [ksi·lo·gra·'fi:·a] *f* ① (*arte*)
wood engraving ② (*copia*) woodcut

Y, y ['ip·si·lon] <-> *f* Y, y; **~ come yacht**
Y for Yoke
yacht [jɔt] <-> *m* (*a motore*) (motor)
yacht; (*a vela*) (sailing) yacht
yoga ['jɔ:·ga] <-> *m* yoga

yogurt ['iɔ:·gurt] <-> *m v.* **iogurt**
yogurtiera [io·gur·'tie:·ra] *f* yogurt
maker
ypsilon ['ip·si·lon] <-> *f o m v.* **ipsilon**

Zz

Z, z ['dzɛ:·ta] <-> *f* Z, z; ~ **come Zara** Z for Zebra; **dalla a alla** ~ from A to Z

zabaione [dza·ba·'io:·ne] *m* zabaglione, sauce made of eggs, sugar and wine

zaffata [tsaf·'fa:·ta] *f* stink

zafferano [dzaf·fe·'ra:·no] *m* CULIN (*aroma*) saffron

zaffiro [dzaf·'fi:·ro] *m* (*pietra*) sapphire

zaino ['dza:i·no] *m* backpack

zampa ['tsam·pa] *f* ① ZOO (*gamba*) leg; (*piede: di cane, gatto*) paw; (*di gallina, uccello*) foot; **-e di gallina** *fig* (*intorno agli occhi*) crow's feet; (*scrittura illeggibile*) scrawl ② *fig, pej* (*di persona: mano*) paw; **giù le -e!** keep your paws off!; **a quattro -e** on all fours

zampillare [tsam·pil·'la:·re] *vi essere o avere* to gush

zampillo [tsam·'pil·lo] *m* jet

zampino [tsam·'pi:·no] *m fig, fam* paw; **mettere lo ~ in qc** to have a hand in sth

zampirone [dzam·pi·'ro:·ne] *m* mosquito coil

zampogna [tsam·'poɲ·ɲa] *f* (*mus*) Italian bagpipes *pl*

zanna ['tsan·na] *f* ZOO (*di elefante, tricheco*) tusk; (*di lupo*) fang

zanzara [dzan·'dza:·ra] *f* ZOO mosquito

zappa ['tsap·pa] *f* hoe; **darsi la ~ sui piedi** *fig* to shoot oneself in the foot

zappare [tsap·'pa:·re] *vt* (*terreno, zolle*) to hoe

zapping ['zæ·piŋ] <-> *m* channel surfing; **fare lo ~** to channel-surf

zar [tsar] <-> *m* czar

zarina [tsa·'ri:·na] *f* czarina

zattera ['tsat·te·ra/dzat·te·ra] *f* raft; **~ di salvataggio** life raft; **ponte di -e** pontoon bridge

zavorra [dza·'vɔr·ra] *f* ① NAUT, AERO ballast ② *fig, pej* (*cosa*) junk; (*persona*) waste of space

zazzera ['tsat·tse·ra] *f scherz* (*capelli lunghi*) mop

zebra ['dzɛ:·bra] *f* ① ZOO zebra ② *pl, fam* crosswalk

zecca ['tsek·ka] <-cche> *f* ① (*officina*) mint; **nuovo di ~** *fig* brand new ② ZOO tick

zelante [dze·'lan·te] *adj* (*persona*) diligent

zelo ['dzɛ:·lo] *m* zeal

zenit ['dzɛ:·nit] <-> *m* zenith

zenzero ['dzen·dze·ro] *m* ginger

zeppa ['tsep·pa] *f* ① (*cuneo*) wedge ② (*di scarpa*) platform sole; **scarpe con le -e** platform shoes

zeppo, -a ['tsep·po] *adj fam* ~ **di** packed with; **essere pieno ~** to be jam-packed

zerbino [dzer·'bi:·no] *m* doormat

zero ['dzɛ:·ro] I. <-> *m* ① (*gener*) zero; **~ virgola otto** zero point eight; **essere uno ~** *fig* to be hopeless; **rasare a ~** (*capelli*) to shave off all sb's hair; **sparare a ~ contro** [*o* **su**] **qu** *fig* to lay into sb; **3 gradi sotto ~** 3 degrees below zero ② (*voto scolastico*) F, the lowest possible grade II. *num* zero; **l'ora ~** *fig* zero hour

zeta ['dzɛ:·ta] <-> *f v.* **Z, z**

zia ['tsi:·a] <zie> *f* aunt

zigano, -a [tsi·'ga:·no] *m, f, adj* Romany

zigomo ['dzi:·go·ma] *m* cheekbone

zigzag, zig-zag [dzig·'dzag] <-> *m* zigzag

zimbello [tsim·'bɛl·lo/dzim·'bɛl·lo] *m fig* (*oggetto di scherno*) laughing stock

zinco ['tsiŋ·ko/dziŋ·ko] *m* zinc

zingaro, -a ['tsiŋ·ga·ro/dziŋ·ga·ro] *m, f* Romany

zio ['tsi:·o] <zii> *m* ① (*uomo*) uncle ② *pl* (*zio e zia*) aunt and uncle

zip [dzip] <-> *m o f* (*cerniera*) zipper

zippare [dzip·'pa:·re] *vt* COMPUT (*file*) to zip

zit(t)ella [tsi·'tɛl·la/dzi·'tɛl·la (dzit·'tɛl·la)] *f* (*donna nubile*) single woman

zitto, -a ['tsit·to] **I.** *adj* quiet; **sta' ~!** *fam* be quiet!; **~ ~** *fam* quietly **II.** *interj* be quiet!

zizzania [dzid·'dza:·nia] <-ie> *f fig* (*discordia*) discord

zoccolo ['tsɔk·ko·lo] *m* ① (*calzatura*) clog ② ZOO (*di cavallo, mucca*) hoof ③ ARCHIT (*di edificio, colonna, monumento*) plinth ④ (*battiscopa*) baseboard ⑤ GEOL **~ continentale** continental shelf

zodiaco [dzo·'di:·a·ko] <-ci> *m* zodiac; **i segni dello ~** the signs of the zodiac

zolfo ['tsol·fo] *m* sulfur

zolla ['dzɔl·la/'tsɔl·la] *f* (*pezzo di terra*) clod

zolletta [dzol·'let·ta/tsol·'let·ta] *f* (*di zucchero*) cube; **zucchero in -e** cubed sugar

zona ['dzɔː·na] *f* ① (*regione*) zone; **~ collinare** hilly area; **~ desertica** desert region; **~ di montagna** mountain region; **~ sismica** earthquake zone ② ADMIN (*in una città*) area; **~ industriale** industrial park; **~ pedonale** pedestrian mall; **~ residenziale** residential area

zonzo ['dzon·dzo] *fam* **andare a ~** to wander around

zoo ['dzɔː·o] <-> *m* zoo

zoologia [dzo·o·lo·'dʒi:·a] <-gie> *f* zoology

zoologico, -a [dzo·o·'lɔː·dʒi·ko] <-ci, -che> *adj* (*scienze*) zoological; **giardino ~** zoo

zoologo, -a [dzo·'ɔː·lo·go] <-gi, -ghe> *m, f* zoologist

zoppicare [tsop·pi·'ka:·re] *vi* ① (*persona*) to limp ② *fig, fam* (*periodo*) to lose its rhythm; (*ragionamento*) to be full of holes

zoppo, -a ['tsɔp·po] *adj* (*persona, gamba*) lame; **è ~ dalla gamba destra** his right leg is lame

zotico, -a ['dzɔː·ti·ko] <-ci, -che> **I.** *adj* (*persona*) boorish **II.** *m, f* boor

zucca ['tsuk·ka] <-cche> *f* ① BOT pumpkin ② *scherz, fam* head

zuccherare [tsuk·ke·'ra:·re] *vt* to sweeten

zuccheriera [tsuk·ke·'riɛ:·ra] *f* sugar bowl

zuccherino [tsuk·ke·'ri:·no] *m* (*pezzetto di zucchero*) sugar cube

zuccherino, -a *adj* ① (*che contiene zucchero*) sweet ② (*dolce*) sugary

zucchero ['tsuk·ke·ro] *m* sugar; **~ filato** cotton candy; **~ di canna** cane sugar; **~ in polvere** caster sugar; **~ in zollette** cubed sugar

zuccheroso, -a [tsuk·ke·'ro:·so] *adj* ① (*frutta*) sweet ② *fig* (*parole*) sugary

zucchina [tsuk·'ki:·na] *f* zucchini

zuccone, -a [tsuk·'ko:·ne] *m, f fig, fam* ① (*tonto*) blockhead ② (*testardo*) stubborn person

zuffa ['tsuf·fa] *f* brawl

zuppa ['tsup·pa] *f* CULIN soup; **~ di pesce** fish soup; **~ di verdura** vegetable soup; **~ inglese** *cold dessert made from sponge soaked in liquor with cream and chocolate*

zuppiera [tsup·'piɛ:·ra] *f* soup tureen

zuppo, -a ['tsup·po] *adj fam* (*bagnato*) soaked

Zurigo [dzu·'ri:·go] *m* Zurich; **andare a ~** to go to Zurich; **abitare a ~** to live in Zurich

Z

Aa

A, a [eɪ] *n* ➀ (*letter*) A, a *f o m inv*; **~ for Abel** A come Ancona; **from ~ to Z** dalla A alla Z ➁MUS (*note*) la *m* ➂SCHOOL *voto massimo*

a [ə, *stressed:* eɪ] *indef art before consonant,* **an** [ən, *stressed:* æn] *before vowel* ➀ (*in general*) un, uno, una; **~ car** un'automobile; **~ house** una casa; **in ~ day or two** in un paio di giorni ➁ (*not translated*) **do you have ~ car?** hai la macchina?; **he is an American** è americano; **she is ~ teacher** è insegnante; **a hundred days** cento giorni ➂ (*to express prices*) **$2 ~ dozen** 2 dollari la dozzina; **$6 ~ week** 6 dollari a settimana

AA [ˌeɪˈeɪ] *abbr of* **Alcoholics Anonymous** AA *f*

AAA AUTO *abbr of* **American Automobile Association** ≈ ACI *m*

abandon [əˈbæn·dən] *vt* ➀ (*vehicle, person*) abbandonare ➁ (*give up: plan*) rinunciare a; (*game*) sospendere

abandoned [əˈbæn·dənd] *adj* abbandonato, -a

abbey [ˈæb·i] *n* abazia *f*

abbreviation [əˌbriː·viˈeɪ·ʃən] *n* abbreviazione *f*

ABC[1] [ˌeɪ·biːˈsiː] *n pl* ➀ (*alphabet*) alfabeto *m* ➁ (*rudiments*) abbiccì *m*

ABC[2] [ˌeɪ·biːˈsiː] *n* TV *abbr of* **American Broadcasting Company** *emittente televisiva americana*

abdomen [ˈæb·də·mən] *n* ANAT addome *m*

abdominal [æbˈdɑː·mə·nl] *adj* addominale

abduct [æbˈdʌkt] *vt* rapire

abduction [æbˈdʌk·ʃən] *n* rapimento *m*

ability [əˈbɪ·lə·ti] <-ies> *n* ➀ (*capability*) capacità *f*; **to the best of one's ~** al meglio delle proprie capacità ➁ (*talent*) talento *m* ➂ *pl* (*skills*) doti *fpl*

able [ˈeɪ·bl] *adj* (*capable*) capace; **to be ~ to do sth** (*have ability, manage*) essere in grado di fare qc; (*have knowledge*) saper fare qc

abnormal [æbˈnɔːr·ml] *adj* ➀ (*feature*) anomalo, -a ➁ (*person*) anormale

abnormality [ˌæb·nɔːr·ˈmæ·lə·ti] <-ies> *n* ➀ (*abnormal feature*) anomalia *f* ➁ (*unusualness*) anormalità *f*

aboard [əˈbɔːrd] I. *adv* a bordo II. *prep* a bordo di

abolish [əˈbɑː·lɪʃ] *vt* abolire

abolition [ˌæ·bəˈlɪ·ʃən] *n* abolizione *f*

abominable [əˈbɑː·mɪ·nə·bl] *adj* abominevole

abomination [əˌbɑː·mɪˈneɪ·ʃən] *n* (*abominable thing*) abominio *m*

abort [əˈbɔːrt] I. *vt* ➀MED fare abortire ➁ *a.* COMPUT interrompere II. *vi* ➀MED abortire ➁ (*fail*) fallire

abortion [əˈbɔːr·ʃən] *n* MED aborto (*m* provocato); **to have an ~** abortire

about [əˈbaʊt] I. *prep* ➀ (*on subject of*) su; **a book ~ football** un libro sul calcio; **what is the film ~?** di cosa parla il film? ➁ (*characteristic of*) **that's what I like ~ him** è questo che mi piace di lui ➂ (*surrounding*) intorno a; **the garden ~ the house** il giardino intorno alla casa ➃ (*in and through*) per; **to go ~ the streets** girare per le strade ▸**how ~ a drink?** che ne dici di bere qualcosa?; **what ~ it?** (*suggestion*) che ne dici?; (*so what?*) e allora? II. *adv* ➀ (*approximately*) pressapoco; **~ 5 lbs.** circa 5 libbre; **~ here** più o meno qui; **~ 5 years ago** circa 5 anni fa; **~ twenty** una ventina; **to have had just ~ enough of sth** averne avuto abbastanza di qc ➁ (*almost*) quasi; **to be (just) ~ ready** essere quasi pronto ➂ (*on the point of*) **to be ~ to do sth** stare (proprio) per fare qc ➃ (*around*) **to be somewhere ~** essere nei paraggi; **is Paul ~?** c'è Paul da queste parti?

A

above [ə·'bʌv] I. *prep* ❶ (*on the top of*) sopra ❸ (*over*) al di sopra; ~ **suspicion** al di sopra di ogni sospetto ❹ (*greater than, superior to*) oltre; **those ~ the age of 70** quelli con più di 70 anni; ~ **all** soprattutto II. *adv* di sopra; **the floor** ~ il piano di sopra; **up ~ sth** qc; **from ~** dall'alto; **see ~** (*in text*) vedi sopra III. *adj* summenzionato, -a IV. *n* **the ~** il suddetto

above-mentioned *adj* suddetto, -a

abroad [ə·'brɑːd] *adv* (*in foreign country*) all'estero; **from ~** dall'estero; **to be ~** essere all'estero; **to go ~** andare all'estero

abrupt [ə·'brʌpt] *adj* ❶ (*sudden*) repentino, -a; (*change*) brusco, -a; (*end*) improvviso, -a ❷ (*brusque*) brusco, -a

ABS [ˌeɪ·biː·'es] *n abbr of* **antilock braking system** ABS *m*

abscess ['æb·ses] *n* ascesso *m*

absence ['æb·səns] *n* ❶ (*of person, thing*) assenza *f*; (*of* in assenza di; **on leave of ~** MIL in permesso ❷ (*lack of*) mancanza *f*

absent ['æb·sənt] *adj* ❶ (*not present*) assente ❷ (*distracted*) assente

absentee [ˌæb·sən·'tiː] *n* assente *mf*

absentee voting *n* voto *m* per corrispondenza

absent-minded *adj* distratto, -a

absolute ['æb·sə·luːt] *adj* (*total*) a. POL assoluto, -a; (*trust, power*) pieno, -a; (*disaster*) totale

absolutely *adv* ❶ (*comprehensively*) assolutamente; ~! *inf* sicuramente!; ~ **not!** assolutamente no!❷ (*very*) totalmente

absolution [ˌæb·sə·'luː·ʃən] *n* REL assoluzione *f*

absolve [əb·'zɑlv] *vt* assolvere

absorb [əb·'sɔːrb] *vt* ❶ (*liquid*) assorbire; (*shock*) attutire ❷ (*understand*) assimilare ❸ (*engross*) **to get ~ed in sth** essere assorto in qc

absorbent [əb·'sɔːr·bənt] *adj* assorbente

absorbing *adj* (*book*) avvincente; (*appassionante*)

absorption [əb·'sɔːrp·ʃən] *n* ❶ (*of liquid*) assorbimento *m* ❷ (*in book, story*) interesse *m* ❸ (*in work*) coinvolgimento *m*

abstract ['æb·strækt] I. *adj* astratto, -a II. *n* ❶ (*not concrete*) astratto *m* ❷ (*summary*) riassunto *m*

absurd [əb·'sɜːrd] *adj* assurdo, -a

absurdity [əb·'sɜːr·də·ţi] <-ies> *n* assurdità *f*

abundance [ə·'bʌn·dəns] *n* abbondanza *f*

abundant [ə·'bʌn·dənt] *adj* abbondante

abuse[1] [ə·'bjuːs] *n* ❶ (*insults*) insulti *mpl*; **to hurl ~ at sb** insultare qu ❷ (*mistreatment*) maltrattamenti *mpl* ❸ (*misuse*) abuso *m*; **sexual ~** violenza *f* sessuale

abuse[2] [ə·'bjuːz] *vt* ❶ (*insult*) insultare ❷ (*mistreat*) maltrattare ❸ (*sexually*) abusare di ❹ (*misuse*) abusare di

abusive [ə·'bjuː·sɪv] *adj* (*language*) offensivo, -a ❷ (*person*) violento, -a

abysmal [ə·'bɪz·məl] *adj* pessimo, -a

a/c [ˌeɪ·'si] ❶ *abbr of* **account** c.to ❷ *abbr of* **air conditioning** aria *f* condizionata

academic [ˌæ·kə·'de·mɪk] I. *adj* ❶ UNIV accademico, -a; SCHOOL scolastico, -a ❷ (*intellectual*) erudito, -a ❸ (*theoretical*) teorico, -a ❹ (*irrelevant*) irrilevante II. *n* accademico, -a *m, f*

academy [ə·'kæ·də·mi] <-ies> *n* accademia *f*

accelerate [ək·'se·lə·reɪt] I. *vi* (*car*) accelerare; (*growth*) accelerarsi II. *vt* accelerare

acceleration [ək·ˌse·lə·'reɪ·ʃən] *n* accelerazione *f*

accelerator [ək·'se·lə·reɪ·ţə] *n* AUTO, a. PHYS acceleratore

accent ['æk·sent] I. *n* ❶ LING accento *m* ❷ LIT, MUS enfasi *f* inv II. *vt* ❶ LIT, MUS accentare ❷ (*emphasize*) mettere in evidenza

accentuate [ək·'sen·tʃu·eɪt] *vt* accentuare

accept [ək·'sept] I. *vt* ❶ (*take when offered*) accettare ❷ (*approve*) approvare

A

● (*believe*) credere in ● (*acknowledge*) riconoscere ● (*include socially*) accogliere **II.** *vi* accettare

acceptable *adj* (*behavior*) accettabile; (*explanation*) soddisfacente

acceptance [ək·'sep·təns] *n* ● (*of gift, help*) accettazione *f* ● (*approval*) approvazione *f* ● (*social*) accettazione *f*

access ['æk·ses] **I.** *n a.* COMPUT accesso *m;* ~ **road** strada *f* d'accesso; **Internet** ~ COMPUT accesso a Internet **II.** *vt* COMPUT accedere a

accessible [ək·'se·sə·bl] *adj* ● (*place, work of art*) accessibile ● (*person*) disponibile

accessory [ək·'se·sə·ri] <-ies> *n* ● (*for outfit, machine*) accessorio *m* ● LAW complice *mf*

accident ['æk·sɪ·dənt] *n* incidente *m;* ~ **insurance** assicurazione *f* contro gli infortuni; **by** ~ (*unintended*) senza volere; (*by chance*) per caso

accidental [,æk·sɪ·'den·təl] *adj* ● (*unintentional*) casuale; LAW (*death*) accidentale ● (*discovery*) fortuito, -a

accommodation [ə,ka:·mə·'deɪ·ʃən] *n* ● *pl* (*lodgings*) alloggio *m* ● (*on vehicle, plane*) posti *mpl*

accompany [ə·'kʌm·pə·ni] <-ie-> *vt a.* MUS (*go with*) accompagnare; **to** ~ **sb on the violin** accompagnare qu al violino

accomplice [ə·'ka:mp·lɪs] *n* complice *mf*

accomplish [ə·'ka:mp·lɪʃ] *vt* ● (*achieve*) compiere ● (*finish*) portare a termine; **to** ~ **a task** portare a termine un compito

accomplished [ə·'ka:mp·lɪʃt] *adj* provetto, -a

accomplishment *n* ● (*achievement*) risultato *m* ● (*completion*) realizzazione *f* ● (*skill*) talento *m*

accord [ə·'kɔ:rd] *n* ● (*treaty*) accordo *m* ● (*agreement, harmony*) accordo *m;* **on** [*o of*] **one's own** ~ spontaneamente

accordance [ə·'kɔ:r·dəns] *n* **in** ~ **with** in conformità con

accordingly *adv* ● (*appropriately*) conformemente ● (*therefore*) di conseguenza

according to [ə·'kɔ:r·dɪŋ·tə] *prep* ● (*as told by*) secondo; ~ **her/what I read** secondo lei/quanto ho letto; **to go** ~ **plan** andare secondo il previsto ● (*as basis*) in conformità con; ~ **the law** secondo la legge

account [ə·'kaʊnt] **I.** *n* ● (*with bank*) conto *m* ● (*bill*) fattura *f;* **to settle an** ~ saldare un conto ● *pl* (*financial records*) contabilità *f;* **to keep** ~**s** tenere la contabilità ● (*customer*) cliente *mf* ● (*description*) resoconto *m;* **an** ~ **of sth** un resoconto di qc; **by all** ~**s** a dire di tutti; **by her own** ~ a quanto dice lei stessa ● (*consideration*) **to take sth into** ~ prendere [*o* tenere] in considerazione qc; **to take no** ~ **of sth** non tener conto di qc; **on** ~ **of sth** a causa di qc; **on no** ~ in nessun caso ● *form* (*importance*) **of little/no** ~ di poca/nessuna importanza **II.** *vt form* considerare

accountable [ə·'kaʊn·tə·bl] *adj* responsabile

accountancy [ə·'kaʊn·tən·si] *n* contabilità *f*

accountant [ə·'kaʊn·tənt] *n* contabile *mf*

accuracy ['æ·kjə·ə·si] *n* accuratezza *f*

accurate ['æ·kjə·ət] *adj* ● (*on target*) preciso, -a ● (*correct*) esatto, -a ● (*careful*) accurato, -a

accusation [,æ·kju·'zeɪ·ʃən] *n* accusa *f*

accusative [ə·'kju·zə·tɪv] *n* LING accusativo *m*

accuse [ə·'kju:z] *vt* accusare

accused [ə·'kju:zd] *n* **the** ~ l'imputato, -a *m, f*

accustomed [ə·'kʌs·təmd] *adj* ● (*in habit of*) abituato, -a; **to be** ~ **to doing sth** essere abituato a fare qc; **to grow** ~ **to doing sth** abituarsi a fare qc ● (*usual*) solito, -a

AC/DC [,er·si:·'di:·si:] *n* ● ELEC *abbr of* **alternating current/direct current** c.a./c.c. ● *sl* (*bisexual*) bisessuale *mf*

A

ache [eɪk] I. *n* dolore *m;* ~s and pains acciacchi *mpl* II. *vi* fare male

achieve [ə·'tʃiːv] *vt* (*goal, objective*) raggiungere; (*task*) portare a termine; (*success*) ottenere

achievement *n* ① (*feat*) impresa *f;* (*success*) successo *m* ② (*achieving*) realizzazione *f*

acknowledge [ək·'nɑː·lɪdʒ] *vt* ① (*admit*) ammettere ② (*recognize*) riconoscere; (*letter*) accusare ricevuta di; (*favor*) ringraziare per ③ (*reply to: person, smile*) **he acknowledged my smile with a wave** ha risposto al mio sorriso con un cenno di saluto

acknowledg(e)ment *n* ① (*admission*) ammissione *f* ② (*recognition*) riconoscimento *m* ③ (*reply*) avviso *m* di ricevimento ④ *pl* (*in book*) ringraziamenti *mpl*

ACLU [eɪ·si·el·'ju] *n abbr of* **Unione Americana per i Diritti Civili** /

acne ['æk·ni] *n* acne *f*

acoustic(al) [ə·'ku·stɪk(əl)] I. *adj* acustico, -a II. *npl* acustica *f*

acoustic guitar *n* chitarra *f* acustica

acquaint [ə·'kweɪnt] *vt* ① (*know*) **to be/become ~ed with sb/sth** conoscere qu/qc ② (*familiarize*) familiarizzare; **to ~ oneself with sth** familiarizzarsi con qc; **to be ~ed with sth** essere al corrente di qc

acquaintance [ə·'kweɪn·təns] *n* ① (*person*) conoscente *mf* ② (*relationship*) conoscenza *f;* **to make sb's ~** conoscere qu ③ (*knowledge*) conoscenza *f*

acquire [ə·'kwaɪ·ɚ] *vt* ① (*by buying*) acquistare; (*by effort*) acquisire; **to ~ a taste for sth** cominciare ad apprezzare qc

acquired immunity deficiency syndrome *n* sindrome *f* da immunodeficienza acquisita

acquisition [ˌæ·kwɪ·'zɪ·ʃən] *n* (*by buying*) acquisto *m;* (*of knowledge, skill*) acquisizione *f*

acquit [ə·'kwɪt] <-tt-> *vt* ① LAW assolvere ② **to ~ oneself well/badly** cavarsela bene/male

acquittal [ə·'kwɪ·təl] *n* LAW assoluzione *f*

acre ['eɪ·kɚ] *n* acro *m* (*4840 iarde quadrate; 4047 metri quadrati*)

acrobat ['æ·krə·bæt] *n* acrobata *mf*

acrobatic [ˌæ·krə·'bæ·tɪk] *adj* acrobatico, -a

across [ə·'krɑːs] I. *prep* ① (*on other side of*) dall'altro lato di; **just ~ the street** proprio dall'altra parte della strada; ~ **from sb/sth** di fronte a qu/qc ② (*from one side to other*) attraverso; **to walk ~ the bridge** attraversare il ponte a piedi; **the bridge ~ the river** il ponte sul fiume II. *adv* ① (*in distance*) da un lato all'altro; **to run/swim ~** attraversare di corsa/a nuoto; **to be 10 feet ~** essere largo 10 piedi ② (*in contact with*) **to come ~ sth** imbattersi in qc ③ (*conveying meaning*) **to get a point ~** far capire qc

across-the-board *adj* (*pay hike, ruling*) generale

act [ækt] I. *n* ① (*action*) atto *m;* **an ~ of God** LAW una calamità naturale; **to catch sb in the ~** cogliere qu sul fatto ② (*performance*) numero *m;* **a hard ~ to follow** un numero difficile da eguagliare ③ (*pretence*) scena *f* ④ THEAT atto *m* ⑤ LAW legge *f* ▶ **to get one's ~ together** *inf* organizzarsi; **to get in on the ~** approfittare della situazione II. *vi* ① (*take action*) agire; **to ~ for sb** agire per conto di qu ② (*behave*) comportarsi ③ (*take effect*) agire ④ THEAT recitare ⑤ (*pretend*) fingere III. *vt* THEAT recitare; **to ~ the fool** fare lo stupido

♦ **act up** *vi inf* ① (*person*) fare capricci ② (*machine*) funzionare male

acting ['æk·tɪŋ] I. *adj* facente funzione di II. *n* THEAT recitazione *f*

action ['æk·ʃən] *n* ① (*activeness*) azione *f;* **to be out of ~** (*person*) essere fuori combattimento; (*machine*) non funzionare; **to put sth out of ~** mettere qc fuori uso; **to take ~** agire ② MIL azione *f;* **to see ~** combattere; **killed in ~** morto in combattimento ③ (*mechanism*) meccanismo *m* ④ (*motion*) movimento *m* ⊚ *inf* (*exciting events*) vita *f*; (*fun*) movimento *m*

action-packed *adj* pieno, -a d'azione

activate ['æk·tə·veɪt] *vt a.* CHEM attivare

active ['æk·tɪv] *adj* ⊙ (*lively, not passive*) attivo, -a; **to be ~ in sth** partecipare a qc

activist ['æk·tɪ·vɪst] *n* POL attivista *mf*

activity [æk·'tɪ·və·ti] <-ies> *n* ⊙ (*state*) attività *f* ⊚ *pl* (*pursuits*) attività *fpl*

actor ['æk·tə] *n* attore *m*

actress ['æk·trɪs] *n* attrice *f*

actual ['æk·tʃʊ·əl] *adj* ⊙ (*real*) effettivo, -a; **in ~ fact** in realtà ⊚ (*precise*) esatto, -a; **what were her ~ words?** quali sono state le sue precise parole?

actually ['æk·tʃʊ·li] *adv* ⊙ (*in fact*) effettivamente ⊚ (*by the way*) **~ I saw her yesterday** a proposito, l'ho vista ieri

acupuncture ['æ·kjʊ·pʌŋk·tʃə] *n* agopuntura *f*

acute [ə·'kjuːt] *adj* ⊙ (*serious*) acuto, -a; (*anxiety*) intenso, -a; (*embarrassment*) grande; (*difficulties*) serio, -a; (*shortage*) grave ⊚ (*shrewd*) perspicace ⊚ MATH (*angle*) acuto, -a

ad [æd] *n inf abbr of* **advertisement** pubblicità *f*

A.D. [ˌeɪ·'di] *abbr of* **anno Domini** d.C.

adapt [ə·'dæpt] I. *vt* adattare; **to ~ oneself** adattarsi II. *vi* adattarsi

adaptable *adj* adattabile

adaptation [ˌæ·dæp·'teɪ·ʃən] *n* adattamento *m*

adapter *n*, **adaptor** [ə·'dæp·tə] *n* ELEC adattatore *m*

ADD [ˌeɪ·di·'di] *n abbr of* **Attention Deficit Disorder** disturbo *m* da deficit di attenzione

add [æd] *vt* ⊙ (*put with*) aggiungere ⊚ (*say*) aggiungere ⊚ MATH sommare

addict ['æ·dɪkt] *n* ⊙ MED **drug ~** tossicodipendente *mf* ⊚ *fig* fanatico, -a *m, f*; **to be a movie ~** essere un fanatico del cinema

addicted [ə·'dɪk·tɪd] *adj* dipendente; **~ to drugs** tossicodipendente; **to be ~ to sth** essere dipendente da qc; *fig* essere fanatico di qc

addiction [ə·'dɪk·ʃən] *n* dipendenza *f*; **drug ~** tossicodipendenza *f*

A

addition [ə·'dɪ·ʃən] *n* ⊙ MATH addizione *f* ⊚ (*act of adding*) aggiunta *f*; **in ~** inoltre; **in ~ to ...** oltre a ...

additional [ə·'dɪ·ʃə·nl] *adj* supplementare

additionally [ə·'dɪʃ·ən·əl·i] *adv* inoltre

additive ['æ·də·tɪv] *n* additivo *m*

address¹ ['æ·dres] *n* ⊙ *a.* COMPUT indirizzo *m* ⊚ (*speech*) discorso *m*

address² [ə·'dres] I. *vt* ⊙ (*write address on*) indirizzare ⊚ (*speak to*) parlare a ⊚ (*use title*) **to ~ sb (as sth)** rivolgersi a qu usando il titolo di ⊚ (*deal with: issue*) affrontare II. *n* ⊚ (*speech*) discorso *m* ⊚ (*title*) **form of ~** titolo *m*

addressee [ˌæ·dre·'siː] *n* destinatario, -a *m, f*

adequate ['æ·dɪk·wət] *adj* ⊙ (*sufficient*) sufficiente ⊚ (*good enough*) adeguato, -a

ADHD [ˌeɪ·di·eɪtʃ·'di] *abbr of* **attention deficit hyperactivity disorder** disturbo *m* da deficit di attenzione e iperattività

adhesive [əd·'hiː·sɪv] *adj, n* adesivo, -a *m, f*

adjacent [ə·'dʒeɪ·snt] *adj* attiguo, -a; MATH adiacente

adjective ['æ·dʒɪk·tɪv] *n* LING aggettivo *m*

adjourn [ə·'dʒɜːrn] I. *vt* sospendere II. *vi* (*pause: meeting*) sospendere

adjust [ə·'dʒʌst] I. *vt* ⊙ *a.* TECH regolare ⊚ (*rearrange*) sistemare ⊚ (*change*) modificare ⊚ (*adapt*) adattare II. *vi* adattarsi; **to ~ to sth** adattarsi a qc

adjustable *adj* regolabile

adjustment *n* ⊙ (*mechanical*) modifica *f* ⊚ (*mental*) adattamento *m*

ad-lib [æd·'lɪb] <-bb-> *vi, vt* improvvisare

adman ['æd·mæn] <-men> *n* ECON pubblicitario, -a *m, f*

admin ['æd·mɪn] *n inf* ⊙ *abbr of* **administration** amministrazione *f* ⊚ COMPUT *abbr of* **administrator** admin *m*

A

administer [əd·ˈmɪ·nɪs·tə] *vt* ① *a.* POL (*manage: funds, estate*) amministrare ② (*dispense: punishment*) infliggere

administration [əd·ˌmɪ·nɪs·ˈtreɪ·ʃən] *n* ① (*organization*) amministrazione *f*; (*management*) gestione *f*; **the ~** l'amministrazione ② POL (*time in power*) mandato *m* ③ POL (*government*) governo *m* ④ (*dispensing: of medicine*) somministrazione *f*

administrative [əd·ˈmɪ·nɪs·trə·tɪv] *adj* amministrativo, -a

administrator [əd·ˈmɪ·nɪs·treɪ·tə] *n* ① (*of organization, institution*) amministratore, -trice *m, f* ② LAW curatore, -trice *m, f*

admirable [ˈæd·mə·rə·bl] *adj* ammirevole

admiral [ˈæd·mə·rəl] *n* MIL ammiraglio *m*

admiration [ˌæd·mə·ˈreɪ·ʃən] *n* ammirazione *f*; **in ~** con ammirazione

admire [əd·ˈmɑ·ɪə] *vt* ammirare; **to ~ sb for sth** ammirare qu per qc

admirer [əd·ˈmɑ·ɪə·ə] *n* ammiratore, -trice *m, f*

admissible [əd·ˈmɪ·sə·bl] *adj* ammissibile

admission [əd·ˈmɪ·ʃən] *n* ① (*entry: to building*) ingresso *m*; (*to college, organization*) ammissione *f* ② (*entrance fee*) (prezzo *m* di) ingresso *m* ③ (*acknowledgement*) ammissione *f*; **by** [*o* **on**] **his own ~**, ... per sua stessa ammissione, ... ④ *pl* UNIV ufficio *m* ammissioni

admit [əd·ˈmɪt] <-tt-> I. *vt* ① (*acknowledge: error*) riconoscere; (*crime*) confessare; **to ~ that** ... ammettere che ... ② (*allow entrance to*) lasciar entrare ③ (*permit*) ammettere II. *vi* **to ~ to sth** riconoscere qc

admittance [əd·ˈmɪ·tns] *n* ingresso *m*; **no ~** vietato l'ingresso

adolescence [ˌæ·də·ˈle·sns] *n* adolescenza *f*

adolescent [ˌæ·də·ˈle·snt] I. *adj* ① (*relating to adolescence*) adolescente ② (*immature*) puerile II. *n* adolescente *mf*

adopt [ə·ˈdɑːpt] *vt* ① (*child, strategy*) adottare ② (*candidate*) scegliere

adoption [ə·ˈdɑːp·ʃən] *n* ① (*of child, strategy*) adozione *f* ② (*of candidate*) scelta *f*

adorable [ə·ˈdɔː·rə·bl] *adj* adorabile; **just ~** semplicemente incantevole

adoration [ˌæ·də·ˈreɪ·ʃən] *n* adorazione *f*; **the ~ of the Virgin Mary** REL il culto della Vergine Maria

adore [ə·ˈdɔːr] *vt* adorare

adoring [ə·ˈdɔː·rɪŋ] *adj* adorante

Adriatic [ˌeɪ·dri·ˈæ·tɪk] *n* **the ~ (Sea)** il (mare) Adriatico

adult [ə·ˈdʌlt] I. *n* adulto, -a *m, f* II. *adj* ① (*fully grown*) adulto, -a ② (*mature*) maturo, -a ③ (*sexually explicit*) per adulti

adult education *n* educazione *f* permanente

adultery [ə·ˈdʌl·tə·i] <-ies> *n* adulterio *m*

adulthood [ə·ˈdʌlt·hʊd] *n* età *f* adulta

advance [əd·ˈvæns] I. *vi* avanzare; **to ~ on sb/sth** avanzare verso qu/qc II. *vt* ① (*cause to move forward*) far avanzare; (*interest*) favorire; (*cause*) promuovere ② (*pay in advance*) anticipare III. *n* ① (*forward movement*) avanzata *f*, progresso *m*; **in ~** in anticipo ② FIN anticipo *m* ③ *pl* (*sexual flirtation*) avances *fpl*; **unwelcome ~s** molestie *fpl* IV. *adj* anticipato, -a; **without ~ warning** senza preavviso

advanced [əd·ˈvænst] *adj* (*country, course*) avanzato, -a; (*student*) di livello avanzato

advance notice *n* preavviso *m*

advance payment *n* anticipo *m*

advantage [əd·ˈvæn·tɪdʒ] *n* *a.* SPORTS vantaggio *m*; **to take ~ of sb/sth** approfittare di qu/qc

advantageous [ˌæd·væn·ˈteɪ·dʒəs] *adj* vantaggioso, -a

adventure [əd·ˈven·tʃə] *n* avventura *f*

adventurous [əd·ˈven·tʃə·əs] *adj* (*per-*

son) avventuroso, -a; (*decision*) rischioso, -a

adversity [əd·'vɜːr·sə·ti] <-ies> *n* avversità *f*; **in** (**the face of**) ~ nelle avversità

advertise ['æd·və·taɪz] I. *vt* rendere
noto II. *vi* fare pubblicità

advertisement [æd·və-'taɪz·mənt] *n*
COM pubblicità *f*; **job** ~ annuncio *m* di
lavoro

advertiser ['æd·və·taɪ·zə] *n* inserzioni-
sta *mf*

advertising ['æd·və·taɪ·zɪŋ] *n* pubblicità *f*

advertising agency <-ies> *n* agenzia *f*
pubblicitaria

advertising campaign *n* campagna *f*
pubblicitaria

advice [əd·'vaɪs] *n* ① (*suggestion, opinion*) consiglio *m*; **a piece of** ~ un consiglio; **to ask for** ~ chiedere consiglio;
to ask sb for ~ **on sth** chiedere (un)
consiglio a qu su qc; **to give some
good** ~ dare buoni consigli; **on sb's** ~
su consiglio di qu ② COM avviso *m*

advisable [əd·'vaɪ·zə·bl] *adj* consigliabile; **it is** (**not**) ~ (non) è consigliabile

advise [əd·'vaɪz] *vi, vt* consigliare; (*specialist*) offrire consulenze; **to** ~ **sb
against sth** sconsigliare qc a qu; **to** ~
sb on sth consigliare qu su qc; **to** ~
sb of sth informare qu di qc

adviser *n*, **advisor** [əd·'vaɪ·zə] *n* consulente *mf*

advocate ['æd·və·kət] *n* ① (*supporter*)
sostenitore, -trice *m, f* ② (*lawyer*) avvocato (difensore) *m*

aerial ['e·ri·əl] I. *adj* aereo, -a *f* II. *n* antenna *f*

aerobics [ə·'roʊ·bɪks] *n* + *sing/pl vb*
aerobica *f*; **to do** ~ fare aerobica

aerodynamic [ˌer·oʊ·daɪ·'næm·ɪk] *adj*
aerodinamico, -a

aerodynamics *n* + *sing vb* aerodinamica *f*

aeronautic ['e·rə·nɑːˌtɪk] *adj* aeronautico, -a

aeronautics *n* + *sing vb* aeronautica *f*

affair [ə·'fer] *n* ① (*matter*) affare *m*; ~**s**

of state affari di stato ② (*controversial* **A**
situation) questione *f*; (*scandal*) caso *m*
③ (*sexual relationship*) relazione *f*
(*amorosa*) ④ (*event, occasion*) vicenda *f*

affect [ə·'fekt] *vt* ① (*have effect on*) colpire; **to be ~ed by sth** (*be moved*) essere toccato da qc ② (*influence: decision*) influire su ③ (*simulate*) fingere

affected [ə·'fek·tɪd] *adj* (*behavior, accento*) affettato, -a; (*smile, emotion*)
falso, -a; (*style*) artificioso, -a

affection [ə·'fek·ʃən] *n* affetto *m*

affectionate [ə·'fek·ʃə·nət] *adj* affettuoso, -a

affirmative [ə·'fɜːr·mə·tɪv] I. *adj* affer-
mativo, -a II. *n* ~ **action** discriminazione *f* positiva

affluent ['æ·flu·ənt] *adj* ricco, -a; **an** ~
lifestyle una vita agiata

afford [ə·'fɔːrd] *vt* ① (*have money, time
for*) permettersi; **to be able to** ~ **sth**
potersi permettere qc ② (*provide*) fornire; **to** ~ **protection** offrire protezione

affordable [ə·'fɔːr·də·bl] *adj* (*price,
purchase*) abbordabile

afield [ə·'fiːld] *adv* **far/farther** ~
molto/più lontano

afloat [ə·'floʊt] *adj* a galla; **to keep**
[*o* **stay**] ~ *a. fig* rimanere a galla

afraid [ə·'freɪd] *adj* ① (*scared*) **to be** ~
aver paura; **to be** ~ **of doing** [*o* **to do**]
sth aver paura di fare qc; **to be** ~ **of sb/
sth** aver paura di qu/qc ② (*sorry*) **I'm** ~
so temo proprio di sì; **I'm** ~ **not** purtroppo no; **I'm** ~ **I haven't got the
time** mi dispiace, ma non ho tempo

Africa ['æf·rɪ·kə] *n* Africa *f*

African ['æf·rɪ·kən] *adj, n* africano,
-a *m, f*

African American *adj, n* afroamericano,
-a *m, f*

Afro-American *adj, n s.* **African
American**

Afro-Caribbean [ˌæf·roʊ·kær·ə·'bi·ən]
adj, n afrocaraibico, -a *m, f*

after ['æf·tə] I. *prep* ① (*at later time*)
dopo; ~ **two days** dopo due giorni
② (*behind*) dietro; **to run** ~ **sb** correre dietro a qu ③ (*following*) dopo;

D comes ~ C la D viene dopo la C ⊕(*about*) **to ask ~ sb** chiedere (notizie) di qu ⊕(*despite*) ~ **all** dopotutto ⊕(*in the style of*) **a drawing ~ Picasso** un disegno alla maniera di Picasso II.*adv* dopo; **soon ~** poco dopo; **the day ~** il giorno dopo III.*conj* dopo che +*conj*; **I'll call him (right) ~ I've taken a shower** lo chiamerò subito dopo aver fatto la doccia

aftercare ['æf·tə·ker] *n* MED assistenza *f* postoperatoria

aftereffects ['æf·tər·ɪ·ˌfekts] *npl* (*of drugs, treatment*) effetti *mpl* secondari; (*of accident*) postumi *mpl*

afternoon [ˌæf·tər·ˈnuːn] I.*n* pomeriggio *m*; **this ~** oggi pomeriggio; **in the ~** nel [*o* di] pomeriggio; **all ~** tutto il pomeriggio; **tomorrow/yesterday ~** domani/ieri pomeriggio; **4 o'clock in the ~** le 4 del pomeriggio; **good ~!** buongiorno! II.*adj* pomeridiano, -a; **~ nap** sonnellino (*m* pomeridiano)

aftershave ['æf·tər·ˌʃeɪv] *n* dopobarba *m inv*

aftershock *n* GEO scossa *f* di assestamento

again [ə·ˈgen] *adv* ⊕(*as a repetition*) ancora; (*one more time*) di nuovo; **never ~** mai più; **once ~** ancora una volta; **then ~** d'altra parte; **yet ~** di nuovo; **~ and ~** tante volte ⊕(*anew*) di nuovo

against [ə·ˈgenst] I.*prep* ⊕(*in opposition to*) contro; **to be ~ sth/sb** essere contro qc/qu ⊕(*as protection from*) contro; **to protect oneself ~ rain** proteggersi dalla pioggia ⊕(*in contact with*) contro; **to lean ~ a tree** appoggiarsi a un albero ⊕(*in front of*) **~ the light** in controluce ⊕(*in competition with*) **~ time/the clock** contro il tempo ⊕(*in comparison with*) **the dollar rose/fell ~ the euro** il dollaro è salito/sceso rispetto all'euro II.*adv* a. POL contro; **there were 10 votes ~** c'erano 10 voti contro

age [eɪdʒ] I.*n* ⊕(*of person, object*) età *f*; **old ~** vecchiaia *f*; **~ of consent** età del consenso; **what is your ~?** quanti anni hai?; **when I was her ~** quando avevo la sua età; **to be seven years of ~** avere sette anni; **to be under ~** essere minorenne; **to come of ~** diventare maggiorenne ⊕(*era*) era *f*; **in this day and ~** ai giorni nostri ⊕(*long time*) secoli *mpl*; **I haven't seen her in ~s** è una vita che non la vedo II.*vi* ⊕(*become older*) invecchiare ⊕FOOD (*wine*) far invecchiare; (*cheese*) far stagionare III.*vt* ⊕(*make older*) invecchiare ⊕FOOD (*wine*) invecchiare; (*cheese*) stagionare

aged[1] [eɪdʒd] *adj* ⊕(*wine*) invecchiato, -a; (*cheese*) stagionato, -a ⊕(*with age of*) dell'età di

aged[2] ['eɪ·dʒɪd] I.*adj* (*old*) anziano, -a II.*n* **the ~** gli anziani

age limit *n* limite di età

agency ['eɪ·dʒən·si] <-ies> *n* ⊕COM agenzia *f*; **travel ~** agenzia di viaggi ⊕ADMIN organismo *m*; **government ~** ente governativo

agenda [ə·ˈdʒen·də] *n* (*for meeting*) ordine *m* del giorno; **to be at the top of the ~** *fig* avere la massima priorità

agent ['eɪ·dʒənt] *n* agente *mf*; **secret ~** agente segreto

age-old *adj* antichissimo, -a

aggravate ['æ·grə·veɪt] *vt* (*make worse*) aggravare

aggression [ə·ˈgre·ʃən] *n* ⊕(*feelings*) aggressività *f* ⊕(*violence*) aggressione *f*

aggressive [ə·ˈgre·sɪv] *adj* aggressivo, -a

aggressor [ə·ˈgre·sə] *n* aggressore, aggreditrice *m, f*

aging I.*adj* che invecchia II.*n* invecchiamento *m*

agitation [ˌæ·dʒɪ·ˈteɪ·ʃən] *n* a. POL agitazione *f*

agnostic [æg·ˈnɑːs·tɪk] *adj, n* agnostico, -a

ago [ə·ˈgoʊ] *adv* **a minute/a year ~** un minuto/un anno fa; **a long time ~, long ~** molto tempo fa

agonizing ['æ·gə·naɪ·zɪŋ] *adj* ⊕(*pain*)

atroce ②(*delay, decision*) angoscioso, -a

agony ['æ·gə·ni] <-ies> *n* agonia *f*; **to be in ~** avere dolori atroci

agree [ə·'gri:] I.*vi* ①(*hold same opinion*) essere d'accordo; **to ~ on sth** (*be in agreement*) essere d'accordo su qc; (*reach agreement*) accordarsi su qc; **to ~ to do sth** (*reach agreement*) accordarsi per fare qc; (*consent*) accettare di fare qc; **to ~ to disagree** rimanere ognuno della propria opinione ②(*be good for*) **to ~ with sb** andare bene per qu ③ *a.* LING concordare II.*vt* ①(*consent to*) essere d'accordo; **it is ~d that ...** è stato deciso che ...; **at the ~d time** all'ora fissata

agreement *n* ①(*contract*) accordo *m*; **to break an ~** rompere un accordo ②(*shared opinion*) accordo *m*; **to be in ~ with sb/sth** essere d'accordo con qu/qc; **to reach an ~** raggiungere un accordo

agriculture ['æg·rɪ·kʌl·tʃə·] *n* agricoltura *f*

ah [ɑː] *interj* ah

aha [ɑː·'hɑː] *interj* ah ah

ahead [ə·'hed] *adv* ①(*in front*) davanti; **the road ~ was blocked** più avanti la strada era bloccata ②(*advanced position, forwards*) avanti; **to go ~** andare avanti ③(*in the future*) **to look ~** guardare al futuro

ahead of *prep* ①(*in front of*) davanti a; **to walk ~ sb** camminare davanti a qu ②(*before*) prima di; **to arrive ~ time** arrivare in anticipo ③(*more advanced than*) **to be a minute ~ sb** avere un minuto di vantaggio su qu ④(*informed about*) **to keep ~ sth** precorrere i tempi

aid [eɪd] I.*n* ①(*assistance, support*) aiuto *m*; **to come/go to the ~ of sb** venire/andare in aiuto di qu; **with the ~ of sb/sth** con l'aiuto di qu/qc ②POL, ECON aiuto *m*; **emergency ~** primi aiuti; **financial ~** sovvenzione *f* ③(*device*) aiuto *m*; **hearing ~** apparecchio *m* acustico II.*vt* aiutare

aid convoy *n* convoglio *m* umanitario

AIDS [eɪdz] *n abbr of* **Acquired Immune Deficiency Syndrome** AIDS *m*

aim [eɪm] I.*vi* ①(*point: weapon*) mirare; **to ~ at sb/sth** mirare a qu/qc ②(*plan to achieve*) **to ~ at** [*o* **for**] **sth** puntare a qc; **to ~ to do sth** mirare a fare a qc II.*vt* ①(*point a weapon*) puntare; **to ~ sth at sb/sth** puntare qc su [*o* contro] qu/qc ②(*direct at*) **to ~ sth at sb** rivolgere qc a qu ③(*intend to*) **to be ~ed at doing sth** essere inteso a fare qc III.*n* ①(*ability to shoot*) mira *f*; **to take ~** mirare ②(*goal*) scopo *m*; **with the ~ of doing sth** col proposito di fare qc

air [er] I.*n* ①(*earth's atmosphere*) aria *f* ②(*space overhead*) aria *f*; **to fire into the ~** sparare in aria ③ AVIAT **by ~** in aereo ④TV, RADIO, CINE **to be on the ~** essere in onda ⑤(*aura, quality*) aria *f*; **to have an ~ of confidence/danger** avere un aspetto sicuro/pericoloso ⑥MUS aria *f* ▶ **out of thin ~** dal nulla II.*adj* aereo, -a III.*vt* ①TV, RADIO trasmettere; **the program will be ~ed on Saturday** il programma andrà in onda sabato ②(*expose to air*) arieggiare ③(*publicize*) **to ~ one's grievances** esternare il proprio malcontento IV.*vi* ①TV, RADIO andare in onda ②(*be exposed to air*) prendere aria

air base *n* base *f* aerea

air-conditioned *adj* climatizzato, -a

air conditioner *n* climatizzatore *m*

air conditioning *n* climatizzazione *f*

aircraft ['er·kræft] *n* (*airplane*) aereo *m*; (*in general*) velivolo *m*

airfare *n* costo *m* del biglietto aereo

airfield *n* campo *m* d'aviazione

airline *n* compagnia *f* aerea

airliner *n* aereo *m* di linea

airmail I.*n* posta *f* aerea II.*vt* spedire per posta aerea

airplane *n* aeroplano *m*

air pollution *n* inquinamento *m* atmosferico

airport *n* aeroporto *m*

A

airport terminal n terminal m dell'aeroporto

air quality n qualità f dell'aria

airsick adj **to get ~** soffrire di mal d'aereo

airspace n spazio m aereo

airstrip n pista f d'atterraggio

airtight adj ermetico, -a

airtime n TV spazio m televisivo

air-traffic controller n controllore m di volo

airway ['eɪ·weɪ] n ❶ ANAT via f respiratoria ❷ (route of aircraft) rotta f aerea

airy ['e·ri] adj ❶ ARCHIT arioso, -a ❷ (light) leggero, -a

aisle [aɪl] n corridoio m; (in church) navata f laterale

ajar [ə·'dʒɑːr] adj socchiuso, -a

AK n abbr of **Alaska** Alaska f

AKA, aka abbr of **also known as** alias

AL n, **Ala.** [æl·ə·'bæm·ə] n abbr of **Alabama** Alabama f

Alabama [æl·ə·'bæm·ə] n Alabama f

alarm [ə·'lɑːrm] I. n ❶ (worry) apprensione f; **to cause sb ~** allarmare qu ❷ (warning) allarme m; **fire ~** allarme antincendio; **burglar ~** allarme antifurto ❸ (clock) sveglia f II. vt allarmare

alarm clock n sveglia f

alarming adj allarmante

Alaska [ə·'læs·kə] n Alaska f

alcohol ['æl·kə·hɑːl] n alcol m

alcoholic [æl·kə·'hɑː·lɪk] I. n alcolizzato, -a m, f II. adj alcolico, -a

alert [ə·'lɜːrt] I. adj sveglio, -a; **to keep ~** stare attento II. n ❶ (alarm) allarme m ❷ (period of watchfulness) allerta f; **to be on the ~** stare all'erta III. vt (notify) allertare

alias ['eɪ·li·əs] I. n pseudonimo m II. adv alias

alienate ['eɪ·li·ə·neɪt] vt ❶ (person) alienare; **to ~ sb from sb/sth** far allontanare qu da qc ❷ LAW (property) alienare

alienation [eɪ·li·ə·'neɪ·ʃən] n ❶ (of people) allontanamento m ❷ LAW (of property) alienazione f

alight [ə·'laɪt] adj ❶ (on fire) acceso, -a;

to be ~ essere in fiamme; **to set sth ~** dar fuoco a qc ❷ fig (with enthusiasm, joy) risplendente

alike [ə·'laɪk] I. adj ❶ simile; **to look ~** assomigliarsi ❷ **Clara and Carl ~** ... (both) sia Clara che Carlo ... II. adv (similarly) allo stesso modo; **to think ~** pensarla allo stesso modo

alimony ['æ·lɪ·moʊ·ni] n alimenti mpl

alive [ə·'laɪv] adj ❶ (not dead) vivo, -a; **to be ~** esser vivo ❷ (active) pieno, -a di vita; **to make sth come ~** dar vita a qc

all [ɔːl] I. adj tutto, -a; **~ the butter** tutto il burro; **~ my sisters** tutte le mie sorelle II. pron ❶ (everybody) tutti, -e; **~ aboard!** tutti a bordo!; **~ but him** tutti meno lui; **once and for ~** una volta per tutte ❷ (everything) tutto; **~ but ...** tutto tranne ...; **most of ~** soprattutto; **the best of ~ would be ...** la cosa migliore sarebbe ...; **for ~ I know** per quel che ne so io ❸ (the whole quantity) tutto, -a; **they took/drank it ~** l'hanno preso/bevuto tutto; **~ of France** tutta la Francia ❹ (the only thing) tutto, -a; **~ I want is ...** tutto ciò che voglio è ... ❺ SPORTS **two ~** due a due III. adv tutto; **~ around** tutt'intorno; **not as stupid as ~ that** non del tutto stupido; **it's ~ the same** è lo stesso

Allah ['æl·ə] n Alah m

allegation [æ·lɪ·'geɪ·ʃən] n accusa f; **to make an ~ against sb** accusare qu

allege [ə·'ledʒ] vt asserire; **it is ~d that ...** si presume che ...

alleged [ə·'ledʒd] adj presunto, -a

allegedly [ə·'le·dʒɪd·li] adv a quanto si dice

allegiance [ə·'liː·dʒəns] n fedeltà f; **to pledge ~ to sb/sth** giurare fedeltà a qu/qc

allergic [ə·'lɜːr·dʒɪk] adj allergico, -a; **~ reaction** reazione f allergica

allergy ['æ·lə·dʒi] <-ies> n allergia f

alley ['æ·li] n vicolo m

alliance [ə·'la·ɪəns] n alleanza f

allied ['æ·laɪd] adj ❶ a. MIL alleato, -a;

the Allied forces le forze alleate ② (*combined*) ~ **with** [*o* **to**] **sth** unito a qc

alligator ['æ·lɪ·geɪ·tə] *n* alligatore *m*

all-inclusive [ɔl·ɪn·'klu·sɪv] *adj* tutto compreso; ~ **rate** prezzo *m* inclusivo di tutto

all-night *adj* (*taking all night*) che dura tutta la notte; (*open all night*) aperto, -a tutta la notte

all-nighter *n inf* **to pull an** ~ **to finish the project** lavorare tutta la notte per ultimare il progetto

allocate ['æ·lə·keɪt] *vt* ① (*assign*) assegnare ② (*distribute*) ripartire

allocation [æ·lə·'keɪ·ʃən] *n* ① (*assignment*) assegnazione *f* ② (*act of distributing*) distribuzione *f*

allot [ə·'lɑːt] <-tt-> *vt* assegnare

allotment *n* ① (*assignment*) assegnazione *f* ② (*distribution*) distribuzione *f* ③ (*allotted thing*) quantità *f* assegnata

all-out [ɔːl·'aʊt] *adj* totale; **to make an** ~ **effort** fare uno sforzo supremo

allow [ə·'laʊ] *vt* ① (*permit*) permettere; **to** ~ **sb to do sth** permettere a qu di fare qc; ~ **me** mi permetta; **please** ~ **me through** *form* mi fa passare, per favore?; **smoking is not** ~**ed** è vietato fumare ② (*allocate*) assegnare; **please** ~ **up to 7 days for delivery** calcolare fino a 7 giorni per la consegna ③ (*admit*) **to** ~ **that ...** ammettere che ...

allowance [ə·'laʊ·əns] *n* ① (*permitted amount*) quantità *f* consentita; **baggage** ~ bagaglio *m* consentito ② (*pocket money*) paghetta *f* ③ (*preparation*) **to make** ~(**s**) **for sth** tener conto di qc ④ (*excuse*) **to make** ~**s for sb** essere indulgente nei confronti di qu; **to make** ~**s for sth** tener conto di qc

all-purpose [ɔːl·'pɜːr·pəs] *adj* universale

all right I. *adj* ① (*okay*) bene; **that's** ~ (*after thanks*) prego; (*after excuse*) non importa ② (*healthy*) bene; **to be** ~ stare bene; (*safe*) esser sano e salvo II. *interj* (*expressing agreement*) va bene

III. *adv* ① (*well*) bene ② (*certainly*) sicuramente ③ (*in answer*) va bene

All Saints' Day *n* Ognissanti *m*

All Souls' Day *n* giorno *m* dei morti

all-terrain vehicle *n* fuoristrada *m inv*

allude [ə·'luːd] *vi* **to** ~ **to sth** alludere a qc

alluring [ə·'lʊ·rɪŋ] *adj* attraente

all-weather *adj* per tutte le stagioni

ally ['æ·laɪ] I. <-ies> *n* (*country, supporter*) alleato, -a *m, f* II. <-ie-> *vt* **to** ~ **oneself with sb** POL allearsi con qu

alma mater ['æl·mə·ma·tər] *n* *scuola, college o università di cui si è stati studenti*

almighty [ɔːl·'maɪ·t̬i] I. *adj inf* enorme II. *n* **the Almighty** l'Onnipotente

almond ['ɑː·mənd] *n* ① (*nut*) mandorla *f* ② (*tree*) mandorlo *m*

almost ['ɔːl·moʊst] *adv* quasi

alone [ə·'loʊn] I. *adj* ① (*without others*) solo, -a; **to do sth** ~ fare qualcosa da solo; **to leave sb** ~ lasciare qu in pace; **to leave sth** ~ lasciare stare qc ② (*unique*) **to be** ~ **in doing sth** essere il solo a fare qc; **Jane** ~ **can do that** solo Jane lo può fare ▶ **let** ~ **...** figuriamoci ... II. *adv* solo

along [ə·'lɑːŋ] I. *prep* lungo; **all** ~ **the river** lungo tutto il fiume; ~ **the road** lungo la strada; **it's** ~ **here** è per di qua II. *adv* **all** ~ fin dall'inizio; **to bring/ take sb** ~ portare qu (con sé)

alongside [ə·'lɑːŋ·saɪd] I. *prep* ① (*next to*) accanto a; ~ **each other** uno accanto all'altro ② NAUT sottobordo II. *adv* accanto; NAUT accostato

aloud [ə·'laʊd] *adv* ad alta voce

alphabet ['æl·fə·bet] *n* alfabeto *m*

alphabetical [æl·fə·'be·t̬ɪ·kl] *adj* alfabetico, -a; **in** ~ **order** in ordine alfabetico

alpine ['æl·paɪn] *adj* alpino, -a

Alps [ælps] *npl* **the** ~ le Alpi

already [ɔːl·'re·di] *adv* già

Alsatian [æl·'seɪ·ʃən] *n* (*dog*) pastore *m* tedesco

also ['ɔːl·soʊ] *adv* anche

altar ['ɔːl·tər] *n* altare *m*

A

alter [ˈɔːl·tə·] I. vt ① (*change: text*) modificare; (*option*) cambiare ② FASHION (*dress*) apportare modifiche a II. vi cambiare

alteration [ˌɔːl·tə·ˈreɪ·ʃən] n (*change*) alterazione f; (*in house*) ristrutturazione f

alternate¹ [ˈɔːl·tə·neɪt] I. vt alternare II. vi alternarsi

alternate² [ɔːlˈtɜːr·nət] adj ① (*by turns*) alterno, -a; **on ~ days** a giorni alterni ② (*alternative*) alternativo, -a

alternating [ˈɔːl·tə·neɪ·tɪŋ] adj alterno, -a

alternative [ɔːlˈtɜːr·nə·tɪv] I. n alternativa f; **to have no ~ but to do sth** non avere altra scelta se non fare qc II. adj alternativo, -a

alternatively adv ① (*on the other hand*) altrimenti ② (*as a substitute*) in alternativa

although [ɔːlˈðoʊ] conj nonostante; **~ it's snowing …** sebbene nevichi …

altitude [ˈæl·tə·tuːd] n altitudine f

alto [ˈæl·toʊ] n ① (*woman*) contralto m ② (*man*) controtenore m

altogether [ˌɔːl·tə·ˈge·ðə·] I. adv ① (*completely*) completamente; **not ~** non del tutto ② (*in total*) complessivamente II. n **in the ~** completamente nudo

aluminum [əˈluː·mɪ·nəm] n alluminio m

aluminum foil n carta f stagnola

always [ˈɔːl·weɪz] adv ① (*at all times*) sempre ② (*alternatively*) sempre

Alzheimer's disease [ˈɑlts·haɪ·mərz] n morbo m di Alzheimer

am [əm, *stressed:* æm] vi 1. pers sing of **be**

A.M. [ˌeɪˈem], **a.m.** abbr of **ante meridiem** a.m.

amateur [ˈæ·mə·tʃə·] I. n a. pej dilettante mf II. adj dilettantistico, -a; **~ sport** sport m dilettantistico inv

amateurish [ˌæ·mə·ˈtʃɜː·rɪʃ] adj da dilettante

amaze [əˈmeɪz] vt ① (*astound*) stupire; **to be ~d that…/by sth** essere stupito

che …/da qc ② (*surprise*) sorprendere; **to be ~d by sth** essere sorpreso da qc

amazement n stupore m; **to my ~** con mio grande stupore

amazing adj sorprendente

ambassador [æmˈbæ·sə·də·] n ambasciatore, -trice m, f

ambidextrous [ˌæm·bɪ·ˈdeks·trəs] adj ambidestro, -a

ambiguous [æmˈbɪg·ju·əs] adj ambiguo, -a

ambition [æmˈbɪ·ʃən] n ambizione f

ambitious [æmˈbɪ·ʃəs] adj ambizioso, -a; **to be ~ to do sth** avere l'ambizione di fare qc

ambulance [ˈæm·bjʊ·ləns] n ambulanza f

ambush [ˈæm·bʊʃ] I. vt **to ~ sb** tendere un'imboscata a qu II. n <-es> imboscata f

amen [eɪˈmen] interj amen; **~ to that!** sono assolutamente d'accordo!

amendment n (*to constitution*) emendamento m; (*to text, plan*) correzione f

America [əˈme·rɪ·kə] n America f

American [əˈme·rɪ·kən] I. n ① (*person*) americano, -a m, f ② LING (*inglese m*) americano II. adj americano, -a

Americanism n americanismo m

Americanize vt americanizzare

amiable [ˈeɪ·mi·ə·bl] adj amabile

among(st) [əˈmʌŋ(st)] prep tra; **~ friends** tra amici; **(just) one ~ many** (solo) uno fra tanti; **~ other things** fra le altre cose

amount [əˈmaʊnt] I. n ① (*quantity*) quantità f ② (*very much*) **any ~ of** grandi quantità di ③ (*of money*) somma f; (*of bill*) importo m II. vi ① (*add up to*) **to ~ to sth** ammontare a qc ② (*be successful*) **to ~ to sth** arrivare a qc

amplifier [ˈæmp·lɪ·fa·ɪə·] n amplificatore m

amplify [ˈæmp·lɪ·faɪ] <-ie-> I. vt ① MUS amplificare ② (*enlarge upon: statement*) ampliare; (*idea*) sviluppare II. vi **to ~ upon sth** approfondire qc

amuse [əˈmjuːz] vt ① (*entertain*) divertire; **to ~ oneself** distrarsi; **to keep sb ~d** intrattenere qu ② (*cause laughter*) divertire; **I'm not ~d** non lo trovo divertente

amusement [ə·'mju:z·mənt] *n* ① (*entertainment*) divertimento *m;* **for one's own ~** per svago ② (*mirth*) divertimento *m;* (*much*) **to my ~** con mio gran divertimento ③ (*laughter*) risata *f*

amusing *adj* divertente

an [ən, *stressed:* æn] *indef art before vowel s.* **a**

anal ['eɪ·nəl] *adj* anale

analysis [ə·'næ·lə·sɪs] <-ses> *n* ① (*examination*) analisi *f inv* ② (*psychoanalysis*) (psic)analisi *f inv;* **to be in ~** essere in analisi

analyst ['æ·nə·lɪst] *n* ① (*analyzer*) analista *mf;* **financial ~** analista finanziario ② PSYCH (psic)analista *mf*

analyze ['æ·nə·laɪz] *vt* analizzare; PSYCH psicanalizzare

anarchist ['æ·nə·kɪst] *adj, n* anarchico, -a *m, f*

anarchy ['æ·nə·ki] *n* anarchia *f*

anatomical [,æ·nə·'tɑː·mɪ·kl] *adj* anatomico, -a

anatomy [ə·'næ·tə·mi] <-ies> *n* BIO anatomia *f*

ancestor ['æn·ses·tə] *n* (*of person*) antenato, -a *m, f*

anchor ['æŋ·kə] I. *n* ① NAUT ancora *f* ② *fig* sostegno *m* ③ (*news ~*) anchorman, -woman *m, f* IV. *vt* ① NAUT ancorare ② (*rope, tent*) fissare ③ RADIO, TV **to ~ a TV program** condurre un programma televisivo III. *vi* NAUT gettare l'ancora

anchorman ['æŋ·kə·mæn] <-men> *n* RADIO, TV anchorman *m inv*

anchorwoman ['æŋ·kə·,wʊ·mən] <-men> *n* RADIO, TV anchorwoman *f inv*

anchovy ['æn·tʃoʊ·vi] <-ies> *n* acciuga *f*

ancient ['eɪn·ʃənt] I. *adj* ① a. HIST antico, -a; **since ~ times** da tempi remoti; **~ history** storia antica ② *inf* (*very old*) decrepito, -a II. *n* **the ~s** gli antichi

and [ən, ənd, *stressed:* ænd] *conj* ① (*also*) e; (*before 'i' or 'hi'*) ed; **black**

~ white bianco e nero; **food ~ drink** cibo e bevande ② MATH **2 ~ 3 is 5** 2 più 3 fa 5; **four hundred ~ twelve** quattrocentododici ③ (*then*) **he left ~ everybody was relieved** quando se n'è andato tutti hanno tirato un respiro di sollievo ④ (*increase*) **more ~ more** sempre più; **better ~ better** sempre meglio ⑤ (*repetition*) **I tried ~ tried** ho provato e riprovato ⑥ (*continuation*) **he cried ~ cried** continuava a piangere ▶ **~ so on** [*o* **forth**] e così via

anemic [ə·'ni:·mɪk] *adj* anemico, -a

anesthetic [,æn·ɪs·'θe·tɪk] *adj, n* anestetico, -a *m, f;* **to be under ~** essere sotto anestesia

angel ['eɪn·dʒl] *n* angelo *m*

angelic [æn·'dʒe·lɪk] *adj* angelico, -a

anger ['æŋ·gə] I. *n* rabbia *f;* (*stronger*) collera *f* II. *vt* far arrabbiare

angle¹ ['æŋ·gl] I. *n* ① a. MATH angolo *m;* **at an ~ of 90 degrees** a un angolo di 90 gradi; **he wore his hat at an ~** portava il cappello inclinato da un lato ② (*perspective*) prospettiva *f;* **to see sth from a different ~** vedere qc da un altro punto di vista ③ (*opinion*) punto *m* di vista; **what's your ~ on this issue?** lei cosa vede la questione? II. *vt* ① (*turn at an angle: shot*) angolare ② (*information*) rivolgere

angle² ['æŋ·gl] *vi* (*to fish*) pescare (con la lenza); **to go ~** andare a pescare

angler ['æŋ·glə] *n* pescatore, -trice (con la lenza) *m*

Anglican ['æŋ·glɪ·kən] I. *adj* anglicano, -a II. *n* anglicano, -a *m, f*

Anglo-American [,æŋ·gloʊ·ə·'mer·ɪ·kən] *adj, n* angloamericano, -a *m, f*

Anglophile [,æŋ·glə·faɪl] *n* anglofilo, -a *m, f*

Anglo-Saxon [,æŋ·gloʊ·'sæk·sən] *adj, n* anglosassone *mf*

angry ['æŋ·gri] *adj* (*person*) arrabbiato, -a; (*crowd*) inferocito, -a; (*sea*) tempestoso, -a; **to make sb ~** far arrabbiare qu; **to get ~ with sb/about sth** arrabbiarsi con qu/per qc

anguish ['æŋ·gwɪʃ] *n* angoscia *f*

A

animal ['æ·nɪ·ml] I. n ZOOL a. fig animale m II. adj (instincts, desires) animale

animation [ˌæ·nɪ·'meɪ·ʃən] n animazione f; **computer ~** animazione al computer

animosity [ˌæ·nɪ·'mɑ:·sə·ţi] n animosità f

ankle ['æŋ·kl] n caviglia f

annex ['æ·neks] I. n <-es> ❶ (of building) annesso m ❷ (of document) allegato m II. vt ❶ (territory) annettere ❷ (document, clause) allegare

annexation [ˌæ·nek·'seɪ·ʃən] n annessione f

anniversary [ˌæ·nɪ·'vɜ:r·sə·ri] <-ies> n anniversario m

announce [ə·'naʊns] vt annunciare; (result) comunicare

announcement n annuncio m; **to make an ~ about sth** annunciare qc

announcer [ə·'naʊn·sər] n annunciatore, -trice m, f

annoy [ə·'nɔɪ] vt infastidire; **to get ~ed with sb** essere arrabbiato con qu

annoyance [ə·'nɔɪ·əns] n ❶ (irritation) irritazione f; **much to my ~, she won** con mia grande rabbia, ha vinto ❷ (irritating thing) fastidio m

annoying adj (noise) fastidioso, -a; (person) irritante

annual ['æn·ju·əl] I. adj annuale II. n ❶ (book) annuario m ❷ BOT pianta f annuale

annually ['æn·ju·ə·li] adv annualmente

annul [ə·'nʌl] <-ll-> vt annullare

anonymity [ˌæ·nə·'nɪ·mə·ţi] n anonimato m

anonymous [ə·'nɑ:·nə·məs] adj anonimo, -a

anorexia [ˌɑ·nə·'rek·sɪ·ə] n anoressia f

another [ə·'nʌ·ðər] I. pron ❶ (one more) un altro, un'altra; **it's always one thing or ~** ce n'è sempre una ❷ (mutual) **one ~** l'un l'altro; **they love one ~** si amano II. adj un altro, un'altra; **~ pastry?** un altro pasticcino?; **~ $30** altri 30 dollari

answer ['æn·sər] I. n ❶ (reply) risposta f; **in ~ to your question** in risposta alla tua domanda ❷ (solution) soluzione f II. vt ❶ (respond to) rispondere a; **to ~ the telephone** rispondere al telefono ❷ (fit, suit: description) rispondere a; (need) soddisfare; (prayers) esaudire III. vi rispondere

◆ **answer back** vi rispondere (male)
◆ **answer for** vt (action, situation, person) rispondere di
◆ **answer to** vt ❶ (obey) obbedire a ❷ (fit) rispondere a

answerable ['æn·sə·rə·bl] adj ❶ (responsible) **to be ~ for sth** essere responsabile di qc ❷ (accountable) **to be ~ to sb** dover rendere conto a qu

answering machine n segreteria f telefonica

answering service n servizio m di segreteria telefonica

ant [ænt] n formica f

antagonistic [æn·tæ·gə·'nɪs·tɪk] adj antagonistico, -a

antagonize [æn·'tæ·gə·naɪz] vt inimicarsi

Antarctic [ænt·'ɑ:rk·tɪk] I. adj antartico, -a II. n the **~** l'Antartico m

Antarctica [ænt·'ɑ:rk·tɪ·kə] n Antartide m

Antarctic Ocean n Oceano m Antartico

anti ['æn·ti] adj, prep contro; **to be ~** esser contro

antiabortion [ˌæn·ti·ə·'bɔr·ʃən] adj antiabortista

anti-American adj antiamericano, -a

antibiotic [ˌæn·tɪ·baɪ·'ɑ:·ţɪk] adj, n antibiotico, -a m, f

anticipate [æn·'tɪ·sə·peɪt] vt ❶ (expect, foresee) prevedere; **to ~ doing/being sth** prevedere di fare/essere qc ❷ (look forward to) pregustare

anticipation [æn·ˌtɪ·sə·'peɪ·ʃən] n ❶ (foresight) previsione f ❷ (excitement) trepidazione f

anticlimax [ˌæn·tɪ·'klaɪ·mæks] <-es> n delusione f

antidepressant [ˌæn·tɪ·dɪ·'pres·ənt] adj, n antidepressivo, -a m, f

antidote ['æn·tɪ·doʊt] n antidoto m

antifreeze ['æn·tɪ·fri:z] n antigelo m

antihistamine [ˌæn·tɪ·ˈhɪs·tə·ˌmiːn] *n* MED antistaminico *m*

antilock braking system *n* AUTO sistema *m* antibloccaggio delle ruote

antiperspirant [ˌæn·tɪˈpɜːr·spə·ənt] *n* antitraspirante *m*

antiquated [ˈæn·tɪ·kweɪ·t̬ɪd] *adj* antiquato, -a

antique [æn·ˈtiːk] I. *n* (*object*) pezzo *m* d'antiquariato; (*old-fashioned*) anticaglia *f* II. *adj* antico, -a; (*old-fashioned*) antiquato, -a

antique shop *n* negozio *m* di antiquariato

antiquity [æn·ˈtɪ·kwə·t̬i] <-ies> *pl* ① (*ancient times*) antichità *f* ② *pl* (*relics*) antichità *fpl*

anti-Semite [ˌæn·tɪ·ˈse·maɪt] *n* antisemita *mf*

anti-Semitic [ˌæn·tɪ·sə·ˈmɪ·t̬ɪk] *adj* antisemita

anti-Semitism [ˌæn·tɪ·ˈse·mə·t̬ɪ·sm] *n* antisemitismo *m*

antiseptic [ˌæn·tə·ˈsep·tɪk] I. *n* antisettico *m* II. *adj* ① MED antisettico, -a ② *fig, pej* asettico, -a

antivirus [æn·tɪ·ˈvaɪ·rəs] *adj* COMPUT antivirus *inv*; ~ **program** (programma *m*) antivirus *inv*

anus [ˈeɪ·nəs] *n* ano *m*

anxiety [æŋ·ˈza·ɪə·t̬i] *n* ① (*concern*) preoccupazione *f*; PSYCH ansia *f* ② (*desire*) smania *f*; ~ **to do sth** smania di fare qc

anxious [ˈæŋk·ʃəs] *adj* ① (*concerned*) preoccupato, -a; (*look*) pieno, -a d'ansia; **to be ~ about sth** essere in ansia per qc ② *inf* (*eager*) impaziente; **to be ~ to do sth** essere impaziente di fare qc

any [ˈe·ni] I. *adj* ① (*some*) del, della; ~ **books** dei libri; **do they have ~ money?** hanno soldi?; **do you want ~ more soup?** vuoi ancora un po' di zuppa? ② (*not important which*) qualsiasi; **come at ~ time** vieni quando vuoi; **in ~ case** in ogni caso ③ (*in negatives*) I don't have ~ money non ho soldi; **there aren't ~ cars** non ci sono macchine II. *adv* ① (*not*) ~ **more** non

più; **she doesn't come here ~ more** non viene più qui ② (*at all*) **does she feel ~ better?** si sente un po' meglio?; **that doesn't help him ~** *inf* non l'aiuta per niente III. *pron* ① (*some*) chiunque; ~ **of you** chiunque di voi; ~ **but him would have gone** chiunque altro sarebbe andato ② (*in negatives*) nessuno, -a; **not ~** nessuno; **he ate two pastries and I didn't eat ~** lui ha mangiato due paste e io nessuna

anybody [ˈe·ni·ˌbɑː·di] *pron indef* ① (*someone*) nessuno, -a ② (*not important which*) chiunque; ~ **but him** tutti tranne lui; ~ **else would have done it** chiunque altro l'avrebbe fatto ③ (*no one*) nessuno, -a; **I've never seen ~ like that** non ho mai visto nessuno così; **more than ~** più di chiunque altro

anyhow [ˈe·ni·haʊ] *adv* ① (*in any case*) in ogni caso; (*nevertheless*) comunque ② (*well*) comunque; ~, **as I was saying ...** comunque, come stavo dicendo ... ③ (*in a disorderly way*) a casaccio

anyone [ˈe·ni·wʌn] *pron indef s.* **anybody**

anyplace [ˈen·ɪ·pleɪs] *adv* ① (*interrogative*) da qualche parte; **have you seen my glasses ~?** hai visto da qualche parte i miei occhiali? ② (*in or at any location*) dovunque; **I can sleep ~** posso dormire in qualsiasi posto ③ (*in negatives*) in nessun luogo

anything [ˈe·ni·θɪŋ] *pron indef* ① (*something*) qualcosa; ~ **else?** nient'altro? ② (*each thing*) qualsiasi cosa; **it is ~ but funny** è tutto tranne che divertente ③ (*nothing*) niente; **hardly ~** quasi niente; **I didn't find ~ better** non ho trovato niente di meglio

anytime [ˈen·ɪ·taɪm] *adv* in qualsiasi momento

anyway [ˈe·ni·weɪ] *adv*, **anyways** [ˈe·ni·weɪz] *adv sl* ① (*in any case*) in ogni modo ② (*well*) insomma; ~, **as I was saying ...** insomma, come stavo dicendo ...

anywhere [ˈe·ni·wer] *adv* ① (*interrogative*) da qualche parte; **have you seen**

A

my glasses ~? hai visto da qualche parte i miei occhiali? ② (*positive sense*) dovunque; **I can sleep** ~ posso dormire in qualsiasi posto; ~ **else** in qualsiasi altro posto; (*in negatives*) in nessun altro posto ③ (*in negatives*) in nessun posto; **you won't see this** ~ questo non lo vedrai in nessun posto

apart [ə'pɑːrt] *adv* ① (*separated*) distanti; **to be 20 miles** ~ stare a 20 miglia di distanza; **far** ~ molto lontani ② (*aside*) **to set sth** ~ mettere da parte qc; **to stand** ~ stare in disparte ③ (*into pieces*) **to come** ~ cadere a pezzi; **to take sth** ~ smontare qc ④ (*except for*) **all joking** ~ scherzi a parte

apart from *prep* ① (*except for*) a parte; ~ **that** a parte questo ② (*in addition to*) oltre a ③ (*separate from*) **to live** ~ **sb** vivere separato da qu

apartment [ə'pɑːrt·mənt] *n* appartamento *m*

apartment building *n*, **apartment house** *n* condominio *m*

aperture ['æ·pə·tʃur] *n* ① (*crack*) spiraglio *m* ② PHOT apertura *f*

apologetic [ə,pɑː·lə·'dʒe·ṭɪk] *adj* (*tone, look*) di scusa; **to be** ~ **about sth** scusarsi per qc

apologetically *adv* per scusarsi; **to say sth** ~ dire qc per scusarsi

apologize [ə'pɑː·lə·dʒaɪz] *vi* chiedere scusa; **to** ~ **to sb for sth** scusarsi con qu per qc; **I** (**do**) ~ **if ...** chiedo scusa se ...

apology [ə'pɑː·lə·dʒi] <-ies> *n* scuse *fpl;* **to make an** ~ scusarsi; **please accept my apologies** la prego di accettare le mie scuse

apostrophe [ə'pɑː·s·trə·fi] *n* apostrofo *m*

appalling *adj* spaventoso, -a

apparatus [,æ·pə·'ræ·ṭəs] *n* ① (*equipment*) attrezzatura *f* ② (*organization*) apparato *m*

apparent [ə'pe·rənt] *adj* ① (*clear*) evidente; **to become** ~ **that ...** diventare chiaro che ... ② (*seeming*) apparente; **for no** ~ **reason** senza alcun motivo apparente

appeal [ə'piːl] I. *vi* ① (*attract*) attirare ② LAW ricorrere in appello ③ (*plead*) **to** ~ **to sb for sth** far appello a qu per ottenere qc II. *n* ① (*attraction*) fascino *m* ② LAW appello *m;* **court of** ~**s** corte *f* d'appello ③ (*request*) richiesta *f*

appealing [ə'piː·lɪŋ] *adj* ① (*attractive: smile*) affascinante; (*idea*) attraente ② (*beseeching: eyes*) supplichevole

appealingly *adv* ① (*dress*) con stile ② (*look*) in modo supplichevole

appear [ə'pɪr] *vi* ① (*be seen*) apparire ② (*newspaper*) uscire; (*book*) essere pubblicato; (*film*) apparire ③ LAW **to** ~ **in court/before a judge** presentarsi in tribunale/davanti a un giudice ④ (*seem*) **to** ~ **to be ...** sembrar essere ...; **it** ~**s to me that ...** mi sembra che ...

appearance [ə'pɪ·rəns] *n* ① (*instance of appearing*) apparizione *f;* **to make an** ~ apparire ② LAW comparizione *f* ③ (*looks*) aspetto *m* ④ *pl* (*outward signs*) apparenze *fpl;* **to keep up** ~**s** salvare le apparenze ⑤ (*performance*) comparsa *f*

appendicitis [ə,pen·dɪ'saɪ·ṭɪs] *n* MED appendicite *f*

appendix [ə'pen·dɪks] *n* ① <-es> ANAT appendice *f* ② <-dices *o* -es> TYPO appendice *f*

appetite ['æ·pə·taɪt] *n* ① (*for food*) appetito *m* ② *fig* (*for gambling, adventure*) voglia *f*

appetizer ['æ·pə·taɪ·zə·] *n* ① (*first course*) antipasto *m* ② (*snack*) salatino *m*

appetizing ['æ·pə·taɪ·zɪŋ] *adj* appetitoso, -a

applaud [ə'plɑːd] I. *vi* applaudire II. *vt* a. *fig* approvare

applause [ə'plɑːz] *n* applauso *m*

apple ['æ·pl] *n* mela *f*

apple juice *n* succo *m* di mela

apple pie *n* torta *f* di mele; **to be as American as** ~ essere americano al 100%

applesauce *n* salsa *f* di mele

apple tree *n* melo *m*

appliance [ə'plaɪəns] n apparecchio m; **electrical** ~ elettrodomestico m

applicable [ə'plɪkəbl] adj applicabile

applicant ['æplɪkənt] n ① (for job) candidato, -a m, f ② (for money, support) richiedente mf

application [ˌæplɪ'keɪʃən] n ① (form: for job, credit card) domanda f ② (coating) applicazione f ③ (use) impiego m; a. COMPUT applicazione f ④ (perseverance) applicazione f ⑤ (request) richiesta f; **on** ~ su richiesta

application form n (modulo m di) domanda f

apply [ə'plaɪ] I. vi ① (request) fare domanda; **to** ~ **to a college** fare domanda ad un' università; **to** ~ **to sb for sth** rivolgersi a qu per qc; **to** ~ **for a job** fare domanda di lavoro; **to** ~ **in writing** fare domanda scritta ② (be relevant) **to** ~ **to sb** riguardare qu II. vt ① (glue, paint) applicare ② (use) applicare; **to** ~ **force** usare la forza; **to** ~ **common sense** usare il buonsenso ③ (work hard) **to** ~ **oneself to sth** dedicarsi a qc

appoint [ə'pɔɪnt] vt nominare

appointment n ① (to office, position) nomina f ② (meeting) appuntamento m; **dentist's** ~ appuntamento dal dentista; **to keep an** ~ non mancare ad un appuntamento; **by** ~ **only** solo su appuntamento

appreciable [ə'priːʃəbl] adj apprezzabile; (change) notevole; (progress) considerevole

appreciate [ə'priːʃieɪt] I. vt ① (value) apprezzare ② (understand) rendersi conto di ③ (be grateful for) apprezzare II. vi FIN (in price) aumentare; (in value: property, shares) rivalutarsi

appreciation [ə,priːʃi'eɪʃən] n ① (gratitude) gratitudine f ② (understanding) comprensione f; **she has no** ~ **of my work** non apprezza il mio lavoro ③ FIN (in price) aumento m; (in value: of property, shares) rivalutazione f

apprehension [ˌæprɪ'henʃən] n ① (of a criminal) arresto m ② (fear) apprensione f; ~ **about sth** apprensione per qc

apprehensive [ˌæprɪ'hensɪv] adj apprensivo, -a

apprentice [ə'prentɪs] n apprendista mf

approach [ə'prəʊtʃ] I. vt ① (get close to) avvicinarsi a ② (ask) rivolgersi a; **to** ~ **sb** (**about sth**) rivolgersi a qu (per qc) ③ (deal with) affrontare II. vi avvicinarsi III. n ① (coming) l'avvicinarsi m ② (access: to highway, bridge) accesso m ③ (methodology) approccio m

approachable [ə'prəʊtʃəbl] adj (person, place) accessibile

appropriate¹ [ə'prəʊpriət] adj appropriato, -a

appropriate² [ə'prəʊprieɪt] vt form ① (take) appropriarsi di ② FIN assegnare

approval [ə'pruːvl] n approvazione f

approve [ə'pruːv] I. vi essere d'accordo; **to** ~ **of sth** approvare qc II. vt approvare

approvingly [ə'pruːvɪŋli] adv con approvazione

approximate¹ [ə'prɑːksɪmət] adj approssimativo, -a

approximate² [ə'prɑːksɪmeɪt] I. vt avvicinarsi a II. vi form **to** ~ **to sth** avvicinarsi a qc

approximately adv approssimativamente

APR [ˌeɪpiː'ɑr] n abbr of **annual percentage rate** tasso di interesse annuo

apricot ['eɪprɪkɑːt] I. n ① (fruit) albicocca f ② (tree) albicocco m ③ (color) (color m) albicocca m inv II. adj (di color) albicocca inv

April ['eɪprəl] n aprile m; **in** ~ in aprile; **every** ~ ogni mese di aprile; **the month of** ~ il mese di aprile; **at the beginning/end of** ~ all'inizio/alla fine di aprile; **on** ~ (**the**) **fourth** il quattro aprile

April Fools' Day n ≈ giorno m del pesce d'Aprile

apron ['eɪprən] n grembiule m

apt. [ə'pɑːtmənt] n abbr of **apartment** appto.

A aquarium [əˈkweˑrɪəm] <-s o -ria> n acquario m

Aquarius [əˈkweˑrɪəs] n Acquario m; I'm (an) Aquarius sono (dell' [o un]) Acquario

AR abbr of Arkansas Arkansas m

Arab [ˈæˑrəb] adj, n arabo, -a m, f

Arabian adj arabo, -a

Arabic [ˈæˑrəˑbɪk] n LING arabo m

arcade [ɑːˈkeɪd] n ① (of shops) centro m commerciale ② (around square) portici mpl ③ (with games) sala f giochi

arch [ɑːtʃ] I. n arco m II. vi inarcarsi III. vt inarcare

archbishop [ˌɑːtʃˈbɪˑʃəp] n arcivescovo m

archeologist [ˌɑːkiˈɑːˑləˈdʒɪst] n archeologo, -a m, f

architect [ˈɑːkəˈtekt] n (of building) architetto m

architecture [ˈɑːrkəˈtekˈtʃə] n architettura f

archive [ˈɑːrkaɪv] n a. COMPUT archivio m

Arctic [ˈɑːrkˈtɪk] I. n the ~ l'Artico m II. adj artico, -a

Arctic Ocean n Mare m Glaciale Artico

are [ə, stressed: ɑːr] vi s. be

area [ˈeˑrɪə] n a. MATH, SPORTS area f; in the ~ of intorno a

aren't [ɑːrnt] = are not

Argentina [ˌɑːrdʒənˈtiˑnə] n Argentina f

Argentine [ˈɑːrdʒənˈtin], Argentinean [ˌɑːrdʒənˈtɪnˑiˑən] adj, n argentino, -a m, f

argue [ˈɑːrgjuː] I. vi ① (disagree) litigare ② (reason) argomentare II. vt (debate) sostenere; to ~ that ... sostenere che ...

argument [ˈɑːrgjəˈmənt] n ① (disagreement) discussione f ② (reasoning) ragionamento m ③ LAW argomentazioni fpl

argumentative [ˌɑːrgjəˈmenˈtəˈtɪv] adj polemico, -a

Aries [ˈeˑriːz] n Ariete m; I'm an Aries sono (dell' [o un]) Ariete

Arizona [ˌærɪˈzoʊˑnə] n Arizona f

Arkansas [ˈɑːrkənˈsɔː] n Arkansas m

arm¹ [ɑːrm] n ① ANAT, GEO braccio m; to hold sb in one's ~s tenere qu tra le braccia; ~ in ~ sottobraccio ② (sleeve) manica f ③ (division) ramo m ▸ to welcome sth with open ~s accogliere qc con entusiasmo; to cost an ~ and a leg inf costare un occhio della testa

arm² [ɑːrm] I. vt ① (supply with weapons) armare ② (prepare for detonation) armare II. n (weapon) arma f

armchair [ˈɑːrmˈtʃer] n poltrona f

armed [ɑːrmd] adj armato, -a

armful [ˈɑːrmˈfʊl] n bracciata f

armhole [ˈɑːrmˈhoʊl] n giromanica m

armored adj blindato, -a

armpit [ˈɑːrmˈpɪt] n ascella f

arms race n the ~ la corsa agli armamenti

army [ˈɑːrmi] <-ies> n ① MIL esercito m; to join the ~ arruolarsi ② fig esercito m

aromatherapy [əˌroʊməˈθeˑrəˌpi] n aromaterapia f

around [əˈraʊnd] I. prep ① (surrounding) intorno a; all ~ sth tutto intorno a qc; to go ~ the corner girare l'angolo ② (move within sth) per; to go ~ a museum girare per un museo ③ (approximately) intorno a; ~ May 10th intorno al 10 maggio; somewhere ~ here qui vicino II. adv ① (all over) tutto intorno; all ~ dappertutto ② (aimlessly) to walk ~ andare in giro ③ (nearby) nelle vicinanze; is Mark ~? c'è Mark?

arraign [əˈreɪn] vt LAW chiamare in giudizio

arrange [əˈreɪndʒ] I. vt ① (organize) organizzare ② (put in order) sistemare; MUS arrangiare II. vi dare disposizioni

arrangement n ① pl (preparations) preparativi mpl ② (agreement) accordo m ③ (method of organizing sth) sistemazione f; MUS arrangiamento m

arrears [əˈrɪrz] npl FIN arretrati mpl; to be in ~ on sth essere in arretrato con qc

arrest [əˈrest] I. vt LAW arrestare II. n arresto *m;* **to be under ~** essere in (stato di) arresto

arrival [ə·ˈraɪ·vl] *n* ◉ *(at destination)* arrivo *m;* **on his ~** al suo arrivo ◉ *(person)* arrivato, -a *m, f;* **new ~** nuovo arrivo

arrive [ə·ˈraɪv] *vi* arrivare

arrogance [ˈæ·rə·gəns] *n* arroganza *f*

arrogant [ˈæ·rə·gənt] *adj* arrogante

art [ɑːrt] *n* arte *f*

artery [ˈɑːr·tə·ri] <-ies> *n* arteria *f*

art gallery *n* galleria *f* d'arte

arthritic [ɑːr·ˈθrɪ·tɪk] *adj* artritico, -a

arthritis [ɑːr·ˈθraɪ·təs] *n* MED artrite *f*

artichoke [ˈɑːr·tə·tʃoʊk] *n* FOOD carciofo *m*

article [ˈɑːr·tɪ·kl] *n a.* LAW, LING, TYPO articolo *m*

articulate¹ [ɑːr·ˈtɪk·jə·lət] *adj (person)* che si esprime con chiarezza; *(speech)* chiaro, -a

articulate² [ɑːr·ˈtɪk·jə·leɪt] *vt form* ◉ *(express)* esprimere chiaramente ◉ *(pronounce)* pronunciare distintamente

artificial [ˌɑːr·tə·ˈfɪ·ʃl] *adj* artificiale

artificial insemination *n* inseminazione *f* artificiale

artificial intelligence *n* intelligenza *f* artificiale

artist [ˈɑːr·təst] *n* artista *mf*

artistic [ɑːr·ˈtɪs·tɪk] *adj* artistico, -a

artistry [ˈɑːr·təs·tri] *n* arte *f*

artwork [ˈɑːrt·wɜːrk] *n* materiale *m* illustrativo

arty [ˈɑːr·ti] <-ier, -iest> *adj inf (person)* con pretese artistiche; *(film)* pretenzioso, -a

as [əz, *stressed:* æz] I. *prep* da; **dressed ~ a clown** vestito da clown; **~ a baby, I was ...** da bambino io ero ...; **to use sth ~ a lever** utilizzare qc come leva II. *conj* ◉ *(in comparison)* come; **the same name ~ sth/sb** lo stesso nome di qc/qu; **~ fast ~ sth/sb** (così) rapido come qc/qu; **to eat ~ much ~ sb** mangiare (tanto) quanto qu; **~ soon ~ possible** il più presto possibile ◉ *(like)* (così) come; **~ it is** così com'è; **~ if it**

were true come se fosse vero ◉ *(because)* poiché; **~ he is here, I'm going** visto che c'è lui, io vado ◉ *(while)* mentre ◉ *(although)* **~ nice ~ the day is, ...** per quanto sia una bella giornata ... ►**~ far ~** *(to the extent that)* fino a; *(concerning)* quanto a; **~ for her/him ...** quanto a lei/lui ... III. *adv* **~ well** anche; **~ long as** purché +*conj;* **~ much as** tanto quanto; **~ soon as** non appena

ASAP [ˌeɪ·es·eɪ·ˈpi] *abbr of* **as soon as possible** il più presto possibile

ash¹ [æʃ] *n (from fire)* cenere *f*

ash² [æʃ] *n* BOT frassino *m*

ashamed [ə·ˈʃeɪmd] *adj* **to feel ~** vergognarsi

ashore [ə·ˈʃɔːr] I. *adj* a terra II. *adv* a riva; **to go ~** sbarcare; **to run ~** arenarsi

ashtray [ˈæʃ·treɪ] *n* posacenere *m inv*

Ash Wednesday *n* mercoledì *m inv* delle ceneri

Asia [ˈeɪ·ʒə] *n* Asia *f*

Asian [ˈeɪ·ʒən] I. *n* asiatico, -a *m, f* II. *adj* asiatico, -a

Asian American *n* cittadino americano di origine asiatica

Asiatic [ˌeɪ·ʒi·ˈæt·ɪk] I. *adj* asiatico, -a II. *n pej* asiatico, -a *m, f*

aside [ə·ˈsaɪd] *adv* da parte; **to stand** [*o* **step**] **~** farsi da parte; **to leave sth ~** lasciar qc da parte

ask [æsk] I. *vt* ◉ *(request information)* chiedere, domandare; **to ~ sb sth** chiedere qc a qu; **to ~ (sb) a question about sth** fare (a qu) una domanda su qc; **if you ~ me ...** secondo me ... ◉ *(request)* chiedere; **to ~ sb's advice** chiedere consiglio a qu ◉ *(invite)* invitare; **to ~ sb to do sth** invitare qu a fare qc ◉ *(demand a price)* chiedere; **to ~ 100 dollars for sth** chiedere 100 dollari per qc ◉ *(expect)* **to ~ too much of sb** pretendere troppo da qu II. *vi* ◉ *(request information)* chiedere ◉ *(make a request)* chiedere

asleep [ə·ˈsliːp] *adj* addormentato, -a; **to be ~** dormire; **to fall ~** addormentarsi

A

asparagus [ə'spe·rə·gəs] n CULIN (*vegetable*) asparagi *mpl*

aspirin ['æs·prɪn] n aspirina *f*

ass [æs] <-es> n ❶ vulg (*bottom*) culo *m* ❷ (*donkey*) asino *m* ❸ inf (*idiot*) stupido, -a *m, f* ▸ **to work** one's ~ **off** farsi un culo così

assemble [ə'sem·bl] I. vi radunarsi II. vt ❶ (*collect*) radunare ❷ (*put together*) assemblare

assembly [ə'sem·bli] <-ies> n ❶ (*meeting*) assemblea *f* ❷ TECH assemblaggio *m*

assert [ə'sɜːrt] vt asserire; **to** ~ **oneself** farsi valere

assertion [ə'sɜːr·ʃən] n asserzione *f*

assertive [ə'sɜːr·tɪv] adj che sa farsi valere

assess [ə'ses] vt ❶ (*evaluate*) valutare ❷ (*tax*) calcolare

assessment n ❶ (*calculation*) calcolo *m* ❷ (*evaluation*) valutazione *f* ❸ (*taxation*) calcolo *m* del valore imponibile

asset ['æ·set] n ❶ (*benefit*) vantaggio *m*; (*person*) elemento *m* valido ❷ *pl* FIN attivo *m*

assignment n ❶ (*task*) incarico *m* ❷ (*attribution*) assegnazione *f*

assist [ə'sɪst] I. vt aiutare; **to** ~ **sb sth** aiutare qu in qc II. vi aiutare; **to** ~ **with sth** aiutare in qc

assistance [ə'sɪs·təns] n aiuto *m*; **to be of** ~ esser d'aiuto; **can I be of any** ~? posso aiutarla?

assistant [ə'sɪs·tənt] n ❶ (*helper*) aiutante *mf* ❷ COMPUT assistente *m*

associate [ə'sou·ʃi·ɪt] I. n persona *f* vicina; **business** ~ socio , -a in affari *m* II. adj UNIV associato, -a

associate's degree n UNIV diploma *m* universitario rilasciato al termine di un corso biennale

association [ə·sou·si·'eɪ·ʃən] n ❶ (*organization*) associazione *f* ❷ (*involvement*) collaborazione *f* ❸ (*mental connection*) associazione *f*

assortment [ə'sɔːrt·mənt] n assortimento *m*

asst. [ə'sɪs·tənt] n abbr of **assistant** asistente *mf*

assume [ə'suːm] vt ❶ (*regard as true*) presumere; **let's** ~ **that ...** supponiamo che ... ❷ (*adopt: alias*) assumere

assumed [ə'suːmd] adj presunto, -a; **under an** ~**d name** sotto falso nome

assumption [ə'sʌmp·ʃən] n ❶ (*supposition*) presupposto *m*; **on the** ~ **that ...** supponendo che ... ❷ (*hypothesis*) ipotesi *f inv* ❸ (*of office, power*) assunzione *f* ❹ REL **the Assumption** l'Assunzione *f*

assurance [ə'ʃu·rəns] n ❶ (*self-confidence*) sicurezza *f* ❷ (*promise*) assicurazione *f*

assure [ə'ʃur] vt ❶ (*guarantee*) assicurare ❷ (*promise*) assicurare

asterisk ['æs·tə·rɪsk] n TYPO asterisco *m*

asthma ['æz·mə] n MED asma *f*

asthmatic [æz·'mæ·tɪk] adj, n asmatico, -a *m, f*

astonish [ə'sta·nɪʃ] vt sorprendere; **to be** ~**ed** essere sorpreso

astonishing adj sorprendente

astonishment n sorpresa *f*

astrologer [əs·'tra·lə·dʒər] n astrologo, -a *m, f*

astrology [əs·'tra·lə·dʒi] n astrologia *f*

astronaut ['æs·trə·nɑːt] n astronauta *mf*

astronomer [əs·'trɑː·nə·mər] n astronomo, -a *m, f*

astronomical [æs·trə·'nɑː·mɪ·kl] adj a. fig astronomico, -a

astronomy [əs·'trɑː·nə·mi] n astronomia *f*

astute [əs·'tuːt] adj astuto, -a

asylum seeker n chi chiede asilo politico

at[1] [ət, æt] prep ❶ (*place*) a; ~ **the dentist's** dal dentista; ~ **home/school** a casa/scuola; ~ **the table** a tavola; ~ **the office** in ufficio; ~ **the window** alla finestra ❷ (*time*) ~ **Christmas** a Natale; ~ **night** di notte; ~ **once** subito; **all** ~ **once** all'improvviso; ~ **present** in questo momento; ~ **the time** in quel momento; ~ **the same time** nello stesso momento; ~ **three o'clock** alle tre

ⓢ (towards) **to laugh ~ sb** ridere di qu; **to look ~ sth/sb** guardare qc/qu ⓢ (in reaction to) **~ sb's request** su richiesta di qu; **to be mad ~ sb** essere arrabbiato con qu ⓢ (in amount of) **~ all** per niente; **to sell sth ~ $10 a pound** vendere qc a 10 dollari alla libbra; **~ 120 mph** a 120 miglia orarie ⓢ (in state of) **~ best/worst** nel migliore/peggiore dei casi; **~ first** all'inizio; **~ least** almeno; **~ 20** a vent'anni; **I feel ~ ease** mi sento a mio agio ⓢ (in ability to) **to be good/bad ~ French** andare bene/male in francese; **to be ~ an advantage** essere in vantaggio ▶ **~ all** assolutamente; **not ~ all!** per niente!, niente affatto!; (as answer to thanks) (di) niente; **nobody ~ all** assolutamente nessuno

at² [æt] (in email address) chiocciola f

ate [eɪt] pt of **eat**

atheist ['eɪ·θɪ·ɪst] I. n ateo, -a m, f II. adj ateo, -a

athlete ['æθ·liːt] n atleta mf

athletic [æθ·'le·tɪk] adj atletico, -a

athletics npl atletica f

Atlantic [ət·'læn·tɪk] I. n **the ~ (Ocean)** l'(oceano) Atlantico m II. adj atlantico, -a

atlas ['æt·ləs] <-es> n atlante m

ATM [ˌeɪ·ti·'em] n abbr of **automated teller machine** ®Bancomat® m inv

atmosphere ['æt·məs·fɪr] n a. PHYS a. fig atmosfera f

atomic [ə·'tɑ·mɪk] adj atomico, -a

atrocious [ə·'troʊ·ʃəs] adj atroce

at sign n COMPUT chiocciola f

attach [ə·'tætʃ] vt ⓢ (fix onto) fissare; (label) attaccare; **to ~ sth to sth** attaccare qc a qc ⓢ (connect) legare ⓢ COMPUT (to email) allegare ⓢ (join) unire; **to be (very) ~ed to sth** essere molto attaccato a qc ⓢ (associate) attribuire

attachment [ə·'tætʃ·mənt] n ⓢ (fondness) attaccamento m ⓢ (union) fissaggio m ⓢ (attached device) accessorio m ⓢ COMPUT allegato m

attack [ə·'tæk] I. n attacco m; **to be on the ~** andare all'attacco; **to come under ~** essere attaccato II. vt ⓢ (use violence) attaccare ⓢ (tackle) affrontare III. vi attaccare

attempt [ə·'tempt] I. n ⓢ (try) tentativo m ⓢ (attack) attentato m II. vt tentare

attend [ə·'tend] I. vt (be present at) partecipare a II. vi ⓢ (be present) essere presente ⓢ (take care of) **to ~ to sb/ sth** occuparsi di qu/qc

attendance [ə·'ten·dəns] n ⓢ (presence) presenza f ⓢ (people present) affluenza f

attendant [ə·'ten·dənt] I. n ⓢ (helper) aiutante mf ⓢ (servant) assistente mf II. adj relativo, -a

attention [ə·'ten·ʃən] n ⓢ (maintenance) attenzione f ⓢ (care, notice) attenzione f; **Attention: John Smith** (on envelope) all'attenzione di John Smith; **to pay ~** prestare attenzione ⓢ MIL **~!** attenti!

attention deficit disorder n disturbo m da deficit di attenzione

attentive [ə·'ten·tɪv] adj attento, -a; **to be ~ to sb** essere premuroso con qu

attic ['æ·tɪk] n soffitta f

attitude ['æ·tə·tuːd] n ⓢ (opinion) atteggiamento m ⓢ a. ART posa f

attorney [ə·'tɜːr·ni] n avvocato m

attorney-at-law n <attorneys-at-law> procuratore m legale

attract [ə·'trækt] vt attrarre; **to ~ attention** attirare l'attenzione

attraction [ə·'træk·ʃən] n ⓢ (force, place of enjoyment) attrazione f; **tourist ~** attrazione turistica ⓢ (appeal) fascino m

attractive [ə·'træk·tɪv] adj attraente

ATV [ˌeɪ·ti·'vi] n abbr of **all terrain vehicle** fuoristrada m inv

auction ['ɔːk·ʃən] I. n asta f II. vt **to ~ sth (off)** mettere qc all'asta

audible ['ɔː·də·bl] I. adj udibile II. n (in football) audible m inv, cambio di tattica di gioco chiamato dal quarterback

audience ['ɔː·di·əns] n ⓢ (spectators) pubblico m; RADIO ascoltatori mpl; TV telespettatori mpl ⓢ (formal interview) udienza f

A **audio** ['ɔːdɪ·oʊ] *adj, n inv* audio *m inv*
audio-visual *adj* audiovisivo, -a
audit ['ɔːdɪt] FIN I. *n* revisione *f* dei conti II. *vt* sottoporre a revisione
audition [ɔːˈdɪʃən] THEAT I. *n* audizione *f* II. *vi* fare un'audizione
auditor ['ɔːdə·tə] *n* COM revisore *m* dei conti
August ['ɔːgəst] *n* agosto *m*; *s.a.* **April**
aunt [ænt] *n* zia *f*
Australia [ɔːsˈtreɪl·ʒə] *n* Australia *f*
Australian *adj, n* australiano, -a *m, f*
Austria ['ɔːstri·ə] *n* Austria *f*
Austrian *adj, n* austriaco, -a *m, f*
authentic [ɔːˈθen·tɪk] *adj* autentico, -a
author ['ɔː·θə] *n* ① (*writer*) autore, -trice *m, f* ② *fig* artefice *mf*
authority [əˈθɔː·rə·ti] <-ies> *n* ① (*right to control*) autorità *f*; **to be in ~** avere autorità ② (*permission*) autorizzazione *f* ③ (*knowledge*) **to be an ~ on sth** essere un'autorità in qc ④ (*organization*) autorità *f*; **the authorities** le autorità
authorization [ˌɔː·θə·rɪˈzeɪ·ʃən] *n* autorizzazione *f*
authorize ['ɔː·θə·raɪz] *vt* autorizzare; **to ~ sb to do sth** autorizzare qu a fare qc
autobiography [ˌɔː·tə·baɪˈɑː·grə·fi] *n* autobiografia *f*
automated *adj* automatizzato, -a
automated teller machine *n* ≈ Bancomat® *m inv*
automatic [ˌɔː·təˈmæ·tɪk] I. *n* ① (*car*) automobile *f* con cambio automatico ② (*pistol*) pistola *f* automatica; (*rifle*) fucile *m* automatico II. *adj* automatico, -a
automobile ['ɔː·tə·moʊ·biːl] *n* automobile *f*
autumn ['ɔː·təm] *n* autunno *m*; **in (the) ~** in autunno
autumnal [ɔːˈtʌm·nəl] *adj* autunnale
available [əˈveɪ·lə·bl] *adj* ① (*obtainable*) disponibile ② (*free*) libero, -a; **to be ~ to do sth** avere tempo a disposizione per fare qc
avalanche ['æ·və·læntʃ] *n a. fig* valanga *f*

avenge [əˈvendʒ] *vt* vendicare; **to ~ oneself** vendicarsi
avenue ['æ·və·nuː] *n* (*street*) viale *m*
average ['æ·və·rɪdʒ] I. *n* MATH media *f*; **on ~** in media II. *adj* MATH medio, -a ③ *fpl* ② (*mediocre*) mediocre ③ (*ordinary*) **~ Joe** un tipo ordinario
avoid [əˈvɔɪd] *vt* (*person, thing*) evitare; (*when moving*) schivare; **to ~ doing sth** evitare di fare qc
avoidable *adj* evitabile
awake [əˈweɪk] I. <awoke *o* awaked, awoken *o* awaked> *vi* svegliarsi; **to ~ to sth** *fig* rendersi conto di qc II. *vt* svegliare III. *adj* ① (*not sleeping*) sveglio, -a; **to stay ~** stare sveglio; **to keep sb ~** tenere sveglio qu ② *fig* conscio, -a; **to be ~ to sth** essere conscio di qc
award [əˈwɔːrd] I. *n* ① (*prize*) premio *m* ② (*reward*) ricompensa *f* II. *vt* assegnare; **to ~ sth to sb** assegnare qc a qu
aware [əˈwer] *adj* ① (*knowing*) **to be ~ that ...** sapere che ...; **as far as I'm ~ ...** per quel che ne so ... ② (*sense*) **to be ~ of sth** rendersi conto di qc
awareness [əˈwer·nɪs] *n* coscienza *f*
away [əˈweɪ] *adv* ① (*distant*) **10 miles ~** a 10 miglia; **as far ~ as possible** il più lontano possibile ② (*absent*) via; **to be ~ on vacation** essere in vacanza
away from *prep* ① (*at distance from*) **~ the town** lontano dalla città; **to stay ~ sth/sb** tenersi lontano da qc/qu ② (*in other direction from*) **to go ~ sth** allontanarsi da qc
away game *n* partita *f* fuori casa
awesome ['ɔː·səm] *adj* ① (*impressive*) impressionante ② *inf* (*very good*) fantastico, -a
awful ['ɔː·fəl] *adj* ① (*bad*) terribile ② (*as intensifier*) **an ~ lot** moltissimo
awfully ['ɔː·fə·li] *adv* ① (*badly*) terribilmente ② (*very*) **~ smart/stupid** molto intelligente/stupido; **I'm ~ sorry** mi dispiace infinitamente
awkward ['ɔːk·wəd] *adj* ① (*difficult*)

difficile ② (*embarrassed*) imbarazzato, -a; **to feel ~** sentirsi a disagio ③ (*clumsy*) goffo, -a

awoke [ə·'woʊk] *pt of* **awake**

ax *n*, **axe** [æks] **I.** *n* ascia *f* ▶ **to get the ~** *inf* (*worker*) essere licenzia-

to; (*project*) essere annullato **II.** <*axing*> *vt* tagliare drasticamente

axle [ˈæk·sl] *n* assale *m*; **back/front ~** **B** assale posteriore/anteriore

AZ [ˌær·ɪˈzoʊ·nə] *n abbr of* **Arizona** Arizona *f*

Bb

B, b [biː] *n* ① (*letter*) B, b *m o f*; **~ for Baker** B come Bologna ② MUS si *m*

b & b *n*, **B & B** [ˌbi·and·ˈbi] *n abbr of* **bed and breakfast** bed and breakfast *m*

BA [ˌbiˈeɪ] *n abbr of* **Bachelor of Arts** laureato , -a in lettere e filosofia con laurea breve *m*

babe [beɪb] *n* ① (*baby*) bebè *m inf* ② *pej, sl* (*young woman*) pupa *f* ③ (*term of endearment*) cara *f*

baby [ˈbeɪ·bi] **I.** *n* ① (*child*) bebè *m*; **to expect/have a ~** aspettare/avere un bambino ② (*youngest person*) piccolo, -a *m, f*; **the ~ of the family** il piccolo di famiglia ③ *inf* (*term of endearment*) caro, -a *m, f* ④ (*personal interest*) **her ~** la sua creatura **II.** *adj* ① (*person*) infantile ② (*carrots*) baby **III.** *vt* coccolare come un bebè

baby carriage *n* carrozzina *f*

baby food *n* alimenti *m* per bambini *pl*

babysitter [ˈbeɪ·bɪˌsɪ·tər] *n* baby-sitter *mf inv*

bachelor [ˈbæ·tʃə·lər] *n* ① (*man*) scapolo *m* ② UNIV laureato con laurea breve; **Bachelor of Arts** laureato in lettere e filosofia con laurea breve; **Bachelor of Science** laureato in materie scientifiche con laurea breve

back [bæk] **I.** *n* ① (*opposite of front*) dietro *m*; (*of a hand*) dorso *m*; (*of a chair*) schienale *m*; (*of fabric*) rovescio *m*; (*of a piece of paper*) retro *m*;

~ to front al contrario ② (*end: of a book*) fine *m* ③ ANAT schiena *f*; (*of an animal*) dorso *m* ④ SPORTS difesa *f* ▶ **to know sth like the ~ of one's hand** conoscere qc a menadito *inf*; **to stab sb in the ~** pugnalare qc alle spalle **II.** *adj* (*rear*) posteriore **III.** *adv* ① **to be ~** essere di ritorno; **to come ~** tornare ② (*to the rear, behind*) dietro; **~ and forth** avanti e indietro; **to look ~** pensare al passato ③ (*in return*) indietro ④ (*into the past*) fa **IV.** *vt* appoggiare

◆ **back away** *vi* prendere le distanze da

◆ **back down** *vi* far marcia indietro

◆ **back out of** *vt* uscire da; *fig* ritirarsi da

◆ **back up** *vt* ① (*reverse*) fare marcia indietro ② COMPUT **to ~ data** fare il back-up dei dati ③ (*support*) appoggiare

backbone *n* ① (*spine*) spina *f* dorsale ② *fig* pilastro *m* ③ (*strength of character*) fegato *m*

back door *n* porta *f* di dietro

backfire [ˈbæk·faɪ·ər] *vi* ① (*go wrong*) avere un effetto inverso a quello previsto; **his plans ~d** i suoi piani si sono ripercossi contro di lui ② AUTO avere un ritorno di fiamma

background [ˈbæk·graʊnd] *n* ① (*rear view*) sfondo *m*; **in the ~** *fig* in secondo piano ② (*education, family*) origini *fpl* ③ (*training*) formazione *f* ④ (*circumstances*) contesto *m*

backhand [ˈbæk·hænd] *n* rovescio *m*

backing [ˈbæ·kɪŋ] *n* ① (*support*) supporto *m* ③ FASHION rinforzo *m* ④ MUS accompagnamento *m*

B **backlash** *n* reazione *f* brutale

backlog *n* atraso *m*; **a ~ of work** un cumulo *m* di lavoro arretrato

backpack ['bæk·pæk] I. *n* zaino *m* II. *vi* viaggiare con lo zaino

backpacker *n* turista *mf* con lo zaino

back pay *n* arretrati *mpl*

back seat *n* sedile *m* posteriore

backside *n* if/deretano *m*

backstage [bæk·'steɪdʒ] I. *adj* ① THEAT (*pass*) per dietro le quinte ② *fig* (*of organization*) interno, -a II. *adv* THEAT dietro le quinte

backstroke *n* dorso *m*

backward ['bæk·wəd] I. *adj* ① (*to the rear*) indietro ② (*slow in learning*) ritardato, -a ③ (*underdeveloped*) arretrato, -a II. *adv* all'indietro

backwards ['bæk·wədz] *adv* ① (*towards the back*) all'indietro ② (*in reverse order*) all'incontrario ③ (*from better to worse*) di male in peggio ④ (*into the past*) indietro

backyard *n* giardino *m* sul retro della casa

bacon ['beɪ·kən] *n* pancetta *f*

bacteria [bæk·'tɪ·riə] *n pl of* **bacterium**

bacterium [bæk·'tɪ·ri·əm] *n* <-ria> batterio *f*

bad [bæd] <worse, worst> I. *adj* ① (*not good*) cattivo, a; **to feel ~** sentirsi male; **to look ~** avere una brutta cera; **too ~!** peccato!; **~ habits** cattive abitudini; **~ luck** sfortuna *f*; **in ~ taste** di cattivo gusto ② (*harmful*) nocivo, -a; **to be ~ for sth/sb** nuocere a qc/qu ③ (*spoiled*) andato, -a a male; **to go ~** andare a male ④ (*unhealthy*) malato, -a ⑤ (*serious: accident*) grave ⑥ (*severe: pain*) forte II. *adv inf* male III. *n* **the ~** la cosa brutta

bad dream *n* incubo *m*

badge [bædʒ] *n* distintivo *m*

badger ['bæd·dʒə] I. *n* tasso *m* II. *vt* importunare

badly ['bæd·li] <worse, worst> *adv* ① (*poorly*) male ② (*in a negative way*)

male; **to think ~ of sb** pensar male di qu ③ (*very much*) disperatamente

baffle ['bæ·fl] *vt* (*confuse*) sconcertare

baffling *adj* sconcertante

bag [bæg] I. *n* ① (*container*) borsa *f*; (*handbag*) borsetta *f*; (*sack*) sacchetto *m*; **to pack one's ~s** *a. fig* fare le valigie ② (*under eyes*) **to have ~s under one's eyes** avere le occhiaie ③ *inf* (*ugly woman*) racchia *f* ▶ **to be a ~ of bones** *inf* essere pelle e ossa II. *vt* <-gg-> ① (*put in bag*) insaccchettare ② *inf* (*obtain*) appropriarsi ③ (*capture*) prendere

baggage ['bæ·gɪdʒ] *n* ① (*luggage*) bagaglio *m*; **excess ~** bagaglio in eccedenza ② *pej* (*unpleasant woman*) racchia *f*

baggage car *n* bagagliaio *m*

baggage check *n* tagliando *m* del bagaglio

baggage claim *n* ritiro *m* bagagli

baggy ['bæ·gi] *adj* abbondante

bagpipes *npl* cornamusa *f*

Bahamas [bə·'ha·məz] *npl* **the ~** le Bahamas

Bahamian [bə·'hæ·mi·ən] I. *adj* delle Bahamas II. *n* abitante *mf* delle Bahamas

bail [beɪl] I. *n* cauzione *f*; **on ~** su cauzione II. *vi* NAUT sgottare III. *vt* ① (*remove: water*) sgottare ② (*guarantee*) garantire

bait [beɪt] I. *n* ① (*for fish*) esca *m* ② *fig* lusinga *f*; **to swallow the ~** *inf* abboccare all'amo II. *vt* ① (*put bait on: hook*) amo ② (*harass: person*) tormentare

bake [beɪk] I. *vi* ① (*cook*) cuocere (nel forno) ② *inf* (*be hot*) arroventarsi II. *vt* ① (*cook*) cuocere al forno ② (*harden*) cuocere

baker ['beɪ·kə] *n* panettiere, -a *m, f*

bakery ['beɪ·kə·ri] *n* panetteria *f*

baking *adj* **it's ~ hot** fa un caldo allucinante

baking powder *n* lievito *m* in polvere

baking soda *n* bicarbonato *m* di soda

balance ['bæ·lənts] I. *n* ① (*device*) bilancia *f* ② *a. fig* equilibrio *m* ③ (*in bank account*) saldo *m* ④ (*amount to be paid*) saldo *m* II. *vi* equilibrarsi III. *vt*

① (*compare*) soppesare **②** (*keep in a position*) tenere in equilibrio **③** (*achieve equilibrium*) equilibrare; to ~ **the books** far quadrare i conti

balanced *adj* equilibrato, -a

balance sheet *n* balancio *m*

balcony ['bæl·kə·ni] *n* balcone *m*

bald [bɔːld] *adj* (*lacking hair*) calvo, -a; to go ~ perdere i capelli

ball [bɔːl] *n* **①** (*for golf, tennis*) palla *f*; (*for soccer, basketball*) pallone *m*; (*for football*) pallone *m* ovale; to play ~ giocare a palla; *fig* cooperare **②** (*round form*) palla *f* **③** (*dance*) ballo *m* ▶ to have a ~ divertirsi

ballet dancer *n* ballerino, -ina *m*, *f* classico, -a

balloon [bə·'luːn] I. *n* palloncino *m* II. *vi* gonfiarsi

balloonist *n* pilota *mf* di mongolfiera

ballot ['bæ·lət] I. *n* **①** (*paper*) scheda *f* (elettorale) **②** (*election*) votazione *f* (a scrutinio segreto) II. *vi* votare (a scrutinio segreto) III. *vt* consultare tramite votazione

ballpark *n* **①** stadio *m* di baseball **②** *fig* a ~ **figure** una cifra approssimativa

ballroom *n* sala *f* da ballo

ban [bæn] I. *n* divieto *m*; to put [*o* place] a ~ on sth proibire qc II. *vt* <-nn-> proibire

banal [bə·'nɑːl] *adj* banale

banana [bə·'næ·nə] *n* banana *f*

band¹ [bænd] *n* **①** (*strip: of cloth, metal*) banda *f* **②** (*stripe*) sriscia *f* **③** (*ribbon*) nastro *m* **④** (*range*) a. TEL banda *f*

band² [bænd] *n* **①** MUS complesso *m* **②** (*of friends*) cricca *f*; (*of robbers*) banda *f*

bandage ['bæn·dɪdʒ] I. *n* benda *f* II. *vt* bendare

Band-Aid® *n* cerotto *m*

bandit ['bæn·dɪt] *n* bandito *m*

bandstand *n* palco *m* della banda

bandwidth *n* COMPUT larghezza *f* di banda

bang [bæŋ] I. *n* **①** (*noise, blow*) colpo *m* **②** ~ s (*hair*) frangia *f* ▶ to go (off)

with a ~ *inf* essere un gran successo II. *adv* **①** *inf* (*exactly*) proprio; **smack** ~ **in the middle of the road** proprio nel mezzo della strada **②** to go ~ scoppiare III. *interj* bang IV. *vi* (*make noise*) far rumore; (*exploding noise*) scoppiare; (*slam: porta*) sbattere; to ~ on sth dare colpi a qc V. *vt* (*hit*) sbattere; to ~ **one's head against** [*o* on] sth sbattere la testa contro qc

bangle ['bæŋ·gl] *n* braccialetto *m* rigido

banister ['bæ·nəs·tə·] *n* **①** (*handrail*) corrimano *m* **②** (*baluster*) balaustra *f*

bank¹ [bæŋk] I. *n* **①** FIN banca *m*; (*in games*) banca *m*; **data** ~ banca *f* dati **②** (*storage place*) banca *m* II. *vi* **①** (*do banking*) to ~ with Citibank avere un conto alla Citybank **②** (*rely on*) to ~ on sb/sth contare su qu/qc III. *vt* depositare

bank² [bæŋk] I. *n* (*edge: of river*) sponda *f* II. *vi* AVIAT inclinarsi

bank³ [bæŋk] *n* (*of earth*) terrapieno *m*; (*of fog*) banco *m*; (*of cloud*) ammasso *m*; (*of switches*) serie *f*

bank account *n* conto *m* in banca

bank balance *n* saldo *m* del conto

bank charges *n* spese bancarie *fpl*

bank holiday *n* festa *f*

banking *n* attività *fpl* bancarie

bank manager *n* direttore *m* di banca

bankrupt ['bæŋ·krʌpt] I. *n* bancarotta *f* II. *vt* far fallire III. *adj* (*bust*) insolvente; to be ~ aver fatto fallimento; to go ~ far fallimento

bankruptcy ['bæŋ·krəp·si] *n* <-ies> bancarotta *f*

bank statement *n* estratto *m* conto

bank transfer *n* bonifico *m* bancario

banner ['bæ·nə·] *n* **①** (*flag*) stendardo *m* **②** (*placard*) striscione *m* **③** (*in Internet*) banner *m inv*

baptism ['bæp·tɪ·zəm] *n* battesimo *m*

Baptist ['bæp·tɪst] *n* battista *mf*

baptize ['bæp·taɪz] *vt* battezzare

bar¹ [bɑːr] *n* **①** (*of cage, prison*) sbarra *f*; (*of chocolate*) tavoletta *f*; a ~ **of soap** saponetta *f* **②** MUS battuta *f* **③** (*restriction*) sbarra *f* **④** (*nightclub*) night *m*; (*counter*) bancone *m* ⑥ COM-PUT barra *f*; **task/scroll ~** barra delle applicazioni/di scorrimento; **space ~** barra spaziatrice **II.** *vt* <-rr-> ① (*fasten: door, window*) sprangare ② (*obstruct*) sbarrare ③ (*prohibit*) proibire; **to ~ sb from doing sth** proibire a qu di fare qc ④ (*exclude*) escludere

bar² [baːr] *prep* ad eccezione di; **~ none** senza eccezioni

Bar [baːr] *n* **the ~** (*group of lawyers*) l'Ordine degli Avvocati; (*profession*) l'avvocatura

Barbadian [bar·'beɪ·di·ən] **I.** *adj* di Barbados **II.** *n* abitante *mf* di Barbados

Barbados [bar·'beɪ·doʊs] *n* Barbados *fpl*

barbecue [...] ① (*grill*) griglia *f* ② (*event*) grigliata *f*

barber ['baːr·bə·r] *n* barbiere *m*

bar code *n* codice *m* a barre

bare [ber] **I.** *adj* ① (*without clothes*) nudo, -a; (*uncovered*) scoperto, -a ② (*empty*) vuoto, -a ③ (*unadorned*) **to tell sb the ~ facts** [*o* **truth**] dire la verità nuda e cruda a qu ④ (*little*) **the ~ minimum** il minimo indispensabile **II.** *vt* mostrare

barefoot ['ber·fʊt] *adv*, **barefooted** [ˌber·'fʊ·tɪd] *adv* scalzo, -a

barely ['ber·li] *adv* (*hardly*) a malapena

bargain ['baːr·gɪn] **I.** *n* ① (*agreement*) patto *m*; **to strike a ~** concludere un affare ② (*item*) affare *f* **II.** *vi* (*negotiate*) contrattare; (*haggle*) tirare sul prezzo
♦ **bargain for** *vi*, **bargain on** *vi* aspettarsi

bargain basement *n* angolo *f* delle occasioni

bargain sale *n* saldi *mpl*

bark¹ [baːrk] **I.** *n* (*of a dog*) latrato *m* **II.** *vi* abbaiare

bark² [baːrk] *n* (*of a tree*) corteccia *f*

barley ['baːr·li] *n* orzo *m*

barman ['baːr·mən] *n* <-men> barista *mf*

barn [baːrn] *n* fienile *m*

barrage [bə·'raːʒ] *n* ① MIL fuoco *m* di sbarramento ② *fig* (*of questions, complaints*) raffica *f*

barrel ['bæ·rəl] **I.** *n* ① (*container*) botte *m* ② (*measure: of oil*) barile *m* ③ (*of a gun*) canna *f* **II.** *vi* <-l-> *inf* correre; **to ~ along** (*vehicle, person in vehicle*) andare a tutta birra

barren ['bæ·rən] *adj* ① (*infertile*) sterile; (*landscape*) arido, -a ② (*unproductive*) improduttivo, -a

barricade ['bæ·rə·keɪd] **I.** *n* barricata *f* **II.** *vt* barricare

barrier ['bær·iə·r] *n* barriera *f*

barring ['baː·rɪŋ] *prep* (*except for*) ad eccezione di; (*if there are no*) salvo +*conj*; **~ delays** salvo ritardi

base [beɪs] **I.** *n* ① (*lower part, support*) base *f* ② (*bottom*) fondo *m* ③ (*basis*) fondamento *m* ④ MIL base *f* ⑤ (*of a company*) sede *f* ▸ **to touch ~ with sb** riprendere contatto con qu **II.** *vt* ① (*found*) basare; **to be ~d on** basarsi su ② MIL stazionare ③ (*stay*) **to be ~d in Florida** (*company*) avere la propria sede in Florida; (*person*) lavorare in Florida; **which hotel are you ~d at?** in quale albergo stai?

baseball ['beɪs·bɔːl] *n* baseball *m*

baseless ['beɪs·lɪs] *adj* (*accusation*) infondato, -a

bashful ['bæʃ·fəl] *adj* timido, -a

basic ['beɪ·sɪk] **I.** *adj* fondamentale; **~ requirements** requisiti minimi; **to have a ~ command of sth** avere nozioni rudimentali di qc **II.** *npl* **the ~s** l'essenziale

basically *adv* sostanzialmente

basin ['beɪ·sn] *n* ① (*large container*) bacinella *f*; (*sink*) lavandino *m* ② GEO bacino *m*

basis ['beɪ·sɪs] *n* <bases> base *f*; **on the ~ of sth** in base a qc

basket ['bæs·kət] *n* cesto *m*

basketball ['bæs·kət·bɔːl] *n* pallacanestro *f inv*

bass¹ [beɪs] *n* MUS ① (*voice*) basso *m* ② (*instrument: classical*) contrabbasso *m*; (*electric*) basso *m*

bass² [bæs] *n* ZOOL spigola *f*

bassoon [bə·'su:n] *n* fagotto *m*

bastard ['bæs·təd] *n a. vulg* bastardo, -a *m, f*

bat¹ [bæt] *n* ZOOL pipistrello *m*

bat² [bæt] I. *n* ❶ *(in baseball)* mazza *f* ❷ *(blow)* colpo *m* II. *vt, vi* <-tt-> SPORTS battere

batch [bætʃ] *n* <-es> pila *f;* COM, COMPUT lotto *m*

bath [bɑːθ] *n* ❶ *(action)* bagno; **to give a child a ~** fare il bagno al bambino; **to take a ~** fare il bagno ❷ *(bathtub)* vasca *f* da bagno ❸ *(bathroom)* bagno

bathe [beɪð] I. *vi* fare il bagno ❶ *(person, animal)* fare il bagno a; *(wound, eyes)* lavare; **to be ~d in sweat** essere madido di sudore

bathing *n* balneazione *f;* **~ prohibited** divieto di balneazione

bathing cap *n* cuffia *m* da bagno

bathing trunks *npl* calzoncini *mpl* da bagno

bathrobe *n* accappatoio *m*

bathroom *n* ❶ *(room with bath)* bagno *m* ❷ *(lavatory)* gabinetto *m*

bath towel *n* telo *m* da bagno

bathtub *n* vasca *f* da bagno

baton [bə·'tɑːn] *n* ❶ MUS bacchetta *f;* *(billy club)* manganello *m* ❷ SPORTS testimone *m*

batsman ['bæts·mən] <-men> *n* SPORTS battitore *m*

batter¹ ['bæ·tə] I. *n* FOOD pastella *f* II. *vt* FOOD passare nella pastella

batter² ['bæ·tə] I. *n* SPORTS battitore *m* II. *vt* ❶ *(assault)* maltrattare ❷ *(hit)* colpire; **to ~ the door in** [*o* **down**] abbattere la porta III. *vi* **the waves ~ed against the rocks** le onde si frangevano sulle rocce

battered ['bæ·təd] *adj* ❶ *(injured)* maltrattato, -a ❷ *(damaged: clothes)* sformato, -a; *(reputation)* rovinato, -a ❸ FOOD fritto, -a nella pastella

battery ['bæ·tə·ri] <-ies> *n* *(radio)* pila *f;* *(car)* batteria *f*

battery charger *n* caricapile *m inv;* AUTO caricabatterie *m inv*

battle ['bæ·t̬l] I. *n* ❶ MIL battaglia *f* ❷ *(struggle)* lotta *f* ▸ **that's half the ~** il più è fatto II. *vi* *(fight)* combattere; *(nonviolently)* lottare III. *vt* combattere

battlefield *n*, **battleground** *n* campo *m* di battaglia

battleship *n* corazzata *f*

bawl [bɑːl] I. *vi* ❶ *(yell at)* urlare a squarciagola ❷ *(weep)* piangere gridando II. *vt* gridare; **to ~ sb out** dare una lavata di testa a qu; **to ~ one's eyes out** sgolarsi

bay¹ [beɪ] *n* GEO baia *f*

bay² [beɪ] *n* BOT lauro *m*

bayou *n* palude *f*

BBQ ['bɑr·bɪ·kju] *n abbr of* barbecue *(event)* grigliata *f*

B.C. [,bi·'si] *adv abbr of* before Christ a.C.

be [bi:] <was, been> I. *vi* ❶ *+ n/adj* *(permanent state, quality, identity)* essere; **she's a cook** fa la cuoca; **she's Spanish** è spagnola; **to ~ good** essere buono; **to ~ able to do sth** essere capace di far qc; **what do you want to ~ when you grow up?** cosa vuoi fare da grande?; **to ~ married** essere sposato; **to ~ single** essere celibe [*o* nubile] ❷ *+ adj (mental and physical states)* essere; **to ~ fat/happy** essere grasso/contento; **to ~ hungry** aver fame ❸ *(age)* avere; **I'm 21 (years old)** ho 21 anni ❹ *(indicates sb's opinion)* **to ~ for/against sth** essere a favore/contro qc ❺ *(calculation, cost)* **two and two is four** due più due fa quattro; **how much is that?** quant'è? ❻ *(measurement)* essere; *(weight)* pesare; **to ~ 2 feet long** è lungo due piedi ❼ *(exist, live)* **there is/are ...** c'è/ci sono...; **to let sth ~** lasciare stare qc; **to let sb ~** lasciare in pace qu ❽ *(location, situation)* trovarsi; **to ~ in Rome** essere a Roma ❾ *pp (go, visit)* **I've never ~en to Mexico** non sono mai stato in Messico ❿ *(take place)* essere, tenersi; **the meeting is next Tuesday** la riunione è [*o* si terrà] martedì prossimo ⓫ *(circumstances)* **to ~ on vacation** essere in vacanza; **to ~ on a diet** essere a dieta

B

ⓦ (*in time expressions*) **I won't ~ too long** non mi dilungherò ⓰ (*expressing possibility*) **could it ~ that …?** form è possibile che …? +*conj* ▶ **~ that as it may** sia come sia; **so ~ it** così sia II. *impers vb* (*expressing conditions, circumstances*) **it's cloudy** è nuvolo; **it's sunny** c'è sole; **it's two o'clock** sono le due; **it's ~ en so long!** quanto tempo! III. *aux* ⓐ (*expressing continuation*) stare; **to ~ doing sth** star facendo qc; **don't sing while I'm reading** non cantare mentre leggo; **you're always complaining** non fai altro che lamentarti ⓑ (*expressing the passive*) venire; **to ~ discovered by sb** venir scoperto da qu; **he was left speechless** è rimasto senza parole; **he was asked …** gli hanno chiesto … ⓒ (*expressing future*) **we are to visit Peru in the winter** andiamo in Perù quest'inverno; **she's leaving tomorrow** parte domani ⓓ (*expressing future in past*) **she was never to see her brother David again** non avrebbe mai più visto suo fratello David ⓔ (*expressing the subjunctive in conditionals*) **if he were to work harder, he'd get better grades** se facesse di più, prenderebbe voti migliori ⓕ (*expressing obligation*) **you are to come here right now** devi venir qui subito ⓖ (*in tag questions*) **she is tall, isn't she?** è alta, vero?

beach [biːtʃ] *n* spiaggia *f*

bead [biːd] *n* ⓐ (*glass*) perla *f*; (*wood*) pallina *f* ⓑ (*drop*) goccia *f*; **~s of sweat** gocce *fpl* di sudore ⓒ *pl* (*necklace*) collana *f* di perle ⓓ *pl* REL rosario *m* ⓔ (*on a gun*) mirino *m*

beak [biːk] *n* ⓐ ZOOL becco *m* ⓑ *inf* naso *m*

beaker ['biː·kə] *n* tazzone *m*

beam [biːm] I. *n* ⓐ (*ray*) raggio *m*; (*light*) fascio *m* di luce; **high ~** AUTO abbaglianti *mpl*; **low ~** anabbaglianti *mpl* ⓑ ARCHIT, SPORTS trave *f* II. *vt* (*broadcast*) trasmettere III. *vi* brillare; (*smile*) sorridere

beaming *adj* **to be ~** essere raggiante

bean [biːn] *n* ⓐ BOT, CULIN fagiolo *m*; (**broad**) **~** fava *f*; **green ~** fagiolino *m*; **baked ~s** fagioli *mpl* in salsa di pomodoro ⓑ (*seed, pod*) **coffee ~** grano *m* di caffè ▶ **to not have a ~** *inf* non avere un soldo in tasca; **to spill the ~s** *inf* spifferare tutto

bear[1] [ber] *n* ⓐ ZOOL orso, -a *m*, *f* ⓑ FIN ribassista *mf* ⓒ *sl* (*sth difficult*) lavoraccio *m*

bear[2] [ber] <bore, borne> I. *vt* ⓐ (*carry*) portare ⓑ (*display*) **to ~ a resemblance to …** somigliare a … ⓒ (*have, possess*) avere; **to ~ a scar** avere una cicatrice ⓓ (*support: weight*) sostenere ⓔ (*accept: cost*) sostenere; (*responsibility*) assumere ⓕ (*endure: hardship*) sopportare; (*blame*) portare ⓖ (*tolerate*) sopportare ⓗ (*harbor*) **to ~ sb a grudge** serbare rancore a qu ⓘ (*keep*) **to ~ sth/sb in mind** tener presente qc/qu ⓙ (*give birth to*) dare la luce a ⓚ AGR, BOT (*fruit*) dare ⓛ FIN, ECON (*interest*) fruttare ⓜ (*give*) **to ~ testimony** [*o* **witness**] **to sth** testimoniare qc II. *vi* (*tend*) **to ~ left/right** prendere a sinistra/destra

◆ **bear up** *vi* non lasciarsi abbattere

bearable ['be·rə·bl] *adj* sopportabile

beard [bɪrd] *n* barba *f*

bearing ['be·rɪŋ] *n* ⓐ NAUT rilevamento *m*; **to get one's ~s** *a. fig* orientarsi; **to lose one's ~s** *a. fig* perdere l'orientamento ⓑ (*behavior*) comportamento *m* ⓒ (*posture*) portamento *m* ⓓ TECH cuscinetto *m* ▶ **to have some ~ on sth** influire su qc

beast [biːst] *n* ⓐ (*animal*) bestia *f* ⓑ *inf* (*person*) bruto *m*; **to be a ~ to sb** comportarsi come un animale con qu

beastly ['biːst·li] <-ier, -iest> *adj inf* tremendo, -a; **to be ~ to sb** comportarsi in modo abominevole con qu

beat [biːt] <beat, beaten> I. *n* ⓐ (*pulsation: of the heart*) battito *m*; (*of the pulse*) polso *m*; (*of a hammer*) colpo *m* ⓑ MUS tempo *m* ⓒ (*of a police officer*) ronda *f* II. *adj inf* (*worn out*) sfinito, -a III. *vt* ⓐ (*strike*) colpire; (*metal*) battere; **to ~ sb to death** picchiare qu a morte ②(*wings*) battere ③FOOD sbattere ④(*defeat*) battere ⑤(*surpass: record*) battere ⑥(*arrive before*) **she ~ me to the door** è arrivata prima di me alla porta ⑦(*be better than*) superare; **to ~ sb in** [*o* **at**] **sth** superare qu in qc; **taking the bus sure ~s walking there** *inf* è meglio andarci in autobus che non a piedi ⑧MUS (*drum*) suonare ▶ **that ~s everything** *inf* è il colmo! IV.*vi* ①(*pound: rain, sea*) battere; (*person*) dar colpi ②(*pulsate, vibrate: heart, pulse*) battere; (*wings*) sbattere; (*drum*) rullare

◆ **beat back** *vt* respingere

◆ **beat down** I.*vi* (*rain*) piovere a dirotto; (*sun*) picchiare II.*vt* (*haggle*) **to beat the price down** far scendere il prezzo

◆ **beat off** *vt* respingere

◆ **beat up** *vt* pestare

beaten ['biː·tn] I.*pp* of **beat** II.*adj* ①(*metal*) battuto, -a ②**to be off the ~ track** [*o* **path**] essere isolato

beating ['biː·tɪŋ] *n* ①(*assault*) botte *fpl;* **to give sb a ~** dare una manica di botte a qu ②(*defeat*) sconfitta *f;* **to take a ~** prendersi una batosta ③(*of the heart*) battito *m*

beautician [bjuː·'tɪ·ʃən] *n* estetista *mf*

beautiful ['bjuː·tə·fəl] *adj* bello, -a; (*sight, weather*) stupendo, -a

beauty ['bjuː·ti] <-ies> *n* ①(*property*) bellezza *f* ②(*beautiful woman*) bellezza *f inf* (*advantage*) **the ~ of ...** il bello è che ...

beauty parlor *n*, **beauty salon** *n*, **beauty shop** *n* istituto *m* di bellezza

beauty spot *n* ①(*location*) luogo *m* pittoresco ②(*on the skin*) neo *m*

beaver ['biː·vər] I.*n* ①ZOOL castoro *m* ②*fig, inf* (*person*) (**eager**) **~** stacanovista *mf* ③*vulg* (*female genitals*) figa *f* II.*vi inf* **to ~ away** lavorare di gran lena

became [bɪ·'keɪm] *pt* of **become**

because [bɪ·'kɑːz] I.*conj* perché; **not ~ I am sad but ...** non perché sia triste ma ... II.*prep* **~ of** a causa di; **~ of me**

per colpa mia; **~ of illness** a causa della malattia; **~ of the fine weather** grazie al buon tempo

beckon ['be·kən] I.*vt* chiamare con un cenno II.*vi* **to ~ to sb** fare segni a qu

become [bɪ·'kʌm] <became, become> I.*vi* ①diventare; **to ~ angry** arrabbiarsi; **to ~ famous** diventare famoso ②(*happen to*) **what ever became of her?** che cosa ne è stato di lei? II.*vt* ①(*look good*) star bene ②(*be appropriate*) addirsi

bed [bed] I.*n* ①(*furniture*) letto *m;* **to get out of ~** alzarsi; **to go to ~** andare a letto; **to go to ~ with sb** andare a letto con qu; **to make the ~** (ri)fare il letto ②(*for flowers*) aiuola *f;* (*of clams*) banco *m* ③(*bottom: of the ocean*) fondo *m;* (*of a river*) letto *m* ④(*layer*) strato *m* II.<-dd-> *vt* (*embed: plants*) piantare

BEd [biː·'ed] *abbr of* **Bachelor of Education** laureato, -a *m, f* in Scienze dell'educazione

bed and breakfast *n* pensione *f* familiare

bed linen *n* lenzuola *fpl*

bedraggled [bɪ·'dræ·gld] *adj* ①(*wet*) fradicio, -a ②(*disheveled: person, appearance*) trasandato, -a; (*hair*) spettinato, -a

bedridden ['bed·ˌrɪ·dn] *adj* inchiodato, -a a letto

bedroom ['bed·rʊm] *n* camera *f* da letto

bedside rug *n* scendiletto *m*

bedside table *n* comodino *m*

bedspread ['bed·spred] *n* copriletto *m*

bedtime ['bed·taɪm] *n* ora *f* di andare a letto

bee [biː] *n* ①ZOOL ape *f* ②(*group*) gruppo *m;* **they have a sewing ~ on Fridays** si trovano a cucire tutti i venerdì; **spelling ~** gara orale *f* di ortografia

beef [biːf] I.*n* ①FOOD carne *f* di manzo; **ground ~** carne di manzo tritata; **roast ~** roast-beef *m* ②*inf* (*complaint*) lamentela; **what's your ~?** di che cosa ti lamenti? *f* II. *vi inf* **to ~ about sth** lamentarsi di qc

B **beefsteak** *n* bistecca *f* di manzo

beehive [ˈbiː·haɪv] *n* arnia *f*

been [bɪn] *pp of* **be**

beer [bɪr] *n* birra *f*

beetle [ˈbiː·tl̩] *n* coleottero *m*

before [bɪˈfɔːr] I. *prep* ① (*earlier*) prima di; **~ doing sth** prima di far qc; **to wash one's hands ~ lunch** lavarsi le mani prima di pranzo ② (*in front of*) davanti a; **~ my house** davanti a casa mia ③ (*preceding*) **just ~ the bus stop** proprio prima della fermata dell'autobus ④ (*having priority*) prima di; **~ everything** prima di tutto II. *adv* ① (*previously*) prima; **I've seen it ~** l'ho già visto; **the day ~** il giorno prima; **two days ~** due giorni prima; **as ~** come prima ② (*in front*) **this word and the one ~** questa parola e quella prima III. *conj* prima che +*conj*; **he spoke ~ she went out** parlò prima che lei se ne andasse; **he had a glass ~ he went** ha bevuto un bicchiere prima di andarsene

beforehand [bɪˈfɔːr·hænd] *adv* in anticipo

beg [beg] <-gg-> I. *vt* (*request*) supplicare; **I ~ your pardon!** scusi! II. *vi* ① (*seek charity*) **to ~** (**for money**) mendicare ② (*request*) implorare; **I ~ of you** ti imploro

began [bɪˈgæn] *pt of* **begin**

beggar [ˈbe·gə·] I. *vt* **to ~ belief** essere incredibile II. *n* (*poor person*) mendicante *mf*

begin [bɪˈgɪn] <**began, begun**> I. *vt* cominciare, incominciare; **to ~ doing sth** incominciare a fare qc; **to ~ work** incominciare a lavorare II. *vi* cominciare, incominciare; **the film ~s at eight** il film comincia alle otto

beginner [bɪˈgɪ·nə·] *n* principiante *mf*

beginning I. *n* ① (*start*) inizio *m*; **at** [*o* **in**] **the ~** all'inizio; **from ~ to end** dall'inizio alla fine ② (*origin*) origine *f* II. *adj* iniziale

begun [bɪˈgʌn] *pp of* **begin**

behalf [bɪˈhæf] *n* **on ~ of sb/sth** (*for*) a nome di qu/qc; (*from*) per conto di qu/qc

behave [bɪˈheɪv] *vi* ① (*act*) comportarsi; **to ~ badly/well** comportarsi male/bene ② (*function*) funzionare

behavior [bɪˈheɪv·jə·] *n* comportamento *m*

behind [bɪˈhaɪnd] I. *prep* ① (*to the rear of*) dietro; **right ~ sb/sth** proprio dietro qu/qc; **he's walking ~ me** sta camminando dietro di me; **~ the wheel** al volante ② *fig* **there is somebody ~ this** c'è qualcuno dietro a tutto questo ③ (*in support of*) **to be ~ sb/sth** (**all the way**) appoggiare qu/qc (fino alla fine) ④ (*late for*) **~ time** in ritardo ⑤ (*less advanced*) **to be ~ sb/the times** essere indietro rispetto a qu/ai tempi II. *adv* ① (*at the back*) dietro; **to leave sb ~** lasciare qu indietro; **to stay ~** fermarsi ② (*overdue*) **to be ~** (**in sth**) essere in ritardo (con qc) III. *n inf* didietro *m*; **to get off one's ~** darsi una smossa

being [ˈbiː·ɪŋ] I. *n* ① (*creature*) essere *m* ② (*life*) vita *f* ③ (*soul*) anima *f* II. *pres p of* **be** III. *adj after n* **for the time ~** per il momento

Belarus [be·lə·ˈruːs] *n* Bielorussia *f*

belfry [ˈbel·fri] *n* campanile *m*

Belgian [ˈbel·dʒən] *adj, n* belga *mf*

Belgium [ˈbel·dʒəm] *n* Belgio *m*

belief [bɪˈliːf] *n* ① REL fede *f* ② (*conviction*) convinzione *f*; **to be beyond ~** essere incredibile

believable [bɪˈliː·və·bl̩] *adj* credibile

believe [bɪˈliːv] I. *vt* credere; **~ (you) me!** credimi!; **she couldn't ~ her eyes** non poteva credere ai suoi occhi II. *vi* credere; **to ~ in sth** credere a qc; **to ~ in sb** credere in qu

bell [bel] *n* (*of a church*) campana *f*; (*of a door*) campanello *m*

bellboy *n* fattorino *m* dell'albergo

bellhop *n* fattorino *m* dell'albergo

bellow [ˈbe·loʊ] I. *vt* gridare II. *vi* muggire III. *n* grido *m*

bell pepper *n* peperone *m*

belly ['be·li] <-ies> *n inf* (*stomach*) pancia *f* ▸ **to go ~ up** *inf* fallire

bellyache *inf* I. *n* mal *m* di pancia; **to have a ~** avere mal di pancia II. *vi* lamentarsi

bellybutton *n* ombelico *m*

belong [bɪ·'la:ŋ] *vi* ① (*be property of*) **to ~ to sb/sth** appartenere a qu/qc ② (*have a place*) **where do these spoons ~?** dove vanno questi cucchiai? ③ (*be a member of*) **to ~ to** (*club*) essere socio di; (*political party*) essere membro di ④ (*match*) **they ~ together** sono fatti l'uno per l'altra

belongings *npl* averi *mpl*; **personal ~** effetti *m* personali *pl*

below [bɪ·'lou] I. *prep* ① (*lower than, underneath*) **the ~ surface** sotto la superficie; **~ us** sotto di noi ② GEO **San Diego is ~ Los Angeles** San Diego è a sud di Los Angeles ③ (*less than*) **~ average** al di sotto della media; **~ freezing** sotto zero ④ (*inferior to*) **to work ~ sb** lavorare sotto [*o* agli ordini di] qu ⑤ (*of a lower standard than*) **to be ~ sb** non essere degno di qu II. *adv* (*di*) sotto; **the family** (*in the apartment*) **~** la famiglia del piano di sotto; **from ~** da sotto; **see ~** (*in a text*) vedi sotto

belt [belt] I. *n* ① FASHION cintura *m*; **to fasten one's ~** allacciarsi la cintura ② TECH cinghia *f*; ③ (*area: industrial, green*) cintura *f* ▸ **to tighten one's ~** tirare la cinghia II. *vt inf* (*hit*) picchiare III. *vi inf* correre a tutta velocità
♦**belt up** *vi* ① AUTO allacciarsi la cintura di sicurezza ② *inf* **~!** chiudi il becco!

bench [bentʃ] *n* ① (*seat*) panchina *f* ② SPORTS **the ~** la panchina ③ LAW **the ~** la corte ④ (*worktable*) banco *m* di lavoro

bend [bend] <bent, bent> I. *n* ① (*in a river, road*) curva *f*; (*in a pipe*) gomito *m* ② *pl, inf* (*illness*) malattia *f* da decompressione ▸ **to go/be around the ~** *inf* diventare/essere matto II. *vi* ① (*move*) piegarsi ② (*change direction: road*) fare una curva III. *vt* ① (*move:*

legs) piegare; (*head*) inclinare ② (*not follow strictly*) **to ~ the rules** cambiare le regole a proprio piacimento
♦**bend back** *vt* piegare all'indietro
♦**bend down** *vi* piegarsi

beneath [bɪ·'ni:θ] I. *prep* ① (*lower than, underneath*) sotto; **~ the table** sotto la tavola; **~ us** sotto di noi ② (*inferior to*) **to be ~ sb in rank** essere di rango inferiore a qu ③ (*lower standard than*) **to be ~ sb** non essere degno di qu II. *adv* sotto, di sotto

benefit ['be·nɪ·fɪt] I. *n* ① (*profit*) beneficio *m*; **to be of ~ to sb** giovare a qu; **for** [*o* **to**] **the ~ of sb/sth** a beneficio di qu/qc ② (*welfare payment*) sussidio *m* II. <-t- *o* -tt-> *vi* **to ~ from sth** trarre profitto da qc III. <-t- *o* -tt-> *vt* giovare a

bent [bent] I. *pt, pp of* **bend** II. *n* (*tendency*) inclinazione *f* III. *adj* ① (*not straight*) storto, -a ② (*determined*) **to be ~ on** (*doing*) **sth** essere deciso a fare qc

bereavement [bɪ·'ri:v·mənt] *n* lutto *f* (per la morte di un familiare)

Bermuda [bə·'mju:·də] *n* le Bermuda

Bermuda shorts *n* bermuda *mpl*

berry ['be·ri] <-ies> *n* bacca *f*

berserk [bə·'sɜ:rk] *adj* (*angry*) pazzo furioso, -a; **to go ~** (*over sth*) andare su tutte le furie (per qc)

berth [bɜ:rθ] I. *n* ① (*on train, ship*) cuccetta *f* ② (*in a harbor*) posto *m* barca ③ *fig* **to give sb a wide ~** evitare qu II. *vt, vi* NAUT ormeggiare

beside [bɪ·'saɪd] *prep* ① (*next to*) accanto a; **right ~ sb/sth** proprio accanto a qu/qc ② (*together with*) **~ sb** insieme a qu ③ (*in comparison to*) in confronto a ④ (*overwhelmed*) **to be ~ oneself** essere fuori di sé ⑤ (*irrelevant to*) **to be ~ the point** essere irrilevante

besides [bɪ·'saɪdz] I. *prep* ① (*in addition to*) oltre a ② (*except for*) tranne II. *adv* ① (*in addition*) inoltre ② (*else*) **nothing ~** nient'altro

best [best] I. *adj superl of* **good** migliore; **the ~** il/la migliore; **the ~ days**

B

B

of my life i giorni migliori della mia vita; ~ **wishes!** auguri! II. *adv superl of* **well** meglio; the ~ il meglio; **as ~ (as) you can** meglio che puoi; **do what you think is ~** fai ciò che credi meglio; **at ~** al meglio III. *n* ① (*the finest*) **all the ~!** *inf* auguri!; **to be the ~ of friends** essere i migliori amici del mondo; **to bring out the ~ in sb** tirare fuori il meglio da qu; **to turn out for the ~** andare per il meglio ② SPORTS record *m inv*

best man *n* testimone *m* di nozze

bet [bet] <bet *o* -ted, bet *o* -ted> I. *n* scommessa *f*; **to place a ~ on sth** scommettere su qc II. *vt, vi* scommettere; **to ~ on sth** scommettere su qc; **I'll ~!** certo!; **you ~!** *inf* ne puoi star certo!

betray [bɪˈtreɪ] *vt* tradire; **to ~ sb's trust** tradire la fiducia di qu

better[1] [ˈbe·t̬ɚ] I. *adj comp of* **good** migliore; **to be ~** MED star meglio; **~ than nothing** meglio di niente; **it's ~ that way** è meglio così II. *adv comp of* **well** meglio; **I like this ~** questo mi piace di più; **there is nothing I like ~ than ...** non c'è nulla che mi piaccia di più di ...; **we'd ~ stay here** faremmo meglio a fermarci qui; **It would be ~ to tell him** sarebbe meglio dirglielo III. *n* ① *comp of* **change for the ~** cambiare in meglio; **the sooner, the ~** prima è, meglio è; **so much the ~** tanto meglio ② *pl* **my ~s** i miei superiori IV. *vt* migliorare; **to ~ oneself** migliorare la propria condizione

better[2] [ˈbe·t̬ɚ] *n* scommettitore, -trice *m, f*

betting office *n* agenzia *f* di scommesse

between [bɪˈtwiːn] I. *prep* tra; ~ **the two of us** tra noi; **the 3 children have $10 ~ them** i 3 bambini hanno in tutto $10 II. *adv* (**in**) ~ in mezzo; (*time*) nel frattempo

beware [bɪˈwer] *vi* stare attento; ~ **of pickpockets!** attenti ai borseggiatori!

bewildered *adj* sconcertato, -a

bewildering *adj* sconcertante

beyond [bɪˈjɑːnd] I. *prep* ① (*on the other side of*) al di là di; **don't go ~ the line!** non oltrepassare la linea!; ~ **the wall** al di là del muro ② (*after*) dopo; (*more than*) più di; ~ **8:00** dopo le 8:00 ③ (*further than*) oltre; **to see/go (way) ~ sth** vedere/andare (molto) oltre qc; ~ **belief** incredibile ④ (*too difficult for*) **to be ~ sb** (*theory, idea*) essere troppo difficile per qu; **that's ~ me** io non ci arrivo ⑤ (*more than*) al di sopra; **to live ~ one's means** vivere al di sopra delle proprie possibilità ⑥ *with neg or interrog* (*except for*) tranne II. *adv* ① (*past*) **the house** ~ la casa più avanti ② (*future*) **the next ten years and** ~ i prossimi dieci anni e oltre III. *n* **the ~** REL l'aldilà

biannual [ˌbaɪ·ˈæn·ju·əl] *adj* semestrale

bias [ˈba·ɪəs] I. *n* ① (*prejudice*) pregiudizio *m* ② (*one-sidedness*) parzialità *f*; **without ~** imparziale ③ (*tendency*) preferenza *f*; **to have a ~ towards sth** avere una preferenza per qc ④ (*in sewing*) sbieco *m*; **on the ~** di sbieco II. <-s-> *vt* influenzare

biased *adj* parziale; ~ **in sb's favor** essere bendisposto nei confronti di qu

Bible [ˈbaɪ·bl] *n* **the** ~ la Bibbia

bibliography [ˌbɪb·li·ˈɑː·grə·fi] <-ies> *n* bibliografia *f*

bicycle [ˈbaɪ·sɪ·kl] *n* bicicletta *f*; **to ride a ~** andare in bicicletta; **by ~** in bicicletta

bicycle lane *n* pista *f* ciclabile

bid [bɪd] I. *n* ① (*offer*) offerta *f*; **to make a ~ for sth** fare un'offerta per qc ② (*attempt*) tentativo *m*; **to make a ~ to do sth** tentare di fare qc II. <bid, bid> *vi* ① (*at an auction*) offrire ② COM fare un'offerta; **to ~ for a contract** partecipare ad una gara di appalto

bidet [bɪˈdeɪ] *n* bidè *m*

biennial [baɪˈe·ni·əl] I. *adj* a. BOT biennale II. *n* pianta *f* biennale

big [bɪɡ] <-ger, -gest> *adj* ① (*in size, amount*) grande; **a ~ book** un libro grande; **a ~ house** una casa grande; **the ~ger the better** più grande è, meglio è ② (*older*) più grande; ~ **boy**

bambino più grande; **~ sister** sorella maggiore ③(*significant*) grande; **a ~ day** *inf* un gran giorno; **this group is ~ in** Italia questo gruppo è famoso in Italia

Big Apple *n* **the ~** New York *f*

big business *n* grandi aziende *fpl*

Big Easy *n* **the ~** New Orleans *f*

bigoted *adj* intollerante

big shot *n inf* pezzo *m* grosso

bike [baɪk] *n inf* ①(*bicycle*) bici *f* ②(*motorcycle*) moto *f*

bilingual [baɪ·ˈlɪŋ·gwəl] *adj* bilingue

bill¹ [bɪl] I. *n* ①(*invoice*) fattura *f*; **phone ~** bolletta *f* del telefono; **the ~, please** il conto, per favore ②(*bank note*) banconota *m* ③POL, LAW disegno *m* di legge ④(*poster*) cartellone *m* ►**to fit the ~** rispondere ai requisiti II. *vt* **to ~ sb** presentare il conto a qu; **to ~ sb for sth** fatturare qc a qu

bill² [bɪl] *n* (*of a bird*) becco *m*

billboard *n* tabellone *m* pubblicitario

billfold *n* portafoglio *m*

billiards [ˈbɪl·jə·dz] *n* biliardo *m*

billion [ˈbɪl·jən] *n* miliardo *m*

billy club *n* manganello *m*

bin [bɪn] *n* recipiente *m*; **trash ~** pattumiera *f*

bind [baɪnd] I. *n inf* difficoltà *fpl*; **to be in a ~** avere delle difficoltà II. <bound, bound> *vi* unirsi III. <bound, bound> *vt* ①(*tie together*) legare ②(*unite*) **to ~** (*together*) unire ③(*commit*) vincolare ④(*book*) rilegare ⑤(*oblige*) **to ~ sb to a contract** obbligare qu contrattualmente

binder [ˈbaɪn·də] *n* (*notebook*) classificatore *m*

binding [ˈbaɪn·dɪŋ] I. *n* TYPO rilegatura *f* II. *adj* vincolante

binoculars [bɪ·ˈnɑ·kjə·ləz] *npl* binocolo *m*; **a pair of ~** un binocolo

biodegradable [ˌba·ioʊ·dɪ·ˈgreɪ·də·bl] *adj* biodegradabile

biography [baɪ·ˈɑ·grə·fi] <-ies> *n* biografia *f*

biological [ˌba·iə·ˈlɑ·dʒɪ·kəl] *adj* biologico, -a; **~ cycle/rhythm** ciclo/ritmo

biologico; **~ parents** genitori *m* naturali *pl*

biologist [baɪ·ˈɑ·lə·dʒɪst] *n* biologo, -a *m, f*   **B**

biology [baɪ·ˈɑ·lə·dʒi] *n* biologia *f*

biorhythm [ˈba·ioʊ·ri·ðəm] *n* bioritmo *m*

bird [bɜːd] *n* ①ZOOL uccello *m* ②*inf* (*person*) **a strange** [*o* **queer**] **~** un tipo strano ►**to kill two ~s with one stone** prendere due piccioni con una fava *prov*

birdcage *n* gabbietta *f* per gli uccelli

bird flu *n* influenza *f* aviaria

birth [bɜːθ] *n* nascita *f*; MED parto *m*; **at ~** alla nascita; **from ~** dalla nascita; **date/place of ~** data/luogo di nascita; **to give ~ to a child** dare alla luce un figlio

birth certificate *n* certificato *m* di nascita

birth control *n* controllo *m* delle nascite

birthday [ˈbɜːθ·deɪ] *n* compleanno *m*; **happy ~!** buon compleanno!

birthday cake *n* torta *f* di compleanno

birthday card *n* biglietto *m* di auguri di compleanno

birthday party *n* festa *f* di compleanno

birthday present *n* regalo *m* di compleanno

birthmark *n* voglia *f*

birthplace *n* luogo *m* di nascita

birthrate *n* tasso *m* di natalità

biscuit [ˈbɪs·kɪt] *n* FOOD piccolo panino piatto lievitato con il bicarbonato

bisexual [ˌbaɪ·ˈsek·ʃʊ·əl] *adj, n* bisessuale *mf*

bishop [ˈbɪ·ʃəp] *n* ①REL vescovo *m* ②(*chess piece*) alfiere *m*

bit¹ [bɪt] *n* ①*inf* (*small piece*) pezzo *m*; **a ~ of paper** un pezzo di carta ②(*some*) **a ~ of** un po' di ③(*part*) parte *f*; **~ by ~** poco a poco ④*inf* (*short time*) momento *m*; **for a ~** per un momento ⑤(*somewhat*) **a ~** un po'; **a ~ stupid** un po' stupido; **quite a ~** un bel po'

bit² [bɪt] *n* (*for horses*) morso *m*

bit³ [bɪt] *pt of* **bite**

B

bitch [bɪtʃ] I. n ❶ ZOOL cagna f ❷ offensive, sl (woman) puttana f ❸ sl (difficult matter) casino m II. vi sl lamentarsi

bite [baɪt] I. <bit, bitten> vt mordere; (insect) pungere; **to ~ one's nails** mangiarsi le unghie II. <bit, bitten> vi (dog, person) mordere; (insect) pungere III. n ❶ (of a dog, person) morso m; (of an insect) puntura f; (of an insect) puntura f ❷ (mouthful) boccone m

biting ['baɪ·tɪŋ] adj (wind) pungente; (criticism) mordace

bitten ['bɪ·tn̩] pp of **bite**

bitter ['bɪ·tə̩r] I. adj <-er, -est> ❶ (in taste) amaro, -a; (fruit) aspro, -a ❷ (painful) amaro, -a; **to be ~ about sth** essere amareggiato da qc ❸ (intense) acerrimo, -a; (dispute) aspro, -a; (disappointment) amaro, -a; (wind) pungente II. n ~s (in cocktails) amaro m

bitterly adv ❶ (resentfully) amaramente ❷ (intensely) aspramente

bizarre [bɪ·ˈzɑːr] adj bizzarro, -a

black [blæk] I. adj ❶ (color) nero, -a; **~ man** uomo m nero; **~ woman** nera f ❷ fig (extreme) nero, -a; **~ despair** disperazione nera ❸ (dark) oscuro, -a; **to give sb a ~ look** fig lanciare un'occhiataccia a qu ❹ (very dirty: hands) nero, -a ▸ **to beat sb ~ and blue** inf riempire di botte qu II. vt (make black) annerire III. n ❶ (color) nero m; **in ~** di nero; **in ~ and white** CINE, PHOT in bianco e nero ❷ (person) nero, -a m, f

blackberry ['blæk·ˌbe·ri] <-ies> n (fruit) mora f; (plant) rovo m

blackbird n merlo m

blackboard n lavagna f

blackmail ['blæk·meɪl] I. n ricatto m II. vt ricattare

black mark n voto m negativo

black market n mercato m nero

blackness ['blæk·nɪs] n (color) nero m; (darkness) oscurità f

blackout ['blæk·aʊt] n ❶ (faint) svenimento m; **to have a ~** avere uno svenimento ❷ ELEC blackout m inv ❸ (censorship) **news ~** silenzio m stampa

bladder ['blæ·də̩r] n ANAT vescica f

blade [bleɪd] n (of a tool, weapon) lama f; **~ of grass** filo f d'erba

blame [bleɪm] I. vt incolpare; **to ~ sb for sth** dare la colpa di qc a qu II. n colpa f; **to take the ~** assumersi la colpa

blameless ['bleɪm·lɪs] adj innocente

bland [blænd] adj ❶ (mild) insipido, -a ❷ (dull) insulso, -a

blank [blæŋk] I. adj ❶ (empty) bianco, -a; **~ page** pagina f bianca; **the screen went ~** il monitor si è oscurato ❷ (look) privo di espressione ❸ (complete) assoluto, -a II. n ❶ (space) vuoto m; (on form) spazio m vuoto ❷ (cartridge) cartuccia mf a salve

blanket ['blæŋ·kɪt] n ❶ (cover) coperta f ❷ (of snow) coltre f

blasphemy ['blæs·fə·mi] n bestemmia f

blast [blæst] I. vt ❶ (with an explosive) far saltare in aria ❷ inf (criticize) criticare duramente II. n ❶ (detonation) splosione f ❷ (noise) colpo m ❸ inf (party) festa f; (lots of fun); **to have a ~** divertirsi un mondo ▸ **(at) full ~** (volume) a tutto volume

blaze [bleɪz] I. vi (fire) divampare II. vt **to ~ a trail** tracciare una pista III. n ❶ (fire) incendio m; (flames) fiammata f ❷ (of light) bagliore m (display) **a ~ of glory** un'aureola di gloria
◆ **blaze up** vi infiammarsi

blazing ['bleɪ·zɪŋ] adj (heat, sunshine) cocente; (light) sfolgorante; (fire) ardente; **in a ~ temper** infuriato

bleach [bliːtʃ] I. vt (clothing) candeggiare II. n candeggina f

bleak [bliːk] adj (future) avvilente; (landscape) desolato, -a; (smile) triste

bleary ['blɪ·ri] adj <-ier, -iest> (person) stanco, -a; (eyes) annebbiato, -a

bled [bled] pt, pp of **bleed**

bleed [bliːd] <bled, bled> I. vi ❶ (from a wound) sanguinare; **to ~ to death** morire dissanguato ❷ (colors: in the laundry) stingere II. vt ❶ salassare; **to ~ sb dry** inf lasciare qu senza un soldo ❷ TECH, AUTO (drain) spurgare

bleep [bliːp] I. n pitido m II. vi (emit

sound) fare bip III. *vt* (*censor*) coprire (con un bip)

blemish ['ble·mɪʃ] I. *n a. fig* macchia *f* II. *vt a. fig* mancchiare

blend [blend] I. *n* mescolanza *f* II. *vt* mescolare III. *vi* fondersi

blender ['blen·dər] *n* frullatore *m*

bless [bles] *vt* benedire ▶ (**God**) ~ **you!** (*after a sneeze*) salute!

blessed ['ble·sɪd] *adj* benedetto, -a; (*ground*) santo, -a; **the Blessed Virgin** la Santissima Vergine

blessing ['ble·sɪŋ] *n* ① (*benediction*) benedizione *f* ② (*advantage*) vantaggio *m*

blew [bluː] *pt of* **blow**

blind [blaɪnd] I. *n* ① *pl* (*person*) **the ~ i** ciechi, i nonvedenti ② (*window shade*) persiana *f* II. *vt* ① ANAT, MED accecare ② (*dazzle*) abbagliare III. *adj a. fig* cieco, -a IV. *adv* senza vederci

blind date *n* appuntamento *m* al buio

blindfold ['blaɪnd·foʊld] I. *n* benda *f* II. *vt* bendare gi occhi a III. *adj* con gli occhi bendati

blindness *n* cecità *f*

blind spot *n* AUTO angolo *m* cieco

blink [blɪŋk] I. *vi, vt* sbattere le palpebre; **she didn't even ~** non ha battuto ciglio II. *n* battito *m* di ciglia ▶ **in the ~ of an eye** in un battito d'occhio

blissful ['blɪs·fəl] *adj* (*enjoyable*) meraviglioso, -a

blister ['blɪs·tər] *n* ① ANAT vescica *f* ② (*bubble*) bolla *f*

blizzard ['blɪ·zərd] *n* tempesta *f* di neve

blob [blɑːb] *n* grossa goccia *f*

block [blɑːk] I. *n* ① (*solid lump*) blocco *m* ② (*city block*) isolato *m* ③ (*of traffic*) ingorgo *m* ④ (*psychological*) blocco *m* ⑤ COMPUT selezione *f* II. *vt* ① (*road, pipe*) bloccare; (*sb's progress*) ostacolare ② COMPUT **to ~ and copy** seleziona e copia

✦ **block off** *vt* bloccare

✦ **block out** *vt* ① (*censor*) cancellare ② (*repress: memory*) rimuovere

✦ **block up** I. *vt* ostruire II. *vi* otturarsi

blockage ['blɑː·kɪdʒ] *n* ostruzione *f*

block letters *n* stampatello *m*

blond(e) [blɑːnd] I. *adj* (*hair*) biondo, -a II. *n* biondo, -a *m, f*

blood [blʌd] *n* sangue *f* ▶ **in cold ~** a sangue freddo; **it makes my ~ boil** mi fa ribollire il sangue

blood clot *n* coagulo *m*, grumo *m* di sangue

blood donor *n* donatore, -trice *m, f* di sangue

blood group *n* gruppo *m* sanguigno

blood poisoning *n* setticemia *f*

blood pressure *n* pressione *f* arteriosa

bloodshed *n* spargimento *m* di sangue

bloodshot ['blʌd·ʃɑːt] *adj* (*eyes*) iniettato, -a di sangue

bloodstained ['blʌd·steɪnd] *adj* macchiato, -a di sangue

bloodstream *n* sistema *m* sanguigno

blood test *n* analisi *m inv* del sangue

bloodthirsty ['blʌd·θɜːrs·ti] *adj* sanguinario, -a

blood transfusion *n* trasfusione *f* di sangue

blood vessel *n* vaso *m* sanguigno

bloody ['blʌ·di] <-ier, -iest> *adj* (*with blood*) insanguinato, -a; (*fight, battle*) sanguinoso, -a

bloom [bluːm] I. *n a. fig* fiore *f*; **to come into ~** fiorire II. *vi* ① (*produce flowers*) fiorire ② (*peak*) prosperare

blooming ['bluː·mɪŋ] *adj* fiorente

blossom ['blɑ·səm] I. *n* fiore *f*; **in ~** in fiore II. *vi* ① (*flower*) fiorire ② (*develop*) diventare

blot [blɑːt] I. *n a. fig* (*mark*) macchia *f* II. *vt* ① (*make mark on*) macchiare ② (*dry*) asciugare

blouse [blaʊs] *n* camicetta *f*

blow[1] [bloʊ] *n* ① (*hit*) colpo *m*; (*with the fist*) pugno *m*; **to come to ~s** venire alle mani ② *fig* (*setback*) colpo *m*

blow[2] [bloʊ] I. <blew, blown> *vi* ① (*expel air*) soffiare ② (*fuse*) saltare ③ (*tire*) scoppiare II. *vt* ① (*instrument*) suonare ② (*clear*) **to ~ one's nose** soffiarsi il naso ③ (*burst: tire*) far scoppiare ④ *inf* (*spend*) sperperare ▶ **it blew my mind!** *sl* mi ha sconvolto

B

◆**blow down** I. vi (*fall down*) essere abbattuto dal vento II. vt (*knock down*) abbattere

◆**blow out** I. vt (*candle*) spegnere II. vi spegnersi

◆**blow over** vi (*scandal*) finire nel dimenticatoio; (*argument, dispute*) calmarsi

◆**blow up** I. vi ❶ (*storm, gale*) alzarsi ❷ (*bomb*) esplodere II. vt ❶ (*fill with air: balloon*) gonfiare ❷ PHOT (*enlarge*) ingrandire ❸ (*explode*) far saltare in aria

blow-dry vt asciugare con il phon

blow dryer n phon m inv

blown [bloʊn] pp of **blow**

blowout n inf ❶ (*burst tire*) scoppio m ❷ sl (*party*) **to have a ~** far bisboccia

blue [bluː] I. adj ❶ (*color*) blu; **light ~** azzurro; **dark ~** blu scuro; **pale ~** azzurro pallido; **deep ~** blu intenso ❷ (*sad*) triste; **to feel ~** sentirsi triste II. n (*light*) azzurro m; (*dark*) blu m inv; **sky ~** azzurro cielo

blueberry ['bluː·be·ri] <-ies> n mirtillo m

bluebottle n moscone m

bluff [blʌf] I. vi bluffare II. vt ingannare III. n bluff m inv; **to call sb's ~** far mettere le carte in tavola a qu

bluish ['bluː·ɪʃ] adj bluastro, -a

blunder ['blʌn·dɚ] I. n gaffe f II. vi ❶ (*make a mistake*) fare una gaffe ❷ (*move clumsily*) **to ~ into sth** inciampare in qc

blunt [blʌnt] adj ❶ (*not sharp*) non affilato, -a ❷ (*direct*) brusco, -a

bluntly adv senza giri di parole

blur [blɜːr] I. vi <-rr-> velarsi II. vt <-rr-> velare; (*picture*) sfuocare III. n (*shape*) massa f indistinta; (*memory*) ricordo m confuso

blurb [blɜːrb] n inf frase f pubblicitaria

blurred [blɜːrd] adj confuso, -a; (*photograph, picture*) sfuocato, -a

blush [blʌʃ] I. vi arrossire II. n ❶ (*natural color*) rossore m ❷ (*makeup*) fard m inv

board [bɔːrd] I. n ❶ (*wood*) tavola f

❷ (*blackboard*) lavagna f; (*notice board*) tabellone m ❸ GAMES scacchiera f ❹ ADMIN consiglio m; **~ (of directors)** consiglio di amministrazione ❺ (*in a hotel*) **room and ~** pensione f completa ❻ NAUT **on ~** a bordo ▶ **to take sth on ~** adottare qc; **across the ~** a tutti i livelli II. vt (*get on: airplane, ship*) salire a bordo di; (*bus, train*) salire su III. vi (*stay*) alloggiare; (*in school*) essere interno; **to ~ with sb** alloggiare in casa di qu

boarder ['bɔːr·dɚ] n (*in a rooming house*) pensionante mf; (*at a school*) convittore, -trice m, f

boarding house n pensione f

boarding pass n carta f di imbarco

boarding school n collegio m

board meeting n riunione f del consiglio di amministrazione

boardroom n sala f del consiglio

boast [boʊst] I. vi fare sfoggio; **to ~ about** [o of] **sth** vantarsi di qc II. vt (*be proud of*) vantare III. n vanto m

boastful ['boʊst·fəl] adj borioso, -a

boat [boʊt] n barca f; **to go by ~** andare in barca ▶ **to be in the same ~** essere nella stessa barca

boating ['boʊ·tɪŋ] n **to go ~** andare in barca

boat trip n viaggio m in barca

bob [bɑːb] n ❶ (*hairstyle*) caschetto m ❷ (*movement*) dondolio m

body ['bɑː·di] <-ies> n ❶ a. ANAT, ASTR, CHEM, MUS corpo m; (*dead*) cadavere m ❷ ADMIN, POL ente m ❸ (*amount*) quantità f; (*of water*) massa f ❹ AUTO carrozzeria f

bodyguard n guardia f del corpo

body lotion n lozione f per il corpo

bog [bɑːg] n (*wet ground*) pantano m

boggle ['bɑː·gl] vt **to ~ the mind** essere incredibile

boggy ['bɑː·gi] <-ier, -iest> adj pantanoso, -a

boil [bɔɪl] I. vi, vt a. fig bollire II. n MED foruncolo m

◆**boil down** I. vi ridursi cuocendo II. vt ❶ CULIN (*sauce*) far ridurre ❷ fig (*text*)

ridurre

◆**boil over** *vi* ① CULIN traboccare ② (*person*) perdere il controllo

boiler ['bɔɪ·lə] *n* caldaia *f*

boiling *adj* ① (*liquid*) bollente ② *fig* (*day, weather*) torrido, -a; **I am ~** (*feeling hot*) sto morendo di caldo; **it's ~** (*hot*) **today** fa un caldo allucinante

boisterous ['bɔɪs·tə·rəs] *adj* (*person*) turbolento, -a; (*party*) movimentato, -a

bold [boʊld] <-er, -est> *adj* ① (*audacious*) audace ② (*not shy*) sfacciato, -a ③ (*color*) sgargiante ④ COMPUT, TYPO ~ (*type*) grassetto *m*; **in ~** in grassetto

Bolivia [bə·'lɪv·i·ə] *n* Bolivia *f*

Bolivian [bə·'lɪv·i·ən] *adj, n* boliviano, -a *m, f*

bolt [boʊlt] I. *vi* (*run away*) fuggire II. *vt* (*lock*) chiudere con il chiavistello III. *n* ① (*on a door*) chiavistello *m* ② (*lightning*) fulmine *m* IV. *adv* ~ **upright** dritto come un fuso

bomb [bɑːm] I. *n* ① (*explosive*) bomba *f* ② *fig, inf* (*failure*) fiasco *m* II. *vt* bombardare III. *vi inf* essere un fiasco

bomb scare *n* allarme *m* bomba

bone [boʊn] I. *n* ANAT osso *m*; (*of a fish*) lisca *f* ▶ **to work one's fingers to the ~** lavorare come un cane; **to have a ~ to pick with sb** *inf* dover regolare un conto con qu II. *adj* d'osso III. *adv* (*as intensifier*) ~ **lazy** pigrissimo, -a; ~ **tired** stanchissimo, -a

bonfire ['bɑːn·fa·ɪə] *n* falò *m*

bonus ['boʊ·nəs] I. *n* ① (*money*) gratifica *f*; **Christmas ~** tredicesima *f*; **productivity ~** premio *m* di produttività ② (*advantage*) vantaggio *m* II. *adj* (*additional*) gratuito, -a

bony ['boʊ·ni] *adj* <-ier, -iest> ① (*with prominent bones*) ossuto, -a; (*fish*) pieno, -a di lische *inf*; (*like bones*) osseo, -a

boo [buː] I. *interj* ~ **!** bu II. *vi, vt* fischiare

boob [buːb] *n* ① *vulg* (*breast*) tetta *f* ② *sl* (*fool*) scemo, -a *m, f*

booby prize *n* premio *m* all'ultimo classificato

booger ['bʊg·ər] *n sl* croste *f* del naso

book [bʊk] I. *n* ① libro *m*; **the Good Book** la Bibbia ② (*of stamps*) carnet *m inv*; (*of tickets*) blocchetto *m* ③ COM, FIN **the ~s** contabilità II. *vt* ① (*reserve*) prenotare ② (*register*) registrare ③ (*file charges against*) schedare III. *vi* prenotare

◆**book up** *vt* **to be booked up** (*hotel*) essere al completo

bookcase *n* libreria *f*

bookie ['bʊ·ki] *n inf* bookmaker *m inv*

booking ['bʊ·kɪŋ] *n* prenotazione *f*; **to make/cancel a ~** fare/annullare una prenotazione

bookkeeper *n* contabile *mf*

bookkeeping *n* contabilità *f*

bookmark *n a.* COMPUT segnalibro *m*

bookseller *n* (*person*) libraio, -a *m, f*; (*shop*) libreria *f*

bookshelf <-shelves> *n* mensola *m* per i libri

bookshop *n* libreria *f*

bookstore *n* libreria *f*

boom¹ [buːm] ECON I. *vi* vivere un periodo di boom II. *n* boom *m inv* III. *adj* **a ~ time** un periodo di sviluppo economico; **a ~ town** una città in pieno sviluppo

boom² [buːm] I. *n* (*sound*) rimbombo *m* II. *vi* **to ~ (out)** rimbombare; (*voice*) risuonare III. *vt* dire con voce tonante

boom³ [buːm] *n* ① NAUT boma *m inv* ② (*floating barrier*) barriera *f*

boost [buːst] I. *n* ① (*lift*) **to give sb a ~** tirare su qu ② (*increase*) **to give sth a ~** stimolare qc; (*incentive*) incentivo *m* II. *vt* ① (*help go higher*) tirare su ② (*increase*) incrementare; (*morale*) tirare su; (*process*) stimolare ③ *inf* (*promote: product*) promuovere

booster seat *n* AUTO rialza bimbo *m*, seggiolino auto per bambini dai 4 agli 11 anni

boot [buːt] I. *n* ① (*footwear*) stivale *m*; **ankle ~** stivaletto *m* ② *inf* (*kick*) pedata *f*; *fig* (*dismissal from job*) **to get the ~** essere messo alla porta ③ COMPUT avvio *m*, inizializzazione *f*; **warm/cold ~** avvio a caldo/a freddo II. *vt inf*

B

❶ (*kick*) dare una pedata a ❷ *fig, inf* (*fire from job*) mettere alla porta❸ COMPUT avviare, inizializzare

◆**boot out** *vt inf* buttar fuori qu a pedate

booth [buːð] *n* ❶ (*cubicle*) cabina *f*; **telephone** ~ cabina telefonica ❷ (*at a fair, market*) bancarella *f*

bootlace ['buːt·leɪs] *n* laccio *m*

bootleg ['buːt·leg] <-**gg**-> *adj* ❶ (*alcohol, cigarettes*) di contrabbando ❷ (*recording, software*) pirata

booze [buːz] I. *n inf* bevande *f* alcoliche *pl* II. *vi inf* alzare il gomito

boozer ['buː·zər] *n inf* ubriacone, -a *m, f*

border ['bɔːr·dər] I. *n* ❶ (*between states, countries*) frontiera *f* ❷ (*edge, boundary*) margine *m* ❸ FASHION bordo *m* ❹ (*in a garden*) aiuola *f* II. *adj* di confine III. *vt* confinare con

bordering *adj* confinante

borderline ['bɔːr·dər·laɪn] I. *n* linea *f* di confine II. *adj* (*candidate, case*) limite

bore[1] [bɔːr] I. *n* ❶ (*thing*) noia *f*; **what a** ~! che noia! ❷ (*person*) persona *f* noiosa II. <*bored*> *vt* annoiare; **to** ~ **sb to death** *inf* annoiare qu a morte

bore[2] [bɔːr] I. *n* ❶ (*of a gun*) calibro *m* II. *vt* perforare; **to** ~ **a hole** fare un buco

bore[3] [bɔːr] *pp of* **bear**

bored *adj* annoiato, -a

boredom ['bɔːr·dəm] *n* noia *f*

boring ['bɔːr·ɪŋ] *adj* noioso, -a

born [bɔːrn] *adj* ❶ (*brought into life*) nato, -a; **to be** ~ nascere; **where were you** ~? dove sei nato?; **he was** ~ **in (the year)** 1975 è nato nel 1975 ❷ (*ability*) nato, -a; (*quality*) innato, -a

borne [bɔːrn] *pt of* **bear**

borough ['bɜː·roʊ] *n* comune *m*

borrow ['baː·roʊ] *vt* (*be given temporarily*) prendere in prestito; **may I** ~ **your bag?** mi presti la tua borsa?

bosom ['bʊ·zəm] *n* ❶ (*chest*) petto *m*, seno *m* ❷ *fig* seno *m*; **in the** ~ **of one's family** in seno alla famiglia

boss [baːs] I. *n* ❶ (*supervisor*) capo, -a *m, f*; (*owner*) principale *mf*; **to be** **one's own** ~ lavorare in proprio II. *vt inf* **to** ~ **sb around** comandare a bacchetta III. *adj inf* eccezionale

bossy ['baː·si] <-**ier**, -**iest**> *adj* prepotente

botanical [bə·'tæ·nɪ·kəl] *adj* botanico, -a

botch [baːtʃ] I. *n* pasticcio *m*; **to make a** ~ **of sth** raffazzonare qc II. *vt* **to** ~ **sth** (**up**) raffazzonare qc

both [boʊθ] I. *adj, pron* entrambi, -e; ~ **of them** tutti, -e e due; ~ **of us** tutti, -e e due; ~ (**the**) **brothers** entrambi i fratelli; **on** ~ **sides** su entrambi i lati II. *adv* ~ **David and Peter** sia David che Peter

bother ['baː·ðər] I. *n* seccatura *f*; **it is not worth the** ~ non vale la pena II. *vi* scomodarsi; **to** (**not**) ~ **to do sth** (non) scomodarsi a fare qc III. *vt* ❶ (*annoy*) dar fastidio a ❷ (*worry*) preoccupare; **what** ~**s me is** ... ciò che mi preoccupa è ... ❸ (*give pain*) far male a

bottle ['baː·tl̩] I. *n* ❶ (*container*) bottiglia *f*; (*of perfume*) flacone *m*; (*baby's*) biberon *m inv* ❷ (*alcohol*) **to hit the** ~ darsi all'alcol II. *vt* imbottigliare

bottled ['baː·tl̩d] *adj* imbottigliato, -a; (*beer*) in bottiglia

bottle-feeding *n* allattamento *m* artificiale

bottleneck ['baː·tl̩·nek] I. *n* (*narrow route*) strettoia *m*; (*traffic*) ingorgo *m*; *fig* (*standstill*) impasse *f inv* II. *vi* (*traffic*) ingorgarsi

bottle opener *n* apribottiglie *m inv*

bottom ['baː·təm] I. *n* ❶ (*of sea, street, page*) fondo *m*; (*of chair*) sedile *m*; **to touch** ~ *fig* toccare il fondo ❷ (*lower part*) parte *f* inferiore; **from top to** ~ da cima a fondo ❸ (*buttocks*) sedere *m* ▸ ~ **up!** cin cin!; **to get to the** ~ **of sth** andare in fondo a qc II. *adj* (*lower*) più in basso

bottomless ['baː·təm·ləs] *adj* ❶ (*without limit*) illimitato, -a ❷ (*very deep*) senza fondo

bought [baːt] *vt pt of* **buy**

boulder ['boʊl·dər] *n* masso *m*

B

bounce [baʊns] **I.** *vi* ❶ (*rebound*) rimbalzare; **to ~ against sth** rimbalzare contro qc ❷ (*spring up and down*) saltellare ▸ *inf* COM (*check*) essere scoperto **II.** *vt* ❶ (*cause to rebound*) far rimbalzare ❷ *inf* COM **to ~ a check** respingere un assegno scoperto **III.** *n* ❶ (*rebound*) rimbalzo *m* ❷ (*spring*) salto *m* ❸ (*vitality*) vitalità *f*; (*energy*) energia *f* ◆ **bounce back** *vi* riprendersi velocemente

bouncer [ˈbaʊn·tsə] *n inf* buttafuori *m inv*

bound[1] [baʊnd] **I.** *vi* ❶ (*leap*) saltare ❷ (*bounce: ball*) rimbalzare **II.** *n* salto *m*

bound[2] [baʊnd] *adj* (*showing direction*) **to be ~ for ...** essere diretto a ...

bound[3] [baʊnd] **I.** *pt, pp of* **bind II.** *adj* ❶ (*sure*) **she's ~ to come** viene di sicuro; **it was ~ to happen sooner or later** prima o poi doveva succedere ❷ (*obliged*) **to be ~ to do sth** essere obbligato a fare qc

boundary [ˈbaʊn·dri] <-ies> *n* ❶ *a. fig* (*line*) limite *m* ❷ (*border*) confine *m* ❸ SPORTS limite *m*

boundless [ˈbaʊnd·lɪs] *adj* (*love, patience*) sconfinato, -a; (*energy*) inesauribile

bout [baʊt] *n* ❶ SPORTS (*in boxing*) incontro *m* ❷ (*of illness*) attacco *m*

bow[1] [boʊ] *n* ❶ (*weapon*) arco *m* ❷ MUS archetto *m* ❸ (*knot*) fiocco *m*

bow[2] [baʊ] *n* NAUT prua *f*

bow[3] [baʊ] **I.** *vi* ❶ (*as greeting*) fare un inchino ❷ (*yield*) **to ~ to sth** rassegnarsi a qc ▸ **to ~ and scrape** leccare i piedi **II.** *vt* (*one's head*) chinare; (*body*) piegare **III.** *n* inchino *m*

bowl[1] [boʊl] *n* ❶ (*dish*) scodella *f*; **salad ~** insalatiera *f* ❷ (*of toilet*) tazza *f*; (*for washing*) catino *m* ❸ (*stadium*) stadio *m*

bowl[2] [boʊl] SPORTS **I.** *vi* ❶ (*go bowling*) giocare a bowling ❷ (*throw bowling ball*) lanciare la palla **II.** *vt* lanciare; **to ~ a strike/7** fare strike/7 **III.** *n* (*throw of the ball*) lancio *m*

bowler [ˈboʊ·lə] *n* (*in bowling*) giocatore, -trice *m, f*

bow tie *n* farfallino *m*

box[1] [bɑks] **I.** *vi* SPORTS fare pugilato **II.** *vt* ❶ SPORTS combattere contro ❷ **to ~ sb's ears** dare un ceffone a qu **III.** *n* ceffone *m*

box[2] [bɑks] **I.** *n* ❶ (*container*) scatola *f*; **cardboard ~** scatola di cartone; **tool ~** cassetta degli attrezzi ❷ (*rectangular space*) casella *f*; (**penalty**) **~** (*in soccer*) area di rigore ❸ THEAT palco *m*; (*booth*) cabina *f* ❹ *inf* (*television*) **the ~** la tivù ❺ (*mailbox*) cassetta *f* delle lettere **II.** *vt* mettere in una scatola ◆ **box in** *vt* bloccare ◆ **box up** *vt* mettere in una scatola

boxer [ˈbɑk·sə] *n* ❶ (*person*) pugile *mf* ❷ (*dog*) boxer *m inv*

boxing [ˈbɑk·sɪŋ] *n* boxe *f inv*, pugilato *m*

Boxing Day *il* 26 dicembre

boxing match *n* incontro [*o* pugilato] di boxe *m*

boxing ring *n* ring *m inv*

box lunch *n* cestino *m* pranzo

box office *n* botteghino *m*

boy [bɔɪ] **I.** *n* ❶ (*child*) bambino *m* ❷ (*young man*) ragazzo *m* ❸ (*son*) figlio *m* ❹ (*boyfriend*) ragazzo *m* **II.** *interj* (**oh**) **~!** capperi!

boyfriend [ˈbɔɪ·frend] *n* ragazzo *m*

bra [brɑ:] *n* reggiseno *m*

brace [breɪs] **I.** *vt* ❶ (*prepare*) **to ~ oneself for sth** prepararsi a qc ❷ (*support: wall*) rinforzare **II.** *n* ❶ *pl* (*for teeth*) apparecchio *m* per i denti ❷ (*for the back*) corsetto *m* ortopedico ❸ TYPO (*curly brackets*) graffa *f*

bracelet [ˈbreɪs·lɪt] *n* braccialetto *m*

bracket [ˈbræ·kɪt] **I.** *n* ❶ *pl* TYPO (*round*) parentesi *f inv*; **curly ~** graffa *f*; **square ~** parentesi quadra *m*; **in ~s** tra parentesi ❷ (*category*) categoría *f*; **age ~** fascia *f* d'età **II.** *vt* ❶ TYPO mettere tra parentesi ❷ (*include*) mettere nello stessa categoria

brag [bræg] <-gg-> *vi, vt inf* vantarsi; **to ~ about sth** vantarsi di qc; **they ~ that**

they have done sth si vantano di aver fatto qc

B **brain** [breɪn] n ① (organ) cervello m ② pl (substance) cervella fpl ③ (intelligence) cervello m; **to have ~s** essere intelligente ▸ **to pick sb's ~s** inf consultare qu; **to rack one's ~** lambiccarsi il cervello

brainwashing ['breɪn·wɑː·ʃɪŋ] n lavaggio m del cervello

brainwave ['breɪn·weɪv] n inf ① ANAT onda f cerebrale ② fig idea f geniale; **she had a ~** ha avuto un'idea geniale

brainy ['breɪ·ni] <-ier, -iest> adj intelligente

brake [breɪk] I. n freno m; **to put on the ~s** frenare II. vi frenare

bran [bræn] n crusca f

branch [bræntʃ] I. n ① (of a tree) ramo m ② (of railroad) ramo m; (of road) diramanzione f ③ (office: of a company, bank) filiale f II. vi ① (tree) ramificare ② (river, road) biforcarsi

♦**branch off** vi ① (start) diramarsi ② (digress) **to ~ from a subject** allontanarsi da un argomento

♦**branch out** vi estendere le proprie attività; **to ~ on one's own** mettersi in proprio

branch office n filiale f

brand [brænd] I. n ① COM marca f ② fig genere m; **do you like his ~ of humor?** ti piace il suo umorismo? ③ (mark) marchio m II. vt ① (label) **to ~ sb** (as) sth bollare qu come qc; **to ~ sb a liar** dare del bugiardo a qu ② (cattle) marchiare

brash [bræʃ] adj ① (cocky) arrogante ② (gaudy) sgargiante

brass [bræs] n ① (metal) ottone m ② + sing/pl vb MUS **the ~** gli ottoni

brass band n fanfara f

brat [bræt] n inf moccioso, -a m, f

brave [breɪv] I. adj coraggioso, -a II. vt sfidare III. n (Native American warrior) guerriero m indiano

bravery ['breɪ·və·ri] n coraggio m

brawl [brɑːl] I. n zuffa f II. vi azzuffarsi

Brazil [brə·'zɪl] n Brasile m

Brazilian [brə·'zɪl·jən] adj, n brasiliano, -a m, f

Brazil nut n noce m del BrasilE

bread [bred] I. n ① pane m; **a loaf of ~** una pagnotta ② sl (money) grana f II. vt CULIN impanare

bread and butter n fonte m di guadagno; **~ issues** temi mpl fondamentali

breadbox n cassetta f per il pane

breadcrumb n ① (small fragment) briciola f (di pane) ② pl FOOD pangrattato m

breadth [bretθ] n a. fig larghezza f; **to be 5 feet in ~** essere largo 5 piedi

breadwinner n sostegno m della famiglia

break [breɪk] I. n ① (crack, gap) crepa f ② (escape) fuga f ③ (interruption) interruzione f; (commercial) break m inv ④ (rest period) pausa f; **coffee ~** pausa per il caffè ⑤ (vacation) vacanza fpl; **spring ~** vacanze scolastiche di primavera ⑥ (divergence) rottura f ⑦ (opportunity) opportunità f ⑧ SPORTS break m inv ▸ **to make a clean ~** voltar pagina; **give me a ~!** lasciami in pace! II. <broke, broken> vt ① (shatter, damage) rompere ② (interrupt) interrompere ③ (put an end to: deadlock) uscire da; (silence) rompere; **to ~ sb of a habit** far perdere un vizio a qu ④ (in tennis) **to ~ sb's service** strappare il servizio a ⑤ (violate) violare; (promise) non mantenere ⑥ (decipher) decifrare ⑦ (make public) rivelare ⑧ (tell) dire III. <broke, broken> vi ① (shatter or separate: leg, chair, TV) rompersi ② (interrupt) **shall we ~ for lunch?** facciamo una pausa per il pranzo? ③ (hit the shore: wave) frangersi ④ (change of voice) **the boy's voice is ~ing** il ragazzo sta cambiando voce; (under strain): **her voice broke (with emotion)** le si ruppe la voce (per l'emozione) ⑤ (come to end: fever) finire ⑥ METEO (weather) cambiare; (dawn, day) spuntare ⑦ (in pool) aprire il gioco

♦**break away** vi (piece) staccarsi; POL (faction, region) scindersi

◆break down I. vi ❶ (*stop working: machine*) smettere di funzionare; (*car*) avere un guasto ❷ (*marriage*) fallire ❸ (*psychologically*) avere un crollo ❹ (*decompose*) decomporsi **II.** vt ❶ (*door*) forzare ❷ (*opposition, resistance*) stroncare ❸ CHEM decomporre ❹ (*separate into parts: sentence*) scomporre

◆break in I. vi ❶ (*enter: burglar*) entrare (per rubare) ❷ (*interrupt*) interrompere **II.** vt ❶ AUTO fare il rodaggio di ❷ (*tame*) domare

◆break into vi ❶ (*enter: car*) scassinare ❷ (*start doing*) **to ~ laughter/ tears** scoppiare a ridere/a piangere

◆break off I. vt ❶ (*detach*) staccare ❷ (*end: relationship*) troncare **II.** vi ❶ (*become detached*) staccarsi ❷ (*stop speaking*) interrompersi

◆break out vi ❶ (*escape: of a prison*) scappare ❷ (*begin*) scoppiare

◆break through vi, vt penetrare; (*sun*) spuntare

◆break up I. vt ❶ (*end*) porre fine a ❷ (*split up*) sciogliere; (*collection*) dividere; (*family*) separare ❸ (*make laugh*) **to break sb up** far morire dal ridere **II.** vi ❶ (*end a relationship*) separarsi ❷ (*come to an end: marriage*) sfasciarsi; (*meeting*) terminare; ❸ (*fall apart*) sciogliersi

breakable ['breɪ·kə·bl] adj fragile

breakaway ['breɪk·ə·weɪ] adj POL dissidente

breakdown ['breɪk·daʊn] n ❶ (*collapse: in negotiations*) rottura f ❷ TECH guasto m ❸ (*division*) resoconto m dettagliato ❹ (*decomposition*) decomposizione f ❺ PSYCH (**nervous**) ~ esaurimento m nervoso

breakfast ['brek·fəst] **I.** n colazione m; **to have ~** fare colazione **II.** vi form fare colazione

breakneck ['breɪk·nek] adj **to drive at ~ speed** guidare a rotta di collo

breakthrough ['breɪk·θruː] n ❶ (*in science*) scoperta f decisiva ❷ MIL penetrazione f

breakup ['breɪk·ʌp] n (*of marriage, talks*) fallimento m; (*of group*) scioglimento m; (*of family*) disintegrazione f

breast [brest] n ❶ ANAT (*of woman*) seno m; (*of man*) petto m ❷ CULIN petto m

breastfeed ['brest·fiːd] vt allattare

breaststroke ['brest·stroʊk] n (nuoto m) a rana; **to do (the) ~** nuotare a rana

breath [breθ] n fiato m; **to be out of ~** essere senza fiato; **to be short of ~** avere il fiatone; **to hold one's ~** a. fig trattenere il respiro; **to take a deep ~** respirare a fondo

Breathalyzer® n etilometro m

breathe [briːð] **I.** vi respirare; **to ~ through one's nose** respirare dal naso **II.** vt ❶ (*exhale*) **to ~ smoke on sb** soffiare il fumo addosso a qu ❷ (*whisper*) sussurrare ❸ (*let out*) emettere

breather ['briː·ðər] n pausa f; **to take a ~** fare una pausa

breathing n respirazione f

breathless ['breθ·lɪs] adj (*person*) senza fiato; (*words*) soffocato, -a

breathtaking adj mozzafiato

bred [bred] pt, pp of **breed**

breed [briːd] **I.** vt <bred, bred> ❶ (*animals*) allevare ❷ (*disease*) causare **II.** vi <bred, bred> riprodursi; (*violence*) nascere **III.** n ZOOL razza f; BOT varietà f

breeding n ❶ (*of animals*) allevamento m ❷ fig (*upbringing*) educazione f

breeze [briːz] **I.** n ❶ (*wind*) brezza f ❷ inf (*easy task*) **to be a ~** essere un gioco da ragazzi **II.** vi **to ~ into the room** entrare con nonchalance in una stanza

brew [bruː] **I.** n ❶ (*mixture*) beveraggio m ❷ inf (*beer*) birra f **II.** vi ❶ (*beer*) fermentare ❷ (*tea*) farsi; **to let the tea ~** lasciare in infusione il tè ❸ (*storm*) avvicinarsi **III.** vt (*beer*) produrre; (*tea*) fare

brewery ['bruː·ər·i] <-ies> n fabbrica f di birra

bribe [braɪb] **I.** *vt* corrompere **II.** *n* tangente *f*

bribery ['braɪ·bə·ri] *n* corruzione *f*

brick [brɪk] *n* mattone *m*

bricklayer *n* muratore *m*

bride [braɪd] *n* sposa *f*

bridegroom ['braɪd·gruːm] *n* sposo *m*

bridesmaid ['braɪdz·meɪd] *n* damigella *f* d'onore

bridge [brɪdʒ] **I.** *n* ❶ *a.* ARCHIT, MED ponte *m* ❷ MUS ponticello *m* ❸ ANAT dorso *m* (del naso) ❹ NAUT ponte *m* (di comando) ❺ GAMES bridge *m inv* **II.** *vt* ❶ (*build a bridge over*) costruire un ponte sopra ❷ (*decrease the difference*) colmare

bridle ['braɪ·dl] **I.** *n* briglia *f* **II.** *vt* (*horse*) imbrigliare **III.** *vi* to ~ at sth risentirsi per qc

bridle path *n* pista *f* per cavalli

brief [briːf] **I.** *adj* ❶ (*short*) breve ❷ (*skirt*) corto, -a ❸ (*concise*) breve; **in ~** in breve **II.** *n* ❶ (*instructions*) istruzioni *fpl;* **her ~ is to ...** ha l'incarico di ... ❷ LAW fascicolo *m*, dossier *m inv* ❸ *pl* (*underwear: men's*) mutande *fpl;* (*women's*) mutandine *fpl* **III.** *vt* (*give instructions to*) dare istruzioni a

briefcase ['briːf·keɪs] *n* ventiquattrore *f inv*

briefing *n* ❶ (*instructions*) istruzioni *fpl* ❷ (*information session*) briefing *m inv;* (*for reporters*) conferenza *f* stampa

briefly *adv* ❶ (*for short time*) per poco tempo ❷ (*concisely*) brevemente; ~, ... in breve, ...

bright [braɪt] **I.** *adj* ❶ (*light*) forte; (*room*) luminoso, -a ❷ (*color*) vivace; **to go ~ red** diventare rosso come un peperone ❸ (*intelligent: person*) intelligente; (*idea*) brillante ❹ (*cheerful*) vivace ❺ (*promising*) promettente **II.** *n pl* AUTO abbaglianti *mpl*

brighten ['braɪt·ən] **I.** *vt* ❶ to ~ sth (up) (*make brighter*) illuminare qc ❷ (*make cheerful*) allietare **II.** *vi* ❶ (*become brighter: weather*) migliorare ❷ (*become cheerful*) rallegrarsi; (*eyes, face*) illuminarsi

brilliant ['brɪl·jənt] *adj* ❶ (*shining: color*) brillante; (*smile*) smagliante ❷ (*clever*) brillante; (*idea*) geniale

brim [brɪm] **I.** *n* ❶ (*of a hat*) tesa *f* ❷ (*of a vessel*) orlo *m;* **to fill sth to the ~** riempire qc fino all'orlo **II.** *vi* <-mm-> **to ~ with happiness** traboccare di felicità

bring [brɪŋ] <brought, brought> *vt* ❶ (*come with, carry*) portare; **to ~ sb in** far entrare qu; **to ~ sth in** portar dentro qc ❷ (*take*) portare; **to ~ sth with oneself** portare qc con sé ❸ (*cause to come or happen*) portare, causare; **to ~ sb luck** portar fortuna a qu ❹ LAW intentare; **to ~ a lawsuit (against sb)** fare causa a qu ❺ (*force*) **to ~ oneself to do sth** trovare il coraggio di fare qc

◆**bring about** *vt* (*cause to happen*) provocare

◆**bring along** *vt* portare

◆**bring around** *vt* ❶ MED rianimare ❷ persuadere

◆**bring back** *vt* ❶ (*reintroduce*) reintrodurre ❷ (*call to mind*) ricordare ❸ (*return*) riportare

◆**bring down** *vt* ❶ (*reduce: benefits*) ridurre; (*temperature*) far abbassare ❷ (*fell: tree*) abbattere; (*dictator*) far cadere

◆**bring forward** *vt* ❶ (*reschedule for an earlier date*) anticipare ❷ (*present*) produrre ❸ FIN (*carry over*) riportare

◆**bring in** *vt* ❶ (*introduce*) introdurre ❷ (*call in*) far entrare

◆**bring on** *vt* (*cause to occur*) provocare; **to bring sth on oneself** tirarsi addosso qc

◆**bring out** *vt* ❶ COM lanciare; (*book*) pubblicare ❷ (*reveal*) **to ~ the best/worst in sb** tirar fuori il meglio/peggio di qu

◆**bring over** *vt* (*take with*) portare

◆**bring up** *vt* ❶ (*child*) allevare ❷ (*mention*) citare

brink [brɪŋk] *n* orlo *m;* **to be on the ~ of bankruptcy** stare per fare bancarotta

brisk [brɪsk] *adj* ❶ (*fast*) rapido, -a

❷ (*refreshing*) fresco, -a **❸** (*manner, voice*) energico, -a

Brit [brɪt] *n inf* britannico, -a *m, f*

Britain ['brɪtən] *n* Gran Bretagna *f*

British ['brɪtɪʃ] I. *adj* britannico, -a II. *n pl* the ~ i britannici

British Isles *n* the ~ le Isole Britanniche

broad [brɑːd] I. *adj* **❶** (*wide*) largo, -a **❷** (*spacious*) ampio, -a **❸** (*general*) generale **❹** (*wide-ranging*) vasto, -a **❺** (*liberal*) aperto, -a; a ~ mind una mente aperta **❻** (*accent*) marcato, -a II. *n inf* (*woman*) donna *f*

broadcast ['brɑːdkæst] I. *n* RADIO, TV trasmissione *f* II. *vi,vt* <broadcast *o* broadcasted, broadcast *o* broadcasted> trasmettere

broadcasting *n* TV trasmissioni *fpl*

broadcasting station *n* emittente *f*

broaden ['brɑːdn] I. *vi* (*interests*) allargarsi II. *vt* (*street*) allargare; (*horizons*) ampliare

broadly ['brɑːdli] *adv* **❶** (*generally*) in linea di massima **❷** (*smile*) da un orecchio all'altro

brochure [brəʊˈʃʊr] *n* opuscolo *m*

broke [brəʊk] I. *pt of* **break** II. *adj inf* al verde ▶ to go ~ *inf* fallire

broken ['brəʊkən] I. *pp of* **break** II. *adj* **❶** (*damaged: TV, radio, toy*) rotto, -a; (*marriage, family*) distrutto, -a; ~ heart cuore spezzato **❷** LING to speak in ~ English parlare un inglese sgrammaticato **❸** (*interrupted*) interrotto, -a

broken-down *adj* **❶** TECH guasto, -a **❷** (*dilapidated*) fatiscente

broken-hearted *adj* affranto, -a; to die ~ morire di dolore

bronze [brɒnz] I. *n* bronzo *m* II. *adj* di bronzo; (*hair*) ramato, -a; (*skin*) abbronzato, -a

brooch [brəʊtʃ] *n* spilla *f*

brood [bruːd] *vi* **❶** to ~ over sth (*reflect at length*) rimuginare qc; (*worry about*) preoccuparsi per qc **❷** (*hatch*) covare

brook [brʊk] *n* ruscello *m*

broom [bruːm] *n* (*for sweeping*) scopa *f*

broth [brɒθ] *n* brodo *m*

brother ['brʌðə-] *n* fratello *m*

brother-in-law <brothers-in-law *o* brother-in-laws> *n* cognato *m*

brought [brɔːt] *pp, pt of* **bring**

brown [braʊn] I. *n* marrone *m* II. *adj* marrone; (*eyes, hair*) castano, -a III. *vi* (*leaves*) ingiallire; (*person*) abbronzarsi; CULIN dorarsi IV. *vt* abbronzare; CULIN far dorare

brown bread *n* pane *m* integrale

brownnose ['braʊnˌnəʊz] *vt inf* leccare i piedi a

brown rice *n* riso *m* integrale

browse [braʊz] I. *vi* **❶** (*skim*) sfogliare qc **❷** (*look around*) curiosare II. *n* **❶** (*act of looking around*) to go for a ~ around the shops fare un giro per i negozi **❷** (*act of skimming*) occhiata *f*

browser ['braʊzə-] *n* COMPUT browser *m inv*, navigatore *m*

bruise [bruːz] I. *n* livido *m*; (*on fruit*) ammaccatura *f* II. *vt* (*person*) farsi un livido a; (*fruit*) ammaccare; *fig* (*hurt*) ferire III. *vi* (*fruit*) ammaccarsi

brush [brʌʃ] I. *n* **❶** (*for hair*) spazzola *f* **❷** (*broom*) scopa *f* **❸** (*for painting*) pennello *m* **❹** (*action*) spazzolata *f* **❺** (*stroke*) pennellata *f* **❻** (*encounter*) sfiorata *f*; a ~ with the law avere dei guai con la giustizia **❼** (*brushwood*) sottobosco *m* II. *vt* **❶** (*hair*) spazzolare; to ~ one's teeth pulirsi i denti **❷** (*remove*) to ~ sth off togliere qc con una spazzola **❸** (*graze, touch lightly*) sfiorare

◆brush aside *vt* **❶** (*push to one side*) allontanare **❷** (*disregard*) ignorare

◆brush off *vt* (*dust*) togliere con una spazzola; (*person*) non far caso a; (*criticism*) ignorare

◆brush up I. *vt* rinfrescare II. *vi* to ~ on sth dare una ripassata a qc

brush-off *n inf* to give sb the ~ dare il due di picche a qu

Brussels ['brʌsəlz] *n* Bruxelles *f*

brutal ['bruːtəl] *adj* **❶** (*cruel, savage*) brutale **❷** (*harsh: honesty, truth*) spietato, -a

B

BSE [ˌbiː·esˈiː] *n abbr of* **bovine spong-iform encephalopathy** BSE *m*, mucca *f* pazza

bubble [ˈbʌ·bl] I. *n* ① bolla *f*; (*in cartoons*) fumetto *m*, nuvoletta *f*; **to blow a ~** fare una bolla ② *fig, inf* (*protective environment*) **to live in a ~** vivere sotto una campana di vetro II. *vi* (*boil*) bollire

bubble bath *n* bagnoschiuma *m inv*

bubblegum *n* chewing-gum *m inv*

bubbly [ˈbʌb·li] I. *n inf* champagne *m inv* II. *adj* a. *fig* effervescente

buck¹ [bʌk] <-(s)> I. *n* (*male: of deer, rabbit*) maschio *m* II. *vi* sgroppare III. *vt* andare contro; **to ~ the trend** invertire la tendenza

buck² [bʌk] *n inf* (*dollar*) dollaro *m*; **to make a fast ~** fare soldi facili

buck³ [bʌk] *n inf* **to pass the ~** scaricare la responsabilità agli altri; **the ~ stops here** *prov* me la vedo io

bucket [ˈbʌ·kɪt] *n* secchio *m*

bucketful [ˈbʌ·kɪt·fʊl] <-s *o* bucketsful> *n* secchio *m*

buckle [ˈbʌ·kl] I. *n* fibbia *f* II. *vt* ① (*fasten: belt*) allacciare ② (*bend*) piegare III. *vi* ① (*fasten*) allacciarsi ② (*bend*) torcersi; (*knees*) piegarsi; (*metal*) deformarsi

◆ **buckle down** *vi* mettersi d'impegno

bud [bʌd] I. *n* (*of leaf, branch*) gemma *f*; (*of a flower*) bocciolo *m*; **to be in ~** essere in boccio II. *vi* <-dd-> gettare

budding [ˈbʌ·dɪŋ] *adj* in erba; *fig* (*romance*) che sta nascendo

buddy [ˈbʌ·di] *n inf* amico *m*

budge [bʌdʒ] I. *vi* ① (*move*) spostarsi ② (*change opinion*) **to not ~** (*from sth*) non smuoversi (da qc) II. *vt* ① (*move*) spostare ② (*cause to change opinion*) smuovere

budgerigar [ˈbʌ·dʒə·rɪ·gɑːr] *n* parrocchetto *m*

budget [ˈbʌ·dʒɪt] I. *n* budget *m inv*, bilancio [*o* di previsione] preventivo *m* II. *vt* preventivare III. *vi* **to ~ for sth** mettere nel bilancio preventivo IV. *adj* (*travel*) low-cost

buffalo [ˈbʌ·fə·loʊ] <-(es)> *n* bisonte *m*

buffer [ˈbʌ·fər] *n* ① (*of a train*) respingente *m* ② COMPUT buffer *m*; *inv*

bug [bʌg] I. *n* ① ZOOL cimice *f*; (*any insect*) insetto *m* ② MED virus *m inv* ③ COMPUT baco *m* ④ TEL cimice *m* ⑤ *inf* (*enthusiasm*) passione *f*; **she's caught the travel ~** le è venuta la passione per i viaggi II. *vt* <-gg-> ① (*tap: telephone*) mettere sotto controllo; (*conversation*) intercettare; (*room*) installare microspie in ② *inf* (*annoy*) rompere *inf*

bugger [ˈbʌ·gər] I. *n sl* (*contemptible person*) stronzo, -a *m*, *f* II. *vt vulg* inculare

buggy [ˈbʌ·gi] *n* <-ies> ① (*stroller*) passeggino *m* ② (*carriage*) calesse *f*

build [bɪld] I. *vt* <built, built> ① (*make: house*) costruire; (*fire*) fare; (*car*) fabbricare ② (*establish: trust*) fondare; (*relationship*) impiantare; (*support*) ottenere II. *vi* <built, built> ① (*construct*) costruire ② (*increase*) aumentare III. *n* costituzione *f*

◆ **build on** *vt* basare su

◆ **build up** I. *vt* ① (*increase*) aumentare ② (*accumulate*) accumulare ③ (*strengthen*) consolidare ④ (*develop*) potenziare ⑤ (*praise*) **to build sth up** promuovere qc II. *vi* ① (*increase*) aumentare ② (*accumulate*) accumularsi

builder [ˈbɪl·dər] *n* (*owner*) costruttore *m* edile; (*worker*) muratore *m*

building *n* edificio *m*

building site *n* cantiere *m* edile

build-up *n* (*accumulation*) accumulo *m*; (*of pressure*) aumento *m*

built [bɪlt] I. *pp, pt of* **build** II. *adj* ① (*house*) **well ~** ben costruito, -a ② (*person*) **slightly ~** minuto, -a; **well ~** ben piantato, -a ③ (*have nice body*) **he's/she's (really) built!** che fisico!

built-in *adj* ① (*cabinets*) a muro ② (*feature*) incorporato, -a

built-up *adj* (*area*) edificato, -a

bulb [bʌlb] *n* ① BOT bulbo *m* ② ELEC lampadina *f*

Bulgaria [bʌl·ˈger·i·ə] *n* Bulgaria *f*
Bulgarian [bʌl·ˈger·i·ən] I. *adj* bulgaro, -a II. *n* ● (*person*) bulgaro, -a *m, f* ⊜LING bulgaro *m*
bulging *adj* gonfio, -a; (*bag, box*) pieno, -a; ~ **eyes** occhi *mpl* sporgenti
bulk [bʌlk] I. *n* ● (*magnitude*) volume *m* ● (*mass*) massa *f* ● (*quantity*) to ~ **buy** sth comprare (qc) in grandi quantità; ECON comprare (qc) all'ingrosso ● (*largest part*) **the ~ of** la maggior parte di II. *adj* (*large in quantity: mailing*) a larga diffusione; (*order*) in gran quantità; (*discount*) quantità; (*apples, canned goods*) all'ingrosso
bulky [ˈbʌl·ki] <-ier, iest> *adj* (*large*) voluminoso, -a; (*heavy*) pesante; (*person*) corpulento, -a
bull [bʊl] *n* ● (*male bovine*) toro *m* ● (*male animal*) macho *m;* ~ **elephant** elefante *m* maschio ▸ **to take the ~ by the horns** prendere il toro per le corna ⊜ inf (*nonsense*) stronzate *fpl* ⊜FIN toro *m;* ~ **market** mercato *m* rialzista
bulldoze [ˈbʊl·doʊz] *vt* ⊜ARCHIT spianare ⊜ *fig* **to ~ sth through** ottenere qc con la forza; **to ~ sb into doing sth** costringere qu a fare qc
bullet [ˈbʊ·lɪt] *n* MIL proiettile *m*
bulletin board *n* bacheca *f;* COMPUT bacheca *f* informatica
bulletproof [ˈbʊl·ɪt·pruːf] *adj* antiproiettile
bullshit [ˈbʊl·ʃɪt] I. *n sl* stronzate *fpl vulg;* **don't give me that ~!** non venirmi a raccontare stronzate! *vulg* II. *interj sl* e che cazzo! *vulg* III. <-tt-> *vi sl* dire stronzate
bully [ˈbʊ·li] I. <-ies> *n* (*person*) prepotente *mf* II. <-ie-> *vt* tiranneggiare; **to ~ sb into doing sth** costringere qu a fare qc III. *interj inf* ~ **for you!** ben fatto!; *iron* bravo!
bum [bʌm] I. *n* ● (*lazy person*) fannullone, -a *m, f* ● (*homeless person*) vagabondo, -a *m, f* II. *adj inf* (*bad, useless*) schifoso, -a III. <-mm-> *vt inf* **to ~ sth off sb** scroccare qc a qu IV. *vi inf* ● **to ~ around** (*laze around*) bighellonare

⊜ (*cadge*) **to ~ off sb** vivere alle spalle di qu
bummed out *adj sl* depresso, -a
bump [bʌmp] I. *n* ● (*lump*) protuberanza *f;* (*on head*) bernoccolo *m* ● *inf* (*blow*) colpo *m* ● (*thud*) tonfo *m* II. *vt* sbattere contro; **to ~ one's head on** [*o* against] **sth** sbattere con la testa contro qc
◆ **bump off** *vt sl* **to bump sb off** far fuori qu
bumper [ˈbʌm·pər] I. *n* AUTO paraurti *m inv* II. *adj* ● (*crop*) abbondante ● (*edition*) speciale
bumpy [ˈbʌm·pi] <-ier, iest> *adj* (*surface*) scabro, -a; (*road*) accidentato, -a
bun [bʌn] *n* ● (*roll*) panino *m* al latte ● (*knot of hair*) chignon *m inv* ● *pl, sl* (*buttocks*) culo *vulg*
bunch [bʌntʃ] <-es> I. *n* ● (*of grapes*) grappolo *m;* (*of bananas*) casco *m;* (*of carrots, radishes, keys*) mazzetto *m;* (*of flowers*) mazzo *m* ● (*group: of friends*) gruppo *m* ● (*a lot*) **a** (**whole**) ~ **of problems** un mucchio di problemi II. *vt* raggruppare III. *vi* **to ~** (**together**) raggrupparsi
bundle [ˈbʌn·dl] I. *n* (*of clothes*) fagotto *m;* (*of money*) mazzetta *f;* (*of sticks*) fascio *m* ▸ **to be a ~ of nerves** essere nervosissimo II. *vt* **to ~ sb into a car** spingere qu dentro una macchina
bungle [ˈbʌŋ·gl] *vt* fare pasticci
bunk [bʌŋk] *n* a. NAUT cuccetta *f*
bunk bed *n* letto *m* a castello
burble [ˈbɜːr·bl] *vi* ● (*make burbling noise*) borbottare ● (*talk nonsense*) parlottare
burden [ˈbɜːr·dən] I. *n* ● (*load*) carico *m* ● *fig* peso *m;* (*responsibility*) responsabilità *f* II. *vt* ● (*load*) caricare ● *fig* opprimere
bureau [ˈbjʊ·roʊ] <-s> *n* ● (*government department*) dipartimento *m* ● (*chest of drawers*) comò *m inv*
burglar [ˈbɜːr·glə·] *n* scassinatore, -trice *m, f*
burglary [ˈbɜːr·glə·lə·ri] <-ies> *n* furto *m* con scasso

B

burgle ['bɜːr·gl] *vt* svaligiare

burly ['bɜːr·li] <-ier, -iest> *adj* corpulento, -a

burn [bɜːrn] I. <burnt *o* -ed, burnt *o* -ed> *vi* ① *(be in flames: house)* bruciare; *(coal, wood)* ardere ② *(be hot)* scottare ③ *(be switched on)* essere acceso, -a ④ *(want)* to be ~ing to do sth bruciare dalla voglia di fare qc ⑤ *(feel emotion strongly)* to ~ with sth ardere di qc ⑥ *(be red)* his face ~ed with anger/shame è diventato rosso per la rabbia/vergogna II. <burnt *o* -ed, burnt *o* -ed> *vt* ① *(paper, garbage, food)* bruciare; *(building)* incendiare; to ~ one's finger scottarsi un dito; to be ~ed *(by the sun)* avere una scottatura; *(injured)* avere delle bruciature III. *n* bruciatura *f*, scottatura *f*; severe/minor ~s bruciature gravi/lievi

◆**burn down** I. *vt* incendiare II. *vi* *(house)* essere distrutto da un incendio; *(fire)* abbassarsi

◆**burn out** I. *vi* *(engine)* bruciarsi; *(fire, candle)* spegnersi; *(light bulb)* saltare II. *vt* to burn oneself out esaurirsi

◆**burn up** I. *vt* ① *(fuel)* consumare; *(calories)* bruciare II. *vi* incendiarsi; you're burning up! *inf* *(have fever)* scotti!

burning ['bɜːr·nɪŋ] *adj* ① *(hot)* in fiamme; *(sun)* infuocato, -a; it is ~ hot fa un caldo allucinante; a ~ sensation un bruciore ② *(issue, question)* scottante; *(desire, hatred)* ardente

burnt [bɜːrnt] I. *pt, pp of* **burn** II. *adj* bruciato

burp [bɜːrp] I. *n* rutto *m*; *(of baby)* ruttino *m* II. *vi* ruttare; *(baby)* fare un ruttino III. *vt* to ~ a baby far fare il ruttino al bambino

burrow ['bɜː·roʊ] I. *n* tana *f* II. *vi* scavare; to ~ into sth *a. fig* rovistare in qc III. *vt* scavare

burst [bɜːrst] I. *n* ① *(explosion)* esplosione *f* ② MIL *(of fire)* raffica *f* ③ *(brief period)* a ~ of laughter uno scoppio di riso; a ~ of applause uno scroscio di applausi II. <burst, burst> *vi* ① *(balloon, tire)* scoppiare; to ~ into tears scoppiare a piangere ② *(move suddenly)* to ~ into a place irrompere in un luogo ③ *fig* to be ~ing to do sth morire dalla voglia di fare qc; to be ~ing with health scoppiare di salute; to be ~ing with curiosity morire di curiosità III. <burst, burst> *vt* far scoppiare

◆**burst in** *vi* irrompere

◆**burst out** *vi* ① *(exclaim)* esclamare ② *(break out)* to ~ laughing/crying scoppiare a ridere/piangere

bury ['be·ri] <-ie-> *vt* ① *(put underground)* sotterrare ② *(hide)* nascondere; to ~ oneself in sth immergersi in qc; to be buried in thought essere immerso nei propri pensieri

bus [bʌs] I. <-es> *n* autobus *m inv*; school ~ scuolabus *m inv*; to catch/miss the ~ prendere/perdere l'autobus; to go by ~ *[o* to take the ~]* andare in autobus ► to **miss** the ~ perdere l'autobus II. <-ss-> *vt* ① *(travel by bus)* portare in autobus ② *(in restaurant)* to ~ tables sparecchiare i tavoli III. <-ss-> *vi* viaggiare in autobus

busboy *n* sparecchiatavoli *m inv*

bus driver *n* conducente *m* di autobus

bush [bʊʃ] <-es> *n* ① BOT cespuglio *m* ② *(land)* the ~ la boscaglia ► to **beat** around the ~ menare il can per l'aia

bushy ['bʊ·ʃi] <-ier, -iest> *adj* *(hair, beard, eyebrows)* folto, -a

busily *adv* alacremente

business ['bɪz·nɪs] *n* ① *(trade, commerce)* affari *mpl;* to be away on ~ essere in viaggio d'affari; to do ~ with sb fare affari con qu; to go out of ~ cessare l'attività; to set up a ~ mettere su un'impresa; ~ is booming gli affari vanno bene ② <-es> *(sector)* settore *m;* the frozen food ~ il settore dei surgelati ③ <-es> *(company)* impresa *f;* to start up/run a ~ metter su/gestire un'impresa ④ *(matter)* affare *m;* an unfinished ~ una questione in sospeso; it's none of your ~! *inf* non sono fatti tuoi!

business address n indirizzo m dell'ufficio

business card n biglietto m da visita

business expenses npl spese fpl

business hours n orario m d'ufficio

businessman <-men> n uomo m d'affari

business park n parco m tecnologico

business trip n viaggio m d'affari

businesswoman <-women> n donna f d'affari

busker ['bʌs·kə] n suonatore, -trice m, f ambulante

bus service n servizio m di autobus

bus station n stazione f delle corriere

bus stop n fermata f dell'autobus

bust[1] [bʌst] n ART busto m

bust[2] [bʌst] I. adj inf ① (broken) rotto, -a ② (bankrupt) fallito, -a; **to go ~** far fallimento II. vt inf ① (break) spaccare ② (raid) fare una retata in ► **to ~ one's butt** (doing sth/to do sth) spaccarsi la schiena (per fare qc)

bustle ['bʌ·sl] I. vi **to ~ around** affaccendarsi II. n viavai m

busy ['bɪ·zi] I. <-ier, -iest> adj ① (occupied) occupato, -a; **to be ~ doing sth** star facendo qc; **to get ~** darsi da fare ② (full of activity) animato, -a; **a ~ time** un periodo di grande attività; **I've had a ~ day** ho avuto una giornata molto piena ③ TEL occupato, -a II. <-ie-> vt **to ~ oneself with sth** occuparsi di qc

but [bʌt] I. prep tranne; **all ~ one** tutti tranne uno; **anything ~ ...** qualsiasi cosa tranne ...; **nothing ~ ...** nient'altro che ...; **no one ~ him** solo lui; **~ for him ...** se non fosse stato per lui ... II. conj ma; **I'm not quitting ~ taking time off** non mi sto licenziando mi sto solo prendendo una vacanza; **he has paper ~ no pen** ha la carta ma non ha la penna III. adv solo; **he is ~ a baby** è solo un bebè; **I can't help ~ cry** non posso far altro che piangere

butcher ['bʊ·tʃə] I. n macellaio, -a m, f II. vt ① (meat) macellare ② (murder) massacrare ③ fig **to ~ a language** massacrare una lingua

butt[1] [bʌt] n ① (of rifle) calcio m ② (of cigarette) mozzicone m ③ (blow: with the head) testata f ④ (target) **to be the ~ of sth** essere oggetto di qc ⑤ (container) botte f ⑥ inf (buttocks) culo m vulg

butter ['bʌ·tə] I. n burro m II. vt imburrare

butterfly ['bʌ·tə·flaɪ] <-ies> n ① ZOOL farfalla f; fig (person) farfallone, -a m, f ② SPORTS nuoto m a farfalla

buttock ['bʌ·tək] n natica f

button ['bʌ·tən] I. n ① bottone m ② (with slogan) distintivo m ③ COMPUT, TECH tasto m; **start ~** tasto di start; **right/left mouse ~** tasto destro/sinistro del mouse; **to push a ~** premere un tasto II. vi abbottonarsi III. vt abbottonare ► **~ it!** inf stai zitto!

buy [baɪ] I. n acquisto m; **a good ~** un buon acquisto II. <bought, bought> vt ① (purchase) comprare; **to ~ sth from** [o inf off] sb comprare qc da qu ② (bribe) corrompere

♦ **buy back** vt ricomprare

♦ **buy out** vt COM rilevare

buyer ['ba·ɪə] n ① (in store) compratore, -trice m, f ② (as work) buyer m inv

buzz [bʌz] I. vi ① (hum) ronzare; (bell) suonare ② inf (be tipsy) essere sbronzo II. vt inf ① TEL telefonare a ② AVIAT (fly low over) volare radente a III. n ① (humming noise) ronzio m; (low noise) brusio m; (of a doorbell) suono m ② inf (telephone call) colpo m di telefono; **to give sb a ~** dare un colpo di telefono a qu ③ inf (feeling) euforia f; (from alcohol) sbornia f; **I get a ~ from** [o out of] **surfing** fare surf mi fa sballare

buzzer ['bʌ·zə] n cicalino m

by [baɪ] I. prep ① (near) vicino a; **close** [o near] **~ ...** vicino a ...; **to be/stand ~ ...** essere/stare vicino a ...; **~ the sea** sul mare ② (at) presso; **to remain ~ sb for two days** restare presso qu per due giorni ③ (during) **~ day/night** durante il giorno/la notte; **~ moonlight** al chia-

C

ro di luna ⊕(*at the latest time*) entro; ~ **tomorrow** entro domani; ~ **now** [*o* **then**] ormai ⊕(*cause*) da; **a novel** ~ **Joyce** un romanzo di Joyce; **surrounded** ~ **dogs** circondato da cani ⊕(*through means of*) ~ **train/plane/bus** in treno/aereo/autobus; **made** ~ **hand** fatto a mano; ~ **doing sth** facendo qc ⊕(*through*) ~ **chance/mistake** per caso/sbaglio ⊕(*under*) **to call sb/sth** ~ **their/its name** chiamare qu/qc per nome ⊕(*alone*) **to be** ~ **oneself** stare da solo; **to do sth** ~ **oneself** fare qc da solo ⊕(*in measurement, arithmetic*) **to buy** ~ **the kilo** comprare a

chili; **to divide** ~ **6** dividere per 6; **paid** ~ **the hour/day** pagato a ore/a giornata; **4 feet** ~ **6** 4 piedi per 6; **one** ~ **one** uno a uno II.*adv* ⊕(*aside*) vicino; **to put** [*o* **lay**] **sth** ~ mettere qc da parte ⊕(*in a while*) ~ **and** ~ fra poco ⊕(*past*) **to go/pass** ~ passare

bye [baɪ] *interj*, **bye-bye** [ˌbaɪˈbaɪ] *interj inf* ciao

bypass [ˈbaɪ·pæs] I.*n* ⊕AUTO circonvallazione *f* ⊕ELEC derivatore *m* ⊕MED bypass *m inv* II.*vt* ⊕(*make a detour*) evitare ⊕*fig* (*act without permission of*) **to** ~ **sb** scavalcare qu ⊕*fig* (*avoid*) evitare

Cc

C, c [siː] *n* ⊕(*letter*) C, c *f*; ~ **for Charlie** C come Como ⊕MUS do *m* ⊕SCHOOL ≈ sufficiente *m*

C *after n abbr of* **Celsius** C

c. ⊕*abbr of* **circa** (*by numbers*) c.; (*by dates*) ca. ⊕*abbr of* **cent** centesimo *m* ⊕*abbr of* **century** sec.

CA [ˌkæl·ɪˈfɔr·njə] *n abbr of* **California** California *f*

ca. *abbr of* **circa** ⊕(*by numbers*) aprox. ⊕(*by dates*) ca.

cab [kæb] *n* ⊕(*taxi*) taxi *m inv*; **by** ~ in taxi ⊕(*of truck*) cabina *f*

cabbage [ˈkæ·bɪdʒ] *n* CULIN cavolo *m*

cabbie *n*, **cabby** [ˈkæ·bi] *n*, **cabdriver** *n* tassista *mf*

cabin [ˈkæ·bɪn] *n* ⊕(*house*) bungalow *m inv* ⊕(*in airplane*) cabina *f*

cabin cruiser *n* cabinato *m*

cabinet [ˈkæ·bɪ·nɪt] *n* ⊕(*storage place*) armadietto *m*; (*glass-fronted*) vetrina *f*; **filing** ~ archivio *m* ⊕ + *sing/pl vb* POL consiglio *m* dei ministri

cable [ˈkeɪ·bl] *n* ⊕(*wire rope*) cavo *m* ⊕TV televisione *f* via cavo

cable car *n* teleferica *f*

cable network *n* rete *f* via cavo

cable television *n*, **cable TV** *n* televisione *f* via cavo

cackle [ˈkæ·kl] I.*vi* ⊕*fig* (*laugh*) ridacchiare ⊕(*talk*) chiacchierare II.*n* (*laugh*) risata *f*

cafeteria [ˌkæ·fɪˈtɪ·riə] *n* self-service *m inv*

cage [keɪdʒ] I.*n* gabbia *f* II.*vt* mettere in gabbia [*o* tenere]

cagey [ˈkeɪ·dʒi] <-ier, -iest> *adj inf* riservato, -a; **to be** ~ **about sth** mostrarsi reticente su qc

cake [keɪk] I.*n* ⊕CULIN torta *f*; (*small*) pasta *f*, pasticcino *m*; **sponge** ~ pan di Spagna *m* ⊕(*of soap*) pezzo *m*; (*of chocolate*) barra *f* ▶ **to sell like hot** ~**s** *inf* andare a ruba; **to want to have one's** ~ **and eat it, too** volere la botte piena e la moglie ubriaca; **to take the** ~ (*outdo in a positive sense*) essere il massimo; (*outdo in a negative sense*) essere il colmo II.*vt* (*cover with*) **his boots were** ~**d with mud** aveva gli stivali incrostati di fango

cal. *n abbr of* **calorie** cal *f*

calcium ['kæl·si·əm] *n* calcio *m*

calculate ['kæl·kjə·leɪt] *vi*, *vt* calcolare

calculated *adj* ① (*likely*) **it's ~ to do sth** è molto probabile che faccia qc ②MATH calcolato, -a; **a ~ risk** un rischio calcolato ③ (*deliberate*) deliberato, -a

calculating *adj* calcolatore, -trice

calculation [,kæl·kjə·leɪ·ʃən] *n* ①MATH calcolo *m*; (*figures*) calcoli *mpl* ② (*foreseeing*) valutazione *f* ③ (*selfish planning*) calcolo *m*

calculator ['kæl·kjə·leɪ·t̬ər] *n* calcolatrice *f*

calendar ['kæ·lɪn·dər] *n* calendario *m*

calendar year *n* anno *m* civile

calf¹ [kæf] <calves> *n* ① (*young cow or bull*) vitello *m* ② (*leather*) pelle *f* di vitello

calf² [kæf] <calves> *n* (*lower leg*) polpaccio *m*

California [,kæ·lə·'fɔːrn·jə] *n* California *f*

call [kɔːl] **I.** *n* ① (*telephone*) chiamata *f*; **to give sb a ~** telefonare a qu ② (*visit*) visita *f*; **to be on ~** esere di guardia; **to pay a ~ on sb** fare visita a qu ③ (*shout*) grido *m*; **a ~ for help** una richiesta d'aiuto ④ **a.** POL appello *m* ⑤ **a.** ECON richiesta *f*; **there is not much ~ for sth** non c'è molta richiesta di qc ⑥ *form* (*need*) **there's no ~ for sth** non c'è bisogno di qc ⑦ (*decision*) decisione *f*; **you make the ~** sta a te decidere ⑧ (*attraction*) richiamo *m*; **the ~ of the wild** il richiamo della natura ▶ **to have a ~ close** – scamparla per un pelo **II.** *vt* ① (*name, address as*) chiamare; **to ~ sb names** insultare qu; **what's that actor ~ed?** come si chiama quell'attore?; **what's his new film ~ed?** come si intitola il suo ultimo film? ② (*telephone*) chiamare; **to ~ sb collect** chiamare qu a carico del destinatario ③ (*make noise to attract*) **to ~ sb's attention** attirare l'attenzione di qu ④ (*ask to come*) convocare; **she was ~ed to a meeting in Denver** è stata convocata a Denver per una riunione ⑤ (*ask for quiet*) **to ~ for order** richiamare all'ordine ⑥ (*reprimand*) ammo-

nire; **to ~ sth to mind** (*recall, remember*) ricordare qc ⑦ (*regard as*) **to ~ sth one's own** considerare qc suo; **you ~ this a party?** questa la chiami festa?; **I'm not ~ing you a liar** non ti sto dando del bugiardo ⑧ (*decide to have*) **to ~ a meeting** (*to order*) convocare una riunione; **to ~ a halt to sth** sospendere qc; **to ~ a strike** indire uno sciopero **III.** *vi* ① (*telephone*) chiamare ② (*drop by*) passare ③ (*shout*) gridare

◆ **call back I.** *vt* ① (*telephone*) richiamare ② (*ask to return*) far tornare ③ ECON ritirare dal mercato **II.** *vi* (*phone again*) richiamare

◆ **call for** *vt insep* ① (*come to get*) passare a prendere ② (*ask*) chiedere ③ (*demand, require*) richiedere

◆ **call in** *vt* ① (*ask to come*) chiamare ② FIN **to ~ a loan** richiedere il pagamento di un prestito

◆ **call off** *vt* ① (*cancel*) annullare ② (*order back*) **he called off his dog** ha richiamato il cane

◆ **call on** *vt insep* ① (*appeal to*) **to ~ sb (to do sth)** fare appello a qu (affinché faccia qc); **to ~ a witness** convocare un testimone; **I now ~ everyone to raise a glass** *form* adesso invito tutti a fare un brindisi ② (*visit*) fare visita a

◆ **call out I.** *vt* (*shout*) gridare **II.** *vi* ① (*shout*) gridare ② *fig* (*demand*) **to call out for sth** richiedere qc

◆ **call up** *vt* ① (*telephone*) chiamare ② COMPUT **to ~ sth** richiamare qc a video ③ (*order to join the military*) **to call up the reserves** richiamare le riserve ④ (*conjure up*) rievocare

caller ['kɔː·lər] *n* ① (*person on the telephone*) persona *f* che fa una telefonata; **hold the line please, ~** attenda in linea, per favore ② (*announcer*) (*at bingo game*) persona *f* che legge i numeri estratti

calling card *n* scheda *f* telefonica

calm [kɑːm] **I.** *adj* ① (*not nervous*) tranquillo, -a; **to keep ~** mantenere la calma ② (*peaceful, not wavy*) calmo, -a ③ (*not windy*) senza vento **II.** *n* calma f, tranquillità f; **the ~ before the storm** *fig* la calma che precede la tempesta III. *vt* calmare; **to ~ oneself** calmarsi

calorie ['kæ·lə·ri] *n* caloria *f*

camcorder ['kæm·kɔ·dər] *n* videocamera *f*

came [keɪm] *vi pt of* **come**

camel ['kæ·ml] I. *n* ❶ ZOOL cammello *m* ❷ (*color*) color *m* cammello II. *adj* ❶ (*camel-hair*) di cammello ❷ (*color*) color cammello

camera ['kæ·mə·rə] *n* ❶ PHOT macchina *f* fotografica; CINE cinepresa *f* ❷ LAW **in ~** a porte chiuse

camp[1] [kæmp] I. *n* ❶ (*encampment*) accampamento *m*, campo *m*; **army ~** accampamento militare; **summer ~** colonia *f* estiva; **to set up ~** accamparsi ❷ (*group*) gruppo *m*; **to have a foot in both ~s** tenere il piede in due staffe II. *vi* accamparsi; **to ~ out** accamparsi; **to go ~ing** andare in campeggio

camp[2] [kæmp] I. *n* (**high**) ~ leziosaggine *m* II. *adj* (*affected*) affettato, -a; (*effeminate*) effeminato, -a III. *vt* **to ~ it up** fare il gigione

campaign [kæm·'peɪn] I. *n* campagna *f*; **~ trail** campagna elettorale II. *vi* condurre una campagna; **to ~ for sth/sb** condurre una campagna a favore di qc/qu

camper ['kæm·pɚ] *n* ❶ (*person*) campeggiatore, -trice *m, f* ❷ AUTO camper *m inv*

campfire *n* falò *m* (in accampamento); **~ song** canzone *f* da cantare intorno al falò

campground *n* campeggio *m*

camping ['kæm·pɪŋ] *n* campeggio *m*; **to go ~** andare in campeggio

campsite ['kæmp·saɪt] *n* campeggio *m*

can[1] [kæn] I. *n* ❶ (*container: of food*) scatola *f*, barattolo *m*; (*of drink*) lattina *f*; (*of oil*) bidone *m* ❷ *inf* (*toilet*) cesso *m* ❸ *inf* (*prison*) galera *f* ▸ **to open** (**up**) **a ~ of worms** sollevare un vespaio II. <-nn-> *vt* ❶ (*put in cans*) inscatolare ❷ *inf* (*stop*) ~ **it!** basta!

can[2] [kən] <could, could> *aux* ❶ (*be able to*) potere, essere in grado di; **if I could** se potessi; **I think she ~ help you** penso che lei possa aiutarti ❷ *inf* (*be permitted to*) potere; **you can't go** non puoi andare ❸ (*know how to*) sapere, essere capace di; **~ you swim?** sai nuotare?

Canada ['kæ·nə·də] *n* Canada *m*

Canadian [kə·'neɪ·di·ən] *adj, n* canadese *mf*

canal [kə·'næl] *n* canale *m*

cancel ['kæn·sl] <-ll-, -l-> I. *vt* ❶ (*reservation, meeting, flight*) cancellare; (*license*) revocare; (*contract*) disdire ❷ COMPUT annullare II. *vi* cancellare

cancellation [ˌkæn·sə·'leɪ·ʃən] *n* ❶ (*of reservation, meeting, flight*) cancellazione; (*of license*) revoca; (*of contract*) disdetta

cancer ['kæn·sɚ] *n* MED cancro *m*; **~ specialist** oncologo, -a *m, f*

Cancer ['kæn·sɚ] *n* Cancro *m*; **I'm (a) Cancer** sono (del [o un]) Cancro

cancerous ['kæn·sə·rəs] *adj* MED canceroso, -a

candid ['kæn·dɪd] *adj* sincero, -a; (*picture*) naturale

candidate ['kæn·dɪ·dət] *n* (*competitor*) (*possible choice*) candidato, -a *m, f*

candle ['kæn·dl] *n* candela *f*

candlelight ['kæn·dl·laɪt] *n* lume *f* di candela

candlestick ['kæn·dl·stɪk] *n* portacandele *m inv*

candy ['kæn·di] I. <-ies> *n* (*sweets*) caramelle *fpl* II. *vt* candire

candy bar *n* barretta *f* al cioccolato

candy store *n* negozio *m* di caramelle

cane [keɪn] I. *n* ❶ (*dried plant stem*) canna *f* ❷ (*furniture*) giunco *m* ❸ (*stick*) bastone *m*; (*for punishment*) bacchetta *f* II. *vt* punire con la bacchetta

cane sugar *n* zucchero *m* di canna

canned [kænd] *adj* ❶ (*food, fruit, meat*) in scatola; (*beer*) in lattina ❷ MUS, TV registrato, -a

cannot ['kæ·nɑːt] *aux* = **can not** *s.* **can²**

canny ['kæ·ni] <-ier, -iest> *adj* (*clever*) astuto, -a

canoe [kə·'nuː] *n* canoa *f* ▸ **to paddle one's own** ~ essere autonomo

canoeing *n* canottaggio *m*

canoeist [kə·'nuː·ɪst] *n* canoista *mf*

can opener ['kæn·ˌoʊp·nə] *n* apriscatole *m inv*

can't [kænt] = **cannot**

canteen [kæn·'tiːn] *n* ❶ (*cafeteria*) mensa *f* ❷ MIL (*drink container*) borraccia *f*

canvass ['kæn·vəs] I. *vt* ❶ (*gather opinion*) sondare; **to ~ sth** (*proposal*) fare un sondaggio d'opinione su qc ❷ POL (*votes*) sollecitare II. *vi* POL fare propaganda

CAP [ˌsiː·eɪ·'piː] *n abbr of* **Civil Air Patrol** soccorso *m* aereo civile

cap¹ [kæp] I. *n* ❶ (*without peak*) cuffia *f* ❷ (*with peak*) berretto *m* ❸ (*cover*) tappo *m*; PHOT copriobiettivo *f*; **screw-on** ~ tappo a vite ❹ (*of tooth*) capsula *f* ❺ (*limit*) limite *m*; **salary** ~ tetto *m* salariale ❻ (*contraceptive*) diaframma *m* II. <-pp-> *vt* ❶ (*limit*) limitare ❷ (*cover*) tappare; (*tooth*) incapsulare ❸ (*outdo*) coronare; **to ~ it all** per coronare il tutto

cap² [kæp] *n abbr of* **capital** (*letter*) maiuscola *f*

capable ['keɪ·pə·bl] *adj* ❶ (*competent*) competente ❷ (*able*) capace; **to be ~ of doing sth** essere capace di fare qc

capacity [kə·'pæ·sə·ti] <-ies> *n* ❶ (*volume, amount*) capacità *f*, capienza *f*; **filled to** ~ completamente pieno; **seating** ~ **of fifty** cinquanta posti a sedere ❷ (*ability*) capacità *f*, attitudine *f* ❸ (*output*) capacità *f* ❹ (*role*) qualità *f*

cape¹ [keɪp] *n* GEO capo *m*

cape² [keɪp] *n* (*cloak*) mantella *f*

capital ['kæ·pə·tl] I. *n* ❶ (*principal city*) capitale *f* ❷ TYPO maiuscola *f*; **to write in ~s** scrivere in stampatello ❸ ARCHIT capitello *m* ❹ FIN capitale *m*; **to make** ~ (**out**) **of sth** *fig* trarre vantaggio da qc

II. *adj* ❶ (*principal*) capitale; ~ **city** capitale *f* ❷ TYPO (*letter*) maiuscolo, -a ❸ LAW capitale; ~ **punishment** pena *f* capitale

capital crime *n* LAW reato *m* punibile con la pena capitale

capital investment *n* FIN investimento *m* di capitale

capitalism ['kæ·pə·tə·lɪ·zəm] *n* capitalismo *m*

capitalist ['kæ·pə·tə·lɪst] I. *n* capitalista *mf* II. *adj* capitalista

capital letter ['kæ·pə·tl 'le·tə] *n* maiuscola *f*; **in ~s** in stampatello

capital punishment *n* pena *f* capitale

Capricorn ['kæp·rə·kɔːrn] *n* Capricorno *m*; **I'm** (**a**) **Capricorn** sono (del [*o* un]) Capricorno

capsize ['kæp·saɪz] I. *vt* NAUT *fig* capovolgere II. *vi* NAUT *fig* capovolgersi

capsule ['kæp·sl] *n* capsula *f*

captain ['kæp·tɪn] I. *n* capitano, -a *m, f* II. *vt* (*team*) capitanare; (*ship*) comandare

caption ['kæp·ʃən] *n* ❶ (*of picture*) didascalia *f* ❷ CINE sottotitolo *m*

captive ['kæp·tɪv] I. *n* (*person*) prigioniero, -a *m, f* II. *adj* (*person*) prigioniero, -a; (*animal*) in cattività; **to hold sb** ~ tenere prigioniero qu

captivity [kæp·'tɪ·və·ti] *n* prigionia *f*; **to be in** ~ (*animal*) essere in cattività

capture ['kæp·tʃə] I. *vt* ❶ (*take prisoner*) catturare ❷ (*city, votes*) conquistare; (*ship*) catturare ❸ ART cogliere; **to ~ sth on film** cogliere qc sullo schermo ❹ COMPUT inserire II. *n* cattura *f*; (*of city, ship*) presa *f*

car [kɑːr] *n* ❶ AUTO macchina *f*, auto *f inv* ❷ RAIL vagone *m*

carafe [kə·'ræf] *n* caraffa *f*

caravan ['kæ·rə·væn] *n* (*group of travelers*) carovana *f*

carbon dioxide *n* diossido *m* di carbonio

carbon footprint *n* impronta *f* ecologica, impronta *f* di carbonio

carbon monoxide *n* monossido *m* di carbonio

carburetor ['kɑːr·bə·reɪ·ṭə] n carburatore m

carcinogenic [ˌkɑːr·sə·noʊˈdʒe·nɪk] adj MED cancerogeno, -a

card¹ [kɑːrd] n ① (birthday, Christmas, etc.) biglietto m (d'auguri) ② GAMES a. FIN carta f; **pack of ~s** mazzo m di carte; **to play ~s** giocare a carte ③ (proof of identity) documento m; **membership ~** tessera f dei soci ④ a. COMPUT scheda f ⑤ SPORTS (program) programma m ⑥ (index ~) scheda f ► **to put one's ~s on the table** mettere le carte in tavola

card² [kɑːrd] I. n cardatrice f II. vt cardare

cardboard ['kɑːrd·bɔːrd] n cartone m

cardiac ['kɑːr·di·æk] adj MED cardiaco, -a

cardinal number n numero m cardinale

card index ['kɑːrd·ˌɪn·deks] <-es> n schedario m

card table n tavolo m da gioco

care [ker] I. n ① (attention) cura f; **to take ~ of** prendersi cura di; (object) occuparsi di; (situation) occuparsi di; **take ~ (of yourself)**! riguardati!; **to do sth with ~** fare qc con cura; **handle with ~** maneggiare con cura ② (worry) preoccupazione f; **to not have a ~ in the world** essere spensierato, -a II. vi ① (be concerned) preoccuparsi; **to ~ about sb/sth** preoccuparsi per qu/qc; **for all I ~** (as far as I'm concerned) per me; **who ~s?** chi se ne frega? ② (feel affection) **to ~ about sb** voler bene a qu, tenere a qu ③ (want) **to ~ to do sth** essere disposto a fare qc

career [kə·ˈrɪr] n ① (profession) professione f ② (working life) carriera f (professionale)

carefree ['ker·friː] adj spensierato, -a

careful ['ker·fəl] adj (cautious, meticulous) attento, -a; **to be ~ of sth** fare attenzione a qc; **to be ~ to do sth** fare attenzione a fare qc

careless ['ker·lɪs] adj (lacking attention, unthinking) distratto, -a

carelessness n ① (lack of attention)

distrazione f ② (lack of concern) menefreghismo m

caretaker ['ker·ˌteɪ·kə] n (of building, property) custode mf

careworn ['ker·wɔːrn] adj segnato, -a dalle preoccupazioni

car ferry <-ies> n NAUT traghetto m per auto

cargo ['kɑːr·goʊ] <-(e)s> n ① (goods) carico m ② (load) carico m

Caribbean [ˌker·ɪˈbiːən] I. n **the ~** i Caribi; (sea) il Mar dei Caraibi II. adj caraibico, -a

caring adj premuroso, -a

car insurance n assicurazione f della macchina

carnival ['kɑːr·nə·vl] n carnevale m

carnivorous [kɑːrˈnɪ·və·rəs] adj carnivoro, -a

carol ['ke·rəl] n canto m (di Natale)

carol singer n cantante mf di canti di Natale

carpenter ['kɑːr·pn̩·ṭə] n falegname m

carpentry ['kɑːr·pn̩·tri] n falegnameria f

carpet ['kɑːr·pət] I. n (fitted) moquette f inv; (not fitted) tappeto m ► **to sweep sth under the ~** nascondere qc sotto il tappeto II. vt (cover floor) mettere la moquette in

carpool ['kar·pul] n condivisione della stessa auto da parte di un gruppo di persone che lavorano nello stesso luogo

car rental n autonoleggio m

carriage ['ke·rɪdʒ] n ① (horse-drawn vehicle) carrozza f ② (part of typewriter) carrello m

carrier ['kæ·rɪ·ə] n ① (person who carries) corriere m ② MIL (vehicle) veicolo m da trasporto; **aircraft ~** portaerei f inv ③ MED portatore, -trice m, f ④ (transport company) spedizioniere m ⑤ TEL **wireless ~** operatore m di telefonia mobile

carrot ['ke·rət] n carota f

carry ['ke·ri] <-ies, -ied> I. vt ① (transport in hands or arms) portare ② (transport) trasportare ③ (have on one's person) avere con sé ④ MED (*transmit*) trasmettere ⑥ (*support*) sostenere ⑥ (*approve*) approvare ⑦ PUBL **to ~ an article** pubblicare un articolo ⑧ (*be pregnant*) **to ~ a child** aspettare un bambino II. *vi* (*be audible*) arrivare

♦**carry along** *vt* portarsi dietro; (*water*) portare via

♦**carry forward** *vt* FIN trasferire

♦**carry off** *vt* ① (*remove*) **to carry sb off** portarsi via qu ② (*succeed*) **to carry it off** farcela

♦**carry on** I. *vt insep* continuare; **~ (with) the good work!** bravo, continua così! II. *vi* ① continuare; **to ~ doing sth** continuare a fare qc ② *inf* (*make a fuss*) non finirla più

♦**carry out** *vt* eseguire

♦**carry over** I. *vt* ① (*bring forward*) riportare; FIN trasferire ② (*postpone*) rimandare II. *vi* ① **to ~ into sth** (*have an effect on*) influire su qc ② (*remain*) permanere

♦**carry through** *vt* ① (*support*) sostenere ② (*complete successfully*) portare a termine

CARS [kɑːrz] *n no pl abbr of* **Car Allowance Rebate System** incentivo *m* per la rottamazione delle vecchie auto

cart [kɑːrt] I. *n* ① (*vehicle*) carro *m* ② (*supermarket trolley*) carrello *m* ▸ **to put the ~ before the** <u>horse</u> mettere il carro davanti ai buoi II. *vt* (*transport*) portare

carton ['kɑːr-tn] *n* (*box*) scatola *f* di cartone; (*of juice, milk*) cartone *m*

cartoon [kɑːr-'tuːn] *n* ① ART vignetta *f* ② CINE cartone *m* animato

cartridge ['kɑːr-trɪdʒ] *n* (*for ink, ammunition*) cartuccia *f*

cartwheel ['kɑːrt-hwiːl] I. *n* ruota *f* II. *vi* fare le ruote

carve [kɑːrv] I. *vt* ① (*cut*) ritagliare; **to ~ (out) a name for oneself** *fig* farsi un nome ② (*stone, wood*) intagliare ③ (*cut meat*) tagliare II. *vi* ritagliare

carving *n* ART intaglio *m*

carving knife <knives> *n* trinciante *m*

car wash <-es> *n* autolavaggio *m*

case¹ [keɪs] *n* ① *a.* MED, LING caso *m*; **in**

any ~ in ogni caso; **just in ~** per precauzione; **in ~ it rains** in caso piova ② LAW causa *f*, caso *m* ③ (*argument*) **to make a ~ for sth** argomentare in favore di qc

case² [keɪs] *n* (*container*) cassa *f*; (*for jewels*) astuccio *m*; (*for eyeglasses, musical instrument*) custodia *f*; **a ~ of beer/soft drinks** una cassa di birra/bevande analcoliche; **glass ~** vetrina *f*

cash [kæʃ] I. *n* (*denaro m*) contante *m*; **~ in advance** pagamento *m* anticipato; **to be strapped for ~** *inf* essere al verde II. *vt* incassare; **to ~ sth in** riscuotere qc; **to ~ in** (*one's chips*) *inf* (*die*) morire

♦**cash in** I. *vt insep* riscuotere II. *vi* **to ~ on sth** trarre profitto da qc

cash cow *n sl:* settore di un'azienda che realizza stabilmente grossi profitti

cashier [kæʃ-'ɪr] *n* cassiere, -a *m, f*

cash machine *n* Bancomat® *m inv*

cash register *n* registratore *m* di cassa

casing ['keɪ-sɪŋ] *n* involucro *m*; (*of cable*) rivestimento *m* isolante

casserole ['kæ-sə-roʊl] *n* ① (*cooking vessel*) casseruola *f* ② CULIN piatto *m* di carne e verdure in casseruola

cassette [kə-'set] *n* cassetta *f*

cast [kæst] I. *n* ① THEAT, CINE cast *m inv*; **supporting ~** attori *mpl* non protagonisti ② (*mold*) stampo *m* ③ MED ingessatura *f* II. <cast, cast> *vt* ① (*throw*) lanciare ② (*direct*) **to ~ doubt on sth** mettere in dubbio qc; **to ~ light on sth** illuminare qc; *fig* fare luce su qc ③ (*allocate roles*) **to ~ sb as sb/sth** assegnare a qu la parte di qu/qc ④ (*give*) dare

♦**cast aside** *vt*, **cast away** *vt* (*rid oneself of*) sbarazzarsi di; (*free oneself of*) liberarsi di

♦**cast off** I. *vt* ① (*get rid of*) disfarsi di ② (*stitch*) chiudere II. *vi* ① NAUT salpare ② (*in knitting*) chiudere le maglie

♦**cast out** *vt* (*cacciare*) (*ideas*) respingere; *form* (*person*) espellere

casting ['kæs-tɪŋ] *n* THEAT casting *m inv*

cast-iron *adj* ① (*made of cast iron*) in

ghisa ② *fig* (*evidence*) irrefutabile; (*alibi*) di ferro; (*promise*) fermo, -a

castle [ˈkæ·sl] *n* ① (*building*) castello *m* ② (*chess piece*) torre *f*

casual [ˈkæ·ʒuː·əl] *adj* ① (*relaxed*) disinvolto, -a ② (*not permanent*) occasionale ③ (*not serious*) noncurante; (*glance*) casuale; (*remark*) alla leggera ④ (*informal*) informale; (*clothes*) casual *inv*

casualty [ˈkæ·ʒuː·əl·ti] <-ies> *n* ① (*accident victim*) vittima *f*; (*dead person*) morto, -a *m, f* ② (*injured person*) ferito, -a *m, f*; ~**s** MIL (*dead people*) perdite *fpl*

cat [kæt] *n* gatto, -a *m, f* ▸ **to let the ~ out of the bag** rivelare un segreto; **to rain ~s and dogs** piovere a catinelle

CAT [kæt] *n* ① COMPUT *abbr of* **computer-assisted translation** traduzione *f* assistita dal computer ② MED *abbr of* **computerized axial tomography** TAC *f inv*; ~ **scan** TAC

catalog [ˈkæ·tə·lɑːg] I. *n* catalogo *m*; (*repeated events*) serie *f* II. *vt* catalogare

catalyst [ˈkæ·tə·lɪst] *n a. fig* catalizzatore *m*

catalytic [kæ·tə·ˈlɪ·tɪk] *adj* catalitico, -a; ~ **converter** AUTO catalizzatore *m*

catastrophe [kə·ˈtæs·trə·fi] *n* catastrofe *f*

catastrophic [ˌkæ·tə·ˈstrɑː·fɪk] *adj* catastrofico, -a

catcall [ˈkæt·kɔːl] *n* fischio *m*

catch [kætʃ] <-es> I. *n* ① (*fish caught*) pesca *f* ② (*fastening device*) chiusura *f*; (*on window*) fermo *m* ③ *inf* (*suitable partner*) **he's a good ~** è un buon partito ④ (*trick*) tranello *m* II. <caught, caught> *vt* ① (*hold moving object*) afferrare; (*person*) prendere, catturare; **to ~ sb at a bad moment** cogliere qu in un momento poco opportuno ② (*entangle*) **to get caught in sth** rimanere incastrato in qc; **to get caught up in sth** rimanere coinvolto in qc; **to get caught on sth** rimanere impigliato in qc ③ (*collect*) raccogliere ④ (*hear*) sentire ⑤ (*attract*) attirare ⑥ (*get*) prendere; **to ~ the bus** prendere l'autobus ⑦ (*understand*) capire ⑧ (*notice*) rendersi conto di; (*by chance*) notare (per caso) ⑨ (*discover by surprise*) **to ~ sb doing sth** cogliere qu mentre fa qc; **to ~ sb redhanded** *fig* cogliere qu in flagrante ⑩ MED (*become infected*) prendere ⑪ (*start burning: fire*) prendere

◆**catch on** *vi* ① (*become popular*) prendere piede ② *inf* (*understand*) capire

◆**catch up** I. *vi* **to ~ with sb** raggiungere qu; **to ~ with sth** (*make up lost time*) recuperare qc; (*equal the standard*) mettersi in pari con qc II. *vt* **to catch sb up** mettersi in pari con qu

catch phrase [ˈkætʃ·freɪz] *n* slogan *m inv*

catchup [ˈkæt·ʃəp] *n s.* **ketchup**

catchy [ˈkæ·tʃi] <-ier, -iest> *adj* (*tune*) orecchiabile

category [ˈkæ·tə·gɔː·ri] <-ies> *n* categoria *f*

cater [ˈkeɪ·tə] *vi* preparare da mangiare

catering [ˈkeɪ·tə·rɪŋ] *n* catering *m inv*

catfish [ˈkæt·fɪʃ] *n* pesce *m* gatto

cathedral [kə·ˈθiː·drəl] *n* cattedrale *f*

Catholic [ˈkæ·θə·lɪk] *adj* REL cattolico, -a

Catholicism [kə·ˈθɑː·lə·sɪ·zəm] *n* Cattolicesimo *m*

cattle [ˈkæ·tl] *npl* (*bovines*) bestiame *m*; **beef ~** bovini *mpl* da carne; **dairy ~** vacche da *fpl* latte

caught [kɑːt] *pt, pp of* **catch**

cauliflower [ˈkɑː·lɪ·ˌflaʊ·ə] *n* cavolfiore *m*

cause [kɔːz] I. *n* ① (*a reason for*) (*principle*) LAW causa *f*; **this is no ~ for ...** ciò non giustifica ...; **to do sth in the ~ of sth** fare qc per qc ② (*objective*) causa *f* II. *vt* causare; (*an accident*) provocare; **to ~ sb/sth to do sth** far sì che qu/qc faccia qc

caution [ˈkɑː·ʃən] I. *n* ① (*carefulness*) cautela *f*; ~ **is advised** si raccomanda di procedere con prudenza; **to throw ~ to the winds** gettare la prudenza alle ortiche ② (*warning*) avvertimento *m* II. *vt* *form* **to ~ sb about sth** avvertire qu di qc; **to ~ sb not to do sth** diffidare qu dal fare qc

cautious ['kɑ:-ʃəs] *adj* cauto, -a; (*optimism*) moderato, -a

cave [keɪv] I. *n* grotta *f*, caverna *f* II. *vi* SPORTS praticare speleologia

cave-in *n* cedimento *m*

caveman ['keɪv·mæn] <-men> *n* ① (*prehistoric man*) uomo *m* delle caverne ② *inf* (*socially underdeveloped*) troglodita *m*

cave painting *n* pittura *f* rupestre

cavern ['kæ·vɚn] *n* caverna *f*

cavity ['kæ·vɪ·ti] <-ies> *n* ① *a.* ANAT cavità *f* ② MED carie *f inv*

Cayman Islands ['keɪ·mən·ˌaɪ·ləndz] *n* Isole *fpl* Cayman

CBW *n abbr of* **chemical and biological warfare** guerra *f* biochimica

CCTV [ˌsi:·si:·ti:·ˈvi:] *n abbr of* **closed-circuit television** televisione *f* a circuito chiuso

cease [si:s] *vi, vt form* cessare; **to ~ to do sth** cessare di fare qc; **it never ~s to amaze me** non finisce mai di stupirmi

ceiling ['si:·lɪŋ] *n* ① ARCHIT soffitto *m* ② AVIAT plafond *m inv* ③ (*upper limit*) tetto *m* massimo; (*on prices*) limite *m*; **to impose a ~ on sth** imporre un limite a qc ④ METEO ceiling *m* ▸ **to hit the ~** *inf* andare su tutte le furie

celebrate ['se·lɪ·breɪt] I. *vi* festeggiare; **let's ~!** bisogna festeggiare! II. *vt* celebrare; **they ~d him as a hero** lo accolsero come un eroe

celebrated *adj* celebre

celebration [ˌse·lɪ·ˈbreɪ·ʃən] *n* ① (*party*) festeggiamento *m* ② (*of an occasion, an event*) celebrazione *f*; **to throw a party in ~ of sth** dare una festa per festeggiare qc

celebrity [sə·ˈle·brə·ti] *n* ① <-ies> (*person*) famoso, -a *m, f* ② (*fame*) celebrità *f*

celery ['se·lə·ri] *n* sedano *m*

cell [sel] *n* ① (*in prison*) cella *f* ② BIO, POL, ELEC cellula *f*; **grey ~s** materia *f* grigia *inf*

cellar ['se·lɚ] *n* cantina *f*

cellist ['tʃe·lɪst] *n* MUS violoncellista *mf*

cello ['tʃe·loʊ] <-s *o* -li> *n* MUS violoncello *m*

cell phone ['sel·foʊn] *n* cellulare *m*, telefonino *m*

cellular ['sel·ju·lɚ] *adj* ① BIO cellulare ② (*porous*) poroso, -a

cellular phone *n* cellulare *m*

cement [sɪ·ˈment] I. *n* ARCHIT, MED *a. fig* cemento *m* II. *vt* ① (*cover with cement*) cementare ② MED otturare

cemetery ['se·mə·te·ri] <-ies> *n* cimitero *m*

censor ['sen·sɚ] I. *n* ① (*official*) censore *m* ② PSYCH censura *f* II. *vt* censurare

cent [sent] *n* centesimo *m* ▸ **to not have a red ~** *inf* non avere un soldo

centenary ['sent·ne·ri] I. <-ies> *n* centenario *m* II. *adj* (*once every century*) centenario, -a; **~ year** centenario *m*

center ['sen·tɚ] I. *n* ① centro *m* ② SPORTS (*in football*) centravanti *m inv* II. *vt* ① *a.* SPORTS, TYPO centrare ② (*efforts*) concentrare

◆ **center around** *vi* incentrarsi attorno a

centigrade ['sen·tə·greɪd] *adj* centigrado, -a

centimeter ['sen·tə·ˌmi:·tɚ] *n* centimetro *m*

central ['sen·trəl] *adj* ① (*at the middle*) centrale; **in ~ Boston** nel centro di Boston ② (*important: issue*) fondamentale; **to be ~ to sth** essere fondamentale per qc ③ (*from a main point: bank, air conditioning*) centrale; **~ processing unit** COMPUT unità *f* centrale di elaborazione

century ['sen·tʃə·ri] <-ies> *n* (*100 years*) secolo *m*; **the twentieth ~** il ventesimo

CEO [ˌsi:·i:·ˈoʊ] *n abbr of* **chief executive officer** direttore, -trice *m, f* generale

ceramic [sə·ˈræ·mɪk] *adj* di ceramica

cereal ['sɪ·ri·əl] I. *n* ① (*cultivated grass*) cereale *m* ② (*breakfast food*) cereali *mpl* II. *adj* di cereali

ceremonial [ˌse·rə·ˈmoʊn·iəl] I. *n form*

cerimoniale *m* II.*adj* formale; (*event*) solenne

ceremony ['se·rə·mou·ni] <-ies> *n* cerimonia *f*

certain ['sɜ:r·tn] I.*adj* ⓐ(*sure*) certo, -a, sicuro, -a; **it is quite ~ (that)** ... è molto probabile che ... +*conj*; **to be ~ about sb** avere fiducia in qu; **to be ~ about sth** essere convinto di qc; **to make ~ of sth** assicurarsi di qc; **it is not yet ~** ... non è ancora certo ...; **to feel ~ (that** ...) essere sicuro (che ...); **one thing is (for) ~** ... quel che è certo è che ...; **for ~** con certezza ⓐ(*undeniable*) certo, -a; **it is ~ that** ... sicuramente ...; **the disaster seemed ~** il disastro pareva inevitabile ⓐ(*specified*) **a ~ Steve Rukus** un certo Steve Rukus; **to a ~ extent** in parte II.*pron* certo, -a

certainly *adv* certamente; **~, Sir!** certo, signore!; **~ not!** assolutamente no!

certainty ['sɜ:r·tən·ti] <-ies> *n* certezza *f*; **Joan is a ~ to win** di sicuro vincerà Joan

certificate [sə·'tɪ·fɪ·kət] *n* ⓐ(*document*) certificato *m* ⓐSCHOOL diploma *m*

certify ['sɜ:r·tə·faɪ] <-ie-> *vt* certificare; **certified copy** copia *f* autenticata; **this is to ~ that** ... *form* con la presente si certifica che ...

cervical ['sɜ:r·vɪ·kl, sɜ:'vaɪ·kl] *adj* ⓐ(*neck*) cervicale; **~ collar** collare *m* cervicale ⓐ(*cervix*) del collo dell'utero

chain [tʃeɪn] I.*n* ⓐcatena *f*; **~ gang** gruppo di prigionieri incatenati insieme impegnati in lavori forzati; **to be in ~s** essere incatenato ⓐ(*series*) serie *f inv* II.*vt* incatenare; **to ~ sth/sb (up) to sth** incatenare qc/qu a qc; **to be ~ed to a desk** *fig* essere incollato alla scrivania

chain smoker *n* fumatore, -trice *m, f* accanito, -a

chair [tʃer] I.*n* ⓐ(*seat*) sedia *f* ⓐ(*head*) presidente *mf*; **to be ~ of a department** essere il/la capodipartimento ⓐUNIV cattedra *f* ⓐ*sl* (*electric*

chair) sedia *f* elettrica II.*vt* (*a meeting*) presiedere

chairman ['tʃer·mən] <-men> *n* presidente *m*

chairperson ['tʃer·ˌpɜ:r·sən] *n* presidente *mf*

chairwoman <-women> *n* presidente *f*

chalk [tʃɔ:k] I.*n* gesso *m* II.*vt* (*write*) scrivere col gesso; (*draw*) disegnare col gesso

◆**chalk up** *vt* ⓐ(*ascribe*) attribuire; **to ~ sth to sb/sth** attribuire qc a qu/qc ⓐ(*achieve*) raggiungere

challenge ['tʃæ·lɪndʒ] I.*n* ⓐ(*a call to competition*) sfida *f*; **to be faced with a ~** trovarsi di fronte a una sfida; **to pose a ~ to sth** rappresentare un problema per qc ⓐ. MIL alt *m inv* ⓐLAW contestazione *f* II.*vt* ⓐ(*ask to compete*) sfidare; **to ~ sb to a duel** sfidare qu a duello ⓐ(*question*) mettere in discussione ⓐLAW contestare

challenging *adj* (*book, idea*) stimolante; (*course, task*) impegnativo, -a

chambermaid ['tʃeɪm·bər·meɪd] *n* cameriera *f* d'albergo

champ [tʃæmp] I.*n* *inf* campione, -essa *m, f* II.*vt, vt* masticare

champion ['tʃæm·pi·ən] I.*n* ⓐSPORTS campione, -essa *m, f* ⓐ(*supporter*) difensore *m*; **to be a ~ of sth** essere un paladino di qc II.*vt* sostenere III.*adj* SPORTS campione, -essa

championship ['tʃæm·pian·ʃɪp] *n* (*competition*) campionato *m*

chance [tʃæns] I.*n* ⓐ(*random force*) caso *m*; **a ~ encounter** un incontro fortuito; **to leave nothing to ~** non lasciare nulla al caso; **by ~** per caso ⓐ(*likelihood*) probabilità *f*; **the ~s are that she's already gone** è molto probabile che se ne sia già andata; **to stand a ~ of doing sth** *inf* avere qualche possibilità di fare qc; **not a ~!** *inf* neanche per sogno! ⓐ(*opportunity*) opportunità *f inv*; **the ~ of a lifetime** un'occasione unica; **to give sb a ~ (to do sth)** dare a qu l'opportunità (di fare qc); **to jump at the ~** cogliere la palla al balzo ⓐ(*haz-*

ard) rischio *m;* **to take a ~** rischiare II.*vt* rischiare; **to ~ it** correre il rischio III.*vi* arrischiarsi

chancellor ['tʃænˑsəˑlə] *n* ❶ POL (*head of state*) cancelliere *m* ❷ (*head of a university*) rettore *m*

chancy ['tʃænˑsi] <-ier, -iest> *adj* rischioso, -a

change [tʃeɪndʒ] I.*n* ❶ (*alteration*) cambio *m*, cambiamento *m;* **a ~ of clothes** un cambio di abiti; **for a ~** per cambiare ❷ (*coins*) spiccioli *m;* **a dollar in ~** un dollaro in monete; **have you got ~ for a twenty-dollar bill?** ha da cambiare 20 dollari? ❸ (*money returned*) resto *m;* **no ~ given** non dà resto ❹ (*exact amount*) **to have exact ~** avere l'importo esatto II.*vt* ❶ (*exchange*) cambiare; **to ~ places with sb** *fig* cambiare di posto con qu; **to ~ sth/sb into sth** cambiare qc/qu in qc ❷ (*get off a train/plane and board another*) **to ~ trains** cambiare treno ❸ (*alter speed*) **to ~ gear(s)** cambiare marcia III.*vi* ❶ (*alter*) cambiare; **to ~ into sth** trasformarsi in qc ❷ (*get off a train/plane and board another*) cambiare ❸ (*put on different clothes*) cambiarsi

changeable ['tʃeɪndʒˑəˑbl] *adj* mutevole

changeover ['tʃeɪndʒˑoʊˑvə] *n* ❶ (*transition*) passaggio *m* ❷ (*in a race*) passaggio *m* del testimone

changing ['tʃeɪnˑdʒɪŋ] *adj* **~ room** SPORTS spogliatoio *m;* (*in a shop*) camerino *m*

channel ['tʃæˑnl] I.*n* canale *m;* **The English Channel** il Canale della Manica II.<-ll-, -l-> *vt* canalizzare

Channel Tunnel *n* tunnel *m* della Manica *inv*

chaos ['keɪˑɑːs] *n* caos *m*

chaotic [keɪˑ'ɑːˑtɪk] *adj* caotico, -a

chapel ['tʃæˑpl] *n* cappella *f;* **funeral ~** camera ardente

chapter ['tʃæpˑtə] *n* ❶ *a. fig* capitolo *m* ❷ (*local branch*) sezione *f*

character ['keˑrəkˑtə] *n* ❶ (*qualities*) carattere *m;* **to be in/out of ~ with sb/sth** essere/non essere tipico di qu/ qc ❷ (*moral integrity*) reputazione *f;* **~ reference** referenze *fpl* ❸ (*unique person*) (*representation*) personaggio *m;* **in the ~ of ...** nel ruolo di ... ❹ TYPO carattere *m*

characteristic [ˌkeˑrəkˑtəˑ'rɪsˑtɪk] I.*n* caratteristica *f* II.*adj* caratteristico, -a

charge [tʃɑːrdʒ] I.*n* ❶ (*cost*) spese *fpl;* **admission ~** prezzo *m* d'ingresso; **at no extra ~** senza costi aggiuntivi; **free of ~** gratis ❷ LAW (*accusation*) accusa *f;* **to bring ~s against sb** denunciare qc ❸ (*attack*) carica *f;* SPORTS attacco *m* ❹ (*authority*) responsabilità *f;* **in the ~ of sb** sotto la responsabilità di qu; **to be in ~ of sb/sth** essere responsabile di qu/qc; **who is in ~ here?** chi è il responsabile qui? ❺ ELEC carica *f* II.*vi* ❶ FIN far pagare ❷ (*attack*) **to ~ at sb/ sth** caricare qu/qc; **~!** carica! ❸ ELEC caricarsi III.*vt* ❶ FIN (*ask a price*) far pagare; **to ~ sth to sb's account** addebitare qc sul conto di qu ❷ LAW (*accuse*) imputare; **she's been ~d with murder** l'hanno accusata di omicidio *form* ❸ MIL, ELEC caricare

chargeable ['tʃɑːrˑdʒəˑbl] *adj* FIN **~ to the customer** a carico del cliente

charge card *n* carta *f* di credito

charged *adj* carico, -a

charging station *n* stazione *f* di ricarica; (*for electric vehicles*) stazione *f* di ricarica per veicoli elettrici, colonnina *f* elettrica

charity ['tʃeˑrəˑti] <-ies> *n* ❶ beneficenza *f* ❷ (*generosity of spirit*) carità *f* ❸ (*organization*) ente *m* di beneficenza

charm [tʃɑːrm] I.*n* ❶ (*quality*) fascino *m* ❷ (*ornament*) ciondolo *m* ❸ (*talisman*) amuleto *m* II.*vt* incantare

charming ['tʃɑːrˑmɪŋ] *adj* incantevole

chart [tʃɑːrt] I.*n* ❶ (*display of information*) tabella *f;* **weather ~** carta *f* meteorologica ❷ *pl* MUS **the ~s** la classifica II.*vt* ❶ *a. fig* riportare ❷ (*observe*) seguire attentamente

charter flight *n* volo *m* charter

C

chase [tʃeɪs] **I.** *n* ❶ (*pursuit*) inseguimento *m;* **to give ~** mettersi all'inseguimento ❷ *a. fig* (*hunt*) caccia *f* **II.** *vi* (*rollick about*) **they ~ed after her** le dettero la caccia **III.** *vt* ❶ (*pursue: dreams*) inseguire; (*women*) andare dietro a ❷ (*scare away*) **to ~ away sb/sth** cacciar via qc

chat [tʃæt] **I.** *n* ❶ chiacchierata *f* ❷ COMPUT chat *f inv* **II.** *vi* <-tt-> ❶ chiacchierare ❷ COMPUT chattare

chatter ['tʃæ·tə] **I.** *n* ❶ chiacchiere *fpl* **II.** *vi* ❶ (*converse superficially*) **to ~ about sth** chiacchierare di qc ❷ (*make clacking noises: machines*) vibrare; **his teeth were chattering** batteva i denti

chatty ['tʃæ·t̬i] <-ier, -iest> *adj inf* (*friendly person*) chiacchierone, -a

cheap [tʃiːp] *adj* ❶ (*inexpensive*) economico, -a, conveniente; **dirt ~** regalato, -a ❷ (*exploited*) **~ labor** manodopera *f* a basso costo ❸ (*inexpensive but bad quality*) scadente ❹ (*miserly*) taccagno, -a

cheat [tʃiːt] **I.** *n* ❶ (*dishonest person*) imbroglione, -a *m, f* ❷ (*trick*) imbroglio *m* **II.** *vi* **to ~ at sth** imbrogliare in qc; **to ~ on a test** copiare a un esame **III.** *vt* ingannare; **to ~ the taxman** frodare il fisco

check [tʃek] **I.** *n* ❶ controllo *m;* **security ~** controllo di sicurezza; **to run a ~** fare un controllo ❷ (*deposit receipt*) scontrino *m;* **coat ~** guardaroba *m* ❸ (*mark*) segno *m* di spunta, visto *m* ❹ (*paper money*) assegno *m;* **to make out a blank ~** fare un assegno in bianco; *fig* dare carta bianca; **to pay by ~** pagare con un assegno ❺ (*bill for food*) conto *m* ❻ (*textile*) tessuto *m* a quadri **II.** *adj* a quadri **III.** *vt* ❶ controllare ❷ (*prevent*) frenare ❸ lasciare in consegna; AVIAT (*baggage*) consegnare ❹ (*make a mark*) fare un segno in **IV.** *vi* ❶ controllare ❷ (*be in accordance with*) coincidere

◆**check in** *vi* ❶ (*at airport*) fare il check-in ❷ (*at hotel*) registrarsi

◆**check off** *vt* spuntare

◆**check out I.** *vi* **to ~ of a room** lasciare libera una stanza **II.** *vt* ❶ (*investigate*) controllare ❷ *sl* (*look at*) guardare

checkbook ['tʃek·bʊk] *n* libretto *m* degli assegni

check-in counter *n,* **check-in desk** *n* banco *m* del check-in

checking account *n* conto *m* corrente

check-in time *n* orario *f* del check-in

checklist ['tʃek·lɪst] *n* lista *f*

checkout ['tʃek·aʊt] *n* cassa *f*

checkpoint ['tʃek·pɔɪnt] *n* posto *m* di blocco

checkup ['tʃek·ʌp] *n* MED visita *f* di controllo

cheek [tʃiːk] *n* ❶ (*on face*) guancia *f* ❷ (*impertinence*) faccia *f* tosta; **to have the ~ to do sth** avere la faccia tosta di fare qc

cheeky ['tʃiː·ki] <-ier, -iest> *adj* sfacciato, -a

cheer [tʃɪr] **I.** *n* ❶ (*exuberant shout*) acclamazione *f;* **three ~s for the champion!** tre urrà il campione! ❷ (*joy*) allegria *f* **II.** *interj pl* (*said when drinking*) salute **III.** *vi* **to ~ for sb** acclamare qu

cheerful ['tʃɪr·fʊl] *adj* ❶ (*happy*) allegro ❷ (*color*) vivace ❸ (*encouraging*) confortante

cheerfulness *n* allegria *f*

cheering I. *n* applausi *mpl* **II.** *adj* confortante

cheery ['tʃɪ·ri] <-ier, -iest> *adj* allegro, -a

cheese [tʃiːz] *n* formaggio *m*

cheeseburger ['tʃiːz·ˌbɝ·gər] *n* hamburger *m* al formaggio *inv*

cheesecake ['tʃiːz·keɪk] *n* cheesecake *m inv* (*torta a base di formaggio fresco*)

cheesy ['tʃiː·zi] <-ier, -iest> *adj* ❶ (*like cheese*) di formaggio ❷ *inf* (*cheap and shoddy*) di cattivo gusto

chemical ['ke·mɪ·kl] **I.** *n* (*atoms*) sostanza *f* chimica; (*additive*) additivo *m* **II.** *adj* chimico, -a

chemist ['ke·mɪst] *n* chimico, -a *m, f*

chemistry ['ke·mɪs·tri] *n* chimica *f*

cherry ['tʃe·ri] <-ies> **I.** *n* ❶ (*fruit*) ciliegia f ❷ (*tree*) ciliegio m II. *adj* (*rosso*) ciliegia

chess [tʃes] n scacchi *mpl*

chessboard ['tʃes·bɔːrd] n scacchiera f

chest [tʃest] n ❶ (*human torso*) petto m, torace m; ~ **pains** dolori *mpl* al petto ❷ (*breasts*) petto m, seno m ❸ (*trunk*) baule m; **medicine** ~ armadietto m dei medicinali

chestnut ['tʃes·nʌt] I. n ❶ (*fruit*) castagna f ❷ (*tree, wood*) castagno m ❸ (*color*) castano m ❹ (*horse*) sauro, castagno m II. *adj* castano, -a

chew [tʃuː] I. n (*candy*) caramella f II. *vt* masticare

♦**chew out** *vt sl* fare una parte a

chewing gum ['tʃuː·ɪŋ·gʌm] n gomma f da masticare

chick [tʃɪk] n ❶ (*baby chicken*) pulcino m ❷ *inf* (*young woman*) ragazza f

chicken ['tʃɪ·kɪn] n ❶ (*farm bird*) pollo m ❷ (*meat*) pollo m; **fried/roasted** ~ pollo fritto/arrosto; **grilled** ~ pollo alla griglia ❸ *inf* (*person*) coniglio m

chickenpox n varicella f

chief [tʃiːf] I. n capo m II. *adj* ❶ (*top*) capo *inv* ❷ (*major*) principale

chiefly *adv* principalmente

child [tʃaɪld] <children> *pl* n ❶ (*person who's not fully grown*) bambino, -a m, f ❷ (*offspring*) figlio, -a m, f

child abuse n ['tʃaɪld·ə·bjuːs] n abuso m di minori

childbearing I. n maternità f II. *adj* **women of** ~ **age** donne in età fertile *fpl*

childbirth n parto m

child-care n assistenza f ai bambini

childhood n infanzia f

childish ['tʃaɪl·dɪʃ] *adj pej* infantile; **don't be** ~! non fare il bambino!

childless ['tʃaɪld·lɪs] *adj* senza figli

childlike ['tʃaɪld·laɪk] *adj* infantile

childproof *adj* a prova di bambino

children ['tʃɪl·drən] n *pl of* **child**

Chile ['tʃɪl·i] n Cile m

Chilean [tʃɪ·'leɪ·ən] *adj*, n chileno, -a m, f

chili ['tʃɪ·li] <-es> n, **chile** ['tʃɪ·li] n peperoncino m

chill [tʃɪl] I. n ❶ (*coldness*) freddo m; **to catch a** ~ prendere il raffreddore ❷ (*shiver*) brivido m II. *adj* (*cold*) freddo, -a; (*frightening*) agghiacciante III. *vt* (*thing*) raffreddare; (*person*) infreddolire; **to be** ~**ed to the bone** avere un freddo cane

chilly ['tʃɪ·li] <-ier, -iest> *adj a. fig* freddo, -a

chimney ['tʃɪm·ni] n camino m

chin [tʃɪn] n mento m

china ['tʃaɪ·nə] n ❶ (*porcelain*) porcellana f ❷ (*crockery*) vasellame m

China ['tʃaɪ·nə] n Cina f

Chinese [tʃaɪ·'niːz] I. *adj* cinese II. ❶ (*person*) cinese *mf* ❷ LING cinese m

chip [tʃɪp] I. n ❶ (*flake*) frammento m; (*stone*) scheggia, wood f ❷ COMPUT chip m *inv* ❸ (*money token for gambling*) fiche f *inv*; **bargaining** ~ moneta f di scambio ❹ FOOD patatina f; **chocolate** ~ scaglia f di cioccolato ► **when the** ~**s are down** *inf* alla resa dei conti II. *vt* <-pp-> scheggiare III. *vi* <-pp-> scheggiarsi

chipped [tʃɪpt] *adj* scheggiato, -a

chiropractor [ˌkaɪ·roʊ·præk·tə] n chiropratico, -a m, f

chirpy ['tʃɜːr·pi] <-ier, -iest> *adj* allegro, -a

chocolate ['tʃɑːk·lət] n ❶ (*sweet*) cioccolato m; **dark** ~ cioccolato fondente; **a bar of** ~ una barretta di cioccolato ❷ (*piece of chocolate candy*) cioccolatino m

choice [tʃɔɪs] I. n ❶ scelta f; **to make a** ~ scegliere; **to have no** ~ non avere scelta II. *adj* (*top quality*) di prima scelta

choir ['kwaɪ·ə] n coro m

choke [tʃoʊk] I. *vi* soffocare; **to** ~ **to death** morire soffocato II. n AUTO starter m III. *vt* ❶ (*deprive of air*) soffocare ❷ (*block*) intasare; ~**d with leaves** intasato dalle foglie

♦**choke back** *vt* soffocare; **to** ~ **tears** trattenere le lacrime

♦**choke off** *vt* diminuire

♦**choke up** *vt* intasare

cholesterol [kə·'les·tə·ra:l] *n* colesterolo *m*

choose [tʃu:z] <chose, chosen> *vi, vt* scegliere

choos(e)y ['tʃu:·zi] <-ier, -iest> *adj inf* pignolo, -a

chop [tʃa:p] I. *vt* <-pp-> tagliare; (*wood*) spaccare II. *vi* <-pp-> cambiare direzione III. *n* ❶ CULIN braciola *f* ❷ (*blow*) colpo *m*
◆ **chop down** *vt* abbattere

chop-chop [ˌtʃa:p·'tʃa:p] *interj inf* su, svelti!

chore [tʃɔ:r] *n* ❶ (*routine job*) lavoro *m*; **household ~s** faccende *fpl* domestiche ❷ (*tedious task*) lavoraccio *m*

chorus ['kɔ:·rəs] I. <-es> *n* ❶ (*refrain*) ritornello *m* ❷ + *sing/pl vb* (*singers*) coro *m*; **~ girl** corista *f*; **in ~** in coro II. *vi, vt* cantare in coro

chose [tʃoʊz] *pt of* choose

Christ [kraɪst] I. *n* Cristo *m* II. *interj inf* Cristo santo!

christen ['krɪ·sən] *vt* ❶ (*baptize*) battezzare ❷ (*give name to*) **they ~ed their second child Jeff** il secondo figlio l'hanno chiamato Jeff ❸ (*use for first time*) inaugurare

christening ['krɪ·sə·nɪŋ] *n*, **christening ceremony** *n* battesimo *m*

Christian ['krɪst·ʃən] I. *n* cristiano, -a *m, f* II. *adj* ❶ (*of Christ's teachings*) cristiano, -a ❷ (*kind*) caritatevole ❸ (*decent*) degno, -a

Christianity [ˌkrɪs·tʃi·'æ·nə·ti] *n* Cristianesimo *m*

Christmas ['krɪs·məs] <-es *o* -ses> *n* Natale *m*; **at ~** a Natale; **Merry ~!** Buon Natale!; **Father ~** Babbo *m* Natale; **~ card** biglietto *m* d'auguri natalizio

Christmas carol *n* canto *m* di Natale

Christmas Day *n* (giorno *m* di) Natale *m*

Christmas Eve *n* vigilia *f* di Natale

Christmas tree *n* albero *m* di Natale

chronic ['kra:·nɪk] *adj* ❶ (*lasting a long time*) cronico, -a ❷ (*habitual*) inguaribile

chronological [ˌkra:·nə·'la:·dʒɪ·kl] *adj* cronologico, -a; **in ~ order** in ordine cronologico

chubby ['tʃʌ·bi] <-ier, -iest> *adj* cicciottello, -a

chuck¹ [tʃʌk] I. *vt* ❶ *inf* (*throw*) tirare ❷ *inf* (*discard*) buttare II. *n* *inf* tiro *m*

chuck² [tʃʌk] *n* ❶ (*cut of beef*) bistecca di manzo della parte della spalla ❷ (*device for holding tool*) mandrino *m*

chum [tʃʌm] *n* infamicone, -a *m, f*

chummy ['tʃʌ·mi] <-ier, -iest> *adj inf* (*friendly*) simpatico, -a; **to get ~ with sb** diventare amicone con qu

chump [tʃʌmp] *n inf* tonto, -a *m, f*

chump change *n sl* spiccioli *mpl*

chunk [tʃʌŋk] *n* ❶ (*thick lump*) pezzo *m* ❷ *inf* (*large part*) bella fetta *f*

chunky ['tʃʌŋ·ki] <-ier, -iest> *adj* (*person*) ben piantato, -a; (*soup*) con verdura a pezzi

church [tʃɜ:rtʃ] I. *n* chiesa *f*; **to go to ~** andare in chiesa; **to enter the ~** farsi prete; (*become a nun*) farsi suora II. *adj* ❶ (*of the organization: parade, celebration*) religioso, -a ❷ (*of a building*) della chiesa

churchgoer ['tʃɜ:rtʃ·ˌgoʊ·ə·] *n* praticante *mf*

churchyard ['tʃɜ:rtʃ·ja:rd] *n* cimitero *m*

chute [ʃu:t] *n* ❶ (*sloping tube*) rampa *f*; **garbage ~** botola *f* per i rifiuti ❷ (*swimming pool slide*) scivolo *m* ❸ *inf* AVIAT paracadute *m*

cigar [sɪ·'ga:r] *n* sigaro *m*

cigarette [ˌsɪ·gə·'ret] *n* sigaretta *f*

cigarette butt *n* mozzicone *m* di sigaretta

cinemagoer ['sɪ·nə·mə·ˌgoʊ·ə·] *n* cinefilo, -a *m, f*

cipher *n*, **cypher** ['saɪ·fə·] *n* codice *m*; **in ~** in codice

circle ['sɜ:r·kl] I. *n* ❶ *a.* MATH cerchio *m*; **to run around in ~s** *fig* non riuscire a combinare niente ❷ THEAT galleria *f* II. *vt* cerchiare; (*move in a circle around*) girare attorno a III. *vi* (*aircraft*) girare in tondo

circuit ['sɜ:r·kɪt] *n* ❶ circuito *m* ❷ (*dis-*

trict under circuit judge) distretto *m* giurisdizionale

circuit board *n* circuito *m* stampato

circular ['sɜːr·kjə·lə] **I.** *adj* circolare **II.** *n* circolare *f*

circulate ['sɜːr·kjʊ·leɪt] **I.** *vt* far circolare **II.** *vi* circolare

circulation [ˌsɜːr·kjʊ·ˈleɪ·ʃən] *n* ① circolazione *f*; **to be out of ~** essere fuori circolazione ② (*of publication*) tiratura *f*

circulatory ['sɜːr·kjə·lə·ˌtɔː·ri] *adj* circolatorio, -a

circumstance ['sɜːr·kəm·stæns] *n* circostanza *f*; **under no ~s** in nessun caso

circus ['sɜːr·kəs] **I.** <-es> *n* circo *m* **II.** *adj* del circo

CIS [ˌsiː·aɪ·ˈes] *n abbr of* **Commonwealth of Independent States** CSI *f*, *Comunità di Stati Indipendenti*

citizen ['sɪ·tɪ·zn] *n* ① (*subject*) cittadino, -a *m, f* ② (*resident of town*) abitante *mf*

citrus ['sɪt·rəs] <citrus *o* citruses> **I.** *n* agrume *m* **II.** *adj* citrico, -a

city ['sɪ·t̬i] <-ies> **I.** *n* città *f* **II.** *adj* (*landscape*) urbano, -a; (*life*) di città

city hall *n* municipio *m*

civil ['sɪ·vl] *adj* ① civile ② (*courteous*) cortese

civil court *n* tribunale *m* civile

civilian [sɪ·ˈvɪl·jən] <inv> *adj*, *n* civile *mf*

civilization [ˌsɪ·və·lɪ·ˈzeɪ·ʃən] *n* civiltà *f* *inv*

civil marriage *n* matrimonio *m* civile

civil rights *npl* diritti *mpl* civili

civil servant *n* funzionario, -a *m, f* statale

civil service *n* Amministrazione *f* Pubblica

civil union *n* unione *f* civile

civil war *n* guerra *f* civile

claim [kleɪm] **I.** *n* ① (*assertion*) affermazione *f* ② (*written demand*) richiesta *f*; **insurance ~** richiesta di risarcimento ③ (*right*) rivendicazione *f*; **to lay ~ to sth** rivendicare qc **II.** *vt* ① (*assert*) affermare; (*right, responsibility*) rivendicare ② (*declare ownership*) reclamare; (*re-*

ward, title) rivendicare; (*diplomatic immunity*) chiedere ③ (*require*) richiedere ④ (*demand in writing*) fare richiesta di; **to ~ damages** chiedere il risarcimento dei danni **III.** *vi* **to ~ for sth** reclamare qc

claimant ['kleɪ·mənt] *n* richiedente *mf*

clamp [klæmp] **I.** *n* TECH morsetto *m* **II.** *vt* ① (*fasten together*) stringere ② (*impose forcefully*) imporre

◆ **clamp down** *vi* **to ~ on sth** mettere freno a qc

clap [klæp] **I.** <-pp-> *vi, vt* (*applaud*) applaudire; (*slap palms together*) battere le mani **II.** *n* ① (*slap*) pacca *f* ② (*applause*) applauso *m*; **to give sb a ~** applaudire qu ③ (*noise*) **a ~ of thunder** un tuono

claptrap ['klæp·træp] *n inf* scemenze *fpl*

clarify ['kle·rɪ·faɪ] <-ie-> *vt* ① (*make clearer, explain*) chiarire ② (*purify*) chiarificare

clarity ['kle·rə·ti] *n* chiarezza *f*

clash [klæʃ] **I.** *vi* ① (*fight*) scontrarsi ② (*compete against*) affrontarsi ③ (*contradict: views*) contraddirsi ④ (*not match*) non intonarsi ⑤ (*make loud noise*) far rumore **II.** *vt* sbattere rumorosamente **III.** <-es> *n* ① (*hostile encounter*) scontro *m* ② (*conflict, incompatibility*) conflitto *m* ③ (*loud harsh noise*) fragore *m*

clasp [klæsp] **I.** *n* ① (*firm grip*) stretta *f* ② (*fastening device*) fermaglio *m*, fibbia *f* **II.** *vt* (*grip*) serrare; **to ~ one's hands** stringersi la mano ② (*fasten*) allacciare

class [klæs] **I.** <-es> *n* ① classe *f* ② (*lesson*) lezione *f*, corso *m* **II.** *vt* classificare; **to ~ sb as sth** classificare qu come qc

classic ['klæ·sɪk] **I.** *adj* ① classico, -a ② *inf* (*joke, story*) memorabile **II.** *n* classico *m*

classical ['klæ·sɪ·kl] *adj* classico, -a

classics ['klæ·sɪks] *n* ① *pl* **the ~** (*great literature*) i classici ② + *sing vb* (*Greek and Roman studies*) studi *mpl* classici

classified ['klæ·sɪ·faɪd] <inv> adj classificato, -a; (confidential) riservato, -a

classify ['klæ·sɪ·faɪ] <-ie-> vt classificare; (designate as secret) dichiarare di carattere riservato

classmate n compagno, -a m, f di classe

classroom n aula f, classe f

clatter ['klæ·t̬ə] I. vi (make rattling noise) fare fracasso II. n fracasso m

claw [klɑː] I. n artiglio m; (of sea creatures) chela f II. vt graffiare

clay [kleɪ] I. n ① argilla f ② SPORTS terra f battuta II. adj di argilla

clean [kliːn] I. adj ① (free of dirt, fair) pulito, -a ② (free from bacteria) disinfettato, -a ③ (morally acceptable) onesto, -a; (reputation) senza macchia; (driving license) con tutti i punti; ~ **police record** fedina f penale pulita ④ (smooth: cut) netto, -a; (design) elegante ⑤ (complete) **to make a ~ break with sth** dare un taglio netto a qc ⑥ (blank: piece of paper) bianco, -a II. n pulita f III. adv completamente; **to ~ forget that ...** dimenticarsi completamente che ... IV. vt pulire V. vi pulirsi
♦ **clean out** vt ① (clean thoroughly) pulire; (with water) lavare ② sl (make penniless) ripulire
♦ **clean up** I. vt ① (make clean) pulire; (tidy up) riordinare; **to clean oneself up** darsi una ripulita ② (eradicate) ripulire da II. vi ① (make clean) pulire ② inf (make profit) guadagnare

cleaner ['kliː·nə] n ① (person) addetto, -a m, f alle pulizie ② (substance) prodotto m detergente

cleaning ['kliː·nɪŋ] n pulizia f

cleaning lady <-ies> n, **cleaning woman** <women> n donna f delle pulizie

cleanly ['klen·li] adv (cut) di netto; (honestly) onestamente

clean-shaven ['kliːn·'ʃeɪ·vn] adj sbarbato, -a

cleansing cream n crema f detergente

cleansing tissue n fazzolettino m struccante

clear [klɪr] I. n **to be in the ~** essere fuori pericolo II. adv **to get ~ of sth** togliersi da qc; **to stand ~ (of sth)** tenersi lontano (da qc) III. adj ① (transparent) trasparente; (picture) nitido, -a; **to make oneself ~** spiegarsi bene; **as ~ as day** chiaro come il giorno ② (obvious) evidente ③ (free from guilt) a posto ④ (net) netto, -a IV. vt ① (remove obstacles) sgombrare; (empty) liberare ② (remove blockage) stasare ③ (remove doubts) chiarire; **to ~ one's head** chiarirsi le idee ④ (acquit) scagionare ⑤ (net) guadagnare ⑥ (jump) saltare ⑦ (give official permission) autorizzare V. vi (water, weather) schiarirsi
♦ **clear away** I. vt mettere via II. vi andarsene
♦ **clear off** I. vi inf filarsela II. vt mandare via
♦ **clear out** I. vt ripulire; (throw away) sbarazzarsi di II. vi andarsene
♦ **clear up** I. vt risolvere; (tidy) riordinare II. vi schiarire

clearance ['klɪr·əns] n ① (act of clearing) rimozione f ② (space) spazio m libero ③ (permission) autorizzazione f

clearance sale n liquidazione f

clearly ['klɪr·li] adv chiaramente

clench [klentʃ] vt stringere

clergy ['klɜːr·dʒi] n + sing/pl vb clero m

cleric ['kle·rɪk] n ecclesiastico m

clerical ['kle·rɪ·kl] adj ① (of the clergy) clericale ② (of offices) d'ufficio; ~ **worker** impiegato, -a m, f

clerk [klɑːrk] n ① (in office) impiegato, -a m, f ② (in hotel) receptionist mf inv; (in shop) commesso, -a m, f; **sales ~** addetto, -a alle vendite

clever ['kle·və] adj ① (intelligent) intelligente ② (skillful) abile; (invention) ingegnoso, -a ③ pej furbo, -a

cleverness n ① (intelligence) intelligenza f ② (skill) abilità f

click [klɪk] I. n clic m inv; (of one's heels) ticchettio m; (of one's tongue) schiocco m II. vi ① (make short, sharp sound) fare un rumore secco ② COMPUT fare clic ③ (become friendly) andare

C

subito d'accordo; (*become popular*) avere successo ④ (*become clear*) tornare III. *vt* ① (*make short, sharp sound: tongue*) schioccare; (*heels*) battere ② (*press button on mouse*) cliccare

client ['kla·rənt] *n* cliente *mf*

cliff [klɪf] *n* dirupo *m*; (*on coast*) scogliera *f*

climate ['klaɪ·mɪt] *n* clima *m*

climax ['klaɪ·mæks] I. <-es> *n* culmine *m*; (*sexual*) orgasmo *m* II. *vi* arrivare al culmine; (*sexual*) raggiungere l'orgasmo

climb [klaɪm] I. *n* scalata *f* II. *vt* (*stairs*) salire; (*tree*) arrampicarsi su; (*mountain*) scalare III. *vi* salire; **to ~ to a height of …** AVIAT raggiungere una quota di …

◆**climb down** *vi* scendere; *fig* fare marcia indietro

climber ['klaɪ·mə] *n* ① (*of mountains*) alpinista *mf*; (*of rock faces*) scalatore, -trice *m, f* ② (*plant*) rampicante *m* ③ *inf* (*striver for higher status*) arrampicatore , -trice *m, f* sociale

climbing ['klaɪ·mɪŋ] I. *n* ① (*ascending mountains*) alpinismo *m* ② (*ascending rock faces*) arrampicata *f* II. *adj* (*plant*) rampicante; (*boots*) da montagna

clinch [klɪntʃ] I. <-es> *n* stretta *f* II. *vt* ① (*settle decisively*) risolvere; (*a deal*) concludere ② *inf* (*embrace*) abbracciarsi

clincher ['klɪn·tʃə] *n* *inf* argomento *m* décisivo

cling [klɪŋ] <clung, clung> *vi* ① (*embrace*) abbracciarsi ② (*hold*) aggrapparsi ③ (*stick*) aderire ④ (*stay close*) stare addosso ⑤ (*follow closely*) seguire

clinging *adj* ① (*clothes*) attillato, -a ② (*person*) appiccicoso, -a

clinic ['klɪ·nɪk] *n* clinica *f*

clinical ['klɪ·nɪ·kl] *adj* ① clinico, -a ② (*emotionless*) freddo, -a

clip¹ [klɪp] I. *n* ① (*fastener*) clip *f inv*; (*for paper*) graffetta *f*; (*for hair*) fermaglio *m* ② (*gun part*) caricatore *m* ③ (*jewelry*) spillina *f* II. <-pp-> *vt* attaccare

clip² [klɪp] <-pp-> I. *vt* ① (*cut*) tagliare; (*sheep*) tosare; (*ticket*) forare ② (*reduce*) accorciare ③ (*attach*) attaccare ④ (*hit*) colpire II. *n* ① (*trim*) spuntata *f* ② (*extract*) frammento *m* ③ (*hit*) colpetto *m*

clipboard ['klɪp·bɔːrd] *n* portablocco *m* a molla

clitoris ['klɪt·ə·əs] <-es> *n* clitoride *m inv*

cloak [kloʊk] I. *n* ① *a. fig* mantello *m* ② (*covering*) manto *m* II. *vt* avvolgere

cloakroom ['kloʊk·ruːm] *n* guardaroba *m inv*

clock [klɑːk] I. *n* ① (*for time*) orologio *m*; **alarm ~** sveglia *f*; **around the ~** 24 ore su 24; **to run against the ~** essere in corsa contro il tempo ② (*speedometer*) cronometro *m*; (*odometer*) contachilometri *m inv* II. *vt* ① (*take amount of time*) cronometrare ② (*measure time*) **this car can ~ 150 mph** questa macchina fa 150 miglia all'ora

◆**clock in** *vi* ① (*record time*) timbrare il cartellino (all'arrivo) ② *inf* (*arrive*) arrivare a lavoro

◆**clock out** *vi* ① (*record time*) timbrare il cartellino (all'uscita) ② *inf* (*leave work*) uscire dal lavoro

◆**clock up** *vt insep* (*attain*) ottenere; (*travel*) percorrere

clock radio *n* radiosveglia *f*

clockwise *adj, adv* in senso orario

clockwork *n* meccanismo *m*; **to go like ~** andare tutto liscio; **as regular as ~** preciso come un orologio

close¹ [kloʊs] I. *adj* ① (*near in location, almost even*) vicino, -a ② (*intimate*) intimo, -a; **~ relatives** parenti *mpl* stretti ③ (*similar*) simile ④ (*airless*) chiuso, -a II. *adv* vicino; **to move ~** avvicinarsi

close² [kloʊz] I. *n* (*end*) fine *f*; (*finish*) finale *m*; **to bring sth to a ~** terminare qc II. *vt* ① (*shut*) chiudere ② (*end*) terminare, chiudere; (*bring to an end*) concludere; **to ~ a deal** concludere

C

un accordo III.*vi* ①(*shut*) chiudersi ②(*end*) terminare, chiudersi
◆**close down** *vi, vt* chiudere (definitivamente)
◆**close off** *vt* chiudere
◆**close up** I.*vi* ①(*people*) chiudersi ②(*wound*) cicatrizzarsi II.*vt* chiudere

closed *adj* chiuso, -a; **behind ~ doors** a porte chiuse

closed-door *adj* a porte chiuse

close-knit *adj* unito, -a

closely ['klous·li] *adv* ①(*near*) da vicino ②(*intimately*) estremamente ③(*carefully*) attentamente

close to I.*prep* ①(*near*) vicino a; **to live ~ the airport** abitare vicino all'aeroporto ②(*almost*) ~ **tears** sul punto di piangere; **to be ~ doing sth** stare per fare qc; ~ **three feet** circa tre piedi ③(*in friendship with*) **to be ~ sb** essere vicino a qu II.*adv* (*almost*) ~ **finished/complete** quasi finito/completo

close-up ['klous·ʌp] *n* CINE primo piano *m*

closing I.*adj* ultimo, -a; (*speech*) di chiusura II.*n* chiusura *f*

closing date *n* ultimo giorno *m*

closing time *n* orario *m* di chiusura

closure ['klou·ʒɚ] *n* chiusura *f*

clot [klɑːt] I.*n* grumo *m*; **blood ~** coagulo *m* di sangue II.<-tt-> *vi* raggrumarsi; (*blood*) coagularsi

cloth [klɑːθ] I.*n* ①(*material*) tela *f*; (*for cleaning*) panno *m* ②(*clergy*) clero *m*; **a man of the ~** un ecclesiastico II.*adj* di tela

clothe [klouð] *vt* vestire; *fig* rivestire di

clothes [klouðz] *npl* abiti *mpl*

clothes hanger *n* gruccia *f*

clothesline *n* corda *f* per il bucato

clothespin *n* molletta *f* (per il bucato)

clothing ['klou·ðɪŋ] *n* abbigliamento *f*; **article of ~** capo *m* d'abbigliamento

cloud [klaud] I.*n* nube *f*; **ash ~** nube *f* di cenere ▶ **every ~ has a silver lining** *prov* non tutto il male vien per nuocere; **to be under a ~** essere avvolto da un alone di sospetto II.*vt* a. *fig* offuscare; (*issue*) oscurare

cloudburst *n* nubifragio *m*

clouded ['klau·dɪd] *adj* ①(*cloudy*) nuvoloso, -a ②(*not transparent: liquid*) torbido, -a ③(*confused: mind*) confuso, -a

cloudless ['klaud·lɪs] *adj* sereno, -a

cloudy ['klau·di] <-ier, -iest> *adj* ①(*overcast*) nuvoloso, -a ②(*not transparent: liquid*) torbido, -a

clout [klaut] I.*n* ①*inf* (*hit*) botta *f* ②(*power*) influenza *f* II.*vt inf* dare una botta a

clown [klaun] I.*n* pagliaccio *m* II.*vi* **to ~ around** fare il pagliaccio

club [klʌb] I.*n* ①(*group*) associazione *f*, circolo *m* ②(*team*) club *m inv*, squadra *f* ③ SPORTS mazza *f* da golf ④(*weapon*) randello *m* ⑤(*playing card*) carta *f* di fiori ⑥(*disco*) locale *m* notturno II.<-bb-> *vt* bastonare

clubbing *vi* **to go ~** andare a ballare

club sandwich <-es> *n* tramezzino con carne, insalata, pomodoro e maionese

clue [kluː] *n* ①(*evidence, hint*) indizio *m* ②(*secret*) chiave *f* ③(*idea*) idea *f*; **I don't have a ~** *inf* non ne ho la più pallida idea
◆**clue in** *vt* **to clue sb in (on sth)** informare qu (di qc)

clueless ['kluː·lɪs] *adj inf* **to be ~ (about sth)** non sapere niente (di qc)

clumsy ['klʌm·zi] <-ier, -iest> *adj* maldestro, -a; (*object*) scomodo, -a

clung [klʌŋ] *pp, pt of* **cling**

clutch [klʌtʃ] I.*vi* **to ~ at sth** aggrapparsi a qc II.*vt* stringere III.*n* ① AUTO frizione *f* ②(*control*) **to be in the ~es of sb/sth** essere nelle grinfie di qu/qc

clutter ['klʌ·t̬ɚ] I.*n* disordine *m* II.*vt* ingombrare

CO[1] [ˌkal·ə·'rad·ou] *n abbr of* **Colorado** Colorado *m*

CO[2] [ˌsiː·'ou] *n*, **C.O.** [ˌsiː·'ou] *n* ① *abbr of* **Commanding Officer** ufficiale *mf* in comando ② *abbr of* **conscientious objector** obiettore , -trice *m*, *f* di coscienza

co. [kou] *abbr of* **company** C.

c/o *abbr of* **care of** a/c

coach [koʊtʃ] I.<-es> n ❶(*private bus*) pullman m inv ❷(*horse-drawn carriage*) carrozza f, diligenza f ❸(*railway car*) carrozza f ❹(*teacher*) insegnante mf privato; SPORTS allenatore, -trice m, f II. vt **to ~ sb** (**in sth**) insegnare (qc a) qu; SPORTS allenare qu (a qc) III. vi dare lezioni private

coaching n lezioni fpl private

coal [koʊl] n carbone m

coalition [ˌkoʊ·ə·ˈlɪ·ʃən] n coalizione f

coal mine n miniera f di carbone

coal miner n minatore m

coal mining n estrazione f carbonifera

coarse [kɔ:rs] <-r, -st> adj ❶(*rough*) grezzo, -a; (*sand*) grosso, -a; (*skin*) ruvido, -a ❷(*vulgar*) grossolano, -a

coast [koʊst] n costa f

coastal [ˈkoʊs·tl] adj costiero, -a

coast guard [ˈkoʊst·gard] n, **Coast Guard** [ˈkoʊst·gard] n guardacoste mf inv

coastline n litorale m

coat [koʊt] I. n ❶(*overcoat*) cappotto m; (*jacket*) giaccone m, giacca f ❷(*animal's skin*) manto m, pelo m ❸(*layer*) strato m; (*of paint*) mano f II. vt **to ~ sth in sth** ricoprire qc di qc

coated [ˈkoʊ·tɪd] adj ricoperto, -a

coat hanger n gruccia f

coating [ˈkoʊ·tɪŋ] n s. **coat**

coax [koʊks] vt persuadere; **to ~ sth out of sb** riuscire ad ottenere qc da qu

cobbler [ˈkɑːb·lə·] n calzolaio m

cobweb [ˈkɑːb·web] n ragnatela f

cock [kɑːk] I. n ❶(*male chicken*) gallo m ❷vulg (*penis*) uccello m II. vt ❶(*turn*) piegare ❷(*ready gun*) armare III. adj (*in ornithology*) maschio

cockerel [ˈkɑː·kə·əl] n galletto m

cockpit [ˈkɑːk·pɪt] n (*pilot's area*) cabina f di pilotaggio; (*of car*) abitacolo m; (*of boat*) pozzetto m

cocky [ˈkɑː·ki] <-ier, -iest> adj inf sfacciato, -a

cocoa [ˈkoʊ·koʊ] n ❶(*chocolate powder*) cacao m ❷(*hot drink*) cioccolata f calda

coconut [ˈkoʊ·kə·nʌt] n cocco m, noce f di cocco

coconut milk n latte m di cocco

cod [kɑːd] n inv merluzzo m

COD [ˌsi·oʊ·ˈdi] abbr of **cash on delivery** pagamento m alla consegna

code [koʊd] I. n codice m II. vt cifrare

code name n nome m in codice

code number n prefisso m

code word n parola f in codice

codify [ˈkɑː·ʊ·dɪ·faɪ] <-ie-> vt codificare

coeducation [ˌkoʊ·edʒ·ʊ·ˈkeɪ·ʃən] n istruzione f mista

coffee [ˈkɑ·fi] n caffè m inv

coffee bar n bar m inv, caffè m inv

coffee bean n chicco m di caffè

coffee break n pausa f caffè

coffee cup n tazzina f da caffè

coffee machine n ❶(*in bar, kitchen*) macchina f del caffè ❷(*vending machine*) distributore m del caffè

coffeemaker n macchina f del caffè

coffee shop n ❶(*café*) bar m inv, caffè m inv ❷(*shop*) negozio m di caffè

coffin [ˈkɔː·fɪn] n bara f

coherent [koʊ·ˈhɪ·rənt] adj coerente

cohesive [koʊ·ˈhiː·sɪv] adj coesivo, -a

coil [kɔɪl] I. n ❶(*spiral*) rotolo m ❷ELEC bobina f ❸MED spirale f (intrauterina) II. vi arrotolarsi III. vt arrotolare

coin [kɔɪn] n moneta f; **to toss a ~** fare testa o croce

coincide [ˌkoʊ·ɪn·ˈsaɪd] vi coincidere; (*agree*) trovarsi d'accordo

coincidence [koʊ·ˈɪn·sɪ·dəns] n coincidenza f

coincidental [koʊ·ɪn·sɪ·ˈden·t̬əl] adj coincidente

cold [koʊld] I. adj freddo, -a; **to be ~** (*person*) avere freddo; **to go ~** (*soup, coffee*) raffreddarsi; **to get ~** (*person*) infreddolirsi; **it's bitterly ~** fa un freddo cane II. n ❶METEO **the ~** il freddo m ❷MED raffreddore m; **to catch a ~** prendere il raffreddore; **to have a ~** avere il raffreddore

cold-blooded adj (*animal*) a sangue freddo; (*person*) crudele

cold feet n pl, sl paura f

cold-hearted *adj* insensibile

coleslaw ['koʊl·slɑː] *n* insalata *f* a base di cavolo e maionese

collaborate [kə·'læ·bə·reɪt] *vi* collaborare

collaboration [kə·læ·bə·ˈreɪ·ʃən] *n* collaborazione *f*

collaborator [kə·'læ·bə·reɪ·tə] *n* ❶ collaboratore, -trice *m, f* ❷ *pej* collaborazionista *mf*

collapse [kə·'læps] I. *vi* ❶ MED collassare ❷ *(fall down: building)* crollare; *(person)* svenire ❸ *(fail)* fallire II. *n* ❶ MED colasso *m* ❷ *(act of falling down)* crollo *m*; *(of people)* svenimento *m* ❸ *(failure)* fallimento *m*

collapsible [kə·'læp·sɪ·bl] *adj* pieghevole

collar ['kɑː·lə] I. *n* ❶ FASHION collo *m* ❷ *(of a dog)* collare *m* II. *vt inf* acciuffare

collarbone *n* clavicola *f*

colleague ['kɑː·liːg] *n* collega *mf*

collect[1] [kə·'lekt] I. *vt* ❶ *(gather)* raccogliere; *(stamps)* collezionare ❷ *form (regain control)* **to ~ oneself** ricomporsi; **to ~ one's thoughts** riordinare le proprie idee II. *vi* ❶ *(gather)* raccogliersi ❷ *(money: contributions)* fare una colletta; *(money: payments due)* riscuotere III. *adj* TEL *(call)* a carico del destinatario IV. *adv* TEL *(call)* a carico del destinatario

collect[2] [kə·'lekt] *n* REL colletta *f*

collect call *n* telefonata *f* a carico del destinatario; **to place [o make] a ~** fare una telefonata a carico del destinatario

collected [kə·'lek·tɪd] *adj* composto, -a

collection [kə·'lek·ʃən] *n* ❶ *(money gathered)* REL colletta *f* ❷ *(objects collected, large number)* collezione *f* ❸ *(act of getting)* raccolta *f*

collective [kə·'lek·tɪv] *adj, n* collettivo, -a *m*

collector [kə·'lek·tə] *n* ❶ *(one who gathers objects)* collezionista *mf* ❷ *(one who collects payments)* esattore *m*

college ['kɑː·lɪdʒ] *n* ❶ *(school)* istitu-

to *m* superiore ❷ *(university)* università *f inv*

collide [kə·'laɪd] *vi* scontrarsi

collision [kə·'lɪ·ʒən] *n* collisione *f*

Colombia [kə·'lɑm·bi·ə] *n* Colombia *f*

Colombian [kə·'lʌm·bi·ən] *adj, n* colombiano, -a, -a *m, f*

colon ['koʊ·lən] *n* ❶ ANAT colon *m* ❷ LING due punti *mpl*

colonel ['kɜːr·nl] *n* colonnello *m*

color ['kʌ·lə] I. *n* ❶ colore *m; what ~ is your dress?* di che colore è il tuo vestito? ❷ *pl* POL, MIL *(official flag)* bandiera *f* ❸ *(character)* **to show one's true ~s** mostrare il proprio vero volto II. *vt* ❶ *(change color of)* colorare; **to ~ a room blue** dipingere una stanza d'azzurro ❷ *(dye)* colorare, tingere ❸ *(distort)* alterare III. *vi* arrossire

Colorado [ˌkal·ə·'rad·oʊ] *n* Colorado *m*

colorblind *adj* daltonico, -a

colored *adj* colorato, -a; *(picture)* a colori; *(people)* di colore

colorful ['kʌ·lə·fəl] *adj* vivace

coloring ['kʌ·lə·rɪŋ] *n* ❶ *(complexion)* colorito *m* ❷ *(chemical)* colorante *m*

colorless ['kʌ·lə·lɪs] *adj* ❶ *(having no color)* incolore ❷ *(bland)* scialbo, -a

Columbia [kə·'lʌm·bi·ə] *n* **the District of ~** il Distretto di Columbia

Columbus Day [kə·'lʌm·bəs·deɪ] *n* anniversario della scoperta dell'America

column ['kɑː·ləm] *n a.* ARCHIT, ANAT, TYPO colonna *f*

combat ['kɑːm·bæt] I. *n* ❶ *(wartime fighting)* combattimento *m* ❷ *(battle)* lotta *f* II. *vt* combattere

combination [ˌkɑːm·bə·'neɪ·ʃən] *n* combinazione *f*

combine [kəm·'baɪn] I. *vt* combinare II. *vi* associarsi

combined [kəm·'baɪnd] *adj* combinato, -a; *(efforts)* congiunto, -a

come [kʌm] <came, come, coming> *vi* ❶ *(move towards)* venire; **to ~ towards sb** venire verso qu; *are you coming to the game with us?* vieni alla partita con noi?; **the year to ~** l'anno prossimo; **to ~ to an agree-**

ment/a decision raggiungere un accordo/una decisione; **to ~ home** tornare a casa; **to ~ first/second/third** arrivare primo/secondo/terzo ② (*happen*) succedere; **~ what may** qualunque cosa capiti; **how ~?** *inf* come mai? ③ (*become*) diventare; **my dream has ~ true** il mio sogno si è avverato ▶ **~ again?** *inf* come?; **to have it coming** meritarselo

◆**come about** *vi* succedere

◆**come across** I. *vt insep* incappare in II. *vi* ① (*be evident*) emergere ② (*create an impression*) dare l'impressione

◆**come along** *vi* ① (*hurry*) sbrigarsi ② (*go too*) **do you want to ~?** vuoi venire anche tu? ③ (*progressing*) procedere

◆**come apart** *vi* staccarsi

◆**come around** *vi* ① (*change one's mind*) cambiare idea ② MED riprendere coscienza ③ (*visit sb's home*) passare

◆**come away** *vi* venire via

◆**come back** *vi* ① ritornare ② (*be remembered*) tornare alla mente ③ SPORTS contrattaccare

◆**come by** I. *vt insep* trovare II. *vi* passare

◆**come down** *vi* ① (*move down*) scendere ② (*roof*) venir giù ③ (*land*) atterrare ④ (*rain, snow*) cadere ⑤ (*prices, cost, inflation*) calare

◆**come forward** *vi* farsi avanti; **to ~ to do sth** offrirsi di fare qc

◆**come in** *vi* ① (*enter*) entrare ② (*arrive*) arrivare ③ (*become fashionable*) diventare di moda ④ (*be useful*) servire ⑤ (*be*) risultare ⑥ (*participate in*) prender parte a ⑦ (*be positioned*) **to ~ first** piazzarsi al primo posto

◆**come into** *vt insep* ① (*enter*) entrare in; (*power*) andare al; **to ~ office** entrare in carica; **to ~ fashion** diventare di moda; **to ~ sb's life** entrare nella vita di qu ② (*inherit*) ereditare

◆**come off** I. *vi* ① *inf* (*succeed*) funzionare ② (*end up*) uscirne ③ (*become detached*) venir via ④ (*fall*) cadere II. *vt*

insep (*complete*) uscire da; **to ~ an injury** MED riprendersi da una lesione ▶ **~ it!** *inf* finiscila!

◆**come on** I. *vi* ① (*improve*) fare progressi ② THEAT, CINE (*actor, performer*) entrare in scena ③ (*begin: film, program*) iniziare II. *vt insep* incontrare III. *interj* (*hurry*) sbrigati!; (*encouragement, annoyance*) dai!

◆**come out** *vi* ① (*express opinion*) **to ~ in favor of/against sth** dichiararsi a favore di/contro qc ② (*end up*) **how did your painting ~?** com'è venuto il tuo quadro? ③ + *adj* **to ~ wrong/right** venire fuori male/bene ④ (*become known*) venire fuori; **to ~ that ...** è emerso che ... ⑤ (*reveal one's homosexuality*) dichiararsi omosessuale ⑥ (*be removed*) venire via ⑦ (*become available*) uscire ⑧ (*appear in sky*) spuntare ⑨ (*flowers*) sbocciare

◆**come over** I. *vi* ① (*come nearer*) avvicinarsi ② (*visit sb's home*) passare ③ (*feel*) sentirsi II. *vt* **I don't know what came over me!** non so cosa mi è preso!

◆**come through** I. *vi* ① (*show*) trasparire ② (*results, visa, call*) arrivare ③ (*survive*) sopravvivere II. *vt insep* superare

◆**come to** I. *vt insep* ① (*reach*) arrivare a; **to ~ rest** fermarsi; **to ~ nothing** non approdare a nulla ② (*amount to*) ammontare a II. *vi* MED rinvenire

◆**come under** *vt* ① (*be listed under*) comparire nella categoria ② (*be dealt with*) essere competenza di

◆**come up** *vi* ① (*be mentioned*) venire fuori ② (*happen*) capitare ③ (*arrive: a holiday*) avvicinarsi

◆**come upon** *vt* imbattersi in

comeback [ˈkʌm·bæk] *n* ① ritorno *m* ② (*retort*) replica *f*

comedian [kəˈmiː·di·ən] *n* ① (*person telling jokes*) comico, -a *m, f* ② (*funny person*) tipo *m* divertente

comedown [ˈkʌm·daʊn] *n inf* passo *m* indietro

comedy [ˈkɑː·mə·di] <-ies> *n* ① CINE,

C

THEAT, LIT commedia f ② (*funny situation*) comicità f

come-on ['kʌm·ɑːn] n inf ① (*expression of sexual interest*) invito m ② (*enticement*) slogan m inv

comet ['kɑː·mɪt] n cometa f

comfort ['kʌm·fət] I. n ① comfort m inv, comodità f inv ② (*consolation*) conforto m; **to be a ~ to sb** essere di conforto a qu II. vt confortare

comfortable ['kʌm·fə·tə·bl] adj ① (*offering comfort*) comodo, -a; **to make oneself ~** mettersi comodo ② (*financially stable*) agiato, -a f

comfortably ['kʌm·fə·tə·bli] adv ① (*in a comfortable manner*) comodamente ② (*easily*) facilmente ③ (*in financially stable manner*) **to live ~** vivere agiatamente

comforting ['kʌm·fə·tɪŋ] adj (*thought, words*) confortante

comfy ['kʌm·fi] <-ier, -iest> adj inf (*furniture, clothes*) comodo, -a

comic ['kɑː·mɪk] I. n ① (*cartoon magazine*) fumetti mpl ② (*person*) comico, -a m, f II. adj comico, -a; **~ play** commedia f brillante

comical ['kɑː·mɪ·kl] adj comico, -a; (*idea*) divertente

comic book n (*comic*) fumetti mpl

comic strip n fumetti mpl

coming ['kʌ·mɪŋ] I. adj prossimo, -a; **the ~ year** l'anno prossimo II. n venuta f; **~s and goings** viavai m

comma ['kɑː·mə] n virgola f

command [kə·'mænd] I. vt ① (*order*) **to ~ sb to do sth** ordinare a qu di fare qc ② (*have command over*) comandare ③ (*have at one's disposal*) disporre di ④ (*respect, sympathy*) suscitare II. n ① (*order*) ordine m, comando m; **to obey a ~** eseguire un ordine; **under sb's ~** agli ordini di qu ② (*control*) MIL, COMPUT comando m; **to be in ~ of sth** essere al comando di qc ③ (*knowledge*) padronanza f

commander [kə·'mæn·də] n ① MIL (*officer in charge*) comandante m ② MIL,

NAUT (*naval officer*) capitano m di fregata

command key n COMPUT tasto m di comando

commando [kə·'mæn·doʊ] <-s o -es> n MIL ① (*group of soldiers*) commando m inv ② (*member of commando*) membro m di un commando

command prompt n COMPUT prompt m inv di comando

comment ['kɑː·ment] I. n commento m, osservazione f II. vi commentare; **to ~ that …** osservare che …

commentary ['kɑː·mən·te·ri] <-ies> n cronaca f

commentate ['kɑː·mən·teɪt] vi TV, RADIO **to ~ on sth** fare la cronaca di qc

commentator ['kɑː·mən·teɪ·t̬ə] n TV, RADIO commentatore, -trice m, f, cronista mf

commerce ['kɑː·mɜːrs] n commercio m

commercial [kə·'mɜːr·ʃl] I. adj commerciale II. n RADIO, TV pubblicità f inv

commission [kə·'mɪ·ʃən] I. vt ① (*order*) commissionare ② MIL (*appoint*) **to ~ sb as sth** nominare qu qc; **~ed officer** ufficiale m II. n ① commissione m; **to be on ~** lavorare a provvigione ② MIL (*appointment*) nomina m; **to resign one's ~** dimettersi dall'incarico ③ NAUT, AVIAT **out of ~** in disarmo

commissioner [kə·'mɪ·ʃə·nə] n commissario m

commit [kə·'mɪt] <-tt-> vt ① (*carry out*) commettere; **to ~ an error** commettere un errore; **to ~ suicide** suicidarsi ② (*bind*) **to ~ oneself (to sth)** impegnarsi (in qc) ③ (*institutionalize*) **to ~ sb to prison** incarcerare qu ④ (*entrust*) **to ~ sth to memory** memorizzare qc

commitment [kə·'mɪt·mənt] n impegno m; **to make a ~** prendersi un impegno

committee [kə·'mɪ·t̬i] n comitato m; **to be** [o sit] **on a ~** far parte di un comitato

common ['kɑː·mən] I. adj ① comune; **to be ~ knowledge** essere risaputo

② (*vulgar*) grossolano, a II. n **①** (*land*) parco m pubblico **②** pl UNIV refettorio m

common-law marriage n matrimonio m di fatto

commonly adv (*often*) comunemente

commonplace [ˈkɑːmənpleɪs] I. adj comune II. n luogo m comune

common room n sala f professori

common sense n buon senso m

communal [kəˈmjuːnl] adj comune

communicate [kəˈmjuːnɪkeɪt] vi, vt comunicare

communication [kəˌmjuːnɪˈkeɪʃən] n **①** (*process*) comunicazione f **②** (*missive*) comunicazione f **③** pl (*means*) comunicazioni fpl

communism [ˈkɑːmjənɪzəm] n comunismo m

community [kəˈmjuːnəti] <-ies> n **①** (*of people*) comunità f inv; **the local ~** il vicinato **②** (*of animals, plants*) colonia f

community center n centro m sociale

commute [kəˈmjuːt] I. vi fare il pendolare II. n inf viaggio m (quotidiano) per andare e tornare dal lavoro III. vt commutare

commuter [kəˈmjuːtə] n pendolare mf

compact [ˈkɑːmpækt] I. adj (*small*) compatto, -a II. vt compattare III. n **①** AUTO utilitaria f **②** (*powder*) portacipria f inv

companion [kəmˈpænjən] n (*person, animal*) compagno, -a m, f; **traveling ~** compagno di viaggio

company [ˈkʌmpəni] <-ies> n **①** (*firm, enterprise*) società f inv **②** (*companionship*) compagnia f; **to keep sb ~** fare compagnia a qu

comparable [ˈkɑːmpərəbl] adj ~ **to** paragonabile a

comparative [kəmˈperətɪv] adj, n comparativo m

comparatively adv relativamente

compare [kəmˈper] I. vt paragonare; **to ~ sth/sb to** [o **with**] **sth/sb** paragonare qc/qu a qc/qu II. vi essere paragona-

bile; **to ~ favorably with sth** risultare al confronto migliore di qc

comparison [kəmˈperɪsn] n paragone m, confronto m; **to make a ~** fare un paragone; **by ~ with sb/sth** a paragone di qu/qc

compartment [kəmˈpɑːrtmənt] n **①** RAIL scompartimento m **②** (*section*) scomparto m

compass [ˈkʌmpəs] <-es> n a. NAUT bussola f

compassion [kəmˈpæʃən] n compassione f

compassionate [kəmˈpæʃənət] adj compassionevole

compatible [kəmˈpætəbl] adj compatibile

compel [kəmˈpel] <-ll-> vt **①** (*force*) obbligare **②** (*produce*) imporre

compelling adj convincente

compensate [ˈkɑːmpənseɪt] I. vt (*make up for*) compensare; (*for loss, damage*) risarcire II. vi **to ~ for sth** (*reward*) ricompensare per qc

compensation [ˌkɑːmpenˈseɪʃən] n ricompensa f; (*for loss, damage*) risarcimento m; **to claim ~** chiedere il risarcimento

compete [kəmˈpiːt] vi **①** (*strive*) competere; **to ~ for sth** competere per qc **②** (*take part*) partecipare; **to ~ in an event** partecipare a un evento

competent [ˈkɑːmpɪtənt] adj competente; **to be ~ at sth** essere competente in qc

competition [ˌkɑːmpəˈtɪʃən] n **①** (*state of competing*) competizione f **②** (*rivalry*) concorrenza f **③** (*contest*) gara m; **beauty ~** concorso m di bellezza; **to enter a ~** presentarsi in gara

competitive [kəmˈpetətɪv] adj competitivo, -a; ~ **spirit** spirito m di competizione

competitiveness [kəmˈpetətɪvnəs] n competitività f

competitor [kəmˈpetətə] n **①** a. ECON concorrente mf **②** SPORTS avversario, -a m, f; (*participant*) concorrente mf

compile [kəm·'paɪl] vt ❶ a. COMPUT compilare ❷ (*collect*) raccogliere

complacent [kəm·'pleɪ·sənt] *adj* eccessivamente soddisfatto, -a

complain [kəm·'pleɪn] *vi* lamentarsi; **to ~ about** [*o* **of**] **sth** lamentarsi di qc

complaint [kəm·'pleɪnt] *n* ❶ (*expression of displeasure*) lamentela *f*; **to have cause for ~** avere motivo di lamentarsi ❷ LAW reclamo *m* ❸ (*illness*) disturbo *m*

complete [kəm·'pliːt] I. *vt* ❶ (*add what is missing*) completare ❷ (*finish*) terminare; **to ~ doing sth** terminare di fare qc ❸ (*fill out entirely*) riempire II. *adj* completo, -a, intero, -a; **in ~ darkness** nella completa oscurità

completely *adv* completamente

completion [kəm·'pliː·ʃən] *n* ultimazione *f*; **to be nearing ~** essere quasi ultimato

complex ['kɑːm·pleks] *adj, n* complesso, -a *m, f*; **inferiority ~** complesso di inferiorità

complexion [kəm·'plek·ʃən] *n* (*skin*) carnagione *f*; (*color*) colorito *m*; **a healthy ~** un colorito sano

complexity [kəm·'plek·sə·ti] *n* complessità *f*

complicate ['kɑːm·plə·keɪt] *vt* complicare

complicated *adj* complicato, -a

complication [ˌkɑːm·plə·'keɪ·ʃən] *n* complicazione *f*

compliment ['kɑːm·plə·mənt] I. *n* ❶ (*expression of approval*) complimento *m*; **to pay sb a ~** fare un complimento a qu ❷ *pl* omaggi *mpl*; **to present one's ~s** form porgere i propri omaggi II. *vt* **to ~ sb on sth** complimentarsi con qu per qc

complimentary [ˌkɑːm·plə·'men·tə·i] *adj* ❶ (*praising*) lusinghiero, -a ❷ (*free*) omaggio *inv*

comply [kəm·'plaɪ] <-ie-> *vi* conformarsi; **to ~ with the law/the rules** conformarsi alla legge/alle normative

component [kəm·'poʊ·nənt] *n* componente *m*; **key ~** parte *f* chiave

compose [kəm·'poʊz] I. *vi* (*write music, poetry*) comporre II. *vt* ❶ comporre ❷ (*write*) redigere ❸ (*make up*) **to be ~d of sth** essere composto di qc; **the committee is ~d of experts** il comitato è composto di esperti ❹ (*calm*) **to ~ oneself** ricomporsi; **to ~ one's thoughts** raccogliere le idee

composed [kəm·'poʊzd] *adj* tranquillo, -a

composer [kəm·'poʊ·zə·] *n* compositore, -trice *m, f*

composition [ˌkɑːm·pə·'zɪ·ʃən] *n* composizione *f*

composure [kəm·'poʊ·ʒə·] *n* calma *f*; **to lose/regain one's ~** perdere/ritrovare la calma

comprehensible [ˌkɑːm·pri·'hen·sə·bl] *adj* comprensibile

comprehensive [ˌkɑːm·prə·'hen·sɪv] *adj* esauriente; (*global*) totale

compress [kəm·'pres] I. *vt* ❶ a. COMPUT comprimere ❷ (*make shorter*) condensare II. <-es> *n* impacco *m*

compromise ['kɑːm·prə·maɪz] I. *n* compromesso *m*; **to agree to a ~** accettare un compromesso; **to reach a ~** arrivare a un compromesso II. *vi* venire a un compromesso III. *vt* ❶ (*betray*) tradire; **to ~ one's beliefs** tradire le proprie convinzioni ❷ (*endanger*) compromettere

compulsion [kəm·'pʌl·ʃən] *n* obbligo *m*

compulsive [kəm·'pʌl·sɪv] *adj* **he's a ~ gambler** ha il vizio del gioco

compulsory [kəm·'pʌl·sə·ri] *adj* obbligatorio, -a

compute [kəm·'pjuːt] *vt* calcolare

computer-aided *adj* assistito, -a dal computer

computer game *n* videogioco *m*

computer graphics *n* + *sing/pl vb* grafica *f* al computer

computerize [kəm·'pjuː·tə·raɪz] I. *vt* ❶ (*store on computer*) computerizzare ❷ (*equip with computers*) informatizzare II. *vi* informatizzarsi

computer network *n* rete *f* informatica

computer program *n* programma *m* informatico

computer science *n* informatica *f*

computer scientist *n* informatico, -a *m, f*

computer virus <-es> *n* virus *m inv* informatico

con¹ [kɑːn] <-nn-> *vt inf* fregare

con² [kɑːn] *n* (*against*) contro *m inv*; **the pros and ~s of sth** i pro e i contro di qc

conceal [kənˈsiːl] *vt* nascondere

concede [kənˈsiːd] I. *vt* ❶ (*acknowledge*) ammettere ❷ (*surrender, permit*) concedere ❸ (*allow to score*) **to ~ a goal** regalare un gol II. *vi* darsi per vinto

conceited [kənˈsiːˌtɪd] *adj* presuntuoso, -a

conceivable [kənˈsiːvəˌbl] *adj* concepibile

conceive [kənˈsiːv] *vi, vt* concepire; **to ~ of sth/sb** concepire qu/qc

concentrate [ˈkɑːnˌsənˌtreɪt] I. *vi* concentrarsi; **to ~ on sth** concentrarsi su qc II. *vt* concentrare III. *n* concentrato *m*

concentrated *adj* concentrato, -a

concentration [ˌkɑːnˌsənˈtreɪʃən] *n* concentrazione *f*

concept [ˈkɑːnˌsept] *n* concetto *m*

concern [kənˈsɜːrn] I. *vt* ❶ (*apply to*) riguardare; **to whom it may ~** a chi di dovere; **as far as I'm ~ed** per quanto mi riguarda; **I'd like to thank everyone ~ed** vorrei ringraziare tutti coloro che sono stati coinvolti ❷ (*worry*) preoccuparsi; **to be ~ed about sth** essere preoccupato per qc II. *n* ❶ (*matter of interest*) interesse *m*; **it's no ~ of mine** non mi riguarda; **to be of ~ to sb** riguardare qu ❷ (*worry*) preoccupazione *f*; **a matter of ~** motivo di preoccupazione ❸ (*company*) azienda *f*; **a going ~** un'azienda attiva

concerning *prep* riguardo (a)

concert [ˈkɑːnˌsət] *n* ❶ (*musical performance*) concerto *m*; **~ hall** sala *f* concerti ❷ **in ~** (*performing live*) in concerto

concession [kənˈseʃən] *n* ❶ (*tax compensation*) sgravio *m* (fiscale) ❷ (*compromise*) concessione *f*; **~ to sell goods** licenza *f* per la vendita di prodotti

concise [kənˈsaɪs] *adj* conciso, -a

conclude [kənˈkluːd] I. *vi* terminare; **to ~ by doing sth** terminare facendo qc II. *vt* concludere; **to ~ (from sth) that ...** concludere (da qc) che ...

concluding *adj* finale

conclusion [kənˈkluːʒən] *n* conclusione *f*

conclusive [kənˈkluːsɪv] *adj* ❶ (*convincing*) convincente; **~ arguments** argomentazioni *fpl* irrefutabili ❷ (*decisive*) decisivo, -a

concrete [ˈkɑːnˌkriːt] I. *n* calcestruzzo *m* II. *adj* di calcestruzzo III. *vt* ricoprire di calcestruzzo

concurrent [kənˈkʌrənt] *adj* simultaneo, -a

concussion [kənˈkʌʃən] *n* commozione *f* cerebrale

condemn [kənˈdem] *vt* ❶ (*reprove, sentence*) condannare; **to be ~ed to death** essere condannato a morte ❷ (*pronounced unsafe: building*) dichiarare inagibile

condemnation [ˌkɑːnˌdemˈneɪʃən] *n* ❶ (*reproof*) condanna *f* ❷ (*reason to reprove*) motivo *m* di critica

condescend [ˌkɑːnˌdɪˈsend] *vi* **to ~ to do sth** abbassarsi a fare qc

condescending [ˌkɑːnˌdɪˈsenˌdɪŋ] *adj* con aria di superiorità

condition [kənˈdɪʃən] I. *n* ❶ (*state*) condizione *f*; **in perfect ~** in perfetto stato; **in peak ~** in ottime condizioni; **in terrible ~** in pessime condizioni; ❷ (*mental or physical state*) stato *m*; **heart ~** malattia *f* cardiaca ❸ (*circumstances*) **~s** *pl* condizioni *fpl* ❹ (*stipulation*) condizione *f*; **on the ~ that ...** a condizione che ... +*conj* II. *vt* ❶ (*train*) preparare; (*influence*) condizionare ❷ (*treat hair*) trattare (con balsamo)

conditional [kənˈdɪʃəˌnl] *adj* (*provisional*) **~ on sth** condizionato da qc

conditionally [kənˈdɪ·ʃə·nə·li] *adv* con riserve

conditioned [kənˈdɪ·ʃənd] *adj* (*trained*) preparato, -a; (*air*) condizionato, -a; (*place*) con aria condizionata

conditioner [kənˈdɪ·ʃə·nə] *n* (*for hair*) balsamo *m*

condom [ˈkɑːn·dəm] *n* preservativo *m*

conduct¹ [ˌkɑːnˈdʌkt] I. *vt* condurre; **to ~ a religious service** officiare una funzione religiosa II. *vi* MUS dirigere

conduct² [ˈkɑːn·dʌkt] *n* (*management*) conduzione *f*; (*behavior*) condotta *f*

conductor [kənˈdʌk·tə] *n* (*director*) direttore *m* d'orchestra; PHYS, ELEC conduttore *m*; (*fare collector*) biglettaio *m*; (*of train*) capotreno *m*

confederation [kən·fe·də·reɪ·ʃən] *n* + *sing/pl vb* POL confederazione *f*

confer [kənˈfɜːr] <-rr-> I. *vi* consultarsi II. *vt* conferire

conference [ˈkɑːn·fə·əns] *n* (*meeting*) conferenza *f*; **to be in a ~ (with sb)** essere in riunione (con qu); SPORTS lega *f* sportiva universitaria

confess [kənˈfes] I. *vi* **to ~ to a crime** confessare un reato; REL confessarsi II. *vt* confessare

confession [kənˈfe·ʃən] *n* confessione *f*

confide [kənˈfaɪd] *vt* confidare

confidence [ˈkɑːn·fə·dəns] *n* (*trust*) fiducia *f*; **to have every ~ in sb** avere piena fiducia in qu; (*secrecy*) **~s** confidenze *fpl*

confident [ˈkɑːn·fə·dənt] *adj* (*sure*) sicuro, -a; (*self-assured*) sicuro, -a di sé

confidential [ˌkɑːn·fə·ˈden·ʃl] *adj* confidenziale

confidentially [ˌkɑːn·fə·ˈden·ʃə·li] *adv* in via confidenziale

confine [kənˈfaɪn] I. *vt* (*limit*) **to ~ sth to sth** limitare qc a qc; **to be ~d to doing sth** limitarsi a fare qc; (*imprison*) mettere al confino; (*shut in*) rinchiudere II. *n pl* **the ~s** i confini

confinement [kənˈfaɪn·mənt] *n* (*act of being confined*) reclusione *f*

confirm [kənˈfɜːrm] I. *vt* (*verify*) confermare; REL cresimare II. *vi* fare la cresima

confirmation [ˌkɑːn·fə·ˈmeɪ·ʃən] *n* REL cresima *f*; conferma *f*

confirmed [kənˈfɜːrmd] *adj* convinto, -a; (*chronic*) **~ alcoholic** alcolizzato *m* recidivo; (*proved*) confermato, -a

confiscate [ˈkɑːn·fəs·keɪt] *vt* confiscare

conflict¹ [ˈkɑːn·flɪkt] *n* conflitto *m*

conflict² [kənˈflɪkt] *vi* (*differ*) **to ~ with sth** scontrarsi con qc

conflicting [kənˈflɪk·tɪŋ] *adj* contrastante; (*evidence*) contraddittorio, -a

conform [kənˈfɔːrm] *vi* conformarsi

confront *vt* affrontare

confuse [kənˈfjuːz] *vt* confondere

confused [kənˈfjuːzd] *adj* confuso, -a

confusing [kənˈfjuː·zɪŋ] *adj* confuso, -a

confusion [kənˈfjuː·ʒən] *n* confusione *f*

congratulate [kənˈɡræt·ʃə·leɪt] *vt* **to ~ sb (on sth)** congratularsi con qu (per qc)

congratulation [kənˌɡræt·ʃə·ˈleɪ·ʃən] *n* **~s!** congratulazioni! *fpl*

congregate [ˈkɑːŋ·ɡrɪ·ɡeɪt] *vi* congregarsi

congregation [ˌkɑːŋ·ɡrɪ·ˈɡeɪ·ʃən] *n* assemblea *f* dei fedeli

congress [ˈkɑːŋ·ɡres] *n* congresso *m*

congressman [ˈkɑːŋ·ɡres·mən] *n* <-men> membro *m* del Congresso

congresswoman *n* <-women> membro *m* (donna) del Congresso

conjunction [kənˈdʒʌŋk·ʃən] *n* **in ~ with** insieme a [*o* con]

conjunctivitis [kənˌdʒʌŋk·tə·ˈvaɪ·tɪs] *n* congiuntivite *f*

con man [ˈkɑːn·ˌmæn] *n abbr of* **confidence man** truffatore *m*

connect [kəˈnekt] I. *vi* collegarsi; **to ~ to the Internet** collegarsi a Internet II. *vt* collegare; **to ~ sth/sb with sth** collegare qc/qu a qc

connected *adj* (*joined together*) connesso, -a; (*having ties*) **to be ~d to sb** avere legami con qu

Connecticut [kəˈneṭ·ɪ·kət] *n* Connecticut *m*

connecting *adj* comunicante; **~ link** connessione *f*

connection [kə·ˈnek·ʃən] *n* ❶*a.* ELEC, COMPUT collegamento *m* ❷(*relation*) connessione *f*

conscience [ˈkɑːn·ʃəns] *n* coscienza *f*; **a clear ~** la coscienza pulita; **a guilty ~** rimorsi *mpl* di coscienza; **to prey on sb's ~** *fig* pesare sulla coscienza di qu

conscientious [ˌkɑːn·tʃi·ˈen·tʃəs] *adj* scrupoloso, -a

conscious [ˈkɑːn·ʃəs] *adj* ❶(*deliberate*) conscio, -a ❷(*aware*) cosciente; **fashion ~** attento alla moda

consciousness [ˈkɑːn·ʃəs·nɪs] *n* coscienza *f*

conscription [kən·ˈskrɪp·ʃən] *n* MIL servizio *m* militare

consecutive [kən·ˈsek·jə·t̬ɪv] *adj* consecutivo, -a

consent [kən·ˈsent] I. *n* form consenso *m* II. *vi* (*acconsentire*) **to ~ to do sth** acconsentire a fare qc

consequence [ˈkɑːn·tsɪ·kwənts] *n* conseguenza *f*; **in ~** di conseguenza; **nothing of ~** niente di importante

consequently *adv* di conseguenza

conservation [ˌkɑːn·tsə·ˈveɪ·ʃən] *n* conservazione *f*

conservative [kən·ˈsɜːr·və·t̬ɪv] *adj* ❶*a.* POL (*opposed to change*) conservatore, trice ❷(*cautious*) cauto, a; **~ estimate** stima prudente

conservatory [kən·ˈsɜːr·və·tɔː·ri] *n* conservatorio *m*

conserve [kən·ˈsɜːrv] *vt* preservare; **to ~ energy/strength** risparmiare energia/le forze

consider [kən·ˈsɪ·də·] *vt* considerare

considerable [kən·ˈsɪ·də·rə·bl] *adj* considerevole

considerate [kən·ˈsɪ·də·rət] *adj* carino, -a

consideration [kən·ˌsɪ·də·ˈreɪ·ʃən] *n* considerazione *f*; **to take sth into ~** prendere qc in considerazione

considered [kən·ˈsɪ·də·d] *adj* ponderato, -a

considering [kən·ˈsɪ·də·rɪŋ] I. *prep* considerando; **~ the weather** visto il tempo II. *adv* tutto considerato III. *conj* **~ (that)** … considerato che …

consist [kən·ˈsɪst] *vi* **to ~ of sth** consistere di qc

consistency [kən·ˈsɪs·tən·tsi] *n* ❶(*degree of firmness*) consistenza *f* ❷(*being coherent*) coerenza *f*

consistent [kən·ˈsɪs·tənt] *adj* ❶(*keeping to same principles*) coerente ❷(*not varying*) stabile

consolation prize *n* premio *m* di consolazione

console¹ [kən·ˈsoʊl] *vt* (*comfort*) consolare

console² [ˈkɑːn·soʊl] *n* (*switch panel*) console *f*

consolidate [kən·ˈsɑː·lə·deɪt] I. *vi* ❶(*reinforce*) consolidarsi ❷(*unite*) fondersi II. *vt* consolidare

consonant [ˈkɑːn·sə·nənt] *n* consonante *f*

consortium [kən·ˈsɔːr·t̬i·əm] *n* <consortiums *o* consortia> consorzio *m*

constant [ˈkɑːn·stənt] *adj, n* costante *f*

constantly *adv* costantemente

constitution [ˌkɑːn·stə·ˈtuː·ʃən] *n* costituzione *f*

construct [kən·ˈstrʌkt] I. *n* costruzione *f* II. *vt* costruire

construction [kən·ˈstrʌk·ʃən] *n* ❶(*act of making or building*) costruzione *f* ❷(*building*) edificio *m*

constructive [kən·ˈstrʌk·tɪv] *adj* costruttivo, -a

consul [ˈkɑːn·sl] *n* console *m*

consulate [ˈkɑːn·sjʊ·lət] *n* consolato *m*

consult [kən·ˈsʌlt] I. *vi* consultarsi II. *vt* consultare

consultant [kən·ˈsʌl·tənt] *n* ECON consulente *mf*; **management ~** consulente di gestione; **tax ~** consulente fiscale

consulting [kən·ˈsʌl·tɪŋ] *adj* **~ fee** onorario *m* per la consulenza

consume [kən·ˈsuːm] *vt* consumare; **to be ~d by sth** essere consumato da qc

consumer [kən·ˈsuː·mə·] *n* consumatore, -trice *m, f*; **~ demand** domanda *f* dei consumatori

consumption [kən·'sʌmp·ʃən] n ① consumo m; **energy ~** consumo m di energia ② (eating, drinking) consumo m; (of food also) consumo m; **unfit for human ~** inadatto al consumo umano ③ fig (use) **for internal ~** ad uso interno ④ no pl HIST MED tisi f

contact ['ka:n·tækt] I. n contatto m; **to have ~s** avere conoscenze II. vt contattare

contact lens n lente f a contatto

contagious [kən·'teɪ·dʒəs] adj a. fig contagioso, -a

contain [kən·'teɪn] vt contenere

container [kən·'teɪ·nə*] n ① (vessel) contenitore m ② (for transport) container m inv

contaminate [kən·'tæ·mɪ·neɪt] vt contaminare

contamination [kən·ˌtæ·mɪ·'neɪ·ʃən] n contaminazione f

contemplate ['ka:n·təm·pleɪt] vt ① (intend) **to ~ doing sth** avere intenzione di fare qc ② (gaze at) contemplare

contemporary [kən·'tem·pə·re·ri] adj, n contemporaneo, -a m, f

contempt [kən·'tempt] n disprezzo m; **to hold sth/sb in ~** disprezzare qc/qu

contend [kən·'tend] I. vi ① (compete) competere ② (struggle) lottare II. vi **to ~ that ...** sostenere che ...

content¹ ['ka:n·tent] n contenuto m

content² [kən·'tent] I. vt soddisfare; **to ~ oneself with sth** accontentarsi di qc II. adj contento, -a; **to be ~ with sth** essere soddisfatto di qc

contented adj soddisfatto, -a

contentious [kən·'ten·ʃəs] adj controverso, -a

contentment [kən·'tent·mənt] n appagamento m

contest I. ['ka:n·test] n ① (competition) concorso m; **sports ~** gara f sportiva ② (dispute) controversia f II. [kən·'test] vt ① (challenge: claims) contestare; (a will) impugnare ② (compete for) disputare

contestant [kən·'tes·tənt] n (in a match) concorrente mf; (in an election) candidato, -a m, f

context ['ka:n·tekst] n contesto m

continent ['ka:nt·nənt] adj, n continente m

continental [ˌka:n·ṭ·'nen·tl] I. adj ① (relating to a continent) continentale ② (of the mainland) **~ Europe** Europa f continentale II. n continentale mf

continual [kən·'tɪn·ju·əl] adj continuo, -a

continually adv continuamente

continuation [kən·ˌtɪn·ju·'eɪ·ʃən] n continuazione f

continue [kən·'tɪn·juː] vi, vt continuare; **to ~ to do** [o doing] **sth** continuare a fare qc

continuous [kən·'tɪn·ju·əs] adj continuo, -a

contraception [ˌka:n·trə·'sep·ʃən] n contraccezione f

contraceptive [ˌka:n·trə·'sep·tɪv] n anticoncezionale m

contract¹ [kən·'trækt] I. vi contrarsi II. vt contrarre; **to ~ AIDS/a cold** contrarre l'Aids/il raffreddore

contract² ['ka:n·trækt] I. n contratto m; **temporary ~** contratto temporaneo II. vt contrattare

contraction [kən·'træk·ʃən] n contrazione f

contradict [ˌka:n·trə·'dɪkt] I. vi contraddirsi II. vt contraddire; **to ~ oneself** contraddirsi

contradiction [ˌka:n·trə·'dɪk·ʃən] n contraddizione f

contradictory [ˌka:n·trə·'dɪk·tə·ri] adj contraddittorio, -a

contrary ['ka:n·trə·i] I. n **on the ~** al contrario II. adj contrario, -a

contrast [kən·'træst] I. n contrasto m; **by** [o in] **~** per contrasto; **in ~ to** [o with] **sb/sth** a differenza di qu/qc II. vt contrastare

contribute [kən·'trɪ·bjuːt] I. vi contribuire II. vt ① (money) contribuire ② (article) scrivere; (information) dare

contribution [ˌka:n·trɪ·'bjuː·ʃən] n

contributo *m* ❷ (*text or article for publication*) collaborazione *f*

contributor [kən·'trɪb·jə·tə] *n* ❶ (*for charity*) donatore, -trice *m, f* ❷ (*of publication*) collaboratore, -trice *m, f*

control [kən·'troʊl] I. *n* ❶ controllo *m*; **to bring sth under ~** controllare qc; **to lose ~ over sth** perdere il controllo di qc ❷ (*leadership*) comando *m*; **to be in ~** essere al comando ❸ AVIAT stazione *f* di controllo ❹ *pl* TECH comandi *mpl*; **to be at the ~s** stare ai comandi II. *vt* <-ll-> controllare; (*vehicle*) manovrare

controller [kən·'troʊ·lə] *n* (*person in charge*) direttore, -trice *m, f*; FIN, ECON ispettore, -trice *m, f* finanziario, -a

control panel *n* quadro *m* dei comandi

controversial [ˌkɑː·n·trə·'vɜːr·ʃəl] *adj* polemico, -a

controversy ['kɑː·n·trə·vɜːr·si] *n* <-ies> polemica *f*

convenience [kən·'viː·n·jəns] *n* comodità *f*; **for ~'s sake** per comodità

convenient [kən·'viː·ni·ənt] *adj* comodo, -a

convent ['kɑː·n·vənt] *n* convento *m*

convention [kən·'ven·ʃən] *n* ❶ convenzione *f* ❷ (*large meeting*) congresso *m*

conventional [kən·'ven·tʃə·nəl] *adj* convenzionale; (*wisdom*) ortodosso, -a; (*medicine*) tradizionale

conversation [ˌkɑː·n·və·'seɪ·ʃən] *n* conversazione *f*

conversion [kən·'vɜːr·ʒən] *n* conversione *f*

convert [kən·'vɜːrt] I. *n* convertito, -a *m, f* II. *vi* convertirsi III. *vt* convertire

convertible [kən·'vɜːr·tə·bl] I. *n* AUTO decappottabile *m* II. *adj a.* FIN, ECON convertibile

convict[1] ['kɑː·n·vɪkt] *n* detenuto, -a *m, f*

convict[2] [ˌkɑː·n·'vɪkt] *vt* condannare

conviction [kən·'vɪk·ʃən] *n* ❶ LAW condanna *f* ❷ (*firm belief*) convinzione *f*

convince [kən·'vɪnts] *vt* convincere; **I'm not ~d** non ne sono convinto

convincing [kən·'vɪnt·sɪŋ] *adj* convincente

cook [kʊk] I. *n* cuoco, -a *m, f* II. *vi, vt* cuocere; **how long does pasta take to ~?** quanto ci mette a cuocere la pasta?; **can you ~?** sai cucinare?; **to ~ lunch** preparare il pranzo

cookbook ['kʊk·bʊk] *n* libro *m* di cucina

cooker ['kʊ·kə] *n* ❶ (*stove*) cucina *f*, fornello *m*; **induction ~** fornello *m* a induzione ❷ *inf* (*cooking apple*) mela *f* da cuocere

cookery ['kʊ·kə·ri] *n* cucina *f*

cookie ['kʊ·ki] *n* ❶ (*biscuit*) biscotto *m* ❷ *inf* (*person*) tipo *m*; **a tough ~** un tipo tosto

cooking ['kʊ·kɪŋ] *n* **to do the ~** far da mangiare

cool [kuːl] I. *adj* ❶ (*slightly cold*) fresco, -a ❷ (*calm*) tranquillo, -a; **keep ~** mantieni la calma ❸ *inf* (*impudent*) sfacciato, -a; **to be a ~ one** essere uno sfacciato ❹ (*unfriendly*) freddo, -a ❺ *inf* (*fashionable*) **to be ~** essere trendy II. *interj inf* grande! III. *n* ❶ (*coolness*) fresco *m* ❷ (*calm*) calma *f* IV. *vt* rinfrescare; **just ~ it** *inf* calma! V. *vi* (*become colder*) rinfrescare; **to ~ down** [*o* **off**] (*become cooler*) rinfrescare; (*food*) freddarsi; (*become calmer*) calmarsi

cooling ['kuː·lɪŋ] *adj* rinfrescante; (*breeze*) fresco, -a

coolness ['kuːl·nɪs] *n* ❶ METEO fresco *m* ❷ (*unfriendliness*) freddezza *f*

cooperate [koʊ·'ɑː·pə·reɪt] *vi* cooperare

cooperation [koʊˌɑː·pə·'reɪ·ʃən] *n* cooperazione *f*

cooperative [koʊ·'ɑː·pə·ə·tɪv] I. *n* ECON cooperativa *f* II. *adj* cooperativo, -a; **~ society** società *f* cooperativa

coordinate [koʊ·'ɔːr·dɪ·neɪt] I. *n* coordinata *f* II. *vi* ❶ (*work together effectively*) operare insieme ❷ (*match*) essere coordinato III. *vt* coordinare IV. *adj* (*involving coordination*) coordinato, -a

coordination [koʊˌɔːr·də·'neɪ·ʃən] *n* coordinazione *f*

cop [kɑːp] *n inf* (*police officer*) sbirro *m*

cope [koʊp] *vi* ❶ (*master a situation*)

farcela ② (*deal with*) **to ~ with sth** (*problem*) far fronte a qc; (*pain*) sopportare qc

copier ['kɑ:·pɪə] *n* fotocopiatrice *f*

copper ['kɑ:·pə] I. *n* ① (*metal*) rame *m* ② *inf* (*police officer*) sbirro *m* II. *adj* (*color*) color rame

copy ['kɑ:·pi] I.<-ies> *n* ① (*facsimile*) copia *f* ② COMPUT copia *f*; **hard ~** copia cartacea ③ (*text to be published*) testo *m* II.<-ie-> *vt* ① a. COMPUT, MUS copiare ② (*imitate*) imitare III. *vi* SCHOOL copiare

copyright *n* diritti *mpl* d'autore

cord [kɔːrd] *n* (*rope*) corda *f*; ELEC filo *m*; **spinal ~** midollo *m* spinale; **umbilical ~** cordone *m* ombelicale

cordless ['kɔːrd·ləs] *adj* senza fili

corduroy ['kɔːr·də·rɔɪ] *n* velluto *m* a coste

core [kɔːr] I. *n* ① (*center*) centro *m*; **the ~ of a problem** il nocciolo della questione ② (*center with seeds*) torsolo *m* ③ PHYS nucleo *m* ④ ELEC anima *f* II. *adj* **the ~ issue** la questione principale III. *vt* togliere il torsolo

cork [kɔːrk] I. *n* ① sughero *m* ② (*stopper*) tappo (di sughero) *m* II. *vt* ① (*put stopper in*) tappare ② (*restrain*) **to ~ one's anger** soffocare la propria rabbia

corkscrew ['kɔːrk·skruː] I. *n* cavatappi *m inv* II. *adj* a spirale; **~ curls** boccoli *mpl*

corn[1] [kɔːrn] *n* ① (*crop*) granturco *m*; **~ on the cob** pannocchia *f* di granturco ② *inf* (*something trite*) roba *f* sdolcinata

corn[2] [kɔːrn] *n* MED callo *m*

corn bread *n* pane *m* di granturco

corncob *n* pannocchia *f* di granturco

corner ['kɔːr·nə] I. *n* ① angolo *m*; **to be around the ~** essere girato l'angolo; **to turn the ~** girare l'angolo; *fig* essere al giro di boa ② (*kick or shot*) corner *m* ③ (*difficult position*) **to be in a tight ~** trovarsi in una posizione difficile ④ (*domination*) **to have a ~ of the market** controllare una fetta di mercato ▶ **to cut ~s** fare le cose tirate via II. *vt* ① (*hinder*)

escape) intrappolare ② ECON **to ~ the market** monopolizzare il mercato III. *vi* (*auto*) curvare

corny ['kɔːr·ni] <-ier, -iest> *adj* ① *inf* vecchio, -a; (*joke*) trito, -a ② (*emotive*) sdolcinato, -a

coronary ['kɔː·rə·ne·ri] I. *n* infarto *m* del miocardio II. *adj* coronario, -a; (*bypass*) coronarico, -a

coroner ['kɔː·rə·nə] *n* magistrato incaricato di investigare morti non naturali

corp. *abbr of* **corporation** società *f*

corporal ['kɔːr·pə·rəl] *n* MIL caporale *m*

corporate ['kɔːr·pə·rət] *adj* ① (*shared by group*) collettivo, -a ② (*of corporation*) aziendale; **~ capital** capitale *m* societario; **~ law** diritto *m* aziendale

corporation [ˌkɔːr·pə·'reɪ·ʃən] *n* + *sing/ pl vb* ① (*business*) società *f*; **multinational ~** multinazionale *f* ② (*local council*) **municipal ~** autorità *f* comunale

corpse [kɔːrps] *n* cadavere *m*

correct [kə·'rekt] I. *vt* (*put right*) correggere II. *adj* corretto, -a; **that is ~ form** esatto

correction [kə·'rek·ʃən] *n* correzione *f*

correction fluid *n* bianchetto *m*

correctly [kə·'rekt·li] *adv* correttamente

correspond [ˌkɔː·rə·'spɑːnd] *vi* corrispondere

correspondence [ˌkɔː·rə·'spɑːn·dəns] *n* corrispondenza *f*; **business ~** corrispondenza commerciale

correspondent [ˌkɔː·rə·'spɑːn·dənt] *n* corrispondente *mf*; **special ~** inviato, -a *m, f* speciale

corresponding [ˌkɔː·rə·'spɑːn·dɪŋ] *adj* corrispondente

corridor ['kɔː·rə·də] *n* corridoio *m*

corrosion [kə·'roʊ·ʒən] *n* ① corrosione *f* ② *fig* (*deterioration*) deterioramento *m*

corrosive [kə·'roʊ·sɪv] I. *adj* ① (*destructive*) corrosivo, -a ② *fig* (*harmful*) distruttivo, -a II. *n* corrosivo *m*

corrupt [kə·'rʌpt] I. *vt* ① corrompere ② (*document*) danneggiare II. *vi* corrompere III. *adj* ① (*influenced by* *bribes*) corrotto, -a ② (*document*) danneggiato, -a

corruption [kə·ˈrʌp·ʃən] *n* corruzione *f*

cosmetic [kɑːz·ˈme·tɪk] I. *n* cosmetico *m*; ~s cosmetici *mpl* II. *adj* ① cosmetico, -a *f* ② (*superficial*) superficiale

cost [kɑːst] I. *vt* ①<cost, cost> (*amount of, cause the loss of*) costare; **to ~ a fortune** *inf* costare un patrimonio ②<costed, costed> (*calculate price*) calcolare il costo di II. *n* ① (*price*) costo *m*, prezzo *m*; **at no extra ~** compreso nel prezzo ② *pl* (*expense*) costi *mpl*; LAW spese *fpl*; **to cut ~s** ridurre le spese ③ (*cost price*) **to purchase sth at ~** acquistare qc a prezzo di costo ④ *fig* **at all ~(s)** a tutti i costi

costly [ˈkɑːst·li] <-ier, -iest> *adj* costoso, -a; (*mistake*) costoso, -a; **to prove ~** *a. fig* risultare molto caro

costume [ˈkɑː·s·tuːm] *n* costume *m*

cot [kɑːt] *n* ① (*baby's bed*) culla *f* ② (*camp bed*) brandina *f*

cottage [ˈkɑː·tɪdʒ] *n* **country ~** casetta *f* di campagna

cottage cheese *n* fiocchi *mpl* di formaggio

cotton [ˈkɑː·tn] *n* ① (*plant*) cotone *m* ② (*material*) cotone *m* ③ (*thread*) filo *m*

cotton candy *n* zucchero *m* filato

couch [kaʊtʃ] <-es> *n* divano *m*

couchette [kuː·ˈʃet] *n* cuccetta *f*

couch potato <-es> *n* pantofolaio, -a *m, f* teledipendente

cough [kɑːf] I. *n* tosse *f* II. *vi, vt* tossire

cough medicine *n* medicinale *m* per la tosse

could [kʊd] *pt, pp* **can²**

council [ˈkaʊn·tsəl] *n* ADMIN, MIL consiglio *m*; **city ~** consiglio comunale; **local ~** autorità *fpl* locali

counsel [ˈkaʊn·tsəl] I.<-ll-, -l-> *vt* (*advise*) consigliare II. *n* ① *form* (*advice*) consiglio *m* ② (*lawyer*) avvocato *m*; **~ for the defense** avvocato difensore; **~ for the prosecution** pubblico ministero *m*

count¹ [kaʊnt] *n* conte *m*

count² [kaʊnt] I. *n* ① conto *m*; **to keep ~ of sth** tenere il conto di qc; **to lose ~ of sth** perdere il conto di qc *f* ② (*measured amount*) livello *m* ③ LAW capo *m* d'accusa ④ (*opinion*) punto *m*; **to be angry with sb on several ~s** essere arrabbiato con qu per vari motivi II. *vt* ① (*number*) contare; **to ~ one's change** controllare il resto ② (*consider*) considerare; **to ~ sb as a friend** considerare qu un amico III. *vi* contare ① (*number*) contare; **this doesn't ~ for anything** questo non conta nulla

♦ **count on** *vt* (*depend on*) contare su

♦ **count out** *vt always sep* ① (*money*) contare ② *inf* (*leave out*) **to count sb out** escludere qu

countdown [ˈkaʊnt·daʊn] *n* conto *m* alla rovescia

counter [ˈkaʊn·tə] I. *n* ① (*service point*) banco *m*; **over the ~** senza ricetta ② (*person who counts*) cassiere, -a *m, f*; TECH contatore *m* II. *vt* controbattere III. *vi* ① (*oppose*) opporsi ② (*react by scoring*) contrattaccare IV. *adv* contro; **to act ~ to sth** agire contrariamente a qc

counterattack [ˈkaʊn·tə·ə·tæk] I. *n* contrattacco *m* II. *vi, vt* contrattaccare

counterclockwise [ˌkaʊn·tə·ˈklɑːk·waɪz] *adj* in senso antiorario

counterfeit [ˈkaʊn·tə·fɪt] I. *adj* contraffatto, -a; (*money*) falso, -a II. *vt* contraffare III. *n* contraffazione *f*

countermeasure [ˈkaʊn·tə·me·ʒə] *n* contromisura *f*

counterproductive [ˌkaʊn·tə·prə·ˈdʌk·tɪv] *adj* controproducente

counterterrorism [ˌkaʊn·tər·ˈter·ər·ɪz·əm] *n* controterrorismo *m*

countess [ˈkaʊn·tɪs] *n* contessa *f*

countless [ˈkaʊnt·lɪs] *adj* innumerevole

country [ˈkʌn·tri] I. *n* ① (*rural area*) campagna *f* ②<-ies> (*political unit*) paese *m*; (*native land*) patria *f* ③ MUS country *m* II. *adj* ① (*rural*) di campagna ② MUS country

countryside [ˈkʌn·tri·saɪd] *n* campagna *m*

county ['kaʊn·ți] <-ies> n contea f

coup d'état <coups d'état> n colpo m di stato

couple ['kʌ·pl] I. n ① (a few) paio m; **the first ~ of weeks** le prime due settimane ② + sing/pl vb (two people) coppia f II. vt ① RAIL, AUTO attaccare ② (connect, link) collegare

coupon ['kuː·pɑːn] n ① (voucher) buono m ② (order form) tagliando m

courage ['kʌ·rɪdʒ] n coraggio m

courageous [kə·'reɪ·dʒəs] adj coraggioso, -a

courier ['kʊ·ri·ə·] I. n (messenger) messaggero, -a m, f II. adj ~ **service** servizio m corriere

course [kɔːrs] n ① (direction) rotta f; (of a river) corso m; **to be off** ~ a. fig deviare; **your best ~ of action would be ...** la cosa migliore da fare sarebbe… ② (development) sviluppo m; **over the ~ of time** col tempo ③ (treatment) ciclo m ④ SPORTS (area) pista f; (golf) campo m ⑤ (part of meal) portata f ▶ **to stay the ~** rimanere fino alla fine; **of ~** certo; **of ~ not** certo che no

court [kɔːrt] I. n ① (room for trials) tribunale m, aula f ② (judicial body) tribunale m, corte f ③ (playing area) cortile m; (for tennis, basketball) campo m II. vt (woman) corteggiare; (danger) esporsi a

courtesy ['kɜːr·tə·si] <-ies> n cortesia f

court hearing n udienza f

courthouse ['kɔːrt·haʊs] n tribunale m

court-martial I. <courts-martial> n corte f marziale II. <-ll-, -l-> vt sottoporre alla corte marziale

court of appeals n corte f d'appello

court of law n tribunale m

courtroom ['kɔːrt·ruːm] n aula f di tribunale

courtyard n cortile m

cousin ['kʌ·zn] n cugino, -a m, f

cover ['kʌ·və·] I. n ① (top) rivestimento m ② (outer sheet) copertina f ③ (bedding) copriletto m ④ (concealment) copertura f; **to break ~** uscire allo scoperto ⑤ (shelter) riparo m; **to take ~** ripararsi ⑥ (insurance) copertura f ⑦ (provision) sostituzione f II. vt ① (hide: eyes, ears) tappare; (head) coprire ② (put over) coprire; (book) rivestire ③ (keep warm) coprire ④ (travel) percorrere ⑤ (deal with) riguardare ⑥ (include) includere ⑦ (report on) fare un servizio su ⑧ (insure) assicurare ⑨ (give armed protection) coprire ⑩ MUS (song) fare una cover di III. vi sostituire

◆ **cover up** I. vt (protect) coprire II. vi **to ~ for sb** coprire qu

coverage ['kʌ·və·rɪdʒ] n ① (reporting) servizio m ② (dealing with) trattamento m

cover charge ['kʌ·və·tʃɑːrdʒ] n coperto m

covered adj ① (roofed over) coperto -a ② (insured) assicurato, -a

covering n rivestimento m

cover letter n lettera f d'accompagnamento

cover-up ['kʌ·və·ʌp] n occultamento m

cow [kaʊ] n ① (female ox) mucca f ② (female mammal) femmina f

coward ['kaʊ·ə·d] n vigliacco, -a m, f

cowboy ['kaʊ·bɔɪ] I. n ① (cattlehand) mandriano m, cowboy m ② inf (dishonest tradesperson) mascalzone m II. adj di/da cowboy

cowshed ['kaʊ·ʃed] n stalla f

cozy ['koʊ·zi] <-ier, -iest> adj ① (comfortable) comodo, -a; (place) accogliente ② pej (convenient) di convenienza

CPA [ˌsi·pi·'eɪ] n abbr of **certified public accountant** ragioniere m qualificato

CPR [ˌsi·pi·'ar] n abbr of **cardiopulmonary resuscitation** rianimazione f cardiorespiratoria

crab [kræb] n ① (sea animal) granchio m ② ASTR Cancro m

crack [kræk] I. n ① (fissure) crepa f ② (sharp sound: of a rifle) scoppio m; (of a whip) schiocco m ③ inf (drug) crack m ④ inf (attempt) tentativo m II. adj di prim'ordine III. vt ① (break) rompere ② (open: an egg) spaccare;

(*nuts*) aprire; (*safe*) forzare; (*code*) decifrare ⑤ (*resolve*) risolvere ⑥ (*hit*) battere; (*whip*) far schioccare; **to ~ a joke** raccontare una barzelletta **IV.** *vi* ① (*break*) rompersi; (*paintwork*) crearsi ② (*break down*) crollare ③ (*make a sharp noise*) schioccare ► **to get ~ing** mettersi al lavoro

◆**crack down** *vi* **to ~ on sb/sth** prendere dure misure contro qu/qc

◆**crack up** *vi* (*laugh*) scoppiare a ridere

crackdown ['kræk·daʊn] *n* offensiva *f*

cracked [krækt] *adj* (*having fissures*) crepato, -a; (*lips*) screpolato, -a

crackle ['kræ·kl] **I.** *vi* scricchiolare **II.** *vt* far scricchiolare **III.** *n* scricchiolio *m*

cradle ['kreɪ·dl] **I.** *n* ① (*baby's bed*) culla *f*; **from the ~ to the grave** per tutta la vita ② (*framework*) intelaiatura *f* **II.** *vt* cullare

craft [kræft] **I.** *n* ① (*means of transport*) imbarcazione *f* ② (*special skill*) arte *m* ③ (*trade*) mestiere *m* ④ (*ability*) maestria *f* **II.** *vt* fare

craftsman ['kræfts·mən] <-men> *n* artigiano *m*

crafty ['kræf·ti] <-ier, -iest> *adj* astuto, -a

cram [kræm] <-mm-> **I.** *vt* stipare; **to ~ sth with sth** stipare qc di qc **II.** *vi* sgobbare

cramp [kræmp] **I.** *vt* ostacolare **II.** *n* crampo *m*

crane [kreɪn] **I.** *n* gru *f* **II.** *vt* **to ~ one's neck** alungare il collo **III.** *vi* **to ~ forward** sporgersi in avanti allungando il collo

crank[1] [kræŋk] **I.** *n* *inf* tipo, -a strano, -a *m* **II.** *adj* **a ~ call** una telefonata molesta

crank[2] [kræŋk] *n* TECH manovella *f*

cranky ['kræŋ·ki] <-ier, -iest> *adj* *inf* strano, -a

crap [kræp] **I.** <-pp-> *vi* *vulg* cacare **II.** *n* *vulg* ① (*excrement*) merda *f* ② (*nonsense*) stronzata *f* **III.** *adj* di merda

crappy ['kræ·pi] <-ier, -iest> *adj* *inf* di merda

crash [kræʃ] **I.** *n* <-es> ① (*accident*)

scontro *m* ② (*noise*) fracasso *m* ③ COM crollo *m* ④ COMPUT blocco *m* (del sistema) **II.** *vi* ① (*have an accident*) scontrarsi; (*plane*) precipitare ② (*make loud noise*) fare fracasso ③ (*break noisily*) fracassarsi ④ COM crollare ⑤ COMPUT piantarsi **III.** *vt* (*damage in accident*) schiantare

crash barrier *n* barriera *f* di sicurezza

crash course *n* corso *m* intensivo

crash diet *n* dieta *f* lampo

crash helmet *n* casco *m*

crash-land ['kræʃ·lænd] *vi* eseguire un atterraggio di fortuna

crate [kreɪt] *n* cassa *f*

crawl [krɔːl] **I.** *vi* ① (*go on all fours*) gattonare ② (*move slowly*) procedere lentamente ③ *inf* (*be obsequious*) **to ~ (up) to sb** strisciare davanti a qu ④ *inf* (*become infested*) **to be ~ing with sth** brulicare di qc **II.** *n* ① (*go very slowly*) **at a ~** a passo d'uomo ② (*style of swimming*) stile *m* libero; **to do the ~** nuotare a stile libero

crayon ['kre·ɪɑːn] **I.** *n* pastello *m* **II.** *vi, vt* disegnare coi pastelli

craze [kreɪz] *n* mania *f*

crazy ['kreɪ·zi] <-ier, -iest> *adj* pazzo, -a; **to go ~** impazzire

creak [kriːk] **I.** *vi* (*door*) cigolare; (*bones*) scricchiolare **II.** *n* (*of door*) cigolio *m;* (*of bones*) scricchiolio *m*

creaky ['kriː·ki] <-ier, -iest> *adj* ① (*squeaky*) cigolante; (*chair*) che scricchiola ② (*decrepit*) che cade a pezzi

cream [kriːm] **I.** *n* ① (*milk fat*) panna *f* ② (*cosmetic product*) crema *f* ③ (*the best*) fior fiore *m* **II.** *adj* ① (*containing cream*) cremoso, -a ② (*off-white color*) color crema **III.** *vt* (*butter*) amalgamare; (*milk*) scremare

cream cheese *n* formaggio *m* cremoso

cream-colored *adj* color crema

creamy ['kriː·mi] <-ier, -iest> *adj* ① (*smooth*) cremoso, -a ② (*off-white*) color crema

crease [kriːs] **I.** *n* ① (*fold*) piega *f* ② (*in ice hockey*) area *f* di porta **II.** *vt* piegare **III.** *vi* piegarsi

create [kriː'eɪt] *vt* creare
creation [kriː'eɪ·ʃən] *n* creazione *f*
creative [kriː'eɪ·t̬ɪv] *adj* creativo, -a; (*imagination*) fervido, -a
creator [kriː'eɪ·t̬ɚ] *n* creatore, -trice *m*, *f*
creature ['kriː·t̬ʃɚ] *n* ❶ (*being*) essere *m* (vivente), organismo *m* ❷ (*person being discussed*) persona *f*
credentials [krɪ'den·ʃlz] *npl* credenziali *fpl*
credibility [ˌkre·də·'bɪ·lə·t̬i] *n* credibilità *f*
credit ['kre·dɪt] **I.** *n* ❶ (*belief*) credito *m*; **to give ~ to sth/sb** dar credito a qc/qu ❷ (*honor*) onore *m*; (*recognition*) merito *m*; **to be a ~ to sb** fare onore a qu; **to sb's ~** a merito di qu; **to take (the) ~ for sth** prendersi il merito di qc ❸ FIN credito *m*; **to buy sth on ~** comprare qc a credito ❹ COM attivo *m* ❺ *pl* CINE titoli *mpl* [*o* coda *f*] di testa **II.** *vt* ❶ (*believe*) credere ❷ FIN **to ~ sb with 2000 dollars** accreditare 2000 dollari a qu ❸ (*attribute*) **he is ~ed with ...** gli si atribuisce ...
credit card *n* carta *f* di credito
credit limit *n* limite *m* di credito
creditworthy ['kre·dɪt·ˌwɜːr·ði] *adj* solvibile
creep [kriːp] **I.** <crept, crept> *vi* ❶ strisciare; (*baby*) gattonare; (*plant*) arrampicarsi ❷ (*move imperceptibly*) avanzare furtivamente ❸ (*move slowly*) avanzare lentamente **II.** *n* ❶ (*act of creeping*) avanzamento *m* furtivo ❷ *inf* (*sycophant*) leccapiedi *mf* ❸ (*pervert*) persona *f* viscida ▶ **to give sb the ~s** *inf* far accapponare la pelle a qu
  ♦ creep up *vi* **to ~ on sb** avvicinarsi furtivamente a qu
creepy ['kriː·pi] <-ier, -iest> *adj inf* repellente
cremate [kriː'meɪt] *vt* cremare
cremation [krɪ'meɪ·ʃən] *n* cremazione *f*
crematorium [ˌkriː·mə·'bɔː·ri·əm] <-s *o* -ria> *n* crematorio *m*
crept [krept] *pp, pt of* **creep**
crew [kruː] **I.** *n* ❶ + *sing/pl vb* ❶ NAUT,

AVIAT (*sport of rowing*) equipaggio *m*; RAIL personale *m*; **ground/flight ~** personale di terra/di volo ❷ *inf* (*gang*) banda *f* **II.** *vt* **to ~ a boat** far parte dell'equipaggio di una imbarcazione **III.** *vi* **to ~ for sb** far parte dell'equipaggio di qu
crew cut *n* taglio *m* a spazzola
crib [krɪb] *n* ❶ (*baby's bed*) lettino *f* ❷ *sl* (*home*) casa *f* ❸ *inf* SCHOOL scopiazzata *f*
cricket ['krɪ·kɪt] *n* ZOOL grillo *m*
crime [kraɪm] *n* ❶ LAW (*illegal act*) reato *m*; (*more serious*) crimine *m*; **~ of passion** delitto *m* passionale; **to accuse sb of a ~** accusare qu di un reato; **to commit a ~** commettere un reato ❷ (*criminal activity*) delinquenza *f*, criminalità *f*; **~ rate** tasso *m* di criminalità
criminal ['krɪ·mɪ·nl] **I.** *n* (*offender*) delinquente *mf*; (*more serious*) criminale *mf* **II.** *adj* ❶ (*illegal*) illegale; (*more serious*) criminale ❷ LAW penale; **~ court** tribunale *m* penale; **~ lawyer** penalista *mf*; **~ record** precedenti *mpl* penali ❸ *fig* (*shameful*) vergognoso, -a
crimson ['krɪm·zn] **I.** *n* cremisi *m inv* **II.** *adj* ❶ (*color*) cremisi ❷ (*red-faced*) paonazzo, -a
cripple ['krɪ·pl] **I.** *n* zoppo, -a *m*, *f* **II.** *vt* ❶ (*disable*) menomare; (*machine, object*) danneggiare ❷ (*paralyze*) paralizzare
crisis ['kraɪ·sɪs] <crises> *n* crisi *f inv*; **to go through a ~** attraversare una crisi
crisp [krɪsp] **I.** <-er, -est> *adj* ❶ (*bacon*) croccante; (*snow*) friabile, -a ❷ (*apple, lettuce*) fresco, -a ❸ (*shirt, pants*) pulito, -a; (*banknote*) nuovissimo, -a ❹ (*air*) tonificante ❺ (*sharp*) nitido, -a ❻ (*lively*) animato, -a ❼ (*manner, style*) secco, -a **II.** *vt* ❶ (*make crisp*) tostare leggermente ❷ (*curl*) increspare
crispy ['krɪs·pi] <-ier, -iest> *adj* croccante
critic ['krɪ·t̬ɪk] *n* critico, -a *m*, *f*
critical ['krɪ·t̬ɪ·kl] *adj* ❶ (*disapproving*) critico, -a; **to be highly ~ of sth** criti-

care aspramente qc ②(*decisive*) fondamentale; **to be ~ to sth** essere di vitale importanza per qc

criticism ['krɪ·tɪ·sɪ·zəm] *n* critica *f;* **to take ~** accettare le critiche

criticize ['krɪ·tɪ·saɪz] *vi, vt* criticare

crockery ['krɑ·kə·i] *n* vasellame *f*

crocodile ['krɑ·kə·daɪl] <-(s)> *n* ZOOL coccodrillo *m*

crook [krʊk] **I.** *n* ①(*criminal*) delinquente *mf* ②*inf* (*rogue*) imbroglione, -a *m, f* ③(*of elbow*) piega *f* ④(*curve*) angolo *m* **II.** *vt* piegare

crooked ['krʊ·kɪd] *adj* ①(*not straight: nose, legs*) storto, -a; (*back*) ricurvo, -a; (*path*) tortuoso, -a ②*inf* (*dishonest*) disonesto, -a

crop [krɑːp] **I.** *n* ①AGR (*plant*) coltura *f;* (*harvest*) raccolto *m* ②(*group*) mucchio *m* **II.**<-pp-> *vt* ①AGR coltivare ②(*cut*) tagliare; (*hair*) tagliare cortissimi; (*plant*) potare **III.** *vi* AGR dare frutti; (*land*) rendere

◆ **crop up** *vi* saltar fuori

cross [krɑːs] **I.** *vt* ①(*go across, lie across*) attraversare; (*threshold*) superare ②(*place crosswise*) **to ~ one's legs** accavallare le gambe; **to ~ one's arms** incrociare le braccia ③BIO (*crossbreed*) incrociare ④REL **to ~ oneself** farsi il segno della croce ⑤(*oppose*) fare arrabbiare **II.** *vi* ①(*intersect*) incrociarsi ②(*go across*) fare una traversata **III.** *n* ① *a.* REL croce *f;* **the sign of the ~** il segno della croce ②(*crossing: of streets, roads*) attraversamento *m*, incrocio *m* ③BIO (*mixture*) incrocio *m* **IV.** *adj* arrabbiato, -a; **to be ~ about sth** essere arrabbiato per qc; **to get ~ with sb** arrabbiarsi con qu

◆ **cross off** *vt*, **cross out** *vt* depennare

◆ **cross over** *vi, vt* attraversare

crossbar ['krɑːs·bɑːr] *n* sbarra *f;* (*of goal*) traversa *f;* (*of bicycle*) canna *f*

cross-country **I.** *adj* che passa per la campagna; **~ race** campestre *f;* **~ skiing** sci *m* di fondo *inv* **II.** *adv* attraverso la campagna **III.** *n* campestre *f*

cross-examination *n* LAW controinterrogatorio *m*

cross-examine *vt* controinterrogare

cross-eyed *adj* strabico, -a

crossfire *n* fuoco *m* incrociato; **to be caught in the ~** *fig* trovarsi tra due fuochi

crossing ['krɑ·sɪŋ] *n* ①(*place to cross*) passaggio *m* pedonale; **level ~** RAIL passaggio *m* a livello; **border ~** valico *m* di frontiera; **pedestrian ~** passaggio pedonale ②(*crossroads*) incrocio *m* ③(*journey*) traversata *f*

cross-legged [ˌkrɑ·s·'legəd] *adj* a gambe incrociate

cross-purposes *npl* **to be talking at ~** fraintendersi

cross-reference *n* rimando *m*

crossroads *n inv* ①incrocio *m* ②*fig* crocevia *f;* **to be at a ~** essere a un bivio

crosswalk *n* (*pedestrian crossing*) passaggio *m* pedonale

crouch [kraʊtʃ] **I.** *vi* **to ~** (*down*) accovacciarsi; **to be ~ing** stare accovacciato **II.** *n* **to lower oneself into a ~** accovacciarsi

crow[1] [kroʊ] *n* ZOOL corvo *m*, cornacchia *f* ▸ **to eat ~** *inf* dover ammettere un errore

crow[2] [kroʊ] <crowed, crowed> **I.** *n* ①(*call of a cock*) canto *m* del gallo ②(*cry of pleasure*) gridolino *m* di gioia **II.** *vi* ①(*cock*) cantare ②(*cry out happily*) fare gridolini di gioia ③(*boast*) vantarsi; **to ~ over sth** vantarsi di qc

crowd [kraʊd] **I.** *n* ① + *sing/pl vb* ①(*throng*) folla *f;* **there was quite a ~** c'era parecchia gente ②*inf* (*group*) gruppo *m;* **the usual ~** la solita gente ③*inf* (*large number*) sacco *m;* **a ~ of things** un sacco di cose ④(*common people, masses*) massa *f;* **to stand out from the ~** *fig* distinguersi dalla massa ⑤(*audience*) pubblico *m* **II.** *vi* ammassarsi **III.** *vt* ①(*fill*) affollare ②(*cram*) stipare ③*inf* (*pressure*) fare pressione su

crowded *adj* pieno, -a; **the bar was ~** il bar era affollato

crowd-pleaser *n inf: qualcuno o qualcosa che piace alla massa*

crown [kraʊn] I. *n* ① corona *f;* **the Crown** (*monarchy*) la Corona ② (*top part*) cima *f* ③ zool (*of bird*) cresta *f* ④ (*culmination*) culmine *m* ⑤ (*of tooth*) corona *f* II. *vt* ① (*coronate*) incoronare; **to ~ sb queen** incoronare qu regina ② (*complete*) coronare ③ *inf* (*hit on head*) dare un colpo in testa ④ MED (*tooth*) incapsulare

crow's feet [ˈkroʊz·fiːt] *npl* zampe *fpl* di gallina

crucial [ˈkruːʃl] *adj* (*decisive*) decisivo, -a; (*moment*) crucial; **to be ~ to sth** essere cruciale per qc; **it is ~ that …** è di vitale importanza che … +*conj*

crucifix [ˌkruː·sɪˈfɪks] <-es> *n* crocifisso *m*

crucifixion [ˌkruː·sɪˈfɪk·ʃən] *n* crocifissione *f*

crude [kruːd] I. *adj* ① (*rudimentary*) rudimentale ② (*unrefined*) grezzo, -a; (*oil*) greggio, -a ③ (*unfinished, undeveloped*) rozzo, -a ④ (*vulgar*) volgare II. *n* greggio *m*

cruel [ˈkruː·əl] <-(l)er, -(l)lest> *adj* crudele

cruelty [ˈkruː·əl·ti] <-ies> *n* crudeltà *f;* **society for the prevention of ~ to animals** lega *f* per la protezione degli animali

cruise [kruːz] I. *n* crociera *f;* ~ **ship** transatlantico *m;* **to go on a ~** fare una crociera II. *vi* ① NAUT (*take a cruise*) fare una crociera ② (*travel at constant speed*) viaggiare a velocità di crociera; (*airplane*) volare a velocità di crociera ③ (*police car*) pattugliare ④ *inf* (*drive around aimlessly*) fare un giro (in macchina)

cruise control *n* AUTO regolazione *f* di crociera

cruising *adj* (*speed*) di crociera

crumb [krʌm] *n* ① (*of bread*) briciola *f* ② (*small amount*) briciolo *m;* **a ~ of hope** un barlume di speranza

crumble [ˈkrʌm·bl] I. *vt* ① (*bread, biscuit*) sbriciolare ② (*stone*) sgretolare II. *vi* sgretolarsi

crumbly [ˈkrʌm·bli] <-ier, -iest> *adj* (*bread, cake*) friabile; (*house, wall*) che cade a pezzi

crummy [ˈkrʌ·mi] <-ier, -iest> *adj inf* scadente; **a ~ salary** uno stipendio da fame

crumple [ˈkrʌm·pl] I. *vt* (*clothes, paper*) spiegazzare; (*metal*) accartocciare; **to ~ a piece of paper into a ball** appallottolare un foglio II. *vi* ① (*become wrinkled: fabric*) spiegazzarsi ② (*collapse*) accasciarsi

crunch [krʌntʃ] I. *vt* ① (*in the mouth*) sgranocchiare ② (*grind*) schiacciare II. *vi* scricchiolare III. <-es> *n* ① (*sound*) scricchiolio *m* ② (*crisis*) crisi *f*

crush [krʌʃ] I. *vt* schiacciare; (*ice*) triturare; (*rumor*) mettere a tacere II. <-es> *n* ① (*throng*) calca *f;* **there was a great ~** c'era una gran calca ② *inf* (*temporary infatuation*) cotta *f;* **to have a ~ on sb** avere una cotta per qu ③ (*crushed ice drink*) **orange ~** spremuta *f* d'arancia

crushing *adj* (*defeat, argument*) schiacciante; (*reply*) umiliante

crust [krʌst] I. *n* crosta *f* II. *vi* incrostarsi III. *vt* **to be ~ed with mud** essere incrostato di fango

crusty [ˈkrʌs·ti] <-ier, -iest> *adj* ① CULIN croccante ② (*grumpy, surly*) scontroso, -a

crutch [krʌtʃ] <-es> *n* ① MED stampella *f;* **to be on ~es** avere le stampelle ② *fig* (*source of support*) appoggio *m*

cry [kraɪ] I. <-ie-> *vi* ① (*weep*) piangere; **to ~ for joy** piangere di gioia ② (*shout*) gridare; (*animal*) emettere gridi; **to ~ for help** gridare aiuto II. <-ie-> *vt* ① (*shed tears*) piangere ② (*shout*) gridare ③ (*announce publicly*) dichiarare ▶ **to ~ one's eyes out** piangere a dirotto III. *n* ① (*weeping*) pianto *m;* **to have a ~** farsi un bel pianto ② (*shout*) grido *m;* **to give a ~** gridare; **a ~ for help** un grido d'aiuto

③ ZOOL verso *m*
◆**cry off** *vi inf* tirarsi indietro
◆**cry out** *vi, vt* gridare; **for crying out loud!** *inf* madonna santa!

crying ['kraɪ·ɪŋ] *adj* **①** (*need*) urgente; (*injustice*) vero, -a; **a ~ shame** *inf* una vera indecenza

crystal ['krɪs·tl] I. *n* cristallo *m* II. *adj* **①** cristallino, -a **②** (*made of crystal*) di cristallo

ct. **③** *abbr of* **cent** centesimo *m* **④** *abbr of* **carat** carato *m*

CT *n* GEO *abbr of* **Connecticut** Connecticut *m*

cub [kʌb] *n* ZOOL cucciolo *m*

Cuba ['kjuː·bə] *n* Cuba *f*

Cuban ['kjuː·bən] *adj, n* cubano, -a *m, f*

cube [kjuːb] I. *n* cubo *m*; (*of cheese*) cubetto *m*; (*of sugar*) zolletta *f*; **ice ~** cubetto *m* di ghiaccio II. *vt* CULIN tagliare a cubetti

cubic ['kjuː·bɪk] *adj* (*cube-shaped*) cubico, -a; (*feet, yards*) cubo, -a

cubicle ['kjuː·bɪ·kl] *n* **①** (*changing room*) cabina *m* **②** (*sleeping compartment*) cuccetta *f*

Cub Scout *n* lupetto *m*

cuckoo ['kuː·kuː] I. *n* cuculo *m* II. *adj inf* matto, -a

cuckoo clock *n* orologio *m* a cucù

cucumber ['kjuː·kʌm·bə] *n* cetriolo *m*

cuddle ['kʌ·dl] I. *vt* abbracciare II. *vi* abbracciarsi III. *n* abbraccio *m*; **to give sb a ~** abbracciare qu

cue [kjuː] *n* **①** THEAT battuta *f* d'entrata **②** MUS attacco *m* **③** (*billiards*) stecca *f*; **~ ball** pallino *m*

cuff [kʌf] I. *n* **①** (*end of sleeve*) polsino *m* **②** (*turned-up trouser leg*) risvolto *m* **③** *pl, inf* (*handcuffs*) manette *fpl*
▶ **off the ~** improvvisato, -a II. *vt inf* ammanettare

cuff links *npl* gemelli *mpl*

cul-de-sac ['kʌl·də·sæk] <-s *o* culs-de-sac> *n a. fig* vicolo *m* cieco

culprit ['kʌl·prɪt] *n* colpevole *mf*

cultivate ['kʌl·tə·veɪt] *vt a. fig* coltivare

cultural ['kʌl·tʃə·rəl] *adj* culturale

culture ['kʌl·tʃə] I. *n* **①** (*way of life*) cultura *f* **②** (*arts*) cultura *f* II. *vt* cultivare

cultured ['kʌl·tʃəd] *adj* **①** AGR, BIO coltivato, -a **②** (*intellectual*) colto, -a; (*taste*) raffinato, -a

culture shock *n* shock *m* cultural

cumulative ['kjuː·mjə·lə·tɪv] *adj* **①** (*increasing*) cumulativo, -a **②** (*accumulated*) accumulato, -a

cunning ['kʌ·nɪŋ] I. *adj* **①** (*ingenious: person*) astuto, -a; (*device, idea*) ingegnoso, -a **②** (*sly*) scaltro, -a II. *n* astuzia *f*

cup [kʌp] *n* **①** (*container*) tazza *f*; **coffee/tea ~** tazza da caffè/tè; **egg ~** portauovo *m inv* **②** SPORTS (*trophy*) coppa *f*; **the World Cup** la Coppa del Mondo **③** BOT, REL calice *m* **④** (*part of bra*) coppa *f* ▶ **it's not my ~ of tea** non è il mio genere

cupboard ['kʌ·bəd] *n* armadio *m*; **built-in ~** armadio a muro; **kitchen ~** armadio di cucina

cupful ['kʌp·fʊl] *n* tazza *f*; **a ~ of sugar** una tazza di zucchero

curable ['kjuː·rə·bl] *adj* curabile

curb [kɜːrb] I. *vt* tenere a freno II. *n* **①** (*control*) freno *m*; **to keep a ~ on sth** tenere a freno qc; **to put a ~ on sth** mettere freno a qc **②** (*obstacle*) ostacolo *m* **③** (*at roadside*) bordo *m* del marciapiede

cure [kjʊr] I. *vt* **①** MED guarire, curare **②** CULIN (*with smoke*) affumicare; (*with salt*) salare **③** (*problem*) rimediare a **④** (*leather*) conciare II. *n* **①** MED cura *f*; (*return to health*) guarigione *f* **②** CULIN affumicatura *f*, salatura *f* **③** (*solution*) rimedio *m* **④** (*of leather*) conciatura *f*

curfew ['kɜːr·fjuː] *n* coprifuoco *m*

curiosity [ˌkjʊ·ri·'ɑː·sə·ti] <-ies> *n* **①** (*desire to know*) curiosità *f* **②** (*strange thing*) curiosità *f*

curious ['kjʊ·ə·ri·əs] *adj* curioso, -a

curl [kɜːrl] I. *n* **①** (*loop of hair, sinuosity*) ricciolo *m* **②** (*spiral*) spirale *f*; **~ of smoke** anello *m* di fumo **③** (*of the lips*) smorfia *f* di disprezzo II. *vi* (*hair*) arricciarsi; (*paper*) arrotolarsi; (*path*) snodarsi; (*smoke*) formare spirali III. *vt*

C

(*hair*) arricciare; **to ~ oneself up** arannicchiarsi ►**to ~ one's lip** fare una smorfia di disprezzo

curler ['kɜːr·lə] n bigodino m

C curly ['kɜːr·li] <-ier, -iest> adj (*hair*) riccio, -a; (*paper*) che si arrotola

currant ['kɜː·rənt] n ①(*dried grape*) uvetta f ②(*berry*) ribes m

currency ['kɜː·rən·si] <-ies> n ①FIN moneta f; **foreign ~** valuta f estera; **~ market** mercato m valutario ②(*acceptance*) diffusione f; **to enjoy wide ~** essere ampiamente diffuso

current ['kɜː·rənt] I. adj ①(*present*) attuale; (*year, month*) corrente; **in ~ use** di uso corrente ②(*latest*) ultimo, -a; **the ~ issue** (*of magazine*) l'ultimo numero ③(*prevalent*) comune ④(*valid*) vigente II. n ④a. ELEC corrente f ②(*tendency: of fashion*) tendenza f

currently adv ①(*at present*) attualmente ②(*commonly*) comunemente

curse [kɜːrs] I. n ①(*bad word*) bestemmia m ②(*evil spell*) maledizione f; **to put a ~ on sb** maledire qu ③(*affliction*) **the ~ of racism** la piaga del razzismo II. vt ①(*swear at*) insultare ②(*wish evil on*) maledire III. vi (*swear*) bestemmiare

cursor ['kɜːr·sə] n COMPUT cursore m

cursory ['kɜːr·sə·ri] adj superficiale

curtain ['kɜːr·tn] n ①tenda f; **to draw the ~s** chiudere le tende ②fig cortina f ③THEAT sipario m; **to raise/lower the ~** alzare/abbassare il sipario

curve [kɜːrv] I. n ①curva f II. vi piegarsi; (*path, road*) fare una curva III. vt curvare

cushion ['kʊ·ʃən] I. n ①cuscino m ②TECH **a ~ of air** un cuscino d'aria ③(*in billiards*) sponda f II. vt ①(*furnish with cushions*) mettere dei cuscini in [o per] ②(*pad*) imbottire ③(*ease the effects of*) attutire ④(*protect*) proteggere

cushy ['kʊ·ʃi] <-ier, -iest> adj inf facile; **a ~ job** un lavoro di tutto comodo

custard ['kʌs·tərd] n crema f pasticceria

custody ['kʌs·tə·di] n custodia f

custom ['kʌs·təm] n ①(*tradition*) costume f; **according to ~** secondo la tradizione ②pl (*place,tax*) dogana f; **to get through ~s** passare la dogana; **to pay ~s (on sth)** pagare la dogana (su qc)

customary ['kʌs·tə·me·ri] adj ①(*traditional*) tradizionale ②(*usual*) abituale

customer ['kʌs·tə·mər] n COM, ECON ①(*buyer, patron*) cliente, -a m, f; **regular ~** cliente abituale ②inf (*person*) tipo, -a m, f

customer service n assistenza f clienti

cut [kʌt] I. n ①taglio m; **to make a ~** tagliare; **a ~ in production/staff** una riduzione della produzione/del personale; **wage/budget ~** tagli salariali/del budget ②(*slice, part*) fetta f; **to take one's ~ of sth** inf prendersi la propria fetta di qc; **cold ~s** carne f fredda affettata ③GAMES **who's ~ is it?** a chi tocca tagliare? ④(*swing in baseball*) colpo tagliato II. adj tagliato, -a III.<cut, cut, -tt-> vt ①tagliare; **to ~ oneself** tagliarsi; **to have one's hair ~** tagliarsi i capelli; **to ~ the lawn** tagliare l'erba; **who's going to ~ the cards?** GAMES chi taglia? ②(*cause moral pain*) ferire ③(*decrease size, amount, length*) tagliare ④(*divide: benefits*) ripartire ⑤shorten; (*speech*) tagliare; CINE, TV montare ⑥(*skip: school, class*) saltare ⑦MUS (*a record, CD*) incidere IV.<cut, cut, -tt-> vi ①(*slice*) tagliare, tagliarsi; **this knife ~s well** questo coltello taglia bene; **this cheese ~s easily** questo formaggio si taglia bene ②GAMES tagliare il mazzo; **let's ~ to see who starts** tagliamo il mazzo per vedere a chi tocca dare le carte ③CINE **~!** stop! ④(*morally wound: remark, words*) ferire ►**to ~ both ways** essere un'arma a doppio taglio

◆ **cut across** vt insep (*take shortcut*) tagliare attraverso

◆ **cut away** vt tagliare via

◆ **cut back** vt ①(*trim down*) scorciare; (*bushes*) potare ②(*reduce: production*) tagliare; **to ~ (on) sth** tagliare qc; **to ~ (on) costs** ridurre i costi

◆ **cut down** I. vt ①(*tree*) tagliare ②(*re-*

duce: production) ridurre; **to ~ expenses** ridurre le spese ③(*remodel, shorten: garment*) accorciare II.*vi* **to ~ on sth** ridurre qc; **to ~ on smoking** fumare meno

◆**cut in** I.*vi* ①(*interrupt*) **to ~ (on sb)** interrompere (qu) ②AUTO sorpassare; **to ~ on sb** tagliare la strada a qu II.*vt* ①(*divide profits with*) **to cut sb in on sth** spartire qc con qu ②(*include when playing*) **to cut sb in on the game** far partecipare qu al gioco

◆**cut into** *vt insep* ①(*start cutting: cake*) (iniziare a) tagliare ②(*interrupt*) interrompere ③AUTO sorpassare

◆**cut off** *vt* ①(*sever*) a. ELEC, TEL staccare ②(*amputate*) tagliare ③(*stop talking*) interrompere ④(*separate, isolate*) isolare

◆**cut out** I.*vt* ①(*slice out of*) tagliare, ritagliare ②(*suppress: sugar, fatty food*) eliminare; **to cut a scene out of a film** tagliare una scena da un film ③*inf* (*stop*) eliminare; **to ~ smoking** smettere di fumare; **cut it out!** smettila! II.*vi* TECH (*engine*) fermarsi; (*machine*) bloccarsi

◆**cut up** I.*vt* ①(*slice into pieces*) tagliare a pezzetti; (*meat*) tritare ②(*hurt*) ferire; **to be badly ~** essere ferito gravemente II.*vi* (*laugh*) ridere

cut-and-dried [ˌkʌt·ən·ˈdraɪd] *adj* ①(*fixed in advance*) definitivo, -a ②(*not original*) fisso, -a

cutback [ˈkʌt·bæk] *n* ①(*reduction*) riduzione *f* ②CINE flashback *m inv*

cute [kjuːt] *adj* ①(*sweet: baby*) carino, -a *inf* ②(*remark, idea*) ingegnoso, -a

cutlery [ˈkʌt·lə·ri] *n* posate *fpl*

cutlet [ˈkʌt·lɪt] *n* cotoletta *f*

cutoff [ˈkʌt̬·ɑːf] *n* ①TECH otturatore *m*; **~ date** termine *m*; **~ point** limite *m* massimo ②(*end of supply*) disconnessione *f*

cutout *n* ①(*design prepared for cutting*) modello *m* ②ELEC interruttore *m* automatico

cut-rate *adj* ridotto, -a

cutthroat [ˈkʌt·θroʊt] *adj* spietato, -a

cutting [ˈkʌ·t̬ɪŋ] I.*n* ①(*act*) taglio *m* ②(*piece*) ritaglio *m* ③BOT talea *f* ④(*for road, railway*) trincea *f* ⑤CINE montaggio *m* II.*adj* a. *fig* tagliente

cybercash [ˈsaɪ·bə·ˌkæʃ] *n* cybercash *m*, denaro *m* virtuale

cycle¹ [ˈsaɪ·kl] I.*n* bicicletta *f* II.*vi* andare in bicicletta

cycle² [ˈsaɪ·kl] *n* (*of life, seasons*) ciclo *m*

cycling I.*n* SPORTS ciclismo *m* II.*adj* **~ shorts** pantaloncini *mpl* da ciclista

cyclist [ˈsaɪk·lɪst] *n* SPORTS ciclista *mf*

cylinder [ˈsɪ·lɪn·də·] *n* (*container: of gas*) bombola *f*

cylindrical [sɪ·ˈlɪn·drɪ·kl] *adj* cilindrico, -a

Czech [tʃek] I.*n* ①(*person*) ceco, -a *m, f* ②(*language*) ceco *m* II.*adj* ceco, -a

Czech Republic *n* Repubblica *f* Ceca

Dd

D, d [diː] *n* ❶ (*letter*) D, d *f o m inv;*
~ for David D come Domodossola
❷ MUS re *m* ❸ *s.* **day** g.

d. ❶ *abbr of* **date** data *f* ❷ *abbr of* **died**
morto

DA [ˌdiːˈeɪ] *n abbr of* **District Attorney**
procuratore , -trice distrettuale *m*

dab [dæb] **I.** <-bb-> *vt* tamponare; **to ~
one's eys with a handkerchief** asciugarsi gli occhi con un fazzoletto
II. <-bb-> *vi* **to ~ at sth** tamponare qc
III. *n* ❶ (*pat*) tocco *m;* **to give sth a ~
(with sth)** dare a qc un tocco (di qc)
❷ (*tiny bit*) pizzico *m;* (*of liquid*) goccia *f;* **a ~ of paint** un velo di pittura

dad [dæd] *n inf* papà *m*

daddy [ˈdæ·di] *n childspeak, inf* papà *m
inv*

daffodil [ˈdæ·fə·dɪl] *n* giunchiglia *f*

dagger [ˈdæ·gə] *n* pugnale *m* ▶ **to look
~s at sb** guardare qu in cagnesco

daily [ˈdeɪ·li] **I.** *adj* giornaliero, -a; **on a
~ basis** quotidianamente; **to earn one's
~ bread** *inf* guadagnarsi il pane quotidiano **II.** *adv* quotidianamente; **twice ~**
due volte al giorno **III.** <-ies> *n* PUBL
quotidiano *m*

dairy [ˈde·ri] **I.** *n* ❶ (*farm*) caseificio *m*
❷ (*shop*) latteria *f* **II.** *adj* ❶ (*made from
milk*) fatto, -a con il latte ❷ (*producing
milk*) che produce latte; **~ industry** industria casearia

daisy [ˈdeɪ·zi] <-ies> *n* margherita *f*

dam [dæm] **I.** *n* ❶ (*barrier*) diga *f*
❷ (*reservoir*) bacino *m* **II.** <-mm-> *vt*
(*river*) arginare

damage [ˈdæ·mɪdʒ] **I.** *vt* ❶ (*harm:
building, objects*) danneggiare; (*environment, health*) nuocere a; **to be
badly ~d** subire danni considerevoli
❷ (*ruin*) rovinare **II.** *n* ❶ (*harm: to objects*) danno *m;* **to do ~ to sb/sth** nuocere a qu/qc ❷ *pl* LAW danni *mpl*

damn [dæm] *sl* **I.** *interj* accidenti **II.** *adj*

❶ (*expressing irritation*) maledetto, -a
❷ (*for emphasis*) **it's a ~ mess!** è un
bel casino! *vulg* **III.** *vt* ❶ (*expressing irritation*) (**God** *vulg*) **~ it!** maledizione!
inf; **~ him!** **he took my bike!** che
stronzo! ha preso la mia bici ! *vulg* ❷ REL
dannare ▶ **well, I'll be ~ed!** mi venisse
un colpo! **IV.** *adv* molto; **to be ~ lucky**
avere una fortuna sfacciata; **you know
~ well that …** sai benissimo che …
V. *n* **I don't give a ~ what he says!**
non me ne frega niente di quello che
dice!

damnation [dæmˈneɪ·ʃən] **I.** *n* dannazione *f* **II.** *interj* maledizione !

damned **I.** *adj sl* maledetto, -a **II.** *npl* REL
the ~ i dannati

damp [dæmp] **I.** *adj* umido, -a; (*clothing*) bagnato, -a **II.** *vt* ❶ (*moisten*) inumidire ❷ *a. fig* PHYS, TECH, MUS smorzare
❸ (*extinguish*) **to ~ (down)** (*flames,
fire*) soffocare; (*enthusiasm*) smorzare

dampen [ˈdæm·pən] *vt* ❶ (*make wet*)
inumidire ❷ (*lessen*) diminuire; **to ~
sb's enthusiasm** raffreddare l'entusiasmo di qu; **to ~ sb's expectations** scoraggiare le speranze di qu ❸ PHYS, TEC,
MUS attutire

dance [dænts] **I.** <-cing> *vi* ❶ (*move to
music*) ballare; **to ~ to sth** ballare al
ritmo di qc; **shall we ~?** balliamo?; **to
go dancing** andare a ballare ❷ (*move
energetically*) saltare; **to ~ with joy** saltare di gioia ❸ (*twinkle*) **his eyes ~d
with pleasure** i suoi occhi brillavano di
piacere **II.** <-cing> *vt* ballare; **to ~ the
night away** ballare tutta la notte **III.** *n*
ballo *m;* **to have a ~ with sb** ballare
con qu

dancer [ˈdænt·sə] *n* ballerino, -a *m, f*

dancing *n* ballo *m*

dandelion [ˈdæn·də·la·iən] *n* BOT dente *m* di leone

dandruff [ˈdæn·drəf] *n* forfora *f*

Dane [deɪn] *n* danese *mf*

danger ['deɪn·dʒə] *n* ❶ (*peril*) pericolo *m;* **to be in** ~ essere in pericolo; **to be out of** ~ esser fuori pericolo; **a** ~ **to sth/sb** un pericolo per qc/qu ❷ (*perilous aspect*) rischio *m;* **the** ~**s of sth** i rischi di qc

dangerous ['deɪn·dʒə·rəs] *adj* pericoloso, -a

danger zone *n* zona *f* pericolosa

dangle ['dæŋ·gl] I. <-ling> *vi* (*hang down*) penzolare II. <-ling> *vt* ❶ (*cause to hang down*) far penzolare ❷ (*tempt with*) **to** ~ **sth in front of sb** tentare qu con qc

Danish ['deɪ·nɪʃ] I. *adj* danese II. *n* ❶ (*person*) danese *mf* ❷ LING danese *m* ❸ FOOD (*pastry*) brioche di pasta sfoglia e frutta

dare [der] I. <-ring> *vt* ❶ (*risk doing*) osare ❷ (*challenge*) sfidare; **to** ~ **sb** (**to do sth**) sfidare qu (a fare qc) II. <-ring> *vi* (*risk doing*) osare; **to** ~ **to do sth** osare fare qc; **I don't** ~ **go there** non oso andar lì; **just you** ~**!** provaci, se ne hai il coraggio!; **how** ~ **you ...** come osi ... ▶ **don't you** ~**!** non azzardarti! III. *n* sfida *f*

daredevil ['der·ˌdev·əl] *inf* I. *n* scavezzacollo *m* II. *adj* temerario, -a

daring ['de·rɪŋ] I. *adj* ❶ (*courageous*) temerario, -a ❷ (*provocative: dress*) audace II. *n* audacia *f*

dark [dɑːrk] I. *adj* ❶ (*without light, black*) scuro, -a; ~ **blue** blu scuro; ~ **chocolate** cioccolato fondente ❷ (*not pale: complexion, hair*) scuro, -a ❸ (*depressing*) cupo, -a; **to have a** ~ **side** avere un lato negativo ❹ (*evil*) tenebroso, -a ❺ (*unknown*) nascosto, -a II. *n* ❶ (*darkness*) oscurità *f;* **to be in the** ~ essere al buio; **to be afraid of the** ~ aver paura del buio ❷ (*time of day*) **at** ~ quando fa buio

darken ['dɑːr·kən] I. *vi* oscurarsi; (*sky*) rannuvolarsi; *fig* rabbuiarsi II. *vt* (*make darker*) oscurare; *fig* rabbuiare

darkly *adv* ❶ (*mysteriously*) misteriosa-

mente ❷ (*gloomily*) tristemente; **to look at sb** ~ guardare con aria triste qu

darkness *n* ❶ (*dark*) oscurità *f;* **to plunge sth into** ~ far piombare qc nel buio ❷ *fig* (*lack of knowledge*) ignoranza *f*

darling ['dɑːr·lɪŋ] I. *n* ❶ (*beloved person*) tesoro *m* ❷ (*term of endearment*) amore *m* II. *adj* ❶ (*beloved*) caro, -a ❷ (*cute*) delizioso, -a; **a** ~ **little room** una stanzetta deliziosa

darn[1] [dɑːrn] I. *vt* (*sock*) rammendare II. *n* rammendo *m*

darn[2] [dɑːrn] *vt inf* ~ **it!** maledizione!; **well, I'll be** ~**ed !** (*in surprise*) mi venisse un colpo!; **I'll be** ~**ed if I'll do it!** manco morto lo faccio!

dart [dɑːrt] I. *n* ❶ (*type of weapon*) freccia *f* ❷ *pl* (*game*) freccette *fpl;* **to play** ~**s** giocare a freccette ❸ (*quick run*) guizzo *m* ❹ FASHION pince *f inv* II. *vi* **to** ~ (**for sth**) precipitarsi (verso qc); **to** ~ **away** sfrecciare via III. *vt* ❶ (*send quickly: look*) lanciare ❷ (*move quickly*) **the lizard** ~**ed out its tongue** la lucertola fece scattare la lingua

dash [dæʃ] I. <-es> *n* ❶ (*rush*) corsa *f;* **to make a** ~ **for** precipitarsi verso; **to make a** ~ **for it** fare una corsa ❷ (*pinch*) pochino *m;* (*of salt*) pizzico *m;* **a** ~ **of color** una punta di colore ❸ (*flair*) brio *m* ❹ TYPO lineetta *f* ❺ (*in Morse code*) linea *f* II. *vi* ❶ (*hurry*) correre ❷ (*slam into*) **to** ~ **against sth** sbattere contro qc III. *vt* ❶ (*shatter*) rompere ❷ (*hopes*) infrangere ❸ (*to ~ off a letter/note*) buttar giù una lettera/un appunto

dashboard ['dæʃ·ˌbɔːrd] *n* AUTO cruscotto *m*

dashing ['dæ·ʃɪŋ] *adj* affascinante

data ['deɪ·tə] *npl* + *sing/pl vb* a. COMPUT dati *mpl*

database *n* database *m inv*

data file *n* file *m* dati *inv*

data processing *n* elaborazione *f* dei dati

date[1] [deɪt] I. *n* ❶ (*calendar day*) data *f;*

D

expiration ~ data di scadenza; **what ~ is it today?** quanti ne abbiamo oggi?; **to be out of** ~ FASHION esser fuori moda ② *(appointment)* appuntamento *m*; **to have a** ~ avere un appuntamento; **to make a** ~ **with sb** fissare un appuntamento con qu ③ *inf (person)* ragazzo, -a *m, f*, con cui si esce II. *vt* ① *(recognize age of)* far risalire ② *(give date to sth)* datare ③ *inf (have relationship with)* **to** ~ **sb** uscire con qu III. *vi* ① *(go back to)* **to** ~ **back to** risalire a ② *(go out of fashion)* passare di moda ③ *(go on dates)* uscire con qu

date² [deɪt] *n* ① *(fruit)* dattero *m* ② *(tree)* palma *f* da datteri

dated ['deɪ·tɪd] *adj* datato, -a

date rape *n* stupro commesso durante un appuntamento

daughter ['dɔː·tə] *n* figlia *f*

daughter-in-law <daughters-in-law> *n* nuora *f*

dawn [dɔːn] I. *n (time of day)* alba *f*; **from** ~ **to dusk** dall'alba al tramonto; **at** ~ all'alba II. *vi* spuntare; *fig (era)* nascere; **it** ~**ed on him that ...** si rese conto che ...

day [deɪ] *n* ① giorno *m*; ~ **after** ~ giorno dopo giorno; ~ **by** ~ giorno per giorno; **all** ~ **(long)** tutto il giorno; **any** ~ **now** da un giorno all'altro; **by** ~ di giorno; **for a few** ~**s** per qualche giorno; **from that** ~ **on(wards)** da quel giorno; **from this** ~ **forth** da oggi in poi; **one** ~ un giorno; **two** ~**s ago** due giorni fa; **the** ~ **before yesterday** l'altro ieri; **the** ~ **after tomorrow** dopodomani; **in the (good) old** ~**s** ai bei tempi; **the exam is ten** ~**s from now** [o **in ten** ~**s time**] l'esame è fra dieci giorni ② *(working period)* giornata *f*; **to take a** ~ **off** prendere un giorno di vacanza ►~ **in** ~ **out** tutti i santi giorni

daylight ['deɪ·laɪt] *n* luce *f* del giorno; **in broad** ~ in pieno giorno

day shift *n* turno *m* di giorno

daytime ['deɪ·taɪm] *n* giorno *m;* **in the** ~ di giorno

day trip *n* gita *f* (di un giorno)

daze [deɪz] I. *n* stordimento *m;* **to be in a** ~ essere stordito II. *vt* stordire

dazzle ['dæ·zl] I. *vt* abbagliare II. *n* bagliore *m*

dazzled *adj* abbagliato, -a

DD [ˌdiː·'diː] *n abbr of* **Doctor of Divinity** dottore, -essa *m, f* in Teologia

DE *n abbr of* **Delaware** Delaware *m*

dead [ded] I. *adj* ① *(no longer alive)* morto, -a; **to be** ~ **on arrival** giungere cadavere (all'ospedale); **she wouldn't be seen** ~ **wearing that** *inf* neanche morta lo indosserebbe ② *inf (inactive: battery)* scarico, -a; *(fire)* spento, -a; **the line went** ~ *inf* è caduta la linea ③ *inf (boring)* morto, -a; *(town)* deserto, -a ④ *(numb)* addormentato, -a ⑤ **to be a** ~ **loss** essere un disastro totale II. *n* **the** ~ i morti III. *adv* ① *inf (totally)* completamente; **to be** ~ **set on doing sth** essere assolutamente determinato a fare qc ② *(directly)* proprio; ~ **ahead** sempre dritto

dead end *n* vicolo *m* cieco

dead-end *adj* senza uscita; ~ **job** lavoro *m* senza prospettive

dead heat *n* risultato *m* di parità

deadline ['ded·laɪn] *n* scadenza *f;* **to meet/miss the** ~ rispettare/non rispettare la scadenza

deadlock ['ded·lɑːk] *n* punto *m* morto

deadly ['ded·li] I. <-ier, -iest> *adj* ① *(capable of killing)* mortale ② *inf (boring)* noiosissimo, -a II. <-ier, -iest> *adv* estremamente

deaf [def] I. *adj* sordo, -a; **to go** ~ diventare sordo II. *npl* **the** ~ i sordi

deafen ['de·fən] *vt* assordare

deafening *adj* assordante

deaf-mute [ˌdef·'mjuːt] *n* sordomuto, -a *m, f*

deafness *n* sordità *f*

deal¹ [diːl] *n (large amount)* quantità *f;* **a great** ~ una gran quantità

deal² [diːl] <dealt, dealt> I. *n* ① COM affare *m;* **a big** ~ un affare importante ② *(agreement)* accordo *m;* **to do a** ~ **(with sb)** fare un patto (con qu) ③ GAMES *(of cards)* turno *m*, di dare le *carte;* it's your ~ tocca a te dare le carte ▶ **big** ~! *iron, inf* sai che roba!; it's no **big** ~! *inf* non è niente di eccezionale! II. *vi* ⊜ (*do business*) fare affari; to ~ **with sb** fare affari con qu; to ~ **in sth** trattare qc ⊜ GAMES dare le carte ⊜ *sl* (*accept situation, cope*) to ~ (**with sth**) farcela (con qc) III. *vt* ⊜ GAMES (*cards*) distribuire ⊜ (*give*) dare; to ~ **sb a blow** assestare un colpo a qu

◆ **deal with** *vt* ⊜ (*take care of: problem*) affrontare; (*person*) occuparsi di ⊜ (*be about: book*) trattare di ⊜ (*punish*) fare i conti con

dealer ['diː·lə] *n* ⊜ COM commerciante *mf;* **drug** ~ spacciatore, -trice *m, f;* **antique** ~ antiquario, -a *m, f* ⊜ GAMES (*in cards*) persona *f* che dà le carte

dealing ['diː·lɪŋ] *n* ⊜ COM commercio *m* ⊜ *pl* FIN transazione *f* ⊜ *pl* (*relations*) rapporti *mpl;* **to have ~s with sb** avere a che fare con qu

dealt [delt] *pt, pp of* **deal**

dear [dɪr] I. *adj* ⊜ (*much loved*) caro, -a; **it is ~ to me** mi è molto caro ⊜ (*in letters*) **Dear David** caro David; **Dear Sir** Egregio Signor ⊜ (*expensive*) caro, -a II. *adv* caro III. *interj* *inf* **oh ~!** oddio! IV. *n* tesoro *m;* **she is a ~** è un tesoro

dearly *adv* ⊜ molto; **I love her ~** l'amo molto ⊜ *fig* caro; **he paid ~ for his success** ha pagato caro il suo successo

death [deθ] *n* ⊜ morte *f;* **to die a natural ~** morire di morte naturale; **to be bored to ~ with sth** *inf* annoiarsi a morte con qc; **scared to ~** *inf* spaventato a morte

deathbed ['deθ·bed] *n* letto *m* di morte

death certificate *n* certificato *m* di grazia

deathly ['deθ·li] I. *adv* mortalmente; ~ **pale** di un pallore mortale II. *adj* mortale

death penalty *n* pena *f* di morte

debatable [dɪ·'ber·tə·bl] *adj* discutibile

debate [dɪ·'beɪt] I. *n* ⊜ (*argument*) dibattito *m* ⊜ (*consideration*) esame *m* approfondito II. *vt* ⊜ (*argue*) dibattere

⊜ (*consider*) considerare III. *vi* **to ~ about sth** discutere di qc

debit ['de·bɪt] I. *n* debito *m* II. *vt* addebitare

debt [det] *n* debito *f;* **to be in ~** essere in debito; **to pay off a ~** pagare un debito

debt collector *n* agente *m* di recupero crediti

decade ['de·keɪd] *n* decennio *m*

decaf ['diː·kæf] *adj, n inf abbr of* **decaffeinated** decaffeinato *m*

decaffeinated [ˌdiː·'kæ·fɪ·neɪ·t̬ɪd] *adj* decaffeinato, -a

decay [dɪ·'keɪ] I. *n* ⊜ (*of food*) deperimento *m;* (*of intellect*) deterioramento *m;* (*dental*) carie *f inv;* (*of civilization*) decadenza *f* II. *vi* (*food*) deperire; (*building, intellect*) deteriorarsi; (*teeth*) cariarsi III. *vt* far deperire

deceased [dɪ·'siːst] *adj, n* defunto, -a *m, f*

deceive [dɪ·'siːv] *vt* ingannare; **to ~ oneself** ingannarsi

December [dɪ·'sem·bə] *n* dicembre *m;* *s.a.* **April**

decent ['diː·sənt] *adj* ⊜ (*socially acceptable*) decente; **are you ~?** *fig* sei presentabile? ⊜ *inf* (*kind*) gentile ⊜ *inf* (*adequate: salary, living, wage*) adeguato, -a

deceptive [dɪ·'sep·tɪv] *adj* ingannevole

decide [dɪ·'saɪd] I. *vi* decidere; **to ~ on sth** scegliere qc II. *vt* decidere

decimal ['de·sɪ·ml] I. *n* decimale *m* II. *adj* decimale

decision [dɪ·'sɪ·ʒən] *n* ⊜ (*choice*) decisione *f;* **to make a ~** prendere una decisione ⊜ LAW decisione *f* ⊜ (*resoluteness*) risolutezza *f*

decisive [dɪ·'saɪ·sɪv] *adj* ⊜ (*factor*) decisivo, -a ⊜ (*resolute: manner*) risoluto, -a ⊜ (*beyond doubt: victory*) determinante

deck [dek] I. *n* ⊜ (*of ship*) ponte *m;* **to go below** ~ scendere sottocoperta ⊜ (*back porch*) piattaforma *f* di legno costruita sul retro di una casa ⊜ (*of cards*) mazzo *m* ⊜ MUS, ELEC piastra *f*

D

II. *vt* to ~ sth out decorare qc; to be all ~ed out essere in ghingheri

deck chair *n* sdraio *f inv*

declaration [ˌde·klə·'reɪ·ʃən] *n* dichiarazione *f;* the D~ of Independence la Dichiarazione d'Indipendenza

declare [dɪ·'kler] I. *vt* dichiarare; to ~ war on sb dichiarare guerra a qu II. *vi* dichiararsi

decline [dɪ·'klaɪn] I. *vi* ❶ (*price*) calare; (*power*) diminuire; (*civilization*) decadere; to ~ in value diminuire di valore ❷ MED deperire ❸ (*refuse*) declinare II. *vt* ❶ (*refuse*) declinare ❷ LING declinare III. *n* ❶ (*in price, power*) diminuzione *f;* (*of civilization*) declino *m;* to be in ~ essere in declino ❷ MED deperimento *m*

decorate ['de·kə·reɪt] I. *vt* ❶ (*adorn*) decorare; (*by painting*) pitturare; (*by wallpapering*) tappezzare ❷ (*honor*) decorare II. *vi* ❶ (*paint*) pitturare ❷ (*wallpaper*) tappezzare

decoration [ˌde·kə·'reɪ·ʃən] *n* decorazione *f*

decorator ['de·kə·reɪ·tə] *n* imbianchino *m;* (*with wallpaper*) tappezziere *m*

decrease¹ [dɪ·'kriːs] I. *vi* diminuire; (*prices*) calare II. *vt* diminuire

decrease² ['diː·kriːs] *n* diminuzione *f*

dedicate ['de·dɪ·keɪt] *vt* ❶ (*devote*) to ~ oneself to sth dedicarsi a qc ❷ (*book, poem, song*) to ~ sth to sb dedicare qc a qu ❸ (*formally open*) inaugurare

deduct [dɪ·'dʌkt] *vt* dedurre

deduction [dɪ·'dʌk·ʃən] *n* detrazione *f*

deed [diːd] *n* ❶ (*act*) azione *f;* (*remarkable*) impresa *f* ❷ LAW atto *m*

deep [diːp] I. *adj* ❶ (*not shallow*) profondo, -a ❷ (*full*) to take a ~ breath respirare a fondo; (*extending back*) profondo, -a; the drawer is 2 feet ~ il cassetto è largo 2 piedi ❸ (*extreme*) profondo, -a; in ~ mourning in lutto stretto; to be in ~ trouble esser nei guai fino al collo *inf* ❹ (*absorbed by*) to be in ~ thought esser immerso nei propri pensieri ❺ *inf* (*hard to understand*) complesso, -a ❻ (*low in pitch*) grave ❼ (*dark*) intenso, -a; ~ red rosso scuro II. *adv* ❶ (*far down*) in profondità; ~ in the forest nel cuore della foresta ❷ (*extremely*) profondamente; to be ~ in debt essere nei debiti fino al collo

deep freeze *n* congelatore *m*

deep-frozen *adj* surgelato, -a

deep-fry *vt* friggere in olio abbondante

deeply *adv* profondamente; to be ~ interested in sth avere un forte interesse per qc

deep space *n* AVIAT spazio *m* profondo

deer [dɪr] *n inv* cervo *m*

defeat [dɪ·'fiːt] I. *vt* sconfiggere; (*hopes*) deludere II. *n* ❶ (*loss*) sconfitta *f;* to admit ~ darsi per vinto ❷ (*of plans*) fallimento *m*

defect¹ ['diː·fekt] *n a.* TECH, MED difetto *m*

defect² [dɪ·'fekt] *vi* POL (*from a country*) fuggire; (*from the army*) disertare

defective [dɪ·'fek·tɪv] *adj* difettoso, -a

defend [dɪ·'fend] *vi, vt a.* LAW, SPORTS difendere; to ~ sb/sth (from sb/sth) difendersi (da qu/qc); who is ~ing in that case? chi è l'avvocato difensore in quella causa?

defendant [dɪ·'fen·dənt] *n* LAW (*in a civil case*) convenuto, -a *m, f;* (*in a criminal case*) imputato, -a *m, f*

defense [dɪ·'fens] *n* ❶ (*against attack*) difesa *f;* to rush to sb's ~ accorrere in difesa di qu ❷ LAW the ~ la difesa; counsel for the ~ avvocato *m* difensore ❸ SPORTS to play ~ giocare in difesa

defenseless [dɪ·'fens·lɪs] *adj* indifeso, -a

defensive [dɪ·'fen·sɪv] I. *adj* difensivo, -a II. *n* to be/go on the ~ essere/mettersi sulla difensiva

defer [dɪ·'fɜːr] <-rr-> *vt* rinviare

defiant [dɪ·'fa·rənt] *adj* ❶ (*person*) ribelle ❷ (*attitude*) di sfida

define [dɪ·'faɪn] *vt* ❶ (*give definition of*) definire; (*explain*) definire; (*rights*) stabilire ❷ (*characterize*) caratterizzare

definite ['de·fɪ·nət] *adj* ❶ (*certain*) sicuro, a; (*date*) stabilito, -a; to be ~

about sth essere chiaro in merito a qc; **it's ~ that …** non c'è dubbio che … ② (*clearly defined*) definitivo, -a
definitely *adv* di sicuro
definition [,de·fɪ·'nɪ·ʃən] *n* definizione *f*
deflect [dɪ·'flekt] *vt* far deviare
deflection [dɪ·'flek·ʃən] *n* deviazione *f*
defraud [dɪ·'frɔːd] *vt* defraudare; **to ~ sb (of sth)** defraudare qu (di qc)
defrost [dɪ·'frɔːst] I. *vt* (*food*) scongelare; (*fridge*) sbrinare II. *vi* scongelarsi; (*fridge*) sbrinarsi
defy [dɪ·'faɪ] *vt* ① (*challenge*) sfidare ② (*resist*) resistere a; **it defies description** è indescrivibile ③ (*disobey*) disobbedire a
degree [dɪ·'griː] *n* ① MATH, METEO grado *m*; **5 ~s below zero** 5 gradi sotto zero; **first/second ~ burns** MED ustioni di primo/secondo grado ② (*amount*) livello *m* ③ (*extent*) **I agree with you to some ~** son d'accordo con te fino a un certo punto; **by ~s** gradualmente ④ UNIV laurea *f*; **to have a ~ in sth** essere laureato in qc; **she's got a physics ~ from UCLA** si è laureata in fisica alla UCLA; **to have a master's ~ in sth** avere un master in qc; **to do a ~ in chemistry** prendere una laurea in chimica
dejected *adj* avvilito, -a
Delaware [del·ə·'wer] *n* Delaware *m*
delay [dɪ·'leɪ] I. *vt* rimandare; **to be ~ed** subire un ritardo; **to ~ doing sth** tardare a fare qc II. *vi* ritardare; **to ~ in doing sth** tardare a fare qc III. *n* ritardo *m*; **a two-hour ~** un ritardo di due ore
delegate[1] [de·lɪ·gət] *n a.* POL delegato, -a *m, f*
delegate[2] [de·lɪ·geɪt] *vt* delegare
delegation [,de·lɪ·'geɪ·ʃən] *n* delegazione *f*
delete [dɪ·'liːt] *vt* ① (*erase*) cancellare ② COMPUT cancellare
deletion [dɪ·'liː·ʃən] *n* ① (*act of erasing*) cancellazione *f* ② (*removal*) soppressione *f*
deli [de·li] *n inf s.* **delicatessen**

deliberate[1] [dɪ·'lɪ·bə·rət] *adj* ① (*intentional*) deliberato, -a ② (*cautious*) ponderato, -a ③ (*unhurried*) posato, -a
deliberate[2] [dɪ·'lɪ·bə·reɪt] I. *vi* **to ~ on sth** riflettere su qc II. *vt* deliberare
deliberation [dɪ·,lɪ·bə·'reɪ·ʃən] *n* ① (*formal discussion*) discussione *f* ② (*consideration*) riflessione *f* ③ (*unhurried manner*) posatezza *f*
delicacy [de·lɪ·kə·si] *n* ① (*tact*) tatto *m* ② (*trickiness*) **the ~ of the situation** la delicatezza della situazione
delicate [de·lɪ·kət] *adj* ① (*fragile*) delicato, -a; **to be in ~ health** essere delicato di salute ② (*fine*) raffinato, -a; (*balance*) delicato, -a ③ (*soft: aroma, color*) delicato, -a ④ (*tricky: situation*) delicato, -a ⑤ (*highly sensitive*) sensibile
delicatessen [,de·lɪ·kə·'te·sən] *n* gastronomia *f*
delicious [dɪ·'lɪ·ʃəs] *adj* delizioso, -a
delight [dɪ·'laɪt] I. *n* piacere *m*; **to take ~ in sth** trarre piacere da qc II. *vt* deliziare; **to be ~ed with sth** essere contentissimo di qc
delightful [dɪ·'laɪt·fəl] *adj* delizioso, -a; (*person*) incantevole
delirious [dɪ·'lɪ·ri·əs] *adj* **to be ~** delirare; *fig, inf* **to be ~ with joy** essere pazzo, -a di gioia
deliriously *adv* ① MED delirantemente ② *fig, inf* follemente; **she was ~ happy** era pazza di gioia *inf*
deliver [dɪ·'lɪ·və] I. *vt* ① (*hand over*) consegnare; (*mail, letter*) recapitare ② (*recite: lecture*) tenere; (*verdict*) pronunciare ③ (*direct*) **to ~ a blow to sb's head** assestare un colpo sulla testa a qu ④ SPORTS (*throw*) lanciare ⑤ (*give birth to*) **to ~ a baby** (*mother*) dare alla luce un bambino; (*doctor*) far nascere un bambino ⑥ (*save*) liberare ⑦ (*produce*) **to ~ the goods** mantenere la parola II. *vi* ① COM **we ~** si fanno consegne a domicilio ② *inf* (*make good on*) **to ~ on sth** mantenere qc ③ (*give birth*) partorire
delivery [dɪ·'lɪ·və·ri] *n* ① (*distribution*) consegna *f*; **~ charges** spese *fpl* di

D

consegna; ~ **man** fattorino *m*; ~ **woman** fattorina *f*; **to pay on** ~ pagare alla consegna; **to take** ~ **of sth** ricevere qc ②(*manner of speaking*) dizione *f* ③SPORTS lancio *m* ④(*birth*) parto *m*

delivery room *n* sala *f* parto

delivery service *n* servizio *m* di consegne a domicilio

delivery truck *n* furgone *m* per le consegne

delude [dɪˈluːd] *vt* illudere

deluge [ˈdeˈljuːdʒ] I. *n a. fig* diluvio *m* II. *vt a. fig* inondare; **she is ~d with offers** è sommersa dalle offerte

deluxe [dɪˈlʌks] *adj* di lusso

demand [dɪˈmænd] I. *vt* ①(*ask for forcefully*) esigere; (*a right*) rivendicare ②(*require*) richiedere II. *n* ①(*insistent request*) richiesta *f*; **to make a ~ that ...** richiedere che ... +*conj*; **on** ~ su richiesta ②COM domanda *f*; **payable on** ~ pagabile a vista; **to be in** ~ (*object, person*) essere richiesto

demo [ˈdemˈoʊ] *n inf s.* **demonstration** dimostrazione

democracy [dɪˈmɑːkrəˈsi] *n* democrazia *f*

democrat [ˈdeˈməˈkræt] *n* democratico, -a *m, f*

democratic [ˌdeˈməˈkræˈtɪk] *adj* democratico, -a

demolish [dɪˈmɑːlɪʃ] *vt a. fig* demolire

demolition [ˌdeˈməˈlɪˈʃən] *n* demolizione *f*

demon [ˈdiːˈmən] *n* ①(*evil spirit*) demonio *m* ②(*destructive force*) demone *m*

demonstrate [ˈdeˈmənsˈtreɪt] I. *vt* (*show clearly*) mostrare; (*prove*) dimostrare II. *vi* POL manifestare

demonstration [ˌdeˈmənˈstreɪˈʃən] *n* ①(*act of showing*) dimostrazione *f* ②(*march*) manifestazione *f*; **to hold a ~** tenere una manifestazione

demonstrative [dɪˈmɑːnsˈtrəˈtɪv] *adj* ①(*illustrative*) dimostrativo, -a ②(*expressing feelings*) espansivo, -a

demonstrator [ˈdeˈmənsˈtreɪˈtə] *n*

①(*of a product*) dimostratore, -trice *m, f* ②(*protester*) dimostrante *mf*

demoralize [dɪˈmɔːˈrəˈlaɪz] *vt* demoralizzare

den [den] *n* ①(*animal habitation*) tana *f* ②*a. iron* (*place for vice*) covo *m*; **a ~ of thieves** un covo di ladri ③(*small room*) soggiorno *m* ④(*in cub scouts*) tana *f*

denial [dɪˈnaˈɪəl] *n* ①(*act of refuting*) negazione *f* ②(*refusal*) rifiuto *m* ③(*of a right*) negazione *f* ④(*rejection*) smentita *f*; **to issue a ~ of sth** smentire qc

denim [ˈdeˈnɪm] *n* ①(*cloth*) tela *f* jeans ② *pl, inf* (*clothes*) jeans *mpl*

Denmark [ˈdenˈmɑːrk] *n* Danimarca *f*

denounce [dɪˈnaʊnts] *vt* ①(*condemn*) condannare ②(*give information against*) denunciare

dense [dents] *adj* ①(*thick*) fitto, -a ②(*closely packed*) denso, -a; (*compact*) compatto, -a ③(*complex*) complesso, -a ④*inf* (*stupid*) ottuso, -a

densely *adv* densamente

density [ˈdenˈtsəˈti] *n* ①(*compactness*) densità *f*; **to be high/low in** ~ essere ad alta/bassa densità ②(*complexity*) spessore *m*

dent [dent] I. *n* ①(*mark*) ammaccatura *f* ②(*adverse effect*) tacca *f* II. *vt* ①(*put a dent in*) ammaccare ②(*have adverse effect on: confidence*) intaccare

dental [ˈdenˈtəl] *adj* (*treatment, care*) dentistico, -a; (*problem, disease*) dentario, -a; **a ~ appointment** un appuntamento dal dentista

dental floss *n* filo *m* interdentale

dentist [ˈdenˈtɪst] *n* dentista *mf*

dentistry [ˈdenˈtɪsˈtri] *n* odontoiatria *f*

dentures [ˈdenˈtʃɚz] *npl* protesi *f* dentaria *inv*

deny [dɪˈnaɪ] *vt* ①(*declare untrue*) negare; (*report*) smentire; **to ~ having done sth** negare di aver fatto qc ②(*refuse*) rifiutare; **to ~ oneself sth** privarsi di qc ③(*disown*) rinnegare

deodorant [di·'ou·də·rənt] *n* deodorante *m*

depart [dɪ·'pɑːrt] *vi* partire

departed I. *adj* (*dead*) defunto, -a II. *n* *pl* **the ~** i defunti

department [dɪ·'pɑːrt·mənt] *n* ①(*division: of a university, company*) dipartimento *m*; (*of a shop*) reparto *m* ②AD-MIN, POL ministero *m*; **~ of Health and Human Services** ≈ Ministero *m* della Sanità

departmental [ˌdiː·pɑːrt·'men·təl] *adj* dipartimentale

department store *n* grandi *mpl* magazzini

departure [dɪ·'pɑːr·tʃə] *n* ①(*act of leaving*) partenza *f* ②(*deviation*) svolta *f*; (*new undertaking*) nuova fase *f*

departure gate *n* AVIAT uscita *f*

departure lounge *n* AVIAT sala *f* d'imbarco

departure time *n* orario *m* di partenza

depend [dɪ·'pend] *vi* ①(*be determined by*) **to ~ on sth** dipendere da qc; **to ~ on sb** dipendere da qu; **~ing on the weather...** a seconda del tempo ... ②(*rely on for aid*) **she depends on her father for money** dipende economicamente dal padre ③(*trust*) **to ~ on sb/sth** contare su qu/qc

dependable [dɪ·'pen·də·bl] *adj* (*thing*) affidabile; (*person*) fidato, -a

dependent [dɪ·'pen·dənt] I. *adj* ①(*conditional*) **to be ~ on sb/sth** dipendere da qu/qc ②(*in need of*) dipendente; **to be ~ on drugs** essere farmacodipendente; **she has two ~ children** ha due figli a carico II. *n* persona *f* a carico

depict [dɪ·'pɪkt] *vt* rappresentare

depiction [dɪ·'pɪk·ʃən] *n* rappresentazione *f*

deport [dɪ·'pɔːrt] *vt* espellere

deportation [ˌdiː·pɔːr·'teɪ·ʃən] *n* espulsione *f*

deportee [ˌdiː·pɔːr·'tiː] *n* deportato, -a *m, f*

deposit [dɪ·'pɑː·zɪt] I. *vt* a. FIN depositare; **to ~ $1000** depositare 1000 dollari II. *n* ①(*sediment*) deposito *m* ②GEO giacimento *m* ③(*first payment*) acconto *m*; **to make a ~** effettuare un versamento; **to leave a ~** lasciare un acconto; **to leave sth as a ~** lasciare qc in acconto

depositor [dɪ·'pɑː·zə·tə] *n* depositante *mf*   **D**

depreciate [dɪ·'pri·ʃi·eɪt] I. *vi* svalutarsi II. *vt* svalutare

depreciation [dɪ·ˌpri·ʃi·'eɪ·ʃən] *n* svalutazione *f*

depress [dɪ·'pres] *vt* ①(*sadden*) deprimere ②(*reduce activity of*) ridurre; (*the economy*) deprimere

depressed *adj* (*sad*) depresso, -a; **to feel ~** sentirsi depresso ③(*impoverished: period*) di depressione; (*area*) depresso, -a; (*economy*) in crisi

depressing *adj* deprimente

depression [dɪ·'pre·ʃən] *n* a. METEO, FIN depressione *f*

deprive [dɪ·'praɪv] *vt* privare; (*of dignity*) spogliare; **to ~ sb of sth** privare qu di qc

deprived *adj* svantaggiato, -a

depth [depθ] *n* ①a. *fig* profondità *f*; **in the ~ of winter** in pieno inverno; **in the ~s of the forest** nel cuore della foresta ②(*intensity*) intensità *f* ▸ **in ~** a fondo

deputize ['dep·jə·taɪz] *vi* **to ~ for sb** sostituire qu

deputy ['dep·jə·ti] *n* (*assistant*) vice *mf*; (*in police department*) vicescerifo *m*

derailment [dɪ·'reɪl·mənt] *n* a. *fig* deragliamento *m*

derelict ['de·rə·lɪkt] I. *adj* (*building*) fatiscente; (*site*) abbandonato, -a II. *n* (*person*) vagabondo, -a *m, f*

derision [dɪ·'rɪ·ʒən] *n* derisione *f*

derive [dɪ·'raɪv] I. *vt* **to ~ sth from sth** trarre qc da qc II. *vi* **to ~ from sth** derivare da qc

derogatory [dɪ·'rɑː·gə·tɔː·ri] *adj* sprezzante

descend [dɪ·'send] I. *vi* ①(*go down*) scendere; (*fall*) calare ②(*lower oneself*)

D

to ~ **to stealing** abbassarsi a rubare ⓷ (*come from*) **to ~ from sb/sth** discendere da qu/qc II. *vt* scendere

descendant [dɪ'sen·dənt] *n* discendente *mf*

descent [dɪ'sent] *n* ⓵ *a.* AVIAT discesa *f* ⓶ (*ancestry*) discendenza *f*

describe [dɪ'skraɪb] *vt* ⓵ (*tell in words*) descrivere ⓶ (*draw*) tracciare

description [dɪ'skrɪp·ʃən] *n* ⓵ (*account*) descrizione *f* ⓶ (*sort*) sorta *f*; **of every ~** d'ogni tipo

descriptive [dɪ'skrɪp·tɪv] *adj* descrittivo, -a

desert[1] [dɪ'zɜːrt] I. *vi* MIL disertare II. *vt* ⓵ abbandonare; (*one's post*) lasciare; **to ~ sb (for sb else)** lasciare qu (per un'altra persona)

desert[2] ['de·zət] *n* deserto *m*

deserve [dɪ'zɜːrv] *vt* meritare

deservedly *adv* meritatamente

design [dɪ'zaɪn] I. *vt* ⓵ (*plan*) **to ~ sth (for sb)** progettare qc (per qu) ⓶ (*intend*) **to ~ sth for sb/sth** concepire qc per qu/qc II. *vi* fare il designer III. *n* ⓵ (*plan*) progetto *m* ⓶ (*sketch*) schizzo *m* ⓷ (*pattern*) motivo *m* ⓸ (*intention*) proposito *m*; **to do sth by ~** far qc di proposito ⓹ *pl, inf* (*dishonest intentions*) cattive *fpl* intenzioni IV. *adj* di progetto

designated driver *n* autista *mf* designato, *che rimane sobrio per portare gli altri a casa dopo una festa*

designer [dɪ'zaɪ·nɚ] I. *n* designer *mf* *inv* II. *adj* firmato, -a

desirable [dɪ'za·ɪə·rə·bl] *adj* ⓵ (*necessary*) utile; **it is ~ that ...** sarebbe opportuno che ... +*conj* ⓶ (*sexually attractive*) desiderabile ⓷ (*popular or fashionable*) interessante

desire [dɪ'za·ɪə·] I. *vt* ⓵ (*request*) **to ~ that ...** desiderare che ... +*conj* ⓶ (*want*) desiderare; **I ~ you to leave** ti prego di andartene ⓷ (*be sexually attracted to*) **to ~ sb** desiderare qu II. *n* ⓵ (*craving*) desiderio *m* ⓶ (*request*) desiderio *m* ⓷ (*sensual appetite*) desiderio *m* sessuale

desired *adj* desiderato, -a

desk [desk] *n* ⓵ (*table*) scrivania *f* ⓶ (*service counter*) banco *m* ⓷ (*department of a newspaper*) redazione *f*

desk lamp *n* lampada *f* da tavolo

desolate ['de·sə·lət] *adj* ⓵ (*barren*) desolato, -a; (*prospect*) triste ⓶ (*sad*) sconsolato, -a; **to feel ~** sentirsi sconsolato

despair [dɪs·'per] I. *n* disperazione *f* II. *vi* disperare; **to ~ of sth** disperare di qc

despairing *adj* disperato, -a

desperate ['des·pə·rət] *adj* ⓵ (*as last chance*) disperato, -a; (*measure*) estremo, -a; (*violent*) pronto, -a a tutto ⓶ (*serious*) grave; (*poverty*) estremo, -a; (*situation*) disperato, -a ⓷ (*great*) estremo, -a; **to be in a ~ hurry** avere una fretta terribile ⓸ (*having great need*) **to be ~ for sth** avere assolutamente bisogno di qc

desperation [ˌdes·pə·'reɪ·ʃən] *n* disperazione *f*

despise [dɪs·'paɪz] *vt* disprezzare

despite [dɪs·'paɪt] *prep* nonostante

dessert [dɪ·'zɜːrt] *n* dolce *m*, dessert *m* *inv*

dessertspoon [dɪ·'zɜːrt·ˌspuːn] *n* ⓵ (*spoon*) cucchiaio *m* da dessert ⓶ (*amount*) cucchiaiata *f*

destination [ˌdes·tɪ·'neɪ·ʃən] *n* destinazione *f*

destiny ['des·tɪ·ni] *n* destino *m*

destroy [dɪs·'trɔɪ] *vt* ⓵ (*demolish*) distruggere ⓶ (*kill*) abbattere ⓷ (*ruin*) distruggere

destructible [dɪs·'trʌk·tə·bl] *adj* distruttibile

destruction [dɪs·'trʌk·ʃən] *n* distruzione *f*

destructive [dɪs·'trʌk·tɪv] *adj* distruttivo, -a

detach [dɪ·'tætʃ] *vt* staccare

detachable *adj* staccabile

detached *adj* ⓵ (*separated*) separato, -a; **~ house** villetta unifamiliare ⓶ (*impartial*) imparziale

detail [dɪ·'teɪl] I. *n* ⓵ (*item of information*) dettaglio *m*; **in ~** in modo dettagliato; **to go into** ~ entrare nei dettagli ② (*unimportant item*) minuzia *f* ③ (*small feature*) particolare *m* II. *vt* ① (*explain fully*) specificare dettagliatamente ② (*tell*) elencare dettagliatamente

detailed *adj* dettagliato, -a

detain [dɪ·ˈteɪn] *vt* ① (*hold as prisoner*) detenere ② (*delay*) trattenere

detect [dɪ·ˈtekt] *vt* ① (*note*) notare; (*sense presence of*) percepire ② (*discover*) scoprire

detection [dɪ·ˈtek·ʃən] *n* (*of disease*) scoperta *f*

detective [dɪ·ˈtek·tɪv] *n* ① (*private investigator*) detective *mf inv* ② (*police officer*) agente *mf* investigativo

detective novel *n*, **detective story** *n* romanzo *m* poliziesco

detention [dɪ·ˈten·ʃən] *n* ① (*act*) detenzione *f* ② (*as a prisoner*) detenzione *f* ③ SCHOOL *castigo consistente nell'essere trattenuti a scuola al termine delle lezioni*

deter [dɪ·ˈtɜːr] <-rr-> *vt* dissuadere

detergent [dɪ·ˈtɜːr·dʒənt] *n* detergente *m*

deteriorate [dɪ·ˈtɪ·ri·ə·reɪt] *vi* ① (*wear out*) deteriorarsi ② (*become worse*) peggiorare

determination [dɪ·ˌtɜːr·mɪ·ˈneɪ·ʃən] *n* ① (*firmness of purpose*) risoluzione *f* ② (*decision*) determinazione *f*

determine [dɪ·ˈtɜːr·mɪn] I. *vi* ① (*decide*) **to** ~ **on sth** decidersi per qc ② LAW estinguersi II. *vt* ① (*decide*) decidere; (*settle*) definire ② (*find out*) stabilire ③ (*influence*) determinare ④ LAW (*terminate*) rescindere

determined [dɪ·ˈtɜːr·mɪnd] *adj* determinato, -a

detest [dɪ·ˈtest] *vt* detestare

detestable [dɪ·ˈtes·tə·bl] *adj* odioso, -a

detour [ˈdiː·tʊr] *n* deviazione *f*; **to make a** ~ fare una deviazione

detoxify [diː·ˈtɑːk·sɪ·faɪ] *vt* disintossicare

detrimental [ˌde·trɪ·ˈmen·təl] *adj* nocivo, -a

deuce [duːs] *n* ① (*in cards*) due *m* ② (*in tennis*) parità *f*

devastate [ˈde·vəs·teɪt] *vt* (*land, city*) devastare; (*person*) distruggere

devastating *adj* ① (*causing destruction*) devastante; (*powerful*) devastatore, -trice ② (*stunning*) impressionante; (*beauty*) sconvolgente; (*charm*) irresistibile

devastation [ˌde·vəs·ˈteɪ·ʃən] *n* devastazione *f*

develop [dɪ·ˈve·ləp] I. *vi* (*grow*) svilupparsi; (*become more advanced*) progredire; **to** ~ **into sth** trasformarsi in qc II. *vt* ① (*expand*) sviluppare; (*improve*) ampliare ② (*create*) creare ③ (*begin to show*) rivelare ④ (*build*) costruire; (*build on*) sviluppare ⑤ PHOT sviluppare

developing *adj* in via di sviluppo

development [dɪ·ˈve·ləp·mənt] *n* ① (*process*) sviluppo *m*; (*growth*) crescita *f* ② (*growth stage*) sviluppo *m*; (*of skills*) acquisizione *f* ③ (*progress*) progresso *m*; (*of products*) ideazione *f* ④ (*event*) sviluppo *m* ⑤ (*building of*) costruzione *f*; **housing** ~ complesso *m* abitativo; (*building on: of land*) sviluppo *m* ⑥ (*industrialization*) industrializzazione *f*

deviate [ˈdiː·vi·eɪt] *vi* deviare

device [dɪ·ˈvaɪs] *n* ① (*mechanism*) dispositivo *m* ② (*method*) stratagemma *m* ③ (*bomb*) ordigno *m*

devil [ˈde·vəl] *n* ① (*Satan*) diavolo *m*; **to be possessed by the** ~ essere posseduto dal demonio ② (*evil spirit*) demone *m* ③ *inf* (*wicked person*) diavolo *m* ④ (*mischievous person*) **he's a little** ~ è una peste; **lucky** ~! fortunato mortale! ⑤ (*difficult thing*) **to have a** ~ **of a time doing sth** fare una fatica del diavolo a fare qc ▸ **between the** ~ **and the deep blue sea** tra l'incudine e il martello; **there'll be the** ~ **to pay** saranno guai seri; **how/who/what/where the** ~ **...?** come/chi/cosa/dove diavolo ...?

devilish [ˈde·və·lɪʃ] *adj* ① (*evil*) diaboli-

D

co, -a ② (*mischievous*) malizioso, -a ③ (*very clever*) diabolico, -a
devious ['diː·vi·əs] *adj* ① (*dishonest*) sleale ② (*winding*) tortuoso, -a
devise [dɪ·'vaɪz] *vt* ① (*plan, think out*) escogitare; (*a plot*) ideare; (*a scheme*) concepire ② LAW legare
devoid [dɪ·'vɔɪd] *adj* **to be ~ of sth** esser privo di qc
devolution [ˌde·və·'luː·ʃən] *n* POL (*decentralization of power*) devoluzione *f inv*
devote [dɪ·'voʊt] *vt* dedicare
devoted [dɪ·'voʊ·t̬ɪd] *adj* dedicato, -a; (*husband, mother*) devoto, -a; (*couple*) fedele; **to be ~ to sb** essere affezionato a qu
devotion [dɪ·'voʊ·ʃən] *n* ① (*loyalty*) lealtà *f;* (*affection*) affetto *m* ② REL devozione *f*
devour [dɪ·'va·ʊə˞] *vt* divorare
devout [dɪ·'vaʊt] *adj* ① REL devoto, -a ② (*compulsive*) fervido, -a
dew [duː] *n* rugiada *f*
diabetes [ˌda·ɪə·'biː·t̬ɪz] *n* diabete *m*
diabetic [ˌda·ɪə·'be·t̬ɪk] *adj, n* diabetico, -a *m, f*
diagnose [ˌda·ɪəg·'noʊs] I. *vi* fare una diagnosi II. *vt* diagnosticare
diagnosis [ˌda·ɪəg·'noʊ·sɪs] <-ses> *n* diagnosi *f inv*
diagonal [daɪ·'æ·gə·nl] *adj, n* diagonale *f*
diagram ['da·ɪə·græm] *n* ① (*drawing*) diagramma *m* ② (*chart*) grafico *m*
dial ['da·ɪəl] I. *n* ① (*face of clock*) quadrante *m* ② (*on radio*) manopola *f* di sintonizzazione II. <-l- *o* -ll-, -l- *o* -ll-> *vi* fare un numero III. *vt* ① (*phone number*) chiamare ② (*radio station*) sintonizzarsi su
dialect ['da·ɪə·lekt] *n* dialetto *m*
dialog *n*, **dialogue** ['da·ɪə·lɑːg] *n a.* POL dialogo *m*
dial tone *n* TEL segnale *m* di libero
diameter [daɪ·'æ·mə·t̬ə˞] *n* diametro *m*
diamond ['da·ɪə·mənd] *n* ① (*gemstone*) diamante *m;* **the ace/king of ~s** GAMES l'asso/il re di quadri ② (*rhombus*) rombo *m* ③ (*baseball field*) campo *m;* (*infield*) diamante *m*
diaper ['da·ɪə·pə˞] *n* pannolino *m*
diarrhea [ˌda·ɪə·'riː·ə] *n* diarrea *f*
diary ['da·ɪə·ri] *n* diario *m*
dice [daɪs] I. *npl* ① (*cubes*) dadi *mpl* ② (*game*) gioco *m* dei dadi ③ (*food cut in cubes*) dadini *mpl* ▸ **no ~** *sl* non se ne parla nemmeno II. *vi* giocare a dadi III. *vt* tagliare a dadini
dicey ['daɪ·si] <-ier, -iest> *adj inf* rischioso, -a
dick [dɪk] *n vulg* ① (*penis*) cazzo *m* ② (*stupid person*) cazzone, -a *m, f*
dictate ['dɪk·teɪt] I. *n* dettame *m* II. *vi* ① (*command*) dare ordini ② (*to a typist*) **to ~ to sb** dettare a qu III. *vt* ① (*give orders*) dare ordini a; (*terms*) dettare ② (*make necessary*) rendere necessario; (*state exactly*) imporre ③ (*to a typist*) dettare
dictation [dɪk·'teɪ·ʃən] *n* SCHOOL dettato *m*
dictator ['dɪk·teɪ·t̬ə˞] *n* POL dittatore, -trice *m, f*
dictatorship [dɪk·'teɪ·t̬ə˞·ʃɪp] *n* dittatura *f*
dictionary ['dɪk·ʃə·ne·ri] *n* dizionario *m*
did [dɪd] *pt of* **do**
didn't [dɪ·dənt] = **did not** *s.* **do**
die [daɪ] <dying, died> *vi* ① (*cease to live*) morire; **to ~ a violent/natural death** morire di morte violenta/naturale ② (*end*) finire ③ (*stop functioning: appliance*) smettere di funzionare; (*battery*) scaricarsi; **the engine just ~d on me** il motore mi ha abbandonato ④ (*fade away*) spegnersi ▸ **to be dying to do sth** morire dalla voglia di fare qc
◆**die away** *vi* (*sobs, anger*) calmarsi; (*enthusiasm*) spegnersi; (*sound*) smorzarsi
◆**die down** *vi* (*wind, gossip*) placare; (*enthusiasm, applause*) smorzarsi
◆**die out** *vi* estinguersi
die-hard *n* intransigente *mf*
diesel engine *n* motore *m* diesel
diet ['da·ɪət] I. *n* dieta *f;* **to be on a ~** es-

sere a dieta; **to go on a ~** seguire una dieta II. *vi* essere a dieta

dietary ['da·ɪə·te·ri] *adj* ①(*food*) dietetico, -a

differ ['dɪ·fə] *vi* ①(*be unlike*) differire; **to ~ from sth** essere diverso da qc ②(*disagree*) non essere d'accordo; **to ~ about sth** discordare su qc

difference ['dɪ·fə·rənts] *n* ①(*state of being different*) differenza *f* ②(*distinction*) diversità *f*; **to make a ~** fare una bella differenza ③(*new feature*) differenza *f* ④(*remaining amount*) **to pay the ~** pagare la differenza ⑤(*disagreement*) divergenza *f*; **to settle ~s** mettersi d'accordo

different ['dɪ·fə·rənt] *adj* diverso, -a; **to do something ~** far qualcosa di diverso

differentiate [ˌdɪ·fə·'ren·tʃi·eɪt] *vi, vt* distinguere

difficult ['dɪ·fɪ·kəlt] *adj* ①(*not easy*) difficile ②(*troublesome*) duro, -a

difficulty ['dɪ·fɪ·kəl·ti] <-ies> *n* difficoltà *f*; **with ~** difficilmente; **to have ~ doing sth** avere difficoltà a fare qc

dig [dɪg] I. *n* ①(*poke*) gomitata *f* ②(*excavation*) scavo *m* ③(*sarcastic remark*) frecciata *f* II. <-gg-, dug, dug> *vi* ①(*turn over ground*) scavare ②(*poke*) conficcarsi III. *vt* ①(*move ground*) scavare; (*garden*) zappare ②(*excavate*) scavare ③(*stab, poke*) conficcare ④ *sl* (*like*) piacere

digest [daɪ·'dʒest] I. *vi* digerire II. *vt* ①(*break down: food*) essere digerito ②*inf* (*understand*) assimilare ③(*classify*) classificare

digestible [daɪ·'dʒes·tə·bl] *adj* digeribile

digestion [daɪ·'dʒes·ʃən] *n* digestione *f*

digger ['dɪ·gə] *n* ①(*machine*) escavatrice *f* ②(*person*) sterratore, -trice *m, f*

digit ['dɪ·dʒɪt] *n* ①(*number*) cifra *f* ②(*finger, toe*) dito *m*

digital ['dɪ·dʒɪ·t̬l] *adj* digitale

digitalize ['dɪ·dʒɪ·t̬ə·laɪz] *vt* digitalizzare

digital television *n* televisione *f* digitale

digitizer ['dɪ·dʒɪ·taɪ·zə] *n* COMPUT digitalizzatore *m*

dignified ['dɪg·nɪ·faɪd] *adj* ①(*honorable*) dignitoso, -a ②(*solemn*) solenne

dignity ['dɪg·nə·ti] *n* ①(*state worthy of respect*) dignità *f* ②(*respect*) rispetto *m*; **to be beneath sb's ~** non esser degno di qu

digress [daɪ·'gres] *vi* ①(*wander from topic*) fare una digressione ②(*deviate*) divagare; **to ~ from sth** divagare da qc

dike [daɪk] *n* ①*a. fig* diga *f* ②(*channel*) canale *m* di scolo

dilapidated [dɪ·'læ·pɪ·deɪ·t̬ɪd] *adj* (*house*) fatiscente; (*car*) scassato, -a

dilate ['daɪ·leɪt] I. *vi* dilatarsi II. *vt* dilatare

diligent ['dɪ·lɪ·dʒənt] *adj* diligente

dilly-dally ['dɪl·i·dæl·i] *vi inf* ①(*waste time*) perdere tempo ②(*be indecisive*) tentennare

dilute [daɪ·'luːt] *vt* ①(*liquid*) diluire ②*fig* attenuare

dim [dɪm] I. <-mm-> *vi* (*lights*) affievolirsi II. *vt* abbassare III. <-mm-> *adj* ①(*not bright*) tenue ②(*unclear, faint*) vago, -a ③(*stupid*) ottuso, -a ④(*unfavorable*) cupo, -a

dimension [dɪ·'men·tʃən] *n* dimensione *f*

diminish [dɪ·'mɪ·nɪʃ] *vi, vt* diminuire

din [dɪn] *n* strepito *m*

dine [daɪn] *vi* cenare

diner ['daɪ·nə] *n* ①(*person*) cliente *mf* ②(*restaurant*) piccolo ristorante aperto tutto il giorno con tavoli fissi

dinghy ['dɪŋ·gi] *n* <-ies> (*on larger boat*) tender *m inv*; (*small rowing boat*) piccola imbarcazione *f* a remi

dingy ['dɪn·dʒi] <-ier, -iest> *adj* tetro, -a

dining room *n* sala *f* da pranzo

dinner ['dɪ·nə] *n* cena *f*; (**Sunday**) ~ (*meal served in early to mid-afternoon*) pranzo *m*

dinner jacket *n* smoking *m inv*

dinner party *n* cena *f* (tra amici)

dinner service *n* servizio *m* da tavola

dinner table *n* tavolo *m* da pranzo

D

dinnertime n ora f di cena

dinosaur ['daɪ·nə·sɔːr] n a. fig dinosauro m

dip [dɪp] I. n ➀ (dunking) bagno m ➁ (sudden drop) calo m; (in the road) dosso m ➂ (cold sauce) salsetta f ➃ (brief swim) nuotata f ➄ (depression in ground) avvallamento m II. vi ➀ (drop down: prices) diminuire; (road) essere in discesa ➁ (slope down) inclinarsi ➂ (into a liquid) immergersi III. vt ➀ (immerse) immergere; a. CULIN inzuppare ➁ (put into) infilare ➂ (lower) abbassare

♦**dip into** vt ➀ always sep (put) infilare ➁ to ~ into one's savings attingere ai propri risparmi ➂ (look casually) dare un'occhiata a

diplomacy [dɪ·ploʊ·mə·si] n ➀ (between countries) diplomazia f ➁ (tact) tatto m

diplomat ['dɪp·lə·mæt] n ➀ (of country) diplomatico, -a m, f ➁ (tactful person) persona f diplomatica

diplomatic [ˌdɪp·lə·ˈmæ·t̬ɪk] adj diplomatico, -a

dippy ['dɪ·pi] adj sl sciocco, -a

direct [dɪ·ˈrekt] I. vi MUS dirigere II. vt ➀ (point, intend) rivolgere; to ~ sth at sb destinare qc a qu ➁ (command) dirigere ➂ (indicate) to ~ sb to a place indicare la strada a qu ➃ (film, play) dirigere III. adj ➀ (straight) diretto, -a ➁ (exact) esatto, -a ➂ (frank) franco, -a IV. adv ➀ (with no intermediary) direttamente ➁ (by a direct way) dritto

direct deposit n (banking) accredito m su conto corrente

direction [dɪ·ˈrek·ʃən] n ➀ (supervision) direzione f ➁ (movement) in the ~ of sth in direzione di qc; sense of ~ senso dell'orientamento m ➂ pl (information) istruzioni fpl; can you give me directions? mi può dare le indicazioni? ➃ (of film, play) regia f

directly [dɪ·ˈrekt·li] adv ➀ (without deviation) direttamente; go ~ home va' dritto a casa ➁ (immediately) immedia-

tamente ➂ (shortly) subito ➃ (frankly) francamente

director [dɪ·ˈrek·tər] n ➀ ECON (manager) dirigente mf ➁ (board member) membro m del consiglio; **board of ~s** consiglio m di amministrazione

directory [dɪ·ˈrek·tə·ri] n ➀ (book) guida f ➁ COMPUT directory f inv

directory assistance n servizio m informazioni elenco abbonati

dirt [dɜːrt] n ➀ (earth, soil) terra f ➁ (unclean substance) sporco m ➂ inf (worthless thing) schifezza f; (person) merda f; to treat sb like ~ trattare qu come una pezza da piedi ➃ inf (scandal, gossip) pettegolezzi mpl fig; to get the ~ on sb sapere tutto su qu ▶to eat ~ ingoiare il rospo

dirt cheap adj inf a prezzo stracciato

dirty ['dɜːr·t̬i] I. vt sporcare; to ~ one's hands sporcarsi le mani II. <-ier, -iest> adj ➀ (not clean) sporco, -a ➁ (mean, nasty) a ~ look un'occhiataccia ➂ (lewd) osceno, -a; (joke) spinto, -a; ~ old man vecchio sporcaccione ➃ (unpleasant) sporco, -a; to do the ~ work fare il lavoro sporco III. adv in modo sporco; to play ~ giocare sporco

disability [ˌdɪs·ə·ˈbɪ·lə·t̬i] n ➀ (handicap) handicap m inv ➁ (condition of incapacity) disabilità f

disabled I. npl the ~ i disabili II. adj disabile

disadvantage [ˌdɪs·əd·ˈvæn·tɪdʒ] n svantaggio m; to be at a ~ essere svantaggiato

disagree [ˌdɪs·ə·ˈgriː] vi ➀ (not agree) non essere d'accordo ➁ (differ) differire ➂ (have bad effect) spicy food ~s with me il cibo piccante mi fa star male

disagreeable [ˌdɪs·ə·ˈgriː·ə·bl] adj sgradevole

disagreement [ˌdɪs·ə·ˈgriː·mənt] n ➀ (lack of agreement) disaccordo m ➁ (argument) discussione f

disallow [ˌdɪs·ə·ˈlaʊ] vt respingere; a. LAW, SPORTS annullare

disappear [ˌdɪs·ə·ˈpɪr] vi scomparire

disappearance [ˌdɪs·ə·ˈpɪ·rənts] *n* scomparsa *f*

disappoint [ˌdɪs·ə·ˈpɔɪnt] *vt* deludere

disappointed *adj* deluso, -a; **I'm really ~ed in you** mi deludi profondamente

disappointing *adj* deludente

disappointment [ˌdɪs·ə·ˈpɔɪnt·mənt] *n* delusione *f*

disapprove [ˌdɪs·ə·ˈpruːv] *vi* disapprovare; **to ~ of sth** disapprovare qc

disaster [dɪ·ˈzæs·tə] *n* ❶ (*great misfortune*) disastro *m*; **~ area** zona *f* disastrata ❷ (*failure*) fiasco *m*

disastrous [dɪ·ˈzæs·trəs] *adj* ❶ (*causing disaster*) disastroso, -a ❷ (*unsuccessful*) catastrofico, -a

disbelief [ˌdɪs·bɪ·ˈliːf] *n* incredulità *f*

disc [dɪsk] *n* disco *m*

discerning [dɪ·ˈsɜːr·nɪŋ] *adj* (*discriminating*) esigente; (*acute*) perspicace

discharge[1] [ˈdɪs·tʃɑ·rdʒ] *n* ❶ (*from hospital*) dimissione *f*; (*from army*) congedo *m*; (*from jail*) rilascio *m* ❷ (*firing off*) scarica ❸ (*emission*) emissione *f*; (*of liquid*) secrezione *f* ❹ (*performing of a duty*) adempimento *m*

discharge[2] [dɪs·ˈtʃɑ·rdʒ] **I.** *vi* ❶ (*ship*) scaricare ❷ (*produce liquid: wound*) suppurare **II.** *vt* ❶ *a.* LAW (*release*) liberare ❷ (*dismiss*) MIL congedare; ECON licenziare ❸ (*perform*) **to ~ one's duty** compiere il proprio dovere ❹ (*shoot*) scaricare

disciple [dɪ·ˈsaɪ·pl] *n* ❶ (*follower*) seguace *mf* ❷ *a.* REL (*student*) discepolo, -a *m, f*

disciplinary [ˈdɪ·sə·plɪ·ne·ri] *adj* disciplinario, -a

discipline [ˈdɪ·sə·plɪn] **I.** *n* ❶ (*obedience, self-control*) disciplina *f* ❷ (*punishment*) punizione *f* ❸ (*field*) disciplina *f* **II.** *vt* ❶ (*punish*) punire; **to ~ oneself to do sth** imporsi di fare qc ❷ (*train*) educare

disclaimer [dɪs·ˈkleɪ·mə] *n* dichiarazione *f* di esclusione di responsabilità; INET disclaimer *m*

disclosure [dɪs·ˈkloʊ·ʒə] *n* ❶ (*act of*

making public) divulgazione *f* ❷ (*revelation*) rivelazione *f*

disco [ˈdɪs·koʊ] *n* ❶ (*music*) disco-music *f* INET ❷ (*place*) discoteca *f*

discomfort [dɪs·ˈkʌm·fət] *n* ❶ (*uneasiness*) fastidio *m* ❷ (*inconvenience*) disagio *m*

disconcert [ˌdɪs·kən·ˈsɜːrt] *vt* sconcertare

disconnect [ˌdɪs·kə·ˈnekt] *vt* ❶ (*phone*) **I've been ~ed** è caduta la linea ❷ (*unfasten*) staccare

disconnected *adj* (*cut off*) staccato, -a

disconsolate [dɪs·ˈkɑːn·tsə·lət] *adj* sconsolato, -a

discontented *adj* scontento, -a

discontinue [ˌdɪs·kən·ˈtɪn·juː] *vt* sospendere; **that item's been ~ed** quell'articolo è fuori produzione

discount[1] [ˈdɪs·kaʊnt] *n* sconto *m*; **at a ~** a prezzo ridotto

discount[2] [dɪs·ˈkaʊnt] *vt* ❶ (*reduce price*) scontare ❷ (*disregard*) non far caso a ❸ (*leave out*) scartare

discourage [dɪs·ˈkɜ·rɪdʒ] *vt* ❶ (*dishearten*) scoraggiare ❷ (*dissuade*) **to ~ sb from doing sth** dissuadere qu dal fare qc

discouraging *adj* scoraggiante

discover [dɪs·ˈkʌ·və] *vt* ❶ (*find out*) scoprire ❷ (*find*) trovare

discovery [dɪs·ˈkʌ·və·ri] <-ies> *n* scoperta *f*

discreet [dɪs·ˈkriːt] *adj* discreto, -a

discrepancy [dɪs·ˈkre·pənt·si] <-ies> *n* discrepanza *f*

discretion [dɪs·ˈkre·ʃən] *n* ❶ (*discreet behavior*) discrezione *f* ❷ (*good judgment*) giudizio *m*; **to leave sth to sb's ~** lasciare qc alla discrezione di qu ❸ LAW (*of court*) arbitrio *m*

discriminate [dɪs·ˈkrɪ·mɪ·neɪt] **I.** *vi* ❶ (*see a difference*) distinguere ❷ (*treat unfairly*) **to ~ against sb** discriminare qu **II.** *vt* distinguere

discriminating *adj* (*able to discern*) perspicace; (*palate, taste*) raffinato, -a

discrimination [dɪs·ˌkrɪ·mɪ·ˈneɪ·ʃən] *n* ❶ (*unfair treatment*) discriminazione *f*

D

D

(*good judgement*) discernimento *m* (*ability to differentiate*) capacità di discriminare *m*

discuss [dɪsˈkʌs] *vt* (*exchange ideas about*) discutere (*consider*) trattare di

discussion [dɪsˈkʌʃən] *n* discussione *f*

disease [dɪˈziːz] *n a. fig* malattia *f*

diseased *adj a. fig* malato, -a

disembark [ˌdɪsɪmˈbɑːrk] *vi* sbarcare

disentangle [ˌdɪsɪnˈtæŋɡl] I. *vi* districarsi II. *vt* (*release*) sganciare; **to ~ oneself from sb/sth** sganciarsi da qu/qc (*untangle*) districare *fig* (*unravel*) sbrogliare

disgrace [dɪsˈɡreɪs] I. *n* (*loss of honor*) disonore *m* (*sth or sb shameful*) vergogna *f* II. *vt* disonorare

disgraceful [dɪsˈɡreɪs-fəl] *adj* vergognoso, -a

disguise [dɪsˈɡaɪz] I. *n* travestimento *m*; **to be in ~** esser travestito II. *vt* (*change appearance*) travestire; **to ~ oneself as sth** travestirsi da qc (*hide*) nascondere

disgust [dɪsˈɡʌst] I. *n* (*repugnance*) disgusto *m* (*indignation*) indignazione *f*; **~ at sth** indignazione per qc II. *vt* (*sicken*) disgustare, ripugnare (*be offensive*) indignare

disgusting *adj* (*repulsive*) disgustoso, -a (*unacceptable*) vergognoso, -a

dish [dɪʃ] I. <-es> *n* (*for food*) piatto *m*; **to do the ~es** lavare i piatti TEL antenna *f* parabolica *inf* (*attractive person*) bocconcino *m* II. *vi inf* (*gossip*) spettegolare

dishcloth [ˈdɪʃ-klɑːθ] *n* panno, *per lavare i piatti*

dishonest [dɪˈsɑː-nɪst] *adj* disonesto, -a

dishonesty [dɪˈsɑː-nəs-ti] *n* (*lack of honesty*) disonestà *f* (*dishonest act*) frode *f*

dishwasher *n* (*machine*) lavastoviglie *f inv*

disillusioned *adj* disilluso, -a; **to be ~ with sth/sb** non farsi illusioni su qc/qu

disinclined [ˌdɪsɪnˈklaɪnd] *adj* rilut-

tante; **to be ~ to do sth** esser restio a fare qc

disinfectant [ˌdɪsɪnˈfek-tənt] *adj, n* disinfettante *m*

disintegrate [dɪsˈɪn-tə-ɡreɪt] I. *vi* disintegrarsi II. *vt* disintegrare

disinterested [dɪsˈɪn-trɪs-tɪd] *adj* (*impartial*) imparziale (*not interested*) disinteressato, -a

disk [dɪsk] *n* COMPUT disco *m*; **hard ~** disco *m* rigido; **floppy ~** dischetto *m*; **start-up ~** disco di avvio; **high density ~** disco ad alta densità

disk drive *n* unità *f* disco *inv*

diskette [dɪsˈket] *n* dischetto *m*

dislike [dɪsˈlaɪk] I. *vt* **I really ~ her** mi sta proprio antipatica; **I ~ walking** non mi piace camminare II. *n* avversione *f*; **to take a ~ to sb/sth** prendere in antipatia qu/qc

dislocate [ˈdɪsˈloʊ-keɪt] *vt* MED (*shoulder, hip*) lussare

dismantle [dɪsˈmæn-tl] *vt* smontare; (*system*) smantellare

dismay [dɪsˈmeɪ] I. *n* costernazione *f* II. *vt* costernare

dismiss [dɪsˈmɪs] *vt* (*allow to leave*) congedare (*from job*) licenziare; **to be ~ed from one's job** essere licenziato (*not consider*) non tener conto di LAW archiviare

dismissal [dɪsˈmɪ-səl] *n* (*from school*) permesso *m* di uscire; (*from job*) licenziamento *m* (*disregarding*) rifiuto *m* di considerare

disobedient [ˌdɪs-ə-ˈbiː-di-ənt] *adj* disubbidiente

disobey [ˌdɪs-ə-ˈbeɪ] I. *vi* disubbidire II. *vt* disubbidire a

disorder [dɪsˈɔːr-dər] *n* (*lack of order*) disordine *m* MED disturbo *m*

disordered *adj* disordinato, -a

disorderly [dɪsˈɔːr-dər-li] *adj* (*untidy*) disordinato, -a (*unruly*) turbolento, -a; **~ conduct** turbamento *m* dell'ordine pubblico

disorganized [dɪsˈɔːr-ɡə-naɪzd] *adj* disorganizzato, -a

disoriented *adj* disorientato, -a

dispatch [dɪs·ˈpætʃ] I.<-es> n ①(*news item*) comunicato m; **the latest ~ from our correspondent** l'ultimo servizio dal nostro corrispondente ②(*delivery*) spedizione f II.vt ①(*to send*) inviare ②a. fig (*to kill*) ammazzare

dispensable [dɪs·ˈpen·sə·bl] adj superfluo, -a

dispenser [dɪs·ˈpen·sər] n ①(*device*) distributore m automatico ②(*container*) dispenser m inv

disperse [dɪs·ˈpɜrs] I.vt disperdere II.vi disperdersi

display [dɪs·ˈpleɪ] I.vt ①(*arrange for showing*) esporre ②(*express*) mostrare II.n ①(*arrangement*) esposizione f ②COMPUT display m inv; **liquid crystal ~** schermo m a cristalli liquidi

display window n vetrina f

disposable [dɪs·ˈpou·zə·bl] adj usa e getta

disposal [dɪs·ˈpou·zl] n ①(*getting rid of*) eliminazione f ②(*garbage disposal*) smaltimento m ▸ **to be at sb's ~** essere a disposizione di qu

dispose [dɪs·ˈpouz] vi **to ~ of sth** (*throw away*) eliminare qc; (*get rid of*) sbarazzarsi di qc

disposed adj **to be well ~ towards sb** esser ben disposto verso qu

disprove [dɪs·ˈpruːv] vt smentire

disputable [dɪs·ˈpjuː·tə·bl] adj discutibile

dispute [dɪs·ˈpjuːt] I.vt ①(*argue*) discutere ②(*doubt*) mettere in discussione II.vi **to ~ (with sb) over sth** discutere (con qu) di qc III.n disputa f

disqualification [dɪs·ˌkwɑː·lə·fɪ·ˈkeɪ·ʃən] n SPORTS squalifica f

disqualify [dɪs·ˈkwɑː·lə·faɪ] <-ie-> vt squalificare

disrespect [ˌdɪs·rɪ·ˈspekt] n mancanza f di rispetto; **to show ~** mancare di rispetto

disrespectful [ˌdɪs·rɪ·ˈspekt·fəl] adj irrispettoso, -a

disrupt [dɪs·ˈrʌpt] vt (*disturb*) scombussolare; (*interrupt*) interrompere

disruption [dɪs·ˈrʌp·ʃən] n (*distur-*

bance) scombussolamento m; (*interruption*) interruzione f

disruptive [dɪs·ˈrʌp·tɪv] adj che crea scompiglio

dissatisfied [dɪs·ˈsæ·tɪs·faɪd] adj insoddisfatto, -a

dissimilar [ˌdɪs·ˈsɪ·mɪ·lə] adj dissimile

dissolve [dɪ·ˈzɑːlv] I.vi ①(*in a liquid*) dissolversi ②fig (*collapse*) **to ~ into tears** sciogliersi in lacrime II.vt sciogliere

dissuade [dɪ·ˈsweɪd] vt dissuadere

distance [ˈdɪs·tənts] I.n ①(*space*) distanza f; **his house is within walking ~** casa sua è a due passi da qui; **to keep one's ~** tenersi a distanza ②(*space far away*) lontananza f; **in the ~** in lontananza II.vt **to ~ oneself from sb/sth** prendere le distanze da qu/qc

distant [ˈdɪs·tənt] adj ①(*far away*) distante ②(*relative, cousin*) lontano, -a

distantly adv ①(*in the distance*) lontano ②fig (*in unfriendly manner*) con distacco

distinct [dɪs·ˈtɪŋkt] adj ①(*separate*) distinto, -a ②(*marked*) definito, -a ③(*noticeable*) netto, -a

distinction [dɪs·ˈtɪŋk·ʃən] n ①(*difference*) distinzione f ②(*eminence*) eminenza f; **of great ~** di grande rilievo

distinctive [dɪs·ˈtɪŋk·tɪv] adj caratteristico, -a

distinguish [dɪs·ˈtɪŋ·gwɪʃ] I.vi distinguere II.vt ①(*tell apart*) distinguere ②(*be excellent in*) **to ~ oneself in sth** distinguersi in qc

distinguishable adj distinguibile

distinguished adj ①(*celebrated*) eminente ②(*stylish*) distinto, -a

distract [dɪs·ˈtrækt] vt distrarre

distracted adj distratto, -a

distraction [dɪs·ˈtræk·ʃən] n ①(*disturbance*) distrazione f ②(*confused agitation*) sconvolgimento m ③(*pastime*) diversivo m

distress [dɪs·ˈtres] I.n ①(*emotional*) angoscia f ②(*extreme pain*) sofferenza f II.vt angosciare

distressed *adj* ❶ (*unhappy*) angosciato, -a ❷ (*in difficulties*) in difficoltà ❸ FASHION scolorito, -a

distressful *adj*, **distressing** *adj* (*causing worry*) angosciante

distribute [dɪsˈtrɪ·bjuːt] *vt* distribuire

D **distribution** [ˌdɪs·trɪˈbjuː·ʃən] *n* distribuzione *f*

district [ˈdɪs·trɪkt] *n* ❶ (*defined area*) distretto *m* ❷ (*region*) regione *f*

district attorney *n* procuratore *m* distrettuale

district court *n* corte *f* distrettuale federale

distrust [dɪsˈtrʌst] I. *vt* diffidare di II. *n* diffidenza *f*

distrustful [dɪsˈtrʌst·fəl] *adj* diffidente

disturb [dɪsˈtɜːrb] *vt* ❶ (*interrupt*) disturbare ❷ (*worry*) turbare ❸ (*move around*) scompigliare

disturbance [dɪsˈtɜːr·bənts] *n* ❶ (*interruption*) disturbo *m* ❷ (*public incident*) disordini *mpl*

disturbed *adj* ❶ (*mentally ill*) affetto, -a da turbe mentali ❷ (*restless*) inquieto, -a ❸ (*moved around*) in disordine

disturbing *adj* ❶ (*annoying*) inquietante ❷ (*worrying*) allarmante

ditch [dɪtʃ] I. <-es> *n* (*trench*) fosso *m* II. *vt* ❶ *sl* (*discard*) disfarsi di ❷ *sl* (*end a relationship*) mollare

ditsy [ˈdɪt·si] *adj sl* svampito, -a

ditto [ˈdɪ·toʊ] I. *n* (*mark indicating repetition*) virgolette *fpl* II. *adv* (*so do I*) idem; (*same for me*) lo stesso

dive [daɪv] I. *n* ❶ (*in swimming*) tuffo *m* ❷ (*submerge*) immersione *f* ❸ *a. fig* (*sudden decline*) caduta *f* repentina; **to take a ~** precipitare ❹ *sl* (*undesirable establishment*) bettola *f* II. *vi* <dived *o* dove, dived *o* dove> ❶ (*in swimming*) tuffarsi ❷ (*submerge*) immergersi ❸ (*go sharply downwards*) scendere in picchiata ❹ (*move towards*) precipitarsi; **to ~ for cover** buttarsi al riparo

diver [ˈdaɪ·vər] *n* ❶ (*sb who dives*) tuffatore, -trice *m, f* ❷ (*sb working under water*) sommozzatore, -trice *m, f*

diverge [dɪˈvɜːrdʒ] *vi* divergere; **to ~ from sth** divergere da qc

diverse [dɪˈvɜːrs] *adj* ❶ (*varied*) vario, -a ❷ (*not alike*) diverso, -a

diversion [dɪˈvɜːr·ʒən] *n* ❶ (*changing of direction*) deviazione *f* ❷ (*distraction*) distrazione *f* ❸ (*activity*) diversivo *m*

diversity [dɪˈvɜːr·sə·t̬i] *n* diversità *f*

divert [dɪˈvɜːrt] *vt* ❶ (*change direction*) deviare ❷ (*distract*) distrarre ❸ (*amuse*) divertire

divide [dɪˈvaɪd] I. *n* ❶ (*separating line*) divisione *f* ❷ (*watershed*) spartiacque *m inv* II. *vt* ❶ (*separate*) dividere; **to ~ sth into three groups** dividere qc in tre gruppi ❷ (*allot*) ripartire III. *vi* (*split*) dividersi

divided *adj* ❶ (*not in agreement*) diviso, -a ❷ (*separated*) separato, -a ❸ (*undecided*) **to be ~ between two options** essere indeciso, -a tra due possibilità

dividend [ˈdɪ·vɪ·dend] *n* MATH, FIN dividendo *m*

diving *n* ❶ (*jumping*) tuffi *mpl* ❷ (*swimming*) immersione *f*

diving board *n* trampolino *m*

diving suit *n* muta *f*

division [dɪˈvɪ·ʒən] *n* ❶ *a.* MIL, MATH, SPORTS divisione *f* ❷ (*splitting up*) ripartizione *f* ❸ COM (*branch of company*) divisione *f*

divorce [dɪˈvɔːrs] I. *n* divorzio *m; fig* separazione *f* II. *vt* (*break marriage*) **to get ~d (from sb)** divorziare (da qu) III. *vi* divorziare

DIY [ˌdiː·aɪˈwaɪ] *abbr of* **do-it-yourself** fai da te *m inv*

dizzy [ˈdɪ·zi] <-ier, -iest> *adj* ❶ (*having vertigo*) che ha le vertigini ❷ (*causing vertigo*) vertiginoso, -a ❸ *inf* (*silly*) tonto, -a

DMV [ˌdiː·em·ˈviː] *n abbr of* **Department of Motor Vehicles** Ufficio *m* Motorizzazione Civile

do [duː] I. *n* ❶ **the ~s and don'ts** ciò che si deve e ciò che non si deve fare

D

② *inf* (*party*) festa *f* ❸ *sl* (*excrement*) cacca *f*; **dog ~** cacca di cane **II.** <does, did, done> *aux* ❶ (*in questions*) **~ you own a dog?** hai un cane? ② (*in negatives*) **Frida ~esn't like olives** a Frida non piacciono le olive ❸ (*in imperatives*) **~ your homework!** fa i compiti!; **~ come in!** entrate, prego! ❹ (*for emphasis*) **~ go to the party!** andateci alla festa!; **he ~es get on my nerves** mi dà proprio ai nervi; **he did ~ it** sì che l'ha fatto ❺ (*replacing a repeated verb*) **so ~ I** anch'io; **neither ~ I** nemmeno io; **she speaks more fluently than he ~es** parla con maggior scioltezza di lui ❻ (*requesting affirmation*) non è vero?; **you ~n't want to answer, ~ you?** non vuoi rispondere, vero? **III.** <does, did, done> *vt* ❶ (*carry out*) fare; **to ~ nothing but …** non fare altro che …; **to ~ one's best** fare del proprio meglio; **to ~ everything possible** fare tutto il possibile ② (*undertake*) realizzare ❸ (*help*) **to ~ something for sb/sth** far qualcosa per qu/qc ❹ (*act*) agire ❺ (*deal with*) incaricarsi di; **if you ~ the washing up, I'll ~ the drying** se tu lavi i piatti, io li asciugo ❻ (*learn: math, English*) studiare ❼ (*figure out: puzzle, math problem*) risolvere ❽ (*finish*) terminare ❾ (*put in order*) ordinare; (*clean*) pulire; **to ~ one's nails** (*with nail polish*) mettere lo smalto alle unghie; **to do one's hair/face** pettinarsi/lavarsi il viso ❿ (*make neat: the bathroom, one's room*) pulire ⓫ (*tour: Europe, California*) visitare ⓬ (*go at a speed of*) **to ~ Milan to Rome in five hours** fare Milano-Roma in cinque ore ⓭ (*be satisfactory*) **"I only have beer — will that ~ you?"** "ho solo birra — ti va bene?" ⓮ (*sell*) vendere; **the shop does fancy kitchen equipment** il negozio vende utensili da cucina un po' particola; (*offer*) servire ⓯ (*cook*) cucinare; **to ~ sth for sb** preparare qc per qu ⓰ (*cause*) **to ~ sb a good turn** fare un favore a qu; **to ~ sb good** far bene a qu ⓱ (*perform: a play*) rappresentare; (*a song*) eseguire; (*imitate: an accent, bird call*) imitare ⓲ *inf* (*serve prison sentence: time, life, 10 years*) scontare ⓳ *inf* (*swindle*) truffare ⓴ *inf* (*drugs*) farsi; (*cocaine, heroin*) farsi di ㉑ *sl* (*have sex*) **to ~ it** farlo ▸ **just ~ it!** fallo e basta!; **that ~es it** adesso basta **IV.** <does, did, done> *vi* ❶ (*behave, act*) fare ❷ (*manage*) andare; **mother and baby are ~ing well** sia la mamma che il bambino stanno bene; **how are you ~ing?** come va? ❸ (*finish with*) **to be ~ne with sb/sth** aver chiuso con qu/qc ❹ (*be satisfactory*) **this behavior just won't ~!** questo comportamento non è tollerabile! ❺ (*function as*) **it'll ~ for a spoon** può fare da cucchiaio ❻ *inf* (*going on*) **to be ~ing** succedere ❼ (*treat*) **to ~ badly/well by sb** trattar bene/male qu ▸ **that will ~!** adesso basta!

◆ **do up** *vt* ❶ (*fasten: button*) abbottonare; (*tie*) fare il nodo a; (*shoes*) allacciare; (*zipper*) tirar su ② (*make attractive: one's hair*) raccogliere; **to do oneself up** farsi bello ❸ (*wrap*) avvolgere

◆ **do with** *vi* ❶ (*be related to*) **to have to do with sth** (*book*) trattare di qc; (*person*) avere a che fare [*o* vedere] con qu; **to not have anything to do with sb** non aver niente a che vedere con qu ② *inf* (*need*) **I could do with a drink** mi ci vorrebbe un bicchierino

◆ **do without** *vi* fare a meno di

doable ['du·ə·bəl] *n inf* fattibile

dock[1] [dɑːk] **I.** *n* ❶ (*wharf*) banchina *f*; (*pier*) molo *m* ② (*enclosed part of port*) bacino *m* **II.** *vi* NAUT attraccare ❸ (*spacecraft*) agganciarsi **III.** *vt* NAUT attraccare

dock[2] [dɑːk] *n* **to be in the ~** essere sul banco degli imputati

dockyard ['dɑːk·jɑːrd] *n* cantiere *m* navale

doctor ['dɑːk·tɚ] **I.** *n* ❶ (*physician*) dottore, -essa *m*, *f*; **to be at the ~'s** essere dal medico; **to go to the ~'s** andare dal medico ② UNIV dottore, -essa *m*, *f* **II.** *vt* ❶ (*fix temporarily*) **to ~ sth** (**up**) ripara-

D

re qc ② (*change*) modificare; (*illegally*) falsare

doctorate ['dɑːk·tə·rət] *n* dottorato *m* di ricerca

document ['dɑːk·jə·mənt] I. *n* documento *m* II. *vt* documentare

does [dʌz] *3. pers sing of* **do**

doesn't ['dʌ·znt] = **does not** *s.* **do**

dog [dɔːg] I. *n* ① cane, cagna *m, f*; **hunting ~** cane da caccia; **my pet ~** il mio cagnolino ② *inf* (*unattractive person*) cesso *m*; (*failure: movie*) fallimento *m* ▶ **to go to the ~s** andare in malora II. <-gg-> *vt a. fig* (*pursue*) perseguitare

dog biscuit *n* biscotto *m* per cani

dog collar *n* collare *m* per cani; *iron* colletto *m* da prete

doggy bag *n inf*: pacchetto con gli avanzi di un pasto consumato al ristorante

do-it-yourself *n* fai da te *m inv*

doll [dɑːl] *n* ① (*toy*) bambola *f* ② *inf* (*term of address*) bellezza *f*

dollar ['dɑː·lə] *n* dollaro *m* ▶ **to feel like a** <u>million</u> **~s** sentirsi una meraviglia; **to look like a** <u>million</u> **~s** avere un aspetto fantastico *f*

dolly ['dɑː·li] <-ies> *n* ① *childspeak* (*doll*) bambola *f* ② (*for transporting*) carrello *m*

dolphin ['dɑːl·fɪn] *n* delfino *m*

dome [doʊm] *n* ① (*rounded roof*) cupola *f* ② (*rounded ceiling*) volta *f* ③ *inf* (*bald head*) testa *f* calva

domestic [də·'mes·trɪk] I. *adj* ① (*of the house*) domestico, -a ② (*home-loving*) casalingo, -a ③ *a.* ECON, FIN, POL (*produce, flight*) nazionale; (*market, trade, policy*) interno, -a II. *n* domestico, -a *m, f*

dominant ['dɑː·mə·nənt] *adj* dominante

dominate ['dɑː·mə·neɪt] *vi, vt* dominare

Dominica [ˌdɑː·mɪ·'niː·kə] *n* Dominica *f*

Dominican Republic *n* Repubblica *f* Dominicana

donate ['doʊ·neɪt] *vt* donare

donation [doʊ·'neɪ·ʃən] *n* ① (*contribution*) donazione *f* ② (*act*) donazione *f*

done [dʌn] *pp of* **do**

donkey ['dɑː·ŋ·ki] *n a. fig* asino *m*

donor ['doʊ·nə] *n* donatore, -trice *m, f*

don't [doʊnt] = **do not** *s.* **do**

donut ['doʊ·nʌt] *n* bombolone *m*

doodad ['du·dæd] *n inf* aggeggio *m*

doodle ['duː·dl] I. *n* scarabocchio *m* II. *vi* scarabocchiare

door [dɔːr] *n* ① porta *f*; **front/back ~** porta principale/di servizio; **to knock at** [*o* **on**] **the ~** bussare alla porta; **to answer the ~** aprire la porta; **to see sb to the ~** accompagnare qu alla porta; **to live next ~** (**to sb**) abitare vicino (a qu); **out of ~s** all'aria aperta ② (*doorway*) entrata *f*

doorbell *n* campanello *m*

doorknob *n* maniglia *f* della porta

doorman <-men> *n* portiere *m*

doormat *n* zerbino *m*

doorstep *n* gradino *m*, della porta d'ingresso

doorway *n* entrata *f*

dope [doʊp] I. *n inf* ① (*drugs*) droga *f* illegale; (*marijuana*) erba *f* ② SPORTS doping *inv*; **~ test** controllo *m* antidoping ③ (*stupid person*) idiota *mf* ④ (*information*) informazioni *fpl*; **to give sb the ~ on** [*o* **about**] **sth** fare una soffiata a qu su qc II. *vt* (*drug*) drogare; SPORTS dopare

dope dealer *n*, **dope pusher** *n inf* spacciatore, -trice *m, f*

dopey *adj*, **dopy** ['doʊ·pi] *adj* <-ier, -iest> *inf* ① (*drowsy*) intontito, -a ② (*stupid*) tonto, -a

dormitory ['dɔːr·mə·tɔː·ri] <-ies> *n* ① (*room*) dormitorio *m* ② UNIV pensionato *m* per studenti

dosage ['doʊ·sɪdʒ] *n* dose *f*

dose [doʊs] I. *n a. fig* dose *f*; **a nasty ~ of the flu** una brutta influenza II. *vt* somministrare una dose a; **to ~ oneself with** imbottirsi di

doting *adj* **a ~ father** un padre che stravede per i figli

double ['dʌ·bl] I. *adj* ① (*twice as much/many*) doppio, ·a; **a ~ whiskey** un doppio whisky; **to lead a ~ life** condurre una doppia vita ② (*composed of two*) **in ~ digits** a due cifre ③ (*for two*) **~ mattress** materasso *m* matrimoniale; **~ room** camera *f* doppia II. *adv* doppio; **to see ~** vedere doppio III. *vt* (*increase*) raddoppiare IV. *vi* raddoppiare; **to ~ for sb** CINE fare la controfigura di; THEAT fare anche la parte di; **to ~ as sth** fare anche da qc V. *n* ① (*double quantity*) doppio *m* ② (*person*) sosia *mf inv*; **sb's ~** il [*o* la] sosia di qu ③ *pl* SPORTS doppio *m;* **to play ~s** giocare un doppio ▸ **on** [*o* **at**] **the ~** immediatamente
◆ **double up** *vi* ① (*bend over*) **to ~ with pain/laughter** piegarsi in due per il dolore/ dalle risate ② (*share room*) dividere la stanza

double-barreled *adj* (*shotgun*) a due canne

double bass <-es> *n* contrabbasso *m*

double bed *n* letto *m* matrimoniale

double-breasted *adj* (*jacket*) a doppio petto

double-cross I. *vt* fare il doppio gioco con II.<-es> *n* doppio gioco *m*

double-jointed *adj* snodato, ·a

double-park *vi, vt* parcheggiare in doppia fila

double time *n* COM, ECON retribuzione *f* doppia, *per lavoro straordinario*

doubt [daʊt] I. *n* dubbio *m;* **no ~** senza dubbio; **without a ~** senza alcun dubbio; **there is no ~ about it** non c'è alcun dubbio a riguardo; **to have one's ~s about sth** avere dei dubbi riguardo a qc; **to raise ~s about sth** sollevare dubbi su qc II. *vt* ① (*be unwilling to believe*) dubitare di; **to ~ sb's word** dubitare della parola di qu ② (*call into question*) mettere in dubbio ③ (*feel uncertain*) nutrire dubbi su; **to ~ that** dubitare che … +conj III. *vi* dubitare

doubtful ['daʊt·fəl] *adj* ① (*uncertain, undecided*) dubbioso, ·a; **to be ~ about going** essere indeciso, ·a se andare o no ② (*unlikely*) incerto, ·a ③ (*questionable*) dubbio, ·a

doubtless ['daʊt·lɪs] *adv* indubbiamente

dough [doʊ] *n* ① CULIN impasto *m* ② *inf* (*money*) grana *f*

doughnut ['doʊ·nʌt] *n* bombolone *m*

D

dove¹ [dʌv] *n* ZOOL colomba *f*

dove² [doʊv] *pt of* **dive**

down¹ [daʊn] *n* (*feathers*) piumino *m*

down² [daʊn] I. *adv* ① (*movement*) giù; **to fall ~** cadere; **to lie ~** stendersi ② (*from another point*) **to go ~ to Washington** andare a Washington; **~ South** a sud ③ (*less in volume or intensity*) **to be worn ~** essere consumato; **the sun is ~** il sole è tramontato; **the price is ~** il prezzo è sceso ④ (*temporal*) **~ through the ages** attraverso i secoli ⑤ (*in writing*) **to write/get sth ~** scrivere/annotare qc ⑥ (*not functioning: computer, server*) **to be ~** non funzionare ⑦ (*as deposit*) **to put $100/10% ~ on sth** versare un anticipo di 100 dollari/del 10% per qc ▸ **to be ~ on sb** avercela con qu; **~ with the dictator!** abbasso il dittatore! II. *prep* ① (*lower*) **to go ~ the stairs** scendere le scale; **to run ~ the slope** correre giù per la discesa ② (*along*) **to go ~ the street** camminare per strada

downfall ['daʊn·fɔːl] *n* (*of government*) caduta *f;* (*of organization, firm*) crollo *m;* (*of person*) rovina *f*

downhearted [ˌdaʊn·ˈhɑːr·t̬ɪd] *adj* scoraggiato, ·a

downhill [ˌdaʊn·ˈhɪl] I. *adv* in discesa; **to go ~** andare in discesa; *fig* andare sempre peggio II. *adj* (*path*) in discesa; **it's all ~ from now on** *fig* da adesso è tutta discesa *inf*

download ['daʊn·loʊd] *vt* COMPUT scaricare

down payment *n* acconto *m;* **to make a ~ on sth** versare un acconto per qc

downpour ['daʊn·pɔːr] *n* acquazzone *m*

downright ['daʊn·raɪt] I. *adj* (*refusal*) categorico, ·a; (*disobedience, lie, liar*) bell'e buono, ·a; (*fool*) vero, ·a; **it is a ~**

disgrace è proprio una vergogna II. *adv* completamente; **to be ~ difficult** essere difficilissimo

downstairs [ˌdaʊn·'sterz] I. *adv* giù; **to go ~** andare di sotto II. *adj* al piano di sotto III. *n* (*ground floor*) pianterreno *m*; (*lower floors*) piani *mpl* inferiori

Down syndrome *n* sindrome *f* di Down

downtime ['daʊn·taɪm] *n* ❶ COMPUT, TECH tempo *m* di inattività ❷ (*rest*) momento *m* di riposo

down-to-earth *adj* (*explanation*) realistico, -a; (*person*) pratico, -a

downtown [ˌdaʊn·'taʊn] I. *n* centro (*m* città) II. *adv* **to go ~** andare in centro; **to live ~** vivere in centro III. *adj* del centro; **~ Los Angeles** il centro di Los Angeles

downturn ['daʊn·tɜːrn] *n* peggioramento *m*

downward ['daʊn·wəd] I. *adj* (*movement*) discendente; (*direction*) verso il basso; (*path*) in discesa; (*tendency, prices*) al ribasso II. *adv* verso il basso

downwards ['daʊn·wədz] *adv* verso il basso

doz. *abbr of* **dozen** dozzina *f*

doze [doʊz] I. *vi* sonnecchiare; **to ~ off** appisolarsi II. *n* sonnellino *m*; **to have a ~** schiacciare un pisolino

dozen ['dʌ·zn] *n* ❶ (*twelve*) dozzina *f*; **half a ~** mezza dozzina ❷ (*many*) **~s of times** moltissime volte

dozy ['doʊ·zi] *adj* <-ier, -iest> sonnolento, -a

Dr. ❶ *abbr of* **Doctor** Dott. *m*, Dott.ssa *f* ❷ *abbr of* **Drive** viale *m*

drab [dræb] *adj* <drabber, drabbest> ❶ (*dull: color*) smorto, -a; (*existence*) piatto, -a ❷ (*khaki colored*) grigioverde

draft [dræft] I. *n* ❶ (*current of air*) corrente *f* d'aria ❷ (*drawing*) schizzo *m* ❸ (*preliminary version*) bozza *f*; (*of novel*) prima stesura *f*; (*of contract*) minuta *f* ❹ **the ~** MIL la leva ❺ (*beer from tap*) birra *f* alla spina; **on ~** alla spina II. *vt* ❶ (*prepare first version*) preparare una bozza di; (*novel*) redigere la prima stesura di; (*plan*) tracciare; (*con-*

tract) stendere una bozza di ❷ MIL chiamare alle armi III. *adj* (*beer*) alla spina

drafty ['dræf·ti] *adj* <-ier, -iest> pieno, -a di correnti d'aria

drag [dræg] I. <-gg-> *vt* ❶ (*pull*) trascinare; **to ~ one's heels** [*o* **feet**] strascicare i piedi; *fig* tirarla per le lunghe ❷ (*in water*) dragare ❸ COMPUT trascinare II. <-gg-> *vi* ❶ (*trail along*) strascicare ❷ (*time*) non passare mai; (*meeting, conversation*) trascinarsi ❸ (*lag behind*) restare indietro III. *n* ❶ (*device*) draga *f* ❷ PHYS resistenza *f*; AVIAT resistenza *f* aerodinamica ❸ (*hindrance*) ostacolo *m*; **to be a ~ on sb** essere un peso per qu ❹ *inf* (*boring person*) noia *f*; (*boring experience*) rottura *f*; **what a ~!** che rottura! ❺ *inf* (*women's clothes*) vestiti *mpl* da donna; **to be in ~** travestirsi da donna ❻ *inf* (*inhalation*) tiro *m*; **to take a ~** fare un tiro

◆ **drag on** *vi* (*meeting, film*) prolungarsi

◆ **drag out** *vt* (*meeting, conversation*) tirare per le lunghe

drain [dreɪn] I. *vt* ❶ AGR, MED drenare; (*river, pond*) prosciugare; (*food*) scolare ❷ (*empty by drinking: glass, cup*) svuotare; (*bottle*) scolare ❸ (*exhaust: person*) sfinire; (*resources*) esaurire; **to ~ sb's energy** prosciugare le energie di qu II. *vi* (*dishes*) scolare III. *n* ❶ (*channel*) canale *m* di scolo; (*pipe*) tubo *m* di scarico ❷ (*sewer*) fognatura *f* ❸ (*in sink*) scarico *m*; **to throw** [*o* **pour**] **money down the ~** buttare i soldi dalla finestra ❹ (*constant outflow*) fuga *f*; **brain ~** fuga di cervelli

drainpipe *n* tubo *m* di scarico

drama ['drɑː·mə] *n* ❶ LIT, CINE dramma *m* ❷ THEAT arte *f* drammatica; **~ teacher** insegnante *mf* di recitazione ❸ *inf* (*emotional situation*) dramma *m*

dramatic [drə·'mæ·tɪk] *adj* ❶ THEAT drammatico, -a; (*artist, production*) teatrale; (*rescue, events*) drammatico, -a ❷ (*very noticeable: rise*) spettacolare; (*effect*) straordinario, -a

drank [dræŋk] *pt of* **drink**

drastic ['dræs-tık] *adj* (*measure*) drastico, -a; (*change*) radicale

draw [drɔ:] I. <drew, drawn> *vt* ① ART disegnare; (*line*) tracciare ② (*pull, haul: cart, wagon*) trainare; **to ~ the curtains** tirare le tende ③ (*attract*) attirare; **to be ~n toward(s) sb** sentirsi attratto da qu ④ (*formulate, perceive*) **to ~ a conclusion** arrivare a una conclusione ⑤ (*take out: gun*) estrarre ⑥ (*pay with*) **to ~ a check** emettere un assegno; (*withdraw: money*) prelevare ⑦ (*lottery*) tirare a sorte ⑧ SPORTS, GAMES pareggiare ⑨ CULIN **to ~ a beer** spillare una birra II. <drew, drawn> *vi* ① ART disegnare ② (*move*) **to ~ ahead** andare avanti; **to ~ away** allontanarsi ③ (*approach*) avvicinarsi; **to ~ to a close** volgere al termine; **to ~ to an end** avvicinarsi alla fine ④ (*draw lots*) estrarre a sorte ⑤ SPORTS, GAMES pareggiare III. *n* ① (*attraction*) attrazione *f* ② SPORTS, GAMES pareggio *m* ③ (*drawing of lots*) sorteggio *m* ④ (*act of drawing a gun*) **to be quick on the ~** esser veloce nell'estrarre la pistola; *fig* avere la risposta pronta

◆ **draw on** I. *vt* (*make use of*) fare ricorso a; **to ~ sb's own resources** attingere alle proprie risorse II. *vi* ① (*continue: time, day*) avanzare ② (*approach*) avvicinarsi

◆ **draw out** I. *vt* ① (*prolong*) prolungare ② (*elicit*) tirar fuori ③ FIN, ECON prelevare II. *vi* ① (*car, bus, train*) partire ② (*day*) allungarsi

◆ **draw up** I. *vt* ① (*draft*) stendere; (*list*) compilare; (*guidelines, plan*) preparare ② (*pull toward one*) avvicinare ③ (*raise*) alzare; **to draw oneself up** tirarsi su II. *vi* (*vehicle*) fermarsi

drawback *n* svantaggio *m*

drawer ['drɔ:r] *n* cassetto *m*

drawing *n* ART disegno *m*

drawing room *n* salotto *m*

drawn [drɔ:n] I. *pp of* **draw** II. *adj* (*face*) tirato, -a; **you look tired and ~** hai un aspetto stanco e tirato

dread [dred] I. *vt* temere; **I ~ to think ...** non oso pensare ... II. *n* terrore *m*; **to fill sb with ~** terrorizzare qu

dreadful ['dred-fəl] *adj* ① (*terrible*) terribile; (*storm, weather*) orribile ② (*of bad quality*) orrendo, -a ③ (*very great*) spaventoso, -a

dreadfully ['dred-fə-li] *adv* ① (*in a terrible manner*) terribilmente ② (*very poorly*) malissimo ③ (*extremely*) estremamente

dream [dri:m] I. *n* ① sogno *m*; **a bad ~** un brutto sogno ② (*daydream*) sogno *m* (ad occhi aperti); **like a ~** benissimo, un sogno fatto realtà; **in your ~s!** *inf* col cavolo! II. <dreamed *o* dreamt, dreamed *o* dreamt> *vi* sognare; **to ~ of (doing) sth** sognare (di fare) qc III. <dreamed *o* dreamt, dreamed *o* dreamt> *vt* sognare; **I never ~ed that ...** non avrei mai immaginato che ... +*conditional* IV. *adj* ideale; **his ~ house** la casa dei suoi sogni

◆ **dream up** *vt* ideare

dreamt [dremt] *pt, pp of* **dream**

dreary ['drı-ri] *adj* <-ier, -iest> (*life*) monotono, -a; (*place*) desolato, -a; (*weather*) uggioso, -a

dress [dres] I. *n* <-es> abito *m*; **strapless/sleeveless ~** abito senza spalline/maniche II. *vt* ① (*put clothes on*) vestire ② CULIN (*greens, salad*) condire ③ MED (*wound*) medicare IV. *adj* di gala; **a ~ suit** completo *m* da sera

◆ **dress down** I. *vi* vestire in modo informale II. *vt* **to dress sb down** fare una ramanzina a qu

◆ **dress up** I. *vi* vestirsi in modo elegante; **to ~ as** travestirsi da II. *vt* ① (*put on formal clothes*) vestire in modo elegante ② (*disguise*) travestire

dress circle *n* THEAT prima galleria *f*

dressing ['dre-sıŋ] *n* ① FASHION modo *m* di vestire ② CULIN condimento *m* ③ MED medicazione *f*

dressing-down *n* rimprovero *m*

dressing gown *n* (*bathrobe*) vestaglia *f*

dressing table *n* toilette *f inv*

dress rehearsal n prova f generale

drew [druː] pt of **draw**

dried [draɪd] I. pt, pp of **dry** II. adj secco, -a; **~ milk** latte m in polvere

drift [drɪft] I. vi ①(on water) lasciarsi trasportare dalla corrente; (in air) lasciarsi trasportare dal vento; **to ~ out to sea** andare alla deriva ②(move aimlessly) vagare; (progress aimlessly) scivolare verso ③METEO (sand, snow) accumularsi II. n ①NAUT deriva f ②fig (movement) movimento m ③(trend) tendenza f ④METEO cumulo m ⑤inf (sense) significato m; **to catch sb's ~** cogliere il senso di ciò che qu dice

◆**drift apart** vi (people) allontanarsi (progressivamente)

◆**drift off** vi scivolare nel sonno

drill [drɪl] I. n ①TECH, MED trapano m; **~ bit** punta f da trapano ②MIL, SCHOOL esercitazione fpl; **spelling ~** esercizio ortografico II. vt ①TECH trapanare ②SCHOOL far esercitare; **to ~ sth into sb** inculcare qc a qu ③MIL addestrare III. vi ①TECH fare perforazioni ②(go through exercise) fare esercizi ③MIL fare esercitazioni

drink [drɪŋk] I. <drank, drunk> vi bere; **to ~ heavily** bere come una spugna; **to ~ to sb** bere alla salute di qu II. <drank, drunk> vt bere; **to ~ a toast (to sb/sth)** brindare (a qu/qc) III. n bibita f; (alcoholic beverage) bicchierino m; **to have a ~** bere qualcosa

drinkable ['drɪŋ·kə·bl] adj potabile

drinker n bevitore, -trice m, f

drinking n (act) il bere m; (drunkenness) il bere alcolici m; **no ~ allowed on these premises** vietato il consumo di bevande alcoliche

drinking fountain n fontanella f

drinking water n acqua f potabile

drip [drɪp] I. <-pp-> vi gocciolare; (pipe, faucet) perdere; (person, animal) grondare II. <-pp-> vt far gocciolare III. n ①(act of dripping) gocciolio m ②(drop) goccia f ③MED flebo(clisi) f inv ④inf (person) inetto, -a m, f

dripping ['drɪ·pɪŋ] I. adj ①(faucet, pipe) che gocciola ②(extremely wet) fradicio, -a II. adv **to be ~ wet** esser bagnato fradicio

drive [draɪv] I. <drove, driven> vt ①AUTO guidare; (race car) pilotare ②(urge) spingere; **to ~ sb to (do) sth** spingere qu a (fare) qc ③(render, make) ridurre a; **to ~ sb crazy** far diventar matto qu ④(ball) colpire; (nail, stake) conficcare II. <drove, driven> vi AUTO ①(operate vehicle) guidare; **the car ~s well** un'auto bella da guidare ②(travel) andare in auto ③(function) funzionare III. n ①AUTO giro m; (journey) viaggio m ②(in street names) **Broadview D~** viale Broadview ③(driveway) vialetto m d'accesso ④TECH trasmissione f; **front-wheel ~** trazione f anteriore; **all-wheel** [o **four-wheel**] **~** trazione f a quattro ruote motrici ⑤(campaign) campagna f; **a fund-raising ~** campagna per raccogliere fondi ⑥SPORTS colpo m forte ⑦COMPUT drive m inv

drive-in ['draɪv·ɪn] n (restaurant, cinema) drive-in m inv

drive-in movie n, **drive-in theater** n cinema inv drive-in

driven ['drɪ·vən] pp of **drive**

driver ['draɪ·və'] n ①AUTO conducente mf; **truck ~** camionista mf; **taxi ~** tassista mf ②COMPUT driver m inv

driver's license n patente f di guida

drive-through adj, **drive-thru** adj (pharmacy, restaurant, bank) per automobilisti

driving I. n guida f II. adj ①AUTO, TECH di guida ②METEO (rain) scrosciante ③(powerful: ambition, force) trainante

driving instructor n istruttore, -trice di (scuola) guida m

driving test n esame m di guida

drizzle ['drɪ·zl] METEO I. n pioggerellina f II. vi piovigginare

drop [drɑːp] I. n ①(of liquid) goccia f; **~ by ~** goccia a goccia ②inf (small amount: of drink) goccio m; **just a ~** solo un goccio ③fig (trace) briciolo m ④(vertical distance) dislivello m ⑤(de-

crease) diminuzione *f*; (*in temperature*) abbassamento *m* ⬤(*fall*) caduta *f*; (*distribution by aircraft*) lancio *m* ⬤(*sweet*) **lemon/peppermint ~s** caramelle *fpl* al limone/alla menta II.<-pp-> *vt* ⬤(*allow to fall*) lasciar cadere; **to ~ a bomb** lanciare una bomba ⬤(*lower*) abbassare; **to ~ one's voice** abbassare la voce ⬤*inf* (*send*) mandare; **to ~ sb a line** [*o* **note**] scrivere due righe a qu ⬤*inf* (*express*) accennare; **to ~ a hint** fare un'allusione ⬤(*abandon, give up*) rinunciare a; **to ~ sb** rompere con qu ⬤(*leave out*) omettere; **let's ~ the subject** lasciamo perdere III.<-pp-> *vi* ⬤(*descend*) lasciarsi cadere; ⬤(*go to*) **to ~ into a bar** andare in un bar ⬤(*go lower: prices*) diminuire ⬤*inf* (*become exhausted*) **to ~ with exhaustion** crollare dalla stanchezza ▸ **to let it ~** lasciar perdere qc

◆ **drop by** *vi* passare
◆ **drop down** *vi* cadere
◆ **drop in** *vi inf* **to ~ on sb** passare a trovare qu
◆ **drop off** I.*vt inf* (*passenger*) lasciare II.*vi* ⬤(*decrease*) diminuire ⬤*inf* (*fall asleep*) addormentarsi ⬤(*become separated*) staccarsi
◆ **drop out** *vi* (*person*) ritirarsi; **to ~ of school/college/a club** abbandonare la scuola/l'università/un club

dropout ['drɑːp·aʊt] *n* ⬤UNIV, SCHOOL persona *f* che ha abbondonato gli studi ⬤(*from society*) emarginato, -a *m, f*
drought [draʊt] *n* siccità *f*
drove [droʊv] *pt of* **drive**
drown [draʊn] I.*vt* ⬤(*die in water*) affogare ⬤(*engulf in water*) affogare II.*vi* ⬤(*die*) annegare ⬤*fig, inf* (*have too much*) **to be ~ing in work** essere sommerso dal lavoro
drowning *n* annegamento *m*
drowsy ['draʊ·zi] <-ier, -iest> *adj* sonnolento, -a
drug [drʌg] I.*n* ⬤MED farmaco *m* ⬤(*narcotic*) droga *f*; **to take ~s** drogarsi II.<-gg-> *vt* drogare

drug addict *n* tossicodipendente *mf*
drug addiction *n* tossicodipendenza *f*
drug dealer *n* spacciatore, -trice *m, f*
drug pusher *n inf* spacciatore, -trice *m, f*
drugstore *n* farmacia *f, che vende anche prodotti cosmetici, tabacco, giornali ecc*
drum [drʌm] I.*n* ⬤MUS, TECH tamburo *m* ⬤*pl* (*in a band*) batteria *f* ⬤(*for oil*) bidone *m* ⬤ANAT timpano *m* II.<-mm-> *vi* (*play percussion*) suonare il tamburo; (*with fingers*) tamburellare con le dita; **to ~ on sth** tamburellare con le dita su qc III.<-mm-> *vt inf* **to ~ sth into sb** ficcare in testa qc a qu
drummer ['drʌ·mər] *n* (*in a band*) tamburo *m*; (*in a group*) batterista *mf*
drumstick *n* ⬤MUS bacchetta *f* ⬤CULIN coscia *f*
drunk [drʌŋk] I.*pp of* **drink** II.*adj* ⬤(*inebriated*) ubriaco, -a; **to be ~** essere ubriaco; **to get ~** ubriacarsi; **~ driving** guida *f* in stato di ebbrezza ⬤*fig* (*very much affected*) **to be ~ with joy** esser ebbro di gioia III.*n* ubriaco, -a *m, f*
drunkard ['drʌŋ·kərd] *n* ubriacone, -a *m, f*
drunken ['drʌŋ·kən] *adj* da ubriaco, -a
dry [draɪ] I.<-ier *o* -er, -iest *o* -est> *adj* ⬤(*not wet*) asciutto, -a; **to go ~** asciugarsi; **~ red wine** vino rosso secco ⬤(*climate, soil*) arido, -a ⬤(*bread, toast*) asciutto, -a; (*without alcohol: state, county*) proibizionista ⬤(*uninteresting*) noioso, -a ⬤(*brief*) laconico, -a; **~ (sense of) humor** (senso dell')umorismo pungente II.<-ie-> *vt* asciugare; (*tears*) asciugarsi III.<-ie-> *vi* asciugare

◆ **dry up** I.*vi* ⬤(*become dry*) prosciugarsi ⬤(*dry the dishes*) asciugare i piatti ⬤*inf* (*become silent*) ammutolire; (*on stage*) dimenticare la battuta ⬤(*run out*) finire II.*vt* asciugare
dry-clean *vt* lavare a secco
dry cleaner's *n* tintoria *f*
dry cleaning *n* lavaggio *m* a secco
dryer ['draɪ·ər] *n* ⬤(*for hair*) asciugaca-

pelli *m inv* ⊚ (*for clothes*) asciugabian-cheria *f inv*

dual ['du:·əl] *adj inv* doppio, -a

dub [dʌb] <-bb-> *vt* (*film*) doppiare; **to be ~bed into English/French** essere doppiato in inglese/francese

dubbing ['dʌ·bɪŋ] *n* doppiaggio *m*

dubious ['du:·bi·əs] *adj* ⊚ (*doubtful*) dubbioso, -a ⊚ (*untrustworthy*) dubbio, -a

duchess ['dʌ·tʃɪs] *n* duchessa *f*

duck [dʌk] *n* ⊚ (*bird*) anatra *f* ⊚ (*lowering of head*) schivata *f*, abbassando la testa II. *vi* ⊚ (*dip head*) abbassare la testa ⊚ (*go under water*) tuffarsi ⊚ (*hide*) nascondersi; **to ~ out of sth** *inf* schizzar fuori da qc III. *vt* ⊚ (*lower suddenly*) **to ~ one's head** abbassare la testa; **to ~ one's head under water** andare sott'acqua con la testa ⊚ (*avoid*) schivare; *fig* eludere

ducky ['dʌ·ki] *adj inf* fantastico, -a

dude [dud] *n* ⊚ *sl* (*guy*) tipo, -a *m, f* ⊚ *inf* (*smartly dressed*) figurino *m*

due [du:] I. *adj* ⊚ (*payable*) pagabile; (*owing*) dovuto, -a; **~ date** scadenza *f*; **to fall ~** scadere ⊚ (*appropriate*) debito, -a; **in ~ course** a tempo debito; **with all ~ respect** col dovuto rispetto ⊚ (*expected*) atteso, -a; **I'm ~ in Mexico City this evening** devo essere a Città del Messico stanotte ⊚ (*owing to, because of*) **~ to** a causa di; **~ to circumstances beyond our control** per motivi che esulano dalla nostra volontà … II. *n* ⊚ (*fair treatment*) dovuto *m*; **to give sb his ~** dare a qu ciò che gli spetta ⊚ *pl* (*debts*) debiti *mpl*; **to pay one's ~s** (*meet debts*) pagare i debiti ⊚ *pl* (*regular payment*) quota *f* III. *adv before adv* **~ north/south** dritto verso nord/sud

duffle bag ['dʌf·əl·bæg] *n* sacca *f* da marinaio

dug [dʌg] *pt, pp of* **dig**

duke [du:k] *n* duca *m*

dull [dʌl] *adj* ⊚ (*boring*) noioso, -a; (*life*) monotono, -a ⊚ (*not bright: surface*) opaco, -a; (*sky*) grigio, -a; (*weather*) ug-

gioso, -a; (*color*) spento, -a ⊚ (*ache*) sordo, -a ⊚ (*not sharp: knife*) non affilato, -a

duly ['du:·li] *adv* ⊚ (*appropriately*) debitamente ⊚ (*on time*) come previsto

dumb [dʌm] *adj* ⊚ (*mute*) muto, -a; **deaf and ~** sordomuto, -a ⊚ *inf* (*stupid*) stupido, -a; **to play ~** fare il finto tonto

dummy ['dʌ·mi] <-ies> I. *n* ⊚ (*mannequin*) manichino *m* ⊚ (*duplicate*) riproduzione *f* ⊚ (*fool*) tonto, -a *m* ⊚ (*false*) finto, -a II. *adj*

dump [dʌmp] I. *n* ⊚ (*for waste*) discarica *f* ⊚ *fig, sl* (*dirty place*) tugurio *m* ⊚ MIL deposito *m*; **ammunition ~** deposito *m* di munizioni II. *vt* ⊚ (*drop carelessly*) metter giù; (*get rid of*) disfarsi di ⊚ (*abandon*) abbandonare ⊚ *inf* (*end relationship with*) piantare ⊚ COMPUT riversare III. *vi sl* **to ~ on sb** prendersela con qu

dumping *n* scarico *m*

dumpling ['dʌmp·lɪŋ] *n* gnocco di pasta ripieno di carne o frutta

dungarees [ˌdʌŋ·gə·ˈri:z] *npl* salopette *f inv*

duplicate¹ ['du:·plɪ·kət] I. *adj inv* duplicato, -a; **~ key** copia *f* di una chiave II. *n* duplicato *m*

duplicate² ['du:·plɪ·keɪt] *vt* ⊚ (*replicate*) duplicare; (*repeat*) ripetere ⊚ (*copy*) copiare

duration [dʊ·ˈreɪ·ʃən] *n* durata *f*; **for the ~ of sth** per l'intera durata di qc

during ['dʊ·rɪŋ] *prep* durante; **~ work/the week** durante il lavoro/la settimana

dusk [dʌsk] *n* crepuscolo *m*; **at ~** al crepuscolo

dust [dʌst] I. *n* polvere *f*; **coal ~** polvere di carbone *m* II. *vt* ⊚ (*clean*) spolverare ⊚ (*spread over*) spargere III. *vi* spolverare

duster ['dʌs·tər] *n* straccio *m* per la polvere

dust jacket *n* (*on book*) sovraccoperta *f*

dustpan *n* paletta *f*; **~ and brush** paletta e scopetta

dusty ['dʌs·ti] <-ier, -iest> adj ➊ (*covered in dust*) polveroso, -a ➋ (*grayish*) polvere

Dutch [dʌtʃ] I. adj olandese II. n ➊ pl (*people*) **the** ~ gli olandesi ➋ LING olandese ▸ **to go** ~ pagare alla romana

Dutchman ['dʌtʃ·mən] <-men> n olandese m

Dutchwoman ['dʌtʃ·ˌwʊm·ən] <-women> n olandese f

duty ['du:·ti] <-ies> n ➊ (*moral*) dovere m; (*obligation*) obbligo m; **it's my** ~ è mio dovere ➋ (*task, function*) funzione f ➌ (*work*) servizio m; **to be on/off** ~ essere in/fuori servizio ➍ (*tax*) imposta f; (*revenue on imports*) diritti mpl doganali; **customs duties** dazio m doganale; **to pay** ~ **on sth** pagare il dazio su qc

duty-free adj esente da dazio

duvet [du:·'veɪ] n piumino m

dwarf [dwɔ:rf] <-s o -ves> n nano, -a m, f

dwell [dwel] <dwelt o -ed, dwelt o -ed> vi ➊ (*live*) dimorare ➋ (*give attention to*) **to** ~ **on sth** soffermarsi su qc; **to** ~ **on a subject** dilungarsi su un tema

dwelt [dwelt] pp, pt of **dwell**

dye [daɪ] I. vt tingere II. n tinta m

dying ['daɪ·ɪŋ] adj ➊ (*approaching death*) moribondo, -a ➋ (*words, wishes*) ultimo, -a

dyke[1] [daɪk] n s. **dike**

dyke[2] [daɪk] n inf (*lesbian*) lesbica f

dynamic [daɪ·'næ·mɪk] adj dinamico, -a

dynamite ['daɪ·nə·maɪt] I. n dinamite f II. vt far saltare con la dinamite

Ee

E, e [i:] n ➊ (*letter*) E, e f o m inv; ~ **for Eric** E come Empoli ➋ MUS mi m inv

E abbr of **east** E

each [i:tʃ] I. adj ogni; ~ **one of you** ognuno di voi II. pron ciascuno, -a; ~ **of them could beat you** ciascuno di loro potrebbe batterti; **$70** ~ $70 ciascuno; **he gave us $10** ~ ci ha dato 10 dollari ciascuno

each other pron l'un l'altro, -a; **to help** ~ aiutarsi l'un l'altro

eager ['i:·gə] adj desideroso, -a; **to be** ~ **for sth** essere desideroso di qc

eagerness n entusiasmo m

eagle ['i:·gl] n aquila f

ear [ɪr] n ANAT orecchio m; ~**, nose and throat specialist** otorinolaringoiatra mf; **to have a good** ~ avere orecchio ▸ **to be up to one's** ~ **s in debt** inf essere indebitato fino al collo; **to be all** ~ **s** inf essere tutto orecchi

earache ['ɪr·reɪk] n mal m d'orecchi

eardrum n timpano m

ear infection n infezione f dell'orecchio

earl [ɜ:rl] n conte m

early ['ɜːr·li] I. <-ier, -iest> adj ➊ (*ahead of time, near the beginning*) **to be** ~ essere in anticipo; **to take** ~ **retirement** andare in prepensionamento; **an** ~ **death** una morte prematura; **the** ~ **hours** le prime ore del mattino; **in the** ~ **morning** di primo mattino; **in the** ~ **afternoon** nel primo pomeriggio; **he is in his** ~ **twenties** è poco più che ventenne; **the** ~ **stages** le prime fasi ➋ form (*prompt: reply*) sollecito, -a; **at your earliest** (*possible*) **convenience** non appena possibile ➌ (*first*) primo, -a II. adv ➊ (*ahead of time*) presto; **to get up** ~ alzarsi presto; ~ **in the morning** di buon mattino; ~ **in the year** all'inizio dell'anno; **to be half an hour** ~ essere in anticipo di mezz'ora ➋ (*soon*) prima; **as** ~ **as possible** prima possibile; **reply** ~ rispondete il prima possibile

earn [ɜːrn] I. *vt* ● (*be paid*) guadagnare; **to** ~ **a living** guadagnarsi da vivere ● (*bring in*) rendere; (*interest*) fruttare ● (*obtain*) **to** ~ **money from sth** ottenere denaro da qc ● (*deserve*) guadagnarsi II. *vi* guadagnare

earnings ['ɜːr‧nɪŋz] *npl* ● (*of a person*) entrate *fpl* ● (*of a company*) utili *mpl*

earphones ['ɪr‧foʊnz] *npl* cuffie *fpl*

earpiece ['ɪr‧piːs] *n* ● (*of a phone*) ricevitore *m* ● (*of glasses*) stanghetta *f*

earplug ['ɪr‧plʌg] *n* pl tappo *m* per le orecchie

earring ['ɪr‧rɪŋ] *n* orecchino *m;* **a pair of** ~ **s** un paio di orecchini

earshot ['ɪr‧ʃɑːt] *n* **in/out of** ~ a portata/fuori portata d'orecchio

earth [ɜːrθ] *n* ● (*planet*) terra *f;* **on** ~ al mondo ● (*soil*) terra *f* ▸ **to come back (down) to** ~ tornare coi piedi per terra; **what/who/where/why on** ~ **...?** cosa/chi/dove/perchè diavolo ...?

earthly ['ɜːrθ‧li] *adj* (*concerning life on earth*) terreno, -a; (*paradise*) in terra

earthquake ['ɜːrθ‧kweɪk] *n* terremoto *m*

ease [iːz] I. *n* ● (*without much effort*) facilità *f;* **for** ~ **of access** per comodità d'accesso ● (*comfort, uninhibitedness*) agio *m;* **to feel at** ~ sentirsi a proprio agio; **to be ill at** ~ essere a disagio; **to be at** ~ essere a proprio agio; **to put sb at** (*his/her*) ~ mettere qu a proprio agio II. *vt* ● (*relieve: pain*) attenuare; (*tension*) allentare; **to** ~ **sb's mind** tranquillizzare qu ● (*burden*) alleggerire III. *vi* (*pain*) attenuarsi; (*tension*) allentarsi; (*prices*) calare

✦ **ease off** *vi,* **ease up** *vi* (*pain*) attenuarsi; (*fever, wind*) abbassarsi; (*sales, rain*) diminuire; (*tension*) allentarsi; (*person*) rilassarsi

easily ['iː‧zə‧li] *adv* ● (*without difficulty*) facilmente; **to be** ~ **impressed** lasciarsi impressionare facilmente; **to win** ~ vincere con facilità ● + *superl* (*clearly*) **to be** ~ **the best** è indubbia-

mente il migliore ● (*probably*) con ogni probabilità; **his guess could** ~ **be wrong** è facile che si sbagli

east [iːst] I. *n* est *m;* **to lie 5 miles to the** ~ **of Boston** trovarsi a 5 miglia a est di Boston; **to go/drive to the** ~ andare/guidare verso est; **further** ~ più a est; **in the** ~ **of France** a est della Francia; **Far East** Estremo *m* Oriente; **Middle East** Medio *m* Oriente II. *adj* orientale; ~ **wind** vento *m* dell'est; ~ **coast** costa *f* orientale

eastbound ['iːst‧baʊnd] *adj* diretto, -a a Est

Easter ['iː‧stə] *n* Pasqua *f;* **during** ~ a Pasqua

Easter Bunny *n* Coniglietto *m* pasquale

Easter Day *n,* **Easter Sunday** *n* domenica *f* di Pasqua

Easter egg *n* uovo *m* di Pasqua

Easter holidays *npl* vacanze *fpl* di Pasqua

easterly ['iː‧stə‧li] I. *adj* (*wind*) dell'est; **in an** ~ **direction** in direzione est II. *adv* ● (*towards the east*) verso est ● (*from the east*) da est III. *n* vento *m* dell'est

Easter Monday *n* lunedì *m* dell'Angelo

eastern ['iː‧stən] *adj* orientale

easterner ['iː‧star‧nər] *n* abitante *mf* dell'est degli Stati Uniti

eastward ['iːst‧wərd] I. *adj* **in an** ~ **direction** in direzione est II. *adv* verso est

eastwards ['iːst‧wərdz] *adv* verso est

easy ['iː‧zi] <-ier, -iest> I. *adj* ● (*simple*) facile; ~ **money** *inf* denaro *m* facile; **the hotel is within** ~ **reach of the beach** l'albergo è a poca distanza dalla spiaggia; **to be far from** ~ essere tutt'altro che facile; **that's easier said than done** *inf* è più facile a dirsi che a farsi ● (*relaxed*) tranquillo, -a; **to be on** ~ **terms with sb** essere in confidenza con qu ● (*pleasant*) ~ **on the ear/eye** piacevole da ascoltare/guardare ● (*undemanding*) indulgente ● (*exploitable*) **an** ~ **target** un bersaglio facile ● (*financially secure*) agiato, -a; **to live the** ~ **life** fare una vita agiata ● *pej, sl* (*sex-*

ually promiscuous) facile; **she's an ~ lay** è una che ci sta II. *adv* ❶ (*cautiously*) con calma; **~ does it** *inf* piano! ❷ (*lenient*) **to go ~ on sb** *inf* andarci piano con qu ❸ *inf* (*less actively*) **to take things ~** prendere le cose con calma

easy-going *adj* (*person*) accomodante; (*attitude*) tollerante

eat [iːt] I. <ate, eaten> *vt* mangiare; **to ~ breakfast** fare colazione; **to ~ lunch/dinner** pranzare/cenare ▸ **to ~ one's <u>words</u>** rimangiarsi ciò che si è detto; **what is ~ing him?** *inf* cos'è che lo rode? II. *vi* mangiare
  ◆ **eat in** *vi* mangiare a casa
  ◆ **eat out** *vi* mangiare fuori
  ◆ **eat up** *vt* mangiare tutto

eaten ['iːtən] *pp of* **eat**

eating disorder *n* disturbo *m* dell'alimentazione

eats *npl sl* roba *f* da mangiare

EC [ˌiːˈsiː] *n abbr of* **European Community** CE *f*

ECG [ˌiːsiːˈdʒiː] *n abbr of* **electrocardiogram** elettrocardiogramma *m*

echo ['ekəʊ] I. <-es> *n* ❶ eco *f o m* II. <-es, -ing, -ed> *vi* echeggiare III. <-es, -ing, -ed> *vt* ❶ (*reflect*) ripetere ❷ (*repeat*) fare eco a ❸ (*imitate*) richiamare

eclipse [ɪ'klɪps] I. *n* eclissi *f inv*; **solar/lunar ~** eclissi solare/lunare II. *vt* eclissare

ecological [ˌiːkəˈlɑːdʒɪkl] *adj* ecologico, -a

ecologically [ˌiːkəˈlɑːdʒɪkli] *adv* dal punto di vista ecologico; **~ friendly** attento all'aspetto ecologico; **~ harmful** nocivo all'ambiente

ecologist [iːˈkɑːlədʒɪst] *n* ❶ (*expert*) ecologo, -a *m* ❷ POL ecologista *mf*

ecology [iːˈkɑːlədʒi] *n* ecologia *f*

economic [ˌiːkəˈnɑːmɪk] *adj* ❶ POL, ECON economico, -a ❷ (*profitable*) redditizio, -a

economical [ˌiːkəˈnɑːmɪkl] *adj* economico, -a

economics [ˌiːkəˈnɑːmɪks] *npl*

❶ + *sing vb* (*discipline*) economia *f* ❷ + *pl vb* (*matter*) aspetti *mpl* economici; **the ~ of the agreement** gli aspetti economici dell'accordo

economist [ɪˈkɑːnəmɪst] *n* economista *mf*

economize [ɪˈkɑːnəmaɪz] *vi* economizzare; **to ~ on sth** fare economia su qc

economy [ɪˈkɑːnəmi] <-ies> *n* ❶ (*frugality*) risparmio *m*; **to make economies** risparmiare ❷ (*monetary assets*) economia *f*; **the state of the ~** la situazione economica

ecotourist *n* ecoturista *mf*

ecstasy ['ekstəsi] <-ies> *n* ❶ (*psychological state*) estasi *f inv* ❷ *inf* (*MDMA*) ecstasy *f inv*

Ecuador ['ekwədɔr] *n* Ecuador *m*

Ecuadorian [ˌekwəˈdɔriən] *adj, n* ecuadoriano, -a *m, f*

edge [edʒ] I. *n sing* ❶ (*limit*) bordo *m*; (*of a lake, pond*) sponda *f*; (*of a page*) margine *m*; **to take the ~ off one's appetite/hunger** placare l'appetitito/la fame ❷ (*cutting part*) filo *m* ❸ (*anger*) **to be on ~** avere i nervi a fior di pelle ❹ SPORTS **to have the ~ over sb** essere avvantaggiato rispetto a qu II. *vt* ❶ (*border*) delimitare ❷ (*in sewing*) orlare ❸ (*move slowly*) **to ~ one's way through sth** farsi strada tra qc III. *vi* **to ~ closer to sth** accostarsi a qc; **to ~ forward** avanzare progressivamente

edgy ['edʒi] <-ier, -iest> *adj inf* teso, -a

edible ['edɪbl] I. *adj* commestibile II. *n pl* (*food*) commestibili *mpl*

edit ['edɪt] *vt* ❶ (*correct*) correggere; (*articles*) rivedere ❷ (*newspaper*) dirigere ❸ CINE montare ❹ COMPUT editare

edition [ɪˈdɪʃən] *n* edizione *f*; (*set of books*) tiratura *f*; **paperback ~** edizione *f* economica; **limited ~** edizione a tiratura limitata

editor ['edɪtə] *n* ❶ (*of book*) curatore, -trice *m, f*; (*of article*) redattore, -trice *m, f*; (*of newspaper*) direttore, -trice *m, f*; **chief ~** redattore, -trice *m, f*; **capo sports ~** redattore, -trice *m, f* sportivo ② CINE addetto, -a *m, f* al montaggio ③ COMPUT editor *m inv*

editorial [ˌe·dəˈbːˈri·əl] *adj,* n editoriale *m;* ~ **staff** redazione *f*

EDT [ˌiˈdi·ti] *n abbr of* **Eastern Daylight Time** *ora legale addottata negli Stati Uniti orientali*

educate [ˈed·ʒʊˈkeɪt] *vt* ① (*bring up*) educare ② (*teach*) istruire ③ (*inform*) informare; **to ~ sb in sth** informare qu su qc

educated [ˈed·ʒʊˈkeɪ·tɪd] *adj* istruito, -a; **highly ~** colto

education [ˌed·ʒʊˈkeɪ·ʃən] *n* ① SCHOOL istruzione *f;* **primary/secondary ~** istruzione *f* primaria/secondaria ② (*training*) formazione *f;* **science/literary ~** formazione scientifica/letteraria ③ (*teaching*) insegnamento *m;* (*study of teaching*) pedagogia *f* ④ (*culture*) cultura *f*

educational [ˌed·ʒʊˈkeɪ·ʃə·nl] *adj* ① SCHOOL (*system, establishment*) educativo, -a; (*method*) pedagogico, -a; **for ~ purposes** a fini educativi ② (*instructive*) istruttivo, -a ③ (*raising awareness*) formativo, -a

EEC [ˌi·i·ˈsi] *n abbr of* **European Economic Community** CEE

eel [il] *n* anguilla *f*

effect [ɪˈfekt] I. *n* ① (*consequence*) effetto *m;* **to have an ~ on sth** avere effetto su qc; **to have no ~ on sb** non avere alcun effetto su qu ② (*result*) risultato *m;* **to have little/no ~** dare scarsi risultati/non dare risultati; **to take ~** dare risultati; (*medicine, alcohol*) fare effetto; **to no ~** senza risultato ③ LAW **to come into** [*o* **take**] **~** entrare in vigore ④ (*impression*) impressione *f;* **the overall ~** l'impressione generale; **for ~** per creare un effetto ⑤ *pl* (*belongings*) effetti *mpl;* **personal ~s** effetti personali ▸ **in ~** in pratica II. *vt* effettuare

effective [ɪˈfek·tɪv] *adj* ① (*giving result*) efficace; **he was an ~ speaker** era un oratore di grande abilità ② (*real*) reale ③ (*operative*) in vigore; **to be~**

come ~ entrare in vigore ④ (*striking*) d'effetto

efficiency [ɪˈfɪ·ʃn·si] *n* ① (*of a person*) efficienza *f;* (*of a method*) efficacia *f* ② (*of a machine*) rendimento *m*

efficient [ɪˈfɪ·ʃnt] *adj* (*person*) efficiente; (*machine, system*) ad alto rendimento

effort [ˈe·fət] *n* ① *a.* PHYS sforzo *m;* **to be worth the ~** valerne la pena; **to make an ~ to do sth** sforzarsi [*o* fare lo sforzo] di fare qc ② (*attempt*) tentativo *m;* **please make an ~ to ...** per favore, cerca di ...

effortless [ˈe·fət·ləs] *adj* facile; **an ~ grace** una grazia naturale

e.g. [ˌiˈdʒi] *abbr of* **exempli gratia** (= **for example**) ad es.

egg [eg] *n* uovo *m;* **fried/boiled ~s** uova fritte/alla coque; **hard-boiled ~** uovo sodo; **scrambled ~s** uova strapazzate ▸ **they had ~ on their faces** *inf* hanno fatto una figuraccia

egg cell *n* ovulo *m*

egg roll *n* involtino *m* primavera

eggshell *n* guscio *m* d'uovo

egg yolk *n* tuorlo *m*

ego [ˈiˈgoʊ] *n* <-s> ① PSYCH ego *m;* **to bolster sb's ~** rafforzare l'ego di qu ② (*self-esteem*) amor *m* proprio

egoist [ˈiˈgoʊ·ɪst] *n* egoista *mf*

Egypt [ˈiˈdʒɪpt] *n* Egitto *m*

Egyptian [ɪˈdʒɪp·ʃən] *adj,* n egiziano, -a *m, f*

eh [eː] *interj* ① (*what did you say?*) eh? ② *Can* (*isn't it; aren't you/they/we*) **it's cold outside, ~?** fa freddo fuori, eh?

eight [eɪt] I. *adj* otto *inv;* **there are ~ of us** siamo (in) otto; **~ and a quarter/half** otto e un quarto/mezzo; **~ o'clock** le otto; **it's ~ o'clock** sono le otto; **it's half past ~** sono le otto e mezza; **at ~ twenty/thirty** alle otto e venti/mezza II. *n* otto *m*

eighteen [ˌeɪˈtiːn] *adj,* n diciotto *m; s.a.* **eight**

eighteenth [ˌeɪˈtinθ] I. *adj* diciottesimo, -a II. *n* ① (*order*) diciottesimo,

-a m, f ❷ (date) diciotto m ❸ (fraction) diciottesimo m; (part) diciottesima parte f; s.a. **eighth**

eighth [eɪtθ] I. adj ottavo, -a II. n ❶ (order) ottavo, -a m, f; **to be ~ in a race** arrivare ottavo in una corsa ❷ (date) otto m; **the ~** l'otto; **the ~ of December** [o **December (the) ~**] l'otto dicembre ❸ (fraction) ottavo m; (part) ottava parte f III. adv (in lists) ottavo

eightieth ['eɪ·tɪ·əθ] adj, n ottantesimo, -a m, f; (fraction) ottantesimo m; (part) ottantesima parte f; s.a. **eighth**

eighty ['eɪ·ti] I. adj ottanta inv; **he is ~ (years old)** ha ottant'anni; **a man of about ~ years of age** un uomo di circa ottant'anni II. n <-ies> ❶ (number) ottanta m; **to do ~** inf andare a 80 miglia all'ora ❷ (age) **a woman in her eighties** una donna tra gli ottanta e i novant'anni ❸ (decade) **the eighties** gli anni m ottanta pl

either ['i:·ðə] I. adj ❶ (one of two) **I'll do it ~ way** lo farò in un modo o nell'altro; **I don't like ~ dress** non mi piace né un vestito, né l'altro ❷ (each) ciascun(o), -a; **on ~ side of the river** su entrambi i lati del fiume II. pron l'uno, -a o l'altro, -a; **which one?** — ~ quale? — l'uno o l'altro III. adv neppure; **if he doesn't go, I won't go ~** se lui non ci va, non ci vado neanch'io IV. conj ~ ... or ... o ... o ...; ~ **buy it or rent it** o lo compri o lo noleggi

elaborate¹ [ɪ·ˈlæ·bə·rət] adj (complicated) elaborato, -a; (very detailed: plan) minuzioso, -a; (style) ornato, -a; (excuse) macchinoso, -a

elaborate² [ɪ·ˈlæ·bə·reɪt] I. vt elaborare; (plan) sviluppare II. vi fornire dettagli; **to ~ on an idea** sviluppare un'idea

elastic [ɪ·ˈlæs·tɪk] I. adj elastico, -a II. n ❶ (material) elastico m ❷ (garter) giarrettiera f

elbow ['el·boʊ] I. n ❶ (of people) gomito m ❷ (in a pipe) gomito m; (in a road) curva f; (in a river) ansa f ▸ **to rub ~s with sb** essere in confidenza

con qu II. vt dare una gomitata a; **to ~ one's way through the crowd** farsi largo a gomitate tra la folla

elder ['el·də] I. n ❶ (older person) maggiore mf; **she is my ~ by three years** è maggiore di me di tre anni ❷ (senior person) anziano, -a m, f II. adj maggiore; ~ **statesman/stateswoman** POL veterano, -a della politica

elderly ['el·də·li] I. adj anziano, -a; **an ~ woman** una signora anziana II. n **the ~** gli anziani

eldest ['el·dɪst] adj superl of **old** maggiore; **the ~** il/la maggiore; **her ~ (child) is nearly 14** il suo primogenito ha quasi 14 anni

e-learning ['i:·ˌlɜ:·nɪŋ] n no pl e-learning m

elect [ɪ·ˈlekt] I. vt ❶ (by vote) eleggere ❷ (not by vote) decidere; **to ~ to resign** optare per le dimissioni II. n REL **the ~** gli eletti III. adj **the president ~** il presidente eletto

election [ɪ·ˈlek·ʃən] n ❶ (event) elezioni fpl; **to call/hold an ~** indire le elezioni ❷ (action) elezione f

election campaign n campagna f elettorale

electioneering [ɪ·ˌlek·ʃə·ˈnɪ·rɪŋ] n propaganda f elettorale; pej promesse fpl elettorali

electoral [ɪ·ˈlek·tə·rəl] adj elettorale; **Electoral College** collegio elettorale incaricato di eleggere il presidente e il vicepresidente degli Stati Uniti; ~ **register** [o **roll**] lista f elettorale

electorate [ɪ·ˈlek·tə·rət] n elettorato m

electric [ɪ·ˈlek·trɪk] adj ❶ ELEC elettrico, -a; (fence) elettrificato, -a; ~ **blanket** termocoperta f; ~ **stove** fornello m elettrico; ~ **current** corrente f elettrica; ~ **heater** stufetta f elettrica; ~ **shock** scossa f elettrica ❷ fig elettrizzante; (atmosphere) carico, -a di elettricità

electrical [ɪ·ˈlek·trɪ·kl] adj elettrico, -a; ~ **engineering** (ingegneria f) elettrotecnica

electric chair n sedia f elettrica

electric guitar n chitarra f elettrica

E

E

electrician [ɪˌlekˈtrɪˌʃən] n elettricista mf

electricity [ɪˌlekˈtrɪˌsəˌti] n elettricità f; **to run on ~** funzionare a elettricità

electronic [ɪˌlekˈtrɑːˌnɪk] adj elettronico, -a

electronic funds transfer n trasferimento m elettronico di fondi

electronic mail n posta f elettronica

electronics [ɪˌlekˈtrɑːˌnɪks] n + sing vb elettronica f; **the ~ industry** l'industria elettronica

elegant ['eˌlɪˌgənt] adj elegante

element ['eˌlɪˌmənt] n ① a. CHEM, MATH elemento m ② (factor) fattore m; **an ~ of luck** un pizzico di fortuna; **the ~ of surprise** il fattore sorpresa ③ ELEC resistenza f ④ ▶pl (rudiments) rudimenti mpl ⑤ ▶pl METEO **the ~s** gli elementi

elementary [ˌeˌləˈmenˌtəˌi] adj elementare; (course) di base

elementary school n scuola f elementare

elephant ['eˌlɪˌfənt] n elefante m

elevated ['eˌlɪˌveɪˌtɪd] adj ① (raised: part) sopraelevato, -a ② (important) elevato, -a; (position) di prestigio

elevator ['eˌlɪˌveɪˌtə] n (for people) ascensore m; (for goods) montacarichi m inv

eleven [ɪˈleˌvn] adj, n undici m; s.a. **eight**

eleventh [ɪˈleˌvnθ] I. adj undicesimo, -a II. n ① (order) undicesimo, -a m, f ② (date) undici m ③ (fraction) undicesimo m; (part) undicesima parte f; s.a. **eighth**

eligible ['eˌlɪˌdʒəˌbl] adj ① idoneo, -a; **~ to vote** con diritto di voto ② (desirable) adatto, -a; **to be ~ for the job** avere i requisiti necessari a un posto di lavoro

eliminate [ɪˈlɪˌmɪˌneɪt] vt ① (eradicate) eliminare ② (exclude from consideration) scartare

elite [ɪˈliːt] I. n élite f II. adj d'élite; **~ university** università d'élite m

El Salvador n El Salvador m

else [els] adv ① (in addition) altro; **anyone/anything ~** chiunque altro/qualsiasi altra cosa; **anywhere ~** in qualsiasi altro posto; **anyone ~?** nessun altro?; **anything ~?** (nient')altro?; **everybody ~** tutti gli altri; **everything ~** tutto il resto; **someone/something ~** qualcun altro/qualcos'altro; **how ~?** in che altro modo?; **what/who ~?** cos'/chi altro? ② (otherwise) **or ~** altrimenti; **come here or ~!** vieni qui, se no vedi!

elsewhere ['elsˌwer] adv altrove; **let's go ~!** andiamo in un altro posto!

e-mail ['iːˌmeɪl] n abbr of **electronic mail** e-mail f inv

e-mail address n indirizzo m di posta elettronica

embark [emˈbɑːrk] I. vi imbarcarsi; **to ~ on [o upon] a journey** iniziare un viaggio II. vt imbarcare

embarrass [emˈbeˌrəs] vt ① (make feel uncomfortable) mettere in imbarazzo ② (disconcert) sconcertare

embarrassed adj imbarazzato, -a; **to be ~** essere in imbarazzo

embarrassing adj imbarazzante

embarrassment [emˈbeˌrəsˌment] n ① (shame) imbarazzo m ② (trouble, nuisance) motivo m di imbarazzo

embassy ['emˌbəˌsi] <-ies> n ambasciata f

embers ['emˌbəz] npl brace f

embrace [emˈbreɪs] I. vt ① (hug) abbracciare ② (accept: offer) accettare; (ideas) abbracciare ③ (include) comprendere II. vi abbracciarsi III. n abbraccio m

embroider [emˈbrɔɪˌdə] vt ricamare

embryo ['emˌbriˌou] n embrione m

emerald ['eˌməˌrəld] I. n smeraldo m II. adj di smeraldi; (color) smeraldo inv

emerge [ɪˈmɜːrdʒ] vi (come out) spuntare; (secret) rivelarsi; (ideas) emergere

emergency [ɪˈmɜːrˌdʒən·si] I. <-ies> n ① (dangerous situation) emergenza f; **in an [o in case of] ~** in caso d'emergenza ② MED urgenza f; **~ room** (reparto m di) pronto soccorso m ③ POL emergenza f; **national ~** emergenza nazionale; **to declare a state of** ~ dichiarare lo stato di emergenza II. *adj* (*brake*) a mano; (*rations*) di sopravvivenza; ~ **exit** uscita di sicurezza; ~ **landing** atterraggio d'emergenza; ~ **services** servizi di pronto intervento

emergency room *n* (reparto di)*m* pronto soccorso

emigrant ['e·mɪ·ɡrənt] *n* emigrante *mf*

emigrate ['e·mɪ·ɡreɪt] *vi* emigrare

emigration [e·mɪ·'ɡreɪ·ʃən] *n* emigrazione *f*

eminent ['e·mɪ·nənt] *adj* eminente

emission [ɪ·'mɪ·ʃn] *n* emissione *f*

emit [ɪ·'mɪt] <tt-> *vt* (*radiation, light, smoke*) emettere; (*heat, odor*) emanare; (*cry*) lanciare

emotion [ɪ·'moʊ·ʃən] *n* ❶ (*feeling*) sentimento *m* ❷ (*affective state*) emozione *f*

emotional [ɪ·'moʊ·ʃə·nl] *adj* ❶ (*relating to the emotions*) emotivo, -a; (*involvement, link*) affettivo, -a; (*moving*) commovente ❸ (*governed by emotion*) emozionato, -a ❹ (*determined by emotion: decision*) impulsivo, -a

emphasis ['em·fə·sɪs] <emphases> *n* a. LING enfasi *f inv*; **to put** [*o* **place**] **great** ~ **on punctuality** dare particolare importanza alla puntualità

emphasize ['em·fə·saɪz] *vt* ❶ (*insist on*) sottolineare; (*fact*) enfatizzare ❷ LING porre l'enfasi su

emphatic [em·'fæ·tɪk] *adj* (*forcibly expressive*) enfatico, -a; (*strong*) veemente; (*assertion, refusal*) categorico, -a; **to be** ~ **about sth** essere categorico su qc

empire ['em·pa·ɪə] *n* impero *m*

employ [em·'plɔɪ] *vt* ❶ (*give a job to*) impiegare; **to** ~ **sb to do sth** assumere qu per fare qc ❷ (*put to use*) utilizzare

employee ['em·plɔɪ·'i:] *n* impiegato, -a *m, f*

employer [em·'plɔɪ·ɪə] *n* datore, -trice di lavoro *m*

employment [em·'plɔɪ·mənt] *n* ❶ (*of a person*) impiego *m* ❷ (*of an object*) utilizzo *m*

emptiness ['emp·tɪ·nɪs] *n* vuoto *m; fig* vacuità *f*

empty ['emp·ti] I.<-ier, -iest> *adj* ❶ (*with nothing inside*) vuoto, -a; (*truck, ship*) senza carico; (*house*) disabitato, -a ❷ (*insincere: promise*) vuoto, -a ❸ (*useless*) vano, -a; ~ **phrase** frase senza significato II.<-ie-> *vt* (*pour*) versare; (*deprive of contents*) svuotare III.<-ie-> *vi* svuotarsi; (*river*) sfociare

empty-handed [emp·tɪ·'hæn·dɪd] *adj* a mani vuote

EMT [i·em·'ti] *n abbr of* **emergency medical technician** assistente *mf* medico di emergenza

enable [ɪ·'neɪ·bl] *vt* ❶ **to** ~ **sb to do sth** consentire a qu di fare qc ❷ COMPUT predisporre

enchanting *adj* incantevole

enchilada [en·tʃɪ·'la·də] *n* tortilla messicana ripiena di carne o formaggio e ricoperta di salsa piccante; **the whole** ~ *fig* l'intera faccenda

enclose [en·'kloʊz] *vt* ❶ (*surround*) circondare; (*field*) recintare ❷ (*include*) allegare

enclosed [en·'kloʊzd] *adj* ❶ (*confined*) chiuso, -a; (*garden*) recintato, -a ❷ (*included*) allegato, -a

enclosure [en·'kloʊ·ʒə] *n* ❶ (*enclosed area*) area *f* delimitata; (*for animals*) recinto *m* ❷ (*action*) recinzione *f* ❸ (*letter*) allegato *m*

encode [en·'koʊd] *vt* a. COMPUT, LING codificare

encore ['ɑːn·kɔːr] *n, interj* bis *m inv*; **as** [*o* **for**] **an** ~ come bis

encounter [en·'kaʊn·tə] I. *vt* incontrare; **to** ~ **sb** imbattersi in qu II. *n* incontro *m*

encourage [en·'kɜ·rɪdʒ] *vt* ❶ (*give confidence, hope*) incoraggiare; **to** ~ **sb to do sth** incoraggiare qu a fare qc ❷ (*support*) favorire

encouragement [en·'kɜ·rɪdʒ·mənt] *n* incoraggiamento *m;* **to give** ~ **to sb** incoraggiare qu

encouraging *adj* incoraggiante

E

encyclopedia [ɛnˌsaɪ·klə·ˈpiː·di·ə] n enciclopedia f

end [ɛnd] I. n ❶ (finish) fine f ❷ (extremity) estremità f ❸ (boundary) limite m estremo ❹ (stop) termine m ❺ pl (goal) fine m; (purpose) scopo m; **to achieve one's ~s** raggiungere i propri scopi ❻ (death) fine f; **he is nearing his ~** si avvicina alla fine ❼ COMPUT tasto m di fine ▶ **to reach the ~ of the line** [o **road**] arrivare agli sgoccioli; **the ~s justify the means** prov il fine giustifica i mezzi prov; **~ of story** punto e basta; **to be the ~** sl essere il massimo; **to put an ~ to oneself** [o **it all**] mettere fine alla propria vita; **in the ~** alla fine; **to this ~** a questo scopo II. vt ❶ (finish) finire ❷ (bring to a stop: reign, war) porre fine a III. vi finire; **to ~ in sth** finire in qc

◆ **end up** vi finire; **to ~ doing sth** finire col fare qc

endeavor [ɛn·ˈde·və] I. vi **to ~ to do sth** sforzarsi di fare qc II. n sforzo m; **to make every ~ to do sth** fare l'impossibile per fare qc

endless [ˈɛnd·lɪs] adj interminabile

endorse [ɛn·ˈdɔːrs] vt ❶ (declare approval for) approvare; (product) promuovere; (candidate) appoggiare ❷ FIN girare

endorsement n ❶ (support: of a plan) approvazione f; (of a candidate) appoggio m; (recommendation) promozione f ❷ FIN girata f

end table n tavolino m

endurance [ɛn·ˈdʊ·rəns] n resistenza f

endure [ɛn·ˈdʊr] I. vt ❶ (tolerate) sopportare ❷ (suffer) resistere a II. vi form durare

ENE abbr of **east-northeast** ENE

enemy [ˈɛ·nə·mi] adj, n nemico, -a m, f

energetic [ˌɛ·nə·ˈdʒɛ·tɪk] adj energico, -a; (active) attivo, -a

energy [ˈɛ·nə·dʒi] <-ies> n energia f

energy resources npl risorse fpl energetiche

energy-saving adj a risparmio energetico

enforce [ɛn·ˈfɔːrs] vt imporre; (law) far osservare; (law, regulation) far rispettare

engage [ɛn·ˈgeɪdʒ] I. vt ❶ form (hold interest) attirare ❷ (put into use) ingaggiare ❸ TECH (cogs) ingranare; **to ~ the clutch** innestare la frizione ❹ MIL (enemy) attaccare II. vi ❶ MIL ingaggiare battaglia ❷ TECH ingranare

engaged adj ❶ (to be married) fidanzato, -a; **to get ~** (to **sb**) fidanzarsi (con qu) ❷ (occupied) occupato, -a ❸ (in battle) impegnato, -a in combattimento

engagement [ɛn·ˈgeɪdʒ·mənt] n ❶ (appointment) impegno m ❷ (marriage) fidanzamento m ❸ MIL combattimento m

engagement ring n anello m di fidanzamento

engaging adj affascinante

engine [ˈɛn·dʒɪn] n ❶ (motor) motore m; **diesel/gasoline ~** motore diesel/a benzina; **jet ~** motore a reazione ❷ RAIL locomotiva f

engineer [ˌɛn·dʒɪ·ˈnɪr] I. n ❶ (with a degree) ingegnere m; **civil ~** ingegnere civile ❷ (technician) tecnico m ❸ RAIL macchinista mf II. vt costruire; fig macchinare

engineering [ˌɛn·dʒɪ·ˈnɪ·rɪŋ] n ingegneria f

England [ˈɪŋ·glənd] n Inghilterra f

English [ˈɪŋ·glɪʃ] I. n inv ❶ (language) inglese m ❷ pl (people) **the ~** gli inglesi II. adj inglese; **a movie in ~** un film in inglese; **an ~ class** una lezione di inglese

English Channel n canale m della Manica

Englishman <-men> n inglese m

English speaker n anglofono, -a m, f

English-speaking adj anglofono, -a

Englishwoman <-women> n inglese f

enjoy [ɛn·ˈdʒɔɪ] I. vt ❶ (get pleasure from) trovare piacevole; **to ~ doing sth** provare piacere a fare qc; **~ yourselves!** buon divertimento! ❷ (have: health) godere di; **to ~ good health** godere di buona salute II. vi divertirsi

enjoyable [enˈdʒɔˑɪəˑbl] *adj* piacevole; (*film, book*) divertente

enjoyment [enˈdʒɔɪˑmənt] *n* piacere *m*

enlarge [enˈlɑːrdʒ] I. *vt* ❶ (*make bigger*) ingrandire; (*expand*) espandere; **to ~ one's vocabulary** ampliare il proprio lessico ❷ PHOT ingrandire II. *vi* ingrandire

enlargement *n* ampliamento *m*; (*expanding*) espansione *f*; PHOT ingrandimento *m*

enormous [ɪˈnɔːrˑməs] *adj* enorme

enough [ɪˈnʌf] I. *adj* (*sufficient*) sufficiente II. *adv* abbastanza; **to be experienced ~** (**to do sth**) avere abbastanza esperienza (per fare qc); **to have seen ~** aver visto abbastanza III. *interj* basta IV. *pron* abbastanza; **to have ~ to eat and drink** avere da mangiare e bere a sufficienza; **I know ~ about it** ne so abbastanza; **that should be ~** questo dovrebbe bastare; **more than ~** più che a sufficienza; **to have had ~ (of sb/sth)** averne abbastanza (di qu/qc)

enquire [enˈkwaˑɪəˑ] *vi, vt s.* **inquire**

enquiry [enˈkwaɪˑri] <-ies> *n* ❶ (*question*) domanda *f* ❷ (*investigation*) inchiesta *f*; **to hold an ~** svolgere un'inchiesta

enrollment *n*, **enrolment** [enˈroulˑmənt] *n* iscrizione *f*

en route [ˌɑːnˈruːt] *adv* in viaggio

en suite bathroom [ˌɑːnˈswiːtˈbæθˑ ruːm] *n* bagno *m* annesso

ensure [enˈʃʊr] *vt* assicurare; (*guarantee*) garantire

entail [enˈteɪl] *vt* ❶ (*involve*) comportare; **to ~ some risk** comportare dei rischi ❷ (*necessitate*) **to ~ doing sth** richiedere che si faccia qc

enter [ˈenˑtəˑ] I. *vt* ❶ (*go into*) entrare in; (*penetrate*) penetrare in ❷ (*insert*) inserire; (*into a register*) iscrivere; **to ~ data** COMPUT inserire dati ❸ (*compete in*) partecipare a; **to ~ a competition** partecipare a una gara ❹ (*begin*) entrare in; **to ~ politics** entrare in politica ❺ (*make known*) rendere noto; (*claim,*

plea) presentare II. *vi* THEAT entrare in scena

enter key *n* COMPUT tasto *m* di invio

enterprise [ˈenˑtəˑpraɪz] *n* ❶ (*business firm*) impresa *f*; **to start an ~** avviare un'impresa ❷ (*initiative*) iniziativa *f*

enterprising *adj* intraprendente

entertain [ˌenˑtəˑˈteɪn] I. *vt* ❶ (*amuse*) intrattenere ❷ (*guests*) ricevere ❸ (*consider*) prendere in considerazione; **to ~ doubts** nutrire dubbi II. *vi* (*invite guests*) ricevere

entertaining *adj* divertente

entertainment [ˌenˑtəˑˈteɪnˑmənt] *n* ❶ (*amusement*) intrattenimento *m* ❷ (*show*) spettacolo *m*

enthusiasm [enˈθuːˑziˑæˑzəm] *n* entusiasmo *m*

enthusiastic [enˌθuːˑziˈæsˑtɪk] *adj* entusiasta; **to be ~ about sth** essere entusiasta per qc

entire [enˈtaˑɪəˑ] *adj* ❶ (*whole: life*) tutto, -a; **the ~ day** tutto il giorno; **the ~ world** il mondo intero ❷ (*total: commitment, devotion*) totale ❸ (*complete*) intero, -a

entirely *adv* completamente; **he's ~ to blame** è tutta colpa sua; **to agree ~** essere totalmente d'accordo; **to disagree ~** non essere totalmente d'accordo

entitle [enˈtaɪˑtl̩] *vt* (*give right*) dare diritto a; **to ~ sb to act** autorizzare qu ad agire

entrance [ˈenˑtrəns] *n* ❶ (*act of entering*) entrata *f* ❷ (*way in*) entrata *f*; **front ~** ingresso *m* principale; **the ~ to sth** l'accesso *m* a qc; **to refuse sb ~** [*o* **to refuse ~ to sb**] negare l'accesso a qu ❸ THEAT entrata *f* in scena

entrance exam(ination) *n* esame *m* d'ammissione

entrance fee *n* (biglietto *m* di) ingresso *m*

entrance hall *n* atrio *m*

entrance requirement *n* requisiti *mpl* di ammissione

entrant [ˈenˑtrənt] *n* concorrente *mf*

entrée [ˈɑːnˑtreɪ] *n* piatto *m* principale

E

E

entrepreneur [ˌɑːntrəprəˈnɜːr] *n* imprenditore, -trice *m, f*

entrust [enˈtrʌst] *vt* affidare; **to ~ sth to sb** [*o* **to ~ sb with sth**] affidare qc a qu

entry [ˈentri] <-ies> *n* ① (*act of entering*) entrata *f;* (*joining an organization*) adesione *f* ② (*right to enter*) ammissione; **to refuse sb ~** negare a qu l'accesso ③ (*entrance*) entrata *f* ④ (*in dictionary*) voce *f*

entry fee *n* quota *f* di ammissione

entry-level job *n* lavoro *m* di primo livello

envelope [ˈenvəloup] *n* busta *f*

enviable [ˈenviəbl] *adj* invidiabile

envious [ˈenviəs] *adj* invidioso, -a

environment [enˈvaɪərənmənt] *n* ambiente *m;* **the ~** ECOL l'ambiente; **working ~** ambiente di lavoro

environmental [enˌvaɪərənˈmentl] *adj* ambientale; **~ damage** danni *mpl* ambientali; **~ impact** impatto *m* sull'ambiente; **~ pollution** inquinamento *m* ambientale

environmentalist [enˌvaɪərnˈmentəlɪst] *n* ecologista *mf*

environmentally-friendly [enˌvaɪərnˈmentəliˈfrendli] *adj* ecologico, -a

envy [ˈenvi] **I.** *n* invidia *f* **II.** <-ie-> *vt* invidiare

Epiphany [ɪˈpɪfəni] <-ies> *n* epifania *f*

Episcopalian [ɪˌpɪskəˈpeɪliən] **I.** *adj* episcopaliano, -a **II.** *n* episcopaliano, -a *m, f*

episode [ˈepəsoud] *n* episodio *m*

equal [ˈiːkwəl] **I.** *adj* ① (*the same*) uguale; (*treatment*) equo, -a; **of ~ size** della stessa misura; **on ~ terms** alla pari ② (*able to do*) **to be ~ to a task** essere all'altezza di un compito **II.** *n* pari *mf inv;* **it has no ~** non ha pari **III.** *vt* ① *pl* MATH essere uguale a ② (*match*) uguagliare

equality [ɪˈkwɑːləti] *n* parità *f;* **racial ~** uguaglianza *f* razziale; **the E~ Act** EU normativa *f* antidiscriminazione

equalize [ˈiːkwəlaɪz] *vt* livellare

equalizer [ˈiːkwəlaɪˌzə] *n* ① MUS equalizzatore *m* ② SPORTS punto *m* del pareggio

equally [ˈiːkwəli] *adv* ugualmente

equal(s) sign *n* MATH segno *m* d'uguaglianza

equate [ɪˈkweɪt] **I.** *vt* equiparare **II.** *vi* **to ~ to sth** equivalere a qc

equation [ɪˈkweɪʒən] *n* equazione *f*

equator [ɪˈkweɪtə] *n* equatore *m*

equatorial [ˌekwəˈtɔːriəl] *adj* equatoriale

equip [ɪˈkwɪp] <-pp-> *vt* ① (*fit out*) equipaggiare; **to ~ sb with sth** equipaggiare qu di qc; **to ~ sth with sth** attrezzare qc con qc ② (*prepare*) preparare

equipment [ɪˈkwɪpmənt] *n* equipaggiamento *m;* **camping ~** attrezzatura *f* da campeggio; **office ~** arredo *m* per l'ufficio

equitable [ˈekwɪtəbl] *adj* equo, -a

equivalent [ɪˈkwɪvələnt] *adj, n* equivalente *m*

erase [ɪˈreɪs] *vt a.* COMPUT cancellare; **to ~ a deficit** eliminare un deficit

eraser [ɪˈreɪsə] *n* gomma *f*

erect [ɪˈrekt] **I.** *adj a.* ANAT eretto, -a **II.** *vt* erigere; (*construct*) costruire; (*put up*) montare

ergo [ˈergou] *adv* dunque

erotic [ɪˈrɑːtɪk] *adj* erotico, -a

erratic [ɪˈrætɪk] *adj* ① (*inconsistent: heartbeat*) irregolare; (*behavior*) imprevedibile ② (*off-line: course*) discontinuo, -a ③ GEO erratico, -a

error [ˈerə] *n* errore *m;* **human ~** errore umano ▶ **to see the ~ of one's ways** riconoscere i propri errori; **to show sb the ~ of his/her ways** mostrare a qu dove sbaglia

error message *n* COMPUT messaggio *m* di errore

erupt [ɪˈrʌpt] *vi* ① (*explode: volcano*) essere in eruzione; *fig* scoppiare ② MED spuntare

eruption [ɪˈrʌpʃən] *n* eruzione *f; fig* scoppio *m*

escalate [ˈeskəleɪt] **I.** *vi* (*increase*) aumentare; (*incidents*) intensificarsi; **to ~ into sth** trasformarsi in qc (*di più grave*) II. *vt* intensificare

escalator ['es·kə·leɪ·tə] *n* scala *f* mobile

escape [ɪ·'skeɪp] I. *vi* scappare; (*person*) fuggire; **to ~ from** scappare da; **to ~ from a program** COMPUT uscire da un programma II. *vt* sfuggire a; (*avoid*) evitare; **to ~ sb('s attention)** sfuggire all'attenzione di qu; **nothing ~s his attention** non gli sfugge nulla; **the word ~s me** mi sfugge il nome III. *n* ① (*act*) fuga *f*; **to make a narrow ~** salvarsi per un pelo ② (*outflow*) fuga *f* ③ LAW **~ clause** clausola *f* di recesso da un contratto

escort ['es·kɔːrt] I. *vt* accompagnare; (*politician*) scortare II. *n* ① (*companion, paid companion*) accompagnatore, -trice *m, f* ② (*guard*) scorta *f*

ESE *n abbr of* **east-southeast** ESE *m*

especially [ɪ·'spe·ʃə·li] *adv* ① (*particularly*) specialmente; **I bought this ~ for you** l'ho comprato espressamente per te ② (*in particular*) particolarmente

espionage ['es·piə·nɑːʒ] *n* spionaggio *m*; **industrial ~** spionaggio industriale

essay ['e·seɪ] *n* ① LIT saggio *m* ② SCHOOL tema *m*; **an ~ about sth** un tema su qc

essence ['e·sns] *n* ① essenza *f*; **in ~** in sostanza; **time is of the ~** è essenziale fare presto ② (*in food*) essenza *f*

essential [ɪ·'sen·ʃl] I. *adj* essenziale; (*difference*) fondamentale; **to be ~ to sb/sth** essere essenziale per qu/qc II. *n pl* **the ~s** gli elementi essenziali; **the bare ~s** lo stretto necessario

essentially [ɪ·'sen·ʃə·li] *adv* essenzialmente

establish [ɪ·'stæb·lɪʃ] I. *vt* ① (*found*) fondare; (*commission, hospital*) creare; (*dictatorship*) instaurare ② (*begin: relationship*) instaurare ③ (*set: precedent*) creare; (*priorities*) stabilire ④ (*secure*) affermare; (*order*) imporre; **he ~ed his authority over the workers** affermò la sua autorità sugli operai; **to ~ a rep-**

utation **as a pianist** farsi un nome come pianista ⑤ (*demonstrate*) **to ~ sb as sth** imporre qu come qc ⑥ (*determine*) stabilire; (*facts*) accertare; (*truth*) provare; **to ~ whether/where ...** determinare se/dove ...; **to ~ that ...** dimostrare che ... II. *vi* stabilirsi

established [ɪ·'stæb·lɪʃt] *adj* ① (*founded*) fondato, -a ② (*fact*) provato, -a; (*procedures*) consolidato, -a

establishment [ɪ·'stæb·lɪʃ·mənt] *n* ① (*business*) impresa *f*; **family ~** impresa familiare *f* ② (*organization*) istituto *m*; **financial ~** istituto *m* finanziario; **the Establishment** POL l'establishment *m inv*

estate [ɪ·'steɪt] *n* ① (*piece of land*) tenuta *f*; **country ~** tenuta di campagna *f* ② LAW (*possessions after death*) patrimonio *m*; **industrial ~** zona *f* industriale

estimate¹ ['es·tɪ·meɪt] *vt* stimare

estimate² ['es·tɪ·mɪt] *n* stima *f*; **a rough ~** *inf* un calcolo approssimativo

estimated ['es·tɪ·meɪ·tɪd] *adj* stimato, -a

estimation [,es·tɪ·'meɪ·ʃən] *n* opinione *f*; **in my ~** a mio avviso

Estonia [es·'toʊ·ni·ə] *n* Estonia *f*

Estonian [es·'toʊ·ni·ən] I. *adj* estone II. *n* ① (*person*) estone *mf* ② LING estone *m*

estuary ['es·tʃuː·e·ri] <-ies> *n* estuario *m*

etc. *abbr of* **et cetera** ecc.

et cetera [ɪt·'se·t̬ə·ə] *adv* eccetera

ETD *abbr of* **estimated time of departure** ora *f* prevista di partenza

eternal [ɪ·'tɜːr·nl] *adj* ① (*lasting forever: life*) eterno, -a ② (*constant: complaints*) continuo, -a

eternally [ɪ·'tɜːr·nə·li] *adv* ① (*forever*) eternamente ② (*constantly*) continuamente

eternity [ɪ·'tɜːr·nə·t̬i] *n* eternità *f*; **to seem like an ~** sembrare un'eternità

ethical *adj* etico, -a

ethics *n + sing vb* etica *f*

ethnic ['eθ·nɪk] *adj* etnico, -a; **~ cleans-**

ing pulizia etnica; ~ **costumes** costumi etnici

EU [ˌiːˈjuː] *n abbr of* **European Union** UE *f*

Eucharist [ˈjuːkərɪst] *n* REL **the** ~ l'Eucaristia *f*

EUR *n abbr of* **Euro** EUR *m*

euro [ˈjʊˌroʊ] *n* euro *m; inv*

euro bailout fund, eurozone bailout fund *n* FIN Fondo *m* salva-Stati

Europe [ˈjʊrəp] *n* Europa *f*

European [ˌjʊrəˈpiˌən] I. *adj* europeo, -a II. *n* europeo, -a *m, f*

European Community *n* Comunità *f* Europea

European Union *n* Unione *f* Europea

evacuate [ɪˈvækjuˌeɪt] *vt* (*people*) evacuare; (*building*) sgombrare

evacuation [ɪˌvækjuˈeɪʃən] *n* evacuazione *f*

evacuee [ɪˌvækjuˈiː] *n* sfollato, -a *m, f*

evade [ɪˈveɪd] *vt* (*responsibility, person*) eludere; (*police*) sfuggire a; (*taxes*) evadere; **to** ~ **doing sth** evitare di fare qc

evaluate [ɪˈvæljuˌeɪt] *vt* (*value*) valutare

evaluation [ɪˌvæljuˈeɪʃən] *n* valutazione *f*; (*of a book*) critica *f*

evangelical [ˌiːvænˈdʒeˌlɪˌkl] *adj,* evangelico, -a *m, f*

evaporate [ɪˈvæˌpəˌreɪt] I. *vt* far evaporare II. *vi* evaporare; *fig* svanire

evasion [ɪˈveɪˌʒən] *n* ① (*of tax, responsibility*) evasione *f* ② (*avoidance*) risposta *f* evasiva

evasive [ɪˈveɪˌsɪv] *adj* evasivo, -a

eve [iːv] *n* vigilia *f*; **on the** ~ **of** alla vigilia di; **Christmas Eve** la vigilia di Natale; **New Year's Eve** la notte di Capodanno

even [ˈiːvn] I. *adj* ① (*level*) piano, -a; (*surface*) liscio, -a ② (*equalized*) alla pari; **the chances are about** ~ le possibilità sono più o meno le stesse; **to get** ~ **with sb** pareggiare i conti con qu ③ (*of same size, amount*) uguale ④ (*constant, regular*) regolare; (*rate*) costante ⑤ (*fair*) equo, -a ⑥ MATH pari II. *vt*

① (*make level*) livellare; (*surface*) appianare ② (*equalize*) pareggiare III. *adv* ① (*indicates the unexpected*) perfino; **not** ~ neppure ② (*despite*) ~ **if** ... anche se ...; ~ **so** ... nonostante ciò ...; ~ **though** ... nonostante ... ③ (*used to intensify*) addirittura ④ + *comp* (*all the more*) ancora; **it will be** ~ **colder** farà ancora più freddo

◆**even out** I. *vi* (*prices*) livellarsi II. *vt* pareggiare

◆**even up** *vt* pareggiare

evening [ˈiːvnɪŋ] *n* sera *f*; **good** ~! buonasera!; **in the** ~ di sera; **that** ~ quella sera; **the previous** ~ la sera prima; **every Monday** ~ tutti i lunedì sera; **on Monday** ~ lunedì sera; **during the** ~ di sera; **one July** ~ una sera di luglio; **8 o'clock in the** ~ le 8 di sera

evening class *n* corso *m* serale

evening dress *n* abito *m* da sera; **to wear** ~ vestirsi in abito da sera; (*for woman*) abito *m* da sera; (*for man*) abito *m* scuro

evening prayer *n* preghiera *f* della sera

evenly [ˈiːvənˌli] *adv* ① (*calmly*) pacatamente ② (*equally*) equamente

even-steven *adj,* **even-Steven** *adj inf* ① (*settled up: transaction*) ben equilibrato, -a; **to be** ~ essere pari ② SPORTS (*game*) perfettamente pari

event [ɪˈvent] *n* ① (*happening*) evento *m* ② (*case*) caso *m;* **in any** [*o* **either**] ~ in qualsiasi caso [*o* nell'uno *o* nell'altro caso]

even-tempered [ˈiːvənˌtemˌpəd] *adj* placido, -a

eventful [ɪˈventˌfəl] *adj* movimentato, -a

eventual [ɪˈvenˌtʃuˌəl] *adj* finale

eventuality [ɪˌvenˌtʃuˈæˌləˌti] <-ies> *n inv* eventualità *f*

eventually [ɪˈvenˌtʃuˌəˌli] *adv* ① (*finally*) alla fine ② (*some day*) col tempo

ever [ˈeˌvə] *adv* ① (*on any occasion*) mai; **have you** ~ **been to Hawaii?** sei mai stato alle Hawaii?; **for the first time** ~ per la prima volta in assoluto; **the hottest day** ~ il giorno più caldo;

better than ~ meglio che mai ② (*in negative statements*) mai; **nobody has** ~ **heard of him** nessuno ha mai sentito parlare di lui; **never** ~ mai; **hardly** ~ quasi mai; **nothing** ~ **happens** non succede mai niente; **don't you** ~ **do that again!** non farlo mai più! ③ (*always*) ~ **after** per sempre; **as** ~ come sempre; ~ **since** ... da quando ...; ~ **since** (*since then*) da allora ④ (*used to intensify*) **who** ~ **was that woman?** chi mai era quella donna?

every ['ev·ri] *adj* ① (*each*) ogni; ~ **time** ogni volta; **her** ~ **wish** ogni suo minimo desiderio ② (*all*) tutto, -a; **in** ~ **way** in tutti i sensi ③ (*repeated*) ~ **other week** ogni due settimane; ~ **now and then** [*o* *again*] di tanto in tanto

everybody ['ev·ri,ba:·di] *pron indef, sing* tutti, -e *pl*; ~ **who agrees** tutti quelli che sono d'accordo

everyday ['ev·ri·dei] *adj* di tutti i giorni; (*event*) ordinario, -a; (*language*) comune; (*life*) quotidiano, -a

everyone ['ev·ri·wʌn] *pron s.* **everybody**

everything ['ev·ri·θɪŋ] *pron indef, sing* tutto; **is** ~ **all right?** va tutto bene?; ~ **they drink** tutto quello che bevono; **to be** ~ **to sb** essere tutto per qu; **to do** ~ **necessary/one can** fare tutto il necessario/il possibile

everywhere ['ev·ri·wer] *adv* dappertutto; **to travel** ~ viaggiare dovunque

evict [I·'vɪkt] *vt* sfrattare

evidence ['e·vi·dəns] *n* ① (*sign*) segno *m* evidente ② (*proof*) prova *f* ③ (*testimony*) deposizione *f*; **to turn state's** ~ **against sb** diventare testimone d'accusa contro qu ④ (*view*) evidenza *f*; **to be in** ~ essere visibile

evident ['e·vi·dənt] *adj* evidente; **to be** ~ (**to sb**) essere evidente (per qu); **it is** ~ **that ...** è chiaro che ...

evil ['i:·vl] **I.** *adj* malvagio, -a **II.** *n* male *m*; **social** ~ piaga *f* sociale; **good and** ~ il bene e il male; **the lesser of two** ~**s** il minore dei mali

evocative [I·'va:·kə·tɪv] *adj* evocativo, -a

evoke [I·'vouk] *vt* evocare

ex [eks] <-es> *n infex mf*

exact [Ig·'zækt] **I.** *adj* esatto, -a; **the** ~ **opposite** l'esatto contrario **II.** *vt* esigere; **to** ~ **sth from sb** esigere qc da qu

exacting *adj* esigente

exactly [Ig·'zækt·li] *adv* esattamente; ~ **like** ... proprio come ...; **how/what/where** ~ ... come/che cosa/dove esattamente; **not** ~ non proprio; ~! esatto!

exaggerate [Ig·'zæ·dʒə·reIt] *vi, vt* esagerare

exaggerated [Ig·'zæ·dʒə·reɪ·ţɪd] *adj* esagerato, -a

exaggeration [Ig·ˌzæ·dʒə·'reɪ·ʃən] *n* esagerazione *f*

exam [Ig·'zæm] *n* esame *m*

examination [Ig·ˌzæ·mɪ·'neɪ·ʃən] *n* ① (*exam*) esame *m* ② (*investigation*) indagine *f*; **medical** ~ visita *f* medica ③ LAW interrogatorio *m*

examine [Ig·'zæ·mɪn] *vt* ① (*study*) esaminare; **to** ~ **the effects of sth** esaminare gli effetti di qc ② MED visitare ③ LAW interrogare

examiner [Ig·'zæ·mɪ·nə·] *n* esaminatore, -trice *m, f*

example [Ig·'zæm·pl] *n* ① (*sample, model*) esempio *m*; **for** ~ per esempio; **to follow sb's** ~ seguire l'esempio di qu; **to set a good** ~ dare il buon esempio ② (*copy*) esemplare *m*

exasperate [Ig·'zæs·pə·reIt] *vt* esasperare

exasperating [Ig·'zɑːs·pə·reɪ·ţɪŋ] *adj* esasperante

exasperation [Ig·ˌzæs·pə·'reɪ·ʃən] *n* esasperazione *f*

ex-boyfriend *n* ex ragazzo *m*

exceed [Ik·'si:d] *vt* eccedere; (*outshine*) superare

exceedingly *adv* estremamente

excel [Ik·'sel] <-ll-> **I.** *vi* eccellere; **to** ~ **at** [*o* **in**] **sth** eccellere in qc **II.** *vt* **to** ~ **oneself** superare sé stesso; **to** ~ **all others** eccellere su tutti

excellence ['ek·sə·ləns] n eccellenza f

excellent ['ek·sə·lənt] adj eccellente

except [ɪk·'sept] I. prep ~ (for) tranne; **to do nothing ~ wait** non fare altro che aspettare II. vt form escludere; **children under the age of 14 are ~ed** esclusi i ragazzi sotto i 14 anni

excepting prep eccetto

exception [ɪk·'sep·ʃən] n eccezione f; **to be an ~** essere un'eccezione; **to make an ~** fare un'eccezione; **with the ~ of …** a eccezione di …

exceptional [ɪk·'sep·ʃə·nl] adj eccezionale

exceptionally [ɪk·'sep·ʃnə·li] adv eccezionalmente; **to be ~ clever** essere straordinariamente intelligente

excerpt ['ek·sɜːrpt] n brano (tratto da qc) m

excess [ɪk·'ses] <-es> n eccesso m

excess baggage n, **excess luggage** n bagaglio m in eccedenza

excessive [ɪk·'se·sɪv] adj eccessivo, -a; (claim) esagerato, -a; (violence) gratuito, -a

exchange [ɪks·'tʃeɪndʒ] I. vt ① (trade for the equivalent) cambiare ② (interchange) scambiare; **to ~ blows** picchiarsi; **to ~ words** litigare II. n ① (interchange) scambio m; **in ~ for sth** in cambio di qc ② FIN, ECON cambio m; **foreign ~** cambio estero

exchangeable adj scambiabile; (goods) che si può cambiare; **~ currency** valuta f scambiabile

exchange rate n tasso m di cambio

exchange student n studente, -essa m, f che partecipa a uno scambio culturale

excitable [ɪk·'saɪ·tə·bl] adj eccitabile

excite [ɪk·'saɪt] vt ① (move) entusiasmare; **to be ~d about an idea** essere eccitato all'idea di qc ② (stimulate) suscitare; **to ~ sb's curiosity** suscitare la curiosità di qu

excited [ɪk·'saɪ·tɪd] adj eccitato, -a

excitement [ɪk·'saɪt·mənt] n eccitazione f

exciting [ɪk·'saɪ·tɪŋ] adj eccitante

exclaim [ɪks·'kleɪm] vi, vt esclamare

exclamation [ˌeks·klə·'meɪ·ʃən] n esclamazione f

exclude [ɪks·'kluːd] vt ① (keep out) escludere ② (possibility) scartare

excluding [ɪks·'kluː·dɪŋ] prep eccetto

exclusion [ɪks·'kluː·ʒən] n esclusione f

exclusive [ɪks·'kluː·sɪv] I. adj esclusivo, -a; **~ interview** intervista f esclusiva; **~ of** escluso; **to be ~ of** non includere II. n esclusiva f

exclusively adv esclusivamente

excruciating [ɪks·'kruː·ʃi·eɪ·tɪŋ] adj ① straziante; (pain) atroce ② (intense: accuracy) estremo, -a

excursion [ɪks·'kɜːr·ʒən] n escursione f; **to go on an ~** fare un'escursione

excusable [ɪks·'kjuː·zə·bl] adj perdonabile

excuse¹ [ɪks·'kjuːz] vt ① (justify: behavior) giustificare; (lateness) scusare; **to ~ sb for sth** perdonare qu per qc ② (forgive) scusare; **~ me!** mi scusi! ③ (allow not to attend) **to ~ sb from sth** dispensare qu da qc ④ (leave) **after an hour she ~d herself** dopo un'ora si è scusata e se n'è andata

excuse² [ɪks·'kjuːs] n ① (explanation) scusa f ② (pretext) pretesto m; **poor ~** misera scusa; **to make ~s for sb** giustificare qu

exec n inf abbr of **executive** dirigente mf

execute ['ek·sɪ·kjuːt] vt ① (carry out) eseguire; (maneuver) effettuare; (plan) attuare ② (put to death) giustiziare

execution [ˌek·sɪ·'kjuː·ʃən] n esecuzione f; **to put a plan into ~** attuare un piano

executive [ɪg·'ze·kju·tɪv] I. n ① (senior manager) dirigente mf ② + sing/pl vb POL (potere m) esecutivo m; ECON organo m esecutivo II. adj esecutivo, -a; **~ branch** organo esecutivo

executive assistant n assistente mf alla direzione

executive order n provvedimento m esecutivo

exempt [ɪg·'zempt] I. vt esentare II. adj

esente; **to be ~ from (doing) sth** essere esentato da(l fare) qc

exemption [ɪg·ˈzemp·ʃən] *n* esenzione *f*

exercise [ˈek·sə·saɪz] I. *vt* ① (*muscles*) esercitare; (*dog*) portare a passeggio; (*horse*) far fare esercizio a; **to ~ one's muscles/memory** esercitare i muscoli/la memoria ② (*apply: authority, control*) esercitare; **to ~ caution** usare cautela; **to ~ discretion** usare discrezione II. *vi* fare esercizio III. *n* ① (*physical training*) esercizio *m*; **physical ~** esercizio fisico; **to do ~s** fare un po' di esercizio ② SCHOOL, UNIV esercizio *m*; **written ~s** esercizi scritti ③ MIL esercitazione *f* ④ (*action, achievement*) operazione *f* ⑤ (*use*) esercizio *m* ⑥ *pl* cerimonia *f*; **graduation ~s** cerimonia di laurea

exercise book *n* quaderno *m*

exert [ɪg·ˈzɜːrt] *vt* esercitare; (*apply*) applicare; **to ~ oneself** sforzarsi

exertion [ɪg·ˈzɜːr·ʃən] *n* ① (*application*) esercizio *m* ② (*physical effort*) sforzo *m*

ex-girlfriend *n* ex ragazza *f*

exhale [eks·ˈheɪl] I. *vt* espirare; (*gases*) emettere; (*scents*) emanare II. *vi* espirare

exhaust [ɪg·ˈzɑːst] I. *vt a. fig* esaurire; **to ~ oneself** sfinirsi II. *n* ① AUTO (*gas*) gas *mpl* di scarico ② (*pipe*) tubo *m* di scappamento

exhausted *adj* esausto, -a

exhausting *adj* estenuante

exhaustion [ɪg·ˈzɑːs·tʃən] *n* sfinimento *m*

exhaustive [ɪg·ˈzɑːs·tɪv] *adj* esauriente

exhaust pipe *n* tubo *m* di scappamento

exhibit [ɪg·ˈzɪ·bɪt] I. *n* ① (*display*) oggetto *m* esposto ② LAW prova *f* II. *vt* ① (*show*) esporre; (*work*) presentare ② (*display character traits*) mostrare

exhibition [ˌek·sɪ·ˈbɪ·ʃən] *n* (*display*) esposizione *f*; (*performance*) esibizione *f*

exhibitor [ɪg·ˈzɪ·bɪ·tər] *n* espositore, -trice *m, f*

exhilarating [ɪg·ˈzɪ·lə·reɪ·tɪŋ] *adj* esal-

tante; **an ~ performance** una performance entusiasmante

exhilaration [ɪg·ˈzɪ·lə·reɪ·ʃən] *n* euforia *f*

ex-husband *n* ex marito *m*

exile [ˈek·saɪl] I. *n* ① (*banishment*) esilio *m*; **political ~** esilio politico; **to be in ~** essere in esilio; **to go into ~** andare in esilio ② (*person*) esiliato, -a *m, f* II. *vt* esiliare

exist [ɪg·ˈzɪst] *vi* ① (*be*) esistere ② (*live*) vivere; **to ~ on sth** vivere di qc

existence [ɪg·ˈzɪs·təns] *n* ① (*being*) esistenza *f*; **to be in ~** esistere; **to come into ~** nascere ② (*life*) vita *f*

existing [ɪg·ˈzɪs·tɪŋ] *adj* esistente; **the ~ laws** l'attuale legislazione

exit [ˈek·sɪt] I. *n* uscita *f*; **to make an ~** uscire II. *vt* uscire da III. *vi* ① *a.* COMPUT (*leave*) uscire ② THEAT uscire di scena

exit visa *n* visto *m* d'uscita

exorbitant [ɪg·ˈzɔːr·bə·tənt] *adj* exorbitante; (*demand*) eccessivo, -a

exotic [ɪg·ˈzɑː·tɪk] *adj* esotico, -a

expand [ɪk·ˈspænd] I. *vi* ① (*increase*) espandersi; (*trade*) svilupparsi ② (*spread*) estendersi II. *vt* ① (*make larger*) ampliare; (*wings*) spiegare; (*trade*) sviluppare ② (*elaborate*) sviluppare

expandable [ɪk·ˈspæn·də·bl] *adj* espansibile

expansion [ɪk·ˈspæn·ʃən] *n* ① (*spreading out*) espansione *f*; (*of a metal*) dilatazione *f* ② (*elaboration*) sviluppo *m*

expat [ˌeks·ˈpæt] *n esp. Can abbr of* **expatriate** residente *mf* all'estero

expatriate [eks·ˈpeɪ·tri·ət] *n* residente *mf* all'estero

expect [ɪk·ˈspekt] *vt* aspettarsi; (*imagine*) immaginare; **to ~ to do sth** pensare di fare qc; **to ~ sb to do sth** aspettarsi che qu faccia qc; **to ~ sth of sb** aspettarsi qc da qu; **to be ~ing (a baby)** aspettare (un bambino); **I ~ed as much** me l'aspettavo; **I ~ so** penso di sì; **to ~ that** penso che *+conj*

expectation [ˌeks·pek·ˈteɪ·ʃən] *n* ① (*hope*) speranza *f* ② (*anticipation*) aspettativa *f;* **in ~ of sth** nella speranza di qc

expedition [ˌeks·pɪ·ˈdɪʃ·ʃən] *n* spedizione *f;* **to be/go on an ~** partecipare a/partire per una spedizione

expel [ɪks·ˈpel] <-ll-> *vt* espellere

expenditure [ɪks·ˈpen·dɪt·ʃə] *n* (*money*) spesa *f;* **public ~s** spesa pubblica

expense [ɪks·ˈpens] *n* spesa *f;* **all ~(s) paid** tutto spesato; **at great ~** con forte spesa; **at sb's ~** *a. fig* a spese di qu; **at the ~ of sth** *a. fig* a spese di qc

expense account *n* conto *m* spese

expensive [ɪks·ˈpen·sɪv] *adj* caro, -a

experience [ɪks·ˈpɪ·ri·əns] I. *n* esperienza *f;* **to have translating ~** avere esperienza di traduzione; **from ~** per esperienza; **to know sth from ~** sapere qc per esperienza; **to learn by ~** imparare con l'esperienza II. *vt* provare; **to ~ happiness/pain** provare felicità/dolore

experienced [ɪks·ˈpɪ·ri·ənst] *adj* esperto, -a; **to be ~ at organizing large events** essere esperto nell'organizzare grandi eventi

experiment [ɪks·ˈpe·rɪ·mənt] I. *n* esperimento *m;* **as an ~** come esperimento II. *vi* sperimentare; **to ~ on a patient** sperimentare su un paziente

experimental [eks·ˌpe·rɪ·ˈmen·tl] *adj* sperimentale

expert [ˈeks·pɜ:rt] I. *n* esperto, -a *m, f;* **to be a computer ~** essere un esperto di informatica II. *adj* (*skilful*) esperto, -a LAW del perito; **~ report** relazione del perito

expiration date *n* scadenza *f*

expiration date *n* (*of a contract*) scadenza *f;* (*of food or medicine*) data *f* di scadenza

expire [ɪks·ˈpa·ɪə] I. *vi* (*terminate*) scadere (*die*) spirare II. *vt* espirare

expiry [ɪks·ˈpaɪ·ri] *n s.* **expiration**

explain [ɪks·ˈpleɪn] *vi, vt* spiegare; **to ~ how/what/where/why …** spiegare come/cosa/dove/perché …

explanation [ˌeks·plə·ˈneɪ·ʃən] *n* spiegazione *f;* **by way of ~** come spiegazione

explanatory [ɪks·ˈplæ·nə·tɔ:·ri] *adj* esplicativo, -a

explicit [ɪks·ˈplɪ·sɪt] *adj* (*exact*) esplicito, -a; **~ directions** istruzioni precise (*vulgar*) esplicito, -a; **~ language** linguaggio esplicito

explode [ɪks·ˈploʊd] I. *vi* (*blow up*) esplodere; (*tire*) scoppiare; **to ~ with anger** scoppiare di rabbia (*grow rapidly*) espandersi II. *vt* (*blow up: bomb*) far esplodere; (*ball*) far scoppiare (*discredit: theory*) demolire; (*myth*) distruggere

exploit [ˈeks·plɔɪt] I. *vt* sfruttare II. *n* impresa *f*

exploitation [ˌeks·plɔɪ·ˈteɪ·ʃən] *n* sfruttamento *m*

exploration [ˌeks·plɔ:·ˈreɪ·ʃən] *n* *a.* MED esplorazione *f* (*examination*) esame *m*

exploratory [ɪks·ˈplɔ:·rə·tɔ:·ri] *adj* (*voyage, test*) esplorativo, -a; (*meeting*) preliminare

explore [ɪks·ˈplɔ:r] I. *vt* *a.* MED, COMPUT esplorare (*examine*) esaminare II. *vi* esplorare

explorer [ɪks·ˈplɔ:·rə] *n* esploratore, -trice *m, f*

explosion [ɪks·ˈploʊ·ʒən] *n* esplosione *f;* **gas ~** esplosione di gas; **population ~** esplosione demografica

explosive [ɪks·ˈploʊ·sɪv] I. *adj* esplosivo, -a; **~ device** ordigno esplosivo; **an ~ situation** una situazione delicata; **to have an ~ temper** avere un carattere irascibile II. *n* esplosivo *m*

export I. [ɪks·ˈpɔ:rt] *vt* esportare II. [ˈeks·pɔ:rt] *n* (*product*) prodotto *m* d'esportazione (*selling*) esportazione *f;* **~ taxes** tasse *fpl* d'esportazione

expose [ɪks·ˈpoʊz] *vt* (*uncover*) mettere a nudo (*leave vulnerable to*) esporre; **to ~ sb to ridicule** mettere qu in ridicolo (*reveal: person*) mostrare (per quello che è); (*plot*) smascherare; (*secret*) svelare

exposed [ɪks·ˈpoʊzd] *adj* (*vulnera-*

ble) esposto, -a ② (*uncovered*) scoperto, -a ③ (*unprotected*) non riparato, -a

exposure [ɪks·ˈpoʊ·ʒə] *n* ① (*contact*) esposizione *f*; ~ **to the sun** esposizione al sole ② MED assideramento *m*; **to die of** ~ morire assiderato ③ *a.* PHOT esposizione *f* ④ (*revelation*) rivelazione *f* ⑤ (*media coverage*) pubblicità *f*

exposure meter *n* PHOT esposimetro *m*

express [ɪks·ˈpres] I. *vt* ① (*convey: thoughts, feelings*) esprimere; **to ~ oneself** esprimersi ② *inf* (*send quickly*) spedire per espresso II. *adj* ① (*rapid*) rapido, -a; **by ~ delivery** per posta celere; ~ **train** (treno) espresso; ~ **mail** posta celere ② (*precise*) esplicito, -a; **by ~ order** per ordine espresso; **these are her ~ wishes** questi sono i suoi espressi desideri III. *n* (*train*) espresso *m* IV. *adv* **to send sth** ~ spedire qc per espresso

expression [ɪks·ˈpre·ʃən] *n* espressione *f*; (*of love, solidarity*) manifestazione *f*; **as an ~ of thanks** in segno di ringraziamento; **to give ~ to sth** dare voce a qc

expressive [ɪks·ˈpre·sɪv] *adj* espressivo, -a

expressly [ɪks·ˈpres·li] *adv* ① (*clearly*) chiaramente ② (*especially*) espressamente

expressway [ɪks·ˈpres·weɪ] *n* autostrada *f*

ex-prisoner *n* ex prigioniero, -a *m, f*

expulsion [ɪks·ˈpʌl·ʃən] *n* espulsione *f*

exquisite [ˈeks·kwɪ·zɪt] *adj* ① (*delicate*) squisito, -a; **an ~ piece of china** un raffinato oggetto in porcellana ② (*intense*) intenso, -a

extend [ɪks·ˈtend] I. *vt* ① (*enlarge: house*) ampliare; (*street*) allargare ② (*prolong: deadline*) prorogare; (*holiday*) prolungare ③ (*offer*) offrire; **to ~ an invitation to sb** rivolgere un invito a qu; **to ~ one's thanks to sb** esprimere il proprio ringraziamento a qu; **to ~ a warm welcome to sb** dare un caloroso benvenuto a qu ④ FIN (*credit*) concede-

re II. *vi* estendersi; **to ~ beyond the river** estendersi oltre il fiume

extended *adj* esteso, -a; ~ **family** famiglia *f* allargata

extension [ɪks·ˈten·ʃən] *n* ① (*increase*) estensione *f*; (*of rights*) ampliamento *m*; **by ~** per estensione ② (*of a deadline*) proroga *f* ③ (*appendage*) annesso *m* ④ TEL interno *m*

extension cord *n* prolunga *f*

extensive [ɪks·ˈten·sɪv] *adj* ① *a. fig* esteso, -a; (*knowledge*) approfondito, -a; (*experience*) vasto, -a ② (*large: repair*) considerevole; ~ **damage** danni *m* ingenti *pl* ③ AGR (*farming*) estensivo, -a

extent [ɪks·ˈtent] *n* ① (*size*) estensione *f*; **to its fullest ~** in tutta la sua estensione ② (*degree*) portata *f*; **to go to the ~ of hitting sb** arrivare fino al punto di picchiare qu; **to a great ~** in gran parte; **to some ~** in parte; **to such an ~ that …** al punto che …; **to what ~ …?** fino a che punto …?

exterior [ɪks·ˈtɪ·ri·ə] I. *adj* esterno, -a II. *n* ① (*outside surface*) esterno *m* ② (*outward appearance*) aspetto *m* ③ CINE esterni *mpl*

external [ɪks·ˈtɜːr·nl] I. *adj* ① (*exterior*) esterno, -a; **to be ~ to the problem** essere estraneo al problema ② (*foreign*) estero, -a ③ MED esterno, -a II. *npl* apparenze *fpl*

extinguish [ɪks·ˈtɪŋ·gwɪʃ] *vt* (*candle, cigar*) spegnere; (*love, passion*) consumare; (*memory*) cancellare; (*debt, life*) estinguere

extort [ɪks·ˈtɔːrt] *vt* estorcere; (*confession*) strappare

extortion [ɪks·ˈtɔːr·ʃən] *n* estorsione *f*; **that's sheer ~!** questo è un furto!

extortionate [ɪks·ˈtɔːr·ʃə·nət] *adj* eccessivo, -a; ~ **demands** richieste smodate; ~ **prices** prezzi esorbitanti

extra [ˈeks·trə] I. *adj* in più; **to work an ~ two hours** lavorare due ore in più; ~ **clothes** abiti di riserva; **it costs an ~ $2** costa due dollari in più; **meals are ~** i pasti sono a parte II. *adv* (*more*) di più; (*extraordinarily*) particolarmente; **they**

E

pay her ~ to work nights le danno di più per il lavoro notturno; **$10 ~** dieci dollari in più; **to charge ~ for sth** far pagare un supplemento per qc III. *n* ① ECON extra *m inv;* ② AUTO optional *m inv* ③ CINE comparsa *f*

extract [ɪksˈtrækt] I. *vt* ① (*remove*) estrarre ② (*obtain: information*) strappare II. *n* ① (*concentrate*) estratto *m* ② (*excerpt*) brano *m*

extraction [ɪksˈtræk·ʃən] *n* (*removal*) estrazione *f*

extracurricular [ˌeks·trə·kəˈrɪk·jə·lər] *adj* extracurricolare; **~ activities** attività extracurricolari

extraordinary [ɪksˈtrɔːr·də·ne·ri] *adj* ① *a.* POL straordinario, -a ② (*astonishing*) incredibile

extravagant [ɪksˈtræ·və·gənt] *adj* ① (*wasteful*) eccessivamente dispendioso, -a ② (*luxurious*) dispendioso, -a; **an ~ lifestyle** uno stile di vita dispendioso ③ (*exaggerated: praise*) sperticato, -a; **~ price** prezzo esorbitante ④ (*elaborate*) esagerato, -a

extreme [ɪksˈtriːm] I. *adj* estremo, -a; **an ~ case** un caso estremo; **with ~ caution** con estrema cautela; **in the ~ north** all'estremo nord; **~ sport** sport estremo II. *n* estremo *m;* **in the ~** estremamente; **to go from one ~ to the other** andare da un estremo all'altro

extremely *adv* estremamente; **to be ~ sorry** essere immensamente dispiaciuto

extroverted *adj* estroverso, -a

exuberant [ɪgˈzuː·bə·rənt] *adj* ① (*luxuriant*) abbondante ② (*energetic*) esuberante

ex-wife *n* ex moglie *f*

eye [aɪ] I. *n* ① ANAT occhio *m;* **to keep an ~ on sth/sb** *inf* tenere d'occhio qc/qu; **to set ~s on sb/sth** mettere gli occhi su qu/qc; **visible to the naked ~** visibile a occhio nudo; **he couldn't take his ~s off the girl** *inf* non riusciva a staccare gli occhi di dosso alla ragazza ② BOT gemma *f* ▸ **to have ~s in the back of one's head** *inf* avere cento occhi; **to give sb a black ~** fare un occhio nero a qu; **to turn a blind ~ (to sth)** far finta di non vedere (qc); **as far as the ~ can see** fin dove si riesce a vedere; **(right) before [o under] my very ~s** proprio davanti ai miei occhi; **to not believe one's ~s** non credere ai propri occhi; **to catch sb's ~** catturare l'attenzione di qu; **to give sb the ~** *inf* lanciare occhiate seducenti a qu; **to make ~s at sb** *inf* cercare di sedurre qu con gli sguardi; **to (not) see ~ to ~ with sb** (non) trovarsi d'accordo con qu II. <-ing> *vt* guardare; (*observe*) osservare

eyeball [ˈaɪ·bɔːl] I. *n* bulbo *m* oculare II. *vt inf* guardare con aria di sfida

eyebrow *n* sopracciglio *m*

eye contact *n* contatto *m* visivo; **to establish ~** guardare dritto negli occhi

eyedrops *npl* gocce *fpl* per gli occhi

eyelash <-es> *n* ciglio *m*

eyelid *n* palpebra *f*

eye shadow *n* ombretto *m*

eyesight *n* vista *f*

eyesore *n* **to be an ~** offendere la vista

eyestrain *n* affaticamento *m* della vista; **to cause ~** affaticare la vista

eyewitness <-es> *n* testimone *mf* oculare

e-zine [ˈiː·ziːn] *n* e-zine *f inv* (*rivista via Internet*)

Ff

F, f [ef] *n* ① (*letter*) F, f *f*; **~ for Fox** F come Firenze ② MUS fa *m inv*

F *abbr of* **Fahrenheit** F

fabric ['fæ·brɪk] *n* ① (*cloth, textile*) stoffa *f* ② (*of building*) struttura *f*; **the ~ of society** il tessuto *m* sociale

fabulous ['fæb·jə·ləs] *adj* favoloso, -a

face [feɪs] I. *n* ① *a.* ANAT faccia *f*, viso *m*; **to keep a straight ~** rimanere serio; **to laugh in sb's ~** ridere in faccia a qu; **to make a ~ (at sb)** fare le boccacce (a qu); **to tell sth to sb's ~** dire qc in faccia a qu ② (*front: of building*) facciata *f*; (*of coin*) faccia *f*; (*of clock*) quadrante *m* ③ (*loc*) **to lose/save ~** perdere/salvare la faccia; **to put a brave ~ on sth** far buon viso a cattivo gioco; **to make a long ~** mettere il muso; **on the ~ of it** a giudicare dalle apparenze II. *vt* ① (*turn towards*) guardare verso; **to ~ the audience** essere rivolti verso il pubblico ② (*confront*) affrontare; **to ~ the facts** guardare in faccia la realtà; **to be ~d with sth** trovarsi di fronte a qc; **I can't ~ doing that** non ho il coraggio di farlo ③ ARCHIT rivestire III. *vi* **to ~ towards the street** dare sulla strada; **about ~!** dietro front!

facecloth *n* manopola *f* per il viso

face cream *n* crema *f* per il viso

facelift *n* lifting *m*

face to face [ˌfeɪs·tə·ˈfeɪs] *adv* faccia a faccia

face value *n* ① ECON valore *m* nominale ② *fig* **to take sth at ~** prender qc alla lettera

facility [fə·ˈsɪ·lə·ți] *n* <-ies> ① (*services*) servizio *m*; **transport facilities** mezzi *mpl* di trasporto ② (*ability*) facilità *f*; (*feature*) funzione *f* ③ (*building for a special purpose*) complesso *m*; **sports ~** impianto *m* sportivo

fact [fækt] *n* fatto *m*; **the bare ~s** i fatti nudi e crudi; **to stick to the ~s** attenersi ai fatti ▶ **~s and figures** *inf* fatti e numeri *mpl*; **in ~** – anzi; **a ~ of life** un dato di fatto; **as a matter of ~ ...** a dir il vero...

factor ['fæk·tə] *n* fattore *m*

factory ['fæk·tə·ri] <-ies> *n* fabbrica *f*

factual ['fæk·tʃu:·əl] *adj* basato, -a sui fatti; **a ~ error** un errore di fatto

faculty ['fæ·kl·ti] <-ies> *n* ① (*teachers*) corpo *m* docente ② UNIV facoltà *f* ③ (*ability*) facoltà *f*; **to have a ~ for doing sth** avere la capacità di fare qc

fad [fæd] *n inf* ① (*fashion*) moda *f* ② (*obsession*) mania *f*

fade [feɪd] *vi* ① (*lose color*) sbiadire ② (*lose intensity: light, sound*) affievolirsi; (*smile, life, interest*) spegnersi; (*hope, optimism, memory*) svanire; (*plant, beauty*) appassire ③ (*disappear*) scomparire

fag [fæg] *n pej* (*homosexual*) checca *f*

Fahrenheit ['fær·ən·haɪt] *n* Fahrenheit *m*

fail [feɪl] I. *vi* ① (*not succeed*) fallire; **to ~ to do sth** non riuscire a fare qc; **to never ~ to do sth** non scordarsi mai di fare qc; **to ~ to appreciate sth** non saper apprezzare qc; **to ~ in one's duty** venir meno al proprio dovere ② SCHOOL, UNIV essere bocciato ③ TECH, AUTO guastarsi ④ (*eyesight, hearing*) abbassarsi; **his heart failed** ha avuto un attacco di cuore II. *vt* ① (*not pass: exam*) non superare; (*pupil*) bocciare ② (*not help*) **her courage ~ed her** le è mancato il coraggio III. *n* SCHOOL, UNIV insufficienza *f* ▶ **without ~** (*definitely*) senza eccezioni; (*always*) immancabilmente

failing ['feɪ·lɪŋ] I. *n* (*of mechanism*) difetto *m*; (*of person*) debolezza *f* II. *prep* in mancanza di

failure ['feɪl·jə] *n* ① (*lack of success*) COM fallimento *m*; **his ~ to answer** il

F

fatto che non abbia risposto ② TECH, ELEC guasto *m*

faint [feɪnt] I. *adj* ① (*scent, odor, taste*) leggero, -a; (*sound, light, smile*) debole; (*line, outline, scratch*) appena abbozzato, -a; (*memory*) vago, -a ② (*resemblance, sign, feeling*) vago, -a; **not to have the ~est idea** *inf* non avere la più pallida idea ③ (*weak*) **to feel ~** sentirsi mancare II. *vi* svenire III. *n* svenimento *m;* **to fall down in a faint** cadere svenuto

fair[1] [fer] I. *adj* ① (*just*) giusto, -a; **a ~ share** una buona dose; **~ enough** mi sembra giusto; **it's only ~** è giusto ② *inf* (*quite large*) discreto, -a; **it's a ~ size** è della grandezza giusta ③ (*reasonably good: chance, prospect*) buono, -a ④ (*not bad*) discreto, -a ⑤ (*light in color: skin, hair*) chiaro, -a ⑥ METEO **~ weather** tempo *m* bello ► **~'s ~** *inf* quel che è giusto è giusto II. *adv* **to play ~** giocare pulito ► **~ and square** (*following the rules*) lealmente; (*directly*) in pieno

fair[2] [fer] *n* fiera *f*

fairground ['fer·graʊnd] *n* luna park *m inv*

fairly ['fer·li] *adv* ① (*quite*) abbastanza ② (*justly*) in modo imparziale

fairness *n* ① (*justice*) imparzialità *f;* **in (all) ~ ...** in tutta onestà... ② (*of skin, hair*) chiarezza *f*

fairy ['fe·ri] <-ies> *n* ① (*creature*) fata *f* ② *pej, inf*(*homosexual*) checca *f*

fairy tale *n* fiaba *f*

faith [feɪθ] *n* fede *f;* **to put one's ~ in sb/sth** confidare in qu/qc; **to keep the ~** conservare la fiducia

faithful ['feɪθ·fəl] I. *adj* fedele II. *n* **the ~** i fedeli

faithfully *adv* ① (*loyally: serve*) fedelmente; (*promise*) solennemente ② (*exactly*) fedelmente

fake [feɪk] I. *n* ① (*painting, jewel*) falso *m* ② (*person*) impostore, -a *m, f* II. *adj* **~ fur** pelliccia finta; **~ jewel** gioiello falso III. *vt* ① (*counterfeit*) falsi-

ficare ② (*pretend to feel*) fingere IV. *vi* fingere

fall [fɔːl] <fell, fallen> I. *vi* ① (*drop down: rain, snow*) scendere; (*tree*) cadere; THEAT (*curtain*) calare; **to ~ flat** (*joke*) non far ridere; (*plan*) fallire; (*suggestion*) cadere nel vuoto; **to ~ (down) dead** cadere morto; **to ~ flat on one's face** cadere faccia a terra ② (*land: bomb, missile*) cadere ③ (*decrease*) scendere; **to ~ sharply** calare bruscamente ④ (*accent, stress*) cadere ⑤ (*in rank, on charts*) scendere ⑥ (*be defeated*) cadere; **to ~ under sb's power** cadere sotto il dominio di qu; **the prize fell to him** il premio toccò a lui ⑦ (*occur*) **to ~ on a Monday** cadere di lunedì ⑧ (*darkness, silence*) calare ⑨ (*belong*) **to ~ into a category** rientrare in una categoria ⑩ (*hang down: hair, cloth*) ricadere ⑪ (*go down: cliff, ground, road*) scendere ⑫ + *adj* (*become*) **to ~ asleep** addormentarsi; **to ~ due** scadere; **to ~ ill** ammalarsi ⑬ (*enter a particular state*) **to ~ madly in love (with sb/sth**) innamorarsi perdutamente (di qu/qc); **to ~ out of favor** cadere in disgrazia; **to ~ to pieces** *fig* (*person*) crollare; (*plan, relationship*) andare in pezzi II. *n* ① (*drop from a height*) caduta *f* ② (*decrease*) calo *m;* **~ in temperature** calo della temperatura ③ (*defeat*) caduta *f* ④ (*autumn*) autunno *m* ⑤ *pl* (*waterfall*) cascata *f;* **Niagara Falls** le cascate *fpl* del Niagara III. *adj* autunnale

◆ **fall away** *vi* ① (*become detached*) staccarsi ② (*slope downward*) digradare ③ (*decrease*) diminuire ④ (*disappear*) svanire

◆ **fall behind** *vi* ① (*become slower*) rimanere indietro ② (*achieve less: team, country*) rimanere indietro ③ (*fail to do sth on time*) essere in ritardo ④ SPORTS farsi distanziare

◆ **fall down** *vi* ① (*person*) cadere; (*building*) crollare; *fig* cadere a pezzi ② (*be unsatisfactory: plan*) fare acqua; (*person*) non essere all'altezza; **to ~ on**

the job *inf* non essere all'altezza

◆**fall for** *vt* **to ~ sb** prendersi una cotta per qu; **to ~ a trick** cadere in uno scherzo

◆**fall in** *vi* ① (*into water, hole*) cadere ② (*collapse: roof, ceiling*) venire giù

◆**fall off** *vi* ① (*become detached*) staccarsi ② (*decrease*) diminuire

◆**fall on** *vt insep* ① (*day or date*) cadere il ② (*attack*) gettarsi su

◆**fall out** *vi* ① (*drop out*) cadere ② *inf* (*argue*) litigare

◆**fall over** I. *vi insep* cadere II. *vt* inciampare in

◆**fall through** *vi* andare a monte

◆**fall to** *vt insep* toccare a

fallen ['fɔː·lən] *adj* caduto, -a

false [fɔːls] I. *adj* ① (*untrue: idea, information*) falso, -a; **~ move** mossa *f* falsa; **to give a ~ impression** fare un'impressione sbagliata ② (*beard, eyelashes*) finto, -a; **a ~ bottom** un doppio fondo *m* ③ (*name, address, identity*) falso, -a; **under ~ pretenses** con l'inganno ④ (*insincere*) falso, -a *f* II. *adv* **to play sb ~** ingannare qu

falsehood ['fɔːls·hʊd] *n* ① (*untruth*) falsità *f* ② (*lie*) menzogna *f*

false teeth *npl* denti *mpl* finti

falsify ['fɔːl·sɪ·faɪ] *vt* falsificare

fame [feɪm] *n* fama *f*; **to rise to ~** diventare famoso

familiar [fə·'mɪl·jə] *adj* ① (*well-known*) familiare ② (*acquainted*) **to be ~ with sth** conoscere qc ③ (*friendly*) familiare; **to be on ~ terms** (**with sb**) essere in (rapporti di) confidenza (con qu)

familiarize [fə·'mɪl·jə·raɪz] *vt* familiarizzare

family ['fæ·mə·li] <-ies> I. *n* famiglia *f*; **to be ~** essere una famiglia; **to run in the ~** essere un vizio di famiglia; **to start a ~** metter su famiglia II. *adj* (*jewels, dinner*) di famiglia; (*life*) familiare; (*entertainment*) per tutta la famiglia

family allowance *n* Can assegni *mpl* familiari

family doctor *n* medico *m* di famiglia

family man *n* uomo *m* tutto casa e famiglia

family name *n* cognome *m*

family planning *n* pianificazione *f* familiare

family tree *n* albero *m* genealogico

famine ['fæ·mɪn] *n* carestia *f*

famished ['fæ·ɪʃt] *adj inf* **to be ~** essere morto, -a di fame

famous ['feɪ·məs] *adj* famoso, -a

famously *adv* **to get on ~** andare perfettamente d'accordo

fan¹ [fæn] I. *n* ① (*hand-held*) ventaglio *m* ② (*electrical*) ventilatore *m* II. <-nn-> *vt* ① (*cool with fan*) sventolare ② *fig* (*passion, interest*) alimentare; **to ~ the flames** *fig* soffiare sul fuoco

fan² [fæn] *n* (*of person*) ammiratore, -trice *m, f*; (*of team*) tifoso, -a *m, f*; (*of classical music*) appassionato, -a *m, f*; (*of pop star*) fan *mf inv*

fanatic [fə·'næ·tɪk] *n* fanatico *m, f*

fanatical *adj* fanatico, -a

fan club *n* fan club *m inv*

fancy ['fæn·tsi] I. *adj* <-ier, -iest> ① (*elaborate: decoration, frills*) fantasioso, -a; (*speech*) infarcito di frasi elaborate ② *inf* (*expensive*) costoso, -a; **~ hotel** hotel *m* di lusso; **~ prices** prezzi *mpl* esorbitanti ③ (*whimsical: ideas, notions*) stravagante II. *n* <-ies> ① (*liking*) **to take a ~ to sth/sb** invaghirsi di qc/qu; **to take sb's ~** attirare qu ② (*imagination*) fantasia *f* ③ (*whimsical idea*) capriccio *m*; **whenever the ~ takes you** tutte le volte ti gira III. <-ie-> *vt* ① (*want, like*) **to ~ doing sth** aver voglia di fare qu; **he fancies you** gli piaci; **to ~ oneself** credersi chissà cosa ② (*imagine*) **to ~ (that) ...** immaginare (che)...; **~ (that)!** ma pensa un po'!; **~ shouting at him!** come ti è venuto in mente di sgridarlo!; **~ meeting here!** che combinazione incontrarsi proprio qui!

fancy-free [ˌfæn·tsi·'friː] *adj* libero, -a, *da legami sentimentali*

fantastic [fæn·'tæs·tɪk] *adj* ① (*excel-*

lent) fantastico, -a ❸ (*unbelievable: co-incidence*) incredibile; (*notion, plan*) fantasioso, -a

fanzine ['fæn·ziːn] *n* fanzina *f*

far [faːr] <farther, farthest *o* further, furthest> I. *adv* ❶ (*a long distance*) lontano; **how ~ is it from Boston to Maine?** quanto dista Boston dal Maine?; **~ away** (molto) lontano; **~ from doing sth** lungi dal fare qc; **~ from it** al contrario ❷ (*distant in time*) **as ~ back as I remember ...** per quanto riesco a ricordare ...; **so** ❸ (*in progress*) **he will go** ~ farà molta strada; **to go too** ~ esagerare ❹ (*much*) **~ better** molto meglio; **to be the best by** ~ essere di gran lunga il [*o* la] migliore; **to be** ~ **too expensive** essere troppo caro ❺ (*connecting adverbial phrase*) **as ~ as I know ...** per quanto ne so...; **as ~ as you can** più che puoi; **as ~ as possible** per quanto possibile; **as ~ as I'm concerned ...** per quel che mi riguarda...; **the essay is OK as ~ as it goes** il tema a grandi linee va bene ▸ **so ~ so good** per ora tutto bene; **~ and wide** in lungo e in largo II. *adj* ❶ (*distant*) lontano, -a; **in the ~ distance** in lontananza ❷ (*further away*) **the ~ bank of the river** l'altra riva del fiume; **the ~ left/right** POL l'estrema sinistra/destra

faraway ['faːr·ə·weɪ] *adj* (*land*) lontano, -a; (*expression*) assente

fare [fer] I. *n* ❶ (*for journey*) tariffa *f* ❷ (*taxi passenger*) passeggero, -a *m, f* ❸ CULIN cibo *m*; **simple home-style ~** cucina *f* casalinga II. *vi* **to ~ badly/ well** andare male/bene

Far East *n* **the ~** l'Estremo Oriente *m*

farewell [fer·'wel] I. *interj form* addio; **to bid ~ to sb/sth** accomiatarsi da qu/ qc II. *n* addio *m* III. *adj* d'addio

far-fetched [faːr·'fetʃt] *adj* esagerato, -a

farm [faːrm] I. *n* ❶ fattoria *f* II. *vt* (*land*) coltivare; (*sheep*) allevare III. *vi* fare l'agricoltore

farmer ['faːr·mɚ] *n* (*land*) agricoltore,

-trice *m, f;* (*animal*) allevatore, -trice *m, f*

farmyard *n* aia *f*

far-off [faːr·'aːf] *adj* lontano, -a

far-reaching [faːr·'riː·tʃɪŋ] *adj* di grande portata

farsighted [faːr·'saɪ·tɪd] *adj, adj* (*decision, policy*) di largo respiro; (*person*) lungimirante

fart [faːrt] *inf* I. *n* scoreggia *f* II. *vi* scoreggiare

farther ['faːr·ðɚ] I. *adv comp of* **far** ❶ (*distance*) più lontano; **~ away from ...** più lontano da...; **~ down/up** più in basso/in alto ❷ (*time*) **~ back in time** più indietro nel tempo II. *adj comp of* **far** più lontano, -a

farthest ['faːr·ðɪst] *adv, adj superl of* **far** più lontano, -a

fascinate ['fæ·sə·neɪt] *vt* affascinare

fascination [fæ·sə·'neɪ·ʃən] *n* fascino *m*

fascism ['fæ·ʃɪ·zəm] *n* fascismo *m*

fascist ['fæ·ʃɪst] *adj, n* fascista *mf*

fashion ['fæ·ʃən] I. *n* ❶ (*popular style*) moda *f;* **to be in/out of** ~ essere di/ fuori moda; **to come into** ~ diventare di moda; **to be all the** ~ essere molto di moda; **the latest** ~ l'ultima moda ❷ (*manner*) modo *m;* **after a** ~ in un certo senso II. *vt* fare

fashionable ['fæ·ʃə·nə·bl] *adj* (*gener*) alla moda; (*clothes*) di moda

fashion designer *n* stilista *mf*

fashion show *n* sfilata *f* di moda

fast[1] [fæst] I. <-er, -est> *adj* ❶ (*quick*) veloce; **the ~ lane** la corsia di sorpasso; **~ train** (treno) rapido *m* ❷ (*clock*) **to be ~** andare avanti ❸ (*firmly fixed*) ben saldo, -a; **to make sth ~** (to sth) fissare qc (a qc) II. *adv* ❶ (*quickly*) velocemente; **not so ~!** non così forte! ❷ (*firmly*) saldamente; **to hold ~ to sth** tenersi bene a qc; **to stand ~** non cedere ❸ (*deeply: asleep*) profondamente

fast[2] [fæst] I. *vi* digiunare II. *n* digiuno *m*

fasten ['fæ·sən] *vt* ❶ (*do up: dress*) allacciare; (*bag*) chiudere ❷ (*fix securely*) fissare; (*seatbelt*) allacciare ❸ **to ~ sth**

F

onto sth attaccare qc a qc; **to ~ one's eyes on sth** fissare lo sguardo su qc; **to ~ sth together** (with paper clip) appuntare qc; (with string) legare qc
◆**fasten down** vt fermare
◆**fasten up** vt allacciare

fastener ['fæ·sə·nə] n chiusura f

fat [fæt] I. adj ❶ grasso, -a; **to get ~** ingrassare ❷ (thick, large) grosso, -a; **a ~ check** un grosso assegno ▶ **~ chance!** inf aspetta e spera! II. n ❶ (body tissue) grasso m ❷ (fatty substance) grasso m; **vegetable ~** grasso vegetale ▶ **to chew the ~ with sb** inf chiacchierare con qu

fatal ['fer·təl] adj fatale

fatality [fə·'tæ·lə·t̬i] <-ies> n vittima f

fatally adv ❶ (causing death) mortalmente; **~ ill** gravemente malato ❷ (disastrously) irrimediabilmente

fate [feɪt] n (destiny) fato m; (one's end) destino m; **to meet one's ~** andare incontro al proprio destino; **to seal sb's ~** decidere la sorte di qu; **to tempt ~** sfidare la sorte

fated ['fer·t̬ɪd] adj destinato, -a; **it was ~ that ...** era destino che...

fat-free adj senza grassi

fathead ['fæt·hed] n inf imbecille mf

father ['fɑː·ðə] I. n ❶ (parent) padre m; **from ~ to son** di padre in figlio; **on your ~'s side** da parte di padre; **like ~, like <u>son</u>** tale padre, tale figlio ❷ (founder) padre m II. vt (child) diventare padre di

Father Christmas n Babbo m Natale

fatherhood ['fɑː·ðə·hʊd] n paternità f

father-in-law ['fɑː·ðə·ɪn·lɑː] <fathers-in-law o father-in-laws> n suocero m

fatherless ['fɑː·ðə·ləs] adj orfano, -a di padre

fatherly ['fɑː·ðə·li] adj paterno, -a

Father's Day n Festa f del Papà

fatten ['fæ·t̬ən] vt ingrassare

fattening adj che fa ingrassare

fatty ['fæ·t̬i] I. adj ❶ (food) grasso, -a ❷ (tissue) adiposo, -a II. <-ies> n inf grassone, -a m, f

faucet ['fɑː·sɪt] n rubinetto m

fault [fɑːlt] I. n ❶ (responsibility) colpa f; **it's not my ~** non è colpa mia; **to be at ~** essere in torto; **to find ~ with sb** trovare da ridire su qu ❷ (character weakness) difetto m; **to be generous to a ~** essere fin troppo generoso ❸ (defect) difetto m; (electrical, technical) problema m ❹ SPORTS fallo m; **to call a ~** fischiare un fallo II. vt criticare

faultless ['fɑːlt·ləs] adj impeccabile

faulty ['fɑːl·ti] adj difettoso, -a

favor ['feɪ·və] I. n ❶ (approval) favore m; **to be in ~ of sb/sth** essere a favore di qu/qc; **to be in ~** essere di moda; **to be in ~ with sb** godere dell'appoggio di qu; **to be out of ~** non riscuotere più consenso; **to find ~ with sb** essere nelle grazie di qu; **to gain** [o **win**] **sb's ~** guadagnarsi il favore di ❷ (advantage) vantaggio m; **to be in sb's ~** essere a vantaggio di qu ❸ (helpful act) favore m; **to ask/do sb a ~** chiedere/fare un favore a qu; **do me a ~!** inf ma fammi il piacere! II. vt ❶ (prefer) preferire ❷ (give advantage to) privilegiare

favorable ['feɪ·və·bl] adj ❶ (approving) favorevole ❷ (advantageous) vantaggioso, -a

favorite ['feɪ·və·ɪt] I. adj (most liked) preferito, -a; **~ son** POL candidato alle elezioni presidenziali americane designato dal suo Stato natale II. n preferito, -a m, f

fawning ['fɑː·nɪŋ] adj adulatore, -trice

fax [fæks] I. n fax m inv; **to send something by ~** inviare qc per fax II. vt mandare per fax; **to ~ sth through to sb** inviare qc a qu per fax

fax machine n fax m inv

FDA [ˌef·diː·'eɪ] n abbr of **Food and Drug Administration** organismo governativo statunitense incaricato del controllo di alimenti e medicinali

fear [fɪr] I. n paura m; **to have a ~ of sth** avere paura di qc; **to be in ~ of sth** temere qc; **to go in ~ of sth** temere per qc; **to put the ~ of God into sb** spaventare qu a morte; **without ~ or favor** in modo imparziale II. vt ❶ (be afraid

F

of) temere; **to ~ to do sth** aver paura di fare qc ② *form* (*feel concern*) **to ~ (that …)** temere (che …)

fearful ['fɪr·fəl] *adj* ① (*anxious*) timoroso, -a ② (*terrible: pain*) tremendo; (*accident*) terrible ③ *inf* (*very bad: noise, mess*) tremendo, -a

feasible ['fiː·zə·bl] *adj* ① (*plan*) fattibile ③ (*story*) plausibile; (*solution*) possibile

feast [fiːst] I. *n* ① (*meal*) banchetto *m*; **a ~ for the eye** una festa per gli occhi; **a ~ for the ear** musica per le orecchie ② REL festa *f* II. *vi* **to ~ on sth** festeggiare con qc III. *vt* organizzare un banchetto per; **to ~ one's eyes on sth** rifarsi gli occhi con qc

feat [fiːt] *n* impresa *f*; **~ of agility** prova *f* di agilità; **~ of engineering** capolavoro *m* di ingegneria

feather ['fe·ðə·] *n* piuma *f* ▶ **to be a ~ in sb's cap** essere un fiore all'occhiello di qu; **to ruffle sb's ~s** dare fastidio a qu

feature ['fiː·tʃə·] I. *n* ① (*distinguishing attribute*) caratteristica *f*; **a distinguishing ~** un tratto distintivo; **to make a ~ of sth** valorizzare qc ② *pl* (*of face*) lineamenti *mpl*; **to have strong ~s** avere lineamenti marcati ③ (*in newspaper, magazine*) articolo *m* ④ CINE film *m* II. *vt* ① CINE **a film featuring sb as …** un film con qu nel ruolo di… ② (*give special prominence to*) offrire (come attrazione principale) ③ (*include*) includere; (*article, report*) contenere III. *vi* ① (*appear*) apparire ② (*be an actor in*) recitare

feature film *n* film *m*, lungometraggio

feature story *n* reportage *m* *inv*

February ['fe·bru·e·ri] *n* febbraio *m*; *s.a.* April

fed [fed] *pt, pp of* **feed**

federal ['fe·də·rəl] *adj* federale

federation [ˌfe·də·'reɪ·ʃən] *n* federazione *f*

fed up *adj inf* stufo, -a; **to be ~ with sth/sb** essere stufo di qc/qu

fee [fiː] *n* (*for doctor, lawyer*) onorario *m*; (*for membership*) quota *f* di iscrizione; (*for school, university*) tasse *fpl*; *scolastiche o universitarie*

feeble ['fiː·bl] *adj* (*person, attempt*) debole; (*performance*) poco convincente

feeble-minded [ˌfiː·bl·'maɪn·dɪd] *adj* deficiente

feed [fiːd] <fed> I. *vt* ① (*person, animal*) dar da mangiare; (*plant*) nutrire; (*baby*) allattare; (*family, country*) sfamare; **to ~ the fire** ravvivare il fuoco ② (*supply*) inserire II. *vi* nutrirsi III. *n* ① (*for farm animals*) mangime *m*; **cattle ~** foraggio *m*; **to be off its ~** non aver fame ② *inf* (*meal*) mangiata *f*

◆**feed in** *vt* alimentare; (*information*) introdurre

◆**feed up** *vt* ingozzare

feel [fiːl] <felt> I. *vt* ① (*+ adj/n* (*sensation or emotion*) sentirsi; **to ~ well** sentirsi bene; **to ~ hot/cold** sentire caldo/freddo; **to ~ hungry/thirsty** avere fame/sete; **to ~ certain/convinced** essere sicuro/convinto; **to ~ like a cup of coffee** aver voglia di una tazza di caffè; **to ~ one's age** sentire il peso degli anni; **how do you ~ about him?** che idea ti sei fatta di lui?; **how would you ~ if …?** che ne diresti se…? ② *+ adj* (*seem*) sembrare; **it ~s wonderful** mi sembra meraviglioso ③ (*search*) **to ~ for sth** cercare qc, tastando; **to ~ (around) somewhere** muoversi a tastoni ④ *vt* (*experience*) sentire; **not to ~ a thing** non provare nulla; **to ~ the cold/heat** sentire il freddo/il caldo ⑤ (*think, believe*) **to ~ (that)** … credere (che)… ⑥ (*touch*) sentire; (*pulse*) prendere III. *n* ① (*texture*) **I can't stand the ~ of wool** non sopporto la lana al tatto ② (*act of touching*) **to have a ~ of sth** toccare qc ③ (*character, atmosphere*) atmosfera *f* ④ (*natural talent*) talento *m* naturale; **to get the ~ of sth** abituarsi a qc

◆**feel for** *vt* **to ~ sb** dispiacersi per qu

feeling ['fiː·lɪŋ] *n* ① (*emotion*) sentimento *m*; **mixed ~s** sentimenti contrastanti; **to hurt sb's ~s** ferire i sentimenti di qu ② (*sensation*) sensazione *f*;

a dizzy ~ un senso di vertigine ④ (*impression*) sensazione *f*; **to have a bad ~ about sth/sb** avere un brutto presentimento su qc/qu ⑤ (*opinion*) opinione *f*; **to have strong ~s about sth** avere idee ben precise su qc ⑥ (*strong emotion*) sentimento *m* ⑦ (*physical sensation*) sensibilità *f* ⑧ (*talent*) talento *m* innato

feet [fiːt] *n pl of* **foot**

fell¹ [fel] *pt of* **fall**

fell² [fel] *vt* ① (*cut down*) abbattere ② (*knock down*) buttare a terra

fellow ['feˑloʊ] I. *n* ① *inf* tizio *m*; **an odd ~** un tipo strano ② UNIV docente *mf* ③ *form* (*colleague*) collega *mf* II. *adj* **~ student** compagno, -a *m*, *f* di studi

fellow member *n* consocio, -a *m*, *f*

felt¹ [felt] *pt, pp of* **feel**

felt² [felt] I. *n* feltro *m* II. *adj* di feltro

female ['fiːˑmeɪl] I. *adj* femminile; ZOOL, TECH femmina *f* II. *n* (*woman*) donna *f*; ZOOL femmina *f*

feminine ['feˑməˑnɪn] *adj* femminile

feminist ['feˑmɪˑnɪst] *adj, n* femminista *mf*

fence [fens] I. *n* (*barrier*) recinto *f* ▸ **to mend one's ~s** ricucire i rapporti; **to sit on the ~** restare alla finestra II. *vi* SPORTS giocare a scherma III. *vt* (*enclose*) recintare

fencing *n* scherma *f*

ferocious [fəˈroʊˑʃəs] *adj* (*gener*) feroce; (*heat*) tremendo, -a; (*temper*) violento, -a

ferry ['feˑri] <-ies> I. *n* nave *f* traghetto II. *vt* ① (*in boat*) traghettare ② *inf* (*by car*) portare con la macchina

fertile ['fɜːrˑtl] *adj a. fig* fertile

fertilize ['fɜːrˑtəˑlaɪz] *vt* BIO, AGR fertilizzare

fertilizer ['fɜːrˑtəˑlaɪˑzər] *n* fertilizzante *m*

festival ['fesˑtɪˑvəl] *n* ① (*special event*) festa *f*; **a film/music ~** un festival del cinema/della musica ② REL festività *f inv*

festive ['fesˑtɪv] *adj* festivo, -a; **to be in ~ mood** essere d'umore allegro

festivity [fesˈtɪˑvəˑti] <-ies> *n* ① *pl* (*festive activities*) festeggiamenti *mpl* ② (*festival*) festa *f*

fetch [fetʃ] *vt* ① (*bring back*) andare a prendere; **to ~ the police** andare a chiamare la polizia; **to ~ sb sth** (*from somewhere*) andare a prendere qc per qn (in qualche posto) ② (*be sold for*) fruttare

fetching ['fetˑʃɪŋ] *adj* attraente

fetus ['fiːˑtəs] *n* feto *m*

fever ['fiːˑvər] *n* febbre *f*; **to have [*o* run] a ~** avere la febbre

feverish ['fiːˑvəˑrɪʃ] *adj* ① MED febbricitante ② (*frantic*) febbrile

few [fjuː] <-er, -est> I. *adj det* ① (*small number*) pochi, poche; **quite a ~ people** abbastanza gente; **the pickings are ~ and far between** contarsi sulla punta della dita ② (*some*) qualche II. *pron* pochi, poche; **a ~** alcuni, alcune; **I'd like a ~ more** ne vorrei degli altri

fewer ['fjuˑər] *adj, pron* meno; **no ~ than** non meno di

fewest ['fjuˑɪst] *adj, pron* il minor numero di

fiancé [ˌfiːˑɑːnˈseɪ] *n* fidanzato *m*

fiancée [ˌfiːˑɑːnˈseɪ] *n* fidanzata *f*

fib [fɪb] <-bb-> *inf* I. *vi* raccontare balle II. *n* frottola *f*

fiber ['faɪˑbər] *n a. fig* fibra *f*

fiberglass ['faɪˑbəˑglæs] *n* fibra *f* di vetro

fiction ['fɪkˑʃən] *n* ① LIT narrativa *f*; **~ writer** scrittore, -trice *m*, *f* di romanzi ② (*false statement*) finzione *f*

fictional ['fɪkˑʃəˑnl] *adj* immaginario, -a

fictitious [fɪkˈtɪˑʃəs] *adj* ① (*false, untrue*) falso, -a ② (*imaginary*) fittizio, -a

fiddle ['fɪˑdl] I. *vi* ① *inf* MUS suonare il violino ② **to ~ (around) with sth** (*fidget with*) giocherellare con qc; (*try to repair*) armeggiare con qc II. *vt inf* falsificare III. *n inf* ① MUS violino *m* ② (*fraud*) truffa *f*; **to be on the ~** truffare ▸ **to be (as) fit as a ~** *inf* essere sano come un pesce; **to play second ~** avere un ruolo secondario

fidget ['fɪˑdʒɪt] I. *vi* agitarsi II. *n* persona *f* irrequieta; **to have the ~s** stare sulle spine

fidgety ['fɪ·dʒɪ·ʧɪ] *adj* irrequieto, -a

field [fiːld] I. *n* **①** *a.* ELEC, AGR, SPORTS campo *m*; (*meadow*) prato *m*; **to be outside sb's ~** esulare dal campo di qu **②** + *sing/pl vb* (*contestants*) concorrenti *mpl*; **to lead the ~** essere in testa; **to play the ~** *fig* tastare il terreno II. *vt* **①** (*return*) **to ~ the ball** raccogliere la palla; **to ~ a question** schivare una domanda **②** (*candidate*) presentare

fielder ['fiːl·dər] *n* SPORTS fielder *mf inv*

field glasses *n* binocolo *m*

field mouse *n* topo *m* di campagna

fieldwork ['fiːld·wɜːrk] *n* ricerca *f* sul campo

fierce [fɪrs] *adj* <-er, -est> **①** (*animal*) feroce **②** (*love*) sconvolgente; (*wind*) forte **③** *inf* (*hard*) tosto, -a

fiery ['faɪ·ri] <-ier, -iest> *adj* **①** (*hot, passionate*) infuocato, -a **②** (*very spicy*) piccante

fifteen [ˌfɪf·'tiːn] *adj, n* quindici *m*; *s.a.* **eight**

fifteenth I. *adj* quindicesimo, -a II. *n* **①** (*order*) quindicesimo, -a *m, f* **②** (*date*) quindici *m* **③** (*fraction*) quindicesimo *m*; (*part*) quindicesimo *m*; *s.a.* **eighth**

fifth [fɪfθ] I. *adj* quinto, -a II. *n* **①** (*order*) quinto, -a *m, f* **②** (*date*) cinque *m* **③** (*fraction*) quinto *m*; (*part*) quinto *m*; *s.a.* **eighth**

fiftieth ['fɪf·ti·əθ] I. *adj* cinquantesimo, -a II. *n* (*order*) cinquantesimo, -a *m, f*; (*fraction*) cinquantesimo *m*; (*part*) cinquantesimo *m*; *s.a.* **eighth**

fifty ['fɪf·ti] *adj* <-ies>, *n* cinquanta *m*; *s.a.* **eighty**

fig [fɪg] *n* (*fruit, tree*) fico *m* ▸ **I don't give** [*o* **care**] **a ~ about it!** non me ne importa un fico secco!; **to be not worth a ~** non valere un fico secco

fight [faɪt] I. *n* **①** (*physical*) rissa *f*; (*argument*) lite *f*; **to put up a ~** lottare **②** MIL combattimento *m* **③** (*struggle*) lotta *f* **④** (*spirit*) combattività *f*; **to show some ~** tirar fuori le unghie

II. <fought, fought> *vi* **①** (*exchange blows*) lottare; MIL combattere; **to ~ with each other** bisticciarsi **②** (*dispute*) litigare; **to ~ over/about sth** litigare per qc **③** (*struggle to overcome*) lottare III. *vt* **①** (*exchange blows with, argue with*) lottare contro **②** (*wage war, do battle*) combattere contro; **to ~ a battle** combattere una battaglia; **to ~ a duel** battersi in duello **③** (*struggle to overcome*) combattere **④** (*struggle to obtain*) **to ~ one's way through the crowd** farsi largo a fatica fra la folla

◆ **fight back** I. *vi* (*defend oneself*) difendersi; (*counterattack*) contrattaccare II. *vt* **to ~ one's tears** trattenere le lacrime

◆ **fight off** *vt* (*repel*) respingere; **to ~ the cold/depression** lottare contro il freddo/la depressione

fighter ['faɪ·tər] *n* **①** (*person*) persona *f* combattiva **②** AVIAT caccia *m*

fighting ['faɪ·tɪŋ] I. *n* (*in the street*) rissa *f*; (*battle*) combattimenti *mpl* II. *adj* combattivo, -a ▸ **there's a ~ chance that …** ci sono buone possibiltà che… + *conj*

figurative ['fɪg·jə·ə·tɪv] *adj* **①** LING figurato, -a **②** ART figurativo, -a

figuratively *adv* in senso figurato

figure ['fɪg·jər] I. *n* **①** (*gener*) figura *f*; **mother ~** figura materna; **a fine ~ of a man** un uomo di bell'aspetto; **to cut a fine ~** fare una bella figura; **to cut a sorry ~** fare una brutta figura; **to keep one's ~** mantenere la linea **②** (*digit*) cifra *f*; (*numeral*) numero *m*; **to be good at ~s** essere bravo con i numeri; **in round ~s** cifra tonda **③** (*price*) cifra *f* II. *vt* **①** (*think*) immaginare; **to ~ that …** figurarsi che… **②** (*in diagram*) raffigurare **③** (*calculate*) calcolare III. *vi* figurare; **that ~s!** lo sapevo!

◆ **figure out** *vt* (*comprehend*) capire; (*work out*) risolvere; **to ~ why …** spiegarsi perché…

file¹ [faɪl] I. *n* **①** (*folder*) cartella *f* **②** (*record*) pratica *f*; **to keep sth on ~** tenere qc in archivio **③** COMPUT file *m* *inv* ④(*row*) fila *f*; **in single ~** in fila indiana II.*vt* ①(*record*) archiviare ②(*present: claim, complaint*) inoltrare; (*petition*) presentare III.*vi* ①LAW **to ~ for divorce** chiedere il divorzio ②(*move in line*) muoversi in fila

file² [faɪl] I.*n* (*tool*) lima *f* II.*vt* limare; **to ~ one's nails** limarsi le unghie

file name *n* nome *m* del file

filing cabinet *n* schedario *m*

fill [fɪl] I.*vt* ①(*make full*) riempire; (*space*) occupare; (*need*) soddisfare ②(*seal*) otturare ③CULIN farcire ④(*fulfill: order*) espletare; (*requirement*) soddisfare II.*vi* riempirsi III.*n* **to drink/eat one's ~** bere/mangiare a sazietà; **to have one's ~ of sth** averne abbastanza di qc

◆**fill in** I.*vt* ①(*seal opening*) riempire; **to ~ a hole** tappare un buco ②(*document*) compilare ③(*color in*) colorare ④(*inform*) informare ⑤(*time*) riempire II.*vi* **to ~ (for sb)** sostituire (qu)

◆**fill out** I.*vt* (*document*) compilare II.*vi* (*put on weight*) arrotondarsi

◆**fill up** I.*vt* riempire; **to fill oneself up** rimpinzarsi II.*vi* riempirsi

fillet ['fɪl·ɪt] *n* filetto *m*

filling I.*n* ①(*substance*) ripieno *m* ②(*in tooth*) otturazione *f* II.*adj* sostanzioso, -a

filling station *n* stazione *f* di servizio

film [fɪlm] I.*n* ①PHOT, CINE film *m*; **to see** ②*watch*) **a ~** vedere un film ②(*fine coating*) pellicola *f*; **a ~ of oil** un velo d'olio II.*vt, vi* filmare

film star *n* stella *f* del cinema

filter ['fɪl·tə] I.*n* filtro *m* II.*vt, vi* filtrare

◆**filter out** I.*vi* filtrare II.*vt* eliminare

◆**filter through** *vi* filtrare

filter tip *n* filtro *m*

filthy ['fɪl·θi] I.*adj* ①(*very dirty*) sudicio, -a; (*weather*) schifoso, -a ②*inf* (*obscene*) osceno, -a II.*adv inf* **to be ~ rich** essere ricco sfondato

fin [fɪn] *n* pinna *f*

final ['faɪ·nl] I.*adj* ①(*last*) finale; (*installment*) ultimo, -a *f* ②(*irrevocable*) definitivo, -a; **to have the ~ say** (on sth) avere l'ultima parola (su qc); **and that's ~** *inf* e basta II.*n* ①SPORTS finale *f*; **to get (through) to the ~s** arrivare in finale ②*pl* UNIV esame *m*, di fine corso

finalist ['faɪ·nə·lɪst] *n* finalista *mf*

finalize ['faɪ·nə·laɪz] *vt* ultimare

finally ['faɪ·nə·li] *adv* ①(*at long last*) finalmente ②(*in conclusion*) infine ③(*irrevocably*) definitivamente

finance ['faɪ·næns] *vt* finanziare

finances ['faɪ·næn·tsɪz] *npl* finanze *fpl*

financial [faɪ·'næn(t)·ʃəl] *adj* finanziario, -a

find [faɪnd] I.<found, found> *vt* ①(*lost object, person*) (*a. locate*) trovare; **to be nowhere to be found** non trovarsi da nessuna parte; **to ~ no reason why** non vedere alcun motivo per cui ②(*experience*) provare ③(*conclude*) **to ~ sb guilty/innocent** riconoscere qu colpevole/innocente ④(*discover*) scoprire II.*n* scoperta *f*

◆**find out** I.*vt* scoprire; (*dishonesty*) smascherare II.*vi* **to ~ about sth/sb** informarsi su qc/qu

finder ['faɪn·də] *n* (*of sth unknown*) scopritore, -trice *m, f*; (*of sth lost*) persona *f* che trova

finding ['faɪn·dɪŋ] *n* ①LAW verdetto *m* ②(*recommendation*) conclusione *f* ③(*discovery*) ritrovamento *m*

fine¹ [faɪn] I.*adj* ①(*slender, light*) *a. fig* sottile; (*feature*) delicato, -a ②(*clothes, words*) bello, -a; **to be ~** andare bene; **~ weather** bel tempo *m*; **how are you? — I'm ~, thanks** come stai? — bene, grazie; **to be ~ by sb** andare bene per qu; **that's all very ~, but ...** va bene, però... ③(*excellent*) eccellente; **to have a ~ time doing sth** divertirsi a fare qc II.*adv* (*all right*) bene; **to feel ~** sentirsi bene; **to work ~** funzionare bene

fine² [faɪn] I.*n* multa *f* II.*vt* multare

finger ['fɪŋ·gə] I.*n* dito *m* ▶**to keep one's ~s crossed** incrociare le dita; **to lay a ~ on sb** sfiorare qu con un dito; **to not lift a ~** non muovere un dito; **to**

F

have a ~ **in every pie** avere le mani in pasta dappertutto; **to have one's ~ on the pulse** avere il polso della situazione; **to put one's ~ on the spot** mettere il dito nella piaga II. *vt* (*touch*) palpare

fingernail *n* unghia *f*

fingerprint *n* impronta *f* digitale

fingertip *n* punta *f* del dito; **to have sth at one's ~ s** avere qc a portata di mano

finish ['fɪ·nɪʃ] I. *n* ❶ (*end*) fine *f*; SPORTS finale *f* ❷ (*of furniture*) finitura *f* II. *vi* finire; **to ~ doing sth** finire di fare qc III. *vt* ❶ (*bring to end*) finire ❷ (*with final touches*) rifinire

♦**finish off** *vt, vi* finire

♦**finish up** I. *vi* **to ~ at** ritrovarsi a II. *vt* finire

♦**finish with** *vt* finire con; **to ~ sb** rompere con qu; **to ~ politics** chiudere con la politica

finished *adj* ❶ (*product*) finito, -a ❷ *inf* (*tired*) sfinito, -a

finishing line *n* (linea *f* del) traguardo *m*

finite ['faɪ·naɪt] *adj a.* LING finito, -a

Finland ['fɪn·lənd] *n* Finlandia *f*

Finn [fɪn] *n* finlandese *mf*

Finnish ['fɪn·ɪʃ] *adj, n* finlandese *m*

fir [fɜːr] *n* abete *m*

fire ['faɪ·ər] I. *n* ❶ (*gener*) fuoco *m*; (*accidental*) incendio *m*; **to set sth on ~** dare fuoco a qc; **to catch ~** incendiarsi ❷ (*stove*) stufa *f* ❸ MIL **to open ~** on sb aprire il fuoco su qu; **to be under ~** MIL essere sotto il fuoco (nemico); *fig* essere sotto tiro ►**to hang ~** attendere; **to go through ~ and water** farsi in quattro; **to set the world on ~** fare fuoco e fiamme II. *vt* ❶ (*burn*) incendiare; (*ceramics*) cucinare ❷ (*weapon*) sparare; **to ~ questions at sb** bombardare qu di domande ❸ *inf* (*dismiss*) licenziare ❹ (*inspire*) accendere III. *vi* ❶ (*with gun*) sparare; **to ~ at sb** sparare a qu ❷ AUTO accendersi

♦**fire away** *vi inf* sparare

♦**fire off** *vt* (*letter, reply*) scrivere in tutta fretta

fire alarm *n* allarme *m* antincendio

firearm *n* arma *f* da fuoco

firecracker *n* petardo *m*

fire department *n* vigili *mpl* del fuoco

fire engine *n* autopompa *f*

fire escape *n* scala *f* antincendio

fire extinguisher *n* estintore *m*

firefighter *n* vigile, -essa *m, f* del fuoco

fireman <-men> *n* vigile *m* del fuoco

fireplace *n* caminetto *m*

fireproof *adj* ignifugo, -a

firewall *n* COMPUT firewall *m*

firewood *n* legna *f*

firework *n* fuochi *mpl* d'artificio

firm[1] [fɜːrm] *adj* ❶ (*secure: ladder*) stabile; (*base*) saldo, -a; (*strong*) solido, -a ❷ (*dense, solid*) sodo, -a ❸ (*resolute*) fermo, -a ❹ (*strict*) rigido, -a II. *adv* saldamente; **to stand ~** tener duro

firm[2] [fɜːrm] *n* (*company*) ditta *f*

first [fɜːrst] I. *adj* primo, -a; **at ~ sight** a prima vista; **the ~ of December/December** il primo dicembre; **~ and foremost** anzitutto II. *adv* per primo; (*firstly*) in primo luogo; **~ of all** prima di tutto; **at ~** all'inizio III. *n* **the ~** il/i primo,-i, la/le prima, -e; **from the (very) ~** fin dall'inizio

first aid *n* pronto soccorso *m*

firstborn ['fɜrst·ˌbɔrn] *adj, n* primogenito, -a *m, f*

first class *n* prima classe *f*

first-class *adj* di prim'ordine

firsthand [ˌfɜrst·'hænd] I. *adj* di prima mano II. *adv* in prima persona

firstly ['fɜː·rst·li] *adv* in primo luogo

first name *n* nome *m* (di battesimo)

first night *n* prima *f*

first-rate [ˌfɜː·rst·'reɪt] *adj* di prim'ordine

fish [fɪʃ] I. <-(es)> *n* ZOOL, CULIN pesce *m* ►**to have bigger ~ to fry** avere cose più importanti da fare; **an odd ~** un tipo strano; **there are plenty more ~ in the sea** morto un papa se ne fa un altro II. *vi* pescare; **to ~ for** (*information*) andare a caccia di; (*compliments*) andare in cerca di III. *vt* pescare

fishbone ['fɪʃ·boʊn] *n* lisca *f* di pesce

fishcake ['fɪʃ·keɪk] *n* polpetta *f* di pesce

fisherman ['fɪ·ʃə·mən] <-men> *n* pescatore *m*

fishing I. *n* pesca *f* II. *adj* da pesca

fishing line *n* lenza *f*

fishing pole *n*, **fishing rod** *n* canna *f* da pesca

fish stick *n* bastoncino *m* di pasce

fishy ['fɪ·ʃi] <-ier, -iest> *adj* ❶ *(taste, smell)* di pesce ❷ *inf (dubious)* equivoco, -a

fist [fɪst] *n* pugno *m;* **to clench one's ~ s** stringere i pugni

fit[1] [fɪt] I. <-tt-> *adj* ❶ *(apt, competent)* adatto, -a; **it's not ~ to eat** non è commestibile ❷ *(ready)* pronto, -a ❸ SPORTS in forma ❹ MED sano, -a II. <-tt-> *vt* ❶ *(adapt)* adattare ❷ *(clothes)* andare bene a ❸ *(facts)* corrispondere a III. *vi* <-tt-> ❶ *(be correct size)* andare bene ❷ *(correspond)* corrispondere IV. *n (of clothes)* **to be a good fit** stare a pennello; **to be a tight fit** stare stretto

◆ **fit in** *vi* ❶ *(conform)* adattarsi ❷ *(get along well)* andare d'accordo

◆ **fit out** *vt* attrezzare

◆ **fit up** *vt* attrezzare

fit[2] [fɪt] *n* ❶ MED attacco *m* ❷ *inf (of rage)* scatto *m*

fitness ['fɪt·nɪs] *n* ❶ *(good condition)* forma *f* fisica; *(health)* (buona) salute *f* ❷ *(suitability)* idoneità *f*

fitted ['fɪ·ţɪd] *adj* idoneo, -a; *(tailor-made)* su misura

fitting ['fɪ·ţɪŋ] I. *n* ❶ *pl (fixtures)* arredi *mpl* ❷ *(of clothes)* prova *f* II. *adj* appropriato, -a

five [faɪv] I. *adj* cinque II. *n* cinque *m;* **gimme ~!** *inf* dammi un cinque!; *s.a.* **eight**

fiver ['faɪ·və] *n inf* biglietto *m* da 5 dollari

fix [fɪks] I. *vt* ❶ *(repair)* aggiustare ❷ *(fasten, determine)* fissare ❸ *(arrange)* sistemare ❹ *inf (lunch, dinner)* preparare ❺ *inf (manipulate)* truccare II. *vi* **to be ~ ing to do sth** stare per fare qc III. *n* ❶ *inf (dilemma)* casino *m* ❷ *inf (of heroin)* pera *f*

◆ **fix on** *vt (choose)* scegliere

◆ **fix up** *vt* ❶ *(supply with)* **to fix sb up (with sth)** procurare qc a qu ❷ *(arrange)* organizzare

fixed *adj* fisso, -a

fixture ['fɪks·tʃə] *n (in bathroom and kitchen)* impianti sanitari ed elettrici

fizz [fɪz] I. *vi* frizzare II. *n (bubble, frothiness)* effervescenza *f*

fizzle ['fɪz·l] *vi* frizzare

fizzy ['fɪ·zi] <-ier, -iest> *adj* gassato, -a

FL, Fla. *n s.* **Florida**

Florida *n* FL

flabby ['flæ·bi] <-ier, -iest> *adj pej* ❶ *(body)* floscio, -a ❷ *(weak)* fiacco, -a

flag [flæg] I. *n* ❶ bandiera *f;* **to raise a ~** issare una bandiera ❷ *(marker)* bandierina *f* II. <-gg-> *vt (mark)* mettere un segno su III. <-gg-> *vi* affievolirsi

flair [fler] *n* ❶ *(genius)* talento *m* ❷ *(style)* stile *m*

flake [fleɪk] I. *vi (skin)* squamarsi; *(paint, plaster)* sfaldarsi II. *n (of paint, plaster)* scaglia *f;* *(of wood)* scheggia *f;* *(of skin)* squama *f;* *(of snow)* fiocco *m*

flaky ['fleɪ·ki] <-ier, -iest> *adj (skin)* squamoso, -a; *(paint)* scrostato, -a ❷ *inf (strange)* strambo, -a

flame [fleɪm] I. *n* fiamma *f;* **to burst into ~** prendere fuoco; *(old)* **~** *(lover)* (vecchia) fiamma *f* II. *vi (blaze, burn)* ardere; *(glare)* risplendere

flaming ['fleɪ·mɪŋ] *adj* ❶ *(burning)* in fiamme ❷ *fig (quarrel)* acceso, -a ❸ *inf (as intensifier)* totale

flan [flæn] *n* torta *f,* di frutta, verdura o formaggio

flannel ['flæ·nl] *n (material)* flanella *f*

flap [flæp] I. <-pp-> *vt (wings)* battere; *(shake)* agitare II. <-pp-> *vi (wings)* battere; *(sails)* sbattere; *(flag)* sventolare III. *n (of skin)* lembo *m;* *(of envelope)* linguetta *f* ❷ *(of wing)* battito *m*

flare [fler] I. *n (blaze)* fiammata *f;* *(of light)* chiarore *m* II. *vi* ❶ *(blaze)* bruciare; *(light)* brillare ❷ *(trouble)* scoppiare

flash [flæʃ] I. *vt* ❶ *(shine: light)* far lampeggiare ❷ *(show quickly)* mostrare velocemente; *(communicate)* trasmettere

F

velocemente; (*smile*, *look*) lanciare II. *vi* ① (*lightning*) lampeggiare; *fig* (*eyes*) brillare ② *inf* (*expose genitals*) fare esibizionismo ③ (*move swiftly*) **to ~ by** (*car*) passare a gran velocità; (*time*) volare III. *n* ① (*burst*) lampo *m*; **~ of inspiration** momento *m* di ispirazione; **~ of lightning** lampo *m* ② PHOT flash *m* ▸ **like a ~** come un lampo; **in a ~** in un baleno; **a ~ in the pan** un fuoco di paglia IV.<-er, -est> *adj* ① (*sudden*) improvviso, -a; **~ frost** improvvisa lastra *f* di ghiaccio; **~ mob** TEL, INET flash mob *m* ③ *pej, inf* (*showy*) pacchiano, -a

flashback ['flæʃ·bæk] *n* flashback *m inv*

flasher ['flæ·ʃə·] *n inf* esibizionista *m*

flashgun ['flæʃ·gʌn] *n* flash *m inv*

flashlight ['flæʃ·laɪt] *n* torcia *f* (elettrica)

flashy ['flæ·ʃi] <-ier, -iest> *adj inf* vistoso, -a

flask [flæsk] *n* (*thermos*) termos *m inv*

flat[1] [flæt] I. *adj* <-tt-> ① (*surface*) piatto, -a; (*land*) pianeggiante ② (*drink*) sgasato, -a ③ (*tire*) a terra ④ (*absolute: refusal, rejection*) categorico, -a ⑤ COM (*not changing*) fisso, -a ⑥ MUS bemolle II.<-tt-> *adv* (*level*) lungo disteso, **to lie ~ on one's back** stare a pancia in su ▸ **to be ~ broke** essere completamente al verde; **to fall ~** essere un fiasco III. *n* ① (*level surface*) piatto *m*; **the ~ of one's hand** il palmo *m* della mano ② (*low level ground*) pianura *f*

flat[2] [flæt] *n* appartamento *m*

flat-footed [,flæt·'fʊ·ʈɪd] *adj* con i piedi piatti

flat rate I. *n* tariffa *f* fissa; INET, TEL tariffa *f* flat II. *adj* a tariffa fissa; TEL, INET con tariffa flat

flatten ['flæ·tn] *vt* appiattire

flatter ['flæ·ʈə·] *vt* ① (*gratify vanity*) adulare ② (*make attractive*) donare ③ (*be proud of*) **to ~ oneself on sth** andare orgoglioso, -a di qc

flattering *adj* ① (*clothes, portrait*) che dona [o donano] ② (*remark, description*) lusinghiero, -a

flattery ['flæ·ʈə·ri] *n* adulazione *f*

flavor ['fleɪ·və·] I. *n* ① (*taste*) sapore *m*; (*ice cream, fizzy drink*) gusto *m* ② *fig* sapore *m* II. *vt* insaporire

flavoring ['fleɪ·və·ɪŋ] *n* aroma *m*, aromatizzante *m*

flea [fliː] *n* pulce *f*

flea market *n* mercato *m* delle pulci

fled [fled] *pp of* **flee**

flee [fliː] <fled> I. *vt* fuggire da II. *vi* fuggire

fleeting ['fliː·ʈɪŋ] *adj* fugace; (*visit*) breve

flesh [fleʃ] *n* (*body tissue*) carne *f*; **to put ~ on an argument/idea** dar corpo ad un ragionamento/un'idea ▸ **to be (only) ~ and blood** essere fatto di carne ed ossa; **it made my ~ crawl** mi ha fatto accapponare la pelle; **in the ~** in carne ed ossa

flew [fluː] *pp, pt of* **fly**

flex [fleks] *vt* flettere; **to ~ one's muscles** mostrare i muscoli

flexible ['flek·sə·bl] *adj* flessibile

flextime ['fleks·taɪm] *n* orario *m* flessibile

flick [flɪk] I. *vt* (*with finger*) lanciare con le dita; **to ~ out one's tongue** tirare fuori la lingua; **to ~ the light switch on/off** accendere/spegnere la luce; **to ~ channels** fare zapping II. *n* ① (*sudden movement, strike*) colpetto *m* ② *inf* (*movie*) film *m inv*; **the ~s** (*cinema*) il cinema *m*

flicker ['flɪ·kə·] I. *vi* tremolare II. *n* tremolio *m*

flier ['fla·ɪə·] *n* ① (*leaflet*) volantino *m* ② (*in airplane*) aviatore, -trice *m, f*

flight [flaɪt] *n* ① (*movement*) volo *m*; **the ~ of time** il passare del tempo ② (*group: of birds*) stormo *m* ③ (*retreat*) fuga *f*; **to take ~** darsi alla fuga ④ (*of stairs*) rampa *f*

flight attendant *n* assistente *mf* di volo

flimsy ['flɪm·zi] <-ier, -iest> *adj* ① (*light: dress, blouse*) leggero, -a ② (*construction*) fragile ③ (*argument, excuse*) debole

fling [flɪŋ] <flung> I. *vt* (*throw*) lanciare II. *n inf* (*relationship*) avventura *f*

flip [flɪp] <-pp-> I. vt (*pancake*) rigirare; (*pages*) sfogliare; **to ~ a coin** fare a testa e croce II. vi **to ~ over** (*car*) ribaltarsi

flip-flop ['flɪp·flɑːp] n infradito m inv

flipper ['flɪ·pə'] n pinna f

flirt [flɜːrt] I. n (*woman*) civetta f; (*man*) farfallone m II. vi ① (*be sexually attracted*) flirtare ② (*toy with*) **to ~ with sth** giocare con qc

float [floʊt] I. vi ① (*in liquid*) galleggiare; (*in air*) fluttuare; **to ~ to the surface** venire a galla ② ECON fluttuare II. vt ① (*keep afloat*) far galleggiare ② (*company*) quotare in borsa ③ (*idea, plan*) lanciare III. n ① NAUT (*fishing*) galleggiante m ② (*vehicle*) carro m

flock [flɑːk] I. n ① (*of goats, sheep*) gregge m; (*of birds*) stormo m; (*of people*) stuolo m II. vi affluire

flood [flʌd] I. vt inondare; *fig* sommergere II. vi METEO (*town*) allagarsi; (*river*) esondare; (*people*) affluire in massa III. n ① METEO inondazione f ② REL **the Flood** il Diluvio universale ③ *fig* (*gener*) marea f; (*of tears*) mare m; (*of products, complains*) valanga f

floodlight ['flʌd·laɪt] I. n riflettore m II. vt *irr* illuminare con i riflettori

floor [flɔːr] I. n ① (*of room*) pavimento m; **to take the ~** (*in debate*) prendere la parola; (*start dancing*) scendere in pista ② (*level in building*) piano m; **first ~** piano terra II. vt (*knock down*) stendere; **the question ~ed her** la domanda l'ha spiazzata

floorboard ['flɔːr·bɔːrd] n trave f di legno

flop [flɑːp] <-pp-> I. vi ① (*on bed, chair*) buttarsi ② *inf* (*fail*) fare fiasco II. n *inf* (*failure*) fiasco m

floppy ['flɑː·pi] I. <-ier, -iest> adj (*ears*) cadente; (*hat*) floscio, -a II. <-ies> n dischetto m

Florida ['flɔː·rɪ·də] n Florida f

florist ['flɔː·rɪst] n fioraio, -a m, f

flour ['flɑ·ʊə'] I. n farina f II. vt infarinare

flourish ['flɜː·rɪʃ] I. vi (*business, trade*) fiorire; (*plant*) crescere rigoglioso, -a II. vt agitare III. n **with a ~** con un gesto cerimonioso

flourishing adj (*garden, plant*) rigoglioso, -a; (*business, trade*) fiorente

flow [floʊ] I. vi scorrere II. n flusso m; **~ of blood** circolazione f del sangue ▸ **to go against the ~** andare contro corrente; **in full ~** nel bel mezzo di un discorso; **to go with the ~** seguire la corrente

flower ['flɑ·ʊə'] I. n fiore m II. vi fiorire

flowerbed n aiuola f

flowerpot n vaso f (da fiori)

flown [floʊn] pp of **fly**[1]

flu [fluː] n influenza f

fluent ['fluː·ənt] adj (*style*) scorrevole; (*movement*) sciolto, -a; **to speak ~ English** parlare l'inglese correntemente

fluffy ['flʌ·fi] <-ier, -iest> adj (*animal*) morbido, -a; (*toy*) di peluche; (*clothes*) soffice

fluid ['fluː·ɪd] I. n liquido m II. adj ① (*liquid*) liquido, -a ② (*situation*) fluido, -a

flung [flʌŋ] pp, pt of **fling**

flunk [flʌŋk] vt *inf* (*math, history*) cannare

flurry ['flɜː·ri] <-ies> n (*of snow*) spruzzata f; (*of wind*) folata f; **a ~ of excitement** un leggero trambusto

flush[1] [flʌʃ] I. vi (*blush*) arrossire II. vt **to ~ the toilet** tirare l'acqua III. n ① (*blush*) rossore m; **~ of anger** accesso m di rabbia ② (*toilet*) sciacquone m

flush[2] [flʌʃ] adj (*level*) ben allineato, -a

flushed [flʌʃt] adj arrossato, -a; **~ with success** emozionato, -a per il successo

fluster ['flʌs·tə'] vt **to ~ sb** fare agitare qu

flute [fluːt] n MUS flauto m

flutter ['flʌ·tə'] I. n (*of wings*) battito m II. vi ① (*quiver*) tremare ② (*flag*) sventolare; (*leaves*) volteggiare III. vt (*wings, eyelashes*) sbattere

fly[1] [flaɪ] <flew, flown> I. vi ① (*gener*) volare; **to ~ to New York** andare a new York in aereo ② (*move rapidly*) precipitarsi; **to ~ at sb** lanciarsi su qu ③ *inf*

F

(*leave*) scappare II. *vt* ⓵ (*aircraft*) pilotare ⓶ (*make move through air*) far volare; (*flag*) sventolare
◆**fly in** *vi* arrivare (in aereo)
◆**fly off** *vi* volare via
fly² [flaɪ] *n* (*insect*) mosca *f*
flyer ['flaɪə] *n* ⓵ (*leaflet*) volantino *m* ⓶ (*pilot*) aviatore, -trice *m, f*
flying ['flaɪ·ɪŋ] *adj* volante
flying saucer *n* disco *m* volante
flyover ['flaɪ·ˌoʊ·və] *n* cavalcavia *m*
foam [foʊm] I. *n* schiuma *f* II. *vi* to ~
with rage schiumare di rabbia
focal ['foʊ·kl] *adj* centrale
focus ['foʊ·kəs] <-es *o* foci> I. *n* ⓵ fuoco *m*; to be in/out of ~ essere a fuoco/sfocato, -a ⓶ (*center*) centro *m* II. <-s *o* -ss-> *vi* mettere a fuoco; to ~ on sth (*concentrate*) focalizzare qc III. *vt* focalizzare
fog [fɑg] *n* nebbia *f*; to be in a ~ *fig* essere confuso, -a
foggy ['fɑ·gi] <-ier, -iest> *adj* (*weather*) nebbioso, -a; (*memory*) vago, -a; to **not have the foggiest** (**idea**) non avere la più pallida idea
fog light *n* faro *m* antinebbia
foil¹ [fɔɪl] *n* ⓵ (*metal sheet*) carta *f* d'alluminio ⓶ (*sword*) fioretto *m*
foil² [fɔɪl] *vt* (*plan*) sventare
fold¹ [foʊld] I. *vt* ⓵ (*bend*) piegare; to ~ sth back/down ripiegare qc ⓶ (*wrap*) to ~ sth (in sth) avvolgere qc (in qc) II. *vi* ⓵ (*chair, table*) ripiegarsi ⓶ (*fail, go bankrupt*) chiudere i battenti III. *n* (*crease*) piega *f*
◆**fold up** *vt* piegare
fold² [foʊld] *n* ovile *m*
folder ['foʊl·də] *n* a. COMPUT cartella *f*
folding ['foʊl·dɪŋ] *adj* pieghevole; ~ **money** soldi *mpl* di carta
folk [foʊk] *n* ⓵ *pl* gente *f*; **the old** ~ i vecchi *pl*; **ordinary** ~ gente comune ⓶ *pl* (*parents*) genitori *mpl*
folk music *n* musica *f* folk
follow ['fɑ·loʊ] I. *vt* (*a. fig*) seguire II. *vi* ⓵ (*gener*) seguire ⓶ (*result*) conseguire; to ~ from sth derivare da qc
◆**follow on** *vi* conseguire

◆**follow through** *vt* ⓵ (*study*) approfondire ⓶ (*pursue*) portare a termine
◆**follow up** *vt* ⓵ (*consider, investigate*) esaminare a fondo ⓶ (*do next*) to ~ sth by [*o* with] sth far seguire qc a qc
follower *n* seguace *mf*
following I. *n* *inv* (*of idea*) sostenitori, -trici *m, fpl*; (*of doctrine*) seguaci *mfpl* II. *adj* seguente III. *prep* dopo
follow-up *n* seguito *m*
fond [fɑnd] <-er, -est> *adj* ⓵ (*with liking for*) to be ~ of sb essere affezionato, -a a qu; **he is** ~ **of** ... gli piace [*o* piacciono]... ⓶ (*loving*) affettuoso, -a; ~ **memories** cari ricordi *mpl* ⓷ (*hope*) vano, -a
food [fud] *n* cibo *m* ▶ to be **off** one's ~ non aver voglia di mangiare; to **give** sb ~ **for thought** dare da pensare a qu
food poisoning *n* intossicazione *f* alimentare
food processor *n* robot *m inv* da cucina
fool [ful] I. *n* sciocco, -a *m, f*; to make a ~ of sb rendersi ridicolo, -a; **any** ~ chiunque II. *vt* ingannare III. *vi* scherzare IV. *adj inf* sciocco, -a
◆**fool around** *vi* perdere tempo
foolish ['fu·lɪʃ] *adj* sciocco, -a
foolproof ['ful·pruːf] *adj* infallibile
foot [fʊt] I. <feet> *n* ⓵ (*of person*) piede *m*; (*of animal*) zampa *f* ⓶ (*unit of measurement*) piede *m*, 30,48 cm ⓷ (*bottom or lowest part*) at the ~ of one's bed ai piedi del letto; at the ~ of the page a piè di pagina ▶ to be **back** on one's feet essere di nuovo in piedi; to have/get **cold** feet avere fifa; to **find** one's feet ambientarsi; to have **both feet on the ground** avere i piedi per terra; to **put** one's ~ **down** puntare i piedi; to **put** one's ~ **in it** [*o* in one's mouth] fare una gaffe; to **set** ~ **in** sth metter piede in qc; to be **under** sb's **feet** stare sempre in mezzo ai piedi a qu; to get off on the **wrong** ~ partire col piede sbagliato II. *vt inf* to ~ **the bill** pagare il conto
football ['fʊt·bɔːl] *n* ⓵ (*sport*) football *m* americano ⓶ (*ball*) palla *f* ovale

football player n giocatore, -trice m, f di football americano

footbridge ['fʊt·brɪdʒ] n ponte m pedonale

footing ['fʊ·tɪŋ] n ⓵ **to lose one's ~** perdere l'equilibrio ⓶ (basis) piano m

footpath ['fʊt·pæθ] n sentiero m

footprint ['fʊt·prɪnt] n orma f

footrest ['fʊt·rest] n poggiapiedi m inv

footstep ['fʊt·step] n passo m

for [fɔːr] I. prep ⓵ (destined for, in order to help) per; **to do sth ~ sb** fare qc per qu ⓶ (intention, purpose) **~ sale/rent** in vendita/affitto; **it's time ~ lunch** è ora di pranzo; **to invite sb ~ dinner** invitare qu a cena; **what ~?** per quale motivo?; **what's that ~?** a cosa serve?; **~ this to be possible** perché ciò sia possibile ⓷ (to acquire) **eager ~ power** avido, -a di potere; **to ask/ hope ~ news** chiedere/aspettare notizie; **to apply ~ a job** fare domanda di lavoro; **to shout ~ help** gridare aiuto ⓸ (towards, distance) per; **to make ~ home** dirigersi verso casa ⓹ (time) per; **to last ~ hours** durare ore e ore; **I haven't been there ~ three years** sono tre anni che non ci vado; **I have known her ~ three years** la conosco da tre anni ⓺ (in support of) per; **is he ~ or against it?** lui è a favore o contrario? ⓻ (in substitution) **the substitute ~ the teacher** il supplente dell'insegnante; **say hello ~ me** saluta da parte mia ⓼ (price) **a check ~ $100** un assegno di $100; **I paid $10 ~ it** l'ho pagato $10 ⓽ (concerning) **as ~ me/that** riguardo a me/quello; **the best would be ~ me to go** farei meglio ad andarmene ⓾ (because of) per; **to cry ~ joy** piangere di gioia ⓫ (despite) **~ all that** malgrado tutto ciò; **~ all I know** per quanto ne so II. conj form perché

forbid [fərˈbɪd] <forbade, forbidden> vt proibire; **to ~ sb from doing sth** proibire a qu di fare qc; **to ~ sb sth** form proibire qc a qu

forbidden [fərˈbɪ·dn] pp of forbid

forbidding [fərˈbɪ·dɪŋ] adj ⓵ (threatening: a. sky, clouds) minaccioso, -a ⓶ (disapproving: frown, look) severo, -a

force [fɔːrs] I. n ⓵ (power) forza f; **to combine ~s** unire le forze ⓶ (large numbers) **in ~** in gran numero ⓷ (influence) forza f; **by ~ of circumstance** per cause di forza maggiore; **by ~ of habit** per abitudine ⓸ (validity) **to come into ~** entrare in vigore ⓹ MIL **police ~** forze fpl di polizia; **Air Force** aeronautica f militare; **the armed ~s** le forze fpl armate II. vt ⓵ (use power, cause to grow faster) forzare ⓶ (oblige to do) costringere; **to ~ sth on sb** imporre qc a qu; **to ~ a smile** sorridere forzatamente

forced adj forzato, -a

forceful ['fɔːrs·fəl] adj (person, character) energico, -a; (argument) convincente

forcibly adv con la forza

forearm ['fɔːr·ɑːrm] n avambraccio m

forecast ['fɔːr·kæst] <forecast o forecasted> I. n previsione f; **weather ~** previsioni mpl del tempo II. vt prevedere

forefinger ['fɔːr·fɪŋ·gər] n indice m

forefront ['fɔːr·frʌnt] n primo piano m; **to be at the ~ of sth** essere all'avanguardia in qc

forego [fɔːrˈgoʊ] <forewent, foregone> vt s. forgo

foregone [fɔːrˈgɑːn] pp of forego

foreground ['fɔːr·graʊnd] n a. ART **(in) the ~** (in) primo piano; **to put oneself in the ~** mettersi in vista

forehand ['fɔːr·hænd] n (tennis) diritto m

forehead ['fɔːr·ed] n fronte f

foreign ['fɔː·rɪn] adj ⓵ (from another country) straniero, -a ⓶ (involving other countries) estero, -a ⓷ (unknown, not belonging) estraneo, -a; **to be ~ to one's nature** non fare parte della natura di qu

foreign affairs npl affari mpl esteri

foreign currency n valuta f estera

foreigner ['fɔː·rɪ·nər] n straniero, -a m, f

F

foreign exchange *n* (*currency*) valuta *f* estera

foreman ['fɔːr·mən] <-men> *n* ① (*in factory*) caposquadra *m* ② LAW capo *m* della giuria

foremost ['fɔːr·moʊst] *adj* ① (*most important*) maggiore *m*; **to be ~ among ...** essere in prima fila fra... ② (*farthest forward*) più avanti

forename ['fɔːr·neɪm] *n form* nome *m* (di battesimo)

forerunner ['fɔːr·rʌ·nər] *n* precursore, precorritrice *m, f*

foresee [fɔːr·'siː] *irr vt* prevedere

foreseeable *adj* prevedibile; **in the ~ future** nell'immediato futuro

foreshadow [fɔːr·'ʃæ·doʊ] *vt* preannunciare

foresight ['fɔːr·saɪt] *n* lungimiranza *f*

forest ['fɔː·rɪst] I. *n* (*woods*) bosco *m*; (*tropical*) foresta *f* II. *adj* forestale

forestall [fɔːr·'stɔːl] *vt* prevenire

forester ['fɔː·rɪs·tər] *n* guardia *f* forestale

foretaste ['fɔːr·teɪst] *n* assaggio *m*

forever [fə·'e·vər] *adv* ① (*for all time*) per sempre ② (*continually*) continuamente; **to be ~ doing sth** fare qc in continuazione

forewarn [fɔːr·'wɔːrn] *vt* avvisare; **~ed is forearmed** *prov* uomo avvisato mezzo salvato

forewent [fɔːr·'went] *pp of* **forego**

foreword ['fɔːr·wɜːrd] *n* prefazione *f*

forgave [fər·'geɪv] *n pt of* **forgive**

forge [fɔːrdʒ] *vt* ① (*make illegal copy*) falsificare ② (*metal*) forgiare ③ *fig* (*bond*) stabilire

forgery ['fɔːr·dʒə·ri] <-ies> *n* contraffazione *f*

forget [fər·'get] <forgot, forgotten> I. *vt* ① (*not remember, leave behind*) dimenticare; **it's best forgotten** meglio scordarselo ② (*give up*) lasciar perdere; **~ it** lascia perdere ③ **to ~ oneself** (*behave badly*) perdere il controllo di sé II. *vi* dimenticarsi; **to ~ about sth/sb** dimenticarsi di qc/qu; **let's ~ about it!** lasciamo perdere!; **~ it!** te lo puoi scordare!

forgetful [fər·'get·fəl] *adj* smemorato, -a

forgive [fər·'gɪv] <forgave, forgiven> I. *vt* perdonare; **to ~ sb for sth** perdonare qc a qu; **to ~ sb for doing sth** perdonare a qu di aver fatto qc; **~ me** perdonami II. *vi* perdonare

forgiven *pp of* **forgive**

forgiving *adj* indulgente

forgo [fɔːr·'goʊ] *irr vt* rinunciare a

forgot [fər·'gɑːt] *pt of* **forget**

forgotten [fər·'gɑː·tn] *pp of* **forget**

fork [fɔːrk] I. *n* ① (*cutlery*) forchetta *f* ② (*tool*) forca *f* ③ (*in road*) biforcazione *f* ④ *pl* (*on bicycle*) forcella *f* II. *vt* (*food*) prendere con la forchetta III. *vi* (*road*) biforcarsi

forked *adj* (*tongue, tail, branch*) biforcuto, -a; (*road*) che si biforca

form [fɔːrm] I. *n* ① (*gener*) forma *f*; **to take ~** prender forma; **in liquid/ solid ~** allo stato liquido/solido; **to be in ~/out of ~** essere in forma/fuori forma ② (*of exercise, disease*) tipo *m*; **in any way, shape or ~** in nessun modo; **in the ~ of sth** sotto forma di qc ③ (*document*) modulo *m*; **to fill in a ~** compilare un modulo ④ (*correct procedure*) **in due ~** come si conviene; **for ~'s sake** per salvare la forma; **to be bad ~** essere cattiva educazione II. *vt* formare; **to ~ part of sth** far parte di qc; **to ~ the basis of sth** costituire le basi di qc; **to ~ the impression that ...** farsi l'idea che...; **to ~ an opinion** farsi un'opinione; **to ~ a habit** prendere un'abitudine; **to ~ a relationship** allacciare una relazione III. *vi* formarsi

formal ['fɔːr·məl] *adj* formale; **~ dress** abito *m* da cerimonia

formality [fɔːr·'mæ·lə·ti] <-ies> *n* formalità *f*

formalize ['fɔːr·mə·laɪz] *vt* formalizzare

format ['fɔːr·mæt] I. *n* formato *m* II. <-tt-> *vt* COMPUT formattare

formation [fɔːr·'meɪ·ʃən] *n* formazione *f*

formatting *n* COMPUT formattazione *f*

former ['fɔːr·mər] *adj* ① (*previous*) precedente ② (*first of two*) primo, -a

formerly *adv* precedentemente

F

formidable [ˈfɔːr·mə·də·bl] *adj* (*opponent, task*) difficile

formula [ˈfɔːrm·jʊ·lə] <-s *o* -lae> *n* ❶ *a. fig* MATH, COM, LING formula *f* ❷ (*baby milk*) latte *m* artificiale

forsake [fɔːrˈseɪk] <forsook, forsaken> *vt* abbandonare

forsaken [fɔːrˈseɪ·kən] *pp of* **forsake**

forsook [fɔːrˈsʊk] *pt of* **forsake**

fort [fɔːrt] *n* forte *m*

forth [fɔːrθ] *adv* **to go ~** andarsene; **back and ~** avanti e indietro

forthcoming [ˌfɔːrθˈkʌ·mɪŋ] *adj* ❶ (*happening soon*) prossimo, -a; (*book*) di prossima pubblicazione; (*film*) di prossima uscita ❷ (*available*) disponibile ❸ (*informative*) **to be ~ (about sth)** essere disposto, -a a parlare (di qc)

forthright [ˈfɔːrθ·raɪt] *adj* schietto, -a

fortieth [ˈfɔːr·ti·əθ] **I.** *adj* quarantesimo, -a **II.** *n* (*order*) quarantesimo, -a *m, f*; (*fraction*) quarantesimo *m*; (*part*) quarantesimo *m*; *s.a.* **eighth**

fortify [ˈfɔːr·tə·faɪ] <-ie-> *vt* ❶ MIL fortificare ❷ **fortified with** (*vitamins etc*) con l'aggiunta di

fortnight [ˈfɔːrt·naɪt] *n* due settimane *fpl*

fortunate [ˈfɔːr·tʃə·nət] *adj* fortunato, -a; **it is ~ for her that …** è una fortuna che lei…

fortunately *adv* fortunatamente

fortune [ˈfɔːr·tʃən] *n* ❶ (*money*) fortuna *f*; **a small ~** una piccola fortuna ❷ *form* (*good luck*) fortuna *f*; (*destiny*) sorte *f*; **good/ill ~** buona/cattiva sorte; **to tell sb's ~** predire il futuro a qu

fortune teller *n* indovino, -a *m, f*

forty [ˈfɔːr·ti] *adj* <-ies>, *n* quaranta *m*; *s.a.* **eighty**

forward [ˈfɔːr·wərd] **I.** *adv* (*in space, time*) avanti; **to lean ~** sporgersi in avanti; **to be ~ of sth** trovarsi davanti a qc; **from that day/time →** da quel giorno/quel momento in poi **II.** *adj* ❶ (*towards the front*) in avanti; **~ movement** movimento *m* in avanti ❷ (*relating to the future*) **~ look** sguardo *m*

verso il futuro; **~ planning** programmazione *f* a lungo termine **III.** *n* SPORTS attaccante *mf* **IV.** *vt* ❶ (*letter, e-mail*) inoltrare ❷ (*help to progress*) promuovere

forward-looking *adj* progressista

forwards [ˈfɔːr·wərdz] *adv* (*in space, time*) avanti

forwent [fɔːrˈwent] *pt of* **forgo**

foster [ˈfɑːs·tər] *vt* ❶ (*look after*) prendere in affidamento ❷ (*encourage*) coltivare

foster brother *n* fratello *m* adottivo

foster child *n* bambino, -a *m, f* in affidamento

foster father *n* padre *m* affidatario

foster mother *n* madre *f* affidataria

foster sister *n* sorella *f* adottiva

fought [fɔːt] *pt, pp of* **fight**

foul [faʊl] **I.** *adj* ❶ (*mood, temper*) pessimo, -a; (*air*) viziato, -a; (*weather*) orribile; (*taste, smell*) disgustoso, -a ❷ (*vulgar*) sconcio, -a **II.** *n* SPORTS fallo *m* **III.** *vt* ❶ (*pollute*) inquinare; (*dog*) sporcare ❷ SPORTS **to ~ sb** commettere un fallo su qu ❸ (*tangle*) impigliare

◆ **foul up** *vt infr* ovinare

foulmouthed *adj* sboccato, -a

found[1] [faʊnd] *pt, pp of* **find**

found[2] [faʊnd] *vt* fondare

foundation [faʊnˈdeɪ·ʃən] *n* ❶ *pl, a. fig* fondamenta *fpl*; **to lay the ~(s) (of sth)** gettare le fondamenta (di qc) ❷ (*evidence*) fondamento *m*; **to have no ~** non avere nessun fondamento ❸ (*act of establishing, organization*) fondazione *f* ❹ (*make-up*) fondotinta *m inv*

founder[1] [ˈfaʊn·dər] *n* fondatore, -trice *m, f*

founder[2] [ˈfaʊn·dər] *vi fig* naufragare; **to ~ on sth** fallire a causa di qc

fountain [ˈfaʊn·tən] *n* fontana *f*

fountain pen *n* penna *f* stilografica

four [fɔːr] **I.** *adj* quattro **II.** *n* ❶ quattro *m* ❷ (*group of four*) quattro *m* ▸ **to go on all ~s** camminare carponi; *s.a.* **eight**

fourteen [ˌfɔːrˈtiːn] *adj, n* quattordici *m*; *s.a.* **eight**

fourteenth I. *adj* quattordicesimo, -a II. *n* ❶ (*order*) quattordicesimo, -a *m, f* ❷ (*date*) quattordici *m* ❸ (*fraction*) quattordicesimo *m*; (*part*) quattordicesimo *m*; *s.a.* **eighth**

fourth [fɔ:rθ] I. *adj* quarto, -a II. *n* ❶ (*order*) quarto, -a *m, f* ❷ (*date*) quattro *m* ❸ (*fraction*) quarto *m*; (*part*) quarto *m*; *s.a.* **eighth**

Fourth of July *n* festa dell'indipendenza degli Stati Uniti

four-wheel drive *n* veicolo *m* a trazione integrale

fox [fɑ:ks] I. *n* (*animal, fur*) a. *inf* (*person*) volpe *f* II. *vt* ❶ (*mystify*) confondere ❷ (*trick*) ingannare

foyer ['fɔ·ɪə] *n* (*in hotel*) hall *f inv*; (*in theater*) foyer *m inv*

fraction ['fræk·ʃən] *n* frazione *f*

fracture ['fræk·tʃə] I. *vt* ❶ MED fratturare ❷ (*break*) rompere II. *vi* (*leg*) fratturarsi III. *n* MED frattura *f*

fragile ['fræ·dʒəl] *adj* (*a. fig*) fragile; (*health*) delicato, -a; **to feel ~** sentirsi debole

fragment ['fræg·ment] I. *n* frammento *m* II. *vi* (*a. fig*) frammentarsi III. *vt* (*a. fig*) frammentare

fragrance ['freɪ·grəns] *n* fraganza *f*

fragrant ['freɪ·grənt] *adj* fragrante

frame [freɪm] I. *n* ❶ (*for picture*) cornice *f*; (*for door*) telaio *m* ❷ *pl* (*spectacles*) montatura *f* ❸ (*of building*) struttura *f* ❹ (*body*) struttura (fisica) *f*; **a slight/sturdy ~** una corporatura esile/robusta ❺ CINE, TV fotogramma *m* II. *vt* ❶ (*picture, face*) incorniciare ❷ (*proposal*) elaborare; (*reply*) formulare ❸ *inf* (*falsely incriminate*) incastrare

frame-up ['freɪm·ʌp] *n inf* montatura *f*

framework ['freɪm·wɜ:rk] *n* ❶ (*supporting structure*) struttura *f* ❷ *fig* (*set of rules*) base *f*

France [fræns] *n* Francia *f*

frank [fræŋk] I. *adj* franco, -a; **to be ~, ...** ad essere sinceri,... II. *vt* (*letter*) affrancare; (*stamp*) annullare

frankencorn ['fræn·kən·kɔːn] *n no pl, pej, inf* mais *m* OGM

frantic ['fræn·tɪk] *adj* (*hurry, activity*) frenetico, -a; **to be ~ with rage** essere furibondo, -a; **to be ~ with worry** essere disperato, -a

fraud [frɑ:d] *n* ❶ a. LAW frode *f* ❷ (*trick*) imbroglio *m* ❸ (*person*) impostore, -a *m, f*

fraudulent ['frɑː·dʒə·lənt] *adj* fraudolento, -a

fray[1] [freɪ] *vi* (*rope, cloth*) sfilacciarsi; **tempers were beginning to ~** la gente cominciava a spazientirsi

fray[2] [freɪ] *n* lotta *f*

freak [fri:k] I. *n* ❶ (*person, thing*) mostro *m*; **a ~ of nature** uno scherzo *m* della natura ❷ (*enthusiast*) fanatico, -a *m, f* II. *adj* anomalo, -a

freckle ['fre·kl] *n pl* lentiggine *f*

free [fri:] I. <-r, -est> *adj* ❶ (*gener*) libero, -a; **to break ~** (*of sth/sb*) liberarsi (da qc); **to go ~** essere liberato, -a; **set sb ~** mettere in libertà qu; **to get sth ~** liberare qc ❷ (*costing nothing*) gratuito, -a; **~ of charge** gratis; **to be ~ of customs/tax** essere esente da dazio/imposte ❸ (*generous*) **to be ~ with sth** essere prodigo, -a di qc ▸ **~ and easy** rilassato, -a e informale II. *adv* gratuitamente; **~ of charge** gratis; **for ~** *inf* gratis III. *vt* liberare; **to ~ sb to do sth** lasciare a qu la libertà di fare qc

freebie ['fri:·bi:] *n* omaggio *m*

freedom ['fri:·dəm] *n* libertà *f*; **~ of speech/thought** libertà di espressione/pensiero; **to have the ~ of sb's house** poter usare liberamente la casa di qu

free enterprise *n* iniziativa *f* privata

freehold ['fri:·hoʊld] *n* piena proprietà *f*

free kick *n* SPORTS calcio *m* di punizione

freelance ['fri:·læns] I. *n* freelance *mf inv* II. *adj* freelance III. *vi* lavorare come freelance

freely *adv* ❶ (*unrestrictedly*) **to be ~ available** trovarsi facilmente ❷ (*without obstruction*) liberamente ❸ (*frankly: speak, criticize*) liberamente; (*admit*) apertamente ⑥ (*generously*) generosamente

free-range [ˌfriːˈreɪndʒ] *adj* (*chicken*) ruspante; (*egg*) da pollo ruspante

free speech *n* libertà *f* di espressione

freestyle [ˈfriːˌstaɪl] *n* stile *m* libero

freeway *n* autostrada *f*

freewheel [ˈfriːˈhwiːl] *vi* (*car*) andare in folle; (*bicycle*) andare a ruota libera

free will *n* libero arbitrio *m*

freeze [friːz] <froze, frozen> **I.** *vi* ① (*liquid*) gelare; (*food*) congelarsi ② (*become still*) rimanere di ghiaccio **II.** *vt* (*liquid, food, prices*) congelare **III.** *n* ① METEO ondata *f* di gelo ② ECON congelamento *m*

freezer *n* congelatore *m*

freezing *adj* (*temperatures*) sotto zero; (*rain*) ghiacciato, -a; **it's ~** si gela; **I'm ~** sto morendo di freddo

freight [freɪt] **I.** *n* ① (*transportation*) trasporto *m* ② (*goods*) merci *fpl* **II.** *vt* trasportare

freight car *n* RAIL vagone *m* merci

freighter [ˈfreɪˌtə] *n* ① (*ship*) nave *f* da carico ② (*plane*) aereo *m* da carico

freight train *n* treno *m* merci

French [frentʃ] **I.** *adj* francese **II.** *n* ① (*person*) francese *mf* ② (*language*) francese *m*

French dressing *n* olio e aceto, *condimento per insalata*

French fried potatoes *npl*, **French fries** *npl* patatine *fpl* fritte

French kiss *n* bacio *m* vero

Frenchman <-men> *n* francese *m*

French toast *n* toast *m* francese, *fetta di pane passata in latte e uova e poi fritta*

Frenchwoman <-women> *n* francese *f*

frequency [ˈfriːˌkwən·tsi] <-cies> *n* frequenza *f*

frequent[1] [ˈfriː·kwənt] *adj* frequente

frequent[2] [frɪˈkwent] *vt* frequentare

fresh [freʃ] *adj* ① (*gener*) fresco, -a ② **to make a ~ start** ricominciare da zero; **~ from the oven** appena sfornato, -a

freshen [ˈfre·ʃən] **I.** *vt* rinfrescare **II.** *vi* (*wind*) rinforzare

friction [ˈfrɪk·ʃən] *n* (*a. fig*) attrito *m*

Friday [ˈfraɪ·di] *n* venerdì *m inv*; **on ~s** di venerdì; **every ~** tutti i venerdì; **this** (**coming**) **~** questo venerdì; **on ~ mornings** di venerdì mattina; **on ~ night** venerdì notte; **last/next ~** venerdì scorso/prossimo; **every other ~** un venerdì sì e uno no; **on ~ we are going on vacation** partiamo per le vacanze venerdì

fridge [frɪdʒ] *n* frigorifero *m*

fried [fraɪd] *adj* fritto, -a

friend [frend] *n* ① amico, -a *m, f*; **to make ~s** (**with sb**) fare amicizia (con qu); **a ~ of mine/yours** un mio/tuo amico ② (*supporter*) sostenitore, -trice *m, f*

friendly [ˈfrend·li] <-ier, -iest> *adj* (*person*) socievole; (*look, manner*) amichevole; (*house, environment*) accogliente; (*nation*) amico, -a; **to be on ~ terms with sb** essere in rapporti di amicizia con qu; **to be ~ towards sb** mostrarsi gentile con qu; **to be ~ with sb** essere amico di qu

friendship [ˈfrend·ʃɪp] *n* amicizia *f*

fright [fraɪt] *n* ① (*gener*) spavento *m*; **to take ~** (**at sth**) spaventarsi (per qc); **to give sb a ~** far prendere uno spavento a qu ② *inf* (*unattractive sight*) obbrobrio *m*; **to look a ~** fare paura

frighten [ˈfraɪ·tən] **I.** *vt* spaventare **II.** *vi* spaventarsi

frightened *adj* spaventato, -a

frightening *adj* spaventoso, -a

frightful [ˈfraɪt·fəl] *adj* spaventoso, -a

fringe [frɪndʒ] **I.** *n* ① (*decorative edging*) frangia *fpl* ② (*edge*) margine *m*; *fig*; **the ~ of society** i margini della società; **the lunatic ~** la frangia estremista ③ (*fringe benefit*) beneficio *m* accessorio **II.** *vt* contornare **III.** *adj* marginale

frisk [frɪsk] *vt* perquisire

fritter[1] [ˈfrɪ·tə] *n* frittella *f*

fritter[2] [ˈfrɪ·tə] *vt* **to ~ (away)** (*money*) sperperare; (*time*) sprecare

frivolous [ˈfrɪ·və·ləs] *adj* frivolo, -a

frizzy [ˈfrɪ·zi] *adj* (*hair*) crespo, -a

fro [frou] *adv* **to and ~** avanti e indietro

frock [frɑːk] *n* abito *m*

F

frog[1] [frɑːg] *n* ZOOL rana *f*

frog[2] [frɑːg] *n pej* (*French person*) mangiarane *mf*

from [frɑːm] *prep* ① (*gener*) (*a. temporal*) da; **where is he ~?** di dov'è?; **to appear ~ among the trees** spuntare fra gli alberi; **~ that date on(wards)** a partire da quella data ② (*one to another*) **to go ~ door to door** andare di porta in porta; **to tell good ~ evil** distinguere il bene dal male ③ (*caused by*) **~ experience** per esperienza; **weak ~ hunger** debole per la fame; **to die ~ thirst** morire di sete ④ (*removed*) **to steal/take sth ~ sb** rubare/prendere qc a qu; **to prevent sb ~ doing sth** impedire a qu di fare qc; **to keep sth ~ sb** nascondere qc a qu; **to protect ~ the sun** proteggere dal sole; **4 ~ 7 equals 3** 7 meno quattro fa 3

front [frʌnt] **I.** *n* ① (*forward-facing part*) davanti *m inv*; (*of building*) facciata *f* ② (*outside cover*) copertina *f*; (*first pages*) inizio *m* ③ (*front area*) parte *f* davanti; **in ~ (of)** davanti (a) ④ THEAT sala *f* ⑤ (*deceptive appearance*) facciata *f*; **to put on a bold ~** fare mostra di coraggio ⑥ MIL, POL, METEO, FIG fronte *m* ⑦ (*promenade*) lungomare *m* **II.** *adj* ① (*at the front*) davanti *inv* ② (*first*) primo, -a **III.** *vt* ① (*be head of*) capeggiare ② TV presentare **IV.** *vi* guardare a; **the apartment ~s north** l'appartamento è rivolto a nord

front door *n* porta *f* d'ingresso

front-end *n* COMPUT (*interface*) che ha un utente come destinatario

frontier [frʌnˈtɪr] *n a. fig* frontiera *f*

front line *n* MIL linea *f* del fronte; *fig* prima linea *f*

front page *n* prima pagina *f*

front-runner *n* favorito, -a *m, f*

frost [frɑːst] **I.** *n* (*crystals*) brina *f*; (*weather*) gelata *f* **II.** *vt* ① (*cover with frost*) gelare ② (*covered with icing*) glassare

frosted *adj* ① (*cake*) glassato, -a ② (*glass*) smerigliato, -a

frosty [ˈfrɑːsti] <-ier, -iest> *adj*

① (*pavement*) ghiacciato, -a; (*morning*) gelido, -a ② (*unfriendly*) gelido, -a

frothy [ˈfrɑːθi] <-ier, -iest> *adj* schiumoso, -a

frown [fraʊn] **I.** *vi* ① aggrottare le sopracciglia; **to ~ at sb/sth** guardare qu/qc in cagnesco ② *fig* (*disapprove of*) **to ~ on sth** non veder di buon occhio qc **II.** *n* cipiglio *m*

froze [froʊz] *pt of* **freeze**

frozen [ˈfroʊ·zn] **I.** *pp of* **freeze II.** *adj* (*water*) ghiacciato, -a; (*food*) surgelato, -a

fruit [fruːt] *n* (*for eating*) frutta *f*; (*on tree, product*) *a. fig* frutto *m*

fruitcake [ˈfruːt·keɪk] *n* ① (*cake*) torta *f* di frutta secca ② *inf* (*crazy person*) svitato, -a *m, f*

fruitful [ˈfruːt·fəl] *adj* ① (*discussion*) fruttuoso, -a ② (*land*) fecondo, -a

fruitless [ˈfruːt·ləs] *adj* infruttuoso, -a

fruit salad *n* macedonia *f* (di frutta)

fruity [ˈfruː·ti] <-ier, -iest> *adj* ① fruttato, -a ② *inf* (*crazy*) svitato, -a

frustrate [ˈfrʌs·treɪt] <-ting> *vt* frustrare

frustration [frʌsˈtreɪ·ʃən] *n* frustrazione *f*

fry [fraɪ] <-ie-> **I.** *vt, vi* friggere **II.** *n* **fish ~** grigliata *f* di pesce

frying pan *n* padella *f*

ft. *abbr of* **foot, feet** piede

fuck [fʌk] *vulg* **I.** *vt* scopare; **~ you!** fottiti!; **~ that idea** è un'idea di merda **II.** *vi* scopare **III.** *n* scopata *f* **IV.** *interj* cazzo ✦ **fuck off** *vi* ~! vaffanculo!

fucked up *adj vulg* (*drunk*) sbronzo, -a; (*messed up*) di merda

fucker [ˈfʌ·kər] *n vulg* testa *f* di cazzo

fuel [ˈfjuː·əl] **I.** *n* carburante *m* **II.** <-l-> *vt* ① (*provide with fuel*) rifornire di carburante ② (*increase*) alimentare

fulfil <-ll-> *vt*, **fulfill** [fʊlˈfɪl] *vt* (*ambition*) realizzare; (*task, function*) adempiere; (*condition, requirement*) soddisfare; (*need*) rispondere a; **to ~ oneself** realizzarsi

fulfilment *n*, **fulfillment** *n* (*of condi-*

tion, requirement) soddisfacimento *m*; (*of function, role*) adempimento *m*; (*satisfaction*) soddisfazione *f*

full [fʊl] **I.**<-er, -est> *adj* ❶(*container, space*) pieno, -a ❷(*total: support*) pieno, -a; (*recovery*) completo, -a; (*member*) a pieno titolo ❸(*maximum: employment*) pieno, -a; **at ~ speed** a tutta velocità; **at ~ stretch** al massimo ❹(*busy*) intenso, -a ❺(*plump*) rotondetto, -a; (*lips*) carnoso, -a ❻(*wide*) ampio, -a ❼(*not hungry*) **to be ~** essere sazio, -a ❽(*conceited*) **to be ~ of oneself** essere pieno, -a di sé **II.** *adv* ❶(*completely*) completamente ❷(*directly*) direttamente ❸(*very*) molto; **to know ~ well (that ...)** sapere perfettamente (che...) **III.** *n* **in ~** per esteso; **to the ~** appieno

fullback ['fʊl·bæk] *n* SPORTS terzino *m*
full-grown *adj* adulto, -a
full moon *n* luna *f* piena
full-page *adj* a tutta pagina
full stop I. *n* punto *m*; **to come to a ~** *fig* bloccarsi **II.** *adv* punto e basta
full-time *adj* a tempo pieno
fully ['fʊ·li] *adv* ❶(*completely*) completamente ❷(*in detail*) dettagliatamente ❸(*at least*) almeno
fumble ['fʌm·bl] *vi* **to ~ around for sth** frugare alla ricerca di qc; **to ~ for words** farfugliare
fume [fjuːm] *vi* ❶(*be angry*) essere furibondo, -a; **to ~ at sb** inveire contro qu ❷(*emit fumes*) fumare
fun [fʌn] **I.** *n* divertimento *m*; **it was a lot of ~** è stato molto divertente; **for** [*o* **in**] **~** per divertimento; **to have (a lot of) ~** divertirsi (molto); **have ~!** divertiti!; **have ~ on your weekend!** buon fine settimana!; **to make ~ of sb, to poke ~ at sb** prendere in giro qu **II.** *adj* ❶(*enjoyable*) simpatico, -a ❷(*funny*) divertente
function ['fʌŋk·ʃən] **I.** *n* ❶(*of brain, tool*) MATH funzione *f*; (*of person*) ruolo *m*; **in my ~ as mayor** in qualità di sindaco ❷(*ceremony*) cerimonia *f*; (*so-*

cial event) ricevimento *m* **II.** *vi* funzionare
functional ['fʌŋk·ʃə·nl] *adj* ❶ a. LING funzionale ❷(*working*) funzionante; (*operational*) operativo, -a
fund [fʌnd] **I.** *n* fondo *m*; **to have a ~ of knowledge about sth** essere un pozzo di sapienza su qc **II.** *vt* finanziare
fundamental [ˌfʌn·də·'men·təl] **I.** *adj* fondamentale **II.** *n* **the ~s** le basi *fpl*
fundamentally *adv* fondamentalmente
fundraising *n* raccolta *f* di fondi
funeral ['fjuː·nə·rəl] *n* funerale *m*
funeral home *n* camera *f* mortuaria
fungus ['fʌŋ·gəs] *n* (*mushroom*) fungo *m*; (*mold*) muffa *f*
fun-loving *adj* che ama il divertimento
funnel ['fʌ·nəl] *n* (*tool*) imbuto *m*
funnies ['fʌn·iz] *npl* **the ~** strisce *fpl* comiche
funny ['fʌ·ni] <-ier, -iest> *adj* ❶(*amusing*) divertente ❷ *inf* (*witty*) spiritoso, -a ❸(*odd, peculiar*) strano, -a; **to have a ~ feeling that ...** avere lo strano presentimento che...; **to have ~ ideas** avere idee strambe ❹(*slightly ill*) **to feel ~** sentirsi strano, -a
funny bone *n inf: punto sensibile del gomito*
fur [fɜːr] *n* ❶(*animal hair*) pelo *m* ❷(*garment*) pelliccia *f*
furious ['fjʊ·ri·əs] *adj* ❶(*angry*) furioso, -a; **a ~ outburst** un accesso di collera ❷(*intense*) violento, -a; **at a ~ pace** a un ritmo vertiginoso
furl [fɜːrl] *vt* piegare
furnish ['fɜːr·nɪʃ] *vt* ❶(*supply*) fornire; **to ~ sb with sth** fornire qc a qu; **to be ~ed with sth** essere provvisto, -a di qc ❷(*provide furniture for*) arredare
furnished ['fɜːr·nɪʃt] *adj* ammobiliato, -a
furniture ['fɜːr·nɪ·tʃər] *n* mobili *mpl*; **piece of ~** mobile *m*
furniture van *n* camion *m* dei traslochi
furry ['fɜː·ri] <-ier, -iest> *adj* peloso, -a; **~ toy** peluche *m inv*
further ['fɜːr·ðər] **I.** *adj comp of* **far** ❶(*greater distance*) più lontano, -a ❷(*additional*) altro, -a; **until ~ notice**

F

fino a nuovo avviso II. *adv comp of* **far** ❶ (*greater distance*) più lontano; ~ **on** più avanti; **to go ~ with sth** andare avanti con qc ❷ (*more*) in più ► **to not go** *any* ~ non spingersi oltre; **this can't go on** *any* ~ così non può continuare III. *vt* promuovere; (*interests*) favorire

furthermore ['fɜːr·ðə·mɔːr] *adv* inoltre

furthest ['fɜːr·ðɪst] I. *adj* ❶ *superl of* **far** ❷ (*at the greatest distance*) più lontano, -a II. *adv* ❶ *superl of* **far** ❷ (*greatest distance*) più lontano; **that's the ~ I can go** non posso spingermi più in là di così

fury ['fjʊ·ri] *n* furia *f*; **fit of ~** attacco *m* d'ira

fuse [fjuːz] I. *n* ❶ ELEC fusibile *m* ❷ (*ignition device*) detonatore *m*; (*string*) miccia *f* ► **to** **light** the ~ *fig* accendere la miccia; **to have a** **short** ~ saltare per

G

niente II. *vi* ❶ ELEC saltare ❷ (*join together*) fondersi III. *vt* ❶ ELEC far saltare ❷ (*join*) fondere

fuss [fʌs] I. *n* trambusto *m;* **to make a ~** fare storie II. *vi* agitarsi; **to ~ over sth** preoccuparsi per qc; **to ~ over sb** soffocare qu di attenzioni

fussy ['fʌ·si] <-ier, -iest> *adj* ❶ (*overparticular*) troppo esigente ❷ (*overdone, overdecorated*) troppo elaborato, -a

futile ['fjuː·t̬əl] *adj* inutile

future ['fjuː·tʃə] I. *n a.* LING futuro *m* II. *adj* futuro, -a

fuzz [fʌz] *n* ❶ (*fluff*) peluria *f* ❷ (*fluffy hair*) capelli *mpl* crespi

fuzzy ['fʌ·zi] *adj* ❶ (*unclear*) sfuocato, -a ❷ (*with soft hair*) lanuginoso, -a; (*curly*) riccio, -a; (*frizzy*) crespo, -a

---

Gg

G, g [dʒiː] *n* G, g *f*; **~ for George** G come Genova

GA ['dʒɔr·dʒə], **Ga.** *n abbr of* **Georgia** GA

gadget ['gæ·dʒɪt] *n* gadget *m inv*

gage [geɪdʒ] *n, vt s.* **gauge**

gaily ['geɪ·li] *adv* gaiamente

gain [geɪn] I. *n* ❶ (*increase*) aumento *m;* ~ **in weight** aumento di peso ❷ ECON, FIN (*profit*) guadagno *m;* **net ~** utile *m* netto ❸ *fig* (*advantage*) vantaggio *m* II. *vt* ❶ (*obtain*) guadagnare; **to ~ success** conseguire il successo ❷ (*increase: velocity*) acquistare; **to ~ weight** ingrassare III. *vi* (*clock, watch*) andare avanti

♦ **gain on** *vt* guadagnare terreno su

gal [gæl] *n inf* ragazza *f*

gala ['geɪ·lə] *n* (*celebration*) (gran) gala *m inv*

galaxy ['gæ·lək·si] <-ies> *n* (*space*) galassia *f*

gale [geɪl] *n* burrasca *f*; **a ~-force wind** un vento di burrasca

gallery ['gæ·lə·ri] <-ries> *n a.* ARCHIT, THEAT galleria *f*

gallon ['gæ·lən] *n* gallone *m* (*3,79 l*)

gallop ['gæ·ləp] I. *vi* galoppare II. *n* galoppo *m;* **at a ~** *fig* a gran velocità

gamble ['gæm·bl] I. *n* scommessa *f;* **to take a ~** rischiare II. *vi* giocare d'azzardo; **to ~ on sth** scommettere su qc III. *vt* (*money*) scommettere; (*one's life*) rischiare

gambler ['gæmb·lə] *n* giocatore, -trice *m, f* d'azzardo

gambling *n* gioco *m* d'azzardo

game¹ [geɪm] I. *n* ❶ (*entertaining activity*) gioco *m;* **board ~** gioco da tavolo; **the Olympic Games** le Olimpiadi ❷ (*match*) partita *f;* **a ~ of chess** una partita a scacchi ❸ SPORTS (*skill level*) **to be off one's ~** *a. fig* essere fuori forma

II. *adj inf* (*willing*) pronto, -a; **to be ~ (to do sth)** starci (a fare qc)

game² [geɪm] *n* (*in hunting*) cacciagione *f*; **big ~** caccia grossa

gammon ['gæ·mən] *n* prosciutto *m*

gang [gæŋ] *n* ❶ (*criminal group*) banda *f* ❷ (*group of workers*) squadra *f* ❸ *inf* (*group of friends*) gruppo *m*
◆ **gang up on** *vt* coalizzarsi contro

gangster ['gæŋ·tə] *n* gangster *m inv*

gangway ['gæŋ·weɪ] *n* ❶ (*gangplank*) passerella *f* ❷ (*passage*) corridoio *m*

gap [gæp] *n* ❶ (*opening*) apertura *f*; (*empty space*) spazio *m* (vuoto); **to fill a ~** colmare un vuoto ❷ (*break in time*) intervallo *m* ❸ (*difference*) divario *m*; **age ~** differenza *f* d'età

gape [geɪp] *vi* (*jacket*) aprirsi; (*person*) restare a bocca aperta

gaping *adj* (*hole*) enorme; (*wound*) aperto, -a

garage [gə·'rɑːʒ] *n* ❶ (*of house*) garage *m inv* ❷ (*for repair*) officina *f*

garage sale *n* vendita di roba usata che si tiene in garage o nel prato di fronte a casa

garbage ['gɑːr·bɪdʒ] *n* spazzatura *f*; **to take** [*o* **throw**] **out the ~** buttare la spazzatura

garbage can *n* bidone *m* della spazzatura

garbage dump *n* discarica *f*

garbage man *n* netturbino *m*

garbage truck *n* camion *m inv* della nettezza urbana

garble ['gɑːr·bl] *vt* ❶ (*confuse: facts*) confondere ❷ (*distort: message*) rendere indecifrabile

garden ['gɑːr·dn] *n* ❶ giardino *m*; **vegetable ~** orto *m* ❷ *pl* (*ornamental grounds*) giardini *mpl*; **botanical ~** orto *m* botanico

gardener ['gɑːrd·nə] *n* giardiniere *m*

gardening ['gɑːrd·nɪŋ] *n* giardinaggio *m*

gargle ['gɑːr·gl] *vi* fare gargarismi

garlic ['gɑːr·lɪk] *n* aglio *m*; **clove of ~** spicchio *m* d'aglio

garment ['gɑːr·mənt] *n* capo *m* di vestiario

gas [gæs] <-s(s)es> *n* ❶ *a.* MED, CHEM gas *m inv* ❷ (*fuel*) benzina *f*; **unleaded ~** benzina senza piombo

gas-guzzler *n inf*: macchina che succhia molta benzina

gash [gæʃ] I. <-es> *n* (*wound*) sfregio *m* II. *vt* (*wound*) sfregiare

gas mask *n* maschera *f* antigas

gas meter *n* contatore *m* del gas

gasoline ['gæ·sə·liːn] *n* benzina *f*

gasp [gæsp] I. *vi* ❶ (*breathe with difficulty*) ansimare; **to ~ for air** [*o* **breath**] boccheggiare ❷ (*in shock*) rimanere senza fiato II. *vt* **to ~ sth out** dire qc con voce soffocata III. *n* grido *m* soffocato

gas pedal *n* acceleratore *m*

gas pipe *n* tubatura *f* del gas

gas pump *n* pompa *f* di benzina

gas station *n* distributore *m* di benzina

gas stove *n* cucina *f* a gas

gassy ['gæ·si] <-ier, -iest> *adj* ❶ (*full of gas*) gasato, -a ❷ (*gas-like*) gassoso, -a

gas tank *n* serbatoio *m* della benzina

gate [geɪt] *n* ❶ (*entrance*) cancello *m* ❷ AVIAT uscita *f* d'imbarco ❸ SPORTS (*in skiing*) porta *f* ❹ RAIL barriera *f*

gatecrash ['geɪt·kræʃ] I. *vt* imbucarsi a; **to ~ a party** imbucarsi a una festa II. *vi* imbucarsi

gatekeeper *n* guardiano, -a *m, f*

gatepost *n* pilastro *m*

gateway *n* ❶ (*entrance*) entrata *f* ❷ (*means of access*) porta *f*

gather ['gæ·ðə] I. *vt* ❶ (*convene: people*) radunare ❷ (*collect: flowers, information*) raccogliere ❸ (*increase*) **to ~ speed** acquistare velocità ❹ (*muster*) **to ~ one's strength** raccogliere le forze ❺ (*infer*) dedurre; **to ~ that …** dedurre che … II. *vi* ❶ (*convene*) radunarsi ❷ (*accumulate*) accumularsi

gathering *n* riunione *f*

gauge [geɪdʒ] I. *n* ❶ (*measure: of bullet*) calibro *m*; (*of wire*) spessore *m*; (*of rails*) scartamento *m* ❷ (*instrument*)

G

indicatore m; **tyre ~** manometro m *fig* misura f II. vt (measure) misurare (assess) valutare

gauze [gɑːz] n a. MED garza f

gave [geɪv] pt of **give**

gawk [gɑːk] vi inf stare come un salame; **to ~ at** guardare a bocca aperta

gawky ['gɑːˌki] adj (tall, awkward) allampanato, -a

gay [geɪ] I. adj (homosexual) gay (cheerful) gaio, -a II. n gay m inv

gaze [geɪz] I. vi guardare; **to ~ at sth** rimirare qc II. n sguardo f fisso

GB [ˌdʒiːˈbiː] n abbr of **Great Britain** GB

gear [gɪr] n TECH ingranaggio m AUTO marcia f (equipment) attrezzatura f

gearbox ['gɪrˌbɑːks] <-es> n scatola f del cambio

gearshift ['gɪrˌʃɪft] n leva f del cambio

gee whiz ['dʒiːˌwɪz] interj inf caspita

geez [dʒiz] interj inf madonna

gem [dʒem] n (jewel) pietra f preziosa

Gemini ['dʒeˌmɪˌni] n Gemelli mf; **I'm (a) Gemini** sono (dei) Gemelli

gen. n abbr of **general** gener. mf

gender ['dʒenˌdər] n (sexual identity) sesso m LING genere m

gene [dʒiːn] n gene m

general ['dʒenˌrəl] I. adj generale; **of ~ interest** di interesse generale; **as a ~ rule** di regola II. n MIL generale m; **four-star ~** generale d'armata

general admission n posto m unico non numerato

general election n elezioni fpl politiche

generalize ['dʒeˌnəˌrəˌlaɪz] vi, vt generalizzare

generally ['dʒenˌrəˌli] adv (usually) generalmente (widely, extensively) in generale

general store n emporio m

generate ['dʒeˌnəˌreɪt] vt (cause: interest) suscitare; (jobs) creare; (revenue) produrre ELEC generare

generation [ˌdʒeˌnəˈreɪˌʃən] n generazione f

generator ['dʒeˌnəˌreɪˌtər] n a. ELEC generatore m

generosity [ˌdʒenˌəˈrɑːsˌəˌti] n generosità f

generous ['dʒeˌnəˌrəs] adj generoso, -a

gene therapy [ˌdʒiːnˈθeˌrəˌpi] n terapia f genica

genetic [dʒɪˈneˌtɪk] adj genetico, -a

genitive ['dʒeˌnəˌtɪv] I. adj genitivo, -a II. n genitivo m

genius ['dʒiːˌniˌəs] n <-ses> genio m

genocide ['dʒeˌnəˌsaɪd] n genocidio m

gent [dʒent] n inf abbr of **gentleman** signore m

gentle ['dʒenˌtl] adj (person) gentile (breeze, tap on the door) leggero, -a; (slope) dolce

gentleman ['dʒenˌtlˌmən] <-men> n (man) signore m; **ladies and gentlemen** signore e signori (well-behaved man) gentiluomo m

gentleness ['dʒenˌtlˌnɪs] n gentilezza f

genuine ['dʒeˌnjuˌɪn] adj (not fake: leather, pearls) vero, -a; (work of art) autentico, -a (sincere: person, emotion) sincero, -a

genus ['dʒiːˌnəs] <-nera> n BIO genere m

geographic(al) [ˌdʒiːˌəˈgræˌfɪˌk(l)] adj geografico, -a

geography [dʒiːˈɑːˌgrəˌfi] n geografia f

geological [ˌdʒiːˌəˈlɑːˌdʒɪˌkəl] adj geologico, -a

geologist [dʒiːˈɑːˌləˌdʒɪst] n geologo, -a m, f

geology [dʒiːˈɑːˌləˌdʒi] n geologia f

geometric(al) [ˌdʒiːˌəˈmeˌtrɪˌk(l)] adj geometrico, -a

geometry [dʒiːˈɑːˌməˌtri] n geometria f

Georgia ['dʒɔrˌdʒə] n Georgia f

germ [dʒɜːrm] n germe m

German ['dʒɜːrˌmən] I. n (person) tedesco, -a m, f (language) tedesco m II. adj tedesco, -a

German measles n + sing vb rosolia f

German shepherd n pastore m tedesco

Germany ['dʒɜːrˌməˌni] n Germania f

germinate ['dʒɜːrˌməˌneɪt] I. vi germinare II. vt far germinare

gerund ['dʒe·rənd] n gerundio m
gesture ['dʒest·fə·] I. n gesto m II. vi
fare un gesto
get [get] I.<got, gotten> vt inf ① (obtain, catch) prendere; **to ~ a taxi/bus**
prendere un taxi/autobus; **to ~ the impression that …** avere l'impressione
che…; **to ~ a glimpse of sb/sth** intravedere qu/qc; **to ~ the flu** prendere
l'influenza ② (receive) ricevere; **to ~
sth from sb** ricevere qc da qu; **to ~ a
surprise** avere una sorpresa ③ (hear,
understand) capire; **to ~ a joke** capire
una battuta; **I don't ~ it** non capisco
④ (answer) **to ~ the door** inf aprire (la
porta); **to ~ the phone** inf rispondere
(al telefono) ⑤ (buy) comprare; **to ~ sth
for sb** comprare qc a qu ⑥ (cause to
be) **to ~ sb to do sth** far fare qc a qu; **to
~ sb ready** preparare qu; **to ~ sth finished** finire qc II. vi ① (+ n/adj (become) diventare; **to ~ rich** arricchirsi;
to ~ married sposarsi; **to ~ upset** prendersela; **to ~ used to sth** abituarsi a qc;
to ~ better migliorare ② (have opportunity) **to ~ to do sth** riuscire a fare qc;
to ~ to see sth riuscire a vedere qu
③ (travel) arrivare; **to ~ home** arrivare
a casa; **to ~ to the restaurant** arrivare
al ristorante ④ inf (begin) iniziare; **to ~
to like sth** iniziare ad apprezzare qc; **to
~ going** darsi una mossa
◆**get across** vt far capire
◆**get along** vi ① (have a good relationship) andare d'accordo ② (manage)
cavarsela
◆**get around** I. vt insep (avoid) aggirare II. vi ① (spread) spargersi; **word
got around that …** si è sparsa la voce
che… ② (travel) viaggiare molto
◆**get at** vt insep, inf ① (reach) arrivare
a ② (suggest) alludere a
◆**get away** vi andarsene
◆**get away with** vt cavarsela con; **to ~
murder** passarsela liscia
◆**get back** vt ricuperare
◆**get behind** vi rimanere indietro
◆**get by** vi (manage) cavarsela
◆**get down** I. vt always sep (disturb)

deprimere II. vi (descend) scendere
◆**get down to** vt **to ~ doing sth** mettersi a fare qc
◆**get in** I. vi ① (arrive) arrivare
② (enter) entrare ③ (become member)
essere ammesso II. vt ① (say) dire
② (bring inside) portare dentro
◆**get into** vt insep ① (become interested in) interessarsi a ② (involve) mettere; **to get sb into trouble** mettere qu
nei guai
◆**get off** I. vi ① (avoid punishment)
cavarsela ② (leave work) staccare II. vt
always sep ① (help avoid punishment)
fare assolvere ② (send) spedire
◆**get on** vi ① (manage) cavarsela
② (have relationship) andare d'accordo
③ (age) invecchiare
◆**get out** vi ① (leave home) uscire
② (spread) circolare ③ (escape) scappare
◆**get over** vt insep ① (recover from)
riprendersi da; (difficulty) superare
② (forget about) **to ~ sb/sth** dimenticarsi di qu/qc
◆**get through** I. vt ① (succeed) passare ② (finish) finire ③ (make understood) **to get it through to sb that …**
far capire a qu che … II. vi **to ~ to sth/
sb** mettersi in comunicazione con qc/
qu
◆**get together** I. vi incontrarsi II. vt
(gather) raccogliere
◆**get up** I. vt ① always sep, inf (wake)
svegliare ② (muster) trovare ③ insep
(climb) salire II. vi ① (get out of bed) alzarsi ② (rise) alzarsi in piedi
getaway ['get·ə·weɪ] n inf fuga f; **to
make a (clean) ~** darsi alla fuga
get-together ['get·tə·'ge·ðə·] n inf fe-
sticciola f
ghastly ['gæs·tli] <-ier, -iest> adj adj
① (frightful) spaventoso, -a ② (unpleasant) terribile
gherkin ['gɜːr·kɪn] n cetriolino m
ghetto ['ge·toʊ] <-s o -es> n ghetto m
ghost [goʊst] n a. fig (spirit) fantasma m; **to believe in ~s** credere ai fan-

G

tasmi ▸ **to give up the ~** *inf* (*to stop working*) smettere di funzionare

ghostly ['gəʊs·tli] <-ier, -iest> *adj* spettrale

ghost story *n* racconto *m* di fantasmi

GI [,dʒiː·'aɪ] *n inf* soldato *m* dell'esercito USA

giant ['dʒaɪ·ənt] I. *n* gigante *m* II. *adj* gigantesco, -a

giddy ['gɪ·di] <-ier, -iest> *adj* **to feel ~** avere le vertigini

gift [gɪft] *n* ❶ (*present*) regalo *m* ❷ *inf* (*bargain*) **it's a ~!** è regalato! ❸ (*talent*) dono *m;* **to have a ~ for languages** avere il dono delle lingue

gifted *adj* ❶ (*talented: musician*) di (gran) talento ❷ (*intelligent*) **~ child** bambino, -a prodigio *m*

gift shop *n* gift shop *m inv*

gig [gɪg] *n inf* (*musical performance*) concerto *m*

gigantic [dʒaɪ·'gæn·ţɪk] *adj* gigantesco, -a

giggle ['gɪ·gl] I. *vi* ridacchiare II. *n* ❶ (*laugh*) risolino *m* ❷ *pl* **to get the ~s** avere la ridarella

gimmick ['gɪ·mɪk] *n* ❶ (*trick*) trucco *m* ❷ (*attention-getter*) trovata *f*

gimmicky ['gɪ·mɪ·ki] *adj* d'effetto

ginger ['dʒɪn·dʒɚ] I. *n* ❶ (*root spice*) zenzero *m* ❷ (*color*) rossiccio *m* II. *adj* rossiccio, -a

gingerbread ['dʒɪn·dʒɚ·bred] *n* pan *m* di zenzero

gingerly ['dʒɪn·dʒɚ·li] *adv* con cautela

gipsy ['dʒɪp·si] *n s.* **gypsy**

giraffe [dʒə·'ræf] *n* <-(s)> giraffa *f*

girl [gɜːrl] *n* ❶ (*child*) bambina *f;* (*young woman*) ragazza *f* ❷ (*daughter*) figlia *f*

girlfriend ['gɜːrl·frend] *n* ❶ (*of man*) ragazza *f* ❷ (*of woman*) amica *f*

girlhood ['gɜːrl·hʊd] *n* infanzia *f*

Girl Scout *n* Giovane Esploratrice *f*

gist [dʒɪst] *n* **to get the ~ of sth** capire il succo di qc

give [gɪv] I. *vt* <gave, given> ❶ (*offer, organize*) dare; **to ~ sb something to eat/drink** dare a qu qualcosa da mangiare/bere; **don't ~ me that!** *inf* ma

che storie racconti!; **~ me a break!** lasciami in pace!; **I don't ~ a damn** *inf* non me ne importa un cavolo; **to ~ birth** partorire; **to ~ sb a call** dare un colpo di telefono a qu; **to ~ sth a go** provare (a fare) qc ❷ (*cause*) far venire; (*headache, appetite*); **to ~ sb the creeps** far venire i brividi a qu ❸ (*pass on*) **to ~ sb sth** contagiare qc a qu II. *vi* <gave, given> ❶ (*offer*) dare; **to ~ as good as one gets** sapersi difendere ❷ (*stretch*) cedere; **something will have to ~** *fig* bisogna che qualcosa cambi ❸ **what ~s?** *inf* come va?

◆ **give away** *vt* ❶ (*for free*) regalare ❷ (*reveal*) revelare ❸ (*betray*) **to give sb away** tradire qu

◆ **give back** *vt* restituire

◆ **give in** I. *vi* ❶ (*agree*) cedere; **to ~ to sth** cedere a qc ❷ (*admit defeat*) arrendersi II. *vt* consegnare

◆ **give off** *vt* emettere

◆ **give out** *vt* ❶ (*distribute*) distribuire ❷ (*announce*) annunciare

◆ **give up** I. *vt* ❶ (*renounce*) rinunciare a; **to ~ candy for a month** rinunciare ai dolci per un mese; **to ~ smoking** smettere di fumare ❷ (*hand over: seat*) cedere ❸ (*lose hope*) **to give sb up as lost** dare qu per scomparso ❹ (*surrender*) **to give oneself up** arrendersi; **to give oneself up to the police** costituirsi II. *vi* ❶ (*quit*) rinunciare ❷ (*cease trying to guess*) arrendersi

give-and-take [,gɪv·ən·'teɪk] *n* (*compromise*) elasticità *f fig*

giveaway ['gɪv·ə·weɪ] *n* ❶ *inf* (*free gift*) omaggio *m* ❷ *inf* (*exposure*) prova *f* lampante

given ['gɪ·vn] I. *pp* of **give** II. *adj* (*specified*) stabilito, -a, dato, -a; **at a ~ time and place** all'ora e nel luogo stabiliti III. *prep* **~ that** dato che +*conj;* **~ the chance, I would go to Japan** se ne avessi la possibilità andrei in Giappone

giver ['gɪ·vɚ] *n* donatore, -trice *m*

glacial ['gleɪ·fəl] *adj a. fig* glaciale

glacier ['gleɪ·fɚ] *n* ghiacciaio *m*

glad [glæd] <gladder, gladdest> *adj*

contento, -a; **to be ~ about sth** essere contento di qc; **I'd be ~ to go with you** verrei volentieri con te

gladly ['glæd·li] *adv* volentieri

glamorous ['glæ·mə·rəs] *adj* prestigioso, -a; (*outfit*) chic *inv*

glance [glæns] I. *n* occhiata *f;* **to take a ~ at sth** dare un'occhiata [*o* uno sguardo] a qc; **at first ~** a prima vista; **at a ~** a colpo d'occhio II. *vi* (*look cursorily*) **to ~ up (from sth)** sollevare lo sguardo (da qc); **to ~ around sth** dare un'occhiata intorno a qc; **to ~ over sth** dare uno sguardo a qc

glare [gler] I. *n* ① (*mean look*) occhiata *f* fulminante ② (*reflection*) bagliore *m* II. *vi* ① (*look*) fulminare con lo sguardo ② (*shine*) sfolgorare

glaring *adj* ① (*obvious*) palese ② (*sun*) sfolgorante

glass [glæs] <-es> *n* ① (*material*) vetro *m;* **pane of ~** lastra *f* di vetro ② (*container, glassful*) bicchiere *m;* **a ~ of wine** un bicchiere di vino; **a wine ~** un bicchiere da vino ③ *pl* occhiali *mpl* ④ (*glassware*) cristalleria *f*

glasshouse ['glæs·haʊs] *n* serra *f*

glaze [gleɪz] I. *n* CULIN glassa *f;* (*pottery*) vernice *f* II. *vt* ① (*pottery*) invetriare; (*donut*) glassare ② (*window*) mettere i vetri a

glazier ['gleɪ·zi·ər] *n* vetraio, -a *m, f*

gleam [gliːm] I. *n* bagliore *m* II. *vi* luccicare

glee [gliː] *n* gioia *f*

gleeful ['gliː·fəl] *adj* (*smile, shout*) di gioia

glide [glaɪd] *vi* ① (*move smoothly*) scivolare ② AVIAT planare

glider ['glaɪ·də] *n* aliante *m*

gliding ['glaɪ·dɪŋ] *n* volo *m* a vela

glimmer ['glɪ·mə] I. *vi* baluginare II. *n* (*light*) baluginio *m;* **~ of hope** barlume *m* di speranza

glimpse [glɪmps] I. *vt* intravedere II. *n* **to catch a ~ of** intravedere

glint [glɪnt] I. *vi* scintillare II. *n* scintillio *m*

glisten ['glɪ·sn] *vi* scintillare

glitter ['glɪ·tə] I. *vi* luccicare II. *n* ① (*sparkling*) luccichio *m* ② (*shiny material*) brillantini *mpl*

glittering *adj* ① (*sparkling*) luccicante ② (*exciting, impressive*) sfolgorante

glitzy ['glɪ·tsi] <-ier, -iest> *adj inf* sfarzoso, -a

gloat [gloʊt] *vi* gongolare; **to ~ over/at sth** gongolare per qc

global ['gloʊ·bl] *adj* ① (*worldwide*) globale; **~ warming** riscaldamento *m* globale ② (*complete*) complessivo, -a ▸ **to go ~** *inf* diventare globale

global warming *n* riscaldamento *m* globale

globe [gloʊb] *n* ① (*world*) mondo *m* ② (*object*) mappamondo *m*

globetrotter *n* giramondo *mf*

gloom [gluːm] *n* ① (*hopelessness*) disperazione *f;* **~ and doom** pessimismo *m* ② (*darkness*) oscurità *f*

gloomy ['gluː·mi] <-ier, -iest> *adj* ① (*dismal*) deprimente; **to be ~ about sth** essere pessimista rispetto a qc ② (*dark*) tetro, -a

glorious ['glɔː·ri·əs] *adj* ① (*honorable, illustrious*) glorioso, -a ② (*splendid: day, weather*) splendido, -a

glory ['glɔː·ri] I. *n* ① (*honor, adoration*) gloria *f;* **to cover oneself in ~** coprirsi di gloria ② (*splendor*) splendore *m* II. <-ie-> *vi* gloriarsi; **to ~ in sth** gloriarsi di qc

glossy ['glɑ·si] <-ier, -iest> *adj* ① (*shiny*) lucido, -a ② *inf* (*superficially attractive*) patinato, -a

glove [glʌv] *n* guanto *m;* **leather/wool ~s** guanti di pelle/lana ▸ **to fit like a ~** calzare come un guanto

glow [gloʊ] I. *n* ① (*light*) bagliore *m* ② (*warmth and redness*) calore *m* ③ (*good feeling*) (piacevole) sensazione *f;* **~ of happiness** sensazione *f* di felicità II. *vi* ① (*produce light*) brillare ② (*be red and hot*) ardere ③ (*look radiant*) (ri)splendere

glower ['glaʊ·ə] *vi* guardare torvo; **to ~ at sb** guardare torvo qu

glucose ['gluː·koʊs] *n* glucosio *m*

G

glue [glu:] I. *n* colla *f* II. *vt* a. *fig* incollare; **to ~ sth together** incollare qc

glum [glʌm] <glummer, glummest> *adj* (*morose, downcast*) abbattuto, -a; **to be/feel ~ (about sth)** abbattersi (per qc)

gnaw [nɑ:] I. *vi* (*chew*) **to ~ at** [*o* **on**] **sth** rosicchiare qc II. *vt* ① (*chew*) rosicchiare ② *fig* (*pursue*) **to be ~ed by doubt** essere assillato dal dubbio

gnawing *adj* assillante

go [goʊ] I.<went, gone> *vi* ① (*proceed*) andare; **to ~ (and) do sth** andare a fare qc; **to ~ home** andare a casa; **to have to ~** dover andare ② (*travel*) andare; **to ~ on a holiday** andare in vacanza; **to ~ on a trip** fare un viaggio; **to ~ abroad** andare all'estero ③ (*adopt position*) **when I ~ like this, my back hurts** quando faccio così mi duole la schiena ④ (*do*) **to ~ camping/fishing/shopping** andare in campeggio/a pesca/a fare spese; **to ~ jogging** fare jogging; **to ~ swimming** andare in piscina ⑤ (*attend*) andare; **to ~ to a concert** andare a un concerto; **to ~ to a movie** andare al cinema; **to ~ to a party** andare a una festa ⑥ + *adj* (*become*) **to ~ senile** rimbambire; **to ~ bankrupt** fare fallimento; **to ~ bald** diventare calvo; **to ~ wrong** andare storto; **to ~ hungry/thirsty** soffrire la fame/sete; **to ~ unnoticed** passare inosservato ⑦ (*happen*) **to ~ badly/well** andare male/bene; **to ~ from bad to worse** andare di male in peggio ⑧ (*pass*) passare; **time seems to ~ faster** il tempo sembra passare più in fretta ⑨ (*begin*) cominciare; **ready, set, ~** pronti, attenti, via ⑩ (*fail*) **to ~ downhill** andare peggiorando ⑪ (*belong*) andare; **where does this ~?** dove va questo? ⑫ (*fit*) stare; **that picture would ~ well on that wall** quel quadro starebbe bene su quella parete ⑬ (*lead*) condurre; **this highway ~es all the way to California** questa autostrada va fino in California ⑭ (*function*) funzionare; **to ~ slow** rallentare ⑮ (*be*

sold) essere venduto; **the painting went for a lot more than was expected** il dipinto fu venduto a una cifra superiore a quella stimata ▸ **as the saying ~es** come dice il proverbio; **what he says ~es** la sua parola è legge; **here ~!** stiamo a vedere! II.<went, gone> *vt* ① *inf* (*say*) fare; **and then he goes, "Knock it off!"** e poi fa "Smettila!"; **ducks ~ 'quack'** le anatre fanno 'qua' ② (*make*) fare; **to ~ it alone** farlo da solo III.<~es> *n* ① (*attempt*) tentativo *m;* **all in one ~** tutto in una volta; **to have a ~ at sth** provare a fare qc; **to have a ~ at sb about sth** prendersela con qu per qc ② (*a success*) **to make a ~ of sth** riuscire in qc ③ (*activity*) **to be on the ~** essere sempre attivo

♦ **go about** *vt insep* ① (*proceed with*) occuparsi di ② (*perform a task*) procedere; **how does one ~ it?** qual è la prassi?

♦ **go after** *vt insep* ① (*follow*) seguire; **to ~ sb** andare dietro a qu ② (*chase*) inseguire

♦ **go against** *vt insep* ① (*contradict*) andare contro a ② (*oppose*) opporsi a ③ (*be unfavorable*) essere sfavorevole a

♦ **go ahead** *vi* ① (*begin*) iniziare ② (*happen*) aver luogo ③ (*give permission*) **~!** fai pure!

♦ **go along** *vi* procedere

♦ **go around** *vi* ① (*be enough*) bastare; **are there enough pens to ~?** le penne bastano per tutti? ② (*visit*) **to ~ to sb's** passare da qu ③ (*spin*) ruotare ④ (*be in circulation*) girare

♦ **go away** *vi* ① (*travel*) viaggiare ② (*leave*) andarsene ③ (*disappear*) sparire

♦ **go back** *vi* ① (*return*) ritornare ② (*date back*) risalire

♦ **go by** *vi* (*pass*) trascorrere; **to let sth ~** lasciarsi scappare qc

♦ **go down** *vi* ① (*sun*) calare; (*ship*) affondare; (*plane*) precipitare; **to ~ on all fours** mettersi a quattro zampe ② (*become lower*) diminuire; (*become worse*) peggiorare; **to ~ in sb's estima-**

tion scendere nella stima di qu ③(*be received*) essere accolto; **to ~ well/badly (with sb)** essere accolto bene/male (da qu) ④(*be remembered*) essere ricordato; **to ~ in history** passare alla storia

◆**go for** *vt insep* ①(*try to achieve*) cercare di ottenere; (*try to grasp*) cercare di prendere; **~ it!** buttati! *fig* ②(*choose*) scegliere ③(*attack*) aggredire; **to ~ sb with sth** aggredire qu con qc

◆**go in** *vi* (*enter*) entrare

◆**go into** *vt insep* ①(*fit into*) stare in; **two goes into eight four times** MATH il due nell'otto sta quattro volte ②(*begin*) entrare; **to ~ a coma** entrare in coma; **to ~ action** passare all'azione; **to ~ politics** entrare in politica ③(*examine and discuss*) parlare di; **to ~ detail** entrare nei particolari

◆**go off** *vi* ①(*explode: bomb*) esplodere ②(*make sound: alarm clock, siren*) suonare ③(*proceed*) andare; **to ~ badly/well** andare male/bene ④(*leave*) andarsene ⑤(*stop working*) spegnersi ⑥(*digress*) divagare; **to ~ the subject** uscire dall'argomento

◆**go on** I.*vi* ①(*continue*) continuare; (*continue speaking*) continuare a parlare ②(*go further*) andare oltre; **to ~ ahead** avanzare ③(*pass*) passare ④(*happen*) succedere ⑤(*start*) accendersi II.*interj* (*as encouragement*) dai; (*express disbelief*) ma dai

◆**go out** *vi* ①(*leave*) uscire; **to ~ to dinner** andare a cena fuori; **to ~ with sb** uscire con qu ②(*stop working*) spegnersi ③(*recede*) calare

◆**go over** *vt insep* (*examine*) controllare

◆**go through** *vt insep* ①(*pass*) attraversare ②(*experience*) attraversare; (*operation*) subire ③(*practice, review*) ripassare ④(*be approved*) essere approvato ⑤(*use up*) consumare ⑥(*look through*) frugare in

◆**go together** *vi* (*harmonize*) **to ~ (with sth)** stare bene (con qc)

◆**go under** *vi* ①NAUT (*sink*) affondare ②(*fail*) andare in fallimento

◆**go up** *vi* ①(*increase*) aumentare ②(*be built*) sorgere ③(*explode*) esplodere; **to ~ in flames** andare in fiamme

◆**go with** *vt insep* (*match*) abbinarsi con

◆**go without** *vt insep* fare a meno di

go-ahead ['gou·ə·hed] *n* (*permission*) **to give/receive the ~** dare/ricevere l'OK

goal [goul] *n* ①(*aim*) obiettivo *m* ②SPORTS (*scoring area*) porta *f* ③SPORTS (*point*) gol *m inv*, rete *f*; **to score a ~** segnare un gol

goalie ['gou·li] *n inf*, **goalkeeper** ['goul·ki:·pər] *n* SPORTS portiere *m*

goalpost *n* SPORTS palo *m* della porta

goat [gout] *n* ZOOL capra *f*; **~'s cheese** caprino *m*

goatee [gou·'ti:] *n* pizzo *m*, barba

gobble ['gɑ:·bl] *vt inf* ingozzarsi di

go-between ['gou·bət·wi:n] *n* intermediario, -a *m, f*

go-cart ['gou·kɑ:rt] *n* AUTO, SPORTS go-kart *m inv*

god [gɑ:d] *n* ①REL **God** Dio; **God (only) knows** Dio (solo lo) sa; **for God's sake!** per amor di Dio! ②REL **Greek/Roman ~s** dei *mpl* greci/romani

God-awful *adj sl* schifoso, -a

godchild *n* figlioccio, -a *m, f*

goddaughter *n* figlioccia *f*

goddess ['gɑ:·dɪs] <-es> *n* dea *f*

godfather *n* padrino *m*

godforsaken *adj* dimenticato, -a da Dio

godmother *n* madrina *f*

godparents *npl* padrino *m* e madrina *f*

godsend *n inf* dono *m* del cielo

godson *n* figlioccio *m*

goes [gouz] *3rd pers sing of* **go**

go-getter [gou·'ge·tər] *n inf* persona *f* intraprendente

goggle ['gɑ:·gl] *n pl* (*glasses*) occhiali *mpl;* **safety/ski/swim ~s** occhiali di protezione/da sci/nuoto

going ['gou·ɪŋ] I.*n* ①(*conditions*) (condizioni *fpl* del) terreno *m;* **while**

G

the ~ is good finché le cose vanno bene ❷ (*progress*) **it's hard/heavy ~** è difficile/pesante II. *adj* ❶ (*in action*) in moto; **to get sth ~** mettere in moto qc ❷ (*current*) attuale; **~ price** prezzo *m* di mercato III. *vi aux* **to be ~ to do sth** stare per fare qc; **it's ~ to rain** sta per piovere

goings-on [ˌgoʊˈɪŋzˈɑːn] *npl* (*events*) **strange/odd ~** fatti *mpl* strani

go-kart [ˈgoʊ·kɑːrt] *n s.* **go-cart**

gold [goʊld] I. *n* ❶ (*metal*) oro *m* ❷ SPORTS medaglia *f* d'oro; **to go for ~** inseguire l'oro II. *adj* d'oro; **a ~ ring** un anello d'oro

golden [ˈgoʊl·dən] *adj* ❶ d'oro; **~ anniversary** nozze *fpl* d'oro ❷ (*color*) dorato, -a

goldfish *n inv* pesce *m* rosso

gold medal *n* SPORTS medaglia *f* d'oro

goldmine *n a. fig* miniera *f* d'oro

golf [gɑːlf] *n* golf *m*; **to play ~** giocare a golf *m*

golf club *n* (*stick*) mazza *f* da golf

golf course *n* campo *m* da golf

golfer [ˈgɑːl·fə] *n* golfista *mf*

gone [gɑːn] *pp of* **go**

goner [ˈgɑː·nə] *n sl* **to be a ~** essere spacciato, -a

good [gʊd] I. <better, best> *adj* ❶ (*gener*) buono, -a; **~ thinking!** buona idea!; **to do a ~ job** fare un buon lavoro; **~ manners** buone maniere; **~ luck** buona fortuna; **a ~ chance** buone probabilità; **~ deeds/work** opere buone; **a ~ 10%** un buon 10%; **to be in ~ shape** essere in (ottima) forma ❷ (*skilled*) bravo, -a; **to be ~ at** [o in] **sth/doing sth** essere bravo in [o a] qc/ a fare qc ❸ (*pleasant*) bello, -a; **the ~ life** la bella vita; **the ~ old days** i bei tempi (andati); **to have a ~ time** divertirsi; **it's so ~ to see you!** che piacere rivederti! ❹ (*appealing to senses*) **to feel ~** sentirsi bene; **to look ~** stare bene; **to smell ~** avere un buon odore ❺ (*thorough*) bello, -a; **a ~ beating** una (bella) batosta; **have a ~ cry and you'll feel better** fatti un bel pianto e starai

meglio ❻ (*almost, virtually*) **it's as ~ as done** è praticamente finito; **to be as ~ as new** essere come nuovo ▶ **to be as ~ as one's word** mantenere la parola (data); **it's a ~ thing that ...** meno male che...; **to be ~ for sb/sth** far bene a qu/qc; **to be ~ for nothing** non servire a niente II. *n* (*gener*) bene *m*; **this will do you ~** questo ti farà bene; **to do ~** fare del bene; **to be no ~** non servire a nulla; **to be up to no ~** star tramando qc ▶ **for ~** definitivamente III. *adv inf* (*well*) bene IV. *interj* ❶ (*to express approval*) bene ❷ (*to express surprise, shock*) **~ God!** santo Dio! ❸ (*said as greeting*) **~ afternoon, ~ evening** buonasera; **~ morning** buongiorno; **~ night** buonanotte

goodbye I. *interj* arrivederci II. *n* arrivederci *m*, addio *m*; **to say ~** (**to sb**) salutare (qu); (*loss*); **to say ~ to sth/to kiss sth** ~ dire addio a qc

good-for-nothing [ˈgʊd·fə·ˌnʌ·θɪŋ] *n*, *adj* buono, -a *m*, *f* a nulla

Good Friday *n* Venerdì *m* Santo

good-humored [ˌgʊdˈhjuː·məd] *adj* cordiale

good-looking [ˌgʊdˈlʊ·kɪŋ] <better-looking, best-looking> *adj* bello, -a

good-natured <better-natured, best-natured> *adj* ❶ (*pleasant*) amichevole ❷ (*inherently good*) bonario, -a

goodness [ˈgʊd·nɪs] *n* ❶ (*moral virtue, kindness*) bontà *f* ❷ (*quality*) buona qualità *f* ❸ (*said for emphasis*) **for ~' sake** per amor del cielo!; **thank ~!** grazie al cielo!

goods [gʊdz] *npl* ❶ (*wares*) articoli *mpl*, merci *fpl*; **manufactured ~** manufatti *mpl* ❷ (*personal belongings*) effetti *mpl* personali

good-sized [ˌgʊdˈsaɪzd] *adj* spazioso, -a

gooey [ˈguː·i] <gooier, gooiest> *adj* appiccicoso, -a

goose [guːs] <geese> *n* oca *f*

gooseberry [ˈguːs·be·ri] <-ies> *n* uva *f* spina

goose bumps *npl* pelle *f* d'oca

gorge [gɔːrdʒ] I. *n* GEO, ANAT gola *f* II. *vt*
  to ~ oneself on sth ingozzarsi di qc
gorgeous ['gɔːrdʒəs] *adj* splendido, -a
gorilla [gə'rɪ-lə] *n* gorilla *m*
gory ['gɔː-ri] <-ier, -iest> *adj* (*bloody*)
  truculento, -a ② **the ~ details about**
  sth i particolari piccanti di qc
gospel ['gɑ-s-pl] *n* vangelo *m*; **~ singer**
  cantante *mf* di gospel
gossip ['gɑ-səp] I. *n* ① (*rumor*) pettegolezzi *mpl*, gossip *m inv* ② (*person*)
  pettegolo, -a *m, f* II. *vi* ① (*spread ru-*
  mors) spettegolare; **to ~ about sb** spettegolare su qu ② (*chatter*) chiacchierare
gossip column *n* cronaca *f* mondana
got [gɑt] *pt of* **get**
gotten ['gɑ-tən] *pp of* **get**
govern ['gʌ-vən] *vt, vi a.* POL, ADMIN governare
governing *adj* direttivo, -a
government ['gʌ-vən-mənt] *n* (*ruling*
  body) governo *m*; **local ~** amministrazione *f* locale; **to be in ~** essere al governo
GPS ['dʒiː-piː-es] *abbr of* **global naviga-**
  tion system *inf* GPS *m*
grab [græb] I. <-bb-> *vt* ① (*snatch*)
  prendere; **to ~ sth out of sb's hands**
  strappare qc di mano a qu ② (*take hold*
  of) afferrare; **to ~ hold of sth** afferrare
  qc ③ *inf* (*get, acquire*) **to ~ some**
  sleep schiacciare un pisolino; **to ~ a**
  chance afferrare al volo un'opportunità; **to ~ sb's attention** attrarre l'attenzione di qu; **how does this ~ you?** *inf*
  che te ne pare? II. *n* **to make a ~ for**
  sth cercare di afferrare qc; **to be up for**
  ~s *inf* essere in palio
grace [greɪs] *n* ① *a.* REL grazia *f*; **by the**
  ~ of God per grazia di Dio ② (*favor*) benevolenza *f*; **to be in/get into sb's**
  good ~s entrare nelle buone grazie di
  qu; **to fall from ~** cadere in disgrazia
  ③ (*politeness*) cortesia *f*; **to do sth**
  with good/bad ~ fare qc con buona-
  grazia/di malagrazia; **to have the**
  (**good**) **~ to do sth** avere la cortesia di
  fare qc ④ (*prayer*) preghiera *f* di ringraziamento ⑤ (*leeway*) proroga *f*

gracious ['greɪ-ʃəs] *adj* ① (*kind*) cortese
  ② (*comfortable*) agiato, -a ③ (*tactful*)
  garbato, -a ④ (*merciful*) clemente
grade [greɪd] I. *n* ① SCHOOL classe *f*,
  anno (*m* scolastico) ② (*mark*) voto *m*;
  good/bad ~s bei/brutti voti ③ (*level*
  of quality) qualità *f* ④ GEO pendenza *f*;
  gentle/steep ~ pendenza leggera/
  forte ⑤ (*rank*) grado *m* ▶ **to make**
  the ~ essere all'altezza II. *vt* ① (*evalu-*
  ate) valutare ② (*categorize*) classificare
gradual ['græ-dʒʊ-əl] *adj* ① (*not sud-*
  den) graduale ② (*not steep*) dolce
gradually ['græ-dʒʊ-li] *adv* ① (*not sud-*
  denly) gradualmente ② (*not steeply*)
  dolcemente
graduate¹ ['græ-dʒʊ-ət] *n* ① UNIV laureato, -a *m, f* ② (*high-school*) diplomato, -a *m, f*
graduate² ['græ-dʒʊ-eɪt] *vi* UNIV laurearsi; SCHOOL diplomarsi
graduate school *n* scuola *f* di specializzazione postlaurea
graduation [ˌgræ-dʒʊ-'eɪ-ʃən] *n* ① UNIV
  laurea *f* ② SCHOOL diploma *m*
grain [greɪn] *n* ① (*cereal*) cereali *mpl*
  ② (*of wheat, rice*) chicco *m* ③ (*of sand,*
  salt) granello *m* ④ *fig* briciolo *m*; **a ~ of**
  truth un briciolo di verità ⑤ (*direction*
  of fibers) venatura *f*
gram [græm] *n* grammo *m*
grammar ['græ-mə] *n* grammatica *f*
grammatical [grə'mæ-tɪ-kl] *adj* grammaticale
grand [grænd] I. *adj* ① (*splendid*) magnifico, -a; **in ~ style** in grande stile
  ② (*solemn, sumptuous*) grandioso, -a;
  on a ~ scale su larga scala; **a ~ open-**
  ing un'inaugurazione ufficiale ③ (*over-*
  all) **the ~ total** il totale generale II. *n*
  inv, inf (*dollars*) mille dollari *mpl*
grandchild <-children> *n* nipote *m o f,*
  di nonni
granddad *n inf* (*grandfather*) nonno *m*
granddaughter *n* nipote *f, di nonni*
grandfather *n* nonno *m*
grand jury <- -ies> *n* LAW Gran Giurì *m*
grandma *n inf* nonna *f*
grandmother *n* nonna *f*

G

grandpa *n inf* nonno *m*

grandparents *npl* nonni *mpl*

grand piano *n* pianoforte *m* a coda

grandson *n* nipote *m*, di nonni

grandstand *n* tribuna *f*; ~ **seat** posto *m* in tribuna; **a ~ view** *fig* un posto in prima fila

granite ['græ·nɪt] *n* granito *m*

grannie, granny ['græ·ni] *n inf* nonna *f*

grant [grænt] I. *n* ❶ UNIV borsa *f* di studio ❷ (*funds*) sovvenzione *f*; **research ~** sovvenzioni alla ricerca ❸ LAW concessione *f* II. *vt* ❶ (*allow*) concedere; **to ~ sb a permit/visa** concedere un permesso/visto a qu; **to ~ a request** acconsentire a una richiesta; **to ~ a wish** esaudire un desiderio ❷ (*admit to*) riconoscere, ammettere; **I ~ you that ...** ammetto che ... **~ed** d'accordo; **I ~ you that ...** ammetto che ... ▶ **to take sth for ~ed** dare qc per scontato; **to take sb for ~ed** non apprezzare qu come merita

granulated ['græn·jə·leɪ·tɪd] *adj* granulato, -a; **~ sugar** zucchero *m* semolato

grape [greɪp] *n* (*fruit*) uva *f*; **a bunch of ~s** un grappolo d'uva ▶ **it's just sour ~s** è tutta invidia

grapefruit ['greɪp·fruːt] *n inv* pompelmo *m*

grapevine *n* vite *f* ▶ **to hear sth on the ~** sentir dire qc

graph [græf] *n* grafico *m*

graphic ['græ·fɪk] *adj* grafico, -a; **to describe sth in ~ detail** descrivere qc con dovizia di particolari

graphics *n + sing vb* (*a. comput*) grafica *f*; **computer ~** computer grafica *f*

graphics card *n* scheda *f* grafica

grapple ['græ·pl] *vi* **to ~ for sth** azzuffarsi per qc; **to ~ with sth** essere alle prese con qc

grasp [græsp] I. *n* ❶ (*grip*) presa *f* ❷ (*attainability*) portata *f*; **to be beyond sb's ~** essere fuori della portata di qu ❸ (*understanding*) comprensione *f*; (*knowledge*) conoscenza *f* II. *vt* afferrare; **to ~ sb by the arm/hand** afferrare qu per il braccio/la mano III. *vi fig* (*take advantage*) **to ~ at** approfittare di;

to ~ at the chance approfittare dell'opportunità

grasping *adj* avido, -a

grass [græs] <-es> *n* ❶ erba *f* ❷ (*area of grass*) prato *m* ❸ *inf* (*marijuana*) erba *f*

grasshopper ['græs·hɑː·pər] *n* cavalletta *f*

grass snake *n* biscia *f* dal collare

grate¹ [greɪt] *n* grata *f*

grate² [greɪt] I. *vi* (*annoy*) infastidire; **to ~ on sb** dare sui nervi a qu II. *vt* CULIN grattugiare

grateful ['greɪt·fəl] *adj* grato, -a; **to be ~ (to sb) for sth** essere grato (a qu) per qc

grater ['greɪ·tər] *n* grattugia *f*

grating ['greɪ·tɪŋ] I. *n* grata *f* II. *adj* ❶ (*scraping*) stridente ❷ (*annoyingly harsh*) stridulo, -a; **~ voice** voce *f* stridula

gratitude ['græ·tə·tuːd] *n form* gratitudine *f*

gratuity [grə·'tuː·ə·ti] <-ies> *n form* mancia *f*

grave¹ [greɪv] *n* tomba *f*; **mass ~** fossa *f* comune

grave² [greɪv] *adj* ❶ (*serious*) grave ❷ (*solemn*) solenne

gravel ['græ·vəl] *n* ghiaia *f*

gravestone *n* lapide *f* (sepolcrale)

graveyard *n* cimitero *m*

gravity ['græ·və·ti] *n* gravità *f*

gravy ['greɪ·vi] *n* CULIN sugo *m* d'arrosto

gravy boat *n* salsiera *f*

gray [greɪ] I. *adj a. fig* grigio; **dressed in ~** vestito di grigio; **to go ~** ingrigire II. *n* grigio *m*

graying *adj* brizzolato, -a

graze¹ [greɪz] I. *n* scalfittura *f* II. *vt* scalfire

graze² [greɪz] AGR I. *vi* pascolare II. *vt* far pascolare

grease [griːs] I. *n* ❶ (*fat*) grasso *m* ❷ (*lubricant*) lubrificante *m* II. *vt* (*in cooking*) ungere; (*in mechanics*) lubrificare

greasy ['griː·si] <-ier, -iest> *adj* (*hair*) grasso, -a; (*hands*) unto, -a; (*food*) untuoso, -a

great [greɪt] I. *n* grande *mf;* **Alexander the ~** Alessandro Magno II. *adj* ⓘ(*very big, very good*) grande; **a ~ amount** una gran quantità; **a ~ deal of time/ money** moltissimo tempo/denaro; **the ~ majority of people** la stragrande maggioranza (della gente); **the ~est boxer ever** il più grande pugile di tutti i tempi; **~ minds think alike** i geni pensano allo stesso modo ⓞ(*wonderful*) fantastico, -a; **she's ~ at playing tennis** *inf* gioca benissimo a tennis; **it's ~ to be back home again** che bello essere di nuovo a casa; **the ~ thing about sth/sb is (that)** il bello di qc/qu è (che); **I had a ~ time** mi sono divertita moltissimo; **~!** bene!; **to feel ~** stare benissimo; **they're ~ friends** sono molto amici; **he's a ~ big ...** è un grandissimo...

great-aunt *n* prozia *f*
great-grandchild *n* bisnipote *mf*
great-grandparents *npl* bisnonni *mpl*
greatly ['greɪt·li] *adv form* notevolmente
great-nephew *n* pronipote *m*
greatness ['greɪt·nɪs] *n* grandezza *f*
great-niece *n* pronipote *f*
great-uncle *n* prozio *m*
Greece [gri:s] *n* Grecia *f*
greed [gri:d] *n* (*for food*) ingordigia *f;* (*for money*) avidità *f;* (*for power*) sete *f*
greedy ['gri:·di] <-ier, -iest> *adj* (*wanting food*) ingordo, -a; (*wanting money, things*) avido, -a; **~ for success** avido di successi
Greek [gri:k] I. *n* ⓘ(*person*) greco, -a *m, f* ⓞ(*language*) greco *m* II. *adj* greco, -a ▸ **it's all ~ to me** per me è arabo
green [gri:n] I. *n* ⓘ(*color*) verde *m* ⓞ *pl* (*green vegetables*) verdure *fpl* ⓔ(*lawn*) prato *m* ⓢ SPORTS campo *m;* **bowling ~** campo da bocce; **putting ~** green *m inv* ⓔ ECOL, POL **Green** verde *mf* II. *adj a.* ECOL, POL verde; **to turn ~** (*traffic lights*) diventare verde; **~ with envy** verde d'invidia
greenback *n inf* banconota *f*

green belt *n* cintura *f* verde
green card *n* permesso *m* di soggiorno
greenery ['gri:·nə·ri] *n* vegetazione *f*
greenhouse *n* serra *f*
greenhouse effect *n* **the ~** l'effetto serra
greenish ['gri:·nɪʃ] *adj* verdognolo, -a
green pepper [,gri:n·'pe·pə] *n* peperone *m* verde
green tea *n* té *m* verde
green thumb *n* **to have a ~** avere il pollice verde
greet [gri:t] *vt* ⓘ(*welcome*) salutare; **to ~ each other** salutarsi ⓞ(*receive*) accogliere; **to ~ sth with delight** accogliere qc con gioia
greeting *n* saluto *m*
grenade [grɪ·'neɪd] *n* granata *f;* **hand ~** bomba *f* a mano
grew [gru:] *pt of* **grow**
grey [greɪ] *adj, n, s.* **gray**
greyhound *n* levriero *m*
grid [grɪd] *n* griglia *f*
grief [gri:f] *n* (*extreme sadness*) dolore *m;* **to give sb (a lot of) ~** criticare (aspramente) qu ▸ **to come to ~** avere un incidente; **good ~!** *inf* santo cielo!
grieve [gri:v] I. *vi* soffrire; **to ~ for sth/ sb** piangere la perdita di qc/qu II. *vt* (*make sad*) rattristare
grill [grɪl] I. *n* (*part of oven, restaurant*) grill *m inv;* (*for barbecue*) griglia *f* II. *vt* cuocere alla griglia
grille [grɪl] *n* (*of windows*) grata *f;* (*of car*) griglia *f*
grim [grɪm] *adj* ⓘ(*very serious: expression*) severo, -a ⓞ(*ghastly*) orribile; (*gloomy*) deprimente; **to feel ~** stare malissimo ⓔ(*without hope*) grigio, -a *fig;* **the future looks ~** il futuro è grigio
grin [grɪn] I. *n* gran sorriso *m* II. *vi* sorridere ▸ **to ~ and bear it** fare buon viso a cattivo gioco
grind [graɪnd] I. *n inf* sgobbata *f;* **the daily ~** il tran tran quotidiano II. <ground, ground> *vt* ⓘ(*crush*) pestare; (*mill*) macinare; **to ~ sth (in)to a powder** ridurre in polvere qc ⓞ(*chop finely*) tritare

G

grind down vt ① (*file*) levigare ② (*mill*) macinare ③ (*wear*) logorare ④ (*oppress*) schiacciare

grindstone ['graɪnd·stoʊn] *n* mola *f* ► **to keep one's nose to the ~** *inf* lavorare come un somaro

grip [grɪp] **I.** *n* ① (*hold*) presa *f*; **to keep a firm ~ on sth** tenere ben stretto qc; **to be in the ~(s) of sth** (*emotion*) essere in preda a qc; (*crisis*) essere nella morsa di qc ② (*bag*) borsa da viaggio *m* ► **to get to ~s with sth** affrontare qc; **to get a ~ on oneself** darsi una calmata **II.** <-pp-> *vt* ① (*hold firmly*) afferrare ② (*overwhelm*) **to be ~ped by emotion** essere preso dall'emozione ③ (*interest deeply*) avvincere **III.** *vi* aderire

gripping ['grɪ·pɪŋ] *adj* (*story*) avvincente

gristle ['grɪ·sl] *n* cartilagine *f*

grit [grɪt] **I.** *n* ① (*small stones*) sabbia *f* ② *inf* (*courage*) fegato *m* **II.** <-tt-> *vt* ① (*press together*) **to ~ one's teeth** *a. fig* stringere i denti ② **to ~ a road** spargere sabbia sulla strada

grits [grɪts] *n pl* farina *f* di mais

groan [groʊn] **I.** *n* gemito *m* **II.** *vi* ① (*make a noise*) gemere; **to ~ in pain** gemere di dolore ② (*complain*) lamentarsi; **to ~ about sth** lamentarsi di qc

grocer ['groʊ·sɚ] *n* ① (*store owner*) negoziante *mf* ② (*food store*) negozio *f* di (generi) alimentari

groceries ['groʊ·sɚ·riz] *n pl* generi *fpl* alimentari

grocery store *n* negozio *m* di (generi) alimentari

groggy ['grɑː·gi] <-ier -iest> *adj* intontito, -a

groin [grɔɪn] *n* inguine *m*

groom [gruːm] **I.** *n* ① (*for horses*) mozzo *m* di stalla ② (*bridegroom*) sposo *m* **II.** *vt* (*clean: an animal*) pulire; (*a horse*) strigliare

groove [gruːv] *n* scanalatura *f*; MUS solco *m*; *fig* routine *f*

grope [groʊp] *vi* andare a tentoni; **to ~ for sth** cercare qc a tentoni; **to ~ for**

the right words cercare le parole giuste

gross [groʊs] **I.** *adj* ① (*vulgar*) volgare ② LAW grave ③ (*revolting*) schifoso, -a ④ (*total*) lordo, -a; **gross income** reddito *m* lordo **II.** *vt* FIN (*earn before taxes*) realizzare un incasso lordo di; **the film has grossed over $200 million** il film ha realizzato un incasso di oltre 200 milioni di dollari

grossly *adv* (*in a gross manner*) volgarmente; (*extremely*) estremamente

grouch [graʊtʃ] *n* (*grumpy person*) brontolone, -a *m, f*

grouchy ['graʊ·tʃi] <-ier, -iest> *adj* brontolone

ground[1] [graʊnd] **I.** *n* ① (*the Earth's surface*) terra *f*; **above/below ~** in superficie/sottoterra ② (*soil*) suolo *m* ③ (*area of land*) terreno *m*; **breeding ~** zona *f* di riproduzione; **waste ~** terreno *m* abbandonato ④ (*reason*) motivo *m*; **to have ~s to do sth** avere validi motivi per fare qc; **on the ~s that ...** perché ... ⑤ (*area of knowledge*) argomento *m*; **to give ~** cedere terreno; **to stand one's ~** tenere duro **II.** *vt* ① AVIAT tenere a terra; **to be ~ed** non poter decollare ② *fig, inf* non far uscire (*per punizione*)

ground[2] [graʊnd] **I.** *vt* *pt of* **grind II.** *adj* (*glass*) tritato, -a **III.** *n pl* sedimenti *mpl*

ground crew *n* personale *m* di terra

ground floor *n* pianterreno *m*; **on the ~** a pianterreno

ground forces *npl* MIL esercito *m*

groundless ['graʊnd·lɪs] *adj* infondato, -a

groundskeeper *n* custode *mf* del campo di gioco

groundwork ['graʊnd·wɜːrk] *n* lavoro *m* di preparazione; **to lay the ~ for sth** *fig* stabilire le basi di qc

group [gruːp] **I.** *n* gruppo *m*; **~ photo** foto *f* di gruppo; **in ~s** a gruppi **II.** *vt* raggruppare **III.** *vi* raggrupparsi

grow [groʊ] <grew, grown> **I.** *vi* ① (*increase*) crescere; **to ~ taller** crescere di statura; **to ~ by 2%** crescere del 2% ② (*develop*) sviluparsi ③ (*become*) diventare; **to ~ old** diventare vecchio, invecchiare; **to ~ to like sth** cominciare ad apprezzare qc II. *vt* ① (*cultivate*) coltivare ② (*let grow*) farsi crescere; **to ~ a beard** farsi crescere la barba

◆**grow into** *vt insep* diventare; *fig* abituarsi a

◆**grow on** *vt* (*become pleasing*) **it's an album that grows on you** è un album che più l'ascolti e più ti piace

◆**grow up** *vi* ① (*become adult*) crescere; **oh, ~!** smettila di fare il bambino! ② (*develop*) sviluparsi

growing ['grəʊ·ɪŋ] I. *n* crescita *f* II. *adj* ① (*developing*) **a ~ boy/girl** un bambino/una bambina che sta crescendo ② ECON que se espande ③ (*increasing*) crescente

growl [graʊl] I. *n* ringhio *m* II. *vi* ringhiare

grown [grəʊn] I. *adj* adulto, -a II. *pp of* **grow**

grown-up ['grəʊn·ʌp] *n a. childspeak* grande *m, f*; adulto, -a *m, f*

growth [grəʊθ] *n* ① (*increase*) crescita *f*; **rate of ~** tasso *m* di crescita ② (*stage of growing*) maturità *f* ③ (*something grown*) **he had three days ~ of beard on his chin** aveva la barba di tre giorni ④ MED escrescenza *f*

grub [grʌb] *n* ① *sl* (*food*) roba *f* da mangiare ② (*larva*) larva *f*

grubby ['grʌ·bi] <-ier, -iest> *adj inf* sporco, -a

grudge [grʌdʒ] I. *n* rancore *m;* **to have** [*o* **hold**] **a ~ against sb** serbare rancore a qu II. *vt* **to ~ sb sth** invidiare qc a qu

gruesome ['gru:·səm] *adj* agghiacciante

gruff [grʌf] *adj* (*reply*) brusco, -a; **a ~ voice** una voce burbera

grumble ['grʌm·bl] I. *n* (*complaint*) lamentela *f* II. *vi* (*person*) lamentarsi; (*stomach*) borbottare; **to ~ about sth/ sb** lamentarsi di qc/qu

grumpy ['grʌm·pi] <-ier, -iest> *adj inf* (*bad tempered*) brontolone, -a; (*annoyed*) scorbutico, -a

grunt [grʌnt] I. *n* ① (*snort*) grugnito *m* ② *sl* (*soldier*) soldato *m* di fanteria II. *vi* grugnire

guarantee [ˌge·rən·'tiː] I. *n* ① (*certainty, warranty*) garanzia *f* ② (*security*) pegno *m* II. *vt* garantire

guard [gɑːrd] I. *n* ① (*a. sport*) guardia *mf;* **prison ~** secondino, -a *m, f;* **security ~** guardia giurata; **to be on ~** essere di guardia; **to be on one's ~ (against sth/sb)** stare in guardia (contro qc/qu) ② (*protective device*) **fire ~** parascintille *m inv;* **shin ~** parastinchi *m inv* II. *vt* ① (*protect*) difendere ② (*prevent from escaping*) fare la guardia a ③ (*keep secret*) custodire

G

guard dog *n* cane *m* da guardia

guard duty <-ies> *n* turno *m* di guardia

guarded ['gɑːr·dɪd] *adj* guardingo, -a

guardian ['gɑːr·di·ən] *n* ① (*responsible person*) tutore, -trice *m, f* ② *form* (*protector*) difensore *m*

guardian angel *n a. fig* angelo *m* custode

guess [ges] I. *n* congettura *f;* **to take a ~** tirare a indovinare; **that was a lucky ~** è stata tutta fortuna; **your ~ is as good as mine!** ne so quanto te II. *vi* ① (*conjecture*) indovinare; **to ~ right/ wrong** indovinare/non indovinare; **how did you ~?** come hai fatto a indovinare? ② (*believe, suppose*) supporre; **I ~ you're right** immagino che tu abbia ragione III. *vt* indovinare ▶ **to keep sb ~ing** tenere qu sulle spine; **~ what?** indovina?

guesswork ['ges·wɜːrk] *n* congetture *fpl*

guest [gest] *n* ① (*invited person*) ospite *mf;* **paying ~** (*lodger*) pensionante *mf* ② (*hotel customer*) cliente *mf* ▶ **be my ~** *inf* fai pure

guesthouse *n* pensione *f*

guestroom *n* stanza *f* degli ospiti

guidance ['gaɪ·dns] *n* (*help and advice*) guida *f;* (*for students*) orientamento *m;* **~ system** *a.* MIL sistema *m* di guida

guide [gaɪd] I. *n* ① (*person, book*) guida *f;* **tour/mountain ~** guida turistica/

alpina ①(*indication*) indicazione *f* II.*vt* guidare

guidebook *n* guida *f*

guided ['gaɪd·ɪd] *adj* ①(*led by a guide*) guidato, -a; **~ed tour** visita *f* guidata ②(*automatically steered*) teleguidato, -a; **~ missile** MIL missile *m* teleguidato

guide dog *n* cane *m* guida

guild [gɪld] *n* (*medieval*) corporazione *f*; (*modern*) associazione *f*; **Writers' Guild** Unione *f* Nazionale Scrittori

guilt [gɪlt] *n* ①(*feeling*) senso *m* di colpa ②(*blame*) colpa *f*; **to admit one's ~** ammettere le proprie colpe ③(*responsibility for crime*) colpevolezza *f*

guilty ['gɪl·ti] <-ier, -iest> *adj* colpevole; **to be ~ of a murder** essere colpevole di omicidio; **to have a ~ conscience** avere la coscienza sporca; **to feel ~ about sth** sentirsi in colpa per qc

guinea pig *n* porcellino *m* d'India, cavia *f*

guitar [gɪ·'tɑːr] *n* chitarra *f*; **to play the ~** suonare la chitarra

guitarist [gɪ·'tɑː·rɪst] *n* chitarrista *mf*

gulf [gʌlf] *n* ①(*area of sea*) golfo *m*; **the Gulf of Mexico** il Golfo del Messico; **the Persian Gulf** il Golfo Persico ②(*chasm*) abisso *m*

gull [gʌl] *n* ZOOL gabbiano *m*

gullible ['gʌ·lə·bəl] *adj* credulone, -a

gully ['gʌ·li] <-ies> *n* (*channel*) gola *f*

gulp [gʌlp] I.*n* **in one ~** tutto d'un fiato; **a ~ of water** un sorso d'acqua II.*vt* inghiottire III.*vi* ①(*swallow with emotion*) deglutire ②(*breath*) **to ~ for air** prendere (il) fiato

gum[1] [gʌm] I.*n* ①(*soft sticky substance*) gomma *f*; BOT resina *f*; **chewing ~** gomma *f* da masticare ②(*adhesive*) colla *f* II.*vt* incollare

gum[2] [gʌm] *n* ANAT gengiva *f*

gumbo ['gʌm·boʊ] *n reg* gombo *m*

gun [gʌn] *n* ①(*weapon*) arma *f* da fuoco; (*pistol*) pistola *f*; (*rifle*) fucile *m* ②SPORTS pistola *f* da starter

◆**gun down** *vt* freddare

gun control *n* controllo *m* delle armi (da fuoco)

gunfight *n* scontro *m* a fuoco

gunfire *n* (*gunfight*) scontro *m* a fuoco; (*shots*) spari *mpl*

gung-ho ['gʊŋ·hoʊ], **gung ho** *adj sl* fanatico, -a

gunman <-men> *n* bandito *m*

gunpowder *n* polvere *f* da sparo

gunshot ['gʌn·ʃɑːt] *n* sparo *m*

gurgle ['gɜːr·gl] I.*n* gorgoglio *m* II.*vi* gorgogliare

gush [gʌʃ] I.<-es> *n* fiotto *m*; *fig* slancio *f*; **a ~ of water** un getto d'acqua II.*vi* ①(*any liquid*) zampillare ②*inf* (*praise excessively*) sperticarsi in elogi

gust [gʌst] I.*n* (*of wind*) raffica *f* II.*vi* soffiare

gusty ['gʌs·ti] <-ier -iest> *adj* a raffiche

gut [gʌt] I.*n* ①(*intestine*) intestino *m*; **a ~ feeling** un instinto viscerale ②*pl, inf*(*bowels*) budella *fpl* ③*pl* (*courage*) coraggio *m*; **it takes ~s** ci vuole coraggio II.<-tt-> *vt* ①(*remove the innards*) sventrare ②(*destroy*) distruggere

gutsy ['gʌt·si] <-ier, -iest> *adj* ①(*brave*) coraggioso, -a ②(*powerful*) vigoroso, -a

gutter ['gʌ·tɚ] *n* (*on the roadside*) canale *m* di scolo; (*on the roof*) grondaia *f*

guy [gaɪ] *n inf*(*man*) tipo *m*; **hi ~ s** ciao ragazzi

guzzle ['gʌ·zl] *vt inf*(*of person: alcohol*) tracannare; (*of car: gas*) bere

gym [dʒɪm] *n inf*palestra *f*

gymnasium [dʒɪm·'neɪ·zi·əm] *n* palestra *f*

gymnast ['dʒɪm·næst] *n* ginnasta *mf*

gymnastics [dʒɪm·'næs·tɪks] *npl* ginnastica *f*

gym shoes *n* scarpe *fpl* da tennis

gynecological [ˌgaɪ·nə·kə·'lɑdʒ·ɪ·kəl] *adj* ginecologico, -a

gynecologist *n* ginecologo, -a *m, f*

gypsy ['dʒɪp·si] <-ies> *n* zingaro, -a *m, f*

Hh

H, h [eɪtʃ] *n* H, h *f;* ~ **for How** H come Hotel

ha [hɑ:] *interj a. iron* ah!

habit ['hæ·bɪt] *n* ❶ *(customary practice)* abitudine *f;* **to do sth out of** ~ fare qc per abitudine; **to get into the** ~ **(of doing sth)** abituarsi (a fare qc) ❷ *(dress)* abito *m* ❸ *(addiction)* assuefazione *f;* **to have a heroin** ~ essere eroinomane

habitable ['hæ·bɪ·tə·bl̩] *adj* abitabile

habitual [hə·'bɪt·ʃu·əl] *adj* ❶ *(usual)* abituale ❷ *(describing person: liar)* impenitente

hack [hæk] *vt* COMPUT **to** ~ **(into) a system** entrare illecitamente in un sistema

had [hæd, *unstressed:* həd] *pt, pp of* **have**

haddock ['hæ·dək] *n* eglefino *m*

hadn't ['hæ·dnt] = **had not** *s.* **have**

hag [hæg] *n (woman)* megera *f*

haggle ['hæ·gl̩] *vi* contrattare; **to** ~ **over sth** contrattare il prezzo di qc

hail[1] [heɪl] **I.** *n* METEO grandine *f;* *(of stones)* scarica *f;* *(of insults)* pioggia *f* **II.** *vi* grandinare

hail[2] [heɪl] *vt* ❶ *(call)* chiamare; **to** ~ **a taxi** fermare un taxi ❷ *(acclaim)* acclamare

hair [her] *n* ❶ *(on head)* capello *m,* capelli *mpl;* *(on chest, legs)* pelo *m;* **to have one's** ~ **cut** tagliarsi i capelli; **to wash one's** ~ lavarsi la testa; **to wear one's** ~ **up/down** avere i capelli raccolti/sciolti ❷ *(on animal)* pelo *m* ▸ **to make sb's** ~ <u>**curl**</u> *inf* far rizzare i capelli a qu

hairbrush <-es> *n* spazzola *(f* per capelli)

hair conditioner *n* balsamo *m*

haircut *n* taglio *(m* di capelli)

hairdo *n inf* pettinatura *f*

hairdresser *n* parrucchiere, -a *m, f;* **at the** ~ **'s** dal parrucchiere

hair dryer *n* asciugacapelli *m inv*

hairless ['her·lɪs] *adj (head)* calvo, -a, pelato, -a; *(body)* senza peli

hairpiece *n* parrucchino *m*

hairpin *n* forcina *f*

hair-raising *adj inf* da far rizzare i capelli

hair remover *n* prodotto *m* depilatorio

hair restorer *n* prodotto *m* per rinfoltire i capelli

hair spray *n* lacca *f* (per capelli)

hairstyle *n* acconciatura *f*

hairy ['he·ri] <-ier, -iest> *adj* ❶ *(having much hair)* peloso, -a ❷ *sl (difficult, dangerous)* rischioso, -a

Haiti ['heɪ·ti] *n* Haiti *f*

Haitian ['heɪ·ʃən] *adj, n* haitiano, -a *m, f*

hake [heɪk] <-(s)> *n* nasello *m*

half [hæf] **I.** <halves> *n (equal part)* metà *f inv;* ~ **an apple** mezza mela; **in** ~ a metà; **a pound and a** ~ una libbra e mezzo; **first/second** ~ SPORTS primo/secondo tempo **II.** *adj* mezzo, -a; ~ **a pint** mezza pinta; ~ **an hour** [*o* **a** ~ **hour**] mezz'ora **III.** *adv (almost)* quasi; **to be** ~ **sure** essere quasi sicuro ❷ *(partially)* mezzo; ~ **asleep** mezzo addormentato; ~ **cooked** mezzo crudo ❸ *(by fifty percent)* ~ **as many/much** la metà; ~ **as much again** ancora la metà ❹ *inf (most)* la maggior parte; ~ **(of) the time** la metà del tempo ❺ ~ **past three** le tre e mezzo; **at** ~ **past** ai 30 **IV.** *pron a.* la metà; **only** ~ **of them came** soltanto metà di loro sono venuti

halfback *n* SPORTS mediano *m*

half-baked *adj* ❶ *(food)* mezzo crudo, -a ❷ *inf (plan)* stupido, -a

half-dozen *adj* mezza dozzina *f*

half-empty *adj* mezzo, -a vuoto, -a

halfhearted *adj* poco entusiasta

half-price *n* **at** ~ a metà prezzo

half-term *n* ❶ *(between semesters)* va-

H

canze *fpl* di metà trimestre ② *pl* (*exams*) esami *mpl* di metà trimestre

halftime *n* SPORTS intervallo *m;* **at ~** alla fine del primo tempo

halfway ['hæf·weɪ] **I.** *adj* ① (*midway*) a metà strada ② (*partial*) parziale **II.** *adv* ① (*half the distance*) a metà strada; **to be ~ between … and …** essere a metà strada tra… e…; **~ through the year** a metà anno ② (*nearly, partly*) **to go ~ toward** (*doing*) **sth** fare qc in parte

hall [hɔːl] *n* ① (*corridor*) corridoio *m* ② (*entrance room*) atrio *m*, ingresso *m* ③ (*large public room*) sala *f;* (*in schools*) mensa *f;* **concert ~** sala *f* concerti; **town** [*o* **city**] **~** municipio *m* ④ UNIV collegio *m;* **residence ~** casa *f* dello studente

Halloween *n,* **Hallowe'en** [ˌhæ·lə·'wiːn] *n* Halloween *m*

hallucinate [həˈluː·sɪ·neɪt] *vi a. fig* avere le allucinazioni

hallucination [həˌluː·sɪ·ˈneɪ·ʃən] *n* allucinazione *f*

hallucinogenic *adj* allucinogeno, -a

halo ['heɪ·loʊ] <-s *o* -es> *n* ① *a. fig* REL aureola *f* ② *a. fig* ASTR alone *m*

halt [hɔːlt] **I.** *n* ① (*standstill, stop*) fermata *f;* **to call a ~ to sth** porre fine a qc; **to come** [*o* **grind**] **to a ~** fermarsi ② (*interruption*) interruzione *f* **II.** *vt* fermare **III.** *vi* fermarsi **IV.** *interj* ~! alt!

halve [hæv] **I.** *vt* ① (*lessen*) dimezzare; (*number*) dividere per due ② (*cut in half*) dividere a metà **II.** *vi* dimezzarsi

ham [hæm] **I.** *n* ① prosciutto *m;* **a slice of ~** una fetta di prosciutto ② (*actor*) gigione *m* ③ (*radio*) radioamatore, -trice *m, f* **II.** *vi* recitare in modo gigionesco

hammer ['hæ·mɚ] **I.** *n* ① (*tool*) martello *m;* **~ blow** martellata *f* ② (*of gun*) cane *m* **II.** *vt* ① (*hit with tool: metal*) prendere a martellate; (*nail*) piantare ② *inf* SPORTS (*beat easily*) battere ③ (*criticize: book, film*) stroncare; **to ~ sb for sth** criticare duramente qu per qc ④ *inf* (*become very drunk*) **to get**

~ed (**on sth**) prendersi una sbornia (di qc) **III.** *vi* ① (*use a hammer*) martellare; **to ~ at sth** dare martellate a qc ② (*beat heavily*) battere; (*heart*) battere forte; (*head*) martellare; **to ~ on sth** insistere su qc

◆**hammer out** *vt* ① (*correct: dent*) riaggiustare a martellate ② (*find solution*) **to ~ a settlement** raggiungere un accordo

hammock ['hæ·mək] *n* amaca *f*

hamper¹ ['hæm·pɚ] *vt* (*hinder*) **to ~ sb/sth** ostacolare qu/qc

hamper² ['hæm·pɚ] *n* (*picnic basket*) cestino *f* da picnic

hamster ['hæm·stɚ] *n* criceto *m*

hamstring ['hæm·strɪŋ] *n* ANAT tendine *m* del ginocchio

hand [hænd] **I.** *n* ① ANAT mano *f;* **to do sth by ~** fare qc a mano; **to shake ~s with sb** stringere la mano a qu; **to take sb by the ~** prendere qu per mano; **~ in ~** mano nella mano; **get your ~s off!** giù le mani!; **~s up!** mani in alto! ② (*handy, within reach*) **at ~** a portata di mano; **on ~** (*available to use*) disponibile ③ (*what means doing now*) **the problem at ~** il problema in questione; **in ~** (*being arranged*), **preparations are in ~** i preparativi sono in corso ④ *pl* (*responsibility*) **to be in good ~s** essere in buone mani ⑤ (*assistance*) **to give** (**sb**) **a ~** (**with sth**) dare (a qu) una mano (con qc) ⑥ (*control*) **to get out of ~** (*things, situation*) sfuggire di mano; **to have sth well in ~** avere qc sotto controllo; **to take sb in ~** far rigare dritto qu ⑦ GAMES **to have a good/poor ~** avere delle belle/brutte carte; **to show one's ~** *a. fig* scoprire le proprie carte; **a ~ of poker** una mano a poker ⑧ (*on clock*) lancetta *f;* **the hour/the minute ~** la lancetta delle ore/dei minuti ⑨ (*manual worker*) operaio, -a *m, f;* (*sailor*) marinaio *m;* **farm ~** bracciante *mf* ⑩ (*skillful person*) **old ~** veterano, -a *m, f;* **to be an old ~ at sth** avere molta pratica in qc ⑪ (*applause*) applauso *m;* **let's have a**

big ~ **for ...** un applauso per... ⓫ (*measurement for horses*) spanna *f* ⓬ (*handwriting*) calligrafia *f;* **in his own** ~ di suo pugno ▸ **at first** ~ personalmente; **to have one's** ~**s full** essere molto impegnato; **on the one** ~ ... **on the other** (~) ... da un lato..., dall'altro (lato)... II. *vt* ① (*give*) passare; **will you** ~ **me my bag?** mi passi la borsa? ② (*give credit to*) **you've got to** ~ **it to him** gli va riconosciuto

◆ **hand back** *vt* restituire

◆ **hand down** *vt* ① (*knowledge*) trasmettere; (*objects*) lasciare in eredità ② LAW (*judgment*) pronunciare

◆ **hand in** *vt* (*document*) consegnare; **to** ~ **one's resignation** presentare le dimissioni

◆ **hand on** *vt* (*knowledge*) trasmettere; (*object*) passare

◆ **hand out** *vt* ① (*distribute*) distribuire ② (*give*) dare

◆ **hand over** I. *vt* ① (*give: money*) consegnare ② (*pass: power*) trasferire; (*property*) cedere ③ TEL passare; **to hand sb over to** passare qu a qu II. *vi* **to** ~ **to sb** passare le consegne a qu; TV passare la linea a qu

handbag *n* borsa *f*

handbook *n* manuale *m*

hand brake *n* AUTO freno *m* a mano

handcuff *vt* ammanettare

handful ['hænd·fʊl] *n* ① *a. fig* (*small amount*) manciata *f;* **a** ~ **of people** un gruppetto di persone ② (*person*) **to be a real** ~ (*child*) essere una peste

handicap ['hæn·dɪ·kæp] I. *n* (*disability, disadvantage*) SPORTS handicap *m inv;* **mental/physical** ~ handicap mentale/ fisico II. <-pp-> *vt* ostacolare; **to be** ~**ped** essere in svantaggio

handicapped I. *adj* **physically/mentally** ~ fisicamente/mentalmente disabile II. *n* **the** ~ i disabili *pl*

handkerchief ['hæŋ·kɚ·tʃɪf] *n* fazzoletto *m*

handle ['hæn·dl̩] I. *n* ① (*of knife, bag*) manico *m;* (*of drawer*) maniglia *f* ② (*knob*) pomello *m;* (*lever*) leva *f*

③ *inf* RADIO (*name*) titolo *m* II. *vt* ① (*touch*) toccare ② (*move, transport*) maneggiare; ~ **with care** fragile ③ (*machine*) manovrare; (*tool, weapon*) maneggiare; (*chemicals*) manipolare; **to** ~ **a situation well** gestire bene una situazione ④ (*direct*) occuparsi di; **I'll** ~ **this** me ne occupo io ⑤ (*control*) gestire ⑥ (*discuss, portray: subject*) trattare ⑦ (*operate*) manovrare III. *vi* + *adv/ prep* rispondere (ai comandi); **to** ~ **poorly** non rispondere bene

handlebars *npl* manubrio *m*

handling *n* ① (*management*) gestione *f;* (*of goods*) manipolazione *f;* (*of subject*) trattazione *f;* (*of person*) trattamento *m;* (*of car*) conduzione *f* ② COM (*fee*) trasporto *m*

hand luggage *n* bagaglio *m* a mano

handmade *adj* fatto, -a a mano

hand-operated *adj* manuale

handout ['hænd·aʊt] *n* ① (*money*) elemosina *f* ② (*leaflet*) volantino *m* ③ (*press release*) comunicato *m* stampa ④ (*written information*) appunti *mpl*

handrail *n* (*on stairs*) corrimano *m;* (*on bridge*) parapetto *m*

handshake *n* stretta *f* di mano

handsome ['hæn·səm] *adj* bello, -a

hands-on *adj* ① (*practical*) pratico, -a ② COMPUT manuale

handwriting *n* calligrafia *f*

handwritten *adj* scritto, -a a mano

handy ['hæn·di] <-ier, -iest> *adj* ① (*convenient*) comodo, -a; (*available*) disponibile; (*nearby*) vicino, -a; **to keep sth** ~ tenere qc a portata di mano; **to be** ~ **for sth** essere comodo per qc; **to come in** ~ (**for sb**) tornare utile (a qu) ② (*user-friendly*) maneggevole; (*form, guide*) utile ③ (*skillful*) abile; **to be** ~ **with sth** avere pratica di qc

handyman ['hæn·di·mæn] <-men> *n* operaio *m* tuttofare

hang [hæŋ] I. <hung, hung> *vi* ① (*be suspended*) pendere; (*picture*) essere appeso, -a; **to** ~ **by/on/from sth** pendere per/da qc; **to** ~ **in a gallery** essere

H

H

esposto in una galleria ❷ (*lean over or forward*) pendere ❸ (*float*) essere sospeso, -a; **to ~ above sb/sth** incombere sopra qu/qc ❹ (*die*) morire sulla forca ❺ (*fit, drape: clothes, fabrics*) cadere; **to ~ well** cadere bene ❻ *inf* (*be friendly with*) **to ~ with sb** frequentare qu; (*spend time at*) bighellonare ▶ **~ in there!** non mollare! II.<hung, hung> *vt* ❶ (*attach*) appendere; (*laundry*) stendere; (*door*) mettere; **to ~ wallpaper (on a wall)** attaccare la carta da parati (a un muro) ❷ (*lights, ornaments*) appendere ❸ (*one's head*) chinare ❹ (*execute*) impiccare III. *n* FASHION *modo in cui cade un tessuto o un abito* ▶ **to get the ~ of sth** *inf* capire come funziona qc; **I don't give a ~** *inf* non me ne importa nulla

◆**hang back** *vi* ❶ (*be reluctant to move forward*) rimanere indietro ❷ (*hesitate*) tirarsi indietro

◆**hang on** I. *vi* ❶ (*wait briefly*) aspettare; **to keep sb hanging on** fare aspettare qu; **~!** *inf* aspetta un attimo! ❷ (*hold on to*) **to ~ to sth** tenersi a qc; **~ tight** tenersi forte ❸ (*persevere, resist*) tenere duro II. *vt insep* (*depend upon*) dipendere da ❷ (*give attention*) **to ~ sb's every word** pendere dalle labbra di qu

◆**hang out** I. *vt* (*laundry*) stendere; (*flag*) alzare II. *vi* ❶ (*dangle*) sporgere; **let it all ~!** *inf* lasciati andare! ❷ *inf* (*spend time at*) bazzicare; **where does he ~ these days?** dove bazzica ultimamente? ❸ *inf* (*reside*) abitare

◆**hang up** I. *vi* riagganciare; **to ~ on sb** mettere giù il telefono a qu II. *vt* ❶ (*curtains*) attaccare; (*receiver*) mettere giù ❷ (*give up*) **to ~ one's boxing gloves** *fig* appendere al chiodo i guantoni

hanger ['hæŋ·ɚ] *n* (*clothes*) gruccia *f*
hang glider *n* SPORTS deltaplano *m*
hang-gliding *n* SPORTS deltaplano *m*
hangover *n* ❶ (*after drinking*) postumi *mpl* di sbronza ❷ (*left-over*) conseguenze *fpl*

hang-up *n inf* complesso *m*; **to have a ~ about sth** essere complessato per qc
hankie *n*, **hanky** ['hæŋ·ki] *n inf abbr of* **handkerchief** fazzoletto *m*
happen ['hæ·pən] *vi* ❶ (*occur*) succedere; **if anything ~s to me ...** se mi succede qualcosa...; **these things ~** [*o sl* **shit ~s**] sono cose che succedono; **whatever ~s** qualunque cosa succeda ❷ (*chance*) **I ~ed to be at home** per puro caso mi trovavo a casa; **as it ~s ...** come succede...
happily ['hæ·pɪ·li] *adv* ❶ (*contentedly*) felicemente; **they lived ~ ever after** vissero sempre felici e contenti ❷ (*willingly*) molto volentieri ❸ (*fortunately*) fortunatamente
happiness ['hæ·pɪ·nɪs] *n* felicità *f*
happy ['hæ·pi] <-ier, -iest> *adj* ❶ (*feeling very good, fortunate*) felice; **to be ~ that ...** essere contento che...; **to be ~ to do sth** essere contento di fare qc; **~ birthday!** buon compleanno!; **many ~ returns (of the day)!** cento di questi giorni! ❷ (*satisfied*) contento, -a; **to be ~ about sb/sth** essere contento di qu/qc; **are you ~ with the idea?** ti piace l'idea?
harbor ['hɑːr·bɚ] I. *n* ❶ (*port*) porto *m* ❷ *fig* (*shelter*) rifugio *m* II. *vt* ❶ (*give shelter to*) dare rifugio a ❷ (*feelings*) nutrire; **to ~ a grudge (against sb)** serbare rancore (a qu) ❸ (*keep in hiding*) aiutare a nascondersi
hard [hɑːrd] I. *adj* ❶ (*firm, hostile, unkind*) duro, -a; (*rule*) severo, -a; (*fate*) crudele; **~ times** tempi duri; **to have a ~ time** attraversare un brutto periodo; **to give sb a ~ time** rendere le cose difficili a qu; **to be ~ on sb/sth** essere duro con qu/qc ❷ (*intense, concentrated*) **to take a (good) ~ look at sth** guardare bene qc; **a ~ fight** una lotta accanita; **to be a ~ worker** lavorare sodo ❸ (*forceful*) forte ❹ (*difficult, complex*) difficile; **to be ~ to please** essere difficile da accontentare; **to get ~** diventare difficile; **a ~ bargain** un affare poco vantaggioso ❺ (*severe*) severo, -a ❻ (*ex-*

tremely cold) rigido, -a ⑥(*evidence*) inconfutabile ⑥(*fact*) innegabile **II.** *adv* ⑧(*forcefully*) con forza; **to hit sb ~** colpire qu con forza; **to press/pull ~** premere/tirare forte ⑨(*rigid*) **frozen ~** ghiacciato, -a ⑧(*energetically, vigorously*) **to study/work ~** studiare/lavorare sodo; **he was ~ at it** era tutto impegnato; **think ~** concentrati ⑩(*intently*) intensamente; **to look ~ at sth** osservare intensamente qc ⑥(*closely*) vicino; **to be ~ up** essere al verde ⑥(*heavy*) forte; **it rained ~** ha piovuto forte; **to take sth ~** prendere male qc

hardback [ˈhɑːrdˌbæk] **I.** *n* ⑥(*book*) libro *m* in brossura **II.** *adj* in brossura

hardball *n* baseball *m*

hard-boiled *adj* (*egg*) sodo, -a; *inf* (*person*) indurito, -a

hard copy <-ies> *n* COMPUT copia *f* stampata

hardcover *n* (*book*) libro *m* in brossura

hard currency <-ies> *n* FIN moneta *f* forte

hard disk *n* COMPUT disco *m* duro

hard drive *n* COMPUT disco *m* duro

hard drug *n* droga *f* pesante

hard-earned *adj* (*money*) guadagnato, -a col sudore della fronte; (*rest, vacation*) meritato, -a

harden [ˈhɑːrdn] **I.** *vt* ⑥(*make more solid*) indurire; (*steel*) temprare ⑥(*make tougher*) rafforzare; **to ~ oneself to sth** fare il callo a qc; **to become ~ed** indurirsi; **to ~ one's heart** *fig* diventare duro ⑥(*opinions*) irrigidire; (*character*) temprare **II.** *vi* ⑥(*become firmer: character*) indurirsi ⑥(*become accustomed to*) **to ~ to sth** fare il callo a qc ⑥(*attitude*) irrigidirsi

hard feelings *npl* rancore *m;* **no ~!** senza rancore!

hardhat *n* casco *m*

hardheaded *adj* ⑥(*stubborn*) testardo, -a ⑥(*realistic*) realista

hard-liner *n* POL radicale *mf*

hardly [ˈhɑːrdˌli] *adv* ⑥(*barely*) appena; **~ anything** quasi niente; **~ ever** quasi mai; **she can ~ walk** riesce appena a

camminare ⑥(*certainly not*) **it's ~ my fault that it's raining** cosa c'entro io se piove?; **~!** è improbabile! *inf*

hardship [ˈhɑːrdˌʃɪp] *n* (*suffering, adversity*) stenti *mpl*

hard shoulder *n* (*on road*) corsia *f* d'emergenza

hardware *n* ⑥(*household articles*) ferramenta *f inv;* **~ store** negozio *m* di ferramenta; (*home improvement center*) centro *m* di fai-da-te ⑥COMPUT hardware *m*

hard-wearing *adj* resistente

hard-working *adj* laborioso, -a

hare [her] *n* BIO lepre *f*

harm [hɑːrm] **I.** *n* male *m;* **to do ~ to sb/sth** fare del male a qu/qc **II.** *vt* ⑥(*hurt*) fare del male a; (*reputation*) danneggiare; **it wouldn't ~ you to stay at home** non ti farebbe male restare a casa ⑥(*ruin*) rovinare

harmful [ˈhɑːrmˌfəl] *adj* nocivo, -a

harmless [ˈhɑːrmˌlɪs] *adj* (*animal, person*) inoffensivo, -a; (*thing*) innocuo, -a; (*fun, joke*) innocente

harsh [hɑːrʃ] *adj* ⑥(*severe: parents*) severo, -a; (*punishment*) duro, -a ⑥(*unfair: criticism*) duro, -a ⑥(*unfriendly*) brusco, -a ⑥(*uncomfortable: climate, winter*) rigido, -a; (*contrast*) violento, -a ⑥(*rough*) aspro, -a ⑥(*unpleasant to the ear*) stridente

harvest [ˈhɑːrˌvɪst] **I.** *n* (*of crops*) raccolto *m;* (*of grapes*) vendemmia *f;* (*of vegetables*) raccolta *f;* **the apple ~** la raccolta delle mele; **a good ~ of potatoes** una buona produzione di patate **II.** *vt a. fig* raccogliere; (*crops*) mietere; **to ~ grapes** vendemmiare **III.** *vi* fare il raccolto

has [hæz, *unstressed:* həz] *3rd pers sing of* **have**

has-been *n inf* **to be a ~** aver fatto il proprio tempo

hash¹ [hæʃ] **I.** *vt* CULIN tritare **II.** *n* ⑥CULIN *piatto a base di carne, patate e verdure tritate e cotte al forno o in padella* ⑥*inf* pasticcio *m;* **to make a ~ of sth** rovinare qc

H

hash² [hæʃ] *n inf* fumo *m*

hasn't ['hæ·znt] = **has not** *s.* **have**

hassle ['hæ·sl] I. *n inf* (*trouble*) scocciatura *f*; **to give sb ~** scocciare qc; **it's such a ~** è una bella scocciatura II. *vt inf* scocciare; **to ~ sb to do sth** scocciare qu perché faccia qc

haste [heɪst] *n* fretta *f*; **to make ~** affrettarsi; **in ~** di fretta

hasty ['heɪs·ti] <-ier, -iest> *adj* ① (*fast*) rapido, -a; **to beat a ~ retreat** *a. fig* ritirarsi in tutta fretta ② (*not thought out*) frettoloso, -a

H **hat** [hæt] *n* cappello *m*

hatch [hætʃ] I. *vi* uscire dal guscio II. *vt* ① (*egg*) far schiudere ② (*devise in secret*) tramare; **to ~ a plan** tramare un piano

hatchback ['hætʃ·bæk] *n* AUTO auto *f* a tre/cinque porte *inv*

hate [heɪt] I. *n* odio *m* II. *vt* odiare

hate crime *n* reato scatenato dall'odio religioso, razziale ecc

hateful ['heɪt·fəl] *adj* odioso, -a

hatred ['heɪ·trɪd] *n* odio *m*

haul [hɑːl] I. *vt* ① (*pull with effort*) tirare; **to ~ up the sail** issare la vela ② *inf* (*force to go*) trascinare ③ (*transport goods*) trasportare II. *n* ① (*distance*) tragitto *m*; **long ~ flight** volo *m* intercontinentale; **in** [*o* **over**] **the long ~** *fig* alla lunga ② (*quantity caught: fish*) pesca *f*; (*of stolen goods*) refurtiva *f*

haunt [hɑːnt] I. *vt* ① (*ghost*) infestare ② (*bother*) perseguitare; **to be ~ed by sth** essere perseguitato da qc II. *n* ritrovo *m* preferito

haunted *adj* ① (*by ghosts*) infestato, -a dai fantasmi, stregato, -a ② (*troubled: look*) preoccupato, -a

Havana [həˈvæn·ə] *n* L'Avana *m*

have [hæv, *unstressed:* həv] I. <has, had, had> *vt* ① (*own*) avere; **I have two brothers** ho due fratelli; **~ you got a cold?** — **no, I ~ a headache** hai il raffreddore? — no, ho mal di testa; **to ~ sth to do** avere qc da fare ② (*engage in*) **to ~ a talk with sb** parlare con qu;

to ~ a game of sth fare una partita a qc ③ (*eat*) **to ~ lunch** pranzare; **to ~ a coffee** prendere un caffè ④ (*receive*) avere, ricevere; **to ~ news about sb/sth** avere notizie di qu/qc ⑤ (*show trait*) **to ~ second thoughts** avere ripensamenti ⑥ (*cause to occur*) **I'll ~ Bob give you a ride home** ti farò dare un passaggio da Bob; **I won't ~ you doing that** non te lo lascerò fare ► **to ~ it in for sb** *inf* avercela con qu; **to ~ had it with sb/sth** *inf* averne (avuto) abbastanza di qu/qc II. <has, had, had> *aux* ⑥ (*indicates perfect tense*) **he has never been to California** non è mai stato in California; **we had been swimming** eravamo stati a nuotare; **had I known you were coming, ...** *form* se avessi saputo che venivi,... ⑧ (*must*) **to ~ (got) to do sth** dover fare qc; **what time ~ we got to be there?** a che ora dobbiamo essere lì?; **do we ~ to finish this today?** dobbiamo finirlo oggi? III. *n pl* **the ~s and the have-nots** i ricchi e i poveri

◆ **have back** *vt always sep* **can I have it back?** posso riaverlo?

◆ **have on** *vt always sep* ① (*wear: clothes*) indossare; **he didn't have any clothes on** era completamente nudo ② (*carry*) **to have sth on oneself** avere con sé; **have you got any money on you?** hai dei soldi con te?

◆ **have out** *vt always sep* ① (*remove*) togliersi ② *inf* (*argue*) **to have it out with sb** mettere le cose in chiaro con qu

◆ **have over** *vt always sep* invitare

haven't ['hæ·vnt] = **have not** *s.* **have**

Hawaii [həˈwaɪ·i] *n* Hawai *fpl*

Hawaiian [həˈwaɪ·jən] I. *n* ① (*person*) hawaiano, -a *m, f* ② LING hawaiano *m* II. *adj* hawaiano, -a

hay [heɪ] *n* fieno *m* ► **to hit the ~** *inf* andare a nanna

hay fever *n* raffreddore *m* da fieno

hazard ['hæ·zəd] I. *n* ① (*danger*) pericolo *m* ② (*risk*) rischio *m*; **fire ~** pericolo di incendio II. *vt* (*dare*) azzardare; **to**

~ a guess at sth provare a indovinare qc

hazard lights npl AUTO blinker m inv

hazardous ['hæ·zə·dəs] adj (dangerous) pericoloso, -a; (risky) rischioso, -a

haze [heɪz] n ① (mist) foschia f; (smog) nebbiolina f ② (mental) stordimento m

hazelnut ['heɪ·zl·nʌt] n BOT nocciola f

hazy ['heɪ·zi] <-ier, -iest> adj ① (with bad visibility) nebbioso, -a ② (confused, unclear) vago, -a

HDTV [,eɪtʃ·di·ti·'vi] n TV abbr of **high-definition television** televisione f ad alta definizione

he [hi:] I. pron pers ① (male person or animal) egli, lui; **~'s** [o **~ is**] **my father** (lui) è mio padre ② (unspecified sex) **~ who ...** form colui che... II. n (of baby, animal) maschio m

head [hed] I. n ① ANAT testa f; **to nod one's ~** fare sì con la testa ② (unit) testa f; **a** [o **per**] **~** a testa; **a hundred ~ of cattle** cento capi di bestiame ③ (mind) **to clear one's ~** chiarirsi le idee ④ (top: of line, page) cima f; (of bed) testata; **at the ~ of the table** a capotavola ⑤ BOT (of garlic) testa f ⑥ pl FIN (face of coin) testa f; **~s or tails?** testa o croce? ⑦ (beer foam) spuma f ⑧ GEO (of river) sorgenti fpl ⑨ (boss) capo m; **~ the department** il capodipartimento; **~ of a company** il direttore di un'azienda ⑩ TECH (device) testa f; (for recording) testina f II. vt ① (lead) capeggiare; (a company) dirigere; (team) capitanare ② PUBL intitolare ③ SPORTS (ball) colpire di testa III. vi **to ~** (for) **home** dirigersi verso casa

♦ **head back** vi tornare indietro

♦ **head off** I. vt bloccare II. vi **to ~ toward** andare verso

headache ['hed·eɪk] n mal m di testa inv

headband n fascia f per la testa

headfirst ['hed·'fɜrst] adv di testa

headline I. n titolo m II. vt intitolare

headmaster n direttore m di scuola

headmistress <-es> n direttrice f di scuola

head-on I. adj (collision) frontale II. adv frontalmente

headphones npl cuffie fpl

headquarters n+ sing/pl vb MIL quartiere m generale; (of company) sede f centrale; (of political party) sede f; (of the police) comando m di polizia

headrest n poggiatesta m inv

headroom n altezza f

headscarf <-scarves> n fazzoletto m (per la testa)

headset n cuffie fpl

head start n vantaggio f; **to give sb a ~** dare un vantaggio a qu

heads-up adj (baseball, technology) competente

headway n progresso m; **to make ~** fare progressi

heal [hi:l] I. vt (wound) guarire; (differences) sanare II. vi (wound) guarire

health [helθ] n salute f; **to be in good/bad ~** godere/non godere di buona salute

health care n assistenza f sanitaria

health center n poliambulatorio m

health certificate n certificato m medico

health club n (centro m) fitness inv

health food shop n, **health food store** n negozio m di prodotti naturali

health insurance n assicurazione f sanitaria

healthy ['hel·θi] <-ier, -iest> adj ① MED sano, -a ② FIN (strong) prospero, -a; (profit) sostanzioso, -a ③ (positive: attitude) positivo, -a

heap [hi:p] I. n (pile) mucchio m, pila f; **to collapse in a ~** fig (person) accasciarsi; **a** (whole) **~ of work** inf (tutta) una montagna di lavoro II. vt ammucchiare

hear [hɪr] <heard, heard> I. vt ① (perceive, be told) sentire; **to ~ that ...** sentire [o sapere] che... ② (listen) ascoltare; **Lord, ~ our prayers** REL ascoltaci, Signore ③ LAW (witness) ascoltare; (case) esaminare II. vi (perceive, get news) sentire; **to ~ of** [o **about**] **sth** sentire [o sapere] di qc

H

heard [hɜːrd] *pt, pp of* **hear**

hearing ['hɪ·rɪŋ] *n* ① *(sense)* udire *m;* **to be hard of ~** avere problemi d'udito ② *(act)* ascolto *m* ③ *(range)* **in sb's ~** in presenza di qu ④ LAW udienza *f*

hearing aid *n* apparecchio *m* acustico

heart [hɑːrt] *n* ① ANAT cuore *m* ② *(center of emotions)* **to break sb's ~** spezzare il cuore a qu; **to take ~** farsi coraggio ③ *(core)* centro *m;* **to get to the ~ of the matter** arrivare al nocciolo della questione ④ CULIN *(of lettuce)* cuore *m* ⑤ *pl (card suit)* cuori *mpl* ▶ **to one's ~'s content** finché uno vuole; **by ~** a memoria

heart attack *n* infarto *m*

heartbreaking *adj* struggente

heartbroken *adj* col cuore infranto

heartburn *n* MED acidità *f* di stomaco

heartening ['hɑːr·tə·nɪŋ] *adj* incoraggiante

heart rate *n* frequenza *f* cardiaca

heartthrob *n* infidolo *m*.

heart-to-heart I. *n* chiacchierata *f* franca II. *adj* franco, -a

heat [hiːt] I. *n* ① *(warmth)* calore *m;* **in the ~ of the day** quando fa più caldo; **to cook sth on a high/low ~** cuocere qc a ad alta/bassa temperatura ② *(heating system)* riscaldamento *m;* **to turn down the ~** abbassare il riscaldamento ③ *(emotional state)* eccitazione *f;* **in the ~ of the argument** nel fervore della discussione ④ *(sports race)* eliminatoria *f* ⑤ ZOOL calore *m;* **to be in ~** essere in calore ▶ **to put the ~ on sb** mettere qu sotto pressione II. *vt* ① *(make hot)* scaldare ② *(excite)* accalorare III. *vi* ① *(become hot)* scaldarsi; *fig (inflame)* accalorarsi

◆ **heat up** I. *vi* scaldarsi II. *vt* scaldare

heated *adj* ① *(window)* termico, -a; *(pool, room)* riscaldato, -a ② *(argument)* acceso, -a

heater ['hiː·tə·] *n* termosifone *m*, stufa *f;* **water ~** scaldaacqua *m inv*

heating *n* riscaldamento *m*

heat rash <-es> *n* eruzione *f* cutanea da calore

heat-resistant *adj*, **heat-resisting** *adj* termoresistente

heat stroke *n* MED insolazione *f*

heat wave *n* ondata *f* di caldo

heaven ['he·vən] *n* cielo *m*, paradiso *m;* **to go to ~** andare in paradiso; **it's ~** *fig, inf* è fantastico ▶ **for ~s sake!** per l'amor del cielo!; **good ~s!** santo cielo!; **~ only knows** Dio solo lo sa; **~ help us** che il cielo ci aiuti; **thank ~s** grazie al cielo

heavy ['he·vi] I. *adj* <-ier, -iest> ① *(weighing a lot)* pesante; **~ food** cibi pesanti ② *(difficult)* difficile ③ *(strong)* forte ④ *(not delicate)* poco delicato, -a; *(features)* marcato, -a ⑤ *(severe)* severo, -a; *(responsibility, sea)* grosso, -a ⑥ *(abundant)* abbondante; *(investment)* grosso, -a; **~ rain** forti rovesci ⑦ *(excessive: drinker, smoker)* accanito, -a ⑧ *(thick: fog)* denso, -a II. *n* <-ies> *inf* gorilla *m inv*

heavy going *adj* difficile

heavy-handed *adj* ① *(clumsy)* maldestro, -a ② *(harsh)* duro, -a

heavyweight I. *adj* ① SPORTS di pesi massimi ② *(cloth)* resistente ③ *(important)* serio, -a e importante II. *n* peso *m* massimo; *fig* personaggio *m* di spicco

he'd [hiːd] = **he had, he would** *s.* **have, will**

hedge [hedʒ] I. *n* ① *(row of bushes)* siepe *m* ② FIN copertura *f* II. *vi (avoid action)* essere evasivo, -a; FIN coprirsi III. *vt* recintare *(con una siepe)*

hedgehog ['hedʒ·hɑːg] *n* porcospino *m*

heel [hiːl] I. *n* ① *(of foot)* tallone *m* ② *(of shoe)* tacco *m* ▶ **to dig one's ~s in** puntare i piedi II. *interj (to dogs)* vieni

hefty ['hef·ti] *adj* <-ier, -iest> *(person)* corpulento, -a; *(profit, amount)* sostanzioso, -a; *(book)* massiccio, -a

height [haɪt] *n* ① *(of person)* statura *f;* altezza *f;* *(of thing)* altezza *f* ② *pl (high places)* alture *fpl;* **to be afraid of ~s** soffrire di vertigini ③ *pl (hill)* cime *fpl* ④ *(strongest point)* culmine *m;* **the ~ of fashion** l'ultimo grido ⑤ *(the great-*

est degree) colmo *m;* **the ~ of stupidity** il colmo della stupidità

heir [er] *n* erede *mf*

heiress ['e·rɪs] *n* ereditiera *f*

held [held] *pt, pp of* **hold**

helicopter ['he·lɪ·kɑːp·tər] *n* elicottero *m*

helipad ['he·lɪ·pæd] *n* piattaforma *f* per elicotteri

heliport ['he·lɪ·pɔːrt] *n* eliporto *m*

hell [hel] **I.** *n* ① (*place of punishment*) inferno *m;* **~ on earth** un inferno; **to go to ~** andare all'inferno; **to go through ~** soffrire le pene dell'inferno; **to make sb's life ~** *inf* rendere la vita impossibile a qu ② *inf* (*as intensifier*) **to frighten the ~ out of sb** spaventare a morte qu; **to hurt like ~** fare un male cane; **a ~ of a decision** una decisione veramente importante ▶ **come ~ or high water** ad ogni costo; **to have been to ~ and back** aver passato l'inferno; **all ~ broke loose** si è scatenato l'inferno; **to hope to ~** *inf* sperare vivamente **II.** *interj* (*emphasis*) cavolo! ▶ **~'s bells!** per Dio!; **what the ~ ...!** che cavolo...!

he'll [hiːl] = **he will** *s.* **will**

hellacious [he·'leɪ·ʃəs] *adj* (*awful*) tremendo, -a

hellhole *n inf* postaccio *m*

hellish ['he·lɪʃ] *adj* infernale; (*experience*) orrendo, -a

hellishly *adv* tremendamente

hello [hə·'loʊ] **I.** <hellos> *n* saluto *m* **II.** *interj* ① (*greeting*) salve!; **to say ~ to sb** salutare qu ② (*beginning of phone call*) pronto ③ (*to attract attention*) scusi ④ (*surprise*) scusa; **~,~** senti, senti

helm [helm] *n* timone *m*

helmet ['hel·mɪt] *n* casco *m;* **crash ~** casco (di sicurezza)

help [help] **I.** *vi* aiutare **II.** *vt* ① (*assist*) aiutare; **can I ~ you?** (*in shop*) desidera?; **to ~ sb with sth** aiutare qu con qc ② (*improve*) migliorare ③ (*prevent*) evitare; **it can't be ~ed** non c'è altro da fare; **to not be able to ~ doing sth**

non poter fare a meno di fare qc; **I can't ~ it** è più forte di me ④ (*take sth*) **to ~ oneself to sth** (*at table*) servirsi di qc; (*steal*) prendersi **III.** *n* ① (*assistance*) aiuto *m;* **to be a ~** essere d'aiuto ② (*servant*) uomo, donna *m, f* delle pulizie; (*in a shop*) aiutante *mf* **IV.** *interj* **~!** aiuto!

◆ **help out** *vt* aiutare

helper ['hel·pər] *n* aiutante *mf*

helpful ['help·fəl] *adj* ① (*willing to help*) disponibile ② (*useful*) utile

helping ['hel·pɪŋ] *n* (*food*) porzione *f*

helpless ['help·lɪs] *adj* impotente; (*baby*) indifeso, -a

helpline ['help·laɪn] *n* servizio *m* di assistenza

hem [hem] **I.** *n* orlo *m;* **to take the ~ up/down** accorciare/allungare l'orlo **II.** *vt* fare l'orlo a

hemophilia [ˌhiː·moʊ·'fɪl·iə] *n* emofilia *f*

hemophiliac [ˌhiː·moʊ·'fɪl·i·æk] *n* emofiliaco, -a *m, f*

hemorrhage ['he·mə·rɪdʒ] **I.** *n* emorragia *f;* **brain ~** emorragia *m* cerebrale **II.** *vi* MED avere una emorragia

hemorrhoids ['he·mə·ɔɪdz] *npl* emorroidi *fpl*

hen [hen] *n* (*female chicken*) gallina *f;* (*female bird*) femmina *f*

her [hɜːr] **I.** *adj pos* suo *m*, la sua *f*, i suoi *mpl*, le sue *fpl*; **~ dress** il suo vestito; **~ house** la sua casa; **~ children** i suoi figli; **~ sisters** le sue sorelle **II.** *pron pers* (*she*) lei; **it's ~** è lei; **younger than ~** più giovane di lei; **if I were ~** se fossi in lei ② *direct object* la; *indirect object* le; **look at ~** guardala; **I see ~** la vedo; **he told ~ that ...** le ha detto che...; **he gave ~ the pencil** le ha dato la matita [*o* ha dato la matita a lei] ③ *after prep* lei; **it's for ~** è per lei

herb [hɜːrb] *n* erba *f* aromatica

herd [hɜːrd] **I.** *n* + *sing/pl vb* ① (*of animals*) mandria *f;* (*of sheep*) gregge *m;* (*of pigs*) branco *m* ② (*of people*) massa *f* **II.** *vt* (*animals*) radunare; (*sheep*) guardare; (*people*) ammassare

here [hɪr] **I.** *adv* ① (*in, at, to this place*)

H

qui; **over** ~ qui; **give it** ~ *inf* dammelo; ~ **and there** qui e là ② (*in introductions*) **here is ...** ecco... ③ (*show arrival*) **they are** ~ sono arrivati ④ (*next to*) **my colleague** ~ il mio collega ⑤ (*now*) ora; ~ **you are,** ~ **you go** (*giving sth*) tieni; ~ **we go** e ci risiamo II. *interj* (*in roll call*) presente

hero ['hɪ·roʊ] <**heroes**> *n* ① (*brave man*) eroe *m* ② (*main character*) protagonista *m;* **the** ~ **of a film** il protagonista di un film ④ (*idol*) idolo *m* ⑥ (*sandwich*) *panino con carne fritta, formaggio e lattuga*

heroic [hɪ·'roʊ·ɪk] *adj* eroico, -a

heroin ['he·roʊ·ɪn] *n* eroina *f, droga*

heroin addict *n* MED eroinomane *mf*

heroine ['he·roʊ·ɪn] *n* (*brave woman*) eroina *f;* (*of film*) protagonista *f*

heron ['he·rən] <-(s)> *n* airone *m*

herring ['he·rɪŋ] <-(s)> *n* aringa *f*

hers [hɜːrz] *pron pos* (il) suo *m,* (la) sua *f,* (i) suoi *mpl,* (le) sue *fpl;* **it's not my bag, it's** ~ non è la mia borsa, è la sua; **this glass is** ~ questo bicchiere è suo; **a book of** ~ uno dei suoi libri

herself [hə·'self] *pron* ① *reflexive* si; *after prep* sé; **she lives by** ~ vive sola ② *emphatic* lei stessa

he's [hiːz] ① = **he is** *s.* **be** ② = **he has** *s.* **have**

hesitantly *adv* con esitazione

hesitate ['he·zɪ·teɪt] *vi* esitare

hesitation [he·zɪ·'teɪ·ʃən] *n* esitazione *f*

heterosexual [he·tə·roʊ·'sek·ʃu·əl] *adj, n* eterosessuale *mf*

HEV [eɪtʃ·iː·'viː] *n abbr of* **hybrid electric vehicle** auto *f* ibrida elettrica, veicolo *m* ibrido

hey [heɪ] *interj inf* ehi

hi [haɪ] *interj inf* ciao

HI *n abbr of* **Hawaii** Hawai *fpl*

hibernate ['haɪ·bə·neɪt] *vi* andare in letargo

hibernation [haɪ·bə·'neɪ·ʃən] *n* **to go into** ~ andare in letargo

hiccup, hiccough ['hɪk·ʌp] I. *n* singhiozzo *m;* **to have the** ~**s** avere il

singhiozzo II. *vi* <-p(p)-> avere il singhiozzo

hid [hɪd] *pt of* **hide**[2]

hidden ['hɪ·dn] I. *pp of* **hide**[2] II. *adj* nascosto, -a

hide[1] [haɪd] *n* (*of an animal*) pelle *f*

hide[2] [haɪd] <hid, hidden> I. *vi* (*be out of sight*) nascondersi II. *vt* (*conceal: person, thing*) nascondere; (*emotion, information*) tenere nascosto, -a

♦ **hide away** *vi* nascondere

♦ **hide out** *vi,* **hide up** *vi* nascondersi

hide-and-seek to play ~ giocare a nascondino

hideaway ['haɪ·də·weɪ] *n* nascondiglio *m*

hideous ['hɪ·di·əs] *adj* tremendo, -a

hideout ['haɪd·aʊt] *n* nascondiglio *m*

hiding[1] ['haɪ·dɪŋ] *n* **a real** ~ un sacco di botte

hiding[2] ['haɪ·dɪŋ] *n* **to be in** ~ essere nascosto; **to go into** ~ nascondersi

hi-fi ['haɪ·faɪ] I. *n abbr of* **high-fidelity** alta fedeltà *f* II. *adj abbr of* **high-fidelity** hi-fi; ~ **equipment** impianto *m* stereo

high [haɪ] I. *adj* ① alto, -a; **one meter** ~ **and three meters wide** alto una iarda e largo tre; **knee/waist-**~ fino al ginocchio/alla cintura; ~ **cheekbones** zigomi alti; **to have** ~ **hopes for sb/ sth** riporre molte aspettative in qu/qc; **to have a** ~ **opinion of sb** stimare molto qu; ~ **blood-pressure/fever** pressione/febbre alta ② (*under influence of drugs*) fatto, -a ③ (*of high frequency, shrill: voice*) acuto, -a; **a** ~ **note** una nota alta ④ (*at peak, maximum*) ~ **noon** mezzogiorno in punto; ~ **priority** massima importanza II. *adv* ① (*at or to a great point or height*) (in) alto ② (*rough or strong*) intensamente ▸ **to search for sth** ~ **and low** cercare qc in lungo e in largo III. *n* ① (*high(est) point*) massimo *m;* **an all-time** ~ un picco massimo ② *inf* (*from drugs*) **to be on a** ~ essere fatto

high court *n* corte *f* suprema

high-definition television n televisione f ad alta definizione

high-density adj a. COMPUT ad alta densità

higher-up n inf superiore m

high frequency adj ad/di alta frequenza

high-grade adj di alto livello

high heels npl tacchi mpl alti

high horse n to get (down) off one's ~ scendere dal piedistallo

highjack vt s. **hijack**

high-level adj di alto livello

highlight I. n ❶ (most interesting part) parte f più interessante ❷ pl (in hair) colpi mpl di sole II. vt evidenziare

highlighter n evidenziatore m

highly ['haɪ·li] adv ❶ (very) molto ❷ (very well) to speak ~ of sb parlare molto bene di qu; to think ~ of sb avere un'alta opinione di qu

high-performance adj a. AUTO di buona prestazione

high-pitched adj ❶ (sloping steeply) ~ roof tetto m spiovente ❷ (sound, voice) acuto, -a

high point n the ~ il culmine

high-powered adj ❶ (powerful) di grande potenza ❷ (influential, important) potente ❸ (advanced) avanzato, -a

high pressure n METEO alta pressione f

high-pressure I. adj ❶ METEO di alta pressione; **a ~ area** una zona di alta pressione; TECH ad alta pressione ❷ (stressful: job) stressante ❸ ECON ~ sales techniques metodi mpl aggressivi di vendita II. vt fare pressione su

high-ranking adj di alto livello

high-risk adj ad alto rischio; (investment) rischioso, -a

high school n scuola f media superiore; **junior ~** scuola media inferiore

high-security adj di massima sicurezza

high-speed adj ad alta velocità

high spirits npl buon umore m

high-strung adj tesissimo, -a

high-tech adj ad/di alta tecnologia

high-tension adj ELEC (cable) dell' alta tensione

high tide n (of ocean) alta marea f

high water n alta marea f

high-water mark n ❶ (showing water level) livello m di guardia ❷ (most successful point) apogeo m

highway ['haɪ·weɪ] n superstrada f

highway patrol n polizia f stradale

hijack ['haɪ·dʒæk] I. vt ❶ (take over by force: plane) dirottare ❷ fig (adopt as one's own) ~ sb's ideas appropriarsi delle idee di qu II. n dirottamento m

hijacker ['haɪ·dʒæ·kɚ] n dirottatore, -trice m, f

hijacking ['haɪ·dʒæ·kɪŋ] n dirottamento m

hike [haɪk] I. n ❶ (long walk) escursione f; to go on a ~ fare un'escursione; **take a ~!** inf vattene! ❷ inf (increase) aumento m II. vi fare escursioni (a piedi) III. vt inf (prices, taxes) aumentare

hiker ['haɪ·kɚ] n escursionista mf

hiking ['haɪ·kɪŋ] n escursionismo m

hill [hɪl] n ❶ (in landscape) collina f ❷ (in road) pendio m ❸ POL **The Hill** il Congresso ▸ **as old as the ~s** vecchio come il cucco; **to be over the ~** inf essere troppo vecchio

hilly ['hɪ·li] <-ier, -iest> adj collinare

him [hɪm] pron pers ❶ (he) lui; **it's ~** è lui; **younger than ~** più giovane di lui; **if I were ~** se fossi in lui ❷ direct object lo; indirect object gli; **she gave ~ the pencil** gli ha dato la matita [o ha dato la matita a lui] ❸ after prep lui; **it's for ~** è per lui ❹ (unspecified sex) **if somebody comes, tell ~ that ...** se viene qualcuno, digli che...

himself [hɪm·'self] pron ❶ reflexive si; after prep sé; **for ~** per sé; **he lives by ~** vive solo ❷ emphatic lui stesso

hindsight ['haɪnd·saɪt] n **in ~** in retrospettiva; **with the benefit of ~** col senno di poi

hinge [hɪndʒ] I. n cerniera f II. vi **to ~ on/upon sb/sth** dipendere da qu/qc

hint [hɪnt] I. n ❶ (trace) indizio m; (of

anger, salt) pizzico m ②(allusion) allusione f; **to drop a ~** fare un'allusione; **to take a ~** capire l'antifona ③(practical tip) indicazione f; **a handy ~** una dritta f; **to ~ at sth** accennare qc a qu III.vi fare allusioni; **to ~ at sth** fare allusioni a qc

hip [hɪp] I.n ANAT anca f II.adj sl (fashionable) moderno, -a

hipbone ['hɪp₁bəʊn] n osso m iliaco

hip flask n fiaschetta f tascabile

hippo ['hɪ₁pəʊ] n inf abbr of **hippopotamus** ippopotamo m

hippopotamus [₁hɪ·pə·'pɑː·tə·məs] <-es o -mi> n ippopotamo m

hire ['ha·ɪr] I.n ①(rental) noleggio m ②inf (employee) **a new ~** una persona appena assunta II.vt ①(rent) noleggiare; **to ~ sth by the hour/day** noleggiare qc a ore/giornalmente ②(employ) assumere

◆**hire out** vt noleggiare; **to ~ sth by the hour/day** noleggiare qc a ore/giornalmente

his [hɪz] I.adj pos il suo m, la sua f, i suoi mpl, le sue fpl; **~ car** la sua auto; **~ coat** il suo cappotto; **~ children** i suoi figli; **~ sisters** le sue sorelle II.pron pos (il) suo m, (la) sua f, (i) suoi mpl, (le) sue fpl; **it's not my bag, it's ~** non è la mia borsa, è la sua; **this glass is ~** questo bicchiere è suo; **a book of ~** uno dei suoi libri

historic [hɪ·'stɔː·rɪk] adj storico, -a

historical adj storico, -a

history ['hɪs·tə·ɹi] n storia f; **to make ~** fare epoca

hit [hɪt] I.n ①(blow) colpo m ②inf (shot) centro m ③SPORTS punto m; **to score a ~** segnare un punto ④(success) successo m ⑤inf (murder) omicidio m II.<-tt-, hit, hit> vt ①colpire ②(crash into) sbattere contro ③(arrive at) raggiungere; (reach) toccare; **to ~ rock bottom** fig toccare il fondo ④(encounter) trovare III.vi ①(strike) **to ~ against sth** scontrarsi con qc; **to ~ at sb/sth** dare un colpo a qu/qc ②(attack) **to ~ at sth** attaccare qc

◆**hit back** vi contrattaccare

◆**hit off** vt **to hit it off (with sb)** andare d'accordo (con qu)

◆**hit on** vt ①(show sexual interest) cercare di rimorchiare ②(think of) avere

◆**hit out** vi lanciare un attacco; **to ~ at sb** colpire qu; fig criticare qu

hit-and-run adj ①(accident) incidente stradale con omissione di soccorso; **~ driver** pirata della strada

hitch [hɪtʃ] I.<-es> n ①(obstacle) contrattempo m; **technical ~** problema m tecnico; **to go off without a ~** andare tutto liscio ②(for a trailer) gancio m II.vt ①(fasten) attaccare; **to ~ sth to sth** attaccare qc a qc ②inf (hitchhike) **to ~ a lift** [o **ride**] farsi dare un passaggio III.vi inf fare l'autostop

◆**hitch up** vt ①(fasten) **to hitch sth up to sth** attaccare qc a qc ②(pull up quickly: clothes) tirare su

hitcher ['hɪt·ʃə·] n autostoppista mf

hitchhike ['hɪtʃ·haɪk] vi fare l'autostop

hitch-hiking n autostop m

hi-tech [₁haɪ·'tek] adj di alta tecnologia

HIV [₁eɪtʃ·aɪ·'viː] abbr of **human immunodeficiency virus** HIV m; **to be ~ positive/negative** essere sieropositivo/sieronegativo

hoard [hɔːrd] I.n scorta f II.vt accumulare; (food) fare scorta di

hoarse [hɔːrs] adj rauco, -a

hoax [həʊks] I.<-es> n ①(joke) burla f; (fraud) imbroglio m II.vt imbrogliare

hobble ['hɑː·bl] vi zoppicare

hockey ['hɑː·ki] n hockey m; **field ~** hockey su prato; **ice ~** hockey su ghiaccio

hoist [hɔɪst] vt (raise up) alzare; (flag) issare

hold [həʊld] I.n ①(grasp) presa f; **to take/catch ~ of sb/sth** afferrare qu/qc ②(thing to hold by) appiglio m ③(control) influenza f; **to have a (strong/powerful) ~ over sb** avere (molta/grande) influenza su qu ④NAUT, AVIAT stiva f ⑤(delayed) **to be on ~** essere rimandato; TEL essere in attesa; **to**

put sb on ~ mettere qu in attesa
II.<held, held> vt ❶(keep) tenere;
(grasp) afferrare; to ~ hands tenersi
per mano ❷(support) reggere; to ~
one's head high tenere alta la testa
❸(cover up) to ~ one's nose turarsi il
naso ❹(keep, retain) mantenere; to ~
sb's attention tenere viva l'attenzione
di qu ❺(maintain) to ~ oneself in
readiness tenersi pronto ❻(make keep
to) to ~ sb to his/her word [o pro-
mise] far mantenere a qu la parola [o la
promessa] ❼(delay, stop) fermare; ~ it!
un attimo!; to ~ one's breath trattenere il respiro ❽(contain) contenere
❾(possess, own) possedere; (land,
town) occupare; to ~ an account
(with a bank) avere un conto (presso
una banca) ❿(make happen) to ~ a
conversation (with sb) avere una conversazione (con qu); to ~ a meeting/a
news conference tenere una riunio-
ne/una conferenza stampa ⓫(believe)
considerare; to ~ sb responsible for
sth ritenere qu responsabile di qc; to ~
sb/sth in contempt disprezzare qu/qc
III.vi ❶(continue) mantenere; (good
weather, luck) durare; to ~ still stare
fermo; to ~ true continuare ad essere
valido; ~ tight! tieni duro! ❷(stick)
tenere ❸(believe) sostenere

◆hold against vt always sep to hold
sth against sb volerne a qu per qc

◆hold back I.vt (keep) trattenere; to
~ information non dare informazioni;
(impede development) frenare; to ~
tears trattenere le lacrime II.vi ❶(be
unforthcoming) essere reticente ❷(refrain) to ~ from doing sth trattenersi
dal fare qc

◆hold in vt (emotion) contenere

◆hold on vi ❶(attach) tenersi stretto
❷(manage to keep going) to ~ (tight)
tenere duro ❸(wait) aspettare

◆hold onto vt insep ❷(grasp) tenersi
stretto a ❸(keep) tenere

◆hold out I.vt tendere II.vi ❶resiste-
re; to ~ for sth tener duro fino a qc
❷(refuse to give sth) to ~ on sb non

cedere a qu

◆hold to vt insep attenersi a

◆hold up I.vt ❶(raise) alzare; to ~
one's hand alzare la mano; to hold
one's head up high fig andare a testa
alta ❷(delay) trattenere ❸(rob with violence) rapinare II.vi (weather) reggere; (material) durare

holdall ['hoʊl·dɔːl] n borsone m da viaggio

holder ['hoʊl·dɚ] n ❶(device) supporto m ❷(person: of shares, of account)
titolare mf; (of title) detentore, -tri-
ce m, f

holdup ['hoʊld·ʌp] n ❶(robbery) rapina f ❷(delay) ritardo m

hole [hoʊl] I.n ❶(hollow space)
buco m; fig (in sb's reasoning) punto m
debole ❷(in golf) buca f ❸(of mouse)
tana f ❹inf (jam) guaio m; to be in
a ~ essere nei guai II.vt ❶(perforate)
bucare, fare un buco in ❷(in golf) mettere in buca

◆hole up vi inf nascondersi

holiday ['hɑː·lə·deɪ] n (public day off)
giorno m festivo

holiday resort n località f inv turistica

holiness ['hoʊ·lɪ·nɪs] n santità f; His/
Your Holiness Sua Santità

Holland ['hɑː·lənd] n Olanda f

hollow ['hɑː·loʊ] I.adj ❶(empty)
vuoto, -a ❷(worthless: promise) vano,
-a; (laughter) falso, -a ❸(sound) sordo,
-a II.n vuoto m; (valley) vallata f

holly ['hɑː·li] n BOT agrifoglio m

holy ['hoʊ·li] <-ier, -iest> adj (sacred)
santo, -a; (water) benedetto, -a

Holy Communion n (Santa) Comunione f

Holy Father n Santo Padre m

Holy Ghost n Spirito m Santo

Holy See n Santa Sede f

Holy Spirit n Espíritu m Santo

Holy Week n Settimana f Santa

home [hoʊm] I.n ❶(residence) casa f;
at ~ a [o in] casa; to leave ~ uscire di
casa; (stop living with one's parents)
andarsene di casa; to be away from ~
essere via; make yourself at ~ fai come

fossi a casa tua ②(*family*) famiglia *f* ③(*institution*) istituto *m*; **children's ~** orfanotrofio *n* II. *adv* ①(*one's place of residence*) **to be ~** essere a casa; **to go/come ~** andare/venire a casa ②(*understanding*) **to bring sth ~ to sb** far capire qc a qu ▸ **to be ~ free** avere la vittoria assicurata; **this is nothing to write ~ about** non è niente di straordinario III. *adj* ①(*from own country*) nazionale ②(*from own area*) locale; (*team*) che gioca in casa; (*game*) in casa

home address *n* indirizzo *m* (privato)

homebody *n* persona *f* casalinga

homeboy *n sl* (*from same neighborhood*) compaesano *m*; (*from same gang*) compagno *m*

homecoming *n festa importante nelle scuole/università di cui fa parte l'elezione della reginetta scolastica* (*homecoming queen*)

home cooking *n* cucina *f* casalinga

homegirl *n sl* (*from same neighborhood*) compaesana *f*; (*from same gang*) compagna *f*

homegrown *adj* ①(*vegetables*) del proprio orto ②(*not foreign*) del paese ③(*local*) locale

homeland *n* (*country of birth*) terra *f* natale; (*of cultural heritage*) madrepatria *f*

Homeland Security *n* dipartimento governativo statunitense per la sicurezza nazionale

homeless I. *adj* senza casa II. *n + pl vb* **the ~** i senzatetto

homemade *adj* fatto, -a in casa

homeopath ['hoʊ·mioʊ·pæθ] *n* omeopata *mf*

homeopathic [ˌhoʊ·mioʊ·'pæ·θɪk] *adj* omeopatico, -a

homeopathy [ˌhoʊ·mi·'ɑː·pə·θi] *n* omeopatia *f*

homeowner ['hoʊm·ˌoʊ·nər] *n* proprietario, -a *m, f*

homeschool *vt* istruire a casa

homesick ['hoʊm·sɪk] *adj* **to be ~** avere nostalgia di casa; **to feel ~ (for)** avere nostalgia (di)

homesickness *n* nostalgia *f* di casa

home team *n* squadra *f* locale [*o* che gioca in casa]

hometown *n* città *f* natale *inv*

homeward ['hoʊm·wərd] I. *adv* verso casa II. *adj* (*journey*) di ritorno

homework ['hoʊm·wɜːrk] *n* SCHOOL compiti *mpl*

homey ['hoʊ·mi] <-ier, -iest> I. *adj* (*cozy*) intimo, -a II. *n sl* (*boy or girl from neighborhood*) compagno, -a *m, f* di quartiere; (*from same gang*) fratello, sorella *m, f*

homicide ['hɑː·mə·saɪd] I. *n* ①(*crime*) omicidio *m* ②(*criminal*) omicida *mf* II. *adj* **the ~ squad** la omicidi

homosexual [ˌhoʊ·mə·'sek·ʃu·əl] *adj, n* omosessuale *mf*

homosexuality [ˌhoʊ·moʊ·sek·ʃu·'æl·ə·ti] *n* homosessualità *f*

Honduras [hɑn·'du·rəs] *n* Honduras *m*

honest ['ɑː·nɪst] *adj* ①(*trustworthy*) onesto, -a ②(*truthful*) sincero, -a

honestly *adv* onestamente

honesty ['ɑː·nɪs·ti] *n* ①(*trustworthiness*) onestà *f* ②(*sincerity*) sincerità *f*

honey ['hʌ·ni] *n* ①CULIN miele *f* ②(*term of endearment, sweet person*) tesoro *m* ③(*sweet thing*) gioiello *f*

honeybee *n* ape *f*

honeycomb I. *n* favo *m* II. *adj* (*pattern*) a nido d'ape

honeymoon I. *n* luna *f* di miele II. *vi* passare la luna di miele

honk [hɑːŋk] I. *vi* ①ZOOL starnazzare ②AUTO suonare (il clacson) II. *n* ①ZOOL starnazzare *m* ②AUTO colpo *m* di clacson

honor ['ɑː·nər] I. *n* ①(*respect*) onore *m*; **in ~ of sb/sth** in onore di qu/qc ②LAW **Your Honor** Vostro onore ③*pl* (*distinction*) **final ~s** onori *mpl* funebri; **to graduate with ~s** laurearsi con lode II. *vt* onorare; **to be ~ed** sentirsi onorato

honorable *adj* ①(*worthy of respect: person*) degno, -a di rispetto; (*agreement*) onorevole ②(*honest*) onesto, -a

③ LAW **the Honorable John Thompson** il giudice John Thompson

honorary [ˈɑː·nə·re·ri] *adj* ① (*conferred as an honor: title*) onorifico, -a; (*president*) onorario, -a ② (*without pay*) onorifico, -a

honor roll *n* UNIV, SCHOOL elenco degli studenti scolastici e universitari con i voti alti

hood¹ [hʊd] *n* ① (*covering for head*) cappuccio *m* ② AUTO cofano *m* ③ (*on machine*) coperchio *m*; (*on cooker*) cappa *f*

hood² [hʊd] *n* inf (*gangster*) teppista *mf* ② sl (*urban neighborhood*) quartiere *m*

hook [hʊk] I. *n* ① (*for holding sth*) gancio *m*; (*fish*) amo *m*; **to leave the phone off the ~** lasciare il ricevitore staccato ② SPORTS tiro *m* a gancio; (*in boxing*) gancio *m* ▸ **to fall for it ~, line and sinker** berla; **to be off the ~** essere fuori dai guai II. *vt* ① (*fasten*) agganciare ② (*fish*) prendere all'amo ③ (*capture attention*) attirare III. *vi* agganciarsi

hooked [hʊkt] *adj* ① (*nose*) aquilino, -a ② (*fascinated*) preso, -a ③ (*addicted*) assuefatto, -a

hooker [ˈhʊ·kə] *n* inf prostituta *f*

hooky [ˈhʊ·ki] *n* inf **to play ~** marinare la scuola

hooligan [ˈhuː·lɪ·gən] *n* teppista *mf*

hoot [huːt] I. *vi* (*owl*) ululare; (*with horn*) suonare il clacson II. *n* (*of owl*) ululato *m*; (*of horn*) colpo *m*; (*of train*) fischio *m*

hooter [ˈhuː·tə] *n* ① (*siren*) sirena *f* ② inf (*nose*) naso *m*

hop [hɑːp] <-pp-> I. *vi* ① (*on one foot*) saltare ② inf (*be busy*) **to be ~ping** essere in piena attività II. *vt* inf (*bus, train*) saltare su III. *n* ① (*leap*) salto *m*; (*using only one leg*) salto *m* su una gamba ② inf (*informal dance*) ballo *m* ③ (*short flight*) volo *m* breve

hope [hoʊp] I. *n* speranza *f*; **to give up ~** perdere le speranze ▸ **to hope**

against ~ sperare con tutto il cuore II. *vi* (*wish*) sperare

hopeful [ˈhoʊp·fəl] I. *adj* ① (*person*) speranzoso, -a ② (*promising*) di belle speranze II. *n pl* aspirante *mf*; **young ~s** giovani speranze *fpl*

hopefully *adv* ① (*in a hopeful manner*) speranzosamente ② (*one hopes*) ~! speriamo!; **~ we'll be in Sweden at six** se tutto va bene siamo in Svezia alle sei

hopeless [ˈhoʊp·ləs] *adj* (*situation, effort*) disperato, -a; **to be ~** inf (*person, service*) essere un disastro; **to be ~ at sth** essere negato in qc

hopelessly *adv* ① (*without hope*) disperatamente ② (*totally, completely*) ~ **lost** completamente perso

hopping mad *adj* inf furioso, -a

horizon [həˈraɪ·zn] *n a. fig* orizzonte *m*

horizontal [ˌhɔː·rɪˈzɑːn·tl] *adj, n* orizzontale *f*

hormone [ˈhɔːr·moʊn] *n* ormone *m*

horn [hɔːrn] *n* ① ZOOL, MUS corno *m* ② AUTO clacson *m inv* ③ (*material*) corno *m*

horoscope [ˈhɔː·rəs·koʊp] *n* oroscopo *m*

horrendous [hɔːrˈren·dəs] *adj* ① (*crime*) orrendo, -a ② (*losses*) tremendo, -a

horrible [ˈhɔː·rə·bl] *adj* orribile

horrid [ˈhɔː·rɪd] *adj* (*unpleasant*) orribile; (*unkind*) antipatico, -a

horrific [hɔːˈrɪ·fɪk] *adj* terribile

horrify [ˈhɔː·rɪ·faɪ] <-ie-> *vt* sconvolgere

horror [ˈhɔː·rə] *n* ① orrore *m*; **~ film** film *m inv* dell'orrore

horror-stricken *adj*, **horror-struck** *adj* terrorizzato, -a, inorridito, -a

horse [hɔːrs] *n* ① ZOOL cavallo *m*; **to ride a ~** andare [o montare] a cavallo; **to eat like a ~** mangiare come un lupo ② SPORTS cavallo *m*

horseback [ˈhɔːrs·bæk] I. *n* **on ~** a cavallo II. *adj* **~ riding** equitazione *f*

horsepower *inv n* cavallo *m* (vapore)

horserace *n* corsa *f* di cavalli

horseracing n ippica f

horseshoe n ferro m di cavallo

hose [həʊz] n ❶ (*flexible tube*) tubo m; (*in motor*) manicotto m ❷ (*pantyhose*) collant mpl

hospice ['hɑːs·pɪs] n ❶ (*hospital*) centro m per malati terminali ❷ (*house of shelter*) ospizio m

hospitable ['hɑːs·pɪ·tə·bl] adj ospitale

hospital ['hɑːs·pɪ·təl] n ospedale m

hospitality [ˌhɑːs·pɪ·'tæ·lə·ti] n ospitalità f

hospitalize ['hɑːs·pɪ·tə·laɪz] vt ricoverare in ospedale

host[1] [həʊst] **I.** n ❶ (*person who receives guests*) ospite m, padrone m di casa ❷ (*presenter*) presentatore m ❸ BIO ospite m ❹ COMPUT host m **II.** vt ❶ (*party*) dare; (*event*) ospitare ❷ TV, RADIO (*program*) presentare

host[2] [həʊst] n moltitudine f

hostage ['hɑːs·tɪdʒ] n ostaggio m; to take/hold sb ~ prendere/tenere qu in ostaggio

hostel ['hɑːs·tl] n ostello m; youth ~ ostello della gioventù

hostess ['həʊs·tɪs] <-es> n ❶ (*woman who receives guests*) ospite f, padrona di casa ❷ (*presenter*) presentatrice f ❸ (*in restaurant*) cameriera f

hostile ['hɑːs·tl] adj ostile

hostility [hɑːs·'tɪ·lə·ti] <-ies> n ostilità f inv

hot [hɑːt] **I.** adj ❶ (*very warm*) caldo, -a; it's ~ fa caldo ❷ (*spicy*) piccante ❸ inf (*skillful*) bravo, -a; to be ~ stuff essere un asso ❹ (*dangerous*) rischioso, -a ❺ inf (*sexually attractive*) to be ~ essere sexy ❻ (*exciting*) ~ news notizie fresche ❼ sl (*stolen*) to be ~ scottare **II.** n he has the ~s for her gli piace un sacco

hotcake n pancake m; to sell like ~s ándare a ruba

hotel [həʊ·'tel] n hotel m inv, albergo m

hotel bill n conto f dell'albergo

hotel staff n personale m d'albergo

hotfoot ['hɑːt·fʊt] **I.** adv di corsa **II.** vt

to ~ it somewhere inf andare di corsa da qualche parte

hothead ['hɑːt·hed] n testa f calda

hot line n TEL linea f diretta

hot seat n (*difficult position*) to be in the ~ avere un posto che scotta

hotshot n inf pezzo m grosso; to be a (real) ~ at sth fig essere un (vero) asso di qc

hot spot n inf ❶ (*popular place*) posto m molto popolare ❷ (*nightclub*) locale m notturno

hot stuff n ❶ (*good*) to be ~ at sth essere grande a qc ❷ (*sexy*) to be ~ essere molto sexy

hot-tempered adj irascibile

hot-water bottle n borsa f dell'acqua calda

hour ['aʊ·r] n ❶ (*60 minutes*) ora f; to be paid by the ~ essere pagato all'ora ❷ (*time of day*) ten minutes to the ~ ai 50; after ~s fuori orario ❸ (*time for an activity*) lunch ~ ora di pranzo; opening ~s orario m d'apertura ❹ (*period of time*) momento m; at any ~ in qualsiasi momento; to work long ~s lavorare molto

hourly adv (*every hour*) ogni ora; (*pay*) a ore

house[1] [haʊs] n ❶ (*inhabitation*) casa f ❷ (*family*) famiglia f ❸ (*business*) ditta f; it's on the ~ offre la casa ❹ UNIV (*fraternity*) associazione f ❺ (*legislative body*) camera f ❻ (*audience*) pubblico m; a full ~ il tutto esaurito

house[2] [haʊz] vt ❶ (*give place to live*) alloggiare ❷ (*contain*) ospitare

household [haʊs·hoʊld] **I.** n famiglia f **II.** adj domestico, -a

householder n (*owner*) proprietario, -a m, f di una casa; (*head*) capo m famiglia

house-hunt vi inf cercare casa

housekeeper ['haʊs·ki·pə'] n governante f

housekeeping n gestione f della casa

housemate n persona con cui si divide la casa

House of Representatives *n* POL Camera *f* dei Rappresentanti

houseplant *n* pianta *f* da appartamento

house sitter *n* persona *che bada alla casa in assenza del proprietario*

housewarming *n*, **house-warming party** *n* festa *f* per inaugurare l'arrivo in casa nuova

housewife <-wives> *n* casalinga *f*

housework *n* faccende *fpl* domestiche

housing ['haʊ·zɪŋ] *n* (*for living*) alloggio *f*

housing development *n* complesso *m* edilizio

hover [haʊ·vɚ] *vi* ① (*stay in air*) stare sospeso a mezz'aria ② (*wait near*) aspettare ③ (*be in an uncertain state*) oscillare ④ (*hesitate*) indugiare

how [haʊ] I.*adv* ① (*in this way, in which way?*) come; ~ **are you?** come stai?; ~ **do you do?** piacere ② (*for what reason?*) ~ **come …?** *inf* come mai…? ③ (*suggestion*) ~ **about …?** che ne dici di…?; ~ **about that!** senti un po'!; ~'**s that for an offer?** che ne dice? ④ (*intensifier*) ~ **pretty she looked!** come stava bene!; **and** ~! eccome! II.*n* modo *m*

however [haʊ·'e·vɚ] I.*adv* ① (*no matter how*) per quanto +*conj*; ~ **hard she tries …** per quanto ci provi… ② (*in whichever way*) come; **do it** ~ **you like** fallo come ti pare II.*conj* (*nevertheless*) comunque

howl [haʊl] I.*vi* ① ululare ② (*cry*) urlare ③ *inf* (*laugh*) ridere a crepapelle II.*n* ① (*person, animal*) ululato *m* ② (*cry*) urlo *m*

howler ['haʊ·lɚ] *n sl* errore *m* madornale; **to make a** ~ fare una gaffe

HQ [ˌeɪtʃ·'kju] *abbr of* **headquarters** QG

huddle ['hʌ·dl] I.*vi* rannicchiarsi II.*n* (*close group*) gruppetto *f*; **to go into a** ~ fare gruppetto

huff [hʌf] I.*vi* **to** ~ **and puff** (*breathe loudly*) ansimare; *inf* (*complain*) sbuffare II.*n inf* sbuffo *m*; **to be in a** ~ essere impermalito; **to get into a** ~ prendersela

hug [hʌg] I.<-gg-> *vt* ① *a.fig* (*embrace*) abbracciare ② (*not slide on*) **these tires** ~ **the road** questi pneumatici hanno buona tenuta di strada II.*n* abbraccio *m*

huge [hju:dʒ] *adj* enorme

hugely *adv* enormemente

hum [hʌm] <-mm-> I.*vi* ① (*bee*) ronzare ② (*sing*) canticchiare (a bocca chiusa) ③ (*be full of activity*) essere molto animato, -a II.*vt* canticchiare (a bocca chiusa) III.*n* ronzio *m*

human ['hju:·mən] I.*n* essere *m* umano II.*adj* umano, -a

humane [hju:·'meɪn] *adj* umano, -a

humanitarian [hju:ˌmæ·nə·'te·ri·ən] *adj, n* umanitario, -a *m, f*

humanity [hju:·'mæ·nə·t̮i] *n* umanità *f*

humanly *adv* umanamente

humble ['hʌm·bl] I.*adj* umile; **in my opinion, …** a mio modesto parere,… II.*vt* umiliare

humid ['hju:·mɪd] *adj* umido, -a

humidifier [hju:·'mɪ·dɪ·fa·ɪɚ] *n* umidificatore *m*

humidity [hju:·'mɪ·də·t̮i] *n* umidità *f*

humiliate [hju:·'mɪ·li·eɪt] *vt* umiliare

humiliation [hju:ˌmɪ·li·'eɪ·ʃən] *n* umiliazione *f*

humility [hju:·'mɪ·lə·t̮i] *n* umiltà *f*

humor ['hju:·mɚ] *n* (*capacity for amusement*) umorismo *m;* **sense of** ~ senso *m* dell'umorismo

humorous ['hju:·mə·əs] *adj* (*speech*) umoristico, -a; (*situation*) divertente

hump [hʌmp] I.*n* gobba *f* II.*vt* ① *inf* (*lug, carry*) portare ② *vulg* (*have sex*) scopare *vulg*

humpback ['hʌmp·bæk] *n* gobba *f*

humpbacked ['hʌmp·bækt] *adj* gobbo, -a

hunch [hʌntʃ] I.<-es> *n* presentimento *m* II.*vi* piegarsi III.*vt* curvare

hunchback ['hʌntʃ·bæk] *n* (*person*) gobbo, -a *m, f*

hundred ['hʌn·drəd] <-(s)> *adj, n* cento *m;* ~**s of times** centinaia di volte

hundredth ['hʌn·drədθ] *adj, n* centesimo, -a *m*

H

hung [hʌŋ] I. *pt, pp of* **hang** II. *adj* diviso, -a

Hungarian [hʌŋˈgeˑriˑən] I. *adj* ungherese II. *n* ① (*person*) ungherese *mf* ②LING ungherese *m*

Hungary [ˈhʌŋˑgəˑri] *n* Ungheria *f*

hunger [ˈhʌŋˑgə] I. *n* ① fame *f* ② *fig* (*desire*) desiderio *m* II. *vi fig* to ~ **after** [*o* **for**] desiderare intensamente

hungry [ˈhʌŋˑgri] <-ier, -iest> *adj* ① (*desiring food*) affamato, -a; **to be** ~ aver fame ② *fig* (*wanting badly*) desideroso, -a; **to be** ~ **for sth** desiderare qc

hunk [hʌŋk] *n* ① (*piece*) pezzo *m* ② *inf* (*man*) gran figo *m*

hunt [hʌnt] I. *vt* ① (*chase to kill*) cacciare ② (*search for*) dare la caccia a II. *vi* ① (*chase to kill*) cacciare; **to go ~ing** andare a caccia ② (*search*) **to ~ for** cercare III. *n* ① (*chase*) caccia *f*; **to go on a ~** andare a caccia ② (*search*) ricerca *f*

hunter [ˈhʌnˑtə] *n* ① (*person*) cacciatore, -trice *m, f* ② (*dog*) cane *m* da caccia

hunting *n* caccia *f*

hurrah [həˈrɑː] *interj*, **hurray** [həˈreɪ] *interj* urrà

hurricane [ˈhɜːˑrɪˑkeɪn] *n* uragano *m*

hurried [ˈhɜːˑrɪd] *adj* affrettato, -a

hurry [ˈhɜːˑri] <-ie-> I. *vi* affrettarsi, sbrigarsi II. *vt* ① (*rush*) mettere fretta a; (*process*) affrettare ② (*take quickly*) **he was hurried to the hospital** lo portarono di corsa all'ospedale III. *n* fretta *f*; **to do sth in a ~** fare qc in fretta
   ◆ **hurry up** I. *vi* sbrigarsi II. *vt* mettere fretta a

hurt [hɜːrt] I. <**hurt, hurt**> *vi* far male II. *vt* ① (*wound*) ferire ② (*cause pain*) fare male a; **it ~s me** mi fa male ③ (*damage*) danneggiare III. *adj* ferito, -a IV. *n* ① (*pain*) dolore *m* ② (*injury*) ferita *f* ③ (*damage*) danno *m*

hurtful [ˈhɜːrtˑfəl] *adj* che ferisce

husband [ˈhʌzˑbənd] *n* marito *m*

hush [hʌʃ] I. *n* silenzio *m* II. *interj* ~! silenzio! III. *vi* tacere IV. *vt* (*make silent*) zittire; (*soothe*) calmare
   ◆ **hush up** *vt* mettere a tacere

hush-hush *adj inf* secreto, -a

hush money *n inf: denaro per comprare il silenzio di qu*

husky[1] [ˈhʌsˑki] <-ier, -iest> *adj* ① (*low: voice*) roco, -a ② (*strong*) robusto, -a

husky[2] [ˈhʌsˑki] <-ies> *n* husky *m inv*

hustle [ˈhʌˑsl] I. *vt* (*hurry, push*) spingere II. *vi* (*push for*) insistere ② (*practice prostitution*) battere *inf* III. *n* raggiro *m*

hustler [ˈhʌsˑlə] *n* ① (*persuader*) imbonitore, -trice *m, f* ② (*swindler*) imbroglione, -a *m, f* ③ (*prostitute*) prostituto, -a *m, f*

hut [hʌt] *n* capanna *f*

hybrid [ˈhaɪˑbrɪd] I. *n* ① BOT, ZOOL ibrido *m* ② AUTO auto *f* ibrida II. *adj* ① BOT, ZOOL ibrido, -a ② AUTO ibrido, -a; ~ **power-entrain** propulsione *f* ibrida; ~ **electric vehicle** veicolo *m* ibrido

hydrofoil [ˈhaɪˑdrəˑfɔɪl] *n* aliscafo *m*

hygiene [ˈhaɪˑdʒiːn] *n* igiene *f*

hygienic [ˌhaɪˑdʒiˑeˑnɪk] *adj* igienico, -a

hymn [hɪm] *n* inno *m*

hype [haɪp] I. *n* COM gran pubblicità *f* II. *vt* superpubblicizzare

hyperactive [ˌhaɪˑpərˑˈækˑtɪv] *adj* iperattivo, -a

hypermarket [ˈhaɪˑpəˑmɑːˑkɪt] *n* ipermercato *m*

hypertext [ˌhaɪˑpəˑˈtekst] *n* COMPUT ipertesto *m*

hyphen [ˈhaɪˑfn] *n* TYPO trattino *m*

hyphenate [ˈhaɪˑfəˑneɪt] *vt* (*compound*) scrivere col trattino

hypnosis [hɪpˈnoʊˑsɪs] *n* ipnosi *f inv*; **to be under** ~ essere in stato d'ipnosi

hypnotherapy [ˌhɪpˑnoʊˑˈθeˑrəˑpi] *n* ipnoterapia *f*

hypnotist [ˈhɪpˑnəˑtɪst] *n* ipnotizzatore, -trice *m, f*

hypnotize [ˈhɪpˑnəˑtaɪz] *vt* ipnotizzare

hypocrisy [hɪˈpɑkˑrəˑsi] *n* ipocrisia *f*

hypocrite [ˈhɪˑpəˑkrɪt] *n* ipocrita *mf*

hypocritical [ˌhɪpˑəˑˈkrɪtˑɪˑkəl] *adj* ipocrita

hypodermic [ˌhaɪˑpəˑˈdɜrˑmɪk] *adj* ipodermico, -a

hypothermia [ˌhaɪ·poʊ·ˈθɜr·mi·ə] *n* ipotermia *f*

hypothetical [ˌhaɪ·pə·ˈθe·tɪ·kl] *adj* ipotetico, -a

hysterectomy [ˌhɪs·tə·ˈrek·tə·mi] *n* MED isterectomia *f*

hysterical *adj* isterico, -a

I

I, i [aɪ] *n* I, i *f*; **~ for Irene** I di Imola

I [aɪ] *pron pers* (*1st person sing*) io; **~'m coming** arrivo; **~'ll do it** lo faccio io; **am ~ late?** sono in ritardo?; **she and ~** lei ed io

IA [ˈaɪ·ə·wə] *n*, **Ia.** *n abbr of* **Iowa** IA

ice [aɪs] *n* (*frozen water*) ghiaccio *m* ▶ **to break the ~** *inf* rompere il ghiaccio

Ice Age *n* era *f* glaciale

iceberg *n* iceberg *m inv*; **the tip of the ~** *fig* la punta dell' iceberg

iceberg lettuce *n* lattuga *f* iceberg

icebox <-es> *n* ❶ (*freezer*) ghiacciaia *f* ❷ (*fridge*) frigorifero *m*

icebreaker *n* rompighiaccio *m inv*

ice cap *n* calotta *f* glaciale

ice-cold *adj* gelato, -a

ice cream *n* gelato *m*

ice-cream cone *n* ❶ (*only wafer*) cono *m* (per gelato) ❷ (*with ice-cream*) cono *m* (gelato)

ice cube [ˈaɪs·kjuːb] *n* cubetto *m* di ghiaccio

iced [aɪst] *adj* ❶ (*with ice*) con ghiaccio; (*very cold*) ghiacciato, -a ❷ (*covered with icing*) glassato, -a

ice hockey *n* hockey *m* su ghiaccio

ice pack *n* borsa *f* del ghiaccio

ice rink *n* pista *f* di pattinaggio

ice-skate *vi* pattinare sul ghiaccio

ice-skating *n* patinaggio *m* su ghiaccio

icicle [ˈaɪ·sɪ·kl] *n* ghiacciolo *m*

icing [ˈaɪ·sɪŋ] *n* ❶ glassa *f* ❷ (*in ice hockey*) pista da hockey

icon [ˈaɪ·kɑːn] *n* icona *f*

ICU [ˌaɪ·siː·ˈjuː] *n abbr of* **intensive care unit** reparto *m* di terapia intensiva

icy [ˈaɪ·si] <-ier, -iest> *adj* ❶ (*with ice*) ghiacciato, -a; (*very cold*) gelido, -a ❷ (*unfriendly*) gelido, -a

ID[1] [ˌaɪ·ˈdiː] *n abbr of* **identification** documento *m* d'identità

ID[2] [ˌaɪ·ˈdiː] *n abbr of* **Idaho** ID

I'd [aɪd] ❶ = **I would** *s.* **would** ❷ = **I had** *s.* **have**

Idaho [ˈaɪ·də·hoʊ] *n* Idaho *m*

ID card [aɪ·ˈdiː·ˌkɑːd] *n s.* **identity card** carta *f* d'identità

idea [aɪ·ˈdiːə] *n* idea *f*; **to get an ~ of sth** farsi un'idea di qc

ideal [aɪ·ˈdiː·əl] **I.** *adj* ideale **II.** *n* ideale *m*

ideally [aɪ·ˈdiː·li] *adv* ❶ (*in an ideal way*) idealmente ❷ **~, we could catch the train** l'ideale sarebbe prendere il treno

identical [aɪ·ˈden·tə·kl] *adj* identico, -a

identification [aɪˌden·tə·fɪ·ˈkeɪ·ʃən] *n* identificazione *f*

identify [aɪ·ˈden·tə·faɪ] <-ie-> *vt* identificare

identity [aɪ·ˈden·tə·ti] <-ies> *n* identità *f*

identity card *n* carta *f* d'identità

idiom [ˈɪ·di·əm] *n* LING (*phrase*) espressione *f* idiomatica

idiomatic [ˌɪ·di·ə·ˈmæ·tɪk] *adj* idiomatico, -a

idiot [ˈɪ·di·ət] *n* idiota *mf*

idiotic [ˌɪ·di·ˈɑː·tɪk] *adj* idiota

idle [ˈaɪ·dl] *adj* ❶ (*lazy*) pigro, -a ❷ (*not busy*) inoperoso, -a; (*machine*) inattivo, -a ❸ (*frivolous: pleasures*) futile ❹ (*unfounded: promise*) vano, -a; (*gossip*) ozioso, -a; (*fear*) infondato, -a ❺ (*inef-*

fective: threat) inconsistente ⊙FIN (*capital*) infruttifero, -a

if [ɪf] *conj* se; ~ **it snows** se nevica; ~ **not** se non; ~ **they exist at all** se esistono davvero; **I wonder** ~ **he'll come** mi chiedo se verrà; ~ **A is right, then B is wrong** se A è giusto, allora B è sbagliato; ~ **he needs me, I'll help him** se avrà bisogno di me, lo aiuterò

igloo ['ɪg·luː] *n* iglù *m inv*

ignite [ɪg·'naɪt] **I.**vi prendere fuoco **II.**vt form dare fuoco a

ignition [ɪg·'nɪ·ʃən] *n* AUTO accensione *f*

ignorance ['ɪg·nə·rəns] *n* ignoranza *f*; **to be left in** ~ **of sth** restare all'oscuro di qc ⊙ ~ **is bliss** occhio non vede cuore non duole

ignorant ['ɪg·nə·rənt] *adj* ignorante; **to be** ~ **about sth** essere ignorante in materia di qc; **to be** ~ **of sth** ignorare qc

ignore [ɪg·'nɔːr] *vt* ignorare

IL *n*, **III.** *n abbr of* **Illinois** Il

ill [ɪl] *adj* ⊙(*sick*) malato, -a; **to fall** ~ ammalarsi ⊙(*bad*) cattivo, -a; (*harmful*) nocivo, -a; (*unfavorable*) avverso, -a; **an** ~ **omen** un cattivo presagio

I'll [aɪl] = **I will** *s.* **will**

illegal [ɪ·'liː·gəl] *adj* illegale

illegal immigrant *n* immigrato, -a *m, f* clandestino, -a

illegible [ɪ·'le·dʒə·bl] *adj* illeggibile

illegitimate [ˌɪ·lɪ·'dʒɪ·tə·mət] *adj* illegittimo, -a

Illinois [ˌɪl·ə·'nɔɪ] *n* Illinois *m*

illiterate [ɪ·'lɪt·ə·rət] **I.**adj analfabeta; *pej, fig* ignorante **II.**n analfabeta *mf*

illness ['ɪl·nɪs] <-es> *n* malattia *f*

illogical [ɪ·'lɑ·dʒɪ·kl] *adj* illogico, -a

illuminate [ɪ·'luː·mə·neɪt] *vt a. fig* illuminare

illumination [ɪˌlu·mɪ·'neɪ·ʃən] *n* illuminazione *f*

illusion [ɪ·'luː·ʒən] *n* illusione *f*; **to have no** ~**s** (**about sth**) non farsi delle illusioni (su qc); **to be under the** ~ **that ...** illudersi che...

illustrate ['ɪ·ləs·treɪt] *vt a. fig* illustrare

illustration [ˌɪ·ləs·'treɪ·ʃən] *n* ⊙(*draw-*

ing) illustrazione *f* ⊙(*example*) esemplificazione *f*; **by way of** ~ a modo di esempio

I'm [aɪm] = **I am** *s.* **am**

image ['ɪ·mɪdʒ] *n* immagine *f*; **to be the living** ~ **of sb** essere il ritratto vivente di qu

imagery ['ɪ·mɪ·dʒə·ri] *n* LIT immagini *fpl*

imaginary [ɪ·'mæ·dʒə·ne·ri] *adj* immaginario, -a

imagination [ɪˌmæ·dʒɪ·'neɪ·ʃən] *n* immaginazione *f*

imaginative [ɪ·'mæ·dʒɪ·nə·tɪv] *adj* (*solution, use, way*) creativo, -a

imagine [ɪ·'mæ·dʒɪn] *vt* ⊙(*form mental image*) immaginare ⊙(*suppose*) immaginare; ~ **that!** pensa un po'!

imbalance [ˌɪm·'bæ·ləns] *n* squilibrio *m*

imbecile ['ɪm·bə·sɪl] *n* imbecille *mf*

imitate ['ɪ·mɪ·teɪt] *vt* imitare

imitation [ˌɪ·mɪ·'teɪ·ʃən] **I.**n imitazione *f*; **in** ~ **of sb/sth** a imitazione di qu/qc **II.**adj finto, -a; ~ **jewels** bigiotteria *f*

immaculate [ɪ·'mæ·kju·lət] *adj* ⊙(*spotless, neat*) immacolato, -a ⊙(*flawless*) perfetto, -a

immature [ˌɪ·mə·'tʊr] *adj* ⊙(*young*) immaturo, -a ⊙(*childish*) immaturo, -a

immaturity [ˌɪ·mə·'tʊ·rə·ti] *n* immaturità *f*

immediate [ɪ·'mi·di·ɪt] *adj* immediato, -a; **the** ~ **family** parenti *mpl* diretti; **in the** ~ **area** nelle immediate vicinanze; **in the** ~ **future** nell'immediato futuro

immediately *adv* ⊙(*time*) immediatamente; ~ **after ...** subito dopo... ⊙(*place*) **my flat is the one** ~ **above yours** il mio appartamento è quello subito sopra il tuo

immense [ɪ·'mens] *adj* immenso, -a

immerse [ɪ·'mɜːrs] *vt* immergere; **to be** ~**d in sth** *fig* essere assorto, -a in qc; **to** ~ **oneself in sth** *fig* immergersi in qc

immigrant ['ɪ·mɪ·grənt] *n* immigrante *mf*

immigration [ˌɪ·mɪ·'greɪ·ʃən] *n* immigrazione *f*

imminent ['ɪ·mɪ·nənt] *adj* imminente

immobilize [ɪ·'moʊ·bə·laɪz] *vt* immobilizzare

immoral [ɪ·'mɔː·rəl] *adj* immorale

immortal [ɪ·'mɔːr·t̬l] *adj, n* immortale *mf*

immortality [ˌɪ·mɔːr·'tæ·lə·ti] *n* immortalità *f*

immovable [ɪ·'muː·və·bl] *adj* ❶ (*not moveable*) inamovibile ❷ (*not changeable*) irremovibile

immune [ɪ·'mjuːn] *adj* MED, POL, LAW immune

immunity [ɪ·'mjuː·nə·ti] *n* MED, LAW immunità *f*; **diplomatic ~** immunità diplomatica

immunize ['ɪm·jə·naɪz] *vt* immunizzare

impact ['ɪm·pækt] *n* impatto *m*; **on ~** all'impatto

impartial [ɪm·'pɑːr·ʃl] *adj* imparziale

impassable [ɪm·'pæ·sə·bl] *adj* (*road*) intransitabile

impassioned [ɪm·'pæ·ʃnd] *adj form* appassionato, ·a; **an ~ appeal for help** un'accalorata richiesta d'aiuto

impassive [ɪm·'pæ·sɪv] *adj* impassibile

impatience [ɪm·'peɪ·ʃns] *n* impazienza *f*

impatient [ɪm·'peɪ·ʃnt] *adj* impaziente; **to be ~ to do sth** essere impaziente di fare qc

impeachment [ɪm·'piːtʃ·mənt] *n* impeachment *m inv, incriminazione del Presidente*

impede [ɪm·'piːd] *vt* ostacolare

imperative [ɪm·'pe·rə·tɪv] I. *adj* ❶ (*urgently essential*) **silence is ~** il silenzio è d'obbligo; **it is ~ that ...** bisogna assolutamente ... ❷ LING imperativo, ·a II. *n a.* LING imperativo *m*

imperceptible [ˌɪm·pər·'sep·tə·bl] *adj* impercettibile

imperfect [ɪm·'pɜːr·fɪkt] I. *adj* (*world*) imperfetto, ·a; (*flawed*) difettoso, ·a II. *n* LING imperfetto *m*

imperfection [ˌɪm·pər·'fek·ʃən] *n* imperfezione *f*

imperial [ɪm·'pɪ·ri·əl] *adj* imperiale

impersonal [ˌɪm·'pɜːr·sə·nl] *adj a.* LING impersonale

impersonate [ɪm·'pɜːr·sə·neɪt] *vt* (*to trick people*) spacciarsi per; (*imitate*) imitare

impertinent [ɪm·'pɜːrt̬·nənt] *adj* impertinente

impetuous [ɪm·'pet·ʃu·əs] *adj* precipitoso, ·a

impetus ['ɪm·pɪ·təs] *n* ❶ (*push*) impeto *m* ❷ (*driving force*) slancio *m*

implant [ɪm·'plænt] *n* impianto *m*

implement ['ɪm·plɪ·mənt] I. *n* (*tool*) attrezzo *m*; (*small tool*) utensile *m* II. *vt* implementare

implicate ['ɪm·plɪ·keɪt] *vt* ❶ (*show sb's involvement*) implicare ❷ (*involve*) implicare

implication [ˌɪm·plɪ·'keɪ·ʃən] *n* ❶ (*hinting at*) insinuazione *f*; **by ~** implicitamente ❷ (*effect*) implicazione *f*

implicit [ɪm·'plɪ·sɪt] *adj* ❶ (*suggested*) implicito, ·a ❷ (*total*) assoluto, ·a

implore [ɪm·'plɔːr] *vt* implorare; **to ~ sb to do sth** implorare qu di fare qc

imploring [ɪm·'plɔː·rɪŋ] *adj* supplichevole

imply [ɪm·'plaɪ] <-ie-> *vt* ❶ (*suggest*) insinuare ❷ *form* (*imply*) implicare

impolite [ˌɪm·pə·'laɪt] *adj* maleducato, ·a; (*rude*) scortese

import I. [ɪm·'pɔːrt] *vt* ECON, COMPUT importare II. ['ɪm·pɔːrt] *n* (*product*) prodotto *m* d'importazione

importance [ɪm·'pɔːr·tns] *n* importanza *f*

important [ɪm·'pɔːr·tənt] *adj* importante

impose [ɪm·'poʊz] I. *vt* imporre II. *vi* disturbare; **to ~ on sb** approfittare di qu; **I don't want to ~** non vorrei disturbare

imposing [ɪm·'poʊ·zɪŋ] *adj* imponente

impossibility [ɪm·ˌpɑː·sə·'bɪ·lə·ti] *n* impossibilità *f*

impossible [ɪm·'pɑː·sə·bl] I. *adj* impossibile II. *n* **the ~** l'impossibile

imposter *n*, **impostor** [ɪm·'pɑːs·tər] *n* l'impostore, ·a *m, f*

impotence ['ɪm·pə·təns] *n* impotenza *f*

impotent ['ɪm·pə·tənt] *adj* impotente

impound [ɪm·ˈpaʊnd] *vt* sequestrare

impoverish [ɪm·ˈpɑ·və·ɪʃ] *vt* ① (*make poor*) impoverire ② (*deplete*) depauperare

impracticable [ɪm·ˈpræk·tɪ·kə·bl] *adj* (*scheme, idea, plan*) impraticabile; (*person*) intrattabile

impractical [ɪm·ˈpræk·tɪ·kl] *adj* (*person*) privo, -a di senso pratico; (*scheme, idea, plan*) impraticabile

imprecise [ˌɪm·prɪ·ˈsaɪs] *adj* impreciso, -a

impress [ɪm·ˈpres] *vt* ① (*affect*) colpire ② (*stamp*) imprimere; **to ~ sth on** [*o* **upon**] **sb** far capire qc a qu

impression [ɪm·ˈpre·ʃən] *n* ① (*gener*) impressione *f*; **to be of** [*o* **under**] **the ~ that …** avere l'impressione che…; **to make an ~ on sb** fare impressione su qu ② (*imitation*) imitazione *f* ③ *a. fig* impronta *f*

impressive [ɪm·ˈpre·sɪv] *adj* impressionante

imprint **I.** [ɪm·ˈprɪnt] *vt* ① (*stamp*) stampare ② (*in memory*) imprimere **II.** [ˈɪm·prɪnt] *n a. fig* (*mark*) impronta *f*

imprison [ɪm·ˈprɪ·zən] *vt* imprigionare

imprisonment [ɪm·ˈprɪ·zən·mənt] *n* carcerazione *f*; **life ~** carcere *m* a vita

improbable [ɪm·ˈprɑː·bə·bl] *adj* improbabile

improper [ɪm·ˈprɑː·pə·] *adj* ① (*incorrect*) scorretto, -a; (*showing bad judgment, dishonest*) improprio, -a ② (*not socially decent*) sconveniente; (*immoral*) indecente

improve [ɪm·ˈpruːv] *vi, vt* migliorare

improvement [ɪm·ˈpruːv·mənt] *n* miglioramento *m*

improvisation [ɪm·prɑː·vɪ·ˈzeɪ·ʃən] *n* improvvisazione *f*

improvise [ˈɪm·prə·vaɪz] *vi, vt* improvvisare

imprudent [ɪm·ˈpruː·dnt] *adj form* imprudente

impudent [ˈɪm·pjʊ·dənt] *adj* sfacciato, -a

impulse [ˈɪm·pʌls] *n a.* ELEC, PHYS, BIO impulso *m;* **to do sth on (an) ~** fare qc d'impulso

impulsive [ɪm·ˈpʌl·sɪv] *adj* impulsivo, -a

impure [ɪm·ˈpjʊr] *adj* impuro, -a

impurity [ɪm·ˈpjʊ·rə·ti] <-ies> *n* impurità *f*

in [ɪn] **I.** *prep* ① (*inside, into*) dentro; **to be ~ bed** essere a letto; **there is sth ~ the drawer** c'è qc nel cassetto; **to put sth ~ sb's hands** mettere qc nelle mani di qu; **~ town** in città; **~ the country** in campagna; **~ Canada** in Canada ② (*within*) **~ sb's face** in faccia a qu; **~ the picture** nella fotografia; **~ the snow** sotto la neve; **~ the sun** al sole; **the best ~ New England** il migliore del New England ③ (*position of*) **~ the beginning** all'inizio; **~ the end** alla fine; **right ~ the middle** proprio in mezzo ④ (*during*) **~ the twenties** negli anni venti; **to be ~ one's thirties** essere sulla trentina; **~ May** in maggio; **~ the spring** in [*o* a] primavera; **~ the afternoon** nel pomeriggio ⑤ (*at later time*) **~ a week/three hours** fra una settimana/tre ore; **~ (the) future** in futuro ⑥ (*in less than*) **to do sth ~ 4 hours** fare qc in 4 ore ⑦ (*in situation, state of*) **~ fashion** di moda; **~ search of sth/sb** in cerca di qc/qu; **~ this way** in questo modo; **when ~ doubt** in caso di dubbio; **~ anger** con rabbia; **~ fun** per scherzo; **~ earnest** sul serio; **to be ~ a hurry** essere di fretta; **to be ~ love (with sb)** essere innamorato (di qu); **~ alphabetical order** in ordine alfabetico; **dressed ~ red** vestito di rosso ⑧ (*concerning*) **deaf ~ one ear** sordo da un orecchio; **to be interested ~ sth** interessarsi di qc; **to have confidence ~ sb** avere fiducia in qu; **to have a say ~ the matter** aver voce in capitolo; **a change ~ attitude** un cambio d'atteggiamento; **a rise ~ prices** un aumento dei prezzi ⑨ (*by*) **~ saying sth** nel dire qc; **to spend one's time ~ doing sth** passare il tempo a fare qc ⑩ (*made of*) **~ wood/stone** di legno/pietra ⑪ (*sound of*) **~ a whisper** sussurrando;

to speak ~ **a loud voice** parlare a voce alta ⓘ*(aspect of)* **6 feet ~ length/ height** lungo/alto 2 metri; ~ **every respect** sotto ogni aspetto ⓘ*(ratio)* **two ~ six** due su sei; ~ **part** in parte; ~ **tens** in gruppi di dieci ⓘ*(substitution of)* ~ **your place** al posto tuo ⓘ*(as consequence of)* ~ **return** in cambio; ~ **reply** in risposta ▶ ~ **all** in tutto; **all ~ all** tutto sommato II.*adv* ⓘ*(inside, into)* dentro; **to go ~** entrare; **to put sth ~** mettere qc dentro ⓘ*(to a place)* **to be ~** *inf* essere in casa; **to hand sth ~** consegnare ⓘ*(as popular)* **to be ~** essere di moda ⓘ*(up)* **the tide is coming ~** la marea sta salendo ▶ **to be ~ for sth** *inf* doversi aspettare; **to be ~ on sth** essere al corrente di qc III.*adj* di moda

IN [ɪn,diˑæn·ə] *n abbr of* **Indiana** IN

in. *abbr of* **inch** pollice *f*

inability [,ɪn·ə·ˈbɪl·ə·ti] *n* incapacità *f*

inaccessible [,ɪn·æk·ˈse·sə·bl] *adj* inaccesibile

inaccurate [ɪn·ˈæk·jə·ət] *adj* ⓘ*(inexact)* inesatto, -a ⓘ*(wrong)* errato, -a

inaction [ɪn·ˈæk·ʃən] *n* inazione *f*

inactive [ɪn·ˈæk·tɪv] *adj* inattivo, -a

inadequate [ɪn·ˈæ·dɪ·kwət] *adj* inadeguato, -a

inadvisable [,ɪn·əd·ˈvaɪ·zə·bl] *adj* sconsigliabile

inanimate [ɪn·ˈæ·nɪ·mət] *adj* inanimato, -a

inappropriate [,ɪn·ə·ˈprou·pri·ət] *adj* *(incorrect)* inadeguato, -a; *(not suitable)* fuori luogo

inaudible [ɪn·ˈɑː·də·bl] *adj* impercettibile

inauguration [ɪ,nɑː·gju·ˈreɪ·ʃən] *n* inaugurazione *f*

inborn [ˈɪn·bɔːrn] *adj* innato, -a

inbuilt [ˈɪn·bɪlt] *adj (built in)* incorporato, -a; *fig* intrinseco, -a

incalculable [ɪn·ˈkæl·kju·lə·bl] *adj* incalcolabile

incapable [ɪn·ˈkeɪ·pə·bl] *adj* incapace; **to be ~ of doing sth** non essere in grado di fare qc

incapacity [,ɪn·kə·ˈpæ·sə·ti] *n* incapacità *f*

incendiary [ɪn·ˈsen·die·ri] *adj a. fig* incendiario, -a

incense [ˈɪn·sents] *n* incenso *m*

incentive [ɪn·ˈsen·ţɪv] *n* incentivo *m*

incessant [ɪn·ˈse·snt] *adj* incessante

inch [ɪntʃ] <-es> *n* pollice *f*, 2,54 cm; **she knows every ~ of Miami** conosce Miami come le sue tasche

incidence [ˈɪn·tsɪ·dənts] *n* incidenza *f*

incident [ˈɪn·tsɪ·dənt] *n* incidente *m*; **an isolated ~** un incidente isolato

incidentally *adv (by the way)* a proposito

incinerator [ɪn·ˈsɪ·nə·reɪ·ţə] *n* inceneritore *m*

incisive [ɪn·ˈsaɪ·sɪv] *adj* ⓘ*(clear)* incisivo, -a; *(penetrating)* penetrante ⓘ*(keen, acute: mind)* acuto, -a; *(person)* perspicace

incite [ɪn·ˈsaɪt] *vt* istigare

inclination [,ɪn·klɪ·ˈneɪ·ʃən] *n* ⓘ*(tendency)* propensione *f*; **to have an ~ to do sth** avere voglia di fare qc ⓘ*(slope)* inclinazione *f*

incline [ˈɪn·klaɪn] *n* inclinazione *f*; *(of hill, mountain)* pendenza *f*

inclined [ɪn·ˈklaɪnd] *adj* incline; **to be ~ to do sth** essere incline a fare qc

include [ɪn·ˈkluːd] *vt* includere; *(in a letter)* allegare; **do you ~ that in the service?** è incluso nel servizio?

including [ɪn·ˈkluː·dɪŋ] *prep* incluso; ~ **tax** tasse incluse *fpl*; **up to and ~ June 6th** fino al 6 giugno compreso

inclusion [ɪn·ˈkluː·ʒən] *n* inclusione *f*

inclusive [ɪn·ˈkluː·sɪv] *adj* compreso, -a

incoherent [ɪn·kou·ˈhɪ·rənt] *adj* incoerente

income [ˈɪn·kʌm] *n* reddito *m*

income tax *n* imposta *f* sul reddito

incoming [ˈɪn·kʌ·mɪŋ] *adj (calls, mail)* in entrata; *(president)* entrante

incomparable [ɪn·ˈkɑːm·prə·bl] *adj* incomparabile

incompatible [,ɪn·kəm·ˈpæ·ţə·bl] *adj* incompatibile

incompetent [ɪnˈkɑːmˌpəˌtənt] *n, adj* incompetente *mf*

incomplete [ˌɪnkəmˈpliːt] *adj* incompleto, -a; (*not finished*) incompiuto, -a

incomprehensible [ˌɪnkɑːmprɪˈhenˌsəbl] *adj* incomprensibile

inconceivable [ˌɪnkənˈsiːvəbl] *adj* inconcepibile

inconclusive [ˌɪnkənˈkluːsɪv] *adj* (*result, discussion, evidence*) inconcludente

inconsiderate [ˌɪnkənˈsɪdəˌrət] *adj* (*action, reply*) irriguardoso, -a; **to be inconsiderate to sb** mancare di rispetto a qu

inconsistent [ˌɪnkənˈsɪstənt] *adj* ①(*changeable*) incoerente ②(*lacking agreement*) in contraddizione

inconspicuous [ˌɪnkənˈspɪkjʊəs] *adj* poco appariscente; **to be highly ~** passare del tutto inosservato, -a; **to try to look ~** cercare di non farsi notare

inconvenience [ˌɪnkənˈviːniəns] *n* disturbo *m*

inconvenient [ˌɪnkənˈviːniənt] *adj* scomodo, -a; (*time*) inopportuno, -a

incorrect [ˌɪnkəˈrekt] *adj* (*wrong, untrue*) errato, -a; **it would be ~ to say that ...** non sarebbe del tutto corretto dire che...

increase[1] [ˈɪnkriːs] *n* aumento *m;* **to be on the ~** essere in aumento

increase[2] [ɪnˈkriːs] **I.** *vi* (*become more*) aumentare; (*grow*) crescere; **to ~ dramatically** aumentare notevolmente; **to ~ tenfold/threefold** aumentare di dieci/tre volte **II.** *vt* (*make more, larger*) aumentare; (*make stronger*) intensificare

increasing *adj* crescente

increasingly *adv* sempre più

incredible [ɪnˈkredɪbl] *adj* incredibile

incur [ɪnˈkɜːr] <-rr-> *vt* ①FIN, ECON (*debt*) contrarre; (*costs*) incorrere in; (*losses*) soffrire ②(*bring upon oneself*) tirarsi addosso; **to ~ the anger of sb** attirarsi l'ira di qu

incurable [ɪnˈkjʊrəbl] *adj* incurabile; *fig* incorreggibile

indebted [ɪnˈdeˌtɪd] *adj* ①(*obliged*) in debito; **to be ~ to sb** (**for sth**) essere in debito con qu (per qc) ②(*having debt*) indebitato, -a

indecent [ɪnˈdiːsənt] *adj* indecente

indecisive [ˌɪndɪˈsaɪsɪv] *adj* ①(*unable to make decisions*) indeciso, -a ②(*not clear*) incerto, -a

indeed [ɪnˈdiːd] **I.** *adv* ①(*really*) davvero; **many people here are very rich ~** molte persone qui sono veramente ricche ②(*expresses affirmation*) certamente; **yes, he did ~ say that** si, lo ha proprio detto **II.** *interj* (*to express surprise*) veramente; **she said she won't come! — Won't she, ~!** ha detto che non verrà! — veramente!

indefensible [ˌɪndɪˈfensəbl] *adj* (*theory*) insostenibile; (*crime*) ingiustificabile; (*behavior, argument*) indifendibile

indefinable [ˌɪndɪˈfaɪnəbl] *adj* indefinibile

indefinite [ɪnˈdefəˌnət] *adj* indefinito, -a; **for an ~ period** per un periodo indefinito

indefinitely *adv* indefinitamente

independence [ˌɪndɪˈpendəns] *n* indipendenza *f*

Independence Day *n* Festa *f* dell'Indipendenza

independent [ˌɪndɪˈpendənt] **I.** *adj* indipendente **II.** *n* POL deputato, -a *m, f* indipendente

in-depth [ˈɪndepθ] *adj* approfondito, -a

indescribable [ˌɪndɪˈskraɪbəbl] *adj* indescrivibile

indestructible [ˌɪndɪˈstrʌktəbl] *adj* indistruttibile

index [ˈɪndeks] *n* ①<-es> (*in book*) indice *m;* (*in library*) catalogo *m* ②<-ices *o* -es> ECON indice *m;* **the Dow Jones Index** l'indice Dow Jones

index finger *n* dito *m* indice

India [ˈɪndiə] *n* India *f*

Indian [ˈɪndiən] *adj, n* ①(*of India*) indiano, -a *m, f* ②(*of America*) indiano, -a *m, f* (d'America)

Indiana [ˌɪndiˈænə] *n* Indiana *f*

Indian Ocean n Oceano m Indiano

indicate ['ɪn·dɪ·keɪt] vt indicare; **to ~ (to sb) that ...** fare segno (a qu) che...

indication [ˌɪn·dɪ·'keɪ·ʃən] n a. MED indicazione f

indicative [ɪn·'dɪ·kə·tɪv] I. adj indicativo, -a II. n indicativo m

indicator ['ɪn·dɪ·keɪ·tə] n indicatore m

indices ['ɪn·dɪ·siːz] n pl pl of **index**

indict [ɪn·'daɪt] vt **to ~ sb for sth** LAW accusare qu di qc

Indies ['ɪn·diz] npl Indie fpl; **the West ~** le Indie Occidentali

indifference [ɪn·'dɪf·rəns] n indifferenza f

indifferent [ɪn·'dɪf·rənt] adj ① (not interested) indifferente ② (neither good nor bad) mediocre

indigenous [ɪn·'dɪ·dʒɪ·nəs] adj indigeno, -a

indigestible [ˌɪn·dɪ·'dʒəs·tə·bl] adj (food) indigesto, -a

indigestion [ˌɪn·dɪ·'dʒəst·ʃən] n indigestione f

indignant [ɪn·'dɪg·nənt] adj indignato, -a; **to be/feel ~ about sth** essere/sentirsi indignato per qc

indignation [ˌɪn·dɪg·'neɪ·ʃən] n indignazione f

indignity [ɪn·'dɪg·nə·ti] <-ies> n ① (humiliation) umiliazione f ② (sth that humiliates) affronto m

indirect [ˌɪn·dɪ·'rekt] adj indiretto, -a

indiscreet [ˌɪn·dɪ·'skriːt] adj indiscreto, -a; (tactless) privo, -a di tatto

indiscretion [ˌɪn·dɪ·'skre·ʃən] n (lack of discretion) mancanza f di discrezione; (act) indiscrezione f

indiscriminate [ˌɪn·dɪ·'skrɪ·mɪ·nət] adj indiscriminato, -a

indispensable [ˌɪn·dɪ·'spen·sə·bl] adj indispensabile

indistinct [ˌɪn·dɪs·'tɪŋkt] adj (shape, voice, words) indistinto, -a; (memory, recollection) confuso, -a

individual [ˌɪn·dɪ·'vɪ·dʒu·əl] I. n individuo m II. adj (separate) individuale; (single) singolo, -a; (particular) originale; **an ~ style** uno stile personale

indivisible [ˌɪn·dɪ·'vɪ·zə·bl] adj indivisibile

indoor [ˌɪn·'dɔːr] adj SPORTS indoor; (pool) coperto, -a; **~ plant** pianta f da appartamento

indoors [ˌɪn·'dɔːrz] adv dentro (casa)

induce [ɪn·'duːs] vt ① (persuade) indurre ② (cause) provocare

induction [ɪn·'dʌk·ʃən] n **~ range** [o **stove**] fornello m a induzione

indulge [ɪn·'dʌldʒ] vt (allow) assecondare; (desire) soddisfare; **to ~ oneself in ...** concedersi...

indulgent [ɪn·'dʌl·dʒənt] adj indulgente

industrial [ɪn·'dʌs·tri·əl] adj industriale

industrialize [ɪn·'dʌs·tri·ə·laɪz] I. vi industrializzarsi II. vt industrializzare

industrious [ɪn·'dʌs·tri·əs] adj laborioso, -a

industry ['ɪn·dəs·tri] n industria f; **heavy/light ~** industria pesante/leggera

inedible [ɪn·'e·də·bl] adj ① (unsuitable as food) non commestibile ② (extremely unpalatable) immangiabile

ineffective [ˌɪn·ɪ·'fek·tɪv] adj inefficace

ineffectual [ˌɪn·ɪ·'fek·tʃu·əl] adj (person) incapace; (measures) inefficace

inefficient [ˌɪn·ɪ·'fɪ·ʃnt] adj inefficiente

inept [ɪ·'nept] adj (unskilled) inetto, -a; (inappropriate) inopportuno, -a; **to be ~ at sth** non avere attitudine per qc

inequality [ˌɪn·ɪ·'kwɑː·lə·ti] <-ies> n diseguaglianza f

inequitable [ɪn·'ek·wə·tə·bl] adj iniquo, -a

inescapable [ˌɪn·ɪ·'skeɪ·pə·bl] adj ineludibile

inevitable [ɪn·'e·vɪ·tə·bl] adj inevitabile

inexcusable [ˌɪn·ɪk·'skjuː·zə·bl] adj imperdonabile

inexpensive [ˌɪn·ɪk·'spen·sɪv] adj economico, -a

inexperienced [ˌɪn·ɪk·'spɪ·ri·ənst] adj inesperto, -a

inexplicable [ˌɪn·ək·'splɪ·kə·bl] adj inspiegabile

infallible [ɪn·'fæ·lə·bl] adj infallibile

infamous ['ɪn·fə·məs] *adj* (*notorious: reputation*) infame; (*person*) famigerato, -a; (*place*) malfamato, -a

infancy ['ɪn·fən·tsi] *n* infanzia *f*; **from ~ fin da piccolo**; **to be in its ~** *fig* essere agli inizi

infant ['ɪn·fənt] *n* (*very young child*) bambino, -a *m, f*; **a newborn ~** un neonato

infantile ['ɪn·fən·taɪl] *adj* infantile

infantry ['ɪn·fən·tri] *n* + *sing/pl vb* MIL fanteria *f*

infatuated [ɪn·'fæ·tʃu·eɪt·ɪd] *adj* infatuato, -a; **to become ~ with sb/sth** infatuarsi di qu/qc

infect [ɪn·'fekt] *vt* infettare; *a. fig* (*person*) contagiare

infection [ɪn·'fek·ʃən] *n* infezione *f*; *fig* contagio *m*; **risk of ~** rischio *m* di contagio

infectious [ɪn·'fek·ʃəs] *adj* (*disease*) infettivo, -a; *a. fig* contagioso, -a

infer [ɪn·'fɜ:r] <-rr-> *vt* dedurre

inference ['ɪn·fə·rəns] *n form* ❶ (*conclusion*) conclusione *f*; **to draw the ~ that ...** trarre la conclusione che... ❷ (*process of inferring*) deduzione *f*; **by ~** per deduzione

inferior [ɪn·'fɪ·ri·ə·] *adj, n* inferiore *mf*

inferiority [ɪn·ˌfɪ·ri·'ɔ:·rə·ti] *n* inferiorità *f*

inferno [ɪn·'fɜ:r·noʊ] *n* (*situation*) inferno *m*; (*fire*) incendio *m* infernale

infertility [ˌɪn·fə·'tɪ·lə·ti] *n* sterilità *f*

infest [ɪn·'fest] *vt* infestare

infidelity [ˌɪn·fə·'de·lə·ti] *n* infedeltà *f*

infighting ['ɪn·faɪ·tɪŋ] *n* lotta *f* intestina

infiltrate [ɪn·'fɪl·treɪt] *vt* infiltrarsi in

infinite ['ɪn·fə·nɪt] *adj* infinito, -a; **with ~ patience** con una pazienza infinita; **to take ~ care** prendersi grande cura

infinitive [ɪn·'fɪ·nə·tɪv] LING **I.** *n* infinito *m* **II.** *adj* infinito, -a

infinity [ɪn·'fɪ·nə·ti] <-ies> *n* ❶ MATH infinito *m*; **to ~** all' infinito ❷ (*huge amount*) infinità *f*

infirmary [ɪn·'fɜ:r·mə·ri] <-ies> *n* ❶ (*hospital*) ospedale *m* ❷ (*room*) infermeria *f*

inflame [ɪn·'fleɪm] *vt* ❶ *a.* MED infiammare ❷ (*stir up: anger*) fomentare; (*desire, enthusiasm*) accendere; **to ~ sb with passion** accendere la passione di qu

inflammable [ɪn·'flæ·mə·bl] *adj* (*liquid*) infiammabile; (*situation*) esplosivo, -a

inflammation [ˌɪn·flə·'meɪ·ʃən] *n* MED infiammazione *f*

inflammatory [ɪn·'flæ·mə·tɔ:·ri] *adj* ❶ MED infiammatorio, -a ❷ (*speech*) incendiario, -a

inflatable [ɪn·'fleɪ·tə·bl] *adj* gonfiabile

inflate [ɪn·'fleɪt] **I.** *vt a.* ECON gonfiare **II.** *vi* gonfiarsi

inflated [ɪn·'fleɪ·tɪd] *adj* gonfiato, -a

inflation [ɪn·'fleɪ·ʃən] *n* inflazione *f*

inflexible [ɪn·'flek·sə·bl] *adj* inflessibile

inflict [ɪn·'flɪkt] *vt* (*wound, damage, punishment*) infliggere

influence ['ɪn·flu·əns] **I.** *n* influenza *f*; **to exert one's ~** esercitare la propria influenza; **to bring one's ~ to bear on sb** fare pressioni su qu; **to be under the ~** *fig* essere sbronzo **II.** *vt* influenzare

influential [ˌɪn·flu·'en·ʃl] *adj* influente

influenza [ˌɪn·flu·'en·zə] *n* influenza *f*

influx ['ɪn·flʌks] *n* afflusso *m*

inform [ɪn·'fɔ:rm] *vt* informare; **I'm happy to ~ you that ...** sono lieto di informarLa [*o* informarVi] che...; **to ~ed about sth** essere informato di qc

informal [ɪn·'fɔ:r·ml] *adj* (*tone, manner*) informale; (*person*) alla mano

information [ˌɪn·fə·'meɪ·ʃən] *n* ❶ (*data, knowledge*) informazioni *fpl*; **a lot of/a little ~** molte/poche informazioni; **to ask for ~** chiedere informazioni; **for further ~** per ulteriori informazioni; (*inquiry desk*) banco *m* informazioni ❷ COMPUT dati *mpl*

information science *n* scienze *fpl* dell'informazione

information technology *n* informatica *f*

informative [ɪn·'fɔ:r·mə·tɪv] *adj* istruttivo, -a

informer [ɪn·ˈfɔːr·mə] *n* informatore, -trice *m, f*

infrared [ˈɪn·frə·ˈred] *adj* infrarosso, -a

infrequent [ɪn·ˈfriː·kwənt] *adj* raro, -a

infringe [ɪn·ˈfrɪndʒ] *vt* LAW violare; **to ~ sb's right** ledere un diritto di qu

infuriate [ɪn·ˈfjʊ·ri·eɪt] *vt* fare infuriare

ingenious [ɪn·ˈdʒiː·nɪ·jəs] *adj* (*creatively inventive*) dotato, -a di inventiva; (*idea, method, plan*) ingegnoso, -a

ingoing [ˈɪn·goʊ·ɪŋ] *adj* in entrata

ingrained [ˌɪn·ˈgreɪnd] *adj* ① (*embedded: dirt*) incrostato, -a ② (*deep-seated*) radicato, -a

ingratitude [ɪn·ˈgræ·tə·tuːd] *n* ingratitudine *f*

ingredient [ɪn·ˈgriː·di·ənt] *n* CULIN ingrediente *m*

ingrowing [ˈɪn·groʊ·ɪŋ] *adj* **~ toenail** unghia *f* incarnita

inhabit [ɪn·ˈhæ·bɪt] *vt* abitare

inhabitant [ɪn·ˈhæ·bɪ·tənt] *n* abitante *mf*

inhale [ɪn·ˈheɪl] I. *vt* inspirare; MED inalare II. *vi* inspirare

inhaler [ɪn·ˈheɪ·lə·] *n* inalatore *m*

inherit [ɪn·ˈhe·rɪt] *vi, vt* ereditare

inheritance [ɪn·ˈhe·rɪ·təns] *n a. fig* eredità *f*; **to come into an ~** ereditare

inhibition [ˌɪn·ɪ·ˈbɪ·ʃən] *n* inibizione *f*

inhospitable [ɪn·ˈhɑːs·pɪ·tə·bl] *adj* (*attitude, place*) inospitale

in-house [ˈɪn·haʊs] COM I. *adj* interno, -a II. *adv* in sede

inhuman [ɪn·ˈhjuː·mən] *adj* (*not human*) inumano, -a

inhumane [ˌɪn·hjuː·ˈmeɪn] *adj* (*cruel*) disumano, -a

initial [ɪ·ˈnɪ·ʃəl] I. *n* iniziale *f* II. *adj* iniziale; **in the ~ phases** nelle fasi iniziali

initially [ɪ·ˈnɪ·ʃə·li] *adv* all'inizio

initiation [ɪ·ˌnɪ·ʃɪ·ˈeɪ·ʃən] *n* (*introducing*) iniziazione *f*; (*as a member*) ammissione *f*

initiative [ɪ·ˈnɪ·ʃə·tɪv] *n* iniziativa *f*

inject [ɪn·ˈdʒekt] *vt* ① *a.* MED iniettare ② (*introduce*) introdurre; (*enthusiasm*) infondere; (*funds, money*) immettere; (*invest*) investire

injection [ɪn·ˈdʒek·ʃən] *n* iniezione *f*

injure [ˈɪn·dʒə·] *vt* ① (*wound*) ferire ② (*damage*) danneggiare ③ (*do wrong to*) offendere

injury [ˈɪn·dʒə·ri] <-ies> *n* (*physical*) lesione *f*; (*physical, psychological*) ferita *f*; **a knee/back ~** una ferita al ginocchio/alla schiena; **to receive an ~** restare ferito

injustice [ɪn·ˈdʒʌs·tɪs] *n* ingiustizia *f*; **you do me an ~** sei ingiusto con me

ink [ɪŋk] *n* inchiostro *m*

inkling [ˈɪŋk·lɪŋ] *n* (*suspicion*) sospetto *m*; **to have an ~ that ...** avere il sospetto che ...

inland [ˈɪn·lənd] I. *adj* (*not coastal: sea, shipping*) interno, -a; (*town, village*) dell'interno *m* II. *adv* ① (*direction*) verso l'interno ② (*place*) all'interno

in-laws [ˈɪn·lɑːz] *npl* suoceri *mpl*

inlet [ˈɪn·let] *n* ① GEO insenatura *f* ② TECH entrata *f*; (*pipe*) tubo *m* di entrata

inmate [ˈɪn·meɪt] *n* (*in mental hospital*) paziente *mf*; (*in prison*) detenuto, -a *m, f*

inn [ɪn] *n* locanda *f*

inner [ˈɪ·nə·] *adj* ① (*located in the interior*) interno, -a ② (*deep*) intimo, -a; (*secret*) nascosto, -a

inner city *n* il centro degradato di una città, abitato da poveri ed emarginati

innermost [ˈɪ·nə·moʊst] *adj* più intimo, -a; **in his/her ~ being** nel suo intimo

inner tube *n* camera *f* d'aria

inning [ˈɪ·nɪŋ] *n* SPORTS (*part of baseball game*) inning *m inv*

innocence [ˈɪ·nə·sns] *n* innocenza *f*; **to plead one's ~** dichiararsi innocente

innocent [ˈɪ·nə·snt] I. *adj* innocente; **an ~ bystander** un testimone innocente II. *n* (*child*) innocente *mf*; (*inexperienced*) sprovveduto, -a *m, f*

innovation [ˌɪ·nə·ˈveɪ·ʃən] *n* innovazione *f*

innuendo [ˌɪn·juː·ˈen·doʊ] <-(e)s> *n* (*insinuation*) insinuazione *f*; **to make**

an ~ (about sth) fare un'insinuazione (su qu)

inoculate [ɪˈnɒːkˑjəˑleɪt] *vt* **to ~ sb (against sth)** vaccinare qu (contro qc)

inoculation [ɪˌnɒːkˑjəˑˈleɪˑʃən] *n* vaccinazione *f*

input [ˈɪnˑpʊt] **I.***n* ⓐ (*contribution*) contributo *m* ⓒ COMPUT, FIN input *m inv* **II.**<-tt-> *vt* COMPUT immettere

inquest [ˈɪnˑkwest] *n a.* LAW inchiesta *f*

inquire [ɪnˑˈkwaɪr] **I.***vi* ⓐ (*ask*) chiedere; **to ~ about sb/sth** chiedere informazioni su qu/qu ⓒ (*investigate*) indagare; **to ~ into a matter** indagare su una questione **II.***vt* chiedere; **to ~ the reason** informarsi sul perchè

inquiry [ɪnˑˈkwaɪˑri] *n* ⓐ (*question*) domanda *f* ⓒ (*investigation*) indagine *f*

inquisitive [ɪnˑˈkwɪˑzəˑtɪv] *adj* (*curious*) curioso, -a; **to be ~ about sth/ sb** avere curiosità per qc/qu

insane [ɪnˑˈseɪn] *adj* (*crazy*) malato, -a di mente; *fig* pazzo, -a; **to be/go ~** essere/andare fuori di testa

insanitary [ɪnˑˈsæˑnɪˑteˑri] *adj* antigenico, -a

insanity [ɪnˑˈsæˑnəˑti] *n* ⓐ (*mental illness*) infermità *f* mentale ⓐ *a. fig* (*craziness*) follia *f*

inscription [ɪnˑˈskrɪpˑʃən] *n* (*on stone, metal*) iscrizione *f*; (*dedication*) dedica *f*

insect [ˈɪnˑsekt] *n* insetto *m*; **~ bite** puntura *f* d'insetto

insecticide [ɪnˑˈsekˑtɪˑsaɪd] *n* insetticida *m*

insecure [ˌɪnˑsɪˑˈkjʊr] *adj* (*person*) insicuro, -a; (*future*) incerto, -a; (*job*) precario, -a; (*structure*) malsicuro, -a

insensitive [ɪnˑˈsenˑsəˑtɪv] *adj* insensibile

inseparable [ɪnˑˈsepˑrəˑbl] *adj* inseparabile

insert [ɪnˑˈsɜːrt] *vt* ⓐ (*put into*) inserire ⓒ (*add within a text, fill in*) inserire

in-service [ˈɪnˑsɜːrˑvɪs] *adj* (*training*) in servizio

inside [ɪnˑˈsaɪd] **I.***adj* ⓐ (*internal*) interno, -a; **the ~ door** la porta interna

ⓒ (*from within: information*) confidenziale; **the robbery was an ~ job** la rapina è stata realizzata con l'aiuto di un basista **II.***n* ⓐ (*internal part or side*) interno *m*; **on the ~** all'interno; **to turn sth ~ out** rivoltare qc; **to know a place ~ out** conoscere un posto a menadito ⓒ *pl, inf* (*entrails*) pancia *f* **III.***prep* (*within*) **~ (of)** dentro; **to play ~ the house** giocare dentro casa; **to go ~ the house** entrare in casa **IV.***adv* (*within something*) dentro; **to go ~** entrare

insight [ˈɪnˑsaɪt] *n* ⓐ (*capacity*) perspicacia *f* ⓒ (*instance*) intuizione *f*; **to gain ~ into sth/sb** capire meglio qc/qu

insignificant [ˌɪnˑsɪɡˈnɪˑfɪˑkənt] *adj* insignificante

insincere [ˌɪnˑsɪnˑˈsɪr] *adj* falso, -a

insist [ɪnˑˈsɪst] **I.***vi* insistere; **to ~ on doing sth** ostinarsi a fare qc; **if you ~** se insisti [*o* se insiste] **II.***vt* ⓐ (*state*) insistere ⓒ (*demand*) esigere

insistence [ɪnˑˈsɪsˑtəns] *n* insistenza *f*; **to do sth at sb's ~** fare qc dietro insistenza di qu

insistent [ɪnˑˈsɪsˑtənt] *adj* insistente; **to be ~ (that)** ... insistere (che)...

insofar as [ˌɪnˑsoʊˑˈfɑːr əz] *adv form* per quanto +*conj*

insolent [ˈɪnˑsəˑlənt] *adj* insolente

insoluble [ɪnˑˈsɑːlˑjəˑbl] *adj* insolubile

insomnia [ɪnˑˈsɑːmˑniˑə] *n* insonnia *m*; **to suffer from ~** soffrire d'insonnia

inspect [ɪnˑˈspekt] *vt* ⓐ (*examine*) ispezionare; (*tickets, passport*) controllare ⓒ MIL **to ~ the troops** passare in rassegna le truppe

inspection [ɪnˑˈspekˑʃən] *n* ispezione *f*; MIL rassegna *f*

inspector [ɪnˑˈspekˑtər] *n* ispettore, -trice *m, f*; **ticket ~** controllore, -a *m, f*

inspiration [ˌɪnˑspəˑˈreɪˑʃən] *n* ispirazione *f*

inspire [ɪnˑˈspaɪr] *vt* ⓐ (*stimulate*) ispirare; **to ~ sb with hope** infondere speranza a qu ⓒ (*cause, lead to*) stimolare

instability [ˌɪnˑstəˑˈbɪˑləˑti] *n* instabilità *f*

instal <-ll->, **install** [ɪn·'stɔːl] I.*vt* **1** *a.* TECH, COMPUT installare **2 to ~ sb** insediare qu II.*vr* **to ~ oneself** piazzarsi

installation [ˌɪn·stə·'leɪ·ʃən] *n* installazione *f*

installment [ɪn·'stɔːl·mənt] *n* **1** RADIO, TV puntata *f* **2** COM rata *f;* **to pay (for sth) in ~s** pagare (qc) a rate

instance ['ɪn·stəns] *n* (*case*) caso *m;* **in this ~** in questo caso; **for ~** per esempio; **in the first ~** in primo luogo

instant ['ɪn·stənt] I.*n* istante *m;* **for an ~** per un momento; **in an ~** in un istante II.*adj* **1** (*immediate*) immediato, -a **2** CULIN istantaneo, -a; **~ coffee** caffè *m* istantaneo; **~ soup** minestra *f* pronta

instantly ['ɪn·stənt·li] *adv* all'istante

instead [ɪn·'sted] I.*adv* invece II.*prep* **~ of** invece di; **~ of him** al posto suo; **~ of doing sth** invece di fare qc

instigate ['ɪn·stɪ·geɪt] *vt* (*laws, proceedings*) promuovere; (*rebellion*) istigare a

instil [ɪn·'stɪl] <-ll-> *vt*, **instill** *vt* **to ~ sth (into sb)** instillare qc (in qu)

instinct ['ɪn·stɪŋkt] *n* istinto *m;* **to do sth by ~** fare qc d'istinto

instinctive [ɪn·'stɪŋk·tɪv] *adj* istintivo, -a

institute ['ɪn·stɪ·tuːt] *n* istituto *m*

institution [ˌɪn·stɪ·'tuː·ʃən] *n* **1** (*act, society, person*) istituzione *f* **2** (*home*) istituto *m*

instruct [ɪn·'strʌkt] *vt* (*order*) dare ordini; (*give instructions*) dare istruzioni; **to ~ sb (to do sth)** ordinare a qu (di fare qc)

instruction [ɪn·'strʌk·ʃən] *n* **1** (*order*) istruzione *f;* **to give sb ~s** dare istruzioni a qu; **to act on ~s** agire dietro istruzioni **2** *pl* (*information on method*) istruzioni *fpl*

instructive [ɪn·'strʌk·tɪv] *adj* istruttivo, -a

instructor [ɪn·'strʌk·tə] *n* (*teacher*) istruttore, -trice *m, f;* **driving ~** istruttore, -trice *m, f* di scuola guida; **ski ~** maestro, -a *m, f* di sci

instrument ['ɪn·strə·mənt] *n* *a.* MUS strumento *m*

instrumental [ˌɪn·strə·'men·tl] *adj* **1** MUS strumentale **2** (*greatly influential*) **to be ~ in doing sth** giocare un ruolo chiave in qc

instrument board *n*, **instrument panel** *n* AUTO quadro *m* strumenti; AVIAT, NAUT pannello *m* dei comandi

insufficient [ˌɪn·sə·'fɪ·ʃənt] *adj* insufficiente

insular ['ɪnt·sə·lə] *adj* **1** GEO insulare **2** (*person*) provinciale

insulate ['ɪnt·sə·leɪt] *vt* isolare; **to ~ sth (against sth)** isolare qc (contro qc)

insulation [ˌɪnt·sə·'leɪ·ʃən] *n* isolamento *m*

insult I.[ɪn·'sʌlt] *vt* insultare II.['ɪn·sʌlt] *n* insulto *m*

insurance [ɪn·'ʃʊ·rəns] *n* **1** (*gener*) assicurazione *f;* **life ~** assicurazione sulla vita **2** (*measure*) protezione *f*

insurance policy <-ies> *n* polizza *f* d'assicurazione

insure [ɪn·'ʃʊr] *vt* assicurare

intact [ɪn·'tækt] *adj* intatto, -a

intake ['ɪn·teɪk] *n* **1** (*action of taking in: of water*) entrata *f;* (*of air*) aspirazione *f* **2** (*amount taken in*) consumo *m;* **food ~** razione *f* di cibo

integral ['ɪn·təg·rəl] *adj* **1** (*central, essential*) **to be ~ to sth/sb** essere parte integrante di qc; **to be ~ to sb** essere di vitale importanza per qu **2** (*complete*) integrale

integrated ['ɪn·tɪ·greɪ·tɪd] *adj* **1** (*coordinating different elements*) integrato, -a **2** (*with different ethnic groups*) **~ school** scuola *f* multietnica

intellect ['ɪn·tə·lekt] *n* (*faculty*) intelletto *m*

intellectual [ˌɪn·tə·'lek·tʃʊ·əl] *adj, n* intellettuale *mf*

intelligence [ɪn·'te·lɪ·dʒəns] *n* (*cleverness*) intelligenza *f;* **artificial ~** intelligenza artificiale

intelligent [ɪn·'te·lɪ·dʒənt] *adj* intelligente

intend [ɪn·'tend] *vt* **1** (*aim for, plan*) **to**

~ **to do sth** avere l'intenzione di fare qc; **I ~ed no harm** non volevo fare del male ⑨ (*mean*) intendere ⑩ (*earmark, destine*) **to be ~ed for sth** essere destinato a qc; **this film is not ~ed for children** questo non è un film per bambini

intense [ɪnˈtens] *adj* ⓵ (*acute, concentrated, forceful*) intenso, -a ⓶ (*demanding*) impegnativo, -a

intensify [ɪnˈten·tsɪ·faɪ] <-ie-> I. *vt* (*fighting*) intensificare; (*joy, sadness*) aumentare; (*pain*) acuire II. *vi* (*fighting*) intensificarsi; (*joy, sadness*) aumentare; (*pain*) acuirsi

intensity [ɪnˈten·tsə·ti] *n* intensità *f*

intensive [ɪnˈten·sɪv] *adj* intensivo, -a

intensive care *n* terapia *f* intensiva

intent [ɪnˈtent] I. *n* intento *m*; **a declaration of ~** una dichiarazione di intenti; **to all ~s and purposes** a tutti gli effetti II. *adj* ⓵ (*absorbed, concentrated, occupied*) intento, -a; **to be ~ on sth** essere intento a qc ⓶ (*decided, set*) intenzionato, -a

intention [ɪnˈten·tʃən] *n* intenzione *f*; **it is my ~ to ...** ho intenzione di...

intentional [ɪnˈten·tʃə·nəl] *adj* intenzionale; (*insult*) deliberato, -a

interactive [ˌɪn·tɚˈæk·tɪv] *adj* interattivo, -a

interactive TV [ˌɪn·tɚ·æk·tɪv·tiːˈviː] *n* televisione *f* interattiva

intercept [ˌɪn·tɚˈsept] *vt* a. MATH intercettare; **to ~ sb** bloccare la strada a qu

interception [ˌɪn·tɚˈsep·ʃən] *n* a. SPORTS (*act of intercepting*) intercettazione *f*

interchange [ˌɪn·tɚˈtʃeɪndʒ] I. *n* ⓵ (*exchange*) interscambio *m*; **~ of ideas** interscambio *m* d'idee ⓶ (*of roads*) svincolo *m* II. *vt* (*exchange: ideas, knowledge*) scambiarsi; COMPUT (*data*) scambiare

interchangeable [ˌɪn·tɚˈtʃeɪn·dʒə·bl] *adj* intercambiabile

intercom [ˈɪn·tɚ·kɑːm] *n* (*on a plane or ship*) interfono *m*; (*in a building*) citofono *m*

intercourse [ˈɪn·tɚ·kɔːrs] *n* **sexual ~** rapporti *mpl* sessuali

interest [ˈɪn·trɪst] I. *n* ⓿ a. FIN (*gener*) interesse *m*; **to take an ~ in sth** interessarsi a qc; **just out of ~** *inf* per curiosità; **to lose ~ in sb/sth** perdere interesse in qu/qc; **this might be of ~ to you** questo potrebbe interessarti; **~ rate** tasso *m* di interesse; **business ~s** interessi *mpl* commerciali; **vested ~s** interessi *mpl* acquisiti ⓶ *pl* (*profit, advantage*) interesse *m*; **a conflict of ~s** un conflitto di interessi; **to pursue one's own ~s** fare i propri interessi; **it's in your own ~ to do it** è nel tuo interesse farlo ⓷ (*legal right*) partecipazione *f*; **to have a controlling ~ in a firm** avere una partecipazione di controllo in un'impresa II. *vt* interessare

interested [ˈɪn·trɪs·tɪd] *adj* interessato, -a; **to be ~ in sth/sb** interessarsi a qc/qu; **the ~ parties** le parti interessate

interesting [ˈɪn·trəs·tɪŋ] *adj* interessante

interfere [ˌɪn·tɚˈfɪr] *vi* ⓵ (*become involved*) immischiarsi; **to ~ between two people** intromettersi fra due persone; **to ~ in sth** intromettersi in qc ⓶ (*disturb*) disturbare ⓷ **to ~ with sth** (*touch*) armeggiare con qc ⓸ RADIO, TECH (*hamper signals*) interferire

interference [ˌɪn·tɚˈfɪ·rəns] *n* ⓵ (*hindrance*) intromissione *f* ⓶ RADIO, TECH interferenza *f* ⓷ SPORTS intervento *m*; (*in American football*) interferenza *f*

interior [ɪnˈtɪ·ri·ɚ] I. *adj* ⓵ (*inner, inside, internal*) interno, -a; (*lighting*) d'interni ⓶ (*central, inland, remote*) dell'interno II. *n* ⓵ (*inside*) interno *m*; **the ~ of the country** l'interno del paese ⓶ POL (*home affairs*) **the U.S. Department of the Interior** il Ministero degli Interni degli Stati Uniti

interior designer *n* arredatore, -trice *m, f* d'interni

intermediate [ˌɪn·tɚˈmiː·di·ət] *adj* intermedio, -a; **~ course** corso *m* intermedio

intermission [ˌɪn·tɚˈmɪ·ʃən] *n* ⓵ inter-

ruzione *m*; **without** ~ senza pausa
🔲CINE, THEAT intervallo *m*

intermittent [ˌɪn·tə·ˈmɪ·tnt] *adj* intermittente

intern [ˈɪn·tɜːrn] *n* tirocinante *mf*; **hospital** ~ medico *m* tirocinante

internal [ɪn·ˈtɜːr·nl] *adj a.* MED interno,
-a; **for** ~ **use only** solo per uso interno;
Internal Revenue Service *Agenzia
delle Entrate del Ministero delle Finanze degli Stati Uniti*

international [ˌɪn·tə·ˈnæʃ·nəl] *adj a.*
LAW internazionale

Internet [ˈɪn·tə·net] *n* COMPUT Internet *f*; **to access the** ~ entrare in Internet

Internet service provider *n* provider *m inv*

internship *n* internato *m*

interpersonal *adj* interpersonale

interplay [ˈɪn·tə·pleɪ] *n* interazione *f*

interpret [ɪn·ˈtɜːr·prət] I.*vt* 🔲(*decode,
construe*) interpretare 🔲(*translate*) tradurre II.*vi* fare da interprete; **to** ~ **from
English into Spanish** tradurre dall'inglese allo spagnolo

interpreter [ɪn·ˈtɜːr·prə·tə] *n a.* MUS,
THEAT interprete *mf*

interrogate [ɪn·ˈte·rə·geɪt] *vt* interrogare

interrogation [ɪn·ˌte·rə·ˈgeɪ·ʃən] *n* 🔲*a.*
COMPUT interrogazione *f* 🔲LAW interrogatorio *m*

interrogative [ˌɪn·tə·ˈrɑː·gə·tɪv] I.*n*
LING (*word*) parola *f* interrogativa; (*sentence*) frase *f* interrogativa II. *adj* LING
interrogativo, -a

interrupt [ˌɪn·tə·ˈrʌpt] *vi, vt* interrompere

interruption [ˌɪn·tə·ˈrʌp·ʃən] *n* interruzione *f*; **without** ~ senza interruzioni

intersection [ˌɪn·tər·ˈsek·ʃən]   *n*
🔲(*crossing of lines*) intersezione *f*
🔲AUTO incrocio *m*

interstate (**highway**) *n* autostrada *f* in-
terstatale

interval [ˈɪn·tə·vl] *n a.* MUS intervallo *m*;
at ~**s of five minutes** a intervalli di
cinque minuti; **at two-inch** ~**s** a inter-

valli di cinque centimetri; **sunny** ~**s**
METEO intervalli soleggiati

intervene [ˌɪn·tə·ˈviːn] *vi* 🔲(*involve
oneself to help*) intervenire; **to** ~ **on
sb's behalf** intervenire a favore di qu
🔲(*meddle unhelpfully*) **to** ~ **in sth** intromettersi in qc

intervening *adj* **in the** ~ **period** nel
frattempo; **in the** ~ **days** nei giorni di
intervallo

intervention [ˌɪn·tə·ˈven·ʃən] *n* intervento *m*; **military** ~ MIL intervento militare

interview [ˈɪn·tə·vjuː] I.*n* (*formal conversation*) intervista *f*; **to have a job** ~
avere un colloquio di lavoro; **to give
an** ~ rilasciare un'intervista II.*vt* intervistare; **to** ~ **sb about sth** intervistare
qu su qc

interviewee [ˌɪn·tə·vjuːˈiː] *n* intervista-
to, -a *m, f*

interviewer [ˈɪn·tə·vjuː·ə] *n* intervista-
tore, -trice *m, f*

intestine [ɪn·ˈtes·tɪn] *n* intestino *m*

intimate [ˈɪn·tə·mət] *adj* 🔲(*gener*) intimo, -a; ~ **relationship** rapporto *m* intimo; **to be on** ~ **terms with sb** essere
intimo, -a di qu 🔲(*very detailed: knowledge*) profondo, -a

intimidate [ɪn·ˈtɪ·mɪ·deɪt] *vt* intimidire

intimidation [ɪn·ˌtɪ·mɪ·ˈdeɪ·ʃən] *n* in-
timidazione *f*

into [ˈɪn·tə] *prep* 🔲(*to the inside of*) in;
(*towards*) verso; **to walk** ~ **a place** entrare in un posto; **to get** ~ **bed** mettersi
a letto; ~ **the future** verso il futuro
🔲(*indicating an extent in time or
space*) **deep** ~ **the forest** nel cuore
della foresta; **to work late** ~ **the
evening** lavorare fino a tarda sera
🔲(*against*) contro; **to drive** ~ **a tree**
andare a sbattere (con la macchina) contro un albero; **to bump** ~ **a friend** imbattersi in un amico 🔲(*to the state or
condition of*) **to burst** ~ **tears** scoppiare in lacrime; **to translate from Italian**
~ **English** tradurre dall'italiano in inglese; **to turn sth** ~ **sth** trasformare qc
in qc 🔲*inf* (*interested in*) **she's really**

~ **her new job** è davvero presa dal suo nuovo lavoro; **I think they are ~ drugs** credo che facciano uso di droga ⊚MATH **two goes ~ ten five times** il due sta nel dieci cinque volte

intolerable [ɪnˈtɑːləˈəˈbl] *adj* intollerabile

intolerant [ɪnˈtɑːləˈənt] *adj* intollerante; **to be ~ of sb** essere intollerante verso qu; **to be ~ of alcohol** MED non sopportare l'alcol

intricate [ˈɪnˈtrɪˈkət] *adj* ⊚(*detailed*) dettagliato, -a ⊚(*complicated: mechanism, problem*) intricato, -a

intrigue I.[ɪnˈtriːɡ] *vt* intrigare; **to be ~d by sth** essere intrigato da qc II.[ˈɪnˈtriːɡ] *n* intrigo *m*

intriguing [ɪnˈtriːɡɪn] *adj* intrigante

introduce [ˌɪnˈtrəˈduːs] *vt* ⊚(*acquaint, present: person, bill, book*) presentare; **may I ~ you to my husband?** posso presentarLe mio marito?; **the director will ~ the film personally** il regista in persona presenterà il film ⊚(*bring in, insert: subject, product, object*) introdurre; **to ~ sb to sth** introdurre qu a qc; **to ~ sth into sth** introdurre qc in qc; **to ~ a product into the market** introdurre un prodotto sul mercato

introduction [ˌɪnˈtrəˈdʌkˈʃən] *n* ⊚(*first acquaintance*) presentazione *f*; **to do the ~s** fare le presentazioni; (*of a bill*) presentazione *f* ⊚*a.* MUS (*first contact, establishment, insertion*) introduzione *f*; **~ into the market** introduzione sul mercato; **an ~ to sailing** un primo contatto con la vela

introductory [ˌɪnˈtrəˈdʌkˈtəˈri] *adj a.* COM introduttivo, -a; **~ remarks** dichiarazioni *fpl* introduttive

intrude [ɪnˈtruːd] *vi* ⊚(*meddle*) immettersi; **to ~ into sth** immischiarsi in qc; **to ~ upon sb's privacy** violare la privacy di qu ⊚(*disturb*) disturbare; **to ~ on sb** disturbare qu

intruder [ɪnˈtruːˈdə] *n* intruso, -a *m, f*

intrusion [ɪnˈtruːˈʒən] *n* ⊚(*encroachment, infringement*) intrusione *f* ⊚(*meddling*) intromissione *f*

intrusive [ɪnˈtruːˈsɪv] *adj* (*noise*) molesto, -a; (*question*) indiscreto, -a; (*person*) invadente

intuition [ˌɪnˈtuːˈɪˈʃən] *n* intuizione *f*

intuitive [ɪnˈtjuːˈɪˈtɪv] *adj* intuitivo, -a

invade [ɪnˈveɪd] *vi, vt* invadere; **to ~ sb's privacy** invadere la privacy di qu

invader [ɪnˈveɪˈdə] *n* invasore, -ditrice *m, f*

invalid[1] [ˈɪnˈvəˈlɪd] *adj, n* invalido, -a *m, f*

invalid[2] [ɪnˈvæˈlɪd] *adj* ⊚LAW (*not legally binding: marriage*) nullo, -a; (*ticket*) non valido, -a; **legally ~** privo, -a di validità legale ⊚(*unsound*) inefficace

invaluable [ɪnˈvælˈjuˈəˈbl] *adj* inestimabile; (*help*) prezioso, -a; **to be ~ to sb** avere un valore inestimabile per qu

invasion [ɪnˈveɪˈʒən] *n* ⊚MIL invasione *f* ⊚(*interference*) violazione *f*; **~ of privacy** violazione della privacy

invent [ɪnˈvent] *vt* inventare

invention [ɪnˈvenˈʃən] *n* ⊚(*gadget, falsehood*) invenzione *f* ⊚(*creativity*) inventiva *f*

inventive [ɪnˈvenˈtɪv] *adj* inventivo, -a

inventor [ɪnˈvenˈtə] *n* inventore, -trice *m, f*

inventory [ˈɪnˈvənˈtɔːri] <-ies> *n* ⊚(*catalog*) inventario *m*; **to draw up an ~** fare l'inventario ⊚(*stock*) scorte *mpl*

invert [ɪnˈvɜːrt] *vt* invertire

invest [ɪnˈvest] *vi, vt* investire; **to ~ in sth** investire in qc; **to ~ time and effort in sth** investire tempo ed energie in qc

investigate [ɪnˈvesˈtɪˈɡeɪt] *vt* indagare su

investigation [ɪnˌvesˈtɪˈɡeɪˈʃən] *n* indagine *f*

investigator [ɪnˈvesˈtɪˈɡeɪˈtə] *n* investigatore, -trice *m, f*

investment [ɪnˈvestˈmənt] I. *n a. fig* investimento *m*; **to be a good ~** essere un buon investimento II. *adj* (*bank, company*) d'investimento

investor [ɪnˈvesˈtə] *n* investitore, -trice *m, f*

invigorating [ɪnˈvɪ·gə·reɪ·t̬ɪŋ] *adj* (*shower, walk*) rigenerante; (*swim*) tonificante

invincible [ɪnˈvɪn·sə·bl] *adj* invincibile

invisible [ɪnˈvɪ·zə·bl] *adj* invisibile

invitation [ˌɪn·vɪˈteɪ·ʃən] *n* invito *m*

invite[1] [ˈɪn·vaɪt] *n inf*invito *m*

invite[2] [ɪnˈvaɪt] *vt* ❶(*gener*) invitare; **to ~ sb for/to sth** invitare qu per/a qc; **to ~ offers** sollecitare offerte ❷(*provoke*) provocare; **to ~ trouble** andare in cerca di guai

inviting [ɪnˈvaɪ·t̬ɪŋ] *adj* invitante

invoice [ˈɪn·vɔɪs] *n* fattura *f*

involuntary [ɪnˈvɑː·lən·te·ri] *adj* involontario, -a

involve [ɪnˈvɑːlv] *vt* ❶(*implicate*) coinvolgere; **to be ~d in sth** essere coinvolto, -a in qc; **to get ~d in sth** immischiarsi in qc ❷(*entail*) implicare; **to ~ great expense** comportare grosse spese

involved [ɪnˈvɑːlvd] *adj* ❶(*implicated*) coinvolto, -a ❷(*complicated*) complicato, -a

inward [ˈɪn·wəd] *adj* ❶(*inner*) interiore ❷(*moving in*) verso l'interno ❸(*in the mind: doubts*) intimo, -a

inwards [ˈɪn·wəds] *adv* verso l'interno

IOU [ˌaɪ·oʊˈjuː] *n inf abbr of* **I owe you** pagherò *m inv*

Iowa [ˈaɪ·ə·wə] *n* Iowa *m*

IQ [ˌaɪˈkjuː] *n abbr of* **intelligence quotient** QI *m*

Iran [ɪˈræn] *n* Iran *m*

Iranian [ɪˈreɪ·ni·ən] *adj, n* iraniano, -a *m, f*

Iraq [ɪˈrɑk] *n* Irak *m*

Iraqi [ɪˈrɑk·i] *adj, n* iracheno, -a *m, f*

Ireland [ˈaɪr·lənd] *n* Irlanda *f*; **Republic of ~** Repubblica *f* di Irlanda; **Northern ~** Irlanda del Nord

Irish [ˈaɪ·rɪʃ] I.*adj* irlandese II.*n* ❶ *pl* (*people*) **the ~** gli irlandesi ❷LING irlandese *m*; **~ Gaelic** gaelico *m* irlandese

Irishman [ˈaɪ·rɪʃ·mən] <-men> *n* irlandese *m*

Irishwoman [ˈaɪ·rɪʃ·wʊ·mən] <-women> *n* irlandese *f*

iron [ˈaɪ·ən] I.*n* ❶(*metal*) ferro *m* ❷(*for pressing clothes*) ferro *m* (da stiro) ❸SPORTS (*golf club*) ferro *m* II.*vt* stirare; *fig* appianare III.*vi* stirare IV.*adj* di ferro; (*discipline*) ferreo, -a

ironic [aɪˈran·ɪk] *adj*, **ironical** [aɪˈran·ɪ·kəl] *adj* ironico, -a

ironing [ˈaɪ·ə·nɪŋ] *n* (*clothes*) roba *f* da stirare; **to do the ~** stirare

ironing board *n* asse *f* da stiro

irony [ˈaɪ·rə·ni] <-ies> *n* ironia *f*

irrational [ɪˈræ·ʃə·nəl] *adj* irrazionale

irregular [ɪˈreg·jə·lə] *adj* irregolare

irrelevance [ɪˈre·lə·vənts] *n*, **irrelevancy** <-ies> *n* irrilevanza *f*

irrelevant [ɪˈre·lə·vənt] *adj* irrilevante; **to be ~ to sth** non essere rilevante per qc

irreparable [ɪˈre·pə·rə·bl] *adj* irreparabile

irreplaceable [ˌɪ·rɪˈpleɪ·sə·bl] *adj* insostituibile

irresistible [ˌɪ·rɪˈzɪs·tə·bl] *adj* irresistibile

irrespective [ˌɪ·rɪˈspek·tɪv] *prep* **~ of** indipendentemente da qc; **~ of sth/sb** a prescindere da qc/qu

irresponsible [ˌɪ·rɪˈspɑːn·sə·bl] *adj* irresponsabile

irreverent [ɪˈre·və·rənt] *adj* irriverente

irreversible [ˌɪ·rɪˈvɜː·sə·bl] *adj* (*movement*) irreversibile; (*decision*) irrevocabile

irrigation [ˌɪ·rɪˈgeɪ·ʃən] *n* AGR, MED irrigazione *f*

irritable [ˈɪ·rɪ·tə·bl] *adj* (*person*) irritabile; (*voice*) irritato, -a

irritate [ˈɪ·rɪ·teɪt] *vt a.* MED irritare

irritation [ˌɪ·rɪˈteɪ·ʃən] *n* irritazione *f*

IRS [ˌaɪ·arˈes] *n abbr of* **Internal Revenue Service** Agenzia *f* delle entrate, *negli Stati Uniti*

is [ɪz] *3rd pers sing of* **to be**

Islam [ɪzˈlɑːm] *n* Islam *m*

Islamic [ɪzˈlɑː·mɪk] *adj* islamico, -a; **~ law** legge *f* islamica

island [ˈaɪ·lənd] *n* isola *f*

islander [ˈaɪ·lən·də] *n* isolano, -a *m, f*

isn't [ˈɪ·znt] = **is not**

isolate ['aɪ·sə·leɪt] *vt* isolare

isolation [ˌaɪ·sə·'leɪ·ʃən] *n* isolamento *m*

Israel ['ɪz·rɪ·əl] *n* Israele *m*

Israeli [ɪz·'reɪ·li] *adj, n* israeliano, -a *m, f*

issue ['ɪ·ʃuː] **I.** *n* ❶ (*problem, topic*) questione *f;* **side ~** questione secondaria; **the point at ~** il punto in discussione; **to make an ~ of sth** fare un caso di qc ❷ PUBL (*copy*) numero *m;* **latest ~** l'ultimo numero *f* **II.** *vt* ❶ (*supply*) distribuire; (*passport, patent*) rilasciare ❷ (*announce*) **to ~ a statement** rilasciare una dichiarazione; (*ultimatum*) lanciare ❸ (*publish*) pubblicare

it [ɪt] **I.** *pron dem* esso, essa (*in many cases 'it' is omitted*)*;* **who was ~?** chi era?; **~'s in my bag** è nella mia borsa; **~ was in Chicago that ...** fu a Chicago che ... **II.** *pron pers* ❶ esso, essa; *direct object:* lo, la; *indirect object:* gli, le (*in many cases 'it' is omitted*)*;* **where is your pencil? ~ 's on my desk** dov'è la tua matita? è sulla mia scrivania; **~ went off badly** è andato a male; **~'s your cat, give ~ something to eat** il gatto è tuo, dagli qualcosa da mangiare; **I'm afraid of ~** mi fa paura ❷ (*time*) **what time is ~?** che ore sono? ❸ (*weather*) **~'s cold** fa freddo; **~'s snowing** nevica ❹ (*distance*) **~'s 5 miles to town from here** la città è a 5 miglia da qui ❺ (*empty subject*) **~ seems that ...** sembra che... ❻ (*passive subject*) **~ is said/hoped that ...** si dice/spera che...

IT [ˌaɪ·'tiː] *n* COMPUT *abbr of* **Information Technology** Informatica *f*

Italian [ɪ·'tæl·jən] **I.** *adj* italiano, -a **II.** *n* ❶ (*person*) italiano, -a *m, f* ❷ LING italiano *m*

italics [ɪ·'tæl·ɪks] *npl* corsivo *m;* **in ~** in corsivo

Italy ['ɪ·tə·li] *n* Italia *f*

itch [ɪtʃ] **I.** *vi* ❶ (*arm, leg*) prudere; (*person*) avere prurito ❷ *fig, inf* **to be ~ing to do sth** morire dalla voglia di fare qc **II.** *n* ❶ prurito *m* ❷ *fig, inf* smania *f*

itchy ['ɪt·ʃi] <-ier, -iest> *adj* che prude; **my arm feels ~** ho prurito al braccio

item ['aɪ·təm] *n* ❶ (*thing*) articolo *m;* **~ of clothing** capo *m* di abbigliamento ❷ (*topic*) argomento *m;* **~ by ~** punto per punto ❸ COM **~ of expenditure** voce *f* di spesa ❹ PUBL notizia *f;* **news ~** notizia *f*

itinerary [aɪ·'tɪ·nə·re·ri] <-ies> *n* itinerario *m*

it'll ['ɪ·tl] = **it will**

its [ɪts] *adj pos* il suo, la sua, i suoi, le sue; **~ color/weight** il suo colore/peso; **~ mountains** le sue montagne; **the cat hurt ~ head** il gatto si è fatto male alla testa

it's [ɪts] ❶ = **it is** ❷ = **it has**

itself [ɪt·'self] *pron* ❶ *reflexive* si; **the cat licks ~** il gatto si lecca; **the government got ~ into trouble** il governo si è cacciato nei pasticci ❷ *emphatic* **the place ~** il posto stesso; **by ~** da solo

IV [ˌaɪ·'viː] <IVs> *abbr of* **intravenous** endovenoso, -a

I've [aɪv] = **I have** *s.* have

IVF [ˌaɪ·viˈef] *n* MED *abbr of* **in vitro fertilization** fecondazione *f* in vitro

ivory ['aɪ·və·ri] *n* avorio *m*

ivy ['aɪ·vi] <-ies> *n* edera *f*

Ivy League *n* UNIV associazione molto esclusiva che comprende colleges e università di altissimo livello e prestigio nel Nord est degli Stati Uniti

J j

J, j [dʒeɪ] *n* J, j *f*; **~ for Jack** J come Jolly

jab [dʒæb] **I.** *n* ① (*with a pin*) puntura *f*; (*with an elbow*) gomitata *f* ② (*in boxing*) jab *m inv* **II.**<-bb-> *vt* **to ~ a needle into sth** conficcare un ago in qc; **to ~ a finger at sth** indicare qc con un dito; **to ~ sb in the eye with sth** colpire qu in un occhio con qc **III.**<-bb-> *vi* **to ~ at sb/sth** (**with sth**) colpire qu/qc (con qc)

jack [dʒæk] *n* ① AUTO cric *m inv* ② (*in cards*) jack *m inv*, fante *m*
  ◆ **jack off** *vi vulg* farsi una sega
  ◆ **jack up** *vt* ① (*object*) sollevare ② *inf* (*prices*) aumentare

jacket ['dʒæ·kɪt] *n* ① (*short coat*) giacca *f* ② (*of a book*) sovraccoperta *f*; (*of a record*) copertina *f*

jacket potato *n* patata *f* al forno (*cotta intera con la buccia*)

jackpot ['dʒæk·pɑːt] *n* ① monte *m* premi
  ▶ **to hit the ~** *inf* avere un colpo di fortuna

jagged ['dʒæ·gɪd] *adj* (*coastline, rocks*) frastagliato, -a; (*cut, tear*) dentellato, -a

jail [dʒeɪl] **I.** *n* carcere *m*, prigione *f*; **to be in ~** (**for sth**) essere in carcere (per qc) **II.** *vt* incarcerare; **she was ~ed for life** è stato condannato al carcere a vita

jam¹ [dʒæm] *n* CULIN marmellata *f*

jam² [dʒæm] **I.** *n* ① *inf* (*awkward situation*) pasticcio *m* ② (*blockage*) **traffic ~** ingorgo *m* stradale; **paper ~** COMPUT inceppamento *m* carta **II.**<-mm-> *vt* (*cause to become stuck*) far inceppare; (*door*) bloccare; **to ~ sth into sth** ficcare qc in qc **III.**<-mm-> *vi* ① (*become stuck*) bloccarsi; (*rifle*) incepparsi ② (*play music*) improvvisare

jam-packed [ˌdʒæm·'pækt] *adj inf* **to be ~** (**with sth**) essere stracolmo, -a (di qc); **the streets were ~ with people** le strade erano piene zeppe di gente

Jane Doe *n* soggetto *m* da identificare

January ['dʒæn·ju·e·ri] <-ies> *n* gennaio *m*; *s.a.* **April**

Japan [dʒə·'pæn] *n* Giappone *m*

Japanese [ˌdʒæ·pə·'niːz] **I.** *adj* giapponese **II.** *n* ① (*person*) giapponese *mf* ② LING giapponese *m*

jar¹ [dʒɑːr] *n* barattolo *m*

jar² [dʒɑːr] **I.**<-rr-> *vt* (*shake*) scuotere **II.**<-rr-> *vi* ① (*cause unpleasant feelings*) **to ~ on sb's nerves** dare ai nervi a qu ② (*make unpleasant sound*) stridere ③ (*clash: colors, design*) stonare

java ['dʒɑ·və] *n inf* caffè *m*

javelin ['dʒæv·lɪn] *n* ① (*spear*) giavellotto *m* ② (*competition*) lancio *m* del giavellotto

jaw [dʒɑː] **I.** *n* ① ANAT mascella *f* ② *pl*, *a. fig* fauci *fpl* ③ *pl* TECH ganasce *fpl* **II.** *vi inf* chiacchierare

jaywalk ['dʒeɪ·wɔk] *vi* attraversare la strada senza prestare attenzione

jaywalker ['dʒeɪ·wɔ·kər] *n* pedone *m* indisciplinato

jazz [dʒæz] *n* jazz *m inv*; **~ band** orchestra *f* jazz; **~ club** locale *m* jazz
  ◆ **jazz up** *vt inf* (*party*) vivacizzare; (*dress*) ravvivare

jealous ['dʒe·ləs] *adj* ① (*envious*) invidioso, -a ② (*of di*) (*of unfaithfulness*) geloso, -a; **a ~ rage** un attacco di gelosia

jealousy ['dʒe·lə·si] <-ies> *n* ① (*possessiveness*) gelosia *f* ② (*envy*) invidia *f*

jeans [dʒiːnz] *npl* jeans *mpl*; **a pair of ~** un paio di jeans

jeep [dʒiːp] *n* jeep *m inv*

jeer [dʒɪr] *vi* dire con tono di scherno; **to ~ at sb** sbeffeggiare qu

jeez [dʒiz] *interj inf* (*expressing surprise*) Gesù; (*expressing annoyance*) Cristo

Jell-O® [ˈdʒel·ou] *n* budino *m* di frutta in gelatina

jelly ['dʒe·li] <-ies> *n* ① (*soft transpar-*

ent substance) gelatina *f* @(*jam*) marmellata *f*

jellyfish<-es> *n* medusa *f*

jeopardy ['dʒe·pə·di] *n* pericolo *m*

jerk [dʒɜːrk] **I.***n* @(*jolt*) scossone *m*; **with a ~** di soprassalto @(*movement*) strattone *m*; **to give sth a ~** dare una strattonata a qc @*pej, inf* (*person*) cretino, -a *m, f* **II.***vi* muoversi a scatti; **to ~ to a halt** fermarsi con un sobbalzo **III.***vt* @(*shake*) scuotere @(*pull*) tirare bruscamente

jerky ['dʒɜːrki] <-ier, -iest> *adj* (*not smooth: ride*) con sobbalzi continui

jersey ['dʒɜːrzi] *n* @(*garment*) maglione *m* @(*sports shirt*) maglietta *f* @(*cloth*) jersey *m inv*

Jesus ['dʒiːzəs] **I.**Gesù **II.***interj inf* Gesù!

jet [dʒet] *n* @(*aircraft*) jet *m inv* @(*stream*) getto *m*

jet engine *n* motore *m* a reazione

jet fighter *n* caccia *f* a reazione

jet lag *n* jet lag *m inv*

jet-propelled *adj* a reazione

jet set *n inf* **the ~** il jet-set

Jet Ski® **I.***n* aquascooter *m inv* **II.***vi* andare in aquascooter

jetty ['dʒe·ti] *n* imbarcadero *m*

Jew [dʒuː] *n* ebreo, -a *m, f*

jewel ['dʒuː·əl] *n a. fig* (*piece of jewelry*) gioiello *m*; (*precious stone*) pietra *f* preziosa

jeweler ['dʒuː·ə·lə], **jeweller** ['dʒuː·ə·lə] *n* gioielliere, -a *m, f*

jewelry ['dʒuː·əl·ri] *n* gioielli *mpl*; **a piece of ~** un gioiello

Jewish ['dʒuː·ɪʃ] *adj* (*person*) ebreo, -a; (*law*) ebraico, -a

jiffy ['dʒɪ·fi] *n inf* **in a ~** in un batter d'occhi

jigsaw puzzle *n* puzzle *m inv*

jingle ['dʒɪŋ·gl] **I.***vt* far tintinnare **II.***vi* tintinnare **III.***n* @(*noise*) tintinnio *m* @(*in advertisements*) jingle *m inv*

job [dʒɑːb] *n* @(*piece of work, employment*) lavoro *m*; **to apply for a ~** fare domanda di lavoro @(*duty*) dovere *m*;

to do one's ~ compiere il proprio dovere; **it's not her ~** non tocca a lei farlo

jobless ['dʒɑːb·lɪs] *adj* disoccupato, -a

jobseeker *n* persona *f* che cerca lavoro

jock [dʒɑːk] *n sl* (*athlete*) atleta *mf*

jockey ['dʒɑː·ki] *n* fantino, -a *m, f*

jockstrap *n* sospensorio *m*

jog [dʒɑːg] **I.***n* @(*run*) corsa *f* lenta; **to go for a ~** andare a fare jogging @(*nudge*) colpetto *m*; **to give sth a ~** dare una gomitata a qc **II.**<-gg-> *vi* fare jogging **III.**<-gg-> *vt* **to ~ sb's memory** rinfrescare la memoria a qu

jogging ['dʒɑː·gɪŋ] *n* jogging *m inv*; **to go** (*out*) ~ andare a fare jogging

john [dʒɑːn] *n inf* (*toilet*) gabinetto *m*

John Doe *n* soggetto *m* da identificare

join [dʒɔɪn] **I.***vt* @(*connect*) unire; **to ~ hands** prendersi per mano @(*come together with sb*) unirsi a; **they'll ~ us after dinner** ci raggiungeranno dopo cena @(*become member of: club, society*) iscriversi a; (*army*) arruolarsi a @(*begin to work with*) unirsi a **II.***vi* @(*unite*) unirsi @(*become member*) iscriversi @**to ~ in sth** partecipare a qc **III.***n* giuntura *f*

joiner ['dʒɔɪ·nə] *n* falegname *m*

joint [dʒɔɪnt] **I.***adj* (*effort, investigation, communiqué*) congiunto, -a; (*account*) cointestato, -a **II.***n* @ANAT articolazione *f* @(*connection*) unione *f* @TECH giuntura *f* @*sl* (*nightclub*) locale *m* @*inf* (*marijuana*) spinello *m*

jointly *adv* congiuntamente

joke [dʒoʊk] **I.***n* @(*amusing story*) barzelletta *f*; (*trick, remark*) scherzo *m*; **to play a ~ on sb** fare uno scherzo a qu @*inf* (*easy thing*) **to be no ~** non essere uno scherzo @*inf* (*ridiculous thing*) cosa *f* ridicola; (*ridiculous person*) zimbello *m*; **what a ~!** questa sì che è bella! **II.***vi* scherzare (*about* su); **you must be joking!** stai scherzando?

joker ['dʒoʊ·kə] *n* @(*one who jokes*) burlone, -a *m, f* @*inf* (*annoying person*) idiota *mf* @(*playing card*) jolly *m inv*

jolly ['dʒɑː·li] <-ier, -iest> *adj* (*happy: tune*) allegro, -a

jolt [dʒəʊlt] I.*n* ①(*sudden jerk*) sobbalzo *m* ②(*shock*) colpo *m* II.*vt* a.fig scuotere III.*vi* (*vehicle*) sobbalzare

jostle ['dʒɑ··sl] I.*vt* spingere II.*vi* (*push*) spintonare

jot [dʒɑːt] <-tt-> *vt* **to ~ sth down** annotare qc

journal ['dʒɜ:r·nəl] *n* ①(*periodical*) rivista *f* (specializzata) ②(*diary*) diario *m*

journalism ['dʒɜ:rn·lɪ·zəm] *n* giornalismo *m*

journalist ['dʒɜ:rn·lɪst] *n* giornalista *mf*

journey ['dʒɜ:r·ni] *n* viaggio *m*

joy [dʒɔɪ] *n* gioia *f*; **to jump for ~** fare salti di gioia

joyful ['dʒɔɪ·fəl] *adj* gioioso, -a

joy ride ['dʒɔɪ·raɪd] *n* giro in un auto rubata

joystick ['dʒɔɪ·stɪk] *n* ①AVIAT cloche *f inv* ②COMPUT joystick *m*

JPEG ['dʒeɪ·ˌpeɡ] *n* COMPUT immagine *f* JPEG

Jr., jr. *abbr of* **Junior** jr.

jubilant ['dʒu:·bɪ·lənt] *adj* giubilante

jubilee ['dʒu:·bɪ·li:] *n* ①(*anniversary*) anniversario *m* ②REL giubileo *m*

judge [dʒʌdʒ] I.*n* ①LAW giudice *mf* ②(*referee*) giudice *mf* di gara; (*in a jury*) membro *m* della giuria; **panel of ~s** giuria *f* II.*vi* a. LAW giudicare III.*vt* ①a. LAW giudicare; (*question*) decidere; (*assess*) valutare; (*consider*) considerare; **to ~ that …** ritenere che… ②(*as a referee*) fare da arbitro in; (*in a jury*) fare da giudice in

judg(e)ment ['dʒʌdʒ·mənt] *n* ①LAW sentenza *f* ②(*opinion*) giudizio *m* ③(*discernment*) (capacità *f* di) giudizio

judgmental [dʒʌdʒ·ˈmen·təl] *adj* sentenzioso, -a

judicial [dʒu:·ˈdɪ·ʃl] *adj* (*system, enquiry*) giudiziario, -a

judiciary [dʒu:·ˈdɪ·ʃie·ri] *n form* **the ~** (*branch of government*) il potere giudiziario; (*judges*) la magistratura

judo ['dʒu:·doʊ] *n* judo *m inv*

jug [dʒʌɡ] *n* (*container*) caraffa *f*; (*small: for milk, cream*) bricco *m*

juggernaut ['dʒʌ·ɡə·nɑːt] *n* mostro *m*

juggle ['dʒʌ·ɡl] I.*vi* giocolare; *fig* giocare II.*vt* giocolare con; *fig* (*do many things at once*) destreggiarsi fra; (*figures*) manipolare

juggler *n* giocoliere, -a *m, f*

juice [dʒu:s] *n* succo *m*

juiced *adj sl* bevuto, -a

juicy ['dʒu:·si] <-ier, -iest> *adj* ①(*fruit, steak*) succoso, -a ②*inf* (*profit*) sostanzioso, -a; (*role*) interessante ③*inf* (*details*) piccante

jukebox ['dʒu:k·bɑːks] *n* jukebox *m inv*

July [dʒu:·ˈlaɪ] *n* luglio *m*; *s.a.* **April**

jumble ['dʒʌm·bl] I.*n* guazzabuglio *m* II.*vt* mescolare

jumbo ['dʒʌm·boʊ] I.*adj* gigante *m* II.*n* *inf*jumbo jet *m inv*

jump [dʒʌmp] I.*vi* ①(*gener*) saltare; **to ~ up and down** saltare su e giù; **to ~ for joy** fare salti di gioia ②(*jerk*) trasalire ③(*increase suddenly*) salire di colpo II.*vt* saltare; (*attack*) saltare addosso a III.*n* ①(*leap*) salto *m* ②(*hurdle*) ostacolo *m*

♦**jump at** *vt* (*an opportunity, an offer*) cogliere al volo

♦**jump in** *vi* saltare dentro

♦**jump up** *vi* scattare in piedi

jumper ['dʒʌm·pə'] *n* (*dress*) maglione *m*

jumper cables *npl* AUTO cavi *mpl* con morsetti

jumpsuit *n* tuta *f* intera

jumpy ['dʒʌm·pi] <-ier, -iest> *adj inf* nervoso, -a

junction ['dʒʌŋ·kʃən] *n* incrocio *m*

June [dʒu:n] *n* giugno *m*; *s.a.* **April**

jungle ['dʒʌŋ·ɡl] *n* a. fig giungla *f*

junior ['dʒu:n·jə'] I.*adj* ①(*younger*) più giovane ②SPORTS juniores ③(*lower in rank*) subalterno, -a; (*partner*) più giovane II.*n* ①(*younger person*) **he is five years my ~** è più giovane di me di cinque anni ②(*low-ranking person*) subalterno, -a *m, f* ③UNIV, SCHOOL negli

J

USA, studente del penultimo anno di scuola super

junior college n negli USA, scuola che offre i primi due anni di un corso di studi universitario

junior high school n negli USA, scuola per studenti dai 12 ai 15 anni

junk [dʒʌŋk] n (*objects of no value*) cianfrusaglie *fpl*

junk food n porcherie *fpl*

junkie ['dʒʌŋ·ki] n ① *sl* (*addict*) tossico, -a *m, f* ② *inf* (*fanatic*) fanatico, -a *m, f*

junk mail n posta *f* spazzatura

Jupiter ['dʒu·pɪ·tər] n Giove *m*

juror ['dʒʊ·rə] n giurato, -a *m, f*

jury ['dʒʊ·ri] n giuria *f*

just [dʒʌst] I. adv ① (*very soon*) subito; **we're ~ about to leave** stiamo per partire ② (*now*) giusto; **to be ~ doing sth** stare giusto facendo qc ③ (*very recently*) appena; **~ after 10 o'clock** subito dopo le 10; **she's ~ turned 15** ha appena compiuto 15 anni ④ (*exactly, equally*) proprio; **~ like that** proprio così; **~ as I expected** proprio come mi aspettavo; **~ now** proprio adesso; **not ~ yet** non ancora ⑤ (*only*) solo; **~ a minute** aspetta un attimo ⑥ (*simply*) soltanto; **~ in case it rains** in caso piovesse

⑦ (*barely*) **~ (about)**, (only) **~** appena; **we** (only) **~ caught the bus** abbiamo fatto appena in tempo a prendere l'autobus; **~ in time** appena in tempo ⑧ (*very*) proprio; **you look ~ wonderful!** sei semplicemente fantastica! ⑨ **~ about** (*nearly*) quasi ⑩ **it's ~ as well that …** tanto vale che… ▶ **~ my luck!** tutte a me! II. adj (*fair*) giusto, -a ▶ **to get one's ~ deserts** avere quel che uno si merita

justice ['dʒʌs·tɪs] n ① giustizia *f* ② (*judge*) giudice *mf*

Justice of the Peace n giudice *mf* di pace

justifiable [ˌdʒʌs·tə·'faɪ·ə·bl] adj giustificabile

justification [ˌdʒʌs·tə·fɪ·'keɪ·ʃən] n giustificazione *f*

justify ['dʒʌs·tɪ·faɪ] vt giustificare; **to ~ oneself** giustificarsi

justly ['dʒʌs·tli] adv giustamente

jut [dʒʌt] <-tt-> vi **to ~ out** sporgere

juvenile ['dʒu:·vən·aɪl] adj ① *form* (*young*) giovanile ② *pej* (*childish*) infantile

juvenile delinquent n delinquente *mf* minorenne

Kk

K, k [keɪ] *n* K, k *f*; ~ **for King** K come
Kursaal

K ① COMPUT *abbr of* **kilobyte** kbyte *m*
② (*thousand*) **$30~** trentamila dollari

kangaroo [ˌkæŋ·gə·ˈruː] <-(s)> *n* can-
guro *m*

kangaroo court *n* tribunale *m* illegale

Kansas [ˈkæn·zəs] *n* Kansas *m*

karate [kə·ˈrɑː·ti] *n* karate *m inv*

kayak [ˈkaɪ·æk] *n* kayak *m*

kebab [kə·ˈbɑb] *n* kebab *m inv*

keel [kiːl] *n* NAUT chiglia *f*

keen [kiːn] *adj* ① (*intent, eager*) entusiasta; (*student*) appassionato, -a (*on*
di); **to be ~ to do sth** avere voglia di
fare qc ② (*perceptive: intelligence*)
acuto, -a; (*ear*) fine; **to have ~ eyesight** avere una vista acuta ③ (*extreme*)
forte; **a ~ interest** un vivo interesse
④ (*shrill, piercing*) penetrante

keep [kiːp] **I.** *n* (*livelihood*) sostentamento *m;* **to earn one's ~** guadagnarsi
da vivere **II.** <kept, kept> *vt* ① (*have:
shop*) avere; (*guesthouse*) gestire; (*animals*) allevare ② (*store: silence, secret*) mantenere; **~ my seat** tienimi il
posto; **~ the change** tenga il resto
③ (*maintain*) tenere; **to ~ sb under observation** tenere qu sotto osservazione;
to ~ one's eyes fixed on sth/sb non
staccare gli occhi da qc/qu; **to ~ sth
going** (*conversation, fire*) mantenere
vivo ④ (*detain*) **to ~ sb waiting** fare aspettare qu; **to ~ sb in prison** tenere qu
in prigione; **he was kept at the hospital** è stato trattenuto in ospedale; **what
kept you?** cosa ti ha trattenuto?
⑤ (*guard*) **to ~ one's temper** mantenere la calma ⑥ (*fulfill*) **to ~ an appointment** rispettare un appuntamento; **to ~
one's word** mantenere la parola (data)
⑦ (*record: diary, accounts*) tenere
⑧ (*person's expenses*) mantenere; **to
earn enough to ~ oneself** guadagnare

abbastanza per mantenersi ▸ **to ~ one's
hand in** non perdere la mano; **to ~
one's balance** mantenersi in equilibrio;
to ~ time tenere il tempo **III.** <kept,
kept> *vi* ① *a. fig* (*stay fresh*) conservarsi ② (*stay*) mantenersi; **to ~ fit** mantenersi in forma; **to ~ silent (about sth)**
mantenere il silenzio (su qc); **to ~ to
the left** tenere la sinistra; **~ quiet!** silenzio!; **~ still!** state fermi! ③ (*continue*)
to ~ going (*person*) andare avanti; (*machine*) continuare a funzionare; **to ~
doing sth** continuare a fare qc; **he ~s
losing his keys** perde sempre le chiavi

◆**keep away I.** *vi* stare alla larga; **~!**
non avvicinarti! **II.** *vt always sep* tenere
lontano; **keep medicines away from
children** tenere i medicinali fuori della
portata dei bambini

◆**keep back I.** *vi* (*stay away*) **to ~
from sth/sb** non avvicinarsi a qc/qu
II. *vt* ① (*hide*) nascondere; **to keep the
truth back from sb** nascondere la verità a qu ② (*retain sth*) **to keep sth back**
trattenere qc; (*slow down*) tenere a
freno qc

◆**keep down** *vt* ① **to keep one's
voice down** non alzare la voce; **to
keep prices down** contenere i prezzi
② (*suppress*) **to keep sb down** reprimere qu ③ (*not vomit*) trattenere

◆**keep in I.** *vt* (*person*) tenere dentro;
(*emotions*) trattenere **II.** *vi* **to ~ with
sb** rimanere in buoni rapporti con qu

◆**keep off** *vi* (*stay off*) tenersi lontano;
'**~**' 'vietato avvicinarsi'; '**~ the grass**'
'vietato calpestare l'erba'

◆**keep on** *vi* ① (*continue*) continuare;
to ~ doing sth continuare a fare qc
② (*pester*) **to ~ about sb/sth** non fare
altro che parlare di qu/qc; **to ~ at sb**
stare sempre addosso a qu

◆**keep out I.** *vi* no entrare; **~!** vietato
l'ingresso!; **to ~ of sth** non intromet-

tersi in qc; **to ~ of trouble** tenersi fuori dai guai II.*vt* to keep sth/sb out (of sth) non far entrare qc/qu (in qc); **to keep the rain out** non far passare la pioggia

◆ **keep up** I.*vt* (*continue*) continuare; **~ the good work!** continua così!; **keep it up!** continua così! II.*vi* ❶(*continue*) continuare; **the rain kept up all night** ha continuato a piovere tutta la notte ❷(*to stay level with*) **~ (with sb/sth)** stare al passo (con qu/qc); **wages are failing to ~ with inflation** i salari non riescono a stare al passo con l'inflazione ❸(*remain informed*) **to ~ with sth** tenersi aggiornato su qc; **to ~ with the times** stare al passo coi tempi

keeper ['kiːpə] *n* ❶(*in charge*) guardiano, -a *m, f;* (*museum*) curatore, -trice *m, f;* (*jail*) guardia *f* ❷sports portiere *m*

keister ['kiːstər] *n sl* (*buttocks*) chiappe *fpl;* (*anus*) culo *m*

kennel ['keˑnl] *n* ❶(*doghouse*) cuccia *f* ❷ *pl* (*boarding*) pensione *f* per cani; (*breeding*) allevamento *m* di cani

Kentucky [kənˈtʌkˑi] *n* Kentucky *m*

kept [kept] *pt, pp of* **keep**

ketchup ['ketʃəp] *n* ketchup *m inv*

kettle ['keˑtl] *n* bollitore *m;* **to put the ~ on** mettere a bollire l'acqua

key [kiː] I.*n* ❶(*gener*) chiave *f;* **the ~ to a mystery** la chiave di un mistero ❷ *a.* comput (*button*) tasto *m;* **to hit a ~** premere un tasto ❸(*list*) legenda *f;* (*exercises*) soluzioni *fpl* ❹mus tonalità *f;* **change of ~** cambio *m* di tonalità; **in the ~ of C major** in (tonalità di) Do maggiore II.*adj* chiave; **a ~ factor/role** un fattore/ruolo chiave

◆ **key in** *vt* comput (*data*) immettere

keyboard ['kiːbɔːrd] *n* tastiera *f*

keyboard instrument *n* strumento *m* a tastiera

keycard *n* keycard *f inv*

keyhole ['kiːˑhoʊl] *n* buco *m* della serratura

keypad ['kiːˑpæd] *n* comput tastiera *f*

key ring *n* portachiavi *m inv*

keystroke *n* battuta *f* di tasto

khaki ['kækˑi] I.*n* (*color*) cachi *m;* (*cloth*) tessuto *m* cachi; **~s** pantaloni *mpl* di tessuto cachi II.*adj* cachi

KIA *adj abbr of* **killed in action** ucciso, -a in azione

kick [kɪk] I.*n* ❶(*of person, horse*) calcio *m;* (*in football*) tiro *m;* (*in swimming*) battuta *f* delle gambe ❷(*exciting feeling*) piacere *m;* **to do sth for ~s** fare qc per divertimento; **to get a ~ out of sth** trarre un immenso piacere da qc II.*vt* ❶dare un calcio a; **to ~ a ball** dare un calcio a una palla; **to ~ oneself** *fig* prendersi a schiaffi da solo ❷(*stop*) smettere; **to ~ a habit** perdere un vizio III.*vi* ❶(*person*) dare un calcio; (*horse*) scalciare; sports tirare un calcio ❷**to be alive and ~ing** *inf* essere vivo e vegeto

◆ **kick about, kick around** *vi inf* (*hang about*) gironzolare; (*thing*) rotolare

◆ **kick off** *vi* (*begin*) cominciare; (*in football*) battere il calcio d'inizio

◆ **kick out** *vt* **to kick sb out** cacciare via con a pedate *inf;* **he was kicked out of the party** lo hanno buttato fuori a calci dalla festa

◆ **kick up** *vt* **to ~ dust** *a. fig* sollevare polvere; **to ~ a fuss/row** piantare un casino

kickoff ['kɪkˑɔf] *n* ❶sports calcio *m* d'inizio ❷ *inf* (*beginning*) inizio *m*

kid [kɪd] I.*n* ❶(*child*) bambino, -a *m, f;* (*young person*) ragazzo, -a *m, f;* **~ brother** fratello *m* piccolo ❷zool (*goat, leather*) capretto *m* II.<-dd-> *vi* scherzare; **just ~ding** stavo scherzando; **no ~ding!** davvero! III.*vt* **to ~ sb** (*about sth*) prendere in giro qu (per qc) IV.*vr* **to ~ oneself that ...** illudersi che...; **stop ~ding yourself!** smettila di illuderti!

kiddie pool *n* piscina *f* gonfiabile per bambini

kidnap ['kɪdˑnæp] I.<-pp-> *vt* rapire II.*n* sequestro *m* di persona

kidnapper ['kɪdˑnæˑpər] *n* sequestratore, -trice *m, f*

kidnapping n sequestro m di persona

kidney ['kɪd·ni] n rene m

kill [kɪl] I. n ❶ (*slaughter*) uccisione f ❷ (*hunting*) preda f II. vi, vt uccidere; (*cause to die*) uccidere; **to ~ oneself** uccidersi; **this will ~ you!** fig questa ti farà morire dalle risate!

◆ **kill off** vt sterminare; (*a disease*) eradicare

killer ['kɪ·lə] n (*sb who kills*) assassino, -a m, f; **to be a ~** (*disease*) fare tante vittime

killer whale n orca f

killing ['kɪ·lɪŋ] n (*of a person*) assassinio m; (*of an animal*) uccisione f ▸ **to make a ~** inf fare una fortuna

kilo ['kiː·loʊ] n chilo m, kilo m

kilobyte ['kɪ·lə·baɪt] n COMPUT kilobyte m inv

kilogram ['kɪ·lə·græm] n kilogrammo m

kilometer [kɪ·'lɑː·mə·t̬ə] n chilometro m, kilometro m

kilt [kɪlt] n kilt m inv

kin [kɪn] n **next of ~** parenti mpl stretti

kind[1] [kaɪnd] adj gentile; **to be ~ to sb** essere gentile con qu; **with ~ regards** (*in a letter*) distinti saluti

kind[2] [kaɪnd] I. n ❶ (*type*) tipo f; **sth of the ~** qualcosa del genere; **he is not that ~** (*of person*) non è quel genere di persona; **what ~ of ...?** che tipo di...?; **all ~s of ...** tutti i tipi di... ❷ (*sth similar to*) specie f; **a ~ of soup** una specie di minestra ❸ (*payment*) **to pay sb in ~** pagare qu in natura II. adv inf **I ~ of like it** in un certo senso mi piace; **he was ~ of sad** era piuttosto triste; **"do you like it?" — "~ of"** "ti piace?" — "abbastanza"

kindergarten ['kɪn·dər·gar·dən] n asilo m infantile

kindhearted [ˌkaɪnd·'har·t̬ɪd] adj di cuore; **he is very ~** è molto generoso

kindly ['kaɪnd·li] I. <-ier, -iest> adj gentile II. adv ❶ (*in a kind manner*) gentilmente ❷ (*please*) **you are ~ requested to leave the building** siete pregati di abbandonare l'edificio ❸ (*fa-*

vorably) **to take ~ to sth** accettare qc di buon grado

kindness ['kaɪnd·nɪs] <-es> n gentilezza f; **to do sb a ~** fare una gentilezza a qu

king [kɪŋ] n ❶ a. GAMES re m ❷ (*in checkers*) dama f

kingdom ['kɪŋ·dəm] n regno m

kingfisher ['kɪŋ·ˌfɪ·ʃə] n martin m pescatore inv

kink [kɪŋk] n (*twist: in a pipe, rope*) attorcigliamento m; (*in hair*) riccio m

kinky ['kɪŋ·ki] <-ier, -iest> adj (*unusual*) bizzarro, -a; (*involving unusual sexual acts*) pervertito, -a

kiosk ['kiː·ɑːsk] n (*stand, pavilion*) chiosco m

kipper ['kɪ·pə] n aringa f affumicata

kiss [kɪs] I. <-es> n bacio m; **~ of life** respirazione f bocca a bocca; **~ of death** fig colpo m di grazia; **to blow sb a ~** mandare un bacio a qu II. vi baciarsi III. vt baciare; **to ~ sb goodnight** dare il bacio della buonanotte a qu

kiss-off ['kɪs·ɑːf] n inf **to give the ~** dare il benservito

kit [kɪt] n ❶ (*set*) attrezzatura f; **first aid ~** cassetta f di pronto soccorso; **sewing ~** kit m per cucire inv; **tool ~** cassetta f degli attrezzi ❷ (*parts to put together*) kit m inv

kitchen ['kɪt·ʃɪn] n cucina f

kitchenette [ˌkɪt·ʃɪ·'net] n (*room*) cucinino m; (*part of room*) angolo m cottura

kitchenware n stoviglie fpl

kite [kaɪt] n ❶ ZOOL nibbio m ❷ (*toy*) aquilone m

kitten ['kɪ·tn] n gattino, -a m, f

kitty ['kɪ·t̬i] <-ies> n ❶ childspeak (*kitten or cat*) micio, -a m, f ❷ (*money*) cassa f comune

klutz [klʌts] n sl imbranato, -a m, f

knack [næk] n abilità f; **to get the ~ of doing sth** prenderci la mano a fare qc

knee [niː] n ❶ ginocchio m; **to be on one's ~s** a. fig essere in ginocchio; **to get down on one's ~s** inginocchiarsi

kneecap ['niː·kæp] n rotula f

kneel [ni:l] <knelt o kneeled, knelt o kneeled> vi inginocchiarsi

kneepad n SPORTS ginocchiera f

knelt [nelt] pt of **kneel**

knew [nu:] pt of **know**

knickers ['nɪ-kəz] npl (panties) mutandine fpl

knickknack ['nɪk-næk] n inf ninnolo m

knife [naɪf] <knives> n coltello m

knight [naɪt] n ① a. HIST (man of high rank) cavaliere m ② (chess figure) cavallo m

knighthood n titolo m di cavaliere; **to give sb a** ~ nominare qu cavaliere

knit [nɪt] I. vi lavorare a maglia; (with a machine) tessere II. vt (wool) fare ai ferri

knitting n ① lavoro f a maglia ② (action of knitting) **she likes** ~ le piace lavorare a maglia

knitwear ['nɪt-wer] n maglieria f

knives n pl of **knife**

knob [nɑːb] n ① (round handle: of a door, a drawer) pomello m; (of switch) manopola f ② (small amount) pezzetto m; (of butter) noce f ③ (lump) zolletta f

knock [nɑːk] I. n (blow, sound) colpo m; **to give a** ~ **at the door** bussare alla porta II. vi (hit) urtare; **to** ~ **at the door** bussare alla porta III. vt ① (hit) colpire; **to** ~ **sb** colpire qu; **to** ~ **a hole in the wall** fare un buco nella parete ② inf (criticize) dare addosso a

◆**knock back** vt inf ① (drink quickly) bere tutto d'un sorso ② (surprise) lasciare di stucco

◆**knock down** vt ① (cause to fall) buttare a terra; (with a car) investire ② (demolish) buttar giù ③ (reduce) abbassare

◆**knock off** I. vt ① (cause to fall off) far cadere ② (reduce) abbassare; **to knock $5 off the price** fare uno sconto di 5 dollari ③ inf (steal) fregare ④ (stop) **to knock it off** smetterla; **knock it off!** smettila! II. vi inf staccare; **to** ~ **work at 3 p.m.** smontare alle tre dal lavoro; **to** ~ **for lunch** fare la pausa pranzo

◆**knock out** vt ① (render unconscious) far perdere i sensi; SPORTS mettere K.O. ② (eliminate) eliminare; **to be knocked out of a competition** essere eliminato da una gara ③ (produce quickly) sfornare ④ inf (astonish) sbalordire; **to knock sb out** lasciare qu di stucco

◆**knock over** vt (person) investire; (object) rovesciare

knockdown adj (very cheap) bassissimo, -a; ~ **price** prezzo m di saldo

knocker ['nɑː-kər] n (on door) battente m

knockoff n FASHION inf oggetto m contraffatto

knockout n ① (competition) gara f a eliminazione diretta ② SPORTS (boxing) K.O. m; **to win sth by a** ~ vincere qc per K.O. ③ inf (person) schianto m

knot [nɑːt] I. n ① a. NAUT nodo m; **to tie/untie a** ~ fare/disfare un nodo ② (small group) capannello m II. <-tt> vt annodare; **to** ~ **sth together** legare qc insieme con un nodo

know [noʊ] I. <knew, known> vt ① (have information) sapere; **to** ~ **a bit of English** sapere un po' di inglese; **to** ~ **how to do sth** saper fare qc; **to** ~ **sth by heart** sapere qc a memoria; **do you** ~ **what I mean?** sai cosa voglio dire?; **you** ~ **what?** inf sai una cosa? ② (be acquainted with) conoscere; **to** ~ **sb by sight/by name** conoscere qu di vista/di nome; **to get to** ~ **sb** cominciare a conoscere qu; **to get to** ~ **each other** cominciare a conoscersi (bene) ③ (recognize) riconoscere; **to** ~ **sb/sth by sth** riconoscere qu/qc da qc; **to** ~ **sb for sth** riconoscere qu per qc II. <knew, known> vi (be informed) sapere; **as far as I** ~ per quanto ne so; **you** ~ (you remember) tu lo sai; (you understand) sai; **I** ~! (said to agree with sb) lo so! ② (be certain) essere sicuro; **there's no** ~**ing** chissà; **one never** ~**s** non si sa mai

know-how n know-how m inv

knowing ['noʊ·ɪŋ] *adj* astuto, -a; (*grin, look, smile*) d'intesa

knowingly *adv* ① (*look, smile*) con complicità ② (*with full awareness*) deliberatamente

know-it-all ['noʊ·ɪt·ɔːl] *n inf* sapientone, -a *m, f*

knowledge ['nɑː·lɪdʒ] *n* ① (*body of learning*) conoscenza *m;* **to have a thorough ~ of sth** conoscere qc a fondo ② (*acquired information*) sapere *m;* **to have (no) ~ about sth/sb** (non) sapere (niente) di qc/qu; **to my ~** che io sappia; **to be common ~** essere di dominio pubblico ③ (*awareness*) conoscenza *m;* **to do sth without sb's ~** fare qc all'insaputa di qu; **to deny all ~ (of sth)** negare di sapere qualsiasi cosa (di qc)

known [noʊn] I. *pp of* **know** II. *adj* (*expert*) riconosciuto, -a; (*criminal*) noto, -a; **to make sth ~** rivelare qc

knuckle ['nʌ·kl] *n* nocca *f* ▶ **to rap sb's ~s** *inf* dare una strigliata a qu

knucklehead *n inf* stupido, -a

Koran [kə·'ræn] *n* **the ~** il Corano

KS *n abbr of* **Kansas** Kansas *f*

KY *n abbr of* **Kentucky** Kentucky *m*

L

L, l [el] *n* L, l *f;* **~ for Love** L come Livorno

l *abbr of* **liter** l.

LA [ˌel·'eɪ] *n* ① *abbr of* **Los Angeles** Los Angeles ② *abbr of* **Louisiana** Louisiana *f*

lab [læb] *n abbr of* **laboratory** laboratorio *m*

label ['leɪ·bəl] I. *n* ① etichetta *f* ② (*brand name*) marca *f* II.<-l- *o* -ll-, -l- *o* -ll-> *vt* ① (*affix label*) mettere l'etichetta su ② (*categorize*) etichettare

labor ['leɪ·bə-] I. *n* ① (*work*) lavoro *m;* **manual ~** lavoro manuale ② ECON (*workers*) manodopera *f;* **skilled ~** manodopera qualificata ③ MED (*childbirth*) travaglio *m;* **to be in ~** avere le doglie II. *vi* ① (*work*) lavorare ② (*do sth with effort*) sforzarsi, faticare; **to ~ over sth** sforzarsi per/in qc ③ (*act at a disadvantage*) **to ~ under a delusion** illudersi

laboratory ['læb·rə·ˌtɔː·ri] <-ies> *n* laboratorio *m*

Labor Day *n* festa *f* del lavoro (*primo lunedì di settembre*)

laborer *n* manovale *mf*

labor force *n* forza *f* lavoro

laborious [lə·'bɔː·ri·əs] *adj* laborioso, -a

labor union *n* sindacato *m*

lace [leɪs] *n* ① (*cloth*) pizzo *m;* (*edging*) merletto *m* ② (*cord*) laccio *m;* **shoe ~s** lacci delle scarpe

♦ lace up *vt* allacciare

lack [læk] I. *n* mancanza *f*, carenza *f;* **~ of funds** mancanza di fondi; **for ~ of ...** per mancanza di... II. *vt* mancare di; **she ~s experience** le manca l'esperienza

lacking ['læ·kɪŋ] *adj* **he is ~ in experience** gli manca l'esperienza

lactose ['læk·toʊs] *n* lattosio *m*

lad [læd] *n inf* ragazzo *m*

ladder ['læ·də-] *n* scala *f* a pioli

laden ['leɪ·dn] *adj* carico, -a (*with* di)

ladies' room *n* bagno *m* delle signore

ladle ['leɪ·dl] *n* mestolo *m;* **soup ~** ramaiolo *m*

lady ['leɪ·di] <-ies> *n* signora *f;* (*aristocratic*) dama *f;* **young ~** signorina *f;* **cleaning ~** donna *f* delle pulizie; **ladies and gentlemen!** signore e signori!

lag [læg] I. *n* (*lapse*) intervallo *m* II.<-gg-> *vi* **to ~ behind sb/sth** essere indietro rispetto a qu/qc

lager ['lɑː·gə-] *n* birra *f* chiara

laid [leɪd] *pt, pp of* **lay**[1]

lain [leɪn] *pp of* **lie**[2]

lake [leɪk] *n* lago *m*

lamb [læm] *n* ⓵(*animal*) agnello *m* ⓶(*meat*) (carne *f* di) agnello *m*

lamb chop *n* costoletta *f* d'agnello

lame [leɪm] *adj* ⓵(*person, horse*) zoppo, -a; **to go ~** azzopparsi ⓶*inf* (*argument, excuse*) debole

lament [ləˈment] I.*n* MUS, LIT lamento *m* II.*vt* lamentare; **to ~ sb** piangere qu III.*vi* **to ~ over sth** lamentarsi di qc

lamentable [ləˈmən·tə·bl] *adj* deplorevole

lamp [læmp] *n* lampada *f*; **bedside ~** lampada *f* da comodino; **street ~** lampione *m*

lamppost [ˈlæmp·poʊst] *n* lampione *m*

lampshade [ˈlæmp·ʃeɪd] *n* paralume *m*

LAN [læn] *n abbr of* **local area network wireless ~** Wireless LAN *f*; **~ party** LAN party *m*

land [lænd] I.*n* ⓵GEO, AGR terra *f*; **on ~** sulla terraferma; **to travel by ~** viaggiare via terra ⓶(*for building*) terreno *m* ⓷*a. fig* (*country*) paese *m* ▶ **to see how the ~ lies** tastare il terreno II.*vi* ⓵(*plane, bird*) atterrare ⓶(*arrive by boat*) sbarcare ⓷(*set down, fall on*) posarsi III.*vt* ⓵(*bring onto land: aircraft*) far atterrare; (*boat*) approdare ⓶(*unload*) sbarcare ⓷(*obtain*) ottenere; (*fish*) prendere; **to ~ a job** beccarsi un impiego ⓸(*cause*) **to ~ sb with a problem** creare un problema a qu; **to ~ sb in trouble** mettere qu nei guai

landfill [ˈlænd·fɪl] *n* interramento *m* di immondizia

landing [ˈlæn·dɪŋ] *n* ⓵AVIAT atterraggio *m*; **to make a ~** compiere un atterraggio ⓶NAUT sbarco *m* ⓷(*on staircase*) pianerottolo *m*

landlady [ˈlænd·ˌleɪ·di] <-ies> *n* padrona *f* di casa

landlocked *adj* senza accesso al mare

landlord *n* padrone *m* di casa

landmark I.*n* ⓵punto *m* di riferimento ⓶(*event*) pietra *f* miliare II.*adj* (*significant: decision, ruling*) decisivo, -a

land mine *n* mina *f* terrestre

landowner *n* proprietario, -a *m, f* terriero, -a

landscape [ˈlænd·skeɪp] *n* ⓵(*scenery, painting*) paesaggio *m*; **urban ~** paesaggio urbano ⓶*fig* panorama *m*; **the political ~** il panorama politico

landscape gardener *n* architetto *m* di giardini

landslide [ˈlænd·slaɪd] *n* ⓵GEO frana *f* ⓶POL vittoria *f* schiacciante; **to win by a ~** vincere in modo schiacciante

lane [leɪn] *n* ⓵(*marked strip*) corsia *f*; **bus/bike ~** corsia degli autobus/ciclabile; **to change ~s** cambiare corsia ⓶(*small road*) vicolo *m* ⓷AVIAT rotta *f* aerea; NAUT rotta *f* marittima

language [ˈlæŋ·gwɪdʒ] *n* ⓵(*system of communication*) linguaggio *m*; **bad ~** parolacce *fpl*; **formal/spoken/written ~** lingua formale/orale/scritta; **legal ~** gergo *m* giuridico ⓶(*of particular community*) lingua *f*; **native ~** madrelingua *f*

lank [læŋk] *adj* (*hair*) piatto, -a

lanky [ˈlæŋ·ki] *adj* allampanato, -a

lantern [ˈlæn·tən] *n* lanterna *f*

lap[1] [læp] *n* grembo *m*

lap[2] [læp] *n* SPORTS giro *m*; **~ of honor** giro d'onore

lap[3] [læp] <-pp-> *vt, vi* (*waves*) lambire; **to ~ against sth** lambire qc
◆ **lap up** *vt* ⓵(*drink*) leccare ⓶*fig, inf* accettare con entusiasmo; **he lapped up the praise** si beò delle lusinghe

lapel [ləˈpel] *n* risvolto *m*

lapse [læps] I.*n* ⓵(*failure*) errore *m*; **~ in judgment** errore di giudizio; **~ of memory** vuoto di memoria ⓶(*period*) intervallo *m* II.*vi* ⓵(*deteriorate*) deteriorarsi ⓶(*end*) terminare; (*contract, subscription*) scadere ⓷(*revert to*) **to ~ into sth** ripiombare in qc; **to ~ into silence** tacere

laptop (**computer**) [ˈlæp·tɑp] *n* (computer *m*) portatile *m*

larch [lɑrtʃ] *n* larice *m*

lard [lɑrd] *n* lardo *m*

larder [ˈlɑr·də] *n* (*pantry*) dispensa *f*

large [lɑːrdʒ] *adj* grande; **a ~ number of people** un gran numero di persone; **a ~ family** una famiglia numerosa ▸ **to be at ~** essere a piede libero; **by and ~** nel complesso

largely ['lɑːrdʒ·li] *adv* in gran parte

large-scale *adj* su grande scala

lark [lɑːrk] *n* (*bird*) allodola *f*

laser ['leɪ·zɚ] *n* laser *m inv*

laser printer *n* stampante *f* laser

lash¹ [læʃ] <-es> *n* (*eyelash*) ciglio *m*

lash² [læʃ] **I.**<-es> *n* ① (*whip*) frusta *f* ② (*stroke of whip*) frustata *f* **II.***vt* ① (*whip*) frustare; (*rain*) sferzare ② (*criticize*) criticare aspramente

◆ **lash out** *vi* **to ~ at sb** attaccare qu

last¹ [læst] **I.** *adj* ① (*final: time, opportunity*) ultimo, -a; **to have the ~ word** avere l'ultima parola ② (*most recent*) scorso, -a; **~ week** la settimana scorsa; **~ night** ieri notte **II.***adv* ① (*at the end*) per ultima cosa; **~ but not least** infine, ma non per questo meno importante ② (*most recently*) l'ultima volta **III.***n* **the ~** to do sth l'ultimo a fare qc; **the ~ of the cake** tutto quello che rimaneva della torta ▸ **at** (**long**) **~** alla fine

last² [læst] *vi, vt* durare; **this coat has ~ed me five years** questo cappotto mi è durato cinque anni

lasting ['læs·tɪŋ] *adj* duraturo, -a

lastly ['læst·li] *adv* infine

last minute *adj* dell'ultimo minuto

last name *n* cognome *m*

latch [lætʃ] <-es> *n* chiavistello *m*

late [leɪt] **I.** *adj* ① (*after appointed time*) in ritardo; **you're ~!** sei in ritardo!; **the train was an hour ~** il treno aveva un'ora di ritardo ② (*after the usual time*) tardivo, -a ③ (*towards end of*) **~ night TV show** programma *m* in tarda serata; **in ~ summer** alla fine dell'estate ④ (*recent: development*) recente; **~est news** ultime notizie *fpl* ⑤ (*deceased*) defunto, -a **II.***adv* ① (*after usual time*) tardi; **too little, too ~** troppo poco, troppo tardi; **to work ~** lavorare fino a tardi ② (*towards*

end of) **~ in the day** a fine giornata; **~ at night** a tarda notte

latecomer ['leɪt·ˌkʌ·mɚ] *n* ritardatario, -a *m, f*

lately ['leɪt·li] *adv* (*recently*) ultimamente, recentemente; **until ~** fino a poco tempo fa

later ['leɪ·tɚ] **I.***adj comp of* **late** successivo, -a; (*version*) più recente **II.***adv comp of* **late** più tardi; **no ~ than nine o'clock** non più tardi delle nove; **~ on** dopo, in seguito; **see you ~!** a dopo!

latest ['leɪ·tɪst] **I.***adj superl of* **late** ultimo, -a; **the ~ ...** il più recente...; **his ~ movie** il suo ultimo film; **at the ~** al più tardi **II.***n* **the ~** le ultime notizie; **have you heard the ~?** la sai l'ultima?

Latin ['læ·tən] **I.***adj* latino, -a **II.***n* ① LING latino *m* ② (*person*) abitante *degli USA di origine latinoamericana*

Latina [ləˈtiː·nə] *n* (*person*) abitante *degli USA di origine latinoamericana*

Latin America *n* America *f* Latina

Latin American *adj, n* latinoamericano, -a *m, f*

Latino [ləˈtiː·tu·ˌɡ] *n* (*person*) abitante *degli USA di origine latinoamericana*

latitude ['læ·tə·tuːd] *n* GEO latitudine *f*

latter ['læ·tɚ] *adj* ① (*second of two*) **the ~** il secondo; **in the ~ half of the year** nella seconda metà dell'anno ② (*near the end*) ultimo, -a

Latter-day Saint *n* mormone

latterly *adv* ultimamente

laugh [læf] **I.***n* ① (*sound*) riso *m*; **to get a ~** far ridere; **to do sth for a ~** [*o* **for ~s**] fare qc per ridere ② *inf* (*activity*) divertimento *m* ③ *inf* (*funny thing*) scherzo *m*; (*sth absurd*) barzelletta *f* **II.***vi* ridere; **to make sb ~** far ridere qu; **don't make me ~!** *inf* non farmi ridere!

laughable ['læ·fə·bl] *adj* ridicolo, -a

laughingstock *n* zimbello *m*

laughter ['læf·tɚ] *n* riso *m*; **to roar with ~** ridere fragorosamente

launch [lɔːntʃ] **I.**<-ches> *n* ① (*boat*) lancia *f* ② (*of a boat*) varo *m* ③ (*of a missile*) lancio *m* ④ (*introduction: of* *exhibition*) inaugurazione *f*; (*of book*) presentazione *f* II. *vt* ① (*set in the water*) varare ② (*set in motion: missile*) lanciare ③ (*introduce: book*) presentare ④ (*start: investigation*) avviare; (*exhibition*) inaugurare

◆**launch into** *vt* lanciarsi in

launching pad *n*, **launch pad** *n* rampa *f* di lancio

laundry [ˈlɔːn·dri] *n* ① (*dirty clothes*) panni *mpl* sporchi; **to do the ~** fare il bucato ② (*washed clothes*) bucato *m* ③ <-ies> (*place*) lavanderia *f*

lavatory [ˈlæ·və·tɔ·ri] <-ies> *n* toilette *f* inv

lavender [ˈlæv·ən·dər] *n* BOT lavanda *f*

lavish [ˈlæv·ɪʃ] *adj* (*banquet, reception*) fastoso, -a; (*party*) splendido, -a; (*praise*) grande

law [lɔː] *n* ① a. PHYS legge *f*; **the ~ of supply and demand** la legge della domanda e dell'offerta; **the first ~ of sth** il principio base di qc ② (*legal system*) diritto *m*; (*body of laws*) legislazione *f*; **to be against the ~** essere illegale

law-abiding *adj* che rispetta la legge

lawful [ˈlɔː·fəl] *adj* (*legal*) legale; (*demands*) legittimo, -a

lawless [ˈlɔː·lɪs] *adj* senza legge; (*country*) anarchico, -a

lawn [lɔːn] *n* prato *m*

lawn mower *n* tosaerba *m* inv

law school *n* facoltà *f* inv di giurisprudenza

lawsuit *n* causa *f*; **to bring a ~ against sb** fare causa a qu

lawyer [ˈlɔː·jər] *n* avvocato *m*

laxative [ˈlæk·sə·ṭɪv] *n* lassativo *m*

lay¹ [leɪ] I. *n* (*situation*) situazione *f*; **the ~ of the land** la configurazione del terreno; *fig* il panorama attuale II. <laid, laid> *vt* ① (*place*) porre; **to ~ sth on/over sth** porre qc su/sopra qc; **to ~ sth flat** stendere qc; **to ~ stress on sth** enfatizzare qc; **to ~ the blame on sb** addossare la colpa a qu ② (*install*) mettere; **to ~ the foundations for sth** a. *fig* gettare le fondamenta di qc ③ (*prepare*) allestire ④ (*egg*) deporre ⑤ *vulg*

(*have sex with*) scopare ⑥ (*state*) presentare; **to ~ sth before sb** mettere qc di fronte a qu; **to ~ a charge against sb** muovere una accusa contro qu; **to ~ claim to sth** reclamare qc

◆**lay aside** *vt* mettere da parte; **to ~ one's differences** mettere da parte le proprie differenze

◆**lay down** *vt* (*put down*) mettere via; (*arms*) deporre; (*life*) sacrificare

◆**lay into** *vt inf* (*assault, criticize*) aggredire

◆**lay off** *vt* (*employee*) lasciare a casa

◆**lay on** *vt* (*provide: food, drink*) offrire

◆**lay out** *vt* ① (*organize*) organizzare ② (*explain*) presentare

lay² [leɪ] *adj* ① (*not professional*) non specializzato, -a ② REL laico, -a

lay³ [leɪ] *pt of* **lie**²

layabout [ˈleɪ·ə·ˌbaʊt] *n inf* fannullone, -a *m, f*

layaway [ˈleɪ·ə·weɪ] *n* **to buy on ~** comprare a rate ottenendo il prodotto solo dopo l'ultimo pagamento

layer [ˈle·ɪər] *n* strato *m*

layered *adj* a strati

layoff [ˈleɪ·ɔf] *n* licenziamento *m* (*per mancanza di lavoro*)

layout [ˈleɪ·aʊt] *n* (*of letter, magazine*) impaginazione *f*; (*of town, building*) pianta *f*

layover [ˈleɪ·oʊ·və·] *n* (*on journey*) sosta *f*; AVIAT scalo *m*

laziness [ˈleɪ·zɪ·nɪs] *n* pigrizia *f*

lazy [ˈleɪ·zi] <-ier, -iest> *adj* (*person*) pigro, -a; (*day*) tranquillo, -a

lb. *abbr of* **pound** libbra *f* (≈ *0,45 kg*)

lead¹ [liːd] I. *n* ① **to be in the ~** essere in testa; **to move into the ~** andare in testa; **to take the ~** assumere il comando ② (*example*) esempio *m*; **to follow sb's ~** seguire l'esempio di qu ③ THEAT ruolo *m* principale ④ (*clue, tip*) pista *f*; **to get a ~ on sth** ricevere un indizio su qc ⑤ (*wire*) cavo *m* ⑥ (*dog leash*) guinzaglio *m* II. <led, led> *vt* ① (*be in charge of*) guidare; (*discussion, inquiry*) condurre ② (*conduct*) condurre, portare; **to ~ the way** fare strada; *fig* indicare la strada ⓔ (*induce*) indurre; **to ~ sb to do sth** portare qu a fare qc; **to ~ sb to believe that ...** far credere a qu che ... ❹ COM, SPORTS (*be ahead of*) essere in vantaggio su ⓔ (*live a particular way: life*) condurre; **to ~ a quiet life** fare una vita tranquilla III.<led, led> *vi* ❶ (*be in charge*) dirigere ❷ (*guide followers*) essere alla guida ❸ (*conduct*) portare; **to ~ to/into sth** *a. fig* portare a qc ❹ (*be ahead*) essere in vantaggio; **to ~ by 2 laps** essere in vantaggio di due giri

◆**lead astray** *vt* fuorviare

◆**lead on** *vt* (*trick, fool*) imbrogliare; (*encourage*) incoraggiare; **she doesn't want to lead him on** non vuole dargli false speranze

lead² [led] *n* ❶ (*metal*) piombo *m* ❷ (*in pencil*) mina *f*

leaded ['le·dəd] *adj* impiombato, -a; **~ fuel** benzina *f* con piombo

leader ['li:·də·] *n* ❶ (*of group*) leader *mf inv* ❷ (*guide*) guida *f*

leadership ['li:·də·ʃɪp] *n* ❶ (*ability to lead*) **~ qualities** doti *fpl* di leader ❷ (*leaders*) direzione *f* ❸ (*guidance*) comando *m;* **to be under sb's ~** essere al comando di qu

lead-free ['led·fri:] *adj* senza piombo

leading ['li:·dɪŋ] *adj* (*main, principle: cause, factor*) primario, -a; (*candidate*) di punta

lead singer *n* cantante *mf* solista

lead story *n* PUBL notizia *f* in prima pagina

leaf [li:f] <leaves> *n* ❶ (*of plant*) foglia *f* ❷ (*piece of paper*) foglio *m* ❸ (*thin layer*) **gold/silver ~** foglia *f* d'oro/d'argento

leaflet ['li:·flɪt] *n* dépliant *m inv*

leafy ['li:·fi] <-ier, -iest> *adj* frondoso, -a

league [li:g] *n a.* SPORTS lega *f;* **to be/to not be in the same ~ as sb/sth** *fig* essere/non essere al livello di qu/qc; **to be out of sb's ~** non essere alla portate di qu ▶ **to be in ~ with sb** essere in combutta con qu

leak [li:k] I. *n* ❶ (*of gas, information*)

fuga *f;* (*of water*) perdita *f;* (*in boat*) falla *f* II. *vi* ❶ (*gas, water*) fuoriuscire; (*hose, bucket, faucet*) perdere; (*tire*) perdere aria ❷ (*information*) trapelare; **news had ~ed out** c'era stata una fuga di notizie III. *vt* (*information*) far trapelare

leaky ['li:·ki] <-ier, -iest> *adj* che perde

lean¹ [li:n] I.<-ed, -ed> *vi* pendere; **to ~ against sth** appoggiarsi a qc II.<-ed, -ed> *vt* appoggiare; **to ~ sth against sth** appoggiare qc a qc

lean² [li:n] *adj* (*thin*) magro, -a

leap [li:p] I.<leaped *o* leaped, leaped *o* leapt> *vi, vt* saltare; **to ~ forward** fare un salto in avanti; **to ~ to sb's defense** lanciarsi in difesa di qu; **his heart ~ed** ebbe un tuffo al cuore II. *n* salto *m;* **to take a ~** fare un salto ▶ **by ~s and bounds** a passi da gigante

◆**leap out** *vi* saltare fuori

leap year *n* anno *m* bisestile

learn [lɜːrn] <learned, learned> *vt, vi* imparare (*to* a); **to ~ that** venire a sapere che; **to ~ from one's mistakes** imparare dai propri errori

learner ['lɜːr·nə·] *n* principiante *mf;* **to be a quick ~** imparare alla svelta

learner's permit *n* foglio *m* rosa

learning ['lɜːr·nɪŋ] *n* ❶ (*acquisition of knowledge*) apprendimento *m* ❷ (*extensive knowledge*) cultura *f*

learning disability *n* <-ies> difficoltà *f inv* di apprendimento

lease [li:s] I. *vt* dare in locazione II. *n* (*act*) locazione *f;* (*contract*) contratto *m* di locazione

leaseholder ['li:s·hoʊl·də·] *n* locatario, -a *m, f*

leash [li:ʃ] *n* guinzaglio *m*

least [li:st] I. *adj* minore II. *adv* meno; **the ~ possible** il meno possibile III. *n* **at (the very) ~** almeno; **not in the ~!** affatto!; **to say the ~** per lo meno

leather ['le·ðə·] *n* cuoio *m*

leathery ['le·ðə·ri] *adj* (*skin*) coriaceo, -a; (*meat*) duro, -a

leave¹ [li:v] I.<left, left> *vt* ❶ (*depart*

L

from) partire da; (*school, work*) lasciare; **to ~ home** uscire di casa ⓔ(*not
take away with*) lasciare; **to ~ sth at
home** lasciare qc a casa; **to ~ a note
(for sb)** lasciare un biglietto (per qu)
ⓔ(*put in a situation*) **to ~ sb alone** lasciare in pace qu; **to be left homeless**
ritrovarsi senza casa; **to ~ sth open** lasciare qc aperto ▸ **to ~ a lot to be desired** lasciare molto a desiderare; **to ~ it
at that** finirla qui II.*vi* <left, left> *vi* andare via III.*n* congedo *m*; **to take
(one's) ~ (of sb)** congedarsi (da qu); **to
take ~ of one's senses** perdere la testa
 ◆**leave behind** *vt* ⓔ(*not take along,
forget*) lasciare ⓔ(*progress beyond*)
lasciarsi dietro
 ◆**leave off** *vt* smettere
 ◆**leave on** *vt* lasciare; (*light*) lasciare
acceso
 ◆**leave out** *vt* ⓔ(*omit*) omettere
ⓔ(*exclude*) escludere
leave[2] [liːv] *n* permesso *m*; **to have sb's
~ (to do sth)** avere il permesso di qu
(per fare qc); **to go/be on ~** MIL an-
dare/essere in licenza
lecture ['lek·tʃə] I.*n* conferenza *f*; UNIV
lezione *f*; **to give sb a ~** *fig* fare la predica a qu II.*vi* (*give a lecture*) tenere
una conferenza; (*teach*) fare lezione
III.*vt fig* (*criticize*) fare la predica a
lecture hall *n* aula *f* universitaria
lecturer ['lek·tʃə·ɚ] *n* conferenziere,
-a *m, f*; UNIV professore, -essa *m, f* universitario, -a
led [led] *pt, pp of* **lead**[1]
ledge [ledʒ] *n* (*shelf*) mensola *f*; (*on
building*) cornicione *m*; (*on cliff*) cen-
gia *f*; **window ~** davanzale *m*
leek [liːk] *n* FOOD porro *m*
left[left] *pt, pp of* **leave**[1]
left [left] I.*n* ⓐ a. POL sinistra *f*; **the ~** la
sinistra; **to turn to the ~** girare a sinistra; **on the ~** a sinistra ⓔ a. POL di sinistra II.*adj* sinistro, -a, di sinistra III.*adv*
a sinistra; **to turn ~** girare a sinistra
left field *n* (*in baseball*) left field *m inv*;
to be out in ~ *fig, sl* essere un tipo particolare

left-hand *adj* sinistro, -a, di/a sinistra;
~ side lato *m* sinistro; **~ turn** curva *f* a
sinistra
left-handed *adj* mancino, -a
leftovers ['left·ˌoʊ·vɚz] *npl* (*food*)
avanzi *mpl*
left-wing *adj* POL di sinistra
lefty *n* mancino, -a *m, f*
leg [leg] *n* ⓔ(*of person, pants*) gamba *f*;
(*of animal, furniture*) zampa *f* ⓔFOOD
(*of lamb, chicken*) coscio *m* ⓔ(*segment of journey*) tappa *f* ▸ **to give sb a
~ up** *inf* dare una mano a qu; **to pull
sb's ~** *inf* prendere in giro qu
legacy ['leg·ə·si] <-ies> *n* lascito *m*; (*inheritance*) retaggio *m*
legal ['liː·gl] *adj* legale
legalize ['liː·gə·laɪz] *vt* legalizzare
legally ['liː·gə·li] *adv* legalmente
legend ['le·dʒənd] *n* leggenda *f*
legendary ['le·dʒən·de·ri] *adj* leggendario, -a
leggings ['le·gɪnz] *npl* fuseaux *mpl*
leggy ['le·gi] <-ier, -iest> *adj* con le
gambe lunghe
legible ['le·dʒə·bl] *adj* leggibile
legit [lə·'dʒɪt] *adj sl* legale
legitimate [lə·'dʒɪ·tə·mət] *adj*
ⓔ(*legal*) legale ⓔ(*reasonable*) valido, -a
legroom ['leg·ruːm] *n* spazio *m* per le
gambe
leisure ['liː·ʒɚ] *n* tempo *m* libero ▸ **at
one's ~** con comodo
leisurely *adj* rilassato, -a
lemon ['le·mən] *n* ⓔ(*fruit*) limone *m*
ⓔ(*color*) giallo *m* limone
lemonade [ˌle·mə·'neɪd] *n* limonata *f*
lemon juice *n* succo *m* di limone
lend [lend] <lent, lent> *vt* ⓔ(*give temporarily*) prestare ⓔ(*impart, provide*)
dare; **to ~ color to sth** avvalorare qc
▸ **to ~ an ear** prestare attenzione; **to ~
a hand to sb** dare una mano a qu
lending ['len·dɪŋ] *n* prestito *m*
length [leŋθ] *n* ⓔ(*measurement*) lunghezza *f*; **it's 3 yards in ~** è lungo 3
iarde ⓔ(*piece: of pipe, rope*) pezzo *m*
ⓔ(*of swimming pool*) vasca *f* ⓔ(*dura-*

tion) durata *f*; **(for) any ~ of time** (per) un periodo qualsiasi; **at ~** finalmente ▶ **to go to great ~s to do sth** darsi un gran daffare per fare qc

lengthen ['leŋ·θən] **I.**vt ①(*in time*) prolungare ②(*physically*) allungare **II.**vi ①(*in time*) prolungarsi ②(*physically*) allungarsi

lengthways ['leŋθ·weɪz] *adv, adj,* **lengthwise** ['leŋθ·waɪz] *adv, adj* per lungo

lengthy ['leŋ·θi] <-ier, -iest> *adj* lungo, -a; (*speech*) prolisso, -a

lenient ['li:·ni·ənt] *adj* ①(*judge*) indulgente; (*punishment*) poco severo, -a

lens [lenz] <-es> *n* ①(*of glasses*) lente *f*; **contact ~es** lenti a contatto ②(*of camera*) obiettivo *m*

lent [lent] *pt, pp of* **lend**

Lent [lent] *n* Quaresima *f*

lentil ['len·tl] *n* lenticchia *f*

Leo ['li:·oʊ] *n* Leone *m*; **I'm (a) ~** sono (del [*o* un]) Leone

leopard ['le·pəd] *n* leopardo *m*

leotard ['li:·ə·tɑːrd] *n* body *m inv*

lesbian ['lez·bi·ən] *n* lesbica *f*

less [les] *comp of* **little** **I.**adj meno; **~ wine/fat** meno vino/grasso **II.**adv meno; **to drink ~** bere meno; **~ than 10** meno di 10 **III.**pron meno; **~ than ...** meno di ...; **~ and ~** sempre meno; **to cost ~ than ...** costare meno di ...

lessen ['le·sn] **I.**vi (*danger*) ridurre; (*fever, pain*) diminuire **II.**vt (*diminish*) diminuire; (*risk, pain*) ridurre

lesser ['le·sə] *adj comp of* **less** minore; **to a ~ extent** in grado minore

lesson ['le·sn] *n a.fig* lezione *f*; **to learn one's ~** imparare la lezione; **to teach sb a ~** dare una lezione a qu

let [let] *vt* <let, let> ①(*allow*) lasciare; **to ~ sb do sth** lasciar fare qc a qu; **to ~ sb know sth** far sapere qc a qu; **~ him be!** lascialo stare! ②(*in suggestions*) **~'s go!** andiamo!; **~'s say ...** diciamo ... ⬩*inf* (*filler while thinking*) **~'s see** vediamo; **~ me think** fammi pensare

⬩**let down** *vt* ①(*disappoint*) deludere

②(*lower*) abbassare; (*hair*) sciogliere; **to let one's hair down** *a. fig* rilassarsi

⬩**let in** *vt* (*person*) far entrare; (*light*) lasciar passare

⬩**let off** *vt* ①(*forgive*) lasciarla passare a; **to be let off with a fine** cavarsela con una multa ②(*fire: gun*) fare fuoco con; (*bomb, firework*) far esplodere

⬩**let on** *vi inf* (*divulge*) **to not ~ about sth** non dire niente di qc

⬩**let out** *vt* (*release*) far uscire; (*prisoner*) mettere in libertà; **to ~ a scream** emettere un grido

⬩**let up** *vi* (*become weaker, stop: rain*) cessare; (*cold*) diminuire; (*fog*) svanire

lethal ['li:·θl] *adj* letale

lethargic [lɪ·'θɑːr·dʒɪk] *adj* ①(*lacking energy*) apatico, -a ②(*drowsy*) insonnolito, -a

letter ['le·tə] *n* (*message, symbol*) lettera *f*; **~ of credit** lettera di credito ▶ **to the ~** alla lettera

letterbox *n* cassetta *f* delle lettere

letterhead *n* (*logo*) intestazione *f*; (*paper*) carta *f* intestata

lettuce ['le·tɪs] *n* insalata *f*, lattuga *f*

leukemia [lu·'ki·mi·ə] *n* leucemia *f*

level ['le·vəl] **I.**adj ①(*horizontal*) orizzontale; (*flat*) piatto, -a; (*spoonful*) raso, -a ②(*having same height*) **to be ~ with sth** essere allo stesso livello di qc ③(*in same position*) **to be ~ with sb/sth** essere alla pari con qu/qc ④(*of same amount*) uguale **II.**adv alla pari **III.**n ①(*position, amount, height*) livello *m*; **above sea ~** sopra il livello del mare; **at ground ~** al pianoterra ②(*position, quality*) livello *m*; **at a higher ~** a un livello più alto; **intermediate ~ students** studenti *mpl* di livello intermedio **IV.**<-l- *o* -ll-> *vt* ①(*smooth, flatten*) livellare, spianare ②(*demolish completely*) radere al suolo ③(*point gun*) **to ~ sth at sb** puntare qc contro qu

⬩**level off** *vi,* **level out** *vi* (*aircraft*) disporsi in assetto orizzontale; (*inflation*) stabilizzarsi

levelheaded *adj* sensato, -a

lever ['le·və] *n* leva *f*

liability [ˌla·ɪə·ˈbɪ·lə·t̬i] n ① FIN, LAW responsabilità f (for di) ② FIN **liabilities** debiti mpl

liable [ˈla·ɪə·bl] adj ① (prone) soggetto, -a; **to be ~ to do sth** tendere a fare qc ② LAW responsabile (for di)

liar [ˈla·ɪər] n bugiardo, -a m, f

libel [ˈla·ɪ·bl] n LAW libello m; PUBL diffamazione f

liberal [ˈlɪ·bə·rəl] I. adj ① (tolerant) a. POL liberale ② (generous, plentiful) generoso, -a ③ (not strict: interpretation) libero, -a II. n liberale mf

liberate [ˈlɪ·bə·reɪt] vt (free) liberare; **to ~ oneself from sth/sb** liberarsi di qc/qu

liberation [ˌlɪ·bə·ˈreɪ·ʃən] n liberazione f

liberty [ˈlɪ·bə·t̬i] n form (freedom) libertà f; **to be at ~ to do sth** avere il diritto di fare qc

Libra [ˈliː·brə] n Bilancia f; **I'm (a) Libra** sono (della [o una]) Bilancia

librarian [laɪ·ˈbre·ri·ən] n bibliotecario, -a m, f

library [ˈlaɪ·bre·ri] n <-ies> (place) biblioteca f

license [ˈlaɪ·sənts] I. n (document) licenza f, permesso m; **driver's ~** patente f di guida II. vt autorizzare

license plate n AUTO targa f

license plate number n AUTO numero m di targa

lick [lɪk] I. n ① (with tongue) leccata f ② (light coating) **a ~ of paint** una mano di tinta II. vt (with tongue) leccare

lid [lɪd] n (for container) tappo m, coperchio m

lie¹ [laɪ] I. <-y-> vi mentire (about su) II. n menzogna f, bugia f; **don't tell ~s!** non mentire!

lie² [laɪ] <lay, lain> vi ① (be lying down: person) giacere, stare disteso; **to ~ on the ground** giacere a terra; **to ~ awake** stare a letto sveglio; **to ~ still** giacere immobile ② (be positioned) trovarsi; **to ~ off the coast** (boat) trovarsi al largo; **to ~ to the east of ...** essere situato a est di ...; **to ~ in ruins** essere

in rovina; **to ~ in wait** stare in attesa ③ to ~ **with sb/sth** (be responsibility of) spettare a qu/qc; (be the reason for sth) essere colpa di qu/qc ④ SPORTS posizionarsi

◆**lie around** vi ① (be somewhere) essere in giro ② (be lazy) bighellonare

◆**lie back** vi appoggiarsi (all'indietro)

◆**lie down** vi ① (act) sdraiarsi ② inf (do nothing) **to take sth lying down** accettare qc senza protestare

lieutenant [luː·ˈte·nənt] n ① MIL tenente m ② (assistant) luogotenente m

life [laɪf] <lives> n ① vita f; **plant ~** vita vegetale; **private ~** vita privata; **to be full of ~** essere pieno di vita; **to lose one's ~** perdere la vita; **to take sb's ~** togliere la vita a qu; **to take one's (own) ~** togliersi la vita ② inf (prison sentence) ergastolo m; **to get ~** essere condannato all'ergastolo ▸ **to be a matter of ~ and death** essere una questione di vita o di morte; **to risk ~ and limb (to do sth)** rischiare la vita (per fare qc); **to live the good ~** fare la bella vita; **~ is hard!** iron, inf che vitaccia!; **for ~** per tutta la vita; **not on your ~!** inf nemmeno per idea!; **that's ~!** così è la vita!

lifeboat n scialuppa f di salvataggio

life expectancy <-ies> n durata f (media) della vita

lifeguard n bagnino, -a m, f

life jacket n giubbotto m di salvataggio

lifeless [ˈlaɪf·ləs] adj ① (dead) senza vita ② fig spento, -a

lifelike [ˈlaɪf·laɪk] adj naturale

lifelong [ˌlaɪf·ˈlɑːŋ] adj che dura tutta la vita

life raft n zattera f di salvataggio

lifestyle n stile m di vita

life-support system n respiratore m artificiale

lifetime n ① (of person) vita f; **in my ~** nella mia vita; **to happen once in a ~** succedere una volta nella vita ② inf (eternity) vita f; **to seem like a ~** sembrare un'eternità

lift [lɪft] I. n ① (upward motion) sollevamento *m;* **to give sth a ~** sollevare qc ② *fig (positive feeling)* **to give sb a ~** tirare un po' su qu ③ *(hoisting device)* montacarichi *m inv* ④ *inf (car ride)* passaggio *m;* **to give sb a ~** dare un passaggio a qu II. *vi* sollevarsi III. *vt* ① *(move upwards)* sollevare, alzare; **to ~ one's eyes** alzare gli occhi; **to ~ one's head** alzare la testa ② *(stop)* togliere; **to ~ restrictions** togliere le restrizioni ③ *(encourage)* **to ~ sb's spirits** sollevare il morale di qu

◆ **lift off** *vi* AVIAT decollare

◆ **lift up** *vt* alzare; **to ~ one's head** alzare la testa; **to ~ one's voice** alzare la voce

liftoff *n* AVIAT, TECH decollo *m*

light [laɪt] I. *n* ③ *a. fig (gener)* luce *f;* **by the ~ of the moon** al chiaro di luna; **first ~** prime luci; **to turn a ~ off/on** spegnere/accendere una luce; **to bring sth to ~** portare qc alla luce; **to cast** [*o* **shed**] **~ on sth** far luce su qc; **to come to ~** venire alla luce, emergere; **to see things in a new ~** vedere le cose sotto una luce diversa; **you are the ~ of my life** sei la luce dei miei occhi ② *(traffic light)* semaforo *m* ③ *(flame)* fuoco *m;* **to catch ~** prendere fuoco; **to set** [*o* **to**] **~ to sth** dare fuoco a qc; **do you have a ~?** hai da accendere? II. *adj* ① *(gener)* leggero, -a; **a ~ touch** un tocco leggero; **a ~ meal** un pasto leggero; **to be a ~ sleeper** avere il sonno leggero ② *(not dark: color)* chiaro, -a; *(room)* luminoso, -a ③ *(not intense: breeze, rain)* lieve III. *adv* **to** __make__ **~ of sth** prendere qc alla leggera IV. *vt* <lit *o* lighted> ① *(illuminate)* illuminare; **to ~ the way** indicare la strada ② *(start burning)* accendere; **to ~ a cigarette** accendere una sigaretta V. *vi* <lit *o* lighted> *(catch fire)* prendere fuoco

◆ **light up** I. *vt* ① illuminare ② *(cigarette)* accendere II. *vi* ① *(become bright)* illuminarsi ② *(become animated)* animarsi; **his face lit up** gli si illuminò il volto ③ *(start smoking)* accen-

dersi una sigaretta [*o* accendersi un sigaro]

lighten ['laɪ·tən] I. *vi* ① *(become brighter)* schiarire ② *(become less heavy)* alleggerirsi; *(mood)* sollevarsi II. *vt* ① *(make less heavy)* alleggerire ② *(bleach, make paler)* schiarire

lighter ['laɪ·tə̩] *n* accendino *m*

lighthearted *adj (carefree)* spensierato, -a; *(happy)* allegro, -a

lighthouse *n* faro *m*

lighting ['laɪ·tɪŋ] *n* illuminazione *f*

lightly ['laɪt·li] *adv* leggermente; **to sleep ~** dormire non profondamente; **to take sth ~** prendere qc alla leggera; **to get off ~** cavarsela con poco

lightning ['laɪt·nɪŋ] *n* lampo *m;* **thunder and ~** tuoni e fulmini

lightweight I. *adj (clothing, material)* leggero, -a II. *n* ① SPORTS peso *m* leggero ② *sl (unimpressive person)* persona *f* da poco

light-year *n* anno *m* luce

likable ['laɪ·kə·bl] *adj* simpatico, -a

like[1] [laɪk] I. *vt* ① *(find good)* **I ~ it** mi piace; **she ~s apples** le piacciono le mele; **I ~ swimming** mi piace nuotare; **I ~ Sarah** Sarah mi piace ② *(desire, wish)* volere; **I would ~ to go to ...** vorrei andare a...; **would you ~ a cup of tea?** vuoi un tè?; **I would ~ a little bit more time** vorrei un po' più di tempo; **I'd ~ to know ...** vorrei sapere...; **I'd ~ a steak** vorrei una bistecca II. *n pl* preferenze *fpl;* **sb's ~s and dislikes** le preferenze di qu

like[2] [laɪk] I. *adj* simile; **to be of ~ mind** pensare allo stesso modo II. *prep* ① **to be ~ sb/sth** essere come qu/qc; **what was it ~?** com'era?; **what does it look ~?** che aspetto ha?; **to work ~ crazy** *inf* lavorare come un mulo ② *sl (say)* **and then she's like...** e allora lei fa... ▶ **~** __anything__ a più non posso III. *conj inf* come se *+conj;* **he speaks ~ he was drunk** parla come se fosse ubriaco IV. *n* ① *(similar things)* **toys, games and the ~** giocattoli, giochi e simili ② *inf* **the ~s of him** gente del

L

genere V.*interj sl* (*as filler*) **I'm ~ kind of tired** sono, beh, un po' stanco

likeable *adj s.* **likable**

likelihood [ˈlaɪk·li·hʊd] *n* probabilità *f*; **there is every ~ that …** è molto probabile che … +*conj*

likely [ˈlaɪk·li] I.<-ier, -iest> *adj* probabile; **it is ~ (that …)** è probabile (che … +*conj*); **to be quite/very ~** essere abbastanza/molto probabile; **not ~!** *inf* neanche per idea! II.*adv* probabilmente; **as ~ as not** probabilmente; **most ~** molto probabilmente

like-minded *adj* con la stessa mentalità

liken [ˈlaɪ·kən] *vt* paragonare; **to ~ sb to sb** paragonare qu a qu

likeness [ˈlaɪk·nɪs] <-es> *n* ① (*similarity*) somiglianza *f* ② (*painting*) ritratto *m*

likewise [ˈlaɪk·waɪz] *adv* allo stesso modo; **to do the ~** fare altrettanto

liking [ˈlaɪ·kɪŋ] *n* predilezione *f*; (*for particular person*) simpatia *f*; **to develop a ~ for sth** prendere gusto a qc; **to develop a ~ for sb** prendere qu in simpatia; **it's too sweet for my ~** è troppo dolce per i miei gusti

lilac [ˈlaɪ·læk] I.*n* ① (*bush*) lillà *m inv* ② (*color*) lilla *m* II.*adj* lilla

lily [ˈlɪl·li] <-ies> *n* giglio *m*

limb [lɪm] *n* ① BOT ramo *m* ② ANAT arto *m*

lime¹ [laɪm] I.*n* ① (*fruit, tree*) limetta *f* ② (*juice*) succo *m* di limetta ③ (*color*) verde *m* acido II.*adj* verde acido

lime² [laɪm] *n* CHEM calce *f*

lime³ [laɪm] *n* (*linden tree*) tiglio *m*

limit [ˈlɪ·mɪt] I.*n* limite *m*; **speed ~** AUTO limite *m* di velocità; **to put a ~ on sth** porre un limite a qc; **to know one's ~s** conoscere i propri limiti; **within ~s** entro certi limiti II.*vt* limitare; **to ~ oneself to sth** limitarsi a qc

limited [ˈlɪ·mɪ·tɪd] *adj* limitato, -a; **to be ~ to sth** arrivare solo a qc

limp¹ [lɪmp] I.*vi* zoppicare II.*n* **to walk with a ~** zoppicare

limp² [lɪmp] *adj* floscio, -a

line¹ [laɪn] <-ning> *vt* rivestire; (*clothes*) foderare

line² [laɪn] I.*n* ① (*gener*) *a.* MAT, TEL linea *f*; **dividing ~** linea divisoria; **to be in a ~** essere allineato; **~s will be open from …** le linee saranno aperte da …; **to be/stay on the ~** essere/restare in linea; **to come out with a new ~** produrre una nuova linea ② (*for waiting*) fila *f*, coda *f*; **to get in ~** mettersi in fila; **to stand/wait in ~** fare la fila ③ (*chronological succession*) serie *f*; **a (long) ~ of disasters/kings** una (lunga) serie di catastrofi/re ④ (*cord*) corda *f*; **clothes ~** corda per il bucato ⑤ COMPUT **on ~** on line; **on/off ~** collegato/scollegato ⑥ (*defense*) fronte *m*, linea *f*; **front ~** linea del fronte ⑦ (*set of tracks*) binari *m inv*; (*train route*) linea *f*; **the end of the ~** il capolinea ⑧ (*of text*) riga *f*; (*of poem*) verso *m*; **to drop sb a ~** *inf* mandare due righe qu ⑨ MUS rigo *m* ⑩ (*comment*) uscita *f*; **to come up with a ~ about sb/sth** uscirsene con un commento su qu/qc ⑪ (*position, attitude*) linea *f*; **~ of reasoning** ragionamento *m*; **the official ~ (on sth)** la posizione ufficiale (su qc) ▸ **somewhere along the ~** a un certo punto; **to cross the ~** superare il limite; **to be in ~ with sb/sth** concordare con qu/qc; **to be out of ~** essere fuori luogo A.<-ning> *vt* ① **to ~ the streets** (*people*) essere lungo le strade; (*trees*) fiancheggiare

◆ **line up** I.*vt* allineare; (*support, customers*) assicurarsi; (*appointment, job*) avere in programma II.*vi* ① (*stand in row*) allinearsi ② (*wait for sth*) fare la fila ③ (*oppose*) **to ~ against sb/sth** schierarsi contro qu/qc

linen [ˈlɪ·nɪn] *n* lino *m*; **bed ~s** biancheria *f* da letto; **table ~s** biancheria *f* da tavola

liner [ˈlaɪ·nɚ] *n* ① (*lining*) fodera *f*; (*garbage bag*) sacchetto *m* della spazzatura ② (*ship*) transatlantico *m*

lingerie [ˌlɑn·ʒəˈreɪ] *n* biancheria *f* intima

linguist ['lɪŋ·gwɪst] *n* linguista *mf*

lining ['laɪ·nɪŋ] *n* ①(*of coat, jacket*) fodera *f;* (*of boiler, pipes*) rivestimento *m* ②ANAT parete *f*

link [lɪŋk] **I.** *n* ①(*in chain*) maglia *f* ②(*connection*) collegamento *m;* **rail** ~ nodo *m* ferroviario ③COMPUT collegamento *m,* link *m inv* **II.** *vt* collegare; **to** ~ **arms** prendersi sottobraccio; **to be ~ed** (**together**) essere legato (assieme)

lion ['la·ɪən] *n* leone *m*

lioness [la·ɪə·'nes] <-sses> *n* leonessa *f*

lip [lɪp] *n* ①ANAT labbro *m* ②(*rim: of cup, jug*) orlo *m*

lip balm *n* crema *f* per le labbra

lip-gloss *n* lucidalabbra *m*

lip service *n inf* **to pay ~ to sth** appoggiare qc soltanto a parole

lipstick *n* rossetto *m*

liqueur [lɪ·'kɜːr] *n* liquore *m*

liquid ['lɪk·wɪd] **I.** *n* liquido *m* **II.** *adj* liquido, -a

liquidize ['lɪk·wɪ·daɪz] *vt* frullare

liquidizer ['lɪk·wɪ·daɪ·zɚ] *n* frullatore *m*

Lisbon ['lɪz·bən] *n* Lisbona *f*

lisp [lɪsp] **I.** *n* pronuncia *f* blesa **II.** *vi* avere la pronuncia blesa

list [lɪst] **I.** *n* lista *f;* **price ~** listino *m* prezzi; **shopping ~** lista della spesa **II.** *vt* ①(*make a list*) fare la lista di ②(*enumerate*) elencare

listen ['lɪ·sən] *vi* ①(*hear*) ascoltare; **to ~ to sth/sb** ascoltare qc/qu; **to ~ to reason** intendere ragioni ②(*pay attention*) stare in ascolto

◆ **listen in** *vi* origliare; **to ~ on sth** origliare qc

listener ['lɪs·nɚ] *n* ascoltatore, -trice *m, f*

lit [lɪt] *pt, pp of* **light**

liter ['liː·t̬ɚ] *n* litro *m*

literacy ['lɪ·t̬ɚ·ə·si] *n* alfabetismo *m*

literal ['lɪ·t̬ɚ·əl] *adj* letterale

literally ['lɪ·t̬ɚ·ə·li] *adv* letteralmente; **to take sth/sb ~** prendere qc/qu alla lettera

literary ['lɪ·t̬ɚ·e·ri] *adj* letterario, -a

literate ['lɪ·t̬ɚ·ət] *adj* ①(*able to read*

and write) **to be ~** saper leggere e scrivere ②(*well-educated*) colto, -a

literature ['lɪ·t̬ɚ·ə·tʃɚ] *n* ①(*novels, poems*) letteratura *f* ②(*promotional material*) materiale *m* illustrativo

Lithuania [ˌlɪ·θu·'eɪ·ni·ə] *n* Lituania *f*

Lithuanian *I.* *n* ①(*person*) lituano, -a *m, f* ②LING lituano *m* **II.** *adj* lituano, -a

litter ['lɪ·t̬ɚ] **I.** *n* ①(*refuse*) immondizia *f* ②ZOOL figliata *f* ③(*bedding for animals*) lettiera *f* **II.** *vt* ①(*make untidy*) sporcare ②*inf* (*scatter*) ricoprire di; **the floor was ~ed with clothes** il pavimento era ricoperto di vestiti

litterbug *n inf:* persona che getta rifiuti per terra

little ['lɪ·t̬l] **I.** *adj* ①(*in size, age*) piccolo, -a; **a ~ old man/woman** un vecchietto/una vecchietta; **the ~ ones** *inf* i bambini; **my ~ brother/sister** il mio fratellino/la mia sorellina ②(*in amount*) poco, -a; **a ~ bit (of sth)** un pochino (di qc); **a ~ something** qualcosina; **~ hope** poche speranze; **~ by ~** poco a poco ③(*in distance, duration*) breve; **a ~ way** poco distante; **for a ~ while** per un po' **II.** *n* poco *m;* **a ~** un poco; **to know ~** sapere poco; **to have ~ to say** aver poco da dire **III.** *adv* poco; **~ less than …** poco meno che …; **~ more than an hour** poco più di un'ora

live[1] [laɪv] **I.** *adj* ①(*living*) vivo, -a ②RADIO, TV in diretta; MUS dal vivo ③ELEC sotto tensione ④(*cartridge*) carico, -a; (*bomb*) inesploso, -a **II.** *adv* RADIO, TV in diretta; MUS dal vivo

live[2] [lɪv] **I.** *vi* vivere; **to ~ above one's means** vivere al di sopra dei propri mezzi; **long ~ the king!** lunga vita al re!; **to ~ off sth/sb** vivere alle spalle di qc/qu; **to ~ on sth** (*eat*) mangiare qc ▶ **to ~ and let ~** vivere e lasciar vivere **II.** *vt* vivere; **to ~ a happy life** avere una vita serena

◆ **live down** *vt* far dimenticare

◆ **live through** *vt* (*experience*) vivere

◆ **live together** *vi* vivere insieme

◆ **live up to** *vt* rispondere a; **to ~ ex-pectations** essere all'altezza delle aspettative

◆ **live with** *vt* ❶ (*share home: couple*) convivere con; (*friends*) abitare con ❷ (*accept*) vivere con

lively ['laɪv·li] *adj* vivace; (*imagination, interest*) vivo, -a

liver ['lɪ·vər] *n* fegato *m*

livid ['lɪ·vɪd] *adj* ❶ (*discolored*) livido, -a ❷ (*furious*) livido, -a di rabbia

living ['lɪ·vɪŋ] **I.** *n* ❶ (*livelihood*) vita *f*; **to work for one's ~** lavorare per vivere; **to make a ~** guadagnarsi da vivere ❷ *pl* (*people*) **the ~** i vivi **II.** *adj* vivo, -a; (*creature*) vivente

living room *n* soggiorno *m*

lizard ['lɪ·zərd] *n* lucertola *f*

llama ['lɑː·mə] *n* lama *m inv*

load [loʊd] **I.** *n* ❶ (*cargo*) carico *m;* **that took a ~ off my mind!** mi sono tolto un peso! ❷ *inf* (*lots*) mucchio *m;* **~s** [*o* **a ~**] **of** ... un mucchio di... **II.** *vt a.* AUTO, PHOT, COMPUT caricare

◆ **load down** *vt a.fig* caricare

loaded ['loʊ·dɪd] *adj* ❶ (*filled*) carico, -a ❷ (*unfair: question*) tendenzioso, -a ❸ *inf* (*rich*) straricco, -a

loaf [loʊf] <**loaves**> *n* pane *m;* **a ~ of bread** una pagnotta

loan [loʊn] **I.** *vt* prestare **II.** *n* prestito *m*

loaves [loʊvz] *n pl of* **loaf**[1]

lobby ['lɑː·bi] **I.**<-ies> *n* ❶ ARCHIT in-gresso *m* ❷ POL gruppo *m* di pressione **II.**<-ie-> *vt* fare pressioni su

lobster ['lɑːbs·tər] *n* aragosta *f*

local ['loʊ·kəl] **I.** *adj* local; (*people*) del posto; (*official, police*) municipale; TEL urbano, -a **II.** *n* (*inhabitant*) abitante *mf* del posto

local call *n* chiamata *f* urbana

local government *n* amministrazione *f* comunale

local time *n* ora *f* locale

locate ['loʊ·keɪt] *vt* ❶ (*find*) localizzare, trovare ❷ (*situate*) trovarsi; **to be ~d near sth** essere situato presso qc

location [loʊ·'keɪ·ʃən] *n* ❶ (*place*) po-sizione *f,* luogo *m* ❷ CINE esterni *mpl;* **to film sth on ~** girare qc in esterni

loch [lɑːk] *n Scottish* (*lake*) lago *m*

lock[1] [lɑːk] *n* (*of hair*) ricciolo *m*

lock[2] [lɑːk] **I.** *n* ❶ (*fastening device*) ser-ratura *f* ❷ (*on canal*) chiusa *f* ❸ (*in wrestling*) chiave *f* **II.** *vt* ❶ (*fasten with lock*) chiudere a chiave; (*confine safely: thing*) tenere sotto chiave; (*person*) rin-chiudere ❷ (*make immovable*) bloccare **III.** *vi* chiudersi (a chiave)

◆ **lock away** *vt* (*jewels, document*) tenere sotto chiave; (*person*) rinchiu-dere

◆ **lock out** *vt* **to lock oneself out** chiu-dersi fuori

◆ **lock up** *vt* (*jewels, document*) tenere sotto chiave; (*person*) rinchiudere

locker ['lɑː·kər] *n* ❶ (*at train station*) (ar-madietto *m* per) deposito *m* bagagli; (*at school*) armadietto *m*

locker room *n* spogliatoio *m*

lodge [lɑːdʒ] **I.** *vi* ❶ (*stay in rented room*) alloggiare ❷ (*become fixed*) in-castrarsi **II.** *vt* (*register officially: com-plaint*) presentare **III.** *n* ❶ (*for hunters*) padiglione *m* di caccia; **ski ~** rifugio (*m* per sciatori) ❷ (*gatekeeper's house*) casa *f* del custode

lodger ['lɑː·dʒər] *n persona cui si affitta una camera;* **to take in ~s** affittare ca-mere

lodging ['lɑː·dʒɪŋ] *n* ❶ (*accomoda-tions*) alloggio *m* ❷ *pl* (*room to rent*) camera *f* in affitto

loft [lɑːft] *n* ❶ (*space under roof*) so-laio *m;* **hay ~** fienile *m* ❷ (*upstairs liv-ing space*) mansarda *f*

log[1] [lɑːg] *n* ❶ (*tree trunk*) tronco *m* ❷ (*firewood*) ciocco *m*

log[2] [lɑːg] **I.** *n* registro *m;* **ship's ~** dia-rio *m* di bordo **II.** *vt* ❶ (*record*) anno-tare ❷ (*achieve, attain*) raggiungere

◆ **log in** *vi* COMPUT entrare nel sistema

◆ **log off** *vi* COMPUT uscire dal sistema

◆ **log on** *vi s.* **log in**

◆ **log out** *vi s.* **log off**

logic ['lɑː·dʒɪk] *n* logica *f*

logical ['lɑː·dʒɪ·kl] *adj* logico, -a

logo ['loʊ·goʊ] *n* logo *m inv*

loin [lɔɪn] *n* ❶ *pl* (*body area*) reni *fpl* ❷ FOOD lombata *f*

loiter ['lɔɪ·t̬ə] *vi* ❶ (*linger*) attardarsi ❷ *a.* LAW vagabondare

loll [lɑːl] *vi* to ~ (*about*) ciondolare

lollipop ['lɑː·li·pɑːp] *n* lecca lecca *m inv*

London ['lʌn·dən] *n* Londra *m*

lone [loʊn] *adj* solitario, -a

loneliness ['loʊn·li·nɪs] *n* solitudine *f*

lonely ['loʊn·li] <-ier, -iest> *adj* (*person*) solo, -a; (*life, place*) solitario, -a

loner ['loʊ·nə] *n* solitario *m, f*

long[1] [lɔːŋ] I. *adj* (*distance, time, shape*) lungo, -a; **to have a ~ way to go** aver molta strada da fare; **it's been a ~ time since …** è molto che … II. *adv* ❶ (*a long time*) molto (tempo); ~ **after/before** molto dopo/prima; ~ **ago** molto tempo fa ❷ (*for the whole duration*) **all day** ~ tutto il giorno; **as ~ as I live** finché vivo; **so ~ as** finché ❸ *in comparisons* **as ~ as** lungo quanto ▶ **so** ~ *inf* ciao!

long[2] [lɔːŋ] *vi* **to ~ for sb** desiderare qu; **to ~ for sth** aver voglia di qc

long-distance *adj* (*flight*) lungo, -a; (*race, runner*) di fondo; (*negotiations, relationship*) a distanza; ~ **call** chiamata *f* interurbana, chiamata *f* internazionale

longing ['lɔːŋ·ɪŋ] *n* ❶ (*nostalgia*) nostalgia *f* (*for* di) ❷ (*strong desire*) desiderio *m* ardente

longitude ['lɑːn·dʒə·tuːd] *n* longitudine *f*

long jump *n* salto *m* in lungo

long-lived *adj* ❶ (*person*) longevo, -a ❷ (*feud*) annoso, -a

long-lost *adj* (*friend*) perso, -a di vista da molto tempo; (*object*) perso, -a da molto tempo

long-range *adj* (*missile*) a lungo raggio; (*aircraft*) transcontinentale

long-sighted *adj* ❶ (*far-sighted*) presbite ❷ (*having foresight*) lungimirante

long-standing *adj* di lunga data

long-suffering *adj* paziente

long-term *adj* a lungo termine

long wave *n* onda *f* lunga

long-winded *adj* prolisso, -a

look [lʊk] I. *n* ❶ (*act of looking, examination*) sguardo *m*, occhiata *f*; **to take** [*o* **have**] **a ~ at sth** dare un'occhiata a qc ❷ (*appearance*) aspetto *m*; **good ~s** bellezza *f* ❸ (*style*) look *m inv* II. *vi* ❶ (*use sight*) guardare; **to ~ at sth/sb** guardare qc/qu; **to ~ at a book** dare un'occhiata a un libro; **to ~ out (of) the window** guardare dalla finestra; **oh, ~!** guarda!; ~ **here** ehi tu! ❷ (*search*) cercare; **to ~ for sth/sb** cercare qc/qu ❸ (*appear, seem*) sembrare; **to ~ like sb/sth** sembrare qu/qc; **to ~ bad/ good** avere/non avere un bell'aspetto; **to ~ tired** avere l'aria stanca; **to ~ as if …** sembrare che … +*conj* ❹ (*face*) dare; **to ~ north** essere esposto a nord ▶ **to ~ sb in the eye** guardare qc negli occhi; **to ~ one's age** dimostrare la propria età; **to ~ the other way** voltarsi dall'altra parte

◆ **look after** *vi* occuparsi di

◆ **look ahead** *vi* guardare in avanti

◆ **look around** I. *vi* ❶ (*look behind oneself*) voltarsi ❷ (*look in all directions*) guardarsi intorno ❸ (*search*) **to ~ for** cercare II. *vt* (*inspect*) ispezionare

◆ **look away** *vi* volgere lo sguardo

◆ **look back** *vi* ❶ (*look behind oneself*) guardarsi indietro ❷ (*remember*) ricordare

◆ **look down** *vi* (*feel superior*) **to ~ on sth/sb** disprezzare qc/qu

◆ **look for** *vt* ❶ (*search for*) cercare ❷ (*expect*) sperare

◆ **look forward** *vi* **to ~ to sth** aspettare impazientemente qc; **to ~ to doing sth** non vedere l'ora di fare qc

◆ **look in** *vi* **to ~ on sb** passare da qu

◆ **look into** *vi* esaminare

◆ **look on** *vi* (*watch*) guardare

◆ **look out** *vi* ❶ (*face a particular direction*) **to ~ on** (*window*) dare su ❷ (*watch out*) fare attenzione; ~! attento!; **to ~ for** fare attenzione a; (*look for*) cercare

◆ **look over** *vt* ❶ (*report*) rivedere;

L

(*house*) ispezionare

◆**look through** *vt* ❶(*examine*) rivedere ❷(*peruse*) **to ~ sth** dare un'occhiata a qc

◆**look up** I.*vt* ❶(*consult*) cercare ❷(*visit*) andare a trovare II.*vi* ❶**to ~ sb** *fig* ammirare qu ❷(*improve*) migliorare; **things are looking up!** le cose vanno meglio!

look-alike ['lʊk-ə-laɪk] *n* (*person*) sosia *mf*; (*thing*) imitazione *f*

lookout ['lʊk·aʊt] *n* ❶(*observation post*) posto *m* di osservazione ❷(*person*) vedetta *mf*; **to be on the ~** stare all'erta ❸(*concern*) problema *m*; **that's his/your ~** è un problema suo/tuo

loony ['luː·ni] *sl* I.<-ier, -iest> *adj* strambo, -a II.<-ies> *n* matto, -a *m, f*

loop [luːp] I.*n* ❶(*bend*) curva *f*; (*of string*) cappio *f*; (*of river*) ansa *f* ❷ELEC circuito *m* chiuso ❸COMPUT ciclo *m* ▸ **to throw sb for a ~** *inf* lasciare qu di sale II.*vi* serpeggiare III.*vt* legare con un laccio; **to ~ sth around ...** passare qc intorno a... ▸ **to ~ the loop** AVIAT effettuare una gran volta

loophole ['luːp·hoʊl] *n* *fig* scappatoia *f*

loose [luːs] I.*adj* ❶(*not tight: clothing*) comodo, -a; (*knot, rope, screw*) non ben stretto, -a; (*skin*) flaccido, -a ❷(*not confined*) libero, -a; **~ change** spiccioli *mpl* ❸(*not exact: translation*) libero, -a ❹(*not strict or controlled: discipline*) non rigoroso, -a; **~ tongue** bocca *f* larga II.*n* **to be on the ~** essere a piede libero

loose cannon *n* *sl* mina *f* vagante

loosely ['luːs·li] *adv* ❶(*not tightly*) senza stringere ❷(*not exactly: translate*) liberamente, -a; (*speak*) genericamente ❸(*not strictly: organized*) non rigidamente

loosen ['luː·sn] *vt* (*belt*) allentare; (*tongue*) sciogliere

loot [luːt] I.*n* ❶(*plunder*) bottino *m* ❷*inf* (*money*) grana *f* II.*vi, vt* saccheggiare

lope [loʊp] *vi* (*person, animal*) procedere a grandi falcate

lopsided [ˌlɑːp·ˈsaɪ·dɪd] *adj* (*leaning to one side*) storto, -a

lord [lɔːrd] *n* signore *m*

lose [luːz] <lost, lost> *vt* perdere; **to get lost** (*person*) perdersi; (*object*) andare smarrito

loser ['luː·zə] *n* perdente *mf*

loss [lɔːs] <-es> *n* perdita *f*; **to be at a ~** essere spiazzato, -a; **to be at a ~ for words** non avere parole

loss-making *adj* in perdita

lost [lɔːst] I.*pt, pp of* **lose** II.*adj* ❶perduto, -a; (*object*) smarrito, -a; **to get ~** perdersi ❷(*preoccupied*) perplesso, -a

lost and found *n* ufficio *m* oggetti smarriti

lot [lɑːt] *n* ❶(*plot of land, in auction*) lotto *m* ❷*inf* (*large quantity*) **a ~ of, lots of** un sacco di; **a ~ of wine** molto vino; **~ s of houses** molte case; **I like it a ~** mi piace molto; **the whole ~** tutto

lotion ['loʊ·ʃən] *n* lozione *f*

lottery ['lɑː·tə·ɹi] <-ies> *n* lotteria *f*

loud [laʊd] I.*adj* ❶(*voice*) alto, -a; (*shout*) forte ❷(*noisy*) rumoroso, -a ❸(*vigorous: complaint*) energico, -a ❹*fig* (*color*) vistoso, -a II.*adv* forte; **to laugh out ~** ridere a crepapelle

loudspeaker [ˌlaʊd·ˈspiː·kə] *n* altoparlante *m*

Louisiana [luˌ·iˌ·ziˈæn·ə] *n* Louisiana *f*

lounge [laʊndʒ] I.*n* ❶(*room*) sala *f* ❷(*bar*) bar *m inv* II.*vi* ❶(*recline*) appoggiarsi all'indietro ❷(*be idle*) oziare

lousy ['laʊ·zi] <-ier, -iest> *adj* *inf* ❶(*of poor quality*) schifoso, -a; **to feel ~** stare male ❷(*nasty*) brutto, -a

lout [laʊt] *n* teppistello *m*

lovable ['lʌv·ə·bəl] *adj* adorabile

love [lʌv] I.*vt* amare; (*friend*) voler bene a; **I ~ swimming** adoro nuotare II.*n* ❶(*affection*) amore *m*; **to be in ~ (with sb)** essere innamorato (di qu); **to fall in ~ (with sb)** innamorarsi (di qu); **to make ~ to sb** fare l'amore con qu ❷*inf* (*darling*) tesoro *m* ❸(*in tennis*) zero *m*

love affair *n* storia *f* d'amore

love-hate relationship *n* rapporto *m* d'amore e odio

lovely ['lʌv·li] <-ier, -iest> *adj* (*house,*

present, weather) bello, -a; (*person*) carino, -a; **to have a ~ time** divertirsi

lover ['lʌ·vɚ] *n* amante *mf*

lovesick ['lʌv·sɪk] *adj* pazzo, -a d'amore

loving ['lʌv·vɪŋ] *adj* affettuoso, -a

low [loʊ] I.*adj* ①(*not high, not loud*) basso, -a; **to be ~ on gas** aver poca benzina; **to cook sth on ~ heat** cuocere qc a fuoco lento ②(*poor: opinion, quality*) cattivo, -a; (*self-esteem, visibility*) scarso, -a II.*adv* basso, -a; **to feel ~** essere giù; **the batteries are running ~** le batterie si stanno scaricando III.*n* ①METEO zona *f* di bassa pressione ②(*minimum*) minimo *m*

low-cal *adj,* **low-calorie** *adj* a basso contenuto calorico

low-cut *adj* scollato, -a

lowdown *n inf* **to give sb the ~ on sth** aggiornare qu. su qc

low-down *adj inf* vile; **a ~ trick** un tiro mancino

lower ['loʊ·ɚ] I.*vt* abbassare; (*flag, sails*) ammainare; (*lifeboat*) calare; **to ~ one's eyes** abbassare lo sguardo II.*adj* inferiore

lower-case *adj* minuscolo, -a

low-key *adj* (*affair*) discreto, -a; (*debate, discussion*) contenuto, -a

low-pitched *adj* (*voice*) grave

low pressure *n* bassa pressione *f*

low profile *n* **to keep a ~** non mettersi in vista

low season *n* bassa stagione *f*

low tide *n,* **low water** *n* bassamarea *f*

loyal ['lɔɪ·əl] *adj* leale; **to remain ~ to sb/sth** rimanere fedele a qu/qc

loyalty ['lɔɪ·əl·ti] <-ies> *n* lealtà *f*

loyalty card *n* carta *f* (di) fedeltà

Ltd. ['lɪm·ɪ·t̮ɪd] *abbr of* **Limited** S.r.l.

luck [lʌk] *n* fortuna *f;* (*chance*) sorte *f;* **good/bad ~** fortuna/sfortuna; **a stroke of ~** un colpo di fortuna; **to wish sb (good) ~** augurare buona fortuna a qu; **with any ~** con un po' di fortuna; **to be down on one's ~** attraversare un periodo sfortunato

lucky ['lʌk·ki] <-ier, -iest> *adj* fortunato,

-a; **to make a ~ guess** indovinare; **~ number** numero *m* portafortuna

luggage ['lʌ·gɪdʒ] *n* bagaglio *m*

luggage rack *n* portabagagli *m inv*

lukewarm [ˌluːk·ˈwɔːrm] *adj a.fig* tiepido, -a

lullaby ['lʌ·lə·baɪ] <-ies> *n* ninnananna *f*

lumber[1] ['lʌm·bɚ] *vi* avanzare pesantemente

lumber[2] ['lʌm·bɚ] *n* legname *m*

luminous ['luː·mə·nəs] *adj* luminoso, -a

lump [lʌmp] I.*n* ①(*solid mass*) massa *f;* (*of sauce*) grumo *m;* (*of coal*) pezzo *m;* (*of sugar*) zolletta *f;* **~ sum** cifra *f* forfettaria ②(*swelling: in breast*) nodulo *m;* (*on head*) bozzo *m* ▸ **to have a ~ in one's throat** avere un nodo alla gola II.*vt* <to ~ (together)> raggruppare

lumpy ['lʌm·pi] <-ier, -iest> *adj* (*custard, sauce*) grumoso, -a; (*surface*) non uniforme

lunacy ['luː·nə·si] *n* pazzia *f*

lunatic ['luː·nə·t̮ɪk] *n* pazzo, -a *m, f*

lunch [lʌntʃ] *n* pranzo *m;* **to have ~** pranzare ▸ **to be out to ~** *inf* essere fuori di testa

luncheon meat *n* carne *f* in scatola

lunch hour *n* pausa *f* pranzo

lunchtime I.*n* ora *f* di pranzo II.*adj* (*concert*) di mezzogiorno

lung [lʌŋ] *n* polmone *m*

lurch [lɜːrtʃ] I.*vi* (*people*) barcollare; (*car, train*) sbandare II.<-es> *n* sobbalzo *m* ▸ **to leave sb in the ~** *inf* lasciare qu nelle peste

lure [lʊr] I.*n* ①(*attraction*) fascino *m* ②(*bait*) esca *f;* (*decoy*) richiamo *m* II.*vt* attirare

lurk [lɜːrk] *vi* nascondersi

lust [lʌst] *n* ①(*sexual desire*) lussuria *f* ②(*strong desire*) brama *f* (*di* for)

Luxembourg ['lʌk·səm·bɜːrg] *n* Lussemburgo *m*

luxury ['lʌk·ʃɚ·i] <-ies> *n* lusso *m*

lying ['laɪ·ɪŋ] *adj* bugiardo, -a

lyric ['lɪ·rɪk] *n* ①(*poem*) lirica *f* ②*pl* (*words for song*) testo *m* (di canzone)

L

Mm

M, m [em] *n* M, m *f;* **~ for Mary** M come Milano

m ① *abbr of* **mile** miglio *m* ② *abbr of* **million** milione *m* ③ *abbr of* **minutes** min ④ *abbr of* **meter** m ⑤ *abbr of* **married** coniugato, -a

M *n* ① *abbr of* **male** M ② *abbr of* **medium** M

MA [ˌem·'eɪ] *n* ① *abbr of* **Master of Arts** laurea *f* (*in discipline umanistiche*)*;* **he has an ~ in linguistics** è laureato in linguistica; **Louie Sanders, MA** Dott. Louie Sanders ② *abbr of* **Massachusetts** Massachusetts

ma [mɑː] *n inf* mamma *f*

ma'am [mæm] = **madam** (*form of address*) signora *f*

Mac [mæk] *n* COMPUT *abbr of* **Macintosh** Mac(intosh) *m*

macaroni [ˌmæ·kə·'rou·ni] *n* maccheroni *mpl*

macaroni and cheese *n* maccheroni *mpl* al formaggio

machine [mə·'ʃiːn] *n* ① (*mechanical device*) macchina *f* ② (*system*) apparato *m*

machinery [mə·'ʃiː·nə·ri] *n* ① (*machines*) macchinari *mpl,* macchine *fpl* ② (*organization*) macchina *f* ③ (*mechanism*) ingranaggi *mpl*

machine-wash *vt* lavare in lavatrice

mackerel ['mæ·krəl] <-(s)> *n* sgombro *m*

macroeconomics [ˌmæ·krou·e·kə·'nɑː·mɪks] *n* macroeconomia *f*

mad [mæd] *adj* ① (*upset*) arrabbiato, -a ② (*frantic*) frenetico, -a ③ (*insane*) pazzo, -a, matto, -a; **to go ~** impazzire, diventare matto; **to drive sb ~** fare impazzire qu ④ (*enthusiastic*) **to be ~ about sb** essere pazzo di qc; **she's ~ about chocolate** va pazza per il cioccolato

madam ['mæ·dəm] *n* signora *f*

mad cow disease *n* (morbo *m* della) mucca pazza *f*

maddening *adj* esasperante

made [meɪd] *pp, pt of* **make**

made-up ['meɪd·ʌp] *adj* ① (*wearing make-up*) truccato, -a ② (*invented*) inventato, -a

madhouse ['mæd·haʊs] *n inf* manicomio *m*

madly ['mæd·li] *adv* ① (*frantically*) furiosamente ② (*intensely*) terribilmente

madman ['mæd·mən] <-men> *n* pazzo *m*

madness ['mæd·nɪs] *n* pazzia *f,* follia *f*

madwoman ['mæd·ˌwʊm·ən] <-women> *n* pazza *f*

mag [mæg] *n inf abbr of* **magazine** rivista *f*

magazine ['mæ·gə·ziːn] *n* ① (*periodical publication*) rivista *f* ② MIL (*of gun*) caricatore *m*

magic ['mæ·dʒɪk] I. *n* magia *f* II. *adj* magico, -a

magical *adj* ① (*power*) magico, -a ② (*extraordinary, wonderful*) favoloso, -a

magician [mə·'dʒɪ·ʃən] *n* mago, -a *m, f*

magistrate ['mæ·dʒɪs·treɪt] *n giudice di cause di minore entità*

magnet ['mæg·nɪt] *n* calamita *f*

magnetic [mæg·'ne·tɪk] *adj* ① (*force*) magnetico, -a ② (*personality*) affascinante

magnetism ['mæg·nə·tɪ·zəm] *n* magnetismo *m*

magnificent [mæg·'nɪ·fɪ·snt] *adj* magnifico, -a

magnify ['mæg·nɪ·faɪ] <-ie-> *vt* ① (*make larger*) ingrandire; (*voice*) amplificare ② (*make worse*) esasperare

mahogany [mə·'hɑː·gə·ni] I. *n* mogano *m* II. *adj* di mogano

maid [meɪd] *n* (*female servant*) donna *f* (di servizio); (*in hotel*) cameriera *f*

maiden name n (cog)nome m da ragazza

mail [meɪl] I. n a. COMPUT posta f; **electronic ~** COMPUT posta elettronica; **incoming/outgoing ~** COMPUT posta in arrivo/in partenza; **to send sth through the ~** inviare [o spedire] qc per posta [o mandare]; **by ~** per posta; **is there any ~?** c'è posta?; **by return ~** a giro di posta II. vt inviare [o spedire] [o mandare] per posta

mailbox n ① (for postal deliveries) casella f postale ② COMPUT (**electronic**) ~ casella f (di posta elettronica)

mailman n postino m

mail order n vendita f per corrispondenza

main [meɪn] I. adj (problem, street) principale II. n ① (pipe) tubatura f principale; **the water/gas ~** la conduttura dell'acqua/del gas ② (cable) cavo m principale

Maine [meɪn] n Maine m

mainframe ['meɪn·freɪm] n COMPUT elaboratore m centrale

mainland ['meɪn·lənd] I. n continente m II. adj ~ **China** Cina continentale

mainly ['meɪn·li] adv soprattutto

main office n ufficio m principale

main road n strada f principale

mainstream I. n corrente f dominante II. adj ① (ideology) dominante ② (film, novel) convenzionale; (jazz) mainstream

maintain [meɪn·'teɪn] vt ① (preserve, provide for) mantenere ② (claim) sostenere

maintenance ['meɪn·tə·nəns] n ① (repair work) manutenzione f ② (preservation) mantenimento m

majesty ['mæ·dʒəs·ti] <-ies> n maestà f; **Her/His/Your Majesty** Sua/Vostra Maestà

major ['meɪ·dʒə·] I. adj ① (important, significant) principale, significativo; **a ~ problem** un problema serio ② (serious) grave ③ MUS maggiore II. n ① MIL maggiore mf ② UNIV (subject) materia f principale

majority [mə·'dʒɔː·rə·ti] <-ies> n ① (greater part/number) maggioranza f; **he won by a narrow/large ~** POL ha vinto di stretta/larga misura ② (most powerful group) maggioranza f ③ (full legal age) maggiore età f; **to reach the age of ~** diventare maggiorenne

make [meɪk] I. vt <made, made> ① (produce: coffee, dinner) fare, preparare; (product) fare, produrre; (clothes) fare, confezionare; (record) incidere; (film) girare; **to ~ time** trovare il tempo ② (cause: trouble) fare; **to ~ noise/a scene** fare rumore/una scenata ③ (cause to be) **to ~ sb sad** rendere triste qu; **to ~ sb happy** fare felice qu; **to ~ oneself heard** farsi sentire; **to ~ oneself understood** farsi capire ④ (perform, carry out) **to ~ a call** fare una chiamata; **to ~ a decision** prendere una decisione; **to ~ a reservation** fare una prenotazione ⑤ (force) costringere; **to ~ sb do sth** far fare qc a qu ⑥ (amount to) fare; **two plus two ~s four** due più due fa quattro ⑦ (earn, get) **to ~ friends** fare amicizia; **to ~ money** fare [o guadagnare] soldi; **to ~ a profit** ricavare un profitto ⑧ inf (get to, reach) **to ~ it to** arrivare da qualche parte; **to ~ it** farcela, riuscirci ⑨ (make perfect) **that made my day!** questo mi ha fatto felice! II. vi **to ~ as if to do sth** fare come per fare qc III. n ① (brand) marca f ② (identification) **to get a ~ on sb** scoprire l'identità di qu ▸ **to be on the ~** sl (for money, power) essere un arrivista; (sexually) cercare di cuccare

◆ **make for** vt insep ① (head for) dirigersi verso ② (lead to) **to ~ sth** contribuire a qc

◆ **make out** I. vi ① (succeed: person) cavarsela ② sl (kiss passionately) **to ~ with sb** pomiciare con qu II. vt ① (discern: writing, numbers) decifrare; (sth in the distance) scorgere ② (pretend) **he made himself out to be rich** si fece passare per ricco ③ (write out) **to ~ a check for $100** emettere un assegno

M

per 100 dollari

◆ **make over** *vt* ❶LAW (*transfer*) trasferire ❷(*alter, convert*) **to make sth over into sth** trasformare qc in qc

◆ **make up** I. *vt* ❶(*invent*) inventare ❷(*prepare*) preparare ❸(*compensate*) **to ~ for sth** compensare qc ❹(*constitute*) costituire ❺(*decide*) **to ~ one's mind** decidersi ❻SCHOOL **to ~ an exam** (*take again*) ripetere un esame; (*take at a later time*) rimandare un esame II. *vi* riconciliarsi

◆ **make up to** *vt* **to make it up to sb** sdebitarsi con qu

make-or-break *adj* **this is a ~ situation** qui o la va o la spacca

maker ['meɪ·kə] *n* (*manufacturer*) produttore, ·trice *m, f*, fabbricante *mf*

make-up ['meɪk·ʌp] *n* ❶(*cosmetics*) trucco *m*; **to put on ~** truccarsi; **to wear ~** essere truccato ❷(*structure*) composizione *f* ❸(*character*) natura *f*

make-up artist *n* truccatore, ·trice *m, f*

making ['meɪ·kɪŋ] *n* ❶(*production*) produzione *m*; (*of clothes*) confezione *f*; (*of meals*) preparazione *f* ❷*pl* (*essential qualities*) **to have the ~s of sth** avere la stoffa di qc

male [meɪl] I. *adj* (*person*) maschile; (*animal*) maschio *m* II. *n* maschio *m*

malfunction [ˌmæl·'fʌŋk·ʃən] I. *vi* ❶(*not work properly*) funzionare male ❷(*stop functioning*) smettere di funzionare II. *n* ❶(*defective functioning*) funzionamento *m* imperfetto ❷(*sudden stop*) arresto *m* improvviso

malicious [mə·'lɪ·ʃəs] *adj* maligno, ·a

malignant [mə·'lɪg·nənt] *adj* maligno, ·a

mall [mɔːl] *n* centro *m* commerciale

malnutrition [ˌmæl·nuː·'trɪ·ʃən] *n* malnutrizione *f*

malpractice [ˌmæl·'præk·tɪs] *n* negligenza *f* professionale; **medical ~** negligenza *f* professionale (in campo medico)

Malta ['mɔːl·tə] *n* Malta *f*; *s.a.* **Republic of Malta**

Maltese [ˌmɔːl·'tiz] *adj, n* maltese *mf*; **~ cross** croce di Malta

mammal ['mæ·məl] *n* mammifero *m*

mammography [mə·'mag·rə·fi] <-ies> *n* mammografia *f*

man [mæn] I. *n* <men> ❶(*male human*) uomo *m* ❷(*the human race*) genere *m* umano ❸(*in games*) pedina *f*, pezzo *m* II. *vt* <-nn-> (*operate: ship*) equipaggiare; **to ~ a factory** dotare di personale uno stabilimento III. *interj* **~, was that cake good!** accidenti, se era buono il dolce!

manage ['mæ·nɪdʒ] I. *vt* ❶ a. ECON (*be in charge of*) dirigere; (*money, time*) gestire ❷(*accomplish*) riuscire; **to ~ to do sth** riuscire a fare qc ❸(*fit into one's schedule*) **to not ~ the time** non (riuscire a) trovare il tempo II. *vi* **to ~ on a few dollars a day** (riuscire a) farcela con pochi dollari al giorno

manageable ['mæn·ɪ·dʒə·bəl] *adj* (*vehicle*) maneggevole; (*person, animal*) docile; (*amount*) ragionevole

management ['mæ·nɪdʒ·mənt] *n* ❶(*direction*) gestione *f*, direzione *f* ❷ a. ECON gestione *f*; **to study business ~** studiare gestione aziendale

manager ['mæ·nɪ·dʒə] *n* ❶COM (*administrator*) amministratore, ·trice *m, f*, direttore, ·trice *m, f*; (*of business unit*) gestore, ·trice *m, f* ❷(*of performer*) agente *mf*, manager *mf inv*; (*of a baseball team*) manager *mf inv*

managerial [ˌmæn·ə·'dʒɪr·i·əl] *adj* (*relating to a manager*) manageriale; (*directorial*) direttivo, ·a; **~ position** posizione direttiva

managing director *n* amministratore *m* delegato

maneuver [mə·'nuː·və] I. *n* a. MIL manovra *f* II. *vt* manovrare; **to ~ sb into doing sth** indurre qu a fare qc III. *vi* manovrare

maneuverable [mə·'nuː·və·rə·bl] *adj* manovrabile

maniac ['meɪ·ni·æk] *n* maniaco, ·a *m, f*

manic depression *n* mania *f* depressiva

manic depressive adj maniaco-depressivo, -a

manicure ['mæn·ɪ·kjʊr] I.n manicure f inv II.vt to ~ one's fingernails farsi la manicure

manicurist ['mæn·ɪ·kjʊr·ɪst] n manicure f inv

manipulate [mə·'nɪp·jə·leɪt] vt manipolare

manipulation [mə·ˌnɪp·jə·'leɪ·ʃən] n manipolazione f

mankind [ˌmæn·'kaɪnd] n umanità f

manly ['mæn·li] <-ier, -iest> adj (of man) virile, maschile

man-made ['mæn·meɪd] adj (lake) artificiale; (fiber) sintetico, -a

manner ['mæ·nə] n ① (way, fashion) maniera f, modo m; in the ~ of sb alla maniera di qu, nello stile di qu; in a ~ of speaking per così dire; a ~ of speech un modo di dire ②(behavior) ~s buone fpl maniere; to teach sb ~s insegnare a qu l'educazione; it's bad ~s to ... è da maleducati ...

manpower ['mæn·pa·ʊə] n manodopera f

mansion ['mæn·ʃən] n dimora f

manslaughter ['mæn·slɑː·tər] n omicidio m colposo

manual ['mæn·jʊ·əl] I.adj manuale; ~ dexterity abilità manuale II.n manuale m; instruction ~ manuale di istruzioni

manual labor n lavoro m manuale

manually ['mæn·jʊ·ə·li] adv manualmente, a mano

manufacture [ˌmæn·jʊ·'fæk·tʃə] I.vt ①(produce) fabbricare; ~d goods prodotti finiti ②(invent) inventare; to ~ an excuse/a story inventare una scusa/una storia II.n ①(production) manifattura f ②(product) prodotto m (industriale)

manufacturer [ˌmæn·jʊ·'fæk·ʃə·ə] n produttore m, azienda f produttrice; to send sth back to the ~ rispedire qc alla fabbrica

manufacturing [ˌmæn·jə·'fæk·tʃə·rɪŋ]

adj (region, company) industriale; ~ industry industria f manifatturiera

manuscript ['mæn·jʊs·krɪpt] n manoscritto m

many ['me·ni] <more, most> I.adj molti, -e, tanti, -e; how ~ bottles? quante bottiglie?; too/so ~ people troppa/tanta gente; one too ~ uno di troppo; ~ times molte/tante volte; as ~ as tanti quanti II.pron molti, molte, tanti, tante; ~ think that ... molti [o tanti] pensano che ...; so ~ tanti, -e; too ~ troppi, -e III.n a good ~ moltissimi, -e

map [mæp] I.n ①(of region, stars) carta f (geografica); (of town) pianta f; ~ of the world carta geografica del mondo; road ~ carta stradale ②(simple diagram) piantina f II.<-pp-> vt mappare

maple syrup n sciroppo m d'acero

marathon ['me·rə·θɑːn] n a. fig maratona f

marble ['mɑːr·bl] n ①(stone) marmo m ②(glass ball) bilia f, pallina f; to play ~s giocare a bilie

march [mɑːrtʃ] I.<-es> n a. MIL marcia f; a 20 mile ~ una marcia di 32 km II.vi a. MIL marciare; (parade) sfilare; to ~ into a country invadere un paese III.vt (compel to walk) to ~ sb off fare marciare qu

March [mɑːrtʃ] n marzo m; s.a. April

Mardi Gras ['mar·di·ˌgra] n ①(Shrove Tuesday) martedì m grasso ②(carnival) carnivale m

margarine ['mɑːr·dʒə·rɪn] n margarina f

margin ['mɑːr·dʒɪn] n a. TYPO margine m; profit ~ margine di profitto; ~ of error margine di errore

marinate ['me·rɪ·neɪt] vt marinare

marine [mə·'riːn] I.adj (of the sea) marino, -a; NAUT nautico, -a; MIL navale II.n marine mf inv

marital ['me·rɪ·təl] adj coniugale; ~ problems problemi mpl coniugali

marital status n form stato m civile

mark [mɑːrk] I.n ①(spot, stain) macchia f; (scratch) graffio m; (trace) trac-

M

cia f; **to leave one's ~ on sth/sb** fig lasciare il segno su qc/qu ②(written sign) segno m ③(required standard) livello m; **to be up to the ~** essere all'altezza ④(target) bersaglio m; **to hit the ~** colpire il bersaglio ⑤(starting line) linea f di partenza; **on your ~, get, set, go!** pronti, via! ⑥LING segno m; **punctuation ~** segno di interpunzione ▸ **to be wide of the ~** fig essere fuori strada II. vt ①(make a spot, stain) macchiare ②(indicate) marcare; **I've ~ed the route on the map** ho segnato l'itinerario sulla carta ③(commemorate) commemorare; **to ~ the 10th anniversary** commemorare il 10° anniversario

◆**mark down** vt ①(reduce prices) ribassare ②(jot down) annotare ③SCHOOL **to mark sb down** abbassare il voto a qu ④fig (assess) **to mark sb down as sth** etichettare qu come qc

◆**mark off** vt ①(divide land) delimitare ②(cross off) spuntare

◆**mark up** vt aumentare

marked ['mɑːrkt] adj ①(improvement) notevole; (contrast) netto, -a ②(with distinguishing marks) marcato, -a

marker ['mɑːr·kə] n ①(sign, symbol) segno m ②(pen) evidenziatore m ③SPORTS (indicator) segnapunti m inv; **the first-down ~** la linea del primo down (nel football americano) ④sl (IOU) cambiale f

market ['mɑːr·kɪt] I. n mercato m; **the coffee ~** il mercato del caffè; **the housing ~** il mercato immobiliare; **the stock ~** la borsa valori; **to put sth on the ~** mettere in vendita qc; **on the ~** sul mercato II. vt commercializzare

marketing n ①(discipline) marketing m ②(commercialization) commercializzazione f

marketplace n ①ECON mercato m ②(square) piazza f

market research n ricerca f [o analisi f inv] di mercato

market trader n commerciante mf

markup ['mɑːrk·ʌp] n margine m di utile lordo

marmalade ['mɑːr·mə·leɪd] n marmellata f (di agrumi); **orange ~** marmellata di arance

marriage ['me·rɪdʒ] n ①(wedding) matrimonio m, nozze fpl ②(relationship, state) matrimonio m; **arranged ~** matrimonio combinato; **related by ~** imparentato per matrimonio; **he is a relative by ~** è un parente acquisito

marriage license n licenza f di matrimonio

married adj (person) sposato, -a, coniugato, -a; **~ couple** una coppia sposata; **~ life** la vita coniugale

married name n nome m da sposata

marry ['me·ri] <-ie-> I. vt ①(become husband or wife) **to ~ sb** sposarsi con qu; **to get married (to sb)** sposare qu, sposarsi (con qu) ②(priest) sposare II. vi sposarsi

Mars [mɑrz] n Marte m

marsh [mɑːrʃ] <-es> n palude f

marshy ['mɑːr·ʃi] <-ier, -iest> adj paludoso, -a

martial ['mɑːr·ʃəl] adj marziale

marvel ['mɑːr·vl] I. n ①(thing) meraviglia f; **it's a ~ to me how ...** mi meraviglia come ... ②(person) persona f meravigliosa II. <-ll-, -l-> vi **to ~ that ...** meravigliarsi che ... +conj; **to ~ at sb/ sth** meravigliarsi di qu/qc

masculine ['mæs·kjə·lɪn] adj a. LING maschile

mash [mæʃ] vt ridurre a purè; **to ~ potatoes** passare le patate; **~ed potatoes** purè m inv di patate

mask [mæsk] I. n a. fig maschera f; (only covering eyes) mascherina f; **oxygen ~** maschera di ossigeno II. vt mascherare

masochist ['mæ·sə·kɪst] n masochista mf

mass [mæs] I. n a. PHYS massa f; **to be a ~ of contradictions** essere pieno di contraddizioni; **the ~ of the people** la folla II. vi (gather) ammassarsi III. adj di massa

Mass [mæs] n messa f; **to attend ~** an-

dare a messa; **to celebrate a ~** celebrare una messa
Massachusetts [ˌmæs·ə·ˈtʃu·sɪts] *n* Massachusetts *m*
massacre [ˈmæ·sə·kəʳ] **I.** *n* ❶ (*killing*) massacro *f* ❷ *fig* (*defeat*) pesante sconfitta *f* **II.** *vt* ❶ (*kill*) massacrare ❷ *fig* (*defeat*) annientare
massage [məˈsɑːdʒ] **I.** *n* massaggio *m*; **to give sb a ~** fare un massaggio a qu **II.** *vt* ❶ massaggiare ❷ *fig* manipolare
massage parlor *n* salone *m* massaggi
massive [ˈmæ·sɪv] *adj* massiccio, -a, enorme
mass media *n* **the ~** i mezzi di comunicazione di massa, i (mass) media
mass murderer *n* massacratore, -trice *m, f*
mass-produce *vt* produrre su vasta scala
mass production *n* produzione *f* su vasta scala
mass unemployment *n* disoccupazione *m* massiccia
master [ˈmæs·tə] **I.** *n* ❶ padrone *m* ❷ (*one who excels*) maestro *m*; **~ craftsman** maestro artigiano; **to be a ~ of sth** essere un esperto di [*o* in] qc ❸ (*instructor*) insegnante *m*; **dancing/singing ~** insegnante di ballo/canto ❹ (*master copy*) originale *m*, master *inv* **II.** *vt* ❶ (*cope with*) controllare ❷ (*become proficient at*) padroneggiare
master copy <-ies> *n* originale *m*, master *m*
master key *n* passe partout *m inv*
mastermind [ˈmæs·tə·maɪnd] **I.** *n* (*person*) cervello *m* **II.** *vt* (*activity*) orchestrare; (*crime*) essere il cervello di
Master of Arts *n* (*person*) laureato, -a in lettere *m*
masterpiece *n* capolavoro *m*
mastitis [mæ·ˈstaɪ·tɪs] *n* mastite *f*
masturbate [ˈmæs·tər·beɪt] **I.** *vi* masturbarsi **II.** *vt* masturbare
mat¹ [mæt] *n* ❶ (*on floor*) tappeto *m*, stuoia *f;* (*doormat*) zerbino *m* ❷ (*on table*) sottopiatto *m* ❸ SPORTS materassino *m*

mat² *adj*, **matte** [mæt] *adj* opaco, -a
match¹ [mætʃ] <-es> *n* (*for making fire*) fiammifero *m*; **box of ~es** scatola di fiammiferi
match² [mætʃ] **I.** *n* ❶ (*competitor*) pari *mf*; **to be no ~ for sb** non essere all'altezza di qu; **to meet one's ~** trovare pane per i propri denti ❷ (*similarity*) **to be a good ~** essere bene accoppiati ❸ (*in marriage*) **to make a good ~** fare una bella coppia ❹ SPORTS partita *f* **II.** *vi* (*design, color*) armonizzare, coordinare; (*description*) corrispondere **III.** *vt* ❶ (*have same color*) intonarsi a ❷ (*equal*) uguagliare
matchbox [ˈmætʃ·bɑːks] <-es> *n* scatola *f* di fiammiferi
matching [ˈmætʃ·ɪŋ] *adj* intonato, -a
match point *n* SPORTS punto *m* decisivo, match *m* point *inv*
matchstick [ˈmætʃ·ˌstɪk] *n* fiammifero *m*
mate [meɪt] **I.** *n* ❶ (*spouse*) compagno, -a *m, f* ❷ ZOOL (*male*) maschio *m*; (*female*) femmina *f* ❸ NAUT secondo *m*; **first/second ~** primo/secondo ufficiale ❹ (*one of a pair*) compagno, -a, -a *m, f* **II.** *vi* accoppiarsi **III.** *vt* accoppiare

M

material [məˈtɪ·ri·əl] **I.** *n* ❶ PHILOS, PHYS materia *f* ❷ (*physical substance*) materiale *m*; **raw ~** materia *f* prima ❸ (*information*) **publicity ~** materiale *m* pubblicitario ❹ (*cloth*) stoffa *f* ❺ (*textile*) tessuto *m* ❻ *pl* (*equipment*) attrezzatura *mpl* **II.** *adj* ❶ (*physical*) materiale; **~ damage** danno materiale ❷ (*important*) importante; **to be ~ to sth** essere importante per qc
maternal [məˈtɜːr·nl] *adj* materno, -a
maternity [məˈtɜːr·nə·ti] *n* maternità *f*
maternity leave *n* congedo *m* di maternità
maternity ward *n* reparto *m* maternità
mathematical [ˌmæ·θə·ˈmæ·ṭɪ·kl] *adj* matematico, -a
mathematician [ˌmæ·θə·mə·ˈtɪ·ʃən] *n* matematico, -a *m, f*
mathematics [ˌmæ·θə·ˈmæ·ṭɪks] *n* matematica *f sing*

matter ['mæ·tə] **I.**n ➀(*subject*) argomento m; (*question, affair*) questione f; **that's another ~ altogether** questo è un altro discorso [o questo non c'entra] *fig;* **the ~ at hand** la faccenda in questione; **money ~s** questioni di soldi; **personal ~** questione [o faccenda] privata ➁pl (*situation*) situazione f ➂(*wrong*) problema m; **what's the ~ with you?** cosa c'è che non va? ➃(*material*) materiale m; **advertising ~** materiale pubblicitario ➄(*amount*) **a ~ of ...** una questione di ...; **in a ~ of seconds** in pochi secondi ➅(*substance*) sostanza f **II.**vi importare; **it really ~s to me** mi importa molto; **it doesn't ~ if ...** non importa se ...; **it ~s that ...** importa che ... +conj

mattress ['mæ·trɪs] n materasso m

mature [mə·'tʊr] **I.**adj ➀(*person, attitude*) maturo, -a; (*animal*) adulto, -a ➁(*wine*) invecchiato, -a; (*cheese*) stagionato, -a; (*fruit*) maturo, -a ➂FIN maturato, -a **II.**vi FIN a. fig maturare **III.**vt ➀(*cheese, ham*) fare stagionare; (*wine*) fare invecchiare ➁(*person*) fare maturare

maturity [mə·'tʊ·rə·ti] n <-ies> ➀(*of person*) maturità f ➁FIN maturazione f; **to reach ~** giungere a scadenza

mauve [moʊv] adj malva

maximize ['mæk·sɪ·maɪz] vt massimizzare

maximum ['mæk·sɪ·məm] **I.**n ➀massimo m; **to do sth to the ~** fare qc al massimo **II.**adj massimo, -a

may [meɪ] <might, might> aux ➀(*be allowed*) potere; **~ I come in?** (è) permesso?; **~ I ask you a question?** posso farti una domanda? ➁(*possibility*) essere possibile; **it ~ rain** può darsi che piova; **be that as it ~** in ogni modo ➂(*hope, wish*) **~ she rest in peace** riposi in pace

May [meɪ] n maggio m; *s.a.* **April**

maybe ['meɪ·bi] **I.**adv ➀(*perhaps*) forse ➁(*approximately*) pressappoco; **~ as many as two hundred people**

più o meno duecento persone **II.**n forse m

mayo ['meɪ·oʊ] n inf abbr of **mayonnaise** maionese f

mayonnaise [,meɪ·ə·'neɪz] n maionese f

mayor [mer·ə] n sindaco m

MD [,em·'di:] n ➀abbr of **Doctor of Medicine** dott. mf ➁abbr of **Maryland** Maryland m ➂abbr of **muscular dystrophy** distrofia muscolare

me [mi:] pron ➀mi; **look at ~** guardami; **she saw ~** mi ha visto; **he told that ...** mi ha detto che ...; **give ~ the pencil** dammi la matita ➁(*in comparisons*) **she is older than ~** è più vecchia di me ➂(*after verb 'to be'*) io; **it's ~** sono io; **she is older than ~** è più vecchia di me ➃(*after prep*) me; **is this for ~?** è per me?

ME [meɪn] n abbr of **Maine** Maine m

meadow ['me·doʊ] n prato m

meal [mi:l] n pasto m; **to go out for a ~** andare fuori a pranzo/cena; **~s on wheels** distribuzione di pasti caldi a domicilio ad anziani

mealtime ['mi:l·taɪm] n ora f dei pasti

mean¹ [mi:n] adj ➀(*unkind*) sgarbato; **to be ~ to sb** trattare male qu ➁inf (*excellent*) eccellente; **he is one ~ cook** inf è un cuoco con i fiocchi

mean² [mi:n] <meant, meant> vt ➀(*signify*) significare; **does that name ~ anything to you?** ti dice niente quel nome? ➁(*express, indicate*): **to ~ well** avere buone intenzioni; **I ~ to say ... intendo [o voglio] dire ...** ►**to ~ business** inf fare sul serio

meaning ['mi:·nɪŋ] n significato m; **to give sth a whole new ~** dare un senso completamente nuovo a qc; **what is the ~ of this?** e questo cosa vuol dire?

meaningful ['miː·nɪŋ·fəl] *adj* ①(*change*) significativo, -a ②(*look, smile*) eloquente ③(*relationship*) importante, -a

meaningless ['miː·nɪŋ·ləs] *adj* senza senso

means [miːnz] *n* ①(*instrument, method*) mezzo *m*, metodo *m*; ~ **of communication/transport** mezzo di comunicazione/trasporto ②*pl* (*resources*) mezzi *mpl*; ~ **of support** mezzi di sostentamento; **ways and** ~ modi e maniere; **to use all the** ~ **at one's disposal** usare tutti i mezzi a propria disposizione ③*pl* (*income*) mezzi (economici) *mpl*; **private** ~ rendita *f*; **to live beyond one's** ~ vivere al disopra delle proprie possibilità ▸ **by all** ~! ma certo!

meant [ment] *pt, pp of* **mean**

meantime ['miːn·taɪm] I.*adv* frattempo II.*n* **in the** ~ nel frattempo

meanwhile ['miːn·waɪl] *adv* nel frattempo

measles ['miː·zlz] *n* morbillo *m*

measure ['me·ʒɚ] I.*vi, vt* misurare II.*n* ①(*size*) misura *f* ②(*measuring instrument*) metro *m*; (*ruler*) righello *m* ③(*amount of alcohol*) dose *f* ④*pl* (*action*) misurazione *f*; **to take** ~**s to do sth** prendere i provvedimenti per fare qc ⑤(*degree, amount*) grado *m*; **there was some** ~ **of truth in what he said** c'era del vero in quello che diceva; **in some** ~ in parte

measured *adj* (*response*) misurato, -a; (*voice, tone*) cadenzato, -a

measurement ['me·ʒɚ·mənt] *n* ①misura *f*; **to take sb's** ~**s** prendere le misure a qu ②(*act of measuring*) misurazione *f*

meat [miːt] *n* ①carne *f* ②*fig* (*essence*) essenza *f*

meatball *n* polpetta *f*

meat loaf *n* polpettone *m* di carne

mechanic [mɪ·ˈkæ·nɪk] *n* meccanico, -a *m, f*

mechanical *adj* ①(*relating to ma-chines*) meccanico, -a ②(*without thinking*) automatico, -a

medal ['me·dl] *n* medaglia *f*

medalist ['me·də·lɪst] *n* vincitore, -trice *m, f* di medaglia

meddle ['me·dl] *vi* **to** ~ **in sth** intromettersi

media ['miː·di·ə] *n* ①*pl of* **medium** ②**the** ~ i media; **the mass** ~ i mezzi di comunicazione di massa; **a** ~ **event** un evento mediatico

mediaeval [ˌme·di·ˈiː·vəl] *adj s.* **medieval**

mediator ['miː·di·ei·tə] *n* mediatore, -trice *m, f*

medic ['me·dɪk] *n* medico, -a *m, f*

Medicaid ['med·ɪ·keɪd] *n* *servizio sanitario gratuito statunitense per i meno abbienti*

medical ['me·dɪ·kəl] I.*adj* medico, -a II.*n inf* visita *f* medica

medical examination *n* visita *f* medica

medical history *n* anamnesi *f inv*

medication [ˌme·dɪ·ˈkeɪ·ʃən] <-(s)> *n* medicinale *m*

medicine ['me·dɪ·sən] *n* ①(*substance*) medicinale *m*; **to take (one's)** ~ prendere le medicine ②(*medical knowledge*) medicina *f* ③(*remedy*) rimedio *m*

medicine cabinet *n*, **medicine chest** *n* armadietto *m* delle medicine

medieval [ˌmiː·di·ˈiː·vl] *adj* medievale

meditate ['me·dɪ·teɪt] I.*vi* ①(*engage in contemplation*) meditare ②(*think deeply*) riflettere; **to** ~ **on sth** riflettere su qc II.*vt* (*plan*) meditare

Mediterranean [ˌme·dɪ·tə·ˈreɪn·iən] I.*n* (mare) Mediterraneo *m* II.*adj* mediterraneo, -a

medium ['miː·di·əm] I.*adj* ①(*not big or small*) medio, -a ②FOOD cotto, -a II.*n* ①<media *o* -s> (*method*) mezzo *m* ②COMPUT supporto *m*; **data** ~ supporto (di) dati ③<-s> (*spiritualist*) medium *mf inv*

medium-dry *adj* semisecco, -a

medium-rare *adj* CULIN poco cotto, -a

medium-sized *adj* di taglia media

meet [mi:t] <met, met> I. *vt* ① (*encounter*) incontrare; (*intentionally*) incontrarsi con; (*for first time*) conoscere; **to arrange to ~ sb** decidere di vedersi con qu ② (*at train station, airport*) andare a prendere ③ (*confront: opponent*) incontrare; (*problem*) affrontare ④ (*fulfill*) fare al caso; (*cost*) sostenere; (*demand*) soddisfare; (*obligation*) rispettare II. *vi* ① (*encounter*) incontrarsi; (*intentionally*) trovarsi; (*for first time*) conoscersi; **to arrange to ~** decidere di vedersi ② (*join: lines*) incontrarsi; (*rivers*) confluire ③ SPORTS incontrarsi III. *n* (*sporting event*) riunione *f*; **a track ~** una riunione di atletica

meeting ['mi:·tɪŋ] *n* ① (*gathering*) riunione *f*, assemblea *f*; **to call a ~** indire una riunione ② POL riunione *f* ③ (*casual*) incontro *m*

meeting point *n* punto *m* di incontro

melody ['me·lə·di] <-ies> *n* melodia *f*

melon ['me·lən] *n* melone *m*; (*watermelon*) anguria *f*, cocomero *m*

melt [melt] I. *vt* (*metal*) fondere; (*ice*) sciogliere II. *vi* ① (*metal*) fundersi; (*ice*) sciogliersi ② *fig* intenerirsi

melting point *n* punto *m* di fusione

member ['mem·bə'] *n* membro *mf*; (*of club*) socio, -a *m, f*

membership *n* ① (*state of belonging*) appartenenza *f*; **to apply for ~ to a club** fare domanda di iscrizione a un club; **~ dues** quote *fpl* sociali ② (*number of members*) numero *m* di membri/iscritti

membership card *n* tessera *f* (di iscrizione)

memo ['me·moʊ] *n* ① (*message*) promemoria *m inv* ② (*note*) nota *f*

memorable ['me·mə·rə·bl] *adj* memorabile

memorial [mə·'mɔ:·ri·əl] I. *n* monumento *m* commemorativo II. *adj* commemorativo, -a

Memorial Day *n* giorno della commemorazione dei caduti negli Stati Uniti

memorize ['me·mə·raɪz] *vt* memorizzare

memory ['me·mə·ri] <-ies> *n* ① (*ability to remember*) memoria *f*; **if my ~ serves me correctly** se la memoria non mi inganna ② (*remembered event*) ricordo *m* ③ COMPUT memoria *f*; **internal/external/core ~** memoria interna/esterna/a nuclei magnetici; **cache ~** memoria cache; **read only ~** memoria a sola lettura; **random access ~** memoria ad accesso casuale

men [men] *n pl of* **man**

menacing *adj* minaccioso, -a

menacingly *adv* minacciosamente

mend [mend] I. *n* ① (*repair*) riparazione *f* ② (*patch*) rattoppo *m* ③ *inf* **to be on the ~** essere in via di guarigione II. *vt* ① (*repair*) riparare ② (*darn: socks*) rammendare III. *vi* (*improve*) migliorare; (*broken bone*) saldarsi

menopause ['men·ə·pɔz] *n* menopausa *f*

men's room ['menz·ˌru:m] *n* bagno *m* degli uomini

menstruate ['men·stru·eɪt] *vi* mestruare

mental ['men·təl] *adj* ① (*of the mind*) mentale ② *inf* (*crazy*) pazzo, -a

mental hospital *n* ospedale *m* psichiatrico

mental illness *n* <-es> malattia *f* mentale

mentality [men·'tæl·ə·ʈi] <-ies> *n* mentalità *f*

mentally *adv* mentalmente; **~ disturbed** affetto, -a da turbe psichiche

mentally handicapped *adj* **to be ~** essere un handicappato mentale

mention ['men·ʃən] I. *n* menzione *f* II. *vt* menzionare; **don't ~ it!** prego, non c'è di che; **not to ~ ...** per non parlare di ...

menu ['men·ju:] *n* ① (*list of dishes*) menu *m inv* ② COMPUT menu *m inv*; **context/pull-down ~** menu contestuale/a tendina

meow [mi·'aʊ] I. *n* miao *m* II. *vi* miagolare

merchant ['mɜːr·tʃənt] *n* commerciante *mf*

merchant marine *n* marina *f* mercantile

merchant ship *n* nave *f* mercantile

Mercury ['mɜːrk·jə·ri] *n* Mercurio *m*

mercy ['mɜːr·si] *n* ①(*compassion*) pietà *f*; **to have ~ on sb** avere pietà di qu ②(*forgiveness*) misericordia *f*; **to be at the ~ of sb** essere alla mercè di qu

merely ['mɪr·li] *adv* semplicemente

merge [mɜːrdʒ] **I.** *vi* unirsi; ECON, POL fondersi; **to ~ into sth** fondersi con qc **II.** *vt* unire; ECON, POL, COMPUT fondere

merger ['mɜːr·dʒə] *n* ECON fusione *f*

merit ['me·rɪt] **I.** *n* ①(*virtue*) valore *m* ②(*advantage*) pregio *m* ③ *pl* (*commendable quality or act*) merito *m* **II.** *vt* meritare

merry ['me·ri] <-ier, -iest> *adj* allegro; **Merry Christmas!** Buon Natale!

merry-go-round ['me·ri·goʊ·ˌraʊnd] *n* giostra *f*

mess [mes] <-es> *n* ①(*confusion*) confusione *f*; (*disorganized state*) disordine *m*; **to be in a ~** essere sottosopra; **to make a ~ of sth** fare un pasticcio di qc; (*things*) scompigliare qc ②(*trouble*) guaio *m* ③(*disheveled person*) disastro *m*; **just look at him — he's a ~!** ma guarda com'è conciato! ④(*dining hall*) (sala *f*) mensa *f*

♦ **mess around** *vi* ①(*joke*) scherzare ②(*waste time*) gingillarsi ③ *sl* (*have sex*) **to ~ with sb** farsela con qu

message ['me·sɪdʒ] *n* messaggio *m*; **error ~** COMPUT messaggio *m* di errore

messenger ['me·sɪn·dʒə] *n* messaggero, -a *m, f*

mess-up ['mes·ʌp] *n* *inf* casino *m*

messy ['me·si] <-ier, -iest> *adj* ①(*untidy*) disordinato, -a ②(*dirty*) sporco, -a ③(*unpleasant*) sgradevole

Met *n* ① *s*. **Metropolitan Museum of Art** (**in New York**) Metropolitan *m* Museum of Art (a New York) ② *s*. **Metropolitan Opera House** (**in New York**) Metropolitan Opera House *f* (a New York)

met [met] *pt of* **meet**

metabolism [mɪˈtæb·ə·lɪz·əm] *n* metabolismo *m*

metal ['me·tl] **I.** *n* (*element*) metallo *m* **II.** *adj* metallico, -a

metal detector *n* cercametalli *m inv*

metallic [məˈtæ·lɪk] *adj* metallico, -a

meter[1] ['miː·tə] *n* contatore *m*; (**parking**) ~ parchimetro *m*; (**taxi**) ~ tassametro *m*

meter[2] ['miː·tə] *n* metro *m*

method ['me·θəd] *n* metodo *m*

methodical [məˈθɑː·dɪ·kl] *adj* metodico, -a

Methodist *adj, n* metodista *mf*

metric ['me·trɪk] *adj* metrico, -a

metro ['met·roʊ] *n* RAIL metro(politana) *f inv*

metropolis [məˈtrɑː·pə·lɪs] <-es> *n* metropoli *f*

metropolitan [ˌme·trə·ˈpɑː·lə·tən] *adj* metropolitano, -a

Mexican ['mek·sɪ·kən] *adj, n* messicano, -a *m, f*

Mexico ['mek·sɪ·koʊ] *n* Messico *m*

Mexico City *n* Città *f* del Messico

MI ['mɪʃ·ɪ·gən] *n abbr of* **Michigan** Michigan *m*

mic [maɪk] *n inf abbr of* **microphone** *s.* **mike**

mice [maɪs] *n pl of* **mouse**

mickey ['mɪ·ki] *n sl* bevanda alcolica cui è stato aggiunto furtivamente un sedativo; **to slip sb a ~** mettere furtivamente un forte sedativo nella bevanda

Mickey Mouse [ˌmɪk·iˈmaʊs] *n* Topolino *m*

microphone ['maɪ·krə·foʊn] *n* microfono *m*; **to speak into a ~** parlare al microfono

microprocessor [ˌmaɪ·kroʊ·ˌprɑː·se·sə] *n* microprocessore *m*

microscope ['maɪ·krə·skoʊp] *n* microscopio *m*

microscopic [ˌmaɪ·krə·ˈskɑː·pɪk] *adj* microscopico, -a

microwave ['maɪ·kroʊ·weɪv] **I.** *n* ①(*wave*) microonda *f* ②(*oven*) microonde *m inv* **II.** *vt* cuocere nel microonde

M

microwave oven n forno m a microonde

midday [ˌmɪd·'deɪ] I. n mezzogiorno m; **at ~** a mezzogiorno; **~ meal** pasto m di mezzogiorno II. adj di mezzogiorno

middle ['mɪ·dl] I. n ① (center) centro m; **in the ~ of sth** in mezzo a qc; **to be in the ~ of doing sth** essere impegnato a fare qc ② inf (waist) vita f II. adj ① (equidistant) centrale ② (medium) medio, -a

middle age n mezza età f

middle-aged adj di mezza età

Middle Ages npl Medioevo m

middle class n ceto m medio

middle-class adj del ceto medio

Middle East n Medio Oriente m

middle name n secondo nome m

middle-of-the-road adj moderato, -a

midlife crisis [ˌmɪd·'laɪf·'kraɪ·sɪs] n crisi f inv della mezza età

midnight ['mɪd·naɪt] I. n mezzanotte f II. adj di mezzanotte

midsummer [ˌmɪd·'sʌ·mə] n piena estate f

midterm [ˌmɪd·'tɜːrm] I. n UNIV esame m di metà trimestre II. adj di metà trimestre

midway [ˌmɪd·'weɪ] I. adv a metà strada II. n viale m centrale di un luna park

midweek [ˌmɪd·'wik] adv a metà settimana

midwife ['mɪd·waɪf] <-wives> n ostetrica f

might[1] [maɪt] pt of **may it ~ be that ...** potrebbe essere che ... +conj; **how old ~ she be?** quanti anni avrà?

might[2] [maɪt] n ① (power) potere m ② (strength) forza f; **with all one's ~** con tutte le proprie forze

mighty ['maɪ·t̬i] I. <-ier, -iest> adj ① (powerful) potente ② (great) imponente II. adv inf enormemente; **that's ~ fine, indeed** è davvero incredibilmente bello

migraine ['maɪ·greɪn] <-(s)> n emicrania f

migrant ['maɪ·grənt] I. n ① (person) emigrante mf ② ZOOL migratore, -trice m, f II. adj migratorio, -a

migrant worker n lavoratore, -trice m, f migratore

mike [maɪk] n inf abbr of **mic**

mild [maɪld] <-er, -est> adj ① (climate) mite; (criticism) moderato, -a; (penalty) lieve ② (not strong tasting) delicato, -a ③ METEO temperato, -a ④ MED (not serious) leggero, -a

mildly ['maɪld·li] adv ① (gently) dolcemente ② (slightly) leggermente ▸ **to put it ~, that's putting it ~** a dir poco

mile [maɪl] n miglio m (1,6093 km); **to be ~s away** fig essere distratto

mileage ['maɪ·lɪdʒ] n AUTO chilometraggio m

military ['mɪ·lɪ·te·ri] I. n **the ~** le forze armate II. adj militare

military academy n accademia f militare

military police n polizia f militare

military service n servizio m militare

milk [mɪlk] n latte m

milk chocolate n cioccolato m al latte

milkman <-men> n lattaio m

milkshake n frullato m

milky ['mɪl·ki] <-ier, -iest> adj ① (skin) latteo, -a; (color) bianco latte ② (tea, coffee) con molto latte

mill [mɪl] I. n ① (for grain) mulino m; (for coffee) macinino m ② (factory) fabbrica f II. vt (grain, coffee) macinare

millennium [mɪ·'len·iəm] <-s o -ennia> n millennio m

milligram ['mɪ·lɪ·græm] n milligrammo m

milliliter ['mɪ·lɪ·ˌli:·t̬ə] n millilitro m

million ['mɪl·jən] <-(s)> n milione m; **two ~ people** due milioni di persone; **to be one in a ~** essere unico

millionaire [ˌmɪl·ɪə·'ner] n milionario, -a m, f

mince [mɪns] I. vt ① (shred) macinare, tritare ② (use tact) **to not ~ words** non usare mezzi termini II. vi camminare in modo affettato III. n carne f tritata

mince pie n pasticcino m con ripieno di frutta secca

mind [maɪnd] I.*n* ❶(*brain*) mente *f;* **to be in one's right ~** avere la testa a posto; **to be out of one's ~** essere impazzito ❷(*thought*) mente *f;* **to bear sth in ~** tenere presente qc ❸(*intention*) intenzione *f;* **to change one's ~** cambiare idea; **to have sth in ~** avere in mente qc; **to make up one's ~** decidersi ❹(*consciousness*) coscienza *f;* **her mother is on her ~** è preoccupata per sua madre ❺(*opinion*) opinione *f;* **to give sb a piece of one's ~** dirne quattro a qu; **to be in two ~s** essere indeciso II.*vt* ❶(*be careful of*) fare attenzione a; **~ what you're doing!** (stai) attento a quello che fai!; **~ the step!** attenzione al gradino! ❷(*look after*) badare a; **don't ~ me** non preoccuparti per me ❸(*bother*) dare fastidio a; **I don't ~ the cold** il freddo non mi dà fastidio; **would you ~ opening the window?** le dispiacerebbe aprire la finestra?; **I wouldn't ~ a beer** una birra non mi dispiacerebbe III.*vi* **never ~!** non fa niente!; **would you ~ if …** ti dispiacerebbe se …?

mindless ['maɪnd·lɪs] *adj* ❶(*job*) meccanico, -a ❷(*violence*) gratuito, -a ❸(*heedless*) scriteriato, -a

mine¹ [maɪn] *pron pos* (il) mio *m,* (la) mia *f,* (i) miei *mpl,* (le) mie *fpl;* **it's not his bag, it's ~** non è la sua borsa, è la mia; **this glass is ~** questo bicchiere è mio; **these are his shoes and those are ~** queste sono le sue scarpe e queste sono le mie; **she is a friend of ~** è una mia amica

mine² [maɪn] I.*n* ❶MIN miniera *f;* **a ~ of information** *fig* una miniera di notizie ❷MIL mina *f* II.*vt* ❶MIN estrarre ❷MIL minare III.*vi* MIN estrarre; **to ~ for silver/gold** estrarre l'argento/ l'oro

minefield ['maɪn·fiːld] *n a. fig* campo *m* minato

miner ['maɪ·nə˺] *n* minatore, -trice *m, f*

mineral ['mɪ·nə·rəl] *adj, n* minerale *m*

mineral water *n* acqua *f* minerale

mingle ['mɪŋ·gl] I.*vi* mescolarsi; **to ~**

with the guests socializzare con gli invitati II.*vt* mescolare

minimal ['mɪ·nɪ·ml] *adj* minimo, -a

minimize ['mɪ·nɪ·maɪz] *vt* minimizzare; *fig* sminuire

minimum ['mɪ·nɪ·məm] <-s *o* minima> *adj, n* minimo, -a *m;* **~ requirements** requisiti indispensabili

mining ['maɪ·nɪŋ] *n* attività *f* mineraria

miniskirt ['mɪ·nɪ·skɜːt] *n* minigonna *f*

minister ['mɪ·nɪ·stə˺] *n* POL, REL ministro, -a *m, f*

minivan ['mɪn·i·væn] *n* monovolume *mf inv*

Minnesota [ˌmɪn·ɪ·'sou·t̬ə] *n* Minnesota *m*

minor ['maɪ·nə˺] I.*adj* (*not great*) minore; (*role*) secondario, -a; (*detail*) di secondaria importanza; **~ offense** reato *m* minore; **B ~** MUS si *m* minore II.*n* ❶(*person*) minorenne *mf* ❷UNIV materia *f* complementare

minority [maɪ·'nɔː·rə·t̬i] *n.*<-ies> *n* minoranza *f;* **to be in the ~** essere in minoranza II.*adj* minoritario, -a

mint [mɪnt] *n* ❶(*herb*) menta *f* ❷(*sweet*) (caramella *f* di) menta

minus ['maɪ·nəs] I.*prep* ❶*a.* MATH meno; **5 ~ 2 equals 3** 5 meno 2 fa 3; **~ ten degrees Celsius** dieci gradi sotto zero ❷*inf* (*without*) senza II.*adj* MATH negativo, -a; **~ figures** numeri negativi III.*n* ❶MATH segno *m* meno ❷(*negative amount*) quantità *f* negativa

minute¹ ['mɪ·nɪt] *n* ❶(*sixty seconds*) minuto *m* ❷(*moment*) momento *m,* attimo *m;* **any ~** da un momento all'altro; **at the last ~** all'ultimo momento [*o* minuto]; **in a ~** tra un attimo ❸*pl* (*of meeting*) verbale *m*

minute² [maɪ·'nuːt] *adj* minuto, -a

minute hand *n* lancetta *f* dei minuti

miracle ['mɪ·rə·kl] *n* miracolo *m;* **by a ~** per miracolo

miraculous [mɪ·'ræk·jə·ləs] *adj* miracoloso, -a

mirror ['mɪ·rə˺] I.*n* specchio *m* II.*vt* riflettere

M

misbehave [,mɪs·bɪ·'heɪv] *vi* comportarsi male

misc. *adj abbr of* **miscellaneous** miscellaneo, -a

miscalculate [,mɪs·'kæl·kjə·leɪt] *vi, vt* calcolare male

miscalculation [,mɪs·,kæl·kjə·'leɪ·ʃən] *n* errore *m* di calcolo

miscarriage ['mɪs·,ke·rɪdʒ] *n* ❶ MED aborto *m* spontaneo ❷ *form* (*failure*) fallimento *m*; **a ~ of justice** un errore giudiziario

miscarry ['mɪs·,ke·ri] <-ied, -ying> *vi* ❶ MED abortire spontaneamente ❷ *fig* fallire

miser ['maɪ·zə] *n* avaro, -a *m, f*

miserable ['mɪz·rə·bl] *adj* ❶ (*unhappy*) infelice ❷ (*unpleasant*) deprimente ❸ (*inadequate*) miserabile; **a ~ amount** una miseria

miserably *adv* ❶ (*unhappily*) tristemente ❷ (*completely*) **to fail ~** fallire miseramente

misery ['mɪ·zə·ri] *n* ❶ (*unhappiness*) infelicità *f* ❷ (*suffering*) sofferenza *f*; **to make sb's life a ~** rendere la vita un inferno a qu ❸ (*extreme poverty*) miseria *f*; **to be born into ~** essere nato poverissimo

misfortune [,mɪs·'fɔːr·tʃən] *n* sventura *m*

misguided [mɪs·'gaɪ·dɪd] *adj* incauto, -a; **~ idea** idea fuorviante

mishandle [,mɪs·'hæn·dəl] *vt* ❶ (*handle without care*) maneggiare sbadatamente ❷ (*maltreat*) maltrattare ❸ (*deal badly with*) trattare senza le dovute attenzioni

mishear [,mɪs·'hɪr] *vt irr* udire male

misinform [,mɪs·ɪn·'fɔːrm] *vt* informare male, disinformare

misinformation *n* disinformazione *f*

misjudge [,mɪs·'dʒʌdʒ] *vt* giudicare male

mislead [,mɪs·'liːd] *vt irr* ❶ (*deceive*) ingannare; **to ~ sb about sth** ingannare qu su qc ❷ (*lead into error*) indurre in errore; **to let oneself be misled** farsi fuorviare ❸ (*corrupt*) corrompere

misleading *adj* fuorviante

mismanage [,mɪs·'mæn·ɪdʒ] *vt* amministrare male

misplace [,mɪs·'pleɪs] *vt* ❶ (*lose*) mettere fuori posto ❷ *fig* (*confidence*) riporre male

misprint ['mɪs·,prɪnt] *n* errore *m* di stampa

mispronounce [,mɪs·prə·'naʊns] *vt* pronunciare male

misread [,mɪs·'riːd] *vt irr* ❶ (*read badly*) leggere male ❷ (*interpret badly*) interpretare male

misrepresent [,mɪs·,re·prɪ·'zent] *vt* falsare

miss¹ [mɪs] *n* (*form of adress*) signorina *f*

miss² [mɪs] **I.** <-es> *n* colpo *m* mancato **II.** *vi* fallire **III.** *vt* ❶ (*not hit*) mancare ❷ (*not catch*) perdere; **to ~ the bus/ train** perdere il bus/il treno; **to ~ a deadline** non rispettare una scadenza ❸ (*avoid*) evitare ❹ (*not notice*) non accorgersi di; **to ~ sb** non incontrare qu; **you didn't ~ much** non hai perso molto; **you can't ~ it** non puoi perderlo ❺ (*not hear*) non sentire ❻ (*overlook*) saltare; **to ~ a meeting** saltare una riunione ❼ (*not take advantage*) perdere; **to ~ an opportunity** perdere un'occasione ❽ (*regret absence*) sentire la mancanza di; **we ~ you** ci manchi
◆ **miss out** *vi* essere svantaggiato

missing ['mɪ·sɪŋ] *adj* ❶ (*lost: person*) scomparso, -a; (*thing or object*) introvabile; **~ in action** disperso, -a; **to report sth ~** denunciare la perdita di qc ❷ (*absent*) assente

missing person *n* scomparso, -a *m, f*

mission ['mɪ·ʃən] *n* missione *f*; **rescue ~** operazione *f* di salvataggio; **~ accomplished** missione compiuta

Mississippi [mɪs·ɪ·'sɪ·pi] *n* Mississipí *m*

Missouri [mɪ·'zʊr·i] *n* Missouri *m*

misspell [,mɪs·'spel] *vt irr* scrivere scorrettamente

mist [mɪst] *n* (*light fog*) foschia *f*

mistake [mɪ·'steɪk] **I.** *n* errore *m*, sbaglio *m*; **to learn from one's ~s** trarre esperienza dai propri errori; **to make a ~** commmettere [*o* fare] un errore; **there must be some ~** ci dev'essere un errore [*o* sbaglio]; **by ~** per sbaglio [*o* errore] II. *vt irr* confondere

mistaken [mɪ·'steɪ·kən] I. *pp of* **mistake** II. *adj* (*belief*) errato, -a; **~ identity** errore di persona; **to be** (**very much**) **~** sbagliarsi (di grosso)

Mister ['mɪ·stə] *n* signore *m*

mistook [mɪs·'tʊk] *pt of* **mistake**

mistreat [ˌmɪs·'triːt] *vt* maltrattare

mistress ['mɪs·trɪs] *n* ① (*sexual partner*) amante *f* ② (*owner, woman in charge*) padrona *f*; **the ~ of the house** la padrona di casa

mistrust [ˌmɪs·'trʌst] I. *n* sfiducia *f*, diffidenza *f* II. *vt* **to ~ sb** diffidare di qu; **to ~ sth** non fidarsi di qc

mistrustful [ˌmɪs·'trʌst·fəl] *adj* diffidente

misty ['mɪs·ti] <-ier, -iest> *adj* ① (*foggy*) brumoso, -a; ② (*window, glasses*) appannato, -a ③ *fig* indistinto, -a

misunderstand [ˌmɪs·ˌʌn·də·'stænd] *vt irr* capire male

misunderstanding *n* ① (*failure to understand*) equivoco *m*; **there must be some ~** ci dev'essere un equivoco ② (*disagreement*) malinteso *m*

mix [mɪks] I. *n* misto *m*, mistura *f*; **a cake ~** un preparato per torte; **a ~ of people** un insieme di persone II. *vt* ① CULIN mischiare; (*ingredients*) mescolare; (*cocktails*) preparare ② (*combine*) unire; **to ~ business with pleasure** unire il lavoro al piacere III. *vi* ① (*combine*) unirsi ② (*socially*) **to ~ with sb** socializzare con qu; **to ~ well** legare bene con gli altri

◆ **mix in** I. *vi* convivere II. *vt* **to mix sth in with sth** incorporare qc a qc

◆ **mix up** *vt* ① (*confuse*) confondere ② (*put in wrong order*) mettere in disordine ③ CULIN mescolare ▶ **to mix it up with sb** *sl* attaccare briga con qu

mixed *adj* ① (*containing various elements*) misto, -a; **~ marriage** matrimo-

nio misto; **person of ~ race** meticcio, -a *m, f* ② (*contradictory*) contraddittorio, -a; **~ emotions** sentimenti contrastanti; **to be a ~ blessing** essere una benedizione ma anche una maledizione

mixed marriage *n* matrimonio *m* misto

mixed message *n* messaggio *m* contraddittorio

mixer ['mɪk·sə] *n* ① (*machine*) CULIN frullatore ② (*drink*) bevanda analcolica per diluire o preparare alcolici

mixture ['mɪks·tʃə] *n* miscuglio *m*

mix-up ['mɪks·ʌp] *n* pasticcio *m*

mm *abbr of* **millimeter** mm

MN [ˌmɪn·ɪ·'sou·tə] *n abbr of* **Minnesota** Minnesota *m*

MO *n* ① *abbr of* **modus operandi** procedimiento *m* ② *abbr of* **Missouri** Missouri *m* ③ *abbr of* **money order** vaglia *m inv*

moan [moun] I. *n* ① (*sound*) gemito *m* ② (*complaint*) lamentela *f* II. *vi* ① (*make a sound*) gemere; **to ~ with pain** gemere per il dolore ② (*complain*) lamentarsi; **to ~ about sth** lamentarsi di qc

mobile ['mou·bəl] I. *n* ① (*work of art*) mobile *m inv* ② TEL cellulare *m*, telefonino *m* II. *adj* ① (*able to move*) in grado di muoversi; (*shop, canteen*) ambulante; **to be ~** *inf* disporre di un mezzo di trasporto ② (*movable*) mobile

mobile home *n* casa *f* mobile

mobster ['mab·stər] *n* gangster *mf*

mock [mɑːk] I. *adj* ① (*imitation*) finto, -a ② (*fake*) finto, -a; **~ battle** battaglia simulata II. *vi* prendersi gioco III. *vt* ① (*ridicule*) canzonare ② (*imitate*) parodiare

model ['mɑː·dəl] I. *n* ① (*version, example*) *a.* ART modello *m*; (*of car*) modellino *f* II. *adj* esemplare; **a ~ student** uno studente modello III. <-ll-> *vt* ① (*make figure, representation*) modellare ② (*show clothes*) sfilare ③ **to ~ oneself on sb** prendere qu a modello IV. *vi* fare l'indossatore, -trice

moderate[1]　　　['mɑː·də·ət]　　I. *adj* ① (*neither large nor small*) medio, -a

@a. POL (*not extreme: speed*) moderato, -a; (*increase*) modesto, -a; (*price*) modico, -a II.*n* POL moderato, -a *m, f*

moderate² ['mɑː·də·reɪt] I.*vt* moderare II.*vi* ① (*act as moderator*) moderare ② (*become less extreme*) moderarsi

modern ['mɑː·dən] *adj* moderno, -a

modernize ['mɑː·də·naɪz] *vt* modernizzare

modest ['mɑː·dɪst] *adj* ① (*not boastful*) modesto, -a; **to be ~ about sth** non vantarsi di qc ② (*moderate*) moderato, -a

modesty ['mɑː·dɪs·ti] *n* modestia *f*

modification [ˌmɑː·dɪ·fɪ·'keɪ·ʃən] *n* modifica *f*

modify ['mɑd·ɪ·faɪ] <-ie-> *vt a.* LING modificare

modular ['mɑː·dʒə·lə] *adj* modulare

module ['mɑː·dʒuːl] *n* modulo *m*

moist [mɔɪst] *adj* umido, -a

moisten ['mɔɪ·sn] I.*vt* inumidire II.*vi* inumidirsi

moisture ['mɔɪs·tʃə] *n* umidità *f*

moisturizer *n* idratante *m*

molar ['moʊ·lə] *n* molare *m*

mold¹ [moʊld] I.*n* (*for metal, clay*) stampo *m* II.*vt* modellare

mold² [moʊld] *n* BOT muffa *f*

moldy ['moʊl·di] <-ier, -iest> *adj a.* CULIN ammuffito, -a

mole¹ [moʊl] *n* ANAT neo *m*

mole² [moʊl] *n* ① ZOOL talpa *f* ② (*spy*) spia *mf*

molecular [mə·'lek·jə·lə] *adj* molecolare

mom [mɑm] *n inf* mamma *f*

moment ['moʊ·mənt] *n* momento *m*; **at the ~** per il momento; **at any ~** da un momento all'altro; **in a ~** tra un momento; **the ~ that ...** (non) appena ...

momentarily [ˌmoʊ·mən·'ter·li] *adv* ① (*very briefly*) momentaneamente ② (*very soon*) tra un momento

momentary ['moʊ·mən·te·ri] *adj* momentaneo, -a

momentous [moʊ·'men·təs] *adj* (*fact*) molto importante; (*day*) memorabile

momma ['mɑ·mə] *n*, **mommy** ['mɑm·i] *n inf* mamma *f*

Monaco ['mɑn·ə·koʊ] *n* Monaco *m*

monarch ['mɑː·nək] *n* monarca *mf*

monarchy ['mɑː·nə·ki] <-ies> *n* monarchia *f*

monastery ['mɑː·nəs·te·ri] <-ies> *n* monastero *m*

Monday ['mʌn·di] *n* lunedì *m inv*; **Easter** [*o* **Whit**] **~** lunedì dell'Angelo, lunedì di Pasqua; *s.a.* **Friday**

money ['mʌ·ni] *n* denaro *m*, soldi *mpl*; **to be short of ~** essere a corto di soldi; **to change ~** cambiare i soldi; **to make ~** fare soldi; **to raise ~** raccogliere fondi ▸ **~ doesn't grow on trees** *prov* i soldi non piovono dal cielo *prov*; **to be made of ~** nuotare nell'oro; **for my ~** secondo me

money order *n* vaglia *m inv*

monitor ['mɑː·nɪ·tə] I.*n* ① COMPUT monitor *m inv*; **15-inch ~** monitor da 15 pollici ② (*person*) osservatore, -trice *m, f* II.*vt* monitorare; **to ~ sb/sth closely** controllare da vicino qu/qc

monk [mʌŋk] *n* monaco *m*

monkey ['mʌŋ·ki] *n* scimmia *f* ▸ **to have a ~ on your back** (*desire for drugs*) avere la scimmia; (*a big problem*) avere un problema

monopoly [mə·'nɑː·pə·li] <-ies> *n* monopolio *m*

monotonous [mə·'nɑː·tə·nəs] *adj* monotono, -a

monsoon [mɑːn·'suːn] *n* monsone *m*; **~s** piogge *fpl* monsoniche

monstrous ['mɑːn·strəs] *adj* mostruoso, -a

Montana [mɑn·'tæn·ə] *n* Montana *m*

month [mʌnθ] *n* mese *m*

monthly ['mʌnθ·li] I.*adj* mensile II.*adv* mensilmente III.*n* mensile *m*

monument ['mɑː·njə·mənt] *n* monumento *m*

monumental [ˌmɑː·njə·'men·tl] *adj* monumentale

mood [muːd] *n* umore *m*; **in a good/bad ~** di buonumore/malumore

moody ['muː·di] <-ier, -iest> *adj*

M

⊚(*changeable*) lunatico, -a ⊚(*bad-tempered*) di cattivo umore

moon[muːn] *n* luna *f*; **full/new** ▸ luna piena/nuova ▸ **once in a <u>blue</u>** ~ a ogni morte di papa

moonlight I.*n* chiaro *m* di luna II.*vi inf* svolgere un secondo lavoro

moor¹[mʊr] *n* (*area*) brughiera *f*

moor²[mʊr] *vt* NAUT ormeggiare

mooring[ˈmʊ·rɪŋ] *n* ormeggio *m*

moose[muːs] *n* alce *m*

mop[mɑːp] I.*n* ⊚(*cleaning device*) mocio *m* ⊚(*mass*) **a ~ of hair** una massa (incolta) di capelli II.<-pp-> *vt* ⊚(*wash*) lavare (con il mocio); **to ~ the floor** passare lo straccio ⊚(*dry*) asciugare

moped[ˈmoʊ·ped] *n* motorino *m*

moral [ˈmɔː·rəl] I.*adj* morale II.*n* ⊚(*message*) morale *f*; **the ~ of the story** la morale della favola ⊚*pl* (*standards*) principi *m* morali; *pl*

morale[mə·ˈræl] *n* morale *f*

morality[mɔː·ˈræ·lə·ti] <-ies> *n* moralità *f*

morbid [ˈmɔr·bɪd] *adj a*. MED morboso, -a

more [mɔːr] *comp of* **much, many** I.*adj* più; **~ coins** più monete; **a few ~ coins** qualche moneta in più; **no ~ money at all** niente più soldi; **some ~ coffee** un po' più di caffè II.*adv* più; **~ beautiful than me** più bello di me; **to drink (a bit/much) ~** bere (un po'/molto) di più; **once ~** ancora una volta; **~ than 10** più di 10 III.*pron* più; **~ and ~** sempre più; **to have ~ than sb** avere di più di qu; **to cost ~ than sth** costare di più di qc ▸ **all the ~** tanto più

moreover[mɔːr·ˈou·vər] *adv form* inoltre

morgue[mɔːrg] *n* obitorio *m*

Mormon [ˈmɔr·mən] *adj, n* mormone *mf*

morning[ˈmɔːr·nɪŋ] *n* mattina *f*, mattino *m*; **good ~!** buon giorno!; **in the ~** al mattino; **that ~** quella mattina; **the ~ after** la mattina dopo; **every ~** ogni mattina, tutte le mattine; **every Mon-**

day ~ il lunedì mattina; **one July ~** una mattina di luglio; **early in the ~** la mattina presto

morning-after pill [ˌmɔːr·nɪŋ·ˈæf·tə·ˌpɪl] *n* pillola *f* del giorno dopo

morning sickness *n* nausea *f* mattutina

mortal [ˈmɔːr·t̬l] *adj* mortale; **~ danger** pericolo *m* di morte [*o* di vita]

mortality[mɔːr·ˈtæ·lə·ti] *n form* mortalità *f*

mortgage [ˈmɔːr·ɡɪdʒ] I.*n* ipoteca *m* II.*vt* ipotecare

mortuary [ˈmɔːr·tʃu·e·ri] *n* obitorio *m*

mosaic[mou·ˈzei·ɪk] *n* mosaico *m*

Moscow[ˈmɑːs·kau] *n* Mosca *m*

Moslem [ˈmɑːz·lem] *adj, n* mus(s)ulmano, -a *m, f*

mosque[mɑːsk] *n* moschea *f*

mosquito[mə·ˈskiː·t̬ou] <-(e)s> *n* zanzara *f*

most [moust] *superl of* **many, much** I.*adj* la maggior parte di; **~ people** la maggior parte della gente; **to have the ~ friends** avere il maggior numero di amici; **for the ~ part** per lo più [*o* la maggior parte] II.*adv* più; **she's the ~ beautiful** è la più bella; **what I want ~** quello che desidero di più; **~ of all** soprattutto; **~ likely** molto probabilmente III.*pron* la maggior parte; **at the (very) ~** al massimo; **~ of them** la maggior parte di loro, quasi tutti loro; **~ of the time** la maggior parte del tempo, quasi tutto il tempo

mostly[ˈmoust·li] *adv* ⊚(*mainly*) per lo più ⊚(*usually*) di solito

mother [ˈmʌ·ðər] I.*n* ⊚(*woman*) madre *f* ⊚(*biggest thing*) madre; **that was the ~ of all wars** quella fu la madre di tutte le guerre ⊚*sl* (*sth bad*) **that was a real ~ of a problem** è stato un vero casino II.*vt* coccolare

motherhood *n* maternità *f*

mother-in-law *n* suocera *f*

motherly[ˈmʌ·ðə·li] *adj* materno, -a

Mother's Day *n* giornata *f* della mamma

mother tongue *n* lingua *f* materna

motionless *adj* immobile

M

motion picture n film m inv

motivate ['moʊ·tə·veɪt] vt ❶ (cause) motivare ❷ (arouse interest of) stimolare

motivation [ˌmoʊ·tə·'veɪ·ʃən] n ❶ (reason) motivo m ❷ (ambition, drive) motivazione f

motive ['moʊ·tɪv] I. n motivo m II. adj PHYS, TECH motore, -trice

motor ['moʊ·tə] I. n a. fig motore m II. adj a. PHYS motore, -trice

motorbike n inf moto f inv

motorboat n motoscafo m

motorcycle n motocicletta f

motorcycling n motociclismo m

motorcyclist n motociclista mf

motor home n motorhome m inv

motorist ['moʊ·tə·ɪst] n automobilista mf

motor racing n automobilismo m

motor scooter n scooter m inv

motor vehicle n form automobile f

mount [maʊnt] I. n ❶ (horse) cavalcatura f ❷ (frame) montatura f II. vt ❶ (get on: horse) montare; **to ~ a ladder** salire su una scala ❷ (organize) organizzare; **to ~ an attack** lanciare un attacco; **to ~ a rescue** organizzare un salvataggio ❸ (fix for display) fissare; (stamps) sistemare ❹ ZOOL montare III. vi salire

mountain ['maʊn·tən] n ❶ GEO montagna f ❷ inf (amount) mucchio m ▸ **to move ~s** muovere mari e monti

mountaineer [ˌmaʊn·tən·'ɪr] n alpinista mf

mountaineering n alpinismo m

mountain range n GEO catena f montuosa

mourn [mɔːrn] I. vi lamentare; **to ~ for sb** piangere la morte di qu II. vt lamentare

mourner ['mɔːr·nə] n chi accompagna un funerale

mourning ['mɔːr·nɪŋ] n lutto m; **to be in ~** essere in lutto

mouse [maʊs] <mice> n ZOOL topo m; COMPUT mouse m inv

mousetrap n trappola f per topi

moustache ['mʌs·tæʃ] n baffi mpl

mouth[1] [maʊθ] n ❶ (of person, animal) bocca f; **to shut one's ~** inf stare zitto, tacere ❷ (opening) apertura f; (of bottle, jar) bocca f; (of cave) imboccatura f; (of river) foce f ▸ **to be born with a silver spoon in one's ~** essere nato con la camicia; **it made her ~ water** le ha fatto venire l'acquolina in bocca

mouth[2] [maʊð] vt ❶ (form words silently) muovere le labbra senza articolare le parole ❷ (say insincerely) dire senza sincerità; **to ~ an excuse** tirare fuori la solita scusa

mouthpiece n ❶ TEL microfono m ❷ (of pipe) bocchino m; (of instrument) imboccatura m ❸ (person) portavoce mf

mouthwash n collutorio m

mouthwatering adj appetitoso, -a

move [muːv] I. n ❶ (movement) movimento m; **to be on the ~** (traveling) essere in viaggio; (very busy) essere in movimento; **to get a ~ on** spicciarsi ❷ (change of abode) trasloco m; (change of job) trasferimento m ❸ GAMES mossa f; it's your ~ tocca a te ❹ (action) mossa f; **to make the first ~** fare la prima mossa II. vi ❶ (change position) muoversi, spostarsi; (advance fast) correre; (make progress) progredire ❷ (in games) muovere ❸ (change abode) traslocare; (change job) trasferirsi ▸ ~ **it!** inf muoviti! III. vt ❶ (change position) spostare; (make sb change their mind) fare cambiare idea; (reschedule) spostare la data ❷ (cause emotions) commuovere; **to be ~d by sth** commuoversi per qc ❸ (propose) proporre

◆**move along** I. vt spostare II. vi spostarsi

◆**move away** I. vi allontanarsi; (move house) traslocare II. vt allontanare

◆**move back** I. vi spostarsi all'indietro II. vt spostare all'indietro

◆**move down** I. vi scendere II. vt abbassare

◆**move in** I. vi ❶ (move into abode) andare ad abitare, traslocare ❷ (inter-

vene) intervenire ⑤ (*advance to attack*) attaccare; **to ~ on enemy territory** invadere il territorio nemico II. *vt* portare ② (*continue to move*) circolare; **to ~ to another subject** passare a un altro argomento

◆**move out** *vi* ① (*stop inhabiting*) andare via (da una casa), traslocare ② (*depart*) andarsene

◆**move over** I. *vi* ① (*make room*) spostarsi; (*on seat*) farsi da parte ② (*switch*) **to ~ towards sth** passare a qc II. *vt* spostare da una parte

◆**move up** I. *vi* ① (*make room*) fare posto; (*on seat*) farsi da parte ② (*increase*) aumentare ③ (*advance*) avanzare II. *vt* spostare in alto

movement ['muːvmənt] *n* ① *a.* MUS (*act*) movimento *m* ② FIN, COM attività *f* ③ (*tendency*) tendenza *f*

movie ['muːvi] *n* ① film *m inv*; **the ~s** il cinema

movie camera *n* cinepresa *f*

moviegoer *n* cinefilo, -a *m, f*

movie star *n* stella *f* del cinema

movie theater *n* cinema *m inv*

moving ['muːvɪŋ] I. *adj* ① (*that moves*) mobile; **~ stairs** scala mobile ② (*motivating*) ispiratore, -trice; **the ~ force** l'ispirazione ③ (*causing emotion*) commovente, toccante II. *n* trasloco *m*

mow [moʊ] <mowed, mown *o* mowed> *vt* (*grass*) tosare; (*hay*) tagliare

mower ['moʊ·ʊ̯ə] *n* (*for lawn*) tosarba *m inv*

mown [moʊn] *pp of* **mow**

MP [ˌem·ˈpiː] *n abbr of* **Military Police** polizia *f* militare

mph [ˌem·piː·ˈeɪtʃ] *abbr of* **miles per hour** miglia all'ora

Mr. ['mɪs·tər] *n abbr of* **Mister** Signor

Mrs. ['mɪs·ɪz] *n* Signora

Ms. [mɪz] *n titolo che evita la distinzione tra donna nubile e sposata*

MS [ˌem·ˈes] ① *abbr of* **multiple sclerosis** sclerosi *f inv* multipla ② *abbr of* **Mississippi** Mississippi *m* ③ *abbr of*

Master of Science laurea *f* (*in discipline scientifiche*); **he has an ~ in geology** è laureato in geologia; **Louie Sanders, MS** Dott. Louie Sanders

MT *n* ① *abbr of* **Montana** Montana *m* ② *abbr of* **Mountain Time** Mountain Time (*zona horaria*)

Mt. *abbr of* **Mount** monte

much [mʌtʃ] <more, most> I. *adj* molto, molta; **too ~ wine** troppo vino; **how ~ milk?** quanto latte?; **too/so ~ water** troppa/tanta acqua; **as ~ as** tanto quanto; **three times as ~** tre volte tanto II. *adv* molto; **~ better** molto meglio; **thank you very ~** molte grazie; **to be very ~ surprised** essere molto sorpreso; **~ to my astonishment** con mia grande sorpresa III. *pron* molto; **~ of the day** gran parte della giornata; **I don't think ~ of it** non gli dò grande importanza; **to make ~ of sb/sth** dare importanza a qu/qc

mud [mʌd] *n* fango *m*

muddle ['mʌ·dl] I. *vt* ① (*mix up*) mettere in disordine ② (*confuse*) confondere II. *vi* **to ~ along** tirare avanti III. *n* disordine *m;* **to get into a ~** fare una gran confusione

muddy ['mʌ·di] I. <-ier, -iest> *adj* ① (*dirty*) infangato, -a; (*water*) torbido, -a; (*ground*) fangoso, -a II. *vt* ① (*make dirty*) infangare ② (*confuse*) confondere

mug[1] [mʌg] *n* (*for tea, coffee*) tazzone *m*; (*for beer*) boccale *m*

mug[2] [mʌg] I. *n inf* muso *m*, grugno *m* II. <-gg-> *vt* aggredire e rapinare III. *vi* **to ~ for the camera** fare le facce per essere fotografati

mugger ['mʌ·gə] *n* rapinatore, -trice *m, f*

muggy ['mʌ·gi] <-ier, -iest> *adj* afoso, -a

mule [mjuːl] *n* (*animal*) mulo, -a *m, f*

multicolored [ˌmʌl·ti·ˈkʌ·lər·əd] *adj* variopinto, -a

multilingual [ˌmʌl·ti·ˈlɪŋ·gwəl] *adj* multilingue

M

multimedia [ˌmʌl·ti·ˈmiː·dɪə] *adj* multimediale

multimillionaire [ˌmʌl·ti·mil·jə·ˈner] *n* multimilionario, -a *m, f*

multinational [ˌmʌl·ti·ˈnæʃ·nəl] *adj, n* multinazionale *f*

multiple [ˈmʌl·tə·pl] *adj* multiplo

multiplication [ˌmʌl·tə·plɪ·ˈkeɪ·ʃən] *n* moltiplicazione *f*

multiply [ˈmʌl·tə·plaɪ] <-ie-> I. *vt* moltiplicare II. *vi* moltiplicarsi

multitude [ˈmʌl·tə·tuːd] *n* ❶ *(of things, problems)* massa *f* ❷ *(crowd)* folla *f*

mum [mʌm] *adj* **to keep ~** *inf* restare in silenzio ▶~**'s the word** acqua in bocca!

mumble [ˈmʌm·bl] *vi* borbottare

mummy [ˈmʌ·mi] <-ies> *n* mummia *f*

mumps [mʌmps] *n* MED orecchioni *mpl*

municipality [mju·ˌnɪs·ə·ˈpæl·ə·t̬i] *n* <-ies> ❶ *(city, town)* comune *m* ❷ *(local government)* municipalità *f*

murder [ˈmɜːr·də·] I. *n* ❶ *(killing)* assassinio *m;* LAW omicidio (volontario/premeditato) *m;* **to commit ~** commettere un omicidio; **this job is ~** *fig* questo lavoro è infernale II. *vt* ❶ *(kill)* assassinare; *fig (music, play)* massacrare

murderer [ˈmɜːr·də·ə·] *n (killer)* assassino, -a *m, f;* LAW omicida *mf*

murderous [ˈmɜːr·də·rəs] *adj* ❶ *(capable of murder)* capace di uccidere; **~ dealer/gangster** trafficante/gangster assassino ❷ *(capable of causing death: look)* assassino, -a; *(instinct)* omicida; *(plan)* criminale ❸ *inf (difficult: heat)* bestiale; *(traffic)* infernale

murmur [ˈmɜːr·mə·] I. *vi, vt* mormorare II. *n* mormorio *m*

muscle [ˈmʌ·sl] *n* ❶ ANAT muscolo *m* ❷ *fig* forza *f*

muscular [ˈmʌs·kjə·lə·] *adj* ❶ *(pain, contraction)* muscolare ❷ *(arms, legs)* muscoloso, -a

museum [mju·ˈziː·əm] *n* museo *m*

mushroom [ˈmʌʃ·ruːm] I. *n (wild)* fungo *m* II. *vi (population, prices)* aumentare rapidamente; *(town)* spuntare all'improvviso [*o* come i funghi]

music [ˈmjuː·zɪk] *n* ❶ *(art)* musica *f;* **it was ~ to her ears** era musica per le sue orecchie ❷ *(notes)* partitura *f*, spartito *m;* **to read ~** leggere la musica

musical [ˈmjuː·zɪ·kəl] I. *adj* musicale II. *n* musical *m inv*

musician [mjuː·ˈzɪ·ʃən] *n* musicista *mf*

Muslim [ˈmʌz·ləm] *adj, n* mus(s)ulmano, -a *m, f*

mussel [ˈmʌ·sl] *n* cozza *f*

must [mʌst] I. *aux* ❶ *(obligation)* dovere; **~ you leave so soon?** devi proprio andar via così presto?; **you ~n't do that** non devi fare questo ❷ *(probability)* dovere; **I ~ have lost it** devo averlo perso; **you ~ be hungry** (immagino che) avrai fame II. *n* must *m inv;* **this book is an absolute ~** leggere questo libro è un must

mustache [ˈmʌs·tæʃ] *n* baffi *mpl*

mustard [ˈmʌs·təd] *n* senape *f*

mustn't [ˈmʌ·snt] *must not* **must**

mutter [ˈmʌ·tə·] I. *vi* ❶ *(talk)* sussurrare [*o* borbottare] ❷ *(complain)* brontolare; **to ~ about sth** brontolare per qc II. *vt* sussurrare [*o* borbottare] III. *n* mormorio *m*, brontolio *m*

mutton [ˈmʌ·tən] *n* carne *f* di montone

mutual [ˈmjuːt·ʃu·əl] *adj (understanding)* mutuo, -a; *(friend, interest)* comune

MVP *n abbr* **most valuable player** giocatore , -trice *m, f* di maggior valore

my [maɪ] I. *adj pos* (il) mio *m*, (la) mia *f*, (i) miei *mpl*, (le) mie *fpl*; **~ dog/house** il mio cane/la mia casa; **~ father/sister** mio padre/mia sorella; **~ children** i miei figli; **this car is ~ own** quest'auto è mia; **I hurt ~ foot/head** mi sono fatto male a un piede/alla testa II. *interj* santo cielo!

myself [maɪ·ˈself] *pron reflexive* ❶ *(direct, indirect object)* mi; **I hurt ~** mi sono fatto male; **when I express/exert ~** quando mi esprimo/sforzo; **I bought ~ a bag** mi sono comprato una borsa ❷ *emphatic* me (stesso, stessa), io (stesso, stessa); **my brother and ~** mio fratello e io; **I'll do it ~** lo farò io (stesso);

M

I did it (all) by ~ l'ho fatto da solo/da me ③ *after prep* me (stesso/stessa); I said to ~ mi sono detto; I am ashamed of me stesso; I live by ~ vivo da solo [*o per conto mio*]
mysterious [mɪ·'stɪ·ri·əs] *adj* misterioso, -a

mystery ['mɪs·tə·ri] <-ies> *n* mistero *m*
myth [mɪθ] *n* mito *m*
mythical ['mɪ·θɪ·kl] *adj* ① (*legendary*) mitico, -a ② (*supposed*) ipotetico, -a
mythology [mɪ·'θɑ·lə·dʒi] *n* <-ies> mitologia *f*

Nn

N, n [ɛn] *n* N, n *f;* ~ **for Nancy** N di Napoli
n *abbr of* **noun** s.
N *abbr of* **north** N
nail [neɪl] I. *n* ① (*tool*) chiodo *m* ② ANAT unghia *f* ▸ **to hit the ~ on the head** cogliere nel segno II. *vt* ① (*fasten*) inchiodare ② *inf* (*catch: police*) beccare; (*lie*) scoprire
nail-biting *adj fig* snervante
nail file *n* limetta *f* per le unghie
nail polish *n* smalto *m* per unghie
nail polish remover *n* acetone *m*
naive, naïve [na·'iv] *adj* ingenuo, -a
naked ['neɪ·kɪd] *adj* ① (*unclothed*) nudo, -a ② (*uncovered: aggression*) manifesto, -a; (*ambition*) palese
name [neɪm] I. *n* ① nome *m;* **by** ~ di nome; **to know sb by** ~ conoscere qu di nome; **in** ~ **only** solo di nome ② (*reputation*) fama *f;* **a good** ~ una buona reputazione; **to make a** ~ **for oneself** farsi un nome II. *vt* ① (*call*) chiamare ② (*list*) dire il nome di ③ (*choose*) **to** ~ **the time and the place** fissare il posto e l'ora
namely ['neɪm·li] *adv* vale a dire
nanny ['næ·ni] <-ies> *n* bambinaia *f*
nap[1] [næp] (*sleep*) I. *n* pisolino *m;* (*after lunch*) pennichella *f;* **to take a** ~ fare un pisolino [*o una pennichella*] II. <-pp-> *vi* schiacciare un pisolino
nap[2] [næp] *n* (*on fabric*) pelo *m*
nape [neɪp] *n* nuca *f*

napkin ['næp·kɪn] *n* tovagliolo *m*
narrate ['ne·reɪt] *vt* ① (*tale, story*) narrare ② TV commentare
narrator ['ne·reɪ·tə·] *n* narratore, -trice *m, f;* TV voce *f* narrante
narrow ['ne·roʊ] I. <-er, -est> *adj* ① (*thin*) stretto, -a ② (*limited*) limitato, -a ③ (*margin*) scarso, -a II. *vi* (*road*) restringersi; (*gap*) ridursi III. *vt* (*field*) restringere; (*gap*) ridurre
narrowly *adv* ① (*barely*) per poco ② (*meticulously*) attentamente
narrow-minded [ˌne·roʊ·'maɪn·dɪd] *adj* (*person*) di vedute ristrette; (*opinions*) ristretto, -a
nasty ['næs·ti] <-ier, -iest> *adj* ① (*bad*) cattivo, -a; (*surprise*) brutto, -a ② (*dangerous, serious*) brutto, -a
nation ['neɪ·ʃən] *n* ① (*country*) nazione *f*, paese *m* ② (*people living in a state*) nazione *f;* **the Jewish** ~ la nazione ebraica
national ['næ·ʃə·nəl] I. *adj* nazionale II. *n* cittadino, -a *m, f;* **foreign** ~ cittadino straniero
national anthem *n* inno *m* nazionale
national holiday *n* festa *f* nazionale
nationality [ˌnæ·ʃə·'næ·lə·ti] <-ies> *n* nazionalità *f;* **to adopt American/ Spanish** ~ prendere la nazionalità americana/spagnola
nationwide [ˌneɪ·ʃən·'waɪd] I. *adv* a livello nazionale II. *adj* su scala nazionale
native ['neɪ·ţɪv] I. *adj* ① (*indigenous*)

indigeno, -a; **to be ~ to the United States** (*plant, animal*) essere originario degli Stati Uniti ❷ (*of place of origin*) nativo, -a m ❸ (*indigenous, aboriginal*) indigeno, -a ❹ (*original*) originario, -a; (*innate*) innato, -a; (*language*) materno, -a II. n (*indigenous inhabitant*) indigeno, -a m, f; **a ~ of Italy** un italiano di nascita; **to speak English like a ~** parlare inglese come un madrelingua

native American I. n indiano, -a m, f d'America II. adj amerindio, -a

native speaker n madrelingua mf

natural ['næt·ʃə·əl] I. adj ❶ (*not artificial*) naturale; **~ causes** cause fpl naturali; **to die of ~ causes** morire per cause naturali; **~ disaster** calamità f naturale ❷ (*usual, to be expected*) naturale II. n inf **to be a ~ for sth** avere un talento naturale per qc

natural childbirth n parto m naturale

natural history n storia f naturale

naturally adv naturalmente

natural resources npl risorse fpl naturali

N nature ['neɪ·tʃə] n natura f

nature lover n amante mf della natura

nature reserve n riserva f naturale

nature trail n percorso m naturalistico

naughty ['nɑː·ţi] <-ier, -iest> adj ❶ (*badly behaved*) birichino, -a ❷ (*adults*) birbante ❸ iron, inf (*sexually stimulating*) piccante

nauseating ['nɔ·zi·eɪ·ţɪŋ] adj nauseante

nauseous ['nɔ·ʃəs] adj nauseante; **she is ~** ha la nausea ❸

naval ['neɪ·vəl] adj (*battle, force*) navale; **~ commander** ufficiale m di marina

navel ['neɪ·vl] n ombelico m

navigate ['næ·vɪ·geɪt] I. vt ❶ (*steer*) governare; AVIAT pilotare; AUTO guidare ❷ (*sail*) navigare; **to ~ the ocean** navigare l'oceano ❸ (*cross*) attraversare ❹ COMPUT **to ~ the Internet** navigare in Internet II. vi NAUT, AVIAT navigare; AUTO fare da navigatore

navigation [,næ·vɪ·ˈgeɪ·ʃən] n no pl (*navigating*) navigazione f; **~ system** sistema m di navigazione

navigator ['næ·vɪ·geɪ·ţə] n AUTO navigatore, -trice m, f

navy ['neɪ·vi] I. <-ies> n (*country's military fleet*) **the Navy** la Marina; **to be in the Navy** essere in Marina II. adj (*dark blue*) blu marino

NB [,en·ˈbiː] abbr of **nota bene** N.B.

NBA [,en·biː·ˈeɪ] n abbr of **National Basketball Association** NBA f

NC [,nɔrθ·ˌkær·ə·ˈlaɪ·nə] n abbr of **North Carolina** NC

ND [,nɔrθ·də·ˈkoʊ·də] n abbr of **North Dakota** ND

NE ❶ abbr of **Nebraska** Nebraska ❷ abbr of **New England** NE ❸ abbr of **northeast** NE

near [nɪr] I. adj ❶ (*spatial*) vicino, -a ❷ (*temporal*) vicino, -a; **in the ~ future** nel prossimo futuro ❸ (*dear*) **a ~ and dear friend** un amico intimo ❹ (*similar*) simile ❺ (*almost true*) **to have a ~ accident** fare quasi un incidente; **that was a ~ miss** [o thing] c'è mancato poco II. adv ❶ (*spatial or temporal*) vicino; **to be ~** essere vicino; **to come ~** avvicinarsi; **~ at hand** a portata di mano ❷ (*almost*) **~ to tears** sul punto di piangere III. prep ❶ (*in proximity to*) **(to)** vicino (a); **~ (to) the house** vicino alla casa ❷ (*almost*) **it's ~ midnight** è quasi mezzanotte ❸ (*about ready to*) **to be ~ to doing sth** essere sul punto di fare qc ❹ (*like*) **the copy is ~ to the original** la copia è simile all'originale IV. vt avvicinarsi a; **it is ~ing completion** è quasi finito; **he is ~ing his goal** si sta avvicinando alla meta

nearby [,nɪr·ˈbaɪ] I. adj vicino, -a II. adv vicino; **is it ~?** è vicino?

Near East n **the ~** il Vicino oriente

nearly ['nɪr·li] adv quasi; **~ certain** quasi certo; **to be ~ there** essere quasi arrivato; **I very ~ bought that car** per poco non compravo quella macchina; **she's ~ as tall as her father** è alta quasi come suo padre

near-sighted [ˌnɪr·ˈsaɪ·tɪd] *adj a. fig* miope

neat [niːt] *adj* ❶ (*orderly*) ordinato, -a; (*appearance*) curato, -a; **~ and tidy** ordinato ❷ (*deft*) buono, -a; **~ solution** buona soluzione *f* ❸ (*undiluted*) puro, -a; **I'll have a ~ gin please** io prendo un gin liscio ❹ *inf* (*fine, good*) fantastico, -a *inf*; **a ~ guy** un tipo figo

Nebraska [nə·ˈbræs·kə] *n* Nebraska *m*

necessarily [ˌne·sə·ˈse·rə·li] *adv* necessariamente; **not ~** non necessariamente

necessary [ˈne·sə·se·ri] *adj* necessario, -a; **to make the ~ arrangements** fare i preparativi necessari; **a ~ evil** un male necessario; **strictly ~** strettamente necessario; **to be ~** essere necessario; **to do what is ~** fare ciò che è necessario; **if ~** se necessario

necessity [nə·ˈse·sə·ti] <-ies> *n* (*need*) necessità *f*; **in case of ~** in caso di necessità; **~ of doing sth** necessità di fare qc; **~ for sb to do sth** bisogno che qu faccia qc; **the bare ~** lo stretto indispensabile

neck [nek] I. *n* ❶ ANAT collo *m* ❷ FASHION scollo *m*; **round ~ sweater** maglione (a) girocollo ❸ (*of bottle*) collo *m* ▸ **to be up to one's ~ in sth** *inf* essere dentro fino al collo in qc II. *vi inf* pomiciare

necklace [ˈnek·lɪs] *n* collana *f*

neckline [ˈnek·laɪn] *n* scollatura *f*

necktie *n* cravatta *f*

nectarine [ˌnek·tə·ˈrin] *n* nettarina *f*

née [neɪ] *adj* nata

need [niːd] I. *n* ❶ bisogno *m*; **in ~** bisognoso, -a; **~ for sb/sth** bisogno di qu/qc; **to be in ~ of sth** aver bisogno di qc; **to have no ~ of sth** non avere alcun bisogno di qc; **as the ~ arises** al bisogno; **if ~(s) be** se fosse necessario ❷ *pl* **basic ~s** bisogni primari II. *vt* ❶ (*require*) avere bisogno di; **to ~ sb to do sth** aver bisogno che qu faccia qc ❷ (*ought to have*) necessitare di; **to not ~ sth** non esserci bisogno di qc; **to ~ sth** richiedere qc ❸ (*must, have*) **to ~ to do sth** dover fare qc; **~ we/I/you?** dobbiamo/devo/devi proprio?

needle [ˈniː·dl] I. *n* ago *m*; **hypodermic ~** siringa *f* (ipodermica); **knitting ~** ferro *m* da calza II. *vt* punzecchiare

needless [ˈniːd·lɪs] *adj* inutile; **to say ~** ... inutile dire...

negative [ˈne·gə·tɪv] I. *adj a.* LING, MED negativo, -a; **~ answer** risposta *f* negativa; **to be ~ about sth/sb** avere un atteggiamento negativo nei confronti di qu/qc II. *n* ❶ (*rejection*) risposta *f* negativa ❷ (*making use of negation*) negazione *f* ❸ PHOT negativo *m*

neglect [nɪ·ˈglekt] I. *vt* trascurare; **to ~ one's duties** trascurare i propri doveri; **to ~ to do sth** dimenticarsi di fare qc II. *n* (*poor state*) abbandono *m*; **to be in a state of ~** essere in uno stato di abbandono

neglected *adj* trascurato, -a

neglectful [nɪ·ˈglekt·fəl] *adj* negligente

negligible [ˈne·glɪ·dʒə·bl] *adj* trascurabile

negotiate [nɪ·ˈgoʊ·ʃi·eɪt] I. *vt* ❶ (*discuss*) negoziare; **to ~ a loan** negoziare un prestito ❷ (*check, securities*) negoziare II. *vi* negoziare; **to ~ on sth** negoziare qc

negotiation [nɪˌgoʊ·ʃi·ˈeɪ·ʃən] *n* negoziato *m*

negotiator [nɪ·ˈgoʊ·ʃi·eɪ·tə] *n* negoziatore, -trice *m, f*

neighbor [ˈneɪ·bə] I. *n* vicino, -a *m, f* II. *vi* **to ~ on sth** confinare con qc

neighborhood [ˈneɪ·bə·hʊd] *n* ❶ (*smallish localized community*) quartiere *m*; (*people*) vicinato *m* ❷ (*vicinity*) vicinanza *f*, dintorni *mpl*; **in the ~** nei paraggi

neighboring [ˈneɪ·bə·rɪŋ] *adj* (*nearby, bordering*) vicino, -a; **~ house** casa *f* vicina

neighborly [ˈneɪ·bə·li] *adj* cordiale

neither [ˈniː·ðə] I. *pron* nessuno, -a; **which one? — ~ (of them)** quale? — nessuno dei due II. *adv* **~ ... nor ...** né... né...; **he is ~ wounded nor dead** non è né ferito né morto III. *conj* nemmeno; **if he won't eat, ~ will I** se

N

lui non mangia, non mangio nemmeno io **IV.** *adj* nessuno, -a; **in ~ case** in nessun caso

neo-Nazi [ˌniː·əʊˈnɑː·tsi] *adj, n* neonazista *mf*

nephew [ˈnef·juː] *n* nipote *m*

Neptune [ˈnep·tuːn] *n* Nettuno *m*

nerve [nɜːv] *n* ① ANAT nervo *m* ② (*high nervousness*) **~s** nervi *mpl;* **to be a bundle of ~s** *fig* avere i nervi a fior di pelle; **to get on sb's ~s** *inf* dare sui nervi a qu ③ (*courage, bravery*) coraggio *m;* **to lose one's ~** perdersi d'animo ④ (*apprehension*) **~s** nervosismo *m* ⑤ (*temerity*) sfacciataggine *f;* **to have the ~ to do sth** *inf* avere la faccia tosta di fare qc

nervous [ˈnɜːr·vəs] *adj* (*jumpy*) nervoso, -a; (*edgy*) teso, -a; **to make sb ~** far innervosire qu; **to be ~ about sth** essere nervoso per qc

nervous breakdown *n* esaurimento *m* nervoso

nervousness *n* (*nervous condition, excitement*) nervosismo *m;* (*fearfulness*) paura *f;* **~ about sth** paura per qc

net¹ [net] **I.** *n* ① (*material with spaces*) rete *f;* (*fine netted fabric*) tulle *m inv;* **mosquito ~** zanzariera *f* ② (*device for trapping fish*) rete *f* ③ SPORTS rete *f* **II.** <-tt-> *vt* (*catch: fish*) prendere (con la rete); (*criminals*) catturare

net² [net] **I.** *adj* ① ECON netto, -a; **~ income** [*o* **earnings**] reddito *m* netto ② (*excluding package: weight*) netto, -a **II.** *vt* **to ~ 10,000 dollar** guadagnare 10.000 dollari netti

Net [net] *n* COMPUT **the ~** la rete; **~ surfer** navigatore, -trice *m, f* della rete

Netherlands [ˈne·ðə·ləndz] *n* **the ~** i Paesi *mpl* Bassi

netiquette [ˈne·tɪ·ket] *n* COMPUT netiquette *f inv*, norme per il corretto comportamento nell'uso di Internet

Netspeak [ˈnet·spiːk] *adj* COMPUT linguaggio *m* di Internet

network [ˈnet·wɜːrk] **I.** *n* ① COMPUT rete *f;* **cable ~** cablaggio *m;* **comput-er ~** rete informatica, network *m;* **so-cial ~** rete *f* sociale, social network *m* ② TEL **telephone ~** rete telefonica ③ TV network *m inv* ④ ECON rete *f* ⑤ AUTO **rail[road] ~** rete *f* ferroviaria **II.** *vt* ① (*link together*) collegare in rete ② (*broadcast*) trasmettere a reti unificate **III.** *vi* crearsi una rete di contatti; **to ~ with sb** stabilire un contatto con qu

networking *n* COMPUT collegamento *m* in rete

neurosurgeon [ˌnʊˈrou·sɜːr·dʒən] *n* neurochirurgo *m*

neurotic [nʊˈrɑː·tɪk] *adj, n* nevrotico, -a *m, f*

neutral [ˈnuː·trəl] **I.** *adj* ① (*uninvolved*) neutrale; **~ country** POL paese *m* neutrale ② *a.* CHEM, ELEC neutro, -a **II.** *n* ① (*non-combatant in war*) paese *m* neutrale ② (*part of gear system*) posizione *f* di folle; **in ~** in folle

Nevada [nəˈvad·ə] *n* Nevada *m*

never [ˈne·vər] *adv* ① (*at no time*) non... mai; **I ~ forget a face** non dimentico mai un volto ② (*under no circumstances*) mai; **~ again!** mai più!; **it's ~ too late to do sth** non è mai troppo tardi per fare qc; **as ~ before** come mai prima; **~ ever** mai e poi mai; **~ mind** non importa; **~ say die** *fig* non gettare la spugna

never-ending [ˈne·vəˈren·dɪŋ] *adj* infinito, -a

nevertheless [ˌne·vəˈðəˈles] *adv* ciò nonostante, tuttavia

new [nuː] **I.** *adj* ① (*latest, recent*) nuovo, -a; **to be the ~est fad** [*o* **craze**] *inf* essere l'ultima moda ② (*changed*) nuovo, -a; **the ~ kid on the block** l'ultimo arrivato ③ (*inexperienced*) nuovo, -a; **to be a ~ one on sb** essere una novità per qu; **she's ~ to the job** è nuova del mestiere ④ (*in new condition*) nuovo, -a; **brand ~** nuovo di zecca ⑤ (*fresh*) fresco, -a; **to feel like a ~ man/woman** sentirsi rinato, -a **II.** *n* **the ~** il nuovo

newbie *n* COMPUT newbie *mf inv*, nuovo

arrivato in un blog, un forum, un news-group online

newborn *adj* appena nato, -a; **~ baby** neonato, -a *m, f*

newcomer *n* ① *(person who has just arrived)* nuovo arrivato, -a *m, f* ② *(stranger)* nuovo, -a *m, f;* **I'm a ~ to Phoenix** sono nuovo di Phoenix ③ *(beginner)* novellino, -a *m, f*

New England *n* New England *m*

New Hampshire [ˌnuˈhæmp·fər] *n* New Hampshire *m*

New Jersey [ˌnuˈdʒɜr·zi] *n* New Jersey *m*

newly [ˈnuː·li] *adv* ① *(recently)* di recente; **~ married** appena sposati ② *(shaved, painted)* di fresco ③ *(done differently than before)* in modo nuovo

New Mexico [ˌnuˈmek·sɪ·koʊ] *n* Nuovo Messico *m*

New Orleans [ˌnuˈɔr·li·ənz] *n* New Orleans *f*

new potatoes *npl* patate *fpl* novelle

news [nuːz] *n* + *sing verb* ① *(fresh information)* notizie *fpl;* **the ~ media** i mezzi di informazione; **bad/good ~** buone/cattive notizie; **to break the ~ to sb** dare la notizia a qu ② TV telegiornale *m,* notiziario *m;* RADIO giornale *m* radio, notiziario *m;* **to be ~** fare notizia

news agency <-ies> *n* agenzia *f* di stampa

newsflash <-es> *n* notiziario *m* flash

news item *n* notizia *f*

newsletter *n* bollettino *m* di informazione

newspaper *n* giornale *m;* **~ clipping** ritaglio *m* di giornale

news report *n* notizia *f*

newsroom *n* redazione *f*

newsstand *n* edicola *f*

newsvendor *n* giornalaio, -a *m, f*

newsworthy *adj* che fa notizia

New Testament *n* REL Nuovo Testamento *m*

New Year *n* ① anno *m* nuovo; **Happy ~** felice anno nuovo ② *(opening weeks of year)* inizio *m* dell'anno

New Year's Day *n* capodanno *m*

New Year's Eve *n* ultimo *m* dell'anno

New York [ˌnuˈjɔrk] **I.** *n* New York *f* **II.** *adj* newyorkese

New Yorker *n* newyorkese *mf*

New Zealand [ˌnuˈziˈlənd] **I.** *n* Nuova Zelanda *f* **II.** *adj* neozelandese

New Zealander *n* neozelandese *mf*

next [nekst] **I.** *adj* ① *(nearest in location)* accanto, -a ② *(following in time)* prossimo, -a; **the ~ day** il giorno seguente; **~ month** il mese prossimo; **(the) ~ time** la prossima volta ③ *(following in order)* successivo, -a; **to be ~** venire dopo; **~ to sth/sb** vicino a qc/qu **II.** *adv* ① *(afterwards, subsequently)* dopo ② *(almost as much)* **~ to** subito dopo ③ *(again, once more)* di nuovo; **when I saw him ~ he had transformed** quando lo rividi era molto cambiato ④ *(almost)* quasi; **~ to impossible** quasi impossibile; **~ to nothing** quasi niente ⑤ *(second)* **the ~ best thing** in alternativa, la cosa migliore **III.** *prep* ① *(beside)* **~** accanto a; **my room is ~ to yours** la mia stanza è accanto alla tua ② *(almost)* quasi; **to cost ~ to nothing** non costare quasi niente ③ *(second to)* **~ to last** penultimo

next door [ˌnekstˈdɔːr] *adv* accanto

next-door neighbor *n* vicino, -a *m, f* di casa

next of kin *n* parente *mf* stretto, -a

NFL [ˌen·ef·ˈel] *n abbr of* **National Football League** NFL *f*

NH [ˌnuˈhæmp·fər] *n abbr of* **New Hampshire** NH

NHL [ˌen·eɪtʃ·ˈel] *n abbr of* **National Hockey League** NHL *f*

Nicaragua [ˌnɪk·ə·ˈrag·wə] *n* Nicaragua *m*

Nicaraguan *adj, n* nicaraguense *mf*

nice [naɪs] **I.** *adj* ① *(pleasant, agreeable)* bello, -a; **~ one!, ~ work!** *inf* ben fatto!; **~ weather** bel tempo *m;* **far ~r** molto più bello ② *(amiable)* simpatico, -a; *(kind)* gentile; **to be ~ to sb** essere gentile con qu; **it is/was ~ of sb to do sth** è/è stato gentile da parte di qu fare qc **II.** *adv* bene

nicely ['naıs·li] *adv* ①(*well, satisfactorily*) bene; **to do very ~** caversela bene ②(*having success*) splendidamente ③(*in healthy state*) in buona salute ④(*pleasantly*) gentilmente

nicety ['naı·sə·ti] <-ies> *n* ①(*subtle distinction*) sottigliezza *f* ②(*precision*) precisione *f* ③(*precise differentiations*) **niceties** sfumature *fpl*; (*in negative sense*) convenevoli *mpl*

nickel ['nı·kl] *n* ①CHEM nichel *m* ②(*coin*) moneta *f* da cinque centesimi (di dollaro)

nickname ['nık·neım] I. *n* soprannome *m* II. *vt* soprannominare

nicotine ['nı·kə·ti:n] *n* nicotina *f*

niece [ni:s] *n* nipote *f*

nigger ['nıg·ər] *n offensive, sl* negro, -a *m, f*

night [naıt] *n* notte *f*, sera *f*; **good ~!** buona notte!; **last ~** la notte scorsa; **10 (o'clock) at ~** le dieci di sera; **the ~ before** la sera prima; **during the ~** durante la notte; **to work ~s** lavorare di notte

nightcap *n* (*drink*) bicchierino che si beve prima di andare a dormire

nightclothes *npl* biancheria *f* da notte

nightdress <-es> *n* camicia *f* da notte

nightfall *n* crepuscolo *m*

nightgown *n* camicia *f* da notte

nightie *n inf* camicia *f* da notte

nightingale *n* usignolo *m*

nightlight *n* lampada *f* da notte

nightly ['naıt·li] I. *adv* ogni sera II. *adj* ①(*done or happening each night*) di tutte le sere ②(*nocturnal*) notturno, -a

nightmare ['naıt·mer] *n* incubo *m*

nightmarish ['naıt·me·rıʃ] *adj* (*like a horrible dream*) da incubo

night-nurse *n* infermiere, -a *m, f* di notte

night school *n* scuola *f* serale

night shift *n* turno *m* di notte

nightshirt *n* camicia *f* da notte (da uomo)

nightstand *n* comodino *m*

nighttime *n* notte *f*; **at ~** di notte

night watchman *n* guardia *f* notturna

nil [nıl] *n* zero *m*

Nile [naıl] *n* **the ~** il Nilo

nimble ['nım·bl] *adj* (*feet, fingers*) agile; (*quick-thinking*) pronto, -a; **~ mind** mente *f* sveglia

nine [naın] I. *adj* nove *inv* ▶ **a ~ days' wonder** un fuoco di paglia; **~ times out of ten** nove volte su dieci II. *n* nove *m* ▶ **to be dressed to the ~s** *inf* mettersi in tiro; *s.a.* **eight**

nineteen [,naın·'ti:n] *adj, n* dicianno-ve *m; s.a.* **eight**

nineteenth I. *adj* diciannovesimo, -a II. *n* ①(*order*) diciannovesimo, -a *m, f* ②(*date*) diciannove *m* ③(*fraction, part*) diciannovesimo *m; s.a.* **eighth**

ninetieth ['naın·tı·əθ] *adj, n* (*order*) novantesimo, -a *m, f*; (*fraction, part*) novantesimo *m; s.a.* **eighth**

ninety ['naın·tı] I. *adj* novanta II. <-ies> *n* novanta *m*; (*decade*); **the nineties** gli anni *mpl* novanta; *s.a.* **eighty**

ninth [naınθ] I. *adj* nono, -a II. *n* ①(*order*) nono, -a *m, f* ②(*date*) nove *m* ③(*fraction, part*) nono *m; s.a.* **eighth**

nipple ['nı·pl] *n* ANAT capezzolo *m*

nippy ['nı·pi] <-ier, -iest> *adj inf* gelido, -a

nitpicking ['nıt·pı·kıŋ] I. *adj inf* pignolo, -a II. *n inf* pedanteria *f*

nitrate ['naı·treıt] *n* nitrato *m*

nitrogen ['naı·trə·dʒən] *n* nitrogeno *m*

nitroglycerin(e) [,naı·trou·'glı·sə·ri:n] *n* nitroglicerina *f*

nitty-gritty [,nı·tı·'grı·ti] *n inf* **the ~** il succo *m*; **to get down to the ~** venire al sodo

NJ [,nu·'dʒɜr·zi] *n abbr of* **New Jersey** NJ

NM [,nu·'mek·sı·kou] *n abbr of* **New Mexico** NM

NNE *abbr of* **north-northeast** NNE *m*

NNW *abbr of* **north-northwest** NNO *m*

no [nou] I. *adj* ①(*not to any degree*) nessuno, -a; **~ parking** divieto di sosta; **~ way** in nessun modo;

~ can do *inf* non posso farlo ② *(equivalent to a negative sentence)* no; *(emphasizes previous statement's falsity)* no, anzi **II.** <-(e)s>, *n (denial, refusal)* no *m*; **to not take ~ for an answer** non accettare un no come risposta **III.** *interj (word used to deny)* no; *(emphasizes distress)* questa poi!

no., No. *abbr of* **number** no.

Nobel prize [ˌnoʊ·belˈpraɪz] *n* premio *m* Nobel

noble [ˈnoʊ·bl̩] **I.** *adj* ① *(of aristocratic birth)* nobile ② *(person, action)* nobile ③ *(splendid)* maestoso, -a **II.** *n* nobile *mf*

nobody [ˈnoʊ·bɑː·di] **I.** *pron indef, sing* nessuno; **~ speaks** nessuno parla; **we saw ~ (else)** non abbiamo visto nessuno (altro); **he told ~** non l'ha detto a nessuno **II.** *n inf* nessuno *m inv*; **those people are nobodies** quelle persone non valgono niente

nod [nɑːd] **I.** *n* cenno *m* (del capo) **II.** <-dd-> *vt* **to ~ one's head** far cenno di sì con la testa **III.** <-dd-> *vi* ① *(incline head in agreement)* assentire col capo; **to ~ to sb** salutare qu con un cenno del capo ② *inf (start sleeping)* addormentarsi

node [noʊd] *n* nodo *m*

nodule [ˈnɑː·dju:l] *n a.* ANAT, BOT nodulo *m*

nohow [ˈnoʊ·haʊ] *adv inf* in nessun modo

noise [nɔɪz] *n* ① *(sound)* rumore *m*; **to make a ~** fare rumore ② *(loud, unpleasant sounds)* rumore *m* ③ ELEC interferenze *fpl*

noiseless [ˈnɔɪz·ləs] *adj* silenzioso, -a

noise pollution *n* inquinamento *m* acustico

noise prevention *n* prevenzione *f* del rumore

noisy [ˈnɔɪ·zi] <-ier, -iest> *adj* ① *(child)* chiassoso, -a; *(protest, street)* rumoroso, -a; **to be ~** fare rumore ② ELEC *(signal)* acustico, -a ③ *fig (clothes)* chiassoso, -a

no man's land [ˈnoʊ·mænz·lænd] *n* terra *f* di nessuno

nominally [ˈnɑː·mə·nə·li] *adv* nominalmente

nominate [ˈnɑː·mə·neɪt] *vt* ① *(propose)* designare; *(for an award)* candidare ② *(appoint)* nominare

nomination [ˌnɑː·məˈneɪ·ʃən] *n* ① *(proposal)* designazione *f* ② *(appointment)* nomina *f*; *(for an award)* candidatura *f* ③ *(action of proposing)* designazione *f*

nominee [ˌnɑː·məˈni:] *n (person chosen)* persona *f* designata; *(person suggested)* candidato, -a *m, f*

nonalcoholic [ˌnɑn·æl·kə·ˈhɑl·ɪk] *adj* analcolico, -a

nonchalant [ˌnɑːn·ʃəˈlɑ:nt] *adj* noncurante; **to appear ~** mostrarsi indifferente

noncommittal [ˌnɑn·kəˈmɪt̬·əl] *adj* evasivo, -a

non compos mentis [ˌnɑːn·ˌkɑːm·poʊsˈmen·t̬ɪs] *adj* LAW incapace di intendere e di volere

nonconformist [ˌnɑːn·kən·ˈfɔːr·mɪst] *adj, n* nonconformista *f*

nondescript [ˈnɑːn·dɪs·krɪpt] *adj (person)* insignificante; *(color)* indefinito, -a

none [nʌn] **I.** *pron* ① *(nobody)* nessuno, -a; **~ of them** nessuno di loro; **~ of you helped me** nessuno di voi mi ha aiutato ② *(not any)* nessuno, -a; **~ of my letters arrived** nessuna delle mie lettere è arrivata ③ *(not any)* **nuts/wine? I've ~ (at all)** frutta secca/vino? Non ne ho (neanche un po'); **~ of that!** smettila! **II.** *adv* ① *(not)* **~ the less** non saperne più di prima ② *(not very)* **it's ~ too warm** fa tutt'altro che caldo

nonexistent [ˌnɑn·ɪgˈzɪs·tənt] *adj* inesistente

nonnegotiable [ˌnɑn·nɪ·ˈgoʊ·ʃi·ə·bəl] *adj* LAW, FIN non negoziabile

nonpolluting [ˌnɑn·pə·ˈlu·t̬ɪŋ] *adj* non inquinante

nonprofit, non-profit-making [ˌnɑːn·ˈprɑː·fɪt·ˌmeɪ·kɪŋ] *adj* non profit

N

nonrefundable [ˌnɑn·rɪ·ˈfʌn·də·bəl] *adj* non rimborsabile

nonresident [ˌnɑn·ˈrez·ɪ·dənt] *adj*, *n* non residente *mf*

nonreturnable [ˌnɑn·rɪ·ˈtɜr·nə·bəl] *adj* non restituibile

nonsense [ˈnɑːn·sents] I. *n* assurdità *fpl*; **to talk** ~ *inf* dire sciocchezze II. *adj* (*without meaning*) inventato, -a III. *interj* sciocchezze

nonsensical [ˌnɑːn·ˈsen·tsɪ·kl] *adj* assurdo, -a

nonsmoking *adj* non fumatori

nonstop [ˌnɑn·ˈstɑp] I. *adj* ① (*without stopping, direct*) diretto, -a ② (*uninterrupted*) ininterrotto, -a II. *adv* ininterrottamente

noob [nuːb] *n* COMPUT, INET newbie *m*

noodle [ˈnuː·dl] I. *n* spaghetto *m*; (*with eggs*) tagliatella *m* II. *adj* con la pasta

noon [nuːn] *n* mezzogiorno *m*; **at** ~ a mezzogiorno

no one [ˈnoʊ·wʌn] *pron s.* **nobody**

nope [noʊp] *adv inf* no

nor [nɔːr] *conj* ① (*and also not*) nemmeno; ~ (**do**) **I** nemmeno io ② (*not either*) né

norm [nɔːrm] *n* norma *f*

normal [ˈnɔːr·ml] *adj* ① (*not out of the ordinary*) normale ② (*usual*) normale; **as** (**is**) ~ come al solito

normalize [ˈnɔːr·mə·laɪz] *a.* COMPUT I. *vt* normalizzare II. *vi* normalizzarsi

normally [ˈnɔːr·mə·li] *adv* normalmente

north [nɔːrθ] I. *n* ① (*cardinal point*) nord *m*; **to lie 3 miles to the** ~ **of** sth trovarsi a 5 km a nord di qc; **to go/drive to the** ~ andare/viaggiare verso nord; **further** ~ più a nord ② GEO nord *m*; **in the** ~ **of France** nel nord della Francia II. *adj* del nord, settentrionale; ~ **wind** vento *m* del nord; **the North Sea** il Mare del Nord; **the North Pole** il Polo Nord

North America *n* America *f* del Nord

North American *adj*, *n* nordamericano, -a *m*, *f*

North Carolina [ˌnɔrθ·kær·ə·ˈlaɪ·nə] *n* Carolina *f* del Nord

North Dakota [ˌnɔrθ·də·ˈkoʊ·də] *n* Nord Dakota *m*

northeast [ˌnɔːrθ·ˈiːst] I. *n* nordest *m* II. *adj* del nordest

northeastern [ˌnɔːrθ·ˈiːs·tərn] *adj* nordorientale

northerly [ˈnɔːr·ðə·li] *adj* del nord; ~ **direction** direzione *f* nord

northern [ˈnɔːr·ðərn] *adj* del nord, settentrionale; ~ **hemisphere** emisfero *m* boreale; ~ **lights** aurora *f* boreale

northerner [ˈnɔːr·ðə·nə] *n* abitante *mf* del nord

northernmost *adj* più a nord

North Pole [ˈnɔːrθ·poʊl] *n* **the** ~ il Polo *m* Nord

North Sea I. *n* Mare *m* del Nord II. *adj* del Mare del Nord

North-South divide *n* ECON divario *m* Nord-Sud

northward [ˈnɔːrθ·wərd] *adv* verso nord

northwest [ˌnɔːrθ·ˈwest] I. *n* nordovest *m*; **to the** ~ (**of**) a nordovest(di) II. *adj* del nordovest; ~ **Texas** il Texas nordoccidentale III. *adv* in direzione nordest

northwesterly [ˌnɔːrθ·ˈwes·tə·li] *adj* nordoccidentale; (*from the northwest*) del nordovest; ~ **part** settore *m* nordoccidentale

Norway [ˈnɔːr·weɪ] *n* Norvegia *f*

Norwegian [nɔːr·ˈwiː·dʒən] I. *adj* norvegese II. *n* ① (*person*) norvegese *mf* ② LING norvegese *m*

nose [noʊz] I. *n* ① ANAT naso *m*; **to blow one's** ~ soffiarsi il naso ② AVIAT (*front*) muso *m* ③ (*smell of wine*) bouquet *m inv* ▸ **with one's** ~ **in the air** con aria di superiorità; **to put one's** ~ **to the grindstone** *inf* lavorare sodo; **to put** sb's ~ **out of joint** *inf* far storcere il naso a qu; **to keep one's** ~ **clean** *inf* tenersi fuori dai guai; **to have a (good)** ~ **for** sth avere (un buon) fiuto per qc; **to keep one's** ~ **out of** sth *inf* non immischiarsi in qc no; **to poke one's** ~ **into** sth *inf* ficcare il naso in qc; **to rub** sb's ~ **in it** rimestare il coltello nella piaga II. *vi* ficcare il naso III. *vt* **to** ~

one's way in/out/up entrare/uscire/ superare lentamente; **to ~ (its way) through sth** farsi strada attraverso qc
nosebleed n emorragia f nasale
nosedive I. n ① AVIAT picchiata f ② FIN crollo m II. vi ① AVIAT scendere in picchiata ② FIN crollare
nose job n inf **to have a ~** rifarsi il naso
nosey ['nou·zi] <-ier, -iest> adj s. **nosy**
no-strike agreement [ˌnəʊ·straɪk·əˈgriː·mənt] n accordo per la regolamentazione del diritto di sciopero
nostril ['nɑːs·trəl] n narice f
nosy ['nou·zi] <-ier, -iest> adj ficcanaso, -a; **to be ~** pej essere invadente
not [nɑːt] adv non; **it's a woman, ~ a man** è una donna, non un uomo; **he's asked me ~ to do it** mi ha chiesto di non farlo; **~ me!** io no!; **why ~?** perchè no?; **he is ~ ugly** non è brutto; **or ~** o no; **~ at all** (nothing) affatto; (no need to thank) di niente; **~ much** non tanto
notable ['nou·ţə·bl] I. adj ① (remarkable) notevole ② (eminent) eminente II. n notabile mf
notably ['nou·ţə·bli] adv particolarmente
note [nout] I. n ① (annotation) appunto m; **to take ~** prendere nota ② LIT nota f ③ MUS nota f ④ (piece of paper money) banconota f II. vt form notare; (mention); **to ~ (that) ...** far notare (che) ...
notebook ['nout·buk] n taccuino m
notepad ['nout·pæd] n blocchetto m per gli appunti
notepaper ['nout·ˌpeɪ·pə] n carta f da lettera
noteworthy ['nout·ˌwɜːr·ði] adj form notevole
nothing ['nʌ·θɪŋ] I. pron indef, sing ① (no objects) niente; **~ happens** non succede niente; **~ new** niente di nuovo; **next to ~** quasi niente ② (not anything) **~ doing!** inf niente da fare!; **fit for ~** buono a nulla ③ (not important) **that's ~!** non è niente! ④ (only) **~ but** solo; **~ much** niente di importante II. adv **~ less than** né più né meno che

III. n ① niente m ② MATH, SPORTS zero m ③ (person) nessuno m
notice ['nou·ţɪs] I. vt ① (see) vedere; (perceive) notare; **to ~ (that) ...** accorgersi (che) ... ② (recognize) notare II. vi accorgersi III. n ① (attention) attenzione f; **to take ~ of sb/sth** prestare attenzione a qc/qc; **to come to sb's ~ (that ...)** venire a sapere (che...); **to escape one's ~** sfuggire a qu ② (display) cartello m; (in a newspaper, magazine) annuncio m ③ (warning) avviso m; **to give sb ~ (of sth)** avvisare qu (di qc); **at short ~** con poco preavviso; **at a moment's ~** su due piedi; **until further ~** fino a nuovo avviso ④ LAW preavviso m; **to give (in) one's ~** dare le dimissioni; **to give sb their ~** licenziare qu
noticeable ['nou·ţɪ·sə·bl] adj evidente; (difference) notevole
notify ['nou·ţə·faɪ] <-ie-> vt informare
notoriety [ˌnou·ţə·ˈraɪ·ə·ti] n notorietà f negativa
notorious [nou·ˈtɔː·ri·əs] adj notorio, -a; (thief) famigerato, -a; **to be ~ for sth** essere famoso, -a per qc
notwithstanding [ˌnɑːt·wɪθ·ˈstæn·dɪŋ] form I. prep nonostante II. adv cionostante
nourishing ['nɜː·rɪ·ʃɪŋ] adj nutriente
nourishment n ① (food) nutrimento m ③ (providing with food) nutrizione f
novel[1] ['nɑː·vl] n LIT romanzo m
novel[2] ['nɑː·vl] adj (new) nuovo, -a
novelist ['nɑː·və·lɪst] n romanziere, -a m, f
novelty ['nɑː·vl·ti] I. <-ies> n ① (newness) novità f ② (cheap trinket) giocattolino m II. adj ① (new) novità ② (cheap) economico, -a
November [nou·ˈvem·bə] n novembre m; s.a. **April**
now [nau] I. adv ① (at the present time) ora; **just ~** in questo momento ② (currently) attualmente ③ (then) allora; **any time ~** da un momento all'altro; **(every) ~ and then** di tanto in tanto ④ (give emphasis) **~, where did I put**

N

her book? dunque, vediamo, dove ho messo il suo libro?; ~ **then** allora ▸ **(it's)** ~ **or never** (è) ora o mai più II. n (present) **now isn't a good time…** questo non è il momento…; **before** ~ prima d'ora; **by** ~ ormai; **for** ~ per ora III. conj ~ **(that)** … ora che …

nowadays ['nau·ə·deɪz] adv al giorno d'oggi

nowhere ['nou·wer] adv da nessuna parte; **to appear out of** ~ spuntare fuori dal nulla

noxious ['nɑːk·ʃəs] adj form (smoke, habit) nocivo, -a

nuance ['nuː·ɑːns] n sfumatura f

nuclear ['nuː·kliə'] adj nucleare

nuclear power station n centrale f nucleare

nude [nuːd] I. adj nudo, -a II. n ① ART, PHOT nudo m ② (naked) **in the** ~ nudo -a

nudist ['nuː·dɪst] adj, n nudista mf

nudity ['nuː·də·ti] n nudità f

nugget ['nʌ·gɪt] n MIN pepita f

nuisance ['nuː·sns] n ① (thing) seccatura f; (person) seccatore, -trice m, f; **to make a** ~ **of oneself** rompere le scatole ② LAW turbativa f

nuke [nuːk, njuːk] vt inf ① MIL bombardare con armi atomiche ② inf (cook) cucinare al microonde

nullify ['nʌ·lɪ·faɪ] <-ie-> vt annullare

numb [nʌm] I. adj intorpidito, -a; **to go** ~ intorpidirsi II. vt (fear, terror) paralizzare; (desensitize) intorpidire

number ['nʌm·bə'] I. n ① MATH numero m; **house** ~ numero di casa; **telephone** ~ numero di telefono ② (amount) numero m; **(a) small/large** ~**s (of children)** pochi/tanti (bambini); **for a** ~ **of reasons** per una serie di motivi; **to be 3 in** ~ essere in 3; **to be few in** ~ essere in pochi ③ (magazine, newspaper) numero m; THEAT numero m; MUS pezzo m ▸ ~ **one** se stesso -a; **to look after** ~ **one** pensare prima a se stesso, -a; **to be (the)** ~ **one** essere il numero uno II. vt ① (assign a number to) numerare; **to** ~ **sth from … to …** numerare qc da … a … ② (count) contare ③ (amount to) contare; **each group** ~**s 10 members** ciascun gruppo conta 10 membri

numbering n numerazione f

numberless adj innumerevole

numbness ['nʌm·nɪs] n ① (on part of body) intorpidimento m ② (lack of feeling) torpore f

numerical [nuː·'me·rɪ·kl] adj numerico, -a; **in** ~ **order** in ordine numerico

numeric keypad [nuː·me·rɪk·'kiː·pæd] n COMPUT tastiera f numerica

numerous ['nuː·mə·rəs] adj numeroso, -a

nun [nʌn] n suora f

nunnery ['nʌ·nə·ri] <-ies> n convento m di suore

nurse [nɜːrs] I. n ① MED infermiere, -a m, f ② (nanny) bambinaia f II. vt ① (care for) curare ② (nurture) coltivare ③ (harbor) nutrire ④ (hold a child) cullare ⑤ (breastfeed) allattare III. vi poppare

nursery ['nɜːr·sə·ri] I. <-ies> n ① (school) asilo n nido ② (bedroom) camera f dei bambini ③ BOT vivaio m II. adj ~ **education** istruzione f prescolare

nursery rhyme n filastrocca f

nursery school n scuola f materna

nursing I. n professione f infermieristica II. adj infermieristico, -a

nut [nʌt] n ① BOT noce f ② TECH dado m ③ inf (madman) svitato, -a m, f; (enthusiast) fanatico, -a m, f ④ inf (person's head) testa f; **to be off one's** ~ essere fuori di testa ▸ a **hard** ~ **to crack** (situation) una situazione difficile; (person) un osso duro

nutcracker ['nʌt·kræ·kə'] n schiaccianoci m inv

nuthouse <-s> n inf manicomio m

nutmeg n noce f moscata

nutrition [nuː·'trɪ·ʃən] I. n nutrizione f II. adj della nutrizione

nutritionist [nuː·'trɪ·ʃə·nɪst] n nutrizionista mf

nutritious [nuːˈtrɪ·ʃəs] *adj*, **nutritive** [ˈnuː·trə·tɪv] *adj* nutriente

nuts [nʌts] I. *npl vulg* coglioni *mpl* II. *adj* **to be ~** essere fuori di testa; **to go ~** diventare pazzo; **to be ~ about sb** essere pazzo di qu; **to be ~ about sth** andare matto per qc

nutshell [ˈnʌt·ʃel] *n* guscio *m* di noce ▸ **in a ~** in poche parole

nutty [ˈnʌ·t̬i] <-ier, -iest> *adj* ❶ (*cake*) alle noci; (*ice cream*) alla nocciola; (*taste*) di nocciola ❷ *inf* (*crazy*) svitato, -a; **to be (as) ~ as a fruitcake** essere fuori come un balcone

NV [nəˈva·də] *abbr of* **Nevada** NV

NW *abbr of* **northwest** NO

NY [ˌnuːˈjɔrk] *abbr of* **New York** NY

nylon [ˈnaɪ·lɑːn] I. *n* nylon *m* II. *adj* di nylon

nymphomaniac [ˌnɪm·fouˈmeɪ·ri·æk] *n* ninfomane *f*

O o

O, o [əʊ] *n* ❶ (*letter*) O, o *f;* **~ for Oscar** O come Otranto ❷ (*zero*) zero *m*

oak [oʊk] *n* quercia *f*

oar [ɔːr] *n* remo *m*

OAS [ˌoʊ·eɪˈes] *n abbr of* **Organization of American States** OSA *f*

oath [oʊθ] *n* giuramento *m;* **under ~** sotto giuramento

oats [oʊts] *npl* avena *f*

obedience [oʊˈbiː·di·əns] *n* ubbidienza *f*

obedient [oʊˈbiː·di·ənt] *adj* ubbidiente

obese [oʊˈbiːs] *adj* obeso, -a

obesity [oʊˈbiː·sə·t̬i] *n* obesità *f*

obey [oʊˈbeɪ] *vt* (*person, order*) ubbidire a; (*instincts, advice*) seguire; (*the law*) rispettare

object¹ [ˈɑːb·dʒɪkt] *n* ❶ (*unspecified thing*) oggetto *m* ❷ (*purpose, goal*) scopo *m* ❸ (*obstacle*) **money is no ~** i soldi non sono un problema

object² [əbˈdʒekt] I. *vi* avere obiezioni II. *vt* obiettare

objection [əbˈdʒek·ʃən] *n* obiezione *f*

objective [əbˈdʒek·tɪv] *adj, n* obiettivo, -a *m, f*

obligation [ˌɑːb·lə·ˈɡeɪ·ʃən] *n* obbligo *m;* **to be under an ~ to do sth** avere l'obbligo di fare qc

obligatory [əˈblɪɡ·ə·tɔr·i] *adj* obbligatorio, -a

oblige [əˈblaɪdʒ] I. *vt* ❶ (*force*) obbligare ❷ (*perform service for*) **~ sb** fare un favore a qu II. *vi* **to be happy to ~** essere felice di poter essere d'aiuto

oblivious [əˈblɪv·i·əs] *adj* ignaro, -a

oblong [ˈɑːb·lɑːŋ] I. *n* rettangolo *m* II. *adj* rettangolare

OBO [ˌoʊ·biːˈoʊ] *adv abbr of* **or best offer** negoziabile

obscene [əbˈsiːn] *adj* ❶ (*indecent*) osceno, -a ❷ (*scandalous*) scandaloso, -a

obscure [əbˈskjʊr] I. *adj* oscuro, -a II. *vt* ❶ (*make difficult to see*) oscurare ❷ (*make difficult to understand, hide*) occultare

observant [əbˈzɜːr·vənt] *adj* ❶ (*quick to notice things*) dotato, -a di spirito d'osservazione ❷ (*respectful: of rules, laws*) osservante

observation [ˌɑːb·zə·ˈveɪ·ʃən] *n* ❶ (*act of seeing*) osservazione *f;* **to keep sth/ sb under ~** (*police*) sorvegliare qc/qu; **under ~** MED in osservazione ❷ (*remark*) osservazione *f*

observe [əbˈzɜːrv] *vt* osservare

observer [əbˈzɜːr·və] *n* osservatore, -trice *m, f*

obsession [əbˈseˈʃən] n ossessione f; **to have an ~ with sb/sth** avere la fissazione di qu/qc

obsessive [əbˈseˈsɪv] adj (person, jealousy) ossessivo, -a; (memory) ossessionante; **to be ~ about sth** avere l'ossessione di qc

obsolete [ˌɑːbsəˈliːt] adj obsoleto, -a

obstacle [ˈɑːbstə-kl] n ostacolo m; **to overcome an ~** superare un ostacolo

obstinate [ˈɑːbstə-nət] adj ① (person, attitude) ostinato, -a ② (disease, problem) persistente

obstruct [əbˈstrʌkt] vt ① (block) ostruire; (view) impedire ② (hinder: progress) ostacolare

obstruction [əbˈstrʌkˈʃən] n ① (action) a. MED, POL ostruzione f ② (impediment) ostacolo m; **to cause an ~** essere d'ostacolo; AUTO ostruire il passaggio

obstructive [əbˈstrʌkˈtɪv] adj (tactic, attitude) ostruzionista; (person) che crea difficoltà

obtain [əbˈteɪn] vt ottenere; **to ~ sth for sb** procurare qc a qu

obtainable [əbˈteɪ-nə-bl] adj disponibile

obtrusive [əbˈtruːˈsɪv] adj form (question, presence) invadente; (noise) molesto, -a; (smell) penetrante; (color, design) vistoso, -a

obvious [ˈɑːbˈviˈəs] adj ovvio, -a, chiaro, -a; **for ~ reasons** per ovvi motivi

obviously adv ovviamente, chiaramente

occasion [əˈkeɪˈʒən] I. n ① (particular time, event) occasione f; **on one ~** una volta; **on several ~s** in varie occasioni; **on the ~ of ...** in occasione di... ② (reason) motivo II. vt creare

occasional [əˈkeɪˈʒə-nəl] adj occasionale

occasionally adv occasionalmente, di tanto in tanto

occupant [ˈɑːˈkjə-pənt] n form ① (of building, vehicle) occupante mf; (tenant) inquilino, -a m, f ② (of post) titolare mf

occupation [ˌɑːˈkjəˈperˈʃən] n occupa-

zione f; **what's your favorite ~?** cosa fai nel tempo libero?

occupational [ˌɑːˈkjəˈperˈʃə-nəl] adj professionale

occupier [ˈɑːˈkjə-paɪ-ə] n (of territory, building) occupante mf; (tenant) inquilino, -a m, f

occupy [ˈɑːˈkjuːˈpaɪ] <-ie-> vt ① occupare; **the bathroom's occupied** il bagno è occupato; **to be occupied with doing sth** essere occupato a fare qc; **to keep sb occupied** tenere occupato qu ② (employ) dare lavoro a

occur [əˈkɜːr] <-rr-> vi ① (happen) avvenire ② (come into mind) **it ~d to me that ...** mi è venuto in mente che...

occurrence [əˈkɜːˈrəns] n ① (event) avvenimento m; **to be an everyday ~** accadere tutti i giorni ② (case) caso m ③ (incidence: of disease) insorgenza f

ocean [ˈoʊˈʃən] n oceano m

o'clock [əˈklɑːk] adv **it's one ~** è l'una; **it's two/seven ~** sono le due/le sette

October [ɑːkˈtoʊˈbə] n ottobre m; s.a. **April**

octopus [ˈɑːkˈtə-pəs] <-es o -pi> n polpo m

OD [ˌoʊˈdi] I. n abbr of **overdose** overdose f inv II. vi **to ~ on sth** prendere una dose eccessiva di qc; fig farsi un'overdose di qc

odd [ɑːd] adj ① (strange) strano, -a; **an ~ person** una persona strana; **how (very) ~!** che strano!; **it is ~ that ...** è strano che ... +conj; **to look ~** avere un aspetto strano ② (not even: number) dispari ③ (approximately) **30 ~ people** poco più di 30 persone ④ (occasional) sporadico, -a ⑤ (unmatched: glove, sock) spaiato, -a ⑥ (left over) rimanente

oddly adv stranamente

odds-on [ˌɑːdzˈɑːn] adj molto probabile; **it's ~ that ...** la cosa più probabile è che ... +conj

odometer [oʊˈdɑːmˈə-tər] n contachilometri m inv

odor [ˈoʊˈdə] n (smell) odore m; (fragrance) profumo m

of [əv, stressed: ɑːv] prep ① di ② (be-

longing to) di; **the works ~ Twain** le opere di Twain; **a friend ~ mine** un mio amico ❸ (*done by*) **it's kind ~ him** è gentile da parte sua ❹ (*representing*) di; **a drawing ~ Paul** un disegno di Paul ❺ (*without*) **free ~ charge** gratis ❻ (*with*) **a man ~ no importance** un uomo senza importanza ❼ (*away from*) **to be north ~ Atlanta** essere a nord di Atlanta ❽ (*temporal*) **the 4th ~ May** il 4 (di) maggio; **in May ~ 2009** nel maggio del 2009 ❾ (*to*) **it is ten/(a) quarter ~ two** sono le due meno dieci/ un quarto ❿ (*consisting of*) di; **a ring ~ gold** un anello d'oro; **to smell ~ cheese** sapere di formaggio ⓫ (*characteristic*) **with the patience ~ a saint** con la pazienza di un santo ⓬ (*concerning*) **his love ~ jazz** la sua passione per il jazz; **to approve ~ sb's idea** essere d'accordo con l'idea di qu; **what do you think ~ him?** cosa pensi di lui? ⓭ (*cause*) **because ~ sth/sb** a causa di qc/qu; **to die ~ grief** morire di dolore ⓮ (*a portion of*) **there's a lot ~ it** ce n'è molto; **one ~ the best** uno dei migliori; **the best ~ friends** grandi amici; **many ~ them came** molti di loro sono venuti; **there are five ~ them** ce ne sono cinque ⓯ (*to amount of*) **80 years ~ age** 80 anni

off [ɑːf] **I.** *prep* ❶ (*near*) **to be just ~ the main road** essere vicinissimo alla strada principale ❷ (*away from*) **to take sth ~ the shelf** prendere qc dallo scaffale; **keep ~ the grass** non calpestare l'erba ❸ (*down from*) **to fall/jump ~ a ladder** cadere/saltare da una scala; **to get ~ the train** scendere dal treno ❹ (*from*) **to cut a piece ~ the cheese** tagliare un pezzetto di formaggio; **to take 10 dollars ~ the price** scontare di 10 dollari ❺ (*stop using*) **to be ~ drugs** aver smesso di drogarsi ❻ (*as source of*) **to run ~ batteries** funzionare a batteria **II.** *adv* ❶ (*not on*) **to switch/turn ~ sth** spegnere qc; (*tap, water*) chiudere qc; **it's ~ between them** *fig* tra loro è finita ❷ (*away*) **the**

town is 5 miles ~ **to the east** la cittadina è a 5 miglia in direzione est; **not far ~** poco lontano; **it's time I was ~** è ora che vada ❸ (*removed*) **the lid is ~** senza il tappo ❹ (*free from work*) **to get ~ at 4:00 p.m.** finire di lavorare alle 4 del pomeriggio; **to get a day ~** prendersi un giorno libero ❺ (*completely*) **to pay sth ~** finire di pagare ❻ COM **5% ~** 5% di sconto ❼ (*until gone*) **to walk ~ the dinner** fare una passeggiata per digerire (la cena) ❽ (*separating*) **to fence sth ~** recintare qc ▶ **~ and on, on and ~** a periodi **III.** *adj* ❶ (*not on: light*) spento, -a; (*faucet*) chiuso, -a; (*water supply*) tolto, -a ❷ (*canceled: engagement, deal*) annullato, -a ❸ (*free from work*) **to be ~ at 5:00 p.m.** finire di lavorare alle 5 del pomeriggio; **I'm ~ on Mondays** il lunedì è il mio giorno libero ❹ (*provided for*) **to (not) be well ~** (non) essere abbiente ❺ (*substandard*) **to be ~ one's game** SPORTS non essere in forma ❻ *inf* **I've gone ~ him** non mi interessa più **IV.** *vt inf* **to ~ sb** far fuori qu

off-center *adj* ❶ (*diverging from the center*) non centrale ❷ (*unconventional*) alternativo, -a

off-duty *adj* fuori servizio

offend [ə·ˈfend] **I.** *vi* ❶ (*cause displeasure*) offendere ❷ (*violate*) **to ~ against sth** andare contro a qc ❸ LAW infrangere la legge; (*commit a crime*) commettere un reato **II.** *vt* ❶ (*upset sb's feelings*) offendere; **to be ~ed by sth** essere offeso da qc ❷ (*affect disagreeably*) **to ~ good taste** essere un'offesa al buongusto

offender [ə·ˈfen·dɚ] *n* trasgressore, -greditrice *m, f*; (*guilty of crime*) criminale *mf*, delinquente *mf*

offense [ə·ˈfens] *n* ❶ (*crime*) reato *m*; **minor ~** reato *m* minore; **second ~** recidiva *f*; **traffic ~** infrazione *f* del codice stradale ❷ (*affront*) offesa *f*; **an ~ against sth** un'offesa a qc ❸ (*upset feeling*) offesa *f*; **to cause ~** offendere (qu); **to take ~ (at sth)** offendersi (di qc) ❹ SPORTS attacco *m*

O

offensive [ə·'fen·sɪv] **I.** *adj* ①(*remark, language*) offensivo, -a ②MIL **~ weapon** arma *f* offensiva **II.** *n* MIL offensiva *f*

offer ['ɑː·fə·] **I.** *vt* ①(*proffer: help, money*) offrire; (*chance, advice*) dare; **to ~ sb sth** offrire qc a qu; **to ~ an apology** chiedere scusa; **can I ~ you a drink?** le [o ti] va qualcosa da bere?; **to ~ a reward** offrire una ricompensa; **to ~ an explanation** dare una spiegazione ②(*give: gift*) dare ③(*volunteer*) **to do sth** offrirsi di fare qc ④(*propose: plan*) proporre; (*excuse*) presentare; (*opinion*) esprimere; **to ~ a suggestion** fare un suggerimento **II.** *vi* (*present itself: opportunity*) presentarsi **III.** *n* (*proposal*) proposta *f*; (*of help, of a job*) offerta *f*; **an ~ of marriage** una proposta di matrimonio; **that's my last ~** è la mia ultima offerta

offhand [ɑː·f·'hænd] **I.** *adj* ①(*without previous thought*) istintivo, -a ②(*uninterested*) brusco, -a **II.** *adv* su due piedi

office ['ɑː·fɪs] *n* ①(*of a company*) ufficio *m*; (*room in house*) studio *m*; **to stay at the ~** rimanere in ufficio; **architect's/lawyer's ~** studio di architetto/avvocato; **doctor's ~** ambulatorio *m* ②POL (*authoritative position*) carica *f*; **to hold ~ as** ricoprire la carica di; **to be in ~** (*person*) essere in carica; (*party*) essere al potere ③*pl* (*assistance*) servigi *mpl* ④REL rito *m*

office building *n* palazzo *m* di uffici

office hours *npl* orario *m* d'ufficio

officer ['ɑː·fɪ·sə·] *n* ①MIL ufficiale *m*; **naval ~** ufficiale di marina ②(*policeman*) agente *mf*; **police ~** agente di polizia ③(*in organization*) funzionario *m*; (*in political party*) dirigente *mf*

office staff *n* personale *m* amministrativo

office supplies *npl* articoli *mpl* per l'ufficio

office worker *n* impiegato, -a *m, f*

official [ə·'fɪʃl] **I.** *n* ①POL dirigente *mf* ②(*civil servant*) funzionario, -a *m, f* **II.** *adj* ufficiale

officially [ə·'fɪ·ʃə·li] *adv* ufficialmente

off-limits *adj* con divieto di accesso

offline [ɔf·'laɪn] *adj* COMPUT non in linea

off-peak [ˌɑː·f·'piːk] *adj* (*fare, rate*) fuori dalle ore di punta; (*phone call*) a tariffa ridotta

off-piste [ˌɔf·'piːst] *adj* SPORTS fuoripista

off-road vehicle *n* fuoristrada *m inv*

offshore [ˌɑː·f·'ʃɔːr] **I.** *adj* ①(*from the shore: breeze, wind*) di terra ②(*at sea*) vicino alla costa; **~ oilfield** giacimento *m* petrolifero off-shore ③(*in foreign country*) off-shore *inv* **II.** *adv* vicino alla costa

offside [ˌɑː·f·'saɪd], **offsides** SPORTS **I.** *adv* in fuorigioco **II.** *adj* (*rule*) del fuorigioco **III.** *n* fuorigioco *m inv*

often ['ɑː·f·ən] *adv* spesso; **we ~ go there** ci andiamo spesso; **every so ~** di tanto in tanto; **how ~?** ogni quanto?; **more ~ than not** il più delle volte

oh [oʊ] *interj* ①(*expressing surprise, disappointment, pleasure*) oh; **~ dear!** oddio!; **~ no!** oh no! ②(*by the way*) ah

OH [oʊ·'haɪ·oʊ] *n abbr of* **Ohio** Ohio *m*

Ohio [oʊ·'haɪ·oʊ] *n* Ohio *m*

oil [ɔɪl] **I.** *n* ①(*lubricant*) olio *m*; **sunflower ~** olio di girasole ②(*petroleum*) petrolio *m* ③*pl* (*oil-based paint*) colori *mpl* a olio **II.** *vt* oliare

oil consumption *n* consumo *m* petrolifero

oil field *n* giacimento *m* petrolifero

oil level *n* TECH livello *m* dell'olio

oil painting *n* ①(*picture*) dipinto *m* a olio ②(*art*) pittura *f* a olio

oil pipeline *n* oleodotto *m*

oil production *n* produzione *f* di petrolio

oil rig *n* piattaforma *f* petrolifera

oil slick *n* marea *f* nera

oil tanker *n* NAUT petroliera *f*

oily ['ɔɪ·li] <-ier, -iest> *adj* ①(*oil-like*) oleoso, -a ②(*greasy*) unto, -a ③(*manner*) untuoso, -a

ointment ['ɔɪnt·mənt] *n* MED pomata *f*

OK[1], **okay** [oʊ·'keɪ] *inf* **I.** *adj* ①(*acceptable*) **is it ~ with you if …?** ti va bene se …?; **it's ~ with me** per me va bene; **to be ~ for money/work** avere abbastanza soldi/lavoro ⑤ (*not bad*) **to be ~** non essere male **II.** *interj* ok *inf* **III.** <OKed, okayed> *vt* **to ~ sth** dare l'ok a qc **IV.** *n* ok *m*; **to give** (*sb/sth*) **the ~** dare l'ok (a qu/qc) **V.** *adv* abbastanza bene

OK² [ˌoʊ·'keɪ] *s.* Oklahoma Oklahoma, m

Oklahoma [ˌoʊ·klə·'hoʊ·mə] *n* Oklahoma *m*

old [oʊld] **I.** *adj* ① (*not young, not new*) vecchio, -a; **~ people** i vecchi ③ (*wine*) invecchiato, -a; (*furniture, house*) antico, -a ④ (*denoting an age*) **how ~ are you?** quanti anni hai?; **he's five years ~** ha cinque anni; **she's three years ~er than me** ha tre anni più di me; **Ted is fifteen, she's ~er** Ted ha 15 anni, lei è più grande ④ (*former*) **~ boyfriend** ex fidanzato *m* ⑤ (*long known*) **~ friend** vecchio amico **II.** *n* (*elderly people*) **the ~** i vecchi; **young and ~** grandi e piccini

old age *n* vecchiaia *f*

old-fashioned [ˌoʊld·'fæ·ʃənd] *adj pej* ① (*not modern: clothes*) fuori moda *inv*; (*views*) antiquato, -a; **to be ~** essere all'antica ② (*traditional*) tradizionale

Old Testament *n* Antico Testamento *m*

olive ['ɑː·lɪv] *n* ① (*fruit*) oliva *f* ② (*tree*) olivo *m* ③ (*color*) verde *m* oliva

olive oil *n* olio *m* d'oliva

Olympic [oʊ·'lɪm·pɪk] *adj* olimpico, -a; **the Olympic Games** SPORTS i Giochi Olimpici

omelet(te) ['ɑː·m·lət] *n* frittata *f*

on [ɑːn] **I.** *prep* ① (*place*) su; **~ the table** sul tavolo; **to hang sth ~ the wall** appendere qc al muro; **to be ~ the plane** essere sull'aereo ② (*by means of*) **to go ~ foot** andare a piedi ③ (*source of*) **to run ~ gas** andare a benzina; **to live ~ $2,000 a month** vivere con 2.000 dollari al mese ④ MED **to be ~ drugs** (*legal*) assumere farmaci; (*illegal*) drogarsi ⑤ (*spatial*) **the right/left** a destra/sinistra; **~ the corner** all'angolo ⑥ (*temporal*) **~ Sun-**day** domenica; **~ Sundays** la domenica; **~ the evening of May the 4th** la sera del 4 maggio; **at 2:00 p.m. ~ the dot** alle due in punto ⑦ (*at time of*) **to leave ~ time** partire in orario; **~ arriving there** arrivando là ⑧ (*about*) su; **a lecture ~ Shakespeare** una conferenza su Shakespeare ⑨ (*through medium of*) **~ TV** alla TV; **~ video/CD** su videocassetta/CD; **to speak ~ the radio/the phone** parlare alla radio/al telefono ⑩ (*with basis in*) **to do sth ~ purpose** fare qc di proposito ⑪ (*in state of*) **~ sale** in vendita; **to go ~ vacation/a trip** andare in vacanza/viaggio ⑫ (*involved in*) **to be ~ the committee** far parte della commissione; **to be ~ page 10** essere a pagina 10; **two ~ each side** due per parte ⑬ (*because of*) **~ account of sth/sb** a causa di qc/qu; **to depend ~ sb/sth** dipendere da qu/qc ⑭ (*against*) **an attack ~ sb** un attacco a qu ⑮ (*paid by*) **to buy sth ~ credit** comprare qc a credito; **this is ~ me** *inf* offro io **II.** *adv* ① (*covering one's body*) **to put a hat ~** mettersi un cappello; **to have sth ~** avere qc addosso; **to try ~ sth** provarsi qc ② (*connected to sth*) **make sure the top's ~ properly** assicurati che sia tappato bene ③ (*aboard*) **to get ~ a train** salire in treno; **to get ~ a horse** montare a cavallo ④ (*not stopping*) **to keep ~ doing sth** continuare a fare qc ⑤ (*in forward direction*) avanti; **to move ~** andare avanti; **from that day ~** da quel giorno in poi; **later ~** più tardi; **and so ~** e così via ⑥ (*in operation*) **to turn ~** accendere; (*tap*) aprire ⑦ (*performing*) in scena; **to go ~** entrare in scena ▸ **~ and off** di quando in quando; **~ and ~** a lungo **III.** *adj* ① (*functioning: light*) acceso, -a; (*faucet*) aperto, -a; (*brake*) inserito, -a; **to leave the light ~** lasciare la luce accesa ② (*scheduled*) **what's ~ at the movies this week?** cosa danno al cinema questa settimana?; **have you got anything ~ for tomorrow?** hai programmi per domani? ⑨ THEAT (*performing*) **to be ~** essere di scena ⑩(*job*) **to be ~ duty** essere di servizio; (*doctor*) essere di guardia ⑪(*acceptable*) **you're ~!** d'accordo!

once [wʌnts] I. *adv* ①(*one time*) una volta; **~ a week** una volta alla settimana; (*every*) **~ in a while** una volta ogni tanto; **~ again** ancora una volta; **~ more** (*one more time*) un'altra volta; (*again, as before*) ancora una volta; **~ or twice** una volta o due; **at ~** (*simultaneously*) insieme; (*immediately*) subito ⑫ *liter* una volta; **~ upon a time there was ...** *liter* c'era una volta ... II. *conj* una volta che; **but ~ I'd arrived, ...** ma una volta arrivato ... ► **all at ~** tutto insieme; **at ~** subito

oncoming ['ɑːn·kʌm·ɪŋ] *adj* imminente; (*traffic, vehicle*) che arriva dalla direzione opposta

one [wʌn] I. *n* (*number*) uno *m* ► (**all**) **in ~** tutto in uno; **in ~** in un colpo solo II. *adj* ① *numeral* un, uno, -a; **~ hundred** cento; **it's ~ o'clock** è l'una ② *indef* un, uno, -a; **we'll meet ~** day un giorno ci incontreremo; **~ winter night** una notte d'inverno ③(*sole, single*) unico, -a; **her ~ and only hope** la sua unica speranza III. *pron pers* ① **what can ~ do?** uno cosa fa?; **to wash ~'s face** lavarsi la faccia ②(*person*) **no ~** nessuno; **every ~** tutti; **the ~ who ...** quello che ... ③(*particular thing or person*) **this** ~ questo; **which ~?** quale?; **the ~ on the table** quello sul tavolo; **the thinner ~** il più magro

one-night stand [ˌwʌn·naɪt·'stænd] *n sl* (*relationship*) avventura *f* di una notte

one-piece (**swimsuit**) ['wʌn·piːs] *n* costume *m* intero

oneself [wʌn·'self] *pron reflexive* ① si; **to express ~** esprimersi ② *normal* se stesso, -a; **not to feel ~** non sentirsi se stessi ③ *emphatic* da sé; **to do sth ~** fare qc da sé ④(*personally*) **to see for ~** vedere qc con i propri occhi ⑤(*alone*) da solo; **living by ~ can be**

very difficult vivere da soli può essere difficile

one-way street [ˌwʌn·weɪ·'striːt] *n* strada *f* a senso unico

one-way ticket *n* biglietto *m* di sola andata

ongoing ['ɑːn·goʊ·ɪŋ] *adj* in corso

onion ['ʌn·jən] *n* cipolla *f*

online, on-line COMPUT I. *adj* in linea; **~ information service** servizio *m* di informazioni in linea; **~ shopping** acquisti *mpl* via Internet II. *adv* su Internet

onlooker ['ɑːn·lʊ·kər] *n* spettatore, -trice *m, f*

only ['oʊn·li] I. *adj* unico, -a, solo, -a; **the ~ way of doing sth** l'unico modo di fare qc; **the ~ thing is ...** l'unica cosa è ... II. *adv* soltanto; **not ~ ... but also ...** non soltanto ... ma anche; **I can ~ say ...** posso soltanto dire ...; **I've ~ just eaten** ho appena mangiato III. *conj inf* solo che

onside [ˌɑːn·'saɪt] SPORTS I. *adj* **to be ~** (*player*) non essere in fuorigioco II. *adv* non in fuorigioco

onto ['ɑːn·tuː] *prep*, **on to** *prep* (*in direction of*) su; **to put sth ~ the chair** mettere qc sulla sedia; **to come ~ a subject** arrivare a un argomento

onward ['ɑːn·wərd] *adj, adv* in avanti; **from today ~** da oggi in poi

open ['oʊ·pən] I. *adj* ①aperto, -a; **wide ~** spalancato; **to have an ~ mind** avere una mentalità aperta ②(*not secret, public: scandal*) pubblico, -a; (*hostility*) dichiarato, -a ③(*unfolded: map*) spiegato, -a ④(*accessible to all*) aperto, -a; (*discussion*) aperto, -a al pubblico; (*session, trial*) a porte aperte ⑤(*still available: job*) disponibile II. *n* ⑥(*outdoors, outside*) (**out**) **in the ~** all'aperto ⑦(*not secret*) **to get sth** (**out**) **in the ~** portare qc alla luce III. *vi* ①(*door, window*) aprirsi ②(*shop*) aprire ③(*start*) iniziare IV. *vt* ①(*door, box*) aprire; **to ~ the door to sth** *fig* aprire la strada a qu; **to ~ fire** (**on sb**) sparare (a qu) ②(*reveal feelings*) **to ~**

one's heart to sb aprirsi con qu ⓘ *(inaugurate)* aprire

◆**open up** I. *vi* ⓘ *(unfold, become wider)* aprirsi ⓶ *(shop)* aprire II. *vt* aprire; *(map)* spiegare

open-air [ˌoʊ·pən·'er] *adj* all'aperto

open-ended [ˌoʊ·pn·'en·dɪd] *adj* *(question)* aperto, -a; *(contract)* a tempo indeterminato

opener ['oʊ·pən·ɚ] *n* **bottle ~** apribottiglie *m inv*; **can ~** apriscatole *m inv*

opening ['oʊ·pn·ɪŋ] *n* ⓘ *(gap, hole)* apertura *f* ⓶ *(job opportunity)* posto *m* vacante ⓷ *(beginning)* apertura *f*; *(of book, film)* inizio *m* ⓸ *(ceremony)* inaugurazione *f*; *(new play, film)* prima *f*

opening balance *n* FIN saldo *m* iniziale

opening night *n* THEAT prima *f*

openly ['oʊ·pən·li] *adv* *(frankly, publicly)* apertamente

open-minded [ˌoʊ·pən·'maɪn·dɪd] *adj* di mentalità aperta

opera house *n* teatro *m* lirico

operate ['ɑ·pə·reɪt] I. *vi* ⓘ *(work, run)* funzionare ⓶ *(have or produce an effect)* agire ⓷ *(perform surgery)* operare ⓸ *(do or be in business)* operare II. *vt* ⓘ *(work)* azionare ⓶ *(run, manage)* dirigere

operating ['ɑ·pə·reɪt̬·ɪŋ] *adj* ⓘ ECON *(profit, costs)* di gestione ⓶ TECH *(speed)* operativo, a ⓷ MED operatorio, -a; **~ theater** sala *f* operatoria

operation [ˌɑ·pə·'reɪ·ʃən] *n* ⓘ *(way of working)* utilizzo *m*; **to be in ~** essere in funzione; **to come into ~** *(machines)* entrare in funzione ⓶ *a.* MED, MIL, MATH operazione *f* ⓷ *(financial transaction)* operazione *f* (finanziaria)

operational [ˌɑ·pə·'reɪ·ʃə·nl] *adj* operativo, -a

operative ['ɑ·pə·ə·tɪv] I. *n* ⓘ *(worker)* operaio, -a *m, f* ⓶ *(detective)* agente *mf* II. *adj* ⓘ *(rules)* operativo, -a ⓶ MED chirurgico, -a

operator ['ɑ·pə·reɪ·tɚ] *n* ⓘ *(person)* operatore, -trice *m, f*; TEL centralino *m*; **machine ~** macchinista *mf* ⓶ *(compa-*

ny) impresa *f*; **a tour ~** operatore turistico

opinion [ə·'pɪn·jən] *n* opinione *f*

opinion poll *n* sondaggio *m* d'opinione

opponent [ə·'poʊ·nənt] *n* ⓘ *(of proposal)* oppositore, -trice *m, f* ⓶ POL, SPORTS avversario -a *m, f*

opportunity [ˌɑ·pɚ·'tu·nə·t̬i] <-ies> *n* opportunità *f*

oppose [ə·'poʊz] *vt* ⓘ *(be against, resist)* opporsi a ⓶ *(be on other team, play against)* affrontare

opposed *adj* **to be ~ to sth** opporsi a qc

opposing *adj* *(opinion)* opposto, -a; *(team)* avversaria, -o

opposite ['ɑ·pə·zɪt] I. *n* opposto *m*, contrario *m* ▸ **~s attract** gli opposti si attraggono II. *adj* ⓘ *(absolutely different)* opposto, -a, contrario, -a ⓶ *(facing)* di fronte III. *adv* *(facing)* di fronte; **they live ~** abitano di fronte IV. *prep* di fronte a

opposition [ˌɑ·pə·'zɪ·ʃən] *n* ⓘ POL opposizione *f* ⓶ *(contrast)* contrapposizione *f* ⓷ *(opponent)* avversario, -a *m, f* ⓸ ECON concorrenza *f*

optician [ɑp·'tɪ·ʃən] *n* MED optometrista *mf*

optimism ['ɑp·tə·mɪ·zəm] *n* ottimismo *m*

optimist ['ɑp·tə·mɪst] *n* ottimista *mf*

optimistic [ˌɑp·tə·'mɪs·tɪk] *adj* ottimista

option ['ɑp·ʃən] *n* ⓘ *(choice, possibility)* *a.* ECON opzione *f*

optional ['ɑp·ʃə·nl] *adj* facoltativo, -a

or [ɔːr] *conj* o; **seven ~ eight** sette o otto; **either … ~ …** o… o…; **I can't read ~ write** non so né leggere né scrivere

OR *n* ⓘ *abbr of* **operating room** sala *f* operatoria ⓶ *abbr of* **Oregon** Oregon *m*

oral ['ɔː·rəl] *adj* ⓘ *(tradition, exam)* orale ⓶ *(medication)* per via orale; *(contraceptive, sex)* orale

orange ['ɔː·rɪndʒ] I. *n* ⓘ *(fruit)* arancia *f* ⓶ *(color)* arancio *m* II. *adj* arancione

orangeade [ˌɔː·rɪndʒ·'eɪd] *n* aranciata *f*

O

orange juice *n* succo *m* d'arancia

orchard ['ɔːrtʃərd] *n* frutteto *m*

orchestra ['ɔːrkɪstrə] *n* orchestra *f*

orchid ['ɔːrkɪd] *n* orchidea *f*

ordeal [ɔːrˈdiːl] *n* calvario *m*

order ['ɔːrdər] I. *n* ❶ (*sequence*) ordine *m*; **to put sth in** ~ mettere qc in ordine; **in alphabetical** ~ in ordine alfabetico ❷ (*instruction*) a. LAW, REL ordine *f*; **to give/receive an** ~ dare/ricevere un ordine ❸ (*condition, arrangement*) **to be out of** ~ essere guasto; **are your immigration papers in** ~? ha documenti d'immigrazione in regola? ❹ (*appropriate behavior*) **out of** ~ inopportuno, -a ❺ (*purpose*) **in** ~ (**not**) **to do sth** allo scopo di (non) fare qc; **in** ~ **for/that** perché +conj ❻ (*request of goods or service*) ordine *m*; **made to** ~ fatto su ordinazione II. *vi* ordinare; **are you ready to** ~? siete pronti a ordinare? III. *vt* ❶ (*command*) **to** ~ **sb to do sth** ordinare a qu di fare qc ❷ (*request goods or service*) ordinare ❸ (*arrange*) riordinare ❹ (*arrange according to procedure*) organizzare

order form *n* modulo *m* delle ordinazioni

orderly ['ɔːrdərli] <-ies> I. *n* ❶ (*hospital attendant*) inserviente *mf* ❷ MIL piantone *m* II. *adj* ❶ (*tidy*) ordinato, -a ❷ (*well-behaved*) disciplinato, -a

ordinal ['ɔːrdənəl] *n*, **ordinal number** *n* ordinale *m*

ordinary ['ɔːrdəˌneri] I. *n* **out of the** ~ fuori dal comune II. *adj* ordinario, -a

Oregon ['ɔːrɪɡən] *n* Oregon *m*

organ ['ɔːrɡən] *n* organo *m*

organ donor *n* donatore , -trice *m, f* di organi

organic [ɔːrˈɡænɪk] *adj* ❶ (*of bodily organs*) organico, -a ❷ (*living*) organico, -a ❸ AGR, ECOL biologico, -a; ~ **fruit** frutta *f* biologica; ~ **farming methods** agricoltura *f* biologica; ~ **label** logo *m* biologico; ~ **supermarket** supermercato *m* biologico

organization [ˌɔːrɡənɪˈzeɪʃən] *n* organizzazione *f*

organizational [ˌɔːrɡənɪˈzeɪʃənəl] *adj* organizzativo, -a

organize ['ɔːrɡənaɪz] I. *vt* organizzare II. *vi* organizzarsi; (*form trade union*) sindacalizzarsi

organized *adj* ❶ (*systemized, arranged*) organizzato, -a ❷ (*brought together in a trade union*) sindacalizzato, -a

organizer *n* ❶ (*person*) organizzatore, -trice *m, f* ❷ COMPUT agenda *f* elettronica

orgasm ['ɔːrɡæzəm] I. *n* orgasmo *m* II. *vi* raggiungere l'orgasmo

oriental [ˌɔːriˈentəl] *adj* orientale

origin ['ɔːrədʒɪn] *n* origine *f*

original [əˈrɪdʒənəl] *adj, n* originale *m*

originality [əˌrɪdʒɪˈnæləti] *n* originalità *f*

originally [əˈrɪdʒɪnəli] *adv* ❶ (*initially*) originariamente ❷ (*unusually*) originalmente

originate [əˈrɪdʒɪneɪt] I. *vi* avere origine II. *vt* creare

ornament ['ɔːrnəmənt] I. *n* ornamento *m* II. *vt* ornare

ornamental [ˌɔːrnəˈmentəl] *adj* ornamentale

orthodontist [ˌɔːrθoʊˈdɑːntɪst] *n* ortodontista *mf*

OT ❶ *abbr of* **Old Testament** A. T. ❷ *abbr of* **overtime** straordinario *m*

other ['ʌðər] I. *adj* ❶ (*different*) altro, -a; **some** ~ **way of doing sth** un altro modo di fare qc ❷ (*remaining*) **the** ~ **one** l'altro; **the** ~ **three** gli altri tre; **any** ~ **questions?** altre domande? ❸ (*being vague*) **some** ~ **time** un'altra volta II. *pron* ❶ (*people*) **the** ~**s** gli altri ❷ (*different ones*) **each** ~ l'un l'altro ❸ *sing* (*either/or*) **to choose one or the** ~ scegliere l'uno o l'altro ❹ (*being vague*) **someone or** ~ qualcuno III. *adv* **somehow or** ~ in un modo o l'altro

otherwise ['ʌðərwaɪz] I. *adj* form diverso, -a II. *adv* (*differently, in other* *ways: behave, act*) altrimenti III. *conj* altrimenti, se no

ought [ɑːt] *aux* dovere; **you ~ to do it** dovresti farlo; **he ~ to be here** dovrebbe essere qui

ounce [aʊns] *n* ❶ (*weight*) oncia *f* (28,4 g) ❷ (*of decency, common sense*) briciolo *m*

our ['aʊ·ə·] *adj pos* nostro, -a; **~ house** la nostra casa; **~ children** i nostri figli; **~ uncle** nostro zio

ours ['aʊ·ə·z] *pron pos* il nostro, la nostra; **it's not their bag, it's ~** non è la loro borsa, è la nostra; **this house is ~** questa casa è nostra; **a book of ~** un nostro libro; **~ is bigger** il nostro è più grande

ourselves [aʊ·ə·'selvz] *pron reflexive* ❶ ci; *emphatic* noi stessi, e; **we hurt ~** ci siamo fatti male ❷ *after prep* noi, noi stessi, e

out [aʊt] I. *vt* rivelare l'omosessualità di II. *adj* ❶ (*absent: person*) fuori ❷ (*released: book*) pubblicato, -a; (*news*) rilasciato, -a ❸ BOT (*flower*) in fiore ❹ (*visible*) **the sun is ~** c'è il sole ❺ (*finished*) **before the week is ~** prima che la settimana finisca ❻ (*not functioning: fire, light*) spento, -a ❼ SPORTS (*out of bounds*) fuori (campo) ❽ (*unfashionable*) fuori moda ❾ (*not possible*) **to be ~** fuori discussione ❿ (*in baseball*) out *inv* III. *adv* ❶ (*not inside*) fuori; **to go ~** uscire; **get ~!** fuori!; **to eat ~** mangiar fuori ❷ (*remove*) **to cross ~ words** cancellare le parole con la penna; **to put ~ a fire** spegnere un incendio ❸ (*available*) **the best one ~ right now** il migliore sul mercato adesso ❹ (*away*) **to be ~** (*person*) essere fuori; **the tide is going ~** la marea si sta abbassando ❺ (*unconscious*) **to pass ~** perdere conoscenza; **to be ~ cold** essere privo di sensi ▸ **to be ~ and about** (*on the road*) essere in giro IV. *prep* ❶ (*towards outside*) **~ of** fuori da; **to go ~ of the room** uscire dalla stanza; **to take sth ~ of a box** tirar fuori qc da una scatola; **to look/**

lean ~ of the window guardare/sporgersi dalla finestra ❷ (*outside from*) **~ of sight** non visto; **~ of reach** non a portata di mano; **to drink ~ of a glass** bere da un bicchiere ❸ (*away from*) **to be ~ of town** essere fuori città; **~ of the way!** fate largo! ❹ (*without*) **to be ~ of money/work** essere senza soldi/lavoro; **~ of breath** senza fiato; **~ of order** guasto, -a ❺ (*not included in*) **to get ~ of the habit of doing sth** perdere l'abitudine di fare qc ❻ (*from*) **to copy sth ~ of a file** copiare qc da un file; **in 3 cases ~ of 10** in 3 casi su 10 ❼ (*because of*) **to do sth ~ of politeness** fare qc per gentilezza

outclass [ˌaʊt·'klæs] *vt* superare

outcome ['aʊt·kʌm] *n* risultato *m*

outdo [aʊt·'duː] *vt irr* superare; **to ~ sb in sth** superare qu in qc

outdoor [ˌaʊt·'dɔːr] *adj* all'aperto; (*clothing*) per attività all'aperto; (*plants*) da esterno

outdoors [ˌaʊt·'dɔːrz] *n* all'aperto; **the great ~** i grandi spazi

outer ['aʊ·t̬ə·] *adj* esterno, -a; **~ suburbs** quartieri *mpl* più periferici

outfit ['aʊt·fɪt] *n* ❶ (*set of clothes*) completo *m* ❷ (*team, organization*) squadra *f*

outgoing ['aʊt·goʊ·ɪŋ] *adj* ❶ (*sociable, extroverted*) estroverso, -a ❷ (*retiring: President*) uscente ❸ (*ship*) in partenza

outing ['aʊ·t̬ɪŋ] *n* escursione *f*; **to go on an ~** fare un'escursione

outlaw ['aʊt·lɑː] I. *n* fuorilegge *mf* II. *vt* (*product, practice*) dichiarare illegale; (*person*) bandire

outlet ['aʊt·let] *n* ❶ ECON punto *m* vendita; **retail ~** punto vendita al dettaglio ❷ (*means of expression*) valvola *f* di sfogo ❸ ELEC presa *f* di corrente

outline ['aʊt·laɪn] I. *n* ❶ (*draft*) abbozzo *m* ❷ (*shape*) sagoma *f* ❸ (*general description*) schema *m* II. *vt* ❶ (*draw outer line of*) tracciare il contorno di ❷ (*describe, summarize*) esporre a linee generali

outlive [ˌaʊt·'lɪv] *vt* sopravvivere a

O

outlook [ˈaʊt·lʊk] n ① (*prospects*) prospettive *fpl* ② (*attitude*) punto *m* di vista ③ (*view*) vista *f*

outlying [ˈaʊt·laɪ·ɪŋ] *adj* distante, remoto, -a

outnumber [ˌaʊt·ˈnʌm·bə-] *vt* superare numericamente

outpatient [ˈaʊt·ˌpeɪ·ʃənt] n paziente *mf* esterno, -a

outplay [ˌaʊt·ˈpleɪ] *vt* giocare meglio di

output [ˈaʊt·pʊt] n ECON produzione *f*; (*of machine*) rendimento *m*

output device n COMPUT dispositivo *m* di uscita

outrage [ˈaʊt·reɪdʒ] I. n ① (*atrocity*) atrocità *f*; (*terrorist act*) attentato *m* ② (*scandal*) scandalo *m*; **to express ~ (at sth)** mostrare indignazione (per qc) II. *vt* (*offend*) oltraggiare

outrageous [aʊt·ˈreɪ·dʒəs] *adj* ① (*shocking: behavior*) scandaloso, -a; (*clothing, person*) stravagante ② (*cruel, violent*) atroce

outright [ˈaʊt·raɪt] I. *adj* (*disaster, defeat*) totale; (*winner*) assoluto, -a; (*hostility*) chiaro, -a II. *adv* ① (*defeat, ignore*) totalmente; (*win*) indiscutibilmente ② (*declare, ask*) apertamente

outset [ˈaʊt·set] n principio *m*; **from the ~** dall'inizio

outside [ˌaʊt·ˈsaɪd] I. *adj* ① (*external*) esterno, -a ② (*not likely*) **an ~ chance that ...** una remota possibilità che ... +*conj* ③ (*extreme*) massimo, -a II. n ① (*external part or side*) esterno *m*; **judging from the ~** a giudicare da fuori ② (*at most*) **at the ~** al massimo III. *prep* ① (*not within*) fuori da; **~ business hours** fuori dall'orario d'ufficio ② (*besides*) oltre a IV. *adv* ① (*outdoors*) fuori; **to go ~** uscire ② (*beyond*) **to be ~ the perimeter** essere fuori dal perimetro

outsider [ˌaʊt·ˈsaɪ·də-] n ① (*person not from a group*) persona *f* di fuori ② (*in race*) outsider *mf inv*

outskirts [ˈaʊt·skɜːrts] *npl* periferia *f*

outspoken [ˌaʊt·ˈspoʊ·kən] *adj* diretto, -a

outstanding [ˌaʊt·ˈstæn·dɪŋ] *adj* ① (*excellent*) eccezionale ② FIN (*account*) da pagare; (*debt*) insoluto, -a ③ (*unsolved*) in sospeso

outward [ˈaʊt·wə-d] I. *adj* ① (*visible, apparent*) esteriore ② (*voyage*) di andata II. *adv* verso l'esterno

outwardly [ˈaʊt·wə-d·li] *adv* apparentemente

outwards [ˈaʊt·wə-dz] *adv* verso l'esterno

ovary [ˈoʊ·və·ri] <-ies> n ovaia *f*

oven [ˈʌ·vən] n forno *m*

over [ˈoʊ·və-] I. *prep* ① (*above*) sopra (a), su; **the bridge ~ the freeway** il ponte sopra l'autostrada ② (*on*) **to hit sb ~ the head** colpire qu sulla testa; **to drive ~ sth** passare sopra qc ③ (*across*) **to go ~ the bridge** attraversare il ponte; **the house ~ the road** la casa dall'altra parte della strada ④ (*behind*) **to look ~ sb's shoulder** guardare da dietro le spalle di qu; *fig* stare addosso a qu ⑤ (*during*) durante; **~ the winter** durante l'inverno; **to stay ~ the weekend** restare per il fine settimana ⑥ (*more than*) **to speak for ~ an hour** parlare per oltre un'ora; **~ 150** oltre 150 ⑦ (*through*) **I heard it ~ the radio** l'ho sentito alla radio ⑧ (*in superiority to*) **to rule ~ the Romans** dominare i Romani; **to have an advantage ~ sb** essere in vantaggio su qu ⑨ (*about*) **~ sth** riguardo a qc ⑩ (*for checking*) **to go ~ a text** rivedere un testo ⑪ (*past*) **to be ~ the worst** aver passato il peggio ⑫ MATH **4 ~ 12 equals a third** il 4 nel 12 ci sta 3 volte II. *adv* ① (*moving above: go, jump*) sopra; **to fly ~ the city** sorvolare la città ② (*at a distance*) **~ here** qui; **~ there** là; **~ the road** dall'altra parte della strada ③ (*moving across*) **to come ~ here** venire qui; **to go ~ there** andare là ④ (*on a visit*) **come ~ tonight** fate un salto qui stasera ⑤ (*changing hands*) **to pass/ hand sth ~** passare/dare qc ⑥ (*downwards*) **to fall ~** cadere ⑦ (*another* *way up*) **to turn the page** ~ voltare pagina; **to turn the pancake** ~ girare la crêpe ⑧ (*in exchange*) **to change** ~ cambiare ⑨ (*completely*) **to look for sb all** ~ cercare qu dappertutto; **to think sth** ~ riflettere su qc ⑩ (*again*) **to do sth all** ~ rifare qc da capo ⑪ (*more*) **children 14 and** ~ ragazzi dai 14 anni in su ⑫ RADIO, AVIAT ~ passo; **~ and out** passo e chiudo III. *adj* ⑬ (*finished*) finito, -a; **it's all** ~ è tutto passato ⑭ (*remaining*) rimasto, -a; **there are three left** ~ ne sono rimasti tre

overall ['oʊ·və·rɔːl] I. *adj* ⑥ (*general*) complessivo, -a ⑦ (*above all others*) ~ **winner** vincitore, -trice *m*, *f* assoluto, -a II. [ˌoʊ·vər·'ɑːl] *adv* nel complesso III. ['oʊ·və·rɔːl] *n pl* tuta *f*

overbearing [ˌoʊ·vər·'ber·ɪŋ] *adj pej* prepotente

overboard ['oʊ·və·bɔːrd] *adv* fuori bordo; **to fall** ~ cadere in mare; **to go** ~ *inf* esagerare

overbook [ˌoʊ·və·'bʊk] *vt* prendere troppe prenotazioni per; (*flight*) prenotare in overbooking

overcast ['oʊ·və·kæst] *adj* nuvoloso, -a

overcharge [ˌoʊ·və·'tʃɑːrdʒ] I. *vt* **to** ~ **sb** fare pagare troppo a qu II. *vi* fare prezzi troppo cari

overcoat ['oʊ·və·koʊt] *n* soprabito *m*

overcome [ˌoʊ·və·'kʌm] *irr* I. *vt* ⑥ (*defeat*) sconfiggere ⑦ (*cope with*) superare; **to** ~ **temptation** resistere alla tentazione II. *vi irr* vincere

overcrowded [ˌoʊ·və·'kraʊ·dɪd] *adj* sovraffollato, -a

overdone [ˌoʊ·və·'dʌn] *adj* ⑥ (*overexaggerated*) esagerato, -a ⑦ (*overcooked*) troppo cotto, -a

overdose ['oʊ·və·doʊs] I. *n* overdose *f inv* II. *vi* **to** ~ **on sth** (*sleeping pills*) prendere una dose eccessiva di qc; (*heroin*) andare in overdose di qc; *fig* farsi un'overdose di qc

overdraft ['oʊ·və·dræft] *n* FIN scoperto *m*

overdraw [ˌoʊ·və·'drɔː] *irr* I. *vi* andare in scoperto II. *vt* **to** ~ **one's account** andare in scoperto

overdue [ˌoʊ·və·'duː] *adj* ⑥ (*late*) in ritardo ⑦ FIN (*payment*) arretrato, -a

overestimate¹ [ˌoʊ·və·'es·tɪ·mɪt] *n* stima *f* eccessiva

overestimate² [ˌoʊ·və·'es·tə·meɪt] *vt* sopravvalutare

overexcited [ˌoʊ·və·ɪk·'saɪ·tɪd] *adj* sovreccitato, -a

overhead [ˌoʊ·və·'hed] I. *n* spese *fpl* generali II. *adj* ~ **cable** cavo *m* aereo; ~ **light** luce *f* da soffitto III. *adv* in alto

overhear [ˌoʊ·və·'hɪr] *irr vt* sentire per caso

overjoyed [ˌoʊ·və·'dʒɔɪd] *adj* contentissimo, -a

overland ['oʊ·və·lænd] I. *adj* terrestre; **by** ~ **mail** per posta via terra II. *adv* via terra

overleaf ['oʊ·və·liːf] *adv* sul retro

overload¹ [ˌoʊ·və·loʊd] *n* sovraccarico *m*

overload² [ˌoʊ·və·'loʊd] *vt* sovraccaricare

overlook [ˌoʊ·və·'lʊk] I. *n* vista *f* II. *vt* ⑥ (*look out onto*) dare su ⑦ (*not notice*) non vedere; (*deliberately*) chiudere un occhio su ⑧ (*forget*) dimenticare

overnight [ˌoʊ·və·'naɪt] I. *adj* di notte; ~ **stay** pernottamento *m*; ~ **delivery** consegna *f* per il mattino seguente II. *adv* (*travel*) di notte

overpass ['oʊ·və·pæs] *n* cavalcavia *m*

overpay [ˌoʊ·və·'peɪ] *irr vt* pagare troppo

overpopulated [ˌoʊ·və·'pɑː·pjə·leɪ·tɪd] *adj* sovrappopolato, -a

overrate [ˌoʊ·və·'reɪt] *vt* sopravvalutare

overreact [ˌoʊ·və·ri·'ækt] *vi* reagire in modo sproporzionato

overreaction [ˌoʊ·və·ri·'æk·ʃən] *n* reazione *f* esagerata

overseas [ˌoʊ·və·'siːz] I. *adj* straniero, -a; (*trade*) estero, -a II. *adv* **to go/travel** ~ andare/viaggiare all'estero

oversight ['oʊ·və·saɪt] *n* ⑥ (*omission*)

svista *f*; **by an ~** per distrazione ② (*supervision*) supervisione *f*

oversleep [ˌoʊ·vɚ·ˈsliːp] *irr vi* non svegliarsi per tempo

overspend [ˌoʊ·vɚ·ˈspend] I. *vi* spendere eccessivamente II. *vt* **to ~ one's allowance** spendere oltre il limite concesso

overstaffed [ˌoʊ·vɚ·ˈstæft] *adj* con eccesso di personale

overtake [ˌoʊ·vɚ·ˈteɪk] *irr* I. *vt* ① AUTO sorpassare ② (*in contest*) superare II. *vi* sorpassare

over-the-counter [ˌoʊ·vɚ·ðə·ˈkaʊn·tɚ] *adj* da banco

overtime [ˈoʊ·vɚ·taɪm] *n* ① (*work*) straordinario *m* ② SPORTS tempo *m* supplementare

overturn [ˌoʊ·vɚ·ˈtɜːrn] I. *vi* capovolgersi II. *vt* rovesciare

overview [ˈoʊ·vɚ·vjuː] *n* visione *f* generale

overweight [ˌoʊ·vɚ·ˈweɪt] *adj* sovrappeso, -a; **to be ~** (*suitcase, parcel*) pesare troppo

overwhelming [ˌoʊ·vɚ·ˈwel·mɪŋ] *adj* travolgente

overwork [ˌoʊ·vɚ·ˈwɜːrk] I. *vi* lavorare troppo II. *vt* far lavorare troppo

owe [oʊ] *vt* dovere; **to ~ sb sth** [*o* **to ~ sth to sb**] dovere qc a qu

owing [ˈoʊ·ɪŋ] *adj* da pagare

owing to *prep* dovuto a

own [oʊn] I. *adj* proprio, -a; **to see sth with one's ~ eyes** vedere qc coi propri occhi ▸ **to do one's ~ thing** fare qc a proprio modo; **in one's ~ time** nel proprio tempo libero II. *vt* possedere III. *vt* **to ~ that ...** ammettere che ...

owner [ˈoʊ·nɚ] *n* proprietario, -a *m, f*

ownership [ˈoʊ·nɚ·ʃɪp] *n* proprietà *f*, possesso *m*; **to be under private/public ~** essere di proprietà privata/pubblica

oxtail soup *n* minestra *f* di coda di bue

oxygen [ˈɑːk·sɪ·dʒən] *n* ossigeno *m*

oyster [ˈɔɪs·tɚ] *n* ostrica *f*

oz *n*, **oz.** *n abbr of* **ounce** oncia *f* (*28,4 g*)

ozone layer *n* strato *m* di ozono

O

Pp

P, p [pi:] <-'s> *n* P, p *f;* ~ **for Peter** P come Palermo

p *abbr of* **page** p., pag.

pa [pɑ:] *n inf* papà *m inv*

PA [ˌpi:·'eɪ] *n* ① *abbr of* **public-address system** sistema *m* di altoparlanti ② *abbr of* **Pennsylvania** Pennsylvania *f*

p.a. [ˌpi:·'eɪ] *abbr of* **per annum** all'anno

pace [peɪs] **I.** *n* ① (speed) ritmo *m;* **to set the ~** SPORTS fare l'andatura; **to keep ~ with sb** procedere di pari passo con qu; **to keep ~ with sth** stare al passo con qc ② (step) passo *m;* **to quicken one's ~** allungare il passo **II.** <pacing> *vt* ① (walk up and down) camminare su e giù ② (measure in strides) misurare a passi ③ SPORTS (set a speed) fare l'andatura per; **to ~ oneself** procedere a un ritmo regolare **III.** <pacing> *vi* **to ~ up and down** camminare avanti e indietro

pacemaker ['peɪs·ˌmeɪ·kə] *n* ① MED pacemaker *m inv*

Pacific [pə·'sɪ·fɪk] *n* **the ~** il Pacifico; **the ~ Ocean** l'oceano Pacifico

pacifist ['pæ·sə·fɪst] *adj, n* pacifista *mf*

pack [pæk] **I.** *n* ① (bundle) fagotto *m;* (backpack) zaino *m;* (packet) pacchetto *m;* **ice ~** borsa *f* del ghiaccio ② (group) gruppo *m;* (of wolves) branco *m;* (of hounds) muta *f; inf* (of lies) mucchio *m* **II.** *vi* (prepare luggage) fare le valigie ② *inf* **to send sb ~ing** mandare qu a farsi friggere *inf* **III.** *vt* ① (fill: box, train) riempire; **~ed with information** pieno di informazioni ② (wrap) avvolgere; (put in packages) impacchettare; **to ~ one's suitcase** fare la valigia

◆**pack in** *vt* ① (put in) mettere ② *inf* (stop) smettere; **pack it in!** smettila!

◆**pack off** *vt inf* **to pack sb off** sbarazzarsi di qu

◆**pack up I.** *vt* ① (put away) mettere via ② *inf* (finish) piantare tutto **II.** *vi inf* (stop work) staccare

package ['pæ·kɪdʒ] **I.** *n* pacco *m;* (of cookies) pacchetto *m;* **software ~** pacchetto di software **II.** *vt* ① (pack) confezionare ② *fig* presentare

packaging *n* (wrapping) materiale *m* di imballaggio

packet ['pæ·kɪt] *n* ① (parcel) pacchetto *m;* (of cigarettes) pacchetto *m* di sigarette ② COMPUT pacchetto *m*

packing *n* (action, material) imballaggio *m*

pad [pæd] **I.** *n* ① (cushion) cuscinetto *m;* **knee ~** ginocchiera *f* imbottita; **mouse ~** COMPUT tappetino *m* del mouse; **shin ~** parastinchi *m inv;* **shoulder ~** spallina (imbottita) *f* ② (of paper) blocchetto *m* per appunti ③ (of animal's foot) cuscinetto *m* (della zampa) ④ AVIAT piattaforma *f* **II.** <-dd-> *vt* (with wrapping material) imbottire

◆**pad out** *vt* rimpolpare; **to ~ a speech/text** rimpolpare un discorso/testo

padded *adj* imbottito, -a

padding *n a. fig* riempitivi *mpl*

paddle ['pæ·dl] **I.** *n* ① (type of oar) pagaia *f* ② (act of paddling) sguazzata *f;* **to go for a ~** andare a sguazzare nell'acqua **II.** *vt* (row) mandare avanti a colpi di pagaia **III.** *vi* ① (row) pagaiare ② (walk, swim) sguazzare

padlock ['pæd·lɑ:k] *n* lucchetto *m*

page [peɪdʒ] *n* COMPUT (in book, newspaper) pagina *f;* (sheet of paper) foglio *m;* **front ~** prima pagina *f*

pager ['peɪ·dʒə] *n* cercapersone *m inv*

paid [peɪd] **I.** *pt, pp of* **pay II.** *adj* pagato, -a

pain [peɪn] *n* ① (physical suffering) dolore *m;* **I have a ~ in my foot** mi fa male il piede ② pl (great care) tutto il possibile; **to be at ~s to do sth** fare tutto il possibile per fare qc ③ inf **to be a ~ in the neck** inf essere una piaga; **on** [o **under**] **~ of sth** sotto pena di qc

painful ['peɪn·fəl] adj ① (physically) doloroso, -a ② (emotionally) penoso, -a ③ (embarrassing) spiacevole

painkiller ['peɪn·kɪ·lə] n analgesico m

painless ['peɪn·ləs] adj ① (not painful) indolore ② fig (easy) facile

paint [peɪnt] **I.** n pittura f **II.** vi dipingere **III.** vt (room, picture) dipingere

paintbrush <-es> n pennello m

painter ['peɪn·tə] n ① (artist) pittore, -trice m, f ② (decorator) imbianchino m

painting n ① (painted picture) dipinto m ② (art) pittura f; **19th century French ~** la pittura francese del secolo XIX

paint stripper n sverniciatore m

pair [per] n ① (two matching items) paio m; **a ~ of gloves** un paio di guanti; **a ~ of glasses** un paio di occhiali; **a ~ of scissors** un paio di forbici; **a ~ of pants** un paio di pantaloni ② (group of two people, animals) coppia f; **in ~s** a due a due

♦ **pair off** vi fare coppia

pajamas [pə·'dʒɑː·məz] npl pigiama m; **in (one's) ~** in pigiama; **a pair of ~** un pigiama

Pakistan ['pæ·kɪs·tæn] n Pakistan m

Pakistani I. n pakistano, -a m, f **II.** adj pakistano, -a

pal [pæl] n inf (friend) amico, -a m, f

palace ['pæ·ləs] n palazzo m

pale [peɪl] adj ① (lacking color) pallido, -a; **to look ~** essere pallido ② (not dark) chiaro, -a

palm[1] [pɑːm] n (of hand) palmo m; **to read sb's ~** leggere la mano a qu

palm[2] [pɑːm] n (tree) palma f

♦ **palm off** vt **to palm sth off on sb** rifilare qc a qu

Palm Sunday n Domenica mf delle Palme

palmtop n COMPUT palmare m

pamper ['pæm·pə] vt viziare; **to ~ oneself** viziarsi

pamphlet ['pæm·flɪt] n (leaflet) opuscolo m; POL pamphlet m inv

pan [pæn] n (for cooking) tegame m; **frying ~** padella f

pancake ['pæn·keɪk] n pancake m inv

panda ['pæn·də] n panda m

pane [peɪn] n cristal m; **window ~** vetro m della finestra

panel ['pæ·nəl] n ① (wooden) pannello m; (metal) placca f ② (team) panel m inv; (in exam) commissione f esaminatrice ③ (instrument board) pannello m della strumentazione; **control ~** pannello di controllo; **instrument ~** AUTO, AVIAT quadro m dei comandi

paneling n pannelli mpl (in legno)

panhandler ['pæn·hænd·lər] n inf mendicante mf

panic ['pæ·nɪk] **I.** n panico m; **to get into a ~** farsi prendere dal panico **II.** <-ck-> vi farsi prendere dal panico

panic-stricken adj in preda al panico

pansy ['pæn·zi] <-ies> n (flower) viola f del pensiero

pant [pænt] vi (person, dog) ansimare

panther ['pænt·θə] n ① (black leopard) pantera f ② (puma) puma m inv

panties ['pæn·tɪz] npl mutandine fpl

pantomime ['pæn·tə·maɪm] n ① (gestures) mimica f ② (mime) pantomima f

pantry ['pæn·tri] <-ies> n dispensa f

pants [pænts] npl ① (trousers) pantaloni mpl ② (underpants) mutande fpl

pantyhose npl collant m inv

panty liner n salvaslip m inv

papacy ['peɪ·pə·si] n ① (office) pontificato m ② (tenure of pope) papato m

papal ['peɪ·pl] adj papale

paper ['peɪ·pə] **I.** n ① (for writing) carta f; **a sheet of ~** un foglio di carta; **on ~** sulla carta ② (newspaper) giornale m ③ (wallpaper) carta da parati ④ (official document) documentazione f; **~s** documenti mpl **II.** vt **to ~ the walls** tappezzare le pareti

paperback ['peɪ·pɚ·bæk] *n* libro *m* in edizione economica; **in ~** in brossura

paperboy *n* distributore *m* di giornali

paper clip *n* graffetta *f*, clip *f inv*

paper mill *n* cartiera *f*

paper napkin *n* tovagliolo *m* di carta

paper-thin *adj* sottilissimo, -a

paperwork *n* lavoro *m* amministrativo, scartoffie *fpl inf*

paprika [pæp·'riː·kə] *n* paprica *f*

par. *abbr of* **paragraph** paragrafo *m*

parachute ['pæ·rə·ʃuːt] I. *n* paracadute *m* II. *vi* lanciarsi con il paracadute

parade [pə·'reɪd] I. *n* ❶ *(gener)* a. MIL parata *f* ❷ *fig (series)* sfilza *f* III. *vi* ❶ *(walk in procession)* a. MIL sfilare ❷ *(show off)* **to ~ around** pavoneggiarsi III. *vt* ❶ *(exhibit)* sfoggiare ❷ *fig (show off)* ostentare; **to ~ one's knowledge** fare sfoggio di cultura

paradise ['pæ·rə·daɪs] *n* paradiso *m*

paragliding ['pæ·rə·ˌglaɪ·dɪŋ] *n* parapendio *m*

paragraph ['pæ·rə·græf] *n* paragrafo *m*

parallel ['pæ·rə·lel] I. *adj* MATH parallelo, -a II. *n* ❶ MATH *(retta)* parallela *f* ❷ GEO parallelo *m* ❸ ELEC **in ~** in parallelo ❹ *(similarity)* parallelismo *f* ❺ **to draw a ~** *(make a comparison)* fare un parallelo

parallel bars *npl* SPORTS parallele *fpl*

paralysis [pə·'ræ·lə·sɪs] <-ses> *n* paralisi *f inv*

paralytic [ˌpæ·rə·'lɪ·t̬ɪk] *adj*, *n* paralitico, -a *m*, *f*

paralyze ['pæ·rə·laɪz] *vt* a. *fig* paralizzare; **to be ~d with fear** restare impietrito dalla paura

paramedic [ˌpæ·rə·'me·dɪk] *n* paramedico, -a *m*, *f*

paramilitary [ˌpæ·rə·'mɪ·lə·te·ri] I. *adj* paramilitare II. *n* **paramilitaries** truppe *fpl* paramilitari

paranoid ['pæ·rə·nɔɪd] *adj* ❶ PSYCH paranoico, -a ❷ *(very worried)* **to be ~ about sth** essere ossessionato da qc

paraphrase ['pæ·rə·freɪz] *vt* parafrasare

paraplegic [ˌpær·ə·'pli·dʒɪk] *adj*, *n* paraplegico, -a *m*, *f*

parasite ['pæ·rə·saɪt] *n* a. *fig* parassita *mf*

paratrooper ['pæ·rə·tru:·pɚ] *n* parà *mf inv*

paratroops ['pæ·rə·tru:ps] *npl* reparti *mpl* paracadutisti

parcel ['pɑːr·səl] *n* *(packet)* pacco *m*

pardon ['pɑːr·dn] I. *vt* *(forgive)* perdonare; *(prisoner)* graziare; **to ~ sb for sth** perdonare qu per qc; **~ me for interrupting** chiedo scusa per l'interruzione; **(I beg your) ~?** *(requesting repetition)* come (hai *o* ha) ha detto)?; **~ me!** *(after interrupting, burping etc.)* chiedo scusa; *(requesting to pass)* (è) permesso? II. *n* grazia *f*

parent ['pe·rənt] *n* *(father)* padre *m*; *(mother)* madre *f*; **~s** genitori *mpl*

parental [pə·'ren·t̬əl] *adj* dei genitori

parenthood ['pe·rənt·hʊd] *n* *(of man)* paternità *f*; *(of woman)* maternità *f*

Parent Teacher Association *n*, **Parent Teacher Organization** *n* associazione *f* genitori · insegnanti

Paris ['pær·ɪs] *n* Parigi *m*

parish ['pæ·rɪʃ] <-es> *n* REL parrocchia *f*

Parisian [pə·'ri·ʒən] *adj*, *n* parigino, -a *m*, *f*

parity ['pæ·rɪ·t̬i] <-ies> *n* *(equality)* uguaglianza *f*

park [pɑːrk] I. *n* ❶ parco *m* ❷ *(stadium)* **baseball ~** campo di baseball II. *vt*, *vi* *(leave vehicle)* parcheggiare

parking attendant *n* custode *mf* del parcheggio

parking *n* parcheggio

parking lot *n* parcheggio *m*

parking meter *n* parcometro *m*

parking space *n*, **parking spot** *n* (posto di) parcheggio *m*

parking ticket *n* multa *f* per sosta vietata

parkway ['pɑːrk·weɪ] *n* viale *m* alberato, *spesso a doppia corsia*

parliament ['pɑːr·lə·mənt] *n* parlamento *m*

parliamentary [ˌpɑːr·lə·'men·tə·ri] *adj* parlamentare

parlor ['pɑːr·lɚ] *n* *(store)* **beauty ~** sa-

P

lone *m* di bellezza; **ice-cream** ~ gelateria *f*; **pizza** ~ pizzeria *f*

Parmesan (cheese) ['pɑr·mə·zan·(tʃiz)] *n* (formaggio *m*) parmigiano *m*

parody ['pæ·rə·di] **I.** <-ies> *n* parodia *f* **II.** <-ie-> *vt* fare la parodia di

parole [pə·'roʊl] *n* LAW libertà *f* sulla parola; **to be out on** ~ essere libero sulla parola

parrot ['pæ·rət] *n* loro *m*, pappagallo *m*

parsley ['pɑ·rs·li] *n* prezzemolo *m*

parsnip ['pɑ·rs·nɪp] *n* pastinaca *f*

part [pɑrt] **I.** *n* ① (*gener*) parte *f*; ~ **of the body** parte del corpo; **the easy** ~ **il** facile; **in** ~ in parte; **for the most** ~ per lo più; **spare** ~s parti *fpl* di ricambio; **in these** ~s *inf* da queste parti; **to do one's** ~ fare la propria parte; **to play the** ~ **of the King** interpretare la parte del re ② (*in hair*) riga *f*; **a** ~ **in the middle** riga nel mezzo ▶ **to be** ~ **and parcel of sth** essere parte integrante di qc; **for my** ~ quanto a me; **to take sb's** ~ prendere le parti di qu; **on sb's** ~ da parte di qu **II.** *adv* parzialmente; **to be** ~ **African** essere in parte africano **III.** *vt* (*detach, split*) separare; **to** ~ **sb from sb/sth** separare qu da qu/qc; **to** ~ **company** andare ciascuno per la propria strada **IV.** *vi* ① (*separate*) separarsi; **to** ~ **from sb** separarsi da qu; *fig, inf*; **to** ~ **with one's cash** tirar fuori i soldi ② (*say goodbye*) lasciarsi ③ (*curtains*) aprire

partial ['pɑ·r·ʃəl] *adj* parziale; **she is** ~ **to ...** lei ha un debole per ...

partially *adv* parzialmente

participant [pɑːr·'tɪ·sə·pənt] *n* partecipante *mf*; (*in contest*) concorrente *mf*

participate [pɑːr·'tɪ·sə·peɪt] *vi* partecipare; (*in contest*) concorrere

participation [pɑːr·tɪ·sə·'peɪ·ʃən] *n* partecipazione *f*

participle ['pɑ·r·tɪ·sɪ·pl] *n* participio *m*

particle ['pɑ·r·tɪ·kl] *n* PHYS, LING particella *f*

particular [pə·'tɪk·jə·lə] **I.** *adj* ① (*special*) particolare, speciale; (*specific*) specifico, -a; **no** ~ **reason** nessuna ragione

particolare; **in** ~ in particolare; **nothing in** ~ niente di speciale ② (*fussy, meticulous*) meticoloso, -a; (*demanding*) esigente; **he is very** ~ **about his appearance** cura la sua immagine nei minimi particolari **II.** *n* particolare *m*; **the** ~ **i** particolari *pl*

particularly [pə·'tɪk·jə·lə·li] *adv* specialmente, particolarmente; **I didn't** ~ **want to go but I had to** non ne avevo molta voglia, ma ho dovuto andar via

particulate filter *n* filtro *m* antiparticolato; **diesel** ~ filtro *m* antiparticolato diesel

parting ['pɑ·r·tɪŋ] **I.** *n* ① (*separation*) separazione *f* ② (*saying goodbye*) addio *m* **II.** *adj* di addio; ~ **words** parole *fpl* di commiato

partition [pɑːr·'tɪ·ʃən] *n* ① (*wall*) (parete) divisoria *f* ② (*of country*) smembramento *m* ③ COMPUT segmentazione *f*

partly ['pɑ·r·tli] *adv* parzialmente, in parte

partner ['pɑ·r·t·nə] *n* ① COM socio, -a *m, f*, partner *mf inv* ② (*accomplice*) ~ **in crime** complice *mf* ③ (*in relationship, activity*) compagno, -a *m, f*

partnership ['pɑ·r·t·nə·ʃɪp] *n* ① (*association*) associazione *f* ② COM società *f inv* (in accomandita); (*of lawyers*) studio *m*; **to go into** ~ **with sb** entrare in società con qu ③ *no pl* (*condition*) partenariato *m*, partnership *f* ④ (*relationship*) **domestic** ~ unione *f* civile

part-time [ˌpɑːrt·'taɪm] *adj, adv* part time *inv*; ~ **worker** lavoratore, -trice *m, f* part time; **to work** ~ lavorare part time

party ['pɑ·r·ti] *n* <-ies> ① (*social gathering*) festa *f*, party *m inv*; **to have** [*o* **throw**] **a** ~ dare una festa ② + *sing/pl vb* POL partito *m*; **ruling** ~ partito al potere ③ + *sing/pl vb* (*group*) gruppo *m*; ~ **of students** gruppo di studenti; **a** ~ **of three** un gruppo di tre ④ *a.* LAW parte *f*; **the guilty** ~ la parte responsabile; **to be a** ~ **to a crime** essere complice di un delitto

party pooper *n sl* guastafeste *mf inv*

pass [pæs] I.<-es> n ① (*mountain road*) passo m, valico m; **mountain ~** passo m di montagna ② (*in football, soccer*) passaggio m ③ (*sexual advances*) **to make a ~** (**at sb**) fare delle avance (a qu) ④ (*in exam, class*) promozione f; ⑤ (*authorization*) permesso m; (*for festival, concert*) ingresso m ⑥ (*for bus, train*) abbonamento m II. vt ① (*go past*) passare (davanti a); ② (*cross*) incrociare ③ (*exceed*) oltrepassare; **to ~ a limit** passare il limite ④ (*hand to*) **to ~ sth to sb** passare qc a qu ④ SPORTS passare ⑤ (*exam, class*) passare ⑥ (*avoid boredom*) **to ~ the time** passare il tempo ⑦ POL (*officially approve*) approvare; **to ~ a law** approvare una legge ⑧ (*utter, pronounce*) dire; **to ~ a comment** fare un commento; **to ~ judgment** sentenziare; **to ~ sentence** LAW emettere una sentenza III. vi (*gener*) a. SPORTS passare; **we often ~ed on the stairs** ci incrociavamo spesso sulle scale; **to ~ unnoticed** passare inosservato; **it'll soon ~** passerà presto; **~!** passo! ② (*in exam*) essere promosso

♦**pass away** vi (*die*) spirare

♦**pass by** I. vi ① (*elapse*) passare ② (*go past*) passare (davanti a) II. vt **life has passed him by** non ha veramente vissuto, **fashion just passes her by** la moda la lascia indifferente

♦**pass down** vt (*knowledge, beliefs*) trasmettere; (*clothes, possessions*) passare

♦**pass off** vt (*sell fake*) **to pass sth off as sth** spacciare qc per qc; (*give appearance of*) **he tried to pass himself off as an expert** ha cercato di farsi passare per esperto

♦**pass on** vt ① BIO (*transmit*) trasmettere ② (*information, advice*) passare ③ (*refer*) **to pass sb on to sb** mettere qu in contatto con qu

♦**pass out** vi (*faint*) svenire

♦**pass over** vt non tenere conto di

♦**pass through** vt attraversare

♦**pass up** vt lasciarsi sfuggire

passage ['pæ·sɪdʒ] n ① (*corridor*) corridoio m; (*path*) passaggio m ② LIT, MUS brano m ③ (*onward journey*) viaggio m ④ (*sea voyage*) traversata f ⑤ **with the ~ of time** con il passare del tempo

passageway ['pæ·sɪdʒ·weɪ] n corridoio m

passenger ['pæ·sən·dʒɚ] n passeggero, -a m, f

passerby [ˌpæs·ɚ·'baɪ] <passersby> n passante mf

passing I. adj ① (*going past*) che passa ② (*brief: fad, infatuation*) passeggero, -a; (*glance*) di sfuggita; (*remark*) per inciso; **~ fancy** capriccio m II. n **in ~** casualmente

passing grade n sufficienza f

passion ['pæ·ʃən] n (*emotion*) passione f; (*anger*) ira f; **crime of ~** delitto m passionale

passionate ['pæ·ʃə·nɪt] adj (*emotional*) appassionato, -a; (*angry*) irascibile

passive ['pæ·sɪv] I. n LING passivo m II. adj passivo, -a

Passover ['pæs·ˌoʊ·vɚ] n Pasqua f ebraica

passport ['pæs·pɔːrt] n passaporto m

passport control n controllo m passaporti

password ['pæs·wɜːrd] n COMPUT password f inv

P

past [pæst] I. n passato m; **to be a thing of the ~** appartenere al passato; **sb with a ~** qu che ha un passato (oscuro); **simple ~** (*tempo*) passato m remoto II. adj passato, -a; **the ~ week** la settimana scorsa; **that's ~ history** è acqua passata III. prep ① (*temporal*) dopo; **ten ~ two** le due e dieci; **it's ~ 2** sono le 2 passate ② (*spatial*) oltre ③ (*beyond*) **to be ~ thirty** aver passato la trentina; **~ belief** incredibile; **I'm ~ caring** non me ne importa più nulla IV. adv oltre; **to go ~** passare

pasta ['pɑːs·tə] n pasta f

paste [peɪst] I. n impasto m; **meat ~** pasta f di carne; **tomato ~** concentrato m di pomodoro; **almond ~** pasta f di mandorle; **anchovy** ~ pasta *f* di acciughe II. *vt a.* COMPUT (*stick*) incollare

pasteurize ['pæs·tʃə·raɪz] *vt* pastorizzare

pastry ['peɪs·tri] <-ies> *n* pasta *f*

pasty ['pæs·ti] <-ies> *n* **Cornish** ~ pasticcio di carne e verdure

pat [pæt] <-tt-> I. *vt* (*touch softly*) dare colpetti affettuosi a qu; **to ~ sb on the back** *fig* congratularsi con qu II. *n* ① (*tap*) colpetto *m*; **to give sb a ~ on the back** *fig* congratularsi con qu ② (*of butter*) pezzetto *m*

patch [pætʃ] I. *n* ① (*piece of cloth*) pezza *f*; (*for mending clothes*) toppa *f* ② (*of land*) pezzo *m* di terreno; (*of fog*) banco *m*; ~ **of ice** tratto *m* ghiacciato; (*of sky*) pezzetto *m*; (*of color, damp*) macchia *f*; **vegetable** ~ orto *m* ③ *inf* (*phase*) fase *f* ④ COMPUT patch *m inv* II. *vt* (*hole, clothes*) rattoppare

◆ **patch up** *vt* ① (*mend*) riparare alla meglio ② *fig* (*friendship*) salvare; **to patch things up** fare la pace

patchy ['pæ·tʃi] <-ier, -iest> *adj* (*performance, novel*) disorganico, -a; (*weather*) variabile; (*results*) irregolare

pâté [pɑː·'teɪ] *n* pâté *m inv*

patent ['pæ·tənt] I. *n* LAW brevetto *m* II. *adj* ① LAW brevettato, -a ② (*unconcealed*) evidente

paternal [pə·'tɜːr·nəl] *adj* paterno, -a; ~ **grandfather** nonno *m* paterno; ~ **grandmother** nonna *f* paterna

paternity leave *n* congedo *m* di paternità

path [pæθ] *n* ① (*footway, trail*) sentiero *m*; **bike** ~ corsia *f* per ciclisti; **to clear a** ~ aprire un sentiero ② (*way*) percorso *m*; (*of bullet*) traiettoria *f*; **to cross sb's** ~ incontrare qu per caso ③ COMPUT path *m inv*

pathetic [pə·'θe·tɪk] *adj* ① (*arousing sympathy*) penoso, -a ② (*arousing scorn*) patetico, -a

pathway ['pæθ·weɪ] *n* sentiero *m*, percorso *m*

patience ['peɪ·ʃns] *n* pazienza *f*

patient ['peɪ·ʃnt] I. *adj* paziente; **just**

be ~**!** un po' di pazienza!! II. *n* MED paziente *mf*

patio ['pæ·ṭiou] <-s> *n* ① (*paved area*) terrazza *f* ② (*courtyard*) cortile *m*

patriotic [,peɪ·tri·'ɑː·ṭɪk] *adj* patriottico, -a

patrol [pə·'troul] I. <-ll-> *vi*, *vt* pattugliare II. <-ll-> *n* pattuglia *f*; **to be on** ~ essere di pattuglia

patrol car *n* auto *f* di pattuglia (della polizia)

patrolman *n* poliziotto *m* (di pattuglia) in divisa

patronize ['peɪ·trə·naɪz] *vt* (*treat condescendingly*) trattare con condiscendenza

patronizing ['peɪ·trə·naɪ·zɪŋ] *adj* condiscendente

patter ['pæ·ṭər] I. *n* ① (*tapping: of rain*) picchiettio *m*; (*of feet*) scalpiccio *m* ② (*talk*) parlantina *f* II. *vi* (*make sound*) picchiettare

pattern ['pæ·ṭərn] *n* ① (*model*) modello, guide *m* ② ART (*design, motif*) disegno *m*; **floral** ~ motivo *m* floreale ③ ECON (*sample*) campione *m*

paunch [pɔːntʃ] *n* pancia *f*

pause [pɔːz] I. *n* pausa *f* II. *vi* fare una pausa

pave [peɪv] *vt* pavimentare; **to ~ the way for sth** *fig* preparare la strada a qc

pavement ['peɪv·mənt] *n* marciapiede *m*

pavilion [pə·'vɪl·jən] *n* padiglione *m*

paw [pɔː] I. *n* ① zampa *f*; *fig, inf* (*of person*) mano *f* II. *vt* toccare con la zampa; **to ~ sb** palpeggiare qu

pawn¹ [pɔːn] *n* GAMES pedina *f*; (*in chess*) pedone *m*; *fig* pedina *f*

pawn² [pɔːn] I. *vt* impegnare II. *n* **to be in** ~ essere impegnato

◆ **pawn off** *vt* **to ~ sth off on sb** sbolognare qc a qu; **to ~ sth off as sth** vendere qc spacciandola per qc

pawnbroker ['pɔːn·brou·kər] *n* titolare *mf* di agenzia di prestito su pegno

pay [peɪ] I. *n* paga *f*; **to be in sb's** ~ essere al soldo di qu II. <paid, paid> *vt* ① (*redeem with money*) pagare; **to ~**

cash pagare in contanti ⑧ (*be worthwhile*) convenire ⑨ (*give, render*) **to ~ attention (to sth)** prestare attenzione (a qc); **to ~ sb a compliment** fare un complimento a qu; **to ~ respects to sb** porgere i propri omaggi a qu III. <paid, paid> *vi* ① (*settle, recompense*) pagare ② (*benefit*) essere conveniente

◆**pay back** *vt* rimborsare; **I'll pay you back!** me la pagherai! [*o* pagherà!] [*o* pagherete!]

◆**pay in** *vt* versare

◆**pay off** I. *vt* (*debt*) estinguere II. *vi fig* dare buoni risultati

◆**pay up** *vi* pagare (quanto è dovuto)

payable ['peɪ·ə·bl] *adj* pagabile; **to make a check ~ to sb** emettere un assegno a favore di qu

pay-as-you-go *n* (*for cell phone*) servizio *m* prepagato

payback ['peɪ·bæk] *n* ① FIN (*equaling the sum invested*) recupero *m* dell'investimento ② (*benefit from action*) ricompensa *f*

paycheck *n* paga *f*

payee [peɪ·'iː] *n* beneficiario, -a *m, f*

pay freeze *n* blocco *m* salariale

payment ['peɪ·mənt] *n* ① (*sum of cash*) pagamento *m* ② (*installment*) rata *f*; (*reward*) ricompensa *f*

pay-per-view *n* televisione *f* a pagamento

pay phone *n* telefono *m* pubblico

pay raise *n* aumento *m* di stipendio

payroll *n* ruolo *m* paga

payslip *n* cedolino *m*

PC [ˌpiː·'siː] I. *n abbr of* **personal computer** PC *m* II. *adj abbr of* **politically correct** politicamente corretto, -a

PDT *n abbr of* **Pacific Daylight Time** ora legale della zona Pacifico

PE [ˌpiː·'iː] *abbr of* **physical education** educazione *f* fisica

pea [piː] *n* pisello *m*

peace [piːs] *n* ① (*absence of war*) a. REL pace *f*; **to make ~** fare la pace; **(may he) rest in ~** riposi in pace ② (*social order*) ordine *m* pubblico; **to keep the ~** mantenere l'ordine ③ (*tranquillity*) tranquillità *f*; **~ of mind** tranquillità *f*; **~ and quiet** pace e tranquillità; **to be at ~** essere in pace; **to leave sb in ~** lasciare in pace qu ▸ **to hold one's ~** stare zitto

Peace Corps *n* organizzazione statunitense di volontari per il terzo mondo

peaceful ['piːs·fəl] *adj* ① (*calm, quiet: animal*) mansueto, -a; (*place, person*) tranquillo, -a ② (*non-violent*) pacifico, -a

peacekeeper *n* ① (*in family*) paciere, -a *m, f* ② (*soldier*) soldato *m* di un contingente di pace

peacemaker ['piːs·ˌmeɪ·kɚ] *n* (*between countries*) mediatore, -trice *m, f* (di pace); (*between friends*) paciere, -a *m, f*

peace movement *n* movimento *m* pacifista

peacetime *n* tempo *m* di pace

peach [piːtʃ] <-es> I. *n* ① (*fruit*) pesca *f* ② (*tree*) pesco *m* II. *adj* color pesca

peachy ['piː·tʃi] *adj inf* (*fine*) **to be (just) ~** andare perfettamente

peacock ['piː·kɑk] *n* ① ZOOL pavone *m* ② (*vain person*) vanitoso, -a *m, f*

peak [piːk] I. *n* ① (*mountain top*) cima *f*, vetta *f* ② (*highest point, summit*) sommità *f inv*; **to be at the ~ of one's career** essere all'apice della carriera II. *vi* (*career*) raggiungere il punto massimo; (*athlete*) raggiungere il massimo della forma; (*skill*) raggiungere il livello più alto; (*figures, rates, production*) segnare il picco III. *adj* massimo, -a

peal [piːl] I. *n* (*sound: of bell*) scampanio *m*; (*of thunder*) fragore *m*; **a ~ of laughter** uno scoppio *m* di risa II. *vi* (*thunder, thunderstorm*) rumoreggiare; (*bell*) suonare a distesa

peanut ['piː·nʌt] *n* ① (*nut*) nocciolina *f* americana, arachide *f* ② *inf* (*little money*) **to pay ~s** pagare pochissimo

peanut butter *n* burro *m* di arachidi

P

pear [per] *n* ① (*fruit*) pera *f* ② (*tree*) pero *m*

pearl [pɜːrl] *n* perla *f*

peasant ['peˑzənt] *n* ① (*poor farmer*) contadino, -a *m, f* ② *pej, inf* (*crude person*) cafone, -a *m, f*

pebble ['peˑbl] *n* ciottolo *m*

peck [pek] I. *n* ① (*of bird*) beccata *f* ② (*quick kiss*) bacetto *m* II. *vt, vi* (*bird*) beccare

peckish ['peˑkɪʃ] *adj* **to be ~** avere un (certo) languorino

peculiar [pɪˈkjuːlˑjəˑ] *adj* ① (*strange*) strano, -a, insolito, -a ② (*belonging to*) caratteristico, -a; **to be ~ to sb/sth** essere tipico di qu/qc

pedal ['peˑdəl] I. *n* pedale *m* II.<-l- *o* -ll-, -l- *o* -ll->> *vi* pedalare

pedal bin *n* pattumiera *f* a pedale

pedestrian [pəˈdesˑtriˑən] I. *n* pedone *m* II. *adj* (*for walkers*) pedonale

pediatrician [ˌpiːˑdiˑəˈtrɪˑʃən] *n* MED pediatra *mf*

pediatrics [ˌpiːˑdɪˈæˑtrɪks] *n* pediatria *f*

pedicure ['pedˑɪˑkjʊr] *n* pedicure *f*

pedigree ['peˑdɪˑgriː] I. *n* (*genealogy: of animal*) pedigree *m inv*; (*of person*) lignaggio *f* II. *adj* (*animal*) di razza

pee [piː] *sl* I. *n* (*sound: of bird*) pipì *f*; **to take a ~** *childspeak* fare (la) pipì II. *vi* fare pipì

peek [piːk] I. *n* occhiata *f*; **to have a ~ at sth** dare un'occhiata a qc II. *vi* (*look*) mirare furtivamente; **to ~ at sth** sbirciare qc

peel [piːl] I. *n* (*of fruit*) buccia *f*, pelle *f*; (*of lemon*) scorza *fpl* II. *vt* (*fruit, potato*) sbucciare, pelare; (*paper*) staccare; (*bark*) scortecciare III. *vi* (*person*) spellarsi; (*paint, layer of paper*) staccarsi; (*bark*) scortecciarsi

◆ **peel off** I. *vt* (*paper*) staccare; (*paint*) scrostare; (*bark*) scortecciare; (*clothes*) togliersi II. *vi* (*come off: paper*) staccarsi; (*paint*) scrostarsi; (*skin*) venire via

peep[1] [piːp] *n* (*sound: of bird*) pigolio *m*; **to not say a ~** non aprire bocca

peep[2] [piːp] I. *n* (*furtive look*) sbirciata *f*; **to have a ~ at sth** dare una rapida

occhiata a qc II. *vi* (*look quickly*) sbirciare; **to ~ at sth** guardare qc di sfuggita; **to ~ through sth** spiare attraverso qc

peer[1] [pɪr] *vi* **to ~ at sth** scrutare qc; **to ~ into the distance** fissare lo sguardo in lontananza

peer[2] [pɪr] *n* ① (*equal*) pari *mf inv*; LAW **to be tried by a jury of one's ~s** essere giudicato dai propri pari ② (*lord*) nobile *mf*

peg [peg] I. *n* ① (*for coat*) gancio *m* dell'attaccapanni ② (*in furniture*) piolo *m*; (*for tent*) picchetto *m*; (*for clothes*) molletta *f*; (*on guitar*) bischero *m*, pirolo *m* II.<-gg>> *vt* ① (*hold down tent*) ancorare ② ECON fissare; **to ~ prices** stabilizzare i prezzi ③ (*link*) **to ~ sth to sth** agganciare qc a qc

pejorative [pɪˈdʒɔːˑrəˑtɪv] *adj* peggiorativo, -a, spregiativo, -a

pelican ['peˑlɪˑkən] *n* pellicano *m*

pelt[1] [pelt] *n* (*animal skin*) pelle *f*; (*fur*) pelliccia *f*

pelt[2] [pelt] I. *vt* (*throw*) tempestare; **to ~ sb with stones** prendere qu a sassate II. *vi* ① (*rain*) scrosciare; **to ~ with rain** piovere a dirotto ② (*run, hurry*) fiondarsi; **to ~ after sb** fiondarsi dietro qu III. *n* **at full ~** di gran carriera

pen[1] [pen] *n* (*fountain pen*) penna *f* stilografica; (*ballpoint pen*) biro *f inv*, penna *f* a sfera; **felt-tip ~** pennarello *m*

pen[2] [pen] I. *n* ① (*enclosure*) recinto *m* ② *inf* (*jail*) **the ~** la galera II. *vt* **to ~ sb/sth in** chiudere qu/qc in un recinto

penal ['piːˑnəl] *adj* penale

penalty ['peˑnəlˑti] <-ies> *n* ① LAW pena *f*; **death ~** pena di morte ② (*punishment*) punizione *f* ③ (*fine*) multa *f* ④ SPORTS (*in soccer*) punizione *f*, (*calcio m di*) rigore *m*

penalty box <-es> *n* (*in ice hockey*) zona a fondo campo dove siedono i giocatori penalizzati

penalty kick *n* SPORTS calcio *m* di rigore; **to award a ~** concedere un rigore

pencil ['penˑtsəl] *n* matita *f*; **colored ~** matita colorata

pencil case *n* astuccio *m*, portamatite *m inv*

pencil pusher *n sl* impiegatuccio, -a *m, f*

pencil sharpener *n* temperamatite *m inv*

pendant ['pen·dənt] *adj, n* pendente *m*

pending ['pen·dɪŋ] I. *adj* imminente; **patent ~** in attesa di brevetto II. *prep* fino a; **~ further instructions** fino a nuovo ordine

penetrate ['pe·nɪ·treɪt] *vt* ① (*move into or through*) penetrare; **to ~ a market** penetrare (in) un mercato ② (*spread through, permeate*) impregnare ③ *fig* (*see through*) capire

penetrating *adj* (*voice, gaze, cold*) penetrante

penguin ['peŋ·gwɪn] *n* pinguino *m*

penicillin [ˌpe·nɪ·ˈsɪ·lɪn] *n* penicillina *f*

peninsula [pə·ˈnɪn·sə·lə] *n* penisola *f*

penis ['pi:·nɪs] <-nises> *n* pene *m*

penknife ['pen·naɪf] <-knives> *n* temperino *m*, coltellino *m*

penniless ['pe·nɪ·lɪs] *adj* squattrinato, -a; **to be ~** essere senza un soldo; **to leave sb ~** lasciare qu nella miseria

Pennsylvania [ˌpen·sɪl·ˈveɪ·ni·ə] *n* Pennsylvania *f*

penny ['pe·ni] *n* centesimo *m*

pen pal *n* amico, -a *m, f* di penna

pension¹ ['pen·ʃən] *n* FIN pensione *f*

pension² ['pen·ʃən] *n* (*boarding house*) pensione *f*

pensioner ['pen·ʃə·nər] *n* pensionato, -a *m, f*

pentagon ['pen·tə·gɑːn] *n* pentagono *m*

pentathlon [pen·ˈtæθ·lɑːn] *n* pentathlon *m*

penultimate [pɪ·ˈnʌl·tə·mət] *adj* penultimo, -a

people ['pi:·pl] *n* ① *pl* (*plural of person*) gente *f*; **four people** quattro persone; **country ~** gente di campagna ② (*nation, ethnic group*) popolo *m*; **the American people** gli americani ③ *pl* (*ordinary citizens*) popolo *m*; **of/by/ for the ~** del/dal/per il popolo

pepper ['pe·pər] I. *n* ① (*spice*) pepe *m*;

black/white ~ pepe nero/bianco ② (*vegetable*) peperone *m* II. *vt* ① (*pelt*) **to ~ sb with bullets** crivellare qu di colpi; *fig;* **to ~ sb with questions** tempestare qu con [*o* di] domande ② (*contain*) **to be ~ed with sth** (*speech, comments*) essere cosparso di qc; **to be ~ed with mistakes** essere pieno di errori

peppercorn ['pe·pə·kɔːrn] *n* grano *m* di pepe

pepper mill *n* macinapepe *m inv*

peppermint ['pe·pə·mɪnt] *n* ① (*mint plant*) menta *f* (piperita) ② (*sweet*) caramella *f* alla menta

pep talk *n inf* **to give sb a ~** fare un discorsetto di incoraggiamento a qu

per [pɜːr] *prep* ① (*for a*) per; **$5 ~ pound/hour** $5 (al)la libbra/(al)l'ora ② **100 miles ~ hour** 100 miglia all'ora

percentage [pər·ˈsen·tɪdʒ] *n* (*proportion*) percentuale *m*

percentage point *n* punto *m* percentuale

perception [pə·ˈsep·ʃən] *n* ① percezione *f* ② (*idea*) idea *f* ③ (*insight*) intuito *m*

perceptive [pə·ˈsep·tɪv] *adj* perspicace, acuto, -a

perch [pɜːrtʃ] I. <-es> *n* ① (*for birds*) trespolo *m* ② (*high location or position*) posizione *f* privilegiata II. *vi* (*person, bird*) appollaiarsi

percussion [pə·ˈkʌ·ʃən] *n* MUS percussione *f*; **to play ~** essere percussionista

perfect¹ ['pɜːr·fɪkt] I. *adj* perfetto, -a; (*calm*) totale; (*opportunity*) ideale; (*silence*) assoluto, -a; **in ~ condition** in perfette condizioni; **the ~ crime** il delitto perfetto; **a ~ gentleman** un vero signore; **a ~ stranger** un perfetto estraneo II. *n* LING (*tempo*) *m* perfetto

perfect² [pɜːr·ˈfekt] *vt* perfezionare

perfection [pə·ˈfek·ʃən] *n* perfezione *f*; **to do sth to ~** fare qc alla perfezione

perfectly *adv* perfettamente; **~ happy** contentissimo; **to be ~ honest, …** per essere del tutto sincero, …

perform [pə·ˈfɔːrm] I. *vt* ① THEAT, TV

P

(*play*) rappresentare [*o* dare]; THEAT, TV (*part*) interpretare; MUS eseguire ● (*do, accomplish*) compiere; **to ~ a function** svolgere una funzione; **to ~ miracles** fare miracoli; **to ~ a task** eseguire un compito; **to ~ a trick** fare un trucco ● COMPUT, MED eseguire ● SPORTS praticare II. *vi* THEAT recitare; MUS esibirsi

performance [pə·'fɔ:r·məns] *n* ● (*of play*) rappresentazione *f*; (*by individual actor*) interpretazione *f*; **to put on a ~ of a play** mettere in scena un'opera teatrale ● SPORTS prova *f*; **high ~** AUTO alto rendimento *m*

performer [pə·'fɔ:r·mə] *n* THEAT artista *mf*

perfume ['pɜ:r·fju:m] *n* ● (*scented liquid*) profumo *m* ● (*fragrance*) fragranza *f*

perhaps [pə·'hæps] *adv* forse

peril ['pe·rəl] *n* form pericolo *m*; **to be in ~** essere in pericolo

period ['pɪ·ri·əd] I. *n* ● a. GEO periodo *m*; **in/over a ~ of sth** nel (corso di un) periodo di qc ● ECON scadenza *f*; **a fixed ~** una scadenza fissa ● (*distinct stage*) epoca *f* ● (*menstruation*) mestruazione *f*; **to have one's ~** avere le mestruazioni ● LING punto *m* II. *interj* punto e basta *inf*

periodical [ˌpɪ·ri·'ɑ:·dɪ·kl] I. *n* (*general*) periodico *m*; (*specific*) bollettino *m* II. *adj* periodico, -a

perish ['pe·rɪʃ] *vi* liter (*die*) perire; (*disappear: motivation, hope*) svanire

perishable ['pe·rɪ·ʃə·bl] *adj* deperibile

perjury ['pɜ:r·dʒə·ri] *n* falsa testimonianza *f*

perk [pɜ:rk] *n inf abbr of* **perquisite** ● (*advantage*) vantaggio *m* ● extra *mpl*

◆ **perk up** *vi* ● (*cheer up*) rallegrarsi; **to ~ at sth** rallegrarsi per qc ● (*improve*) riprendersi

perm [pɜ:rm] I. *n inf* (*permanent wave*) permanente *f* II. *vt* **to ~ one's hair, to have one's hair ~ed** farsi la permanente

permanent ['pɜ:r·mə·nənt] *adj* (*job*) fisso, -a; (*damage*) irreparabile; (*exhibition, state, position*) permanente; (*relationship*) stabile

permission [pə·'mɪ·ʃən] *n* permesso *m*

permit[1] ['pɜ:r·mɪt] *n* **work/parking ~** permesso *m* di lavoro/di parcheggio; **building/fishing ~** licenza *f* edilizia/di pesca; **learner's ~** foglio *m* rosa

permit[2] [pə·'mɪt] <-tt-> I. *vt* permettere; **I will not ~ you to go there** non ti permetto di andarci; **to ~ oneself sth** concedersi qc II. *vi* **weather ~ing** se fa bel tempo, tempo permettendo; **if time ~s** se c'è tempo

perpendicular [ˌpɜ:r·pən·'dɪ·kju:·lə] *adj, n* perpendicolare *f*

perpetual [pə·'pe·tʃu·əl] *adj* ● (*lasting forever*) perpetuo, -a ● (*repeated*) continuo, -a

perplex [pə·'pleks] *vt* sconcertare

persecute ['pɜ:r·sɪ·kju:t] *vt* ● a. POL perseguitare ● (*harass*) molestare

persecution [ˌpɜ:r·sɪ·'kju:·ʃən] *n* persecuzione *f*

persevere [ˌpɜ:r·sə·'vɪr] *vi* perseverare

Persian Gulf *n* Golfo *m* Persico

persist [pə·'sɪst] *vi* ● (*continue: cold, heat, rain*) continuare; (*habit, belief, doubts*) persistere ● (*person*) insistere

persistent [pə·'sɪs·tənt] *adj* ● (*cold, belief*) persistente ● (*person*) insistente

person ['pɜ:r·sən] <*people* *o form* -s> *n* ● a. LING persona *f*; **per ~** per persona; **first/second ~** prima/seconda persona

personal ['pɜ:r·sə·nəl] *adj* ● (*gener*) personale; **to get ~** mettere le cose sul piano personale; **it's nothing ~** non è niente di personale ● (*private: letter*) riservato, -a; (*matter, property, life*) privato, -a ● (*offensive: comment, remark*) offensivo, -a

personal computer *n* personal *m* (computer) *inv*

personality [ˌpɜ:r·sə·'næ·lə·ti] *n* <-ies> personalità *f*

personally *adv* ● (*gener*) personalmente; **~, I don't think it matters** per conto mio non credo che abbia importanza; **I respect him but don't like**

him ~ lo rispetto, ma come persona non mi piace; **she's not involved with him** ~ lei non ha una relazione con lui ② (*as offensive*) **to take sth** ~ offendersi per qc [*o prendere qc sul piano personale*]

personnel [ˌpɜːr·səˈnel] n ① pl (*staff, employees*) personale m ② (*department*) ufficio m del personale

perspective [pəˈspek·tɪv] n prospettiva f; **you have to keep things in** ~ non si deve perdere il senso delle proporzioni; **to put a different** ~ **on things** vedere le cose da un altro punto di vista

perspire [pəˈsˈpaɪ·ə] vi sudare

persuade [pəˈsweɪd] vt convincere

persuasion [pəˈsweɪ·ʒən] n ① (*act*) persuasione f ② (*conviction*) convinzione f

persuasive [pəˈsweɪ·sɪv] adj ① (*person, manner*) persuasivo, -a; (*argument*) convincente

perverse [pəˈvɜːrs] adj ① (*deviant, perverted*) perverso, -a ② (*stubborn*) ostinato, -a

perversion [pəˈvɜːr·ʒən] n (*sexual deviance*) perversione f

pervert[1] [ˈpɜːr·vɜːrt] n (*sexual deviant*) pervertito, -a m, f

pervert[2] [pəˈvɜːrt] vt alterare; (*meaning*) svisare; **to** ~ **the truth** distorcere la verità

pessimism [ˈpe·sə·mɪ·zəm] n pessimismo m

pessimist n pessimista mf

pessimistic [ˌpe·səˈmɪs·tɪk] adj pessimista; **to be** ~ **about sth** essere pessimista su qc/riguardo a qc

pest [pest] n ① (*destructive insect, animal*) animale m nocivo ② inf (*annoying person*) peste f

pest control n (*of insects*) disinfestazione f; (*of rats*) derattizzazione f

pester [ˈpes·tə] vt infastidire

pesticide [ˈpes·tə·saɪd] n pesticida m

pet [pet] I. n ① (*house animal*) animale m [*o domestico*] da compagnia ② pej (*favorite person*) preferito, -a m, f; **he's**

the teacher's ~ è il preferito dell'insegnante II. adj ① (*cat, dog, snake*) domestico, -a ② (*favorite: project, theory*) preferito, -a

petal [ˈpe·t̬l] n BOT petalo m

peter [ˈpiː·t̬ə] vi **to** ~ **away** [*o* **out**] (*trail, track, path*) perdersi; (*conversation, flame*) languire; (*interest*) andare calando

petition [pəˈtɪ·ʃən] I. n ① POL petizione f ② LAW istanza f II. vi ① POL **to** ~ **for sth** fare una petizione per qc ② LAW **to** ~ **for divorce** presentare istanza di divorzio

petroleum [pəˈtroʊ·li·əm] n petrolio m (greggio), greggio m

petticoat [ˈpe·t̬i·koʊt] n sottoveste f

petting zoo n zoo in cui si possono toccare e carezzare gli animali

petty [ˈpe·t̬i] <-ier, -iest> adj ① pej (*detail, amount*) trascurabile, insignificante; (*person, attitude*) meschino, -a ② LAW minore

petty cash n piccola cassa f

pew [pjuː] n banco m (di chiesa)

phantom [ˈfæn·t̬əm] I. n fantasma m II. adj ① (*ghostly*) fantasmatico, -a ② (*imaginary*) immaginario, -a

pharmaceutical [ˌfar·məˈsuː·t̬ɪkəl] adj farmaceutico, -a

pharmacist [ˈfɑːr·mə·sɪst] n farmacista mf

pharmacy [ˈfɑːr·mə·si] <-ies> n farmacia f

phase [feɪz] n (*stage*) fase f; **to go through a** ~ attraversare una fase
 ✦ **phase in** vt introdurre per gradi
 ✦ **phase out** vt (*service*) abolire per gradi; (*product*) cessare per gradi la produzione di

PhD [ˌpiː·eɪtʃ·ˈdiː] n abbr of **Doctor of Philosophy** ① (*award*) dottorato m di ricerca ② (*person*) Dott. mf

pheasant [ˈfe·zənt] <-(s)> n fagiano m

phenomenal adj (*success, achievement*) fenomenale

phenomenon [fəˈnɑː·mə·nɑːn] <phenomena> n fenomeno m

P

philosopher [fɪ·ˈlɑː·sə·fə·] *n* filosofo, -a *m, f*

philosophical [ˌfɪ·lə·ˈsɑː·fɪ·k(əl)] *adj* filosofico, -a

philosophize [fɪ·ˈlɑː·sə·faɪz] *vi* filosofare

philosophy [fɪ·ˈlɑː·sə·fi] *n* filosofia *f*

phish [fɪʃ] *vi* INET fare phishing

phobia [ˈfoʊ·bi·ə] *n* PSYCH fobia *f*

phone [foʊn] **I.** *n* telefono *m;* **to hang up the ~** riattaccare; **to pick up the ~** alzare il ricevitore; **by ~** per telefono; **to be on the ~** essere al telefono **II.** *vt* telefonare a, chiamare (al telefono) **III.** *vi* telefonare, chiamare (al telefono); **to ~ in sick** telefonare per darsi malato

 ◆**phone back** *vt* ritelefonare, richiamare

 ◆**phone up** *vt* telefonare a, chiamare (al telefono)

phone booth <-es> *n* cabina *f* telefonica

phone card *n* carta *f* telefonica, scheda *f* telefonica

phone-in *n* programma a cui radioascoltatori o telespettatori partecipano telefonicamente

phonetic [fə·ˈne·t̬ɪk] *adj* fonetico, -a

phony [ˈfoʊ·ni] **I.** <-ier, -iest> *adj* inf (person, address, documents) falso, -a; (smile) finto, -a **II.** *n* (person) bugiardo, -a *m, f*

phosphorescent [ˌfɑːs·fə·ˈre·sənt] *adj* fosforescente

phosphorus [ˈfɑːs·fə·rəs] *n* fosforo *m*

photo [ˈfoʊ·t̬oʊ] <-s> *n* inf abbr of **photograph** foto *f inv*

photo album *n* album *m* di fotografie

photocopier [ˌfoʊ·t̬oʊ·ˈkɑː·pi·ə] *n* fotocopiatrice *f*

photocopy [ˈfoʊ·t̬oʊ·ˌkɑː·pi] **I.** <-ies> *n* fotocopia *f;* **to make a ~ of sth** fare una fotocopia di qc **II.** *vt* fotocopiare

photo finish *n* SPORTS fotofinish *m inv*

photograph [ˈfoʊ·t̬oʊ·græf] **I.** *n* fotografia *f;* **aerial ~** fotografia aerea; **color/black-and-white ~** fotografia a colori/in bianco e nero; **to take a ~ of**

sb fare una fotografia a qu **II.** *vt* fotografare

photographer [fə·ˈtɑː·grə·fə·] *n* fotografo, -a *m, f;* **amateur ~** fotografo, -a dilettante

photographic [ˌfoʊ·t̬ə·ˈgræ·fɪk] *adj* fotografico, -a

photography [fə·ˈtɑː·grə·fi] *n* fotografia *f*

photojournalism [ˌfoʊ·t̬oʊ·ˈdʒɜːrn·lɪ·zəm] *n* fotogiornalismo *m*

photojournalist *n* fotogiornalista *mf*

photo reporter *n* fotocronista *mf,* fotoreporter *mf inv*

photosynthesis [ˌfoʊ·t̬oʊ·ˈsɪn·θɪ·sɪs] *n* fotosintesi *f*

phrase [freɪz] **I.** *n* frase *f;* (idiomatic expression) espressione *f* **II.** *vt* **to ~ sth well/badly** esprimere bene/male qc

phrase book *n* libro *m* delle locuzioni

physical [ˈfɪ·zɪ·kəl] **I.** *adj* fisico, -a; **~ attraction** attrazione *f* fisica; **~ exercise** esercizio *m* fisico **II.** *n* MED visita *f* medica

physical education *n* educazione *f* fisica

physical therapist *n* fisioterapista *mf*

physical therapy *n* fisioterapia *f*

physician [fɪ·ˈzɪ·ʃən] *n* medico, -a *m, f*

physicist [ˈfɪ·zɪ·sɪst] *n* fisico, -a *m, f*

physics [ˈfɪ·zɪks] **I.** *n* fisica *f* **II.** *adj* di fisica

physique [fɪ·ˈziːk] *n* fisico *m*

pianist [ˈpiː·æ·nɪst] *n* pianista *mf*

piano [pi·ˈæ·noʊ] <-s> *n* piano(forte) *m;* **to play the ~** suonare il piano(forte)

pick [pɪk] **I.** *vt* ❶ (select) scegliere; **to ~ sth at random** scegliere qc a caso; **to ~ one's way** stare attento a dove si mettono i piedi ❷ (harvest: fruit, vegetables) cogliere ❸ (remove) togliere; **to ~ one's nose** mettersi le dita nel naso; **to ~ holes in sth** *fig* trovare difetti in qc ❹ MUS (guitar) pizzicare [o suonare] ❺ (steal) **to ~ a lock** scassinare una serratura; **to ~ sb's pocket** borseggiare qu; **to ~ sb's brains** *fig* chiedere lumi a qu ❻ (provoke) **to ~ a fight (with sb)**

attaccare briga (con qu) II. *vi* to ~ **and choose** essere selettivo III. *n* ◉ (*selection*) scelta *f;* to take one's ~ scegliere; to have one's ~ avere la scelta; the ~ **of the bunch** il migliore del gruppo ◉ (*pickax*) piccone *m*

◆**pick off** *vt* ◉ (*shoot*) abbattere (uno dopo l'altro) ◉ *fig* (*take the best*) scegliersi il migliore ◉ (*pull off*) separare; to pick an apple off the tree staccare una mela dall'albero

◆**pick on** *vt insep* (*victimize*) prendersela con

◆**pick up** I. *vt* ◉ (*lift*) tirare su, sollevare [*o* alzare]; to ~ the phone alzare il ricevitore [*o* prendere il telefono]; to pick oneself up rimettersi in piedi [*o* tirarsi su]; to ~ the pieces *fig* risollevarsi; to ~ the pieces *fig* raccogliere i cocci ◉ (*get*) prendere; (*conversation*) attaccare discorso; to ~ **a bargain** trovare un buona occasione; to ~ **an illness** prendersi una malattia; to ~ **speed** acquistare velocità; to ~ **the bill** [*o* **tab**] *inf* pagare il conto ◉ (*collect: item*) ritirare; (*person*) (andare a) prendere; to pick sb up (*bus*) prendere qu ◉ (*buy*) acquistare (a poco prezzo) ◉ (*detect: noise*) individuare; (*signal*) captare ◉ (*learn*) apprendere ◉ *inf* (*sexually*) to pick sb up rimorchiare qu II. *vi* ◉ (*improve*) migliorare; MED riprendersi ◉ (*continue*) continuare; to ~ where one left off ricominciare da dove si è lasciato

picket ['pɪ·kɪt] I. *n* (*striker*) a. MIL picchetto *m* II. *vt* (*in strike*) picchettare

picket line *n* picchetto (di scioperanti) *m*

pickle ['pɪ·kl] I. *n* ◉ (*pickled item*) sottaceto *m* ◉ (*pickled cucumber*) cetriolo *m* sottaceto II. *vt* (*in vinegar*) conservare sottaceto; (*fish*) conservare in salamoia

pickpocket ['pɪk·ˌpɑː·kɪt] *n* borsaiolo, -a *m, f,* borseggiatore, -trice *m, f*

pickup *n* ◉ *inf* (*collection*) raccolta *f* ◉ (*increase*) ripresa; a ~ in sales una ripresa nelle vendite ◉ (*part of record*

player) pick-up *m inv* ◉ *sl* (*partner for sex*) conquista *f* facile

pickup truck *n* pick-up *m inv*

picnic ['pɪk·nɪk] *n* picnic *m inv;* to go on **a ~** andare a fare un picnic; to be no ~ *fig* non essere una passeggiata [*o* una cosa da niente]

picture ['pɪk·tʃɚ] I. *n* ◉ (*image*) immagine *f;* (*painting*) dipinto *m;* (*in book*) illustrazione *f;* (*drawing*) disegno *m* ◉ (*photo*) foto(grafia) *f;* to take **a ~** fare una foto(grafia) ◉ (*film*) film *m inv;* to make a ~ fare un film; to go to the ~**s** andare al cinema ◉ (*mental image*) immagine *f* mentale ◉ *fig* (*description*) rappresentazione *f;* to paint **a ~ of sth** fare una descrizione di qc ▶ to be in the ~ essere al corrente; to **get** the ~ capire; to **keep** sb in the ~ tenere qu al corrente; to **put** sb in the ~ mettere qu al corrente II. *vt* (*imagine*) immaginare, immaginarsi; (*depict*) ritrarre; to ~ oneself ... immaginare sé stesso ...

pie [paɪ] *n* (*vegetables, meat*) pasticcio *m* (in crosta); (*fruit*) crostata *f,* torta *f*

piece [piːs] *n* ◉ (*gener*) pezzo *m;* (*smaller*) pezzetto *m;* a ~ of land un appezzamento di terreno; a ~ of paper (*scrap*) un pezzo di carta; (*sheet*) un foglio; in one ~ (tutto)intero; in ~s a pezzi; to break sth to/in ~s fare a pezzi qc; (*all*) in one ~ (*not damaged*) incolume; ~ by ~ pezzo per pezzo; to go (*all*) to ~s (*collapse, break*) crollare ◉ (*item, one of set*) unità *f;* ~ of luggage collo *m;* ~ of clothing indumento *m* ◉ (*with mass nouns*) a ~ of advice un consiglio; a ~ of evidence una prova; a ~ of information un'informazione; a ~ of news una notizia ◉ ART, MUS pezzo *m,* brano *m;* PUBL annuncio *m;* a ~ of writing uno scritto ◉ (*coin*) moneta *f;* a 50 cent ~ una moneta da 50 centesimi ▶ to get a ~ of the **action** (*profits*) avere una fetta della torta; to be a ~ of **cake** *inf* essere facilissimo; to give sb a ~ of one's

P

mind *inf* dirne quattro a qu; **to <u>say</u> one's ~** dire la propria

piecework ['piːs·wɜːrk] *n* lavoro *m* a cottimo

pier [pɪr] *n* (*at the water*) molo *m*, banchina *f*

pierce [pɪrs] *vt* (*perforate*) perforare; (*skin*) trafiggere; **to ~ a hole in sth** fare un buco in qc; **to have one's ears ~d** farsi fare i buchi alle orecchie

piercing I. *adj* ❶ (*wind*) penetrante; (*cold*) pungente; ❷ (*eyes, look*) penetrante; (*question, wit*) pungente; (*sarcasm*) acuto, -a ❸ (*cry*) lacerante II. *n* piercing *m inv*

pig [pɪg] *n* ❶ ZOOL maiale *m*, porco *m* ❷ *inf* (*person*) maiale, -a *m, f*
  ◆ **pig out** <-gg-> *vi inf* mangiare come un porco; **to ~ out on sth** abbuffarsi di qc

pigeon ['pɪ·dʒən] *n* ❶ (*bird*) piccione *m* ❷ *fig* (*easy prey*) merlo *m*

piggy bank *n* salvadanaio *m, a forma di maialino*

pigheaded [ˌpɪg·ˈhe·dɪd] *adj* testardo, -a

piglet ['pɪg·lɪt] *n* maialino *m*

pigsty ['pɪgs·taɪ] *n a. fig, pej* porcile *m*

pigtail ['pɪg·teɪl] *n* (*one of two braids*) treccina *f*; **to have one's hair in ~s** portare le treccine

pile [paɪl] I. *n* ❶ (*gener*) a. ELEC pila *f* ❷ (*heap*) mucchio *m*; **to have ~s of sth** *inf* avere un mucchio di qc ❸ (*of carpet*) pelo *m* II. *vt* (*to stack*) impilare; (*to heap*) ammucchiare; **to ~ sth high** ammucchiare una gran quantità di qc
  ◆ **pile in** *vi* ~! tutti dentro!
  ◆ **pile on** *vt* ❶ (*enter*) accalcarsi per entrare ❷ (*heap*) aggiungere; **to pile sth on sth** aggiungere qc sopra qc ❸ *inf* (*exaggerate*) **to (really) pile it on** esagerare
  ◆ **pile up** I. *vi* ❶ (*accumulate*) accumularsi ❷ (*form a pile*) accatastarsi II. *vt* accumulare

piles *npl inf* emorroidi *fpl*

pileup ['paɪl·ʌp] *n* tamponamento *m*

pilfer ['pɪl·fə˞] *vt* rubacchiare

pilgrimage ['pɪl·grɪ·mɪdʒ] *n* pellegrinaggio *m*

pill [pɪl] *n* pillola *f*, pastiglia *f*, compressa *f*; **the ~** (*contraception*) la pillola; **to be on the ~** prendere la pillola ▸ **to be a <u>bitter</u> ~ to swallow** essere duro da mandar giù; **to <u>sweeten</u>** [*o* sugar] **the ~** indorare la pillola

pillar ['pɪ·lə˞] *n* ❶ ARCHIT pilastro *m*, colonna *f*; **a ~ of flame/smoke** una colonna di fiamme/fumo ❷ *fig* (*of support*) sostegno *m*; **a ~ of society** un pilastro della società

pillow ['pɪ·loʊ] *n* ❶ (*for bed*) cuscino *m*, guanciale *m* ❷ (*cushion*) cuscino *m*

pillowcase *n*, **pillow cover** *n*, **pillow-slip** *n* federa *f*

pilot ['paɪ·lət] I. *n* ❶ AVIAT, NAUT pilota *mf* ❷ TV episodio *m* pilota ❸ TECH (*flame*) fiammella *f* pilota II. *vt* ❶ (*plane, boat*) pilotare ❷ COM (*product*) sperimentare; **to ~ a bill** pilotare una legge

pilot boat *n* pilotina *f*

pilot light *n* fiammella *f* pilota

pimp [pɪmp] *n* protettore (di prostitute) *m*, magnaccia *m*

pimple ['pɪm·pl] *n* foruncolo *m*

pimply ['pɪm·pli] <-ier, -iest> *adj* pieno, -a di foruncoli

pin [pɪn] I. *n* ❶ (*needle*) spillo *m*; **tie ~** fermacravatta *m inv* ❷ (*brooch*) spilla *f* ▸ **to have ~s and <u>needles</u>** avere un formicolio; **you could have heard a ~ <u>drop</u>** non si sentiva volare una mosca II. <-nn-> *vt* ❶ (*attach using pin*) **to ~ sth on** appuntare qc con uno spillo ❷ (*associate with: crime*) **to ~ sth on sb** addossare la responsabilità di qc a qu
  ◆ **pin down** *vt* ❶ (*define*) definire con precisione ❷ (*locate*) individuare ❸ (*pressure to decide*) **to ~ sb to a particular date** impegnare qu per una certa data ❹ (*restrict movement*) immobilizzare
  ◆ **pin up** *vt* (*attach using pins*) appuntare; (*on the wall*) appendere; **to ~ one's hair** tirarsi su i capelli

PIN [pɪn] *n abbr of* **personal identifi-**

cation number pin *m* (*codice numerico personale*)

pinball machine *n* flipper *m inv*

pinch [pɪntʃ] I. *vt* ⓐ (*with fingers*) pizzicare; **to ~ oneself** *fig* darsi dei pizzicotti (per accertarsi che non si sta sognando) ⓑ (*be too tight*) essere troppo stretto; **the shoes ~ my feet** le scarpe mi vanno strette ⓒ *inf* (*steal*) fregare *inf* II. *vi* ⓐ (*with fingers*) stringere ⓑ (*boots, shoes, slippers*) essere stretto III. *n* ⓐ (*nip*) pizzicotto *m*; **to give sb a ~** dare un pizzicotto a qu; **to feel the ~** sentire gli effetti negativi ⓑ (*small quantity*) pizzico *m*

pine[1] [paɪn] *n* (*tree, wood*) pino *m*

pine[2] [paɪn] *vi* ⓐ (*waste away*) **to ~** (**away**) deperire ⓑ (*long for*) **to ~ for sb** sospirare per la mancanza di qu

pineapple [ˈpaɪnˌæpl] *n* ananas *m inv*

pine cone *n* pigna *f*

pine needle *n* ago *m* di pino

pine nut *n* pinolo *m*

pine tree *n* pino *m*

ping [pɪŋ] *n* (*sound: of bell*) din(din) *m*; (*of glass, metal*) tic *m*

Ping-Pong® [ˈpɪŋˌpaŋ] *n inf* ping-pong *m*

pink [pɪŋk] *adj, n* rosa *m*

pink slip *n* lettera *f* di licenziamento

pinpoint [ˈpɪnˌpɔɪnt] I. *vt* (*location, reason*) individuare (con esattezza); **to ~ the cause of sth** determinare la causa di qc II. *adj* preciso, -a; **~ accuracy** precisione assoluta

pinstripe [ˈpɪnˌstraɪp] *adj* gessato, -a; **pinstripe suit** abito *m* (in tessuto) gessato

pint [paɪnt] *n* pinta *f* (*0,47 l*); **a ~ of beer/milk** una pinta di birra/latte

pintsize(d) [ˈpaɪntˌsaɪz(d)] *adj inf* minuscolo, -a

pinup [ˈpɪnˌʌp] *n* ⓐ (*poster*) poster *m* (*di una celebrità*) ⓑ (*man*) bello *m* da calendario; (*girl*) pin-up(-girl) *f*

pioneer [ˌpaɪəˈnɪr] I. *n a. fig* pioniere, -a *m, f* II. *vt* essere il pioniere in qc

pious [ˈpaɪəs] *adj* pio, -a; **~ intentions** pie intenzioni

pip[1] [pɪp] *n* BOT seme *m*

pip[2] [pɪp] *n* (*sound*) bip *m*

pipe [paɪp] I. *n* ⓐ TECH (*tube*) tubo *m*; (*smaller*) canna *f*; (*for gas, water*) conduttura *f*, tubatura *f* ⓑ (*for smoking*) pipa *f* ⓒ MUS (*wind instrument*) zufolo *m*, piffero *m*; (*in organ*) canna *f*; **~s** cornamusa *f*, zampogna *f* II. *vt* (*transport*) trasportare mediante tubazioni

◆ **pipe down** *vi inf* (*be quiet*) abbassare la voce; (*become quieter*) calmarsi

◆ **pipe up** *vi* farsi sentire

pipe cleaner *n* scovolino *m inv*

pipe dream *n* idea *f* campata in aria

pipeline [ˈpaɪpˌlaɪn] *n* (*oil*) oleodotto *m*; (*natural gas*) gasdotto *m*; (*methane*) metanodotto *m*; **to be in the ~** *fig* essere in cantiere

piracy [ˈpaɪrəsi] *n* NAUT, COM pirateria *f*; **software ~** pirateria *f* di software

pirate [ˈpaɪrət] I. *adj, n* pirata *m*; **~ copy** copia *f* pirata; **~ video** video *m* pirata II. *vt* pirateggiare

Pisces [ˈpaɪsiːz] *n* Pesci *m*; **I'm** (**a**) **Pisces** sono (un [*o* dell]) Pesce

piss [pɪs] *vulg* I. *n* piscio *m*; *vulg* piscia *f*; *vulg*; **to take a ~** fare una pisciata II. *vi* pisciare

◆ **piss off** *vulg, sl* I. *vi* ~! (*go away!*) fuori dalle palle! II. *vt* **to piss sb off** (*make angry*) fare incazzare qu

pissed [pɪst] *adj vulg sl*, **pissed off** *adj sl* **to be ~** (*angry*) essere incazzato

pistachio [pɪˈstæˌʃioʊ] <-s> *n* pistacchio *m*

pistol [ˈpɪstəl] *n* pistola *f*

piston [ˈpɪstən] *n* TECH pistone *m*

pit[1] [pɪt] *n* ⓐ (*in ground*) fossa *f*; (*on metal*) scalfittura *f*; (*on face*) segno *m*; **in the ~ of one's stomach** alla bocca dello stomaco ⓑ (*in a mine*) pozzo *m*; (*coal mine*) miniera *f* di carbone; (*chalk, gravel*) cava *f* ⓒ **the ~s** *pl, fig, inf* il peggio che ci sia ⓓ *inf* (*messy place*) casino *m* ⓔ THEAT (*orchestral area*) golfo *m* mistico ⓕ **the ~s** *pl* SPORTS i box

pit[2] [pɪt] *n* (*of fruit*) nocciolo *m*

pitch[1] [pɪtʃ] I. *n* ⓐ (*in baseball: field*)

P

campo *m;* (*in baseball: throw*) lancio *m,* tiro *m* ② (*in cricket*) terreno *m* (di gioco) ③ (*movement of ship*) beccheggio *m* ④ (*slope*) grado *m* di inclinazione; **steep ~** inclinazione *f* pronunciata ⑥ (*volume*) volume *m;* **to be at fever ~** essere molto eccitato ⑥ MUS, LING tono *m* ⑦ (*spiel*) imbonimento *m;* **sales ~** parlantina *f* da imbonitore II. *vt* ① a. SPORTS (*throw*) lanciare, tirare ② (*fix level of sound*) **this tune is ~ed** (**too**) **high/low** questo motivo è in un tono (troppo) alto/basso ③ (*direct at: speech, advertisement*) **to ~ sth at sb** rivolgere qc a qu; (*product*) promuovere energicamente ④ (*set up*) **to ~ a tent** piantare la tenda III. *vi* ① (*fall headlong*) cadere in avanti; (*move back and forth: boat*) beccheggiare ② SPORTS (*throw baseball*) lanciare

◆ **pitch in** *vi inf* dare una mano

pitch² [pɪtʃ] *n* (*bitumen*) pece *f*

pitch-black [ˌpɪtʃˈblæk] *adj* (*extremely dark*) di un buio assoluto; (*very black*) nero, -a come la pece

pitcher¹ [ˈpɪtʃəʳ] *n* (*large jug*) anfora *f;* (*smaller*) brocca *f*

pitcher² [ˈpɪtʃəʳ] *n* SPORTS (*in baseball*) lanciatore, -trice *m, f*

pitchfork [ˈpɪtʃfɔːrk] *n* forcone *m,* forca *f*

pitfall [ˈpɪtfɔːl] *n pl* insidia *f*

pith [pɪθ] *n* BOT (*of lemon, orange*) albedo; BOT midollo *m*

pithy [ˈpɪθi] <-ier, -iest> *adj* (*remark, summary, phrase*) conciso, -a

pitiful [ˈpɪtɪfəl] *adj* ① (*terrible*) pietoso, -a; **~ conditions** condizioni *fpl* pietose; **a ~ sight** una scena pietosa ② (*unsatisfactory*) deplorevole; **a ~ excuse** una scusa patetica

pitiless [ˈpɪtɪləs] *adj* spietato, -a

pit stop *n* ① (*in racing*) pit stop *m inv* ② *fig* (*quick stop*) sosta *f* (durante un viaggio in auto)

pity [ˈpɪti] I. *n* ① (*compassion*) compassione *f,* pietà *f;* **to take ~ on sb** impietosirsi di qu; **for ~'s sake** per pietà! ② (*shame*) (**it's a**) **~ that ...** (è un) peccato che ...; **what a ~!** che peccato! II. <-ies, -ied> *vt* commiserare

pivot [ˈpɪvət] *n* ① TECH perno *m* ② (*focal point*) fulcro *m;* **to be the ~ of sth** essere il fulcro di qc; (*person*) essere il perno di qc

pixelate, pixellate [ˈpɪksəleɪt] *vt* COMPUT pixellare, quadrettare

pizza [ˈpiːtsə] *n* pizza *f*

placard [ˈplækɑːrd] *n* cartello *m*

place [pleɪs] I. *n* ① (*location, area*) luogo *m;* **~ of birth** luogo di nascita; **~s of interest** luoghi di interesse; **to be in ~** essere a posto; *fig* (*organized*) essere sistemato; **if I were in your ~, ...** al tuo posto io ...; **in ~ of sb/sth** al posto di qu/qc ② *inf* (*house*) casa *f;* **at my ~** a casa mia ③ (*building*) edificio *m* ④ (*commercial location*) locale *m* ⑤ (*position*) posizione *f;* **to lose one's ~** (*in book*) perdere il segno; **to take first/second ~** avere primaria/secondaria importanza; **in the first ~** in primo luogo ⑥ (*seat*) posto *m;* **is this ~ taken?** è libero questo posto?; **to change ~s with sb** scambiare il posto con qu; **to save sb a ~** tenere il posto a/per qu ⑦ (*in organization*) posto *f;* **she has got a ~ at the university** ha ottenuto un posto all'università ⑧ MATH **decimal ~** decimale *m* ⑨ *inf* (*in location*) **any ~** in qualsiasi posto; **every ~** in ogni posto; **some ~** in qualche posto; **no ~** in nessun posto ▸ **a ~ in the sun** un posto al sole; **to fall into ~** andare (perfettamente) a posto; **to go ~s** *inf* (*become successful*) fare strada; **to put sb in his/her ~** mettere a posto qu; **all over the ~** dappertutto; **to feel out of ~** sentirsi fuori posto II. *vt* ① (*position, put*) sistemare, collocare; **to ~ sth somewhere** sistemare qc da qualche parte; **to ~ an advertisement in the newspaper** fare un'inserzione sul giornale ② (*impose*) porre; **to ~ a limit on sth** imporre un limite a qc; **to ~ sb under arrest** arrestare qu ③ (*ascribe*) **to ~ the blame on sb** addossare la colpa a qu; **to ~ one's hopes on sb/**

sth riporre le proprie speranze in qu/qc; **to ~ emphasis on sth** porre l'enfasi su qc ⑤(*arrange for*) piazzare; **to ~ an order for sth** piazzare un ordine per; **to ~ a bet** piazzare [*o* fare] una scommessa ⑥(*appoint to a position*) **to ~ sb in charge (of sth)** mettere qu a capo (di qc); **to ~ sb under pressure** mettere qu sotto pressione; **to be ~d first/second** SPORTS classificarsi al primo/secondo posto III. *vi* SPORTS classsificarsi

plague [pleɪɡ] *n* (*epidemic*) epidemia *f*; (*infestation of insects*) invasione *f*; (*source of annoyance*) persecuzione *f*

plaice [pleɪs] *inv n* platessa *f*

plain [pleɪn] I. *adj* ❶semplice; (*one color*) di un solo colore; (*without additions*) senza additivi; **~ yogurt** yogurt *m* naturale; **the ~ folks** la gente semplice; **~ and simple** puro e semplice ❷(*clear, obvious*) chiaro; **it is ~ that …** è chiaro che …; **to make sth ~** mettere in chiaro qc ❸(*mere, pure*) puro, -a; **the ~ truth** la pura verità ❹(*not pretty*) non attraente; **a ~ girl** una ragazza bruttina II. *adv inf* (*downright*) semplicemente; **~ awful** proprio orribile III. *n* ❶GEO pianura *f*; **the ~s** *pl* le pianure; **the great Plains** le Grandi Pianure ❷(*knitting stitch*) d(i)ritto *m*

plainclothes *adj* LAW (*policeman*) in borghese

plainly [ˈpleɪn·li] *adv* ❶(*simply*) semplicemente ❷(*clearly*) chiaramente; (*obviously*) evidentemente; **to be ~ visible** essere distintamente visibile ❸(*undeniably*) senza dubbio

plainspoken [ˌpleɪnˈspoʊ·kən] *adj* franco, -a

plait [plæt] I. *n* treccia *f* II. *vt* intrecciare

plan [plæn] I. *n* ❶(*scheme, program*) piano *m*, progetto *m*; **to draw up a ~** elaborare un progetto; **to go according to ~** procedere secondo i piani ❷FIN, ECON (*policy*) piano *m*; **healthcare ~** programma *m* sanitario; **savings ~** programma *m* di risparmio ❸(*diagram*) disegno *m*; **street ~** pianta *f* stradale II.<-nn-> *vt* ❶(*work out in detail*)

pianificare; (*prepare*) programmare; **~ned economy** economia *f* pianificata; **to ~ sth for sb** programmare qc per qu ❷(*intend*) ripromettersi; **to ~ to do sth** ripromettersi di fare qc III.<-nn-> *vi* (*prepare*) fare progetti; **to ~ carefully** fare piani dettagliati

plane¹ [pleɪn] I. *n a.* MATH piano *m* II. *vi* planare III. *adj a.* MATH piano, -a

plane² [pleɪn] *n* (*airplane*) aereo *m*; **by ~** in aereo

plane³ [pleɪn] I. *n* (*tool*) pialla *f* II. *vt* piallare

plane⁴ [pleɪn] *n* (*tree*) platano *m*

planet [ˈplæ·nɪt] *n* pianeta *m*

plank [plæŋk] *n* ❶(*long board*) asse *m*, tavola *f* ❷(*of policy, ideology*) principio *m*

planner *n* pianificatore, -trice *m, f*; **city ~** urbanista *mf*

planning *n* pianificazione *f*; **city ~** urbanistica *f*

plant [plænt] I. *n* ❶BOT pianta *f* ❷(*factory*) stabilimento *m*, fabbrica *f* ❸(*machinery*) macchinari *mpl* II. *vt* ❶AGR (*put in earth*) piantare; **to ~ the fields with wheat** seminare i campi a grano ❷(*put*) piazzare; **to ~ oneself somewhere** *inf* piazzarsi da qualche parte; **to ~ a bomb** mettere una bomba ❸*inf* (*incriminate*) **to ~ evidence on sb** nascondere prove false addosso a qu per incriminarlo

plantation [plænˈteɪ·ʃən] *n* piantagione *f*; (*of trees*) albereto *m*

plaque [plæk] *n* ❶(*on building*) targa *f* ❷MED placca *f*

plasma [ˈplæz·mə] *n no pl* MED, PHYS, ASTRON plasma *m*; **~ screen** schermo *m* al plasma

plaster [ˈplæs·tə] I. *n a.* MED gesso *m*; (*for walls*) intonaco *m* II. *vt* ❶(*wall, ceiling*) intonacare ❷(*fig, inf* (*put all over*) ricoprire

plasterboard [ˈplæs·tə·bɔːrd] *n* cartongesso *m*

plaster cast *n* ❶MED ingessatura *f* ❷ART calco *m* in gesso

plastered *adj inf* (*drunk*) ciucco, -a

P

plastic ['plæs·tɪk] I. n ① (*material*) plastica f ② ~ pl (*manufacturing sector*) industria f della plastica ③ inf (*credit cards*) carte fpl di credito II. adj ① (*made fro mpl astic*) di plastica ② pej (*artifical*) falso, artificioso

plastic surgery n chirurgia f plastica

plate [pleɪt] I. n ① (*dinner plate*) piatto m ② (*panel, sheet*) lamiera f ③ AUTO **license** ~ targa f ④ TYPO lastra f ⑤ (*layer of metal*) placcatura f; **gold** ~ placcatura a foglia d'oro ⑥ (*picture in book*) illustrazione f

plated adj (*coated in metal*) placcato, -a

plateful ['pleɪt·fʊl] n piatto m

plate glass n vetro m in lastre

plate rack n scolapiatti m inv

platform ['plæt·fɔːrm] n ① a. COMPUT piattaforma f ② RAIL marciapiede m ③ (*stage*) palco m ④ (*means for expressing view*) tribuna f ⑤ POL (*policy*) programma m elettorale ⑥ pl (*shoe*) zatterone m

platinum ['plæt·nəm] n platino m

platter ['plæ·tər] n (*large dish*) piatto m (di portata), vassoio m

play [pleɪ] I. n ① (*gener*) a. SPORTS gioco m; **to be in/out of** ~ essere in gioco/fuori gioco; **to bring sth into** ~ mettere qc in gioco; **to come into** ~ entrare in gioco ② (*move*) mossa f; **to make a bad/good** ~ fare una cattiva/buona mossa ③ **foul** ~ (*crime*) delitto; **the police suspect foul** ~ la polizia sospetta che si tratti di un delitto ④ THEAT opera f teatrale; **a one-act** ~ una pièce in un atto; **radio** ~ sceneggiato m radiofonico ▶ **to make a** ~ **for sth** cercare di ottenere qc II. vi ① a. SPORTS giocare; **to** ~ **for a team** giocare in una squadra; **to** ~ **fair/rough** fare un gioco pulito/sporco ② (*perform: of actor*) recitare ③ MUS suonare III. vt ① (*participate in game, sport*) giocare; **to** ~ **bridge/soccer** giocare a bridge/a calcio; **to** ~ **a card** giocare una carta ② (*perform a role*) interpretare, fare la parte di; **to** ~ **the clown** [*o* **fool**] fare lo spiritoso ③ MUS (*piano, guitar, saxo-*

phone) suonare ④ (*CD, tape, video, DVD*) mettere ⑤ (*perpetrate: joke*) fare ▶ **to** ~ **it safe** andare sul sicuro

◆ **play along** vi **to** ~ **with sb** stare al gioco di qu

◆ **play at** vt ① (*pretend, for fun*) **to** ~ **(being) sth** giocare a (essere) qc ② pej (*do*) **what are you playing at?** cosa diavolo stai facendo?

◆ **play down** vt minimizzare

◆ **play off** I. vi disputare lo spareggio II. vt **to play sb off against qu** aizzare qu contro qu

◆ **play up** vi ① inf **to** ~ **to sb** (*flatter*) lisciare qu ② (*hurt: knee, elbow, back*) fare male

playback ['pleɪ·bæk] n (*of tape*) riproduzione f

playboy ['pleɪ·bɔɪ] n playboy m

player ['ple·ɪər] n ① SPORTS giocatore, -trice m, f; **card** ~ giocatore, -trice m, f di carte; **soccer** ~ calciatore, -trice m, f; **tennis** ~ tennista mf ② MUS suonatore, -trice m, f ③ THEAT attore, -trice m, f ④ (*machine*) **CD** ~ lettore m di CD; **record** ~ giradischi m inv

playful ['pleɪ·fʊl] adj ① (*full of fun*) giocherellone, -ona ② (*comment, tone*) scherzoso

playground ['pleɪ·graʊnd] n (*at school*) area f per la ricreazione; (*in park*) parco m per i giochi

playgroup ['pleɪ·gruːp] n asilo m nido

playing card n carta f da gioco

playing field n campo m di gioco [*o* sportivo]

playoff ['pleɪ·ɔf] n spareggio m; **the** ~ **s** i turni eliminatori

playpen ['pleɪ·pen] n box m inv

playroom ['pleɪ·ruːm] n stanza f dei giochi

playtime ['pleɪ·taɪm] n SCHOOL ricreazione f

playwright ['pleɪ·raɪt] n scrittore, -trice teatrale m

plea-bargain n patteggiamento m

plead [pliːd] <-ed *o* pled, -ed *o* pled> vi ① (*implore, beg*) implorare, invocare; **to** ~ **for forgiveness** implorare il perdono; **to ~ for justice** chiedere giustizia; **to ~ with sb (to do sth)** scongiurare qu (di fare qc) ⓵ LAW **to ~ guilty (to a charge)** dichiararsi colpevole (rispetto a un'accusa)

pleasant ['ple·zənt] *adj* ⓵ (*pleasing*) piacevole; **what a ~ surprise!** che bella sorpresa!; **~ weather** bel tempo ⓶ (*friendly*) carino

please [pli:z] I. *vt* ⓵ (*make happy*) fare contento; (*give pleasure to*) fare piacere a ⓶ *inf* (*do as one wishes*) **~ yourself** fai quello che vuoi II. *vi* ⓵ (*be agreeable*) **eager to ~** sempre disponibile ⓶ (*think fit, wish*) **you can do as you ~** puoi fare come meglio credi III. *interj* per favore [*o* piacere], fare contento; **more potatoes? — (yes) ~** altre patate? Sì, grazie; **oh, ~!** (*in annoyance*) ma fammi [*o* mi faccia] [*o* fatemi] il piacere!

pleased *adj* ⓵ (*satisfied, contented*) contento, -a, soddisfatto, -a; **to be ~ about sth** essere contento di qc ⓶ (*happy, glad*) contento, -a, lieto, -a; **I'm ~ to inform you** ... sono lieto di informarla che ...; **~ to meet you** lieto di conoscerla, piacere!

pleasing *adj* piacevole, gradevole; **~ news** buone notizie *fpl*

pleasurable ['ple·ʒə·rə·bl] *adj* piacevole, gradevole; **a ~ sensation** una piacevole sensazione

pleasure ['ple·ʒə] *n* piacere *m*; **it was a ~ to meet you** è stato un piacere conoscerla; **to take ~ in sth/in doing sth** divertirsi con qc/a fare qc; **with ~** con piacere; **are you here for business or ~?** è qui per lavoro o per svago?

pleat [pli:t] *n* piega *f*

pledge [pledʒ] I. *n* ⓵ (*solemn promise*) promessa *f* (solenne); **to fulfill a ~** mantenere una promessa; **to make a ~ that** ... promettere (solennemente) che ... ⓶ (*symbolic sign of promise*) **as a ~ of sth** in pegno di qc ⓷ (*promised donation*) contributo *m* promesso II. *vt* (*promise*) promettere; **to ~ loyalty** promettere fedeltà

plentiful ['plen·tɪ·fəl] *adj* abbondante

plenty ['plen·ti] I. *n* ⓵ (*abundance*) abbondanza *f* ⓶ (*a lot*) **~ of money/time** un mucchio di soldi/tempo II. *adv* a sufficienza; **there is ~ more** ce n'è ancora in quantità

pliers ['pla·ɪəz] *npl* pinze *fpl*; **a pair of ~** una pinza

plight [plaɪt] *n* situazione *f* difficile; **a dreadful ~** una situazione disperata

plod [plɑːd] <-dd-> *vi* (*walk heavily*) camminare con passo pesante; **to ~ through the mud** procedere a fatica attraverso il fango

plonk [plɑŋk] *n*, *vt* s. **plunk**

plot [plɑːt] I. *n* ⓵ (*conspiracy, secret plan*) complotto *m* ⓶ (*story line*) intreccio *m*, trama *f* ⓷ (*small piece of land*) terreno *m*; **a ~ of land** un appezzamento di terra II. <-tt-> *vt* (*graph, line*) tracciare; (*mark on map*) riportare; **to ~ a course** tracciare una rotta III. <-tt-> *vi* **to ~ against sb** complottare contro qu

plough [plaʊ] *n*, *vi*, *vt* s. **plow**

plow [plaʊ] I. *n* aratro *m* II. *vt* ⓵ AGR arare ⓶ (*invest*) **to ~ money into a project** investire molto denaro in un progetto III. *vi* ⓵ AGR arare ⓶ **to ~ through sth** (*move through*) farsi strada attraverso qc; (*work through*) portare avanti a rilento

pluck [plʌk] I. *n* *inf* (*courage*) fegato *m* II. *vt* ⓵ (*remove quickly*) strappare ⓶ (*remove hair, feathers*) **to ~ a chicken** spennare un pollo; **to ~ one's eyebrows** depilarsi le sopracciglia ⓷ MUS pizzicare

plucky ['plʌ·ki] <-ier, -iest> *adj* di fegato

plug [plʌg] I. *n* ⓵ ELEC (*connector*) spina *f*; (*socket*) presa *f* (di corrente) ⓶ (*stopper*) tappo *m* ⓷ *inf* (*publicity*) **to give sth a ~** reclamizzare qc ⓸ (*spark plug*) candela *f* II. <-gg-> *vt* ⓵ (*connect*) collegare; ELEC collegare (alla rete) ⓶ (*stop up, close*) **to ~ a hole** tappare un buco; **to ~ a leak** tamponare una perdita ⓷ (*publicize*) propa-

P

gandare

◆**plug in** vt, vi a. ELEC collegare

plug-in n COMPUT plug-in m

plum [plʌm] I. n (fruit) prugna f, susina f; (tree) susino m, prugno m II. adj a ~ **job** un lavoro fantastico

plumber ['plʌ·mə] n idraulico, -a m, f

plumbing ['plʌ·mɪŋ] n idraulica f

plummet ['plʌ·mɪt] vi crollare

plump [plʌmp] adj (person) rotondetto, -a; (animal) grassoccio, -a

◆**plump up** vt (pillow) sprimacciare

plunge [plʌndʒ] I. n ① (sharp decline) crollo m ② (dive) tuffo m ▸ **to take the** ~ buttarsi II. vi (fall suddenly) precipitarsi; **to** ~ **to one's death** fare una caduta mortale ② (leap, enter) **we** ~**d into the sea** ci siamo tuffati in mare; **he** ~**d into the forest** si è immerse nella foresta ③ (begin abruptly) **to** ~ **into sth** gettarsi in qc III. vt immergere; **to** ~ **a knife into sth** affondare il coltello in qc

plunk [plʌŋk] I. n inf (sound) rumore m sordo II. vt inf (set down heavily) lasciarsi andare pesantemente; **she** ~**ed the books onto the table** ha mollato i libri sul tavolo

P

plural ['plʊ·rəl] I. n plurale m; **in the** ~ al plurale; **second person** ~ seconda persona plurale II. adj ① a. LING plurale ③ (multiple) multiplo, -a

plus [plʌs] I. prep più; **5** ~ **2 equals 7** 5 più 2 fa 7 II. conj in più III.<-es> n ① (mathematical symbol) (segno) più ② (advantage) punto m a favore IV. adj ① (above zero) positivo, -a; ~ **8** più 8; ~ **two degrees** due gradi sopra zero ② (more than) più di; **200** ~ più di 200 ③ (advantageous) **the** ~ **side** (**of sth**) il lato positivo (di qc)

plutonium [pluː·'toʊ·ni·əm] n plutonio m

plywood ['plaɪ·wʊd] n (legno) m compensato

PM [ˌpiː·'em] n abbr of **prime minister** primo ministro m, prima ministra f

p.m. [ˌpiː·'em] abbr of **post meridiem**

dopo mezzogiorno; **one** ~ l'una del pomeriggio; **ten** ~ le dieci di sera

pneumatic [nuː·'mæ·ṭɪk] adj pneumatico, -a

pneumonia [nuː·'moʊn·jə] n polmonite f

PO [ˌpiː·'oʊ] n abbr of **Post Office** ufficio m postale

poach[1] [poʊtʃ] vt (eggs) cuocere in camicia; (fish) cuocere in bianco

poach[2] [poʊtʃ] I. vt ① (hunt illegally) cacciare di frodo; (fish) pescare di frodo ② (take unfairly) soffiare; **to** ~ **someone's ideas** rubare le idee a qu II. vi cacciare di frodo; (fish) pescare di frodo

poaching ['poʊ·tʃɪŋ] n (hunting) caccia f di frodo; (fishing) pesca f di frodo

PO Box [ˌpiː·'oʊ·baks] <-es> n abbr of **post office box** casella f postale

pocket ['pɑː·kɪt] I. n ① (in pants, jacket) tasca f; **breast** ~ taschino; **to be out of** ~ essere in passivo; **to pay for sth out of one's own** ~ pagare di tasca propria per qc ② (isolated group, area) ~ **of green** angolo m verde; **a** ~ **of resistance** una sacca di resistenza; ~ **of turbulence** AVIAT, METEO vuoto m d'aria II. vt ① (put in pocket) **to** ~ **sth** mettersi in tasca qc ② (keep for oneself) appropriarsi di III. adj ~ **edition** edizione f tascabile

pocketbook ['pɑː·kɪt·bʊk] n ① (woman's handbag) borsa f ② (billfold) portafoglio m

pocket money n ① (for small expenses) denaro m per piccole spese ② (from one's parents) paghetta f

pod [pɑd] n ① BOT baccello m ② (K-cup) **coffee** ~ cialda f di caffè

podcast I. n podcast m II. vi fare podcasting

podium ['poʊ·diəm] <-s o -dia> n podio m

poem ['poʊ·əm] n poema m

poet ['poʊ·ət] n poeta, poetessa m, f

poetry ['poʊ·ɪ·tri] n a. fig poesia f

point [pɔɪnt] I. n ① (gener) a. TYPO punto m; **boiling/freezing** ~ punto m di ebollizione/congelamento; **starting** ~

punto di partenza; **to do sth up to a ~** fare qc fino a un certo punto; **at that ~** a quel punto; **percentage ~** punto *m* percentuale; **to win (sth) on ~s** (*in boxing*) vincere (qc) ai punti ② (*sharp end*) a. GEO punta *f* ③ (*significant idea*) questione *f*; **that's just the ~!** è proprio così!; **to be beside the ~** non avere niente a che vedere; **to get to the ~** venire al punto; **to get the ~** (**of sth**) afferrare il concetto (di qc); **to make one's ~** esprimere il proprio punto di vista; **to miss the ~** non cogliere il concetto; **to see sb's ~** capire il concetto di qu; **to take sb's ~** essere d'accordo con qu; **~ taken!** hai ragione tu!; **~ by ~** punto per punto ④ (*characteristic*) **sb's strong/weak ~s** il forte/il debole di qu ⑤ MATH **decimal ~** virgola *f* (decimale) ⑥ *pl* AUTO (*electrical contact*) puntina *f* ▸ **to make a ~ of doing sth** farsi un dovere di fare qc II. *vi* (*with finger*) additare; (*indicate*) **to ~ to sth** indicare qc III. *vt* ① (*aim*) puntare; **to ~ sth at sb** puntare qc verso qu; **to ~ a finger at sb** a. *fig* puntare il dito contro qu ② (*direct, show position or direction*) **to ~ sb toward sth** indicare a qu la strada verso qc

◆**point out** *vt* ① (*show*) indicare; **please point her out to me** indicamela, per piacere ② (*inform of*) **to point sth out to sb** far notare qc a qu; **to ~ that ...** far notare che ...

point-blank [ˌpɔɪnt'blæŋk] I. *adv* (*fire, ask*) a bruciapelo; **to refuse ~** rifiutare categoricamente II. *adj* ① (*very close*) **to shoot sb at ~ range** sparare a bruciapelo a qu ② (*blunt, direct*) diretto, -a

pointed ['pɔɪn·tɪd] *adj* ① (*implement, stick*) appuntito, -a ② *fig* (*criticism*) pungente; (*question*) diretto, -a; (*remark*) intenzionale

pointer ['pɔɪn·tə*] *n* ① (*for blackboard*) bacchetta (per indicare) *f*; (*of scale*) ago *m* ② COMPUT cursore *m*; **mouse ~** puntatore ③ (*advice, tip*) indicazione *f*

pointless ['pɔɪnt·ləs] *adj* inutile; **it's ~**

arguing with him non serve a niente discutere con lui

point of no return *n* a. *fig* punto *m* di non ritorno

point of view <points of view> *n* punto *m* di vista

poison ['pɔɪ·zən] I. *n* veleno *m*; **rat ~** veleno *m* per topi II. *vt* ① (*give poison to*) avvelenare ② (*spoil, corrupt*) corrompere

poison gas *n* gas *m* tossico

poisonous ['pɔɪ·zə·nəs] *adj* velenoso, -a; *fig*; **~ atmosphere** atmosfera *f* avvelenata; **~ remark** osservazione *f* maligna

poke [poʊk] I. *n* (*push*) spinta *m*; (*with elbow*) gomitata *f*; **to give sb a ~** dare una gomitata a qu II. *vt* ① (*with finger*) dare una ditata a; (*with elbow*) dare una gomitata a; **to ~ a hole in sth** fare un buco in qc; **to ~ holes in an argument** trovare difetti in un'argomentazione; **to ~ one's nose into sb's business** ficcare il naso nelle faccende di qu ② (*push through*) **to ~ one's arm through a sleeve** infilarsi una manica; **it poked its head out of the water** fece capolino dall'acqua ③ **to ~ fun at sb/sth** mettere in ridicolo qu/qc

poker[1] ['poʊ·kə*] *n* (*card game*) poker *m*

poker[2] ['poʊ·kə*] *n* (*fireplace tool*) attizzatoio *m*

Poland ['poʊ·lənd] *n* Polonia *f*

polar ['poʊ·lə*] *adj* GEO, MATH polare; **~ opposites** poli *mpl* opposti

pole[1] [poʊl] *n* palo *m*; **electricity ~** palo *m* della luce; **telegraph ~** palo *m* del telegrafo; **flag ~** asta *f* della bandiera; **fishing ~** canna *f* da pesca

pole[2] [poʊl] *n* a. *fig* GEO, ELEC polo *m*; **the magnetic ~s** GEO i poli magnetici; **opposite ~s** poli opposti; **to be ~s apart** essere agli antipodi

Pole[1] [poʊl] *n* (*person*) polacco, -a *m, f*

Pole[2] [poʊl] *n* GEO **the North/South ~** il Polo Nord/Sud

pole vault *n* salto *m* con l'asta

police [pə·'li:s] I. *n* polizia *f*; **the riot ~**

P

la squadra antisommossa **II.** *vt* **to ~ an area** vigilare una zona

police car *n* auto *f* della polizia

police force *n* forza *f* pubblica

policeman [pə·ˈliːs·mən] <-men> *n* poliziotto *m*, agente *m* di polizia

police officer *n* poliziotto, -a *m, f*, agente *m* di polizia

police station *n* commissariato *m*

policewoman [pə·ˈliːs·wʊ·mən] <-women> *n* donna *f* poliziotto

policy¹ [ˈpɑː·lə·si] <-ies> *n* POL, ECON politica *f*; **a change in** ~ un cambiamento di politica; **company** ~ politica aziendale

policy² [ˈpɑː·lə·si] <-ies> *n* FIN polizza *f*; **insurance** ~ polizza di assicurazione

policyholder [ˈpɑː·lə·si·ˌhoʊl·də] *n* assicurato, -a *m, f*

policy maker *n* responsabile *mf* delle politiche

polio [ˌpoʊ·lioʊ] *n* MED polio *f*

polish [ˈpɑː·lɪʃ] **I.** *n* (*substance: for furniture*) cera *f*; (*for shoes, silver*) lucido *m*; (*for nails*) smalto *m* **II.** *vt* ① (*make shine*) far risplendere; (*shoes, silver*) lucidare ② *fig* (*refine*) raffinare

◆ **polish off** *vt* (*food*) far fuori; (*work*) sbrigare; (*opponent*) liquidare

◆ **polish up** *vt* (*improve, brush up*) perfezionare

Polish [ˈpoʊ·lɪʃ] **I.** *adj* polacco, -a **II.** *n* LING polacco *m*

polished *adj* ① (*shiny*) lucido, -a ② *fig* (*sophisticated*) raffinato, -a; **a ~ performance** un'esecuzione impeccabile

polite [pə·ˈlaɪt] *adj* ① (*courteous*) cortese; ~ **refusal** un cortese rifiuto ② (*cultured*) educato, -a; (*refined*) raffinato, -a; ~ **society** buona società *f*

political [pə·ˈlɪ·tə·kəl] *adj* politico, -a; ~ **pundit** esperto, -a *m, f* di politica

politically correct *adj* politically correct

politician [ˌpɑː·lə·ˈtɪ·ʃən] *n* politico, -a *m, f*

politics *n pl* ① (*activities of government*) politica *f*; **to go into** ~ darsi alla politica; **to talk** ~ parlare di politica ② (*political science*) scienze *fpl* politiche ③ (*intrigue*) **company/office** ~ rivalità interne dell'azienda/dell'ufficio; **party** ~ manovre di partito; (*complex relationship*)

poll [poʊl] **I.** *n* ① (*public survey*) sondaggio *m*; **to conduct a** ~ fare un sondaggio ② *pl* (*elections*) **to go to the ~s** andare alle urne ③ (*results of a vote*) **to head the** ~ ottenere la maggioranza dei voti ④ (*number of votes cast*) voti *mpl* **II.** *vt* ① (*record the opinion*) sondare ② (*receive*) **to ~ votes** ottenere voti

pollen [ˈpɑː·lən] *n* polline *m*

polling place *n* seggio *m* elettorale

pollutant [pə·ˈluː·tənt] *n* inquinante *m*, agente *m* inquinante

pollute [pə·ˈluːt] *vt* (*river, atmosphere*) inquinare

pollution [pə·ˈluː·ʃən] *n* inquinamento *m*

polo [ˈpoʊ·loʊ] *n* SPORTS polo *m*

polyunsaturated fats *npl*, **polyunsaturates** [ˌpɑː·liː·ʌn·ˈsæ·tʃə·rəts] *npl* grassi *mpl* polinsaturi

polyurethane [ˌpɑː·lɪ·ˈjʊ·rə·θeɪn] *n* poliuretano *m*

pomp [pɑmp] *n* pompa *f*

pompous [ˈpɑːm·pəs] *adj* ① pomposo, -a ② (*pretentious*) sfarzoso, -a; ~ **language** linguaggio *m* ampolloso

pond [pɑnd] *n* stagno *m*, laghetto *m*

ponder [ˈpɑːn·də] **I.** *vt* ponderare, soppesare; **to ~ whether/why ...** riflettere se/sul perché ... **II.** *vi* riflettere; **to ~ on sth** riflettere su qc

ponderous [ˈpɑːn·də·rəs] *adj* ① (*movement*) impacciato, -a ② (*style*) pesante

pony [ˈpoʊ·ni] <-ies> *n* pony *m inv*

ponytail [ˈpoʊ·ni·teɪl] *n* coda *f* di cavallo

poodle [ˈpuː·dl] *n* (*cane*) barbone *m*, barboncino *m*

pool¹ [puːl] *n* ① (*of water, blood*) pozza *f*; **a ~ of oil** una sacca di petrolio ② (*pond*) laghetto *m*; **swimming** ~ piscina *f*

pool² [puːl] *n* ① (*common fund*) fondo *m* comune ② (*common supply*) riserva *f*; **car** ~ parco *m* macchine; **gene** ~ pool *m* genico ③ SPORTS biliardo m americano [o da pool]; **to play [o inf shoot]** (a game of) ~ giocare a biliardo

poor [pʊr] **I.** adj ⓐ (lacking money) povero, -a ⓐ (attendance, harvest) scarso, -a; (memory, performance) cattivo, -a; ~ **soil** terreno m povero; ~ **visibility** visibilità f scarsa; **to be** ~ **at sth** non essere bravo in qc; **to be in** ~ **health** non stare bene di salute; **to have** ~ **eyesight** avere la vista debole; **to have** ~ **hearing** non sentirci bene; **to do a** ~ **job of** (doing) sth fare male qc ⓐ (deserving of pity) povero, -a; **you** ~ **thing!** poverino! **II.** n **the** ~ i poveri

poorly ['pʊr·li] **I.** adv (inadequately) male; ~ **dressed** malvestito; **to think** ~ **of sb** avere una cattiva opinione di qu **II.** adj **to feel** ~ sentirsi poco bene

pop[1] [pɑːp] adj, n MUS pop m; ~ **culture** cultura f pop

pop[2] [pɑːp] n inf (father) papà m

pop[3] [pɑːp] **I.** n ⓐ (small explosive noise) botto m ⓐ (soda pop) gassosa f; **orange** ~ aranciata f **II.** <-pp-> vi ⓐ (explode) scoppiettare; (burst) scoppiare ⓐ (come, go quickly) **to** ~ **upstairs** fare un salto al piano di sopra; **to** ~ **out for sth** uscire un attimo per qc **III.** <-pp-> vt ⓐ (make burst) fare scoppiare ⓐ (put quickly) mettersi; **to** ~ **sth on/off** mettersi/togliersi qc

◆ **pop in** vi fare un salto; **we popped in at my brother's** siamo passati da mio fratello

◆ **pop out** vi saltar fuori; **to** ~ **from somewhere** schizzare fuori da non si sa dove; **to** ~ **for sth** fare un salto fuori a fare qc

◆ **pop up** vi (appear) saltar fuori; **to** ~ **out of nowhere** spuntare all'improvviso

popcorn ['pɑːp·kɔːrn] n pop corn m, granoturco m soffiato

pope [poʊp] n REL (Catholic) papa m

poplar ['pɑːp·lər] n pioppo m

poppy ['pɑː·pi] <-ies> n papavero m

popular ['pɑːp·jə·lər] adj ⓐ (liked) benvoluto, -a; **he is** ~ **with girls** ha successo con le ragazze ⓐ (by the people) popolare; ~ **front** fronte m popolare; ~ **support** l'appoggio del popolo; **by** ~ **request** a richiesta popolare ⓐ (widespread) generale

popularity [ˌpɑː·pjə·ˈlæ·rə·t̬i] n popolarità f

population [ˌpɑː·pjə·ˈleɪ·ʃən] n popolazione f

population density n densità f della popolazione

population explosion n esplosione f demografica

populist ['pɑp·jə·lɪst] n populista mf

pop-up ['pɑp·ʌp] n COMPUT pop-up m

porcelain ['pɔːr·sə·lɪn] n porcellana f

porch [pɔːrtʃ] n ⓐ (over entrance) portico m ⓐ (verandah) veranda f

porcupine ['pɔːr·kjʊ·paɪn] n istrice m, porcospino m

pore [pɔːr] n poro m

pork [pɔːrk] n (carne f di) maiale m

pork chop n braciola f di maiale

pornographic [ˌpɔːr·nə·ˈgræ·fɪk] adj pornografico, -a

pornography [pɔːr·ˈnɑː·grə·fi] n pornografia f

porous ['pɔː·rəs] adj poroso, -a

porpoise ['pɔːr·pəs] n focena f

porridge ['pɔːr·tə] n porridge m

port[1] [pɔːrt] n ⓐ NAUT (harbor) porto m; ~ **of call** porto di scalo ⓐ COMPUT porta f; **parallel/serial** ~ porta parallela/seriale

port[2] [pɔːrt] n AVIAT, NAUT (left side) sinistra f

port[3] [pɔːrt] n (wine) porto m

portable ['pɔːr·tə·bl] adj portatile

portal ['pɔːr·təl] n INET portale m; **web** [o **Internet**] ~ portale m Internet

porter ['pɔːr·tər] n (person who carries luggage) portabagagli m inv

portfolio [pɔːrt·ˈfoʊl·ioʊ] n ⓐ (case) cartella f (portadocumenti) ⓐ (of drawings, designs) cartella f dei disegni

portion ['pɔːr·ʃən] n ⓐ (part) parte f ⓐ (serving) porzione f; (of cake, cheese) pezzo m

portrait ['pɔːr·trɪt] n ART, LIT ritratto m

P

portray [pɔːrˈtreɪ] vt ❶ ART (*person*) ritrarre; (*object*) dipingere; (*scene, environment*) rappresentare ❷ *fig* descrivere ❸ THEAT rappresentare

portrayal [pɔːrˈtreɪəl] n ❶ ART ritratto *m* ❷ *fig* descrizione *f* ❸ THEAT rappresentazione *f*

Portugal [ˈpɔːrtʃəgəl] n Portogallo *m*

Portuguese [ˌpɔːrtʃəˈgiːz] I. *adj* portoghese II. n ❶ (*person*) portoghese *mf* ❷ LING portoghese *m*

pose¹ [poʊz] vt (*difficulty, problem*) creare; (*question*) sollevare; **to ~ a threat to sb** costituire una minaccia per qc

pose² [poʊz] I. *vi* ❶ ART, PHOT posare ❷ (*affected behavior*) assumere pose ❸ (*pretend to be*) **to ~ as sb/sth** spacciarsi per qu/qc II. n ❶ (*body position*) posa *f*; **to adopt a ~** mettersi in posa ❷ (*pretence*) posa *f*; **it's all a ~** è tutta una posa

posh [pɑʃ] *adj inf* (*stylish: area*) elegante; (*car, hotel, restaurant*) di lusso

position [pəˈzɪʃən] I. n ❶ (*gener*) a. MIL, SPORTS posizione *f*; **to be in ~** essere in posizione; **to take a ~ on sth** adottare una posizione riguardo a qc; **yoga ~** posizione *f* yoga ❷ (*rank, job*) posto *m*; (*social*) rango *m*; **the ~ of director** il posto di direttore; **a ~ of trust** un posto di fiducia ❸ (*situation*) situazione *f*; **financial ~** condizione economica; **to be in a ~ to do sth** essere in grado di fare qc; **to put sb in a difficult ~** mettere qu in una situazione difficile II. vt (*place*) sistemare; MIL schierare

positive [ˈpɑːzəˌtɪv] *adj* ❶ a. ELEC, MATH positivo, -a; **to think ~** pensare in modo positivo ❷ MED **HIV ~** sieropositivo, -a (al virus HIV) ❸ (*certain*) certo, -a, sicuro, -a; (*proof*) conclusivo, -a; **to be ~ about sth** essere certo di qc; (*absolutely*) **~!** assolutamente! ❹ (*complete*) autentico, -a; **a ~ miracle** un vero miracolo

positively *adv* ❶ (*think*) positivamente; **to answer ~** rispondere affermativamente ❷ (*completely*) assolutamente;

to ~ refuse to do sth rifiutarsi decisamente di fare qc

possess [pəˈzes] vt ❶ (*own, have*) possedere ❷ **to ~ sb** (*anger, fear*) dominare qu; (*evil spirit*) possedere qu; **what ~ed you to do that?** cosa diavolo ti ha spinto a farlo?

possession [pəˈzeʃən] n ❶ (*having*) a. SPORTS possesso *f*; **illegal ~ of arms** detenzione *f* illegale di armi; **to take ~ of sth** prendere possesso di qc; **to gain ~ of sth** impossessarsi di qc; **to be in ~ of the ball** essere in possesso della palla ❷ (*item of property*) bene *m* ❸ POL possedimento *m*

possessive [pəˈzesɪv] *adj* possessivo, -a (*about* verso)

possibility [ˌpɑːsəˈbɪləˌti] n <-ies> ❶ (*sth feasible*) possibilità *f* ❷ (*likelihood*) probabilità *f*; **is there any ~** (**that**) ...? c'è qualche probabilità che +conj ...? ❸ (*potential*) **to have possibilities** avere delle prospettive

possible [ˈpɑːsəbl] *adj* possibile; **as clean as ~** il più pulito possibile; **as far as ~** per quanto è possibile; **as soon as ~** il più presto possibile; **if ~** se possibile

possibly [ˈpɑːsəbli] *adv* ❶ (*perhaps*) forse; **could you ~ help me?** saresti così gentile da darmi una mano? ❷ (*by any means*) **we did all that we ~ could** abbiamo fatto tutto il possibile

post¹ [poʊst] I. n posta *f* II. vt ❶ (*letter*) impostare, imbucare; (*package*) spedire per posta; **to ~ sth to sb** inviare qc per posta a qu ❷ (*inform*) **to keep sb ~ed on sth** tenere qu al corrente di/su qc

post² [poʊst] I. n (*job*) posto *m*; **a teaching ~** un posto di insegnamento; **to take up a ~** entrare in carica II. vt MIL (*position*) appostare

post³ [poʊst] I. n a. SPORTS palo *m*; **starting/finishing ~** palo *m* di partenza/di arrivo; *inf* (*goalpost*) palo *m* (della porta) II. vt (*on Web site*) **to ~ sth** (**on sth**) postare qc (su qc)

postage [ˈpoʊstɪdʒ] n affrancatura *f*;

~ **and handling** spese *fpl* di spedizione e trasporto

postage stamp *n form* francobollo *m*

postal ['poʊs·təl] *adj* postale

postcard *n* cartolina *f* (postale)

poster ['poʊs·tə] *n* ① (*picture*) poster *m* ② (*notice*) cartellone *m*

postgraduate [,poʊst·'græ·dʒʊ·wɪt] I. *n* laureato, -a *m, f* che segue corsi di specializzazione II. *adj* postuniversitario, -a; ~ **studies** studi *mpl* postuniversitari

Post-It® *n* foglietti *mpl* adesivi

postman ['poʊst·mən] <-men> *n* postino *m*

postmark ['poʊst·mɑːrk] I. *n* timbro *m* postale II. *vt* timbrare

postnatal [,poʊst·'neɪ·təl] *adj* post partum; ~ **depression** depressione *f* post partum

post office *n* ufficio *m* postale

post office box *n* casella *f* postale

postpone [poʊst·'poʊn] *vt* posporre

postponement *n* rinvio *m*

postscript ['poʊst·skrɪp] *n* (*at end of letter*) poscritto *m*

posture ['pɑːs·tʃə] *n* ① (*position of body*) postura *f* ② (*opinion*) atteggiamento *f*

postwar [,poʊst·'wɔr] *adj* postbellico, -a; **the ~ years** gli anni del dopoguerra

pot¹ [pɑːt] *n* ① (*container*) recipiente *m* ② (*for cooking*) pentola *f;* ~**s and pans** batteria *f* da cucina ③ (*of food*) vasetto *m*, barattolo *m*; (*for coffee*) caffettiera *f*; (*for tea*) teiera *f* ④ (*for plants, flowers*) vaso *m* ⑤ (*common fund*) cassa *f* comune ⑥ *inf* (*a lot*) mucchio *m*; ~**s of money** un mucchio di soldi ▸ **to go to** ~ *inf* andare in malora; (*business, plan*) andare a rotoli

pot² [pɑːt] *n inf* (*marijuana*) erba *f*

potato [pə·'teɪ·toʊ] <-es> *n* patata *f*; **sweet** ~ patata *f* americana; **baked** ~ patata al forno; **mashed** ~**es** puré *m* di patate; **roast** ~**es** patate arrosto

potato chips *npl* patatine *fpl*

potent ['poʊ·tnt] *adj* potente; (*drink,*

motive, symbol) forte; (*remedy*) efficace; (*argument*) convincente

potential [pə·'ten·ʃl] *adj, n* potenziale *m;* **to have** (**a lot of**) ~ avere (grandi) potenzialità

potentially [pə·'ten·ʃə·li] *adv* potenzialmente

pothole ['pɑːt·hoʊl] *n* ① (*in road*) buca *f* ② (*underground hole*) pozzo *m*

potted ['pɑː·tɪd] *adj* ① (*plant*) in vaso ② (*food*) in vasetto, in barattolo; ~ **shrimps** pasta *f* di gamberetti

potter ['pɑː·tə] *n* vasaio, -a *m, f;* ~**'s wheel** tornio *m* da vasaio

pottery ['pɑː·tə·ri] *n* ① (*art*) ceramica *f* ②<-ies> (*workshop*) fabbrica *f* di ceramiche

potty ['pɑː·ti] <-ies> *n* (*for baby*) vasino *m*

pouch [paʊtʃ] *n* a. ANAT, ZOOL borsa *f;* **tobacco** ~ borsa *f* per il tabacco

poultry ['poʊl·tri] *n* ① (*birds*) pollame *m* ② (*meat*) carne *f* bianca

pounce [paʊns] *vi* ① (*jump*) saltare; **to ~ on sth** balzare addosso a qc; (*cat*) balzare su qc; (*bird of prey*) ghermire qc ② *fig* **to ~ on an opportunity** prendere l'occasione al volo

pound¹ [paʊnd] *n* ① (*weight*) libbra *f* (*454 g*)*;* **by the** ~ alla libbra ② (*currency*) sterlina *f;* ~ **sterling** (lira) sterlina britannica

pound² [paʊnd] *n* (*for cars*) deposito *m* (auto rimosse per divieto di sosta); (*for dogs*) canile *m* municipale; (*for sheep*) recinto *m*

pound³ [paʊnd] I. *vt* ① (*hit repeatedly*) picchiare; (*beat*) battere; (*with a hammer*) martellare ② (*crush*) macinare; (*spices*) pestare (al mortaio); (*meat*) battere; MIL martellare II. *vi* ① (*beat*) battere; (*on a door*) picchiare; (*on a table*) dare pugni su; (*heart, pulse*) battere forte; (*music*) rimbombare

pour [pɔːr] I. *vt* ① (*cause to flow*) versare; **to ~ coffee/wine** versare il caffè/il vino; **to ~ sb sth** servire qc a qu ② (*give in large amounts*) riversare;

P

(*money, resources*) investire in gran quantità; **to ~ energy into sth** mettere moltissima energia in qc II. *vi* ① (*flow in large amounts: water*) fluire; **to ~ into sth** (*sunshine*) entrare a fiotti in qc; (*people*) affluire in qc; **refugees are ~ing into the country** i rifugiati continuano a riversarsi nel paese; **to be ~ing with sweat** essere sudato fradicio ② *impers* **it's ~ing** piove a dirotto

◆ **pour in** *vi* (*people*) affluire; (*letters, messages*) arrivare in gran quantità

◆ **pour out** I. *vt* ① (*from container*) versare ② (*cause to flow quickly: smoke*) emettere; (*water*) riversare II. *vi* (*liquid*) fuoriuscire; (*people*) uscire a frotte

pout [paʊt] I. *vi* fare il broncio II. *vt* **to ~ one's lips** sporgere le labbra III. *n* broncio *m*

poverty ['pɑ·vɚ·t̬i] *n a. fig* (*lack of money*) povertà *f*; **extreme ~** miseria *f*

poverty-stricken ['pɑ·vɚ·t̬i,strɪ·kən] *adj* poverissimo

powder ['paʊ·dɚ] I. *n* ① (*dust*) polvere *f* ② (*snow*) neve *f* farinosa II. *vt* ① (*cover with powder*) spolverizzare; **to ~ one's face** incipriarsi; **to ~ one's nose** *fig* andare alla toilette ② (*sprinkle*) spolverizzare

powdered *adj* in polvere; **~ sugar** zucchero *m* a velo

powdery ['paʊ·də·ri] *adj* ① (*snow*) farinoso, -a; (*stone*) friabile ② (*surface*) polveroso, -a

power ['pa·vɚ] I. *n* ① (*ability to control*) potere *m* ② (*country, organization*) potenza *f*; (*person*) potere *m* ③ (*right*) facoltà *f* ④ (*ability*) capacità *f*; **~s of concentration** capacità di concentrazione ⑤ (*strength*) forza *f* ⑥ (*electricity*) corrente *f* ⑦ (*energy*) PHYS energia *f* ⑧ MATH potenza *f*; **two to the ~ of five** due elevato alla quinta ▸ **the ~s that be** chi è al potere II. *vt* azionare

powerboat *n* imbarcazione *f* a motore

power brakes *npl* AUTO freni *mpl* servoassistiti

power cable *n* cavo *m* elettrico

powerful ['pa·vɚ·fəl] *adj* ① (*influential, mighty*) potente ② (*physically strong*) possente, forte ③ (*having a great effect*) convincente; **~ speech** discorso convincente ④ (*anger, jealousy*) intenso, -a; **~ emotions** emozioni *fpl* forti

powerfully ['pa·vɚ·fə·li] *adv* ① (*using great force*) con forza ② (*argue, speak*) in modo autorevole

powerless ['pa·vɚ·ləs] *adj* impotente (*against* contro)

power line *n* linea *f* elettrica

power outage *n* interruzione *f* della corrente elettrica

power plant *n* centrale *f* elettrica; **nuclear ~** centrale *f* nucleare

power station *n* centrale *f* elettrica

power steering *n* servosterzo *m*

PR [pi:·'ɑ:r] *n* ① *abbr of* **public relations** pubbliche relazioni *fpl* ② POL *abbr of* **proportional representation** sistema *m* proporzionale

practical ['præk·tɪ·kl] I. *adj* pratico, -a II. *n* prova *f* pratica

practical joke *n* scherzo *m*

practically ['præk·tɪk·li] *adv* ① (*almost*) praticamente ② (*of a practical nature*) **to be ~ minded** avere senso pratico

practice ['præk·tɪs] I. *n* ① (*act of practicing*) pratica *f*; **to be out of ~** essere fuori esercizio ② (*custom, regular activity*) consuetudine *f*; **traditional religious ~s** pratiche *fpl* religiose; **standard ~** procedura *f* abituale ③ (*training session*) allenamento *m* ④ (*of a profession*) esercizio *m* ⑤ (*business, office*) studio *m* II. *vt* ① (*do, carry out*) praticare ② (*improve skill*) esercitarsi in/a; **to ~ the piano** fare esercizio al piano ③ (*work in: medicine, law*) esercitare III. *vi* ① (*improve skill*) esercitarsi; SPORTS allenarsi ② (*work in profession*) esercitare; **to ~ as a doctor** fare il medico

practiced ['præk·tɪst] *adj* (*experienced, skilled*) esperto, -a; **a ~ liar** un bugiardo patentato

practicing ['præk·tɪ·sɪŋ] *adj* praticante

praise [preɪz] I. *vt* lodare; **to ~ sb to the skies** portare qu alle stelle II. *n* lode *f;* **to shower sb with ~** coprire qu di lodi; **~ be (to God)!** Dio sia lodato!

praiseworthy ['preɪz·ˌwɜːr·ði] *adj* lodevole

prank [præŋk] *n* scherzo *f*

prattle ['præ·tl̩] I. *vi* blaterare; (*child*) balbettare II. *n* ciance *fpl;* (*of child*) balbettio *m*

prawn [prɔːn] *n* gambero *m*

pray [preɪ] *vi* ③ REL pregare ② (*hope*) pregare (*for* in)

prayer [prer] *n* ③ REL preghiera *f;* **to say a ~** [*o* **one's ~s**] pregare ② (*action of praying*) preghiera *f*

praying mantis ['preɪ·ɪŋ·'mæn·tɪs] *n* mantide *f inv* religiosa

preach [priːtʃ] I. *vi* predicare; **to ~ at sb** *pej* fare la predica a qu II. *vt* ③ REL (*a sermon*) tenere; (*the Gospel*) predicare ② (*advocate*) predicare ▶ **to practice what you ~** mettere in pratica ciò che si predica

preacher ['priː·tʃər] *n* predicatore, -trice *m, f*

precarious [prɪ·'ke·ri·əs] *adj* precario, -a

precaution [prɪ·'kɔː·ʃən] *n* precauzione *f*

precede [prɪ·'siːd] *vt* precedere

precedence ['pre·sə·dəns] *n* ① (*priority*) precedenza *f;* **to take ~ over sb** avere la precedenza su qu ② (*order of priority*) ordine *m* di precedenza

precedent ['pre·sə·dent] *n* precedente *m;* **to set a ~ (for sth/doing sth)** stabilire un precedente (per qc/fare qc)

preceding [prɪ·'siː·dɪŋ] *adj* precedente

precinct ['priː·sɪŋkt] *n* ① (*police district*) distretto *m* di polizia; (*police station*) stazione *f* di polizia ② (*electoral district*) circoscrizione *f*

precious ['pre·ʃəs] I. *adj* ① (*of great value*) prezioso, -a ② (*beloved: child, pet*) amato, -a II. *adv inf* (*very*) **~ few** proprio pochi

precipice ['pre·sə·pɪs] *n* precipizio *m*

précis [preɪ·'siː] *n* compendio *m*

precise [prɪ·'saɪs] *adj* ① (*moment, measurement*) esatto, -a [*o* preciso, -a] ② (*person*) meticoloso, -a

precisely *adv* ① (*exactly*) precisamente; **~!** certo! ② (*carefully*) con precisione

precocious [prɪ·'koʊ·ʃəs] *adj* precoce

preconceived [ˌpriː·kən·'siːvd] *adj* preconcetto, -a

preconception [ˌpriː·kən·'sep·ʃən] *n* preconcetto *m*

precondition [ˌpriː·kən·dɪ·ʃən] *n* premessa *f* indispensabile

predator ['pre·də·tər] *n* predatore *m*

predatory ['pre·də·tɔː·ri] *adj* predatore, -trice

predecessor ['pre·də·se·sər] *n* predecessore *m;* (*ancestor*) antenato, -a *m, f*

predicament [prɪ·'dɪ·kə·mənt] *n* impiccio *m*

predict [prɪ·'dɪkt] *vt* predire

predictable [prɪ·'dɪk·tə·bl̩] *adj* prevedibile

prediction [prɪ·'dɪk·ʃən] *n* ① (*forecast*) pronostico *m* ② (*act of predicting*) previsione *f*

predominant [prɪ·'dɑː·mə·nənt] *adj* predominante

predominate [prɪ·'dɑː·mə·neɪt] *vi* predominare

preempt [ˌpriː·'empt] *vt* prevenire

preexisting [ˌpriː·ɪg·'zɪs·tɪŋ] *adj* preesistente

prefab ['priː·fæb] *n inf* casa *f* prefabbricata

preface ['pre·fɪs] *n* prefazione *f*

prefect ['priː·fekt] *n* prefetto *m*

prefer [prɪ·'fɜːr] <-rr-> *vt* preferire

preferable ['pre·frə·bl̩] *adj* preferibile

preferably ['pre·frəb·li] *adv* preferibilmente

preference ['pref·rəns] *n* (*liking better*) preferenza *f*

preferential [ˌpre·fə·'ren·ʃl] *adj a.* ECON preferenziale

preferred [prɪ·'fɜːrd] *adj* preferito, -a

prefix ['priː·fɪks] <-es> *n* prefisso *m*

pregnancy ['preg·nən·tsi] *n* (*condition, period*) gravidanza *f;* ZOOL gestazione *f*

pregnant ['preg·nənt] *adj* (*woman*) in-

P

cinta; (*animal*) gravida; **to become ~** (*woman*) rimanere incinta; **to get sb ~** mettere incinta qu

prehistoric [ˌpriː·hɪˈstɔː·rɪk] *adj* preistorico, -a

prejudge [ˌpriː·ˈdʒʌdʒ] *vt* pregiudicare

prejudice [ˈpre·dʒʊ·dɪs] I. *n a.* LAW pregiudizio *m;* **without ~ to** senza pregiudizio per II. *vt* ❶ (*bias*) **to ~ sb against sth** influenzare qu contro qc ❷ (*damage*) pregiudicare

prejudiced [ˈpre·dʒʊ·dɪst] *adj* prevenuto, -a; **to be ~ against sb** essere prevenuto nei confronti di qu

preliminary [prɪ·ˈlɪ·mə·ne·ri] I. *adj* preliminare II.<-ies> *n* ❶ (*introduction*) preliminari *mpl* ❷ SPORTS (*heat*) (gara) eliminatoria *f*

prelude [ˈprel·juːd] *n* preludio *m*

premature [ˌpriː·məˈtʃʊr] *adj* prematuro, -a

premeditated [ˌpriː·ˈme·dɪ·teɪ·tɪd] *adj* premeditato, -a

premier [prɪ·ˈmɪr] I. *n* POL primo ministro *m,* premier *mf inv* II. *adj* primo, -a

première [prɪ·ˈmɪr] *n* prima *f*

premise [ˈpre·mɪs] *n* ❶ (*of argument*) premessa *f;* **on** [*o* **under**] **the ~ that ...** in considerazione del fatto che ... ❷ *pl* (*land and building on it*) locali e area di proprietà; **we are relocating to new ~** ci stiamo trasferendo in nuovi locali

premium [ˈpriː·mi·əm] I. *n* ❶ (*insurance payment, bonus*) premio *m* ❷ (*extra charge*) sovrapprezzo *m;* (*high price*) prezzo *m* elevato *f* II. *adj* di prima qualità

preoccupation [ˌpriː·ɑː·kjə·ˈpeɪ·ʃən] *n* preoccupazione *f*

preoccupied [priː·ˈɑː·kjuː·paɪd] *adj* preoccupato, -a; **to be ~ with sth** essere assorto in qc

preoccupy [priː·ˈɑː·kjuː·paɪ] <-ie-> *vt* preoccupare

preowned [priˈoʊnd] *adj* (*vehicle*) usato, -a; (*electronics*) di seconda mano

prep [prep] *adj abbr of* **preparatory** preparatorio, -a; **prep school** scuola

superiore (privata); **prep work** lavoro *m* preparatorio

prepaid [ˌpriː·ˈpeɪd] *adj* prepagato, -a; **~ phone** [*o* **calling**] **card** carta *f* (telefonica) prepagata

preparation [ˌpre·pəˈreɪ·ʃən] *n* ❶ (*gener*) preparazione *f* ❷ *pl* (*measures*) preparativi *mpl*

preparatory [prɪ·ˈpæ·rə·tɔː·ri] *adj* preparatorio, -a

prepare [prɪ·ˈper] I. *vt* preparare; **to ~ sb for sth** preparare qu per qc II. *vi* prepararsi; **to ~ for action** prepararsi all'azione

prepared [prɪ·ˈperd] *adj* (*ready, willing*) pronto, -a; **to be ~ to do sth** essere disposto a fare qc

prepayment [ˌpriː·ˈpeɪ·mənt] *n* pagamento *m* anticipato

preposition [ˌpre·pəˈzɪ·ʃən] *n* preposizione *f*

Presbyterian [ˌprez·bɪ·ˈtɪr·i·ən] *adj, n* presbiteriano, -a *m, f*

preschool [ˈpriː·skul] I. *n* giardino *m* d'infanzia II. *adj* prescolastico; (*child*) in età prescolastica

prescribe [prɪ·ˈskraɪb] *vt a.* MED prescrivere; (*rest, diet*) raccomandare; **~d by law** stabilito per legge

prescription [prɪ·ˈskrɪp·ʃən] *n* MED prescrizione (medica) *f,* ricetta (medica) *f;* (*medicine itself*) medicina *f*

presence [ˈpre·zənts] *n* presenza *f;* **military ~** presenza militare; **in sb's ~** in presenza di qu

present[1] [ˈpre·zənt] I. *n* presente *m* ▸ **at ~** al presente/momento; **for the ~** per il presente/momento II. *adj* ❶ (*current: address, generation*) attuale; **at the ~ moment** [*o* **time**] al momento, attualmente; **in the ~ case** in questo caso ❷ (*in attendance*) presente; **to be ~ at sth** assistere a qc

present[2] [ˈpre·zənt] *n* (*gift*) regalo *m;* **to give sb a ~** fare un regalo a qu; **I got it as a ~** me lo hanno regalato

present[3] [prɪ·ˈzent] *vt* ❶ (*gener*) presentare; **to ~ sth** (**to sb**) consegnare qc (a qu); **to ~ sb to sb**

presentare qu a qu; **may I ~ my wife?** le presento mia moglie; (*play, musical, concert*); **~ing X as Julius Caesar** con X nel ruolo di Giulio Cesare; **to ~ a paper at a conference** presentare una relazione a un congresso; **to ~ oneself for sth** presentarsi per qc ② (*confront*) **to ~ sb with sth** mettere qu davanti a qc; **to ~ sb with a problem** creare un problema per qu ③ (*constitute*) costituire; **to ~ a problem for sb** costituire un problema per qu ④ (*offer*) presentare; (*view, atmosphere*) offrire ⑤ (*exhibit: argument, plan, theory*) esporre; (*check, passport, ticket*) presentare

presentable [prɪ'zen·tə·bl] *adj* presentabile

presentation [ˌpre·zən·'teɪ·ʃən] *n* ① (*act*) presentazione *f*; (*of theory, thesis*) esposizione *f*; (*of dissertation*) discussione *f*; **to make** [o **give**] **a ~** fare una relazione ② (*of prize, award*) consegna *f*

present-day [ˌpre·zənt·deɪ] *adj* attuale

presently ['pre·zənt·li] *adv* ① (*soon*) tra poco; **I'll be there ~** sarò lì tra poco ② (*now*) ora

preservation [ˌpre·zə·'veɪ·ʃən] *n* (*of building*) conservazione *f*

preservative [prɪ'zɜː·r·və·tɪv] *n* conservante *m*; **without artificial ~s** senza conservanti artificiali

preserve [prɪ'zɜːrv] **I.** *vt* ① (*maintain: customs, peace, silence*) mantenere; (*dignity, sense of humor, building*) conservare ② (*food*) conservare ③ (*protect*) proteggere; **to ~ sb from sth** proteggere qu da qc **II.** *n* ① *pl* (*jam*) confettura *f* ② (*reserve*) riserva *f*; **game ~** riserva *f* di caccia; **wildlife ~** riserva *f* naturale ③ *fig* (*domain*) dominio *m*; **to be the ~ of the rich** essere dominio esclusivo dei ricchi

preserved *adj* ① (*maintained*) conservato, -a ② (*food*) in conserva

presidency ['pre·zɪ·dən·si] *n* ① (*office of president*) POL presidenza *f*; (*of company*) direzione *f*; (*of university*) retto-

rato *m* ② (*tenure as president*) mandato *m* (presidenziale)

president ['pre·zɪ·dənt] *n* POL presidente; (*of club, organization*) presidente, -essa *m, f*; (*of company*) presidente *mf*; (*of university*) rettore, -trice *m, f*

presidential [ˌpre·zɪ·'den·tʃəl] *adj* presidenziale

press [pres] **I.** *vt* ① (*push: button, switch*) premere; (*doorbell*) suonare; **to ~ down on the lever** abbassare la leva ② (*squeeze*) spingere; **the crowd ~ed us against the locked door** la folla ci spingeva contro la porta chiusa ③ (*flatten: grapes*) pigiare; (*flowers*) pressare; (*olives*) torchiare ④ (*extract juice*) spremere ⑤ (*iron: shirt, dress*) stirare ⑥ MUS (*album, disk*) stampare ⑦ (*try to force*) sollecitare; **to ~ sb to do sth** sollecitare qu a fare qc ⑧ (*find difficult*) **to be** (**hard**) **~ed to do sth** avere (grosse) difficoltà a fare qc ⑨ (*be short of*) **to be ~ed for time** essere a corto di tempo ⑩ (*pursue*) insistere; **to ~ a claim** insistere su un reclamo; **to ~ a point** insistere su un punto ⑪ LAW **to ~ charges** presentare delle accuse **II.** *vi* ① (*push*) premere; **to ~ hard** spingere forte; **to ~ on the brakes** spingere sui freni ② (*crowd*) accalcarsi; **to ~ through the crowd** aprirsi un varco tra la folla; **to ~ down on sth** premere forte (su qc) **III.** *n* ① (*push*) pressione *f*; (*with hand*) pressione *m*; **at the ~ of a button** premendo un pulsante ② (*machine*) pressa *f*; **printing ~** macchina *f* da stampa ③ PUBL **the ~** la stampa

◆ **press on** *vi* continuare imperterrito

press agency *n* agenzia *f* di stampa

press conference *n* conferenza *f* stampa; **to hold a ~** tenere una conferenza stampa

press release *n* comunicato *m* stampa

pressing *adj* (*issue, matter*) urgente; (*need*) impellente

pressure ['pre·ʃər] **I.** *n* ① PHYS, *a.* MED pressione *f*; **high/low ~** pressione alta/bassa; **~ washer** pulitore *m* ad alta

P

pressione; **blood ~** pressione sanguigna; **to be under ~** a. fig essere sotto pressione; **to put ~ on sb (to do sth)** fare pressione su qu (perché faccia qc) ⓟ pl (stressful circumstances) **the ~ of life** le difficoltà della vita II. vt **to ~ sb to do sth** fare pressione su qu perché faccia qc

pressure cooker n pentola f a pressione

pressure group n POL gruppo m di interesse

pressurize ['pre·ʃə·raɪz] vt ⓐ (control air pressure) pressurizzare ⓑ inf (person, government) fare pressione (su); **to ~ sb into doing sth** fare pressione su qu perché faccia qc

prestige [pre·'stiːʒ] n prestigio m

prestigious [pre·'stɪ·dʒəs] adj prestigioso, -a

presumably [prɪ·'zuː·məb·li] adv presumibilmente

presume [prɪ·'zuːm] vt ⓐ (suppose) presumere, supporre; **to be ~d innocent** essere presunto innocente ⓑ (dare) **to ~ to do sth** osare fare qc

presumption [prɪ·'zʌmp·ʃən] n ⓐ (assumption) supposizione f; **the ~ of innocence** LAW la presunzione di innocenza ⓑ form (arrogance) presunzione f

presumptuous [prɪ·'zʌmp·tʃuː·əs] adj ⓐ (arrogant) presuntuoso, -a ⓑ (forward) sfacciato, -a

pretend [prɪ·'tend] I. vt ⓐ (make believe) fingere; **to ~ to be interested** fingere di essere interessato; **to ~ to be dead** fare finta di essere morto ⓑ (claim) pretendere; **I don't ~ to know** non pretendo di sapere II. vi fingere; **he's just ~ing** sta solo facendo finta

pretense ['priː·tents] n ⓐ (simulation) finta f, finzione f; **to make a ~ of sth** fare finta di qc; **to make no ~ of sth** non dissimulare qc ⓑ (pretext) pretesto m; **to do sth under false ~s** fare qc con l'inganno

pretentious [prɪ·'ten·tʃəs] adj pretenzioso, -a; (in bad taste) pacchiano, -a

pretext ['priː·tekst] n pretesto m; **a ~ for doing sth** un pretesto per fare qc

pretty ['prɪ·ti] I. adj <-ier, -iest> (beautiful: thing) bello, -a, piacevole; (child, woman) bello, -a, carino, -a; **not a ~ sight** non bello a vedersi II. adv (quite) abbastanza ▸ **much** più o meno; **to be ~ much the same** essere praticamente lo stesso; **~ well everything** quasi tutto

prevailing adj prevalente; (atmosphere, feelings) dominante

prevent [prɪ·'vent] vt ⓐ (hamper) impedire; **to ~ sb from doing sth** impedire a qu di fare qc ⓑ (avoid: confusion, panic, crime) prevenire

prevention [prɪ·'ven·tʃən] n prevenzione f

preventive [prɪ·'ven·tɪv] adj preventivo, -a

preview ['priː·vjuː] n CINE, THEAT anteprima f; (film extract) trailer m inv; (of TV program, exhibition) anticipazione f

previous ['priː·vi·əs] adj ⓐ (former) precedente; **on the ~ day/week** il giorno/la settimana precedente ⓑ (prior) previo, -a

previously adv ⓐ (beforehand) prima ⓑ (formerly) precedentemente

prey [preɪ] n preda f; **bird of ~** rapace m; **to be easy ~ for sb** essere una preda [o vittima] facile per qu; **to fall ~ to** (animal) cadere preda di; (person) essere vittima di

price [praɪs] I. n a. fig COM prezzo m; **oil ~s, the ~ of oil** il prezzo del petrolio; **a high/low ~** un prezzo alto/basso; **to be the same ~** avere lo stesso prezzo; **to go up/down in ~** aumentare/diminuire di prezzo; **the ~ one has to pay for fame** [o **the ~ of fame**] il prezzo della notorietà; **beyond** [o without] **~** che non ha prezzo; **everyone has their price** ognuno ha il suo prezzo ▸ **at any** ▸ a qualunque costo; **not at any** ▸ per niente al mondo; **to pay a heavy ~** pagarla molto cara; **to pay the ~** pagarla cara; **at a ~** a caro prezzo II. vt ⓐ (mark with price tag) prezzare *(fix price)* fissare il prezzo di; **to be reasonably ~d** avere un prezzo ragionevole

priceless ['praɪs·lɪs] *adj* ❶ *(invaluable)* inestimabile, prezioso, -a; **to be ~** non avere prezzo ❷ *fig (funny)* divertente; **that's ~!** è da crepare dal ridere! *inf*

price list *n* listino *m* prezzi

price tag *n* ❶ *(label)* cartellino *m* del prezzo ❷ *inf (cost)* prezzo *m*

pricey ['praɪ·si] *adj* <pricier, priciest> *inf (object, shop)* caro, -a, costoso, -a

prick [prɪk] **I.** *vt* ❶ *(jab)* pungere, bucare; **to ~ one's finger** pungersi il dito ❷ *(listen: animal)* **to ~ one's ears** drizzare le orecchie; *(person)* aguzzare le orecchie **II.** *n* ❶ *(act, pain)* puntura *f* ❷ *(mark)* buco *m* ❸ *vulg (penis)* cazzo *m* ❹ *vulg (idiot)* coglione *m vulg*

prickle ['prɪ·kl] *n* ❶ *(thorn: of plant)* spina *f*; *(of animal)* aculeo *m* ❷ *(tingle)* formicolio *m*

prickly ['prɪk·li] <-ier, -iest> *adj* ❶ *(thorny: plant)* spinoso, -a; *(animal)* con aculei ❷ *(tingling)* pungente; *(beard)* ispido, -a; **~ sensation** formicolio *m* ❸ *inf (easily offended)* permaloso, -a

pride [praɪd] **I.** *n* ❶ *(gener)* orgoglio *m*; **to take ~ in sth** tenere molto a qc; **to be sb's ~ and joy** essere l'orgoglio di qu; **to hurt sb's ~** ferire l'orgoglio di qu; **to swallow one's ~** soffocare l'orgoglio ❷ *(group of lions)* branco *m* **II.** *vt* **to ~ oneself that ...** andare fiero del fatto che ...

priest [priːst] *n* REL prete *m*, sacerdote *m*

priesthood ['priːst·hʊd] *n* REL ❶ *(position, office)* sacerdozio *m* ❷ *(priests in general)* clero *m*

primarily [praɪ·ˈme·rə·li] *adv* principalmente, prima di tutto

primary ['praɪ·me·ri] **I.** *adj* ❶ *(principal)* primario, -a; *(aim)* principale ❷ *(basic)* fondamentale; *(industry)* primario, -a; **~ stress** LING accento *m* primario **II.** <-ies> *n* POL (elezioni *fpl*) primarie *fpl*

primary school *n* scuola *f* elementare

prime [praɪm] **I.** *adj* ❶ *(main)* principale; *(objective)* primario, -a ❷ *(first-rate)* eccellente; *(beef)* di prima scelta **II.** *n* ❶ *(best stage)* apogeo *m elevated*; **to be in one's ~** essere nel fiore degli anni ❷ *(prime number)* numero *m* primo **III.** *vt (prepare)* preparare; **to ~ sb for doing sth** preparare qu a fare qc

prime minister *n* POL primo ministro *mf*

prime number *n* MATH numero *m* primo

primer ['praɪ·mɚ] *n (textbook)* manuale *m*; *(for learning to read)* sillabario *m*

prime ribs *n* CULIN costate *fpl* di prima scelta

prime time *n* RADIO, TV prima *f* serata

primitive ['prɪ·mɪ·tɪv] *adj a.* ART, HIST, ZOOL primitivo, -a; *(method, weapon)* rudimentale

primrose ['prɪm·roʊz] *n*, **primula** ['prɪm·jə·lə] *n* BOT primula *f*, primavera *f*

prince [prɪns] *n* principe *m*; **crown ~** principe ereditario; **Prince Charming** principe azzurro

princess ['prɪnt·sɪs] *n* principessa *f*

principal ['prɪn·tsə·pl] **I.** *adj* principale **II.** *n (head of a primary school)* direttore, -trice *m, f*; *(head of a secondary school)* preside *mf*

principle ['prɪn·tsə·pl] *n* principio *m*; **in ~** in linea di principio; **on ~** per principio

print [prɪnt] **I.** *n* ❶ *(handwriting)* stampatello *m*; *(type)*; **bold ~** neretto *m* ❷ *(printed form)* **to appear in ~** essere pubblicato; **to go out of ~** essere esaurito ❸ *(of artwork)* stampa *f*; *(engraving)* incisione *f*; PHOT copia *f*, stampa *f* ❹ *(printed pattern)* stampato *m* ❺ *inf (fingerprint)* impronta *f* digitale **II.** *vt* ❶ *(gener) a.* COMPUT, PHOT stampare ❷ *(publish)* pubblicare ❸ *(write in unjoined letters)* scrivere in stampatello

printer ['prɪn·tɚ] *n* ❶ COMPUT stampante *f*; **laser ~** stampante a laser ❷ *(person)* tipografo, -a *m, f*

printing *n* ❶ *(art)* stampa *f* ❷ *(action)* impressione *f*

printing press *n* macchina *f* da stampa

P

printout ['prɪnt·aʊt] *n* COMPUT stampa·ta *f*

prior ['praɪ·ə] **I.** *adv form* (*before*) prima; ~ **to doing sth** prima di fare qc **II.** *adj form* ① (*earlier*) previo, -a, precedente; **without ~ notice** senza preavviso ② (*preferred*) più importante **III.** *n* REL priore *m*

priority [praɪˈɔː·rə·ti] <-ies> *n* ① (*being most important*) priorità *f*; (*in time*) precedenza *f* ② *pl* (*order of importance*) priorità *fpl*; **to set priorities** stabilire le priorità

priory ['praɪ·ə·ri] *n* priorato *m*

prism ['prɪ·zəm] *n* prisma *m*

prison ['prɪ·zən] *n* prigione *f*, carcere *m*; **to go to ~** andare in prigione; **to put sb in ~** mettere qu in prigione

prison camp *n* campo *m* di prigionia

prisoner ['prɪ·zə·nə] *n* detenuto, -a *m, f*; MIL prigioniero, -a *m, f*; **to take sb ~** fare prigioniero qu

privacy ['praɪ·və·si] *n* privacy *f*; **I'd like some ~** vorrei rimanere un po' solo

private ['praɪ·vət] **I.** *adj* ① (*not public*) privato, -a ② (*confidential*) riservato, -a; **sb's ~ opinion** l'opinione personale di qu; **he's a very private person** è una persona molto riservata ③ (*intimate*) intimo, -a; ~ **parts** parti *fpl* intime **II.** *n* MIL soldato *m* semplice

private eye *n inf*, **private investigator** *n* investigatore, -trice *m, f* privato, -a

privately ['praɪ·vət·li] *adv* ① (*in private*) in privato; **to celebrate ~** festeggiare in privato ② (*secretly*) in segreto

private property *n* proprietà *f* privata

privatize ['praɪ·və·taɪz] *vt* privatizzare

privilege ['prɪ·və·lɪdʒ] *n* ① (*special right*) privilegio *m* ② (*honor*) onore *m*

privileged *adj* (*special*) privilegiato, -a

prize¹ [praɪz] **I.** *n* ① (*in competition*) premio *m*; **to take home a ~** vincere un premio ② (*reward*) ricompensa *f* **II.** *adj* ② *inf* (*first-rate*) eccezionale ③ (*prizewinning*) premiato, -a **III.** *vt* appprezzare; **to ~ sth highly** tenere qc in gran conto

prize² [praɪz] *vt s.* **pry²**

prize money *n* SPORTS premio *m* in denaro

pro¹ [proʊ] *inf* **I.** *n abbr of* **professional** professionista *mf* **II.** *adj abbr of* **professional** professionistico, -a

pro² [proʊ] **I.** *adv* a favore **II.** *n inf* pro *m*; **the ~ s and cons of sth** i pro e i contro di qc **III.** *prep* pro, a favore di

probability [praː·bəˈbɪ·lə·ti] *n* probabilità *f*; **in all ~** con ogni probabilità

probable ['praː·bə·bl] *adj* ① (*likely*) probabile ② (*credible*) verosimile

probation [proʊˈbeɪ·ʃən] *n* ① (*at work*) periodo *m* di prova; **to be on ~** essere in prova ② LAW libertà *f* vigilata

probe [proʊb] **I.** *vi* (*examine*) investigare; **to ~ into sb's private life** indagare sulla vita privata di qu **II.** *vt* ① (*examine*) esaminare ② MED esplorare con una sonda **III.** *n* ① (*examination, investigation*) indagine *f* ② MED, AVIAT sonda *f*

problem ['praː·b·ləm] *n* problema *m*

problematic(al) [praː·b·ləˈmæ·tɪ·k(əl)] *adj* ① (*creating difficulty*) problematico, -a ② (*questionable, disputable*) dubbio, -a

procedure [prəˈsiː·dʒə] *n* procedura *f*

proceed [proʊˈsiːd] *vi* ① (*move along*) procedere; (*continue*) andare avanti; (*continue driving*) procedere; **to ~ with sth** procedere con qc; **to ~ against sb** procedere legalmente contro qu ② (*come from*) **to ~ from** provenire da ③ (*start, begin*) **to ~ with sth** mettersi a fare qc; **to ~ to do sth** mettersi a fare qc

proceeds ['proʊ·siːdz] *n* ricavo *m sing*

process ['praː·ses] **I.** *n* processo *m*; **in the ~** allo stesso tempo; **to be in the ~ of doing sth** stare facendo qc **II.** *vt* ⓐ. TECH, COMPUT elaborare; (*raw materials, waste*) trattare ② PHOT sviluppare

processing ['praː·se·sɪŋ] *n* ② a. TECH, COMPUT elaborazione *f*; (*of raw materials*) trasformazione *f*; (*of waste*) trattamento *m*; **data ~** elaborazione dei dati; **batch ~** lavorazione per lotti ② PHOT sviluppo *m*

procession [prə'se·ʃən] n ❶ sfilata m; **funeral ~** corteo m funebre; **to go in ~** sfilare in corteo ❷ REL processione f

pro-choice adj in favore dell'aborto

proclaim [prou'kleɪm] vt form proclamare; **to ~ war** dichiarare guerra

prod [prɑːd] I. n (poke) spintarella f; (with elbow) colpetto m con il gomito; (with sharp object) pungolo m; **to give sb a ~** fig spronare qu ·II.<-dd-> vt ❶ (poke) spingere; (with elbow) dare un colpetto di gomito a; (with sharp object) pungolare ❷ (encourage, urge on) **to ~ sb** (into doing sth) spronare qu (a fare qc)

produce¹ [prə'duːs] vt ❶ (create, manufacture) a. CINE, THEAT, TV produrre; **to ~ results** produrre risultati ❷ (give birth to) dare alla luce ❸ (show) mostrare; **to ~ a knife** estrarre un coltello

produce² ['prouduːs] n AGR prodotti mpl agricoli

producer [prə'duː·sə] n produttore, -trice m, f

product ['prɑː·dʌkt] n ❶ a. MATH prodotto m ❷ (result) risultato m

production [prə'dʌk·ʃən] n ❶ (gener) a. CINE, THEAT, TV produzione f ❷ form (presentation: of ticket, passport) presentazione f

production line n catena f di montaggio

productive [prə'dʌk·tɪv] adj produttivo, -a; (land, soil) fertile; (writer) prolifico, -a

productivity [ˌprouˌdʌk·ˈtɪ·və·t̬i] n produttività f

professed [prə'fest] adj ❶ (self-acknowledged) dichiarato, -a ❷ (alleged) presunto, -a

profession [prə'fe·ʃən] n professione f; **the teaching ~** la categoria degli insegnanti

professional [prə'fe·ʃə·nəl] I. adj ❶ (related to profession) professionale ❷ (competent) competente, da esperto, -a II. n professionista mf

professor [prə'fe·sə] n UNIV professore, -essa m, f

proficiency [prə'fɪ·ʃn·si] n competenza f

proficient [prə'fɪ·ʃnt] adj competente

profile ['prou·faɪl] n profilo m; **in ~** di profilo; **user ~** COMPUT profilo m utente; **to keep a low ~** tenere un profilo basso

profit ['prɑː·fɪt] I. n a. FIN profitto m II. vi ❶ (benefit) trarre profitto; **to ~ by sth** trarre profitto da qc ❷ (make a profit) guadagnare

profitable ['prɑː·fɪ·t̬ə·bl] adj ❶ FIN redditizio, -a; **a ~ investment** un investimento lucrativo ❷ (advantageous) vantaggioso, -a

profound [prə'faʊnd] adj profondo, -a

program ['prou·græm] I. n programma m II.<-mm-> vt programmare

programmer n programmatore, -trice m, f

progress¹ ['prɑː·gres] n progresso m; **to make ~** fare progressi

progress² [prou·'gres] vi ❶ (improve) progredire, migliorare ❷ (continue onward) procedere; **to ~ to sth** passare a qc altro

progressive [prə'gre·sɪv] adj ❶ (gener) a. LING progressivo, -a; (disease) degenerativo, -a ❷ POL progressista ❸ (modern) moderno, -a ❹ MUS d'avanguardia; (jazz) progressivo, -a

prohibit [prou·'hɪ·bɪt] vt ❶ (forbid) proibire; **to be ~ed by law** essere vietato per legge ❷ (prevent) impedire

prohibition [ˌprou·ə·'bɪ·ʃən] n (ban) proibizione f, divieto m

prohibitive [prou·'hɪ·bə·t̬ɪv] adj proibitivo, -a

project¹ ['prɑː·dʒekt] n ❶ (undertaking, plan) progetto m ❷ SCHOOL, UNIV (essay) ricerca f ❸ (social housing) complesso m di case popolari

project² [prə·'dʒekt] I. vt ❶ (forecast) preventivare; **to be ~ed to do sth** essere previsto per fare qc ❷ (propel) lanciare ❸ PSYCH proiettare; **to ~ sth onto sb** proiettare qc su qu ❹ (promote) dare un'immagine di II. vi (extend out) sporgere

projection [prə·'dʒek·ʃən] n ❶ (fore-

P

cast) proiezione *f* ② (*protrusion*) sporgenza *f*; (*of rock*) prominenza *f*

projector [prə'dʒek·tə] *n* proiettore *m*

prolific [proʊ'lɪ·fɪk] *adj* prolifico, -a

prolong [proʊ'lɑ:ŋ] *vt* prolungare

prom [prɑːm] *n* (*school dance*) ballo *m* scolastico

promenade [ˌprɑ:·mə'neɪd] *n* (*seafront*) passeggiata *f* a mare

prominent ['prɑ:·mə·nənt] *adj* ① (*conspicuous*) prominente ② (*teeth, chin*) sporgente ③ (*distinguished, well-known*) importante; (*position*) di spicco

promiscuous [prə'mɪs·kju·əs] *adj* promiscuo, -a

promise ['prɑ:·mɪs] I. *vt* (*pledge, have potential*) promettere; **to ~ to do sth** promettere di fare qc II. *vi* (*pledge*) promettere; **I ~!** prometto! III. *n* promessa *f*; **to make a ~** fare una promessa; **~s, ~s!** *iron* non ci credo neanche …!; **a young person of ~** un(a) giovane promettente; **to show ~** essere una promessa

promising *adj* promettente

promote [prə'moʊt] *vt* promuovere

promotion [prə'moʊ·ʃən] *n* promozione *f*; **to get a ~** avere una promozione; **sales ~** promozione delle vendite

prompt [prɑːmpt] I. *vt* ① (*spur*) stimolare; **to ~ sb to do sth** spingere qu a fare qc ② THEAT suggerire II. *adj* (*quick*) rapido, -a; (*action*) immediato, -a; (*delivery*) pronto, -a III. *adv* in punto

promptly ['prɑ:mpt·li] *adv* ① (*quickly*) rapidamente ② *inf* (*immediately afterward*) prontamente

prone [proʊn] I. *adj* **to be ~ to doing sth** essere incline a fare qc II. *adv* bocconi *inv*; **to lie ~** essere steso a faccia in giù

pronoun ['proʊ·naʊn] *n* LING pronome *m*

pronounce [prə'naʊnts] *vt* ① (*speak*) pronunciare ② (*declare*) dichiarare; **to ~ that …** dichiarare che …

pronounced *adj* (*accent*) marcato, -a

pronunciation [prə-ˌnʌn·tsɪ'eɪ·ʃən] *n* LING pronuncia *f*

proof [pruːf] *n* ① *a.* LAW prova *f*; **~ of sth** prova di qc *f*; **the burden of ~** l'onere della prova ② TYPO bozza *f* ③ MATH dimostrazione *f*

prop [prɑːp] I. *n* ① (*support*) sostegno *m* ② THEAT accessorio *m* di scena II. <-pp-> *vt* ① (*support*) sostenere ② (*lean*) appoggiare; **she propped up her head with her hand** (ap)poggiò la testa sulla mano ③ *fig* sostenere; **the World Bank is propping up the global markets** la banca mondiale sta sostenendo i mercati globali

propaganda [ˌprɑ:·pə'gæn·də] *n* propaganda *f*

propel [prə'pel] <-ll-> *vt* spingere

propeller [prə'pe·lə] *n* elica *f*

proper ['prɑ:·pə] *adj* ① (*appropriate: place*) proprio, -a; (*time*) giusto, -a; (*use, method*) corretto, -a; **~ meaning** significato *m* esatto ② (*socially respectable*) **to be ~ to do sth** essere decoroso fare qc ③ (*itself*) vero, -a; **it's not in Boston ~** non sta esattamente a Boston ④ (*real*) autentico, -a; **a ~ job** un vero lavoro

properly ['prɑ:·pə·li] *adv* ① (*correctly*) correttamente; **~ speaking** per essere esatti; **~ dressed** vestito in modo appropriato ② (*behave*) come si deve ③ (*politely*) educatamente

proper name *n*, **proper noun** *n* nome *m* proprio

property ['prɑ:·pə·ti] <-ies> *n* ① (*possession*) proprietà *f* ② (*house*) immobile *m*; (*land*) terreno *m* ③ (*attribute*) proprietà *m*

prophecy ['prɑ:·fə·si] <-ies> *pl n* profezia *f*

prophesy ['prɑ:·fə·saɪ] <-ie-> *vt* (*predict*) predire; (*foretell*) profetizzare

prophet ['prɑ:·fɪt] *n* profeta, -a *m, f*; REL profeta, -essa *m, f*

proponent [prə'poʊ·nənt] *n* sostenitore, -trice *m, f*

proportion [prə'pɔːr·ʃən] *n* ① (*relationship*) rapporto *f*; **to be out of ~ to**

sth essere sproporzionato rispetto a qc; **to be in ~ to sth** essere in proporzione a qc; **to keep a sense of ~** mantenere un senso delle proporzioni; **to blow sth (all) out of ~** esagerare enormemente qc ② (*part*) parte *f* ③ *pl* (*size*) dimensioni *fpl*, proporzioni *fpl*; **a building of gigantic ~s** un edificio di enormi proporzioni

proportional [prəˈpɔːrʃənəl] *adj* proporzionale

proportioned *adj* **well ~** ben proporzionato

proposal [prəˈpoʊzəl] *n* ① (*suggestion*) proposta *f*; **to put forward a ~** avanzare [*o* fare] una proposta ② (*offer of marriage*) proposta *f* di matrimonio

propose [prəˈpoʊz] **I.** *vt* ① (*put forward*) proporre; **to ~ a toast** proporre un brindisi ② (*intend*) **to ~ to do sth** ripromettersi di fare qc ③ (*nominate*) candidare **II.** *vi* (*offer marriage*) **to ~ (to sb)** fare una proposta di matrimonio (a qu)

proposition [ˌprɑːpəˈzɪʃən] *n* ① (*theory, argument*) affermazione *f* ② (*business*) proposta *f* ③ (*suggestion*) suggerimento *m*

proprietor [prəˈpraɪətə] *n* proprietario, -a *m, f*

propriety [prəˈpraɪəti] <-ies> *n* ① (*correctness*) correttezza *f* ② *pl* (*standard of conduct*) convenzioni *fpl* sociali

prose [proʊz] *n* prosa *f*

prosecute [ˈprɑːsɪkjuːt] *vt* LAW **to ~ sb (for sth)** procedere legalmente contro qu (per qc); **he was prosecuted for fraud** è stato denunciato per frode

prosecution [ˌprɑːsɪˈkjuːʃən] *n* ① LAW (*proceedings*) procedimento *m* penale ② LAW (*the prosecuting party*) **the ~** l'accusa; **witness for the ~** teste *mf* a carico

prosecutor [ˈprɑːsɪkjuːtə] *n* LAW pubblico ministero *m*

prospect [ˈprɑːspekt] *n* ① (*possibility*) probabilità *f*; **the ~ of sth** la probabilità di qc ② *pl* (*chances*) prospettive *fpl*

prospective [prəˈspektɪv] *adj* possible; (*candidate, student*) potenziale; **~ son-in-law** futuro genero

prospectus [prəˈspektəs] *n* prospetto *m;* UNIV opuscolo *m* informativo

prosper [ˈprɑːspə] *vi* prosperare

prosperity [prɑːˈsperəti] *n* prosperità *f*

prosperous [ˈprɑːspərəs] *adj* prospero, -a; (*business*) fiorente

prostitute [ˈprɑːstətuːt] *n* prostituta *f*

prostitution [ˌprɑːstɪˈtuːʃən] *n* prostituzione *f*

protagonist [proʊˈtægənɪst] *n* (*main character*) protagonista *mf*

protect [prəˈtekt] *vt* proteggere; (*one's interests*) tutelare; **to ~ oneself** proteggersi

protection [prəˈtekʃən] *n* (*defense*) protezione *f;* **to be under sb's ~** essere sotto la protezione di qu

protective [prəˈtektɪv] *adj* ① (*giving protection*) protettivo, -a; **~ custody** detenzione *f* protettiva (a tutela dell'interessato) ② (*wishing to protect: instinct*) di protezione

protector [prəˈtektə] *n* (*person*) protettore, -trice *m, f*

protein [ˈproʊtiːn] *n* proteina *f;* **~ deficiency** carenza *f* di proteine

protest[1] [ˈproʊtest] *n* ① (*complaint*) protesta *f;* **in ~** in segno di protesta; **to do sth under ~** fare qc malvolentieri ② (*demonstration*) manifestazione *f* di protesta

protest[2] [proʊˈtest] **I.** *vi* protestare; **to ~ about/against sth** protestare per/contro qc **II.** *vt* ① (*solemnly affirm*) **to ~ that ...** attestare che ...; **to ~ one's innocence** protestarsi innocente ② (*show dissent*) contestare

Protestant [ˈprɑːtəstənt] *n* protestante *mf*

protester *n* dimostrante *mf*

protracted [proʊˈtræktɪd] *adj* protratto, -a

protractor [proʊˈtræktə] *n* (*for measuring angles*) goniometro *m*

P

protruding *adj* prominente; (*ears*) a sventola

proud [praʊd] *adj* ❶ (*gener*) orgoglioso, -a (*of* di); **to be ~ to do sth** essere orgoglioso di fare qc ❷ (*arrogant*) arrogante

prove [pruːv] <proved, proved *o* proven> *vt* (*verify*) dimostrare; **to ~ oneself** dimostrare (di essere) qc; **to ~ sb innocent** dimostrare l'innocenza di qu

proven ['pruːvən] I. *pp of* **prove** II. *adj* (*verified*) provato, -a

proverb ['prɒvɜːrb] *n* proverbio *m*

provide [prə'vaɪd] I. *vt* fornire; **to ~ sb with sth** fornire qc a qu II. *vi* ❶ (*prepare*) **to ~ for sth** prevedere qc ❷ (*support*) **to ~ for one's family** mantenere la famiglia

provided *conj* **~ that ...** sempre che ..., purché ... +*conj*

provider [prə(ʊ)ˈvaɪdə] *n* ❶ (*person*) fornitore, -trice *m, f* ❷ COMPUT provider *m inv*; **Internet [service] ~** Internet service provider, fornitore *m* di servizi Internet

province ['prɒvɪnts] *n* ❶ POL, ADMIN provincia *f* ❷ (*branch of a subject*) campo *m*

provincial [prə'vɪntʃəl] *adj* a. POL, ADMIN provinciale; **~ town** città *f* [*o* della] provincia

provision [prə'vɪʒən] *n* ❶ (*gener*) fornitura *f* ❷ (*preparation*) preparativi *mpl*; **to make ~s for sth** provvedere a qc ❸ LAW (*in will, contract*) disposizione *f*

provisional [prə'vɪʒənəl] *adj* provvisorio, -a

proviso [prə'vaɪzoʊ] <-s> *n* condizione *f*; **with the ~ that ...** a condizione che ... +*conj*

provocation [ˌprɒvəˈkeɪʃən] *n* provocazione *f*

provocative [prə'vɒkətɪv] *adj* ❶ (*sexually*) provocante ❷ (*thought-provoking: idea, question*) stimolante ❸ (*causing anger*) provocatorio, -a

provoke [prə'voʊk] *vt* ❶ (*make angry*) provocare; **to ~ sb into doing sth** spingere qu a fare qc ❷ (*discussion*) scatenare; (*interest*) suscitare; (*crisis*) provocare

provoking *adj* (*irritating*) irritante

prowl [praʊl] I. *n inf* **to be on the ~** aggirarsi con circospezione II. *vt* aggirarsi per [*o* attorno a]; **to ~ the streets** aggirarsi furtivamente per le strade III. *vi* **to ~ (around)** aggirarsi

proximity [prɒkˈsɪmətɪ] *n form* prossimità *f*; **to be in (close) ~ to sth** essere nelle (immediate) vicinanze di qc

proxy ['prɒksɪ] <-ies> *n* procura *f*; **to do sth by ~** fare qc per procura

prudent ['pruːdnt] *adj* prudente

prune[1] [pruːn] *vt* potare; **to ~ (back) costs** ridurre i costi

prune[2] [pruːn] *n* (*dried plum*) prugna *f* secca

pry[1] [praɪ] <pries, pried> *vi* (*be nosy*) ficcare il naso; **to ~ into sth** impicciarsi di qc

pry[2] [praɪ] *vt* **to ~ sth off** sollevare qc facendo leva; **to ~ sth open** aprire qc forzandolo

PS [ˌpiːˈes] *abbr of* **postscript** P.S.

psalm [sɑːm] *n* REL salmo *m*

pseudonym ['suːdənɪm] *n* pseudonimo *m*

PST *n abbr of* **Pacific Standard Time** fuso orario convenzionale del Pacifico

psych(e) up ['saɪkʌp] *vt sl* **to psych(e) oneself up** caricarsi; **to psych(e) sb up** dare la carica a qu

psychiatric [ˌsaɪkiˈætrɪk] *adj* psichiatrico, -a

psychiatrist [saɪˈkaɪətrɪst] *n* psichiatra *mf*

psychiatry [saɪˈkaɪətri] *n* psichiatria *f*

psychic ['saɪkɪk] I. *adj* ❶ (*with occult powers*) paranormale ❷ (*of the mind*) psichico, -a II. *n* sensitivo, -a *m, f*

psycho ['saɪkoʊ] *n sl* (*crazy person*) **to be a ~** essere fuori di testa

psychoanalysis [ˌsaɪkoʊəˈnæləsɪs] *n* psicoanalisi *f inv*

psychoanalyst [ˌsaɪkoʊˈænəlɪst] *n* psicoanalista *mf*

psychological [ˌsaɪ·kə·ˈlɑ·dʒɪ·kəl] *adj* psicologico, -a

psychologist [saɪ·ˈkɑː·lə·dʒɪst] *n* psicologo, -a *m, f*

psychology <-ies> *n* (*science, mentality*) psicologia *f*

psychopath [ˈsaɪ·kə·pæθ] *n* psicopatico, -a *m, f*

psychopathic [ˌsaɪ·kə·ˈpæ·θɪk] *adj* psicopatico, -a

psychotherapist [ˌsaɪ·kou·ˈθe·rə·pɪst] *n* psicoterapeuta *mf*

psychotherapy [ˌsaɪ·kou·ˈθe·rə·pi] *n* psicoterapia *f*

PTA [ˌpiː·tiː·ˈeɪ] *n abbr of* **Parent Teacher Association** associazione *f* genitori · insegnanti

pub [pʌb] *n* pub *m*

puberty [ˈpjuː·bə·ti] *n* pubertà *f*

public [ˈpʌb·lɪk] **I.** *adj* pubblico, -a; **to go ~ with sth** rendere pubblico qc **II.** *n* ① (*people collectively, audience*) pubblico *m*; **in ~** in pubblico ② (*ordinary people*) gente *f*

public appointment *n* incarico *m* statale

publication [ˌpʌb·lɪ·ˈkeɪ·ʃən] *n* pubblicazione *f*

public defender *n* LAW difensore, -a *m, f* d'ufficio

public health service *n* servizio *m* sanitario nazionale

public holiday *n* festa *f* nazionale

publicity [pʌb·ˈlɪ·sə·ti] *n* ① pubblicità *f* ② (*attention*) **to attract ~** attrarre l'attenzione

publicize [ˈpʌb·lɪ·saɪz] *vt* pubblicizzare

public library <-ies> *n* biblioteca *f* pubblica

publicly *adv* (*openly*) pubblicamente

public prosecutor *n* pubblico ministero *m*

public relations *npl* pubbliche relazioni *fpl*

public restroom *n* toilette *f inv*

public school *n* scuola *f* pubblica

public servant *n* funzionario, -a *m, f*

public-spirited [ˌpʌb·lɪk·ˈspɪ·rɪ·t̬ɪd] *adj* che dimostra senso civico

public transportation *n* trasporti *mpl* pubblici

publish [ˈpʌb·lɪʃ] *vt* (*book, author, result*) pubblicare; (*information*) divulgare

publisher *n* ① (*company*) editore *m* ② (*person*) editore, -trice *m, f*

publishing *n* editoria *f*

pudding [ˈpʊ·dɪŋ] *n* (*dessert*) dolce *m*

puddle [ˈpʌ·dl] *n* pozzanghera *f*

pudgy [ˈpʊ·dʒi] <-ier, -iest> *adj* tracagnotto, -a

puff [pʌf] **I.** *vi* ① (*blow*) soffiare ② (*be out of breath*) avere il fiato corto ③ **to ~ on a pipe/cigar** tirare boccate di fumo dalla pipa/dal sigaro **II.** *vt* (*smoke*) sbuffare; (*cigarette smoke*) fumare **III.** *n* ① *inf* (*breath*) fiato *m;* (*of wind*) folata *f;* (*of air*) soffio *m;* (*vapor*) sbuffo *m;* (*of dust, smoke*) nuvola *f* ② (*quilt*) piumino *m* ③ (*drag, breathing-in*) tiro *m;* **to take ~s on a cigarette** dare un tiro a una sigaretta

◆ **puff out** *vt* ① (*expand*) gonfiare ② (*exhaust*) spompare

◆ **puff up I.** *vt* gonfiarsi **II.** *vi* inorgoglirsi

puff pastry *n* pasta *f* sfoglia

puffy [ˈpʌ·fi] <-ier, -iest> *adj* gonfio, -a

puke [pjuːk] *sl* **I.** *vt* vomitare **II.** *vi* vomitare; **he makes me (want to) ~!** mi fa venire da vomitare!

pull [pʊl] **I.** *vt* ① (*draw*) tirare; (*trigger*) premere ② *inf* (*take out: gun, knife*) estrarre ③ MED (*extract*) estrarre ④ SPORTS, MED (*strain: muscle*) stirarsi ⑤ (*attract: business, customers*) attrarre **II.** *vi* (*exert force*) tirare ② **to ~ on a cigarette** fare una tirata dalla sigaretta; **to ~ on a beer** bere una sorsata di birra ③ *inf* (*hope for success*) **to be ~ing for sb/sth** essere dalla parte di qu/qc **III.** *n* ① (*act of pulling*) tirata *f;* (*stronger*) strappo *m*, strattone *m* ② *inf* (*influence*) influenza *f* ③ (*knob, handle*) maniglia *f;* (*of a curtain*) cordone *m* ④ (*attraction*) attrazione *f;* (*power to attract*) attrattiva *m* ⑥ (*of cigarette*) boccata *f;* (*of drink*) sorsata *f*

P

◆**pull apart** vt insep ❶(break into pieces) smontare ❷(separate using force) fare a pezzi ❸(criticize) demolire

◆**pull away** I. vi (vehicle) allontanarsi II. vt strappare; **to pull sth away from sth** strappare via qc da qc

◆**pull back** vi ❶(move out of the way) ritirarsi ❷(not proceed, back out) fare marcia indietro

◆**pull down** vt ❶(move down) tirare giù, abbassare ❷(demolish) buttare giù, demolire ❸(drag down, hold back) **to pull sb down** abbattere qu ❹inf (earn wages) guadagnare

◆**pull in** I. vi (vehicle) accostare/entrare e fermarsi II. vt ❶(attract) attrarre ❷(arrest) arrestare

◆**pull off** vt inf (succeed) spuntarla; **to pull it off** farcela

pull out I. vi ❶(move out to pass) uscire (per sorpasso); (drive onto road) immettersi ❷(leave) partire ❸(withdraw) ritirarsi II. vt (take out) tirare fuori

◆**pull over** vt (police) fare accostare

◆**pull through** vi cavarsela

◆**pull together** vi ❶(regain composure) **to pull oneself together** controllarsi ❷(organize, set up) mettere su

◆**pull up** I. vt ❶(raise) sollevare; (blinds) tirare su ❷(plant) sradicare II. vi accostare e fermarsi

pull-down menu n COMPUT menu m a tendina

pulley ['pʊ·li] <-s> n TECH puleggia f

pullover ['pʊ·loʊ·vɚ] n pullover m

pull-up n (exercise) sollevamento m sulle braccia alla sbarra

pulpit ['pʊl·pɪt] n REL pulpito m

pulsate ['pʌl·seɪt] vi pulsare

pulse[1] [pʌls] n ❶ANAT polso m; (heartbeat) battito m; **to take sb's ~** tastare il polso a qu ❷(single vibration) pulsazione f

pulse[2] [pʌls] n FOOD legume m

pump [pʌmp] I. n ❶ pompa f; (for fuel) pompa (di benzina) f II. vt pompare

pumpkin ['pʌmp·kɪn] n zucca f; **~ pie** torta f die zucca

pun [pʌn] n gioco m di parole

punch[1] [pʌntʃ] I. vt ❶(hit) dare un pugno a; **to ~ sb out** sl riempire qu di botte ❷(push: button, key) premere ❸(pierce) forare; (ticket) forare; **to ~ holes in sth** fare fori in qc; **to ~ the clock** [o card] timbrare il cartellino II. vi ❶(hit) colpire ❷(employee) **to ~ in/out** timbrare (il cartellino) in entrata/in uscita III. <-es> n ❶(hit) pugno m; **to give sb a ~** dare un pugno a qu ❷(tool for puncturing) punzone m; (for metal, leather) punteruolo m; (hole) ~ perforatore m (da ufficio); (ticket) ~ punzone m per forare i biglietti ❸fig (strong effect) forza f

punch[2] [pʌntʃ] n (beverage) punch m

punch line n battuta f finale (di una barzelletta)

punctual ['pʌŋk·tʃu·əl] adj puntuale

punctuality [ˌpʌŋk·tʃu·ˈæ·lə·t̬i] n puntualità f

punctuation [ˌpʌŋk·tʃu·ˈeɪ·ʃən] n punteggiatura f, interpunzione f

puncture ['pʌŋk·tʃɚ] I. vt ❶(pierce) forare; (lung) perforare; **to ~ a hole in sth** fare un buco in qc ❷fig (sb's confidence, self-esteem, ego) ferire II. vi (tire, ball) forarsi; (car) forare III. n ❶(in tire, ball) foratura f; **to have a ~** (driver) forare ❷MED (in skin) puntura f

punish ['pʌ·nɪʃ] vt punire; **to ~ oneself** punirsi

punishing adj (difficult) duro, -a; (trying) estenuante

punishment ['pʌ·nɪʃ·mənt] n ❶(for criminal act) pena f; **capital ~** pena f capitale ❷(for child's misbehavior) castigo, **to inflict a ~ on sb** punire qu ❸(rough use) maltrattamento m; **to take a lot of ~** essere molto maltrattato

punitive ['pju·nɪ·t̬ɪv] adj form punitivo, -a; **~ damages** LAW danni mpl punitivi; **~ expedition** MIL spedizione f punitiva

punk [pʌŋk] I. n ❶(punk rocker) (musicista) punk mf ❷(troublemaker) teppista mf II. adj ❶(music, style) punk ❷(poor quality) scadente

punt[1] [pʌnt] SPORTS I. vt, vi (in football)

calciare al volo **II.** *n* (*kick*) calcio *m* di rinvio

punt² [pʌnt] **I.** *vi* (*in boat*) andare in barchino **II.** *n* (*boat*) barchino *m*

puny ['pju:ni] <-ier, -iest> *adj* (*person*) mingherlino, -a; (*argument*) debole; (*attempt*) fiacco, -a

pup [pʌp] *n* ❶ (*baby aniaml*) cucciolo, -a *m, f* ❷ (*young person*) pivello, -a

pupa ['pju:pə] <pupas *o* pupae> *n* BIO crisalide *f*, pupa *f*

pupate ['pju:peit] *vi* BIO impuparsi, diventare pupa

pupil¹ ['pju:pl] *n* SCHOOL alunno, -a *m, f*

pupil² ['pju:pl] *n* ANAT pupilla *f*

puppet ['pʌpit] *n a. fig* marionetta *f*, burattino *m;* **hand ~** burattino *m*

puppeteer [pʌpə'tir] *n* burattinaio, -a *m, f*

puppy ['pʌpi] <-ies> *n* cucciolo, -a *m, f*

purchase ['pɜ:rtʃəs] **I.** *vt* (*buy*) acquistare, comprare **II.** *n* ❶ (*act of buying*) acquisto *m;* **to make a ~** fare un acquisto ❷ (*hold*) presa *f;* **to get a ~ on sth** aggrapparsi a qc

purchaser *n* ❶ (*buyer*) acquirente *mf*, compratore, -trice *m, f* ❷ (*at auction*) aggiudicatario, -a *m, f*

purchasing *n* acquisti *mpl*

pure [pjʊr] *adj* puro, -a; ~ **air** aria *f* pura; ~ **gold** oro *m* puro; ~ **mathematics** matematica *f* pura; ~ **and simple** puro e semplice

purée [pjʊ'rei] **I.** *vt* passare **II.** *n* purè *m*

purely ['pjʊrli] *adv* ❶ (*completely*) puramente; ~ **by chance** per pura combinazione ❷ (*simply*) semplicemente; ~ **and simply** puramente e semplicemente

purge [pɜ:rdʒ] *vt* MED, POL purgare; POL epuráre; **to ~ sb from a party** espellere qu da un partito

purify ['pjʊrəfai] *vt* (*cleanse*) purificare; (*water*) depurare; REL (*soul, body*) purificare; **to ~ oneself of sth** purificarsi da/di qc

puritan ['pjʊritən] *n a. fig* puritano, -a *m, f*

puritanical [pjʊri'tænikəl] *adj* puritano, -a

purity ['pjʊriti] *n* purezza *f*

purple ['pɜ:rpl] **I.** *adj* (*reddish*) paonazzo, -a, rosso violaceo; (*bluish*) viola, violetto **II.** *n* (*reddish*) rosso *m* violaceo; (*bluish*) viola *m*, violetto *m*

purpose ['pɜ:rpəs] *n* ❶ (*goal*) scopo *m;* **for the ~** allo scopo; **I did that for a ~** l'ho fatto per un preciso scopo; **for that very ~** proprio per questo; **for practical ~s** per motivi pratici; **for humanitarian ~s** a scopi umanitari; **for future ~s** per esigenze future; **the sole ~ of sth** l'unico scopo di qc ❷ (*motivation*) (*strength of*) ~ fermezza *f* di proposito ❸ (*use*) utilità *f;* **to no ~** inutilmente; **to serve a ~** servire allo scopo; **what's the ~ of …?** qual è lo scopo di …? ▶ **on** ~ di proposito, apposta

purposeful ['pɜ:rpəsfəl] *adj* ❶ (*determined*) deciso, -a, risoluto, -a ❷ (*meaningful*) significativo, -a ❸ (*intentional*) intenzionale

purposely ['pɜ:rpəsli] *adv* intenzionalmente, di proposito

purr [pɜ:r] **I.** *vi* (*cat*) fare le fusa; (*engine*) ronzare **II.** *n* (*of cat*) fusa *fpl;* (*of engine*) ronzio *m*

purse [pɜ:rs] **I.** *n* ❶ (*handbag*) borsa *f* **P** ❷ (*wallet*) portamonete *m inv*, borsellino *m* **II.** *vt* (*lips*) protendere

pursue [pər'su:] *vt* ❶ (*chase*) inseguire ❷ (*seek to find: goals*) perseguire; (*dreams*) inseguire; (*rights, peace*) impegnarsi per ❸ (*follow: plan*) seguire; **to ~ a matter** portare avanti una questione ❹ (*work towards*) **to ~ a career** dedicarsi a una professione; **to ~ a degree in sth** studiare per laurearsi in qc

pursuer [pər'su:ər] *n* inseguitore, -trice *m, f*

pursuit [pər'su:t] *n* ❶ (*chase*) inseguimento *m;* **to be in ~ of sth** inseguire qc; (*knowledge, happiness*) essere alla ricerca di qc; (*hunt*) essere a caccia di qu; **to be in hot ~ of sb** stare alle calcagna di qu *fig* ❷ (*activity*) attività *f inv;* **outdoor ~s** attività del tempo libero

pus [pʌs] *n* MED pus *m*

push [puʃ] I. *vt* ① (*shove*) spingere; **to ~ one's way through sth** farsi largo (a spinte) attraverso qc; **to ~ sth to the back of one's mind** cercare di non pensare a qc; **to ~ the door open** aprire la porta spingendola; **to ~ sb out of sth** spingere qu fuori da qc; **to ~ sb out of the way** togliere di mezzo a qu a spintoni ② (*force*) **to ~ one's luck** sfidare la sorte; **to ~ sb too far** far uscire dai gangheri qu ③ (*coerce*) obbligare; **to ~ sb to do** [*o* **into doing**] **sth** costringere qu a fare qc; **to ~ oneself** chiedere troppo a sé stesso ④ (*insist*) insistere con; **to ~ sb for sth** insistere con qu per qc ⑤ (*press: button*) spingere, premere; (*the brakes, gas pedal*) premere; **to ~ the doorbell** suonare il campanello ⑥ *inf* (*promote*) spingere; ECON promuovere ⑦ **to be ~ing 30** andare per i trenta II. *vi* ① (*force movement*) spingere ② (*press*) premere ③ (*insist*) pressare; **to ~ for sth** fare pressione per (ottenere) qc III. <-es> *n* ① (*shove*) spinta *f*; (*slight push*) spintarella *f*; **to give sb a ~** *fig* far una spinta a qu ② (*press*) **at the ~ of a button** premendo un pulsante ③ (*strong action*) impulso *m*; (*will to succeed*) grinta *f* ④ (*strong effort*) sforzo *m*; **to make a ~ for sth** fare uno sforzo per qc; **at a ~ ...** in caso di necessità ... ⑤ *inf* (*publicity*) pubblicità *f*; **to make a ~** fare una campagna pubblicitaria ⑥ MIL (*military attack*) avanzata *f* ► **if/when ~ comes to <u>shove</u>** nella peggiore delle ipotesi

◆**push along** *vi inf* andare via
◆**push around** *vt inf* tiranneggiare *inf*
◆**push away** *vt* spingere via
◆**push back** *vt* (*move backwards*) spingere indietro; (*person*) respingere; (*hair*) tirare indietro
◆**push down** *vt* ① (*knock down*) demolire ② (*press down*) premere ③ ECON (*price, interest rate*) fare diminuire
◆**push forward** I. *vt* ① (*force forward*) spingere ② (*promote*) promuovere II. *vi* ① (*advance*) avanzare ② (*continue*) **to ~ (with sth)** procedere (con qc)

◆**push in** I. *vt* ① (*nail*) piantare ② (*force in*) **to push one's way in** passare avanti (senza rispettare la fila) II. *vi* (*force way in*) intromettersi
◆**push off** I. *vi inf* levarsi dai piedi II. *vt* NAUT (*boat*) spingere al largo
◆**push on** I. *vi* ① (*continue despite problems*) **to ~ (with sth)** andare avanti (con qc) ② (*continue travelling*) **we pushed on to Baltimore** proseguimmo per Baltimore II. *vt* ① (*activate*) accelerare ② (*urge on*) **to push sb on to do sth** spingere qu a fare qc
◆**push out** *vt* ① (*force out*) **to push sb out** (**of sth**) buttare qu fuori (da qc) ② (*get rid of*) buttare fuori; **to push competitors out of the market** sbarazzarsi dei concorrenti sul mercato ③ (*produce: roots, blossoms*) buttare ④ NAUT (*boat*) spingere al largo
◆**push over** *vt always sep* (*thing*) rovesciare; (*person*) fare cadere
◆**push through** I. *vi* farsi largo attraverso II. *vt* ① (*legislation, proposal*) fare accettare ② (*help to succeed*) aiutare a superare
◆**push up** *vt* ① (*move higher*) sollevare; *fig* (*help*) raccomandare ② (*price, interest rate*) fare aumentare

pushbutton ['puʃˌbʌt·ən] I. *adj* a tasti II. *n* pulsante *m*

pushcart ['puʃˌkɑːrt] *n* carretto *m* a mano

pushover ['puʃˌoʊ·vəʳ] *n* ① (*easy success*) **to be a ~** essere una cosa da niente ② (*easily influenced*) **to be a ~** cascarci facilmente

pushpin ['puʃˌpɪn] *n* puntina *f* da disegno

pushup ['puʃˌʌp] *n* SPORTS flessione *f* sulle braccia; **to do ~s** fare le flessioni

pushy ['pʊ·ʃi] *adj* (*insistent*) insistente; (*aggressive*) troppo intraprendente

puss [pʊs] <-es> *n* (*cat*) mici(n)o *m*

pussy ['pʊ·si] <-ies> *n* (*cat*) ~ (**cat**) micio, -a *m, f*, gatto, -a *m, f*

P

put [pʊt] <-tt-, put, put> I. *vt* ① (*place*) mettere; (*in box, hole*) mettere; ~ **the spoons next to the knives** mettere i cucchiai vicino ai coltelli; **to ~ sth to one's lips** portare qc alle labbra; ~ **it there!** (*shake hands*) qua la mano!; **to ~ sth in the oven** mettere qc nel forno ② (*add*) mettere; **to ~ sugar/salt in sth** mettere lo zucchero/il sale in qc; ~ **the date on sth** scrivere la data su qc; **to ~ sth on a list** mettere in lista qc ③ (*direct*) **to ~ pressure on sb** fare pressione su qu; **to ~ a spell on sb** fare un incantesimo a qu; **to ~ one's heart into sth** mettere tutta l'anima in qc; **to ~ one's mind to sth** dedicare tutto sé stesso a qc; **to ~ one's trust in sb** riporre la propria fiducia in qu; **to put one's faith in sb** avere piena fiducia in qu; **to put one's hope in sb** riporre le speranze in qu ④ (*invest*) **to ~ sth into sth** impiegare qc in qc; **to ~ energy/ time into sth** dedicare le energie/il tempo a qc ⑤ (*bet*) **to ~ money on sth** scommettere soldi su qc; **to ~ sth toward sth** contribuire con qc a qc ⑥ (*cause to be*) **to ~ sb in a good mood** mettere qu di buonumore; **to ~ sb in danger** mettere qu in pericolo; **to ~ oneself in sb's place** [*o* shoes] mettersi nei panni di qu; **to ~ sb in prison** mettere qu in galera; **to ~ sth into practice** mettere in pratica qc; **to ~ sb on the train** mettere qu sul treno; **to ~ sth right** correggere qc; **to ~ sb straight** fare capire bene qc a qu; **to ~ sb to bed** mettere a letto qu; **to ~ sb to death** mettere a morte qu; **to ~ sth to good use** fare buon uso di qc; **to ~ sb to shame** fare vergognare qu; **to ~ sb under oath** fare prestare giuramento a qu; **to ~ sb to expense** procurare spese a qu; **to ~ to flight** mettere in fuga; **to ~ a stop to sth** porre fine a qc; **to ~ sb to work** mettere qu al lavoro [*o* a lavorare] ⑦ (*impose*) **to ~ an idea in sb's head** mettere in testa un'idea a qu; **to ~ a tax on sth** mettere una tassa su qc ⑧ (*attribute*) **to ~ a high value on sth** dare molto valore a qc; **to ~ the blame on sb** dare [*o* attribuire] la colpa a qu; **to ~ emphasis on sth** dare [*o* attribuire] grande importanza a qc ⑨ (*present*) **to ~ one's point of view** esporre il proprio punto di vista; **to ~ a question** fare [*o* porre] una domanda; **to ~ sth to discussion** presentare qc per la discussione; **to ~ sth to vote** mettere ai voti qc; **to ~ a proposal before a committee** presentare una proposta alla commissione; **I ~ it to you that ...** ti faccio notare che ... ⑩ (*express*) dire; **as John ~ it** come ha detto John; **to ~ one's feelings into words** esprimere a parole i propri sentimenti; **to ~ sth into Italian** tradurre qc in italiano; **to ~ sth in writing** mettere qc per (i)scritto ⑪ (*judge, estimate*) **I ~ the number of visitors at 2,000** calcolo che i visitatori siano stati 2.000; **I'd ~ her at about 35** secondo me ha circa 35 anni; **to ~ sb on a level with sb** mettere qu allo stesso livello di qu ⑫ SPORTS (*throw*) ~ **the shot** lanciare il peso II. *vi* NAUT **to ~ to sea** salpare

◆ **put about** <-tt-> *irr* I. *vt* NAUT fare virare di bordo II. *vi* NAUT virare di bordo

◆ **put across** <-tt-> *irr vt* (*make understood*) comunicare; **to put sth across to sb** fare capire qc a qu; **to put oneself across well** fare buona impressione

◆ **put aside** <-tt-> *irr vt* ① (*place to one side*) mettere da (una) parte ② (*save*) mettere da parte; (*time*) riservare ③ (*give up*) **to put sth aside** accantonare ④ (*reject*) rifiutare ⑤ (*ignore: fears, differences*) mettere da parte

◆ **put away** <-tt-> *irr vt* ① (*save*) mettere via ② *inf* (*eat a lot*) far fuori ③ (*remove*) mettere via ④ *inf* (*imprison*) **to put sb away** mettere qu dentro ⑤ *sl* (*kill*) fare fuori

◆ **put back** <-tt-> *irr* I. *vt* ① (*replace*) rimettere ② (*postpone*) posticipare ③ SCHOOL (*not be promoted*) **to put sb back a year** fare ripetere l'anno a qu

P

♦(*set earlier: watch*) mettere indietro
II. *vi* NAUT (*return*) rientrare
♦ **put by** <-tt-> *irr vt* mettere da parte
♦ **put down** <-tt-> *irr vt* ①(*set down*)
mettere giù; **to not be able to put a
book down** leggere un libro tutto d'un
fiato ②(*lower*) abbassare; **to put one's
arm/feet down** abbassare il braccio/i
piedi; **to put sb/sth down somewhere** lasciare giù qu/qc da qualche
parte ③(*attribute*) **to put sth down to
sb** attribuire qc a qu ④(*write*) scrivere;
to put sth down on paper annotare qc
⑤(*assess*) classificare; **I put her down
as 30** le dò 30 anni ⑥(*register*) **to put
sb down for sth** mettere qu in lista per
qc ⑦FIN (*prices*) ridurre ⑧ECON (*leave
as deposit*) lasciare come deposito
⑨(*stop: rebellion, opposition*) domare ⑩*sl* (*humiliate*) umiliare ⑪(*have
killed: animal*) far abbattere
♦ **put forward** <-tt-> *irr vt* ①(*offer for
discussion: subject*) proporre; (*idea,
plan*) esporre; (*suggestion*) avanzare;
to ~ a proposal fare una proposta
②(*advance: event*) anticipare; **to put
the clock forward** mettere avanti
l'orologio
♦ **put in** <-tt-> *irr* I. *vt* ①(*place inside*) mettere dentro ②(*add*) inserire;
to ~ a comma/a period inserire una
virgola/un punto ③(*say*) dire; (*remark*)
fare; **to put a word in** intervenire nella
conversazione; **to ~ a good word for
sb** mettere una buona parola per qu
④AGR (*plant: vegetables, trees*) piantare; (*seeds*) seminare ⑤TECH (*install*)
installare; **to ~ a shower** installare una
doccia ⑥(*invest: money*) investire;
(*time*) dedicare; **to ~ a lot of effort on
sth** dedicare molto impegno a qc; **to ~
overtime** fare lo straordinario ⑦(*submit: claim, request*) presentare; (*candidate*) presentarsi; **to put oneself in for
sth** iscriversi per qc ⑧(*make*) **to ~ an
appearance** fare atto di presenza II. *vi*
①(*apply*) **to ~ for sth** fare domanda
per qc ②NAUT (*dock*) fare scalo
♦ **put off** <-tt-> *irr vt* ①(*turn off:

lights, TV*) spegnere; (*take off: sweater,
jacket*) togliersi ②(*delay*) rimandare; **to
put sth off for a week** rinviare qc di
una settimana ③*inf* (*make wait*) annullare un incontro con; **to put sb off with
excuses** dare buca a qu con delle scuse
④*inf* (*repel*) disgustare; (*food, smell*)
fare schifo a ⑤(*disconcert*) sconcertare
⑥(*distract*) distrarre; **to put sb off sth**
distrarre qu da qc; **to put sb off the
scent** depistare qu
♦ **put on** <-tt-> *irr vt* ①(*place upon*)
to put sth on sth mettere qc su [*o* so-
pra] qc ②(*attach*) **to put sth on sth** attaccare qc a qc ③(*wear: shirt, shoes*)
mettersi; **to ~ make-up** truccarsi
④(*turn on*) accendere; **to ~ Mozart**
mettere una musica di Mozart ⑤(*use*)
to ~ the brakes frenare; **to put the
handbrake on** tirare il freno a
mano ⑥(*perform: film*) dare; (*show*)
presentare; (*play*) mettere in scena
⑦(*provide: dish*) servire; **to ~ a party**
dare una festa ⑧(*begin boiling: water,
soup, potatoes*) mettere a scaldare
⑨(*assume: expression*) assumere; **to ~
a frown** fare una smorfia; **to ~ airs**
darsi delle arie ⑩(*pretend*) fare finta; **to
~ a silly voice** fare una voce ridicola
⑪(*be joking with*) **to put sb on** prendere in giro qu ⑫(*gain: weight*) mettere su; **to ~ 10 years** invecchiare di
10 anni ⑬TEL **to put sb on the
(tele)phone** passare il telefono a qu; **to
put sb on to sb** passare qu a qu; **I'll
put him on** te lo passo ⑭(*comput*) **to
put sb on to sb** mettere qu in contatto
con qu; **to put sb on to sth** mettere qu
sulla buona strada per
♦ **put out** <-tt-> *irr* I. *vt* ①(*take outside*) **to put the dog out** mettere fuori
il cane ②(*extend*) estendere; **to ~
one's hand** tendere la mano ③(*extinguish: fire*) estinguere; **to ~ a cigarette**
spegnere una sigaretta ④(*turn off:
lights, TV*) spegnere ⑤(*eject*) buttare
fuori; (*dismiss*) mandare via ⑥(*publish:
newsletter, magazine*) pubblicare; (*announcement*) diramare ⑦(*spread:

P

rumor) fare circolare; **to put it out that ...** mettere in giro la notizia che ... ⓢ(*produce industrially*) produrre ⓢ(*sprout: leaves*) **to put sth out to subcontract** dare qc in subappalto a qu; **to put sth out to bid** dare qc in appalto ⑪(*inconvenience*) disturbare; **to put oneself out for sb** scomodarsi per qu ⑫(*offend*) **to be ~** seccarsi ⑬(*dislocate*) slogare; **to ~ one's shoulder** slogarsi una spalla ⑭NAUT varare II. *vi* NAUT salpare

◆**put over** <-tt-> *irr vt* ⓢ(*make understood: idea, plan*) comunicare ⓢ(*fool*) **to put sth over on sb** fregare qu

◆**put through** <-tt-> *irr vt* ⓢ(*insert through*) **to put sth through sth** fare passare qc attraverso qc ⓢ(*complete, implement*) portare a termine; (*proposal*) fare accettare; (*bill*) fare approvare ⓢ(*send*) mandare; **to put sb through college** mantenere qu agli studi ⓢTEL **to ~ a telephone call to Paris** passare una chiamata a Parigi; **to put a call through** passare una chiamata; **to put sb through** (**to sb**) passare qu (a qu) ⓢ*inf* (*make endure*) **to put sb through sth** fare subire/fare qu a qc; **to put sb through it** fare passare un brutto quarto d'ora a qu

◆**put together** <-tt-> *irr vt* ⓢ(*join*) unire; (*collection*) preparare; (*assemble*) mettere insieme; (*machine, model, radio*) montare; (*pieces*) assemblare ⓢ*fig* (*connect: facts, clues*) mettere insieme ⓢ(*create*) creare; (*list*) fare; (*team*) formare; (*one's collar*) preparare; (*dress*) fare

◆**put up** <-tt-> *irr* I. *vt* ⓢ(*hang up*) appendere; (*notice*) attaccare ⓢ(*raise*) alzare; (*one's collar*) tirarsi su; (*flag*) issare; (*umbrella*) aprire; **to put one's hair up** tirarsi su i capelli ⓢ(*build*) costruire; (*tent*) montare ⓢ(*increase:*

prices) aumentare ⓢ(*make available*) **to put sth up for sale** mettere in vendita qc; **to put sth up for auction** mettere qc all'asta ⓢ(*give shelter*) sistemare; **I can put you up for a week** ti posso ospitare per una settimana ⑦(*provide: funds*) fornire; **to ~ the money for sth** mettere i soldi per qc ⓢ(*show opposition*) **to ~ opposition** opporsi; **to ~ a struggle** [*o* **fight**] opporre resistenza ⓢ(*submit: candidate, proposal*) presentare II. *vi* (*tolerate unwillingly*) **to ~ with sb/sth** sopportare qu/qc

put-on *inf* finta *f*; (*joke*) scherzo *m inv*

putt [pʌt] SPORTS I. *vi* eseguire un putt II. *n* putt *m inv*

putter¹ ['pʌ· t̬ə·] *n* (*golf club*) putter *m inv*

putter² ['pʌ· t̬ə·] *vi* prendersela calma; **to ~ around the house** trafficare in casa

putty ['pʌ·t̬i] *n* stucco *m* (per vetri)

put-up *adj inf* **a ~ job** un imbroglio

put-upon *adj inf* sfruttato, -a

puzzle ['pʌ·zl] I. *vt* lasciare perplesso, -a II. *vi* **to ~ over sth** scervellarsi su qc III. *n* ⓢ(*game*) puzzle *m inv*, rompicapo *m inv*; **jigsaw ~** puzzle *m inv*; **crossword ~** cruciverba *m inv* ⓢ(*mystery*) mistero *m*, enigma *m*; **to be a ~ to sb** essere un mistero per qu; **to solve a ~** risolvere un enigma

puzzled *adj* perplesso, -a; **to be ~ about sth** essere perplesso riguardo a qc

puzzling *adj* sconcertante

pyjamas [pə·'dʒɑː·məz] *npl s*. **pajamas**

pylon ['paɪ·lɑːn] *n* ELEC traliccio *m*, pilone *m*

pyramid ['pɪ·rə·mɪd] *n* piramide *f*

Pyrenees [pɪ·rə·'niːz] *npl* **the ~** i Pirenei

Pyrex® ['paɪ·reks] I. *n* pirex *m* II. *adj* di pirex

python ['paɪ·θɑːn] <-(ons)> *n* pitone *m*

P

Qq

Q, q [kjuː] *n* Q, q *f;* ~ **for Queen** Q come Quarto

Q *abbr of* **Queen** regina *f*

QR code *n abbr of* **Quick Response** INET codice *m* QR

Q-Tip® *n* cotton fioc® *m inv*

qtr. *abbr of* **quarter** quarto *m*

quack¹ [kwæk] I. *n* (*duck's sound*) qua qua *m* II. *vi* fare qua qua, schiamazzare

quack² [kwæk] *pej* I. *n* ① *pej* (*doctor*) scalzacane *mf inv* ② (*charlatan*) ciarlatano, -a *m, f* II. *adj* fasullo, -a

quadruped ['kwɑː·drʊ·ped] *n* quadrupede *m*

quadruple ['kwɑː·druː·pl] I. *vt* quadruplicare II. *vi* quadruplicarsi III. *adj* quadruplo, -a

quaint [kweɪnt] *adj* ① (*charming*) pittoresco, -a ② *pej* (*strange*) strano, -a ③ (*pleasantly unusual*) bizzarro, -a

Quaker ['kweɪ·kər] *adj, n* quacchero, -a *m, f;* **the ~s** i quaccheri

qualification [ˌkwɑː·lɪ·fɪ·'keɪ·ʃən] *n* ① (*document*) titolo *m;* (*exam*) qualificazione *f;* **academic ~** titolo accademico ② (*limiting criterion*) restrizione *f;* (*condition*) riserva *f*

qualified ['kwɑː·lɪ·faɪd] *adj* ① (*trained*) abilitato, -a; (*certified*) qualificato, -a; (*by the state*) autorizzato, -a ② (*competent*) competente ③ (*limited*) limitato, -a; **to be a ~ success** avere un certo successo

qualify ['kwɑː·lɪ·faɪ] <-ie-> I. *vi* ① (*meet standards*) **to ~ for sth** essere idoneo a qc; (*be eligible*) avere i requisiti per qc; (*have qualifications*) essere qualificato per qc ② (*complete training*) conseguire una qualifica ③ SPORTS qualificarsi II. *vt* ① (*give credentials*) accreditare ② (*make eligible*) abilitare ③ (*explain and limit*) limitare; **to ~ a remark** fare precisazioni su un punto

qualifying ['kwɑː·lɪ·faɪ·ɪŋ] *adj* ① (*limiting*) limitato, -a ② SPORTS (*testing standard*) di qualificazione; ~ **round** eliminatoria *f*

quality ['kwɑː·lə·ti] I. <-ies> *n* ① (*degree of goodness*) qualità *f inv;* ~ **of life** qualità della vita ② (*characteristic*) qualità *f* II. *adj* di qualità

quantify ['kwɑːn·tə·faɪ] <-ie-> *vt* quantificare

quantitative ['kwɑːn·tə·teɪ·tɪv] *adj* quantitativo, -a

quantity ['kwɑːn·tə·ti] I. <-ies> *n* (*amount*) quantità *f* II. *adv* in quantità

quantity discount *n* sconto *m* quantità

quarantine ['kwɔː·rən·tiːn] I. *n* quarantena *f;* **to be/place under ~** essere/mettere in quarantena II. *vt* **to ~ sb/an animal** mettere in quarantena qu/un animale

quarrel ['kwɔː·rəl] I. *n* lite *f* II. <-ll-> *vi* litigare; **to ~ about sth** litigare per qc

quarrelsome ['kwɔː·rəl·səm] *adj* ① (*belligerent*) litigioso, -a ② (*grumbly*) che ha sempre da ridire

quarry¹ ['kwɔː·ri] I. <-ies> *n* (*rock pit*) cava *f* II. <-ie-> *vt* cavare

quarry² ['kwɔː·ri] <-ies> *n* preda *f*

quarter ['kwɔːr·tər] I. *n* ① (*one fourth*) quarto *m;* **three ~s** tre quarti; **a ~ of the Mexicans** un quarto dei messicani; **(a) ~ to three** un quarto alle tre, le tre meno un quarto; **(a) ~ past three** le tre e un quarto ② (*25 cents*) 25 centesimi ③ *a.* FIN, SCHOOL trimestre *m* ④ (*neighborhood*) quartiere *m;* (*area*) zona *f;* **at close ~s** da vicino ⑤ *pl* (*unspecified group or person*) ambienti *mpl* ⑥ SPORTS quarto II. *vt* ① (*cut into four*) dividere in quattro (parti) ② (*give housing*) alloggiare; MIL acquartierare III. *adj* quarto; ~ **hour** un quarto d'ora

quarterfinal *n* SPORTS quarto *m* di finale

quarterly ['kwɔːr·tə·li] I. *adv* trimestralmente **II.** *adj* trimestral **III.** *n* trimestrale

quartet *n*, **quartette** [kwɔːr·ˈtet] *n* MUS quartetto *m*

quash [kwɑːʃ] *vt* ①(*supress*) reprimere; (*rebellion*) soffocare; (*rumor*) mettere a tacere ②LAW (*annul: conviction, verdict, sentence*) annullare; (*indictment, decision*) invalidare; (*law, bill, writ*) revocare

quay [kiː] *n* banchina *f*

queasy [ˈkwiː·zi] <-ier, -iest> *adj* ①(*nauseous*) nauseato, -a; **to have a ~ feeling** avere la nausea ②*fig* (*unsettled*) inquieto, -a

queen [kwiːn] *n* ①(*monarch*) regina *f*; **~ of hearts/diamonds** (*cards*) regina di cuori/quadri ②*pej* (*gay man*) checca *f*; **drag ~** travestito *m*

queen bee *n* ①ZOOL ape *f* regina ②*pej* primadonna *f inv*

queen-size *adj* da una piazza e mezza

queer [kwɪr] **I.** <-er, -est> *adj* ①(*strange*) strano, -a; **to have ~ ideas** avere delle strane idee ②*pej, sl* (*homosexual*) invertito, -a **II.** *n pej, sl* finocchio *m*

quench [kwentʃ] *vt* ①(*satisfy*) appagare; (*thirst*) fare passare, estinguere ②(*put out*) estinguere, spegnere; **to ~ a fire** spegnere un incendio ③(*supress*) reprimere

query [ˈkwɪr·i] **I.** <-ies> *n* domanda *f*; **a ~ about sth** una domanda su qc **II.** <-ie-> *vt* ①(*form: dispute*) mettere in discussione; (*doubt*) mettere in dubbio ②(*ask*) chiedere

question [ˈkwes·tʃən] **I.** *n* ①(*inquiry*) domanda *f*; **frequently asked ~s** *a.* COMPUT domande più frequenti ②(*doubt*) dubbio *f*; **without ~** senza dubbio ③(*issue*) questione *f*; **it's a ~ of life or death** *a. fig* è una questione di vita o di morte; **to be out of the ~** essere fuori questione/discussione ④SCHOOL, UNIV (*test problem*) domanda *f* **II.** *vt* ①(*ask*) domandare ②(*interrogate*) interrogare ③(*doubt: facts, findings*) mettere in dubbio

questionable [ˈkwes·tʃə·nə·bl̩] *adj* discutibile

questioner [ˈkwes·tʃə·nɚ] *n* chi fa domande

question mark *n* punto *m* interrogativo

questionnaire [ˌkwes·tʃə·ˈner] *n* questionario *m*

queue [kjuː] *n* COMPUT coda *f*

quick [kwɪk] **I.** <-er, -est> *adj* ①(*fast*) rapido, -a, veloce; **in ~ succession** uno dopo l'altro; **to be ~ to do sth** fare qc velocemente; **to have a ~ one** farsi una bevuta veloce ②(*short*) breve; **the ~est way** la strada più breve ③(*hurried*) frettoloso, -a ④(*smart*) intelligente; **~ thinking** agilità mentale; **to have a ~ temper** arrabbiarsi facilmente **II.** <-er, -est> *adv* in fretta, alla svelta; **~! presto!**; **as ~ as possible** il più presto possibile **III.** *n* carne *f* viva; **to bite/cut nails to the ~** mangiarsi/tagliarsi le unghie fino alla carne ▶ **to cut sb to the ~** pungere qualcuno sul vivo

quickie [ˈkwɪ·ki] *n inf* ①(*quick sex*) sveltina *f* ②(*fast drink*) bevuta *f* veloce

quickly [ˈkwɪk·li] *adv* in fretta

quick-tempered *adj* irascibile

quick-witted *adj* intelligente; **a ~ reply** una risposta pronta

quiet [ˈkwaɪ·ət] **I.** *n* ①(*silence*) silenzio *m* ②(*lack of activity*) quiete *f* **II.** <-er, -est> *adj* ①(*not loud*) silenzioso, -a; **to speak in a ~ voice** parlare a bassa voce ②(*not talkative*) silenzioso, -a; **to keep ~** restare in silenzio ③(*secret*) segreto, -a; **to keep ~ about sth** non dire niente su qc ④(*unostentatious*) sobrio, -a ⑤(*unexciting*) tranquillo, -a

◆**quiet down** **I.** *vi* ①(*quiet*) stare zitto, -a ②(*calm*) calmarsi **II.** *vt* ①(*silence*) zittire ②(*calm down*) calmare

quietly [ˈkwaɪ·ət·li] *adv* ①(*not loudly*) silenziosamente; **to speak ~** parlare a bassa voce ②(*speaking*) a bassa voce ③(*peacefully*) tranquillamente

quietness [ˈkwaɪ·ət·nɪs] *n* tranquillità *f*

quilt [kwɪlt] *n* trapunta *f*

quintet(te) [kwɪn·ˈtet] *n* quintetto *m*

Q

quintuple [kwɪn·'tu:·pl] *form* I. *adj* quintuplo, -a II. *vt* quintuplicare III. *vi* quintuplicarsi

quit [kwɪt] <quit *o* quitted, quit *o* quitted> I. *vi* smettere; (*resign*) dimettersi II. *vt* ❶ (*job*) dimettersi da ❷ (*stop*) smettere; (*smoking*) smettere di ❸ COMPUT uscire da

quite [kwaɪt] *adv* ❶ (*fairly*) abbastanza; ~ **a bit** un bel po'; ~ **a distance** una bella distanza ❷ (*completely*) del tutto; ~ **wrong** proprio sbagliato; **not** ~ non esattamente; **not** ~ **as clever/rich as** ... non così intelligente/ricco come ...

quits [kwɪts] *adj inf* pari; **we're** ~ siamo pari; **to call it** ~ farla finita

quitter *n* rinunciatario, -a *m, f*

quiz [kwɪz] I. <-es> *n* quiz *m inv* II. *vt* interrogare

quiz show *n* spettacolo *m* di giochi a quiz

quota ['kwoʊ·tə] *n* ❶ (*fixed amount allowed*) quota *f* ❷ (*proportion*) parte *f*

quotation [kwoʊ·'teɪ·ʃən] *n* ❶ (*repeated words*) citazione *f* ❷ FIN quotazione *f*

quotation marks *npl* virgolette *fpl*

quote [kwoʊt] I. *n* ❶ *inf* (*quotation*) citazione *f* ❷ *pl* (*quotation marks*) virgolette *fpl* ❸ (*estimate*) preventivo *m* ❹ FIN quotazione *f* II. *vt* ❶ citare ❷ (*name*) nominare ❸ FIN quotare; **a** ~**d company** un'azienda quotata in borsa III. *vi* (*repeat exact words*) citare; **to** ~ **from sb** citare qu

---

Rr

r, R [ɑːr] *n*, R, R *f o m*; ~ **for Roger** R come Roma

R ❶ CINE *abbr of* **restricted** vietato ai minori di 17 anni ❷ *abbr of* **Republican** repubblicano, -a

rabbi ['ræ·baɪ] *n* rabbino *m*

rabbit ['ræ·bɪt] *n* coniglio, -a *m, f*

R rabid ['ræb·ɪd] *adj* ❶ (*fanatical*) accanito, -a ❷ (*suffering from rabies*) rabbioso, -a

rabies ['reɪ·biːz] *n* rabbia *f*

race[1] [reɪs] I. *n* corsa *f*; **100-meter** ~ 100 metri piani II. *vi* ❶ (*move quickly*) correre; SPORTS gareggiare; **to** ~ **through one's work** fare il lavoro di corsa ❷ (*engine*) girare a vuoto III. *vt* ❶ (*compete against*) gareggiare con ❷ (*enter for race: horse*) far correre

race[2] [reɪs] *n* (*ethnic grouping, species*) razza *f*

racecar *n* auto *f* da corsa

racecourse ['reɪs·kɔːrs] *n* ippodromo *m*

racehorse ['reɪs·ˌhɔːrs] *n* cavallo *m* da corsa

racer ['reɪ·sə] *n* ❶ (*person*) corridore *m* ❷ (*bicycle*) bicicletta *f* da corsa

race relations *npl* relazioni *fpl* interrazziali

race riot *n* disordini *mpl* razziali

racetrack ['reɪs·træk] *n* (*for horses*) ippodromo *m*

racial ['reɪ·ʃəl] *adj* razziale

racing I. *n* corse *fpl* II. *adj* da corsa

racing bicycle *n*, **racing bike** *n inf* bicicletta *f* da corsa

racism ['reɪ·sɪ·zəm] *n* razzismo *m*

racist ['reɪ·sɪst] I. *n* razzista *mf* II. *adj* razzista

rack [ræk] *n* ❶ (*framework, shelf*) ripiano *m*; **dish** ~ scolapiatti *m inv*; AUTO **luggage** ~ portapacchi *m inv* ❷ (*bar for hanging things on*) sbarra *f* attaccapanni ❸ FOOD ~ **of lamb** carré *m inv* di agnello

racket ['ræ·kɪt] *n* ❶ SPORTS racchetta f ② inf (loud noise) chiasso m ③ (scheme) racket m inv

racketeer [ˌræ·kə·ˈtɪr] n malvivente mf

racy [ˈreɪ·si] <-ier, -iest> adj ① (lively) pieno, -a di ritmo ② (explicit) piccante

radiant [ˈreɪ·di·ənt] adj raggiante

radiate [ˈreɪ·di·eɪt] I. vi irradiare II. vt (emit, display) emanare

radiation [ˌreɪ·di·ˈeɪ·fən] n radiazioni fpl

radiation therapy n radioterapia f

radiator [ˈreɪ·di·eɪ·tə] n radiatore m

radical [ˈræ·dɪ·kəl] I. n ① a. CHEM, MATH radicale m; **free ~s** radicali mpl liberi ② POL radicale mf II. adj (change, idea) radicale; (measures) drastico, -a

radio [ˈreɪ·di·oʊ] I. n radio f II. vt (information) trasmettere via radio; (person) chiamare via radio

radioactive [ˌreɪ·dioʊ·ˈæk·tɪv] adj radioattivo, -a

radioactivity [ˌreɪ·dioʊ·æk·ˈtɪ·və·ti] n radioattività f

radio alarm (clock) n radiosveglia f

radiographer n radiologo, -a m, f

radiography [ˌreɪ·di·ˈɑ:·grə·fi] n radiografia f

radio ham n radioamatore, -trice m, f

radiologist [ˌreɪ·di·ˈɑ:·lə·dʒɪst] n radiologo, -a m, f

radiology [ˌreɪ·di·ˈɑ:·lə·dʒi] n radiologia f

radio operator n radiotelegrafista mf

radio station n stazione f radio

radiotherapy [ˌreɪ·dioʊ·ˈθe·rə·pi] n radioterapia f

radish [ˈræ·dɪʃ] <-es> n ravanello m

radius [ˈreɪ·di·əs] <-dii> n raggio m

raffle [ˈræ·fl] I. n lotteria f II. vt offrire come premio in una lotteria

raft [ræft] I. n zattera f II. vi andare su una zattera

rag [ræg] I. n ① (old cloth) straccio m ② pl (worn-out clothes) stracci mpl ③ pej, sl (newspaper) giornalaccio m ④ MUS ragtime m II. <-gg-> vt inf prendere in giro

rage [reɪdʒ] I. n ① (anger) rabbia f; **to be in a ~** andare su tutte le furie ② (fashion) **to be all the ~** essere l'ultimo grido II. vi ① (express fury) infuriarsi ② (continue) infuriare

ragged [ˈræ·gɪd] adj ① (torn) sbrindellato, -a ② (wearing worn clothes) vestito, -a di stracci ③ (irregular) irregolare; (wound) lacero, -a; (performance) discontinuo, -a

raging [ˈreɪ·dʒɪŋ] adj (fire) furioso, -a; (blizzard, gale) violento, -a; (sea) infuriato, -a

raid [reɪd] I. n ① MIL incursione f ② (attack) assalto m ③ (robbery) rapina f ④ (by police) irruzione f II. vt ① MIL fare un'incursione su ② (attack) assaltare ③ (by police) fare irruzione in

raider [reɪ·də] n ① (attacker) assalitore, -trice m, ② (robber) rapinatore, -trice m, f ③ pej (investor) **corporate ~** raider m

rail [reɪl] I. n ① (of fence) sbarra f; (of balcony, stairs) ringhiera f ② (railway system) ferrovia f; **by ~** per ferrovia; **~ ticket** biglietto m ferroviario ③ (track) rotaia f II. vt **to ~ sth in** [o **off**] recintare qualcosa con sbarre

railing [ˈreɪ·lɪŋ] n ① (post) sbarra f; **iron ~** inferriata f ② (of stairs) corrimano m

railroad [ˈreɪl·roʊd] I. n ① (system) ferrovia f ② (track) binario m II. vt fig **to ~ sb into doing sth** forzare qu a fare qc

railroad crossing n passaggio m a livello

railway [ˈreɪl·weɪ] n ferrovia f

rain [reɪn] I. n pioggia f ▸ **to be as right as ~** inf essere in piena forma II. vi piovere III. vt riversare

rainbow n METEO arcobaleno m

raincoat n impermeabile m

rain forest n foresta f tropicale

rainproof I. adj impermeabile II. vt impermeabilizzare

rainy [ˈreɪ·ni] adj <-ier, -iest> piovoso, -a

raise [reɪz] I. n (of wages, prices) aumento m II. vt ① (lift) alzare; (window) tirar su; (arm) sollevare; (flag) issare; (*anchor*) levare ⑤(*stir up*) provocare; (*doubts*) suscitare ⑨(*increase: wages*) aumentare; (*awareness*) accrescere; MATH elevare; (*standards*) migliorare ⑨(*promote*) promuovere ⑥(*introduce: subject*) sollevare ⑥FIN raccogliere ⑦(*build*) costruire; (*monument*) erigere ⑧(*bring up*) tirar su; (*animals*) allevare; (*plants*) coltivare ⑨(*contact*) contattare; **to ~ the alarm** dare l'allarme

raisin ['reɪ·zn] *n* uva *f* passa

rally ['ræ·li] <-ies> **I.** *n* ①(*race*) rally *m inv* ②(*in tennis*) scambio *m* prolungato ⑧POL raduno *m* **II.** *vi* ①MED rimettersi; FIN essere in ripresa ②MIL radunarsi **III.** *vt* ①MIL radunare ②(*support*) raccogliere a sostegno

ramp [ræmp] *n* ①(*sloping way*) rampa *f*; AVIAT scaletta *f* ②AUTO (*on-ramp*) bretella *f* d'accesso; (*off-ramp*) bretella *f* d'uscita

rampage ['ræm·peɪdʒ] **I.** *n* furia *f* distruttiva; **to be on the ~** essere scatenato **II.** *vi* scatenarsi

rampant ['ræm·pənt] *adj* (*disease*) dilagante; (*growth*) incontrollato, -a; (*inflation*) galoppante

ran [ræn] *pt of* **run**

rancher ['ræn·tʃə˞] *n* ①(*owner*) proprietario, -a *m, f* di un ranch ②(*worker*) addetto, -a *m, f* ad un ranch

rancid ['ræn·sɪd] *adj* rancido, -a

random ['ræn·dəm] **I.** *n* **at ~** a caso **II.** *adj* casuale

rang [ræn] *pt of* **ring²**

range [reɪndʒ] **I.** *n* ①(*variety*) varietà *f* ②(*scale*) gamma *f* ③(*extent*) fascia *f*; **price ~** categoria *f* di prezzo ④(*maximum capability*) portata *f*; **out of ~** fuori della portata; **within ~** entro la portata ⑤(*field*) campo *m*; **driving ~** (*in golf*) campo *m* pratica ⑥(*pasture*) prateria *f* ⑦MUS estensione *f* ⑧GEO catena *f*; **mountain ~** catena montuosa ⑨(*for kitchen*) cucina *f* **II.** *vi* (*vary*) variare ②(*extend*) estendersi **III.** *vt* ordinare

ranger ['reɪn·dʒə˞] *n* guardaboschi *mf inv*

rank¹ [ræŋk] **I.** *n* ①(*status*) rango *m* ②MIL grado *m*; **the ~s** la truppa **II.** *vi* classificarsi; **to ~ as sth** collocarsi come qc **III.** *vt* ①(*classify*) classificare ②(*arrange*) sistemare

rank² [ræŋk] *adj* ①(*smelling unpleasant*) maleodorante ②(*absolute*) completo, -a; (*beginner*) assoluto, -a

ransom ['ræn·səm] **I.** *n* riscatto *m*; **to hold sb (for) ~** sequestrare qu a scopo di riscatto; *fig* ricattare qu **II.** *vt* riscattare

rap [ræp] **I.** *n* ①(*knock*) colpo *m* secco ②MUS rap *m* **II.** *vt* colpire **III.** *vi* ①(*talk*) chiacchierare ②MUS fare del rap

rape [reɪp] **I.** *n* ①(*of person*) stupro *m* ②(*of city*) saccheggio *m* **II.** *vt* ①(*person*) violentare ②(*city*) saccheggiare

rapid ['ræ·pɪd] *adj* (*quick*) rapido, -a

rapid transit *n* sistema urbano di ferrovie sotterranee o sopraelevate per il trasporto passeggeri

rapist ['reɪ·pɪst] *n* violentatore, -trice *m, f*

rare¹ [rer] *adj* (*uncommon: bird, book*) raro, -a; (*exceptional*) fuori del comune

rare² [rer] *adj* FOOD al sangue

rarely ['rer·li] *adv* raramente

rarity ['re·rə·ti] <-ies> *n* rarità *f*

rascal ['ræs·kl] *n* briccone, -a *m, f*

rash¹ [ræʃ] *n* ①MED eruzione *f* cutanea ②(*outbreak: of burglaries, etc*) ondata *f*

rash² [ræʃ] *adj* (*decision*) affrettato, -a; (*move*) impulsivo, -a

rasher ['ræ·ʃə˞] *n* fetta *f* di pancetta (*o di prosciutto*)

raspberry ['ræz·ˌbe·ri] <-ies> *n* ①(*fruit*) lampone *m* ②*inf* (*sound*) pernacchia *f*

rat [ræt] **I.** *n* ①(*animal*) ratto *m* ②(*person*) infame *mf* **II.** *vi* (*betray*) fare la spia

rate [reɪt] **I.** *n* ①(*speed*) velocità *f* ②(*proportion*) quota *f*; **birth ~** indice *m* di natalità ③(*price*) tariffa *f*; **~ of exchange** tasso *m* di cambio; **interest ~** tasso *m* di interesse ▸ **at any ~** ad ogni modo **II.** *vt* stimare **III.** *vi* **to ~ as** essere considerato come

rather ['ræ·ðə·] **I.** *adv* ❶ (*somewhat*) alquanto ❷ (*more exactly*) meglio ❸ (*on the contrary*) anzi ❹ (*very*) piuttosto ❺ (*in preference to*) **I would ~ stay here** preferirei rimanere qui **II.** *interj* senz'altro

rating ['reɪ·tɪŋ] *n* ❶ (*estimation*) valutazione *f* ❷ *pl* TV, RADIO indice *m* d'ascolto

ratio ['reɪ·ʃiou] *n* proporzione *f*

ration ['ræ·ʃən] **I.** *n* ❶ (*fixed allowance*) razione *f* ❷ *pl* (*total amount allowed*) razioni *fpl* **II.** *vt* razionare

rational ['ræ·ʃə·nəl] *adj* ❶ (*able to reason*) razionale ❷ (*sensible*) ragionevole

rationalize ['ræ·ʃə·nə·laɪz] *vt* razionalizzare

rationing *n* razionamento *m*

rat race *n* **the ~** la corsa frenetica per aver successo

rattlesnake ['ræ·t̬l·sneɪk] *n* serpente *m* a sonagli

raunchy ['rɔn·tʃi] <-ier, -iest> *adj* sconcio, -a

rave [reɪv] **I.** *n* ❶ *inf* (*enthusiastic review*) recensione *f* entusiastica ❷ (*dance party*) rave *m inv* **II.** *adj inf* (*review*) entusiastico, -a **III.** *vi* **to ~ about sth/sb** essere entusiasta di qc/qu; **to ~ against sb/sth** inveire contro qu/qc

ravenous ['ræ·və·nəs] *adj* (*person, animal*) affamato, -a; (*appetite*) insaziabile

ravine [rə·'vi:n] *n* burrone *m*

raving ['reɪ·vɪŋ] **I.** *adj* (*success*) strepitoso, -a **II.** *adv* **to be ~ mad** essere pazzo da legare **III.** *npl* vaneggiamenti *mpl*

raw [rɔː] *adj* ❶ (*uncooked*) crudo, -a ❷ (*unprocessed: sewage, data*) non trattato, -a; (*silk*) greggio, -a; **~ material** materia prima ❸ (*sore*) escoriato, -a ❹ (*inexperienced*) novizio, -a ❺ (*unrestrained*) allo stato puro ❻ (*weather*) brutto, -a

ray [reɪ] *n* ❶ (*of light*) raggio *m* ❷ (*trace*) barlume *m*

razor ['reɪ·zə·] **I.** *n* rasoio *m*; **electric ~** rasoio elettrico **II.** *vt* radere

razorblade *n* lametta *f* da barba

RC [ˌɑːr·'si:] ❶ *abbr of* **Red Cross** Croce *f* Rossa ❷ *abbr of* **Roman Catholic** cattolico, -a *m, f* romano, -a

Rd. *abbr of* **road** v.

reach [ri:tʃ] **I.** *n* ❶ (*range*) portata *m*; **to be within (sb's) ~** a. *fig* essere alla portata (di qu) ❷ (*of river*) tratto *m* **II.** *vt* ❶ (*stretch out*) allungare ❷ (*arrive at: city, finish line*) raggiungere ❸ (*attain*) conseguire; (*agreement*) giungere a; **to ~ 80** compiere 80 anni ❹ (*extend to*) arrivare a ❺ (*communicate with*) contattare **III.** *vi* **to ~ for sth** allungare la mano per prendere qc

◆**reach out** *vi* allungare la mano

react [ri·'ækt] *vi* reagire

reaction [ri·'æk·ʃən] *n* ❶ *a.* CHEM reazione *f* ❷ *pl* MED reazioni *fpl*

reactive [ri·'æk·tɪv] *adj* reattivo, -a

reactor [ri·'æk·tə·] *n* reattore *m*; **nuclear ~** reattore *m* nucleare; **fusion ~** reattore *m* a fusione; **fission ~** reattore *m* a fissione

read¹ [ri:d] **I.** *n* lettura *f* **II.** *vt* <read, read> ❶ leggere; **to ~ sth aloud** leggere qc ad alta voce ❷ (*decipher*) decifrare; **to ~ sb's mind** [*o* thoughts] leggere nei pensieri di qu ❸ (*interpret*) interpretare ❹ (*inspect*) ispezionare; (*meter*) leggere **III.** *vi* <read, read> (*person*) leggere; (*book*) leggersi

◆**read over** *vt* rileggere

◆**read up on** *vt* raccogliere informazioni su

read² [red] *adj* letto, -a; **little/widely ~** poco/molto letto

readable ['ri:·də·bl] *adj* ❶ (*legible*) leggibile ❷ (*easy to read*) scorrevole

reader ['ri:·də·] *n* ❶ (*person*) lettore, -trice *m, f* ❷ TECH lettore *m* ❸ PUBL correttore, -trice *m, f*

readership ['ri:·də·ʃɪp] *n* lettori, -trici *m, fpl*

readily ['re·dɪ·li] *adv* ❶ (*promptly*) di buon grado ❷ (*easily*) agevolmente;

R

~ available immediatamente disponibile

readiness ['re·dɪ·nɪs] *n* ⓵ (*willingness*) disponibilità *f* ⓶ (*preparedness*) preparazione *f*

reading ['riː·dɪŋ] I. *n* ⓵ lettura *f* ⓶ (*interpretation*) interpretazione *f* ⓷ TECH rilevazione *f* II. *adj* di lettura

reading glasses *npl* occhiali *mpl* da lettura

readjust [ˌriː·ə·'dʒʌst] I. *vt a.* TECH riaggiustare II. *vi* (*objects*) riaggiustarsi; (*people*) riadattarsi

ready ['re·di] I. *adj* <-ier, -iest> ⓵ (*prepared*) pronto, -a; **to be ~** essere pronto; **to get ~ (for sth)** prepararsi (per qc); **to get sth ~** preparare qc ⓶ (*willing*) disponibile ⓷ (*available*) immediato, -a; **~ cash** contanti *mpl* ⓸ (*quick, prompt*) pronto, -a; (*mind*) acuto, -a ► **~, set, go!** SPORTS pronti, via! II. *n* **at the ~** pronto, -a III. *vt* preparare

real [riːl] I. *adj* ⓵ (*actual*) reale; (*threat, problem*) vero, -a; **for ~** sul serio ⓶ (*genuine*) autentico, -a; **the ~ thing** [*o* **deal**] l'originale ► **the ~ McCoy** *inf* l'originale autentico II. *adv* *inf* proprio

real estate *n* beni *mpl* immobili

realist ['riː·lɪst] *n* realista *mf*

realistic [ˌriː·lɪs·tɪk] *adj* realistico, -a

reality [rɪ·'æ·lə·ti] *n* realtà *f*

realization [ˌriː·ə·lɪ·'zeɪ·ʃən] *n* ⓵ (*awareness*) percezione *f* ⓶ *a.* FIN realizzazione *f*

realize ['riː·ə·laɪz] I. *vt* ⓵ (*be aware of*) essere consapevole di; (*become aware of*) rendersi conto di ⓶ (*achieve, fulfill*) realizzare ⓷ FIN liquidare; (*acquire*) realizzare II. *vi* (*notice*) rendersi conto; (*be aware of*) essere cosciente

really ['riː·ə·li] I. *adv* ⓵ (*genuinely*) veramente ⓶ (*actually*) realmente ⓷ (*very*) molto II. *interj* ⓵ (*surprise and interest*) davvero? ⓶ (*annoyance*) insomma ⓷ (*disbelief*) sul serio?

realtor ['riː·əl·tər] *n* agente *mf* immobiliare

reappear [ˌriː·ə·'pɪr] *vi* riapparire

reapply [ˌriː·ə·'plaɪ] I. *vt* **to ~ for sth** ri-

fare domanda per qc II. *vt* (*paint*) dare un'altra mano di

rear[1] [rɪr] I. *adj* posteriore II. *n* ⓵ (*back part*) retro *m inv* ⓶ *inf* (*buttocks*) posteriore *m* ⓷ MIL retroguardia *f*; **to bring up the ~** chiudere la fila

rear[2] [rɪr] I. *vt* (*bring up: child*) tirar su; (*animals*) allevare II. *vi* (*horse*) impennarsi

rearrange [ˌriː·ə·'reɪndʒ] *vt* ⓵ (*system*) riorganizzare ⓶ (*furniture*) riordinare ⓷ (*meeting*) spostare la data di

rearview mirror *n* specchietto *m* retrovisore

rear-wheel drive *n* trazione *f* posteriore

reason ['riː·zn] I. *n* ⓵ (*motive*) motivo *m*; **the ~ why …** il motivo per cui… ⓶ (*common sense*) buon senso *m*; **within ~** entro limiti ragionevoli ⓷ (*sanity*) ragione *f* II. *vt* sostenere III. *vi* ragionare

reasonable ['riː·z·nə·bl] *adj* ⓵ (*sensible*) ragionevole ⓶ (*fair*) discreto, -a ⓷ (*inexpensive*) non troppo caro, -a

reasonably ['riː·z·nəb·li] *adv* ⓵ (*fairly*) ragionevolmente ⓶ (*acceptably*) abbastanza

reassurance [ˌriː·ə·'ʃʊ·rəns] *n a.* FIN rassicurazione *f*

reassure [ˌriː·ə·'ʃʊr] *vt* rassicurare

reassuring [ˌriː·ə·'ʃʊ·rɪŋ] *adj* rassicurante

rebate ['riː·beɪt] *n* ⓵ (*refund*) rimborso *m*; **tax ~** rimborso delle tasse ⓶ (*discount*) ribasso *m*

rebel[1] ['re·bl] *adj, n* ribelle *mf*

rebel[2] [rɪ·'bel] <-ll-> *vi* ribellarsi

rebellion [rɪ·'bel·jən] *n* ribellione *f*

rebellious [rɪ·'bel·jəs] *adj* ribelle

reboot [ˌriː·'buːt] *adj, n* COMPUT I. *vt* riavviare II. *vi* riavviarsi

recall [rɪ·'kɔːl] I. *vt* ⓵ (*remember*) ricordare ⓶ (*call back*) richiamare ⓷ ECON ritirare (dal mercato) II. *vi* ricordare III. *n* ⓵ (*memory*) memoria *f* ⓶ POL richiamo *m* ⓷ ECON ritiro *m* (dal mercato)

recap ['riː·kæp] *abbr of* **recapitulate**

I.<-pp-> *vi, vt inf* ricapitolare II. *n inf* ricapitolazione *f*

receipt [rɪˈsiːt] I. *n* ❶ (*document*) ricevuta *f* ❷ *pl* COM entrate *fpl* ❸ (*act of receiving*) ricevimento *m*; **payment on ~** pagamento al ricevimento; **on ~ of ...** al ricevimento di ...; **to acknowledge ~ of** accusare ricevuta *f* di II. *vt* accusare ricevuta di

receive [rɪˈsiːv] I. *vt* ❶ (*be given*) a. TEL, RADIO ricevere; (*pension*) percepire ❷ (*react to: proposal*) accogliere ❸ (*injury*) ricevere ❹ **to ~ sb into the Church** accogliere qu in seno alla Chiesa ❺ LAW **to ~ stolen goods** ricettare beni rubati II. *vi* SPORTS ricevere (la battuta)

receiver [rɪˈsiːvə] *n* ❶ TEL, RADIO ricevitore *m* ❷ ECON **the official ~** il curatore fallimentare ❸ SPORTS ricevitore, -trice *m, f*

recent [ˈriːsənt] *adj* recente

recently *adv* recentemente

reception [rɪˈsepʃən] *n* ❶ (*welcome*) accoglienza *f* ❷ (*in hotel*) reception *f inv*

reception desk *n* banco *m* dell'accettazione

receptionist [rɪˈsepʃənɪst] *n* receptionist *mf*

recession [rɪˈseʃən] *n* ECON recessione *f*

recharge [ˌriːˈtʃɑːrdʒ] I. *vt* ricaricare II. *vi* ricaricarsi

rechargeable [ˌriːˈtʃɑːrdʒəbl] *adj* ricaricabile

recipe [ˈresəpi] *n* a. *fig* ricetta *f*

recipient [rɪˈsɪpiənt] *n* (*of letter*) destinatario, -a *m, f*; (*of gift*) beneficiario, -a *m, f*

recite [rɪˈsaɪt] I. *vt* ❶ (*repeat*) recitare ❷ (*list*) enumerare II. *vi* recitare

reckless [ˈrekləs] *adj* sconsiderato, -a; LAW imprudente

reckon [ˈrekən] I. *vt* ❶ (*calculate*) calcolare ❷ (*consider*) ritenere; **what do you ~?** che ne pensi? ❸ (*judge*) stimare II. *vi inf* calcolare

◆**reckon with** *vt insep* far i conti con

◆**reckon without** *vt insep* non tenere conto di

reckoning [ˈrekənɪŋ] *n* ❶ (*calculation*) calcolo *m* ❷ (*settlement*) resa *f* dei conti

reclaim [rɪˈkleɪm] *vt* ❶ (*claim back*) reclamare ❷ (*reuse: land*) bonificare; (*material*) riciclare

recline [rɪˈklaɪn] I. *vi* adagiarsi II. *vt* reclinare

recliner [rɪˈklaɪnə] *n* poltrona *f* reclinabile

recognition [ˌrekəgˈnɪʃən] *n* a. COMPUT riconoscimento *m*

recognizable [ˈrekəgnaɪzəbl] *adj* riconoscibile

recognize [ˈrekəgnaɪz] *vt* riconoscere

recognized [ˈrekəgnaɪzd] *adj* riconosciuto, -a

recollect [ˌrekəˈlekt] *vi, vt* ricordare

recollection [ˌrekəˈlekʃən] *n* ricordo *m*

recommend [ˌrekəˈmend] *vt* raccomandare; **it is not ~ed** non è consigliato

recommendable *adj* raccomandabile

recommendation [ˌrekəmənˈdeɪʃən] *n* ❶ (*suggestion*) raccomandazione *f*; **on sb's ~** su raccomandazione di qu ❷ (*advice*) consiglio *m*

reconcile [ˈrekənsaɪl] *vt* ❶ (*person*) riconciliare ❷ (*difference, fact*) conciliare

reconciliation [ˌrekənˌsɪliˈeɪʃən] *n* ❶ (*restoration of good relations*) riconciliazione *f* ❷ (*making compatible*) conciliazione *f*

reconnaissance [rɪˈkɑːnəsənts] *n* ricognizione *f*

reconsider [ˌriːkənˈsɪdə] I. *vt* riconsiderare II. *vi* tornare a rifletterci su

reconstruct [ˌriːkənˈstrʌkt] *vt* ricostruire

reconstruction [ˌriːkənˈstrʌkʃən] *n* ricostruzione *f*

record[1] [ˈrekəd] I. *n* ❶ (*account*) resoconto *m*; (*document*) documento *m*; **medical ~** cartella *f* clinica; **to say sth off the ~** dire qc in maniera ufficiosa ❷ (*sb's past*) precedenti *mpl*; **to have a**

R

good ~ avere buoni precedenti ⑥ *pl* archivi *mpl* ⑦ MUS disco *m;* **to make a** ~ incidere un disco ⑧ SPORTS record *m inv;* **to break a** ~ battere un record ⑨ LAW verbale *m* ⑩ COMPUT record *m inv* II. *adj* record; **to do sth in** ~ **time** fare qc a tempo di record

record² [rɪˈkɔːrd] I. *vt* ⑤ (*store*) prendere nota di ⑥ *a.* COMPUT registrare; MUS incidere ⑥ LAW mettere agli atti II. *vi* registrare

record-breaking *adj* da record

recorded [rɪˈkɔːrˌdɪd] *adj* registrato, -a; (*history*) documentato, -a; (*music*) inciso, -a

recorder [rɪˈkɔːrˌdə] *n* ⑥ (*tape recorder*) registratore *m* a cassette ⑦ MUS flauto *m* dolce

record holder *n* SPORTS primatista *mf*

recording *n* (*of sound*) registrazione *f*

recording studio *n* studio *m* di registrazione

record label *n* etichetta *f* discografica

record player *n* giradischi *m inv*

recount¹ [rɪˈkaʊnt] *vt* ⑥ (*narrate*) raccontare ⑦ (*count again*) contare di nuovo

recount² [ˈriːˌkaʊnt] *n* POL nuovo conteggio *m*

recoup [rɪˈkup] *vt* recuperare

recover [rɪˈkʌvə] I. *vt a.* COMPUT recuperare II. *vi* ⑥ (*regain health*) ristabilirsi ⑦ (*return to normal*) riprendersi

recovery [rɪˈkʌvəri] <-ies> *n* ⑥ *a.* MED, ECON (*field*) ripresa *f* ⑦ COMPUT recupero *m*

recreation [ˌrekriˈeɪʃən] *n* ⑥ *a.* SCHOOL ricreazione *f* ⑦ (*pastime*) divertimento *m*

recreational [ˌrekriˈeɪʃənəl] *adj* ricreativo, -a

recreation center *n* centro *m* ricreativo

recruit [rɪˈkrut] I. *vt* MIL reclutare; (*employee*) assumere II. *n* MIL recluta *f*

recruitment agency *n* agenzia *f* di collocamento

rectangle [ˈrekˌtæŋˌgl] *n* rettangolo *m*

rectangular [rekˈtæŋˌgjəˌlə] *adj* rettangolare

recur [rɪˈkɜːr] *vi* ripetersi

recurrence [rɪˈkɜːˌrəns] *n* ripetizione *f*

recurrent [rɪˈkɜːˌrənt] *adj* ricorrente

recycle [ˌriːˈsaɪˌkl] *vt* riciclare

recycling I. *n* riciclaggio *m* II. *adj* di riciclaggio

red [red] I.<-dd-> *adj* rosso, -a II. *n* rosso *m;* **to be in the** ~ FIN essere in rosso ▶ **to see** ~ vedere rosso

red blood cell *n* globulo *m* rosso

Red Cross *n* **the** ~ la Croce Rossa

reddish [ˈredɪʃ] *adj* rossiccio, -a

redeem [rɪˈdiːm] *vt* ⑥ *a.* REL (*person*) redimere; (*situation*) salvare ⑦ FIN (*policy*) incassare; (*pawned item*) riscattare; (*debt*) estinguere

Redeemer [rɪˈdiːˌmə] *n* REL **the** ~ il Redentore

redemption [rɪˈdempˌʃən] *n* ⑥ *a.* REL redenzione *f* ⑦ FIN (*of policy*) liquidazione *f;* (*of mortgage*) estinzione *f*

redevelop [ˌriːdɪˈveˌləp] *vt* dare nuovo sviluppo a

redevelopment [ˌriːdɪˈveˌləpˌmənt] *n* nuovo sviluppo *m*

redeye [ˈredˌaɪ] *n sl* volo *m* notturno

red-haired [ˌredˈherd] *adj* dai capelli rossi

red-handed [ˌredˈhænˌdɪd] *adj* **to catch sb** ~ cogliere qu in flagrante

redhead [ˈredˌhed] *n* rosso, -a *m, f*

red-hot [ˌredˈhɑːt] *adj* ⑥ (*extremely hot*) incandescente ⑦ (*exciting*) sensazionale ⑧ (*up-to-the-minute: information*) dell'ultim'ora

redirect [ˌriːdɪˈrekt] *vt* rindirizzare; (*letter*) spedire al nuovo indirizzo; (*traffic*) deviare

red light *n* semaforo *m* rosso

red-light district *n* quartiere *m* a luci rosse

red meat *n* carne *f* rossa

redo [ˌriːˈduː] *vt irr* rifare

redouble [rɪˈdʌˌbl] *vt* raddoppiare; **to** ~ **one's efforts** raddoppiare gli sforzi

red pepper *n* peperone *m* rosso

red tape *n* lungaggini *fpl* burocratiche

reduce [rɪˈduːs] I. *vt* ⑥ *a.* MATH ridurre

R

to ~ sb to tears ridurre qu in lacrime II. *vi* dimagrire

reduced [rɪ'dju:st] *adj* ❶(*lower*) ridotto, -a ❷(*impoverished*) **to be in ~ circumstances** trovarsi in ristrettezze economiche

reduction [rɪ'dʌk·ʃən] *n* riduzione *f*

redundant [rɪ'dʌn·dənt] *adj* (*superfluous*) superfluo, -a

red wine *n* vino *m* rosso

reel[1] [ri:l] *n* (*storage or winding device*) rocchetto *m*; (*for film, tape*) bobina *f*

reel[2] [ri:l] *vi* ❶(*move unsteadily*) barcollare ❷(*recoil*) indietreggiare

re-elect [ˌri:·ɪ'lekt] *vt* rieleggere

ref [ref] *n* ❶*inf abbr of* **referee** arbitro *m* ❷*abbr of* **reference** referenza *f*

refectory [rɪ'fek·tə·ri] <-ies> *n* mensa *f*

refer [rɪ'fɜ:r] <-rr-> *vt* **to refer sth to sb** (*article*) rimettere qc a qu; **to ~ a patient to a specialist** mandare un paziente da uno specialista

◆**refer to** *vt* ❶(*mention, allude*) riferirsi a; **to ~ sb as sth** riferirsi a qu come qc; **referring to your letter/phone call,...** con riferimento alla sua lettera/telefonata,... ❷(*concern*) riguardare ❸(*consult, turn to*) consultare; **to ~ one's notes** consultare i propri appunti

referee [ˌre·fə·'ri:] I. *n* ❶SPORTS arbitro *m* ❷(*in dispute*) mediatore, -trice *m, f* II. *vi, vt* arbitrare

reference ['re·fə·rənts] *n* ❶(*consultation*) consultazione *f*; **to make ~ to sth** fare riferimento a qc ❷(*source*) fonte *f* ❸(*allusion*) riferimento *m*; **with ~ to what was said** con riferimento a quello che si è detto ❹ADMIN (*number*) numero *m* di riferimento ❺(*for job application*) referenza *f*; **to take up ~s** chiedere referenze

reference book *n* libro *m* di consultazione

reference library *n* biblioteca *f* di consultazione

reference number *n* ❶(*in document*) numero *m* di riferimento ❷(*on product*) numero *m* di serie

refill[1] [ˌri:·'fɪl] *vt* (*fill again*) riempire di nuovo

refill[2] ['ri:·fɪl] *n* (*replacement*) ricambio *m*

refine [rɪ'faɪn] *vt* ❶(*oil, sugar*) raffinare ❷(*technique*) perfezionare

refined [rɪ'faɪnd] *adj* ❶(*oil, sugar*) raffinato, -a ❷(*sophisticated*) sofisticato, -a ❸(*very polite*) fine

refinery [rɪ'faɪ·nə·ri] <-ies> *n* raffineria *f*

reflect [rɪ'flekt] I. *vt* riflettere II. *vi* ❶(*cast back light*) riflettersi ❷(*contemplate*) riflettere

reflection [rɪ'flek·ʃən] *n* ❶(*image*) riflesso *m* ❷(*thought*) riflessione *f*; **on ~** a pensarci bene

reflex ['ri:·fleks] <-es> I. *n* riflesso *m* II. *adj* istintivo, -a

reform [rɪ'fɔ:rm] I. *vt* riformare II. *vi* ravvedersi III. *n* riforma *f*

reformation [ˌre·fə·'meɪ·ʃən] *n* riforma *f*; **the Reformation** la Riforma

reformer *n* riformatore, -trice *m, f*

refrain [rɪ'freɪn] *vi form* astenersi; **to ~ from doing sth** astenersi dal fare qc

refresh [rɪ'freʃ] *vt* rinfrescare

refreshing *adj* ❶(*drink*) rinfrescante ❷(*change*) piacevole

refreshment [rɪ'freʃ·mənt] *n* rinfresco *m*

refrigerate [rɪ'frɪ·dʒə·reɪt] *vt* refrigerare

refrigerator [rɪ'frɪ·dʒə·reɪ·tə] *n* frigorifero *m*

R

refuel [ˌri:·'fju:·əl] <-ll-, -l-> I. *vi* fare rifornimento (di carburante) II. *vt* rifornire di carburante; *fig* riaccendere

refuge ['re·fju:dʒ] *n* rifugio *m*

refugee [ˌre·fju·'dʒi:] *n* rifugiato, -a *m, f*

refund[1] [rɪ'fʌnd] *vt* rimborsare

refund[2] ['ri:·fʌnd] *n* rimborso *m*

refurbish [ˌri:·'fɜr·bɪʃ] *vt* rimettere a nuovo

refusal [rɪ'fju:·zl] *n* rifiuto *m*

refuse [rɪ'fju:z] I. *vi* rifiutar(si) II. *vt* (*request, gift*) rifiutare; (*permission, entry*) negare; **to ~ sb sth** negare qc a qu

regain [rɪˈgeɪn] *vt* (*freedom*) recuperare; (*consciousness*) riprendere; (*health*) riacquistare

regard [rɪˈgɑːrd] **I.** *vt* ① (*consider*) considerare; **to ~ sb highly** tenere qu in grande stima ② (*concerning*) **as ~s ...** riguardo a ... **II.** *n form* ① (*consideration*) considerazione *f*; **with ~ to ...** quanto a ... ② (*respect*) stima *f*; **to hold sb/sth in high ~** avere una grande stima di qu/qc ③ (*point*) **in this ~** a questo riguardo ④ *pl* (*in messages*) saluti *mpl*; **with kind ~s** cari saluti

regarding *prep* quanto a

regardless [rɪˈgɑːrdləs] **I.** *adv* nonostante tutto **II.** *adj* **~ of ...** senza badare a ...

region [ˈriːdʒən] *n* regione *f*; **in the ~ of 30** intorno a 30

regional [ˈriːdʒə·nl] *adj* regionale

register [ˈre·dʒɪs·tər] **I.** *n* registro *m*; **class ~** registro di classe **II.** *vt* registrare; (*car*) immatricolare; (*voter*) iscrivere nelle liste elettorali; (*letter*) spedire per raccomandata; (*package*) assicurare **III.** *vi a.* UNIV (*record*) iscriversi

registered [ˈre·dʒɪs·tərd] *adj* registrato, -a; (*nurse*) diplomato, -a; (*student*) iscritto, -a; (*letter*) raccomandato, -a; (*package*) assicurato, -a

registration [ˌre·dʒɪ·ˈstreɪ·ʃən] *n* ① (*act*) registrazione *f*; **voter ~** iscrizione dei votanti nelle liste elettorali ② AUTO libretto *m* di circolazione; **license and ~** patente e libretto di circolazione ③ UNIV iscrizione *f*

registration fee *n a.* UNIV quota *f* d'iscrizione

registration number *n* numero *m* di targa

registry [ˈre·dʒɪs·tri] *n* anagrafe *f*

regret [rɪˈgret] **I.** <-tt-> *vt* rammaricarsi di; **to ~ doing sth** pentirsi di aver fatto qc; **we ~ any inconvenience to passengers** siamo spiacenti per i disagi ai passeggeri **II.** *n* rammarico *m*; **to have (no) ~s** (non) avere rimpianti; **to send one's ~s** inviare le proprie scuse

regretful [rɪˈgret·fəl] *adj* dispiaciuto, -a

regretfully *adv* con rammarico

regrettable [rɪˈgre·tə·bl] *adj* deplorevole

regular [ˈreg·jə·lə] **I.** *adj* ① (*pattern*) regolare; (*customer*) abituale; (*procedure*) normale ② *inf* (*real*) vero, -a **II.** *n* ① (*customer*) cliente *mf* abituale ② MIL militare *m* di carriera

regularity [ˌreg·jʊ·ˈle·rə·ti] *n* regolarità *f*

regulate [ˈreg·jʊ·leɪt] *vt* ① (*supervise*) regolamentare ② (*adjust*) regolare

regulation [ˌreg·jʊ·ˈleɪ·ʃən] **I.** *n* ① (*rule*) regola *f*; **safety ~s** norme *fpl* di sicurezza ② (*adjustment*) regolazione *f* **II.** *adj* regolamentare

rehabilitate [ˌriː·hə·ˈbɪ·lə·teɪt] *vt* riabilitare

rehabilitation [ˌriː·hə·bɪ·lə·ˈteɪ·ʃən] *n* riabilitazione *f*

rehearsal [rɪˈhɜːrsl] *n* prova *f*

rehearse [rɪˈhɜːrs] *vi, vt* provare

reimburse [ˌriː·ɪm·ˈbɜːrs] *vt* rimborsare

reinforce [ˌriː·ɪn·ˈfɔːrs] *vt a.* MIL rinforzare; (*argument*) rafforzare

reinforcement *n* rafforzamento *m*

reject¹ [rɪˈdʒekt] *vt a.* MED, TECH rigettare; (*application, request*) respingere; (*proposal*) scartare

reject² [ˈriː·dʒekt] *n* ① (*cast-off*) articolo *m* di scarto ② (*person*) persona *f* scartata

rejection [rɪˈdʒek·ʃən] *n* rifiuto *m*

rejoice [rɪˈdʒɔɪs] *vi* rallegrarsi; **I ~d to see that ...** mi rallegrai nel vedere che ...

rejoicing *n* esultanza *f*

rejuvenate [rɪ·ˈdʒuː·və·neɪt] *vt* ringiovanire

relapse [rɪˈlæps] **I.** *n* MED ricaduta *f* **II.** *vi* ricadere; MED avere una ricaduta

relate [rɪˈleɪt] **I.** *vt* ① (*establish connection*) mettere in relazione ② (*tell*) raccontare **II.** *vi* ① (*be connected with*) **to ~ to sb/sth** avere a che fare con qu/qc ② (*understand*) **to ~ to sth/sb** entrare in sintonia con qc/qu

related *adj* ① (*linked*) correlato, -a ② (*in same family*) imparentato, -a

relating to *prep* con riguardo a

relation [rɪ'leɪ·ʃən] n ❶ (link) relazione f; **in ~ to** riguardo a; **to bear no ~ to sb/sth** non avere niente a che fare con qu/qc ❷ (relative) parente mf ❸ pl (contact) relazioni fpl

relationship [rɪ'leɪ·ʃən·ʃɪp] n ❶ (link) relazione f ❷ (family connection) parentela f ❸ (between two people) rapporto m; **business ~s** rapporti commerciali

relative ['re·lə·tɪv] I. adj relativo, -a II. n parente mf

relatively adv relativamente

relax [rɪ'læks] I. vi rilassarsi; (restrictions) allentarsi; **relax!** rilassati! II. vt rilassare; (restrictions) allentare

relaxation [ˌriː·læk·'seɪ·ʃən] n rilassamento m

release [rɪ'liːs] I. vt ❶ (set free) rilasciare ❷ (cease to hold) allentare ❸ (allow to escape: gas) liberare; (steam) emettere ❹ (weaken: pressure) alleggerire ❺ (make public: information) rendere noto; (book) pubblicare; (film) fare uscire; (CD) mettere in circolazione II. n ❶ (of prisoner) rilascio m; (of hostage) liberazione f ❷ PHOT scatto m ❸ (relaxation) allentamento m ❹ (escape) fuga f ❺ (publication) pubblicazione f; (of film) uscita f; (of CD) messa f in circolazione; **press ~** comunicato m (di) stampa

relent [rɪ'lent] vi (person) cedere; (wind, rain) attenuarsi

relentless [rɪ'lent·ləs] adj (pursuit, opposition) implacabile; (pressure) incessante; (criticism) spietato, -a

relevant ['re·lə·vənt] adj pertinente

reliability [rɪ·ˌla·ɪə·'bɪ·lə·ti] n ❶ (dependability) affidabilità f ❷ (trustworthiness) attendibilità f

reliable [rɪ'la·ɪə·bl] adj ❶ (credible) attendibile; (authority) serio, -a; (evidence) convincente ❷ (trustworthy) degno, -a di fiducia

reliance [rɪ'la·ɪəns] n ❶ (dependence) dipendenza f ❷ (belief) fiducia f

reliant [rɪ'la·ɪənt] adj **to be ~ on sb/sth** fare affidamento su qu/qc

relief [rɪ'liːf] I. n ❶ (relaxation) sollievo m; **what a ~!** che sollievo! ❷ (aid) soccorso m ❸ (replacement) sostituzione f ❹ **tax ~** agevolazione f fiscale II. adj di riserva; **~ driver** secondo autista

relief worker n operatore, -trice m, f umanitario, -a

relieve [rɪ'liːv] vt ❶ (assist) soccorrere ❷ (alleviate: pain, suffering) alleviare; (feelings) dare sfogo a; (one's mind) tranquillizzare ❸ MIL liberare

religion [rɪ'lɪ·dʒən] n religione f

religious [rɪ'lɪ·dʒəs] adj religioso, -a

reload [ˌriː·'loʊd] I. vt ricaricare II. vi ricaricarsi

relocate [ri·loʊ·'keɪt] I. vi trasferirsi II. vt trasferire

relocation [ˌri·loʊ·'keɪ·ʃən] n trasferimento m

reluctance [rɪ'lʌk·təns] n riluttanza f

reluctant [rɪ'lʌk·tənt] adj riluttante

rely [rɪ'laɪ] vi **to ~ on** [o **upon**] (trust) fare affidamento su; (depend on) dipendere da

remain [rɪ'meɪn] vi ❶ (stay) restare ❷ (continue) rimanere; **to ~ seated** rimanere seduto; **the fact ~s that ...** resta il fatto che ...; **it (only) ~s for me to ...** non mi rimane che ...; **it ~s to be seen (who/what/how)** resta da vedere (chi/che cosa/come)

remaining [rɪ'meɪ·nɪŋ] adj restante

remains [rɪ'meɪnz] npl resti mpl

remand [rɪ'mænd] I. vt **to ~ sb to prison** [o **in custody**] mettere qu in carcere preventivo; **to ~ sb on bail** mettere qu in libertà dietro cauzione II. n **to be on ~** essere in carcere preventivo

remark [rɪ'mɑːrk] I. vi **to ~ on sth** fare osservazioni su qc II. n osservazione f; **to make ~s about sb/sth** fare commenti su qu/qc

remarkable [rɪ'mɑːr·kə·bl] adj notevole; (coincidence) straordinario, -a; **to be ~ for sth** essere degno di nota per qc

remarry [ˌri·'me·ri] <-ie-> vi risposarsi

remedy ['re·mə·di] I. <-ies> n ❶ rimedio m ❷ LAW (legal) **~** azione f giudizia-

R

ria **II.** *vt* rimediare a; (*mistake*) correggere

remember [rɪˈmem·bə] **I.** *vt* ❶(*recall*) ricordare; **I can't ~ his name** non ricordo il suo nome ❷(*commemorate*) commemorare **II.** *vi* ricordarsi

remind [rɪˈmaɪnd] *vt* ricordare; **to ~ sb to do sth** ricordare a qu di fare qc; **he ~s me of you** mi ricorda te; **that ~s me, ...** ora che mi viene in mente...

reminder [rɪˈmaɪn·də] *n* ❶(*note*) messaggio *m* (per ricordare) ❷(*warning*) avvertimento *m* ❸(*memento*) ricordo *m*

remorse [rɪˈmɔːrs] *n* rimorso *m*; **without ~** senza rimorsi

remote [rɪˈmoʊt] *adj* <-er, -est> (*place*) remoto, -a

remote control *n* telecomando *m*

removal [rɪˈmuːvəl] *n* ❶(*of stain*) rimozione *f* ❷(*extraction*) estrazione *f*

remove [rɪˈmuːv] *vt* ❶(*take away*) levare; (*clothes*) levarsi ❷(*get rid of*) eliminare; (*cork*) togliere; (*name*) cancellare; (*fears*) dissipare; (*problem*) risolvere

remover [rɪˈmuːvə] *n* ❶(titolare *mf* di un')impresa *f* di traslochi ❷**stain ~** smacchiatore *m*

Renaissance [ˌren·əˈsɑns] *n* **the ~** il Rinascimento

rename [ˌriːˈneɪm] *vt* dare un nuovo nome a

rendezvous [ˈrɑːn·deɪ·vuː, ˈrɑːn·dɪ·vuːz] **I.** *n inv* ❶(*meeting*) appuntamento *m* ❷(*place*) luogo *m* d'incontro **II.** *vi* incontrarsi (a seguito di un appuntamento)

renew [rɪˈnuː] *vt* (*begin again: membership*) rinnovare; (*relationship*) riannodare

renewable [rɪˈnuː·ə·bl] *adj* rinnovabile

renewal [rɪˈnuː·əl] *n* rinnovo *m*

renewed [rɪˈnuːd] *adj* rinnovato, -a

renovate [ˈre·nə·veɪt] *vt* restaurare

renovation [ˌre·nəˈveɪ·ʃən] *n* restauro *m*

rent [rent] **I.** *vt* (*apartment*) affittare; (*car*) noleggiare **II.** *vi* essere in affitto **III.** *n* affitto *m*; **for ~** affittasi

rent-a-car *n* (*car*) macchina *f* a noleggio; (*agency*) autonoleggio *m*

rental [ˈren·t̬əl] **I.** *n* affitto *m* **II.** *adj* d'affitto

rent-free *adj* concesso, -a senza pagamento di un affitto

reopen [riːˈoʊ·pən] **I.** *vt* riaprire **II.** *vi* riaprirsi

reorder [ˌriːˈɔːr·də] **I.** *n* nuovo ordine *m* **II.** *vt* ❶(*reorganize*) riordinare ❷COM ordinare di nuovo

reorganize [ˌriːˈɔːr·gə·naɪz] **I.** *vt* riorganizzare **II.** *vi* riorganizzarsi

rep [rep] *n inf* ❶ *abbr of* **representative** rappresentante *mf* ❷THEAT *abbr of* **repertory** repertorio *m*

repair [rɪˈper] **I.** *vt* ❶(*machine*) riparare; (*clothes*) aggiustare ❷(*set right: damage*) riparare; (*friendship*) ristabilire **II.** *n* ❶(*mending*) riparazione *f*; **to be beyond ~** non poter essere più riparato ❷(*state*) **to be in good/bad ~** essere in buono/cattivo stato

repair kit *n* kit *m inv* per le riparazioni

repairman <-men> *n* (*for cars*) meccanico *m*; (*for television*) tecnico *m*

repair shop *n* officina *f* di riparazioni

repay [rɪˈpeɪ] <repaid> *vt* (*money*) restituire; (*person*) rimborsare; **to ~ money to sb** rimborsare dei soldi a qu; **to ~ a debt** ripagare un debito

repayable [rɪˈpe·tə·bl] *adj* rimborsabile

repayment [rɪˈpeɪ·mənt] *n* rimborso *m*

repeat [rɪˈpiːt] **I.** *vt* ❶(*say or do again*) ripetere ❷(*recite*) recitare **II.** *vi* (*happen again*) ripetersi; (*taste*) tornar su **III.** *n* ❶ripetizione *f* ❷TV replica *f*

repeated *adj* ripetuto, -a

repeatedly *adv* ripetutamente

repel [rɪˈpel] <-ll-> *vt* ❶(*ward off*) a. MIL, PHYS respingere ❷(*disgust*) ripugnare a

repellent [rɪˈpe·lənt] **I.** *n* repellente *m* **II.** *adj* ripugnante

repetition [ˌre·pəˈtɪ·ʃən] *n* ripetizione *f*

replace [rɪˈpleɪs] *vt* ❶(*take the place*

of) rimpiazzare; *(person)* sostituire ⑥ *(put back)* rimettere a posto

replacement [rɪ·'pleɪs·mənt] **I.** *n* ① *(person)* sostituto, -a *m, f*; *(part)* ricambio *m* ② MIL rimpiazzo *m* ③ *(act of substituting)* sostituzione *f* **II.** *adj* di ricambio

replay[1] [ˌriː·'pleɪ] *vt* ① SPORTS rigiocare ② MUS suonare di nuovo ③ TV mostrare la replica di

replay[2] ['riː·pleɪ] *n* ① SPORTS ripetizione *f*; TV replica *f*; **instant ~** replay *m inv* ② MUS replay *m inv*

reply [rɪ·'plaɪ] **I.** <-ied> *vt* rispondere **II.** <-ied> *vi* ① *(verbally)* rispondere ② *(react)* reagire **III.** <-ies> *n* risposta *f*

report [rɪ·'pɔːrt] **I.** *n* ① *(account)* resoconto *m*; PUBL articolo *m*; *(longer)* servizio *m*; **to give a ~** fare una relazione ② *(unproven claim)* voce *f* ③ *(explosion)* esplosione *m* **II.** *vt* ① *(recount)* riferire; *(discovery)* riportare; **nothing to ~** niente da riferire ② *(denounce)* denunciare **III.** *vi* ① *(make results public)* presentare un rapporto ② *(arrive at work)* presentarsi; **to ~ sick** darsi malato

report card *n* scheda *f* di valutazione

represent [ˌre·prɪ·'zent] *vt* ① *(act for, depict)* rappresentare ② *(state)* presentare

representative [ˌre·prɪ·'zen·tə·tɪv] **I.** *adj* ① a. POL rappresentativo, -a ② *(typical)* tipico, -a **II.** *n* ① a. COM rappresentante *mf* ② LAW delegato, -a *m, f* ③ POL deputato, -a *m, f*

repression [rɪ·'pre·ʃən] *n* repressione *f*

repressive [rɪ·'pre·sɪv] *adj* repressivo, -a

reprimand ['re·prə·mænd] **I.** *vt* redarguire **II.** *n* nota *f* di biasimo

reprint[1] [ˌriː·'prɪnt] *vt* ristampare

reprint[2] ['riː·prɪnt] *n* ristampa *f*

reprisal [rɪ·'praɪ·zl] *n* rappresaglia *f*

reproach [rɪ·'proʊtʃ] **I.** *vt* rimproverare **II.** *n* rimprovero *m*; **beyond ~** irreprensibile

reproduce [ˌriː·prə·'duːs] **I.** *vi* riprodursi **II.** *vt* riprodurre

reproduction [ˌriː·prə·'dʌk·ʃən] *n* riproduzione *f*

reptile ['rep·taɪl] *n* rettile *m*

republic [rɪ·'pʌb·lɪk] *n* repubblica *f*

republican [rɪ·'pʌb·lɪ·kən] *adj, n* repubblicano, -a *m, f*

repulsion [rɪ·'pʌl·ʃən] *n* repulsione *f*

repulsive [rɪ·'pʌl·sɪv] *adj* repulsivo, -a

reputable ['rep·jʊ·tə·bl] *adj* rispettabile

reputation [ˌrep·jʊ·'teɪ·ʃən] *n* reputazione *f*; **to have a good/bad ~** avere una buona/cattiva reputazione; **to know sb by ~** aver sentito parlare di qu

request [rɪ·'kwest] **I.** *n* richiesta *f*; ADMIN domanda *f*; **on ~** su richiesta; **to make a ~ for sth** fare richiesta di qc **II.** *vt* richiedere

require [rɪ·'kwaɪ·ə] *vt* ① *(need)* aver bisogno di ② *(demand)* richiedere; **to ~ sb to do sth** richiedere a qu che faccia qc

requirement [rɪ·'kwaɪ·ə·mənt] *n* requisito *m*

resale ['riː·seɪl] *n* rivendita *f*

rescue ['res·kjuː] **I.** *vt* *(save)* salvare; *(hostage)* liberare **II.** *n* salvataggio *m*; **to come to sb's ~** venir in soccorso di qu **III.** *adj* *(attempt, helicopter)* di salvataggio; **~ company** ECON rescue company *f*

rescue package *n* FIN, POL pacchetto *m* salva-Stati

research ['riː·sɜːrtʃ] **I.** *n* ricerca *f* **II.** *vi* fare delle ricerche **III.** *vt* fare delle ricerche su

researcher *n* ricercatore, -trice *m, f*

resemblance [rɪ·'zem·bləns] *n* rassomiglianza *f*

resemble [rɪ·'zem·bl] *vt* rassomigliare a

resent [rɪ·'zent] *vt* **to ~ sth** provare risentimento per qc

resentful [rɪ·'zent·fəl] *adj* *(person)* risentito, -a

resentment [rɪ·'zent·mənt] *n* risentimento *m*

reservation [ˌre·zə·'veɪ·ʃən] *n* *(doubt)* riserva *f*; *(booking)* prenotazione *f*; **to have ~s about sth** avere delle riserve su qc

R

reserve [rɪ'zɜːrv] I. n ① a. SPORTS riserva *f*; **to have sth in ~** avere qc di riserva ② MIL **the ~** la riserva II. *vt* riservare

reserved *adj* riservato, -a

reshuffle [ˌriː'ʃʌ·fl] I. *vt* riorganizzare II. *n* riorganizzazione *f*

residence ['re·zɪ·dənts] *n* residenza *f*

residence permit *n* permesso *m* di residenza

resident ['re·zɪ·dənt] I. *n* residente *mf* II. *adj* residente

resident alien *n* straniero , -a *m, f* residente

residential [ˌre·zɪ'den·ʃl] *adj* residenziale

resign [rɪ'zaɪn] I. *vi* ① (*leave job*) a. POL dimettersi ② GAMES abbandonare II. *vt* (*leave: job*) a. POL dimettersi da; **to ~ oneself to sth** rassegnarsi a qc

resignation [ˌre·zɪg'neɪ·ʃən] *n* ① (*from job*) a. POL dimissioni *fpl* ② (*conformity*) rassegnazione *f*

resigned [rɪ'zaɪnd] *adj* rassegnato, -a

resilient [rɪ'zɪl·jənt] *adj* (*material*) elastico, -a; (*person*) resistente

resist [rɪ'zɪst] I. *vt* resistere a II. *vi* resistere

resistance [rɪ'zɪs·tənts] *n* resistenza *f*

resistant [rɪ'zɪs·tənt] *adj* resistente

resolution [ˌre·zə'luː·ʃən] *n* a. COMPUT, PHOT, TV risoluzione *f*

resolve [rɪ'zɑlv] *vt* ① (*solve*) risolvere ② (*settle*) decidere

R

resort [rɪ'zɔːrt] *n* ① (*use*) ricorso *m*; **as a last ~** come ultima risorsa ② (*for holidays*) località *f* turistica; **ski ~** stazione *f* sciistica

resounding *adj* ① (*noise*) fragoroso, -a ② (*failure, success*) clamoroso, -a

resource ['riː·sɔːrs] I. *n* ① (*asset*) risorsa *f* ② *pl* **natural ~s** risorse *fpl* naturali ▶ **to be thrown back on one's own ~s** doversela cavare con le proprie forze II. *vt* finanziare

resourceful [rɪ'sɔːr·fəl] *adj* pieno, -a di risorse

respect [rɪ'spekt] I. *n* ① (*relation, esteem*) rispetto *m*; **with all due ~** con tutto il rispetto ② (*point*) aspetto *m*; **in**

all/many ~s sotto tutti gli/molti aspetti; **in every ~** sotto ogni aspetto; **with ~ to** riguardo a ③ *pl* (*greetings*) rispetti *mpl* II. *vt* rispettare

respectable [rɪ'spek·tə·bl] *adj* ① (*person, performance, result*) rispettabile ② (*behavior*) decente

respected [rɪ'spek·təd] *adj* rispettato, -a

respectful [rɪ'spekt·fəl] *adj* rispettoso, -a

respectfully [rɪ'spekt·fə·li] *adv* rispettosamente

respective [rɪ'spek·tɪv] *adj* rispettivo, -a

respectively *adv* rispettivamente

respond [rɪ'spɑnd] *vi* ① (*answer*) rispondere ② (*react*) reagire

response [rɪ'spɑns] *n* ① (*answer*) risposta *f* ② (*reaction*) reazione *f*

responsibility [rɪˌspɑn·sə'bɪ·lə·ti] *n* responsabilità *f*

responsible [rɪ'spɑn·sə·bl] *adj* responsabile; **to be ~ for sth/to sb** essere responsabile di qc/davanti a qu

responsive [rɪ'spɑn·sɪv] *adj* (*person*) reattivo, -a; (*mechanism*) sensibile; **to be ~ to sth** MED responder bene a qc

rest[1] [rest] I. *vt* ① (*cause to repose*) far riposare ② (*support*) appoggiare ③ LAW **to ~ one's case** concludere la propria arringa II. *vi* ① (*cease activity*) riposar(si) ② (*remain*) rimanere ③ (*be supported*) appoggiarsi; **to ~ on sth** (*theory*) basarsi su qc ④ LAW concludere III. *n* ① (*period of repose*) riposo *m* ② MUS pausa *f* ③ (*support*) appoggio *m*

rest[2] [rest] *n* resto *m*; **the ~** (*the other people*) tutti gli altri; (*the other things*) il rimanente; **for the ~** quanto al resto

restaurant ['res·tə·rɑːnt] *n* ristorante *m*

restful ['rest·fəl] *adj* riposante

rest home *n* casa *f* di riposo

restless ['rest·lɪs] *adj* ① (*agitated*) irrequieto, -a ② (*impatient*) impaziente ③ (*night*) agitato, -a

restoration [ˌres·tə'reɪ·ʃən] *n* (*act of restoring: of building, painting*) restauro *m*; (*of communication*) ripristino *m*

restore [rɪ·'stɔːr] *vt (reestablish: building, painting)* restaurare; *(communication, peace)* ristabilire; **to ~ sb's faith in sth** restituire la fede di qu in qc

restrain [rɪ·'streɪn] *vt (person, animal)* trattenere; *(temper, ambition)* controllare; *(trade)* ridurre; *(inflation)* frenare; **to ~ oneself** trattenersi

restraint [rɪ·'streɪnt] *n* ① *(self-control)* autocontrollo *m* ② *(restriction)* restrizione *f*

restrict [rɪ·'strɪkt] *vt (limit)* limitare

restricted *adj* ① *(limited)* limitato, -a; *(document)* confidenziale; *(parking)* riservato, -a ② *(small: space)* ristretto, -a; *(existence)* limitato, -a

restriction [rɪ·'strɪk·ʃən] *n* restrizione *f*; **speed ~** limite *m* di velocità

rest room *n* toilette *f inv*

rest stop *n (on highway)* area *f* di sosta

result [rɪ·'zʌlt] I. *n* a. MAT, SPORTS, POL risultato *m*; *(of exam)* esito *m*; **to get ~** ottenere buoni risultati; **as a ~ of** come conseguenza di II. *vi* **to ~ from** derivare da; **to ~ in** portare a

resume [rɪ·'zuːm] I. *vt (start again: work, journey)* riprendere ② *form (reoccupy: place)* riprendere; *(duties)* tornare a svolgere II. *vi form* riprendere

résumé ['re·zʊ·meɪ] *n* ① *(summary)* riassunto *m* ② *(for jobs)* curricolo *m*

resumption [rɪ·'zʌmp·ʃən] *n* ① *(of journey, work)* ripresa *f* ② *(of power)* riassunzione *f*; *(of duties)* ripresa *f*

resurrection [ˌre·zə·'rek·ʃən] *n* risurrezione *f*

retail business *n* commercio *m* al dettaglio

retailer *n* rivenditore, -trice *m, f*

retail price *n* COM prezzo *m* di vendita al pubblico

retail trade *n* ECON commercio *m* al dettaglio

retaliate [rɪ·'tæ·li·eɪt] *vi* reagire

retaliation [rɪ·ˌtæ·li·'eɪ·ʃən] *n* ritorsione *f*

retarded *adj* ① *pej (mentally ill)* ritardato, -a; **mentally ~ed person** persona *f*

con sviluppo mentale ritardato ② *sl (very stupid)* ritardato, -a

rethink[1] [ˌriː·'θɪŋk] *vt irr* riconsiderare

rethink[2] ['riː·θɪŋk] *n* ripensamento *m*

reticent ['re·tə·sənt] *adj* reticente

retina ['ret·nə] <-s *o* -nae> *n* retina *f*

retire [rɪ·'ta·ɪə·r] I. *vi* ① *(stop working)* andare in pensione; *(soldier, athlete)* ritirarsi ② MIL ripiegare ③ SPORTS *(from a race)* ritirarsi II. *vt* ① *(stop working)* mandare in pensione ② MIL *(soldier)* far ripiegare ③ FIN *(bond)* ritirare

retired *adj* in pensione; *(soldier, athlete)* a riposo

retirement [rɪ·'ta·ɪə·mənt] *n* ① *(act of retiring)* pensionamento *m*; *(from race)* ritiro *m* ② *(after working)* pensione *f*; *(of soldier, athlete)* ritiro *m*; **to be in ~** essere in pensione ③ MIL ritirata *f*

retiring *adj* ① *(reserved)* riservato, -a ② *(worker, official)* uscente

retract [rɪ·'trækt] I. *vt* ① *(statement)* ritrattare; *(offer)* ritirare ② *(claws)* ritrarre; *(wheels)* ritirare II. *vi* ① *(withdraw statement, offer)* fare marcia indietro ② *(be withdrawn: claws)* ritrarsi; *(wheels)* rientrare

retrain [riː·'treɪn] I. *vt* riaddestrare II. *vi* fare un corso di riaddestramento

retrial ['riː·traɪl] *n* nuovo processo *m*

retrieval [rɪ·'triː·vl] *n (finding)* a. COMPUT recupero *m*; **on-line information ~** recupero di informazioni on-line

retrieve [rɪ·'triːv] I. *vt* ① *(get back)* a. COMPUT recuperare; *(repair: loss)* recuperare; *(situation)* salvare ③ SPORTS *(game)* salvare; *(in tennis)* ribattere II. *vi* SPORTS recuperare

retrospect ['re·trə·spekt] *n* **in ~** in retrospettiva

retrospective [ˌre·trə·'spek·tɪv] I. *adj* ① *(looking back)* retrospettivo, -a ② LAW retroattivo, -a II. *n* ART retrospettiva *f*

return [rɪ·'tɜːrn] I. *n* ① *(going back)* ritorno *m*; *(home, to work)* rientro *m*; **on his ~** al suo ritorno ② *(to previous situation)* ritorno *m* ③ MED *(of illness)* ricaduta *f* ④ *(giving back)* restituzione *f* ⑤ FIN *(proceeds)* proventi *mpl*; *(inter-*

R

est) rendimento *m*; ~ **on capital** rendimento del capitale ❻ *pl* POL risultati *mpl* elettorali ❼ COMPUT (tasto *m* di) ritorno *m* ❽ FIN dichiarazione *f* ▸ **many happy ~s!** cento di questi giorni!; **by ~ mail** a giro di posta; **in ~ for sth** in cambio di qc II. *adj* (*coming back: flight, journey*) di ritorno III. *vi* ❶ (*come back*) ritornare; (*home*) rientrare ❷ (*reappear*) ricomparire IV. *vt* ❶ (*give back*) restituire ❷ (*reciprocate*) ricambiare; (*compliment, favor, ball*) restituire; **to ~ sb's call** restituire la chiamata di qu ❸ (*send back*) rimandare; ~ **to sender** rispedire al mittente ❹ FIN (*yield*) rendere; (*profit*) dare ❺ LAW (*pronounce: verdict*) emettere; (*judgment*) pronunciare ❻ POL (*elect*) eleggere; (*re-elect*) rieleggere

return flight *n* volo *m* di ritorno
return journey *n* viaggio *m* di ritorno
return key *n* COMPUT (tasto *m* di) ritorno
return ticket *n* biglietto *m* di (andata e) ritorno
reunion [ˌriːˈjuːnɪən] *n* ❶ (*meeting*) riunione *f* ❷ (*after separation*) riunificazione *f*
reunite [ˌriːjuːˈnaɪt] I. *vt* ❶ (*bring together*) rimettere insieme ❷ (*friends*) riconciliare II. *vi* tornare insieme
reusable [ˌriːˈjuːzəbl] *adj* riutilizzabile
reuse [ˌriːˈjuːz] *vt* riusare
reveal [rɪˈviːl] *vt* ❶ (*divulge: secret, identity*) rivelare ❷ (*uncover*) svelare
revelation [ˌrevəˈleɪʃən] *n* rivelazione *f*
revenge [rɪˈvendʒ] I. *n* ❶ (*retaliation*) vendetta *f*; **to take ~** vendicarsi ❷ SPORTS rivincita *f* II. *vt* vendicare
revenue [ˈrevəˌnuː] *n* ❶ (*income*) proventi *mpl* ❷ (*of government*) entrate *fpl*; **tax ~** entrate fiscali
reverse [rɪˈvɜːrs] I. *vt* (*turn other way*) invertire; (*policy*) cambiare radicalmente; (*situation*) capovolgere; (*judgment*) revocare; **to ~ the charges** TEL telefonare a carico del destinatario II. *vi* (*order, situation*) invertirsi III. *n* ❶ **the ~** il contrario ❷ AUTO (*gear*) retro-

marcia *f*; **to go into ~** mettere la retromarcia ❸ (*setback*) insuccesso *m* ❹ (*the back*) retro *m* *inv*; (*of cloth*) rovescio *m* IV. *adj* (*inverse*) inverso, -a ❷ (*opposite: direction*) opposto, -a
review [rɪˈvjuː] I. *vt* ❶ (*consider*) esaminare ❷ (*reconsider*) riesaminare; (*salary*) adeguare ❸ (*look over: notes*) rivedere ❹ (*criticize: book, play*) recensire ❺ MIL (*inspect*) passare in rivista ❻ (*study again*) ripassare II. *n* ❶ (*examination*) esame *m* ❷ (*reconsideration*) riesame *m* ❸ (*summary*) riassunto *m* ❹ (*criticism: of book*) recensione *f* ❺ (*magazine*) rivista *f* ❻ THEAT rivista *f*
reviewer [rɪˈvjuːə·] *n* critico, -a *m, f*
revise [rɪˈvaɪz] *vt* (*alter: text, law*) rivedere; (*proofs*) correggere; (*opinion*) cambiare
revision [rɪˈvɪʒən] *n* ❶ (*of text, law*) revisione *f*; (*of proofs*) correzione *f*; (*of policy*) modifica *f* ❷ (*book*) edizione *f* riveduta
revive [rɪˈvaɪv] I. *vt* ❶ MED rianimare ❷ (*resurrect: interest*) risvegliare; (*idea, custom*) far tornare in voga; (*economy*) far riprendere ❸ THEAT rimettere in scena II. *vi* ❶ (*be restored to life*) ritornare in sé ❷ (*be restored: country, interest*) rifiorire; (*tradition*) tornare in voga; (*style*) ritornare di moda; (*trade, economy*) riprendersi
revolt [rɪˈvoʊlt] I. *vi* ribellarsi II. *vt* disgustare; **it ~s me** mi disgusta III. *n* (*uprising*) rivolta *f*
revolting [rɪˈvoʊltɪŋ] *adj* disgustoso, -a
revolution [ˌrevəˈluːʃən] *n a.* POL rivoluzione *f*
revolutionary [ˌrevəˈluːʃənˌri] <-ies> *adj, n* rivoluzionario, -a *m, f*
revolutionize [ˌrevəˈluːʃnaɪz] *vt* rivoluzionare
revolve [rɪˈvɑːlv] *vi* girare
revolving *adj* girevole
revulsion [rɪˈvʌlʃən] *n* repulsione *f*
reward [rɪˈwɔːrd] I. *n* ricompensa *f* II. *vt* ricompensare
rewarding *adj* gratificante
rewind [ˌriːˈwaɪnd] *irr* I. *vt* (*tape*) riav-

R

volgere; (*clock, watch*) ricaricare II. *vi* riavvolgersi

rheumatism ['ru:·mə·tɪ·zəm] *n* reumatismo *m*

rheumatoid arthritis [ˌru·mə·tɔɪd·ar·'θraɪ·tɪs] *n* MED artrite *f inv* reumatoide

Rhode Island [ˌroʊd·'aɪ·ləd] *n* Rhode Island *f*

rhubarb ['ru:·bɑːrb] *n* rabarbaro *m*

rhythm ['rɪ·ðəm] *n* ritmo *m*

RI *n abbr of* **Rhode Island** Rhode Island *f*

rib [rɪb] I. *n* ❶(*bone*) costola *f* ❷NAUT costa *f* ❸FASHION costa *f* II. <-bb-> *vt inf* prendere in giro

ribbon ['rɪ·bən] *n* (*long strip*) nastro *m*

rib cage *n* gabbia *f* toracica

rice [raɪs] I. *n* riso *m* II. *vt* (*potatoes*) passare (*con il passaverdura*)

rice pudding *n* budino *m* di riso

rich [rɪtʃ] I. <-er, -est> *adj* ❶(*person*) ricco, -a; (*soil*) fertile; ~ **pickings** facili guadagni *mpl;* **to become** ~ arricchirsi ❷(*stimulating: life, history*) ricco, -a; (*experience*) stimolante ❸(*food*) sostanzioso, -a ❹(*intense: color*) vivido, -a; (*flavor*) intenso, -a; (*tone*) pieno, -a II. *n* **the** ~ i ricchi

rid [rɪd] <rid *o* ridded, rid> *vt* **to** ~ **sth/ sb of sth** liberare qc/qu da qc; **to get** ~ **of sb/sth** sbarazzarsi di qu/qc

ridden ['rɪ·dn] *pp of* **ride**

ride [raɪd] I. *n* (*on horse, motorcycle, car*) giro *m;* **to give sb a** ~ dare un passaggio a qu ▶**to take sb for a** ~ *inf* ingannare qu II. <rode, ridden> *vt* ❶(*sit on*) **to** ~ **a bike** andare in bicicletta; **to** ~ **a horse** montare a cavallo ❷*inf* (*tease*) prendere in giro III. <rode, ridden> *vi* ❶(*on horse, bicycle*) **to** ~ **on a horse** andare a cavallo ❷(*do well*) **to** ~ **high** essere sulla cresta dell'onda ❸*inf* (*take no action*) **to let sth** ~ lasciar passare qc

rider ['raɪ·dər] *n* ❶(*on horse*) cavallerizzo, -a *m, f;* (*on bicycle*) ciclista *mf;* (*on motorcycle*) motociclista *mf* ❷LAW clausola *f* aggiuntiva

ridicule ['rɪ·dɪ·kju:l] I. *n* ridicolo *m* II. *vt* ridicolizzare

ridiculous [rɪ·'dɪk·ju·ləs] *adj* ridicolo, -a

riding *n* equitazione *f*

rifle ['raɪ·fl] *n* fucile *m*

rifle range *n* poligono *m* di tiro

rig [rɪg] <-gg-> I. *vt* (*falsify*) truccare II. *n* ❶TECH (*oil*) ~ piattaforma *f* petrolifera ❷(*truck*) autoarticolato *m* ❸*inf* (*clothing*) completo *m*

right [raɪt] I. *adj* ❶(*correct*) corretto, -a; (*ethical*) giusto, -a; (*change*) adatto, -a; **it is** ~ **that** ... è giusto che ... +*conj;* **to be** ~ (*about sth*) aver ragione (riguardo a qc) ❷(*direction*) destro, -a ❸POL di destra ❹(*well*) a posto II. *n* ❶(*entitlement*) diritto *m* ❷(*morality*) **to be in the** ~ essere nel giusto ❸(*right side*) destra *f;* SPORTS lato *m* destro ❹POL **the Right** la destra III. *adv* ❶(*correctly*) in modo giusto; **to do** ~ agire bene ❷(*straight*) direttamente; ~ **away** immediatamente ❸(*to the right*) a destra ❹(*precisely*) esattamente; ~ **here** proprio qui IV. *vt* ❶(*rectify*) sistemare; (*mistake*) riparare ❷(*straighten*) raddrizzare V. *interj* bene

right angle *n* angolo *m* retto

rightful ['raɪt·fəl] *adj* legittimo, -a

right-hand [ˌraɪt·'hænd] *adj* **on the** ~ **side** sulla destra

rightly *adv* ❶(*correctly*) giustamente ❷(*justifiably*) a ragione

right of way <-rights> *n* ❶(*over private land*) diritto *m* di passaggio ❷(*on road*) diritto *m* di precedenza

right-wing [ˌraɪt·'wɪŋ] *adj* POL di destra

rigid ['rɪ·dʒɪd] *adj* ❶(*stiff*) rigido, -a ❷(*inflexible*) rigoroso, -a; (*censorship*) rigido, -a ❸(*intransigent*) intransigente

rigorous ['rɪ·gə·rəs] *adj* rigoroso, -a

rim [rɪm] *n* ❶(*of cup, bowl*) bordo *m* ❷(*frame for eyeglasses*) montatura *f* ❸GEO orlo *m;* **the Pacific** ~ i paesi della costa del Pacifico ❹(*dirty mark*) orlo *m*

rind [raɪnd] *n* (*of fruit*) buccia *f;* (*of bacon*) cotenna *f;* (*of cheese*) crosta *f*

ring[^1] [rɪŋ] I. *n* ❶(*small circle*) anello *m;* (*of people*) cerchio *m;* (*around eyes*)

R

occhiaia f ❷(*jewelery*) anello m
❸(*arena*) arena f; (*in boxing*) ring m
inv; (*in circus*) pista f II. vt (*surround*)
circondare

ring² [rɪŋ] I. n ❶(*metallic sound*) squillo m ❷(*telephone call*) colpo m di telefono; **to give sb a ~** fare uno squillo a
qu II. <rang, rung> vt (*bell*) suonare;
(*alarm*) far suonare III. <rang, rung> vi
(*telephone, bell*) squillare

ring tone n suoneria f

◆**ring up** vt ❶ COM **to ~ sth up** battere
il prezzo in cassa ❷(*telephone*) **to ~ sb
up** telefonare a qu

ringleader ['rɪŋ·liː·də] n capobanda mf

ringtone n TEL suoneria f

rink [rɪŋk] n pista f di pattinaggio

rinse [rɪns] I. vt (*dishes, clothes*) risciacquare; (*hands*) sciacquare II. n
❶(*wash*) risciacquo m; **cold/hot ~** risciacquo freddo/caldo m ❷(*hair coloring*) tintura f

riot ['raɪ·ət] I. n sommossa f; **to be a ~**
inf essere la fine del mondo II. vi creare
disordini III. adv **to run ~** fig scatenarsi

rioter n rivoltoso, -a m, f

rioting n disordini mpl

rip [rɪp] I. <-pp-> vi strapparsi
II. <-pp-> vt strappare III. n strappo m

◆**rip off** vt ❶(*remove*) strappar via
❷ inf (*swindle*) fregare

◆**rip up** vt fare a pezzi

ripe [raɪp] adj (*fruit*) maturo, -a; **at the
~ old age of 80** alla bell'eta di 80 anni

ripen ['raɪ·pən] I. vt far maturare II. vi
maturare

rip-off ['rɪp·ɑːf] n inf furto m

rise [raɪz] I. n ❶(*increase*) aumento m;
to be on the ~ essere in aumento; **to
give ~ to sth** dar luogo a qc ❷(*incline*)
salita f II. <rose, risen> vi ❶(*arise*) alzarsi ❷(*become higher: ground*) salire;
(*temperature*) aumentare ❸(*go up:
smoke*) salire; (*moon, sun*) sorgere;
(*building*) innalzarsi

risen ['rɪ·zn] pp of **rise**

riser ['raɪ·zə] n (*person*) **early ~** mattiniero, -a m, f; **late ~** dormiglione, -a m, f

rising ['raɪ·zɪŋ] I. n sollevazione f II. adj

(*in number*) in aumento; (*in status*) in
ascesa; (*sun*) nascente

risk [rɪsk] I. n ❶(*chance*) rischio m
❷(*danger*) pericolo m II. vt rischiare;
to ~ one's life rischiare la propria vita

risk-free adj, **riskless** adj privo, -a di
rischi

risky ['rɪs·ki] <-ier, -iest> adj rischioso, -a

rissole ['rɪs·oʊl] n crocchetta f

rival ['raɪ·vl] I. n rivale mf II. vt poter
competere con

rivalry ['raɪ·vl·ri] n rivalità f

river ['rɪ·və] n fiume m

river bed n letto m del fiume

RN [ˌɑːr·ˈen] n abbr of **registered nurse**
infermiere, -a m, f qualificato, -a

road [roʊd] n ❶(*between towns*) strada f; (*in town*) via f; (*route*) percorso m; **by ~** su strada ❷ fig strada f; **to
be on the ~ to recovery** essere sulla
strada della ripresa ▸**let's hit the ~!**
inf mettiamoci in moto!; **to get sth on
the ~** inf far partire qc

road accident n incidente m stradale

roadblock n posto m di blocco

road map n carta f stradale

road rage n furia f al volante

road safety n sicurezza f stradale

road sign n cartello m stradale

road-test vt **to ~ a car** testare una
macchina su strada

roadwork ['roʊd·wɜrk] n lavori mpl
stradali

roast [roʊst] I. vt ❶(*food*) arrostire;
(*coffee*) tostare ❷(*poke fun at*) prendere di mira qu II. vi (*food, person*) ar-
rostirsi III. n ❶(*meat*) arrosto m
❷(*party*) festeggiamento m (*per un'occasione speciale nella vita di qu*)
IV. adj (*meat*) arrosto inv; (*coffee*) tostato, -a

roasting ['roʊs·tɪŋ] I. n ❶(*baking*) cottura f al forno ❷ inf (*telling off*) **to give
sb a ~** dare una strigliata a qu II. adj per
l'arrosto III. adv **~ hot** rovente

rob [rɑːb] <-bb-> vt ❶(*person*) derubare; (*bank, house*) svaligiare ❷(*deprive*) **to ~ sb of sth** privare qu di qc

R

robber ['rɑː·bə] *n* rapinatore, -trice *m, f*; **bank ~** rapinatore, -trice *m, f* di banche

robbery ['rɑː·b·ri] <-ies> *n* rapina *f*

robe [roʊb] *n* (*formal*) toga *f*; (*dressing gown*) vestaglia *f*

robotics [roʊ·'bɑː·tɪks] *npl* robotica *f*

rock¹ [rɑːk] *n* ① GEO roccia *f*; (*in sea*) scoglio *m* ② (*music*) rock *m* ▶ **as solid as a ~** saldo come una roccia; **to be on the ~s** andare a rotoli

rock² [rɑːk] I. *vt* ① (*swing*) dondolare ② (*shock*) scuotere II. *vi* dondolare

rock bottom *n* fondo *m*; **to hit ~** toccare il fondo

rock climber *n* rocciatore, -trice *m, f*

rock climbing *n* alpinismo *m* su roccia

rocker ['rɑː·kə] *n* ① (*chair*) sedia *f* a dondolo ② *inf* (*musician*) cantante *mf* rock; (*fan*) fan *mf inv* del rock

rockery ['rɑː·k·əri] <-ies> *n* giardino *m* roccioso

rocket ['rɑː·kɪt] I. *n* ① (*weapon*) missile *m* ② (*vehicle for space travel, firework*) razzo *m* II. *vi* (*costs, prices*) salire alle stelle; **to ~ up** salire alle stelle

Rockies ['rɑk·iz] *n* **the ~** le Montagne Rocciose

rocky¹ ['rɑ·ki] <-ier, -iest> *adj* roccioso, -a; (*ground*) pietroso, -a

rocky² ['rɑ·ki] <-ier, -iest> *adj* (*unstable*) traballante

Rocky Mountains *n* Montagne *fpl* Rocciose

rod [rɑːd] *n* (*stick*) asta *f*; (*fishing rod*) canna *f* da pesca

rode [roʊd] *pt of* **ride**

rodent ['roʊ·dnt] *n* roditore *m*

roger ['rɑː·dʒə] *interj* RADIO ricevuto

rogue [roʊg] I. *n* ① (*rascal*) briccone, -a *m, f* ② (*villain*) mascalzone, -a *m, f* II. *adj* (*animal*) solitario, -a; (*trader, company*) disonesto, -a

role *n*, **rôle** [roʊl] *n a.* THEAT ruolo *m*

role model *n* modello *m* da imitare

role play *n* gioco *m* di ruolo

role reversal *n* scambio *m* delle parti

roll [roʊl] I. *n* ① (*turning over*) capriola *f* ② (*swaying movement*) dondolio *m* ③ (*cylinder: of cloth, paper*) rotolo *m*; (*film*) rullino *m* ④ (*noise: of drum*) rullo *m*; (*of thunder*) rombo *m* ⑤ (*catalog of names*) ruolo *m*; (*for elections*) registro *m*; **to call the ~** fare l'appello ⑥ (*bread*) panino *m* (*rotondo*) II. *vt* ① (*push: ball, barrel*) (far) rotolare; (*dice*) tirare; **to ~ one's eyes** alzare gli occhi al cielo ② (*form into cylindrical shape*) **to ~ sth into sth** arrotolare qc fino a farne qc ③ (*make: cigarette*) arrotolare III. *vi* ① (*move*) rotolare; (*with undulating motion*) ondeggiare ② (*be in operation*) essere in funzione

◆**roll in** *vi* ① arrivare in gran quantità ② **to be rolling in money** *inf* far soldi a palate

◆**roll up** I. *vi inf* fare la propria comparsa II. *vt* arrotolare; (*sleeves*) rimboccarsi

roller ['roʊ·lə] *n* ① TECH rullo *m* ② (*wave*) onda *f* lunga ③ (*for hair*) bigodino *m*

Rollerblade® I. *n* pattino *m* in linea II. *vi* andare sui pattini in linea

roller coaster *n* montagne *fpl* russe

rolling pin *n* matterello *m*

Roman ['roʊ·mən] *adj, n* romano, -a *m, f*

Roman Catholic I. *n* cattolico, -a *m, f* romano, -a II. *adj* cattolico, -a romano, -a; **the ~ Church** la Chiesa cattolica romana

romance [roʊ·'mænts] *n* ① (*love affair*) storia *f* d'amore ② (*novel*) romanzo *m* d'amore; (*film*) film *m inv* d'amore ③ (*glamour*) fascino *m*

Romania [roʊ·'meɪ·niə] *n* Romania *f*

Romanian [roʊ·'meɪ·ni·ən] I. *adj* rumeno, -a II. *n* ① (*person*) rumeno, -a *m, f* ② LING rumeno *m*

Roman numeral *n* numero *m* romano

romantic [roʊ·'mæn·t̬ɪk] *adj, n* romantico, -a *m, f*

Rome [roʊm] *n* Roma *f* ▶ **when in ~ (do as the Romans)** *prov* paese che vai usanza che trovi *prov*

roof [ruːf] <-s> I. *n* ① (*of house, car*) tetto *m*; (*of mouth*) palato *m* ▶ **to go**

R

through the **~** (*prices*) andare alle stelle; **to hit** the **~** andare su tutte le furie II. *vt* mettere il tetto a

roof garden *n* giardino *m* pensile

rookie ['rʊ·ki] *n inf* novellino, -a *m, f*

room [ruːm] I. *n* ①(*in house*) stanza *f*; **~ and board** vitto e alloggio *m* ②(*space*) spazio *m*; **to make ~ for sb/sth** fare posto *m* a qu/per qc II. *vi* **to ~ with sb** dividere la camera con qu

roomie *n inf* compagno, -a *m, f* d'alloggio

room service *n* servizio *m* in camera

roomy ['ruː·mi] <-ier, -iest> *adj* spazioso, -a

rooster ['ruːs·tər] *n* gallo *m*

root [ruːt] *n* ① *a.* BOT, LING, MATH radice *f* ②(*source*) causa *f*

rope [roʊp] I. *n* ①(*cord*) corda *f*; (*of pearls*) filo *m* ② *pl* (*in boxing*) corde *fpl* ③(*for capital punishment*) corda *f* ▶ **to know** the **~s** saper il fatto suo; **to learn** the **~s** acquisire le basi; **to show sb** the **~s** mostrare a qu come procedere II. *vt* legare con una corda

rose[1] [roʊz] I. *n* ①(*flower*) rosa *f*; (*color*) rosa *m* ②(*on watering can, shower*) cipolla *f* II. *adj* rosa *inv*

rose[2] [roʊz] *pt of* **rise**

rosemary ['roʊz·me·ri] *n* rosmarino *m*

roster ['rɑːs·tər] *n* elenco *m*

rosy ['roʊ·zi] <-ier, -iest> *adj* ①(*rose-colored*) rosato, -a; (*cheek*) roseo, -a ②(*optimistic: viewpoint, future*) roseo, -a

rot [rɑːt] I. *n* marcio *m* II. <-tt-> *vi* marcire III. *vt* far marcire

rotate ['roʊ·teɪt] I. *vt* ①(*turn around*) (far) ruotare ②(*alternate*) alternare; (*duties*) fare una rotazione di; AGR fare la rotazione di II. *vi* ruotare; **to ~ around sth** ruotare intorno a qc

rotation [roʊ·'teɪ·ʃən] *n* ① *a.* ASTR, AGR rotazione *f* ②(*alternation*) alternanza *f*; **in ~** a turno

rotten ['rɑː·tn] *adj* ①(*food*) marcio, -a; **to go ~** marcire ② *inf* (*nasty: behavior*) brutto, -a ③ *inf* (*performance, book*) penoso, -a

rough [rʌf] I. *adj* ①(*uneven: road*) accidentato, -a; (*surface*) ruvido, -a ②(*poorly made: work*) rudimentale ③(*harsh: voice*) roco, -a ④(*imprecise*) approssimativo, -a; **~ work** lavoro *m* approssimativo ⑤(*unrefined: person, manner*) rude ⑥(*stormy: sea*) agitato, -a; (*weather*) burrascoso, -a ⑦(*difficult*) pesante II. *n* ①(*sketch*) schizzo *m* ② SPORTS **the ~** il rough III. *vt* **to ~ it** *inf* arrangiarsi alla buona IV. *adv* **to live ~** vivere per strada

roughly *adv* ①(*approximately*) approssimativamente; **~ speaking** per così dire ②(*aggressively*) bruscamente

round [raʊnd] I. <-er, -est> *adj* ①(*circular: object*) rotondo, -a; (*number*) tondo, -a ②(*not angular*) tondeggiante ③(*sonorous*) pieno, -a II. *n* ①(*circle*) cerchio *m* ②(*series*) serie *f*; (*of applause*) scroscio *m*; (*of shots*) raffica *f* ③ *pl* (*route*) giro *m*; MIL ronda *f*; MED giro di visite ④(*routine*) routine *f inv* ⑤(*time period: of elections*) turno *m*; (*in card games*) mano *f*; SPORTS turno *m*; (*in boxing*) round *m inv* ⑥(*of drinks*) giro *m* ⑦(*of ammunition*) colpo *m* III. *vt* ①(*movement*) girare intorno a; (*corner*) girare ② MATH arrotondare

◆**round off** *vt* ①(*finish*) chiudere ②(*smooth*) smussare ③ MATH arrotondare

◆**round up** *vt* ①MATH arrotondare per eccesso ②(*gather*) mettere insieme; (*cattle*) radunare

roundabout ['raʊnd·ə·baʊt] *adj* indiretto, -a; **to take a ~ route** fare un giro tortuoso

round-the-clock I. *adj* (*surveillance*) di ventiquattr'ore su ventiquattro II. *adv* ventiquattr'ore su ventiquattro; **to work ~** lavorare ventiquattr'ore su ventiquattro

round trip *n* viaggio *m* andata e ritorno

roundup ['raʊnd·ʌp] *n* ①AGR raduno *m* ②(*by police*) retata *f*

route [raʊt] I. *n* ①(*way*) via *f*; (*of parade, bus*) percorso *m*; NAUT rotta *f*; (*to success*) strada *f* ②(*delivery path*) giro m ① (*road*) strada f II. vt to ~ sth via St. Louis spedire qc via St.Louis

routine [ruːˈtiːn] I. n ① a. COMPUT routine f inv ② (*of dancer*) numero m II. adj ① (*regular*) abituale; (*inspection*) di routine; (*medical case*) molto comune ② (*uninspiring*) monotono, -a

row[1] [rou] n ① (*line*) fila f; to stand in a ~ essere in fila ② (*succession*) successione f

row[2] [rou] I. vi remare II. vt (*boat*) portare (con i remi) III. n giro m in barca a remi

rowboat ['rou·bout] n barca f a remi

rowdy ['rau·di] <-ier, -iest> adj (*noisy*) rumoroso, -a

rower ['rouɚ] n rematore, -trice m, f

rowing n SPORTS canottaggio m

royal ['rɔɪ·əl] I. adj ① (*of monarch*) reale ② fig regale ③ inf (*big*) immane; a ~ pain in the ass una rottura insopportabile II. n inf membro m della famiglia reale

royalty ['rɔɪ·əl·ti] <-ies> n ① (*sovereignty*) famiglia f reale; to treat sb like a ~ trattare qu come un principe ② pl (*payment*) diritti mpl d'autore

rpm [ˌɑːrˈpiːˈem] n abbr of **revolutions per minute** giri/m

rub [rʌb] I. n (*act of rubbing*) strofinamento m; to give sth a ~ strofinare qc II.<-bb-> vt strofinare; (*one's eyes*) stropicciarsi; (*one's hands*) fregarsi; to ~ sth clean pulire qc, strofinandolo III.<-bb-> vi strofinare

◆**rub down** vt ① (*smooth*) levigare; (*horse*) strigliare ② (*dry*) strofinare (per asciugare)

◆**rub in** vt ① (*spread on skin*) applicare con una frizione ② inf (*keep reminding*) insistere a ricordare; pej fare una storia su

◆**rub off** I. vi ① (*become clean: stain*) andar via ② to ~ on sb (*affect*) trasmettersi a qu II. vt (*dirt*) togliere, *sfregando*

◆**rub out** vt (*remove: writing*) cancellare; (*dirt*) togliere

rubber ['rʌ·bɚ] n ① (*material*) gomma f ② inf (*condom*) preservativo m ③ (*game*) serie di tre o cinque partite; (*in bridge*) rubber m inv

rubber band n elastico m

rubber gloves npl guanti mpl di gomma

rubbernecker n sl curioso, -a m, f

rubber-stamp I. vt (*decision*) convalidare senza discussioni II. n (*device*) timbro m

rubbery <-ier, -iest> adj (*texture, food*) gommoso, -a

rubbish ['rʌ·bɪʃ] n inf stupidaggini fpl

rubble ['rʌ·bl] n macerie fpl

rubella [ruːˈbeˈlə] n MED rosolia f

ruby ['ruː·bi] I.<-ies> n rubino m II. adj (di) color rubino

rudder ['rʌ·dɚ] n AVIAT, NAUT timone m

rude [ruːd] adj ① (*impolite*) sgarbato, -a ② (*vulgar*) volgare; (*joke*) spinto, -a ③ (*sudden*) brusco, -a; (*surprise*) brutto, -a

rudimentary [ˌruː·dəˈmen·tə·ri] adj rudimentale

rug [rʌg] n (*small carpet*) tappeto m

rugged ['rʌ·gɪd] adj ① (*uneven: cliff, mountains*) scosceso, -a; (*landscape, country*) aspro, -a; (*ground*) accidentato, -a ② (*tough: face*) dai tratti marcati; (*construction, vehicle*) resistente

ruin ['ruː·ɪn] I. vt ① (*bankrupt*) mandare in rovina ② (*destroy*) distruggere ③ (*spoil*) rovinare II. n ① (*bankruptcy, downfall*) rovina f ② pl (*remains*) rovine fpl

rule [ruːl] I. n ① (*law*) regola f; (*principle*) norma f; ~s and regulations norme e regole; to be the ~ essere la norma; to break a ~ infrangere una regola; as a ~ di norma ② (*control*) governo m ③ (*measuring device*) riga f II. vt ① (*govern: country*) governare; (*company*) dirigere ② (*control*) dominare ③ LAW (*decide*) decretare III. vi ① (*control*) governare; (*monarch*) regnare ② (*predominate*) dominare ③ LAW to ~ for/against sb/sth emettere un verdetto a favore/contro qu/qc

◆**rule out** vt escludere

R

ruler n ① (*governor*) governante *mf*; (*sovereign*) sovrano, -a *m, f* ② (*measuring device*) riga *f*

ruling ['ru:·lɪŋ] I. *adj* ① (*governing*) al governo; (*class*) dirigente; (*monarch*) regnante ② (*primary*) dominante II. *n* sentenza *f*

rummy ['rʌ·mi] *n* GAMES *gioco di carte sul genere del ramino*

rumor ['ru:·mə-] I. *n* voce *f* II. *vt* it is ~ed that ... corre voce che ...

rump [rʌmp] *n* ① (*back end: of horse, bird*) parte *f* posteriore ② (*cut of beef*) quarto *m* posteriore ③ *iron* (*buttocks*) posteriore *m*

rump steak *n* bistecca *f* di scamone

run [rʌn] I. *n* ① (*jog*) to go for a ~ andare a fare una corsa ② (*trip*) giro *m*; (*of train*) tragitto *m* ③ (*series*) serie *f*; (*of books*) tiratura *f* ④ (*demand*) corsa *f*; **a sudden ~ on the dollar** un'improvvisa pressione sul dollaro; **a ~ on the banks** una pressione sulle banche ⑤ (*type*) categoria *f* ⑥ (*enclosure for animals*) recinto *m* ⑦ (*hole in tights*) smagliatura *f* ⑧ CINE programmazione *f*; THEAT permanenza *f* in cartellone ▶ **in the long ~** alla lunga; **to be on the ~** essere latitante II. *vi* <ran, run> ① (*move fast*) correre; **to ~ for the bus** fare una corsa per prendere l'autobus; **~ for your lives!** scappate se volete salvarvi! ② (*operate*) andare ③ (*go, travel*) andare; **to ~ ashore** NAUT incagliarsi ④ (*extend*) estendersi ⑤ (*last*) **to ~ and ~** durare a lungo ⑥ (*be*) esistere ⑦ (*flow: river*) scorrere; (*make-up*) sciogliersi; (*nose*) colare ⑧ (*enter election*) candidarsi; **to ~ for election/President** candidarsi alle elezioni/alla presidenza ⑨ + *adj* (*be*) **to ~ dry** (*river*) prosciugarsi; **to ~ short** (*water*) scarseggiare III. *vt* <ran, run> ① (*move fast*) **to ~ a race** fare una corsa ② (*enter in race: candidate*) presentare in competizione; (*horse*) far correre ③ (*drive*) portare; **to ~ sb home** accompagnare qu a casa ④ (*pass*) passare ⑤ (*operate*) far funzionare; (*car*) mantenere; (*computer*

program) eseguire; (*engine*) far andare ⑥ (*manage, govern*) gestire; **to ~ a farm** condurre una fattoria ⑦ (*conduct*) fare; (*experiment, test*) condurre ⑧ (*provide: course*) tenere ⑨ (*let flow*) far scorrere; (*bath*) preparare ⑩ (*show: article*) pubblicare; (*series*) trasmettere ⑪ (*not heed: blockade*) forzare; (*red light*) passare con ⑫ (*incur*) esporsi a; (*risk*) correre ⑬ (*perform tasks*) **to ~ errands** fare commissioni

◆ **run down** I. *vi* (*clock*) fermarsi; (*battery*) scaricarsi II. *vt* ① (*run over*) investire ② (*disparage*) parlar male di ③ (*capture*) catturare

◆ **run into** *vt* imbattersi in; AUTO andare a sbattere contro

◆ **run off** I. *vi* scappare; (*water*) scorrer via II. *vt* ① (*water*) fare scorrere ② TYPO stampare ③ (*make quickly*) produrre velocemente; (*letter*) buttar giù

◆ **run out of** *vi* finire

◆ **run over** I. *vi* (*person*) correr su; (*fluid*) traboccare II. *vt* AUTO investire

runaway ['rʌn·ə·weɪ] I. *adj* ① (*train, horse*) fuori controllo; (*person*) scappato, -a via ② (*enormous: success*) strepitoso, -a II. *n* fuggiasco, -a *m, f*

rundown [,rʌn·'daʊn] I. *n* ① (*report*) resoconto *m*; **to give sb the ~ on sth** fare a qu il resoconto di qc ② (*reduction*) ridimensionamento *m*; (*of staff*) riduzione *f* II. *adj* ① (*building, town*) in stato d'abbandono ② (*person*) esaurito, -a

rung [rʌŋ] *pp of* **ring²**

runner ['rʌ·nə-] *n* ① SPORTS (*person*) corridore, -trice *m, f*; (*horse*) cavallo *m* partecipante ad una corsa ② (*messenger*) messo *m* ③ (*smuggler*) contrabbandiere, -a *m, f* ④ (*long rug*) passatoia *f*

runner-up [,rʌ·nə-·'ʌp] *n* classificato, -a *m, f* dopo il primo

running I. *n* ① (*action of a runner*) corsa *f* ② (*operation*) direzione *f*; (*of a machine*) funzionamento *m* II. *adj* ① (*consecutive*) di seguito ② (*ongoing*) in corso ④(*operating*) in funzione ⑤(*flowing*) che scorre

run-off ['rʌn·ɔːf] *n* ① POL ballottaggio *m* ② SPORTS spareggio *m* ③(*rainfall*) deflusso *m*

run-through ['rʌn·θruː] *n* THEAT, MUS prova *f;* **to have a ~ of sth** provare qc

run-up ['rʌn·ʌp] *n* ① SPORTS rincorsa *f* ②(*prelude*) periodo *m* precedente

runway ['rʌn·weɪ] *n* pista *f*

rural ['rʊ·rəl] *adj* rurale

rush [rʌʃ] I. *n* ①(*hurry*) fretta *f;* **to be in a ~** aver fretta ②(*charge*) corsa *f;* (*attack*) attacco *m;* (*of customers*) ondata *f;* **there's been a ~ on oil** c'è stata una corsa al petrolio; **gold ~** febbre *f* dell'oro ③(*dizziness*) vampata *f* di calore (alla testa) II. *vi* andar di fretta III. *vt* ④(*do quickly*) fare in maniera affrettata ②(*hurry*) mettere fretta a ③(*attack*) attaccare

◆**rush out** I. *vi* (*leave*) uscire precipitosamente II. *vt* (*publish*) precipitarsi a pubblicare

rush hour *n* ora *f* di punta

Russia ['rʌ·ʃə] *n* Russia *f*

Russian ['rʌ·ʃən] I. *adj* russo, -a II. *n* ①(*person*) russo, -a *m, f* ②(*language*) russo *m*

rust [rʌst] I. *n* ①(*decay, substance*) ruggine *f* ②(*color*) color *m* ruggine II. *vi* arrugginirsi III. *vt* arrugginire

rustler ['rʌs·lə‧] *n* ladro, -a *m, f* di bestiame

rusty ['rʌs·ti] <-ier, -iest> *adj a. fig* arrugginito, -a

rut [rʌt] *n* solco *m* ▸ **to be stuck in a ~** essere preso dal solito tran-tran

ruthless ['ruːθ·ləs] *adj* (*person*) spietato, -a; (*ambition*) sfrenato, -a

rye [raɪ] *n* segale *f*

Ss

S [es], **s** *n* S, s; **~ for Sam** S come Savona

s [es] *abbr of* **second** s

S [es] *n abbr of* **south** S

sabotage ['sæ·bə·tɑːʒ] I. *vt* sabotare II. *n* sabotaggio *m*

saccharin ['sæ·kə·rɪn] *n* saccarina *f*

sachet [sæ·'ʃeɪ] *n* bustina *f*

sack [sæk] I. *n* ①(*large bag*) sacco *m;* (*plastic bag*) busta *f* ②(*amount in bag*) **a ~ of potatoes** un sacco di patate ③ *sl* (*bed*) **to hit the ~** andarsene a letto ④ *inf* (*dismissal*) **to get the ~** essere licenziato; **to give sb the ~** licenziare qu II. *vt* licenziare

sacred ['seɪ·krɪd] *adj* sacro, -a

sacrifice ['sæ·krə·faɪs] I. *vt a.* REL sacrificare II. *vi* **to ~ to the gods** fare sacrifici agli dei III. *n* sacrificio *m*

SAD [ˌes·eɪ·'diː] *n abbr of* **seasonal affective disorder** Das *m,* disordine *m* affettivo stagionale

sad [sæd] <-dd-> *adj* ①(*unhappy, shameful*) triste; **it is ~ that …** è un peccato che … *+conj;* **to make sb ~** rattristare qu; **to become ~** rattristarsi ②(*pathetic*) patetico, -a

sadden ['sæ·dən] *vt* rattristare

sadistic [sə·'dɪs·tɪk] *adj* sadico, -a

sadness ['sæd·nəs] *n* tristezza *f*

safari [sə·'fɑː·ri] *n* safari *m;* **to go on ~** fare un safari

safe [seɪf] I. *adj* ①(*free of danger*) sicuro, -a; (*driver*) prudente; **it is not ~ to …** è pericoloso … *+infin;* **just to be ~** per precauzione; **have a ~ trip!** buon viaggio! ②(*secure*) salvo, -a; **to feel ~** sentirsi al sicuro ③(*certain*) sicuro, -a ④(*trustworthy*) affidabile; **to be in ~ hands** essere in buone mani

S

(*not out in baseball*) salvo, -a ▶ **to be on the ~ <u>side</u> ...** per maggior sicurezza, ...; **~ and <u>sound</u>** sano e salvo II. *n* cassaforte *f*

safe-deposit box *n* cassetta *f* di sicurezza

safekeeping [ˌseɪf-'kiː·pɪŋ] *n* custodia *f*

safe sex [seɪf·'seks] *n* sesso *m* sicuro

safety ['seɪf·ti] *n* ① (*being safe*) sicurezza *f*; **a place of ~** un posto sicuro; **for sb's ~** per la sicurezza di qu ② (*on gun*) sicura *f* ③ (*football player*) safety *m inv* (*difensore di secondaria nel football americano*)

safety belt *n* cintura *f* di sicurezza

safety net *n* ① rete *f* di sicurezza ② *fig* protezione *f*

safety pin *n* spilla *f* da balia

safety regulations *npl* norme *fpl* di sicurezza

Sagittarius [ˌsæ·dʒə·'te·ri·əs] *n* Sagittario *m*; **I'm (a) Sagittarius** sono del [*o* un] Sagittario

said [sed] I. *pp, pt of* **say** II. *adj* detto, -a

sail [seɪl] I. *n* (*on boat*) vela *f* ▶ **to <u>set</u> ~** (*for a ship*) salpare (verso un luogo) II. *vi* ① (*travel*) navigare; **to ~ around the world** far il giro del mondo in barca (a vela) ② (*start voyage*) salpare ③ (*move smoothly*) avanzare deciso ④ *fig* (*do easily*) **to ~ through sth** fare qc con facilità III. *vt* ① (*manage*) governare ② (*navigate*) attraversare

sailboard ['seɪl·bɔːrd] *n* tavola *f* da windsurf

sailboarding *n* windsurf *m*

sailboat ['seɪl·boʊt] *n* barca *f* a vela

sailing *n* ① NAUT navigazione *f* ② SPORTS vela *f* ③ (*departure*) partenza *f*

sailor ['seɪ·lə] *n* ① (*seaman*) marinaio, -a *m, f* ② SPORTS velista *mf*

saint [seɪnt, sənt] *n* santo, -a *m, f*

sake [seɪk] *n* ① (*purpose*) **for the ~ of sth** per qc ② (*benefit*) **for the ~ of sb** per qu ▶ **for Christ's ~!** *pej* per Dio!; **for goodness ~!** per l'amor di Dio!

salad ['sæ·ləd] *n* insalata *f*

salad dressing *n* condimento *m* per insalata

salami [sə·'lɑː·mi] *n* salame *m*

salaried ['sæ·lə·rɪd] *adj* stipendiato, -a

salary ['sæ·lə·ri] *n* stipendio *m*

sale [seɪl] *n* ① (*act of selling*) vendita *f* ② (*reduced prices*) svendita *f*; **the ~s** i saldi; **benefit ~** vendita *f* di beneficienza ③ (*auction*) asta *f* ④ *pl* (*department that sells*) (ufficio *m*) vendite *fpl* ▶ **to <u>put</u> sth up for ~** mettere in vendita qc; **for/on ~** in vendita

saleable ['seɪ·lə·bl] *adj* vendibile

salesclerk *n* commesso, -a *m, f*

sales executive *n* direttore, -trice *m, f* vendite

salesman *n* (*in shop*) commesso *m*; (*for company*) rappresentante *m* (di commercio); **door-to-door ~** venditore, -trice a domicilio *m*

salesperson *n* venditore, -trice *m, f*

sales rep *n inf*, **sales representative** *n* rappresentante *mf* di commercio

saleswoman *n* commessa *f*

salmon ['sæ·mən] *n* salmone *m*; **smoked ~** salmone affumicato

salmon trout *n* trota *f* salmonata

saloon [sə·'luːn] *n* bar *m*

salt [sɔːlt] I. *n* sale *m* ▶ **to take sth with a <u>grain</u> of ~** prendere qc con le molle; **to <u>rub</u> ~ in a wound** rigirare il coltello nella piaga II. *vt* salare III. *adj* salato, -a

salt water *n* acqua *f* salata

salty ['sɔːl·ti] *adj* (*taste*) salato, -a

salute [sə·'luːt] I. *vi, vt a.* MIL salutare II. *n* MIL ① (*hand gesture*) saluto *m* ② (*ceremonial firing of guns*) salva *f*

salvage ['sæl·vɪdʒ] I. *vt* salvare II. *n* (*retrieval*) salvataggio *m*

salvation [sæl·'veɪ·ʃən] *n* salvezza *f*

Salvation Army *n* Esercito *m* della Salvezza

same [seɪm] I. *adj* ① (*identical*) stesso, -a; **the ~ (as sb/sth)** uguale (a qu/qc) ② (*not another*) stesso, -a; **the ~** lo stesso; **at the ~ time** allo stesso tempo, contemporaneamente ③ (*unvarying*) stesso, -a, medesimo, -a ▶ **by the ~ <u>token</u>** nello stesso modo II. *pron* ① (*nominal*) **the ~** lo stesso, la stessa; **she's much the ~** è più o meno uguale;

it's always the ~ è sempre la stessa cosa ② (*adverbial*) **it's all the** ~ **to me** per me è lo stesso; **all the** ~ in ogni caso; ~ **to you** altrettanto III. *adv* uguale

sameness *n* ① (*similarity*) uguaglianza *f* ② (*monotony*) ripetitività *f*

sample ['sæm·pl] I. *n* campione *m*; **free** ~ campione gratuito; **urine** ~ campione di urina II. *vt* (*try*) provare

sanctuary ['sæŋk·tʃu·e·ri] *n* <-ies> ① REL (*holy place*) santuario *m* ② (*area around altar*) sagrato *m* ③ (*place of refuge*) rifugio *m* ④ (*area for animals*) riserva *f*; **wildlife** ~ riserva naturale

sand [sænd] I. *n* sabbia *f*; **grains of** ~ granelli *mpl* di sabbia II. *vt* (*make smooth*) carteggiare; (*floor*) levigare

sandal ['sæn·dl] *n* sandalo *m*

sandbag ['sænd·bæg] *n* sacco *m* di sabbia

sandbank ['sænd·bæŋk] *n*, **sandbar** ['sænd·bɑːr] *n* banco *m* di sabbia

sandcastle *n* castello *m* di sabbia

sand dune *n* duna *f*

sandpaper ['sænd·peɪ·pɚ] I. *n* carta *f* vetrata II. *vt* carteggiare

sandwich ['sænd·wɪtʃ] <-es> *n* panino *m*; (*made with sliced bread*) tramezzino *m*

sandy ['sæn·di] *adj* <-ier, -iest> sabbioso, -a; (*hair*) rossiccio, -a

sane [seɪn] *adj* ① (*of sound mind*) sano, -a di mente ② (*sensible*) sensato, -a

sang [sæŋ] *pt of* **sing**

sanitary ['sæ·nɪ·te·ri] *adj* ① (*relating to hygiene*) sanitario, -a ② (*clean*) igienico, -a

sanitation [ˌsæ·nɪ·ˈteɪ·ʃən] *n* impianti *mpl* igienici

sanity ['sæ·nə·ti] *n* ① (*of person*) sanità *f* mentale ② (*of decision*) buonsenso *m*

sank [sæŋk] *pt of* **sink**

sarcasm ['sɑːr·kæ·zəm] *n* sarcasmo *m*

sarcastic [sɑːr·ˈkæs·tɪk] *adj* sarcastico, -a

sardine [sɑːr·ˈdiːn] *n* sardina *f* ► **to be**

packed (in) like ~**s** essere come sardine in scatola

Sardinia [sɑr·ˈdɪn·i·ə] *n* Sardegna *f*

Sardinian *adj*, *n* sardo, -a *m, f*

SASE [ˌes·eɪ·es·ˈi] *n abbr of* **self-addressed stamped envelope** busta affrancata con il proprio indirizzo

sat [sæt] *pt, pp of* **sit**

Satan ['seɪ·tən] *n* Satana *m*

satchel ['sæt·ʃəl] *n* cartella *f* (della scuola)

satellite ['sæ·tə·laɪt] I. *n* a. ASTR, TECH satellite *m* II. *adj* TECH via satellite

satellite dish *n* antenna *f* parabolica

satellite television *n* televisione *f* via satellite

satin ['sæ·tn] I. *n* raso *m* II. *adj* satinato, -a

satire ['sæ·taɪ·ɚ] *n* LIT satira *f*

satirical [sə·ˈtɪ·rɪ·kl] *adj* satirico, -a

satisfaction [ˌsæ·tɪs·ˈfæk·ʃən] *n* ① soddisfazione *f*; **to do sth to sb's** ~ soddisfare qu facendo qc; **to be a** ~ (**to sb**) essere una soddisfazione (per qu) ② (*compensation*) riparazione *f*

satisfactory [ˌsæ·tɪs·ˈfæk·tə·ri] *adj* soddisfacente; SCHOOL sufficiente

satisfy ['sæ·təs·faɪ] <-ie-> *vt* ① (*person, desire*) soddisfare ② (*condition*) soddisfare ③ (*convince*) convincere; **to** ~ **sb that** convincere qu che … ④ (*debt*) saldare

satisfying *adj* soddisfacente

Saturday ['sæ·tə·deɪ] *n* sabato *m*; *s.a.* **Friday**

Saturn ['sæ·tən] *n* Saturno *m*

sauce [sɑːs] *n* salsa *f*; **tomato** ~ sugo di pomodoro

sauceboat *n* salsiera *f*

saucepan ['sɑːs·pən] *n* casseruola *f*

saucer ['sɑː·sɚ] *n* piattino *m*

sausage ['sɑː·sɪdʒ] *n* salsiccia *f*; (*cured*) salame *m*

sausage meat *n* carne *f* di salsiccia

savage ['sæ·vɪdʒ] I. *adj* ① (*fierce*) feroce ② *inf* (*bad-tempered*) con un caratteraccio II. *n* *pej* selvaggio, -a *m, f* III. *vt* ① (*attack*) attaccare selvaggiamente ② (*criticize*) attaccare violentemente

S

save [seɪv] I. vt ⓵ (*rescue*) salvare; **to ~ sb's life** salvare la vita a qu; **to ~ one's own skin** salvarsi la pelle ⓶ (*keep for future use*) conservare ⓷ (*collect*) raccogliere ⓸ (*avoid wasting*) risparmiare ⓹ (*reserve: place*) tenere ⓺ (*prevent from doing*) **to save sb doing sth** evitare a qu di fare qc ⓻ COMPUT salvare ⓼ SPORTS parare II. vi ⓵ (*keep for the future*) risparmiare; **to ~ for sth** risparmiare per qc ⓶ (*conserve*) **to ~ on sth** risparmiare qc III. n SPORTS parata f

saver ['seɪ·və] n risparmiatore, ·trice m, f

saving ['seɪ·vɪŋ] I. n ⓵ pl (*money*) risparmi mpl ⓶ (*economy*) risparmio m II. prep eccetto

savings account ['seɪ·vɪŋ·zə·kaʊnt] n conto m (di) deposito

savings bank n cassa f di risparmio

savior ['seɪv·jə] n salvatore, ·trice m, f

savory ['seɪ·və·ri] adj ⓵ (*salty*) salato, ·a ⓶ (*appetizing*) gustoso, ·a; (*taste*) appetitoso, ·a

saw[1] [sɑ:] pt of **see**

saw[2] [sɑ:] I. n sega f; **power ~** sega elettrica II. <sawed, sawed o sawn> vt segare

sawn [sɑn] pp of **saw**

saxophone ['sæk·sə·foʊn] n sassofono m

saxophonist ['sæk·sə·foʊ·nɪst] n sassofonista mf

say [seɪ] I. <said, said> vt ⓵ (*speak*) dire; **to ~ sth to sb's face** dire qc a qu in faccia; **~ no more!** non dire altro! ⓶ (*state information*) **to ~ (that)** ... dire che...; **to ~ goodbye to sb** salutare qu ⓷ (*express*) dire ⓸ (*think*) dire; **people ~ that ...** si dice che...; **to ~ to oneself** dirsi ⓹ (*recite*) dire ⓺ (*indicate*) dire; **to ~ sth about sb/ sth** dire qc su qu/qc; **the clock says it's 6 o'clock** l'orologio fa le sei ⓻ (*convey meaning*) significare ⓼ inf (*suggest*) dire ⓽ (*tell*) dire; **to ~ where/when** dire dove/quando; **it's not for me to ~ ...** non sta a me dire ... ⓾ (*for instance*) (**let's**) **~ ...** dicia-

mo ... ▶ **when all is said and done** in fin dei conti; **having said that, ...** detto ciò,...; **to ~ when** dire basta II. <said, said> vi **I'll ~!** inf eccome!; **I must ~ ...** devo ammettere che ... III. n parere m; **to have one's ~** esprimere il proprio parere IV. interj (*positive reaction*) ottimo!; **~, that's a great idea!** benissimo, è un'ottima idea!

SC [ˌsaʊθ·kær·ə·'laɪ·nə] n abbr of **South Carolina** Carolina f del Sud

scab [skæb] n ⓵ (*over wound*) crosta f ⓶ pej, sl (*strikebreaker*) crumiro, ·a m, f

scaffolding ['skæ·fəl·dɪŋ] n impalcatura f

scale[1] [skeɪl] I. n ⓵ ZOOL squama f ⓶ MED tartaro m; TECH calcare m II. vt ⓵ (*remove scales*) squamare ⓶ MED togliere il tartaro da; TECH togliere il calcare da

scale[2] [skeɪl] n (*weighing device*) piatto m (di bilancia); **~s** bilancia f

scale[3] [skeɪl] I. n (*range, magnitude, proportion*) a. MUS scala f; **a sliding ~** ECON una scala mobile; **on a large/ small ~** su larga/piccola scala; **to draw sth to ~** disegnare qc in scala II. vt ⓵ (*climb*) scalare; **to ~ the heights (of sth)** scalare le vette (di qc) ⓶ TECH, ARCHIT ridurre in scala

♦ **scale down** vt (*expectations*) ridurre

scallop ['skɑː·ləp] n capasanta f; **~ (shell)** conchiglia f di capasanta

scam [skæm] n inf raggiro m

scan [skæn] I. <-nn-> vt ⓵ (*scrutinize*) scrutare ⓶ (*look through quickly*) dare una scorsa a ⓷ MED fare un'ecografia di ⓸ LIT scandire ⓹ COMPUT scannerizzare II. <-nn-> vi scandirsi III. n COMPUT scansione f ⓶ MED ecografia f

scandal ['skæn·dl] n ⓵ (*public outrage*) scandalo m; **to uncover** [o **expose**] **a ~** far emergere uno scandalo; **to cover up a ~** soffocare uno scandalo ⓶ (*sth bad*) **what a ~!** che scandalo! ⓷ (*gossip*) notizie fpl scandalistiche; **to spread ~** divulgare notizie scandalistiche

Scandinavia [ˌskæn·dɪ·'neɪ·vi·ə] *n* Scandinavia *f*

Scandinavian *adj, n* scandinavo, -a *m, f*

scanner ['skæ·nə] *n* COMPUT scanner *m inv*

scanning *n* COMPUT scansione *f*

scapegoat ['skeɪp·goʊt] *n* capro *m* espiatorio

scar [skɑ:r] I. *n* ① MED (*on skin*) cicatrice *f;* **to leave a ~** lasciare una cicatrice ② (*mark of damage*) segno *m* ③ PSYCH trauma *m* II. <-rr-> *vt* lasciare una cicatrice a III. <-rr-> *vi* **to ~** (*over*) cicatrizzarsi

scarce [skers] *adj* scarso, -a; **to make oneself ~** *inf* filarsela

scarcely ['skers·li] *adv* ① (*barely*) appena ② (*certainly not*) per niente

scare [sker] I. *vt* spaventare; **to be ~d stiff** essere paralizzato dalla paura II. *vi* spaventarsi; **to (not) ~ easily** (non) spaventarsi facilmente III. *n* ① (*fright*) spavento *m;* **to give sb a ~** spaventare qu ② (*panic*) panico *m*

scarecrow ['sker·kroʊ] *n* spaventapasseri *m inv*

scarf [skɑ:rf, *pl* skɑ:rvz] <-ves *o* -s> *n* (*around neck*) sciarpa *f;* (*around head*) foulard *m inv*

scarlet ['skɑ:r·lət] I. *n* scarlatto *m* II. *adj* scarlatto, -a

scarlet fever *n* MED scarlattina *f*

scary ['ske·ri] *adj* <-ier, -iest> spaventoso, -a

scat [skæt] *interj inf* sciò

scathing ['ske·ðɪŋ] *adj* mordace

scatterbrain ['skæ·t̬ə·breɪn] *n pej* sbadato *m*

scatterbrained *adj* sbadato, -a

scattered *adj* sparso, -a

scene [si:n] *n* ① THEAT, CINE scena *f;* (*setting*) scenario *m;* **nude ~** scena *f* di nudo; **behind the ~s** *a. fig* dietro le quinte ② luogo *m;* **the ~ of the crime** la scena del delitto ③ (*view*) vista *f* ④ (*milieu*) ambiente *m;* **the art/ drugs ~** l'ambiente dell'arte/della droga ⑤ (*embarrassing incident*) scena *f;* **to make a ~** fare una scenata

scenery ['si:·nə·ri] *n* ① (*landscape*) paesaggio *m* ② THEAT, CINE scenario *m*

sceptic ['skep·tɪk] *n* scettico, -a *m, f*

sceptical *adj* scettico, -a

schedule ['ske·dʒu:l] I. *n* ① (*timetable*) orario *m;* **bus ~** orario degli autobus; **flight ~** orario dei voli; **everything went according to ~** tutto è andato come previsto ② (*plan of work*) programma *m* ③ FIN listino *m* II. *vt* ① (*plan*) programmare ② (*list*) fare una lista di

scheduled *adj* programmato, -a; **~ flight** volo *m* di linea

scheme [ski:m] I. *n* ① (*structure*) schema *m* ② (*plot*) intrigo *m* II. *vi pej* tramare; **to ~ to do sth** tramare per fare qc

scheming ['ski:·mɪŋ] *adj* intrigante

schizophrenia [ˌskɪ·tsə·'fri:·niə] *n* schizofrenia *f*

schizophrenic [ˌskɪ·tsə·'fre·nɪk] *adj, n* schizofrenico, -a *m, f*

scholar ['skɑ:·lə] *n* ① (*learned person*) erudito, -a *m, f* ② (*student*) studente *mf* ③ (*scholarship holder*) borsista *mf*

scholarship ['skɑ:·lə·ʃɪp] *n* ① (*learning*) erudizione *f* ② (*grant*) borsa *f* (di studio)

school [sku:l] I. *n* ① (*institution*) scuola *f;* **primary ~** scuola elementare; **secondary ~** scuola superiore; **public ~** scuola pubblica; **dancing ~** scuola di ballo; **driving ~** scuolaguida *f;* **to be in ~** andare a scuola; **to go to ~** andare a scuola; **to start ~** cominciare la scuola; **to leave ~** finire la scuola ② (*buildings*) scuola *f* ③ (*classes*) classi *fpl* ④ (*university division*) facoltà *f* ⑤ (*university*) università *f* II. *vt* formare III. *adj* scolastico, -a

school board *n* ADMIN consiglio *m* scolastico

school bus *n* scuolabus *m*

school day *n* giorno *m* di scuola

school district *n* distretto *m* scolastico

schooling *n* istruzione *f*

schoolmate *n* compagno, -a *m, f* di scuola

schoolteacher *n* professore, -essa *m, f*

S

schoolwork n compiti mpl

schoolyard n cortile m della scuola

science ['saɪ·ənts] I. n scienza f; **applied ~** scienze fpl applicate II. adj scientifico, -a

science fiction I. n fantascienza f II. adj fantascientifico

scientific [ˌsaɪ·ən·'tɪ·fɪk] adj scientifico, -a

scientist ['saɪ·ən·tɪst] n scienziato, -a m, f

sci-fi ['saɪ·ˌfaɪ] n abbr of **science fiction** fantascienza f

scissors ['sɪ·zɚz] npl forbici fpl; **a pair of ~** un paio di forbici

scold [skoʊld] vt rimproverare

scone [skoʊn] n panino m dolce

scooter ['sku:·t̬ɚ] n ①(toy) monopattino m ②(vehicle) (**motor**) ~ motorino m

scope [skoʊp] n ①(range) ambito m ②(possibilities) possibilità fpl; **limited/considerable ~** campo m d'azione limitato/ampio

scorching adj torrido, -a; **it's ~ hot** c'è un caldo torrido

score [skɔ:r] I. n ①SPORTS punteggio m; **to keep (the) ~** tenere i punti ②SPORTS (goal) gol m ③SCHOOL voto m ④(twenty) ventina f; ~ **s of people** moltissime persone ⑤(dispute) conto m in sospeso; **to settle a ~** regolare i conti ⑥MUS partitura f II. vt ①segnare ②(cut) incidere ③(drugs) procurarsi ④MUS arrangiare III. vi ①SPORTS (make a point) fare un punto ②inf (succeed) riuscire ③sl (make sexual conquest) cuccare ④sl (buy drugs) procurarsi la roba

scoreboard ['skɔ:r·bɔ:rd] n tabellone m segnapunti

scorecard n scheda f segnapunti

scorer n ①(player: in soccer) cannoniere, -a m, f; (in basketball) marcatore, -trice m, f ②(scorekeeper) segnapunti mf

Scorpio ['skɔ:r·pioʊ] n Scorpione m; **I'm (a) Scorpio** sono (dello [o uno]) Scorpione

scorpion ['skɔ:r·pi·ən] n scorpione m

Scot [skɑ:t] n scozzese mf

Scotch [skɑ:tʃ] I. n Scotch m inv II. adj scozzese

Scotch tape® ['skatʃ·teɪp] n Scotch® m inv

scot-free [ˌskɑ:t·'fri:] adv ①(without punishment) impunemente; **to get away** [o **off**] ~ cavarsela impunemente ②(unharmed) illeso, -a

Scotland ['skɑ:t·lənd] n Scozia f

Scots [skɑ:ts] adj s. **Scottish**

Scotsman ['skɑ:ts·mən] <-men> n scozzese m

Scotswoman ['skɑ:ts·ˌwʊ·mən] <-women> n scozzese f

Scottish ['skɑ:·t̬ɪʃ] adj scozzese

scout [skaʊt] I. n MIL esploratore, -trice m, f II. vi **to ~ ahead** fare una ricognizione

scoutmaster n capo m scout

scowl [skaʊl] I. n fronte f aggrottata II. vi aggrottare la fronte

scramble ['skræm·bl] I. vi ①(move hastily) affrettarsi ②(try to get first) precipitarsi; **to ~ for sth** darsi da fare per qc II. vt ①(mix together) mescolare; ~**d eggs** uova strapazzate ②(encrypt) criptare III. n ①(rush) premura f; (chase) corsa f ②(struggle) lotta f

scrap [skræp] I. n ①(small piece) pezzetto m; (of fabric) ritaglio m ②(small amount) frammento m; **not a ~ of truth** neanche un briciolo di verità ③pl (leftover food) avanzi mpl ④(old metal) rottame m II. <-pp-> vt ①(get rid of) eliminare; (abandon) accantonare ②(use for scrap metal) rottamare

scrapbook ['skræp·bʊk] n album m (dei ricordi)

scrape [skreɪp] I. vt ①(remove layer) raschiare ②(graze) sbucciare; (scratch) graffiare ③(rub against) strisciare contro II. vi ①(rub against) strisciare ②(make unpleasant noise) strisciare ③(economize) risparmiare III. n ①(act of scraping) raschiata f ②(graze) sbucciatura f ③(sound) strisciamento m ④inf (situation) guaio m; **to get into a ~** mettersi nei guai

scrap iron n rottame m

scrappy ['skræ·pi] <-ier, -iest> adj ⓐ(knowledge) superficiale ⓑ(performance, game) irregolare

scratch [skrætʃ] I.n ⓐ(cut on skin) graffio m ⓑ(mark) riga f ⓒ(act) grattata f ▸(start) inizio m; **from ~** da zero II.vt ⓐ(cut slightly) graffiare ⓑ(mark) rigare ⓒ(relieve itch) grattare ⓓ(erase) raschiare ⓔ(exclude) ritirare ⓕ inf (cancel) cancellare ⓖ(write) incidere III.vi ⓐ(use claws: cat) graffiare ⓑ(relieve itch) grattarsi IV.adj improvvisato, -a

scratch card ['skrætʃ·kɑːrd] n gratta e vinci m inv

scream [skriːm] I.n ⓐ(cry) grido m; (shrill cry) strillo m; (shout) urlo m ⓑ(of animal) grido m ▸**to be a ~** inf essere forte II.vi (shout) gridare; (cry shrilly) strillare III.vt (shout) gridare

screen [skriːn] I.n ⓐ a. TV, CINE, COMPUT schermo m; **split/touch ~** schermo diviso/tattile ⓑ(framed panel) paravento m; (for protection) schermo m; **glass ~** vetrata f ⓒ(thing that conceals) schermo m II.vt ⓐ(conceal) coprire ⓑ(shield) proteggere ⓒ(examine) esaminare ⓓ TV trasmettere; CINE proiettare

screening n ⓐ(showing: in cinema) proiezione f; (on television) trasmissione f ⓑ(testing) prova f ⓒ MED (examination) esame m

screenplay ['skriːn·pleɪ] n sceneggiatura f

screen saver n COMPUT salvaschermo m inv

screw [skruː] I.n ⓐ(small metal fastener) vite f ⓑ(turn) giro m ⓒ(spin) effetto m ⓓ vulg (sexual intercourse) **I had a good ~ last night** mi sono fatto una bella scopata ieri notte ⓔ vulg (sexual partner) **she's a great ~** scopa benissimo ▸**he's got a ~ a ~ [o a few ~s] loose** inf gli manca qualche rotella II.vt ⓐ(with a screw) svitare ⓑ(by twisting) svitare ⓒ sl (cheat) fregare ⓓ vulg (have sex with) scopare con ⓔ sl

~ **you!** vaffanculo! III.vi ⓐ(turn like a screw) avvitarsi ⓑ vulg (have sex) scopare

◆**screw up** I.vt ⓐ sl (make a mess of) mandare all'aria ⓑ sl (injure) distruggere ⓒ inf (make anxious) rendere nevrotico II.vi rovinare tutto

screwball ['skruː·bɔl] n ⓐ sl (odd person) svitato, -a m, f ⓑ(in baseball) tiro m con effetto

screwdriver ['skruː·ˌdraɪ·və] n ⓐ(tool) cacciavite m ⓑ(drink) cocktail a base di vodka e succo d'arancia

screwed adj inf fregato, -a

screw top n tappo m a vite

scribble ['skrɪ·bl] I.vi, vt scarabocchiare II.n scarabocchi mpl

scriptwriter ['skrɪpt·raɪ·tə] n sceneggiatore, -trice m, f

scroll [skroʊl] I.n (roll) rotolo m II.vi COMPUT scorrere; **to ~ down/up** scorrere giù/su

scrub[1] [skrʌb] <-bb-> I.vt ⓐ(clean) fregare ⓑ(cancel) annullare II.vi fregare; **to ~ at sth** fregare qc III.n ⓐ(act of scrubbing) sfregata f; **to give sth a (good) ~** dare una (bella) sfregata a qc ⓑ pl (clothing) abiti mpl da sala operatoria ⓒ SPORTS (reserve player) riserva f inesperta

scrub[2] [skrʌb] n boscaglia f

scuba diving ['skuː·bə·ˌdaɪ·vɪŋ] n immersioni fpl (subacquee)

sculpture ['skʌlp·tʃə] I.n scultura f II.vt scolpire

scum [skʌm] n ⓐ(foam) schiuma f ⓑ(evil people) gentaglia f

SD [ˌsaʊθ·dəˈkoʊ·tə] n abbr of **South Dakota** Dakota f del Sud

sea [siː] n ⓐ mare m; **at the bottom of the ~** in fondo al mare; **by ~** per mare; **out at ~** in mare aperto; **the open ~, the high ~s** il mare aperto ⓑ(wide expanse) **a ~ of people** una marea di gente

seafood ['siː·fuːd] n frutti m di mare pl

seafront ['siː·frʌnt] n ⓐ(promenade) lungomare m ⓑ(beach) spiaggia f

seagull ['siː·gʌl] n gabbiano m

seal¹ [siːl] n ZOOL foca f

seal² [siːl] n ● (wax mark) sigillo m ● (to prevent opening) sigillo m ▶ **- of approval** approvazione f

sea legs npl inf piede m marino; **to get one's ~** acquisire il piede marino

sea level n livello m del mare

seam [siːm] I. n (stitching) cucitura f; **to come [o fall] apart at the ~s** scucirsi; fig fare acqua da tutte le parti II. vt (sew) cucire

seamy [siːmi] <-ier, -iest> adj sordido, -a

search [sɜːtʃ] I. n a. COMPUT ricerca f; (of building, person) perquisizione f; **to go in ~ of sth** andare alla ricerca di qc II. vi a. COMPUT cercare; **to ~ for sth** cercare qc; **~ and replace** COMPUT trovare e sostituire III. vt ● a. COMPUT cercare in; (building, baggage) perquisire ● (examine) scrutare; **to ~ one's conscience** fare un esame di coscienza ▶ **~ me!** sl che ne so!

search engine n COMPUT motore m di ricerca

search function n COMPUT funzione f di ricerca

searching adj ● (penetrating) inquisitorio, -a; (look) penetrante ● (exhaustive) minuzioso, -a

searchlight [sɜːtʃ-laɪt] n riflettore m

search party <-ies> n squadra f di soccorso

search warrant n mandato m di perquisizione

S

sea salt n sale m marino

seashell [siː-ʃel] n conchiglia f (marina)

seashore [siː-ʃɔːr] n ● (beach) spiaggia f ● (near sea) costa f

seasick [siː-sɪk] adj **to get ~** avere il mal di mare

seasickness [siː-sɪk-nɪs] n mal m di mare

seaside [siː-saɪd] I. n ● (beach) spiaggia f ● (coast) costa f II. adj costiero, -a; **a ~ resort** una stazione balneare

season [siː-zən] I. n ● (period of year) stagione f ● (epoch) epoca f; **the Christmas ~** le feste natalizie; Sea-

son's Greetings Buone Feste; **the (fishing/hunting) ~** la stagione (della pesca/caccia); **to be in ~** essere di stagione ● SPORTS stagione f ● ZOOL **to be in ~** essere in calore II. vt CULIN condire III. vi fig **to become ~ed to sth** abituarsi a qc

seasonal [siː-zə-nəl] adj ● (connected with time of year) stagionale ● (temporary) stagionale; **~ worker** stagionale mf ● (grown in a season) di stagione

seasoning [siː-zə-nɪŋ] n condimento m

season ticket n abbonamento m

season ticket holder n RAIL, SPORTS, THEAT abbonato, -a m, f

seat [siːt] I. n ● (furniture) sedia f; (on a bike) sellino m; (in theater) poltrona f; (in a car, bus) posto m; **back ~** sedile posteriore; **is this ~ free/taken?** questo posto è libero/occupato? ● (ticket) ingresso m; **to book a ~** prenotare un ingresso ● (part: of chair) sedile m; (of pants) fondo mpl ● (buttocks) fondoschiena m ● POL seggio m; **to win/lose a ~** guadagnare/perdere un seggio ● (center) sede f; **~ of learning** form centro m universitario II. vt ● (place on a seat) sedersi ● (have enough seats for) accogliere; **the bus ~s 20** l'autobus ha 20 posti a sedere ● ARCHIT, TECH poggiare

seat belt n cintura f di sicurezza; **to fasten one's ~** allacciarsi la cintura (di sicurezza)

seating n ● (seats) posti mpl ● (number) numero m di posti; **~ capacity** numero di posti (a sedere); **~ for two thousand** duemila posti ● (arrangement) disposizione f dei posti

seawater [siː-wɑː-tə] n acqua f di mare

seaweed [siː-wiːd] n alghe fpl (marine)

seaworthy [siː-wɜːr-ði] adj in grado di navigare

secluded [sɪ-kluː-dɪd] adj (place) isolato, -a; (life) ritirato, -a

second¹ [se-kənd] I. adj ● (after first) secondo, -a; **every ~ boy/girl** un ragazzo/una ragazza su due; **every ~ year**

ogni due anni; **every ~ week** una settimana sì e una no; **to be ~** arrivare secondo; **the ~ biggest town** la seconda città più grande; **to be ~ to none** non essere secondo a nessuno ⊚ *(another)* altro, -a; **to give sb a ~ chance** dare a qu un'altra possibilità; **on ~ thought** dopo riflessione; **to get one's ~ wind** riprendere fiato; **to have a ~ helping** servirsi di nuovo di qc ⊚ **the ~ floor** il primo piano II. *n* ⊕ *(second gear)* seconda *f* ⊚ *pl (extra helping)* **may I have ~s?** posso servirmi di nuovo? ⊚ COM *(imperfect item)* articolo *m* di seconda scelta III. *adv* in secondo luogo IV. *vt* ⊕ *(support in debate)* appoggiare ⊚ *form (back up)* appoggiare

second² ['se·kand] *n (unit of time)* secondo *m;* **per ~** al secondo; **at that very ~** in quel preciso istante; **just a ~!** un secondo!; **it won't take (but) a ~!** ci vuole un attimo!

secondary ['se·kan·de·ri] *adj* ⊕ *(not main)* secondario, -a; **to be ~ to sth** essere secondario rispetto a qc ⊚ *(school)* di scuola secondaria

secondary school *n* scuola *f* secondaria

second class *n* seconda *f* (classe)

second-class I. *adj* ⊕ *(in second class)* di seconda classe; **~ mail** posta *f* ordinaria ⊚ *pej (inferior: hotel, service)* di seconda categoria; *(goods)* di seconda scelta II. *adv* ⊕ RAIL *(in the second class)* in seconda (classe) ⊚ *(by second-class mail)* tramite posta ordinaria

second cousin *n* cugino, -a *m, f* di secondo grado

secondhand [,sek·and·'hænd] I. *adj* *(clothing)* di seconda mano; *(bookstore)* di libri usati II. *adv* ⊕ *(used)* di seconda mano ⊚ *(from third party)* tramite terzi

second hand *n (on watch)* lancetta *f* dei secondi

secondly *adv* in secondo luogo

second-rate [,se·kand·'reɪt] *adj* mediocre

secrecy ['si:·kra·si] *n* ⊕ *(confidentiality)* segretezza *f;* **to swear sb to ~** far giu-

rare a qu di mantenere il segreto ⊚ *(secretiveness)* enigmaticità *f*

secret ['si:·krɪt] I. *n* ⊕ *(information)* segreto *m;* **to let sb in on a ~** rivelare un segreto a qu ⊚ *(knack)* trucco *m; (of success)* segreto *m* ⊚ *(mystery)* mistero *m* II. *adj (known to few)* segreto, -a; **to keep sth ~ (from sb)** tenere qc nascosto (a qu)

secretary ['se·kra·te·ri] <-ies> *n* ⊕ *(in office)* segretario, -a *m, f* ⊚ POL ministro, -a *m, f;* **Secretary of the Treasury** ≈ ministro *m* dell'Economia e delle Finanze; **Secretary of State** segretario di Stato, ≈ ministro *m* degli Esteri

secretive ['si:·kra·tɪv] *adj* riservato, -a

sect [sekt] *n* setta *f*

section ['sek·ʃan] I. *n* ⊕ *(part)* a. MIL, MUS, PUBL sezione *f* ⊚ *(group)* settore *m* ⊚ *(of area)* zona *f; (of city)* quartiere *m* ⊚ *(of document)* paragrafo *m;* LAW articolo *m* II. *vt* ⊕ *(cut)* sezionare ⊚ *(divide)* suddividere

sector ['sek·tə] *n* settore *m; public/ private ~* settore pubblico/privato

secure [sɪ·'kjʊr] I. *adj* <-rer, -est> ⊕ *(safe)* sicuro, -a ⊚ *(confident)* **to feel emotionally ~** essere emotivamente stabile ⊚ *(guarantee)* **to be financially ~** avere la stabilità economica ⊚ *(fixed)* firme; *(foundation)* solido, -a II. *vt* ⊕ *(obtain)* ottenere ⊚ *(make firm)* assicurare; *fig* assicurarsi; *(door)* chiudere saldamente; *(boat)* ormeggiare; *(position)* consolidare ⊚ *(guarantee repayment)* garantire; **a ~d loan** un prestito con garanzia

security [sɪ·'kjʊ·rə·ti] <-ies> *n* ⊕ *(safety)* sicurezza *f;* **~ risk** rischio *m* per la sicurezza ⊚ *(stability)* stabilità *f* ⊚ *(payment guarantee)* garanzia *f* ⊚ *pl* FIN titoli *mpl*

security guard *n* guardia *f* giurata

sedative ['se·də·tɪv] *adj, n* sedativo, -a *m, f*

seduce [sɪ·'du:s] *vt* sedurre

see¹ [si:] <saw, seen> I. *vt* ⊕ *(perceive)* vedere; **to ~ that ...** vedere che...; **it is worth ~ing** vale la pena di vederlo

⑧(watch) vedere; **you were ~n entering the building** ti hanno visto entrare nell'edificio ⑨(inspect) vedere; **may I ~ your driver's license?** posso vedere la sua patente? ⑩(visit) trovare; **to ~ a little/a lot of sb** vedere qu raramente/spesso; **~ you around!** ci vediamo!; **~ you (later)!** inf (when meeting again later) a più tardi! ⑪(have relationship) ⇨ **be ~ing sb** uscire con qu ⑫(have meeting) incontrare ⑬(talk to) **Mr. Brown will ~ you now** il Signor Brown la riceve adesso ⑤(accompany) accompagnare ⑨(perceive) rendersi conto di; (understand) capire; **I don't ~ what you mean** non capisco cosa vuoi dire ⑩(envisage) credere; **as I ~ it ...** da come la vedo io ...; **I could ~ it coming** me lo aspettavo ⑪(investigate) **to ~ how/what/if ...** cercare di capire come/cosa/se ... ⑫(ensure) **~ that you are ready when we come** fai in modo di essere pronto quando arriviamo **II.** vi ⑩(use eyes) vedere; **as far as the eye can ~** fin dove arriva la vista ⑨(find out) scoprire; **~ for yourself!** guarda tu stesso!; **let me ~** fammi vedere; **let's ~** vediamo; **we'll/I'll (have to) ~** vedremo; **you'll ~** vedrai ⑨(understand) capire; **I ~** capisco; **you ~?** capisci?; **as far as I can ~** per quello che capisco

◆**see off** vt salutare

◆**see out** vt ⑩(escort to door) accompagnare alla porta ⑨(continue to end) restare fino alla fine di; (project) portare a termine ⑨(last until end) durare fino alla fine di

◆**see through** vt ⑩(not be deceived by) non farsi abbindolare da ⑨(sustain) **to see sb through (a difficult time)** essere d'aiuto a qu (in un momento difficile) ⑨(continue to end) portare a termine

◆**see to** vt ⑩(attend to) occuparsi di ⑨(ensure) **to ~ it that ...** assicurarsi che ...

see² [si:] n REL sede f; **the Holy See** la Santa Sede

seed [si:d] n ⑩BOT (of fruit) seme m ⑨(seeds) semente f ⑨(beginning) germe m; **to sow the ~s of doubt** insinuare dei dubbi ⑨ANAT seme m

seeing I. conj **~ (that)** visto che **II.** n vista f; **~ is believing** vedere per credere

seem [si:m] vi ⑩(appear to be) sembrare; **to ~ as if ...** sembrare che ... +conj; **things aren't always what they ~** l'apparenza inganna ⑨(appear) **it ~s that ...** sembra che ... +conj; **so it ~s, so it would ~** così sembra

seemingly adv apparentemente

seen [si:n] pp of see

seize [si:z] vt ⑩(grasp) afferrare; **to ~ sb by the arm/by the throat** afferrare qu per il braccio/alla gola ⑨(take: opportunity) cogliere; (initiative, power) prendere ⑨(overcome) **I was ~d with panic** ero in preda al panico ⑨(capture: criminal) catturare ⑨(confiscate: property) confiscare; (drugs) sequestrare ⑨(understand) capire ⑦(kidnap) sequestrare

seizure ['si:·ʒə] n ⑩(seizing) presa f ⑨(taking possession: of drugs) sequestro m; (of property, contraband) confisca f ⑨MED (stroke) attacco m

seldom ['sel·dəm] adv raramente

select [sə·'lekt] **I.** vt (candidate, player) selezionare; (gift, wine) scegliere; **~ed works** scelta f di opere **II.** adj ⑩(high-class) di classe privilegiata; (club, school) esclusivo, -a; (product) di prima scelta ⑨(exclusive) **the ~ few** i pochi privilegiati

selection [sə·'lek·ʃən] n ⑩(act of choosing) selezione f ⑨(range) scelta f ⑨(thing chosen) selezione f; (person chosen) scelta f

selective [sə·'lek·tɪv] adj selettivo, -a

self [self] n <selves> se stesso, -a; **his true ~** la sua vera natura

self-absorbed adj egocentrico, -a

self-addressed adj **~ envelope** busta f con il proprio indirizzo

self-assured adj sicuro, -a di sé

self-centered adj egocentrico, -a

self-complacent adj pej compiaciuto, -a di sé

self-confidence n sicurezza f di sé; **to have ~** essere sicuro, -a di sé

self-conscious adj ➊ (shy) impacciato, -a; **to feel ~** sentirsi a disagio ➋ pej (unnatural) affettato, -a

self-contained adj ➊ (self-sufficient: community) autosufficiente; (apartment) indipendente ➋ pej (reserved) riservato, -a

self-control n autocontrollo m

self-critical adj autocritico, -a

self-defeating adj controproducente

self-destruct vi autodistruggersi

self-discipline n autodisciplina f

self-employed I. adj **to be ~** lavorare in proprio II. n **the ~** i lavoratori autonomi

self-esteem n autostima f

self-explanatory adj ovvio, -a

selfie ['sel·fi:] n TEL, INET selfie m

self-important adj pej presuntuoso, -a

self-indulgent adj indulgente verso se stesso

self-interest n interesse m personale; **to be motivated by ~** essere motivato da interesse personale

selfish ['sel·fɪʃ] adj pej egoista

selfishness n pej egoismo m

selfless ['self·ləs] adj altruista

self-pity n autocommiserazione f

self-portrait n ART autoritratto m

self-possessed adj padrone, -a di sé

self-preservation n istinto m di autoconservazione

self-reliant adj indipendente

self-respect n amor m proprio; **to lose all ~** perdere ogni dignità

self-righteous adj pej moralista

self-rising flour n farina f con lievito incorporato

self-sacrifice n abnegazione f

self-satisfied adj pej soddisfatto, -a di sé

self-sufficient adj ➊ autosufficiente ➋ ECON autosufficiente; **~ economy** autarchia f

sell [sel] I. vt <sold, sold> ➊ (exchange for money) vendere; **to ~ sth for $100/at half price** vendere qc per 100 dollari/ a metà prezzo ➋ fig (make accepted) far accettare; **I'm sold on your plan** il tuo piano mi ha convinto ▶ **to ~ oneself** <u>short</u> sminuirsi II. vi <sold, sold> ➊ (vendere: product) essere venduto; (company, shop) essere in vendita; **to ~ at** [o **for**] **$5** essere venduto a 5 dollari ➋ (be accepted) essere accettato III. n ➊ (activity of selling) vendita f ➋ sl (deception) fregatura f

♦ **sell off** vt svendere; (shares, property) cedere

♦ **sell out** I. vi ➊ COM, FIN cedere la propria attività [o quota] ➋ fig vendersi II. vt cedere

sellable adj vendibile

sell-by date ['sel·baɪ·ˌdeɪt] n COM data f limite di vendita

seller n ➊ (person) venditore, -trice m, f; **~'s market** mercato m al rialzo ➋ (product) **good/poor ~** articolo m che si vende bene/male

semester [sə·ˈmes·tər] n UNIV semestre m

semicircle ['se·mɪ·ˌsɜːr·kl] n semicerchio m

semicircular [ˌse·mɪ·ˈsɜːrk·jə·lər] adj semicircolare

semicolon ['se·mɪ·ˌkoʊ·lən] n punto m e virgola

semiconscious [ˌsem·ɪ·ˈkan·tʃəs] adj semicosciente

semifinal [ˌsem·ɪ·ˈfaɪ·nəl] n SPORTS semifinale f

seminar ['se·mə·nɑːr] n UNIV seminario m

semi-vegetarian n semivegetariano

senate ['se·nɪt] n ➊ POL senato m ➋ UNIV senato m accademico

senator ['se·nə·tər] n POL senatore, -trice m, f

send [send] vt <sent, sent> ➊ (letter, flowers) inviare, mandare; **to ~ sth by mail** spedire qc per posta; **Philip ~s his apologies** Philip si scusa ➋ (propel) lanciare ➌ inf (cause) **to ~ sb to sleep** far addormentare qu ▶ **to ~ sb** <u>packing</u>

S

inf mandare qu a quel paese

◆ **send on** *vt* ① (*send in advance*) spedire ② (*forward: mail*) inoltrare; (*order*) trasmettere

sender *n* mittente *mf*; **'return to ~'** 'rispedire al mittente'

senile ['siː·naɪl] *adj* arteriosclerotico, -a; **to go ~** diventare arteriosclerotico

senior ['siː·n·jə·] I. *adj* ① *form* (*older*) più vecchio, -a; **James Smith, Senior** James Smith, padre ② (*higher in rank*) superiore; **to be ~ to sb** essere a un livello più alto di qu ③ (*of earlier appointment*) superiore; (*pupil*) dell'ultimo anno II. *n* ① (*older person*) più vecchio, -a *m, f*; **she is two years my ~** ha due anni più di me ② (*of higher rank*) superiore *mf* ③ SCHOOL studente *mf* dell'ultimo anno

senior citizen *n* anziano, -a *m, f*

senior high school *n* scuola *f* superiore

senior partner *n* socio, -a *m, f* maggioritario, -a

sensation [sen·'seɪ·ʃən] *n* sensazione *f*; **to be a ~** essere sensazionale; **to cause a ~** fare sensazione

sensational [sen·'seɪ·ʃə·nəl] *adj* ① (*fabulous*) sensazionale ② *pej* (*newspaper*) scandalistico, -a

sense [sents] I. *n* ① (*faculty*) senso *m*; **~ of hearing** udito *m*; **~ of sight** vista *f*; **~ of smell** olfatto *m*; **~ of taste** gusto *m*; **~ of touch** tatto *m* ② (*ability*) senso *m*; **to lose all ~ of time** perdere la nozione del tempo ③ (*way*) senso *m*; **in every ~** in tutti i sensi; **in a ~** in un certo senso; **in no ~** in nessun modo ④ (*sensation*) sensazione *f* ⑤ *pl* (*clear mental faculties*) giudizi *m*; **to come to one's ~s** (*see reason*) recuperare la ragione; (*recover consciousness*) recuperare i sensi ⑥ (*good judgment*) (**common**) ~ buonsenso *m*; **to have enough** [*o* **the good**] ~ **to ...** avere il buon senso di ...; **to talk ~** dire cose sensate ⑦ (*feeling*) senso *m*; **to feel a ~ of belonging** provare un senso di appartenenza ⑧ (*meaning*) senso *m*; **to**

make ~ avere senso ⑨ (*opinion*) opinione *f* (comune) II. *vt* percepire; **to ~ that ...** rendersi conto che ...

senseless ['sents·ləs] *adj* ① (*pointless*) senza senso ② MED inconscente

sensible ['sen·tsə·bl] *adj* ① (*having good judgment*) sensato, -a ② (*suitable: clothing*) pratico, -a ③ (*noticeable*) sensibile

sensitive ['sen·tsə·tɪv] *adj* ① (*sympathetic*) sensibile; **to be ~ to sb's needs** essere sensibile alle necessità di qu ② (*touchy*) suscettibile; **to be ~ about sth** essere suscettibile riguardo a qc ③ (*delicate: subject*) delicato, -a ④ (*classified: documents*) confidenziale

sensual ['sen·ʃu·əl] *adj* sensuale

sent [sent] *pp, pt of* **send**

sentence ['sen·təns] I. *n* (*court decision*) sentenza *f*; (*punishment*) pena *f*; **jail** ~ pena detentiva; **life** ~ ergastolo *m* II. *vt* condannare

sentimental [ˌsen·tə·'men·təl] *adj* ① (*emotional*) sentimentale; **to be ~ about sth** commuoversi per qc ② *pej* (*mawkish*) sentimentalista

separate¹ ['sep·ə·ɪt] I. *adj* separato, -a; **to keep sth ~** tenere qc separato II. *n pl* abiti *mpl* da coordinare

separate² ['se·pə·reɪt] I. *vt* separare; **to ~ two people** separare due persone; **to ~ egg whites from yolks** separare gli albumi dai tuorli II. *vi* separarsi

separated *adj* separato, -a

September [sep·'tem·bə·] *n* settembre *m; s.a.* **April**

septic ['sep·tɪk] *adj* settico, -a; **to go** [*o* **turn**] ~ infettarsi

sequel ['siː·kwəl] *n* seguito *m*

sequence ['siː·kwəns] *n* ① (*order*) ordine *m*; (*of events*) serie *f* ② (*part of film*) sequenza *f*

Serb [sɜːrb] *adj, n* serbo, -a *m, f*

sergeant ['sɑːr·dʒənt] *n* sergente *m*

serial ['sɪ·ri·əl] I. *n* ① seriale *m;* **TV ~** sceneggiato *m* (televisivo), serial *m inv* II. *adj* ① (*in series*) consecutivo, -a ② (*shown in parts*) a puntate

series ['sɪ·riːz] *n inv* a. ELEC serie *f*
serious ['sɪ·ri·əs] *adj* ① (*earnest, solemn*) serio, -a ② (*problem*) grave ③ (*not slight*) serio, -a; (*argument*) importante; **to do some ~ talking** parlare di cose serie ④ (*determined*) serio, -a; **to be ~ about sth** far sul serio con qu; **to be ~ about doing sth** voler fare qc sul serio ⑤ *inf* (*significant*) significativo, -a; **~ money** un sacco di soldi ⑥ (*large: debt, amount*) considerevole
seriously *adv* ① (*in earnest*) seriamente, sul serio; **no, ~ ...** no, davvero ... ② (*ill, damaged*) gravemente ③ *inf* (*very*) estremamente
sermon ['sɜːr·mən] *n* a. *fig* predica *f*; **to deliver a ~** fare la predica
serpent ['sɜːr·pənt] *n* serpente *m*
servant ['sɜːr·vənt] *n* domestico, -a *m, f*
serve [sɜːrv] I. *n* SPORTS servizio *m* II. *vt* ① (*attend*) servire ② (*provide: food, drink*) servire; **to ~ alcohol** servire alcolici ③ (*be enough for*) bastare per ④ (*work for*) prestare servizio presso ⑤ (*complete: sentence*) scontare; **to ~ time** *inf* scontare una pena (per qc) ⑥ (*help achieve*) essere utile a; **to ~ a purpose** servire ad uno scopo; **if my memory ~s me right** se la memoria non mi inganna ⑦ SPORTS servire ⑧ (*deliver: writ*) notificare; **to ~ sb with papers** notificare dei documenti a qu ▸ **it ~s him/her right!** gli/le sta bene! III. *vi* ① (*put food on plates*) servire ② (*be useful*) servire; **to ~ as sth** servire da qc ③ (*work for*) prestare servizio; **to ~ in the army** servire nell'esercito ④ SPORTS servire
server ['sɜːr·vər] *n* ① (*waiter*) cameriere, -a *m, f* ② COMPUT server *m inv* ④ SPORTS giocatore/trice che effettua il servizio
service ['sɜːr·vɪs] I. *n* ① (*in shop, restaurant*) servizio *m* ② (*help, assistance*) servizio *m*; **bus/train ~** servizio di autobus/ferroviario ③ (*department*) **the Service** MIL l'esercito, NAUT la marina, AVIAT l'aeronautica; **to be fit/unfit for ~** essere idoneo/non idoneo al servizio militare ④ SPORTS servizio *m* ⑤ REL fun-

zione *f*; **to hold a ~** celebrare una messa ⑥ TECH, AUTO revisione *f* ⑦ (*set*) servizio *m*; **tea ~** servizio da tè II. *vt* ① (*car, TV*) revisionare ② FIN **to ~ a loan** pagare gli interessi di un prestito
service area *n* area *f* di servizio
service center *n* (*for repairs*) centro *m* riparazioni; (*garage*) officina *f*
service charge *n* costo *m* per il servizio
servicemember *n* militare *mf*
service road *n* strada *f* di accesso
service station *n* stazione *f* di servizio
serving ['sɜːr·vɪŋ] I. *n* (*portion*) razione *f* II. *adj* (*employed*) in servizio attivo
servo ['sɜː·vəʊ] *n* AUTO, TEC ① *abbr of* **servomechanism** servomeccanismo *m* ② *abbr of* **servomotor** servomotore *m* ③ *Australian, inf*(*service station*) distributore *m*
session ['se·ʃən] *n* ① (*of Parliament*) sessione *f*; (*of a court*) seduta *f*; **to be in ~** essere in seduta; **a drinking ~** *inf* una sbevazzata ② SCHOOL **morning/afternoon ~** lezioni del mattino/del pomeriggio
set [set] I. *adj* ① (*ready*) pronto, -a; **to get ~** (*to do sth*) prepararsi (per fare qc) ② (*fixed*) fisso, -a; **to be ~ in one's ways** essere attaccato, -a alle proprie abitudini ③ (*assigned*) nel programma II. *n* ① (*group*) gruppo *m*; (*of cups*) servizio *m*; (*of kitchen utensils*) batteria *f*; (*of stamps*) serie *f inv*; **~ of glasses** servizio di bicchieri; **~ of teeth** dentiera *f* ② (*collection*) raccolta *f*; **a complete ~** una raccolta completa ③ CINE set *m inv* ④ (*television*) televisore *m* ⑤ (*in tennis*) set *m inv* ⑥ (*musical performance*) parte *f* (di un concerto) III. *vt* <set, set> ① (*place*) collocare; **a house that is ~ on a hill** una casa situata su una collina ② (*give: example*) dare; (*task*) assegnare; (*problem*) sottoporre ③ (*start*) **to ~ sth on fire** dare fuoco a qc ④ (*adjust*) impostare; (*prepare*) preparare; **to ~ the table** apparecchiare la tavola ⑤ (*fix*) fissare; (*record*) stabilire; (*date, price*) stabilire; **to ~ oneself a**

S

goal fissarsi un obiettivo ⑥ (*arrange*) regolare ⑦ (*insert*) inserire; **to ~ a watch with sapphires** incastonare degli zaffiri in un orologio ⑧ (*provide*) mettere; **to ~ sth to music** mettere in musica qc **IV.** *vi* ❶ MED comporsi ❷ (*become firm: cement*) solidificarsi; (*cheese*) rapprendersi ❸ (*sun*) tramontare

◆**set back** *vt* ❶ (*delay*) rimandare ❷ (*place away from*) allontanare ❸ *inf* (*cost*) costare a

◆**set off I.** *vi* partire; **to ~ (for a place)** mettersi in viaggio (verso un luogo) **II.** *vt* ❶ (*detonate*) fare esplodere; (*alarm*) azionare ❷ (*make sb do sth*) **set sb off laughing** far ridere qu ❸ (*start*) scatenare ❹ (*enhance*) mettere in risalto

◆**set out I.** *vi* ❶ *s.* **set off** ❷ (*intend*) **to ~ to do sth** avere l'intenzione di fare qc **II.** *vt* ❶ (*display*) disporre ❷ (*explain*) presentare

setback ['set·bæk] *n* intoppo *m;* **experience a ~** avere un contrattempo

settee [se·'ti:] *n* divano *m*

setting ['se·tɪŋ] *n* ❶ (*of sun*) tramonto *m* ❷ (*scenery*) scenario *m;* (*surroundings*) quadro *m;* (*landscape*) paesaggio *m* ❸ TECH regolazione *f* ❹ (*frame for jewel*) montatura *f* ❺ MUS messa *f* in musica

settle ['se·tl] **I.** *vi* ❶ (*take up residence*) stabilirsi ❷ (*get comfortable*) accomodarsi ❸ (*calm down*) calmarsi; (*weather*) diventare sereno; (*situation*) stabilizzarsi ❹ (*reach an agreement*) accordarsi ❺ (*form (pay*) saldare il conto; **to ~ with sb** saldare i conti con qu ❻ (*accumulate*) accumularsi ❼ (*land*) assestarsi; (*bird*) posarsi ❽ (*sink*) assestarsi ❾ (*food*) essere digerito **once your lunch has settled ...** una volta digerito il pranzo ... **II.** *vt* ❶ (*calm down: stomach*) mettere a posto ❷ (*decide*) stabilire; **it's been ~d that ...** è stato stabilito che ... ❸ (*conclude*) finalizzare; (*resolve*) risolvere; (*affairs*) sistemare; **to ~ a lawsuit** comporre una lite ❹ (*pay*)

saldare ❺ (*colonize*) colonizzare ▶ **that ~s it!** questione risolta!

settled ['se·tld] *adj* ❶ (*established*) stabilito, -a; **to be ~ in a regular way of life** condurre una vita stabile e regolare; **to feel ~** sentirsi a proprio agio ❷ (*calm*) calmo, -a ❸ (*fixed: life*) regolare

settlement ['se·tl·mənt] *n* ❶ (*resolution*) soluzione *f;* (*of strike*) risoluzione *f* ❷ (*agreement*) accordo *m;* **to negotiate a ~ (with sb)** negoziare un accordo (con qu) ❸ FIN, ECON saldo *m;* **in ~ of sth** a saldo di qc ❹ (*village, town*) insediamento *m* ❺ (*subsidence*) assestamento *m*

settler ['set·lə] *n* colono, -a *m, f*

set-to ['set·tu:] *n inf* bisticcio *m;* **to have a ~ (with sb)** bisticciare (con qu)

setup ['set·ʌp] *n* ❶ (*way things are arranged*) disposizione *f;* (*arrangement*) organizzazione *f* ❷ *inf* (*trick*) imbroglio *m*

seven ['se·vn] *adj, n* sette *m; s.a.* **eight**

seventeen [ˌse·vn·'ti:n] *adj, n* diciassette *m; s.a.* **eight**

seventeenth [ˌse·vn·'ti:nθ] **I.** *adj* diciassettesimo, -a **II.** *n* ❶ (*order*) diciassettesimo, -a *m, f* ❷ (*date*) diciassette *m* ❸ (*fraction, part*) diciassettesimo *m; s.a.* **eighth**

seventh ['se·vntθ] **I.** *adj* settimo, -a **II.** *n* ❶ (*order*) settimo, -a *m, f* ❷ (*date*) sette *m* ❸ (*fraction, part*) settimo *m; s.a.* **eighth**

seventieth ['sev·ən·ti·əθ] **I.** *adj* settantesimo, -a **II.** *n* ❶ (*order, fraction*) settantesimo, -a *m;* (*fraction, part*) settantesimo *m; s.a.* **eighth**

seventy ['se·vən·ti] **I.** *adj* settanta *inv* **II.** *n* <-ies> settanta *m;* (*decade*) **the seventies** gli anni *mpl* settanta; *s.a.* **eighty**

several ['se·və·rəl] **I.** *adj* ❶ (*some, distinct*) diversi, -e; **~ times** diverse volte ❷ (*individual*) rispettivi, -e **II.** *pron* ❶ (*some*) alcuni, -e; (*different*) diversi, -e; **~ of us** alcuni di noi; **we've got ~** ne abbiamo diversi

severe [sə·'vɪr] *adj* ❶(*problem*) grave; (*pain*) forte; **to be under ~ strain** attraversare un periodo di grande stress ❷(*criticism*) severo, -a; (*rough*) duro, -a ❸(*weather*) rigido, -a; **~ frost** gelata *f* intensa

severely *adv* ❶(*harshly*) severamente ❷(*damaged, ill*) gravemente

sew [soʊ] <sewed, sewn *o* sewed> *vi, vt* cucire; **hand ~n** cucito a mano

sewage ['su:·ɪdʒ] *n* acque *fpl* di scarico

sewer ['su:·ər] *n* fogna *f*

sewing ['soʊ·ɪŋ] **I.** *n* cucito *m* **II.** *adj* di cucito

sewing machine *n* macchina *f* da cucire

sewn [soʊn] *pp* of **sew**

sex [seks] **I.** <-es> *n* (*gender, intercourse*) sesso *m;* **to have ~** avere rapporti sessuali **II.** *vt* individuare il sesso di

sex discrimination *n* discriminazione *f* sessuale

sex education *n* educazione *f* sessuale

sexism ['sek·sɪ·zəm] *n* sessismo *m*

sexist *adj, n* sessista *mf*

sex life *n* vita *f* sessuale

sexual ['sek·ʃu·əl] *adj* sessuale

sexual harassment *n* molestie *fpl* sessuali

sexual intercourse *n* rapporti *fpl* sessuali

sexuality [ˌsek·ʃu·'æ·lə·ti] *n* sessualità *f*

sexually *adv* sessualmente; **to be ~ abused** subire abusi sessuali

sexy ['sek·si] <-ier, -iest> *adj* ❶(*physically appealing*) sexy *inv* ❷(*exciting*) eccitante

shabby ['ʃæ·bi] <-ier, -iest> *adj* ❶(*badly maintained*) in cattivo stato ❷(*poorly dressed*) trasandato, -a ❸(*substandard*) scadente

shack [ʃæk] *n* baracca *f*

shade [ʃeɪd] **I.** *n* ❶(*shadow*) ombra *f;* **in the ~ of** all'ombra di ❷(*covering*) parasole *m* ❸ *pl* (*window blind*) tapparella *f* ❹(*variation*) sfumatura *f;* (*of color*) tonalità *f;* **pastel ~s** tonalità pastello ❺ *pl, inf* (*sunglasses*) occhiali *mpl* da sole **II.** *vt* ❶(*cast shadow on*)

fare ombra a; (*protect*) riparare (dalla luce) ❷ART ombreggiare **III.** *vi* (*colors*) fondersi

shadow ['ʃæ·doʊ] **I.** *n* ❶ *a. fig* (*shade*) ombra *f;* **the ~s** le tenebre ❷(*smallest trace*) pizzico *m;* **without a ~ of a doubt** senz'ombra di dubbio ▸ **to have ~s under one's eyes** avere le occhiaie; **to be under sb's ~** vivere nell'ombra di qu **II.** *vt* ❶ART ombreggiare ❷(*follow*) pedinare

shady ['ʃeɪ·di] <-ier, -iest> *adj* ❶(*protected from light*) ombreggiato, -a ❷ *inf* (*dubious*) losco, -a

shake [ʃeɪk] **I.** *n* ❶(*wobble*) scossa *f;* (*vibration*) scossa *f;* **to give sth a good ~** agitare bene qc ❷ *inf* (*milk shake*) frappè *m inv* ❸(*handshake*) stretta *f* di mano ❹(*chance*) possibilità *f* ❺ *inf* (*earthquake*) scossa *f* ❻ *pl* (*sudden trembling*) tremito *m* **II.** <shook, shaken> *vt* ❶(*joggle*) agitare; (*person*) scuotere; (*house*) far tremare; **to ~ hands** stringersi la mano; **to ~ one's head** scuotere la testa ❷(*unsettle*) agitare ❸(*make worried*) to be shaken essere scosso **III.** <shook, shaken> *vi* ❶(*tremble*) tremare ❷(*clasp hands*) let's ~ **on it** qua la mano!

♦ **shake up** *vt* ❶(*reorganize*) ristrutturare ❷(*upset*) scuotere ❸(*jumble*) scuotere

shaken ['ʃeɪ·kn] *pp* of **shake**

shakeup ['ʃeɪk·ʌp] *n* ristrutturazione *f*

shaky ['ʃeɪ·ki] <-ier, -iest> *adj* ❶(*jerky*) tremante; **to be ~ on one's feet** avere un passo malfermo ❷(*wavering*) incerto, -a ❸(*unstable*) instabile

shall [ʃæl] *aux* ❶(*future*) I ~ **give back the money** restituirò i soldi; **we ~ win the match** vinceremo la partita ❷(*ought to*) **we ~ overcome!** ce la faremo!

shallow ['ʃæ·loʊ] **I.** *adj* ❶(*not deep*) poco profondo, -a ❷(*only light*) debole ❸(*superficial*) superficiale **II.** *npl* bassofondo *m*

sham [ʃæm] *pej* **I.** *n* ❶(*fake*) finzione *f;* (*imposture*) impostura *f* ❷(*impostor*)

S

impostore, -a *m, f* ① (*cover*) **a pillow ~** federa *f* II. *adj* (*document, trial*) falso, -a; (*deal*) fraudolento, -a; (*marriage*) di facciata III.<-mm-> *vt* fingere

shambles ['ʃæm·blz] *n inf* (*place, situation*) casino *m;* **to leave sth in a ~** lasciare un gran casino in qc

shame [ʃeɪm] I. *n* ① (*humiliation*) vergogna *f;* **to die of ~** morire di vergogna; **~ on you!** *a. iron* vergogna! ② (*discredit*) disonore *m;* **to bring ~ on sb** disonorare qu ③ (*pity*) peccato *m;* **what a ~!** peccato!; **what a ~ that …** che peccato che … +*conj* II. *vt* ① (*mortify*) far vergognare ② (*discredit*) disonorare

shameful ['ʃeɪm·fəl] *adj pej* vergognoso, -a

shameless ['ʃeɪm·lɪs] *adj pej* spudorato, -a

shape [ʃeɪp] I. *n* ① (*form*) forma *f;* **to get out of ~** sformarsi; **to take ~** prendere forma; **in the ~ of sth** a forma di qc; **the ~ of things to come** quello che ci aspetta ② (*condition*) stato *m;* **in bad/good ~** in cattivo/buono stato; **to get sth into ~** sistemare qc; **to get into ~** mettersi in forma; **to knock sth into ~** mettere a punto qc; **to knock sb into ~** portare qu a un buon livello II. *vt* ① (*form*) **to ~ sth into sth** dare a qc la forma di qc ② (*influence*) influenzare

share [ʃer] I. *n* ① (*part*) parte *f;* **to take the lion's ~** fare la parte del leone ② (*portion*) parte *f;* **to do one's ~ of sth** fare la propria parte di qc ③ FIN azione *f;* **stocks and ~s** titoli *mpl* II. *vi* ① (*divide*) dividere ② (*allow others to use*) condividere III. *vt* ① (*divide*) dividere ② (*allow others to use*) condividere ③ (*have in common*) condividere; **to ~ sb's view** condividere le opinioni di qu

shareholder ['ʃer·hoʊl·dər] *n* azionista *mf*

shareholding *n* partecipazione *f* azionaria

shark [ʃɑːrk] <-(s)> *n a. fig* squalo *m*

sharp [ʃɑːrp] I. *adj* ① (*cutting*) affilato, -a; (*pointed*) aguzzo, -a ② (*angular: nose*) appuntito, -a; (*corner, edge*) acuto, -a; (*curve*) stretta, -a ③ (*severe*) severo, -a; (*pain*) acuto, -a; (*reprimand*) aspro, -a; **to have a ~ tongue** avere la lingua tagliente ④ (*astute*) astuto, -a; (*perceptive*) acuto, -a ⑤ (*pungent*) aspro, -a; (*wine*) acido, -a ⑥ (*sudden*) improvviso, -a; (*abrupt*) brusco, -a; (*marked*) pronunciato, -a ⑦ (*distinct*) netto, -a ⑧ MUS diesis; **C ~** do diesis II. *adv* ① (*exactly*) in punto; **at ten o'clock ~** alle dieci in punto ② (*suddenly*) di colpo; **to pull up ~** fermarsi di colpo ③ MUS in una tonalità troppo alta III. *n* MUS diesis *m*

sharpen ['ʃɑːr·pən] *vt* ① (*blade*) affilare; (*pencil*) fare la punta a ② (*intensify*) rinforzare; (*mind*) aguzzare; (*appetite*) stuzzicare

sharpener ['ʃɑːr·pə·nə] *n* (*for knives*) affilatoio *m;* **pencil ~** temperamatite *m inv*

sharp-eyed [ˌʃɑːrp·'aɪd] *adj* dalla vista acuta

sharp-tongued *adj* mordace

sharp-witted *adj* acuto, -a

shatter ['ʃæ·t̬ə] I. *vi* infrangersi II. *vt* ① (*smash*) infrangere; (*one's hopes, one's dreams*) mandare in fumo ② (*disturb*) disturbare; **to ~ the peace** disturbare la quiete

shattering *adj* devastante

shatterproof ['ʃæ·t̬ə·pruːf] *adj* infrangibile

shave [ʃeɪv] I. *n* **to give oneself a ~** radersi ▶ **to have a close ~** cavarsela per un pelo II. *vi* radersi, farsi la barba III. *vt* ① (*remove body hair*) radere; (*head*) rasare ② (*decrease: budget*) ridurre

shaving cream *n* crema *f* da barba

shaven ['ʃeɪ·vən] *adj* rasato, -a

shaver ['ʃeɪ·və] *n* rasoio *m* elettrico

shawl [ʃɑːl] *n* scialle *m*

she [ʃiː] I. *pron pers* (*female person or animal*) lei; **~'s my mother** (lei) è mia madre; **~'s gone away, but ~'ll be back soon** è andata via, ma tornerà presto; **here ~ comes** eccola; **~ who**

... *form* colei che ... **II.** *n* (*person, animal*) femmina *f*; (*baby*): **it's a ~** è una femmina

shed¹ [ʃed] *n* capanno *m*

shed² [ʃed] <shed, shed> **I.** *vt* ① (*cast off*) disfarsi di; (*clothes*) spogliarsi di; (*hair, weight*) perdere; **to ~ one's skin** mutare ② (*blood, tears*) spargere; (*light*) emettere **II.** *vi* (*snake*) fare la muta; (*cat*) mutare il pelo

sheep [ʃiːp] *n* pecora *f*; (*ram*) montone *m*; **black ~** pecora nera

sheepdog ['ʃiːp·dɒɡ] *n* cane *m* pastore

sheepish ['ʃiː·pɪʃ] *adj* imbarazzato, -a

sheepskin ['ʃiːp·skɪn] *n* pelle *f* di montone

sheet [ʃiːt] *n* ① (*for bed*) lenzuolo *m* ② (*of paper*) foglio *m* ③ (*plate of material*) lamina *f*; (*of glass*) lastra *f*

sheik(h) [ʃiːk] *n* sceicco *m*

shelf [ʃelf, *pl* ʃelvz] <shelves> *n* ① (*for storage*) ripiano *m*; **to buy sth off the ~** comprare qc di finito; **to put sth on the ~** *fig* accantonare qc ② GEO **continental ~** piattaforma *f* continentale

shell [ʃel] **I.** *n* ① (*of nut, egg, snail, tortoise*) guscio *m*; (*of shellfish*) conchiglia *f*; (*of crab*) corazza *f* ② TECH (*of vehicle*) scocca *f*; (*of house*) armatura *f*; (*of ship*) carcassa *f* ③ (*projectile*) proiettile *m* ▸ **to come** [*o* **bust**] **out of one's ~** uscire dal proprio guscio; **to crawl into one's ~** chiudersi nel proprio guscio **II.** *vt* ① (*remove shell: nut*) togliere il guscio a; (*peas*) sgusciare ② MIL bombardare **III.** *vi* bombardare

shellfish ['ʃel·fɪʃ] *n* ① CULIN frutto *m* di mare ② ZOOL (*crustacean*) crostaceo *m*; (*mollusc*) mollusco *m*

shelling *n* bombardamento *m*

shell-shocked *adj fig* traumatizzato, -a

shelter ['ʃel·tə] **I.** *n* rifugio *m*; **to take ~** rifugiarsi **II.** *vt* dare asilo a **III.** *vi* rifugiarsi

sheltered *adj* ① (*protected against weather*) riparato, -a ② *pej* (*overprotected*) superprotetto, -a; **to lead a ~ life** vivere nella bambagia ③ (*tax-protected*) protetto, -a

shield [ʃiːld] **I.** *n* ① (*armor*) scudo *m* ② (*protective layer*) schermo *m* (protettivo); *fig* scudo *m* ③ (*badge*) distintivo *m* (di polizia) **II.** *vt* proteggere

shift [ʃɪft] **I.** *vt* ① (*change, rearrange*) spostare; **to ~ one's ground** cambiare opinione ② (*in mechanics*) cambiare **II.** *vi* (*change*) spostarsi; (*wind*) cambiare **III.** *n* ① (*change*) cambiamento *m*; (*of power*) trasferimento *m* ② (*period of work*) turno *m*; **to work in ~s** fare i turni

shift key *n* tasto *m* delle maiuscole

shifty ['ʃɪf·ti] <-ier, -iest> *adj* losco, -a; (*eyes*) furtivo, -a

shin [ʃɪn] *n* stinco *m*

shine [ʃaɪn] **I.** *n* lucentezza *f* ▸ **to take a ~ to sb** prendere qu in simpatia **II.** <shone *o* shined, shone *o* shined> *vi* ① (*moon, sun, stars*) splendere; (*gold, metal*) luccicare; **the light is shining in my eyes** ho la luce negli occhi ② (*be gifted*) essere brillante **III.** <shone *o* shined, shone *o* shined> *vt* ① (*point light*) **to ~ a light at sth/sb** puntare una luce su qc/qu ② (*brighten by polishing*) far brillare

shiner ['ʃaɪ·nə] *n inf* occhio *m* nero

shining ['ʃaɪ·nɪŋ] *adj* ① (*gleaming*) splendente; (*eyes*) brillante ② (*outstanding*) eccellente, -a; **a ~ example** un esempio perfetto

shiny ['ʃaɪ·ni] <-ier, -iest> *adj* brillante

ship [ʃɪp] **I.** *n* nave *f*; **passenger ~** nave *f* passeggeri; **sailing ~** veliero *m*; **to board a ~** imbarcarsi su una nave **II.** *vt* <-pp-> ① (*send by boat*) mandare via nave; **to ~ freight** mandare la merce via nave ② (*transport*) trasportare

shipment ['ʃɪp·mənt] *n* ① (*quantity*) carico *f* ② (*action*) spedizione *f*

shipwreck I. *n* ① (*accident*) naufragio *m* ② (*remains of ship*) relitto *m* **II.** *vt* far naufragare; **to be ~ed** naufragare; *fig* rovinare

shipyard *n* cantiere *m* navale

shire ['ʃa·ɪə] *n* contea *f*

shirker ['ʃɜːr·kə] *n pej* scansafatiche *mf inv*

shirt [ʃɜːrt] *n* (*man's, woman's*) camicia *f* ▸ **to lose one's ~** *inf* rimanere in mutande; **keep your ~ on!** *inf* non scaldarti!

shirtsleeve ['ʃɜːrt·sliːv] *n* manica *f* di camicia; **to be in ~s** essere in maniche di camicia

shit [ʃɪt] *inf* I. *n* ① (*feces*) merda *f* ② *pej* (*nonsense*) stronzate *fpl* ③ (*nothing*) una mazza; **he doesn't know ~ about computers** non capisce una mazza di computer ④ (*as intensifier*) **I don't give a ~!** me ne sbatto! ▸ **to beat the ~ out of sb** menare qu a sangue; **when the ~ hits the fan** quando scoppia il casino; **no ~!** ma va! II. *interj* merda III. <shit, shit> *vi, vt* cagare; **to ~ oneself** [*o* **one's pants**] *a. fig* cagarsi addosso

shitty ['ʃɪ·ti] <-ier, -iest> *adj pej, inf* ① (*unfair, unpleasant*) di merda ② (*sick, ill*) di merda; **to feel ~** mi sento di merda

shiver ['ʃɪ·və] I. *vi* tremare; **to ~ with cold** tremare dal freddo II. *n* brivido *m*; **to feel a ~** rabbrividire; **to give sb the ~s** *inf* far rabbrividire qu

shock¹ [ʃɑːk] I. *n* ① (*unpleasant surprise*) shock *m inv*; **to give sb a ~** scioccare qu ② *inf* (*electric shock*) scarica *f* ③ *MED* shock *m inv*; **to die from ~** soccombere allo shock ④ (*impact: of explosion*) scossa *f* II. *vt* ① (*appall*) scioccare ② (*scare*) spaventare

shock² [ʃɑːk] *n* (*of hair*) zazzera *f*

shock absorber ['ʃɑːk·əb·ˌsɔːr·bə] *n* ammortizzatore *m*

shocking ['ʃɑː·kɪŋ] *adj* ① (*causing indignation, distress*) spaventoso, -a ② (*surprising*) scioccante ③ (*offensive*) scandaloso, -a; (*crime*) orrendo, -a

shockproof ['ʃɑːk·pruːf] *adj* ① (*mechanism*) a prova d'urto ② (*person*) imperturbabile

shock wave *n* ① *PHYS* onda *f* d'urto ② *fig* **to send shock waves** provocare vivissime reazioni *fpl*

shoddy ['ʃɑː·di] <-ier, -iest> *adj pej* ① (*goods*) scadente ② (*treatment*) meschino, -a

shoe [ʃuː] *n* (*for person*) scarpa *f*; (*for horse*) ferro *m*; **high-heeled ~s** scarpe *fpl* col tacco (alto); **athletic ~s** scarpe *fpl* da ginnastica; **to fill sb's ~s** prendere il posto di qu; **if I were in your ~s** *inf* se fossi in te

shoelace *n* laccio *m* (di scarpa); **to tie one's ~s** allacciarsi le scarpe

shoe polish *n* lucido *m* da scarpe

shone [ʃoʊn] *pt, pp of* **shine**

shook [ʃʊk] *n pt of* **shake**

shoot [ʃuːt] I. <shot, shot> *vi* ① (*fire weapon*) sparare; **to ~ to kill** sparare per uccidere; **to ~ at sth/sb** sparare a qc/qu ② (*aim*) **to ~ for sth** mirare a qc ③ *SPORTS* tirare ④ *CINE* girare; *PHOT* scattare ⑤ (*move rapidly*) sfrecciare; **to ~ to fame** avere un successo fulmineo; **to ~ past** (*car*) sfrecciare ▸ **to ~ for the moon** [*o* **the stars**] puntare al massimo II. <shot, shot> *vt* ① (*bullet*) sparare; (*missile, arrow*) lanciare ② (*person*) sparare a; **to ~ sb dead** sparare a qu a morte ③ *CINE* (*film*) girare; (*a scene*) riprendere; *PHOT* scattare ④ (*direct*) **to ~ a glance at sb** lanciare un'occhiata a qu ⑤ *inf* **to ~ a goal/basket** fare un gol/canestro ⑥ *inf* (*drugs*) **to ~ heroin** farsi di eroina III. *n* ① (*hunt*) partita *f* di caccia; **to go on a ~** andare a caccia ② *CINE* ripresa *f*; *PHOT* serie *f inv* di scatti ③ *BOT* germoglio *m* IV. *interj* (*shit*) mannaggia

shooting ['ʃuː·tɪŋ] I. *n* ① (*killing*) uccisione *f* ② (*firing of gun*) sparatoria *f* ③ (*caccia*) **to go ~** andare a caccia ④ *SPORTS* tiro *m* II. *adj* (*pain*) lancinante

shooting star *n* stella *f* cadente

shop [ʃɑːp] I. *n* ① (*for sale of goods*) negozio *f*; **book ~** libreria *f* ② (*for manufacture*) officina *f* ▸ **to set up ~** (*as sth*) mettersi in proprio (come qc); **to talk ~** parlare di lavoro II. <-pp-> *vi* comprare

shopaholic [ˌʃɑː·pə·'hɑː·lɪk] *n inf* maniaco, -a *m, f* dello shopping

shopkeeper *n* negoziante *mf*

shoplifter ['ʃɒpˌlɪftə] *n* taccheggiatore, -trice *m, f*

shoplifting *n* taccheggio *m*

shopper *n* persona *f* che fa acquisti

shopping ['ʃɒpɪŋ] *n* ❶ (*activity*) shopping *m inv*; **to go** ~ andare a fare shopping; (*food*) andare a fare la spesa ❷ (*purchases*) acquisti *mpl*; (*food*) spesa *f*

shopping bag *n* sacchetto *m* per acquisti; (*for food*) borsa *f* spesa

shopping basket *n* cestino *f* della spesa

shopping cart *n* carrello *m, di negozio, supermercato*; COMPUT carrello *m* (acquisti)

shopping center *n* centro *m* commerciale

shopping list *n* lista *f* della spesa

shopping mall *n* centro *m* commerciale

shore [ʃɔːr] *n* ❸ (*coast*) costa *f* ❷ (*beach*) spiaggia *f*; **on** ~ a terra

shoreline *n* linea *f* di costa

short [ʃɔːrt] **I.** *adj* ❶ (*not long*) corto, -a ❷ (*not tall*) basso, -a ❸ (*brief*) breve; (*memory*) corto, -a ❹ (*not enough*) scarso, -a; **to be short** [*o* **run**] **on time/money** aver poco tempo/pochi soldi; **to be** ~ **of breath** essere senza fiato; **to be in** ~ **supply** scarseggiare ❺ (*brusque*) brusco, -a; **to be** ~ **with sb** essere brusco con qu **II.** *n* ❶ CINE cortometraggio *m* ❷ *inf* ELEC cortocircuito *m* **III.** *adv* ❶ (*abruptly*) **to cut** ~ interrompere di colpo; **to stop sth/sb** ~ fermare qc/qu di colpo ❷ (*below the standard*) **to fall** ~ non essere sufficiente

shortage ['ʃɔːrtɪdʒ] *n* carenza *f*

shortchange [ˌʃɔːrtˈtʃeɪndʒ] *vt* dare il resto sbagliato a; *fig* fregare

short circuit *n* cortocircuito *m*

shortcoming ['ʃɔːrtˌkʌmɪŋ] *n* difetto *m*

shortcut *n* scorciatoia *f*; **keyboard** ~ COMPUT combinazione *f* di tasti

shortcut key *n* COMPUT tasto *m* scorciatoia

shorten ['ʃɔːrtən] **I.** *vt* accorciare; (*name, title*) abbreviare **II.** *vi* accorciarsi

shorthand ['ʃɔːrtˌhænd] *n* stenografia *f*

short-handed [ˌʃɔːrtˈhænˌdɪd] *adj* a corto di personale

short-list *vt* preselezionare

short-lived *adj* effimero, -a

shortly ['ʃɔːrtli] *adv* entro breve; ~ **after ...** poco dopo ...

short-range *adj* MIL a corto raggio

shorts [ʃɔːrts] *npl* ❶ (*short pants*) pantaloncini *mpl*; **a pair of** ~ un paio di pantaloncini ❷ (*underpants*) mutande *fpl*; **boxer** ~ boxer *mpl*

short-sleeved *adj* a maniche corte

short-staffed *adj* a corto di personale

short story *n* racconto *m*

short-tempered *adj* irascibile

short-term *adj* a breve termine

shot [ʃɑːt] **I.** *n* ❶ (*act of firing weapon*) sparo *m*; **to fire a** ~ sparare un colpo ❷ (*shotgun pellets*) pallini *mpl* ❸ (*person*) tiratore, -trice *m, f*; **to be a good/poor** ~ essere un buon/cattivo tiratore ❹ SPORTS (*soccer, basketball*) tiro *m*; (*tennis*) colpo *m* ❺ (*photograph*) foto *f*; CINE ripresa *f* ❻ *inf* (*injection*) puntura *f* ❼ *inf* (*try, stab*) tentativo *m*; **to have** [*o* **take**] **a** ~ **at sth** fare un tentativo con qc ❽ (*small amount of alcohol*) bicchierino *m* ▸ **not by a long** ~ neanche lontanamente; **to call** (**all**) **the** ~**s** dettar legge *fig* **II.** *pp, pt of* **shoot**

shotgun ['ʃɑːtˌɡʌn] *n* fucile *m*

should [ʃʊd] *aux* ❶ (*expression of advisability*) **to insist that sb** ~ **do sth** insistere perché qu faccia qc ❷ (*asking for advice*) ~ **I/we ...?** devo/dobbiamo ...? ❸ (*expression of expectation*) **I** ~ **be so lucky!** *inf* magari fossi così fortunato! ❹ *form* (*expressing a condition*) **I** ~ **like to see her** mi piacerebbe vederla ❺ (*rhetorical expression*) **why** ~ **I/you ...?** perché dovrei/dovresti ...? ❻ *form* (*would*) **we** ~ **like to invite you** ci piacerebbe invitarla

shoulder ['ʃoʊldər] **I.** *n* ❶ ANAT spalla *f*; ~ **to** ~ fianco a fianco; **to glance over one's** ~ guardare al di sopra delle spalle di qu ❷ (*piece of meat*) spalla *f* ❸ (*side of road*) area *f* di sosta **II.** *vt* ❶ spingere; **to** ~ **one's way** farsi largo a spinte; **to** ~

S

sb aside spingere qu da una parte con una spallata ② (*place on one's shoulders*) caricarsi in spalla ③ (*accept: responsibility*) sobbarcarsi

shoulder bag *n* borsa *f* a tracolla

shoulder blade *n* scapola *f*

shoulder pad *n* spallina *f*

shoulder strap *n* bretella *f*

shout [ʃaʊt] I. *n* grido *m* II. *vi, vt* gridare; **to ~ at sb** gridare a qu; **to ~ for help** gridare aiuto

shouting *n* grida *fpl*

show [ʃoʊ] I. *n* ① (*expression*) dimostrazione *f;* **~ of solidarity** dimostrazione *f* di solidarietà ② (*exhibition*) mostra *f;* **dog ~** mostra canina; **fashion ~** sfilata *f* di moda; **slide ~** proiezione *f* di diapositive; **to be on** = essere esposto ③ (*play*) spettacolo *m;* TV programma *m;* THEAT rappresentazione *f;* **quiz ~** quiz *m inv* televisivo ④ *inf* (*venture*) **who runs the ~?** chi manda avanti la baracca? ► **~ of hands** voto *m* palese; **let's get the ~ on the road** *inf* diamoci dentro; **to put on a good ~** fare una bella figura; **the ~ must go on** *prov* lo spettacolo deve andare avanti; **to run the ~** comandare II.<showed, shown> *vt* ① (*display*) mostrare; ART esporre ② (*express*) manifestare ③ (*expose*) esporre ④ (*point out*) indicare ⑤ (*prove*) dimostrare; **to ~ sb that ...** dimostrare a qu che ... ⑥ (*escort*) accompagnare; **to ~ sb to the door** accompagnare qu alla porta ⑦ (*on television*) trasmettere III. *vi* <showed, shown> ① (*be visible*) vedersi ② (*exhibit: art*) essere esposto ③ *inf* (*arrive*) farsi vivo

◆ **show around** *vt* far da guida a

◆ **show in** *vt* far passare

◆ **show off** I. *vt* mettere in risalto II. *vi* mettersi in mostra

◆ **show out** *vt* accompagnare alla porta

show biz *n inf* mondo *m* dello spettacolo

showdown [ˈʃoʊ·daʊn] *n* resa *f* dei conti

shower [ˈʃa·ʊɚ] I. *n* ① (*for washing*) doccia *f* ② (*of rain*) acquazzone *m;* (*of insults*) pioggia *f* ③ (*party*) **bridal ~** festa in onore della futura sposa; **baby ~** festa in onore del nascituro II. *vi* ① (*take a shower*) farsi la doccia ② (*spray*) piovere III. *vt* ① (*spray*) spruzzare; **to ~ sb with water** spruzzare qu d'acqua ② (*bestow*) coprire; **to ~ compliments on sb** coprire qu di complimenti; **to ~ sb with gifts** coprire qu di regali

shower gel *n* gel *m inv* da doccia

showery [ˈʃa·ʊɚ·i] *adj* con frequenti rovesci

showground *n* luogo dove si tiene una fiera all'aperto

show jumping [ˈʃoʊ·dʒʌm·pɪŋ] *n* concorso *m* ippico

shown [ʃoʊn] *pp of* **show**

showoff [ˈʃoʊ·ɔf] *n* spaccone, -a *m, f*

showy [ˈʃoʊ·i] <-ier, -iest> *adj* vistoso, -a

shrank [ʃræŋk] *pt of* **shrink**

shred [ʃred] I.<-dd-> *vt* ① (*cut into shreds*) tagliare a striscioline; (*document*) distruggere II. *n* ① (*strip*) strisciolina *f;* **to be in ~s** essere a brandelli; **to tear sth to ~s** ridurre a brandelli qc ② *fig* (*of hope, truth*) briciolo *m*

shredder [ˈʃre·dɚ] *n* distruggidocumenti *m inv*

shrimp [ʃrɪmp] *n* <-(s)> ZOOL gamberetto *f*

shrink [ʃrɪŋk] I. *n* *inf* strizzacervelli *m inv* II.<shrank *o* shrunk, shrunk *o* shrunken> *vt* ① (*make smaller*) restringere ② (*reduce*) ridurre III.<shrank *o* shrunk, shrunk *o* shrunken> *vi* ① (*become smaller: clothes*) restringersi ② (*become reduced*) ridursi ③ (*liter cower*) indietreggiare; **to ~ away from sb/sth** indietreggiare davanti a qu/qc ④ (*be reluctant to*) **to ~ from sth** sottrarsi a qc; **to ~ from doing sth** essere restio a fare qc

Shrove Tuesday [ˌʃroʊv·ˈtuz·deɪ] *n* martedì *m inv* grasso

shrub [ʃrʌb] *n* arbusto *m*

shrug [ʃrʌg] **I.** *n* alzata *f* di spalle **II.**<-gg-> *vi, vt* **to ~ one's shoulders** alzare le spalle

shrunk [ʃrʌŋk] *pp, pt of* **shrink**

shut [ʃʌt] **I.**<shut, shut> *vt* chiudere; **to ~ one's ears to sth** fare orecchie da mercante per non sentire qc; **to ~ one's finger in the door** chiudersi un dito nella porta **II.**<shut, shut> *vi* ① (*door, window*) chiudersi ② (*shop, factory*) chiudere **III.** *adj* chiuso, -a; **to slam a door ~** chiudere una porta con una spinta

◆ **shut in** *vt* rinchiudere

◆ **shut off** *vt* ① (*turn off*) spegnere ② (*isolate*) isolare

◆ **shut up** **I.** *vt* ① (*confine*) rinchiudere ② *inf* (*cause to stop talking*) far tacere **II.** *vi inf* (*stop talking*) stare zitto, -a

shutter ['ʃʌ·tər] *n* ④ PHOT otturatore *m* ③ (*of window*) persiana *f*; (*of shop*) saracinesca *f*; **to put up the ~s** aprire il negozio

shuttle ['ʃʌ·tl̩] **I.** *n* ⑨ (*bus*) navetta; (*train*) treno *m* navetta; (*plane*) aereo *m* navetta; (*space*) navetta *f* spaziale ② (*sewing-machine bobbin*) spoletta *f* **II.** *vt* trasportare **III.** *vi* AVIAT effettuare il collegamento; (*travel regularly*) fare la spola

shuttlecock ['ʃʌ·tl̩·kɑːk] *n* volano *m*

shuttle flight *n* aereo *m* navetta

shuttle service *n* servizio *m* navetta

shy [ʃaɪ] <-er, -est> *adj* (*timid*) timido, -a

shyness *n* timidezza *f*

Sicilian [sɪ·'sɪl·jən] *adj, n* siciliano, -a *m, f*

Sicily ['sɪs·ɪ·li] *n* Sicilia *f*

sick [sɪk] **I.**<-er, -est> *adj* ① (*ill*) malato, -a; **to feel ~** sentirsi male; **to get ~** ammalarsi; **to be off ~** essere in malattia ② (*about to vomit*) **to have a ~ feeling** (*nauseated*) avere la nausea; (*vomit*) vomitare; **to get ~** vomitare ③ *inf* (*disgusted*) disgustato, -a; **to be ~ about sth** essere disgustato da qc ④ (*angry*) furioso, -a; **to be ~ and tired of sth** averne fin sopra i capelli di qc ⑤ *inf* (*cruel*) malato, -a; (*joke*) di pessimo gusto ⑥ *inf* (*car*) guasto, -a **II.** *n* **the ~** i malati

sickbay *n* infermeria *f*

sickening ['sɪ·kə·nɪŋ] *adj* (*repulsive*) rivoltante, -a

sick leave *n* congedo *m* per malattia; **to be on ~** essere in malattia

sickness ['sɪk·nəs] *n* ① (*illness*) malattia *f* ② (*nausea*) nausea *f*

side [saɪd] *n* ① (*vertical surface*) lato *m*; **at the ~ of sth** a lato di qc; **at sb's ~** al fianco di qu; **~ by ~** fianco a fianco ② (*flat surface*) lato *m* ③ (*edge*) lato *m*; (*of river*) riva *f*; (*of road*) argine *m*; **on all ~(s)** su tutti i lati ④ (*half*) lato *m*; **in Great Britain, cars drive on the left ~ of** in Gran Bretagna, le auto viaggiano sul lato destro ⑤ (*cut of meat*) mezzena *f* ⑥ (*direction*) **from all ~(s)** da ogni parte; **from ~ to ~** da parte a parte ⑦ (*party in dispute*) fazione *f*; (*team*) squadra *f*; **to take ~s** prendere posizione; **to take sb's ~** stare dalla parte di qu ⑧ (*aspect*) aspetto *m*; (*of story*) versione *f* ⑨ (*aside*) **on the ~** da parte; **to leave sth on one ~** lasciar qc da parte ▶ **the other ~ of the coin** il rovescio della medaglia; **to get on the right/wrong ~ of sb** ingraziarsi/mettersi contro qu

sideboard ['saɪd·bɔːrd] *n* buffet *m inv*

side dish *n* contorno *m*

side effect *n* effetto *m* collaterale

side road *n* strada *f* secondaria

side street *n* strada *f* laterale

sidewalk ['saɪd·wɑːk] *n* marciapiede *m*

sieve [sɪv] **I.** *n* (*for flour*) setaccio *m*; (*for liquid*) colino *m*; **to put sth through a ~** passare qc al setaccio ▶ **to have a memory like a ~** essere smemorato, -a **II.** *vt* (*flour*) setacciare; (*liquid*) colare

sift [sɪft] *vt* ① (*pass through sieve*) setacciare ② (*examine closely*) passare al setaccio

sigh [saɪ] **I.** *n* sospiro *m*; **to let out a ~** fare un sospiro **II.** *vi* sospirare; **to ~ with relief** tirare un sospiro di sollievo

sight [saɪt] **I.** *n* ① (*view, faculty*) vista *f*; **to be out of (one's) ~** essere nascosto alla (propria) vista; **to come into ~** apparire; **to catch ~ of sth** scorgere qc; **to know sb by ~** conoscere qu di vista; **to lose ~ of sth** *a. fig* perdere qc di vista; **at first ~** a prima vista; **get out of my ~!** *inf* togliti dai piedi!; **at the ~ of ...** alla vista di ... ⑤ *pl* (*attractions*) luoghi *mpl* di interesse (turistico) ⑥ (*on gun*) mirino *m;* **to set one's ~s on sth** *fig* mirare a qc ▸ **to be a ~ for sore eyes** *inf* essere un piacere per gli occhi; **out of ~** *inf* fantastico! II. *vt* vedere

sightseeing [ˈsaɪt·siː·ɪŋ] *n* turismo *m;* **to go ~** visitare luoghi di interesse

sightseeing tour *n* giro *m* turistico

sightseer [ˈsaɪt·siː·ɚ] *n* turista *mf*

sign [saɪn] I. *n* ⑥ (*gesture*) segno *m;* **to make a ~ (to sb)** far segno (a qu); **to make the ~ of the cross** farsi il segno della croce; **as a ~ that ...** per segnalare che ... ② (*signpost*) cartello *m;* (*signboard*) cartellone *m* ③ (*symbol*) simbolo *m* ④ *a.* MAT, ASTR, MUS segno *m;* **a ~ that ...** segno che ... ⑤ (*trace*) traccia *f;* **they could not find any ~ of them** non sono riusciti a trovare traccia di loro; **it's a ~ of the times** è un segno dei tempi II. *vt* ⑥ (*write signature on*) firmare; **he ~ed himself 'Mark Taylor'** ha firmato con il nome di 'Mark Taylor' ② (*employ under contract*) ingaggiare ③ (*gesticulate*) far segno a; **to ~ sb to do sth** far segno a qu di fare qc ④ (*say in sign language*) dire con il linguaggio dei segni III. *vi* ⑥ (*write signature*) firmare; **~ here, please** firmi qui, per favore; **to ~ for sth** firmare la ricevuta di qc; **to ~ with a team** essere ingaggiato da una squadra ② (*use sign language*) comunicare con il linguaggio dei segni ③ (*gesticulate*) fare dei segni; **to ~ to sb to do sth** fare dei segni a qu perché faccia qc; **to ~ to sb that ...** far segno a qu che ... +*conj*

◆**sign in** I. *vi* registrarsi all'arrivo II. *vt* **to sign sb in** firmare per qu

◆**sign off** I. *vi inf* ⑥ RADIO, TV chiudere ② (*end*) chiudere; **I think I'll ~ early today** penso che oggi staccherò presto II. *vt* approvare

◆**sign on** I. *vi* firmare un contratto; **to ~ for sth** iscriversi a qc II. *vt* assumere

◆**sign out** I. *vi* firmare il registro di uscita II. *vt* **to ~ sth** firmare per ritirare qc

◆**sign over** *vt* cedere la proprietà di; **to sign property over to sb** trasferire dei beni a qu

◆**sign up** I. *vi* iscriversi II. *vt* assumere

signal [ˈsɪɡ·nəl] I. *n* ⑥ (*particular gesture*) segnale *m;* **to give a ~** dare un segnale ② (*indication*) segno *m;* **to be a ~ that ...** esser segno che ... ③ AUTO, RAIL, COMPUT segnale *m* ④ ELEC, RADIO segnale *m* II.<-ll-, -l-> *vt* ⑥ (*indicate*) segnalare; **to ~ that ...** segnalare che ... ② (*gesticulate*) fare dei segni; **he ~ed them to be quiet** gli ha fatto segno di tacere III.<-ll-, -l-> *vi* dare il segnale; **he ~ed to stop** AUTO ha fatto segno di fermarsi IV. *adj form* eclatante

signatory [ˈsɪɡ·nə·tɔː·ri] *n* firmatario, -a *m, f*

signature [ˈsɪɡ·nət·ʃɚ] *n* firma *f*

significance [sɪɡ·ˈnɪ·fə·kəns] *n* ⑥ (*importance*) importanza *f* ② (*meaning*) significato *m*

significant [sɪɡ·ˈnɪ·fə·kənt] *adj* ⑥ (*important*) importante; (*improvement, increase*) significativo, -a ② (*meaningful*) eloquente

sign language [ˈsaɪn·ˌlæŋ·ɡwɪdʒ] *n* linguaggio *m* dei segni

signpost I. *n* cartello *m* (stradale); *fig* indicazione *f* II. *vt* indicare

silence [ˈsaɪ·ləns] I. *n* silenzio *m* ▸ **~ is golden** *prov* il silenzio è d'oro II. *vt* (*machine, bells*) silenziare; (*person*) far tacere

silent [ˈsaɪ·lənt] *adj* silenzioso, -a; LING muto, -a; **~ film** film *m* muto *inv;* **the ~ majority** la maggioranza silenziosa; **~ partner** ECON socio *m* accomandante; **to fall ~** tacere

silently *adv* silenziosamente, in silenzio

silicon [ˈsɪ·lɪ·kən] *n* silicio *m*

silk [sɪlk] *n* seta *f;* **~ scarf** foulard *m* di seta *inv*

silky ['sɪl·ki] <-ier, -iest> adj setoso, -a; (voice) dolce

sill [sɪl] n (of door) predellino m; (of window) davanzale m

silly ['sɪ·li] <-ier, -iest> adj (person, idea) sciocco, -a; **it was ~ of her to ... look ~** avere l'aria ridicola

silver ['sɪl·və] I. n ①(metal) argento f ②(coins) monete fpl d'argento ③(cutlery) posate fpl d'argento ④(dishes, trays) argenteria f II. adj ①(made of silver) d'argento ②(silver-colored) argentato, -a

silverware ['sɪl·və·wer] n ①(cutlery) posate fpl ②(dishes) argenteria f

similar ['sɪ·mə·lə] adj simile

similarity [ˌsɪ·mə·ˈle·rə·ti] n somiglianza m

simmer ['sɪ·mə] I. vi CULIN cuocere a fuoco lento ②fig ribollire II. vt cuocere a fuoco lento ■.n lenta ebollizione f; **to bring sth to a ~** portare qc a ebollizione; **to keep sth at a ~** far sobbollire qc

simple ['sɪm·pl] adj ①(not difficult) semplice ②(not elaborate) semplice ③(honest) sincero, -a ④(ordinary) semplice ⑤(foolish) sempliciotto, -a

simple-minded [ˌsɪm·plˈmaɪn·dɪd] adj inf ①(dumb) tonto, -a ②(naive) ingenuo, -a

simplicity [sɪmˈplɪ·sə·ti] n semplicità f

simplification [ˌsɪm·plə·frˈkeɪ·ʃən] n semplificazione f

simply ['sɪm·pli] adv semplicemente; (naturally) con semplicità

simulation [ˌsɪm·jʊ·ˈleɪ·ʃən] n simulazione f

simultaneous [ˌsaɪ·ml·ˈteɪn·jəs] adj simultaneo, -a; **~ broadcast** trasmissione f in diretta

sin [sɪn] I. n peccato m; **to confess a ~** confessare un peccato ▶ **to be as ugly as ~** essere brutto come il peccato II. vi <-nn-> peccare

since [sɪns] I. adv ①(from then on) da allora; **ever ~** da allora ②(ago) **long ~** molto tempo fa; **not long ~** non molto

tempo fa II. prep da, da quando; **how long has it been ~ the crime took place?** quanto tempo è passato da quando è avvenuto il crimine? III. conj ①(because) siccome ②(from the time that) da quando

sincere [sɪnˈsɪr] adj sincero, -a

sincerely adv sinceramente

sing [sɪŋ] <sang, sung> vi, vt cantare; **to ~ to sb** cantare per qu

sing-along ['sɪŋ·ə·ˌlɔŋ] n canto m a coro

singer ['sɪŋ·ə] n cantante mf

singing n canto m

single ['sɪŋ·gl] I. adj ①(one only) unico, -a; (blow) solo, -a; **not a ~ person/thing** nessuno/niente; **every ~ thing** ogni cosa ②(unmarried) single inv ③(bed, room) singolo, -a ④(with one part) semplice II. n ①(one-dollar bill) banconota f da un dollaro ②(record) single m inv ③(in baseball) conquista della prima base in un'unica battuta ④(single room) camera f singola

single-handedly adv senza l'aiuto di nessuno

single mother n madre f single

single-minded adj risoluto, -a

single parent n genitore m single

single-parent family <-ies> n famiglia f monoparentale

singles bar n bar m inv per single

single-seater n monoposto f

singly ['sɪŋ·gli] adv uno al uno

sink [sɪŋk] <sank o sunk, sunk> I. n (in kitchen) lavello m; (in bathroom) lavabo m, lavandino m II. vi ①(in water) affondare; **to ~ to the bottom** sprofondare sul fondo ②(price) calare ③(drop down) cadere; **to ~ to the ground** cadere al suolo ④(decline) scendere; **to ~ into depression** sprofondare nella depressione; **to be ~ing (fast)** (in health) deperire rapidamente ▶ **to ~ or swim** cavarsela da solo III. vt ①(cause to submerge) affondare ②(ruin) rovinare ③MIN scavare ④(invest) investire ⑤(plant, bury: teeth) affondare; **to ~ one's teeth into sth** af-

S

fondare i denti in qc ⊛ SPORTS (*in golf, snooker*) mettere in buca; (*in basketball*) mettere nel canestro

sinner ['sɪ·nə] *n* peccatore, -trice *m, f*

Sioux [su] I. *adj* sioux II. *n* ❶ (*person*) sioux *mf* ❷ (*language*) sioux *m*

sip [sɪp] I.<-pp-> *vt* sorseggiare, bere a piccoli sorsi II.<-pp-> *vi* to ~ **at sth** sorseggiare qc III. *n* sorso *m*; **to have a ~** bere un sorso

sir [sɜːr] *n* signore *m*

siren ['saɪ·rən] *n* sirena *f*

sis [sɪs] *n inf abbr of* **sister** sorella *f*

sissy ['sɪ·si] I.<-ies> *n inf* femminuccia II.<-ier, -iest> *adj inf* da femminuccia

sister ['sɪs·tə] *n a.* REL sorella *f*; **Sister Catherine** Suor Catherine; **~ company** consociata *f*; **~ ship** nave *f* gemella

sister-in-law ['sɪs·tə·ɪn·lɑː] <sisters-in-law> *n* cognata *f*

sit [sɪt] <sat, sat> I. *vi* sedere; (*be in seated position*) essere seduto, -a; **~!** (*to dog*) cuccia! ⊛ ART posare; **to ~ for one's portrait** posare per un ritratto ⊛ *inf* (*babysit*) **to ~ for sb** fare la babysitter da qu ⊛ (*perch*) posarsi; (*incubate eggs*) covare ⊛ (*be placed*) essere, stare; (*rest unmoved*) stare fermo; **to ~ on the shelf** essere sul ripiano ⊛ (*be in session*) riunirsi ⊛ POL (*be in office*) **to ~ in Congress** sedere in Congresso ⊛ (*fit*) **to ~ well/badly** cadere bene/male ▸ **to be ~ting pretty** esser messo bene; **to ~ tight** (*not move*) non muoversi; (*not change opinion*) tenere duro II. *vt* mettere a sedere

◆ **sit down** *vi* ❶ (*take a seat*) sedersi; **to sit oneself down** sedersi ❷ (*be sitting*) essere seduto, -a

◆ **sit on** *vt inf* ❶ (*withold: information*) non divulgare; (*secret*) non rivelare ❷ (*suppress: idea*) ostacolare

site [saɪt] I. *n* ❶ (*place*) sito *m*; (*of accident*) luogo *m* ❷ (*vacant land for building*) terreno *m*; **building ~** cantiere *m* ❸ GEO terreno *m*; HIST sito *m* ❹ COMPUT sito *m*; **Web ~** sito Internet II. *vt* situare

sitting room *n* soggiorno *m*

situated ['sɪt·ʃu·eɪ·tɪd] *adj* (*located*) situato, -a

situation [ˌsɪt·ʃu·'eɪ·ʃən] *n* ❶ *a.* ECON, POL (*circumstances*) situazione *f*; **according to the ~** date le circostanze ❷ (*location*) posizione *f*

sit-up ['sɪt·ʌp] *n* **to do ~s** fare degli addominali

six [sɪks] *adj, n* sei *m*; **in ~ figures** di sei cifre; **~ of one and half a dozen of the other** la stessa identica cosa

sixteen [sɪks·'tiːn] *adj, n* sedici *m*; *s.a.* **eight**

sixteenth [ˌsɪks·'tiːnθ] I. *adj* sedicesimo, -a II. *n* ❶ (*order*) sedicesimo, -a, *m, f* ❷ (*date*) sedici *m* ❸ (*fraction, part*) sedicesimo *m*; *s.a.* **eighth**

sixth [sɪksθ] I. *adj* sesto, -a II. *n* ❶ (*order*) sesto, -a *m, f* ❷ (*date*) sei *m* ❸ (*fraction, part*) sesto *m*; *s.a.* **eighth**

sixtieth ['sɪks·ti·əθ] I. *adj* sessantesimo, -a II. *n* (*order*) sessantesimo, -a *m, f*; (*fraction, part*) sessantesimo *m*; *s.a.* **eighth**

sixty ['sɪks·ti] I. *adj* sessanta *inv* II. *n* <-ies> sessanta *m*; (*decade*) sessanta; **the sixties** gli anni *mpl* sessanta

size [saɪz] I. *n* ❶ (*of person, thing*) grandezza *f*; **a company of that ~** un'azienda di quelle dimensioni; **to be the same ~ as ...** essere grande quanto ...; **to increase/decrease in ~** aumentare/diminuire di grandezza; **of any ~** di qualsiasi grandezza ❷ (*of clothes*) taglia *f*; (*of shoes*) numero *m*; **collar ~** misura *f* di collo ❸ (*of bill, debt*) proporzioni *fpl* II. *vt* ❶ (*sort*) classificare in base alla grandezza ❷ (*make*) fare su misura; (*clothes*) mettere in ordine di taglia

◆ **size up** *vt* valutare

siz(e)able ['saɪ·zə·bəl] *adj* piuttosto grande; (*sum*) considerevole

skate[1] [skeɪt] I. *n* ❶ pattino *m* II. *vi* pattinare; **to ~ over an issue** glissare su una questione

skate[2] [skeɪt] *n* (*fish*) razza *f*

skater *n* pattinatore, -trice *m, f*; **figure ~** pattinatore, -trice *m, f* artistico, -a

skating rink n pista f di pattinaggio

skeleton ['ske·lə·tən] n ① a. ANAT scheletro m ② (outline: of book, report) ossatura f

skeleton key n passe-partout m inv

sketch [sketʃ] I. n ① ART schizzo m; **to make a ~ of sb/sth** fare uno schizzo di qu/qc ② (rough draft) abbozzo m ③ (outline) descrizione f sommaria ④ THEAT, TV sketch m inv II. vt ① ART fare uno schizzo di ② (write draft of) fare un abbozzo di III. vi ART fare degli schizzi

sketchy ['sket·ʃi] <-ier, -iest> adj ① (vague) impreciso, -a; ② (incomplete) incompleto, -a

skewed [skju:d] adj distorto, -a

skewer ['skju:·ə·] I. n ① spiedo m II. vt ① infilzare

ski [ski:] I. n ① sci m inv; **on ~s** sugli sci II. vi sciare; **to ~ down a slope** scendere da un pendio sciando

ski boot n scarpone m da sci

skier ['ski:·ə·] n sciatore, -trice m, f

skiing n sci m; **~ equipment** attrezzatura f da sci; **~ lesson** lezione f di sci

ski instructor n maestro, -a m, f di sci

ski jump n ① (jump) salto m dal trampolino, con gli sci ② (runway) pista f per salto dal trampolino

ski lift n ski-lift m inv

skill [skɪl] n ① (ability) abilità f; **to involve some ~** richiedere una certa abilità ② (technique) dote f; **communication ~s** doti fpl di comunicazione

skilled adj ① (trained) esperto, -a; (skillful) abile ② (requiring skill) qualificato, -a; **~ labor** manodopera f qualificata

skillful ['skɪl·fəl] adj dotato, -a

ski mask n passamontagna m inv

skin [skɪn] I. n ① (of person) pelle f; **to be soaked to the ~** essere zuppo (d'acqua) ② (of apple, potato, tomato) buccia f; (of melon) scorza f ③ TECH rivestimento m ④ (on milk) panna f ► **to be all ~ and bone(s)** essere pelle e ossa; **it's no ~ off his/her back** inf non gli/le fa né caldo né freddo; **by the ~ of one's teeth** inf per un pelo II. <-nn-> vt ① (remove skin from: an-

imal) spellare; **to ~ sb alive** iron scorticare qu vivo ② (graze) sbucciarsi

skin-deep adj superficiale

skinny ['skɪ·ni] I. <-ier, -iest> adj ossuto, -a II. n sl dettagli mpl piccanti; **to give sb the ~ on sth** raccontare a qu i dettagli piccanti di qc

skinny-dip ['skɪ·ni·dɪp] <-pp-> vi inf fare il bagno nudo

ski pants npl pantaloni mpl da sci

ski pole n racchetta f da sci

ski rack n portasci m inv

ski resort n stazione f sciistica

skirt [skɜ:rt] n (garment) gonna f

ski slope n pista f da sci

skull [skʌl] n a. ANAT cranio m ► **to be bored out of one's ~** inf essere annoiato a morte

sky [skaɪ] <-ies> n cielo m; **the sunny skies of California** il cielo assolato della California; **under blue skies** sotto il cielo azzurro ► **the ~'s the limit** tutto è possibile

sky-blue [ˌskaɪ·blu:] adj azzurro, -a

skydiving ['skaɪ·ˌdaɪ·vɪŋ] n caduta f libera (in paracadute)

sky-high [ˌskaɪ·'haɪ] I. adv a. fig per aria; **to go ~** (prices) salire alle stelle II. adj (prices) astronomico, -a

skyjack ['skaɪ·dʒæk] vt (plane) dirottare

skylight ['skaɪ·laɪt] n lucernario m

skyline ['skaɪ·laɪn] n ① (city rooftops) profilo m dei tetti ② (horizon) orizzonte m

skype [skaɪp] TEL, INET I. vi skypare II. vt chiamare su Skype

skyscraper ['skaɪ·skreɪ·pə·] n grattacielo m

slacks [slæks] npl pantaloni mpl (sportivi)

slammer ['slæ·mə·] n inf galera f

slanderous ['slæn·də·rəs] adj diffamatorio, -a

slang [slæŋ] I. n gergo m II. adj gergale

slangy <-ier, -iest> adj inf gergale, -a

slap [slæp] I. n ① schiaffo m; **a ~ in the face** fig uno schiaffo morale II. <-pp-> vt ① (hit) schiaffeggiare ② (put) **to ~ the book onto the table**

sbattere il libro sul tavolo ❸(*put on quickly*) **to ~ paint onto the wall** dare una spennellata al muro ❹LAW **to ~ sb with a lawsuit** fare causa a qu III. *adv inf* in pieno; **to drive ~ into sth** sbattere in pieno contro qc

slapdash ['slæp·dæʃ] *adj pej, inf* raffazzonato, -a

slash [slæʃ] I. *vt* ❶(*cut deeply*) sfregiare; **to ~ one's wrists** tagliarsi le vene ❷(*reduce: spending*) tagliare drasticamente II. *n* ❶(*cut*) sfregio *m* ❷(*swinging blow*) ampio movimento *m* ❸FASHION spacco *m* ❹TYPO barra *f*

slate [sleɪt] *n* ❶(*for roof*) tegola *f* ❷POL lista *f* dei candidati ▸ **to have a clean ~** *inf* ripartire da zero; **to wipe the ~ clean** *inf* metterci una pietra sopra

slaughter ['slɔː·tə·] I. *vt* ❶(*kill: animal*) macellare; (*person*) massacrare ❷*inf* (*defeat*) stracciare II. *n* ❶(*killing: of animal*) macello *m*; (*of person*) massacro *m* ❷*inf* (*defeat*) sconfitta *f* clamorosa

Slav [slɑːv] *adj, n* slavo, -a *m, f*

slave [sleɪv] *n* schiavo, -a *m, f* ▸ **to be a ~ to fashion** essere schiavo della moda

slavery ['sleɪ·və·ri] *n* schiavitù *f*

sleaze [sliːz] *n* squallore *m*; POL corruzione *f*

sleazy ['sliː·zi] <-ier, -iest> *adj* (*area, bar, affair*) squallido, -a; (*person*) depravato, -a; POL corrotto, -a

sled [sled] I. *n* slitta *f* II. <-dd-> *vi* andare in slitta

sledgehammer ['sledʒ·hæ·mə·] *n* mazza *f*

sleek [sliːk] *adj* (*fur, hair*) liscio, -a e lucido, -a; (*car, person*) elegante

sleep [sliːp] I. *n* ❶(*resting state*) sonno *m*; **to go** [*o* **get**] **to ~** addormentarsi; **to fall into a deep ~** cadere in un sonno profondo; **to put sb to ~** far dormire qu; **to put an animal to ~** (*kill*) far sopprimere; **go back to ~!** *iron* continua a dormire! ❷*inf* (*substance*) cispa *f* II. <slept, slept> *vi* dormire; **to ~ sound(ly)** dormire profondamente; **~ tight!** sogni d'oro! ▸ **to ~ on it** dor-

mirci sopra III. *vt* **it ~s four** ci sono quattro posti letto

◆**sleep together** *vi* ❶(*have sex*) andare a letto insieme ❷(*share bed*) dormire insieme

◆**sleep with** *vt* ❶(*have sex with*) andare a letto con ❷(*share bed with*) dormire con

sleeper ['sliː·pə·] *n* ❶(*person*) persona *f* addormentata; **to be a heavy/light ~** avere il sonno pesante/leggero ❷RAIL (*carriage*) cuccetta *f*

sleeping bag *n* sacco *m* a pelo

Sleeping Beauty *n* la Bella Addormentata

sleeping car *n* vagone *m* letto

sleeping pill *n* sonnifero *m*

sleepless ['sliːp·ləs] *adj* insonne

sleepwalk ['sliː·p·wɑːk] *vi* essere sonnambulo *m*; **he ~s** è sonnambulo

sleepwalker ['sliː·p·wɑː·kə·] *n* sonnambulo, -a *m, f*

sleepy ['sliː·pi] <-ier, -iest> *adj* ❶(*drowsy*) sonnolento, -a ❷(*quiet: village*) sonnolento, -a

sleepyhead ['sliː·pi·hed] *n inf* dormiglione, -a *m, f*

sleet [sliːt] I. *n* neve *f* mista a pioggia II. *vi* **it is ~ing** cade neve mista a pioggia

sleeve [sliːv] *n* ❶(*of shirt*) manica *f*; **to roll up one's ~s** rimboccarsi le maniche ❷(*cover*) custodia *f* ❸(*for record*) copertina *f* ▸ **to have sth up one's ~** avere qc in serbo

sleeveless ['sliːv·lɪs] *adj* senza maniche

sleigh [sleɪ] *n* slitta *f*

slender ['slen·də·] *adj* ❶(*person*) snello, -a; (*rod, branch*) sottile, -a ❷(*majority, resources*) scarso, -a; (*chance*) remoto, -a

slept [slept] *pt, pp of* **sleep**

slice [slaɪs] I. *n* ❶CULIN (*of bread, ham, meat*) fetta *f*; (*of pizza*) pezzo *m*; (*of cucumber, lemon*) fettina *f* ❷(*share: of credit, profits*) parte *f* ❸(*tennis, golf*) slice *m inv* II. *vt* ❶(*bread, cake*) tagliare a fette; (*ham, meat*) affettare; (*cucumber, lemon*) tagliare a fettine

🔵 SPORTS **to ~ the ball** (*in tennis, golf*) dare effetto alla palla III. *vi* **to ~ easily** tagliarsi facilmente

sliced *adj* (*bread, meat, cake*) a fette; (*ham*) affettato, -a; (*cucumber, lemon*) a fettine

sliced bread *n* pane *m* a cassetta

slick [slɪk] I.<-er, -est> *adj* (*performance*) pulito, -a II. *n* (*oil*) onda *f* nera

slide [slaɪd] I.<slid, slid> *vi* ❶ (*glide smoothly*) scorrere; **the door ~s open/shut** la porta si apre/chiude la cendola scorrere 🔵 (*slip*) scivolare II.<slid, slid> *vt* far scorrere; (*cause to slip*) far scivolare; **to ~ the door open/shut** aprire/chiudere la porta facendola scorrere; **to ~ sth across the floor** far scivolare qc sul pavimento III. *n* ❶ (*act of sliding*) scorrimento *m* 🔵 (*incline*) scivolo *m*; **a water ~** un acquascivolo *m* 🔵 (*playground structure*) scivolo *m* 🔵 PHOT diapositiva *f* 🔵 (*for microscope*) vetrino *m* 🔵 FIN ribasso *m*

slide projector *n* proiettore *m* di diapositive

slide rule *n* regolo *m* calcolatore

sliding *adj* (*sunroof, door*) scorrevole

slight [slaɪt] I.<-er, -est> *adj* 🔵 (*small: chance, error*) piccolo, -a; (*change, headache*) leggero, -a; **not in the ~est** assolutamente no; **not to have the ~est** (**idea**) non aver la minima idea 🔵 (*slim: person*) minuto, -a II. *n* commento *m* sprezzante III. *vt* disprezzare

slightly *adv* leggermente; **to be ~ familiar with sth** conoscere un po' qc

slim [slɪm] I.<slimmer, slimmest> *adj* ❶ (*slender: person*) snello, -a 🔵 (*not as wide as tall: cigarette, book*) sottile 🔵 (*slight: chance*) piccolo, -a II.<-mm-> *vi* (*become slim*) dimagrire; (*try to get thinner*) essere a dieta

slimy ['slaɪ·mi] <-ier, -iest> *adj* a. *pej* viscido, -a

sling [slɪŋ] <slung, slung> I. *n* ❶ (*bandage*) fascia *f* 🔵 (*for carrying baby*) marsupio *m* II. *vt* ❶ (*fling*) lanciare 🔵 (*hang*) appendere

slip [slɪp] <-pp-> I. *n* ❶ (*slipping*) sci-

volata *f* 🔵 (*mistake*) errore *m*; **~ of the pen** lapsus *m inv* calami; **~ of the tongue** lapsus *m inv* (linguae) 🔵 COM ricevuta *f*; **a ~ of paper** un foglietto 🔵 (*women's underwear*) sottoveste *f* 🔵 NAUT (*place to dock*) posto *m* barca; (*slipway*) scalo di alaggio II. *vi* ❶ (*slide*) scivolare 🔵 (*move quietly*) **to ~ into a pub** infilarsi in un pub 🔵 (*decline*) cadere III. *vt* ❶ (*put smoothly*) far scivolare; **to ~ sb a note** far scivolare una banconota in mano a qu; **to ~ in a comment** fare un commento 🔵 (*escape from*) sfuggire a; **to ~ sb's attention** passare inosservato a qu; **it ~ped my mind** mi è sfuggito di mente

◆ **slip off** I. *vi* ❶ (*leave unnoticed*) svignarsela 🔵 (*fall off*) cadere II. *vt* (*clothes*) togliersi

◆ **slip on** *vt* (*clothes*) infilarsi

◆ **slip up** *vi* sbagliarsi

slippery ['slɪ·pə·ri] <-ier, -iest> *adj* ❶ (*not giving firm hold*) scivoloso, -a 🔵 (*untrustworthy: character*) ambiguo, -a ▶ **to be a ~ customer** essere un individuo subdolo

slipshod ['slɪp·ʃɑːd] *adj* raffazzonato, -a

slip-up ['slɪp·ʌp] *n* disguido *m*

slob [slɑːb] *n inf* zoticone, -a *m, f*

slope [sloʊp] I. *n* ❶ (*up*) salita *f*; (*down*) discesa *f*; (*for skiing*) pista *f* II. *vi* essere in pendenza; **to ~ down** scendere; **to ~ up** salire III. *vt* inclinare

sloping *adj* (*roof*) pendente; (*shoulders*) cadente

Slovakia [sloʊ·ˈvɑː·kiə] *n* Slovacchia *f*

Slovenia [sloʊ·ˈviː·niə] *n* Slovenia *f*

slovenly ['slʌ·vən·li] *adj* trasandato, -a

slow [sloʊ] I. *adj* ❶ (*not fast*) lento, -a; (*poison*) a effetto ritardato; **to be ~ to do sth** tardare a fare qc; **to be** (**10 minutes**) **~** essere indietro (di 10 minuti) 🔵 (*stupid*) ottuso, -a II. *vi* rallentare; **to ~ to a halt** fermarsi progressivamente III. *vt* frenare

◆ **slow down** I. *vi* ❶ (*reduce speed*) rallentare 🔵 (*be less active*) rallentare il ritmo II. *vt* rallentare

S

slowly adv lentamente; **~ but surely** piano ma con fermezza

slow motion I. n rallentatore m; **in ~** al rallentatore II. adj al rallentatore

slowpoke ['sloʊ·poʊk] n inf posapiano mf inv

slow-witted adj duro, -a di comprendonio

slum [slʌm] n (area) bassifondi mpl; **to live in ~ conditions** vivere nella miseria

slump [slʌmp] I. n ECON ⓐ (decline) flessione f; **~ in prices** crollo m dei prezzi ⓑ (recession) recessione f II. vi crollare

slung [slʌŋ] pt, pp of **sling**

slut [slʌt] n pej sgualdrina f

sly [slaɪ] adj ⓐ sornione, -a; **on the ~** di nascosto ⓑ (crafty) scaltro, -a

smack [smæk] I. vt ⓐ (slap) dare un ceffone a ⓑ (hit noisily) battere II. n ⓐ inf (slap) ceffone m; (soft blow) pacca f ⓑ inf (kiss) bacio m ⓒ (loud noise) fragore m III. adv ⓐ (with a loud noise) fragorosamente ⓑ (directly) in pieno

small [smɔːl] I. adj ⓐ (not large) piccolo, -a; (person) basso, -a ⓑ (young) piccolo, -a ⓒ (insignificant) piccolo, -a; **on a ~ scale** su scala ridotta; **in his/her own ~ way** nel suo piccolo ⓓ TYPO (letter) minuscola; **with a 'c'** con la 'c' minuscola ▶ **it's a ~ world** prov il mondo è piccolo prov II. n **the ~ of the back** le reni

small change n spiccioli mpl

small-minded [ˌsmɔːl·ˈmaɪn·dɪd] adj pej di idee ristrette

smallpox ['smɔːl·pɑːks] n vaiolo m

small-scale adj in scala ridotta

smalltime adj da strapazzo

smart [smɑːrt] adj ⓐ (clever) intelligente; **to make a ~ move** fare una mossa intelligente ⓑ (elegant) elegante

smart-aleck [ˌsmɑːrt·ˈæl·ɪk] n pej, inf saccente mf

smart-ass ['smɑːrt·æs] n pej, inf saccente mf

smart card n COMPUT tessera f elettronica

smarten ['smɑːr·tn̩] I. vt **to ~ sth up** dare una sistemata a II. vi **to ~ up** darsi una sistemata

smartphone, smart phone ['smɑːrt·foʊn] n smartphone m

smash [smæʃ] I. vt ⓐ (break) rompere, fare a pezzi; (glass) mandare in pezzi ⓑ (crush) schiacciare; **to ~ a rebellion** soffocare una rivolta ⓒ SPORTS (record) battere II. vi ⓐ (break into pieces) rompersi, andare in pezzi ⓑ (strike against) sbattere; **to ~ into sth** sbattere contro qc III. n ⓐ (sound) schianto m ⓑ (accident) scontro m ⓒ SPORTS schiacciata f

smashed adj inf sbronzo, -a; (on drugs) completamente fatto, -a; **to get ~** prendersi una sbronza

smattering ['smæ·t̬ə·rɪŋ] n nozioni fpl

smear [smɪr] n ⓐ (blotch) macchia f ⓑ (accusation) diffamazione f ⓒ MED **a pap ~** un pap test

smell [smel] <smelled o smelt, smelled o smelt> I. vi ⓐ (use sense of smell) sentire gli odori ⓑ (give off odor) odorare; **to ~ good** avere un buon odore ⓒ (have unpleasant smell) puzzare II. vt (person) sentire odore di; (animal) annusare III. n ⓐ (sense of smelling) odorato m, olfatto m ⓑ (odor) odore m; (stink) puzzo m ⓒ (sniff) **to have a ~ of sth** odorare qc ⓓ (trace) odore m

smelly ['sme·li] adj <-ier, -iest> puzzolente

smelt [smelt] pt, pp of **smell**

smile [smaɪl] I. n sorriso m; **to be all ~s** essere tutto sorrisi; **to give sb a ~** sorridere a qu II. vi sorridere; **to ~ at [o about] sth** sorridere per qc

smiling adj sorridente

smoke [smoʊk] I. n fumo m ▶ **where there's ~, there's fire** prov non c'è fumo senza arrosto prov; **to go up in ~** andare in fumo II. vt ⓐ (cigarette, tobacco) fumare; **to ~ a pipe** fumare la pipa ⓑ CULIN fumare III. vi fumare

smoke bomb n bomba f fumogena

smoked adj affumicato, -a; **~ salmon** salmone m affumicato

smoke detector *n* rivelatore *m* di fumo

smokeless ['smoʊk·ləs] *adj* senza fumo

smoker *n* fumatore, -trice *m, f;* **to be a heavy ~** essere un fumatore accanito

smoking *n* fumo *m;* **to give up ~** smettere di fumare; **~ ban** divieto *m* di fumare

smoky ['smoʊ·ki] *adj* <-ier, -iest> ① *(filled with smoke)* fumoso, -a ② *(producing smoke)* fumoso, -a; *(fire)* che fa fumo ③ *(tasting of smoke)* affumicato, -a

smooth [smuːð] **I.** *adj* ① *(not rough)* liscio, -a; *(surface)* regolare; *(sauce)* ben amalgamato, -a; *(sea)* calmo, -a; **as ~ as silk** liscio come la seta ② *(uninterrupted)* senza difficoltà; *(flight)* regolare; *(landing)* non brusco, -a ③ *(mild: wine, whiskey)* amabile ④ *(suave)* untuoso, -a; **to be a ~ talker** avere una bella parlantina **II.** *vt* lisciare

◆ **smooth over** *vt (difficulty)* appianare

smoothie *n*, **smoothy** ['smuː·ði] *n inf* tipo, -a *m, f* untuoso, -a

SMS [ˌes·em·'es] TEL, INET **I.** *n abbr of* **short message service** ① *no pl (service)* SMS *m* ② *(message)* SMS *m* **II.** *vt inf* **to ~ sb** mandare un sms a qu, messaggiare qu

smug [smʌɡ] *adj* <-gg-> compiaciuto, -a; **to be ~ about sth** compiacersi di qc

smuggle ['smʌ·ɡl] *vt* LAW contrabbandare; **to ~ sth into** introdurre qc illegalmente in

smuggling ['smʌɡ·lɪŋ] *n* contrabbando *m*

snack [snæk] **I.** *n* spuntino *m;* **to have a ~** fare uno spuntino **II.** *vi* mangiucchiare

snack bar *n* snack bar *m inv*

snag [snæɡ] *n* ① *(problem)* inconveniente *m;* **to hit a ~** incontrare un ostacolo ② *(in clothing)* squarcio *m*

snail [sneɪl] *n* chiocciola *m* ▸ **at a ~'s pace** a passo di lumaca

snail mail *n* COMPUT posta-lumaca *f (riferito alla posta tradizionale in opposizione all'e-mail)*

snake [sneɪk] **I.** *n* serpente *f* **II.** *vi* snodarsi

snap [snæp] <-pp-> **I.** *n* ① *(sound)* botto *m;* ② *(of fingers)* schiocco *m* ② *(fastener)* *(bottone m)* automatico *m* ④ METEO **a cold ~** un'ondata di freddo ⑤ FOOD **a ginger ~** un biscotto allo zenzero ⑥ *(photograph)* foto *f inv* ⑦ *(in football)* snap *m inv* **II.** *adj* improvviso, -a; **~ decision** decisione *f* improvvisa **III.** *vi* ① *(break)* spezzarsi ② *(move)* **to ~ back** ritornare; **to ~ shut** chiudersi di botto ③ *(make snapping sound)* fare un botto ④ *(bite)* **to ~ at sb** cercare di mordere qu ⑤ *(speak sharply)* dire con tono brusco; **to ~ at sb** rispondere male a qu **IV.** *vt* ① *(break)* spezzare; **to ~ sth shut** chiudere qc di botto ② *(make snapping sound)* schioccare; **to ~ one's fingers** schioccare le dita ③ PHOT fare una foto a ④ *(in football)* **to ~ the ball** snappare la palla

snappy ['snæ·pi] *adj* <-ier, -iest> ① *inf* FASHION alla moda; **to be a ~ dresser** vestirsi alla moda ② *(quick)* rapido, -a; **make it ~!** datti una mossa!

sneaker ['sniː·kɚ] *n pl* scarpe *fpl* da ginnastica

sneaky ['sniː·ki] *adj* <-ier, -iest> furtivo, -a

sneeze [sniːz] **I.** *vi* starnutire **II.** *n* starnuto *m*

sniff [snɪf] **I.** *vi* ① *(inhale)* tirare su col naso; **to ~ at sth** annusare qc ② *(show disdain)* **to ~ at sth** storcere il naso di fronte a qc ③ *(snoop)* **to go ~ing around for sth** mostrare interesse per qc ▸ **it's not to be ~ed at** non ci sputerei sopra **II.** *vt* annusare; *(cocaine, glue)* sniffare

sniffer dog ['snɪ·fɚ·ˌdɑːɡ] *n* cane *m* antidroga

sniper ['snaɪ·pɚ] *n* cecchino, -a *m, f*

snitch [snɪtʃ] *inf* **I.** *vi pej* fare la spia; **to ~ on sb** fare la spia a qu **II.** *vt (steal)* fregare **III.** <-es> *n* ① *(thief)* ladruncolo, -a *m, f* ② *(tattletale)* spione, -a *m, f*

snobbish ['snɑː·bɪʃ] <more, most> *adj* snob *inv*

S

snore [snɔːr] MED I. *vi* russare II. *n* il russare

snow [snoʊ] I. *n* ❶ METEO neve *f;* **a blanket of ~** un mantello di neve ❷ *inf* (*cocaine*) coca *f* II. *vi* nevicare

snowball ['snoʊ·bɔːl] I. *n* palla *f* di neve ▸ **to not have a ~'s chance in hell** (**of doing sth**) non avere la benché minima possibilità (di fare qc) II. *vi fig* aumentare progressivamente

snowbank *n* cumulo *m* di neve

snowboard *n* snowboard *m inv*

snowbound ['snoʊ·baʊnd] *adj* bloccato, -a dalla neve

snow cone *n* cartoccio *m* di granita

snowfall *n* METEO nevicata *f*

snowflake *n* fiocco *m* di neve

snowman *n* pupazzo *m* di neve

snowmobile *n* motoslitta *f*

snowstorm *n* tempesta *f* di neve

snow tire *n* AUTO gomma *f* da neve

snowy ['snoʊ·i] *adj* ❶ METEO (*season*) nevoso, -a; (*street*) innevato, -a ❷ (*clouds*) da neve; (*pure white: hair, flowers*) candido, -a

so [soʊ] I. *adv* ❶ (*in the same way*) così, tanto; **~ did/do I** anch'io; **to speak ~** per così dire ❷ (*like that*) così; **~ they say** così si dice; **is that ~?** davvero?; **I hope/think ~** spero/penso di sì ❸ (*to such a degree*) così (tanto); **I ~ love him** gli voglio così bene; **~ late** così tardi; **~ many books** così tanti libri; **not ~ ugly as** that non così brutto; **would you be ~ kind as to …?** sarebbe così gentile da …? ❹ (*in order that*) perché; **I bought the book ~ that he would read it** ho comprato il libro perché lo leggesse ❺ (*as a result*) quindi, così; **and ~ she won** quindi, ha vinto ▸ **and ~ on** [*o* **forth**] e così via; **or ~** più o meno II. *conj* ❶ (*therefore*) perciò ❷ *inf* (*and afterwards*) **~** (**then**) **he told me …** quindi, mi ha detto … ❸ (*summing up*) allora; **~ what?** e allora?; **~ now, …** allora …; **~, as I was saying …** allora, come stavo dicendo … III. *interj* **~ that's why!** ah, è per questo!

soak [soʊk] I. *vt* mettere a bagno; **to ~ sth in liquid** mettere qc a bagno II. *vi* (*lie in liquid*) essere a bagno III. *n* ammollo *m*

soaking I. *n* ammollo *m;* **to get a good ~** inzupparsi II. *adj* **~** (**wet**) bagnato, -a fradicio, -a

so-and-so ['soʊ·ən·soʊ] *n inf* (*person*) il tale, la tale; (*thing*) la tal cosa

soap [soʊp] I. *n* ❶ (*for washing*) sapone *m* ❷ TV (*soap opera*) soap opera *f inv* ▸ **soft ~** insaponata *f* II. *vt* insaponare

soar [sɔːr] *vi* ❶ (*rise*) salire; (*house*) torreggiare ❷ (*increase: temperature*) aumentare di colpo; (*prices*) salire alle stelle; (*hope*) crescere rapidamente ❸ (*bird, plane*) alzarsi in volo; (*glide*) planare

sob [sɑːb] I.<-bb-> *vi* singhiozzare II.<-bb-> *vt* dire tra i singhiozzi III. *n* singhiozzo *m*

sober ['soʊ·bə'] *adj* ❶ (*not drunk*) sobrio, -a ❷ (*serious: mood*) serio, -a ❸ (*plain: attire*) sobrio, -a ❹ (*straightforward: assessment*) sensato, -a

so-called [ˌsoʊ·'kɑːld] *adj* cosiddetto, -a

soccer ['sɑː·kə'] *n* calcio *m*

soccer player *n* calciatore, -rice *m, f*

sociable ['soʊ·ʃə·bl] *adj* socievole

social ['soʊ·ʃəl] *adj* sociale

socialist *n* socialista *mf*

socialize ['soʊ·ʃə·laɪz] I. *vi* socializzare II. *vt* ❶ PSYCH rendere socievole ❷ POL, ECON nazionalizzare

social science *n* scienze *fpl* sociali

social security *n* sussidi *mpl* di previdenza sociale

society [sə·'sa·ɪə·ti] *n* ❶ (*all people*) società *f;* (**high**) **~** alta società *f;* **to be a menace to ~** essere una minaccia per la società ❷ (*organization*) associazione *f*

sociology [ˌsoʊ·si·'ɑː·lə·dʒi] *n* sociologia *f*

sock [sɑːk] *n* calza *m;* **knee-high ~** calza *f,* calzino *m*

socket ['sɑː·kɪt] *n* ❶ ELEC presa *f* (della corrente); **double/triple ~** presa doppia/tripla ❷(*of eye*) orbita *f*; (*of tooth*) alveolo *m*; (*of shoulder, hip*) cavità *f*

sod [sɑːd] *n* stronzo *m vulg*

sodden ['sɑː·dn] *adj* fradicio, -a

sofa ['soʊ·fə] *n* divano *m*

sofa bed *n* divano *m* letto

soft [sɑːft] *adj* ❶(*not hard: ground*) molle; (*sand, metal*) morbido, -a; (*pillow, sofa*) soffice; ~ **tissue** MED tessuti *mpl* molli ❷(*smooth: cheeks, skin, landing*) morbido, -a; (*hair*) soffice; ~ **as silk** morbido come la seta ❸(*mild*) leggero, -a ❹(*not bright*) tenue ❺(*quiet: voice*) soave, -a; (*music*) di sottofondo ❻(*lenient*) indulgente; **to go ~ on sb** essere troppo indulgente con qu ❼(*easy*) facile; **a ~ target** un bersaglio facile ❽FIN (*currency*) debole

softball ['sɔft·bɔl] *n* gioco simile al baseball che si gioca su un campo più piccolo

soft-boiled [ˌsɑːft·'bɔɪld] *adj* alla coque

soften ['sɑː·fən] I.*vi* ❶(*get soft: butter*) ammorbidirsi; (*ground*) diventare molle ❷(*become lenient*) ammorbidirsi II.*vt* ❶(*make soft: butter, skin*) ammorbidire ❷(*voice*) addolcire ❸(*make easier to bear: effect, blow*) attenuare; (*opinion, words*) ammorbidire

soft-hearted ['sɑːft·ˌhɑːr·tɪd] *adj* dal cuore tenero

softie ['sɑː·fti] *n inf* bonaccione, -a *m, f*

softly *adv* ❶(*not roughly*) dolcemente ❷(*quietly*) silenziosamente ❸(*to shine*) in modo tenue

softness ['sɑːft·nɪs] *n* ❶(*not hardness*) mollezza *f* ❷(*smoothness*) morbidezza *f* ❸(*of light*) delicatezza *f*

software ['sɑːft·wer] *n* software *m inv*, programma *m*; **accounting ~** programma *m* di contabilità

software engineer *n* programmatore, -rice *m, f*

soil [sɔɪl] *n* AGR suolo *m*; **fertile ~** terreno *m* fertile; **foreign ~** terra *f* straniera

solar ['soʊ·lə] *adj* solare

solar energy *n* energia *f* solare

sold [soʊld] *pt, pp of* sell

soldier ['soʊl·dʒɚ] I.*n* ❶MIL (*military person*) soldato *m*; **old ~** veterano *m* ❷(*non officer*) soldato *m* II.*vi* fare il soldato

sold-out [ˌsoʊld·'aʊt] *adj* esaurito, -a

sole¹ [soʊl] *adj* (*unique*) unico, -a; (*exclusive*) esclusivo, -a; **~ right** diritto *m* esclusivo

sole² [soʊl] *n* (*of foot*) pianta *f*; (*of shoe*) suola *f*

sole³ [soʊl] <-(s)> *n* (*fish*) sogliola *f*; **filet of ~** filetto *m* di sogliola

solely ['soʊ·li] *adv* unicamente

solemn ['sɑː·ləm] *adj* (*occasion, promise*) solenne; (*person, appearance*) serio, -a

solid ['sɑː·lɪd] I.*adj* ❶(*hard*) solido, -a; (*table, wall*) robusto, -a; (*meal*) sostanzioso, -a ❷(*not hollow*) massiccio, -a ❸(*true*) fondato, -a; (*evidence*) certo, -a; (*argument*) solido, -a; (*conviction*) fermo, -a; (*agreement*) concreto, -a ❹(*uninterrupted: wall, line*) continuo, -a; (*hour, day*) intero, -a ❺(*three-dimensional*) solido, -a ❻(*good: work, picture*) eccellente II.*adv* **to be packed ~** essere pieno zeppo; **to be frozen ~** essere completamente gelato III.*n* ❶(*shape*) solido *m* ❷*pl* CULIN cibi *mpl* solidi

solidly *adv* ❶(*robustly*) solidamente ❷(*without interruption*) ininterrottamente ❸(*in strong manner*) al cento per cento ❹(*unanimously*) unanimemente

solitary ['sɑː·lə·te·ri] I.*adj* ❶(*alone*) solitario, -a ❷(*isolated*) isolato, -a; (*unvisited*) appartato, -a; **to go for a ~ walk** andare a fare una passeggiata da solo II.*n inf* (*isolation*) isolamento *m*

solo ['soʊ·loʊ] I.*adj* solo, -a; **~ flight** volo *m* in solitario II.*adv* MUS da solo; **to go ~** diventare solista; **to fly ~** AVIAT volare in solitario III.*n* MUS assolo *m*

soloist ['soʊ·loʊ·ɪst] *n* solista *mf*

soluble ['sɑː·l·jə·bl] *adj* solubile

solution [sə·'luː·ʃən] *n* soluzione *f*

solve [sɑːlv] *vt* risolvere

S

solvent ['sɑːl·vənt] I. *n* solvente *m* II. *adj* solvente

some [sʌm] I. *adj indef* ❶ *pl* (*several*) alcuni, -e; ~ **apples** alcune mele; ~ **people think ...** alcuni pensano che ... ❷ (*imprecise*) qualche; (**at**) ~ **place** in qualche posto; ~ **day** un giorno o l'altro; (**at**) ~ **time** una volta o l'altra; **for** ~ **time** per qualche tempo; ~ **other time** un'altra volta; ~ **time ago** qualche tempo fa; **in** ~ **way or another** in un modo o nell'altro; **to have** ~ **idea of sth** avere un una qualche idea di qc ❸ (*amount*) un po' di; ~ **more tea** ancora un po' di tè; **to have** ~ **money** avere un po' di soldi; **to** ~ **extent** fino a un certo punto II. *pron indef* ❶ *pl* (*several*) alcuni, -e; **I would like** ~ ne vorrei alcuni; ~ **like it, others don't** ad alcuni piace, ad altri no ❷ (*part of it*) un po'; **I would like** ~ ne vorrei un po' III. *adv* qualche; ~ **more apples** qualche altra mela; ~ **more wine** ancora un po' di vino

somebody ['sʌm·bɑː·di] *pron indef* qualcuno; ~ **else** qualcun altro; ~ **or other** qualcuno; **there is** ~ **Italian on the phone** c'è un italiano al telefono

somehow ['sʌm·haʊ] *adv* ❶ (*through unknown methods*) in qualche modo ❷ (*for an unclear reason*) per qualche ragione ❸ (*come what may*) in un modo o nell'altro

someone ['sʌm·wʌn] *pron* s. **somebody**

someplace ['sʌm·pleɪs] *adv* in qualche posto

something ['sʌm·θɪŋ] I. *pron indef, sing* ❶ (*some object or concept*) qualcosa; ~ **else** qualcos'altro; ~ **nice** qualcosa di bello; ~ **or other** qualcosa ❷ (*about*) ... **or** ~ *inf* ... o qualcosa del genere; **six-foot** ~ un metro e ottanta e qualcosa; **his name is David** ~ si chiama David qualcosa II. *n* **a little** ~ una cosetta; **a certain** ~ un certo non so che ▸ **that is really** ~! mica male! III. *adv* ~ **around $10** intorno ai 10 dollari;

~ **over/under $100** poco più/meno di 100 dollari

sometime ['sʌm·taɪm] I. *adv* qualche volta; ~ **before June** prima di giugno; ~ **soon** presto; ~ **tomorrow** domani in giornata; **I'll tell him** ~ prima o poi glielo dirò II. *adj form* ex

sometimes ['sʌm·taɪmz] *adv* a volte

somewhat ['sʌm·wɑːt] *adv* leggermente; **to feel** ~ **better** sentirsi leggermente meglio

somewhere ['sʌm·wer] *adv* ❶ da qualche parte; **to be/go** ~ **else** essere/andare da un'altra parte; **to get** ~ *fig* fare progressi; **the treatment is getting** ~ *fig* la cura sta facendo effetto; **or** ~ *inf* o in un posto simile; **he lives in Salt Lake City or** ~ vive a Salt Lake City o lì vicino ❷ (*roughly*) intorno a; **she is** ~ **around 40** lei è sulla quarantina; **he earns** ~ **around $40,000** guadagna intorno ai 40.000 dollari

son [sʌn] *n* figlio *m*

song [sɑːŋ] *n* ❶ MUS (*piece of music*) canzone *f* ❷ (*action of singing*) canto *m* ▸ (**to go**) **for a** ~ essere regalato

son-in-law ['sʌn·ɪn·lɑː] <sons-in-law> *n* genero *m*

son of a bitch I.<sons of bitches> *n vulg* (*jerk*) figlio *m* di puttana II. *interj vulg* (*as insult*) porca puttana!

son of a gun I. <sons of guns> *n* canaglia *f* II. *interj* porca miseria!

soon [suːn] *adv* presto; ~ **after ...** poco dopo ...; **how** ~ ...? quando ...?; **as** ~ **as possible** il più presto possibile; **I would just as** ~ ... preferirei ...

soot [sʊt] *n* fuliggine *f*

soothing *adj* ❶ (*calming*) calmante ❷ (*pain-relieving*) calmante

sophisticated [sə·ˈfɪs·tə·keɪ·tɪd] *adj* ❶ (*refined*) sofisticato, -a ❷ (*cultured*) colto, -a ❸ (*highly developed*) raffinato, -a; (*method*) sofisticato, -a

sophomore ['sɑː·fə·mɔːr] *n* studente, -essa *m, f* del secondo anno (di università)

sore [sɔːr] *adj* ❶ (*aching*) dolorante; **to be in** ~ **need of sth** avere un bisogno disperato di qc; **a** ~ **point** *fig* un tasto delicato ② *inf* (*offended*) risentito, -a; (*aggrieved*) afflitto, -a; ~ **loser** cattivo perdente

sorely ['sɔːrˌli] *adv form* estremamente; **he will be ~ missed** ci mancherà terribilmente; **to be ~ tempted to do sth** essere molto tentato di fare qc

sorrow ['sɑːroʊ] *n* dolore *m*; **to feel ~ over sth** essere addolorato per qc; **to my ~** *form* con mio grande dispiacere

sorry ['sɑːri] I.<-ier, -iest> *adj* ① triste, dispiaciuto, -a; **I'm sorry** (**that**) mi dispiace (che) +*conj*; **to feel ~ for oneself** autocommiserarsi; **to feel ~ for sb** provare pena per qu ② (*regretful*) dispiaciuto, -a; **to be ~ about sth** essere dispiaciuto per qc; **to say ~** chiedere scusa ③ (*said before refusing*) **I'm ~, but I don't agree** mi dispiace, ma non sono d'accordo ④ (*pitiful*) penoso, -a; (*choice*) infelice; (*figure*) misero, -a II. *interj* ① (*expressing apology*) ~! scusa! [*o* scusi!] ② (*requesting repetition*) ~? prego?; ~, **but before continuing …** chiedo scusa, ma prima di continuare …

sort [sɔːrt] I. *n* ① (*type*) genere *m*; (*kind*) specie *f*; (*variety*) classe *f*; **flowers of all ~s** fiori di ogni genere; **something/nothing of the ~** qualcosa/niente del genere ② COMPUT **sort** *m inv*, ordinamento *m* ③ (*expressing uncertainty*) **he was a friend of ~s** era una sorta di amico ⑤ *inf* (*to some extent*) ~ **of** in un certo senso; **I ~ of feel that …** in un certo senso, ho la sensazione che …; **that's ~ of difficult to explain** è un po' difficile da spiegare ⑥ (*not exactly*) ~ **of** più o meno ⑥ (*person*) **to not be the ~ to do sth** non essere tipo da fare qc ▶ **to be/feel out of ~s** essere giù di forma II. *vt* ① (*arrange*) mettere in ordine; (*separate*) separare ② COMPUT ordinare III. *vi* **to ~ through sth** passare in rassegna qc

◆ **sort out** *vt* ① (*resolve*) sistemare; (*details*) definire ② (*choose*) separare ③ (*tidy up*) sistemare

SOS [ˌes·oʊˈes] *n* SOS *m inv*

so-so ['soʊ·soʊ] *inf* I. *adj* così così II. *adv* così così

soul [soʊl] *n* ① (*spirit*) anima *f*; **to pray for sb's ~** pregare per l'anima di qu ② (*person*) anima *f*; **there wasn't a ~ there** non c'era anima viva ④ MUS **soul** *m inv* ④ (*essence*) **to be the ~ of discretion** essere la discrezione personificata

soul food *n piatti tradizionali afroamericani del sud degli Stati Uniti*

sound¹ [saʊnd] I. *n* ① (*noise*) rumore *m*; **there wasn't a ~ to be heard** non si sentiva volare una mosca ② LING, PHYS **suono** *m* ③ (*radio, TV*) volume *m*; **to turn the ~ down/up** abbassare/alzare il volume ④ (*idea expressed in words*) **by the ~ of it** a quanto pare; **I don't like the ~ of that** non mi convince II. *vi* ④ (*make noise*) suonare ② (*seem*) sembrare III. *vt* (*alarm*) far suonare; (*bell*) suonare

sound² [saʊnd] I. *adj* ① (*healthy*) sano, -a; (*robust*) robusto, -a; **to be of ~ mind** essere in possesso di tutte le facoltà mentali; **to be safe and ~** essere sano e salvo ② (*good: character, health*) buono, -a; (*basis*) solido, -a ③ (*trustworthy*) sicuro, -a; (*competent*) competente ④ (*thorough*) approfondito, -a ⑤ (*undisturbed: sleep*) profondo, -a; **to be a ~ sleeper** avere il sonno profondo II. *adv* **to be ~ asleep** dormire profondamente

soundproof ['saʊnd·pruːf] I. *vt* insonorizzare II. *adj* insonorizzato, -a

soup [suːp] *n* minestra *f*; (*clear*) brodo *m*; **home-made** ~ minestra fatta in casa; **instant** ~ minestra solubile

sour ['sa·ʊɚ] I. *adj* ① (*fruit, wine*) aspro, -a; (*milk*) cagliato, -a; **to go** ~ inacidire; (*milk*) cagliarsi ② (*character, person*) acido, -a II. *n* **whiskey** ~ *cocktail di whisky, succo di limone e zucchero* III. *vt* inacidire; *fig* guastare IV. *vi* inacidirsi; (*milk*) cagliare; *fig* (*person*) inacidirsi

source [sɔːrs] *n* ① *a. fig* (*information giver*) fonte *f*; **according to govern-**

S

ment ~**s** secondo fonti governative; **from a reliable** ~ da fonte attendibile ②(*origin*) fonte *f*; **a** ~ **of inspiration** una fonte di ispirazione; ~ **text** testo *m* originale

south [saʊθ] **I.** *n* sud *m;* **to lie 5 miles to the** ~ **of** sth essere 8 km a sud di qc; **to go/drive to the** ~ andare verso sud; **further** ~ più a sud; **in the** ~ **of France** nel sud della Francia **II.** *adj* del sud, meridionale; ~ **wind** vento *m* da sud; ~ **coast** costa *f* meridionale

South Africa *n* Sudafrica *m*

South Carolina [ˌsaʊθ·kær·ə·ˈlaɪ·nə] *n* Carolina *f* del Sud

South Dakota [ˌsaʊθ·də·ˈkoʊ·tə] *n* Dakota *m* del Sud

southeast [ˌsaʊθ·ˈist] **I.** *n* sudest *m* **II.** *adj* sudorientale **III.** *adv* a sudest

southerly [ˈsʌ·ðə·li] **I.** *adj* (*location*) meridionale; **in a** ~ **direction** in direzione sud; ~ **wind** vento *m* da sud **II.** *n* vento *m* da sud

southern [ˈsʌ·ðən] *adj* meridionale; **the** ~ **part of the country** il sud del paese

southerner [ˈsʌ·ðə·nə] *n* meridionale *mf*

southernmost *adj* più al sud

south-facing *adj* orientato, -a a sud

southpaw [ˈsaʊθ·pɔ] *n* mancino, -a *m, f*

South Pole *n* Polo *m* Sud

southward(s) [ˈsaʊθ·wəd(z)] *adv* verso sud

southwest [ˌsaʊθ·ˈwest] **I.** *n* sudovest *m* **II.** *adj* sudoccidentale **III.** *adv* a sudovest

southwestern *adj* sudoccidentale

soviet [ˈsoʊ·vi·et] **I.** *n* soviet *m* **II.** *adj* sovietico, -a

sow [soʊ] <sowed, sown *o* sowed> *vi, vt* seminare

sown [soʊn] *pp of* **sow**

sox [sɑːks] *npl* calze *fpl*

soy [sɔɪ] *f* soia *f*

spa [spɑː] *n* ①(*mineral spring*) fonte *f* termale ②(*town*) città *f* termale ③(*health center*) centro *m* (di) benessere

space [speɪs] **I.** *n* spazio *m;* **parking** ~

posto *f* macchina; **in a short** ~ **of time** in un breve lasso di tempo **II.** *vt* spaziare

space-saving *adj* poco ingombrante

space tourism *n* turismo *m* spaziale

spacing [ˈspeɪ·sɪŋ] *n* ①(*arrangement*) distanziamento *m* ②TYPO spaziatura *f;* **double** ~ spaziatura doppia

spacious [ˈspeɪ·ʃəs] *adj* spazioso, -a

spade [speɪd] *n* ①(*tool*) pala *f* ②(*playing card*) ~**s** picche *fpl;* **two of** ~**s** due di picche ▶ **to call a** ~ **a** ~ dire pane al pane e vino al vino

Spain [speɪn] *n* Spagna *f*

Spam® [spæm] *n* carne di maiale in scatola

spam [spæm] *n no pl, sl* INET spam *m;* ~ **filter** filtro *m* antispam

span [spæn] <-nn-> *vt* ①(*cross*) attraversare ②(*include*) abbracciare

Spanish [ˈspæ·nɪʃ] **I.** *adj* spagnolo, -a; ~ **speaker** ispanofono, -a *m, f* **II.** *n* ①(*people*) spagnolo, -a *m, f;* **the** ~ gli spagnoli ②LING spagnolo *m*

spare [sper] **I.** *vt* ①(*save*) risparmiare; **to** ~ **sb sth** risparmiare qc a qu; **to** ~ **no effort** non risparmiarsi ②(*do without*) fare a meno di; (*time*) avere **II.** *adj* ①(*additional: key*) di ricambio; (*room*) libero, -a ②(*remaining*) in più **III.** *n* ①(*part*) ricambio *m* ②AUTO ruota *f* di scorta ③(*in bowling*) spare *m inv*

spareribs *n pl* costate *fpl* (di maiale)

spark [spɑːrk] **I.** *n* ①(*from fire*) scintilla *f* ②(*small amount*) briciolo *m* **II.** *vt* (*debate, protest*) scatenare; (*interest*) suscitare; **to** ~ **sb into action** incitare qu all'azione

sparkle [ˈspɑːr·kl] **I.** *n* luccichio *m* **II.** *vi* (*eyes*) luccicare; (*fire*) scintillare

sparkling [ˈspɑːr·klɪŋ] *adj* ①(*light, diamond*) scintillante ②(*conversation, wit*) brillante

spark plug [ˈspɑːrk·plʌg] *n* candela *f*

sparse [spɑːrs] *adj* (*population, information*) scarso, -a; (*vegetation, beard*) rado, -a

spat [spæt] *pt, pp of* **spit**

spate [speɪt] *n* (*of burglaries*) serie *f;* (*of letters, inquiries*) valanga *f*

spatial ['speɪ·ʃəl] *adj* spaziale
speak [spiːk] <spoke, spoken> I. *vi*
❶ parlare; **to ~ to sb** parlare con qu; **to ~ on behalf of sb** parlare a nome di qu; **so to ~** per così dire ❷ + *adv* **generally ~ing** in generale; **strictly ~ing** per essere precisi II. *vt* parlare; **to ~ a dialect/a foreign language** parlare un dialetto/una lingua straniera; **to ~ one's mind** parlare con franchezza; **to ~ the truth** dire la verità
◆**speak out** *vi* esprimersi apertamente; **to ~ against sth** denunciare qc
speaker *n* ❶ (*person speaking*) parlante *mf* ❷ (*orator*) oratore, -trice *m, f* ❸ (*loudspeaker*) altoparlante *m*
speaking I. *n* ❶ (*action*) parola *f* ❷ (*public speaking*) oratoria *f* II. *adj* (*tour*) commentato, -a; **English ~** anglofono; **to be on ~ terms with sb** conoscere qu abbastanza bene
special ['spe·ʃəl] I. *adj* (*attention, case*) speciale; (*aptitude*) particolare; **nothing ~** *inf* niente di speciale II. *n* ❶ TV special *m inv* ❷ CULIN piatto *m* del giorno ❸ *pl* COM offerte *fpl* speciali
special delivery *n* servizio *m* espresso
special effects *n* effetti *mpl* speciali
specialist ['spe·ʃə·lɪst] *n* specialista *mf*
specialize ['spe·ʃə·laɪz] I. *vi* specializzarsi; **to ~ in sth** specializzarsi in qc; **a lawyer specializing in divorce law** un avvocato specializzato in divorzi II. *vt* specializzare
specially *adv* apposta; **a ~ good wine** un vino particolarmente buono
special offer *n* offerta *f* speciale
specialty ['spe·ʃəl·ti] *n* <-ies> specialità *f*
species ['spiː·ʃiːz] *n inv* specie *f inv*
specific [spə·'sɪ·fɪk] I. *adj* specifico, -a; **to be ~** essere specifico II. *npl* particolari *mpl*
specifically *adv* ❶ (*expressly*) specificamente; (*ask, mention*) espressamente ❷ (*particularly*) precisamente
specification [ˌspe·sə·fɪ·'keɪ·ʃən] *n* specifica *f*

specify ['spe·sə·faɪ] <-ie-> *vt* specificare
specimen ['spe·sə·mən] *n* ❶ (*of blood, urine*) campione *m*; (*example*) esemplare *m*; **a ~ copy** uno specimen ❷ *inf* (*person*) soggetto *m*
specs [speks] *npl* ❶ *inf abbr of* **spectacles** occhiali *mpl* ❷ *inf abbr of* **specifications** specifiche *fpl*
spectacle ['spek·tə·kl] *n* ❶ spettacolo *m*; **to make a ~ of oneself** dare spettacolo di sé ❷ *pl* (*glasses*) occhiali *mpl*; **a pair of ~** un paio di occhiali
spectacular [spek·'tæk·jʊ·lə] I. *adj* spettacolare II. *n* spettacolo *m* eccezionale
spectator [spek·'teɪ·tə] *n* spettatore, -trice *m, f*
speculation [ˌspek·jʊ·'leɪ·ʃən] *n* speculazione *f*, congettura *f*; **stock-market ~** speculazione in borsa
sped [sped] *pt, pp of* **speed**
speech [spiːtʃ] <-es> *n* ❶ (*capacity to speak*) parola *f*; **to lose/regain the power of ~** perdere/ritrovare la facoltà della parola ❷ (*words*) parole *fpl* ❸ (*public talk*) discorso *m*; **to make [*o* give] a ~** fare un discorso
speech defect *n* difetto *m* di pronuncia
speechless ['spiːtʃ·ləs] *adj* senza parole; **to leave sb ~** lasciare qu senza parole
speed [spiːd] I. *n* ❶ (*velocity, quickness*) velocità *f*; **at a ~ of ...** ad una velocità di .. ❷ (*gear*) marcia *f* ❸ PHOT sensibilità *f* ❹ *inf* (*amphetamine*) anfetamine *fpl* II. *vi* <sped *o* speeded, sped *o* speeded> ❶ (*go fast*) andare veloce ❷ (*hasten*) accelerare ❸ (*exceed speed restrictions*) superare i limiti di velocità, fare un eccesso di velocità III. *vt* <sped *o* speeded, sped *o* speeded> accelerare
speedboat ['spiːd·boʊt] *n* motoscafo *m*
speeding *n* eccesso *m* di velocità
speed limit *n* limite *m* di velocità
speedy ['spiː·di] <-ier, -iest> *adj* veloce
spell¹ [spel] <spelled *o* spelt, spelled *o* spelt> I. *vt* ❶ (*form using letters*) scrivere; **how do you ~ it?** come si scrive?

S

◎ (*signify*) significare; **this ~s trouble** questo vuol dire problemi II. *vi* scrivere
spell² [spel] *n a. fig* incantesimo *m*
spell³ [spel] *n* ◎ (*period*) breve periodo *m* ◎ (*turn*) turno *m*
spelling *n* ortografia *f*; **~ mistake** errore *m* di ortografia
spelt [spelt] *pp, pt of* **spell**
spend [spend] <spent, spent> I. *vt* ◎ (*money*) spendere ◎ (*time*) trascorrere; **to ~ time** (**doing sth**) passare del tempo (a fare qc) II. *vi* spendere
spending *n* spese *fpl*; **public ~** la spesa pubblica
sperm [spɜːrm] <-(s)> *n* sperma *m*
spice [spaɪs] I. *n* ◎ CULIN spezia *f* ◎ (*excitement*) piccante *m*; **the ~ of life** il sale della vita II. *vt* speziare
spicy [ˈspaɪ·si] <-ier, -iest> *adj* ◎ (*seasoned*) piccante ◎ (*sensational*) piccante
spider [ˈspaɪ·dɚ] *n* ragno *m*
spill [spɪl] I. *n* ◎ (*act of spilling*) fuoriuscita *f*; **oil ~** fuoriuscita *f* di petrolio ◎ *inf* (*fall*) caduta *f* II. *vt* <spilled *o* spilt, spilled *o* spilt> versare III. *vi* versarsi
spilt [spɪlt] *pp, pt of* **spill**
spin [spɪn] I. *n* ◎ (*rotation*) giro *m* ◎ (*drive*) **to go** [*o* **take the car**] **for a ~** andare a fare un giro (in macchina) ◎ (*in washing machine*) centrifugata *f* II. *vt* <spun, spun> ◎ (*rotate*) girare; (*clothes*) centrifugare ◎ (*make thread out of*) filare ◎ (*tell: story, tale*) raccontare III. *vi* <spun, spun> ◎ (*rotate*) girare ◎ (*make thread*) filare
spinach [ˈspɪ·nɪtʃ] *n* BOT spinacio *m*; CULIN spinaci *mpl*
spine [spaɪn] *n* ◎ (*spinal column*) colonna *f* vertebrale ◎ (*spike*) punta *f* ◎ (*of book*) dorso *m* ◎ BOT spina *f*
spiral [ˈspaɪ·rəl] I. *n* spirale *f* II. *adj* a spirale; **~ staircase** scala *f* a chiocciola III. *vi* <-ll-, -l-> ◎ (*travel in a spiral*) fare delle spirali ◎ (*increase*) essere in progressione costante; (*decrease*) essere in calo costante; **to ~ out of control** aumentare in modo incontrollato

spirit [ˈspɪ·rɪt] *n* ◎ (*soul*) spirito *m* ◎ (*ghost*) spirito *m* ◎ *pl* (*mood*) morale *m*; **to be in high/low ~s** essere su/giù di morale ◎ (*character*) carattere *m* ◎ *pl* (*alcoholic drink*) superalcolici *mpl* ◎ (*attitude or principle*) **the ~ of the age** lo spirito dell'epoca; **that's the ~!** questo è spirito giusto!
spit¹ [spɪt] I. *n inf* saliva *f* II. *vi* <spat, spat> ◎ (*expel saliva*) sputare ◎ (*crackle*) scoppiettare III. *vt* sputare
spit² [spɪt] *n* ◎ CULIN spiedo *m* ◎ (*sandbar*) banco *m* di sabbia
spite [spaɪt] I. *n* rancore *m*; **to do sth out of ~** fare qc per dispetto; **in ~ of** a dispetto di; **in ~ of the fact that he is rich** nonostante (il fatto che) sia ricco II. *vt* fare un dispetto a
spiteful [ˈspaɪt·fəl] *adj pej* vendicativo, -a
spitting image *n* **she's the ~ of her mother** è sua madre sputata
splendid [ˈsplen·dɪd] *adj* splendido, -a
splint [splɪnt] *n* stecca *f*
split [splɪt] I. *n* ◎ (*crack*) fessura *f* ◎ (*in clothes*) spacco *m* ◎ (*division*) spaccatura *f* II. *vt* <split, split> ◎ (*divide*) dividere; (*atom*) disintegrare; **to ~ sth between two people** dividere qc tra due persone ◎ (*crack*) fendere; **to ~ one's head open** spaccarsi la testa ▸ **to ~ hairs** spaccare il capello in quattro III. *vi* <split, split> ◎ (*divide*) dividersi ◎ (*form cracks*) fendersi ◎ *inf* (*leave*) filarsela
  ◆ **split up** I. *vt* dividere II. *vi* **to ~ with sb** separarsi da qu
split-up [ˈsplɪt·ʌp] *n* rottura *f*
spoil [spɔɪl] I. *vt* <spoiled *o* spoilt, spoiled *o* spoilt> ◎ (*ruin*) rovinare ◎ (*child*) viziare II. *vi* <spoiled *o* spoilt, spoiled *o* spoilt> andare a male III. *n* ◎ *pl* (*profits*) bottino *m* ◎ (*debris*) macerie *fpl*
spoilsport [ˈspɔɪl·spɔːrt] *n inf* guastafeste *mf inv*
spoilt I. *pp, pt of* **spoil** II. *adj* viziato, -a
spoke¹ [spoʊk] *pt of* **speak**
spoke² [spoʊk] *n* (*of wheel*) raggio *m*

spoken pp of **speak**

sponge [spʌndʒ] I. n ❶ (animal) spugna f ❷ (absorbent) spugna f ❸ (person) parassita mf II. vt passare una spugna su III. vi inf essere un parassita

sponger n pej parassita mf

sponsor ['spɑːn·təʳ] I. vt sponsorizzare II. n sponsor m inv

spontaneous [spɑːn·'teɪ·ni·əs] adj spontaneo, -a

spooky ['spuː·ki] <-ier, -iest> adj inf spettrale

spoon [spuːn] I. n ❶ (utensil) cucchiaio m ❷ (amount) cucchiaio m II. vt servire (con un cucchiaio)

spoonful ['spuːn·fʊl] <-s o spoonsful> n cucchiaiata f

sport [spɔːrt] n ❶ (activity) sport m inv ❷ inf (person) **to be a good/poor ~** non prendersela/prendersela

sporting adj sportivo, -a

sports car n auto f inv sportiva

sporty ['spɔːr·ti] <-ier, -iest> adj sportivo, -a

spot [spɑːt] I. n ❶ (mark) macchia f ❷ (pattern) pois m inv ❸ (on skin) neo m ❹ (place) posto m; **on the ~** (at the very place) sul posto; (at once) subito ❺ (part of TV, radio show) spot m inv ▶ **to really hit the ~** essere quello che ci vuole; **to have a soft ~ for sb** avere un debole per qu; **to put sb on the ~** mettere qu con le spalle al muro II. <-tt-> vt ❶ (see) scorgere ❷ (speckle) macchiare

spotless ['spɑːt·ləs] adj ❶ (very clean) immacolato, -a ❷ (unblemished) impeccabile

spotlight ['spɑːt·laɪt] I. n riflettore m ▶ **to be in the ~** essere sotto i riflettori II. <spotlighted o spotlit, spotlighted o spotlit> vt illuminare

spotted adj macchiato, -a; **a ~ dress** un vestito a pois

spotty ['spɑː·ti] <-ier, -iest> adj brufoloso, -a

sprain [spreɪn] I. vt distorcersi II. n storta f

sprang [spræŋ] pt of **spring**

spray [spreɪ] I. n ❶ (mist) spruzzi mpl ❷ (device) nebulizzatore m, spray m inv II. vt (cover in a spray) spruzzare III. vi (gush) spruzzare

spread [spred] I. n ❶ (act of spreading) diffusione f ❷ (range) gamma f ❸ (article) **a full-page ~** articolo m su doppia pagina ❹ CULIN crema f, pasta f ❺ (ranch) ranch m inv ❻ inf (meal) banchetto m ❼ SPORTS (number of points) **point ~** punteggio m II. <spread, spread> vt ❶ (news) diffondere; (disease) trasmettere ❷ (butter) spalmare ❸ (payments, work) dilazionare ❹ (unfold: map, blanket) spiegare III. <spread, spread> vi (news) diffondersi; (disease) trasmettersi; (liquid) espandersi

spreadsheet ['spred·ʃiːt] n COMPUT foglio m elettronico

spring [sprɪŋ] I. n ❶ (season) primavera f ❷ (jump) balzo m ❸ (metal coil) molla f ❹ (source of water) sorgente f II. <sprang, sprung> vi balzare; **to ~ to one's feet** balzare in piedi; **to ~ shut/open** chiudersi/aprirsi di colpo III. <sprang, sprung> vt **to ~ sth on sb** tirar fuori qc a qu all'improvviso

springboard ['sprɪŋ·bɔːrd] n trampolino m

spring break n vacanze fpl scolastiche di primavera

sprinkle ['sprɪŋ·kl] I. vt spargere II. n pizzico f

sprinter ['sprɪn·təʳ] n velocista mf

sprung [sprʌŋ] pp, Am: pt of **spring**

spud [spʌd] n inf patata f

spun [spʌn] pp, pt of **spin**

spy [spaɪ] I. n spia f II. vi spiare; **to ~ on sb** spiare qu III. vt scorgere

squad [skwɑːd] n ❶ (group) squadra f; (of police) squadra f; **anti-terrorist ~** squadra antiterrorista ❷ (sports team) squadra f

squalid ['skwɑː·lɪd] adj squallido, -a

square [skwer] I. n ❶ (shape) quadrato m ❷ (in town) piazza f ▶ **to go back to ~ one** ritrovarsi al punto di partenza II. adj ❶ (square-shaped) quadrato, -a;

S

forty-three ~ feet quattro metri quadrati ② (*fair*) **a ~ deal** un affare corretto ③ (*not owing anything*) pari III. *vt* ① (*make square*) quadrare ② (*settle*) far quadrare; **to ~ one's accounts** far quadrare i conti ③ MATH elevare al quadrato IV. *vi* ① (*agree*) quadrare ② **with the facts** quadrare con i fatti V. *adv* direttamente; **to run** [*o* **drive**] **~ into sth** andare a sbattere in pieno contro qc

squash[1] [skwɑ:ʃ] *n* (*vegetable*) zucca *f*

squash[2] [skwɑ:ʃ] I. *n* ① SPORTS squash *m* ② (*dense pack*) **it's a ~** si sta ammassati II. *vt* schiacciare

squat [skwɑ:t] I.<-tt-> *vi* ① (*crouch down*) accovacciarsi ② (*in property*) occupare una proprietà abusivamente II. *n* ① (*exercise*) fare piegamenti sulle gambe ② *sl* (*nothing*) **to not know ~** non sapere un tubo III.<-tt-> *adj* (*person*) tracagnotto, -a

squatter ['skwɑ:tə] *n* occupante *mf* abusivo, -a

squeamish ['skwi:mɪʃ] *adj* impressionabile; **to feel ~** avere la nausea

squeeze [skwi:z] I. *n* ① (*pressing action*) stretta *f*; **a ~ of orange** una spruzzata d'arancio ② ECON (*limit*) restrizione *f* ③ (*pressure*) **to put the ~ on sb** fare pressione su qu II. *vt* ① (*press together: lemon, orange*) spremere; (*hand*) stringere; (*cloth*) strizzare; **freshly ~d orange juice** spremuta *f* d'arancia ② (*force*) **to ~ sth out of sb** tirar fuori qc a qu

squid [skwɪd] <-(s)> *n* calamaro *m*

squirrel ['skwɜ:·rəl] *n* scoiattolo *m*

Sr. *n* *abbr of* **senior** padre; **Henry Smith, Sr.** Henry Smith, padre

SSE [ˌes·es·'dʌb·əl·ju] *abbr of* **south-southeast** SSO

SSW [ˌes·es·'i] *abbr of* **south-south-west** SSE

St. *n* ① *abbr of* **saint** S.; **~ Thomas** S. Tommaso ② *abbr of* **street** via

stab [stæb] I. <-bb-> *vt* pugnalare; **to ~ sb in the back** *fig* pugnalare qu alle spalle II. <-bb-> *vi* dare dei colpetti III. *n* ① (*blow*) pugnalata *f* ② (*sudden*

pain) fitta *f* ③ (*attempt*) **to take a ~ at** (**doing**) **sth** provare (a fare) qc

stabbing I. *n* accoltellamento *m* II. *adj* lancinante

stability [stə·'bɪ·lə·ti] *n* stabilità *f*

stabilize ['steɪ·bə·laɪz] I. *vt* stabilizzare II. *vi* stabilizzarsi

stable[1] ['steɪ·bl] *adj* ① *a.* ECON stabile ② (*structure*) stabile ③ MED stazionario, -a

stable[2] ['steɪ·bl] I. *n* stalla *f* II. *vt* tenere in una stalla

stadium ['steɪ·di·əm] <-s *o* -dia> *n* stadio *m*

staff [stæf] I. *n* ① (*employees*) personale *m*; **the editorial ~** la redazione; **the teaching ~** il corpo insegnante ② MIL Stato *m* Maggiore II. *vt* dotare di personale

stag [stæg] *n* ① ZOOL cervo *m* ② (*unaccompanied male*) scapolo *m*

stage [steɪdʒ] I. *n* ① (*period*) stadio *m*; **to do sth in ~s** fare qc per gradi ② THEAT palcoscenico *m*; **the ~** il teatro; **to be on the ~** recitare (in teatro); **to go on the ~** darsi al teatro; **to hold the ~** catturare l'attenzione del pubblico II. *vt* ① (*produce on stage*) mettere in scena ② (*organize*) organizzare

stagnant ['stæg·nənt] *adj* *a.* *fig* stagnante

stagnate ['stæg·neɪt] *vi* (ri)stagnare

stain [steɪn] I. *vt* ① (*mark*) macchiare ② (*dye*) dare il mordente a III. *vi* (*become marked*) macchiarsi III. *n* ① (*mark*) macchia *f*; **red wine ~** macchia *f* di vino rosso ② (*dye*) colorante *m*

stained *adj* (*marked*) macchiato, -a

stainless ['steɪn·ləs] I. *adj* (*immaculate*) immacolato, -a; (*that cannot be stained*) antimacchia *inv* II. *n* acciaio *m* inossidabile

stair [ster] *n* ① (*rung*) gradino *m* ② *pl* (*set of steps*) scala *f*

staircase ['ster·keɪs] *n*, **stairway** ['ster·weɪ] *n* scala *f*

stake [steɪk] I. *n* ① (*stick*) paletto *m* ② (*share*) partecipazione *f*; **to have a ~**

in sth avere una partecipazione in qc ❻ (*bet*) posta *f*; **to be at ~** essere in gioco **II.** *vt* ❶ (*mark with stakes*) segnare con paletti ❷ (*bet*) puntare; **to ~ one's life on sth** mettere la mano sul fuoco per qc; **to ~ a claim to sth** rivendicare qc

stakeholder ['steɪk·ˌhoʊl·dər] *n* FIN soggetto *m* portatore di interesse

stale [steɪl] *adj* ❶ (*not fresh*) stantio, -a; (*bread*) raffermo, -a; (*air*) viziato, -a; (*joke*) trito, -a e ritrito, -a ❷ (*tired*) stanco, -a

stalk[1] [stɔːk] *n* (*of plant*) gambo *m*

stalk[2] [stɔːk] **I.** *vt* (*follow*) seguire ossessivamente **II.** *vi* **to ~ off** allontanarsi offeso, -a

stalker ['stɔː·kər] *n* ❶ (*hunter*) cacciatore, -trice *m, f* ❷ (*of people*) stalker *mf*

stall [stɔːl] **I.** *n* ❶ (*for animal*) posta *f* ❷ (*in market*) bancarella *f*, banco *m* ❸ (*compartment*) **shower ~** vano *m* doccia; **toilet ~** vano *m* gabinetto **II.** *vi* ❶ (*stop running: engine, vehicle*) bloccarsi ❷ *fig, inf* (*delay*) **to ~ for time** guadagnare tempo **III.** *vt* ❶ (*engine*) fare spegnere; (*vehicle*) fare spegnere il motore di ❷ *fig, inf* (*keep waiting*) tenere a bada

stamina ['stæ·mə·nə] *n* resistenza *f*

stammer ['stæ·mər] **I.** *vi, vt* balbettare **II.** *n* balbettamento *m*

stamp [stæmp] **I.** *n* ❶ (*postage stamp*) francobollo *m*; (*device*) timbro *m*; (*mark*) bollo *m* ❷ (*characteristic quality*) impronta *f* **II.** *vt* ❶ (*place postage stamp on*) affrancare ❷ (*impress a mark on*) timbrare ❸ **to ~ one's foot** pestare il piede per terra **III.** *vi* pestare i piedi

◆ **stamp out** *vt* sradicare

stand [stænd] **I.** *n* ❶ (*position*) posizione *f*; **to take a ~ on** (**doing**) **sth** prendere una posizione in qc/nel fare qc ❷ *pl* (*in stadium*) tribuna *f* ❸ (*support, frame*) supporto *m*; **music ~** leggio *m* ❹ (*market stall*) banco *m* del mercato ❺ (*for vehicles*) posteggio *m*; **taxi ~** posteggio *m* dei taxi ❻ (*witness box*)

banco *m* dei testimoni; **to take the ~** salire sul banco dei testimoni **II.** <stood, stood> *vi* ❶ (*be upright*) stare in piedi; **to ~ still** stare fermo, -a ❷ (*be located*) trovarsi ❸ (*remain unchanged: decision*) rimanere valido, -a; (*law*) rimanere in vigore **III.** <stood, stood> *vt* ❶ (*place*) mettere dritto, -a ❷ (*bear*) sopportare; **I can't ~ her** non la sopporto ❸ LAW **to ~ trial** subire un processo

◆ **stand aside** *vi* ❶ (*move*) farsi da parte ❷ (*stay*) stare in disparte

◆ **stand by I.** *vi* ❶ (*observe*) stare a guardare ❷ (*be ready to take action*) essere pronto, -a **II.** *vt* (*support*) appoggiare

◆ **stand down** *vi* rinunciare

◆ **stand for** *vt* ❶ (*represent*) rappresentare; (*mean*) stare per ❷ (*believe in*) sostenere ❸ (*tolerate*) tollerare

◆ **stand in** *vi* **to ~ for sb** sostituire qu

◆ **stand out** *vi* risaltare

◆ **stand up I.** *vi* ❶ (*be upright*) alzarsi (in piedi) ❷ (*evidence, argument*) reggere; **to ~ in court** reggere in tribunale **II.** *vt* **to stand sb up** tirare un bidone a qu

standard ['stæn·dəd] **I.** *n* ❶ (*level*) livello *m*; (*quality*) livello *m* qualitativo ❷ (*norm*) norma *f* ❸ (*flag*) stendardo *m* **II.** *adj* (*normal*) normale; (*procedure*) usuale

standardize ['stæn·də·daɪz] *vt* standardizzare; TECH normalizzare

standby ['stænd·baɪ] **I.** *n* ❶ (*of money, food*) riserva *f* ❷ AVIAT lista *f* d'attesa; **to be on ~** essere in lista d'attesa; **they put me on ~** mi hanno messo in lista d'attesa ❸ (*readiness*) **on ~** in attesa; ELEC in standby; **~ mode** modalità *f* standby, modalità *f* d'attesa ❹ (*backup*) riserva *f* ❺ (*plane ticket*) biglietto *m* standby ❻ (*traveler*) viaggiatore, -trice *m, f* con il biglietto standby **II.** *adj attr* ❶ (*player*) di riserva ❷ (*flight*) standby **III.** *adv* AVIAT, TOURIST **to fly ~** volare standby

S

stand-in ['stænd·ɪn] n sostituto, -a m, f; CINE controfigura f

standing ['stæn·dɪŋ] I. n ① (status) posizione f ② (duration) durata f; **of long ~** di vecchia data II. adj ① (upright) verticale ② (permanent) permanente ③ (water) stagnante

standpoint ['stænd·pɔɪnt] n punto m di vista

standstill ['stænd·stɪl] n fase f di stallo; **to be at a ~** essere in fase di stallo

stank [stæŋk] pt of **stink**

staple ['steɪ·pl] I. n (fastener) punto m (di pinzatrice) II. vt pinzare

stapler ['steɪp·lə] n pinzatrice f

star [stɑːr] I. n ① (heavenly body) stella f ② (asterisk) asterisco m ③ (popular person) stella f; **a movie ~** una star del cinema II. vt <-rr-> ① THEAT, CINE essere interpretato, -a da ② (mark with asterisk) segnalare con un asterisco

starboard ['stɑːr·bəd] I. n NAUT dritta f II. adj a dritta

stardom ['stɑːr·dəm] n celebrità f

stare [ster] I. vi fissare II. vt fissare; **the answer was staring us in the face** avevamo la risposta sotto gli occhi III. n sguardo m fisso

staring ['ste·rɪŋ] adj fisso, -a; **~ eyes** sguardo m fisso

Stars and Stripes n the **~** la bandiera a stelle e striscie

star sign n segno m zodiacale

Star-Spangled Banner n (flag) bandiera f a stelle e striscie; (anthem) inno m nazionale americano

start [stɑːrt] I. vi ① (begin) iniziare; **to ~ to do sth** iniziare a fare qc ② (begin journey) partire ③ (begin to operate: vehicle) mettersi in moto ④ SPORTS (play at beginning) essere nella formazione iniziale ⑤ (begin at level) partire ⑥ (make sudden movement) sobbalzare; **to ~ at sth** sobbalzare per qc II. vt ① (begin) iniziare, cominciare; **we ~ work at 6:30 every morning** iniziamo a lavorare alle 6:30 ogni mattina ② (set in operation) mettere in moto ③ COM mettere su ④ SPORTS (let play at

beginning) mettere nella formazione iniziale ▶ **to ~ something** inf creare un casino III. n (beginning) principio m; **to make an early/a late ~** cominciare presto/tardi ② SPORTS (beginning place) linea f di partenza; (beginning time) via m; **false ~** falsa partenza f ③ (sudden movement) sobbalzo m; **to give a ~** sobbalzare; **to give sb a ~** far sobbalzare qu

♦ **start back** vi ① (jump back suddenly) retrocedere ② (begin return journey) cominciare il viaggio di ritorno

♦ **start out** vi ① (begin) cominciare; **to ~ to do sth** mettersi a fare qc ② (begin journey) partire

♦ **start up** I. vt ① (organization) mettere su ② (vehicle, motor) mettere in moto II. vi ① (begin running: vehicle, motor) mettersi in moto ② (open) mettere su un'attività ③ (jump up) balzare in piedi

starter n ① AUTO motorino m di avviamento ② inf CULIN antipasto m ③ SPORTS (player at beginning) giocatore, -trice m, f della formazione iniziale ▶ **for ~s** inf per cominciare

startup ['stɑːrt·ʌp] n avviamento m

starvation [stɑːr'veɪ·ʃən] n fame f; **to die of ~** morire di fame

starve [stɑːrv] I. vi ① soffrire di fame; (die of hunger) morire di fame; **to ~ to death** morire di fame ② inf (be very hungry) essere affamato, -a II. vt ① (deprive: of food) far soffrire di fame; **to ~ sb to death** far morire di fame ② (deprive: of love) privare

state [steɪt] I. n ① (condition) stato m; **~ of war** stato di guerra; **solid ~** stato solido; **~ of mind** stato d'animo ② (nation) stato m ③ pl, inf (USA) **the States** gli Stati Uniti ④ (pomp) **to lie in ~** essere nella camera ardente II. adj ① (pertaining to a nation) statale; **~ secret** segreto m di Stato III. vt ① (express) dichiarare ② LAW (specify) stabilire

State Department n Dipartimento m

di Stato, ≈ ministero *m* degli Affari Esteri

statement ['steɪt·mənt] *n* ❶ (*declaration*) dichiarazione *f*; **to make a ~** LAW fare una dichiarazione ❷ (*from bank*) estratto *m* conto

state of the art [ˌsteɪt·əv·ðiˈɑːrt] *adj* d'avanguardia; **~ technology** tecnologia d'avanguardia

stateside ['steɪt·saɪd] *adv inf* negli Stati Uniti

station ['steɪ·ʃən] I. *n* ❶ RAIL stazione *f* ❷ (*place*) stazione *f*; **police ~** commissariato *m*; **gas ~** stazione *f* di servizio; **research ~** centro *m* di ricerca ❸ RADIO stazione *f*; TV canale *m* ❹ (*position*) postazione *m*; **action ~s!** MIL ai vostri posti! II. *vt* ❶ (*place*) collocare ❷ MIL appostare; **he's ~ed in Washington** è di stanza a Washington

stationary ['steɪ·ʃə·ne·ri] *adj* (*not moving*) fermo, -a

stationery ['steɪ·ʃə·ne·ri] *n* articoli *mpl* di cancelleria

statistics [stə·ˈtɪs·tɪks] *n* ❶ (*science*) statistica *f* ❷ *pl* (*data*) statistiche *fpl*

statue ['stæ·tʃu:] *n* statua *f*

Statue of Liberty *n* **the ~** la Statua della Libertà

status ['steɪ·təs] *n* ❶ (*official position*) statuto *m* ❷ (*prestige*) prestigio *m*

stay [steɪ] I. *vi* ❶ (*remain present*) rimanere; **to ~ in bed** rimanere a letto ❷ (*reside temporarily*) alloggiare ❸ (*remain*) rimanere; **to ~ friends** rimanere amici II. *vt* (*endure*) resistere; **to ~ the course** [*o* **distance**] resistere fino alla fine III. *n* soggiorno *m*
◆ **stay away** *vi* stare lontano; **to ~ from sb/sth** tenersi alla larga da qu/qc
◆ **stay behind** *vi* fermarsi
◆ **stay in** *vi* rimanere in casa
◆ **stay out** *vi* stare fuori; **to ~ all night** stare fuori tutta la notte
◆ **stay up** *vi* rimanere alzato, -a; **to ~ late** rimanere alzato fino a tardi

staying power *n* resistenza *f*

STD [ˌes·ti:·ˈdi:] *n* MED *abbr* of **sexually transmitted disease** MST *f*

steady ['ste·di] I. **<-ier, -iest>** *adj* ❶ (*stable*) stabile; (*job*) fisso, -a; (*temperature*) costante ❷ (*regular*) costante ❸ (*not wavering: hand*) saldo, -a ❹ (*calm*) calmo, -a ❺ (*regular: boyfriend*) fisso, -a II. *vt* ❶ (*stabilize*) stabilizzare ❷ (*make calm*) calmare III. *adv* **to be going ~** avere una relazione duratura IV. *interj* piano!

steak [steɪk] *n* ❶ (*for frying, grilling*) bistecca *f*; (*ground beef*) carne *f* tritata, **per hamburger** ❷ (*of fish*) trancio *m*

steal [sti:l] I. **<stole, stolen>** *vt* rubare; **to ~ sb's heart** rubare il cuore a qu ▶ **to ~ the show** monopolizzare l'attenzione II. **<stole, stolen>** *vi* ❶ (*take things illegally*) rubare ❷ (*move surreptitiously*) **to ~ in** entrare di soppiatto; **to ~ away** sgattaiolare via III. *n inf* affarone *m*

steam [sti:m] I. *n* (*water vapor*) vapore *m*; **to run out of ~** *fig* perdere vigore ▶ **to let off@** ~ scaricarsi II. *adj* a vapore III. *vi* (*produce steam*) emettere vapore IV. *vt* cuocere al vapore

steamer ['sti:·mə] *n* ❶ (*boat*) battello *m* a vapore ❷ CULIN pentola *f* a pressione

steamship *n* nave *f* a vapore

steamy ['sti:·mi] **<-ier, -iest>** *adj* ❶ (*full of steam*) pieno, -a di vapore ❷ (*very humid*) umido, -a ❸ *inf* (*sexy*) spinto, -a

steel [sti:l] I. *n* (*metal*) acciaio *m*; **nerves of ~** nervi *mpl* d'acciaio II. *adj* d'acciaio

steep [sti:p] *adj* ❶ (*sharply sloping*) ripido, -a ❷ (*dramatic: increase*) notevole; **~! è un'esagerazione!** ❸ (*expensive*) esorbitante

step [step] I. *n* ❶ (*foot movement*) passo *m*; (*footprint*) impronta *f*; **to take a ~** fare un passo; **~ by ~** passo a passo ❷ (*of stair*) gradino *m* ❸ (*measure*) provvedimento *m*; **to take ~s (to do sth)** prendere provvedimenti (per fare qc) ❹ MUS whole ~ tono *m*; **half ~** semitono *m* II. **<-pp->** *vi* ❶ (*tread*) **~ in** [*o* **on**] sth calpestare qc ❷ (*walk*) camminare

◆ **step down** *vi* (*resign*) dimettersi; **to ~ from sth** rinunciare a qc

stepfamily *n* + *sing/pl vb* famiglia *f* patchwork

◆ **step in** *vi* intervenire

stepbrother *n* fratellastro *m*

stepsister ['step‧ˌsɪs‧tər] *n* sorellastra *f*

stepson ['step‧sʌn] *n* figliastro *m*

stereotype ['ste‧ri‧ə‧taɪp] I. *n pej* stereotipo *m* II. *vt pej* rendere stereotipato, -a

sterile ['ste‧rəl] *adj* sterile

sterilize ['ste‧rə‧laɪz] *vt* sterilizzare

stern[1] [stɜːrn] *adj* (*severe*) severo, -a; (*warning*) duro, -a (*strict*) severo, -a

stern[2] [stɜːrn] *n* NAUT poppa *f*

stew [stuː] I. *n* stufato *m* ▸ **to be in a ~** *inf* essere in ansia II. *vt* (*meat*) stufare; (*fruit*) cuocere III. *vi* cuocere

stick[1] [stɪk] *n* (*of wood*) bastone *m*; (*of celery*) gambo *m*; (*of dynamite*) candelotto *m*; (*of deodorant*) stick *m inv*; **a ~ of chalk** un gessetto a. SPORTS (*for hockey*) mazza *f*; **walking ~** bastone *m* (da passeggio) MUS bacchetta *f* (*remote area*) **in the ~s** in un posto sperduto ▸ **to get the wrong end of the ~** prendere fischi per fiaschi

stick[2] [stɪk] <stuck, stuck> I. *vi* (*adhere*) attaccarsi (*be unmovable: person, mechanism*) bloccarsi; (*door*) incastrarsi (*endure*) **to ~ in sb's mind** rimanere impresso a qu II. *vt* (*affix*) attaccare *inf* (*put*) mettere; **to ~ one's head out the window** sporgere la testa dalla finestra

◆ **stick around** *vi inf* rimanere (nei paraggi)

◆ **stick up** I. *vt inf* (*rob*) assalire (*raise*) **stick 'em up!** mani in alto! II. *vi* spuntare; (*hair*) stare dritto, -a

◆ **stick up for** *vt* prendere le difese di

sticker ['stɪ‧kər] *n* (auto)adesivo *m*

stick-on ['stɪk‧ɑːn] *adj* adesivo, -a

sticky ['stɪ‧ki] <-ier, -iest> *adj* (*label*) adesivo, -a; (*surface, hands*) appiccicoso, -a (*weather*) afoso, -a

stiff [stɪf] I. *n inf* (*corpse*) cadavere *m* II. *adj* (*rigid: paper*) rigido, -a; (*brush*) duro, -a (*not supple: joints*) duro, -a (*difficult to move: muscles*) indolenzito, -a; **to have a ~ neck** avere il torcicollo (*very formal: manner*) impettito, -a (*strong: competition*) duro, -a; (*opposition, drink*) forte; (*resistance*) tenace; (*punishment*) severo, -a (*strenuous: climb, hike*) duro, -a (*very expensive: price*) esorbitante III. *adv* **to be bored ~** annoiarsi a morte

stifling ['staɪf‧lɪŋ] *adj* soffocante

still[1] [stɪl] I. *adj* (*calm*) tranquillo, -a (*peaceful*) fermo, -a; (*waters*) calmo, -a; **to keep ~** stare fermo II. *n* (*liter*) (*peace*) quiete *f*; **the ~ of the night** la quiete notturna CINE, PHOT fotogramma *m* III. *vt* (*calm*) calmare

still[2] [stɪl] *adv* ancora; **to be ~ alive** essere ancora vivo; **to want ~ more** volere ancora di più; **better ~** ancora meglio (*nevertheless*) tuttavia

stillbirth ['stɪl‧bɜːrθ] *n* nascita *f* di un bambino morto

stillborn ['stɪl‧bɔːrn] *adj* (*born dead*) nato, -a morto, -a (*unsuccessful*) fallito, -a sul nascere

stimulate ['stɪm‧jə‧leɪt] *vt* stimolare; (*economy*) incentivare MED stimolare

stimulus ['stɪm‧jə‧ləs] <-li> *n* stimolo *m*

sting [stɪŋ] I. *vi, vt* (*inject with poison*) pungere (*cause pain: eyes*) (far) bruciare; (*criticism*) pungere sul vivo II. *n* (*injury*) puntura *f* (*pain*) bruciore *m* (*of animal*) pungiglione *m* *sl* **police operation** operazione *f* di infiltrazione

stingy ['stɪn‧dʒi] <-ier, -iest> *adj inf* tirchio, -a

stink [stɪŋk] I. *n* (*smell*) puzzo *m* *fig* scandalo *m* II. <stank o stunk, stunk> *vi* (*smell*) puzzare *inf* (*be very bad*) fare schifo *inf* (*be suspicious: situation*) puzzare

stipulate ['stɪp‧jə‧leɪt] *vt* stipulare

stipulation [ˌstɪp‧jə‧leɪ‧ʃən] *n* condizione *f*; **with the ~ that** a condizione che +*conj*

stir [stɜːr] I. <-ring, -red> vt ① (*mescolare: fire*) attizzare ② (*move*) agitare ③ (*stimulate: imagination*) stimolare II. vi ① (*be able to be agitated*) mescolarsi; **these ingredients really ~ well** questi ingredienti si mescolano molto bene ② (*move*) muoversi, agitarsi ③ (*rouse*) risvegliarsi III. n ① (*agitation*) **to give sth a ~** dare una mescolata a qc ② (*excitement*) agitazione f; **to cause a ~** creare scompiglio

stir-fry ['stɜːr·fraɪ] <-ied, -ies> vt saltare

stitch [stɪtʃ] I. <-es> n ① (*in knitting*) maglia f; (*in sewing*) punto m ② MED punto m (di sutura) II. vi, vt cucire

stock [stɑːk] I. n ① (*reserves*) scorta f ② COM, ECON scorta f (di magazzino); **to have sth in ~** avere qc a magazzino; **to be out of ~** essere esaurito, -a; **to take ~** fare l'inventario; *fig* fare un bilancio ③ (*share*) FIN azione f ④ AGR, ZOOL bestiame m ⑤ (*food*) brodo m II. adj (*model*) standard *inv*; (*response*) scontato, -a III. vt ① (*keep in supply: goods*) avere disponibile ② (*supply goods to: shop*) rifornire ③ (*fill: shelves*) rifornire

stockbroker ['stɑːk·broʊ·kər] n operatore, -trice m, f di borsa

stock dividend n assegnazione f di azioni gratuite; **~ share** azione f gratuita

stocking ['stɑː·kɪŋ] n calza f

stock market n mercato m azionario

stockpile ['stɑːk·paɪl] I. n riserve fpl; (*of weapons, ammunition*) arsenale m II. vt accumulare

stocky ['stɑː·ki] <-ier, -iest> adj tarchiato, -a

stodgy ['stɑː·dʒi] <-ier, -iest> adj ① (*food*) pesante ② (*person, book*) noioso, -a

stole [stoʊl] pt of **steal**

stomach ['stʌ·mək] I. n ① (*internal organ*) stomaco m; **to have an upset ~** avere lo stomaco sottosopra; **to have a strong ~** non essere delicato di stomaco ② (*belly*) pancia f II. vt inf (*drink, food*)

digerire; **to be hard to ~** (*person, insult*) essere difficile da digerire

stone [stoʊn] I. n ① GEO pietra f ② MED calcolo m ③ (*jewel*) pietra f (preziosa) ④ (*of fruit*) nocciolo m ▸ **to leave no ~ unturned** non lasciare niente di intentato II. adv ① (*like a stone*) **~ hard** duro, -a come la pietra ② (*completely*) **~ crazy** matto da legare III. vt ① (*throw stones at*) tirare sassi contro ② (*olives*) snocciolare

stoned adj inf fatto, -a

stood [stʊd] pt, pp of **stand**

stool [stuːl] n ① (*seat*) sgabello m ② pl MED feci fpl

stoop [stuːp] n veranda f

stop [stɑːp] I. n ① (*break in activity*) pausa f; **to come to a ~** fermarsi; **to put a ~ to sth** metter fine a qc ② (*halting place*) tappa f; (*bus stop*) fermata f ③ MUS registro m ▸ **to pull out (all) the ~s** far tutti gli sforzi possibili e immaginabili II. <-ping, -ped> vt ① (*cause to cease*) fermare ② (*refuse payment: payment*) sospendere; **to ~ payment on a check** bloccare un assegno ③ (*switch off*) spegnere ④ (*block*) tappare III. <-ping, -ped> vi ① (*cease moving*) fermarsi ② (*cease an activity*) **to ~ doing sth** smettere di fare qc ③ (*pause*) **to ~ and think about sth** fare una pausa per riflettere su qc

◆ **stop by** vi passare

◆ **stop in** vi starsene a casa

◆ **stop off** vi fare un salto

◆ **stop over** vi fermarsi

◆ **stop up** vt (*block*) tappare

stopover ['stɑːp·oʊ·vər] n (*on journey*) tappa f; AVIAT scalo m

storage ['stɔː·rɪdʒ] n ① (*of goods, possessions*) immagazzinamento m; **to put sth in ~** immagazzinare qc ② COMPUT memoria f

store [stɔːr] I. n ① (*shop*) negozio m; **department ~** grande magazzino m ② (*supply: of food*) scorta f; (*of wine*) riserva f ③ (*place for keeping supplies*) magazzino m; (*for weapons*) arsenale m ▸ **what is in ~ for us?**

S

cosa ci riserva il futuro? II. vt ① (*put into storage*) immagazzinare ② (*keep for future use*) mettere da parte ③ COMPUT (*file*) salvare; (*data*) memorizzare

store card *n* carta *f* (di) fedeltà

stork [stɔ:rk] *n* cicogna *f*

storm [stɔ:rm] I. *n* ① METEO tempesta *f* ② *fig* (*of protest*) ondata *f*; (*of applause*) scroscio *m*; **political ~** bufera *f* politica ③ **to take sth by ~** prendere qc d'assalto; **to take sb by ~** spopolare presso qu II. *vi* METEO esserci tempesta; (*winds*) infuriare III. *vt* (*town, castle*) prendere d'assalto; (*house*) fare irruzione in

storm cloud *n* nube *f* temporalesca

stormy ['stɔ:rmi] <-ier, -iest> *adj* (*weather*) tempestoso, -a; (*sea, relationship*) burrascoso, -a; (*argument*) violento, -a

story[1] ['stɔ:ri] <-ies> *n* ① (*account*) storia *f*; (*fictional*) racconto *m*; **to tell a ~** raccontare una storia; **to tell stories** (*lie*) raccontare delle storie ② (*news report*) articolo *m* ▶ **it's the same old ~** è sempre la stessa storia; **a tall ~** una storia inverosimile

story[2] ['stɔ:ri] *n* piano *m*

story line *n* trama *f*

stove [stoʊv] *n* ① (*range*) fornello *m*; **induction ~** fornello *m* a induzione ② (*heater*) stufa *f*

stowaway ['stoʊ·ə·weɪ] *n* clandestino, -a *m, f*

S

straight [streɪt] I. *adj* ① (*not bent*) dritto, -a ② (*honest*) franco, -a; **to be ~ with sb** essere franco con qu ③ (*plain*) semplice; (*undiluted: gin*) liscio, -a ④ (*consecutive*) di fila; **she won in ~ sets** ha vinto tutti i set ⑤ THEAT (*not comic*) serio, -a ⑥ (*traditional*) convenzionale ⑦ *inf* (*heterosexual*) eterosessuale II. *adv* ① (*in a direct line*) dritto; **to go ~ ahead** andare dritto; **to head ~ for sth** andare direttamente verso qc ② (*at once*) **to get ~ to the point** andare dritto al punto ③ *inf* (*honestly*) chiaramente; **to give it to sb ~** parlare

chiaramente a qu ④ (*clearly: see, think*) con chiarezza

straightaway [ˌstreɪt·ə·'weɪ] I. *adv* subito II. *n* SPORTS rettilineo *m*

straighten ['streɪ·tn̩] *vt* ① (*make straight*) raddrizzare; (*hair*) lisciare ② (*arm, body*) tendere
   ◆**straighten out** I. *vt* ① (*make straight*) stirare ② (*make level*) uguagliare ③ (*solve: situation*) sistemare ④ (*clarify*) chiarificare; **to straighten sb out** far rigare dritto qu II. *vi* (*road*) diventare dritto, -a
   ◆**straighten up** I. *vi* (*stand upright*) raddrizzarsi II. *vt* ① (*make tidy*) sistemare ② (*make level*) uguagliare

straightforward [ˌstreɪt·'fɔ:r·wəd] *adj* ① (*honest*) schietto, -a ② (*easy*) semplice

straight-out [ˌstreɪt·'aʊt] *adj* *inf* (*answer*) diretto, -a; (*refusal*) netto, -a

strain [streɪn] I. *n* ① (*pressure*) pressione *f*; **to be under ~** essere sotto pressione ② MED stiramento *m* II. *vi* (*try hard*) sforzarsi III. *vt* ① (*sforzare*) **to ~ one's eyes** sforzare la vista ② (*put stress on: relationship*) mettere a dura prova; (*credulity*) mettere alla prova ③ CULIN (*coffee*) filtrare; (*vegetables*) scolare

strained [streɪnd] *adj* (*relations*) teso, -a; (*smile*) forzato, -a

strait [streɪt] *n* ① GEO stretto *m*; **the Bering Strait** lo stretto di Bering ② (*bad situation*) **to be in dire ~s** avere serie difficoltà

strange [streɪndʒ] *adj* ① (*peculiar*) strano, -a; **I felt ~** mi sentivo strano; **it's ~ that** è strano che +*conj*; **~ to say** strano a dirsi ② (*unfamiliar*) sconosciuto, -a

strangely *adv* (*behave, dress*) in modo strano; **~ enough ...** per quanto (possa sembrare) strano, ...

stranger ['streɪn·dʒɚ] *n* sconosciuto, -a *m, f*

strangle ['stræŋ·gl̩] *vt* (*person*) strangolare

strap [stræp] I. *n* (*of bag*) cinghia *f*; (*of dress*) spallina *f* II. <-pp-> *vt* legare

strapless ['stræp·lɪs] *adj* senza spalline

strapping ['stræ·pɪŋ] I. *adj inf* grande e grosso, -a II. *n* (*bandage*) benda *f*

strategy ['stræ·tə·dʒi] <-ies> *n* strategia *f*

straw [strɑː] *n* ⓵ (*dry stems*) paglia *f* ⓶ (*for drinking*) cannuccia *f* ▸ **to be the last ~** essere la goccia che fa traboccare il vaso; **you've drawn the short ~** ti è andata male; **to clutch at ~s** aggrapparsi a un'illusione

strawberry ['strɑː·be·ri] <-ies> *n* fragola *f*

stray [streɪ] I. *adj* ⓵ (*homeless: dog, cat*) randagio, -a ⓶ (*loose: hair*) sciolto, -a; (*bullet*) vagante II. *vi* (*wander*) vagare; (*become lost*) perdersi; **to ~ from** allontanarsi da; **to ~ from the point** divagare III. *n* (*dog*) cane *m* randagio; (*cat*) gatto *m* randagio

stream [striːm] I. *n* ⓵ (*small river*) ruscello *m* ⓶ (*current*) corrente *f*; **to go against the ~** *fig* andare controcorrente ⓷ (*flow: of oil, water*) flusso *m* II. *vi* ⓵ (*flow*) scorrere; **tears ~ed down her face** le lacrime le scorrevano sul viso ⓶ (*move in numbers*) riversarsi ⓷ (*shine: sunlight*) splendere ⓸ (*run: nose*) colare; (*eyes*) lacrimare

streaming ['striː·mɪŋ] *n* INET streaming *m*

streamline ['striːm·laɪn] *vt* (*vehicle*) rendere aerodinamico, -a; (*method*) ottimizzare

streamlined *adj* (*vehicle*) aerodinamico, -a; (*method*) efficiente

street [striːt] *n* (*road*) strada *f*; **in** [*o* **on**] **the ~** per strada

streetcar *n* tram *m inv*

strength [streŋθ] *n* ⓵ (*power*) forza *f*; (*of feeling, light*) intensità *f*; (*of economy*) solidità *f*; (*mental firmness*) forza *f* ⓶ (*number of members*) numero di effettivi *m*; **to be at full ~** essere al completo ⓷ (*strong point*) punto *m* di forza; **one's ~s and weaknesses** i suoi pregi e i suoi difetti

strengthen ['streŋ·θən] I. *vt* ⓵ (*make stronger: muscles, wall*) rinforzare; (*financial position*) consolidare ⓶ (*increase: chances*) aumentare ⓸ (*intensify: relations*) intensificare; (*links*) rafforzare II. *vi* rinforzarsi

stress [stres] I. *n* ⓵ (*mental strain*) stress *m inv* ⓶ (*emphasis*) rilievo *m* ⓷ LING accento *m* II. *vt* ⓵ (*emphasize*) sottolineare ⓶ LING accentare

stressed *adj*, **stressed out** *adj inf* stressato, -a

stressful ['stres·fʊl] *adj* stressante

stress test *n* stress test *m*; MED test *m* da sforzo

stretch [stretʃ] I. <-es> *n* ⓵ SPORTS allungamento *m* (muscolare) ⓶ (*elasticity*) elasticità *f* ⓷ GEO tratto *m* ⓸ (*piece*) pezzo *m*; (*of road*) tratto *m*; (*of time*) periodo *m* ⓹ (*stage of a race*) rettilineo *m*; **the home ~** la dirittura d'arrivo ⓺ (*exertion*) **at full ~** a pieno regime II. *vi* ⓵ (*become bigger*) stirarsi; (*clothes*) allargarsi ⓶ (*extend muscles*) stirarsi ⓷ (*in time*) **to ~** (**all the way**) **back to ...** risalire (fino) a ... ⓸ (*cover an area: sea, influence*) estendersi III. *vt* ⓵ (*extend: muscles*) fare esercizi di allungamento per; **to ~ one's legs** distendere le gambe ⓶ (*make go further*) **to ~ the limit** spingere oltre il limite ⓷ (*demand a lot of*) **to ~ sb's patience** mettere alla prova la pazienza di qu ⓸ (*go beyond*) **to ~ a point** fare un'eccezione IV. *adj* elastico, -a

stretcher ['stret·ʃər] *n* barella *f*

strict [strɪkt] *adj* (*person*) severo, -a; (*control, orders*) rigoroso, -a; (*sense*) stretto, -a; (*secrecy*) massimo, -a

strictly ['strɪkt·li] *adv* ⓵ (*exactly*) proprio; **not ~ comparable** non proprio paragonabile; **~ speaking** per essere precisi ⓶ (*harshly*) rigorosamente; **~ forbidden** rigorosamente vietato

strike [straɪk] I. *n* ⓵ (*military attack*) attacco *m* ⓶ (*withdrawal of labor*) sciopero *m* ⓷ (*discovery*) scoperta *f* ⓸ (*in baseball*) strike *m inv* ⓹ LAW reato *m* II. <**struck, struck** *o* **stricken**> *vt* ⓵ (*collide with*) colpire; **to ~ a match** accendere un fiammifero; **to be struck**

S

by lightning essere colpito da un fulmine ❷ (*achieve*) trovare; **to ~ a balance** trovare un equilibrio ❸ (*seem*) sembrare; **it ~s me that …** mi sembra che … ❹ (*impress*) colpire; **to be struck by sth** essere colpito da qc ❺ (*engender*) **to ~ fear into sb** mettere paura a qu ❻ (*discover*) scoprire; (*find*) trovare; **to ~ gold** (*have financial fortune*) fare fortuna ❼ (*adopt*) **to ~ an attitude** assumere un atteggiamento ❽ (*sound the time: clock*) battere; **the clock struck three** l'orologio ha battuto le tre ▸ **to ~ a chord with sb** toccare il tasto giusto con qu III. <struck, struck *o* stricken> *vi* ❶ (*hit hard*) colpire; (*attack*) attaccare; **to ~ at sth** colpire qc ❷ (*withdraw labor*) scioperare; **the right to ~** il diritto allo sciopero; **to ~ for sth** scioperare per qc
◆ **strike out** I. *vt* ❶ (*in baseball*) eliminare ❷ (*delete*) depennnare II. *vi* ❶ (*in baseball*) essere eliminato; *fig* fare fiasco ❷ (*move off*) andare in modo deciso; **to ~ on one's own** mettersi in proprio ❸ (*hit out*) colpire (a destra e a manca)
striker ['straɪ·kə] *n* ❶ (*strike participant*) scioperante *mf* ❷ SPORTS attaccante *mf*
striking ['straɪ·kɪŋ] *adj* notevole
string [strɪŋ] I. *n* ❶ (*twine*) a. MUS corda *f;* **to pull ~s** *fig* tenere le fila; **with no ~s attached** senza condizioni ❷ *pl* MUS (*section, players*) (strumenti *mpl* ad) arco *m* ❸ (*sequence: of scandals*) serie *f;* (*of people*) fila *f* ❹ COMPUT stringa *f* II. <strung, strung> *vt* appendere; (*beads*) infilare; (*tennis racket*) mettere le corde a
strip [strɪp] I. *vt* ❶ (*lay bare*) togliere; **to ~ sb of sth** togliere qc a qu ❷ (*unclothe*) spogliare ❸ (*dismantle*) smontare II. *vi* spogliarsi III. *n* ❶ striscia *f* ❷ (*striptease*) striptease *m inv,* spogliarello *m* ❸ (*landing area*) **landing ~** pista *f* (*d'atterraggio*)
stripe [straɪp] *n* ❶ (*colored band*) riga *f* ❷ MIL gallone *m*
striped *adj* a righe

strip mall *n* piccolo centro commerciale
stripper ['strɪ·pə] *n* spogliarellista *mf*
strip search *n* perquisizione *f* corporale
stroke [stroʊk] I. *vt* ❶ (*caress*) carezzare ❷ SPORTS (*hit smoothly*) colpire II. *n* ❶ (*caress*) carezza *f* ❷ MED ictus *m inv;* **to suffer a ~** avere un ictus ❸ (*of pencil*) tratto *m;* (*of brush*) pennellata *f* ❹ (*style of hitting ball*) colpo *m;* (*billiards*) tiro *m* ❺ (*in swimming: style*) stile *m;* (*single movement*) bracciata *f* ❻ (*bit*) **a ~ of genius** un colpo di genio; **a ~ of luck** un colpo di fortuna ❼ (*of clock*) rintocco *m*
stroll [stroʊl] I. *n* passeggiata *f;* **to go for a ~** fare una passeggiata II. *vi* passeggiare
strong [strɑːŋ] I. *adj* ❶ (*powerful*) forte; (*competition*) duro, -a; (*condemnation*) severo, -a ❷ (*capable*) bravo, -a ❸ (*physically powerful*) forte; **to be as ~ as an ox** essere forte come un toro ❹ (*fit*) sano, -a; (*constitution*) robusto, -a ❺ (*durable: will*) forte; (*conviction*) profondo, -a; (*nerves*) saldo, -a ❻ (*staunch: antipathy*) forte; (*believer*) fervente, -a; (*bond*) forte; (*friendship*) grande; (*objection*) duro, -a; (*supporter*) accanito, -a ❼ (*tough*) resistente ❽ (*very likely*) buono, -a ❾ (*marked*) forte; (*language*) volgare ❿ (*bright*) brillante ⓫ (*having high value*) forte II. *adv inf* **to come on ~ to sb** (*show sexual interest in*) fare delle avances a qu; **to be still going ~** continuare ad andare bene
strongly *adv* ❶ (*powerfully*) vigorosamente; (*advise*) vivamente; (*condemn*) fermamente; (*criticize*) duramente; **to smell ~ of sth** avere un forte odore di qc; **to be ~ opposed to sb/sth** essere fermamente contrario a qu/qc ❷ (*sturdily*) solidamente
strong-minded [ˌstrɑːŋ·'maɪn·dɪd] *adj* determinato, -a
struck [strʌk] *pt, pp* of **strike**
structure ['strʌk·tʃə] I. *n* struttura *f* II. *vt* strutturare
struggle ['strʌ·gl] I. *n* ❶ (*effort*) sforzo *m;* **to be a real ~** richiedere un gran-

de sforzo ② (*skirmish*) lotta *f;* **to put up a ~** battersi II. *vi* ① (*make an effort*) sforzarsi ② (*fight*) lottare

strung [strʌŋ] *pt, pp of* **string**

stubborn ['stʌ·bən] *adj* (*person, animal*) testardo, -a; **as ~ as a mule** testardo come un mulo; (*refusal, resistence*) ostinato, -a

stuck [stʌk] I. *pt, pp of* **stick** II. *adj* ① (*jammed*) incastrato, -a ② *inf* (*crazy about*) **to be ~ on sb** essere pazzo di qu

stuck-up [ˌstʌk·'ʌp] *adj inf* pieno di sé

student ['stu:·dənt] *n* studente, -essa *m, f*

studio ['stu:·di·oʊ] <-s> *n* ① (*of artist*) atelier *m inv* ② CINE studio *m* ③ (*apartment*) monolocale *m*

studio apartment *n* monolocale *m*

studious ['stu:·di·əs] *adj* studioso, -a

study ['stʌ·di] I. *vt* (*subject*) studiare; (*evidence*) esaminare II. *vi* studiare III. <-ies> *n* ① (*of subject*) studio *m;* (*of evidence*) esame *m* ② (*room*) studio *m*

stuff [stʌf] I. *n* ① *inf* (*things*) cose *fpl;* **to know one's ~** sapere il fatto proprio ② (*belongings*) cose *fpl* ③ (*material*) roba *f;* (*cloth*) stoffa *f* II. *vt* ① (*fill*) riempire; **to ~ sth into sth** mettere qc dentro a qc ② (*preserve: animal*) impagliare

stuffing ['stʌ·fɪŋ] *n* ripieno *m*

stumble ['stʌm·bl] *vi* ① (*trip*) inciampare; **to ~ on sth** inciampare su qc ② (*while talking*) impappinarsi; **to ~ over sth** impappinarsi nel dire qc

stumbling block *n* ostacolo *m*

stump [stʌmp] *n* (*of plant*) ceppo *m;* (*of arm*) moncone *m*

stun [stʌn] <-nn-> *vt* ① (*stupefy*) lasciare esterrefatto, -a ② (*render unconscious*) stordire

stung [stʌŋ] *pp, pt of* **sting**

stunk [stʌŋk] *pt, pp of* **stink**

stunned *adj* esterrefatto, -a

stunning ['stʌ·nɪŋ] *adj* ① (*surprising*) sbalorditivo, -a ② (*impressive*) stupendo, -a

stupendous [stu:·'pen·dəs] *adj* stupendo, -a

stupid ['stu:·pɪd] *adj* stupido, -a

stupidity [stu:·'pɪ·də·ti] *n* stupidità *f*

stutter ['stʌ·tə] I. *vi, vt* (*stammer*) balbettare II. *n* **to have a ~** balbettare

style [staɪl] I. *n* ① a. ART, ARCHIT stile *m* ② (*elegance*) classe *f;* **to have no ~** non avere classe; **with ~** con classe ③ (*fashion*) moda *f;* **in ~** alla moda ④ (*type*) stile *m* II. *vt* (*design*) disegnare; (*hair*) pettinare

styling *n* acconciatura *f*

stylish ['staɪ·lɪʃ] *adj* ① (*chic*) chic; (*smart*) stilé; (*fashionable*) alla moda ② (*elegant*) stiloso, -a ③ (*polished*) fine

stylishly ['staɪ·lɪʃ·li] *adv* (*approving, chic*) in modo elegante; (*smartly*) con stile; (*fashionably*) alla moda

stylist ['staɪ·lɪst] *n* stilista *mf*

sub¹ [sʌb] *n* ① *inf abbr of* **substitute** sostituto, -a *m, f* ② *inf abbr of* **submarine** sottomarino *m* ③ *inf abbr of* **sandwich** panino *m* imbottito

sub² [sʌb] <-bb-> *vi abbr of* **substitute** sostituire

subconscious [ˌsʌb·'kɑːn·ʃəs] I. *n* subconscio *m* II. *adj* subcosciente

subject¹ ['sʌb·dʒɪkt] I. *n* ① (*theme*) argomento *m;* **to change the ~** cambiare argomento; **on the ~ of sb/sth** a proposito di qu/qc ② SCHOOL, UNIV materia *f;* (*research area*) ambito *m* ③ POL suddito, -a *m, f;* (*citizen*) cittadino, -a *m, f* ④ LING soggetto *m* ⑤ (*in experiment*) soggetto *m* II. *adj* ① POL (*nation*) sottomesso, -a ② (*exposed to*) **to be ~ to sth** essere soggetto a qc ③ (*contingent on*) **~ to approval** soggetto ad approvazione

subject² [səb·'dʒekt] *vt* sottomettere

subject matter *n* (*of meeting, book*) tema *m;* (*of letter*) soggetto *m*

subjunctive [səb·'dʒʌŋk·tɪv] *n* LING congiuntivo *m*

sublet [sʌb·'let] <sublet, sublet> *vt* subaffittare

submarine ['sʌb·mə·ri:n] I. *n* ① NAUT,

S

MIL sottomarino m ② inf (sandwich) panino m imbottito II. adj sottomarino, -a

submission [səb·ˈmɪ·ʃən] n ① (acquiescence) sottomissione f ② (of proposal) presentazione f; (of document) consegna f

submissive [səb·ˈmɪ·sɪv] adj sottomesso, -a

subordinate [sə·ˈbɔːr·də·nɪt] I. n subordinato, -a m, f II. adj (secondary) secondario, -a; (lower in rank) subordinato, -a

subscribe [səb·ˈskraɪb] I. vi ① (order) abbonarsi ② (agree with) to ~ to sth sottoscrivere qc II. vt (contribute) sottoscrivere

subscriber [səb·ˈskraɪ·bər] n abbonato, -a m, f

subscription [səb·ˈskrɪp·ʃən] n abbonamento m

subsequent [ˈsʌb·sɪk·wənt] adj successivo; ~ to ... in seguito a ...

subsequently adv successivamente; ~ to ... in seguito a ...

subside [səb·ˈsaɪd] vi ① (lessen) diminuire ② (sink: water) ritirarsi; (ground) sprofondare

subsidiary [səb·ˈsɪ·diə·ri] I. adj secondario, -a; ECON controllato, -a II.<-ies> n ECON società f controllata

subsidize [ˈsʌb·sə·daɪz] vt sovvenzionare

subsidy [ˈsʌb·sə·di] <-ies> n sovvenzione f, sussidio m; **unemployment** ~ sussidio di disoccupazione

substance [ˈsʌb·stəns] n ① (matter) sostanza f ② (essence) sostanza f ③ (significance) rilevanza f ④ (main point) sostanza f; **in** ~ in sostanza ⑤ (possessions) ricchezza f; **a man of** ~ un uomo ricco

substandard [ˌsʌb·ˈstæn·dəd] adj scadente

substantial [səb·ˈstæn·ʃl] adj ① (important) sostanziale ② (large) sostanzioso, -a; (sum, damage) ingente

substantially [səb·ˈstæn·ʃə·li] adv ① (significantly) notevolmente ② (in the main) sostanzialmente

substitute [ˈsʌb·stə·tuːt] I. vt sostituire; **to** ~ **sb for sb** inf sostituire qu con qu II. vi **to** ~ **for sb** sostituire qu III. n ① (equivalent) sostituto m; (alternative: for milk, coffee) alternativa f; **there's no** ~ **for him** non c'è nessuno come lui ② a. SPORTS riserva f; **to come on as a** ~ entrare in campo (riferito a una riserva) ③ SCHOOL (teacher) supplente mf

substitute teacher n supplente mf

substitution [ˌsʌb·stə·ˈtuː·ʃən] n sostituzione f

subtitle [ˈsʌb·taɪ·tl̩] I. vt sottotitolare II. n sottotitolo m

subtle [ˈsʌ·tl̩] adj ① (delicate) delicato, -a ② (slight) sottile ③ (astute: person) perspicace; (question, suggestion) sottile

subtotal [ˈsʌb·ˌtoʊ·tl̩] n subtotale m, totale m parziale

subtract [səb·ˈtrækt] vt sottrarre; **to** ~ **3 from 5** sottrarre 3 da 5

subtraction [səb·ˈtræk·ʃən] n sottrazione f

suburb [ˈsʌ·bɜːrb] n quartiere m fuori città; **the** ~**s** la periferia; **to live in the** ~**s** vivere fuori città

suburban [sə·ˈbɜːr·bən] adj ① (area) periferico, -a; (train) che collega la periferia ② (lifestyle) di provincia

subway [ˈsʌb·weɪ] n metropolitana f

sub-zero [ˌsʌb·ˈzɪ·roʊ] adj sotto zero

succeed [sək·ˈsiːd] I. vi ① (be successful) riuscire; **to** ~ **in doing sth** riuscire a fare qc ② (follow) succedere II. vt (follow) succedere a

success [sək·ˈses] n (outcome) successo m; **to meet with** ~ avere successo, riuscire; **to be a big** ~ **with sb/sth** avere molto successo con qu/qc; **to be a great** ~ riuscire benissimo, essere un successo

successful [sək·ˈses·fəl] adj riuscito, -a; (business) florido, -a; (person, book) di successo; (candidate) vincente; (solution) efficace; **to be** ~ (person) avere successo; (business) essere florido

succession [sək·ˈse·ʃən] n successione f; **in** ~ in successione; **a** ~ **of** una

S

serie di; **an endless ~ of** una serie infinita di

successive [sək·'se·sɪv] *adj* consecutivo, -a; **on ~ occasions** in occasioni consecutive

successor [sək·'se·sə·] *n* successore *m*

such [sʌtʃ] I. *adj* tale; **~ great weather/a good book** tempo/un libro così bello; **~ an honor** tale onore; **to buy some fruit ~ as apples** comprare della frutta, ad esempio delle mele II. *pron* ~ è life così va la vita; **people ~ as him** la gente come lui; **as ~** propriamente detto

such and such ['sʌtʃ·ən·sʌtʃ] *adj inf* tale; **to arrive at ~ a time** arrivare a tale ora; **to meet sb in ~ a place** incontrare qu in tale posto

suck [sʌk] I. *vt* succhiare; (*with straw*) sorbire; (*air*) aspirare II. *vi* ① (*with mouth*) succhiare; ② *inf* **this ~s!** questo fa schifo!

sucker ['sʌ·kə·] I. *n* ① *pej* (*stupid person*) credulone, -a *m, f* ② *sl* (*thing*) rottura *f* di palle II. *vt inf* fregare; **to ~ sb into** [*o* **out of**] **doing sth** fregare qu per fargli fare qc

sudden ['sʌ·dən] *adj* (*immediate*) improvviso, -a; (*death*) **all of a ~** *inf* all'improvviso

suddenly *adv* improvvisamente

sue [su:] <suing> I. *vt* fare causa a; **to ~ sb for damages** fare causa a qu per danni; **to ~ sb for divorce** fare domanda di divorzio da qu II. *vi* **to ~ for peace** chiedere la pace

suede [sweɪd] *n* camoscio *m*

suffer ['sʌ·fə·] I. *vi* ① (*be in distress*) soffrire; **to ~ from sth** MED soffrire di qc ② (*seem worse*) **to ~ in** [*o* **by**] **comparison** non reggere il confronto II. *vt* ① (*undergo: defeat, setback*) subire; **to ~ the consequences** subire le conseguenze ② MED subire

suffering ['sʌ·fə·rɪŋ] *n* sofferenza *f*

sufficient [sə·'fɪ·ʃnt] *adj* sufficiente; **to have had ~** essere sazio; **to be ~ for sth** bastare per qc

suffix ['sʌ·fɪks] *n* LING suffisso *m*

suffocate ['sʌ·fə·keɪt] *vi, vt* affissiare

suffocating *adj* ① (*heat*) soffocante; (*fumes*) asfissiante ② *fig* opprimere

sugar ['ʃʊ·gə·] I. *n* ① CULIN zucchero *m* ② *inf* (*term of affection*) tesoro *m* II. *vt* zuccherare

suggest [səg·'dʒest] *vt* ① (*propose*) proporre, suggerire; **to ~ (to sb) that ...** proporre a qu che ... +*conj*; **to ~ doing sth** proporre di fare qc ② (*indicate*) far credere ③ (*hint*) insinuare; **what are you trying to ~?** che cosa vuoi insinuare?

suggestion [səg·'dʒest·ʃən] *n* ① (*proposed idea*) proposta *f*, suggerimento *m*; **to make the ~ that ...** suggerire che ... +*conj*; **to be open to new ~s** essere aperto a nuove proposte; **at Ann's ~** su proposta di Ann ② (*very small amount*) accenno *m* ③ (*insinuation*) insinuazione *f*

suggestive [səg·'dʒes·tɪv] *adj* ① (*lewd*) allusivo, -a ② (*evocative*) suggestivo, -a

suicide ['su:·ə·saɪd] *n* (*act*) suicidio *m*; **to commit ~** suicidarsi

suit [su:t] I. *vt* ① (*be convenient*) andare bene a; **to ~ sb** andare bene a qu; **that ~s me fine** mi va benissimo ② (*be right*) addirsi; **this lifestyle seems to ~ her** sembra che questo stile di vita le si addica ③ (*look attractive with*) stare bene; **this dress ~s you** questo vestito ti sta bene ④ (*choose at will*) **~ yourself!** fai pure come vuoi! II. *n* ① (*jacket and pants*) completo *m*; (*jacket and skirt*) tailleur *m* (gonna); **bathing** [*o* **swim**] **~** costume *m* (da bagno) ② LAW azione *f* legale; **to bring** [*o* **file**] **a ~** intentare un'azione legale ③ GAMES seme *m*; **to follow ~** giocare lo stesso seme; *fig* seguire l'esempio

suitable ['su:·tə·bl] *adj* adatto, -a; **to be ~ for sb** essere adatto a qu

suitcase ['su:t·keɪs] *n* valigia *f*

sulky ['sʌl·ki] <-ier, -iest> *adj* imbronciato, -a

sultana [sʌl·'tæ·nə] *n* uva *f* sultanina

sultry ['sʌl·tri] <-ier, -iest> *adj* ① (*weather*) afoso, -a ② (*sensual*) conturbante

S

sum [sʌm] n ❶ (*amount of money*) somma *f* ❷ (*total*) totale *m;* **in ~** in breve ❸ (*calculation*) calcolo *m*

summarize ['sʌ·mə·raɪz] *vt* riassumere

summary ['sʌ·mə·ri] I. *n* riassunto *m* II. *adj* (*dismissal*) sommario, -a

summer ['sʌ·mɚ] I. *n* estate *f;* **a ~'s day** un giorno d'estate II. *adj* estivo, -a III. *vi* passare l'estate

summertime ['sʌ·mɚ·taɪm] *n* (*season*) estate *m;* **in the ~** d'estate

summer vacation *n* vacanze *fpl* estive

summons ['sʌ·mənz] *npl* LAW mandato *m* di comparizione; **to issue a ~** emettere un mandato di comparizione; **to serve sb with a ~** notificare a qu mandato di comparizione

sun [sʌn] I. *n* sole *m;* **the ~'s rays** i raggi del sole; **the rising/setting ~** il sole nascente/che tramonta; **to sit in the ~** star seduto al sole ►**to call sb every name under the ~** dirne di tutti i colori a qu II. <-nn-> *vt* **to ~ oneself** prendere il sole

sundae ['sʌn·di] *n* coppa gelato con frutta, nocciole, panna, *etc.*

Sunday ['sʌn·deɪ] *n* domenica *f;* **Palm/ Easter ~** domenica delle Palme; *s.a.* **Friday**

sunflower ['sʌn·fla·ʊə] *n* girasole *m*

sung [sʌŋ] *pp of* **sing**

sunglasses ['sʌn·glæ·sɪs] *npl* occhiali *mpl* da sole

sunk [sʌŋk] *pp of* **sink**

sunlight ['sʌn·laɪt] *n* luce *f* del sole

sunlit ['sʌn·lɪt] *adj* soleggiato, -a

sunny ['sʌ·ni] <-ier, -iest> *adj* ❶ (*day*) di sole; **it's ~** c'è il sole ❷ (*personality*) solare

sunny-side up *adj* all'occhio di bue

sunrise ['sʌn·raɪz] *n* alba *f;* **at ~** all'alba

sunroof ['sʌn·ruːf] *n* tettuccio *m* apribile

super ['suː·pɚ] I. *adj inf* fantastico, -a II. *adv inf* super III. *n ❶ inf s.* **supervisor** *❷* AUTO (*benzina f*) super *f*

superb [sə·'pɜːrb] *adj* magnifico, -a

superficial [ˌsuː·pɚ·'fɪ·ʃl] *adj* superficiale

superfluous [suː·'pɜːr·flʊ·əs] *adj* superfluo, -a

superglue® ['suː·pɚ·gluː] *n* attaccatutto *m*

superintendent [ˌsuː·pɚ·ɪn·'ten·dənt] *n* ❶ (*person in charge: of department, school district*) direttore, -trice *m, f;* (*of building*) custode *mf* ❷ LAW (*police officer*) soprintendente *mf*

superior [sə·'pɪ·ri·ɚ] I. *adj* ❶ (*better, senior*) superiore ❷ (*greater in amount*) **a ~ number of sth** un numero superiore di qc II. *n* superiore *mf*

superiority [sə·ˌpɪ·ri·'ɔː·rə·ti] *n* superiorità *f*

superlative [sə·'pɜːr·lə·tɪv] I. *adj* ❶ (*best*) eccezionale ❷ LING superlativo, -a II. *n* LING superlativo *m*

supermarket ['suː·pɚ·ˌmɑːr·kɪt] *n* supermercato *m*

superstitious [ˌsuː·pɚ·'stɪ·ʃəs] *adj* superstizioso, -a

superstore ['suː·pɚ·stɔːr] *n* ipermercato *m*

supervise ['suː·pɚ·vaɪz] *vt* (*watch over*) supervisionare

supervision [ˌsuː·pɚ·'vɪ·ʒən] *n* supervisione *f;* **under the ~ of sb** sotto la supervisione di qu

supervisor ['suː·pɚ·vaɪ·zɚ] *n* ❶ (*person in charge*) supervisore, -a *m, f* ❷ POL *rappresentante del governo nell'amministrazione locale*

supervisory [ˌsuː·pɚ·'vaɪ·zə·i] *adj* di supervisore

supper ['sʌ·pɚ] *n* cena *f;* **to have ~** cenare

supplement ['sʌ·plə·mənt] I. *n* ❶ (*something extra*) supplemento *m* ❷ (*part of newspaper, book*) supplemento *m* II. *vt* (*income*) arrotondare

supplementary [ˌsʌ·plə·'men·tə·i] *adj* supplementare

supplier [sə·'pla·ɪə] *n* fornitore, -trice *m, f*

supply [sə·'plaɪ] I. <-ie-> *vt* ❶ (*fornire: electricity, food, money*) distribuire ❷ COM fornire II. *n* ❶ (*act of providing: of electricity, water*) erogazione *f*

② ECON offerta *f*; **~ and demand** offerta e domanda; **to be in short ~** scarseggiare **③** (*stock*) scorta *f*, provvista *f* **④** *no pl* (*action*) fornitura *f*; **oil/ gas[oline] ~** fornitura *f* di olio/benzina; **energy ~** fornitura *f* di energia

support [sə·ˈpɔːrt] **I.** *vt* **①** (*hold up: roof, weight*) sostenere; (*weight*); **to ~ oneself on sth** appoggiarsi a qc **②** (*provide for*) mantenere; **to ~ four children** mantenere quattro figli; **to ~ oneself** mantenersi **③** (*provide with money*) finanziare **④** (*encourage*) appoggiare **⑤** (*show to be true*) avvalorare **II.** *n* **①** (*backing, help*) appoggio *m*; **to give sb moral ~** dare appoggio morale a qu **②** (*structure*) supporto *m*; *fig* (*person*) sostegno *m* **③** FIN finanziamento *m* **④** (*confirmation*) avvaloramento *f*; **in ~ of sth** a sostegno di qc

supporter *n* **①** (*of cause, candidate*) sostenitore, -trice *m, f* **②** SPORTS (*fan*) tifoso, -a *m, f*

supportive [sə·ˈpɔːr·tɪv] *adj* comprensivo, -a

suppose [sə·ˈpouz] *vt* **①** **to ~ (that)** ... supporre che ...; **I don't ~ so** suppongo di no; **let's ~ that** supponiamo che +*conj* **②** (*believe, think*) ritenere **③** (*obligation*) **to be ~d to do sth** dover fare qc; **you are not ~d to know that** non lo dovresti sapere **④** (*opinion*) **the book is ~d to be very good** pare che sia un libro molto bello

supposed *adj* (*killer*) presunto, -a

supposedly [sə·ˈpou·zɪd·li] *adv* a quanto pare

supposing *conj* **~ that** ... supponendo che ...

supreme [sə·ˈpriːm] **I.** *adj* **①** (*authority*) supremo, -a; (*commander*) in capo; **Supreme Court** Corte *f* Suprema **②** (*achievement*) estremo, -a; **to show ~ courage** mostrare estremo coraggio **II.** *adv* **to reign ~** regnare incontestato

surcharge [ˈsɜːr·tʃɑːrdʒ] **I.** *n* supplemento *m* **II.** *vt* far pagare un supplemento a

sure [ʃʊr] **I.** *adj* **①** (*certain*) sicuro, -a; **to be ~ of sth** essere sicuro di qc; **to be ~**

(*that*) ... essere sicuro che ... +*conj*; **to make ~ (that)** ... assicurarsi che.. +*conj*; **to not be ~ if** ... non essere sicuro che ... +*conj*; **she is ~ to come** verrà di sicuro; **are you ~ you won't come?** sei sicuro di non venire?; **~ thing!** certo!; **for ~** con certezza **②** (*confident*) **to be ~ of oneself** essere sicuro di sì **II.** *adv* certo; **~ I will!** *inf* certo (che sì); **~ enough** come volevasi dimostrare

surely [ˈʃʊr·li] *adv* **①** (*certainly*) indubbiamente **②** (*to show astonishment*) davvero **③** (*yes, certainly*) certo!

surf [sɜːrf] **I.** *n* onde *fpl* **II.** *vt* SPORTS fare surf **II.** *vt* COMPUT **to ~ the Internet** navigare su Internet

surface [ˈsɜːr·fɪs] **I.** *n* superficie *f*; **on the ~** *fig* in apparenza *f* **II.** *vi* venire a galla **III.** *vt* (*road, wall*) rivestire; (*with asphalt*) asfaltare

surfboard [ˈsɜːrf·bɔːrd] *n* tavola *f* da surf

surfer [ˈsɜːr·fər] *n* **①** surfista *mf* **②** COMPUT internauta *mf*

surfing [ˈsɜːr·fɪŋ] *n* surf *m inv*

surgeon [ˈsɜːr·dʒən] *n* chirurgo *m*

surgery [ˈsɜːr·dʒə·ri] *n* chirurgia *f*; **to undergo ~** subire un intervento (chirurgico)

surgical [ˈsɜːr·dʒɪ·kl] *adj* (*procedure*) chirurgico, -a; (*collar, gloves*) da chirurgo

surname [ˈsɜːr·neɪm] *n* cognome *m*

surplus [ˈsɜːr·pləs] **I.** *n a.* FIN (*of product*) eccedenza *f* **II.** *adj* in eccedenza

surprise [sər·ˈpraɪz] **I.** *n* sorpresa *f*; **to sb's ~** con sorpresa di ...; **it ~d her that** ... l'ha sorpresa (il fatto) che ... +*conj*; **to ~ sb doing sth** sorprendere qu nell'atto di fare qc

surprised *adj* sorpreso, -a

surprising *adj* sorprendente

surprisingly *adv* sorprendentemente

surrender [sə·ˈren·dər] **I.** *vi* arrendersi; **to ~ to sb** arrendersi a qu **II.** *n* (*giving up*) resa *f*

surround [sə·ˈraʊnd] **I.** *vt* circondare **II.** *n* (*frame*) bordo *m*

S

surrounding *adj* circostante

surroundings *npl* dintorni *mpl*

surveillance [sə·ˈveɪ·ləns] *n* sorveglianza *f;* **to be under ~** essere sotto sorveglianza

survey[1] [sə·ˈveɪ] *vt* ① (*poll*) fare un sondaggio su ② GEO fare dei rilevamenti di ③ (*research*) indagare ④ (*look at carefully*) ispezionare

survey[2] [ˈsə·veɪ] *n* ① (*poll*) sondaggio *m* ② GEO rilevamento *m* ③ (*report*) indagine *f* ④ (*examination*) perizia *f*

survival [sə·ˈvaɪ·vl] *n* ① sopravvivenza *f* ② (*relic*) vestigio *m* ▶ **the ~ of the fittest** la legge del più forte

survive [sə·ˈvaɪv] **I.** *vi* (*stay alive*) sopravvivere; **to ~ on sth** *inf* vivere di qc **II.** *vt* sopravvivere a; **to ~ an accident** sopravvivere a un incidente

survivor [sə·ˈvaɪ·və] *n* sopravvivente *mf*

suspect[1] [sə·ˈspekt] *vt* ① (*think likely*) sospettare; **to ~ sth** sospettare qc ② (*consider guilty*) sospettare di; **to ~ sb's motives** avere dei dubbi sulle motivazioni di qu

suspect[2] [ˈsʌ·spekt] **I.** *n* sospetto, -a *m, f* **II.** *adj* sospetto, -a

suspend [sə·ˈspend] *vt* sospendere

suspender [sə·ˈspen·də] *n pl* reggicalze *m inv*

suspense [sə·ˈspens] *n* (*uncertainty*) incertezza *f;* **to keep sb in ~** tenere qu in sospeso

suspension [sə·ˈspen·tʃən] *n* ① (*stop*) sospensione *f* ② SCHOOL, UNIV sospensione *f*

suspicion [sə·ˈspɪ·ʃən] *n* ① (*belief*) sospetto *m;* **to be above ~** essere al di sopra di ogni sospetto ② (*mistrust*) sospetto *m* ③ (*small amount*) accenno *m*

suspicious [sə·ˈspɪ·ʃəs] *adj* ① (*arousing suspicion*) sospetto, -a ② (*lacking trust*) sospettoso, -a

sustainable [sə·ˈsteɪ·nə·bəl] *adj* ① (*maintainable*) sostenibile ② ECOL sostenibile; (*development*) sostenibile

SW [ˌes·ˈdʌb·əl·ju] *abbr of* **southwest** SO

swallow [ˈswɑ·loʊ] **I.** *vt* ingoiare *inf* **II.** *vi* deglutire **III.** *n* sorso *m*

swam [swæm] *vi pt of* **swim**

swan [swɑn] *n* cigno *m*

swap [swɑp] **I.** <-pp-> *vt* scambiare; **to ~ sth (for sth)** scambiare qc (con qc); **to ~ sth with sb** scambiare qc con qu **II.** <-pp-> *vi* scambiare **III.** *n* scambio *m*

swear [swer] <swore, sworn> **I.** *vi* ① (*take oath*) giurare; **to ~ on the Bible** giurare sulla Bibbia; **I couldn't ~ to it** *inf* non ci giurerei ② (*curse*) imprecare **II.** *vt* giurare

swearing *n* parolacce *mpl*

sweat [swet] **I.** *n* ① (*perspiration*) sudore *m;* **to break into a ~** cominciare a sudare ② (*effort*) faticaccia *f;* **no ~** *inf* non c'è problema ③ *pl inf* (*sweatsuit*) tuta *f* (da ginnastica) **II.** *vi* (*perspire*) sudare **III.** *vt* sudare

sweater [ˈswe·tə] *n* golf *m inv*

sweatshirt [ˈswet·fɜːrt] *n* felpa *f*

sweaty [ˈswe·t̬i] <-ier, -iest> *adj* sudato, -a

Swede [swiːd] *n* svedese *mf*

Sweden [ˈswiː·dn] *n* GEO Svezia *f*

Swedish [ˈswiː·dɪʃ] **I.** *adj* svedese, -a **II.** *n* ① (*person*) svedese *mf* ② LING svedese *m*

sweep [swiːp] <swept, swept> **I.** *n* ① (*cleaning action*) spazzata *f;* **to give sth a ~** dare una spazzata a qc ② SPORTS (*series of wins*) vittoria *f;* **a three-game ~** tre vittorie consecutive ③ (*chimney cleaner*) **chimney ~** spazzacamino *m* ▶ **to make a clean ~** fare piazza pulita **II.** *vt* ① (*clean with broom: floor*) spazzare; (*chimney*) pulire ② (*remove*) spazzare (via) ③ (*win*) riportare una vittoria schiacciante in; **to ~ a series** riportare una serie di vittorie schiaccianti ▶ **to ~ sb off his/her feet** fare innamorare perdutamente qu **III.** *vi* ① (*clean with broom*) spazzare ② (*move*) **to ~ into a room** piombare in una stanza ③ (*extend*) espandersi

sweepstakes [ˈswip·steɪks] *n* scom-

messa in cui tutte le puntate vanno al vincitore

sweet [swiːt] I. <-er, -est> *adj* ① (*like sugar*) dolce ② (*pleasant*) dolce; **to go one's own ~ way** andare dritto per la propria strada ③ (*cute*) adorabile ④ (*kind: gentile*) dolce; **to be ~ on sb** essere innamorato di qu II. *n pl* (*candy*) dolci *mpl*

sweet-and-sour [ˌswiːt·ən·ˌsaˑʊɚ] *adj* in agrodolce

sweet corn ['swiːt·kɔrn] *n* mais *m*

sweetener *n* ① CULIN dolcificante *m* ② *inf* (*incentive*) incentivo *m*

sweetheart ['swiːt·hɑːrt] *n* ① (*kind person*) tesoro *m* ② (*term of endearment*) tesoro *m* ③ (*boyfriend, girlfriend*) moroso, -a *m, f*

sweetie *n inf* tesoro *m*

sweet tooth *n* **to have a ~** essere goloso, -a di dolci

swell [swel] <swelled, swelled *o* swollen> I. *vi* ① (*get bigger*) gonfiarsi ② (*increase*) aumentare II. *vt* ① (*in size*) accrescere ② (*in number*) ingrossare III. <-er, -est> *adj inf* fantastico, -a

swelling *n* gonfiore *m*

sweltering *adj* torrido, -a

swept [swept] *pt of* **sweep**

swiftly *adv* rapidamente

swim [swɪm] I. <swam, swum> *vi* ① *a. fig* (*in water*) nuotare ② (*whirl*) **her head was ~ming** le girava la testa ③ (*be full of water*) essere inondato, -a; **to ~ with tears** essere in un mare di lacrime II. <swam, swum> *vt* ① (*cross*) attraversare a nuoto ② (*do*) **to ~ a few strokes** fare qualche bracciata III. *n* nuotata *f*; **I'm going to take a ~** vado a farmi una nuotata

swimmer ['swɪ·mɚ] *n* nuotatore, -trice *m, f*

swimming *n* nuoto *m*

swimming pool *n* piscina *f*

swimsuit ['swɪm·suːt] *n* costume *m* da bagno

swindle ['swɪn·dl] I. *vt* portare via (con la truffa) II. *n* truffa *f*

swine flu *no pl*, **swine influenza** *n no pl* influenza *f* suina

swing [swɪŋ] I. *n* ① (*movement*) oscillazione *f* ② (*punch*) pugno *m*; **to take a ~ at sb** (cercare di) dare un pugno a qu ③ (*hanging seat*) altalena *f* II. <swung, swung> *vi* ① (*move back and forth*) oscillare, dondolare; (*move circularly*) ruotare ② (*hit*) **to ~ at sb** (cercare di) dare un pugno a qu ③ (*on hanging seat*) dondolarsi ④ (*alter*) cambiare; **to ~ between two things** oscillare tra due cose III. <swung, swung> *vt* ① (*move back and forth*) far dondolare ② *inf* (*influence*) influenzare

swipe [swaɪp] I. *vt* ① *inf* (*steal*) fregare ② (*pass: card*) passare ③ (*graze: car*) strusciare contro II. *n* (*blow*) colpo *m*; *fig* (*criticism*) critica *f*; **to take a ~ at sb** (*hit*) (cercare di) colpire qu; (*criticize*) criticare qu

Swiss [swɪs] *adj, n* svizzero, -a *m, f*; **~ German/French** svizzero, -a *m, f* tedesco, -a/francese

switch [swɪtʃ] I. <-es> *n* ① ELEC interruttore *m* ② (*substitution*) sostituzione *f* ③ (*change*) cambio *m* ④ RAIL (*device*) scambio *m* II. *vi* cambiare; **to ~ with sb** fare cambio con qu; **to ~ from sth to sth** passare da qc a qc III. *vt* scambiare; **to ~ sth for sth** scambiare qc con qc

◆ **switch off** I. *vt* (*machine*) spegnere; (*water*) chiudere II. *vi* ① (*machine*) spegnersi ② (*lose attention*) sconnettersi

◆ **switch on** I. *vt* (*machine*) accendere II. *vi* accendersi

Switzerland ['swɪt·sɚ·lənd] *n* la Svizzera *f*

swollen ['swoʊ·lən] I. *pp of* **swell** II. *adj* gonfio, -a

swore [swɔːr] *pt of* **swear**

sworn [swɔːrn] I. *pp of* **swear** II. *adj* giurato, -a

swum [swʌm] *pp of* **swim**

swung [swʌŋ] *pt, pp of* **swing**

syllabus ['sɪ·lə·bəs] <-es, *form* sylla-

S

bi> n (*in general*) piano m di studi; (*for specific subject*) programma m

symbol ['sɪm·bl] n simbolo m

symbolize ['sɪm·bə·laɪz] vt simboleggiare

sympathetic [ˌsɪm·pə·'θe·tɪk] adj ① (*understanding*) comprensivo, -a; (*sympathizing*) compassionevole ② POL favorevole; **to be ~ towards sb/sth** appoggiare qu/qc

sympathize ['sɪm·pə·θaɪz] vi ① (*understand*) capire; (*feel compassion for*) provare compassione ② (*agree*) essere d'accordo; **to ~ with sth** simpatizzare per qc

sympathy ['sɪm·pə·θi] n ① (*compassion*) compassione f; (*understanding*) comprensione f; **you have my deepest ~** le faccio le mie più sincere condoglianze ② (*solidarity*) solidarietà f

symphony ['sɪm·fə·ni] n ① (*piece of music*) sinfonia f ② (*orchestra*) orchestra f sinfonica

symptom ['sɪmp·təm] n sintomo m

synagogue ['sɪ·nə·gɑːg] n sinagoga f

synchronize ['sɪŋ·krə·naɪz] I. vt sincronizzare II. vi sincronizzarsi

syndicate¹ ['sɪn·də·kɪt] n ① ECON consorzio m ② PUBL agenzia f di stampa

syndicate² ['sɪn·də·keɪt] vt ① ECON raggruppare in un consorzio ② PUBL vendere

syringe [sə·'rɪndʒ] n siringa f

system ['sɪs·təm] n ① (*set*) sistema m; **music ~** impianto m musicale ② (*method of organization*) a. POL sistema m ③ (*order*) metodo m (di classificazione) ▸ **to get something out of one's ~** inf scaricarsi

systematic [ˌsɪs·tə·'mæ·tɪk] adj sistematico, -a

system error n errore m di sistema

systems analyst n analista mf di sistemi

system software n software m inv di sistema

Tt

T, t [tiː] n T, t f o m; **~ for Tommy** T come Torino

t abbr of **tonne** t

tab [tæb] n ① (*flap*) linguetta f; (*on file*) linguetta f; **write-protect ~** COMPUT linguetta f di protezione ② (*label*) etichetta f ③ inf (*bill*) conto m

tab key n tabulatore m

table ['teɪ·bl] n ① tavolo m; (*for meals*) tavola f; **to clear/set the ~** sparecchiare/apparecchiare (la tavola) ② MATH tabellina f; **multiplication ~** tavola f pitagorica ③ (*list*) lista f; **~ of contents** indice m

tablecloth ['teɪ·bl·klɑːθ] n tovaglia f

table linen n biancheria f da tavola

table manners npl buone maniere fpl a tavola

tablespoon n ① (*spoon*) cucchiaio m ② (*amount*) cucchiaiata f

tablet ['tæb·lɪt] n ① (*pill*) compressa f ② (*of stone*) lapide f ③ (*writing pad*) tablet n ④ (*computer*) tablet m

3-D, three-D adj inf abbr of **three-dimensional** 3 D; **~ printer** stampante 3 D

table tennis n ping-pong® m inv

tabulate ['tæb·ju·leɪt] vt disporre in tabella; COMPUT tabulare

tackle ['tæ·kl] I. vt ① (*in soccer*) contrastare; (*in rugby, US football*) placcare ② (*deal with: problem*) affrontare II. n ① (*in soccer*) contrasto m; (*in rugby, US football*) placcaggio m ② (*equipment*) attrezzatura f ③ NAUT paranco m

tactful ['tækt·fəl] adj discreto, -a

tactic ['tæk·tɪk] *n* ~(s) tattica *f*

tactical ['tæk·tɪ·kl] *adj* tattico, -a

tactician [tæk·'tɪ·ʃən] *n* strategа *mf*

tactless ['tæk·ləs] *adj* privo, -a di tatto

tag [tæg] I. *n a.* COMPUT (*label*) etichetta *f*; (*metal*) targhetta *f* II. <-gg-> *vt* (*label*) etichettare

tail [teɪl] I. *n* ◉ ANAT, AVIAT coda *f* ◉ *pl, inf* (*tail coat*) frac *m inv* ◉ *pl* (*side of coin*) croce *f* ◉ *inf* (*person*) pedinatore, -trice *m, f* ◉ *inf* (*bottom*) didietro *m inv* II. *vt* pedinare

◆**tail off** *vi* diminuire; (*sound*) smorzarsi

tailor ['teɪ·lə] I. *n* sarto *m* II. *vt* ◉ (*clothes*) confezionare ◉ (*adapt*) adattare

tailor-made [ˌteɪ·lə·'meɪd] *adj* ◉ (*custom-made*) su misura ◉ (*perfect*) perfetto, -a

take [teɪk] I. *n* ◉ (*receipts*) incassi *mpl* ◉ PHOT, CINE ripresa *f* ▸ **to be on the ~** *inf* prendere tangenti II. <took, taken> *vt* ◉ (*accept*) accettare; (*advice*) seguire; (*criticism*) accettare; (*responsibility*) assumere; **to ~ sth seriously** prendere qc sul serio; **to ~ one's time** prendersela comoda ◉ (*hold*) prendere ◉ (*eat*) prendere ◉ (*use*) richiedere ◉ (*receive*) ricevere ◉ (*capture: prisoners*) prendere; (*city*) conquistare; (*power*) assumere ◉ (*assume*) **to ~ office** assumere una carica ◉ (*bring*) portare ◉ (*require*) volerci; **this shirt ~s a lot of ironing** ci vuole molto per stirare questa camicia ◉ (*have: decision*) prendere; (*bath, walk, holiday*) fare; (*ticket*) comprare ◉ (*feel, assume*) **to ~ (an) interest in sb/sth** interessarsi a qu/qc; **to ~ offence** offendersi ◉ (*make money*) incassare ◉ (*photograph*) fotografare ◉ (*bus, train*) prendere III. <took, taken> *vi* fare effetto; (*plant, dye*) prendere

◆**take apart** I. *vt* ◉ (*disassemble*) smontare ◉ (*analyze*) analizzare ◉ (*destroy*) demolire II. *vi* smontarsi

◆**take away** I. *vt* ◉ (*remove*) togliere ◉ (*go away with*) portar via ◉ (*lessen*) sminuire ◉ (*subtract from*) sottrarre II. *vi* **to ~ from the importance of sth** diminuire l'importanza di qc

◆**take back** *vt* ◉ (*return*) riportare ◉ (*accept back*) riprendere ◉ (*repossess*) riprendere ◉ (*retract*) ritirare ◉ (*remind*) ricordare

◆**take down** *vt* ◉ (*remove*) togliere; (*from high place*) abbassare ◉ (*disassemble*) smontare ◉ (*write down*) prendere nota di

◆**take in** *vt* ◉ (*bring inside*) fare entrare; (*admit*) ammettere ◉ (*hold*) **to take sb in one's arms** prendere qu in braccio ◉ (*accommodate*) accogliere; (*for rent*) ospitare ◉ (*bring to police*) arrestare ◉ (*deceive*) ingannare ◉ (*understand*) comprendere ◉ FASHION restringere

◆**take off** I. *vt* ◉ (*remove from*) togliere ◉ (*clothes*) togliersi ◉ (*bring away*) portare via ◉ (*subtract*) scontare ◉ (*stop showing*) ritirare II. *vi* ◉ AVIAT decollare ◉ *inf* (*leave*) filar via; *inf* (*flee*) darsela a gambe ◉ (*have success*) decollare

◆**take on** I. *vt* ◉ (*agree to try*) accettare ◉ (*acquire*) adottare ◉ (*hire*) assumere ◉ (*fight*) battersi contro ◉ (*stop for loading: passengers*) prendere a bordo; (*fuel*) rifornirsi di; (*goods*) caricare II. *vi* prendersela

◆**take out** *vt* ◉ (*remove*) togliere; (*extract*) estrarre; (*withdraw*) ritirare ◉ (*bring outside*) portar via; (*garbage*) buttare ◉ (*for walk*) portare fuori ◉ *inf* (*kill*) far fuori; (*destroy*) distruggere ◉ (*borrow*) prendere in prestito ◉ (*vent anger*) **to take sth out on sb** sfogare qc su qu ◉ *inf* (*tire*) **to take it out of sb** sfinire qu *fig*

◆**take over** I. *vt* ◉ (*buy out*) rilevare ◉ (*seize control*) assumere il controllo di ◉ (*assume*) assumere ◉ (*possess*) prendere possesso di ◉ (*start using*) cominciare a usare II. *vi* prendere possesso

◆**take to** *vt* ◉ (*start to like*) prendere

in simpatia ⑩ (*begin as a habit*) **to ~ doing sth** cominciare a fare qc ⑪ (*go to*) dirigersi verso

◆ **take up** I. *vt* ① (*bring up*) sollevare ② (*start doing*) cominciare; (*piano*) cominciare a studiare ③ (*accept*) accettare ④ (*adopt*) adottare ⑤ (*join in*) partecipare a ⑥ (*occupy*) occupare ⑦ (*pull up*) alzare ⑧ (*shorten*) accorciare ⑨ (*absorb*) assorbire II. *vi* **to ~ with sb** fare amicizia con qu

take-home pay ['teɪk·hoʊm·ˌpeɪ] *n* retribuzione *f* netta

taken *pp of* **take**

takeoff ['teɪk·ɔf] *n* AVIAT decollo *m*

takeout ['teɪk·aʊt] *n* cibo *m* da asporto

takeover ['teɪk·ˌoʊ·və] *n* POL presa *f* di potere; ECON acquisizione *f* di controllo

taking ['teɪ·kɪŋ] I. *n* ① (*capture*) presa *f* ② *pl* (*receipts*) incassi *mpl* II. *adj* attraente

talent ['tæ·lənt] *n* talento *m*

talented *adj* dotato, -a di talento

Taliban ['tæ·li·bæn] *n* taliban *mf*

talk [tɔ:k] I. *n* ① (*conversation*) conversazione *f* ② (*lecture*) conferenza *f* ③ (*things said*) chiacchiere *fpl* ④ *pl* (*formal discussions*) trattative *fpl* II. *vi* ① (*speak*) parlare; **to ~ about sb behind their back** parlar male di qu alle sue spalle ▶ **look who's ~ing** *inf* senti chi parla! III. *vt* ① (*utter*) dire ② (*discuss*) parlare di

◆ **talk over** *vt* **to talk sth over (with sb)** parlare di qc (con qu)

◆ **talk through** *vt* ① (*discuss*) discutere ② (*explain*) spiegare

talkative ['tɔ:·kə·tɪv] *adj* loquace

talker *n* parlatore, -trice *m, f*

talking-to ['tɔ:·kɪŋ·tu:] *n* ramanzina *f*; **to give sb a ~** fare la ramanzina a

talk time *n* TEL (*on cell phone*) minuti *mpl* disponibili

tall [tɔ:l] *adj* alto, -a; **to grow ~(er)** crescere

tame [teɪm] I. *adj* ① (*domesticated*) addomesticato, -a; (*not savage*) mansueto, -a ② (*unexciting*) noioso, -a II. *vt* (*feel-*

ings) dominare; (*animal*) addomesticare

tamper ['tæm·pə] *vi* intromettersi

tampon ['tæm·pɑːn] *n* MED tampone *m*; (*for absorbing menstrual blood*) assorbente *m* interno

tan [tæn] I. <-nn-> *vi* abbronzarsi II. <-nn-> *vt* ① (*make brown*) abbronzare; **to be ~ned** essere abbronzato ② (*leather*) conciare III. *n* abbronzatura *f*; **to get a ~** abbronzarsi IV. *adj* marrone chiaro *inv*

tangle ['tæŋ·gl] I. *n* ① (*in hair*) nodo *m*; (*string*) groviglio *m* ② *fig* (*confusion*) confusione *f* II. *vt* ingarbugliare III. *vi* ingarbugliarsi

tank [tæŋk] *n* ① (*container*) serbatoio *m* ② (*aquarium*) acquario *m* ③ MIL carro *m* armato

tanker ['tæŋ·kə] *n* ① (*truck*) autocisterna *f* ② (*ship*) nave *f* cisterna; **oil ~** petroliera *f* ③ (*aircraft*) aereo *m* cisterna

tanned [tænd] *adj* abbronzato, -a

tantalizing *adj* stuzzicante; (*smile*) seducente

tantrum ['tæn·trəm] *n* capriccio *m*; **to have** [*o* **throw**] **a ~** fare i capricci

tap[1] [tæp] I. *n* ① (*for water*) rubinetto *m*; **beer on ~** birra *f* alla spina; **to turn the ~ on/off** aprire/chiudere il rubinetto ② TEL microspia *f* telefonica II. <-pp-> *vt* ① TEL (*conversation*) intercettare; (*phone*) mettere sotto controllo ② (*make use of*) utilizzare; (*sources*) sfruttare

tap[2] [tæp] I. *n* ① (*light knock*) colpetto *m* ② (*tap dancing*) tip tap *m inv* II. <-pp-> *vt* dare un colpetto a III. <-pp-> *vi* dare un colpetto

tap dance ['tæp·ˌdæns] *n* tip tap *m inv*

tape [teɪp] I. *n* ① (*adhesive strip*) nastro *m* adesivo; MED cerotto *m*; **Scotch ~®** scotch® *m inv* ② (*measure*) metro *m* a nastro ③ SPORTS nastro *m* d'arrivo ④ (*cassette*) cassetta *f*; **to get sth on ~** registrare qc II. *vt* ① (*fasten with tape*) sigillare con nastro adesivo ② (*record*) registrare

tape measure *n* metro *m* a nastro

tape recorder n registratore m

tape recording n registrazione f

tapestry ['tæp·əs·tri] n ① (art form) tappezzeria f ② (object) arazzo m

tar [tɑːr] n catrame m

target ['tɑːr·gɪt] I. n ① (mark aimed at) bersaglio m; to hit the ~ colpire il bersaglio ② ECON obiettivo m; to be on ~ essere in linea con gli obiettivi II. vt mirare a; to ~ sth on sth (missile) puntare qc su qc; (campaign) rivolgere qc a qc

tariff ['te·rɪf] n (customs duty) tariffa f doganale

tarnish ['tɑːr·nɪʃ] I. vi ossidarsi II. vt ossidare; (reputation) macchiare III. n macchia f

tarpaulin [tɑːr·'pɑː·lɪn] n telo m impermeabile

tarragon ['tær·ə·gən] n dragoncello m

tart¹ [tɑːrt] adj ① (sharp) aspro, -a; (acid) acido, -a ② (caustic) caustico, -a

tart² [tɑːrt] n FOOD torta f

tartar(e) sauce n salsa f tartara

task [tæsk] n compito m

taste [teɪst] I. n ① sapore m; sense of ~ senso m del gusto ② (small portion) assaggio m; to have a ~ of sth assaggiare qc ③ (liking) gusto m; to have different ~s avere gusti diversi; to get a ~ for sth prendere gusto a qc ④ (experience) assaggio m II. vt ① (food, drink) assaggiare ② (experience) assaporare; (luxury) provare III. vi sapere di; to ~ bitter/sweet avere un sapore amaro/dolce

tasteful ['teɪst·fəl] adj di buon gusto

tasteless ['teɪs·tləs] adj ① (without flavor) insaporo ② (clothes, remark) di cattivo gusto

tasty ['teɪs·ti] adj saporito, -a

tattoo [tæ·'tuː] I. n ① MIL parata f militare ② (marking on skin) tatuaggio m II. vt tatuare

tatty ['tæ·ti] <-ier, -iest> adj pej malridotto, -a

taught [tɑːt] pt, pp of **teach**

Taurus ['tɔ:·rəs] n Toro m; I'm (a) Taurus sono (del [o un]) Toro

taut [tɑːt] adj teso, -a

tax [tæks] I. <-es> n ① FIN imposta f, tassa f; to collect ~es riscuotere le imposte; to increase ~es aumentare le imposte; free of ~ esentasse ② fig (burden) carico m II. vt ① FIN tassare ② (accuse) accusare ③ fig (need effort) mettere a dura prova

taxable ['tæk·sə·bl] adj imponibile

tax allowance n detrazione f fiscale

taxation [tæk·'seɪ·ʃən] n (taxes) imposte fpl; (system) tassazione f

tax avoidance n elusione f fiscale

tax bracket n scaglione f d'imposta

tax-deductible adj deducibile

tax dodger n, **tax evader** n evasore m fiscale

tax evasion n evasione f fiscale

tax-free adj esente da imposte

taxi ['tæk·si] I. n taxi m inv II. vi andare in taxi; AVIAT rullare

taxi driver n tassista mf

taxpayer ['tæks·ˌpeɪ·ɪə] n contribuente mf

tax rebate n rimborso m fiscale

tax relief n detrazione f fiscale

tax return n dichiarazione f dei redditi

tax revenues n entrate fpl fiscali

tax system n sistema m tributario

tax year n anno m fiscale

tbs., tbsp. abbr of **tablespoonful** cucchiaiata f

tea [tiː] n (plant, drink) tè m inv; a cup of ~ una tazza di tè; strong/weak ~ tè forte/leggero; camomile ~ camomilla f

tea bag n bustina f di tè

tea break n pausa f per il tè

teach [tiːtʃ] <taught, taught> vi, vt insegnare

teacher ['tiː·tʃə·] n insegnante mf

teacher training n formazione f degli insegnanti

teaching I. n ① (profession) insegnamento m ② pl (doctrine) insegnamenti mpl II. adj didattico, -a

teaching staff n corpo m docente

teacup n tazza f da tè

team [tiːm] I. n (group) equipe f inv; (of horses) tiro m; (of dogs) muta f

II. *adj* d'equipe **III.** *vt* mettere insieme; (*match*) combinare

team effort *n* sforzo *m* congiunto

teammate *n* compagno, -a *m, f* di squadra

team spirit *n* spirito *m* di squadra

teapot ['ti:·pɑːt] *n* teiera *f*

tear[1] [tɪr] *n* lacrima *f*; **to burst into ~s** scoppiare a piangere; **to have ~s in one's eyes** avere le lacrime agli occhi

tear[2] [ter] **I.** *n* strappo *m* **II.** <tore, torn> *vt* ❶ (*rip*) strappare; (*ruin*) rompere; **to ~ a hole in sth** fare un buco in qc ❷ (*strain: muscle*) strappare **III.** <tore, torn> *vi* ❶ (*rip*) strapparsi ❷ (*rush wildly*) lanciarsi

◆**tear apart** *vt* distruggere

◆**tear down** *vt* demolire

◆**tear off I.** *vt* (*remove*) strappare **II.** *vi* (*leave quickly*) scappar via

◆**tear out** *vt* strappare; **to tear one's hair out over sth** *fig* strapparsi i capelli per qc

◆**tear up** *vt* strappare; *fig* (*agreement*) annullare

tearful ['tɪr·fəl] *adj* lacrimevole

tear gas *n* gas *minv* lacrimogeno

tease [ti:z] **I.** *vt* ❶ (*make fun of*) prendere in giro; **to ~ sb about sth** prendere in giro qu per qc ❷ (*provoke*) stuzzicare; (*sexually*) provocare (*senza intenzione di soddisfare il desiderio suscitato*) **II.** *n* burlone, -a *m, f*; (*sexually*) provocatore, -trice *m, f*

teaser ['ti:·zɚ] *n* rompicapo *m*

teashop *n* sala *f* da té

teaspoon ['ti:·spu:n] *n* ❶ (*spoon*) cucchiaino *m* ❷ (*amount*) cucchiaino *m*

teaspoonful ['ti:·spu:n·fʊl] *n* cucchiaino *m*

teatime ['ti:·taɪm] *n* ora *f* del tè

tea towel *n* strofinaccio *m*

technical ['tek·nɪ·kəl] *adj* tecnico, -a; **~ term** termine *m* tecnico

technician [tek·'nɪ·ʃən] *n* tecnico, -a *m, f*

technique [tek·'ni:k] *n* tecnica *f*

technological [ˌtek·nə·'lɑː·dʒɪ·kl] *adj* tecnologico, -a

technology [tek·'nɑː·lə·dʒi] *n* tecnologia *f*

◆**tee off I.** *vi* ❶ SPORTS dare il colpo di inizio ❷ *inf* (*start*) iniziare *fig* **II.** *vt inf* **to tee sb off** fare imbestialire qu

teen [tin] *n* adolescente *mf*

teenage(d) ['ti:n·eɪdʒ(d)] *adj* adolescente

teenager ['ti:·neɪ·dʒɚ] *n* adolescente *mf*

teens [ti:nz] *npl* adolescenza *f*

tee shirt ['ti:·ʃɜːrt] *n* maglietta *f*

teeth [ti:θ] *pl of* tooth

teethe [ti:ð] *vi* mettere i denti

teetotal [ˌti:·'toʊ·təl] *adj* astemio, -a

teetotaler [ˌti:·'toʊ·tə·lɚ] *n* astemio, -a *m, f*

telecommunications ['te·lɪ·kə·ˌmjuː·nɪ·'keɪ·ʃ] *npl* telecomunicazioni *fpl*

telecommuting ['te·lɪ·kə·ˌmjuː·tɪŋ] COMPUT telelavoro *m*

telegram ['te·lɪ·græm] *n* telegramma *m*

telepathy [tə·'le·pə·θi] *n* telepatia *f*

telephone ['te·lə·foʊn] **I.** *n* telefono *m*; **mobile ~** (telefono *m*) cellulare *m* **II.** *vt* telefonare a **III.** *vi* telefonare; **to ~ long-distance** fare una chiamata interurbana **IV.** *adj* telefonico, -a; (*booking*) per telefono

telephone book *n* elenco *m* telefonico

telephone booth *n* cabina *f* telefonica

telephone call *n* telefonata *f*; **to make a ~** fare una telefonata

telephone directory *n* elenco *m* telefonico

telephone exchange *n* centralino *m* telefonico

telephone number *n* numero *m* di telefono

telephone operator *n* operatore, -trice *m, f* telefonico, -a

teleprocessing ['te·lɪ·prəʊ·ˌse·sɪŋ] *n* COMPUT elaborazione *f* dati a distanza

telesales ['te·lɪ·seɪls] *n* vendita *f* per telefono

teleshopping ['te·lə·ˌʃɑː·pɪŋ] *n* televendita *f*

televise ['te·lə·vaɪz] *vt* trasmettere per televisione; **to ~ sth live** trasmettere qc in diretta

television ['te·lə·vɪ·ʒən] *n* televisione *f;* (*television set*) televisore *m;* **to watch ~** guardare la televisione; **to turn the ~ on/off** accendere/spegnere il televisore

television announcer *n* annunciatore, -trice *m, f* televisivo

television camera *n* telecamera *f*

television program *n* programma *m* televisivo

television set *n* televisore *m*

television studio *n* studio *m* televisivo

tell [tel] I. <told, told> *vt* ❶ (*say*) dire; **to ~ sb of sth** informare qu di qc ❷ (*narrate*) raccontare ❸ (*command*) ordinare; **to ~ sb to do sth** dire a qu di fare qc ❹ (*make out*) riconoscere ❺ (*distinguish*) distinguere ❻ (*know*) sapere; **there is no ~ing** non si sa ►**you're ~ing me!** *inf* lo dici a me! II. <told, told> *vi* ❼ parlare; **to ~ of sth/sb** parlare di qc/qu ❽ (*know*) sapere; **you never can ~** non si sa mai; **how can I ~?** come faccio a saperlo?
  ◆ **tell apart** *vt* distinguere
  ◆ **tell off** *vt* rimproverare

teller ['te·lə] *n* ❶ (*bank employee*) cassiere, -a *m, f* ❷ (*vote counter*) scrutatore, -trice *m, f*

telling-off [ˌte·lɪŋ·'ɑːf] <tellings-off> *n* ramanzina *f;* **to give sb a ~ for (doing) sth** fare una ramanzina a qu per (aver fatto) qc

temp [temp] I. *vi* fare un lavoro temporaneo II. *n* lavoratore, -trice *m, f* temporaneo, -a

temper ['tem·pə] I. *n* (*temperament*) temperamento *m;* (*mood*) umore *m;* (*tendency to become angry*) caratteraccio *m;* **to keep one's ~** mantenere la calma; **to lose one's ~** perdere le staffe II. *vt* (*mitigate*) mitigare

temperamental [ˌtem·prə·'men·tl̩] *adj* ❶ (*relating to mood*) caratteriale ❷ (*unpredictable*) capriccioso, -a

temperature ['tem·pə·ə·tʃə] *n* temperatura *f;* MED febbre *f;* **to run a ~** avere la febbre

temple[1] ['tem·pl̩] *n* REL tempio *m*

temple[2] ['tem·pl̩] *n* ANAT tempia *f*

tempo ['tem·pou] <-s *o* -pi> *n* ❶ MUS tempo *m* ❷ (*pace*) ritmo *m*

temporarily ['tem·pə·re·rə·li] *adv* temporaneamente

temporary ['tem·pə·re·ri] *adj* (*improvement, relief*) temporaneo, -a; (*staff, accommodation*) provvisorio, -a; (*relief*) temporaneo, -a

tempt [tempt] *vt* ❶ tentare; **to ~ sb into doing sth** invogliare qu a fare qc ❷ (*persuade*) convincere; **to ~ sb into doing sth** incitare qu a fare qc

temptation [temp·'teɪ·ʃən] *n* tentazione *f*

tempting ['temp·tɪŋ] *adj* attraente; (*offer*) allettante

ten [ten] *adj, n* dieci *m;* **~s of thousands** decine *fpl* di migliaia; *s.a.* **eight**

tenacious [tə·'neɪ·ʃəs] *adj* (*belief*) fermo, -a; (*person*) tenace

tenancy ['ten·ən·si] <-ies> *n* ❶ (*status*) condizione *f* di affittuario ❷ (*right*) affitto *m*

tenant ['ten·nənt] *n* (*of land*) affittuario, -a *m, f;* (*of house*) inquilino, -a *m, f*

tend [tend] *vi* **to ~ to do sth** tendere a fare qc

tendency ['ten·dən·si] <-ies> *n* tendenza *f*

tender[1] ['ten·də] *adj* ❶ (*not tough*) tenero, -a ❷ (*easily damaged*) delicato, -a ❸ (*painful*) dolorante; (*part of the body*) sensibile; (*subject*) delicato, -a ❹ (*affectionate*) tenero, -a; **to have a ~ heart** avere il cuore tenero

tender[2] ['ten·də] I. *n* COM offerta *f;* **to put in a ~** fare un'offerta; **to put sth out for ~** dare qc in appalto II. *vt* (*offer*) offrire III. *vi* **to ~ for sth** fare un'offerta per qc

tenderness ['ten·də·nɪs] *n* ❶ (*softness*) tenerezza *f* ❷ (*affection*) tenerezza *f* ❸ (*sensitivity*) sensibilità *f*

tendon ['ten·dən] *n* tendine *m*

tenfold ['ten·fould] I. *adj* decuplo, -a II. *adv* dieci volte

Tennessee *n* Tennessee *m*

tennis ['te·nɪs] *n* tennis *m inv*

T

tennis ball *n* palla *f* da tennis

tennis court *n* campo *m* da tennis

tennis player *n* tennista *mf*

tennis racket *n* racchetta *f* da tennis

tenpin bowling [ˌten·pɪn·ˈboʊ·lɪŋ] *n* bowling *m inv*

tense [tents] I. *adj* (*wire, person*) teso, -a II. *vt* tendere III. *vi* entrare in tensione

tension [ˈten·tʃən] *n* tensione *f*

tent [tent] *n* (*for camping*) tenda *f*; (*in circus*) tendone *m*

tentative [ˈten·tə·tɪv] *adj* **①** (*person*) esitante **②** (*decision*) provvisorio, -a

tenth [tenθ] I. *adj* decimo, -a II. *n* **①** (*order*) decimo, -a *m, f* **②** (*date*) dieci *m* **③** (*fraction*) decimo *m*; (*part*) decima parte *f*; *s.a.* **eighth**

tent peg *n* picchetto *m* (da tenda)

tent pole *n* paletto *m* (da tenda)

tepid [ˈte·pɪd] *adj* tiepido, -a

term [tɜːrm] *n* **①** (*label, word*) termine *m*; ~ **of abuse** insulto *m* **②** *pl* (*conditions*) condizioni *fpl* **③** (*limit*) limite *m*; COM termine *m*; ~ **of delivery** termine di consegna **④** (*period*) periodo *m*; (*duration*) durata *f*; (*of contract*) validità *f*; (*of office*) mandato *m*; **prison** ~ periodo *m* di detenzione; **in the short/long** ~ a breve/lunga scadenza **⑤** UNIV, SCHOOL trimestre *m* **⑥** *pl* rapporti *mpl*

terminal [ˈtɜːr·mɪ·nl] I. *adj* terminale; (*extreme*) estremo, -a; (*boredom*) mortale II. *n* **①** RAIL terminal *m inv* **②** COMPUT terminale *m*

terminate [ˈtɜːr·mɪ·neɪt] *form* I. *vt* (*finish*) porre fine a; (*contract*) rescindere; (*pregnancy*) interrompere II. *vi* terminare

terminus [ˈtɜːr·mɪ·nəs] <-es *o* -i> *n* **①** (*station*) terminal *m inv*; (*bus stop*) capolinea *m inv*

terrace [ˈte·rəs] I. *n* **①** *a.* AGR terrazza *f* **②** SPORTS gradinata *f* **③** (*houses*) case *fpl* a schiera II. *adj* a terrazze

terraced house *n* casa *f* a schiera

terrible [ˈte·rə·bl] *adj* **①** (*shocking*) terribile **②** (*very bad*) pessimo, -a **③** *inf* (*as intensifier*) terribile

terribly [ˈte·rəb·li] *adv* **①** (*very badly*) malissimo **②** (*very*) terribilmente

terrific [təˈrɪ·fɪk] *adj* **①** (*terrifying*) spaventoso, -a **②** (*excellent*) fantastico, -a **③** *as intensifier* (*very great*) enorme

terrified *adj* terrorizzato, -a

terrify [ˈte·rə·faɪ] <-ie-> *vt* terrorizzare

terrifying *adj* terrificante

territory [ˈte·rə·tɔː·ri] <-ies> *n* **①** (*area of land*) territorio *m* **②** (*activity*) terreno *m*

terror [ˈte·rə] *n* terrore *m*

terrorism [ˈte·rə·rɪ·zəm] *n* terrorismo *m*

terrorist [ˈte·rə·rɪst] I. *n* terrorista *mf* II. *adj* terroristico, -a

terrorize [ˈte·rə·raɪz] *vt* terrorizzare

test [test] I. *n* **①** SCHOOL, UNIV esame *m*; **to pass a** ~ superare un esame; **to fail a** ~ essere bocciato a un esame; **driving** ~ esame *m* di guida **②** MED esame *m*; **blood** ~ analisi *fpl* del sangue; **pregnancy** ~ test *m inv* di gravidanza **③** (*trial*) **to put sth to the** ~ mettere qu alla prova II. *vt* **①** (*examine*) esaminare **②** MED analizzare; (*hearing*) fare un esame di **③** (*measure*) provare **④** (*try to prove*) mettere alla prova **⑤** (*try with senses*) provare

test drive *n* giro *m* di prova

testicle [ˈtes·tɪ·kl] *n* testicolo *m*

testify [ˈtes·tɪ·faɪ] <-ie-> I. *vi* **①** (*give evidence*) testimoniare **②** *form* (*prove*) **to** ~ **to sth** dimostrare qc II. *vt* **①** (*bear witness to*) dimostrare **②** (*declare under oath*) testimoniare; **to** ~ **that ...** dichiarare che ...

testimony [ˈtes·tɪ·moʊ·ni] <-ies> *n* testimonianza *f*

test tube *n* provetta *f*

tetanus [ˈte·tə·nəs] *n* tetano *m*; ~ **injection** antitetanica *f*

tetchy [ˈte·tʃi] <-ier, -iest> *adj* irritabile

Texan [ˈtek·sən] I. *n* texano, -a *m, f* II. *adj* texano, -a

Texas [ˈtek·səs] *n* Texas *m*

text [tekst] *n* testo *m*

textbook ['tekst·bʊk] I. *n* libro *m* di testo II. *adj* da manuale

textile ['teks·taɪl] I. *n pl* tessili *mpl* II. *adj* tessile

Thai [taɪ] I. *adj* tailandese II. *n* ① (*person*) tailandese *mf* ② LING tailandese *m*

Thailand ['taɪ·lænd] *n* Tailandia *m*

than [ðən, ðæn] *conj* di; **you are taller ~ she (is)** sei più alto di lei; **more ~ 60** più di 60; **more ~ once** più di una volta

thank [θæŋk] *vt* ringraziare; **to ~ sb (for sth)** ringraziare qu (per qc); **~ you** grazie; **~ you very much!** grazie mille!; **no, ~ you** no, grazie

thankful ['θæŋk·fəl] *adj* ① (*pleased*) contento, -a; **to be ~ that ...** esser lieto che ... +*conj* ② (*grateful*) grato, -a

thankfully *adv* fortunatamente

thankless ['θæŋk·ləs] *adj* ingrato, -a

thanks [θæŋks] *npl* ringraziamenti *mpl*; **~ very much** grazie mille; **~ to** grazie a

Thanksgiving (Day) *n* giorno *m* del ringraziamento

that [ðæt, ðət] I. *adj dem* <those> quel, quello, -a; **~ table** quel tavolo; **~ book** quel libro II. *pron* ① *rel* che; **the woman ~ told me ...** la donna che me l'ha raccontato ...; **all ~ I have** tutto quello che ho ② *dem* quel, quello, -a; **what is ~?** che cos'è?; **who is ~?** chi è?; **like ~** così; **after ~** dopo quello; **~'s it!** è tutto! III. *adv* così; **it was ~ hot** faceva molto caldo IV. *conj* ① che; **I told you ~ I couldn't come** te l'avevo detto che non potevo venire ② (*in order that*) affinché +*conj*

thaw [θɑː] I. *n* ① (*weather*) disgelo *m* ② (*in relations*) distensione *f* II. *vi* ① (*weather*) sgelare; (*food*) scongelarsi ③ (*relations*) distendersi III. *vt* sciogliere

the [ðə, *stressed, before vowel* ðiː] I. *def art* il, lo, l' *m*, la, l' *f*, i, gli *mpl*, le, *fpl*; **from ~ garden** dal giardino; **at ~ hotel** in albergo; **at ~ door** alla porta; **to ~ garden** in giardino II. *adv* (*in comparison*) **~ more one tries, ~ less one succeeds** quanto più ci si prova, tanto meno ci si riesce; **~ sooner ~ better** prima è, meglio è

theater ['θiː·ə·t̬ər] *n* ① THEAT (*place, art*) teatro *m* ② CINE cinema *m inv* ③ UNIV auditorium *m inv*

theft [θeft] *n* furto *m;* **petty ~** piccoli furti

their [ðer] *adj pos* il loro *m*, la loro *f*, i loro *mpl*, le loro *fpl*; **~ house** la loro casa; **~ children** i loro figli

theirs [ðerz] *pron pos* il loro *m*, la loro *f*, i loro *mpl*, le loro *fpl*; **this house is ~** questa casa è loro; **they aren't our bags, they are ~** non sono le nostre borse, sono le loro; **a book of ~** uno dei loro libri

them [ðem, ðəm] *pron pers pl* ① (*they*) loro; **older than ~** più vecchio di loro; **if I were ~** se fossi in loro ② *direct object* li, le; *indirect object* loro, gli; *fam;* **look at ~** guardali; **I saw ~** li ho visti; **he gave ~ the pencil** ha dato loro la matita; *fam* gli ha dato la matita ③ *after prep* loro; **it's for/from ~** è per/da parte loro

theme [θiːm] *n a.* MUS tema *m*

theme music *n* tema *m* musicale

theme park *n* parco *m* tematico

themselves [ðəm·'selvz] *pron* ① *subject* essi stessi, esse stesse ② *object, reflexive* si; **the children behaved ~** i bambini si sono comportati bene ③ *after prep* se stessi, se stesse; **by ~** da soli

then [ðen] I. *adj form* d'allora; **the ~ chairman** l'allora presidente II. *adv* ① (*at aforementioned time*) allora; **before ~** prima di allora; **from ~ on(ward)** da allora in poi; **since ~** da allora; **until ~** fino ad allora; **(every) now and ~** ogni tanto ② (*after that*) poi; **what ~?** e poi? ③ (*additionally*) inoltre; **but ~** (*again*) ma d'altronde ④ (*as a result*) dunque ⑤ (*that being the case*) allora ⑥ (*agreement*) **all right ~** allora va bene

theoretical [ˌθiː·ə·'re·t̬ɪ·kəl] *adj* teorico, -a

theory ['θiː·ə·ri] <-ies> *n* teoria *f;* **in ~** in teoria

therapist ['θe·rə·pɪst] n terapeuta mf

therapy ['θe·rə·pi] <-ies> n terapia f

there [ðer] I. adv lì [o là]; here and ~ qua e là; ~ is/are c'è/ci sono; ~ will be ci sarà/saranno; ~ you are! eccoti qua!; ~'s the train ecco il treno; ~ is no one non c'è nessuno II. interj ecco!; ~, take this prendi questo; ~, that's enough! insomma, basta adesso!

thereabouts ['ðe·rə·bauts] adv (approximately) all'incirca; (near) nei dintorni

therefore ['ðer·fɔ:r] adv perciò

thermometer [θər·'ma:·mə·tər] n termometro m

thermos® ['θɜr·məs] n (bottle) thermos® m inv

thermostat ['θɜ:r·məs·tæt] n termostato m

these [ði:z] pl of this

they [ðeɪ] pron pers ① (3rd person pl) loro; ~ are my parents/sisters (loro) sono i miei genitori/le mie sorelle ② (people in general) ~ say that ... dicono che ...

they'll [ðeɪl] = they will s. will

they're [ðer] = they are s. be

they've [ðeɪv] = they have s. have

thick [θɪk] I. adj ① (not thin: wall) spesso, -a; (coat) pesante ② (dense: hair) folto, -a; (forest) fitto, -a; (liquid) denso, -a ③ (extreme: darkness) fitto, -a; (accent) marcato, -a ④ (stupid) tonto, -a; to be as ~ as two short planks inf essere duro di comprendonio II. n inf to be in the ~ of sth esser nel pieno di qc

thicken ['θɪ·kən] I. vt ispessire II. vi ispessirsi

thickness ['θɪk·nɪs] n ① (size) spessore m ② (of hair) foltezza f; (of sauce) consistenza f

thick-skinned ['θɪk·skɪnd] adj insensibile

thief [θi:f, s 'θi:vz] <thieves> n ladro, -a m, f

thigh [θaɪ] n coscia f

thimble ['θɪm·bl] n ditale m

thin [θɪn] <-nn-> adj ① (not thick: clothes) leggero, -a; (person) delicato,

-a; (very slim) magro, -a ② (soup) liquido, -a ③ (sparse: hair) rado, -a ④ (voice) sottile

thing [θɪŋ] n ① (object, action) cosa f; the good/best/main ~ la cosa buona/migliore/principale; one ~ after another una cosa dopo l'altra ② (matter) another ~ un'altra cosa; and another ~, ... e inoltre, ... ③ (social behavior) it's the done ~ è la cosa da farsi ④ (fashion) the latest ~ in shoes l'ultima moda in fatto di scarpe ⑤ pl (possessions) cose fpl; all his ~s tutta la sua roba ⑥ pl (the situation) as ~s stand così come stanno le cose ⑦ inf (term of affection) the poor ~! povero!; (children, animals) poverino! ▶ it's just one of those ~s son cose che capitano; to have a ~ about sth inf avere un debole per qc

think [θɪŋk] <thought, thought> I. n to have a ~ about sth pensarci su II. vt ① (believe) pensare, credere ② (consider) considerare; to ~ sb (to be) sth considerare qu (come) qc III. vi ① pensare; to ~ aloud pensare ad alta voce; to ~ to oneself pensare tra sé e sé; to ~ of doing sth pensare di fare qc; to ~ about/of sb/sth pensare a qu/qc
  ◆ **think ahead** vi pensare con anticipo
  ◆ **think back** vi to ~ to sth ripensare a qc
  ◆ **think of** vt pensare di
  ◆ **think out** vt ① (consider) considerare bene ② (plan) escogitare
  ◆ **think over** vt riflettere su
  ◆ **think through** vt riflettere attentamente su
  ◆ **think up** vt inventare

thinker n pensatore, -trice m, f

thinking I. n ① (thought process) pensiero m ② (reasoning) riflessione f ③ (opinion) opinione f II. adj intelligente

third [θɜ:rd] I. adj terzo, -a II. n ① (order) terzo, -a m, f ② (date) tre m ③ (fraction) terzo m ④ MUS, AUTO terza f; s.a. **eighth**

Third World n the ~ il Terzo Mondo

thirst [θɜːrst] *n* sete *f;* **to die of** ~ morire di sete

thirsty ['θɜːrsti] <-ier, -iest> *adj* assetato, -a; **to be** ~ aver sete

thirteen [θɜːr'tiːn] *adj, n* tredici *m; s.a.* **eight**

thirteenth [θɜːr'tiːnθ] I. *adj* tredicesimo, -a II. *n* ④ (*order*) tredicesimo, -a *m, f* ④ (*date*) tredici *m* ④ (*fraction*) tredicesimo *m;* (*part*) tredicesima parte *f; s.a.* **eighth**

thirtieth ['θɜːrtiəθ] I. *adj* trentesimo, -a II. *n* ④ (*order*) trentesimo, -a *m, f* ④ (*date*) trenta *m* ④ (*fraction*) trentesimo *m;* (*part*) trentesima parte *f; s.a.* **eighth**

thirty ['θɜːrti] <-ies> *adj, n* trenta *m; s.a.* **eighty**

this [ðɪs] I. <these> *adj det* questo, -a; ~ **car** quest'automobile; ~ **house** questa casa; ~ **one** questo; ~ **day** oggi; ~ **morning/evening** stamattina/stasera; ~ **time** questa volta; ~ **time last month** esattamente un mese fa; **these days** di questi tempi II. <these> *pron dem* questo *m,* questa *f;* **what is** ~? che cos'è?; **who is** ~? chi è?; ~ **and that** questo e quello; ~ **is Anna** (*speaking*) (*on the phone*) sono Anna III. *adv* così; ~ **much** tanto così; ~ **big** così grande

thong [θɑŋ] *n* ④ (*strip of leather*) correggia *f* ④ (*G-string*) perizoma *m* ④ ~**s** (*sandals*) infradito *m inv*

thorough ['θɜːroʊ] *adj* ④ (*complete*) assoluto, -a ④ (*detailed*) esauriente ④ (*careful*) minuzioso, -a

thoroughfare ['θɜːroʊfer] *n form* via *f* principale

thoroughly *adv* ④ (*in detail*) a fondo ④ (*completely*) completamente

those [ðoʊz] *pl of* **that**

though [ðoʊ] I. *conj* nonostante +*conj;* **as** ~ come se +*conj;* **even** ~ anche se II. *adv* comunque; **he did do it,** ~ comunque, lui l'ha fatto

thought [θɑːt] *n* ④ (*process*) pensiero *m;* **on second** ~ ripensandoci

bene ④ (*opinion*) idea *f;* **that's a** ~ è una buona idea

thoughtful ['θɑːtfəl] *adj* ④ (*pensive*) pensieroso, -a ④ (*careful*) ponderato, -a ④ (*considerate*) premuroso, -a

thoughtless ['θɔːtləs] *adj* ④ (*not thinking enough*) irriflessivo, -a; (*tactless*) poco delicato, -a; (*careless*) avventato, -a

thought-out [ˌθɑːtˈaʊt] *adj* pianificato, -a

thought-provoking *adj* che fa pensare

thousand ['θaʊznd] *adj, n* mille *m*

thousandth ['θaʊznθ] I. *n* millesimo *m* II. *adj* ④ (*being one of a thousand*) millesimo, -a ④ (*in a series*) **the** ~ il numero mille

thrash [θræʃ] *vt* ④ (*beat*) picchiare ④ *inf* (*defeat*) battere ◆**thrash out** *vt inf* (*problem*) risolvere; (*agreement*) arrivare a

thrashing *n* botte *fpl*

threat [θret] *n* minaccia *f*

threaten ['θretən] I. *vt* minacciare; **to** ~ **to do sth** minacciare di fare qc II. *vi* fare minacce

threatening *adj* minaccioso, -a

three [θriː] *adj, n* tre *m; s.a.* **eight**

three-D, 3D *adj inf abbr of* **three-dimensional** tridimensionale

three-dimensional *adj* tridimensionale

threefold ['θriːfoʊld] I. *adj* triplice II. *adv* tre volte tanto

three-piece [ˌθriːˈpiːs] *adj* in tre pezzi

threshold ['θreʃhoʊld] *n a. fig* soglia *f;* **tax** ~ minimo *m* imponibile

threw [θruː] *pt of* **throw**

thrill [θrɪl] I. *n* brivido *m* II. *vt* entusiasmare III. *vi* entusiasmarsi

thrilling ['θrɪlɪŋ] *adj* entusiasmante

thriving *adj* prospero, -a

throat [θroʊt] *n* ANAT gola *f;* **sore** ~ mal *m* di gola ◆ **to stick in sb's** ~ (*proposal*) non andare giù a qu

throttle ['θrɑːtl] I. *n* acceleratore *m;* **at full** ~ a manetta *inf* II. <-ll-> *vt* strangolare

through [θruː] I. *prep* ④ (*spatial*) attraverso, per; **to go right** ~ **sth** attraver-

T

sare qc; **to walk ~ a room** attraversare una stanza ② (*temporal*) durante; **all ~ my life** per tutta la mia vita ③ (*until*) da; **open Monday ~ Friday** aperto da lunedì a venerdì ④ (*by means of*) per mezzo di II. *adv* ① (*of place*) da parte a parte ② (*of time*) **all day ~** per tutto il giorno; **halfway ~** a metà ③ TEL **to put sb ~ to sb** passare qu a qu ④ (*completely*) completamente; **to think sth ~** riflettere bene su qc ▸ **~ and ~** da capo a piedi III. *adj* ① (*finished*) finito, -a ② (*direct*) diretto, -a

throughout [θruː·ˈaʊt] I. *prep* ① (*spatial*) in tutto, -a; **~ the town** per tutta la città ② (*temporal*) durante tutto, -a; **~ his stay** per tutta la sua permanenza II. *adv* ① (*spatial*) dappertutto ② (*temporal*) tutto il tempo

through train *n* treno *m* diretto

throughway [ˈθruː·weɪ] *n* autostrada *f* a pagamento

throw [θroʊ] I. *n* ① (*act of throwing*) lancio *m* ② SPORTS lancio *m*, tiro *m* ③ *inf* (*chance*) chance *f inv* II. <threw, thrown> *vi* ① (*propel*) tirare; (*ball*) lanciare ② (*cause to fall: rider*) disarcionare ③ (*dedicate*) **to ~ oneself into sth** buttarsi in qc ④ (*direct: glance*) lanciare; (*kiss*) mandare ⑤ *inf* (*confuse*) sconcertare ⑥ TECH tornire ⑦ (*have*) **to ~ a tantrum** fare una scenata ⑧ (*give*) **to ~ a party** dare una festa

◆ **throw away** *vt* ① (*discard*) buttare ② (*waste*) buttar via

◆ **throw back** *vt* ① (*return*) rilanciare ② (*open: curtains*) tirare; (*blanket*) buttare indietro ③ (*remind unkindly*) rinfacciare

◆ **throw down** *vt* ① (*throw from above*) buttare giù ② (*deposit forcefully*) deporre; (*weapons*) gettare

◆ **throw in** I. *vt* ① (*put into*) buttar dentro ② (*include*) aggiungere; (*comment*) buttare lì II. *vi* (*propel*) lanciare

◆ **throw off** *vt* ① (*remove*) togliere ② (*escape from*) depistare ③ (*write quickly*) improvvisare

◆ **throw out** *vt* ① (*eject: person*) buttar fuori; (*thing*) buttar via; (*case*) respingere; (*suggestion*) rifiutare ② (*emit: heat, light*) emettere

◆ **throw together** *vt inf* (*make quickly*) mettere insieme

◆ **throw up** I. *vt* ① (*project upwards*) lanciare in aria ② (*bring to light*) rivelare ③ (*build quickly*) tirar su alla svelta ④ *inf* (*give up*) mollare ⑤ *inf* (*vomit*) vomitare II. *vi inf* vomitare

throwaway [ˈθroʊ·ə·weɪ] *adj* usa e getta *inv*; **~ razor** rasoio *m* usa e getta

throw-in [ˈθroʊ·ɪn] *n* ① (*in soccer*) rimessa *m* in gioco; (*in baseball*) lancio *m*

throwing *n* lancio *m*

thrown *pp* of **throw**

thru [θruː] *prep, adj s.* **through**

thrush[1] [θrʌʃ] *n* tordo *m*

thrush[2] [θrʌʃ] *n* MED mughetto *m*

thrust [θrʌst] I. <-, -> *vi* ① (*shove*) spingere ② (*force one's way*) farsi largo II. <-, -> *vt* (*push*) spingere; (*insert*) ficcare; **to ~ one's hands into one's pockets** ficcarsi le mani in tasca III. *n* ① (*shove*) spinta *f* ② *a.* TECH spinta *f*

thrusting [ˈθrʌs·tɪŋ] *adj* arrivista

thruway [ˈθruː·weɪ] *n* autostrada *f*

thud [θʌd] *n* tonfo *m*

thug [θʌg] *n* teppista *mf*

thumb [θʌm] I. *n* pollice *m* ▸ **to be all fingers and ~s, to be all ~s** essere impacciato II. *vt* ① (*hitchhike*) **to ~ a lift** fare l'autostop ② (*glance through: book*) sfogliare

thump [θʌmp] I. *vt* colpire II. *vi* ① (*heart*) battere forte ② (*beat*) **to ~ on sth** battere su qc III. *n* ① (*blow*) colpo *m*; **to give sb a ~** dare un pugno a qu ② (*noise*) tonfo *m*

thunder [ˈθʌn·də] I. *n* ① METEO tuono *m*; **a clap of ~** un tuono ② (*sound*) rombo *m* II. *vi* tuonare; (*shout*) urlare III. *vt* tuonare

thunderclap *n* tuono *m*

thundering [ˈθʌn·də·rɪŋ] I. *n* rombo *m* II. *adj inf* (*very noisy*) assordante; *fig* (*very great*) tremendo

thunderous [ˈθʌn·də·rəs] *adj* fragoroso, -a

thunderstorm [ˈθʌn·dəˈstɔːrm] *n* temporale *m*

Thursday [ˈθɜːrzˌdeɪ] *n* giovedì *m inv*; **Maundy ~** giovedì santo; *s.a.* **Friday**

thyme [taɪm] *n* timo *m*

tick [tɪk] **I.** *n* ❶ (*sound*) tic-tac *m inv* ❷ (*mark*) segno *m* di spunta **II.** *vi* fare tic-tac; **I don't know what makes her ~** non capisco il suo modo di ragionare **III.** *vt* spuntare

◆**tick off** *vt* ❶ (*mark off*) spuntare ❷ *inf* (*exasperate*) esasperare

◆**tick over** *vi* ❶ TECH andare al minimo ❷ *fig* tirare avanti

ticket [ˈtɪ·kɪt] *n* ❶ biglietto *m*; (*for library*) tessera *f*; **return ~** biglietto *m* di andata e ritorno ❷ (*price*) etichetta *f* ❸ AUTO multa *f* ❹ POL rosa *f* di candidati

ticket agency *n* agenzia *f* per la vendita di biglietti

ticket collector *n* bigliettaio, -a *m, f*

ticket counter *n* sportello *m* di vendita di biglietti

ticket holder *n* persona *f* munita di biglietto

ticket machine *n* biglietteria *f* automatica

ticket office *n* biglietteria *f*

tickle [ˈtɪ·kl] **I.** *vi* fare il solletico; (*clothes*) pizzicare **II.** *vt* ❶ fare il solletico a ❷ (*amuse*) divertire **III.** *n* solletico *m*; (*tingling*) pizzicore *m*

ticklish [ˈtɪk·lɪʃ] *adj* che soffre il solletico

tidal [ˈtaɪ·dəl] *adj* della marea

tidal wave *n* tsunami *m inv*

tide [taɪd] *n* ❶ (*of sea*) marea *f*; **high/low ~** alta/bassa marea ❷ (*of opinion*) corrente *f*

tidy [ˈtaɪ·di] **I.** *adj* <-ier, -iest> ❶ (*orderly*) ordinato, -a ❷ *inf* (*considerable*) considerevole **II.** *vt* mettere in ordine

tie [taɪ] **I.** *n* ❶ (*necktie*) cravatta *f* ❷ (*cord*) laccio *m* ❸ *pl* (*bond*) legame *m*; (*diplomatic*) relazioni *fpl* ❹ (*equal ranking*) pareggio *m* **II.** *vi* (*fasten*) legare ❷ SPORTS pareggiare **III.** *vt* ❶ (*fasten*) legare; (*knot*) fare ❷ (*re-*

strict) limitare; **to be ~d by/to sth** essere costretto da/a qc

◆**tie in I.** *vt* collegare **II.** *vi* coincidere

◆**tie up** *vt* ❶ (*bind*) legare; (*hair*) raccogliere ❷ (*delay*) bloccare ❸ (*be busy*) **to be tied up** essere occupato ❹ FIN, ECON (*capital*) immobilizzare

tier [tɪr] *n* (*row*) fila *f*; (*level*) gradinata *f*; (*in a hierarchy*) livello *m*

tiger [ˈtaɪ·gə·] *n* tigre *f*

tight [taɪt] **I.** *adj* ❶ (*screw, knot*) stretto, -a; (*clothing*) aderente ❷ (*rope*) teso, -a; (*skin*) tirato, -a ❸ (*condition, discipline*) rigoroso, -a; (*budget*) limitato, -a; (*situation*) difficile; (*schedule*) rigido, -a; **to be ~ for money/time** essere a corto di soldi/tempo ❹ (*bend*) stretto, -a ❺ *inf* (*drunk*) sbronzo, -a **II.** *adv* forte; **sleep ~!** dormi bene!

tighten [ˈtaɪ·tən] **I.** *vt* ❶ (*make tight*) stringere; (*rope*) tendere ❷ (*restrictions*) intensificare **II.** *vi* stringersi; (*restrictions*) intensificarsi

tightfisted [ˌtaɪtˈfɪs·tɪd] *adj inf* tirchio, -a

tightlipped [ˌtaɪtˈlɪpt] *adj* riservato, -a

tightrope [ˈtaɪt·troʊp] *n* fune *f*

tights [taɪts] *npl* ❶ (*leggings*) collant *m inv* ❷ (*for dancing*) calzamaglia *f*

tigress [ˈtaɪ·grɪs] *n* tigre *f* (femmina)

tile [taɪl] **I.** *n* (*for roof*) tegola *f*; (*for walls, floors*) piastrella *f* **II.** *vt* (*roof*) rivestire di tegole; (*wall, floor*) piastrellare

till[1] [tɪl] **I.** *prep* fino a **II.** *conj* finché

till[2] [tɪl] *n* cassa *f*

tilt [tɪlt] **I.** *n* inclinazione *f* ▸ (**at**) **full ~** a tutta velocità **II.** *vt* inclinare **III.** *vi* inclinarsi; **to ~ over** rovesciarsi

timber [ˈtɪm·bə·] *n* ❶ (*wood*) legname *m* ❷ (*beam*) trave *f* ❸ (*trees*) alberi *mpl* da legname

time [taɪm] **I.** *n* ❶ tempo *m*; **to make ~** trovare il tempo; **to spend ~** passare il tempo; **in/over ~** col tempo ❷ (*period*) tempo *m*; **extra ~** SPORTS tempo supplementare; **free ~** tempo libero; **all the ~** continuamente; **a long ~ ago** molto tempo fa; **some ~ ago** un po' di

T

tempo fa; **for the ~ being** per il momento; **to have a good ~** divertirsi; **to save ~** guadagnare tempo; **to waste ~** perdere tempo; **most of the ~** la maggior parte del tempo; **in one week's ~** in una settimana ⑧ (*clock*) ora *f;* **arrival/departure ~** ora di arrivo/partenza; **bus/train ~s** orario *m* degli autobus/dei treni; **to have the ~** sapere [*o* avere] l'ora ④ (*moment*) momento *m;* **the best ~ of day** il momento migliore della giornata; **this ~ tomorrow** domani a quest'ora; **at all ~s** sempre; **each ~** ogni volta; ⑤ (*specific point in time*) ora *f;* **at any ~** a qualsiasi ora; **the last/next ~** l'ultima/la prossima volta; **at the present ~** attualmente ⑥ (*occasion*) volta *f;* **lots of ~s** molte volte; **from ~ to ~** di quando in quando ⑦ (*right moment*) ora *f;* **breakfast ~** ora di colazione ⑧ (*epoch*) epoca *f* ⑨ SPORTS tempo *m;* ~ tempo da record ⑩ MUS tempo ⑪ ECON ore *fpl* di lavoro; **to work full/part ~** lavorare a tempo pieno/parziale **▶in less than no ~** in men che non si dica; **to do ~** *inf* essere in prigione II. *vt* ① SPORTS cronometrare ② (*choose best moment for*) scegliere il momento adatto per III. *adj* SPORTS **~ trial** prova *f* a cronometro

time bomb *n* bomba *f* ad orologeria
time difference *n* differenza *f* oraria
timekeeper *n* ① (*device*) cronometro *m* ② (*person*) cronometrista *mf*
time lag *n* lasso *m* di tempo
time limit *n* limite *m* di tempo
timely ['taɪm·li] *adj* <-ier, -iest> opportuno, -a
time-out [ˌtaɪm·'aʊt] *n* ① SPORTS time out *m inv* ② (*rest*) pausa *f*
timer ['taɪ·mə·] *n* timer *m inv;* FOOD contaminuti *m inv*
time-share *n* multiproprietà *f*
time sheet *n* cartellino *m* (di presenza)
timetable I. *n* (*for bus, train*) orario *m;* (*for project, events*) programma *m* II. *vt* programmare
time zone *n* fuso *m* orario

timid ['tɪ·mɪd] *adj* <-er, -est> timido, -a
timing ['taɪ·mɪŋ] *n* ① cronometraggio *m;* **that was perfect ~** ha scelto il momento opportuno ② (*rhythm*) tempismo *m*
tin [tɪn] I. *n* ① (*metal*) stagno *m;* (*tinplate*) latta *f* ② (*container*) barattolo *m* ③ (*for baking*) teglia *f* II. *vt* inscatolare
tin can *n* lattina *f*
tinfoil *n* stagnola *f*
tingle ['tɪŋ·gl] I. *vi* formicolare II. *n* formicolio *m*
tinsel ['tɪn·sl] *n* decorazioni *f* natalizie *pl*
tint [tɪnt] I. *n* (*color*) sfumatura *f;* (*for hair*) tinta *f* II. *vt* tingere
tiny ['taɪ·ni] *adj* <-ier, -iest> minuscolo, -a
tip¹ [tɪp] I. <-pp-> *vt* rovesciare II. *n* punta *f;* **it's on the ~ of my tongue** ce l'ho sulla punta della lingua
tip² [tɪp] I. <-pp-> *vt* (*incline*) inclinare II. *vi* inclinarsi
tip³ [tɪp] I. *n* ① (*for service*) mancia *f;* **10 per cent ~** una mancia del 10 per cento ② (*hint*) suggerimento *m;* **to give sb a ~** dare una dritta a qu II. <-pp-> *vt* (*give money*) dare una mancia a III. <-pp-> *vi* lasciare la mancia
♦ **tip off** *vt* informare
tip-off ['tɪp·ɑːf] *n inf* soffiata *f*
tipsy ['tɪp·si] *adj* <-ier, -iest> alticcio, -a
tiptoe ['tɪp·toʊ] I. *n* **on ~(s)** in punta di piedi II. *vi* camminare in punta di piedi
tire¹ ['taɪ·ɚ] *n* pneumatico *m;* **spare ~** ruota *f* di scorta
tire² ['taɪ·ɚ] I. *vt* stancare II. *vi* stancarsi
tired ['taɪ·ɚd] *adj* <-er, -est> (*person*) stanco, -a
tiredness *n* stanchezza *f*
tireless ['taɪ·ɚ·ləs] *adj* instancabile
tiresome ['taɪ·ɚ·səm] *adj* fastidioso, -a; (*person*) noioso, -a
tiring ['taɪ·rɪŋ] *adj* stancante
tissue ['tɪ·ʃuː] *n* ① (*paper*) carta *f* velina ② (*handkerchief*) fazzoletto *m* di carta ③ ANAT, BIO tessuto *m*
title ['taɪ·tl] I. *n* ① (*name*) titolo *m*

(championship) titolo *m* @ LAW diritto *m* II. *vt* intitolare

titleholder *n* detentore, -trice *m, f* del titolo

title page *n* frontespizio *m*

title role *n* ruolo *m* principale

title track *n* brano *m* che dà nome all'album

titter ['tɪ.tə] I. *vi* ridacchiare nervosamente II. *n* risatina *f* nervosa

TN *abbr* of **Tennessee** Tennessee *m*

to [tu:] I. *prep* @ *(in direction of)* a; **to go ~ Mexico/Brasil** andare in Messico/Brasile; **to go ~ Los Angeles/New York** andare a Los Angeles/New York; **to go ~ town** andare in città; **to go ~ the dentist('s)** andare dal dentista; **to go ~ the cinema** andare al cinema; **to go ~ bed** andare a letto; **~ the left/right** a sinistra/destra @ *(before)* **a quarter ~ five** le cinque meno un quarto @ *(until)* fino a; **to count up ~ 10** contare fino a 10; **~ some extent** fino ad un certo punto @ *with indirect object* **to talk ~ sb** parlare con qu; **to show sth ~ sb** mostrare qc a qu @ *(towards)* con; **to be kind/rude ~ sb** essere gentile/sgarbato con qu @ *(against)* contro; **close ~ sth** vicino a qc; **5 added ~ 10 equals 15** 5 più 10 fa 15 @ *(in comparison)* a; **3 (goals) ~ 1** 3 (gol) a 1; **superior ~ sth/sb** superiore a qc/qu @ *(from opinion of)* **to sound strange ~ sb** suonar strano a qu; **~ all appearances** all'apparenza @ *(proportion)* **by a majority of 5 ~ 1** con una maggioranza di 5 a 1; **the odds are 3 ~ 1** le probabilità sono 3 a 1 @ *(by)* da; **known ~ sb** conosciuto da qu @ *(of)* di; **the secretary ~ the boss** la segretaria del capo @ *(for purpose of)* per II. *infinitive particle* @ *(infinitive: not translated)* **~ do/walk/put** fare/camminare/mettere @ *(in command)* **I told him ~ eat** gli ho detto di mangiare @ *(after interrogative words)* **I know what ~ do** so cosa fare; **she didn't know how ~ say it** non sapeva come dirlo @ *(wishes)* **he wants ~ listen**

vuole ascoltare @ *(purpose)* **he comes ~ see me** viene a trovarmi; **to phone ~ ask sth** telefonare per chiedere qc @ *(attitude)* **she seems ~ enjoy** sembra che si diverta @ *(future intention)* **the work ~ be done** il lavoro da fare; **sth ~ buy** qc da comprare @ *(in consecutive acts)* per; **I came back ~ find she had left** quando son tornato ho scoperto che lei se n'era andata @ *(introducing a complement)* **he wants me ~ tell him a story** vuole che gli racconti una storia; **to be too tired ~ do sth** esser troppo stanco per fare qc @ *(in general statements)* **it is easy ~ do it** è facile farlo @ *(in ellipsis)* **he doesn't want ~ eat, but I want ~** lui non vuole mangiare, ma io sì III. *adv* **to push the door ~** chiudere la porta

toad [toʊd] *n* rospo *m*

toadstool ['toʊd·stu:l] *n* fungo *m* velenoso

toast [toʊst] I. *n* @ *(bread)* pane *m* tostato @ *(drink)* brindisi *m inv* II. *vt* @ *(cook)* tostare @ *(drink)* brindare a III. *vi* tostarsi

toaster *n* tostapane *m*

tobacco [tə·ˈbæ·koʊ] *n* tabacco *m*

tobacconist [tə·ˈbæ·kə·nɪst] *n* tabaccaio, -a *m, f*

toboggan [tə·ˈbɑː·gən] I. *n* toboga *m inv* II. *vi* andare in toboga

toboggan run *n*, **toboggan slide** *n* pista *f* di toboga

today [tə·ˈdeɪ] I. *adv* @ *(this day)* oggi @ *(nowadays)* al giorno d'oggi II. *n* @ *(this day)* oggi *m* @ *(nowadays)* oggi *m*

toe [toʊ] *n* @ ANAT dito *m* del piede; **on one's ~s** sulle punte @ *(of sock, shoe)* punta *f*

toenail *n* unghia *f* del piede

toffee ['tɑː·fi] *n* caramella *f* mou

together [tə·ˈge·də] I. *adv* @ *(jointly)* insieme; **all ~** tutti insieme; **~ with sb/sth** insieme a qu/qc; **to live ~** vivere insieme; **to get ~** riunirsi @ *(at the same time)* insieme, allo stesso tempo II. *adj inf* equilibrato, -a

T

toilet ['tɔɪ·lɪt] n ① (room) gabinetto m ② (appliance) gabinetto m

toilet paper n carta f igienica

toiletries ['tɔɪ·lɪ·triz] npl articoli mpl da toilette

toilet roll n rotolo m di carta igienica

token ['tou·kən] I. n ① (sign) segno m ② (for machines) gettone m II. adj (symbolic) simbolico, -a

told [tould] pt, pp of **tell**

tolerance ['tɑː·lə·əns] n ① tolleranza f

tolerant ['tɑː·lə·ənt] adj tollerante

tolerate ['tɑː·lə·reɪt] vt ① (accept) a. MED sopportare ② (endure) tollerare

toll [toul] n ① AUTO pedaggio m; **truck ~** pedaggio m per autocarri ② TEL tariffa f ③ (damage) numero m delle vittime

toll call n interurbana f

toll-free adv gratis

toll road n strada f a pedaggio

tomato [tə·'meɪ·t̬ou] <-es> n pomodoro m

tomato ketchup n ketchup m inv

tomb [tuːm] n tomba f

tomboy ['tɑːm·bɔɪ] n maschiaccio m

tombstone ['tuːm·stoun] n pietra f tombale

tomcat ['tɑːm·kæt] n gatto m (maschio)

tomorrow [tə·'mɑː·rou] I. adv domani; **the day after ~** dopodomani; **a week from ~** una settimana a partire da domani; **~ morning/evening** domani mattina/sera; **see you ~!** a domani! II. n domani m

ton [tʌn] n ① tonnellata f; **~s of** inf un sacco di

tone [toun] I. n ① (sound) tono m; (of instrument) tonalità f; (of voice) timbro m ② (style) tono m ③ (of color) tonalità f ④ (condition) tono m II. vt (muscles, skin) tonificare
♦ **tone down** vt moderare

toner ['tou·nɚ] n ① (for skin) tonico m ② (for printer) toner m

tongue [tʌŋ] n ① ANAT lingua f; **to hold one's ~** tenere a freno la lingua ② (language) lingua f

tongue-tied ['tʌŋ·taɪd] adj fig **to be ~** ammutolire

tongue twister n scioglilingua m inv

tonic[1] ['tɑː·nɪk] n (stimulant) tonico m

tonic[2] ['tɑː·nɪk] n, **tonic water** n acqua f tonica

tonight [tə·'naɪt] adv (evening) stasera; (night) stanotte

tonsillitis [ˌtɑːn·sə·'laɪ·t̬ɪs] n tonsillite f

too [tuː] adv ① (overly) troppo; **that's ~ much!** questo è troppo! ② (very) molto ③ (also) anche; **me ~!** inf anch'io! ④ (moreover) troppo ⑤ inf (for emphasis) pure

took [tʊk] pt of **take**

tool [tuːl] n ① (implement) attrezzo m ② (instrument) strumento m

toolbar n COMPUT barra f degli strumenti

toolbox n, **tool chest** n cassetta f porta attrezzi

tooth [tuːθ] <teeth> n ANAT (of person, animal) dente m; **he's cutting a ~** sta mettendo un dente ▸ **to have a sweet ~** esser goloso; **to grit one's teeth** stringere i denti

toothache ['tuːθ·eɪk] n mal m di denti

toothbrush ['tuːθ·brʌʃ] n spazzolino m da denti

toothpaste ['tuːθ·peɪst] n dentifricio m

toothpick n stuzzicadenti m inv

top [tɑːp] I. n ① (highest part) cima f; **to get on ~ of sth** a. fig avere qc sotto controllo; **from ~ to bottom** da cima a fondo ② (surface) superficie f; **on ~ of** sopra a ③ (highest rank) apice m; **to be at the ~** essere al vertice ④ (clothing) top m inv ⑤ (lid: of bottle) tappo m II. adj ① (highest) più alto, -a; (floor) ultimo, -a; (layer) superiore ② (best) di prim'ordine ③ (most successful) migliore ④ (most important) principale ⑤ (maximum) massimo, -a III. <-pp-> vt ① (be at top of) essere in testa a ② (surpass) superare
♦ **top up** vt ① (fill up again) rabboccare; **can I top you up?** inf posso riempirti il bicchiere? ② (add to) integrare

top dog n inf (boss) capo, -a m, f ② (victor) vincitore, -trice m, f

top executive n alto dirigente m

top-heavy adj instabile

topic ['tɑː·pɪk] n tema m

topical ['tɑː·pɪ·kl] adj attuale

topless ['tɑːp·lɪs] I. adj (person) in topless II. adv **to go ~** mettersi in topless

top-level ['tɑːp·le·vəl] adj ① (of highest rank) d'alto livello ② (of highest importance) di prima categoria

topmost ['tɑːp·məʊst] adj più alto, -a

topping ['tɑː·pɪŋ] n FOOD guarnizione f

top priority n priorità f assoluta

top quality n prima qualità f

top-selling adj in testa alle vendite

top speed n massima velocità f

torch [tɔːrtʃ] <-es> n ① (burning stick) fiaccola f ② (blowlamp) lampada f per saldare

tore [tɔːr] pt of **tear**

torment ['tɔːr·ment] I. n ① (suffering) tormento m; **to be in ~** soffrire molto ② (physical pain) supplizio m ③ (torture) tortura f ④ (annoying thing) supplizio m II. vt tormentare

torn [tɔːrn] pp of **tear**

torrent ['tɔː·rənt] n ① (large amount of water) torrente m ② (of complaints, abuse) valanga f

torrential [tɔː·'ren·ʃl] adj torrenziale

tortoise ['tɔːr·təs] n tartaruga f

tortoiseshell ['tɔːr·təs·ʃel] n guscio m di tartaruga

torture ['tɔːr·tʃər] I. n ① (cruelty) tortura f ② (suffering) supplizio m II. vt ① (cause suffering to) torturare ② (disturb) tormentare

toss [tɑːs] I. n ① (throw) lancio m; (of head) scrollata f ② (throwing of a coin) lancio m; **to win/lose the ~** vincere/perdere a testa o croce II. vt ① (throw) lanciare; (pancake) rigirare; **to ~ a coin** fare a testa o croce ② (shake: head) scrollare III. vi **to ~ for sth** giocarsi qc a testa o croce ▸ **to ~ and turn** girarsi e rigirarsi nel letto

◆ **toss off** vt inf (do quickly) fare rapidamente sl; (write) scrivere rapidamente

◆ **toss out** vt gettar via

◆ **toss up** vi **to ~ for sth** giocarsi qc a testa o croce

toss-up ['tɑːs·ʌp] n **it's a ~ between ...** è una scelta tra ...

total ['toʊ·tl] I. n ① (sum, cost) totale m II. adj ① (entire) totale ② (absolute) totale, assoluto, -a; **a ~ failure** un fallimento totale III. vt ① (count) sommare ② (amount to) ammontare a

totalitarian [toʊ·ˌtæ·lə·'te·ri·ən] adj POL totalitario, -a

totally ['toʊ·tə·li] adv totalmente

totter ['tɑː·tər] vi barcollare

touch [tʌtʃ] <-es> I. n ① (sensation) tatto m ② (act of touching) tocco m ③ (communication) **to be/get/keep in ~** (with sb/sth) essere/mettersi/restare in contatto (con qu/qc) ④ (skill) tocco m; **to lose one's ~** perdere la mano ⑤ (small amount) pizzico m; (of bitterness, irony) punta f II. vt ① (feel) toccare ② (brush against) sfiorare ③ (reach) raggiungere ④ (eat, drink) toccare ⑤ (move emotionally) commuovere ⑥ (equal) uguagliare III. vi toccarsi

◆ **touch down** vi AVIAT atterrare

◆ **touch up** vt (improve) rifinire; PHOT ritoccare

touch-and-go adj **to be ~ whether...** essere incerto se ...

touchdown ['tʌtʃ·daʊn] n ① AVIAT atterraggio m ② SPORTS (American football) touchdown m inv; (rugby) meta f

touched [tʌtʃt] adj ① (moved) commosso, -a ② inf (crazy) toccato, -a

touching ['tʌ·tʃɪŋ] adj commovente

touchy ['tʌ·tʃi] <-ier, -iest> adj (person) suscettibile

tough [tʌf] I. adj ① (fabric) resistente; (meat) duro, -a ② (hardy: person) forte ③ (strict) severo, -a ④ (difficult) arduo, -a; (exam) difficile ⑤ (violent) violento, -a ⑥ inf (unlucky) **~ luck** sfortuna nera II. n inf teppista mf

tour [tʊr] I. n ① (journey) giro m; **guided ~** visita f guidata; **sightseeing ~** visita f dei luoghi di maggiore interesse ② MUS tournée f inv; **to be/go on ~** essere/andare in tournée II. vt ① (travel around) girare ② (visit professionally)

T

visitare ② (*perform*) fare una tournée in III. *vi* viaggiare

tourism ['tʊ·rɪ·zəm] *n* turismo *m*

tourist ['tʊ·rɪst] *n* (*traveler*) turista *mf*

tourist agency *n* agenzia *f* turistica

tourist bureau *n* ufficio *f* turistico

tourist class *n* classe *f* turistica

tourist guide *n* ① (*book*) guida *f* turistica ② (*person*) guida *f*

tourist industry *n* turismo *m*

tourist information office *n* ufficio *m* informazioni turistiche

tourist season *n* stagione *f* turistica

tourist ticket *n* biglietto *m* turistico

tourist visa *n* visto *m* turistico

tournament ['tɜːr·nə·mənt] *n* SPORTS torneo *m*

tour operator *n* operatore, -trice *m, f* turistico

tout [taʊt] I. *n* bagarino, -a *m, f* II. *vt* (*try to sell*) cercare di vendere III. *vi* to ~ **for customers** procacciare clienti

tow [toʊ] I. *n* rimorchio *m;* **to give sth/ sb a** ~ rimorchiare qc/qu II. *vt* rimorchiare; **to** ~ **a vehicle** trainare un veicolo

toward(s) [tɔːrd(z)] *prep* ① (*in direction of*) verso; (*of time*) verso ② (*for*) per ③ (*in respect of*) nei confronti di

tow bar *n* barra *f* di rimorchio

towel ['ta·ʊəl] I. *n* asciugamano *m* II. *vt* <-ll-> **to** ~ **sth dry** asciugare qc (*con un asciugamano*)

tower ['ta·ʊə·] *n* torre *f*

town [taʊn] *n* (*large*) città *f;* (*small*) cittadina *f*

town center *n* centro *m* urbano

town council *n* consiglio *m* comunale

town hall *n* POL municipio *m*

townhouse *n* ① (*residence in town*) casa *f* di città ② (*part of terrace*) casa *f* a schiera

town planning *n* urbanistica *f*

townspeople ['taʊnz·ˌpiː·pl] *npl* cittadini *mpl*

tow truck *n* carro *m* attrezzi

toy [tɔɪ] *n* giocattolo *m;* **cuddly** ~ peluche *m inv*

toyshop *n* negozio *m* di giocattoli

trace [treɪs] I. *n* ① (*sign*) traccia *f;* **to disappear without a** ~ sparire senza lasciar traccia ② (*slight amount*) pizzico *m;* ~ **s of a drug** tracce di droga II. *vt* ① (*locate*) rintracciare ② (*draw outline of*) tracciare; (*with tracing paper*) ricalcare

track [træk] I. *n* ① (*path*) sentiero *m* ② (*rails*) binari *mpl* ③ (*in station*) binario *m* ④ (*mark*) traccia *f;* (*of animal*) orma *f;* (*of bullet*) traiettoria *f* ⑤ (*path*) pista *f;* **to be on the right/wrong** ~ *a. fig* essere sulla strada giusta/sbagliata ⑥ (*logical course*) corso *m;* **to be on** ~ (**to do sth**) essere sulla buona strada (per fare qc) ⑦ (*career path*) indirizzo *m* ⑧ SPORTS pista *f* ⑨ (*song*) brano *m* ▸ **to keep** ~ (**of sth/sb**) tenersi informato su qc/qu II. *vt* ① (*pursue*) seguire le tracce di ② (*trace*) seguire la traiettoria di

◆ **track down** *vt* rintracciare

track and field *n* atletica *f* leggera

track event *n* SPORTS gara *f* di atletica leggera

track record *n* curriculum *m*

track shoe *n* scarpetta *f* chiodata

tracksuit *n* tuta (*f* da ginnastica)

traction ['træk·ʃən] *n* ① (*grip*) aderenza *f* ② MED trazione *f*

tractor ['træk·tə·] *n* trattore *m*

trade [treɪd] I. *n* ① (*buying and selling*) commercio *m;* ~ **in sth** commercio di qc ② (*business activity*) attività *f* economica ③ (*type of business*) industria *f;* **building** ~ (settore *m* dell') edilizia *f* ④ (*profession*) mestiere *m;* **to learn a** ~ imparare un mestiere ⑤ (*swap*) scambio *m* II. *vi* commerciare; **to** ~ **in sth** commerciare in qc III. *vt* ① (*swap, exchange*) scambiare; **to** ~ **sth for sth** scambiare qc per qc ② (*sell*) vendere

◆ **trade in** *vt* dare in permuta

trade fair *n* COM fiera *f* commerciale

trade-in value *n* valore *m* di permuta

trademark *n* ① COM marchio *m* di fabbrica; **registered** ~ marchio registrato ② *fig* marchio *m* distintivo

tradeoff ['treɪd·ˌɔf] *n* ① (*exchange*) intercambio *m* ② *fig* (*inconvenience*) compromesso *m*

trader ['treɪ·də] *n* commerciante *mf*

trade secret *n* segreto *m* professionale

tradesman ['treɪdz·mən] <-men> *n* negoziante *mf*

trade union *n* sindacato *m*

trade unionist *n* sindacalista *mf*

trading ['treɪ·dɪŋ] *n* commercio *m;* **insider ~** uso *m* di informazioni riservate

tradition [trə·'dɪ·ʃən] *n* tradizione *f;* **by ~** per tradizione

traditional [trə·'dɪ·ʃə·nəl] *adj* tradizionale

traffic ['træ·fɪk] *n* ① (*vehicles*) traffico *m;* **heavy ~** traffico intenso; **air/rail ~** traffico aereo/ferroviario; **to get stuck in ~** rimanere bloccato nel traffico ② (*movement*) trasporto *m*

traffic accident *n* incidente *m* di traffico

traffic circle *n* rotatoria *f*

traffic island *n* isola *f* spartitraffico *inv*

traffic jam *n* ingorgo *m*

trafficker ['træ·fɪ·kə] *n pej* trafficante *mf;* **drug/arms ~** trafficante di armi/droga

traffic light *n* semaforo *m*

traffic sign *n* cartello *m* stradale

tragedy ['træ·dʒə·di] <-ies> *n* tragedia *f*

tragic ['træ·dʒɪk] *adj* tragico, -a

trailer *n* ① (*wheeled container*) rimorchio *m* ② (*mobile home*) roulotte *f inv* ③ CINE trailer *m inv*

train [treɪn] **I.** *n* ① (*railway*) treno *m;* **to travel by ~** viaggiare in treno ② (*retinue*) seguito *m* ③ (*procession: of animals, things*) fila *f* **II.** *vi* allenarsi; **to ~ to be sth** studiare per diventare qc **III.** *vt* formare; (*animal*) ammaestrare; SPORTS allenare; **to ~ sb for sth** preparare qu per qc

train accident *n* incidente *m* ferroviario

train connection *n* coincidenza *f*

train driver *n* macchinista *mf*

trained ['treɪnd] *adj* ① (*educated*) preparato, -a; (*animal*) ammaestrato, -a; **to be ~ in sth** essere preparato in qc ② (*expert*) qualificato, -a

trainee [treɪ·'niː] *n* apprendista *mf*

trainer *n* (*person*) allenatore, -trice *m, f*

training *n* ① (*education*) formazione *f;* **~ on-the-job** formazione *f* sul posto di lavoro ② SPORTS allenamento *m*

training course *n* corso *m* di formazione

training program *n* programma *m* di allenamento

train schedule *n* orario *m* dei treni

train service *n* servizio *m* ferroviario

traitor ['treɪ·tə] *n* traditore, -trice *m, f*

tram [træm] *n* tram *m inv;* **to go by ~** andare in tram

tramline ['træm·laɪn] *n* (*track*) rotaia *f* del tram; (*route*) linea *f* tranviaria

tramp [træmp] **I.** *vi* ① (*walk heavily*) camminare con passo pesante ② (*go on foot*) girovagare **II.** *vt* calpestare; (*town*) percorrere *inf* **III.** *n* ① (*sound*) rumore *m* di passi ② (*walk*) camminata *f* ③ (*down-and-out*) vagabondo, -a *m, f* ④ *pej* (*woman*) sgualdrina *f*

tranquilizer *n* tranquillante *m;* **to be on ~s** prendere tranquillanti

transact [træn·'zækt] *vt* trattare; **to ~ business** trattare affari

transaction [træn·'zæk·ʃən] *n* COM transazione *f;* **business ~** operazione *f* commerciale

transatlantic *adj,* **trans-Atlantic** [ˌtræns·ət·'læn·tɪk] *adj* transatlantico, -a

transcribe [træn·'skraɪb] *vt* trascrivere

transcript ['trænts·krɪpt] *n* trascrizione *f*

transfer[1] ['trænts·fɜːr] **I.** <-rr-> *vt* ① (*move*) trasferire ② (*reassign: power*) passare ③ COM (*shop*) cedere ④ SPORTS (*sell*) cedere **II.** <-rr-> *vi* ① (*move*) trasferirsi ② (*change train*) cambiare

transfer[2] ['trænts·fɜːr] *n* ① (*process of moving*) trasferimento *m;* **~ of information** trasmissione *f* di informazioni ② (*reassignment*) passaggio *m* ③ COM (*of a shop*) cessione *f* ④ SPORTS cessione *f* ⑤ (*ticket*) biglietto *m* cumulativo

transform [trænts·'fɔːrm] *vt* trasformare

T

transformation [ˌtrænsˌfəˈmeɪˌʃən] n trasformazione f

transformer n ELEC trasformatore m

transfusion [trænsˈfjuːˌʒən] n trasfusione f; **blood ~** trasfusione di sangue

transit [ˈtrænˌsɪt] n transito m

transition [trænˈzɪˌʃən] n transizione f

transitional [trænˈzɪˌʃəˌnəl] adj (period) transitorio, -a; (government) di transizione

transit lounge n sala f transiti

transit passenger n passeggero, -a m, f in transito

translate [trænsˈleɪt] I. vt ① LING tradurre; **to ~ sth from English into Spanish** tradurre qc dall'inglese allo spagnolo ② (adapt) adattare II. vi LING tradurre

translation [trænsˈleɪˌʃən] n traduzione f

translator n traduttore, -trice m, f

transmission [trænsˈmɪˌʃən] n trasmissione f; **data ~** COMPUT trasmissione di dati

transmission speed n COMPUT velocità f di trasmissione

transmit [trænsˈmɪt] <-tt-> vt trasmettere

transmitter n ① (apparatus) trasmettitore m ② (station) emittente f

transparency [trænsˈpeˌrənˌtsi] n <-ies> trasparenza f

transparent [trænsˈpeˌrənt] adj trasparente

transplant[1] [trænsˈplænt] vt ① MED, BOT trapiantare ② (relocate) trasferire

transplant[2] [ˈtrænsˌplænt] n trapianto m

transport[1] [trænsˈpɔːrt] vt (people, goods) trasportare

transport[2] [ˈtrænsˌpɔːrt] n ① (means of conveyance) trasporto m; **public ~** mezzi mpl pubblici; **~ costs** spese fpl di trasporto ② (plane) aereo m da trasporto; (ship) nave f da trasporto

transportation [ˌtrænsˌpəːˈteɪˌʃən] n (of people, goods) trasporto m

transsexual [trænsˈsekˌʃuˌəl] adj, n transessuale mf

transvestite [ˈtrænsˌvesˌtaɪt] n travestito m

trap [træp] I. n ① (device) trappola f; **to set a ~** tendere una trappola ② (dangerous situation) tranello m; (ambush) imboscata f ③ inf (mouth) becco m II. vt <-pp-> intrappolare; **to feel ~ped** sentirsi in trappola

trapdoor [ˈtræpˌdɔːr] n botola f

trash [træʃ] I. n ① (rubbish) spazzatura f; **to take the ~ out** buttare la spazzatura ② inf (people) gentaglia f; (book, film) schifezza f ③ inf (nonsense) stupidaggini fpl; **to talk ~** dire stupidaggini II. vt inf ① (wreck) distruggere ② (criticize) stroncare

trash can [ˈtræʃˌkæn] n bidone m della spazzatura

trashy [ˈtræˌʃi] adj inf di pessima qualità

trauma [ˈtraːˌmə] n PSYCH, MED trauma m

traumatic [traːˈmæˌt̬ɪk] adj traumatico, -a

traumatize [ˈtrɔːˌməˌtaɪz] vt traumatizzare

travel [ˈtræˌvəl] I. vi ① (make journey) viaggiare; **to ~ by air/car/train** viaggiare in aereo/macchina/treno ② (light, sound) propagarsi ③ (be away) essere in viaggio ④ inf (go fast) andare a manetta II. vt viaggiare per; **to ~ a country/the world** viaggiare per un paese/per il mondo III. npl viaggi mpl

travel agency n agenzia f di viaggi

travel agent n agente mf di viaggi

travel bureau n agenzia f di viaggi

travel card n abbonamento m

traveler [ˈtræˌvəˌlə] n viaggiatore, -trice m, f; **commercial ~** commesso m viaggiatore

traveler's check n traveller's cheque m

travel expenses n spese fpl di viaggio

travel guide n guida f turistica

traveling salesman n commesso m viaggiatore

travel insurance n assicurazione f di viaggio

travel sickness n (in car) mal m d'auto; (in plane) mal m d'aria; (in boat) mal m di mare

tray [treɪ] n vassoio m
treacherous ['tre·tʃə·rəs] adj ① (disloyal) infido, -a ② (dangerous) pericoloso, -a
treachery ['tre·tʃə·ri] n tradimento m
tread [tred] I. <trod, trodden or trod> vi procedere; **to ~ on** [o **in**] **sth** pestare qc II. vt calpestare; **to ~ one's weary way** andare coi piedi di piombo III. n ① (manner of walking) passo m; **a heavy ~** un passo pesante ② (step) gradino m ③ AUTO battistrada m inv
treason ['triː·zn] n tradimento m
treasure ['tre·ʒɚ] I. n tesoro m II. vt tenere molto a
treasurer ['tre·ʒə·rɚ] n tesoriere, -a m, f
treasury ['tre·ʒə·ri] <-ies> n tesoreria f; **the Treasury** il Tesoro
Treasury Secretary n ≈ Ministro m del Tesoro
treat [triːt] I. vt ① (deal with) trattare; MED curare; **to ~ sth/sb as if ...** trattare qc/qu come se ... +conj ② (process) trattare ③ (discuss) trattare ④ (pay for) offrire; **to ~ sb to an ice cream** offrire un gelato a qu II. vi **to ~ with sb** trattare con qu III. n ① (pleasurable event) piacevole sorpresa f; (present) regalo m; **it's my ~** offro io ② (pleasure) piacere m; **it was a real ~** è stato un vero piacere
treatment ['triːt·mənt] n ① trattamento m; **special ~** trattamento speciale ② MED cura f; **to respond to ~** rispondere al trattamento
treaty ['triː· t̬i] <-ies> n trattato m
treble ['tre·bl] I. adj ① (three times greater) triplo, -a ② MUS di soprano II. n MUS soprano m III. vt triplicare IV. vi triplicarsi
tree [triː] n albero m
tree trunk n tronco m dell'albero
trek [trek] I. <-kk-> vi camminare II. n ① (walk) (lunga) camminata f ② (migration) migrazione f
trekking ['tre·kɪŋ] n trekking m inv; **to go ~** fare trekking
tremble ['trem·bl] vi tremare; **to ~ with cold** tremare di freddo

tremendous [trɪ·'men·dəs] adj ① (enormous) enorme, tremendo, -a; (crowd) immenso, -a; (help) inestimabile; (success) strepitoso, -a ② inf (extremely good) staordinario, -a
tremor ['tre·mɚ] n ① (shake) tremito m; (earthquake) scossa f ② (of fear, excitement) brivido m
trend [trend] I. n ① (tendency) tendenza f; **downward/upward ~** tendenza al ribasso/al rialzo ② (fashion) moda f; **the latest ~** l'ultima moda II. vi tendere; **to ~ to sth** tendere a qc
trendsetter ['trend·se·t̬ɚ] n persona f che fa tendenza
trendy ['tren·di] I. <-ier, -iest> adj trendy inv II. <-ies> n persona f alla moda
trespass ['tres·pəs] vi ① LAW sconfinare ② REL peccare
trespasser ['tres·pæ·sɚ] n intruso, -a m, f
trial ['tra·rəl] n ① LAW processo m; **~ by jury** processo m con giuria; **to stand ~** esser processato ② (test) prova f; **to give sb a ~** concedere un periodo di prova; **to have sth on ~** avere qc in prova ③ (competition) selezione f
trial period n periodo m di prova
triangle ['traɪ·æŋ·gl] n triangolo m
triangular [traɪ·'æŋ·gjʊ·lɚ] adj triangolare
tribunal [traɪ·'bjuː·nl] n tribunale m; (investigative body) commissione f di inchiesta
tribune ['trɪb·juːn] n ARCHIT tribuna f
tributary ['trɪb·jə·te·ri] I. <-ies> n (river) affluente m II. adj form (river) affluente
tribute ['trɪb·juːt] n ① (token of respect) omaggio m ② (sign of sth positive) **to be a ~ to sth/sb** fare onore a qc/qu
trick [trɪk] I. n ① (ruse) scherzo m; **a dirty ~** inf un brutto scherzo ② (of magician) trucco m ③ (technique) trucco m ④ (illusion) illusione f; **a ~ of the light** un'illusione ottica II. adj (deceptive) **a ~ question** una domanda a tra-

T

nello III. *vt* (*deceive*) ingannare; (*swindle*) imbrogliare

trickery ['trɪ·kə·ri] *n* frode *f*

tricky ['trɪ·ki] <-ier, -iest> *adj* ❶ (*crafty*) astuto, -a ❷ (*difficult*) complicato, -a; (*situation*) delicato, -a; **to be ~ to do** essere difficile da fare

trifle ['traɪ·fəl] *n* ❶ (*insignificant thing*) bazzecola *f* ❷ (*small amount*) inezia *f*; **a ~** leggermente ❸ (*dessert*) ≈ zuppa *f* inglese

trifling *adj* insignificante

trigger ['trɪ·gə] I. *n* ❶ (*of gun*) grilletto *m* ❷ *fig* avvio *m* II. *vt* ❶ (*reaction*) provocare ❷ (*start*) innescare; **to ~ an alarm** far scattare un allarme

trillion ['trɪl·jən] *n* trilione *m*

trim [trɪm] I. *n* ❶ (*state*) (buono) stato *m* ❷ (*hair*) spuntatina *f*; **to give sb a ~** spuntare i capelli a qu ❸ (*decorative edge*) bordo *m* II. *adj* ❶ (*attractively thin*) snello, -a ❷ (*neat*) ordinato, -a III. <-mm-> *vt* ❶ (*cut*) spuntare ❷ (*reduce*) ridurre

trimming *n* ❶ (*decoration*) decorazione *f* ❷ *pl* FOOD guarnizioni *fpl*

Trinidad ['trɪ·nɪ·dæd] *n* Trinidad *f*; **~ and Tobago** Trinidad e Tobago

Trinidadian ['trɪ·nɪ·dæ·diən] I. *adj* di Trinidad II. *n* abitante *mf* di Trinidad

Trinity ['trɪn·ə·ți] *n* Trinidad *f*; **the** (**Holy**) **~** la (Santissima) Trinità

trip [trɪp] I. *n* ❶ (*journey*) viaggio *m*; (*shorter*) gita *f*; **business ~** viaggio d'affari; **to go on a ~** fare un viaggio ❷ *inf* (*effect of drugs*) trip *m inv* ❸ (*fall*) inciampata *f* II. <-pp-> *vi* ❶ (*stumble*) inciampare ❷ (*move lightly*) camminare con passo leggero III. <-pp-> *vt* ❶ (*cause to stumble*) **to ~ sb** (**up**) far inciampare qu ❷ (*switch on*) accendere

◆**trip up** I. *vi* ❶ (*stumble*) inciampare ❷ (*verbally*) impappinarsi II. *vt* ❶ (*cause to stumble*) far inciampare ❷ (*cause to fail*) far impappinare

triple ['trɪ·pl] I. *adj* triplo, -a II. *vt* triplicare III. *vi* triplicarsi

triplet ['trɪp·lɪt] *n* (*baby*) **to have ~s** avere tre gemelli

tripod ['traɪ·pɑːd] *n* tripode *m*

triumph ['traɪ·ʌmf] I. *n* trionfo *m* II. *vi* ❶ (*achieve success*) trionfare ❷ (*exult excessively*) mostrarsi trionfante

triumphant [traɪ·'ʌm·fnt] *adj* ❶ (*victorious*) trionfante; (*return*) trionfale ❷ (*successful*) vittorioso, -a

trivial ['trɪ·viəl] *adj* ❶ (*unimportant*) irrilevante; (*dispute, matter*) futile ❷ (*insignificant*) insignificante

trod [trɑːd] *pt, pp of* **tread**

trolley ['trɑː·li] *n* (*trolley car*) tram *m inv*

troop [truːp] I. *n* ❶ *pl* MIL truppe *fpl*; **cavalry ~** squadrone *m* di cavalleria ❷ (*of people*) frotta *f* II. *vi* **to ~ in/out** entrare/uscire a frotte

trophy ['troʊ·fi] *n* <-ies> trofeo *m*

tropical ['trɑː·pɪ·kl] *adj* tropicale

trotter ['trɑː·ţə] *n* CULIN zampetto *m* di maiale

trouble ['trʌ·bl] I. *n* ❶ (*difficulty*) difficoltà *f*, guaio *m*; **to have ~** avere difficoltà; **to ask for ~** cercare guai *inf*; **to be in/get into ~** essere/mettersi nei guai ❷ *pl* (*series of difficulties*) problemi *mpl* ❸ (*inconvenience*) disturbo *m*; **to go to the ~ of doing sth** prendersi il disturbo di fare qc ❹ (*physical ailment*) disturbo *m* ❺ (*malfunction*) guasto *m*; **engine ~** guasto al motore II. *vt* ❶ (*cause inconvenience*) disturbare; **to ~ sb for sth** disturbare qu per qc; **to ~ sb to do sth** dare a qu il disturbo di fare qc ❷ (*make an effort*) **to ~ oneself about sth** darsi pena per qc ❸ (*cause worry*) preoccupare; (*cause pain*) affliggere; **to be ~d by sth** essere preoccupato per qc III. *vi* incomodarsi; **to ~ to do sth** darsi pena per fare qc

troubled *adj* ❶ (*period*) turbolento, -a ❷ (*worried*) preoccupato, -a

troublemaker ['trʌ·bl·ˌmeɪ·kə] *n* agitatore, -trice *m, f*

troubleshooting ['trʌ·bl·ˌʃuː·tɪŋ] *n* individuazione *f* e riparazione *f* di un guasto

troublesome ['trʌ·bl·səm] *adj* problematico, -a

trouble spot *n* zona *f* calda

trousers ['traʊ·zəz] *npl* pantaloni *mpl*; **a pair of ~** un paio di pantaloni

trout [traʊt] *n* <-(s)> (*fish*) trota *f*

truce [truːs] *n* tregua *f*

truck[1] [trʌk] I. *n* camion *m*; **pickup ~** pickup *m inv* II. *vt* trasportare (su camion)

truck[2] [trʌk] *n inf* (*dealings*) **to have no ~ with sb/sth** non aver niente a che vedere con qu/qc

truck driver *n* camionista *mf*

true [truː] I. *adj* ① (*not false*) vero, -a; **to be ~ (that ...)** esser vero (che ...) ② (*genuine, real*) vero, -a; **~ love** vero amore *m*; **to come ~** avverarsi ③ (*faithful, loyal*) fedele; **to be ~ to one's word** tener fede alla parola data ④ (*accurate*) esatto, -a II. *adv* ① (*truly*) sinceramente ② (*accurately*) esattamente; **to aim ~** mirare bene

truffle ['trʌ·fl] *n* tartufo *m*

truly ['truː·li] *adv* ① (*accurately*) veramente ② (*sincerely*) sinceramente ③ (*as intensifier*) realmente ▸ **yours ~** (*at end of letter*) distinti saluti; (*the speaker*) il sottoscritto *form*

trunk [trʌŋk] *n* ① ANAT, BOT tronco *m* ② (*of elephant*) proboscide *f* ③ (*for storage*) baule *m* ④ (*of car*) portabagagli *m inv* ⑤ (*place trust in*) fidarsi di; **to ~ sb to do sth** fidarsi che qu farà qc ⑥ (*rely on*) fare affidamento su; **to ~ sb with sth** affidare qc a qu ⑦ (*hope*) **to ~ that ...** sperare che ... +*conj* III. *vi* fidarsi; **to ~ in sth/sb** fidarsi di qc/qu

trusted ['trʌs·tɪd] *adj* (*friend*) fidato, -a; (*method*) affidabile

trustee [trʌs·'tiː] *n* amministratore, -trice *m, f* fiduciario, -a; **board of ~s** consiglio *m* d'amministrazione

trust fund *n* FIN fondo *m* fiduciario

trusting *adj* fiducioso, -a

trustworthy ['trʌst·ˌwɜːr·ði] *adj* (*person*) affidabile; (*data*) attendibile

trusty ['trʌs·ti] <-ier, -iest> *adj* fedele

truth [truːθ] *n* verità *f*; **in ~** in verità; **to tell the ~** dire la verità

truthful ['truːθ·fəl] *adj* ① (*honest*) sincero, -a ② (*accurate*) veritiero, -a

try [traɪ] I. *n* ① (*attempt*) tentativo *m*; **to give sth a ~** tentare qc ② (*in rugby*) meta *f* II. <-ie-> *vi* provare III. <-ie-> *vt* ① (*attempt*) provare; **to ~ one's best** mettercela tutta ② (*test*) provare ③ (*sample*) assaggiare ④ (*annoy*) stancare ⑤ LAW processare
◆**try on** *vt* (*put on*) provare
◆**try out** *vt* provare

trying *adj* (*exasperating*) esasperante; (*difficult*) difficile

T-shirt ['tiː·ʃɜːrt] *n* maglietta *f*

tsp. *abbr of* **teaspoon** (*amount*) cucchiaino *m*

tube [tuːb] *n* ① (*hollow cylinder*) tubo *m* ② ANAT tuba *f*; **Fallopian ~ tube** di Falloppio ③ *inf* TV tele *f* ▸ **to go down the ~s** andare in malora

tuberculosis [tuː·ˌbɜːr·kjə·'loʊ] *n* tubercolosi *f inv*

tuck [tʌk] I. *n* (*fold*) piega *f* II. *vt* (*fold*) piegare

Tuesday ['tuːz·deɪ] *n* martedì *m inv*; **Shrove ~** martedì grasso; *s.a.* **Friday**

tuition [tjuː·'ɪ·ʃən] *n* ① (*fee*) tasse *fpl* scolastiche ② (*teaching*) lezioni *fpl*

tulip ['tuː·lɪp] *n* tulipano *m*

tumble ['tʌm·bl] I. *n* caduta *f*; **to take a ~** cadere II. *vi* ① (*fall*) cadere ② *fig* (*decline*) crollare

tumble dryer *n* asciugabiancheria *f inv*

tumbler ['tʌmb·lə] *n* bicchiere *m* (da bibita)

tummy ['tʌ·mi] <-ies> *n childspeak* pancia *f*

tummy ache *n childspeak* mal *m* di pancia

trust [trʌst] I. *n* ① (*belief*) fiducia *f*; **to gain sb's ~** guadagnarsi la fiducia di qu ② (*responsibility*) responsabilità *f* ③ FIN, COM trust *m inv*; **investment ~** fondo *m* comune di investimento ④ (*association*) associazione *f* II. *vt*

T

tumor ['tu:·mə] *n* tumore *m*

tumultuous [tu:'mʌl·tʃu·əs] *adj* (*uproariously noisy*) tumultuoso, -a

tuna ['tu:·nə] *n* <-(s)> tonno *m*

tune [tu:n] I. *n* ⓐ MUS melodia *f* ⓑ **to be in/out of ~** (*person*) essere intonato/stonato; (*instrument*) essere accordato/scordato II. *vt* ⓐ MUS accordare ⓑ AUTO mettere a punto

⬥ **tune up** *vt* AUTO mettere a punto

tunnel ['tʌ·nl] I. *n* ⓐ ARCHIT tunnel *m inv* ⓑ MIN galleria *f* II. *vi* scavare una galleria III. *vt* scavare una galleria in

turbine ['tɜːr·bɪn] *n* turbina *f*

turbocharged ['tɜːr·boʊ·tʃɑːrdʒd] *adj* ELEC, TECH turbocompresso, -a

turbo engine *n* motore *m* turbo *inv*

turbot ['tɜr·bət] *n* <-(s)> rombo *m*

turbulence ['tɜːr·bju·ləns] *n* turbolenza *f*

turbulent ['tɜːr·bju·lənt] *adj* turbolento, -a

turd [tɜːrd] *n vulg* ⓐ (*excrement*) stronzo *m* ⓑ (*person*) stronzo, -a *m, f*

turf [tɜːrf] <-s *o* -ves> *n* ⓐ BOT tappeto *m* erboso ⓑ (*territory*) territorio *m*

Turk [tɜːrk] *n* turco *m, f*

turkey ['tɜːr·ki] *n* ZOOL tacchino *m*

Turkey ['tɜːr·ki] *n* Turchia *f*

Turkish ['tɜːr·kɪʃ] I. *adj* turco, -a II. *n* ⓐ (*person*) turco, -a *m, f* ⓑ LING turco *m*

turn [tɜːrn] I. *vi* ⓐ (*rotate*) girare ⓑ (*switch direction*) voltare; (*tide*) cambiare; (*car*) svoltare; **to ~ around** voltarsi; **to ~ right/left** girare a destra/sinistra ⓒ (*change*) trasformarsi in; (*for worse*) diventare II. *vt* ⓐ (*rotate*) (far) girare; (*key*) girare; (*screw on*) avvitare; (*unscrew*) svitare ⓑ (*switch direction*) voltare; **to ~ one's head** voltare la testa; **to ~ a page** voltare pagina ⓒ (*attain a particular age*) compiere ⓓ (*pass a particular hour*) **it has ~ed three o'clock** sono le tre ⓔ (*cause to feel nauseated*) **it ~ed my stomach** mi ha fatto rivoltare lo stomaco III. *n* ⓐ (*change in direction*) svolta *f*; **to make a ~ to the right** svoltare a destra

ⓑ (*changing point*) svolta *f* ⓒ (*period of duty*) turno *m*; **it's your ~** tocca a te ⓓ (*rotation, twist*) giro *m* ⓔ (*service*) favore *m*; **to do sb a good ~** fare un favore a qu

⬥ **turn against** *vt* mettersi contro

⬥ **turn away** I. *vi* allontanare II. *vt* ⓐ (*refuse entry*) non fare entrare ⓑ (*deny help*) mandar via

⬥ **turn back** I. *vi* (*return to starting point*) tornare indietro II. *vt* ⓐ (*send back*) far ritornare ⓑ (*bedcover, corner of paper*) ripiegare

⬥ **turn down** *vt* ⓐ (*reject*) respingere ⓑ (*reduce volume*) abbassare ⓒ (*fold*) ripiegare

⬥ **turn in** I. *vt* (*hand over*) consegnare II. *vi inf* (*go to bed*) andare a letto

⬥ **turn into** *vt* trasformarsi in

⬥ **turn off** I. *vt* ⓐ ELEC spegnere; (*gas*) chiudere ⓑ *inf* (*be unappealing*) disgustare II. *vi* (*leave path*) svoltare

⬥ **turn on** *vt* ⓐ ELEC accendere; (*gas*) aprire ⓑ (*excite*) eccitare; (*attract*) attirare ⓒ (*show*) mettere in mostra ⓓ (*attack*) aggredire

⬥ **turn out** I. *vi* ⓐ (*end up*) finire ⓑ (*be revealed*) rivelarsi; **it turned out to be true** si è rivelato essere vero II. *vt* ⓐ (*light*) spegnere ⓑ (*kick out*) cacciare ⓒ (*empty*) vuotare

⬥ **turn over** I. *vi* (*start: engine*) accendere II. *vt* ⓐ (*change the side*) girare ⓑ (*control*) affidare; (*possession*) cedere ⓒ (*facts*) meditare; **to ~ an idea** riflettere a lungo su un'idea ⓓ COM, FIN fatturare

⬥ **turn to** *vt* (*request aid*) **to ~ sb** (**for sth**) rivolgersi a qu (per qc)

⬥ **turn up** I. *vi* ⓐ (*arrive*) arrivare ⓑ (*become available*) saltar fuori II. *vt* ⓐ (*volume*) alzare ⓑ (*shorten*) accorciare ⓒ (*find*) trovare

turnabout ['tɜːrn·ə·baʊt] *n*, **turnaround** ['tɜːrn·ə·aʊnd] *n* ⓐ (*change*) cambiamento *m* radicale ⓑ (*improvement*) svolta *f* positiva

turning ['tɜːr·nɪŋ] *n* ⓐ (*road*) traversa *f* ⓑ (*act of changing direction*) svolta *f*

turning point *n* svolta *f* decisiva

turnip ['tɜːr‧nɪp] *n* rapa *f*

turnoff ['tɜːrn‧ɔf] *n* ① AUTO uscita *f* ② *sl* (*something unappealing*) **to be a real ~** far passare ogni voglia

turnout ['tɜːrn‧aʊt] *n* ① (*attendance*) numero *m* di partecipanti ② POL affluenza *f* ③ ECON produzione *f*

turnover ['tɜːrn‧ˌoʊ‧vɚ] *n* ① COM, FIN volume *m* d'affari; (*sales*) fatturato *m* ② (*in staff*) rotazione *f* ③ FOOD focaccina ripiena di frutta

turquoise ['tɜːrk‧wɔɪz] *n* ① (*stone*) turchese *m* ② (*color*) turchese *m*

turtle ['tɜːr‧tl̩] <-(s)> *n* tartaruga *f* d'acqua

tutor ['tuː‧tɚ] **I.** *n* SCHOOL, UNIV (*private teacher*) tutor *m inv*, professore *m* di riferimento per uno o più studenti; (*at home*) insegnante *mf* privato, -a **II.** *vt* SCHOOL, UNIV **to ~ sb** (**in sth**) dare lezioni individuali a qu (di qc)

tutorial [tuː‧'tɔː‧ri‧əl] *n* COMPUT tutorial *m inv*

tuxedo [tʌk‧'siː‧doʊ] *n* smoking *m inv*

TV [ˌtiː‧'viː] *n abbr of* **television** TV *f inv*

tweezers ['twiː‧zɚz] *npl* (**a pair of**) **~** (un paio di) pinzette *fpl*

twelfth [twelfθ] **I.** *adj* dodicesimo, -a **II.** *n* ① (*order*) dodicesimo, -a *m, f* ② (*date*) dodici *m* ③ (*fraction*) dodicesimo *m*; (*part*) dodicesima parte *f*; *s.a.* **eighth**

twelve [twelv] *adj, n* dodici *m*; *s.a.* **eight**

twentieth ['twen‧ti‧əθ] **I.** *adj* ventesimo, -a **II.** *n* ① (*order*) ventesimo, -a *m, f* ② (*date*) venti *m* ③ (*fraction*) ventesimo *m*; (*part*) ventesima parte *f*; *s.a.* **eighth**

twenty ['twen‧ti] <-ies> *adj, n* venti *m*; *s.a.* **eighty**

twice [twaɪs] *adv* due volte

twilight ['twaɪ‧laɪt] *n* crepuscolo *m*

twin [twɪn] **I.** *n* gemello, -a *m, f*; **identical ~s** gemelli identici **II.** *adj* gemello, -a **III.** *vt* <-nn-> gemellare **IV.** *vi* <-nn-> gemellarsi

twin brother *n* fratello *m* gemello

twine [twaɪn] *n* spago *m*

twinge [twɪndʒ] *n* ① MED fitta *f* ② *fig* punta *f*

twinkle ['twɪŋ‧kl̩] **I.** *vi* (*eyes*) brillare; (*star*) scintillare **II.** *n* (*of stars, jewels*) scintillio *m*; (*of eyes*) luccichio *m*

twinkling ['twɪŋ‧klɪŋ] **I.** *adj* (*eyes*) brillante; (*star*) scintillante **II.** *n* **in the ~ of an eye** in un batter d'occhio

twin sister *n* sorella *f* gemella

twist [twɪst] **I.** *vt* ① (*turn*) girare ② (*wind around*) attorcigliare; **to ~ sth around sth** avvolgere qc intorno a qc ③ MED slogarsi ④ (*distort: truth*) distorcere ▸ **to ~ sb's arm** forzare la mano a qu **II.** *vi* ① (*squirm around*) (ri)girarsi ② (*curve: path*) curvare ③ (*dance*) ballare il twist **III.** *n* ① (*turn*) torsione *f*; **to give sth a ~** far girare qc ② (*unexpected change*) svolta *f* ③ (*dance*) twist *m*

twisted ['twɪs‧tɪd] *adj* ① (*cable*) attorcigliato, -a; (*ankle*) slogato, -a ② (*perverted*) perverso, -a; (*logic, humor*) contorto, -a

twister ['twɪs‧tɚ] *n* ① METEO tornado *m inv* ② *inf* (*swindler*) truffatore, -trice *m, f*

twitter ['twɪ‧tɚ] *vi* ① (*chirp*) cinguettare ② (*talk rapidly*) **to ~ away** ciarlare ③ TEL, INET twittare

two [tuː] **I.** *adj* due **II.** *n* due *m* ▸ **that makes ~ of us** *inf* così siamo in due; **to put ~ and ~ together** *inf* fare due più due; *s.a.* **eight**

two-dimensional [ˌtuː‧dɪ‧'men‧tʃə‧nəl] *adj* ① bidimensionale ② *fig* superficiale

two-door *adj* AUTO a due porte

twofold ['tuː‧foʊld] **I.** *adv* doppiamente **II.** *adj* doppio, -a

two-piece *n* (*suit*) completo *m* a due pezzi ② (*bikini*) bikini *m inv*

two-seater *n* AUTO biposto *m inv*

twosome ['tuː‧səm] *n* (*duo*) duo *m inv*; (*couple*) coppia *f*

two-way ['tuː‧'weɪ] *adj* (*tunnel, bridge*) a doppio senso; (*process*) reciproco, -a; (*switch*) bipolare

TX *abbr of* **Texas** Texas *m*

T

tycoon [taɪˈkuːn] *n* FIN magnate *mf*

type [taɪp] **I.** *n* ⓐ (*sort, kind: style, print*) genere *m;* (*of machine*) modello *m* ⓐ (*class: animal*) genere *m* ⓐ *inf* (*person*) tipo, -a *m, f;* **he's not her ~** non è il suo tipo ⓐ TYPO carattere *m* **II.** *vt* ⓐ (*write with machine*) scrivere a macchina; (*on computer*) scrivere al computer ⓐ (*categorize*) classificare

typewriter [ˈtaɪpˌraɪ·tə·] *n* macchina *f* da scrivere

typewritten *adj* dattilografato, -a

typhoon [taɪˈfuːn] *n* METEO tifone *m*

typical [ˈtɪ·pɪ·kəl] *adj* tipico, -a

typically *adv* tipicamente

typist [ˈtaɪ·pɪst] *n* dattilografo, -a *m, f*

Uu

U, u [juː] *n* U, u *f;* **~ for Unicorn** U come Udine

U[1] *abbr of* **uranium** U

U[2] *inf abbr of* **university** U

UFO [juːˌefˈoʊ] *n abbr of* **unidentified flying object** UFO *m inv*

ugh [ɜːh] *interj inf* puah

ugly [ˈʌɡ·li] <-ier, iest> *adj* ⓐ (*not attractive*) brutto, -a ⓐ (*threatening*) minaccioso, -a; **to turn ~** degenerare

UK [juːˈkeɪ] *n abbr of* **United Kingdom** RU *m,* UK *f*

Ukraine [juːˈkreɪn] *n* Ucraina *f*

Ukrainian I. *adj* ucraino, -a **II.** *n* ⓐ (*person*) ucraino, -a *m, f* ⓐ LING ucraino *m*

ulcer [ˈʌl·sə·] *n* MED ulcera *f*

ulterior [ʌlˈtɪ·ri·ə·] *adj* **~ motive** secondo fine

ultimate [ˈʌl·tə·mɪt] **I.** *adj* ⓐ (*highest degree of*) massimo, -a; (*honor, sacrifice, accolade*) supremo, -a ⓐ (*final*) finale; (*cost, consequences, effect*) definitivo, -a **II.** *n* (*the best*) **the ~ in** il non plus ultra (di)

ultimately [ˈʌl·tə·mɪt·li] *adv* in definitiva

ultimatum [ˌʌl·təˈmeɪ·təm] <**ultimata** *o* -**tums**> *n* ultimatum *m inv*

ultrasound [ˈʌl·trə·saʊnd] *n* ultrasuono *m*

ultraviolet [ˌʌl·trəˈvaɪ·ə·lɪt] *adj* ultravioletto, -a

umbilical cord *n* cordone *m* ombelicale

umbrella [ʌmˈbre·lə] *n* ombrello *m;* **beach ~** ombrellone *m*

umpire [ˈʌm·paɪ·ə·] SPORTS **I.** *n* arbitro *mf* **II.** *vt, vi* arbitrare

umpteen [ˈʌmpˈtiːn] *adj inf* innumerevole; **to do sth ~ times** fare qc milioni di volte

umpteenth [ˈʌmpˈtiːnθ] *adj* ennesimo, -a

UN [juːˈen] *n abbr of* **United Nations** ONU *f*

unable [ʌnˈeɪ·bl] *adj* incapace; **to be ~ to do sth** non poter fare qc

unacceptable [ˌʌn·əkˈsep·tə·bl] *adj* ⓐ (*not good enough*) inaccettabile ⓐ (*intolerable*) inammissibile

unaccompanied [ˌʌn·əˈkʌm·pə·nid] *adj* ⓐ (*without companion*) non accompagnato, -a ⓐ MUS senza accompagnamento

unaccountable [ˌʌn·əˈkaʊn·tə·bl] *adj* ⓐ (*not responsible*) irresponsabile ⓐ (*inexplicable*) inspiegabile

unaccustomed [ˌʌn·əˈkʌs·təmd] *adj* insolito, -a; **to be ~ to doing sth** non essere abituato, -a a fare qc

unaffected [ˌʌn·əˈfek·tɪd] *adj* ⓐ (*not changed*) **to be ~ by sth** non essere toccato, -a da qc ⓐ (*not influenced*) spontaneo, -a ⓐ (*down to earth*) non affettato, -a; (*manner, speech*) naturale

unafraid [ˌʌn·ə·ˈfreɪd] *adj* senza paura; **to be ~ of sb/sth** non aver paura di qu/qc

unaided [ʌn·ˈeɪ·dɪd] *adj* senza aiuto; **to do sth ~** fare qc senza l'aiuto di nessuno

unaltered [ʌn·ˈɔːl·tərd] *adj* inalterato, -a

unambiguous [ˌʌn·æm·ˈbɪg·jʊ·əs] *adj* inequivocabile

unanimous [juː·ˈnæ·nə·məs] *adj* unanime

unannounced [ˌʌn·ə·ˈnaʊnst] **I.** *adj* inatteso, -a **II.** *adv* senza preavviso

unanswered [ʌn·ˈæn·sərd] *adj* senza risposta

unappetizing [ʌn·ˈæ·pə·taɪ·zɪŋ] *adj* poco appetitoso, -a

unapproachable [ˌʌn·ə·ˈproʊ·tʃə·bl] *adj* (*person*) inavvicinabile

unarmed [ʌn·ˈɑːrmd] *adj* disarmato, -a

unattached [ˌʌn·ə·ˈtætʃt] *adj* ❶ (*not connected*) staccato, -a ❷ (*independent*) indipendente ❸ (*unmarried*) single

unattainable [ˌʌn·ə·ˈteɪ·nə·bl] *adj* irrealizzabile

unattended [ˌʌn·ə·ˈten·dɪd] *adj* ❶ (*alone*) senza sorveglianza ❷ (*unmanned*) incustodito, -a

unattractive [ˌʌn·ə·ˈtræk·tɪv] *adj* poco attraente

unauthorized [ʌn·ˈɑː·θə·raɪzd] *adj* non autorizzato, -a

unavailable [ˌʌn·ə·ˈveɪ·lə·bl] *adj* non disponibile

unavoidable [ˌʌn·ə·ˈvɔɪ·də·bl] *adj* inevitabile

unaware [ˌʌn·ə·ˈwer] *adj* **to be ~ of sth** essere ignaro, -a di qc

unawares [ˌʌn·ə·ˈwerz] *adv* **to catch sb ~** cogliere qu alla sprovvista

unbalanced [ʌn·ˈbæ·lənst] *adj* ❶ (*uneven: report*) di parte ❷ (*mental state*) precario, -a

unbearable [ʌn·ˈbe·rə·bl] *adj* insopportabile

unbeatable [ʌn·ˈbiː·tə·bl] *adj* (*record, team*) imbattibile; (*army*) invincibile; (*value, quality*) insuperabile

unbeaten [ʌn·ˈbiː·tn] *adj* imbattuto, -a

unbelievable [ˌʌn·bɪ·ˈliː·və·bl] *adj* incredibile

unbiased [ʌn·ˈbaɪ·əst] *adj* imparziale

unborn [ʌn·ˈbɔːrn] *adj* (*not yet born*) non ancora nato, -a

unbreakable [ʌn·ˈbreɪ·kə·bl] *adj* infrangibile

unbroken [ʌn·ˈbroʊ·kən] *adj* ❶ (*continuous, without a break*) ininterrotto, -a ❷ (*unsurpassed*) imbattuto, -a

unbutton [ʌn·ˈbʌ·tən] **I.** *vt* sbottonare **II.** *vi* sbottonarsi

uncanny [ʌn·ˈkæ·ni] *adj* <-ier, -iest> sorprendente

uncertain [ʌn·ˈsɜːr·tən] *adj* ❶ (*unsure*) insicuro, -a; **to be ~ about sth** non essere sicuro di qc; **in no ~ terms** chiaramente ❷ (*unpredictable*) incerto, -a; **an ~ future** un futuro incerto

uncertainty [ʌn·ˈsɜːr·tən·ti] <-ies> *n* incertezza *f*

unchallenged [ʌn·ˈtʃæ·lɪndʒd] *adj* incontestato, -a

unchanged [ʌn·ˈtʃeɪndʒd] *adj* (*prices, rates*) invariato, -a; (*tradition*) immutato, -a

uncharacteristic [ʌn·ke·rɪk·tə·ˈrɪs·tɪk] *adj* poco caratteristico, -a; **to be ~ of sb** essere insolito, -a per qu

uncharitable [ʌn·ˈtʃe·rə·tə·bl] *adj* ❶ (*unkind*) crudele ❷ (*ungenerous*) poco caritatevole

unchecked [ʌn·ˈtʃekt] *adj* (*unrestrained*) incontrollato, -a

uncivil [ʌn·ˈsɪ·vl] *adj form* incivile; **to be ~ to sb** essere scortese con qu

uncle [ˈʌŋ·kl] *n* zio *m*

unclear [ʌn·ˈklɪr] *adj* ❶ (*not obvious*) **U** poco chiaro, -a; **it's ~ what/whether ...** non è chiaro che cosa/se... ❷ (*not certain*) **to be ~ about sth** non essere sicuro, -a di qc

uncomfortable [ʌn·ˈkʌm·fə·tə·bl] *adj* ❶ (*not comfortable*) scomodo, -a ❷ (*embarrassed*) a disagio; **an ~ silence** un silenzio imbarazzato

uncommon [ʌn·ˈkɑː·mən] *adj* (*rare*) raro, -a

uncommonly *adv form* (*extremely*) estremamente

uncompromising [ʌn·ˈkɑːm·prə·maɪ·zɪŋ] *adj* intransigente

unconditional [ʌn·kən·ˈdɪ·ʃə·nl] *adj* senza condizioni; ~ **love** amore *m* senza condizioni

unconfirmed [ʌn·kən·ˈfɜːrmd] *adj* non confermato, -a

unconnected [ʌn·kə·ˈnek·tɪd] *adj* scollegato, -a

unconscious [ʌn·ˈkɑːn·tʃəs] *adj* ① (*not conscious*) svenuto, -a; **to knock sb ~** far perdere i sensi a qu ② PSYCH inconscio, -a ③ (*unaware*) non intenzionale

unconsciously *adv* inconsciamente

unconsciousness *n* (*loss of consciousness*) incoscienza *f*

uncontrollable [ʌn·kən·ˈtrou·lə·bl] *adj* (*irresistible*) incontrollabile

uncontrolled [ʌn·kən·ˈtrould] *adj* incontrollato, -a

unconvincing [ʌn·kən·ˈvɪn·sɪŋ] *adj* ① (*not persuasive*) poco convincente ② (*not credible*) poco credibile

uncooked [ʌn·ˈkʊkt] *adj* crudo, -a

uncooperative [ʌn·koʊ·ˈɑːp·ə·rə·tɪv] *adj* poco collaborativo, -a

uncover [ʌn·ˈkʌ·vər] *vt* ① (*expose: wound*) scoprire ② (*discover*) svelare; **to ~ a secret** scoprire un segreto; **to ~ the truth** far venire a galla la verità

undecided [ʌn·dɪ·ˈsaɪ·dɪd] *adj* indeciso, -a (*about* su); **to be ~ as to what to do** essere indeciso sul da farsi

undeniable [ʌn·dɪ·ˈnaɪ·ə·bl] *adj* innegabile; **~ evidence** prova *f* irrefutabile

undeniably *adv* innegabilmente

under [ˈʌn·dər] **I.** *prep* ① (*gener*) sotto; **~ the bed** sotto il letto; **~ there** là sotto; **to break ~ the weight of sth** rompersi sotto il peso di qc; **those ~ the age of 30** quelli sotto i 30 anni; **~ Napoleon** sotto Napoleone ② (*less than*) **to cost ~ 10 dollars** costare meno di 10 dollari ③ (*in state of*) **~ the circumstances** date le circostanze; **~ repair** in riparazione ④ (*in category of*) **listed ~ fiction** catalogato come

narrativa ⑤ (*according to*) **~ the treaty** in base al trattato **II.** *adv* ① (*fewer*) meno ② (*below*) **to crawl/go ~** strisciare/andare sotto

underage [ʌn·dər·ˈeɪdʒ] *adj* minorenne

undercharge [ʌn·də·ˈtʃɑːrdʒ] *vt, vi* far pagare meno del dovuto; **to ~ for sth** far pagare qc meno del dovuto

undercoat [ˈʌn·də·koʊt] *n* mano *f* di fondo

undercover [ʌn·də·ˈkʌ·və] *adj* segreto, -a; **~ agent** agente *mf* sotto copertura

undercurrent [ˈʌn·də·kɜː·rənt] *n* ① (*undertow*) corrente *f* sottomarina ② (*underlying influence*) vena *f* nascosta

underdeveloped [ʌn·də·dɪ·ˈve·ləpt] *adj* (*below its economic potential*) sottosviluppato, -a; **an ~ country** un Paese sottosviluppato

underestimate [ʌn·də·ˈes·tə·meɪt] *vt* **to ~ sth/sb** sottovalutare qc/qu

underfoot [ʌn·də·ˈfʊt] *adv* (*below one's feet*) sotto i piedi; **to trample sb/ sth ~** *a. fig* calpestare qu/qc

undergo [ʌn·də·ˈgoʊ] *irr vt* subire; **to ~ surgery** subire un intervento chirurgico

undergraduate [ʌn·də·ˈgræ·dʒu·ət] *n* universitario, -a *m, f*

underground [ˈʌn·də·graʊnd] **I.** *adj* ① (*below earth surface*) sotterraneo, -a ② (*anti-government*) clandestino, -a; **~ movement** organizzazione *f* clandestina **II.** *adv* ① (*below earth surface*) sottoterra ② **to go ~** entrare in clandestinità **III.** *n* **the ~** POL la resistenza

undergrowth [ˈʌn·də·groʊθ] *n* sottobosco *m*

underhand [ʌn·də·ˈhænd], **underhanded** *adj* ① (*secret*) subdolo, -a ② SPORTS (*with arm below shoulder*) basso, -a

underline [ʌn·də·ˈlaɪn] *vt a. fig* sottolineare

underlying [ʌn·də·ˈlaɪ·ɪŋ] *adj* di fondo; **the ~ reason for sth** il motivo di fondo di qc

undermine [ʌn·də·ˈmaɪn] *vt* (*damage, weaken*) minare

underneath [ˌʌn·dəˈniːθ] I. *prep, adv* sotto II. *n* the ~ la parte inferiore

undernourished [ˌʌn·dəˈnɜː·rɪʃt] *adj* denutrito, -a

underpaid [ˌʌn·dəˈpeɪd] *adj* sottopagato, -a

underpants [ˈʌn·dəˈpænts] *npl* mutande *fpl*

underpass [ˈʌn·dəˈpæs] <-es> *n* sottopassaggio *m*

underprivileged [ˌʌn·dəˈprɪ·və·lɪdʒd] *adj* svantaggiato, -a

underrate [ˌʌn·dəˈreɪt] *vt* sottovalutare

underside [ˈʌn·dəˈsaɪd] *n* parte *f* inferiore

undersigned [ˈʌn·dəˈsaɪnd] *n form* sottoscritto, -a *m, f*

understand [ˌʌn·dəˈstænd] *irr* I. *vt* ① (*perceive meaning, sympathize with*) capire; **to make oneself understood** farsi capire; **to not ~ a word** non capire una parola; **to ~ that/why/how ...** capire che/perché/come... ② *form* (*be informed*) **to ~ from sb that ...** sapere da qu che... ③ (*believe*) credere; **as I ~ it** se ho capito bene; **it is understood that ...** è inteso che... II. *vi* capire; **to ~ about sth** capirne di qc

understandable [ˌʌn·dəˈstæn·də·bl] *adj* comprensibile

understanding I. *n* ① (*comprehension, rapport*) comprensione *f*; **to not have any ~ of sth** non capire niente di qc ② (*entente, agreement*) intesa *f*; **to come to an ~** venire ad un'intesa ③ (*condition*) condizione *f*; **to be on the ~ that ...** fare qc a condizione che... II. *adj* comprensivo, -a

understatement [ˌʌn·dəˈsteɪt·mənt] *n* understatement *m inv*

understood [ˌʌn·dəˈstʊd] *pt, pp of* **understand**

understudy [ˈʌn·dəˈstʌ·di] *n* THEAT sostituto, -a *m, f*

undertake [ˌʌn·dəˈteɪk] *irr vt* ① (*set about, take on*) intraprendere; **to ~ a journey** intraprendere un viaggio ② *form* (*commit oneself to*) **to ~ to do**

sth impegnarsi a fare qc; **to ~ (that) ...** garantire (che)...

undertaker [ˌʌn·dəˈteɪ·kə] *n* impresario, -a *m, f* di pompe funebri

undertaking [ˌʌn·dəˈteɪ·kɪŋ] *n* ① (*professional project*) impresa *f*; **noble ~** nobile impresa ② *form* (*pledge*) promessa *f*; **an ~ to do sth** la promessa di fare qc

under-the-counter [ˌʌn·dər·ðəˈkaʊn·tər] I. *adj* illegale II. *adv* illegalmente

undervalue [ˌʌn·dəˈvæl·juː] *vt* sottovalutare

underwater [ˌʌn·dəˈwɑː·tə] I. *adj* subacqueo, -a II. *adv* sott'acqua

underwear [ˈʌn·dəˈwer] *n* biancheria *f* intima

underweight [ˌʌn·dəˈweɪt] *adj* sottopeso *inv*

underworld [ˈʌn·dəˈwɜːrld] *n* ① (*criminal milieu*) malavita *f* ② ART, LIT **the Underworld** gli Inferi

undesirable [ˌʌn·dɪˈzaɪ·rə·bl] *adj* indesiderato, -a; **an ~ character** un tipo poco raccomandabile

undid [ʌnˈdɪd] *pt of* **undo**

undies [ˈʌn·dɪz] *npl inf* mutandine *fpl*

undisclosed [ˌʌn·dɪsˈkloʊzd] *adj* **an ~ amount** una cifra non precisata; **an ~ location** una località segeta; **an ~ source** una fonte anonima

undivided [ˌʌn·dɪˈvaɪ·dɪd] *adj* ① (*not split*) unito, -a ② (*intense*) intenso, -a; **sb's ~ attention** tutta l'attenzione di qu

undo [ʌnˈduː] *irr vt* ① (*unfasten*) slacciare; **to ~ a zipper** aprire una cerniera ② (*cancel*) disfare; **to ~ the damage** riparare il danno

undone [ʌnˈdʌn] I. *vt pp of* **undo** II. *adj* ① (*not fastened*) slacciato, -a; **to come ~** slacciarsi ② (*uncompleted*) da fare; **to leave sth ~** non fare qc

undoubted [ʌnˈdaʊ·tɪd] *adj* indubbio, -a

undoubtedly *adv* indubbiamente

undress [ʌnˈdres] I. *vt* spogliare II. *vi* spogliarsi

U

undressed adj svestito, -a; **to get ~** spogliarsi

undue [ʌn'duː] adj form eccessivo, -a

unduly [ʌn'duːli] adv eccessivamente

unearned [ʌn'ɜːrnd] adj ❶ (undeserved) immeritato, -a ❷ (not worked for) **~ income** reddito m non derivante da lavoro

unearthly [ʌn'ɜːrθ·li] adj ❶ (unsettling) sinistro, -a ❷ inf (inconvenient) inopportuno, -a; **at an ~ hour** a un'ora inopportuna

unease [ʌn'iːz] n disagio m

uneasy [ʌn'iː·zi] adj <-ier, -iest> ❶ (anxious) preoccupato, -a; **to be / feel ~ about sth/sb** essere preoccupato per qc/qu ❷ (awkward: person) a disagio; **an ~ relationship** un rapporto difficile; **an ~ silence** un silenzio imbarazzato ❸ (restless: sleep) agitato, -a

uneducated [ʌn'edʒ·ə·keɪ·t̬ɪd] adj illetterato, -a

unemployed [ʌn·ɪm·'plɔɪd] I. n pl **the ~** i disoccupati II. adj disoccupato, -a

unemployment [ʌn·ɪm·'plɔɪ·mənt] n disoccupazione f

unemployment benefit n indennità f di disoccupazione

unequal [ʌn'iːk·wəl] adj ❶ (different) disuguale; **a triangle with ~ sides** un triangolo m con i lati disuguali ❷ (ill-matched) non equilibrato, -a ❸ (unable) **to be ~ to a task** non essere all'altezza di un compito

uneven [ʌn'iː·vən] adj ❶ (surface, margins) irregolare ❷ (color) poco uniforme ❸ (contest) impari ❹ (performance) discontinuo, -a

uneventful [ʌn·ɪ·'vent·fəl] adj tranquillo, -a

unexpected [ʌn·ɪks·'pek·t̬ɪd] I. adj inaspettato, -a II. n **the ~** gli imprevisti mpl

unexplained [ʌn·ɪk·'spleɪnd] adj inspiegato, -a

unfair [ʌn'fer] adj ingiusto, -a; **~ competition** concorrenza f sleale; **~ dis-**

missal licenziamento m senza giusta causa

unfaithful [ʌn'feɪθ·fʊl] adj ❶ (adulterous) infedele ❷ (disloyal) sleale

unfamiliar [ʌn·fə·'mɪl·jə] adj sconosciuto, -a; **to be ~ with sth** avere poca dimestichezza con qc

unfashionable [ʌn'fæʃ·ə·nə·bəl] adj fuori moda

unfasten [ʌn'fæ·sn] I. vt slacciare II. vi slacciarsi

unfavorable [ʌn'feɪ·və·rə·bəl] adj sfavorevole

unfinished [ʌn'fɪ·nɪʃt] adj ❶ (symphony) incompiuto, -a ❷ (business) in sospeso

unfit [ʌn'fɪt] adj ❶ (unhealthy) fuori forma ❷ (unsuitable) inadatto, -a (for a); **to be ~ for human habitation** essere inabitabile; **to be ~ for work** essere inabile al lavoro ❸ (incompetent) incapace; **to be ~ to do sth** essere incapace di fare qc

unfold [ʌn'foʊld] I. vt (open out sth folded) aprire, spiegare; **to ~ one's arms** aprire le braccia II. vi ❶ (develop, evolve) svolgersi ❷ (become unfolded) schiudersi

unforeseen [ʌn·fɔːr·'siːn] adj imprevisto, -a

unforgettable [ʌn·fə·'ge·t̬ə·bl] adj indimenticabile

unforgivable [ʌn·fə·'gɪ·və·bl] adj imperdonabile

unfortunate [ʌn·'fɔːr·tʃ·nət] adj ❶ (luckless) sfortunato, -a; **it's ~ that ...** purtroppo... +conj ❷ form (regrettable) deplorevole ❸ (inopportune) infelice

unfortunately adv sfortunatamente, purtroppo

unfriendly [ʌn·'frend·li] adj <-ier, -iest> ❶ (unsociable) antipatico, -a ❷ (inhospitable) ostile

unfulfilled [ʌn·fʊl·'fɪld] adj ❶ (unsatisfied) insoddisfatto, -a ❷ (frustrated) frustrato, -a

unfurnished [ʌn·'fɜːr·nɪʃt] adj non ammobiliato, -a

ungrateful [ʌn·'greɪt·fəl] adj ingrato, -a

U

unhappy [ʌn·ˈhæ·pi] adj <-ier, -iest> ❶ (sad) infelice ❷ (displeased) scontento, -a

unharmed [ʌn·ˈhɑːrmd] adj illeso, -a

unhealthy [ʌn·ˈhel·θi] adj <-ier, -iest> ❶ (sick) malaticcio, -a ❷ (unwholesome) dannoso, -a; **an ~ diet** un'alimentazione scorretta ❸ PSYCH (morbid) morboso, -a

unheard [ʌn·ˈhɜːrd] adj inascoltato, -a

unheard-of [ʌn·ˈhɜːrd·ˌɑːv] adj ❶ (unknown) sconosciuto, -a ❷ (unparalleled) inaudito, -a

unhelpful [ʌn·ˈhelp·fʊl] adj di scarso aiuto

unhoped-for [ʌn·ˈhoʊpt·ˌfɔːr] adj insperato, -a

unhurt [ʌn·ˈhɜːrt] adj incolume

unidentified [ˌʌn·aɪ·ˈden·tə·faɪd] adj non identificato, -a

uniform [ˈjuː·nə·fɔːrm] I. n uniforme f, divisa f II. adj uniforme

uniformity [ˌjuː·nə·ˈfɔːr·mə·ti] n uniformità f

unify [ˈjuː·nə·faɪ] vt unificare

unimportant [ˌʌn·ɪm·ˈpɔːr·tənt] adj senza importanza

uninhabitable [ˌʌn·ɪn·ˈhæ·bɪ·tə·bl] adj inabitabile

uninhabited [ˌʌn·ɪn·ˈhæ·bɪ·tɪd] adj ❶ (not lived in) disabitato, -a ❷ (deserted) deserto, -a

uninhibited [ˌʌn·ɪn·ˈhɪ·bɪ·tɪd] adj disinibito, -a

unintentional [ˌʌn·ɪn·ˈten·tʃə·nəl] adj involontario, -a

uninterested [ʌn·ˈɪn·trəs·tɪd] adj indifferente; **to be ~ in sth** non essere interessato a qc

uninterrupted [ˌʌn·ɪn·tər·ˈʌp·tɪd] adj ininterrotto, -a

union [ˈjuː·njən] n ❶ (act) unione f ❷ (instance) associazione f ❸ + sing/pl vb (organization) sindacato m

unique [juː·ˈniːk] adj unico, -a

unison [ˈjuː·nə·sən] n **in ~** all'unisono

unit [ˈjuː·nɪt] n ❶ a. COMPUT, COM unità f; **~ of currency** unità monetaria ❷ + sing/pl vb (organized

group of people) reparto m ❸ (element of furniture) elemento m (componibile)

unite [juː·ˈnaɪt] I. vt (join together) unire; (bring together) unificare II. vi unirsi

united adj unito, -a

United Kingdom n **the ~** il Regno Unito

United Nations n **the ~** le Nazioni Unite

United States n + sing vb Stati mpl Uniti; **the ~ of America** gli Stati Uniti d'America

unity [ˈjuː·nə·ti] n ❶ (oneness) unità f ❷ (harmony, consensus) armonia f

universal [ˌjuː·nə·ˈvɜːr·səl] adj, n universale m

universe [ˈjuː·nə·vɜːrs] n **the ~** l'universo

university [ˌjuː·nə·ˈvɜːr·sə·ti] <-ies> n università f

unjust [ʌn·ˈdʒʌst] adj ingiusto, -a

unjustifiable [ʌn·ˌdʒʌs·tɪ·ˈfaɪ·ə·bl] adj ingiustificabile

unjustly adv (wrongfully) ingiustamente

unkind [ʌn·ˈkaɪnd] adj (not kind) scortese; **to be ~ to sb** trattare male qu

unkindly adv male

unknown [ʌn·ˈnoʊn] adj sconosciuto, -a; **~ to me ...** a mia insaputa...

unlawful [ʌn·ˈlɑː·fəl] adj illegal; (possession, association) illecito, -a

unleaded [ʌn·ˈle·dɪd] adj senza piombo

unless [ən·ˈles] conj se non, a meno che +conj; **I'll have it ~ you want it** lo prendo io, a meno che lo voglia tu; **~ I'm mistaken** se non sbaglio

unlike [ʌn·ˈlaɪk] I. adj diverso, -a II. prep ❶ (in contrast to) a differenza di ❷ (different from) diverso, -a da; **he's so ~ his father** è così diverso dal padre ❸ (not characteristic of) **it's ~ him** non è da lui

unlikely [ʌn·ˈlaɪk·li] <-ier, -iest> adj ❶ (improbable) poco probabile; **it's ~ that ...** è difficile che... ❷ (unconvincing) inverosimile

unlimited [ʌn·ˈlɪ·mɪ·tɪd] adj ❶ (not lim-

U

ited) illimitato, -a ② (*very great*) sconfinato, -a

unload [ʌnˈloʊd] *vt, vi* scaricare

unlock [ʌnˈlɑːk] *vt* (*release a lock*) aprire

unlocked *adj* non chiuso, -a a chiave

unlucky [ʌnˈlʌ·ki] *adj* ① (*unfortunate*) sfortunato, -a ② (*bringing bad luck*) **to be** ~ portare sfortuna

unmarried [ʌnˈme·rɪd] *adj* non sposato, -a

unmentioned [ʌnˈmen·tʃənd] *adj* **to go** ~ passare sotto silenzio

unnatural [ʌnˈnæ·tʃɚ·əl] *adj* ① (*contrary to nature*) innaturale; (*affected*) affettato, -a ② (*not normal*) anormale

unnecessarily [ʌn·ne·sə·ˈse·rə·li] *adv* inutilmente

unnecessary [ʌnˈne·sə·se·ri] *adj* ① (*not necessary*) non necessario, -a ② (*uncalled for*) inutile

unnoticed [ʌnˈnoʊ·tɪst] *adj* **to go** ~ passare inosservato, -a

unobtainable [ʌn·əb·ˈteɪ·nə·bl] *adj* introvabile

unoccupied [ʌnˈɑːk·jə·paɪd] *adj* ① (*uninhabited*) disabitato, -a ② (*not being used*) libero, -a

unofficial [ʌn·ə·ˈfɪ·ʃəl] *adj* ufficioso, -a

unpack [ʌnˈpæk] I. *vt* (*bag, suitcase*) disfare; (*car*) scaricare II. *vi* disfare i bagagli

unpaid [ʌnˈpeɪd] *adj* ① (*not remunerated*) non remunerato, -a ② (*not paid*) non pagato, -a

unpleasant [ʌnˈple·zənt] *adj* ① (*not pleasing*) sgradevole ② (*unfriendly*) antipatico, -a

unplug [ʌnˈplʌg] <-gg-> *vt* (*plug, appliance*) staccare (la spina di)

unpopular [ʌnˈpɑː·pjə·lə] *adj* impopolare

unpopularity [ʌn·pɑː·pjə·ˈle·rə·ti] *n* impopolarità *f*

unprecedented [ʌnˈpre·sə·den·tɪd] *adj* senza precedenti

unpredictable [ʌn·prɪ·ˈdɪk·tə·bl] *adj* imprevedibile

unprofitable [ʌnˈprɑː·fɪ·tə·bl] *adj* ① (*not making a profit*) non redditizio, -a ② (*unproductive*) infruttuoso, -a

unprompted [ʌnˈprɑːmp·tɪd] *adj* spontaneo, -a

unpublished [ʌnˈpʌb·lɪʃt] *adj* inedito, -a

unqualified [ʌnˈkwɑː·lə·faɪd] *adj* ① (*without qualifications*) non qualificato, -a ② (*unlimited, unreserved*) senza riserve

unravel [ʌnˈræ·vəl] <-ll-, -l-> I. *vt* ① (*unknit, undo*) disfare ② (*solve*) risolvere II. *vi* disfarsi

unreal [ʌnˈriːl] *adj* (*not real*) irreale

unrealistic [ʌn·ri·ə·ˈlɪs·tɪk] *adj* ① (*not realistic*) non realistico, -a ② (*not convincingly real*) inverosimile

unreasonable [ʌnˈriː·zə·nə·bl] *adj* ① (*not showing reason*) irragionevole ② (*unfair*) eccessivo, -a

unrecognized [ʌnˈrek·əg·naɪzd] *adj* non riconosciuto, -a

unrelated [ʌn·rɪ·ˈleɪ·tɪd] *adj* (*not connected*) senza nesso; (*by kinship*) non imparentato, -a

unreliable [ʌn·rɪ·ˈlaɪ·ə·bl] *adj* inaffidabile

unreserved [ʌn·rɪ·ˈzɜːrvd] *adj* ① (*not having been reserved*) non riservato, -a ② (*absolute*) senza riserve

unrest [ʌnˈrest] *n* disordini *mpl*

unrestricted [ʌn·rɪ·ˈstrɪk·tɪd] *adj* illimitato, -a

unripe [ʌnˈraɪp] *adj* non maturo

unroll [ʌnˈroʊl] I. *vt* srotolare II. *vi* srotolarsi

unruly [ʌnˈruː·li] <-ier, -iest> *adj* ① (*disorderly: crowd, children*) turbolento, -a ② (*difficult to control: hair*) ribelle

unsafe [ʌnˈseɪf] *adj* pericoloso, -a

unsatisfactory [ʌn·sæ·tɪs·ˈfæk·tə·ri] *adj* ① (*not satisfactory*) poco soddisfacente ② SCHOOL insufficiente

unsatisfied [ʌnˈsæ·tɪs·faɪd] *adj* ① (*not content*) insoddisfatto, -a ② (*not convinced*) poco convinto, -a ③ (*not sated*) non appagato, -a

unscheduled [ʌn·'sked·ʒʊld] *adj* non previsto, -a

unscientific *adj* poco scientifico, -a

unscrupulous [ʌn·'skruː·pjə·ləs] *adj* senza scrupoli

unseemly [ʌn·'siː·m·li] *adj form* indecoroso, -a

unseen [ʌn·'siːn] *adj* non visto, -a; **sight** ~ a scatola chiusa

unselfish [ʌn·'sel·fɪʃ] *adj* generoso, -a

unsettle [ʌn·'se·tl] *vt* ❶ (*make nervous*) scombussolare ❷ (*make unstable*) destabilizzare

unsettled [ʌn·'se·tld] *adj* ❶ (*changeable*) instabile ❷ (*troubled*) inquieto, -a ❸ (*unresolved*) non risolto, -a

unsettling *adj* inquietante

unshakable [ʌn·'ʃeɪ·kə·bl] *adj* irremovibile

unshaved *adj*, **unshaven** [ʌn·'ʃeɪ·vən] *adj* non rasato, -a

unsightly [ʌn·'saɪt·li] <-ier, -iest> *adj* brutto, -a

unsigned [ʌn·'saɪnd] *adj* non firmato, -a

unskilled [ʌn·'skɪld] *adj* non specializzato, -a

unsociable [ʌn·'soʊ·ʃə·bl] *adj* poco socievole

unsold [ʌn·'soʊld] *adj* invenduto, -a

unsophisticated [ˌʌn·sə·'fɪs·tə·keɪ·tɪd] *adj* ❶ (*person*) semplice ❷ (*machine*) rudimentale

unspeakable [ʌn·'spiː·kə·bl] *adj* indicibile

unstable [ʌn·'steɪ·bl] *adj* instabile

unstuck [ʌn·'stʌk] *adj* **to come** [*o* **become**] ~ (*be no longer stuck*) staccarsi; *inf* (*fail*) fallire

unsubscribe [ˌʌn·səb·'skraɪb] *vi* disdire l'iscrizione [*o* l'abbonamento]

unsuccessful [ˌʌn·sək·'ses·fəl] *adj* (*attempt*) non riuscito, -a; (*candidate, applicant*) non selezionato, -a; **to be** ~ **in doing sth** non riuscire a fare qc

unsuitable [ʌn·'suː·tə·bl] *adj* inadatto, -a; **to be** ~ **for sth** non essere adatto, -a a qc

unsure [ʌn·'ʃʊr] *adj* incerto, -a; **to be** ~

about sth essere incerto su qc; **to be** ~ **of oneself** essere insicuro, -a

unsuspecting [ˌʌn·səs·'pek·tɪŋ] *adj* ignaro, -a

unsympathetic [ˌʌn·sɪm·pə·'θeţ·ɪk] *adj* poco comprensivo, -a

unthinkable [ʌn·'θɪŋ·kə·bl] *adj* impensabile

untidy [ʌn·'taɪ·di] <-ier, -iest> *adj* disordinato, -a

untie [ʌn·'taɪ] <-y-> *vt* (*knot*) sciogliere; (*boat, hands, shoelaces*) slegare

until [ən·'tɪl] **I.** *prep* fino a; ~ **now** finora; ~ **then** fino ad allora; **we danced** ~ **dawn** abbiamo ballato fino all'alba; **she won't be able to leave** ~ **Friday** non potrà partire prima di venerdì **II.** *conj* finché non; ~ **he comes** finché non arriva lui; **he can't leave** ~ **his work is finished** non può andare via finché non ha finito il lavoro

untimely [ʌn·'taɪm·li] *adj* ❶ (*premature*) prematuro, -a; **sb's** ~ **death** la scomparsa prematura di qu ❷ (*inopportune*) inopportuno, -a

untold [ʌn·'toʊld] *adj* ❶ (*beyond enumeration*) incalcolabile; ~ **damage** danni *mpl* incalcolabili ❷ (*beyond description*) indicibile; ~ **suffering** sofferenze *fpl* indicibili

untouched [ʌn·'tʌtʃt] *adj* ❶ (*not affected*) non toccato, -a; **to leave sth** ~ lasciare qc intatto ❷ (*not eaten*) **I left my meal** ~ non ho toccato cibo

untrue [ʌn·'truː] *adj* (*not true*) falso, -a

untrustworthy [ʌn·'trʌst·wɜːr·ði] *adj* inaffidabile

unused [ʌn·'juːzd] *adj* ❶ (*not in use*) non usato, -a ❷ (*never having been used*) nuovo, -a

unused to [ʌn·'jus·tʊ] *adj* **to be** ~ **sth** non essere abituato, -a a qc

unusual [ʌn·'juː·ʒu·əl] *adj* insolito, -a; **it's** ~ **for her to complain** non è da lei lamentarsi

unveil [ˌʌn·'veɪl] *vt fig* (*memorial, plans*) rivelare

unwarranted [ʌn·'wɔː·rən·tɪd] *adj* ingiustificato, -a

U

unwelcome [ʌnˈwelkəm] *adj* non gradito, -a

unwell [ʌnˈwel] *adj* indisposto, -a; **to feel ~** non sentirsi bene

unwieldy [ʌnˈwiːldi] *adj* ① (*cumbersome*) ingombrante ② (*difficult to manage*) poco maneggevole

unwilling [ʌnˈwɪlɪŋ] *adj* riluttante

unwillingly *adv* malvolentieri

unwind [ʌnˈwaɪnd] *irr* I. *vt* srotolare II. *vi* ① (*unroll*) srotolarsi ② *fig* (*relax*) rilassarsi

unwise [ʌnˈwaɪz] *adj* imprudente

unwittingly *adv* ① (*without realizing*) inconsapevolmente ② (*unintentionally*) senza volere

unworthy [ʌnˈwɜːrˌði] <-ier, -iest> *adj* ① (*not worthy*) non degno, -a ② (*discreditable, contemptible*) indegno, -a

unwrap [ʌnˈræp] <-pp-> *vt* (*remove wrapping*) scartare, aprire

unwritten [ʌnˈrɪtən] *adj* ① (*not official*) tacito, -a ② (*not written down*) non scritto, -a

unzip [ʌnˈzɪp] <-pp-> *vt* ① (*suitcase*) aprire (la cerniera di) ② COMPUT (*file*) decomprimere

up [ʌp] I. *adv* ① (*movement*) su, in alto; **~ here/there** quassù/lassù; **to look ~** guardare in alto; **to stand/get ~** stare in piedi/alzarsi; **to go ~** salire; **to jump ~** saltare in piedi; **(stand) ~!** in piedi!; **on the way ~** in salita ② (*to another point*) **~ in Seattle** su a Seattle; **to go ~ to Maine** andare su nel Maine ③ (*position*) **to be ~ all night** stare alzato, -a tutta la notte; **to jump ~ on sth** saltare sopra qc ④ (*limit*) **time's ~** il tempo è scaduto; **from the age of 18 ~** a partire dai 18 anni ⑤ SPORTS (*ahead*) **to be 7 points ~** essere in vantaggio di 7 punti ⑥ COMPUT, TECH in funzione ▶**~ and down** su e giù; **to walk ~ and down** camminare su e giù; **what's ~?** come va?; **what's ~ with him?** cos'ha?; **to feel ~ to sth** sentirsi di fare qc; **~ to fino a; **~ to here** fino a qui; **~ to now** fino ad ora; **~ to $100** fino a 100 dol-

lari; **it's ~ to you** sta a te decidere II. *prep* ① (*at top of*) in cima a; **to climb ~ a tree** arrampicarsi in cima a un albero ② (*higher*) **to go ~ the stairs** salire le scale; **to go ~ and down** sth salire e giù per qc ③ (*along*) **to go ~ the street** percorrere la strada III. *n* **~s and downs** alti e bassi *mpl* IV. *adj* ① (*position: tent*) montato, -a; (*flag*) issato, -a; (*curtains, picture*) appeso, -a; (*hand, blinds*) alzato, -a; (*person*) in piedi ② (*healthy*) **to be ~ and about** [*o around*] essere di nuovo in piedi ③ (*ready*) **to be ~ for doing sth** starci a fare qc; **~ for sale** in vendita

up-and-coming [ˈʌpənˈkʌmɪŋ] *adj* promettente

upbeat [ˈʌpˌbiːt] *adj inf* ottimistico, -a

upbringing [ˈʌpˌbrɪŋɪŋ] *n* educazione *f*

upcoming [ˈʌpˌkʌmɪŋ] *adj* imminente

update[1] [ʌpˈdeɪt] *vt* (*bring up to date*) mettere al corrente; COMPUT aggiornare

update[2] [ˈʌpˌdeɪt] *n* aggiornamento *m*; **to give sb an ~ (on sth)** aggiornare qu (su qc)

up-front [ʌpˈfrʌnt] *adj inf* ① (*open, frank*) franco, -a (*about* riguardo a) ② (*advance*) **~ payment** pagamento *m* immediato

upgrade [ˈʌpˌgreɪd] I. *vt* ① (*improve*) migliorare; (*hardware*) sostituire con un modello più potente; (*software*) sostituire con una versione superiore ② AVIAT (*move to better class*) **they ~ed him to first class** gli hanno dato un upgrade in prima classe II. *n* upgrade *m inv*

upheaval [ʌpˈhiːvəl] *n* ① (*condition of violent change*) sconvolgimento *m* ② (*instance of violent change*) cataclisma *m*

uphill [ʌpˈhɪl] I. *adv* (*in an ascending direction*) in salita; **to run/walk ~** correre/camminare in salita II. *adj* ① (*sloping upward*) in salita ② (*difficult*) arduo, -a; **an ~ struggle** un'ardua battaglia

uphold [ʌpˈhoʊld] *irr vt* ① (*support, maintain*) difendere; **to ~ the law** di-

U

fendere la legge ② LAW (*confermare*) **to ~ a verdict** confermare un verdetto

upholstery *n* (*covering for furniture*) tappezzeria *m*

upkeep ['ʌp·kiːp] *n* ❶ (*maintenance*) manutenzione *f* ② (*cost*) costi *mpl* di manutenzione

upload ['ʌp·loʊd] I. *vt, vi* COMPUT caricare sul server II. *n* upload *m*

upmarket ['ʌp·ˌmar·kɪt] *adj* esclusivo, -a

upon [ə·'pɑːn] *prep form* ❶ (*on top of*) su ② (*at time of*) ~ **her arrival** al suo arrivo ③ (*long ago*) **once ~ a time** c'era una volta

upper ['ʌ·pə] *adj* ❶ (*further up*) superiore; ~ **management** i dirigenti ② GEO (*northern*) **the ~ Northeast** le estreme regioni nordorientali

upper class <-es> *n* alta società *f*

upper-class *adj* dell'alta società

uppermost *adj* più alto, -a; **to be ~ in one's mind** essere al primo posto nei pensieri di qu

upright ['ʌp·raɪt] I. *adj* ❶ (*post, rod*) verticale ② (*upstanding*) retto, -a; (*citizen*) onesto, -a II. *adv* verticalmente; **to stand ~** stare in posizione eretta; **to sit bolt ~** rizzarsi a sedere

uprising ['ʌp·raɪ·zɪŋ] *n* sommossa *f*

uproar ['ʌp·rɔːr] *n* scalpore *m*

uproot [ʌp·'ruːt] *vt a. fig* sradicare

upset[1] [ʌp·'set] I. *vt irr* ❶ (*unsettle*) turbare; (*distress*) scovolgere; **to ~ oneself** prendersela ② (*throw into disorder*) disturbare ③ (*boat*) capovolgere; (*table*) rovesciare ④ (*cause pain*) **onions ~ him/his stomach** le cipolle gli scombussolano lo stomaco II. *adj* ❶ (*disquieted*) turbato, -a; (*distressed*) sconvolto, -a; **to get ~ about sth** prendersela per qc; **don't be ~** non ti offendere ② (*nauseated*) **to have an ~ stomach** avere lo stomaco sottosopra ③ (*overturned*) capovolto, -a

upset[2] ['ʌp·set] *n* ❶ (*great surprise*) sorpresa *f* ② (*illness*) **stomach ~** disturbi *mpl* di stomaco

upsetting *adj* sconvolgente

upside down [ˌʌp·saɪd 'daʊn] I. *adj* ❶ (*reversed in vertical axis*) sottosopra; **to be ~** (*pictures*) essere alla rovescia ② (*confused*) sottosopra; **the house was ~** la casa era sottosopra II. *adv* alla rovescia; **to turn sth ~** capovolgere qc

upstairs [ʌp·'sterz] I. *adj* **the ~ rooms** le stanze al piano di sopra; **the ~ windows** le finestre del piano di sopra II. *adv* di sopra; **to go ~** andare di sopra; **the people who live ~** i vicini del piano di sopra III. *n* (**the**) **~** il piano di sopra

upstate ['ʌp·steɪt] I. *adj* **in ~ New York** nel nord dello stato di New York II. *adv* al nord

upstream [ʌp·'striːm] *adv* controcorrente; **to swim ~** nuotare controcorrente

uptake ['ʌp·teɪk] *n* (*level of absorption*) assorbimento *m* ▸ **to be quick on the ~** *inf* capire al volo; **to be slow on the ~** *inf* essere duro di comprendonio

uptight [ʌp·'taɪt] *adj inf* teso, -a

up-to-date [ˌʌp·tə·'deɪt] *adj* (*technology*) moderno, -a; (*fashion*) attuale; (*timetable*) aggiornato, -a; **to bring sb ~** aggiornare qu

up-to-the-minute [ˌʌp·tə·ðə·'mɪ·nɪt] *adj* (*fashion*) del momento; (*news*) dell'ultimo minuto

uptown ['ʌp·taʊn] I. *adj* **~ Manhattan** i quartieri alti di Manhattan; **an ~ shop** un negozio dei quartieri alti II. *adv* verso i quartieri alti

upturn ['ʌp·tɜːrn] *n* ripresa *f*; **an ~ in the economy** una ripresa dell'economia

upward ['ʌp·wəd] I. *adj* verso l'alto; **~ movement** movimento *m* verso l'alto; **~ trend** tendenza *f* al rialzo II. *adv* ❶ (*toward higher level*) verso l'alto ② (*toward a later age*) in su; **from adolescence ~** dall'adolescenza in poi ③ (*going higher in number*) in rialzo

upwards *adv* in su; **and ~** e più

uranium [jʊə·'reɪ·ni·əm] *n* uranio *m*

Uranus [ju·'reɪ·nəs] *n* Urano *m*

U

urban ['ɜːrbən] *adj* urbano, -a; ~ **decay** degrado *m* urbano

urge [ɜːrdʒ] I. *n* impulso *m*; **an ~ to do sth** l'impulso di fare qc II. *vt* ① *(strongly encourage)* esortare; **to ~ sb to do sth** esortare qu a fare qc ② *(recommend)* raccomandare; **to ~ caution** raccomandare prudenza
♦**urge on** *vt* **to urge sb on (to do sth)** incitare qu (a fare qc)

urgency ['ɜːrdʒənsi] *n* ① *(top priority)* urgenza *f*; **a matter of great ~** una questione della massima urgenza ② *(insistence)* insistenza *f*

urgent ['ɜːrdʒənt] *adj* ① *(imperative, crucial)* urgente; **to be in ~ need of sth** avere un bisogno urgente di qc ② *form (insistent, pleading)* insistente

urgently *adv* ① *(immediately)* urgentemente ② *(earnestly)* insistentemente

urine ['jʊrɪn] *n* urina *f*

us [əs, *stressed:* ʌs] *pron pers* ci; *after prep* noi; **it's ~** siamo noi; **older than ~** più vecchi di noi; **look at ~** guardaci; **he saw ~** ci ha visto; **it's for ~** è per noi; **it's from ~** è da parte nostra

US *n*, **U.S.** [ˌjuːˈes] *n abbr of* **United States** USA *mpl*

USA [ˌjuːesˈeɪ] *n abbr of* **United States of America** USA *mpl*

USB [ˌjuːesˈbiː] *n abbr of* **Universal Serial Bus** COMPUT USB; ~ **[flash] drive** chiavetta *f* USB, penna *f* USB

use¹ [juːs] *n* ① *(practical application)* uso *m* ② *(possibility of applying)* impiego *m*; **in ~** in uso; **to be of ~ to sb** essere utile a qu; **to make ~ of sth** utilizzare qc; **to be out of ~** essere fuori servizio [*o* uso] ③ *(purpose)* **to be no ~** non servire a niente; **there's no ~ doing sth** non serve a niente fare qc; **it's no ~** è inutile; **what's the ~ of doing sth?** a che serve fare qc? ④ *(consumption)* consumo *m*

use² [juːz] I. *vt* ① *(make use of)* usare; **to ~ sth to do sth** usare qc per fare qc; **to ~ drugs** fare uso di droghe; ~ **your head** usa il cervello ② *(consume: ener-*

gy) consumare ③ *(manipulate)* usare; *(exploit)* sfruttare II. *vi* **he ~d to be/ do ...** era/faceva...; **she ~d to enjoy horror films** i film dell'orrore non le piacevano; **didn't you ~ to work in banking?** non lavoravi in banca?
♦**use up** *vt* consumare

used [juːzd] *adj* usato, -a

used to *adj (familiar with)* abituato, -a a; **to become ~** abituarsi a qc; **to be ~ the cold/heat** essere abituato al freddo/al caldo

useful ['juːsfəl] *adj* ① *(convenient)* utile; **to do sth** ~ fare qc di utile ② *(competent)* **to be ~ with sth** *inf* saperci fare in qc

usefulness *n* utilità *f*

useless ['juːsləs] *adj* ① *(in vain)* inutile; **it's ~ doing sth** è inutile fare qc ② *(unusable)* inutilizzabile ③ *inf (incompetent)* incapace

user *n* utente *mf*; **drug ~** tossicodipendente *mf*

user-friendly *adj* COMPUT facile da usare

username *n* COMPUT nome *m* utente

usual ['juːʒuˈəl] *adj* solito, -a; **(the) ~ problems** i soliti problemi; **in its ~ place** al solito posto; **as ~** come al solito

usually *adv* normalmente

UT *n abbr of* **Utah** Utah

Utah ['juːtɑ] *n* Utah

uterus ['juːtərəs] <-ri *o* -es> *n* utero *m*

utility [juːˈtɪləti] <-ies> *n* ① *(public service)* impresa *f* di servizi pubblici ② COMPUT utility *f inv*

utmost ['ʌtˈmoʊst] I. *adj* massimo, -a; **with the ~ caution** con la massima cautela II. *n* **to try one's ~** fare tutto il possibile

utter¹ ['ʌtə] *adj* completo, -a; ~ **nonsense** tutte sciocchezze

utter² ['ʌtə] *vt* proferire

utterly *adv* completamente

U-turn ['juːtɜːrn] *n (on road)* inversione *f* a U; *(in policy)* dietrofront *m inv*

UV [ˌjuːˈviː] *abbr of* **ultraviolet** UV

U

Vv

V, v [viː] *n* V, v *f;* **~ for Victor** V come Venezia

V ⓪ *abbr of* **volt** V ② *abbr of* **volume** vol.

VA [vərˈdʒɪnˌjə] *n abbr of* **Virginia** Virginia *f*

vacancy [ˈveɪkənˌtsi] <-ies> *n* ① (*room*) camera *f* libera; '**~**' 'camere *fpl* libere'; '**no ~**' 'completo' ② (*job opportunity*) posto (di lavoro) *m* vacante; **to fill a ~** coprire un posto vacante; **to have a ~** offrire un posto di lavoro ③ (*lack of expression*) vacuità *f*

vacant [ˈveɪkənt] *adj* ① (*empty*) libero, -a; **~ lot** terreno *m* libero; **to leave sth ~** lasciare qc libero; '**~**' 'libero' ② (*position*) vacante; **to become ~** diventare disponibile; **to fill a ~ position** coprire un posto vacante ③ (*expressionless*) assente

vacation [veɪˈkeɪʃən] I. *n* vacanza *f*, ferie *fpl*; **to take a ~** prendersi una vacanza; **on ~** in ferie; **paid ~** ferie pagate II. *vi* andare in vacanza

vacationer *n* vacanziere, -a *m, f*

vaccinate [ˈvæksəˌneɪt] *vt* MED vaccinare; **to be ~d against sth** essere vaccinato contro qc

vaccination [ˌvæksəˈneɪʃən] *n* MED vaccinazione *f;* **a ~ against measles** la vaccinazione contro il morbillo; **oral ~** vaccinazione orale

vaccine [vækˈsiːn] *n* MED vaccino *m*

vacuum [ˈvækjuːm] I. *n* ① PHYS (*area without air*) vuoto *m* ② (*absence of direction*) **to fill/leave a ~** colmare/lasciare un vuoto ③ **in a ~** in isolamento ④ (*vacuum cleaner*) aspirapolvere *m* II. *vt* passare l'aspirapolvere in

vacuum cleaner *n* aspirapolvere *m*

vagina [vəˈdʒaɪnə] *n* vagina *f*

vagrant [ˈveɪgrənt] *adj, n* vagabondo, -a *m, f*

vague [veɪg] *adj* ① (*imprecise*) vago,

-a; **I haven't the ~st idea** non ho la minima idea ② (*absent-minded*) distratto, -a

vain [veɪn] *adj* ① (*conceited*) vanitoso, -a ② (*fruitless*) vano, -a; **it is ~ to ... +*infin*** è inutile ... **+*infin*** ③ **in ~** invano; **it was all in ~** è stato inutile

valedictorian [ˌvæləˌdɪkˈtɔːriən] *n* studente che pronuncia il discorso di commiato ai diplomandi

valentine [ˈvæləntaɪn] *n* ① (*card*) biglietto che si scambia per la festa degli innamorati ② (*sweetheart*) innamorato, -a *m, f*

Valentine's Day *n* festa *f* degli innamorati, San Valentino *m*

valet parking *n* servizio *m* parcheggiatore

valid [ˈvælɪd] *adj* ① (*worthwhile*) valido, -a; **no longer ~** scaduto, -a ② (*well-founded*) legittimo, a

validity [vəˈlɪdəti] *n* validità *f*

valley [ˈvæli] *n* valle *f*

valuable [ˈvæljuəbl] I. *adj* prezioso, -a; **this ring is very ~** quest'anello è preziosissimo II. *n pl* oggetti *mpl* di valore

valuation [ˌvæljuˈeɪʃən] *n* valutazione *f*

value [ˈvæljuː] I. *n* ④ a. MATH, MUS (*worth*) valore *m;* **to be of little ~** essere di scarso valore; **to place a high ~ on sth** dare molta importanza a qc; **to be good ~ (for one's money)** avere un buon prezzo; **to be of great ~** avere molta importanza; **to increase (in) ~** aumentare di valore; **to lose (in) ~** perdere valore; **market ~** valore di mercato ② *pl* (*moral ethics*) valori *mpl;* **set of ~s** scala *f* di valori II. *vt* ① (*appreciate*) apprezzare; **to ~ sb as a friend** tenere all'amicizia di qu ② (*estimate worth*) valutare; **to ~ sth at sth** valutare qc a qc

V

valued *adj* stimato, -a; **~ customer** stimato cliente

valueless ['væl·ju:·ləs] *adj* privo, -a di valore

valve [vælv] *n* valvola *f*

vampire ['væm·paɪ·ə·] *n* vampiro *m*

van [væn] *n* furgone *m;* **delivery ~** furgone delle consegne

vandal ['væn·dəl] *n* vandalo *m*

vandalism ['væn·də·lɪ·zəm] *n* vandalismo *m*

vandalize ['væn·də·laɪz] *vt* vandalizzare

vanilla [və·'nɪ·lə] *n* vaniglia *f*

vanish ['væ·nɪʃ] *vi* **to ~ (from sth)** scomparire (da qc); **to ~ into thin air** *fig* svanire

vanity ['væ·nə·ti] <-ies> *n* ① (*self-satisfaction*) vanità *f* ② (*dressing table*) tavolo *m* da toeletta ③ (*bathroom cabinet*) mobile *m* portalavabo

vanity bag *n* necessaire *m inv,* beauty case *m inv*

vantage point *n* posizione *f* vantaggiosa

vapor ['veɪ·pə·] *n* vapore *m;* **water ~** vapore acqueo

variable ['ve·riə·bl] *adj, n* variabile *f*

variation [ˌve·ri·'eɪ·ʃən] *n* ① *a.* BIO, MUS variazione *f;* **a ~ on sth** una variazione di qc; **variations on a theme** variazioni sul tema ② differenza *f;* **wide ~ s in sth** grandi differenze in qc

varied ['ve·rɪd] *adj* ① (*diverse*) vario, -a ② (*having different colors*) variegato, -a

variety [və·'raɪ·ə·ti] <-ies> *n* ① (*diversity*) varietà *f* ② (*assortment*) assortimento *m;* **for a ~ of reasons** per vari motivi; **a ~ of snacks** un vasto assortimento di stuzzichini ③ (*sort*) varietà *f;* **a new ~ of tulip** una nuova varietà di tulipano ④ THEAT varietà *m*

V variety show *n* spettacolo *m* di varietà

various ['ve·riəs] *adj* ① (*numerous*) vari, -e; **for ~ reasons** per vari motivi ② (*diverse*) diversi, -e

varnish ['vɑr·nɪʃ] I. *n* vernice *f* II. *vt* verniciare

varsity ['vɑr·sə·ti] <-ies> *n squadra del college*

vary ['ve·ri] <-ie-> I. *vi* ① (*be different*) variare; **opinions ~** ci sono opinioni diverse; **entry requirements ~** i criteri di ammissione variano ② (*diverge*) differire; **to ~ from sth** differire da qc II. *vt* (*change*) variare

varying *adj* vario, -a

vase [veɪs] *n* vaso *m*

vast [væst] *adj* ① (*big*) vasto, -a; **a ~ country** un paese vasto ② (*great in number*) enorme; **the ~ majority** la stragrande maggioranza ③ (*great in degree*) considerevole; **his ~ knowledge of ...** la sua vasta conoscenza di ...; **a ~ amount of money** un'ingente somma di denaro

vastly *adv* enormemente; **~ superior** infinitamente superiore

vat [væt] *n* tino *m*

Vatican ['væ·tɪ·kən] I. *n* **the ~** il Vaticano II. *adj* vaticano, -a

vault [vɑlt] *n* ① ARCHIT volta *f;* (*under churches*) cripta *f;* (*at cemeteries*) tomba *f;* **family ~** tomba di famiglia ② (*in a bank*) caveau *m inv*

veal [viːl] *n* (*carne f di*) vitello *m*

veal cutlet *n* fettina *f* di vitello

veg [vedʒ] *vi inf* rilassarsi

vegan ['viː·gən] *n* vegano, -a *m, f*

vegetable ['ve·dʒə·bl] *n* ① (*plant*) vegetale *m* ② (*edible plant*) verdura *f;* (*green*) ~ verdura *f* a foglia; **~ soup** minestra *f* di verdura; **root ~** tubero *m;* **seasonal ~** verdura di stagione

vegetable butter *n* margarina *f*

vegetable garden *n* orto *m*

vegetable kingdom *n* regno *m* vegetale

vegetable oil *n* olio *m* vegetale

vegetarian [ˌve·dʒə·'te·riən] *adj, n* vegetariano, -a *m, f*

vegetate ['ve·dʒə·teɪt] *vi a. fig* vegetare

vegetation [ˌve·dʒə·'teɪ·ʃən] *n* vegetazione *f*

veggie *n inf* vegetariano, -a *m, f*

veggieburger *n* hamburger *m inv* vegetariano

vehemence ['viː·ə·məns] *n* veemenza *f*

vehement ['viː·ə·mənt] *adj* veemente

vehicle ['viː·ə·kl] *n* ① (*for transporting*)

veicolo m; **motor ~** veicolo a motore, automezzo m ❷ (*means of expression*) mezzo m; **to be a ~ for sth** essere un mezzo di qc

veil [veɪl] n velo m; **bridal ~** velo da sposa

veiled adj velato, -a; **thinly ~** a malapena dissimulato

velvet ['vel·vɪt] I. n velluto m II. adj di velluto

vendetta [ven·'de·tə] n vendetta f

vending machine n distributore m automatico

vendor ['ven·də] n venditore, -trice m, f

venetian blind [və·ˌni·ʃən·'blaɪnd] n veneziana f

Venezuela [ˌve·nə·'zweɪ·lə] n Venezuela m

Venezuelan adj, n venezuelano, -a m, f

vengeance ['ven·dʒənts] n vendetta f; **with a ~** a più non posso

venison ['ve·nɪ·sən] n (carne f di) cervo m

venom ['ve·nəm] n veleno m; fig cattiveria f

venomous ['ve·nə·məs] adj velenoso, -a; (*malicious*) cattivo, -a

ventilate ['ven·tə·leɪt] vt (*air a space*) arieggiare

ventilation [ˌven·tə·'leɪ·ʃən] n aerazione f

ventilator ['ven·tə·leɪ·tə] n ❶ (*device*) ventilatore m ❷ MED respiratore m

venture ['ven·tʃə] I. n ❶ (*endeavor*) impresa f ❷ COM iniziativa f imprenditoriale; **joint ~** joint venture f inv II. vt ❶ (*dare*) **to ~ to do sth** azzardarsi a fare qc ❷ (*dare to express*) azzardare ❸ (*put at risk*) rischiare III. vi avventurarsi

venue ['ven·juː] n sede f (dell'evento)

Venus ['viː·nəs] n ❶ ASTRON Venere m ❷ (*in mythology*) Venere f

verbal ['vɜːr·bəl] adj ❶ (*oral*) verbale; **~ agreement** accordo m verbale ❷ (*word for word: translation*) letterale

verbally adv verbalmente

verdict ['vɜːr·dɪkt] n ❶ LAW verdetto m; **guilty ~** verdetto di colpevolezza; **to**

bring in a ~ emettere il verdetto ❷ (*opinion*) parere m; **what is your ~?** che cosa ne pensi?

verge [vɜːrdʒ] n ❶ (*physical edge*) margine m ❷ fig (*brink*) orlo m; **to be on the ~ of ...** essere sull'orlo di ...; **to be on the ~ of doing sth** essere sul punto di fare qc; **to be on the ~ of tears** essere sul punto di piangere

verifiable ['ve·rə·faɪ·ə·bl] adj verificabile

verify ['ve·rə·faɪ] <-ie-> vt ❶ (*corroborate*) corroborare ❷ (*authenticate*) verificare

vermin ['vɜːr·mɪn] n ❶ pl (*animals*) animali mpl nocivi ❷ pej (*people*) parassiti mpl

Vermont [vər·'mant] n Vermont m

versatile ['vɜːr·sə·təl] adj versatile

versatility [ˌvɜːr·sə·'tɪ·lə·ti] n versatilità f

versed adj **to be (well) ~ in sth** essere (molto) versato, -a in qc

version ['vɜːr·ʒən] n versione f

versus ['vɜːr·səs] prep ❶ (*in comparison*) in contrapposizione a ❷ SPORTS, LAW contro

vertebra ['vɜːr·tə·brə] <-ae> n vertebra f

vertical ['vɜːr·tə·kəl] adj verticale

vertigo ['vɜːr·tə·gou] n vertigini fpl

very ['ve·ri] I. adv ❶ (*extremely*) molto; **~ much** moltissimo; **not ~ much** non molto; **to feel ~ much at home** sentirsi come a casa; **I am ~, ~ sorry** sono dispiaciutissimo ❷ (*expression of emphasis*) **the ~ best** il migliore; **the ~ first** il primissimo; **at the ~ most** al massimo; **at the ~ least** come minimo; **the ~ next day** proprio il giorno dopo; **the ~ same** proprio lo stesso **~ well** molto bene; **it's all ~ fine ..., but ...** va benissimo ..., però ... II. adj **at the ~ bottom** proprio in fondo; **the ~ fact** il fatto stesso; **the ~ man we need** proprio l'uomo che fa per noi

vest [vest] n panciotto m; **bulletproof ~** giubbotto m antiproiettile

vet[1] [vet] inf I. n ❶ veterinario, -a m, f

V

II. *vt* <-tt-> ① (*examine*) esaminare ② (*screen*) passare al vaglio

vet² [vet] *n a. fig, inf*MIL veterano, -a *m, f*

veteran ['ve·tə·ən] I. *n* ① MIL reduce *mf* ② *fig* veterano, -a *m, f* II. *adj* ① MIL dei reduci ② *fig* veterano, -a

Veterans Day *n* giornata *f* dei reduci e dei caduti (*l'11 novembre*)

veterinarian [ˌve·tə·rɪ·'ne·ri·ən] *n* veterinario, -a *m, f*

veterinary ['ve·tə·rɪ·ne·ri] *adj* veterinario, -a; ~ **surgeon** medico *m* veterinario

veto ['vi:·ṭoʊ] I. *n* <-es> veto *m*; **to have a ~ over sth** avere il diritto di veto su qc II. *vt* <vetoed> ① (*use a veto*) oppore il veto a ② (*forbid*) proibire

VHF [ˌvi:·eɪtʃ·'ef] *abbr of* **very high frequency** VHF

via ['vaɪ·ə] *prep* per; ~ **Denver** passando per Denver; ~ **airmail** (per) via aerea

viable ['vaɪ·ə·bl] *adj* attuabile

viaduct ['vaɪ·ə·dʌkt] *n* viadotto *m*

vibe [vaɪb] *n sl* atmosfera *f*; **good/bad ~s** buone/cattive vibrazioni

vibrant ['vaɪ·brənt] *adj* ① (*lively*) vivace ② (*resonant*) vibrante

vibration [vaɪ·'breɪ·ʃən] *n* vibrazione *f*

vicar ['vɪ·kə] *n* REL pastore *m*

vicarage ['vɪ·kə·rɪdʒ] *n* canonica *f*

vice [vaɪs] *n* vizio *m*; **the ~ squad** la buoncostume *f inv*

vice president *n* vicepresidente *m*

vice versa [ˌvaɪ·sə·'vɜː·sə] *adv* viceversa

vicinity [və·'sɪ·nə·ti] <-ies> *n* vicinanze *fpl*; **in the ~ of ...** nelle vicinanze di ...

vicious ['vɪ·ʃəs] *adj* ① (*malicious*) malvagio, -a ② (*violent*) brutale ③ (*extremely powerful: wind*) violento, -a

vicious circle *n* circolo *m* vizioso

victim ['vɪk·tɪm] *n* vittima *f*; **to be the ~ of sth** essere vittima di qc ▶ **to fall ~ to sb/sth** cadere vittima di qu/qc

victimize ['vɪk·tə·maɪz] *vt* perseguitare

victor ['vɪk·tə] *n* vincitore, -trice *m, f*

Victorian [vɪk·'tɔː·ri·ən] *n* vittoriano, -a *m, f*

victorious [vɪk·'tɔː·ri·əs] *adj* vittorioso, -a; ~ **team** squadra *f* vincitrice; **to emerge ~** risultare vittorioso

victory ['vɪk·tə·ri] <-ies> *n* vittoria *f*; **to win a ~ (in sth)** conseguire una vittoria (in qc)

video ['vɪ·di·oʊ] I. *n* ① video *m inv*; **to come out on ~** uscire in video ② (*tape*) videocassetta *f*; **blank ~** videocassetta vergine II. *vt* registrare

video camera *n* videocamera *f*

videoconference *n* videoconferenza *f*

video game *n* videogioco *m*

videophone *n* videotelefono *m*

video recorder *n* videoregistratore *m*

video surveillance *n* videosorveglianza *f*

videotape I. *n* videocassetta *f* II. *vt* registrare

Vietcong [ˌvi:·et·'kɑ:ŋ] *n inv* Vietcong *m inv*

Vietnam [ˌvi:·et·'nɑ:m] *n* Vietnam *m*

view [vju:] I. *n* ① (*opinion*) parere *m*, opinione *f*; **point of ~** punto *m* di vista; **exchange of ~s** scambio *m* di opinioni; **to express a ~** esprimere un parere; **to share a ~** condividere un'opinione; **in her ~ ...** a suo modo di vedere ... ② (*sight*) vista *f*; **panoramic ~** vista panoramica; **to come into ~** apparire; **to keep sb/sth in ~** non perdere di vista qu/qc ③ (*picture*) veduta *f* ▶ **in ~ of sth** considerato qc; **in ~ of what you've said ...** considerato quello che hai detto ...; **with a ~ to doing sth** con l'intenzione di fare qc; **with this in ~** a questo scopo II. *vt* ① (*consider*) considerare; **to ~ sth with suspicion** guardare qc con sospetto ② (*watch*) guardare ③ (*take a look at*) vedere

viewer *n* ① (*person*) spettatore, -trice *m, f* ② (*device*) visore *m* ③ COMPUT visualizzatore *m*

viewfinder ['vju:ˌfaɪn·də] *n* mirino *m*

viewpoint ['vju:·pɔɪnt] *n* ① (*point of view*) punto *m* di vista ② (*vista point*) belvedere *m inv*

vigil ['vɪ·dʒəl] *n* veglia *f*; **to keep ~** vegliare

vigilant ['vɪ·dʒɪ·lənt] *adj* vigile

vigor ['vɪ·gə] *n* vigore *m*

vigorous ['vɪ·gə·rəs] *adj* ① (*energetic*) energico, -a ② (*healthy*) vigoroso, -a

village ['vɪ·lɪdʒ] I. *n* ① (*small settlement*) paese *m* ② + *pl/sing vb* (*populace*) paese *m* II. *adj* del paese

villager ['vɪ·lə·dʒə] *n* paesano, -a *m, f*

villain ['vɪ·lən] *n* ① (*evil person*) mascalzone *m*; **small-time ~** delinquente *mf* di mezza tacca ② (*in film*) cattivo *m*

vindictive [vɪn·'dɪk·tɪv] *adj* vendicativo, -a

vinegar ['vɪ·nə·gə] *n* aceto *m*

vineyard ['vɪn·jəd] *n* vigneto *m*, vigna *f*

violation [ˌvaɪ·ə·'leɪ·ʃən] *n* violazione *f*; **traffic ~** violazione del codice stradale

violence ['vaɪ·ə·ləns] *n* violenza *f*

violent ['vaɪ·ə·lənt] *adj* violento, -a

violin [ˌvaɪ·ə·'lɪn] *n* MUS violino *m*

violinist [vaɪ·ə·'lɪ·nɪst] *n* MUS violinista *mf*

virgin ['vɜːr·dʒɪn] *n* vergine *f*; **the Blessed Virgin** la Beata Vergine

Virginia [vər·'dʒɪn·jə] *n* Virginia *f*

virginity [vər·'dʒɪ·nə·ti] *n* verginità *f*; **to lose one's ~** perdere la verginità

Virgo ['vɜːr·goʊ] *n* Vergine *f*; **I'm (a) Virgo** sono (della [*o* una]) Vergine

virile ['vɪ·rəl] *adj* virile

virility [və·'rɪ·lə·ti] *n* ① (*sexual vigor*) virilità *f* ② (*forcefulness*) forza *f*

virtual ['vɜːr·tʃu·əl] *adj* virtuale; **a ~ certainty** praticamente una certezza

virtually *adv* praticamente

virtue ['vɜːr·tʃuː] *n* ① (*moral quality*) virtù *f* ② (*advantage*) vantaggio *m*

virtuous ['vɜːr·tʃu·əs] *adj* virtuoso, -a

virulent ['vɪr·jə·lənt] *adj* ① MED virulento, -a ② (*hateful and fierce*) violento, -a

visa ['viː·zə] I. *n* visto *m* II. *adj* del visto

vise [vaɪs] *n* morsa *f*

visibility [ˌvɪ·zə·'bɪ·lə·ti] *n* visibilità *f*; **poor ~** scarsa visibilità

visible ['vɪ·zə·bl] *adj* visibile; **to be barely ~** essere appena visibile

vision ['vɪ·ʒən] *n* (*sight*) vista *f*; **blurred ~** vista offuscata

visit ['vɪ·zɪt] I. *n* visita *f*; **to have a ~ from sb** ricevere una visita da qu; **to pay a ~ to sb** andare a trovare qu II. *vt* visitare III. *vi* fare una visita

visiting hours *npl* orario *m* delle visite

visitor ['vɪ·zɪ·tə] *n* visitatore, -trice *m, f*; **we've got ~s** abbiamo visite; **~s' book** registro *m* dei visitatori

visor ['vaɪ·zə] *n* visiera *f*

visual ['vɪ·ʒuəl] *adj* visivo, -a; **~ memory** memoria *f* visiva; **~ aid** supporto *m* visivo

visualize ['vɪ·ʒu·ə·laɪz] *vt* immaginare

vital ['vaɪ·təl] *adj* vitale; **~ organs** organi *mpl* vitali; **~ statistics** statistiche *fpl* demografiche; **it is ~ to do …** è essenziale fare …

vitality [vaɪ·'tæ·lə·ti] *n* vitalità *f*

vitamin ['vaɪ·tə·mɪn] *n* vitamina *f*

vivacious [vɪ·'veɪ·ʃəs] *adj* vivace

vivid ['vɪ·vɪd] *adj* vivido, -a; **~ imagination** fervida immaginazione

vocabulary [voʊ·'kæb·jə·le·ri] *n* vocabolario *m*; **limited ~** vocabolario limitato; **to widen one's ~** ampliare il proprio vocabolario

vocalist ['voʊ·kə·lɪst] *n* cantante *mf*

vocation [voʊ·'keɪ·ʃən] *n* vocazione *f*; **to miss one's ~** sbagliare mestiere

vocational [voʊ·'keɪ·ʃə·nəl] *adj* professionale; **~ counseling** orientamento *m* professionale; **~ training** formazione *f* professionale

vociferous [voʊ·'sɪ·fə·rəs] *adj* veemente

vogue [voʊg] *n* voga *f* ▸ **in ~** in voga; **no longer in ~** non più in voga

voice [vɔɪs] I. *n* voce *f*; **in a loud ~** a voce alta; **to raise/lower one's ~** alzare/abbassare la voce; **to lose one's ~** perdere la voce II. *vt* esprimere

voiced *adj* sonoro, -a

voice mail *n* TEL messaggeria *f* vocale

voice-over *n* TV, CINE voce *f* fuoricampo

void [vɔɪd] I. *n* a. *fig* vuoto *m*; **to fill the ~** colmare il vuoto II. *adj* nullo, -a;

V

~ **contract** contratto nullo III. *vt* annullare

VoIP [vɔɪp] INET *abbr of* **Voice over Internet Protocol** I. *vi* parlare con VoIP II. *vt* chiamare via VoIP

volatile ['vɑ·lə·təl] *adj* ❶ CHEM, COMPUT volatile ❷ instabile

volcano [vɑ·lˈkeɪ·noʊ] <-(e)s> *n* vulcano *m*

volleyball ['vɑ·li·bɔːl] *n* pallavolo *f*

voltage ['voʊl·tɪdʒ] *n* tensione *f*, voltaggio *m*

volume ['vɑ·lˈjuːm] *n* (*all senses*) volume *m*; ~ **of sales** COM volume delle vendite; **to turn the ~ up/down** alzare/abbassare il volume

volume control, **volume regulator** *n* (controllo *m* del) volume

voluntary ['vɑ·lən·te·ri] *adj* volontario, -a

volunteer [ˌvɑ·lənˈtɪr] I. *n* volontario, -a *m, f* II. *vt* **to ~ oneself for sth** offrirsi volontario per qc; **to ~ information** dare informazioni spontaneamente III. *vi* offrirsi volontario IV. *adj* volontario, -a

vomit ['vɑ·mɪt] I. *vi, vt* vomitare; **it makes me want to ~** *a. fig* mi fa vomitare II. *n* vomito *m*

voodoo ['vuː·duː] *n* vudù *m inv*

vote [voʊt] I. *vi* ❶ (*elect*) votare; **to ~ for/against sb/sth** votare per/contro qu/qc ❷ (*formally decide*) **to ~ on sth** mettere qc ai voti II. *vt* ❶ (*elect*) eleggere (per votazione) ❷ (*propose*) **to ~ that ...** proporre che ... +*conj* III. *n* ❶ (*formally made choice*) voto *m* ❷ (*election*) votazione *f*; **to put sth to the ~** mettere qc ai voti ❸ (*right to elect*) **to have the ~** avere diritto di voto

◆ **vote in** *vt* eleggere (per votazione)

◆ **vote out** *vt* **to vote sb out (of sth)** non rieleggere qu (a qc)

voter *n* votante *mf*

voucher ['vaʊ·tʃɚ] *n* ❶ (*coupon*) buono *m*, coupon *m inv* ❷ (*receipt*) tagliando *m*

vowel ['vaʊ·əl] *n* vocale *f*

voyage ['vɔɪ·ɪdʒ] I. *n* viaggio (per mare) *m* II. *vi* viaggiare; **to ~ to distant lands** viaggiare verso terre lontane

VT *n abbr of* **Vermont** Vermont *m*

vulgar ['vʌl·ɡɚ] *adj* volgare

vulnerable ['vʌl·nɚ·ə·bl] *adj* vulnerabile

V

Ww

W, w ['dʌbl·juː] *n* W, w *f*; **~ for William** W come Washington

W *n* ❶ *abbr of* **watt** W ❷ *abbr of* **west** O

WA *n abbr of* **Washington** Washington *f*

wack *adj sl* penoso, -a

wacko ['wæ·kou] *n sl* tipo *m* strambo

wacky ['wæ·ki] <-ier, -iest> *adj sl* strambo, -a

wad [wɑːd] *n* (*of banknotes*) mazzetta *f*; (*of cotton*) batuffolo *m*; (*of chewing tobacco*) cicca *f*; (*of forms*) plico *m*

waddle ['wɑː·dl] I. *vi* camminare dondolando II. *n* andatura *f* dondolante

wade [weɪd] I. *vi* avanzare a fatica nell'acqua; **to ~ across** guadare; **to ~ into sth** addentrarsi in qc; **to ~ through a book** leggere un libro con difficoltà II. *vt* guadare

wader ['weɪ·dɚ] *n* ❶ (*bird*) trampoliere *m* ❷ *pl* (*boots*) stivali *mpl* da pescatore

wafer ['weɪ·fɚ] *n* ❶ (*biscuit*) cialda *f* ❷ REL ostia *f*

wafer-thin [ˌweɪ·fɚ·'θɪn] *adj* sottile come un'ostia

waffle[1] ['wɑː·fl] *n* FOOD cialda *f*

waffle[2] ['wɑː·fl] *inf* I. *vi* (*to talk*) **to ~ (on)** blaterare II. *n* sproloquio *m*

waffle iron *n* stampo *m* per cialde

waft [wɑːft] *liter* I. *vi* (*scent, sound*) diffondersi II. *vt* portare

wag [wæg] I.<-gg-> *vt* agitare; **the dog ~ged its tail** il cane scodinzolò; **to ~ one's finger at sb/sth** minacciare qu con il dito II.<-gg-> *vi* agitarsi III. *n* scodinzolamento *m*

wage [weɪdʒ] I. *vt* (*war*) fare; **to ~ war against sth/sb** fare la guerra contro qc/qu; **to ~ a campaign for/against sth** intraprendere una campagna a favore di/contro qc II. *n* salario *m*; **living ~** salario sufficiente per vivere; **minimum ~** minimo *m* salariale; **real**

~s salario effettivo; **to earn a ~** percepire un salario; **to get a good ~** essere pagato bene

wage dumping *n* dumping *m* salariale

wage earner *n* salariato, -a *m, f*

wage freeze *n* blocco *m* dei salari

wage increase *n* aumento *m* salariale

wager ['weɪ·dʒɚ] I. *n* scommessa *f*; **to place a ~** fare una scommessa II. *vt* scommettere; **to ~ one's reputation/ life** giocarsi la reputazione/vita

wage scale *n* scala *f* dei salari

wageworker *n* salariato, -a *m, f*

waggle ['wæ·gl] I. *vt* muovere II. *vi* muoversi

waggly ['wæg·li] <-ier, -iest> *adj* traballante

wagon ['wæ·gən] *n* ❶ (*horse-drawn*) carro *m* ❷ (*truck*) camion *m inv* ▶ **to be on the ~** *inf* non bere alcol; **to fall off the ~** *inf* riprendere a bere; **to go on the ~** *inf* smettere di bere

wail [weɪl] I. *vi* gemere; (*wind, siren*) ululare II. *vt* gemere III. *n* gemito *m*

wailing *n* gemiti *mpl*

waist [weɪst] *n* vita *f*

waistband ['weɪst·bænd] *n* cintura *f*

waist-deep [ˌweɪst·'diːp] *adj* fino alla cintura

waistline ['weɪst·laɪn] *n* girovita *m inv*; **to watch one's ~** stare attento alla linea

wait [weɪt] I. *vi* aspettare; **to ~ for sth/ sb** aspettare qc/qu; **to keep sb ~ing** far aspettare qu; **he cannot ~ to see her** non vede l'ora di vederla; **~ and see** aspetta e vedrai; **(just) you ~ !** stai a vedere! II. *vt* aspettare; **to ~ one's turn** aspettare il proprio turno III. *n* attesa *f*; **to lie in ~** essere in agguato

◆ **wait about** *vi*, **wait around** *vi* **to ~ for sth** stare in attesa di qc

◆ **wait behind** *vi* trattenersi

◆ **wait on** *vt* ❶ (*serve*) servire ❷ *form*

W

(expect) **to** ~ **sth** aspettare qc
◆ **wait up** *vi* **to** ~ **for sb** aspettare qu alzato

waiter ['weɪ·tə] *n* cameriere *m*

waiting *n* **the** ~ l'attesa

waiting game *n* **to play the** ~ temporeggiare

waiting list *n* lista *f* d'attesa

waiting room *n* sala *f* d'attesa

waitress ['weɪ·trɪs] *n* cameriera *f*

waive [weɪv] *vt form (right)* rinunciare a; *(rule)* non applicare; *(charge)* eliminare

waiver ['weɪ·və] *n* deroga *f*

wake¹ [weɪk] *n* NAUT scia *f*; **in the** ~ **of sth** in seguito a qc

wake² [weɪk] *n* veglia *f* funebre

wake³ [weɪk] <woke *o* waked, woken *o* waked> I. *vi* svegliarsi II. *vt* svegliare
◆ **wake up** I. *vi* svegliarsi II. *vt* svegliare

wakeful ['weɪk·fəl] *adj form* ❶ *(sleepless)* sveglio, -a; ~ **night** notte *f* in bianco ❷ *(vigilant, alert)* attento, -a; **to feel** ~ sentirsi lucido

waken ['weɪ·kən] *vt form* svegliare

Wales [weɪlz] *n* Galles *m*

walk [wɑːk] I. *n* ❶ *(stroll)* passeggiata *f*; **to take a** ~ fare una passeggiata; **to take sb out for a** ~ portare qu a fare una passeggiata; **it's a five minute** ~ sono cinque minuti a piedi; **to do sth in a** ~ fare qc; **they won in a** ~ hanno vinto senza problemi ❷ *(gait)* andatura *f* ❸ *(walking pace)* passo *m* ▶ ~ **of life people from all** *(different)* ~**s of life** gente di ogni tipo II. *vt* ❶ *(go on foot)* camminare per; *(distance)* percorrere a piedi ❷ *(accompany)* **to** ~ **sb home** accompagnare qu a casa ❸ *(take for a walk)* **to** ~ **the dog** portare a spasso il cane III. *vi (go on foot)* andare a piedi, camminare; *(stroll)* passeggiare ▶ **to** ~ **on air** camminare a un metro da terra
◆ **walk about** *vi*, **walk around** *vi* andare a spasso
◆ **walk away** *vi form* andarsene; **to** ~ **from sb** lasciare qu; **to** ~ **from sth** abbandonare qc; **to** ~ **from an accident**

without a scratch uscire illeso da un incidente
◆ **walk back** *vi* tornare a piedi
◆ **walk in** *vi* entrare
◆ **walk in on** *vt* **to** ~ **sb (doing sth)** entrare e sorprendere qu (a fare qc)
◆ **walk off** I. *vt* **to** ~ **the meal** smaltire un pasto facendo una passeggiata II. *vi* andarsene
◆ **walk on** *vi* continuare a camminare
◆ **walk out** *vi* ❶ *(leave)* andarsene ❷ *(go on strike)* scioperare
◆ **walk out on** *vt inf* **to** ~ **sb** piantare qu
◆ **walk over** *vt (rights)* calpestare; **to walk (all) over sb** mettere i piedi in testa a qu
◆ **walk through** *vt insep (part)* aiutare con
◆ **walk up** I. *vi* ❶ *(go up)* salire ❷ *(approach)* **to** ~ **to sb** avvicinarsi a qu II. *vt* **to** ~ **sth** salire qc

walkaway ['wɑː·kə·weɪ] *n* passeggiata *f*; **to win in a** ~ vincere senza problemi

walker ['wɑː·kə] *n* ❶ *(stroller)* persona *f* che ama passeggiare ❷ SPORTS podista *mf* ❸ *(sb whose hobby is walking)* escursionista *mf*

walkie-talkie [,wɑː·ki·'tɑː·ki] *n* walkie-talkie *m inv*

walk-in ['wɑː·kɪn] *adj* ❶ *(big)* ~ **closet** cabina *f* armadio ❷ *(on street)* ~ **apartment** *con ingresso sulla strada*

walking I. *n* passeggio *m;* SPORTS marcia *f*; **to do a lot of** ~ camminare molto II. *adj* ❶ **it is within** ~ **distance** ci si può andare a piedi ❷ *(human)* ambulante; **to be a** ~ **encyclopedia** essere una enciclopedia ambulante

walking papers *npl inf* **to give sb his/her** ~ dare a qu il benservito

walking stick *n* bastone *m* (da passeggio)

walking wounded *npl* feriti *mpl* in grado di camminare

Walkman® ['wɑːk·mən] <-s> *n* walkman® *m inv*

walk-on ['wɑːk·ɑːn] I. *adj* ~ **part** THEAT,

CINE ruolo *m* di figurante II. *n* THEAT, CINE figurante *m*

walkout ['wɑːk·aʊt] *n* abbandono *m;* (*strike*) sciopero *m*

walkover ['wɑːk·ˌoʊ·və·] *n inf* **it was a ~** è stata una passeggiata

walkthrough ['wɑːk·ˌθruː] *n* collaudo *m*

walkway ['wɑːk·weɪ] *n* passerella *f*

wall [wɔːl] I. *n* muro *m; (in the interior) a.* ANAT parete *f; (enclosing town)* muraglia *f;* **the city ~s** le mura della città; **the Great Wall of China** la Grande Muraglia cinese; **a ~ of silence** un muro di silenzio ▸ **to have one's back to** [*o* **up against**] **the ~** trovarsi con le spalle al muro; **to drive sb up the ~** *inf* far infuriare qu; **to hit a brick ~** trovarsi davanti un muro; **to be off the wall** *sl* essere strambo; **the writing** [*o* **hand-writing**] **is on the ~** ci sono segnali d'allarme II. *vt (garden)* recintare con un muro; (*town*) cintare di mura

◆ **wall in** *vt* ⓐ *(garden)* recintare con un muro; (*town*) cintare di mura ⓑ *fig* circondare

◆ **wall off** *vt* separare con un muro

◆ **wall up** *vt* murare

wall chart *n* cartellone *m*

wallet ['wɑː·lɪt] *n* portafoglio *m*

wallflower ['wɔːl·ˌflɑ·ʊə·] *n* ⓐ BOT violacciocca *f* ⓑ *fig* **to be a ~** fare da tappezzeria

wall hanging *n* arazzo *m*

Walloon [wɑː·'luːn] I. *adj* vallone, -a II. *n* ⓐ *(person)* vallone, -a *m, f* ⓑ LING vallone *m*

wallop ['wɑː·ləp] I. *vt inf* ⓐ *(hit hard)* dare un colpo a ⓑ *(defeat)* stracciare II. *n inf (hit)* colpo *m;* **to give sb a ~** menare qu

walloping I. *adj inf* ⓐ *(very big)* enorme ⓑ *(very good)* stupendo, -a II. *n inf* **to give sb a ~** menare qu

wallow ['wɑː·loʊ] I. *n* rotolamento *m* II. *vi* ⓐ *(lie in earth)* rotolarsi ⓑ *(remain in negative state)* **to ~ in self-pity** autocommiserarsi ⓒ *(revel)* crogiolarsi

wallpaper ['wɔːl·ˌpeɪ·pə·] I. *n* carta *f* da

parati; **to hang ~** mettere la carta da parati II. *vt* mettere la carta da parati in/su

Wall Street *n* ⓐ *(street)* Wall Street *f* ⓑ *fig* mondo *m* della Borsa (americana)

wall-to-wall ['wɔl·tə·'wɔːl] *adj* ~ **carpeting** moquette *f*

walnut ['wɔːl·nʌt] *n* ⓐ *(nut)* noce *f* ⓑ *(tree)* noce *m*

walrus ['wɔːl·rəs] <walruses *o* walrus> *n* tricheco *m*

waltz [wɔːlts] <-es> I. *n (dance)* valzer *m inv* II. *vi* ⓐ *(dance)* ballare il valzer ⓑ *inf (walk confidently)* camminare disinvoltamente III. *vt* **to ~ sb** far ballare il valzer a qu

◆ **waltz about** *vi*, **waltz around** *vi* fare un giro di valzer

◆ **waltz in** *vi inf* entrare come se niente fosse

◆ **waltz off** *vi inf* **to ~ with sth** fregare qc

◆ **waltz out** *vi inf* uscire come se niente fosse

wan [wɑn] <-nn> *adj liter* smunto, -a

wand [wɑnd] *n (conjuror's stick)* bacchetta *f* magica; **to wave one's magic ~** agitare la bacchetta magica

wander ['wɑːn·də·] I. *vt* vagare per; **to ~ the streets** vagare per le strade II. *vi* ⓐ *(roam)* vagare; *(stroll)* gironzolare; **to let one's thoughts ~** lasciare libera l'immaginazione III. *n inf* giro *m;* **to go for a ~ around the city** fare un giro per la città

wanderer ['wɑːn·də·ə·] *n* girovago, -a *m, f; pej* vagabondo, -a *m, f*

wandering ['wɑːn·də·rɪŋ] *adj* ⓐ *(nomadic)* errante; *(salesman)* ambulante; **~ tribe** tribù nomade ⓑ *(not concentrating)* distratto, -a

wanderings ['wɑːn·də·rɪŋz] *n* giri *mpl; pej* vagabondaggi *mpl*

wane [weɪn] I. *vi* calare; **to wax and ~** avere alti e bassi II. *n* calo *m;* **to be on the ~** essere in calo

wangle ['wæŋ·gl] *vt inf* rimediare; **to ~ one's way into sth** riuscire a farsi strada in qc

want [wɑːnt] I. *vt* ① (*wish*) volere; **to ~ to do sth** voler fare qc; **to ~ sb to do sth** volere che qu faccia qc; **to ~ sth done** volere che qc sia fatto; **you're ~ed on the phone** ti vogliono al telefono ② (*need*) aver bisogno di; **he is ~ed by the police** è ricercato dalla polizia; **'~ed'** 'cercasi' II. *n* ① (*need*) bisogno *m* ② (*lack*) mancanza *f*; **for ~ of sth** per mancanza di qc

 ◆**want in** *vi* ① (*want to take part*) **do you ~?** vuoi partecipare? ② (*want to enter*) voler entrare

 ◆**want out** *vi* ① (*not want to take part*) **to ~** (*of sth*) non voler partecipare (a qc) ② (*want to exit*) voler uscire

want ad *n inf* annuncio *m* economico

wanting *adj* **to be ~ in sth** mancare di qc; **there is ~** manca qc

wanton ['wɑːn·tən] *adj* ① (*extreme*) sfrenato, -a ② (*mindless*) gratuito, -a; **~ destruction** distruzione senza senso; **~ disregard** totale sconsideratezza; **~ waste** spreco vano ③ (*licentious*) lascivo, -a ④ (*capricious*) capriccioso, -a; (*playful*) burlesco, -a

war [wɔːr] *n* guerra *f*; **civil ~** guerra civile; **the Great War** la Prima Guerra Mondiale; **the Second World War** la Seconda Guerra Mondiale; **a holy ~** una guerra santa; **the horrors of ~** gli orrori della guerra; **in time of ~** in tempo di guerra; **to be at ~** essere in guerra; **to declare ~ on sb** *a. fig* dichiarare guerra a qu; **to go to ~** entrare in guerra

war baby *n* bambino, -a *m, f* della guerra

warble ['wɔːr·bl] *vi* (*bird*) cinguettare; (*lark*) gorgheggiare; *iron* (*person*) fare gorgheggi

warbler ['wɔːr·blər] *n* silvia *f*

war bond *n* obbligazione *f* di guerra

W war correspondent *n* inviato, -a *m, f* di guerra

war crime *n* crimine *m* di guerra

war criminal *n* criminale *mf* di guerra

war cry *n* grido *m* di guerra

ward [wɔːrd] *n* ① (*wardship*) tutela *f*; **in ~** sotto tutela ② (*person*) pupillo, -a *m, f* ③ (*in a hospital*) reparto *m*; (*room*) corsia *f*; **geriatric/psychiatric ~** reparto di geriatria/psichiatria; **maternity ~** reparto maternità

 ◆**ward off** *vt* evitare

warden ['wɔːr·dn] *n* guardiano, -a *m, f*; (*of a prison*) direttore *m*; **game ~** guardacaccia *m inv*

wardrobe ['wɔːrd·roʊb] *n* ① (*closet*) armadio *m* ② (*clothes*) guardaroba *m*

wardrobe trunk *n* baule *m*

wardship ['wɔːrd·ʃɪp] *n* tutela *f*

warehouse ['we·rə·haʊs] *n* deposito *m*

wares [werz] *npl inf* merci *fpl*

warfare ['wɔːr·fer] *n* guerra *f*

war game *n* war game *m inv*

warhead ['wɔːr·hed] *n* (*of rocket*) testata *f*

warily ['we·rɪ·li] *adv* in maniera guardinga

warlike ['wɔːr·laɪk] *adj* ① (*of war*) bellico, -a ② (*belligerent*) bellicoso, -a

warlord ['wɔːr·lɔːrd] *n* capo *m* militare

warm [wɔːrm] I. *adj* ① caldo, -a; (*not too hot*) tiepido, -a; **nice and ~** bello caldo; **to be ~** (*person*) avere caldo; (*thing*) essere caldo; (*weather*) fare caldo ② (*affectionate*) affettuoso, -a; **~ welcome** accoglienza calorosa; **to be ~** essere affettuoso ③ (*fresh*) fresco, -a; **~ tracks** tracce fresche ▶**you're getting ~** fuochino! II. *n* **the ~** il calore III. *vt* riscaldare; **to ~ one's feet** riscaldarsi i piedi; **to ~ the soup** riscaldare la minestra

 ◆**warm up** I. *vi* riscaldarsi II. *vt* riscaldare

warm-blooded [ˌwɔːrm·'blʌ·dɪd] *adj* a sangue caldo

warm front *n* fronte *m* caldo

warm-hearted [ˌwɔːrm·'hɑːr·tɪd] *adj* premuroso, -a; (*affectionate*) affettuoso, -a

warmly *adv* ① (*of heat*) **wrap yourself up ~!** copriti bene! ② (*enthusiasm*) calorosamente

warmth [wɔːrmθ] *n* (*heat, affection*) calore *m*

warm-up, warmup ['wɔːm·ʌp] *n* SPORTS riscaldamento *m*

warn [wɔːrn] *vt* ① (*make aware*) avvisare, avvertire; **to ~ sb not to do sth** avvertire qu di non fare qc; **to ~ sb of sth** (*danger*) mettere in guardia qu da qc ② LAW dare la diffida a
◆ **warn off** *vt* **to warn sb off doing sth** sconsigliare a qu di fare qc

warning ['wɔːr·nɪŋ] I. *n* ① avviso *m*, avvertimento *m*; **a word of ~** un avvertimento; **to give sb a ~** avvertire qu; **to issue a ~** (**about sth**) emettere un avviso (per qc); **without ~** senza preavviso II. *adj* di avvertimento

warning shot *n* colpo *m* d'avvertimento; **to fire a ~** sparare un colpo d'avvertimento

warp [wɔːrp] I. *vi* distorcersi; (*wood*) imbarcarsi II. *vt* ① (*wood*) fare imbarcare, deformare ② (*mind*) distorcere III. *n* deformazione *f*

war paint ['wɔːr·peɪnt] *n* pittura *f* di guerra

warpath ['wɔːr·pæθ] *n* **to be on the ~** *a.fig,* fig essere sul sentiero di guerra

warped *adj* deformato, -a; (*mind*) perverso, -a; **to have a ~ way of looking at things** vedere le cose in modo contorto

warrant ['wɔː·rənt] I. *n* ① LAW mandato *m*; **arrest ~** mandato d'arresto; **search ~** mandato di perquisizione ② (*justification*) giustificazione *f* ③ COM garanzia *f* II. *vt* ① (*promise*) garantire ② (*justify*) giustificare

warrantee [ˌwɔː·rən·'tiː] *n* beneficiario, -a *m, f* di una garanzia

warrant officer *n* maresciallo *m*

warrantor ['wɔː·rən·tɔːr] *n* garante *mf*

warranty ['wɔː·rən·ti] <-ies> *n* garanzia *f*

warren ['wɔː·rən] *n* ① ZOOL tane *fpl* ② fig labirinto *m*

warring *adj* in guerra; **~ factions** fazioni belligeranti

warrior ['wɔːr·jɚ] *n* guerriero, -a *m, f*

Warsaw ['wɔːr·sɑː] *n* Varsavia *f*

warship ['wɔːr·ʃɪp] *n* nave *f* da guerra

wart [wɔːrt] *n* verruca *f*; **~s and all** *inf* (*description, portrait*) con pregi e difetti

wartime ['wɔːr·taɪm] *n* tempo *m* di guerra; **in ~** in tempo di guerra

war-torn ['wɔː·tɔːn] *adj* martoriato, -a dalla guerra

war-weary ['wɔːr·ˌwɪ·ri] *adj* stanco, -a della guerra

wary ['we·ri] <-ier, -iest> *adj* (*not trusting*) diffidente; (*watchful*) guardingo, -a; **to be ~ of sth/sb** diffidare di qc/qu

war zone ['wɔːr·zoun] *n* zona *f* di guerra

was [wɑːz] *pt of* **be**

wash [wɑːʃ] I. *vt* ① (*clean*) lavare; **to ~ one's hair/hands** lavarsi i capelli/le mani ② (*waves*) bagnare ③ (*river, sea*) trascinare; **to ~ sb overboard** gettare qu a mare II. *vi* ① (*person, cloth*) lavarsi; **that excuse won't ~ with me** *inf* questa scusa con me non attacca ② (*do the laundry*) fare il bucato ③ (*sea*) sciabordare III. *n* ① (*cleaning with water*) lavata *m*; **to have a ~** lavarsi ② (*clothes for cleaning*) **the ~** i panni da lavare; **to be in the ~** essere a lavare ③ (*sound of water*) sciabordio *m* ④ NAUT scia *f*; AVIAT turbolenza *f* ⑤ (*painting*) mano *f* ⑥ (*even situation*) bilanciamento *m* ▶ **to come out in the ~** *prov* venire a galla
◆ **wash away** *vt* ① (*clean*) lavare via ② (*carry elsewhere*) portare via
◆ **wash down** *vt* ① (*clean*) lavare ② (*carry elsewhere*) portare via ③ *fig* (*drink*) **to ~ sth with sth** mandare giù qc con qc
◆ **wash out** I. *vi* andare via II. *vt* ① (*clean*) lavare via; (*remove*) togliere ② *fig* **our party was washed out** la festa fu annullata a causa della pioggia
◆ **wash over** *vt* ① (*flow over*) spazzare ② (*have no effect on*) non intaccare
◆ **wash up** I. *vt* ① (*bring via water*) trasportare ② (*clean*) lavare II. *vi* (*wash*) lavarsi (le mani e il viso)

washable *adj* lavabile

wash-and-wear *adj* lava e metti

W

washbasin n (basin) lavandino m; (bowl) bacinella f

washboard n asse f da lavare

washbowl n s. **washbasin**

washcloth n panno m per lavarsi la faccia

washed-out [ˌwɑːʃtˈaʊt] adj ❶ (faded) scolorito, -a; ~ **jeans** jeans scoloriti; (pale) smunto, -a ❷ (tired) esausto, -a

washer ['wɑː·ʃə] n ❶ (washing machine) lavatrice f ❷ (plastic ring) guarnizione f

washing ['wɑː·ʃɪŋ] n ❶ (clothes for cleaning) panni mpl da lavare ❷ (act) lavaggio m; **to do the** ~ fare il bucato

washing machine n lavatrice f

Washington [ˌwɑː·ʃɪŋ·tən] n Washington f

Washington D.C. n Washington D.C.

Washington's Birthday inf fiasco m; **a complete** ~ un totale fiasco

wasn't [·wɑː·znt] = **was not** s. **be**

wasp [wɑːsp] n vespa f

WASP [wɑːsp] n pej, inf abbr of **White Anglo-Saxon Protestant** cittadino americano bianco, di origine anglosassone e protestante

waste [weɪst] I. n ❶ (misuse) spreco m; **it's a** ~ **of energy/money** è energia sprecata/denaro sprecato; **it's a** ~ **of time** è una perdita di tempo; **to go to** ~ andare sprecato; **what a** ~! che spreco! ❷ (unwanted matter) rifiuti mpl; **household/industrial** ~ rifiuti domestici/industriali; **electronic** ~ rifiuti mpl elettronici; **nuclear/toxic** ~ scorie fpl radioattive/tossiche; **to recycle** ~ riciclare i rifiuti II. vt sprecare; (time) perdere; **to** ~ **one's breath** fig sprecare il fiato; **to** ~ **no time in doing sth** non perdere tempo a fare qc; **to not** ~ **words** non fare tanti giri di parole III. vi consumarsi ▶ ~ **not, want not** prov il risparmio è il miglior guadagno prov IV. adj (bin) dei rifiuti; (material) di scarto; (land) incolto, -a

 ◆ **waste away** vi consumarsi

wastebasket ['weɪst·bæs·kət] n cestino m per la carta straccia

wasteful ['weɪst·fəl] adj (method) dispendioso, -a; **to be** ~ **with electricity** sprecare corrente

waste heat n energia f residuale

wasteland n terreno m abbandonato

waste management n trattamento m dei rifiuti

wastepaper n carta f straccia; (recyclable) carta f riciclabile

wastepaper basket n cestino m della carta straccia

waste pipe n tubatura f di scarico

waste product n materiale m di scarto

waster n ❶ (person) sprecone, -a m, f; **a money** ~ uno spendaccione ❷ (good-for-nothing) fannullone, -a m, f

wastewater n acque fpl di scolo

wasting ['weɪs·tɪŋ] adj (disease) debilitante

wastrel ['weɪs·trəl] n ❶ (wasteful person) sprecone, -a m, f ❷ (good-for-nothing) fannullone, -a m, f

watch [wɑːtʃ] I. n ❶ (clock) orologio m ❷ (act of observation) sorveglianza f; **to keep a close** ~ **on sb/sth** sorvegliare bene qu/qc; **to be on the** ~ **for sb/sth** stare in guardia da qc/qu; **to put a** ~ **on sb/sth** mettere qu sotto sorveglianza ❸ (group of guards) guardia f; HIST ronda f ❹ (period of duty) guardia f; **to keep** [o **be on**] ~ essere di guardia ❺ (alert) METEO **a tornado/hurricane** ~ una veglia del tornado/dell'uragano II. vt ❶ (observe) guardare; **to** ~ **the clock** guardare l'orologio; **to** ~ **a film** vedere un film; **to** ~ **TV** guardare la televisione; **to** ~ **sb/sth do sth** guardare qu/qc fare qc; **to** ~ **how sb does sth** guardare come qu fa qc ❷ (keep vigil) sorvegliare; **to** ~ **the kids** tenere d'occhio i bambini ❸ (mind) stare attento a; **to** ~ **every penny** (one spends) spendere oculatamente; **to** ~ **one's weight** tenere la linea sotto controllo; ~ **it!** attento!; **to** ~ **it** (**with sb**) stare attento (con qu); ~ **yourself** stare attento III. vi guardare; **to** ~ **as sb/sth does sth** guardare mentre qu/qc fa qc

 ◆ **watch out** vi stare attento; ~! attento!

watchband ['wɑ:tʃ·bænd] n cinturino m da orologio

watchdog ['wɑ:tʃ·dɑːg] n ❶(dog) cane m da guardia ❷(keeper of standards) supervisore m; (official organization) organismo m di controllo

watcher ['wɑ:t·ʃɚ] n osservatore, -trice m, f

watchful ['wɑ:tʃ·fəl] adj vigile; **to keep a ~ eye on sb/sth** tenere d'occhio qu/qc; **under the ~ eye of sb** sotto lo sguardo vigile di qu

watchmaker ['wɑ:tʃ·mei·kɚ] n orologiaio, -a m, f

watchman ['wɑ:tʃ·mən] <-men> n guardiano m; **night ~** guardiano m notturno

watchtower ['wɑ:tʃ·ta·ʊɚ] n torre f di vedetta

watchword ['wɑ:tʃ·wɜːrd] n ❶(symbol) motto m ❷(password) parola f d'ordine

water ['wɑ:·tɚ] **I.** n ❶(liquid) acqua f; **bottled ~** acqua in bottiglia; **a bottle of ~** una bottiglia d'acqua; **a drink/a glass of ~** un po'/un bicchier d'acqua; **hot and cold running ~** acqua corrente calda e fredda ❷(area of water) **the ~s of the Mississippi** le acque del Mississippi; **coastal ~s** acque costiere; **territorial ~s** acque territoriali; **un-chartered ~s** fig territorio m sconosciuto; **by ~** via mare ❸MED **~ on the brain** idrocefalia f; **~ on the knee** versamento m al ginocchio ▶**to be ~ under the** bridge essere acqua passata; **it's like ~ off a** duck's **back** è fiato sprecato; **to spend** money **like ~** avere le mani bucate; **to pour** cold **~ on sth** scoraggiare qc; **to be in** deep **~** essere nei guai; **still ~s run** deep prov essere più profondo di quel che sembri; **to get into** hot **~** finir in cattive acque; **to** hold **~** (explanation) filare; **to** muddy **the ~s** intorpidire le acque **II.** vt (plants) annaffiare; (livestock) abbeverare **III.** vi ❶(produce tears) lacrimare ❷(salivate) secernere saliva; **it**

makes my mouth ~ mi fa venire l'acquolina in bocca

waterborne ['wɑ:·tɚ·bɔːrn] adj via mare; **a ~ disease** una malattia trasmessa attraverso l'acqua; **~ attack** attacco dal mare

water bottle n borsa mf dell'acqua calda; (for soldiers, travelers) borraccia f

water cannon n inv cannone m ad acqua

watercolor I. n acquarello m **II.** adj ad acquarello

water-cooled ['wɑ:·tɚ·ku:ld] adj raffreddato, -a a acqua

watercress n crescione m

waterfall n cascata f

waterfowl n inv uccello m acquatico

waterfront n (harbor) porto m

water heater n scaldaacqua m inv

water hose n tubo m (di gomma) dell'acqua

watering can ['wɑ:·tɚ·ɪŋ·kæn] n annaffiatoio m

watering hole n pozza f (d'acqua)

watering place n abbeveratoio m

waterless ['wɑ:·tɚ·ləs] adj arido, -a

water level n livello m dell'acqua

water lily <-ies> n ninfea f

water line n linea f di galleggiamento

waterlogged ['wɑ:·tɚ·lɑ:gd] adj (pitch) fradicio, -a

Waterloo ['wɑ:·tɚ·lu:] n **to** meet **one's ~** subire una pesante sconfitta dopo una serie di vittorie

water main n tubatura m principale dell'acqua

waterman <-men> n barcaiolo m

watermark n ❶(river or tide level) livello f della marea ❷(on paper) filigrana f

watermelon n anguria f

water meter n contatore m dell'acqua

water pipe n ❶(for transporting water) tubo m dell'acqua ❷(hookah) pipa f ad acqua

water pistol n pistola f ad acqua

water pollution n inquinamento m delle acque

W

water polo *n* waterpolo *m*, pallanuoto *f*

water pressure *n* pressione *f* dell'acqua

waterproof ['wɑː.tə˞.pruːf] **I.** *adj* impermeabile **II.** *vt* impermeabilizzare

water-repellent *adj* idrorepellente

water-resistant *adj* resistente all'acqua

watershed ['wɑː.tə˞.ʃed] *n* ❶ (*high ground*) spartiacque *m* ❷ *fig* (*great change*) punto *m* di svolta

waterside *n* riva *f*

water-ski ['wɑː.tə˞.skiː] **I.** *vi* fare sci d'acqua; **to go ~ing** fare sci d'acqua **II.** <-s> *n* sci *m* d'acqua

water-skiing *n* sci *m* d'acqua

water softener *n* (*substance*) dolcificante *m* per acqua; (*device*) dolcificatore *m*

water-soluble *adj* idrosolubile

waterspout *n* METEO tromba *f* marina

water supply *n* fornitura *f* d'acqua

water table *n* falda *f* freatica

water tank *n* cisterna *f* (dell'acqua)

watertight ['wɑː.tə˞.taɪt] *adj* ❶ (*not allowing water in/out*) ermetico, -a ❷ *fig* (*not allowing doubt*) incontestabile; **a ~ alibi** un alibi di ferro

water vapor *n* vapore *m* acqueo

waterway *n* canale *m*

water wings *npl* braccioli *mpl*; **to wear ~** avere i braccioli

waterworks *n pl* (*where public water is stored*) riserva *f* idrica ▶ **to turn on the ~** mettersi a piangere

watery ['wɑː.tə˞.ri] <-ier, -iest> *adj* ❶ (*bland*) acquoso, -a; **a ~ soup** una minestra troppo liquida ❷ (*weak in color*) slavato, -a; (*weak in strength*) debole; **a ~ sun** un sole pallido

watt [wɑːt] *n* ELEC watt *m inv*

wattage ['wɑː.tɪdʒ] *n* ELEC wattaggio *m*

wave [weɪv] **I.** *n* ❶ (*of water*) onda *f*; (*on surface, of hair*) ondulazione *f*; **to be on the crest of the ~** *fig* essere sulla cresta dell'onda ❷ PHYS onda *f* ❸ (*hand movement*) to give sb a ~ salutare qu con la mano ▶ **to make ~s** creare problemi **II.** *vi* ❶ (*make hand movement*) **to ~ at** [*o* **to**] **sb** salutare qu con la mano ❷ (*move from side to*

side) ondeggiare **III.** *vt* ❶ (*signal*) **to ~ goodbye** fare ciao con la mano; **to ~ sb away** salutare qu con la mano ❷ (*move from side to side*) agitare ❸ (*hair*) arricciare; **to ~ one's hair** arricciarsi i capelli

◆ **wave down** *vt* **to wave sb/sth down** fare cenno a qu/qc di fermarsi

◆ **wave on** *vt* **to wave sb/sth on** fare cenno a qu/qc di proseguire

◆ **wave through** *vt* fare cenno di passare

waveband *n* RADIO banda *f* di frequenza

wavelength *n* lunghezza *f* d'onda; **to be on the same ~** *fig* essere sulla stessa lunghezza d'onda

waver ['weɪ.və˞] *vi* ❶ (*lose determination*) vacillare ❷ (*be unable to decide*) esitare; **to ~ between … and …** essere indeciso tra … e …; **to ~ over sth** essere titubante riguardo a qc ❸ (*lose strength*) indebolirsi

waverer ['weɪ.və˞.ə˞] *n* indeciso, -a *m, f*

wavering *adj* vacillante; (*between two options*) indeciso, -a

wavy ['weɪ.vi] <-ier, -iest> *adj* ondulato, -a

wax [wæks] **I.** *n* ❶ cera *f*; **candle ~** cera *f* di candela ❷ (*inside ear*) cerume *m* **II.** *vt* ❶ (*polish: floor*) passare la cera su; (*shoes, furniture*) lucidare ❷ (*remove hair from*) fare la ceretta a

wax paper *n* carta *f* cerata

waxy ['wæk.si] <-ier, -iest> *adj* ❶ (*oily, shiny*) lucido, -a ❷ (*apparently of wax*) ceroso, -a

way [weɪ] **I.** *n* ❶ (*route*) strada *f*, via *f*; **to be (well) on the ~ to doing sth** *fig* essere sulla via di fare qc; **to be on the ~** essere sulla strada; **to be out of the ~** essere in un posto remoto; **to be under ~** essere in corso; **on the ~ to sth** sulla strada di qc; **to elbow one's ~ somewhere** farsi strada a gomitate verso qualche posto; **to find one's ~ around sth** orientarsi in qc; *fig* trovare il modo di evitare qc; **to find one's ~ into/out of sth** trovare il modo di entrare in/uscire da qc; **to find one's ~ through sth** trovare la strada attraver-

so qc; **to go out of one's ~ to do sth**
fig darsi veramente da fare per fare qc;
to go one's own ~ *fig* andarsene per
la propria strada; **(to go) by ~ of** sth
(andare) via qc; **to know one's ~
around** sth orientarsi bene in qc; **to
lead the ~** fare strada; **to lose one's ~**
perdersi; **to make one's ~** farsi strada;
to make one's ~ through the crowd
farsi strada nella folla; **to pay one's ~**
fig pagare tutto da sé; **to see the error
of one's ~s** rendersi conto dei propri
errori; **to work one's ~ up the ladder** *fig* farsi strada da sé ② *(road)* strada *f;* *(small one)* sentiero *m;* **Way**
(name of road) Via *f* ③ *(facing direction)* direzione *f;* **the right/wrong ~
around** perbene/al rovescio; **to show
the ~ forward** indicare la strada
④ *(distance)* **all the ~** *(the whole distance)* tutta la strada; *(completely)*
completamente; **to be a long ~ off** essere molto lontano; **to have a (long)
~ to go** avere molta strada da fare; **to
have come a long ~** *fig* aver fatto
molta strada; **to go a long ~** *fig* andare
lontano ⑤ *(fashion)* maniera *f;* **in
many ~s** per molti versi; **in some ~s**
in un certo verso; **there are no two
~s about it** non ci sono alternative;
the ~ to do sth il modo per fare qc; **by
~ of** a mo' di ⑥ *(manner)* modo *m;*
(customs) usanze *fpl;* **sb's ~ of life** lo
stile di vita di qu; **to my ~ of thinking**
a mio modo di vedere; **she wouldn't
have it any other ~** non le andrebbe
bene in nessun altro modo; **in a big ~**
alla grande; **either ~** in entrambi i casi;
no ~! *inf* *(definitely no!)* neanche per
sogno!; **to get one's own ~** ottenere
quello che uno vuole; **in a ~** in un
certo senso ⑦ *(free space)* passaggio *m;* **to be in sb's ~** bloccare il passaggio a qu; **to stand in sb's ~** essere
d'ostacolo a qu; **in the ~** nel mezzo; **to
get out of sb's/sth's ~** lasciare passare
qu/qc; **to give ~** dare la precedenza;
fig cedere il passo; **to give ~ to sth**
cedere il passo a qc; **to make ~ (for**

sb/sth) fare posto (a qu/qc) ⑧ *(condition)* stato *m;* **to be in a bad ~** essere
messo male; **to be in a terrible ~** essere in pessime condizioni; **to be in
the family ~** *inf* essere incinta ▸ **to go
the ~ of all flesh** soccombere all'inevi-
tabilità della morte; **the ~ to a man's
heart is through his stomach** *prov*
prendere qu per la gola *prov;* **to want
things both ~s** volere la botte piena e
la moglie ubriaca *prov;* **to rub sb the
wrong ~** prendere qu per il verso sbagliato; **by the ~** a proposito II. *adv*
① *inf* decisamente; **to be ~ past sb's
bedtime** è ben passata l'ora di andare
a letto ② *sl (very)* veramente; **that's ~
cool!** grande!

waybill ['weɪ·bɪl] *n* bolla *f* di accompagnamento

waylay ['weɪ·leɪ] <waylaid, waylaid> *vt*
tendere un agguato a

way-out [ˌweɪ·'aʊt] *adj* *sl (very modern)*
ultramoderno, -a; *(unusual or amazing)*
straordinario, -a

ways and means *npl* **the ~ of doing/
to do sth** i modi per fare qc

wayside ['weɪ·saɪd] I. *n* ciglio *m* della
strada; **to fall by the ~** *fig* non arrivare
in fondo II. *adj* lungo la strada; **~ inn**
motel *m inv*

wayward ['weɪ·wəd] *adj* difficile

we [wiː] *pron pers* noi; **~'re on our
way to Philadelphia, but ~'ll be
back tomorrow** stiamo andando a Fila-
delfia ma torniamo domani; **as ~ say**
come diciamo noi

weak [wiːk] *adj* debole; *(coffee, tea)* leggero, -a; **to be ~ with hunger/thirst**
essere debilitato dalla fame/la sete; **she
went ~ at the knees** le tremavano le
ginocchia; **the ~ link/spot** *fig* il punto
debole; **to be ~ (at sth)** essere debole
(in qc)

weaken ['wiː·kən] I. *vi* *(become less
strong)* indebolirsi; *(diminish)* diminuire II. *vt* *(make less strong)* indebolire;
(diminish) diminuire

weakling ['wiːk·lɪŋ] *n* persona *f* gracile

weakly ['wiːk·li] *adv* ① *(without*

W

strength) debolmente ②(*unconvincingly*) senza convinzione

weak-minded [ˌwiːkˈmaɪndɪd] *adj* ①(*lacking determination*) indeciso, -a; (*weak-willed*) poco determinato, -a ② *pej* (*stupid*) tonto, -a

weakness [ˈwiːknɪs] <-es> *n* ①(*lack of strength*) debolezza *f* ②(*area of vulnerability*) punto *m* debole; (*flaw*) difetto *m* ③(*fondness*) **to have a ~ for sth** avere un debole per qc

weal [wiːl] *n* segno *m* di frustata

wealth [welθ] *n* ①(*money*) ricchezza *f*; (*fortune*) fortuna *f* ②(*large amount*) abbondanza *f*

wealthy [ˈwelθi] I.<-ier, -iest> *adj* ricco, -a II. *n* **the ~** i ricchi

wean [wiːn] *vt* (*animal, baby*) svezzare; **to ~ sb** (**off sth**) *fig* far perdere a qu l'abitudine (di qc)

weapon [ˈwepən] *n* arma *f*

weaponry [ˈwepənri] *n* armamento *m*

wear [wer] <wore, worn> I. *vt* ①(*have on body: clothes, jewelry*) portare, indossare; **to ~ one's hair loose/tied back** portare i capelli sciolti/raccolti ②(*deteriorate*) logorare II. *vi* (*spoil: clothes, machine parts*) logorarsi; **to ~ thin** *fig* cominciare a essere un po' vecchio III. *n* ①(*clothing*) abbigliamento *f*; **casual/sports ~** abbigliamento casual/sportivo ②(*amount of use*) consumo *m*; **to be the worse for ~** (*person*) essere ubriaco; (*thing*) essere rovinato
◆**wear away** I. *vt* consumare II. *vi* consumarsi
◆**wear down** *vt* ①(*reduce*) diminuire; *fig* (*tire*) sfinire ②(*make weak and useless*) logorare
◆**wear off** *vi* sparire
◆**wear on** *vi* (*time*) passare lentamente
◆**wear out** I. *vi* logorarsi II. *vt* logorare; (*patience*) far perdere

wearable [ˈwe·rə·bl̩] *adj* portabile

wear and tear *n* logoramento *m*; **to take some/a lot of ~** essere parecchio/molto resistente

wearing [ˈwe·rɪŋ] *adj* stancante

weary [ˈwɪ·ri] I.<-ier, -iest> *adj* ①(*very*

tired) sfinito, -a ②(*tiring*) stancante ③(*bored*) annoiato, -a; (*unenthusiastic*) poco entusiasta; **to be ~ of sth** essere stufo di qc; **a ~ joke** una barzelletta trita e ritrita II. *vt* (*make tired*) **to ~ sb with sth** stancare qu con qc; (*make bored*) annoiare qu con qc III. *vi* (*become tired*) stancarsi; (*become bored*) annoiarsi

weasel [ˈwiː·zl̩] *n* donnola *f*

weather [ˈwe·ðɚ] I. *n* tempo *m*; (*climate*) clima *m*; **~ permitting** tempo permettendo ▶ **to make heavy ~ of sth** complicare qc; **to be under the ~** non sentirsi bene II. *vi* trasformarsi III. *vt* ①(*wear*) consumare ②(*endure*) superare; **to ~ the storm** *fig* superare la crisi

weather-beaten [ˈwe·ðɚ·ˌbiː·tən] *adj* consumato, -a dalle intemperie; **~ face** volto *m* segnato dalle intemperie

weather-bound *adj* bloccato, -a dal maltempo

weather bureau <-s *o* -x> *n* servizio *m* meteorologico

weather chart *n* carta *f* meteorologica

weather forecast *n* previsioni *fpl* del tempo

weathering [ˈwe·ðə·rɪŋ] *n* azione *f* degli agenti atmosferici

weatherman [ˈwe·ðɚ·mæn] *n* persona *f* che presenta le previsioni del tempo

weatherproof [ˈwe·ðɚ·pruːf] *adj* resistente alle intemperie

weathervane *n* banderuola *f*

weave [wiːv] I.<wove *o* weaved, woven *o* weaved> *vt* ①(*produce cloth*) tessere; **to ~ wool into fabric** confezionare un tessuto di lana ②(*intertwine things*) intrecciare; *fig* intessere ③(*move back and forth*) **to ~ one's way through sth** infiltrarsi in qc II.<wove *o* weaved, woven *o* weaved> *vi* ①(*produce cloth*) tessere ②(*move by twisting and turning*) zigzagare III. *n* trama *f*; **striped ~** tessitura *f* a righe; **loose/tight ~** trama rada/fitta

weaver ['wiːvə] *n* tessitore, -trice *m, f*;
basket ~ canestraio *m*

web¹ [web] *n* ⓐ(*woven net*) tela *f*;
spider('s) ~ tela *f* del ragno; **to spin
a ~** tessere una tela ⓑ*fig* (*complex network*) groviglio *m*; **a ~ of intrigue/lies**
un groviglio di intrighi/menzogne ⓒ*fig*
(*trap*) trappola *f* ⓓ(*connective tissue*)
membrana *f*

web² [web] I. *n* COMPUT web *m*; **on
the ~** in rete II. *adj inv* COMPUT Internet

web browser *n* COMPUT browser *m inv*

webcam *n* webcam *f inv*

web-footed ['web·fʊ·tɪd] *adj* palmi-
pede

weblog *n* weblog *m inv*

webmaster *n* COMPUT webmaster *m inv*

webpage *n* COMPUT pagina *f* web

web page *n* INET pagina *f* Internet, pagina *f* web

web portal *n* INET portale *m* Internet

web server *n* COMPUT server web *m inv*

Web site *n* COMPUT sito *m* web; **to visit
a ~** visitare un sito web

website *n* INET sito *m* Internet

webzine *n* COMPUT rivista *f* web

wed [wed] <wedded *o* wed, wedded *o*
wed> *form* I. *vt* ⓐ(*marry*) **to ~ sb** sposare qu, sposarsi con qu ⓑ*fig* (*join
closely*) unire II. *vi* sposarsi

we'd [wiːd] ⓐ = **we had** *s.* **have** ⓑ =
we would *s.* **would**

wedded ['we·dɪd] *adj* ⓐ(*married*) sposato, -a; **lawfully ~ wife** *form* legittima
sposa ⓑ(*united*) **to be ~ to sth** essere
unito a qc; **to be ~ to a habit** avere
un'abitudine; **to be ~ to an opinion** essere ancorato a un'idea

wedding ['we·dɪŋ] *n* matrimonio *m*

wedding anniversary <-ies> *n* anniversario *m* di matrimonio

wedding cake *n* torta *f* nuziale

wedding day *n* giorno *m* del matrimonio

wedding dress *n* vestito *m* da sposa

wedding night *n* prima notte *f* di nozze

wedding present *n* regalo *m* di nozze

wedding ring *n* fede *f* nuziale

wedge [wedʒ] I. *n* ⓐ(*tapered block*)
cuneo *m*; (*for door*) zeppa *f* ⓑ*fig* (*triangular piece*) fetta *f*; **a ~ of cake/pie**
una fetta di torta II. *vt* **to ~ the door
open** tenere aperta la porta con una
zeppa; **to be ~d between sth** essere
incastrato tra qc

wedlock ['wed·lɑːk] *n* matrimonio *m*;
out of ~ fuori dal matrimonio; **to be
born in/out of ~** essere figlio legitti-
mo/illegittimo

Wednesday ['wenz·deɪ] *n* mercoledì *m
inv*; **Ash ~** mercoledì delle Ceneri; *s.a.*
Friday

wee [wiː] *adj* ⓐ(*tiny*) piccolino, -a; **a ~
bit** un pochino ⓑ(*early*) **in the ~
hours of Sunday morning** nelle prime
ore di domenica

weed [wiːd] I. *n* ⓐ(*plant*) erbaccia *f*
ⓑ*inf* (*marijuana*) erba *f* II. *vt* diserbare
III. *vi* togliere le erbacce
◆**weed out** *vt* eliminare

weedkiller ['wiːd·kɪ·lə] *n* diserbante *m*

weedy ['wiː·di] *adj* <-ier, iest> ⓐ(*full
of weeds*) pieno, -a di erbacce ⓑ*pej*
(*very thin*) gracile; (*underdeveloped*)
scarno, -a

week [wiːk] *n* ⓐ(*seven days*) settimana *f*; **it'll be ~s before …** passeranno
settimane prima che… +*conj*; **a few
~s ago** qualche settimana fa; **last ~** la
settimana scorsa; **once a ~** una volta
alla settimana; **during the ~** durante la
settimana; **~ after** ~ settimana dopo
settimana; **~ by ~** di settimana in settimana ⓑ(*work period, working days*)
settimana *f* lavorativa; **a forty hour ~**
una settimana lavorativa di quaranta
ore

weekday ['wiːk·deɪ] *n* giorno *m* infrasettimanale; **on ~s** nei giorni feriali

weekend ['wiːk·end] *n* fine settimana *m
inv*; **on the ~** nel/il fine settimana;
over the ~ nel/per il fine settimana

weekender ['wiːk·en·də] *n* persona
f che viene solo nel fine settimana

weekly ['wiː·kli] I. *adj* settimanale;
~ magazine (rivista *f*) settimanale *m*
II. *adv* settimanalmente; **to meet/pub-
lish ~** ritrovarsi/pubblicare una volta

W

alla settimana III. *n* <-ies> settimanale *m*

weenie *n* ① *inf* (*a hot dog*) hotdog *m* *inv* ② *sl* (*penis*) pisello *m*

weeny ['wiː·ni] *adj*, **weensy** *adj* <-ier, -iest> *inf* piccolino, -a; **a ~ bit** un pochino

weep [wiːp] I. *vi* <wept, wept> ① (*cry*) piangere; **to ~ like a baby** piangere come un bambino; **to ~ with joy/rage** piangere di gioia/rabbia ② (*secrete liquid*) suppurare II. *vt* <wept, wept> (*tears*) piangere; **to ~ tears of joy/ rage** (*shed*) piangere di gioia/ rabbia (per qu/qc) III. *n* pianto *m*; **to have a (good) ~** farsi un bel pianto

weeping I. *adj* piangente II. *n* pianto *m*

weeping willow *n* salice *m* piangente

wee-wee I. *n* *childspeak, inf* pipì *f*; **to have to go ~** dover fare la pipì II. *vi* *childspeak, inf* fare la pipì

weir [wɪr] *n* diga *f*

weigh [weɪ] I. *vi* pesare II. *vt* ① (*measure weight*) pesare; **to ~ oneself** pesarsi ② (*consider carefully*) soppesare; **to ~ one's words** misurare le parole; **to ~ sth against sth** mettere sulla bilancia qc e qc; **to ~ one's options** considerare le proprie opzioni ③ NAUT (*pull up*) **to ~ anchor** levare l'ancora

◆**weigh down** *vt* ① (*cause to bend*) piegare sotto il peso ② *fig* (*depress*) opprimere; **to weigh sb down with sth** opprimere qu con qc

◆**weigh in** *vi* ① (*be weighed*) pesarsi; **to ~ at 176 pounds** pesare 80 chili ② *inf* (*enter into, take part*) intervenire; **to ~ (to sth) with sth** intervenire (in qc) con qc

weigh-in ['weɪ·ɪn] *n* pesatura *f*

weight [weɪt] I. *n* ① (*amount weighed*) peso *m*; **a decrease/an increase in ~** un calo/aumento di peso; **to lift a heavy ~** sollevare qualcosa di molto pesante; **to put on ~** ingrassare ② (*metal specific weight*) peso *m*; **to lift ~s** sollevare pesi ③ (*value, importance*) peso *m*; **to attach ~ to sth** dare peso a qc; **to carry ~** avere peso ▶ **to take the ~ off one's feet** mettersi a sedere; **to**

be a ~ off sb's mind essere un sollievo per qu; **it's a great ~ off my mind** mi sono tolto un gran peso; **to pull one's (own) ~** *inf* fare la propria parte II. *vt* tenere fermo

◆**weight down** *vt* ① (*overload*) sovraccaricare ② *a.fig* (*make heavy*) appesantire

◆**weightless** ['weɪt·ləs] *adj* (*conditions*) in assenza di gravità

weightlessness *n* assenza *f* di gravità

weightlifter *n* pesista *mf*

weightlifting ['weɪt·ˌlɪf·tɪŋ] *n* sollevamento *m* pesi; **to do ~** fare il sollevamento pesi

weighty ['weɪ·t̬i] *adj* <-ier, -iest> ① (*heavy*) pesante ② (*important*) importante; **~ matters** questioni *fpl* importanti

weird [wɪrd] *adj* strano, -a; **how ~** che strano!; **~ and wonderful** straordinario

weirdie ['wɪr·di] *n*, **weirdo** ['wɪr·doʊ] *n* *inf* tipo *m* strano

welcome ['wel·kəm] I. *vt* ① (*greet kindly*) dare il benvenuto a; **to ~ sb warmly** accogliere calorosamente qu ② (*support*) accogliere in modo favorevole II. *n* ① (*friendly reception*) benvenuto *m*; **to give sb a warm ~** accogliere calorosamente qu ② (*period of being wanted*) **to wear out one's ~** abusare dell'ospitalità ③ (*expression of approval*) approvazione *f*; **to give sth a cautious ~** accogliere qc con qualche riserva III. *adj* gradito, -a; **a ~ guest** un ospite gradito; **a ~ break** una pausa gradita ▶ **you are ~** prego; **to be ~ to do sth** *inf* poter fare qc; **you are ~ to use it** è a sua disposizione IV. *interj* benvenuto!; **~ aboard** NAUT benvenuti a bordo

welcoming *adj* accogliente; **~ arms** braccia aperte; **a ~ smile** un sorriso cordiale

weld [weld] I. *vt* ① (*join metal*) saldare ② (*unite*) unire; **to ~ players into a team** unire i giocatori di una squadra II. *n* saldatura *f*

W

welder n saldatore, -trice m, f

welding n saldatura f

welfare ['wel·fer] n ① (health, happiness) benessere m ② (state aid) previdenza f sociale; **social ~** assistenza f sociale; **to be on ~** vivere grazie a sussidi statali

welfare state n stato m assistenziale

welfare work n servizio m di assistenza sociale

welfare worker n assistente mf sociale

we'll [wiːl] = we will s. will

well¹ [wel] I. adj <better, best> bene; **to feel ~** sentirsi bene; **to get ~** rimettersi; **to look ~** avere un bell'aspetto II.<better, best> adv ① (in a satisfactory manner) bene; **~ enough** abbastanza bene; **~ done!** bravo!; **to do sth as ~ as …** fare qc bene quanto …; **~ put** ben detto; (time/money) **~ spent** (tempo/denaro) ben speso ② (thoroughly, fully, extensively) bene; **~ enough** abbastanza bene; **pretty ~** parecchio bene; **to know sb pretty ~** conoscere qu bene; **~ and truly** completamente; **it costs ~ over…** costa ben più di… ③ (very, completely) molto; **to be ~ pleased with sth** essere molto soddisfatto di qc ④ (fairly, reasonably) **you may ~ think it was his fault** si potrebbe anche pensare che sia stata colpa sua; **you might (just) as ~ tell her the truth** tanto varrebbe che tu le dicessi la verità ▸ **all ~ and good** molto bene; **that's all very ~, but …** va benissimo, ma…; **as ~** (also) anche; **as ~ as** così come; **just as ~** meglio così; **to be in ~ with sb** inf trovarsi bene con qu III. interj (exclamation) bene; **~, ~** bene, bene!; **very ~!** benissimo!

well² [wel] I. n (hole for water etc.) pozzo m; **water ~** sorgente f d'acqua; **to drill a ~** scavare un pozzo II. vi (flow) sgorgare; **to ~ (up) out of sth** (water) sgorgare da qc

◆ **well up** vi a. fig (rise) affiorare

well-advised [ˌwel·əd·'vaɪzd] adj form **he would be ~ to stay at home** farebbe bene a rimanere a casa

well-appointed [ˌwel·ə·'pɔɪn·tɪd] adj form ben arredato, -a

well-balanced [ˌwel·'bæ·ləntst] adj equilibrato, -a; **~ diet** dieta bilanciata

well-behaved [ˌwel·bɪ·'heɪvd] adj (child) beneducato, -a; (dog) ben addestrato, -a

well-being ['wel·ˌbiː·ɪŋ] n benessere m; **a feeling of ~** una sensazione di benessere

well-bred [ˌwel·'bred] adj (well brought up) beneducato, -a; (classy, refined) raffinato, -a

well-chosen [ˌwel·'tʃoʊ·zən] adj scelto, -a con cura

well-connected [ˌwel·kə·'nek·tɪd] adj **to be ~** avere molti contatti; **a ~ family** una famiglia influente

well-deserved [ˌwel·dɪ·'sɜːvd] adj meritato, -a

well-developed [ˌwel·dɪ·'ve·ləpt] adj sviluppato, -a; **a ~ sense of humor** un acuto senso dell'umorismo

well-disposed [ˌwel·dɪs·'poʊzd] adj bendisposto, -a; **to be ~ towards sth** essere favorevole a qc; **to feel ~ towards sb** essere bendisposto verso qu

well-done [ˌwel·'dʌn] adj ① (task) benfatto, -a ② (meat) ben cotto, -a

well-dressed [ˌwel·'drest] adj benvestito, -a

well-educated [ˌwel·'ed·ʒu·keɪ·tɪd] adj colto, -a

well-fed [ˌwel·'fed] adj (full of food) ben nutrito, -a

well-founded [ˌwel·'faʊn·dɪd] adj fondato, -a; **~ suspicions** sospetti fondati

well-heeled [ˌwel·'hiːld] I. adj inf ricco, -a II. npl **the ~** i ricchi

well-informed [ˌwel·ɪn·'fɔːrmd] adj beninformato, -a; **to be ~ about sb/sth** essere beninformato su qu/qc

well-intentioned [ˌwel·ɪn·'ten·tʃənd] adj benintenzionato, -a

well-kept [ˌwel·'kept] adj curato, -a; (secret) ben mantenuto, -a

well-knit [ˌwel·'nɪt] adj (body) robusto, -a; fig (scheme, idea) logico, -a; (family)

W

molto affiatato, -a; **a ~ plot/story** una trama/storia ben costruita

well-known [,wel·'noʊn] *adj* noto, -a; **to be ~ for sth** essere noto per qc; **it is ~ that …** è risaputo che…

well-mannered [,wel·'mæ·nəd] *adj* educato, -a; **a ~ child** un bambino educato

well-meaning [,wel·'miː·nɪŋ] *adj* benintenzionato, -a; **~ comments** commenti *mpl* fatti in buona fede

well-meant [,wel·'ment] *adj* benintenzionato, -a

well-nigh ['wel·naɪ] *adv* quasi; **to be ~ impossible** essere pressoché impossibile

well-off [,wel·'ɑːf] I. *adj* ❶ (*wealthy*) benestante ❷ (*having a lot*) **to be ~ for sth** essere ricco, -a di qc; **to not know when one is ~** non saper quanto si è fortunati II. *npl* **the ~** i ricchi

well-oiled [,wel·'ɔɪld] *adj* ❶ (*functioning smoothly*) efficiente ❷ *inf* (*inebriated, drunk*) sbronzo, -a

well-organized [,wel·'ɔːr·gə·naɪzd] *adj* ben organizzato, -a

well-paid [,wel·'peɪd] *adj* ben retribuito, -a

well-placed [,wel·'pleɪst] *adj* situato, -a bene

well-proportioned [,wel·prə·'pɔːr·ʃənd] *adj* ben proporzionato, -a

well-read [,wel·'red] *adj* ❶ (*knowledgeable*) colto, -a ❷ (*read frequently*) molto letto, -a

well-spoken [,wel·'spoʊ·kən] *adj* cortese e istruito, -a

well-thought-of [,wel·'θɑː·t·ə·v] *adj* (*person*) stimato, -a; (*school*) prestigioso, -a

well-timed [,wel·'taɪmd] *adj* opportuno, -a

W **well-to-do** [,wel·tə·'duː] *inf* I. *adj* agiato, -a II. *n* **the ~** le persone agiate

well-turned [,wel·'tɜːrnd] *adj* ❶ (*gracefully shaped*) elegante ❷ (*cleverly expressed: phrase*) ben costruito, -a

well-wisher ['wel·wɪ·ʃər] *n* simpatizzante *mf*

well-worn [,wel·'wɔːrn] *adj* ❶ (*damaged by wear*) consumato, -a ❷ *fig* (*over-used*) trito, -a e ritrito, -a

Welsh [welʃ] I. *adj* gallese II. *n* ❶ (*person*) gallese *mf* ❷ LING gallese *m*

Welshman ['welʃ·mən] <-men> *n* gallese *m*

Welshwoman ['welʃ·wʊ·mən] <-women> *n* gallese *f*

welt [welt] *n* ❶ (*from blow*) rosso, -a ❷ (*in shoe*) tramezza *f*

welterweight ['wel·tə·weɪt] *n* welter *m inv*

went [went] *pt of* **go**

wept [wept] *pt, pp of* **weep**

were [wɜːr] *pt of* **be**

we're [wɪr] = **we are** *s.* **be**

weren't [wɜːrnt] = **were not** *s.* **be**

west [west] I. *n* ❶ (*cardinal point*) ovest *m*; **in the ~ of Mexico** nel Messico occidentale; **to lie 5 miles to the ~ of …** trovarsi 8 km a ovest di…; **to go/drive to the ~** dirigersi a ovest ❷ (*part of the world*) **the West** l'Occidente ❸ (*part of the US*) **the Far West** il Far West; **the Wild West** il selvaggio west II. *adj* occidentale; **~ wind** vento *m* da ovest; **~ coast** costa *f* occidentale; **West African** dell'Africa occidentale; **West Indies** Antille *fpl* III. *adv* a ovest; **further ~** più a ovest ► **to go ~** (*thing*) perdersi; (*person*) finire all'altro mondo

westbound ['west·baʊnd] *adj* in direzione ovest

West End I. *n* **the ~** il West End di Londra II. *adj* **the ~ theaters** i teatri del West End

westerly ['wes·tə·li] *adj* occidentale; **~ winds** venti *mpl* da ovest

western ['wes·tən] I. *adj* occidentale; **the ~ part of the country** la parte occidentale del paese II. *n* CINE western *m inv*

westerner *n* ❶ (*person from the west*) occidentale *mf* ❷ (*person from the western US*) nordamericano, -a *m*, *f* dell'ovest

westernize ['wes·tə·naɪz] *vt* occidentalizzare

Western Samoa *n* Samoa *f* Occidentale

West Germany *n* HIST Germania *f* Ovest

Westminster Abbey [,west·mɪnts·tə·'æ·bi] *n* Abbazia *f* di Westminster

West Virginia *n* Virginia *f* Occidentale

westward(s) ['west·wəd(z)] *adj* (verso) ovest

wet [wet] I. *adj* <-tt-> ❶ (*soaked*) bagnato, -a; **to get ~** bagnarsi; **to get sth ~** bagnare qc; **~ through** bagnato fradicio ❷ (*not yet dried*) umido, -a; **~ paint** pittura fresca ❸ (*rainy*) piovoso, -a; **~ weather** tempo piovoso ▶ **to be ~ behind the** <u>ears</u> avere la bocca che sa ancora di latte; **to be** <u>all</u> **~** *sl* sbagliarsi di grosso II. <wet, wet> *vt* ❶ (*make damp*) inumidire ❷ (*urinate on*) **to ~ oneself/one's pants** farsi la pipì addosso; **to ~ the bed** fare la pipì a letto III. *n* ❶ **the ~** (*rain*) la pioggia ❷ *inf* POL antiproibizionista *mf*

wet nurse I. *n* HIST balia *f* II. *vt* fare da balia a

wetsuit *n* muta *f* da sub

we've [wi:v] = **we have** *s.* **have**

whack [hwæk] I. *vt* colpire II. *n* (*blow*) colpo *m* ▶ **to be** <u>out</u> **of ~** essere sfasciato; **to** <u>have</u> **a ~ at sth** *inf* tentare qc

whacking *n* botte *fpl*; **to give sb a** (**real**) **~** dare a qu un sacco di botte; **to take a** (**real**) **~** prendere un sacco di botte

whale [hweɪl] *n* balena *f*; **a beached ~** una balena spiaggiata ▶ **to have a ~ of a** <u>time</u> divertirsi un mondo; **a ~** <u>of a ...</u> un(a) enorme...; **a ~ of a difference** una bella differenza

whaling *n* caccia *f* alle balene

wham [hwæm] *interj inf* ❶ (*sound-effect for blow*) bang ❷ (*describes action*) zac

wharf [hwɔ:rf] <-ves> *n* molo *m*

what [hwʌt] I. *adj interrog* che, quale; **~ kind of book?** che tipo di libro?; **~ time is it?** che ore sono?; **~ men is he talking about?** di quale uomo parla?; **~ an idiot!** che idiota!; **~ a fool**

I am! che stupido che sono! II. *pron* ❶ *interrog* (che) cosa; **~ can I do?** cosa posso fare?; **~ does it matter?** cosa importa?; **~'s on for tonight?** cosa c'è in programma stasera?; **~'s up?** cosa c'è?; **~ for?** a che scopo?; **~ is he like?** com'è?; **~'s his name?** come si chiama?; **~'s it called?** come si chiama?; **~ about Paul?** e Paul?; **~ about a walk?** vi va una passeggiata?; **~ if it snows?** *inf* e se nevica? ❷ *rel* ciò/quello che; **~ I like is** he says/is talking about quello che mi piace è quello che dice/ciò di cui parla; **~ is more** per di più III. *interj* **~!?** cosa!?; **so ~?** e allora?; **is he coming, or ~?** viene o no?

whatever [hwʌt·'e·və] I. *pron* ❶ (*anything*) qualunque cosa; **~ happens, happens** succeda quel che succeda ❷ (*any of them*) qualunque; **~ you pick is fine** qualunque tu scelga va bene II. *adj* ❶ (*being what it may be*) qualunque; **~ the reason** qualunque sia il motivo ❷ (*of any kind*) **there is no doubt** ~ non c'è alcun dubbio

whatnot ['hwʌt·nɑ:t] *n* **and ~** *inf* e roba del genere

whatsoever [,hwʌt·sou·'e·və] *adv* **to have no interest ~ in sth** non avere interesse alcuno in qc; **nothing ~** niente di niente

wheat [hwi:t] *n* grano *m* ▶ **to separate the ~ from the** <u>chaff</u> separare il grano dal loglio

wheat belt *n* zona *f* coltivata a grano

wheat germ *n* germe *m* di grano

wheel [hwi:l] I. *n* ❶ (*of vehicle*) ruota *f*; **front/rear ~** ruota anteriore/posteriore; **big ~** ruota *f*; **to be on ~s** avere le ruote ❷ TECH tornio *m* ❸ AUTO volante *m*; **to be at the ~** essere al volante; **to take the ~** mettersi al volante; **to get behind the ~** mettersi al volante ❹ *pl, inf* (*vehicle, car*) mezzo *m* ❺ NAUT timone *m* ▶ **to be** <u>hell</u> **on ~s** *inf* essere un pericolo al volante II. *vt* spingere III. *vi* volteggiare ▶ **to ~ and** <u>deal</u> *inf* intrallazzare

◆wheel around *vi* voltarsi di scatto

wheelbarrow [ˈhwiːlˌbeˈroʊ] *n* carriola *f*

wheelchair *n* sedia *f* a rotelle

wheeler-dealer [ˌhwiːlə-ˈdiːlə-] *n pej, inf* intrallazzone, -a *m, f*

wheelhouse [ˈhwiːlˈhaʊs] *n* timoniera *f*

wheeze [hwiːz] **I.** <-zing> *vi* sibilare (respirando) **II.** *n* (*of breath*) sibilo *m*

wheezy *adj* <-ier, -iest> ansante

whelp [hwelp] **I.** *n* cucciolo *m* **II.** *vt* partorire

when [hwen] **I.** *adv* quando; **since ~?** da quando?; **I'll tell him ~ to go** gli dirò io quando andare **II.** *conj* ❶ (*at which time*) quando; **at the moment ~ he arrived** nel momento in cui è arrivato ❷ (*during the time that*) ~ **singing that song** quando cantava quella canzone ❸ (*every time that*) ~ **it snows** quando nevica ❹ (*although*) **he buys it ~ he could** (*just as easily*) **borrow it** lo compra quando potrebbe prenderlo in prestito ❺ (*considering that*) se; **how can I listen ~ I can't hear?** come faccio ad ascoltare se non riesco a sentire?

whenever [hwenˈevə-] **I.** *conj* ❶ (*every time that*) quando; ~ **I can** ogni volta che posso ❷ (*at any time that*) **he can come ~ he likes** può venire quando vuole **II.** *adv* ~ **did I say that?** quando mai l'ho detto?; **I can do it tomorrow or ~** posso farlo domani o un giorno di questi

where [hwer] *adv* ❶ *interrog* dove; ~ **does he come from?** da dove viene?; ~ **does he live?** dove abita?; ~ **is he going (to)?** dove va? ❷ *rel* dove; **I'll tell him ~ to go** gli dirò io dove andare; **the box ~ he puts his things** la scatola dove mette le sue cose; **this is ~ my horse was found** qui è dove hanno trovato il mio cavallo; **Minnesota, ~ Paul comes from, is ...** il Minnesota, da dove viene Paul, è...

whereabouts [ˈhwer-ə-baʊts] **I.** *n* + *sing/pl vb* posizione *f*; **do you know the ~ of my book?** *form* sa dov'è il mio libro? **II.** *adv inf* dove; ~ **in San Francisco do you live?** in che zona di San Francisco abiti?

whereas [hwerˈæz] *conj* ❶ (*while*) mentre ❷ LAW considerato che

wherein [hwerˈɪn] *conj form* dove

whereupon [ˈhwer-ə-ˌpɑːn] *conj form* al che

wherever [ˌhwerˈevə-] **I.** *conj* dovunque; ~ **I am/I go** dovunque sia/vada; ~ **there is sth** dovunque ci sia qc; ~ **he likes** dovunque voglia **II.** *adv* ~ **did she find that?** dove mai l'ha trovato?; **... or ~** ...o da qualche altro posto

whet [hwet] <-tt-> *vt* ❶ (*sharpen*) affilare ❷ *fig* (*increase, stimulate*) stimulare; **to ~ sb's appetite** (**for sth**) stuzzicare il desiderio di qu (di qc)

whether [ˈhwe-ðə-] *conj* ❶ (*if*) se; **to tell/ask ~ it's true** (**or not**) dire/chiedere se è vero (o no); **she doesn't know ~ to buy it or not** non sa se comprarlo o no; **I doubt ~ he'll come** dubito che venga ❷ (*all the same*) ~ **rich or poor...** che siano ricchi o poveri...; ~ **I go by bus or bike ...** che vada in autobus o in bicicletta...

whetstone [ˈhwet-stoʊn] *n* cote *f*

whew [fjuː] *interj inf* fiu

whey [hweɪ] *n* siero *m*

which [hwɪtʃ] **I.** *adj interrog* quale; ~ **one/ones?** quale/quali? **II.** *pron* ❶ *interrog* quale; ~ **is his?** qual è il suo? ❷ *rel* che; **the book ~ I read/of ~ I'm speaking** il libro che ho letto/di cui sto parlando; **he said he was there, ~ I believed** ha detto che c'era, cosa che credo

whichever [hwɪtʃˈevə-] **I.** *pron* qualunque; **you can choose ~ you like** scegli quello che ti pare **II.** *adj* qualunque; **you can take ~ book you like** puoi prendere qualunque libro tu voglia

whiff [hwɪf] *n* ❶ (*quick smell*) ondata *f*; **to catch a ~ of sth** sentire l'odore di qc ❷ *fig* (*slight trace*) pizzico *m*; **a ~ of corruption** un minimo sospetto di corruzione

while [hwaɪl] **I.** *n* **a short ~** un pochino;

quite a ~ un bel po'; **after a ~** dopo un po'; **for a ~** per un po'; **once in a ~** una volta (ogni) tanto II. *conj* ❶ (*during which time*) mentre; **I did it ~ he was sleeping** l'ho fatto mentre dormiva; **~ I'm alive** finché sono vivo ❷ (*although*) benché; **~ I like it, I won't buy it** nonostante mi piaccia, non lo compro; **~ I know it's true ...** benché pensi sia vero...

◆**while away** *vt* passare; **to ~ the time** far passare il tempo

whim [hwɪm] *n* capriccio *m;* **to do sth on a ~** fare qc per capriccio; **as the ~ takes him** quando gli gira

whimper ['hwɪm·pə'] I. *vi* gemere; (*child*) piagnucolare; (*dog*) guaire II. *n* gemito *m;* (*of dog*) guaito *m;* **to give a ~** emettere un gemito

whimsical ['hwɪm·zɪ·kəl] *adj* ❶ (*odd*) bizzarro, -a ❷ (*capricious*) capriccioso, -a

whimsicality [ˌhwɪm·zɪ·ˈkæ·lə·ti] *n* ❶ (*odd character*) stravaganza *f* ❷ (*caprice*) capriccio *m*

whimsy ['hwɪm·zi] <-ies> *n pej* ❶ (*odd fancifulness*) stravaganza *f* ❷ (*odd, fanciful thing or work*) fantasia *f* ❸ (*whim*) capriccio *m*

whine [hwaɪn] I. <-ning> *vi* ❶ (*complaining noise, cry*) gemere ❷ (*engine*) fischiare II. *n* (*of a person*) gemito *m;* (*of an animal*) guaito *m;* (*of an engine*) fischio *m*

whinny ['hwɪ·ni] I. <-ied, -ing> *vi* nitrire II. *n* <-ies> nitrito *m*

whip [hwɪp] I. *n* ❶ (*lash*) frusta *f;* **to crack a ~** far schioccare la frusta ❷ (*person*) *parlamentare incaricato di mantenere la disciplina tra i parlamentari del suo partito* II. <-pp-> *vt* ❶ (*strike with whip*) frustare ❷ (*strike*) sferzare ❸ *fig, inf* (*battere*) **to ~ sb at** [*o* **in**] **sth** battere qu a/in qc ❹ FOOD montare III. <-pp-> *vi* ❶ (*strike*) sbattere ❷ (*move fast*) sfrecciare; **to ~ around the corner** (*car*) svoltare a tutta velocità

◆**whip back** *vi* (*bounce back*) tornare indietro di scatto

◆**whip off** *vt* ❶ (*one's clothes*) togliersi in fretta; (*tablecloth*) togliere di scatto

◆**whip on** *vt* ❶ (*urge on*) incitare ❷ (*put on quickly*) mettersi in fretta

◆**whip out** *vt* tirare fuori

◆**whip up** *vt* ❶ (*encourage*) stimolare ❷ *inf* (*prepare quickly*) preparare rapidamente ❸ FOOD **to ~ eggs** sbattere le uova

whip hand *n* **to hold the ~** avere una posizione di forza

whiplash *n* <-es> ❶ (*whip part*) sverzino *m* ❷ (*blow from whip*) frustata *m* ❸ (*injury*) colpo *m* di frusta

whipped cream *n* panna *f* montata

whippersnapper ['hwɪ·pə'ˌsnæ·pə'] *n iron* sbruffoncello, -a *m, f*

whippet ['hwɪ·pɪt] *n* cane simile al levriero

whipping I. *n* ❶ (*punishment, physical beating*) fustigazione *f;* **to be given a** (**good**) **~** essere preso a frustate ❷ (*gusting*) **the ~ of the wind** lo sferzare del vento II. *adj* (*gusty*) sferzante; **a ~ wind** un vento sferzante

whipping boy ['hwɪ·pɪŋ·bɔɪ] *n* capro *m* espiatorio

whipping cream *n* panna *f* da montare

whirl [hwɜːrl] I. *vi* turbinare; **my head ~s** *fig* mi gira la testa II. *vt* far girare; **to ~ sb around** far volteggiare qu III. *n* turbinio *m;* **a ~ of dust** un turbine di polvere ► **to give sth a ~** provare qc

whirligig ['hwɜːr·lɪ·gɪg] *n* ❶ (*toy*) trottola *f* ❷ *fig* turbine *m*

whirlpool ['hwɜːrl·puːl] *n* mulinello *m*

whirlwind *n* turbine *m;* **a ~ romance** una turbinosa storia d'amore

whirlybird ['hwɜːr·lɪˌbɜːrd] *n inf* (*helicopter*) elicottero *m*

whirr [hwɜːr] I. *vi* ronzare II. *n* ronzio *m;* (*of bird's wings*) frullio *m*

whisk [hwɪsk] I. *vt* ❶ FOOD battere ❷ (*take quickly*) portare rapidamente; **to ~ sb off somewhere** portare rapidamente qu da qualche parte ❸ (*with sweeping movement: tail*) agitare II. *n* ❶ (*kitchen tool*) frusta *f;* **electric ~**

W

frullino *m* elettrico ❷(*sweeping motion*) colpo *m*

whisker ['hwɪs·kə] *n* ❶~**s** (*facial hair*) pelo *m* della barba ❷ *pl* (*of animal*) baffi *mpl* ▸ **by a** ~ per un pelo; **within a** ~ **of sth/doing sth** a un passo da qc/ dal fare qc

whiskey *n*, **whisky** ['hwɪs·ki] *n* <-ies> whisky *m inv*

whisper ['hwɪs·pə] **I.** *vi* sussurrare **II.** *vt* ❶(*speak softly*) sussurrare; **to** ~ **sth in sb's ear** sussurrare qc all'orecchio di qu ❷ *fig* (*gossip, speak privately*) mormorare; **it is** ~**ed that …** si mormora che… **III.** *n* ❶(*soft sound or speech*) mormorio *m*; **to lower one's voice to a** ~ abbassare la voce e parlare sussurrando; **to speak in a** ~ ❷ *fig* (*rumor*) voce *f*

whispering *n* ❶(*talking very softly*) susurro *m* ❷ *fig* (*gossiping*) voci *fpl*

whispering campaign *n* campagna *f* diffamatoria

whist [hwɪst] *n* whist *m*; **a game of** ~ una partita a whist

whistle ['hwɪ·sl] **I.** <-ling> *vi* fischiare; **to** ~ **at sb/sth** fischiare a qu/qc **II.** <-ling> *vt* fischiettare **III.** *n* ❶(*blowing sound*) fischio *m*; **the** ~ **of the wind** il fischiare del vento ❷(*musical device*) fischio *m*; **referee's** ~ fischio *m* dell'arbitro; **to blow a** ~ fischiare ▸ **to blow the** ~ **on sb** denunciare qu

white [hwaɪt] **I.** *adj* bianco, -a; ~ **sauce** besciamella *f*; ~ **wedding** matrimonio *m* tradizionale ▸ **to fly into a** ~ **rage** andare su tutte le furie **II.** *n* ❶(*color*) bianco *m*; **the** ~ **of an egg** il bianco dell'uovo; **the** ~ **of sb's eyes** il bianco degli occhi di qu ❷(*person*) bianco, -a *m, f*

white-collar [ˌhwaɪt·ˈkɑː·lə] *adj* ~ **worker** impiegato, -a *m, f*

white elephant *n* cattedrale *f* nel deserto

white flag *n* bandiera *f* bianca; **to fly** [*o* **raise**] **a** ~ alzare una bandiera bianca

white goods *npl* ❶(*major household appliances*) elettrodomestici *mpl*

❷(*household linen*) biancheria *f* per la casa

white heat *n* ❶(*of metal*) calor *m* bianco ❷ *fig* (*passion*) fervore *m*

White House *n* **the** ~ la Casa Bianca

white lie *n* piccola bugia *f*

white man <-men> *n* uomo *m* bianco

white meat *n* carne *f* bianca

whiten ['hwaɪ·tən] **I.** *vt* (*wall*) imbiancare; (*teeth*) sbiancare **II.** *vi* diventare bianco, -a

whitener ['hwaɪt·nə] *n* sbiancante *m*

whiteness *n* bianchezza *f*

whiteout *n* ❶(*dense blizzard*) bufera *f* di neve ❷ TYPO bianchetto *m*

white sale *n* fiera *f* del bianco

white-tie **I.** *adj* ~ **dinner** cena *f* di gala **II.** *n* papillon *m inv* bianco

whitewash ['hwaɪt·wɑːʃ] **I.** <-es> *n* ❶(*for whitening walls*) calce *m* ❷(*coverup*) copertura *f* ❸ *inf* (*overwhelming victory*) vittoria *f* schiacciante **II.** *vt* ❶(*cover in white solution*) imbiancare ❷(*conceal negative side of*) coprire ❸ *inf* SPORTS (*defeat completely*) schiacciare

white-water rafting [ˌhwaɪt·wɑː·tə·ˈræf·tɪŋ] *n* rafting *m* in acque bianche

white wine *n* vino *m* bianco

whiting ['hwaɪ·tɪŋ] *n* (*fish*) merlano *m*

Whitmonday [ˌhwɪt·ˈmʌn·deɪ] *n* Lunedì *m inv* di Pentecoste

Whitsun ['hwɪt·sən] **I.** *n* Pentecoste *f*; **at** ~ per la Pentecoste **II.** *adj* di Pentecoste

Whitsunday [ˌhwɪt·ˈsʌn·deɪ] *n* Pentecoste *f*

Whitsuntide ['hwɪt·sən·taɪd] *n* *s.* **Whitsun**

whittle ['hwɪ·t̬l] <-ling> *vt* tagliuzzare ◆ **whittle away at** *vt* ❶(*take little bits off*) tagliuzzare ❷ *fig* (*decrease*) ridurre gradualmente

◆ **whittle down** *vt* ridurre gradualmente

whiz [hwɪz] **I.** *n* ❶ *inf* (*brilliant person*) genio *m* ❷(*noise*) ronzio *m* ❸ *sl* (*act of urinating*) **to take a** ~ pisciare **II.** *vi* ❶(*move fast*) sfrecciare; **to** ~ **along** *inf*

sfrecciare; **to ~ by** *inf* passare sfrecciando ❷ *sl* (*urinate*) pisciare
whiz kid *n inf* genietto *m*
whizz [hwɪz] *n, vi s.* **whiz**
who [huː] *pron* ❶ *interrog* chi; **~ broke the window?** chi ha rotto la finestra?; **~ were they?** chi erano? ❷ *rel* che; **they have a daughter ~ works in Alaska** hanno una figlia che lavora in Alaska; **the people ~ work here** la gente che lavora qui; **all those ~ know her** tutti quelli che la conoscono; **it was your sister ~ did it** l'ha fatto tua sorella
WHO [ˌdʌ·bl·juː·ˌeɪtʃ·ˈoʊ] *n abbr of* **World Health Organization** OMS *f*
whoa [hwoʊ] *interj* ❶ (*command to stop a horse*) ferma ❷ *fig, inf* (*to stop something*) calma
whodunit *n*, **whodunnit** [ˌhuː·ˈdʌ·nɪt] *n inf* giallo *m*
whoever [huː·ˈe·vɚ] *pron* ❶ *rel* (*who*) chiunque; **~ said that doesn't know me** chiunque l'abbia detto non mi conosce ❷ *interrog, inf* (*angry*) chi (diavolo); **~ said that?** chi diavolo l'ha detto?
whole [hoʊl] **I.** *adj* ❶ (*entire*) tutto, -a; **the ~ world** tutto il mondo ❷ (*in one piece, intact*) intero, -a ❸ *inf* (*big*) **a ~ lot of people** un sacco di gente; **to be a ~ lot faster** essere molto più veloce **II.** *n* ❶ (*a complete thing*) tutto *m;* **as a ~** (*concept*) nella sua interezza; **on the ~** nel complesso ❷ (*entirety*) totalità *f;* **the ~ of Los Angeles** tutta Los Angeles; **the ~ of next week** tutta la settimana prossima **III.** *adv* completamente; **~ new** completamente nuovo
whole food *n* ❶ (*unprocessed food*) alimenti *mpl* integrali ❷ *pl* (*unprocessed food products*) alimenti *mpl* integrali
wholegrain [ˈhoʊl·greɪn] *adj* integrale; **~ bread** pane *m* integrale; **~ food products** alimenti *mpl* integrali
wholehearted [ˌhoʊl·ˈhaːr·t̬ɪd] *adj* entusiasta; (*completely sincere*) profondamente sincero, -a; **~ thanks** ringraziamenti *mpl* sinceri
wholesale [ˈhoʊl·seɪl] **I.** *n* vendita *f* all'ingrosso **II.** *adj* ❶ all'ingrosso; **~ business** magazzino *m* all'ingrosso; **~ prices** prezzi *mpl* all'ingrosso; **~ supplier** grossista *mf* ❷ (*on a large scale*) su grande scala; **~ reform** riforma *f* su grande scala **III.** *adv* ❶ COM all'ingrosso ❷ (*in bulk*) in massa
wholesaler [ˈhoʊl·seɪ·lɚ] *n* grossista *mf;* **furniture ~** grossista di mobili
wholesome [ˈhoʊl·səm] *adj* sano, -a; (**good**) **~ fun** sano divertimento *f;* (**good**) **~ food** alimenti *mpl* sani (e genuini)
whole-wheat *adj* di grano integrale
who'll [huːl] = **who will** *s.* **will**
wholly [ˈhoʊ·li] *adv* totalmente; **to be ~ aware of sth** essere del tutto consapevole di qc; **~ different** completamente differente
whom [huːm] *pron* ❶ *interrog* chi; **~ did he see?** chi ha visto?; **to ~ did he talk?** con chi ha parlato? ❷ *rel* che; *after prep* il/la quale, i/le quali; **those ~ I love** coloro che amo; **I met a man with ~ I used to work** ho incontrato un signore con il quale lavoravo
whoop [huːp] **I.** *vi* gridare **II.** *vt* **to ~ it up** fare baldoria **III.** *n* grido *m;* **a ~ of triumph** grido *m* di vittoria; **to give a loud ~** gridare forte
whoopee [ˈhwuː·pi] **I.** *interj* urrà **II.** *n* giubilo *m;* **to make ~** *sl* (*have sex*) fare sesso; (*celebrate*) fare baldoria
whooping cough [ˈhuː·pɪŋ·kaːf] *n* pertosse *f*
whoops [hwʊps] *interj inf* oplà
whop [hwaːp] *inf* **I.** <-pp-> *vt* ❶ (*strike*) colpire ❷ (*in competition*) battere **II.** *n* botta *f*
whopper [ˈhwaː·pɚ] *n iron* ❶ (*huge thing*) cosa *f* gigante; **a ~ of a fish** un pescione *m* ❷ (*lie*) balla *f;* **to tell a ~** raccontare una balla
whopping [ˈhwaː·pɪŋ] *adj inf* enorme; **a ~ lie** una balla enorme
whore [hɔːr] *n pej* puttana *f*
who's [huːz] ❶ = **who is** *s.* **is** ❷ = **who has** *s.* **has**
whose [huːz] **I.** *adj* ❶ *interrog* di chi;

~ book is this? di chi è questo libro?; **~ son is he?** di chi è figlio? ❷ *rel* il/la cui; **the girl ~ brother I saw** la ragazza di cui ho visto il fratello II. *pron pos* di chi; **~ is this pen?** di chi è questa penna?; **I know ~ this is** questo so di chi è

why [hwaɪ] I. *adv* perché; **~ didn't you tell me about that?** perché non me ne hai parlato?; **that's ~ I didn't tell you** ecco perché non ti ho detto niente; **I want to know ~ you came late** voglio sapere perché sei arrivato tardi; **~ not?** perché no?; **~'s that?** perché? II. *n* perché *m inv;* **the ~s and wherefores of sth** il perché e il percome di qc III. *interj* come mai?

WI *n abbr of* **Wisconsin** Wisconsin

wick [wɪk] *n* stoppino *m*

wicked ['wɪ·kɪd] I. *adj* ❶ (*evil*) malvagio, -a ❷ (*playfully malicious*) malizioso, -a; **a ~ grin** un sorriso malandrino ❸ (*likely to cause pain*) temibile ❹ *inf* (*great fun*) grande II. **the ~** i malvagi

wicker ['wɪ·kɚ] *n* vimine *m*

wickerwork *n* ❶ (*material*) vimine *m* ❷ (*art*) articolo *m* in vimine

wicket ['wɪ·kɪt] *n* ❶ (*cricket target*) wicket *m inv* ❷ (*ground*) campo *m;* **to be in a sticky ~** essere nei casini

wide [waɪd] I. *adj* ❶ (*broad*) ampio, -a; (*as a measurement*) largo, -a; **it is 3 feet ~** largo 1 m; **the** (*great*) **~ world** il mondo (intero); **to search** (**for sb/sth**) **the ~ world over** cercare (qu/qc) in tutto il mondo ❷ (*very open*) spalancato, -a; **eyes ~ with fear/surprise** occhi *mpl* sbarrati per la paura/sorpresa ❸ (*varied*) vasto, -a; **a ~ range** una vasta gamma; **to have ~ experience in sth** avere vasta esperienza in qc ❹ (*extensive*) ampio, -a; **~ support** grosso appoggio *m* ▸ **to be ~ of the mark** mancare il bersaglio II. *adv* **to be ~ apart** essere lontanissimi (l'uno dall'altro); **to open ~** aprire bene; **~ open** spalancato

wide-angle [ˌwaɪd·ˈæŋ·gl] *adj* (*lente*) grandangolare

wide-awake [ˌwaɪd·ə·ˈweɪk] *adj* completamente sveglio, -a

wide-eyed ['waɪd·aɪd] *adj fig* innocente

widely *adv* ❶ (*broadly, extensively*) ampiamente; **to gesture ~** fare grandi gesti; **to smile ~ at sb** fare un gran sorriso a qu; **~ accepted** comunemente accettato; **~ admired** molto ammirato ❷ (*to a large degree*) notevolmente; **~ differing aims** obiettivi *mpl* notevolmente diversi

widen ['waɪ·dən] I. *vt* ampliare II. *vi* allargarsi

wide-open ['waɪd·ˌoʊ·pən] *adj* ❶ (*undecided*) aperto, -a ❷ (*vulnerable, exposed*) esposto, -a; **to be ~ to comments** essere esposto ai commenti

widespread ['waɪd·spred] *adj a.fig* diffuso, -a; **there is ~ speculation that ...** gira voce che...

widow ['wɪ·doʊ] I. *n* vedova *f;* **to be left a ~** rimanere vedova II. *vt* **to ~ sb** lasciare vedovo qu [*o* lasciare vedova qu]; **to be ~ed** rimanere vedovo [*o* rimanere vedova]

widowed *adj* vedovo, -a

widower ['wɪ·do·ʊɚ] *n* vedovo *m;* **to be left a ~** rimanere vedovo

widowhood ['wɪ·doʊ·hʊd] *n* vedovanza *f*

widow's peak *n* attaccatura *f* dei capelli a forma di V

width [wɪdθ] *n* ❶ ampiezza *f*, larghezza *f;* (*of wallpaper, cloth*) altezza *f;* **to be 4 inches in ~** essere largo 10 cm; (*wallpaper, cloth*) essere alto 10 cm ❷ (*of pool*) vasca *f;* **to swim two ~s** fare due vasche (a nuoto)

wield [wiːld] *vt* ❶ (*weapon, tool*) impugnare ❷ (*power*) esercitare

wife [waɪf] <**wives**> *n* moglie *f;* **my ~** mia moglie

wifely ['waɪf·li] *adj* di moglie

Wi-Fi® ['waɪ·faɪ] *n no pl abbr of* **Wireless Fidelity** INET Wi-Fi *m*

wig [wɪg] *n* parrucca *f*

wiggle ['wɪ·gl] I. *vt* muovere II. *vi* agitarsi III. *n* movimento *m*

wigwam ['wɪg·wɑːm] *n* wigwam *m*

wild [waɪld] **I.** adj ❶ (*animal, man, landscape*) selvaggio, -a; (*flower, cat*) selvatico, -a ❷ (*undisciplined*) scatenato, -a ❸ (*not sensible, extreme*) assurdo, -a ❹ (*not accurate*) azzardato, -a ❺ (*stormy*) burrascoso, -a; (*wind*) furioso, -a ❻ inf (*angry*) furioso, -a; **to drive sb ~** mandare qu su tutte le furie; **to go ~** andare su tutte le furie ❼ inf (*very enthusiastic*) entusiasta ❽ (*untidy: hair*) arruffato, -a ❾ GAMES, COMPUT (*substitutable*) jolly ❿ inf (*wonderful*) fantastico, -a **II.** adv allo stato selvatico ► **to run ~** allo stato selvatico ► **to run ~** (*child*) crescere come un selvaggio; (*horse*) vivere allo stato brado; **to let one's imagination run ~** lasciare libera la fantasia **III.** n ❶ (*natural environment*), **in the ~** allo stato libero ❷ pl **the ~s** le terre vergini; (*out*) **in the ~s** in capo al mondo inf

wild card n ❶ a. COMPUT carattere m jolly ❷ SPORTS wild card f inv

wildcat I. n ❶ ZOOL (*wild cat*) gatto m selvatico ❷ fig (*fierce woman*) tigre f **II.** adj ❶ (*very risky*) azzardato, -a ❷ (*unofficial: strike*) selvaggio, -a ❸ (*exploratory: drilling, well*) esplorativo, -a

wilderness ['wɪl·də·nəs] n ❶ (*desert tract*) distesa f desolata ❷ (*unspoiled land*) terra f vergine ❸ fig (*uncultivated garden*) giungla f iron

wildfire ['waɪld·faɪə·] n incendio m in zona campestre ► **to spread like ~** diffondersi rapidamente

wildfowl ['waɪld·faʊl] inv n uccelli mpl selvatici

wild goose <- geese> n oca f selvatica

wild-goose chase n impresa f vana; (*hopeless search*) ricerca f vana

wildlife n fauna f e flora

wildly adv ❶ (*in an uncontrolled way*) sfrenatamente; **to gesticulate ~** fare un sacco di gesti; **to behave ~** comportarsi come un selvaggio ❷ (*haphazardly*) a casaccio ❸ inf (*very*) molto; **~ exaggerated** ingigantito; **~ expensive** carissimo; **~ improbable** veramente improbabile

wildness n ❶ (*natural state*) stato m selvaggio ❷ (*uncontrolled behavior*) sfrenatezza f ❸ (*haphazardness*) insensatezza f

wiles [waɪlz] npl astuzie fpl; **to use all one's ~** ricorrere a ogni astuzia

wilful ['wɪl·fəl] adj s. willful

wiliness ['waɪ·lɪ·nəs] n astuzia f

will[1] [wɪl] <would, would> **I.** aux ❶ (*to form future tense*) **they'll be delighted** saranno felicissimi; **I'll be with you in a minute** dammi solo un momento; **I expect they'll come by car** suppongo che vengano in auto; **I'll answer the telephone** rispondo io al telefono; **she ~ have received the letter by now** avrà già ricevuto la lettera ❷ (*with tag question*) **you won't forget to tell him, ~ you?** non dimenticarti di dirglielo!; **they ~ accept this credit card in the pizzeria, won't they?** questa carta di credito l'accetteranno in pizzeria, no? ❸ (*to express immediate future*) **we'll be off now** ora ce ne andiamo; **I'll be going then** allora me ne vado; **there's someone at the door — I'll go** hanno suonato il campanello — vado io ❹ (*to express an intention*) **sb ~ do that** qu lo farà; **I'll not be spoken to like that!** non permetto che mi si parli così! ❺ (*in requests and instructions*) **~ you let me speak!?** mi fai parlare!; **just pass me that knife, ~ you?** mi passi il coltello?; **give me a hand, ~ you?** mi dai una mano? ❻ (*in polite requests*) **~ you sit down?** prego, si sieda; **~ you be having a slice of cake?** vuole un pezzo di torta? ❼ (*used to express willingness*) **who'll mail this letter for me? — I ~** chi m'imbuca questa lettera? — lo faccio io; **~ you do that for me? — of course I ~** puoi farmelo? — certamente ❽ (*used to express a fact*) **eat it now, it won't keep** mangialo ora, se no va a male; **the car won't run without gasoline** la macchina non funziona senza benzina ❾ (*to express persistence*) **he ~ keep doing that** continuerà a farlo; **they ~ keep sending me those brochures** non smetteranno

W

di mandarmi quei dépliant; **the door won't open** la porta non si apre ▸ (*to express likelihood*) **they'll be tired** saranno stanchi; **as you ~ all know already...** come tutti probabilmente sapranno... II. *vi form* volere; **as you ~** come vuole

will² [wɪl] I. *n* ⓐ (*faculty*) volontà *f*; (*desire*) voglia *f*; **the ~ of the people** la volontà del popolo; **to have the ~ to do sth** voler fare qc; **to lose the ~ to live** perdere la volontà di vivere; **at a ~** volontà/piacere ⓑ (*testament*) testamento *m* ▸ **where there's a ~, there's a way** *prov* volere è potere *prov;* **with the best ~ in the world** con tutta la buona volontà del mondo; **to have a ~ of one's own** essere caparbio II. *vt* ⓐ (*try to cause by will-power*) volere; **to ~ sb to do sth** esortare qu a fare qc ⓑ *form* (*ordain*) volere; **God ~ed it and it was so** Dio lo ha voluto e così è stato ⓒ (*bequeath*) lasciare per testamento

willful ['wɪl·fəl] *adj* ⓐ (*deliberate*) deliberato, -a; (*murder*) premeditato, -a ⓑ (*self-willed*) volitivo, -a; (*obstinate*) ostinato, -a

willies ['wɪl·iz] *npl sl* **to have the ~** avere i brividi; **to give sb the ~** far venire i brividi a qu

willing ['wɪl·ɪŋ] *adj* ⓐ (*not opposed*) (ben) disposto, -a; **to be ~ to do sth** essere disposto a fare qc; **to lend a ~ hand** dare una mano; **God ~** se Dio vuole ⓑ (*compliant*) volenteroso, -a

willingness *n* disponibilità *f*; **to show a ~ to do sth** mostrarsi disposto a fare qc

willow ['wɪl·ou] *n* salice *m*

willowy ['wɪl·ou·i] *adj* slanciato, -a

willpower ['wɪl·ˌpa·ʊɚ] *n* forza *f* di volontà

willy-nilly [ˌwɪl·li·'nɪl·li] *adv* ⓐ (*like it or not*) volente o nolente ⓑ (*in disorder*) a casaccio

wilt [wɪlt] *vi* ⓐ (*droop: plants*) appassire ⓑ (*feel weak: person*) indebolirsi; (*lose confidence*) scoraggiarsi

wily ['waɪ·li] <-ier, -iest> *adj* astuto, -a

wimp [wɪmp] *n inf* imbranato, -a *m, f*

win [wɪn] I. *n* vittoria *f* II. <won, won> *vt* ⓐ (*be victorious in*) vincere; **to ~ first prize** vincere il primo premio ⓑ (*obtain*) ottenere; (*recognition, popularity*) guadagnarsi; **to ~ a reputation as a writer** affermarsi come scrittore; **to ~ sb's heart** conquistare la simpatia di qu ▸ **to ~ the day** averla vinta; **you can't ~ them all** non si può vincere sempre; **you ~ some, you lose some** a volte si vince, a volte si perde III. <won, won> *vi* vincere; **to ~ easily** vincere con facilità ▸ **to ~ hands down** vincere con facilità; **you (just) can't ~ with him/her** per lui/lei non è mai abbastanza; **you ~!** come vuoi!
◆**win back** *vt* riconquistare
◆**win over** *vt* **to win sb over to sth** (*persuade to change mind*) convincere qu di qc; (*persuade to transfer allegiance*) guadagnarsi l'appoggio di qu per qc

wince [wɪns] I. *vi* trasalire II. *n* smorfia *f* (di dolore); **to give a ~** fare una smorfia

winch [wɪntʃ] I. <-es> *n* argano *m* II. *vt* tirare su con l'argano

wind¹ [wɪnd] I. *n* ⓐ (*current of air*) vento *m*; **a breath of ~** un po' di vento; **gust of ~** raffica *f* di vento ⓑ (*breath*) fiato *m*; **to get** [*o* **catch**] **one's ~** riprendere fiato ⓒ *MED* aria *f*; **to break ~** passare aria ▸ **to take the ~ out of sb's sails** scoraggiare qu; **to get ~ of sth** fiutare qc; **to go** [*o* **run**] **like the ~** andare come il vento; **there's sth in the ~** c'è qc nell'aria II. *vt* mozzare il fiato a

wind² [waɪnd] <wound, wound> I. *vt* ⓐ (*coil*) arrotolare, aggomitolare; (*wool*) arrotolare; **to ~ sth around sth** avvolgere qc intorno a qc ⓑ (*wrap*) avvolgere ⓒ (*turn: handle*) girare; (*clock, watch*) caricare ⓓ (*film*) far avvolgere II. *vi* serpeggiare
◆**wind down** I. *vt* ⓐ (*gradually reduce*) ridurre progressivamente; (*business*) cessare progressivamente ⓑ (*relax*) rilassare II. *vi* ⓐ (*become less active*) rallentare; (*business*) cessare

progressivamente ② (*relax after stress*) rilassarsi

◆ **wind up** I. *vt* ① (*finish*) finire; (*debate, meeting, speech*) concludere ② *inf* (*make tense*) innervosire II. *vi inf* (*end up*) **to ~ in prison** finire in carcere

windbag ['wɪnd·bæg] *n inf* ciarlatano, -a *m, f*

windbreaker ['wɪnd·breɪkə] *n* giacca *f* a vento

winder ['waɪn·də] *n* ① (*on watch*) remontoir *m inv* ② (*on toy*) manovella *f*

windfall ['wɪnd·fɔːl] *n* ① *fig* (*money*) guadagno *m* imprevisto ② (*fruit*) frutta *f* caduta

wind farm *n* ECOL centrale *f* eolica

winding ['waɪn·dɪŋ] *adj* sinuoso, -a

wind instrument *n* strumento *m* a fiato

windjammer *n* NAUT veliero *m*

windlass *n* argano *m*

windmill *n* ① (*wind-powered mill*) mulino *m* a vento ② (*toy*) girandola *f*

window ['wɪn·doʊ] *n* ① (*in building, in envelope*) finestra *f*; a. COMPUT finestra *f*; **~ ledge** davanzale *m*; **a ~ on the world** *fig* una finestra sul mondo, ventana *f*; **pop-up ~** finestra popup ② (*of shop*) vetrina *f* ③ (*of vehicle*) finestrino *m*; **rear ~** finestrino di dietro ④ *fig* (*time period*) buco *m*; **a ~ of opportunity** una opportunità ▸ **to go out (of) the ~** *inf* (*plan*) sfumare

window box <-es> *n* vaso *m* da davanzale

window-dressing *n* ① (*in shop*) allestimento *m* vetrine ② *fig* facciata *f*

window envelope *n* busta *f* con finestra

window-shopping *n* **to go ~** guardare le vetrine

windowsill *n* davanzale *m*

windpipe ['wɪnd·paɪp] *n* trachea *f*

windshield ['wɪnd·ʃiːld] *n* parabrezza *m inv*

windshield wiper *n* tergicristalli *m inv*

windsock *n* manica *f* a vento

windsurfer ['wɪnd·sɜːr·fə] *n* surfista *mf*

windsurfing ['wɪnd·sɜːr·fɪŋ] *n* windsurf *m*

windswept ['wɪnd·swept] *adj* ① (*exposed to wind*) spazzato, -a da vento ② (*looking wind-blown*) spettinato, -a

wind tunnel *n* TECH tunnel *m* aerodinamico

windward ['wɪnd·wəd] NAUT I. *adj* sopravvento II. *n* sopravvento *m*; (**to**) **~** sopravvento

windy¹ ['wɪn·di] <-ier, -iest> *adj* ventoso, -a

windy² ['waɪn·di] <-ier, -iest> *adj* sinuoso, -a

wine [waɪn] I. *n* vino *m* II. *vt* **to ~ and dine sb** far bere e mangiare qu molto bene

wine cooler *n* ① (*drink*) bevanda a base di vino e succo di frutta ② (*container*) refrigeratore *m* da tavolo

wineglass <-es> *n* bicchiere *m* da vino

wine grower *n*, **winegrower** *n* viticoltore, -trice *m, f*

wine list *n* carta *f* dei vini

wine merchant *n* ① (*seller of wines*) commerciante *mf* di vini, vinaio *m* ② (*shop*) enoteca *f*, vinaio *m*

winepress ['waɪn·pres] <-es> *n* pigiatrice *f*

winery ['waɪ·nə·ri] <-ies> *n* azienda *f* vinicola

winetasting *n* ① (*activity*) enodegustazione *f* ② (*event*) enodegustazione *f*

wing [wɪŋ] I. *n* ① ZOOL, AVIAT, ARCHIT, POL ala *f*; **the west ~ of the house** l'ala ovest della casa; **left/right ~** ala sinistra/destra ② SPORTS (*side of field*) fascia *f*; (*player*) ala *f* ③ *pl* THEAT quinte *fpl*; **to be waiting in the ~s** *fig* aspettare il momento opportuno ④ *pl* MIL (*pilot's badge*) gradi *mpl* ▸ **to spread one's ~s** prendere il volo; **to stretch one's ~s** spiegare le ali; **to take sb under one's ~** prendere qu sotto le proprie ali II. *vt* ① (*wound: bird*) ferire all'ala; (*person*) ferire superficialmente ② (*fly*) volare ▸ **~ it** *inf* improvvisare III. *vi* volare

wing chair *n* poltrona *f* con ampio poggiatesta

W

wing commander *n* tenente *m* colonnello

winged [wɪŋd] *adj* alato, -a

winger ['wɪŋ·ɚ] *n* SPORTS ala *f;* **left/right ~** ala sinistra/destra

wing nut *n* TECH galletto *m*

wingspan ['wɪŋ·spæn] *n,* **wingspread** ['wɪŋ·spred] *n* apertura *f* alare

wink [wɪŋk] **I.** *n* occhiolino *m;* **to give sb a ~** fare l'occhiolino a qu ▸ **to have forty ~s** *inf* fare un sonnellino; **to not sleep a ~** non chiudere occhio; **in a ~** in un batter d'occhio **II.** *vi* ① (*close one eye*) fare l'occhiolino; **to ~ at sb** fare l'occhiolino a qu ② (*flash: a light*) lampeggiare

winner ['wɪ·nɚ] *n* ① (*person*) vincitore, -trice *m, f* ② *inf* (*the game*) punto *m* vincente (della partita) ③ *inf* (*success*) successone *m;* **they are on to a ~ with this latest product** con quest'ultimo prodotto faranno un successone

winning ['wɪ·nɪŋ] **I.** *adj* ① (*that wins*) vincente ② (*charming*) accattivante **II.** *n* ① (*act of achieving victory*) vincita *f* ② *pl* (*money*) vincite *fpl*

winnow ['wɪ·noʊ] *vt* ① (*grain*) ventilare ② (*select*) distinguere; **to ~ the list down to 8** ridurre la lista a 8

winsome ['wɪn·səm] *adj liter* accattivante

winter ['wɪn·tɚ] **I.** *n* inverno *m* **II.** *vi* svernare

winter coat *n* cappotto *m* pesante; (*of animal*) pelliccia *f*

winter solstice *n* solstizio *m* d'inverno

winter sports *npl* sport *mpl* invernali

wintertime *n* inverno *m;* **in (the) ~** d'inverno

wint(e)ry ['wɪnt·ri] *adj* ① (*typical of winter*) invernale ② *fig* (*cold, unfriendly*) freddo, -a

wipe [waɪp] **I.** *n* ① (*act of wiping*) pulita *f;* **to give sth a ~** dare una pulita a qc, pulire qc ② (*tissue*) salvietta *f* **II.** *vt* ① (*remove dirt*) pulire; (*one's nose*) asciugarsi; **to ~ sth dry** asciugare qc

con un panno ② (*erase material from: disk, a tape*) cancellare **III.** *vi* pulire

◆ **wipe down** *vt* passare uno straccio su

◆ **wipe off** *vt* ① (*remove by wiping*) eliminare (con uno straccio) ② (*erase: data, program*) cancellare ④ ECON azzerare ▸ **to wipe the smile off sb's face** far passare a qu la voglia di ridere

◆ **wipe out I.** *vt* ① (*destroy: population*) sterminare; (*village*) distruggere completamente; (*sb's profits*) annientare ② (*cancel: debt*) estinguere ③ *inf* (*tire out*) sfinire ④ *inf* (*economically*) rovinare ⑤ *sl* (*murder*) eliminare **II.** *vi inf* (*driving, skiing*) perdere il controllo

◆ **wipe up I.** *vt* pulire **II.** *vi* asciugare

wire ['wa·ɪɚ] **I.** *n* ① (*metal thread*) filo *m* di ferro ② ELEC cavo *m* ③ (*telegram*) telegramma *m* ④ (*hidden microphone*) microspia *f* ⑤ (*prison camp fence*) filo *m* spinato ▸ **to get one's ~s crossed** *inf* fraintendere; **to get in under the ~** *inf* arrivare all'ultimo minuto; **the elections will go (down) to the ~** *inf* si vedrà solo all'ultimo come andranno le elezioni **II.** *vt* ① (*fasten with wire*) attaccare col filo di ferro ② ELEC collegare; **to be ~d for cable TV** avere l'attacco per la televisione via cavo ③ (*fit with concealed microphone*) mettere una microspia a/in; **to be ~d** (*person*) avere indosso una microspia ④ (*send telegram to*) **to ~ sb** inviare un telegramma a qu; **to ~ sb money** inviare denaro a qu con trasferimento telegrafico/telematico

wirehaired terrier [,wa·ɪɚ·herd·'te·ri·ɚ] *n* terrier *m inv* a pelo ruvido

wireless ['wa·ɪɚ·ləs] *adj* wireless

wireless communication *n* comunicazione *f* wireless

wiretapping ['wa·ɪɚ·tæ·pɪŋ] *n* intercettazione *f* telefonica

wire transfer *n* trasferimento *f* telegrafico/telematico

wiring ['wa·ɪɚ·ɪŋ] *n* ELEC impianto *m* elettrico

wiry ['wa·ɪɚ·i] <-ier, -iest> *adj*

W

① (*course: hair*) ispido, -a ② (*lean and strong: build, person*) asciutto, -a

Wisconsin *n* Wisconsin *m*

wisdom ['wɪz·dəm] *n* ① (*state of being wise*) saggezza *f*; **with the ~ of hindsight** con il senno di poi ② (*sensibleness*) buon senso *m*

wisdom tooth <- teeth> *n* dente *m* del giudizio

wise [waɪz] *adj* ① (*having knowledge and sagacity, showing sagacity*) saggio, -a; **the Three Wise Men** i Re Magi; **it's easy to be ~ after the fact** è facile dirlo a posteriori ② (*sensible*) sensato, -a ③ *inf* (*aware*) **to be ~ to sb** capire che tipo è qu; **to be ~ to sth** sapere come qc funziona; **to get ~ to sth** capire come qc funziona; **to get ~ to sb's game** capire il gioco di qu; **to be none the ~r** saperne quanto prima ④ *inf* (*cheeky*) sfrontato, -a; **to get ~ with sb** essere sfrontato con qu

◆ **wise up** I. *vi* **to ~ to sth** svegliarsi e capire qc II. *vt* **to wise sb up about sth** far capire qc a qu

wiseacre ['waɪˌzeɪ·kər] *n* saccente *mf*

wisecrack ['waɪz·kræk] I. *n* battuta *f*; **to make a ~ about sth** fare una battuta su qc II. *vi* fare battute

wise guy *n inf* saputello, -a *m, f*

wish [wɪʃ] I. <-es> *n* ① (*desire*) desiderio *m*; **against my ~es** contro la mia volontà; **to have no ~ to do sth** non aver alcuna voglia di fare qc; **to make a ~** esprimere un desiderio ② *pl* (*friendly greetings*) auguri *mpl*; **give him my best ~es** fagli gli auguri da parte mia; (**with**) **best ~es** (*at end of letter*) cordiali saluti II. *vt* ① (*feel a desire*) desiderare, volere; **I ~ he hadn't come** vorrei che non fosse venuto; **I ~ you'd told me** (*expressing annoyance*) me lo potevi dire ② *form* (*want*) **to ~ to do sth** voler fare qc; **I ~ to be alone** desidero stare da solo ③ (*hope*) **to ~ sb luck** augurare buona fortuna a qu; **to ~ sb happy birthday** fare a qu gli auguri di compleanno; **to ~ sb good night** dare la buonanotte a qu III. *vi* ① (*want*)

desiderare, volere; **as you ~** come vuoi; **if you ~** come vuoi; **to ~ for sth** desiderare qc ② (*make a wish*) **to ~ for sth** chiedere qc; **everything one could ~ for** tutto ciò che si potrebbe desiderare

wishbone ['wɪʃ·boʊn] *n* forcella *f*

wishful thinking *n* illusione *f*

wishy-washy ['wɪ·ʃi,wɑ·ʃi] *adj pej* ① (*indeterminate and insipid*) insulso, -a ② (*weak and watery: coffee, drink, soup*) acquoso, -a; (*food*) insipido, -a

wisp [wɪsp] *n* (*of hair*) ciocca *f*; (*of straw*) filo *m*; (*of smoke*) voluta *f*; (*of clouds*) bioccolo *m*; **a little ~ of a boy** un ragazzino minuto

wispy ['wɪs·pi] <-ier, -iest> *adj* (*hair*) a ciuffetti; (*person*) minuto, -a; (*clouds*) a bioccoli

wisteria [wɪ·'stɪ·ri·ə] *n* glicine *m*

wistful ['wɪst·fəl] *adj* (*melancholy,*) malinconico, -a; (*nostalgic*) nostalgico, -a

wit [wɪt] I. *n* ① (*clever humor*) arguzia *f*; **to have a dry ~** essere pungente ② (*practical intelligence*) intelligenza *f*; **to be at one's ~s' end** stare per uscire di cervello; **to gather one's ~s** chiarirsi le idee; **to frighten sb out of his/her ~s** spaventare a morte qu; **to have/keep one's ~s about one** mantenersi calmo/mantenere la calma ③ (*witty person*) persona *f* arguta II. *vi form* **to ~** vale a dire

witch [wɪtʃ] <-es> *n* ① (*woman with magic powers*) strega *f* ② *pej, inf* (*ugly or unpleasant woman*) arpia *f*

witchcraft ['wɪtʃ·kræft] *n* stregoneria *f*

witch doctor *n* stregone *m*

witch-hunt *n*, **witch hunt** ['wɪtʃ·hʌnt] *n pej* caccia *f* alle streghe

witching hour ['wɪtʃ·ɪŋ,aʊr] *n liter* mezzanotte *f*

with [wɪð, wɪθ] *prep* ① (*accompanied by*) con; **together ~ sb** insieme a qu ② (*by means of*) con; **to take sth ~ one's fingers/both hands** prendere qc con le dita/con ambo le mani; **to replace sth ~ something else** sostituire qc con qualcos'altro ③ (*having*) **the man ~ the umbrella** l'uomo con l'ombrello; ~ **no hesitation at all** senza alcuna esitazione ⓖ (*on one's person*) **he took it ~ him** lo prese con sé ⓖ (*manner*) ~ **all speed** a gran velocità; ~ **one's whole heart** di tutto cuore ⓖ (*in addition to*) **and ~ that he went out** e così dicendo se ne andò ⓖ (*despite*) ~ **all his faults** con tutti i suoi torti ⓖ (*caused by*) **to cry ~ rage** piangere di rabbia; **to turn red ~ anger** diventare rosso di rabbia ⓖ (*full of*) **black ~ flies** nero di mosche; **to fill up ~ fuel** fare il pieno di benzina ⓖ (*opposing*) **a war ~ Italy** una guerra con l'Italia; **to be angry ~ sb** essere arrabbiato con qu ⓖ (*supporting*) **to be ~ sb/sth** essere dalla parte di qu/qc; **popular ~ young people** popolare tra i giovani ⓖ (*concerning*) **to be pleased ~ sth** essere soddisfatto di qc; **what's up** [*o* **what's the matter**] ~ **him?** cosa gli è successo? ⓖ (*understanding*) **I'm not ~ you** *inf* non ti seguo; **to be ~ it** *inf* essere in gamba; **to get ~ it** darsi una mossa ▸ **away ~ him!** basta con lui!

withdraw [wɪð·ˈdrɑː] *irr* **I.** *vt* ⓖ (*take out, take back*) ritirare; (*money*) prelevare ⓖ (*cancel*) cancellare; (*motion, action*) annullare; (*charge*) revocare **II.** *vi* ⓖ *form* a. MIL, SPORTS (*leave*) ritirarsi; **to ~ from public life** allontanarsi dalla scena pubblica ⓖ *fig* (*become quiet and unsociable*) chiudersi in se stesso; (*into silence*) chiudersi

withdrawal [wɪð·ˈdrɑː·əl] *n* ⓖ a. MIL ritiro *m;* **to make a ~** FIN effettuare un prelievo ⓖ LAW ritrattazione *f;* (*of consent, support*) revoca *f* ⓖ (*sports*) abbandono *m* ⓖ (*distancing from others*) estraneamento *m* ⓖ MED astinenza *f;* ~ **symptoms** crisi *f* pl d'astinenza

wither [ˈwɪ·ðə] **I.** *vi* ⓖ (*plants*) appassire ⓖ *fig* (*lose vitality*) perdere vitalità ▸ **to ~ on the vine** sparire poco a poco **II.** *vt* ⓖ (*plant*) far appassire ⓖ *fig* (*strength*) ridurre

withering [ˈwɪ·ðə·rɪŋ] *adj* ⓖ (*fierce and destructive*) distruttivo, -a ⓖ (*contemptuous: criticism*) caustico, -a

W

withhold [wɪð·ˈhoʊld] *irr vt* ⓖ (*not give name*) non rendere noto, -a; (*one's support*) negare; (*evidence*) occultare; **to ~ sth from sb** nascondere qc a qu ⓖ (*not pay: benefits, rent*) non pagare

within [wɪð·ˈɪn] **I.** *prep* ⓖ *form* (*inside of*) all'interno di, in; ~ **the country/town** nel paese/nella città ⓖ (*in limit of*) **to be ~ sight/hearing** essere visibile/udibile; ~ **easy reach** a portata di mano ⓖ (*in less than*) entro; ~ **one hour** entro un'ora; ~ **3 days** nello spazio di tre giorni; ~ **5 miles of the town** a meno di 8 km dalla città ⓖ (*in accordance to*) in conformità con; ~ **the law** nei termini di legge **II.** *adv* dentro; **from ~** da dentro

without [wɪð·ˈaʊt] *prep* senza; ~ **warning** senza preavviso; **to be ~ relatives** non avere parenti; **to do ~ sth** fare a meno di qc

withstand [wɪð·ˈstænd] *irr vt* resistere; (*heat, pressure*) sopportare

witness [ˈwɪt·nəs] **I.** *n* ⓐ a. LAW testimone *mf;* ~ **for the defense** testimone a discarico; **to be (a) ~ to sth** essere testimone di/a qc ⓖ *form* (*testimony*) testimonianza *f;* **to bear ~ to sth** deporre su qc **II.** *vt* ⓖ (*see, be there during*) essere testimone di; **to ~ sb doing sth** vedere qu che fa qc ⓖ (*attest authenticity of*) sottoscrivere

witness stand *n* banco *m* dei testimoni

witty [ˈwɪ·t̬i] <-ier, -iest> *adj* arguto, -a

wizard [ˈwɪ·zəd] *n* ⓖ (*magician*) mago, -a *m, f* ⓖ (*expert*) genio *m;* **to be a ~ at sth** essere un genio di/in qc

wizardry [ˈwɪ·zə-dri] *n* magia *f*

wizened [ˈwɪ·znd] *adj* avvizzito, -a

wk. *n abbr of* **week** sett.

WNBA *n abbr of* **Women's National Basketball Association** Associazione *f* Nazionale Femminile di Pallacanestro

WNW *abbr of* **west-northwest** ONO

w/o *prep abbr of* **without** senza

wobble [ˈwɑː·bl] **I.** *vi* ⓖ (*move unsteadily*) traballare; (*jelly, fat*) tremolare ⓖ (*tremble: voice*) tremolare ⓖ *fig* (*fluctuate: prices, shares*) fluttuare

II. *vt* far trabballare; (*camera*) muovere **III.** *n* ❶ (*wobbling movement*) trabballio *m* ❷ (*quavering sound*) tremolio *m* ❸ ECON fluttuazione *f*

wobbly ['wɑ:b·li] <-ier, -iest> *adj* ❶ (*unsteady*) traballante; (*line*) a zigzag ❷ (*wavering: a note, a voice*) tremolante

woe [woʊ] *n* ❶ *liter* (*unhappiness*) pena *f*; **a tale of ~** tragedia *f* ❷ *pl, form* (*misfortunes*) disgrazie *fpl* ▶ **betide you!** peste ti colga!; **woe is me!** ahimè!

woeful ['woʊ·fəl] *adj* ❶ (*deplorable*) penoso, -a ❷ *liter* (*sad*) afflitto, -a

wok [wɑ:k] *n* wok *m inv*

woke [woʊk] *vt, vi pt of* **wake**

woken ['woʊ·kən] *vt, vi pp of* **wake**

wolf [wʊlf] **I.** <wolves> *n* ❶ (*animal*) lupo *m* ❷ *inf* (*seducer*) dongiovanni *m inv* ▶ **to keep the ~ from the door** sbarcare il lunario; **a ~ in sheep's clothing** un lupo in veste d'agnello; **to cry ~** gridare al lupo; **to throw sb to the wolves** dare qu in pasto ai leoni **II.** *vt inf* ingollare

wolfhound *n* cane *m* lupo

wolf whistle *n* fischio *m* di ammirazione

woman ['wʊ·mən] <women> *n* ❶ (*female human*) donna *f*; **the other ~** l'altra; **~ candidate** candidata *f*; **~ president** presidente *m* donna; **women's libber** femminista *f* ❷ *inf* (*man's female partner*) donna *f*

womanhood ['wʊ·mən·hʊd] *n* ❶ (*female adulthood*) l'essere *m* donna; **to reach ~** diventare donna ❷ (*women as a group*) donne *fpl*

womanish ['wʊ·mə·nɪʃ] *adj pej* effeminato, -a

womanize ['wʊ·mə·naɪz] *vi inf* andare a donne

womanizer *n* donnaiolo *m*

womankind ['wʊ·mən·kaɪnd] *n form* sesso *m* femminile; **all ~** tutte le donne

womanly ['wʊ·mən·li] *adj* ❶ (*not manly*) femminile ❷ (*not girlish*) di donna

womb [wu:m] *n* utero *m*; **in the ~** nel grembo materno

women's center *n* consultorio *m*

women's lib *n inf abbr of* **women's liberation** liberazione *f* della donna

women's shelter *n* casa *f* di accoglienza e ospitalità per donne

won [wʌn] *vt, vi pt, pp of* **win**

wonder ['wʌn·də] **I.** *vt* (*ask oneself, feel surprise*) chiedersi; **it makes you ~** ti fa pensare; **I ~ why he said that** mi chiedo perché l'abbia detto **II.** *vi* ❶ (*ask oneself*) **to ~ about sth** chiedersi qc; **to ~ about doing sth** chiedersi se fare qc ❷ (*feel surprise*) meravigliarsi; **to ~ at sth/sb** meravigliarsi di qc/qu; **I don't ~** non mi meraviglio **III.** *n* ❶ (*marvel*) meraviglia *f*; **to do** [*o* **work**] **~s** fare miracoli; **the ~s of modern technology** i miracoli della tecnologia moderna; **it's a ~ (that)** … è un miracolo (che)…; **~s (will) never cease!** *iron* non si finisce mai di meravigliarsi! ❷ (*feeling*) meraviglia *f*, stupore *m*; **in ~** con meraviglia; **to listen in ~** ascoltare stupefatto

wonder boy *n iron, inf* ragazzo *m* prodigio

wonder drug *n* rimedio *m* miracoloso

wonderful ['wʌn·də·fəl] *adj* meraviglioso, -a

wonderland ['wʌn·də·lænd] *n* paese *m* delle meraviglie

wonderment *n* meraviglia *f*

won't [woʊnt] = **will not** *s.* **will**

woo [wu:] *vt* ❶ (*try to attract*) attirare ❷ (*court*) corteggiare

wood [wʊd] *n* ❶ (*material*) legno *m*; (*for a fire*) legna *f* ❷ *pl* (*group of trees*) bosco *m* ❸ SPORTS (*golf*) legno *m* ▶ (**to**) **touch** [*o* **knock**] **on** ~ toccare ferro; **to be out of the ~s** *inf* essere salvo

wood alcohol *n* metanolo *m*

woodcraft *n* ❶ (*outdoor skills*) conoscenza *f* dei boschi ❷ (*artistic skill*) arte *f* del lavorare il legno

woodcut *n* ART xilografia *f*

woodcutter *n* boscaiolo *m*

wooded ['wʊ·dɪd] *adj* boscoso, -a

W

wooden ['wʊ·dn] *adj* ❶ *(made of wood)* di legno; ~ **leg** gamba *f* di legno ❷ *(awkward)* legnoso, -a; *(smile)* inespressivo, -a

woodland ['wʊd·lənd] **I.** *n* bosco *m* **II.** *adj* boschivo, -a

woodpecker *n* picchio *m*

woodpile *n* catasta *f* di legna

wood pulp *n* TECH pasta *f* di legno

woodshed ['wʊd·ʃed] **I.** *n* legnaia *f* **II.** <-dd-> *vi sl* suonare uno strumento musicale

woodwind ['wʊd·wɪnd] MUS **I.** *n* legni *mpl* **II.** *adj* a fiato

woodwork ['wʊd·wɜːrk] *n* *(wooden parts of building)* strutture *fpl* in legno di un edificio ▸ **to come out of the ~** *sl* uscire allo scoperto

woodworking *n* lavorazione *f* del legno

woodworm *n inv* ❶ *(larva that attacks wood)* tarlo *m* ❷ *(damage)* tarlatura *f*

woody ['wʊ·di] **I.** <-ier, -iest> *adj* ❶ *(tough like wood: plant, stem, tissue)* legnoso, -a ❷ *(like wood: flavor)* di legno ❸ *(wooded)* boscoso, -a **II.** *n vulg* erezione *f*

woof [wuːf] **I.** *n (dog)* latrato *m;* **to give a loud ~** latrare **II.** *vi* latrare; **to ~ at sb** urlare a qu

wool [wʊl] *n* lana *f*

woolen *adj,* **woollen** ['wʊ·lən] *adj* di lana

woolly *n,* **wooly** ['wʊ·li] <-ier, -iest> *adj* ❶ *(made of wool)* di lana ❷ *(wool-like)* lanoso, -a ❸ *(vague)* confuso, -a

woozy ['wuː·zi] <-ier, -iest> *adj inf* rintontito, -a

word [wɜːrd] **I.** *n* ❶ *(unit of language)* parola *f;* **a ~ of Hebrew origin** una parola di origine ebraica; **to be a man/woman of few ~s** essere un uomo/una donna di poche parole; **to not breathe a ~ of sth** non dire una parola di qc; **to be too ridiculous to ~** essere veramente ridicolo; **in other ~s** in altre parole; **~ for ~** parola per parola ❷ *(news)* notizie *fpl; (message)* messaggio *m;* **to get ~ of sth** sentire di qc; **to have ~ from sb** avere notizie da qu;

to have ~ that ... sapere che... ❸ *(order)* ordine *m;* **a ~ of advice** un consiglio; **a ~ of warning/caution** un avvertimento; **to say the ~** dare l'ordine; **just say the ~** devi soltanto chiederlo ❹ *(promise)* parola *f* (d'onore); **to be a man/woman of one's ~** essere un uomo/una donna di parola; **to keep one's ~** mantenere la parola; **take my ~ for it!** credimi! ❺ *(statement of facts)* spiegazione *f* ❻ *pl* MUS *(lyrics)* parole *fpl,* testo *m* ❼ REL **the Word of God** la parola di Dio ▸ **to have a quick ~ with sb** parlare in privato con qu; **by ~ of mouth** a voce; **to put ~s in(to) sb's mouth** attribuire a qu qc che non ha detto; **to take the ~s (right) out of sb's mouth** togliere le parole di bocca a qu; **to not have a good ~ to say about sb/sth** non aver niente di buono da dire su qu/qc; **to put in a good ~ for sb** mettere una buona parola per qu; **~s fail me!** non ho parole!; **from the ~ go** fin dall'inizio; **mark my ~s!** ricordati di quanto ho detto!; **to mince one's ~s** misurare le parole; **to not mince one's ~s** non avere peli sulla lingua; **my ~!** per bacco! **II.** *vt* esprimere

wording *n* ❶ *(words used)* parole *fpl* ❷ *(style)* stile *m*

wordless ['wɜːrd·ləs] *adj* muto, -a

word order *n* LING ordine *m* delle parole

wordplay ['wɜːrd·pleɪ] *n* gioco *m* di parole

word processing *n* COMPUT videoscrittura *f*

word processor *n* COMPUT programma *m* di videoscrittura

word wrap *n* COMPUT a capo *m* automatico

wordy ['wɜːr·di] <-ier, iest> *adj pej* prolisso, -a

wore [wɔːr] *vt, vi pt of* **wear**

work [wɜːrk] **I.** *n* ❶ *(useful activity, employment, place of employment)* PHYS lavoro *m;* **to be hard ~ (doing sth)** essere dura (fare qc); **to set sb to ~** mettere a lavorare qu; **good ~!** bravo!; **be out of ~** essere disoccupato

W

❷ (*product*) a. ART, MUS opera *f*; **reference** ~ opera *f* di consultazione ❸ *pl* + *sing/pl vb* (*factory*) fabbrica *f*; **steel** ~**s** acciaieria *f* ❹ *pl* TECH (*of a clock*) meccanismo *m* ▸ **to have one's** ~ **cut out to do sth** non essere facile per qu fare qc; **to make short** ~ **of sb** sbrigarsela in fretta con qu; **to make short** ~ **of sth** fare fuori qc rapidamente; **to get to** ~ **on sb/sth** *inf* lavorarsi qu/qc; **the** ~**s** *inf* tutto quanto; **give me a pizza with the** ~**s** voglio una pizza con tutto II. *vi* ❶ (*do job,*) lavorare; **to** ~ **abroad** lavorare all'estero; **to** ~ **as a teacher** fare l'insegnante ❷ (*be busy*) essere occupato; **to get** ~**ing** mettersi al lavoro; **to** ~ **hard** lavorare sodo; **to** ~ **do sth** impegnarsi a fare qc ❸ TECH (*be successful*) funzionare; **to get sth to** ~ far funzionare qc ❹ MED fare effetto ❺ (*have an effect*) agire; **to** ~ **against sb/sth** agire contro qu/qc; **to** ~ **against/for a candidate** risultare a sfavore/a favore di un candidato; **to** ~ **both ways** essere un'arma a doppio taglio ❻ (*move*) **to** ~ (**somewhere**) spostarsi (da qualche parte) ❼ + *adj* (*become*) **to** ~ **free** liberarsi; **to** ~ **loose** allentarsi ❽ *liter* (*change expression: sb's face*) contrarsi ▸ **to** ~ **like a charm** funzionare a meraviglia; **to** ~ **like a dog, to** ~ **like a slave** lavorare come un mulo; **to** ~ **around to sth** prepararsi a poco a poco per qc III. *vt* ❶ (*make sb work*) **to** ~ **sb hard** far lavorare molto qu; **to** ~ **oneself to death** ammazzarsi di lavoro; **to** ~ **a forty-hour week** avere una settimana lavorativa di quaranta ore ❷ TECH (*operate*) far funzionare; **to be** ~**ed by sth** essere azionato da qc ❸ (*move back and forward*) muovere; **to** ~ **sth free** liberare qc; **to** ~ **sth loose** allentare qc; **to** ~ **one's way along sth** farsi strada lungo qc ❹ (*bring about*) produrre; (*a miracle*) fare; **to** ~ **it** [*o* **things**] **so that ...** fare in modo che... +*conj* ❺ (*shape*) modellare; (*bronze, iron*) lavorare ❻ FASHION (*embroider*) ricamare ❼ MIN sfruttare; AGR lavorare ❽ (*pay for by working*) **to** ~ **one's way through college** mantenersi all'università lavorando

◆ **work away** *vi* lavorare senza sosta

◆ **work in** *vt* ❶ (*mix in*) amalgamare; (*on one's skin*) far penetrare ❷ (*include*) inserire; (*fit in*) trovare posto a

◆ **work off** I. *vt* ❶ (*counter effects of: one's anger, frustration*) sfogare; (*stress*) alleviare ❷ (*pay by working*) pagare lavorando II. *vi* TECH separarsi

◆ **work on** *vt* (*a car, project*) lavorare a; (*accent, fitness, skills*) lavorare per migliorare; (*assumption, hypothesis*) esaminare; (*person*) lavorarsi

◆ **work out** I. *vt* ❶ (*solve*) risolvere; **to work things out** sistemare le cose ❷ (*calculate*) calcolare ❸ (*develop*) elaborare; (*a settlement, solution*) trovare; (*decide*) decidere ❹ (*understand*) capire ❺ (*complete*) completare; (*one's contract*) lavorare fino alla fine del ❻ **to be worked out** (*mine, quarry*) essere sfruttato II. *vi* ❶ (*give a result: a calculation, sum*) ammontare a; (*cheaper, more expensive*) risultare ❷ (*be resolved*) risolversi ❸ (*be successful*) funzionare; **to** ~ **for the best** finire bene ❹ (*do exercise*) allenarsi

◆ **work over** *vt inf* pestare

◆ **work up** *vt* ❶ (*generate: courage, energy, enthusiasm*) trovare ❷ (*arouse strong feelings*) stimolare; **to work oneself up** agitarsi ❸ (*develop*) sviluppare; (*idea, plan, sketch*) elaborare; **to work one's way up through the company** fare carriera all'interno dell'azienda

workable ['wɜːr·kə·bl] *adj* ❶ (*feasible*) fattibile; (*compromise, plan*) realizzabile ❷ (*able to be manipulated: land, metal*) lavorabile

workaday ['wɜːr·kə·deɪ] *adj* di tutti i giorni

workaholic ['wɜrk·ə·ho·lɪk] *n* stacanovista *mf*

workbench <-es> *n* banco *m* (di lavoro)

workbook *n* quaderno *m* degli esercizi

W

workday n (*weekday*) giorno m lavorativo; (*time*) giornata f di lavoro

worker ['wɜːr·kər] n lavoratore, -trice m, f; (*in factory*) operaio, -a m, f

workforce n + *sing/pl vb* popolazione f attiva

workhorse n cavallo m da lavoro

working I. *adj* ① (*employed*) che lavora; (*population*) attivo, -a ② (*pertaining to work*) lavorativo, -a; (*clothes*) da lavoro ③ (*functioning*) funzionante ④ (*used as basis: theory, hypothesis*) di base; **to have a ~ knowledge of sth** avere conoscenze di base di qc II. n ① (*activity*) funzionamento m ② (*employment*) lavoro m

working class ['wɜːr·kɪŋ·klæs] <-es> n **the ~** la classe operaia

working-class *adj* operaio, -a; (*background*) umile

workload ['wɜːrk·loʊd] n (carico m di) lavoro m; **to have a heavy/light/unbearable ~** avere molto/poco/troppo lavoro

workman ['wɜːrk·mən] <-men> n operaio m

workmanlike ['wɜːrk·mən·laɪk] *adj* ① (*showing skill: performance, job*) qualificato, -a ② (*technically sufficient: performance*) accurato, -a

workmanship ['wɜːrk·mən·ʃɪp] n ① (*skill in working*) destrezza f ② (*work executed*) lavoro m ③ (*quality of work*) esecuzione f; **shoddy ~** lavoro malfatto; **of fine ~** di eccellente fattura

work of art n opera f d'arte

workout ['wɜːrk·aʊt] n SPORTS allenamento m

work permit n permesso m di lavoro

workplace n COM posto m di lavoro; **safety in the ~** la sicurezza f sul lavoro

work-sharing ['wɜːrk·ʃe·rɪŋ] n ripartizione f del lavoro

worksheet ['wɜːrk·ʃiːt] n foglio m di lavorazione

workshop ['wɜːrk·ʃɑːp] n ① (*repair place*) laboratorio m ② (*meeting for learning*) seminario m; **drama ~** laboratorio teatrale

workspace ['wɜːrk·speɪs] n COMPUT spazio f di lavoro

workstation n COMPUT stazione f di lavoro

work-study program n SCHOOL, UNIV, COM programma m di lavoro-studio

worktable ['wɜːrk·ˌteɪ·bl] n tavolo m di lavoro

workweek ['wɜːrk·wiːk] n settimana f lavorativa

world [wɜːrld] n ① GEO mondo m; **the ~'s population** la popolazione mondiale; **a ~ authority** una autorità mondiale; **the ~ champion** il campione del mondo; **the best/worst in the ~** il migliore/peggiore del mondo; **the tallest man in the ~** l'uomo più alto del mondo; **the (whole) ~ over** in tutto il mondo; **to see the ~** girare il mondo; **to travel all over the ~** viaggiare in tutto il mondo ② (*defined group*) **the ~ of dogs/horses** il mondo dei cani/cavalli; **the animal ~** il mondo animale; **the Christian/Muslim ~** il mondo cristiano/musulmano; **the New/Old/Third ~** il Nuovo/Vecchio/Terzo Mondo ▸ **there's a ~ of** <u>difference</u> **between …** c'è un'enorme differenza tra…; **to have the ~ at one's** <u>feet</u> avere il mondo ai propri piedi; **the ~ at** <u>large</u> un po' tutto il mondo; **the ~ is his/her** <u>oyster</u> ha il mondo ai suoi piedi; **to feel on** <u>top</u> **of the ~** essere al settimo cielo; **that's the** <u>way</u> **of the ~** c'est la vie!; **to be for** <u>all</u> **the ~ like …** essere tale e quale a…; **to be ~s** <u>apart</u> essere come la notte e il giorno; **to have the** <u>best</u> **of both ~s** avere il meglio di ambedue le cose; **to be** <u>dead</u> **to the ~** dormire profondamente; **to be** <u>out</u> **of this ~** *inf* essere fantastico; **it's a** <u>small</u> **~!** il mondo è piccolo!; **I wouldn't** <u>do</u> **that for (all) the (money in the) ~** non lo farei per tutto l'oro del mondo; **to** <u>move up</u> **in the ~** *inf* prosperare; **to** <u>move down</u> **in the ~** *inf* decadere; **to** <u>live</u> **in a ~ of one's own** vivere in un mondo tutto suo; **to mean (all) the ~ to sb** essere tutto per qu; **to think the ~ of sb/sth** avere grande ammirazione per qu/qc; **what/who/how in the ~ …?** cosa/chi/come diavolo…?

World Bank *n* the ~ la Banca Mondiale

world-class *adj* a livello mondiale

World Cup *n* SPORTS **the ~** i Mondiali; **the ~ Finals** la finale di Coppa del Mondo

world-famous ['wɜːrld·ˌfeɪ·məs] *adj* di fama mondiale

world language *n* lingua *f* universale

worldly ['wɜːrld·li] *adj* ① (*of physical, practical matters*) materiale; **~ goods** beni materiali ② (*having experience*) mondano, -a; (*manner*) sofisticato, -a; **~ wise** (*person*) esperto, -a

world power *n* potenza *f* mondiale

world record *n* SPORTS record *m inv* mondiale

World Series *n* World Series *f inv*, le finali del campionato di baseball

World's Fair *n* fiera *f* mondiale

world-shaking *adj*, **world-shattering** *adj* **a ~ piece of news** una notizia sconvolgente

world war *n* HIST guerra *f* mondiale

world-weary ['wɜːrld·ˌwɪ·ri] *adj* stanco, -a; **to be** [*o* **feel**] **~** esere stanco della vita

worldwide ['wɜːrld·ˌwaɪd] **I.** *adj* mondiale **II.** *adv* in tutto il mondo

World Wide Web *n* COMPUT Rete *f*

worm [wɜːrm] **I.** *n* ① verme *m*; (*insect larva*) bruco *m*; **earth ~** lombrico *m* ② (*computer virus*) virus *m inv* **II.** *vt* ① (*treat for worms*) dare un vermifugo a ② (*squeeze slowly through*) **to ~ one's way through people** farsi strada tra la gente; **to ~ oneself under sth** infilarsi sotto qc ③ (*gain trust dishonestly*) **to ~ oneself into someone's trust** conquistarsi astutamente la fiducia di qu ④ (*obtain dishonestly*) **to ~ a secret out of sb** estorcere un secreto a qu **III.** *vi* **to ~ through the crowd** farsi strada tra la folla

worm-eaten ['wɜːrm·ˌiː·tən] *adj* (*beam,*

table, wood) tarlato, -a; (*fruit*) bacato, -a; (*cloth*) tarmato, -a

wormhole ['wɜːrm·hoʊl] *n* buco *m* (di verme/tarlo); **the cupboard was full of ~s** l'armadio era tutto tarlato

wormy ['wɜːr·mi] <-ier, -iest> *adj* (*full of worms: fruit*) bacato, -a; (*wood*) tarlato, -a

worn [wɔːrn] **I.** *vt, vi pp of* **wear II.** *adj* ① (*shabby, deteriorated*) logoro, -a ② (*exhausted: person*) sfinito, -a ③ (*overused: expression, news, story*) vecchio, -a

worn-out [ˌwɔːrn·ˈaʊt] *adj* ① (*exhausted: person, animal*) sfinito, -a ② (*used up: clothing*) logoro, -a; (*wheel bearings*) consumato, -a

worried *adj* preoccupato, -a; **to be ~ about** [*o* **by**] **sth** essere preoccupato per qc; **I am ~ that he may be angry** ho paura che sia arrabbiato; **to be ~ sick about sb/sth** essere preoccupatissimo per qu/qc; **with a ~ expression** con aria preoccupata

worrisome ['wɜː·ri·səm] *adj form* preoccupante

worry ['wɜː·ri] **I.** <-ies> *n* ① (*anxiety, concern*) preoccupazione *f*; **to be a cause of ~ to sb** preoccupare qu; **to have a ~ (about sth)** preoccuparsi (per/di qc); **do you really have no ~s about the future?** il futuro non ti preoccupa affatto? ② (*trouble*) problema *m*; **financial worries** problemi *mpl* economici; **it is a great ~ to me** mi preoccupa molto **II.** *vt* <-ie-, -ing> ① (*preoccupy, concern*) preoccupare; **she is worried that she might not be able to find another job** ha paura di non riuscire a trovare un altro impiego ② (*bother*) seccare ③ (*pursue and scare*) **to ~ an animal** correre dietro a un animale ④ (*shake around*) **to ~ sth** scuotere qc; **the dog worries the bone** il cane gioca con l'osso **III.** <-ie-, -ing> *vi* (*be preoccupied, concerned*) **to ~ (about sth)** preoccuparsi (di/per qc); **don't ~!** stai tranquillo!; **not to ~!** *inf* non fa niente!

worrying *adj* preoccupante

worse [wɜːs] I. *adj comp of* **bad** peggiore; **to be ~ than ...** essere peggiore di...; **to be even/much ~** essere anche/molto peggiore; **he was none the ~ for it** non gli è successo niente; **from bad to ~** di male in peggio; **to get ~ and ~** andare sempre peggio; **it could have been ~** poteva andare peggio; **to make matters ~ ...** a peggiorare le cose...; **so much the ~ for her!** tanto peggio per lei!; **~ luck** *inf* sfortunatamente; **to get ~** peggiorare; **if he gets any ~ ...** se peggiora ancora... II. *n* **the ~** il peggio; **to change for the ~** peggiorare; **to have seen ~** aver visto di peggio; **~ was to follow** il peggio doveva ancora venire III. *adv comp of* **badly** peggio; **to do sth ~ than ...** fare qc peggio di/che...; **he did ~ than he was expecting in the exams** gli esami gli sono andati peggio di quanto si aspettasse; **to be ~ (off)** stare peggio

worsen ['wɜːr·sən] *vi, vt* peggiorare

worship ['wɜːr·ʃɪp] I. *vt* <-pp-, -p-> ① *a.* REL adorare; **to ~ money/sex** essere ossessionato dai soldi/dal sesso ② *(feel great admiration for)* idolatrare ▸ **to ~ the ground sb walks on** baciare la terra su cui qu cammina II. *vi* <-pp-, -p-> REL pregare III. *n* ① *(adoration)* adorazione *f*, venerazione *f* ② *a.* REL culto *m*; *(religious service)* funzione *f*

worshipper *n* REL fedele *mf*; **hundreds of ~s attended the ceremony** centinaia di fedeli hanno assistito alla cerimonia; **devil ~** seguace *mf* di setta satanica

worst [wɜːst] I. *adj superl of* **bad** **the ~** il/la peggiore; **the ~ soup I've ever eaten** la peggior minestra che abbia mai mangiato; **the ~ mistake** l'errore più grave II. *adv superl of* **badly** peggio; **to be ~ hit/affected by sth** essere il più gravemente colpito da qc III. *n* *(most terrible one, time, thing)* **the ~** il peggio; **the ~ of it is that ...** il peggio è che...; **the ~ is over now** il peggio ora

è passato; **at ~** nel peggiore dei casi; **she's at her ~ in the morning** la mattina non è al meglio; **this problem has shown him at his ~** questo problema ha tirato fuori il suo lato peggiore; **to fear the ~** temere il peggio; **~ of all** il peggio ▸ **if (the) ~ comes to (the) ~** alla peggio; **to get the ~ of it** *(suffer the worst)* soffrire di più

worsted ['wʊs·tɪd] *n* *(fabric)* pettinato *m* di lana

worth [wɜːrθ] I. *n* ① *(excellence, importance, monetary value: of a person)* valore *m*; **to prove one's ~** dimostrare quanto si vale; **to be of great/little ~ to sb** avere grande/poco valore per qu; **4 thousand dollars ~ of gift items** regali per un valore di quattromila dollari; **to get one's money's ~ from sth** sfruttare al meglio qc ② *(wealth)* fortuna *f* II. *adj* ① *a.* COM, FIN, ECON **to be ~ ...** valere...; **it is ~ about $200 000** è stato valutato circa 200 000 dollari; **it's ~ a lot to me** ha un grande valore per me; **to be ~ millions** *inf* essere milionario ② *(significant enough, useful)* **to be ~ ...** meritare...; **to be ~ a mention** meritare di essere ricordato; **it's not ~ arguing about!** non vale la pena discuterne!; **it is ~ seeing** va visto; **it's ~ remembering that ...** si ricorda che...; **it is (well) ~ a visit/listen** merita una visita/di essere ascoltato; **it's ~ a try** vale la pena provare ▸ **to be ~ sb's while** *(doing sth)* valere la pena (che qu faccia qc); **to make sth ~ sb's while** ricompensare qu per qc; **if a thing is ~ doing, it's ~ doing well** *prov* se vale la pena fare qualcosa tanto vale farla bene; **to do sth for all one's ~** fare qc con tutte le proprie forze; **for what it's ~** *inf* se serve a qc; **to be (well) ~ it** valerne la pena

worthless ['wɜːrθ·ləs] *adj* ① *(of no monetary value)* di nessun valore ② *(of no significance, use)* inutile

worthwhile [ˌwɜːrθ·'hwaɪl] *adj* ① *(profitable, beneficial)* che vale la pena; **it's not ~ making such an effort** non vale la pena impegnarsi tanto; **it isn't finan-cially** ~ **for me** non vale economica-mente la pena per me ② (*useful*) utile

worthy ['wɜːr·ði] **I.** <-ier, -iest> *adj* ① *form* (*admirable*) encomiabile; (*principle, cause*) nobile ② (*appropriate for, to*) degno, -a; **to be** ~ **of sth** meritare qc; **to be** ~ **of attention** meritare atten-zione **II.** <-ies> *n iron* (*important person*) personalità *f inv*

would [wʊd] *aux pt of* **will** ① (*future in the past*) **he said he** ~ **do it later on** disse che lo avrebbe fatto dopo ② (*future seeing past in the past*) **we thought they** ~ **have done it before** pensammo che lo avrebbero fatto prima ③ (*intention in the past*) **he said he** ~ **always love her** disse che l'avrebbe sempre amata ④ (*shows possibility*) **I'd go myself, but I'm too busy** ci andrei io, ma sono troppo impegnato; **I** ~ **have been very boring to do that** sa-rebbe stato molto noioso farlo ⑤ (*conditional*) **what** ~ **you do if you lost your job?** cosa faresti se tu rimanessi senza lavoro?; **I** ~ **have done it if you had asked** lo avrei fatto se tu l'avessi chiesto ⑥ (*polite request*) **if you** ~ **just wait a moment, I'll see if I can find her** se aspetta un attimo, vado a cercar-la; ~ **you phone him, please?** mi fa-rebbe la cortesia di chiamarlo?; ~ **you mind saying that again?** le dispiace-rebbe ripetere?; ~ **you like …?** vuole…?; ~ **you like me to come with you?** vuoi che ti accompagni? ⑦ (*regularity in past*) **they** ~ **help each other with their homework** si aiutavano a fare i compiti ⑧ (*stresses as being typical*) **of course the bus** ~ **be late when I'm in a hurry** come sem-pre l'autobus è in ritardo quando ho fretta; **he** ~ **say that, wouldn't he?** c'era da aspettarselo che lo dicesse, no? ⑨ (*courteous opinion*) **I** ~ **imagine that …** suppongo che…; **I** ~ **n't have thought that …** non avrei mai pensato che… ⑩ (*probably*) **the guy on the phone had an Australian accent —**

that ~ **be Tom, I expect** il ragazzo al telefono aveva l'accento australiano — doveva essere Tom ⑪ (*shows prefer-ence*) **I** ~ **rather have water** preferi-sco l'acqua; **I** ~ **rather die than do that** preferirei morire piuttosto di fare una cosa simile ⑫ (*offering polite ad-vice*) **I** ~ **n't worry, if I were you** al tuo posto non mi starei a preoccupare ⑬ (*asking motives*) **why** ~ **anyone want to do something like that?** per quale motivo uno farebbe una cosa del genere? ⑭ (*shows a wish*) **ah,** ~ **I were richer and younger!** ah, se fossi più ricco e più giovane!; ~ **that he were here!** ah se solo fosse qui lui!

would-be ['wʊd·biː] *adj* ① (*wishing to be*) aspirante; **a** ~ **politician** un aspi-rante politico ② (*pretending to be*) sedi-cente

wouldn't ['wʊ·dənt] = **would not** *s.* **would**

wound¹ [waʊnd] *vi, vt pt, pp of* **wind²**

wound² [wuːnd] **I.** *n* ferita *f*; **a gun-shot/war** ~ una ferita da arma da fuoco/di guerra; **a leg** ~ una ferita alla gamba **II.** *vt a. fig* ferire

wounded I. *adj a. fig* ferito, -a **II.** *npl* **the** ~ i feriti

wove [woʊv] *vt, vi pt of* **weave**

woven ['woʊ·vən] **I.** *vt, vi pp of* **weave** **II.** *adj* (*made by weaving*) tessuto, -a

wow [waʊ] *inf* **I.** *interj* (*demonstrates surprise, excitement*) caspita! **II.** *n* (*hit, popular item*) successone *m*; **to be a** ~ **with the public** incontrare il favore del pubblico **III.** *vt* (*delight*) **to** ~ **sb** far im-pazzire qu

wpm, w.p.m. *abbr of* **words per min-ute** ppm

wrangle ['ræŋ·gl] **I.** <-ling> *vi* ① (*argue, debate angrily*) accapigliarsi; **to** ~ (**with sb**) **about sth** discutere (con qu) per qc ② (*round up cattle*) radunare il bestiame **II.** *vt* (*round up: horses, cat-tle*) radunare **III.** *n* (*intricate argu-ment*) lite *f*; **a** ~ **about sth** una lite per qc

wrap [ræp] **I.** *n* ① (*robe-like covering*)

accappatoio m ③ (shawl) scialle m ④ (protective covering material) involucro m; foil → carta f d'alluminio ▸ to keep sth under ~s tenere qc segreto; to take the ~s off (of) sth svelare qc II. vt <-pp-> to ~ sth (up) (in a blanket) avvolgere qc (con una coperta); ~ the glasses in plenty of paper avvolgi bene i bicchieri con la carta; to ~ sth around sth/sb avvolgere qc/qu con qc; he ~ped a scarf around his neck si avvolse una sciarpa al collo; to ~ one's fingers around sth stringere qc tra le dita; to ~ one's arms around sb abbracciare qu; a matter ~ped in secrecy una questione avvolta nel mistero

◆wrap up I. vt <-pp-> ① (completely cover) avvolgere; to wrap oneself/sb up (against the cold) (dress warmly) coprirsi (per proteggersi dal freddo) ② inf (finish well) portare a buon fine; (deal) concludere; (problem) mettere fine a; that wraps it up for today questo è tutto per oggi II. vi ① (dress warmly) coprirsi; to ~ well/warm coprirsi bene ② (be absorbed in) to be wrapped up in sth essere assorto in qc ③ (finish) terminare

wraparound ['ræp·ə·ˌraʊnd] adj (skirt, dress) a portafoglio; (sunglasses) avvolgente

wrapper ['ræ·pɚ] n ① (packaging) involucro m; (for a book) sovraccoperta f ② (robe-like covering) accappatoio m

wrapping paper n (plain) carta f da pacchi; (for presents) carta f da regalo

wrath [ræθ] n liter (fury, anger) ira f

wreath [ri:θ] <wreaths> pl n (of flowers, greenery) ghirlanda f; (of smoke) spirale f

wreck [rek] I. vt ① (damage, demolish) distruggere; (ship) far naufragare ② (hopes, plan) rovinare; to ~ sb's life distruggere la vita di qu II. n ① NAUT naufragio m; AUTO distruzione f ② (ship) relitto m; ~ of a car/a plane una carcassa d'auto/d'aereo; an old ~ inf (any derelict thing)

resti mpl; (mess) caos m; to feel like a complete ~ sentirsi a pezzi; to be a nervous ~ avere i nervi a pezzi

wreckage ['re·kɪdʒ] n (of ship, car, plane) resti mpl; (of building) rovine fpl, macerie fpl

wrecker ['re·kɚ] n ① (tow truck) carro m attrezzi ② (worker who demolishes houses) demolitore m; (worker who demolishes cars) sfasciacarrozze m inv ③ (person who causes shipwrecks) persona che provoca di proposito il naufragio di una nave per poi saccheggiarla ④ (hooligan) teppista mf

wren [ren] n scricciolo m

wrench [rentʃ] I. vt ① a.fig (jerk and twist out) strappare; to ~ sth from sb strappare qc a qu; to ~ oneself away liberarsi con uno strattone; to ~ sb/sth from sb/sth strappare qu/qc a qu/qc ② (injure) to ~ one's ankle slogarsi una caviglia; to ~ one's shoulder lussarsi una spalla II. n ① TECH (spanner) chiave f ② (twisting jerk) strattone m; to give sb a ~ dare uno strattone a qu ③ (injury) distorsione f; to give one's ankle a ~ slogarsi una caviglia ④ (pain caused by a departure) strazio m (causato da una separazione); what a ~, seeing you board the plane! che strazio, vederti salire sull'aereo!

wrestle ['re·sl] SPORTS I. <-ling> vt a. fig a. SPORTS lottare con; to ~ sb lottare con [o contro] qu; to ~ sb to the ground atterrare qu II. <-ling> vi lottare; to ~ professionally lottare a livello agonistico III. n lotta f

wrestler n lottatore, -trice m, f

wrestling n SPORTS lotta f; freestyle ~ lotta libera

wrestling bout n, wrestling match n SPORTS combattimento m di lotta

wretch [retʃ] <-es> n ① (unfortunate person) disgraziato, -a m, f; a poor ~ un povero diavolo ② (mean person) spilorcio, -a m, f; (mischievous person) mascalzone, -a m, f

wretched ['ret·ʃɪd] adj ① (miserable, pitiable: life, person) disgraziato, -a; to

W

be in a ~ state essere in condizioni pietose; (*house*) squallido, -a ② (*despicable*) spregevole ③ (*very bad, awful: weather*) da cani; **to feel ~** stare da cani ④ (*expressing annoyance*) **my ~ car's broken down again!** questa macchina del cavolo si è guastata un'altra volta!

wriggle ['rɪ·gl] **I.**<-ling> *vi* ① (*squirm around*) contorcersi ② (*move forward by twisting*) serpeggiare; **to ~ through sth** attraversare qc serpeggiando; **to ~ out of sth** *fig, inf* tirarsi fuori da qc **II.**<-ling> *vt* (*jiggle back and forth*) dimenare; (*body, hand, toes*) muovere; **to ~ oneself into sth** infilarsi in qc (dimenandosi); **to ~ (one's way) out of sth** sgusciare fuori da qc **III.** *n* dimenamento *m*; **with a ~, she managed to crawl through the gap** dimenandosi, riuscì a passare attraverso il buco

wring [rɪŋ] <wrung, wrung> *vt* ① (*twist forcibly, twist to squeeze out*) torcere; **to ~ one's hands** torcersi le mani; **to ~ sb's neck** *inf* torcere il collo a qu; **to ~ water out of a shirt** strizzare una camicia ② (*extract forcibly*) **to ~ the truth out of sb** tirar fuori la verità a qu ③ (*cause pain to*) **to ~ sb's heart** stringere il cuore a qu

wringer ['rɪŋ·ɚ] *n* strizzatoio *m* ▸ **to put sb through the ~** *inf* mettere qu sotto torchio

wrinkle ['rɪŋ·kl] **I.** *n* (*fold, crease*) ruga *f* ▸ **to iron the ~s out** appianare le difficoltà **II.**<-ling> *vi* (*form folds, creases*) sgualcirsi; (*apple, fruit*) avvizzire **III.**<-ling> *vt* (*make have folds, creases*) sgualcire ▸ **to ~ one's brow** corrugare la fronte

wrinkled *adj*, **wrinkly** ['rɪŋk·li] *adj* (*clothes*) sgualcito, -a; (*face, skin*) rugoso, -a; (*apple, fruit*) avvizzito, -a

wrist [rɪst] *n* ① ANAT polso *m*; **to slash one's ~s** tagliarsi le vene ② (*of a garment*) polsino *m*

wristband ['rɪst·bænd] *n* ① (*end of sleeve, sweatband*) polsino *m* ② (*strap*) cinturino *m*

wristlet *n* polsino *m*

wristwatch <-es> *n* orologio *m* da polso

writ [rɪt] *n* mandato *m;* **~ of summons** mandato *m* di comparizione; **to issue a ~ against sb** emanare un mandato contro qu; **to serve a ~ on sb** presentare un mandato a qu

write [raɪt] <wrote, written, writing> **I.** *vt* ① scrivere; **to ~ sth in capital letters** scrivere qc in stampatello; **to ~ a book/a thesis** scrivere un libro/una tesi; **he wrote me a poem** mi ha scritto una poesia; **to ~ sb** scrivere a qu; **to ~ sb a check** scrivere un assegno a qu ② MUS comporre; **to ~ a song** scrivere una canzone ③ COMPUT (*save*) salvare; **to ~ sth to a disk** salvare qc su un dischetto ▸ **to be nothing to ~ home about** non essere niente di straordinario **II.** *vi* ① scrivere; **to ~ clearly/legibly** scrivere in modo chiaro/leggibile; **to ~ to sb** scrivere a qu; **to ~ about sth** scrivere di/su qc; **to ~ for a newspaper** scrivere per un giornale ② COMPUT (*save*) **to ~ to sth** salvare su qc

◆ **write away** *vi* **to ~ for sth** (*brochures, information*) scrivere per chiedere qc

◆ **write back I.** *vt* **to write (sb/sth) back** rispondere (a qu/qc) **II.** *vi* rispondere

◆ **write down** *vt* scrivere, appuntare

◆ **write in I.** *vi* (*send a letter to*) scrivere **II.** *vt* ① (*insert*) scrivere; **to write sth in a space** scrivere qc in uno spazio ② LAW (*put in: clause*) inserire ③ TV, CINE (*character*) inserire

◆ **write off I.** *vi* (*send away to ask for*) **to ~ for** (*brochures, information*) mandare a chiedere per iscritto **II.** *vt* ① (*give up doing*) abbandonare ② (*abandon as no good*) **to write sth/sb off as useless** scartare qc/qu in quanto inutile ③ FIN (*debt*) cancellare

◆ **write out** *vt* ① (*put into writing*) scrivere ② (*copy*) ricopiare ③ (*fill in*) riempire; **to write a check out to sb** fare un assegno a qu ④ (*remove from*)

W

eliminare; **to write sb out of a will** diseredare qu

◆**write up** *vt* mettere per iscritto; (*article, report, thesis*) redigere; **to ~ a concert** recensire un concerto

write-in ['raɪt·ɪn] *adj* POL **a ~ candidate** un candidato fuori lista

write-off ['raɪt·ɑ:f] *n* ❶ FIN (*cancellation*) cancellazione *f* di un debito ❷ (*sth reduced in value*) **the camera was a complete ~** la macchina fotografica ha subito una notevole svalutazione

write-protected ['raɪt·prə·'tek·təd] *adj* COMPUT protetto, -a da sovrascrittura

writer ['raɪ·tə] *n* ❶ (*person*) scrittore, -trice *m, f*; **~ of children's books** autore, -trice *m, f* di libri per bambini ❷ COMPUT **CD-ROM/DVD ~** masterizzatore *m* CD-ROM/DVD

write-up ['raɪt·ʌp] *n* ART, THEAT, MUS recensione *f*

writhe [raɪð] <writhing> *vi* ❶ (*squirm and twist around*) contorcersi; **to ~ (around) in pain** contorcersi dal dolore ❷ (*be uncomfortable: with embarrassment*) sentirsi a disagio; **to make sb ~** mettere a disagio qu

writing ['raɪ·t̬ɪŋ] *n* ❶ (*handwriting*) calligrafia *f*; **in ~** per iscritto; **to put sth in ~** mettere qc per iscritto; **there was some ~ in the margin of the page** c'era qualcosa scritto nel margine della pagina ❷ *a.* LIT la scrittura; **she likes ~** le piace scrivere ❸ LIT, THEAT (*process*) redazione *f*; **creative ~** scrittura *f* creativa ❹ LIT, THEAT (*written work*) opera *f*; **women's ~** letteratura *f* femminile ❺ LIT (*style*) stile *m* ▸ **the ~ is on the wall** ci sono chiari segnali

writing desk *n* scrivania *f*
writing pad *n* blocco *m*
writing paper *n* carta *f* da lettere

written I. *vt, vi pp of* **write** II. *adj* (*recorded in writing*), -a ▸ **to have guilt ~ all over one's face** avere scritto in faccia che si è colpevoli; **the ~ word** la lingua scritta

wrong [rɑ:ŋ] I. *adj* ❶ (*not right: answer*) sbagliato, -a, errato, -a; **to be ~ about sth/sb** sbagliarsi su qc/qu; **he is ~ in thinking that …** si sbaglia se pensa che…; **to be in the ~ place** essere nel posto sbagliato; **to be plainly ~** sbagliarsi di grosso; **to get the ~ number** sbagliare numero; **sorry, you've got the ~ number!** guardi, ha sbagliato numero; **to go the ~ direction** sbagliare direzione; **to prove sb ~** dimostrare che qu si sbaglia ❷ (*not appropriate*) inopportuno, -a; **to do/say the ~ thing** fare una gaffe; **she's the ~ person for the job** non è la persona adatta per questo lavoro; **this is the ~ time to …** non è il momento opportuno per…; **the ~ side of town** una zona malfamata della città ❸ (*bad*) **is there anything ~?** cosa c'è che non va?; **what's ~ with you today?** cosa ti succede oggi?; **there's nothing ~ with your stomach** non ha niente allo stomaco; **something's ~ with the television** la televisione non funziona bene ❹ LAW, REL **it is ~ to do that** non si deve farlo; **it was ~ of him (to do that)** ha fatto male (a farlo); **what's ~ with that?** cosa c'è di sbagliato in questo? ▸ **to fall into the ~ hands** cadere in cattive mani; **to go down the ~ way** (*food, drink*) andare di traverso II. *adv* ❶ (*incorrectly*) erroneamente; **to do sth ~** far male qc; **to get sth ~** sbagliare qc; **to get it ~** capire male; **you got it ~ —** it's Maria who's coming, not Marina hai capito male — viene Maria, non Marina; **don't get me ~** non mi fraintendere; **to go ~** sbagliarsi; (*stop working*) guastarsi; (*fail*) andare male; **after 300 feet turn to the left, you can't go ~** dopo 100 m giri a sinistra, non si può sbagliare ❷ (*in a morally reprehensible way*) **to do sth ~** fare qc di male III. *n* ❶ *a.* LAW, REL male *m;* (**to know**) **right from ~** saper distinguere il bene dal male; **to put sb in the ~** dare torto a qu ❷ (*unjust action*) ingiustizia *f;* **to do sb** (**a**) **~** (**in doing sth**) commettere un'ingiustizia verso qu (facendo qc); **to right a ~** rimediare a un'ingiustizia; **to suffer a ~** subire un'ingiustizia ▶ **to do ~** agire male; **he can do no ~** non fa mai niente di male; **to be in the ~** (*not right, mistaken*) avere torto; (*do something bad*) agire male **IV.** *vt form* **to ~ sb** (*treat unjustly*) fare un torto a qu; (*judge unjustly*) giudicare male qu

wrongdoer ['rɑːŋ-ˌduː-ɚ] *n* malfattore, -trice *m, f*

wrongdoing *n* disonestà *f;* **to accuse sb of ~** accusare qu di azioni illecite

wrongful *adj* ❶ (*unfair*) ingiusto, -a ❷ LAW (*unlawful: arrest*) illegale; (*dismissal*) senza giusta causa

wrong-headed *adj pej* (*person*) irragionevole; (*concept, idea, plan*) insensato, -a

wrongly *adv* mal; (*spell*) incorretta-

mente; (*believe, state*) erroneamente; (*accuse, convict*) ingiustamente

wrote [roʊt] *vi, vt pt of* **write**

wrought [rɑːt] *adj form* (*crafted*) lavorato, -a; (*metal*) battuto, -a

wrought iron *n* ferro *m* battuto

wrought-up [rɔːt-ˈʌp] *adj* nervoso, -a; **to be/get ~** (*about sth*) essere nervoso/innervosirsi (per qc)

wrung [rʌŋ] *vt pt, pp of* **wring**

wry [raɪ] <wrier, wriest *o* wryer, wryest> *adj* ❶ (*dry and ironic: comments, humor*) caustico, -a; **a ~ smile** un sorriso beffardo ❷ (*showing dislike*) **to make a ~ face** arricciare il naso

WSW *abbr of* **west-southwest** OSO

wt. *n abbr of* **weight** peso *m*

WV *n abbr of* **West Virginia** Virginia *f* Ovest

WWI *n abbr of* **World War I** Prima Guerra *f* Mondiale

WWII *n abbr of* **World War II** Seconda Guerra *f* Mondiale

WWW *n abbr of* **World Wide Web** COMPUT WWW *m*

WY *n abbr of* **Wyoming** Wyoming *m*

Wyoming *n* Wyoming *m*

W

Xx

X, x [eks] *n* X, x *f;* **~ for X-ray** X come Xeres MATH x *f* (*symbol for kiss*) un bacio; **love, Katy ~** baci, Katy
xenophobia [ˌze·nə·ˈfoʊ·biə] *n* xenofobia *f*
xenophobic [ˌzen·ə·ˈfoʊ·bɪk] *adj* xenofobo, -a
Xerox®, xerox [ˈzɪr·aks] **I.** *n* fotocopia *f* **II.** *vt* fotocopiare

Xmas [ˈkrɪs·məs] *n abbr of* **Christmas** Natale *m*
X-ray [ˈeks·reɪ] **I.** *n* (*photo*) radiografia *f* **II.** *vt* radiografare, fare una radiografia a qu
xylophone [ˈzaɪ·lə·foʊn] *n* MUS xilofono *m*

Yy

Y, y [waɪ] *n* Y, y *f;* **~ for Yankee** Y come yacht
yacht [jɑːt] *n* yacht *m inv;* **~ race** regata *f*
yard¹ [jɑːrd] *n* (*3 feet*) iarda *f* (*0,91 m*); **it's about a hundred ~s down the road** è a un centinaio di metri da qui
yard² [jɑːrd] *n* (*enclosed paved area*) cortile *m* (*land next to house*) pratino *m* (*work area*) cantiere *m;* **shipbuilding ~** cantiere *m* navale (*outside area used for storage*) deposito *m;* **wood ~** deposito *m* di legna (*enclosure for livestock*) recinto *m*
yawn [jɑːn] **I.** *vi* sbadigliare **II.** *n* sbadiglio *m*
yawning *adj* (*wide and deep*) enorme
year [jɪr] *n* (*twelve months*) anno *m;* **~ of birth** anno di nascita; **~ in, ~ out** per anni; **fiscal ~** FIN anno contabile; **leap ~** anno bisestile; **all (the) ~ round** (durante) tutto l'anno; **every other ~** ogni due anni; **happy new ~!** buon anno!; **last/next ~** l'anno scorso/prossimo; **$5000 a ~** 5000 dollari all'anno; **this ~** quest'anno; **I'm eight ~s old** ho otto anni; **~s ago** anni fa; **I haven't**

seen her for **~s** è tantissimo che non la vedo; **over the ~s** nel corso degli anni SCHOOL, UNIV anno *m;* **the academic ~** l'anno accademico ▶ **to put ~s on sb** invecchiare qu; **to take ~s off (of) sb** ringiovanire qu
yearbook [ˈjɪr·bʊk] *n* annuario *m*
yearly **I.** *adj* (*happening every year*) annuale **II.** *adv* (*every year*) annualmente
yeast [jiːst] *n* lievito *m*
yell [jel] **I.** *n* (*loud shout*) urlo *m* (*chant*) grido d'incitamento **II.** *vi, vt* (*shout loudly*) urlare; **to ~ at sb** (*to do sth*) urlare a qu (di fare qc)
yellow [ˈje·loʊ] **I.** *adj* (*color*) giallo, -a; **to turn** [*o* **go**] **~** ingiallire *pej, inf* (*cowardly*) vigliacco, -a **II.** *n* giallo *m;* **~ of an egg** tuorlo *m* d'uovo **III.** *vi, vt* ingiallire
Yellow Pages® *npl* **the ~** le Pagine Gialle®
yes [jes] *adv* (*affirmative answer*) sì; **~, sir/ma'am** sì, signore/signora; **~, please** sì, grazie; **I'm not a very good cook — ~ you are** non sono un bravo cuoco — sì che lo sei; **~ indeed** certo che sì; **~, of course!** sì, certo! (*as*

question) ~? TEL sì?; **Johnny? — yes? — can I have a word?** Johnny — sì? — posso parlarti? ⓭ *(indicating doubt)* **oh ~?** davvero?

yesterday ['jes·tə·deɪ] I. *adv* ieri; ~ **morning** ieri mattina; **the day before** ~ l'altroieri II. *n* ieri *m*

yet [jet] I. *adv* ➊ *(up to a particular time)* ancora; **not** ~ non ancora; **she hasn't told him** ~ non glielo ha ancora detto; **as** ~ finora; **her best/worst film** ~ il suo migliore/peggiore film fino ad ora; **isn't supper ready** ~? non è ancora pronta la cena?; **can you see the lighthouse** ~? si vede già il faro?; **the best is** ~ **to come** il meglio deve ancora venire ➋ *(in addition)* ~ **again** un'altra volta; ~ **more food** ancora più roba da mangiare ➌ + *comp (even)* ~ **bigger/more beautiful** ancora più grande/bello ➍ *(despite that)* eppure ➎ *(in spite of everything)* nonostante tutto; **you'll do it** ~ lo finirai II. *conj* tuttavia

YHA *n abbr of* **Youth Hostel Association** *Associazione Alberghi della Gioventù*

Yiddish ['jɪ·dɪʃ] *adj, n* yiddish *m*

yield [jiːld] I. *n* ➊ *(amount produced)* produzione *f;* AGR raccolto *m* ➋ COM, FIN *(profits)* rendimento *m;* *(interest)* interesse *m;* **fixed/variable** ~ rendita *f* fissa/variabile II. *vt* ➊ *(provide: results)* dare ➋ AGR *(produce)* produrre ➌ COM, FIN fruttare; **to** ~ **8% interest** dare un interesse dell'8% ➍ *(give up)* **to** ~ **ground** cedere terreno III. *vi* ➊ AGR, COM, FIN essere produttivo ➋ *(give way)* **to** ~ **to temptation** cedere alla tentazione ➌ *(surrender)* arrendersi

yippee ['jɪp·i] *interj inf* urrà

YMCA [ˌwaɪ·em·si·'eɪ] *abbr of* **Young Men's Christian Association** *Associazione Cristiani dei Giovani*

yolk [joʊk] *n* tuorlo *m*

you [juː] *pron pers* ➊ *2nd pers sing* tu; *pl:* voi; **I see** ~ ti/vi vedo; **do** ~ **see me?** mi vedi/vedete?; **I love** ~ ti/vi amo; **it is for** ~ è per te/voi; **older**

than ~ più grande di te/voi; **if I were** ~ se fossi in te/voi; ~**'re my brother** sei mio fratello ➋ *(2nd person sing, polite form)* lei; ~ **have a car** ha una macchina; ~**'re going to Toronto** va a Toronto

you'd [juːd] = **you would** *s.* **would**

you'll [juːl] = **you will** *s.* **will**

young [jʌŋ] I. *adj* ➊ *a.* GEO *(not old)* giovane; ~ **children** bambini *mpl* piccoli; **a** ~ **man** un ragazzo; ~ **people/ persons** i giovani; **sb's** ~**er brother/ son** il fratello/figlio minore di qu; **the** ~**er generation** la nuova generazione ➋ *(junior)* **old Mr. Brown and** ~ **Mr. Brown** il Sig. Brown padre e il Sig. Brown figlio ➌ *(young-seeming: appearance, clothes)* giovanile ➍ *(pertaining to youth: love)* giovanile; **in my** ~**(er) days** quando ero giovane ▶ **you're only** ~ **once!** si vive una volta sola! II. *n pl* ➊ *(young people)* **the** ~ i giovani ➋ ZOOL *(offspring)* piccoli *mpl*

youngster ['jʌŋks·tə] *n* giovane *mf*

your [jʊr] *adj pos* ➊ *2nd pers sing* tuo, -a; *pl:* vostro, -a ➋ *(2nd pers sing: polite form)* suo, -a

you're [jʊr] = **you are** *s.* **be**

yours [jʊrz] *pron pos* ➊ *sing:* (il) tuo, (la) tua, (i) tuoi, (le) tue; *pl:* (il) vostro, (la) vostra, (i) vostri, (le) vostre; **this glass is** ~ questo bicchiere è il tuo/vostro ➋ *polite form* (il) suo, (la) sua, (i) suoi, (le) sue; ~ **truly** cordiali saluti

yourself [jʊr·'self] *pron reflexive* ➊ *sing:* ti; *emphatic:* tu (stesso, a); *after prep:* te (stesso, a) ➋ *polite form:* si; *emphatic:* lei (stesso, a); *after prep:* sé, lei stesso, a

yourselves *pron reflexive* vi; *emphatic, after prep:* voi (stessi, e)

youth [juːθ] *n* ➊ *(period when young)* gioventù *f,* giovinezza *f;* **he is a friend from my** ~ è un amico di gioventù ➋ *(young man)* giovane *m* ➌ *(young people)* giovani *mpl;* **the** ~ i giovani; ~ **culture** cultura *f* giovanile

youthful ['juː·θ·fəl] *adj* ➊ *(young-looking)* giovanile; ~ **appearance** aspet-

Y

to *m* giovanile ❷ (*typical of the young*) dei giovani ❸ (*young*) giovane

youth hostel *n* albergo *m* della gioventù

you've [juːv] = **you have** *s.* **have**

yr. *abbr of* **year** a. *m*

Yugoslavia [ˈjuːɡoʊˈslɑːˈviə] *n* HIST Jugoslavia *f*

Yugoslavian *adj, n* jugoslavo, -a *m, f*

yummy [ˈjʌmˈi] *adj* buonissimo, -a

YWCA *abbr of* **Young Women's Christian Association** *Associazione Cristiana delle Giovani*

Zz

Z, z [ziː] *n* Z, z *f*; **~ for Zebra** Z come Zara

Zaire [zaɪˈir] *n* Zaire *m*

Zambia [ˈzæmˈbiə] *n* Zambia *f*

zap [zæp] **I.** <-pp-> *vt* ❶ *inf* (*destroy*) distruggere ❷ *inf* (*send fast*) inviare rapidamente ❸ *inf* FOOD (*microwave*) sbattere nel microonde **II.** <-pp-> *vi inf* ❶ TV **to ~ through the channels** fare zapping ❷ (*move fast*) **to ~ somewhere** fiondarsi in un posto **III.** *interj inf* zac

zebra [ˈziːbˈrə] *n* zebra *f*

zero [ˈziːroʊ] **I.** <-s *o* -es> *n* zero *m;* **below ~** METEO sottozero; **to be a ~** non valere una cicca **II.** *adj* zero *inv;* **~ growth** natalità *f* zero; **~ visibility** visibilità *f* nulla; **my chances are ~** ho zero possibilità **III.** *vt* (*return to zero: device*) azzerare

zero-energy *adj* a consumo energetico zero; **~ building** edificio *m* a energia quasi zero

zillionaire *n inf* archimillionario, -a *m, f*

Zimbabwe [zɪmˈbɑːbˈweɪ] *n* Zimbabwe *m*

Zimbabwean [zɪmˈbɑːbˈwiˈən] *adj, n* zimbabwiano, -a *m, f*

zinc [zɪŋk] *n* zinco *m*

zip [zɪp] **I.** *n* ❶ (*ZIP code*) CAP *m inv* ❷ (*whistle*) sibilo *m* ❸ *inf* (*vigor*) brio *m* ❹ *sl* (*nothing*) zero *m;* **I know ~ about that** ne so zero **II.** <-pp-> *vt* **to ~ a bag/a dress** chiudere la lampo di una borsa/un vestito; **will you ~ me up?** mi chiudi la lampo? **III.** <-pp-> *vi* **to ~ in/past** entrare/passare di corsa

ZIP code *n* codice *m* di avviamento postale

zippy [ˈzɪˈpi] <-ier, -iest> *adj inf* (*fast: car*) veloce; (*energetic*) vivace

zodiac [ˈzoʊˈdiˈæk] *n* zodiaco *m*

zone [zoʊn] *n* zona *f*; **time ~** fuso *m* orario

zoo [zuː] *n* zoo *m inv*

zoological [ˌzoʊˈəˈlɑːˈdʒɪˈkəl] *adj* zoologico, -a; **~ garden** giardino *m* zoologico

zoologist [zoʊˈɑːˈləˈdʒɪst] *n* zoologo, -a *m, f*

zoology [zoʊˈɑːˈləˈdʒi] *n* zoologia *f*

zoom [zuːm] **I.** *n* PHOT zoom *m inv* **II.** *vt* PHOT zumare **III.** *vi* ❶ *inf* (*move very fast*) sfrecciare; **to ~ away** sfrecciare via; **to ~ past** passare sfrecciando ❷ (*costs, sales*) subire un'impennata

zucchini [zuːˈkiːˈni] <-(s)> *n inv* zucchino *m*

Appendice

Appendices

Verbi italiani

Italian verbs

Qui sotto sono riportate le coniugazioni dei principali tempi di alcuni verbi, che servono come modello nella coniugazione degli altri verbi regolari.

Listed below are the conjugations of the main tenses of selected verbs which illustrate how other regular verbs are conjugated.

cantare

1ª coniugazione (verbi in -are)

presente	imperfetto	futuro semplice	passato remoto
(io) canto	(io) cantavo	(io) canterò	(io) cantai
(tu) canti	(tu) cantavi	(tu) canterai	(tu) cantasti
(lui/lei) canta	(lui/lei) cantava	(lui/lei) canterà	(lui/lei) cantò
(noi) cantiamo	(noi) cantavamo	(noi) canteremo	(noi) cantammo
(voi) cantate	(voi) cantavate	(voi) canterete	(voi) cantaste
(loro) cantano	(loro) cantavano	(loro) canteranno	(loro) cantarono

condizionale presente	congiuntivo presente	congiuntivo imperfetto
(io) canterei	che (io) canti	che (io) cantassi
(tu) canteresti	che (tu) canti	che (tu) cantassi
(lui/lei) canterebbe	che (lui/lei) canti	che (lui/lei) cantasse
(noi) canteremmo	che (noi) cantiamo	che (noi) cantassimo
(voi) cantereste	che (voi) cantiate	che (voi) cantaste
(loro) canterebbero	che (loro) cantino	che (loro) cantassero

participio passato	imperativo	gerundio
cantato(a/i/e)	canta (tu)	cantando
	canti (lei)	
	cantiamo (noi)	
	cantate (voi)	
	cantino (loro)	

mancare

1ª coniugazione (verbi in -care e -gare)

presente	imperfetto	futuro semplice	passato remoto
(io) manco	(io) mancavo	(io) mancherò	(io) mancai
(tu) manchi	(tu) mancavi	(tu) mancherai	(tu) mancasti
(lui/lei) manca	(lui/lei) mancava	(lui/lei) mancherà	(lui/lei) mancò
(noi) manchiamo	(noi) mancavamo	(noi) mancheremo	(noi) mancammo
(voi) mancate	(voi) mancavate	(voi) mancherete	(voi) mancaste
(loro) mancano	(loro) mancavano	(loro) mancheranno	(loro) mancarono

condizionale presente	congiuntivo presente	congiuntivo imperfetto
(io) mancherei	che (io) manchi	che (io) mancassi
(tu) mancheresti	che (tu) manchi	che (tu) mancassi
(lui/lei) mancherebbe	che (lui/lei) manchi	che (lui/lei) mancasse
(noi) mancheremmo	che (noi) manchiamo	che (noi) mancassimo
(voi) manchereste	che (voi) manchiate	che (voi) mancaste
(loro) mancherebbero	che (loro) manchino	che (loro) mancassero

participio passato	imperativo	gerundio
mancato(a/i/e)	manca (tu)	mancando
	manchi (lei)	
	manchiamo (noi)	
	mancate (voi)	
	manchino (loro)	

bagnare

1ª coniugazione (verbi in -gnare)

presente	imperfetto	futuro semplice	passato remoto
(io) bagno	(io) bagnavo	(io) bagnerò	(io) bagnai
(tu) bagni	(tu) bagnavi	(tu) bagnerai	(tu) bagnasti
(lui/lei) bagna	(lui/lei) bagnava	(lui/lei) bagnerà	(lui/lei) bagnò
(noi) bagniamo	(noi) bagnavamo	(noi) bagneremo	(noi) bagnammo
(voi) bagnate	(voi) bagnavate	(voi) bagnerete	(voi) bagnaste
(loro) bagnano	(loro) bagnavano	(loro) bagneranno	(loro) bagnarono

condizionale presente	congiuntivo presente	congiuntivo imperfetto
(io) bagnerei	che (io) bagni	che (io) bagnassi
(tu) bagneresti	che (tu) bagni	che (tu) bagnassi
(lui/lei) bagnerebbe	che (lui/lei) bagni	che (lui/lei) bagnasse
(noi) bagneremmo	che (noi) bagniamo	che (noi) bagnassimo
(voi) bagnereste	che (voi) bagniate	che (voi) bagnaste
(loro) bagnerebbero	che (loro) bagnino	che (loro) bagnassero

participio passato	imperativo	gerundio
bagnato(a/i/e)	bagna (tu)	bagnando
	bagni (lei)	
	bagniamo (noi)	
	bagnate (voi)	
	bagnino (loro)	

mangiare

1ᵃ coniugazione (verbi in -ciare e -giare)

presente	imperfetto	futuro semplice	passato remoto
(io) mangio	(io) mangiavo	(io) mangerò	(io) mangiai
(tu) mangi	(tu) mangiavi	(tu) mangerai	(tu) mangiasti
(lui/lei) mangia	(lui/lei) mangiava	(lui/lei) mangerà	(lui/lei) mangiò
(noi) mangiamo	(noi) mangiavamo	(noi) mangeremo	(noi) mangiammo
(voi) mangiate	(voi) mangiavate	(voi) mangerete	(voi) mangiaste
(loro) mangiano	(loro) mangiavano	(loro) mangeranno	(loro) mangiarono

condizionale presente	congiuntivo presente	congiuntivo imperfetto
(io) mangerei	che (io) mangi	che (io) mangiassi
(tu) mangeresti	che (tu) mangi	che (tu) mangiassi
(lui/lei) mangerebbe	che (lui/lei) mangi	che (lui/lei) mangiasse
(noi) mangeremmo	che (noi) mangiamo	che (noi) mangiassimo
(voi) mangereste	che (voi) mangiate	che (voi) mangiaste
(loro) mangerebbero	che (loro) mangino	che (loro) mangiassero

participio passato	imperativo	gerundio
mangiato(a/i/e)	mangia (tu)	mangiando
	mangi (lei)	
	mangiamo (noi)	
	mangiate (voi)	
	mangino (loro)	

inviare

1ª coniugazione
(verbi in -iare con -i- tonica al presente indicativo)

presente	imperfetto	futuro semplice	passato remoto
(io) invio	(io) inviavo	(io) invierò	(io) inviai
(tu) invii	(tu) inviavi	(tu) invierai	(tu) inviasti
(lui/lei) invia	(lui/lei) inviava	(lui/lei) invierà	(lui/lei) inviò
(noi) inviamo	(noi) inviavamo	(noi) invieremo	(noi) inviammo
(voi) inviate	(voi) inviavate	(voi) invierete	(voi) inviaste
(loro) inviano	(loro) inviavano	(loro) invieranno	(loro) inviarono

condizionale presente	congiuntivo presente	congiuntivo imperfetto
(io) invierei	che (io) invii	che (io) inviassi
(tu) invieresti	che (tu) invii	che (tu) inviassi
(lui/lei) invierebbe	che (lui/lei) invii	che (lui/lei) inviasse
(noi) invieremmo	che (noi) inviamo	che (noi) inviassimo
(voi) inviereste	che (voi) inviate	che (voi) inviaste
(loro) invierebbero	che (loro) inviino	che (loro) inviassero

participio passato	imperativo presente	gerundio
inviato(a/i/e)	invia (tu)	inviando
	invii (lei)	
	inviamo (noi)	
	inviate (voi)	
	iniino (loro)	

studiare

1ª coniugazione (altri verbi in -iare)

presente	imperfetto	futuro semplice	passato remoto
(io) studio	(io) studiavo	(io) studierò	(io) studiai
(tu) studi	(tu) studiavi	(tu) studierai	(tu) studiasti
(lui/lei) studia	(lui/lei) studiava	(lui/lei) studierà	(lui/lei) studiò
(noi) studiamo	(noi) studiavamo	(noi) studieremo	(noi) studiammo
(voi) studiate	(voi) studiavate	(voi) studierete	(voi) studiaste
(loro) studiano	(loro) studiavano	(loro) studieranno	(loro) studiarono

condizionale presente	congiuntivo presente	congiuntivo imperfetto
(io) studierei	che (io) studi	che (io) studiassi
(tu) studieresti	che (tu) studi	che (tu) studiassi
(lui/lei) studierebbe	che (lui/lei) studi	che (lui/lei) studiasse
(noi) studieremmo	che (noi) studiamo	che (noi) studiassimo
(voi) studiereste	che (voi) studiate	che (voi) studiaste
(loro) studierebbero	che (loro) studino	che (loro) studiassero

participio passato	imperativo presente	gerundio
studiato(a/i/e)	studia (tu)	studiando
	studi (lei)	
	studiamo (noi)	
	studiate (voi)	
	studino (loro)	

temere

2ª coniugazione (verbi in -ere)

presente	imperfetto	futuro semplice	passato remoto
(io) temo	(io) temevo	(io) temerò	(io) temei o temetti
(tu) temi	(tu) temevi	(tu) temerai	(tu) temesti
(lui/lei) teme	(lui/lei) temeva	(lui/lei) temerà	(lui/lei) temé o temette
(noi) temiamo	(noi) temevamo	(noi) temeremo	(noi) tememmo
(voi) temete	(voi) temevate	(voi) temerete	(voi) temeste
(loro) temono	(loro) temevano	(loro) temeranno	(loro) temerono o temettero

condizionale presente	congiuntivo presente	congiuntivo imperfetto
(io) temerei	che (io) tema	che (io) temessi
(tu) temeresti	che (tu) tema	che (tu) temessi
(lui/lei) temerebbe	che (lui/lei) tema	che (lui/lei) temesse
(noi) temeremmo	che (noi) temiamo	che (noi) temessimo
(voi) temereste	che (voi) temiate	che (voi) temeste
(loro) temerebbero	che (loro) temano	che (loro) temessero

participio passato	imperativo	gerundio
temuto(a/i/e)	temi (tu)	temendo
	tema (lei)	
	temiamo (noi)	
	temete (voi)	
	temano (loro)	

vincere

2ª coniugazione (verbi in -cere e -gere)

presente	imperfetto	futuro semplice	passato remoto
(io) vinco	(io) vincevo	(io) vincerò	(io) vinsi
(tu) vinci	(tu) vincevi	(tu) vincerai	(tu) vincesti
(lui/lei) vince	(lui/lei) vinceva	(lui/lei) vincerà	(lui/lei) vinse
(noi) vinciamo	(noi) vincevamo	(noi) vinceremo	(noi) vincemmo
(voi) vincete	(voi) vincevate	(voi) vincerete	(voi) vinceste
(loro) vincono	(loro) vincevano	(loro) vinceranno	(loro) vinsero

condizionale presente	congiuntivo presente	congiuntivo imperfetto
(io) vincerei	che (io) vinca	che (io) vincessi
(tu) vinceresti	che (tu) vinca	che (tu) vincessi
(lui/lei) vincerebbe	che (lui/lei) vinca	che (lui/lei) vincesse
(noi) vinceremmo	che (noi) vinciamo	che (noi) vincessimo
(voi) vincereste	che (voi) vinciate	che (voi) vinceste
(loro) vincerebbero	che (loro) vincano	che (loro) vincessero

participio passato	imperativo	gerundio
vinto(a/i/e)	vinci (tu)	vincendo
	vinca (lei)	
	vinciamo (noi)	
	vincete (voi)	
	vincano (loro)	

muovere

2ª coniugazione (verbi in -ere con dittongo mobile)

presente	imperfetto	futuro semplice	passato remoto
(io) muovo	(io) muovevo	(io) muoverò	(io) mossi
(tu) muovi	(tu) muovevi	(tu) muoverai	(tu) muovesti
(lui/lei) muove	(lui/lei) muoveva	(lui/lei) muoverà	(lui/lei) mosse
(noi) muoviamo	(noi) muovevamo	(noi) muoveremo	(noi) muovemmo
(voi) muovete	(voi) muovevate	(voi) muoverete	(voi) muoveste
(loro) muovono	(loro) muove-vano	(loro) muove-ranno	(loro) mossero

condizionale presente	congiuntivo presente	congiuntivo imperfetto
(io) muoverei	che (io) muova	che (io) muovessi
(tu) muoveresti	che (tu) muova	che (tu) muovessi
(lui/lei) muoverebbe	che (lui/lei) muova	che (lui/lei) muovesse
(noi) muoveremmo	che (noi) muoviamo	che (noi) muovessimo
(voi) muovereste	che (voi) muoviate	che (voi) muoveste
(loro) muoverebbero	che (loro) muovano	che (loro) muovessero

participio passato	imperativo	gerundio
mosso(a/i/e)	muovi (tu)	muovendo
	muova (lei)	
	muoviamo (noi)	
	muovete (voi)	
	muovano (loro)	

spegnere

2ª coniugazione (verbi in -gnere)

presente	imperfetto	futuro semplice	passato remoto
(io) spengo	(io) spegnevo	(io) spegnerò	(io) spensi
(tu) spegni	(tu) spegnevi	(tu) spegnerai	(tu) spegnesti
(lui/lei) spegne	(lui/lei) spegneva	(lui/lei) spegnerà	(lui/lei) spense
(noi) spegniamo	(noi) spegnevamo	(noi) spegneremo	(noi) spegnemmo
(voi) spegnete	(voi) spegnevate	(voi) spegnerete	(voi) spegneste
(loro) spengono	(loro) spegnevano	(loro) spegneranno	(loro) spensero

condizionale presente	congiuntivo presente	congiuntivo imperfetto
(io) spegnerei	che (io) spenga	che (io) spegnessi
(tu) spegneresti	che (tu) spenga	che (tu) spegnessi
(lui/lei) spegnerebbe	che (lui/lei) spenga	che (lui/lei) spegnesse
(noi) spegneremmo	che (noi) spegniamo	che (noi) spegnessimo
(voi) spegnereste	che (voi) spegniate	che (voi) spegneste
(loro) spegnerebbero	che (loro) spengano	che (loro) spegnessero

participio passato	imperativo	gerundio
spento(a/i/e)	spegni (tu)	spegnendo
	spenga (lei)	
	spegniamo (noi)	
	spegnete (voi)	
	spengano (loro)	

sedere

2ª coniugazione
(verbi in -ere con alternanza di -ie- ed -e- nella radice)

presente	imperfetto	futuro semplice	passato remoto
(io) siedo	(io) sedevo	(io) sederò o siederò	(io) sedei o sedetti
(tu) siedi	(tu) sedevi	(tu) sederai o siederai	(tu) sedesti
(lui/lei) siede	(lui/lei) sedeva	(lui/lei) sederà o siederà	(lui/lei) sedé o sedette
(noi) sediamo	(noi) sedevamo	(noi) sederemo o siederemo	(noi) sedemmo
(voi) sedete	(voi) sedevate	(voi) sederete o siederete	(voi) sedeste
(loro) siedono	(loro) sedevano	(loro) sederanno o siederanno	(loro) sederono o sedettero

condizionale presente	congiuntivo presente	congiuntivo imperfetto
(io) sederei o siederei	che (io) sieda	che (io) sedessi
(tu) sederesti o siederesti	che (tu) sieda	che (tu) sedessi
(lui/lei) sederebbe o siederebbe	che (lui/lei) sieda	che (lui/lei) sedesse
(noi) sederemmo o siederemmo	che (noi) sediamo	che (noi) sedessimo
(voi) sedereste o siedereste	che (voi) sediate	che (voi) sedeste
(loro) sederebbero o siederebbero	che (loro) siedano	che (loro) sedessero

participio passato	imperativo	gerundio
seduto(a/i/e)	siedi (tu)	sedendo
	sieda (lei)	
	sediamo (noi)	
	sedete (voi)	
	siedano (loro)	

partire

3ª coniugazione (verbi in -ire)

presente	imperfetto	futuro semplice	passato remoto
(io) parto	(io) partivo	(io) partirò	(io) partii
(tu) parti	(tu) partivi	(tu) partirai	(tu) partisti
(lui/lei) parte	(lui/lei) partiva	(lui/lei) partirà	(lui/lei) partì
(noi) partiamo	(noi) partivamo	(noi) partiremo	(noi) partimmo
(voi) partite	(voi) partivate	(voi) partirete	(voi) partiste
(loro) partono	(loro) partivano	(loro) partiranno	(loro) partirono

condizionale presente	congiuntivo presente	congiuntivo imperfetto
(io) partirei	che (io) parta	che (io) partissi
(tu) partiresti	che (tu) parta	che (tu) partissi
(lui/lei) partirebbe	che (lui/lei) parta	che (lui/lei) partisse
(noi) partiremmo	che (noi) partiamo	che (noi) partissimo
(voi) partireste	che (voi) partiate	che (voi) partiste
(loro) partirebbero	che (loro) partano	che (loro) partissero

participio passato	imperativo	gerundio
partito(a/i/e)	parti (tu)	partendo
	parta (lei)	
	partiamo (noi)	
	partite (voi)	
	partano (loro)	

finire

3ª coniugazione
(verbi in -ire con l'aggiunta del suffisso -isc- per alcuni tempi)

presente	imperfetto	futuro semplice	passato remoto
(io) finisco	(io) finivo	(io) finirò	(io) finii
(tu) finisci	(tu) finivi	(tu) finirai	(tu) finisti
(lui/lei) finisce	(lui/lei) finiva	(lui/lei) finirà	(lui/lei) finì
(noi) finiamo	(noi) finivamo	(noi) finiremo	(noi) finimmo
(voi) finite	(voi) finivate	(voi) finirete	(voi) finiste
(loro) finiscono	(loro) finivano	(loro) finiranno	(loro) finirono

condizionale presente	congiuntivo presente	congiuntivo imperfetto
(io) finirei	che (io) finisca	che (io) finissi
(tu) finiresti	che (tu) finisca	che (tu) finissi
(lui/lei) finirebbe	che (lui/lei) finisca	che (lui/lei) finisse
(noi) finiremmo	che (noi) finiamo	che (noi) finissimo
(voi) finireste	che (voi) finiate	che (voi) finiste
(loro) finirebbero	che (loro) finiscano	che (loro) finissero

participio passato	imperativo	gerundio
finito(a/i/e)	finisci (tu)	finendo
	finisca (lei)	
	finiamo (noi)	
	finite (voi)	
	finiscano (loro)	

Verbi irregolari italiani
Italian Irregular Verbs

Infinito	Presente	Imperfetto	Futuro	Passato remoto	Cong. presente	Cong. imperfetto	Gerundio	Part. passato	Imperativo
accendere	(io) accendo	(io) accendevo	(io) accenderò	(io) accesi	che (io) accenda	che (io) accendessi	accendendo	acceso(a/i/e)	
	...	...	...	(tu) accendesti	...	...			accendi
				(lui/lei) accese					...
				(noi) accendemmo					
				(voi) accendeste					
				(loro) accesero					
accludere	(io) accludo	(io) accludevo	(io) accluderò	(io) acclusi	che (io) accluda	che (io) accludessi	accludendo	accluso(a/i/e)	
	...	...	...	(tu) accludesti	...	...			accludi
				(lui/lei) accluse					...
				(noi) accludemmo					
				(voi) accludeste					
				(loro) acclusero					

Infinito	Presente	Imperfetto	Futuro	Passato remoto	Cong. presente	Cong. imperfetto	Gerundio	Part. passato	Imperativo
accorgersi	(io) mi accorgo	(io) mi accorgevo	(io) mi accorgerò	(io) mi accorsi	che (io) mi accorga	che (io) mi accorgessi	accorgendosi	accortosi(a/i/e)	
	...	...	...	(tu) ti accorgesti	...	...			accorgiti
				(lui/lei) si accorse					...
				(noi) ci accorgemmo					
				(voi) vi accorgeste					
				(loro) si accorsero					

addurre – vedi condurre

andare	(io) vado	(io) andavo	(io) andrò	(io) andai	che (io) vada	che (io) andassi	andando	andato(a/i/e)	
	(tu) vai	(tu) andavi	(tu) andrai	(tu) andasti	che (tu) vada	che (tu) andassi			vai
	(lui/lei) va	(lui/lei) andava	(lui/lei) andrà	(lui/lei) andò	che (lui/lei) vada	che (lui/lei) andasse			vada
	(noi) andiamo	(noi) andavamo	(noi) andremo	(noi) andammo	che (noi) andiamo	che (noi) andassimo			andiamo
	(voi) andate	(voi) andavate	(voi) andrete	(voi) andaste	che (voi) andiate	che (voi) andaste			andate
	(loro) vanno	(loro) andavano	(loro) andranno	(loro) andarono	che (loro) vadano	che (loro) andassero			vadano

Infinito	Presente	Imperfetto	Futuro	Passato remoto	Cong. presente	Cong. imperfetto	Gerundio	Part. passato	Imperativo
apparire	(io) appaio	(io) apparivo	(io) apparirò	(io) apparvi	che (io) appaia	che (io) apparissi	apparendo	apparso(a/i/e)	
	(tu) appari	...	...	(tu) apparisti	che (tu) appaia	...			appari
	(lui/lei) appare			(lui/lei) apparve	che (lui/lei) appaia				appaia
	(noi) appariamo			(noi) apparimmo	che (noi) appaiamo				appaiamo
	(voi) apparite			(voi) appariste	che (voi) appaiate				apparite
	(loro) appaiono			(loro) apparvero	che (loro) appaiano				appaiano
appendere	(io) appendo	(io) appendevo	(io) appenderò	(io) appesi	che (io) appenda	che (io) appendessi	appendendo	appeso(a/i/e)	
	...	...	...	(tu) appendesti	...	...			appendi
				(lui/lei) appese					...
				(noi) appendemmo					
				(voi) appendeste					
				(loro) appesero					

Infinito	Presente	Imperfetto	Futuro	Passato remoto	Cong. presente	Cong. imperfetto	Gerundio	Part. passato	Imperativo
aprire	(io) apro	(io) aprivo	(io) aprirò	(io) aprii	che (io) apra	che (io) aprissi	aprendo	aperto(a/i/e)	
	...	...	...	(tu) apristi	...	...			apri
				(lui/lei) aprì					...
				(noi) aprimmo					
				(voi) apriste					
				(loro) aprirono					
ardere	(io) ardo	(io) ardevo	(io) arderò	(io) arsi	che (io) arda	che (io) ardessi	ardendo	arso(a/i/e)	
	...	...	...	(tu) ardesti	...	...			ardi
				(lui/lei) arse					...
				(noi) ardemmo					
				(voi) ardeste					
				(loro) arsero					

assistere – *participio passato assistito(a/i/e)*

Infinito	Presente	Imperfetto	Futuro	Passato remoto	Cong. presente	Cong. imperfetto	Gerundio	Part. passato	Imperativo
assolvere	(io) assolvo	(io) assolvevo	(io) assolverò	(io) assolsi	che (io) assolva	che (io) assolvessi	assolvendo	assolto(a/i/e)	
	...	...	...	(tu) assolvesti	...	...			assolvi
				(lui/lei) assolse					...
				(noi) assolvemmo					
				(voi) assolveste					
				(loro) assolsero					
assumere	(io) assumo	(io) assumevo	(io) assumerò	(io) assunsi	che (io) assuma	che (io) assumessi	assumendo	assunto(a/i/e)	
	...	...	...	(tu) assumesti	...	...			assumi
				(lui/lei) assunse					...
				(noi) assumemmo					
				(voi) assumeste					
				(loro) assunsero					

Infinito	Presente	Imperfetto	Futuro	Passato remoto	Cong. presente	Cong. imperfetto	Gerundio	Part. passato	Imperativo
avere	(io) ho	(io) avevo	(io) avrò	(io) ebbi	che (io) abbia	che (io) avessi	avendo	avuto/a/i/e	
	(tu) hai	(tu) avevi	(tu) avrai	(tu) avesti	che (tu) abbia	che (tu) avessi			abbi
	(lui/lei) ha	(lui/lei) aveva	(lui/lei) avrà	(lui/lei) ebbe	che (lui/lei) abbia	che (lui/lei) avesse			abbia
	(noi) abbiamo	(noi) avevamo	(noi) avremo	(noi) avemmo	che (noi) abbiamo	che (noi) avessimo			abbiamo
	(voi) avete	(voi) avevate	(voi) avrete	(voi) aveste	che (voi) abbiate	che (voi) aveste			abbiate
	(loro) hanno	(loro) avevano	(loro) avranno	(loro) ebbero	che (loro) abbiano	che (loro) avessero			abbiano
bere	(io) bevo	(io) bevevo	(io) berrò	(io) bevvi o bevetti	che (io) beva	che (io) bevessi	bevendo	bevuto(a/i/e)	
	(tu) bevi	(tu) bevevi	(tu) berrai	(tu) bevesti	che (tu) beva	che (tu) bevessi			bevi
	(lui/lei) beve	(lui/lei) beveva	(lui/lei) berrà	(lui/lei) bevve o bevette	che (lui/lei) beva	che (lui/lei) bevesse			beva
	(noi) beviamo	(noi) bevevamo	(noi) berremo	(noi) bevemmo	che (noi) beviamo	che (noi) bevessimo			beviamo
	(voi) bevete	(voi) bevevate	(voi) berrete	(voi) beveste	che (voi) beviate	che (voi) beveste			bevete
	(loro) bevono	(loro) bevevano	(loro) berranno	(loro) bevvero o bevettero	che (loro) bevano	che (loro) bevessero			bevano

Infinito	Presente	Imperfetto	Futuro	Passato remoto	Cong. presente	Cong. imperfetto	Gerundio	Part. passato	Imperativo
cadere	(io) cado	(io) cadevo	(io) cadrò	(io) caddi	che (io) cada	che (io) cadessi	cadendo	caduto(a/i/e)	
	...	...	...	(tu) cadesti	...	...			cadi
				(lui/lei) cadde					...
				(noi) cademmo					
				(voi) cadeste					
				(loro) caddero					
chiudere	(io) chiudo	(io) chiudevo	(io) chiuderò	(io) chiusi	che (io) chiuda	che (io) chiudessi	chiudendo	chiuso(a/i/e)	
	...	...	...	(tu) chiudesti	...	...			chiudi
				(lui/lei) chiuse					...
				(noi) chiudemmo					
				(voi) chiudeste					
				(loro) chiusero					

comparire – *vedi* apparire

Infinito	Presente	Imperfetto	Futuro	Passato remoto	Cong. presente	Cong. imperfetto	Gerundio	Part. passato	Imperativo
comprimere	(io) comprimo	(io) comprimevo	(io) comprimerò	(io) compressi	che (io) comprima	che (io) comprimessi	comprimendo	compresso(a/i/e)	
	...	...	...	(tu) comprimesti	...	...			comprimi
				(lui/lei) compresse					...
				(noi) comprimemmo					
				(voi) comprimeste					
				(loro) compressero					

concludere – *vedi* accludere

connettere – *participio passato* connesso(a/i/e)

conoscere	(io) conosco	(io) conoscevo	(io) conoscerò	(io) conobbi	che (io) conosca	che (io) conoscessi	conoscendo	conosciuto(a/i/e)	
	...	...	...	(tu) conoscesti	...	...			
				(lui/lei) conobbe					conosci
				(noi) conoscemmo					...
				(voi) conosceste					
				(loro) conobbero					

Infinito	Presente	Imperfetto	Futuro	Passato remoto	Cong. presente	Cong. imperfetto	Gerundio	Part. passato	Imperativo
consistere - *participio passato consistito(a/i/e)*									
coprire - vedi aprire									
correggere - vedi leggere									
correre	(io) corro	(io) correvo	(io) correrò	(io) corsi	che (io) corra	che (io) corressi	correndo	corso(a/i/e)	
	...	...	...	(tu) corresti	...	...			corri
				(lui/lei) corse					...
				(noi) corremmo					
				(voi) correste					
				(loro) corsero					
crescere	(io) cresco	(io) crescevo	(io) crescerò	(io) crebbi	che (io) cresca	che (io) crescessi	crescendo	cresciuto(a/i/e)	
	...	...	...	(tu) crescesti	...	...			cresci
				(lui/lei) crebbe					...
				(noi) crescemmo					
				(voi) cresceste					
				(loro) crebbero					

Infinito	Presente	Imperfetto	Futuro	Passato remoto	Cong. presente	Cong. imperfetto	Gerundio	Part. passato	Imperativo
cuocere	(io) cuocio	(io) c(u)ocevo	(io) cuocerò	(io) cossi	che (io) cuocia	che (io) c(u)ocessi	c(u)ocendo	cotto(a/i/e)	
	(tu) cuoci	(tu) c(u)ocevi	(tu) cuocerai	(tu) c(u)ocesti	che (tu) cuocia	che (tu) c(u)ocessi			cuoci
	(lui/lei) cuoce	(lui/lei) c(u)oceva	(lui/lei) cuocerà	(lui/lei) cosse	che (lui/lei) cuocia	che (lui/lei) c(u)ocesse			cuocia
	(noi) c(u)ociamo	(noi) c(u)ocevamo	(noi) cuoceremo	(noi) c(u)ocemmo	che (noi) cuociamo	che (noi) c(u)ocessimo			c(u)ociamo
	(voi) c(u)ocete	(voi) c(u)ocevate	(voi) cuocerete	(voi) c(u)oceste	che (voi) cuociate	che (voi) c(u)oceste			c(u)ocete
	(loro) cuociono	(loro) c(u)ocevano	(loro) cuoceranno	(loro) cossero	che (loro) cuociano	che (loro) c(u)ocessero			cuociano
dare	(io) do	(io) davo	(io) darò	(io) diedi o detti	che (io) dia	che (io) dessi	dando	dato(a/i/e)	
	(tu) dai	...	...	(tu) desti	che (tu) dia	...			da' o dai
	(lui/lei) dà			(lui/lei) diede o dette	che (lui/lei) dia				dia
	(noi) diamo			(noi) demmo	che (noi) diamo				diamo
	(voi) date			(voi) deste	che (voi) diate				date
	(loro) danno			(loro) diedero o dettero	che (loro) diano				diano

Infinito	Presente	Imperfetto	Futuro	Passato remoto	Cong. presente	Cong. imperfetto	Gerundio	Part. passato	Imperativo
dire	(io) dico	(io) dicevo	(io) dirò	(io) dissi	che (io) dica	che (io) dicessi	dicendo	detto(a/i/e)	
	(tu) dici	(tu) dicevi	(tu) dirai	(tu) dicesti	che (tu) dica	che (tu) dicessi			di' o dici
	(lui/lei) dice	(lui/lei) diceva	(lui/lei) dirà	(lui/lei) disse	che (lui/lei) dica	che (lui/lei) dicesse			dica
	(noi) dicia-mo	(noi) dicevamo	(noi) diremo	(noi) dicemmo	che (noi) diciamo	che (noi) dicessimo			diciamo
	(voi) dite	(voi) dicevate	(voi) direte	(voi) diceste	che (voi) diciate	che (voi) diceste			dite
	(loro) dicono	(loro) dicevano	(loro) diranno	(loro) dissero	che (loro) dicano	che (loro) dicessero			dicano
discutere	(io) discuto	(io) discutevo	(io) discuterò	(io) discussi	che (io) discuta	che (io) discutessi	discutendo	discusso(a/i/e)	
	...	...	...	(tu) discutesti	...	...			discuti
				(lui/lei) discusse					...
				(noi) discutemmo					
				(voi) discuteste					
				(loro) discussero					

Infinito	Presente	Imperfetto	Futuro	Passato remoto	Cong. presente	Cong. imperfetto	Gerundio	Part. passato	Imperativo
distinguere	(io) distinguo	(io) distinguevo	(io) distinguerò	(io) distinsi	che (io) distingua	che (io) distinguessi	distinguendo	distinto(a/i/e)	
	...	...	...	(tu) distinguesti	...	...			distingui
				(lui/lei) distinse					...
				(noi) distinguemmo					
				(voi) distingueste					
				(loro) distinsero					

Infinito	Presente	Imperfetto	Futuro	Passato remoto	Cong. presente	Cong. imperfetto	Gerundio	Part. passato	Imperativo
dividere	(io) divido	(io) dividevo	(io) dividerò	(io) divisi	che (io) divida	che (io) dividessi	dividendo	diviso(a/i/e)	
	...	...	...	(tu) dividesti	...	...			dividi
				(lui/lei) divise					...
				(noi) dividemmo					
				(voi) divideste					
				(loro) divisero					

Infinito	Presente	Imperfetto	Futuro	Passato remoto	Cong. presente	Cong. imperfetto	Gerundio	Part. passato	Imperativo
dolere	(io) dolgo	(io) dolevo	(io) dorrò	(io) dolsi	che (io) dolga	che (io) dolessi	dolendo	doluto(a/i/e)	
	(tu) duoli	…	(tu) dorrai	(tu) dolesti	che (tu) dolga	…			duoli
	(lui/lei) duo-le		(lui/lei) dorrà	(lui/lei) dolse	che (lui/lei) dolga				dolga
	(noi) do(g)liamo		(noi) dorremo	(noi) dolemmo	che (noi) doliamo				do(g)liamo
	(voi) delete		(voi) dorrete	(voi) doleste	che (voi) do(g)lia-te				dolete
	(loro) dolgono		(loro) dorranno	(loro) dolsero	che (loro) dolgano				

Infinito	Presente	Imperfetto	Futuro	Passato remoto	Cong. presente	Cong. imperfetto	Gerundio	Part. passato	Imperativo
dovere	(io) devo o debbo	(io) dovevo	(io) dovrò	(io) dovei o dovetti	che (io) deva o debba	che (io) dovessi	dovendo	dovuto(a/i/e)	
	(tu) devi	...	(tu) dovrai	(tu) dovesti	che (tu) debba	...			
	(lui/lei) deve		(lui/lei) dovrà	(lui/lei) dovette	che (lui/lei) debba				(manca)
	(noi) dobbiamo		(noi) dovremo	(noi) dovemmo	che (noi) dobbiamo				
	(voi) dovete		(voi) dovrete	(voi) doveste	che (voi) dobbiate				
	(loro) devono o debbono		(loro) dovranno	(loro) dovettero	che (loro) debbano				
essere	(io) sono	(io) ero	(io) sarò	(io) fui	che (io) sia	che (io) fossi	essendo	stato(a/i/e)	
	(tu) sei	(tu) eri	(tu) sarai	(tu) fosti	che (tu) sia	che (tu) fossi			sii
	(lui/lei) è	(lui/lei) era	(lui/lei) sarà	(lui/lei) fu	che (lui/lei) sia	che (lui/lei) fosse			sia
	(noi) siamo	(noi) eravamo	(noi) saremo	(noi) fummo	che (noi) siamo	che (noi) fossimo			siamo
	(voi) siete	(voi) eravate	(voi) sarete	(voi) foste	che (voi) siate	che (voi) foste			siate
	(loro) sono	(loro) erano	(loro) saranno	(loro) furono	che (loro) siano	che (loro) fossero			siano

Infinito	Presente	Imperfetto	Futuro	Passato remoto	Cong. presente	Cong. imperfetto	Gerundio	Part. passato	Imperativo
evadere	(io) evado	(io) evadevo	(io) evaderò	(io) evasi	che (io) evada	che (io) evadessi	evadendo	evaso(a/i/e)	
	...	...	...	(tu) evadesti	...	...			evadi
				(lui/lei) evase					...
				(noi) evademmo					
				(voi) evadeste					
				(loro) evasero					

evolvere – *participio passato evoluto(a/i/e)*

Infinito	Presente	Imperfetto	Futuro	Passato remoto	Cong. presente	Cong. imperfetto	Gerundio	Part. passato	Imperativo
fare	(io) faccio	(io) facevo	(io) farò	(io) feci	che (io) faccia	che (io) facessi	facendo	fatto(a/i/e)	
	(tu) fai	(tu) facevi	(tu) farai	(tu) facesti	che (tu) faccia	che (tu) facessi			fa' o fai
	(lui/lei) fa	(lui/lei) faceva	(lui/lei) farà	(lui/lei) fece	che (lui/lei) faccia	che (lui/lei) facesse			faccia
	(noi) facciamo	(noi) facevamo	(noi) faremo	(noi) facemmo	che (noi) facciamo	che (noi) facessimo			facciamo
	(voi) fate	(voi) facevate	(voi) farete	(voi) faceste	che (voi) facciate	che (voi) faceste			fate
	(loro) fanno	(loro) facevano	(loro) faranno	(loro) fecero	che (loro) facciano	che (loro) facessero			facciano

Infinito	Presente	Imperfetto	Futuro	Passato remoto	Cong. presente	Cong. imperfetto	Gerundio	Part. passato	Imperativo
fingere	(io) fingo	(io) fingevo	(io) fingerò	(io) finsi	che (io) finga	che (io) fingessi	fingendo	finto(a/i/e)	
	...	...	...	(tu) fingesti	...	...			fingi
				(lui/lei) finse					...
				(noi) fingemmo					
				(voi) fingeste					
				(loro) finsero					

flettere – *participio passato flesso(a/i/e)*

Infinito	Presente	Imperfetto	Futuro	Passato remoto	Cong. presente	Cong. imperfetto	Gerundio	Part. passato	Imperativo
frangere	(io) frango	(io) frangevo	(io) frangerò	(io) fransi	che (io) franga	che (io) frangessi	frangendo	franto(a/i/e)	
	...	...	...	(tu) frangesti	...	...			frangi
				(lui/lei) franse					...
				(noi) frangemmo					
				(voi) frangeste					
				(loro) fransero					

Infinito	Presente	Imperfetto	Futuro	Passato remoto	Cong. presente	Cong. imperfetto	Gerundio	Part. passato	Imperativo
friggere	(io) friggo	(io) friggevo	(io) friggerò	(io) frissi	che (io) frigga	che (io) friggessi	friggendo	fritto(a/i/e)	
	...	...	...	(tu) friggesti	...	...			friggi
				(lui/lei) frisse					...
				(noi) friggemmo					
				(voi) friggeste					
				(loro) frissero					

fungere – *vedi* fingere   giacere – *vedi* piacere   giungere – *vedi* fingere

Infinito	Presente	Imperfetto	Futuro	Passato remoto	Cong. presente	Cong. imperfetto	Gerundio	Part. passato	Imperativo
ledere	(io) ledo	(io) ledevo	(io) lederò	(io) lesi	che (io) leda	che (io) ledessi	ledendo	leso(a/i/e)	
	...	...	...	(tu) ledesti	...	...			ledi
				(lui/lei) lese					...
				(noi) ledemmo					
				(voi) ledeste					
				(loro) lesero					

Infinito	Presente	Imperfetto	Futuro	Passato remoto	Cong. presente	Cong. imperfetto	Gerundio	Part. passato	Imperativo
leggere	(io) leggo	(io) leggevo	(io) leggerò	(io) lessi	che (io) legga	che (io) leggessi	leggendo	letto(a/i/e)	
	...	...	...	(tu) leggesti	...	...			leggi
				(lui/lei) lesse					...
				(noi) leggemmo					
				(voi) leggeste					
				(loro) lessero					
mettere	(io) metto	(io) mettevo	(io) metterò	(io) misi	che (io) metta	che (io) mettessi	mettendo	messo(a/i/e)	
	...	...	...	(tu) mettesti	...	...			metti
				(lui/lei) mise					...
				(noi) mettemmo					
				(voi) metteste					
				(loro) misero					

Infinito	Presente	Imperfetto	Futuro	Passato remoto	Cong. presente	Cong. imperfetto	Gerundio	Part. passato	Imperativo
morire	(io) muoio	(io) morivo	(io) mor(i)rò	(io) morii	che (io) muoia	che (io) morissi	morendo	morto(a/i/e)	
	(tu) muori	(tu) morivi	(tu) mor(i)rai	(tu) moristi	che (tu) muoia	che (tu) morissi			muori
	(lui/lei) muore	(lui/lei) moriva	(lui/lei) mor(i)rà	(lui/lei) morì	che (lui/lei) muoia	che (lui/lei) morisse			muoia
	(noi) moriamo	(noi) morivamo	(noi) mor(i)remo	(noi) morimmo	che (noi) moriamo	che (noi) morissimo			moriamo
	(voi) morite	(voi) morivate	(voi) mor(i)rete	(voi) moriste	che (voi) moriate	che (voi) moriste			morite
	(loro) muoiono	(loro) morivano	(loro) mor(i)ranno	(loro) morirono	che (loro) muoiano	che (loro) morissero			muoiano

mungere – *vedi* fingere

nascere	(io) nasco	(io) nascevo	(io) nascerò	(io) nacqui	che (io) nasca	che (io) nascessi	nascendo	nato(a/i/e)	
	...	...	...	(tu) nascesti	...	...			nasci
				(lui/lei) nacque					...
				(noi) nascemmo					
				(voi) nasceste					
				(loro) nacquero					

Infinito	Presente	Imperfetto	Futuro	Passato remoto	Cong. presente	Cong. imperfetto	Gerundio	Part. passato	Imperativo
nascondere	(io) nascondo	(io) nascondevo	(io) nasconderò	(io) nascosi	che (io) nasconda	che (io) nascondessi	nascondendo	nascosto(a/i/e)	
	...	...	...	(tu) nascondesti	...	...			nascondi
				(lui/lei) nascose					...
				(noi) nascondemmo					
				(voi) nascondeste					
				(loro) nascosero					

Infinito	Presente	Imperfetto	Futuro	Passato remoto	Cong. presente	Cong. imperfetto	Gerundio	Part. passato	Imperativo
nuocere	(io) n(u)occio	(io) n(u)ocevo	(io) n(u)ocerò	(io) nocqui	che (io) n(u)occia	che (io) n(u)ocessi	n(u)ocendo	n(u)ociuto(a/i/e)	
	(tu) nuoci	(tu) n(u)ocevi	(tu) n(u)ocerai	(tu) n(u)ocesti	che (tu) n(u)occia	che (tu) n(u)ocessi			nuoci
	(lui/lei) nuoce	(lui/lei) n(u)oceva	(lui/lei) n(u)ocerà	(lui/lei) nocque	che (lui/lei) n(u)occia che (lui/lei) n(u)ocesse				n(u)occia
	(noi) n(u)ociamo	(noi) n(u)ocevamo	(noi) n(u)oceremo	(noi) n(u)ocemmo	che (noi) n(u)ociamo	che (noi) n(u)ocessimo			n(u)ociamo
	(voi) n(u)ocete	(voi) n(u)ocevate	(voi) n(u)ocerete	(voi) n(u)oceste	che (voi) n(u)ociate	che (voi) n(u)oceste			n(u)ocete
	(loro) n(u)occiono	(loro) n(u)ocevano	(loro) n(u)oceranno (loro) nocquero	che (loro) n(u)occiano che (loro) n(u)ocessero				n(u)occiano	

offendere → vedi difendere

Infinito	Presente	Imperfetto	Futuro	Passato remoto	Cong. presente	Cong. imperfetto	Gerundio	Part. passato	Imperativo
offrire	(io) offro	(io) offrivo	(io) offrirò	(io) offrii	che (io) offra	che (io) offrissi	offrendo	offerto(a/i/e)	
	...	...	...	(tu) offristi	...	...			offri
				(lui/lei) offrì					...
				(noi) offrimmo					
				(voi) offriste					
				(loro) offrirono					

opprimere – *vedi* comprimere

Infinito	Presente	Imperfetto	Futuro	Passato remoto	Cong. presente	Cong. imperfetto	Gerundio	Part. passato	Imperativo
perdere	(io) perdo	(io) perdevo	(io) perderò	(io) persi o perdetti	che (io) perda	che (io) perdessi	perdendo	perso(a/i/e) o perduto(a/i/e)	
	...	...	...	(tu) perdesti	...	...			perdi
				(lui/lei) perse o perdette					...
				(noi) perdemmo					
				(voi) perdeste					
				(loro) persero o perdettero					

Infinito	Presente	Imperfetto	Futuro	Passato remoto	Cong. presente	Cong. imperfetto	Gerundio	Part. passato	Imperativo
persuadere	(io) persuado	(io) persuadevo	(io) persuaderò	(io) persuasi	che (io) persuada	che (io) persuadessi	persuadendo	persuaso(a/i/e)	
	...	...	...	(tu) persuadesti	...	...			persuadi
				(lui/lei) persuase					...
				(noi) persuademmo					
				(voi) persuadeste					
				(loro) persuasero					
piacere	(io) piaccio	(io) piacevo	(io) piacerò	(io) piacqui	che (io) piaccia	che (io) piacessi	piacendo	piaciuto(a/i/e)	
	(tu) piaci	...	...	(tu) piacesti	che (tu) piaccia	...			piaci
	(lui/lei) piace			(lui/lei) piacque	che (lui/lei) piaccia				piaccia
	(noi) pia(c)ciamo			(noi) piacemmo	che (noi) piacciamo				piacciamo
	(voi) piacete			(voi) piaceste	che (voi) piacciate				piacete
	(loro) piacciono			(loro) piacquero	che (loro) piacciano				piacciano

Infinito	Presente	Imperfetto	Futuro	Passato remoto	Cong. presente	Cong. imperfetto	Gerundio	Part. passato	Imperativo
porre	(io) pongo	(io) ponevo	(io) porrò	(io) posi	che (io) ponga	che (io) ponessi	ponendo	posto(a/i/e)	
	(tu) poni	(tu) ponevi	(tu) porrai	(tu) ponesti	che (tu) ponga	che (tu) ponessi			poni
	(lui/lei) pone	(lui/lei) poneva	(lui/lei) porrà	(lui/lei) pose	che (lui/lei) ponga	che (lui/lei) ponesse			ponga
	(noi) poniamo	(noi) ponevamo	(noi) porremo	(noi) ponemmo	che (noi) poniamo	che (noi) ponessimo			poniamo
	(voi) ponete	(voi) ponevate	(voi) porrete	(voi) poneste	che (voi) poniate	che (voi) poneste			ponete
	(loro) pongono	(loro) ponevano	(loro) porranno	(loro) posero	che (loro) pongano	che (loro) ponessero			pongano

possedere – vedi sedere (verbi modello)

Infinito	Presente	Imperfetto	Futuro	Passato remoto	Cong. presente	Cong. imperfetto	Gerundio	Part. passato	Imperativo
potere	(io) posso	(io) potevo	(io) potrò	(io) potei	che (io) possa	che (io) potessi	potendo	potuto(a/i/e)	
	(tu) puoi	...	(tu) potrai	(tu) potesti	che (tu) possa	...			(manca)
	(lui/lei) può		(lui/lei) potrà	(lui/lei) poté	che (lui/lei) possa				
	(noi) possiamo		(noi) potremo	(noi) potemmo	che (noi) possiamo				
	(voi) potete		(voi) potrete	(voi) poteste	che (voi) possiate				
	(loro) possono		(loro) potranno	(loro) poterono	che (loro) possano				

Infinito	Presente	Imperfetto	Futuro	Passato remoto	Cong. presente	Cong. imperfetto	Gerundio	Part. passato	Imperativo
redigere	(io) redigo	(io) redigevo	(io) redigerò	(io) redassi	che (io) rediga	che (io) redigessi	redigendo	redatto(a/i/e)	
	...	...	...	(tu) redigesti	...	...			redigi
				(lui/lei) redasse					...
				(noi) redigemmo					
				(voi) redigeste					
				(loro) redassero					
redimere	(io) redimo	(io) redimevo	(io) redimerò	(io) redensi	che (io) redima	che (io) redimessi	redimendo	redento(a/i/e)	
	...	...	...	(tu) redimesti	...	...			redimi
				(lui/lei) redense					...
				(noi) redimemmo					
				(voi) redimeste					
				(loro) redensero					

Infinito	Presente	Imperfetto	Futuro	Passato remoto	Cong. presente	Cong. imperfetto	Gerundio	Part. passato	Imperativo
rispondere	(io) rispondo	(io) rispondevo	(io) risponderò	(io) risposi	che (io) risponda	che (io) rispondessi	rispondendo	risposto(a/i/e)	
	...	...	...	(tu) rispondesti	...	...			rispondi
				(lui/lei) rispose					
				(noi) rispondemmo					...
				(voi) rispondeste					
				(loro) risposero					
salire	(io) salgo	(io) salivo	(io) salirò	(io) salii	che (io) salga	che (io) salissi	salendo	salito(a/i/e)	
	(tu) sali	...	...	(tu) salisti	che (tu) salga	...			
	(lui/lei) sale			(lui/lei) salì	che (lui/lei) salga				
	(noi) saliamo			(noi) salimmo	che (noi) saliamo				
	(voi) salite			(voi) saliste	che (voi) saliate				
	(loro) salgono			(loro) salirono	che (loro) salgano				

Infinito	Presente	Imperfetto	Futuro	Passato remoto	Cong. presente	Cong. imperfetto	Gerundio	Part. passato	Imperativo
sapere	(io) so	(io) sapevo	(io) saprò	(io) seppi	che (io) sappia	che (io) sapessi	sapendo	saputo(a/i/e)	
	(tu) sai	...	(tu) saprai	(tu) sapesti	che (tu) sappia	...			
	(lui/lei) sa		(lui/lei) saprà	(lui/lei) seppe	che (lui/lei) sappia				
	(noi) sappia-mo		(noi) sapremo	(noi) sapemmo	che (noi) sappiamo				
	(voi) sapete		(voi) saprete	(voi) sapeste	che (voi) sappiate				
	(loro) sanno		(loro) sapranno	(loro) seppero	che (loro) sappiano				
scrivere	(io) scrivo	(io) scrivevo	(io) scriverò	(io) scrissi	che (io) scriva	che (io) scrivessi	scrivendo	scritto(a/i/e)	
	...	...	...	(tu) scrivesti	...	...			scrivi
				(lui/lei) scrisse					...
				(noi) scrivemmo					
				(voi) scriveste					
				(loro) scrissero					

Infinito	Presente	Imperfetto	Futuro	Passato remoto	Cong. presente	Cong. imperfetto	Gerundio	Part. passato	Imperativo
stare	(io) sto	(io) stavo	(io) starò	(io) stetti	che (io) stia	che (io) stessi	stando	stato(a/i/e)	
	(tu) stai	...	...	(tu) stesti	che (tu) stia	che (tu) stessi			stai o sta'
	(lui/lei) sta			(lui/lei) stette	che (lui/lei) stia	che (lui/lei) stesse			stia
	(noi) stiamo			(noi) stemmo	che (noi) stiamo	che (noi) stessimo			stiamo
	(voi) state			(voi) steste	che (voi) stiate	che (voi) steste			state
	(loro) stanno			(loro) stettero	che (loro) stiano	che (loro) stessero			stiano
stringere	(io) stringo	(io) stringevo	(io) stringerò	(io) strinsi	che (io) stringa	che (io) stringessi	stringendo	stretto(a/i/e)	
	...	...	...	(tu) stringesti	...	...			stringi
				(lui/lei) strinse					...
				(noi) stringemmo					
				(voi) stringeste					
				(loro) strinsero					

infinito	Presente	Imperfetto	Futuro	Passato remoto	Cong. presente	Cong. imperfetto	Gerundio	Part. passato	Imperativo
tacere	(io) taccio	(io) tacevo	(io) tacerò	(io) tacqui	che (io) taccia	che (io) tacessi	tacendo	taciuto(a/i/e)	
	...	...	...	(tu) tacesti	...	...			taci
				(lui/lei) tacque					...
				(noi) tacemmo					
				(voi) taceste					
				(loro) tacquero					

tendere – *vedi* prendere

tenere	(io) tengo	(io) tenevo	(io) terrò	(io) tenni	che (io) tenga	che (io) tenessi	tenendo	tenuto(a/i/e)	
	(tu) tieni	(tu) tenevi	(tu) terrai	(tu) tenesti	che (tu) tenga	che (tu) tenessi			tieni
	(lui/lei) tiene	(lui/lei) teneva	(lui/lei) terrà	(lui/lei) tenne	che (lui/lei) tenga	che (lui/lei) tenesse			tenga
	(noi) teniamo	(noi) tenevamo	(noi) terremo	(noi) tenemmo	che (noi) teniamo	che (noi) tenessimo			teniamo
	(voi) tenete	(voi) tenevate	(voi) terrete	(voi) teneste	che (voi) teniate	che (voi) teneste			tenete
	(loro) tengono	(loro) tenevano	(loro) terranno	(loro) tennero	che (loro) tengano	che (loro) tenessero			tengano

Infinito	Presente	Imperfetto	Futuro	Passato remoto	Cong. presente	Cong. imperfetto	Gerundio	Part. passato	Imperativo
valere	(io) valgo	(io) valevo	(io) varrò	(io) valsi	che (io) valga	che (io) valessi	valendo	valso(a/i/e)	
	(tu) vali	(tu) valevi	(tu) varrai	(tu) valesti	che (tu) valga	...			vali
	(lui/lei) vale	(lui/lei) valeva	(lui/lei) varrà	(lui/lei) valse	che (lui/lei) valga				valga
	(noi) valiamo	(noi) valevamo	(noi) varremo	(noi) valemmo	che (noi) valiamo				valiamo
	(voi) valete	(voi) valevate	(voi) varrete	(voi) valeste	che (voi) valiate				valete
	(loro) valgono	(loro) valevano	(loro) varranno	(loro) valsero	che (loro) valgano				valgano
vedere	(io) vedo	(io) vedevo	(io) vedrò	(io) vidi	che (io) veda	che (io) vedessi	vedendo	visto(a/i/e) o veduto(a/i/e)	
	...	...	(tu) vedrai	(tu) vedesti	...	...			vedi
			(lui/lei) vedrà	(lui/lei) vide					...
			(noi) vedremo	(noi) vedemmo					
			(voi) vedrete	(voi) vedeste					
			(loro) vedranno	(loro) videro					

Infinito	Presente	Imperfetto	Futuro	Passato remoto	Cong. presente	Cong. imperfetto	Gerundio	Part. passato	Imperativo
venire	(io) vengo	(io) venivo	(io) verrò	(io) venni	che (io) venga	che (io) venissi	venendo	venuto(a/i/e)	
	(tu) vieni	...	(tu) verrai	(tu) venisti	che (tu) venga	...			vieni
	(lui/lei) viene		(lui/lei) verrà	(lui/lei) venne	che (lui/lei) venga				venga
	(noi) veniamo		(noi) verremo	(noi) venimmo	che (noi) veniamo				veniamo
	(voi) venite		(voi) verrete	(voi) veniste	che (voi) veniate				venite
	(loro) vengono		(loro) verranno	(loro) vennero	che (loro) vengano				vengano
vivere	(io) vivo	(io) vivevo	(io) vivrò	(io) vissi	che (io) viva	che (io) vivessi	vivendo	vissuto(a/i/e)	
	...	...	...	(tu) vivesti	...	...			vivi
				(lui/lei) visse					...
				(noi) vivemmo					
				(voi) viveste					
				(loro) vissero					

Infinito	Presente	Imperfetto	Futuro	Passato remoto	Cong. presente	Cong. imperfetto	Gerundio	Part. passato	Imperativo
volere	(io) voglio	(io) volevo	(io) vorrò	(io) volli	che (io) voglia	che (io) volessi	volendo	voluto(a/i/e)	
	(tu) vuoi	(tu) volevi	(tu) vorrai	(tu) volesti	che (tu) voglia	che (tu) volessi			(manca)
	(lui/lei) vuo-le	(lui/lei) voleva	(lui/lei) vorrà	(lui/lei) volle	che (lui/lei) voglia	che (lui/lei) volesse			
	(noi) voglia-mo	(noi) volevamo	(noi) vorremo	(noi) volemmo	che (noi) voglia-mo	che (noi) volessimo			
	(voi) volete	(voi) volevate	(voi) vorrete	(voi) voleste	che (voi) vogliate	che (voi) voleste			
	(loro) voglio-no	(loro) volevano	(loro) vorranno	(loro) vollero	che (loro) vogliano	che (loro) volessero			

Verbi irregolari inglesi
English Irregular Verbs

Infinitive	Past	Past Participle
arise	arose	arisen
awake	awaked, awoke	awaked, awoken
be	was (I/he/she/it), were (you/we/they)	been
bear	bore	borne
beat	beat	beaten
become	became	become
begin	began	begun
bend	bent	bent
bet	bet	bet
bid	bid, bad, say bade	bid, say bidden
bind	bound	bound
bite	bit	bitten
bleed	bled	bled
blow	blew	blown
break	broke	broken
breed	bred	bred
bring	brought	brought
build	built	built
burn	burned, burnt	burned, burnt
burst	burst	burst
buy	bought	bought
can	could	–
catch	caught	caught
choose	chose	chosen
cling	clung	clung

Infinitive	Past	Past Participle
come	came	come
cost	cost, *vt* costed	cost, *vt* costed
creep	crept	crept
cut	cut	cut
deal	dealt	dealt
dig	dug	dug
dive	dived, dove	dived
do	did	done
draw	drew	drawn
dream	dreamed, dreamt	dreamed, dreamt
drink	drank	drunk
drive	drove	driven
dwell	dwelt, dwelled	dwelt, dwelled
eat	ate	eaten
fall	fell	fallen
feed	fed	fed
feel	felt	felt
fight	fought	fought
find	found	found
flee	fled	fled
fly	flew	flown
forbid	forbade, forbad	forbidden
forget	forgot	forgotten
freeze	froze	frozen
get	got	gotten, got
give	gave	given
go	went	gone
grind	ground	ground
grow	grew	grown

Infinitive	Past	Past Participle
hang	hung, LAW hanged	hung, LAW hanged
have	had	had
hear	heard	heard
heave	heaved, NAUT hove	heaved, NAUT hove
hew	hewed	hewn, hewed
hide	hid	hidden
hit	hit	hit
hold	held	held
hurt	hurt	hurt
keep	kept	kept
kneel	knelt, kneeled	knelt, kneeled
know	knew	known
lade	laded	laden
lay	laid	laid
lead	led	led
leap	leaped, leapt	leaped, leapt
learn	learned, learnt	learned, learnt
leave	left	left
lend	lent	lent
let	let	let
lie	lay	lain
light	lighted, lit	lighted, lit
lose	lost	lost
make	made	made
may	might	–
mean	meant	meant
meet	met	met
mistake	mistook	mistaken
pay	paid	paid

Infinitive	Past	Past Participle
put	put	put
quit	quit, quitted	quit, quitted
read [rid]	read [red]	read [red]
ride	rode	ridden
ring	rang	rung
rise	rose	risen
run	ran	run
saw	sawed	sawed, sawn
say	said	said
see	saw	seen
seek	sought	sought
sell	sold	sold
send	sent	sent
set	set	set
sew	sewed	sewn, sewed
shake	shook	shaken
shave	shaved	shaved, shaven
shed	shed	shed
shine	shone	shone
shit	shit, shitted	shat
shoe	shod	shod
shoot	shot	shot
show	showed	shown, showed
shrink	shrank	shrunk
shut	shut	shut
sing	sang	sung
sink	sank	sunk
sit	sat	sat
sleep	slept	slept

Infinitive	Past	Past Participle
slide	slid	slid
sling	slung	slung
smell	smelled, smelt	smelled, smelt
speak	spoke	spoken
speed	sped, speeded	sped, speeded
spell	spelled, spelt	spelled, spelt
spend	spent	spent
spill	spilled, spilt	spilled, spilt
spin	spun	spun
spit	spat	spat
split	split	split
spoil	spoiled, spoilt	spoiled, spoilt
spread	spread	spread
spring	sprang, sprung	sprung
stand	stood	stood
steal	stole	stolen
stick	stuck	stuck
sting	stung	stung
stink	stank, stunk	stunk
strike	struck	struck
string	strung	strung
strive	strove	striven, strived
swear	swore	sworn
sweep	swept	swept
swell	swelled	swollen, swelled
swim	swam	swum
swing	swung	swung
take	took	taken
teach	taught	taught

Infinitive	Past	Past Participle
tear	tore	torn
tell	told	told
think	thought	thought
throw	threw	thrown
thrust	thrust	thrust
wake	waked, woke	waked, woken
wear	wore	worn
weave	wove	woven
weep	wept	wept
win	won	won
wind	wound	wound
write	wrote	written

I numeri

Numerals

I numerali cardinali

Cardinal numbers

zero	0	zero
uno, una	1	one
due	2	two
tre	3	three
quattro	4	four
cinque	5	five
sei	6	six
sette	7	seven
otto	8	eight
nove	9	nine
dieci	10	ten
undici	11	eleven
dodici	12	twelve
tredici	13	thirteen
quattordici	14	fourteen
quindici	15	fifteen
sedici	16	sixteen
diciassette	17	seventeen
diciotto	18	eighteen
diciannove	19	nineteen
venti	20	twenty
ventuno	21	twenty-one
ventidue	22	twenty-two
ventitré	23	twenty-three
ventiquattro	24	twenty-four

venticinque	25	twenty-five
trenta	30	thirty
trentuno	31	thirty-one
trentadue	32	thirty-two
trentatré	33	thirty-three
quaranta	40	forty
quarantuno	41	forty-one
quarantadue	42	forty-two
cinquanta	50	fifty
cinquantuno	51	fifty-one
cinquantadue	52	fifty-two
sessanta	60	sixty
sessantuno	61	sixty-one
sessantadue	62	sixty-two
settanta	70	seventy
settantuno	71	seventy-one
settantadue	72	seventy-two
settantacinque	75	seventy-five
settantanove	79	seventy-nine
ottanta	80	eighty
ottantuno	81	eighty-one
ottantadue	82	eighty-two
ottantacinque	85	eighty-five
novanta	90	ninety
novantuno	91	ninety-one
novantadue	92	ninety-two
novantanove	99	ninety-nine
cento	100	one hundred
centouno	101	one hundred and one
centodue	102	one hundred and two
centodieci	110	one hundred and ten
centoventi	120	one hundred and twenty

centonovantanove	199	one hundred and ninety-nine
duecento	200	two hundred
duecentouno	201	two hundred and one
duecentoventidue	222	two hundred and twenty-two
trecento	300	three hundred
quattrocento	400	four hundred
cinquecento	500	five hundred
seicento	600	six hundred
settecento	700	seven hundred
ottocento	800	eight hundred
novecento	900	nine hundred
mille	1000	one thousand
milleuno	1001	one thousand and one
milledue	1010	one thousand and ten
millecento	1100	one thousand one hundred
duemila	2000	two thousand
diecimila	10000	ten thousand
centomila	100000	one hundred thousand
un milione	1000000	one million
due milioni	2000000	two million
due milioni e cinquecentomila	2500000	two million, five hundred thousand
un miliardo	1000000000	one billion
mille miliardi	1000000000000	one thousand billion

A differenza dell'italiano in inglese in genere si usa una virgola per indicate le migliaia: 1,000, 2,500,00 ecc.

Unlike in English, in Italian the full-stop is used when writing numbers from a thousand upwards – 1.000, 2.500.000 etc.

I numerali ordinali
Ordinal numbers

primo, a	1º, 1ª	1st	first
secondo, a	2º, 2ª	2nd	second
terzo	3º	3rd	third
quarto	4º	4th	fourth
quinto	5º	5th	fifth
sesto	6º	6th	sixth
settimo	7º	7th	seventh
ottavo	8º	8th	eighth
nono	9º	9th	ninth
decimo	10º	10th	tenth
undicesimo	11º	11th	eleventh
dodicesimo	12º	12th	twelfth
tredicesimo	13º	13th	thirteenth
quattordicesimo	14º	14th	fourteenth
quindicesimo	15º	15th	fifteenth
sedicesimo	16º	16th	sixteenth
diciassettesimo	17º	17th	seventeenth
diciottesimo	18º	18th	eighteenth
diciannovesimo	19º	19th	nineteenth
ventesimo	20º	20th	twentieth
ventunesimo	21º	21st	twenty-first
ventiduesimo	22º	22nd	twenty-second
ventitreesimo	23º	23rd	twenty-third
trentesimo	30º	30th	thirtieth
trentunesimo	31º	31st	thirty-first
trentaduesimo	32º	32nd	thirty-second
quarantesimo	40º	40th	fortieth
cinquantesimo	50º	50th	fiftieth
sessantesimo	60º	60th	sixtieth
settantesimo	70º	70th	seventieth
settantunesimo	71º	71st	seventy-first
settantaduesimo	72º	72nd	seventy-second

settantanovesimo	79°	79th	seventy-ninth
ottantesimo	80°	80th	eightieth
ottantunesimo	81°	81st	eighty-first
ottantaduesimo	82°	82nd	eighty-second
novantesimo	90°	90th	ninetieth
novantunesimo	91°	91st	ninety-first
novantanovesimo	99°	99th	ninety-ninth
centesimo	100°	100th	(one) hundredth
centunesimo	101°	101st	(one) hundred and first
centodecimo	110°	110th	(one) hundred and tenth
centonovantacinque-simo	195°	195th	(one) hundred and ninety-ninth
duecentesimo	200°	200th	two hundredth
trecentesimo	300°	300th	three hundredth
cinquecentesimo	500°	500th	five hundredth
millesimo	1000°	1000th	one thousandth
duemillesimo	2000°	2 000th	two thousandth
milionesimo	1000000°	1 000 000th	one millionth
diecimilionesimo	10000000°	10 000 000th	ten millionth

Le frazioni

Fractional numbers

un mezzo	$1/2$	a half
un terzo	$1/3$	a third
un quarto	$1/4$	a quarter
un quinto	$1/5$	a fifth
un decimo	$1/10$	a tenth
un centesimo	$1/100$	a hundredth
un millesimo	$1/1000$	a thousandth
un milionesimo	$1/1000000$	a millionth
due terzi	$2/3$	two thirds

tre quarti	$^3/_4$	three quarters
due quinti	$^2/_5$	two fifths
tre decimi	$^3/_{10}$	three tenths
uno e mezzo	$1^1/_2$	one and a half
due e mezzo	$2^1/_2$	two and a half
cinque e tre ottavi	$5^3/_8$	five and three eighths
uno virgola uno	$1,1$	one point one

In inglese per i numeri decimali viene usato il punto invece della virgola.

In Italian the comma is used instead of the full stop in decimal numbers.

Pesi, misure e temperature

Weights, measures and temperatures

Sistema decimale
Decimal system

giga-	1000000000	G	giga-
mega-	1000000	M	mega-
miria-	10000	ma	myria-
chilo, kilo-	1000	k	kilo-
etto-	100	h	hecto-
deca-	10	da	deca-
deci-	0,1	df	deci-
centi-	0,01	c	centi-
milli-	0,001	m	milli-
decimilli-	0,0001	dm	decimilli-
centomilli-	0,00001	cm	centimilli-
micro-	0,000001	µ	micro-

Tavola di conversione

Negli Stati Uniti viene ancora utilizzato il sistema imperiale di misura, e in Gran Bretagna il vecchio sistema rimane ancora un punto di riferimento per molte persone anche se è stato ufficialmente adottato il sistema metrico decimale. Lo stesso vale per la scala Fahrenheit delle temperature. Nella tabella sono state elencate solamente le misure imperiali oggi ancora in uso. Moltiplicando una misura metrica per il fattore di conversione indicato in **grassetto** si ottiene la misura imperiale corrispondente; per ottenere la misura metrica basterà invece dividere la misura imperiale per il fattore di conversione.

Conversion tables

Only U. S. Customary units still in common use are given here. To convert a metric measurement to U. S. Customary measures, multiply by the conversion factor in **bold**. Likewise dividing a U. S. Customary measurement by the same factor will give the metric equivalent. Note that the decimal comma is used throughout rather than the decimal point.

Unità metriche
Metric measurement

Unità imperiali
U.S. Customary Measures

Medidas de longitud
Length measure

miglio marino	1852 m	–	nautical mile			
chilometro	1000 m	km	kilometer	0,62	mile (= 1760 yards)	m, mi
ettometro	100 m	hm	hectometer			
decametro	10 m	dam	decameter			
metro	1 m	m	meter	1,09	yard (= 3 feet)	yd
				3,28	foot (= 12 inches)	ft
decimetro	0,1 m	dm	decimeter			
centimetro	0,01 m	cm	centimeter	0,39	inch	in
millimetro	0,001 m	mm	millimeter			
micron	0,000001 m	μ	micron			
millimicron	0,000000001 m	mμ	millimicron			
Angstrœm	0,0000000001 m	Å	angstrom			

Superfici
Surface measure

chilometro quadrato	1000000 m²	km²	square kilometer	0,386	square mile (= 640 acres)	sq.m., sq. mi.
ettometro quadrato, ettaro	10000 m²	hm² ha	square hectometer hectare	2,47	acre (= 4840 square yards)	a.
decametro quadrato ara	100 m²	dam² a	square decameter are			

metro quadrato	1 m²	m²	square meter	1.196	square yard (9 square feet)	sq. yd
				10,76	square feet (= 144 square inches)	sq. ft
decimetro quadrato	0,01 m²	dm²	square decimeter			
centimetro quadrato	0,000 1 m²	cm²	square centimeter	0,155	square inch	sq. in.
millimetro quadrato	0,000 001 m²	mm²	square millimeter			

Volumi e capacità
Volume and capacity

chilometro cubo	1 000 000 000 m³	km³	cubic kilo-meter			
metro cubo	1 m³	m³	cubic meter	1,308	cubic yard (= 27 cubic feet)	cu. yd
stero		st	stere	35,32	cubic foot (= 1728 cubic inches)	cu. ft
ettolitro	0,1 m³	hl	hectoliter			
decalitro	0,01 m³	dal	decaliter			
decimetro cubo	0,001 m³	dm³	cubic deci-meter	0,26	gallon	gal.
litro		l	liter	2,1	pint	Pt
decilitro	0,0001 m³	dl	deciliter			
centilitro	0,000 01 m³	cl	centiliter	0,352	fluid ounce	fl. Oz
				0,338		
centimetro cubo	0,000 001 m³	cm³	cubic centi-meter	0,061	cubic inch	cu. in.
millilitro	0,000 001 m³	ml	milliliter			
millimetro cubo	0,000 000 001 m³	mm³	cubic milli-meter			

Pesi
Weight

tonnellata	1000 kg	t	tonne	1,1	[short] ton (= 2000 pounds)	t.
quintale	100 kg	q	quintal			
chilo-grammo	1000 g	kg	kilogram	2,2	pound (= 16 ounces)	lb
etto-grammo	100 g	hg	hectogram			
dece-grammo	10 g	dag	decagram			
grammo	1 g	g	gram	0,035	ounce	oz
carato	0,2 g	–	carat			
deci-grammo	0,1 g	dg	decigram			
centi-grammo	0,01 g	cg	centigram			
milli-grammo	0,001 g	mg	milligram			
micro-grammo	0,000 001 g	µg	microgram			

Temperature: Fahrenheit e Celsius
Temperatures: Fahrenheit and Celsius

Per convertire una temperatura espressa in gradi Celsius in una temperature in gradi Fahrenheit bisogna moltiplicare per 1,8 e aggiungere 32; ad es. 100 gradi C (il punto d'ebollizione dell'acqua) × 1,8; 180 + 32 = 212 gradi Fahrenheit.

Per convertire una temperatura espresso in gradi Fahrenheit in una temperatura espressa in gradi Celsius, bisogna sottrarre 32 e dividere per 1,8; ad es. 212 gradi F (il punto d'ebollizione dell'acqua) – 32; 180/1,8 = 100 gradi C.

To convert a temperature from degrees Celsius to Fahrenheit, multiply by 1.8 and add 32; e.g. 100 degrees C (boiling point of water) × 1.8; 180 + 32 = 212 degrees F.

To convert a temperature from degrees Fahrenheit to Celsius, deduct 32 and divide by 1.8; e.g. 212 degrees F (boiling point of water) – 32; 180/1.8 = 100 degrees C.

		Fahrenheit	Celsius
Punto di congelamento dell'acqua	Freezing point of water	32	0
Punto di ebollizione dell'acqua	Boiling point of water	212	100
Una giornata molto fredda	A very cold day	–40	–40
Una giornata fredda	A cold day	14	–10
Una giornata fresca	A cool day	50	10
Una giornata mite	A mild day	68	20
Una giornata calda	A warm day	86	30
Una giornata molto calda	A very hot day	104	40
Temperatura normale del corpo umano	Normal body temperature	98,6	37